Einführung

Das Steuerhandbuch für das Lohnbüro 2015 enthält folgende für den Lohnsteuerabzug geltenden Vorschriften mit Rechtsstand 1.1.2015:
- Das **Einkommensteuergesetz** (EStG);
- Die **Lohnsteuer-Durchführungsverordnung** (LStDV);
- Die **Lohnsteuer-Änderungsrichtlinien 2015** (LStÄR 2015);
- Die **amtlichen Hinweise 2015** zu den Lohnsteuer-Richtlinien.

Die für die Lohnzahlungszeiträume des Jahres 2015 überarbeiteten **amtlichen Hinweise** zu den Lohnsteuer-Richtlinien 2015 sind von den **obersten Finanzbehörden des Bundes und der Länder beschlossen** worden. Sie machen aufmerksam auf höchstrichterliche Rechtsprechung, BMF-Schreiben und Rechtsquellen außerhalb des Einkommensteuerrechts, die in das Einkommensteuerrecht hineinwirken. Sie enthalten den ausgewählten aktuellen Stand (1.1.2015)
- der höchstrichterlichen Rechtsprechung und
- der im Bundessteuerblatt veröffentlichten BMF-Schreiben.

Die in den **amtlichen Hinweisen 2015** zitierten BMF-Schreiben sind in der Regel im Volltext im Steuerhandbuch für das Lohnbüro abgedruckt. Darüber hinaus enthält das Handbuch die aktuellen BMF-Schreiben, die nicht im Bundessteuerblatt veröffentlicht worden sind sowie die aktuellen **Ländererlasse** und **OFD-Verfügungen** zum Lohnsteuerabzug durch den Arbeitgeber.

Das Bundesministerium der Finanzen hat mit BMF-Schreiben vom 24.3.2014 (BStBl. I S. 606) zur Eindämmung der Normenflut eine **sog. Positivliste** veröffentlicht. Dies ist eine Übersicht über alle zu diesem Zeitpunkt noch geltenden BMF-Schreiben. Hinzu kommen die nach dem 21.3.2014 ergangenen lohnsteuerlich relevanten BMF-Schreiben.

Alle für den Lohnsteuerabzug durch den Arbeitgeber nach dieser sog. Positivliste noch geltenden BMF-Schreiben und die nach dem 21.3.2014 ergangenen BMF-Schreiben sind im Steuerhandbuch 2015 im Volltext abgedruckt.

Die im Bundessteuerblatt veröffentlichte **Rechtsprechung des Bundesfinanzhofs** ist für die Finanzverwaltung verbindlich, soweit nicht ein Nichtanwendungserlass ergangen ist. Nicht im Bundessteuerblatt veröffentlichte BFH-Entscheidungen (z. B. veröffentlicht in BFH/NV) können, soweit sie nicht im Widerspruch zu veröffentlichten Entscheidungen stehen, in gleichgelagerten Fällen herangezogen werden.

Die **PC-Version** des Lexikons für das Lohnbüro 2015 enthält den gesamten Text des Steuerhandbuchs für das Lohnbüro 2015 und hat außerdem den großen Vorteil, dass Sie **alle BMF-Schreiben, BFH-Urteile** und die aktuellen Rundschreiben und Niederschriften der Spitzenverbände der Sozialversicherung mit Mausklick **im Volltext** abrufen und ausdrucken können. Eine Bestellkarte finden Sie vorne im Steuerhandbuch.

Berücksichtigte Vorschriften

Das **Steuerhandbuch für das Lohnbüro 2015** enthält die Vorschriften des Einkommensteuergesetzes, der Lohnsteuer-Durchführungsverordnung, der Lohnsteuer-Richtlinien und der Hinweise zu den Lohnsteuer-Richtlinien (Rechtsstand 1.1.2015). Im Einzelnen gilt Folgendes:

Diesem Handbuch liegt das **Einkommensteuergesetz** in der Fassung der Bekanntmachung vom 8. Oktober 2009 (BGBl. I S. 3366, ber. S. 3862) zugrunde, zuletzt geändert durch Art. 5 des Gesetzes zur Anpassung der Abgabenordnung an den Zollkodex der Union und zur Änderung weiterer steuerlicher Vorschriften.

Außerdem liegen diesem Handbuch die **Lohnsteuer-Änderungsrichtlinien 2015 – LStÄR 2015 –** vom 22.10.2014 (BStBl. I S. 1344) und die **amtlichen Hinweise 2015** zu den Lohnsteuer-Richtlinien zugrunde.

Die LStR 2015 enthalten folgende amtliche Einführung:

(1) Die Lohnsteuer-Richtlinien in der geänderten Fassung (Lohnsteuer-Richtlinien 2015 – LStR 2015) enthalten im Interesse einer einheitlichen Anwendung des Lohnsteuerrechts durch die Finanzbehörden Erläuterungen der Rechtslage, Weisungen zur Auslegung des Einkommensteuergesetzes und seiner Durchführungsverordnungen sowie Weisungen zur Vermeidung unbilliger Härten und zur Verwaltungsvereinfachung.

(2) ^{1}Die LStR 2015 sind beim Steuerabzug vom Arbeitslohn für Lohnzahlungszeiträume anzuwenden, die nach dem 31.12.2014 enden, und für sonstige Bezüge, die dem Arbeitnehmer nach dem 31.12.2014 zufließen. ^{2}Sie gelten auch für frühere Zeiträume, soweit sie geänderte Vorschriften des Einkommensteuergesetzes betreffen, die vor dem 1.1.2015 anzuwenden sind. ^{3}Die LStR 2015 sind auch für frühere Jahre anzuwenden, soweit sie lediglich eine Erläuterung der Rechtslage darstellen. ^{4}R 19a ist nur bis zum 31.12.2015 anzuwenden. ^{5}Die obersten Finanzbehörden der Länder können mit Zustimmung des Bundesministeriums der Finanzen (BMF) die in den Lohnsteuer-Richtlinien festgelegten Höchst- und Pauschbeträge ändern, wenn eine Anpassung an neue Rechtsvorschriften oder an die wirtschaftliche Entwicklung geboten ist.

(3) Sämtliche Regelungen dieser Richtlinien zu Ehegatten und Ehen gelten entsprechend auch für Lebenspartner und Lebenspartnerschaften.

(4) Anordnungen, die mit den nachstehenden Richtlinien im Widerspruch stehen, sind nicht mehr anzuwenden.

(5) Diesen Richtlinien liegt, soweit im Einzelnen keine andere Fassung angegeben ist, das Einkommensteuergesetz i.d.F. der Bekanntmachung vom 8.10.2009 (BGBl. I S. 3366, S. 3862, BStBl. I S. 1346), zuletzt geändert durch Artikel 1 bis 3 des Gesetzes zur Anpassung des nationalen Steuerrechts an den Beitritt Kroatiens zur EU und zur Änderung weiterer steuerlicher Vorschriften vom 25.7.2014 (BGBl. I S. 1266), zugrunde.

Inhaltsverzeichnis

A. **Einkommensteuergesetz – geschlossene Wiedergabe des gesamten Gesetzes** 19

B. **Einkommensteuergesetz, Lohnsteuer-Durchführungsverordnung, Lohnsteuer-Richtlinien und Verwaltungserlasse** 139

I. Steuerpflicht

§ 1 Steuerpflicht 139

- Anlage 1: BMF-Schreiben vom 25.11.1999 (BStBl. I S. 990) zur Vorlage einer Bestätigung der ausländischen Steuerbehörde im Lohnsteuer-Ermäßigungsverfahren 139
- Anlage 2: Anwendungserlass des BMF zur Abgabenordnung §§ 8, 9 AO – Wohnsitz und gewöhnlicher Aufenthalt 139

§ 1a Grenzpendler 141

- Anlage 1: BMF-Schreiben vom 29.9.1995 (BStBl. I S. 429) zur Steuerklasse bei Grenzpendlern 141
- Anlage 2: BMF-Schreiben vom 30.12.1996 (BStBl. I S. 1506) zur Umsetzung des EuGH-Urteils vom 14.2.1995 (Schumacker-Urteil) 142
- Anlage 3: BMF-Schreiben vom 8.10.1996 (BStBl. I S. 1191) zur Billigkeitsregelung für Grenzpendler 143
- Anlage 4: Verfügung der OFD Frankfurt am Main vom 27.2.2012 (Az.: S 2303 A – 23 – St 56) zur unbeschränkten Steuerpflicht auf Antrag bei Ehegatten 143
- Anlage 5: BMF-Schreiben vom 16.9.2013 (BStBl. I S.1325) zu familienbezogenen Steuervergünstigungen bei Wohnsitz in der Schweiz 144

II. Einkommen

§ 2 Umfang der Besteuerung, Begriffsbestimmungen 144

§ 3 Steuerfreie Einnahmen 145

- R 3.2 Leistungen nach dem Arbeitsförderungsgesetz (§ 3 Nr. 2 EStG) 146
- Anlage: Verfügung der OFD Hannover vom 20.3.2008 (Az.: S 2342 – 157 – StO 213) zur steuerlichen Behandlung von Zahlungen des Insolvenzverwalters an die Bundesagentur für Arbeit aufgrund des gesetzlichen Forderungsübergangs nach § 115 SGB X 146
- R 3.4 Überlassung von Dienstkleidung und andere Leistungen an bestimmte Angehörige des öffentlichen Dienstes (§ 3 Nr. 4 EStG) 146
- R 3.5 Leistungen an Wehrpflichtige, Zivildienst, Freiwilligendienst Leistende (§ 3 Nr. 5 EStG) 147
- R 3.6 Gesetzliche Bezüge der Wehr- und Zivildienstbeschädigten, Kriegsbeschädigten, ihrer Hinterbliebenen und der ihnen gleichgestellten Personen (§ 3 Nr. 6 EStG) 147
- R 3.11 Beihilfen und Unterstützungen, die wegen Hilfsbedürftigkeit gewährt werden (§ 3 Nr. 11 EStG) 148
- R 3.12 Aufwandsentschädigungen aus öffentlichen Kassen (§ 3 Nr. 12 EStG) 149

- Anlage 1: Grundsätzlich bundeseinheitliche Regelung, z.B. Erlass des Finanzministeriums Nordrhein-Westfalen vom 8.11.2013 (Az.: S 2337 – 3 – V B 3) zur steuerlichen Behandlung von Entschädigungen, die den ehrenamtlichen Mitgliedern kommunaler Vertretungen gezahlt werden 151
- Anlage 2: Erlass des Finanzministeriums Baden-Württemberg vom 19.4.2011 (Az.: 3 – S 233.7/67) zur steuerlichen Behandlung der Aufwandsentschädigungen für ehrenamtliche Tätigkeiten bei den Regionalverbänden 153
- Anlage 3: Bundeseinheitliche Regelung, z. B. Erlass des Ministeriums für Finanzen und Wirtschaft Baden-Württemberg vom 19.9.2011 (Az.: 3 – S 233.7/63) zur steuerlichen Behandlung der Entschädigungen der Selbstverwaltungsorgane der Sozialversicherungsträger 154

- R 3.13 Reisekostenvergütungen, Umzugskostenvergütungen und Trennungsgelder aus öffentlichen Kassen (§ 3 Nr. 13 EStG) 155
- R 3.16 Erstattung von Reisekosten, Umzugskosten und Mehraufwendungen bei doppelter Haushaltsführung außerhalb des öffentlichen Dienstes (§ 3 Nr. 16 EStG) 155
- R 3.26 Aufwandsentschädigungen für nebenberufliche Tätigkeiten (§ 3 Nr. 26 EStG) 156

- Anlage 1: Verfügung der Oberfinanzdirektion Frankfurt am Main vom 12.8.2014 (Az.: S 2245 A – 2 – St 213) zur Steuerbefreiung für nebenberufliche Tätigkeiten nach § 3 Nr. 26 EStG 157
- Anlage 2: Erlass des Finanzministeriums Thüringen vom 4.6.2008 (Az.: S 2337 A – 4 – 201.4) zur steuerlichen Behandlung der Aufwandsentschädigung für ehrenamtliche Funktionsträger der Freiwilligen Feuerwehr, die eine Ausbildertätigkeit ausüben 160

- R 3.26a Steuerfreie Einnahmen aus ehrenamtlicher Tätigkeit (§ 3 Nr. 26a EStG) 160
- Anlage: BMF-Schreiben vom 21.11.2014 (Az.: IV C 4 – S 2121/07/0010 : 032) zu den steuerfreien Einnahmen aus ehrenamtlicher Tätigkeit nach § 3 Nr. 26a EStG

- R 3.28 Leistung nach dem Altersteilzeitgesetz (§ 3 Nr. 28 EStG) 162

- Anlage 1: BMF-Schreiben vom 28.3.2000 (Az.: IV C 5 – S 2340 – 51/99 V) zur Steuerfreiheit der Aufstockungsbeträge in sog. Störfällen 163
- Anlage 2: BMF-Schreiben vom 27.4.2000 (Az.: IV C 5 – S 2343 – 6/00) zur Steuerfreiheit der Zuschläge für Sonntags-, Feiertags- und Nachtarbeit bei Blockzeitmodellen ... 163
- Anlage 3: Bundeseinheitliche Regelung, z.B. Verfügung der OFD Erfurt vom 23.8.2000 (Az.: S 2333 A – 12 – St 331) zur Rückzahlung von Arbeitslohn bei rückwirkender Inanspruchnahme von Altersteilzeit 164
- Anlage 4: BMF-Schreiben vom 27.4.2001 (Az.: IV C 5 – S 2333 – 21/01) zur Steuerfreiheit von Aufstockungsbeträgen bei Arbeitsunfähigkeit 164

Inhaltsverzeichnis

		Seite
Anlage 5:	Verfügung der OFD Hannover vom 20.3.2008 (Az.: S 2350 – 118 – StO 217) zum Werbungskostenabzug bei Altersteilzeit	164
R 3.30	Werkzeuggeld (§ 3 Nr. 30 EStG)	165
Anlage 1:	Bundeseinheitlich geltende Regelung, für Bayern bekannt gegeben mit Schreiben des Bayer. Staatsministeriums der Finanzen vom 22.3.1991 (Az.: 32 – S 2355 – 26/2 –5320) zur lohnsteuerlichen Behandlung der an Orchestermitglieder gezahlten Instrumenten-, Saiten-, Rohr- und Blattgelder	165
Anlage 2:	Bundeseinheitlich geltende Regelung, für Bayern bekannt gegeben mit Schreiben des Bayer. Staatsministeriums der Finanzen vom 7.10.1982 (Az.: 32 – S 2332 – 49/14 – 49572) zum Motorsägegeld für Waldarbeiter	165
Anlage 3:	Bundeseinheitlich geltende Regelung, für Bayern bekannt gegeben mit Schreiben des Bayer. Staatsministeriums der Finanzen vom 9.2.1995 (Az.: 32 – S 2332 – 49/24 – 40727) zur steuerlichen Behandlung der den Waldarbeitern nach § 33a des Manteltarifvertrags für Waldarbeiter (MTW) gezahlten Transportentschädigungen	165
R 3.31	Überlassung typischer Berufskleidung (§ 3 Nr. 31 EStG)	165
Anlage 1:	Bundeseinheitlich geltende Regelung, z.B. Erlass der Senatsverwaltung für Finanzen Berlin vom 1.4.1993 (Az.: III D 12 – S 2334 – 10/91) zur steuerlichen Behandlung des tariflichen Kleidergeldes für Orchestermusiker	166
Anlage 2:	Bundeseinheitlich geltende Regelung, für Bayern bekannt gegeben mit Schreiben des Bayer. Staatsministeriums der Finanzen vom 29.6.1990 (Az.: 32 – S 2337 – 10/28 – 39220) zur steuerlichen Behandlung der an Privatforstbedienstete gezahlten Entschädigungen	166
Anlage 3:	Bundeseinheitlich geltende Regelung, z.B. Erlass des Finanzministeriums Nordrhein-Westfalen vom 26.11.1996 (Az.: S 2350 – 5 – V B 3) zur Dienstkleidung im öffentlichen Dienst als Berufskleidung; Anwendung des BFH-Urteils vom 19. 1. 1996, BStBl. II S. 202	166
R 3.32	Sammelbeförderung von Arbeitnehmern zwischen Wohnung und erster Tätigkeitsstätte (§ 3 Nr. 32 EStG)	166
R 3.33	Unterbringung und Betreuung von nicht schulpflichtigen Kindern (§ 3 Nr. 33 EStG)	167
Anlage:	BMF-Schreiben vom 22.5.2013 (BStBl. I S. 728) zur sog. Zusätzlichkeitsvoraussetzung	167
R 3.34	Gesundheitsförderung (§ 3 Nr. 34 EStG) – unbesetzt –	
R 3.39	Steuerfrei Vermögensbeteiligungen – unbesetzt –	168
Anlage:	BMF-Schreiben vom 8.12.2009 (BStBl. I S. 1513) zur Steuerfreiheit bei der Überlassung von Vemögensbeteiligungen	168
§ 3 Nr. 44	**Steuerfreiheit für Stipendien aus öffentlichen Mitteln**	170

		Seite
Anlage:	Verfügung des Bayer. Landesamtes für Steuern vom 20.5.2008 (Az.: S 2342 – 15 – St 32/33) zur Steuerfreiheit von EXIST-Gründerstipendien	171
R 3.45	Betriebliche Datenverarbeitungs- und Telekommunikationsgeräte (§ 3 Nr. 45 EStG)	171
Anlage 1:	Bundeseinheitliche Regelung, z.B. Erlass des Finanzministeriums Nordrhein-Westfalen vom 22.10.2002 (Az.: S 2342 – 40 – V B 3) zur Steuerfreiheit der Vorteile des Arbeitnehmers aus der Privatnutzung von betrieblichen Telekommunikationsgeräten	171
Anlage 2:	BMF-Schreiben vom 11.4.2001 (Az.: IV B 7 – S 7109 – 14/01) zur umsatzsteuerlichen Behandlung der privaten Nutzung von Personalcomputern und Telekommunikationsgeräten	172
R 3.50	Durchlaufende Gelder, Auslagenersatz (§ 3 Nr. 50 EStG)	172
Anlage 1:	Bundeseinheitlich geltende Regelung, für Bayern bekannt gegeben mit Schreiben des Bayer. Staatsministeriums der Finanzen vom 11.7.1990 (Az.: 32 – S 2336 – 4/ 22 – 28874) zur lohnsteuerlichen Behandlung von Futter- und Wartungskosten für Wachhunde	173
Anlage 2:	Bundeseinheitlich geltende Regelung, für Bayern bekannt gegeben mit Schreiben des Bayer. Staatsministeriums der Finanzen vom 21.3.1991 (Az.: 32 – S 2332 – 117/2 – 14472) zur lohnsteuerlichen Behandlung tariflicher Waschgelder an Kaminkehrergesellen	173
Anlage 3:	Bundeseinheitlich geltende Regelung, für Bayern bekannt gegeben mit Schreiben des Bayer. Staatsministeriums der Finanzen vom 29.6.1990 (Az.: 32 – S 2337 – 10/ 28 – 39220) zur steuerlichen Behandlung der an Privatforstbedienstete gezahlten Entschädigungen	173
Anlage 4:	Erlass des Bayer. Staatsministeriums der Finanzen vom 16.6.2004 (Az.: 34 – S 2337 – 158 – 25617/04) zur Übernahme der Aufwendungen für den Führerschein bei Feuerwehrleuten durch die Gemeinde	173
Anlage 5:	Erlass des Finanzministeriums Nordrhein-Westfalen vom 13.12.2004 (Az.: S 2332 – 76 – V B 3) zur Übernahme der Aufwendungen für den Erwerb eines Führerscheins durch den Arbeitgeber bei einem Straßenanwärter/einer Straßenanwärterin	174
Anlage 6:	Verfügung des Bayerischen Landesamtes für Steuern vom 26.6.2009 (Az.: S 2332.1.1 – 3/3 – St 32/St 33) zur Übernahme der Aufwendungen für den Erwerb eines Führerscheins in Handwerksbetrieben	174
R 3.51	Steuerfreie Trinkgelder (§ 3 Nr. 51 EStG) – unbesetzt –	174
R 3.55	Übertragung der betrieblichen Altersversorgung (§ 3 Nr. 55 EStG) – unbesetzt –	175
R 3.55a	Versorgungsausgleich – Interne Teilung (§ 3 Nr. 55a EStG) – unbesetzt –	175

Inhaltsverzeichnis

		Seite
R 3.55b	Versorgungsausgleich – Externe Teilung (§ 3 Nr. 55b EStG) – unbesetzt –	175
R 3.55c	Übertragungen von Altersvorsorgevermögen (§ 3 Nr. 55c EStG) – unbesetzt –	175
R 3.56	Steuerfreie Beiträge zur umlagefinanzierten betrieblichen Altersversorgung (§ 3 Nr. 56 EStG) – unbesetzt –	176
R 3.58	Zuschüsse und Zinsvorteile aus öffentlichen Haushalten (§ 3 Nr. 58 EStG)	176
Anlage:	Bundeseinheitlich geltende Regelung, für Bayern bekannt gegeben mit Schreiben des Bayerischen Staatsministeriums der Finanzen vom 16.2.2001 (Az.: 34 – S 2332 – 107/129 7111) zu Zinsersparnissen und Aufwendungszuschüssen aus Wohnungsfürsorgemitteln	176
R 3.59	Steuerfreie Mietvorteile (§ 3 Nr. 59 EStG)	176
Anlage:	BMF-Schreiben vom 10.10.2005 (BStBl. I S. 959) zur Steuerbefreiung von Mietvorteilen nach § 3 Nr. 59 zweiter Halbsatz EStG	177
R 3.62	Zukunftssicherungsleistungen (§ 3 Nr. 62 EStG)	177
Anlage 1:	Verfügung der OFD Magdeburg vom 1.8.2001 (Az.: S 2333 – 21 – St 224) zum rückwirkenden Wegfall der Sozialversicherungspflicht bei beherrschendem Gesellschafter-Geschäftsführer einer GmbH	179
Anlage 2:	Verfügung der OFD Karlsruhe vom 19.12.2008 (Az.: S 2333/77 – St 144) zum Zuflusszeitpunkt bei der Umwandlung von irrtümlich gezahlten Sozialversicherungsbeiträgen in freiwillige Beiträge bei Gesellschafter-Geschäftsführern einer GmbH	180
Anlage 3:	BMF-Schreiben vom 30.1.2014 (BStBl. I S. 210) zu Zuschüssen zu einer ausländischen gesetzlichen Krankenversicherung	180
R 3.63	Steuerfreie Beträge zur kapitalgedeckten betrieblichen Altersversorgung (§ 3 Nr. 63 EStG) – unbesetzt –	181
Anlage 1:	BMF-Schreiben vom 24.6.2008 (Az.: IV C 5 – S 2333/07/0016) zur lohnsteuerlichen Behandlung der Aufwendungen des Arbeitgebers für eine sog. Clearingstelle betreffend die betriebliche Altersversorgung	181
Anlage 2:	BMF-Schreiben vom 25.11.2011 (BStBl. I S. 1250) zu den Finanzierungsanteilen der Arbeitnehmer zur betrieblichen Altersversorgung	181
R 3.64	Kaufkraftausgleich (§ 3 Nr. 64 EStG)	182
R 3.65	Insolvenzsicherung (§ 3 Nr. 65 EStG)	183
R 3.66	Übertragung von Versorgungsverpflichtungen oder -anwartschaften (§ 3 Nr. 66 EStG) – unbesetzt –	184
Anlage:	BMF-Schreiben vom 26.10.2006 (BStBl. I S. 709) zu Übertragung von Versorgungsanwartschaften auf Pensionsfonds nach § 3 Nr. 66 EStG	
§ 3b	**Steuerfreiheit von Zuschlägen für Sonntags-, Feiertags- oder Nachtarbeit**	186
R 3b	Steuerfreiheit der Zuschläge für Sonntags-, Feiertags- oder Nachtarbeit	186
Anlage 1:	Bundeseinheitlich geltende Regelung, für Bayern bekannt gegeben mit Schreiben des Bayer. Staatsministeriums der Finanzen vom 30.12.1975 (Az.: 32 – S 2370 – 1/208 – 74078) zur steuerlichen Behandlung der Zuschläge für Prozentempfänger im Hotel- und Gaststättengewerbe	189
Anlage 2:	Bundeseinheitlich geltende Regelung, für Bayern bekannt gegeben mit Schreiben des Bayer. Staatsministeriums der Finanzen vom 1.1.1990 (Az.: 32 – S 2343 – 1/60 – 17476) zur steuerlichen Behandlung von Spätschichtzulagen als Zuschläge für Sonntags-, Feiertags- oder Nachtarbeit	189
Anlage 3:	Bundeseinheitlich geltende Regelung, für Bayern bekannt gegeben mit Schreiben des Bayer. Staatsministeriums der Finanzen vom 26.10.1992 (Az.: 32 – S 2343 – 11/18 – 54540) zur steuerlichen Behandlung von Nachtarbeitszuschlägen in der Druckindustrie	190
Anlage 4:	Verfügung der OFD München vom 10.10.1993 (Az.: S 2343 – 33 – St 435) zur Wechselschichtzulage im Bankgewerbe	190
Anlage 5:	BMF-Schreiben vom 1.3.2004 (Az.: IV C 5 – S 2353 – 26/04) zur Steuerfreiheit von Feiertagszuschlägen im Ausland	190
Anlage 6:	Verfügung der OFD Düsseldorf vom 7.7.2005 (Az.: St 22 – S 2343 – 41 – St 213 – k) zu den Zuschlägen für Sonntags-, Feiertags- und Nachtarbeit bei Gesellschafter-Geschäftsführern	190
Anlage 7:	BMF-Schreiben vom 9.2.2011 (Az.: IV C 5 – S 2343/0-02) zur steuerlichen Behandlung der allgemeinen Tariferhöhung für Zuschläge im Wertguthaben	191
§ 3c	**Anteilige Abzüge**	191
§ 4	**Gewinnbegriff im Allgemeinen** (auszugsweise)	191
§ 4b	**Direktversicherung**	192
§ 4c	**Zuwendungen an Pensionskassen**	192
§ 4d	**Zuwendungen an Unterstützungskassen**	193
Anlage:	Tabelle zur Errechnung des Deckungskapitals für lebenslängliche Leistungen von Unterstützungskassen	
§ 4e	**Beiträge zu Pensionsfonds**	194
§ 6	**Bewertung** (auszugsweise)	195
§ 8	**Einnahmen**	196
R 8.1	Absätze 1 bis 4, Bewertung der Sachbezüge	197
Anlage 1:	BMF-Schreiben vom 1.10.2008 (BStBl. I S. 892) zur Ermittlung des geldwerten Vorteils bei Arbeitgeberdarlehen und zur Anwendung der 44-Euro-Freigrenze	199
Anlage 2:	Verfügung der OFD'en Rheinland und Münster vom 17.5.2011 (Az.: S 2334 – 1026 – St 212 – Rhld und S 2334 – 10 – St 22 – 31 – Ms) zur Abgrenzung zwischen Bar- und Sachlohn bei Gutscheinen)	199
Anlage 3:	Bundeseinheitlich geltende Regelung, für Bayern bekannt gegeben mit Schreiben des Bayerischen Staatsministeriums der Finanzen vom 16.2.2001 (Az.: 34 – S 2332 – 107/129 – 7111) zu Zinsersparnissen und Aufwendungszuschüssen aus Wohnungsfürsorgemitteln	199
Anlage 4:	BMF-Schreiben vom 2.3.1990 (BStBl. I S. 141) zur steuerlichen Behandlung von Zinsen auf Einlagen der Arbeitnehmer von Kreditinstituten	199
Anlage 5:	Kurzinformationen des Finanzministeriums Schleswig-Holstein vom 27.1.2012 Nr. 2012/2 (Az.: VI 302 – S 2255 – 174) zur Umrechnung von ausländischem Arbeitslohn	200

Inhaltsverzeichnis

		Seite
Anlage 6:	Bundeseinheitlicher Erlass vom 23.11.2012 (BStBl. I S. 1224) zu Durchschnittswerten bei der Privatnutzung von Fahrrädern	200
Anlage 7:	BMF-Schreiben vom 10.10.2013 (BStBl. I S. 1301) zur Nichtanwendung der 44-Euro-Freigrenze bei Zukunftssicherungsleistungen	200
R 8.1	Absätze 5 und 6, Unterkunft oder Wohnung	200
Anlage 1:	Bundeseinheitlich geltende Regelung, für Bayern bekannt gegeben mit Schreiben des Bayer. Staatsministeriums der Finanzen vom 5.8.1983 (Az.: 32 – S 2332 – 2/73 – 33111) zur lohnsteuerlichen Behandlung von Aufwendungen der Arbeitgeber zur Wohnungsbeschaffung für Arbeitnehmer	201
Anlage 2:	Bundeseinheitlich geltende Regelung, für Bayern bekannt gegeben mit Schreiben des Bayer. Staatsministeriums der Finanzen vom 30.10.1992 (Az.: 32 – S 2334 – 4/200 – 12645) zur lohnsteuerlichen Behandlung der Vermietung von Wohnungen ehemals gemeinnütziger Wohnungsunternehmen an Arbeitnehmer verbundener Unternehmen	202
Anlage 3:	BMF-Schreiben vom 30.6.1997 (BStBl. I S. 696) zur lohnsteuerlichen Behandlung der Aufwendungen des Arbeitgebers für Sicherheitsmaßnahmen in der Wohnung des Arbeitnehmers	202
R 8.1	Absatz 7, Kantinenmahlzeiten und Essenmarken	203
Anlage:	BMF-Schreiben vom 16.12.2014 (Az.: IV C 5 – S 2334/14/10005) zu den Sachbezugswerten für Mahlzeiten	204
R 8.1	Absatz 8, Mahlzeiten aus besonderem Anlass	205
R 8.1	Absätze 9 und 10, Gestellung von Kraftfahrzeugen	205
Anlage 1:	BMF-Schreiben vom 28.5.1996 (BStBl. I S. 654) zur steuerlichen Behandlung der Überlassung eines betrieblichen Kraftfahrzeugs an Arbeitnehmer	210
Anlage 2:	BMF-Schreiben vom 18.11.2009 (BStBl. I S. 1326); geändert durch BMF-Schreiben vom 15.11.2012 (BStBl. I S. 1099) zur ertragsteuerlichen Erfassung der Nutzung eines betrieblichen Kraftfahrzeugs zu Privatfahrten, zu Fahrten zwischen Wohnung und Betriebsstätte sowie zu Familienheimfahrten	212
Anlage 3:	BMF-Schreiben vom 5.6.2014 (BStBl. I S. 835) zur Nutzung von Elektro- und Hybridelektrofahrzeugen	216
Anlage 4:	BMF-Schreiben vom 1.4.2011 (BStBl. I 301) zur Überlassung von Firmenwagen für Fahrten zwischen Wohnung und regelmäßiger Arbeitsstätte	218
Anlage 5:	Kurzinformation der Oberfinanzdirektionen Düsseldorf und Rheinland vom 18.2.2013 (Az.: Nr. 02/2013 für den Lohnsteuer-Außendienst) zur Ordnungsmäßigkeit eines elektronischen Fahrtenbuchs	219
Anlage 6:	BMF-Schreiben vom 19.4.2013 (BStBl. I S. 513) zur Behandlung von Zuzahlungen bzw. Aufwendungen des Arbeitnehmers bei einer Firmenwagengestellung	220
Anlage 7:	Verfügung der Oberfinanzdirektion Berlin vom 12.7.1999 (Az.: St 423 – S 2334 – 4/96) zur Privatnutzung geleaster Kraftfahrzeuge im sog. Zwei-Vertrags-Modell	221
Anlage 8:	BMF-Schreiben vom 15.7.2014 (BStBl. 1998 I S. 1109) zur Firmenwagengestellung mit Fahrer	222
Anlage 9:	BMF-Schreiben vom 3.4.2012 (BStBl. I S. 478) zur privaten Kfz-Nutzung durch den Gesellschafter-Geschäftsführer einer GmbH	223
Anlage 10:	BMF-Schreiben vom 30.12.1997 (BStBl. 1998 I S. 110) zur umsatzsteuerlichen Behandlung der Überlassung sog. Firmenwagen an Arbeitnehmer, wenn diese Zuzahlungen leisten	223
Anlage 11:	BMF-Schreiben vom 13.4.2004 (BStBl. I S. 468) zur umsatzsteuerlichen Bemessungsgrundlage bei sonstigen Leistungen	224
Anlage 12:	BMF-Schreiben vom 5.6.2014 (BStBl. I S. 896) zur umsatzsteuerlichen Behandlung der Überlassung von Fahrzeugen an das Personal zur privaten Nutzung	224
R 8.2	Bezug von Waren und Dienstleistungen (Rabattfreibetrag)	225
Anlage 1:	Bundeseinheitliche geltende Regelung, für Bayern bekannt gegeben mit Schreiben des Bayer. Staatsministeriums der Finanzen vom 12.10.2001 (Az.: 34 – S 2334 – 28/51 – 44990) zur Überlassung von Rundfunk- und Fernsehgeräten sowie von Videorekordern	227
Anlage 2:	BMF-Schreiben vom 15.4.1993 (BStBl. I S. 339) zur steuerlichen Behandlung der Personalrabatte bei Arbeitnehmern von Kreditinstituten	227
Anlage 3:	Bundeseinheitlicher Erlass vom 26.9.2012 (BStBl. I S. 940) zur steuerlichen Behandlung der von Luftverkehrsgesellschaften gewährten unentgeltlichen oder verbilligten Mitarbeiterflüge für die Kalenderjahre 2013 bis 2015	228
Anlage 4:	BMF-Schreiben vom 14.9.1994 (BStBl. I S. 755) zur steuerlichen Behandlung unentgeltlicher oder verbilligter Reiseleistungen bei Mitarbeitern von Reisebüros und Reiseveranstaltern	229
Anlage 5:	BMF-Schreiben vom 28.3.1994 (BStBl. I S. 233) zur lohnsteuerlichen Behandlung ersparter Abschlussgebühren bei Abschluss eines Bausparvertrages	230
Anlage 6:	BMF-Schreiben vom 27.9.1993 (BStBl. I S. 814) zur steuerlichen Behandlung der Rabatte, die Arbeitnehmern von dritter Seite eingeräumt werden	230
Anlage 7:	BMF-Schreiben vom 7.8.1990 (Az.: IV B 6 – S 2334 – 106/90) zur Bewertung von beschädigten oder gebrauchten Waren zur Anwendung der Rabattregelung	230
Anlage 8:	Bundeseinheitliche Regelung, z. B. Erlass des Hessischen Ministeriums der Finanzen vom 30.9.2008 (Az.: S 2334 A – 110 – II 3b) zur lohnsteuerlichen Behandlung des verbilligten Erwerbs von Fondsanteilen durch Mitarbeiter von Bankkonzernen	231
Anlage 9:	BMF-Schreiben vom 18.12.2009 (BStBl. 2010 I S. 20) zur Ermittlung des geldwerten Vorteils beim Erwerb von Kraftfahrzeugen vom Arbeitgeber in der Automobilindustrie (§ 8 Abs. 3 EStG)	232
Anlage 10:	Verfügung der Oberfinanzdirektion Hannover vom 19.2.2001 (Az.: S 2334 – 331 – StH 212) zu ersparten Abschlussgebühren bei Abschluss eigener Bausparverträge durch Arbeitnehmer von Kreditinstituten	233

Inhaltsverzeichnis

	Seite
Anlage 11: Bundeseinheitliche Regelung, z. B. Erlass des Finanzministeriums Niedersachsen vom 13.12.1999 (Az.: S 2334 – 96 – 35) zur lohnsteuerlichen Behandlung der verbilligten Energielieferungen an Arbeitnehmer von Versorgungsunternehmen	233
Anlage 12: Verfügung der Oberfinanzdirektionen Düsseldorf und Münster vom 26.2.2004 (Az.: S 2334 A – St 22/S 2334 – 104 – St 213 K/ S 2334 – 10 – St 21-31) zur lohnsteuerlichen Behandlung der verbilligten Energielieferungen an Arbeitnehmer von Versorgungsunternehmen	234
Anlage 13: BMF-Schreiben vom 16.5.2013 (BStBl. I S. 729) zur Bewertung von Sachbezügen nach § 8 Abs. 2 und § 8 Abs. 3 EStG	234
Anlage 14: BMF-Schreiben vom 1.10.2008 (BStBl. I S. 892) zur steuerlichen Behandlung von Zinsvorteilen aus Arbeitgeberdarlehen	235
§ 9 Werbungskosten	**238**
R 9.1 Werbungskosten	239
Anlage 1: BMF-Schreiben vom 23.7.1998 (Az.: IV B 6 – S 2354 – 33/98) zu den Aufwendungen für kombinierte Rechtsschutzversicherungen als Werbungskosten	242
Anlage 2: Bundeseinheitliche Regelung, z. B. Erlass des Finanzministeriums Nordrhein-Westfalen vom 14.2.2002 (Az.: S 2354 – 1 – V B 3) zu den Aufwendungen für einen privat angeschafften Computer und Internetzugang	242
Anlage 3: BMF-Schreiben vom 21.12.2007 (BStBl. 2008 I S. 256) zur Zuordnung der Steuerberaterkosten zu den Werbungskosten	243
Anlage 4: BMF-Schreiben vom 6.7.2010 (BStBl. I S. 614) zur Berücksichtigung gemischter Aufwendungen	244
Anlage 5: Kurzinformation des Finanzministeriums Schleswig-Holstein vom 1.11.2010 (Az.: VI 3011 – S 2742 – 121) zum Vorliegen einer verdeckten Gewinnausschüttung bei gemischt veranlassten Aufwendungen	246
R 9.2 Aufwendungen für die Aus- und Fortbildung	247
Anlage 1: BMF-Schreiben vom 22.9.2010 (BStBl. I S. 721) zur Neuregelung der einkommensteuerlichen Behandlung von Berufsausbildungskosten	248
Anlage 2: Kurzinformation der OFD Nordrhein-Westfalen vom 20.3.2014 (Einkommensteuer Nr. 11/2014) zum Einsatz von Zeitguthaben für berufliche Fortbildung	251
R 9.3 Ausgaben im Zusammenhang mit Berufsverbänden	251
R 9.4 Reisekosten	252
Anlage: BMF-Schreiben vom 24.10.2014 (BStBl. I S. 1412) zur steuerlichen Reisekostenreform 1.1.2014	252
R 9.5 Fahrtkosten als Reisekosten	269
Anlage 1: BMF-Schreiben vom 28.5.1993 (BStBl. I S. 483) zu Absetzungen für Abnutzung (AfA) bei Pkw und Kombifahrzeugen	270
Anlage 2: BMF-Schreiben vom 31.3.1992 (BStBl. I S. 270) zur Dienstreise-Kaskoversicherung des Arbeitgebers für Kraftfahrzeuge des Arbeitnehmers und steuerfreier Fahrtkostenersatz	270

	Seite
Anlage 3: Bundeseinheitlich geltende Regelung, für Bayern bekannt gegeben mit Schreiben des Bayer. Staatsministeriums der Finanzen vom 22.2.1993 (Az.: 32 – S 2334 – 101/41 – 9731) zur steuerlichen Behandlung des Arbeitgeberersatzes der Anschaffungskosten einer „Bahncard"	270
Anlage 4: Erlass des Finanzministeriums Saarland vom 13.10.2004 (Az.: B/2-4 – 114/04 – S 2334) zur steuerfreien Reisekostenerstattung bei Verwendung einer arbeitnehmereigenen „BahnCard 100"	271
R 9.6 Verpflegungsmehraufwendungen als Reisekosten	271
Anlage 1: Bundeseinheitlich geltende Regelung, bekannt gegeben durch Verfügung der OFD Frankfurt am Main vom 29.5.2013 (Az.: S 2338 A – 43 – St 211) zur lohnsteuerlichen Erfassung steuerpflichtiger Teile von Reisekostenvergütungen	271
Anlage 2: Erlass des Finanzministeriums Schleswig-Holstein vom 4.9.2008 (Az.: VI 315 – S 2380 – 183) zur Anwendung der Pauschbeträge für Verpflegungsmehraufwand bei Seeleuten	272
R 9.7 Übernachtungskosten	272
R 9.8 Reisenebenkosten	273
Anlage 1: BMF-Schreiben vom 4.12.2012 (BStBl. I S. 1249) zu Reisenebenkosten bei Übernachtungen von LKW-Fahrern	274
Anlage 2: BMF-Schreiben vom 29.9.1998 (Az.: IV C 5 S 2334 – 1/98) zur Benutzung von Firmenkreditkarten bei beruflich veranlassten Auswärtstätigkeiten	274
R 9.9 Umzugskosten	274
Anlage 1: BMF-Schreiben vom 1.10.2012 (BStBl. I S. 942) zur steuerlichen Anerkennung von Umzugskosten nach R 9.9 Abs. 2 LStR; Änderung der maßgebenden Beträge ab 1. März 2012, 1. Januar 2013 und 1. August 2013	276
Anlage 2: BMF-Schreiben vom 6.10.2014 (BStBl. I S. 1342) zur steuerlichen Anerkennung von Umzugskosten nach R 9.9 Abs. 2 LStR; Änderung der maßgebenden Beträge ab 1. März 2014 und 1. März 2015	276
R 9.10 Aufwendungen für Fahrten zwischen Wohnung und erster Tätigkeitsstätte	276
Anlage: BMF-Schreiben vom 31.10.2013 (BStBl. I S 1376) zur Anwendung der Entfernungspauschale	278
R 9.11 Absätze 1 bis 4, Mehraufwendungen bei doppelter Haushaltsführung	282
R 9.11 Absätze 5 bis 10, Mehraufwendungen bei doppelter Haushaltsführung	284
R 9.12 Arbeitsmittel	285
R 9.13 Werbungskosten bei Heimarbeitern	287
R 9.14 Häusliches Arbeitszimmer – unbesetzt –	287
Anlage 1: BMF-Schreiben vom 2.3.2011 (BStBl. I S. 195) zur einkommensteuerlichen Behandlung der Aufwendungen für ein häusliches Arbeitszimmer	288
Anlage 2: BMF-Schreiben vom 13.12.2005 (BStBl. 2006 I S. 4) zur Vermietung eines Büroraums an den Arbeitgeber	292
§ 9a Pauschbeträge für Werbungskosten	**292**
R 9a Pauschbeträge für Werbungskosten – unbesetzt –	292
§ 10 Sonderausgaben	**293**
R 10 Sonderausgaben – unbesetzt –	296

Inhaltsverzeichnis

		Seite
§ 10a	Zusätzliche Altersvorsorge	296
§ 10b	Steuerbegünstigte Zwecke	297
§ 10c	Sonderausgaben-Pauschbetrag	298
§ 10d	Verlustabzug	299
§ 11	Vereinnahmung und Verausgabung	299
	R 11 – unbesetzt –	299
	Anlage: Bundeseinheitlich geltende Regelung, für Bayern bekannt gegeben mit Schreiben des Bayer. Staatsministeriums der Finanzen vom 6.6.1986 (Az.: 32 – S 2399 – 1/15 – 36383) zur Rückzahlung von Arbeitslohn	299
§ 12	Nicht abzugsfähige Ausgaben	301
§ 18	Selbständige Arbeit	301
§ 19	Nichtselbständige Arbeit	302
	R 19.0 Arbeitnehmer – unbesetzt –	303
	Anlage 1: BMF-Schreiben vom 5.10.1990 (BStBl. I S. 638) zum Steuerabzug vom Arbeitslohn bei unbeschränkt einkommensteuer(lohnsteuer-)pflichtigen Künstlern und verwandten Berufen	305
	Anlage 2: Bundeseinheitlich geltende Regelung, für Bayern bekannt gegeben mit Schreiben des Bayer. Staatsministeriums der Finanzen vom 14.12.1977 (Az.: 32 – S 2113 – 1/15 – 50086) zur Arbeitnehmereigenschaft von Mitgliedern einer Musikkapelle	308
	Anlage 3: Bundeseinheitlich geltende Regelung, für Bayern bekannt gegeben mit Schreiben des Bayer. Staatsministeriums der Finanzen vom 18.3.1963 (S 2220 – 27/22 – 12351) für Ordensangehörige, Diakonissen und Angehörige ähnlicher Gemeinschaften	308
	Anlage 4: Bundeseinheitlich geltende Regelung, für Bayern bekannt gegeben mit Schreiben des Bayer. Staatsministeriums der Finanzen vom 31.7.1979 (Az.: 32 – S 2392 – 1/16 – 73 539/78) zum Arbeitsentgelt an Strafgefangene	309
	Anlage 5: Bundeseinheitlich geltende Regelung, für Bayern bekannt gegeben mit Schreiben des Bayer. Staatsministeriums der Finanzen vom 28.8.1990 (Az.: 32 – S 2330 B – 52907) zur Beschäftigung von Behinderten in Werkstätten für Behinderte	309
	Anlage 6: R 4.8 EStR Rechtsverhältnisse zwischen Angehörigen	309
	Anlage 7: H 4.8 EStH Hinweise zu R 4.8 EStR Rechtsverhältnisse zwischen Angehörigen	309
	R 19.1 Arbeitgeber	313
	R 19.2 Nebentätigkeit und Aushilfstätigkeit	313
	Anlage 1: Bundeseinheitlich geltende Regelung, für Bayern bekannt gegeben mit Schreiben des Bayer. Staatsministeriums der Finanzen vom 22.7.1960 (Az.: S 2232 – 30/3 – 55536) zu nebenamtlichen Kirchenbediensteten	314
	Anlage 2: Kurzinformation des Finanzministeriums Schleswig-Holstein vom 7.12.2012 (Az.: VI 302 – S 2246 – 25) zur Gutachtertätigkeit von Klinikärzten	314
	Anlage 3: Verfügung der OFD Frankfurt am Main vom 23.9.2013 (Az.: S 2337A – 26 – St 211) zu Aufsichtsratsvergütungen als Einnahmen aus nichtselbständiger Arbeit	315
	R 19.3 Arbeitslohn	315
	Anlage 1: Bundeseinheitlich geltende Regelung, für Bayern bekannt gegeben mit Schreiben des Bayer. Staatsministeriums der Finanzen vom 1.6.1954 (Az.: S 2303 – 10/2 – 49079) zu Dienstbelohnungen	319
	Anlage 2: Verfügung der Oberfinanzdirektion Karlsruhe vom 24.4.2006 (Az.: S 236.0/15 – St 131) zur lohnsteuerlichen Behandlung der Einnahmen von Chefärzten aus der Erbringung wahlärztlicher Leistungen im Krankenhaus	319
	Anlage 3: BMF-Schreiben vom 22.2.1991 (BStBl. I S. 951) zur steuerlichen Behandlung des Versorgungszuschlags für Beamte bei Beurlaubung ohne Dienstbezüge	320
	Anlage 4: BMF-Schreiben vom 5.9.1996 (BStBl. I S. 1150) zur einkommensteuerlichen Behandlung von Preisgeldern	320
	Anlage 5: BMF-Schreiben vom 14.10.1996 (BStBl. I S. 1192) zur ertragsteuerlichen Behandlung von Incentive-Reisen	320
	Anlage 6: BMF-Schreiben vom 24.1.2002 (Az.: IV C 5 – S 2332 – 8/02) zur lohnsteuerlichen Behandlung von Directors & Officers-Versicherungen (D&O)	320
	Anlage 7: BMF-Schreiben vom 21.6.2013 (BStBl. I S. 769) zur Hochwasserkatastrope in Deutschland im Juni 2013	321
	Anlage 8: BMF-Schreiben vom 13.12.2005 (BStBl. 2006 I S. 4) zur Vermietung eines Büroraums an den Arbeitgeber	321
	Anlage 9: Erlass der Senatsverwaltung Finanzen Berlin vom 22.7.2010 (Az.: III B – S 2332 – 3/2008) zur Übernahme der Beiträge zur Berufshaftpflichtversicherung angestellter Rechtsanwälte	322
	Anlage 10: Verfügung der OFD vom 4.3.2010 (Az.: S 2332 A 88 – St 211) zur lohnsteuerlichen Behandlung von Schulprojekten	322
	Anlage 11: BMF-Schreiben vom 14.8.2012 (BStBl. I S. 874) zum Verzicht des Gesellschafter-Geschäftsführers auf Pensionsanspruch	323
	Anlage 12: Verfügung des Landesamtes für Steuern und Finanzen Sachsen vom 22.9.2011 (Az.: S 2337 – 65/3 – 212) zu Jubiläumszuwendungen bei Ausübung eines Ehrenamtes	323
	Anlage 13: BMF-Schreiben vom 23.5.2012 (BStBl. I S. 617) zur lohnsteuerlichen Behandlung der Familienpflegezeit	323
	R 19.4 Vermittlungsprovisionen	324
	Anlage: Verfügung der OFD Münster vom 31.5.2000 (Az.: S 2332 – 94 – St 22 – 31) zu Provisionszahlungen von Bausparkassen und Versicherungen an Arbeitnehmer von Kreditinstituten	325
	R 19.5 Zuwendungen bei Betriebsveranstaltungen	325
	R 19.6 Aufmerksamkeiten	327

Inhaltsverzeichnis

		Seite
Anlage 1:	Verfügung der OFD München/Nürnberg vom 3.12.1987 (Az.: S 2334 – 0/St 23) zur unentgeltlichen oder verbilligten Überlassung von Eintrittskarten der Theaterunternehmen an ihre Arbeitnehmer und deren Angehörige	327
Anlage 2:	Bundeseinheitliche Regelung z. B. Erlass des Landes Nordrhein-Westfalen vom 28.9.2006 (Az.: S 2334-61-V B 3) zur lohnsteuerlichen Behandlung der Parkraumnutzung durch den Arbeitnehmer	327
Anlage 3:	BMF-Schreiben vom 22.8.2005 (BStBl. I S. 845) – auszugsweise – zur steuerlichen Behandlung von Aufwendungen für VIP-Logen in Sportstätten	328
Anlage 4:	BMF-Schreiben vom 20.10.2006 (Az.: IV C 5 – S 2334-68/06) zur steuerliche Behandlung von Payback-Punkten	328
R 19.7	Berufliche Fort- oder Weiterbildungsleistungen des Arbeitgebers	328
Anlage 1:	BMF-Schreiben vom 13.4.2012 (BStBl. I S. 531) zur Übernahme von Studiengebühren durch den Arbeitgeber	329
Anlage 2:	BMF-Schreiben vom 14.10.1996 (BStBl. I S. 1192) zur ertragsteuerlichen Behandlung von Incentive-Reisen	330
Anlage 3:	BMF-Schreiben vom 26.9.2003 (BStBl. I S. 447) zur einkommensteuerlichen Behandlung für Auslandssprachkurse als Werbungskosten	331
Anlage 4:	Verfügung der OFD'en Rheinland und Münster vom 28.1.2011 (Az.: S 2145 – 2009/0009 – St 14 Rhld/ S 2144 – 50 – St 12 – 33 Ms) zur Behandlung von Incentive-Reisen bei Betriebsausgaben-Abzugsverbot	331
R 19.8	Versorgungsbezüge	332
R 19.9	Zahlung von Arbeitslohn an die Erben oder Hinterbliebenen eines verstorbenen Arbeitnehmers	333
Anlage:	Bundeseinheitlich geltende Regelung, für Bayern bekannt gegeben mit Schreiben des Bayer. Staatsministeriums der Finanzen vom 30.12.1975 (Az.: 32 – S 2343 – 1/69 – 68062/75) zur steuerlichen Behandlung von Bezügen, die für den Sterbemonat gezahlt werden	334
§ 19a	Überlassung von Vermögensbeteiligungen an Arbeitnehmer	335
R 19a	Steuerbegünstigte Überlassung von Vermögensbeteiligungen	335
§ 22	Arten der sonstigen Einkünfte	337
§ 24	Gemeinsame Vorschriften	339
Anlage 1:	Bundeseinheitlich geltende Regelung, für Bayern bekannt gegeben mit Schreiben des Bayer. Staatsministeriums der Finanzen vom 11.3.1986 (Az.: 31 b – S 2258 – 11/2 – 70147/85) zu Abfindungen für unverfallbare Pensionsanwartschaften	339
Anlage 2:	Bundeseinheitlich geltende Regelung, für Bayern bekannt gegeben mit Schreiben des Bayer. Staatsministeriums der Finanzen vom 23.7.1987 (Az.: 31 b – S 2258 – 11/8 – 4424) zur einkommensteuerlichen Behandlung von Abfindungszahlungen für Pensionsanwartschaften	340

		Seite
§ 24a	Altersentlastungsbetrag	340
R 24a	Altersentlastungsbetrag – unbesetzt –	340
§ 24b	Entlastungsbetrag für Alleinerziehende	340
R 24b	Entlastungsbetrag für Alleinerziehende – unbesetzt –	341
Anlage:	BMF-Schreiben vom 29.10.2004 (BStBl. I S. 1042) zum Entlastungsbetrag für Alleinerziehende	341

III. Veranlagung

§ 25	Veranlagungszeitraum, Steuererklärungspflicht	343
§ 26	Veranlagung von Ehegatten	343
§ 26a	Getrennte Veranlagung von Ehegatten	343
§ 26b	Zusammenveranlagung von Ehegatten	343

IV. Tarif

§ 31	Familienleistungsausgleich	343
§ 32	Kinder, Freibeträge für Kinder	344
R 32	Zur Berücksichtigung von Kindern – unbesetzt –	345
§ 32a	Einkommensteuertarif	345
§ 32b	Progressionsvorbehalt	345
R 32b	Anwendung des Progressionsvorbehalts auf Lohn- und Einkommensersatzleistungen – unbesetzt –	346
Anlage 1:	BMF-Schreiben vom 22.2.2011 (BStBl. I S. 214) zur elektronischen Übermittlung der dem Progressionsvorbehalt unterliegenden Leistungen an die Finanzverwaltung	346
Anlage 2:	BMF-Schreiben vom 16.7.2013 (BStBl. I S. 922) zur Verrechnung von Sozialleistungen	347
§ 33	Außergewöhnliche Belastungen	347
R 33	Außergewöhnliche Belastungen allgemeiner Art – unbesetzt –	347
Anlage:	§ 64 EStDV, Nachweis von Krankheitskosten	348
§ 33a	Außergewöhnliche Belastung in besonderen Fällen	348
R 33a	Außergewöhnliche Belastung in besonderen Fällen	348
§ 33b	Pauschbeträge für behinderte Menschen, Hinterbliebene und Pflegepersonen	349
R 33b	Pauschbeträge für Behinderte, Hinterbliebene und Pflegepersonen – unbesetzt –	349
Anlage:	§ 65 EStDV, Nachweis der Behinderung	349
§ 33c	Kinderbetreuungskosten – weggefallen –	
§ 34	Außerordentliche Einkünfte	350
R 34	Entschädigungen und Vergütungen für mehrjährige Tätigkeiten – unbesetzt –	350
Anlage:	BMF-Schreiben vom 1.11.2013 (BStBl. I S. 1326) zu Zweifelsfragen im Zusammenhang mit der ertragsteuerlichen Behandlung von Entlassungsentschädigungen	351

V. Steuerermäßigungen

§ 34c	Steuerermäßigung bei ausländischen Einkünften	354
Anlage:	BMF-Schreiben vom 31.10.1983 (BStBl. I S. 470) zur steuerlichen Behandlung von Arbeitnehmereinkünften bei Auslandstätigkeiten (Auslandstätigkeitserlass)	355
§ 34g	Steuerermäßigung bei Zuwendungen an politische Parteien und an unabhängige Wählervereinigungen	356

11

Inhaltsverzeichnis

		Seite
R 34g	Zuwendungen an politische Parteien und unabhängige Wählervereinigungen – unbesetzt –	356
§ 35a	Steuerermäßigung bei Aufwendungen für haushaltsnahe Beschäftigungsverhältnisse und für die Inanspruchnahme haushaltsnaher Dienstleistungen	356
R 35a	Steuerermäßigung bei Aufwendungen für haushaltsnahe Beschäftigungsverhältnisse und für die Inanspruchnahme haushaltsnaher Dienstleistungen – unbesetzt –	357

VI. Steuererhebung

§ 36	Entstehung und Tilgung der Einkommensteuer	357
§ 37	Einkommensteuer-Vorauszahlung	357
§ 37a	Pauschalierung der Einkommensteuer durch Dritte	358
Anlage:	Bundeseinheitlich geltende Regelung, für Bayern bekannt gegeben mit Schreiben des Bayerischen Staatministeriums der Finanzen vom 21.10.1997 (Az.: 32 – S 2334 – 110/19 – 36228) zur Pauschalierung der Einkommensteuer durch Dritte gemäß § 37a EStG	358
§ 37b	Pauschalierung der Einkommensteuer bei Sachzuwendungen	358
R 37b	Pauschalierung der Einkommensteuer bei Sachzuwendungen – unbesetzt –	359
Anlage 1:	BMF-Schreiben vom 29.4.2008 (BStBl. I S. 566) zur Pauschalierung der Einkommensteuer bei Sachzuwendungen nach § 37b EStG	359
Anlage 2:	Kurzinformation der ODF'en Münster und Rheinland vom 28.3.2012, Kurzinformation Lohnsteuer-Außendienst Nr. 02/2012, zu Zweifelsfragen zur Pauschalierung der Einkommensteuer bei Sachzuwendungen gemäß § 37b EStG	361
Anlage 3:	Gleich lautende Ländererlasse vom 28.12.2006 (BStBl. I S. 76) zur Kirchensteuer bei einer Pauschalierung der Einkommensteuer nach § 37b EStG	364
§ 38	Erhebung der Lohnsteuer	365
R 38.1	Steuerabzug vom Arbeitslohn	365
R 38.2	Zufluss von Arbeitslohn	366
Anlage 1:	Bundeseinheitlich geltende Regelung, für Bayern bekannt gegeben mit Schreiben des Bayer. Staatsministeriums der Finanzen vom 6.6.1986 (Az.: 32 – S 2399 – 1/15 – 36383) zur Rückzahlung von Arbeitslohn	367
Anlage 2:	Verfügung der OFD Erfurt vom 23.8.2000 (Az.: S 2333 A – 12 – St 331) zur Rückzahlung von Arbeitslohn bei rückwirkender Inanspruchnahme von Altersteilzeit	367
Anlage 3:	BMF-Schreiben vom 17.6.2009 (BStBl. I S. 1286) zur steuerlichen Anerkennung von Zeitwertkonten-Modellen	367
Anlage 4:	Verfügung des Bayer. Landesamtes für Steuern vom 14.5.2009 (Az.: S 2347.1.1 – 4 St 32/St 33) zum Zuflusszeitpunkt bei Aktienoptionen	370
Anlage 5:	Erlass des Finanzministeriums Nordrhein-Westfalen vom 9.8.2011 (Az.: S 2332 – 81 – V B 3) zur Abgrenzung der Zeitwertkonten von Flexi-/Gleitzeitkonten	370

		Seite
Anlage 6:	BMF-Schreiben vom 12.5.2014 (BStBl. I S. 860) zur Nichtauszahlung von Gehaltsbestandteilen beim Gesellschafter-Geschäftsführer	370
R 38.3	Einbehaltungspflicht des Arbeitgebers	370
R 38.4	Lohnzahlung durch Dritte	371
R 38.5	Lohnsteuerabzug durch Dritte	371
§ 38a	Höhe der Lohnsteuer	371
§ 38b	Lohnsteuerklassen, Zahl der Kinderfreibeträge	372
R 38b	Lohnsteuerklassen – unbesetzt –	372
§ 39	Lohnsteuerabzugsmerkmale	374
R 39.1	Verfahren zur Bildung der Lohnsteuerabzugsmerkmale – unbesetzt –	374
R 39.2	Änderungen und Ergänzungen der Lohnsteuerabzugsmerkmale	375
R 39.3	Bescheinigung für den Lohnsteuerabzug	375
R 39.4	Lohnsteuerabzug bei beschränkter Einkommensteuerpflicht	375
Anlage 1:	BMF-Schreiben vom 31.7.2002 (BStBl. I S. 707) unter Berücksichtigung der Änderungen durch BMF-Schreiben vom 28.3.2013 (BStBl. I S. 443) zur Besteuerung der Einkünfte aus nichtselbständiger Arbeit bei beschränkt einkommensteuerpflichtigen Künstlern	376
Anlage 2:	BMF-Schreiben vom 25.11.2010 (BStBl. I S. 1350) zum Steuerabzug bei künstlerischen, sportlichen, artistischen oder ähnlichen Darbietungen	378
Anlage 3:	Muster der Bescheinigung für beschränkt steuerpflichtige Arbeitnehmer	379
§ 39a	Freibetrag, Hinzurechnungsbetrag und Freistellung beim Lohnsteuerabzug	381
R 39a.1	Verfahren bei der Bildung eines Freibetrags oder eines Hinzurechnungsbetrags	382
R 39a.2	Freibetrag wegen negativer Einkünfte	383
R 39a.3	Freibeträge für Ehegatten	383
§ 39b	Einbehaltung der Lohnsteuer	384
R 39b.1	Aufbewahrung der Lohnsteuerkarte	385
R 39b.2	Laufender Arbeitslohn und sonstige Bezüge	385
R 39b.3	Freibeträge für Versorgungsbezüge	385
R 39b.4	Altersentlastungsbetrag	385
R 39b.5	Einbehaltung der Lohnsteuer vom laufenden Arbeitslohn	386
R 39b.6	Einbehaltung der Lohnsteuer von sonstigen Bezügen	386
Anlage 1:	BMF-Schreiben vom 10.1.2000 (BStBl. I S. 138) zur Anwendung der Fünftelregelung im Lohnsteuerabzugsverfahren	388
Anlage 2:	BMF-Schreiben vom 27.1.2004 (BStBl. I S. 173) zur Anwendung der Fünftelregelung bei negativem Arbeitslohn	388
R 39b.7	Berücksichtigung der Vorsorgepauschale beim Lohnsteuerabzug – unbesetzt –	389
Anlage:	BMF-Schreiben vom 26.11.2013 (BStBl. I S. 1532) zur Berücksichtigung der Vorsorgepauschale	389
R 39b.8	Permanenter Lohnsteuer-Jahresausgleich	392
R 39b.9	Besteuerung des Nettolohns	392
R 39b.10	Anwendung von Doppelbesteuerungsabkommen	393

Inhaltsverzeichnis

		Seite
Anlage 1:	BMF-Schreiben vom 22.1.2014 (BStBl. I S. 171) zum Stand der Doppelbesteuerungsabkommen und der Doppelbesteuerungsverhandlungen am 1. Januar 2014	393
Anlage 2:	BMF-Schreiben vom 12.11.2014 (BStBl. I S. 1467) zur steuerlichen Behandlung des Arbeitslohns nach den Doppelbesteuerungsabkommen	402
Anlage 3:	BMF-Schreiben vom 10.1.1994 (BStBl. I S. 14) zur Besteuerung von Gastlehrkräften nach den Doppelbesteuerungsabkommen (DBA)	427
Anlage 4:	BMF-Schreiben vom 12.4.2006 (BStBl. I S. 340) zur steuerlichen Behandlung des von Organen der EU gezahlten Tagegeldes für in ihrem Bereich verwendete Beamte	428
Anlage 5:	BMF-Schreiben vom 16.3.2001 (BStBl. I S. 204) zur Umstellung der DM-Beträge in den Doppelbesteuerungsabkommen auf den Euro	429
Anlage 6:	BMF-Schreiben vom 19.9.2011 (BStBl. I S. 849) zur steuerlichen Behandlung von Berufskraftfahrern, Lokomotivführern und Begleitpersonal nach dem deutsch-luxemburgischen Doppelbesteuerungsabkommen	432
Anlage 7:	BMF-Schreiben vom 21.7.2005 (BStBl. I S. 821) = Merkblatt zur Steuerfreistellung ausländischer Einkünfte gemäß § 50d Abs. 8 EStG	433
Anlage 8:	BMF-Schreiben vom 3.4.2006 (BStBl. I S. 304) zur Verständigungsvereinbarung zum DBA-Frankreich	435
Anlage 9:	BMF-Schreiben vom 10.1.2007 (BStBl. I S. 261) zur Verständigungsvereinbarung zum DBA-Belgien	436
Anlage 10:	BMF-Schreiben vom 29.10.2007 (BStBl. I S. 756) zur Verständigungsvereinbarung zum DBA-Niederlande	436
Anlage 11:	BMF-Schreiben vom 5.12.2012 (BStBl. I S. 1248) zur Besteuerung von in Deutschland ansässigen Flugpersonal britischer und irischer Fluggesellschaften	437
Anlage 12:	BMF-Schreiben vom 25.3.2010 (BStBl. I S. 268) zur Konsultationsvereinbarung zum DBA-Schweiz betreffend Abfindungen	437
Anlage 13:	BMF-Schreiben vom 26.8.2010 (BStBl. I S 645) zur Konsultationsvereinbarung zum DBA-Österreich betreffend Abfindungen	438
Anlage 14:	BMF-Schreiben vom 14.6.2011 (BStBl. I S 576) zur Verständigungsvereinbarung mit Luxemburg betreffend Grenzpendler	438
Anlage 15:	BMF-Schreiben vom 29.6.2011 (BStBl. I S 621) zur Verständigungsvereinbarung mit der Schweiz zur Besteuerung von Arbeitnehmern im internationalen Transportgewerbe	439
Anlage 16:	BMF-Schreiben vom 19.9.2011 (BStBl. I S 852) zur Verständigungsvereinbarung mit Luxemburg betreffend Abfindungen	440
Anlage 17:	BMF-Schreiben vom 2.12.2011 (BStBl. I S. 1221) zur Verständigungsvereinbarung mit Großbritannien betreffend Abfindungen	440
§ 39c	Einbehaltung der Lohnsteuer ohne Lohnsteuerabzugsmerkmale	441
R 39c	Lohnsteuerabzug durch Dritte ohne Lohnsteuerabzugsmerkmale	441

		Seite
§ 39e	Verfahren zur Bildung und Anwendung der elektronischen Lohnsteuerabzugsmerkmale	442
R 39e	Elektronische Lohnsteuerabzugsmerkmal – unbesetzt –	443
Anlage:	BMF-Schreiben vom 7.8.2013 (BStBl. I S. 951) zur Anwendung der elektronischen Lohnsteuerabzugsmerkmale ab 2013	443
§ 39f	Faktorverfahren anstelle Steuerklassenkombination III/V	453
§ 40	Pauschalierung der Lohnsteuer in besonderen Fällen	454
R 40.1	Bemessung der Lohnsteuer nach besonderen Pauschsteuersätzen	454
Anlage 1:	Bundeseinheitlich geltende Regelung, für Bayern bekannt gegeben mit Schreiben des Bayer. Staatsministeriums der Finanzen vom 15.6.2011 (Az.: 34/ S 2370 – 014 – 21480/11) zur Ermittlung des Pauschsteuersatzes nach § 40 Abs. 1 EStG	455
Anlage 2:	Gleich lautende Erlasse der obersten Finanzbehörden der Länder vom 23.10.2012 (BStBl. I S. 1083) zum vereinfachten Verfahren bei der Ermittlung der Kirchensteuer in Pauschalierungsfällen	455
R 40.2	Bemessung der Lohnsteuer nach einem festen Pauschsteuersatz	456
Anlage 1:	Bundeseinheitlich geltende Regelung, bekannt gegeben durch Verfügung der Oberfinanzdirektion Frankfurt am Main vom 29.5.2013 (Az.: S 2338 A – 43 – St 211) zur Pauschalierung steuerpflichtiger Teile von Reisekostenvergütungen	457
Anlage 2:	BMF-Schreiben vom 10.1.2000 (BStBl. I S. 138) zur Abwälzung der pauschalen Lohnsteuer auf den Arbeitnehmer	457
Anlage 3:	BMF-Schreiben vom 27.1.2004 (BStBl. I S. 173) zur Pauschalierung von Fahrkostenzuschüssen und Job-Tickets	458
Anlage 4:	BMF-Schreiben vom 3.4.2014 (Az.: IV C 5 – S 2371713/10001) zur Pauschalierung der Lohnsteuer durch ausländische Arbeitgeber	458
§ 40a	Pauschalierung der Lohnsteuer für Teilzeitbeschäftigte und geringfügig Beschäftigte	459
R 40a.1	Kurzfristig Beschäftigte und Aushilfskräfte in der Land- und Forstwirtschaft	459
Anlage 1:	Gleich lautende Ländererlasse vom 23.10.2012 (BStBl. I S. 1083) zum vereinfachten Verfahren bei der Ermittlung der Kirchensteuer in Pauschalierungsfällen	461
Anlage 2:	BMF-Schreiben vom 10.1.2000 (BStBl. I S. 138) zur Abwälzung der pauschalen Lohnsteuer und Annexsteuern auf den Arbeitnehmer	462
R 40a.2	Geringfügig entlohnte Beschäftigte	462
§ 40b	Pauschalierung der Lohnsteuer bei bestimmten Zukunftssicherungsleistungen	463
R 40b.1	Pauschalierung der Lohnsteuer bei Beiträgen zu Direktversicherungen und Pensionskassen für Versorgungszusagen, die vor dem 1. Januar 2005 erteilt wurden	463

Inhaltsverzeichnis

		Seite
Anlage 1:	Bundeseinheitlich geltende Regelung, für Bayern bekannt gegeben mit Schreiben des Bayer. Staatsministeriums der Finanzen vom 27.8.1976 (Az.: 32 – S 2373 – 5/6 – 46937) zur Abfindung nach § 3 Abs. 1 des Gesetzes zur Verbesserung der betrieblichen Altersversorgung (BetrAVG)	467
Anlage 2:	Bundeseinheitlich geltende Regelung, für Bayern bekannt gegeben mit Schreiben des Bayer. Staatsministeriums der Finanzen vom 18.5.1981 (Az.: 33 – S 2373 H – 23221) zur Direktversicherung für Gesellschafter-Geschäftsführer	468
Anlage 3:	Bundeseinheitlich geltende Regelung, für Bayern bekannt gegeben mit Schreiben des Bayer. Staatsministeriums der Finanzen vom 18.5.1982 (Az.: 32 – S 2373 – 16/10 – 30261) zur Insolvenzsicherung der Altersversorgung für Gesellschafter-Geschäftsführer von Kapitalgesellschaften durch Verpfändung der Ansprüche aus einer Rückdeckungsversicherung	468
Anlage 4:	Gleich lautende Ländererlasse vom 23.10.2012 (BStBl. I S. 1083) zur Erhebung der Kirchensteuer in den Fällen der Pauschalierung der Lohnsteuer	468
Anlage 5:	BMF-Schreiben vom 10.1.2000 (BStBl. I S. 138) zur Abwälzung der pauschalen Lohnsteuer und Annexsteuern auf den Arbeitnehmer nach dem Steuerentlastungsgesetz 1999/2000/2001	468
Anlage 6:	Bundeseinheitliche Regelung, z. B. Erlass des Finanzministeriums Saarland vom 7.3.2005 (Az.: B/2 – 4 – 49/2005 – S 2333) zur Überversorgung bei Ehegatten-Arbeitsverhältnissen (§ 3 Nr. 63, § 40b EStG)	468
Anlage 7:	Bundeseinheitliche Regelung, z. B. Erlass des Finanzministeriums Saarland vom 15.12.2005 (Az: B/2 – 4 – 49/05 – S 2333) zur Überversorgung von Arbeitnehmer-Ehegatten	469
Anlage 8:	BMF-Schreiben vom 6.3.2012 (BStBl. I S. 238) zur Anhebung der Altersgrenzen bei der privaten Altersvorsorge und betrieblichen Altersversorgung	469
R 40b.2	Pauschalierung der Lohnsteuer bei Beiträgen zu einer Gruppenunfallversicherung	470
Anlage:	BMF-Schreiben vom 28.10.2009 (BStBl. I S. 1275) zur Einkommen- bzw. lohnsteuerrechtlichen Behandlung von freiwilligen Unfallversicherungen der Arbeitnehmer	470
§ 41	**Aufzeichnungspflichten beim Lohnsteuerabzug**	473
R 41.1	Aufzeichnungserleichterungen, Aufzeichnung der Religionsgemeinschaft	473
R 41.2	Aufzeichnung des Großbuchstabens U	473
R 41.3	Betriebsstätte	473
§ 41a	**Anmeldung und Abführung der Lohnsteuer**	475
R 41a.1	Lohnsteuer-Anmeldung	475
Anlage 1:	BMF-Schreiben vom 29.8.2014 (BStBl. I S. 1239) zur Bekanntmachung des Vordruckmusters für die Lohnsteuer-Anmeldung 2015	476
Anlage 2:	BMF-Schreiben vom 3.4.2012 (BStBl. I S. 522) zur Verwendung von amtlich vorgeschriebenen Steuererklärungsvordrucken	480
R 41a.2	Abführung der Lohnsteuer	480
§ 41b	**Abschluss des Lohnsteuerabzugs**	481
R 41b	Lohnsteuerbescheinigung	481
Anlage 1:	BMF-Schreiben vom 15.9.2014 (BStBl. I S. 1244) zur Ausstellung von elektronischen Lohnsteuerbescheinigungen und Besonderen Lohnsteuerbescheinigungen durch den Arbeitgeber für das Kalenderjahr 2015	482
Anlage 2:	BMF-Schreiben vom 3.12.2014 (Az.: IV C 3 – S 2221/09/10013 : 001) zur Aufteilung von ausländischen Sozialversicherungsbeiträgen	489
§ 41c	**Änderung des Lohnsteuerabzugs**	490
Anlage:	Bundeseinheitliches Vordruckmuster für die Anzeige nach § 41c EStG	491
R 41c.1	Änderung des Lohnsteuerabzugs	492
Anlage:	BMF-Schreiben vom 7.11.2013 (BStBl. I S. 1474) zur Änderung des Lohnsteuerabzugs bei veruntreuten Beträgen	492
R 41c.2	Anzeigepflichten des Arbeitgebers	493
R 41c.3	Nachforderung von Lohnsteuer	493
§ 42b	**Lohnsteuer-Jahresausgleich durch den Arbeitgeber**	495
R 42b	Durchführung des Lohnsteuer-Jahresausgleichs durch den Arbeitgeber	495
§ 42d	**Haftung des Arbeitgebers und Haftung bei Arbeitnehmerüberlassung**	496
R 42d.1	Inanspruchnahme des Arbeitgebers	496
Anlage:	Auszug aus dem Anwendungserlass des BMF zur Abgabenordnung § 191 – Haftungsbescheide, Duldungsbescheide	499
R 42d.2	Haftung bei Arbeitnehmerüberlassung	500
R 42d.3	Haftung bei Lohnsteuerabzug durch einen Dritten	501
§ 42e	**Anrufungsauskunft**	501
R 42e	Anrufungsauskunft	501
Anlage:	BMF-Schreiben vom 18.2.2011 (BStBl. I S. 213) zur Anrufungsauskunft als Verwaltungsakt	502
§ 42f	**Lohnsteuer-Außenprüfung**	503
R 42f	Lohnsteuer-Außenprüfung	503
Anlage 1:	BMF-Schreiben vom 24.10.2013 (BStBl. I S. 1264) zu den Hinweisen auf die wesentlichen Rechte und Mitwirkungspflichten des Steuerpflichtigen bei der Außenprüfung	503
Anlage 2:	BMF-Schreiben vom 29.6.2011 (BStBl. I S. 675) zur Digitalen LohnSchnittstelle für Lohnsteuer-Außenprüfung	504
Anlage 3:	Antragsvordruck auf zeitgleiche Lohnsteuer-Außenprüfungen durch die Finanzverwaltung und Betriebsprüfungen durch die Träger der Rentenversicherung	505
§ 42g	**Lohnsteuer-Nachschau**	506
R 42g	Lohnsteuer-Nachschau – unbesetzt –	506
Anlage:	BMF-Schreiben vom 16.10.2014 (BStBl. I S. 1408) zur Durchführung einer Lohnsteuer-Nachschau	506
§ 46	**Veranlagung bei Bezug von Einkünften aus nichtselbständiger Arbeit**	507
R 46	Veranlagung nach § 46 Abs. 2 Nr. 8 EStG – unbesetzt –	508

VIII. Besteuerung beschränkt Steuerpflichtiger

§ 49	**Beschränkt steuerpflichtige Einkünfte**	508
§ 50	**Sondervorschriften für beschränkt Steuerpflichtige**	510

Inhaltsverzeichnis

		Seite
§ 50a	Steuerabzug bei beschränkt Steuerpflichtigen	510
§ 50d	Besonderheiten im Fall von Doppelbesteuerungsabkommen und der §§ 43b und 50g	511
	Anlage: BMF-Schreiben vom 5.12.2012 (BStBl. I S.1248) zur Besteuerung von in Deutschland ansässigem Flugpersonal britischer und irischer Fluggesellschaften	512
§ 50e	Bußgeldvorschriften; Nichtverfolgung von Steuerstraftaten bei geringfügiger Beschäftigung in Privathaushalten	512

IX. Sonstige Vorschriften, Bußgeld-, Ermächtigungs- und Schlussvorschriften

§ 51	Ermächtigung	512
§ 51a	Festsetzung und Erhebung von Zuschlagsteuern	513
§ 52b	Übergangsregelungen bis zur Anwendung der elektronischen Lohnsteuerabzugsmerkmale	513
R 52b	Übergangsregelungen bis zur Anwendung der elektronischen Lohnsteuerabzugsmerkmale – unbesetzt –	514
	Anlage: BMF-Schreiben vom 25.7.2013 (BStBl. I S. 943) zum erstmaligen Abruf der elektronischen Lohnsteuerabzugsmerkmale und Anwendungsgrundsätze für den Einführungszeitraum 2013	514

X. Kindergeld

§ 62	Anspruchsberechtigte	519
§ 63	Kinder	519
§ 64	Zusammentreffen mehrerer Ansprüche	519
§ 65	Andere Leistungen für Kinder	520
§ 66	Höhe des Kindergeldes, Zahlungszeitraum	520
§ 67	Antrag	520
§ 68	Besondere Mitwirkungspflichten	520
§ 69	Überprüfung des Fortbestehens von Anspruchsvoraussetzungen durch Meldedaten-Übermittlung	520
§ 70	Festsetzung und Zahlung des Kindergeldes	520
§ 71	– weggefallen –	521
§ 72	Festsetzung und Zahlung des Kindergeldes an Angehörige des öffentlichen Dienstes	521
§ 73	– weggefallen –	521
§ 74	Zahlung des Kindergeldes in Sonderfällen	521
§ 75	Aufrechnung	522
§ 76	Pfändung	522
§ 77	Erstattung von Kosten im Vorverfahren	522
§ 78	Übergangsregelungen	522

XI. Altersvorsorgezulage

§ 79	Zulageberechtigte	522
§ 80	Anbieter	522
§ 81	Zentrale Stelle	522
§ 81a	Zuständige Stelle	523
§ 82	Altersvorsorgebeiträge	523
§ 83	Altersvorsorgezulage	524
§ 84	Grundzulage	524
§ 85	Kinderzulage	524
§ 86	Mindesteigenbeitrag	524
§ 87	Zusammentreffen mehrerer Verträge	524
§ 88	Entstehung des Anspruchs auf Zulage	525
§ 89	Antrag	525
§ 90	Verfahren	525
§ 91	Datenabgleich	525
§ 92	Bescheinigung	526
§ 92a	Verwendung für eine selbst genutzte Wohung	526
§ 92b	Verfahren bei Verwendung für eine selbst genutzte Wohnung	528
§ 93	Schädliche Verwendung	528
§ 94	Verfahren bei schädlicher Verwendung	529
§ 95	Sonderfälle und Rückzahlung	530
§ 96	Anwendung der Abgabenordnung, allgemeine Vorschriften	530
§ 97	Übertragbarkeit	530
§ 98	Rechtsweg	530
§ 99	Ermächtigung	530

C. Anhänge

Anhang 1	Lohnsteuer-Durchführungsverordnung	533
Anhang 2	Sozialversicherungsentgeltverordnung	535
Anhang 3	Solidaritätszuschlaggesetz	537
Anhang 4	Fünftes Vermögensbildungsgesetz	539
Anhang 5	Verordnung zur Durchführung des 5. Vermögensbildungsgesetzes	547
Anhang 6	BMF-Schreiben zur Anwendung des 5. Vermögensbildungsgesetzes	553
Anhang 7	Bundesumzugskostengesetz	565
Anhang 8	Allgemeine Verwaltungsvorschrift zum Bundesumzugskostengesetz	569
Anhang 9	Auslandsumzugskostenverordnung	573
Anhang 10	Auslandsreisekosten 2015	581
Anhang 11	Tabelle zur Steuerklassenwahl 2015	583
Anhang 12	Altersteilzeitgesetz	587
Anhang 13	Gesetz zur Verbesserung der betrieblichen Altersversorgung (Betriebsrentengesetz)	593
Anhang 13a	Gesetz über die Zertifizierung von Altersvorsorgeverträgen	601
Anhang 13b	Versicherungsaufsichtsgesetz (auszugsweise)	609
Anhang 13c	Steuerliche Förderung der privaten Altersvorsorge und betrieblichen Altersversorgung (auszugsweise)	612
Anhang 13d	Altersvorsorge-Durchführungsverordnung – AltvDV	629
Anhang 13e	Liste der berufsständischen Versorgungseinrichtungen, die den gesetzlichen Rentenversicherungen vergleichbare Leistungen erbringen	634
Anhang 14	Umsatzsteuerliche Behandlung von Sachbezügen (Abschnitt 1.8 Umsatzsteuer-Anwendungserlass)	637
Anhang 15	Amtliches Arbeitgebermerkblatt zu den Rechtsänderungen beim Steuerabzug vom Arbeitslohn	640
Anhang 16	Einführungsschreiben Lohnsteuer zum Steueränderungsgesetz 2003 und Haushaltsbegleitgesetz 2004	645
Anhang 17	Verordnung zur elektronischen Übermittlung von Steuererklärungen und sonstigen für das Besteuerungsverfahren erforderlichen Daten (Steuerdaten-Übermittlungsverordnung – StDÜV)	650

Stichwortverzeichnis ... 651

Abkürzungsverzeichnis

AAG	Aufwendungsausgleichsgesetz
a.a.O.	am angegebenen Ort
Abs.	Absatz
AEntG	Arbeitnehmerentsendegesetz
AfA	Absetzungen für Abnutzung
AFG	Arbeitsförderungsgesetz
AGG	Allgemeines Gleichbehandlungsgesetz
AktG	Aktiengesetz
AltTZG	Altersteilzeitgesetz
AltvDV	Altersvorsorge-Durchführungsverordnung
AltZertG	Gesetz über die Zertifizierung von Altersvorsorgeverträgen
AO	Abgabenordnung
AOK	Allgemeine Ortskrankenkasse
AStG	Außensteuergesetz
AtG	Altersteilzeitgesetz
ATE	Auslandstätigkeitserlass
AÜG	Arbeitnehmerüberlassungsgesetz
AUV	Auslandsumzugskostenverordnung
AVmG	Altersvermögensgesetz
BA	Bundesanstalt für Arbeit
BAföG	Bundesausbildungsförderungsgesetz
BAG	Bundesarbeitsgericht
BAT	Bundes-Angestelltentarifvertrag
BB	Betriebsberater (Zeitschrift)
BBesG	Bundesbesoldungsgesetz
BBG	Beitragsbemessungsgrenze
BeamtVG	Beamtenversorgungsgesetz
BerlinFG	Berlinförderungsgesetz
BetrAVG	Gesetz zur Verbesserung der betrieblichen Altersversorgung (Betriebsrentengesetz)
BewG	Bewertungsgesetz
BfA	Bundesversicherungsanstalt für Angestellte
BFH	Bundesfinanzhof
BFH/NV	Sammlung amtlich nicht veröffentlichter Entscheidungen des Bundesfinanzhofs (Zeitschrift)
BFH-Urteil	Urteil des Bundesfinanzhofs
BGB	Bürgerliches Gesetzbuch
BGBl. I	Bundesgesetzblatt Teil I
BGH	Bundesgerichtshof
BKK	Betriebskrankenkasse
BMF-Schreiben	Schreiben des Bundesministeriums der Finanzen
BRKG	Bundesreisekostengesetz
BSG	Bundessozialgericht
BSGE	Entscheidungen des Bundessozialgerichts
BSHG	Bundessozialhilfegesetz
BStBl. II (I)	Bundessteuerblatt Teil II (Teil I)
BUKG	Bundesumzugskostengesetz
BVerfG	Bundesverfassungsgericht
BVerwG	Bundesverwaltungsgericht
BVG	Bundesversorgungsgesetz
BZSt	Bundeszentralamt für Steuern
DB	Der Betrieb (Zeitschrift)
DBA	Doppelbesteuerungsabkommen
DEÜV	Datenerfassungs- und -übermittlungsverordnung
d. h.	das heißt
DStR	Deutsches Steuerrecht (Zeitschrift)
DStRE	Deutsches Steuerrecht/Entscheidungen (Zeitschrift)
DStZ	Deutsche Steuer-Zeitung (Zeitschrift)
DStZ/E	Deutsche Steuer-Zeitung/Eildienst (Zeitschrift)
DÜVO	Datenübertragungsverordnung
EFG	Entscheidungen der Finanzgerichte (Zeitschrift)
EFZG	Entgeltfortzahlungsgesetz
ELStAM	Elektronische Lohnsteuerabzugsmerkmale
EStDV	Einkommensteuer-Durchführungsverordnung
EStG	Einkommensteuergesetz
EStH	Einkommensteuer-Hinweis
EStR	Einkommensteuer-Richtlinien
EU	Europäische Union
EuGH	Europäischer Gerichtshof
EWR	Europäischer Wirtschaftsraum
FA	Finanzamt
FG	Finanzgericht
FPfZG	Familienpflegezeitgesetz
FR	Finanz-Rundschau (Zeitschrift)
FRG	Fremdrentengesetz
FVG	Finanzverwaltungsgesetz
G	Gesetz
GbR	Gesellschaft bürgerlichen Rechts
GenG	Genossenschaftsgesetz
GewO	Gewerbeordnung
GG	Grundgesetz
ggf.	gegebenenfalls
GKV	Gesetzliche Krankenversicherung
GmbH	Gesellschaft mit beschränkter Haftung
GrS	Großer Senat beim Bundesfinanzhof
GVBl.	Gesetz- und Verordnungsblatt
H	Hinweis
HAG	Heimarbeitergesetz
HFR	Höchstrichterliche Finanzrechtsprechung (Zeitschrift)
HGB	Handelsgesetzbuch
IKK	Innungskrankenkasse
i. d. F.	in der Fassung
i. S. d.	im Sinne des/der
i. V. m.	in Verbindung mit
JAEG	Jahresarbeitsentgeltgrenze
KG	Kommanditgesellschaft
KiSt	Kirchensteuer
KStG	Körperschaftsteuergesetz
KStR	Körperschaftsteuer-Richtlinien
KSVG	Künstlersozialversicherungsgesetz
KV	Krankenversicherung
KWG	Kreditwesengesetz
LFZG	Lohnfortzahlungsgesetz
LKK	Landwirtschaftliche Krankenkasse
LSG	Landessozialgericht
LSt	Lohnsteuer
LStDV	Lohnsteuer-Durchführungsverordnung
LStH	Lohnsteuer-Hinweis
LStR	Lohnsteuer-Richtlinien
LVA	Landesversicherungsanstalt
m. E.	meines Erachtens
m. w. N.	mit weiteren Nachweisen
NWB	Neue Wirtschafts-Briefe (Zeitschrift)
OFD	Oberfinanzdirektion
PflZG	Pflegezeitgesetz

Abkürzungsverzeichnis

RStBl.	Reichssteuerblatt
RVO	Reichsversicherungsordnung
SchwbG	Schwerbehindertengesetz
SFN-Zuschläge	Zuschläge für Sonntags-, Feiertags- und Nachtarbeit
SGB I	Erstes Buch Sozialgesetzbuch – Allgemeiner Teil
SGB II	Zweites Buch Sozialgesetzbuch – Grundsicherung für Arbeitsuchende
SGB III	Drittes Buch Sozialgesetzbuch – Arbeitsförderung
SGB IV	Viertes Buch Sozialgesetzbuch – Gemeinsame Vorschriften für die Sozialversicherung
SGB V	Fünftes Buch Sozialgesetzbuch – Gesetzliche Krankenversicherung
SGB VI	Sechstes Buch Sozialgesetzbuch – Gesetzliche Rentenversicherung
SGB VII	Siebtes Buch Sozialgesetzbuch – Gesetzliche Unfallversicherung
SGB VIII	Achtes Buch Sozialgesetzbuch – Kinder- und Jugendhilfe
SGB IX	Neuntes Buch Sozialgesetzbuch – Rehabilitation und Teilhabe behinderter Menschen
SGB X	Zehntes Buch Sozialgesetzbuch – Verwaltungsverfahren
SGB XI	Elftes Buch Sozialgesetzbuch – Soziale Pflegeversicherung
SGB XII	Zwölftes Buch Sozialgesetzbuch – Sozialhilfe
SolZ	Solidaritätszuschlag
Stpfl	Steuerpflichtiger
SV-Tage	Sozialversicherungstage
SvEV	Sozialversicherungsentgeltverordnung
SVG	Soldatenversorgungsgesetz
TV-L	Tarifvertrag für den öffentlichen Dienst der Länder
USG	Unterhaltssicherungsgesetz
USK	Urteilssammlung für die gesetzliche Krankenversicherung
UStAE	Umsatzsteuer-Anwendungserlass
UStDV	Umsatzsteuer-Durchführungsverordnung
UStG	Umsatzsteuergesetz
u. a.	unter anderem
u. U.	unter Umständen
V	Verordnung
VA	Verwaltungsanweisung
VAG	Versicherungsaufsichtsgesetz
VBL	Versorgungsanstalt des Bundes und der Länder
VermBDV	Durchführungsverordnung zum Vermögensbildungsgesetz
VermBG	Vermögensbildungsgesetz
VO	Verordnung
VRG	Vorruhestandsgesetz
VVG	Versicherungsvertragsgesetz
VZ	Veranlagungszeitraum
WoFG	Wohnraumförderungsgesetz
WoPG	Wohnungsbau-Prämiengesetz
WoPR	Richtlinien zum Wohnungsbau-Prämiengesetz
z. B.	zum Beispiel
ZDG	Zivildienstgesetz
ZPO	Zivilprozessordnung

Abkürzungsverzeichnis

RStGl	Rennsteuergesetz	EStG	Einkommensteuergesetz
RVO	Reichsversicherungsordnung	TVöD	Tarifvertrag für den öffentlichen Dienst der Länder
StWoG	Schweinemumienerlass		
SRH Zuschläge	Zuschläge für Sonntags-, Feiertags- und Nachtarbeit	USG	Unterhaltssicherungsgesetz
		UVK	Unfallsammlung für die gesetzliche Unfallversicherung
SGB I	Erstes Buch Sozialgesetzbuch – Allgemeiner Teil	UStAR	Umsatzsteuer-Anwendungserlass
SGB II	Zweites Buch Sozialgesetzbuch – Grundsicherung für Arbeitsuchende	UStDV	Umsatzsteuer-Durchführungsverordnung
SGB III	Drittes Buch Sozialgesetzbuch – Arbeitsförderung	UStG	Umsatzsteuergesetz
		u. a.	unter anderem
SGB IV	Viertes Buch Sozialgesetzbuch – Gemeinsame Vorschriften für die Sozialversicherung	u. U.	unter Umständen
		V	Verordnung
SGB V	Fünftes Buch Sozialgesetzbuch – Gesetzliche Krankenversicherung	VV	Verwaltungsvorschrift
SGB VI	Sechstes Buch Sozialgesetzbuch – Gesetzliche Rentenversicherung	VAG	Versicherungsaufsichtsgesetz
		VBL	Versorgungsanstalt des Bundes und der Länder
SGB VII	Siebtes Buch Sozialgesetzbuch – Gesetzliche Unfallversicherung	VersMedV	Durchführungsverordnung zum Versorgungsgesetz
SGB VIII	Achtes Buch Sozialgesetzbuch – Kinder- und Jugendhilfe	VermBG	Vermögensbildungsgesetz
SGB IX	Neuntes Buch Sozialgesetzbuch – Rehabilitation und Teilhabe behinderter Menschen	VO	Verordnung
		VStG	Vermögensteuergesetz
SGB X	Zehntes Buch Sozialgesetzbuch – Verwaltungsverfahren	VVG	Versicherungsvertragsgesetz
		VZ	Veranlagungszeitraum
SGB XI	Elftes Buch Sozialgesetzbuch – Soziale Pflegeversicherung	WoR-G	Wohnraumförderungsgesetz
SGB XII	Zwölftes Buch Sozialgesetzbuch – Sozialhilfe	WoFG	Wohnungsbau-Prämiengesetz
SolZ	Solidaritätszuschlag	WoPR	Richtlinien zum Wohngeld-Prämiengesetz
StpfL	Steuerpflichtiger	z. B.	zum Beispiel
SV-Tage	Sozialversicherungstage	ZDG	Zivildienstgesetz
SVEV	Sozialversicherungsentgeltverordnung	ZPO	Zivilprozessordnung

A. Einkommensteuergesetz
– geschlossene Wiedergabe des gesamten Gesetzes –

Einkommensteuergesetz (EStG)

i.d.F. der Bek. vom 8.10.2009 (BGBl. I S. 3366, ber. S. 3862), zuletzt geändert durch Art. 5 des Gesetzes zur Anpassung der Abgabenordnung an den Zollkodex der Union und zur Änderung weiterer steuerlicher Vorschriften.

Inhaltsübersicht

I. Steuerpflicht

§ 1 Steuerpflicht
§ 1a

II. Einkommen

1. Sachliche Voraussetzungen für die Besteuerung

§ 2 Umfang der Besteuerung, Begriffsbestimmungen
§ 2a Negative Einkünfte mit Bezug zu Drittstaaten

2. Steuerfreie Einnahmen

§ 3
§ 3a – weggefallen –
§ 3b Steuerfreiheit von Zuschlägen für Sonntags-, Feiertags- oder Nachtarbeit
§ 3c Anteilige Abzüge

3. Gewinn

§ 4 Gewinnbegriff im Allgemeinen
§ 4a Gewinnermittlungszeitraum, Wirtschaftsjahr
§ 4b Direktversicherung
§ 4c Zuwendungen an Pensionskassen
§ 4d Zuwendungen an Unterstützungskassen
§ 4e Beiträge an Pensionsfonds
§ 4f Verpflichtungsübernahmen, Schuldbeitritte und Erfüllungsübernahmen
§ 4g Bildung eines Ausgleichspostens bei Entnahme nach § 4 Abs. 1 Satz 3
§ 4h Betriebsausgabenabzug für Zinsaufwendungen (Zinsschranke)
§ 5 Gewinn bei Kaufleuten und bei bestimmten anderen Gewerbetreibenden
§ 5a Gewinnermittlung bei Handelsschiffen im internationalen Verkehr
§ 5b Elektronische Übermittlung von Bilanzen sowie Gewinn- und Verlustrechnungen
§ 6 Bewertung
§ 6a Pensionsrückstellung
§ 6b Übertragung stiller Reserven bei der Veräußerung bestimmter Anlagegüter
§ 6c Übertragung stiller Reserven bei der Veräußerung bestimmter Anlagegüter, bei der Ermittlung des Gewinns nach § 4 Abs. 3 oder nach Durchschnittssätzen
§ 6d Euroumrechnungsrücklage
§ 7 Absetzung für Abnutzung oder Substanzverringerung
§ 7a Gemeinsame Vorschriften für erhöhte Absetzungen und Sonderabschreibungen
§ 7b – weggefallen –
§ 7c – weggefallen –
§ 7d – weggefallen –
§ 7e – weggefallen –
§ 7f – weggefallen –
§ 7g Investitionsabzugsbeträge und Sonderabschreibungen zur Förderung kleiner und mittlerer Betriebe
§ 7h Erhöhte Absetzungen bei Gebäuden in Sanierungsgebieten und städtebaulichen Entwicklungsbereichen
§ 7i Erhöhte Absetzungen bei Baudenkmalen
§ 7k – weggefallen –

4. Überschuss der Einnahmen über die Werbungskosten

§ 8 Einnahmen
§ 9 Werbungskosten
§ 9a Pauschbeträge für Werbungskosten

4A. Umsatzsteuerrechtlicher Vorsteuerabzug

§ 9b

5. Sonderausgaben

§ 10
§ 10a Zusätzliche Altersvorsorge
§ 10b Steuerbegünstigte Zwecke
§ 10c Sonderausgaben-Pauschbetrag
§ 10d Verlustabzug
§ 10e Steuerbegünstigung der zu eigenen Wohnzwecken genutzten Wohnung im eigenen Haus
§ 10f Steuerbegünstigung für zu eigenen Wohnzwecken genutzte Baudenkmale und Gebäude in Sanierungsgebieten und städtebaulichen Entwicklungsbereichen
§ 10g Steuerbegünstigung für schutzwürdige Kulturgüter, die weder zur Einkunftserzielung noch zu eigenen Wohnzwecken genutzt werden
§ 10h Steuerbegünstigung der unentgeltlich zu Wohnzwecken überlassenen Wohnung im eigenen Haus
§ 10i Vorkostenabzug bei einer nach dem Eigenheimzulagengesetz begünstigten Wohnung

6. Vereinnahmung und Verausgabung

§ 11
§ 11a Sonderbehandlung von Erhaltungsaufwand bei Gebäuden in Sanierungsgebieten und städtebaulichen Entwicklungsbereichen
§ 11b Sonderbehandlung von Erhaltungsaufwand bei Baudenkmalen

7. Nicht abzugsfähige Ausgaben

§ 12

8. Die einzelnen Einkunftsarten

a) Land- und Forstwirtschaft (§ 2 Absatz 1 Satz 1 Nummer 1)

§ 13 Einkünfte aus Land- und Forstwirtschaft
§ 13a Ermittlung des Gewinns aus Land- und Forstwirtschaft nach Durchschnittssätzen
§ 14 Veräußerung des Betriebs
§ 14a Vergünstigungen bei der Veräußerung bestimmter land- und forstwirtschaftlicher Betriebe

b) Gewerbebetrieb (§ 2 Absatz 1 Satz 1 Nummer 2)

§ 15 Einkünfte aus Gewerbebetrieb
§ 15a Verluste bei beschränkter Haftung
§ 15b Verluste im Zusammenhang mit Steuerstundungsmodellen
§ 16 Veräußerung des Betriebs

EStG – Gesetzestext

§ 17 Veräußerung von Anteilen an Kapitalgesellschaften

    c) Selbständige Arbeit (§ 2 Absatz 1 Satz 1 Nummer 3)

§ 18

    d) Nichtselbständige Arbeit (§ 2 Absatz 1 Satz 1 Nummer 4)

§ 19

    e) Kapitalvermögen (§ 2 Absatz 1 Satz 1 Nummer 5)

§ 20

    f) Vermietung und Verpachtung (§ 2 Absatz 1 Satz 1 Nummer 6)

§ 21

    g) Sonstige Einkünfte (§ 2 Absatz 1 Satz 1 Nummer 7)

§ 22 Arten der sonstigen Einkünfte
§ 22a Rentenbezugsmitteilungen an die zentrale Stelle
§ 23 Private Veräußerungsgeschäfte

    h) Gemeinsame Vorschriften

§ 24
§ 24a Altersentlastungsbetrag
§ 24b Entlastungsbetrag für Alleinerziehende

III. Veranlagung

§ 25 Veranlagungszeitraum, Steuererklärungspflicht
§ 26 Veranlagung von Ehegatten
§ 26a Einzelveranlagung von Ehegatten
§ 26b Zusammenveranlagung von Ehegatten
§ 26c – weggefallen –
§ 27 – weggefallen –
§ 28 Besteuerung bei fortgesetzter Gütergemeinschaft
§§ 29 und 30 – weggefallen –

IV. Tarif

§ 31 Familienleistungsausgleich
§ 32 Kinder, Freibeträge für Kinder
§ 32a Einkommensteuertarif
§ 32b Progressionsvorbehalt
§ 32c – weggefallen –
§ 32d Gesonderter Steuertarif für Einkünfte aus Kapitalvermögen
§ 33 Außergewöhnliche Belastungen
§ 33a Außergewöhnliche Belastung in besonderen Fällen
§ 33b Pauschbeträge für behinderte Menschen, Hinterbliebene und Pflegepersonen
§ 34 Außerordentliche Einkünfte
§ 34a Begünstigung der nicht entnommenen Gewinne
§ 34b Steuersätze bei Einkünften aus außerordentlichen Holznutzungen

V. Steuerermäßigungen

1. Steuerermäßigung bei ausländischen Einkünften

§ 34c
§ 34d Ausländische Einkünfte

2. Steuerermäßigung bei Einkünften aus Land- und Forstwirtschaft

§ 34e – weggefallen –

2A. Steuerermäßigung für Steuerpflichtige mit Kindern bei Inanspruchnahme erhöhter Absetzungen für Wohngebäude oder der Steuerbegünstigungen für eigengenutztes Wohneigentum

§ 34f

2B. Steuerermäßigung bei Zuwendungen an politische Parteien und an unabhängige Wählervereinigungen

§ 34g

3. Steuerermäßigung bei Einkünften aus Gewerbebetrieb

§ 35

4. Steuerermäßigung bei Aufwendungen für haushaltsnahe Beschäftigungsverhältnisse und für die Inanspruchnahme haushaltsnaher Dienstleistungen

§ 35a Steuerermäßigung bei Aufwendungen für haushaltsnahe Beschäftigungsverhältnisse, haushaltsnahe Dienstleistungen und Handwerkerleistungen

5. Steuerermäßigung bei Belastung mit Erbschaftsteuer

§ 35b Steuerermäßigung bei Belastung mit Erbschaftsteuer

VI. Steuererhebung

1. Erhebung der Einkommensteuer

§ 36 Entstehung und Tilgung der Einkommensteuer
§ 37 Einkommensteuer-Vorauszahlung
§ 37a Pauschalierung der Einkommensteuer durch Dritte
§ 37b Pauschalierung der Einkommensteuer bei Sachzuwendungen

2. Steuerabzug vom Arbeitslohn (Lohnsteuer)

§ 38 Erhebung der Lohnsteuer
§ 38a Höhe der Lohnsteuer
§ 38b Lohnsteuerklassen, Zahl der Kinderfreibeträge
§ 39 Lohnsteuerabzugsmerkmal
§ 39a Freibetrag und Hinzurechnungsbetrag
§ 39b Einbehaltung der Lohnsteuer
§ 39c Einbehaltung der Lohnsteuer ohne Lohnsteuerabzugsmerkmale
§ 39d – weggefallen –
§ 39e Verfahren zur Bildung und Anwendung der elektronischen Lohnsteuerabzugsmerkmale
§ 39f Faktorverfahren anstelle Steuerklassenkombination III/V
§ 40 Pauschalierung der Lohnsteuer in besonderen Fällen
§ 40a Pauschalierung der Lohnsteuer für Teilzeitbeschäftigte und geringfügig Beschäftigte
§ 40b Pauschalierung der Lohnsteuer bei bestimmten Zukunftssicherungsleistungen
§ 41 Aufzeichnungspflichten beim Lohnsteuerabzug
§ 41a Anmeldung und Abführung der Lohnsteuer
§ 41b Abschluss des Lohnsteuerabzugs
§ 41c Änderung des Lohnsteuerabzugs
§§ 42 und 42a – weggefallen –
§ 42b Lohnsteuer-Jahresausgleich durch den Arbeitgeber
§ 42c – weggefallen –
§ 42d Haftung des Arbeitgebers und Haftung bei Arbeitnehmerüberlassung
§ 42e Anrufungsauskunft
§ 42f Lohnsteuer-Außenprüfung
§ 42g Lohnsteuer-Nachschau

3. Steuerabzug vom Kapitalertrag (Kapitalertragsteuer)

§ 43 Kapitalerträge mit Steuerabzug
§ 43a Bemessung der Kapitalertragsteuer
§ 43b Bemessung der Kapitalertragsteuer bei bestimmten Gesellschaften
§ 44 Entrichtung der Kapitalertragsteuer
§ 44a Abstandnahme vom Steuerabzug

§ 44b	Erstattung der Kapitalertragsteuer
§ 45	Ausschluss der Erstattung von Kapitalertragsteuer
§ 45a	Anmeldung und Bescheinigung der Kapitalertragsteuer
§ 45b	– *weggefallen* –
§ 45c	– *weggefallen* –
§ 45d	Mitteilungen an das Bundeszentralamt für Steuern
§ 45e	Ermächtigung für Zinsinformationsverordnung

4. Veranlagung von Steuerpflichtigen mit steuerabzugspflichtigen Einkünften

| § 46 | Veranlagung bei Bezug von Einkünften aus nichtselbständiger Arbeit |
| § 47 | – *weggefallen* – |

VII. Steuerabzug bei Bauleistungen

§ 48	Steuerabzug
§ 48a	Verfahren
§ 48b	Freistellungsbescheinigung
§ 48c	Anrechnung
§ 48d	Besonderheiten im Fall von Doppelbesteuerungsabkommen

VIII. Besteuerung beschränkt Steuerpflichtiger

§ 49	Beschränkt steuerpflichtige Einkünfte
§ 50	Sondervorschriften für beschränkt Steuerpflichtige
§ 50a	Steuerabzug bei beschränkt Steuerpflichtigen

IX. Sonstige Vorschriften, Bußgeld-, Ermächtigungs- und Schlussvorschriften

§ 50b	Prüfungsrecht
§ 50c	– *weggefallen* –
§ 50d	Besonderheiten im Fall von Doppelbesteuerungsabkommen und der §§ 43b und 50g
§ 50e	Bußgeldvorschriften; Nichtverfolgung von Steuerstraftaten bei geringfügiger Beschäftigung in Privathaushalten
§ 50f	Bußgeldvorschriften
§ 50g	Entlastung vom Steuerabzug bei Zahlungen von Zinsen und Lizenzgebühren zwischen verbundenen Unternehmen verschiedener Mitgliedstaaten der Europäischen Union
§ 50h	Bestätigung für Zwecke der Entlastung von Quellensteuern in einem anderen Mitgliedstaat der Europäischen Union oder der Schweizerischen Eidgenossenschaft
§ 50i	Besteuerung bestimmter Einkünfte und Anwendung von Doppelbesteuerungsabkommen
§ 51	Ermächtigungen
§ 51a	Festsetzung und Erhebung von Zuschlagsteuern
§ 52	Anwendungsvorschriften
§ 52a	– *weggefallen* –
§ 52b	Übergangsregelungen bis zur Anwendung der elektronischen Lohnsteuerabzugsmerkmale
§ 53	Sondervorschrift zur Steuerfreistellung des Existenzminimums eines Kindes in den Veranlagungszeiträumen 1983 bis 1995
§ 54	– *weggefallen* –
§ 55	Schlussvorschriften (Sondervorschriften für die Gewinnermittlung nach § 4 oder nach Durchschnittssätzen bei vor dem 1. Juli 1970 angeschafftem Grund und Boden)
§ 56	Sondervorschriften für Steuerpflichtige in dem in Artikel 3 des Einigungsvertrages genannten Gebiet
§ 57	Besondere Anwendungsregeln aus Anlass der Herstellung der Einheit Deutschlands
§ 58	Weitere Anwendung von Rechtsvorschriften, die vor Herstellung der Einheit Deutschlands in dem in Artikel 3 des Einigungsvertrages genannten Gebiet gegolten haben
§§ 59 bis 61	– *weggefallen* –

X. Kindergeld

§ 62	Anspruchsberechtigte
§ 63	Kinder
§ 64	Zusammentreffen mehrerer Ansprüche
§ 65	Andere Leistungen für Kinder
§ 66	Höhe des Kindergeldes, Zahlungszeitraum
§ 67	Antrag
§ 68	Besondere Mitwirkungspflichten
§ 69	Überprüfung des Fortbestehens von Anspruchsvoraussetzungen durch Meldedaten-Übermittlung
§ 70	Festsetzung und Zahlung des Kindergeldes
§ 71	– *weggefallen* –
§ 72	Festsetzung und Zahlung des Kindergeldes an Angehörige des öffentlichen Dienstes
§ 73	– *weggefallen* –
§ 74	Zahlung des Kindergeldes in Sonderfällen
§ 75	Aufrechnung
§ 76	Pfändung
§ 76a	– *weggefallen* –
§ 77	Erstattung von Kosten im Vorverfahren
§ 78	Übergangsregelungen

XI. Altersvorsorgezulage

§ 79	Zulageberechtigte
§ 80	Anbieter
§ 81	Zentrale Stelle
§ 81a	Zuständige Stelle
§ 82	Altersvorsorgebeiträge
§ 83	Altersvorsorgezulage
§ 84	Grundzulage
§ 85	Kinderzulage
§ 86	Mindesteigenbeitrag
§ 87	Zusammentreffen mehrerer Verträge
§ 88	Entstehung des Anspruchs auf Zulage
§ 89	Antrag
§ 90	Verfahren
§ 91	Datenerhebung und Datenabgleich
§ 92	Bescheinigung
§ 92a	Verwendung für eine selbst genutzte Wohnung
§ 92b	Verfahren bei Verwendung für eine selbst genutzte Wohnung
§ 93	Schädliche Verwendung
§ 94	Verfahren bei schädlicher Verwendung
§ 95	Sonderfälle der Rückzahlung
§ 96	Anwendung der Abgabenordnung, allgemeine Vorschriften
§ 97	Übertragbarkeit
§ 98	Rechtsweg
§ 99	Ermächtigung
Anlage 1 (zu § 4d Absatz 1)	Tabelle für die Errechnung des Deckungskapitals für lebenslänglich laufende Leistungen von Unterstützungskassen
Anlage 1a (zu § 13a)	Ermittlung des Gewinns aus Land- und Forstwirtschaft nach Durchschnittssätzen
Anlage 2 (zu § 43b)	Gesellschaften im Sinne der Richtlinie 90/435/EWG
Anlage 3 (zu § 50g)	

EStG – Gesetzestext §§ 1–2

I. Steuerpflicht

§ 1
Steuerpflicht

(1) ¹Natürliche Personen, die im Inland einen Wohnsitz oder ihren gewöhnlichen Aufenthalt haben, sind unbeschränkt einkommensteuerpflichtig. ²Zum Inland im Sinne dieses Gesetzes gehört auch der der Bundesrepublik Deutschland zustehende Anteil

1. am Festlandsockel, soweit dort Naturschätze des Meeresgrundes und des Meeresuntergrundes erforscht oder ausgebeutet werden, und
2. an der ausschließlichen Wirtschaftszone, soweit dort Energieerzeugungsanlagen errichtet oder betrieben werden, die erneuerbare Energien nutzen.

(2) ¹Unbeschränkt einkommensteuerpflichtig sind auch deutsche Staatsangehörige, die

1. im Inland weder einen Wohnsitz noch ihren gewöhnlichen Aufenthalt haben und
2. zu einer inländischen juristischen Person des öffentlichen Rechts in einem Dienstverhältnis stehen und dafür Arbeitslohn aus einer inländischen öffentlichen Kasse beziehen,

sowie zu ihrem Haushalt gehörende Angehörige, die die deutsche Staatsangehörigkeit besitzen oder keine Einkünfte oder nur Einkünfte beziehen, die ausschließlich im Inland einkommensteuerpflichtig sind. ²Dies gilt nur für natürliche Personen, die in dem Staat, in dem sie ihren Wohnsitz oder ihren gewöhnlichen Aufenthalt haben, lediglich in einem der beschränkten Einkommensteuerpflicht ähnlichen Umfang zu einer Steuer vom Einkommen herangezogen werden.

(3) ¹Auf Antrag werden auch natürliche Personen als unbeschränkt einkommensteuerpflichtig behandelt, die im Inland weder einen Wohnsitz noch ihren gewöhnlichen Aufenthalt haben, soweit sie inländische Einkünfte im Sinne des § 49 haben. ²Dies gilt nur, wenn ihre Einkünfte im Kalenderjahr mindestens zu 90 Prozent der deutschen Einkommensteuer unterliegen oder die nicht der deutschen Einkommensteuer unterliegenden Einkünfte den Grundfreibetrag nach § 32a Absatz 1 Satz 2 Nummer 1 nicht übersteigen; dieser Betrag ist zu kürzen, soweit es nach den Verhältnissen im Wohnsitzstaat des Steuerpflichtigen notwendig und angemessen ist. ³Inländische Einkünfte, die nach einem Abkommen zur Vermeidung der Doppelbesteuerung nur der Höhe nach beschränkt besteuert werden dürfen, gelten hierbei als nicht der deutschen Einkommensteuer unterliegend. ⁴Unberücksichtigt bleiben bei der Ermittlung der Einkünfte nach Satz 2 nicht der deutschen Einkommensteuer unterliegende Einkünfte, die im Ausland nicht besteuert werden, soweit vergleichbare Einkünfte im Inland steuerfrei sind. ⁵Weitere Voraussetzung ist, dass die Höhe der nicht der deutschen Einkommensteuer unterliegenden Einkünfte durch eine Bescheinigung der zuständigen ausländischen Steuerbehörde nachgewiesen wird. ⁶Der Steuerabzug nach § 50a ist ungeachtet der Sätze 1 bis 4 vorzunehmen.

(4) Natürliche Personen, die im Inland weder einen Wohnsitz noch ihren gewöhnlichen Aufenthalt haben, sind vorbehaltlich der Absätze 2 und 3 und des § 1a beschränkt einkommensteuerpflichtig, wenn sie inländische Einkünfte im Sinne des § 49 haben.

§ 1a

(1) Für Staatsangehörige eines Mitgliedstaates der Europäischen Union oder eines Staates, auf den das Abkommen über den Europäischen Wirtschaftsraum anwendbar ist, die nach § 1 Absatz 1 unbeschränkt einkommensteuerpflichtig sind oder die nach § 1 Absatz 3 als unbeschränkt einkommensteuerpflichtig zu behandeln sind, gilt bei Anwendung von § 10 Absatz 1a und § 26 Absatz 1 Satz 1 Folgendes:

1. Aufwendungen im Sinne des § 10 Absatz 1a sind auch dann als Sonderausgaben abziehbar, wenn der Empfänger der Leistung oder Zahlung nicht unbeschränkt einkommensteuerpflichtig ist. Voraussetzung ist, dass
    a) der Empfänger seinen Wohnsitz oder gewöhnlichen Aufenthalt im Hoheitsgebiet eines anderen Mitgliedstaates der Europäischen Union oder eines Staates, auf den das Abkommen über den Europäischen Wirtschaftsraum Anwendung findet und
    b) die Besteuerung der nach § 10 Absatz 1a zu berücksichtigenden Leistung oder Zahlung beim Empfänger durch eine Bescheinigung der zuständigen ausländischen Steuerbehörde nachgewiesen wird;
2. der nicht dauernd getrennt lebende Ehegatte ohne Wohnsitz oder gewöhnlichen Aufenthalt im Inland wird auf Antrag für die Anwendung des § 26 Absatz 1 Satz 1 als unbeschränkt einkommensteuerpflichtig behandelt. ²Nummer 1 Satz 2 gilt entsprechend. ³Bei Anwendung des § 1 Absatz 3 Satz 2 ist auf die Einkünfte beider Ehegatten abzustellen und der Grundfreibetrag nach § 32a Absatz 1 Satz 2 Nummer 1 zu verdoppeln.

(2) Für unbeschränkt einkommensteuerpflichtige Personen im Sinne des § 1 Absatz 2, die die Voraussetzungen des § 1 Absatz 3 Satz 2 bis 5 erfüllen, und für unbeschränkt einkommensteuerpflichtige Personen im Sinne des § 1 Absatz 3, die die Voraussetzungen des § 1 Absatz 2 Satz 1 Nummer 1 und 2 erfüllen und an einem ausländischen Dienstort tätig sind, gilt die Regelung des Absatzes 1 Nummer 2 entsprechend mit der Maßgabe, dass auf Wohnsitz oder gewöhnlichen Aufenthalt im Staat des ausländischen Dienstortes abzustellen ist.

II. Einkommen

1. Sachliche Voraussetzungen für die Besteuerung

§ 2
Umfang der Besteuerung, Begriffsbestimmungen

(1) ¹Der Einkommensteuer unterliegen

1. Einkünfte aus Land- und Forstwirtschaft,
2. Einkünfte aus Gewerbebetrieb,
3. Einkünfte aus selbständiger Arbeit,
4. Einkünfte aus nichtselbständiger Arbeit,
5. Einkünfte aus Kapitalvermögen,
6. Einkünfte aus Vermietung und Verpachtung,
7. sonstige Einkünfte im Sinne des § 22,

die der Steuerpflichtige während seiner unbeschränkten Einkommensteuerpflicht oder als inländische Einkünfte während seiner beschränkten Einkommensteuerpflicht erzielt. ²Zu welcher Einkunftsart die Einkünfte im einzelnen Fall gehören, bestimmt sich nach den §§ 13 bis 24.

(2) ¹Einkünfte sind

1. bei Land- und Forstwirtschaft, Gewerbebetrieb und selbständiger Arbeit der Gewinn (§§ 4 bis 7k und 13a),
2. bei den anderen Einkunftsarten der Überschuss der Einnahmen über die Werbungskosten (§§ 8 bis 9a).

²Bei Einkünften aus Kapitalvermögen tritt § 20 Absatz 9 vorbehaltlich der Regelung in § 32d Absatz 2 an die Stelle der §§ 9 und 9a.

(3) Die Summe der Einkünfte, vermindert um den Altersentlastungsbetrag, den Entlastungsbetrag für Alleinerziehende und den Abzug nach § 13 Absatz 3, ist der Gesamtbetrag der Einkünfte.

(4) Der Gesamtbetrag der Einkünfte, vermindert um die Sonderausgaben und die außergewöhnlichen Belastungen, ist das Einkommen.

(5) ¹Das Einkommen, vermindert um die Freibeträge nach § 32 Absatz 6 und um die sonstigen vom Einkommen abzuziehenden Beträge, ist das zu versteuernde Einkommen; dieses bildet die Bemessungsgrundlage für die tarifliche Einkommensteuer. ²Knüpfen andere Gesetze an den Begriff des zu versteuernden Einkommens an, ist für deren Zweck das Einkommen in allen Fällen des § 32 um die Freibeträge nach § 32 Absatz 6 zu vermindern.

(5a) ¹Knüpfen außersteuerliche Rechtsnormen an die in den vorstehenden Absätzen definierten Begriffe (Einkünfte, Summe der Einkünfte, Gesamtbetrag der Einkünfte, Einkommen, zu versteuerndes Einkommen) an, erhöhen sich für deren Zwecke diese Größen um die nach § 32d Absatz 1 und nach § 43 Absatz 5 zu besteuernden Beträge sowie um die nach § 3 Nummer 40 steuerfreien Beträge und mindern sich um die nach § 3c Absatz 2 nicht abziehbaren Beträge. ²Knüpfen außersteuerliche Rechtsnormen an die in den

Absätzen 1 bis 3 genannten Begriffe (Einkünfte, Summe der Einkünfte, Gesamtbetrag der Einkünfte) an, mindern sich für deren Zwecke diese Größen um die nach § 10 Absatz 1 Nummer 5 abziehbaren Kinderbetreuungskosten.

(5b) Soweit Rechtsnormen dieses Gesetzes an die in den vorstehenden Absätzen definierten Begriffe (Einkünfte, Summe der Einkünfte, Gesamtbetrag der Einkünfte, Einkommen, zu versteuerndes Einkommen) anknüpfen, sind Kapitalerträge nach § 32d Absatz 1 und § 43 Absatz 5 nicht einzubeziehen.

(6) [1]Die tarifliche Einkommensteuer, vermindert um die anzurechnenden ausländischen Steuern und die Steuerermäßigungen, vermehrt um die Steuer nach § 32d Absatz 3 und 4, die Steuer nach § 34c Absatz 5 und den Zuschlag nach § 3 Absatz 4 Satz 2 des Forstschäden-Ausgleichsgesetzes in der Fassung der Bekanntmachung vom 26. April 1985 (BGBl. I S. 1756), das zuletzt durch Artikel 18 des Gesetzes vom 19. Dezember 2008 (BGBl. I S. 2794) geändert worden ist, in der jeweils geltenden Fassung, ist die festzusetzende Einkommensteuer. [2]Wurde der Gesamtbetrag der Einkünfte in den Fällen des § 10a Absatz 2 um Sonderausgaben nach § 10a Absatz 1 gemindert, ist für die Ermittlung der festzusetzenden Einkommensteuer der Anspruch auf Zulage nach Abschnitt XI der tariflichen Einkommensteuer hinzuzurechnen; bei der Ermittlung der dem Steuerpflichtigen zustehenden Zulage bleibt die Erhöhung der Grundzulage nach § 84 Satz 2 außer Betracht. [3]Wird das Einkommen in den Fällen des § 31 um die Freibeträge nach § 32 Absatz 6 gemindert, ist der Anspruch auf Kindergeld nach Abschnitt X der tariflichen Einkommensteuer hinzuzurechnen.

(7) [1]Die Einkommensteuer ist eine Jahressteuer. [2]Die Grundlagen für ihre Festsetzung sind jeweils für ein Kalenderjahr zu ermitteln. [3]Besteht während eines Kalenderjahres sowohl unbeschränkte als auch beschränkte Einkommensteuerpflicht, so sind die während der beschränkten Einkommensteuerpflicht erzielten inländischen Einkünfte in eine Veranlagung zur unbeschränkten Einkommensteuerpflicht einzubeziehen.

(8) Die Regelungen dieses Gesetzes zu Ehegatten und Ehen sind auch auf Lebenspartner und Lebenspartnerschaften anzuwenden.

§ 2a
Negative Einkünfte mit Bezug zu Drittstaaten

(1) [1]Negative Einkünfte
1. aus einer in einem Drittstaat belegenen land- und forstwirtschaftlichen Betriebsstätte,
2. aus einer in einem Drittstaat belegenen gewerblichen Betriebsstätte,
3. a) aus dem Ansatz des niedrigeren Teilwerts eines zu einem Betriebsvermögen gehörenden Anteils an einer Drittstaaten-Körperschaft oder
   b) aus der Veräußerung oder Entnahme eines zu einem Betriebsvermögen gehörenden Anteils an einer Drittstaaten-Körperschaft oder aus der Auflösung oder Herabsetzung des Kapitals einer Drittstaaten-Körperschaft,
4. in den Fällen des § 17 bei einem Anteil an einer Drittstaaten-Kapitalgesellschaft,
5. aus der Beteiligung an einem Handelsgewerbe als stiller Gesellschafter und aus partiarischen Darlehen, wenn der Schuldner Wohnsitz, Sitz oder Geschäftsleitung in einem Drittstaat hat,
6. a) aus der Vermietung oder der Verpachtung von unbeweglichem Vermögen oder von Sachinbegriffen, wenn diese in einem Drittstaat belegen sind, oder
   b) aus der entgeltlichen Überlassung von Schiffen, sofern der Überlassende nicht nachweist, dass diese ausschließlich oder fast ausschließlich in einem anderen Staat als einem Drittstaat eingesetzt worden sind, es sei denn, es handelt sich um Handelsschiffe, die
      aa) von einem Vercharterer ausgerüstet überlassen oder
      bb) an in einem anderen als in einem Drittstaat ansässige Ausrüster, die die Voraussetzungen des § 510 Absatz 1 des Handelsgesetzbuchs erfüllen, überlassen oder
      cc) insgesamt nur vorübergehend an in einem Drittstaat ansässige Ausrüster, die die Voraussetzungen des § 510 Absatz 1 des Handelsgesetzbuchs erfüllen, überlassen worden sind, oder
   c) aus dem Ansatz des niedrigeren Teilwerts oder der Übertragung eines zu einem Betriebsvermögen gehörenden Wirtschaftsguts im Sinne der Buchstaben a und b,
7. a) aus dem Ansatz des niedrigeren Teilwerts, der Veräußerung oder Entnahme eines zu einem Betriebsvermögen gehörenden Anteils an
   b) aus der Auflösung oder Herabsetzung des Kapitals,
   c) in den Fällen des § 17 bei einem Anteil an
   einer Körperschaft mit Sitz oder Geschäftsleitung in einem anderen Staat als einem Drittstaat, soweit die negativen Einkünfte auf einen der in den Nummern 1 bis 6 genannten Tatbestände zurückzuführen sind,

dürfen nur mit positiven Einkünften der jeweils selben Art und, mit Ausnahme der Fälle der Nummer 6 Buchstabe b, aus demselben Staat, in den Fällen der Nummer 7 aufgrund von Tatbeständen der jeweils selben Art aus demselben Staat, ausgeglichen werden; sie dürfen auch nicht nach § 10d abgezogen werden. [2]Den negativen Einkünften sind Gewinnminderungen gleichgestellt. [3]Soweit die negativen Einkünfte nicht nach Satz 1 ausgeglichen werden können, mindern sie die positiven Einkünfte der jeweils selben Art, die der Steuerpflichtige in den folgenden Veranlagungszeiträumen aus demselben Staat, in den Fällen der Nummer 7 aufgrund von Tatbeständen der jeweils selben Art aus demselben Staat, erzielt. [4]Die Minderung ist nur insoweit zulässig, als die negativen Einkünfte in den vorangegangenen Veranlagungszeiträumen nicht berücksichtigt werden konnten (verbleibende negative Einkünfte). [5]Die am Schluss eines Veranlagungszeitraums verbleibenden negativen Einkünfte sind gesondert festzustellen; § 10d Absatz 4 gilt sinngemäß.

(2) [1]Absatz 1 Satz 1 Nummer 2 ist nicht anzuwenden, wenn der Steuerpflichtige nachweist, dass die negativen Einkünfte aus einer gewerblichen Betriebsstätte in einem Drittstaat stammen, die ausschließlich oder fast ausschließlich die Herstellung oder Lieferung von Waren, außer Waffen, die Gewinnung von Bodenschätzen sowie die Bewirkung gewerblicher Leistungen zum Gegenstand hat, soweit diese nicht in der Errichtung oder dem Betrieb von Anlagen, die dem Fremdenverkehr dienen, oder in der Vermietung oder der Verpachtung von Wirtschaftsgütern einschließlich der Überlassung von Rechten, Plänen, Mustern, Verfahren, Erfahrungen und Kenntnissen bestehen; das unmittelbare Halten einer Beteiligung von mindestens einem Viertel am Nennkapital einer Kapitalgesellschaft, die ausschließlich oder fast ausschließlich die vorgenannten Tätigkeiten zum Gegenstand hat, sowie die mit dem Halten der Beteiligung in Zusammenhang stehende Finanzierung gilt als Bewirkung gewerblicher Leistungen, wenn die Kapitalgesellschaft weder ihre Geschäftsleitung noch ihren Sitz im Inland hat. [2]Absatz 1 Satz 1 Nummer 3 und 4 ist nicht anzuwenden, wenn der Steuerpflichtige nachweist, dass die in Satz 1 genannten Voraussetzungen bei der Körperschaft entweder seit ihrer Gründung oder während der letzten fünf Jahre vor und in dem Veranlagungszeitraum vorgelegen haben, in dem die negativen Einkünfte bezogen werden.

(2a) [1]Bei der Anwendung der Absätze 1 und 2 sind
1. als Drittstaaten die Staaten anzusehen, die nicht Mitgliedstaaten der Europäischen Union sind;
2. Drittstaaten-Körperschaften und Drittstaaten-Kapitalgesellschaften solche, die weder ihre Geschäftsleitung noch ihren Sitz in einem Mitgliedstaat der Europäischen Union haben.

[2]Bei Anwendung des Satzes 1 sind den Mitgliedstaaten der Europäischen Union die Staaten gleichgestellt, auf die das Abkommen über den Europäischen Wirtschaftsraum anwendbar ist, sofern zwischen der Bundesrepublik Deutschland und dem anderen Staat aufgrund der Amtshilferichtlinie gemäß § 2 Absatz 2 des EU-Amtshilfegesetzes oder einer vergleichbaren zwei- oder mehrseitigen Vereinbarung Auskünfte erteilt werden, die erforderlich sind, um die Besteuerung durchzuführen.

2. Steuerfreie Einnahmen
§ 3

[1]Steuerfrei sind
1. a) Leistungen aus einer Krankenversicherung, aus einer Pflegeversicherung und aus der gesetzlichen Unfallversicherung,

b) Sachleistungen und Kinderzuschüsse aus den gesetzlichen Rentenversicherungen einschließlich der Sachleistungen nach dem Gesetz über die Alterssicherung der Landwirte,

c) Übergangsgeld nach dem Sechsten Buch Sozialgesetzbuch und Geldleistungen nach den §§ 10, 36 bis 39 des Gesetzes über die Alterssicherung der Landwirte,

d) das Mutterschaftsgeld nach dem Mutterschutzgesetz, der Reichsversicherungsordnung und dem Gesetz über die Krankenversicherung der Landwirte, die Sonderunterstützung für im Familienhaushalt beschäftigte Frauen, der Zuschuss zum Mutterschaftsgeld nach dem Mutterschutzgesetz sowie der Zuschuss bei Beschäftigungsverboten für die Zeit vor oder nach einer Entbindung sowie für den Entbindungstag während einer Elternzeit nach beamtenrechtlichen Vorschriften;

2. a) das Arbeitslosengeld, das Teilarbeitslosengeld, das Kurzarbeitergeld, der Zuschuss zum Arbeitsentgelt, das Übergangsgeld, der Gründungszuschuss nach dem Dritten Buch Sozialgesetzbuch sowie die übrigen Leistungen nach dem Dritten Buch Sozialgesetzbuch und den entsprechenden Programmen des Bundes und der Länder, soweit sie Arbeitnehmern oder Arbeitsuchenden oder zur Förderung der Aus- oder Weiterbildung oder Existenzgründung der Empfänger gewährt werden,

b) das Insolvenzgeld, Leistungen aufgrund der in § 169 und § 175 Absatz 2 des Dritten Buches Sozialgesetzbuch genannten Ansprüche sowie Zahlungen des Arbeitgebers an einen Sozialleistungsträger aufgrund des gesetzlichen Forderungsübergangs nach § 115 Absatz 1 des Zehnten Buches Sozialgesetzbuch, wenn ein Insolvenzereignis nach § 165 Absatz 1 Satz 2 auch in Verbindung mit Satz 3 des Dritten Buches Sozialgesetzbuch vorliegt,

c) die Arbeitslosenbeihilfe nach dem Soldatenversorgungsgesetz,

d) Leistungen zur Sicherung des Lebensunterhalts und zur Eingliederung in Arbeit nach dem Zweiten Buch Sozialgesetzbuch,

e) mit den in den Nummern 1 bis 2 Buchstabe d genannten Leistungen vergleichbare Leistungen ausländischer Rechtsträger, die ihren Sitz in einem Mitgliedstaat der Europäischen Union, in einem Staat, auf den das Abkommen über den Europäischen Wirtschaftsraum Anwendung findet oder in der Schweiz haben;

3. a) Rentenabfindungen nach § 107 des Sechsten Buches Sozialgesetzbuch, nach § 21 des Beamtenversorgungsgesetzes oder entsprechendem Landesrecht und nach § 43 des Soldatenversorgungsgesetzes in Verbindung mit § 21 des Beamtenversorgungsgesetzes,

b) Beitragserstattungen an den Versicherten nach den §§ 210 und 286d des Sechsten Buches Sozialgesetzbuch sowie nach den §§ 204, 205 und 207 des Sechsten Buches Sozialgesetzbuch, Beitragserstattungen nach den §§ 75 und 117 des Gesetzes über die Alterssicherung der Landwirte und nach § 26 des Vierten Buches Sozialgesetzbuch,

c) Leistungen aus berufsständischen Versorgungseinrichtungen, die den Leistungen nach den Buchstaben a und b entsprechen,

d) Kapitalabfindungen und Ausgleichszahlungen nach § 48 des Beamtenversorgungsgesetzes oder entsprechendem Landesrecht und nach den §§ 28 bis 35 und 38 des Soldatenversorgungsgesetzes;

4. bei Angehörigen der Bundeswehr, der Bundespolizei, der Zollverwaltung, der Bereitschaftspolizei der Länder, der Vollzugspolizei und der Berufsfeuerwehr der Länder und Gemeinden und bei Vollzugsbeamten der Kriminalpolizei des Bundes, der Länder und Gemeinden

a) der Geldwert der ihnen aus Dienstbeständen überlassenen Dienstkleidung,

b) Einkleidungsbeihilfen und Abnutzungsentschädigungen für die Dienstkleidung der zum Tragen oder Bereithalten von Dienstkleidung Verpflichteten und für dienstlich notwendige Kleidungsstücke der Vollzugsbeamten der Kriminalpolizei sowie der Angehörigen der Zollverwaltung,

c) im Einsatz gewährte Verpflegung oder Verpflegungszuschüsse,

d) der Geldwert der aufgrund gesetzlicher Vorschriften gewährten Heilfürsorge;

5. a) die Geld- und Sachbezüge, die Wehrpflichtige während des Wehrdienstes nach § 4 des Wehrpflichtgesetzes erhalten,

b) die Geld- und Sachbezüge, die Zivildienstleistende nach § 35 des Zivildienstgesetzes erhalten,

c) der nach § 2 Absatz 1 des Wehrsoldgesetzes an Soldaten im Sinne des § 1 Absatz 1 des Wehrsoldgesetzes gezahlte Wehrsold,

d) die an Reservistinnen und Reservisten der Bundeswehr im Sinne des § 1 des Reservistinnen- und Reservistengesetzes nach dem Wehrsoldgesetz gezahlten Bezüge,

e) die Heilfürsorge, die Soldaten nach § 6 des Wehrsoldgesetzes und Zivildienstleistende nach § 35 des Zivildienstgesetzes erhalten,

f) das an Personen, die einen in § 32 Absatz 4 Satz 1 Nummer 2 Buchstabe d genannten Freiwilligendienst leisten, gezahlte Taschengeld oder eine vergleichbare Geldleistung;

6. Bezüge, die aufgrund gesetzlicher Vorschriften aus öffentlichen Mitteln versorgungshalber an Wehrdienstbeschädigte, im Freiwilligen Wehrdienst Beschädigte, Zivildienstbeschädigte und im Bundesfreiwilligendienst Beschädigte oder ihre Hinterbliebenen, Kriegsbeschädigte, Kriegshinterbliebene und ihnen gleichgestellte Personen gezahlt werden, soweit es sich nicht um Bezüge handelt, die aufgrund der Dienstzeit gewährt werden. ²Gleichgestellte im Sinne des Satzes 1 sind auch Personen, die Anspruch auf Leistungen nach dem Bundesversorgungsgesetz oder auf Unfallfürsorgeleistungen nach dem Soldatenversorgungsgesetz, Beamtenversorgungsgesetz oder vergleichbarem Landesrecht haben;

7. Ausgleichsleistungen nach dem Lastenausgleichsgesetz, Leistungen nach dem Flüchtlingshilfegesetz, dem Bundesvertriebenengesetz, dem Reparationsschädengesetz, dem Vertriebenenzuwendungsgesetz, dem NS-Verfolgtenentschädigungsgesetz sowie Leistungen nach dem Entschädigungsgesetz und nach dem Ausgleichsleistungsgesetz, soweit sie nicht Kapitalerträge im Sinne des § 20 Absatz 1 Nummer 7 und Absatz 2 sind;

8. Geldrenten, Kapitalentschädigungen und Leistungen im Heilverfahren, die aufgrund gesetzlicher Vorschriften zur Wiedergutmachung nationalsozialistischen Unrechts gewährt werden. ²Die Steuerpflicht von Bezügen aus einem aus Wiedergutmachungsgründen neu begründeten oder wieder begründeten Dienstverhältnis sowie von Bezügen aus einem früheren Dienstverhältnis, die aus Wiedergutmachungsgründen neu gewährt oder wieder gewährt werden, bleibt unberührt;

8a. Renten wegen Alters und Renten wegen verminderter Erwerbsfähigkeit aus der gesetzlichen Rentenversicherung, die an Verfolgte im Sinne des § 1 des Bundesentschädigungsgesetzes gezahlt werden, wenn rentenrechtliche Zeiten aufgrund der Verfolgung in der Rente enthalten sind. ²Renten wegen Todes aus der gesetzlichen Rentenversicherung, wenn der verstorbene Versicherte Verfolgter im Sinne des § 1 des Bundesentschädigungsgesetzes war und wenn rentenrechtliche Zeiten aufgrund der Verfolgung in dieser Rente enthalten sind;

9. Erstattungen nach § 23 Absatz 2 Satz 1 Nummer 3 und 4 sowie nach § 39 Absatz 4 Satz 2 des Achten Buches Sozialgesetzbuch;

10. Einnahmen einer Gastfamilie für die Aufnahme eines behinderten oder von Behinderung bedrohten Menschen nach § 2 Absatz 1 des Neunten Buches Sozialgesetzbuch zur Pflege, Betreuung, Unterbringung und Verpflegung, die auf Leistungen eines Leistungsträgers nach dem Sozialgesetzbuch beruhen. ²Für Einnahmen im Sinne des Satzes 1, die nicht

auf Leistungen eines Leistungsträgers nach dem Sozialgesetzbuch beruhen, gilt Entsprechendes bis zur Höhe der Leistungen nach dem Zwölften Buch Sozialgesetzbuch. ³Überschreiten die aufgrund der in Satz 1 bezeichneten Tätigkeit bezogenen Einnahmen der Gastfamilie den steuerfreien Betrag, dürfen die mit der Tätigkeit in unmittelbarem wirtschaftlichen Zusammenhang stehenden Ausgaben abweichend von § 3c nur insoweit als Betriebsausgaben abgezogen werden, als sie den Betrag der steuerfreien Einnahmen übersteigen;

11. Bezüge aus öffentlichen Mitteln oder aus Mitteln einer öffentlichen Stiftung, die wegen Hilfsbedürftigkeit oder als Beihilfe zu dem Zweck bewilligt werden, die Erziehung oder Ausbildung, die Wissenschaft oder Kunst unmittelbar zu fördern. ²Darunter fallen nicht Kinderzuschläge und Kinderbeihilfen, die aufgrund der Besoldungsgesetze, besonderer Tarife oder ähnlicher Vorschriften gewährt werden. ³Voraussetzung für die Steuerfreiheit ist, dass der Empfänger mit den Bezügen nicht zu einer bestimmten wissenschaftlichen oder künstlerischen Gegenleistung oder zu einer bestimmten Arbeitnehmertätigkeit verpflichtet wird. ⁴Den Bezügen aus öffentlichen Mitteln wegen Hilfsbedürftigkeit gleichgestellt sind Beitragsermäßigungen und Prämienrückzahlungen eines Trägers der gesetzlichen Krankenversicherung für nicht in Anspruch genommene Beihilfeleistungen;

12. aus einer Bundeskasse oder Landeskasse gezahlte Bezüge, die zum einen
    a) in einem Bundesgesetz oder Landesgesetz,
    b) auf Grundlage einer bundesgesetzlichen oder landesgesetzlichen Ermächtigung beruhenden Bestimmung oder
    c) von der Bundesregierung oder einer Landesregierung

    als Aufwandsentschädigung festgesetzt sind und die zum anderen jeweils auch als Aufwandsentschädigung im Haushaltsplan ausgewiesen werden. ²Das Gleiche gilt für andere Bezüge, die als Aufwandsentschädigung aus öffentlichen Kassen an öffentliche Dienste leistende Personen gezahlt werden, soweit nicht festgestellt wird, dass sie für Verdienstausfall oder Zeitverlust gewährt werden oder den Aufwand, der dem Empfänger erwächst, offenbar übersteigen;

13. die aus öffentlichen Kassen gezahlten Reisekostenvergütungen, Umzugskostenvergütungen und Trennungsgelder. ²Die als Reisekostenvergütungen gezahlten Vergütungen für Verpflegung sind nur insoweit steuerfrei, als sie die Pauschbeträge nach § 9 Absatz 4a nicht übersteigen; Trennungsgelder sind nur insoweit steuerfrei, als sie die nach § 9 Absatz 1 Satz 3 Nummer 5 und Absatz 4a abziehbaren Aufwendungen nicht übersteigen;

14. Zuschüsse eines Trägers der gesetzlichen Rentenversicherung zu den Aufwendungen eines Rentners für seine Krankenversicherung und von dem gesetzlichen Rentenversicherungsträger getragene Anteile (§ 249a des Fünften Buches Sozialgesetzbuch) an den Beiträgen für die gesetzliche Krankenversicherung;

15. – weggefallen –

16. die Vergütungen, die Arbeitnehmer außerhalb des öffentlichen Dienstes von ihrem Arbeitgeber zur Erstattung von Reisekosten, Umzugskosten oder Mehraufwendungen bei doppelter Haushaltsführung erhalten, soweit sie die nach § 9 als Werbungskosten abziehbaren Aufwendungen nicht übersteigen;

17. Zuschüsse zum Beitrag nach § 32 des Gesetzes über die Alterssicherung der Landwirte;

18. das Aufgeld für ein an die Bank für Vertriebene und Geschädigte (Lastenausgleichsbank) zugunsten des Ausgleichsfonds (§ 5 des Lastenausgleichsgesetzes) gegebenes Darlehen, wenn das Darlehen nach § 7f des Gesetzes in der Fassung der Bekanntmachung vom 15. September 1953 (BGBl. I S. 1355) im Jahr der Hingabe als Betriebsausgabe abzugsfähig war;

19. – weggefallen –

20. die aus öffentlichen Mitteln des Bundespräsidenten aus sittlichen oder sozialen Gründen gewährten Zuwendungen an besonders verdiente Personen oder ihre Hinterbliebenen;

21. – weggefallen –

22. – weggefallen –

23. die Leistungen nach dem Häftlingshilfegesetz, dem Strafrechtlichen Rehabilitierungsgesetz, dem Verwaltungsrechtlichen Rehabilitierungsgesetz und dem Beruflichen Rehabilitierungsgesetz;

24. Leistungen, die aufgrund des Bundeskindergeldgesetzes gewährt werden;

25. Entschädigungen nach dem Infektionsschutzgesetz vom 20. Juli 2000 (BGBl. I S. 1045);

26. Einnahmen aus nebenberuflichen Tätigkeiten als Übungsleiter, Ausbilder, Erzieher, Betreuer oder vergleichbaren nebenberuflichen Tätigkeiten, aus nebenberuflichen künstlerischen Tätigkeiten oder der nebenberuflichen Pflege alter, kranker oder behinderter Menschen im Dienst oder im Auftrag einer juristischen Person des öffentlichen Rechts, die in einem Mitgliedstaat der Europäischen Union oder in einem Staat belegen ist, auf den das Abkommen über den Europäischen Wirtschaftsraum Anwendung findet, oder einer unter § 5 Absatz 1 Nummer 9 des Körperschaftsteuergesetzes fallenden Einrichtung zur Förderung gemeinnütziger, mildtätiger und kirchlicher Zwecke (§§ 52 bis 54 der Abgabenordnung) bis zur Höhe von insgesamt 2 400 Euro im Jahr. ²Überschreiten die Einnahmen für die in Satz 1 bezeichneten Tätigkeiten den steuerfreien Betrag, dürfen die mit den nebenberuflichen Tätigkeiten in unmittelbarem wirtschaftlichen Zusammenhang stehenden Ausgaben abweichend von § 3c nur insoweit als Betriebsausgaben oder Werbungskosten abgezogen werden, als sie den Betrag der steuerfreien Einnahmen übersteigen;

26a. Einnahmen aus nebenberuflichen Tätigkeiten im Dienst oder Auftrag einer juristischen Person des öffentlichen Rechts, die in einem Mitgliedstaat der Europäischen Union oder in einem Staat belegen ist, auf den das Abkommen über den Europäischen Wirtschaftsraum Anwendung findet, oder einer unter § 5 Absatz 1 Nummer 9 des Körperschaftsteuergesetzes fallenden Einrichtung zur Förderung gemeinnütziger, mildtätiger und kirchlicher Zwecke (§§ 52 bis 54 der Abgabenordnung) bis zur Höhe von insgesamt 720 Euro im Jahr. ²Die Steuerbefreiung ist ausgeschlossen, wenn für die Einnahmen aus der Tätigkeit – ganz oder teilweise – eine Steuerbefreiung nach § 3 Nummer 12, 26 oder 26b gewährt wird. ³Überschreiten die Einnahmen für die in Satz 1 bezeichneten Tätigkeiten den steuerfreien Betrag, dürfen die mit den nebenberuflichen Tätigkeiten in unmittelbarem wirtschaftlichen Zusammenhang stehenden Ausgaben abweichend von § 3c nur insoweit als Betriebsausgaben oder Werbungskosten abgezogen werden, als sie den Betrag der steuerfreien Einnahmen übersteigen;

26b. Aufwandsentschädigungen nach § 1835a des Bürgerlichen Gesetzbuchs, soweit sie zusammen mit den steuerfreien Einnahmen im Sinne der Nummer 26 den Freibetrag nach Nummer 26 Satz 1 nicht überschreiten. ²Nummer 26 Satz 2 gilt entsprechend;

27. der Grundbetrag der Produktionsaufgaberente und das Ausgleichsgeld nach dem Gesetz zur Förderung der Einstellung der landwirtschaftlichen Erwerbstätigkeit bis zum Höchstbetrag von 18 407 Euro;

28. die Aufstockungsbeträge im Sinne des § 3 Absatz 1 Nummer 1 Buchstabe a sowie die Beiträge und Aufwendungen im Sinne des § 3 Absatz 1 Nummer 1 Buchstabe b und des § 4 Absatz 2 des Altersteilzeitgesetzes, die Zuschläge, die versicherungsfrei Beschäftigte im Sinne des § 27 Absatz 1 Nummer 1 bis 3 des Dritten Buches Sozialgesetzbuch zur Aufstockung der Bezüge bei Altersteilzeit nach beamtenrechtlichen Vorschriften oder Grundsätzen erhalten sowie die Zahlungen des Arbeitgebers zur Übernahme der Beiträge im Sinne des § 187a des Sechsten Buches Sozialgesetzbuch, soweit sie 50 vom Hundert der Beiträge nicht übersteigen;

29. das Gehalt und die Bezüge,
    a) die die diplomatischen Vertreter ausländischer Staaten, die ihnen zugewiesenen Beamten und die in ihren Diensten stehenden Personen erhalten. ²Dies gilt nicht für deutsche Staatsangehörige oder für im Inland ständig ansässige Personen;

EStG – Gesetzestext § 3

b) der Berufskonsuln, der Konsulatsangehörigen und ihres Personals, soweit sie Angehörige des Entsendestaates sind. ²Dies gilt nicht für Personen, die im Inland ständig ansässig sind oder außerhalb ihres Amtes oder Dienstes einen Beruf, ein Gewerbe oder eine andere gewinnbringende Tätigkeit ausüben;

30. Entschädigungen für die betriebliche Benutzung von Werkzeugen eines Arbeitnehmers (Werkzeuggeld), soweit sie die entsprechenden Aufwendungen des Arbeitnehmers nicht offensichtlich übersteigen;

31. die typische Berufskleidung, die der Arbeitgeber seinem Arbeitnehmer unentgeltlich oder verbilligt überlässt; dasselbe gilt für eine Barablösung eines nicht nur einzelvertraglichen Anspruchs auf Gestellung von typischer Berufskleidung, wenn die Barablösung betrieblich veranlasst ist und die entsprechenden Aufwendungen des Arbeitnehmers nicht offensichtlich übersteigt;

32. die unentgeltliche oder verbilligte Sammelbeförderung eines Arbeitnehmers zwischen Wohnung und erster Tätigkeitsstätte sowie bei Fahrten nach § 9 Absatz 1 Satz 3 Nummer 4a Satz 3 mit einem vom Arbeitgeber gestellten Beförderungsmittel, soweit die Sammelbeförderung für den betrieblichen Einsatz des Arbeitnehmers notwendig ist;

33. zusätzlich zum ohnehin geschuldeten Arbeitslohn erbrachte Leistungen des Arbeitgebers zur Unterbringung und Betreuung von nicht schulpflichtigen Kindern der Arbeitnehmer in Kindergärten oder vergleichbaren Einrichtungen;

34. zusätzlich zum ohnehin geschuldeten Arbeitslohn erbrachte Leistungen des Arbeitgebers zur Verbesserung des allgemeinen Gesundheitszustandes und der betrieblichen Gesundheitsförderung, die hinsichtlich Qualität, Zweckbindung und Zielgerichtetheit den Anforderungen der §§ 20 und 20a des Fünften Buches Sozialgesetzbuch genügen, soweit sie 500 Euro im Kalenderjahr nicht übersteigen;

34a. zusätzlich zum ohnehin geschuldeten Arbeitslohn erbrachte Leistungen des Arbeitgebers

a) an ein Dienstleistungsunternehmen, das den Arbeitnehmer hinsichtlich der Betreuung von Kindern oder pflegebedürftigen Angehörigen berät oder hierfür Betreuungspersonen vermittelt sowie

b) zur kurzfristigen Betreuung von Kindern im Sinne des § 32 Absatz 1, die das 14. Lebensjahr noch nicht vollendet haben oder die wegen einer vor Vollendung des 25. Lebensjahres eingetretenen körperlichen, geistigen oder seelischen Behinderung außerstande sind, sich selbst zu unterhalten oder pflegebedürftigen Angehörigen des Arbeitnehmers, wenn die Betreuung aus zwingenden und beruflich veranlassten Gründen notwendig ist, auch wenn sie im privaten Haushalt des Arbeitnehmers stattfindet, soweit die Leistungen 600 Euro im Kalenderjahr nicht übersteigen;

35. die Einnahmen der bei der Deutsche Post AG, Deutsche Postbank AG oder Deutsche Telekom AG beschäftigten Beamten, soweit die Einnahmen ohne Neuordnung des Postwesens und der Telekommunikation nach den Nummern 11 bis 13 und 64 steuerfrei wären;

36. Einnahmen für Leistungen zur Grundpflege oder hauswirtschaftlichen Versorgung bis zur Höhe des Pflegegeldes nach § 37 des Elften Buches Sozialgesetzbuch, wenn diese Leistungen von Angehörigen des Pflegebedürftigen oder von anderen Personen, die damit eine sittliche Pflicht im Sinne des § 33 Absatz 2 gegenüber dem Pflegebedürftigen erfüllen, erbracht werden. ²Entsprechendes gilt, wenn der Pflegebedürftige Pflegegeld aus privaten Versicherungsverträgen nach den Vorgaben des Elften Buches Sozialgesetzbuch oder eine Pauschalbeihilfe nach Beihilfevorschriften für häusliche Pflege erhält;

37. – weggefallen –

38. Sachprämien, die der Steuerpflichtige für die persönliche Inanspruchnahme von Dienstleistungen von Unternehmen unentgeltlich erhält, die diese zum Zwecke der Kundenbindung im allgemeinen Geschäftsverkehr in einem jedermann zugänglichen planmäßigen Verfahren gewähren, soweit der Wert der Prämien 1 080 Euro im Kalenderjahr nicht übersteigt;

39. der Vorteil des Arbeitnehmers im Rahmen eines gegenwärtigen Dienstverhältnisses aus der unentgeltlichen oder verbilligten Überlassung von Vermögensbeteiligungen im Sinne des § 2 Absatz 1 Nummer 1 Buchstabe a, b und f bis l und Absatz 2 bis 5 des Fünften Vermögensbildungsgesetzes in der Fassung der Bekanntmachung vom 4. März 1994 (BGBl. I S. 406), zuletzt geändert durch Artikel 2 des Gesetzes vom 7. März 2009 (BGBl. I S. 451), in der jeweils geltenden Fassung, am Unternehmen des Arbeitgebers, soweit der Vorteil insgesamt 360 Euro im Kalenderjahr nicht übersteigt. ²Voraussetzung für die Steuerfreiheit ist, dass die Beteiligung mindestens allen Arbeitnehmern offensteht, die im Zeitpunkt der Bekanntgabe des Angebots ein Jahr oder länger ununterbrochen in einem gegenwärtigen Dienstverhältnis zum Unternehmen stehen.

³Als Unternehmen des Arbeitgebers im Sinne des Satzes 1 gilt auch ein Unternehmen im Sinne des § 18 des Aktiengesetzes. ⁴Als Wert der Vermögensbeteiligung ist der gemeine Wert anzusetzen;

40. 40 Prozent

a) der Betriebsvermögensmehrungen oder Einnahmen aus der Veräußerung oder der Entnahme von Anteilen an Körperschaften, Personenvereinigungen und Vermögensmassen, deren Leistungen beim Empfänger zu Einnahmen im Sinne des § 20 Absatz 1 Nummer 1 und 9 gehören, oder an einer Organgesellschaft im Sinne des § 14 oder § 17 des Körperschaftsteuergesetzes oder aus deren Auflösung oder Herabsetzung von deren Nennkapital oder aus dem Ansatz eines solchen Wirtschaftsguts mit dem Wert, der sich nach § 6 Absatz 1 Nummer 2 Satz 3 ergibt, soweit sie zu den Einkünften aus Land- und Forstwirtschaft, aus Gewerbebetrieb oder aus selbständiger Arbeit gehören. ²Dies gilt nicht, soweit der Ansatz des niedrigeren Teilwertes in vollem Umfang zu einer Gewinnminderung geführt hat und soweit diese Gewinnminderung nicht durch Ansatz eines Wertes, der sich nach § 6 Absatz 1 Nummer 2 Satz 3 ergibt, ausgeglichen worden ist. ³Satz 1 gilt außer für Betriebsvermögensmehrungen aus dem Ansatz mit dem Wert, der sich nach § 6 Absatz 1 Nummer 2 Satz 3 ergibt, ebenfalls nicht, soweit Abzüge nach § 6b oder ähnliche Abzüge voll steuerwirksam vorgenommen worden sind,

b) des Veräußerungspreises im Sinne des § 16 Absatz 2, soweit er auf die Veräußerung von Anteilen an Körperschaften, Personenvereinigungen und Vermögensmassen entfällt, deren Leistungen beim Empfänger zu Einnahmen im Sinne des § 20 Absatz 1 Nummer 1 und 9 gehören, oder an einer Organgesellschaft im Sinne des § 14 oder § 17 des Körperschaftsteuergesetzes. ²Satz 1 ist in den Fällen des § 16 Absatz 3 entsprechend anzuwenden. ³Buchstabe a Satz 3 gilt entsprechend,

c) des Veräußerungspreises oder des gemeinen Wertes im Sinne des § 17 Absatz 2. ²Satz 1 ist in den Fällen des § 17 Absatz 4 entsprechend anzuwenden,

d) der Bezüge im Sinne des § 20 Absatz 1 Nummer 1 und der Einnahmen im Sinne des § 20 Absatz 1 Nummer 9. ²Dies gilt nur, soweit sie das Einkommen der leistenden Körperschaft nicht gemindert haben. ³Satz 1 Buchstabe d Satz 2 gilt nicht, soweit eine verdeckte Gewinnausschüttung das Einkommen einer dem Steuerpflichtigen nahe stehenden Person erhöht hat und § 32a des Körperschaftsteuergesetzes auf die Veranlagung dieser nahe stehenden Person keine Anwendung findet,

e) der Bezüge im Sinne des § 20 Absatz 1 Nummer 2,

f) der besonderen Entgelte oder Vorteile im Sinne des § 20 Absatz 3, die neben den in § 20 Absatz 1 Nummer 1 und Absatz 2 Satz 1 Nummer 2 Buchstabe a bezeichneten Einnahmen oder an deren Stelle gewährt werden,

g) des Gewinns aus der Veräußerung von Dividendenscheinen und sonstigen Ansprüchen im Sinne des § 20 Absatz 2 Satz 1 Nummer 2 Buchstabe a,

h) des Gewinns aus der Abtretung von Dividendenansprüchen oder sonstigen Ansprüchen im Sinne des § 20 Absatz 2 Satz 1 Nummer 2 Buchstabe a in Verbindung mit § 20 Absatz 2 Satz 2,

i) der Bezüge im Sinne des § 22 Nummer 1 Satz 2, soweit diese von einer nicht von der Körperschaftsteuer befreiten Körperschaft, Personenvereinigung oder Vermögensmasse stammen.

²Dies gilt für Satz 1 Buchstabe d bis h nur in Verbindung mit § 20 Absatz 8. ³Satz 1 Buchstabe a, b und d bis h ist nicht anzuwenden für Anteile, die bei Kreditinstituten und Finanzdienstleistungsinstituten nach § 1a des Kreditwesengesetzes in Verbindung mit den Artikeln 102 bis 106 der Verordnung (EU) Nr. 575/2013 des Europäischen Parlaments und des Rates vom 26. Juni 2013 über Aufsichtsanforderungen an Kreditinstitute und Wertpapierfirmen und zur Änderung der Verordnung (EU) Nr. 646/2012 (ABl. L 176 vom 27.6.2013, S. 1) oder unmittelbar nach den Artikeln 102 bis 106 der Verordnung (EU) Nr. 575/2013 dem Handelsbuch zuzurechnen sind; Gleiches gilt für Anteile, die von Finanzunternehmen im Sinne des Gesetzes über das Kreditwesen mit dem Ziel der kurzfristigen Erzielung eines Eigenhandelserfolges erworben werden. ⁴Satz 3 zweiter Halbsatz gilt auch für Kreditinstitute, Finanzdienstleistungsinstitute und Finanzunternehmen mit Sitz in einem anderen Mitgliedstaat der Europäischen Union oder in einem anderen Vertragsstaat des EWR-Abkommens;

40a. 40 Prozent der Vergütungen im Sinne des § 18 Absatz 1 Nummer 4;

41. a) Gewinnausschüttungen, soweit für das Kalenderjahr oder Wirtschaftsjahr, in dem sie bezogen werden, oder für die vorangegangenen sieben Kalenderjahre oder Wirtschaftsjahre aus einer Beteiligung an derselben ausländischen Gesellschaft Hinzurechnungsbeträge (§ 10 Absatz 2 des Außensteuergesetzes) der Einkommensteuer unterlegen haben, § 11 Absatz 1 und 2 des Außensteuergesetzes in der Fassung des Artikels 12 des Gesetzes vom 21. Dezember 1993 (BGBl. I S. 2310) nicht anzuwenden war und der Steuerpflichtige dies nachweist; § 3c Absatz 2 gilt entsprechend;

b) Gewinne aus der Veräußerung eines Anteils an einer ausländischen Kapitalgesellschaft sowie aus deren Auflösung oder Herabsetzung ihres Kapitals, soweit für das Kalenderjahr oder Wirtschaftsjahr, in dem sie bezogen werden, oder für die vorangegangenen sieben Kalenderjahre oder Wirtschaftsjahre aus einer Beteiligung an derselben ausländischen Gesellschaft Hinzurechnungsbeträge (§ 10 Absatz 2 des Außensteuergesetzes) der Einkommensteuer unterlegen haben, § 11 Absatz 1 und 2 des Außensteuergesetzes in der Fassung des Artikels 12 des Gesetzes vom 21. Dezember 1993 (BGBl. I S. 2310) nicht anzuwenden war, der Steuerpflichtige dies nachweist und der Hinzurechnungsbetrag ihm nicht als Gewinnanteil zugeflossen ist.

²Die Prüfung, ob Hinzurechnungsbeträge der Einkommensteuer unterlegen haben, erfolgt im Rahmen der gesonderten Feststellung nach § 18 des Außensteuergesetzes;

42. die Zuwendungen, die aufgrund des Fulbright-Abkommens gezahlt werden;

43. der Ehrensold für Künstler sowie Zuwendungen aus Mitteln der Deutschen Künstlerhilfe, wenn es sich um Bezüge aus öffentlichen Mitteln handelt, die wegen der Bedürftigkeit des Künstlers gezahlt werden;

44. Stipendien, die aus öffentlichen Mitteln oder von zwischenstaatlichen oder überstaatlichen Einrichtungen, denen die Bundesrepublik Deutschland als Mitglied angehört, zur Förderung der Forschung oder zur Förderung der wissenschaftlichen oder künstlerischen Ausbildung oder Fortbildung gewährt werden. ²Das Gleiche gilt für Stipendien, die zu den in Satz 1 bezeichneten Zwecken von einer Einrichtung, die von einer Körperschaft des öffentlichen Rechts errichtet ist oder verwaltet wird, oder von einer Körperschaft, Personenvereinigung oder Vermögensmasse im Sinne des § 5 Absatz 1 Nummer 9 des Körperschaftsteuergesetzes gegeben werden. ³Voraussetzung für die Steuerfreiheit ist, dass

a) die Stipendien einen für die Erfüllung der Forschungsaufgabe oder für die Bestreitung des Lebensunterhalts und die Deckung des Ausbildungsbedarfs erforderlichen Betrag nicht übersteigen und nach den von dem Geber erlassenen Richtlinien vergeben werden,

b) der Empfänger im Zusammenhang mit dem Stipendium nicht zu einer bestimmten wissenschaftlichen oder künstlerischen Gegenleistung oder zu einer bestimmten Arbeitnehmertätigkeit verpflichtet ist;

45. die Vorteile des Arbeitnehmers aus der privaten Nutzung von betrieblichen Datenverarbeitungsgeräten und Telekommunikationsgeräten sowie deren Zubehör, aus zur privaten Nutzung überlassenen System- und Anwendungsprogrammen, die der Arbeitgeber auch in seinem Betrieb einsetzt, und aus den im Zusammenhang mit diesen Zuwendungen erbrachten Dienstleistungen. ²Satz 1 gilt entsprechend für Steuerpflichtige, denen die Vorteile im Rahmen einer Tätigkeit zugewendet werden, für die sie eine Aufwandsentschädigung im Sinne des § 3 Nummer 12 erhalten.

46. – weggefallen –

47. Leistungen nach § 14a Absatz 4 und § 14b des Arbeitsplatzschutzgesetzes;

48. Leistungen nach dem Unterhaltssicherungsgesetz, soweit sie nicht nach dessen § 15 Absatz 1 Satz 2 steuerpflichtig sind;

49. – weggefallen –

50. die Beträge, die der Arbeitnehmer vom Arbeitgeber erhält, um sie für ihn auszugeben (durchlaufende Gelder), und die Beträge, durch die Auslagen des Arbeitnehmers für den Arbeitgeber ersetzt werden (Auslagenersatz);

51. Trinkgelder, die anlässlich einer Arbeitsleistung dem Arbeitnehmer von Dritten freiwillig und ohne dass ein Rechtsanspruch auf sie besteht, zusätzlich zu dem Betrag gegeben werden, der für diese Arbeitsleistung zu zahlen ist;

52. – weggefallen –

53. die Übertragung von Wertguthaben nach § 7f Absatz 1 Satz 1 Nummer 2 des Vierten Buches Sozialgesetzbuch auf die Deutsche Rentenversicherung Bund. ²Die Leistungen aus dem Wertguthaben durch die Deutsche Rentenversicherung Bund gehören zu den Einkünften aus nichtselbständiger Arbeit im Sinne des § 19. ³Von ihnen ist Lohnsteuer einzubehalten;

54. Zinsen aus Entschädigungsansprüchen für deutsche Auslandsbonds im Sinne der §§ 52 bis 54 des Bereinigungsgesetzes für deutsche Auslandsbonds in der im Bundesgesetzblatt Teil III, Gliederungsnummer 4139-2, veröffentlichten bereinigten Fassung, soweit sich die Entschädigungsansprüche gegen den Bund oder die Länder richten. ²Das Gleiche gilt für die Zinsen aus Schuldverschreibungen und Schuldbuchforderungen, die nach den §§ 9, 10 und 14 des Gesetzes zur näheren Regelung der Entschädigungsansprüche für Auslandsbonds in der im Bundesgesetzblatt Teil III, Gliederungsnummer 4139-3, veröffentlichten bereinigten Fassung vom Bund oder von den Ländern für Entschädigungsansprüche erteilt oder eingetragen werden;

55. der in den Fällen des § 4 Absatz 2 Nummer 2 und Absatz 3 des Betriebsrentengesetzes vom 19. Dezember 1974 (BGBl. I S. 3610), das zuletzt durch Artikel 8 des Gesetzes vom 5. Juli 2004 (BGBl. I S. 1427) geändert worden ist, in der jeweils geltenden Fassung geleistete Übertragungswert nach § 4 Absatz 5 des Betriebsrentengesetzes, wenn die betriebliche Altersversorgung beim ehemaligen und neuen Arbeitgeber über einen Pensionsfonds, eine Pensionskasse oder ein Unternehmen der Lebensversicherung durchgeführt wird. ²Satz 1 gilt auch, wenn der Übertragungswert vom ehemaligen Arbeitgeber oder von einer Unterstützungskasse an den neuen Arbeitgeber oder eine andere Unterstützungskasse geleistet wird. ³Die Leistungen des neuen Arbeitgebers, der Unterstützungskasse, des Pensionsfonds, der Pensionskasse oder des Unternehmens der Lebensversicherung aufgrund des Betrages nach Satz 1 und 2 gehören zu den Einkünften, zu denen die Leistungen gehören würden, wenn die Übertragung nach § 4 Absatz 2 Nummer 2 und Absatz 3 des Betriebsrentengesetzes nicht stattgefunden hätte;

EStG – Gesetzestext § 3

55a. die nach § 10 des Versorgungsausgleichsgesetzes vom 3. April 2009 (BGBl. I S. 700) in der jeweils geltenden Fassung (interne Teilung) durchgeführte Übertragung von Anrechten für die ausgleichsberechtigte Person zu Lasten von Anrechten der ausgleichspflichtigen Person. ²Die Leistungen aus diesen Anrechten gehören bei der ausgleichsberechtigten Person zu den Einkünften, zu denen die Leistungen bei der ausgleichspflichtigen Person gehören würden, wenn die interne Teilung nicht stattgefunden hätte;

55b. der nach § 14 des Versorgungsausgleichsgesetzes (externe Teilung) geleistete Ausgleichswert zur Begründung von Anrechten für die ausgleichsberechtigte Person zu Lasten von Anrechten der ausgleichspflichtigen Person, soweit Leistungen aus diesen Anrechten zu steuerpflichtigen Einkünften nach den §§ 19, 20 und 22 führen würden. ²Satz 1 gilt nicht, soweit Leistungen, die auf dem begründeten Anrecht beruhen, bei der ausgleichsberechtigten Person zu Einkünften nach § 20 Absatz 1 Nummer 6 oder § 22 Nummer 1 Satz 3 Buchstabe a Doppelbuchstabe bb führen würden. ³Der Versorgungsträger der ausgleichspflichtigen Person hat den Versorgungsträger der ausgleichsberechtigten Person über die für die Besteuerung der Leistungen erforderlichen Grundlagen zu informieren. ⁴Dies gilt nicht, wenn der Versorgungsträger der ausgleichsberechtigten Person die Grundlagen bereits kennt oder aus den bei ihm vorhandenen Daten feststellen kann und dieser Umstand dem Versorgungsträger der ausgleichspflichtigen Person mitgeteilt worden ist;

55c. Übertragungen von Altersvorsorgevermögen im Sinne des § 92 auf einen anderen auf den Namen des Steuerpflichtigen lautenden Altersvorsorgevertrag (§ 1 Absatz 1 Satz 1 Nummer 10 Buchstabe b des Altersvorsorgeverträge-Zertifizierungsgesetzes), soweit die Leistungen zu steuerpflichtigen Einkünften nach § 22 Nummer 5 führen würden. ²Dies gilt entsprechend

 a) wenn Anwartschaften der betrieblichen Altersversorgung abgefunden werden, soweit das Altersvorsorgevermögen zugunsten eines auf den Namen des Steuerpflichtigen lautenden Altersvorsorgevertrages geleistet wird,

 b) wenn im Fall des Todes des Steuerpflichtigen das Altersvorsorgevermögen auf einen auf den Namen des Ehegatten lautenden Altersvorsorgevertrag übertragen wird, wenn die Ehegatten im Zeitpunkt des Todes des Zulageberechtigten nicht dauernd getrennt gelebt haben (§ 26 Absatz 1) und ihren Wohnsitz oder gewöhnlichen Aufenthalt in einem Mitgliedstaat der Europäischen Union oder einem Staat hatten, auf den das Abkommen über den Europäischen Wirtschaftsraum anwendbar ist;

55d. Übertragungen von Anrechten aus einem nach § 5a Altersvorsorgeverträge-Zertifizierungsgesetz zertifizierten Vertrag auf einen anderen auf den Namen des Steuerpflichtigen lautenden nach § 5a Altersvorsorgeverträge-Zertifizierungsgesetz zertifizierten Vertrag;

55e. die aufgrund eines Abkommens mit einer zwischen- oder überstaatlichen Einrichtung übertragenen Werte von Anrechten auf Altersversorgung, soweit diese zur Begründung von Anrechten auf Altersversorgung bei einer zwischen- oder überstaatlichen Einrichtung dienen. ²Die Leistungen aufgrund des Betrags nach Satz 1 gehören zu den Einkünften, zu denen die Leistungen gehören, die die übernehmende Versorgungseinrichtung im Übrigen erbringt;

56. Zuwendungen des Arbeitgebers nach § 19 Absatz 1 Satz 1 Nummer 3 Satz 1 aus dem ersten Dienstverhältnis an eine Pensionskasse zum Aufbau einer nicht kapitalgedeckten betrieblichen Altersversorgung, bei der eine Auszahlung der zugesagten Alters-, Invaliditäts- oder Hinterbliebenenversorgung in Form einer Rente oder eines Auszahlungsplans (§ 1 Absatz 1 Satz 1 Nummer 4 des Altersvorsorgeverträge-Zertifizierungsgesetzes) vorgesehen ist, soweit diese Zuwendungen im Kalenderjahr 1 Prozent der Beitragsbemessungsgrenze in der allgemeinen Rentenversicherung nicht übersteigen. ²Der in Satz 1 genannte Höchstbetrag erhöht sich ab 1. Januar 2014 auf 2 Prozent, ab 1. Januar 2020 auf 3 Prozent und ab 1. Januar 2025 auf 4 Prozent der Beitragsbemessungsgrenze in der allgemeinen Rentenversicherung. ³Die Beträge nach den Sätzen 1 und 2 sind jeweils um die nach § 3 Nummer 63 Satz 1, 3 oder Satz 4 steuerfreien Beträge zu mindern;

57. die Beträge, die die Künstlersozialkasse zugunsten des nach dem Künstlersozialversicherungsgesetz Versicherten aus dem Aufkommen von Künstlersozialabgabe und Bundeszuschuss an einen Träger der Sozialversicherung oder an den Versicherten zahlt;

58. das Wohngeld nach dem Wohngeldgesetz, die sonstigen Leistungen aus öffentlichen Haushalten oder Zweckvermögen zur Senkung der Miete oder Belastung im Sinne des § 11 Absatz 2 Nummer 4 des Wohngeldgesetzes sowie öffentliche Zuschüsse zur Deckung laufender Aufwendungen und Zinsvorteile bei Darlehen, die aus öffentlichen Haushalten gewährt werden, für eine zu eigenen Wohnzwecken genutzte Wohnung im eigenen Haus oder eine zu eigenen Wohnzwecken genutzte Eigentumswohnung, soweit die Zuschüsse und Zinsvorteile die Vorteile aus einer entsprechenden Förderung mit öffentlichen Mitteln nach dem Zweiten Wohnungsbaugesetz, dem Wohnraumförderungsgesetz oder einem Landesgesetz zur Wohnraumförderung nicht überschreiten, der Zuschuss für die Wohneigentumsbildung in innerstädtischen Altbauquartieren nach den Regelungen zum Stadtumbau Ost in den Verwaltungsvereinbarungen über die Gewährung von Finanzhilfen des Bundes an die Länder nach Artikel 104a Absatz 4 des Grundgesetzes zur Förderung städtebaulicher Maßnahmen;

59. die Zusatzförderung nach § 88e des Zweiten Wohnungsbaugesetzes und nach § 51f des Wohnungsbaugesetzes für das Saarland und Geldleistungen, die ein Mieter zum Zwecke der Wohnkostenentlastung nach dem Wohnraumförderungsgesetz oder einem Landesgesetz zur Wohnraumförderung erhält, soweit die Einkünfte dem Mieter zuzurechnen sind, und die Vorteile aus einer mietweisen Wohnungsüberlassung im Zusammenhang mit einem Arbeitsverhältnis, soweit sie die Vorteile aus einer entsprechenden Förderung nach dem Zweiten Wohnungsbaugesetz, nach dem Wohnraumförderungsgesetz oder einem Landesgesetz zur Wohnraumförderung nicht überschreiten;

60. Leistungen aus öffentlichen Mitteln an Arbeitnehmer des Steinkohlen-, Pechkohlen- und Erzbergbaues, des Braunkohlentiefbaues und der Eisen- und Stahlindustrie aus Anlass von Stilllegungs-, Einschränkungs-, Umstellungs- oder Rationalisierungsmaßnahmen;

61. Leistungen nach § 4 Absatz 1 Nummer 2, § 7 Absatz 3, §§ 9, 10 Absatz 1, §§ 13, 15 des Entwicklungshelfer-Gesetzes;

62. Ausgaben des Arbeitgebers für die Zukunftssicherung des Arbeitnehmers, soweit der Arbeitgeber dazu nach sozialversicherungsrechtlichen oder anderen gesetzlichen Vorschriften oder nach einer auf gesetzlicher Ermächtigung beruhenden Bestimmung verpflichtet ist, und es sich nicht um Zuwendungen oder Beiträge des Arbeitgebers nach den Nummern 56 und 63 handelt. ²Den Ausgaben des Arbeitgebers für die Zukunftssicherung, die aufgrund gesetzlicher Verpflichtung geleistet werden, werden gleichgestellt Zuschüsse des Arbeitgebers zu den Aufwendungen des Arbeitnehmers

 a) für eine Lebensversicherung,

 b) für die freiwillige Versicherung in der gesetzlichen Rentenversicherung,

 c) für eine öffentlich-rechtliche Versicherungs- oder Versorgungseinrichtung seiner Berufsgruppe,

wenn der Arbeitnehmer von der Versicherungspflicht in der gesetzlichen Rentenversicherung befreit worden ist. ³Die Zuschüsse sind nur insoweit steuerfrei, als sie insgesamt bei Befreiung von der Versicherungspflicht in der allgemeinen Rentenversicherung die Hälfte und bei Befreiung von der Versicherungspflicht in der knappschaftlichen Rentenversicherung zwei Drittel der Gesamtaufwendungen des Arbeitnehmers nicht übersteigen und nicht höher sind als der Betrag, der als Arbeitgeberanteil bei Versicherungspflicht in der allgemeinen Rentenversicherung oder in der knappschaftlichen Rentenversicherung zu zahlen wäre. ⁴Die Sätze 2 und 3 gelten sinngemäß für Beiträge des Arbeitgebers zu einer Pensionskasse, wenn der Arbeitnehmer bei diesem Arbeitgeber nicht im Inland beschäftigt ist und der Arbeitgeber keine Beiträge zur gesetzlichen Rentenversicherung im Inland leistet; Beiträge des Arbeitgebers zu einer Rentenversicherung aufgrund gesetzlicher Verpflichtung sind anzurechnen;

63. Beiträge des Arbeitgebers aus dem ersten Dienstverhältnis an einen Pensionsfonds, eine Pensionskasse oder für eine Direktversicherung zum Aufbau einer kapitalgedeckten betrieblichen Altersversorgung, bei der eine Auszahlung der zugesagten Alters-, Invaliditäts- oder Hinterbliebenenversorgungsleistungen in Form einer Rente oder eines Auszahlungsplans (§ 1 Absatz 1 Satz 1 Nummer 4 des Altersvorsorgeverträge-Zertifizierungsgesetzes vom 26. Juni 2001 (BGBl. I S. 1310, 1322), das zuletzt durch Artikel 7 des Gesetzes vom 5. Juli 2004 (BGBl. I S. 1427) geändert worden ist, in der jeweils geltenden Fassung vorgesehen ist, soweit die Beiträge im Kalenderjahr 4 Prozent der Beitragsbemessungsgrenze in der allgemeinen Rentenversicherung nicht übersteigen. ²Dies gilt nicht, soweit der Arbeitnehmer nach § 1a Absatz 3 des Betriebsrentengesetzes verlangt hat, dass die Voraussetzungen für eine Förderung nach § 10a oder Abschnitt XI erfüllt werden. ³Der Höchstbetrag nach Satz 1 erhöht sich um 1 800 Euro, wenn die Beiträge im Sinne des Satzes 1 aufgrund einer Versorgungszusage geleistet werden, die nach dem 31. Dezember 2004 erteilt wurde. ⁴Aus Anlass der Beendigung des Dienstverhältnisses geleistete Beiträge im Sinne des Satzes 1 sind steuerfrei, soweit sie 1 800 Euro vervielfältigt mit der Anzahl der Kalenderjahre, in denen das Dienstverhältnis des Arbeitnehmers zu dem Arbeitgeber bestanden hat, nicht übersteigen; der vervielfältigte Betrag vermindert sich um die nach den Sätzen 1 und 3 steuerfreien Beiträge, die der Arbeitgeber in dem Kalenderjahr, in dem das Dienstverhältnis beendet wird, und in den sechs vorangegangenen Kalenderjahren erbracht hat; Kalenderjahre vor 2005 sind dabei jeweils nicht zu berücksichtigen;

64. bei Arbeitnehmern, die zu einer inländischen juristischen Person des öffentlichen Rechts in einem Dienstverhältnis stehen und dafür Arbeitslohn aus einer inländischen öffentlichen Kasse beziehen, die Bezüge für eine Tätigkeit im Ausland insoweit, als sie den Arbeitslohn übersteigen, der dem Arbeitnehmer bei einer gleichwertigen Tätigkeit am Ort der zahlenden öffentlichen Kasse zustehen würde. ²Satz 1 gilt auch, wenn das Dienstverhältnis zu einer anderen Person besteht, die den Arbeitslohn entsprechend den im Sinne des Satzes 1 geltenden Vorschriften ermittelt, der Arbeitslohn aus einer öffentlichen Kasse gezahlt wird und ganz oder im Wesentlichen aus öffentlichen Mitteln aufgebracht wird. ³Bei anderen für einen begrenzten Zeitraum in das Ausland entsandten Arbeitnehmern, die dort einen Wohnsitz oder gewöhnlichen Aufenthalt haben, ist der ihnen von einem inländischen Arbeitgeber gewährte Kaufkraftausgleich steuerfrei, soweit er den für vergleichbare Auslandsdienstbezüge nach § 55 des Bundesbesoldungsgesetzes zulässigen Betrag nicht übersteigt;

65. a) Beiträge des Trägers der Insolvenzsicherung (§ 14 des Betriebsrentengesetzes) zugunsten eines Versorgungsberechtigten und seiner Hinterbliebenen an eine Pensionskasse oder ein Unternehmen der Lebensversicherung zur Ablösung von Verpflichtungen, die der Träger der Insolvenzsicherung im Sicherungsfall gegenüber dem Versorgungsberechtigten und seinen Hinterbliebenen hat,

b) Leistungen zur Übernahme von Versorgungsleistungen oder unverfallbaren Versorgungsanwartschaften durch eine Pensionskasse oder ein Unternehmen der Lebensversicherung in den in § 4 Absatz 4 des Betriebsrentengesetzes bezeichneten Fällen und

c) der Erwerb von Ansprüchen durch den Arbeitnehmer gegenüber einem Dritten im Falle der Eröffnung des Insolvenzverfahrens oder in den Fällen des § 7 Absatz 1 Satz 4 des Betriebsrentengesetzes, soweit der Dritte neben dem Arbeitgeber für die Erfüllung von Ansprüchen aufgrund bestehender Versorgungsverpflichtungen oder Versorgungsanwartschaften gegenüber dem Arbeitnehmer und dessen Hinterbliebenen einsteht; dies gilt entsprechend, wenn der Dritte für Wertguthaben aus einer Vereinbarung über die Altersteilzeit nach dem Altersteilzeitgesetz vom 23. Juli 1996 (BGBl. I S. 1078), zuletzt geändert durch Artikel 234 der Verordnung vom 31. Oktober 2006 (BGBl. I S. 2407), in der jeweils geltenden Fassung oder aufgrund von Wertguthaben aus einem Arbeitszeitkonto in den im ersten Halbsatz genannten Fällen für den Arbeitgeber einsteht.

²In den Fällen nach Buchstabe a, b und c gehören die Leistungen der Pensionskasse, des Unternehmens der Lebensversicherung oder des Dritten zu den Einkünften, zu denen jene Leistungen gehören würden, die ohne Eintritt eines Falles nach Buchstabe a, b und c zu erbringen wären. ³Soweit sie zu den Einkünften aus nichtselbständiger Arbeit im Sinne des § 19 gehören, ist von ihnen Lohnsteuer einzubehalten. ⁴Für die Erhebung der Lohnsteuer gelten die Pensionskasse, das Unternehmen der Lebensversicherung oder der Dritte als Arbeitgeber und der Leistungsempfänger als Arbeitnehmer;

66. Leistungen eines Arbeitgebers oder einer Unterstützungskasse an einen Pensionsfonds zur Übernahme bestehender Versorgungsverpflichtungen oder Versorgungsanwartschaften durch den Pensionsfonds, wenn ein Antrag nach § 4d Absatz 3 oder § 4e Absatz 3 gestellt worden ist;

67. a) das Erziehungsgeld nach dem Bundeserziehungsgeldgesetz und vergleichbare Leistungen der Länder,

b) das Elterngeld nach dem Bundeselterngeld- und Elternzeitgesetz und vergleichbare Leistungen der Länder,

c) Leistungen für Kindererziehung an Mütter der Geburtsjahrgänge vor 1921 nach den §§ 294 bis 299 des Sechsten Buches Sozialgesetzbuch sowie

d) Zuschläge, die nach den §§ 50a bis 50e des Beamtenversorgungsgesetzes oder nach den §§ 70 bis 74 des Soldatenversorgungsgesetzes oder nach vergleichbaren Regelungen der Länder für ein vor dem 1. Januar 2015 geborenes Kind oder für eine vor dem 1. Januar 2015 begonnene Zeit der Pflege einer pflegebedürftigen Person zu gewähren sind; im Falle des Zusammentreffens von Zeiten für mehrere Kinder nach § 50b des Beamtenversorgungsgesetzes oder § 71 des Soldatenversorgungsgesetzes oder nach vergleichbaren Regelungen der Länder gilt dies, wenn eines der Kinder vor dem 1. Januar 2015 geboren ist;

68. die Hilfen nach dem Gesetz über die Hilfe für durch Anti-D-Immunprophylaxe mit dem Hepatitis-C-Virus infizierte Personen vom 2. August 2000 (BGBl. I S. 1270);

69. die von der Stiftung „Humanitäre Hilfe für durch Blutprodukte HIV-infizierte Personen" nach dem HIV-Hilfegesetz vom 24. Juli 1995 (BGBl. I S. 972) gewährten Leistungen;

70. die Hälfte

a) der Betriebsvermögensmehrungen oder Einnahmen aus der Veräußerung von Grund und Boden und Gebäuden, die am 1. Januar 2007 mindestens fünf Jahre zum Anlagevermögen eines inländischen Betriebsvermögens des Steuerpflichtigen gehören, wenn diese aufgrund eines nach dem 31. Dezember 2006 und vor dem 1. Januar 2010 rechtswirksam abgeschlossenen obligatorischen Vertrages an eine REIT-Aktiengesellschaft oder einen Vor-REIT veräußert werden,

b) der Betriebsvermögensmehrungen, die aufgrund der Eintragung eines Steuerpflichtigen in das Handelsregister als REIT-Aktiengesellschaft im Sinne des REIT-Gesetzes vom 28. Mai 2007 (BGBl. I S. 914) durch Anwendung des § 13 Absatz 1 und 3 Satz 1 des Körperschaftsteuergesetzes aufgrund von Grund und Boden und Gebäude entstehen, wenn diese Wirtschaftsgüter vor dem 1. Januar 2005 angeschafft oder hergestellt wurden, und die Schlussbilanz im Sinne des § 13 Absatz 1 und 3 des Körperschaftsteuergesetzes auf einen Zeitpunkt vor dem 1. Januar 2010 aufzustellen ist.

²Satz 1 ist nicht anzuwenden,

a) wenn der Steuerpflichtige den Betrieb veräußert oder aufgibt und der Veräußerungsgewinn nach § 34 besteuert wird,

b) soweit der Steuerpflichtige von den Regelungen der §§ 6b und 6c Gebrauch macht,

c) soweit der Ansatz des niedrigeren Teilwerts in vollem Umfang zu einer Gewinnminderung geführt hat und soweit diese Gewinnminderung nicht durch den Ansatz eines Werts, der sich nach § 6 Absatz 1 Nummer 1 Satz 4 ergibt, ausgeglichen worden ist,

d) wenn im Falle des Satzes 1 Buchstabe a der Buchwert zuzüglich der Veräußerungskosten den Veräußerungserlös oder im Falle des Satzes 1 Buchstabe b der Buchwert den Teilwert übersteigt. ²Ermittelt der Steuerpflichtige den Gewinn nach § 4 Absatz 3, treten an die Stelle des Buchwerts die Anschaffungs- oder Herstellungskosten verringert um die vorgenommenen Absetzungen für Abnutzung oder Substanzverringerung,

e) soweit vom Steuerpflichtigen in der Vergangenheit Abzüge bei den Anschaffungs- oder Herstellungskosten von Wirtschaftsgütern im Sinne des Satzes 1 nach § 6b oder ähnliche Abzüge voll steuerwirksam vorgenommen worden sind,

f) wenn es sich um eine Übertragung im Zusammenhang mit Rechtsvorgängen handelt, die dem Umwandlungssteuergesetz unterliegen und die Übertragung zu einem Wert unterhalb des gemeinen Werts erfolgt.

³Die Steuerbefreiung entfällt rückwirkend, wenn

a) innerhalb eines Zeitraums von vier Jahren seit dem Vertragsschluss im Sinne des Satzes 1 Buchstabe a der Erwerber oder innerhalb eines Zeitraums von vier Jahren nach dem Stichtag des Schlussbilanz im Sinne des Satzes 1 Buchstabe b die REIT-Aktiengesellschaft den Grund und Boden oder das Gebäude veräußert,

b) der Vor-REIT oder ein anderer Vor-REIT als sein Gesamtrechtsnachfolger den Status als Vor-REIT gemäß § 10 Absatz 3 Satz 1 des REIT-Gesetzes verliert,

c) die REIT-Aktiengesellschaft innerhalb eines Zeitraums von vier Jahren seit dem Vertragsschluss im Sinne des Satzes 1 Buchstabe a oder nach dem Stichtag der Schlussbilanz im Sinne des Satzes 1 Buchstabe b in keinem Veranlagungszeitraum die Voraussetzungen für die Steuerbefreiung erfüllt,

d) die Steuerbefreiung der REIT-Aktiengesellschaft innerhalb eines Zeitraums von vier Jahren seit dem Vertragsschluss im Sinne des Satzes 1 Buchstabe a oder nach dem Stichtag der Schlussbilanz im Sinne des Satzes 1 Buchstabe b endet,

e) das Bundeszentralamt für Steuern dem Erwerber im Sinne des Satzes 1 Buchstabe a den Status als Vor-REIT im Sinne des § 2 Satz 4 des REIT-Gesetzes vom 28. Mai 2007 (BGBl. I S. 914) bestandskräftig aberkannt hat.

⁴Die Steuerbefreiung entfällt auch rückwirkend, wenn die Wirtschaftsgüter im Sinne des Satzes 1 Buchstabe a vom Erwerber an den Veräußerer oder eine ihm nahe stehende Person im Sinne des § 1 Absatz 2 des Außensteuergesetzes überlassen werden und der Veräußerer oder eine ihm nahe stehende Person im Sinne des § 1 Absatz 2 des Außensteuergesetzes nach Ablauf einer Frist von zwei Jahren seit Eintragung des Erwerbers als REIT-Aktiengesellschaft in das Handelsregister an dieser mittelbar oder unmittelbar zu mehr als 50 Prozent beteiligt ist. ⁵Der Grundstückserwerber haftet für die sich aus dem rückwirkenden Wegfall der Steuerbefreiung ergebenden Steuern;

71. die aus einer öffentlichen Kasse gezahlten Zuschüsse für den Erwerb eines Anteils an einer Kapitalgesellschaft in Höhe von 20 Prozent der Anschaffungskosten, höchstens jedoch 50 000 Euro. Voraussetzung ist, dass

a) der Anteil an der Kapitalgesellschaft länger als drei Jahre gehalten wird,

b) die Kapitalgesellschaft, deren Anteil erworben werden,

aa) nicht älter ist als zehn Jahre, wobei das Datum der Eintragung der Gesellschaft in das Handelsregister maßgeblich ist,

bb) weniger als 50 Mitarbeiter (Vollzeitäquivalente) hat,

cc) einen Jahresumsatz oder eine Jahresbilanzsumme von höchstens 10 Millionen Euro hat und

dd) nicht börsennotiert ist und keinen Börsengang vorbereitet,

c) der Zuschussempfänger das 18. Lebensjahr vollendet hat oder eine GmbH ist, deren Anteilseigner das 18. Lebensjahr vollendet haben und

d) für den Erwerb des Anteils kein Fremdkapital eingesetzt wird.

§ 3a
– weggefallen –

§ 3b
Steuerfreiheit von Zuschlägen für Sonntags-, Feiertags- oder Nachtarbeit

(1) Steuerfrei sind Zuschläge, die für tatsächlich geleistete Sonntags-, Feiertags- oder Nachtarbeit neben dem Grundlohn gezahlt werden, soweit sie

1. für Nachtarbeit 25 Prozent,
2. vorbehaltlich der Nummern 3 und 4 für Sonntagsarbeit 50 Prozent,
3. vorbehaltlich der Nummer 4 für Arbeit am 31. Dezember ab 14 Uhr und an den gesetzlichen Feiertagen 125 Prozent,
4. für Arbeit am 24. Dezember ab 14 Uhr, am 25. und 26. Dezember sowie am 1. Mai 150 Prozent

des Grundlohns nicht übersteigen.

(2) ¹Grundlohn ist der laufende Arbeitslohn, der dem Arbeitnehmer bei der für ihn maßgebenden regelmäßigen Arbeitszeit für den jeweiligen Lohnzahlungszeitraum zusteht; er ist in einen Stundenlohn umzurechnen und mit höchstens 50 Euro anzusetzen. ²Nachtarbeit ist die Arbeit in der Zeit von 20 Uhr bis 6 Uhr. ³Sonntagsarbeit und Feiertagsarbeit ist die Arbeit in der Zeit von 0 Uhr bis 24 Uhr des jeweiligen Tages. ⁴Die gesetzlichen Feiertage werden durch die am Ort der Arbeitsstätte geltenden Vorschriften bestimmt.

(3) Wenn die Nachtarbeit vor 0 Uhr aufgenommen wird, gilt abweichend von den Absätzen 1 und 2 Folgendes:

1. Für Nachtarbeit in der Zeit von 0 Uhr bis 4 Uhr erhöht sich der Zuschlagssatz auf 40 Prozent,
2. als Sonntagsarbeit und Feiertagsarbeit gilt auch die Arbeit in der Zeit von 0 Uhr bis 4 Uhr des auf den Sonntag oder Feiertag folgenden Tages.

§ 3c
Anteilige Abzüge

(1) Ausgaben dürfen, soweit sie mit steuerfreien Einnahmen in unmittelbarem wirtschaftlichen Zusammenhang stehen, nicht als Betriebsausgaben oder Werbungskosten abgezogen werden; Absatz 2 bleibt unberührt.

(2) ¹Betriebsvermögensminderungen, Betriebsausgaben, Veräußerungskosten oder Werbungskosten, die mit den dem § 3 Nummer 40 zugrunde liegenden Betriebsvermögensmehrungen oder Einnahmen oder mit Vergütungen nach § 3 Nummer 40a in wirtschaftlichem Zusammenhang stehen, dürfen unabhängig davon, in welchem Veranlagungszeitraum die Betriebsvermögensmehrungen oder Einnahmen anfallen, bei der Ermittlung der Einkünfte nur zu 60 Prozent abgezogen werden; Entsprechendes gilt, wenn bei der Ermittlung der Einkünfte der Wert des Betriebsvermögens oder des Anteils am Betriebsvermögen oder die Anschaffungs- oder Herstellungskosten oder der an deren Stelle tretende Wert mindernd zu berücksichtigen sind. ²Satz 1 ist auch für Betriebsvermögensminderungen oder Betriebsausgaben in Zusammenhang mit einer Darlehensforderung oder aus der Inanspruchnahme von Sicherheiten anzuwenden, die für ein Darlehen hingegeben wurden, wenn das Darlehen oder die Sicherheit von einem Steuerpflichtigen gewährt

wird, der zu mehr als einem Viertel unmittelbar oder mittelbar am Grund- oder Stammkapital der Körperschaft, der das Darlehen gewährt wurde, beteiligt ist oder war. ³Satz 2 ist insoweit nicht anzuwenden, als nachgewiesen wird, dass auch ein fremder Dritter das Darlehen bei sonst gleichen Umständen gewährt oder noch nicht zurückgefordert hätte; dabei sind nur die eigenen Sicherungsmittel der Körperschaft zu berücksichtigen. ⁴Die Sätze 2 und 3 gelten entsprechend für Forderungen aus Rechtshandlungen, die einer Darlehensgewährung wirtschaftlich vergleichbar sind. ⁵Gewinne aus dem Ansatz des nach § 6 Absatz 1 Nummer 2 Satz 3 maßgeblichen Werts bleiben bei der Ermittlung der Einkünfte außer Ansatz, soweit auf die vorangegangene Teilwertabschreibung Satz 2 angewendet worden ist. ⁶Satz 1 ist außerdem ungeachtet eines wirtschaftlichen Zusammenhangs mit den dem § 3 Nummer 40 zugrunde liegenden Betriebsvermögensmehrungen oder Einnahmen oder mit Vergütungen nach § 3 Nummer 40a auch auf Betriebsvermögensminderungen, Betriebsausgaben oder Veräußerungskosten eines Gesellschafters einer Körperschaft anzuwenden, soweit diese mit einer im Gesellschaftsverhältnis veranlassten unentgeltlichen Überlassung von Wirtschaftsgütern an diese Körperschaft oder bei einer teilentgeltlichen Überlassung von Wirtschaftsgütern der unentgeltliche Teil in Zusammenhang stehen und der Steuerpflichtige zu mehr als einem Viertel unmittelbar oder mittelbar am Grund- oder Stammkapital dieser Körperschaft beteiligt ist oder war. ⁷Für die Anwendung des Satzes 1 ist die Absicht zur Erzielung von Betriebsvermögensmehrungen oder Einnahmen im Sinne des § 3 Nummer 40 oder von Vergütungen im Sinne des § 3 Nummer 40a ausreichend. ⁸Satz 1 gilt auch für Wertminderungen des Anteils an einer Organgesellschaft, die nicht auf Gewinnausschüttungen zurückzuführen sind. ⁹§ 8b Absatz 10 des Körperschaftsteuergesetzes gilt sinngemäß.

(3) Betriebsvermögensminderungen, Betriebsausgaben oder Veräußerungskosten, die mit den Betriebsvermögensmehrungen oder Einnahmen im Sinne des § 3 Nummer 70 in wirtschaftlichem Zusammenhang stehen, dürfen unabhängig davon, in welchem Veranlagungszeitraum die Betriebsvermögensmehrungen oder Einnahmen anfallen, nur zur Hälfte abgezogen werden.

3. Gewinn

§ 4
Gewinnbegriff im Allgemeinen

(1) ¹Gewinn ist der Unterschiedsbetrag zwischen dem Betriebsvermögen am Schluss des Wirtschaftsjahres und dem Betriebsvermögen am Schluss des vorangegangenen Wirtschaftsjahres, vermehrt um den Wert der Entnahmen und vermindert um den Wert der Einlagen. ²Entnahmen sind alle Wirtschaftsgüter (Barentnahmen, Waren, Erzeugnisse, Nutzungen und Leistungen), die der Steuerpflichtige dem Betrieb für sich, für seinen Haushalt oder für andere betriebsfremde Zwecke im Laufe des Wirtschaftsjahres entnommen hat. ³Einer Entnahme für betriebsfremde Zwecke steht der Ausschluss oder die Beschränkung des Besteuerungsrechts der Bundesrepublik Deutschland hinsichtlich des Gewinns aus der Veräußerung oder der Nutzung eines Wirtschaftsguts gleich. ⁴Ein Ausschluss oder eine Beschränkung des Besteuerungsrechts hinsichtlich des Gewinns aus der Veräußerung eines Wirtschaftsguts liegt insbesondere vor, wenn ein bisher einer inländischen Betriebsstätte des Steuerpflichtigen zuzuordnendes Wirtschaftsgut einer ausländischen Betriebsstätte zuzuordnen ist. ⁵Satz 3 gilt nicht für Anteile an einer Europäischen Gesellschaft oder Europäischen Genossenschaft in den Fällen
1. einer Sitzverlegung der Europäischen Gesellschaft nach Artikel 8 der Verordnung (EG) Nr. 2157/2001 des Rates vom 8. Oktober 2001 über das Statut der Europäischen Gesellschaft (SE) (ABl. EG Nr. L 294 S. 1), zuletzt geändert durch die Verordnung (EG) Nr. 885/2004 des Rates vom 26. April 2004 (ABl. EU Nr. L 168 S. 1), und
2. einer Sitzverlegung der Europäischen Genossenschaft nach Artikel 7 der Verordnung (EG) Nr. 1435/2003 des Rates vom 22. Juli 2003 über das Statut der Europäischen Genossenschaft (SCE) (ABl. EU Nr. L 207 S. 1).

⁶Ein Wirtschaftsgut wird nicht dadurch entnommen, dass der Steuerpflichtige zur Gewinnermittlung nach § 13a übergeht. ⁷Eine Änderung der Nutzung eines Wirtschaftsguts, die bei Gewinnermittlung nach Satz 1 keine Entnahme ist, ist auch bei Gewinnermittlung nach § 13a keine Entnahme. ⁸Einlagen sind alle Wirtschaftsgüter (Bareinzahlungen und sonstige Wirtschaftsgüter), die der Steuerpflichtige dem Betrieb im Laufe des Wirtschaftsjahres zugeführt hat; einer Einlage steht die Begründung des Besteuerungsrechts der Bundesrepublik Deutschland hinsichtlich des Gewinns aus der Veräußerung eines Wirtschaftsguts gleich. ⁹Bei der Ermittlung des Gewinns sind die Vorschriften über die Betriebsausgaben, über die Bewertung und über die Absetzung für Abnutzung oder Substanzverringerung zu befolgen.

(2) ¹Der Steuerpflichtige darf die Vermögensübersicht (Bilanz) auch nach ihrer Einreichung beim Finanzamt ändern, soweit sie den Grundsätzen ordnungsmäßiger Buchführung unter Befolgung der Vorschriften dieses Gesetzes nicht entspricht; diese Änderung ist nicht zulässig, wenn die Vermögensübersicht (Bilanz) einer Steuerfestsetzung zugrunde liegt, die nicht mehr aufgehoben oder geändert werden kann. ²Darüber hinaus ist eine Änderung der Vermögensübersicht (Bilanz) nur zulässig, wenn sie in einem engen zeitlichen und sachlichen Zusammenhang mit einer Änderung nach Satz 1 steht und soweit die Auswirkung der Änderung nach Satz 1 auf den Gewinn reicht.

(3) ¹Steuerpflichtige, die nicht aufgrund gesetzlicher Vorschriften verpflichtet sind, Bücher zu führen und regelmäßig Abschlüsse zu machen, und die auch keine Bücher führen und keine Abschlüsse machen, können als Gewinn den Überschuss der Betriebseinnahmen über die Betriebsausgaben ansetzen. ²Hierbei scheiden Betriebseinnahmen und Betriebsausgaben aus, die im Namen und für Rechnung eines anderen vereinnahmt und verausgabt werden (durchlaufende Posten). ³Die Vorschriften über die Bewertungsfreiheit für geringwertige Wirtschaftsgüter (§ 6 Absatz 2), die Bildung eines Sammelpostens (§ 6 Absatz 2a) und über die Absetzung für Abnutzung oder Substanzverringerung sind zu befolgen. ⁴Die Anschaffungs- oder Herstellungskosten für nicht abnutzbare Wirtschaftsgüter des Anlagevermögens, für Anteile an Kapitalgesellschaften, für Wertpapiere und vergleichbare nicht verbriefte Forderungen und Rechte, für Grund und Boden sowie Gebäude des Umlaufvermögens sind erst im Zeitpunkt des Zuflusses des Veräußerungserlöses oder bei Entnahme im Zeitpunkt der Entnahme als Betriebsausgaben zu berücksichtigen. ⁵Die Wirtschaftsgüter des Anlagevermögens und Wirtschaftsgüter des Umlaufvermögens im Sinne des Satzes 4 sind unter Angabe des Tages der Anschaffung oder Herstellung und der Anschaffungs- oder Herstellungskosten oder des an deren Stelle getretenen Werts in besondere, laufend zu führende Verzeichnisse aufzunehmen.

(4) Betriebsausgaben sind die Aufwendungen, die durch den Betrieb veranlasst sind.

(4a) ¹Schuldzinsen sind nach Maßgabe der Sätze 2 bis 4 nicht abziehbar, wenn Überentnahmen getätigt worden sind. ²Eine Überentnahme ist der Betrag, um den die Entnahmen die Summe des Gewinns und der Einlagen des Wirtschaftsjahres übersteigen. ³Die nicht abziehbaren Schuldzinsen werden typisiert mit 6 Prozent der Überentnahme des Wirtschaftsjahres zuzüglich der Überentnahmen vorangegangener Wirtschaftsjahre und abzüglich der Beträge, um die in den vorangegangenen Wirtschaftsjahren der Gewinn und die Einlagen die Entnahmen überstiegen haben (Unterentnahmen), ermittelt; bei der Ermittlung der Überentnahme ist vom Gewinn ohne Berücksichtigung der nach Maßgabe dieses Absatzes nicht abziehbaren Schuldzinsen auszugehen. ⁴Der sich dabei ergebende Betrag, höchstens jedoch der um 2 050 Euro verminderte Betrag der im Wirtschaftsjahr angefallenen Schuldzinsen, ist dem Gewinn hinzuzurechnen. ⁵Der Abzug von Schuldzinsen für Darlehen zur Finanzierung von Anschaffungs- oder Herstellungskosten von Wirtschaftsgütern des Anlagevermögens bleibt unberührt. ⁶Die Sätze 1 bis 5 sind bei Gewinnermittlung nach § 4 Absatz 3 sinngemäß anzuwenden; hierzu sind Entnahmen und Einlagen gesondert aufzuzeichnen.

(5) ¹Die folgenden Betriebsausgaben dürfen den Gewinn nicht mindern:
1. Aufwendungen für Geschenke an Personen, die nicht Arbeitnehmer des Steuerpflichtigen sind. ²Satz 1 gilt nicht, wenn die Anschaffungs- oder Herstellungskosten der dem Empfänger im Wirtschaftsjahr zugewendeten Gegenstände insgesamt 35 Euro nicht übersteigen;

2. Aufwendungen für die Bewirtung von Personen aus geschäftlichem Anlass, soweit sie 70 Prozent der Aufwendungen übersteigen, die nach der allgemeinen Verkehrsauffassung als angemessen anzusehen und deren Höhe und betriebliche Veranlassung nachgewiesen sind. ²Zum Nachweis der Höhe und der betrieblichen Veranlassung der Aufwendungen hat der Steuerpflichtige schriftlich die folgenden Angaben zu machen: Ort, Tag, Teilnehmer und Anlass der Bewirtung sowie Höhe der Aufwendungen. ³Hat die Bewirtung in einer Gaststätte stattgefunden, so genügen Angaben zu dem Anlass und den Teilnehmern der Bewirtung; die Rechnung über die Bewirtung ist beizufügen;

3. Aufwendungen für Einrichtungen des Steuerpflichtigen, soweit sie der Bewirtung, Beherbergung oder Unterhaltung von Personen, die nicht Arbeitnehmer des Steuerpflichtigen sind, dienen (Gästehäuser) und sich außerhalb des Orts eines Betriebs des Steuerpflichtigen befinden;

4. Aufwendungen für Jagd oder Fischerei, für Segeljachten oder Motorjachten sowie für ähnliche Zwecke und für die hiermit zusammenhängenden Bewirtungen;

5. Mehraufwendungen für die Verpflegung des Steuerpflichtigen. ²Wird der Steuerpflichtige vorübergehend von seiner Wohnung und dem Mittelpunkt seiner dauerhaft angelegten betrieblichen Tätigkeit entfernt betrieblich tätig, sind die Mehraufwendungen für Verpflegung nach Maßgabe des § 9 Absatz 4a abziehbar;

6. Aufwendungen für die Wege des Steuerpflichtigen zwischen Wohnung und Betriebsstätte und für Familienheimfahrten, soweit in den folgenden Sätzen nichts anderes bestimmt ist. ²Zur Abgeltung dieser Aufwendungen ist § 9 Absatz 1 Satz 3 Nummer 4 Satz 2 bis 6 und Nummer 5 Satz 5 bis 7 und Absatz 2 entsprechend anzuwenden. ³Bei der Nutzung eines Kraftfahrzeugs dürfen die Aufwendungen in Höhe des positiven Unterschiedsbetrags zwischen 0,03 Prozent des inländischen Listenpreises im Sinne des § 6 Absatz 1 Nummer 4 Satz 2 des Kraftfahrzeugs im Zeitpunkt der Erstzulassung je Kalendermonat für jeden Entfernungskilometer und dem sich nach § 9 Absatz 1 Satz 3 Nummer 4 Satz 2 bis 6 oder Absatz 2 ergebenden Betrag sowie Aufwendungen für Familienheimfahrten in Höhe des positiven Unterschiedsbetrags zwischen 0,002 Prozent des inländischen Listenpreises im Sinne des § 6 Absatz 1 Nummer 4 Satz 2 für jeden Entfernungskilometer und dem sich nach § 9 Absatz 1 Satz 3 Nummer 5 Satz 5 bis 7 oder Absatz 2 ergebenden Betrag den Gewinn nicht mindern; ermittelt der Steuerpflichtige die private Nutzung des Kraftfahrzeugs nach § 6 Absatz 1 Nummer 4 Satz 1 oder Satz 3, treten an die Stelle des mit 0,03 oder 0,002 Prozent des inländischen Listenpreises ermittelten Betrags für Fahrten zwischen Wohnung und Betriebsstätte und für Familienheimfahrten die auf diese Fahrten entfallenden tatsächlichen Aufwendungen; § 6 Absatz 1 Nummer 4 Satz 3 zweiter Halbsatz gilt sinngemäß;

6a. die Mehraufwendungen für eine betrieblich veranlasste doppelte Haushaltsführung, soweit sie die nach § 9 Absatz 1 Satz 3 Nummer 5 Satz 1 bis 4 abziehbaren Beträge und die Mehraufwendungen für betrieblich veranlasste Übernachtungen, soweit sie die nach § 9 Absatz 1 Satz 3 Nummer 5a abziehbaren Beträge übersteigen;

6b. Aufwendungen für ein häusliches Arbeitszimmer sowie die Kosten der Ausstattung. ²Dies gilt nicht, wenn für die betriebliche oder berufliche Tätigkeit kein anderer Arbeitsplatz zur Verfügung steht. ³In diesem Fall wird die Höhe der abziehbaren Aufwendungen auf 1 250 Euro begrenzt; die Beschränkung der Höhe nach gilt nicht, wenn das Arbeitszimmer den Mittelpunkt der gesamten betrieblichen und beruflichen Betätigung bildet;

7. andere als die in den Nummern 1 bis 6 und 6b bezeichneten Aufwendungen, die die Lebensführung des Steuerpflichtigen oder anderer Personen berühren, soweit sie nach allgemeiner Verkehrsauffassung als unangemessen anzusehen sind;

8. von einem Gericht oder einer Behörde im Geltungsbereich dieses Gesetzes oder von Organen der Europäischen Union festgesetzte Geldbußen, Ordnungsgelder und Verwarnungsgelder. ²Dasselbe gilt für Leistungen zur Erfüllung von Auflagen oder Weisungen, die in einem berufsgerichtlichen Verfahren erteilt werden, soweit die Auflagen oder Weisungen nicht lediglich der Wiedergutmachung des durch die Tat verursachten Schadens dienen. ³Die Rückzahlung von Ausgaben im Sinne der Sätze 1 und 2 darf den Gewinn nicht erhöhen. ⁴Das Abzugsverbot für Geldbußen gilt nicht, soweit der wirtschaftliche Vorteil, der durch den Gesetzesverstoß erlangt wurde, abgeschöpft worden ist, wenn die Steuern vom Einkommen und Ertrag, die auf den wirtschaftlichen Vorteil entfallen, nicht abgezogen worden sind; Satz 3 ist insoweit nicht anzuwenden;

8a. Zinsen auf hinterzogene Steuern nach § 235 der Abgabenordnung;

9. Ausgleichszahlungen, die in den Fällen der §§ 14 und 17 des Körperschaftsteuergesetzes an außenstehende Anteilseigner geleistet werden;

10. die Zuwendung von Vorteilen sowie damit zusammenhängende Aufwendungen, wenn die Zuwendung der Vorteile eine rechtswidrige Handlung darstellt, die den Tatbestand eines Strafgesetzes oder eines Gesetzes verwirklicht, das die Ahndung mit einer Geldbuße zulässt. ²Gerichte, Staatsanwaltschaften oder Verwaltungsbehörden haben Tatsachen, die sie dienstlich erfahren und die den Verdacht einer Tat im Sinne des Satzes 1 begründen, der Finanzbehörde für Zwecke des Besteuerungsverfahrens und zur Verfolgung von Steuerstraftaten und Steuerordnungswidrigkeiten mitzuteilen. ³Die Finanzbehörde teilt Tatsachen, die den Verdacht einer Straftat oder einer Ordnungswidrigkeit im Sinne des Satzes 1 begründen, der Staatsanwaltschaft oder der Verwaltungsbehörde mit. ⁴Diese unterrichten die Finanzbehörde von dem Ausgang des Verfahrens und den zugrunde liegenden Tatsachen;

11. Aufwendungen, die mit unmittelbaren oder mittelbaren Zuwendungen von nicht einlagefähigen Vorteilen an natürliche oder juristische Personen oder Personengesellschaften zur Verwendung in Betrieben in tatsächlichem oder wirtschaftlichem Zusammenhang stehen, deren Gewinn nach § 5a Absatz 1 ermittelt wird;

12. Zuschläge nach § 162 Absatz 4 der Abgabenordnung;

13. Jahresbeiträge nach § 12 Absatz 2 des Restrukturierungsfondsgesetzes.

²Das Abzugsverbot gilt nicht, soweit die in den Nummern 2 bis 4 bezeichneten Zwecke Gegenstand einer mit Gewinnabsicht ausgeübten Betätigung des Steuerpflichtigen sind. ³§ 12 Nummer 1 bleibt unberührt.

(5a) – weggefallen –

(5b) Die Gewerbesteuer und die darauf entfallenden Nebenleistungen sind keine Betriebsausgaben.

(6) Aufwendungen zur Förderung staatspolitischer Zwecke (§ 10b Absatz 2) sind keine Betriebsausgaben.

(7) ¹Aufwendungen im Sinne des Absatzes 5 Satz 1 Nummer 1 bis 4, 6b und 7 sind einzeln und getrennt von den sonstigen Betriebsausgaben aufzuzeichnen. ²Soweit diese Aufwendungen nicht bereits nach Absatz 5 vom Abzug ausgeschlossen sind, dürfen sie bei der Gewinnermittlung nur berücksichtigt werden, wenn sie nach Satz 1 besonders aufgezeichnet sind.

(8) Für Erhaltungsaufwand bei Gebäuden in Sanierungsgebieten und städtebaulichen Entwicklungsbereichen sowie bei Baudenkmalen gelten die §§ 11a und 11b entsprechend.

(9) ¹Aufwendungen des Steuerpflichtigen für seine Berufsausbildung oder sein Studium sind nur dann Betriebsausgaben, wenn der Steuerpflichtige zuvor bereits eine Erstausbildung (Berufsausbildung oder Studium) abgeschlossen hat. ²§ 9 Absatz 6 Satz 2 bis 5 gilt entsprechend.

§ 4a
Gewinnermittlungszeitraum, Wirtschaftsjahr

(1) ¹Bei Land- und Forstwirten und bei Gewerbetreibenden ist der Gewinn nach dem Wirtschaftsjahr zu ermitteln. ²Wirtschaftsjahr ist

1. bei Land- und Forstwirten der Zeitraum vom 1. Juli bis zum 30. Juni. ²Durch Rechtsverordnung kann für einzelne Gruppen von Land- und Forstwirten ein anderer Zeitraum bestimmt werden, wenn das aus wirtschaftlichen Gründen erforderlich ist;

2. bei Gewerbetreibenden, deren Firma im Handelsregister eingetragen ist, der Zeitraum, für den sie regelmäßig Abschlüsse machen. ²Die Umstellung des Wirtschaftsjahres auf einen vom Kalenderjahr abweichenden Zeitraum ist steuerlich nur wirksam, wenn sie im Einvernehmen mit dem Finanzamt vorgenommen wird;

3. bei anderen Gewerbetreibenden das Kalenderjahr. ²Sind sie gleichzeitig buchführende Land- und Forstwirte, so können sie mit Zustimmung des Finanzamts den nach Nummer 1 maßgebenden Zeitraum als Wirtschaftsjahr für den Gewerbebetrieb bestimmen, wenn sie für den Gewerbebetrieb Bücher führen und für diesen Zeitraum regelmäßig Abschlüsse machen.

(2) Bei Land- und Forstwirten und bei Gewerbetreibenden, deren Wirtschaftsjahr vom Kalenderjahr abweicht, ist der Gewinn aus Land- und Forstwirtschaft oder aus Gewerbebetrieb bei der Ermittlung des Einkommens in folgender Weise zu berücksichtigen:

1. Bei Land- und Forstwirten ist der Gewinn des Wirtschaftsjahres auf das Kalenderjahr, in dem das Wirtschaftsjahr beginnt, und auf das Kalenderjahr, in dem das Wirtschaftsjahr endet, entsprechend dem zeitlichen Anteil aufzuteilen. ²Bei der Aufteilung sind Veräußerungsgewinne im Sinne des § 14 auszuscheiden und dem Gewinn des Kalenderjahres hinzuzurechnen, in dem sie entstanden sind;

2. bei Gewerbetreibenden gilt der Gewinn des Wirtschaftsjahres als in dem Kalenderjahr bezogen, in dem das Wirtschaftsjahr endet.

§ 4b
Direktversicherung

¹Der Versicherungsanspruch aus einer Direktversicherung, die von einem Steuerpflichtigen aus betrieblichem Anlass abgeschlossen wird, ist dem Betriebsvermögen des Steuerpflichtigen nicht zuzurechnen, soweit am Schluss des Wirtschaftsjahres hinsichtlich der Leistungen des Versicherers die Person, auf deren Leben die Lebensversicherung abgeschlossen ist, oder ihre Hinterbliebenen bezugsberechtigt sind. ²Das gilt auch, wenn der Steuerpflichtige die Ansprüche aus dem Versicherungsvertrag abgetreten oder beliehen hat, sofern er sich der bezugsberechtigten Person gegenüber schriftlich verpflichtet, sie bei Eintritt des Versicherungsfalls so zu stellen, als ob die Abtretung oder Beleihung nicht erfolgt wäre.

§ 4c
Zuwendungen an Pensionskassen

(1) ¹Zuwendungen an eine Pensionskasse dürfen von dem Unternehmen, das die Zuwendungen leistet (Trägerunternehmen), als Betriebsausgaben abgezogen werden, soweit sie auf einer in der Satzung oder im Geschäftsplan der Kasse festgelegten Verpflichtung oder auf einer Anordnung der Versicherungsaufsichtsbehörde beruhen oder der Abdeckung von Fehlbeträgen bei der Kasse dienen. ²Soweit die allgemeinen Versicherungsbedingungen und die fachlichen Geschäftsunterlagen im Sinne des § 5 Absatz 3 Nummer 2 Halbsatz 2 des Versicherungsaufsichtsgesetzes nicht zum Geschäftsplan gehören, gelten diese als Teil des Geschäftsplans.

(2) Zuwendungen im Sinne des Absatzes 1 dürfen als Betriebsausgaben nicht abgezogen werden, soweit die Leistungen der Kasse, wenn sie vom Trägerunternehmen unmittelbar erbracht würden, bei diesem nicht betrieblich veranlasst wären.

§ 4d
Zuwendungen an Unterstützungskassen

(1) ¹Zuwendungen an eine Unterstützungskasse dürfen von dem Unternehmen, das die Zuwendungen leistet (Trägerunternehmen), als Betriebsausgaben abgezogen werden, soweit die Leistungen der Kasse, wenn sie vom Trägerunternehmen unmittelbar erbracht würden, bei diesem betrieblich veranlasst wären und sie die folgenden Beträge nicht übersteigen:

1. bei Unterstützungskassen, die lebenslänglich laufende Leistungen gewähren,

a) das Deckungskapital für die laufenden Leistungen nach der dem Gesetz als Anlage 1 beigefügten Tabelle. ²Leistungsempfänger ist jeder ehemalige Arbeitnehmer des Trägerunternehmens, der von der Unterstützungskasse Leistungen erhält; soweit die Kasse Hinterbliebenenversorgung gewährt, ist Leistungsempfänger der Hinterbliebene eines ehemaligen Arbeitnehmers des Trägerunternehmens, der von der Kasse Leistungen erhält. ³Dem ehemaligen Arbeitnehmer stehen andere Personen gleich, denen Leistungen der Alters-, Invaliditäts- oder Hinterbliebenenversorgung aus Anlass ihrer ehemaligen Tätigkeit für das Trägerunternehmen zugesagt worden sind;

b) in jedem Wirtschaftsjahr für jeden Leistungsanwärter,

aa) wenn die Kasse nur Invaliditätsversorgung oder nur Hinterbliebenenversorgung gewährt, jeweils 6 Prozent,

bb) wenn die Kasse Altersversorgung mit oder ohne Einschluss von Invaliditätsversorgung oder Hinterbliebenenversorgung gewährt, 25 Prozent

der jährlichen Versorgungsleistungen, die der Leistungsanwärter oder, wenn nur Hinterbliebenenversorgung gewährt wird, dessen Hinterbliebene nach den Verhältnissen am Schluss des Wirtschaftsjahres der Zuwendung im letzten Zeitpunkt der Anwartschaft, spätestens zum Zeitpunkt des Erreichens der Regelaltersgrenze der gesetzlichen Rentenversicherung erhalten können. ²Leistungsanwärter ist jeder Arbeitnehmer oder ehemalige Arbeitnehmer des Trägerunternehmens, der von der Unterstützungskasse schriftlich zugesagte Leistungen erhalten kann und am Schluss des Wirtschaftsjahres, in dem die Zuwendung erfolgt, das 27. Lebensjahr vollendet hat; soweit die Kasse nur Hinterbliebenenversorgung gewährt, gilt als Leistungsanwärter jeder Arbeitnehmer oder ehemalige Arbeitnehmer des Trägerunternehmens, der am Schluss des Wirtschaftsjahres, in dem die Zuwendung erfolgt, das 27. Lebensjahr vollendet hat und dessen Hinterbliebene die Hinterbliebenenversorgung erhalten können. ³Das Trägerunternehmen kann bei der Berechnung nach Satz 1 statt des dort maßgebenden Betrages den Durchschnittsbetrag der von der Kasse im Wirtschaftsjahr an Leistungsempfänger im Sinne des Buchstabens a Satz 2 gewährten Leistungen zugrunde legen. ⁴In diesem Fall sind Leistungsanwärter im Sinne des Satzes 2 nur die Arbeitnehmer oder ehemaligen Arbeitnehmer des Trägerunternehmens, die am Schluss des Wirtschaftsjahres, in dem die Zuwendung erfolgt, das 50. Lebensjahr vollendet haben. ⁵Dem Arbeitnehmer oder ehemaligen Arbeitnehmer als Leistungsanwärter stehen andere Personen gleich, denen schriftlich Leistungen der Alters-, Invaliditäts- oder Hinterbliebenenversorgung aus Anlass ihrer Tätigkeit für das Trägerunternehmen zugesagt worden sind;

c) den Betrag des Beitrages, den die Kasse an einen Versicherer zahlt, soweit sie sich die Mittel für ihre Versorgungsleistungen, die der Leistungsanwärter oder Leistungsempfänger nach den Verhältnissen am Schluss des Wirtschaftsjahres der Zuwendung erhalten kann, durch Abschluss einer Versicherung verschafft. ²Bei Versicherungen für einen Leistungsanwärter ist der Abzug des Beitrages nur zulässig, wenn der Leistungsanwärter die in Buchstabe b Satz 2 und 5 genannten Voraussetzungen erfüllt, die Versicherung für die Dauer bis zu dem Zeitpunkt abgeschlossen ist, für den erstmals Leistungen der Altersversorgung vorgesehen sind, mindestens jedoch bis zu dem Zeitpunkt, an dem der Leistungsanwärter das 55. Lebensjahr vollendet hat, und während dieser Zeit jährlich Beiträge gezahlt werden, die der Höhe nach gleich bleiben oder steigen. ³Das Gleiche gilt für Leistungsanwärter, die das 27. Lebensjahr noch nicht vollendet haben, für Leistungen der Invaliditäts- oder Hinterbliebenenversorgung, für Leistungen der Altersversorgung unter der Voraussetzung, dass die Leistungsanwartschaft bereits unverfallbar ist. ⁴Ein Abzug ist ausgeschlossen, wenn die Ansprüche aus der Versicherung der Sicherung eines Darlehens dienen. ⁵Liegen die Voraussetzungen der Sätze 1 bis 4 vor, sind die Zuwendungen nach den Buchstaben a und b in dem Verhältnis zu vermindern, in dem die Leistungen der Kasse durch die Versicherung gedeckt sind;

d) den Betrag, den die Kasse einem Leistungsanwärter im Sinne des Buchstabens b Satz 2 und 5 vor Eintritt des Versorgungsfalls als Abfindung für künftige Versorgungsleistungen gewährt, den Übertragungswert nach § 4 Absatz 5 des

Betriebsrentengesetzes oder den Betrag, den sie an einen anderen Versorgungsträger zahlt, der eine ihr obliegende Versorgungsverpflichtung übernommen hat. ²Zuwendungen dürfen nicht als Betriebsausgaben abgezogen werden, wenn das Vermögen der Kasse ohne Berücksichtigung künftiger Versorgungsleistungen am Schluss des Wirtschaftsjahres das zulässige Kassenvermögen übersteigt. ³Bei der Ermittlung des Vermögens der Kasse ist am Schluss des Wirtschaftsjahres vorhandener Grundbesitz mit 200 Prozent der Einheitswerte anzusetzen, die zu dem Feststellungszeitpunkt maßgebend sind, der dem Schluss des Wirtschaftsjahres folgt; Ansprüche aus einer Versicherung sind mit dem Wert des geschäftsplanmäßigen Deckungskapitals zuzüglich der Guthaben aus Beitragsrückerstattung am Schluss des Wirtschaftsjahres anzusetzen, und das übrige Vermögen ist mit dem gemeinen Wert am Schluss des Wirtschaftsjahres zu bewerten. ⁴Zulässiges Kassenvermögen ist die Summe aus dem Deckungskapital für alle am Schluss des Wirtschaftsjahres laufenden Leistungen nach der dem Gesetz als Anlage 1 beigefügten Tabelle für Leistungsempfänger im Sinne des Satzes 1 Buchstabe a und dem Achtfachen der nach Satz 1 Buchstabe b abzugsfähigen Zuwendungen. ⁵Soweit sich die Kasse die Mittel für ihre Leistungen durch Abschluss einer Versicherung verschafft, ist, wenn die Voraussetzungen für den Abzug des Beitrages nach Satz 1 Buchstabe c erfüllt sind, zulässiges Kassenvermögen der Wert des geschäftsplanmäßigen Deckungskapitals aus der Versicherung am Schluss des Wirtschaftsjahres; in diesem Fall ist das zulässige Kassenvermögen nach Satz 4 in dem Verhältnis zu vermindern, in dem die Leistungen der Kasse durch die Versicherung gedeckt sind. ⁶Soweit die Berechnung des Deckungskapitals nicht zum Geschäftsplan gehört, tritt an die Stelle des geschäftsplanmäßigen Deckungskapitals der nach § 176 Absatz 3 des Gesetzes über den Versicherungsvertrag berechnete Zeitwert, beim zulässigen Kassenvermögen ohne Berücksichtigung des Guthabens aus Beitragsrückerstattung. ⁷Gewährt eine Unterstützungskasse an Stelle von lebenslänglich laufenden Leistungen eine einmalige Kapitalleistung, so gelten 10 Prozent der Kapitalleistung als Jahresbetrag einer lebenslänglich laufenden Leistung;

2. bei Kassen, die keine lebenslänglich laufenden Leistungen gewähren, für jedes Wirtschaftsjahr 0,2 Prozent der Lohn- und Gehaltssumme des Trägerunternehmens, mindestens jedoch den Betrag der von der Kasse in einem Wirtschaftsjahr erbrachten Leistungen, soweit dieser Betrag höher ist als die in den vorangegangenen fünf Wirtschaftsjahren vorgenommenen Zuwendungen abzüglich der in dem gleichen Zeitraum erbrachten Leistungen. ²Diese Zuwendungen dürfen nicht als Betriebsausgaben abgezogen werden, wenn das Vermögen der Kasse am Schluss des Wirtschaftsjahres das zulässige Kassenvermögen übersteigt. ³Als zulässiges Kassenvermögen kann 1 Prozent der durchschnittlichen Lohn- und Gehaltssumme der letzten drei Jahre angesetzt werden. ⁴Hat die Kasse bereits zehn Wirtschaftsjahre bestanden, darf das zulässige Kassenvermögen zusätzlich die Summe der in den letzten zehn Wirtschaftsjahren gewährten Leistungen nicht übersteigen. ⁵Für die Bewertung des Vermögens der Kasse gilt Nummer 1 Satz 3 entsprechend. ⁶Bei der Berechnung der Lohn- und Gehaltssumme des Trägerunternehmens sind Löhne und Gehälter von Personen, die von der Kasse keine nicht lebenslänglich laufenden Leistungen erhalten können, auszuscheiden.

²Gewährt eine Kasse lebenslänglich laufende und nicht lebenslänglich laufende Leistungen, so gilt Satz 1 Nummer 1 und 2 nebeneinander. ³Leistet ein Trägerunternehmen Zuwendungen an mehrere Unterstützungskassen, so sind diese Kassen bei der Anwendung der Nummern 1 und 2 als Einheit zu behandeln.

(2) ¹Zuwendungen im Sinne des Absatzes 1 sind von dem Trägerunternehmen in dem Wirtschaftsjahr als Betriebsausgaben abzuziehen, in dem sie geleistet werden. ²Zuwendungen, die bis zum Ablauf eines Monats nach Aufstellung oder Feststellung der Bilanz des Trägerunternehmens für den Schluss eines Wirtschaftsjahres geleistet werden, können von dem Trägerunternehmen noch für das abgelaufene Wirtschaftsjahr durch eine Rückstellung gewinnmindernd berücksichtigt werden. ³Übersteigen die in einem Wirtschaftsjahr geleisteten Zuwendungen die nach Absatz 1 abzugsfähigen Beträge, so können die übersteigenden Beträge im Wege der Rechnungsabgrenzung auf die folgenden drei Wirtschaftsjahre vorgetragen und im Rahmen der für diese Wirtschaftsjahre abzugsfähigen Beträge als Betriebsausgaben behandelt werden. ⁴§ 5 Absatz 1 Satz 2 ist nicht anzuwenden.

(3) ¹Abweichend von Absatz 1 Satz 1 Nummer 1 Satz 1 Buchstabe d und Absatz 2 können auf Antrag die insgesamt erforderlichen Zuwendungen an die Unterstützungskasse für den Betrag, den die Kasse an einen Pensionsfonds zahlt, der eine ihr obliegende Versorgungsverpflichtung ganz oder teilweise übernommen hat, nicht im Wirtschaftsjahr der Zuwendung, sondern erst in den dem Wirtschaftsjahr der Zuwendung folgenden zehn Wirtschaftsjahren gleichmäßig verteilt als Betriebsausgaben abgezogen werden. ²Der Antrag ist unwiderruflich; der jeweilige Rechtsnachfolger ist an den Antrag gebunden.

§ 4e
Beiträge an Pensionsfonds

(1) Beiträge an einen Pensionsfonds im Sinne des § 112 des Versicherungsaufsichtsgesetzes dürfen von dem Unternehmen, das die Beiträge leistet (Trägerunternehmen), als Betriebsausgaben abgezogen werden, soweit sie auf einer festgelegten Verpflichtung beruhen oder der Abdeckung von Fehlbeträgen bei dem Fonds dienen.

(2) Beiträge im Sinne des Absatzes 1 dürfen als Betriebsausgaben nicht abgezogen werden, soweit die Leistungen des Fonds, wenn sie vom Trägerunternehmen unmittelbar erbracht würden, bei diesem nicht betrieblich veranlasst wären.

(3) ¹Der Steuerpflichtige kann auf Antrag die insgesamt erforderlichen Leistungen an einen Pensionsfonds zur teilweisen oder vollständigen Übernahme einer bestehenden Versorgungsverpflichtung oder Versorgungsanwartschaft durch den Pensionsfonds erst in den dem Wirtschaftsjahr der Übertragung folgenden zehn Wirtschaftsjahren gleichmäßig verteilt als Betriebsausgaben abziehen. ²Der Antrag ist unwiderruflich; der jeweilige Rechtsnachfolger ist an den Antrag gebunden. ³Ist eine Pensionsrückstellung nach § 6a gewinnerhöhend aufzulösen, ist Satz 1 mit der Maßgabe anzuwenden, dass die Leistungen an den Pensionsfonds im Wirtschaftsjahr der Übertragung in Höhe der aufgelösten Rückstellung als Betriebsausgaben abgezogen werden können; der die aufgelöste Rückstellung übersteigende Betrag ist in den dem Wirtschaftsjahr der Übertragung folgenden zehn Wirtschaftsjahren gleichmäßig verteilt als Betriebsausgaben abzuziehen. ⁴Satz 3 gilt entsprechend, wenn es im Zuge der Leistungen des Arbeitgebers an den Pensionsfonds zu Vermögensübertragungen einer Unterstützungskasse an den Arbeitgeber kommt.

§ 4f
Verpflichtungsübernahmen, Schuldbeitritte und Erfüllungsübernahmen

(1) ¹Werden Verpflichtungen übertragen, die beim ursprünglich Verpflichteten Ansatzverboten, -beschränkungen oder Bewertungsvorbehalten unterlegen haben, ist der sich aus diesem Vorgang ergebende Aufwand im Wirtschaftsjahr der Schuldübernahme und den nachfolgenden 14 Jahren gleichmäßig verteilt als Betriebsausgabe abziehbar. ²Ist aufgrund der Übertragung einer Verpflichtung ein Passivposten gewinnerhöhend aufzulösen, ist Satz 1 mit der Maßgabe anzuwenden, dass der sich ergebende Aufwand im Wirtschaftsjahr der Schuldübernahme in Höhe des aufgelösten Passivpostens als Betriebsausgabe abzuziehen ist; der den aufgelösten Passivposten übersteigende Betrag ist in dem Wirtschaftsjahr der Schuldübernahme und den nachfolgenden 14 Wirtschaftsjahren gleichmäßig verteilt als Betriebsausgabe abzuziehen. ³Eine Verteilung des sich ergebenden Aufwands unterbleibt, wenn die Schuldübernahme im Rahmen einer Veräußerung oder Aufgabe des ganzen Betriebes oder des gesamten Mitunternehmeranteils im Sinne der §§ 14, 16 Absatz 1, 3 und 3a sowie des § 18 Absatz 3 erfolgt; dies gilt auch, wenn ein Arbeitnehmer unter Mitnahme seiner erworbenen Pensionsansprüche zu einem neuen Arbeitgeber wechselt oder wenn der Betrieb am Schluss des vorangehenden Wirtschaftsjahres die Größenmerkmale des § 7g Absatz 1 Satz 2 Nummer 1 Buchstabe a bis c nicht überschreitet. ⁴Erfolgt die Schuldübernahme in dem Fall einer Teilbetriebsveräußerung oder -aufgabe im Sinne der §§ 14, 16 Absatz 1, 3 und 3a sowie des § 18 Absatz 3, ist

ein Veräußerungs- oder Aufgabeverlust um den Aufwand im Sinne des Satzes 1 zu vermindern, soweit dieser den Verlust begründet oder erhöht hat. ⁵Entsprechendes gilt für den einen aufgelösten Passivposten übersteigenden Betrag im Sinne des Satzes 2. ⁶Für den hinzugerechneten Aufwand gelten Satz 2 zweiter Halbsatz und Satz 3 entsprechend. ⁷Der jeweilige Rechtsnachfolger des ursprünglichen Verpflichteten ist an die Aufwandsverteilung nach den Sätzen 1 bis 6 gebunden.

(2) Wurde für Verpflichtungen im Sinne des Absatzes 1 ein Schuldbeitritt oder eine Erfüllungsübernahme mit ganzer oder teilweiser Schuldfreistellung vereinbart, gilt für die vom Freistellungsberechtigten an den Freistellungsverpflichteten erbrachten Leistungen Absatz 1 Satz 1, 2 und 7 entsprechend.

§ 4g
Bildung eines Ausgleichspostens bei Entnahme nach § 4 Absatz 1 Satz 3

(1) ¹Ein unbeschränkt Steuerpflichtiger kann in Höhe des Unterschiedsbetrags zwischen dem Buchwert und dem nach § 6 Absatz 1 Nummer 4 Satz 1 zweiter Halbsatz anzusetzenden Wert eines Wirtschaftsguts des Anlagevermögens auf Antrag einen Ausgleichsposten bilden, soweit das Wirtschaftsgut infolge seiner Zuordnung zu einer Betriebsstätte desselben Steuerpflichtigen in einem anderen Mitgliedstaat der Europäischen Union gemäß § 4 Absatz 1 Satz 3 als entnommen gilt. ²Der Ausgleichsposten ist für jedes Wirtschaftsgut getrennt auszuweisen. ³Das Antragsrecht kann für jedes Wirtschaftsjahr nur einheitlich für sämtliche Wirtschaftsgüter ausgeübt werden. ⁴Der Antrag ist unwiderruflich. ⁵Die Vorschriften des Umwandlungssteuergesetzes bleiben unberührt.

(2) ¹Der Ausgleichsposten ist im Wirtschaftsjahr der Bildung und in den vier folgenden Wirtschaftsjahren zu jeweils einem Fünftel gewinnerhöhend aufzulösen. ²Er ist in vollem Umfang gewinnerhöhend aufzulösen,
1. wenn das als entnommen geltende Wirtschaftsgut aus dem Betriebsvermögen des Steuerpflichtigen ausscheidet,
2. wenn das als entnommen geltende Wirtschaftsgut aus der Besteuerungshoheit der Mitgliedstaaten der Europäischen Union ausscheidet oder
3. wenn die stillen Reserven des als entnommen geltenden Wirtschaftsguts im Ausland aufgedeckt werden oder in entsprechender Anwendung der Vorschriften des deutschen Steuerrechts hätten aufgedeckt werden müssen.

(3) ¹Wird die Zuordnung eines Wirtschaftsguts zu einer anderen Betriebsstätte des Steuerpflichtigen in einem anderen Mitgliedstaat der Europäischen Union im Sinne des Absatzes 1 innerhalb der tatsächlichen Nutzungsdauer, spätestens jedoch vor Ablauf von fünf Jahren nach Änderung der Zuordnung, aufgehoben, ist der für dieses Wirtschaftsgut gebildete Ausgleichsposten ohne Auswirkungen auf den Gewinn aufzulösen und das Wirtschaftsgut mit den fortgeführten Anschaffungskosten, erhöht um zwischenzeitlich gewinnerhöhend berücksichtigte Auflösungsbeträge im Sinne der Absätze 2 und 5 Satz 2 und um den Unterschiedsbetrag zwischen dem Rückführungswert und dem Buchwert im Zeitpunkt der Rückführung, höchstens jedoch mit dem gemeinen Wert, anzusetzen. ²Die Aufhebung der geänderten Zuordnung ist ein Ereignis im Sinne des § 175 Absatz 1 Nummer 2 der Abgabenordnung.

(4) ¹Die Absätze 1 bis 3 finden entsprechende Anwendung bei der Ermittlung des Überschusses der Betriebseinnahmen über die Betriebsausgaben gemäß § 4 Absatz 3. ²Wirtschaftsgüter, für die ein Ausgleichsposten nach Absatz 1 gebildet worden ist, sind in ein laufend zu führendes Verzeichnis aufzunehmen. ³Der Steuerpflichtige hat darüber hinaus Aufzeichnungen zu führen, aus denen die Bildung und Auflösung der Ausgleichsposten hervorgeht. ⁴Die Aufzeichnungen nach den Sätzen 2 und 3 sind der Steuererklärung beizufügen.

(5) ¹Der Steuerpflichtige ist verpflichtet, der zuständigen Finanzbehörde die Entnahme oder ein Ereignis im Sinne des Absatzes 2 unverzüglich anzuzeigen. ²Kommt der Steuerpflichtige dieser Anzeigepflicht, seinen Aufzeichnungspflichten nach Absatz 4 oder seinen sonstigen Mitwirkungspflichten im Sinne des § 90 der Abgabenordnung nicht nach, ist der Ausgleichsposten dieses Wirtschaftsguts gewinnerhöhend aufzulösen.

§ 4h
Betriebsausgabenabzug für Zinsaufwendungen (Zinsschranke)

(1) ¹Zinsaufwendungen eines Betriebs sind abziehbar in Höhe des Zinsertrags, darüber hinaus nur bis zur Höhe es verrechenbaren EBITDA. ²Das verrechenbare EBITDA ist 30 Prozent des um die Zinsaufwendungen und um die nach § 6 Absatz 2 Satz 1 abzuziehenden, nach § 6 Absatz 2a Satz 2 gewinnmindernd aufzulösenden und nach § 7 abgesetzten Beträge erhöhten und um die Zinserträge verminderten maßgeblichen Gewinns. ³Soweit das verrechenbare EBITDA die um die Zinserträge geminderten Zinsaufwendungen des Betriebs übersteigt, ist es in die folgenden fünf Wirtschaftsjahre vorzutragen (EBITDA-Vortrag); ein EBITDA-Vortrag entsteht nicht in Wirtschaftsjahren, in denen Absatz 2 die Anwendung von Absatz 1 Satz 1 ausschließt. ⁴Zinsaufwendungen, die nach Satz 1 nicht abgezogen werden können, sind bis zur Höhe der EBITDA-Vorträge aus vorangegangenen Wirtschaftsjahren abziehbar und mindern die EBITDA-Vorträge in ihrer zeitlichen Reihenfolge. ⁵Danach verbleibende nicht abziehbare Zinsaufwendungen sind in die folgenden Wirtschaftsjahre vorzutragen (Zinsvortrag). ⁶Sie Erhöhen die Zinsaufwendungen dieser Wirtschaftsjahre, nicht aber den maßgeblichen Gewinn.

(2) ¹Absatz 1 Satz 1 ist nicht anzuwenden, wenn
a) der Betrag der Zinsaufwendungen, soweit er den Betrag der Zinserträge übersteigt, weniger als drei Millionen Euro beträgt,
b) der Betrieb nicht oder nur anteilmäßig zu einem Konzern gehört oder
c) der Betrieb zu einem Konzern gehört und seine Eigenkapitalquote am Schluss des vorangegangenen Abschlussstichtages gleich hoch oder höher ist als die des Konzerns (Eigenkapitalvergleich). ²Ein Unterschreiten der Eigenkapitalquote des Konzerns um bis zu zwei Prozentpunkte ist unschädlich.

³Eigenkapitalquote ist das Verhältnis des Eigenkapitals zur Bilanzsumme; sie bemisst sich nach dem Konzernabschluss, der den Betrieb umfasst, und ist für den Betrieb auf der Grundlage des Jahresabschlusses oder Einzelabschlusses zu ermitteln. ⁴Wahlrechte sind im Konzernabschluss und im Jahresabschluss oder Einzelabschluss einheitlich auszuüben; bei gesellschaftsrechtlichen Kündigungsrechten ist insoweit mindestens das Eigenkapital anzusetzen, das sich nach den Vorschriften des Handelsgesetzbuchs ergeben würde. ⁵Bei der Ermittlung der Eigenkapitalquote des Betriebs ist das Eigenkapital um einen im Konzernabschluss enthaltenen Firmenwert, soweit er auf den Betrieb entfällt, und die Hälfte von Sonderposten mit Rücklagenanteil (§ 273 des Handelsgesetzbuchs) zu erhöhen sowie um das Eigenkapital, das keine Stimmrechte vermittelt – mit Ausnahme von Vorzugsaktien –, die Anteile an anderen Konzerngesellschaften und um Einlagen der letzten sechs Monate vor dem maßgeblichen Abschlussstichtag, soweit ihnen Entnahmen oder Ausschüttungen innerhalb der ersten sechs Monate nach dem maßgeblichen Abschlussstichtag gegenüberstehen, zu kürzen. ⁶Die Bilanzsumme ist um Kapitalforderungen zu kürzen, die nicht im Konzernabschluss ausgewiesen sind und denen Verbindlichkeiten im Sinne des Absatzes 3 in mindestens gleicher Höhe gegenüberstehen. ⁷Sonderbetriebsvermögen ist dem Betrieb der Mitunternehmerschaft zuzuordnen, soweit es im Konzernvermögen enthalten ist.

⁸Die für den Eigenkapitalvergleich maßgeblichen Abschlüsse sind einheitlich nach den International Financial Reporting Standards (IFRS) zu erstellen. ⁹Hiervon abweichend können Abschlüsse nach dem Handelsrecht eines Mitgliedstaats der Europäischen Union verwendet werden, wenn kein Konzernabschluss nach den IFRS zu erstellen und offen zu legen ist und für keines der letzten fünf Wirtschaftsjahre ein Konzernabschluss nach den IFRS erstellt wurde; nach den Generally Accepted Accounting Principles der Vereinigten Staaten von Amerika (US-GAAP) aufzustellende und offen zu legende Abschlüsse sind zu verwenden, wenn kein Konzernabschluss nach den IFRS oder dem Handelsrecht eines Mitgliedstaats der Europäischen Union offen zu legen ist. ¹⁰Der Konzernabschluss muss den Anforderungen an die handelsrechtliche Konzernrechnungslegung genügen oder die Voraussetzungen erfüllen, unter denen ein Abschluss nach den §§ 291

und 292 des Handelsgesetzbuchs befreiende Wirkung hätte. ¹¹Wurde der Jahresabschluss oder Einzelabschluss nicht nach denselben Rechnungslegungsstandards wie der Konzernabschluss aufgestellt, ist die Eigenkapitalquote des Betriebs in einer Überleitungsrechnung nach den für den Konzernabschluss geltenden Rechnungslegungsstandards zu ermitteln. ¹²Die Überleitungsrechnung ist einer prüferischen Durchsicht zu unterziehen. ¹³Auf Verlangen der Finanzbehörde ist der Abschluss oder die Überleitungsrechnung des Betriebs durch einen Abschlussprüfer zu prüfen, der die Voraussetzungen des § 319 des Handelsgesetzbuchs erfüllt. ¹⁴Ist ein dem Eigenkapitalvergleich zugrunde gelegter Abschluss unrichtig und führt der zutreffende Abschluss zu einer Erhöhung der nach Absatz 1 nicht abziehbaren Zinsaufwendungen, ist ein Zuschlag entsprechend § 162 Absatz 4 Satz 1 und 2 der Abgabenordnung festzusetzen. ¹⁵Bemessungsgrundlage für den Zuschlag sind die nach Absatz 1 nicht abziehbaren Zinsaufwendungen. ¹⁶§ 162 Absatz 4 Satz 4 bis 6 der Abgabenordnung gilt sinngemäß. ²Ist eine Gesellschaft, bei der der Gesellschafter als Mitunternehmer anzusehen ist, unmittelbar oder mittelbar einer Körperschaft nachgeordnet, gilt für die Gesellschaft § 8a Absatz 2 und 3 des Körperschaftsteuergesetzes entsprechend.

(3) ¹Maßgeblicher Gewinn ist der nach den Vorschriften dieses Gesetzes mit Ausnahme des Absatzes 1 ermittelte steuerpflichtige Gewinn. ²Zinsaufwendungen sind Vergütungen für Fremdkapital, die den maßgeblichen Gewinn gemindert haben. ³Zinserträge sind Erträge aus Kapitalforderungen jeder Art, die den maßgeblichen Gewinn erhöht haben. ⁴Die Auf- und Abzinsung unverzinslicher oder niedrig verzinslicher Verbindlichkeiten oder Kapitalforderungen führen ebenfalls zu Zinserträgen oder Zinsaufwendungen. ⁵Ein Betrieb gehört zu einem Konzern, wenn er nach dem für die Anwendung des Absatzes 2 Satz 1 Buchstabe c zugrunde gelegten Rechnungslegungsstandard mit einem oder mehreren anderen Betrieben konsolidiert wird oder werden könnte. ⁶Ein Betrieb gehört für Zwecke des Absatzes 2 auch zu einem Konzern, wenn seine Finanz- und Geschäftspolitik mit einem oder mehreren anderen Betrieben einheitlich bestimmt werden kann.

(4) ¹Der EBITDA-Vortrag und der Zinsvortrag sind gesondert festzustellen. ²Zuständig ist das für die gesonderte Feststellung des Gewinns und Verlusts der Gesellschaft zuständige Finanzamt, im Übrigen das für die Besteuerung zuständige Finanzamt. ³§ 10d Absatz 4 gilt sinngemäß. ⁴Feststellungsbescheide sind zu erlassen, aufzuheben oder zu ändern, soweit sich die nach Satz 1 festzustellenden Beträge ändern.

(5) ¹Bei Aufgabe oder Übertragung des Betriebs gehen ein nicht verbrauchter EBITDA-Vortrag und ein nicht verbrauchter Zinsvortrag unter. ²Scheidet ein Mitunternehmer aus einer Gesellschaft aus, gehen der EBITDA-Vortrag und der Zinsvortrag anteilig mit der Quote unter, mit der der ausgeschiedene Gesellschafter an der Gesellschaft beteiligt war. ³§ 8c des Körperschaftsteuergesetzes ist auf den Zinsvortrag einer Gesellschaft entsprechend anzuwenden, soweit an dieser unmittelbar oder mittelbar eine Körperschaft als Mitunternehmer beteiligt ist.

§ 5
Gewinn bei Kaufleuten und bei bestimmten anderen Gewerbetreibenden

(1) ¹Bei Gewerbetreibenden, die aufgrund gesetzlicher Vorschriften verpflichtet sind, Bücher zu führen und regelmäßig Abschlüsse zu machen, oder die ohne eine solche Verpflichtung Bücher führen und regelmäßig Abschlüsse machen, ist für den Schluss des Wirtschaftsjahres das Betriebsvermögen anzusetzen (§ 4 Absatz 1 Satz 1), das nach den handelsrechtlichen Grundsätzen ordnungsmäßiger Buchführung auszuweisen ist, es sei denn, im Rahmen der Ausübung eines steuerlichen Wahlrechts wird oder wurde ein anderer Ansatz gewählt. ²Voraussetzung für die Ausübung steuerlicher Wahlrechte ist, dass die Wirtschaftsgüter, die nicht mit dem handelsrechtlich maßgeblichen Wert in der steuerlichen Gewinnermittlung ausgewiesen werden, in besondere, laufend zu führende Verzeichnisse aufgenommen werden. ³In den Verzeichnissen sind der Tag der Anschaffung oder Herstellung, die Anschaffungs- oder Herstellungskosten, die Vorschrift des ausgeübten steuerlichen Wahlrechts und die vorgenommenen Abschreibungen nachzuweisen.

(1a) ¹Posten der Aktivseite dürfen nicht mit Posten der Passivseite verrechnet werden. ²Die Ergebnisse der in der handelsrechtlichen Rechnungslegung zur Absicherung finanzwirtschaftlicher Risiken gebildeten Bewertungseinheiten sind auch für die steuerliche Gewinnermittlung maßgeblich.

(2) Für immaterielle Wirtschaftsgüter des Anlagevermögens ist ein Aktivposten nur anzusetzen, wenn sie entgeltlich erworben wurden.

(2a) Für Verpflichtungen, die nur zu erfüllen sind, soweit künftig Einnahmen oder Gewinne anfallen, sind Verbindlichkeiten oder Rückstellungen erst anzusetzen, wenn die Einnahmen oder Gewinne angefallen sind.

(3) ¹Rückstellungen wegen Verletzung fremder Patent-, Urheber- oder ähnlicher Schutzrechte dürfen erst gebildet werden, wenn

1. der Rechtsinhaber Ansprüche wegen der Rechtsverletzung geltend gemacht hat oder
2. mit einer Inanspruchnahme wegen der Rechtsverletzung ernsthaft zu rechnen ist.

²Eine nach Satz 1 Nummer 2 gebildete Rückstellung ist spätestens in der Bilanz des dritten auf ihre erstmalige Bildung folgenden Wirtschaftsjahres gewinnerhöhend aufzulösen, wenn Ansprüche nicht geltend gemacht worden sind.

(4) Rückstellungen für die Verpflichtung zu einer Zuwendung anlässlich eines Dienstjubiläums dürfen nur gebildet werden, wenn das Dienstverhältnis mindestens zehn Jahre bestanden hat, das Dienstjubiläum das Bestehen eines Dienstverhältnisses von mindestens 15 Jahren voraussetzt, die Zusage schriftlich erteilt ist und soweit der Zuwendungsberechtigte seine Anwartschaft nach dem 31. Dezember 1992 erwirbt.

(4a) ¹Rückstellungen für drohende Verluste aus schwebenden Geschäften dürfen nicht gebildet werden. ²Das gilt nicht für Ergebnisse nach Absatz 1a Satz 2.

(4b) ¹Rückstellungen für Aufwendungen, die in künftigen Wirtschaftsjahren als Anschaffungs- oder Herstellungskosten eines Wirtschaftsguts zu aktivieren sind, dürfen nicht gebildet werden. ²Rückstellungen für die Verpflichtung zur schadlosen Verwertung radioaktiver Reststoffe sowie ausgebauter oder abgebauter radioaktiver Anlagenteile dürfen nicht gebildet werden, soweit Aufwendungen im Zusammenhang mit der Bearbeitung oder Verarbeitung von Kernbrennstoffen stehen, die aus der Aufarbeitung bestrahlter Kernbrennstoffe gewonnen worden sind und keine radioaktiven Abfälle darstellen.

(5) ¹Als Rechnungsabgrenzungsposten sind nur anzusetzen

1. auf der Aktivseite Ausgaben vor dem Abschlussstichtag, soweit sie Aufwand für eine bestimmte Zeit nach diesem Tag darstellen;
2. auf der Passivseite Einnahmen vor dem Abschlussstichtag, soweit sie Ertrag für eine bestimmte Zeit nach diesem Tag darstellen.

²Auf der Aktivseite sind ferner anzusetzen

1. als Aufwand berücksichtigte Zölle und Verbrauchsteuern, soweit sie auf am Abschlussstichtag auszuweisende Wirtschaftsgüter des Vorratsvermögens entfallen,
2. als Aufwand berücksichtigte Umsatzsteuer auf am Abschlussstichtag auszuweisende Anzahlungen.

(6) Die Vorschriften über die Entnahmen und die Einlagen, über die Zulässigkeit der Bilanzänderung, über die Betriebsausgaben, über die Bewertung und über die Absetzung für Abnutzung oder Substanzverringerung sind zu befolgen.

(7) ¹Übernommene Verpflichtungen, die beim ursprünglich Verpflichteten Ansatzverboten, -beschränkungen oder Bewertungsvorbehalten unterlegen haben, sind zu den auf die Übernahme folgenden Abschlussstichtagen bei dem Übernehmer und dessen Rechtsnachfolger so zu bilanzieren, wie sie beim ursprünglich Verpflichteten ohne Übernahme zu bilanzieren wären. ²Dies gilt in Fällen des Schuldbeitritts oder der Erfüllungsübernahme mit vollständiger oder teilweiser Schuldfreistellung für die sich aus diesem Rechtsgeschäft ergebenden Verpflichtungen sinngemäß. ³Satz 1 ist für den Erwerb eines Mitunternehmeranteils entsprechend anzuwenden. ⁴Wird eine Pensionsverpflichtung unter gleichzeitiger Übernahme von Vermögenswerten gegenüber einem Arbeitnehmer übernommen, der bis-

her in einem anderen Unternehmen tätig war, ist Satz 1 mit der Maßgabe anzuwenden, dass bei der Ermittlung des Teilwertes der Verpflichtung der Jahresbetrag nach § 6a Absatz 3 Satz 2 Nummer 1 so zu bemessen ist, dass zu Beginn des Wirtschaftsjahres der Übernahme der Barwert der Jahresbeträge zusammen mit den übernommenen Vermögenswerten gleich dem Barwert der künftigen Pensionsleistungen ist; dabei darf sich kein negativer Jahresbetrag ergeben. ⁵Für einen Gewinn, der sich aus der Anwendung der Sätze 1 bis 3 ergibt, kann jeweils in Höhe von vierzehn Fünfzehntel eine gewinnmindernde Rücklage gebildet werden, die in den folgenden 14 Wirtschaftsjahren jeweils mit mindestens einem Vierzehntel gewinnerhöhend aufzulösen ist (Auflösungszeitraum). ⁶Besteht eine Verpflichtung, für die eine Rücklage gebildet wurde, bereits vor Ablauf des maßgebenden Auflösungszeitraums nicht mehr, ist die insoweit verbleibende Rücklage erhöhend aufzulösen.

§ 5a
Gewinnermittlung bei Handelsschiffen im internationalen Verkehr

(1) ¹Anstelle der Ermittlung des Gewinns nach § 4 Absatz 1 oder § 5 ist bei einem Gewerbebetrieb mit Geschäftsleitung im Inland der Gewinn, soweit er auf den Betrieb von Handelsschiffen im internationalen Verkehr entfällt, auf unwiderruflichen Antrag des Steuerpflichtigen nach der in seinem Betrieb geführten Tonnage zu ermitteln, wenn die Bereederung dieser Handelsschiffe im Inland durchgeführt wird. ²Der im Wirtschaftsjahr erzielte Gewinn beträgt pro Tag des Betriebs für jedes im internationalen Verkehr betriebene Handelsschiff für jeweils volle 100 Nettotonnen (Nettoraumzahl)

0,92 Euro bei einer Tonnage bis zu 1 000 Nettotonnen,

0,69 Euro für die 1 000 Nettotonnen übersteigende Tonnage bis zu 10 000 Nettotonnen,

0,46 Euro für die 10 000 Nettotonnen übersteigende Tonnage bis zu 25 000 Nettotonnen,

0,23 Euro für die 25 000 Nettotonnen übersteigende Tonnage.

(2) ¹Handelsschiffe werden im internationalen Verkehr betrieben, wenn eigene oder gecharterte Seeschiffe, die im Wirtschaftsjahr überwiegend in einem inländischen Seeschiffsregister eingetragen sind, in diesem Wirtschaftsjahr überwiegend zur Beförderung von Personen oder Gütern im Verkehr mit oder zwischen ausländischen Häfen, innerhalb eines ausländischen Hafens oder zwischen einem ausländischen Hafen und der Hohen See eingesetzt werden. ²Zum Betrieb von Handelsschiffen im internationalen Verkehr gehören auch ihre Vercharterung, wenn sie vom Vercharterer ausgerüstet worden sind, und die unmittelbar mit ihrem Einsatz oder ihrer Vercharterung zusammenhängenden Neben- und Hilfsgeschäfte einschließlich der Veräußerung der Handelsschiffe und der unmittelbar ihrem Betrieb dienenden Wirtschaftsgüter. ³Der Einsatz und die Vercharterung von gecharterten Handelsschiffen gilt nur dann als Betrieb von Handelsschiffen im internationalen Verkehr, wenn gleichzeitig eigene oder ausgerüstete Handelsschiffe im internationalen Verkehr betrieben werden. ⁴Sind gecharterte Handelsschiffe nicht in einem inländischen Seeschiffsregister eingetragen, gilt Satz 3 unter der weiteren Voraussetzung, dass im Wirtschaftsjahr die Nettotonnage der gecharterten Handelsschiffe das Dreifache der nach den Sätzen 1 und 2 im internationalen Verkehr betriebenen Handelsschiffe nicht übersteigt; für die Berechnung der Nettotonnage sind jeweils die Nettotonnen pro Schiff mit der Anzahl der Betriebstage nach Absatz 1 zu vervielfältigen. ⁵Dem Betrieb von Handelsschiffen im internationalen Verkehr ist gleichgestellt, wenn Seeschiffe, die im Wirtschaftsjahr überwiegend in einem inländischen Seeschiffsregister eingetragen sind, in diesem Wirtschaftsjahr überwiegend außerhalb der deutschen Hoheitsgewässer zum Schleppen, Bergen oder zur Aufsuchung von Bodenschätzen eingesetzt werden; die Sätze 2 bis 4 sind sinngemäß anzuwenden.

(3) ¹Der Antrag auf Anwendung der Gewinnermittlung nach Absatz 1 ist im Wirtschaftsjahr der Anschaffung oder Herstellung des Handelsschiffs (Indienststellung) mit Wirkung ab Beginn dieses Wirtschaftsjahres zu stellen. ²Vor Indienststellung des Handelsschiffs durch den Betrieb von Handelsschiffen im internationalen Verkehr erwirtschaftete Gewinne sind in diesem Fall nicht zu besteuern; Verluste sind weder ausgleichsfähig noch verrechenbar. ³Bereits erlassene Steuerbescheide sind insoweit zu ändern. ⁴Das gilt auch dann, wenn der Steuerbescheid unanfechtbar geworden ist; die Festsetzungsfrist endet insoweit nicht, bevor die Festsetzungsfrist für den Veranlagungszeitraum abgelaufen ist, in dem der Gewinn erstmals nach Absatz 1 ermittelt wird. ⁵Wird der Antrag auf Anwendung der Gewinnermittlung nach Absatz 1 nicht nach Satz 1 im Wirtschaftsjahr der Anschaffung oder Herstellung des Handelsschiffs (Indienststellung) gestellt, kann er erstmals in dem Wirtschaftsjahr gestellt werden, das jeweils nach Ablauf eines Zeitraumes von zehn Jahren, vom Beginn des Jahres der Indienststellung gerechnet, endet. ⁶Die Sätze 2 bis 4 sind insoweit nicht anwendbar. ⁷Der Steuerpflichtige ist an die Gewinnermittlung nach Absatz 1 vom Beginn des Wirtschaftsjahres an, in dem er den Antrag stellt, zehn Jahre gebunden. ⁸Nach Ablauf dieses Zeitraums kann er den Antrag mit Wirkung für den Beginn jedes folgenden Wirtschaftsjahres bis zum Ende dieses Jahres unwiderruflich zurücknehmen. ⁹An die Gewinnermittlung nach allgemeinen Vorschriften ist der Steuerpflichtige ab dem Beginn des Wirtschaftsjahres, in dem er den Antrag zurücknimmt, zehn Jahre gebunden.

(4) ¹Zum Schluss des Wirtschaftsjahres, das der erstmaligen Anwendung des Absatzes 1 vorangeht (Übergangsjahr), ist für jedes Wirtschaftsgut, das unmittelbar dem Betrieb von Handelsschiffen im internationalen Verkehr dient, der Unterschiedsbetrag zwischen Buchwert und Teilwert in ein besonderes Verzeichnis aufzunehmen. ²Der Unterschiedsbetrag ist gesondert und bei Gesellschaften im Sinne des § 15 Absatz 1 Satz 1 Nummer 2 einheitlich festzustellen. ³Der Unterschiedsbetrag nach Satz 1 ist dem Gewinn hinzuzurechnen:

1. in den dem letzten Jahr der Anwendung des Absatzes 1 folgenden fünf Wirtschaftsjahren jeweils in Höhe von mindestens einem Fünftel,

2. in dem Jahr, in dem das Wirtschaftsgut aus dem Betriebsvermögen ausscheidet oder in dem es nicht mehr unmittelbar dem Betrieb von Handelsschiffen im internationalen Verkehr dient,

3. in dem Jahr des Ausscheidens eines Gesellschafters hinsichtlich des auf ihn entfallenden Anteils.

⁴Die Sätze 1 bis 3 sind entsprechend anzuwenden, wenn der Steuerpflichtige Wirtschaftsgüter des Betriebsvermögens dem Betrieb von Handelsschiffen im internationalen Verkehr zuführt.

(4a) ¹Bei Gesellschaften im Sinne des § 15 Absatz 1 Satz 1 Nummer 2 tritt für die Zwecke dieser Vorschrift an die Stelle des Steuerpflichtigen die Gesellschaft. ²Der nach Absatz 1 ermittelte Gewinn ist den Gesellschaftern entsprechend ihrem Anteil am Gesellschaftsvermögen zuzurechnen. ³Vergütungen im Sinne des § 15 Absatz 1 Satz 1 Nummer 2 und Satz 2 sind hinzuzurechnen.

(5) ¹Gewinne nach Absatz 1 umfassen auch Einkünfte nach § 16. ²Die §§ 34, 34c Absatz 1 bis 3 und § 35 sind nicht anzuwenden. ³Rücklagen nach den §§ 6b und 6d sind beim Übergang zur Gewinnermittlung nach Absatz 1 dem Gewinn im Erstjahr hinzuzurechnen; bis zum Übergang in Anspruch genommene Investitionsabzugsbeträge nach § 7g Absatz 1 sind nach Maßgabe des § 7g Absatz 3 rückgängig zu machen. ⁴Für die Anwendung des § 15a ist der nach § 4 Absatz 1 oder § 5 ermittelte Gewinn zugrunde zu legen.

(6) In der Bilanz zum Schluss des Wirtschaftsjahres, in dem Absatz 1 letztmalig angewendet wird, ist für jedes Wirtschaftsgut, das unmittelbar dem Betrieb von Handelsschiffen im internationalen Verkehr dient, der Teilwert anzusetzen.

§ 5b
Elektronische Übermittlung von Bilanzen sowie Gewinn- und Verlustrechnungen

(1) ¹Wird der Gewinn nach § 4 Absatz 1, § 5 oder § 5a ermittelt, so ist der Inhalt der Bilanz sowie der Gewinn- und Verlustrechnung nach amtlich vorgeschriebenem Datensatz durch Datenfernübertragung zu übermitteln. ²Enthält die Bilanz Ansätze oder Beträge, die den steuerlichen Vorschriften nicht entsprechen, so sind diese Ansätze oder Beträge durch Zusätze oder Anmerkungen den steuerlichen Vorschriften anzupassen und nach amtlich vorgeschriebenem Datensatz durch Datenfernübertragung zu übermitteln. ³Der Steuerpflichtige kann auch eine den steuerlichen Vorschriften entsprechende Bilanz nach amtlich vorgeschriebenem Datensatz durch Datenfernübertragung übermitteln. ⁴§ 150 Absatz 7 der Abgabenordnung gilt entsprechend. ⁵Im Fall der Eröffnung des Betriebs

sind die Sätze 1 bis 4 für den Inhalt der Eröffnungsbilanz entsprechend anzuwenden.

(2) ¹Auf Antrag kann die Finanzbehörde zur Vermeidung unbilliger Härten auf eine elektronische Übermittlung verzichten. ²§ 150 Absatz 8 der Abgabenordnung gilt entsprechend.

§ 6
Bewertung

(1) Für die Bewertung der einzelnen Wirtschaftsgüter, die nach § 4 Absatz 1 oder nach § 5 als Betriebsvermögen anzusetzen sind, gilt das Folgende:

1. Wirtschaftsgüter des Anlagevermögens, die der Abnutzung unterliegen, sind mit den Anschaffungs- oder Herstellungskosten oder dem an deren Stelle tretenden Wert, vermindert um die Absetzungen für Abnutzung, erhöhte Absetzungen, Sonderabschreibungen, Abzüge nach § 6b und ähnliche Abzüge, anzusetzen. ²Ist der Teilwert aufgrund einer voraussichtlich dauernden Wertminderung niedriger, so kann dieser angesetzt werden. ³Teilwert ist der Betrag, den ein Erwerber des ganzen Betriebs im Rahmen des Gesamtkaufpreises für das einzelne Wirtschaftsgut ansetzen würde; dabei ist davon auszugehen, dass der Erwerber den Betrieb fortführt. ⁴Wirtschaftsgüter, die bereits am Schluss des vorangegangenen Wirtschaftsjahres zum Anlagevermögen des Steuerpflichtigen gehört haben, sind in den folgenden Wirtschaftsjahren gemäß Satz 1 anzusetzen, es sei denn, der Steuerpflichtige weist nach, dass ein niedrigerer Teilwert nach Satz 2 angesetzt werden kann.

1a. Zu den Herstellungskosten eines Gebäudes gehören auch Aufwendungen für Instandsetzungs- und Modernisierungsmaßnahmen, die innerhalb von drei Jahren nach der Anschaffung des Gebäudes durchgeführt werden, wenn die Aufwendungen ohne die Umsatzsteuer 15 Prozent der Anschaffungskosten des Gebäudes übersteigen (anschaffungsnahe Herstellungskosten). ²Zu diesen Aufwendungen gehören nicht die Aufwendungen für Erweiterungen im Sinne des § 255 Absatz 2 Satz 1 des Handelsgesetzbuchs sowie Aufwendungen für Erhaltungsarbeiten, die jährlich üblicherweise anfallen.

2. Andere als die in Nummer 1 bezeichneten Wirtschaftsgüter des Betriebs (Grund und Boden, Beteiligungen, Umlaufvermögen) sind mit den Anschaffungs- oder Herstellungskosten oder dem an deren Stelle tretenden Wert, vermindert um Abzüge nach § 6b und ähnliche Abzüge, anzusetzen. ²Ist der Teilwert (Nummer 1 Satz 3) aufgrund einer voraussichtlich dauernden Wertminderung niedriger, so kann dieser angesetzt werden. ³Nummer 1 Satz 4 gilt entsprechend.

2a. Steuerpflichtige, die den Gewinn nach § 5 ermitteln, können für den Wertansatz gleichartiger Wirtschaftsgüter des Vorratsvermögens unterstellen, dass die zuletzt angeschafften oder hergestellten Wirtschaftsgüter zuerst verbraucht oder veräußert worden sind, soweit dies den handelsrechtlichen Grundsätzen ordnungsmäßiger Buchführung entspricht. ²Der Vorratsbestand am Schluss des Wirtschaftsjahres, das der erstmaligen Anwendung der Bewertung nach Satz 1 vorangeht, gilt mit seinem Bilanzansatz als erster Zugang des neuen Wirtschaftsjahres. ³Von der Verbrauchs- oder Veräußerungsfolge nach Satz 1 kann in den folgenden Wirtschaftsjahren nur mit Zustimmung des Finanzamts abgewichen werden.

2b. Steuerpflichtige, die in den Anwendungsbereich des § 340 des Handelsgesetzbuchs fallen, haben die zu Handelszwecken erworbenen Finanzinstrumente, die nicht in einer Bewertungseinheit im Sinne des § 5 Absatz 1a Satz 2 abgebildet werden, mit dem beizulegenden Zeitwert abzüglich eines Risikoabschlages (§ 340e Absatz 3 des Handelsgesetzbuchs) zu bewerten. ²Nummer 2 Satz 2 ist nicht anzuwenden.

3. Verbindlichkeiten sind unter sinngemäßer Anwendung der Vorschriften der Nummer 2 zu bewerten und mit einem Zinssatz von 5,5 Prozent abzuzinsen. ²Ausgenommen von der Abzinsung sind Verbindlichkeiten, deren Laufzeit am Bilanzstichtag weniger als zwölf Monate beträgt, und Verbindlichkeiten, die verzinslich sind oder auf einer Anzahlung oder Vorausleistung beruhen.

3a. Rückstellungen sind höchstens insbesondere unter Berücksichtigung folgender Grundsätze anzusetzen:

a) bei Rückstellungen für gleichartige Verpflichtungen ist auf der Grundlage der Erfahrungen in der Vergangenheit aus der Abwicklung solcher Verpflichtungen die Wahrscheinlichkeit zu berücksichtigen, dass der Steuerpflichtige nur zu einem Teil der Summe dieser Verpflichtungen in Anspruch genommen wird;

b) Rückstellungen für Sachleistungsverpflichtungen sind mit den Einzelkosten und den angemessenen Teilen der notwendigen Gemeinkosten zu bewerten;

c) künftige Vorteile, die mit der Erfüllung der Verpflichtung voraussichtlich verbunden sein werden, sind, soweit sie nicht als Forderung zu aktivieren sind, bei ihrer Bewertung wertmindernd zu berücksichtigen;

d) Rückstellungen für Verpflichtungen, für deren Entstehen im wirtschaftlichen Sinne der laufende Betrieb ursächlich ist, sind zeitanteilig in gleichen Raten anzusammeln. ²Rückstellungen für gesetzliche Verpflichtungen zur Rücknahme und Verwertung von Erzeugnissen, die vor Inkrafttreten entsprechender gesetzlicher Verpflichtungen in Verkehr gebracht worden sind, sind zeitanteilig in gleichen Raten bis zum Beginn der jeweiligen Erfüllung anzusammeln; Buchstabe e ist insoweit nicht anzuwenden. ³Rückstellungen für die Verpflichtung, ein Kernkraftwerk stillzulegen, sind ab dem Zeitpunkt der erstmaligen Nutzung bis zum Zeitpunkt, in dem mit der Stilllegung begonnen werden muss, zeitanteilig in gleichen Raten anzusammeln; steht der Zeitpunkt der Stilllegung nicht fest, beträgt der Zeitraum für die Ansammlung 25 Jahre;

e) Rückstellungen für Verpflichtungen sind mit einem Zinssatz von 5,5 Prozent abzuzinsen; Nummer 3 Satz 2 ist entsprechend anzuwenden. ²Für die Abzinsung von Rückstellungen für Sachleistungsverpflichtungen ist der Zeitraum bis zum Beginn der Erfüllung maßgebend. ³Für die Abzinsung von Rückstellungen für die Verpflichtung, ein Kernkraftwerk stillzulegen, ist der sich aus Buchstabe d Satz 3 ergebende Zeitraum maßgebend; und

f) bei der Bewertung sind die Wertverhältnisse am Bilanzstichtag maßgebend; künftige Preis- und Kostensteigerungen dürfen nicht berücksichtigt werden.

4. Entnahmen des Steuerpflichtigen für sich, für seinen Haushalt oder für andere betriebsfremde Zwecke sind mit dem Teilwert anzusetzen; in den Fällen des § 4 Absatz 1 Satz 3 ist die Entnahme mit dem gemeinen Wert anzusetzen. ²Die private Nutzung eines Kraftfahrzeugs, das zu mehr als 50 Prozent betrieblich genutzt wird, ist für jeden Kalendermonat mit 1 Prozent des inländischen Listenpreises im Zeitpunkt der Erstzulassung zuzüglich der Kosten für Sonderausstattungen einschließlich der Umsatzsteuer anzusetzen; bei der privaten Nutzung von Fahrzeugen mit Antrieb ausschließlich durch Elektromotoren, die ganz oder überwiegend aus mechanischen oder elektrochemischen Energiespeichern oder aus emissionsfrei betriebenen Energiewandlern gespeist werden (Elektrofahrzeuge), oder von extern aufladbaren Hybridelektrofahrzeugen, ist der Listenpreis dieser Kraftfahrzeuge um die darin enthaltenen Kosten des Batteriesystems im Zeitpunkt der Erstzulassung des Kraftfahrzeugs wie folgt zu mindern: für bis zum 31. Dezember 2013 angeschaffte Kraftfahrzeuge um 500 Euro pro Kilowattstunde der Batteriekapazität, dieser Betrag mindert sich für in den Folgejahren angeschaffte Kraftfahrzeuge um jährlich 50 Euro pro Kilowattstunde der Batteriekapazität; die Minderung pro Kraftfahrzeug beträgt höchstens 10 000 Euro; dieser Höchstbetrag mindert sich für in den Folgejahren angeschaffte Kraftfahrzeuge um jährlich 500 Euro. ³Die private Nutzung kann abweichend von Satz 2 mit den auf die Privatfahrten entfallenden Aufwendungen angesetzt werden, wenn die für das Kraftfahrzeug insgesamt entstehenden Aufwendungen durch Belege und das Verhältnis der privaten zu den übrigen Fahrten durch ein ordnungsgemäßes Fahrtenbuch nachgewiesen werden; bei der privaten Nutzung von Fahrzeugen mit Antrieb ausschließlich durch Elektromotoren, die ganz oder überwiegend aus mechanischen oder elektrochemischen Energiespeichern oder aus emissionsfrei betriebenen Energiewandlern gespeist werden (Elektrofahrzeuge), oder von extern aufladbaren Hybridelektrofahrzeugen, sind die der Berechnung der Entnahme zugrunde zu legenden

insgesamt entstandenen Aufwendungen um die nach Satz 2 in pauschaler Höhe festgelegten Aufwendungen, die auf das Batteriesystem entfallen, zu mindern. ⁴Wird ein Wirtschaftsgut unmittelbar nach seiner Entnahme einer nach § 5 Absatz 1 Nummer 9 des Körperschaftsteuergesetzes von der Körperschaftsteuer befreiten Körperschaft, Personenvereinigung oder Vermögensmasse oder einer juristischen Person des öffentlichen Rechts zur Verwendung für steuerbegünstigte Zwecke im Sinne des § 10b Absatz 1 Satz 1 unentgeltlich überlassen, so kann die Entnahme mit dem Buchwert angesetzt werden. ⁵Satz 4 gilt nicht für die Entnahme von Nutzungen und Leistungen.

5. Einlagen sind mit dem Teilwert für den Zeitpunkt der Zuführung anzusetzen; sie sind jedoch höchstens mit den Anschaffungs- oder Herstellungskosten anzusetzen, wenn das zugeführte Wirtschaftsgut

    a) innerhalb der letzten drei Jahre vor dem Zeitpunkt der Zuführung angeschafft oder hergestellt worden ist,

    b) ein Anteil an einer Kapitalgesellschaft ist und der Steuerpflichtige an der Gesellschaft im Sinne des § 17 Absatz 1 oder 6 beteiligt ist; § 17 Absatz 2 Satz 5 gilt entsprechend, oder

    c) ein Wirtschaftsgut im Sinne des § 20 Absatz 2 ist.

    ²Ist die Einlage ein abnutzbares Wirtschaftsgut, so sind die Anschaffungs- oder Herstellungskosten um Absetzungen für Abnutzung zu kürzen, die auf den Zeitraum zwischen der Anschaffung oder Herstellung des Wirtschaftsguts und der Einlage entfallen. ³Ist die Einlage ein Wirtschaftsgut, das vor der Zuführung aus einem Betriebsvermögen des Steuerpflichtigen entnommen worden ist, so tritt an die Stelle der Anschaffungs- oder Herstellungskosten der Wert, mit dem die Entnahme angesetzt worden ist, und an die Stelle des Zeitpunkts der Anschaffung oder Herstellung der Zeitpunkt der Entnahme.

5a. In den Fällen des § 4 Absatz 1 Satz 8 zweiter Halbsatz ist das Wirtschaftsgut mit dem gemeinen Wert anzusetzen.

6. Bei Eröffnung eines Betriebs ist Nummer 5 entsprechend anzuwenden.

7. Bei entgeltlichem Erwerb eines Betriebs sind die Wirtschaftsgüter mit dem Teilwert, höchstens jedoch mit den Anschaffungs- oder Herstellungskosten anzusetzen.

(2) ¹Die Anschaffungs- oder Herstellungskosten oder der nach Absatz 1 Nummer 5 bis 6 an deren Stelle tretende Wert von abnutzbaren beweglichen Wirtschaftsgütern des Anlagevermögens, die einer selbständigen Nutzung fähig sind, können im Wirtschaftsjahr der Anschaffung, Herstellung oder Einlage des Wirtschaftsguts oder der Eröffnung des Betriebs in voller Höhe als Betriebsausgaben abgezogen werden, wenn die Anschaffungs- oder Herstellungskosten, vermindert um einen darin enthaltenen Vorsteuerbetrag (§ 9b Absatz 1), oder der nach Absatz 1 Nummer 5 bis 6 an deren Stelle tretende Wert für das einzelne Wirtschaftsgut 410 Euro nicht übersteigen. ²Ein Wirtschaftsgut ist einer selbständigen Nutzung nicht fähig, wenn es nach seiner betrieblichen Zweckbestimmung nur zusammen mit anderen Wirtschaftsgütern des Anlagevermögens genutzt werden kann und die in den Nutzungszusammenhang eingefügten Wirtschaftsgüter technisch aufeinander abgestimmt sind. ³Das gilt auch, wenn das Wirtschaftsgut aus dem betrieblichen Nutzungszusammenhang gelöst und in einen anderen betrieblichen Nutzungszusammenhang eingefügt werden kann. ⁴Wirtschaftsgüter im Sinne des Satzes 1, deren Wert 150 Euro übersteigt, sind unter Angabe des Tages der Anschaffung, Herstellung oder Einlage des Wirtschaftsguts oder der Eröffnung des Betriebs und der Anschaffungs- oder Herstellungskosten oder des nach Absatz 1 Nummer 5 bis 6 an deren Stelle tretenden Werts in ein besonderes, laufend zu führendes Verzeichnis aufzunehmen. ⁵Das Verzeichnis braucht nicht geführt zu werden, wenn diese Angaben aus der Buchführung ersichtlich sind.

(2a) ¹Abweichend von Absatz 2 Satz 1 kann für die abnutzbaren beweglichen Wirtschaftsgüter des Anlagevermögens, die einer selbständigen Nutzung fähig sind, im Wirtschaftsjahr der Anschaffung, Herstellung oder Einlage des Wirtschaftsguts oder der Eröffnung des Betriebs ein Sammelposten gebildet werden, wenn die Anschaffungs- und Herstellungskosten, vermindert um einen darin enthaltenen Vorsteuerbetrag (§ 9b Absatz 1), oder der nach Absatz 1 Nummer 5 bis 6 an deren Stelle tretende Wert für das einzelne Wirtschaftsgut 150 Euro, aber nicht 1 000 Euro übersteigen. ²Der Sammelposten ist im Wirtschaftsjahr der Bildung und den folgenden vier Wirtschaftsjahren mit jeweils einem Fünftel gewinnmindernd aufzulösen. ³Scheidet ein Wirtschaftsgut im Sinne des Satzes 1 aus dem Betriebsvermögen aus, wird der Sammelposten nicht vermindert. ⁴Die Anschaffungs- oder Herstellungskosten oder der nach Absatz 1 Nummer 5 bis 6 an deren Stelle tretende Wert von abnutzbaren beweglichen Wirtschaftsgütern des Anlagevermögens, die einer selbständigen Nutzung fähig sind, können im Wirtschaftsjahr der Anschaffung, Herstellung oder Einlage des Wirtschaftsguts oder der Eröffnung des Betriebs in voller Höhe als Betriebsausgaben abgezogen werden, wenn die Anschaffungs- oder Herstellungskosten, vermindert um einen darin enthaltenen Vorsteuerbetrag (§ 9b Absatz 1), oder der nach Absatz 1 Nummer 5 bis 6 an deren Stelle tretende Wert für das einzelne Wirtschaftsgut 150 Euro nicht übersteigen. ⁵Die Sätze 1 bis 3 sind für alle in einem Wirtschaftsjahr angeschafften, hergestellten oder eingelegten Wirtschaftsgüter einheitlich anzuwenden.

(3) ¹Wird ein Betrieb, ein Teilbetrieb oder der Anteil eines Mitunternehmers an einem Betrieb unentgeltlich übertragen, so sind bei der Ermittlung des Gewinns des bisherigen Betriebsinhabers (Mitunternehmers) die Wirtschaftsgüter mit den Werten anzusetzen, die sich nach den Vorschriften über die Gewinnermittlung ergeben; dies gilt auch bei der unentgeltlichen Aufnahme einer natürlichen Person in ein bestehendes Einzelunternehmen sowie bei der unentgeltlichen Übertragung eines Teils eines Mitunternehmeranteils auf eine natürliche Person. ²Satz 1 ist auch anzuwenden, wenn der bisherige Betriebsinhaber (Mitunternehmer) Wirtschaftsgüter, die weiterhin zum Betriebsvermögen derselben Mitunternehmerschaft gehören, nicht überträgt, sofern der Rechtsnachfolger den übernommenen Mitunternehmeranteil über einen Zeitraum von mindestens fünf Jahren nicht veräußert oder aufgibt. ³Der Rechtsnachfolger ist an die in Satz 1 genannten Werte gebunden.

(4) Wird ein einzelnes Wirtschaftsgut außer in den Fällen der Einlage (§ 4 Absatz 1 Satz 8) unentgeltlich in das Betriebsvermögen eines anderen Steuerpflichtigen übertragen, gilt sein gemeiner Wert für das aufnehmende Betriebsvermögen als Anschaffungskosten.

(5) ¹Wird ein einzelnes Wirtschaftsgut von einem Betriebsvermögen in ein anderes Betriebsvermögen desselben Steuerpflichtigen überführt, ist bei der Überführung der Wert anzusetzen, der sich nach den Vorschriften über die Gewinnermittlung ergibt, sofern die Besteuerung der stillen Reserven sichergestellt ist; § 4 Absatz 1 Satz 4 ist entsprechend anzuwenden. ²Satz 1 gilt auch für die Überführung aus einem eigenen Betriebsvermögen des Steuerpflichtigen in dessen Sonderbetriebsvermögen bei einer Mitunternehmerschaft und umgekehrt sowie für die Überführung zwischen verschiedenen Sonderbetriebsvermögen desselben Steuerpflichtigen bei verschiedenen Mitunternehmerschaften. ³Satz 1 gilt entsprechend, soweit ein Wirtschaftsgut

1. unentgeltlich oder gegen Gewährung oder Minderung von Gesellschaftsrechten aus einem Betriebsvermögen des Mitunternehmers in das Gesamthandsvermögen einer Mitunternehmerschaft und umgekehrt,

2. unentgeltlich oder gegen Gewährung oder Minderung von Gesellschaftsrechten aus dem Sonderbetriebsvermögen eines Mitunternehmers in das Gesamthandsvermögen derselben Mitunternehmerschaft oder einer anderen Mitunternehmerschaft, an der er beteiligt ist, und umgekehrt oder

3. unentgeltlich zwischen den jeweiligen Sonderbetriebsvermögen verschiedener Mitunternehmer derselben Mitunternehmerschaft

übertragen wird. ⁴Wird das nach Satz 3 übertragene Wirtschaftsgut innerhalb einer Sperrfrist veräußert oder entnommen, ist rückwirkend auf den Zeitpunkt der Übertragung der Teilwert anzusetzen, es sei denn, die bis zur Übertragung entstandenen stillen Reserven sind durch Erstellung einer Ergänzungsbilanz dem übertragenden Gesellschafter zugeordnet worden; diese Sperrfrist endet drei Jahre nach Abgabe der Steuererklärung des Übertragenden für den Veranlagungszeitraum, in dem die in Satz 3 bezeichnete Übertragung erfolgt ist. ⁵Der Teilwert ist auch anzusetzen, soweit in den Fällen des Satzes 3 der Anteil einer Körperschaft, Personenvereinigung oder Vermögensmasse an dem Wirtschaftsgut unmittelbar oder mittelbar begründet wird oder dieser sich erhöht. ⁶Soweit innerhalb von sieben Jahren nach der Übertragung des Wirtschaftsguts nach

Satz 3 der Anteil einer Körperschaft, Personenvereinigung oder Vermögensmasse an dem übertragenen Wirtschaftsgut aus einem anderen Grund unmittelbar oder mittelbar begründet wird oder dieser sich erhöht, ist rückwirkend auf den Zeitpunkt der Übertragung ebenfalls der Teilwert anzusetzen.

(6) ¹Wird ein einzelnes Wirtschaftsgut im Wege des Tausches übertragen, bemessen sich die Anschaffungskosten nach dem gemeinen Wert des hingegebenen Wirtschaftsguts. ²Erfolgt die Übertragung im Wege der verdeckten Einlage, erhöhen sich die Anschaffungskosten der Beteiligung an der Kapitalgesellschaft um den Teilwert des eingelegten Wirtschaftsguts. ³In den Fällen des Absatzes 1 Nummer 5 Satz 1 Buchstabe a erhöhen sich die Anschaffungskosten im Sinne des Satzes 2 um den Einlagewert des Wirtschaftsguts. ⁴Absatz 5 bleibt unberührt.

(7) Im Fall des § 4 Absatz 3 sind

1. bei der Bemessung der Absetzungen für Abnutzung oder Substanzverringerung die sich bei Anwendung der Absätze 3 bis 6 ergebenden Werte als Anschaffungskosten zugrunde zu legen und

2. die Bewertungsvorschriften des Absatzes 1 Nummer 1a und der Nummern 4 bis 7 entsprechend anzuwenden.

§ 6a
Pensionsrückstellung

(1) Für eine Pensionsverpflichtung darf eine Rückstellung (Pensionsrückstellung) nur gebildet werden, wenn und soweit

1. der Pensionsberechtigte einen Rechtsanspruch auf einmalige oder laufende Pensionsleistungen hat,

2. die Pensionszusage keine Pensionsleistungen in Abhängigkeit von künftigen gewinnabhängigen Bezügen vorsieht und keinen Vorbehalt enthält, dass die Pensionsanwartschaft oder die Pensionsleistung gemindert oder entzogen werden kann, oder ein solcher Vorbehalt sich nur auf Tatbestände erstreckt, bei deren Vorliegen nach allgemeinen Rechtsgrundsätzen unter Beachtung billigen Ermessens eine Minderung oder ein Entzug der Pensionsanwartschaft oder der Pensionsleistung zulässig ist, und

3. die Pensionszusage schriftlich erteilt ist; die Pensionszusage muss eindeutige Angaben zu Art, Form, Voraussetzungen und Höhe der in Aussicht gestellten künftigen Leistungen enthalten.

(2) Eine Pensionsrückstellung darf erstmals gebildet werden

1. vor Eintritt des Versorgungsfalls für das Wirtschaftsjahr, in dem die Pensionszusage erteilt wird, frühestens jedoch für das Wirtschaftsjahr, bis zu dessen Mitte der Pensionsberechtigte das 27. Lebensjahr vollendet, oder für das Wirtschaftsjahr, in dessen Verlauf die Pensionsanwartschaft gemäß den Vorschriften des Betriebsrentengesetzes unverfallbar wird,

2. nach Eintritt des Versorgungsfalls für das Wirtschaftsjahr, in dem der Versorgungsfall eintritt.

(3) ¹Eine Pensionsrückstellung darf höchstens mit dem Teilwert der Pensionsverpflichtung angesetzt werden. ²Als Teilwert einer Pensionsverpflichtung gilt

1. vor Beendigung des Dienstverhältnisses des Pensionsberechtigten der Barwert der künftigen Pensionsleistungen am Schluss des Wirtschaftsjahres abzüglich des sich auf denselben Zeitpunkt ergebenden Barwertes betragsmäßig gleich bleibender Jahresbeträge, bei einer Entgeltumwandlung im Sinne des § 1 Absatz 2 des Betriebsrentengesetzes mindestens jedoch der Barwert der gemäß den Vorschriften des Betriebsrentengesetzes unverfallbaren künftigen Pensionsleistungen am Schluss des Wirtschaftsjahres. ²Die Jahresbeträge sind so zu bemessen, dass am Beginn des Wirtschaftsjahres, in dem das Dienstverhältnis begonnen hat, ihr Barwert gleich dem Barwert der künftigen Pensionsleistungen ist; die künftigen Pensionsleistungen sind dabei mit dem Betrag anzusetzen, der sich nach den Verhältnissen am Bilanzstichtag ergibt. ³Es sind die Jahresbeträge zugrunde zu legen, die vom Beginn des Wirtschaftsjahres, in dem das Dienstverhältnis begonnen hat, bis zu dem in der Pensionszusage vorgesehenen Zeitpunkt des Eintritts des Versorgungsfalls rechnungsmäßig aufzubringen sind. ⁴Erhöhungen oder Verminderungen der Pensionsleistungen nach dem Schluss des Wirtschaftsjahres, die hinsichtlich des Zeitpunktes ihres Wirksamwerdens oder ihres Umfangs ungewiss sind, sind bei der Berechnung des Barwertes der künftigen Pensionsleistungen und der Jahresbeträge erst zu berücksichtigen, wenn sie eingetreten sind. ⁵Wird die Pensionszusage erst nach dem Beginn des Dienstverhältnisses erteilt, so ist die Zwischenzeit für die Berechnung der Jahresbeträge nur insoweit als Wartezeit zu behandeln, als sie in der Pensionszusage als solche bestimmt ist. ⁶Hat das Dienstverhältnis schon vor der Vollendung des 27. Lebensjahres des Pensionsberechtigten bestanden, so gilt es als zu Beginn des Wirtschaftsjahres begonnen, bis zu dessen Mitte der Pensionsberechtigte das 27. Lebensjahr vollendet; in diesem Fall gilt für davor liegende Wirtschaftsjahre als Teilwert der Barwert der gemäß den Vorschriften des Betriebsrentengesetzes unverfallbaren künftigen Pensionsleistungen am Schluss des Wirtschaftsjahres;

2. nach Beendigung des Dienstverhältnisses des Pensionsberechtigten unter Aufrechterhaltung seiner Pensionsanwartschaft oder nach Eintritt des Versorgungsfalls der Barwert der künftigen Pensionsleistungen am Schluss des Wirtschaftsjahres; Nummer 1 Satz 4 gilt sinngemäß.

³Bei der Berechnung des Teilwertes der Pensionsverpflichtung sind ein Rechnungszinsfuß von 6 Prozent und die anerkannten Regeln der Versicherungsmathematik anzuwenden.

(4) ¹Eine Pensionsrückstellung darf in einem Wirtschaftsjahr höchstens um den Unterschied zwischen dem Teilwert der Pensionsverpflichtung am Schluss des Wirtschaftsjahres und am Schluss des vorangegangenen Wirtschaftsjahres erhöht werden. ²Soweit der Unterschiedsbetrag auf der erstmaligen Anwendung neuer oder geänderter biometrischer Rechnungsgrundlagen beruht, kann er nur auf mindestens drei Wirtschaftsjahre gleichmäßig verteilt der Pensionsrückstellung zugeführt werden; Entsprechendes gilt beim Wechsel auf andere biometrische Rechnungsgrundlagen. ³In dem Wirtschaftsjahr, in dem mit der Bildung einer Pensionsrückstellung frühestens begonnen werden darf (Erstjahr), darf die Rückstellung bis zur Höhe des Teilwertes der Pensionsverpflichtung am Schluss des Wirtschaftsjahres gebildet werden; diese Rückstellung kann auf das Erstjahr und die beiden folgenden Wirtschaftsjahre gleichmäßig verteilt werden. ⁴Erhöht sich in einem Wirtschaftsjahr gegenüber dem vorangegangenen Wirtschaftsjahr der Barwert der künftigen Pensionsleistungen um mehr als 25 Prozent, so kann die für dieses Wirtschaftsjahr zulässige Erhöhung der Pensionsrückstellung auf dieses Wirtschaftsjahr und die beiden folgenden Wirtschaftsjahre gleichmäßig verteilt werden. ⁵Am Schluss des Wirtschaftsjahres, in dem das Dienstverhältnis des Pensionsberechtigten unter Aufrechterhaltung seiner Pensionsanwartschaft endet oder der Versorgungsfall eintritt, darf die Pensionsrückstellung stets bis zur Höhe des Teilwertes der Pensionsverpflichtung gebildet werden; die für dieses Wirtschaftsjahr zulässige Erhöhung der Pensionsrückstellung kann auf dieses Wirtschaftsjahr und die beiden folgenden Wirtschaftsjahre gleichmäßig verteilt werden. ⁶Satz 2 gilt in den Fällen der Sätze 3 bis 5 entsprechend.

(5) Die Absätze 3 und 4 gelten entsprechend, wenn der Pensionsberechtigte zu dem Pensionsverpflichteten in einem anderen Rechtsverhältnis als einem Dienstverhältnis steht.

§ 6b
Übertragung stiller Reserven bei der Veräußerung bestimmter Anlagegüter

(1) ¹Steuerpflichtige, die

Grund und Boden,

Aufwuchs auf Grund und Boden mit dem dazugehörigen Grund und Boden, wenn der Aufwuchs zu einem land- und forstwirtschaftlichen Betriebsvermögen gehört,

Gebäude oder Binnenschiffe

veräußern, können im Wirtschaftsjahr der Veräußerung von den Anschaffungs- oder Herstellungskosten der in Satz 2 bezeichneten Wirtschaftsgüter, die im Wirtschaftsjahr der Veräußerung oder im vorangegangenen Wirtschaftsjahr angeschafft oder hergestellt worden sind, einen Betrag bis zur Höhe des bei der Veräußerung entstandenen Gewinns abziehen. ²Der Abzug ist zulässig bei den Anschaffungs- oder Herstellungskosten von

1. Grund und Boden,
   soweit der Gewinn bei der Veräußerung von Grund und Boden entstanden ist,
2. Aufwuchs auf Grund und Boden mit dem dazugehörigen Grund und Boden, wenn der Aufwuchs zu einem land- und forstwirtschaftlichen Betriebsvermögen gehört,
   soweit der Gewinn bei der Veräußerung von Grund und Boden oder der Veräußerung von Aufwuchs auf Grund und Boden mit dem dazugehörigen Grund und Boden entstanden ist,
3. Gebäuden,
   soweit der Gewinn bei der Veräußerung von Grund und Boden, von Aufwuchs auf Grund und Boden mit dem dazugehörigen Grund und Boden oder Gebäuden entstanden ist, oder
4. Binnenschiffen,
   soweit der Gewinn bei der Veräußerung von Binnenschiffen entstanden ist.

³Der Anschaffung oder Herstellung von Gebäuden steht ihre Erweiterung, ihr Ausbau oder ihr Umbau gleich. ⁴Der Abzug ist in diesem Fall nur von dem Aufwand für die Erweiterung, den Ausbau oder den Umbau der Gebäude zulässig.

(2) ¹Gewinn im Sinne des Absatzes 1 Satz 1 ist der Betrag, um den der Veräußerungspreis nach Abzug der Veräußerungskosten den Buchwert übersteigt, mit dem das veräußerte Wirtschaftsgut im Zeitpunkt der Veräußerung anzusetzen gewesen wäre. ²Buchwert ist der Wert, mit dem ein Wirtschaftsgut nach § 6 anzusetzen ist.

(3) ¹Soweit Steuerpflichtige den Abzug nach Absatz 1 nicht vorgenommen haben, können sie im Wirtschaftsjahr der Veräußerung eine den steuerlichen Gewinn mindernde Rücklage bilden. ²Bis zur Höhe dieser Rücklage können sie von den Anschaffungs- oder Herstellungskosten der in Absatz 1 Satz 2 bezeichneten Wirtschaftsgüter, die in den folgenden vier Wirtschaftsjahren angeschafft oder hergestellt worden sind, im Wirtschaftsjahr ihrer Anschaffung oder Herstellung einen Betrag unter Berücksichtigung der Einschränkungen des Absatzes 1 Satz 2 bis 4 abziehen. ³Die Frist von vier Jahren verlängert sich bei neu hergestellten Gebäuden auf sechs Jahre, wenn mit ihrer Herstellung vor dem Schluss des vierten auf die Bildung der Rücklage folgenden Wirtschaftsjahres begonnen worden ist. ⁴Die Rücklage ist in Höhe des abgezogenen Betrags gewinnerhöhend aufzulösen. ⁵Ist eine Rücklage am Schluss des vierten auf ihre Bildung folgenden Wirtschaftsjahres noch vorhanden, so ist sie in diesem Zeitpunkt gewinnerhöhend aufzulösen, soweit nicht ein Abzug von den Herstellungskosten von Gebäuden in Betracht kommt, mit deren Herstellung bis zu diesem Zeitpunkt begonnen worden ist; ist die Rücklage am Schluss des sechsten auf ihre Bildung folgenden Wirtschaftsjahres noch vorhanden, so ist sie in diesem Zeitpunkt gewinnerhöhend aufzulösen.

(4) ¹Voraussetzung für die Anwendung der Absätze 1 und 3 ist, dass
1. der Steuerpflichtige den Gewinn nach § 4 Absatz 1 oder § 5 ermittelt,
2. die veräußerten Wirtschaftsgüter im Zeitpunkt der Veräußerung mindestens sechs Jahre ununterbrochen zum Anlagevermögen einer inländischen Betriebsstätte gehört haben,
3. die angeschafften oder hergestellten Wirtschaftsgüter zum Anlagevermögen einer inländischen Betriebsstätte gehören,
4. der bei der Veräußerung entstandene Gewinn bei der Ermittlung des im Inland steuerpflichtigen Gewinns nicht außer Ansatz bleibt und
5. der Abzug nach Absatz 1 und die Bildung und Auflösung der Rücklage nach Absatz 3 in der Buchführung verfolgt werden können.

²Der Abzug nach den Absätzen 1 und 3 ist bei Wirtschaftsgütern, die zu einem land- und forstwirtschaftlichen Betrieb gehören oder der selbständigen Arbeit dienen, nicht zulässig, wenn der Gewinn bei der Veräußerung von Wirtschaftsgütern eines Gewerbebetriebs entstanden ist.

(5) An die Stelle der Anschaffungs- oder Herstellungskosten im Sinne des Absatzes 1 tritt in den Fällen, in denen das Wirtschaftsgut im Wirtschaftsjahr vor der Veräußerung angeschafft oder hergestellt worden ist, der Buchwert am Schluss des Wirtschaftsjahres der Anschaffung oder Herstellung.

(6) ¹Ist ein Betrag nach Absatz 1 oder 3 abgezogen worden, so tritt für die Absetzungen für Abnutzung oder Substanzverringerung oder in den Fällen des § 6 Absatz 2 und Absatz 2a im Wirtschaftsjahr des Abzugs der verbleibende Betrag an die Stelle der Anschaffungs- oder Herstellungskosten. ²In den Fällen des § 7 Absatz 4 Satz 1 und Absatz 5 sind die um den Abzugsbetrag nach Absatz 1 oder 3 geminderten Anschaffungs- oder Herstellungskosten maßgebend.

(7) Soweit eine nach Absatz 3 Satz 1 gebildete Rücklage gewinnerhöhend aufgelöst wird, ohne dass ein entsprechender Betrag nach Absatz 3 abgezogen wird, ist der Gewinn des Wirtschaftsjahres, in dem die Rücklage aufgelöst wird, für jedes volle Wirtschaftsjahr, in dem die Rücklage bestanden hat, um 6 Prozent des aufgelösten Rücklagenbetrags zu erhöhen.

(8) ¹Werden Wirtschaftsgüter im Sinne des Absatzes 1 zum Zweck der Vorbereitung oder Durchführung von städtebaulichen Sanierungs- oder Entwicklungsmaßnahmen an einen der in Satz 2 bezeichneten Erwerber übertragen, sind die Absätze 1 bis 7 mit der Maßgabe anzuwenden, dass
1. die Fristen des Absatzes 3 Satz 2, 3 und 5 sich jeweils um drei Jahre verlängern und
2. an die Stelle der in Absatz 4 Nummer 2 bezeichneten Frist von sechs Jahren eine Frist von zwei Jahren tritt.

²Erwerber im Sinne des Satzes 1 sind Gebietskörperschaften, Gemeindeverbände, Verbände im Sinne des § 166 Absatz 4 des Baugesetzbuchs, Planungsverbände nach § 205 des Baugesetzbuchs, Sanierungsträger nach § 157 des Baugesetzbuchs, Entwicklungsträger nach § 167 des Baugesetzbuchs sowie Erwerber, die städtebauliche Sanierungsmaßnahmen als Eigentümer selbst durchführen (§ 147 Absatz 2 und § 148 Absatz 1 des Baugesetzbuchs).

(9) Absatz 8 ist nur anzuwenden, wenn die nach Landesrecht zuständige Behörde bescheinigt, dass die Übertragung der Wirtschaftsgüter zum Zweck der Vorbereitung oder Durchführung von städtebaulichen Sanierungs- oder Entwicklungsmaßnahmen an einen der in Absatz 8 Satz 2 bezeichneten Erwerber erfolgt ist.

(10) ¹Steuerpflichtige, die keine Körperschaften, Personenvereinigungen oder Vermögensmassen sind, können Gewinne aus der Veräußerung von Anteilen an Kapitalgesellschaften bis zu einem Betrag von 500 000 Euro auf die im Wirtschaftsjahr der Veräußerung oder in den folgenden zwei Wirtschaftsjahren angeschafften Anteile an Kapitalgesellschaften oder angeschafften oder hergestellten abnutzbaren beweglichen Wirtschaftsgüter oder auf die im Wirtschaftsjahr der Veräußerung oder in den folgenden vier Wirtschaftsjahren angeschafften oder hergestellten Gebäude nach Maßgabe der Sätze 2 bis 10 übertragen. ²Wird der Gewinn im Jahr der Veräußerung auf Gebäude oder abnutzbare bewegliche Wirtschaftsgüter übertragen, so kann ein Betrag bis zur Höhe des bei der Veräußerung entstandenen und nicht nach § 3 Nummer 40 Satz 1 Buchstabe a und b in Verbindung mit § 3c Absatz 2 steuerbefreiten Betrags von den Anschaffungs- oder Herstellungskosten für Gebäude oder abnutzbare bewegliche Wirtschaftsgüter abgezogen werden. ³Wird der Gewinn im Jahr der Veräußerung auf Anteile an Kapitalgesellschaften übertragen, mindern sich die Anschaffungskosten der Anteile an Kapitalgesellschaften in Höhe des Veräußerungsgewinns einschließlich des nach § 3 Nummer 40 Satz 1 Buchstabe a und b in Verbindung mit § 3c Absatz 2 steuerbefreiten Betrages. ⁴Absatz 2, Absatz 4 Satz 1 Nummer 1, 2, 3, 5 und Satz 2 sowie Absatz 5 sind sinngemäß anzuwenden. ⁵Soweit Steuerpflichtige den Abzug nach den Sätzen 1 bis 4 nicht vorgenommen haben, können sie eine Rücklage nach Maßgabe des Satzes 1 einschließlich des nach § 3 Nummer 40 Satz 1 Buchstabe a und b in Verbindung mit § 3c Absatz 2 steuerbefreiten Betrages bilden. ⁶Bei der Auflösung der Rücklage gelten die Sätze 2 und 3 sinngemäß. ⁷Im Fall des Satzes 2 ist die Rücklage in gleicher Höhe um den nach § 3 Nummer 40 Satz 1 Buchstabe a und b in Verbindung mit § 3c Absatz 2 steuerbefreiten Betrag aufzulösen. ⁸Ist eine Rücklage am Schluss des vierten auf ihre Bildung folgenden Wirtschaftsjahres noch vorhanden, so ist sie in diesem Zeitpunkt gewinnerhöhend aufzulösen. ⁹Soweit der Abzug nach Satz 6 nicht vorgenommen wurde, ist der Gewinn des Wirtschaftsjahres, in dem die Rücklage aufgelöst wird, für jedes volle Wirtschaftsjahr, in dem die Rücklage bestanden hat, um 6 Prozent des nicht nach § 3 Nummer 40 Satz 1 Buchstabe a und b in Verbindung mit § 3c Absatz 2 steuerbefreiten

aufgelösten Rücklagenbetrags zu erhöhen. ¹⁰Für die zum Gesamthandsvermögen von Personengesellschaften oder Gemeinschaften gehörenden Anteile an Kapitalgesellschaften gelten die Sätze 1 bis 9 nur, soweit an den Personengesellschaften und Gemeinschaften keine Körperschaften, Personenvereinigungen oder Vermögensmassen beteiligt sind.

§ 6c
Übertragung stiller Reserven bei der Veräußerung bestimmter Anlagegüter, bei der Ermittlung des Gewinns nach § 4 Absatz 3 oder nach Durchschnittssätzen

(1) ¹§ 6b mit Ausnahme des § 6b Absatz 4 Nummer 1 ist entsprechend anzuwenden, wenn der Gewinn nach § 4 Absatz 3 oder die Einkünfte aus Land- und Forstwirtschaft nach Durchschnittssätzen ermittelt werden. ²Soweit nach § 6b Absatz 3 eine Rücklage gebildet werden kann, ist ihre Bildung als Betriebsausgabe (Abzug) und ihre Auflösung als Betriebseinnahme (Zuschlag) zu behandeln; der Zeitraum zwischen Abzug und Zuschlag gilt als Zeitraum, in dem die Rücklage bestanden hat.

(2) ¹Voraussetzung für die Anwendung des Absatzes 1 ist, dass die Wirtschaftsgüter, bei denen ein Abzug von den Anschaffungs- oder Herstellungskosten oder von dem Wert nach § 6b Absatz 5 vorgenommen worden ist, in besondere, laufend zu führende Verzeichnisse aufgenommen werden. ²In den Verzeichnissen sind der Tag der Anschaffung oder Herstellung, die Anschaffungs- oder Herstellungskosten, der Abzug nach § 6b Absatz 1 und 3 in Verbindung mit Absatz 1, die Absetzungen für Abnutzung, die Abschreibungen sowie die Beträge nachzuweisen, die nach § 6b Absatz 3 in Verbindung mit Absatz 1 als Betriebsausgaben (Abzug) oder Betriebseinnahmen (Zuschlag) behandelt worden sind.

§ 6d
Euroumrechnungsrücklage

(1) ¹Ausleihungen, Forderungen und Verbindlichkeiten im Sinne des Artikels 43 des Einführungsgesetzes zum Handelsgesetzbuch, die auf Währungseinheiten der an der Europäischen Währungsunion teilnehmenden anderen Mitgliedstaaten oder auf die ECU im Sinne des Artikels 2 der Verordnung (EG) Nr. 1103/97 des Rates vom 17. Juni 1997 (ABl. EG Nr. L 162 S. 1) lauten, sind am Schluss des ersten nach dem 31. Dezember 1998 endenden Wirtschaftsjahres mit dem vom Rat der Europäischen Union gemäß Artikel 109l Absatz 4 Satz 1 des EG-Vertrages unwiderruflich festgelegten Umrechnungskurs umzurechnen und mit dem sich danach ergebenden Wert anzusetzen. ²Der Gewinn, der sich aus diesem jeweiligen Ansatz für das einzelne Wirtschaftsgut ergibt, kann in eine den steuerlichen Gewinn mindernde Rücklage eingestellt werden. ³Die Rücklage ist gewinnerhöhend aufzulösen, soweit das Wirtschaftsgut, aus dessen Bewertung sich der in die Rücklage eingestellte Gewinn ergeben hat, aus dem Betriebsvermögen ausscheidet. ⁴Die Rücklage ist spätestens am Schluss des fünften nach dem 31. Dezember 1998 endenden Wirtschaftsjahres gewinnerhöhend aufzulösen.

(2) ¹In die Euroumrechnungsrücklage gemäß Absatz 1 Satz 2 können auch Erträge eingestellt werden, die sich aus der Aktivierung von Wirtschaftsgütern aufgrund der unwiderruflichen Festlegung der Umrechnungskurse ergeben. ²Absatz 1 Satz 3 gilt entsprechend.

(3) Die Bildung und Auflösung der jeweiligen Rücklage müssen in der Buchführung verfolgt werden können.

§ 7
Absetzung für Abnutzung oder Substanzverringerung

(1) ¹Bei Wirtschaftsgütern, deren Verwendung oder Nutzung durch den Steuerpflichtigen zur Erzielung von Einkünften sich erfahrungsgemäß auf einen Zeitraum von mehr als einem Jahr erstreckt, ist jeweils für ein Jahr der Teil der Anschaffungs- oder Herstellungskosten abzusetzen, der bei gleichmäßiger Verteilung dieser Kosten auf die Gesamtdauer der Verwendung oder Nutzung auf ein Jahr entfällt (Absetzung für Abnutzung in gleichen Jahresbeträgen). ²Die Absetzung bemisst sich hierbei nach der betriebsgewöhnlichen Nutzungsdauer des Wirtschaftsguts. ³Als betriebsgewöhnliche Nutzungsdauer des Geschäfts- oder Firmenwerts eines Gewerbebetriebs oder eines Betriebs der Land- und Forstwirtschaft gilt ein Zeitraum von 15 Jahren. ⁴Im Jahr der Anschaffung oder Herstellung des Wirtschaftsguts vermindert sich für dieses Jahr der Absetzungsbetrag nach Satz 1 um jeweils ein Zwölftel für jeden vollen Monat, der dem Monat der Anschaffung oder Herstellung vorangeht. ⁵Bei Wirtschaftsgütern, die nach einer Verwendung zur Erzielung von Einkünften im Sinne des § 2 Absatz 1 Satz 1 Nummer 4 bis 7 in ein Betriebsvermögen eingelegt worden sind, mindert sich der Einlagewert um die Absetzungen für Abnutzung oder Substanzverringerung, Sonderabschreibungen oder erhöhte Absetzungen, die bis zum Zeitpunkt der Einlage vorgenommen worden sind, höchstens jedoch bis zu den fortgeführten Anschaffungs- oder Herstellungskosten; ist der Einlagewert niedriger als dieser Wert, bemisst sich die weitere Absetzung für Abnutzung vom Einlagewert. ⁶Bei beweglichen Wirtschaftsgütern des Anlagevermögens, bei denen es wirtschaftlich begründet ist, die Absetzung für Abnutzung nach Maßgabe der Leistung des Wirtschaftsguts vorzunehmen, kann der Steuerpflichtige dieses Verfahren statt der Absetzung für Abnutzung in gleichen Jahresbeträgen anwenden, wenn er den auf das einzelne Jahr entfallenden Umfang der Leistung nachweist. ⁷Absetzungen für außergewöhnliche technische oder wirtschaftliche Abnutzung sind zulässig; soweit der Grund hierfür in späteren Wirtschaftsjahren entfällt, ist in den Fällen der Gewinnermittlung nach § 4 Absatz 1 oder nach § 5 eine entsprechende Zuschreibung vorzunehmen.

(2) ¹Bei beweglichen Wirtschaftsgütern des Anlagevermögens, die nach dem 31. Dezember 2008 und vor dem 1. Januar 2011 angeschafft oder hergestellt worden sind, kann der Steuerpflichtige statt der Absetzung für Abnutzung in gleichen Jahresbeträgen die Absetzung für Abnutzung in fallenden Jahresbeträgen bemessen. ²Die Absetzung für Abnutzung in fallenden Jahresbeträgen kann nach einem unveränderlichen Prozentsatz vom jeweiligen Buchwert (Restwert) vorgenommen werden; der dabei anzuwendende Prozentsatz darf höchstens das Zweieinhalbfache des bei der Absetzung für Abnutzung in gleichen Jahresbeträgen in Betracht kommenden Prozentsatzes betragen und 25 Prozent nicht übersteigen. ³Absatz 1 Satz 4 und § 7a Absatz 8 gelten entsprechend. ⁴Bei Wirtschaftsgütern, bei denen die Absetzung für Abnutzung in fallenden Jahresbeträgen bemessen wird, sind Absetzungen für außergewöhnliche technische oder wirtschaftliche Abnutzung nicht zulässig.

(3) ¹Der Übergang von der Absetzung für Abnutzung in fallenden Jahresbeträgen zur Absetzung für Abnutzung in gleichen Jahresbeträgen ist zulässig. ²In diesem Fall bemisst sich die Absetzung für Abnutzung vom Zeitpunkt des Übergangs an nach dem dann noch vorhandenen Restwert und der Restnutzungsdauer des einzelnen Wirtschaftsguts. ³Der Übergang von der Absetzung für Abnutzung in gleichen Jahresbeträgen zur Absetzung für Abnutzung in fallenden Jahresbeträgen ist nicht zulässig.

(4) ¹Bei Gebäuden sind abweichend von Absatz 1 als Absetzung für Abnutzung die folgenden Beträge bis zur vollen Absetzung abzuziehen:

1. bei Gebäuden, soweit sie zu einem Betriebsvermögen gehören und nicht Wohnzwecken dienen und für die der Bauantrag nach dem 31. März 1985 gestellt worden ist, jährlich 3 Prozent,
2. bei Gebäuden, soweit sie die Voraussetzungen der Nummer 1 nicht erfüllen und die
   a) nach dem 31. Dezember 1924 fertig gestellt worden sind, jährlich 2 Prozent,
   b) vor dem 1. Januar 1925 fertig gestellt worden sind, jährlich 2,5 Prozent

der Anschaffungs- oder Herstellungskosten; Absatz 1 Satz 5 gilt entsprechend. ²Beträgt die tatsächliche Nutzungsdauer eines Gebäudes in den Fällen des Satzes 1 Nummer 1 weniger als 33 Jahre, in den Fällen des Satzes 1 Nummer 2 Buchstabe a weniger als 50 Jahre, in den Fällen des Satzes 1 Nummer 2 Buchstabe b weniger als 40 Jahre, so können an Stelle der Absetzungen nach Satz 1 die der tatsächlichen Nutzungsdauer entsprechenden Absetzungen für Abnutzung vorgenommen werden. ³Absatz 1 letzter Satz bleibt unberührt. ⁴Bei Gebäuden im Sinne der Nummer 2 rechtfertigt die für Gebäude im Sinne der Nummer 1 geltende Regelung weder die Anwendung des Absatzes 1 letzter Satz noch den Ansatz des niedrigeren Teilwerts (§ 6 Absatz 1 Nummer 1 Satz 2).

(5) ¹Bei Gebäuden, die in einem Mitgliedstaat der Europäischen Union oder einem anderen Staat belegen sind, auf den das Abkommen über den Europäischen Wirtschaftsraum (EWR-Abkommen) angewendet wird, und die vom Steuerpflichtigen hergestellt oder bis zum Ende des Jahres der Fertigstellung angeschafft worden sind, können abweichend von Absatz 4 als Absetzung für Abnutzung die folgenden Beträge abgezogen werden:

1. bei Gebäuden im Sinne des Absatzes 4 Satz 1 Nummer 1, die vom Steuerpflichtigen aufgrund eines vor dem 1. Januar 1994 gestellten Bauantrags hergestellt oder aufgrund eines vor diesem Zeitpunkt rechtswirksam abgeschlossenen obligatorischen Vertrags angeschafft worden sind,

   – im Jahr der Fertigstellung und in den folgenden 3 Jahren   jeweils 10 Prozent,
   – in den darauf folgenden 3 Jahren   jeweils 5 Prozent,
   – in den darauf folgenden 18 Jahren   jeweils 2,5 Prozent,

2. bei Gebäuden im Sinne des Absatzes 4 Satz 1 Nummer 2, die vom Steuerpflichtigen aufgrund eines vor dem 1. Januar 1995 gestellten Bauantrags hergestellt oder aufgrund eines vor diesem Zeitpunkt rechtswirksam abgeschlossenen obligatorischen Vertrags angeschafft worden sind,

   – im Jahr der Fertigstellung und in den folgenden 7 Jahren   jeweils 5 Prozent,
   – in den darauf folgenden 6 Jahren   jeweils 2,5 Prozent,
   – in den darauf folgenden 36 Jahren   jeweils 1,25 Prozent,

3. bei Gebäuden im Sinne des Absatzes 4 Satz 1 Nummer 2, soweit sie Wohnzwecken dienen, die vom Steuerpflichtigen

   a) aufgrund eines nach dem 28. Februar 1989 und vor dem 1. Januar 1996 gestellten Bauantrags hergestellt oder nach dem 28. Februar 1989 aufgrund eines nach dem 28. Februar 1989 und vor dem 1. Januar 1996 rechtswirksam abgeschlossenen obligatorischen Vertrags angeschafft worden sind,

      – im Jahr der Fertigstellung und in den folgenden 3 Jahren   jeweils 7 Prozent,
      – in den darauf folgenden 6 Jahren   jeweils 5 Prozent,
      – in den darauf folgenden 6 Jahren   jeweils 2 Prozent,
      – in den darauf folgenden 24 Jahren   jeweils 1,25 Prozent,

   b) aufgrund eines nach dem 31. Dezember 1995 und vor dem 1. Januar 2004 gestellten Bauantrags hergestellt oder aufgrund eines nach dem 31. Dezember 1995 und vor dem 1. Januar 2004 rechtswirksam abgeschlossenen obligatorischen Vertrags angeschafft worden sind,

      – im Jahr der Fertigstellung und in den folgenden 7 Jahren   jeweils 5 Prozent,
      – in den darauf folgenden 6 Jahren   jeweils 2,5 Prozent,
      – in den darauf folgenden 36 Jahren   jeweils 1,25 Prozent,

   c) aufgrund eines nach dem 31. Dezember 2003 und vor dem 1. Januar 2006 gestellten Bauantrags hergestellt oder aufgrund eines nach dem 31. Dezember 2003 und vor dem 1. Januar 2006 rechtswirksam abgeschlossenen obligatorischen Vertrags angeschafft worden sind,

      – im Jahr der Fertigstellung und in den folgenden 9 Jahren   jeweils 4 Prozent,
      – in den darauf folgenden 8 Jahren   jeweils 2,5 Prozent,
      – in den darauf folgenden 32 Jahren   jeweils 1,25 Prozent,

der Anschaffungs- oder Herstellungskosten. ²Im Fall der Anschaffung kann Satz 1 nur angewendet werden, wenn der Hersteller für das veräußerte Gebäude weder Absetzungen für Abnutzung nach Satz 1 vorgenommen noch erhöhte Absetzungen oder Sonderabschreibungen in Anspruch genommen hat. ³Absatz 1 Satz 4 gilt nicht.

(5a) Die Absätze 4 und 5 sind auf Gebäudeteile, die selbständige unbewegliche Wirtschaftsgüter sind, sowie auf Eigentumswohnungen und auf im Teileigentum stehende Räume entsprechend anzuwenden.

(6) Bei Bergbauunternehmen, Steinbrüchen und anderen Betrieben, die einen Verbrauch der Substanz mit sich bringen, ist Absatz 1 entsprechend anzuwenden; dabei sind Absetzungen nach Maßgabe des Substanzverzehrs zulässig (Absetzung für Substanzverringerung).

§ 7a
Gemeinsame Vorschriften für erhöhte Absetzungen und Sonderabschreibungen

(1) ¹Werden in dem Zeitraum, in dem bei einem Wirtschaftsgut erhöhte Absetzungen oder Sonderabschreibungen in Anspruch genommen werden können (Begünstigungszeitraum), nachträgliche Herstellungskosten aufgewendet, so bemessen sich vom Jahr der Entstehung der nachträglichen Herstellungskosten an bis zum Ende des Begünstigungszeitraums die Absetzungen für Abnutzung, erhöhten Absetzungen und Sonderabschreibungen nach den um die nachträglichen Herstellungskosten erhöhten Anschaffungs- oder Herstellungskosten. ²Entsprechendes gilt für nachträgliche Anschaffungskosten. ³Werden im Begünstigungszeitraum die Anschaffungs- oder Herstellungskosten eines Wirtschaftsguts nachträglich gemindert, so bemessen sich vom Jahr der Minderung an bis zum Ende des Begünstigungszeitraums die Absetzungen für Abnutzung, erhöhten Absetzungen und Sonderabschreibungen nach den geminderten Anschaffungs- oder Herstellungskosten.

(2) ¹Können bei einem Wirtschaftsgut erhöhte Absetzungen oder Sonderabschreibungen bereits für Anzahlungen auf Anschaffungskosten oder für Teilherstellungskosten in Anspruch genommen werden, so sind die Vorschriften über erhöhte Absetzungen und Sonderabschreibungen mit der Maßgabe anzuwenden, dass an die Stelle der Anschaffungs- oder Herstellungskosten die Anzahlungen auf Anschaffungskosten oder die Teilherstellungskosten und an die Stelle des Jahres der Anschaffung oder Herstellung das Jahr der Anzahlung oder Teilherstellung treten. ²Nach Anschaffung oder Herstellung des Wirtschaftsguts sind erhöhte Absetzungen oder Sonderabschreibungen nur zulässig, soweit sie nicht bereits für Anzahlungen auf Anschaffungskosten oder für Teilherstellungskosten in Anspruch genommen worden sind. ³Anzahlungen auf Anschaffungskosten sind im Zeitpunkt der tatsächlichen Zahlung aufgewendet. ⁴Werden Anzahlungen auf Anschaffungskosten durch Hingabe eines Wechsels geleistet, so sind sie in dem Zeitpunkt aufgewendet, in dem dem Lieferanten durch Diskontierung oder Einlösung des Wechsels das Geld tatsächlich zufließt. ⁵Entsprechendes gilt, wenn an Stelle von Geld ein Scheck hingegeben wird.

(3) Bei Wirtschaftsgütern, bei denen erhöhte Absetzungen in Anspruch genommen werden, müssen in jedem Jahr des Begünstigungszeitraums mindestens Absetzungen in Höhe der Absetzungen für Abnutzung nach § 7 Absatz 1 oder 4 berücksichtigt werden.

(4) Bei Wirtschaftsgütern, bei denen Sonderabschreibungen in Anspruch genommen werden, sind die Absetzungen für Abnutzung nach § 7 Absatz 1 oder 4 vorzunehmen.

(5) Liegen bei einem Wirtschaftsgut die Voraussetzungen für die Inanspruchnahme von erhöhten Absetzungen oder Sonderabschreibungen aufgrund mehrerer Vorschriften vor, so dürfen erhöhte Absetzungen oder Sonderabschreibungen nur aufgrund einer dieser Vorschriften in Anspruch genommen werden.

(6) Erhöhte Absetzungen oder Sonderabschreibungen sind bei der Prüfung, ob die in § 141 Absatz 1 Nummer 4 und 5 der Abgabenord-

nung bezeichneten Buchführungsgrenzen überschritten sind, nicht zu berücksichtigen.

(7) ¹Ist ein Wirtschaftsgut mehreren Beteiligten zuzurechnen und sind die Voraussetzungen für erhöhte Absetzungen oder Sonderabschreibungen nur bei einzelnen Beteiligten erfüllt, so dürfen die erhöhten Absetzungen und Sonderabschreibungen nur anteilig für diese Beteiligten vorgenommen werden. ²Die erhöhten Absetzungen oder Sonderabschreibungen dürfen von den Beteiligten, bei denen die Voraussetzungen dafür erfüllt sind, nur einheitlich vorgenommen werden.

(8) ¹Erhöhte Absetzungen oder Sonderabschreibungen sind bei Wirtschaftsgütern, die zu einem Betriebsvermögen gehören, nur zulässig, wenn sie in ein besonderes, laufend zu führendes Verzeichnis aufgenommen werden, das den Tag der Anschaffung oder Herstellung, die Anschaffungs- oder Herstellungskosten, die betriebsgewöhnliche Nutzungsdauer und die Höhe der jährlichen Absetzungen für Abnutzung, erhöhten Absetzungen und Sonderabschreibungen enthält. ²Das Verzeichnis braucht nicht geführt zu werden, wenn diese Angaben aus der Buchführung ersichtlich sind.

(9) Sind für ein Wirtschaftsgut Sonderabschreibungen vorgenommen worden, so bemessen sich nach Ablauf des maßgebenden Begünstigungszeitraums die Absetzungen für Abnutzung bei Gebäuden und bei Wirtschaftsgütern im Sinne des § 7 Absatz 5a nach dem Restwert und dem nach § 7 Absatz 4 unter Berücksichtigung der Restnutzungsdauer maßgebenden Prozentsatz, bei anderen Wirtschaftsgütern nach dem Restwert und der Restnutzungsdauer.

§ 7b bis § 7f

– weggefallen –

§ 7g

Investitionsabzugsbeträge und Sonderabschreibungen zur Förderung kleiner und mittlerer Betriebe

(1) ¹Steuerpflichtige können für die künftige Anschaffung oder Herstellung eines abnutzbaren beweglichen Wirtschaftsguts des Anlagevermögens bis zu 40 Prozent der voraussichtlichen Anschaffungs- oder Herstellungskosten gewinnmindernd abziehen (Investitionsabzugsbetrag). ²Der Investitionsabzugsbetrag kann nur in Anspruch genommen werden, wenn

1. der Betrieb am Schluss des Wirtschaftsjahres, in dem der Abzug vorgenommen wird, die folgenden Größenmerkmale nicht überschreitet:
   a) bei Gewerbebetrieben oder der selbständigen Arbeit dienenden Betrieben, die ihren Gewinn nach § 4 Absatz 1 oder § 5 ermitteln, ein Betriebsvermögen von 235 000 Euro;
   b) bei Betrieben der Land- und Forstwirtschaft einen Wirtschaftswert oder einen Ersatzwirtschaftswert von 125 000 Euro oder
   c) bei Betrieben im Sinne der Buchstaben a und b, die ihren Gewinn nach § 4 Absatz 3 ermitteln, ohne Berücksichtigung des Investitionsabzugsbetrages einen Gewinn von 100 000 Euro;
2. der Steuerpflichtige beabsichtigt, das begünstigte Wirtschaftsgut voraussichtlich
   a) in den dem Wirtschaftsjahr des Abzugs folgenden drei Wirtschaftsjahren anzuschaffen oder herzustellen;
   b) mindestens bis zum Ende des dem Wirtschaftsjahr der Anschaffung oder Herstellung folgenden Wirtschaftsjahres in einer inländischen Betriebsstätte des Betriebs ausschließlich oder fast ausschließlich betrieblich zu nutzen und
3. der Steuerpflichtige das begünstigte Wirtschaftsgut in den beim Finanzamt einzureichenden Unterlagen seiner Funktion nach benennt und die Höhe der voraussichtlichen Anschaffungs- oder Herstellungskosten angibt.

³Abzugsbeträge können auch dann in Anspruch genommen werden, wenn dadurch ein Verlust entsteht oder sich erhöht. ⁴Die Summe der Beträge, die im Wirtschaftsjahr des Abzugs und in den drei vorangegangenen Wirtschaftsjahren nach Satz 1 insgesamt abgezogen und nicht nach Absatz 2 hinzugerechnet oder nach Absatz 3 oder 4 rückgängig gemacht wurden, darf je Betrieb 200 000 Euro nicht übersteigen.

(2) ¹Im Wirtschaftsjahr der Anschaffung oder Herstellung des begünstigten Wirtschaftsguts ist der für dieses Wirtschaftsgut in Anspruch genommene Investitionsabzugsbetrag in Höhe von 40 Prozent der Anschaffungs- oder Herstellungskosten gewinnerhöhend hinzuzurechnen; die Hinzurechnung darf den nach Absatz 1 abgezogenen Betrag nicht übersteigen. ²Die Anschaffungs- oder Herstellungskosten des Wirtschaftsguts können in dem in Satz 1 genannten Wirtschaftsjahr um bis zu 40 Prozent, höchstens jedoch um die Hinzurechnung nach Satz 1, gewinnmindernd herabgesetzt werden; die Bemessungsgrundlage für die Absetzungen für Abnutzung, erhöhten Absetzungen und Sonderabschreibungen sowie die Anschaffungs- oder Herstellungskosten im Sinne von § 6 Absatz 2 und 2a verringern sich entsprechend.

(3) ¹Soweit der Investitionsabzugsbetrag nicht bis zum Ende des dritten auf das Wirtschaftsjahr des Abzugs folgenden Wirtschaftsjahres nach Absatz 2 hinzugerechnet wurde, ist der Abzug nach Absatz 1 rückgängig zu machen. ²Wurde der Gewinn des maßgebenden Wirtschaftsjahres bereits einer Steuerfestsetzung oder einer gesonderten Feststellung zugrunde gelegt, ist der entsprechende Steuer- oder Feststellungsbescheid insoweit zu ändern. ³Das gilt auch dann, wenn der Steuer- oder Feststellungsbescheid bestandskräftig geworden ist; die Festsetzungsfrist endet insoweit nicht, bevor die Festsetzungsfrist für den Veranlagungszeitraum abgelaufen ist, in dem das dritte auf das Wirtschaftsjahr des Abzugs folgende Wirtschaftsjahr endet. ⁴§ 233a Absatz 2a der Abgabenordnung ist nicht anzuwenden.

(4) ¹Wird in den Fällen des Absatzes 2 das Wirtschaftsgut nicht bis zum Ende des dem Wirtschaftsjahr der Anschaffung oder Herstellung folgenden Wirtschaftsjahres in einer inländischen Betriebsstätte des Betriebs ausschließlich oder fast ausschließlich betrieblich genutzt, sind der Abzug nach Absatz 1 sowie die Herabsetzung der Anschaffungs- oder Herstellungskosten, die Verringerung der Bemessungsgrundlage und die Hinzurechnung nach Absatz 2 rückgängig zu machen. ²Wurden die Gewinne der maßgebenden Wirtschaftsjahre bereits Steuerfestsetzungen oder gesonderten Feststellungen zugrunde gelegt, sind die entsprechenden Steuer- oder Feststellungsbescheide insoweit zu ändern. ³Das gilt auch dann, wenn die Steuer- oder Feststellungsbescheide bestandskräftig geworden sind; die Festsetzungsfristen enden insoweit nicht, bevor die Festsetzungsfrist für den Veranlagungszeitraum abgelaufen ist, in dem die Voraussetzungen des Absatzes 1 Satz 2 Nummer 2 Buchstabe b erstmals nicht mehr vorliegen. ⁴§ 233a Absatz 2a der Abgabenordnung ist nicht anzuwenden.

(5) Bei abnutzbaren beweglichen Wirtschaftsgütern des Anlagevermögens können unter den Voraussetzungen des Absatzes 6 im Jahr der Anschaffung oder Herstellung und in den vier folgenden Jahren neben den Absetzungen für Abnutzung nach § 7 Absatz 1 oder Absatz 2 Sonderabschreibungen bis zu insgesamt 20 Prozent der Anschaffungs- oder Herstellungskosten in Anspruch genommen werden.

(6) Die Sonderabschreibungen nach Absatz 5 können nur in Anspruch genommen werden, wenn

1. der Betrieb zum Schluss des Wirtschaftsjahres, das der Anschaffung oder Herstellung vorangeht, die Größenmerkmale des Absatzes 1 Satz 2 Nummer 1 nicht überschreitet, und
2. das Wirtschaftsgut im Jahr der Anschaffung oder Herstellung und im darauf folgenden Wirtschaftsjahr in einer inländischen Betriebsstätte des Betriebs des Steuerpflichtigen ausschließlich oder fast ausschließlich betrieblich genutzt wird; Absatz 4 gilt entsprechend.

(7) Bei Personengesellschaften und Gemeinschaften sind die Absätze 1 bis 6 mit der Maßgabe anzuwenden, dass an die Stelle des Steuerpflichtigen die Gesellschaft oder die Gemeinschaft tritt.

§ 7h

Erhöhte Absetzungen bei Gebäuden in Sanierungsgebieten und städtebaulichen Entwicklungsbereichen

(1) ¹Bei einem im Inland belegenen Gebäude in einem förmlich festgelegten Sanierungsgebiet oder städtebaulichen Entwicklungsbereich kann der Steuerpflichtige abweichend von § 7 Absatz 4 und 5 im Jahr der Herstellung und in den folgenden sieben Jahren jeweils bis zu 9 Prozent und in den folgenden vier Jahren jeweils bis zu

7 Prozent der Herstellungskosten für Modernisierungs- und Instandsetzungsmaßnahmen im Sinne des § 177 des Baugesetzbuchs absetzen. ²Satz 1 ist entsprechend anzuwenden auf Herstellungskosten für Maßnahmen, die der Erhaltung, Erneuerung und funktionsgerechten Verwendung eines Gebäudes im Sinne des Satzes 1 dienen, das wegen seiner geschichtlichen, künstlerischen oder städtebaulichen Bedeutung erhalten bleiben soll, und zu deren Durchführung sich der Eigentümer neben bestimmten Modernisierungsmaßnahmen gegenüber der Gemeinde verpflichtet hat. ³Der Steuerpflichtige kann die erhöhten Absetzungen im Jahr des Abschlusses der Maßnahme und in den folgenden elf Jahren auch für Anschaffungskosten in Anspruch nehmen, die auf Maßnahmen im Sinne der Sätze 1 und 2 entfallen, soweit diese nach dem rechtswirksamen Abschluss eines obligatorischen Erwerbsvertrags oder eines gleichstehenden Rechtsakts durchgeführt worden sind. ⁴Die erhöhten Absetzungen können nur in Anspruch genommen werden, soweit die Herstellungs- oder Anschaffungskosten durch Zuschüsse aus Sanierungs- oder Entwicklungsförderungsmitteln nicht gedeckt sind. ⁵Nach Ablauf des Begünstigungszeitraums ist ein Restwert den Herstellungs- oder Anschaffungskosten des Gebäudes oder dem an deren Stelle tretenden Wert hinzuzurechnen; die weiteren Absetzungen für Abnutzung sind einheitlich für das gesamte Gebäude nach dem sich hiernach ergebenden Betrag und dem für das Gebäude maßgebenden Prozentsatz zu bemessen.

(2) ¹Der Steuerpflichtige kann die erhöhten Absetzungen nur in Anspruch nehmen, wenn er durch eine Bescheinigung der zuständigen Gemeindebehörde die Voraussetzungen des Absatzes 1 für das Gebäude und die Maßnahmen nachweist. ²Sind ihm Zuschüsse aus Sanierungs- oder Entwicklungsförderungsmitteln gewährt worden, so hat die Bescheinigung auch deren Höhe zu enthalten; werden ihm solche Zuschüsse nach Ausstellung der Bescheinigung gewährt, so ist diese entsprechend zu ändern.

(3) Die Absätze 1 und 2 sind auf Gebäudeteile, die selbständige unbewegliche Wirtschaftsgüter sind, sowie auf Eigentumswohnungen und auf im Teileigentum stehende Räume entsprechend anzuwenden.

§ 7i
Erhöhte Absetzungen bei Baudenkmalen

(1) ¹Bei einem im Inland belegenen Gebäude, das nach den jeweiligen landesrechtlichen Vorschriften ein Baudenkmal ist, kann der Steuerpflichtige abweichend von § 7 Absatz 4 und 5 im Jahr der Herstellung und in den folgenden sieben Jahren jeweils bis zu 9 Prozent und in den folgenden vier Jahren jeweils bis zu 7 Prozent der Herstellungskosten für Baumaßnahmen, die nach Art und Umfang zur Erhaltung des Gebäudes als Baudenkmal oder zu seiner sinnvollen Nutzung erforderlich sind, absetzen. ²Eine sinnvolle Nutzung ist nur anzunehmen, wenn das Gebäude in der Weise genutzt wird, dass die Erhaltung der schützenswerten Substanz des Gebäudes auf die Dauer gewährleistet ist. ³Bei einem im Inland belegenen Gebäudeteil, das nach den jeweiligen landesrechtlichen Vorschriften ein Baudenkmal ist, sind die Sätze 1 und 2 entsprechend anzuwenden. ⁴Bei einem im Inland belegenen Gebäude oder Gebäudeteil, das für sich allein nicht die Voraussetzungen für ein Baudenkmal erfüllt, aber Teil einer Gebäudegruppe oder Gesamtanlage ist, die nach den jeweiligen landesrechtlichen Vorschriften als Einheit geschützt ist, kann der Steuerpflichtige die erhöhten Absetzungen von den Herstellungskosten für Baumaßnahmen vornehmen, die nach Art und Umfang zur Erhaltung des schützenswerten äußeren Erscheinungsbildes der Gebäudegruppe oder Gesamtanlage erforderlich sind. ⁵Der Steuerpflichtige kann die erhöhten Absetzungen im Jahr des Abschlusses der Baumaßnahme und in den folgenden elf Jahren auch für Anschaffungskosten in Anspruch nehmen, die auf Baumaßnahmen im Sinne der Sätze 1 bis 4 entfallen, soweit diese nach dem rechtswirksamen Abschluss eines obligatorischen Erwerbsvertrags oder eines gleichstehenden Rechtsakts durchgeführt worden sind. ⁶Die Baumaßnahmen müssen in Abstimmung mit der in Absatz 2 bezeichneten Stelle durchgeführt worden sein. ⁷Die erhöhten Absetzungen können nur in Anspruch genommen werden, soweit die Herstellungs- oder Anschaffungskosten nicht durch Zuschüsse aus öffentlichen Kassen gedeckt sind. ⁸§ 7h Absatz 1 Satz 5 ist entsprechend anzuwenden.

(2) ¹Der Steuerpflichtige kann die erhöhten Absetzungen nur in Anspruch nehmen, wenn er durch eine Bescheinigung der nach Landesrecht zuständigen oder von der Landesregierung bestimmten Stelle die Voraussetzungen des Absatzes 1 für das Gebäude oder Gebäudeteil und für die Erforderlichkeit der Aufwendungen nachweist. ²Hat eine der für Denkmalschutz oder Denkmalpflege zuständigen Behörden ihm Zuschüsse gewährt, so hat die Bescheinigung auch deren Höhe zu enthalten; werden ihm solche Zuschüsse nach Ausstellung der Bescheinigung gewährt, so ist diese entsprechend zu ändern.

(3) § 7h Absatz 3 ist entsprechend anzuwenden.

§ 7k
– weggefallen –

4. Überschuss der Einnahmen über die Werbungskosten

§ 8
Einnahmen

(1) Einnahmen sind alle Güter, die in Geld oder Geldeswert bestehen und dem Steuerpflichtigen im Rahmen einer der Einkunftsarten des § 2 Absatz 1 Satz 1 Nummer 4 bis 7 zufließen.

(2) ¹Einnahmen, die nicht in Geld bestehen (Wohnung, Kost, Waren, Dienstleistungen und sonstige Sachbezüge), sind mit den um übliche Preisnachlässe geminderten üblichen Endpreisen am Abgabeort anzusetzen. ²Für die private Nutzung eines betrieblichen Kraftfahrzeugs zu privaten Fahrten gilt § 6 Absatz 1 Nummer 4 Satz 2 entsprechend. ³Kann das Kraftfahrzeug auch für Fahrten zwischen Wohnung und erster Tätigkeitsstätte sowie Fahrten nach § 9 Absatz 1 Satz 3 Nummer 4a Satz 3 genutzt werden, erhöht sich der Wert in Satz 2 für jeden Kalendermonat um 0,03 Prozent des Listenpreises im Sinne des § 6 Absatz 1 Nummer 4 Satz 2 für jeden Kilometer der Entfernung zwischen Wohnung und erster Tätigkeitsstätte sowie der Fahrten nach § 9 Absatz 1 Satz 3 Nummer 4a Satz 3. ⁴Der Wert nach den Sätzen 2 und 3 kann mit dem auf die private Nutzung zu Fahrten zwischen Wohnung und erster Tätigkeitsstätte sowie Fahrten nach § 9 Absatz 1 Satz 3 Nummer 4a Satz 3 entfallenden Teil der gesamten Kraftfahrzeugaufwendungen angesetzt werden, wenn die durch das Kraftfahrzeug insgesamt entstehenden Aufwendungen durch Belege und das Verhältnis der privaten Fahrten und der Fahrten zwischen Wohnung und erster Tätigkeitsstätte sowie Fahrten nach § 9 Absatz 1 Satz 3 Nummer 4a Satz 3 zu den übrigen Fahrten durch ein ordnungsgemäßes Fahrtenbuch nachgewiesen werden; § 6 Absatz 1 Nummer 4 Satz 3 zweiter Halbsatz gilt entsprechend. ⁵Die Nutzung des Kraftfahrzeugs zu einer Familienheimfahrt im Rahmen einer doppelten Haushaltsführung ist mit 0,002 Prozent des Listenpreises im Sinne des § 6 Absatz 1 Nummer 4 Satz 2 für jeden Kilometer der Entfernung zwischen dem Ort des eigenen Hausstands und dem Beschäftigungsort anzusetzen; dies gilt nicht, wenn für diese Fahrt ein Abzug von Werbungskosten nach § 9 Absatz 1 Satz 3 Nummer 5 Satz 5 und 6 in Betracht käme; Satz 4 ist sinngemäß anzuwenden. ⁶Bei Arbeitnehmern, für deren Sachbezüge durch Rechtsverordnung nach § 17 Absatz 1 Satz 1 Nummer 4 des Vierten Buches Sozialgesetzbuch Werte bestimmt worden sind, sind diese Werte maßgebend. ⁷Die Werte nach Satz 6 sind auch bei Steuerpflichtigen anzusetzen, die nicht der gesetzlichen Rentenversicherungspflicht unterliegen. ⁸Wird dem Arbeitnehmer während einer beruflichen Tätigkeit außerhalb seiner Wohnung und ersten Tätigkeitsstätte oder im Rahmen einer beruflich veranlassten doppelten Haushaltsführung vom Arbeitgeber oder auf dessen Veranlassung von einem Dritten eine Mahlzeit zur Verfügung gestellt, ist diese Mahlzeit mit dem Wert nach Satz 6 (maßgebender amtlicher Sachbezugswert nach der Sozialversicherungsentgeltverordnung) anzusetzen, wenn der Preis für die Mahlzeit 60 Euro nicht übersteigt. ⁹Der Ansatz einer nach Satz 8 bewerteten Mahlzeit unterbleibt, wenn beim Arbeitnehmer für ihm entstehende Mehraufwendungen für Verpflegung ein Werbungskostenabzug nach § 9 Absatz 4a Satz 1 bis 7 in Betracht käme. ¹⁰Die oberste Finanzbehörde eines Landes kann mit Zustimmung des Bundesministeriums der Finanzen für weitere Sachbezüge der Arbeitnehmer Durchschnittswerte festsetzen. ¹¹Sachbezüge, die nach Satz 1 zu bewerten sind, bleiben außer Ansatz, wenn die sich nach Anrechnung der vom Steuer-

pflichtigen gezahlten Entgelte ergebenden Vorteile insgesamt 44 Euro im Kalendermonat nicht übersteigen.

(3) ¹Erhält ein Arbeitnehmer aufgrund seines Dienstverhältnisses Waren oder Dienstleistungen, die vom Arbeitgeber nicht überwiegend für den Bedarf seiner Arbeitnehmer hergestellt, vertrieben oder erbracht werden und deren Bezug nicht nach § 40 pauschal versteuert wird, so gelten als deren Werte abweichend von Absatz 2 die um 4 Prozent geminderten Endpreise, zu denen der Arbeitgeber oder der dem Abgabeort nächstansässige Abnehmer die Waren oder Dienstleistungen fremden Letztverbrauchern im allgemeinen Geschäftsverkehr anbietet. ²Die sich nach Abzug der vom Arbeitnehmer gezahlten Entgelte ergebenden Vorteile sind steuerfrei, soweit sie aus dem Dienstverhältnis insgesamt 1 080 Euro im Kalenderjahr nicht übersteigen.

§ 9
Werbungskosten

(1) ¹Werbungskosten sind Aufwendungen zur Erwerbung, Sicherung und Erhaltung der Einnahmen. ²Sie sind bei der Einkunftsart abzuziehen, bei der sie erwachsen sind. ³Werbungskosten sind auch

1. Schuldzinsen und auf besonderen Verpflichtungsgründen beruhende Renten und dauernde Lasten, soweit sie mit einer Einkunftsart in wirtschaftlichem Zusammenhang stehen. ²Bei Leibrenten kann nur der Anteil abgezogen werden, der sich nach § 22 Nummer 1 Satz 3 Buchstabe a Doppelbuchstabe bb ergibt;

2. Steuern vom Grundbesitz, sonstige öffentliche Abgaben und Versicherungsbeiträge, soweit solche Ausgaben sich auf Gebäude oder auf Gegenstände beziehen, die dem Steuerpflichtigen zur Einnahmeerzielung dienen;

3. Beiträge zu Berufsständen und sonstigen Berufsverbänden, deren Zweck nicht auf einen wirtschaftlichen Geschäftsbetrieb gerichtet ist;

4. Aufwendungen des Arbeitnehmers für die Wege zwischen Wohnung und erster Tätigkeitsstätte im Sinne des Absatzes 4. ²Zur Abgeltung dieser Aufwendungen ist für jeden Arbeitstag, an dem der Arbeitnehmer die erste Tätigkeitsstätte aufsucht eine Entfernungspauschale für jeden vollen Kilometer der Entfernung zwischen Wohnung und erster Tätigkeitsstätte von 0,30 Euro anzusetzen, höchstens jedoch 4 500 Euro im Kalenderjahr; ein höherer Betrag als 4 500 Euro ist anzusetzen, soweit der Arbeitnehmer einen eigenen oder ihm zur Nutzung überlassenen Kraftwagen benutzt. ³Die Entfernungspauschale gilt nicht für Flugstrecken und Strecken mit steuerfreier Sammelbeförderung nach § 3 Nummer 32. ⁴Für die Bestimmung der Entfernung ist die kürzeste Straßenverbindung zwischen Wohnung und erster Tätigkeitsstätte maßgebend; eine andere als die kürzeste Straßenverbindung kann zugrunde gelegt werden, wenn diese offensichtlich verkehrsgünstiger ist und vom Arbeitnehmer regelmäßig für die Wege zwischen Wohnung und erster Tätigkeitsstätte benutzt wird. ⁵Nach § 8 Absatz 2 Satz 11 oder Absatz 3 steuerfreie Sachbezüge für Fahrten zwischen Wohnung und erster Tätigkeitsstätte mindern den nach Satz 2 abziehbaren Betrag; ist der Arbeitgeber selbst der Verkehrsträger, ist der Preis anzusetzen, den ein dritter Arbeitgeber an den Verkehrsträger zu entrichten hätte. ⁶Hat ein Arbeitnehmer mehrere Wohnungen, so sind die Wege von einer Wohnung, die nicht der ersten Tätigkeitsstätte am nächsten liegt, nur zu berücksichtigen, wenn sie den Mittelpunkt der Lebensinteressen des Arbeitnehmers bildet und nicht nur gelegentlich aufgesucht wird.

4a. Aufwendungen des Arbeitnehmers für beruflich veranlasste Fahrten, die nicht Fahrten zwischen Wohnung und erster Tätigkeitsstätte im Sinne des Absatzes 4 sowie keine Familienheimfahrten sind. ²Anstelle der tatsächlichen Aufwendungen, die dem Arbeitnehmer durch die persönliche Benutzung eines Beförderungsmittels entstehen, können die Fahrtkosten mit den pauschalen Kilometersätzen angesetzt werden, die für das jeweils benutzte Beförderungsmittel (Fahrzeug) als höchste Wegstreckenentschädigung nach dem Bundesreisekostengesetz festgesetzt sind. ³Hat ein Arbeitnehmer keine erste Tätigkeitsstätte (§ 9 Absatz 4) und hat er nach den dienst- oder arbeitsrechtlichen Festlegungen sowie den diese ausfüllenden Absprachen und Weisungen zur Aufnahme seiner beruflichen Tätigkeit dauerhaft denselben Ort oder dasselbe weiträumige Tätigkeitsgebiet typischerweise arbeitstäglich aufzusuchen, gilt Absatz 1 Satz 3 Nummer 4 und Absatz 2 für die Fahrten von der Wohnung zu diesem Ort oder dem zur Wohnung nächstgelegenen Zugang zum Tätigkeitsgebiet entsprechend. ⁴Für die Fahrten innerhalb des weiträumigen Tätigkeitsgebietes gelten die Sätze 1 und 2 entsprechend.

5. notwendige Mehraufwendungen, die einem Arbeitnehmer wegen einer beruflich veranlassten doppelten Haushaltsführung entstehen. ²Eine doppelte Haushaltsführung liegt nur vor, wenn der Arbeitnehmer außerhalb des Ortes seiner ersten Tätigkeitsstätte einen eigenen Hausstand unterhält und auch am Ort der ersten Tätigkeitsstätte wohnt. ³Das Vorliegen eines eigenen Hausstandes setzt das Innehaben einer Wohnung sowie eine finanzielle Beteiligung an den Kosten der Lebensführung voraus. ⁴Als Unterkunftskosten für eine doppelte Haushaltsführung können im Inland die tatsächlichen Aufwendungen für die Nutzung der Unterkunft angesetzt werden, höchstens 1 000 Euro im Monat. ⁵Aufwendungen für die Wege vom Ort der ersten Tätigkeitsstätte zum Ort des eigenen Hausstandes und zurück (Familienheimfahrt) können jeweils nur für eine Familienheimfahrt wöchentlich abgezogen werden. ⁶Zur Abgeltung der Aufwendungen für eine Familienheimfahrt ist eine Entfernungspauschale von 0,30 Euro für jeden vollen Kilometer der Entfernung zwischen dem Ort des eigenen Hausstandes und dem Ort der ersten Tätigkeitsstätte anzusetzen. ⁷Nummer 4 Satz 3 bis 5 ist entsprechend anzuwenden. ⁸Aufwendungen für Familienheimfahrten mit einem dem Steuerpflichtigen im Rahmen einer Einkunftsart überlassenen Kraftfahrzeug werden nicht berücksichtigt.

5a. notwendige Mehraufwendungen eines Arbeitnehmers für beruflich veranlasste Übernachtungen an einer Tätigkeitsstätte, die nicht erste Tätigkeitsstätte ist. ²Übernachtungskosten sind die tatsächlichen Aufwendungen für die persönliche Inanspruchnahme einer Unterkunft zur Übernachtung. ³Soweit höhere Übernachtungskosten anfallen, weil der Arbeitnehmer eine Unterkunft gemeinsam mit Personen nutzt, die in keinem Dienstverhältnis zum selben Arbeitgeber stehen, sind nur diejenigen Aufwendungen anzusetzen, die bei alleiniger Nutzung durch den Arbeitnehmer angefallen wären. ⁴Nach Ablauf von 48 Monaten einer längerfristigen beruflichen Tätigkeit an derselben Tätigkeitsstätte, die nicht erste Tätigkeitsstätte ist, können Unterkunftskosten nur noch bis zur Höhe des Betrags nach Nummer 5 angesetzt werden. ⁵Eine Unterbrechung dieser beruflichen Tätigkeit an derselben Tätigkeitsstätte führt zu einem Neubeginn, wenn die Unterbrechung mindestens sechs Monate dauert.

6. Aufwendungen für Arbeitsmittel, zum Beispiel für Werkzeuge und typische Berufskleidung. ²Nummer 7 bleibt unberührt;

7. Absetzungen für Abnutzung und für Substanzverringerung und erhöhte Absetzungen. ²§ 6 Absatz 2 Satz 1 bis 3 ist in Fällen der Anschaffung oder Herstellung von Wirtschaftsgütern entsprechend anzuwenden.

(2) ¹Durch die Entfernungspauschalen sind sämtliche Aufwendungen abgegolten, die durch die Wege zwischen Wohnung und erster Tätigkeitsstätte im Sinne des Absatzes 4 und durch die Familienheimfahrten veranlasst sind. ²Aufwendungen für die Benutzung öffentlicher Verkehrsmittel können angesetzt werden, soweit sie den im Kalenderjahr insgesamt als Entfernungspauschale abziehbaren Betrag übersteigen. ³Behinderte Menschen,

1. deren Grad der Behinderung mindestens 70 beträgt,
2. deren Grad der Behinderung weniger als 70, aber mindestens 50 beträgt und die in ihrer Bewegungsfähigkeit im Straßenverkehr erheblich beeinträchtigt sind,

können anstelle der Entfernungspauschalen die tatsächlichen Aufwendungen für die Wege zwischen Wohnung und erster Tätigkeitsstätte und für Familienheimfahrten ansetzen. ⁴Die Voraussetzungen der Nummern 1 und 2 sind durch amtliche Unterlagen nachzuweisen.

(3) Absatz 1 Satz 3 Nummer 4 bis 5a sowie die Absätze 2 und 4a gelten bei den Einkunftsarten im Sinne des § 2 Absatz 1 Satz 1 Nummer 5 bis 7 entsprechend.

(4) ¹Erste Tätigkeitsstätte ist die ortsfeste betriebliche Einrichtung des Arbeitgebers, eines verbundenen Unternehmens (§ 15 des Aktiengesetzes) oder eines vom Arbeitgeber bestimmten Dritten, der der Arbeitnehmer dauerhaft zugeordnet ist. ²Die Zuordnung im Sinne des Satzes 1 wird durch die dienst- oder arbeitsrechtlichen Festlegungen sowie die diese ausfüllenden Absprachen und Weisungen bestimmt. ³Von einer dauerhaften Zuordnung ist insbesondere auszugehen, wenn der Arbeitnehmer unbefristet, für die Dauer des Dienstverhältnisses oder über einen Zeitraum von 48 Monaten hinaus an einer solchen Tätigkeitsstätte tätig werden soll. ⁴Fehlt eine solche dienst- oder arbeitsrechtliche Festlegung auf eine Tätigkeitsstätte oder ist sie nicht eindeutig, ist erste Tätigkeitsstätte die betriebliche Einrichtung, an der der Arbeitnehmer dauerhaft

1. typischerweise arbeitstäglich tätig werden soll oder
2. je Arbeitswoche zwei volle Arbeitstage oder mindestens ein Drittel seiner vereinbarten regelmäßigen Arbeitszeit tätig werden soll.

⁵Je Dienstverhältnis hat der Arbeitnehmer höchstens eine erste Tätigkeitsstätte. ⁶Liegen die Voraussetzungen der Sätze 1 bis 4 für mehrere Tätigkeitsstätten vor, ist diejenige Tätigkeitsstätte erste Tätigkeitsstätte, die der Arbeitgeber bestimmt. ⁷Fehlt es an dieser Bestimmung oder ist sie nicht eindeutig, ist die der Wohnung örtlich am nächsten liegende Tätigkeitsstätte die erste Tätigkeitsstätte. ⁸Als erste Tätigkeitsstätte gilt auch eine Bildungseinrichtung, die außerhalb eines Dienstverhältnisses zum Zwecke eines Vollzeitstudiums oder einer vollzeitigen Bildungsmaßnahme aufgesucht wird; die Regelungen für Arbeitnehmer nach Absatz 1 Satz 3 Nummer 4 und 5 sowie Absatz 4a sind entsprechend anzuwenden.

(4a) ¹Mehraufwendungen des Arbeitnehmers für die Verpflegung sind nur nach Maßgabe der folgenden Sätze als Werbungskosten abziehbar. ²Wird der Arbeitnehmer außerhalb seiner Wohnung und ersten Tätigkeitsstätte beruflich tätig (auswärtige berufliche Tätigkeit), ist zur Abgeltung der ihm tatsächlich entstandenen, beruflich veranlassten Mehraufwendungen eine Verpflegungspauschale anzusetzen. ³Diese beträgt

1. 24 Euro für jeden Kalendertag, an dem der Arbeitnehmer 24 Stunden von seiner Wohnung und ersten Tätigkeitsstätte abwesend ist,
2. jeweils 12 Euro für den An- und Abreisetag, wenn der Arbeitnehmer an diesem, einem anschließenden oder vorhergehenden Tag außerhalb seiner Wohnung übernachtet,
3. 12 Euro für den Kalendertag, an dem der Arbeitnehmer ohne Übernachtung außerhalb seiner Wohnung mehr als 8 Stunden von seiner Wohnung und der ersten Tätigkeitsstätte abwesend ist; beginnt die auswärtige berufliche Tätigkeit an einem Kalendertag und endet am nachfolgenden Kalendertag ohne Übernachtung, werden 12 Euro für den Kalendertag gewährt, an dem der Arbeitnehmer den überwiegenden Teil der insgesamt mehr als 8 Stunden von seiner Wohnung und der ersten Tätigkeitsstätte abwesend ist.

⁴Hat der Arbeitnehmer keine erste Tätigkeitsstätte, gelten die Sätze 2 und 3 entsprechend; Wohnung im Sinne der Sätze 2 und 3 ist der Hausstand, der den Mittelpunkt der Lebensinteressen des Arbeitnehmers bildet sowie eine Unterkunft am Ort der ersten Tätigkeitsstätte im Rahmen der doppelten Haushaltsführung. ⁵Bei einer Tätigkeit im Ausland treten an die Stelle der Pauschbeträge nach Satz 3 länderweise unterschiedliche Pauschbeträge, die für die Fälle der Nummer 1 mit 120 sowie der Nummern 2 und 3 mit 80 Prozent der Auslandstagegelder nach dem Bundesreisekostengesetz vom Bundesministerium der Finanzen im Einvernehmen mit den obersten Finanzbehörden der Länder aufgerundet auf volle Euro festgesetzt werden; dabei bestimmt sich der Pauschbetrag nach dem Ort, den der Arbeitnehmer vor 24 Uhr Ortszeit zuletzt erreicht, oder, wenn dieser Ort im Inland liegt, nach dem letzten Tätigkeitsort im Ausland. ⁶Der Abzug der Verpflegungspauschalen ist auf die ersten drei Monate einer längerfristigen beruflichen Tätigkeit an derselben Tätigkeitsstätte beschränkt. ⁷Eine Unterbrechung der beruflichen Tätigkeit an derselben Tätigkeitsstätte führt zu einem Neubeginn, wenn sie mindestens vier Wochen dauert. ⁸Wird dem Arbeitnehmer anlässlich oder während einer Tätigkeit außerhalb seiner ersten Tätigkeitsstätte vom Arbeitgeber oder auf dessen Veranlassung von einem Dritten eine Mahlzeit zur Verfügung gestellt, sind die nach den Sätzen 3 und 5 ermittelten Verpflegungspauschalen zu kürzen:

1. für Frühstück um 20 Prozent,
2. für Mittag- und Abendessen um jeweils 40 Prozent,

der nach Satz 3 Nummer 1 gegebenenfalls in Verbindung mit Satz 5 maßgebenden Verpflegungspauschale für einen vollen Kalendertag; die Kürzung darf die ermittelte Verpflegungspauschale nicht übersteigen. ⁹Satz 8 gilt auch, wenn Reisekostenvergütungen wegen der zur Verfügung gestellten Mahlzeiten einbehalten oder gekürzt werden oder die Mahlzeiten nach § 40 Absatz 2 Satz 1 Nummer 1a pauschal besteuert werden. ¹⁰Hat der Arbeitnehmer für die Mahlzeit ein Entgelt gezahlt, mindert dieser Betrag den Kürzungsbetrag nach Satz 8. ¹¹Erhält der Arbeitnehmer steuerfreie Erstattungen für Verpflegung, ist ein Werbungskostenabzug insoweit ausgeschlossen. ¹²Die Verpflegungspauschalen nach den Sätzen 3 und 5, die Dreimonatsfrist nach den Sätzen 6 und 7 sowie die Kürzungsregelungen nach den Sätzen 8 bis 10 gelten entsprechend auch für den Abzug von Mehraufwendungen für Verpflegung, die bei einer beruflich veranlassten doppelten Haushaltsführung entstehen, soweit der Arbeitnehmer vom eigenen Hausstand im Sinne des § 9 Absatz 1 Satz 3 Nummer 5 abwesend ist; dabei ist für jeden Kalendertag innerhalb der Dreimonatsfrist, an dem gleichzeitig eine Tätigkeit im Sinne des Satzes 2 oder des Satzes 4 ausgeübt wird, nur der jeweils höchste in Betracht kommende Pauschbetrag abziehbar. ¹³Die Dauer einer Tätigkeit im Sinne des Satzes 2 an dem Tätigkeitsort, an dem die doppelte Haushaltsführung begründet wurde, ist auf die Dreimonatsfrist anzurechnen, wenn sie ihr unmittelbar vorausgegangen ist.

(5) ¹§ 4 Absatz 5 Satz 1 Nummer 1 bis 4, 6b bis 8a, 10, 12 und Absatz 6 gilt sinngemäß. ²§ 6 Absatz 1 Nummer 1a gilt entsprechend.

(6) ¹Aufwendungen des Steuerpflichtigen für seine Berufsausbildung oder für sein Studium sind nur dann Werbungskosten, wenn der Steuerpflichtige zuvor bereits eine Erstausbildung (Berufsausbildung oder Studium) abgeschlossen hat oder wenn die Berufsausbildung oder das Studium im Rahmen eines Dienstverhältnisses stattfindet. ²Eine Berufsausbildung als Erstausbildung nach Satz 1 liegt vor, wenn eine geordnete Ausbildung mit einer Mindestdauer von 12 Monaten bei vollzeitiger Ausbildung und mit einer Abschlussprüfung durchgeführt wird. ³Eine geordnete Ausbildung liegt vor, wenn sie auf der Grundlage von Rechts- oder Verwaltungsvorschriften oder internen Vorschriften eines Bildungsträgers durchgeführt wird. ⁴Ist eine Abschlussprüfung nach dem Ausbildungsplan nicht vorgesehen, gilt die Ausbildung mit der tatsächlichen planmäßigen Beendigung als abgeschlossen. ⁵Eine Berufsausbildung als Erstausbildung hat auch abgeschlossen, wer die Abschlussprüfung einer durch Rechts- oder Verwaltungsvorschriften geregelten Berufsausbildung mit einer Mindestdauer von 12 Monaten bestanden hat, ohne dass er zuvor die entsprechende Berufsausbildung durchlaufen hat.

§ 9a
Pauschbeträge für Werbungskosten

¹Für Werbungskosten sind bei der Ermittlung der Einkünfte die folgenden Pauschbeträge abzuziehen, wenn nicht höhere Werbungskosten nachgewiesen werden:

1. a) von den Einnahmen aus nichtselbständiger Arbeit vorbehaltlich Buchstabe b:

   ein Arbeitnehmer-Pauschbetrag von 1 000 Euro;

   b) von den Einnahmen aus nichtselbständiger Arbeit, soweit es sich um Versorgungsbezüge im Sinne des § 19 Absatz 2 handelt:

   ein Pauschbetrag von 102 Euro;

2. – weggefallen –

3. von den Einnahmen im Sinne des § 22 Nummer 1, 1a und 5:

   ein Pauschbetrag von insgesamt 102 Euro.

²Der Pauschbetrag nach Satz 1 Nummer 1 Buchstabe b darf nur bis zur Höhe der um den Versorgungsfreibetrag einschließlich des Zuschlags zum Versorgungsfreibetrag (§ 19 Absatz 2) geminderten Einnahmen, die Pauschbeträge nach Satz 1 Nummer 1 Buchstabe a und Nummer 3 dürfen nur bis zur Höhe der Einnahmen abgezogen werden.

EStG – Gesetzestext §§ 9b, 10

4a. Umsatzsteuerrechtlicher Vorsteuerabzug

§ 9b

(1) Der Vorsteuerbetrag nach § 15 des Umsatzsteuergesetzes gehört, soweit er bei der Umsatzsteuer abgezogen werden kann, nicht zu den Anschaffungs- oder Herstellungskosten des Wirtschaftsguts, auf dessen Anschaffung oder Herstellung er entfällt.

(2) ¹Wird der Vorsteuerabzug nach § 15a des Umsatzsteuergesetzes berichtigt, so sind die Mehrbeträge als Betriebseinnahmen oder Einnahmen zu behandeln, wenn sie im Rahmen einer der Einkunftsarten des § 2 Absatz 1 Satz 1 bezogen werden; die Minderbeträge sind als Betriebsausgaben oder Werbungskosten zu behandeln, wenn sie durch den Betrieb veranlasst sind oder der Erwerbung, Sicherung und Erhaltung von Einnahmen dienen. ²Die Anschaffungs- oder Herstellungskosten bleiben in den Fällen des Satzes 1 unberührt.

5. Sonderausgaben

§ 10

(1) Sonderausgaben sind die folgenden Aufwendungen, wenn sie weder Betriebsausgaben noch Werbungskosten sind oder wie Betriebsausgaben oder Werbungskosten behandelt werden:

Nrn. 1 bis 1b – *weggefallen* –

2. a) Beiträge zu den gesetzlichen Rentenversicherungen oder zur landwirtschaftlichen Alterskasse sowie zu berufsständischen Versorgungseinrichtungen, die den gesetzlichen Rentenversicherungen vergleichbare Leistungen erbringen;

   b) Beiträge des Steuerpflichtigen

      aa) zum Aufbau einer eigenen kapitalgedeckten Altersversorgung, wenn der Vertrag nur die Zahlung einer monatlichen, auf das Leben des Steuerpflichtigen bezogenen lebenslangen Leibrente nicht vor Vollendung des 62. Lebensjahres*) oder zusätzlich die ergänzende Absicherung des Eintritts der Berufsunfähigkeit (Berufsunfähigkeitsrente), der verminderten Erwerbsfähigkeit (Erwerbsminderungsrente) oder von Hinterbliebenen (Hinterbliebenenrente) vorsieht. ²Hinterbliebene in diesem Sinne sind der Ehegatte des Steuerpflichtigen und die Kinder, für die er Anspruch auf Kindergeld oder auf einen Freibetrag nach § 32 Absatz 6 hat. ³Der Anspruch auf Waisenrente darf längstens für den Zeitraum bestehen, in dem der Rentenberechtigte die Voraussetzungen für die Berücksichtigung als Kind im Sinne des § 32 erfüllt;

      bb) für seine Absicherung gegen den Eintritt der Berufsunfähigkeit oder der verminderten Erwerbsfähigkeit (Versicherungsfall), wenn der Vertrag nur die Zahlung einer monatlichen, auf das Leben des Steuerpflichtigen bezogenen lebenslangen Leibrente für einen Versicherungsfall vorsieht, der bis zur Vollendung des 67. Lebensjahres eingetreten ist. ²Der Vertrag kann die Beendigung der Rentenzahlung wegen eines medizinisch begründeten Wegfalls der Berufsunfähigkeit oder der verminderten Erwerbsfähigkeit vorsehen. ³Die Höhe der zugesagten Rente kann vom Alter des Steuerpflichtigen bei Eintritt des Versicherungsfalls abhängig gemacht werden, wenn der Steuerpflichtige das 55. Lebensjahr vollendet hat.

   ²Die Ansprüche nach Buchstabe b dürfen nicht vererblich, nicht übertragbar, nicht beleihbar, nicht veräußerbar und nicht kapitalisierbar sein. ³Anbieter und Steuerpflichtiger können vereinbaren, dass bis zu zwölf Monatsleistungen in einer Auszahlung zusammengefasst werden oder eine Kleinbetragsrente im Sinne von § 93 Absatz 3 Satz 2 abgefunden wird. ⁴Bei der Berechnung der Kleinbetragsrente sind alle bei einem Anbieter bestehenden Verträge des Steuerpflichtigen jeweils nach Buchstabe b Doppelbuchstabe aa oder Doppelbuchstabe bb zusammenzurechnen. ⁵Neben den genannten Auszahlungsformen darf kein weiterer Anspruch auf Auszahlungen bestehen. ⁶Zu den Beiträgen nach den Buchstaben a und b ist der nach § 3 Nummer 62 steuerfreie Arbeitgeberanteil zur gesetzlichen Rentenversicherung und ein diesem gleichgestellter steuerfreier Zuschuss des Arbeitgebers hinzuzurechnen. ⁷Beiträge nach § 168 Absatz 1 Nummer 1b oder 1c oder nach § 172 Absatz 3 oder 3a des Sechsten Buches Sozialgesetzbuch werden abweichend von Satz 2 nur auf Antrag des Steuerpflichtigen hinzugerechnet;

3. Beiträge zu

   a) Krankenversicherungen, soweit diese zur Erlangung eines durch das Zwölfte Buch Sozialgesetzbuch bestimmten sozialhilfegleichen Versorgungsniveaus erforderlich sind und sofern auf die Leistungen ein Anspruch besteht. ²Für Beiträge zur gesetzlichen Krankenversicherung sind dies die nach dem Dritten Titel des Ersten Abschnitts des Achten Kapitels des Fünften Buches Sozialgesetzbuch oder die nach dem Sechsten Abschnitt des Zweiten Gesetzes über die Krankenversicherung der Landwirte festgesetzten Beiträge. ³Für Beiträge zu einer privaten Krankenversicherung sind dies die Beitragsanteile, die auf Vertragsleistungen entfallen, die, mit Ausnahme der auf das Krankengeld entfallenden Beitragsanteile, in Art, Umfang und Höhe den Leistungen nach dem Dritten Kapitel des Fünften Buches Sozialgesetzbuch vergleichbar sind; § 12 Absatz 1d des Versicherungsaufsichtsgesetzes in der Fassung der Bekanntmachung vom 17. Dezember 1992 (BGBl. 1993 I S. 2), das zuletzt durch Artikel 4 und 6 Absatz 2 des Gesetzes vom 17. Oktober 2008 (BGBl. I S. 1982) geändert worden ist, gilt entsprechend. ⁴Wenn sich aus den Krankenversicherungsbeiträgen nach Satz 2 ein Anspruch auf Krankengeld oder ein Anspruch auf eine Leistung, die anstelle von Krankengeld gewährt wird, ergeben kann, ist der jeweilige Beitrag um 4 Prozent zu vermindern;

   b) gesetzlichen Pflegeversicherungen (soziale Pflegeversicherung und private Pflege-Pflichtversicherung).

   ²Als eigene Beiträge des Steuerpflichtigen werden auch die vom Steuerpflichtigen im Rahmen der Unterhaltsverpflichtung getragenen eigenen Beiträge im Sinne des Buchstaben a oder des Buchstaben b eines Kindes behandelt, für das ein Anspruch auf einen Freibetrag nach § 32 Absatz 6 oder auf Kindergeld besteht. ³Hat der Steuerpflichtige in den Fällen des Absatzes 1a Nummer 1 eigene Beiträge im Sinne des Buchstaben a oder des Buchstaben b zum Erwerb einer Krankenversicherung oder gesetzlichen Pflegeversicherung für einen geschiedenen oder dauernd getrennt lebenden unbeschränkt einkommensteuerpflichtigen Ehegatten geleistet, dann werden diese abweichend von Satz 1 als eigene Beiträge des geschiedenen oder dauernd getrennt lebenden unbeschränkt einkommensteuerpflichtigen Ehegatten behandelt. ⁴Beiträge, die für nach Ablauf des Veranlagungszeitraums beginnende Beitragsjahre geleistet werden und in der Summe das Zweieinhalbfache der auf den Veranlagungszeitraum entfallenden Beiträge überschreiten, sind in dem Veranlagungszeitraum anzusetzen, für den sie geleistet wurden; dies gilt nicht für Beiträge, soweit sie der unbefristeten Beitragsminderung nach Vollendung des 62. Lebensjahrs dienen;

3a. Beiträge zu Kranken- und Pflegeversicherungen, soweit diese nicht nach Nummer 3 zu berücksichtigen sind; Beiträge zu Versicherungen gegen Arbeitslosigkeit, zu Erwerbs- und Berufsunfähigkeitsversicherungen, die nicht unter Nummer 2 Satz 1 Buchstabe b fallen, zu Unfall- und Haftpflichtversicherungen sowie zu Risikoversicherungen, die nur für den Todesfall eine Leistung vorsehen; Beiträge zu Versicherungen im Sinne des § 10 Absatz 1 Nummer 2 Buchstabe b Doppelbuchstabe bb bis dd in der am 31. Dezember 2004 geltenden Fassung, wenn die Laufzeit dieser Versicherungen vor dem 1. Januar 2005 begonnen hat und ein Versicherungsbeitrag bis zum 31. Dezember 2004 entrichtet wurde; § 10 Absatz 1 Nummer 2 Satz 2 bis 6 und Absatz 2 Satz 2 in der am 31. Dezember 2004 geltenden Fassung ist in diesen Fällen weiter anzuwenden;

4. gezahlte Kirchensteuer; dies gilt nicht, soweit die Kirchensteuer als Zuschlag zur Kapitalertragsteuer oder als Zuschlag auf die nach dem gesonderten Tarif des § 32d Absatz 1 ermittelte Einkommensteuer gezahlt wurde;

---

*) Anm. d. Verlages:
Bei Vertragsabschlüssen vor dem 1.1.2012 darf der Vertrag die Zahlung der Leibrente nicht vor Vollendung des 60. Lebensjahres vorsehen (§ 10 Abs. 6 Satz 1 EStG).

5. zwei Drittel der Aufwendungen, höchstens 4 000 Euro je Kind, für Dienstleistungen zur Betreuung eines zum Haushalt des Steuerpflichtigen gehörenden Kindes im Sinne des § 32 Absatz 1, welches das 14. Lebensjahr noch nicht vollendet hat oder wegen einer vor Vollendung des 25. Lebensjahres eingetretenen körperlichen, geistigen oder seelischen Behinderung außerstande ist, sich selbst zu unterhalten. ²Dies gilt nicht für Aufwendungen für Unterricht, die Vermittlung besonderer Fähigkeiten sowie für sportliche und andere Freizeitbetätigungen. ³Ist das zu betreuende Kind nicht nach § 1 Absatz 1 oder Absatz 2 unbeschränkt einkommensteuerpflichtig, ist der in Satz 1 genannte Betrag zu kürzen, soweit es nach den Verhältnissen im Wohnsitzstaat des Kindes notwendig und angemessen ist. ⁴Voraussetzung für den Abzug der Aufwendungen nach Satz 1 ist, dass der Steuerpflichtige für die Aufwendungen eine Rechnung erhalten hat und die Zahlung auf das Konto des Erbringers der Leistung erfolgt ist;

6. – weggefallen –

7. Aufwendungen für die eigene Berufsausbildung bis zu 6 000 Euro im Kalenderjahr. ²Bei Ehegatten, die die Voraussetzungen des § 26 Absatz 1 Satz 1 erfüllen, gilt Satz 1 für jeden Ehegatten. ³Zu den Aufwendungen im Sinne des Satzes 1 gehören auch Aufwendungen für eine auswärtige Unterbringung. ⁴§ 4 Absatz 5 Satz 1 Nummer 6b sowie § 9 Absatz 1 Satz 3 Nummer 4 und 5, Absatz 2, 4 Satz 8 und Absatz 4a sind bei der Ermittlung der Aufwendungen anzuwenden.

8. – weggefallen –

9. 30 Prozent des Entgelts, höchstens 5 000 Euro, das der Steuerpflichtige für ein Kind, für das er Anspruch auf einen Freibetrag nach § 32 Absatz 6 oder auf Kindergeld hat, für dessen Besuch einer Schule in freier Trägerschaft oder einer überwiegend privat finanzierten Schule entrichtet, mit Ausnahme des Entgelts für Beherbergung, Betreuung und Verpflegung. ²Voraussetzung ist, dass die Schule in einem Mitgliedstaat der Europäischen Union oder in einem Staat belegen ist, auf den das Abkommen über den Europäischen Wirtschaftsraum Anwendung findet, und die Schule zu einem von dem zuständigen inländischen Ministerium eines Landes, von der Kultusministerkonferenz der Länder oder von einer inländischen Zeugnisanerkennungsstelle anerkannten oder einem inländischen Abschluss an einer öffentlichen Schule als gleichwertig anerkannten allgemeinbildenden oder berufsbildenden Schul-, Jahrgangs- oder Berufsabschluss führt. ³Der Besuch einer anderen Einrichtung, die auf einen Schul-, Jahrgangs- oder Berufsabschluss im Sinne des Satzes 2 ordnungsgemäß vorbereitet, steht einem Schulbesuch im Sinne des Satzes 1 gleich. ⁴Der Besuch einer Deutschen Schule im Ausland steht dem Besuch einer solchen Schule gleich, unabhängig von ihrer Belegenheit. ⁵Der Höchstbetrag nach Satz 1 wird für jedes Kind, bei dem die Voraussetzungen vorliegen, je Elternpaar nur einmal gewährt.

(1a) Sonderausgaben sind auch die folgenden Aufwendungen:

1. Unterhaltsleistungen an den geschiedenen oder dauernd getrennt lebenden unbeschränkt einkommensteuerpflichtigen Ehegatten, wenn der Geber dies mit Zustimmung des Empfängers beantragt, bis zu 13 805 Euro im Kalenderjahr. ²Der Höchstbetrag nach Satz 1 erhöht sich um den Betrag der im jeweiligen Veranlagungszeitraum nach Absatz 1 Nummer 3 für die Absicherung des geschiedenen oder dauernd getrennt lebenden unbeschränkt einkommensteuerpflichtigen Ehegatten aufgewandten Beiträge. ³Der Antrag kann jeweils nur für ein Kalenderjahr gestellt und nicht zurückgenommen werden. ⁴Die Zustimmung ist mit Ausnahme der nach § 894 der Zivilprozessordnung als erteilt geltenden bis auf Widerruf wirksam. ⁵Der Widerruf ist vor Beginn des Kalenderjahres, für das die Zustimmung erstmals nicht gelten soll, gegenüber dem Finanzamt zu erklären. ⁶Die Sätze 1 bis 5 gelten für Fälle der Nichtigkeit oder der Aufhebung der Ehe entsprechend;

2. auf besonderen Verpflichtungsgründen beruhende, lebenslange und wiederkehrende Versorgungsleistungen, die nicht mit Einkünften in wirtschaftlichem Zusammenhang stehen, die bei der Veranlagung außer Betracht bleiben, wenn der Empfänger unbeschränkt einkommensteuerpflichtig ist. ²Dies gilt nur für

a) Versorgungsleistungen im Zusammenhang mit der Übertragung eines Mitunternehmeranteils an einer Personengesellschaft, die eine Tätigkeit im Sinne der §§ 13, 15 Absatz 1 Satz 1 Nummer 1 oder des § 18 Absatz 1 ausübt,

b) Versorgungsleistungen im Zusammenhang mit der Übertragung eines Betriebs oder Teilbetriebs, sowie

c) Versorgungsleistungen im Zusammenhang mit der Übertragung eines mindestens 50 Prozent betragenden Anteils an einer Gesellschaft mit beschränkter Haftung, wenn der Übergeber als Geschäftsführer tätig war und der Übernehmer diese Tätigkeit nach der Übertragung übernimmt.

³Satz 2 gilt auch für den Teil der Versorgungsleistungen, der auf den Wohnteil eines Betriebs der Land- und Forstwirtschaft entfällt;

3. Ausgleichsleistungen zur Vermeidung eines Versorgungsausgleichs nach § 6 Absatz 1 Satz 2 Nummer 2 und § 23 des Versorgungsausgleichsgesetzes sowie § 1408 Absatz 2 und § 1587 des Bürgerlichen Gesetzbuchs, soweit der Verpflichtete dies mit Zustimmung des Berechtigten beantragt. ²Nummer 1 Satz 3 bis 5 gilt entsprechend.

4. Ausgleichszahlungen im Rahmen des Versorgungsausgleichs nach den §§ 20 bis 22 und 26 des Versorgungsausgleichsgesetzes und nach den §§ 1587f, 1587g und 1587i des Bürgerlichen Gesetzbuchs in der bis 31. August 2009 geltenden Fassung sowie nach § 3a des Gesetzes zur Regelung von Härten im Versorgungsausgleich, soweit die ihnen zu Grunde liegenden Einnahmen bei der ausgleichspflichtigen Person der Besteuerung unterliegen, wenn die ausgleichsberechtigte Person unbeschränkt einkommensteuerpflichtig ist.

(2) ¹Voraussetzung für den Abzug der in Absatz 1 Nummer 2, 3 und 3a bezeichneten Beträge (Vorsorgeaufwendungen) ist, dass sie

1. nicht in unmittelbarem wirtschaftlichen Zusammenhang mit steuerfreien Einnahmen stehen; steuerfreie Zuschüsse zu einer Kranken- oder Pflegeversicherung stehen insgesamt in unmittelbarem wirtschaftlichen Zusammenhang mit den Vorsorgeaufwendungen im Sinne des Absatzes 1 Nummer 3,

2. geleistet werden an

a) Versicherungsunternehmen,

aa) die ihren Sitz oder ihre Geschäftsleitung in einem Mitgliedstaat der Europäischen Union oder einem anderen Vertragsstaat des Europäischen Wirtschaftsraums haben und das Versicherungsgeschäft im Inland betreiben dürfen, oder

bb) denen die Erlaubnis zum Geschäftsbetrieb im Inland erteilt ist.

²Darüber hinaus werden Beiträge nur berücksichtigt, wenn es sich um Beträge im Sinne des Absatzes 1 Nummer 3 Satz 1 Buchstabe a an eine Einrichtung handelt, die eine anderweitige Absicherung im Krankheitsfall im Sinne des § 5 Absatz 1 Nummer 13 des Fünften Buches Sozialgesetzbuch oder einer der Beihilfe oder freien Heilfürsorge vergleichbare Absicherung im Sinne des § 193 Absatz 3 Satz 2 Nummer 2 des Versicherungsvertragsgesetzes gewährt. ³Dies gilt entsprechend, wenn ein Steuerpflichtiger, der weder seinen Wohnsitz noch seinen gewöhnlichen Aufenthalt im Inland hat, mit den Beiträgen einen Versicherungsschutz im Sinne des Absatzes 1 Nummer 3 Satz 1 erwirbt,

b) berufsständische Versorgungseinrichtungen,

c) einen Sozialversicherungsträger oder

d) einen Anbieter im Sinne des § 80.

²Vorsorgeaufwendungen nach Absatz 1 Nummer 2 Buchstabe b werden nur berücksichtigt, wenn

1. die Beiträge zugunsten eines Vertrags geleistet wurden, der nach § 5a des Altersvorsorgeverträge-Zertifizierungsgesetzes zertifiziert ist, wobei die Zertifizierung Grundlagenbescheid im Sinne des § 171 Absatz 10 der Abgabenordnung ist, und

2. der Steuerpflichtige gegenüber dem Anbieter in die Datenübermittlung nach Absatz 2a eingewilligt hat.

³Vorsorgeaufwendungen nach Absatz 1 Nummer 3 werden nur berücksichtigt, wenn der Steuerpflichtige gegenüber dem Versiche-

EStG – Gesetzestext § 10

rungsunternehmen, dem Träger der gesetzlichen Kranken- und Pflegeversicherung, der Künstlersozialkasse oder einer Einrichtung im Sinne des Satzes 1 Nummer 2 Buchstabe a Satz 2 in die Datenübermittlung nach Absatz 2a eingewilligt hat; die Einwilligung gilt für alle sich aus dem Versicherungsverhältnis ergebenden Zahlungsverpflichtungen als erteilt, wenn die Beiträge mit der elektronischen Lohnsteuerbescheinigung (§ 41b Absatz 1 Satz 2) oder der Rentenbezugsmitteilung (§ 22a Absatz 1 Satz 1 Nummer 5) übermittelt werden.

(2a) ¹Der Steuerpflichtige hat in die Datenübermittlung nach Absatz 2 gegenüber der übermittelnden Stelle schriftlich einzuwilligen, spätestens bis zum Ablauf des zweiten Kalenderjahres, das auf das Beitragsjahr (Kalenderjahr, in dem die Beiträge geleistet worden sind) folgt; übermittelnde Stelle ist bei Vorsorgeaufwendungen nach Absatz 1 Nummer 2 Buchstabe b der Anbieter, bei Vorsorgeaufwendungen nach Absatz 1 Nummer 3 das Versicherungsunternehmen, der Träger der gesetzlichen Kranken- und Pflegeversicherung, die Künstlersozialkasse oder eine Einrichtung im Sinne des Absatzes 2 Satz 1 Nummer 2 Buchstabe a Satz 2. ²Die Einwilligung gilt auch für die folgenden Beitragsjahre, es sei denn, der Steuerpflichtige widerruft diese schriftlich gegenüber der übermittelnden Stelle. ³Der Widerruf muss vor Beginn des Beitragsjahres, für das die Einwilligung erstmals nicht mehr gelten soll, der übermittelnden Stelle vorliegen. ⁴Die übermittelnde Stelle hat bei Vorliegen einer Einwilligung

1. nach Absatz 2 Satz 2 Nummer 2 die Höhe der im jeweiligen Beitragsjahr geleisteten Beiträge nach Absatz 1 Nummer 2 Buchstabe b und die Zertifizierungsnummer,

2. nach Absatz 2 Satz 3 die Höhe der im jeweiligen Beitragsjahr geleisteten und erstatteten Beiträge nach Absatz 1 Nummer 3, soweit diese nicht mit der elektronischen Lohnsteuerbescheinigung oder der Rentenbezugsmitteilung zu übermitteln sind,

unter Angabe der Vertrags- oder Versicherungsdaten, des Datums der Einwilligung und der Identifikationsnummer (§ 139b der Abgabenordnung) nach amtlich vorgeschriebenem Datensatz durch Datenfernübertragung an die zentrale Stelle (§ 81) bis zum 28. Februar des dem Beitragsjahr folgenden Kalenderjahres zu übermitteln; sind Versicherungsnehmer und versicherte Person nicht identisch, sind zusätzlich die Identifikationsnummer und das Geburtsdatum des Versicherungsnehmers anzugeben. ⁵§ 22a Absatz 2 gilt entsprechend. ⁶Wird die Einwilligung nach Ablauf des Beitragsjahres, jedoch innerhalb der in Satz 1 genannten Frist abgegeben, sind die Daten bis zum Ende des folgenden Kalendervierteljahres zu übermitteln. ⁷Stellt die übermittelnde Stelle fest, dass

1. die an die zentrale Stelle übermittelten Daten unzutreffend sind oder

2. der zentralen Stelle ein Datensatz übermittelt wurde, obwohl die Voraussetzungen hierfür nicht vorlagen,

ist dies unverzüglich durch Übermittlung eines Datensatzes an die zentrale Stelle zu korrigieren oder zu stornieren. ⁸Ein Steuerbescheid ist zu ändern, soweit

1. Daten nach den Sätzen 4, 6 oder Satz 7 vorliegen oder

2. eine Einwilligung in die Datenübermittlung nach Absatz 2 Satz 2 Nummer 2 oder nach Absatz 2 Satz 3 nicht vorliegt

und sich hierdurch eine Änderung der festgesetzten Steuer ergibt. ⁹Die übermittelnde Stelle hat den Steuerpflichtigen über die Höhe der nach den Sätzen 4, 6 oder Satz 7 übermittelten Beiträge für das Beitragsjahr zu unterrichten. ¹⁰§ 150 Absatz 6 der Abgabenordnung gilt entsprechend. ¹¹Das Bundeszentralamt für Steuern kann die bei Vorliegen einer Einwilligung nach Absatz 2 Satz 3 zu übermittelnden Daten prüfen; die §§ 193 bis 203 der Abgabenordnung sind sinngemäß anzuwenden. ¹²Wer vorsätzlich oder grob fahrlässig eine unzutreffende Höhe der Beiträge im Sinne des Absatzes 1 Nummer 3 übermittelt, haftet für die entgangene Steuer. ¹³Diese ist mit 30 Prozent des zu hoch ausgewiesenen Betrags anzusetzen.

(3) ¹Vorsorgeaufwendungen nach Absatz 1 Nummer 2 sind bis zu dem Höchstbetrag zur knappschaftlichen Rentenversicherung, aufgerundet auf einen vollen Betrag in Euro, zu berücksichtigen. ²Bei zusammenveranlagten Ehegatten verdoppelt sich der Höchstbetrag. ³Der Höchstbetrag nach Satz 1 oder 2 ist bei Steuerpflichtigen, die

1. Arbeitnehmer sind und die während des ganzen oder eines Teils des Kalenderjahres

   a) in der gesetzlichen Rentenversicherung versicherungsfrei oder auf Antrag des Arbeitgebers von der Versicherungspflicht befreit waren und denen für den Fall ihres Ausscheidens aus der Beschäftigung aufgrund des Beschäftigungsverhältnisses eine lebenslängliche Versorgung oder an deren Stelle eine Abfindung zusteht oder die in der gesetzlichen Rentenversicherung nachzuversichern sind oder

   b) nicht der gesetzlichen Rentenversicherungspflicht unterliegen, eine Berufstätigkeit ausgeübt und im Zusammenhang damit aufgrund vertraglicher Vereinbarungen Anwartschaftsrechte auf eine Altersversorgung erworben haben, oder

2. Einkünfte im Sinne des § 22 Nummer 4 erzielen und die ganz oder teilweise ohne eigene Beitragsleistungen einen Anspruch auf Altersversorgung erwerben,

um den Betrag zu kürzen, der, bezogen auf die Einnahmen aus der Tätigkeit, die die Zugehörigkeit zum genannten Personenkreis begründen, dem Gesamtbeitrag (Arbeitgeber- und Arbeitnehmeranteil) zur allgemeinen Rentenversicherung entspricht. ⁴Im Kalenderjahr 2013 sind 76 Prozent der nach den Sätzen 1 bis 3 ermittelten Vorsorgeaufwendungen anzusetzen. ⁵Der sich danach ergebende Betrag, vermindert um den nach § 3 Nummer 62 steuerfreien Arbeitgeberanteil zur gesetzlichen Rentenversicherung und einen diesem gleichgestellten steuerfreien Zuschuss des Arbeitgebers, ist als Sonderausgabe abziehbar. ⁶Der Prozentsatz in Satz 4 erhöht sich in den folgenden Kalenderjahren bis zum Kalenderjahr 2025 um je 2 Prozentpunkte je Kalenderjahr. ⁷Beiträge nach § 168 Absatz 1 Nummer 1b oder 1c oder nach § 172 Absatz 3 oder 3a des Sechsten Buches Sozialgesetzbuch vermindern den abziehbaren Betrag nach Satz 5 nur, wenn der Steuerpflichtige die Hinzurechnung dieser Beiträge zu den Vorsorgeaufwendungen nach Absatz 1 Nummer 2 Satz 7 beantragt hat.

(4) ¹Vorsorgeaufwendungen im Sinne des Absatzes 1 Nummer 3 und 3a können je Kalenderjahr insgesamt bis 2 800 Euro abgezogen werden. ²Der Höchstbetrag beträgt 1 900 Euro bei Steuerpflichtigen, die ganz oder teilweise ohne eigene Aufwendungen einen Anspruch auf vollständige oder teilweise Erstattung oder Übernahme von Krankheitskosten haben oder für deren Krankenversicherung Leistungen im Sinne des § 3 Nummer 9, 14, 57 oder 62 erbracht werden. ³Bei zusammen veranlagten Ehegatten bestimmt sich der gemeinsame Höchstbetrag aus der Summe der jedem Ehegatten unter den Voraussetzungen von Satz 1 und 2 zustehenden Höchstbeträge. ⁴Übersteigen die Vorsorgeaufwendungen im Sinne des Absatzes 1 Nummer 3 die nach den Sätzen 1 bis 3 zu berücksichtigenden Vorsorgeaufwendungen, sind diese abzuziehen und ein Abzug von Vorsorgeaufwendungen im Sinne des Absatzes 1 Nummer 3a scheidet aus.

(4a) ¹Ist in den Kalenderjahren 2013 bis 2019 der Abzug der Vorsorgeaufwendungen nach Absatz 1 Nummer 2 Buchstabe a, Absatz 1 Nummer 3 und 3a in der für das Kalenderjahr 2004 geltenden Fassung des § 10 Absatz 3 mit folgenden Höchstbeträgen für den Vorwegabzug

Kalenderjahr	Vorwegabzug für den Steuerpflichtigen	Vorwegabzug im Falle der Zusammenveranlagung von Ehegatten
2013	2 100	4 200
2014	1 800	3 600
2015	1 500	3 000
2016	1 200	2 400
2017	900	1 800
2018	600	1 200
2019	300	600

zuzüglich des Erhöhungsbetrags nach Satz 3 günstiger, ist der sich danach ergebende Betrag anstelle des Abzugs nach Absatz 3 und 4 anzusetzen. ²Mindestens ist bei Anwendung des Satzes 1 der Betrag anzusetzen, der sich ergeben würde, wenn zusätzlich noch die Vorsorgeaufwendungen nach Absatz 1 Nummer 2 Buchstabe b in die Günstigerprüfung einbezogen werden würden; der

Erhöhungsbetrag nach Satz 3 ist nicht hinzuzurechnen. ³Erhöhungsbetrag sind die Beiträge nach Absatz 1 Nummer 2 Buchstabe b, soweit sie nicht den um die Beiträge nach Absatz 1 Nummer 2 Buchstabe a und den nach § 3 Nummer 62 steuerfreien Arbeitgeberanteil zur gesetzlichen Rentenversicherung und einen diesem gleichgestellten steuerfreien Zuschuss verminderten Höchstbetrag nach Absatz 3 Satz 1 bis 3 überschreiten; Absatz 3 Satz 4 und 6 gilt entsprechend.

(4b) ¹Erhält der Steuerpflichtige für die von ihm für einen anderen Veranlagungszeitraum geleisteten Aufwendungen im Sinne des Satzes 2 einen steuerfreien Zuschuss, ist dieser den erstatteten Aufwendungen gleichzustellen. ²Übersteigen bei den Sonderausgaben nach Absatz 1 Nummer 2 bis 3a die im Veranlagungszeitraum erstatteten Aufwendungen die geleisteten Aufwendungen (Erstattungsüberhang), ist der Erstattungsüberhang mit anderen im Rahmen der jeweiligen Nummer anzusetzenden Aufwendungen zu verrechnen. ³Ein verbleibender Betrag des sich bei den Aufwendungen nach Absatz 1 Nummer 3 und 4 ergebenden Erstattungsüberhangs ist dem Gesamtbetrag der Einkünfte hinzuzurechnen. ⁴Behörden im Sinne des § 6 Absatz 1 der Abgabenordnung und andere öffentliche Stellen, die einem Steuerpflichtigen für die von ihm geleisteten Beiträge im Sinne des Absatzes 1 Nummer 2, 3 und 3a steuerfreie Zuschüsse gewähren oder Vorsorgeaufwendungen im Sinne dieser Vorschrift erstatten (übermittelnde Stelle), haben der zentralen Stelle jährlich die zur Gewährung und Prüfung des Sonderausgabenabzugs nach § 10 erforderlichen Daten nach amtlich vorgeschriebenem Datensatz durch Datenfernübertragung zu übermitteln. ⁵Ein Steuerbescheid ist zu ändern, soweit Daten nach Satz 4 vorliegen und sich hier durch oder durch eine Korrektur oder Stornierung der entsprechenden Daten eine Änderung der festgesetzten Steuer ergibt. ⁶§ 22a Absatz 2 sowie § 150 Absatz 6 der Abgabenordnung gelten entsprechend.*)

(5) Durch Rechtsverordnung wird bezogen auf den Versicherungstarif bestimmt, wie der nicht abziehbare Teil der Beiträge zum Erwerb eines Krankenversicherungsschutzes im Sinne des Absatzes 1 Nummer 3 Buchstabe a Satz 3 durch einheitliche prozentuale Abschläge auf die zugunsten des jeweiligen Tarifs gezahlte Prämie zu ermitteln ist, soweit der nicht abziehbare Beitragsteil nicht bereits als gesonderter Tarif oder Tarifbaustein ausgewiesen wird.

(6) ¹Absatz 1 Nummer 2 Buchstabe b Doppelbuchstabe aa ist für Vertragsabschlüsse vor dem 1. Januar 2012 mit der Maßgabe anzuwenden, dass der Vertrag die Zahlung der Leibrente nicht vor der Vollendung des 60. Lebensjahres vorsehen darf. ²Für Verträge im Sinne des Absatzes 1 Nummer 2 Buchstabe b, die vor dem 1. Januar 2011 abgeschlossen wurden, und bei Kranken- und Pflegeversicherungen im Sinne des Absatzes 1 Nummer 3, bei denen das Versicherungsverhältnis vor dem 1. Januar 2011 bestanden hat, ist Absatz 2 Satz 2 Nummer 2 und Satz 3 mit der Maßgabe anzuwenden, dass die erforderliche Einwilligung zur Datenübermittlung als erteilt gilt, wenn

1. die übermittelnde Stelle den Steuerpflichtigen schriftlich darüber informiert, dass sie
   a) von einer Einwilligung ausgeht und
   b) die Daten an die zentrale Stelle übermittelt und
2. der Steuerpflichtige dem nicht innerhalb einer Frist von vier Wochen nach Erhalt der Information nach Nummer 1 schriftlich widerspricht.

§ 10a
Zusätzliche Altersvorsorge

(1) ¹In der inländischen gesetzlichen Rentenversicherung Pflichtversicherte können Altersvorsorgebeiträge (§ 82) zuzüglich der dafür nach Abschnitt XI zustehenden Zulage jährlich bis zu 2 100 Euro als Sonderausgaben abziehen; das Gleiche gilt für

1. Empfänger von inländischer Besoldung nach dem Bundesbesoldungsgesetz oder einem Landesbesoldungsgesetz,
2. Empfänger von Amtsbezügen aus einem inländischen Amtsverhältnis, deren Versorgungsrecht die entsprechende Anwendung des § 69e Absatz 3 und 4 des Beamtenversorgungsgesetzes vorsieht,
3. die nach § 5 Absatz 1 Satz 1 Nummer 2 und 3 des Sechsten Buches Sozialgesetzbuch versicherungsfrei Beschäftigten, die nach § 6 Absatz 1 Satz 1 Nummer 2 oder nach § 230 Absatz 2 Satz 2 des Sechsten Buches Sozialgesetzbuch von der Versicherungspflicht befreiten Beschäftigten, deren Versorgungsrecht die entsprechende Anwendung des § 69e Absatz 3 und 4 des Beamtenversorgungsgesetzes vorsieht,
4. Beamte, Richter, Berufssoldaten und Soldaten auf Zeit, die ohne Besoldung beurlaubt sind, für die Zeit einer Beschäftigung, wenn während der Beurlaubung die Gewährleistung einer Versorgungsanwartschaft unter den Voraussetzungen des § 5 Absatz 1 Satz 1 des Sechsten Buches Sozialgesetzbuch auf diese Beschäftigung erstreckt wird und
5. Steuerpflichtige im Sinne der Nummern 1 bis 4, die beurlaubt sind und deshalb keine Besoldung, Amtsbezüge oder Entgelt erhalten, sofern sie eine Anrechnung von Kindererziehungszeiten nach § 56 des Sechsten Buches Sozialgesetzbuch in Anspruch nehmen könnten, wenn die Versicherungsfreiheit in der inländischen gesetzlichen Rentenversicherung nicht bestehen würde,

wenn sie spätestens bis zum Ablauf des zweiten Kalenderjahres, das auf das Beitragsjahr (§ 88) folgt, gegenüber der zuständigen Stelle (§ 81a) schriftlich eingewilligt haben, dass diese der zentralen Stelle (§ 81) jährlich mitteilt, dass der Steuerpflichtige zum begünstigten Personenkreis gehört, dass die zuständige Stelle der zentralen Stelle die für die Ermittlung des Mindesteigenbeitrags (§ 86) und die Gewährung der Kinderzulage (§ 85) erforderlichen Daten übermittelt und die zentrale Stelle diese Daten für das Zulageverfahren verwenden darf. ²Bei der Erteilung der Einwilligung ist der Steuerpflichtige darauf hinzuweisen, dass er die Einwilligung vor Beginn des Kalenderjahres, für das sie erstmals nicht mehr gelten soll, gegenüber der zuständigen Stelle widerrufen kann. ³Versicherungspflichtige nach dem Gesetz über die Alterssicherung der Landwirte stehen Pflichtversicherten gleich; dies gilt auch für Personen, die

1. eine Anrechnungszeit nach § 58 Absatz 1 Nummer 3 oder Nummer 6 des Sechsten Buches Sozialgesetzbuch in der gesetzlichen Rentenversicherung erhalten und
2. unmittelbar vor einer Anrechnungszeit nach § 58 Absatz 1 Nummer 3 oder Nummer 6 des Sechsten Buches Sozialgesetzbuch einer der im ersten Halbsatz, in Satz 1 oder in Satz 4 genannten begünstigten Personengruppen angehörten.

⁴Die Sätze 1 und 2 gelten entsprechend für Steuerpflichtige, die nicht zum begünstigten Personenkreis nach Satz 1 oder 3 gehören und eine Rente wegen voller Erwerbsminderung oder Erwerbsunfähigkeit oder eine Versorgung wegen Dienstunfähigkeit aus einem der in Satz 1 oder 3 genannten Alterssicherungssysteme beziehen, wenn unmittelbar vor dem Bezug der entsprechenden Leistungen der Leistungsbezieher einer der in Satz 1 oder 3 genannten begünstigten Personengruppen angehörte; dies gilt nicht, wenn der Steuerpflichtige das 67. Lebensjahr vollendet hat. ⁵Bei der Ermittlung der dem Steuerpflichtigen zustehenden Zulage nach Satz 1 bleibt die Erhöhung der Grundzulage nach § 84 Satz 2 außer Betracht.

(1a) ¹Sofern eine Zulagennummer (§ 90 Absatz 1 Satz 2) durch die zentrale Stelle oder eine Versicherungsnummer nach § 147 des Sechsten Buches Sozialgesetzbuch noch nicht vergeben ist, haben die in Absatz 1 Satz 1 Nummer 1 bis 5 genannten Steuerpflichtigen über die zuständige Stelle eine Zulagenummer bei der zentralen Stelle zu beantragen. ²Für Empfänger einer Versorgung im Sinne des Absatzes 1 Satz 4 gilt Satz 1 entsprechend.

(2) ¹Ist der Sonderausgabenabzug nach Absatz 1 für den Steuerpflichtigen günstiger als der Anspruch auf die Zulage nach Abschnitt XI, erhöht sich die unter Berücksichtigung des Sonderausgabenabzugs ermittelte tarifliche Einkommensteuer um den Anspruch auf Zulage. ²In den anderen Fällen scheidet der Sonderausgabenabzug aus. ³Die Günstigerprüfung wird von Amts wegen vorgenommen.

(2a) ¹Der Sonderausgabenabzug setzt voraus, dass der Steuerpflichtige gegenüber dem Anbieter (übermittelnde Stelle) in die Datenübermittlung nach Absatz 5 Satz 1 eingewilligt hat. ²§ 10 Absatz 2a Satz 1 bis Satz 3 gilt entsprechend. ³In den Fällen des Absatzes 3 Satz 2 und 5 ist die Einwilligung nach Satz 1 von beiden

---

*) Anm. d. Verlages:
§ 10 Abs. 4b Sätze 4 bis 6 EStG sind erstmals für den Veranlagungszeitraum 2016 anzuwenden (§ 52 Abs. 18 Satz 4 EStG).

EStG – Gesetzestext § 10b

Ehegatten abzugeben. ⁴Hat der Zulageberechtigte den Anbieter nach § 89 Absatz 1a bevollmächtigt oder liegt dem Anbieter ein Zulageantrag nach § 89 Absatz 1 vor, gilt die Einwilligung nach Satz 1 für das jeweilige Beitragsjahr als erteilt.

(3) ¹Der Abzugsbetrag nach Absatz 1 steht im Fall der Veranlagung von Ehegatten nach § 26 Absatz 1 jedem Ehegatten unter den Voraussetzungen des Absatzes 1 gesondert zu. ²Gehört nur ein Ehegatte zu dem nach Absatz 1 begünstigten Personenkreis und ist der andere Ehegatte nach § 79 Satz 2 zulageberechtigt, sind bei dem nach Absatz 1 abzugsberechtigten Ehegatten die von beiden Ehegatten geleisteten Altersvorsorgebeiträge und die dafür zustehenden Zulagen bei der Anwendung der Absätze 1 und 2 zu berücksichtigen. ³Der Höchstbetrag nach Absatz 1 Satz 1 erhöht sich in den Fällen des Satzes 2 um 60 Euro. ⁴Dabei sind die von dem Ehegatten, der zu dem nach Absatz 1 begünstigten Personenkreis gehört, geleisteten Altersvorsorgebeiträge vorrangig zu berücksichtigen, jedoch mindestens 60 Euro der von dem anderen Ehegatten geleisteten Altersvorsorgebeiträge. ⁵Gehören beide Ehegatten zu dem nach Absatz 1 begünstigten Personenkreis und liegt ein Fall der Veranlagung nach § 26 Absatz 1 vor, ist bei der Günstigerprüfung nach Absatz 2 der Anspruch auf Zulage beider Ehegatten anzusetzen.

(4) ¹Im Fall des Absatzes 2 Satz 1 stellt das Finanzamt die über den Zulageanspruch nach Abschnitt XI hinausgehende Steuerermäßigung gesondert fest und teilt diese der zentralen Stelle (§ 81) mit; § 10d Absatz 4 Satz 3 bis 5 gilt entsprechend. ²Sind Altersvorsorgebeiträge zugunsten von mehreren Verträgen geleistet worden, erfolgt die Zurechnung im Verhältnis der nach Absatz 1 berücksichtigten Altersvorsorgebeiträge. ³Ehegatten ist der nach Satz 1 festzustellende Betrag auch im Falle der Zusammenveranlagung jeweils getrennt zuzurechnen; die Zurechnung erfolgt im Verhältnis der nach Absatz 1 berücksichtigten Altersvorsorgebeiträge. ⁴Werden Altersvorsorgebeiträge nach Absatz 3 Satz 2 berücksichtigt, die der nach § 79 Satz 2 zulageberechtigte Ehegatte zugunsten eines auf seinen Namen lautenden Vertrages geleistet hat, ist die hierauf entfallende Steuerermäßigung dem Vertrag zuzurechnen, zu dessen Gunsten die Altersvorsorgebeiträge geleistet wurden. ⁵Die Übermittlung an die zentrale Stelle erfolgt unter Angabe der Vertragsnummer und der Identifikationsnummer (§ 139b der Abgabenordnung) sowie der Zulage- oder Versicherungsnummer nach § 147 des Sechsten Buches Sozialgesetzbuch.

(5) ¹Die übermittelnde Stelle hat bei Vorliegen einer Einwilligung nach Absatz 2a die Höhe der im jeweiligen Beitragsjahr zu berücksichtigenden Altersvorsorgebeiträge unter Angabe der Vertragsdaten, des Datums der Einwilligung nach Absatz 2a, der Identifikationsnummer (§ 139b der Abgabenordnung) sowie der Zulage- oder Versicherungsnummer nach § 147 des Sechsten Buches Sozialgesetzbuch nach amtlich vorgeschriebenem Datensatz durch Datenfernübertragung an die zentrale Stelle bis zum 28. Februar des dem Beitragsjahr folgenden Kalenderjahres zu übermitteln. ²§ 10 Absatz 2a Satz 6 bis 8 und § 22a Absatz 2 gelten entsprechend. ³Die Übermittlung erfolgt auch dann, wenn im Fall der mittelbaren Zulageberechtigung keine Altersvorsorgebeiträge geleistet worden sind. ⁴Die übrigen Voraussetzungen für den Sonderausgabenabzug nach den Absätzen 1 bis 3 werden im Wege der Datenerhebung und des automatisierten Datenabgleichs nach § 91 überprüft. ⁵Erfolgt eine Datenübermittlung nach Satz 1 und wurde noch keine Zulagenummer (§ 90 Absatz 1 Satz 2) durch die zentrale Stelle oder keine Versicherungsnummer nach § 147 des Sechsten Buches Sozialgesetzbuch vergeben, gilt § 90 Absatz 1 Satz 2 und 3 entsprechend.

(6) ¹Für die Anwendung der Absätze 1 bis 5 stehen den in der inländischen gesetzlichen Rentenversicherung Pflichtversicherten nach Absatz 1 Satz 1 die Pflichtmitglieder in einem ausländischen gesetzlichen Alterssicherungssystem gleich, wenn diese Pflichtmitgliedschaft

1. mit einer Pflichtmitgliedschaft in einem inländischen Alterssicherungssystem nach Absatz 1 Satz 1 oder 3 vergleichbar ist und
2. vor dem 1. Januar 2010 begründet wurde.

²Für die Anwendung der Absätze 1 bis 5 stehen den Steuerpflichtigen nach Absatz 1 Satz 4 die Personen gleich,

1. die aus einem ausländischen gesetzlichen Alterssicherungssystem eine Leistung erhalten, die den in Absatz 1 Satz 4 genannten Leistungen vergleichbar ist,
2. die unmittelbar vor dem Bezug der entsprechenden Leistung nach Satz 1 oder Absatz 1 Satz 1 oder 3 begünstigt waren und
3. die noch nicht das 67. Lebensjahr vollendet haben.

³Als Altersvorsorgebeiträge (§ 82) sind bei den in Satz 1 oder 2 genannten Personen nur diejenigen Beiträge zu berücksichtigen, die vom Abzugsberechtigten zugunsten seines vor dem 1. Januar 2010 abgeschlossenen Vertrags geleistet wurden. ⁴Endet die unbeschränkte Steuerpflicht eines Zulageberechtigten im Sinne des Satzes 1 oder 2 durch Aufgabe des inländischen Wohnsitzes oder gewöhnlichen Aufenthalts und wird die Person nicht nach § 1 Absatz 3 als unbeschränkt einkommensteuerpflichtig behandelt, so gelten die §§ 93 und 94 entsprechend; § 95 Absatz 2 und 3 und § 99 Absatz 1 in der am 31. Dezember 2008 geltenden Fassung sind anzuwenden.

§ 10b
Steuerbegünstigte Zwecke

(1) ¹Zuwendungen (Spenden und Mitgliedsbeiträge) zur Förderung steuerbegünstigter Zwecke im Sinne der §§ 52 bis 54 der Abgabenordnung können insgesamt bis zu

1. 20 Prozent des Gesamtbetrags der Einkünfte oder
2. 4 Promille der Summe der gesamten Umsätze und der im Kalenderjahr aufgewendeten Löhne und Gehälter

als Sonderausgaben abgezogen werden. ²Voraussetzung für den Abzug ist, dass diese Zuwendungen

1. an eine juristische Person des öffentlichen Rechts oder an eine öffentliche Dienststelle, die in einem Mitgliedstaat der Europäischen Union oder in einem Staat belegen ist, auf den das Abkommen über den Europäischen Wirtschaftsraum (EWR-Abkommen) Anwendung findet, oder
2. an eine nach § 5 Absatz 1 Nummer 9 des Körperschaftsteuergesetzes steuerbefreite Körperschaft, Personenvereinigung oder Vermögensmasse oder
3. an eine Körperschaft, Personenvereinigung oder Vermögensmasse, die in einem Mitgliedstaat der Europäischen Union oder in einem Staat belegen ist, auf den das Abkommen über den Europäischen Wirtschaftsraum (EWR-Abkommen) Anwendung findet, und die nach § 5 Absatz 1 Nummer 9 des Körperschaftsteuergesetzes in Verbindung mit § 5 Absatz 2 Nummer 2 zweiter Halbsatz des Körperschaftsteuergesetzes steuerbefreit wäre, wenn sie inländische Einkünfte erzielen würde,

geleistet werden. ³Für nicht im Inland ansässige Zuwendungsempfänger nach Satz 2 ist weitere Voraussetzung, dass durch diese Staaten Amtshilfe und Unterstützung bei der Beitreibung geleistet werden. ⁴Amtshilfe ist der Auskunftsaustausch im Sinne oder entsprechend der Amtshilferichtlinie gemäß § 2 Absatz 2 des EU-Amtshilfegesetzes. ⁵Beitreibung ist die gegenseitige Unterstützung bei der Beitreibung von Forderungen im Sinne oder entsprechend der Beitreibungsrichtlinie einschließlich der in diesem Zusammenhang anzuwendenden Durchführungsbestimmungen in den für den jeweiligen Veranlagungszeitraum geltenden Fassungen oder, eines entsprechenden Nachfolgerechtsaktes. ⁶Werden die steuerbegünstigten Zwecke des Zuwendungsempfängers im Sinne von Satz 2 Nummer 1 nur im Ausland verwirklicht, ist für den Sonderausgabenabzug Voraussetzung, dass natürliche Personen, die ihren Wohnsitz oder ihren gewöhnlichen Aufenthalt im Geltungsbereich dieses Gesetzes haben, gefördert werden oder dass die Tätigkeit dieses Zuwendungsempfängers neben der Verwirklichung der steuerbegünstigten Zwecke auch zum Ansehen der Bundesrepublik Deutschland beitragen kann. ⁷Abziehbar sind auch Mitgliedsbeiträge an Körperschaften, die Kunst und Kultur gemäß § 52 Absatz 2 Satz 1 Nummer 5 der Abgabenordnung fördern, soweit es sich nicht um Mitgliedsbeiträge nach Satz 8 Nummer 2 handelt, auch wenn den Mitgliedern Vergünstigungen gewährt werden. ⁸Nicht abziehbar sind Mitgliedsbeiträge an Körperschaften, die

1. den Sport (§ 52 Absatz 2 Satz 1 Nummer 21 der Abgabenordnung),
2. kulturelle Betätigungen, die in erster Linie der Freizeitgestaltung dienen,

3. die Heimatpflege und Heimatkunde (§ 52 Absatz 2 Satz 1 Nummer 22 der Abgabenordnung) oder

4. Zwecke im Sinne des § 52 Absatz 2 Satz 1 Nummer 23 der Abgabenordnung

fördern. ⁹Abziehbare Zuwendungen, die die Höchstbeträge nach Satz 1 überschreiten oder die den um die Beträge nach § 10 Absatz 3 und 4, § 10c und § 10d verminderten Gesamtbetrag der Einkünfte übersteigen, sind im Rahmen der Höchstbeträge in den folgenden Veranlagungszeiträumen als Sonderausgaben abzuziehen. ¹⁰§ 10d Absatz 4 gilt entsprechend.

(1a) ¹Spenden zur Förderung steuerbegünstigter Zwecke im Sinne der §§ 52 bis 54 der Abgabenordnung in das zu erhaltende Vermögen (Vermögensstock) einer Stiftung, welche die Voraussetzungen des Absatzes 1 Satz 2 bis 6 erfüllt, können auf Antrag des Steuerpflichtigen im Veranlagungszeitraum der Zuwendung und in den folgenden neun Veranlagungszeiträumen bis zu einem Gesamtbetrag von 1 Million Euro, bei Ehegatten, die nach den §§ 26, 26b zusammen veranlagt werden, bis zu einem Gesamtbetrag von 2 Millionen Euro, zusätzlich zu den Höchstbeträgen nach Absatz 1 Satz 1 abgezogen werden. ²Nicht abzugsfähig nach Satz 1 sind Spenden in das verbrauchbare Vermögen einer Stiftung. ³Der besondere Abzugsbetrag nach Satz 1 bezieht sich auf den gesamten Zehnjahreszeitraum und kann der Höhe nach innerhalb dieses Zeitraums nur einmal in Anspruch genommen werden. ⁴§ 10d Absatz 4 gilt entsprechend.

(2) ¹Zuwendungen an politische Parteien im Sinne des § 2 des Parteiengesetzes sind bis zur Höhe von insgesamt 1 650 Euro und im Falle der Zusammenveranlagung von Ehegatten bis zur Höhe von insgesamt 3 300 Euro im Kalenderjahr abzugsfähig. ²Sie können nur insoweit als Sonderausgaben abgezogen werden, als für sie nicht eine Steuerermäßigung nach § 34g gewährt worden ist.

(3) ¹Als Zuwendung im Sinne dieser Vorschrift gilt auch die Zuwendung von Wirtschaftsgütern mit Ausnahme von Nutzungen und Leistungen. ²Ist das Wirtschaftsgut unmittelbar vor seiner Zuwendung einem Betriebsvermögen entnommen worden, so bemisst sich die Zuwendungshöhe nach dem Wert, der bei der Entnahme angesetzt wurde und nach der Umsatzsteuer, die auf die Entnahme entfällt. ³Ansonsten bestimmt sich die Höhe der Zuwendung nach dem gemeinen Wert des zugewendeten Wirtschaftsguts, wenn dessen Veräußerung im Zeitpunkt der Zuwendung keinen Besteuerungstatbestand erfüllen würde. ⁴In allen übrigen Fällen dürfen bei der Ermittlung der Zuwendungshöhe die fortgeführten Anschaffungs- oder Herstellungskosten nur überschritten werden, soweit eine Gewinnrealisierung stattgefunden hat. ⁵Aufwendungen zugunsten einer Körperschaft, die zum Empfang steuerlich abziehbarer Zuwendungen berechtigt ist, können nur abgezogen werden, wenn ein Anspruch auf die Erstattung der Aufwendungen durch Vertrag oder Satzung eingeräumt und auf die Erstattung verzichtet worden ist. ⁶Der Anspruch darf nicht unter der Bedingung des Verzichts eingeräumt worden sein.

(4) ¹Der Steuerpflichtige darf auf die Richtigkeit der Bestätigung über Spenden und Mitgliedsbeiträge vertrauen, es sei denn, dass er die Bestätigung durch unlautere Mittel oder falsche Angaben erwirkt hat oder dass ihm die Unrichtigkeit der Bestätigung bekannt oder infolge grober Fahrlässigkeit nicht bekannt war. ²Wer vorsätzlich oder grob fahrlässig eine unrichtige Bestätigung ausstellt oder veranlasst, dass Zuwendungen nicht zu den in der Bestätigung angegebenen steuerbegünstigten Zwecken verwendet werden, haftet für die entgangene Steuer. ³Diese ist mit 30 Prozent des zugewendeten Betrags anzusetzen. ⁴In den Fällen des Satzes 2 zweite Alternative (Veranlasserhaftung) ist vorrangig der Zuwendungsempfänger in Anspruch zu nehmen; die in diesen Fällen für den Zuwendungsempfänger handelnden natürlichen Personen sind nur in Anspruch zu nehmen, wenn die entgangene Steuer nicht nach § 47 der Abgabenordnung erloschen ist und Vollstreckungsmaßnahmen gegen den Zuwendungsempfänger nicht erfolgreich sind. ⁵Die Festsetzungsfrist für Haftungsansprüche nach Satz 2 läuft nicht ab, solange die Festsetzungsfrist für von dem Empfänger der Zuwendung geschuldete Körperschaftsteuer für den Veranlagungszeitraum nicht abgelaufen ist, in dem die unrichtige Bestätigung ausgestellt worden ist oder veranlasst wurde, dass die Zuwendung nicht zu den in der Bestätigung angegebenen steuerbegünstigten Zwecken verwendet worden ist; § 191 Absatz 5 der Abgabenordnung ist nicht anzuwenden.

§ 10c
Sonderausgaben-Pauschbetrag

¹Für Sonderausgaben nach § 10 Absatz 1 Nummer 4, 5, 7 und 9 sowie Absatz 1a und nach § 10b wird ein Pauschbetrag von 36 Euro abgezogen (Sonderausgaben-Pauschbetrag), wenn der Steuerpflichtige nicht höhere Aufwendungen nachweist. ²Im Fall der Zusammenveranlagung von Ehegatten verdoppelt sich der Sonderausgaben-Pauschbetrag.

§ 10d
Verlustabzug

(1) ¹Negative Einkünfte, die bei der Ermittlung des Gesamtbetrags der Einkünfte nicht ausgeglichen werden, sind bis zu einem Betrag von 1 000 000 Euro, bei Ehegatten, die nach den §§ 26, 26b zusammen veranlagt werden, bis zu einem Betrag von 2 000 000 Euro vom Gesamtbetrag der Einkünfte des unmittelbar vorangegangenen Veranlagungszeitraums vorrangig vor Sonderausgaben, außergewöhnlichen Belastungen und sonstigen Abzugsbeträgen abzuziehen (Verlustrücktrag). ²Dabei wird der Gesamtbetrag der Einkünfte des unmittelbar vorangegangenen Veranlagungszeitraums um die Begünstigungsbeträge nach § 34a Absatz 3 Satz 1 gemindert. ³Ist für den unmittelbar vorangegangenen Veranlagungszeitraum bereits ein Steuerbescheid erlassen worden, so ist er insoweit zu ändern, als der Verlustrücktrag zu gewähren oder zu berichtigen ist. ⁴Das gilt auch dann, wenn der Steuerbescheid unanfechtbar geworden ist; die Festsetzungsfrist endet insoweit nicht, bevor die Festsetzungsfrist für den Veranlagungszeitraum abgelaufen ist, in dem die negativen Einkünfte nicht ausgeglichen werden. ⁵Auf Antrag des Steuerpflichtigen ist ganz oder teilweise von der Anwendung des Satzes 1 abzusehen. ⁶Im Antrag ist die Höhe des Verlustrücktrags anzugeben.

(2) ¹Nicht ausgeglichene negative Einkünfte, die nicht nach Absatz 1 abgezogen worden sind, sind in den folgenden Veranlagungszeiträumen bis zu einem Gesamtbetrag der Einkünfte von 1 Million Euro unbeschränkt, darüber hinaus bis zu 60 Prozent des 1 Million Euro übersteigenden Gesamtbetrags der Einkünfte vorrangig vor Sonderausgaben, außergewöhnlichen Belastungen und sonstigen Abzugsbeträgen abzuziehen (Verlustvortrag). ²Bei Ehegatten, die nach §§ 26, 26b zusammen veranlagt werden, tritt an die Stelle des Betrags von 1 Million Euro ein Betrag von 2 Millionen Euro. ³Der Abzug ist nur insoweit zulässig, als die Verluste nicht nach Absatz 1 abgezogen worden sind und in den vorangegangenen Veranlagungszeiträumen nicht nach Satz 1 und 2 abgezogen werden konnten.

(3) – weggefallen –

(4) ¹Der am Schluss eines Veranlagungszeitraums verbleibende Verlustvortrag ist gesondert festzustellen. ²Verbleibender Verlustvortrag sind die bei der Ermittlung des Gesamtbetrags der Einkünfte nicht ausgeglichenen negativen Einkünfte, vermindert um die nach Absatz 1 abgezogenen und die nach Absatz 2 abziehbaren Beträge und vermehrt um den auf den Schluss des vorangegangenen Veranlagungszeitraums festgestellten verbleibenden Verlustvortrag. ³Zuständig für die Feststellung ist das für die Besteuerung zuständige Finanzamt. ⁴Bei der Feststellung des verbleibenden Verlustvortrags sind die Besteuerungsgrundlagen so zu berücksichtigen, wie sie den Steuerfestsetzungen des Veranlagungszeitraums, auf dessen Schluss der verbleibende Verlustvortrag festgestellt wird, und des Veranlagungszeitraums, in dem ein Verlustrücktrag vorgenommen werden kann, zu Grunde gelegt worden sind; § 171 Absatz 10, § 175 Absatz 1 Satz 1 Nummer 1 und § 351 Absatz 2 der Abgabenordnung sowie § 42 der Finanzgerichtsordnung gelten entsprechend. ⁵Die Besteuerungsgrundlagen dürfen bei der Feststellung nur insoweit abweichend von Satz 4 berücksichtigt werden, wie die Aufhebung, Änderung oder Berichtigung der Steuerbescheide ausschließlich mangels Auswirkung auf die Höhe der festzusetzenden Steuer unterbleibt. ⁶Die Feststellungsfrist endet nicht, bevor die Festsetzungsfrist für den Veranlagungszeitraum abgelaufen ist, auf dessen Schluss der verbleibende Verlustvortrag gesondert festzustellen ist; § 181 Absatz 5 der Abgabenordnung ist nur anzuwenden, wenn die zuständige Finanzbehörde die Feststellung des Verlustvortrags pflichtwidrig unterlassen hat.

§ 10e
Steuerbegünstigung der zu eigenen Wohnzwecken genutzten Wohnung im eigenen Haus

(1) ¹Der Steuerpflichtige kann von den Herstellungskosten einer Wohnung in einem im Inland belegenen eigenen Haus oder einer im Inland belegenen eigenen Eigentumswohnung zuzüglich der Hälfte der Anschaffungskosten für den dazugehörenden Grund und Boden (Bemessungsgrundlage) im Jahr der Fertigstellung und in den drei folgenden Jahren jeweils bis zu 6 Prozent, höchstens jeweils 10 124 Euro, und in den vier darauf folgenden Jahren jeweils bis zu 5 Prozent, höchstens jeweils 8 437 Euro, wie Sonderausgaben abziehen. ²Voraussetzung ist, dass der Steuerpflichtige die Wohnung hergestellt und in dem jeweiligen Jahr des Zeitraums nach Satz 1 (Abzugszeitraum) zu eigenen Wohnzwecken genutzt hat und die Wohnung keine Ferienwohnung oder Wochenendwohnung ist. ³Eine Nutzung zu eigenen Wohnzwecken liegt auch vor, wenn Teile einer zu eigenen Wohnzwecken genutzten Wohnung unentgeltlich zu Wohnzwecken überlassen werden. ⁴Hat der Steuerpflichtige die Wohnung angeschafft, so sind die Sätze 1 bis 3 mit der Maßgabe anzuwenden, dass an die Stelle des Jahres der Fertigstellung das Jahr der Anschaffung und an die Stelle der Herstellungskosten die Anschaffungskosten treten; hat der Steuerpflichtige die Wohnung nicht bis zum Ende des zweiten auf das Jahr der Fertigstellung folgenden Jahres angeschafft, kann er von der Bemessungsgrundlage im Jahr der Anschaffung und in den drei folgenden Jahren höchstens jeweils 4 602 Euro und in den vier darauf folgenden Jahren höchstens jeweils 3 835 Euro abziehen. ⁵§ 6b Absatz 6 gilt sinngemäß. ⁶Bei einem Anteil an der zu eigenen Wohnzwecken genutzten Wohnung kann der Steuerpflichtige den entsprechenden Teil der Abzugsbeträge nach Satz 1 wie Sonderausgaben abziehen. ⁷Werden Teile der Wohnung nicht zu eigenen Wohnzwecken genutzt, ist die Bemessungsgrundlage um den auf den nicht zu eigenen Wohnzwecken entfallenden Teil zu kürzen. ⁸Satz 4 ist nicht anzuwenden, wenn der Steuerpflichtige die Wohnung oder einen Anteil daran von seinem Ehegatten anschafft und bei den Ehegatten die Voraussetzungen des § 26 Absatz 1 vorliegen.

(2) Absatz 1 gilt entsprechend für Herstellungskosten zu eigenen Wohnzwecken genutzter Ausbauten und Erweiterungen an einer im Inland belegenen, zu eigenen Wohnzwecken genutzten Wohnung.

(3) ¹Der Steuerpflichtige kann die Abzugsbeträge nach den Absätzen 1 und 2, die er in einem Jahr des Abzugszeitraums nicht ausgenutzt hat, bis zum Ende des Abzugszeitraums abziehen. ²Nachträgliche Herstellungskosten oder Anschaffungskosten, die bis zum Ende des Abzugszeitraums entstehen, können vom Jahr ihrer Entstehung an für die Veranlagungszeiträume, in denen der Steuerpflichtige Abzugsbeträge nach den Absätzen 1 und 2 hätte abziehen können, so behandelt werden, als wären sie zu Beginn des Abzugszeitraums entstanden.

(4) ¹Die Abzugsbeträge nach den Absätzen 1 und 2 kann der Steuerpflichtige nur für eine Wohnung oder für einen Ausbau oder eine Erweiterung abziehen. ²Ehegatten, bei denen die Voraussetzungen des § 26 Absatz 1 vorliegen, können die Abzugsbeträge nach den Absätzen 1 und 2 für insgesamt zwei der in Satz 1 bezeichneten Objekte abziehen, jedoch nicht gleichzeitig für zwei in räumlichem Zusammenhang belegene Objekte, wenn bei den Ehegatten im Zeitpunkt der Herstellung oder Anschaffung der Objekte die Voraussetzungen des § 26 Absatz 1 vorliegen. ³Den Abzugsbeträgen stehen die erhöhten Absetzungen nach § 7b in der jeweiligen Fassung ab Inkrafttreten des Gesetzes vom 16. Juni 1964 (BGBl. I S. 353) und nach § 15 Absatz 1 bis 4 des Berlinförderungsgesetzes in der jeweiligen Fassung ab Inkrafttreten des Gesetzes vom 11. Juli 1977 (BGBl. I S. 1213) gleich. ⁴Nutzt der Steuerpflichtige die Wohnung im eigenen Haus oder die Eigentumswohnung (Erstobjekt) nicht bis zum Ablauf des Abzugszeitraums zu eigenen Wohnzwecken und kann er deshalb die Abzugsbeträge nach den Absätzen 1 und 2 nicht mehr in Anspruch nehmen, so kann er die Abzugsbeträge nach Absatz 1 bei einer weiteren Wohnung im Sinne des Absatzes 1 Satz 1 (Folgeobjekt) in Anspruch nehmen, wenn er das Folgeobjekt innerhalb von zwei Jahren vor und drei Jahren nach Ablauf des Veranlagungszeitraums, in dem das Erstobjekt letztmals zu eigenen Wohnzwecken genutzt hat, anschafft oder herstellt; Entsprechendes gilt bei einem Ausbau oder einer Erweiterung einer Wohnung. ⁵Im Fall des Satzes 4 ist der Abzugszeitraum für das Folgeobjekt um die Anzahl der Veranlagungszeiträume zu kürzen, in denen der Steuerpflichtige für das Erstobjekt die Abzugsbeträge nach den Absätzen 1 und 2 hätte abziehen können; hat der Steuerpflichtige das Folgeobjekt in einem Veranlagungszeitraum, in dem er das Erstobjekt noch zu eigenen Wohnzwecken genutzt hat, hergestellt oder angeschafft oder ausgebaut oder erweitert, so beginnt der Abzugszeitraum für das Folgeobjekt mit Ablauf des Veranlagungszeitraums, in dem der Steuerpflichtige das Erstobjekt letztmals zu eigenen Wohnzwecken genutzt hat. ⁶Für das Folgeobjekt sind die Prozentsätze der vom Erstobjekt verbliebenen Jahre maßgebend. ⁷Dem Erstobjekt im Sinne des Satzes 4 steht ein Erstobjekt im Sinne des § 7b Absatz 5 Satz 4 sowie des § 15 Absatz 1 und des § 15b Absatz 1 des Berlinförderungsgesetzes gleich. ⁸Ist für den Steuerpflichtigen Objektverbrauch nach den Sätzen 1 bis 3 eingetreten, kann er die Abzugsbeträge nach den Absätzen 1 und 2 für ein weiteres, in dem in Artikel 3 des Einigungsvertrages genannten Gebiet belegenes Objekt abziehen, wenn der Steuerpflichtige oder dessen Ehegatte, bei denen die Voraussetzungen des § 26 Absatz 1 vorliegen, in dem in Artikel 3 des Einigungsvertrages genannten Gebiet zugezogen ist und

1. seinen ausschließlichen Wohnsitz in diesem Gebiet zu Beginn des Veranlagungszeitraums hat oder ihn im Laufe des Veranlagungszeitraums begründet oder

2. bei mehrfachem Wohnsitz einen Wohnsitz in diesem Gebiet hat und sich dort überwiegend aufhält.

⁹Voraussetzung für die Anwendung des Satzes 8 ist, dass die Wohnung im eigenen Haus oder die Eigentumswohnung vor dem 1. Januar 1995 hergestellt oder angeschafft oder der Ausbau oder die Erweiterung vor diesem Zeitpunkt fertig gestellt worden ist. ¹⁰Die Sätze 2 und 4 bis 6 sind für im Satz 8 bezeichnete Objekte sinngemäß anzuwenden.

(5) ¹Sind mehrere Steuerpflichtige Eigentümer einer zu eigenen Wohnzwecken genutzten Wohnung, so ist Absatz 4 mit der Maßgabe anzuwenden, dass der Anteil des Steuerpflichtigen an der Wohnung einer Wohnung gleichsteht; Entsprechendes gilt bei dem Ausbau oder bei der Erweiterung einer zu eigenen Wohnzwecken genutzten Wohnung. ²Satz 1 ist nicht anzuwenden, wenn Eigentümer der Wohnung der Steuerpflichtige und sein Ehegatte sind und bei den Ehegatten die Voraussetzungen des § 26 Absatz 1 vorliegen. ³Erwirbt im Fall des Satzes 2 ein Ehegatte infolge Erbfalls einen Miteigentumsanteil an der Wohnung hinzu, so kann er die auf diesen Anteil entfallenden Abzugsbeträge nach den Absätzen 1 und 2 weiter in der bisherigen Höhe abziehen; Entsprechendes gilt, wenn im Fall des Satzes 2 während des Abzugszeitraums die Voraussetzungen des § 26 Absatz 1 wegfallen und ein Ehegatte den Anteil des anderen Ehegatten an der Wohnung erwirbt.

(5a) ¹Die Abzugsbeträge nach den Absätzen 1 und 2 können nur für die Veranlagungszeiträume in Anspruch genommen werden, in denen der Gesamtbetrag der Einkünfte 61 355 Euro, bei nach § 26b zusammen veranlagten Ehegatten 122 710 Euro nicht übersteigt. ²Eine Nachholung von Abzugsbeträgen nach Absatz 3 Satz 1 ist nur für Veranlagungszeiträume möglich, in denen die in Satz 1 genannten Voraussetzungen vorgelegen haben; Entsprechendes gilt für nachträgliche Herstellungskosten oder Anschaffungskosten im Sinne des Absatzes 3 Satz 2.

(6) ¹Aufwendungen des Steuerpflichtigen, die bis zum Beginn der erstmaligen Nutzung einer Wohnung im Sinne des Absatzes 1 zu eigenen Wohnzwecken entstehen, unmittelbar mit der Herstellung oder Anschaffung des Gebäudes oder der Eigentumswohnung oder der Anschaffung des dazugehörenden Grund und Bodens zusammenhängen, nicht zu den Herstellungskosten oder Anschaffungskosten der Wohnung oder zu den Anschaffungskosten des Grund und Bodens gehören und die im Fall der Vermietung oder Verpachtung der Wohnung als Werbungskosten abgezogen werden könnten, können wie Sonderausgaben abgezogen werden. ²Wird eine Wohnung bis zum Beginn der erstmaligen Nutzung zu eigenen Wohnzwecken vermietet oder zu eigenen beruflichen oder eigenen betrieblichen Zwecken genutzt und sind die Aufwendungen Werbungskosten oder Betriebsausgaben, können sie nicht wie Sonderausgaben abgezogen werden. ³Aufwendungen nach Satz 1, die Erhaltungsaufwand sind und im Zusammenhang mit der Anschaffung des Gebäudes oder der Eigentumswohnung stehen, können insgesamt nur bis zu 15 Prozent der Anschaffungskosten des

Gebäudes oder der Eigentumswohnung, höchstens bis zu 15 Prozent von 76 694 Euro, abgezogen werden. ⁴Die Sätze 1 und 2 gelten entsprechend bei Ausbauten und Erweiterungen an einer zu Wohnzwecken genutzten Wohnung.

(6a) ¹Nimmt der Steuerpflichtige Abzugsbeträge für ein Objekt nach den Absätzen 1 oder 2 in Anspruch oder ist er aufgrund des Absatzes 5a zur Inanspruchnahme von Abzugsbeträgen für ein solches Objekt nicht berechtigt, so kann er die mit diesem Objekt in wirtschaftlichem Zusammenhang stehenden Schuldzinsen, die für die Zeit der Nutzung zu eigenen Wohnzwecken entstehen, im Jahr der Herstellung oder Anschaffung und in den beiden folgenden Kalenderjahren bis zur Höhe von jeweils 12 000 Deutsche Mark wie Sonderausgaben abziehen, wenn er das Objekt vor dem 1. Januar 1995 fertig gestellt oder vor diesem Zeitpunkt bis zum Ende des Jahres der Fertigstellung angeschafft hat. ²Soweit der Schuldzinsenabzug nach Satz 1 nicht in vollem Umfang im Jahr der Herstellung oder Anschaffung in Anspruch genommen werden kann, kann er in dem dritten auf das Jahr der Herstellung oder Anschaffung folgenden Kalenderjahr nachgeholt werden. ³Absatz 1 Satz 6 gilt sinngemäß.

(7) ¹Sind mehrere Steuerpflichtige Eigentümer einer zu eigenen Wohnzwecken genutzten Wohnung, so können die Abzugsbeträge nach den Absätzen 1 und 2 und die Aufwendungen nach den Absätzen 6 und 6a gesondert und einheitlich festgestellt werden. ²Die für die gesonderte Feststellung von Einkünften nach § 180 Absatz 1 Nummer 2 Buchstabe a der Abgabenordnung geltenden Vorschriften sind entsprechend anzuwenden.

§ 10f
Steuerbegünstigung für zu eigenen Wohnzwecken genutzte Baudenkmale und Gebäude in Sanierungsgebieten und städtebaulichen Entwicklungsbereichen

(1) ¹Der Steuerpflichtige kann Aufwendungen an einem eigenen Gebäude im Kalenderjahr des Abschlusses der Baumaßnahme und in den neun folgenden Kalenderjahren jeweils bis zu 9 Prozent wie Sonderausgaben abziehen, wenn die Voraussetzungen des § 7h oder des § 7i vorliegen. ²Dies gilt nur, soweit er das Gebäude in dem jeweiligen Kalenderjahr zu eigenen Wohnzwecken nutzt und die Aufwendungen nicht in die Bemessungsgrundlage nach § 10e oder dem Eigenheimzulagengesetz einbezogen hat. ³Für Zeiträume, für die der Steuerpflichtige erhöhte Absetzungen von Aufwendungen nach § 7h oder § 7i abgezogen hat, kann er für diese Aufwendungen keine Abzugsbeträge nach Satz 1 in Anspruch nehmen. ⁴Eine Nutzung zu eigenen Wohnzwecken liegt auch vor, wenn Teile einer zu eigenen Wohnzwecken genutzten Wohnung, unentgeltlich zu Wohnzwecken überlassen werden.

(2) ¹Der Steuerpflichtige kann Erhaltungsaufwand, der an einem eigenen Gebäude entsteht und nicht zu den Betriebsausgaben oder Werbungskosten gehört, im Kalenderjahr des Abschlusses der Maßnahme und in den neun folgenden Kalenderjahren jeweils bis zu 9 Prozent wie Sonderausgaben abziehen, wenn die Voraussetzungen des § 11a Absatz 1 in Verbindung mit § 7h Absatz 2 oder des § 11b Satz 1 oder 2 in Verbindung mit § 7i Absatz 1 Satz 2 und Absatz 2 vorliegen. ²Dies gilt nur, soweit der Steuerpflichtige das Gebäude in dem jeweiligen Kalenderjahr zu eigenen Wohnzwecken nutzt und diese Aufwendungen nicht nach § 10e Absatz 6 oder § 10i abgezogen hat. ³Soweit der Steuerpflichtige das Gebäude während des Verteilungszeitraums zur Einkunftserzielung nutzt, ist der noch nicht berücksichtigte Teil des Erhaltungsaufwands im Jahr des Übergangs zur Einkunftserzielung wie Sonderausgaben abzuziehen. ⁴Absatz 1 Satz 4 ist entsprechend anzuwenden.

(3) ¹Die Abzugsbeträge nach den Absätzen 1 und 2 kann der Steuerpflichtige nur bei einem Gebäude in Anspruch nehmen. ²Ehegatten, bei denen die Voraussetzungen des § 26 Absatz 1 vorliegen, können die Abzugsbeträge nach den Absätzen 1 und 2 bei insgesamt zwei Gebäuden abziehen. ³Gebäuden im Sinne der Absätze 1 und 2 stehen Gebäude gleich, für die Abzugsbeträge nach § 52 Absatz 21 Satz 6 in Verbindung mit § 51 Absatz 1 Nummer 2 Buchstabe x oder Buchstabe y des Einkommensteuergesetzes 1987 in der Fassung der Bekanntmachung vom 27. Februar 1987 (BGBl. I S. 657) in Anspruch genommen worden sind; Entsprechendes gilt für Abzugsbeträge nach § 52 Absatz 21 Satz 7.

(4) ¹Sind mehrere Steuerpflichtige Eigentümer eines Gebäudes, so ist Absatz 3 mit der Maßgabe anzuwenden, dass der Anteil des Steuerpflichtigen an einem solchen Gebäude dem Gebäude gleichsteht. ²Erwirbt ein Miteigentümer, der für seinen Anteil bereits Abzugsbeträge nach Absatz 1 oder Absatz 2 abgezogen hat, einen Anteil an demselben Gebäude hinzu, kann er für danach von ihm durchgeführte Maßnahmen im Sinne des Absatzes 1 oder 2 auch die Abzugsbeträge nach den Absätzen 1 und 2 in Anspruch nehmen, die auf den hinzuerworbenen Anteil entfallen. ³§ 10e Absatz 5 Satz 2 und 3 sowie Absatz 7 ist sinngemäß anzuwenden.

(5) Die Absätze 1 bis 4 sind auf Gebäudeteile, die selbständige unbewegliche Wirtschaftsgüter sind, und auf Eigentumswohnungen entsprechend anzuwenden.

§ 10g
Steuerbegünstigung für schutzwürdige Kulturgüter, die weder zur Einkunftserzielung noch zu eigenen Wohnzwecken genutzt werden

(1) ¹Der Steuerpflichtige kann Aufwendungen für Herstellungs- und Erhaltungsmaßnahmen an eigenen schutzwürdigen Kulturgütern im Inland, soweit sie öffentliche oder private Zuwendungen oder etwaige aus diesen Kulturgütern erzielte Einnahmen übersteigen, im Kalenderjahr des Abschlusses der Maßnahme und in den neun folgenden Kalenderjahren jeweils bis zu 9 Prozent wie Sonderausgaben abziehen. ²Kulturgüter im Sinne des Satzes 1 sind

1. Gebäude oder Gebäudeteile, die nach den jeweiligen landesrechtlichen Vorschriften ein Baudenkmal sind,
2. Gebäude oder Gebäudeteile, die für sich allein nicht die Voraussetzungen für ein Baudenkmal erfüllen, aber Teil einer nach den jeweiligen landesrechtlichen Vorschriften als Einheit geschützten Gebäudegruppe oder Gesamtanlage sind,
3. gärtnerische, bauliche und sonstige Anlagen, die keine Gebäude oder Gebäudeteile und nach den jeweiligen landesrechtlichen Vorschriften unter Schutz gestellt sind,
4. Mobiliar, Kunstgegenstände, Kunstsammlungen, wissenschaftliche Sammlungen, Bibliotheken oder Archive, die sich seit mindestens 20 Jahren im Besitz der Familie des Steuerpflichtigen befinden oder in das Verzeichnis national wertvollen Kulturgutes oder das Verzeichnis national wertvoller Archive eingetragen sind und deren Erhaltung wegen ihrer Bedeutung für Kunst, Geschichte oder Wissenschaft im öffentlichen Interesse liegt,

wenn sie in einem den Verhältnissen entsprechenden Umfang der wissenschaftlichen Forschung oder der Öffentlichkeit zugänglich gemacht werden, es sei denn, dem Zugang stehen zwingende Gründe des Denkmal- oder Archivschutzes entgegen. ³Die Maßnahmen müssen nach Maßgabe der geltenden Bestimmungen der Denkmal- und Archivpflege erforderlich und in Abstimmung mit der in Absatz 3 genannten Stelle durchgeführt worden sein; bei Aufwendungen für Herstellungs- und Erhaltungsmaßnahmen an Kulturgütern im Sinne des Satzes 2 Nummer 1 und 2 ist § 7i Absatz 1 Satz 1 bis 4 sinngemäß anzuwenden.

(2) ¹Die Abzugsbeträge nach Absatz 1 Satz 1 kann der Steuerpflichtige nur in Anspruch nehmen, soweit er die schutzwürdigen Kulturgüter im jeweiligen Kalenderjahr weder zur Erzielung von Einkünften im Sinne des § 2 noch Gebäude oder Gebäudeteile zu eigenen Wohnzwecken nutzt und die Aufwendungen nicht nach § 10e Absatz 6, § 10h Satz 3 oder § 10i abgezogen hat. ²Für Zeiträume, für die der Steuerpflichtige von Aufwendungen Absetzungen für Abnutzung, erhöhte Absetzungen, Sonderabschreibungen oder Beträge nach § 10e Absatz 1 bis 5, den §§ 10f, 10h, 15b des Berlinförderungsgesetzes oder § 7 des Fördergebietsgesetzes abgezogen hat, kann er für diese Aufwendungen keine Abzugsbeträge nach Absatz 1 Satz 1 in Anspruch nehmen; Entsprechendes gilt, wenn der Steuerpflichtige für Aufwendungen die Eigenheimzulage nach dem Eigenheimzulagengesetz in Anspruch genommen hat. ³Soweit die Kulturgüter während des Zeitraums nach Absatz 1 Satz 1 zur Einkunftserzielung genutzt werden, ist der noch nicht berücksichtigte Teil der Aufwendungen, die auf Erhaltungsarbeiten entfallen, im Jahr des Übergangs zur Einkunftserzielung wie Sonderausgaben abzuziehen.

(3) ¹Der Steuerpflichtige kann den Abzug vornehmen, wenn er durch eine Bescheinigung der nach Landesrecht zuständigen oder

von der Landesregierung bestimmten Stelle die Voraussetzungen des Absatzes 1 für das Kulturgut und für die Erforderlichkeit der Aufwendungen nachweist. ²Hat eine der für Denkmal- oder Archivpflege zuständigen Behörden ihm Zuschüsse gewährt, so hat die Bescheinigung auch deren Höhe zu enthalten; werden ihm solche Zuschüsse nach Ausstellung der Bescheinigung gewährt, so ist diese entsprechend zu ändern.

(4) ¹Die Absätze 1 bis 3 sind auf Gebäudeteile, die selbständige unbewegliche Wirtschaftsgüter sind, sowie auf Eigentumswohnungen und im Teileigentum stehende Räume entsprechend anzuwenden. ²§ 10e Absatz 7 gilt sinngemäß.

§ 10h
Steuerbegünstigung der unentgeltlich zu Wohnzwecken überlassenen Wohnung im eigenen Haus

¹Der Steuerpflichtige kann von den Aufwendungen, die ihm durch Baumaßnahmen zur Herstellung einer Wohnung entstanden sind, im Jahr der Fertigstellung und in den drei folgenden Jahren jeweils bis zu 6 Prozent, höchstens jeweils 10 124 Euro, und in den vier darauf folgenden Jahren jeweils bis zu 5 Prozent, höchstens jeweils 8 437 Euro, wie Sonderausgaben abziehen. ²Voraussetzung ist, dass

1. der Steuerpflichtige nach dem 30. September 1991 den Bauantrag gestellt oder mit der Herstellung begonnen hat,
2. die Baumaßnahmen an einem Gebäude im Inland durchgeführt worden sind, in dem der Steuerpflichtige im jeweiligen Jahr des Zeitraums nach Satz 1 eine eigene Wohnung zu eigenen Wohnzwecken nutzt,
3. die Wohnung keine Ferienwohnung oder Wochenendwohnung ist,
4. der Steuerpflichtige die Wohnung insgesamt im jeweiligen Jahr des Zeitraums nach Satz 1 voll unentgeltlich an einen Angehörigen im Sinne des § 15 Absatz 1 Nummer 3 und 4 der Abgabenordnung auf Dauer zu Wohnzwecken überlassen hat und
5. der Steuerpflichtige die Aufwendungen nicht in die Bemessungsgrundlage nach den §§ 10e, 10f Absatz 1, §§ 10g, 52 Absatz 21 Satz 6 oder nach § 7 des Fördergebietsgesetzes einbezogen hat.

³§ 10e Absatz 1 Satz 5 und 6, Absatz 3, 5a, 6 und 7 gilt sinngemäß.

§ 10i
Vorkostenabzug bei einer nach dem Eigenheimzulagengesetz begünstigten Wohnung

(1) ¹Der Steuerpflichtige kann nachstehende Vorkosten wie Sonderausgaben abziehen:

1. eine Pauschale von 1 790 Euro im Jahr der Fertigstellung oder Anschaffung, wenn er für die Wohnung im Jahr der Herstellung oder Anschaffung oder in einem der zwei folgenden Jahre eine Eigenheimzulage nach dem Eigenheimzulagengesetz in Anspruch nimmt, und
2. Erhaltungsaufwendungen bis zu 11 504 Euro, die
   a) bis zum Beginn der erstmaligen Nutzung einer Wohnung zu eigenen Wohnzwecken entstanden sind oder
   b) bis zum Ablauf des auf das Jahr der Anschaffung folgenden Kalenderjahres entstanden sind, wenn der Steuerpflichtige eine von ihm bisher als Mieter genutzte Wohnung anschafft.

²Die Erhaltungsaufwendungen nach Satz 1 Nummer 2 müssen unmittelbar mit der Herstellung oder Anschaffung des Gebäudes oder der Eigentumswohnung zusammenhängen, dürfen nicht zu den Herstellungskosten oder Anschaffungskosten der Wohnung oder zu den Anschaffungskosten des Grund und Bodens gehören und müssten im Fall der Vermietung und Verpachtung der Wohnung als Werbungskosten abgezogen werden können. ³Wird eine Wohnung bis zum Beginn der erstmaligen Nutzung zu eigenen Wohnzwecken vermietet oder zu eigenen beruflichen oder eigenen betrieblichen Zwecken genutzt und sind die Erhaltungsaufwendungen Werbungskosten oder Betriebsausgaben, können sie nicht wie Sonderausgaben abgezogen werden. ⁴Bei einem Anteil an der zu eigenen Wohnzwecken genutzten Wohnung kann der Steuerpflichtige den entsprechenden Teil der Abzugsbeträge nach Satz 1 wie Sonderausgaben abziehen. ⁵Die vorstehenden Sätze gelten entsprechend bei Ausbauten und Erweiterungen an einer zu eigenen Wohnzwecken genutzten Wohnung.

(2) ¹Sind mehrere Steuerpflichtige Eigentümer einer zu eigenen Wohnzwecken genutzten Wohnung, können die Aufwendungen nach Absatz 1 gesondert und einheitlich festgestellt werden. ²Die für die gesonderte Feststellung von Einkünften nach § 180 Absatz 1 Nummer 2 Buchstabe a der Abgabenordnung geltenden Vorschriften sind entsprechend anzuwenden.

6. Vereinnahmung und Verausgabung

§ 11

(1) ¹Einnahmen sind innerhalb des Kalenderjahres bezogen, in dem sie dem Steuerpflichtigen zugeflossen sind. ²Regelmäßig wiederkehrende Einnahmen, die dem Steuerpflichtigen kurze Zeit vor Beginn oder kurze Zeit nach Beendigung des Kalenderjahres, zu dem sie wirtschaftlich gehören, zugeflossen sind, gelten als in diesem Kalenderjahr bezogen. ³Der Steuerpflichtige kann Einnahmen, die auf einer Nutzungsüberlassung im Sinne des Absatzes 2 Satz 3 beruhen, insgesamt auf den Zeitraum gleichmäßig verteilen, für den die Vorauszahlung geleistet wird. ⁴Für Einnahmen aus nichtselbständiger Arbeit gilt § 38a Absatz 1 Satz 2 und 3 und § 40 Absatz 3 Satz 2. ⁵Die Vorschriften über die Gewinnermittlung (§ 4 Absatz 1, § 5) bleiben unberührt.

(2) ¹Ausgaben sind für das Kalenderjahr abzusetzen, in dem sie geleistet worden sind. ²Für regelmäßig wiederkehrende Ausgaben gilt Absatz 1 Satz 2 entsprechend. ³Werden Ausgaben für eine Nutzungsüberlassung von mehr als fünf Jahren im Voraus geleistet, sind sie insgesamt auf den Zeitraum gleichmäßig zu verteilen, für den die Vorauszahlung geleistet wird. ⁴Satz 3 ist auf ein Damnum oder Disagio nicht anzuwenden, soweit dieses marktüblich ist. ⁵§ 42 der Abgabenordnung bleibt unberührt. ⁶Die Vorschriften über die Gewinnermittlung (§ 4 Absatz 1, § 5) bleiben unberührt.

§ 11a
Sonderbehandlung von Erhaltungsaufwand bei Gebäuden in Sanierungsgebieten und städtebaulichen Entwicklungsbereichen

(1) ¹Der Steuerpflichtige kann durch Zuschüsse aus Sanierungs- oder Entwicklungsförderungsmitteln nicht gedeckten Erhaltungsaufwand für Maßnahmen im Sinne des § 177 des Baugesetzbuchs an einem im Inland belegenen Gebäude in einem förmlich festgelegten Sanierungsgebiet oder städtebaulichen Entwicklungsbereich auf zwei bis fünf Jahre gleichmäßig verteilen. ²Satz 1 ist entsprechend anzuwenden auf durch Zuschüsse aus Sanierungs- oder Entwicklungsförderungsmitteln nicht gedeckten Erhaltungsaufwand für Maßnahmen, die der Erhaltung, Erneuerung und funktionsgerechten Verwendung eines Gebäudes im Sinne des Satzes 1 dienen, das wegen seiner geschichtlichen, künstlerischen oder städtebaulichen Bedeutung erhalten bleiben soll, und zu deren Durchführung sich der Eigentümer neben bestimmten Modernisierungsmaßnahmen gegenüber der Gemeinde verpflichtet hat.

(2) ¹Wird das Gebäude während des Verteilungszeitraums veräußert, ist der noch nicht berücksichtigte Teil des Erhaltungsaufwands im Jahr der Veräußerung als Betriebsausgaben oder Werbungskosten abzusetzen. ²Das Gleiche gilt, wenn ein nicht zu einem Betriebsvermögen gehörendes Gebäude in ein Betriebsvermögen eingebracht oder wenn ein Gebäude aus dem Betriebsvermögen entnommen oder wenn ein Gebäude nicht mehr zur Einkunftserzielung genutzt wird.

(3) Steht das Gebäude im Eigentum mehrerer Personen, ist der in Absatz 1 bezeichnete Erhaltungsaufwand von allen Eigentümern auf den gleichen Zeitraum zu verteilen.

(4) § 7h Absatz 2 und 3 ist entsprechend anzuwenden.

§ 11b
Sonderbehandlung von Erhaltungsaufwand bei Baudenkmalen

¹Der Steuerpflichtige kann durch Zuschüsse aus öffentlichen Kassen nicht gedeckten Erhaltungsaufwand für ein im Inland belegenes Gebäude oder Gebäudeteil, das nach den jeweiligen landesrechtli-

chen Vorschriften ein Baudenkmal ist, auf zwei bis fünf Jahre gleichmäßig verteilen, soweit die Aufwendungen nach Art und Umfang zur Erhaltung des Gebäudes oder Gebäudeteils als Baudenkmal oder zu seiner sinnvollen Nutzung erforderlich und die Maßnahmen in Abstimmung mit der in § 7i Absatz 2 bezeichneten Stelle vorgenommen worden sind. ²Durch Zuschüsse aus öffentlichen Kassen nicht gedeckten Erhaltungsaufwand für ein im Inland belegenes Gebäude oder Gebäudeteil, das für sich allein nicht die Voraussetzungen für ein Baudenkmal erfüllt, aber Teil einer Gebäudegruppe oder Gesamtanlage ist, die nach den jeweiligen landesrechtlichen Vorschriften als Einheit geschützt ist, kann der Steuerpflichtige auf zwei bis fünf Jahre gleichmäßig verteilen, soweit die Aufwendungen nach Art und Umfang zur Erhaltung des schützenswerten äußeren Erscheinungsbildes der Gebäudegruppe oder Gesamtanlage erforderlich und die Maßnahmen in Abstimmung mit der in § 7i Absatz 2 bezeichneten Stelle vorgenommen worden sind. ³§ 7h Absatz 3 und § 7i Absatz 1 Satz 2 und Absatz 2 sowie § 11a Absatz 2 und 3 sind entsprechend anzuwenden.

7. Nicht abzugsfähige Ausgaben

§ 12

Soweit in § 10 Absatz 1 Nummer 2 bis 5, 7 und 9 sowie Absatz 1a Nummer 1, den §§ 10a, 10b und den §§ 33 bis 33b nichts anderes bestimmt ist, dürfen weder bei den einzelnen Einkunftsarten noch vom Gesamtbetrag der Einkünfte abgezogen werden

1. die für den Haushalt des Steuerpflichtigen und für den Unterhalt seiner Familienangehörigen aufgewendeten Beträge. ²Dazu gehören auch die Aufwendungen für die Lebensführung, die die wirtschaftliche oder gesellschaftliche Stellung des Steuerpflichtigen mit sich bringt, auch wenn sie zur Förderung des Berufs oder der Tätigkeit des Steuerpflichtigen erfolgen;
2. freiwillige Zuwendungen, Zuwendungen aufgrund einer freiwillig begründeten Rechtspflicht und Zuwendungen an eine gegenüber dem Steuerpflichtigen oder seinem Ehegatten gesetzlich unterhaltsberechtigte Person oder deren Ehegatten, auch wenn diese Zuwendungen auf einer besonderen Vereinbarung beruhen;
3. die Steuern vom Einkommen und sonstige Personensteuern sowie die Umsatzsteuer für Umsätze, die Entnahmen sind, und die Vorsteuerbeträge auf Aufwendungen, für die das Abzugsverbot der Nummer 1 oder des § 4 Absatz 5 Satz 1 Nummer 1 bis 5, 7 oder Absatz 7 gilt; das gilt auch für die auf diese Steuern entfallenden Nebenleistungen;
4. in einem Strafverfahren festgesetzte Geldstrafen, sonstige Rechtsfolgen vermögensrechtlicher Art, bei denen der Strafcharakter überwiegt, und Leistungen zur Erfüllung von Auflagen oder Weisungen, soweit die Auflagen oder Weisungen nicht lediglich der Wiedergutmachung des durch die Tat verursachten Schadens dienen;
5. – weggefallen –

8. Die einzelnen Einkunftsarten

a) Land- und Forstwirtschaft (§ 2 Absatz 1 Satz 1 Nummer 1)

§ 13
Einkünfte aus Land- und Forstwirtschaft

(1) Einkünfte aus Land- und Forstwirtschaft sind
1. Einkünfte aus dem Betrieb von Landwirtschaft, Forstwirtschaft, Weinbau, Gartenbau und aus allen Betrieben, die Pflanzen und Pflanzenteile mit Hilfe der Naturkräfte gewinnen. ²Zu diesen Einkünften gehören auch die Einkünfte aus der Tierzucht und Tierhaltung, wenn im Wirtschaftsjahr

für die ersten 20 Hektar	nicht mehr als 10 Vieheinheiten,
für die nächsten 10 Hektar	nicht mehr als 7 Vieheinheiten,
für die nächsten 20 Hektar	nicht mehr als 6 Vieheinheiten,
für die nächsten 50 Hektar	nicht mehr als 3 Vieheinheiten,
und für die weitere Fläche	nicht mehr als 1,5 Vieheinheiten

je Hektar der vom Inhaber des Betriebs regelmäßig landwirtschaftlich genutzten Flächen erzeugt oder gehalten werden. ³Die Tierbestände sind nach dem Futterbedarf in Vieheinheiten umzurechnen. ⁴§ 51 Absatz 2 bis 5 des Bewertungsgesetzes ist anzuwenden. ⁵Die Einkünfte aus Tierzucht und Tierhaltung einer Gesellschaft, bei der die Gesellschafter als Unternehmer (Mitunternehmer) anzusehen sind, gehören zu den Einkünften im Sinne des Satzes 1, wenn die Voraussetzungen des § 51a des Bewertungsgesetzes erfüllt sind und andere Einkünfte der Gesellschafter aus dieser Gesellschaft zu den Einkünften aus Land- und Forstwirtschaft gehören;
2. Einkünfte aus sonstiger land- und forstwirtschaftlicher Nutzung (§ 62 des Bewertungsgesetzes);
3. Einkünfte aus Jagd, wenn diese mit dem Betrieb einer Landwirtschaft oder einer Forstwirtschaft im Zusammenhang steht;
4. Einkünfte von Hauberg-, Wald-, Forst- und Laubgenossenschaften und ähnlichen Realgemeinden im Sinne des § 3 Absatz 2 des Körperschaftsteuergesetzes.

(2) Zu den Einkünften im Sinne des Absatzes 1 gehören auch
1. Einkünfte aus einem land- und forstwirtschaftlichen Nebenbetrieb. ²Als Nebenbetrieb gilt ein Betrieb, der dem land- und forstwirtschaftlichen Hauptbetrieb zu dienen bestimmt ist;
2. der Nutzungswert der Wohnung des Steuerpflichtigen, wenn die Wohnung die bei Betrieben gleicher Art übliche Größe nicht überschreitet und das Gebäude oder der Gebäudeteil nach den jeweiligen landesrechtlichen Vorschriften ein Baudenkmal ist;
3. die Produktionsaufgaberente nach dem Gesetz zur Förderung der Einstellung der landwirtschaftlichen Erwerbstätigkeit.

(3) ¹Die Einkünfte aus Land- und Forstwirtschaft werden bei der Ermittlung des Gesamtbetrags der Einkünfte nur berücksichtigt, soweit sie den Betrag von 900 Euro übersteigen. ²Satz 1 ist nur anzuwenden, wenn die Summe der Einkünfte 30 700 Euro nicht übersteigt. ³Im Fall der Zusammenveranlagung von Ehegatten verdoppeln sich die Beträge der Sätze 1 und 2.

(4) ¹Absatz 2 Nummer 2 findet nur Anwendung, sofern im Veranlagungszeitraum 1986 bei einem Steuerpflichtigen für die von ihm zu eigenen Wohnzwecken oder zu Wohnzwecken des Altenteilers genutzte Wohnung die Voraussetzungen für die Anwendung des § 13 Absatz 2 Nummer 2 des Einkommensteuergesetzes in der Fassung der Bekanntmachung vom 16. April 1997 (BGBl. I S. 821) vorlagen. ²Der Steuerpflichtige kann für einen Veranlagungszeitraum nach dem Veranlagungszeitraum 1998 unwiderruflich beantragen, dass Absatz 2 Nummer 2 ab diesem Veranlagungszeitraum nicht mehr angewendet wird. ³§ 52 Absatz 21 Satz 4 und 6 des Einkommensteuergesetzes in der Fassung der Bekanntmachung vom 16. April 1997 (BGBl. I S. 821) ist entsprechend anzuwenden. ⁴Im Fall des Satzes 2 gelten die Wohnung des Steuerpflichtigen und die Altenteilerwohnung sowie der dazugehörende Grund und Boden zu dem Zeitpunkt als entnommen, bis zu dem Absatz 2 Nummer 2 letztmals angewendet wird. ⁵Der Entnahmegewinn bleibt außer Ansatz. ⁶Werden
1. die Wohnung und der dazugehörende Grund und Boden entnommen oder veräußert, bevor sie nach Satz 4 als entnommen gelten, oder
2. eine vor dem 1. Januar 1987 einem Dritten entgeltlich zur Nutzung überlassene Wohnung und der dazugehörende Grund und Boden für eigene Wohnzwecke oder für Wohnzwecke eines Altenteilers entnommen,

bleibt der Entnahme- oder Veräußerungsgewinn ebenfalls außer Ansatz; Nummer 2 ist nur anzuwenden, soweit nicht Wohnungen vorhanden sind, die Wohnzwecken des Eigentümers des Betriebs oder Wohnzwecken eines Altenteilers dienen und die unter Satz 4 oder unter Nummer 1 fallen.

(5) Wird Grund und Boden dadurch entnommen, dass auf diesem Grund und Boden die Wohnung des Steuerpflichtigen oder eine Altenteilerwohnung errichtet wird, bleibt der Entnahmegewinn außer Ansatz; der Steuerpflichtige kann die Regelung nur für eine zu eigenen Wohnzwecken genutzte Wohnung und für eine Altenteilerwohnung in Anspruch nehmen.

(6) ¹Werden einzelne Wirtschaftsgüter eines land- und forstwirtschaftlichen Betriebs auf einen der gemeinschaftlichen Tierhaltung

EStG – Gesetzestext § 13a

dienenden Betrieb im Sinne des § 34 Absatz 6a des Bewertungsgesetzes einer Erwerbs- und Wirtschaftsgenossenschaft oder eines Vereins gegen Gewährung von Mitgliedsrechten übertragen, so ist die auf den dabei entstehenden Gewinn entfallende Einkommensteuer auf Antrag in jährlichen Teilbeträgen zu entrichten. ²Der einzelne Teilbetrag muss mindestens ein Fünftel dieser Steuer betragen.

(7) § 15 Absatz 1 Satz 1 Nummer 2, Absatz 1a, Absatz 2 Satz 2 und 3, §§ 15a und 15b sind entsprechend anzuwenden.

§ 13a
Ermittlung des Gewinns aus Land- und Forstwirtschaft nach Durchschnittssätzen

(1) ¹Der Gewinn eines Betriebs der Land- und Forstwirtschaft ist nach den Absätzen 3 bis 7 zu ermitteln, wenn

1. der Steuerpflichtige nicht auf Grund gesetzlicher Vorschriften verpflichtet ist, für den Betrieb Bücher zu führen und regelmäßig Abschlüsse zu machen und

2. in diesem Betrieb am 15. Mai innerhalb des Wirtschaftsjahres Flächen der landwirtschaftlichen Nutzung (§ 160 Absatz 2 Satz 1 Nummer 1 Buchstabe a des Bewertungsgesetzes) selbst bewirtschaftet werden und diese Flächen 20 Hektar ohne Sondernutzungen nicht überschreiten und

3. die Tierbestände insgesamt 50 Vieheinheiten (§ 13 Absatz 1 Nummer 1) nicht übersteigen und

4. die selbst bewirtschafteten Flächen der forstwirtschaftlichen Nutzung (§ 160 Absatz 2 Satz 1 Nummer 1 Buchstabe b des Bewertungsgesetzes) 50 Hektar nicht überschreiten und

5. die selbst bewirtschafteten Flächen der Sondernutzungen (Absatz 6) die in Anlage 1a Nummer 2 Spalte 2 genannten Grenzen nicht überschreiten.

²Satz 1 ist auch anzuwenden, wenn nur Sondernutzungen bewirtschaftet werden und die in Anlage 1a Nummer 2 Spalte 2 genannten Grenzen nicht überschritten werden. ³Die Sätze 1 und 2 gelten nicht, wenn der Betrieb im laufenden Wirtschaftsjahr im Ganzen zur Bewirtschaftung als Eigentümer, Miteigentümer, Nutzungsberechtigter oder durch Umwandlung übergegangen ist und der Gewinn bisher nach § 4 Absatz 1 oder 3 ermittelt wurde. ⁴Der Gewinn ist letztmalig für das Wirtschaftsjahr nach Durchschnittssätzen zu ermitteln, das nach Bekanntgabe der Mitteilung endet, durch die die Finanzbehörde auf den Beginn der Buchführungspflicht (§ 141 Absatz 2 der Abgabenordnung) oder auf den Wegfall einer anderen Voraussetzung des Satzes 1 hingewiesen hat. ⁵Der Gewinn ist erneut nach Durchschnittssätzen zu ermitteln, wenn die Voraussetzungen des Satzes 1 wieder vorliegen und ein Antrag nach Absatz 2 nicht gestellt wird.

(2) ¹Auf Antrag des Steuerpflichtigen ist für einen Betrieb im Sinne des Absatzes 1 der Gewinn für vier aufeinander folgende Wirtschaftsjahre nicht nach den Absätzen 3 bis 7 zu ermitteln. ²Wird der Gewinn eines dieser Wirtschaftsjahre durch den Steuerpflichtigen nicht nach § 4 Absatz 1 oder 3 ermittelt, ist der Gewinn für den gesamten Zeitraum von vier Wirtschaftsjahren nach den Absätzen 3 bis 7 zu ermitteln. ³Der Antrag ist bis zur Abgabe der Steuererklärung, jedoch spätestens zwölf Monate nach Ablauf des ersten Wirtschaftsjahres, auf das er sich bezieht, schriftlich zu stellen. ⁴Er kann innerhalb dieser Frist zurückgenommen werden.

(3) ¹Durchschnittssatzgewinn ist die Summe aus

1. dem Gewinn der landwirtschaftlichen Nutzung,
2. dem Gewinn der forstwirtschaftlichen Nutzung,
3. dem Gewinn der Sondernutzungen,
4. den Sondergewinnen,
5. den Einnahmen aus Vermietung und Verpachtung von Wirtschaftsgütern des land- und forstwirtschaftlichen Betriebsvermögens,
6. den Einnahmen aus Kapitalvermögen, soweit sie zu den Einkünften aus Land- und Forstwirtschaft gehören (§ 20 Absatz 8).

²Die Vorschriften von § 4 Absatz 4a, § 6 Absatz 2 und 2a sowie zum Investitionsabzugsbetrag und zu Sonderabschreibungen finden keine Anwendung. ³Bei abnutzbaren Wirtschaftsgütern des Anlagevermögens gilt die Absetzung für Abnutzung in gleichen Jahresbeträgen nach § 7 Absatz 1 Satz 1 bis 5 als in Anspruch genommen.

⁴Die Gewinnermittlung ist nach amtlich vorgeschriebenem Datensatz durch Datenfernübertragung spätestens mit der Steuererklärung zu übermitteln. ⁵Auf Antrag kann die Finanzbehörde zur Vermeidung unbilliger Härten auf eine elektronische Übermittlung verzichten; in diesem Fall ist der Steuererklärung eine Gewinnermittlung nach amtlich vorgeschriebenem Vordruck beizufügen. ⁶§ 150 Absatz 7 und 8 der Abgabenordnung gilt entsprechend.

(4) ¹Der Gewinn aus der landwirtschaftlichen Nutzung ist die nach den Grundsätzen des § 4 Absatz 1 ermittelte Summe aus dem Grundbetrag für die selbst bewirtschafteten Flächen und den Zuschlägen für Tierzucht und Tierhaltung. ²Als Grundbetrag je Hektar der landwirtschaftlichen Nutzung (§ 160 Absatz 2 Satz 1 Nummer 1 Buchstabe a des Bewertungsgesetzes) ist der sich aus Anlage 1a ergebende Betrag vervielfältigt mit der selbst bewirtschafteten Fläche anzusetzen. ³Als Zuschlag für Tierzucht und Tierhaltung ist im Wirtschaftsjahr je Vieheinheit der sich aus Anlage 1a jeweils ergebende Betrag vervielfältigt mit den Vieheinheiten anzusetzen.

(5) Der Gewinn aus der forstwirtschaftlichen Nutzung (§ 160 Absatz 2 Satz 1 Nummer 1 Buchstabe b des Bewertungsgesetzes) ist nach § 51 der Einkommensteuer-Durchführungsverordnung zu ermitteln.

(6) ¹Als Sondernutzungen gelten die in § 160 Absatz 2 Satz 1 Nummer 1 Buchstabe c bis e des Bewertungsgesetzes in Verbindung mit Anlage 1a Nummer 2 genannten Nutzungen. ²Bei Sondernutzungen, die in Anlage 1a Nummer 2 Spalte 3 genannten Grenzen überschreiten, ist ein Gewinn von 1 000 Euro je Sondernutzung anzusetzen. ³Für die in Anlage 1a Nummer 2 nicht genannten Sondernutzungen ist der Gewinn nach § 4 Absatz 3 zu ermitteln.

(7) ¹Nach § 4 Absatz 3 zu ermittelnde Sondergewinne sind

1. Gewinne

   a) aus der Veräußerung oder Entnahme von Grund und Boden und dem dazugehörigen Aufwuchs, den Gebäuden, den immateriellen Wirtschaftsgütern und den Beteiligungen; § 55 ist anzuwenden;

   b) aus der Veräußerung oder Entnahme der übrigen Wirtschaftsgüter des Anlagevermögens und von Tieren, wenn der Veräußerungspreis oder der an dessen Stelle tretende Wert für das jeweilige Wirtschaftsgut mehr als 15 000 Euro betragen hat;

   c) aus Entschädigungen, die gewährt worden sind für den Verlust, den Untergang oder die Wertminderung der in den Buchstaben a und b genannten Wirtschaftsgüter;

   d) aus der Auflösung von Rücklagen.

2. Betriebseinnahmen oder Betriebsausgaben nach § 9b Absatz 2.

3. Einnahmen aus dem Grunde nach gewerblichen Tätigkeiten, die dem Bereich der Land- und Forstwirtschaft zugerechnet werden, abzüglich der pauschalen Betriebsausgaben nach Anlage 1a Nummer 3.

4. Rückvergütungen nach § 22 des Körperschaftsteuergesetzes aus Hilfs- und Nebengeschäften.

²Die Anschaffungs- oder Herstellungskosten bei Wirtschaftsgütern des abnutzbaren Anlagevermögens mindern sich für die Dauer der Durchschnittssatzgewinnermittlung mit dem Ansatz der Gewinne nach den Absätzen 4 bis 6 um die Absetzung für Abnutzung in gleichen Jahresbeträgen. ³Die Wirtschaftsgüter im Sinne des Satzes 1 Nummer 1 Buchstabe a sind unter Angabe des Tages der Anschaffung oder Herstellung und der Anschaffungs- oder Herstellungskosten oder des an deren Stelle getretenen Werts in besondere, laufend zu führende Verzeichnisse aufzunehmen. ⁴Absatz 3 Satz 4 bis 6 gilt entsprechend.

(8) Das Bundesministerium der Finanzen wird ermächtigt, durch Rechtsverordnung mit Zustimmung des Bundesrates die Anlage 1a dadurch zu ändern, dass es die darin aufgeführten Werte turnusmäßig an die Ergebnisse der Erhebungen nach § 2 des Landwirtschaftsgesetzes und im Übrigen an Erhebungen der Finanzverwaltung anpassen kann.

§ 14
Veräußerung des Betriebs

¹Zu den Einkünften aus Land- und Forstwirtschaft gehören auch Gewinne, die bei der Veräußerung eines land- oder forstwirtschaftlichen Betriebs oder Teilbetriebs oder eines Anteils an einem land- und forstwirtschaftlichen Betriebsvermögen erzielt werden. ²§ 16 gilt entsprechend mit der Maßgabe, dass der Freibetrag nach § 16 Absatz 4 nicht zu gewähren ist, wenn der Freibetrag nach § 14a Absatz 1 gewährt wird.

§ 14a
Vergünstigungen bei der Veräußerung bestimmter land- und forstwirtschaftlicher Betriebe

(1) ¹Veräußert ein Steuerpflichtiger nach dem 30. Juni 1970 und vor dem 1. Januar 2001 seinen land- und forstwirtschaftlichen Betrieb im Ganzen, so wird auf Antrag der Veräußerungsgewinn (§ 16 Absatz 2) nur insoweit zur Einkommensteuer herangezogen, als er den Betrag von 150 000 Deutsche Mark übersteigt, wenn

1. der für den Zeitpunkt der Veräußerung maßgebende Wirtschaftswert (§ 46 des Bewertungsgesetzes) des Betriebs 40 000 Deutsche Mark nicht übersteigt,

2. die Einkünfte des Steuerpflichtigen im Sinne des § 2 Absatz 1 Satz 1 Nummer 2 bis 7 in den dem Veranlagungszeitraum der Veräußerung vorangegangenen beiden Veranlagungszeiträumen jeweils den Betrag von 35 000 Deutsche Mark nicht überstiegen haben. ²Bei Ehegatten, die nicht dauernd getrennt leben, gilt Satz 1 mit der Maßgabe, dass die Einkünfte beider Ehegatten zusammen jeweils 70 000 Deutsche Mark nicht überstiegen haben.

²Ist im Zeitpunkt der Veräußerung ein nach Nummer 1 maßgebender Wirtschaftswert nicht festgestellt oder sind bis zu diesem Zeitpunkt die Voraussetzungen für eine Wertfortschreibung erfüllt, so ist der Wert maßgebend, der sich für den Zeitpunkt der Veräußerung als Wirtschaftswert ergeben würde.

(2) ¹Der Anwendung des Absatzes 1 und des § 34 Absatz 1 steht nicht entgegen, wenn die zum land- und forstwirtschaftlichen Vermögen gehörenden Gebäude mit dem dazugehörigen Grund und Boden nicht mitveräußert werden. ²In diesem Fall gelten die Gebäude mit dem dazugehörigen Grund und Boden als entnommen. ³Der Freibetrag kommt auch dann in Betracht, wenn zum Betrieb ein forstwirtschaftlicher Teilbetrieb gehört und dieser nicht mitveräußert, sondern als eigenständiger Betrieb vom Steuerpflichtigen fortgeführt wird. ⁴In diesem Fall ermäßigt sich der Freibetrag auf den Teil, der dem Verhältnis des tatsächlich entstandenen Veräußerungsgewinns zu dem bei einer Veräußerung des ganzen land- und forstwirtschaftlichen Betriebs erzielbaren Veräußerungsgewinn entspricht.

(3) ¹Als Veräußerung gilt auch die Aufgabe des Betriebs, wenn

1. die Voraussetzungen des Absatzes 1 erfüllt sind und

2. der Steuerpflichtige seinen land- und forstwirtschaftlichen Betrieb zum Zweck der Strukturverbesserung abgegeben hat und dies durch eine Bescheinigung der nach Landesrecht zuständigen Stelle nachweist.

²§ 16 Absatz 3 Satz 4 und 5 gilt entsprechend.

(4) ¹Veräußert oder entnimmt ein Steuerpflichtiger nach dem 31. Dezember 1979 und vor dem 1. Januar 2006 Teile des zu einem land- und forstwirtschaftlichen Betrieb gehörenden Grund und Bodens, so wird der bei der Veräußerung oder der Entnahme entstehende Gewinn auf Antrag nur insoweit zur Einkommensteuer herangezogen, als er den Betrag von 61 800 Euro übersteigt. ²Satz 1 ist nur anzuwenden, wenn

1. der Veräußerungspreis nach Abzug der Veräußerungskosten oder der Grund und Boden innerhalb von zwölf Monaten nach der Veräußerung oder Entnahme in sachlichem Zusammenhang mit der Hoferbfolge oder Hofübernahme zur Abfindung weichender Erben verwendet wird und

2. das Einkommen des Steuerpflichtigen ohne Berücksichtigung des Gewinns aus der Veräußerung oder Entnahme und des Freibetrags in dem dem Veranlagungszeitraum der Veräußerung oder Entnahme vorangegangenen Veranlagungszeitraum den Betrag von 18 000 Euro nicht überstiegen hat; bei Ehegatten, die nach den §§ 26, 26b zusammen veranlagt werden, erhöht sich der Betrag von 18 000 Euro auf 36 000 Euro.

³Übersteigt das Einkommen den Betrag von 18 000 Euro, so vermindert sich der Betrag von 61 800 Euro nach Satz 1 je angefangene 250 Euro des übersteigenden Einkommens um 10 300 Euro; bei Ehegatten, die nach den §§ 26, 26b zusammen veranlagt werden und deren Einkommen den Betrag von 36 000 Euro übersteigt, vermindert sich der Betrag von 61 800 Euro nach Satz 1 je angefangene 500 Euro des übersteigenden Einkommens um 10 300 Euro. ⁴Werden mehrere weichende Erben abgefunden, so kann der Freibetrag mehrmals, jedoch insgesamt nur einmal je weichender Erbe geltend gemacht werden, auch wenn die Abfindung in mehreren Schritten oder durch mehrere Inhaber des Betriebs vorgenommen wird. ⁵Weichender Erbe ist, wer gesetzlicher Erbe eines Inhabers eines land- und forstwirtschaftlichen Betriebs ist oder bei gesetzlicher Erbfolge wäre, aber nicht zur Übernahme des Betriebs berufen ist; eine Stellung als Mitunternehmer des Betriebs bis zur Auseinandersetzung steht einer Behandlung als weichender Erbe nicht entgegen, wenn sich die Erben innerhalb von zwei Jahren nach dem Erbfall auseinandersetzen. ⁶Ist ein zur Übernahme des Betriebs berufener Miterbe noch minderjährig, beginnt die Frist von zwei Jahren mit Eintritt der Volljährigkeit.

(5) ¹Veräußert ein Steuerpflichtiger nach dem 31. Dezember 1985 und vor dem 1. Januar 2001 Teile des zu einem land- und forstwirtschaftlichen Betrieb gehörenden Grund und Bodens, so wird der bei der Veräußerung entstehende Gewinn auf Antrag nur insoweit zur Einkommensteuer herangezogen, als er den Betrag von 90 000 Deutsche Mark übersteigt, wenn

1. der Steuerpflichtige den Veräußerungspreis nach Abzug der Veräußerungskosten zur Tilgung von Schulden verwendet, die zu dem land- und forstwirtschaftlichen Betrieb gehören und vor dem 1. Juli 1985 bestanden haben, und

2. die Voraussetzungen des Absatzes 4 Satz 2 Nummer 2 erfüllt sind.

²Übersteigt das Einkommen den Betrag von 35 000 Deutsche Mark, so vermindert sich der Betrag von 90 000 Deutsche Mark nach Satz 1 für jede angefangenen 500 Deutsche Mark des übersteigenden Einkommens um 15 000 Deutsche Mark; bei Ehegatten, die nach den §§ 26, 26b zusammen veranlagt werden und bei denen das Einkommen den Betrag von 70 000 Deutsche Mark übersteigt, vermindert sich der Betrag von 90 000 Deutsche Mark nach Satz 1 für jede angefangenen 1 000 Deutsche Mark des übersteigenden Einkommens um 15 000 Deutsche Mark. ³Der Freibetrag von höchstens 90 000 Deutsche Mark wird für alle Veräußerungen im Sinne des Satzes 1 insgesamt nur einmal gewährt.

(6) Verwendet der Steuerpflichtige den Veräußerungspreis oder entnimmt er den Grund und Boden nur zum Teil zu den in den Absätzen 4 und 5 angegebenen Zwecken, so ist nur der entsprechende Teil des Gewinns aus der Veräußerung oder Entnahme steuerfrei.

(7) Auf die Freibeträge nach Absatz 4 in dieser Fassung sind die Freibeträge, die nach Absatz 4 in den vor dem 1. Januar 1986 geltenden Fassungen gewährt worden sind, anzurechnen.

b) Gewerbebetrieb (§ 2 Absatz 1 Satz 1 Nummer 2)

§ 15
Einkünfte aus Gewerbebetrieb

(1) ¹Einkünfte aus Gewerbebetrieb sind

1. Einkünfte aus gewerblichen Unternehmen. ²Dazu gehören auch Einkünfte aus gewerblicher Bodenbewirtschaftung, z. B. aus Bergbauunternehmen und aus Betrieben zur Gewinnung von Torf, Steinen und Erden, soweit sie nicht land- oder forstwirtschaftliche Nebenbetriebe sind;

2. die Gewinnanteile der Gesellschafter einer Offenen Handelsgesellschaft, einer Kommanditgesellschaft und einer anderen Gesellschaft, bei der der Gesellschafter als Unternehmer (Mitunternehmer) des Betriebs anzusehen ist, und die Vergütungen, die der Gesellschafter von der Gesellschaft für seine Tätigkeit im Dienst der Gesellschaft oder für die Hingabe von Darlehen oder für die Überlassung von Wirtschaftsgütern bezogen hat. ²Der mittelbar über eine oder mehrere Personengesellschaften

beteiligte Gesellschafter steht dem unmittelbar beteiligten Gesellschafter gleich; er ist als Mitunternehmer des Betriebs der Gesellschaft anzusehen, an der er mittelbar beteiligt ist, wenn er und die Personengesellschaften, die seine Beteiligung vermitteln, jeweils als Mitunternehmer der Betriebe der Personengesellschaften anzusehen sind, an denen sie unmittelbar beteiligt sind;

3. die Gewinnanteile der persönlich haftenden Gesellschafter einer Kommanditgesellschaft auf Aktien, soweit sie nicht auf Anteile am Grundkapital entfallen, und die Vergütungen, die der persönlich haftende Gesellschafter von der Gesellschaft für seine Tätigkeit im Dienst der Gesellschaft oder für die Hingabe von Darlehen oder für die Überlassung von Wirtschaftsgütern bezogen hat.

²Satz 1 Nummer 2 und 3 gilt auch für Vergütungen, die als nachträgliche Einkünfte (§ 24 Nummer 2) bezogen werden. ³§ 13 Absatz 5 gilt entsprechend, sofern das Grundstück im Veranlagungszeitraum 1986 zu einem gewerblichen Betriebsvermögen gehört hat.

(1a) ¹In den Fällen des § 4 Absatz 1 Satz 5 ist der Gewinn aus einer späteren Veräußerung der Anteile ungeachtet der Bestimmungen eines Abkommens zur Vermeidung der Doppelbesteuerung in der gleichen Art und Weise zu besteuern, wie die Veräußerung dieser Anteile an der Europäischen Gesellschaft oder Europäischen Genossenschaft zu besteuern gewesen wäre, wenn keine Sitzverlegung stattgefunden hätte. ²Dies gilt auch, wenn später die Anteile verdeckt in eine Kapitalgesellschaft eingelegt werden, die Europäische Gesellschaft oder Europäische Genossenschaft aufgelöst wird oder wenn ihr Kapital herabgesetzt und zurückgezahlt wird oder wenn Beträge aus dem steuerlichen Einlagenkonto im Sinne des § 27 des Körperschaftsteuergesetzes ausgeschüttet oder zurückgezahlt werden.

(2) ¹Eine selbständige nachhaltige Betätigung, die mit der Absicht, Gewinn zu erzielen, unternommen wird und sich als Beteiligung am allgemeinen wirtschaftlichen Verkehr darstellt, ist Gewerbebetrieb, wenn die Betätigung weder als Ausübung von Land- und Forstwirtschaft noch als Ausübung eines freien Berufs noch als eine andere selbständige Arbeit anzusehen ist. ²Eine durch die Betätigung verursachte Minderung der Steuern vom Einkommen ist kein Gewinn im Sinne des Satzes 1. ³Ein Gewerbebetrieb liegt, wenn seine Voraussetzungen im Übrigen gegeben sind, auch dann vor, wenn die Gewinnerzielungsabsicht nur ein Nebenzweck ist.

(3) Als Gewerbebetrieb gilt in vollem Umfang die mit Einkünfteerzielungsabsicht unternommene Tätigkeit

1. einer offenen Handelsgesellschaft, einer Kommanditgesellschaft oder einer anderen Personengesellschaft, wenn die Gesellschaft auch eine Tätigkeit im Sinne des Absatzes 1 Satz 1 Nummer 1 ausübt oder gewerbliche Einkünfte im Sinne des Absatzes 1 Satz 1 Nummer 2 bezieht,

2. einer Personengesellschaft, die keine Tätigkeit im Sinne des Absatzes 1 Satz 1 Nummer 1 ausübt und bei der ausschließlich eine oder mehrere Kapitalgesellschaften persönlich haftende Gesellschafter sind und nur diese oder Personen, die nicht Gesellschafter sind, zur Geschäftsführung befugt sind (gewerblich geprägte Personengesellschaft). ²Ist eine gewerblich geprägte Personengesellschaft als persönlich haftender Gesellschafter an einer anderen Personengesellschaft beteiligt, so steht für die Beurteilung, ob die Tätigkeit dieser Personengesellschaft als Gewerbebetrieb gilt, die gewerblich geprägte Personengesellschaft einer Kapitalgesellschaft gleich.

(4) ¹Verluste aus gewerblicher Tierzucht oder gewerblicher Tierhaltung dürfen weder mit anderen Einkünften aus Gewerbebetrieb noch mit Einkünften aus anderen Einkunftsarten ausgeglichen werden; sie dürfen auch nicht nach § 10d abgezogen werden. ²Die Verluste mindern jedoch nach Maßgabe des § 10d die Gewinne, die der Steuerpflichtige in dem unmittelbar vorangegangenen und in den folgenden Wirtschaftsjahren aus gewerblicher Tierzucht oder gewerblicher Tierhaltung erzielt hat oder erzielt; § 10d Absatz 4 gilt entsprechend. ³Die Sätze 1 und 2 gelten entsprechend für Verluste aus Termingeschäften, durch die der Steuerpflichtige einen Differenzausgleich oder einen durch den Wert einer veränderlichen Bezugsgröße bestimmten Geldbetrag oder Vorteil erlangt. ⁴Satz 3 gilt nicht für die Geschäfte, die zum gewöhnlichen Geschäftsbetrieb bei Kreditinstituten, Finanzdienstleistungsinstituten und Finanzunternehmen im Sinne des Gesetzes über das Kreditwesen gehören oder die der Absicherung von Geschäften des gewöhnlichen Geschäftsbetriebs dienen. ⁵Satz 4 gilt nicht, wenn es sich um Geschäfte handelt, die der Absicherung von Aktiengeschäften dienen, bei denen der Veräußerungsgewinn nach § 3 Nummer 40 Satz 1 Buchstabe a und b in Verbindung mit § 3c Absatz 2 teilweise steuerfrei ist, oder nach § 8b Absatz 2 des Körperschaftsteuergesetzes bei der Ermittlung des Einkommens außer Ansatz bleiben. ⁶Verluste aus stillen Gesellschaften, Unterbeteiligungen oder sonstigen Innengesellschaften an Kapitalgesellschaften, bei denen der Gesellschafter oder Beteiligte als Mitunternehmer anzusehen ist, dürfen weder mit Einkünften aus Gewerbebetrieb noch aus anderen Einkunftsarten ausgeglichen werden; sie dürfen auch nicht nach § 10d abgezogen werden. ⁷Die Verluste mindern jedoch nach Maßgabe des § 10d die Gewinne, die der Gesellschafter oder Beteiligte in dem unmittelbar vorangegangenen Wirtschaftsjahr oder in den folgenden Wirtschaftsjahren aus derselben stillen Gesellschaft, Unterbeteiligung oder sonstigen Innengesellschaft bezieht; § 10d Absatz 4 gilt entsprechend. ⁸Die Sätze 6 und 7 gelten nicht, soweit der Verlust auf eine natürliche Person als unmittelbar oder mittelbar beteiligter Mitunternehmer entfällt.

§ 15a
Verluste bei beschränkter Haftung

(1) ¹Der einem Kommanditisten zuzurechnende Anteil am Verlust der Kommanditgesellschaft darf weder mit anderen Einkünften aus Gewerbebetrieb noch mit Einkünften aus anderen Einkunftsarten ausgeglichen werden, soweit ein negatives Kapitalkonto des Kommanditisten entsteht oder sich erhöht; er darf insoweit auch nicht nach § 10d abgezogen werden. ²Haftet der Kommanditist am Bilanzstichtag den Gläubigern der Gesellschaft aufgrund des § 171 Absatz 1 des Handelsgesetzbuchs, so können abweichend von Satz 1 Verluste des Kommanditisten bis zur Höhe des Betrags, um den die im Handelsregister eingetragene Einlage des Kommanditisten seine geleistete Einlage übersteigt, auch ausgeglichen oder abgezogen werden, soweit durch den Verlust ein negatives Kapitalkonto entsteht oder sich erhöht. ³Satz 2 ist nur anzuwenden, wenn derjenige, dem der Anteil zuzurechnen ist, im Handelsregister eingetragen ist, das Bestehen der Haftung nachgewiesen wird und eine Vermögensminderung aufgrund der Haftung nicht durch Vertrag ausgeschlossen oder nach Art und Weise des Geschäftsbetriebs unwahrscheinlich ist.

(1a) ¹Nachträgliche Einlagen führen weder zu einer nachträglichen Ausgleichs- oder Abzugsfähigkeit eines vorhandenen verrechenbaren Verlustes noch zu einer Ausgleichs- oder Abzugsfähigkeit des dem Kommanditisten zuzurechnenden Anteils am Verlust eines zukünftigen Wirtschaftsjahres, soweit durch den Verlust ein negatives Kapitalkonto des Kommanditisten entsteht oder sich erhöht. ²Nachträgliche Einlagen im Sinne des Satzes 1 sind Einlagen, die nach Ablauf eines Wirtschaftsjahres geleistet werden, in dem ein nicht ausgleichs- oder abzugsfähiger Verlust im Sinne des Absatzes 1 entstanden oder ein Gewinn im Sinne des Absatzes 3 Satz 1 zugerechnet worden ist.

(2) ¹Soweit der Verlust nach den Absätzen 1 und 1a nicht ausgeglichen oder abgezogen werden darf, mindert er die Gewinne, die dem Kommanditisten in späteren Wirtschaftsjahren aus seiner Beteiligung an der Kommanditgesellschaft zuzurechnen sind. ²Der verrechenbare Verlust, der nach Abzug von einem Veräußerungs- oder Aufgabegewinn verbleibt, ist im Zeitpunkt der Veräußerung oder Aufgabe des gesamten Mitunternehmeranteils oder der Betriebsveräußerung oder -aufgabe bis zur Höhe der nachträglichen Einlagen im Sinne des Absatzes 1a ausgleichs- oder abzugsfähig.

(3) ¹Soweit ein negatives Kapitalkonto des Kommanditisten durch Entnahmen entsteht oder sich erhöht (Einlagenminderung) und soweit nicht aufgrund der Entnahmen eine nach Absatz 1 Satz 2 zu berücksichtigende Haftung besteht oder entsteht, ist dem Kommanditisten der Betrag der Einlagenminderung als Gewinn zuzurechnen. ²Der nach Satz 1 zuzurechnende Betrag darf den Betrag der Anteile am Verlust der Kommanditgesellschaft nicht übersteigen, der im Wirtschaftsjahr der Einlagenminderung und in den zehn vorangegangenen Wirtschaftsjahren ausgleichs- oder abzugsfähig gewesen ist.

³Wird der Haftungsbetrag im Sinne des Absatzes 1 Satz 2 gemindert (Haftungsminderung) und sind im Wirtschaftsjahr der Haftungsminderung und den zehn vorangegangenen Wirtschaftsjahren Verluste nach Absatz 1 Satz 2 ausgleichs- oder abzugsfähig gewesen, so ist dem Kommanditisten der Betrag der Haftungsminderung, vermindert um aufgrund der Haftung tatsächlich geleistete Beträge, als Gewinn zuzurechnen; Satz 2 gilt sinngemäß. ⁴Die nach den Sätzen 1 bis 3 zuzurechnenden Beträge mindern die Gewinne, die dem Kommanditisten im Wirtschaftsjahr der Zurechnung oder in späteren Wirtschaftsjahren aus seiner Beteiligung an der Kommanditgesellschaft zuzurechnen sind.

(4) ¹Der nach Absatz 1 nicht ausgleichs- oder abzugsfähige Verlust eines Kommanditisten, vermindert um die nach Absatz 2 abzuziehenden und vermehrt um die nach Absatz 3 hinzuzurechnenden Beträge (verrechenbarer Verlust), ist jährlich gesondert festzustellen. ²Dabei ist von dem verrechenbaren Verlust des vorangegangenen Wirtschaftsjahres auszugehen. ³Zuständig für den Erlass des Feststellungsbescheids ist das für die gesonderte Feststellung des Gewinns und Verlustes der Gesellschaft zuständige Finanzamt. ⁴Der Feststellungsbescheid kann nur insoweit angegriffen werden, als der verrechenbare Verlust gegenüber dem verrechenbaren Verlust des vorangegangenen Wirtschaftsjahres sich verändert hat. ⁵Die gesonderten Feststellungen nach Satz 1 können mit der gesonderten und einheitlichen Feststellung der einkommensteuerpflichtigen und körperschaftsteuerpflichtigen Einkünfte verbunden werden. ⁶In diesen Fällen sind die gesonderten Feststellungen des verrechenbaren Verlustes einheitlich durchzuführen.

(5) Absatz 1 Satz 1, Absatz 1a, 2 und 3 Satz 1, 2 und 4 sowie Absatz 4 gelten sinngemäß für andere Unternehmer, soweit deren Haftung der eines Kommanditisten vergleichbar ist, insbesondere für

1. stille Gesellschafter einer stillen Gesellschaft im Sinne des § 230 des Handelsgesetzbuchs, bei der der stille Gesellschafter als Unternehmer (Mitunternehmer) anzusehen ist,
2. Gesellschafter einer Gesellschaft im Sinne des Bürgerlichen Gesetzbuchs, bei der der Gesellschafter als Unternehmer (Mitunternehmer) anzusehen ist, soweit die Inanspruchnahme des Gesellschafters für Schulden in Zusammenhang mit dem Betrieb durch Vertrag ausgeschlossen oder nach Art und Weise des Geschäftsbetriebs unwahrscheinlich ist,
3. Gesellschafter einer ausländischen Personengesellschaft, bei der der Gesellschafter als Unternehmer (Mitunternehmer) anzusehen ist, soweit die Haftung des Gesellschafters für Schulden in Zusammenhang mit dem Betrieb der eines Kommanditisten oder eines stillen Gesellschafters entspricht oder soweit die Inanspruchnahme des Gesellschafters für Schulden in Zusammenhang mit dem Betrieb durch Vertrag ausgeschlossen oder nach Art und Weise des Geschäftsbetriebs unwahrscheinlich ist,
4. Unternehmer, soweit Verbindlichkeiten nur in Abhängigkeit von Erlösen oder Gewinnen aus der Nutzung, Veräußerung oder sonstigen Verwertung von Wirtschaftsgütern zu tilgen sind,
5. Mitreeder einer Reederei im Sinne des § 489 des Handelsgesetzbuchs, bei der der Mitreeder als Unternehmer (Mitunternehmer) anzusehen ist, wenn die persönliche Haftung des Mitreeders für die Verbindlichkeiten der Reederei ganz oder teilweise ausgeschlossen oder soweit die Inanspruchnahme des Mitreeders für Verbindlichkeiten der Reederei nach Art und Weise des Geschäftsbetriebs unwahrscheinlich ist.

§ 15b
Verluste im Zusammenhang mit Steuerstundungsmodellen

(1) ¹Verluste im Zusammenhang mit einem Steuerstundungsmodell dürfen weder mit Einkünften aus Gewerbebetrieb noch mit Einkünften aus anderen Einkunftsarten ausgeglichen werden; sie dürfen auch nicht nach § 10d abgezogen werden. ²Die Verluste mindern jedoch die Einkünfte, die der Steuerpflichtige in den folgenden Wirtschaftsjahren aus derselben Einkunftsquelle erzielt. ³§ 15a ist insoweit nicht anzuwenden.

(2) ¹Ein Steuerstundungsmodell im Sinne des Absatzes 1 liegt vor, wenn aufgrund einer modellhaften Gestaltung steuerliche Vorteile in Form negativer Einkünfte erzielt werden sollen. ²Dies ist der Fall, wenn dem Steuerpflichtigen aufgrund eines vorgefertigten Konzepts die Möglichkeit geboten werden soll, zumindest in der Anfangsphase der Investition Verluste mit übrigen Einkünften zu verrechnen. ³Dabei ist es ohne Belang, auf welchen Vorschriften die negativen Einkünfte beruhen.

(3) Absatz 1 ist nur anzuwenden, wenn innerhalb der Anfangsphase das Verhältnis der Summe der prognostizierten Verluste zur Höhe des gezeichneten und nach dem Konzept auch aufzubringenden Kapitals oder bei Einzelinvestoren des eingesetzten Eigenkapitals 10 Prozent übersteigt.

(3a) Unabhängig von den Voraussetzungen nach den Absätzen 2 und 3 liegt ein Steuerstundungsmodell im Sinne des Absatzes 1 insbesondere vor, wenn ein Verlust aus Gewerbebetrieb entsteht oder sich erhöht, indem ein Steuerpflichtiger, der nicht aufgrund gesetzlicher Vorschriften verpflichtet ist, Bücher zu führen und regelmäßig Abschlüsse zu machen, aufgrund des Erwerbs von Wirtschaftsgütern des Umlaufvermögens sofort abziehbare Betriebsausgaben tätigt, wenn deren Übereignung ohne körperliche Übergabe durch Besitzkonstitut nach § 930 des Bürgerlichen Gesetzbuchs oder durch Abtretung des Herausgabeanspruchs nach § 931 des Bürgerlichen Gesetzbuchs erfolgt.

(4) ¹Der nach Absatz 1 nicht ausgleichsfähige Verlust ist jährlich gesondert festzustellen. ²Dabei ist von dem verrechenbaren Verlust des Vorjahres auszugehen. ³Der Feststellungsbescheid kann nur insoweit angegriffen werden, als der verrechenbare Verlust gegenüber dem verrechenbaren Verlust des Vorjahres sich verändert hat. ⁴Handelt es sich bei dem Steuerstundungsmodell um eine Gesellschaft oder Gemeinschaft im Sinne des § 180 Absatz 1 Nummer 2 Buchstabe a der Abgabenordnung, ist das für die gesonderte und einheitliche Feststellung der einkommensteuerpflichtigen und körperschaftsteuerpflichtigen Einkünfte aus dem Steuerstundungsmodell zuständige Finanzamt für den Erlass des Feststellungsbescheids nach Satz 1 zuständig; anderenfalls ist das Betriebsfinanzamt (§ 18 Absatz 1 Nummer 2 der Abgabenordnung) zuständig. ⁵Handelt es sich bei dem Steuerstundungsmodell um eine Gesellschaft oder Gemeinschaft im Sinne des § 180 Absatz 1 Nummer 2 Buchstabe a der Abgabenordnung, können die gesonderten Feststellungen nach Satz 1 mit der gesonderten und einheitlichen Feststellung der einkommensteuerpflichtigen und körperschaftsteuerpflichtigen Einkünfte aus dem Steuerstundungsmodell verbunden werden; in diesen Fällen sind die gesonderten Feststellungen nach Satz 1 einheitlich durchzuführen.

§ 16
Veräußerung des Betriebs

(1) ¹Zu den Einkünften aus Gewerbebetrieb gehören auch Gewinne, die erzielt werden bei der Veräußerung

1. des ganzen Gewerbebetriebs oder eines Teilbetriebs. ²Als Teilbetrieb gilt auch die das gesamte Nennkapital umfassende Beteiligung an einer Kapitalgesellschaft; im Fall der Auflösung der Kapitalgesellschaft ist § 17 Absatz 4 Satz 3 sinngemäß anzuwenden;
2. des gesamten Anteils eines Gesellschafters, der als Unternehmer (Mitunternehmer) des Betriebs anzusehen ist (§ 15 Absatz 1 Satz 1 Nummer 2);
3. des gesamten Anteils eines persönlich haftenden Gesellschafters einer Kommanditgesellschaft auf Aktien (§ 15 Absatz 1 Satz 1 Nummer 3).

²Gewinne, die bei der Veräußerung eines Teils eines Anteils im Sinne von Satz 1 Nummer 2 oder 3 erzielt werden, sind laufende Gewinne.

(2) ¹Veräußerungsgewinn im Sinne des Absatzes 1 ist der Betrag, um den der Veräußerungspreis nach Abzug der Veräußerungskosten den Wert des Betriebsvermögens (Absatz 1 Satz 1 Nummer 1) oder den Wert des Anteils am Betriebsvermögen (Absatz 1 Satz 1 Nummer 2 und 3) übersteigt. ²Der Wert des Betriebsvermögens oder des Anteils ist für den Zeitpunkt der Veräußerung nach § 4 Absatz 1 oder nach § 5 zu ermitteln. ³Soweit auf der Seite des Veräußerers und auf der Seite des Erwerbers dieselben Personen Unternehmer oder Mitunternehmer sind, gilt der Gewinn insoweit jedoch als laufender Gewinn.

(3) ¹Als Veräußerung gilt auch die Aufgabe des Gewerbebetriebs sowie eines Anteils im Sinne des Absatzes 1 Satz 1 Nummer 2

oder 3. ²Werden im Zuge der Realteilung einer Mitunternehmerschaft Teilbetriebe, Mitunternehmeranteile oder einzelne Wirtschaftsgüter in das jeweilige Betriebsvermögen der einzelnen Mitunternehmer übertragen, so sind bei der Ermittlung des Gewinns der Mitunternehmerschaft die Wirtschaftsgüter mit den Werten anzusetzen, die sich nach den Vorschriften über die Gewinnermittlung ergeben, sofern die Besteuerung der stillen Reserven sichergestellt ist; der übernehmende Mitunternehmer ist an diese Werte gebunden; § 4 Absatz 1 Satz 4 ist entsprechend anzuwenden. ³Dagegen ist für den jeweiligen Übertragungsvorgang rückwirkend der gemeine Wert anzusetzen, soweit bei einer Realteilung, bei der einzelne Wirtschaftsgüter übertragen worden sind, zum Buchwert übertragener Grund und Boden, übertragene Gebäude oder andere übertragene wesentliche Betriebsgrundlagen innerhalb einer Sperrfrist nach der Übertragung veräußert oder entnommen werden; diese Sperrfrist endet drei Jahre nach Abgabe der Steuererklärung der Mitunternehmerschaft für den Veranlagungszeitraum der Realteilung. ⁴Satz 2 ist bei einer Realteilung, bei der einzelne Wirtschaftsgüter übertragen werden, nicht anzuwenden, soweit die Wirtschaftsgüter unmittelbar oder mittelbar auf eine Körperschaft, Personenvereinigung oder Vermögensmasse übertragen werden; in diesem Fall ist bei der Übertragung der gemeine Wert anzusetzen. ⁵Soweit einzelne dem Betrieb gewidmete Wirtschaftsgüter im Rahmen der Aufgabe des Betriebs veräußert werden und soweit auf der Seite des Veräußerers und auf der Seite des Erwerbers dieselben Personen Unternehmer oder Mitunternehmer sind, gilt der Gewinn aus der Aufgabe des Gewerbebetriebs als laufender Gewinn. ⁶Werden die einzelnen dem Betrieb gewidmeten Wirtschaftsgüter im Rahmen der Aufgabe des Betriebs veräußert, so sind die Veräußerungspreise anzusetzen. ⁷Werden die Wirtschaftsgüter nicht veräußert, so ist der gemeine Wert im Zeitpunkt der Aufgabe anzusetzen. ⁸Bei Aufgabe eines Gewerbebetriebs, an dem mehrere Personen beteiligt waren, ist für jeden einzelnen Beteiligten der gemeine Wert der Wirtschaftsgüter anzusetzen, die er bei der Auseinandersetzung erhalten hat.

(3a) Einer Aufgabe des Gewerbebetriebs steht der Ausschluss oder die Beschränkung des Besteuerungsrechts der Bundesrepublik Deutschland hinsichtlich des Gewinns aus der Veräußerung sämtlicher Wirtschaftsgüter des Betriebs oder eines Teilbetriebs gleich; § 4 Absatz 1 Satz 4 gilt entsprechend.

(3b) ¹In den Fällen der Betriebsunterbrechung und der Betriebsverpachtung im Ganzen gilt ein Gewerbebetrieb sowie ein Anteil im Sinne des Absatzes 1 Satz 1 Nummer 2 oder Nummer 3 nicht als aufgegeben, bis

1. der Steuerpflichtige die Aufgabe im Sinne des Absatzes 3 Satz 1 ausdrücklich gegenüber dem Finanzamt erklärt oder
2. dem Finanzamt Tatsachen bekannt werden, aus denen sich ergibt, dass die Voraussetzungen für eine Aufgabe im Sinne des Absatzes 3 Satz 1 erfüllt sind.

²Die Aufgabe des Gewerbebetriebs oder Anteils im Sinne des Absatzes 1 Satz 1 Nummer 2 oder Nummer 3 ist in den Fällen des Satzes 1 Nummer 1 rückwirkend für den vom Steuerpflichtigen gewählten Zeitpunkt anzuerkennen, wenn die Aufgabeerklärung spätestens drei Monate nach diesem Zeitpunkt abgegeben wird. ³Wird die Aufgabeerklärung nicht spätestens drei Monate nach dem vom Steuerpflichtigen gewählten Zeitpunkt abgegeben, gilt der Gewerbebetrieb oder Anteil im Sinne des Absatzes 1 Satz 1 Nummer 2 oder Nummer 3 erst in dem Zeitpunkt als aufgegeben, in dem die Aufgabeerklärung beim Finanzamt eingeht.

(4) ¹Hat der Steuerpflichtige das 55. Lebensjahr vollendet oder ist er im sozialversicherungsrechtlichen Sinne dauernd berufsunfähig, so wird der Veräußerungsgewinn auf Antrag zur Einkommensteuer nur herangezogen, soweit er 45 000 Euro übersteigt. ²Der Freibetrag ist dem Steuerpflichtigen nur einmal zu gewähren. ³Er ermäßigt sich um den Betrag, um den der Veräußerungsgewinn 136 000 Euro übersteigt.

(5) Werden bei einer Realteilung, bei der Teilbetriebe auf einzelne Mitunternehmer übertragen werden, Anteile an einer Körperschaft, Personenvereinigung oder Vermögensmasse unmittelbar oder mittelbar von einem nicht nach § 8b Absatz 2 des Körperschaftsteuergesetzes begünstigten Steuerpflichtigen auf einen von § 8b Absatz 2 des Körperschaftsteuergesetzes begünstigten Mitunternehmer übertragen, ist abweichend von Absatz 3 Satz 2 rückwirkend auf den Zeitpunkt der Realteilung der gemeine Wert anzusetzen, wenn der übernehmende Mitunternehmer die Anteile innerhalb eines Zeitraums von sieben Jahren nach der Realteilung unmittelbar oder mittelbar veräußert oder durch einen Vorgang nach § 22 Absatz 1 Satz 6 Nummer 1 bis 5 des Umwandlungssteuergesetzes weiter überträgt; § 22 Absatz 2 Satz 3 des Umwandlungssteuergesetzes gilt entsprechend.

§ 17
Veräußerung von Anteilen an Kapitalgesellschaften

(1) ¹Zu den Einkünften aus Gewerbebetrieb gehört auch der Gewinn aus der Veräußerung von Anteilen an einer Kapitalgesellschaft, wenn der Veräußerer innerhalb der letzten fünf Jahre am Kapital der Gesellschaft unmittelbar oder mittelbar zu mindestens 1 Prozent beteiligt war. ²Die verdeckte Einlage von Anteilen an einer Kapitalgesellschaft in eine Kapitalgesellschaft steht der Veräußerung der Anteile gleich. ³Anteile an einer Kapitalgesellschaft sind Aktien, Anteile an einer Gesellschaft mit beschränkter Haftung, Genussscheine oder ähnliche Beteiligungen und Anwartschaften auf solche Beteiligungen. ⁴Hat der Veräußerer den veräußerten Anteil innerhalb der letzten fünf Jahre vor der Veräußerung unentgeltlich erworben, so gilt Satz 1 entsprechend, wenn der Veräußerer zwar nicht selbst, aber der Rechtsvorgänger oder, sofern der Anteil nacheinander unentgeltlich übertragen worden ist, einer der Rechtsvorgänger innerhalb der letzten fünf Jahre im Sinne von Satz 1 beteiligt war.

(2) ¹Veräußerungsgewinn im Sinne des Absatzes 1 ist der Betrag, um den der Veräußerungspreis nach Abzug der Veräußerungskosten die Anschaffungskosten übersteigt. ²In den Fällen des Absatzes 1 Satz 2 tritt an die Stelle des Veräußerungspreises der Anteile ihr gemeiner Wert. ³Weist der Veräußerer nach, dass ihm die Anteile bereits im Zeitpunkt der Begründung der unbeschränkten Steuerpflicht nach § 1 Absatz 1 zuzurechnen waren und dass der bis zu diesem Zeitpunkt entstandene Vermögenszuwachs aufgrund gesetzlicher Bestimmungen des Wegzugsstaats im Wegzugsstaat einer der Steuer nach § 6 des Außensteuergesetzes vergleichbaren Steuer unterlegen hat, tritt an die Stelle der Anschaffungskosten der Wert, den der Wegzugsstaat bei der Berechnung der der Steuer nach § 6 des Außensteuergesetzes vergleichbaren Steuer angesetzt hat, höchstens jedoch der gemeine Wert. ⁴Satz 3 ist in den Fällen des § 6 Absatz 3 des Außensteuergesetzes nicht anzuwenden. ⁵Hat der Veräußerer den veräußerten Anteil unentgeltlich erworben, so sind als Anschaffungskosten des Anteils die Anschaffungskosten des Rechtsvorgängers maßgebend, der den Anteil zuletzt entgeltlich erworben hat. ⁶Ein Veräußerungsverlust ist nicht zu berücksichtigen, soweit er auf Anteile entfällt,

a) die der Steuerpflichtige innerhalb der letzten fünf Jahre unentgeltlich erworben hatte. ²Dies gilt nicht, soweit der Rechtsvorgänger an Stelle des Steuerpflichtigen den Veräußerungsverlust hätte geltend machen können;

b) die entgeltlich erworben worden sind und nicht innerhalb der gesamten letzten fünf Jahre zu einer Beteiligung des Steuerpflichtigen im Sinne von Absatz 1 Satz 1 gehört haben. ²Dies gilt nicht für innerhalb der letzten fünf Jahre erworbene Anteile, deren Erwerb zur Begründung einer Beteiligung des Steuerpflichtigen im Sinne von Absatz 1 Satz 1 geführt hat oder die nach Begründung der Beteiligung im Sinne von Absatz 1 Satz 1 erworben worden sind.

(3) ¹Der Veräußerungsgewinn wird zur Einkommensteuer nur herangezogen, soweit er den Teil von 9 060 Euro übersteigt, der dem veräußerten Anteil an der Kapitalgesellschaft entspricht. ²Der Freibetrag ermäßigt sich um den Betrag, um den der Veräußerungsgewinn den Teil von 36 100 Euro übersteigt, der dem veräußerten Anteil an der Kapitalgesellschaft entspricht.

(4) ¹Als Veräußerung im Sinne des Absatzes 1 gilt auch die Auflösung einer Kapitalgesellschaft, die Kapitalherabsetzung, wenn das Kapital zurückgezahlt wird, und die Ausschüttung oder Zurückzahlung von Beträgen aus dem steuerlichen Einlagenkonto im Sinne des § 27 des Körperschaftsteuergesetzes. ²In diesen Fällen ist als Veräußerungspreis der gemeine Wert des dem Steuerpflichtigen zugeteilten oder zurückgezahlten Vermögens der Kapitalgesellschaft anzusehen. ³Satz 1 gilt nicht, soweit die Bezüge nach § 20 Absatz 1 Nummer 1 oder Nummer 2 zu den Einnahmen aus Kapitalvermögen gehören.

(5) ¹Die Beschränkung oder der Ausschluss des Besteuerungsrechts der Bundesrepublik Deutschland hinsichtlich des Gewinns aus der Veräußerung der Anteile an einer Kapitalgesellschaft im Fall der Verlegung des Sitzes oder des Orts der Geschäftsleitung der Kapitalgesellschaft in einen anderen Staat stehen der Veräußerung der Anteile zum gemeinen Wert gleich. ²Dies gilt nicht in den Fällen der Sitzverlegung einer Europäischen Gesellschaft nach Artikel 8 der Verordnung (EG) Nr. 2157/2001 und der Sitzverlegung einer anderen Kapitalgesellschaft in einen anderen Mitgliedstaat der Europäischen Union. ³In diesen Fällen ist der Gewinn aus einer späteren Veräußerung der Anteile ungeachtet der Bestimmungen eines Abkommens zur Vermeidung der Doppelbesteuerung in der gleichen Art und Weise zu besteuern, wie die Veräußerung dieser Anteile zu besteuern gewesen wäre, wenn keine Sitzverlegung stattgefunden hätte. ⁴§ 15 Absatz 1a Satz 2 ist entsprechend anzuwenden.

(6) Als Anteile im Sinne des Absatzes 1 Satz 1 gelten auch Anteile an Kapitalgesellschaften, an denen der Veräußerer innerhalb der letzten fünf Jahre am Kapital der Gesellschaft nicht unmittelbar oder mittelbar zu mindestens 1 Prozent beteiligt war, wenn

1. die Anteile aufgrund eines Einbringungsvorgangs im Sinne des Umwandlungssteuergesetzes, bei dem nicht der gemeine Wert zum Ansatz kam, erworben wurden und

2. zum Einbringungszeitpunkt für die eingebrachten Anteile die Voraussetzungen von Absatz 1 Satz 1 erfüllt waren oder die Anteile auf einer Sacheinlage im Sinne von § 20 Absatz 1 des Umwandlungssteuergesetzes vom 7. Dezember 2006 (BGBl. I S. 2782, 2791) in der jeweils geltenden Fassung beruhen.

(7) Als Anteile im Sinne des Absatzes 1 Satz 1 gelten auch Anteile an einer Genossenschaft einschließlich der Europäischen Genossenschaft.

c) Selbständige Arbeit (§ 2 Absatz 1 Satz 1 Nummer 3)

§ 18

(1) Einkünfte aus selbständiger Arbeit sind

1. Einkünfte aus freiberuflicher Tätigkeit. ²Zu der freiberuflichen Tätigkeit gehören die selbständig ausgeübte wissenschaftliche, künstlerische, schriftstellerische, unterrichtende oder erzieherische Tätigkeit, die selbständige Berufstätigkeit der Ärzte, Zahnärzte, Tierärzte, Rechtsanwälte, Notare, Patentanwälte, Vermessungsingenieure, Ingenieure, Architekten, Handelschemiker, Wirtschaftsprüfer, Steuerberater, beratenden Volks- und Betriebswirte, vereidigten Buchprüfer, Steuerbevollmächtigten, Heilpraktiker, Dentisten, Krankengymnasten, Journalisten, Bildberichterstatter, Dolmetscher, Übersetzer, Lotsen und ähnlicher Berufe. ³Ein Angehöriger eines freien Berufs im Sinne der Sätze 1 und 2 ist auch dann freiberuflich tätig, wenn er sich der Mithilfe fachlich vorgebildeter Arbeitskräfte bedient; Voraussetzung ist, dass er aufgrund eigener Fachkenntnisse leitend und eigenverantwortlich tätig wird. ⁴Eine Vertretung im Fall vorübergehender Verhinderung steht der Annahme einer leitenden und eigenverantwortlichen Tätigkeit nicht entgegen;

2. Einkünfte der Einnehmer einer staatlichen Lotterie, wenn sie nicht Einkünfte aus Gewerbebetrieb sind;

3. Einkünfte aus sonstiger selbständiger Arbeit, z. B. Vergütungen für die Vollstreckung von Testamenten, für Vermögensverwaltung und für die Tätigkeit als Aufsichtsratsmitglied;

4. Einkünfte, die ein Beteiligter an einer vermögensverwaltenden Gesellschaft oder Gemeinschaft, deren Zweck im Erwerb, Halten und in der Veräußerung von Anteilen an Kapitalgesellschaften besteht, als Vergütung für Leistungen zur Förderung des Gesellschafts- oder Gemeinschaftszwecks erzielt, wenn der Anspruch auf die Vergütung unter der Voraussetzung eingeräumt worden ist, dass die Gesellschafter oder Gemeinschafter ihr eingezahltes Kapital vollständig zurückerhalten haben; § 15 Absatz 3 ist nicht anzuwenden.

(2) Einkünfte nach Absatz 1 sind auch dann steuerpflichtig, wenn es sich nur um eine vorübergehende Tätigkeit handelt.

(3) ¹Zu den Einkünften aus selbständiger Arbeit gehört auch der Gewinn, der bei der Veräußerung des Vermögens oder eines selbständigen Teils des Vermögens oder eines Anteils am Vermögen erzielt wird, das der selbständigen Arbeit dient. ²§ 16 Absatz 1 Satz 1 Nummer 1 und 2 und Absatz 1 Satz 2 sowie Absatz 2 bis 4 gilt entsprechend.

(4) ¹§ 13 Absatz 5 gilt entsprechend, sofern das Grundstück im Veranlagungszeitraum 1986 zu einem der selbständigen Arbeit dienenden Betriebsvermögen gehört hat. ²§ 15 Absatz 1 Satz 1 Nummer 2, Absatz 1a, Absatz 2 Satz 2 und 3, §§ 15a und 15b sind entsprechend anzuwenden.

d) Nichtselbständige Arbeit (§ 2 Absatz 1 Satz 1 Nummer 4)

§ 19

(1) ¹Zu den Einkünften aus nichtselbständiger Arbeit gehören

1. Gehälter, Löhne, Gratifikationen, Tantiemen und andere Bezüge und Vorteile für eine Beschäftigung im öffentlichen oder privaten Dienst;

1a. Zuwendungen des Arbeitgebers an seinen Arbeitnehmer und dessen Begleitpersonen anlässlich von Veranstaltungen auf betrieblicher Ebene mit gesellschaftlichem Charakter (Betriebsveranstaltung). ²Zuwendungen im Sinne des Satzes 1 sind alle Aufwendungen des Arbeitgebers einschließlich Umsatzsteuer unabhängig davon, ob sie einzelnen Arbeitnehmern individuell zurechenbar sind oder ob es sich um einen rechnerischen Anteil an den Kosten der Betriebsveranstaltung handelt, die der Arbeitgeber gegenüber Dritten für den äußeren Rahmen der Betriebsveranstaltung aufwendet. ³Soweit solche Zuwendungen den Betrag von 110 Euro je Betriebsveranstaltung und teilnehmenden Arbeitnehmer nicht übersteigen, gehören sie nicht zu den Einkünften aus nichtselbständiger Arbeit, wenn die Teilnahme an der Betriebsveranstaltung allen Angehörigen des Betriebs oder eines Betriebsteils offensteht. ⁴Satz 3 gilt für bis zu zwei Betriebsveranstaltungen jährlich. ⁵Die Zuwendungen im Sinne des Satzes 1 sind abweichend von § 8 Absatz 2 mit den anteilig auf den Arbeitnehmer und dessen Begleitpersonen entfallenden Aufwendungen des Arbeitgebers im Sinne des Satzes 2 anzusetzen;

2. Wartegelder, Ruhegelder, Witwen- und Waisengelder und andere Bezüge und Vorteile aus früheren Dienstleistungen, auch soweit sie von Arbeitgebern ausgleichspflichtiger Personen an ausgleichsberechtigte Personen infolge einer nach § 10 oder § 14 des Versorgungsausgleichsgesetzes durchgeführten Teilung geleistet werden;

3. laufende Beiträge und laufende Zuwendungen des Arbeitgebers aus einem bestehenden Dienstverhältnis an einen Pensionsfonds, eine Pensionskasse oder für eine Direktversicherung für eine betriebliche Altersversorgung. ²Zu den Einkünften aus nichtselbständiger Arbeit gehören auch Sonderzahlungen, die der Arbeitgeber neben den laufenden Beiträgen und Zuwendungen an eine solche Versorgungseinrichtung leistet, mit Ausnahme der Zahlungen des Arbeitgebers

a) zur erstmaligen Bereitstellung der Kapitalausstattung zur Erfüllung der Solvabilitätsvorschriften nach den §§ 53c und 114 des Versicherungsaufsichtsgesetzes,

b) zur Wiederherstellung einer angemessenen Kapitalausstattung nach unvorhersehbaren Verlusten oder zur Finanzierung der Verstärkung der Rechnungsgrundlagen auf Grund einer unvorhersehbaren und nicht nur vorübergehenden Änderung der Verhältnisse, wobei die Sonderzahlungen nicht zu einer Absenkung des laufenden Beitrags führen oder durch die Absenkung des laufenden Beitrags Sonderzahlungen ausgelöst werden dürfen,

c) in der Rentenbezugszeit nach § 112 Absatz 1a des Versicherungsaufsichtsgesetzes oder

d) in Form von Sanierungsgeldern;

Sonderzahlungen des Arbeitgebers sind insbesondere Zahlungen an eine Pensionskasse anlässlich

a) seines Ausscheidens aus einer nicht im Wege der Kapitaldeckung finanzierten betrieblichen Altersversorgung oder

b) des Wechsels von einer nicht im Wege der Kapitaldeckung zu einer anderen nicht im Wege der Kapitaldeckung finanzierten betrieblichen Altersversorgung.

EStG – Gesetzestext § 20

³Von Sonderzahlungen im Sinne des Satzes 2 zweiter Halbsatz Buchstabe b ist bei laufenden und wiederkehrenden Zahlungen entsprechend dem periodischen Bedarf nur auszugehen, soweit die Bemessung der Zahlungsverpflichtungen des Arbeitgebers in das Versorgungssystem nach dem Wechsel die Bemessung der Zahlungsverpflichtung zum Zeitpunkt des Wechsels übersteigt. ⁴Sanierungsgelder sind Sonderzahlungen des Arbeitgebers an eine Pensionskasse anlässlich der Systemumstellung einer nicht im Wege der Kapitaldeckung finanzierten betrieblichen Altersversorgung auf der Finanzierungs- oder Leistungsseite, die der Finanzierung der zum Zeitpunkt der Umstellung bestehenden Versorgungsverpflichtungen oder Versorgungsanwartschaften dienen; bei laufenden und wiederkehrenden Zahlungen entsprechend dem periodischen Bedarf ist nur von Sanierungsgeldern auszugehen, soweit die Bemessung der Zahlungsverpflichtungen des Arbeitgebers in das Versorgungssystem nach der Systemumstellung die Bemessung der Zahlungsverpflichtung zum Zeitpunkt der Systemumstellung übersteigt. ²Es ist gleichgültig, ob es sich um laufende oder um einmalige Bezüge handelt und ob ein Rechtsanspruch auf sie besteht.

(2) ¹Von Versorgungsbezügen bleiben ein nach einem Prozentsatz ermittelter, auf einen Höchstbetrag begrenzter Betrag (Versorgungsfreibetrag) und ein Zuschlag zum Versorgungsfreibetrag steuerfrei. ²Versorgungsbezüge sind

1. das Ruhegehalt, Witwen- oder Waisengeld, der Unterhaltsbeitrag oder ein gleichartiger Bezug

    a) aufgrund beamtenrechtlicher oder entsprechender gesetzlicher Vorschriften,

    b) nach beamtenrechtlichen Grundsätzen von Körperschaften, Anstalten oder Stiftungen des öffentlichen Rechts oder öffentlich-rechtlichen Verbänden von Körperschaften

    oder

2. in anderen Fällen Bezüge und Vorteile aus früheren Dienstleistungen wegen Erreichens einer Altersgrenze, verminderter Erwerbsfähigkeit oder Hinterbliebenenbezüge; Bezüge wegen Erreichens einer Altersgrenze gelten erst dann als Versorgungsbezüge, wenn der Steuerpflichtige das 63. Lebensjahr oder, wenn er schwerbehindert ist, das 60. Lebensjahr vollendet hat.

³Der maßgebende Prozentsatz, der Höchstbetrag des Versorgungsfreibetrags und der Zuschlag zum Versorgungsfreibetrag sind der nachstehenden Tabelle zu entnehmen:

Jahr des Versorgungsbeginns	Versorgungsfreibetrag		Zuschlag zum Versorgungsfreibetrag in Euro
	in % der Versorgungsbezüge	Höchstbetrag in Euro	
bis 2005	40,0	3 000	900
ab 2006	38,4	2 880	864
2007	36,8	2 760	828
2008	35,2	2 640	792
2009	33,6	2 520	756
2010	32,0	2 400	720
2011	30,4	2 280	684
2012	28,8	2 160	648
2013	27,2	2 040	612
2014	25,6	1 920	576
2015	24,0	1 800	540
2016	22,4	1 680	504
2017	20,8	1 560	468
2018	19,2	1 440	432
2019	17,6	1 320	396
2020	16,0	1 200	360
2021	15,2	1 140	342
2022	14,4	1 080	324
2023	13,6	1 020	306
2024	12,8	960	288
2025	12,0	900	270
2026	11,2	840	252
2027	10,4	780	234
2028	9,6	720	216
2029	8,8	660	198
2030	8,0	600	180
2031	7,2	540	162
2032	6,4	480	144
2033	5,6	420	126
2034	4,8	360	108
2035	4,0	300	90
2036	3,2	240	72
2037	2,4	180	54
2038	1,6	120	36
2039	0,8	60	18
2040	0,0	0	0

⁴Bemessungsgrundlage für den Versorgungsfreibetrag ist

a) bei Versorgungsbeginn vor 2005

    das Zwölffache des Versorgungsbezugs für Januar 2005,

b) bei Versorgungsbeginn ab 2005

    das Zwölffache des Versorgungsbezugs für den ersten vollen Monat,

jeweils zuzüglich voraussichtlicher Sonderzahlungen im Kalenderjahr, auf die zu diesem Zeitpunkt ein Rechtsanspruch besteht. ⁵Der Zuschlag zum Versorgungsfreibetrag darf nur bis zur Höhe der um den Versorgungsfreibetrag geminderten Bemessungsgrundlage berücksichtigt werden. ⁶Bei mehreren Versorgungsbezügen mit unterschiedlichem Bezugsbeginn bestimmen sich der insgesamt berücksichtigungsfähige Höchstbetrag des Versorgungsfreibetrags und der Zuschlag zum Versorgungsfreibetrag nach dem Jahr des Beginns des ersten Versorgungsbezugs. ⁷Folgt ein Hinterbliebenenbezug einem Versorgungsbezug, bestimmt sich der Prozentsatz, der Höchstbetrag des Versorgungsfreibetrags und der Zuschlag zum Versorgungsfreibetrag für den Hinterbliebenenbezug nach dem Jahr des Beginns des Versorgungsbezugs. ⁸Der nach den Sätzen 3 bis 7 berechnete Versorgungsfreibetrag und Zuschlag zum Versorgungsfreibetrag gelten für die gesamte Laufzeit des Versorgungsbezugs. ⁹Regelmäßige Anpassungen des Versorgungsbezugs führen nicht zu einer Neuberechnung. ¹⁰Abweichend hiervon sind der Versorgungsfreibetrag und der Zuschlag zum Versorgungsfreibetrag neu zu berechnen, wenn sich der Versorgungsbezug wegen Anwendung von Anrechnungs-, Ruhens-, Erhöhungs- oder Kürzungsregelungen erhöht oder vermindert. ¹¹In diesen Fällen sind die Sätze 3 bis 7 mit dem geänderten Versorgungsbezug als Bemessungsgrundlage im Sinne des Satzes 4 anzuwenden; im Kalenderjahr der Änderung sind der höchste Versorgungsfreibetrag und Zuschlag zum Versorgungsfreibetrag maßgebend. ¹²Für jeden vollen Kalendermonat, für den keine Versorgungsbezüge gezahlt werden, ermäßigen sich der Versorgungsfreibetrag und der Zuschlag zum Versorgungsfreibetrag in diesem Kalenderjahr um je ein Zwölftel.

e) Kapitalvermögen (§ 2 Absatz 1 Satz 1 Nummer 5)

§ 20

(1) Zu den Einkünften aus Kapitalvermögen gehören

1. Gewinnanteile (Dividenden), Ausbeuten und sonstige Bezüge aus Aktien, Genussrechten, mit denen das Recht am Gewinn und Liquidationserlös einer Kapitalgesellschaft verbunden ist, aus Anteilen an Gesellschaften mit beschränkter Haftung, an Erwerbs- und Wirtschaftsgenossenschaften sowie an bergbautreibenden Vereinigungen, die die Rechte einer juristischen Person haben. ²Zu den sonstigen Bezügen gehören auch verdeckte

Gewinnausschüttungen. ³Die Bezüge gehören nicht zu den Einnahmen, soweit sie aus Ausschüttungen einer Körperschaft stammen, für die Beträge aus dem steuerlichen Einlagekonto im Sinne des § 27 des Körperschaftsteuergesetzes als verwendet gelten. ⁴Als sonstige Bezüge gelten auch Einnahmen, die anstelle der Bezüge im Sinne des Satzes 1 von einem anderen als dem Anteilseigner nach Absatz 5 bezogen werden, wenn die Aktien mit Dividendenberechtigung erworben, aber ohne Dividendenanspruch geliefert werden;

2. Bezüge, die nach der Auflösung einer Körperschaft oder Personenvereinigung im Sinne der Nummer 1 anfallen und die nicht in der Rückzahlung von Nennkapital bestehen; Nummer 1 Satz 3 gilt entsprechend. ²Gleiches gilt für Bezüge, die aufgrund einer Kapitalherabsetzung oder nach der Auflösung einer unbeschränkt steuerpflichtigen Körperschaft oder Personenvereinigung im Sinne der Nummer 1 anfallen und die als Gewinnausschüttung im Sinne des § 28 Absatz 2 Satz 2 und 4 des Körperschaftsteuergesetzes gelten;

3. – weggefallen –

4. Einnahmen aus der Beteiligung an einem Handelsgewerbe als stiller Gesellschafter und aus partiarischen Darlehen, es sei denn, dass der Gesellschafter oder Darlehensgeber als Mitunternehmer anzusehen ist. ²Auf Anteile des stillen Gesellschafters am Verlust des Betriebes sind § 15 Absatz 4 Satz 6 bis 8 und § 15a sinngemäß anzuwenden;

5. Zinsen aus Hypotheken und Grundschulden und Renten aus Rentenschulden. ²Bei Tilgungshypotheken und Tilgungsgrundschulden ist nur der Teil der Zahlungen anzusetzen, der als Zins auf den jeweiligen Kapitalrest entfällt;

6. der Unterschiedsbetrag zwischen der Versicherungsleistung und der Summe der auf sie entrichteten Beiträge (Erträge) im Erlebensfall oder bei Rückkauf des Vertrags bei Rentenversicherungen mit Kapitalwahlrecht, soweit nicht die lebenslange Rentenzahlung gewählt und erbracht wird, und bei Kapitalversicherungen mit Sparanteil, wenn der Vertrag nach dem 31. Dezember 2004 abgeschlossen worden ist. ²Wird die Versicherungsleistung nach Vollendung des 60. Lebensjahres des Steuerpflichtigen und nach Ablauf von zwölf Jahren seit dem Vertragsabschluss ausgezahlt, ist die Hälfte des Unterschiedsbetrags anzusetzen.*) ³Bei entgeltlichem Erwerb des Anspruchs auf die Versicherungsleistung treten die Anschaffungskosten an die Stelle der vor dem Erwerb entrichteten Beiträge. ⁴Die Sätze 1 bis 3 sind auf Erträge aus fondsgebundenen Lebensversicherungen, auf Erträge im Erlebensfall bei Rentenversicherungen ohne Kapitalwahlrecht, soweit keine lebenslange Rentenzahlung vereinbart und erbracht wird, und auf Erträge bei Rückkauf des Vertrages bei Rentenversicherungen ohne Kapitalwahlrecht entsprechend anzuwenden. ⁵Ist in einem Versicherungsvertrag eine gesonderte Verwaltung von speziell für diesen Vertrag zusammengestellten Kapitalanlagen vereinbart, die nicht auf öffentlich vertriebene Investmentfondsanteile oder Anlagen, die die Entwicklung eines veröffentlichten Indexes abbilden, beschränkt ist, und kann der wirtschaftlich Berechtigte unmittelbar oder mittelbar über die Veräußerung der Vermögensgegenstände und die Wiederanlage der Erlöse bestimmen (vermögensverwaltender Versicherungsvertrag), sind die dem Versicherungsunternehmen zufließenden Erträge dem wirtschaftlich Berechtigten aus dem Versicherungsvertrag zuzurechnen; Sätze 1 bis 4 sind nicht anzuwenden. ⁶Satz 2 ist nicht anzuwenden, wenn

a) in einem Kapitallebensversicherungsvertrag mit vereinbarter laufender Beitragszahlung in mindestens gleich bleibender Höhe bis zum Zeitpunkt des Erlebensfalls die vereinbarte Leistung bei Eintritt des versicherten Risikos weniger als 50 Prozent der Summe der für die gesamte Vertragsdauer zu zahlenden Beiträge beträgt und

b) bei einem Kapitallebensversicherungsvertrag die vereinbarte Leistung bei Eintritt des versicherten Risikos das Deckungskapital oder den Zeitwert der Versicherung spätestens fünf Jahre nach Vertragsabschluss nicht um mindestens zehn Prozent des Deckungskapitals, des Zeitwerts oder der Summe der gezahlten Beiträge übersteigt. ²Dieser Prozentsatz darf bis zum Ende der Vertragslaufzeit in jährlich gleichen Schritten auf Null sinken.

⁷Hat der Steuerpflichtige Ansprüche aus einem von einer anderen Person abgeschlossenen Vertrag entgeltlich erworben, gehört zu den Einkünften aus Kapitalvermögen auch der Unterschiedsbetrag zwischen der Versicherungsleistung bei Eintritt eines versicherten Risikos und den Aufwendungen für den Erwerb und Erhalt des Versicherungsanspruches; insoweit findet Satz 2 keine Anwendung. ⁸Satz 7 gilt nicht, wenn die versicherte Person den Versicherungsanspruch von einem Dritten erwirbt oder aus anderen Rechtsverhältnissen entstandene Abfindungs- und Ausgleichsansprüche arbeitsrechtlicher, erbrechtlicher oder familienrechtlicher Art durch Übertragung von Ansprüchen aus Versicherungsverträgen erfüllt werden;

7. Erträge aus sonstigen Kapitalforderungen jeder Art, wenn die Rückzahlung des Kapitalvermögens oder ein Entgelt für die Überlassung des Kapitalvermögens zur Nutzung zugesagt oder geleistet worden ist, auch wenn die Höhe der Rückzahlung oder des Entgelts von einem ungewissen Ereignis abhängt. ²Dies gilt unabhängig von der Bezeichnung und der zivilrechtlichen Ausgestaltung der Kapitalanlage. ³Erstattungszinsen im Sinne des § 233a der Abgabenordnung sind Erträge im Sinne des Satzes 1;

8. Diskontbeträge von Wechseln und Anweisungen einschließlich der Schatzwechsel;

9. Einnahmen aus Leistungen einer nicht von der Körperschaftsteuer befreiten Körperschaft, Personenvereinigung oder Vermögensmasse im Sinne des § 1 Absatz 1 Nummer 3 bis 5 des Körperschaftsteuergesetzes, die Gewinnausschüttungen im Sinne der Nummer 1 wirtschaftlich vergleichbar sind, soweit sie nicht bereits zu den Einnahmen im Sinne der Nummer 1 gehören; Nummer 1 Satz 2, 3 und Nummer 2 gelten entsprechend. ²Satz 1 ist auf Leistungen von vergleichbaren Körperschaften, Personenvereinigungen oder Vermögensmassen, die weder Sitz noch Geschäftsleitung im Inland haben, entsprechend anzuwenden;

10. a) Leistungen eines nicht von der Körperschaftsteuer befreiten Betriebs gewerblicher Art im Sinne des § 4 des Körperschaftsteuergesetzes mit eigener Rechtspersönlichkeit, die zu mit Gewinnausschüttungen im Sinne der Nummer 1 Satz 1 wirtschaftlich vergleichbaren Einnahmen führen; Nummer 1 Satz 2, 3 und Nummer 2 gelten entsprechend;

b) der nicht den Rücklagen zugeführte Gewinn und verdeckte Gewinnausschüttungen eines nicht von der Körperschaftsteuer befreiten Betriebs gewerblicher Art im Sinne des § 4 des Körperschaftsteuergesetzes ohne eigene Rechtspersönlichkeit, der den Gewinn durch Betriebsvermögensvergleich ermittelt oder Umsätze einschließlich der steuerfreien Umsätze, ausgenommen die Umsätze nach § 4 Nummer 8 bis 10 des Umsatzsteuergesetzes, von mehr als 350 000 Euro im Kalenderjahr oder einen Gewinn von mehr als 30 000 Euro im Wirtschaftsjahr hat, sowie der Gewinn im Sinne des § 22 Absatz 4 des Umwandlungssteuergesetzes. ²Die Auflösung der Rücklagen zu Zwecken außerhalb des Betriebs gewerblicher Art führt zu einem Gewinn im Sinne des Satzes 1; in Fällen der Einbringung nach dem Achten Teil des Umwandlungssteuergesetzes gelten die Rücklagen als aufgelöst. ³Bei dem Geschäft der Veranstaltung von Werbesendungen der inländischen öffentlich-rechtlichen Rundfunkanstalten gelten drei Viertel des Einkommens im Sinne des § 8 Absatz 1 Satz 3 des Körperschaftsteuergesetzes als Gewinn im Sinne des Satzes 1. ⁴Die Sätze 1 und 2 sind bei wirtschaftlichen Geschäftsbetrieben der von der Körperschaftsteuer befreiten Körperschaften, Personenvereinigungen oder Vermögensmassen entsprechend anzuwenden. ⁵Nummer 1 Satz 3 gilt entsprechend. ⁶Satz 1 in der am 12. Dezember 2006 geltenden Fassung ist für Anteile, die einbringungsgeboren im Sinne des § 21 des Umwandlungssteuergesetzes in der am 12. Dezember 2006 geltenden Fassung sind, weiter anzuwenden;

11. Stillhalterprämien, die für die Einräumung von Optionen vereinnahmt werden; schließt der Stillhalter ein Glattstellungsgeschäft

---

*) **Anm. d. Verlages:**
Bei Vertragsabschlüssen nach dem 31.12.2011 ist die Hälfte des Unterschiedsbetrages anzusetzen, wenn die Versicherungsleistung nach Vollendung des 62. Lebensjahres des Steuerpflichtigen und nach Ablauf von zwölf Jahren seit Vertragsabschluss ausgezahlt wird (§ 52 Abs. 28 Satz 7 EStG).

ab, mindern sich die Einnahmen aus den Stillhalterprämien um die im Glattstellungsgeschäft gezahlten Prämien.

(2) ¹Zu den Einkünften aus Kapitalvermögen gehören auch
1. der Gewinn aus der Veräußerung von Anteilen an einer Körperschaft im Sinne des Absatzes 1 Nummer 1. ²Anteile an einer Körperschaft sind auch Genussrechte im Sinne des Absatzes 1 Nummer 1, den Anteilen im Sinne des Absatzes 1 Nummer 1 ähnliche Beteiligungen und Anwartschaften auf Anteile im Sinne des Absatzes 1 Nummer 1;
2. der Gewinn aus der Veräußerung
   a) von Dividendenscheinen und sonstigen Ansprüchen durch den Inhaber des Stammrechts, wenn die dazugehörigen Aktien oder sonstigen Anteile nicht mitveräußert werden. ²Soweit eine Besteuerung nach Satz 1 erfolgt ist, tritt diese insoweit an die Stelle der Besteuerung nach Absatz 1;
   b) von Zinsscheinen und Zinsforderungen durch den Inhaber oder ehemaligen Inhaber der Schuldverschreibung, wenn die dazugehörigen Schuldverschreibungen nicht mitveräußert werden. ²Entsprechendes gilt für die Einlösung von Zinsscheinen und Zinsforderungen durch den ehemaligen Inhaber der Schuldverschreibung.

   ²Satz 1 gilt sinngemäß für die Einnahmen aus der Abtretung von Dividenden- oder Zinsansprüchen oder sonstigen Ansprüchen im Sinne des Satzes 1, wenn die dazugehörigen Anteilsrechte oder Schuldverschreibungen nicht in einzelnen Wertpapieren verbrieft sind. ³Satz 2 gilt auch bei der Abtretung von Zinsansprüchen aus Schuldbuchforderungen, die in ein öffentliches Schuldbuch eingetragen sind;
3. der Gewinn
   a) bei Termingeschäften, durch die der Steuerpflichtige einen Differenzausgleich oder einen durch den Wert einer veränderlichen Bezugsgröße bestimmten Geldbetrag oder Vorteil erlangt;
   b) aus der Veräußerung eines als Termingeschäft ausgestalteten Finanzinstruments;
4. der Gewinn aus der Veräußerung von Wirtschaftsgütern, die Erträge im Sinne des Absatzes 1 Nummer 4 erzielen;
5. der Gewinn aus der Übertragung von Rechten im Sinne des Absatzes 1 Nummer 5;
6. der Gewinn aus der Veräußerung von Ansprüchen auf eine Versicherungsleistung im Sinne des Absatzes 1 Nummer 6. ²Das Versicherungsunternehmen hat nach Kenntniserlangung von einer Veräußerung unverzüglich Mitteilung an das für den Steuerpflichtigen zuständige Finanzamt zu machen und auf Verlangen des Steuerpflichtigen eine Bescheinigung über die Höhe der entrichteten Beiträge im Zeitpunkt der Veräußerung zu erteilen;
7. der Gewinn aus der Veräußerung von sonstigen Kapitalforderungen jeder Art im Sinne des Absatzes 1 Nummer 7;
8. der Gewinn aus der Übertragung oder Aufgabe einer die Einnahmen im Sinne des Absatzes 1 Nummer 9 vermittelnden Rechtsposition.

²Als Veräußerung im Sinne des Satzes 1 gilt auch die Einlösung, Rückzahlung, Abtretung oder verdeckte Einlage in eine Kapitalgesellschaft; in den Fällen von Satz 1 Nummer 4 gilt auch die Vereinnahmung eines Auseinandersetzungsguthabens als Veräußerung. ³Die Anschaffung oder Veräußerung einer unmittelbaren oder mittelbaren Beteiligung an einer Personengesellschaft gilt als Anschaffung oder Veräußerung der anteiligen Wirtschaftsgüter.

(3) Zu den Einkünften aus Kapitalvermögen gehören auch besondere Entgelte oder Vorteile, die neben den in den Absätzen 1 und 2 bezeichneten Einnahmen oder an deren Stelle gewährt werden.

(3a) ¹Korrekturen im Sinne des § 43a Absatz 3 Satz 7 sind erst zu dem dort genannten Zeitpunkt zu berücksichtigen. ²Weist der Steuerpflichtige durch eine Bescheinigung der auszahlenden Stelle nach, dass sie die Korrektur nicht vorgenommen hat und auch nicht vornehmen wird, kann der Steuerpflichtige die Korrektur nach § 32d Absatz 4 und 6 geltend machen.

(4) ¹Gewinn im Sinne des Absatzes 2 ist der Unterschied zwischen den Einnahmen aus der Veräußerung nach Abzug der Aufwendungen, die im unmittelbaren sachlichen Zusammenhang mit dem Veräußerungsgeschäft stehen, und den Anschaffungskosten; bei nicht in Euro getätigten Geschäften sind die Einnahmen im Zeitpunkt der Veräußerung und die Anschaffungskosten im Zeitpunkt der Anschaffung in Euro umzurechnen. ²In den Fällen der verdeckten Einlage tritt an die Stelle der Einnahmen aus der Veräußerung der Wirtschaftsgüter ihr gemeiner Wert; der Gewinn ist für das Kalenderjahr der verdeckten Einlage anzusetzen. ³Ist ein Wirtschaftsgut im Sinne des Absatzes 2 in das Privatvermögen durch Entnahme oder Betriebsaufgabe überführt worden, tritt an die Stelle der Anschaffungskosten der nach § 6 Absatz 1 Nummer 4 oder § 16 Absatz 3 angesetzte Wert. ⁴In den Fällen des Absatzes 2 Satz 1 Nummer 6 gelten die entrichteten Beiträge im Sinne des Absatzes 1 Nummer 6 Satz 1 als Anschaffungskosten; ist ein entgeltlicher Erwerb vorausgegangen, gelten auch die nach dem Erwerb entrichteten Beiträge als Anschaffungskosten. ⁵Gewinn bei einem Termingeschäft ist der Differenzausgleich oder der durch den Wert einer veränderlichen Bezugsgröße bestimmte Geldbetrag oder Vorteil abzüglich der Aufwendungen, die im unmittelbaren sachlichen Zusammenhang mit dem Termingeschäft stehen. ⁶Bei unentgeltlichem Erwerb sind dem Einzelrechtsnachfolger für Zwecke dieser Vorschrift die Anschaffung, die Überführung des Wirtschaftsguts in das Privatvermögen, der Erwerb eines Rechts aus Termingeschäften oder die Beiträge im Sinne des Absatzes 1 Nummer 6 Satz 1 durch den Rechtsvorgänger zuzurechnen. ⁷Bei vertretbaren Wertpapieren, die einem Verwahrer zur Sammelverwahrung im Sinne des § 5 des Depotgesetzes in der Fassung der Bekanntmachung vom 11. Januar 1995 (BGBl. I S. 34), das zuletzt durch Artikel 4 des Gesetzes vom 5. April 2004 (BGBl. I S. 502) geändert worden ist, in der jeweils geltenden Fassung anvertraut worden sind, ist zu unterstellen, dass die zuerst angeschafften Wertpapiere zuerst veräußert wurden.

(4a) ¹Werden Anteile an einer Körperschaft, Vermögensmasse oder Personenvereinigung gegen Anteile an einer anderen Körperschaft, Vermögensmasse oder Personenvereinigung getauscht und wird der Tausch aufgrund gesellschaftsrechtlicher Maßnahmen vollzogen, die von den beteiligten Unternehmen ausgehen, treten abweichend von Absatz 2 Satz 1 und den §§ 13 und 21 des Umwandlungssteuergesetzes die übernommenen Anteile steuerlich an die Stelle der bisherigen Anteile, wenn das Recht der Bundesrepublik Deutschland hinsichtlich der Besteuerung des Gewinns aus der Veräußerung der erhaltenen Anteile nicht ausgeschlossen oder beschränkt ist oder die Mitgliedstaaten der Europäischen Union bei einer Verschmelzung Artikel 8 der Richtlinie 90/434/EWG anzuwenden haben; in diesem Fall ist der Gewinn aus einer späteren Veräußerung der erworbenen Anteile ungeachtet der Bestimmungen eines Abkommens zur Vermeidung der Doppelbesteuerung in der gleichen Art und Weise zu besteuern, wie die Veräußerung der Anteile an der übertragenden Körperschaft zu besteuern wäre, und § 15 Absatz 1a Satz 2 entsprechend anzuwenden. ²Erhält der Steuerpflichtige in den Fällen des Satzes 1 zusätzlich zu den Anteilen eine Gegenleistung, gilt diese als Ertrag im Sinne des Absatzes 1 Nummer 1. ³Besitzt bei sonstigen Kapitalforderungen im Sinne des Absatzes 1 Nummer 7 der Inhaber das Recht, bei Fälligkeit anstelle der Zahlung eines Geldbetrags vom Emittenten die Lieferung von Wertpapieren zu verlangen oder besitzt der Emittent das Recht, bei Fälligkeit dem Inhaber anstelle der Zahlung eines Geldbetrags Wertpapiere anzudienen und macht der Inhaber der Forderung oder der Emittent von diesem Recht Gebrauch, ist abweichend von Absatz 4 Satz 1 das Entgelt für den Erwerb der Forderung als Veräußerungspreis der Forderung und als Anschaffungskosten der erhaltenen Wertpapiere anzusetzen; Satz 2 gilt entsprechend. ⁴Werden Bezugsrechte veräußert oder ausgeübt, die nach § 186 des Aktiengesetzes, § 55 des Gesetzes betreffend die Gesellschaften mit beschränkter Haftung oder eines vergleichbaren ausländischen Rechts einen Anspruch auf Abschluss eines Zeichnungsvertrags begründen, wird der Teil der Anschaffungskosten der Altanteile, der auf das Bezugsrecht entfällt, bei der Ermittlung des Gewinns nach Absatz 4 Satz 1 mit 0 Euro angesetzt. ⁵Werden einem Steuerpflichtigen Anteile im Sinne des Absatzes 2 Satz 1 Nummer 1 zugeteilt, ohne dass dieser eine gesonderte Gegenleistung zu entrichten hat, werden der Ertrag und die Anschaffungskosten dieser Anteile mit 0 Euro angesetzt, wenn die Voraussetzungen des Satzes 3 und 4 nicht vorliegen und die Ermittlung der Höhe des Kapitalertrags nicht möglich ist. ⁶Soweit es auf die steuerliche Wirksamkeit einer Kapitalmaßnahme im Sinne der vorstehenden

Sätze 1 bis 5 ankommt, ist auf den Zeitpunkt der Einbuchung in das Depot des Steuerpflichtigen abzustellen. ⁷Geht Vermögen einer Körperschaft durch Abspaltung auf andere Körperschaften über, gelten abweichend von Satz 5 und § 15 des Umwandlungssteuergesetzes die Sätze 1 und 2 entsprechend.

(5) ¹Einkünfte aus Kapitalvermögen im Sinne des Absatzes 1 Nummer 1 und 2 erzielt der Anteilseigner. ²Anteilseigner ist derjenige, dem nach § 39 der Abgabenordnung die Anteile an dem Kapitalvermögen im Sinne des Absatzes 1 Nummer 1 im Zeitpunkt des Gewinnverteilungsbeschlusses zuzurechnen sind. ³Sind einem Nießbraucher oder Pfandgläubiger die Einnahmen im Sinne des Absatzes 1 Nummer 1 oder 2 zuzurechnen, gilt er als Anteilseigner.

(6) ¹Verluste aus Kapitalvermögen dürfen nicht mit Einkünften aus anderen Einkunftsarten ausgeglichen werden; sie dürfen auch nicht nach § 10d abgezogen werden. ²Die Verluste mindern jedoch die Einkünfte, die der Steuerpflichtige in den folgenden Veranlagungszeiträumen aus Kapitalvermögen erzielt. ³§ 10d Absatz 4 ist sinngemäß anzuwenden. ⁴Verluste aus Kapitalvermögen im Sinne des Absatzes 2 Satz 1 Nummer 1 Satz 1, die aus der Veräußerung von Aktien entstehen, dürfen nur mit Gewinnen aus Kapitalvermögen im Sinne des Absatzes 2 Satz 1 Nummer 1 Satz 1, die aus der Veräußerung von Aktien entstehen, ausgeglichen werden; die Sätze 2 und 3 gelten sinngemäß. ⁵Verluste aus Kapitalvermögen, die der Kapitalertragsteuer unterliegen, dürfen nur verrechnet werden oder mindern die Einkünfte, die der Steuerpflichtige in den folgenden Veranlagungszeiträumen aus Kapitalvermögen erzielt, wenn eine Bescheinigung im Sinne des § 43a Absatz 3 Satz 4 vorliegt.

(7) ¹§ 15b ist sinngemäß anzuwenden. ²Ein vorgefertigtes Konzept im Sinne des § 15b Absatz 2 Satz 2 liegt auch vor, wenn die positiven Einkünfte nicht der tariflichen Einkommensteuer unterliegen.

(8) ¹Soweit Einkünfte der in den Absätzen 1, 2 und 3 bezeichneten Art zu den Einkünften aus Land- und Forstwirtschaft, aus Gewerbebetrieb, aus selbständiger Arbeit oder aus Vermietung und Verpachtung gehören, sind sie diesen zuzurechnen. ²Absatz 4a findet insoweit keine Anwendung.

(9) ¹Bei der Ermittlung der Einkünfte aus Kapitalvermögen ist als Werbungskosten ein Betrag von 801 Euro abzuziehen (Sparer-Pauschbetrag); der Abzug der tatsächlichen Werbungskosten ist ausgeschlossen. ²Ehegatten, die zusammen veranlagt werden, wird ein gemeinsamer Sparer-Pauschbetrag von 1 602 Euro gewährt. ³Der gemeinsame Sparer-Pauschbetrag ist bei der Einkunftsermittlung bei jedem Ehegatten je zur Hälfte abzuziehen; sind die Kapitalerträge eines Ehegatten niedriger als 801 Euro, so ist der anteilige Sparer-Pauschbetrag insoweit, als er die Kapitalerträge dieses Ehegatten übersteigt, bei dem anderen Ehegatten abzuziehen. ⁴Der Sparer-Pauschbetrag und der gemeinsame Sparer-Pauschbetrag dürfen nicht höher sein als die nach Maßgabe des Absatzes 6 verrechneten Kapitalerträge.

f) Vermietung und Verpachtung (§ 2 Absatz 1 Satz 1 Nummer 6)

§ 21

(1) ¹Einkünfte aus Vermietung und Verpachtung sind
1. Einkünfte aus Vermietung und Verpachtung von unbeweglichem Vermögen, insbesondere von Grundstücken, Gebäuden, Gebäudeteilen, Schiffen, die in ein Schiffsregister eingetragen sind, und Rechten, die den Vorschriften des bürgerlichen Rechts über Grundstücke unterliegen (z. B. Erbbaurecht, Mineralgewinnungsrecht);
2. Einkünfte aus Vermietung und Verpachtung von Sachinbegriffen, insbesondere von beweglichem Betriebsvermögen;
3. Einkünfte aus zeitlich begrenzter Überlassung von Rechten, insbesondere von schriftstellerischen, künstlerischen und gewerblichen Urheberrechten, von gewerblichen Erfahrungen und von Gerechtigkeiten und Gefällen;
4. Einkünfte aus der Veräußerung von Miet- und Pachtzinsforderungen, auch dann, wenn die Einkünfte im Veräußerungspreis von Grundstücken enthalten sind und die Miet- oder Pachtzinsen sich auf einen Zeitraum beziehen, in dem der Veräußerer noch Besitzer war.

²§§ 15a und 15b sind sinngemäß anzuwenden.

(2) ¹Beträgt das Entgelt für die Überlassung einer Wohnung zu Wohnzwecken weniger als 66 Prozent der ortsüblichen Marktmiete, so ist die Nutzungsüberlassung in einen entgeltlichen und einen unentgeltlichen Teil aufzuteilen. ²Beträgt das Entgelt bei auf Dauer angelegter Wohnungsvermietung mindestens 66 Prozent der ortsüblichen Miete, gilt die Wohnungsvermietung als entgeltlich.

(3) Einkünfte der in den Absätzen 1 und 2 bezeichneten Art sind Einkünften aus anderen Einkunftsarten zuzurechnen, soweit sie zu diesen gehören.

g) Sonstige Einkünfte (§ 2 Absatz 1 Satz 1 Nummer 7)

§ 22
Arten der sonstigen Einkünfte

Sonstige Einkünfte sind
1. Einkünfte aus wiederkehrenden Bezügen, soweit sie nicht zu den in § 2 Absatz 1 Nummer 1 bis 6 bezeichneten Einkunftsarten gehören; § 15b ist sinngemäß anzuwenden. ²Werden die Bezüge freiwillig oder aufgrund einer freiwillig begründeten Rechtspflicht oder einer gesetzlich unterhaltsberechtigten Person gewährt, so sind sie nicht dem Empfänger zuzurechnen; dem Empfänger sind dagegen zuzurechnen
   a) Bezüge, die von einer Körperschaft, Personenvereinigung oder Vermögensmasse außerhalb der Erfüllung steuerbegünstigter Zwecke im Sinne der §§ 52 bis 54 der Abgabenordnung gewährt werden, und
   b) Bezüge im Sinne des § 1 der Verordnung über die Steuerbegünstigung von Stiftungen, die an die Stelle von Familienfideikommissen getreten sind, in der im Bundesgesetzblatt Teil III, Gliederungsnummer 611-4-3, veröffentlichten bereinigten Fassung.

³Zu den in Satz 1 bezeichneten Einkünften gehören auch
   a) Leibrenten und andere Leistungen,
      aa) die aus den gesetzlichen Rentenversicherungen, der landwirtschaftlichen Alterskasse, den berufsständischen Versorgungseinrichtungen und aus Rentenversicherungen im Sinne des § 10 Absatz 1 Nummer 2 Buchstabe b erbracht werden, soweit sie jeweils der Besteuerung unterliegen. ²Bemessungsgrundlage für den der Besteuerung unterliegenden Anteil ist der Jahresbetrag der Rente. ³Der der Besteuerung unterliegende Anteil ist nach dem Jahr des Rentenbeginns und dem in diesem Jahr maßgebenden Prozentsatz aus der nachstehenden Tabelle zu entnehmen:

Jahr des Rentenbeginns		Besteuerungsanteil in %
bis	2005	50
ab	2006	52
	2007	54
	2008	56
	2009	58
	2010	60
	2011	62
	2012	64
	2013	66
	2014	68
	2015	70
	2016	72
	2017	74
	2018	76
	2019	78
	2020	80
	2021	81
	2022	82
	2023	83
	2024	84
	2025	85

EStG – Gesetzestext § 22

Jahr des Rentenbeginns	Besteuerungsanteil in %
2026	86
2027	87
2028	88
2029	89
2030	90
2031	91
2032	92
2033	93
2034	94
2035	95
2036	96
2037	97
2038	98
2039	99
2040	100

[4]Der Unterschiedsbetrag zwischen dem Jahresbetrag der Rente und dem der Besteuerung unterliegenden Anteil der Rente ist der steuerfreie Teil der Rente. [5]Dieser gilt ab dem Jahr, das dem Jahr des Rentenbeginns folgt, für die gesamte Laufzeit des Rentenbezugs. [6]Abweichend hiervon ist der steuerfreie Teil der Rente bei einer Veränderung des Jahresbetrags der Rente in dem Verhältnis anzupassen, in dem der veränderte Jahresbetrag der Rente zum Jahresbetrag der Rente steht, der der Ermittlung des steuerfreien Teils der Rente zugrunde liegt. [7]Regelmäßige Anpassungen des Jahresbetrags der Rente führen nicht zu einer Neuberechnung und bleiben bei einer Neuberechnung außer Betracht. [8]Folgen nach dem 31. Dezember 2004 Renten aus derselben Versicherung einander nach, gilt für die spätere Rente Satz 3 mit der Maßgabe, dass sich der Prozentsatz nach dem Jahr richtet, das sich ergibt, wenn die Laufzeit der vorhergehenden Renten von dem Jahr des Beginns der späteren Rente abgezogen wird; der Prozentsatz kann jedoch nicht niedriger bemessen werden als der für das Jahr 2005;

bb) die nicht solche im Sinne des Doppelbuchstaben aa sind und bei denen in den einzelnen Bezügen Einkünfte aus Erträgen des Rentenrechts enthalten sind. [2]Dies gilt auf Antrag auch für Leibrenten und andere Leistungen, soweit diese auf bis zum 31. Dezember 2004 geleisteten Beiträgen beruhen, welche oberhalb des Betrags des Höchstbeitrags zur gesetzlichen Rentenversicherung gezahlt wurden; der Steuerpflichtige muss nachweisen, dass der Betrag des Höchstbeitrags mindestens zehn Jahre überschritten wurde; soweit hiervon im Versorgungsausgleich übertragene Rentenanwartschaften betroffen sind, gilt § 4 Absatz 1 und 2 des Versorgungsausgleichsgesetzes entsprechend. [3]Als Ertrag des Rentenrechts gilt für die gesamte Dauer des Rentenbezugs der Unterschiedsbetrag zwischen dem Jahresbetrag der Rente und dem Betrag, der sich bei gleichmäßiger Verteilung des Kapitalwerts der Rente auf ihre voraussichtliche Laufzeit ergibt; dabei ist der Kapitalwert nach dieser Laufzeit zu berechnen. [4]Der Ertrag des Rentenrechts (Ertragsanteil) ist aus der nachstehenden Tabelle zu entnehmen:

Bei Beginn der Rente vollendetes Lebensjahr des Rentenberechtigten	Ertragsanteil in %	Bei Beginn der Rente vollendetes Lebensjahr des Rentenberechtigten	Ertragsanteil in %
0 bis 1	59	51 bis 52	29
2 bis 3	58	53	28
4 bis 5	57	54	27
6 bis 8	56	55 bis 56	26
9 bis 10	55	57	25
11 bis 12	54	58	24
13 bis 14	53	59	23
15 bis 16	52	60 bis 61	22
17 bis 18	51	62	21
19 bis 20	50	63	20
21 bis 22	49	64	19
23 bis 24	48	65 bis 66	18
25 bis 26	47	67	17
27	46	68	16
28 bis 29	45	69 bis 70	15
30 bis 31	44	71	14
32	43	72 bis 73	13
33 bis 34	42	74	12
35	41	75	11
36 bis 37	40	76 bis 77	10
38	39	78 bis 79	9
39 bis 40	38	80	8
41	37	81 bis 82	7
42	36	83 bis 84	6
43 bis 44	35	85 bis 87	5
45	34	88 bis 91	4
46 bis 47	33	92 bis 93	3
48	32	94 bis 96	2
49	31	ab 97	1
50	30		

[5]Die Ermittlung des Ertrags aus Leibrenten, die vor dem 1. Januar 1955 zu laufen begonnen haben, und aus Renten, deren Dauer von der Lebenszeit mehrerer Personen oder einer anderen Person als des Rentenberechtigten abhängt, sowie aus Leibrenten, die auf eine bestimmte Zeit beschränkt sind, wird durch eine Rechtsverordnung bestimmt;

b) Einkünfte aus Zuschüssen und sonstigen Vorteilen, die als wiederkehrende Bezüge gewährt werden;

1a. Einkünfte aus Leistungen und Zahlungen nach § 10 Absatz 1a, soweit für diese die Voraussetzungen für den Sonderausgabenabzug beim Leistungs- oder Zahlungsverpflichteten nach § 10 Absatz 1a erfüllt sind;

1b. und 1c. – *weggefallen* –

2. Einkünfte aus privaten Veräußerungsgeschäften im Sinne des § 23;

3. Einkünfte aus Leistungen, soweit sie weder zu anderen Einkunftsarten (§ 2 Absatz 1 Satz 1 Nummer 1 bis 6) noch zu den Einkünften im Sinne der Nummern 1, 1a, 2 oder 4 gehören, z. B. Einkünfte aus gelegentlichen Vermittlungen und aus der Vermietung beweglicher Gegenstände. [2]Solche Einkünfte sind nicht einkommensteuerpflichtig, wenn sie weniger als 256 Euro im Kalenderjahr betragen haben. [3]Übersteigen die Werbungskosten die Einnahmen, so darf der übersteigende Betrag bei Ermittlung des Einkommens nicht ausgeglichen werden; er darf auch nicht nach § 10d abgezogen werden. [4]Die Verluste mindern jedoch nach Maßgabe des § 10d die Einkünfte, die der Steuerpflichtige in dem unmittelbar vorangegangenen Veranlagungszeitraum oder in den folgenden Veranlagungszeiträumen aus Leistungen im Sinne des Satzes 1 erzielt hat oder erzielt; § 10d Absatz 4 gilt entsprechend;

4. Entschädigungen, Amtszulagen, Zuschüsse zu Kranken- und Pflegeversicherungsbeiträgen, Übergangsgelder, Überbrückungsgelder, Sterbegelder, Versorgungsabfindungen, Versorgungsbezüge, die aufgrund des Abgeordnetengesetzes oder des Europaabgeordnetengesetzes, sowie vergleichbare Bezüge, die aufgrund der

entsprechenden Gesetze der Länder gezahlt werden, und die Entschädigungen, das Übergangsgeld, das Ruhegehalt und die Hinterbliebenenversorgung, die aufgrund des Abgeordnetenstatus des Europäischen Parlaments von der Europäischen Union gezahlt werden. ²Werden zur Abgeltung des durch das Mandat veranlassten Aufwandes Aufwandsentschädigungen gezahlt, so dürfen die durch das Mandat veranlassten Aufwendungen nicht als Werbungskosten abgezogen werden. ³Wahlkampfkosten zur Erlangung eines Mandats im Bundestag, im Europäischen Parlament oder im Parlament eines Landes dürfen nicht als Werbungskosten abgezogen werden. ⁴Es gelten entsprechend

a) für Nachversicherungsbeiträge aufgrund gesetzlicher Verpflichtung nach den Abgeordnetengesetzen im Sinne des Satzes 1 und für Zuschüsse zu Kranken- und Pflegeversicherungsbeiträgen § 3 Nummer 62,

b) für Versorgungsbezüge § 19 Absatz 2 nur bezüglich des Versorgungsfreibetrags; beim Zusammentreffen mit Versorgungsbezügen im Sinne des § 19 Absatz 2 Satz 2 bleibt jedoch insgesamt höchstens ein Betrag in Höhe des Versorgungsfreibetrags nach § 19 Absatz 2 Satz 3 im Veranlagungszeitraum steuerfrei,

c) für das Übergangsgeld, das in einer Summe gezahlt wird, und für die Versorgungsabfindung § 34 Absatz 1,

d) für die Gemeinschaftssteuer, die auf die Entschädigung, das Übergangsgeld, das Ruhegehalt und die Hinterbliebenenversorgung aufgrund des Abgeordnetenstatuts des Europäischen Parlaments von der Europäischen Union erhoben wird, § 34c Absatz 1; dabei sind die im ersten Halbsatz genannten Einkünfte für die entsprechende Anwendung des § 34c Absatz 1 wie ausländische Einkünfte und die Gemeinschaftssteuer wie eine der deutschen Einkommensteuer entsprechende ausländische Steuer zu behandeln;

5. Leistungen aus Altersvorsorgeverträgen, Pensionsfonds, Pensionskassen und Direktversicherungen. ²Soweit die Leistungen nicht auf Beiträgen, auf die § 3 Nummer 63, § 10a oder Abschnitt XI angewendet wurde, nicht auf Zulagen im Sinne des Abschnitts XI, nicht auf Zahlungen im Sinne des § 92a Absatz 2 Satz 4 Nummer 1 und des § 92a Absatz 3 Satz 9 Nummer 2, nicht auf steuerfreien Leistungen nach § 3 Nummer 66 und nicht auf Ansprüchen beruhen, die durch steuerfreie Zuwendungen nach § 3 Nummer 56 oder die durch die nach § 3 Nummer 55b Satz 1 oder § 3 Nummer 55c steuerfreie Leistung aus einem neu begründeten Anrecht erworben wurden,

a) ist bei lebenslangen Renten sowie bei Berufsunfähigkeits-, Erwerbsminderungs- und Hinterbliebenenrenten Nummer 1 Satz 3 Buchstabe a entsprechend anzuwenden,

b) ist bei Leistungen aus Versicherungsverträgen, Pensionsfonds, Pensionskassen und Direktversicherungen, die nicht solche nach Buchstabe a sind, § 20 Absatz 1 Nummer 6 in der jeweils für den Vertrag geltenden Fassung entsprechend anzuwenden,

c) unterliegt bei anderen Leistungen der Unterschiedsbetrag zwischen der Leistung und der Summe der auf sie entrichteten Beiträge der Besteuerung; § 20 Absatz 1 Nummer 6 Satz 2 gilt entsprechend.

³In den Fällen des § 93 Absatz 1 Satz 1 und 2 gilt das ausgezahlte geförderte Altersvorsorgevermögen nach Abzug der Zulagen im Sinne des Abschnitt XI als Leistung im Sinne des Satzes 2. ⁴Als Leistung im Sinne des Satzes 1 gilt auch der Verminderungsbetrag nach § 92a Absatz 2 Satz 5 und der Auflösungsbetrag nach § 92a Absatz 3 Satz 5. ⁵Der Auflösungsbetrag nach § 92a Absatz 2 Satz 6 wird zu 70 Prozent als Leistung nach Satz 1 erfasst. ⁶Tritt nach dem Beginn der Auszahlungsphase zu Lebzeiten des Zulageberechtigten der Fall des § 92a Absatz 3 Satz 1 ein, dann ist

a) innerhalb eines Zeitraums bis zum zehnten Jahr nach dem Beginn der Auszahlungsphase das Eineinhalbfache,

b) innerhalb eines Zeitraums zwischen dem zehnten und 20. Jahr nach dem Beginn der Auszahlungsphase das Einfache

des nach Satz 5 noch nicht erfassten Auflösungsbetrags als Leistung nach Satz 1 zu erfassen; § 92a Absatz 3 Satz 9 gilt entsprechend mit der Maßgabe, dass als noch nicht zurückgeführter Betrag im Wohnförderungskonto der noch nicht erfasste Auflösungsbetrag gilt. ⁷Bei erstmaligem Bezug von Leistungen, in den Fällen des § 93 Absatz 1 sowie bei Änderung der im Kalenderjahr auszuzahlenden Leistung hat der Anbieter (§ 80) nach Ablauf des Kalenderjahres dem Steuerpflichtigen nach amtlich vorgeschriebenem Muster den Betrag der im abgelaufenen Kalenderjahr zugeflossenen Leistungen im Sinne der Sätze 1 bis 3 je gesondert mitzuteilen. ⁸Werden dem Steuerpflichtigen Abschluss- und Vertriebskosten eines Altersvorsorgevertrages erstattet, gilt der Erstattungsbetrag als Leistung im Sinne des Satzes 1. ⁹In den Fällen des § 3 Nummer 55a richtet sich die Zuordnung zu Satz 1 oder Satz 2 bei der ausgleichsberechtigten Person danach, wie eine nur auf die Ehezeit bezogene Zuordnung der sich aus dem übertragenen Anrecht ergebenden Leistung zu Satz 1 oder Satz 2 bei der ausgleichspflichtigen Person im Zeitpunkt der Übertragung ohne die Teilung vorzunehmen gewesen wäre. ¹⁰Dies gilt sinngemäß in den Fällen des § 3 Nummer 55 und 55e. ¹¹Wird eine Versorgungsverpflichtung nach § 3 Nummer 66 auf einen Pensionsfonds übertragen und hat der Steuerpflichtige bereits vor dieser Übertragung Leistungen aufgrund dieser Versorgungsverpflichtung erhalten, so sind insoweit auf die Leistungen aus dem Pensionsfonds im Sinne des Satzes 1 die Beträge nach § 9a Satz 1 Nummer 1 und § 19 Absatz 2 entsprechend anzuwenden; § 9a Satz 1 Nummer 3 ist nicht anzuwenden. ¹²Wird aufgrund einer internen Teilung nach § 10 des Versorgungsausgleichsgesetzes oder einer externen Teilung nach § 14 des Versorgungsausgleichsgesetzes ein Anrecht zugunsten der ausgleichsberechtigten Person begründet, so gilt dieser Vertrag insoweit zu dem gleichen Zeitpunkt als abgeschlossen wie der Vertrag der ausgleichspflichtigen Person, wenn die aus dem Vertrag der ausgleichspflichtigen Person ausgezahlten Leistungen zu einer Besteuerung nach Satz 2 führen.

§ 22a
Rentenbezugsmitteilungen an die zentrale Stelle

(1) ¹Die Träger der gesetzlichen Rentenversicherung, die landwirtschaftliche Alterskasse, die berufsständischen Versorgungseinrichtungen, die Pensionskassen, die Pensionsfonds, die Versicherungsunternehmen, die Unternehmen, die Verträge im Sinne des § 10 Absatz 1 Nummer 2 Buchstabe b anbieten, und die Anbieter im Sinne des § 80 (Mitteilungspflichtige) haben der zentralen Stelle (§ 81) bis zum 1. März des Jahres, das auf das Jahr folgt, in dem eine Leibrente oder andere Leistung nach § 22 Nummer 1 Satz 3 Buchstabe a und § 22 Nummer 5 einem Leistungsempfänger zugeflossen ist, unter Beachtung der im Bundessteuerblatt veröffentlichten Auslegungsvorschriften der Finanzverwaltung folgende Daten zu übermitteln (Rentenbezugsmitteilung):

1. Identifikationsnummer (§ 139b der Abgabenordnung), Familienname, Vorname und Geburtsdatum des Leistungsempfängers. ²Ist dem Mitteilungspflichtigen eine ausländische Anschrift des Leistungsempfängers bekannt, ist diese anzugeben. ³In diesen Fällen ist auch die Staatsangehörigkeit des Leistungsempfängers, soweit bekannt, mitzuteilen;

2. je gesondert den Betrag der Leibrenten und anderen Leistungen im Sinne des § 22 Nummer 1 Satz 3 Buchstabe a Doppelbuchstabe aa, bb Satz 4 und Doppelbuchstabe bb Satz 5 in Verbindung mit § 55 Absatz 2 der Einkommensteuer-Durchführungsverordnung sowie im Sinne des § 22 Nummer 5 Satz 1 bis 3. ²Der im Betrag der Rente enthaltene Teil, der ausschließlich auf einer Anpassung der Rente beruht, ist gesondert mitzuteilen;

3. Zeitpunkt des Beginns und des Endes des jeweiligen Leistungsbezugs; folgen nach dem 31. Dezember 2004 Renten aus derselben Versicherung einander nach, ist auch die Laufzeit der vorhergehenden Renten mitzuteilen;

4. Bezeichnung und Anschrift des Mitteilungspflichtigen;

5. die Beiträge im Sinne des § 10 Absatz 1 Nummer 3 Buchstabe a Satz 1 und 2 und Buchstabe b, soweit diese vom Mitteilungspflichtigen an die Träger der gesetzlichen Kranken- und Pflegeversicherung abgeführt werden;

6. die dem Leistungsempfänger zustehenden Beitragszuschüsse nach § 106 des Sechsten Buches Sozialgesetzbuch;

7. ab dem 1. Januar 2017 ein gesondertes Merkmal für Verträge, auf denen gefördertes Altersvorsorgevermögen gebildet wurde; die zentrale Stelle ist in diesen Fällen berechtigt, die Daten dieser Rentenbezugsmitteilung im Zulagekonto zu speichern und zu verarbeiten.

²Die Datenübermittlung hat nach amtlich vorgeschriebenem Datensatz durch Datenfernübertragung zu erfolgen. ³Im Übrigen ist § 150 Absatz 6 der Abgabenordnung entsprechend anzuwenden.

(2) ¹Der Leistungsempfänger hat dem Mitteilungspflichtigen seine Identifikationsnummer mitzuteilen. ²Teilt der Leistungsempfänger die Identifikationsnummer dem Mitteilungspflichtigen trotz Aufforderung nicht mit, übermittelt das Bundeszentralamt für Steuern dem Mitteilungspflichtigen auf dessen Anfrage die Identifikationsnummer des Leistungsempfängers; weitere Daten dürfen nicht übermittelt werden. ³In der Anfrage dürfen nur die in § 139b Absatz 3 der Abgabenordnung genannten Daten des Leistungsempfängers angegeben werden, soweit sie dem Mitteilungspflichtigen bekannt sind. ⁴Die Anfrage des Mitteilungspflichtigen und die Antwort des Bundeszentralamtes für Steuern sind über die zentrale Stelle zu übermitteln. ⁵Die zentrale Stelle führt eine ausschließlich automatisierte Prüfung der ihr übermittelten Daten daraufhin durch, ob sie vollständig und schlüssig sind und ob das vorgeschriebene Datenformat verwendet worden ist. ⁶Sie speichert die Daten des Leistungsempfängers nur für Zwecke dieser Prüfung bis zur Übermittlung an das Bundeszentralamt für Steuern oder an den Mitteilungspflichtigen. ⁷Die Daten sind für die Übermittlung zwischen der zentralen Stelle und dem Bundeszentralamt für Steuern zu verschlüsseln. ⁸Für die Anfrage gilt Absatz 1 Satz 2 und 3 entsprechend. ⁹Der Mitteilungspflichtige darf die Identifikationsnummer nur verwenden, soweit dies für die Erfüllung der Mitteilungspflicht nach Absatz 1 Satz 1 erforderlich ist.

(3) Der Mitteilungspflichtige hat den Leistungsempfänger jeweils darüber zu unterrichten, dass die Leistung der zentralen Stelle mitgeteilt wird.

(4) ¹Die zentrale Stelle (§ 81) kann bei den Mitteilungspflichtigen ermitteln, ob sie ihre Pflichten nach Absatz 1 erfüllt haben. ²Die §§ 193 bis 203 der Abgabenordnung gelten sinngemäß. ³Auf Verlangen der zentralen Stelle haben die Mitteilungspflichtigen ihre Unterlagen, soweit sie im Ausland geführt und aufbewahrt werden, verfügbar zu machen.

(5) ¹Wird eine Rentenbezugsmitteilung nicht innerhalb der in Absatz 1 Satz 1 genannten Frist übermittelt, so ist für jeden angefangenen Monat, in dem die Rentenbezugsmitteilung noch aussteht, ein Betrag in Höhe von 10 Euro für jede ausstehende Rentenbezugsmitteilung an die zentrale Stelle zu entrichten (Verspätungsgeld). ²Die Erhebung erfolgt durch die zentrale Stelle im Rahmen ihrer Prüfung nach Absatz 4. ³Von der Erhebung ist abzusehen, soweit die Fristüberschreitung auf Gründen beruht, die der Mitteilungspflichtige nicht zu vertreten hat. ⁴Das Handeln eines gesetzlichen Vertreters oder eines Erfüllungsgehilfen steht dem eigenen Handeln gleich. ⁵Das von einem Mitteilungspflichtigen zu entrichtende Verspätungsgeld darf 50 000 Euro für alle für einen Veranlagungszeitraum zu übermittelnden Rentenbezugsmitteilungen nicht übersteigen.

§ 23
Private Veräußerungsgeschäfte

(1) ¹Private Veräußerungsgeschäfte (§ 22 Nummer 2) sind
1. Veräußerungsgeschäfte bei Grundstücken und Rechten, die den Vorschriften des bürgerlichen Rechts über Grundstücke unterliegen (z. B. Erbbaurecht, Mineralgewinnungsrecht), bei denen der Zeitraum zwischen Anschaffung und Veräußerung nicht mehr als zehn Jahre beträgt. ²Gebäude und Außenanlagen sind einzubeziehen, soweit sie innerhalb dieses Zeitraums errichtet, ausgebaut oder erweitert werden; dies gilt entsprechend für Gebäudeteile, die selbständige unbewegliche Wirtschaftsgüter sind, sowie für Eigentumswohnungen und im Teileigentum stehende Räume. ³Ausgenommen sind Wirtschaftsgüter, die im Zeitraum zwischen Anschaffung oder Fertigstellung und Veräußerung ausschließlich zu eigenen Wohnzwecken oder im Jahr der Veräußerung und in den beiden vorangegangenen Jahren zu eigenen Wohnzwecken genutzt wurden;

2. Veräußerungsgeschäfte bei anderen Wirtschaftsgütern, bei denen der Zeitraum zwischen Anschaffung und Veräußerung nicht mehr als ein Jahr beträgt. ²Ausgenommen sind Veräußerungen von Gegenständen des täglichen Gebrauchs. ³Bei Anschaffung und Veräußerung mehrerer gleichartiger Fremdwährungsbeträge ist zu unterstellen, dass die zuerst angeschafften Beträge zuerst veräußert wurden. ⁴Bei Wirtschaftsgütern im Sinne von Satz 1, aus deren Nutzung als Einkunftsquelle zumindest in einem Kalenderjahr Einkünfte erzielt werden, erhöht sich der Zeitraum auf zehn Jahre.

²Als Anschaffung gilt auch die Überführung eines Wirtschaftsguts in das Privatvermögen des Steuerpflichtigen durch Entnahme oder Betriebsaufgabe. ³Bei unentgeltlichem Erwerb ist dem Einzelrechtsnachfolger für Zwecke dieser Vorschrift die Anschaffung oder die Überführung des Wirtschaftsguts in das Privatvermögen durch den Rechtsvorgänger zuzurechnen. ⁴Die Anschaffung oder Veräußerung einer unmittelbaren oder mittelbaren Beteiligung an einer Personengesellschaft gilt als Anschaffung oder Veräußerung der anteiligen Wirtschaftsgüter. ⁵Als Veräußerung im Sinne des Satzes 1 Nummer 1 gilt auch
1. die Einlage eines Wirtschaftsguts in das Betriebsvermögen, wenn die Veräußerung aus dem Betriebsvermögen innerhalb eines Zeitraums von zehn Jahren seit Anschaffung des Wirtschaftsguts erfolgt, und
2. die verdeckte Einlage in eine Kapitalgesellschaft.

(2) Einkünfte aus privaten Veräußerungsgeschäften der in Absatz 1 bezeichneten Art sind den Einkünften aus anderen Einkunftsarten zuzurechnen, soweit sie zu diesen gehören.

(3) ¹Gewinn oder Verlust aus Veräußerungsgeschäften nach Absatz 1 ist der Unterschied zwischen Veräußerungspreis einerseits und den Anschaffungs- oder Herstellungskosten und den Werbungskosten andererseits. ²In den Fällen des Absatzes 1 Satz 5 Nummer 1 tritt an die Stelle des Veräußerungspreises der für den Zeitpunkt der Einlage nach § 6 Absatz 1 Nummer 5 angesetzte Wert, in den Fällen des Absatzes 1 Satz 5 Nummer 2 der gemeine Wert. ³In den Fällen des Absatzes 1 Satz 2 tritt an die Stelle der Anschaffungs- oder Herstellungskosten der nach § 6 Absatz 1 Nummer 4 oder § 16 Absatz 3 angesetzte Wert. ⁴Die Anschaffungs- oder Herstellungskosten mindern sich um Absetzungen für Abnutzung, erhöhte Absetzungen und Sonderabschreibungen, soweit sie bei der Ermittlung der Einkünfte im Sinne des § 2 Absatz 1 Satz 1 Nummer 4 bis 7 abgezogen worden sind. ⁵Gewinne bleiben steuerfrei, wenn der aus den privaten Veräußerungsgeschäften erzielte Gesamtgewinn im Kalenderjahr weniger als 600 Euro betragen hat. ⁶In den Fällen des Absatzes 1 Satz 5 Nummer 1 sind Gewinne oder Verluste für das Kalenderjahr, in dem der Preis für die Veräußerung aus dem Betriebsvermögen zugeflossen ist, in den Fällen des Absatzes 1 Satz 5 Nummer 2 für das Kalenderjahr der verdeckten Einlage anzusetzen. ⁷Verluste dürfen nur bis zur Höhe des Gewinns, den der Steuerpflichtige im gleichen Kalenderjahr aus privaten Veräußerungsgeschäften erzielt hat, ausgeglichen werden; sie dürfen nicht nach § 10d abgezogen werden. ⁸Die Verluste mindern jedoch nach Maßgabe des § 10d die Einkünfte, die der Steuerpflichtige in dem unmittelbar vorangegangenen Veranlagungszeitraum oder in den folgenden Veranlagungszeiträumen aus privaten Veräußerungsgeschäften nach Absatz 1 erzielt hat oder erzielt; § 10d Absatz 4 gilt entsprechend.

h) Gemeinsame Vorschriften

§ 24

Zu den Einkünften im Sinne des § 2 Absatz 1 gehören auch
1. Entschädigungen, die gewährt worden sind
   a) als Ersatz für entgangene oder entgehende Einnahmen oder
   b) für die Aufgabe oder Nichtausübung einer Tätigkeit, für die Aufgabe einer Gewinnbeteiligung oder einer Anwartschaft auf eine solche;
   c) als Ausgleichszahlungen an Handelsvertreter nach § 89b des Handelsgesetzbuchs;
2. Einkünfte aus einer ehemaligen Tätigkeit im Sinne des § 2 Absatz 1 Satz 1 Nummer 1 bis 4 oder aus einem früheren Rechtsverhältnis im Sinne des § 2 Absatz 1 Satz 1 Nummer 5

bis 7, und zwar auch dann, wenn sie dem Steuerpflichtigen als Rechtsnachfolger zufließen;

3. Nutzungsvergütungen für die Inanspruchnahme von Grundstücken für öffentliche Zwecke sowie Zinsen auf solche Nutzungsvergütungen und auf Entschädigungen, die mit der Inanspruchnahme von Grundstücken für öffentliche Zwecke zusammenhängen.

§ 24a
Altersentlastungsbetrag

¹Der Altersentlastungsbetrag ist bis zu einem Höchstbetrag im Kalenderjahr ein nach einem Prozentsatz ermittelter Betrag des Arbeitslohns und der positiven Summe der Einkünfte, die nicht solche aus nichtselbständiger Arbeit sind. ²Bei der Bemessung des Betrags bleiben außer Betracht:

1. Versorgungsbezüge im Sinne des § 19 Absatz 2;
2. Einkünfte aus Leibrenten im Sinne des § 22 Nummer 1 Satz 3 Buchstabe a;
3. Einkünfte im Sinne des § 22 Nummer 4 Satz 4 Buchstabe b;
4. Einkünfte im Sinne des § 22 Nummer 5 Satz 1, soweit § 22 Nummer 5 Satz 11 anzuwenden ist;
5. Einkünfte im Sinne des § 22 Nummer 5 Satz 2 Buchstabe a.

³Der Altersentlastungsbetrag wird einem Steuerpflichtigen gewährt, der vor dem Beginn des Kalenderjahres, in dem er sein Einkommen bezogen hat, das 64. Lebensjahr vollendet hatte. ⁴Im Fall der Zusammenveranlagung von Ehegatten zur Einkommensteuer sind die Sätze 1 bis 3 für jeden Ehegatten gesondert anzuwenden. ⁵Der maßgebende Prozentsatz und der Höchstbetrag des Altersentlastungsbetrags sind der nachstehenden Tabelle zu entnehmen:

Das auf die Vollendung des 64. Lebensjahres folgende Kalenderjahr	Altersentlastungsbetrag	
	in % der Einkünfte	Höchstbetrag in Euro
2005	40,0	1 900
2006	38,4	1 824
2007	36,8	1 748
2008	35,2	1 672
2009	33,6	1 596
2010	32,0	1 520
2011	30,4	1 444
2012	28,8	1 368
2013	27,2	1 292
2014	25,6	1 216
2015	24,0	1 140
2016	22,4	1 064
2017	20,8	988
2018	19,2	912
2019	17,6	836
2020	16,0	760
2021	15,2	722
2022	14,4	684
2023	13,6	646
2024	12,8	608
2025	12,0	570
2026	11,2	532
2027	10,4	494
2028	9,6	456
2029	8,8	418
2030	8,0	380
2031	7,2	342
2032	6,4	304
2033	5,6	266
2034	4,8	228
2035	4,0	190
2036	3,2	152
2037	2,4	114
2038	1,6	76
2039	0,8	38
2040	0,0	0

§ 24b
Entlastungsbetrag für Alleinerziehende

(1) ¹Allein stehende Steuerpflichtige können einen Entlastungsbetrag in Höhe von 1 308 Euro im Kalenderjahr von der Summe der Einkünfte abziehen, wenn zu ihrem Haushalt mindestens ein Kind gehört, für das ihnen ein Freibetrag nach § 32 Absatz 6 oder Kindergeld zusteht. ²Die Zugehörigkeit zum Haushalt ist anzunehmen, wenn das Kind in der Wohnung des allein stehenden Steuerpflichtigen gemeldet ist. ³Ist das Kind bei mehreren Steuerpflichtigen gemeldet, steht der Entlastungsbetrag nach Satz 1 demjenigen Alleinstehenden zu, der die Voraussetzungen auf Auszahlung des Kindergeldes nach § 64 Absatz 2 Satz 1 erfüllt oder erfüllen würde in Fällen, in denen nur ein Anspruch auf einen Freibetrag nach § 32 Absatz 6 besteht.

(2) ¹Allein stehend im Sinne des Absatzes 1 sind Steuerpflichtige, die nicht die Voraussetzungen für die Anwendung des Splitting-Verfahrens (§ 26 Absatz 1) erfüllen oder verwitwet sind und keine Haushaltsgemeinschaft mit einer anderen volljährigen Person bilden, es sei denn, für diese steht ihnen ein Freibetrag nach § 32 Absatz 6 oder Kindergeld zu oder es handelt sich um ein Kind im Sinne des § 63 Absatz 1 Satz 1, das einen Dienst nach § 32 Absatz 5 Satz 1 Nummer 1 und 2 leistet oder eine Tätigkeit nach § 32 Absatz 5 Satz 1 Nummer 3 ausübt. ²Ist die andere Person mit Haupt- oder Nebenwohnsitz in der Wohnung des Steuerpflichtigen gemeldet, wird vermutet, dass sie mit dem Steuerpflichtigen gemeinsam wirtschaftet (Haushaltsgemeinschaft). ³Diese Vermutung ist widerlegbar, es sei denn, der Steuerpflichtige und die andere Person leben in einer eheähnlichen oder lebenspartnerschaftsähnlichen Gemeinschaft.

(3) Für jeden vollen Kalendermonat, in dem die Voraussetzungen des Absatzes 1 nicht vorgelegen haben, ermäßigt sich der Entlastungsbetrag um ein Zwölftel.

III. Veranlagung

§ 25
Veranlagungszeitraum, Steuererklärungspflicht

(1) Die Einkommensteuer wird nach Ablauf des Kalenderjahres (Veranlagungszeitraum) nach dem Einkommen veranlagt, das der Steuerpflichtige in diesem Veranlagungszeitraum bezogen hat, soweit nicht nach § 43 Absatz 5 und § 46 eine Veranlagung unterbleibt.

(2) – weggefallen –

(3) ¹Die steuerpflichtige Person hat für den Veranlagungszeitraum eine eigenhändig unterschriebene Einkommensteuererklärung abzugeben. ²Wählen Ehegatten die Zusammenveranlagung (§ 26b), haben sie eine gemeinsame Steuererklärung abzugeben, die von beiden eigenhändig zu unterschreiben ist.

(4) ¹Die Erklärung nach Absatz 3 ist nach amtlich vorgeschriebenem Datensatz durch Datenfernübertragung zu übermitteln, wenn Einkünfte nach § 2 Absatz 1 Satz 1 Nummer 1 bis 3 erzielt werden und es sich nicht um einen der Veranlagungsfälle gemäß § 46 Absatz 2 Nummer 2 bis 8 handelt. ²Auf Antrag kann die Finanzbehörde zur Vermeidung unbilliger Härten auf eine Übermittlung durch Datenfernübertragung verzichten.

§ 26
Veranlagung von Ehegatten

(1) ¹Ehegatten können zwischen der Einzelveranlagung (§ 26a) und der Zusammenveranlagung (§ 26b) wählen, wenn

1. beide unbeschränkt einkommensteuerpflichtig im Sinne des § 1 Absatz 1 oder 2 oder des § 1a sind,
2. sie nicht dauernd getrennt leben und
3. bei ihnen die Voraussetzungen aus den Nummern 1 und 2 zu Beginn des Veranlagungszeitraums vorgelegen haben oder im Laufe des Veranlagungszeitraums eingetreten sind.

²Hat ein Ehegatte in dem Veranlagungszeitraum, in dem seine zuvor bestehende Ehe aufgelöst worden ist, eine neue Ehe geschlossen und liegen bei ihm und dem neuen Ehegatten die Voraussetzungen des Satzes 1 vor, bleibt die zuvor bestehende Ehe für die Anwendung des Satzes 1 unberücksichtigt.

(2) ¹Ehegatten werden einzeln veranlagt, wenn einer der Ehegatten die Einzelveranlagung wählt. ²Ehegatten werden zusammen veranlagt, wenn beide Ehegatten die Zusammenveranlagung wählen. ³Die Wahl wird für den betreffenden Veranlagungszeitraum durch Angabe in der Steuererklärung getroffen. ⁴Die Wahl der Veranlagungsart innerhalb eines Veranlagungszeitraums kann nach Eintritt der Unanfechtbarkeit des Steuerbescheids nur noch geändert werden, wenn

1. ein Steuerbescheid, der die Ehegatten betrifft, aufgehoben, geändert oder berichtigt wird und
2. die Änderung der Wahl der Veranlagungsart der zuständigen Finanzbehörde bis zum Eintritt der Unanfechtbarkeit des Änderungs- oder Berichtigungsbescheids schriftlich oder elektronisch mitgeteilt oder zur Niederschrift erklärt worden ist und
3. der Unterschiedsbetrag aus der Differenz der festgesetzten Einkommensteuer entsprechend der bisher gewählten Veranlagungsart und der festzusetzenden Einkommensteuer, die sich bei einer geänderten Ausübung der Wahl der Veranlagungsarten ergeben würde, positiv ist. ²Die Einkommensteuer der einzeln veranlagten Ehegatten ist hierbei zusammenzurechnen.

(3) Wird von dem Wahlrecht nach Absatz 2 nicht oder nicht wirksam Gebrauch gemacht, so ist eine Zusammenveranlagung durchzuführen.

§ 26a
Einzelveranlagung von Ehegatten

(1) ¹Bei der Einzelveranlagung von Ehegatten sind jedem Ehegatten die von ihm bezogene Einkünfte zuzurechnen. ²Einkünfte eines Ehegatten sind nicht allein deshalb zum Teil dem anderen Ehegatten zuzurechnen, weil dieser bei der Erzielung der Einkünfte mitgewirkt hat.

(2) ¹Sonderausgaben, außergewöhnliche Belastungen und die Steuerermäßigung nach § 35a werden demjenigen Ehegatten zugerechnet, der die Aufwendungen wirtschaftlich getragen hat. ²Auf übereinstimmenden Antrag der Ehegatten werden sie jeweils zur Hälfte abgezogen. ³Der Antrag des Ehegatten, der die Aufwendungen wirtschaftlich getragen hat, ist in begründeten Einzelfällen ausreichend. ⁴§ 26 Absatz 2 Satz 3 gilt entsprechend.

(3) Die Anwendung des § 10d für den Fall des Übergangs von der Einzelveranlagung zur Zusammenveranlagung und von der Zusammenveranlagung zur Einzelveranlagung zwischen zwei Veranlagungszeiträumen, wenn bei beiden Ehegatten nicht ausgeglichene Verluste vorliegen, wird durch Rechtsverordnung der Bundesregierung mit Zustimmung des Bundesrates geregelt.

§ 26b
Zusammenveranlagung von Ehegatten

Bei der Zusammenveranlagung von Ehegatten werden die Einkünfte, die die Ehegatten erzielt haben, zusammengerechnet, den Ehegatten gemeinsam zugerechnet und, soweit nichts anderes vorgeschrieben ist, die Ehegatten sodann gemeinsam als Steuerpflichtiger behandelt.

§ 26c
– weggefallen –

§ 27
– weggefallen –

§ 28
Besteuerung bei fortgesetzter Gütergemeinschaft

Bei fortgesetzter Gütergemeinschaft gelten Einkünfte, die in das Gesamtgut fallen, als Einkünfte des überlebenden Ehegatten, wenn dieser unbeschränkt steuerpflichtig ist.

§§ 29 und 30
– weggefallen –

IV. Tarif

§ 31
Familienleistungsausgleich

¹Die steuerliche Freistellung eines Einkommensbetrags in Höhe des Existenzminimums eines Kindes einschließlich der Bedarfe für Betreuung und Erziehung oder Ausbildung wird im gesamten Veranlagungszeitraum entweder durch die Freibeträge nach § 32 Absatz 6 oder durch Kindergeld nach Abschnitt X bewirkt. ²Soweit das Kindergeld dafür nicht erforderlich ist, dient es der Förderung der Familie. ³Im laufenden Kalenderjahr wird Kindergeld als Steuervergütung monatlich gezahlt. ⁴Bewirkt der Anspruch auf Kindergeld für den gesamten Veranlagungszeitraum die nach Satz 1 gebotene steuerliche Freistellung nicht vollständig und werden deshalb bei der Veranlagung zur Einkommensteuer die Freibeträge nach § 32 Absatz 6 vom Einkommen abgezogen, erhöht sich die unter Abzug dieser Freibeträge ermittelte tarifliche Einkommensteuer um den Anspruch auf Kindergeld für den gesamten Veranlagungszeitraum; bei nicht zusammenveranlagten Eltern wird der Kindergeldanspruch im Umfang des Kinderfreibetrags angesetzt. ⁵Satz 4 gilt entsprechend für mit dem Kindergeld vergleichbare Leistungen nach § 65. ⁶Besteht nach ausländischem Recht Anspruch auf Leistungen für Kinder, wird dieser insoweit nicht berücksichtigt, als er das inländische Kindergeld übersteigt.

§ 32
Kinder, Freibeträge für Kinder

(1) Kinder sind

1. im ersten Grad mit dem Steuerpflichtigen verwandte Kinder,
2. Pflegekinder (Personen, mit denen der Steuerpflichtige durch ein familienähnliches, auf längere Dauer berechnetes Band verbunden ist, sofern er sie nicht zu Erwerbszwecken in seinen Haushalt aufgenommen hat und das Obhuts- und Pflegeverhältnis zu den Eltern nicht mehr besteht).

(2) ¹Besteht bei einem angenommenen Kind das Kindschaftsverhältnis zu den leiblichen Eltern weiter, ist es vorrangig als angenommenes Kind zu berücksichtigen. ²Ist ein im ersten Grad mit dem Steuerpflichtigen verwandtes Kind zugleich ein Pflegekind, ist es vorrangig als Pflegekind zu berücksichtigen.

(3) Ein Kind wird in dem Kalendermonat, in dem es lebend geboren wurde, und in jedem folgenden Kalendermonat, zu dessen Beginn es das 18. Lebensjahr noch nicht vollendet hat, berücksichtigt.

(4) ¹Ein Kind, das das 18. Lebensjahr vollendet hat, wird berücksichtigt, wenn es

1. noch nicht das 21. Lebensjahr vollendet hat, nicht in einem Beschäftigungsverhältnis steht und bei einer Agentur für Arbeit im Inland als Arbeitsuchender gemeldet ist oder
2. noch nicht das 25. Lebensjahr vollendet hat und
   a) für einen Beruf ausgebildet wird oder
   b) sich in einer Übergangszeit von höchstens vier Monaten befindet, die zwischen zwei Ausbildungsabschnitten oder zwischen einem Ausbildungsabschnitt und der Ableistung des gesetzlichen Wehr- oder Zivildienstes, einer vom Wehr- oder Zivildienst befreienden Tätigkeit als Entwicklungshelfer oder als Dienstleister im Ausland nach § 14b des Zivildienstgesetzes oder der Ableistung des freiwilligen Wehrdienstes nach § 58b des Soldatengesetzes oder der Ableis-

tung eines freiwilligen Dienstes im Sinne des Buchstaben d liegt, oder

c) eine Berufsausbildung mangels Ausbildungsplatzes nicht beginnen oder fortsetzen kann oder

d) ein freiwilliges soziales Jahr oder ein freiwilliges ökologisches Jahr im Sinne des Jugendfreiwilligendienstegesetzes oder einen Freiwilligendienst im Sinne der Verordnung (EU) Nr. 1288/2013 des Europäischen Parlaments und des Rates vom 11. Dezember 2013 zur Einführung von „Erasmus+", dem Programm der Union für allgemeine und berufliche Bildung, Jugend und Sport, und zur Aufhebung der Beschlüsse Nr. 1719/2006/EG, Nr. 1720/2006/EG und Nr. 1298/2008/EG (ABl. L 347 vom 20.12.2013, S. 50) oder einen anderen Dienst im Ausland im Sinne von § 5 des Bundesfreiwilligendienstgesetzes oder einen entwicklungspolitischen Freiwilligendienst „weltwärts" im Sinne der Richtlinie des Bundesministeriums für wirtschaftliche Zusammenarbeit und Entwicklung vom 1. August 2007 (BAnz. 2008 S. 1297) oder einen Freiwilligendienst aller Generationen im Sinne von § 2 Absatz 1a des Siebten Buches Sozialgesetzbuch oder einen Internationalen Jugendfreiwilligendienst im Sinne der Richtlinie des Bundesministeriums für Familie, Senioren, Frauen und Jugend vom 20. Dezember 2010 (GMBl. S. 1778) oder einen Bundesfreiwilligendienst im Sinne des Bundesfreiwilligendienstgesetzes leistet oder

3. wegen körperlicher, geistiger oder seelischer Behinderung außerstande ist, sich selbst zu unterhalten; Voraussetzung ist, dass die Behinderung vor Vollendung des 25. Lebensjahres eingetreten ist.

²Nach Abschluss einer erstmaligen Berufsausbildung oder eines Erststudiums wird ein Kind in den Fällen des Satzes 1 Nummer 2 nur berücksichtigt, wenn das Kind keiner Erwerbstätigkeit nachgeht. ³Eine Erwerbstätigkeit mit bis zu 20 Stunden regelmäßiger wöchentlicher Arbeitszeit, ein Ausbildungsdienstverhältnis oder ein geringfügiges Beschäftigungsverhältnis im Sinne der §§ 8 und 8a des Vierten Buches Sozialgesetzbuch sind unschädlich.

(5) ¹In den Fällen des Absatzes 4 Satz 1 Nummer 1 oder Nummer 2 Buchstabe a und b wird ein Kind, das

1. den gesetzlichen Grundwehrdienst oder Zivildienst geleistet hat, oder

2. sich an Stelle des gesetzlichen Grundwehrdienstes freiwillig für die Dauer von nicht mehr als drei Jahren zum Wehrdienst verpflichtet hat, oder

3. eine vom gesetzlichen Grundwehrdienst oder Zivildienst befreiende Tätigkeit als Entwicklungshelfer im Sinne des § 1 Absatz 1 des Entwicklungshelfer-Gesetzes ausgeübt hat,

für einen der Dauer dieser Dienste oder der Tätigkeit entsprechenden Zeitraum, höchstens für die Dauer des inländischen gesetzlichen Grundwehrdienstes oder bei anerkannten Kriegsdienstverweigerern für die Dauer des inländischen gesetzlichen Zivildienstes über das 21. oder 25. Lebensjahr hinaus berücksichtigt. ²Wird der gesetzliche Grundwehrdienst oder Zivildienst in einem Mitgliedstaat der Europäischen Union oder einem Staat, auf den das Abkommen über den Europäischen Wirtschaftsraum Anwendung findet, geleistet, so ist die Dauer dieses Dienstes maßgebend. ³Absatz 4 Satz 2 und 3 gilt entsprechend.*)

(6) ¹Bei der Veranlagung zur Einkommensteuer wird für jedes zu berücksichtigende Kind des Steuerpflichtigen ein Freibetrag von 2 184 Euro für das sächliche Existenzminimum des Kindes (Kinderfreibetrag) sowie ein Freibetrag von 1 320 Euro für den Betreuungs- und Erziehungs- oder Ausbildungsbedarf des Kindes vom Einkommen abgezogen. ²Bei Ehegatten, die nach den §§ 26, 26b zusammen zur Einkommensteuer veranlagt werden, verdoppeln sich die Beträge nach Satz 1, wenn das Kind zu beiden Ehegatten in einem Kindschaftsverhältnis steht. ³Die Beträge nach Satz 2 stehen dem Steuerpflichtigen auch dann zu, wenn

1. der andere Elternteil verstorben oder nicht unbeschränkt einkommensteuerpflichtig ist oder

2. der Steuerpflichtige allein das Kind angenommen hat oder das Kind nur zu ihm in einem Pflegekindschaftsverhältnis steht.

⁴Für ein nicht nach § 1 Absatz 1 oder 2 unbeschränkt einkommensteuerpflichtiges Kind können die Beträge nach den Sätzen 1 bis 3 nur abgezogen werden, soweit sie nach den Verhältnissen seines Wohnsitzstaates notwendig und angemessen sind. ⁵Für jeden Kalendermonat, in dem die Voraussetzungen für einen Freibetrag nach den Sätzen 1 bis 4 nicht vorliegen, ermäßigen sich die dort genannten Beträge um ein Zwölftel. ⁶Abweichend von Satz 1 wird bei einem unbeschränkt einkommensteuerpflichtigen Elternpaar, bei dem die Voraussetzungen des § 26 Absatz 1 Satz 1 nicht vorliegen, auf Antrag eines Elternteils der dem anderen Elternteil zustehende Kinderfreibetrag auf ihn übertragen, wenn er, nicht jedoch der andere Elternteil seiner Unterhaltspflicht gegenüber dem Kind für das Kalenderjahr im Wesentlichen nachkommt oder der andere Elternteil mangels Leistungsfähigkeit nicht unterhaltspflichtig ist. ⁷Eine Übertragung nach Satz 6 scheidet für Zeiträume aus, für die Unterhaltsleistungen nach dem Unterhaltsvorschussgesetz gezahlt werden. ⁸ Bei minderjährigen Kindern wird der dem Elternteil, in dessen Wohnung das Kind nicht gemeldet ist, zustehende Freibetrag für den Betreuungs- und Erziehungs- oder Ausbildungsbedarf auf Antrag des anderen Elternteils auf diesen übertragen, wenn bei dem Elternpaar die Voraussetzungen des § 26 Absatz 1 Satz 1 nicht vorliegen. ⁹Eine Übertragung nach Satz 8 scheidet aus, wenn der Übertragung widersprochen wird, weil der Elternteil, bei dem das Kind nicht gemeldet ist, Kinderbetreuungskosten trägt oder das Kind regelmäßig in einem nicht unwesentlichen Umfang betreut. ¹⁰Die den Eltern nach den Sätzen 1 bis 9 zustehenden Freibeträge können auf Antrag auch auf einen Stiefelternteil oder Großelternteil übertragen werden, wenn dieser das Kind in seinen Haushalt aufgenommen hat oder dieser einer Unterhaltspflicht gegenüber dem Kind unterliegt. ¹¹Die Übertragung nach Satz 10 kann auch mit Zustimmung des berechtigten Elternteils erfolgen, die nur für künftige Kalenderjahre widerrufen werden kann.

§ 32a
Einkommensteuertarif

(1) ¹Die tarifliche Einkommensteuer in den Veranlagungszeiträumen ab 2014 bemisst sich nach dem zu versteuernden Einkommen. ²Sie beträgt vorbehaltlich der §§ 32b, 32d, 34, 34a, 34b und 34c jeweils in Euro für zu versteuernde Einkommen

1. bis 8 354 Euro (Grundfreibetrag):
   0;

2. von 8 355 Euro bis 13 469 Euro:
   $(974{,}58 \cdot y + 1\,400) \cdot y$;

3. von 13 470 Euro bis 52 881 Euro:
   $(228{,}74 \cdot z + 2\,397) \cdot z + 971$;

4. von 52 882 Euro bis 250 730 Euro:
   $0{,}42 \cdot x - 8\,239$;

5. von 250 731 Euro an:
   $0{,}45 \cdot x - 15\,761$.

³„y" ist ein Zehntausendstel des den Grundfreibetrag übersteigenden Teils des auf einen vollen Euro-Betrag abgerundeten zu versteuernden Einkommens. ⁴„z" ist ein Zehntausendstel des 13 469 Euro übersteigenden Teils des auf einen vollen Euro-Betrag abgerundeten zu versteuernden Einkommens. ⁵„x" ist das auf einen vollen Euro-Betrag abgerundete zu versteuernde Einkommen. ⁶Der sich ergebende Steuerbetrag ist auf den nächsten vollen Euro-Betrag abzurunden.

(2) bis (4) – *weggefallen* –

(5) Bei Ehegatten, die nach den §§ 26, 26b zusammen zur Einkommensteuer veranlagt werden, beträgt die tarifliche Einkommensteuer vorbehaltlich der §§ 32b, 32d, 34, 34a, 34b und 34c das Zweifache des Steuerbetrags, der sich für die Hälfte ihres gemeinsam zu versteuernden Einkommens nach Absatz 1 ergibt (Splitting-Verfahren).

(6) ¹Das Verfahren nach Absatz 5 ist auch anzuwenden zur Berechnung der tariflichen Einkommensteuer für das zu versteuernde Einkommen

1. bei einem verwitweten Steuerpflichtigen für den Veranlagungszeitraum, der dem Kalenderjahr folgt, in dem der Ehegatte verstorben ist, wenn der Steuerpflichtige und sein verstorbener

---

*) **Anm. d. Verlages:**
§ 32 Abs. 5 EStG ist nur noch anzuwenden, wenn das Kind den Dienst oder die Tätigkeit vor dem 1.7.2011 angetreten hat (§ 52 Abs. 32 Satz 2 EStG).

Ehegatte im Zeitpunkt seines Todes die Voraussetzungen des § 26 Absatz 1 Satz 1 erfüllt haben,

2. bei einem Steuerpflichtigen, dessen Ehe in dem Kalenderjahr, in dem er sein Einkommen bezogen hat, aufgelöst worden ist, wenn in diesem Kalenderjahr

   a) der Steuerpflichtige und sein bisheriger Ehegatte die Voraussetzungen des § 26 Absatz 1 Satz 1 erfüllt haben,

   b) der bisherige Ehegatte wieder geheiratet hat und

   c) der bisherige Ehegatte und dessen neuer Ehegatte ebenfalls die Voraussetzungen des § 26 Absatz 1 Satz 1 erfüllen.

²Voraussetzung für die Anwendung des Satzes 1 ist, dass der Steuerpflichtige nicht nach den §§ 26, 26a einzeln zur Einkommensteuer veranlagt wird.

§ 32b
Progressionsvorbehalt

(1) ¹Hat ein zeitweise oder während des gesamten Veranlagungszeitraums unbeschränkt Steuerpflichtiger oder ein beschränkt Steuerpflichtiger, auf den § 50 Absatz 2 Satz 2 Nummer 4 Anwendung findet,

1. a) Arbeitslosengeld, Teilarbeitslosengeld, Zuschüsse zum Arbeitsentgelt, Kurzarbeitergeld, Insolvenzgeld, Übergangsgeld nach dem Dritten Buch Sozialgesetzbuch; Insolvenzgeld, das nach § 170 Absatz 1 des Dritten Buches Sozialgesetzbuch einem Dritten zusteht, ist dem Arbeitnehmer zuzurechnen,

   b) Krankengeld, Mutterschaftsgeld, Verletztengeld, Übergangsgeld oder vergleichbare Lohnersatzleistungen nach dem Fünften, Sechsten oder Siebten Buch Sozialgesetzbuch, der Reichsversicherungsordnung, dem Gesetz über die Krankenversicherung der Landwirte oder dem Zweiten Gesetz über die Krankenversicherung der Landwirte,

   c) Mutterschaftsgeld, Zuschuss zum Mutterschaftsgeld, die Sonderunterstützung nach dem Mutterschutzgesetz sowie den Zuschuss bei Beschäftigungsverboten für die Zeit vor oder nach einer Entbindung sowie für den Entbindungstag während einer Elternzeit nach beamtenrechtlichen Vorschriften,

   d) Arbeitslosenbeihilfe nach dem Soldatenversorgungsgesetz,

   e) Entschädigungen für Verdienstausfall nach dem Infektionsschutzgesetz vom 20. Juli 2000 (BGBl. I S. 1045),

   f) Versorgungskrankengeld oder Übergangsgeld nach dem Bundesversorgungsgesetz,

   g) nach § 3 Nummer 28 steuerfreie Aufstockungsbeträge oder Zuschläge,

   h) Verdienstausfallentschädigung nach dem Unterhaltssicherungsgesetz,

   i) – weggefallen –

   j) Elterngeld nach dem Bundeselterngeld- und Elternzeitgesetz,

   k) nach § 3 Nummer 2 Buchstabe e steuerfreie Leistungen, wenn vergleichbare Leistungen inländischer öffentlicher Kassen nach den Buchstaben a bis j dem Progressionsvorbehalt unterfallen, oder

2. ausländische Einkünfte, die im Veranlagungszeitraum nicht der deutschen Einkommensteuer unterlegen haben; dies gilt nur für Fälle der zeitweisen unbeschränkten Steuerpflicht einschließlich der in § 2 Absatz 7 Satz 3 geregelten Fälle; ausgenommen sind Einkünfte, die nach einem sonstigen zwischenstaatlichen Übereinkommen im Sinne der Nummer 4 steuerfrei sind und die nach diesem Übereinkommen nicht unter dem Vorbehalt der Einbeziehung bei der Berechnung der Einkommensteuer stehen,

3. Einkünfte, die nach einem Abkommen zur Vermeidung der Doppelbesteuerung steuerfrei sind,

4. Einkünfte, die nach einem sonstigen zwischenstaatlichen Übereinkommen unter dem Vorbehalt der Einbeziehung bei der Berechnung der Einkommensteuer steuerfrei sind,

5. Einkünfte, die bei Anwendung von § 1 Absatz 3 oder § 1a oder § 50 Absatz 2 Satz 2 Nummer 4 im Veranlagungszeitraum bei der Ermittlung des zu versteuernden Einkommens unberücksichtigt bleiben, weil sie nicht der deutschen Einkommensteuer oder einem Steuerabzug unterliegen; ausgenommen sind Einkünfte, die nach einem sonstigen zwischenstaatlichen Übereinkommen im Sinne der Nummer 4 steuerfrei sind und die nach diesem Übereinkommen nicht unter dem Vorbehalt der Einbeziehung bei der Berechnung der Einkommensteuer stehen,

bezogen, so ist auf das nach § 32a Absatz 1 zu versteuernde Einkommen ein besonderer Steuersatz anzuwenden. ²Satz 1 Nummer 3 gilt nicht für Einkünfte

1. aus einer anderen als in einem Drittstaat belegenden land- und forstwirtschaftlichen Betriebsstätte,

2. aus einer anderen als in einem Drittstaat belegenen gewerblichen Betriebsstätte, die nicht die Voraussetzungen des § 2a Absatz 2 Satz 1 erfüllt,

3. aus der Vermietung oder der Verpachtung von unbeweglichem Vermögen oder von Sachinbegriffen, wenn diese in einem anderen Staat als in einem Drittstaat belegen sind oder

4. aus der entgeltlichen Überlassung von Schiffen, sofern diese ausschließlich oder fast ausschließlich in einem anderen als in einem Drittstaat eingesetzt worden sind, es sei denn, es handelt sich um Handelsschiffe, die

   a) von einem Vercharterer ausgerüstet überlassen, oder

   b) an in einem anderen als in einem Drittstaat ansässige Ausrüster, die die Voraussetzungen des § 510 Absatz 1 des Handelsgesetzbuchs erfüllen, überlassen, oder

   c) insgesamt nur vorübergehend an in einem Drittstaat ansässige Ausrüster, die die Voraussetzungen des § 510 Absatz 1 des Handelsgesetzbuchs erfüllen, überlassen

   worden sind, oder

5. aus dem Ansatz des niedrigeren Teilwerts oder der Übertragung eines zu einem Betriebsvermögen gehörenden Wirtschaftsguts im Sinne der Nummern 3 und 4.

³§ 2a Absatz 2a und § 15b sind sinngemäß anzuwenden.

(1a) Als unmittelbar von einem unbeschränkt Steuerpflichtigen bezogene ausländische Einkünfte im Sinne des Absatzes 1 Nummer 3 gelten auch die ausländischen Einkünfte, die eine Organgesellschaft im Sinne des § 14 oder des § 17 des Körperschaftsteuergesetzes bezogen hat und die nach einem Abkommen zur Vermeidung der Doppelbesteuerung steuerfrei sind, in dem Verhältnis, in dem dem unbeschränkt Steuerpflichtigen das Einkommen der Organgesellschaft bezogen auf das gesamte Einkommen der Organgesellschaft im Veranlagungszeitraum zugerechnet wird.

(2) Der besondere Steuersatz nach Absatz 1 ist der Steuersatz, der sich ergibt, wenn bei der Berechnung der Einkommensteuer das nach § 32a Absatz 1 zu versteuernde Einkommen vermehrt oder vermindert wird um

1. im Fall des Absatzes 1 Nummer 1 die Summe der Leistungen nach Abzug des Arbeitnehmer-Pauschbetrags (§ 9a Satz 1 Nummer 1), soweit er nicht bei der Ermittlung der Einkünfte aus nichtselbständiger Arbeit abziehbar ist;

2. im Fall des Absatzes 1 Nummer 2 bis 5 die dort bezeichneten Einkünfte, wobei die darin enthaltenen außerordentlichen Einkünfte mit einem Fünftel zu berücksichtigen sind. ²Bei der Ermittlung der Einkünfte im Fall des Absatzes 1 Nummer 2 bis 5

   a) ist der Arbeitnehmer-Pauschbetrag (§ 9a Satz 1 Nummer 1 Buchstabe a) abzuziehen, soweit er nicht bei der Ermittlung der Einkünfte aus nichtselbständiger Arbeit abziehbar ist;

   b) sind Werbungskosten nur insoweit abzuziehen, als sie zusammen mit den bei der Ermittlung der Einkünfte aus nichtselbständiger Arbeit abziehbaren Werbungskosten den Arbeitnehmer-Pauschbetrag (§ 9a Satz 1 Nummer 1 Buchstabe a) übersteigen;

   c) sind bei Gewinnermittlung nach § 4 Absatz 3 die Anschaffungs- oder Herstellungskosten für Wirtschaftsgüter des Umlaufvermögens im Zeitpunkt des Zuflusses des Veräußerungserlöses oder bei Entnahme im Zeitpunkt der Entnahme als Betriebsausgaben zu berücksichtigen. ²§ 4 Absatz 3 Satz 5 gilt entsprechend.

(3) ¹Die Träger der Sozialleistungen im Sinne des Absatzes 1 Nummer 1 haben die Daten über die im Kalenderjahr gewährten Leistungen sowie die Dauer des Leistungszeitraums für jeden Empfän-

ger bis zum 28. Februar des Folgejahres nach amtlich vorgeschriebenem Datensatz durch amtlich bestimmte Datenfernübertragung zu übermitteln, soweit die Leistungen nicht auf der Lohnsteuerbescheinigung (§ 41b Absatz 1 Satz 2 Nummer 5) auszuweisen sind; § 41b Absatz 2 und § 22a Absatz 2 gelten entsprechend. ²Der Empfänger der Leistungen ist entsprechend zu informieren und auf die steuerliche Behandlung dieser Leistungen und seine Steuererklärungspflicht hinzuweisen. ³In den Fällen des § 170 Absatz 1 des Dritten Buches Sozialgesetzbuch ist Empfänger der an Dritte ausgezahlten Insolvenzgeldes der Arbeitnehmer, der seinen Arbeitsentgeltanspruch übertragen hat.

§ 32c

– weggefallen –

§ 32d

Gesonderter Steuertarif für Einkünfte aus Kapitalvermögen

(1) ¹Die Einkommensteuer für Einkünfte aus Kapitalvermögen, die nicht unter § 20 Absatz 8 fallen, beträgt 25 Prozent. ²Die Steuer nach Satz 1 vermindert sich um die nach Maßgabe des Absatzes 5 anrechenbaren ausländischen Steuern. ³Im Fall der Kirchensteuerpflicht ermäßigt sich die Steuer nach den Sätzen 1 und 2 um 25 Prozent der auf die Kapitalerträge entfallenden Kirchensteuer. ⁴Die Einkommensteuer beträgt damit

$$\frac{e - 4q}{4 + k}.$$

⁵Dabei sind „e" die nach den Vorschriften des § 20 ermittelten Einkünfte, „q" die nach Maßgabe des Absatzes 5 anrechenbare ausländische Steuer und „k" der für die Kirchensteuer erhebende Religionsgesellschaft (Religionsgemeinschaft) geltende Kirchensteuersatz.

(2) Absatz 1 gilt nicht
1. für Kapitalerträge im Sinne des § 20 Absatz 1 Nummer 4 und 7 sowie Absatz 2 Satz 1 Nummer 4 und 7,
   a) wenn Gläubiger und Schuldner einander nahe stehende Personen sind, soweit die den Kapitalerträgen entsprechenden Aufwendungen beim Schuldner Betriebsausgaben oder Werbungskosten im Zusammenhang mit Einkünften sind, die der inländischen Besteuerung unterliegen und § 20 Absatz 9 Satz 1 zweiter Halbsatz keine Anwendung findet,
   b) wenn sie von einer Kapitalgesellschaft oder Genossenschaft an einen Anteilseigner gezahlt werden, der zu mindestens 10 Prozent an der Gesellschaft oder Genossenschaft beteiligt ist. ²Dies gilt auch, wenn der Gläubiger der Kapitalerträge eine dem Anteilseigner nahe stehende Person ist, oder
   c) soweit ein Dritter die Kapitalerträge schuldet und diese Kapitalanlage im Zusammenhang mit einer Kapitalüberlassung an einen Betrieb des Gläubigers steht. ²Dies gilt entsprechend, wenn Kapital überlassen wird
      aa) an eine dem Gläubiger der Kapitalerträge nahe stehende Person oder
      bb) an eine Personengesellschaft, bei der der Gläubiger der Kapitalerträge oder eine diesem nahestehende Person als Mitunternehmer beteiligt ist oder
      cc) an eine Kapitalgesellschaft oder Genossenschaft, an der der Gläubiger der Kapitalerträge oder eine diesem nahestehende Person zu mindestens 10 Prozent beteiligt ist,
   sofern der Dritte auf den Gläubiger oder eine diesem nahestehende Person zurückgreifen kann. ³Ein Zusammenhang ist anzunehmen, wenn die Kapitalanlage und die Kapitalüberlassung auf einem einheitlichen Plan beruhen. ⁴Hiervon ist insbesondere dann auszugehen, wenn die Kapitalüberlassung in engem zeitlichen Zusammenhang mit einer Kapitalanlage steht oder die jeweiligen Zinsvereinbarungen miteinander verknüpft sind. ⁵Von einem Zusammenhang ist jedoch nicht auszugehen, wenn die Zinsvereinbarungen marktüblich sind oder die Anwendung des Absatzes 1 beim Steuerpflichtigen zu keinem Belastungsvorteil führt. ⁶Die Sätze 1 bis 5 gelten sinngemäß, wenn das überlassene Kapital vom Gläubiger der Kapitalerträge für die Erzielung von Einkünften im Sinne des § 2 Absatz 1 Satz 1 Nummer 4, 6 und 7 eingesetzt wird.

²Insoweit findet § 20 Absatz 6 und 9 keine Anwendung;

2. für Kapitalerträge im Sinne des § 20 Absatz 1 Nummer 6 Satz 2. ²Insoweit findet § 20 Absatz 6 keine Anwendung;
3. auf Antrag für Kapitalerträge im Sinne des § 20 Absatz 1 Nummer 1 und Nummer 2 aus einer Beteiligung an einer Kapitalgesellschaft, wenn der Steuerpflichtige im Veranlagungszeitraum, für den der Antrag erstmals gestellt wird, unmittelbar oder mittelbar
   a) zu mindestens 25 Prozent an der Kapitalgesellschaft beteiligt ist oder
   b) zu mindestens 1 Prozent an der Kapitalgesellschaft beteiligt und beruflich für diese tätig ist.

²Insoweit finden § 3 Nummer 40 Satz 2 und § 20 Absatz 6 und 9 keine Anwendung. ³Der Antrag gilt für die jeweilige Beteiligung erstmals für den Veranlagungszeitraum, für den er gestellt worden ist. ⁴Er ist spätestens zusammen mit der Einkommensteuererklärung für den jeweiligen Veranlagungszeitraum zu stellen und gilt, solange er nicht widerrufen wird, auch für die folgenden vier Veranlagungszeiträume ohne dass die Antragsvoraussetzungen erneut zu belegen sind. ⁵Die Widerrufserklärung muss dem Finanzamt spätestens mit der Steuererklärung für den Veranlagungszeitraum zugehen, für den die Sätze 1 bis 4 erstmals nicht mehr angewandt werden sollen. ⁶Nach einem Widerruf ist ein erneuter Antrag des Steuerpflichtigen für diese Beteiligung an der Kapitalgesellschaft nicht mehr zulässig;
4. für Bezüge im Sinne des § 20 Absatz 1 Nummer 1 und für Einnahmen im Sinne des § 20 Absatz 1 Nummer 9, soweit sie das Einkommen der leistenden Körperschaft gemindert haben; dies gilt nicht, soweit eine verdeckte Gewinnausschüttung das Einkommen einer dem Steuerpflichtigen nahe stehenden Person erhöht hat und § 32a des Körperschaftsteuergesetzes auf die Veranlagung dieser nahe stehenden Person keine Anwendung findet.

(3) ¹Steuerpflichtige Kapitalerträge, die nicht der Kapitalertragsteuer unterlegen haben, hat der Steuerpflichtige in seiner Einkommensteuererklärung anzugeben. ²Für diese Kapitalerträge erhöht sich die tarifliche Einkommensteuer um den nach Absatz 1 ermittelten Betrag.

(4) Der Steuerpflichtige kann mit der Einkommensteuererklärung für Kapitalerträge, die der Kapitalertragsteuer unterlegen haben, eine Steuerfestsetzung entsprechend Absatz 3 Satz 2 insbesondere in Fällen eines nicht vollständig ausgeschöpften Sparer-Pauschbetrags, einer Anwendung der Ersatzbemessungsgrundlage nach § 43a Absatz 2 Satz 7, eines noch nicht im Rahmen des § 43a Absatz 3 berücksichtigten Verlusts, eines Verlustvortrags nach § 20 Absatz 6 und noch nicht berücksichtigter ausländischer Steuern, zur Überprüfung des Steuereinbehalts dem Grund oder der Höhe nach oder zur Anwendung von Absatz 1 Satz 3 beantragen.

(5) ¹In den Fällen der Absätze 3 und 4 ist bei unbeschränkt Steuerpflichtigen, die mit ausländischen Kapitalerträgen in dem Staat, aus dem die Kapitalerträge stammen, zu einer der deutschen Einkommensteuer entsprechenden Steuer herangezogen werden, die auf ausländische Kapitalerträge festgesetzte und gezahlte und um einen entstandenen Ermäßigungsanspruch gekürzte ausländische Steuer, jedoch höchstens 25 Prozent ausländische Steuer auf den einzelnen Kapitalertrag, auf die deutsche Steuer anzurechnen. ²Soweit in einem Abkommen zur Vermeidung der Doppelbesteuerung die Anrechnung einer ausländischen Steuer einschließlich einer als gezahlt geltenden Steuer auf die deutsche Steuer vorgesehen ist, gilt Satz 1 entsprechend. ³Die ausländischen Steuern sind nur bis zur Höhe der auf die im jeweiligen Veranlagungszeitraum bezogenen Kapitalerträge im Sinne des Satzes 1 entfallenden deutschen Steuer anzurechnen.

(6) ¹Auf Antrag des Steuerpflichtigen werden anstelle der Anwendung der Absätze 1, 3 und 4 die nach § 20 ermittelten Kapitaleinkünfte den Einkünften im Sinne des § 2 hinzugerechnet und der tariflichen Einkommensteuer unterworfen, wenn dies zu einer niedrigeren Einkommensteuer einschließlich Zuschlagsteuern führt (Günstigerprüfung). ²Absatz 5 ist mit der Maßgabe anzuwenden, dass die nach dieser Vorschrift ermittelten ausländischen Steuern auf die zusätzliche tarifliche Einkommensteuer anzurechnen sind, die auf die hinzugerechneten Kapitaleinkünfte entfällt. ³Der Antrag kann für den jeweiligen Veranlagungszeitraum nur einheitlich für

sämtliche Kapitalerträge gestellt werden. ⁴Bei zusammenveranlagten Ehegatten kann der Antrag nur für sämtliche Kapitalerträge beider Ehegatten gestellt werden.

§ 33
Außergewöhnliche Belastungen

(1) Erwachsen einem Steuerpflichtigen zwangsläufig größere Aufwendungen als der überwiegenden Mehrzahl der Steuerpflichtigen gleicher Einkommensverhältnisse, gleicher Vermögensverhältnisse und gleichen Familienstands (außergewöhnliche Belastung), so wird auf Antrag die Einkommensteuer dadurch ermäßigt, dass der Teil der Aufwendungen, der die dem Steuerpflichtigen zumutbare Belastung (Absatz 3) übersteigt, vom Gesamtbetrag der Einkünfte abgezogen wird.

(2) ¹Aufwendungen erwachsen dem Steuerpflichtigen zwangsläufig, wenn er sich ihnen aus rechtlichen, tatsächlichen oder sittlichen Gründen nicht entziehen kann und soweit die Aufwendungen den Umständen nach notwendig sind und einen angemessenen Betrag nicht übersteigen. ²Aufwendungen, die zu den Betriebsausgaben, Werbungskosten oder Sonderausgaben gehören, bleiben dabei außer Betracht; das gilt für Aufwendungen im Sinne des § 10 Absatz 1 Nummer 7 und 9 nur insoweit, als sie als Sonderausgaben abgezogen werden können. ³Aufwendungen, die durch Diätverpflegung entstehen, können nicht als außergewöhnliche Belastung berücksichtigt werden. ⁴Aufwendungen für die Führung eines Rechtsstreits (Prozesskosten) sind vom Abzug ausgeschlossen, es sei denn, es handelt sich um Aufwendungen ohne die der Steuerpflichtige Gefahr liefe, seine Existenzgrundlage zu verlieren und seine lebensnotwendigen Bedürfnisse in dem üblichen Rahmen nicht mehr befriedigen zu können.

(3) ¹Die zumutbare Belastung beträgt

bei einem Gesamtbetrag der Einkünfte	bis 15 340 EUR	über 15 340 EUR bis 51 130 EUR	über 51 130 EUR
1. bei Steuerpflichtigen, die keine Kinder haben und bei denen die Einkommensteuer			
a) nach § 32a Absatz 1,	5	6	7
b) nach § 32a Absatz 5 oder 6 (Splitting-Verfahren) zu berechnen ist;	4	5	6
2. bei Steuerpflichtigen mit			
a) einem Kind oder zwei Kindern,	2	3	4
b) drei oder mehr Kindern	1	1	2

Prozent des Gesamtbetrags der Einkünfte.

²Als Kinder des Steuerpflichtigen zählen die, für die er Anspruch auf einen Freibetrag nach § 32 Absatz 6 oder auf Kindergeld hat.

(4) Die Bundesregierung wird ermächtigt, durch Rechtsverordnung mit Zustimmung des Bundesrates die Einzelheiten des Nachweises von Aufwendungen nach Absatz 1 zu bestimmen.

§ 33a
Außergewöhnliche Belastung in besonderen Fällen

(1) ¹Erwachsen einem Steuerpflichtigen Aufwendungen für den Unterhalt und eine etwaige Berufsausbildung einer dem Steuerpflichtigen oder seinem Ehegatten gegenüber gesetzlich unterhaltsberechtigten Person, so wird auf Antrag die Einkommensteuer dadurch ermäßigt, dass die Aufwendungen bis zu 8 354 Euro im Kalenderjahr vom Gesamtbetrag der Einkünfte abgezogen werden. ²Der Höchstbetrag nach Satz 1 erhöht sich um den Betrag der im jeweiligen Veranlagungszeitraum nach § 10 Absatz 1 Nummer 3 für die Absicherung der unterhaltsberechtigten Person aufgewandten Beiträge; dies gilt nicht für Kranken- und Pflegeversicherungsbeiträge, die bereits nach § 10 Absatz 1 Nummer 3 Satz 1 anzusetzen sind. ³Der gesetzlich unterhaltsberechtigten Person gleichgestellt ist eine Person, wenn bei ihr zum Unterhalt bestimmte inländische öffentliche Mittel mit Rücksicht auf die Unterhaltsleistungen des Steuerpflichtigen gekürzt werden. ⁴Voraussetzung ist, dass weder der Steuerpflichtige noch eine andere Person Anspruch auf einen Freibetrag nach § 32 Absatz 6 oder auf Kindergeld für die unterhaltene Person hat und die unterhaltene Person kein oder nur ein geringes Vermögen besitzt; ein angemessenes Hausgrundstück im Sinne von § 90 Absatz 2 Nummer 8 des Zwölften Buches Sozialgesetzbuch bleibt unberücksichtigt. ⁵Hat die unterhaltene Person andere Einkünfte oder Bezüge, so vermindert sich die Summe der nach Satz 1 und 2 ermittelten Beträge um den Betrag, um den diese Einkünfte und Bezüge den Betrag von 624 Euro im Kalenderjahr übersteigen, sowie um die von der unterhaltenen Person als Ausbildungshilfe aus öffentlichen Mitteln oder von Förderungseinrichtungen, die hierfür öffentliche Mittel erhalten, bezogenen Zuschüsse; zu den Bezügen gehören auch steuerfreie Gewinne nach den § 14, 16 Absatz 4, § 17 Absatz 3 und § 18 Absatz 3, die nach § 19 Absatz 2 steuerfrei bleibenden Einkünfte sowie Sonderabschreibungen und erhöhte Absetzungen, soweit sie die höchstmöglichen Absetzungen für Abnutzung nach § 7 übersteigen. ⁶Ist die unterhaltene Person nicht unbeschränkt einkommensteuerpflichtig, so können die Aufwendungen nur abgezogen werden, soweit sie nach den Verhältnissen des Wohnsitzstaates der unterhaltenen Person notwendig und angemessen sind, höchstens jedoch der Betrag, der sich nach den Sätzen 1 bis 5 ergibt; ob der Steuerpflichtige zum Unterhalt gesetzlich verpflichtet ist, ist nach inländischen Maßstäben zu beurteilen. ⁷Werden die Aufwendungen für eine unterhaltene Person von mehreren Steuerpflichtigen getragen, so wird bei jedem der Teil des sich hiernach ergebenden Betrags abgezogen, der seinem Anteil am Gesamtbetrag der Leistungen entspricht. ⁸Nicht auf Euro lautende Beträge sind entsprechend dem für Ende September des Jahres vor dem Veranlagungszeitraum von der Europäischen Zentralbank bekannt gegebenen Referenzkurs umzurechnen. ⁹Voraussetzung für den Abzug der Aufwendungen ist die Angabe der erteilten Identifikationsnummer (§ 139b der Abgabenordnung) der unterhaltenen Person in der Steuererklärung des Unterhaltsleistenden, wenn die unterhaltene Person der unbeschränkten oder beschränkten Steuerpflicht unterliegt. ¹⁰Die unterhaltene Person ist für diese Zwecke verpflichtet, dem Unterhaltsleistenden ihre erteilte Identifikationsnummer (§ 139b der Abgabenordnung) mitzuteilen. ¹¹Kommt die unterhaltene Person dieser Verpflichtung nicht nach, ist der Unterhaltsleistende berechtigt, bei der für ihn zuständigen Finanzbehörde die Identifikationsnummer der unterhaltenen Person zu erfragen.

(2) ¹Zur Abgeltung des Sonderbedarfs eines sich in Berufsausbildung befindenden, auswärtig untergebrachten, volljährigen Kindes, für das Anspruch auf einen Freibetrag nach § 32 Absatz 6 oder Kindergeld besteht, kann der Steuerpflichtige einen Freibetrag in Höhe von 924 Euro je Kalenderjahr vom Gesamtbetrag der Einkünfte abziehen. ²Für ein nicht unbeschränkt einkommensteuerpflichtiges Kind mindert sich der vorstehende Betrag nach Maßgabe des Absatzes 1 Satz 6. ³Erfüllen mehrere Steuerpflichtige für dasselbe Kind die Voraussetzungen nach Satz 1, so kann der Freibetrag insgesamt nur einmal abgezogen werden. ⁴Jedem Elternteil steht grundsätzlich die Hälfte des Abzugsbetrags nach den Sätzen 1 und 2 zu. ⁵Auf gemeinsamen Antrag der Eltern ist eine andere Aufteilung möglich.

(3) ¹Für jeden vollen Kalendermonat, in dem die in den Absätzen 1 und 2 bezeichneten Voraussetzungen nicht vorgelegen haben, ermäßigen sich die dort bezeichneten Beträge um je ein Zwölftel. ²Eigene Einkünfte und Bezüge der nach Absatz 1 unterhaltenen Person, die auf diese Kalendermonate entfallen, vermindern den nach Satz 1 ermäßigten Höchstbetrag nicht. ³Als Ausbildungshilfe bezogene Zuschüsse der nach Absatz 1 unterhaltenen Person mindern nur den zeitanteiligen Höchstbetrag der Kalendermonate, für die sie bestimmt sind.

(4) In den Fällen der Absätze 1 und 2 kann wegen der in diesen Vorschriften bezeichneten Aufwendungen der Steuerpflichtige eine Steuerermäßigung nach § 33 nicht in Anspruch nehmen.

§ 33b
Pauschbeträge für behinderte Menschen, Hinterbliebene und Pflegepersonen

(1) ¹Wegen der Aufwendungen für die Hilfe bei den gewöhnlichen und regelmäßig wiederkehrenden Verrichtungen des täglichen Lebens, für die Pflege sowie für einen erhöhten Wäschebedarf können behinderte Menschen unter den Voraussetzungen des Absatzes 2 anstelle einer Steuerermäßigung nach § 33 einen Pauschbetrag nach Absatz 3 geltend machen (Behinderten-Pauschbetrag). ²Das Wahlrecht kann für die genannten Aufwendungen im jeweiligen Veranlagungszeitraum nur einheitlich ausgeübt werden.

(2) Die Pauschbeträge erhalten
1. behinderte Menschen, deren Grad der Behinderung auf mindestens 50 festgestellt ist;
2. behinderte Menschen, deren Grad der Behinderung auf weniger als 50, aber mindestens auf 25 festgestellt ist, wenn
   a) dem behinderten Menschen wegen seiner Behinderung nach gesetzlichen Vorschriften Renten oder andere laufende Bezüge zustehen, und zwar auch dann, wenn das Recht auf die Bezüge ruht oder der Anspruch auf die Bezüge durch Zahlung eines Kapitals abgefunden worden ist, oder
   b) die Behinderung zu einer dauernden Einbuße der körperlichen Beweglichkeit geführt hat oder auf einer typischen Berufskrankheit beruht.

(3) ¹Die Höhe des Pauschbetrags richtet sich nach dem dauernden Grad der Behinderung. ²Als Pauschbeträge werden gewährt bei einem Grad der Behinderung

von 25 und 30	310 Euro,
von 35 und 40	430 Euro,
von 45 und 50	570 Euro,
von 55 und 60	720 Euro,
von 65 und 70	890 Euro,
von 75 und 80	1 060 Euro,
von 85 und 90	1 230 Euro,
von 95 und 100	1 420 Euro.

³Für behinderte Menschen, die hilflos im Sinne des Absatzes 6 sind, und für Blinde erhöht sich der Pauschbetrag auf 3 700 Euro.

(4) ¹Personen, denen laufende Hinterbliebenenbezüge bewilligt worden sind, erhalten auf Antrag einen Pauschbetrag von 370 Euro (Hinterbliebenen-Pauschbetrag), wenn die Hinterbliebenenbezüge geleistet werden
1. nach dem Bundesversorgungsgesetz oder einem anderen Gesetz, das die Vorschriften des Bundesversorgungsgesetzes über Hinterbliebenenbezüge für entsprechend anwendbar erklärt, oder
2. nach den Vorschriften über die gesetzliche Unfallversicherung oder
3. nach den beamtenrechtlichen Vorschriften an Hinterbliebene eines an den Folgen eines Dienstunfalls verstorbenen Beamten oder
4. nach den Vorschriften des Bundesentschädigungsgesetzes über die Entschädigung für Schäden an Leben, Körper oder Gesundheit.

²Der Pauschbetrag wird auch dann gewährt, wenn das Recht auf die Bezüge ruht oder der Anspruch auf die Bezüge durch Zahlung eines Kapitals abgefunden worden ist.

(5) ¹Steht der Behinderten-Pauschbetrag oder der Hinterbliebenen-Pauschbetrag einem Kind zu, für das der Steuerpflichtige Anspruch auf einen Freibetrag nach § 32 Absatz 6 oder auf Kindergeld hat, so wird der Pauschbetrag auf Antrag auf den Steuerpflichtigen übertragen, wenn ihn das Kind nicht in Anspruch nimmt. ²Dabei ist der Pauschbetrag grundsätzlich auf beide Elternteile je zur Hälfte aufzuteilen, es sei denn, der Kinderfreibetrag wurde auf den anderen Elternteil übertragen. ³Auf gemeinsamen Antrag der Eltern ist eine andere Aufteilung möglich. ⁴In diesen Fällen besteht für Aufwendungen, für die der Behinderten-Pauschbetrag gilt, kein Anspruch auf eine Steuerermäßigung nach § 33.

(6) ¹Wegen der außergewöhnlichen Belastungen, die einem Steuerpflichtigen durch die Pflege einer Person erwachsen, die nicht nur vorübergehend hilflos ist, kann er an Stelle einer Steuerermäßigung nach § 33 einen Pauschbetrag von 924 Euro im Kalenderjahr geltend machen (Pflege-Pauschbetrag), wenn er dafür keine Einnahmen erhält. ²Zu diesen Einnahmen zählt unabhängig von der Verwendung nicht das von den Eltern eines behinderten Kindes für dieses Kind empfangene Pflegegeld. ³Hilflos im Sinne des Satzes 1 ist eine Person, wenn sie für eine Reihe von häufig und regelmäßig wiederkehrenden Verrichtungen zur Sicherung ihrer persönlichen Existenz im Ablauf eines jeden Tages fremder Hilfe dauernd bedarf. ⁴Diese Voraussetzungen sind auch erfüllt, wenn die Hilfe in Form einer Überwachung oder einer Anleitung zu den in Satz 3 genannten Verrichtungen erforderlich ist oder wenn die Hilfe zwar nicht dauernd geleistet werden muss, jedoch eine ständige Bereitschaft zur Hilfeleistung erforderlich ist. ⁵Voraussetzung ist, dass der Steuerpflichtige die Pflege entweder in seiner Wohnung oder in der Wohnung des Pflegebedürftigen persönlich durchführt und diese Wohnung in einem Mitgliedstaat der Europäischen Union oder in einem Staat belegen ist, auf den das Abkommen über den Europäischen Wirtschaftsraum anzuwenden ist. ⁶Wird ein Pflegebedürftiger von mehreren Steuerpflichtigen im Veranlagungszeitraum gepflegt, wird der Pauschbetrag nach der Zahl der Pflegepersonen, bei denen die Voraussetzungen der Sätze 1 bis 5 vorliegen, geteilt.

(7) Die Bundesregierung wird ermächtigt, durch Rechtsverordnung mit Zustimmung des Bundesrates zu bestimmen, wie nachzuweisen ist, dass die Voraussetzungen für die Inanspruchnahme der Pauschbeträge vorliegen.

§ 34
Außerordentliche Einkünfte

(1) ¹Sind in dem zu versteuernden Einkommen außerordentliche Einkünfte enthalten, so ist die auf alle im Veranlagungszeitraum bezogenen außerordentlichen Einkünfte entfallende Einkommensteuer nach den Sätzen 2 bis 4 zu berechnen. ²Die für die außerordentlichen Einkünfte anzusetzende Einkommensteuer beträgt das Fünffache des Unterschiedsbetrags zwischen der Einkommensteuer für das um diese Einkünfte verminderte zu versteuernde Einkommen (verbleibendes zu versteuerndes Einkommen) und der Einkommensteuer für das verbleibende zu versteuernde Einkommen zuzüglich eines Fünftels dieser Einkünfte. ³Ist das verbleibende zu versteuernde Einkommen negativ und das zu versteuernde Einkommen positiv, so beträgt die Einkommensteuer das Fünffache der auf ein Fünftel des zu versteuernden Einkommens entfallenden Einkommensteuer. ⁴Die Sätze 1 bis 3 gelten nicht für außerordentliche Einkünfte im Sinne des Absatzes 2 Nummer 1, wenn der Steuerpflichtige auf diese Einkünfte ganz oder teilweise § 6b oder § 6c anwendet.

(2) Als außerordentliche Einkünfte kommen nur in Betracht:
1. Veräußerungsgewinne im Sinne der §§ 14, 14a Absatz 1, der §§ 16 und 18 Absatz 3 mit Ausnahme des steuerpflichtigen Teils der Veräußerungsgewinne, die nach § 3 Nummer 40 Buchstabe b in Verbindung mit § 3c Absatz 2 teilweise steuerbefreit sind;
2. Entschädigungen im Sinne des § 24 Nummer 1;
3. Nutzungsvergütungen und Zinsen im Sinne des § 24 Nummer 3, soweit sie für einen Zeitraum von mehr als drei Jahren nachgezahlt werden;
4. Vergütungen für mehrjährige Tätigkeiten; mehrjährig ist eine Tätigkeit, soweit sie sich über mindestens zwei Veranlagungszeiträume erstreckt und einen Zeitraum von mehr als zwölf Monaten umfasst.

(3) ¹Sind in dem zu versteuernden Einkommen außerordentliche Einkünfte im Sinne des Absatzes 2 Nummer 1 enthalten, so kann auf Antrag abweichend von Absatz 1 die auf den Teil dieser außerordentlichen Einkünfte, der den Betrag von insgesamt 5 Millionen Euro nicht übersteigt, entfallende Einkommensteuer nach einem ermäßigten Steuersatz bemessen werden, wenn der Steuerpflichtige das 55. Lebensjahr vollendet hat oder wenn er im sozialversicherungsrechtlichen Sinne dauernd berufsunfähig ist. ²Der ermäßigte Steuersatz beträgt 56 Prozent des durchschnittlichen Steuersatzes, der sich ergäbe, wenn die tarifliche Einkommensteuer nach dem gesamten zu

versteuernden Einkommen zuzüglich der dem Progressionsvorbehalt unterliegenden Einkünfte zu bemessen wäre, mindestens jedoch 14 Prozent. [3]Auf das um die in Satz 1 genannten Einkünfte verminderte zu versteuernde Einkommen (verbleibendes zu versteuerndes Einkommen) sind vorbehaltlich des Absatzes 1 die allgemeinen Tarifvorschriften anzuwenden. [4]Die Ermäßigung nach den Sätzen 1 bis 3 kann der Steuerpflichtige nur einmal im Leben in Anspruch nehmen. [5]Erzielt der Steuerpflichtige in einem Veranlagungszeitraum mehr als einen Veräußerungs- oder Aufgabegewinn im Sinne des Satzes 1, kann er die Ermäßigung nach den Sätzen 1 bis 3 nur für einen Veräußerungs- oder Aufgabegewinn beantragen. [6]Absatz 1 Satz 4 ist entsprechend anzuwenden.

§ 34a
Begünstigung der nicht entnommenen Gewinne

(1) [1]Sind in dem zu versteuernden Einkommen nicht entnommene Gewinne aus Land- und Forstwirtschaft, Gewerbebetrieb oder selbständiger Arbeit (§ 2 Absatz 1 Satz 1 Nummer 1 bis 3) im Sinne des Absatzes 2 enthalten, ist die Einkommensteuer für diese Gewinne auf Antrag des Steuerpflichtigen ganz oder teilweise mit einem Steuersatz von 28,25 Prozent zu berechnen; dies gilt nicht, soweit für die Gewinne der Freibetrag nach § 16 Absatz 4 oder die Steuerermäßigung nach § 34 Absatz 3 in Anspruch genommen wird oder es sich um Gewinne im Sinne des § 18 Absatz 1 Nummer 4 handelt. [2]Der Antrag nach Satz 1 ist für jeden Betrieb oder Mitunternehmeranteil für jeden Veranlagungszeitraum gesondert bei dem für die Einkommensbesteuerung zuständigen Finanzamt zu stellen. [3]Bei Mitunternehmeranteilen kann der Steuerpflichtige den Antrag nur stellen, wenn sein Anteil am nach § 4 Absatz 1 Satz 1 oder § 5 ermittelten Gewinn mehr als 10 Prozent beträgt oder 10 000 Euro übersteigt. [4]Der Antrag kann bis zur Unanfechtbarkeit des Einkommensteuerbescheids für den nächsten Veranlagungszeitraum vom Steuerpflichtigen ganz oder teilweise zurückgenommen werden; der Einkommensteuerbescheid ist entsprechend zu ändern. [5]Die Festsetzungsfrist endet insoweit nicht, bevor die Festsetzungsfrist für den nächsten Veranlagungszeitraum abgelaufen ist.

(2) Der nicht entnommene Gewinn des Betriebs oder Mitunternehmeranteils ist der nach § 4 Absatz 1 Satz 1 oder § 5 ermittelte Gewinn vermindert um den positiven Saldo der Entnahmen und Einlagen des Wirtschaftsjahrs.

(3) [1]Der Begünstigungsbetrag ist der im Veranlagungszeitraum nach Absatz 1 Satz 1 auf Antrag begünstigte Gewinn. [2]Der Begünstigungsbetrag des Veranlagungszeitraums, vermindert um die darauf entfallende Steuerbelastung nach Absatz 1 und den darauf entfallenden Solidaritätszuschlag, vermehrt um den nachversteuerungspflichtigen Betrag des Vorjahres und den auf diesen Betrieb oder Mitunternehmeranteil nach Absatz 5 übertragenen nachsteuerungspflichtigen Betrag, vermindert um den Nachversteuerungsbetrag im Sinne des Absatzes 4 und den auf einen anderen Betrieb oder Mitunternehmeranteil nach Absatz 5 übertragenen nachversteuerungspflichtigen Betrag, ist der nachversteuerungspflichtige Betrag des Betriebs oder Mitunternehmeranteils zum Ende des Veranlagungszeitraums. [3]Dieser ist für jeden Betrieb oder Mitunternehmeranteil jährlich gesondert festzustellen.

(4) [1]Übersteigt der positive Saldo der Entnahmen und Einlagen des Wirtschaftsjahres bei einem Betrieb oder Mitunternehmeranteil den nach § 4 Absatz 1 Satz 1 oder § 5 ermittelten Gewinn (Nachversteuerungsbetrag), ist vorbehaltlich Absatz 5 eine Nachversteuerung durchzuführen, soweit zum Ende des vorangegangenen Veranlagungszeitraums ein nachversteuerungspflichtiger Betrag nach Absatz 3 festgestellt wurde. [2]Die Einkommensteuer auf den Nachversteuerungsbetrag beträgt 25 Prozent. [3]Der Nachversteuerungsbetrag ist um die Beträge, die für die Erbschaftsteuer (Schenkungsteuer) anlässlich der Übertragung des Betriebs oder Mitunternehmeranteils entnommen wurden, zu vermindern.

(5) [1]Die Übertragung oder Überführung eines Wirtschaftsguts nach § 6 Absatz 5 Satz 1 bis 3 führt unter den Voraussetzungen des Absatzes 4 zur Nachversteuerung. [2]Eine Nachversteuerung findet nicht statt, wenn der Steuerpflichtige beantragt, den nachversteuerungspflichtigen Betrag in Höhe des Buchwerts des übertragenen oder überführten Wirtschaftsguts, höchstens jedoch in Höhe des Nachversteuerungsbetrags, den die Übertragung oder Überführung des Wirtschaftsguts ausgelöst hätte, auf den anderen Betrieb oder Mitunternehmeranteil zu übertragen.

(6) [1]Eine Nachversteuerung des nachversteuerungspflichtigen Betrags nach Absatz 4 ist durchzuführen

1. in den Fällen der Betriebsveräußerung oder -aufgabe im Sinne der §§ 14, 16 Absatz 1 und 3 sowie des § 18 Absatz 3,
2. in den Fällen der Einbringung eines Betriebs oder Mitunternehmeranteils in eine Kapitalgesellschaft oder eine Genossenschaft sowie in den Fällen des Formwechsels einer Personengesellschaft in eine Kapitalgesellschaft oder Genossenschaft,
3. wenn der Gewinn nicht mehr nach § 4 Absatz 1 Satz 1 oder § 5 ermittelt wird oder
4. wenn der Steuerpflichtige dies beantragt.

[2]In den Fällen der Nummern 1 und 2 ist die nach Absatz 4 geschuldete Einkommensteuer auf Antrag des Steuerpflichtigen oder seines Rechtsnachfolgers in regelmäßigen Teilbeträgen für einen Zeitraum von höchstens zehn Jahren seit Eintritt der ersten Fälligkeit zinslos zu stunden, wenn ihre alsbaldige Einziehung mit erheblichen Härten für den Steuerpflichtigen verbunden wäre.

(7) [1]In den Fällen der unentgeltlichen Übertragung eines Betriebs oder Mitunternehmeranteils nach § 6 Absatz 3 hat der Rechtsnachfolger den nachversteuerungspflichtigen Betrag fortzuführen. [2]In den Fällen der Einbringung eines Betriebs oder Mitunternehmeranteils zu Buchwerten nach § 24 des Umwandlungssteuergesetzes geht der für den eingebrachten Betrieb oder Mitunternehmeranteil festgestellte nachversteuerungspflichtige Betrag auf den neuen Mitunternehmeranteil über.

(8) Negative Einkünfte dürfen nicht mit ermäßigt besteuerten Gewinnen im Sinne von Absatz 1 Satz 1 ausgeglichen werden; sie dürfen insoweit auch nicht nach § 10d abgezogen werden.

(9) [1]Zuständig für den Erlass der Feststellungsbescheide über den nachversteuerungspflichtigen Betrag ist das für die Einkommensbesteuerung zuständige Finanzamt. [2]Die Feststellungsbescheide können nur insoweit angegriffen werden, als sich der nachversteuerungspflichtige Betrag gegenüber dem nachversteuerungspflichtigen Betrag des Vorjahres verändert hat. [3]Die gesonderten Feststellungen nach Satz 1 können mit dem Einkommensteuerbescheid verbunden werden.

(10) [1]Sind Einkünfte aus Land- und Forstwirtschaft, Gewerbebetrieb oder selbständiger Arbeit nach § 180 Absatz 1 Nummer 2 Buchstabe a oder b der Abgabenordnung gesondert festzustellen, können auch die Höhe der Entnahmen und Einlagen sowie weitere für die Tarifermittlung nach den Absätzen 1 bis 7 erforderliche Besteuerungsgrundlagen gesondert festgestellt werden. [2]Zuständig für die gesonderten Feststellungen nach Satz 1 ist das Finanzamt, das für die gesonderte Feststellung nach § 180 Absatz 1 Nummer 2 der Abgabenordnung zuständig ist. [3]Die gesonderten Feststellungen nach Satz 1 können mit der Feststellung nach § 180 Absatz 1 Nummer 2 der Abgabenordnung verbunden werden. [4]Die Feststellungsfrist für die gesonderte Feststellung nach Satz 1 endet nicht vor Ablauf der Feststellungsfrist für die Feststellung nach § 180 Absatz 1 Nummer 2 der Abgabenordnung.

(11) [1]Der Bescheid über die gesonderte Feststellung des nachversteuerungspflichtigen Betrags ist zu erlassen, aufzuheben oder zu ändern, soweit der Steuerpflichtige einen Antrag nach Absatz 1 stellt oder diesen ganz oder teilweise zurücknimmt und sich die Besteuerungsgrundlagen im Einkommensteuerbescheid ändern. [2]Dies gilt entsprechend, wenn der Erlass, die Aufhebung oder Änderung des Einkommensteuerbescheids mangels steuerlicher Auswirkung unterbleibt. [3]Die Feststellungsfrist endet nicht, bevor die Festsetzungsfrist für den Veranlagungszeitraum abgelaufen ist, auf dessen Schluss der nachversteuerungspflichtige Betrag des Betriebs oder Mitunternehmeranteils gesondert festzustellen ist.

§ 34b
Steuersätze bei Einkünften aus außerordentlichen Holznutzungen

(1) Außerordentliche Holznutzungen sind

1. Holznutzungen, die aus volks- oder staatswirtschaftlichen Gründen erfolgt sind. [2]Sie liegen nur insoweit vor, als sie durch gesetzlichen oder behördlichen Zwang veranlasst sind;

2. Holznutzungen infolge höherer Gewalt (Kalamitätsnutzungen). ²Sie sind durch Eis-, Schnee-, Windbruch oder Windwurf, Erdbeben, Bergrutsch, Insektenfraß, Brand oder durch Naturereignisse mit vergleichbaren Folgen verursacht. ³Hierzu gehören nicht die Schäden, die in der Forstwirtschaft regelmäßig entstehen.

(2) ¹Zur Ermittlung der Einkünfte aus außerordentlichen Holznutzungen sind von den Einnahmen sämtlicher Holznutzungen die damit in sachlichem Zusammenhang stehenden Betriebsausgaben abzuziehen. ²Das nach Satz 1 ermittelte Ergebnis ist auf die ordentlichen und außerordentlichen Holznutzungsarten aufzuteilen, in dem die außerordentlichen Holznutzungen zur gesamten Holznutzung ins Verhältnis gesetzt wird. ³Bei einer Gewinnermittlung durch Betriebsvermögensvergleich sind die im Wirtschaftsjahr veräußerten Holzmengen maßgebend. ⁴Bei einer Gewinnermittlung nach den Grundsätzen des § 4 Absatz 3 ist von den Holzmengen auszugehen, die den im Wirtschaftsjahr zugeflossenen Einnahmen zugrunde liegen. ⁵Die Sätze 1 bis 4 gelten für entnommenes Holz entsprechend.

(3) Die Einkommensteuer bemisst sich für die Einkünfte aus außerordentlichen Holznutzungen im Sinne des Absatzes 1

1. nach der Hälfte des durchschnittlichen Steuersatzes, der sich ergäbe, wenn die tarifliche Einkommensteuer nach dem gesamten zu versteuernden Einkommen zuzüglich der dem Progressionsvorbehalt unterliegenden Einkünfte zu bemessen wäre;
2. nach dem halben Steuersatz der Nummer 1, soweit sie den Nutzungssatz (§ 68 der Einkommensteuer-Durchführungsverordnung) übersteigen.

(4) Einkünfte aus außerordentlichen Holznutzungen sind nur anzuerkennen, wenn

1. das im Wirtschaftsjahr veräußerte oder entnommene Holz mengenmäßig getrennt nach ordentlichen und außerordentlichen Holznutzungen nachgewiesen wird und
2. Schäden infolge höherer Gewalt unverzüglich nach Feststellung des Schadensfalls der zuständigen Finanzbehörde mitgeteilt und nach der Aufarbeitung mengenmäßig nachgewiesen werden.

(5) Die Bundesregierung wird ermächtigt durch Rechtsverordnung mit Zustimmung des Bundesrates

1. die Steuersätze abweichend von Absatz 3 für ein Wirtschaftsjahr aus sachlichen Billigkeitsgründen zu regeln,
2. die Anwendung des § 4a des Forstschäden-Ausgleichsgesetzes für ein Wirtschaftsjahr aus sachlichen Billigkeitsgründen zu regeln,

wenn besondere Schadensereignisse nach Absatz 1 Nummer 2 vorliegen und eine Einschlagsbeschränkung (§ 1 Absatz 1 des Forstschäden-Ausgleichsgesetzes) nicht angeordnet wurde.

V. Steuerermäßigungen

1. Steuerermäßigung bei ausländischen Einkünften

§ 34c

(1) ¹Bei unbeschränkt Steuerpflichtigen, die mit ausländischen Einkünften in dem Staat, aus dem die Einkünfte stammen, zu einer der deutschen Einkommensteuer entsprechenden Steuer herangezogen werden, ist die festgesetzte und gezahlte und um einen entstandenen Ermäßigungsanspruch gekürzte ausländische Steuer auf die deutsche Einkommensteuer anzurechnen, die auf die Einkünfte aus diesem Staat entfällt; das gilt nicht für Einkünfte aus Kapitalvermögen, auf die § 32d Absatz 1 und 3 bis 6 anzuwenden ist. ²Die auf die ausländischen Einkünfte nach Satz 1 erster Halbsatz entfallende deutsche Einkommensteuer ist in der Weise zu ermitteln, dass der sich bei der Veranlagung des zu versteuernden Einkommens, einschließlich der ausländischen Einkünfte, nach den §§ 32a, 32b, 34, 34a und 34b ergebende durchschnittliche Steuersatz auf die ausländischen Einkünfte anzuwenden ist. ³Bei der Ermittlung des zu versteuernden Einkommens und der ausländischen Einkünfte sind die Einkünfte nach Satz 1 zweiter Halbsatz nicht zu berücksichtigen; bei der Ermittlung der ausländischen Einkünfte sind die ausländischen Einkünfte nicht zu berücksichtigen, die in dem Staat, aus dem sie stammen, nach dessen Recht nicht besteuert werden. ⁴Gehören ausländische Einkünfte der in § 34d Nummer 3, 4, 6, 7 und 8 Buchstabe c genannten Art zum Gewinn eines inländischen Betriebes, sind bei ihrer Ermittlung Betriebsausgaben und Betriebsvermögensminderungen abzuziehen, die mit den diesen Einkünften zugrunde liegenden Einnahmen in wirtschaftlichem Zusammenhang stehen. ⁵Die ausländischen Steuern sind nur insoweit anzurechnen, als sie auf die im Veranlagungszeitraum bezogenen Einkünfte entfallen.

(2) Statt der Anrechnung (Absatz 1) ist die ausländische Steuer auf Antrag bei der Ermittlung der Einkünfte abzuziehen, soweit sie auf ausländische Einkünfte entfällt, die nicht steuerfrei sind.

(3) Bei unbeschränkt Steuerpflichtigen, bei denen eine ausländische Steuer vom Einkommen nach Absatz 1 nicht angerechnet werden kann, weil die Steuer nicht der deutschen Einkommensteuer entspricht oder nicht in dem Staat erhoben wird, aus dem die Einkünfte stammen, oder weil keine ausländischen Einkünfte vorliegen, ist die festgesetzte und gezahlte und um einen entstandenen Ermäßigungsanspruch gekürzte ausländische Steuer bei der Ermittlung der Einkünfte abzuziehen, soweit sie auf Einkünfte entfällt, die der deutschen Einkommensteuer unterliegen.

(4) – weggefallen –

(5) Die obersten Finanzbehörden der Länder oder die von ihnen beauftragten Finanzbehörden können mit Zustimmung des Bundesministeriums der Finanzen die auf ausländische Einkünfte entfallende deutsche Einkommensteuer ganz oder zum Teil erlassen oder in einem Pauschbetrag festsetzen, wenn es aus volkswirtschaftlichen Gründen zweckmäßig ist oder die Anwendung des Absatzes 1 besonders schwierig ist.

(6) ¹Die Absätze 1 bis 3 sind vorbehaltlich der Sätze 2 bis 6 nicht anzuwenden, wenn die Einkünfte aus einem ausländischen Staat stammen, mit dem ein Abkommen zur Vermeidung der Doppelbesteuerung besteht. ²Soweit in einem Abkommen zur Vermeidung der Doppelbesteuerung die Anrechnung einer ausländischen Steuer auf die deutsche Einkommensteuer vorgesehen ist, sind Absatz 1 Satz 2 bis 5 und Absatz 2 entsprechend auf die nach dem Abkommen anzurechnende ausländische Steuer anzuwenden; das gilt nicht für Einkünfte, auf die § 32d Absatz 1 und 3 bis 6 anzuwenden ist; bei nach dem Abkommen als gezahlt geltenden ausländischen Steuerbeträgen sind Absatz 1 Satz 3 und Absatz 2 nicht anzuwenden. ³Absatz 1 Satz 3 gilt auch dann entsprechend, wenn die Einkünfte in dem ausländischen Staat nach dem Abkommen zur Vermeidung der Doppelbesteuerung mit diesem Staat nicht besteuert werden können. ⁴Bezieht sich ein Abkommen zur Vermeidung der Doppelbesteuerung nicht auf eine Steuer vom Einkommen dieses Staates, so sind die Absätze 1 und 2 entsprechend anzuwenden. ⁵In den Fällen des § 50d Absatz 9 sind die Absätze 1 bis 3 und Satz 6 entsprechend anzuwenden. ⁶Absatz 3 ist anzuwenden, wenn der Staat, mit dem ein Abkommen zur Vermeidung der Doppelbesteuerung besteht, Einkünfte besteuert, die nicht aus diesem Staat stammen, es sei denn, die Besteuerung hat ihre Ursache in einer Gestaltung, für die wirtschaftliche oder sonst beachtliche Gründe fehlen, oder das Abkommen gestattet dem Staat die Besteuerung dieser Einkünfte.

(7) Durch Rechtsverordnung können Vorschriften erlassen werden über

1. die Anrechnung ausländischer Steuern, wenn die ausländischen Einkünfte aus mehreren fremden Staaten stammen,
2. den Nachweis über die Höhe der festgesetzten und gezahlten ausländischen Steuern,
3. die Berücksichtigung ausländischer Steuern, die nachträglich erhoben oder zurückgezahlt werden.

§ 34d
Ausländische Einkünfte

Ausländische Einkünfte im Sinne des § 34c Absatz 1 bis 5 sind

1. Einkünfte aus einer in einem ausländischen Staat betriebenen Land- und Forstwirtschaft (§§ 13 und 14) und Einkünfte der in den Nummern 3, 4, 6, 7 und 8 Buchstabe c genannten Art, soweit sie zu den Einkünften aus Land- und Forstwirtschaft gehören;

2. Einkünfte aus Gewerbebetrieb (§§ 15 und 16),
   a) die durch eine in einem ausländischen Staat belegene Betriebsstätte oder durch einen in einem ausländischen Staat tätigen ständigen Vertreter erzielt werden, und Einkünfte der in den Nummern 3, 4, 6, 7 und 8 Buchstabe c genannten Art, soweit sie zu den Einkünften aus Gewerbebetrieb gehören,
   b) die aus Bürgschafts- und Avalprovisionen erzielt werden, wenn der Schuldner Wohnsitz, Geschäftsleitung oder Sitz in einem ausländischen Staat hat, oder
   c) die durch den Betrieb eigener oder gecharterter Seeschiffe oder Luftfahrzeuge aus Beförderungen zwischen ausländischen oder von ausländischen zu inländischen Häfen erzielt werden, einschließlich der Einkünfte aus anderen mit solchen Beförderungen zusammenhängenden, sich auf das Ausland erstreckenden Beförderungsleistungen;
3. Einkünfte aus selbständiger Arbeit (§ 18), die in einem ausländischen Staat ausgeübt oder verwertet wird oder worden ist, und Einkünfte der in den Nummern 4, 6, 7 und 8 Buchstabe c genannten Art, soweit sie zu den Einkünften aus selbständiger Arbeit gehören;
4. Einkünfte aus der Veräußerung von
   a) Wirtschaftsgütern, die zum Anlagevermögen eines Betriebs gehören, wenn die Wirtschaftsgüter in einem ausländischen Staat belegen sind,
   b) Anteilen an Kapitalgesellschaften, wenn die Gesellschaft Geschäftsleitung oder Sitz in einem ausländischen Staat hat;
5. Einkünfte aus nichtselbständiger Arbeit (§ 19), die in einem ausländischen Staat ausgeübt oder, ohne im Inland ausgeübt zu werden oder worden zu sein, in einem ausländischen Staat verwertet wird oder worden ist, und Einkünfte, die von ausländischen öffentlichen Kassen mit Rücksicht auf ein gegenwärtiges oder früheres Dienstverhältnis gewährt werden. ²Einkünfte, die von inländischen öffentlichen Kassen einschließlich der Kassen der Deutschen Bundesbahn und der Deutschen Bundesbank mit Rücksicht auf ein gegenwärtiges oder früheres Dienstverhältnis gewährt werden, gelten auch dann als inländische Einkünfte, wenn die Tätigkeit in einem ausländischen Staat ausgeübt wird oder worden ist;
6. Einkünfte aus Kapitalvermögen (§ 20), wenn der Schuldner Wohnsitz, Geschäftsleitung oder Sitz in einem ausländischen Staat hat oder das Kapitalvermögen durch ausländischen Grundbesitz gesichert ist;
7. Einkünfte aus Vermietung und Verpachtung (§ 21), soweit das unbewegliche Vermögen oder die Sachinbegriffe in einem ausländischen Staat belegen oder die Rechte zur Nutzung in einem ausländischen Staat überlassen worden sind;
8. sonstige Einkünfte im Sinne des § 22, wenn
   a) der zur Leistung der wiederkehrenden Bezüge Verpflichtete Wohnsitz, Geschäftsleitung oder Sitz in einem ausländischen Staat hat,
   b) bei privaten Veräußerungsgeschäften die veräußerten Wirtschaftsgüter in einem ausländischen Staat belegen sind,
   c) bei Einkünften aus Leistungen einschließlich der Einkünfte aus Leistungen im Sinne des § 49 Absatz 1 Nummer 9 der zur Vergütung der Leistung Verpflichtete Wohnsitz, Geschäftsleitung oder Sitz in einem ausländischen Staat hat.

2. Steuerermäßigung bei Einkünften aus Land- und Forstwirtschaft

§ 34e
– weggefallen –

2a. Steuerermäßigung für Steuerpflichtige mit Kindern bei Inanspruchnahme erhöhter Absetzungen für Wohngebäude oder der Steuerbegünstigungen für eigengenutztes Wohneigentum

§ 34f

(1) ¹Bei Steuerpflichtigen, die erhöhte Absetzungen nach § 7b oder nach § 15 des Berlinförderungsgesetzes in Anspruch nehmen, ermäßigt sich die tarifliche Einkommensteuer, vermindert um die sonstigen Steuerermäßigungen mit Ausnahme der §§ 34g und 35, auf Antrag um je 600 Deutsche Mark für das zweite und jedes weitere Kind des Steuerpflichtigen oder seines Ehegatten. ²Voraussetzung ist,
1. dass der Steuerpflichtige das Objekt, bei einem Zweifamilienhaus mindestens eine Wohnung, zu eigenen Wohnzwecken nutzt oder wegen des Wechsels des Arbeitsortes nicht zu eigenen Wohnzwecken nutzen kann und
2. dass es sich einschließlich des ersten Kindes um Kinder im Sinne des § 32 Absatz 1 bis 5 oder 6 Satz 7 handelt, die zum Haushalt des Steuerpflichtigen gehören oder in dem für die erhöhten Absetzungen maßgebenden Begünstigungszeitraum gehört haben, wenn diese Zugehörigkeit auf Dauer angelegt ist oder war.

(2) ¹Bei Steuerpflichtigen, die die Steuerbegünstigung nach § 10e Absatz 1 bis 5 oder nach § 15b des Berlinförderungsgesetzes in Anspruch nehmen, ermäßigt sich die tarifliche Einkommensteuer, vermindert um die sonstigen Steuerermäßigungen mit Ausnahme des § 34g, auf Antrag um je 512 Euro für jedes Kind des Steuerpflichtigen oder seines Ehegatten im Sinne des § 32 Absatz 1 bis 5 oder 6 Satz 7. ²Voraussetzung ist, dass das Kind zum Haushalt des Steuerpflichtigen gehört oder in dem für die Steuerbegünstigung maßgebenden Zeitraum gehört hat, wenn diese Zugehörigkeit auf Dauer angelegt ist oder war.

(3) ¹Bei Steuerpflichtigen, die die Steuerbegünstigung nach § 10e Absatz 1, 2, 4 und 5 in Anspruch nehmen, ermäßigt sich die tarifliche Einkommensteuer, vermindert um die sonstigen Steuerermäßigungen, auf Antrag um je 512 Euro für jedes Kind des Steuerpflichtigen oder seines Ehegatten im Sinne des § 32 Absatz 1 bis 5 oder 6 Satz 7. ²Voraussetzung ist, dass das Kind zum Haushalt des Steuerpflichtigen gehört oder in dem für die Steuerbegünstigung maßgebenden Zeitraum gehört hat, wenn diese Zugehörigkeit auf Dauer angelegt ist oder war. ³Soweit sich der Betrag der Steuerermäßigung nach Satz 1 bei der Ermittlung der festzusetzenden Einkommensteuer nicht steuerentlastend auswirkt, ist er von der tariflichen Einkommensteuer der zwei vorangegangenen Veranlagungszeiträume abzuziehen. ⁴Steuerermäßigungen, die nach den Sätzen 1 und 3 nicht berücksichtigt werden können, können bis zum Ende des Abzugszeitraums im Sinne des § 10e und in den zwei folgenden Veranlagungszeiträumen abgezogen werden. ⁵Ist für einen Veranlagungszeitraum bereits ein Steuerbescheid erlassen worden, so ist er insoweit zu ändern, als die Steuerermäßigung nach den Sätzen 3 und 4 zu gewähren oder zu berichtigen ist; die Verjährungsfristen enden insoweit nicht, bevor die Verjährungsfrist für den Veranlagungszeitraum abgelaufen ist, für den die Steuerermäßigung nach Satz 1 beantragt worden ist.

(4) ¹Die Steuerermäßigungen nach den Absätzen 2 oder 3 kann der Steuerpflichtige insgesamt nur bis zur Höhe der Bemessungsgrundlage der Abzugsbeträge nach § 10e Absatz 1 oder 2 in Anspruch nehmen. ²Die Steuerermäßigung nach den Absätzen 1, 2 und 3 Satz 1 kann der Steuerpflichtige im Kalenderjahr nur für ein Objekt in Anspruch nehmen.

2b. Steuerermäßigung bei Zuwendungen an politische Parteien und an unabhängige Wählervereinigungen

§ 34g

¹Die tarifliche Einkommensteuer, vermindert um die sonstigen Steuerermäßigungen mit Ausnahme des § 34f Absatz 3, ermäßigt sich bei Zuwendungen an
1. politische Parteien im Sinne des § 2 des Parteiengesetzes und
2. Vereine ohne Parteicharakter, wenn
   a) der Zweck des Vereins ausschließlich darauf gerichtet ist, durch Teilnahme mit eigenen Wahlvorschlägen an Wahlen auf Bundes-, Landes- oder Kommunalebene bei der politischen Willensbildung mitzuwirken, und
   b) der Verein auf Bundes-, Landes- oder Kommunalebene bei der jeweils letzten Wahl wenigstens ein Mandat errungen oder der zuständigen Wahlbehörde oder dem zuständigen Wahlorgan angezeigt hat, dass er mit eigenen Wahlvorschlägen auf Bundes, Landes- oder Kommunalebene an der jeweils nächsten Wahl teilnehmen will.

²Nimmt der Verein an der jeweils nächsten Wahl nicht teil, wird die Ermäßigung nur für die bis zum Wahltag an ihn geleisteten Beiträge und Spenden gewährt. ³Die Ermäßigung für Beiträge und Spenden an den Verein wird erst wieder gewährt, wenn er sich mit eigenen Wahlvorschlägen an einer Wahl beteiligt hat. ⁴Die Ermäßigung wird in diesem Falle nur für Beiträge und Spenden gewährt, die nach Beginn des Jahres, in dem die Wahl stattfindet, geleistet werden.

²Die Ermäßigung beträgt 50 Prozent der Ausgaben, höchstens jeweils 825 Euro für Ausgaben nach den Nummern 1 und 2, im Fall der Zusammenveranlagung von Ehegatten höchstens jeweils 1 650 Euro. ³§ 10b Absatz 3 und 4 gilt entsprechend.

3. Steuerermäßigung bei Einkünften aus Gewerbebetrieb

§ 35

(1) ¹Die tarifliche Einkommensteuer, vermindert um die sonstigen Steuerermäßigungen mit Ausnahme der §§ 34f, 34g und 35a, ermäßigt sich, soweit sie anteilig auf im zu versteuernden Einkommen enthaltene gewerbliche Einkünfte entfällt (Ermäßigungshöchstbetrag),

1. bei Einkünften aus gewerblichen Unternehmen im Sinne des § 15 Absatz 1 Satz 1 Nummer 1

   um das 3,8-fache des jeweils für den dem Veranlagungszeitraum entsprechenden Erhebungszeitraum nach § 14 des Gewerbesteuergesetzes für das Unternehmen festgesetzten Steuermessbetrags (Gewerbesteuer-Messbetrag); Absatz 2 Satz 5 ist entsprechend anzuwenden;

2. bei Einkünften aus Gewerbebetrieb als Mitunternehmer im Sinne des § 15 Absatz 1 Satz 1 Nummer 2 oder als persönlich haftender Gesellschafter einer Kommanditgesellschaft auf Aktien im Sinne des § 15 Absatz 1 Satz 1 Nummer 3

   um das 3,8-fache des jeweils für den dem Veranlagungszeitraum entsprechenden Erhebungszeitraum festgesetzten anteiligen Gewerbesteuer-Messbetrags.

²Der Ermäßigungshöchstbetrag ist wie folgt zu ermitteln:

$$\frac{\text{Summe der positiven gewerblichen Einkünfte}}{\text{Summe aller positiven Einkünfte}} \cdot \text{geminderte tarifliche Steuer}$$

³Gewerbliche Einkünfte im Sinne der Sätze 1 und 2 sind die der Gewerbesteuer unterliegenden Gewinne und Gewinnanteile, soweit sie nicht nach anderen Vorschriften von der Steuerermäßigung nach § 35 ausgenommen sind. ⁴Geminderte tarifliche Steuer ist die tarifliche Steuer nach Abzug von Beträgen aufgrund der Anwendung zwischenstaatlicher Abkommen und nach Anrechnung der ausländischen Steuern nach § 32d Absatz 6 Satz 2, § 34c Absatz 1 und 6 dieses Gesetzes und § 12 des Außensteuergesetzes. ⁵Der Abzug des Steuerermäßigungsbetrags ist auf die tatsächlich zu zahlende Gewerbesteuer beschränkt.

(2) ¹Bei Mitunternehmerschaften im Sinne des § 15 Absatz 1 Satz 1 Nummer 2 oder bei Kommanditgesellschaften auf Aktien im Sinne des § 15 Absatz 1 Satz 1 Nummer 3 ist der Betrag des Gewerbesteuer-Messbetrags, die tatsächlich zu zahlende Gewerbesteuer und der auf die einzelnen Mitunternehmer oder auf die persönlich haftenden Gesellschafter entfallende Anteil gesondert und einheitlich festzustellen. ²Der Anteil eines Mitunternehmers am Gewerbesteuer-Messbetrag richtet sich nach seinem Anteil am Gewinn der Mitunternehmerschaft nach Maßgabe des allgemeinen Gewinnverteilungsschlüssels; Vorabgewinnanteile sind nicht zu berücksichtigen. ³Wenn aufgrund der Bestimmungen in einem Abkommen zur Vermeidung der Doppelbesteuerung bei der Festsetzung des Gewerbesteuer-Messbetrags für eine Mitunternehmerschaft nur der auf einen Teil der Mitunternehmer entfallende anteilige Gewerbeertrag berücksichtigt wird, ist der Gewerbesteuer-Messbetrag nach Maßgabe des allgemeinen Gewinnverteilungsschlüssels in voller Höhe auf diese Mitunternehmer entsprechend ihrer Anteile am Gewerbeertrag der Mitunternehmerschaft aufzuteilen. ⁴Der anteilige Gewerbesteuer-Messbetrag ist als Prozentsatz mit zwei Nachkommastellen gerundet zu ermitteln. ⁵Bei der Feststellung nach Satz 1 sind anteilige Gewerbesteuer-Messbeträge, die aus einer Beteiligung an einer Mitunternehmerschaft stammen, einzubeziehen.

(3) ¹Zuständig für die gesonderte Feststellung nach Absatz 2 ist das für die gesonderte Feststellung der Einkünfte zuständige Finanzamt. ²Für die Ermittlung der Steuerermäßigung nach Absatz 1 sind die Festsetzung des Gewerbesteuer-Messbetrags, die Feststellung des Anteils an dem festzusetzenden Gewerbesteuer-Messbetrag nach Absatz 2 Satz 1 und die Festsetzung der Gewerbesteuer Grundlagenbescheide. ³Für die Ermittlung des anteiligen Gewerbesteuer-Messbetrags nach Absatz 2 sind die Festsetzung des Gewerbesteuer-Messbetrags und die Festsetzung des anteiligen Gewerbesteuer-Messbetrags aus der Beteiligung an einer Mitunternehmerschaft Grundlagenbescheide.

(4) Für die Aufteilung und die Feststellung der tatsächlich zu zahlenden Gewerbesteuer bei Mitunternehmerschaften im Sinne des § 15 Absatz 1 Satz 1 Nummer 2 und bei Kommanditgesellschaften auf Aktien im Sinne des § 15 Absatz 1 Satz 1 Nummer 3 gelten die Absätze 2 und 3 entsprechend.

4. Steuerermäßigung bei Aufwendungen für haushaltsnahe Beschäftigungsverhältnisse und für die Inanspruchnahme haushaltsnaher Dienstleistungen

§ 35a
Steuerermäßigung bei Aufwendungen für haushaltsnahe Beschäftigungsverhältnisse, haushaltsnahe Dienstleistungen und Handwerkerleistungen

(1) Für haushaltsnahe Beschäftigungsverhältnisse, bei denen es sich um eine geringfügige Beschäftigung im Sinne des § 8a des Vierten Buches Sozialgesetzbuch handelt, ermäßigt sich die tarifliche Einkommensteuer, vermindert um die sonstigen Steuerermäßigungen, auf Antrag um 20 Prozent, höchstens 510 Euro, der Aufwendungen des Steuerpflichtigen.

(2) ¹Für andere als in Absatz 1 aufgeführte haushaltsnahe Beschäftigungsverhältnisse oder für die Inanspruchnahme von haushaltsnahen Dienstleistungen, die nicht Dienstleistungen nach Absatz 3 sind, ermäßigt sich die tarifliche Einkommensteuer, vermindert um die sonstigen Steuerermäßigungen, auf Antrag um 20 Prozent, höchstens 4 000 Euro, der Aufwendungen des Steuerpflichtigen. ²Die Steuerermäßigung kann auch in Anspruch genommen werden für die Inanspruchnahme von Pflege- und Betreuungsleistungen sowie für Aufwendungen, die einem Steuerpflichtigen wegen der Unterbringung in einem Heim oder zur dauernden Pflege erwachsen, soweit darin Kosten für Dienstleistungen enthalten sind, die mit denen einer Hilfe im Haushalt vergleichbar sind.

(3) ¹Für die Inanspruchnahme von Handwerkerleistungen für Renovierungs-, Erhaltungs- und Modernisierungsmaßnahmen ermäßigt sich die tarifliche Einkommensteuer, vermindert um die sonstigen Steuerermäßigungen, auf Antrag um 20 Prozent der Aufwendungen des Steuerpflichtigen, höchstens jedoch um 1 200 Euro. ²Dies gilt nicht für öffentlich geförderte Maßnahmen, für die zinsverbilligte Darlehen oder steuerfreie Zuschüsse in Anspruch genommen werden.

(4) ¹Die Steuerermäßigung nach den Absätzen 1 bis 3 kann nur in Anspruch genommen werden, wenn das Beschäftigungsverhältnis, die Dienstleistung oder die Handwerkerleistung in einem in der Europäischen Union oder dem Europäischen Wirtschaftsraum liegenden Haushalt des Steuerpflichtigen oder – bei Pflege- und Betreuungsleistungen – der gepflegten oder betreuten Person ausgeübt oder erbracht wird. ²In den Fällen des Absatzes 2 Satz 2 zweiter Halbsatz ist Voraussetzung, dass das Heim oder der Ort der dauernden Pflege in der Europäischen Union oder dem Europäischen Wirtschaftsraum liegt.

(5) ¹Die Steuerermäßigungen nach den Absätzen 1 bis 3 können nur in Anspruch genommen werden, soweit die Aufwendungen nicht Betriebsausgaben oder Werbungskosten darstellen und soweit sie nicht als Sonderausgaben oder außergewöhnliche Belastungen berücksichtigt worden sind; für Aufwendungen, die dem Grunde nach unter § 10 Absatz 1 Nummer 5 fallen, ist eine Inanspruchnahme ebenfalls ausgeschlossen. ²Der Abzug von der tariflichen Einkommensteuer nach den Absätzen 2 und 3 gilt nur für Arbeitskosten. ³Voraussetzung für die Inanspruchnahme der Steuerermäßigung für haushaltsnahe Dienstleistungen nach Absatz 2 oder für Handwerkerleistungen nach Absatz 3 ist, dass der Steuer-

pflichtige für die Aufwendungen eine Rechnung erhalten hat und die Zahlung auf das Konto des Erbringers der Leistung erfolgt ist. ⁴Leben zwei Alleinstehende in einem Haushalt zusammen, können sie die Höchstbeträge nach den Absätzen 1 bis 3 insgesamt jeweils nur einmal in Anspruch nehmen.

5. Steuerermäßigung bei Belastung mit Erbschaftsteuer

§ 35b
Steuerermäßigung bei Belastung mit Erbschaftsteuer

¹Sind bei der Ermittlung des Einkommens Einkünfte berücksichtigt worden, die im Veranlagungszeitraum oder in den vorangegangenen vier Veranlagungszeiträumen als Erwerb von Todes wegen der Erbschaftsteuer unterlegen haben, so wird auf Antrag die um sonstige Steuerermäßigungen gekürzte tarifliche Einkommensteuer, die auf diese Einkünfte entfällt, um den in Satz 2 bestimmten Prozentsatz ermäßigt. ²Der Prozentsatz bestimmt sich nach dem Verhältnis, in dem die festgesetzte Erbschaftsteuer zu dem Betrag steht, der sich ergibt, wenn dem steuerpflichtigen Erwerb (§ 10 Absatz 1 des Erbschaftsteuer- und Schenkungsteuergesetzes) die Freibeträge nach den §§ 16 und 17 und der steuerfreie Betrag nach § 5 des Erbschaftsteuer- und Schenkungsteuergesetzes hinzugerechnet werden.

VI. Steuererhebung

1. Erhebung der Einkommensteuer

§ 36
Entstehung und Tilgung der Einkommensteuer

(1) Die Einkommensteuer entsteht, soweit in diesem Gesetz nichts anderes bestimmt ist, mit Ablauf des Veranlagungszeitraums.

(2) Auf die Einkommensteuer werden angerechnet:

1. die für den Veranlagungszeitraum entrichteten Einkommensteuer-Vorauszahlungen (§ 37);
2. die durch Steuerabzug erhobene Einkommensteuer, soweit sie auf die bei der Veranlagung erfassten Einkünfte oder auf die nach § 3 Nummer 40 dieses Gesetzes oder nach § 8b Absatz 1 und 6 Satz 2 des Körperschaftsteuergesetzes bei der Ermittlung des Einkommens außer Ansatz bleibenden Bezüge entfällt und nicht die Erstattung beantragt oder durchgeführt worden ist. ²Die durch Steuerabzug erhobene Einkommensteuer wird nicht angerechnet, wenn die in § 45a Absatz 2 oder 3 bezeichnete Bescheinigung nicht vorgelegt worden ist. ³In den Fällen des § 8b Absatz 6 Satz 2 des Körperschaftsteuergesetzes ist es für die Anrechnung ausreichend, wenn die Bescheinigung nach § 45a Absatz 2 und 3 vorgelegt wird, die dem Gläubiger der Kapitalerträge ausgestellt worden ist.

(3) ¹Die Steuerbeträge nach Absatz 2 Nummer 2 sind auf volle Euro aufzurunden. ²Bei den durch Steuerabzug erhobenen Steuern ist jeweils die Summe der Beträge einer einzelnen Abzugsteuer aufzurunden.

(4) ¹Wenn sich nach der Abrechnung ein Überschuss zuungunsten des Steuerpflichtigen ergibt, hat der Steuerpflichtige (Steuerschuldner) diesen Betrag, soweit er den fällig gewordenen, aber nicht entrichteten Einkommensteuer-Vorauszahlungen entspricht, sofort, im Übrigen innerhalb eines Monats nach Bekanntgabe des Steuerbescheids zu entrichten (Abschlusszahlung). ²Wenn sich nach der Abrechnung ein Überschuss zugunsten des Steuerpflichtigen ergibt, wird dieser dem Steuerpflichtigen nach Bekanntgabe des Steuerbescheids ausgezahlt. ³Bei Ehegatten, die nach den §§ 26, 26b zusammen zur Einkommensteuer veranlagt worden sind, wirkt die Auszahlung an einen Ehegatten auch für und gegen den anderen Ehegatten.

(5) ¹In den Fällen des § 16 Absatz 3a kann auf Antrag des Steuerpflichtigen die festgesetzte Steuer, die auf den Aufgabegewinn und den durch den Wechsel der Gewinnermittlungsart erzielten Gewinn entfällt, in fünf gleichen Jahresraten entrichtet werden, wenn die Wirtschaftsgüter eines Betriebsvermögens des Steuerpflichtigen in einem anderen Mitgliedstaat der Europäischen Union oder des Europäischen Wirtschaftsraums zuzuordnen sind, sofern durch diese Staaten Amtshilfe entsprechend oder im Sinne der Amtshilferichtlinie gemäß § 2 Absatz 2 des EU-Amtshilfegesetzes und gegenseitige Unterstützung bei der Beitreibung im Sinne der Beitreibungsrichtlinie einschließlich der in diesem Zusammenhang anzuwendenden Durchführungsbestimmungen in den für den jeweiligen Veranlagungszeitraum geltenden Fassungen oder eines entsprechenden Nachfolgerechtsaktes geleistet wird. ²Die erste Jahresrate ist innerhalb eines Monats nach Bekanntgabe des Steuerbescheids zu entrichten; die übrigen Jahresraten sind jeweils am 31. Mai der Folgejahre fällig. ³Die Jahresraten sind nicht zu verzinsen. ⁴Wird der Betrieb oder Teilbetrieb während dieses Zeitraums eingestellt, veräußert oder in andere als die in Satz 1 genannten Staaten verlegt, wird die noch nicht entrichtete Steuer innerhalb eines Monats nach diesem Zeitpunkt fällig; Satz 2 bleibt unberührt. ⁵Ändert sich die festgesetzte Steuer, sind die Jahresraten entsprechend anzupassen.

§ 37
Einkommensteuer-Vorauszahlung

(1) ¹Der Steuerpflichtige hat am 10. März, 10. Juni, 10. September und 10. Dezember Vorauszahlungen auf die Einkommensteuer zu entrichten, die er für den laufenden Veranlagungszeitraum voraussichtlich schulden wird. ²Die Einkommensteuer-Vorauszahlung entsteht jeweils mit Beginn des Kalendervierteljahres, in dem die Vorauszahlungen zu entrichten sind, oder, wenn die Steuerpflicht erst im Laufe des Kalendervierteljahres begründet wird, mit Begründung der Steuerpflicht.

(2) – *weggefallen* –

(3) ¹Das Finanzamt setzt die Vorauszahlungen durch Vorauszahlungsbescheid fest. ²Die Vorauszahlungen bemessen sich grundsätzlich nach der Einkommensteuer, die sich nach Anrechnung der Steuerabzugsbeträge (§ 36 Absatz 2 Nummer 2) bei der letzten Veranlagung ergeben hat. ³Das Finanzamt kann bis zum Ablauf des auf den Veranlagungszeitraum folgenden 15. Kalendermonats die Vorauszahlungen an die Einkommensteuer anpassen, die sich für den Veranlagungszeitraum voraussichtlich ergeben wird; dieser Zeitraum verlängert sich auf 23 Monate, wenn die Einkünfte aus Land- und Forstwirtschaft bei der erstmaligen Steuerfestsetzung die anderen Einkünfte voraussichtlich überwiegen werden. ⁴Bei der Anwendung der Sätze 2 und 3 bleiben Aufwendungen im Sinne des § 10 Absatz 1 Nummer 4, 5, 7 und 9 sowie Absatz 1a, der §§ 10b und 33 sowie die abziehbaren Beträge nach § 33a, wenn die Aufwendungen und abziehbaren Beträge insgesamt 600 Euro nicht übersteigen, außer Ansatz. ⁵Die Steuerermäßigung nach § 34a bleibt außer Ansatz. ⁶Bei der Anwendung der Sätze 2 und 3 bleibt der Sonderausgabenabzug nach § 10a Absatz 1 außer Ansatz. ⁷Außer Ansatz bleiben bis zur Anschaffung oder Fertigstellung der Objekte im Sinne des § 10e Absatz 1 und 2 und § 10h auch der Aufwendungen, die nach § 10e Absatz 6 und § 10h Satz 3 wie Sonderausgaben abgezogen werden; Entsprechendes gilt auch für Aufwendungen, die nach § 10i für nach dem Eigenheimzulagengesetz begünstigte Objekte wie Sonderausgaben abgezogen werden. ⁸Negative Einkünfte aus der Vermietung oder Verpachtung eines Gebäudes im Sinne des § 21 Absatz 1 Satz 1 Nummer 1 werden bei der Festsetzung der Vorauszahlungen nur für Kalenderjahre berücksichtigt, die nach der Anschaffung oder Fertigstellung dieses Gebäudes beginnen. ⁹Wird ein Gebäude vor dem Kalenderjahr seiner Fertigstellung angeschafft, tritt an die Stelle der Anschaffung die Fertigstellung. ¹⁰Satz 8 gilt nicht für negative Einkünfte aus der Vermietung oder Verpachtung eines Gebäudes, für das erhöhte Absetzungen nach den §§ 14a, 14c oder 14d des Berlinförderungsgesetzes oder Sonderabschreibungen nach § 4 des Fördergebietsgesetzes in Anspruch genommen werden. ¹¹Satz 8 gilt für negative Einkünfte aus der Vermietung oder Verpachtung eines anderen Vermögensgegenstandes im Sinne des § 21 Absatz 1 Satz 1 Nummer 1 bis 3 entsprechend mit der Maßgabe, dass an die Stelle der Anschaffung oder Fertigstellung die Aufnahme der Nutzung durch den Steuerpflichtigen tritt. ¹²In den Fällen des § 31, in denen die gebotene steuerliche Freistellung eines Einkommensbetrags in Höhe des Existenzminimums eines Kindes durch das Kindergeld nicht in vollem Umfang bewirkt wird, bleiben bei der Anwendung der Sätze 2 und 3 Freibeträge nach § 32 Absatz 6 und zu verrechnendes Kindergeld außer Ansatz.

(4) ¹Bei einer nachträglichen Erhöhung der Vorauszahlungen ist die letzte Vorauszahlung für den Veranlagungszeitraum anzupassen. ²Der Erhöhungsbetrag ist innerhalb eines Monats nach Bekanntgabe des Vorauszahlungsbescheids zu entrichten.

(5) ¹Vorauszahlungen sind nur festzusetzen, wenn sie mindestens 400 Euro im Kalenderjahr und mindestens 100 Euro für einen Vorauszahlungszeitpunkt betragen. ²Festgesetzte Vorauszahlungen sind nur zu erhöhen, wenn sich der Erhöhungsbetrag im Fall des Absatzes 3 Satz 2 bis 5 für einen Vorauszahlungszeitpunkt auf mindestens 100 Euro, im Fall des Absatzes 4 auf mindestens 5 000 Euro beläuft.

(6) Absatz 3 ist, soweit die erforderlichen Daten nach § 10 Absatz 2 Satz 3 noch nicht nach § 10 Absatz 2a übermittelt wurden, mit der Maßgabe anzuwenden, dass

1. als Beiträge im Sinne des § 10 Absatz 1 Nummer 3 Buchstabe a die für den letzten Veranlagungszeitraum geleisteten
   a) Beiträge zugunsten einer privaten Krankenversicherung vermindert um 20 Prozent oder
   b) Beiträge zur gesetzlichen Krankenversicherung vermindert um 4 Prozent,
2. als Beiträge im Sinne des § 10 Absatz 1 Nummer 3 Buchstabe b die bei der letzten Veranlagung berücksichtigten Beiträge zugunsten einer gesetzlichen Pflegeversicherung

anzusetzen sind; mindestens jedoch 1 500 Euro. Bei zusammen veranlagten Ehegatten ist der in Satz 1 genannte Betrag von 1 500 Euro zu verdoppeln.

§ 37a
Pauschalierung der Einkommensteuer durch Dritte

(1) ¹Das Finanzamt kann auf Antrag zulassen, dass das Unternehmen, das Sachprämien im Sinne des § 3 Nummer 38 gewährt, die Einkommensteuer für den Teil der Prämien, der nicht steuerfrei ist, pauschal erhebt. ²Bemessungsgrundlage der pauschalen Einkommensteuer ist der gesamte Wert der Prämien, die den im Inland ansässigen Steuerpflichtigen zufließen. ³Der Pauschsteuersatz beträgt 2,25 Prozent.

(2) ¹Auf die pauschale Einkommensteuer ist § 40 Absatz 3 sinngemäß anzuwenden. ²Das Unternehmen hat die Prämienempfänger von der Steuerübernahme zu unterrichten.

(3) ¹Über den Antrag entscheidet das Betriebsstättenfinanzamt des Unternehmens (§ 41a Absatz 1 Satz 1 Nummer 1). ²Hat das Unternehmen mehrere Betriebsstättenfinanzämter, so ist das Finanzamt der Betriebsstätte zuständig, in der die für die pauschale Besteuerung maßgebenden Prämien ermittelt werden. ³Die Genehmigung zur Pauschalierung wird mit Wirkung für die Zukunft erteilt und kann zeitlich befristet werden; sie erstreckt sich auf alle im Geltungszeitraum ausgeschütteten Prämien.

(4) Die pauschale Einkommensteuer gilt als Lohnsteuer und ist von dem Unternehmen in der Lohnsteuer-Anmeldung der Betriebsstätte im Sinne des Absatzes 3 anzumelden und spätestens am zehnten Tag nach Ablauf des für die Betriebsstätte maßgebenden Lohnsteuer-Anmeldungszeitraums an das Betriebsstättenfinanzamt abzuführen.

§ 37b
Pauschalierung der Einkommensteuer bei Sachzuwendungen

(1) ¹Steuerpflichtige können die Einkommensteuer einheitlich für alle innerhalb eines Wirtschaftsjahres gewährten

1. betrieblich veranlassten Zuwendungen, die zusätzlich zur ohnehin vereinbarten Leistung oder Gegenleistung erbracht werden, und
2. Geschenke im Sinne des § 4 Absatz 5 Satz 1 Nummer 1,

die nicht in Geld bestehen, mit einem Pauschsteuersatz von 30 Prozent erheben. ²Bemessungsgrundlage der pauschalen Einkommensteuer sind die Aufwendungen des Steuerpflichtigen einschließlich Umsatzsteuer; bei Zuwendungen an Arbeitnehmer verbundener Unternehmen ist Bemessungsgrundlage mindestens der sich nach § 8 Absatz 3 Satz 1 ergebende Wert. ³Die Pauschalierung ist ausgeschlossen,

1. soweit die Aufwendungen je Empfänger und Wirtschaftsjahr oder
2. wenn die Aufwendungen für die einzelne Zuwendung

den Betrag von 10 000 Euro übersteigen.

(2) ¹Absatz 1 gilt auch für betrieblich veranlasste Zuwendungen an Arbeitnehmer des Steuerpflichtigen, soweit sie nicht in Geld bestehen und zusätzlich zum ohnehin geschuldeten Arbeitslohn erbracht werden. ²In den Fällen des § 8 Absatz 2 Satz 2 bis 10, Absatz 3, § 40 Absatz 2 sowie in Fällen, in denen Vermögensbeteiligungen überlassen werden, ist Absatz 1 nicht anzuwenden; Entsprechendes gilt, soweit die Zuwendungen nach § 40 Absatz 1 pauschaliert worden sind. ³§ 37a Absatz 1 bleibt unberührt.

(3) ¹Die pauschal besteuerten Sachzuwendungen bleiben bei der Ermittlung der Einkünfte des Empfängers außer Ansatz. ²Auf die pauschale Einkommensteuer ist § 40 Absatz 3 sinngemäß anzuwenden. ³Der Steuerpflichtige hat den Empfänger von der Steuerübernahme zu unterrichten.

(4) ¹Die pauschale Einkommensteuer gilt als Lohnsteuer und ist von dem die Sachzuwendung gewährenden Steuerpflichtigen in der Lohnsteuer-Anmeldung der Betriebsstätte nach § 41 Absatz 2 anzumelden und spätestens am zehnten Tag nach Ablauf des für die Betriebsstätte maßgebenden Lohnsteuer-Anmeldungszeitraums an das Betriebsstättenfinanzamt abzuführen. ²Hat der Steuerpflichtige mehrere Betriebsstätten im Sinne des Satzes 1, so ist das Finanzamt der Betriebsstätte zuständig, in der die für die pauschale Besteuerung maßgebenden Sachbezüge ermittelt werden.

2. Steuerabzug vom Arbeitslohn (Lohnsteuer)

§ 38
Erhebung der Lohnsteuer

(1) ¹Bei Einkünften aus nichtselbständiger Arbeit wird die Einkommensteuer durch Abzug vom Arbeitslohn erhoben (Lohnsteuer), soweit der Arbeitslohn von einem Arbeitgeber gezahlt wird, der

1. im Inland einen Wohnsitz, seinen gewöhnlichen Aufenthalt, seine Geschäftsleitung, seinen Sitz, eine Betriebsstätte oder einen ständigen Vertreter im Sinne der §§ 8 bis 13 der Abgabenordnung hat (inländischer Arbeitgeber) oder
2. einem Dritten (Entleiher) Arbeitnehmer gewerbsmäßig zur Arbeitsleistung im Inland überlässt, ohne inländischer Arbeitgeber zu sein (ausländischer Verleiher).

²Inländischer Arbeitgeber im Sinne des Satzes 1 ist in den Fällen der Arbeitnehmerentsendung auch das in Deutschland ansässige aufnehmende Unternehmen, das den Arbeitslohn für die ihm geleistete Arbeit wirtschaftlich trägt; Voraussetzung hierfür ist nicht, dass das Unternehmen dem Arbeitnehmer den Arbeitslohn im eigenen Namen und für eigene Rechnung auszahlt. ³Der Lohnsteuer unterliegt auch der im Rahmen des Dienstverhältnisses von einem Dritten gewährte Arbeitslohn, wenn der Arbeitgeber weiß oder erkennen kann, dass derartige Vergütungen erbracht werden; dies ist insbesondere anzunehmen, wenn Arbeitgeber und Dritter verbundene Unternehmen im Sinne von § 15 des Aktiengesetzes sind.

(2) ¹Der Arbeitnehmer ist Schuldner der Lohnsteuer. ²Die Lohnsteuer entsteht in dem Zeitpunkt, in dem der Arbeitslohn dem Arbeitnehmer zufließt.

(3) ¹Der Arbeitgeber hat die Lohnsteuer für Rechnung des Arbeitnehmers bei jeder Lohnzahlung vom Arbeitslohn einzubehalten. ²Bei juristischen Personen des öffentlichen Rechts hat die öffentliche Kasse, die den Arbeitslohn zahlt, die Pflichten des Arbeitgebers. ³In den Fällen der nach § 7f Absatz 1 Satz 1 Nummer 2 des Vierten Buches Sozialgesetzbuch an die Deutsche Rentenversicherung Bund übertragenen Wertguthaben hat die Deutsche Rentenversicherung Bund bei Inanspruchnahme des Wertguthabens die Pflichten des Arbeitgebers.

(3a) ¹Soweit sich aus einem Dienstverhältnis oder einem früheren Dienstverhältnis tarifvertragliche Ansprüche des Arbeitnehmers auf Arbeitslohn unmittelbar gegen einen Dritten mit Wohnsitz, Geschäftsleitung oder Sitz im Inland richten und von diesem durch die Zahlung von Geld erfüllt werden, hat der Dritte die Pflichten des Arbeitgebers. ²In anderen Fällen kann das Finanzamt zulassen,

EStG – Gesetzestext §§ 38a, 38b

dass ein Dritter mit Wohnsitz, Geschäftsleitung oder Sitz im Inland die Pflichten des Arbeitgebers im eigenen Namen erfüllt. ³Voraussetzung ist, dass der Dritte

1. sich hierzu gegenüber dem Arbeitgeber verpflichtet hat,
2. den Lohn auszahlt oder er nur Arbeitgeberpflichten für von ihm vermittelte Arbeitnehmer übernimmt und
3. die Steuererhebung nicht beeinträchtigt wird.

⁴Die Zustimmung erteilt das Betriebsstättenfinanzamt des Dritten auf dessen Antrag im Einvernehmen mit dem Betriebsstättenfinanzamt des Arbeitgebers; sie darf mit Nebenbestimmungen versehen werden, die die ordnungsgemäße Steuererhebung sicherstellen und die Überprüfung des Lohnsteuerabzugs nach § 42f erleichtern sollen. ⁵Die Zustimmung kann mit Wirkung für die Zukunft widerrufen werden. ⁶In den Fällen der Sätze 1 und 2 sind die das Lohnsteuerverfahren betreffenden Vorschriften mit der Maßgabe anzuwenden, dass an die Stelle des Arbeitgebers der Dritte tritt; der Arbeitgeber ist von seinen Pflichten befreit, soweit der Dritte diese Pflichten erfüllt hat. ⁷Erfüllt der Dritte die Pflichten des Arbeitgebers, kann er den Arbeitslohn, der einem Arbeitnehmer in demselben Lohnabrechnungszeitraum aus mehreren Dienstverhältnissen zufließt, für die Lohnsteuerermittlung und in der Lohnsteuerbescheinigung zusammenrechnen.

(4) ¹Wenn der vom Arbeitgeber geschuldete Barlohn zur Deckung der Lohnsteuer nicht ausreicht, hat der Arbeitnehmer dem Arbeitgeber den Fehlbetrag zur Verfügung zu stellen oder der Arbeitgeber einen entsprechenden Teil der anderen Bezüge des Arbeitnehmers zurückzubehalten. ²Soweit der Arbeitnehmer seiner Verpflichtung nicht nachkommt und der Arbeitgeber den Fehlbetrag nicht durch Zurückbehaltung von anderen Bezügen des Arbeitnehmers aufbringen kann, hat der Arbeitgeber dies dem Betriebsstättenfinanzamt (§ 41a Absatz 1 Satz 1 Nummer 1) anzuzeigen. ³Der Arbeitnehmer hat dem Arbeitgeber die von einem Dritten gewährten Bezüge (Absatz 1 Satz 3) am Ende des jeweiligen Lohnzahlungszeitraums anzugeben; wenn der Arbeitnehmer keine Angabe oder eine erkennbar unrichtige Angabe macht, hat der Arbeitgeber dies dem Betriebsstättenfinanzamt anzuzeigen. ⁴Das Finanzamt hat die zu wenig erhobene Lohnsteuer vom Arbeitnehmer nachzufordern.

§ 38a
Höhe der Lohnsteuer

(1) ¹Die Jahreslohnsteuer bemisst sich nach dem Arbeitslohn, den der Arbeitnehmer im Kalenderjahr bezieht (Jahresarbeitslohn). ²Laufender Arbeitslohn gilt in dem Kalenderjahr als bezogen, in dem der Lohnzahlungszeitraum endet; in den Fällen des § 39b Absatz 5 Satz 1 tritt der Lohnabrechnungszeitraum an die Stelle des Lohnzahlungszeitraums. ³Arbeitslohn, der nicht als laufender Arbeitslohn gezahlt wird (sonstige Bezüge), wird in dem Kalenderjahr bezogen, in dem er dem Arbeitnehmer zufließt.

(2) Die Jahreslohnsteuer wird nach dem Jahresarbeitslohn so bemessen, dass sie der Einkommensteuer entspricht, die der Arbeitnehmer schuldet, wenn er ausschließlich Einkünfte aus nichtselbständiger Arbeit erzielt.

(3) ¹Vom laufenden Arbeitslohn wird die Lohnsteuer jeweils mit dem auf den Lohnzahlungszeitraum fallenden Teilbetrag der Jahreslohnsteuer erhoben, die sich bei Umrechnung des laufenden Arbeitslohns auf einen Jahresarbeitslohn ergibt. ²Von sonstigen Bezügen wird die Lohnsteuer mit dem Betrag erhoben, der zusammen mit der Lohnsteuer für den laufenden Arbeitslohn des Kalenderjahres und für etwa im Kalenderjahr bereits gezahlte sonstige Bezüge die voraussichtliche Jahreslohnsteuer ergibt.

(4) Bei der Ermittlung der Lohnsteuer werden die Besteuerungsgrundlagen des Einzelfalls durch die Einreihung der Arbeitnehmer in Steuerklassen (§ 38b), Feststellung von Freibeträgen und Hinzurechnungsbeträgen (§ 39a) sowie Bereitstellung von elektronischen Lohnsteuerabzugsmerkmalen (§ 39e) oder Ausstellung von entsprechenden Bescheinigungen für den Lohnsteuerabzug (§ 39 Absatz 3 und § 39e Absatz 7 und 8) berücksichtigt.

§ 38b
Lohnsteuerklassen, Zahl der Kinderfreibeträge

(1) ¹Für die Durchführung des Lohnsteuerabzugs werden Arbeitnehmer in Steuerklassen eingereiht. ²Dabei gilt Folgendes:

1. In die Steuerklasse I gehören Arbeitnehmer, die
   a) unbeschränkt einkommensteuerpflichtig und
      aa) ledig sind,
      bb) verheiratet, verwitwet oder geschieden sind und bei denen die Voraussetzungen für die Steuerklasse III oder IV nicht erfüllt sind; oder
   b) beschränkt einkommensteuerpflichtig sind;
2. in die Steuerklasse II gehören die unter Nummer 1 Buchstabe a bezeichneten Arbeitnehmer, wenn bei ihnen der Entlastungsbetrag für Alleinerziehende (§ 24b) zu berücksichtigen ist;
3. in die Steuerklasse III gehören Arbeitnehmer,
   a) die verheiratet sind, wenn beide Ehegatten unbeschränkt einkommensteuerpflichtig sind und nicht dauernd getrennt leben und
      aa) der Ehegatte des Arbeitnehmers keinen Arbeitslohn bezieht oder
      bb) der Ehegatte des Arbeitnehmers auf Antrag beider Ehegatten in die Steuerklasse V eingereiht wird,
   b) die verwitwet sind, wenn sie und ihr verstorbener Ehegatte im Zeitpunkt seines Todes unbeschränkt einkommensteuerpflichtig waren und in diesem Zeitpunkt nicht dauernd getrennt gelebt haben, für das Kalenderjahr, das dem Kalenderjahr folgt, in dem der Ehegatte verstorben ist,
   c) deren Ehe aufgelöst worden ist, wenn
      aa) im Kalenderjahr der Auflösung der Ehe beide Ehegatten unbeschränkt einkommensteuerpflichtig waren und nicht dauernd getrennt gelebt haben und
      bb) der andere Ehegatte wieder geheiratet hat, von seinem neuen Ehegatten nicht dauernd getrennt lebt und er und sein neuer Ehegatte unbeschränkt einkommensteuerpflichtig sind,
      für das Kalenderjahr, in dem die Ehe aufgelöst worden ist;
4. in die Steuerklasse IV gehören Arbeitnehmer, die verheiratet sind, wenn beide Ehegatten unbeschränkt einkommensteuerpflichtig sind und nicht dauernd getrennt leben und der Ehegatte des Arbeitnehmers ebenfalls Arbeitslohn bezieht;
5. in die Steuerklasse V gehören die unter Nummer 4 bezeichneten Arbeitnehmer, wenn der Ehegatte des Arbeitnehmers auf Antrag beider Ehegatten in die Steuerklasse III eingereiht wird;
6. die Steuerklasse VI gilt bei Arbeitnehmern, die nebeneinander von mehreren Arbeitgebern Arbeitslohn beziehen, für die Einbehaltung der Lohnsteuer vom Arbeitslohn aus dem zweiten und einem weiteren Dienstverhältnis sowie in den Fällen des § 39c.

³Als unbeschränkt einkommensteuerpflichtig im Sinne der Nummern 3 und 4 gelten nur Personen, die die Voraussetzungen des § 1 Absatz 1 oder 2 oder des § 1a erfüllen.

(2) ¹Für ein minderjähriges und nach § 1 Absatz 1 unbeschränkt einkommensteuerpflichtiges Kind im Sinne des § 32 Absatz 1 Nummer 1 und Absatz 3 werden bei der Anwendung der Steuerklassen I bis IV die Kinderfreibeträge als Lohnsteuerabzugsmerkmal nach § 39 Absatz 1 wie folgt berücksichtigt:

1. mit Zähler 0,5, wenn dem Arbeitnehmer der Kinderfreibetrag nach § 32 Absatz 6 Satz 1 zusteht, oder
2. mit Zähler 1, wenn dem Arbeitnehmer der Kinderfreibetrag zusteht, weil
   a) die Voraussetzungen des § 32 Absatz 6 Satz 2 vorliegen oder
   b) der andere Elternteil vor dem Beginn des Kalenderjahres verstorben ist oder
   c) der Arbeitnehmer allein das Kind angenommen hat.

²Soweit dem Arbeitnehmer Kinderfreibeträge nach § 32 Absatz 1 bis 6 zustehen, die nicht nach Satz 1 berücksichtigt werden, ist die Zahl der Kinderfreibeträge auf Antrag vorbehaltlich des § 39a Absatz 1 Nummer 6 zu Grunde zu legen. ³In den Fällen des Satzes 2 können die Kinderfreibeträge für mehrere Jahre gelten, wenn nach den tatsächlichen Verhältnissen zu erwarten ist, dass die Voraussetzungen bestehen bleiben. ⁴Bei Anwendung der Steuerklassen III und IV sind auch Kinder des Ehegatten bei der Zahl der Kinderfreibeträge zu berücksichtigen. ⁵Der Antrag kann nur nach amtlich vorgeschriebenem Vordruck gestellt werden.

§§ 39, 39a EStG – Gesetzestext

(3) ¹Auf Antrag des Arbeitnehmers kann abweichend von Absatz 1 oder 2 eine für ihn ungünstigere Steuerklasse oder geringere Zahl der Kinderfreibeträge als Lohnsteuerabzugsmerkmal gebildet werden. ²Dieser Antrag ist nach amtlich vorgeschriebenem Vordruck zu stellen und vom Arbeitnehmer eigenhändig zu unterschreiben.

§ 39
Lohnsteuerabzugsmerkmale

(1) ¹Für die Durchführung des Lohnsteuerabzugs werden auf Veranlassung des Arbeitnehmers Lohnsteuerabzugsmerkmale gebildet (§ 39a Absatz 1 und 4, § 39e Absatz 1 in Verbindung mit § 39e Absatz 4 Satz 1 und nach § 39e Absatz 8). ²Soweit Lohnsteuerabzugsmerkmale nicht nach § 39e Absatz 1 Satz 1 automatisiert gebildet werden oder davon abweichend zu bilden sind, ist das Finanzamt für die Bildung der Lohnsteuerabzugsmerkmale nach den §§ 38b und 39a und die Bestimmung ihrer Geltungsdauer zuständig. ³Für die Bildung der Lohnsteuerabzugsmerkmale sind die von den Meldebehörden nach § 39e Absatz 2 Satz 2 mitgeteilten Daten vorbehaltlich der nach Satz 2 abweichenden Bildung durch das Finanzamt bindend. ⁴Die Bildung der Lohnsteuerabzugsmerkmale ist eine gesonderte Feststellung von Besteuerungsgrundlagen im Sinne des § 179 Absatz 1 der Abgabenordnung, die unter dem Vorbehalt der Nachprüfung steht. ⁵Die Bildung und die Änderung der Lohnsteuerabzugsmerkmale sind dem Arbeitnehmer bekannt zu geben. ⁶Die Bekanntgabe richtet sich nach § 119 Absatz 2 der Abgabenordnung und § 39e Absatz 6. ⁷Der Bekanntgabe braucht keine Belehrung über den zulässigen Rechtsbehelf beigefügt zu werden. ⁸Ein schriftlicher Bescheid mit einer Belehrung über den zulässigen Rechtsbehelf ist jedoch zu erteilen, wenn einem Antrag des Arbeitnehmers auf Bildung oder Änderung der Lohnsteuerabzugsmerkmale nicht oder nicht in vollem Umfang entsprochen wird oder der Arbeitnehmer die Erteilung eines Bescheids beantragt. ⁹Vorbehaltlich des Absatzes 5 ist § 153 Absatz 2 der Abgabenordnung nicht anzuwenden.

(2) ¹Für die Bildung und die Änderung der Lohnsteuerabzugsmerkmale nach Absatz 1 Satz 2 des nach § 1 Absatz 1 unbeschränkt einkommensteuerpflichtigen Arbeitnehmers ist das Wohnsitzfinanzamt im Sinne des § 19 Absatz 1 Satz 1 und 2 der Abgabenordnung und in den Fällen des Absatzes 4 Nummer 5 das Betriebsstättenfinanzamt nach § 41a Absatz 1 Satz 1 Nummer 1 zuständig. ²Ist der Arbeitnehmer nach § 1 Absatz 2 unbeschränkt einkommensteuerpflichtig, nach § 1 Absatz 3 als unbeschränkt einkommensteuerpflichtig zu behandeln oder beschränkt einkommensteuerpflichtig, ist das Betriebsstättenfinanzamt für die Bildung und die Änderung der Lohnsteuerabzugsmerkmale zuständig. ³Ist der nach § 1 Absatz 3 als unbeschränkt einkommensteuerpflichtig zu behandelnde Arbeitnehmer gleichzeitig bei mehreren inländischen Arbeitgebern tätig, ist für die Bildung der weiteren Lohnsteuerabzugsmerkmale das Betriebsstättenfinanzamt zuständig, das erstmals Lohnsteuerabzugsmerkmale gebildet hat. ⁴Bei Ehegatten, die beide Arbeitslohn von inländischen Arbeitgebern beziehen, ist das Betriebsstättenfinanzamt des älteren Ehegatten zuständig.

(3) ¹Wurde einem Arbeitnehmer in den Fällen des Absatzes 2 Satz 2 keine Identifikationsnummer zugeteilt, hat ihm das Betriebsstättenfinanzamt auf seinen Antrag hin eine Bescheinigung für den Lohnsteuerabzug auszustellen. ²In diesem Fall tritt an die Stelle der Identifikationsnummer das vom Finanzamt gebildete lohnsteuerliche Ordnungsmerkmal nach § 41b Absatz 2 Satz 1 und 2. ³Die Bescheinigung der Steuerklasse I kann auch der Arbeitgeber beantragen, wenn dieser den Antrag nach Satz 1 im Namen des Arbeitnehmers stellt. ⁴Diese Bescheinigung ist als Beleg zum Lohnkonto zu nehmen und während des Dienstverhältnisses, längstens bis zum Ablauf des jeweiligen Kalenderjahres, aufzubewahren.

(4) Lohnsteuerabzugsmerkmale sind
1. Steuerklasse (§ 38b Absatz 1) und Faktor (§ 39f),
2. Zahl der Kinderfreibeträge bei den Steuerklassen I bis IV (§ 38b Absatz 2),
3. Freibetrag und Hinzurechnungsbetrag (§ 39a),
4. Höhe der Beiträge für eine private Krankenversicherung und für eine private Pflege-Pflichtversicherung (§ 39b Absatz 2 Satz 5 Nummer 3 Buchstabe d) für die Dauer von zwölf Monaten, wenn der Arbeitnehmer dies beantragt,*)
5. Mitteilung, dass der von einem Arbeitgeber gezahlte Arbeitslohn nach einem Abkommen zur Vermeidung der Doppelbesteuerung von der Lohnsteuer freizustellen ist, wenn der Arbeitnehmer oder der Arbeitgeber dies beantragt.

(5) ¹Treten bei einem Arbeitnehmer die Voraussetzungen für eine für ihn ungünstigere Steuerklasse oder geringere Zahl der Kinderfreibeträge ein, ist der Arbeitnehmer verpflichtet, dem Finanzamt dies mitzuteilen und die Steuerklasse und die Zahl der Kinderfreibeträge umgehend ändern zu lassen. ²Dies gilt insbesondere, wenn die Voraussetzungen für die Berücksichtigung des Entlastungsbetrags für Alleinerziehende, für die die Steuerklasse II zur Anwendung kommt, entfallen. ³Eine Mitteilung ist nicht erforderlich, wenn die Abweichung einen Sachverhalt betrifft, der zu einer Änderung der Daten im Sinne des § 39e Absatz 2 Satz 2 von den Meldebehörden zu übermitteln sind. ⁴Kommt der Arbeitnehmer seiner Verpflichtung nicht nach, ändert das Finanzamt die Steuerklasse und die Zahl der Kinderfreibeträge von Amts wegen. ⁵Unterbleibt die Änderung der Lohnsteuerabzugsmerkmale, hat das Finanzamt zu wenig erhobene Lohnsteuer vom Arbeitnehmer nachzufordern, wenn diese 10 Euro übersteigt.

(6) ¹Ändern sich die Voraussetzungen für die Steuerklasse oder für die Zahl der Kinderfreibeträge zu Gunsten des Arbeitnehmers, kann dieser beim Finanzamt die Änderung der Lohnsteuerabzugsmerkmale beantragen. ²Die Änderung ist mit Wirkung von dem ersten Tag des Monats an vorzunehmen, in dem erstmals die Voraussetzungen für die Änderung vorlagen. ³Ehegatten, die beide in einem Dienstverhältnis stehen, können einmalig im Laufe des Kalenderjahres beim Finanzamt die Änderung der Steuerklassen beantragen. ⁴Dies gilt unabhängig von der automatisierten Bildung der Steuerklassen nach § 39e Absatz 3 Satz 3 sowie einer von den Ehegatten gewünschten Änderung dieser automatisierten Bildung. ⁵Das Finanzamt hat eine Änderung nach Satz 3 mit Wirkung vom Beginn des Kalendermonats vorzunehmen, der auf die Antragstellung folgt. ⁶Für eine Berücksichtigung der Änderung im laufenden Kalenderjahr ist der Antrag nach Satz 1 oder 3 spätestens bis zum 30. November zu stellen.

(7) ¹Wird ein unbeschränkt einkommensteuerpflichtiger Arbeitnehmer beschränkt einkommensteuerpflichtig, hat er dies dem Finanzamt unverzüglich mitzuteilen. ²Das Finanzamt hat die Lohnsteuerabzugsmerkmale vom Zeitpunkt des Eintritts der beschränkten Einkommensteuerpflicht an zu ändern. ³Absatz 1 Satz 5 bis 8 gilt entsprechend. ⁴Unterbleibt die Mitteilung, hat das Finanzamt zu wenig erhobene Lohnsteuer vom Arbeitnehmer nachzufordern, wenn diese 10 Euro übersteigt.

(8) ¹Der Arbeitgeber darf die Lohnsteuerabzugsmerkmale nur für die Einbehaltung der Lohn- und Kirchensteuer verwenden. ²Er darf sie ohne Zustimmung des Arbeitnehmers nur offenbaren, soweit dies gesetzlich zugelassen ist.

(9) ¹Ordnungswidrig handelt, wer vorsätzlich oder leichtfertig entgegen Absatz 8 ein Lohnsteuerabzugsmerkmal verwendet. ²Die Ordnungswidrigkeit kann mit einer Geldbuße bis zu zehntausend Euro geahndet werden.

§ 39a
Freibetrag und Hinzurechnungsbetrag

(1) ¹Auf Antrag des unbeschränkt einkommensteuerpflichtigen Arbeitnehmers ermittelt das Finanzamt die Höhe eines vom Arbeitslohn insgesamt abzuziehenden Freibetrags aus der Summe der folgenden Beträge:
1. Werbungskosten, die bei den Einkünften aus nichtselbständiger Arbeit anfallen, soweit sie den Arbeitnehmer-Pauschbetrag (§ 9a Satz 1 Nummer 1 Buchstabe a) oder bei Versorgungsbezügen den Pauschbetrag (§ 9a Satz 1 Nummer 1 Buchstabe b) übersteigen,
2. Sonderausgaben im Sinne des § 10 Absatz 1 Nummer 4, 5, 7 und 9 sowie Absatz 1a und des § 10b, soweit sie den Sonderausgaben-Pauschbetrag von 36 Euro übersteigen,
3. der Betrag, der nach den §§ 33, 33a und 33b Absatz 6 wegen außergewöhnlicher Belastungen zu gewähren ist,

---
*) **Anm. d. Verlages:**
Der Zeitpunkt der erstmaligen Anwendung wird durch ein im Bundessteuerblatt zu veröffentlichendes BMF-Schreiben bekannt gegeben (>§ 52 Abs. 36 EStG).

EStG – Gesetzestext § 39b

4. die Pauschbeträge für behinderte Menschen und Hinterbliebene (§ 33b Absatz 1 bis 5),

5. die folgenden Beträge, wie sie nach § 37 Absatz 3 bei der Festsetzung von Einkommensteuer-Vorauszahlungen zu berücksichtigen sind:

   a) die Beträge, die nach § 10d Absatz 2, §§ 10e, 10f, 10g, 10h, 10i, nach § 15b des Berlinförderungsgesetzes oder nach § 7 des Fördergebietsgesetzes abgezogen werden können,

   b) die negative Summe der Einkünfte im Sinne des § 2 Absatz 1 Satz 1 Nummer 1 bis 3, 6 und 7 und der negativen Einkünfte im Sinne des § 2 Absatz 1 Satz 1 Nummer 5,

   c) das Vierfache der Steuerermäßigung nach den §§ 34f und 35a,

6. die Freibeträge nach § 32 Absatz 6 für jedes Kind im Sinne des § 32 Absatz 1 bis 4, für das kein Anspruch auf Kindergeld besteht. ²Soweit für diese Kinder Kinderfreibeträge nach § 38b Absatz 2 berücksichtigt worden sind, ist die Zahl der Kinderfreibeträge entsprechend zu vermindern. ³Der Arbeitnehmer ist verpflichtet, den nach Satz 1 ermittelten Freibetrag ändern zu lassen, wenn für das Kind ein Kinderfreibetrag nach § 38b Absatz 2 berücksichtigt wird,

7. ein Betrag für ein zweites oder ein weiteres Dienstverhältnis insgesamt bis zur Höhe des auf volle Euro abgerundeten zu versteuernden Jahresbetrags nach § 39b Absatz 2 Satz 5, bis zu dem nach der Steuerklasse des Arbeitnehmers, die für den Lohnsteuerabzug vom Arbeitslohn aus dem ersten Dienstverhältnis anzuwenden ist, Lohnsteuer nicht zu erheben ist. ²Voraussetzung ist, dass

   a) der Jahresarbeitslohn aus dem ersten Dienstverhältnis geringer ist als der nach Satz 1 maßgebende Eingangsbetrag und

   b) in Höhe des Betrags für ein zweites oder ein weiteres Dienstverhältnis zugleich für das erste Dienstverhältnis ein Betrag ermittelt wird, der dem Arbeitslohn hinzuzurechnen ist (Hinzurechnungsbetrag).

   ³Soll für das erste Dienstverhältnis auch ein Freibetrag nach den Nummern 1 bis 6 und 8 ermittelt werden, ist nur der diesen Freibetrag übersteigende Betrag als Hinzurechnungsbetrag zu berücksichtigen. ⁴Ist der Freibetrag höher als der Hinzurechnungsbetrag, ist nur der den Hinzurechnungsbetrag übersteigende Freibetrag zu berücksichtigen,

8. der Entlastungsbetrag für Alleinerziehende (§ 24b) bei Verwitweten, die nicht in Steuerklasse II gehören.

²Der insgesamt abzuziehende Freibetrag und der Hinzurechnungsbetrag gelten mit Ausnahme von Satz 1 Nummer 4 und vorbehaltlich der Sätze 3 bis 5 für die gesamte Dauer eines Kalenderjahres. ³Die Summe der nach Satz 1 Nummer 1 bis 3 sowie 5 bis 8 ermittelten Beträge wird längstens für einen Zeitraum von zwei Kalenderjahren ab Beginn des Kalenderjahres, für das der Freibetrag erstmals gilt, berücksichtigt. ⁴Der Arbeitnehmer kann eine Änderung des Freibetrags innerhalb dieses Zeitraums beantragen, wenn sich die Verhältnisse zu seinen Gunsten ändern. ⁵Ändern sich die Verhältnisse zu seinen Ungunsten, ist er verpflichtet, dies dem Finanzamt umgehend anzuzeigen.*)

(2) ¹Der Antrag nach Absatz 1 ist nach amtlich vorgeschriebenem Vordruck zu stellen und vom Arbeitnehmer eigenhändig zu unterschreiben. ²Die Frist für die Antragstellung beginnt am 1. Oktober des Vorjahres, für das der Freibetrag gelten soll. ³Sie endet am 30. November des Kalenderjahres, in dem der Freibetrag gilt. ⁴Der Antrag ist hinsichtlich eines Freibetrags aus der Summe der nach Absatz 1 Satz 1 Nummer 1 bis 3 und 8 in Betracht kommenden Aufwendungen und Beträge unzulässig, wenn die Aufwendungen im Sinne des § 9, soweit sie den Arbeitnehmer-Pauschbetrag übersteigen, die Aufwendungen im Sinne des § 10 Absatz 1 Nummer 4, 5, 7 und 9 sowie Absatz 1a, der §§ 10b und 33 sowie die abziehbaren Beträge nach den §§ 24b, 33a und 33b Absatz 6 insgesamt 600 Euro nicht übersteigen. ⁵Das Finanzamt kann auf nähere Angaben des Arbeitnehmers verzichten, wenn er

1. höchstens den Freibetrag beantragt, der für das vorangegangene Kalenderjahr ermittelt wurde, und

2. versichert, dass sich die maßgebenden Verhältnisse nicht wesentlich geändert haben.

⁶Das Finanzamt hat den Freibetrag durch Aufteilung in Monatsfreibeträge, falls erforderlich in Wochen- und Tagesfreibeträge, jeweils auf die der Antragstellung folgenden Monate des Kalenderjahres gleichmäßig zu verteilen. ⁷Abweichend hiervon darf ein Freibetrag, der im Monat Januar eines Kalenderjahres beantragt wird, mit Wirkung vom 1. Januar dieses Kalenderjahres an berücksichtigt werden. ⁸Ist der Arbeitnehmer beschränkt einkommensteuerpflichtig, hat das Finanzamt den nach Absatz 4 ermittelten Freibetrag durch Aufteilung in Monatsbeträge, falls erforderlich in Wochen- und Tagesbeträge, jeweils auf die voraussichtliche Dauer des Dienstverhältnisses im Kalenderjahr gleichmäßig zu verteilen. ⁹Die Sätze 5 bis 8 gelten für den Hinzurechnungsbetrag nach Absatz 1 Satz 1 Nummer 7 entsprechend.

(3) ¹Für Ehegatten, die beide unbeschränkt einkommensteuerpflichtig sind und nicht dauernd getrennt leben, ist jeweils die Summe der nach Absatz 1 Satz 1 Nummer 2 bis 5 und 8 in Betracht kommenden Beträge gemeinsam zu ermitteln; der in Absatz 1 Satz 1 Nummer 2 genannte Betrag ist zu verdoppeln. ²Für die Anwendung des Absatzes 2 Satz 4 ist die Summe der für beide Ehegatten in Betracht kommenden Aufwendungen im Sinne des § 9, soweit sie jeweils den Arbeitnehmer-Pauschbetrag übersteigen, und der Aufwendungen im Sinne des § 10 Absatz 1 Nummer 4, 5, 7 und 9 sowie Absatz 1a, der §§ 10b und 33 sowie der abziehbaren Beträge nach den §§ 24b, 33a und 33b Absatz 6 maßgebend. ³Die nach Satz 1 ermittelte Summe ist je zur Hälfte auf die Ehegatten aufzuteilen, wenn für jeden Ehegatten Lohnsteuerabzugsmerkmale gebildet werden und die Ehegatten keine andere Aufteilung beantragen. ⁴Für eine andere Aufteilung gilt Absatz 1 Satz 2 entsprechend. ⁵Für einen Arbeitnehmer, dessen Ehe in dem Kalenderjahr, für das der Freibetrag gilt, aufgelöst worden ist und dessen bisheriger Ehegatte in demselben Kalenderjahr wieder geheiratet hat, sind die nach Absatz 1 in Betracht kommenden Beträge ausschließlich aufgrund der in seiner Person erfüllten Voraussetzungen zu ermitteln. ⁶Satz 1 zweiter Halbsatz ist auch anzuwenden, wenn die tarifliche Einkommensteuer nach § 32a Absatz 6 zu ermitteln ist.

(4) ¹Für einen beschränkt einkommensteuerpflichtigen Arbeitnehmer, für den § 50 Absatz 1 Satz 4 anzuwenden ist, ermittelt das Finanzamt auf Antrag einen Freibetrag, der vom Arbeitslohn insgesamt abzuziehen ist, aus der Summe der folgenden Beträge:

1. Werbungskosten, die bei den Einkünften aus nichtselbständiger Arbeit anfallen, soweit sie den Arbeitnehmer-Pauschbetrag (§ 9a Satz 1 Nummer 1 Buchstabe a) oder bei Versorgungsbezügen den Pauschbetrag (§ 9a Satz 1 Nummer 1 Buchstabe b) übersteigen,

2. Sonderausgaben im Sinne des § 10b, soweit sie den Sonderausgaben-Pauschbetrag (§ 10c) übersteigen, und die wie Sonderausgaben abziehbaren Beträge nach § 10e oder § 10i, jedoch erst nach Fertigstellung oder Anschaffung des begünstigten Objekts oder nach Fertigstellung der begünstigten Maßnahme,

3. den Freibetrag oder den Hinzurechnungsbetrag nach Absatz 1 Satz 1 Nummer 7.

²Der Antrag kann nur nach amtlich vorgeschriebenem Vordruck bis zum Ablauf des Kalenderjahres gestellt werden, für das die Lohnsteuerabzugsmerkmale gelten.

(5) Ist zu wenig Lohnsteuer erhoben worden, weil ein Freibetrag unzutreffend als Lohnsteuerabzugsmerkmal ermittelt worden ist, hat das Finanzamt den Fehlbetrag vom Arbeitnehmer nachzufordern, wenn er 10 Euro übersteigt.

§ 39b
Einbehaltung der Lohnsteuer

(1) Bei unbeschränkt und beschränkt einkommensteuerpflichtigen Arbeitnehmern hat der Arbeitgeber den Lohnsteuerabzug nach Maßgabe der Absätze 2 bis 6 durchzuführen.

(2) ¹Für die Einbehaltung der Lohnsteuer vom laufenden Arbeitslohn hat der Arbeitgeber die Höhe des laufenden Arbeitslohns im Lohnzahlungszeitraum festzustellen und auf einen Jahresarbeitslohn hochzurechnen. ²Der Arbeitslohn eines monatlichen Lohnzah-

---

*) Anm. d. Verlages:
Der Zeitpunkt der erstmaligen Anwendung der Sätze 3 bis 5 wird durch ein im Bundessteuerblatt zu veröffentlichendes BMF-Schreiben bekannt gegeben (> § 52 Abs. 37 EStG).

§ 39b EStG – Gesetzestext

lungszeitraums ist mit zwölf, der Arbeitslohn eines wöchentlichen Lohnzahlungszeitraums mit $^{360}/_7$ und der Arbeitslohn eines täglichen Lohnzahlungszeitraums mit 360 zu vervielfältigen. ³Von dem hochgerechneten Jahresarbeitslohn sind ein etwaiger Versorgungsfreibetrag (§ 19 Absatz 2) und Altersentlastungsbetrags (§ 24a) abzuziehen. ⁴Außerdem ist der hochgerechnete Jahresarbeitslohn um einen etwaigen als Lohnsteuerabzugsmerkmal für den Lohnzahlungszeitraum mitgeteilten Freibetrag (§ 39a Absatz 1) oder Hinzurechnungsbetrag (§ 39a Absatz 1 Satz 1 Nummer 7), vervielfältigt unter sinngemäßer Anwendung von Satz 2, zu vermindern oder zu erhöhen. ⁵Der so verminderte oder erhöhte hochgerechnete Jahresarbeitslohn, vermindert um

1. den Arbeitnehmer-Pauschbetrag (§ 9a Satz 1 Nummer 1 Buchstabe a) oder bei Versorgungsbezügen den Pauschbetrag (§ 9a Satz 1 Nummer 1 Buchstabe b) und den Zuschlag zum Versorgungsfreibetrag (§ 19 Absatz 2) in den Steuerklassen I bis V,
2. den Sonderausgaben-Pauschbetrag (§ 10c Satz 1) in den Steuerklassen I bis V,
3. eine Vorsorgepauschale aus den Teilbeträgen
   a) für die Rentenversicherung bei Arbeitnehmern, die in der gesetzlichen Rentenversicherung pflichtversichert oder von der gesetzlichen Rentenversicherung nach § 6 Absatz 1 Nummer 1 des Sechsten Buches Sozialgesetzbuch befreit sind, in den Steuerklassen I bis VI in Höhe des Betrags, der bezogen auf den Arbeitslohn 50 Prozent des Beitrags in der allgemeinen Rentenversicherung unter Berücksichtigung der jeweiligen Beitragsbemessungsgrenzen entspricht,
   b) für die Krankenversicherung bei Arbeitnehmern, die in der gesetzlichen Krankenversicherung versichert sind, in den Steuerklassen I bis VI in Höhe des Betrags, der bezogen auf den Arbeitslohn unter Berücksichtigung der Beitragsbemessungsgrenze, den ermäßigten Beitragssatz (§ 243 des Fünften Buches Sozialgesetzbuch) und den Zusatzbeitragssatz der Krankenkasse (§ 242 des Fünften Buches Sozialgesetzbuch) dem Arbeitnehmeranteil eines pflichtversicherten Arbeitnehmers entspricht,
   c) für die Pflegeversicherung bei Arbeitnehmern, die in der sozialen Pflegeversicherung versichert sind, in den Steuerklassen I bis VI in Höhe des Betrags, der bezogen auf den Arbeitslohn unter Berücksichtigung der Beitragsbemessungsgrenze und den bundeseinheitlichen Beitragssatz dem Arbeitnehmeranteil eines pflichtversicherten Arbeitnehmers entspricht, erhöht um den Beitragszuschlag des Arbeitnehmers nach § 55 Absatz 3 des Elften Buches Sozialgesetzbuch, wenn die Voraussetzungen dafür vorliegen,
   d) für die Krankenversicherung und für die private Pflege-Pflichtversicherung bei Arbeitnehmern, die nicht unter Buchstabe b und c fallen, in den Steuerklassen I bis V in Höhe der dem Arbeitgeber mitgeteilten Beiträge im Sinne des § 10 Absatz 1 Nummer 3, etwaig vervielfältigt unter sinngemäßer Anwendung von Satz 2 auf einen Jahresbetrag, vermindert um den Betrag, der bezogen auf den Arbeitslohn unter Berücksichtigung der Beitragsbemessungsgrenze und den ermäßigten Beitragssatz in der gesetzlichen Krankenversicherung sowie den bundeseinheitlichen Beitragssatz in der sozialen Pflegeversicherung dem Arbeitgeberanteil für einen pflichtversicherten Arbeitnehmer entspricht, wenn der Arbeitgeber gesetzlich verpflichtet ist, Zuschüsse zu den Kranken- und Pflegeversicherungsbeiträgen des Arbeitnehmers zu leisten;
   Entschädigungen im Sinne des § 24 Nummer 1 sind bei Anwendung der Buchstaben a bis c nicht zu berücksichtigen; mindestens ist für die Summe der Teilbeträge nach den Buchstaben b und c oder für den Teilbetrag nach Buchstabe d ein Betrag in Höhe von 12 Prozent des Arbeitslohns, höchstens 1 900 Euro in den Steuerklassen I, II, IV, V, VI und höchstens 3 000 Euro in der Steuerklasse III anzusetzen,
4. den Entlastungsbetrag für Alleinerziehende (§ 24b) in der Steuerklasse II,

ergibt den zu versteuernden Jahresbetrag. ⁶Für den zu versteuernden Jahresbetrag ist die Jahreslohnsteuer in den Steuerklassen I, II und IV nach § 32a Absatz 1 sowie in der Steuerklasse III nach § 32a Absatz 5 zu berechnen. ⁷In den Steuerklassen V und VI ist die Jahreslohnsteuer zu berechnen, die sich aus dem Zweifachen des Unterschiedsbetrags zwischen dem Steuerbetrag für das Eineinviertelfache und dem Steuerbetrag für das Dreiviertelfache des zu versteuernden Jahresbetrags nach § 32a Absatz 1 ergibt; die Jahreslohnsteuer beträgt jedoch mindestens 14 Prozent des Jahresbetrags, für den 9 763 Euro übersteigenden Teil des Jahresbetrags höchstens 42 Prozent und für den 26 441 Euro übersteigenden Teil des zu versteuernden Jahresbetrags jeweils 42 Prozent sowie für den 200 584 Euro übersteigenden Teil des zu versteuernden Jahresbetrags jeweils 45 Prozent. ⁸Für die Lohnsteuerberechnung ist die als Lohnsteuerabzugsmerkmal mitgeteilte Steuerklasse maßgebend. ⁹Die monatliche Lohnsteuer ist $^{1}/_{12}$, die wöchentliche Lohnsteuer sind $^{7}/_{360}$ und die tägliche Lohnsteuer ist $^{1}/_{360}$ der Jahreslohnsteuer. ¹⁰Bruchteile eines Cents, die sich bei der Berechnung nach den Sätzen 2 und 9 ergeben, bleiben jeweils außer Ansatz. ¹¹Die auf den Lohnzahlungszeitraum entfallende Lohnsteuer ist vom Arbeitslohn einzubehalten. ¹²Das Betriebsstättenfinanzamt kann allgemein oder auf Antrag zulassen, dass die Lohnsteuer unter den Voraussetzungen des § 42b Absatz 1 nach dem voraussichtlichen Jahresarbeitslohn ermittelt wird, wenn gewährleistet ist, dass die zutreffende Jahreslohnsteuer (§ 38a Absatz 2) nicht unterschritten wird.

(3) ¹Für die Einbehaltung der Lohnsteuer von einem sonstigen Bezug hat der Arbeitgeber den voraussichtlichen Jahresarbeitslohn ohne den sonstigen Bezug festzustellen. ²Hat der Arbeitnehmer Lohnsteuerbescheinigungen aus früheren Dienstverhältnissen des Kalenderjahres nicht vorgelegt, so ist bei der Ermittlung des voraussichtlichen Jahresarbeitslohns der Arbeitslohn für Beschäftigungszeiten bei früheren Arbeitgebern mit dem Betrag anzusetzen, der sich ergibt, wenn der laufende Arbeitslohn im Monat der Zahlung des sonstigen Bezugs entsprechend der Beschäftigungsdauer bei früheren Arbeitgebern hochgerechnet wird. ³Der voraussichtliche Jahresarbeitslohn ist um den Versorgungsfreibetrag (§ 19 Absatz 2) und den Altersentlastungsbetrag (§ 24a), wenn die Voraussetzungen für den Abzug dieser Beträge jeweils erfüllt sind, sowie um einen etwaigen als Lohnsteuerabzugsmerkmal mitgeteilten Jahresfreibetrag zu vermindern und um einen etwaigen Jahreshinzurechnungsbetrag zu erhöhen. ⁴Für den so ermittelten Jahresarbeitslohn (maßgebender Jahresarbeitslohn) ist die Lohnsteuer nach Maßgabe des Absatzes 2 Satz 5 bis 7 zu ermitteln. ⁵Außerdem ist die Jahreslohnsteuer für den maßgebenden Jahresarbeitslohn unter Einbeziehung des sonstigen Bezugs zu ermitteln. ⁶Dabei ist der sonstige Bezug um den Versorgungsfreibetrag und den Altersentlastungsbetrag zu vermindern, wenn die Voraussetzungen für den Abzug dieser Beträge jeweils erfüllt sind und soweit sie nicht bei der Steuerberechnung für den maßgebenden Jahresarbeitslohn berücksichtigt worden sind. ⁷Für die Lohnsteuerberechnung ist die als Lohnsteuerabzugsmerkmal mitgeteilte Steuerklasse maßgebend. ⁸Der Unterschiedsbetrag zwischen den ermittelten Jahreslohnsteuerbeträgen ist die Lohnsteuer, die vom sonstigen Bezug einzubehalten ist. ⁹Die Lohnsteuer ist bei einem sonstigen Bezug im Sinne des § 34 Absatz 1 und 2 Nummer 2 und 4 in der Weise zu ermäßigen, dass der sonstige Bezug bei der Anwendung des Satzes 5 mit einem Fünftel anzusetzen und der Unterschiedsbetrag im Sinne des Satzes 8 zu verfünffachen ist; § 34 Absatz 1 Satz 3 ist sinngemäß anzuwenden. ¹⁰Ein sonstiger Bezug im Sinne des § 34 Absatz 1 und 2 Nummer 4 ist bei der Anwendung des Satzes 4 in die Bemessungsgrundlage für die Vorsorgepauschale nach Absatz 2 Satz 5 Nummer 3 einzubeziehen.

(4) In den Kalenderjahren 2010 bis 2024 ist Absatz 2 Satz 5 Nummer 3 Buchstabe a mit der Maßgabe anzuwenden, dass im Kalenderjahr 2010 der ermittelte Betrag auf 40 Prozent begrenzt und dieser Prozentsatz in jedem folgenden Kalenderjahr um je 4 Prozentpunkte erhöht wird.

(5) ¹Wenn der Arbeitgeber für den Lohnzahlungszeitraum lediglich Abschlagszahlungen leistet und eine Lohnabrechnung für einen längeren Zeitraum (Lohnabrechnungszeitraum) vornimmt, kann er den Lohnabrechnungszeitraum als Lohnzahlungszeitraum behandeln und die Lohnsteuer abweichend von § 38 Absatz 3 bei der Lohnabrechnung einbehalten. ²Satz 1 gilt nicht, wenn der Lohnabrechnungszeitraum fünf Wochen übersteigt oder die Lohnabrechnung nicht innerhalb von drei Wochen nach dessen Ablauf erfolgt. ³Das Betriebsstättenfinanzamt kann anordnen, dass die Lohnsteuer von den Abschlagszahlungen einzubehalten ist, wenn die Erhebung

der Lohnsteuer sonst nicht gesichert erscheint. ⁴Wenn wegen einer besonderen Entlohnungsart weder ein Lohnzahlungszeitraum noch ein Lohnabrechnungszeitraum festgestellt werden kann, gilt als Lohnzahlungszeitraum die Summe der tatsächlichen Arbeitstage oder Arbeitswochen.

(6) ¹Das Bundesministerium der Finanzen hat im Einvernehmen mit den obersten Finanzbehörden der Länder auf der Grundlage der Absätze 2 und 3 einen Programmablaufplan für die maschinelle Berechnung der Lohnsteuer aufzustellen und bekannt zu machen. ²Im Programmablaufplan kann von den Regelungen in den Absätzen 2 und 3 abgewichen werden, wenn sich das Ergebnis der maschinellen Berechnung der Lohnsteuer an das Ergebnis einer Veranlagung zur Einkommensteuer anlehnt.

§ 39c
Einbehaltung der Lohnsteuer ohne Lohnsteuerabzugsmerkmale

(1) ¹Solange der Arbeitnehmer dem Arbeitgeber zum Zweck des Abrufs der elektronischen Lohnsteuerabzugsmerkmale (§ 39e Absatz 4 Satz 1) die ihm zugeteilte Identifikationsnummer sowie den Tag der Geburt schuldhaft nicht mitteilt oder das Bundeszentralamt für Steuern die Mitteilung elektronischer Lohnsteuerabzugsmerkmale ablehnt, hat der Arbeitgeber die Lohnsteuer nach Steuerklasse VI zu ermitteln. ²Kann der Arbeitgeber die elektronischen Lohnsteuerabzugsmerkmale wegen technischer Störungen nicht abrufen oder hat der Arbeitnehmer die fehlende Mitteilung der ihm zuzuteilenden Identifikationsnummer nicht zu vertreten, hat der Arbeitgeber für die Lohnsteuerberechnung die voraussichtlichen Lohnsteuerabzugsmerkmale im Sinne des § 38b längstens für die Dauer von drei Kalendermonaten zu Grunde zu legen. ³Hat nach Ablauf der drei Kalendermonate der Arbeitnehmer die Identifikationsnummer sowie den Tag der Geburt nicht mitgeteilt, ist rückwirkend Satz 1 anzuwenden. ⁴Sobald dem Arbeitgeber in den Fällen des Satzes 2 die elektronischen Lohnsteuerabzugsmerkmale vorliegen, sind die Lohnsteuerermittlungen für die vorangegangenen Monate zu überprüfen und, falls erforderlich, zu ändern. ⁵Die zu wenig oder zu viel einbehaltene Lohnsteuer ist jeweils bei der nächsten Lohnabrechnung auszugleichen.

(2) ¹Ist ein Antrag nach § 39 Absatz 3 Satz 1 oder § 39e Absatz 8 nicht gestellt, hat der Arbeitgeber die Lohnsteuer nach Steuerklasse VI zu ermitteln. ²Legt der Arbeitnehmer binnen sechs Wochen nach Eintritt in das Dienstverhältnis oder nach Beginn des Kalenderjahres eine Bescheinigung für den Lohnsteuerabzug vor, ist Absatz 1 Satz 4 und 5 sinngemäß anzuwenden.

(3) ¹In den Fällen des § 38 Absatz 3a Satz 1 kann der Dritte die Lohnsteuer für einen sonstigen Bezug mit 20 Prozent unabhängig von den Lohnsteuerabzugsmerkmalen des Arbeitnehmers ermitteln, wenn der maßgebende Jahresarbeitslohn nach § 39b Absatz 3 zuzüglich des sonstigen Bezugs 10 000 Euro nicht übersteigt. ²Bei der Feststellung des maßgebenden Jahresarbeitslohns sind nur die Lohnzahlungen des Dritten zu berücksichtigen.

§ 39d
– weggefallen –

§ 39e
Verfahren zur Bildung und Anwendung der elektronischen Lohnsteuerabzugsmerkmale

(1) ¹Das Bundeszentralamt für Steuern bildet für jeden Arbeitnehmer grundsätzlich automatisiert die Steuerklasse und für die bei den Steuerklassen I bis IV zu berücksichtigenden Kinder die Zahl der Kinderfreibeträge nach § 38b Absatz 2 Satz 1 als Lohnsteuerabzugsmerkmale (§ 39 Absatz 4 Satz 1 Nummer 1 und 2); für Änderungen gilt § 39 Absatz 2 entsprechend. ²Soweit das Finanzamt Lohnsteuerabzugsmerkmale nach § 39 bildet, teilt es sie dem Bundeszentralamt für Steuern zum Zweck der Bereitstellung für den automatisierten Abruf durch den Arbeitgeber mit. ³Lohnsteuerabzugsmerkmale sind frühestens bereitzustellen mit Wirkung von Beginn des Kalenderjahres an, für das sie anzuwenden sind, jedoch nicht für einen Zeitpunkt vor Beginn des Dienstverhältnisses.

(2) ¹Das Bundeszentralamt für Steuern speichert zum Zweck der Bereitstellung automatisiert abrufbarer Lohnsteuerabzugsmerkmale für den Arbeitgeber die Lohnsteuerabzugsmerkmale unter Angabe der Identifikationsnummer sowie für jeden Steuerpflichtigen folgende Daten zu den in § 139b Absatz 3 der Abgabenordnung genannten Daten hinzu:

1. rechtliche Zugehörigkeit zu einer steuererhebenden Religionsgemeinschaft sowie Datum des Eintritts und Austritts,
2. melderechtlichen Familienstand sowie den Tag der Begründung oder Auflösung des Familienstands und bei Verheirateten die Identifikationsnummer des Ehegatten,
3. Kinder mit ihrer Identifikationsnummer.

²Die nach Landesrecht für das Meldewesen zuständigen Behörden (Meldebehörden) haben dem Bundeszentralamt für Steuern unter Angabe der Identifikationsnummer und des Tages der Geburt die in Satz 1 Nummer 1 bis 3 bezeichneten Daten und deren Änderungen im Melderegister mitzuteilen. ³In den Fällen des Satzes 1 Nummer 3 besteht die Mitteilungspflicht nur, wenn das Kind mit Hauptwohnsitz oder alleinigem Wohnsitz im Zuständigkeitsbereich der Meldebehörde gemeldet ist und solange das Kind das 18. Lebensjahr noch nicht vollendet hat. ⁴Sofern die Identifikationsnummer noch nicht zugeteilt wurde, teilt die Meldebehörde die Daten unter Angabe des Vorläufigen Bearbeitungsmerkmals nach § 139b Absatz 6 Satz 2 der Abgabenordnung mit. ⁵Für die Datenübermittlung gilt § 6 Absatz 2a der Zweiten Bundesmeldedatenübermittlungsverordnung vom 31. Juli 1995 (BGBl. I S. 1011), die zuletzt durch Artikel 1 der Verordnung vom 11. März 2011 (BGBl. I S. 325) geändert worden ist, in der jeweils geltenden Fassung entsprechend.

(3) ¹Das Bundeszentralamt für Steuern hält die Identifikationsnummer, den Tag der Geburt, Merkmale für den Kirchensteuerabzug und die Lohnsteuerabzugsmerkmale des Arbeitnehmers nach § 39 Absatz 4 zum unentgeltlichen automatisierten Abruf durch den Arbeitgeber nach amtlich vorgeschriebenem Datensatz bereit (elektronische Lohnsteuerabzugsmerkmale). ²Bezieht ein Arbeitnehmer nebeneinander von mehreren Arbeitgebern Arbeitslohn, sind für jedes weitere Dienstverhältnis elektronische Lohnsteuerabzugsmerkmale zu bilden. ³Haben Arbeitnehmer im Laufe des Kalenderjahres geheiratet, gilt für die automatisierte Bildung der Steuerklassen Folgendes:

1. Steuerklasse III ist zu bilden, wenn die Voraussetzungen des § 38b Absatz 1 Satz 2 Nummer 3 Buchstabe a Doppelbuchstabe aa vorliegen;
2. für beide Ehegatten ist Steuerklasse IV zu bilden, wenn die Voraussetzungen des § 38b Absatz 1 Satz 2 Nummer 4 vorliegen.*)

⁴Das Bundeszentralamt für Steuern führt die elektronischen Lohnsteuerabzugsmerkmale des Arbeitnehmers zum Zweck ihrer Bereitstellung nach Satz 1 mit der Wirtschafts-Identifikationsnummer (§ 139c der Abgabenordnung) des Arbeitgebers zusammen.

(4) ¹Der Arbeitnehmer hat jedem seiner Arbeitgeber bei Eintritt in das Dienstverhältnis zum Zweck des Abrufs der Lohnsteuerabzugsmerkmale mitzuteilen,

1. wie die Identifikationsnummer sowie der Tag der Geburt lauten,
2. ob es sich um das erste oder ein weiteres Dienstverhältnis handelt (§ 38b Absatz 1 Satz 2 Nummer 6) und
3. ob und in welcher Höhe ein nach § 39a Absatz 1 Satz 1 Nummer 7 festgestellter Freibetrag abgerufen werden soll.

²Der Arbeitgeber hat bei Beginn des Dienstverhältnisses die elektronischen Lohnsteuerabzugsmerkmale für den Arbeitnehmer beim Bundeszentralamt für Steuern durch Datenfernübertragung abzurufen und sie in das Lohnkonto für den Arbeitnehmer zu übernehmen. ³Für den Abruf der elektronischen Lohnsteuerabzugsmerkmale hat sich der Arbeitgeber zu authentifizieren und seine Wirtschafts-Identifikationsnummer, die Daten des Arbeitnehmers nach Satz 1 Nummer 1 und 2, den Tag des Beginns des Dienstverhältnisses und etwaige Angaben nach Satz 1 Nummer 3 mitzuteilen. ⁴Zur Plausibilitätsprüfung der Identifikationsnummer hält das Bundeszentralamt für Steuern für den Arbeitgeber entsprechende Regeln bereit. ⁵Der Arbeitgeber hat den Tag der Beendigung des Dienstverhältnisses unverzüglich dem Bundeszentralamt für Steuern durch Datenfernübertragung mitzuteilen. ⁶Beauftragt der Arbeitgeber einen Dritten

---

*) **Anm. d. Verlages:**
Derzeit wird bei einer Heirat im Laufe des Kalenderjahres für jeden Ehegatten automatisiert die Steuerklasse IV gebildet (>§ 52 Abs. 36 EStG).

mit der Durchführung des Lohnsteuerabzugs, hat sich der Dritte für den Datenabruf zu authentifizieren und zusätzlich seine Wirtschafts-Identifikationsnummer mitzuteilen. ⁷Für die Verwendung der elektronischen Lohnsteuerabzugsmerkmale gelten die Schutzvorschriften des § 39 Absatz 8 und 9 sinngemäß.

(5) ¹Die abgerufenen elektronischen Lohnsteuerabzugsmerkmale sind vom Arbeitgeber für die Durchführung des Lohnsteuerabzugs des Arbeitnehmers anzuwenden, bis

1. ihm das Bundeszentralamt für Steuern geänderte elektronische Lohnsteuerabzugsmerkmale zum Abruf bereitstellt oder
2. der Arbeitgeber dem Bundeszentralamt für Steuern die Beendigung des Dienstverhältnisses mitteilt.

²Sie sind in der üblichen Lohnabrechnung anzugeben. ³Der Arbeitgeber ist verpflichtet, die vom Bundeszentralamt für Steuern bereitgestellten Mitteilungen und elektronischen Lohnsteuerabzugsmerkmale monatlich anzufragen und abzurufen.

(6) ¹Gegenüber dem Arbeitgeber gelten die Lohnsteuerabzugsmerkmale (§ 39 Absatz 4) mit dem Abruf der elektronischen Lohnsteuerabzugsmerkmale als bekannt gegeben. ²Einer Rechtsbehelfsbelehrung bedarf es nicht. ³Die Lohnsteuerabzugsmerkmale gelten gegenüber dem Arbeitnehmer als bekannt gegeben, sobald der Arbeitgeber dem Arbeitnehmer den Ausdruck der Lohnabrechnung mit den nach Absatz 5 Satz 2 darin ausgewiesenen elektronischen Lohnsteuerabzugsmerkmalen ausgehändigt oder elektronisch bereitgestellt hat. ⁴Die elektronischen Lohnsteuerabzugsmerkmale sind dem Steuerpflichtigen auf Antrag vom zuständigen Finanzamt mitzuteilen oder elektronisch bereitzustellen. ⁵Wird dem Arbeitnehmer bekannt, dass die elektronischen Lohnsteuerabzugsmerkmale zu seinen Gunsten von den nach § 39 zu bildenden Lohnsteuerabzugsmerkmalen abweichen, ist er verpflichtet, dies dem Finanzamt unverzüglich mitzuteilen. ⁶Der Steuerpflichtige kann beim zuständigen Finanzamt

1. den Arbeitgeber benennen, der zum Abruf von elektronischen Lohnsteuerabzugsmerkmalen berechtigt ist (Positivliste) oder nicht berechtigt ist (Negativliste). ²Hierfür hat der Arbeitgeber dem Arbeitnehmer seine Wirtschafts-Identifikationsnummer mitzuteilen. ³Für die Verwendung der Wirtschafts-Identifikationsnummer gelten die Schutzvorschriften des § 39 Absatz 8 und 9 sinngemäß; oder
2. die Bildung oder die Bereitstellung der elektronischen Lohnsteuerabzugsmerkmale allgemein sperren oder allgemein freischalten lassen.

⁷Macht der Steuerpflichtige von seinem Recht nach Satz 6 Gebrauch, hat er die Positivliste, die Negativliste, die allgemeine Sperrung oder die allgemeine Freischaltung in einem bereitgestellten elektronischen Verfahren oder nach amtlich vorgeschriebenem Vordruck dem Finanzamt zu übermitteln. ⁸Werden wegen einer Sperrung nach Satz 6 einem Arbeitgeber, der Daten abrufen möchte, keine elektronischen Lohnsteuerabzugsmerkmale bereitgestellt, wird dem Arbeitgeber die Sperrung mitgeteilt und dieser hat die Lohnsteuer nach Steuerklasse VI zu ermitteln.

(7) ¹Auf Antrag des Arbeitgebers kann das Betriebsstättenfinanzamt zur Vermeidung unbilliger Härten zulassen, dass er nicht am Abrufverfahren teilnimmt. ²Dem Antrag eines Arbeitgebers ohne maschinelle Lohnabrechnung, der ausschließlich Arbeitnehmer im Rahmen einer geringfügigen Beschäftigung in seinem Privathaushalt im Sinne des § 8a des Vierten Buches Sozialgesetzbuch beschäftigt, ist stattzugeben. ³Der Arbeitgeber hat dem Antrag unter Angabe seiner Wirtschafts-Identifikationsnummer ein Verzeichnis der beschäftigten Arbeitnehmer mit Angabe der jeweiligen Identifikationsnummer und des Tages der Geburt des Arbeitnehmers beizufügen. ⁴Der Antrag ist nach amtlich vorgeschriebenem Vordruck jährlich zu stellen und vom Arbeitgeber zu unterschreiben. ⁵Das Betriebsstättenfinanzamt übermittelt dem Arbeitgeber für die Durchführung des Lohnsteuerabzugs für ein Kalenderjahr eine arbeitgeberbezogene Bescheinigung mit den Lohnsteuerabzugsmerkmalen des Arbeitnehmers (Bescheinigung für den Lohnsteuerabzug) sowie etwaige Änderungen. ⁶Diese Bescheinigung sowie die Änderungsmitteilungen sind als Belege zum Lohnkonto zu nehmen und bis zum Ablauf des Kalenderjahres aufzubewahren. ⁷Absatz 5 Satz 1 und 2 sowie Absatz 6 Satz 3 gelten entsprechend. ⁸Der Arbeitgeber hat den Tag der Beendigung des Dienstverhältnisses unverzüglich dem Betriebsstättenfinanzamt mitzuteilen.

(8) ¹Ist einem nach § 1 Absatz 1 unbeschränkt einkommensteuerpflichtigen Arbeitnehmer keine Identifikationsnummer zugeteilt, hat das Wohnsitzfinanzamt auf Antrag eine Bescheinigung für den Lohnsteuerabzug für die Dauer eines Kalenderjahres auszustellen. ²Diese Bescheinigung ersetzt die Verpflichtung und Berechtigung des Arbeitgebers zum Abruf der elektronischen Lohnsteuerabzugsmerkmale (Absätze 4 und 6). ³In diesem Fall tritt an die Stelle der Identifikationsnummer das lohnsteuerliche Ordnungsmerkmal nach § 41b Absatz 2 Satz 1 und 2. ⁴Für die Durchführung des Lohnsteuerabzugs hat der Arbeitnehmer seinem Arbeitgeber vor Beginn des Kalenderjahres oder bei Eintritt in das Dienstverhältnis die nach Satz 1 ausgestellte Bescheinigung für den Lohnsteuerabzug vorzulegen. ⁵§ 39c Absatz 1 Satz 2 bis 5 ist sinngemäß anzuwenden. ⁶Der Arbeitgeber hat die Bescheinigung für den Lohnsteuerabzug entgegenzunehmen und während des Dienstverhältnisses, längstens bis zum Ablauf des jeweiligen Kalenderjahres, aufzubewahren.

(9) Ist die Wirtschafts-Identifikationsnummer noch nicht oder nicht vollständig eingeführt, tritt an ihre Stelle die Steuernummer der Betriebsstätte oder des Teils des Betriebs des Arbeitgebers, in dem der für den Lohnsteuerabzug maßgebende Arbeitslohn des Arbeitnehmers ermittelt wird (§ 41 Absatz 2).

(10) Die beim Bundeszentralamt für Steuern nach Absatz 2 Satz 1 gespeicherten Daten können auch zur Prüfung und Durchführung der Einkommensbesteuerung (§ 2) des Steuerpflichtigen für Veranlagungszeiträume ab 2005 verwendet werden.

§ 39f
Faktorverfahren anstelle Steuerklassenkombination III/V

(1) ¹Bei Ehegatten, die in die Steuerklasse IV gehören (§ 38b Absatz 1 Satz 2 Nummer 4), hat das Finanzamt auf Antrag beider Ehegatten nach § 39a anstelle der Steuerklassenkombination III/V (§ 38b Absatz 1 Satz 2 Nummer 5) als Lohnsteuerabzugsmerkmal jeweils die Steuerklasse IV in Verbindung mit einem Faktor zur Ermittlung der Lohnsteuer zu bilden, wenn der Faktor kleiner als 1 ist. ²Der Faktor ist Y : X und vom Finanzamt mit drei Nachkommastellen ohne Rundung zu berechnen. ³„Y" ist die voraussichtliche Einkommensteuer für beide Ehegatten nach dem Splittingverfahren (§ 32a Absatz 5) unter Berücksichtigung der in § 39b Absatz 2 genannten Abzugsbeträge. ⁴„X" ist die Summe der voraussichtlichen Lohnsteuer bei Anwendung der Steuerklasse IV für jeden Ehegatten. ⁵In die Bemessungsgrundlage für Y werden jeweils neben den Jahresarbeitslöhnen der ersten Dienstverhältnisse zusätzlich nur Beträge einbezogen, die nach § 39a Absatz 1 Satz 1 Nummer 1 bis 6 als Freibetrag ermittelt und als Lohnsteuerabzugsmerkmal gebildet werden könnten; Freibeträge werden neben dem Faktor nicht als Lohnsteuerabzugsmerkmal gebildet. ⁶In den Fällen des § 39a Absatz 1 Satz 1 Nummer 7 sind bei der Ermittlung von Y und X die Hinzurechnungsbeträge zu berücksichtigen; die Hinzurechnungsbeträge sind zusätzlich als Lohnsteuerabzugsmerkmal für das erste Dienstverhältnis zu bilden. ⁷Arbeitslöhne aus zweiten und weiteren Dienstverhältnissen (Steuerklasse VI) sind im Faktorverfahren nicht zu berücksichtigen.

(2) Für die Einbehaltung der Lohnsteuer von Arbeitslohn hat der Arbeitgeber Steuerklasse IV und den Faktor anzuwenden.

(3) ¹§ 39 Absatz 6 Satz 3 und 5 gilt sinngemäß. ²§ 39a ist anzuwenden mit der Maßgabe, dass ein Antrag nach amtlich vorgeschriebenem Vordruck (§ 39a Absatz 2) nur erforderlich ist, wenn bei der Faktorermittlung zugleich Beträge nach § 39a Absatz 1 Satz 1 Nummer 1 bis 6 berücksichtigt werden sollen.

(4) Das Faktorverfahren ist im Programmablaufplan für die maschinelle Berechnung der Lohnsteuer (§ 39b Absatz 6) zu berücksichtigen.

§ 40
Pauschalierung der Lohnsteuer in besonderen Fällen

(1) ¹Das Betriebsstättenfinanzamt (§ 41a Absatz 1 Satz 1 Nummer 1) kann auf Antrag des Arbeitgebers zulassen, dass die Lohnsteuer mit einem unter Berücksichtigung der Vorschriften des § 38a zu ermittelnden Pauschsteuersatz erhoben wird, soweit

1. von dem Arbeitgeber sonstige Bezüge in einer größeren Zahl von Fällen gewährt werden oder

EStG – Gesetzestext § 40a

2. in einer größeren Zahl von Fällen Lohnsteuer nachzuerheben ist, weil der Arbeitgeber die Lohnsteuer nicht vorschriftsmäßig einbehalten hat.

²Bei der Ermittlung des Pauschsteuersatzes ist zu berücksichtigen, dass die in Absatz 3 vorgeschriebene Übernahme der pauschalen Lohnsteuer durch den Arbeitgeber für den Arbeitnehmer eine in Geldeswert bestehende Einnahme im Sinne des § 8 Absatz 1 darstellt (Nettosteuersatz). ³Die Pauschalierung ist in den Fällen der Nummer 1 ausgeschlossen, soweit der Arbeitgeber einem Arbeitnehmer sonstige Bezüge von mehr als 1 000 Euro im Kalenderjahr gewährt. ⁴Der Arbeitgeber hat dem Antrag eine Berechnung beizufügen, aus der sich der durchschnittliche Steuersatz unter Zugrundelegung der durchschnittlichen Jahresarbeitslöhne und der durchschnittlichen Jahreslohnsteuer in jeder Steuerklasse für diejenigen Arbeitnehmer ergibt, denen die Bezüge gewährt werden sollen oder gewährt worden sind.

(2) ¹Abweichend von Absatz 1 kann der Arbeitgeber die Lohnsteuer mit einem Pauschsteuersatz von 25 Prozent erheben, soweit er

1. arbeitstäglich Mahlzeiten im Betrieb an die Arbeitnehmer unentgeltlich oder verbilligt abgibt oder Barzuschüsse an ein anderes Unternehmen leistet, das arbeitstäglich Mahlzeiten an die Arbeitnehmer unentgeltlich oder verbilligt abgibt. ²Voraussetzung ist, dass die Mahlzeiten nicht als Lohnbestandteile vereinbart sind,

1a. oder auf seine Veranlassung ein Dritter den Arbeitnehmern anlässlich einer beruflichen Tätigkeit außerhalb seiner Wohnung und ersten Tätigkeitsstätte Mahlzeiten zur Verfügung stellt, die nach § 8 Absatz 2 Satz 8 und 9 mit dem Sachbezugswert anzusetzen sind,

2. Arbeitslohn aus Anlass von Betriebsveranstaltungen zahlt,

3. Erholungsbeihilfen gewährt, wenn diese zusammen mit Erholungsbeihilfen, die in demselben Kalenderjahr früher gewährt worden sind, 156 Euro für den Arbeitnehmer, 104 Euro für dessen Ehegatten und 52 Euro für jedes Kind nicht übersteigen und der Arbeitgeber sicherstellt, dass die Beihilfen zu Erholungszwecken verwendet werden,

4. Vergütungen für Verpflegungsmehraufwendungen anlässlich einer Tätigkeit im Sinne des § 9 Absatz 4a Satz 2 oder Satz 4 zahlt, soweit die Vergütungen die nach § 9 Absatz 4a Satz 3, 5 und 6 zustehenden Pauschalen um nicht mehr als 100 Prozent übersteigen,

5. den Arbeitnehmern zusätzlich zum ohnehin geschuldeten Arbeitslohn unentgeltlich oder verbilligt Datenverarbeitungsgeräte übereignet; das gilt auch für Zubehör und Internetzugang. ²Das Gleiche gilt für Zuschüsse des Arbeitgebers, die zusätzlich zum ohnehin geschuldeten Arbeitslohn zu den Aufwendungen des Arbeitnehmers für die Internetnutzung gezahlt werden.

²Der Arbeitgeber kann die Lohnsteuer mit einem Pauschsteuersatz von 15 Prozent für Sachbezüge in Form der unentgeltlichen oder verbilligten Beförderung eines Arbeitnehmers zwischen Wohnung und erster Tätigkeitsstätte sowie Fahrten nach § 9 Absatz 1 Satz 3 Nummer 4a Satz 3 und für zusätzlich zum ohnehin geschuldeten Arbeitslohn geleistete Zuschüsse zu den Aufwendungen des Arbeitnehmers für Fahrten zwischen Wohnung und erster Tätigkeitsstätte sowie Fahrten nach § 9 Absatz 1 Satz 3 Nummer 4a Satz 3 erheben, soweit diese Bezüge den Betrag nicht übersteigen, den der Arbeitnehmer nach § 9 Absatz 1 Satz 3 Nummer 4 und Absatz 2 als Werbungskosten geltend machen könnte, wenn die Bezüge nicht pauschal besteuert würden. ³Die nach Satz 2 pauschal besteuerten Bezüge mindern die nach § 9 Absatz 1 Satz 3 Nummer 4 und Absatz 2 abziehbaren Werbungskosten; sie bleiben bei der Anwendung des § 40a Absatz 1 bis 4 außer Ansatz.

(3) ¹Der Arbeitgeber hat die pauschale Lohnsteuer zu übernehmen. ²Er ist Schuldner der pauschalen Lohnsteuer; auf den Arbeitnehmer abgewälzte pauschale Lohnsteuer gilt als zugeflossener Arbeitslohn und mindert nicht die Bemessungsgrundlage. ³Der pauschal besteuerte Arbeitslohn und die pauschale Lohnsteuer bleiben bei einer Veranlagung zur Einkommensteuer und beim Lohnsteuer-Jahresausgleich außer Ansatz. ⁴Die pauschale Lohnsteuer ist weder auf die Einkommensteuer noch auf die Jahreslohnsteuer anzurechnen.

§ 40a
Pauschalierung der Lohnsteuer für Teilzeitbeschäftigte und geringfügig Beschäftigte

(1) ¹Der Arbeitgeber kann unter Verzicht auf den Abruf von elektronischen Lohnsteuerabzugsmerkmalen (§ 39e Absatz 4 Satz 2) oder die Vorlage einer Bescheinigung für den Lohnsteuerabzug (§ 39 Absatz 3 oder § 39e Absatz 7 oder Absatz 8) bei Arbeitnehmern, die nur kurzfristig beschäftigt werden, die Lohnsteuer mit einem Pauschsteuersatz von 25 Prozent des Arbeitslohns erheben. ²Eine kurzfristige Beschäftigung liegt vor, wenn der Arbeitnehmer bei dem Arbeitgeber gelegentlich, nicht regelmäßig wiederkehrend beschäftigt wird, die Dauer der Beschäftigung 18 zusammenhängende Arbeitstage nicht übersteigt und

1. der Arbeitslohn während der Beschäftigungsdauer 62 Euro durchschnittlich je Arbeitstag nicht übersteigt oder

2. die Beschäftigung zu einem unvorhersehbaren Zeitpunkt sofort erforderlich wird.

(2) Der Arbeitgeber kann unter Verzicht auf den Abruf von elektronischen Lohnsteuerabzugsmerkmalen (§ 39e Absatz 4 Satz 2) oder die Vorlage einer Bescheinigung für den Lohnsteuerabzug (§ 39 Absatz 3 oder § 39e Absatz 7 oder Absatz 8) die Lohnsteuer einschließlich Solidaritätszuschlag und Kirchensteuern (einheitliche Pauschsteuer) für das Arbeitsentgelt aus geringfügigen Beschäftigungen im Sinne des § 8 Absatz 1 Nummer 1 oder des § 8a des Vierten Buches Sozialgesetzbuch, für das er Beiträge nach § 168 Absatz 1 Nummer 1b oder 1c (geringfügig versicherungspflichtig Beschäftigte) oder nach § 172 Absatz 3 oder 3a (versicherungsfrei oder von der Versicherungspflicht befreite geringfügig Beschäftigte) oder nach § 276a Absatz 1 (versicherungsfrei geringfügig Beschäftigte) des Sechsten Buches Sozialgesetzbuch zu entrichten hat, mit einem einheitlichen Pauschsteuersatz in Höhe von insgesamt 2 Prozent des Arbeitsentgelts erheben.

(2a) Hat der Arbeitgeber in den Fällen des Absatzes 2 keine Beiträge nach § 168 Absatz 1 Nummer 1b oder 1c oder nach § 172 Absatz 3 oder 3a oder nach § 276a Absatz 1 des Sechsten Buches Sozialgesetzbuch zu entrichten, kann er unter Verzicht auf den Abruf von elektronischen Lohnsteuerabzugsmerkmalen (§ 39e Absatz 4 Satz 2) oder die Vorlage einer Bescheinigung für den Lohnsteuerabzug (§ 39 Absatz 3 oder § 39e Absatz 7 oder Absatz 8) die Lohnsteuer mit einem Pauschsteuersatz in Höhe von 20 Prozent des Arbeitsentgelts erheben.

(3) ¹Abweichend von den Absätzen 1 und 2a kann der Arbeitgeber unter Verzicht auf den Abruf von elektronischen Lohnsteuerabzugsmerkmalen (§ 39e Absatz 4 Satz 2) oder die Vorlage einer Bescheinigung für den Lohnsteuerabzug (§ 39 Absatz 3 oder § 39e Absatz 7 oder Absatz 8) bei Aushilfskräften, die in Betrieben der Land- und Forstwirtschaft im Sinne des § 13 Absatz 1 Nummer 1 bis 4 ausschließlich mit typisch land- oder forstwirtschaftlichen Arbeiten beschäftigt werden, die Lohnsteuer mit einem Pauschsteuersatz von 5 Prozent des Arbeitslohns erheben. ²Aushilfskräfte im Sinne dieser Vorschrift sind Personen, die für die Ausführung und für die Dauer von Arbeiten, die nicht ganzjährig anfallen, beschäftigt werden; eine Beschäftigung mit anderen land- und forstwirtschaftlichen Arbeiten ist unschädlich, wenn deren Dauer 25 Prozent der Gesamtbeschäftigungsdauer nicht überschreitet. ³Aushilfskräfte sind nicht Arbeitnehmer, die zu den land- und forstwirtschaftlichen Fachkräften gehören oder die der Arbeitgeber mehr als 180 Tage im Kalenderjahr beschäftigt.

(4) Die Pauschalierungen nach den Absätzen 1 und 3 sind unzulässig

1. bei Arbeitnehmern, deren Arbeitslohn während der Beschäftigungsdauer durchschnittlich je Arbeitsstunde 12 Euro übersteigt,

2. bei Arbeitnehmern, die für eine andere Beschäftigung von demselben Arbeitgeber Arbeitslohn beziehen, der nach § 39b oder § 39c dem Lohnsteuerabzug unterworfen wird.

(5) Auf die Pauschalierungen nach den Absätzen 1 bis 3 ist § 40 Absatz 3 anzuwenden.

(6) ¹Für die Erhebung der einheitlichen Pauschsteuer nach Absatz 2 ist die Deutsche Rentenversicherung Knappschaft-Bahn-See zuständig. ²Die Regelungen zum Steuerabzug vom Arbeitslohn

sind entsprechend anzuwenden. ³Für die Anmeldung, Abführung und Vollstreckung der einheitlichen Pauschsteuer sowie die Erhebung eines Säumniszuschlags und das Mahnverfahren für die einheitliche Pauschsteuer gelten dabei die Regelungen für die Beiträge nach § 168 Absatz 1 Nummer 1b oder 1c oder nach § 172 Absatz 3 oder 3a oder nach § 276a Absatz 1 des Sechsten Buches Sozialgesetzbuch. ⁴Die Deutsche Rentenversicherung Knappschaft-Bahn-See hat die einheitliche Pauschsteuer auf die erhebungsberechtigten Körperschaften aufzuteilen; dabei entfallen aus Vereinfachungsgründen 90 Prozent der einheitlichen Pauschsteuer auf die Lohnsteuer, 5 Prozent auf den Solidaritätszuschlag und 5 Prozent auf die Kirchensteuern. ⁵Die erhebungsberechtigten Kirchen haben sich auf eine Aufteilung des Kirchensteueranteils zu verständigen und diesen der Deutschen Rentenversicherung Knappschaft-Bahn-See mitzuteilen. ⁶Die Deutsche Rentenversicherung Knappschaft-Bahn-See ist berechtigt, die einheitliche Pauschsteuer nach Absatz 2 zusammen mit den Sozialversicherungsbeiträgen beim Arbeitgeber einzuziehen.

§ 40b
Pauschalierung der Lohnsteuer bei bestimmten Zukunftssicherungsleistungen

(1) Der Arbeitgeber kann die Lohnsteuer von den Zuwendungen zum Aufbau einer nicht kapitalgedeckten betrieblichen Altersversorgung an eine Pensionskasse mit einem Pauschsteuersatz von 20 Prozent der Zuwendungen erheben.

(2) ¹Absatz 1 gilt nicht, soweit die zu besteuernden Zuwendungen des Arbeitgebers für den Arbeitnehmer 1 752 Euro im Kalenderjahr übersteigen oder nicht aus seinem ersten Dienstverhältnis bezogen werden. ²Sind mehrere Arbeitnehmer gemeinsam in der Pensionskasse versichert, so gilt als Zuwendung für den einzelnen Arbeitnehmer der Teilbetrag, der sich bei einer Aufteilung der gesamten Zuwendungen durch die Zahl der begünstigten Arbeitnehmer ergibt, wenn dieser Teilbetrag 1 752 Euro nicht übersteigt; hierbei sind Arbeitnehmer, für die Zuwendungen von mehr als 2 148 Euro im Kalenderjahr geleistet werden, nicht einzubeziehen. ³Für Zuwendungen, die der Arbeitgeber für den Arbeitnehmer aus Anlass der Beendigung des Dienstverhältnisses erbracht hat, vervielfältigt sich der Betrag von 1 752 Euro mit der Anzahl der Kalenderjahre, in denen das Dienstverhältnis des Arbeitnehmers zu dem Arbeitgeber bestanden hat; in diesem Fall ist Satz 2 nicht anzuwenden. ⁴Der vervielfältigte Betrag vermindert sich um die nach Absatz 1 pauschal besteuerten Zuwendungen, die der Arbeitgeber in dem Kalenderjahr, in dem das Dienstverhältnis beendet wird, und in den sechs vorangegangenen Kalenderjahren erbracht hat.

(3) Von den Beiträgen für eine Unfallversicherung des Arbeitnehmers kann der Arbeitgeber die Lohnsteuer mit einem Pauschsteuersatz von 20 Prozent der Beiträge erheben, wenn mehrere Arbeitnehmer gemeinsam in einem Unfallversicherungsvertrag versichert sind und der Teilbetrag, der sich bei einer Aufteilung der gesamten Beiträge nach Abzug der Versicherungsteuer durch die Zahl der begünstigten Arbeitnehmer ergibt, 62 Euro im Kalenderjahr nicht übersteigt.

(4) In den Fällen des § 19 Absatz 1 Satz 1 Nummer 3 Satz 2 hat der Arbeitgeber die Lohnsteuer mit einem Pauschsteuersatz in Höhe von 15 Prozent der Sonderzahlungen zu erheben.

(5) ¹§ 40 Absatz 3 ist anzuwenden. ²Die Anwendung des § 40 Absatz 1 Satz 1 Nummer 1 auf Bezüge im Sinne des Absatzes 1, des Absatzes 3 und des Absatzes 4 ist ausgeschlossen.

§ 41
Aufzeichnungspflichten beim Lohnsteuerabzug

(1) ¹Der Arbeitgeber hat am Ort der Betriebsstätte (Absatz 2) für jeden Arbeitnehmer und jedes Kalenderjahr ein Lohnkonto zu führen. ²In das Lohnkonto sind die nach § 39e Absatz 4 Satz 2 und Absatz 5 Satz 3 abgerufenen elektronischen Lohnsteuerabzugsmerkmale sowie die für den Lohnsteuerabzug erforderlichen Merkmale aus der vom Finanzamt ausgestellten Bescheinigung für den Lohnsteuerabzug (§ 39 Absatz 3 oder § 39e Absatz 7 oder Absatz 8) zu übernehmen. ³Bei jeder Lohnzahlung für das Kalenderjahr, für das das Lohnkonto gilt, sind im Lohnkonto die Art und Höhe des gezahlten Arbeitslohns einschließlich der steuerfreien Bezüge sowie die einbehaltene oder übernommene Lohnsteuer einzutragen; an die Stelle der Lohnzahlung tritt in den Fällen des § 39b Absatz 5 Satz 1 die Lohnabrechnung. ⁴Ferner sind das Kurzarbeitergeld, das Schlechtwettergeld, das Winterausfallgeld, der Zuschuss zum Mutterschaftsgeld nach dem Mutterschutzgesetz, der Zuschuss bei Beschäftigungsverboten für die Zeit vor oder nach einer Entbindung sowie für den Entbindungstag während einer Elternzeit nach beamtenrechtlichen Vorschriften, die Entschädigungen für Verdienstausfall nach dem Infektionsschutzgesetz vom 20. Juli 2000 (BGBl. I S. 1045) sowie die nach § 3 Nummer 28 steuerfreien Aufstockungsbeträge oder Zuschläge einzutragen. ⁵Ist während der Dauer des Dienstverhältnisses in anderen Fällen als in denen des Satzes 5 der Anspruch auf Arbeitslohn für mindestens fünf aufeinander folgende Arbeitstage im Wesentlichen weggefallen, so ist dies jeweils durch Eintragung des Großbuchstabens U zu vermerken. ⁶Hat der Arbeitgeber die Lohnsteuer von einem sonstigen Bezug im ersten Dienstverhältnis berechnet und ist dabei der Arbeitslohn aus früheren Dienstverhältnissen des Kalenderjahres außer Betracht geblieben, so ist dies durch Eintragung des Großbuchstabens S zu vermerken. ⁷Die Bundesregierung wird ermächtigt, durch Rechtsverordnung mit Zustimmung des Bundesrates vorzuschreiben, welche Einzelangaben im Lohnkonto aufzuzeichnen sind. ⁸Dabei können für Arbeitnehmer mit geringem Arbeitslohn und für die Fälle der §§ 40 bis 40b Aufzeichnungserleichterungen sowie für steuerfreie Bezüge Aufzeichnungen außerhalb des Lohnkontos zugelassen werden. ⁹Die Lohnkonten sind bis zum Ablauf des sechsten Kalenderjahres, das auf die zuletzt eingetragene Lohnzahlung folgt, aufzubewahren.

(2) ¹Betriebsstätte ist der Betrieb oder Teil des Betriebs des Arbeitgebers, in dem der für die Durchführung des Lohnsteuerabzugs maßgebende Arbeitslohn ermittelt wird. ²Wird der maßgebende Arbeitslohn nicht in dem Betrieb oder einem Teil des Betriebs des Arbeitgebers oder nicht im Inland ermittelt, so gilt als Betriebsstätte der Mittelpunkt der geschäftlichen Leitung des Arbeitgebers im Inland; im Fall des § 38 Absatz 1 Satz 1 Nummer 2 gilt als Betriebsstätte der Ort im Inland, an dem die Arbeitsleistung ganz oder vorwiegend stattfindet. ³Als Betriebsstätte gilt auch der inländische Heimathafen deutscher Handelsschiffe, wenn die Reederei im Inland keine Niederlassung hat.

§ 41a
Anmeldung und Abführung der Lohnsteuer

(1) ¹Der Arbeitgeber hat spätestens am zehnten Tag nach Ablauf eines jeden Lohnsteuer-Anmeldungszeitraums

1. dem Finanzamt, in dessen Bezirk sich die Betriebsstätte (§ 41 Absatz 2) befindet (Betriebsstättenfinanzamt), eine Steuererklärung einzureichen, in der er die Summen der im Lohnsteuer-Anmeldungszeitraum einzubehaltenden und zu übernehmenden Lohnsteuer angibt (Lohnsteuer-Anmeldung),

2. die im Lohnsteuer-Anmeldungszeitraum insgesamt einbehaltene und übernommene Lohnsteuer an das Betriebsstättenfinanzamt abzuführen.

²Die Lohnsteuer-Anmeldung ist nach amtlich vorgeschriebenem Datensatz durch Datenfernübertragung nach Maßgabe der Steuerdaten-Übermittlungsverordnung zu übermitteln. ³Auf Antrag kann das Finanzamt zur Vermeidung unbilliger Härten auf eine elektronische Übermittlung verzichten; in diesem Fall ist die Lohnsteuer-Anmeldung nach amtlich vorgeschriebenem Vordruck abzugeben und vom Arbeitgeber oder von einer zu seiner Vertretung berechtigten Person zu unterschreiben. ⁴Der Arbeitgeber wird von der Verpflichtung zur Abgabe weiterer Lohnsteuer-Anmeldungen befreit, wenn er Arbeitnehmer, für die er Lohnsteuer einzubehalten oder zu übernehmen hat, nicht mehr beschäftigt und das dem Finanzamt mitteilt.

(2) ¹Lohnsteuer-Anmeldungszeitraum ist grundsätzlich der Kalendermonat. ²Lohnsteuer-Anmeldungszeitraum ist das Kalendervierteljahr, wenn die abzuführende Lohnsteuer für das vorangegangene Kalenderjahr mehr als 1 080 Euro, aber nicht mehr als 4 000 Euro betragen hat; Lohnsteuer-Anmeldungszeitraum ist das Kalenderjahr, wenn die abzuführende Lohnsteuer für das vorangegangene Kalenderjahr nicht mehr als 1 080 Euro betragen hat. ³Hat die Betriebsstätte nicht während des ganzen vorangegangenen Kalenderjahres bestanden, so ist die für das vorangegangene Kalender-

jahr abzuführende Lohnsteuer für die Feststellung des Lohnsteuer-Anmeldungszeitraums auf einen Jahresbetrag umzurechnen. ⁴Wenn die Betriebsstätte im vorangegangenen Kalenderjahr noch nicht bestanden hat, ist die auf einen Jahresbetrag umgerechnete für den ersten vollen Kalendermonat nach der Eröffnung der Betriebsstätte abzuführende Lohnsteuer maßgebend.

(3) ¹Die oberste Finanzbehörde des Landes kann bestimmen, dass die Lohnsteuer nicht dem Betriebsstättenfinanzamt, sondern einer anderen öffentlichen Kasse anzumelden und an diese abzuführen ist; die Kasse erhält insoweit die Stellung einer Landesfinanzbehörde. ²Das Betriebsstättenfinanzamt oder die zuständige andere öffentliche Kasse können anordnen, dass die Lohnsteuer abweichend von dem nach Absatz 1 maßgebenden Zeitpunkt anzumelden und abzuführen ist, wenn die Abführung der Lohnsteuer nicht gesichert erscheint.

(4) ¹Arbeitgeber, die eigene oder gecharterte Handelsschiffe betreiben, dürfen vom Gesamtbetrag der anzumeldenden und abzuführenden Lohnsteuer einen Betrag von 40 Prozent der Lohnsteuer der auf solchen Schiffen in einem zusammenhängenden Arbeitsverhältnis von mehr als 183 Tagen beschäftigten Besatzungsmitglieder abziehen und einbehalten. ²Die Handelsschiffe müssen in einem inländischen Seeschiffsregister eingetragen sein, die deutsche Flagge führen und zur Beförderung von Personen oder Gütern im Verkehr mit oder zwischen ausländischen Häfen, innerhalb eines ausländischen Hafens oder zwischen einem ausländischen Hafen und der Hohen See betrieben werden. ³Die Sätze 1 und 2 sind entsprechend anzuwenden, wenn Seeschiffe im Wirtschaftsjahr überwiegend außerhalb der deutschen Hoheitsgewässer zum Schleppen, Bergen oder zur Aufsuchung von Bodenschätzen oder zur Vermessung von Energielagerstätten unter dem Meeresboden eingesetzt werden. ⁴Ist für den Lohnsteuerabzug die Lohnsteuer nach der Steuerklasse V oder VI zu ermitteln, so bemisst sich der Betrag nach Satz 1 nach der Lohnsteuer der Steuerklasse I.

§ 41b
Abschluss des Lohnsteuerabzugs

(1) ¹Bei Beendigung eines Dienstverhältnisses oder am Ende des Kalenderjahres hat der Arbeitgeber das Lohnkonto des Arbeitnehmers abzuschließen. ²Aufgrund der Eintragungen im Lohnkonto hat der Arbeitgeber spätestens bis zum 28. Februar des Folgejahres nach amtlich vorgeschriebenem Datensatz auf elektronischem Weg nach Maßgabe der Steuerdaten-Übermittlungsverordnung vom 28. Januar 2003 (BGBl. I S. 139), zuletzt geändert durch Artikel 1 der Verordnung vom 26. Juni 2007 (BGBl. I S. 1185), in der jeweils geltenden Fassung, insbesondere folgende Angaben zu übermitteln (elektronische Lohnsteuerbescheinigung):

1. Name, Vorname, Tag der Geburt und Anschrift des Arbeitnehmers, die abgerufenen elektronischen Lohnsteuerabzugsmerkmale oder die auf der entsprechenden Bescheinigung für den Lohnsteuerabzug eingetragenen Lohnsteuerabzugsmerkmale, die Bezeichnung und die Nummer des Finanzamts, an das die Lohnsteuer abgeführt worden ist, sowie die Steuernummer des Arbeitgebers,
2. die Dauer des Dienstverhältnisses während des Kalenderjahres sowie die Anzahl der nach § 41 Absatz 1 Satz 6 vermerkten Großbuchstaben U,
3. die Art und Höhe des gezahlten Arbeitslohns sowie den nach § 41 Absatz 1 Satz 6 vermerkten Großbuchstaben S,
4. die einbehaltene Lohnsteuer, den Solidaritätszuschlag und die Kirchensteuer,
5. das Kurzarbeitergeld, das Schlechtwettergeld, das Winterausfallgeld, den Zuschuss zum Mutterschaftsgeld nach dem Mutterschutzgesetz, die Entschädigungen für Verdienstausfall nach dem Infektionsschutzgesetz vom 20. Juli 2000 (BGBl. I S. 1045), zuletzt geändert durch Artikel 11 § 3 des Gesetzes vom 6. August 2002 (BGBl. I S. 3082), in der jeweils geltenden Fassung, sowie die nach § 3 Nummer 28 steuerfreien Aufstockungsbeträge oder Zuschläge,
6. die auf die Entfernungspauschale anzurechnenden steuerfreien Arbeitgeberleistungen für Fahrten zwischen Wohnung und erster Tätigkeitsstätte sowie Fahrten nach § 9 Absatz 1 Satz 3 Nummer 4a Satz 3,
7. die pauschal besteuerten Arbeitgeberleistungen für Fahrten zwischen Wohnung und erster Tätigkeitsstätte sowie Fahrten nach § 9 Absatz 1 Satz 3 Nummer 4a Satz 3,
8. für die dem Arbeitnehmer zur Verfügung gestellten Mahlzeiten nach § 8 Absatz 2 Satz 8 den Großbuchstaben M,
9. für die steuerfreie Sammelbeförderung nach § 3 Nummer 32 den Großbuchstaben F,
10. die nach § 3 Nummer 13 und 16 steuerfrei gezahlten Verpflegungszuschüsse und Vergütungen bei doppelter Haushaltsführung,
11. Beiträge zu den gesetzlichen Rentenversicherungen und an berufsständische Versorgungseinrichtungen, getrennt nach Arbeitgeber- und Arbeitnehmeranteil,
12. die nach § 3 Nummer 62 gezahlten Zuschüsse zur Kranken- und Pflegeversicherung,
13. die Beiträge des Arbeitnehmers zur gesetzlichen Krankenversicherung und zur sozialen Pflegeversicherung,
14. die Beiträge des Arbeitnehmers zur Arbeitslosenversicherung,
15. den nach § 39b Absatz 2 Satz 5 Nummer 3 Buchstabe d berücksichtigten Teilbetrag der Vorsorgepauschale.

³Der Arbeitgeber hat dem Arbeitnehmer einen nach amtlich vorgeschriebenem Muster gefertigten Ausdruck der elektronischen Lohnsteuerbescheinigung mit Angabe der Identifikationsnummer (§ 139b der Abgabenordnung) oder des lohnsteuerlichen Ordnungsmerkmals (Absatz 2) auszuhändigen oder elektronisch bereitzustellen. ⁴Soweit der Arbeitgeber nicht zur elektronischen Übermittlung nach Absatz 1 Satz 2 verpflichtet ist, hat er nach Ablauf des Kalenderjahres oder wenn das Dienstverhältnis vor Ablauf des Kalenderjahres beendet wird, eine Lohnsteuerbescheinigung nach amtlich vorgeschriebenem Muster auszustellen. ⁵Er hat dem Arbeitnehmer diese Bescheinigung auszuhändigen. ⁶Nicht ausgehändigte Bescheinigungen für den Lohnsteuerabzug mit Lohnsteuerbescheinigungen hat der Arbeitgeber dem Betriebsstättenfinanzamt einzureichen.

(2) ¹Ist dem Arbeitgeber die Identifikationsnummer (§ 139b der Abgabenordnung) des Arbeitnehmers nicht bekannt, hat er für die Datenübermittlung nach Absatz 1 Satz 2 aus dem Namen, Vornamen und Geburtsdatum des Arbeitnehmers ein Ordnungsmerkmal nach amtlich festgelegter Regel für den Arbeitnehmer zu bilden und das Ordnungsmerkmal zu verwenden. ²Er darf das lohnsteuerliche Ordnungsmerkmal nur für die Zuordnung der elektronischen Lohnsteuerbescheinigung oder sonstiger für das Besteuerungsverfahren erforderlicher Daten zu einem bestimmten Steuerpflichtigen und für Zwecke des Besteuerungsverfahrens erheben, bilden, verarbeiten oder verwenden.

(2a) ¹Ordnungswidrig handelt, wer vorsätzlich oder leichtfertig entgegen Absatz 2 Satz 2 das Ordnungsmerkmal verwendet. ²Die Ordnungswidrigkeit kann mit einer Geldbuße bis zu zehntausend Euro geahndet werden.

(3) ¹Ein Arbeitgeber ohne maschinelle Lohnabrechnung, der ausschließlich Arbeitnehmer im Rahmen einer geringfügigen Beschäftigung in seinem Privathaushalt im Sinne des § 8a des Vierten Buches Sozialgesetzbuch beschäftigt und keine elektronische Lohnsteuerbescheinigung erteilt, hat an Stelle der elektronischen Lohnsteuerbescheinigung eine entsprechende Lohnsteuerbescheinigung nach amtlich vorgeschriebenem Muster auszustellen. ²Der Arbeitgeber hat dem Arbeitnehmer die Lohnsteuerbescheinigung auszuhändigen. ³In den übrigen Fällen hat der Arbeitgeber die Lohnsteuerbescheinigung dem Betriebsstättenfinanzamt einzureichen.

(4) Die Absätze 1 bis 3 gelten nicht für Arbeitnehmer, soweit sie Arbeitslohn bezogen haben, der nach den §§ 40 bis 40b pauschal besteuert worden ist.

§ 41c
Änderung des Lohnsteuerabzugs

(1) ¹Der Arbeitgeber ist berechtigt, bei der jeweils nächstfolgenden Lohnzahlung bisher erhobene Lohnsteuer zu erstatten oder noch nicht erhobene Lohnsteuer nachträglich einzubehalten,

1. wenn ihm elektronische Lohnsteuerabzugsmerkmale zum Abruf zur Verfügung gestellt werden oder ihm der Arbeitnehmer eine Bescheinigung für den Lohnsteuerabzug mit Eintragungen vor-

legt, die auf einen Zeitpunkt vor Abruf der Lohnsteuerabzugsmerkmale oder vor Vorlage der Bescheinigung für den Lohnsteuerabzug zurückwirken, oder

2. wenn er erkennt, dass er die Lohnsteuer bisher nicht vorschriftsmäßig einbehalten hat; dies gilt auch bei rückwirkender Gesetzesänderung.

²In den Fällen des Satzes 1 Nummer 2 ist der Arbeitgeber jedoch verpflichtet, wenn ihm dies wirtschaftlich zumutbar ist.

(2) ¹Die zu erstattende Lohnsteuer ist dem Betrag zu entnehmen, den der Arbeitgeber für seine Arbeitnehmer insgesamt an Lohnsteuer einbehalten oder übernommen hat. ²Wenn die zu erstattende Lohnsteuer aus dem Betrag nicht gedeckt werden kann, der insgesamt an Lohnsteuer einzubehalten oder zu übernehmen ist, wird der Fehlbetrag dem Arbeitgeber auf Antrag vom Betriebsstättenfinanzamt ersetzt.

(3) ¹Nach Ablauf des Kalenderjahres oder, wenn das Dienstverhältnis vor Ablauf des Kalenderjahres endet, nach Beendigung des Dienstverhältnisses, ist die Änderung des Lohnsteuerabzugs nur bis zur Übermittlung oder Ausschreibung der Lohnsteuerbescheinigung zulässig. ²Bei Änderung des Lohnsteuerabzugs nach Ablauf des Kalenderjahres ist die nachträglich einzubehaltende Lohnsteuer nach dem Jahresarbeitslohn zu ermitteln. ³Eine Erstattung von Lohnsteuer ist nach Ablauf des Kalenderjahres nur im Wege des Lohnsteuer-Jahresausgleichs nach § 42b zulässig. ⁴Eine Minderung der einzubehaltenden und zu übernehmenden Lohnsteuer (§ 41a Absatz 1 Satz 1 Nummer 1) nach § 164 Absatz 2 Satz 1 der Abgabenordnung ist nach der Übermittlung oder Ausschreibung der Lohnsteuerbescheinigung nur dann zulässig, wenn sich der Arbeitnehmer ohne vertraglichen Anspruch und gegen den Willen des Arbeitgebers Beträge verschafft hat, für die Lohnsteuer einbehalten wurde. ⁵In diesem Fall hat der Arbeitgeber die bereits übermittelte oder ausgestellte Lohnsteuerbescheinigung zu berichtigen und sie als geändert gekennzeichnet an die Finanzverwaltung zu übermitteln; § 41b Absatz 1 gilt entsprechend. ⁶Der Arbeitgeber hat seinen Antrag zu begründen und die Lohnsteuer-Anmeldung (§ 41a Absatz 1 Satz 1) zu berichtigen.

(4) ¹Der Arbeitgeber hat die Fälle, in denen er die Lohnsteuer nach Absatz 1 nicht nachträglich einbehält oder die Lohnsteuer nicht nachträglich einbehalten kann, weil

1. der Arbeitnehmer vom Arbeitgeber Arbeitslohn nicht mehr bezieht oder
2. der Arbeitgeber nach Ablauf des Kalenderjahres bereits die Lohnsteuerbescheinigung übermittelt oder ausgeschrieben hat,

dem Betriebsstättenfinanzamt unverzüglich anzuzeigen. ²Das Finanzamt hat die zu wenig erhobene Lohnsteuer vom Arbeitnehmer nachzufordern, wenn der nachzufordernde Betrag 10 Euro übersteigt. ³§ 42d bleibt unberührt.

§§ 42 und 42a
– weggefallen –

§ 42b
Lohnsteuer-Jahresausgleich durch den Arbeitgeber

(1) ¹Der Arbeitgeber ist berechtigt, seinen unbeschränkt einkommensteuerpflichtigen Arbeitnehmern, die während des abgelaufenen Kalenderjahres (Ausgleichsjahr) ständig in einem zu ihm bestehenden Dienstverhältnis gestanden haben, die für das Ausgleichsjahr einbehaltene Lohnsteuer insoweit zu erstatten, als sie die auf den Jahresarbeitslohn entfallende Jahreslohnsteuer übersteigt (Lohnsteuer-Jahresausgleich). ²Er ist zur Durchführung des Lohnsteuer-Jahresausgleichs verpflichtet, wenn er am 31. Dezember des Ausgleichsjahres mindestens zehn Arbeitnehmer beschäftigt. ³Der Arbeitgeber darf den Lohnsteuer-Jahresausgleich nicht durchführen, wenn

1. der Arbeitnehmer es beantragt oder
2. der Arbeitnehmer für das Ausgleichsjahr oder für einen Teil des Ausgleichsjahres nach den Steuerklassen V oder VI zu besteuern war oder
3. der Arbeitnehmer für einen Teil des Ausgleichsjahres nach den Steuerklassen II, III oder IV zu besteuern war oder
3a. bei der Lohnsteuerberechnung ein Freibetrag oder Hinzurechnungsbetrag zu berücksichtigen war oder
3b. das Faktorenverfahren angewandt wurde oder
4. der Arbeitnehmer im Ausgleichsjahr Kurzarbeitergeld, Schlechtwettergeld, Winterausfallgeld, Zuschuss zum Mutterschaftsgeld nach dem Mutterschutzgesetz, Zuschuss bei Beschäftigungsverboten für die Zeit vor oder nach einer Entbindung sowie für den Entbindungstag während einer Elternzeit nach beamtenrechtlichen Vorschriften, Entschädigungen für Verdienstausfall nach dem Infektionsschutzgesetz vom 20. Juli 2000 (BGBl. I S. 1045) oder nach § 3 Nummer 28 steuerfreie Aufstockungsbeträge oder Zuschläge bezogen hat oder
4a. die Anzahl der im Lohnkonto oder in der Lohnsteuerbescheinigung eingetragenen Großbuchstaben U mindestens eins beträgt oder
5. für den Arbeitnehmer im Ausgleichsjahr im Rahmen der Vorsorgepauschale jeweils nur zeitweise Beträge nach § 39b Absatz 2 Satz 5 Nummer 3 Buchstabe d oder der Beitragszuschlag nach § 39b Absatz 2 Satz 5 Nummer 3 Buchstabe c berücksichtigt wurden oder sich im Ausgleichsjahr der Zusatzbeitragssatz (§ 39b Absatz 2 Satz 5 Nummer 3 Buchstabe b) geändert hat oder
6. der Arbeitnehmer im Ausgleichsjahr ausländische Einkünfte aus nichtselbständiger Arbeit bezogen hat, die nach einem Abkommen zur Vermeidung der Doppelbesteuerung oder unter Progressionsvorbehalt nach § 34c Absatz 5 von der Lohnsteuer freigestellt waren.

(2) ¹Für den Lohnsteuer-Jahresausgleich hat der Arbeitgeber den Jahresarbeitslohn aus dem zu ihm bestehenden Dienstverhältnis festzustellen. ²Dabei bleiben Bezüge im Sinne des § 34 Absatz 1 und 2 Nummer 2 und 4 außer Ansatz, wenn der Arbeitnehmer nicht jeweils die Einbeziehung in den Lohnsteuer-Jahresausgleich beantragt. ³Vom Jahresarbeitslohn sind der etwa in Betracht kommende Versorgungsfreibetrag und Zuschlag zum Versorgungsfreibetrag und der etwa in Betracht kommende Altersentlastungsbetrag abzuziehen. ⁴Für den so geminderten Jahresarbeitslohn ist die Jahreslohnsteuer nach § 39b Absatz 2 Satz 6 und 7 zu ermitteln nach Maßgabe der Steuerklasse, die für den letzten Lohnzahlungszeitraum des Ausgleichsjahres als elektronisches Lohnsteuerabzugsmerkmal abgerufen oder auf der Bescheinigung für den Lohnsteuerabzug oder etwaigen Mitteilungen über Änderungen zuletzt eingetragen wurde. ⁵Den Betrag, um den die sich hiernach ergebende Jahreslohnsteuer die Lohnsteuer unterschreitet, die von dem zugrunde gelegten Jahresarbeitslohn insgesamt erhoben worden ist, hat der Arbeitgeber dem Arbeitnehmer zu erstatten. ⁶Bei der Ermittlung der insgesamt erhobenen Lohnsteuer ist die Lohnsteuer auszuscheiden, die von den nach Satz 2 außer Ansatz gebliebenen Bezügen einbehalten worden ist.

(3) ¹Der Arbeitgeber darf den Lohnsteuer-Jahresausgleich frühestens bei der Lohnabrechnung für den letzten im Ausgleichsjahr endenden Lohnzahlungszeitraum, spätestens bei der Lohnabrechnung für den letzten Lohnzahlungszeitraum, der im Monat März des dem Ausgleichsjahr folgenden Kalenderjahres endet, durchführen. ²Die zu erstattende Lohnsteuer ist dem Betrag zu entnehmen, den der Arbeitgeber für seine Arbeitnehmer für den Lohnzahlungszeitraum insgesamt an Lohnsteuer erhoben hat. ³§ 41c Absatz 2 Satz 2 ist anzuwenden.

(4) ¹Im Lohnkonto für das Ausgleichsjahr ist die Lohnsteuer-Jahresausgleich erstattete Lohnsteuer gesondert einzutragen. ²In der Lohnsteuerbescheinigung für das Ausgleichsjahr ist der sich nach Verrechnung der erhobenen Lohnsteuer mit der erstatteten Lohnsteuer ergebende Betrag als erhobene Lohnsteuer einzutragen.

§ 42c
– weggefallen –

§ 42d
Haftung des Arbeitgebers und Haftung bei Arbeitnehmerüberlassung

(1) Der Arbeitgeber haftet

1. für die Lohnsteuer, die er einzubehalten und abzuführen hat,
2. für die Lohnsteuer, die er beim Lohnsteuer-Jahresausgleich zu Unrecht erstattet hat,

3. für die Einkommensteuer (Lohnsteuer), die aufgrund fehlerhafter Angaben im Lohnkonto oder in der Lohnsteuerbescheinigung verkürzt wird,

4. für die Lohnsteuer, die in den Fällen des § 38 Absatz 3a der Dritte zu übernehmen hat.

(2) Der Arbeitgeber haftet nicht, soweit Lohnsteuer nach § 39 Absatz 5 oder § 39a Absatz 5 nachzufordern ist und in den vom Arbeitgeber angezeigten Fällen des § 38 Absatz 4 Satz 2 und 3 und des § 41c Absatz 4.

(3) ¹Soweit die Haftung des Arbeitgebers reicht, sind der Arbeitgeber und der Arbeitnehmer Gesamtschuldner. ²Das Betriebsstättenfinanzamt kann die Steuerschuld oder Haftungsschuld nach pflichtgemäßem Ermessen gegenüber jedem Gesamtschuldner geltend machen. ³Der Arbeitgeber kann auch dann in Anspruch genommen werden, wenn der Arbeitnehmer zur Einkommensteuer veranlagt wird. ⁴Der Arbeitnehmer kann im Rahmen der Gesamtschuldnerschaft nur in Anspruch genommen werden,

1. wenn der Arbeitgeber die Lohnsteuer nicht vorschriftsmäßig vom Arbeitslohn einbehalten hat,

2. wenn der Arbeitnehmer weiß, dass der Arbeitgeber die einbehaltene Lohnsteuer nicht vorschriftsmäßig angemeldet hat. ²Dies gilt nicht, wenn der Arbeitnehmer den Sachverhalt dem Finanzamt unverzüglich mitgeteilt hat.

(4) ¹Für die Inanspruchnahme des Arbeitgebers bedarf es keines Haftungsbescheids und keines Leistungsgebots, soweit der Arbeitgeber

1. die einzubehaltende Lohnsteuer angemeldet hat oder

2. nach Abschluss einer Lohnsteuer-Außenprüfung seine Zahlungsverpflichtung schriftlich anerkennt.

²Satz 1 gilt entsprechend für die Nachforderung zu übernehmender pauschaler Lohnsteuer.

(5) Von der Geltendmachung der Steuernachforderung oder Haftungsforderung ist abzusehen, wenn diese insgesamt 10 Euro nicht übersteigt.

(6) ¹Soweit einem Dritten (Entleiher) Arbeitnehmer im Sinne des § 1 Absatz 1 Satz 1 des Arbeitnehmerüberlassungsgesetzes in der Fassung der Bekanntmachung vom 3. Februar 1995 (BGBl. I S. 158), das zuletzt durch Artikel 26 des Gesetzes vom 20. Dezember 2011 (BGBl. I S. 2854) geändert worden ist, zur Arbeitsleistung überlassen werden, haftet er mit Ausnahme der Fälle, in denen eine Arbeitnehmerüberlassung nach § 1 Absatz 3 des Arbeitnehmerüberlassungsgesetzes vorliegt, neben dem Arbeitgeber. ²Der Entleiher haftet nicht, wenn der Überlassung eine Erlaubnis nach § 1 des Arbeitnehmerüberlassungsgesetzes in der jeweils geltenden Fassung zugrunde liegt und soweit er nachweist, dass er den nach § 51 Absatz 1 Nummer 2 Buchstabe d vorgesehenen Mitwirkungspflichten nachgekommen ist. ³Der Entleiher haftet ferner nicht, wenn er über das Vorliegen einer Arbeitnehmerüberlassung ohne Verschulden irrte. ⁴Die Haftung beschränkt sich auf die Lohnsteuer für die Zeit, für die ihm der Arbeitnehmer überlassen worden ist. ⁵Soweit die Haftung des Entleihers reicht, sind der Arbeitgeber, der Entleiher und der Arbeitnehmer Gesamtschuldner. ⁶Der Entleiher darf auf Zahlung nur in Anspruch genommen werden, soweit die Vollstreckung in das inländische bewegliche Vermögen des Arbeitgebers fehlgeschlagen ist oder keinen Erfolg verspricht; § 219 Satz 2 der Abgabenordnung ist entsprechend anzuwenden. ⁷Ist durch die Umstände der Arbeitnehmerüberlassung die Lohnsteuer schwer zu ermitteln, so ist die Haftungsschuld mit 15 Prozent des zwischen Verleiher und Entleiher vereinbarten Entgelts ohne Umsatzsteuer anzunehmen, solange der Entleiher nicht glaubhaft macht, dass die Lohnsteuer, für die er haftet, niedriger ist. ⁸Die Absätze 1 bis 5 sind entsprechend anzuwenden. ⁹Die Zuständigkeit des Finanzamts richtet sich nach dem Ort der Betriebsstätte des Verleihers.

(7) Soweit der Entleiher Arbeitgeber ist, haftet der Verleiher wie ein Entleiher nach Absatz 6.

(8) ¹Das Finanzamt kann hinsichtlich der Lohnsteuer der Leiharbeitnehmer anordnen, dass der Entleiher einen bestimmten Teil des mit dem Verleiher vereinbarten Entgelts einzubehalten und abzuführen hat, wenn dies zur Sicherung des Steueranspruchs notwendig ist; Absatz 6 Satz 4 ist anzuwenden. ²Der Verwaltungsakt kann auch mündlich erlassen werden. ³Die Höhe des einzubehaltenden und abzuführenden Teils des Entgelts bedarf keiner Begründung, wenn der in Absatz 6 Satz 7 genannte Prozentsatz nicht überschritten wird.

(9) ¹Der Arbeitgeber haftet auch dann, wenn ein Dritter nach § 38 Absatz 3a dessen Pflichten trägt. ²In diesen Fällen haftet der Dritte neben dem Arbeitgeber. ³Soweit die Haftung des Dritten reicht, sind der Arbeitgeber, der Dritte und der Arbeitnehmer Gesamtschuldner. ⁴Absatz 3 Satz 2 bis 4 ist anzuwenden; Absatz 4 gilt auch für die Inanspruchnahme des Dritten. ⁵Im Fall des § 38 Absatz 3a Satz 2 beschränkt sich die Haftung des Dritten auf die Lohnsteuer, die für die Zeit zu erheben ist, für die er sich gegenüber dem Arbeitgeber zur Vornahme des Lohnsteuerabzugs verpflichtet hat; der maßgebende Zeitraum endet nicht, bevor der Dritte seinem Betriebsstättenfinanzamt die Beendigung seiner Verpflichtung gegenüber dem Arbeitgeber angezeigt hat. ⁶In den Fällen des § 38 Absatz 3a Satz 7 ist als Haftungsschuld der Betrag zu ermitteln, um den die Lohnsteuer, die für den gesamten Arbeitslohn des Lohnzahlungszeitraums zu berechnen und einzubehalten ist, die insgesamt tatsächlich einbehaltene Lohnsteuer übersteigt. ⁷Betrifft die Haftungsschuld mehrere Arbeitgeber, so ist sie bei fehlerhafter Lohnsteuerberechnung nach dem Verhältnis der Arbeitslöhne und für nachträglich zu erfassende Arbeitslohnbeträge nach dem Verhältnis dieser Beträge auf die Arbeitgeber aufzuteilen. ⁸In den Fällen des § 38 Absatz 3a ist das Betriebsstättenfinanzamt des Dritten für die Geltendmachung der Steuer- oder Haftungsschuld zuständig.

§ 42e
Anrufungsauskunft

¹Das Betriebsstättenfinanzamt hat auf Anfrage eines Beteiligten darüber Auskunft zu geben, ob und inwieweit im einzelnen Fall die Vorschriften über die Lohnsteuer anzuwenden sind. ²Sind für einen Arbeitgeber mehrere Betriebsstättenfinanzämter zuständig, so erteilt das Finanzamt die Auskunft, in dessen Bezirk sich die Geschäftsleitung (§ 10 der Abgabenordnung) des Arbeitgebers im Inland befindet. ³Ist dieses Finanzamt kein Betriebsstättenfinanzamt, so ist das Finanzamt zuständig, in dessen Bezirk sich die Betriebsstätte mit den meisten Arbeitnehmern befindet. ⁴In den Fällen der Sätze 2 und 3 hat der Arbeitgeber sämtliche Betriebsstättenfinanzämter, das Finanzamt der Geschäftsleitung und erforderlichenfalls die Betriebsstätte mit den meisten Arbeitnehmern anzugeben sowie zu erklären, für welche Betriebsstätten die Auskunft von Bedeutung ist.

§ 42f
Lohnsteuer-Außenprüfung

(1) Für die Außenprüfung der Einbehaltung oder Übernahme und Abführung der Lohnsteuer ist das Betriebsstättenfinanzamt zuständig.

(2) ¹Für die Mitwirkungspflicht des Arbeitgebers bei der Außenprüfung gilt § 200 der Abgabenordnung. ²Darüber hinaus haben die Arbeitnehmer des Arbeitgebers dem mit der Prüfung Beauftragten jede gewünschte Auskunft über Art und Höhe ihrer Einnahmen zu geben und auf Verlangen die etwa in ihrem Besitz befindlichen Bescheinigungen für den Lohnsteuerabzug sowie die Belege über bereits entrichtete Lohnsteuer vorzulegen. ³Dies gilt auch für Personen, bei denen es streitig ist, ob sie Arbeitnehmer des Arbeitgebers sind oder waren.

(3) ¹In den Fällen des § 38 Absatz 3a ist für die Außenprüfung das Betriebsstättenfinanzamt des Dritten zuständig; § 195 Satz 2 der Abgabenordnung bleibt unberührt. ²Die Außenprüfung ist auch beim Arbeitgeber zulässig; dessen Mitwirkungspflichten bleiben neben den Pflichten des Dritten bestehen.

(4) Auf Verlangen des Arbeitgebers können die Außenprüfung und die Prüfung durch die Träger der Rentenversicherung (§ 28p des Vierten Buches Sozialgesetzbuch) zur gleichen Zeit durchgeführt werden.

§ 42g
Lohnsteuer-Nachschau

(1) ¹Die Lohnsteuer-Nachschau dient der Sicherstellung einer ordnungsgemäßen Einbehaltung und Abführung der Lohnsteuer. ²Sie ist ein besonderes Verfahren zur zeitnahen Aufklärung steuererheblicher Sachverhalte.

§ 43 EStG – Gesetzestext

(2) ¹Eine Lohnsteuer-Nachschau findet während der üblichen Geschäfts- und Arbeitszeiten statt. ²Dazu können die mit der Nachschau Beauftragten ohne vorherige Ankündigung und außerhalb einer Lohnsteuer-Außenprüfung Grundstücke und Räume von Personen, die eine gewerbliche oder berufliche Tätigkeit ausüben, betreten. ³Wohnräume dürfen gegen den Willen des Inhabers nur zur Verhütung dringender Gefahren für die öffentliche Sicherheit und Ordnung betreten werden.

(3) ¹Die von der Lohnsteuer-Nachschau betroffenen Personen haben dem mit der Nachschau Beauftragten auf Verlangen Lohn- und Gehaltsunterlagen, Aufzeichnungen, Bücher, Geschäftspapiere und andere Urkunden über die der Lohnsteuer-Nachschau unterliegenden Sachverhalte vorzulegen und Auskünfte zu erteilen, soweit dies zur Feststellung einer steuerlichen Erheblichkeit zweckdienlich ist. ²§ 42f Absatz 2 Satz 2 und 3 gilt sinngemäß.

(4) ¹Wenn die bei der Lohnsteuer-Nachschau getroffenen Feststellungen hierzu Anlass geben, kann ohne vorherige Prüfungsanordnung (§ 196 der Abgabenordnung) zu einer Lohnsteuer-Außenprüfung nach § 42f übergegangen werden. ²Auf den Übergang zur Außenprüfung wird schriftlich hingewiesen.

(5) Werden anlässlich einer Lohnsteuer-Nachschau Verhältnisse festgestellt, die für die Festsetzung und Erhebung anderer Steuern erheblich sein können, so ist die Auswertung der Feststellungen insoweit zulässig, als ihre Kenntnis für die Besteuerung der in Absatz 2 genannten Personen oder anderer Personen von Bedeutung sein kann.

3. Steuerabzug vom Kapitalertrag (Kapitalertragsteuer)

§ 43
Kapitalerträge mit Steuerabzug

(1) ¹Bei den folgenden inländischen und in den Fällen der Nummern 6, 7 Buchstabe a und Nummern 8 bis 12 sowie Satz 2 auch ausländischen Kapitalerträgen wird die Einkommensteuer durch Abzug vom Kapitalertrag (Kapitalertragsteuer) erhoben:

1. Kapitalerträgen im Sinne des § 20 Absatz 1 Nummer 1, soweit diese nicht nachfolgend in Nummer 1a gesondert genannt sind, und Kapitalerträgen im Sinne des § 20 Absatz 1 Nummer 2. ²Entsprechendes gilt für Kapitalerträge im Sinne des § 20 Absatz 2 Satz 1 Nummer 2 Buchstabe a und Nummer 2 Satz 2;

1a. Kapitalerträgen im Sinne des § 20 Absatz 1 Nummer 1 aus Aktien und Genussscheinen, die entweder gemäß § 5 des Depotgesetzes zur Sammelverwahrung durch eine Wertpapiersammelbank zugelassen sind und dieser zur Sammelverwahrung im Inland anvertraut wurden, bei denen eine Sonderverwahrung gemäß § 2 Satz 1 des Depotgesetzes erfolgt oder bei denen die Erträge gegen Aushändigung der Dividendenscheine oder sonstigen Erträgnisscheine ausgezahlt oder gutgeschrieben werden;

2. Zinsen aus Teilschuldverschreibungen, bei denen neben der festen Verzinsung ein Recht auf Umtausch in Gesellschaftsanteile (Wandelanleihen) oder eine Zusatzverzinsung, die sich nach der Höhe der Gewinnausschüttungen des Schuldners richtet (Gewinnobligationen), eingeräumt ist, und Zinsen aus Genussrechten, die nicht in § 20 Absatz 1 Nummer 1 genannt sind. ²Zu den Gewinnobligationen gehören nicht solche Teilschuldverschreibungen, bei denen der Zinsfuß nur vorübergehend herabgesetzt und gleichzeitig eine von dem jeweiligen Gewinnergebnis des Unternehmens abhängige Zusatzverzinsung bis zur Höhe des ursprünglichen Zinsfußes festgelegt worden ist. ³Zu den Kapitalerträgen im Sinne des Satzes 1 gehören nicht die Bundesbankgenussrechte im Sinne des § 3 Absatz 1 des Gesetzes über die Liquidation der Deutschen Reichsbank und der Deutschen Golddiskontbank in der im Bundesgesetzblatt Teil III, Gliederungsnummer 7620-6, veröffentlichten bereinigten Fassung, das zuletzt durch das Gesetz vom 17. Dezember 1975 (BGBl. I S. 3123) geändert worden ist. ⁴Beim Steuerabzug auf Kapitalerträge sind die für den Steuerabzug nach Nummer 1a geltenden Vorschriften entsprechend anzuwenden, wenn

   a) die Teilschuldverschreibungen und Genussrechte gemäß § 5 des Depotgesetzes zur Sammelverwahrung durch eine Wertpapiersammelbank zugelassen sind und dieser zur Sammelverwahrung im Inland anvertraut wurden,

   b) die Teilschuldverschreibungen und Genussrechte gemäß § 2 Satz 1 des Depotgesetzes gesondert aufbewahrt werden oder

   c) die Erträge der Teilschuldverschreibungen und Genussrechte gegen Aushändigung der Erträgnisscheine ausgezahlt oder gutgeschrieben werden;

3. Kapitalerträgen im Sinne des § 20 Absatz 1 Nummer 4;

4. Kapitalerträgen im Sinne des § 20 Absatz 1 Nummer 6 Satz 1 bis 6; § 20 Absatz 1 Nummer 6 Satz 2 und 3 in der am 1. Januar 2008 anzuwendenden Fassung bleiben für Zwecke der Kapitalertragsteuer unberücksichtigt. ²Der Steuerabzug vom Kapitalertrag ist in den Fällen des § 20 Absatz 1 Nummer 6 Satz 4 in der am 31. Dezember 2004 geltenden Fassung nur vorzunehmen, wenn das Versicherungsunternehmen aufgrund einer Mitteilung des Finanzamts weiß oder infolge der Verletzung eigener Anzeigeverpflichtungen nicht weiß, dass die Kapitalerträge nach dieser Vorschrift zu den Einkünften aus Kapitalvermögen gehören;

5. – weggefallen –

6. ausländischen Kapitalerträgen im Sinne der Nummern 1 und 1a;

7. Kapitalerträgen im Sinne des § 20 Absatz 1 Nummer 7, außer bei Kapitalerträgen im Sinne der Nummer 2, wenn

   a) es sich um Zinsen aus Anleihen und Forderungen handelt, die in ein öffentliches Schuldbuch oder in ein ausländisches Register eingetragen oder über die Sammelurkunden im Sinne des § 9a des Depotgesetzes oder Teilschuldverschreibungen ausgegeben sind;

   b) der Schuldner der nicht in Buchstabe a genannten Kapitalerträge ein inländisches Kreditinstitut oder ein inländisches Finanzdienstleistungsinstitut im Sinne des Gesetzes über das Kreditwesen ist. ²Kreditinstitut in diesem Sinne ist auch die Kreditanstalt für Wiederaufbau, eine Bausparkasse, ein Versicherungsunternehmen für Erträge aus Kapitalanlagen, die mit Einlagegeschäften bei Kreditinstituten vergleichbar sind, die Deutsche Postbank AG, die Deutsche Bundesbank bei Geschäften mit jedermann einschließlich ihrer Betriebsangehörigen im Sinne der §§ 22 und 25 des Gesetzes über die Deutsche Bundesbank und eine inländische Zweigstelle oder Zweigniederlassung eines ausländischen Unternehmens im Sinne der §§ 53 und 53b des Gesetzes über das Kreditwesen, nicht aber eine ausländische Zweigstelle eines inländischen Kreditinstituts oder eines inländischen Finanzdienstleistungsinstituts. ³Die inländische Zweigstelle oder Zweigniederlassung gilt an Stelle des ausländischen Unternehmens als Schuldner der Kapitalerträge.

7a. Kapitalerträgen im Sinne des § 20 Absatz 1 Nummer 9;

7b. Kapitalerträgen im Sinne des § 20 Absatz 1 Nummer 10 Buchstabe a;

7c. Kapitalerträgen im Sinne des § 20 Absatz 1 Nummer 10 Buchstabe b;

8. Kapitalerträgen im Sinne des § 20 Absatz 1 Nummer 11;

9. Kapitalerträgen im Sinne des § 20 Absatz 2 Satz 1 Nummer 1 Satz 1 und 2;

10. Kapitalerträgen im Sinne des § 20 Absatz 2 Satz 1 Nummer 2 Buchstabe b und Nummer 7;

11. Kapitalerträgen im Sinne des § 20 Absatz 2 Satz 1 Nummer 3;

12. Kapitalerträgen im Sinne des § 20 Absatz 2 Satz 1 Nummer 8.

²Dem Steuerabzug unterliegen auch Kapitalerträge im Sinne des § 20 Absatz 3, die neben den in den Nummern 1 bis 12 bezeichneten Kapitalerträgen oder an deren Stelle gewährt werden. ³Der Steuerabzug ist ungeachtet des § 3 Nummer 40 und des § 8b des Körperschaftsteuergesetzes vorzunehmen. ⁴Für Zwecke des Kapitalertragsteuerabzugs gilt die Übertragung eines von einer auszah-

lenden Stelle verwahrten oder verwalteten Wirtschaftsguts im Sinne des § 20 Absatz 2 auf einen anderen Gläubiger als Veräußerung des Wirtschaftsguts. [5]Satz 4 gilt nicht, wenn der Steuerpflichtige der auszahlenden Stelle unter Benennung der in Satz 6 Nummer 4 bis 6 bezeichneten Daten mitteilt, dass es sich um eine unentgeltliche Übertragung handelt. [6]Die auszahlende Stelle hat in den Fällen des Satzes 5 folgende Daten dem für sie zuständigen Betriebsstättenfinanzamt bis zum 31. Mai des jeweiligen Folgejahres nach amtlich vorgeschriebenem Datensatz auf elektronischem Weg nach Maßgabe der Steuerdaten-Übermittlungsverordnung in der jeweils geltenden Fassung mitzuteilen:

1. Bezeichnung der auszahlenden Stelle,
2. das zuständige Betriebsstättenfinanzamt,
3. das übertragene Wirtschaftsgut, den Übertragungszeitpunkt, den Wert zum Übertragungszeitpunkt und die Anschaffungskosten des Wirtschaftsguts,
4. Name, Geburtsdatum, Anschrift und Identifikationsnummer des Übertragenden,
5. Name, Geburtsdatum, Anschrift und Identifikationsnummer des Empfängers, sowie die Bezeichnung des Kreditinstituts, der Nummer des Depots, des Kontos oder des Schuldbuchkontos,
6. soweit bekannt, das persönliche Verhältnis (Verwandtschaftsverhältnis, Ehe, Lebenspartnerschaft) zwischen Übertragendem und Empfänger.

(2) [1]Der Steuerabzug ist außer in den Fällen des Absatzes 1 Satz 1 Nummer 1a und 7c nicht vorzunehmen, wenn Gläubiger und Schuldner der Kapitalerträge (Schuldner) oder die auszahlende Stelle im Zeitpunkt des Zufließens dieselbe Person sind. [2]Der Steuerabzug ist außerdem nicht vorzunehmen, wenn in den Fällen des Absatzes 1 Satz 1 Nummer 6, 7 und 8 bis 12 Gläubiger der Kapitalerträge ein inländisches Kreditinstitut oder inländisches Finanzdienstleistungsinstitut nach Absatz 1 Satz 1 Nummer 7 Buchstabe b oder eine inländische Kapitalverwaltungsgesellschaft ist. [3]Bei Kapitalerträgen im Sinne des Absatzes 1 Satz 1 Nummer 6 und 8 bis 12 ist ebenfalls kein Steuerabzug vorzunehmen, wenn

1. eine unbeschränkt steuerpflichtige Körperschaft, Personenvereinigung oder Vermögensmasse, die nicht unter Satz 2 oder § 44a Absatz 4 Satz 1 fällt, Gläubigerin der Kapitalerträge ist, oder
2. die Kapitalerträge Betriebseinnahmen eines inländischen Betriebs sind und der Gläubiger der Kapitalerträge dies gegenüber der auszahlenden Stelle nach amtlich vorgeschriebenem Muster erklärt; dies gilt entsprechend für Kapitalerträge aus Options- und Termingeschäften im Sinne des Absatzes 1 Satz 1 Nummer 8 und 11, wenn sie zu den Einkünften aus Vermietung und Verpachtung gehören.

[4]Im Fall des § 1 Absatz 1 Nummer 4 und 5 des Körperschaftsteuergesetzes ist Satz 3 Nummer 1 nur anzuwenden, wenn die Körperschaft, Personenvereinigung oder Vermögensmasse durch eine Bescheinigung des für sie zuständigen Finanzamts ihre Zugehörigkeit zu dieser Gruppe von Steuerpflichtigen nachweist. [5]Die Bescheinigung ist unter dem Vorbehalt des Widerrufs auszustellen. [6]Die Fälle des Satzes 3 Nummer 2 hat die auszahlende Stelle gesondert aufzuzeichnen und die Erklärung der Zugehörigkeit der Kapitalerträge zu den Betriebseinnahmen oder zu den Einnahmen aus Vermietung und Verpachtung sechs Jahre aufzubewahren; die Frist beginnt mit dem Schluss des Kalenderjahres, in dem die Freistellung letztmalig berücksichtigt wird. [7]Die auszahlende Stelle hat in den Fällen des Satzes 3 Nummer 2 daneben die Konto- oder Depotbezeichnung oder die sonstige Kennzeichnung des Geschäftsvorgangs, Vor- und Zunamen des Gläubigers sowie die Identifikationsnummer nach § 139b der Abgabenordnung bzw. bei Personenmehrheit den Firmennamen und die zugehörige Steuernummer nach amtlich vorgeschriebenem Datensatz zu speichern und durch Datenfernübertragung zu übermitteln. [8]Das Bundesministerium der Finanzen wird den Empfänger der Datenlieferungen sowie den Zeitpunkt der erstmaligen Übermittlung durch ein im Bundessteuerblatt zu veröffentlichendes Schreiben mitteilen.

(3) [1]Kapitalerträge im Sinne des Absatzes 1 Satz 1 Nummer 1 Satz 1 sowie Nummer 1a bis 4 sind inländische, wenn der Schuldner Wohnsitz, Geschäftsleitung oder Sitz im Inland hat; Kapitalerträge im Sinne des Absatzes 1 Satz 1 Nummer 4 sind auch dann inländische, wenn der Schuldner eine Niederlassung im Sinne des § 106, § 110a oder § 110d des Versicherungsaufsichtsgesetzes im Inland hat. [2]Kapitalerträge im Sinne des Absatzes 1 Satz 1 Nummer 1 Satz 2 sind inländische, wenn der Schuldner der veräußerten Ansprüche die Voraussetzungen des Satzes 1 erfüllt. [3]Kapitalerträge im Sinne des § 20 Absatz 1 Nummer 1 Satz 4 sind inländische, wenn der Emittent der Aktien Geschäftsleitung oder Sitz im Inland hat. [4]Kapitalerträge im Sinne des Absatzes 1 Satz 1 Nummer 6 sind ausländische, wenn weder die Voraussetzungen nach Satz 1 noch nach Satz 2 vorliegen.

(4) Der Steuerabzug ist auch dann vorzunehmen, wenn die Kapitalerträge beim Gläubiger zu den Einkünften aus Land- und Forstwirtschaft, aus Gewerbebetrieb, aus selbständiger Arbeit oder aus Vermietung und Verpachtung gehören.

(5) [1]Für Kapitalerträge im Sinne des § 20, soweit sie der Kapitalertragsteuer unterlegen haben, ist die Einkommensteuer mit dem Steuerabzug abgegolten; die Abgeltungswirkung des Steuerabzugs tritt nicht ein, wenn der Gläubiger nach § 44 Absatz 1 Satz 8 und 9 und Absatz 5 in Anspruch genommen werden kann. [2]Dies gilt nicht in Fällen des § 32d Absatz 2 und für Kapitalerträge, die zu den Einkünften aus Land- und Forstwirtschaft, aus Gewerbebetrieb, aus selbständiger Arbeit oder aus Vermietung und Verpachtung gehören. [3]Auf Antrag des Gläubigers werden Kapitalerträge im Sinne des Satzes 1 in die besondere Besteuerung von Kapitalerträgen nach § 32d einbezogen. [4]Eine vorläufige Festsetzung der Einkommensteuer im Sinne des § 165 Absatz 1 Satz 2 Nummer 2 bis 4 der Abgabenordnung umfasst auch Einkünfte im Sinne des Satzes 1, für die der Antrag nach Satz 3 nicht gestellt worden ist.

§ 43a
Bemessung der Kapitalertragsteuer

(1) [1]Die Kapitalertragsteuer beträgt

1. in den Fällen des § 43 Absatz 1 Satz 1 Nummer 1 bis 4, 6 bis 7a und 8 bis 12 sowie Satz 2:

   25 Prozent des Kapitalertrags;

2. in den Fällen des § 43 Absatz 1 Satz 1 Nummer 7b und 7c:

   15 Prozent des Kapitalertrags.

[2]Im Fall einer Kirchensteuerpflicht ermäßigt sich die Kapitalertragsteuer um 25 Prozent der auf die Kapitalerträge entfallenden Kirchensteuer. [3]§ 32d Absatz 1 Satz 4 und 5 gilt entsprechend.

(2) [1]Dem Steuerabzug unterliegen die vollen Kapitalerträge ohne jeden Abzug. [2]In den Fällen des § 43 Absatz 1 Satz 1 Nummer 9 bis 12 bemisst sich der Steuerabzug nach § 20 Absatz 4 und 4a, wenn die Wirtschaftsgüter von der die Kapitalerträge auszahlenden Stelle erworben oder veräußert und seitdem verwahrt oder verwaltet worden sind. [3]Überträgt der Steuerpflichtige die Wirtschaftsgüter auf ein anderes Depot, hat die abgebende inländische auszahlende Stelle der übernehmenden inländischen auszahlenden Stelle die Anschaffungsdaten mitzuteilen. [4]Satz 3 gilt in den Fällen des § 43 Absatz 1 Satz 5 entsprechend. [5]Handelt es sich bei der abgebenden auszahlenden Stelle um ein Kreditinstitut oder Finanzdienstleistungsinstitut mit Sitz in einem anderen Mitgliedstaat der Europäischen Union, in einem anderen Vertragsstaat des EWR-Abkommens vom 3. Januar 1994 (ABl. EG Nr. L 1 S. 3) in der jeweils geltenden Fassung oder in einem anderen Vertragsstaat nach Artikel 17 Absatz 2 Ziffer i der Richtlinie 2003/48/EG vom 3. Juni 2003 im Bereich der Besteuerung von Zinserträgen (ABl. EU Nr. L 157 S. 38), kann der Steuerpflichtige den Nachweis nur durch eine Bescheinigung des ausländischen Instituts führen; dies gilt entsprechend für eine in diesem Gebiet belegene Zweigstelle eines inländischen Kreditinstituts oder Finanzdienstleistungsinstituts. [6]In allen anderen Fällen ist ein Nachweis der Anschaffungsdaten nicht zulässig. [7]Sind die Anschaffungsdaten nicht nachgewiesen, bemisst sich der Steuerabzug nach 30 Prozent der Einnahmen aus der Veräußerung oder Einlösung der Wirtschaftsgüter. [8]In den Fällen des § 43 Absatz 1 Satz 4 gelten der Börsenpreis zum Zeitpunkt der Übertragung zuzüglich Stückzinsen als Einnahmen aus der Veräußerung und die mit dem Depotübertrag verbundenen Kosten als Veräußerungskosten im Sinne des § 20 Absatz 4 Satz 1. [9]Zur Ermittlung des Börsenpreises ist der niedrigste am Vortag der Übertragung im regulierten Markt notierte Kurs anzusetzen; liegt am Vortag eine Notierung nicht vor, so werden die Wirtschaftsgüter mit dem letzten innerhalb von 30 Tagen vor dem Übertragungstag im regulierten Markt notierten Kurs angesetzt; Entsprechendes gilt für Wertpapiere,

die im Inland in den Freiverkehr einbezogen sind oder in einem anderen Staat des Europäischen Wirtschaftsraums zum Handel an einem geregelten Markt im Sinne des Artikels 1 Nummer 13 der Richtlinie 93/22/EWG des Rates vom 10. Mai 1993 über Wertpapierdienstleistungen (ABl. EG Nr. L 141 S. 27) zugelassen sind. ^{10}Liegt ein Börsenpreis nicht vor, bemisst sich die Steuer nach 30 Prozent der Anschaffungskosten. ^{11}Die übernehmende auszahlende Stelle hat als Anschaffungskosten den von der abgebenden Stelle angesetzten Börsenpreis anzusetzen und die bei der Übertragung als Einnahmen aus der Veräußerung angesetzten Stückzinsen nach Absatz 3 zu berücksichtigen. ^{12}Satz 9 gilt entsprechend. ^{13}Liegt ein Börsenpreis nicht vor, bemisst sich der Steuerabzug nach 30 Prozent der Einnahmen aus der Veräußerung oder Einlösung der Wirtschaftsgüter. ^{14}Hat die auszahlende Stelle die Wirtschaftsgüter vor dem 1. Januar 1994 erworben oder veräußert und seitdem verwahrt oder verwaltet, kann sie den Steuerabzug nach 30 Prozent der Einnahmen aus der Veräußerung oder Einlösung der Wertpapiere und Kapitalforderungen bemessen. ^{15}Abweichend von den Sätzen 2 bis 14 bemisst sich der Steuerabzug bei Kapitalerträgen aus nicht für einen marktmäßigen Handel bestimmten schuldbuchfähigen Wertpapieren des Bundes und der Länder oder bei Kapitalerträgen im Sinne des § 43 Absatz 1 Satz 1 Nummer 7 Buchstabe b aus nicht in Inhaber- oder Orderschuldverschreibungen verbrieften Kapitalforderungen nach dem vollen Kapitalertrag ohne jeden Abzug.

(3) ^{1}Die auszahlende Stelle hat ausländische Steuern auf Kapitalerträge nach Maßgabe des § 32d Absatz 5 zu berücksichtigen. ^{2}Sie hat unter Berücksichtigung des § 20 Absatz 6 Satz 4 im Kalenderjahr negative Kapitalerträge einschließlich gezahlter Stückzinsen bis zur Höhe der positiven Kapitalerträge auszugleichen; liegt ein gemeinsamer Freistellungsauftrag im Sinne von § 44a Absatz 2 Satz 1 Nummer 1 in Verbindung mit § 20 Absatz 9 Satz 2 vor, erfolgt ein gemeinsamer Ausgleich. ^{3}Der nicht ausgeglichene Verlust ist auf das nächste Kalenderjahr zu übertragen. ^{4}Auf Verlangen des Gläubigers der Kapitalerträge hat sie über die Höhe eines nicht ausgeglichenen Verlusts eine Bescheinigung nach amtlich vorgeschriebenem Muster zu erteilen; der Verlustübertrag entfällt in diesem Fall. ^{5}Der unwiderrufliche Antrag auf Erteilung der Bescheinigung muss bis zum 15. Dezember des laufenden Jahres der auszahlenden Stelle zugehen. ^{6}Überträgt der Gläubiger der Kapitalerträge seine im Depot befindlichen Wirtschaftsgüter vollständig auf ein anderes Depot, hat die abgebende auszahlende Stelle der übernehmenden auszahlenden Stelle auf Verlangen des Gläubigers der Kapitalerträge die Höhe des nicht ausgeglichenen Verlusts mitzuteilen; eine Bescheinigung nach Satz 4 darf in diesem Fall nicht erteilt werden. ^{7}Erfährt die auszahlende Stelle nach Ablauf des Kalenderjahres von der Veränderung einer Bemessungsgrundlage oder einer zu erhebenden Kapitalertragsteuer, hat sie die entsprechende Korrektur erst zum Zeitpunkt ihrer Kenntnisnahme vorzunehmen; § 44 Absatz 5 bleibt unberührt. ^{8}Die vorstehenden Sätze gelten nicht in den Fällen des § 20 Absatz 8 und § 44 Absatz 1 Satz 4 Nummer 1 Buchstabe a Doppelbuchstabe bb sowie bei Körperschaften, Personenvereinigungen oder Vermögensmassen.

(4) ^{1}Die Absätze 2 und 3 gelten entsprechend für die das Bundesschuldbuch führende Stelle oder eine Landesschuldenverwaltung als auszahlende Stelle. ^{2}Werden die Wertpapiere oder Forderungen von einem Kreditinstitut oder einem Finanzdienstleistungsinstitut mit der Maßgabe der Verwahrung und Verwaltung durch die das Bundesschuldbuch führende Stelle oder eine Landesschuldenverwaltung erworben, hat das Kreditinstitut oder das Finanzdienstleistungsinstitut der das Bundesschuldbuch führenden Stelle oder einer Landesschuldenverwaltung zusammen mit den im Schuldbuch einzutragenden Wertpapieren und Forderungen den Erwerbszeitpunkt und die Anschaffungsdaten sowie in Fällen des Absatzes 2 den Erwerbspreis der für einen marktmäßigen Handel bestimmten schuldbuchfähigen Wertpapiere des Bundes oder der Länder und außerdem mitzuteilen, dass es diese Wertpapiere und Forderungen erworben oder veräußert und seitdem verwahrt oder verwaltet hat.

§ 43b
Bemessung der Kapitalertragsteuer bei bestimmten Gesellschaften

(1) ^{1}Auf Antrag wird die Kapitalertragsteuer für Kapitalerträge im Sinne des § 20 Absatz 1 Nummer 1, die einer Muttergesellschaft, die weder ihren Sitz noch ihre Geschäftsleitung im Inland hat, oder einer in einem anderen Mitgliedstaat der Europäischen Union gelegenen Betriebsstätte dieser Muttergesellschaft, aus Ausschüttungen einer Tochtergesellschaft zufließen, nicht erhoben. ^{2}Satz 1 gilt auch für Ausschüttungen einer Tochtergesellschaft, die einer in einem anderen Mitgliedstaat der Europäischen Union gelegenen Betriebsstätte einer unbeschränkt steuerpflichtigen Muttergesellschaft zufließen. ^{3}Ein Zufluss an die Betriebsstätte liegt nur vor, wenn die Beteiligung an der Tochtergesellschaft tatsächlich zu dem Betriebsvermögen der Betriebsstätte gehört. ^{4}Die Sätze 1 bis 3 gelten nicht für Kapitalerträge im Sinne des § 20 Absatz 1 Nummer 1, die anlässlich der Liquidation oder Umwandlung einer Tochtergesellschaft zufließen.

(2) ^{1}Muttergesellschaft im Sinne des Absatzes 1 ist jede Gesellschaft, die die in der Anlage 2 zu diesem Gesetz bezeichneten Voraussetzungen erfüllt und nach Artikel 3 Absatz 1 Buchstabe a der Richtlinie 2011/96/EU des Rates vom 30. November 2011 über das gemeinsame Steuersystem der Mutter- und Tochtergesellschaften verschiedener Mitgliedstaaten (ABl. L 345 vom 29.12.2011, S. 8), die zuletzt durch die Richtlinie 2013/13/EU (ABl. L 141 vom 28.5.2013, S. 30) geändert worden ist, zum Zeitpunkt der Entstehung der Kapitalertragsteuer nach § 44 Absatz 1 Satz 2 nachweislich mindestens zu 10 Prozent unmittelbar am Kapital der Tochtergesellschaft (Mindestbeteiligung) beteiligt ist. ^{2}Ist die Mindestbeteiligung zu diesem Zeitpunkt nicht erfüllt, ist der Zeitpunkt des Gewinnverteilungsbeschlusses maßgeblich. ^{3}Tochtergesellschaft im Sinne des Absatzes 1 sowie des Satzes 1 ist jede unbeschränkt steuerpflichtige Gesellschaft, die die in der Anlage 2 zu diesem Gesetz und in Artikel 3 Absatz 1 Buchstabe b der Richtlinie 2011/96/EU bezeichneten Voraussetzungen erfüllt. ^{4}Weitere Voraussetzung ist, dass die Beteiligung nachweislich ununterbrochen zwölf Monate besteht. ^{5}Wird dieser Beteiligungszeitraum nach dem Zeitpunkt der Entstehung der Kapitalertragsteuer gemäß § 44 Absatz 1 Satz 2 vollendet, ist die einbehaltene und abgeführte Kapitalertragsteuer nach § 50d Absatz 1 zu erstatten; das Freistellungsverfahren nach § 50d Absatz 2 ist ausgeschlossen.

(2a) Betriebsstätte im Sinne der Absätze 1 und 2 ist eine feste Geschäftseinrichtung in einem anderen Mitgliedstaat der Europäischen Union, durch die die Tätigkeit der Muttergesellschaft ganz oder teilweise ausgeübt wird, wenn das Besteuerungsrecht für die Gewinne dieser Geschäftseinrichtung nach dem jeweils geltenden Abkommen zur Vermeidung der Doppelbesteuerung dem Staat, in dem sie gelegen ist, zugewiesen wird und diese Gewinne in diesem Staat der Besteuerung unterliegen.

§ 44
Entrichtung der Kapitalertragsteuer

(1) ^{1}Schuldner der Kapitalertragsteuer ist in den Fällen des § 43 Absatz 1 Satz 1 Nummer 1 bis 7b und 8 bis 12 sowie Satz 2 der Gläubiger der Kapitalerträge. ^{2}Die Kapitalertragsteuer entsteht in dem Zeitpunkt, in dem die Kapitalerträge dem Gläubiger zufließen. ^{3}In diesem Zeitpunkt haben in den Fällen des § 43 Absatz 1 Satz 1 Nummer 1, 2 bis 4 sowie 7a und 7b der Schuldner der Kapitalerträge, jedoch in den Fällen des § 43 Absatz 1 Satz 1 Nummer 1 Satz 2 die für den Verkäufer der Wertpapiere den Verkaufsauftrag ausführende Stelle im Sinne des Satzes 4 Nummer 1, und in den Fällen des § 43 Absatz 1 Satz 1 Nummer 1a, 6, 7 und 8 bis 12 sowie Satz 2 die die Kapitalerträge auszahlende Stelle den Steuerabzug für Rechnung des Gläubigers der Kapitalerträge vorzunehmen. ^{4}Die die Kapitalerträge auszahlende Stelle ist

1. in den Fällen des § 43 Absatz 1 Satz 1 Nummer 6, 7 Buchstabe a und Nummer 8 bis 12 sowie Satz 2

   a) das inländische Kreditinstitut oder das inländische Finanzdienstleistungsinstitut im Sinne des § 43 Absatz 1 Satz 1 Nummer 7 Buchstabe b, das inländische Wertpapierhandelsunternehmen oder die inländische Wertpapierhandelsbank,

      aa) das die Teilschuldverschreibungen, die Anteile an einer Sammelschuldbuchforderung, die Wertrechte, die Zinsscheine oder sonstigen Wirtschaftsgüter verwahrt oder verwaltet oder deren Veräußerung durchführt und die Kapitalerträge auszahlt oder gutschreibt oder in den Fällen des § 43 Absatz 1 Satz 1 Nummer 8 und 11 die Kapitalerträge auszahlt oder gutschreibt,

      bb) das die Kapitalerträge gegen Aushändigung der Zinsscheine oder der Teilschuldverschreibungen einem anderen als einem ausländischen Kreditinstitut oder einem ausländischen Finanzdienstleistungsinstitut auszahlt oder gutschreibt;

b) der Schuldner der Kapitalerträge in den Fällen des § 43 Absatz 1 Satz 1 Nummer 7 Buchstabe a und Nummer 10 unter den Voraussetzungen des Buchstabens a, wenn kein inländisches Kreditinstitut oder kein inländisches Finanzdienstleistungsinstitut die die Kapitalerträge auszahlende Stelle ist;

2. in den Fällen des § 43 Absatz 1 Satz 1 Nummer 7 Buchstabe b das inländische Kreditinstitut oder das inländische Finanzdienstleistungsinstitut, das die Kapitalerträge als Schuldner auszahlt oder gutschreibt;

3. in den Fällen des § 43 Absatz 1 Satz 1 Nummer 1a

a) das inländische Kredit- oder Finanzdienstleistungsinstitut im Sinne des § 43 Absatz 1 Satz 1 Nummer 7 Buchstabe b, das inländische Wertpapierhandelsunternehmen oder die inländische Wertpapierhandelsbank, welche die Anteile verwahrt oder verwaltet und die Kapitalerträge auszahlt oder gutschreibt oder die Kapitalerträge gegen Aushändigung der Dividendenscheine auszahlt oder gutschreibt oder die Kapitalerträge an eine ausländische Stelle auszahlt,

b) die Wertpapiersammelbank, der die Anteile zur Sammelverwahrung anvertraut wurden, wenn sie die Kapitalerträge an eine ausländische Stelle auszahlt,

c) der Schuldner der Kapitalerträge, soweit die Wertpapiersammelbank, der die Anteile zur Sammelverwahrung anvertraut wurden, keine Dividendenregulierung vornimmt; die Wertpapiersammelbank hat dem Schuldner der Kapitalerträge den Umfang der Bestände ohne Dividendenregulierung mitzuteilen.

[5]Die innerhalb eines Kalendermonats einbehaltene Steuer ist jeweils bis zum zehnten des folgenden Monats an das Finanzamt abzuführen, das für die Besteuerung

1. des Schuldners der Kapitalerträge,
2. der den Verkaufsauftrag ausführenden Stelle oder
3. der die Kapitalerträge auszahlenden Stelle

nach dem Einkommen zuständig ist; bei Kapitalerträgen im Sinne des § 43 Absatz 1 Satz 1 Nummer 1 ist die einbehaltene Steuer in dem Zeitpunkt abzuführen, in dem die Kapitalerträge dem Gläubiger zufließen. [6]Dabei ist die Kapitalertragsteuer, die zu demselben Zeitpunkt abzuführen ist, jeweils auf den nächsten vollen Euro-Betrag abzurunden. [7]Wenn Kapitalerträge ganz oder teilweise nicht in Geld bestehen (§ 8 Absatz 2) und der in Geld geleistete Kapitalertrag nicht zur Deckung der Kapitalertragsteuer ausreicht, hat der Gläubiger der Kapitalerträge dem zum Steuerabzug Verpflichteten den Fehlbetrag zur Verfügung zu stellen. [8]Soweit der Gläubiger seiner Verpflichtung nicht nachkommt, hat der zum Steuerabzug Verpflichtete dies dem für ihn zuständigen Betriebsstättenfinanzamt anzuzeigen. [9]Das Finanzamt hat die zu wenig erhobene Kapitalertragsteuer vom Gläubiger der Kapitalerträge nachzufordern.

(1a) [1]Werden inländische Aktien über eine ausländische Stelle mit Dividendenberechtigung erworben, aber ohne Dividendenanspruch geliefert und leitet die ausländische Stelle auf die Erträge im Sinne des § 20 Absatz 1 Nummer 1 Satz 4 einen einbehaltenen Steuerbetrag im Sinne des § 43a Absatz 1 Satz 1 Nummer 1 an eine inländische Wertpapiersammelbank weiter, ist diese zur Abführung der einbehaltenen Steuer verpflichtet. [2]Bei Kapitalerträgen im Sinne des § 43 Absatz 1 Satz 1 Nummer 1 und 2 gilt Satz 1 entsprechend.

(2) [1]Gewinnanteile (Dividenden) und andere Kapitalerträge im Sinne des § 43 Absatz 1 Satz 1 Nummer 1, deren Ausschüttung von einer Körperschaft beschlossen wird, fließen dem Gläubiger der Kapitalerträge an dem Tag zu (Absatz 1), der im Beschluss als Tag der Auszahlung bestimmt worden ist. [2]Ist die Ausschüttung nur festgesetzt, ohne dass über den Zeitpunkt der Auszahlung ein Beschluss gefasst worden ist, so gilt als Zeitpunkt des Zufließens der Tag nach der Beschlussfassung. [3]Für Kapitalerträge im Sinne des § 20 Absatz 1 Nummer 1 Satz 4 gelten diese Zuflusszeitpunkte entsprechend.

(3) [1]Ist bei Einnahmen aus der Beteiligung an einem Handelsgewerbe als stiller Gesellschafter in dem Beteiligungsvertrag über den Zeitpunkt der Ausschüttung keine Vereinbarung getroffen, so gilt der Kapitalertrag am Tag nach der Aufstellung der Bilanz oder einer sonstigen Feststellung des Gewinnanteils des stillen Gesellschafters, spätestens jedoch sechs Monate nach Ablauf des Wirtschaftsjahres, für das der Kapitalertrag ausgeschüttet oder gutgeschrieben werden soll, als zugeflossen. [2]Bei Zinsen aus partiarischen Darlehen gilt Satz 1 entsprechend.

(4) Haben Gläubiger und Schuldner der Kapitalerträge vor dem Zufließen ausdrücklich Stundung des Kapitalertrags vereinbart, weil der Schuldner vorübergehend zur Zahlung nicht in der Lage ist, so ist der Steuerabzug erst mit Ablauf der Stundungsfrist vorzunehmen.

(5) [1]Die Schuldner der Kapitalerträge, die den Verkaufsauftrag ausführenden Stellen oder die die Kapitalerträge auszahlenden Stellen haften für die Kapitalertragsteuer, die sie einzubehalten und abzuführen haben, es sei denn, sie weisen nach, dass sie die ihnen auferlegten Pflichten weder vorsätzlich noch grob fahrlässig verletzt haben. [2]Der Gläubiger der Kapitalerträge wird nur in Anspruch genommen, wenn

1. der Schuldner, die den Verkaufsauftrag ausführenden Stelle oder die die Kapitalerträge auszahlende Stelle die Kapitalerträge nicht vorschriftsmäßig gekürzt hat,

2. der Gläubiger weiß, dass der Schuldner, die den Verkaufsauftrag ausführende Stelle oder die die Kapitalerträge auszahlende Stelle die einbehaltene Kapitalertragsteuer nicht vorschriftsmäßig abgeführt hat, und dies dem Finanzamt nicht unverzüglich mitteilt oder

3. das die Kapitalerträge auszahlende inländische Kreditinstitut oder das inländische Finanzdienstleistungsinstitut die Kapitalerträge zu Unrecht ohne Abzug der Kapitalertragsteuer ausgezahlt hat.

[3]Für die Inanspruchnahme des Schuldners der Kapitalerträge, der den Verkaufsauftrag ausführenden Stelle und der die Kapitalerträge auszahlenden Stelle bedarf es keines Haftungsbescheids, soweit der Schuldner, die den Verkaufsauftrag ausführende Stelle oder die die Kapitalerträge auszahlende Stelle die einbehaltene Kapitalertragsteuer richtig angemeldet hat oder soweit sie ihre Zahlungsverpflichtungen gegenüber dem Finanzamt oder dem Prüfungsbeamten des Finanzamts schriftlich anerkennen.

(6) [1]In den Fällen des § 43 Absatz 1 Satz 1 Nummer 7c gilt die juristische Person des öffentlichen Rechts und die von der Körperschaftsteuer befreite Körperschaft, Personenvereinigung oder Vermögensmasse als Gläubiger und der Betrieb gewerblicher Art und der wirtschaftlichen Geschäftsbetrieb als Schuldner der Kapitalerträge. [2]Die Kapitalertragsteuer entsteht, auch soweit sie auf verdeckte Gewinnausschüttungen entfällt, die im abgelaufenen Wirtschaftsjahr vorgenommen worden sind, im Zeitpunkt der Bilanzerstellung; sie entsteht spätestens acht Monate nach Ablauf des Wirtschaftsjahres, in den Fällen des § 20 Absatz 1 Nummer 10 Buchstabe b Satz 2 am Tag nach der Beschlussfassung über die Verwendung und in den Fällen des § 22 Absatz 4 des Umwandlungssteuergesetzes am Tag nach der Veräußerung. [3]Die Kapitalertragsteuer entsteht in den Fällen des § 20 Absatz 1 Nummer 10 Buchstabe b Satz 3 zum Ende des Wirtschaftsjahres. [4]Die Absätze 1 bis 4 und 5 Satz 2 sind entsprechend anzuwenden. [5]Der Schuldner der Kapitalerträge haftet für die Kapitalertragsteuer, soweit sie auf verdeckte Gewinnausschüttungen und auf Veräußerungen im Sinne des § 22 Absatz 4 des Umwandlungssteuergesetzes entfällt.

(7) [1]In den Fällen des § 14 Absatz 3 des Körperschaftsteuergesetzes entsteht die Kapitalertragsteuer in dem Zeitpunkt der Feststellung der Handelsbilanz der Organgesellschaft; sie entsteht spätestens acht Monate nach Ablauf des Wirtschaftsjahrs der Organgesellschaft. [2]Die entstandene Kapitalertragsteuer ist an dem auf den Entstehungszeitpunkt nachfolgenden Werktag an das Finanzamt abzuführen, das für die Besteuerung der Organgesellschaft nach dem Einkommen zuständig ist. [3]Im Übrigen sind die Absätze 1 bis 4 entsprechend anzuwenden.

§ 44a
Abstandnahme vom Steuerabzug

(1) [1]Soweit die Kapitalerträge zusammen mit den Kapitalerträgen, für die die Kapitalertragsteuer nach § 44b zu erstatten ist oder nach Absatz 10 kein Steuerabzug vorzunehmen ist, den Sparer-Pausch-

§ 44a EStG – Gesetzestext

betrag nach § 20 Absatz 9 nicht übersteigen, ist ein Steuerabzug nicht vorzunehmen bei Kapitalerträgen im Sinne des
1. § 43 Absatz 1 Satz 1 Nummer 1 und 2 aus Genussrechten oder
2. § 43 Absatz 1 Satz 1 Nummer 1 und 2 aus Anteilen, die von einer Kapitalgesellschaft ihren Arbeitnehmern überlassen worden sind und von ihr, einem von der Kapitalgesellschaft bestellten Treuhänder, einem inländischen Kreditinstitut oder einer inländischen Zweigniederlassung einer der in § 53b Absatz 1 oder 7 des Kreditwesengesetzes genannten Unternehmen verwahrt werden, und
3. § 43 Absatz 1 Satz 1 Nummer 3 bis 7 und 8 bis 12 sowie Satz 2, die einem unbeschränkt einkommensteuerpflichtigen Gläubiger zufließen.

²Den Arbeitnehmern im Sinne des Satzes 1 stehen Arbeitnehmer eines mit der Kapitalgesellschaft verbundenen Unternehmens nach § 15 des Aktiengesetzes sowie frühere Arbeitnehmer der Kapitalgesellschaft oder eines mit ihr verbundenen Unternehmens gleich. ³Den von der Kapitalgesellschaft überlassenen Anteilen stehen Aktien gleich, die den Arbeitnehmern bei einer Kapitalerhöhung aufgrund ihres Bezugsrechts aus den von der Kapitalgesellschaft überlassenen Aktien zugeteilt worden sind oder die den Arbeitnehmern aufgrund einer Kapitalerhöhung aus Gesellschaftsmitteln gehören. ⁴Bei Kapitalerträgen im Sinne des § 43 Absatz 1 Satz 1 Nummer 1, 2 bis 7 und 8 bis 12 sowie Satz 2, die einem unbeschränkt einkommensteuerpflichtigen Gläubiger zufließen, ist der Steuerabzug nicht vorzunehmen, wenn anzunehmen ist, dass auch für Fälle der Günstigerprüfung nach § 32d Absatz 6 keine Steuer entsteht.

(2) ¹Voraussetzung für die Abstandnahme vom Steuerabzug nach Absatz 1 ist, dass dem nach § 44 Absatz 1 zum Steuerabzug Verpflichteten in den Fällen
1. des Absatzes 1 Satz 1 ein Freistellungsauftrag des Gläubigers der Kapitalerträge nach amtlich vorgeschriebenem Muster oder
2. des Absatzes 1 Satz 4 eine Nichtveranlagungs-Bescheinigung des für den Gläubiger zuständigen Wohnsitzfinanzamts

vorliegt. ²In den Fällen des Satzes 1 Nummer 2 ist die Bescheinigung unter dem Vorbehalt des Widerrufs auszustellen. ³Ihre Geltungsdauer darf höchstens drei Jahre betragen und muss am Schluss eines Kalenderjahres enden. ⁴Fordert das Finanzamt die Bescheinigung zurück oder erkennt der Gläubiger, dass die Voraussetzungen für ihre Erteilung weggefallen sind, so hat er dem Finanzamt die Bescheinigung zurückzugeben.

(2a) ¹Ein Freistellungsauftrag kann nur erteilt werden, wenn der Gläubiger der Kapitalerträge seine Identifikationsnummer (§ 139b der Abgabenordnung) und bei gemeinsamen Freistellungsaufträgen auch die Identifikationsnummer des Ehegatten mitteilt. ²Ein Freistellungsauftrag ist ab dem 1. Januar 2016 unwirksam, wenn der Meldestelle im Sinne des § 45d Absatz 1 Satz 1 keine Identifikationsnummer des Gläubigers der Kapitalerträge und bei gemeinsamen Freistellungsaufträgen auch keine des Ehegatten vorliegen. ³Sofern der Meldestelle im Sinne des § 45d Absatz 1 Satz 1 die Identifikationsnummer nicht bereits bekannt ist, kann sie diese beim Bundeszentralamt für Steuern abfragen. ⁴In der Anfrage dürfen nur die in § 139b Absatz 3 der Abgabenordnung genannten Daten des Gläubigers der Kapitalerträge und bei gemeinsamen Freistellungsaufträgen die des Ehegatten angegeben werden, soweit sie der Meldestelle bekannt sind. ⁵Die Anfrage hat nach amtlich vorgeschriebenem Datensatz durch Datenfernübertragung zu erfolgen. ⁶Im Übrigen ist § 150 Absatz 6 der Abgabenordnung entsprechend anzuwenden. ⁷Das Bundeszentralamt für Steuern teilt der Meldestelle die Identifikationsnummer mit, sofern die übermittelten Daten mit den nach § 139b Absatz 3 der Abgabenordnung beim Bundeszentralamt für Steuern gespeicherten Daten übereinstimmen. ⁸Die Meldestelle darf die Identifikationsnummer nur verwenden, soweit dies zur Erfüllung von steuerlichen Pflichten erforderlich ist.

(3) Der nach § 44 Absatz 1 zum Steuerabzug Verpflichtete hat in seinen Unterlagen das Finanzamt, das die Bescheinigung erteilt hat, den Tag der Ausstellung der Bescheinigung und die in der Bescheinigung angegebene Steuer- und Listennummer zu vermerken sowie die Freistellungsaufträge aufzubewahren.

(4) ¹Ist der Gläubiger
1. eine von der Körperschaftsteuer befreite inländische Körperschaft, Personenvereinigung oder Vermögensmasse oder
2. eine inländische juristische Person des öffentlichen Rechts,

so ist der Steuerabzug bei Kapitalerträgen im Sinne des § 43 Absatz 1 Satz 1 Nummer 4, 6, 7 und 8 bis 12 sowie Satz 2 nicht vorzunehmen. ²Dies gilt auch, wenn es sich bei den Kapitalerträgen um Bezüge im Sinne des § 20 Absatz 1 Nummer 1 und 2 handelt, die der Gläubiger von einer von der Körperschaftsteuer befreiten Körperschaft bezieht. ³Voraussetzung ist, dass der Gläubiger dem Schuldner oder dem die Kapitalerträge auszahlenden inländischen Kreditinstitut oder inländischen Finanzdienstleistungsinstitut durch eine Bescheinigung des für seine Geschäftsleitung oder seinen Sitz zuständigen Finanzamts nachweist, dass er eine Körperschaft, Personenvereinigung oder Vermögensmasse im Sinne des Satzes 1 Nummer 1 oder 2 ist. ⁴Absatz 2 Satz 2 bis 4 und Absatz 3 gelten entsprechend. ⁵Die in Satz 3 bezeichnete Bescheinigung wird nicht erteilt, wenn die Kapitalerträge in den Fällen des Satzes 1 Nummer 1 in einem wirtschaftlichen Geschäftsbetrieb anfallen, für den die Befreiung von der Körperschaftsteuer ausgeschlossen ist, oder wenn sie in den Fällen des Satzes 1 Nummer 2 in einem nicht von der Körperschaftsteuer befreiten Betrieb gewerblicher Art anfallen. ⁶Ein Steuerabzug ist auch nicht vorzunehmen bei Kapitalerträgen im Sinne des § 49 Absatz 1 Nummer 5 Buchstabe c und d, die einem Anleger zufließen, der eine nach den Rechtsvorschriften eines Mitgliedstaates der Europäischen Union oder des Europäischen Wirtschaftsraums gegründete Gesellschaft im Sinne des Artikels 54 des Vertrags über die Arbeitsweise der Europäischen Union oder des Artikels 34 des Abkommens über den Europäischen Wirtschaftsraum mit Sitz und Ort der Geschäftsleitung innerhalb des Hoheitsgebietes eines dieser Staaten ist, und der einer Körperschaft im Sinne des § 5 Absatz 1 Nummer 3 des Körperschaftsteuergesetzes vergleichbar ist; soweit es sich um eine nach den Rechtsvorschriften eines Mitgliedstaates des Europäischen Wirtschaftsraums gegründete Gesellschaft oder eine Gesellschaft mit Ort und Geschäftsleitung in diesem Staat handelt, ist zusätzlich Voraussetzung, dass mit diesem Staat ein Amtshilfeabkommen besteht.

(4a) ¹Absatz 4 ist entsprechend auf Personengesellschaften im Sinne des § 212 Absatz 1 des Fünften Buches Sozialgesetzbuch anzuwenden. ²Dabei tritt die Personengesellschaft an die Stelle des Gläubigers der Kapitalerträge.

(4b) ¹Werden Kapitalerträge im Sinne des § 43 Absatz 1 Satz 1 Nummer 1 von einer Genossenschaft an ihre Mitglieder gezahlt, hat sie den Steuerabzug nicht vorzunehmen, wenn ihr für das jeweilige Mitglied
1. eine Nichtveranlagungs-Bescheinigung nach Absatz 2 Satz 1 Nummer 2,
2. eine Bescheinigung nach Absatz 5 Satz 4,
3. eine Bescheinigung nach Absatz 7 Satz 4 oder
4. eine Bescheinigung nach Absatz 8 Satz 3 vorliegt; in diesen Fällen ist ein Steuereinbehalt in Höhe von drei Fünfteln vorzunehmen.

²Eine Genossenschaft hat keinen Steuerabzug vorzunehmen, wenn ihr ein Freistellungsauftrag erteilt wurde, der auch Kapitalerträge im Sinne des Satzes 1 erfasst, soweit die Kapitalerträge zusammen mit den Kapitalerträgen, für die nach Absatz 1 kein Steuerabzug vorzunehmen ist oder für die die Kapitalertragsteuer nach § 44b zu erstatten ist, den mit dem Freistellungsauftrag beantragten Freibetrag nicht übersteigen. ³Dies gilt auch, wenn die Genossenschaft einen Verlustausgleich nach § 43a Absatz 3 Satz 2 unter Einbeziehung von Kapitalerträgen im Sinne des Satzes 1 durchgeführt hat.

(5) ¹Bei Kapitalerträgen im Sinne des § 43 Absatz 1 Satz 1 Nummer 1, 2, 6, 7 und 8 bis 12 sowie Satz 2, die einem unbeschränkt oder beschränkt einkommensteuerpflichtigen Gläubiger zufließen, ist der Steuerabzug nicht vorzunehmen, wenn die Kapitalerträge Betriebseinnahmen des Gläubigers sind und die Kapitalertragsteuer bei ihm aufgrund der Art seiner Geschäfte auf Dauer höher wäre als die gesamte festzusetzende Einkommensteuer oder Körperschaftsteuer. ²Ist der Gläubiger ein Lebens- oder Krankenversicherungsunternehmen als Organgesellschaft, ist für die Anwendung des Satzes 1 eine bestehende Organschaft im Sinne des § 14 des Körperschaftsteuergesetzes nicht zu berücksichtigen, wenn die beim Organträger anzurechnende Kapitalertragsteuer, einschließlich der Kapitalertragsteuer des Lebens- oder Krankenversicherungsunternehmens, die aufgrund § 19 Absatz 5 des Körperschaftsteuergesetzes anzurechnen wäre, höher wäre, als die gesamte festzusetzende Körperschaftsteuer. ³Für die Prüfung der Voraussetzung

des Satzes 2 ist auf die Verhältnisse der dem Antrag auf Erteilung einer Bescheinigung im Sinne des Satzes 4 vorangehenden drei Veranlagungszeiträume abzustellen. ⁴Die Voraussetzung des Satzes 1 ist durch eine Bescheinigung des für den Gläubiger zuständigen Finanzamts nachzuweisen. ⁵Die Bescheinigung ist unter dem Vorbehalt des Widerrufs auszustellen. ⁶Die Voraussetzung des Satzes 2 ist gegenüber dem für den Gläubiger zuständigen Finanzamt durch eine Bescheinigung des für den Organträger zuständigen Finanzamts nachzuweisen.

(6) ¹Voraussetzung für die Abstandnahme vom Steuerabzug nach den Absätzen 1, 4 und 5 bei Kapitalerträgen im Sinne des § 43 Absatz 1 Satz 1 Nummer 6, 7 und 8 bis 12 sowie Satz 2 ist, dass die Teilschuldverschreibungen, die Anteile an der Sammelschuldbuchforderung, die Wertrechte, die Einlagen und Guthaben oder sonstigen Wirtschaftsgüter im Zeitpunkt des Zufließens der Einnahmen unter dem Namen des Gläubigers der Kapitalerträge bei der die Kapitalerträge auszahlenden Stelle verwahrt oder verwaltet werden. ²Ist dies nicht der Fall, ist die Bescheinigung nach § 45a Absatz 2 durch einen entsprechenden Hinweis zu kennzeichnen. ³Wird bei einem inländischen Kredit- oder Finanzdienstleistungsinstitut im Sinne des § 43 Absatz 1 Satz 1 Nummer 7 Buchstabe b ein Konto oder Depot für eine gemäß § 5 Absatz 1 Nummer 9 des Körperschaftsteuergesetzes befreite Stiftung im Sinne des § 1 Absatz 1 Nummer 5 des Körperschaftsteuergesetzes auf den Namen eines anderen Berechtigten geführt und ist das Konto oder Depot durch einen Zusatz zur Bezeichnung eindeutig sowohl vom übrigen Vermögen des anderen Berechtigten zu unterscheiden als auch steuerlich der Stiftung zuzuordnen, so gilt es für die Anwendung des Absatzes 4, des Absatzes 7, des Absatzes 10 Satz 1 Nummer 3 und des § 44b Absatz 6 in Verbindung mit Absatz 7 als im Namen der Stiftung geführt.

(7) ¹Ist der Gläubiger eine inländische
1. Körperschaft, Personenvereinigung oder Vermögensmasse im Sinne des § 5 Absatz 1 Nummer 9 des Körperschaftsteuergesetzes oder
2. Stiftung des öffentlichen Rechts, die ausschließlich und unmittelbar gemeinnützigen oder mildtätigen Zwecken dient, oder
3. juristische Person des öffentlichen Rechts, die ausschließlich und unmittelbar kirchlichen Zwecken dient,

so ist der Steuerabzug bei Kapitalerträgen im Sinne des § 43 Absatz 1 Satz 1 Nummer 1, 2, 3 und 7a bis 7c nicht vorzunehmen. ²Voraussetzung für die Anwendung des Satzes 1 ist, dass der Gläubiger durch eine Bescheinigung des für seine Geschäftsleitung oder seinen Sitz zuständigen Finanzamts nachweist, dass er eine Körperschaft, Personenvereinigung oder Vermögensmasse nach Satz 1 ist. ³Absatz 4 gilt entsprechend.

(8) ¹Ist der Gläubiger
1. eine nach § 5 Absatz 1 mit Ausnahme der Nummer 9 des Körperschaftsteuergesetzes oder nach anderen Gesetzen von der Körperschaftsteuer befreite Körperschaft, Personenvereinigung oder Vermögensmasse oder
2. eine inländische juristische Person des öffentlichen Rechts, die nicht in Absatz 7 bezeichnet ist,

so ist der Steuerabzug bei Kapitalerträgen im Sinne des § 43 Absatz 1 Satz 1 Nummer 1, 2, 3 und 7a nur in Höhe von drei Fünfteln vorzunehmen. ²Voraussetzung für die Anwendung des Satzes 1 ist, dass der Gläubiger durch eine Bescheinigung des für seine Geschäftsleitung oder seinen Sitz zuständigen Finanzamts nachweist, dass er eine Körperschaft, Personenvereinigung oder Vermögensmasse im Sinne des Satzes 1 ist. ³Absatz 4 gilt entsprechend.

(8a) ¹Absatz 8 ist entsprechend auf Personengesellschaften im Sinne des § 212 Absatz 1 des Fünften Buches Sozialgesetzbuch anzuwenden. ²Dabei tritt die Personengesellschaft an die Stelle des Gläubigers der Kapitalerträge.

(9) ¹Ist der Gläubiger der Kapitalerträge im Sinne des § 43 Absatz 1 eine beschränkt steuerpflichtige Körperschaft im Sinne des § 2 Nummer 1 des Körperschaftsteuergesetzes, so werden zwei Fünftel der einbehaltenen und abgeführten Kapitalertragsteuer erstattet. ²§ 50d Absatz 1 Satz 3 bis 12, Absatz 3 und 4 ist entsprechend anzuwenden. ³Der Anspruch auf eine weitergehende Freistellung und Erstattung nach § 50d Absatz 1 in Verbindung mit § 43b oder § 50g oder nach einem Abkommen zur Vermeidung der Doppelbesteuerung bleibt unberührt. ⁴Verfahren nach den vorstehenden Sätzen und nach § 50d Absatz 1 soll das Bundeszentralamt für Steuern verbinden.

(10) ¹Werden Kapitalerträge im Sinne des § 43 Absatz 1 Satz 1 Nummer 1a gezahlt, hat die auszahlende Stelle keinen Steuerabzug vorzunehmen, wenn
1. der auszahlenden Stelle eine Nichtveranlagungs-Bescheinigung nach Absatz 2 Satz 1 Nummer 2 für den Gläubiger vorgelegt wird,
2. der auszahlenden Stelle eine Bescheinigung nach Absatz 5 für den Gläubiger vorgelegt wird,
3. der auszahlenden Stelle eine Bescheinigung nach Absatz 7 Satz 2 für den Gläubiger vorgelegt wird oder
4. der auszahlenden Stelle eine Bescheinigung nach Absatz 8 Satz 2 für den Gläubiger vorgelegt wird; in diesen Fällen ist ein Steuereinbehalt in Höhe von drei Fünfteln vorzunehmen.

²Wird der auszahlenden Stelle ein Freistellungsauftrag erteilt, der auch Kapitalerträge im Sinne des Satzes 1 erfasst, oder führt diese einen Verlustausgleich nach § 43a Absatz 2 Satz 2 unter Einbeziehung von Kapitalerträgen im Sinne des Satzes 1 durch, so hat sie den Steuerabzug nicht vorzunehmen, soweit die Kapitalerträge zusammen mit den Kapitalerträgen, für die nach Absatz 1 kein Steuerabzug vorzunehmen ist oder die Kapitalertragsteuer nach § 44b zu erstatten ist, den mit dem Freistellungsauftrag beantragten Freistellungsbetrag nicht übersteigen. ³Absatz 6 ist entsprechend anzuwenden. ⁴Werden Kapitalerträge im Sinne des § 43 Absatz 1 Satz 1 Nummer 1a von einer auszahlenden Stelle im Sinne des § 44 Absatz 1 Satz 4 Nummer 3 an eine ausländische Stelle ausgezahlt, hat diese auszahlende Stelle über den von ihr vor der Zahlung in das Ausland von diesen Kapitalerträgen vorgenommenen Steuerabzug der letzten inländischen auszahlenden Stelle in der Wertpapierverwahrkette, welche die Kapitalerträge auszahlt oder gutschreibt, auf deren Antrag eine Sammel-Steuerbescheinigung für die Summe der eigenen und der für Kunden verwahrten Aktien nach amtlich vorgeschriebenem Muster auszustellen. ⁵Der Antrag darf nur für Aktien gestellt werden, die mit Dividendenberechtigung erworben und mit Dividendenanspruch geliefert wurden. ⁶Wird eine solche Sammel-Steuerbescheinigung beantragt, ist die Ausstellung von Einzel-Steuerbescheinigungen oder die Weiterleitung eines Antrags auf Ausstellung einer Einzel-Steuerbescheinigung über den Steuerabzug von denselben Kapitalerträgen ausgeschlossen; die Sammel-Steuerbescheinigung ist als solche zu kennzeichnen. ⁷Auf die ihr ausgestellte Sammel-Steuerbescheinigung wendet die letzte inländische auszahlende Stelle § 44b Absatz 6 mit der Maßgabe an, dass sie von den ihr nach dieser Vorschrift eingeräumten Möglichkeiten Gebrauch zu machen hat.

§ 44b
Erstattung der Kapitalertragsteuer

(1) bis (4) – *weggefallen* –

(5) ¹Ist Kapitalertragsteuer einbehalten oder abgeführt worden, obwohl eine Verpflichtung hierzu nicht bestand, oder hat der Gläubiger dem nach § 44 Absatz 1 zum Steuerabzug Verpflichteten die Bescheinigung nach § 43 Absatz 2 Satz 4, den Freistellungsauftrag, die Nichtveranlagungs-Bescheinigung oder die Bescheinigungen nach § 44a Absatz 4 oder 5 erst zu einem Zeitpunkt vorgelegt, zu dem die Kapitalertragsteuer bereits abgeführt war, oder nach diesem Zeitpunkt erst die Erklärung nach § 43 Absatz 2 Satz 3 Nummer 2 abgegeben, ist auf Antrag des nach § 44 Absatz 1 zum Steuerabzug Verpflichteten die Steueranmeldung (§ 45a Absatz 1) insoweit zu ändern; stattdessen kann der zum Steuerabzug Verpflichtete bei der folgenden Steueranmeldung die abzuführende Kapitalertragsteuer entsprechend kürzen. ²Erstattungsberechtigt ist der Antragsteller. ³Solange noch keine Steuerbescheinigung nach § 45a erteilt ist, hat der zum Steuerabzug Verpflichtete das Verfahren nach Satz 1 zu betreiben. ⁴Die vorstehenden Sätze sind in den Fällen des Absatzes 6 nicht anzuwenden.

(6) ¹Werden Kapitalerträge im Sinne des § 43 Absatz 1 Satz 1 Nummer 1 und 2 durch ein inländisches Kredit- oder Finanzdienstleistungsinstitut im Sinne des § 43 Absatz 1 Satz 1 Nummer 7 Buch-

stabe b, das die Wertpapiere, Wertrechte oder sonstigen Wirtschaftsgüter unter dem Namen des Gläubigers verwahrt oder verwaltet, als Schuldner der Kapitalerträge oder für Rechnung des Schuldners gezahlt, kann das Kredit- oder Finanzdienstleistungsinstitut die einbehaltene und abgeführte Kapitalertragsteuer dem Gläubiger der Kapitalerträge bis zur Ausstellung einer Steuerbescheinigung, längstens bis zum 31. März des auf den Zufluss der Kapitalerträge folgenden Kalenderjahres, unter den folgenden Voraussetzungen erstatten:

1. dem Kredit- oder Finanzdienstleistungsinstitut wird eine Nichtveranlagungs-Bescheinigung nach § 44a Absatz 2 Satz 1 Nummer 2 für den Gläubiger vorgelegt,
2. dem Kredit- oder Finanzdienstleistungsinstitut wird eine Bescheinigung nach § 44a Absatz 5 für Gläubiger vorgelegt,
3. dem Kredit- oder Finanzdienstleistungsinstitut wird eine Bescheinigung nach § 44a Absatz 7 Satz 2 für den Gläubiger vorgelegt und eine Abstandnahme war nicht möglich oder
4. dem Kredit- oder Finanzdienstleistungsinstitut wird eine Bescheinigung nach § 44a Absatz 8 Satz 2 für den Gläubiger vorgelegt und die teilweise Abstandnahme war nicht möglich; in diesen Fällen darf die Kapitalertragsteuer nur in Höhe von zwei Fünfteln erstattet werden.

²Das erstattende Kredit- oder Finanzdienstleistungsinstitut haftet in sinngemäßer Anwendung des § 44 Absatz 5 für zu Unrecht vorgenommene Erstattungen; für die Zahlungsaufforderung gilt § 219 Satz 2 der Abgabenordnung entsprechend. ³Das Kredit- oder Finanzdienstleistungsinstitut hat die Summe der Erstattungsbeträge in der Steueranmeldung gesondert anzugeben und von der von ihm abzuführenden Kapitalertragsteuer abzusetzen. ⁴Wird dem Kredit- oder Finanzdienstleistungsinstitut ein Freistellungsauftrag erteilt, der auch Kapitalerträge im Sinne des Satzes 1 erfasst, oder führt das Institut einen Verlustausgleich nach § 43a Absatz 3 Satz 2 unter Einbeziehung von Kapitalerträgen im Sinne des Satzes 1 aus, so hat es bis zur Ausstellung der Steuerbescheinigung, längstens bis zum 31. März des auf den Zufluss der Kapitalerträge folgenden Kalenderjahres, die einbehaltene und abgeführte Kapitalertragsteuer auf diese Kapitalerträge zu erstatten; Satz 2 ist entsprechend anzuwenden.

(7) ¹Eine Gesamthandsgemeinschaft kann für ihre Mitglieder im Sinne des § 44a Absatz 7 oder Absatz 8 eine Erstattung der Kapitalertragsteuer bei dem für die gesonderte Feststellung ihrer Einkünfte zuständigen Finanzamt beantragen. ²Die Erstattung ist unter den Voraussetzungen des § 44a Absatz 4, 7 oder Absatz 8 und in dem dort bestimmten Umfang zu gewähren.

§ 45
Ausschluss der Erstattung von Kapitalertragsteuer

¹In den Fällen, in denen die Dividende an einen anderen als an den Anteilseigner ausgezahlt wird, ist die Erstattung von Kapitalertragsteuer an den Zahlungsempfänger ausgeschlossen. ²Satz 1 gilt nicht für den Erwerber eines Dividendenscheins in den Fällen des § 20 Absatz 2 Satz 1 Nummer 2 Buchstabe a Satz 2. ³In den Fällen des § 20 Absatz 2 Satz 1 Nummer 2 Buchstabe b ist die Erstattung von Kapitalertragsteuer an den Erwerber von Zinsscheinen nach § 37 Absatz 2 der Abgabenordnung ausgeschlossen.

§ 45a
Anmeldung und Bescheinigung der Kapitalertragsteuer

(1) ¹Die Anmeldung der einbehaltenen Kapitalertragsteuer ist dem Finanzamt innerhalb der in § 44 Absatz 1 oder Absatz 7 bestimmten Frist nach amtlich vorgeschriebenem Vordruck auf elektronischem Weg nach Maßgabe der Steuerdaten-Übermittlungsverordnung zu übermitteln; die auszahlende Stelle hat die Kapitalertragsteuer auf die Erträge im Sinne des § 43 Absatz 1 Satz 1 Nummer 1a jeweils gesondert für das Land, in dem sich der Ort der Geschäftsleitung des Schuldners der Kapitalerträge befindet, anzugeben. ²Satz 1 gilt entsprechend, wenn ein Steuerabzug nicht oder nicht in voller Höhe vorzunehmen ist. ³Der Grund für die Nichtabführung ist anzugeben. ⁴Auf Antrag kann das Finanzamt zur Vermeidung unbilliger Härten auf eine elektronische Übermittlung verzichten; in diesem Fall ist die Kapitalertragsteuer-Anmeldung von dem Schuldner, der den Verkaufsauftrag ausführenden Stelle, der auszahlenden Stelle oder einer vertretungsberechtigten Person zu unterschreiben.

(2) ¹Folgende Stellen sind verpflichtet, dem Gläubiger der Kapitalerträge auf Verlangen eine Bescheinigung nach amtlich vorgeschriebenem Muster auszustellen, die die nach § 32d erforderlichen Angaben enthält; bei Vorliegen der Voraussetzungen des

1. § 43 Absatz 1 Satz 1 Nummer 1, 2 bis 4, 7a und 7b der Schuldner der Kapitalerträge,
2. § 43 Absatz 1 Satz 1 Nummer 1a, 6, 7 und 8 bis 12 sowie Satz 2 die die Kapitalerträge auszahlende Stelle vorbehaltlich des Absatzes 3 und
3. § 44 Absatz 1a die zur Abführung der Steuer verpflichtete Stelle.

²Die Bescheinigung braucht nicht unterschrieben zu werden, wenn sie in einem maschinellen Verfahren ausgedruckt worden ist und den Aussteller erkennen lässt. ³§ 44a Absatz 6 gilt sinngemäß; über die zu kennzeichnenden Bescheinigungen haben die genannten Institute und Unternehmen Aufzeichnungen zu führen. ⁴Diese müssen einen Hinweis auf den Buchungsbeleg über die Auszahlung an den Empfänger der Bescheinigung enthalten.

(3) ¹Werden Kapitalerträge für Rechnung des Schuldners durch ein inländisches Kreditinstitut oder ein inländisches Finanzdienstleistungsinstitut gezahlt, so hat an Stelle des Schuldners das Kreditinstitut oder das Finanzdienstleistungsinstitut die Bescheinigung zu erteilen, sofern nicht die Voraussetzungen des Absatzes 2 Satz 1 erfüllt sind. ²Satz 1 gilt in den Fällen des § 20 Absatz 1 Nummer 1 Satz 4 entsprechend; der Emittent der Aktien gilt insoweit als Schuldner der Kapitalerträge.

(4) ¹Eine Bescheinigung nach Absatz 2 oder Absatz 3 ist auch zu erteilen, wenn in Vertretung des Gläubigers ein Antrag auf Erstattung der Kapitalertragsteuer nach § 44b gestellt worden ist oder gestellt wird. ²Satz 1 gilt entsprechend, wenn nach § 44a Absatz 8 Satz 1 der Steuerabzug nur nicht in voller Höhe vorgenommen worden ist.

(5) ¹Eine Ersatzbescheinigung darf nur ausgestellt werden, wenn die Urschrift nach den Angaben des Gläubigers abhanden gekommen oder vernichtet ist. ²Die Ersatzbescheinigung muss als solche gekennzeichnet sein. ³Über die Ausstellung von Ersatzbescheinigungen hat der Aussteller Aufzeichnungen zu führen.

(6) ¹Eine Bescheinigung, die den Absätzen 2 bis 5 nicht entspricht, hat der Aussteller zurückzufordern und durch eine berichtigte Bescheinigung zu ersetzen. ²Die berichtigte Bescheinigung ist als solche zu kennzeichnen. ³Wird die zurückgeforderte Bescheinigung nicht innerhalb eines Monats nach Zusendung der berichtigten Bescheinigung an den Aussteller zurückgegeben, hat der Aussteller das nach seinen Unterlagen für den Empfänger zuständige Finanzamt schriftlich zu benachrichtigen.

(7) ¹Der Aussteller einer Bescheinigung, die den Absätzen 2 bis 5 nicht entspricht, haftet für die aufgrund der Bescheinigung verkürzten Steuern oder zu Unrecht gewährten Steuervorteile. ²Ist die Bescheinigung nach Absatz 3 durch ein inländisches Kreditinstitut oder ein inländisches Finanzdienstleistungsinstitut auszustellen, so haftet der Schuldner auch, wenn er zum Zweck der Bescheinigung unrichtige Angaben macht. ³Der Aussteller haftet nicht

1. in den Fällen des Satzes 2,
2. wenn er die ihm nach Absatz 6 obliegenden Verpflichtungen erfüllt hat.

§ 45b
– weggefallen –

§ 45c
– weggefallen –

§ 45d
Mitteilungen an das Bundeszentralamt für Steuern

(1) ¹Wer nach § 44 Absatz 1 dieses Gesetzes und § 7 des Investmentsteuergesetzes zum Steuerabzug verpflichtet ist (Meldestelle), hat dem Bundeszentralamt für Steuern bis zum 1. März des Jahres, das auf das Jahr folgt, in dem die Kapitalerträge den Gläubigern zufließen, folgende Daten zu übermitteln:

1. Vor- und Zuname, Identifikationsnummer (§ 139b der Abgabenordnung) sowie das Geburtsdatum des Gläubigers der Kapital-

erträge; bei einem gemeinsamen Freistellungsauftrag sind die Daten beider Ehegatten zu übermitteln,*)

2. Anschrift des Gläubigers der Kapitalerträge,

3. bei den Kapitalerträgen, für die ein Freistellungsauftrag erteilt worden ist,

   a) die Kapitalerträge, bei denen vom Steuerabzug Abstand genommen worden ist oder bei denen aufgrund des Freistellungsauftrags gemäß § 44b Absatz 6 Satz 4 dieses Gesetzes oder gemäß § 7 Absatz 5 Satz 1 des Investmentsteuergesetzes Kapitalertragsteuer erstattet wurde,

   b) die Kapitalerträge, bei denen die Erstattung von Kapitalertragsteuer beim Bundeszentralamt für Steuern beantragt worden ist,

4. die Kapitalerträge, bei denen aufgrund einer Nichtveranlagungs-Bescheinigung einer natürlichen Person nach § 44a Absatz 2 Satz 1 Nummer 2 vom Steuerabzug Abstand genommen oder eine Erstattung vorgenommen wurde,

5. Name und Anschrift der Meldestelle.

²Die Daten sind nach amtlich vorgeschriebenem Datensatz durch Datenfernübertragung zu übermitteln; im Übrigen ist § 150 Absatz 6 der Abgabenordnung entsprechend anzuwenden.

(2) ¹Das Bundeszentralamt für Steuern darf den Sozialleistungsträgern die Daten nach Absatz 1 mitteilen, soweit dies zur Überprüfung des bei der Sozialleistung zu berücksichtigenden Einkommens oder Vermögens erforderlich ist oder der Betroffene zustimmt. ²Für Zwecke des Satzes 1 ist das Bundeszentralamt für Steuern berechtigt, die ihm von den Sozialleistungsträgern übermittelten Daten mit den vorhandenen Daten nach Absatz 1 im Wege des automatisierten Datenabgleichs zu überprüfen und das Ergebnis den Sozialleistungsträgern mitzuteilen.

(3) ¹Ein inländischer Versicherungsvermittler im Sinne des § 59 Absatz 1 des Versicherungsvertragsgesetzes hat bis zum 30. März des Folgejahres das Zustandekommen eines Vertrages im Sinne des § 20 Absatz 1 Nummer 6 zwischen einer im Inland ansässigen Person und einem Versicherungsunternehmen mit Sitz und Geschäftsleitung im Ausland gegenüber dem Bundeszentralamt für Steuern mitzuteilen; dies gilt nicht, wenn das Versicherungsunternehmen eine Niederlassung im Inland hat oder das Versicherungsunternehmen dem Bundeszentralamt für Steuern bis zu diesem Zeitpunkt das Zustandekommen eines Vertrages angezeigt und den Versicherungsvermittler hierüber in Kenntnis gesetzt hat. ²Folgende Daten sind zu übermitteln:

1. Vor- und Zuname sowie Geburtsdatum, Anschrift und Identifikationsnummer des Versicherungsnehmers,

2. Name und Anschrift des Versicherungsunternehmens sowie Vertragsnummer oder sonstige Kennzeichnung des Vertrages,

3. Name und Anschrift des Versicherungsvermittlers, wenn die Mitteilung nicht vom Versicherungsunternehmen übernommen wurde,

4. Laufzeit und garantierte Versicherungssumme oder Beitragssumme für die gesamte Laufzeit,

5. Angabe, ob es sich um einen konventionellen, einen fondsgebundenen oder einen vermögensverwaltenden Versicherungsvertrag handelt.

³Die Daten sind nach amtlich vorgeschriebenem Datensatz durch Datenfernübertragung zu übermitteln; im Übrigen ist § 150 Absatz 6 der Abgabenordnung entsprechend anzuwenden.

§ 45e
Ermächtigung für Zinsinformationsverordnung

¹Die Bundesregierung wird ermächtigt, durch Rechtsverordnung mit Zustimmung des Bundesrates die Richtlinie 2003/48/EG des Rates vom 3. Juni 2003 (ABl. EU L 157 S. 38) in der jeweils geltenden Fassung im Bereich der Besteuerung von Zinserträgen umzusetzen. ²§ 45d Absatz 1 Satz 2 und Absatz 2 ist entsprechend anzuwenden.

4. Veranlagung von Steuerpflichtigen mit steuerabzugspflichtigen Einkünften

§ 46
Veranlagung bei Bezug von Einkünften aus nichtselbständiger Arbeit

(1) – *weggefallen* –

(2) Besteht das Einkommen ganz oder teilweise aus Einkünften aus nichtselbständiger Arbeit, von denen ein Steuerabzug vorgenommen worden ist, so wird eine Veranlagung nur durchgeführt,

1. wenn die positive Summe der einkommensteuerpflichtigen Einkünfte, die nicht dem Steuerabzug vom Arbeitslohn zu unterwerfen waren, vermindert um die darauf entfallenden Beträge nach § 13 Absatz 3 und § 24a, oder die positive Summe der Einkünfte und Leistungen, die dem Progressionsvorbehalt unterliegen, jeweils mehr als 410 Euro beträgt;

2. wenn der Steuerpflichtige nebeneinander von mehreren Arbeitgebern Arbeitslohn bezogen hat; das gilt nicht, soweit nach § 38 Absatz 3a Satz 7 Arbeitslohn von mehreren Arbeitgebern für den Lohnsteuerabzug zusammengerechnet worden ist;

3. wenn bei einem Steuerpflichtigen die Summe der beim Steuerabzug vom Arbeitslohn nach § 39b Absatz 2 Satz 5 Nummer 3 Buchstabe b bis d berücksichtigten Teilbeträge der Vorsorgepauschale größer ist als die abziehbaren Vorsorgeaufwendungen nach § 10 Absatz 1 Nummer 3 und Nummer 3a in Verbindung mit Absatz 4 und der im Kalenderjahr insgesamt erzielte Arbeitslohn 10 700 Euro übersteigt, oder bei Ehegatten, die die Voraussetzungen des § 26 Absatz 1 erfüllen, der im Kalenderjahr von den Ehegatten insgesamt erzielte Arbeitslohn 20 200 Euro übersteigt;

3a. wenn von Ehegatten, die nach den §§ 26, 26b zusammen zur Einkommensteuer zu veranlagen sind, beide Arbeitslohn bezogen haben und einer für den Veranlagungszeitraum oder einen Teil davon nach der Steuerklasse V oder VI besteuert oder bei Steuerklasse IV der Faktor (§ 39f) eingetragen worden ist;

4. wenn für einen Steuerpflichtigen ein Freibetrag im Sinne des § 39a Absatz 1 Satz 1 Nummer 1 bis 3, 5 oder Nummer 6 ermittelt worden ist und der im Kalenderjahr insgesamt erzielte Arbeitslohn 10 700 Euro übersteigt oder bei Ehegatten, die die Voraussetzungen des § 26 Absatz 1 erfüllen, der im Kalenderjahr von den Ehegatten insgesamt erzielte Arbeitslohn 20 200 Euro übersteigt; dasselbe gilt für einen Steuerpflichtigen, der zum Personenkreis des § 1 Absatz 2 gehört oder für einen beschränkt einkommensteuerpflichtigen Arbeitnehmer, wenn diese Eintragungen auf einer Bescheinigung für den Lohnsteuerabzug (§ 39 Absatz 3 Satz 1) erfolgt sind;

4a. wenn bei einem Elternpaar, bei dem die Voraussetzungen des § 26 Absatz 1 Satz 1 nicht vorliegen,

   a) bis c) – *weggefallen* –

   b) im Fall des § 33a Absatz 2 Satz 5 das Elternpaar gemeinsam eine Aufteilung des Abzugsbetrags in einem anderen Verhältnis als je zur Hälfte beantragt oder

   c) im Fall des § 33b Absatz 5 Satz 3 das Elternpaar gemeinsam eine Aufteilung des Pauschbetrags für behinderte Menschen oder des Pauschbetrags für Hinterbliebene in einem anderen Verhältnis als je zur Hälfte beantragt.

²Die Veranlagungspflicht besteht für jeden Elternteil, der Einkünfte aus nichtselbständiger Arbeit bezogen hat;

5. wenn bei einem Steuerpflichtigen die Lohnsteuer für einen sonstigen Bezug im Sinne des § 34 Absatz 1 und 2 Nummer 2 und 4 nach § 39b Absatz 3 Satz 9 oder für einen sonstigen Bezug nach § 39c Absatz 3 ermittelt wurde;

5a. wenn der Arbeitgeber die Lohnsteuer von einem sonstigen Bezug berechnet hat und dabei der Arbeitslohn aus früheren Dienstverhältnissen des Kalenderjahres außer Betracht geblieben ist (§ 39b Absatz 3 Satz 2, § 41 Absatz 1 Satz 6, Großbuchstabe S);

---

*) Anm. d. Verlages:
Eine Übermittlung der Identifikationsnummer hat für vor dem 1.1.2016 zufließende Kapitalerträge nur zu erfolgen, wenn sie der Meldestelle vorliegt.

6. wenn die Ehe des Arbeitnehmers im Veranlagungszeitraum durch Tod, Scheidung oder Aufhebung aufgelöst worden ist und er oder sein Ehegatte der aufgelösten Ehe im Veranlagungszeitraum wieder geheiratet hat;

7. wenn

   a) für einen unbeschränkt Steuerpflichtigen im Sinne des § 1 Absatz 1 bei der Bildung der Lohnsteuerabzugsmerkmale (§ 39) ein Ehegatte im Sinne des § 1a Absatz 1 Nummer 2 berücksichtigt worden ist oder

   b) für einen Steuerpflichtigen, der zum Personenkreis des § 1 Absatz 3 oder des § 1a gehört, Lohnsteuerabzugsmerkmale nach § 39 Absatz 2 gebildet worden sind; das nach § 39 Absatz 2 Satz 2 bis 4 zuständige Betriebsstättenfinanzamt ist dann auch für die Veranlagung zuständig;

8. wenn die Veranlagung beantragt wird, insbesondere zur Anrechnung von Lohnsteuer auf die Einkommensteuer. ²Der Antrag ist durch Abgabe einer Einkommensteuererklärung zu stellen.

(3) ¹In den Fällen des Absatzes 2 ist ein Betrag in Höhe der einkommensteuerpflichtigen Einkünfte, von denen der Steuerabzug vom Arbeitslohn nicht vorgenommen worden ist und die nicht nach § 32d Absatz 6 der tariflichen Einkommensteuer unterworfen wurden, vom Einkommen abzuziehen, wenn diese Einkünfte insgesamt nicht mehr als 410 Euro betragen. ²Der Betrag nach Satz 1 vermindert sich um den Altersentlastungsbetrag, soweit dieser den unter Verwendung des § 24a Satz 5 maßgebenden Prozentsatzes zu ermittelnden Anteil des Arbeitslohns mit Ausnahme der Versorgungsbezüge im Sinne des § 19 Absatz 2 übersteigt, und um den nach § 13 Absatz 3 zu berücksichtigenden Betrag.

(4) ¹Kommt nach Absatz 2 eine Veranlagung zur Einkommensteuer nicht in Betracht, so gilt die Einkommensteuer, die auf die Einkünfte aus nichtselbständiger Arbeit entfällt, für den Steuerpflichtigen durch den Lohnsteuerabzug als abgegolten, soweit er nicht für zu wenig erhobene Lohnsteuer in Anspruch genommen werden kann. ²§ 42b bleibt unberührt.

(5) Durch Rechtsverordnung kann in den Fällen des Absatzes 2 Nummer 1, in denen die einkommensteuerpflichtigen Einkünfte, von denen der Steuerabzug vom Arbeitslohn nicht vorgenommen worden ist und die nicht nach § 32d Absatz 6 der tariflichen Einkommensteuer unterworfen wurden, den Betrag von 410 Euro übersteigen, die Besteuerung so gemildert werden, dass auf die volle Besteuerung dieser Einkünfte stufenweise übergeleitet wird.

§ 47
– weggefallen –

VII. Steuerabzug bei Bauleistungen

§ 48
Steuerabzug

(1) ¹Erbringt jemand im Inland eine Bauleistung (Leistender) an einen Unternehmer im Sinne des § 2 des Umsatzsteuergesetzes oder an eine juristische Person des öffentlichen Rechts (Leistungsempfänger), ist der Leistungsempfänger verpflichtet, von der Gegenleistung einen Steuerabzug in Höhe von 15 Prozent für Rechnung des Leistenden vorzunehmen. ²Vermietet der Leistungsempfänger Wohnungen, so ist Satz 1 nicht auf Bauleistungen für diese Wohnungen anzuwenden, wenn er nicht mehr als zwei Wohnungen vermietet. ³Bauleistungen sind alle Leistungen, die der Herstellung, Instandsetzung, Instandhaltung, Änderung oder Beseitigung von Bauwerken dienen. ⁴Als Leistender gilt auch derjenige, der über eine Leistung abrechnet, ohne sie erbracht zu haben.

(2) ¹Der Steuerabzug muss nicht vorgenommen werden, wenn der Leistende dem Leistungsempfänger eine im Zeitpunkt der Gegenleistung gültige Freistellungsbescheinigung nach § 48b Absatz 1 Satz 1 vorlegt oder die Gegenleistung im laufenden Kalenderjahr den folgenden Betrag voraussichtlich nicht übersteigen wird:

1. 15 000 Euro, wenn der Leistungsempfänger ausschließlich steuerfreie Umsätze nach § 4 Nummer 12 Satz 1 des Umsatzsteuergesetzes ausführt,

2. 5 000 Euro in den übrigen Fällen.

²Für die Ermittlung des Betrags sind die für denselben Leistungsempfänger erbrachten und voraussichtlich zu erbringenden Bauleistungen zusammenzurechnen.

(3) Gegenleistung im Sinne des Absatzes 1 ist das Entgelt zuzüglich Umsatzsteuer.

(4) Wenn der Leistungsempfänger den Steuerabzugsbetrag angemeldet und abgeführt hat,

1. ist § 160 Absatz 1 Satz 1 der Abgabenordnung nicht anzuwenden,

2. sind § 42d Absatz 6 und 8 und § 50a Absatz 7 nicht anzuwenden.

§ 48a
Verfahren

(1) ¹Der Leistungsempfänger hat bis zum 10. Tag nach Ablauf des Monats, in dem die Gegenleistung im Sinne des § 48 erbracht wird, eine Anmeldung nach amtlich vorgeschriebenem Vordruck abzugeben, in der er den Steuerabzug für den Anmeldungszeitraum selbst zu berechnen hat. ²Der Abzugsbetrag ist am 10. Tag nach Ablauf des Anmeldungszeitraums fällig und an das für den Leistenden zuständige Finanzamt für Rechnung des Leistenden abzuführen. ³Die Anmeldung des Abzugsbetrags steht einer Steueranmeldung gleich.

(2) Der Leistungsempfänger hat mit dem Leistenden unter Angabe

1. des Namens und der Anschrift des Leistenden,

2. des Rechnungsbetrags, des Rechnungsdatums und des Zahlungstags,

3. der Höhe des Steuerabzugs und

4. des Finanzamts, bei dem der Abzugsbetrag angemeldet worden ist,

über den Steuerabzug abzurechnen.

(3) ¹Der Leistungsempfänger haftet für einen nicht oder zu niedrig abgeführten Abzugsbetrag. ²Der Leistungsempfänger haftet nicht, wenn ihm im Zeitpunkt der Gegenleistung eine Freistellungsbescheinigung (§ 48b) vorgelegen hat, auf deren Rechtmäßigkeit er vertrauen konnte. ³Er darf insbesondere dann nicht auf eine Freistellungsbescheinigung vertrauen, wenn diese durch unlautere Mittel oder durch falsche Angaben erwirkt wurde und ihm dies bekannt oder infolge grober Fahrlässigkeit nicht bekannt war. ⁴Den Haftungsbescheid erlässt das für den Leistenden zuständige Finanzamt.

(4) § 50b gilt entsprechend.

§ 48b
Freistellungsbescheinigung

(1) ¹Auf Antrag des Leistenden hat das für ihn zuständige Finanzamt, wenn der zu sichernde Steueranspruch nicht gefährdet erscheint und ein inländischer Empfangsbevollmächtigter bestellt ist, eine Bescheinigung nach amtlich vorgeschriebenem Vordruck zu erteilen, die den Leistungsempfänger von der Pflicht zum Steuerabzug befreit. ²Eine Gefährdung kommt insbesondere dann in Betracht, wenn der Leistende

1. Anzeigepflichten nach § 138 der Abgabenordnung nicht erfüllt,

2. seiner Auskunfts- und Mitwirkungspflicht nach § 90 der Abgabenordnung nicht nachkommt,

3. den Nachweis der steuerlichen Ansässigkeit durch Bescheinigung der zuständigen ausländischen Steuerbehörde nicht erbringt.

(2) Eine Bescheinigung soll erteilt werden, wenn der Leistende glaubhaft macht, dass keine zu sichernden Steueransprüche bestehen.

(3) In der Bescheinigung sind anzugeben:

1. Name, Anschrift und Steuernummer des Leistenden,

2. Geltungsdauer der Bescheinigung,

3. Umfang der Freistellung sowie der Leistungsempfänger, wenn sie nur für bestimmte Bauleistungen gilt,

4. das ausstellende Finanzamt.

(4) Wird eine Freistellungsbescheinigung aufgehoben, die nur für bestimmte Bauleistungen gilt, ist dies den betroffenen Leistungsempfängern mitzuteilen.

(5) Wenn eine Freistellungsbescheinigung vorliegt, gilt § 48 Absatz 4 entsprechend.

(6) ¹Das Bundeszentralamt für Steuern erteilt dem Leistungsempfänger im Sinne des § 48 Absatz 1 Satz 1 im Wege einer elektronischen Abfrage Auskunft über die beim Bundesamt für Finanzen gespeicherten Freistellungsbescheinigungen. ²Mit dem Antrag auf die Erteilung einer Freistellungsbescheinigung stimmt der Antragsteller zu, dass seine Daten nach § 48b Absatz 3 beim Bundeszentralamt für Steuern gespeichert werden und dass über die gespeicherten Daten an die Leistungsempfänger Auskunft gegeben wird.

§ 48c
Anrechnung

(1) ¹Soweit der Abzugsbetrag einbehalten und angemeldet worden ist, wird er auf vom Leistenden zu entrichtende Steuern nacheinander wie folgt angerechnet:

1. die nach § 41a Absatz 1 einbehaltene und angemeldete Lohnsteuer,
2. die Vorauszahlungen auf die Einkommen- oder Körperschaftsteuer,
3. die Einkommen- oder Körperschaftsteuer des Besteuerungs- oder Veranlagungszeitraums, in dem die Leistung erbracht worden ist, und
4. die vom Leistenden im Sinne der §§ 48, 48a anzumeldenden und abzuführenden Abzugsbeträge.

²Die Anrechnung nach Satz 1 Nummer 2 kann nur für Vorauszahlungszeiträume innerhalb des Besteuerungs- oder Veranlagungszeitraums erfolgen, in dem die Leistung erbracht worden ist. ³Die Anrechnung nach Satz 1 Nummer 2 darf nicht zu einer Erstattung führen.

(2) ¹Auf Antrag des Leistenden erstattet das nach § 20a Absatz 1 der Abgabenordnung zuständige Finanzamt den Abzugsbetrag. ²Die Erstattung setzt voraus, dass der Leistende nicht zur Abgabe von Lohnsteueranmeldungen verpflichtet ist und eine Veranlagung zur Einkommen- oder Körperschaftsteuer nicht in Betracht kommt oder der Leistende glaubhaft macht, dass im Veranlagungszeitraum keine zu sichernden Steueransprüche entstehen werden. ³Der Antrag ist nach amtlich vorgeschriebenem Muster bis zum Ablauf des zweiten Kalenderjahres zu stellen, das auf das Jahr folgt, in dem der Abzugsbetrag angemeldet worden ist; weitergehende Fristen nach einem Abkommen zur Vermeidung der Doppelbesteuerung bleiben unberührt.

(3) Das Finanzamt kann die Anrechnung ablehnen, soweit der angemeldete Abzugsbetrag nicht abgeführt worden ist und Anlass zu der Annahme besteht, dass ein Missbrauch vorliegt.

§ 48d
Besonderheiten im Fall von Doppelbesteuerungsabkommen

(1) ¹Können Einkünfte, die dem Steuerabzug nach § 48 unterliegen, nach einem Abkommen zur Vermeidung der Doppelbesteuerung nicht besteuert werden, so sind die Vorschriften über die Einbehaltung, Abführung und Anmeldung der Steuer durch den Schuldner der Gegenleistung ungeachtet des Abkommens anzuwenden. ²Unberührt bleibt der Anspruch des Gläubigers der Gegenleistung auf Erstattung der einbehaltenen und abgeführten Steuer. ³Der Anspruch ist durch Antrag nach § 48c Absatz 2 geltend zu machen. ⁴Der Gläubiger der Gegenleistung hat durch eine Bestätigung der für ihn zuständigen Steuerbehörde des anderen Staates nachzuweisen, dass er dort ansässig ist. ⁵§ 48b gilt entsprechend. ⁶Der Leistungsempfänger kann sich im Haftungsverfahren nicht auf die Rechte des Gläubigers aus dem Abkommen berufen.

(2) Unbeschadet des § 5 Absatz 1 Nummer 2 des Finanzverwaltungsgesetzes liegt die Zuständigkeit für Entlastungsmaßnahmen nach Absatz 1 bei dem nach § 20a der Abgabenordnung zuständigen Finanzamt.

VIII. Besteuerung beschränkt Steuerpflichtiger

§ 49
Beschränkt steuerpflichtige Einkünfte

(1) Inländische Einkünfte im Sinne der beschränkten Einkommensteuerpflicht (§ 1 Absatz 4) sind

1. Einkünfte aus einer im Inland betriebenen Land- und Forstwirtschaft (§§ 13, 14);
2. Einkünfte aus Gewerbebetrieb (§§ 15 bis 17),
    a) für den im Inland eine Betriebsstätte unterhalten wird oder ein ständiger Vertreter bestellt ist,
    b) die durch den Betrieb eigener oder gecharterter Seeschiffe oder Luftfahrzeuge aus Beförderungen zwischen inländischen und von inländischen zu ausländischen Häfen erzielt werden, einschließlich der Einkünfte aus anderen mit solchen Beförderungen zusammenhängenden, sich auf das Inland erstreckenden Beförderungsleistungen,
    c) die von einem Unternehmen im Rahmen einer internationalen Betriebsgemeinschaft oder eines Pool-Abkommens, bei denen ein Unternehmen mit Sitz oder Geschäftsleitung im Inland die Beförderung durchführt, aus Beförderungen und Beförderungsleistungen nach Buchstabe b erzielt werden,
    d) die, soweit sie nicht zu den Einkünften im Sinne der Nummern 3 und 4 gehören, durch im Inland ausgeübte oder verwertete künstlerische, sportliche, artistische, unterhaltende oder ähnliche Darbietungen erzielt werden, einschließlich der Einkünfte aus anderen mit diesen Leistungen zusammenhängenden Leistungen, unabhängig davon, wem die Einnahmen zufließen,
    e) die unter den Voraussetzungen des § 17 erzielt werden, wenn es sich um Anteile an einer Kapitalgesellschaft handelt,
        aa) die ihren Sitz oder ihre Geschäftsleitung im Inland hat oder
        bb) bei deren Erwerb aufgrund eines Antrags nach § 13 Absatz 2 oder § 21 Absatz 2 Satz 3 Nummer 2 des Umwandlungssteuergesetzes nicht der gemeine Wert der eingebrachten Anteile angesetzt worden ist oder auf die § 17 Absatz 5 Satz 2 anzuwenden war,
    f) die, soweit sie nicht zu den Einkünften im Sinne des Buchstaben a gehören, durch
        aa) Vermietung und Verpachtung oder
        bb) Veräußerung
      von inländischem unbeweglichem Vermögen, von Sachinbegriffen oder Rechten, die im Inland belegen oder in ein inländisches öffentliches Buch oder Register eingetragen sind oder deren Verwertung in einer inländischen Betriebsstätte oder anderen Einrichtung erfolgt, erzielt werden. ²Als Einkünfte aus Gewerbebetrieb gelten auch die Einkünfte aus Tätigkeiten im Sinne dieses Buchstabens, die von einer Körperschaft im Sinne des § 2 Nummer 1 des Körperschaftsteuergesetzes erzielt werden, die mit einer Kapitalgesellschaft oder sonstigen juristischen Person im Sinne des § 1 Absatz 1 Nummer 1 bis 3 des Körperschaftsteuergesetzes vergleichbar ist, oder
    g) die aus der Verschaffung der Gelegenheit erzielt werden, einen Berufssportler als solchen im Inland vertraglich zu verpflichten; dies gilt nur, wenn die Gesamteinnahmen 10 000 Euro übersteigen;
3. Einkünfte aus selbständiger Arbeit (§ 18), die im Inland ausgeübt oder verwertet wird oder worden ist, oder für die im Inland eine feste Einrichtung oder eine Betriebsstätte unterhalten wird;
4. Einkünfte aus nichtselbständiger Arbeit (§ 19), die
    a) im Inland ausgeübt oder verwertet wird oder worden ist,
    b) aus inländischen öffentlichen Kassen einschließlich der Kassen des Bundeseisenbahnvermögens und der Deutschen Bundesbank mit Rücksicht auf ein gegenwärtiges oder früheres Dienstverhältnis gewährt werden, ohne dass ein Zahlungsanspruch gegenüber der inländischen öffentlichen Kasse bestehen muss,

c) als Vergütung für eine Tätigkeit als Geschäftsführer, Prokurist oder Vorstandsmitglied einer Gesellschaft mit Geschäftsleitung im Inland bezogen werden;

d) als Entschädigung im Sinne des § 24 Nummer 1 für die Auflösung eines Dienstverhältnisses gezahlt werden, soweit die für die zuvor ausgeübte Tätigkeit bezogenen Einkünfte der inländischen Besteuerung unterlegen haben;

e) an Bord eines im internationalen Luftverkehr eingesetzten Luftfahrzeugs ausgeübt wird, das von einem Unternehmen mit Geschäftsleitung im Inland betrieben wird;

5. Einkünfte aus Kapitalvermögen im Sinne des

a) § 20 Absatz 1 Nummer 1, mit Ausnahme der Erträge aus Investmentanteilen im Sinne des § 2 des Investmentsteuergesetzes, Nummer 2, 4, 6 und 9, wenn der Schuldner Wohnsitz, Geschäftsleitung oder Sitz im Inland hat oder wenn es sich um Fälle des § 44 Absatz 1 Satz 4 Nummer 1 Buchstabe a Doppelbuchstabe bb dieses Gesetzes handelt; dies gilt auch für Erträge aus Wandelanleihen und Gewinnobligationen,

b) § 20 Absatz 1 Nummer 1 in Verbindung mit den §§ 2 und 7 des Investmentsteuergesetzes,

aa) bei Erträgen im Sinne des § 7 Absatz 3 Investmentsteuergesetzes,

bb) bei Erträgen im Sinne des § 7 Absatz 1, 2 und 4 des Investmentsteuergesetzes, wenn es sich um Fälle des § 44 Absatz 1 Satz 4 Nummer 1 Buchstabe a Doppelbuchstabe bb dieses Gesetzes handelt,

c) § 20 Absatz 1 Nummer 5 und 7, wenn

aa) das Kapitalvermögen durch inländischen Grundbesitz, durch inländische Rechte, die den Vorschriften des bürgerlichen Rechts über Grundstücke unterliegen, oder durch Schiffe, die in ein inländisches Schiffsregister eingetragen sind, unmittelbar oder mittelbar gesichert ist. ²Ausgenommen sind Zinsen aus Anleihen und Forderungen, die in ein öffentliches Schuldbuch eingetragen oder über die Sammelurkunden im Sinne des § 9a des Depotgesetzes oder Teilschuldverschreibungen ausgegeben sind, oder

bb) das Kapitalvermögen aus Genussrechten besteht, die nicht in § 20 Absatz 1 Nummer 1 genannt sind,

d) § 43 Absatz 1 Satz 1 Nummer 7 Buchstabe a, Nummer 9 und 10 sowie Satz 2, wenn sie von einem Schuldner oder von einem inländischen Kreditinstitut oder einem inländischen Finanzdienstleistungsinstitut im Sinne des § 43 Absatz 1 Satz 1 Nummer 7 Buchstabe b einem anderen als einem ausländischen Kreditinstitut oder einem ausländischen Finanzdienstleistungsinstitut

aa) gegen Aushändigung der Zinsscheine ausgezahlt oder gutgeschrieben werden und die Teilschuldverschreibungen nicht von dem Schuldner, dem inländischen Kreditinstitut oder dem inländischen Finanzdienstleistungsinstitut verwahrt werden oder

bb) gegen Übergabe der Wertpapiere ausgezahlt oder gutgeschrieben werden und diese vom Kreditinstitut weder verwahrt noch verwaltet werden.

²§ 20 Absatz 3 gilt entsprechend;

6. Einkünfte aus Vermietung und Verpachtung (§ 21), soweit sie nicht zu den Einkünften im Sinne der Nummern 1 bis 5 gehören, wenn das unbewegliche Vermögen, die Sachinbegriffe oder Rechte im Inland belegen oder in ein inländisches öffentliches Buch oder Register eingetragen sind oder in einer inländischen Betriebsstätte oder in einer anderen Einrichtung verwertet werden;

7. sonstige Einkünfte im Sinne des § 22 Nummer 1 Satz 3 Buchstabe a, die von den inländischen gesetzlichen Rentenversicherungsträgern, der inländischen landwirtschaftlichen Alterskasse, den inländischen berufsständischen Versorgungseinrichtungen, den inländischen Versicherungsunternehmen oder sonstigen inländischen Zahlstellen gewährt werden; dies gilt entsprechend für Leibrenten und andere Leistungen ausländischer Zahlstellen, wenn die Beiträge, die den Leistungen zugrunde liegen, nach § 10 Absatz 1 Nummer 2 ganz oder teilweise bei der Ermittlung der Sonderausgaben berücksichtigt wurden;

8. sonstige Einkünfte im Sinne des § 22 Nummer 2, soweit es sich um private Veräußerungsgeschäfte handelt, mit

a) inländischen Grundstücken oder

b) inländischen Rechten, die den Vorschriften des bürgerlichen Rechts über Grundstücke unterliegen;

8a. sonstige Einkünfte im Sinne des § 22 Nummer 4;

9. sonstige Einkünfte im Sinne des § 22 Nummer 3, auch wenn sie bei Anwendung dieser Vorschrift einer anderen Einkunftsart zuzurechnen wären, soweit es sich um Einkünfte aus inländischen unterhaltenden Darbietungen, aus der Nutzung beweglicher Sachen im Inland oder aus der Überlassung der Nutzung oder des Rechts auf Nutzung von gewerblichen, technischen, wissenschaftlichen und ähnlichen Erfahrungen, Kenntnissen und Fertigkeiten, zum Beispiel Plänen, Mustern und Verfahren, handelt, die im Inland genutzt werden oder worden sind; dies gilt nicht, soweit es sich um steuerpflichtige Einkünfte im Sinne der Nummern 1 bis 8 handelt;

10. sonstige Einkünfte im Sinne des § 22 Nummer 5; dies gilt auch für Leistungen ausländischer Zahlstellen, soweit die Leistungen bei einem unbeschränkt Steuerpflichtigen zu Einkünften nach § 22 Nummer 5 Satz 1 führen würden oder wenn die Beiträge, die den Leistungen zugrunde liegen, nach § 10 Absatz 1 Nummer 2 ganz oder teilweise bei der Ermittlung der Sonderausgaben berücksichtigt wurden.

(2) Im Ausland gegebene Besteuerungsmerkmale bleiben außer Betracht, soweit bei ihrer Berücksichtigung inländische Einkünfte im Sinne des Absatzes 1 nicht angenommen werden könnten.

(3) ¹Bei Schifffahrt- und Luftfahrtunternehmen sind die Einkünfte im Sinne des Absatzes 1 Nummer 2 Buchstabe b mit 5 Prozent der für diese Beförderungsleistungen vereinbarten Entgelte anzusetzen. ²Das gilt auch, wenn solche Einkünfte durch eine inländische Betriebsstätte oder einen inländischen ständigen Vertreter erzielt werden (Absatz 1 Nummer 2 Buchstabe a). ³Das gilt nicht in den Fällen des Absatzes 1 Nummer 2 Buchstabe c oder soweit das deutsche Besteuerungsrecht nach einem Abkommen zur Vermeidung der Doppelbesteuerung ohne Begrenzung des Steuersatzes aufrechterhalten bleibt.

(4) ¹Abweichend von Absatz 1 Nummer 2 sind Einkünfte steuerfrei, die ein beschränkt Steuerpflichtiger mit Wohnsitz oder gewöhnlichem Aufenthalt in einem ausländischen Staat durch den Betrieb eigener oder gecharterter Schiffe oder Luftfahrzeuge aus einem Unternehmen bezieht, dessen Geschäftsleitung sich in dem ausländischen Staat befindet. ²Voraussetzung für die Steuerbefreiung ist, dass dieser ausländische Staat Steuerpflichtigen mit Wohnsitz oder gewöhnlichem Aufenthalt im Geltungsbereich dieses Gesetzes eine entsprechende Steuerbefreiung für derartige Einkünfte gewährt und dass das Bundesministerium für Verkehr, Bau und Stadtentwicklung die Steuerbefreiung nach Satz 1 für verkehrspolitisch unbedenklich erklärt hat.

§ 50
Sondervorschriften für beschränkt Steuerpflichtige

(1) ¹Beschränkt Steuerpflichtige dürfen Betriebsausgaben (§ 4 Absatz 4 bis 8) oder Werbungskosten (§ 9) nur insoweit abziehen, als sie mit inländischen Einkünften in wirtschaftlichem Zusammenhang stehen. ²§ 32a Absatz 1 ist mit der Maßgabe anzuwenden, dass das zu versteuernde Einkommen um den Grundfreibetrag des § 32a Absatz 1 Satz 2 Nummer 1 erhöht wird; dies gilt bei Einkünften nach § 49 Absatz 1 Nummer 4 nur in Höhe des diese Einkünfte abzüglich der nach Satz 4 abzuziehenden Aufwendungen übersteigenden Teils des Grundfreibetrags. ³Die §§ 10, 10a, 10c, 16 Absatz 4, die §§ 24b, 32, 32a Absatz 6, die §§ 33, 33a, 33b und 35a sind nicht anzuwenden. ⁴Hiervon abweichend sind bei Arbeitnehmern, die Einkünfte aus nichtselbständiger Arbeit im Sinne des § 49 Absatz 1 Nummer 4 beziehen, § 10 Absatz 1 Nummer 2 Buchstabe a, Nummer 3 und Absatz 3 sowie § 10c anzuwenden, soweit die Aufwendungen auf die Zeit entfallen, in der Einkünfte im Sinne des § 49 Absatz 1 Nummer 4 erzielt wurden und die Einkünfte nach § 49 Absatz 1 Nummer 4 nicht übersteigen. ⁵Die Jahres- und Monatsbeträge der Pauschalen nach § 9a Satz 1 Nummer 1 und § 10c, ermäßigen sich zeitanteilig, wenn Einkünfte im Sinne des § 49 Absatz 1 Nummer 4 nicht während eines vollen Kalenderjahres oder Kalendermonats zugeflossen sind.

EStG – Gesetzestext § 50a

(2) ¹Die Einkommensteuer für Einkünfte, die dem Steuerabzug vom Arbeitslohn oder vom Kapitalertrag oder dem Steuerabzug aufgrund des § 50a unterliegen, gilt bei beschränkt Steuerpflichtigen durch den Steuerabzug als abgegolten. ²Satz 1 gilt nicht

1. für Einkünfte eines inländischen Betriebs;
2. wenn nachträglich festgestellt wird, dass die Voraussetzungen der unbeschränkten Einkommensteuerpflicht im Sinne des § 1 Absatz 2 oder Absatz 3 oder des § 1a nicht vorgelegen haben; § 39 Absatz 7 ist sinngemäß anzuwenden;
3. in Fällen des § 2 Absatz 7 Satz 3;
4. für Einkünfte aus nichtselbständiger Arbeit im Sinne des § 49 Absatz 1 Nummer 4,
   a) wenn als Lohnsteuerabzugsmerkmal ein Freibetrag nach § 39a Absatz 4 gebildet worden ist oder
   b) wenn die Veranlagung zur Einkommensteuer beantragt wird (§ 46 Absatz 2 Nummer 8);
5. für Einkünfte im Sinne des § 50a Absatz 1 Nummer 1, 2 und 4, wenn die Veranlagung zur Einkommensteuer beantragt wird.

³In den Fällen des Satzes 2 Nummer 4 erfolgt die Veranlagung durch das Betriebsstättenfinanzamt, das nach § 39 Absatz 2 Satz 2 oder Satz 4 für die Bildung und die Änderung der Lohnsteuerabzugsmerkmale zuständig ist. ⁴Bei mehreren Betriebsstättenfinanzämtern ist das Betriebsstättenfinanzamt zuständig, in dessen Bezirk der Arbeitnehmer zuletzt beschäftigt war. ⁵Bei Arbeitnehmern mit Steuerklasse VI ist das Betriebsstättenfinanzamt zuständig, in dessen Bezirk der Arbeitnehmer zuletzt unter Anwendung der Steuerklasse I beschäftigt war. ⁶Hat der Arbeitgeber für den Arbeitnehmer keine elektronischen Lohnsteuerabzugsmerkmale (§ 39e Absatz 4 Satz 2) abgerufen und wurde keine Bescheinigung für den Lohnsteuerabzug nach § 39 Absatz 3 Satz 1 oder § 39e Absatz 7 Satz 5 ausgestellt, ist das Betriebsstättenfinanzamt zuständig, in dessen Bezirk der Arbeitnehmer zuletzt beschäftigt war. ⁷Satz 2 Nummer 4 Buchstabe b und Nummer 5 gilt nur für Staatsangehörige eines Mitgliedstaats der Europäischen Union oder eines anderen Staates, auf den das Abkommen über den Europäischen Wirtschaftsraum Anwendung findet, die im Hoheitsgebiet eines dieser Staaten ihren Wohnsitz oder gewöhnlichen Aufenthalt haben. ⁸In den Fällen des Satzes 2 Nummer 5 erfolgt die Veranlagung durch das Bundeszentralamt für Steuern.

(3) § 34c Absatz 1 bis 3 ist bei Einkünften aus Land- und Forstwirtschaft, Gewerbebetrieb oder selbständiger Arbeit, für die im Inland ein Betrieb unterhalten wird, entsprechend anzuwenden, soweit darin nicht Einkünfte aus einem ausländischen Staat enthalten sind, mit denen der beschränkt Steuerpflichtige dort in einer der unbeschränkten Steuerpflicht ähnlichen Umfang zu einer Steuer vom Einkommen herangezogen wird.

(4) Die obersten Finanzbehörden der Länder oder die von ihnen beauftragten Finanzbehörden können mit Zustimmung des Bundesministeriums der Finanzen die Einkommensteuer bei beschränkt Steuerpflichtigen ganz oder zum Teil erlassen oder in einem Pauschbetrag festsetzen, wenn dies im besonderen öffentlichen Interesse liegt; ein besonderes öffentliches Interesse besteht insbesondere

1. an der inländischen Veranstaltung international bedeutsamer kultureller und sportlicher Ereignisse, um deren Ausrichtung ein internationaler Wettbewerb stattfindet, oder
2. am inländischen Auftritt einer ausländischen Kulturvereinigung, wenn ihr Auftritt wesentlich aus öffentlichen Mitteln gefördert wird.

§ 50a
Steuerabzug bei beschränkt Steuerpflichtigen

(1) Die Einkommensteuer wird bei beschränkt Steuerpflichtigen im Wege des Steuerabzugs erhoben

1. bei Einkünften, die durch im Inland ausgeübte künstlerische, sportliche, artistische, unterhaltende oder ähnliche Darbietungen erzielt werden, einschließlich der Einkünfte aus anderen mit diesen Leistungen zusammenhängenden Leistungen, unabhängig davon, wem die Einkünfte zufließen (§ 49 Absatz 1 Nummer 2 bis 4 und 9), es sei denn, es handelt sich um Einkünfte aus nichtselbständiger Arbeit, die bereits dem Steuerabzug vom Arbeitslohn nach § 38 Absatz 1 Satz 1 Nummer 1 unterliegen,
2. bei Einkünften aus der inländischen Verwertung von Darbietungen im Sinne der Nummer 1 (§ 49 Absatz 1 Nummer 2 bis 4 und 6),
3. bei Einkünften, die aus Vergütungen für die Überlassung der Nutzung oder des Rechts auf Nutzung von Rechten, insbesondere von Urheberrechten und gewerblichen Schutzrechten, von gewerblichen, technischen, wissenschaftlichen und ähnlichen Erfahrungen, Kenntnissen und Fertigkeiten, zum Beispiel Plänen, Mustern und Verfahren, herrühren, sowie bei Einkünften, die aus der Verschaffung der Gelegenheit erzielt werden, einen Berufssportler über einen begrenzten Zeitraum vertraglich zu verpflichten (§ 49 Absatz 1 Nummer 2, 3, 6 und 9),
4. bei Einkünften, die Mitgliedern des Aufsichtsrats, Verwaltungsrats, Grubenvorstands oder anderen mit der Überwachung der Geschäftsführung von Körperschaften, Personenvereinigungen und Vermögensmassen im Sinne des § 1 des Körperschaftsteuergesetzes beauftragten Personen sowie von anderen inländischen Personenvereinigungen des privaten und öffentlichen Rechts, bei denen die Gesellschafter nicht als Unternehmer (Mitunternehmer) anzusehen sind, für die Überwachung der Geschäftsführung gewährt werden (§ 49 Absatz 1 Nummer 3).

(2) ¹Der Steuerabzug beträgt 15 Prozent, in den Fällen des Absatzes 1 Nummer 4 beträgt er 30 Prozent der gesamten Einnahmen. ²Vom Schuldner der Vergütung ersetzte oder übernommene Reisekosten gehören nur insoweit zu den Einnahmen, als die Fahrt- und Übernachtungsauslagen die tatsächlichen Kosten und die Vergütungen für Verpflegungsmehraufwand die Pauschbeträge nach § 4 Absatz 5 Satz 1 Nummer 5 übersteigen.*) ³Bei Einkünften im Sinne des Absatzes 1 Nummer 1 wird ein Steuerabzug nicht erhoben, wenn die Einnahmen je Darbietung 250 Euro nicht übersteigen.

(3) ¹Der Schuldner der Vergütung kann von den Einnahmen in den Fällen des Absatzes 1 Nummer 1, 2 und 4 mit ihnen in unmittelbarem wirtschaftlichem Zusammenhang stehende Betriebsausgaben oder Werbungskosten abziehen, die ihm ein beschränkt Steuerpflichtiger in einer für das Bundeszentralamt für Steuern nachprüfbaren Form nachgewiesen hat oder die vom Schuldner der Vergütung übernommen worden sind. ²Das gilt nur, wenn der beschränkt Steuerpflichtige Staatsangehöriger eines Mitgliedstaates der Europäischen Union oder eines anderen Staates ist, auf den das Abkommen über den Europäischen Wirtschaftsraum Anwendung findet, und im Hoheitsgebiet eines dieser Staaten seinen Wohnsitz oder gewöhnlichen Aufenthalt hat. ³Es gilt entsprechend bei einer beschränkt steuerpflichtigen Körperschaft, Personenvereinigung oder Vermögensmasse im Sinne des § 32 Absatz 4 des Körperschaftsteuergesetzes. ⁴In diesen Fällen beträgt der Steuerabzug von den nach Abzug der Betriebsausgaben oder Werbungskosten verbleibenden Einnahmen (Nettoeinnahmen), wenn

1. Gläubiger der Vergütung eine natürliche Person ist, 30 Prozent,
2. Gläubiger der Vergütung eine Körperschaft, Personenvereinigung oder Vermögensmasse ist, 15 Prozent.

(4) ¹Hat der Gläubiger einer Vergütung seinerseits Steuern für Rechnung eines anderen beschränkt steuerpflichtigen Gläubigers einzubehalten (zweite Stufe), kann er vom Steuerabzug absehen, wenn seine Einnahmen bereits dem Steuerabzug nach Absatz 2 unterlegen haben. ²Wenn der Schuldner der Vergütung auf zweiter Stufe Betriebsausgaben oder Werbungskosten nach Absatz 3 geltend macht, die Veranlagung nach § 50 Absatz 2 Satz 2 Nummer 5 beantragt oder die Erstattung der Abzugsteuer nach § 50d Absatz 1 oder einer anderen Vorschrift beantragt, hat er die sich nach Absatz 2 oder Absatz 3 ergebende Steuer zu diesem Zeitpunkt zu entrichten; Absatz 5 gilt entsprechend.

(5) ¹Die Steuer entsteht in dem Zeitpunkt, in dem die Vergütung dem Gläubiger zufließt. ²In diesem Zeitpunkt hat der Schuldner der Vergütung den Steuerabzug für Rechnung des Gläubigers (Steuerschuldner) vorzunehmen. ³Er hat die innerhalb eines Kalendervierteljahres einzubehaltende Steuer jeweils bis zum zehnten des dem Kalendervierteljahr folgenden Monats an das Bundeszentralamt für Steuern abzuführen. ⁴Der Schuldner der Vergütung haftet für die Einbehaltung und Abführung der Steuer. ⁵Der Steuerschuldner kann in Anspruch genommen werden, wenn der Schuldner der Ver-

---
*) Anm. d. Verlages:
Zu den maßgebenden Verpflegungspauschalen vgl. nunmehr § 9 Abs. 4a EStG.

gütung den Steuerabzug nicht vorschriftsmäßig vorgenommen hat. ⁶Der Schuldner der Vergütung ist verpflichtet, dem Gläubiger auf Verlangen die folgenden Angaben nach amtlich vorgeschriebenem Muster zu bescheinigen:

1. den Namen und die Anschrift des Gläubigers,
2. die Art der Tätigkeit und die Höhe der Vergütung in Euro,
3. den Zahlungstag,
4. den Betrag der einbehaltenen und abgeführten Steuer nach Absatz 2 oder Absatz 3.

(6) Die Bundesregierung kann durch Rechtsverordnung mit Zustimmung des Bundesrates bestimmen, dass bei Vergütungen für die Nutzung oder das Recht auf Nutzung von Urheberrechten (Absatz 1 Nummer 3), die nicht unmittelbar an den Gläubiger, sondern an einen Beauftragten geleistet werden, an Stelle des Schuldners der Vergütung der Beauftragte die Steuer einzubehalten und abzuführen hat und für die Einbehaltung und Abführung haftet.

(7) ¹Das Finanzamt des Vergütungsgläubigers kann anordnen, dass der Schuldner der Vergütung für Rechnung des Gläubigers (Steuerschuldner) die Einkommensteuer von beschränkt steuerpflichtigen Einkünften, soweit diese nicht bereits dem Steuerabzug unterliegen, im Wege des Steuerabzugs einzubehalten und abzuführen hat, wenn dies zur Sicherung des Steueranspruchs zweckmäßig ist. ²Der Steuerabzug beträgt 25 Prozent der gesamten Einnahmen, bei Körperschaften, Personenvereinigungen oder Vermögensmassen 15 Prozent der gesamten Einnahmen; das Finanzamt kann die Höhe des Steuerabzugs hiervon abweichend an die voraussichtlich geschuldete Steuer anpassen. ³Absatz 5 gilt entsprechend mit der Maßgabe, dass die Steuer bei dem Finanzamt anzumelden und abzuführen ist, das den Steuerabzug angeordnet hat; das Finanzamt kann anordnen, dass die innerhalb eines Monats einbehaltene Steuer jeweils bis zum zehnten des Folgemonats anzumelden und abzuführen ist. ⁴§ 50 Absatz 2 Satz 1 ist nicht anzuwenden.

IX. Sonstige Vorschriften, Bußgeld-, Ermächtigungs- und Schlussvorschriften

§ 50b
Prüfungsrecht

¹Die Finanzbehörden sind berechtigt, Verhältnisse, die für die Anrechnung oder Vergütung von Körperschaftsteuer, für die Anrechnung oder Erstattung von Kapitalertragsteuer, für die Nichtvornahme des Steuerabzugs, für die Ausstellung der Jahresbescheinigung nach § 24c oder für die Mitteilungen an das Bundeszentralamt für Steuern nach § 45e von Bedeutung sind oder der Aufklärung bedürfen, bei den am Verfahren Beteiligten zu prüfen. ²Die §§ 193 bis 203 der Abgabenordnung gelten sinngemäß.

§ 50c
– weggefallen –

§ 50d
Besonderheiten im Fall von Doppelbesteuerungsabkommen und der §§ 43b und 50g

(1) ¹Können Einkünfte, die dem Steuerabzug vom Kapitalertrag oder dem Steuerabzug aufgrund des § 50a unterliegen, nach den §§ 43b, 50g oder nach einem Abkommen zur Vermeidung der Doppelbesteuerung nicht oder nur mit einem niedrigeren Steuersatz besteuert werden, so sind die Vorschriften über die Einbehaltung, Abführung und Anmeldung der Steuer ungeachtet der §§ 43b und 50g und des Abkommens anzuwenden. ²Unberührt bleibt der Anspruch des Gläubigers der Kapitalerträge oder Vergütungen auf völlige oder teilweise Erstattung der einbehaltenen und abgeführten oder der aufgrund Haftungsbescheid oder Nachforderungsbescheid entrichteten Steuer. ³Die Erstattung erfolgt auf Antrag des Gläubigers der Kapitalerträge oder Vergütungen auf der Grundlage eines Freistellungsbescheids; der Antrag ist nach amtlich vorgeschriebenem Vordruck bei dem Bundeszentralamt für Steuern zu stellen. ⁴Dem Vordruck ist in den Fällen des § 43 Absatz 1 Satz 1 Nummer 1a eine Bescheinigung nach § 45a Absatz 2 beizufügen. ⁵Der zu erstattende Betrag wird nach Bekanntgabe des Freistellungsbescheids ausgezahlt. ⁶Hat der Gläubiger der Vergütungen im Sinne des § 50a nach § 50a Absatz 5 Steuern für Rechnung beschränkt steuerpflichtiger Gläubiger einzubehalten, kann die Auszahlung des Erstattungsanspruchs davon abhängig gemacht werden, dass er die Zahlung der von ihm einzubehaltenden Steuer nachweist, hierfür Sicherheit leistet oder unwiderruflich die Zustimmung zur Verrechnung seines Erstattungsanspruchs mit seiner Steuerzahlungsschuld erklärt. ⁷Das Bundeszentralamt für Steuern kann zulassen, dass Anträge auf maschinell verwertbaren Datenträgern gestellt werden. ⁸Der Antragsteller hat in den Fällen des § 43 Absatz 1 Satz 1 Nummer 1a zu versichern, dass ihm eine Bescheinigung im Sinne des § 45a Absatz 2 vorliegt oder, soweit er selbst die Kapitalerträge als auszahlende Stelle dem Steuerabzug unterworfen hat, nicht ausgestellt wurde; er hat die Bescheinigung zehn Jahre nach Antragstellung aufzubewahren. ⁹Die Frist für den Antrag auf Erstattung beträgt vier Jahre nach Ablauf des Kalenderjahres, in dem die Kapitalerträge oder Vergütungen bezogen worden sind. ¹⁰Die Frist nach Satz 9 endet nicht vor Ablauf von sechs Monaten nach dem Zeitpunkt der Entrichtung der Steuer. ¹¹Ist der Gläubiger der Kapitalerträge oder Vergütungen eine Person, der die Kapitalerträge oder Vergütungen nach diesem Gesetz oder nach dem Steuerrecht des anderen Vertragsstaats nicht zugerechnet werden, steht der Anspruch auf völlige oder teilweise Erstattung des Steuerabzugs vom Kapitalertrag oder nach § 50a aufgrund eines Abkommens zur Vermeidung der Doppelbesteuerung nur der Person zu, der die Kapitalerträge oder Vergütungen nach den Steuergesetzen des anderen Vertragsstaats als Einkünfte oder Gewinne einer ansässigen Person zugerechnet werden. ¹²Für die Erstattung der Kapitalertragsteuer gilt § 45 entsprechend. ¹³Der Schuldner der Kapitalerträge oder Vergütungen kann sich vorbehaltlich des Absatzes 2 nicht auf die Rechte des Gläubigers aus dem Abkommen berufen.

(1a) ¹Der nach Absatz 1 in Verbindung mit § 50g zu erstattende Betrag ist zu verzinsen. ²Der Zinslauf beginnt zwölf Monate nach Ablauf des Monats, in dem der Antrag auf Erstattung und alle für die Entscheidung erforderlichen Nachweise vorliegen, frühestens am Tag der Entrichtung der Steuer durch den Schuldner der Kapitalerträge oder Vergütungen. ³Er endet mit Ablauf des Tages, an dem der Freistellungsbescheid wirksam wird. ⁴Wird der Freistellungsbescheid aufgehoben, geändert oder nach § 129 der Abgabenordnung berichtigt, ist eine bisherige Zinsfestsetzung zu ändern. ⁵§ 233a Absatz 5 der Abgabenordnung gilt sinngemäß. ⁶Für die Höhe und Berechnung der Zinsen gilt § 238 der Abgabenordnung. ⁷Auf die Festsetzung der Zinsen ist § 239 der Abgabenordnung sinngemäß anzuwenden. ⁸Die Vorschriften dieses Absatzes sind nicht anzuwenden, wenn der Steuerabzug keine abgeltende Wirkung hat (§ 50 Absatz 2).

(2) ¹In den Fällen der §§ 43b, 50a Absatz 1, § 50g kann der Schuldner der Kapitalerträge oder Vergütungen den Steuerabzug nach Maßgabe von § 43b oder § 50g oder des Abkommens unterlassen oder nach einem niedrigeren Steuersatz vornehmen, wenn das Bundeszentralamt für Steuern dem Gläubiger aufgrund eines vom ihm nach amtlich vorgeschriebenem Vordruck gestellten Antrags bescheinigt, dass die Voraussetzungen dafür vorliegen (Freistellung im Steuerabzugsverfahren); dies gilt auch bei Kapitalerträgen, die einer nach einem Abkommen zur Vermeidung der Doppelbesteuerung im anderen Vertragsstaat ansässigen Kapitalgesellschaft, die am Nennkapital einer unbeschränkt steuerpflichtigen Kapitalgesellschaft im Sinne des § 1 Absatz 1 Nummer 1 des Körperschaftsteuergesetzes zu mindestens einem Zehntel unmittelbar beteiligt ist und im Staat ihrer Ansässigkeit den Steuern vom Einkommen oder Gewinn unterliegt, ohne davon befreit zu sein, von der unbeschränkt steuerpflichtigen Kapitalgesellschaft zufließen. ²Die Freistellung kann unter dem Vorbehalt des Widerrufs erteilt und von Auflagen oder Bedingungen abhängig gemacht werden. ³Sie kann in den Fällen des § 50a Absatz 1 von der Bedingung abhängig gemacht werden, dass die Erfüllung der Verpflichtungen nach § 50a Absatz 5 nachgewiesen werden, soweit die Vergütungen an andere beschränkt Steuerpflichtige weitergeleitet werden. ⁴Die Geltungsdauer der Bescheinigung nach Satz 1 beginnt frühestens an dem Tag, an dem der Antrag beim Bundeszentralamt für Steuern eingeht; sie beträgt mindestens ein Jahr und darf drei Jahre nicht überschreiten; der Gläubiger der Kapitalerträge oder der Vergütungen ist verpflichtet, den Wegfall der Voraussetzungen für die Freistellung unverzüglich dem Bundeszentralamt für Steuern mitzuteilen. ⁵Voraussetzung für die Abstandnahme vom Steuerabzug ist, dass

dem Schuldner der Kapitalerträge oder Vergütungen die Bescheinigung nach Satz 1 vorliegt. ⁶Über den Antrag ist innerhalb von drei Monaten zu entscheiden. ⁷Die Frist beginnt mit der Vorlage aller für die Entscheidung erforderlichen Nachweise. ⁸Bestehende Anmeldeverpflichtungen bleiben unberührt.

(3) ¹Eine ausländische Gesellschaft hat keinen Anspruch auf völlige oder teilweise Entlastung nach Absatz 1 oder Absatz 2, soweit Personen an ihr beteiligt sind, denen die Erstattung oder Freistellung nicht zustände, wenn sie die Einkünfte unmittelbar erzielten, und die von der ausländischen Gesellschaft im betreffenden Wirtschaftsjahr erzielten Bruttoerträge nicht aus eigener Wirtschaftstätigkeit stammen, sowie

1. in Bezug auf diese Erträge für die Einschaltung der ausländischen Gesellschaft wirtschaftliche oder sonst beachtliche Gründe fehlen oder
2. die ausländische Gesellschaft nicht mit einem für ihren Geschäftszweck angemessen eingerichteten Geschäftsbetrieb am allgemeinen wirtschaftlichen Verkehr teilnimmt.

²Maßgebend sind ausschließlich die Verhältnisse der ausländischen Gesellschaft; organisatorische, wirtschaftliche oder sonst beachtliche Merkmale der Unternehmen, die der ausländischen Gesellschaft nahe stehen (§ 1 Absatz 2 des Außensteuergesetzes), bleiben außer Betracht. ³An einer eigenen Wirtschaftstätigkeit fehlt es, soweit die ausländische Gesellschaft ihre Bruttoerträge aus der Verwaltung von Wirtschaftsgütern erzielt oder ihre wesentlichen Geschäftstätigkeiten auf Dritte überträgt. ⁴Die Feststellungslast für das Vorliegen wirtschaftlicher oder sonst beachtlicher Gründe im Sinne von Satz 1 Nummer 1 sowie des Geschäftsbetriebs im Sinne von Satz 1 Nummer 2 obliegt der ausländischen Gesellschaft. ⁵Die Sätze 1 bis 3 sind nicht anzuwenden, wenn mit der Hauptgattung der Aktien der ausländischen Gesellschaft ein wesentlicher und regelmäßiger Handel an einer anerkannten Börse stattfindet oder für die ausländische Gesellschaft die Vorschriften des Investmentsteuergesetzes gelten.

(4) ¹Der Gläubiger der Kapitalerträge oder Vergütungen im Sinne des § 50a hat nach amtlich vorgeschriebenem Vordruck durch eine Bestätigung der für ihn zuständigen Steuerbehörde des anderen Staates nachzuweisen, dass er dort ansässig ist oder die Voraussetzungen des § 50g Absatz 3 Nummer 5 Buchstabe c erfüllt sind. ²Das Bundesministerium der Finanzen kann im Einvernehmen mit den obersten Finanzbehörden der Länder erleichterte Verfahren oder vereinfachte Nachweise zulassen.

(5) ¹Abweichend von Absatz 2 kann das Bundeszentralamt für Steuern in den Fällen des § 50a Absatz 1 Nummer 3 den Schuldner der Vergütung auf Antrag allgemein ermächtigen, den Steuerabzug zu unterlassen oder nach einem niedrigeren Steuersatz vorzunehmen (Kontrollmeldeverfahren). ²Die Ermächtigung kann in Fällen geringer steuerlicher Bedeutung erteilt und mit Auflagen verbunden werden. ³Einer Bestätigung nach Absatz 4 Satz 1 bedarf es im Kontrollmeldeverfahren nicht. ⁴Inhalt der Auflage kann die Angabe des Namens, des Wohnortes oder des Ortes des Sitzes oder der Geschäftsleitung des Schuldners und des Gläubigers, der Art der Vergütung, des Bruttobetrags und des Zeitpunkts der Zahlungen sowie des einbehaltenen Steuerbetrags sein. ⁵Mit dem Antrag auf Teilnahme am Kontrollmeldeverfahren gilt die Zustimmung des Gläubigers und des Schuldners zur Weiterleitung der Angaben des Schuldners an den Wohnsitz- oder Sitzstaat des Gläubigers als erteilt. ⁶Die Ermächtigung ist als Beleg aufzubewahren. ⁷Absatz 2 Satz 8 gilt entsprechend.

(6) Soweit Absatz 2 nicht anwendbar ist, gilt Absatz 5 auch für Kapitalerträge im Sinne des § 43 Absatz 1 Satz 1 Nummer 1 und 4, wenn sich im Zeitpunkt der Zahlung des Kapitalertrags der Anspruch auf Besteuerung nach einem niedrigeren Steuersatz ohne nähere Ermittlungen feststellen lässt.

(7) Werden Einkünfte im Sinne des § 49 Absatz 1 Nummer 4 aus einer Kasse einer juristischen Person des öffentlichen Rechts im Sinne der Vorschrift eines Abkommens zur Vermeidung der Doppelbesteuerung über den öffentlichen Dienst gewährt, so ist diese Vorschrift bei Bestehen eines Dienstverhältnisses mit einer anderen Person in der Weise auszulegen, dass die Vergütungen für der erstgenannten Person geleistete Dienste gezahlt werden, wenn sie ganz oder im Wesentlichen aus öffentlichen Mitteln aufgebracht werden.

(8) ¹Sind Einkünfte eines unbeschränkt Steuerpflichtigen aus nichtselbständiger Arbeit (§ 19) nach einem Abkommen zur Vermeidung der Doppelbesteuerung von der Bemessungsgrundlage der deutschen Steuer auszunehmen, wird die Freistellung bei der Veranlagung ungeachtet des Abkommens nur gewährt, soweit der Steuerpflichtige nachweist, dass der Staat, dem nach dem Abkommen das Besteuerungsrecht zusteht, auf dieses Besteuerungsrecht verzichtet hat oder dass die in diesem Staat auf die Einkünfte festgesetzten Steuern entrichtet wurden. ²Wird ein solcher Nachweis erst geführt, nachdem die Einkünfte in eine Veranlagung zur Einkommensteuer einbezogen wurden, ist der Steuerbescheid insoweit zu ändern. ³§ 175 Absatz 1 Satz 2 der Abgabenordnung ist entsprechend anzuwenden.

(9) ¹Sind Einkünfte eines unbeschränkt Steuerpflichtigen nach einem Abkommen zur Vermeidung der Doppelbesteuerung von der Bemessungsgrundlage der deutschen Steuer auszunehmen, so wird die Freistellung der Einkünfte ungeachtet des Abkommens nicht gewährt, wenn

1. der andere Staat die Bestimmungen des Abkommens so anwendet, dass die Einkünfte in diesem Staat von der Besteuerung auszunehmen sind oder nur zu einem durch das Abkommen begrenzten Steuersatz besteuert werden können, oder
2. die Einkünfte in dem anderen Staat nur deshalb nicht steuerpflichtig sind, weil sie von einer Person bezogen werden, die in diesem Staat nicht aufgrund ihres Wohnsitzes, ständigen Aufenthalts, des Ortes ihrer Geschäftsleitung, des Sitzes oder eines ähnlichen Merkmals unbeschränkt steuerpflichtig ist.

²Nummer 2 gilt nicht für Dividenden, die nach einem Abkommen zur Vermeidung der Doppelbesteuerung von der Bemessungsgrundlage der deutschen Steuer auszunehmen sind, es sei denn, die Dividenden sind bei der Ermittlung des Gewinns der ausschüttenden Gesellschaft abgezogen worden. ³Bestimmungen eines Abkommens zur Vermeidung der Doppelbesteuerung sowie Absatz 8 und § 20 Absatz 2 des Außensteuergesetzes bleiben unberührt, soweit sie jeweils die Freistellung von Einkünften in einem weitergehenden Umfang einschränken.

(10) ¹Sind auf eine Vergütung im Sinne des § 15 Absatz 1 Satz 1 Nummer 2 Satz 1 zweiter Halbsatz und Nummer 3 zweiter Halbsatz die Vorschriften eines Abkommens zur Vermeidung der Doppelbesteuerung anzuwenden und enthält das Abkommen keine solche Vergütungen betreffende ausdrückliche Regelung, gilt die Vergütung für Zwecke der Anwendung des Abkommens zur Vermeidung der Doppelbesteuerung ausschließlich als Teil des Unternehmensgewinns des vergütungsberechtigten Gesellschafters. ²Satz 1 gilt auch für die durch das Sonderbetriebsvermögen veranlassten Erträge und Aufwendungen. ³Die Vergütung des Gesellschafters ist ungeachtet der Vorschriften eines Abkommens zur Vermeidung der Doppelbesteuerung über die Zuordnung von Vermögenswerten zu einer Betriebsstätte derjenigen Betriebsstätte der Gesellschaft zuzurechnen, der der Aufwand für die der Vergütung zugrunde liegende Leistung zuzuordnen ist; die in Satz 2 genannten Erträge und Aufwendungen sind der Betriebsstätte zuzurechnen, der die Vergütung zuzuordnen ist. ⁴Die Sätze 1 bis 3 gelten auch in den Fällen des § 15 Absatz 1 Satz 1 Nummer 2 Satz 2 sowie in den Fällen des § 15 Absatz 1 Satz 2 entsprechend. ⁵Sind Einkünfte im Sinne der Sätze 1 bis 4 einer Person zuzurechnen, die nach einem Abkommen zur Vermeidung der Doppelbesteuerung als im anderen Staat ansässig gilt, und weist der Steuerpflichtige nach, dass der andere Staat die Einkünfte besteuert, ohne die darauf entfallende deutsche Steuer anzurechnen, ist die in diesem Staat nachweislich auf diese Einkünfte festgesetzte und gezahlte und um einen entstandenen Ermäßigungsanspruch gekürzte, der deutschen Einkommensteuer entsprechende, anteilige ausländische Steuer bis zur Höhe der anteilig auf diese Einkünfte entfallenden deutschen Einkommensteuer anzurechnen. ⁶Satz 5 gilt nicht, wenn das Abkommen zur Vermeidung der Doppelbesteuerung eine ausdrückliche Regelung für solche Einkünfte enthält. ⁷Die Sätze 1 bis 6

1. sind nicht auf Gesellschaften im Sinne des § 15 Absatz 3 Nummer 2 anzuwenden;
2. gelten entsprechend, wenn die Einkünfte zu den Einkünften aus selbständiger Arbeit im Sinne des § 18 gehören; dabei tritt der Artikel über die selbständige Arbeit an die Stelle des Artikels über die Unternehmenseinkünfte, wenn das Abkommen zur Vermeidung der Doppelbesteuerung einen solchen Artikel enthält.

⁸Absatz 9 Satz 1 Nummer 1 bleibt unberührt.

(11) ¹Sind Dividenden beim Zahlungsempfänger nach einem Abkommen zur Vermeidung der Doppelbesteuerung von der Bemessungsgrundlage der deutschen Steuer auszunehmen, wird die Freistellung ungeachtet des Abkommens nur insoweit gewährt, als die Dividenden nach deutschem Steuerrecht nicht einer anderen Person zuzurechnen sind. ²Soweit die Dividenden nach deutschem Steuerrecht einer anderen Person zuzurechnen sind, werden sie bei dieser Person freigestellt, wenn sie bei ihr als Zahlungsempfänger nach Maßgabe des Abkommens freigestellt würden.

§ 50e
Bußgeldvorschriften; Nichtverfolgung von Steuerstraftaten bei geringfügiger Beschäftigung in Privathaushalten

(1) ¹Ordnungswidrig handelt, wer vorsätzlich oder leichtfertig entgegen § 45d Absatz 1 Satz 1, § 45d Absatz 3 Satz 1, der nach § 45e erlassenen Rechtsverordnung oder den unmittelbar geltenden Verträgen mit den in Artikel 17 der Richtlinie 2003/48/EG genannten Staaten und Gebieten eine Mitteilung nicht, nicht rechtzeitig, nicht richtig oder nicht vollständig abgibt. ²Die Ordnungswidrigkeit kann mit einer Geldbuße bis zu fünftausend Euro geahndet werden.

(1a) Verwaltungsbehörde im Sinne des § 36 Absatz 1 Nummer 1 des Gesetzes über Ordnungswidrigkeiten ist in den Fällen des Absatzes 1 Satz 1 das Bundeszentralamt für Steuern.

(2) ¹Liegen die Voraussetzungen des § 40a Absatz 2 vor, werden Steuerstraftaten (§§ 369 bis 376 der Abgabenordnung) als solche nicht verfolgt, wenn der Arbeitgeber in den Fällen des § 8a des Vierten Buches Sozialgesetzbuch entgegen § 41a Absatz 1 Nummer 1, auch in Verbindung mit Absatz 2 und 3 und § 51a, und § 40a Absatz 6 Satz 3 dieses Gesetzes in Verbindung mit § 28a Absatz 7 Satz 1 des Vierten Buches Sozialgesetzbuch für das Arbeitsentgelt die Lohnsteuer-Anmeldung und die Anmeldung der einheitlichen Pauschsteuer nicht oder nicht rechtzeitig durchführt und dadurch Steuern verkürzt oder für sich oder einen anderen nicht gerechtfertigte Steuervorteile erlangt. ²Die Freistellung von der Verfolgung nach Satz 1 gilt auch für den Arbeitnehmer einer in Satz 1 genannten Beschäftigung, der die Finanzbehörde pflichtwidrig über steuerlich erhebliche Tatsachen aus dieser Beschäftigung in Unkenntnis lässt. ³Die Bußgeldvorschriften der §§ 377 bis 384 der Abgabenordnung bleiben mit der Maßgabe anwendbar, dass § 378 der Abgabenordnung auch bei vorsätzlichem Handeln anwendbar ist.

§ 50f
Bußgeldvorschriften

(1) Ordnungswidrig handelt, wer vorsätzlich oder leichtfertig

1. entgegen § 22a Absatz 1 Satz 1 und 2 dort genannte Daten nicht, nicht richtig, nicht vollständig oder nicht rechtzeitig übermittelt oder eine Mitteilung nicht, nicht richtig, nicht vollständig oder nicht rechtzeitig macht oder

2. entgegen § 22a Absatz 2 Satz 9 die Identifikationsnummer für andere als die dort genannten Zwecke verwendet.

(2) Die Ordnungswidrigkeit kann in den Fällen des Absatzes 1 Nummer 1 mit einer Geldbuße bis zu fünfzigtausend Euro und in den übrigen Fällen mit einer Geldbuße bis zu zehntausend Euro geahndet werden.

(3) Verwaltungsbehörde im Sinne des § 36 Absatz 1 Nummer 1 des Gesetzes über Ordnungswidrigkeiten ist die zentrale Stelle nach § 81.

§ 50g
Entlastung vom Steuerabzug bei Zahlungen von Zinsen und Lizenzgebühren zwischen verbundenen Unternehmen verschiedener Mitgliedstaaten der Europäischen Union

(1) ¹Auf Antrag werden die Kapitalertragsteuer für Zinsen und die Steuer aufgrund des § 50a für Lizenzgebühren, die von einem Unternehmen der Bundesrepublik Deutschland oder einer dort gelegenen Betriebsstätte eines Unternehmens eines anderen Mitgliedstaates der Europäischen Union als Schuldner an ein Unternehmen eines anderen Mitgliedstaates der Europäischen Union oder an eine in einem anderen Mitgliedstaat der Europäischen Union gelegene Betriebsstätte eines Unternehmens eines Mitgliedstaates der Europäischen Union als Gläubiger gezahlt werden, nicht erhoben. ²Erfolgt die Besteuerung durch Veranlagung, werden die Zinsen und Lizenzgebühren bei der Ermittlung der Einkünfte nicht erfasst. ³Voraussetzung für die Anwendung der Sätze 1 und 2 ist, dass der Gläubiger der Zinsen oder Lizenzgebühren ein mit dem Schuldner verbundenes Unternehmen oder dessen Betriebsstätte ist. ⁴Die Sätze 1 bis 3 sind nicht anzuwenden, wenn die Zinsen oder Lizenzgebühren an eine Betriebsstätte eines Unternehmens eines Mitgliedstaates der Europäischen Union als Gläubiger gezahlt werden, die in einem Staat außerhalb der Europäischen Union oder im Inland gelegen ist und in der die Tätigkeit des Unternehmens ganz oder teilweise ausgeübt wird.

(2) Absatz 1 ist nicht anzuwenden auf die Zahlung von

1. Zinsen,

   a) die nach deutschem Recht als Gewinnausschüttung behandelt werden (§ 20 Absatz 1 Nummer 1 Satz 2) oder

   b) die auf Forderungen beruhen, die einen Anspruch auf Beteiligung am Gewinn des Schuldners begründen;

2. Zinsen oder Lizenzgebühren, die den Betrag übersteigen, den der Schuldner und der Gläubiger ohne besondere Beziehungen, die zwischen den beiden oder einem von ihnen und einem Dritten aufgrund von Absatz 3 Nummer 5 Buchstabe b bestehen, vereinbart hätten.

(3) Für die Anwendung der Absätze 1 und 2 gelten die folgenden Begriffsbestimmungen und Beschränkungen:

1. Der Gläubiger muss der Nutzungsberechtigte sein. ²Nutzungsberechtigter ist

   a) ein Unternehmen, wenn es die Einkünfte im Sinne von § 2 Absatz 1 erzielt;

   b) eine Betriebsstätte, wenn

      aa) die Forderung, das Recht oder der Gebrauch von Informationen, aufgrund derer/dessen Zahlungen von Zinsen oder Lizenzgebühren geleistet werden, tatsächlich zu der Betriebsstätte gehört und

      bb) die Zahlungen der Zinsen oder Lizenzgebühren Einkünfte darstellen, aufgrund derer die Gewinne der Betriebsstätte in dem Mitgliedstaat der Europäischen Union, in dem sie gelegen ist, zu einer der in Nummer 5 Satz 1 Buchstabe a Doppelbuchstabe cc genannten Steuern beziehungsweise im Fall Belgiens dem „impôt des non-résidents/belasting der nietverblijfhouders" beziehungsweise im Fall Spaniens dem „Impuesto sobre la Renta de no Residentes" oder zu einer mit diesen Steuern identischen oder weitgehend ähnlichen Steuer herangezogen werden, die nach dem jeweiligen Zeitpunkt des Inkrafttretens der Richtlinie 2003/49/EG des Rates vom 3. Juni 2003 über eine gemeinsame Steuerregelung für Zahlungen von Zinsen und Lizenzgebühren zwischen verbundenen Unternehmen verschiedener Mitgliedstaaten (ABl. L 157 vom 26.6.2003, S. 49), die zuletzt durch die Richtlinie 2013/13/EU (ABl. L 141 vom 28.5.2013, S. 30) geändert worden ist, anstelle der bestehenden Steuern oder ergänzend zu ihnen eingeführt wird.

2. Eine Betriebsstätte gilt nur dann als Schuldner der Zinsen oder Lizenzgebühren, wenn die Zahlung bei der Ermittlung des Gewinns der Betriebsstätte eine steuerlich abzugsfähige Betriebsausgabe ist.

3. Gilt eine Betriebsstätte eines Unternehmens eines Mitgliedstaates der Europäischen Union als Schuldner oder Gläubiger von Zinsen oder Lizenzgebühren, so wird kein anderer Teil des Unternehmens als Schuldner oder Gläubiger der Zinsen oder Lizenzgebühren angesehen.

4. Im Sinne des Absatzes 1 sind

   a) „Zinsen" Einkünfte aus Forderungen jeder Art, auch wenn die Forderungen durch Pfandrechte an Grundstücken gesichert sind, insbesondere Einkünfte aus öffentlichen Anleihen und aus Obligationen einschließlich der damit verbundenen Aufgelder und der Gewinne aus Losanleihen; Zuschläge für verspätete Zahlung und die Rückzahlung von Kapital gelten nicht als Zinsen;

b) „Lizenzgebühren" Vergütungen jeder Art, die für die Nutzung oder für das Recht auf Nutzung von Urheberrechten an literarischen, künstlerischen oder wissenschaftlichen Werken, einschließlich kinematografischer Filme und Software, von Patenten, Marken, Mustern oder Modellen, Plänen, geheimen Formeln oder Verfahren oder für die Mitteilung gewerblicher, kaufmännischer oder wissenschaftlicher Erfahrungen gezahlt werden; Zahlungen für die Nutzung oder das Recht auf Nutzung gewerblicher, kaufmännischer oder wissenschaftlicher Ausrüstungen gelten als Lizenzgebühren.

5. ¹Die Ausdrücke „Unternehmen eines Mitgliedstaates der Europäischen Union", „verbundenes Unternehmen" und „Betriebsstätte" bedeuten:

a) „Unternehmen eines Mitgliedstaates der Europäischen Union" jedes Unternehmens, das

aa) eine der in Anlage 3 Nummer 1 zu diesem Gesetz aufgeführten Rechtsformen aufweist und

bb) nach dem Steuerrecht eines Mitgliedstaates in diesem Mitgliedstaat ansässig ist und nicht nach einem zwischen dem betreffenden Staat und einem Staat außerhalb der Europäischen Union geschlossenen Abkommen zur Vermeidung der Doppelbesteuerung von Einkünften für steuerliche Zwecke als außerhalb der Gemeinschaft ansässig gilt und

cc) einer der in Anlage 3 Nummer 2 zu diesem Gesetz aufgeführten Steuern unterliegt und nicht von ihr befreit ist. ²Entsprechendes gilt für eine mit diesen Steuern identische oder weitgehend ähnliche Steuer, die nach dem jeweiligen Zeitpunkt des Inkrafttretens der Richtlinie 2003/49/EG des Rates vom 3. Juni 2003 (ABl. L 157 vom 26.6.2003, S. 49), zuletzt geändert durch die Richtlinie 2013/13/EU (ABl. L 141 vom 28.5.2013, S. 30) anstelle der bestehenden Steuern oder ergänzend zu ihnen eingeführt wird.

²Ein Unternehmen ist im Sinne von Doppelbuchstabe bb in einem Mitgliedstaat der Europäischen Union ansässig, wenn es der unbeschränkten Steuerpflicht im Inland oder einer vergleichbaren Besteuerung in einem anderen Mitgliedstaat der Europäischen Union nach dessen Rechtsvorschriften unterliegt.

b) „Verbundenes Unternehmen" jedes Unternehmen, das dadurch mit einem zweiten Unternehmen verbunden ist, dass

aa) das erste Unternehmen unmittelbar mindestens zu 25 Prozent an dem Kapital des zweiten Unternehmens beteiligt ist oder

bb) das zweite Unternehmen unmittelbar mindestens zu 25 Prozent an dem Kapital des ersten Unternehmens beteiligt ist oder

cc) ein drittes Unternehmen unmittelbar mindestens zu 25 Prozent an dem Kapital des ersten Unternehmens und dem Kapital des zweiten Unternehmens beteiligt ist.

²Die Beteiligungen dürfen nur zwischen Unternehmen bestehen, die in einem Mitgliedstaat der Europäischen Union ansässig sind.

c) „Betriebsstätte" eine feste Geschäftseinrichtung in einem Mitgliedstaat der Europäischen Union, in der die Tätigkeit eines Unternehmens eines anderen Mitgliedstaates der Europäischen Union ganz oder teilweise ausgeübt wird.

(4) ¹Die Entlastung nach Absatz 1 ist zu versagen oder zu entziehen, wenn der hauptsächliche Beweggrund oder einer der hauptsächlichen Beweggründe für Geschäftsvorfälle die Steuervermeidung oder der Missbrauch sind. ²§ 50d Absatz 3 bleibt unberührt.

(5) Entlastungen von der Kapitalertragsteuer für Zinsen und der Steuer aufgrund des § 50a nach einem Abkommen zur Vermeidung der Doppelbesteuerung, die weiter gehen als die nach Absatz 1 gewährten, werden durch Absatz 1 nicht eingeschränkt.

(6) ¹Ist im Fall des Absatzes 1 Satz 1 eines der Unternehmen ein Unternehmen der Schweizerischen Eidgenossenschaft oder ist eine in der Schweizerischen Eidgenossenschaft gelegene Betriebsstätte eines Unternehmens eines anderen Mitgliedstaats der Europäischen Union Gläubiger der Zinsen oder Lizenzgebühren, gelten die Absätze 1 bis 5 entsprechend mit der Maßgabe, dass die Schweizerische Eidgenossenschaft insoweit einem Mitgliedstaat der Europäischen Union gleichgestellt ist. ²Absatz 3 Nummer 5 Buchstabe a gilt entsprechend mit der Maßgabe, dass ein Unternehmen der Schweizerischen Eidgenossenschaft jedes Unternehmen ist, das

1. eine der folgenden Rechtsformen aufweist:

– Aktiengesellschaft/société anonyme/società anonima;

– Gesellschaft mit beschränkter Haftung/société à responsabilité limitée/società a responsabilità limitata;

– Kommanditaktiengesellschaft/société en commandite par actions/società in accomandita per azioni, und

2. nach dem Steuerrecht der Schweizerischen Eidgenossenschaft dort ansässig ist und nicht nach einem zwischen der Schweizerischen Eidgenossenschaft und einem Staat außerhalb der Europäischen Union geschlossenen Abkommen zur Vermeidung der Doppelbesteuerung von Einkünften für steuerliche Zwecke als außerhalb der Gemeinschaft oder der Schweizerischen Eidgenossenschaft ansässig gilt, und

3. unbeschränkt der schweizerischen Körperschaftsteuer unterliegt, ohne von ihr befreit zu sein.

§ 50h
Bestätigung für Zwecke der Entlastung von Quellensteuern in einem anderen Mitgliedstaat der Europäischen Union oder der Schweizerischen Eidgenossenschaft

Auf Antrag hat das Finanzamt, das für die Besteuerung eines Unternehmens der Bundesrepublik Deutschland oder einer dort gelegenen Betriebsstätte eines Unternehmens eines anderen Mitgliedstaats der Europäischen Union im Sinne des § 50g Absatz 3 Nummer 5 oder eines Unternehmens der Schweizerischen Eidgenossenschaft im Sinne des § 50g Absatz 6 Satz 2 zuständig ist, für die Entlastung von der Quellensteuer dieses Staats auf Zinsen oder Lizenzgebühren im Sinne des § 50g zu bescheinigen, dass das empfangende Unternehmen steuerlich im Inland ansässig ist oder die Betriebsstätte im Inland gelegen ist.

§ 50i
Besteuerung bestimmter Einkünfte und Anwendung von Doppelbesteuerungsabkommen

(1) ¹Sind Wirtschaftsgüter des Betriebsvermögens oder sind Anteile im Sinne des § 17 vor dem 29. Juni 2013 in das Betriebsvermögen einer Personengesellschaft im Sinne des § 15 Absatz 3 übertragen oder überführt worden, und ist eine Besteuerung der stillen Reserven im Zeitpunkt der Übertragung oder Überführung unterblieben, so ist der Gewinn, den ein Steuerpflichtiger, der im Sinne eines Abkommens zur Vermeidung der Doppelbesteuerung im anderen Vertragsstaat ansässig ist, aus der späteren Veräußerung oder Entnahme dieser Wirtschaftsgüter oder Anteile erzielt, ungeachtet entgegenstehender Bestimmungen des Abkommens zur Vermeidung der Doppelbesteuerung zu versteuern. ²Als Übertragung oder Überführung von Anteilen im Sinne des § 17 in das Betriebsvermögen einer Personengesellschaft gilt auch die Gewährung neuer Anteile an eine Personengesellschaft, die bisher auch eine Tätigkeit im Sinne des § 15 Absatz 1 Satz 1 Nummer 1 ausgeübt hat oder gewerbliche Einkünfte im Sinne des § 15 Absatz 1 Satz 1 Nummer 2 bezogen hat, im Rahmen der Einbringung eines Betriebs oder Teilbetriebs oder eines Mitunternehmeranteils dieser Personengesellschaft in eine Körperschaft nach § 20 des Umwandlungssteuergesetzes, wenn der Einbringungszeitpunkt vor dem 29. Juni 2013 liegt und die Personengesellschaft nach der Einbringung als Personengesellschaft im Sinne des § 15 Absatz 3 fortbesteht. ³Auch die laufenden Einkünfte aus der Beteiligung an der Personengesellschaft, auf die die in Satz 1 genannten Wirtschaftsgüter oder Anteile übertragen oder überführt oder der im Sinne des Satzes 2 neue Anteile gewährt wurden, sind ungeachtet entgegenstehender Bestimmungen des Abkommens zur Vermeidung der Doppelbesteuerung zu versteuern. ⁴Die Sätze 1 und 3 gelten sinngemäß, wenn Wirtschaftsgüter vor dem 29. Juni 2013 Betriebsvermögen eines Einzelunternehmers oder einer Personengesellschaft geworden sind, die deswegen Einkünfte aus Gewerbebetrieb erzielen, weil der Steuerpflichtige sowohl im überlassenden Betrieb als auch im nutzenden Betrieb allein oder zusammen mit anderen

Gesellschaftern einen einheitlichen geschäftlichen Betätigungswillen durchsetzen kann und dem nutzenden Betrieb eine wesentliche Betriebsgrundlage zur Nutzung überlässt.

(2) ¹Im Rahmen von Umwandlungen und Einbringungen im Sinne des § 1 des Umwandlungssteuergesetzes sind Sachgesamtheiten, die Wirtschaftsgüter und Anteile im Sinne des Absatzes 1 enthalten, abweichend von den Bestimmungen des Umwandlungssteuergesetzes, stets mit dem gemeinen Wert anzusetzen. ²Ungeachtet des § 6 Absatz 3 und 5 gilt Satz 1 für die Überführung oder Übertragung

1. der Wirtschaftsgüter und Anteile im Sinne des Absatzes 1 aus dem Gesamthandsvermögen der Personengesellschaft im Sinne des Absatzes 1 oder aus dem Sonderbetriebsvermögen eines Mitunternehmers dieser Personengesellschaft oder
2. eines Mitunternehmeranteils an dieser Personengesellschaft

entsprechend. ³Werden die Wirtschaftsgüter oder Anteile im Sinne des Absatzes 1 von der Personengesellschaft für eine Betätigung im Sinne des § 15 Absatz 2 genutzt (Strukturwandel), gilt Satz 1 entsprechend. ⁴Absatz 1 Satz 4 bleibt unberührt.

§ 51
Ermächtigungen

(1) Die Bundesregierung wird ermächtigt, mit Zustimmung des Bundesrates

1. zur Durchführung dieses Gesetzes Rechtsverordnungen zu erlassen, soweit dies zur Wahrung der Gleichmäßigkeit bei der Besteuerung, zur Beseitigung von Unbilligkeiten in Härtefällen, zur Steuerfreistellung des Existenzminimums oder zur Vereinfachung des Besteuerungsverfahrens erforderlich ist, und zwar:

   a) über die Abgrenzung der Steuerpflicht, die Beschränkung der Steuererklärungspflicht auf die Fälle, in denen eine Veranlagung in Betracht kommt, über die den Einkommensteuererklärungen beizufügenden Unterlagen und über die Beistandspflichten Dritter,

   b) über die Ermittlung der Einkünfte und die Feststellung des Einkommens einschließlich der abzugsfähigen Beträge,

   c) über die Höhe von besonderen Betriebsausgaben-Pauschbeträgen für Gruppen von Betrieben, bei denen hinsichtlich der Besteuerungsgrundlagen annähernd gleiche Verhältnisse vorliegen, wenn der Steuerpflichtige Einkünfte aus Gewerbebetrieb (§ 15) oder selbständiger Arbeit (§ 18) erzielt, in Höhe eines Prozentsatzes der Umsätze im Sinne des § 1 Absatz 1 Nummer 1 des Umsatzsteuergesetzes; Umsätze aus der Veräußerung von Wirtschaftsgütern des Anlagevermögens sind nicht zu berücksichtigen. ²Einen besonderen Betriebsausgaben-Pauschbetrag dürfen nur Steuerpflichtige in Anspruch nehmen, die ihren Gewinn durch Einnahme-Überschussrechnung nach § 4 Absatz 3 ermitteln. ³Bei der Festlegung der Höhe des besonderen Betriebsausgaben-Pauschbetrags ist der Zuordnung der Betriebe entsprechend der Klassifikation der Wirtschaftszweige, Fassung für Steuerstatistiken, Rechnung zu tragen. ⁴Bei der Ermittlung der besonderen Betriebsausgaben-Pauschbeträge sind alle Betriebsausgaben mit Ausnahme der an das Finanzamt gezahlten Umsatzsteuer zu berücksichtigen. ⁵Bei der Veräußerung oder Entnahme von Wirtschaftsgütern des Anlagevermögens sind die Anschaffungs- oder Herstellungskosten, vermindert um die Absetzungen für Abnutzung nach § 7 Absatz 1 oder 4 sowie die Veräußerungskosten neben dem besonderen Betriebsausgaben-Pauschbetrag abzugsfähig. ⁶Der Steuerpflichtige kann im folgenden Veranlagungszeitraum zur Ermittlung der tatsächlichen Betriebsausgaben übergehen. ⁷Wechselt der Steuerpflichtige zur Ermittlung der tatsächlichen Betriebsausgaben, sind die abnutzbaren Wirtschaftsgüter des Anlagevermögens mit ihren Anschaffungs- oder Herstellungskosten, vermindert um die Absetzungen für Abnutzung nach § 7 Absatz 1 oder 4, in ein laufend zu führendes Verzeichnis aufzunehmen. ⁸§ 4 Absatz 3 Satz 5 bleibt unberührt. ⁹Nach dem Wechsel zur Ermittlung der tatsächlichen Betriebsausgaben ist eine erneute Inanspruchnahme des besonderen Betriebsausgaben-Pauschbetrags erst nach Ablauf der folgenden vier Veranlagungszeiträume zulässig; die §§ 140, 141 der Abgabenordnung bleiben unberührt,

   d) über die Veranlagung, die Anwendung der Tarifvorschriften und die Regelung der Steuerentrichtung einschließlich der Steuerabzüge,

   e) über die Besteuerung der beschränkt Steuerpflichtigen einschließlich eines Steuerabzugs,

   f) in Fällen, in denen ein Sachverhalt zu ermitteln und steuerrechtlich zu beurteilen ist, der sich auf Vorgänge außerhalb des Geltungsbereichs dieses Gesetzes bezieht, und außerhalb des Geltungsbereichs dieses Gesetzes ansässige Beteiligte oder andere Personen nicht wie bei Vorgängen innerhalb des Geltungsbereichs dieses Gesetzes zur Mitwirkung bei der Ermittlung des Sachverhalts herangezogen werden können, zu bestimmen,

   aa) in welchem Umfang Aufwendungen im Sinne des § 4 Absatz 4 oder des § 9 den Gewinn oder den Überschuss der Einnahmen über die Werbungskosten nur unter Erfüllung besonderer Mitwirkungs- und Nachweispflichten mindern dürfen. ²Die besonderen Mitwirkungs- und Nachweispflichten können sich erstrecken auf

   aaa) die Angemessenheit der zwischen nahestehenden Personen im Sinne des § 1 Absatz 2 des Außensteuergesetzes in ihren Geschäftsbeziehungen vereinbarten Bedingungen,

   bbb) die Angemessenheit der Gewinnabgrenzung zwischen unselbständigen Unternehmensteilen,

   ccc) die Pflicht zur Einhaltung von für nahestehende Personen geltenden Dokumentations- und Nachweispflichten auch bei Geschäftsbeziehungen zwischen nicht nahestehenden Personen,

   ddd) die Bevollmächtigung der Finanzbehörde durch den Steuerpflichtigen, in seinem Namen mögliche Auskunftsansprüche gegenüber den von der Finanzbehörde benannten Kreditinstituten außergerichtlich und gerichtlich geltend zu machen;

   bb) dass eine ausländische Gesellschaft ungeachtet des § 50d Absatz 3 nur dann einen Anspruch auf völlige oder teilweise Entlastung vom Steuerabzug nach § 50d Absatz 1 und 2 oder § 44a Absatz 9 hat, soweit sie die Ansässigkeit der an ihr unmittelbar oder mittelbar beteiligten natürlichen Personen, deren Anteil unmittelbar oder mittelbar 10 Prozent übersteigt, darlegt und nachweisen kann;

   cc) dass § 2 Absatz 5b Satz 1, § 32d Absatz 1 und § 43 Absatz 5 in Bezug auf Einkünfte im Sinne des § 20 Absatz 1 Nummer 1 und die steuerfreien Einnahmen nach § 3 Nummer 40 Satz 1 und 2 nur dann anzuwenden sind, wenn die Finanzbehörde bevollmächtigt wird, im Namen des Steuerpflichtigen mögliche Auskunftsansprüche gegenüber den von der Finanzbehörde benannten Kreditinstituten außergerichtlich und gerichtlich geltend zu machen.

   ²Die besonderen Nachweis- und Mitwirkungspflichten aufgrund dieses Buchstabens gelten nicht, wenn die außerhalb des Geltungsbereichs dieses Gesetzes ansässigen Beteiligten oder andere Personen in einem Staat oder Gebiet ansässig sind, mit dem ein Abkommen besteht, das die Erteilung von Auskünften entsprechend Artikel 26 des Musterabkommens der OECD zur Vermeidung der Doppelbesteuerung auf dem Gebiet der Steuern vom Einkommen und vom Vermögen in der Fassung von 2005 vorsieht oder der Staat oder das Gebiet Auskünfte in einem vergleichbaren Umfang erteilt oder die Bereitschaft zu einer entsprechenden Auskunftserteilung besteht;

2. Vorschriften durch Rechtsverordnung zu erlassen

   a) über die sich aus der Aufhebung oder Änderung von Vorschriften dieses Gesetzes ergebenden Rechtsfolgen, soweit dies zur Wahrung der Gleichmäßigkeit bei der Besteuerung oder zur Beseitigung von Unbilligkeiten in Härtefällen erforderlich ist;

   b) – *weggefallen* –

   c) über den Nachweis von Zuwendungen im Sinne des § 10b einschließlich erleichterter Nachweisanforderungen;

EStG – Gesetzestext § 51

d) über Verfahren, die in den Fällen des § 38 Absatz 1 Nummer 2 den Steueranspruch der Bundesrepublik Deutschland sichern oder die sicherstellen, dass bei Befreiungen im Ausland ansässiger Leiharbeitnehmer von der Steuer der Bundesrepublik Deutschland aufgrund von Abkommen zur Vermeidung der Doppelbesteuerung die ordnungsgemäße Besteuerung im Ausland gewährleistet ist. ²Hierzu kann nach Maßgabe zwischenstaatlicher Regelungen bestimmt werden, dass

aa) der Entleiher in dem hierzu notwendigen Umfang an derartigen Verfahren mitwirkt,

bb) er sich im Haftungsverfahren nicht auf die Freistellungsbestimmungen des Abkommens berufen kann, wenn er seine Mitwirkungspflichten verletzt;

e) bis m) – *weggefallen* –

n) über Sonderabschreibungen

aa) im Tiefbaubetrieb des Steinkohlen-, Pechkohlen-, Braunkohlen- und Erzbergbaues bei Wirtschaftsgütern des Anlagevermögens unter Tage und bei bestimmten mit dem Grubenbetrieb unter Tage in unmittelbarem Zusammenhang stehenden, der Förderung, Seilfahrt, Wasserhaltung und Wetterführung sowie der Aufbereitung des Minerals dienenden Wirtschaftsgütern des Anlagevermögens über Tage, soweit die Wirtschaftsgüter

für die Errichtung von neuen Förderschachtanlagen, auch in Form von Anschlussschachtanlagen,

für die Errichtung neuer Schächte sowie die Erweiterung des Grubengebäudes und den durch Wasserzuflüsse aus stillliegenden Anlagen bedingten Ausbau der Wasserhaltung bestehender Schachtanlagen,

für Rationalisierungsmaßnahmen in der Hauptschacht-, Blindschacht-, Strecken- und Abbauförderung, im Streckenvortrieb, in der Gewinnung, Versatzwirtschaft, Seilfahrt, Wetterführung und Wasserhaltung sowie in der Aufbereitung,

für die Zusammenfassung von mehreren Förderschachtanlagen zu einer einheitlichen Förderschachtanlage und

für den Wiederaufschluss stillliegender Grubenfelder und Feldesteile,

bb) im Tagebaubetrieb des Braunkohlen- und Erzbergbaues bei bestimmten Wirtschaftsgütern des beweglichen Anlagevermögens (Grubenaufschluss, Entwässerungsanlagen, Großgeräte sowie Einrichtungen des Grubenrettungswesens und der ersten Hilfe und im Erzbergbau auch Aufbereitungsanlagen), die

für die Erschließung neuer Tagebaue, auch in Form von Anschlusstagebauen, für Rationalisierungsmaßnahmen bei laufenden Tagebauen,

beim Übergang zum Tieftagebau für die Freilegung und Gewinnung der Lagerstätte und

für die Wiederinbetriebnahme stillgelegter Tagebaue

von Steuerpflichtigen, die den Gewinn nach § 5 ermitteln, vor dem 1. Januar 1990 angeschafft oder hergestellt werden. ²Die Sonderabschreibungen können bereits für Anzahlungen auf Anschaffungskosten und für Teilherstellungskosten zugelassen werden. ³Hat der Steuerpflichtige vor dem 1. Januar 1990 die Wirtschaftsgüter bestellt oder mit ihrer Herstellung begonnen, so können die Sonderabschreibungen auch für nach dem 31. Dezember 1989 und vor dem 1. Januar 1991 angeschaffte oder hergestellte Wirtschaftsgüter sowie für vor dem 1. Januar 1991 geleistete Anzahlungen auf Anschaffungskosten und entstandene Teilherstellungskosten in Anspruch genommen werden. ⁴Voraussetzung für die Inanspruchnahme der Sonderabschreibungen ist, dass die Förderungswürdigkeit der bezeichneten Vorhaben von der obersten Landesbehörde für Wirtschaft im Einvernehmen mit dem Bundesministerium für Wirtschaft und Technologie bescheinigt worden ist. ⁵Die Sonderabschreibungen können im Wirtschaftsjahr der Anschaffung oder Herstellung und in den vier folgenden Wirtschaftsjahren in Anspruch genommen werden, und zwar bei beweglichen Wirtschaftsgütern des Anlagevermögens bis zu insgesamt 50 Prozent, bei unbeweglichen Wirtschaftsgütern des Anlagevermögens bis zu insgesamt 30 Prozent der Anschaffungs- oder Herstellungskosten. ⁶Bei den begünstigten Vorhaben im Tagebaubetrieb des Braunkohlen und Erzbergbaues kann außerdem zugelassen werden, dass die vor dem 1. Januar 1991 aufgewendeten Kosten für den Vorabraum bis zu 50 Prozent als sofort abzugsfähige Betriebsausgaben behandelt werden;

o) – *weggefallen* –

p) über die Bemessung der Absetzungen für Abnutzung oder Substanzverringerung bei nicht zu einem Betriebsvermögen gehörenden Wirtschaftsgütern, die vor dem 21. Juni 1948 angeschafft oder hergestellt oder die unentgeltlich erworben sind. ²Hierbei kann bestimmt werden, dass die Absetzungen für Abnutzung oder Substanzverringerung nicht nach den Anschaffungs- oder Herstellungskosten, sondern nach Hilfswerten (am 21. Juni 1948 maßgebender Einheitswert, Anschaffungs- oder Herstellungskosten des Rechtsvorgängers abzüglich der von ihm vorgenommenen Absetzungen, fiktive Anschaffungskosten an einem noch zu bestimmenden Stichtag) zu bemessen sind. ³Zur Vermeidung von Härten kann zugelassen werden, dass an Stelle der Absetzungen für Abnutzung, die nach dem am 21. Juni 1948 maßgebenden Einheitswert zu bemessen sind, der Betrag abgezogen wird, der für das Wirtschaftsgut in dem Veranlagungszeitraum 1947 als Absetzung für Abnutzung geltend gemacht werden konnte. ⁴Für das Land Berlin tritt in den Sätzen 1 bis 3 an die Stelle des 21. Juni 1948 jeweils der 1. April 1949;

q) über erhöhte Absetzungen bei Herstellungskosten

aa) für Maßnahmen, die für den Anschluss eines im Inland belegenen Gebäudes an eine Fernwärmeversorgung einschließlich der Anbindung an das Heizsystem erforderlich sind, wenn die Fernwärmeversorgung überwiegend aus Anlagen der Kraft-Wärme-Kopplung, zur Verbrennung von Müll oder zur Verwertung von Abwärme gespeist wird,

bb) für den Einbau von Wärmepumpenanlagen, Solaranlagen und Anlagen zur Wärmerückgewinnung in einem im Inland belegenen Gebäude einschließlich der Anbindung an das Heizsystem,

cc) für die Errichtung von Windkraftanlagen, wenn die mit diesen Anlagen erzeugte Energie überwiegend entweder unmittelbar oder durch Verrechnung mit Elektrizitätsbezügen des Steuerpflichtigen von einem Elektrizitätsversorgungsunternehmen zur Versorgung eines im Inland belegenen Gebäudes des Steuerpflichtigen verwendet wird, einschließlich der Anbindung an das Versorgungssystem des Gebäudes,

dd) für die Errichtung von Anlagen zur Gewinnung von Gas, das aus pflanzlichen oder tierischen Abfallstoffen durch Gärung unter Sauerstoffabschluss entsteht, wenn dieses Gas zur Beheizung eines im Inland belegenen Gebäudes des Steuerpflichtigen oder zur Warmwasserbereitung in einem solchen Gebäude des Steuerpflichtigen verwendet wird, einschließlich der Anbindung an das Versorgungssystem des Gebäudes,

ee) für den Einbau einer Warmwasseranlage zur Versorgung von mehr als einer Zapfstelle und einer zentralen Heizungsanlage oder bei einer zentralen Heizungs- und Warmwasseranlage für den Einbau eines Heizkessels, eines Brenners, einer zentralen Steuerungseinrichtung, einer Wärmeabgabeeinrichtung und eine Änderung der Abgasanlage in einem im Inland belegenen Gebäude oder in einer im Inland belegenen Eigentumswohnung, wenn mit dem Einbau nicht vor Ablauf von zehn Jahren seit Fertigstellung dieses Gebäudes begonnen worden ist und der Einbau nach dem 30. Juni 1985 fertig gestellt ist; Entsprechendes gilt bei Anschaffungskosten für neue Einzelöfen, wenn keine Zentralheizung vorhanden ist.

²Voraussetzung für die Gewährung der erhöhten Absetzungen ist, dass die Maßnahmen vor dem 1. Januar 1992 fertig gestellt worden sind; in den Fällen des Satzes 1 Doppelbuchstabe aa müssen die Gebäude vor dem 1. Juli 1983 fer-

tig gestellt worden sein, es sei denn, dass der Anschluss nicht schon im Zusammenhang mit der Errichtung des Gebäudes möglich war. ³Die erhöhten Absetzungen dürfen jährlich 10 Prozent der Aufwendungen nicht übersteigen. ⁴Sie dürfen nicht gewährt werden, wenn für dieselbe Maßnahme eine Investitionszulage in Anspruch genommen wird. ⁵Sind die Aufwendungen Erhaltungsaufwand und entstehen sie bei einer zu eigenen Wohnzwecken genutzten Wohnung im eigenen Haus, für die der Nutzungswert nicht mehr besteuert wird, und liegen in den Fällen des Satzes 1 Doppelbuchstabe aa die Voraussetzungen des Satzes 2 zweiter Halbsatz vor, so kann der Abzug dieser Aufwendungen wie Sonderausgaben mit gleichmäßiger Verteilung auf das Kalenderjahr, in dem die Arbeiten abgeschlossen worden sind, und die neun folgenden Kalenderjahre zugelassen werden, wenn die Maßnahme vor dem 1. Januar 1992 abgeschlossen worden ist;

r) nach denen Steuerpflichtige größere Aufwendungen

aa) für die Erhaltung von nicht zu einem Betriebsvermögen gehörenden Gebäuden, die überwiegend Wohnzwecken dienen,

bb) zur Erhaltung eines Gebäudes in einem förmlich festgelegten Sanierungsgebiet oder städtebaulichen Entwicklungsbereich, die für Maßnahmen im Sinne des § 177 des Baugesetzbuchs sowie für bestimmte Maßnahmen, die der Erhaltung, Erneuerung und funktionsgerechten Verwendung eines Gebäudes dienen, das wegen seiner geschichtlichen, künstlerischen oder städtebaulichen Bedeutung erhalten bleiben soll, und zu deren Durchführung sich der Eigentümer neben bestimmten Modernisierungsmaßnahmen gegenüber der Gemeinde verpflichtet hat, aufgewendet worden sind,

cc) zur Erhaltung von Gebäuden, die nach den jeweiligen landesrechtlichen Vorschriften Baudenkmale sind, soweit die Aufwendungen nach Art und Umfang zur Erhaltung des Gebäudes als Baudenkmal und zu seiner sinnvollen Nutzung erforderlich sind,

auf zwei bis fünf Jahre gleichmäßig verteilen können. ²In den Fällen der Doppelbuchstaben bb und cc ist Voraussetzung, dass der Erhaltungsaufwand vor dem 1. Januar 1990 entstanden ist. ³In den Fällen von Doppelbuchstabe cc sind die Denkmaleigenschaft des Gebäudes und die Voraussetzung, dass die Aufwendungen nach Art und Umfang zur Erhaltung des Gebäudes als Baudenkmal und zu seiner sinnvollen Nutzung erforderlich sind, durch eine Bescheinigung der nach Landesrecht zuständigen oder von der Landesregierung bestimmten Stelle nachzuweisen;

s) nach denen bei Anschaffung oder Herstellung von abnutzbaren beweglichen und bei Herstellung von abnutzbaren unbeweglichen Wirtschaftsgütern des Anlagevermögens auf Antrag ein Abzug von der Einkommensteuer für den Veranlagungszeitraum der Anschaffung oder Herstellung bis zur Höhe von 7,5 Prozent der Anschaffungs- oder Herstellungskosten dieser Wirtschaftsgüter vorgenommen werden kann, wenn eine Störung des gesamtwirtschaftlichen Gleichgewichts eingetreten ist oder sich abzeichnet, die eine nachhaltige Verringerung der Umsätze oder der Beschäftigung zur Folge hatte oder erwarten lässt, insbesondere bei einem erheblichen Rückgang der Nachfrage nach Investitionsgütern oder Bauleistungen. ²Bei der Bemessung des von der Einkommensteuer abzugsfähigen Betrags dürfen nur berücksichtigt werden

aa) die Anschaffungs- oder Herstellungskosten von beweglichen Wirtschaftsgütern, die innerhalb eines jeweils festzusetzenden Zeitraums, der ein Jahr nicht übersteigen darf (Begünstigungszeitraum), angeschafft oder hergestellt werden,

bb) die Anschaffungs- oder Herstellungskosten von beweglichen Wirtschaftsgütern, die innerhalb des Begünstigungszeitraums bestellt und angezahlt werden oder mit deren Herstellung innerhalb des Begünstigungszeitraums begonnen wird, wenn sie innerhalb eines Jahres, bei Schiffen innerhalb zweier Jahre nach Ablauf des Begünstigungszeitraums geliefert oder fertig gestellt werden. ²Soweit bewegliche Wirtschaftsgüter im Sinne des Satzes 1 mit Ausnahme von Schiffen nach Ablauf eines Jahres, aber vor Ablauf zweier Jahre nach dem Ende des Begünstigungszeitraums geliefert oder fertig gestellt werden, dürfen bei Bemessung des Abzugs von der Einkommensteuer die bis zum Ablauf eines Jahres nach dem Ende des Begünstigungszeitraums aufgewendeten Anzahlungen und Teilherstellungskosten berücksichtigt werden,

cc) die Herstellungskosten von Gebäuden, bei denen innerhalb des Begünstigungszeitraums der Antrag auf Baugenehmigung gestellt wird, wenn sie bis zum Ablauf von zwei Jahren nach dem Ende des Begünstigungszeitraums fertig gestellt werden;

dabei scheiden geringwertige Wirtschaftsgüter im Sinne des § 6 Absatz 2 und Wirtschaftsgüter, die in gebrauchtem Zustand erworben werden, aus. ³Von der Begünstigung können außerdem Wirtschaftsgüter ausgeschlossen werden, für die Sonderabschreibungen, erhöhte Absetzungen oder die Investitionszulage nach § 19 des Berlinförderungsgesetzes in Anspruch genommen werden. ⁴In den Fällen des Satzes 2 Doppelbuchstabe bb und cc können bei Bemessung des von der Einkommensteuer abzugsfähigen Betrags bereits die im Begünstigungszeitraum, im Fall des Satzes 2 Doppelbuchstabe bb Satz 2 auch die bis zum Ablauf eines Jahres nach dem Ende des Begünstigungszeitraums aufgewendeten Anzahlungen und Teilherstellungskosten berücksichtigt werden; der Abzug von der Einkommensteuer kann insoweit schon für den Veranlagungszeitraum vorgenommen werden, in dem die Anzahlungen oder Teilherstellungskosten aufgewendet worden sind. ⁵Übersteigt der von der Einkommensteuer abzugsfähige Betrag die für den Veranlagungszeitraum der Anschaffung der Herstellung geschuldete Einkommensteuer, so kann der übersteigende Betrag von der Einkommensteuer für den darauf folgenden Veranlagungszeitraum abgezogen werden. ⁶Entsprechendes gilt, wenn in den Fällen des Satzes 2 Doppelbuchstabe bb und cc der Abzug von der Einkommensteuer bereits für Anzahlungen oder Teilherstellungskosten geltend gemacht wird. ⁷Der Abzug von der Einkommensteuer darf jedoch die für den Veranlagungszeitraum der Anschaffung oder Herstellung und den folgenden Veranlagungszeitraum insgesamt zu entrichtende Einkommensteuer nicht übersteigen. ⁸In den Fällen des Satzes 2 Doppelbuchstabe bb Satz 2 gilt dies mit der Maßgabe, dass an die Stelle des Veranlagungszeitraums der Anschaffung oder Herstellung der Veranlagungszeitraum tritt, in dem zuletzt Anzahlungen oder Teilherstellungskosten aufgewendet worden sind. ⁹Werden begünstigte Wirtschaftsgüter von Gesellschaften im Sinne des § 15 Absatz 1 Satz 1 Nummer 2 und 3 angeschafft oder hergestellt, so ist der abzugsfähige Betrag nach dem Verhältnis der Gewinnanteile einschließlich der Vergütungen aufzuteilen. ¹⁰Die Anschaffungs- oder Herstellungskosten der Wirtschaftsgüter, die bei Bemessung des von der Einkommensteuer abzugsfähigen Betrags berücksichtigt worden sind, werden durch den Abzug von der Einkommensteuer nicht gemindert. ¹¹Rechtsverordnungen aufgrund dieser Ermächtigung bedürfen der Zustimmung des Bundestages. ¹²Die Zustimmung gilt als erteilt, wenn der Bundestag nicht binnen vier Wochen nach Eingang der Vorlage der Bundesregierung die Zustimmung verweigert hat;

t) – *weggefallen* –

u) über Sonderabschreibungen bei abnutzbaren Wirtschaftsgütern des Anlagevermögens, die der Forschung oder Entwicklung dienen und nach dem 18. Mai 1983 und vor dem 1. Januar 1990 angeschafft oder hergestellt werden. ²Voraussetzung für die Inanspruchnahme der Sonderabschreibungen ist, dass die beweglichen Wirtschaftsgüter ausschließlich und die unbeweglichen Wirtschaftsgüter zu mehr als 33 ⅓ Prozent der Forschung oder Entwicklung dienen. ³Die Sonderabschreibungen können auch für Ausbauten und Erweiterungen an bestehenden Gebäuden, Gebäudeteilen, Eigentumswohnungen oder im Teileigentum stehenden Räumen zugelassen werden, wenn die ausgebauten oder neu

EStG – Gesetzestext § 51

hergestellten Gebäudeteile zu mehr als 33⅓ Prozent der Forschung oder Entwicklung dienen. ⁴Die Wirtschaftsgüter dienen der Forschung oder Entwicklung, wenn sie verwendet werden

aa) zur Gewinnung von neuen wissenschaftlichen oder technischen Erkenntnissen und Erfahrungen allgemeiner Art (Grundlagenforschung) oder

bb) zur Neuentwicklung von Erzeugnissen oder Herstellungsverfahren oder

cc) zur Weiterentwicklung von Erzeugnissen oder Herstellungsverfahren, soweit wesentliche Änderungen dieser Erzeugnisse oder Verfahren entwickelt werden.

⁵Die Sonderabschreibungen können im Wirtschaftsjahr der Anschaffung oder Herstellung und in den vier folgenden Wirtschaftsjahren in Anspruch genommen werden, und zwar

aa) bei beweglichen Wirtschaftsgütern des Anlagevermögens bis zu insgesamt 40 Prozent,

bb) bei unbeweglichen Wirtschaftsgütern des Anlagevermögens, die zu mehr als 66⅔ Prozent der Forschung oder Entwicklung dienen, bis zu insgesamt 15 Prozent, die nicht zu mehr als 66⅔ Prozent, aber zu mehr als 33⅓ Prozent der Forschung oder Entwicklung dienen, bis zu insgesamt 10 Prozent,

cc) bei Ausbauten und Erweiterungen an bestehenden Gebäuden, Gebäudeteilen, Eigentumswohnungen oder im Teileigentum stehenden Räumen, wenn die ausgebauten oder neu hergestellten Gebäudeteile zu mehr als 66⅔ Prozent der Forschung oder Entwicklung dienen, bis zu insgesamt 15 Prozent, zu nicht mehr als 66⅔ Prozent, aber zu mehr als 33⅓ Prozent der Forschung oder Entwicklung dienen, bis zu insgesamt 10 Prozent

der Anschaffungs- oder Herstellungskosten. ⁶Sie können bereits für Anzahlungen auf Anschaffungskosten und für Teilherstellungskosten zugelassen werden. ⁷Die Sonderabschreibungen sind nur unter der Bedingung zuzulassen, dass die Wirtschaftsgüter und die ausgebauten oder neu hergestellten Gebäudeteile mindestens drei Jahre nach ihrer Anschaffung oder Herstellung in dem erforderlichen Umfang der Forschung oder Entwicklung in einer inländischen Betriebsstätte des Steuerpflichtigen dienen;

v) – weggefallen –

w) über Sonderabschreibungen bei Handelsschiffen, die aufgrund eines vor dem 25. April 1996 abgeschlossenen Schiffbauvertrags hergestellt, in einem inländischen Seeschiffsregister eingetragen und vor dem 1. Januar 1999 von Steuerpflichtigen angeschafft oder hergestellt worden sind, die den Gewinn nach § 5 ermitteln. ²Im Fall der Anschaffung eines Handelsschiffes ist weitere Voraussetzung, dass das Schiff vor dem 1. Januar 1996 in ungebrauchtem Zustand vom Hersteller oder nach dem 31. Dezember 1995 aufgrund eines vor dem 25. April 1996 abgeschlossenen Kaufvertrags bis zum Ablauf des vierten auf das Jahr der Fertigstellung folgenden Jahres erworben worden ist. ³Bei Steuerpflichtigen, die in eine Gesellschaft im Sinne des § 15 Absatz 1 Satz 1 Nummer 2 und Absatz 3 nach Abschluss des Schiffbauvertrags (Unterzeichnung des Hauptvertrags) eingetreten sind, dürfen Sonderabschreibungen nur zugelassen werden, wenn sie der Gesellschaft vor dem 1. Januar 1999 beitreten. ⁴Die Sonderabschreibungen können im Wirtschaftsjahr der Anschaffung oder Herstellung und in den vier folgenden Wirtschaftsjahren bis zu insgesamt 40 Prozent der Anschaffungs- oder Herstellungskosten in Anspruch genommen werden. ⁵Sie können bereits für Anzahlungen auf Anschaffungskosten und für Teilherstellungskosten zugelassen werden. ⁶Die Sonderabschreibungen sind nur unter der Bedingung zuzulassen, dass die Handelsschiffe innerhalb eines Zeitraums von acht Jahren nach ihrer Anschaffung oder Herstellung nicht veräußert werden; für Anteile an einem Handelsschiff gilt das entsprechend. ⁷Die Sätze 1 bis 6 gelten für Schiffe, die der Seefischerei dienen, entsprechend. ⁸Für Luftfahrzeuge, die vom Steuerpflichtigen hergestellt oder in ungebrauchtem Zustand vom Hersteller erworben worden sind und die zur gewerbsmäßigen Beförderung von Personen oder Sachen im internationalen Luftverkehr oder zur Verwendung zu sonstigen gewerblichen Zwecken im Ausland bestimmt sind, gelten die Sätze 1 bis 4 und 6 mit der Maßgabe entsprechend, dass an die Stelle der Eintragung in ein inländisches Seeschiffsregister die Eintragung in die deutsche Luftfahrzeugrolle, an die Stelle des Höchstsatzes von 40 Prozent ein Höchstsatz von 30 Prozent und bei der Vorschrift des Satzes 6 an die Stelle des Zeitraums von acht Jahren ein Zeitraum von sechs Jahren treten;

x) über erhöhte Absetzungen bei Herstellungskosten für Modernisierungs- und Instandsetzungsmaßnahmen im Sinne des § 177 des Baugesetzbuchs sowie für bestimmte Maßnahmen, die der Erhaltung, Erneuerung und funktionsgerechten Verwendung eines Gebäudes dienen, das wegen seiner geschichtlichen, künstlerischen oder städtebaulichen Bedeutung erhalten bleiben soll, und zu deren Durchführung sich der Eigentümer neben bestimmten Modernisierungsmaßnahmen gegenüber der Gemeinde verpflichtet hat, die für Gebäude in einem förmlich festgelegten Sanierungsgebiet oder städtebaulichen Entwicklungsbereich aufgewendet worden sind; Voraussetzung ist, dass die Maßnahmen vor dem 1. Januar 1991 abgeschlossen worden sind. ²Die erhöhten Absetzungen dürfen jährlich 10 Prozent der Aufwendungen nicht übersteigen;

y) über erhöhte Absetzungen für Herstellungskosten an Gebäuden, die nach den jeweiligen landesrechtlichen Vorschriften Baudenkmale sind, soweit die Aufwendungen nach Art und Umfang zur Erhaltung des Gebäudes als Baudenkmal und zu seiner sinnvollen Nutzung erforderlich sind; Voraussetzung ist, dass die Maßnahmen vor dem 1. Januar 1991 abgeschlossen worden sind. ²Die Denkmaleigenschaft des Gebäudes und die Voraussetzung, dass die Aufwendungen nach Art und Umfang zur Erhaltung des Gebäudes als Baudenkmal und zu seiner sinnvollen Nutzung erforderlich sind, sind durch eine Bescheinigung der nach Landesrecht zuständigen oder von der Landesregierung bestimmten Stelle nachzuweisen. ³Die erhöhten Absetzungen dürfen jährlich 10 Prozent der Aufwendungen nicht übersteigen;

3. die in § 4a Absatz 1 Satz 2 Nummer 1, § 10 Absatz 5, § 22 Nummer 1 Satz 3 Buchstabe a, § 26a Absatz 3, § 34c Absatz 7, § 46 Absatz 5 und § 50a Absatz 6 vorgesehenen Rechtsverordnungen zu erlassen.

(2) ¹Die Bundesregierung wird ermächtigt, durch Rechtsverordnung Vorschriften zu erlassen, nach denen die Inanspruchnahme von Sonderabschreibungen und erhöhten Absetzungen sowie die Bemessung der Absetzung für Abnutzung in fallenden Jahresbeträgen ganz oder teilweise ausgeschlossen werden können, wenn eine Störung des gesamtwirtschaftlichen Gleichgewichts eingetreten ist oder sich abzeichnet, die erhebliche Preissteigerungen mit sich gebracht hat oder erwarten lässt, insbesondere, wenn die Inlandsnachfrage nach Investitionsgütern oder Bauleistungen das Angebot wesentlich übersteigt. ²Die Inanspruchnahme von Sonderabschreibungen und erhöhten Absetzungen sowie die Bemessung der Absetzung für Abnutzung in fallenden Jahresbeträgen darf nur ausgeschlossen werden

1. für bewegliche Wirtschaftsgüter, die innerhalb eines jeweils festzusetzenden Zeitraums, der frühestens mit dem Tage beginnt, an dem die Bundesregierung ihren Beschluss über die Verordnung bekannt gibt, und der ein Jahr nicht übersteigen darf, angeschafft oder hergestellt werden. ²Für bewegliche Wirtschaftsgüter, die vor Beginn dieses Zeitraums bestellt und angezahlt worden sind oder mit deren Herstellung vor Beginn dieses Zeitraums angefangen worden ist, darf jedoch die Inanspruchnahme von Sonderabschreibungen und erhöhten Absetzungen sowie die Bemessung der Absetzung für Abnutzung in fallenden Jahresbeträgen nicht ausgeschlossen werden;

2. für bewegliche Wirtschaftsgüter und für Gebäude, die in dem in Nummer 1 bezeichneten Zeitraum bestellt werden oder mit deren Herstellung in diesem Zeitraum begonnen wird. ²Als Beginn der Herstellung gilt bei Gebäuden der Zeitpunkt, in dem der Antrag auf Baugenehmigung gestellt wird.

³Rechtsverordnungen aufgrund dieser Ermächtigung bedürfen der Zustimmung des Bundestages und des Bundesrates. ⁴Die Zustim-

mung gilt als erteilt, wenn der Bundesrat nicht binnen drei Wochen, der Bundestag nicht binnen vier Wochen nach Eingang der Vorlage der Bundesregierung die Zustimmung verweigert hat.

(3) ¹Die Bundesregierung wird ermächtigt, durch Rechtsverordnung mit Zustimmung des Bundesrates Vorschriften zu erlassen, nach denen die Einkommensteuer einschließlich des Steuerabzugs vom Arbeitslohn, des Steuerabzugs vom Kapitalertrag und des Steuerabzugs bei beschränkt Steuerpflichtigen

1. um höchstens 10 Prozent herabgesetzt werden kann. ²Der Zeitraum, für den die Herabsetzung gilt, darf ein Jahr nicht übersteigen; er soll sich mit dem Kalenderjahr decken. ³Voraussetzung ist, dass eine Störung des gesamtwirtschaftlichen Gleichgewichts eingetreten ist oder sich abzeichnet, die eine nachhaltige Verringerung der Umsätze oder der Beschäftigung zur Folge hatte oder erwarten lässt, insbesondere bei einem erheblichen Rückgang der Nachfrage nach Investitionsgütern und Bauleistungen oder Verbrauchsgütern;
2. um höchstens 10 Prozent erhöht werden kann. ²Der Zeitraum, für den die Erhöhung gilt, darf ein Jahr nicht übersteigen; er soll sich mit dem Kalenderjahr decken. ³Voraussetzung ist, dass eine Störung des gesamtwirtschaftlichen Gleichgewichts eingetreten ist oder sich abzeichnet, die erhebliche Preissteigerungen mit sich gebracht hat oder erwarten lässt, insbesondere, wenn die Nachfrage nach Investitionsgütern und Bauleistungen oder Verbrauchsgütern das Angebot wesentlich übersteigt.

²Rechtsverordnungen aufgrund dieser Ermächtigung bedürfen der Zustimmung des Bundestages.

(4) Das Bundesministerium der Finanzen wird ermächtigt,
1. im Einvernehmen mit den obersten Finanzbehörden der Länder die Vordrucke für
   a) – weggefallen –
   b) die Erklärungen zur Einkommensbesteuerung,
   c) die Anträge nach § 38b Absatz 2, nach § 39a Absatz 2, in dessen Vordrucke der Antrag nach § 39f einzubeziehen ist, die Anträge nach § 39a Absatz 4 sowie die Anträge zu den elektronischen Lohnsteuerabzugsmerkmalen (§ 38b Absatz 3 und § 39e Absatz 6 Satz 7),
   d) die Lohnsteuer-Anmeldung (§ 41a Absatz 1),
   e) die Anmeldung der Kapitalertragsteuer (§ 45a Absatz 1) und den Freistellungsauftrag nach § 44a Absatz 2 Satz 1 Nummer 1,
   f) die Anmeldung des Abzugsbetrags (§ 48a),
   g) die Erteilung der Freistellungsbescheinigung (§ 48b),
   h) die Anmeldung der Abzugsteuer (§ 50a),
   i) die Entlastung von der Kapitalertragsteuer und vom Steuerabzug nach § 50a aufgrund von Abkommen zur Vermeidung der Doppelbesteuerung

   und die Muster der Bescheinigungen für den Lohnsteuerabzug nach § 39 Absatz 3 Satz 1 und § 39e Absatz 7 Satz 5, des Ausdrucks der elektronischen Lohnsteuerbescheinigung (§ 41b Absatz 1), das Muster der Lohnsteuerbescheinigung (§ 41b Absatz 3 Satz 1, der Anträge auf Erteilung einer Bescheinigung für den Lohnsteuerabzug nach § 39 Absatz 3 Satz 1 und § 39e Absatz 7 Satz 1 sowie der in § 45a Absatz 2 und 3 und § 50a Absatz 5 Satz 6 vorgesehenen Bescheinigungen zu bestimmen;
1a. im Einvernehmen mit den obersten Finanzbehörden der Länder auf der Basis der §§ 32a und 39b einen Programmablaufplan für die Herstellung von Lohnsteuertabellen zur manuellen Berechnung der Lohnsteuer aufzustellen und bekannt zu machen. ²Der Lohnstufenabstand beträgt bei den Jahrestabellen 36. ³Die in den Tabellenstufen auszuweisende Lohnsteuer ist aus der Obergrenze der Tabellenstufen zu berechnen und muss an der Obergrenze mit der maschinell berechneten Lohnsteuer übereinstimmen. ⁴Die Monats-, Wochen- und Tagestabellen sind aus den Jahrestabellen abzuleiten;
1b. im Einvernehmen mit den obersten Finanzbehörden der Länder den Mindestumfang der nach § 5b elektronisch zu übermittelnden Bilanz und Gewinn- und Verlustrechnung zu bestimmen;
1c. durch Rechtsverordnung zur Durchführung dieses Gesetzes mit Zustimmung des Bundesrates Vorschriften über einen von dem vorgesehenen erstmaligen Anwendungszeitpunkt gemäß § 52 Absatz 15a in der Fassung des Artikels 1 des Gesetzes vom 20. Dezember 2008 (BGBl. I S. 2850) abweichenden späteren Anwendungszeitpunkt zu erlassen, wenn bis zum 31. Dezember 2010 erkennbar ist, dass die technischen oder organisatorischen Voraussetzungen für eine Umsetzung der in § 5b Absatz 1 in der Fassung des Artikels 1 des Gesetzes vom 20. Dezember 2008 (BGBl. I S. 2850) vorgesehenen Verpflichtung nicht ausreichen;
2. den Wortlaut dieses Gesetzes und der zu diesem Gesetz erlassenen Rechtsverordnungen in der jeweils geltenden Fassung satzweise nummeriert mit neuem Datum und in neuer Paragraphenfolge bekannt zu machen und dabei Unstimmigkeiten im Wortlaut zu beseitigen.

§ 51a
Festsetzung und Erhebung von Zuschlagsteuern

(1) Auf die Festsetzung und Erhebung von Steuern, die nach der Einkommensteuer bemessen werden (Zuschlagsteuern), sind die Vorschriften dieses Gesetzes entsprechend anzuwenden.

(2) ¹Bemessungsgrundlage ist die Einkommensteuer, die abweichend von § 2 Absatz 6 unter Berücksichtigung von Freibeträgen nach § 32 Absatz 6 in allen Fällen des § 32 festzusetzen wäre. ²Zur Ermittlung der Einkommensteuer im Sinne des Satzes 1 ist das zu versteuernde Einkommen um die nach § 3 Nummer 40 steuerfreien Beträge zu erhöhen und um die nach § 3c Absatz 2 nicht abziehbaren Beträge zu mindern. ³§ 35 ist bei der Ermittlung der festzusetzenden Einkommensteuer nach Satz 1 nicht anzuwenden.

(2a) ¹Vorbehaltlich des § 40a Absatz 2 in der Fassung des Gesetzes vom 23. Dezember 2002 (BGBl. I S. 4621) ist beim Steuerabzug vom Arbeitslohn Bemessungsgrundlage die Lohnsteuer; beim Steuerabzug vom laufenden Arbeitslohn und beim Jahresausgleich ist die Lohnsteuer maßgebend, die sich ergibt, wenn der nach § 39b Absatz 2 Satz 5 zu versteuernde Jahresbetrag für die Steuerklassen I, II und III um den Kinderfreibetrag von 4 368 Euro sowie den Freibetrag für den Betreuungs- und Erziehungs- oder Ausbildungsbedarf von 2 640 Euro und für die Steuerklasse IV um den Kinderfreibetrag von 2 184 Euro sowie den Freibetrag für den Betreuungs- und Erziehungs- oder Ausbildungsbedarf von 1 320 Euro für jedes Kind vermindert wird, für das eine Kürzung der Freibeträge für Kinder nach § 32 Absatz 6 Satz 4 nicht in Betracht kommt. ²Bei der Anwendung des § 39b für die Ermittlung der Zuschlagsteuern ist die als Lohnsteuerabzugsmerkmal gebildete Zahl der Kinderfreibeträge maßgebend. ³Bei Anwendung des § 39f ist beim Steuerabzug vom laufenden Arbeitslohn die Lohnsteuer maßgebend, die sich bei Anwendung des nach § 39f Absatz 1 ermittelten Faktors auf den nach den Sätzen 1 und 2 ermittelten Betrag ergibt.

(2b) Wird die Einkommensteuer nach § 43 Absatz 1 durch Abzug vom Kapitalertrag (Kapitalertragsteuer) erhoben, wird die darauf entfallende Kirchensteuer nach dem Kirchensteuersatz der Religionsgemeinschaft, der der Kirchensteuerpflichtige angehört, als Zuschlag zur Kapitalertragsteuer erhoben.

(2c) ¹Der zur Vornahme des Steuerabzugs vom Kapitalertrag Verpflichtete (Kirchensteuerabzugsverpflichteter) hat die auf die Kapitalertragsteuer nach Absatz 2b entfallende Kirchensteuer nach folgenden Maßgaben einzubehalten:

1. Das Bundeszentralamt für Steuern speichert unabhängig von und zusätzlich zu den in § 139b Absatz 3 der Abgabenordnung genannten und nach § 39e gespeicherten Daten des Steuerpflichtigen den Kirchensteuersatz der steuererhebenden Religionsgemeinschaft des Kirchensteuerpflichtigen sowie die ortsbezogenen Daten, mit deren Hilfe der Kirchensteuerpflichtige seiner Religionsgemeinschaft zugeordnet werden kann. ²Die Daten werden als automatisiert abrufbares Merkmal für den Kirchensteuerabzug bereitgestellt;
2. sofern dem Kirchensteuerabzugsverpflichteten die Identifikationsnummer des Schuldners der Kapitalertragsteuer nicht bereits bekannt ist, kann er sie beim Bundeszentralamt für Steuern anfragen. ²In der Anfrage dürfen nur die in § 139b Absatz 3 der Abgabenordnung genannten Daten des Schuldners der Kapitalertragsteuer angegeben werden, soweit sie dem Kirchensteuerabzugsverpflichteten bekannt sind. ³Die Anfrage hat nach

amtlich vorgeschriebenem Datensatz durch Datenfernübertragung zu erfolgen. ⁴Im Übrigen ist die Steuerdaten-Übermittlungsverordnung entsprechend anzuwenden. ⁵Das Bundeszentralamt für Steuern teilt dem Kirchensteuerabzugsverpflichteten die Identifikationsnummer mit, sofern die übermittelten Daten mit den nach § 139b Absatz 3 der Abgabenordnung beim Bundeszentralamt für Steuern gespeicherten Daten übereinstimmen;

3. der Kirchensteuerabzugsverpflichtete hat unter Angabe der Identifikationsnummer und des Geburtsdatums des Schuldners der Kapitalertragsteuer einmal jährlich im Zeitraum vom 1. September bis 31. Oktober beim Bundeszentralamt für Steuern anzufragen, ob der Schuldner der Kapitalertragsteuer am 31. August des betreffenden Jahres (Stichtag) kirchensteuerpflichtig ist (Regelabfrage). ²Für Kapitalerträge im Sinne des § 43 Absatz 1 Nummer 4 aus Versicherungsverträgen hat der Kirchensteuerabzugsverpflichtete eine auf den Zuflusszeitpunkt der Kapitalerträge bezogene Abfrage (Anlassabfrage) an das Bundeszentralamt für Steuern zu richten. ³Im Übrigen kann der Kirchensteuerabzugsverpflichtete eine Anlassabfrage bei Begründung einer Geschäftsbeziehung oder auf Veranlassung des Kunden an das Bundeszentralamt für Steuern richten. ⁴Auf die Anfrage hin teilt das Bundeszentralamt für Steuern dem Kirchensteuerabzugsverpflichteten die rechtliche Zugehörigkeit zu einer steuererhebenden Religionsgemeinschaft und den für die Religionsgemeinschaft geltenden Kirchensteuersatz zum Zeitpunkt der Anfrage als automatisiert abrufbares Merkmal nach Nummer 1 mit. ⁵Rechtzeitig vor Regel- oder Anlassabfrage ist der Schuldner der Kapitalertragsteuer vom Kirchensteuerabzugsverpflichteten auf die bevorstehende Datenabfrage sowie das gegenüber dem Bundeszentralamt für Steuern bestehende Widerspruchsrecht, das sich auf die Übermittlung von Daten zur Religionszugehörigkeit bezieht (Absatz 2e Satz 1), schriftlich oder in anderer geeigneter Form hinzuweisen. ⁶Anträge auf das Setzen des Sperrvermerks, die im aktuellen Kalenderjahr für eine Regelabfrage berücksichtigt werden sollen, müssen bis zum 30. Juni beim Bundeszentralamt für Steuern eingegangen sein. ⁷Alle übrigen Sperrvermerke können nur berücksichtigt werden, wenn sie spätestens zwei Monate vor der Abfrage des Kirchensteuerabzugsverpflichteten eingegangen sind. ⁸Dies gilt für den Widerruf entsprechend. ⁹Der Hinweis hat individuell zu erfolgen. ¹⁰Gehört der Schuldner der Kapitalertragsteuer keiner steuererhebenden Religionsgemeinschaft an oder hat er dem Abruf von Daten zur Religionszugehörigkeit widersprochen (Sperrvermerk), so teilt das Bundeszentralamt für Steuern dem Kirchensteuerabzugsverpflichteten zur Religionszugehörigkeit einen neutralen Wert (Nullwert) mit. ¹¹Der Kirchensteuerabzugsverpflichtete hat die vorhandenen Daten zur Religionszugehörigkeit unverzüglich zu löschen, wenn ein Nullwert übermittelt wurde;

4. im Falle einer am Stichtag oder im Zuflusszeitpunkt bestehenden Kirchensteuerpflicht hat der Kirchensteuerabzugsverpflichtete den Kirchensteuerabzug für die steuererhebende Religionsgemeinschaft durchzuführen und den Kirchensteuerbetrag an das für ihn zuständige Finanzamt abzuführen. ²§ 45a Absatz 1 gilt entsprechend; in der Steueranmeldung sind die nach Satz 1 einbehaltenen Kirchensteuerbeträge für jede steuererhebende Religionsgemeinschaft jeweils als Summe anzumelden. ³Die aufgrund der Regelabfrage vom Bundeszentralamt für Steuern bestätigte Kirchensteuerpflicht hat der Kirchensteuerabzugsverpflichtete dem Kirchensteuerabzug des auf den Stichtag folgenden Kalenderjahres zu Grunde zu legen. ⁴Das Ergebnis einer Anlassabfrage wirkt anlassbezogen.

²Die Daten gemäß Nummer 3 sind nach amtlich vorgeschriebenem Datensatz durch Datenfernübertragung zu übermitteln. ³Die Verbindung der Anfrage nach Nummer 2 mit der Anfrage nach Nummer 3 zu einer Anfrage ist zulässig. ⁴Auf Antrag kann das Bundeszentralamt für Steuern zur Vermeidung unbilliger Härten auf eine elektronische Übermittlung verzichten. ⁵§ 44 Absatz 5 ist mit der Maßgabe anzuwenden, dass der Haftungsbescheid von dem für den Kirchensteuerabzugsverpflichteten zuständigen Finanzamt erlassen wird. ⁶§ 45a Absatz 2 ist mit der Maßgabe anzuwenden, dass die steuererhebende Religionsgemeinschaft angegeben wird. ⁷Sind an den Kapitalerträgen ausschließlich Ehegatten beteiligt, wird der Anteil an der Kapitalertragsteuer hälftig ermittelt. ⁸Der Kirchensteuerabzugsverpflichtete darf die von ihm für die Durchführung des Kirchensteuerabzugs erhobenen Daten ausschließlich für diesen Zweck verwenden. ⁹Er hat organisatorisch dafür Sorge zu tragen, dass ein Zugriff auf diese Daten für andere Zwecke gesperrt ist. ¹⁰Für andere Zwecke dürfen der Kirchensteuerabzugsverpflichtete und die beteiligte Finanzbehörde die Daten nur verwenden, soweit der Kirchensteuerpflichtige zustimmt oder dies gesetzlich zugelassen ist.

(2d) ¹Wird die nach Absatz 2b zu erhebende Kirchensteuer nicht nach Absatz 2c als Kirchensteuerabzug vom Kirchensteuerabzugsverpflichteten einbehalten, wird sie nach Ablauf des Kalenderjahres nach dem Kapitalertragsteuerbetrag veranlagt, der sich ergibt, wenn die Steuer auf Kapitalerträge nach § 32d Absatz 1 Satz 4 und 5 errechnet wird; wenn Kirchensteuer als Kirchensteuerabzug nach Absatz 2c erhoben wird, wird eine Veranlagung auf Antrag des Steuerpflichtigen durchgeführt. ²Der Abzugsverpflichtete hat dem Kirchensteuerpflichtigen auf dessen Verlangen hin eine Bescheinigung über die einbehaltene Kapitalertragsteuer zu erteilen. ³Der Kirchensteuerpflichtige hat die erhobene Kapitalertragsteuer zu erklären und die Bescheinigung nach Satz 2 oder nach § 45a Absatz 2 oder 3 vorzulegen.

(2e) ¹Der Schuldner der Kapitalertragsteuer kann unter Angabe seiner Identifikationsnummer nach amtlich vorgeschriebenem Vordruck schriftlich beim Bundeszentralamt für Steuern beantragen, dass der automatisierte Datenabruf seiner rechtlichen Zugehörigkeit zu einer steuererhebenden Religionsgemeinschaft bis auf schriftlichen Widerruf unterbleibt (Sperrvermerk). ²Das Bundeszentralamt für Steuern kann für die Abgabe der Erklärungen nach Satz 1 ein anderes sicheres Verfahren zur Verfügung stellen. ³Der Sperrvermerk verpflichtet den Kirchensteuerpflichtigen für jeden Veranlagungszeitraum, in dem Kapitalertragsteuer einbehalten worden ist, zur Abgabe einer Steuererklärung zum Zwecke der Veranlagung nach Absatz 2d Satz 1. ⁴Das Bundeszentralamt für Steuern übermittelt für jeden Veranlagungszeitraum, in dem der Sperrvermerk abgerufen worden ist, an das Wohnsitzfinanzamt Name und Anschrift des Kirchensteuerabzugsverpflichteten, an den im Fall des Absatzes 2c Nummer 3 aufgrund des Sperrvermerks ein Nullwert im Sinne des Absatzes 2c Satz 1 Nummer 3 Satz 6 mitgeteilt worden ist. ⁵Das Wohnsitzfinanzamt fordert den Kirchensteuerpflichtigen zur Abgabe einer Steuererklärung nach § 149 Absatz 1 Satz 1 und 2 der Abgabenordnung auf.

(3) Ist die Einkommensteuer für Einkünfte, die dem Steuerabzug unterliegen, durch den Steuerabzug abgegolten oder werden solche Einkünfte bei der Veranlagung zur Einkommensteuer oder beim Lohnsteuer-Jahresausgleich nicht erfasst, gilt dies für die Zuschlagsteuer entsprechend.

(4) ¹Die Vorauszahlungen auf Zuschlagsteuern sind gleichzeitig mit den festgesetzten Vorauszahlungen auf die Einkommensteuer zu entrichten; § 37 Absatz 5 ist nicht anzuwenden. ²Solange ein Bescheid über die Vorauszahlungen auf Zuschlagsteuern nicht erteilt worden ist, sind die Vorauszahlungen ohne besondere Aufforderung nach Maßgabe der für die Zuschlagsteuern geltenden Vorschriften zu entrichten. ³§ 240 Absatz 1 Satz 3 der Abgabenordnung ist insoweit nicht anzuwenden; § 254 Absatz 2 der Abgabenordnung gilt insoweit sinngemäß.

(5) ¹Mit einem Rechtsbehelf gegen die Zuschlagsteuer kann weder die Bemessungsgrundlage noch die Höhe des zu versteuernden Einkommens angegriffen werden. ²Wird die Bemessungsgrundlage geändert, ändert sich die Zuschlagsteuer entsprechend.

(6) Die Absätze 1 bis 5 gelten für die Kirchensteuern nach Maßgabe landesrechtlicher Vorschriften.

§ 52
Anwendungsvorschriften

(1) ¹Diese Fassung des Gesetzes ist, soweit in den folgenden Absätzen nichts anderes bestimmt ist, erstmals für den Veranlagungszeitraum 2015 anzuwenden. ²Beim Steuerabzug vom Arbeitslohn gilt Satz 1 mit der Maßgabe, dass diese Fassung erstmals auf den laufenden Arbeitslohn anzuwenden ist, der für einen nach dem 31. Dezember 2014 endenden Lohnzahlungszeitraum gezahlt wird, und auf sonstige Bezüge, die nach dem 31. Dezember 2014 zufließen. ³Beim Steuerabzug vom Kapitalertrag gilt Satz 1 mit der Maßgabe, dass diese Fassung des Gesetzes erstmals auf Kapitaler-

träge anzuwenden ist, die dem Gläubiger nach dem 31. Dezember 2014 zufließen.

(2) ¹§ 2a Absatz 1 Satz 1 Nummer 6 Buchstabe b in der am 1. Januar 2000 geltenden Fassung ist erstmals auf negative Einkünfte eines Steuerpflichtigen anzuwenden, die er aus einer entgeltlichen Überlassung von Schiffen aufgrund eines nach dem 31. Dezember 1999 rechtswirksam abgeschlossenen obligatorischen Vertrags oder gleichstehenden Rechtsakts erzielt. ²Für negative Einkünfte im Sinne des § 2a Absatz 1 und 2 in der am 24. Dezember 2008 geltenden Fassung, die vor dem 25. Dezember 2008 nach § 2a Absatz 1 Satz 5 bestandskräftig gesondert festgestellt wurden, ist § 2a Absatz 1 Satz 3 bis 5 in der am 24. Dezember 2008 geltenden Fassung weiter anzuwenden. ³§ 2a Absatz 3 Satz 3, 5 und 6 in der am 29. April 1997 geltenden Fassung ist für Veranlagungszeiträume ab 1999 weiter anzuwenden, soweit sich ein positiver Betrag im Sinne des § 2a Absatz 3 Satz 3 in der am 29. April 1997 geltenden Fassung ergibt oder soweit eine in einem ausländischen Staat gelegene Betriebsstätte im Sinne des § 2a Absatz 4 in der Fassung des § 52 Absatz 3 Satz 8 in der am 30. Juli 2014 geltenden Fassung in eine Kapitalgesellschaft umgewandelt, übertragen oder aufgegeben wird. ⁴Insoweit ist in § 2a Absatz 3 Satz 5 letzter Halbsatz in der am 29. April 1997 geltenden Fassung die Angabe „§ 10d Absatz 3" durch die Angabe „§ 10d Absatz 4" zu ersetzen.

(3) § 2b in der Fassung der Bekanntmachung vom 19. Oktober 2002 (BGBl. I S. 4210; 2003 I S. 179) ist weiterhin für Einkünfte aus einer Einkunftsquelle im Sinne des § 2b anzuwenden, die der Steuerpflichtige nach dem 4. März 1999 und vor dem 11. November 2005 rechtswirksam erworben oder begründet hat.

(4) ¹§ 3 Nummer 5 in der am 30. Juni 2013 geltenden Fassung ist vorbehaltlich des Satzes 2 erstmals für den Veranlagungszeitraum 2013 anzuwenden. ²§ 3 Nummer 5 in der am 29. Juni 2013 geltenden Fassung ist weiterhin anzuwenden für freiwillig Wehrdienst Leistende, die das Dienstverhältnis vor dem 1. Januar 2014 begonnen haben. ³§ 3 Nummer 10 in der am 31. Dezember 2005 geltenden Fassung ist weiter anzuwenden für ausgezahlte Übergangsbeihilfen an Soldatinnen auf Zeit und Soldaten auf Zeit, wenn das Dienstverhältnis vor dem 1. Januar 2006 begründet worden ist. ⁴Auf fortlaufende Leistungen nach dem Gesetz über die Heimkehrerstiftung vom 21. Dezember 1992 (BGBl. I S. 2094, 2101), das zuletzt durch Artikel 1 des Gesetzes vom 10. Dezember 2007 (BGBl. I S. 2830) geändert worden ist, in der jeweils geltenden Fassung ist § 3 Nummer 19 in der am 31. Dezember 2010 geltenden Fassung weiter anzuwenden. ⁵§ 3 Nummer 40 ist erstmals anzuwenden für

1. Gewinnausschüttungen, auf die bei der ausschüttenden Körperschaft der nach Artikel 3 des Gesetzes vom 23. Oktober 2000 (BGBl. I S. 1433) aufgehobene Vierte Teil des Körperschaftsteuergesetzes nicht mehr anzuwenden ist; für die übrigen in § 3 Nummer 40 genannten Erträge im Sinne des § 20 gilt Entsprechendes;

2. Erträge im Sinne des § 3 Nummer 40 Satz 1 Buchstabe a, b, c und j nach Ablauf des ersten Wirtschaftsjahres der Gesellschaft, an der die Anteile bestehen, für das das Körperschaftsteuergesetz in der Fassung des Artikels 3 des Gesetzes vom 23. Oktober 2000 (BGBl. I S. 1433) erstmals anzuwenden ist.

⁶§ 3 Nummer 40 Satz 3 und 4 in der am 12. Dezember 2006 geltenden Fassung ist für Anteile, die einbringungsgeboren im Sinne des § 21 des Umwandlungssteuergesetzes in der am 12. Dezember 2006 geltenden Fassung sind, weiter anzuwenden. ⁷Bei vom Kalenderjahr abweichenden Wirtschaftsjahren ist § 3 Nummer 40 Buchstabe d Satz 2 in der am 30. Juni 2013 geltenden Fassung erstmals für den Veranlagungszeitraum anzuwenden, in dem das Wirtschaftsjahr endet, das nach dem 31. Dezember 2013 begonnen hat. ⁸§ 3 Nummer 40a in der am 6. August 2004 geltenden Fassung ist auf Vergütungen im Sinne des § 18 Absatz 1 Nummer 4 anzuwenden, wenn die vermögensverwaltende Gesellschaft oder Gemeinschaft nach dem 31. März 2002 und vor dem 1. Januar 2009 gegründet worden ist oder soweit die Vergütungen in Zusammenhang mit der Veräußerung von Anteilen an Kapitalgesellschaften stehen, die nach dem 7. November 2003 und vor dem 1. Januar 2009 erworben worden sind. ⁹§ 3 Nummer 40a in der am 19. August 2008 geltenden Fassung ist erstmals auf Vergütungen im Sinne des § 18 Absatz 1 Nummer 4 anzuwenden, wenn die vermögensverwaltende Gesellschaft oder Gemeinschaft nach dem 31. Dezember 2008 gegründet worden ist. ¹⁰§ 3 Nummer 63 ist bei Beiträgen für eine Direktversicherung nicht anzuwenden, wenn die entsprechende Versorgungszusage vor dem 1. Januar 2005 erteilt wurde und der Arbeitnehmer gegenüber dem Arbeitgeber für diese Beiträge auf die Anwendung des § 3 Nummer 63 verzichtet hat. ¹¹Der Verzicht gilt für die Dauer des Dienstverhältnisses; er ist bis zum 30. Juni 2005 oder bei einem späteren Arbeitgeberwechsel bis zur ersten Beitragsleistung zu erklären. ¹²§ 3 Nummer 63 Satz 3 und 4 ist nicht anzuwenden, wenn § 40b Absatz 1 und 2 in der am 31. Dezember 2004 geltenden Fassung angewendet wird. ¹³§ 3 Nummer 71 in der Fassung des vorliegenden Gesetzes ist erstmals für den Veranlagungszeitraum 2013 anzuwenden.

(5) ¹§ 3c Absatz 2 Satz 3 und 4 in der am 12. Dezember 2006 geltenden Fassung ist für Anteile, die einbringungsgeboren im Sinne des § 21 des Umwandlungssteuergesetzes in der am 12. Dezember 2006 geltenden Fassung sind, weiter anzuwenden. ²§ 3 Absatz 2 in der Fassung des vorliegenden Gesetzes ist erstmals für Wirtschaftsjahre anzuwenden, die nach dem 31. Dezember 2014 beginnen.

(6) ¹§ 4 Absatz 1 Satz 4 in der Fassung des Artikels 1 des Gesetzes vom 8. Dezember 2010 (BGBl. I S. 1768) gilt in allen Fällen, in denen § 4 Absatz 1 Satz 3 anzuwenden ist. ²§ 4 Absatz 3 Satz 4 ist nicht anzuwenden, soweit die Anschaffungs- oder Herstellungskosten vor dem 1. Januar 1971 als Betriebsausgaben abgesetzt worden sind. ³§ 4 Absatz 3 Satz 4 und 5 in der Fassung des Artikels 1 des Gesetzes vom 28. April 2006 (BGBl. I S. 1095) ist erstmals für Wirtschaftsgüter anzuwenden, die nach dem 5. Mai 2006 angeschafft, hergestellt oder in das Betriebsvermögen eingelegt werden. ⁴Die Anschaffungs- oder Herstellungskosten für nicht abnutzbare Wirtschaftsgüter des Anlagevermögens, die vor dem 5. Mai 2006 angeschafft, hergestellt oder in das Betriebsvermögen eingelegt wurden, sind erst im Zeitpunkt des Zuflusses des Veräußerungserlöses oder im Zeitpunkt der Entnahme als Betriebsausgaben zu berücksichtigen. ⁵§ 4 Absatz 4a in der Fassung des Gesetzes vom 22. Dezember 1999 (BGBl. I S. 2601) ist erstmals für das Wirtschaftsjahr anzuwenden, das nach dem 31. Dezember 1998 endet. ⁶Über- und Unterentnahmen vorangegangener Wirtschaftsjahre bleiben unberücksichtigt. ⁷Bei vor dem 1. Januar 1999 eröffneten Betrieben sind im Fall der Betriebsaufgabe bei der Überführung von Wirtschaftsgütern aus dem Betriebsvermögen in das Privatvermögen die Buchwerte nicht als Entnahme anzusetzen; im Fall der Betriebsveräußerung ist nur der Veräußerungsgewinn als Entnahme anzusetzen. ⁸§ 4 Absatz 5 Satz 1 Nummer 5 in der Fassung des Artikels 1 des Gesetzes vom 20. Februar 2013 (BGBl. I S. 285) ist erstmals ab dem 1. Januar 2014 anzuwenden. ⁹§ 4 Absatz 5 Satz 1 Nummer 6a in der Fassung des Artikels 1 des Gesetzes vom 20. Februar 2013 (BGBl. I S. 285) ist erstmals ab dem 1. Januar 2014 anzuwenden.

(7) § 4d Absatz 1 Satz 1 Nummer 1 Satz 1 in der Fassung des Artikels 5 Nummer 1 des Gesetzes vom 10. Dezember 2007 (BGBl. I S. 2838) ist erstmals bei nach dem 31. Dezember 2008 zugesagten Leistungen der betrieblichen Altersversorgung anzuwenden.

(8) § 4f in der Fassung des Gesetzes vom 18. Dezember 2013 (BGBl. I S. 4318) ist erstmals für Wirtschaftsjahre anzuwenden, die nach dem 28. November 2013 enden.

(9) ¹§ 5 Absatz 7 in der Fassung des Gesetzes vom 18. Dezember 2013 (BGBl. I S. 4318) ist erstmals für Wirtschaftsjahre anzuwenden, die nach dem 28. November 2013 enden. ²Auf Antrag kann § 5 Absatz 7 auch für frühere Wirtschaftsjahre angewendet werden. ³Bei Schuldübertragungen, Schuldbeitritten und Erfüllungsübernahmen, die vor dem 14. Dezember 2011 vereinbart wurden, ist § 5 Absatz 7 Satz 5 mit der Maßgabe anzuwenden, dass für einen Gewinn, der sich aus der Anwendung von § 5 Absatz 7 Satz 1 bis 3 ergibt, jeweils in Höhe von 19 Zwanzigsteln eine gewinnmindernde Rücklage gebildet werden kann, die in den folgenden 19 Wirtschaftsjahren jeweils mit mindestens einem Neunzehntel gewinnerhöhend aufzulösen ist.

(10) ¹§ 5a Absatz 3 in der Fassung des Artikels 9 des Gesetzes vom 29. Dezember 2003 (BGBl. I S. 3076) ist erstmals für das Wirtschaftsjahr anzuwenden, das nach dem 31. Dezember 2005 endet. ²§ 5a Absatz 3 Satz 1 in der am 31. Dezember 2003 geltenden Fassung ist weiterhin anzuwenden, wenn der Steuerpflichtige im Fall

der Anschaffung das Handelsschiff aufgrund eines vor dem 1. Januar 2006 rechtswirksam abgeschlossenen schuldrechtlichen Vertrags oder gleichgestellten Rechtsakts angeschafft oder im Fall der Herstellung mit der Herstellung des Handelsschiffs vor dem 1. Januar 2006 begonnen hat. ³In Fällen des Satzes 2 muss der Antrag auf Anwendung des § 5a Absatz 1 spätestens bis zum Ablauf des Wirtschaftsjahres gestellt werden, das vor dem 1. Januar 2008 endet. ⁴Soweit Ansparabschreibungen im Sinne des § 7g Absatz 3 in der am 17. August 2007 geltenden Fassung zum Zeitpunkt des Übergangs zur Gewinnermittlung nach § 5a Absatz 1 noch nicht gewinnerhöhend aufgelöst worden sind, ist § 5a Absatz 5 Satz 3 in der am 17. August 2007 geltenden Fassung weiter anzuwenden.

(11) § 5b in der Fassung des Artikels 1 des Gesetzes vom 20. Dezember 2008 (BGBl. I S. 2850) ist erstmals für Wirtschaftsjahre anzuwenden, die nach dem 31. Dezember 2010 beginnen.

(12) ¹§ 6 Absatz 1 Nummer 4 Satz 2 und 3 in der am 30. Juni 2013 geltenden Fassung ist für Fahrzeuge mit Antrieb ausschließlich durch Elektromotoren, die ganz oder überwiegend aus mechanischen oder elektrochemischen Energiespeichern oder aus emissionsfrei betriebenen Energiewandlern gespeist werden (Elektrofahrzeuge), oder für extern aufladbare Hybridelektrofahrzeuge anzuwenden, die vor dem 1. Januar 2023 angeschafft werden. ²§ 6 Absatz 5 Satz 1 zweiter Halbsatz in der am 14. Dezember 2010 geltenden Fassung gilt in allen Fällen, in denen § 4 Absatz 1 Satz 3 anzuwenden ist.

(13) ¹§ 6a Absatz 2 Nummer 1 erste Alternative und Absatz 3 Satz 2 Nummer 1 Satz 6 erster Halbsatz in der am 1. Januar 2001 geltenden Fassung ist bei Pensionsverpflichtungen gegenüber Berechtigten anzuwenden, denen der Pensionsverpflichtete erstmals eine Pensionszusage nach dem 31. Dezember 2000 erteilt hat; § 6a Absatz 2 Nummer 1 zweite Alternative sowie § 6a Absatz 3 Satz 2 Nummer 1 Satz 1 und § 6a Absatz 3 Satz 2 Nummer 1 Satz 6 zweiter Halbsatz sind bei Pensionsverpflichtungen anzuwenden, die auf einer nach dem 31. Dezember 2000 vereinbarten Entgeltumwandlung im Sinne von § 1 Absatz 2 des Betriebsrentengesetzes beruhen. ²§ 6a Absatz 2 Nummer 1 und Absatz 3 Satz 2 Nummer 1 Satz 6 in der am 1. September 2009 geltenden Fassung ist erstmals bei nach dem 31. Dezember 2008 erteilten Pensionszusagen anzuwenden.

(14) § 6b Absatz 10 Satz 11 in der am 12. Dezember 2006 geltenden Fassung ist für Anteile, die einbringungsgeboren im Sinne des § 21 des Umwandlungssteuergesetzes in der am 12. Dezember 2006 geltenden Fassung sind, weiter anzuwenden.

(15) ¹Bei Wirtschaftsgütern, die vor dem 1. Januar 2001 angeschafft oder hergestellt worden sind, ist § 7 Absatz 2 Satz 2 in der Fassung des Gesetzes vom 22. Dezember 1999 (BGBl. I S. 2601) weiter anzuwenden. ²Bei Gebäuden, soweit sie zu einem Betriebsvermögen gehören und nicht Wohnzwecken dienen, ist § 7 Absatz 4 Satz 1 und 2 in der am 31. Dezember 2000 geltenden Fassung weiter anzuwenden, wenn der Steuerpflichtige im Fall der Herstellung vor dem 1. Januar 2001 mit der Herstellung des Gebäudes begonnen hat oder im Fall der Anschaffung das Objekt aufgrund eines vor dem 1. Januar 2001 rechtswirksam abgeschlossenen obligatorischen Vertrags oder gleichstehenden Rechtsakts angeschafft hat. ³Als Beginn der Herstellung gilt bei Gebäuden, für die eine Baugenehmigung erforderlich ist, der Zeitpunkt, in dem der Bauantrag gestellt wird; bei baugenehmigungsfreien Gebäuden, für die Bauunterlagen einzureichen sind, der Zeitpunkt, in dem die Bauunterlagen eingereicht werden.

(16) ¹In Wirtschaftsjahren, die nach dem 31. Dezember 2008 und vor dem 1. Januar 2011 enden, ist § 7g Absatz 1 Satz 2 Nummer 1 mit der Maßgabe anzuwenden, dass bei Gewerbebetrieben oder der selbständigen Arbeit dienenden Betrieben, die ihren Gewinn nach § 4 Absatz 1 oder § 5 ermitteln, ein Betriebsvermögen von 335 000 Euro, bei Betrieben der Land- und Forstwirtschaft ein Wirtschaftswert oder Ersatzwirtschaftswert von 175 000 Euro und bei Betrieben, die ihren Gewinn nach § 4 Absatz 3 ermitteln, ohne Berücksichtigung von Investitionsabzugsbeträgen ein Gewinn von 200 000 Euro nicht überschritten wird. ²Bei Wirtschaftsgütern, die nach dem 31. Dezember 2008 und vor dem 1. Januar 2011 angeschafft oder hergestellt worden sind, ist § 7g Absatz 6 Nummer 1 mit der Maßgabe anzuwenden, dass der Betrieb zum Schluss des Wirtschaftsjahres, das der Anschaffung oder Herstellung vorangeht, die Größenmerkmale des Satzes 1 nicht überschreitet.

(17) § 9b Absatz 2 in der Fassung des Artikels 11 des Gesetzes vom 18. Dezember 2013 (BGBl. I S. 4318) ist auf Mehr- und Minderbeträge infolge von Änderungen der Verhältnisse im Sinne von § 15a des Umsatzsteuergesetzes anzuwenden, die nach dem 28. November 2013 eingetreten sind.

(18) ¹§ 10 Absatz 1a Nummer 2 in der am 1. Januar 2015 geltenden Fassung ist auf alle Versorgungsleistungen anzuwenden, die auf Vermögensübertragungen beruhen, die nach dem 31. Dezember 2007 vereinbart worden sind. ²Für Versorgungsleistungen, die auf Vermögensübertragungen beruhen, die vor dem 1. Januar 2008 vereinbart worden sind, gilt dies nur, wenn das übertragene Vermögen nur deshalb einen ausreichenden Ertrag bringt, weil ersparte Aufwendungen, mit Ausnahme des Nutzungsvorteils eines vom Vermögensübernehmer zu eigenen Zwecken genutzten Grundstücks, zu den Erträgen des Vermögens gerechnet werden. ³§ 10 Absatz 1 Nummer 5 in der am 1. Januar 2012 geltenden Fassung gilt auch für Kinder, die wegen einer vor dem 1. Januar 2007 in der Zeit ab Vollendung des 25. Lebensjahres und vor Vollendung des 27. Lebensjahres eingetretenen körperlichen, geistigen oder seelischen Behinderung außerstande sind, sich selbst zu unterhalten. ⁴§ 10 Absatz 4b Satz 4 bis 6 in der am 30. Juni 2013 geltenden Fassung ist erstmals für die Übermittlung der Daten des Veranlagungszeitraums 2016 anzuwenden. ⁵§ 10 Absatz 5 in der am 31. Dezember 2009 geltenden Fassung ist auf Beiträge zu Versicherungen im Sinne des § 10 Absatz 1 Nummer 2 Buchstabe b Doppelbuchstabe bb bis dd in der am 31. Dezember 2004 geltenden Fassung weiterhin anzuwenden, wenn die Laufzeit dieser Versicherungen vor dem 1. Januar 2005 begonnen hat und ein Versicherungsbeitrag bis zum 31. Dezember 2004 entrichtet wurde.

(19) ¹Für nach dem 31. Dezember 1986 und vor dem 1. Januar 1991 hergestellte oder angeschaffte Wohnungen im eigenen Haus oder Eigentumswohnungen sowie in diesem Zeitraum fertiggestellte Ausbauten oder Erweiterungen ist § 10e in der am 30. Dezember 1989 geltenden Fassung weiter anzuwenden. ²Für nach dem 31. Dezember 1990 hergestellte oder angeschaffte Wohnungen im eigenen Haus oder Eigentumswohnungen sowie in diesem Zeitraum fertiggestellte Ausbauten oder Erweiterungen ist § 10e in der am 28. Juni 1991 geltenden Fassung weiter anzuwenden. ³Abweichend von Satz 2 ist § 10e Absatz 1 bis 5 und 6 bis 7 in der am 28. Juni 1991 geltenden Fassung erstmals für den Veranlagungszeitraum 1991 bei Objekten im Sinne des § 10e Absatz 1 und 2 anzuwenden, wenn im Fall der Herstellung der Steuerpflichtige nach dem 30. September 1991 den Bauantrag gestellt oder mit der Herstellung des Objekts begonnen hat oder im Fall der Anschaffung der Steuerpflichtige das Objekt nach dem 30. September 1991 aufgrund eines nach diesem Zeitpunkt rechtswirksam abgeschlossenen obligatorischen Vertrags oder gleichstehenden Rechtsakts angeschafft hat oder mit der Herstellung des Objekts nach dem 30. September 1991 begonnen worden ist. ⁴§ 10e Absatz 5a ist erstmals bei den in § 10e Absatz 1 und 2 bezeichneten Objekten anzuwenden, wenn im Fall der Herstellung der Steuerpflichtige den Bauantrag nach dem 31. Dezember 1991 gestellt oder, falls ein solcher nicht erforderlich ist, mit der Herstellung nach diesem Zeitpunkt begonnen hat, oder im Fall der Anschaffung der Steuerpflichtige das Objekt aufgrund eines nach dem 31. Dezember 1991 rechtswirksam abgeschlossenen obligatorischen Vertrags oder gleichstehenden Rechtsakts angeschafft hat. ⁵§ 10e Absatz 1 Satz 4 in der am 27. Juni 1993 geltenden Fassung und § 10e Absatz 6 Satz 3 in der am 30. Dezember 1993 geltenden Fassung sind erstmals anzuwenden, wenn der Steuerpflichtige das Objekt aufgrund eines nach dem 31. Dezember 1993 rechtswirksam abgeschlossenen obligatorischen Vertrags oder gleichstehenden Rechtsakts angeschafft hat. ⁶§ 10e ist letztmals anzuwenden, wenn der Steuerpflichtige im Fall der Herstellung vor dem 1. Januar 1996 mit der Herstellung des Objekts begonnen hat oder im Fall der Anschaffung das Objekt aufgrund eines vor dem 1. Januar 1996 rechtswirksam abgeschlossenen obligatorischen Vertrags oder gleichstehenden Rechtsakts angeschafft hat. ⁷Als Beginn der Herstellung gilt bei Objekten, für die eine Baugenehmigung erforderlich ist, der Zeitpunkt, in dem der Bauantrag gestellt wird; bei baugenehmigungsfreien Objekten, für die Bauunterlagen einzureichen sind, gilt als Beginn der Herstellung der Zeitpunkt, in dem die Bauunterlagen eingereicht werden.

(20) ¹§ 10h ist letztmals anzuwenden, wenn der Steuerpflichtige vor dem 1. Januar 1996 mit der Herstellung begonnen hat. ²Als Beginn der Herstellung gilt bei Baumaßnahmen, für die eine Baugenehmigung erforderlich ist, der Zeitpunkt, in dem der Bauantrag gestellt wird; bei baugenehmigungsfreien Baumaßnahmen, für die Bauunterlagen einzureichen sind, gilt als Beginn der Herstellung der Zeitpunkt, in dem die Bauunterlagen eingereicht werden.

(21) ¹§ 10i in der am 1. Januar 1996 geltenden Fassung ist letztmals anzuwenden, wenn der Steuerpflichtige im Fall der Herstellung vor dem 1. Januar 1999 mit der Herstellung des Objekts begonnen hat oder im Fall der Anschaffung das Objekt aufgrund eines vor dem 1. Januar 1999 rechtswirksam abgeschlossenen obligatorischen Vertrags oder gleichstehenden Rechtsakts angeschafft hat. ²Als Beginn der Herstellung gilt bei Objekten, für die eine Baugenehmigung erforderlich ist, der Zeitpunkt, in dem der Bauantrag gestellt wird; bei baugenehmigungsfreien Objekten, für die Bauunterlagen einzureichen sind, gilt als Beginn der Herstellung der Zeitpunkt, in dem die Bauunterlagen eingereicht werden.

(22) Für die Anwendung des § 13 Absatz 7 in der am 31. Dezember 2005 geltenden Fassung gilt Absatz 25 entsprechend.

(22a) ¹§ 13a in der am 31. Dezember 2014 geltenden Fassung ist letztmals für das Wirtschaftsjahr anzuwenden, das vor dem 31. Dezember 2015 endet. ²§ 13a in der am 1. Januar 2015 geltenden Fassung ist erstmals für das Wirtschaftsjahr anzuwenden, das nach dem 30. Dezember 2015 endet. ³Die Bindungsfrist auf Grund des § 13a Absatz 2 Satz 1 in der am 31. Dezember 2014 geltenden Fassung bleibt bestehen.

(23) § 15 Absatz 4 Satz 2 und 7 in der am 30. Juni 2013 geltenden Fassung ist in allen Fällen anzuwenden, in denen am 30. Juni 2013 die Feststellungsfrist noch nicht abgelaufen ist.

(24) ¹§ 15a ist nicht auf Verluste anzuwenden, soweit sie

1. durch Sonderabschreibungen nach § 82f der Einkommensteuer-Durchführungsverordnung,

2. durch Absetzungen für Abnutzung in fallenden Jahresbeträgen nach § 7 Absatz 2 von den Herstellungskosten oder von den Anschaffungskosten von in ungebrauchtem Zustand vom Hersteller erworbenen Seeschiffen, die in einem inländischen Seeschiffsregister eingetragen sind,

entstehen; Nummer 1 gilt nur bei Schiffen, deren Anschaffungs- oder Herstellungskosten zu mindestens 30 Prozent durch Mittel finanziert werden, die weder unmittelbar noch mittelbar in wirtschaftlichem Zusammenhang mit der Aufnahme von Krediten durch den Gewerbebetrieb stehen, zu dessen Betriebsvermögen das Schiff gehört. ²§ 15a ist in diesen Fällen erstmals anzuwenden auf Verluste, die in nach dem 31. Dezember 1999 beginnenden Wirtschaftsjahren entstehen, wenn der Schiffbauvertrag vor dem 25. April 1996 abgeschlossen worden ist und der Gesellschafter der Gesellschaft vor dem 1. Januar 1999 beigetreten ist; soweit Verluste, die in dem Betrieb der Gesellschaft entstehen und nach Satz 1 oder nach § 15a Absatz 1 Satz 1 ausgleichsfähig oder abzugsfähig sind, zusammen das Eineinviertelfache der insgesamt geleisteten Einlage übersteigen, ist § 15a auf Verluste anzuwenden, die in nach dem 31. Dezember 1994 beginnenden Wirtschaftsjahren entstehen. ³Scheidet ein Kommanditist oder ein anderer Mitunternehmer, dessen Haftung der eines Kommanditisten vergleichbar ist und dessen Kapitalkonto in der Steuerbilanz der Gesellschaft aufgrund von ausgleichs- oder abzugsfähigen Verlusten negativ geworden ist, aus der Gesellschaft aus oder wird in einem solchen Fall die Gesellschaft aufgelöst, so gilt der Betrag, den der Mitunternehmer nicht ausgleichen muss, als Veräußerungsgewinn im Sinne des § 16. ⁴In Höhe der nach Satz 3 als Gewinn zuzurechnenden Beträge sind bei den anderen Mitunternehmern unter Berücksichtigung der für die Zurechnung von Verlusten geltenden Grundsätze Verlustanteile anzusetzen. ⁵Bei der Anwendung des § 15a Absatz 3 sind nur Verluste zu berücksichtigen, auf die § 15a Absatz 1 anzuwenden ist.

(25) ¹§ 15b in der Fassung des Artikels 1 des Gesetzes vom 22. Dezember 2005 (BGBl. I S. 3683) ist nur auf Verluste der dort bezeichneten Steuerstundungsmodelle anzuwenden, denen der Steuerpflichtige nach dem 10. November 2005 beigetreten ist oder für die nach dem 10. November 2005 mit dem Außenvertrieb begonnen wurde. ²Der Außenvertrieb beginnt in dem Zeitpunkt, in dem die Voraussetzungen für die Veräußerung der konkret bestimmbaren Fondsanteile erfüllt sind und die Gesellschaft selbst oder über ein Vertriebsunternehmen mit Außenwirkung an den Markt herangetreten ist. ³Dem Beginn des Außenvertriebs stehen der Beschluss von Kapitalerhöhungen und die Reinvestition von Erlösen in neue Projekte gleich. ⁴Besteht das Steuerstundungsmodell nicht im Erwerb eines Anteils an einem geschlossenen Fonds, ist § 15b in der Fassung des Artikels 1 des Gesetzes vom 22. Dezember 2005 (BGBl. I S. 3683) anzuwenden, wenn die Investition nach dem 10. November 2005 rechtsverbindlich getätigt wurde. ⁵§ 15b Absatz 3a ist erstmals auf Verluste der dort bezeichneten Steuerstundungsmodelle anzuwenden, bei denen Wirtschaftsgüter des Umlaufvermögens nach dem 28. November 2013 angeschafft, hergestellt oder in das Betriebsvermögen eingelegt werden.

(26) Für die Anwendung des § 18 Absatz 4 Satz 2 in der Fassung des Artikels 1 des Gesetzes vom 22. Dezember 2005 (BGBl. I S. 3683) gilt Absatz 25 entsprechend.

(26a) § 19 Absatz 1 Satz 1 Nummer 3 Satz 2 und 3 in der Fassung des vorliegenden Gesetzes gilt für alle Zahlungen des Arbeitgebers nach dem Tag der Verkündung dieses Gesetzes.

(27) § 19a in der am 31. Dezember 2008 geltenden Fassung ist weiter anzuwenden, wenn

1. die Vermögensbeteiligung vor dem 1. April 2009 überlassen wird oder

2. aufgrund einer am 31. März 2009 bestehenden Vereinbarung ein Anspruch auf die unentgeltliche oder verbilligte Überlassung einer Vermögensbeteiligung besteht sowie die Vermögensbeteiligung vor dem 1. Januar 2016 überlassen wird und der Arbeitgeber bei demselben Arbeitnehmer im Kalenderjahr nicht § 3 Nummer 39 anzuwenden hat.

(28) ¹Für die Anwendung des § 20 Absatz 1 Nummer 4 Satz 2 in der am 31. Dezember 2005 geltenden Fassung gilt Absatz 25 entsprechend. ²Für die Anwendung von § 20 Absatz 1 Nummer 4 Satz 2 und Absatz 2b in der am 1. Januar 2007 geltenden Fassung gilt Absatz 25 entsprechend. ³§ 20 Absatz 1 Nummer 6 in der Fassung des Gesetzes vom 7. September 1990 (BGBl. I S. 1898) ist erstmals auf nach dem 31. Dezember 1974 zugeflossene Zinsen aus Versicherungsverträgen anzuwenden, die nach dem 31. Dezember 1973 abgeschlossen worden sind. ⁴§ 20 Absatz 1 Nummer 6 in der Fassung des Gesetzes vom 20. Dezember 1996 (BGBl. I S. 2049) ist erstmals auf Zinsen aus Versicherungsverträgen anzuwenden, bei denen die Ansprüche nach dem 31. Dezember 1996 entgeltlich erworben worden sind. ⁵Für Kapitalerträge aus Versicherungsverträgen, die vor dem 1. Januar 2005 abgeschlossen worden sind, ist § 20 Absatz 1 Nummer 6 in der am 31. Dezember 2004 geltenden Fassung mit der Maßgabe weiterhin anzuwenden, dass in Satz 3 die Wörter „§ 10 Absatz 1 Nummer 2 Buchstabe b Satz 5" durch die Wörter „§ 10 Absatz 1 Nummer 2 Buchstabe b Satz 6" ersetzt werden. ⁶§ 20 Absatz 1 Nummer 6 Satz 3 in der Fassung des Artikels 1 des Gesetzes vom 13. Dezember 2006 (BGBl. I S. 2878) ist erstmals anzuwenden auf Versicherungsleistungen im Erlebensfall bei Versicherungsverträgen, die nach dem 31. Dezember 2006 abgeschlossen werden, und auf Versicherungsleistungen bei Rückkauf eines Vertrages nach dem 31. Dezember 2006. ⁷§ 20 Absatz 1 Nummer 6 Satz 2 ist für Vertragsabschlüsse nach dem 31. Dezember 2011 mit der Maßgabe anzuwenden, dass die Versicherungsleistung nach Vollendung des 62. Lebensjahres des Steuerpflichtigen ausgezahlt wird. ⁸§ 20 Absatz 1 Nummer 6 Satz 6 in der Fassung des Artikels 1 des Gesetzes vom 19. Dezember 2008 (BGBl. I S. 2794) ist für alle Versicherungsverträge anzuwenden, die nach dem 31. März 2009 abgeschlossen werden oder bei denen die erstmalige Beitragsleistung nach dem 31. März 2009 erfolgt. ⁹Wird aufgrund einer internen Teilung nach § 10 des Versorgungsausgleichsgesetzes oder einer externen Teilung nach § 14 des Versorgungsausgleichsgesetzes ein Anrecht in Form eines Versicherungsvertrags zugunsten der ausgleichsberechtigten Person begründet, so gilt dieser Vertrag insoweit zu dem gleichen Zeitpunkt als abgeschlossen wie derjenige der ausgleichspflichtigen Person. ¹⁰§ 20 Absatz 1 Nummer 6 Satz 7 und 8 ist auf Versicherungsleistungen anzuwenden, die aufgrund eines nach dem 31. Dezember 2014 eingetretenen Versicherungsfalles ausgezahlt werden. ¹¹§ 20 Absatz 2 Satz 1 Nummer 1 in der am 18. August 2007 gelten-

den Fassung ist erstmals auf Gewinne aus der Veräußerung von Anteilen anzuwenden, die nach dem 31. Dezember 2008 erworben wurden. [12]§ 20 Absatz 2 Satz 1 Nummer 3 in der am 18. August 2007 geltenden Fassung ist erstmals auf Gewinne aus Termingeschäften anzuwenden, bei denen der Rechtserwerb nach dem 31. Dezember 2008 stattgefunden hat. [13]§ 20 Absatz 2 Satz 1 Nummer 4, 5 und 8 in der am 18. August 2007 geltenden Fassung ist erstmals auf Gewinne anzuwenden, bei denen die zugrunde liegenden Wirtschaftsgüter, Rechte oder Rechtspositionen nach dem 31. Dezember 2008 erworben oder geschaffen wurden. [14]§ 20 Absatz 2 Satz 1 Nummer 6 in der am 18. August 2007 geltenden Fassung ist erstmals auf die Veräußerung von Ansprüchen nach dem 31. Dezember 2008 anzuwenden, bei denen der Versicherungsvertrag nach dem 31. Dezember 2004 abgeschlossen wurde; dies gilt auch für Versicherungsverträge, die vor dem 1. Januar 2005 abgeschlossen wurden, sofern bei einem Rückkauf zum Veräußerungszeitpunkt die Erträge nach § 20 Absatz 1 Nummer 6 in der am 31. Dezember 2004 geltenden Fassung steuerpflichtig wären. [15]§ 20 Absatz 2 Satz 1 Nummer 7 in der Fassung des Artikels 1 des Gesetzes vom 14. August 2007 (BGBl. I S. 1912) ist erstmals auf nach dem 31. Dezember 2008 zufließende Kapitalerträge aus der Veräußerung sonstiger Kapitalforderungen anzuwenden. [16]Für Kapitalerträge aus Kapitalforderungen, die zum Zeitpunkt des vor dem 1. Januar 2009 erfolgten Erwerbs zwar Kapitalforderungen im Sinne des § 20 Absatz 1 Nummer 7 in der am 31. Dezember 2008 anzuwendenden Fassung, aber nicht Kapitalforderungen im Sinne des § 20 Absatz 2 Satz 1 Nummer 4 in der am 31. Dezember 2008 anzuwendenden Fassung sind, ist § 20 Absatz 2 Satz 1 Nummer 7 nicht anzuwenden; für die bei der Veräußerung in Rechnung gestellten Stückzinsen ist Satz 15 anzuwenden; Kapitalforderungen im Sinne des § 20 Absatz 2 Satz 1 Nummer 4 in der am 31. Dezember 2008 anzuwendenden Fassung liegen auch vor, wenn die Rückzahlung nur teilweise garantiert ist oder wenn eine Trennung zwischen Ertrags- und Vermögensebene möglich erscheint. [17]Bei Kapitalforderungen, die zwar nicht die Voraussetzungen von § 20 Absatz 1 Nummer 7 in der am 31. Dezember 2008 geltenden Fassung, aber die Voraussetzungen von § 20 Absatz 1 Nummer 7 in der am 18. August 2007 geltenden Fassung erfüllen, ist § 20 Absatz 2 Satz 1 Nummer 7 in Verbindung mit § 20 Absatz 1 Nummer 7 vorbehaltlich der Regelung in Absatz 31 Satz 2 und 3 auf alle nach dem 30. Juni 2009 zufließenden Kapitalerträge anzuwenden, es sei denn, die Kapitalforderung wurde vor dem 15. März 2007 angeschafft. [18]§ 20 Absatz 4a Satz 3 in der Fassung des Artikels 1 des Gesetzes vom 8. Dezember 2010 (BGBl. I S. 1768) ist erstmals für Wertpapiere anzuwenden, die nach dem 31. Dezember 2009 geliefert wurden, sofern für die Lieferung § 20 Absatz 4 anzuwenden ist.

(29) Für die Anwendung des § 21 Absatz 1 Satz 2 in der am 31. Dezember 2005 geltenden Fassung gilt Absatz 25 entsprechend.

(30) Für die Anwendung des § 22 Nummer 1 Satz 1 zweiter Halbsatz in der am 31. Dezember 2005 geltenden Fassung gilt Absatz 25 entsprechend.

(31) [1]§ 23 Absatz 1 Satz 1 Nummer 2 in der am 18. August 2007 geltenden Fassung ist erstmals auf Veräußerungsgeschäfte anzuwenden, bei denen die Wirtschaftsgüter nach dem 31. Dezember 2008 aufgrund eines nach diesem Zeitpunkt rechtswirksam abgeschlossenen obligatorischen Vertrags oder gleichstehenden Rechtsakts angeschafft wurden; § 23 Absatz 1 Satz 1 Nummer 2 Satz 2 in der am 14. Dezember 2010 geltenden Fassung ist erstmals auf Veräußerungsgeschäfte anzuwenden, bei denen die Gegenstände des täglichen Gebrauchs aufgrund eines nach dem 13. Dezember 2010 rechtskräftig abgeschlossenen Vertrags oder gleichstehenden Rechtsakts angeschafft wurden. [2]§ 23 Absatz 1 Satz 1 Nummer 2 in der am 1. Januar 1999 geltenden Fassung ist letztmals auf Veräußerungsgeschäfte anzuwenden, bei denen die Wirtschaftsgüter vor dem 1. Januar 2009 erworben wurden. [3]§ 23 Absatz 1 Satz 1 Nummer 4 ist auf Termingeschäfte anzuwenden, bei denen der Erwerb des Rechts auf einen Differenzausgleich, Geldbetrag oder Vorteil nach dem 31. Dezember 1998 und vor dem 1. Januar 2009 erfolgt. [4]§ 23 Absatz 3 Satz 4 in der am 1. Januar 2000 geltenden Fassung ist auf Veräußerungsgeschäfte anzuwenden, bei denen der Steuerpflichtige das Wirtschaftsgut nach dem 31. Juli 1995 und vor dem 1. Januar 2009 angeschafft oder nach dem 31. Dezember 1998 und vor dem 1. Januar 2009 fertiggestellt hat; § 23 Absatz 3 Satz 4 in der am 1. Januar 2009 geltenden Fassung ist auf Veräußerungsgeschäfte anzuwenden, bei denen der Steuerpflichtige das Wirtschaftsgut nach dem 31. Dezember 2008 angeschafft oder fertiggestellt hat. [5]§ 23 Absatz 1 Satz 2 und 3 sowie Absatz 3 Satz 3 in der am 12. Dezember 2006 geltenden Fassung sind für Anteile, die einbringungsgeboren im Sinne des § 21 des Umwandlungssteuergesetzes in der am 12. Dezember 2006 geltenden Fassung sind, weiter anzuwenden.

(32) [1]§ 32 Absatz 4 Satz 1 Nummer 3 in der Fassung des Artikels 1 des Gesetzes vom 19. Juli 2006 (BGBl. I S. 1652) ist erstmals für Kinder anzuwenden, die im Veranlagungszeitraum 2007 wegen einer vor Vollendung des 25. Lebensjahres eingetretenen körperlichen, geistigen oder seelischen Behinderung außerstande sind, sich selbst zu unterhalten; für Kinder, die wegen einer vor dem 1. Januar 2007 in der Zeit ab der Vollendung des 25. Lebensjahres und vor Vollendung des 27. Lebensjahres eingetretenen körperlichen, geistigen oder seelischen Behinderung außerstande sind, sich selbst zu unterhalten, ist § 32 Absatz 4 Satz 1 Nummer 3 weiterhin in der bis zum 31. Dezember 2006 geltenden Fassung anzuwenden. [2]§ 32 Absatz 5 ist nur noch anzuwenden, wenn das Kind den Dienst oder die Tätigkeit vor dem 1. Juli 2011 angetreten hat. [3]Für die nach § 10 Absatz 1 Nummer 2 Buchstabe b und den §§ 10a, 82 begünstigten Verträge, die vor dem 1. Januar 2007 abgeschlossen wurden, gelten für das Vorliegen einer begünstigten Hinterbliebenenversorgung die Altersgrenzen des § 32 in der am 31. Dezember 2006 geltenden Fassung. [4]Dies gilt entsprechend für die Anwendung des § 93 Absatz 1 Satz 3 Buchstabe b.

(33) [1]§ 32b Absatz 2 Satz 1 Nummer 2 Satz 2 Buchstabe c ist erstmals auf Wirtschaftsgüter des Umlaufvermögens anzuwenden, die nach dem 28. Februar 2013 angeschafft, hergestellt oder in das Betriebsvermögen eingelegt werden. [2]§ 32b Absatz 1 Satz 3 in der Fassung des Artikels 11 des Gesetzes vom 18. Dezember 2013 (BGBl. I S. 4318) ist in allen offenen Fällen anzuwenden.

(34) § 34a in der Fassung des Artikels 1 des Gesetzes vom 19. Dezember 2008 (BGBl. I S. 2794) ist erstmals für den Veranlagungszeitraum 2008 anzuwenden.

(34a) Für Veranlagungszeiträume bis einschließlich 2014 ist § 34c Absatz 1 Satz 2 in der bis zum 31. Dezember 2014 geltenden Fassung in allen Fällen, in denen die Einkommensteuer noch nicht bestandskräftig festgesetzt ist, mit der Maßgabe anzuwenden, dass an die Stelle der Wörter „Summe der Einkünfte" die Wörter „Summe der Einkünfte abzüglich des Altersentlastungsbetrages (§ 24a), des Entlastungsbetrages für Alleinerziehende (§ 24b), der Sonderausgaben (§§ 10, 10a, 10b, 10c), der außergewöhnlichen Belastungen (§§ 33 bis 33b), der berücksichtigten Freibeträge für Kinder (§§ 31, 32 Absatz 6) und des Grundfreibetrages (§ 32a Absatz 1 Satz 2 Nummer 1)" treten.

(35) [1]§ 34f Absatz 3 und 4 Satz 2 in der Fassung des Gesetzes vom 25. Februar 1992 (BGBl. I S. 297) ist erstmals anzuwenden bei Inanspruchnahme der Steuerbegünstigung nach § 10e Absatz 1 bis 5 in der Fassung des Gesetzes vom 25. Februar 1992 (BGBl. I S. 297). [2]§ 34f Absatz 4 Satz 1 ist erstmals anzuwenden bei Inanspruchnahme der Steuerbegünstigung nach § 10e Absatz 1 bis 5 oder nach § 15b des Berlinförderungsgesetzes für nach dem 31. Dezember 1991 hergestellte oder angeschaffte Objekte.

(36) [1]Das Bundesministerium der Finanzen kann im Einvernehmen mit den obersten Finanzbehörden der Länder in einem Schreiben mitteilen, wann die in § 39 Absatz 4 Nummer 4 und 5 genannten Lohnsteuerabzugsmerkmale erstmals abgerufen werden können (§ 39e Absatz 3 Satz 1). [2]Dieses Schreiben ist im Bundessteuerblatt zu veröffentlichen.

(37) [1]Das Bundesministerium der Finanzen kann im Einvernehmen mit den obersten Finanzbehörden der Länder in einem Schreiben mitteilen, ab wann die Regelungen in § 39a Absatz 1 Satz 3 bis 5 erstmals anzuwenden sind. [2]Dieses Schreiben ist im Bundessteuerblatt zu veröffentlichen.

(38) § 40a Absatz 2, 2a und 6 in der am 31. Juli 2014 geltenden Fassung ist erstmals ab dem Kalenderjahr 2013 anzuwenden.

(39) Haben Arbeitnehmer im Laufe des Kalenderjahres geheiratet, wird längstens bis zum Ablauf des Kalenderjahres 2017 abweichend von § 39e Absatz 3 Satz 3 für jeden Ehegatten automatisiert

die Steuerklasse IV gebildet, wenn die Voraussetzungen des § 38b Absatz 1 Satz 2 Nummer 3 oder Nummer 4 vorliegen.

(40) ¹§ 40b Absatz 1 und 2 in der am 31. Dezember 2004 geltenden Fassung ist weiter anzuwenden auf Beiträge für eine Direktversicherung des Arbeitnehmers und Zuwendungen an eine Pensionskasse, die aufgrund einer Versorgungszusage geleistet werden, die vor dem 1. Januar 2005 erteilt wurde. ²Sofern die Beiträge für eine Direktversicherung die Voraussetzungen des § 3 Nummer 63 erfüllen, gilt dies nur, wenn der Arbeitnehmer nach Absatz 4 gegenüber dem Arbeitgeber für diese Beiträge auf die Anwendung des § 3 Nummer 63 verzichtet hat.

(41) Bei der Veräußerung oder Einlösung von Wertpapieren und Kapitalforderungen, die von der das Bundesschuldbuch führenden Stelle oder einer Landesschuldenverwaltung verwahrt oder verwaltet werden können, bemisst sich der Steuerabzug nach den bis zum 31. Dezember 1993 geltenden Vorschriften, wenn die Wertpapier- und Kapitalforderungen vor dem 1. Januar 1994 emittiert worden sind; dies gilt nicht für besonders in Rechnung gestellte Stückzinsen.

(42) § 43 Absatz 1 Satz 1 Nummer 7 Buchstabe b Satz 2 in der Fassung des Artikels 1 des Gesetzes vom 13. Dezember 2006 (BGBl. I S. 2878) ist erstmals auf Verträge anzuwenden, die nach dem 31. Dezember 2006 abgeschlossen werden.

(43) ¹Ist ein Freistellungsauftrag im Sinne des § 44a vor dem 1. Januar 2007 unter Beachtung des § 20 Absatz 4 in der bis dahin geltenden Fassung erteilt worden, darf der nach § 44 Absatz 1 zum Steuerabzug Verpflichtete den angegebenen Freistellungsbetrag nur zu 56,37 Prozent berücksichtigen. ²Sind in dem Freistellungsauftrag der gesamte Sparer-Freibetrag nach § 20 Absatz 4 in der Fassung des Artikels 1 des Gesetzes vom 19. Juli 2006 (BGBl. I S. 1652) und der gesamte Werbungskosten-Pauschbetrag nach § 9a Satz 1 Nummer 2 in der Fassung des Artikels 1 des Gesetzes vom 19. Juli 2006 (BGBl. I S. 1652) angegeben, ist der Werbungskosten-Pauschbetrag in voller Höhe zu berücksichtigen.

(44) § 44 Absatz 6 Satz 2 und 5 in der am 12. Dezember 2006 geltenden Fassung ist für Anteile, die einbringungsgeboren im Sinne des § 21 des Umwandlungssteuergesetzes in der am 12. Dezember 2006 geltenden Fassung sind, weiter anzuwenden.

(45) § 45d Absatz 1 in der am 14. Dezember 2010 geltenden Fassung ist erstmals für Kapitalerträge anzuwenden, die ab dem 1. Januar 2013 zufließen; eine Übermittlung der Identifikationsnummer hat für Kapitalerträge, die vor dem 1. Januar 2016 zufließen, nur zu erfolgen, wenn die Identifikationsnummer der Meldestelle vorliegt.

(46) Der Zeitpunkt der erstmaligen Anwendung des § 50 Absatz 2 in der am 18. August 2009 geltenden Fassung wird durch eine Rechtsverordnung der Bundesregierung bestimmt, die der Zustimmung des Bundesrates bedarf; dieser Zeitpunkt darf nicht vor dem 31. Dezember 2011 liegen.

(47) ¹Der Zeitpunkt der erstmaligen Anwendung des § 50a Absatz 3 und 5 in der am 18. August 2009 geltenden Fassung wird durch eine Rechtsverordnung der Bundesregierung bestimmt, die der Zustimmung des Bundesrates bedarf; dieser Zeitpunkt darf nicht vor dem 31. Dezember 2011 liegen. ²§ 50a Absatz 7 in der am 31. Juli 2014 geltenden Fassung ist erstmals auf Vergütungen anzuwenden, für die der Steuerabzug nach dem 31. Dezember 2014 angeordnet worden ist.

(48) ¹§ 50i Absatz 1 Satz 1 und 2 ist auf die Veräußerung oder Entnahme von Wirtschaftsgütern oder Anteilen anzuwenden, die nach dem 29. Juni 2013 stattfindet. ²Hinsichtlich der laufenden Einkünfte aus der Beteiligung an der Personengesellschaft ist die Vorschrift in allen Fällen anzuwenden, in denen die Einkommensteuer noch nicht bestandskräftig festgesetzt worden ist. ³§ 50i Absatz 1 Satz 4 in der am 31. Juli 2014 geltenden Fassung ist erstmals auf die Veräußerung oder Entnahme von Wirtschaftsgütern oder Anteilen anzuwenden, die nach dem 31. Dezember 2013 stattfindet. ⁴§ 50i Absatz 2 Satz 1 gilt für Umwandlungen und Einbringungen, bei denen der Umwandlungsbeschluss nach dem 31. Dezember 2013 erfolgt ist oder der Einbringungsvertrag nach dem 31. Dezember 2013 geschlossen worden ist. ⁵§ 50i Absatz 2 Satz 2 gilt für Übertragungen und Überführungen und § 50i Absatz 2 Satz 3 für einen Strukturwandel nach dem 31. Dezember 2013.

(49) § 51a Absatz 2c und 2e in der am 30. Juni 2013 geltenden Fassung ist erstmals auf nach dem 31. Dezember 2014 zufließende Kapitalerträge anzuwenden.

(49a) ¹Die §§ 62, 63 und 67 in der am 9. Dezember 2014 geltenden Fassung sind für Kindergeldfestsetzungen anzuwenden, die Zeiträume betreffen, die nach dem 31. Dezember 2015 beginnen. ²Die §§ 62, 63 und 67 in der am 9. Dezember 2014 geltenden Fassung sind auch für Kindergeldfestsetzungen anzuwenden, die Zeiträume betreffen, die vor dem 1. Januar 2016 liegen, der Antrag auf Kindergeld aber erst nach dem 31. Dezember 2015 gestellt wird.

(50) § 70 Absatz 4 in der am 31. Dezember 2011 geltenden Fassung ist weiter für Kindergeldfestsetzungen anzuwenden, die Zeiträume betreffen, die vor dem 1. Januar 2012 enden.

§ 52a
– weggefallen –

§ 52b
Übergangsregelungen bis zur Anwendung der elektronischen Lohnsteuerabzugsmerkmale

(1) ¹Die Lohnsteuerkarte 2010 und die Bescheinigung für den Lohnsteuerabzug (Absatz 3) gelten mit den eingetragenen Lohnsteuerabzugsmerkmalen auch für den Steuerabzug vom Arbeitslohn ab dem 1. Januar 2011 bis zur erstmaligen Anwendung der elektronischen Lohnsteuerabzugsmerkmale durch den Arbeitgeber (Übergangszeitraum). ²Voraussetzung ist, dass dem Arbeitgeber entweder die Lohnsteuerkarte 2010 oder die Bescheinigung für den Lohnsteuerabzug vorliegt. ³In diesem Übergangszeitraum hat der Arbeitgeber die Lohnsteuerkarte 2010 und die Bescheinigung für den Lohnsteuerabzug

1. während des Dienstverhältnisses aufzubewahren, er darf sie nicht vernichten;
2. dem Arbeitnehmer zur Vorlage beim Finanzamt vorübergehend zu überlassen sowie
3. nach Beendigung des Dienstverhältnisses innerhalb einer angemessenen Frist herauszugeben.

⁴Nach Ablauf des auf den Einführungszeitraum (Absatz 5 Satz 2) folgenden Kalenderjahres darf der Arbeitgeber die Lohnsteuerkarte 2010 und die Bescheinigung für den Lohnsteuerabzug vernichten. ⁵Ist auf der Lohnsteuerkarte 2010 eine Lohnsteuerbescheinigung erteilt und ist die Lohnsteuerkarte an den Arbeitnehmer herausgegeben worden, kann der Arbeitgeber bei fortbestehendem Dienstverhältnis die Lohnsteuerabzugsmerkmale der Lohnsteuerkarte 2010 im Übergangszeitraum weiter anwenden, wenn der Arbeitnehmer schriftlich erklärt, dass die Lohnsteuerabzugsmerkmale der Lohnsteuerkarte 2010 weiterhin zutreffend sind.

(2) ¹Für Eintragungen auf der Lohnsteuerkarte 2010 und in der Bescheinigung für den Lohnsteuerabzug im Übergangszeitraum ist das Finanzamt zuständig. ²Der Arbeitnehmer ist verpflichtet, die Eintragung der Steuerklasse und der Zahl der Kinderfreibeträge auf der Lohnsteuerkarte 2010 und in der Bescheinigung für den Lohnsteuerabzug umgehend durch das Finanzamt ändern zu lassen, wenn die Eintragung von den Verhältnissen zu Beginn des jeweiligen Kalenderjahres im Übergangszeitraum zu seinen Gunsten abweicht. ³Diese Verpflichtung gilt auch in den Fällen, in denen die Steuerklasse II bescheinigt ist und die Voraussetzungen für die Berücksichtigung des Entlastungsbetrags für Alleinerziehende (§ 24b) im Laufe des Kalenderjahres entfallen. ⁴Kommt der Arbeitnehmer seiner Verpflichtung nicht nach, so hat das Finanzamt die Eintragung von Amts wegen zu ändern; der Arbeitnehmer hat die Lohnsteuerkarte 2010 und die Bescheinigung für den Lohnsteuerabzug dem Finanzamt auf Verlangen vorzulegen.

(3) ¹Hat die Gemeinde für den Arbeitnehmer keine Lohnsteuerkarte für das Kalenderjahr 2010 ausgestellt oder ist die Lohnsteuerkarte 2010 verloren gegangen, unbrauchbar geworden oder zerstört worden, hat das Finanzamt im Übergangszeitraum auf Antrag des Arbeitnehmers eine Bescheinigung für den Lohnsteuerabzug nach amtlich vorgeschriebenem Muster (Bescheinigung für den Lohnsteuerabzug) auszustellen. ²Diese Bescheinigung tritt an die Stelle der Lohnsteuerkarte 2010.

(4) ¹Beginnt ein nach § 1 Absatz 1 unbeschränkt einkommensteuerpflichtiger lediger Arbeitnehmer im Übergangszeitraum ein Ausbildungsdienstverhältnis als erstes Dienstverhältnis, kann der Arbeitgeber auf die Vorlage einer Bescheinigung für den Lohnsteuerabzug verzichten. ²In diesem Fall hat der Arbeitgeber die Lohnsteuer nach der Steuerklasse I zu ermitteln; der Arbeitnehmer hat dem Arbeitgeber seine Identifikationsnummer sowie den Tag der Geburt und die rechtliche Zugehörigkeit zu einer steuererhebenden Religionsgemeinschaft mitzuteilen und schriftlich zu bestätigen, dass es sich um das erste Dienstverhältnis handelt. ³Der Arbeitgeber hat die Erklärung des Arbeitnehmers bis zum Ablauf des Kalenderjahres als Beleg zum Lohnkonto aufzubewahren.

(5) ¹Das Bundesministerium der Finanzen hat im Einvernehmen mit den obersten Finanzbehörden der Länder den Zeitpunkt der erstmaligen Anwendung der ELStAM für die Durchführung des Lohnsteuerabzugs ab dem Kalenderjahr 2013 oder einem späteren Anwendungszeitpunkt sowie den Zeitpunkt des erstmaligen Abrufs der ELStAM durch den Arbeitgeber (Starttermin) in einem Schreiben zu bestimmen, das im Bundessteuerblatt zu veröffentlichen ist. ²Darin ist für die Einführung des Verfahrens der elektronischen Lohnsteuerabzugsmerkmale ein Zeitraum zu bestimmen (Einführungszeitraum). ³Der Arbeitgeber oder sein Vertreter (§ 39e Absatz 4 Satz 6) hat im Einführungszeitraum die nach § 39e gebildeten ELStAM abzurufen und für die auf den Abrufzeitpunkt folgende nächste Lohnabrechnung anzuwenden. ⁴Für den Abruf der ELStAM hat sich der Arbeitgeber oder sein Vertreter zu authentifizieren und die Steuernummer der Betriebsstätte oder des Teils des Betriebs des Arbeitgebers, in dem der für die Durchführung des Lohnsteuerabzugs maßgebende Arbeitslohn des Arbeitnehmers ermittelt wird (§ 41 Absatz 2), die Identifikationsnummer und den Tag der Geburt des Arbeitnehmers sowie, ob es sich um das erste oder ein weiteres Dienstverhältnis handelt, mitzuteilen. ⁵Er hat ein erstes Dienstverhältnis mitzuteilen, wenn auf der Lohnsteuerkarte 2010 oder der Bescheinigung für den Lohnsteuerabzug eine der Steuerklassen I bis V (§ 38b Absatz 1 Satz 2 Nummer 1 bis 5) eingetragen ist oder wenn die Lohnsteuerabzugsmerkmale nach Absatz 4 gebildet worden sind. ⁶Ein weiteres Dienstverhältnis (§ 38b Absatz 1 Satz 2 Nummer 6) ist mitzuteilen, wenn die Voraussetzungen des Satzes 5 nicht vorliegen. ⁷Der Arbeitgeber hat die ELStAM in das Lohnkonto zu übernehmen und gemäß der übermittelten zeitlichen Gültigkeitsangabe anzuwenden.

(5a) ¹Nachdem der Arbeitgeber die ELStAM für die Durchführung des Lohnsteuerabzugs angewandt hat, sind die Übergangsregelungen in Absatz 1 Satz 1 und in den Absätzen 2 bis 5 nicht mehr anzuwenden. ²Die Lohnsteuerabzugsmerkmale der vorliegenden Lohnsteuerkarte 2010 und der Bescheinigung für den Lohnsteuerabzug gelten nicht mehr. ³Wenn die nach § 39e Absatz 1 Satz 1 gebildeten Lohnsteuerabzugsmerkmale den tatsächlichen Verhältnissen des Arbeitnehmers nicht entsprechen, hat das Finanzamt auf dessen Antrag eine besondere Bescheinigung für den Lohnsteuerabzug (Besondere Bescheinigung für den Lohnsteuerabzug) mit den Lohnsteuerabzugsmerkmalen des Arbeitnehmers auszustellen sowie etwaige Änderungen einzutragen (§ 39 Absatz 1 Satz 2) und die Abrufberechtigung des Arbeitgebers auszusetzen. ⁴Die Gültigkeit dieser Bescheinigung ist auf längstens zwei Kalenderjahre zu begrenzen. ⁵§ 39e Absatz 5 Satz 1 und Absatz 7 Satz 6 gilt entsprechend. ⁶Die Lohnsteuerabzugsmerkmale der Besonderen Bescheinigung für den Lohnsteuerabzug sind für die Durchführung des Lohnsteuerabzugs nur dann für den Arbeitgeber maßgebend, wenn ihm gleichzeitig die Lohnsteuerkarte 2010 vorliegt oder unter den Voraussetzungen des Absatzes 1 Satz 5 vorgelegen hat oder eine Bescheinigung für den Lohnsteuerabzug für das erste Dienstverhältnis des Arbeitnehmers vorliegt. ⁷Abweichend von Absatz 5 Satz 3 und 7 kann der Arbeitgeber nach dem erstmaligen Abruf der ELStAM die Lohnsteuer im Einführungszeitraum längstens für die Dauer von sechs Kalendermonaten weiter nach den Lohnsteuerabzugsmerkmalen der Lohnsteuerkarte 2010, der Bescheinigung für den Lohnsteuerabzug oder den nach Absatz 4 maßgebenden Lohnsteuerabzugsmerkmalen erheben, wenn der Arbeitnehmer zustimmt. ⁸Dies gilt auch, wenn der Arbeitgeber die ELStAM im Einführungszeitraum erstmals angewandt hat.

(6) bis (8) – weggefallen –

(9) Ist der unbeschränkt einkommensteuerpflichtige Arbeitnehmer seinen Verpflichtungen nach Absatz 2 Satz 2 und 3 nicht nachgekommen und kommt eine Veranlagung zur Einkommensteuer nach § 46 Absatz 2 Nummer 1 bis 7 nicht in Betracht, kann das Finanzamt den Arbeitnehmer zur Abgabe einer Einkommensteuererklärung auffordern und eine Veranlagung zur Einkommensteuer durchführen.

§ 53
Sondervorschrift zur Steuerfreistellung des Existenzminimums eines Kindes in den Veranlagungszeiträumen 1983 bis 1995

¹In den Veranlagungszeiträumen 1983 bis 1995 sind in Fällen, in denen die Einkommensteuer noch nicht formell bestandskräftig oder hinsichtlich der Höhe der Kinderfreibeträge vorläufig festgesetzt ist, für jedes bei der Festsetzung berücksichtigte Kind folgende Beträge als Existenzminimum des Kindes steuerfrei zu belassen:

1983	3 732 Deutsche Mark,
1984	3 864 Deutsche Mark,
1985	3 924 Deutsche Mark,
1986	4 296 Deutsche Mark,
1987	4 416 Deutsche Mark,
1988	4 572 Deutsche Mark,
1989	4 752 Deutsche Mark,
1990	5 076 Deutsche Mark,
1991	5 388 Deutsche Mark,
1992	5 676 Deutsche Mark,
1993	5 940 Deutsche Mark,
1994	6 096 Deutsche Mark,
1995	6 168 Deutsche Mark.

²Im Übrigen ist § 32 in der für den jeweiligen Veranlagungszeitraum geltenden Fassung anzuwenden. ³Für die Prüfung, ob die nach Satz 1 und 2 gebotene Steuerfreistellung bereits erfolgt ist, ist das dem Steuerpflichtigen im jeweiligen Veranlagungszeitraum zustehende Kindergeld mit dem auf das bisherige zu versteuernde Einkommen des Steuerpflichtigen in demselben Veranlagungszeitraum anzuwendenden Grenzsteuersatz in einen Freibetrag umzurechnen; dies gilt auch dann, soweit das Kindergeld dem Steuerpflichtigen im Wege eines zivilrechtlichen Ausgleichs zusteht. ⁴Die Umrechnung des zustehenden Kindergeldes ist entsprechend dem Umfang der bisher abgezogenen Kinderfreibeträge vorzunehmen. ⁵Bei einem unbeschränkt einkommensteuerpflichtigen Elternpaar, bei dem die Voraussetzungen des § 26 Absatz 1 Satz 1 nicht vorliegen, ist eine Änderung der bisherigen Inanspruchnahme des Kinderfreibetrags unzulässig. ⁶Erreicht die Summe aus dem bei der bisherigen Einkommensteuerfestsetzung abgezogenen Kinderfreibetrag und dem nach Satz 3 und 4 berechneten Freibetrag nicht den nach Satz 1 und 2 für den jeweiligen Veranlagungszeitraum maßgeblichen Betrag, ist der Unterschiedsbetrag vom bisherigen zu versteuernden Einkommen abzuziehen und die Einkommensteuer neu festzusetzen. ⁷Im Zweifel hat der Steuerpflichtige die Voraussetzungen durch Vorlage entsprechender Unterlagen nachzuweisen.

§ 54
– weggefallen –

§ 55
Schlussvorschriften (Sondervorschriften für die Gewinnermittlung nach § 4 oder nach Durchschnittssätzen bei vor dem 1. Juli 1970 angeschafftem Grund und Boden)

(1) ¹Bei Steuerpflichtigen, deren Gewinn für das Wirtschaftsjahr, in das der 30. Juni 1970 fällt, nicht nach § 5 zu ermitteln ist, gilt bei Grund und Boden, der mit Ablauf des 30. Juni 1970 zu ihrem Anlagevermögen gehört hat, als Anschaffungs- oder Herstellungskosten (§ 4 Absatz 3 Satz 4 und § 6 Absatz 1 Nummer 2 Satz 1) das Zweifache des nach den Absätzen 2 bis 4 zu ermittelnden Ausgangsbetrags. ²Zum Grund und Boden im Sinne des Satzes 1 gehören nicht die mit ihm in Zusammenhang stehenden Wirtschaftsgüter und Nutzungsbefugnisse.

§§ 56, 57 EStG – Gesetzestext

(2) ¹Bei der Ermittlung des Ausgangsbetrags des zum land- und forstwirtschaftlichen Vermögen (§ 33 Absatz 1 Satz 1 des Bewertungsgesetzes in der Fassung der Bekanntmachung vom 10. Dezember 1965 – BGBl. I S. 1861 –, zuletzt geändert durch das Bewertungsänderungsgesetz 1971 vom 27. Juli 1971 – BGBl. I S. 1157) gehörenden Grund und Bodens ist seine Zuordnung zu den Nutzungen und Wirtschaftsgütern (§ 34 Absatz 2 des Bewertungsgesetzes) am 1. Juli 1970 maßgebend; dabei sind die Hof- und Gebäudeflächen sowie die Hausgärten im Sinne des § 40 Absatz 3 des Bewertungsgesetzes nicht in die einzelne Nutzung einzubeziehen. ²Es sind anzusetzen:
1. bei Flächen, die nach dem Bodenschätzungsgesetz vom 20. Dezember 2007 (BGBl. I S. 3150, 3176) in der jeweils geltenden Fassung zu schätzen sind, für jedes katastermäßig abgegrenzte Flurstück der Betrag in Deutsche Mark, der sich ergibt, wenn die für das Flurstück am 1. Juli 1970 im amtlichen Verzeichnis nach § 2 Absatz 2 der Grundbuchordnung (Liegenschaftskataster) ausgewiesene Ertragsmesszahl vervierfacht wird. ²Abweichend von Satz 1 sind für Flächen der Nutzungsteile
   a) Hopfen, Spargel, Gemüsebau und Obstbau
      2,05 Euro je Quadratmeter,
   b) Blumen- und Zierpflanzenbau sowie Baumschulen
      2,56 Euro je Quadratmeter
   anzusetzen, wenn der Steuerpflichtige dem Finanzamt gegenüber bis zum 30. Juni 1972 eine Erklärung über die Größe, Lage und Nutzung der betreffenden Flächen abgibt,
2. für Flächen der forstwirtschaftlichen Nutzung
   je Quadratmeter 0,51 Euro,
3. für Flächen der weinbaulichen Nutzung der Betrag, der sich unter Berücksichtigung der maßgebenden Lagenvergleichszahl (Vergleichszahl der einzelnen Weinbaulage, § 39 Absatz 1 Satz 3 und § 57 des Bewertungsgesetzes), die für ausbauende Betriebsweise mit Fassweinerzeugung anzusetzen ist, aus der nachstehenden Tabelle ergibt:

Lagenvergleichszahl	Ausgangsbetrag je Quadratmeter in Euro
bis 20	1,28
21 bis 30	1,79
31 bis 40	2,56
41 bis 50	3,58
51 bis 60	4,09
61 bis 70	4,60
71 bis 100	5,11
über 100	6,39

4. für Flächen der sonstigen land- und forstwirtschaftlichen Nutzung, auf die Nummer 1 keine Anwendung findet,
   je Quadratmeter 0,51 Euro,
5. für Hofflächen, Gebäudeflächen und Hausgärten im Sinne des § 40 Absatz 3 des Bewertungsgesetzes
   je Quadratmeter 2,56 Euro,
6. für Flächen des Geringstlandes
   je Quadratmeter 0,13 Euro,
7. für Flächen des Abbaulandes
   je Quadratmeter 0,26 Euro,
8. für Flächen des Unlandes
   je Quadratmeter 0,05 Euro.

(3) ¹Lag am 1. Juli 1970 kein Liegenschaftskataster vor, in dem Ertragsmesszahlen ausgewiesen sind, so ist der Ausgangsbetrag in sinngemäßer Anwendung des Absatzes 2 Satz 2 Nummer 1 Satz 1 auf der Grundlage der durchschnittlichen Ertragsmesszahl der landwirtschaftlichen Nutzung eines Betriebs zu ermitteln, die die Grundlage für die Hauptfeststellung des Einheitswerts auf den 1. Januar 1964 bildet. ²Absatz 2 Satz 2 Nummer 1 Satz 2 bleibt unberührt.

(4) Bei nicht zum land- und forstwirtschaftlichen Vermögen gehörendem Grund und Boden ist als Ausgangsbetrag anzusetzen:

1. Für unbebaute Grundstücke der auf den 1. Januar 1964 festgestellte Einheitswert. ²Wird auf den 1. Januar 1964 kein Einheitswert festgestellt oder hat sich der Bestand des Grundstücks nach dem 1. Januar 1964 und vor dem 1. Juli 1970 verändert, so ist der Wert maßgebend, der sich ergeben würde, wenn das Grundstück nach seinem Bestand vom 1. Juli 1970 und nach den Wertverhältnissen vom 1. Januar 1964 zu bewerten wäre;
2. für bebaute Grundstücke der Wert, der sich nach Nummer 1 ergeben würde, wenn das Grundstück unbebaut wäre.

(5) ¹Weist der Steuerpflichtige nach, dass der Teilwert für Grund und Boden im Sinne des Absatzes 1 am 1. Juli 1970 höher ist als das Zweifache des Ausgangsbetrags, so ist auf Antrag des Steuerpflichtigen der Teilwert als Anschaffungs- oder Herstellungskosten anzusetzen. ²Der Antrag ist bis zum 31. Dezember 1975 bei dem Finanzamt zu stellen, das für die Ermittlung des Gewinns aus dem Betrieb zuständig ist. ³Der Teilwert ist gesondert festzustellen. ⁴Vor dem 1. Januar 1974 braucht diese Feststellung nur zu erfolgen, wenn ein berechtigtes Interesse des Steuerpflichtigen gegeben ist. ⁵Die Vorschriften der Abgabenordnung und der Finanzgerichtsordnung über die gesonderte Feststellung von Besteuerungsgrundlagen gelten entsprechend.

(6) ¹Verluste, die bei der Veräußerung oder Entnahme von Grund und Boden im Sinne des Absatzes 1 entstehen, dürfen bei der Ermittlung des Gewinns in Höhe des Betrags nicht berücksichtigt werden, um den der ausschließlich auf den Grund und Boden entfallende Veräußerungspreis oder der an dessen Stelle tretende Wert nach Abzug der Veräußerungskosten unter dem Zweifachen des Ausgangsbetrags liegt. ²Entsprechendes gilt bei Anwendung des § 6 Absatz 1 Nummer 2 Satz 2.

(7) Grund und Boden, der nach § 4 Absatz 1 Satz 5 des Einkommensteuergesetzes 1969 nicht anzusetzen war, ist wie eine Einlage zu behandeln; er ist dabei mit dem nach Absatz 1 oder 5 maßgebenden Wert anzusetzen.

§ 56
Sondervorschriften für Steuerpflichtige in dem in Artikel 3 des Einigungsvertrages genannten Gebiet

Bei Steuerpflichtigen, die am 31. Dezember 1990 einen Wohnsitz oder ihren gewöhnlichen Aufenthalt in dem in Artikel 3 des Einigungsvertrages genannten Gebiet und im Jahre 1990 keinen Wohnsitz oder gewöhnlichen Aufenthalt im bisherigen Geltungsbereich dieses Gesetzes hatten, gilt Folgendes:
§ 7 Absatz 5 ist auf Gebäude anzuwenden, die in dem Artikel 3 des Einigungsvertrages genannten Gebiet nach dem 31. Dezember 1990 angeschafft oder hergestellt worden sind.

§ 57
Besondere Anwendungsregeln aus Anlass der Herstellung der Einheit Deutschlands

(1) Die §§ 7c, 7f, 7g, 7k und 10e dieses Gesetzes, die §§ 76, 78, 82a und 82f der Einkommensteuer-Durchführungsverordnung sowie die §§ 7 und 12 Absatz 3 des Schutzbaugesetzes sind auf Tatbestände anzuwenden, die in dem in Artikel 3 des Einigungsvertrages genannten Gebiet nach dem 31. Dezember 1990 verwirklicht worden sind.

(2) Die §§ 7b und 7d dieses Gesetzes sowie die §§ 81, 82d, 82g und 82i der Einkommensteuer-Durchführungsverordnung sind nicht auf Tatbestände anzuwenden, die in dem in Artikel 3 des Einigungsvertrages genannten Gebiet verwirklicht worden sind.

(3) Bei der Anwendung des § 7g Absatz 2 Nummer 1 und des § 14a Absatz 1 ist in dem in Artikel 3 des Einigungsvertrages genannten Gebiet anstatt vom maßgebenden Einheitswert des Betriebs der Land- und Forstwirtschaft und den darin ausgewiesenen Werten vom Ersatzwirtschaftswert nach § 125 des Bewertungsgesetzes auszugehen.

(4) ¹§ 10d Absatz 1 ist mit der Maßgabe anzuwenden, dass der Sonderausgabenabzug erstmals von dem für die zweite Hälfte des Veranlagungszeitraums 1990 ermittelten Gesamtbetrag der Einkünfte vorzunehmen ist. ²§ 10d Absatz 2 und 3 ist auch für Verluste anzuwenden, die in dem in Artikel 3 des Einigungsvertrages genannten Gebiet im Veranlagungszeitraum 1990 entstanden sind.

(5) § 22 Nummer 4 ist auf vergleichbare Bezüge anzuwenden, die aufgrund des Gesetzes über Rechtsverhältnisse der Abgeordneten der Volkskammer der Deutschen Demokratischen Republik vom 31. Mai 1990 (GBl. I Nummer 30 S. 274) gezahlt worden sind.

(6) § 34f Absatz 3 Satz 3 ist erstmals auf die in dem in Artikel 3 des Einigungsvertrags genannten Gebiet für die zweite Hälfte des Veranlagungszeitraums 1990 festgesetzte Einkommensteuer anzuwenden.

§ 58
Weitere Anwendung von Rechtsvorschriften, die vor Herstellung der Einheit Deutschlands in dem in Artikel 3 des Einigungsvertrages genannten Gebiet gegolten haben

(1) Die Vorschriften über Sonderabschreibungen nach § 3 Absatz 1 des Steueränderungsgesetzes vom 6. März 1990 (GBl. I Nummer 17 S. 136) in Verbindung mit § 7 der Durchführungsbestimmung zum Gesetz zur Änderung der Rechtsvorschriften über die Einkommen-, Körperschaft- und Vermögensteuer – Steueränderungsgesetz – vom 16. März 1990 (GBl. I Nummer 21 S. 195) sind auf Wirtschaftsgüter weiter anzuwenden, die nach dem 31. Dezember 1989 und vor dem 1. Januar 1991 in dem in Artikel 3 des Einigungsvertrages genannten Gebiet angeschafft oder hergestellt worden sind.

(2) ¹Rücklagen nach § 3 Absatz 2 des Steueränderungsgesetzes vom 6. März 1990 (GBl. I Nummer 17 S. 136) in Verbindung mit § 8 der Durchführungsbestimmung zum Gesetz zur Änderung der Rechtsvorschriften über die Einkommen-, Körperschaft- und Vermögensteuer – Steueränderungsgesetz – vom 16. März 1990 (GBl. I Nummer 21 S. 195) dürfen, soweit sie zum 31. Dezember 1990 zulässigerweise gebildet worden sind, auch nach diesem Zeitpunkt fortgeführt werden. ²Sie sind spätestens im Veranlagungszeitraum 1995 gewinn- oder sonst einkünfteerhöhend aufzulösen. ³Sind vor dieser Auflösung begünstigte Wirtschaftsgüter angeschafft oder hergestellt worden, sind die in Rücklage eingestellten Beträge von den Anschaffungs- oder Herstellungskosten abzuziehen; die Rücklage ist in Höhe des abgezogenen Betrags im Veranlagungszeitraum der Anschaffung oder Herstellung gewinn- oder sonst einkünfteerhöhend aufzulösen.

(3) Die Vorschrift über den Steuerabzugsbetrag nach § 9 Absatz 1 der Durchführungsbestimmung zum Gesetz zur Änderung der Rechtsvorschriften über die Einkommen-, Körperschaft- und Vermögensteuer – Steueränderungsgesetz – vom 16. März 1990 (GBl. I Nummer 21 S. 195) ist für Steuerpflichtige weiter anzuwenden, die vor dem 1. Januar 1991 in dem in Artikel 3 des Einigungsvertrages genannten Gebiet eine Betriebsstätte begründet haben, wenn sie von dem Tag der Begründung der Betriebsstätte an zwei Jahre lang die Tätigkeit ausüben, die Gegenstand der Betriebsstätte ist.

§§ 59 bis 61
– weggefallen –

X. Kindergeld

§ 62
Anspruchsberechtigte

(1) ¹Für Kinder im Sinne des § 63 hat Anspruch auf Kindergeld nach diesem Gesetz, wer

1. im Inland einen Wohnsitz oder seinen gewöhnlichen Aufenthalt hat oder

2. ohne Wohnsitz oder gewöhnlichen Aufenthalt im Inland

    a) nach § 1 Absatz 2 unbeschränkt einkommensteuerpflichtig ist oder

    b) nach § 1 Absatz 3 als unbeschränkt einkommensteuerpflichtig behandelt wird.

²Voraussetzung für den Anspruch nach Satz 1 ist, dass der Berechtigte durch die an ihn vergebene Identifikationsnummer (§ 139b der Abgabenordnung) identifiziert wird. ³Die nachträgliche Vergabe der Identifikationsnummer wirkt auf Monate zurück, in denen die Voraussetzungen des Satzes 1 vorliegen.

(2) Ein nicht freizügigkeitsberechtigter Ausländer erhält Kindergeld nur, wenn er

1. eine Niederlassungserlaubnis besitzt,

2. eine Aufenthaltserlaubnis besitzt, die zur Ausübung einer Erwerbstätigkeit berechtigt oder berechtigt hat, es sei denn, die Aufenthaltserlaubnis wurde

    a) nach § 16 oder § 17 des Aufenthaltsgesetzes erteilt,

    b) nach § 18 Absatz 2 des Aufenthaltsgesetzes erteilt und die Zustimmung der Bundesagentur für Arbeit darf nach der Beschäftigungsverordnung nur für einen bestimmten Höchstzeitraum erteilt werden,

    c) nach § 23 Absatz 1 des Aufenthaltsgesetzes wegen eines Krieges in seinem Heimatland oder nach den §§ 23a, 24, 25 Absatz 3 bis 5 des Aufenthaltsgesetzes erteilt

oder

3. eine in Nummer 2 Buchstabe c genannte Aufenthaltserlaubnis besitzt und

    a) sich seit mindestens drei Jahren rechtmäßig, gestattet oder geduldet im Bundesgebiet aufhält und

    b) im Bundesgebiet berechtigt erwerbstätig ist, laufende Geldleistungen nach dem Dritten Buch Sozialgesetzbuch bezieht oder Elternzeit in Anspruch nimmt.

§ 63
Kinder

(1) ¹Als Kinder werden berücksichtigt

1. Kinder im Sinne des § 32 Absatz 1,

2. vom Berechtigten in seinen Haushalt aufgenommene Kinder seines Ehegatten,

3. vom Berechtigten in seinen Haushalt aufgenommene Enkel.

²§ 32 Absatz 3 bis 5 gilt entsprechend. ³Voraussetzung für die Berücksichtigung ist die Identifizierung des Kindes durch die an dieses Kind vergebene Identifikationsnummer (§ 139b der Abgabenordnung). ⁴Ist das Kind nicht nach einem Steuergesetz steuerpflichtig (§ 139a Absatz 2 der Abgabenordnung), ist es in anderer geeigneter Weise zu identifizieren. ⁵Die nachträgliche Identifizierung oder nachträgliche Vergabe der Identifikationsnummer wirkt auf Monate zurück, in denen die Voraussetzungen der Sätze 1 bis 4 vorliegen. ⁶Kinder, die weder einen Wohnsitz noch ihren gewöhnlichen Aufenthalt im Inland, in einem Mitgliedstaat der Europäischen Union oder in einem Staat, auf den das Abkommen über den Europäischen Wirtschaftsraum Anwendung findet, haben, werden nicht berücksichtigt, es sei denn, sie leben im Haushalt eines Berechtigten im Sinne des § 62 Absatz 1 Satz 1 Nummer 2 Buchstabe a. ⁷Kinder im Sinne von § 2 Absatz 4 Satz 2 des Bundeskindergeldgesetzes werden nicht berücksichtigt.

(2) Die Bundesregierung wird ermächtigt, durch Rechtsverordnung, die nicht der Zustimmung des Bundesrates bedarf, zu bestimmen, dass einem Berechtigten, der im Inland erwerbstätig ist oder sonst seine hauptsächlichen Einkünfte erzielt, für seine in Absatz 1 Satz 3 erster Halbsatz bezeichneten Kinder Kindergeld ganz oder teilweise zu leisten ist, soweit dies mit Rücksicht auf die durchschnittlichen Lebenshaltungskosten für Kinder in deren Wohnsitzstaat und auf die dort gewährten dem Kindergeld vergleichbaren Leistungen geboten ist.

§ 64
Zusammentreffen mehrerer Ansprüche

(1) Für jedes Kind wird nur einem Berechtigten Kindergeld gezahlt.

(2) ¹Bei mehreren Berechtigten wird das Kindergeld demjenigen gezahlt, der das Kind in seinen Haushalt aufgenommen hat. ²Ist ein Kind in den gemeinsamen Haushalt von Eltern, einem Elternteil und dessen Ehegatten, Pflegeeltern oder Großeltern aufgenommen worden, so bestimmen diese untereinander den Berechtigten. ³Wird eine Bestimmung nicht getroffen, so bestimmt das Familiengericht auf Antrag den Berechtigten. ⁴Den Antrag kann stellen, wer ein berechtigtes Interesse an der Zahlung des Kindergeldes hat. ⁵Lebt ein Kind im gemeinsamen Haushalt von Eltern und Großeltern, so wird das Kindergeld vorrangig einem Elternteil gezahlt; es wird an einen Großelternteil gezahlt, wenn der Elternteil gegenüber der zuständigen Stelle auf seinen Vorrang schriftlich verzichtet hat.

(3) ¹Ist das Kind nicht in den Haushalt eines Berechtigten aufgenommen, so erhält das Kindergeld derjenige, der dem Kind eine Unterhaltsrente zahlt. ²Zahlen mehrere Berechtigte dem Kind Unterhaltsrenten, so erhält das Kindergeld derjenige, der dem Kind die höchste Unterhaltsrente zahlt. ³Werden gleich hohe Unterhaltsrenten gezahlt oder zahlt keiner der Berechtigten dem Kind Unterhalt, so bestimmen die Berechtigten untereinander, wer das Kindergeld erhalten soll. ⁴Wird eine Bestimmung nicht getroffen, so gilt Absatz 2 Satz 3 und 4 entsprechend.

§ 65
Andere Leistungen für Kinder

(1) ¹Kindergeld wird nicht für ein Kind gezahlt, für das eine der folgenden Leistungen zu zahlen ist oder bei entsprechender Antragstellung zu zahlen wäre:

1. Kinderzulagen aus der gesetzlichen Unfallversicherung oder Kinderzuschüsse aus den gesetzlichen Rentenversicherungen,
2. Leistungen für Kinder, die im Ausland gewährt werden und dem Kindergeld oder einer der unter Nummer 1 genannten Leistungen vergleichbar sind,
3. Leistungen für Kinder, die von einer zwischen- oder überstaatlichen Einrichtung gewährt werden und dem Kindergeld vergleichbar sind.

²Soweit es für die Anwendung von Vorschriften dieses Gesetzes auf den Erhalt von Kindergeld ankommt, stehen die Leistungen nach Satz 1 dem Kindergeld gleich. ³Steht ein Berechtigter in einem Versicherungspflichtverhältnis zur Bundesagentur für Arbeit nach § 24 des Dritten Buches Sozialgesetzbuch oder ist er versicherungsfrei nach § 28 Absatz 1 Nummer 1 des Dritten Buches Sozialgesetzbuch oder steht er im Inland in einem öffentlich-rechtlichen Dienst- oder Amtsverhältnis, so wird sein Anspruch auf Kindergeld für ein Kind nicht nach Satz 1 Nummer 3 mit Rücksicht darauf ausgeschlossen, dass sein Ehegatte als Beamter, Ruhestandsbeamter oder sonstiger Bediensteter der Europäischen Union für das Kind Anspruch auf Kinderzulage hat.

(2) Ist in den Fällen des Absatzes 1 Satz 1 Nummer 1 der Bruttobetrag der anderen Leistung niedriger als das Kindergeld nach § 66, wird Kindergeld in Höhe des Unterschiedsbetrags gezahlt, wenn er mindestens 5 Euro beträgt.

§ 66
Höhe des Kindergeldes, Zahlungszeitraum

(1) ¹Das Kindergeld beträgt monatlich für erste und zweite Kinder jeweils 184 Euro, für dritte Kinder 190 Euro und für das vierte und jedes weitere Kind jeweils 215 Euro. ²Darüber hinaus wird für jedes Kind, für das im Kalenderjahr 2009 mindestens für einen Kalendermonat ein Anspruch auf Kindergeld besteht, für das Kalenderjahr 2009 ein Einmalbetrag in Höhe von 100 Euro gezahlt.

(2) Das Kindergeld wird monatlich vom Beginn des Monats an gezahlt, in dem die Anspruchsvoraussetzungen erfüllt sind, bis zum Ende des Monats, in dem die Anspruchsvoraussetzungen wegfallen.

§ 67
Antrag

¹Das Kindergeld ist bei der zuständigen Familienkasse schriftlich zu beantragen. ²Den Antrag kann außer dem Berechtigten auch stellen, wer ein berechtigtes Interesse an der Leistung des Kindergeldes hat. ³In Fällen des Satzes 2 ist § 62 Absatz 1 Satz 2 bis 3 anzuwenden. ⁴Der Berechtigte ist zu diesem Zweck verpflichtet, demjenigen, der ein berechtigtes Interesse an der Leistung des Kindergeldes hat, seine an ihn vergebene Identifikationsnummer (§ 139b der Abgabenordnung) mitzuteilen. ⁵Kommt der Berechtigte dieser Verpflichtung nicht nach, teilt die zuständige Familienkasse demjenigen, der ein berechtigtes Interesse an der Leistung des Kindergeldes hat, auf seine Anfrage die Identifikationsnummer des Berechtigten mit.

§ 68
Besondere Mitwirkungspflichten

(1) ¹Wer Kindergeld beantragt oder erhält, hat Änderungen in den Verhältnissen, die für die Leistung erheblich sind oder über die im Zusammenhang mit der Leistung Erklärungen abgegeben worden sind, unverzüglich der zuständigen Familienkasse mitzuteilen. ²Ein Kind, das das 18. Lebensjahr vollendet hat, ist auf Verlangen der Familienkasse verpflichtet, an der Aufklärung des für die Kindergeldzahlung maßgebenden Sachverhalts mitzuwirken; § 101 der Abgabenordnung findet insoweit keine Anwendung.

(2) – weggefallen –

(3) Auf Antrag des Berechtigten erteilt die das Kindergeld auszahlende Stelle eine Bescheinigung über das für das Kalenderjahr ausgezahlte Kindergeld.

(4) Die Familienkassen dürfen den die Bezüge im öffentlichen Dienst anweisenden Stellen Auskunft über den für die jeweilige Kindergeldzahlung maßgebenden Sachverhalt erteilen.

§ 69*)
Überprüfung des Fortbestehens von Anspruchsvoraussetzungen durch Meldedaten-Übermittlung

Die Meldebehörden übermitteln in regelmäßigen Abständen den Familienkassen nach Maßgabe einer aufgrund des § 20 Absatz 1 des Melderechtsrahmengesetzes zu erlassenden Rechtsverordnung die in § 18 Absatz 1 des Melderechtsrahmengesetzes genannten Daten aller Einwohner, zu deren Person im Melderegister Daten von minderjährigen Kindern gespeichert sind, und dieser Kinder, soweit die Daten nach ihrer Art für die Prüfung der Rechtmäßigkeit des Bezuges von Kindergeld geeignet sind.

§ 70
Festsetzung und Zahlung des Kindergeldes

(1) Das Kindergeld nach § 62 wird von den Familienkassen durch Bescheid festgesetzt und ausgezahlt.

(2) ¹Soweit in den Verhältnissen, die für den Anspruch auf Kindergeld erheblich sind, Änderungen eintreten, ist die Festsetzung des Kindergeldes mit Wirkung vom Zeitpunkt der Änderung der Verhältnisse aufzuheben oder zu ändern. ²Ist die Änderung einer Kindergeldfestsetzung nur wegen einer Anhebung der in § 66 Absatz 1 genannten Kindergeldbeträge erforderlich, kann von der Erteilung eines schriftlichen Änderungsbescheides abgesehen werden.

(3) ¹Materielle Fehler der letzten Festsetzung können durch Aufhebung oder Änderung der Festsetzung mit Wirkung ab dem auf die Bekanntgabe der Aufhebung oder Änderung der Festsetzung folgenden Monat beseitigt werden. ²Bei der Aufhebung oder Änderung der Festsetzung nach Satz 1 ist § 176 Abgabenordnung entsprechend anzuwenden; dies gilt nicht für Monate, die nach der Verkündung der maßgeblichen Entscheidung eines obersten Bundesgerichts beginnen.

§ 71
– weggefallen –

§ 72
Festsetzung und Zahlung des Kindergeldes an Angehörige des öffentlichen Dienstes

(1) ¹Steht Personen, die

1. in einem öffentlich-rechtlichen Dienst-, Amts- oder Ausbildungsverhältnis stehen, mit Ausnahme der Ehrenbeamten, oder
2. Versorgungsbezüge nach beamten- oder soldatenrechtlichen Vorschriften oder Grundsätzen erhalten oder
3. Arbeitnehmer des Bundes, eines Landes, einer Gemeinde, eines Gemeindeverbandes oder einer sonstigen Körperschaft, einer Anstalt oder einer Stiftung des öffentlichen Rechts sind, einschließlich der zu ihrer Berufsausbildung Beschäftigten,

---

*) **Anm. d. Verlages:**
Gemäß Art. 2 Abs. 11 G vom 3.5.2013 (BGBl. I S. 1084) werden in § 69 mit Wirkung vom 1.5.2015 die Wörter „§ 20 Absatz 1 des Melderechtsrahmengesetzes" durch die Wörter „§ 56 Absatz 1 Nummer 2 des Bundesmeldegesetzes" und die Wörter „§ 18 Absatz 1 des Melderechtsrahmengesetzes" durch die Wörter „§ 34 Absatz 1 und 2 des Bundesmeldegesetzes" ersetzt.

Kindergeld nach Maßgabe dieses Gesetzes zu, wird es von den Körperschaften, Anstalten oder Stiftungen des öffentlichen Rechts festgesetzt und ausgezahlt. ²Die genannten juristischen Personen sind insoweit Familienkasse.

(2) Der Deutschen Post AG, der Deutschen Postbank AG und der Deutschen Telekom AG obliegt die Durchführung dieses Gesetzes für ihre jeweiligen Beamten und Versorgungsempfänger in Anwendung des Absatzes 1.

(3) Absatz 1 gilt nicht für Personen, die ihre Bezüge oder Arbeitsentgelt

1. von einem Dienstherrn oder Arbeitgeber im Bereich der Religionsgesellschaften des öffentlichen Rechts oder
2. von einem Spitzenverband der Freien Wohlfahrtspflege, einem diesem unmittelbar oder mittelbar angeschlossenen Mitgliedsverband oder einer einem solchen Verband angeschlossenen Einrichtung oder Anstalt

erhalten.

(4) Die Absätze 1 und 2 gelten nicht für Personen, die voraussichtlich nicht länger als sechs Monate in den Kreis der in Absatz 1 Satz 1 Nummer 1 bis 3 und Absatz 2 Bezeichneten eintreten.

(5) Obliegt mehreren Rechtsträgern die Zahlung von Bezügen oder Arbeitsentgelt (Absatz 1 Satz 1) gegenüber einem Berechtigten, so ist für die Durchführung dieses Gesetzes zuständig:

1. bei Zusammentreffen von Versorgungsbezügen mit anderen Bezügen oder Arbeitsentgelt der Rechtsträger, dem die Zahlung der anderen Bezüge oder des Arbeitsentgelts obliegt;
2. bei Zusammentreffen mehrerer Versorgungsbezüge der Rechtsträger, dem die Zahlung der neuen Versorgungsbezüge im Sinne der beamtenrechtlichen Ruhensvorschriften obliegt;
3. bei Zusammentreffen von Arbeitsentgelt (Absatz 1 Satz 1 Nummer 3) mit Bezügen aus einem der in Absatz 1 Satz 1 Nummer 1 bezeichneten Rechtsverhältnisse der Rechtsträger, dem die Zahlung dieser Bezüge obliegt;
4. bei Zusammentreffen mehrerer Arbeitsentgelte (Absatz 1 Satz 1 Nummer 3) der Rechtsträger, dem die Zahlung des höheren Arbeitsentgelts obliegt oder – falls die Arbeitsentgelte gleich hoch sind – der Rechtsträger, zu dem das zuerst begründete Arbeitsverhältnis besteht.

(6) ¹Scheidet ein Berechtigter im Laufe eines Monats aus dem Kreis der in Absatz 1 Satz 1 Nummer 1 bis 3 Bezeichneten aus oder tritt er im Laufe eines Monats in diesen Kreis ein, so wird das Kindergeld für diesen Monat von der Stelle gezahlt, die bis zum Ausscheiden oder Eintritt des Berechtigten zuständig war. ²Dies gilt nicht, soweit die Zahlung von Kindergeld für ein Kind in Betracht kommt, das erst nach dem Ausscheiden oder Eintritt bei dem Berechtigten nach § 63 zu berücksichtigen ist. ³Ist in einem Fall des Satzes 1 das Kindergeld bereits für einen folgenden Monat gezahlt worden, so muss der für diesen Monat Berechtigte die Zahlung gegen sich gelten lassen.

(7) ¹In den Abrechnungen der Bezüge und des Arbeitsentgelts ist das Kindergeld gesondert auszuweisen, wenn es zusammen mit den Bezügen oder dem Arbeitsentgelt ausgezahlt wird. ²Der Rechtsträger hat die Summe des von ihm für alle Berechtigten ausgezahlten Kindergeldes dem Betrag, den er insgesamt an Lohnsteuer einzubehalten hat, zu entnehmen und bei der nächsten Lohnsteuer-Anmeldung gesondert abzusetzen. ³Übersteigt das insgesamt ausgezahlte Kindergeld den Betrag, der insgesamt an Lohnsteuer abzuführen ist, so wird der übersteigende Betrag dem Rechtsträger auf Antrag von dem Finanzamt, an das die Lohnsteuer abzuführen ist, aus den Einnahmen der Lohnsteuer ersetzt.

(8) ¹Abweichend von Absatz 1 Satz 1 werden Kindergeldansprüche aufgrund über- oder zwischenstaatlicher Rechtsvorschriften durch die Familienkassen der Bundesagentur für Arbeit festgesetzt und ausgezahlt. ²Dies gilt auch für Fälle, in denen Kindergeldansprüche sowohl nach Maßgabe dieses Gesetzes als auch aufgrund über- oder zwischenstaatlicher Rechtsvorschriften bestehen.

§ 73

– weggefallen –

§ 74
Zahlung des Kindergeldes in Sonderfällen

(1) ¹Das für ein Kind festgesetzte Kindergeld nach § 66 Absatz 1 kann an das Kind ausgezahlt werden, wenn der Kindergeldberechtigte ihm gegenüber seiner gesetzlichen Unterhaltspflicht nicht nachkommt. ²Kindergeld kann an Kinder, die bei der Festsetzung des Kindergeldes berücksichtigt werden, bis zur Höhe des Betrages, der sich bei entsprechender Anwendung des § 76 ergibt, ausgezahlt werden. ³Dies gilt auch, wenn der Kindergeldberechtigte mangels Leistungsfähigkeit nicht unterhaltspflichtig ist oder nur Unterhalt in Höhe eines Betrages zu leisten braucht, der geringer ist als das für die Auszahlung in Betracht kommende Kindergeld. ⁴Die Auszahlung kann auch an die Person oder Stelle erfolgen, die dem Kind Unterhalt gewährt.

(2) Für Erstattungsansprüche der Träger von Sozialleistungen gegen die Familienkasse gelten die §§ 102 bis 109 und 111 bis 113 des Zehnten Buches Sozialgesetzbuch entsprechend.

§ 75
Aufrechnung

(1) Mit Ansprüchen auf Erstattung von Kindergeld kann die Familienkasse gegen Ansprüche auf Kindergeld bis zu deren Hälfte aufrechnen, wenn der Leistungsberechtigte nicht nachweist, dass er dadurch hilfebedürftig im Sinne der Vorschriften des Zwölften Buches Sozialgesetzbuch über die Hilfe zum Lebensunterhalt oder im Sinne der Vorschriften des Zweiten Buches Sozialgesetzbuch über die Leistungen zur Sicherung des Lebensunterhalts wird.

(2) Absatz 1 gilt für die Aufrechnung eines Anspruchs auf Erstattung von Kindergeld gegen einen späteren Kindergeldanspruch eines mit dem Erstattungspflichtigen in Haushaltsgemeinschaft lebenden Berechtigten entsprechend, soweit es sich um laufendes Kindergeld für ein Kind handelt, das bei beiden berücksichtigt werden kann oder konnte.

§ 76
Pfändung

¹Der Anspruch auf Kindergeld kann nur wegen gesetzlicher Unterhaltsansprüche eines Kindes, das bei der Festsetzung des Kindergeldes berücksichtigt wird, gepfändet werden. ²Für die Höhe des pfändbaren Betrages gilt:

1. ¹Gehört das unterhaltsberechtigte Kind zum Kreis der Kinder, für die dem Leistungsberechtigten Kindergeld gezahlt wird, so ist eine Pfändung bis zu dem Betrag möglich, der bei gleichmäßiger Verteilung des Kindergeldes auf jedes dieser Kinder entfällt. ²Ist das Kindergeld durch die Berücksichtigung eines weiteren Kindes erhöht, für das einer dritten Person Kindergeld oder dieser oder dem Leistungsberechtigten eine andere Geldleistung für Kinder zusteht, so bleibt der Erhöhungsbetrag bei der Bestimmung des pfändbaren Betrages des Kindergeldes nach Satz 1 außer Betracht;
2. der Erhöhungsbetrag nach Nummer 1 Satz 2 ist zugunsten jedes bei der Festsetzung des Kindergeldes berücksichtigten unterhaltsberechtigten Kindes zu dem Anteil pfändbar, der sich bei gleichmäßiger Verteilung auf alle Kinder, die bei der Festsetzung des Kindergeldes zugunsten des Leistungsberechtigten berücksichtigt werden, ergibt.

§ 76a

– weggefallen –

§ 77
Erstattung von Kosten im Vorverfahren

(1) ¹Soweit der Einspruch gegen die Kindergeldfestsetzung erfolgreich ist, hat die Familienkasse demjenigen, der den Einspruch erhoben hat, die zur zweckentsprechenden Rechtsverfolgung oder Rechtsverteidigung notwendigen Aufwendungen zu erstatten. ²Dies gilt auch, wenn der Einspruch nur deshalb keinen Erfolg hat, weil die Verletzung einer Verfahrens- oder Formvorschrift nach § 126 der Abgabenordnung unbeachtlich ist. ³Aufwendungen, die durch das Verschulden eines Erstattungsberechtigten entstanden sind, hat dieser selbst zu tragen; das Verschulden eines Vertreters ist dem Vertretenen zuzurechnen.

(2) Die Gebühren und Auslagen eines Bevollmächtigten oder Beistandes, der nach den Vorschriften des Steuerberatungsgesetzes zur geschäftsmäßigen Hilfeleistung in Steuersachen befugt ist, sind erstattungsfähig, wenn dessen Zuziehung notwendig war.

(3) ¹Die Familienkasse setzt auf Antrag den Betrag der zu erstattenden Aufwendungen fest. ²Die Kostenentscheidung bestimmt auch, ob die Zuziehung eines Bevollmächtigten oder Beistandes im Sinne des Absatzes 2 notwendig war.

§ 78
Übergangsregelungen

(1) bis (4) – *weggefallen* –

(5) ¹Abweichend von § 64 Absatz 2 und 3 steht Berechtigten, die für Dezember 1990 für ihre Kinder Kindergeld in dem in Artikel 3 des Einigungsvertrages genannten Gebiet bezogen haben, das Kindergeld für diese Kinder auch für die folgende Zeit zu, solange sie ihren Wohnsitz oder gewöhnlichen Aufenthalt in diesem Gebiet beibehalten und die Kinder die Voraussetzungen ihrer Berücksichtigung weiterhin erfüllen. ²§ 64 Absatz 2 und 3 ist insoweit erst für die Zeit vom Beginn des Monats an anzuwenden, in dem ein hierauf gerichteter Antrag bei der zuständigen Stelle eingegangen ist; der hiernach Berechtigte muss die nach Satz 1 geleisteten Zahlungen gegen sich gelten lassen.

XI. Altersvorsorgezulage

§ 79
Zulageberechtigte

¹Die in § 10a Absatz 1 genannten Personen haben Anspruch auf eine Altersvorsorgezulage (Zulage). ²Ist nur ein Ehegatte nach Satz 1 begünstigt, so ist auch der andere Ehegatte zulageberechtigt, wenn

1. beide Ehegatten nicht dauernd getrennt leben (§ 26 Absatz 1),
2. beide Ehegatten ihren Wohnsitz oder gewöhnlichen Aufenthalt in einem Mitgliedstaat der Europäischen Union oder einem Staat haben, auf den das Abkommen über den Europäischen Wirtschaftsraum anwendbar ist,
3. ein auf den Namen des anderen Ehegatten lautender Altersvorsorgevertrag besteht,
4. der andere Ehegatte zugunsten des Altersvorsorgevertrags nach Nummer 3 im jeweiligen Beitragsjahr mindestens 60 Euro geleistet hat und
5. die Auszahlungsphase des Altersvorsorgevertrags nach Nummer 3 noch nicht begonnen hat.

³Satz 1 gilt entsprechend für die in § 10a Absatz 6 Satz 1 und 2 genannten Personen, sofern sie unbeschränkt steuerpflichtig sind oder für das Beitragsjahr nach § 1 Absatz 3 als unbeschränkt steuerpflichtig behandelt werden.

§ 80
Anbieter

Anbieter im Sinne dieses Gesetzes sind Anbieter von Altersvorsorgeverträgen gemäß § 1 Absatz 2 des Altersvorsorgeverträge-Zertifizierungsgesetzes sowie die in § 82 Absatz 2 genannten Versorgungseinrichtungen.

§ 81
Zentrale Stelle

Zentrale Stelle im Sinne dieses Gesetzes ist die Deutsche Rentenversicherung Bund.

§ 81a
Zuständige Stelle

¹Zuständige Stelle ist bei einem

1. Empfänger von Besoldung nach dem Bundesbesoldungsgesetz oder einem Landesbesoldungsgesetz die die Besoldung anordnende Stelle,
2. Empfänger von Amtsbezügen im Sinne des § 10a Absatz 1 Satz 1 Nummer 2 die die Amtsbezüge anordnende Stelle,
3. versicherungsfrei Beschäftigten sowie bei einem von der Versicherungspflicht befreiten Beschäftigten im Sinne des § 10a Absatz 1 Satz 1 Nummer 3 der die Versorgung gewährleistende Arbeitgeber der rentenversicherungsfreien Beschäftigung,
4. Beamten, Richter, Berufssoldaten und Soldaten auf Zeit im Sinne des § 10a Absatz 1 Satz 1 Nummer 4 der zur Zahlung des Arbeitsentgelts verpflichtete Arbeitgeber und
5. Empfänger einer Versorgung im Sinne des § 10a Absatz 1 Satz 4 die die Versorgung anordnende Stelle.

²Für die in § 10a Absatz 1 Satz 1 Nummer 5 genannten Steuerpflichtigen gilt Satz 1 entsprechend.

§ 82
Altersvorsorgebeiträge

(1) ¹Geförderte Altersvorsorgebeiträge sind im Rahmen des in § 10a Absatz 1 Satz 1 genannten Höchstbetrags

1. Beiträge,
2. Tilgungsleistungen,

die der Zulageberechtigte (§ 79) bis zum Beginn der Auszahlungsphase zugunsten eines auf seinen Namen lautenden Vertrags leistet, der nach § 5 des Altersvorsorgeverträge-Zertifizierungsgesetzes zertifiziert ist (Altersvorsorgevertrag). ²Die Zertifizierung ist Grundlagenbescheid im Sinne des § 171 Absatz 10 der Abgabenordnung. ³Als Tilgungsleistungen gelten auch Beiträge, die vom Zulageberechtigten zugunsten eines auf seinen Namen lautenden Altersvorsorgevertrags im Sinne des § 1 Absatz 1a Satz 1 Nummer 3 des Altersvorsorgeverträge-Zertifizierungsgesetzes erbracht wurden und die zur Tilgung eines im Rahmen des Altersvorsorgevertrags abgeschlossenen Darlehens abgetreten wurden. ⁴Im Fall der Übertragung von gefördertem Altersvorsorgevermögen nach § 1 Absatz 1 Satz 1 Nummer 10 Buchstabe b des Altersvorsorgeverträge-Zertifizierungsgesetzes in einen Altersvorsorgevertrag im Sinne des § 1 Absatz 1a Satz 1 Nummer 3 des Altersvorsorgeverträge-Zertifizierungsgesetzes gelten die Beiträge nach Satz 1 ab dem Zeitpunkt der Übertragung als Tilgungsleistungen nach Satz 3; eine erneute Förderung nach § 10a oder Abschnitt XI erfolgt insoweit nicht. ⁵Tilgungsleistungen nach den Sätzen 1 und 3 werden nur berücksichtigt, wenn das zugrunde liegende Darlehen für eine nach dem 31. Dezember 2007 vorgenommene wohnungswirtschaftliche Verwendung im Sinne des § 92a Absatz 1 Satz 1 eingesetzt wurde. ⁶Bei einer Aufgabe der Selbstnutzung nach § 92a Absatz 3 Satz 1 gelten im Beitragsjahr der Aufgabe der Selbstnutzung auch die nach der Aufgabe der Selbstnutzung geleisteten Beiträge oder Tilgungsleistungen als Altersvorsorgebeiträge nach Satz 1. ⁷Bei einer Reinvestition nach § 92a Absatz 3 Satz 9 Nummer 1 gelten im Beitragsjahr der Reinvestition auch die davor geleisteten Beiträge oder Tilgungsleistungen als Altersvorsorgebeiträge nach Satz 1. ⁸Bei einem beruflich bedingten Umzug nach § 92a Absatz 4 gelten

1. im Beitragsjahr des Wegzugs auch die nach dem Wegzug und
2. im Beitragsjahr des Wiedereinzugs auch die vor dem Wiedereinzug

geleisteten Beiträge und Tilgungsleistungen als Altersvorsorgebeiträge nach Satz 1.

(2) ¹Zu den Altersvorsorgebeiträgen gehören auch

a) die aus dem individuell versteuerten Arbeitslohn des Arbeitnehmers geleisteten Beiträge an einen Pensionsfonds, eine Pensionskasse oder eine Direktversicherung zum Aufbau einer kapitalgedeckten betrieblichen Altersversorgung und
b) Beiträge des Arbeitnehmers und des ausgeschiedenen Arbeitnehmers, die dieser im Fall der zunächst durch Entgeltumwandlung (§ 1a des Betriebsrentengesetzes) finanzierten und nach § 3 Nummer 63 oder § 10a und diesem Abschnitt geförderten kapitalgedeckten betrieblichen Altersversorgung nach Maßgabe des § 1a Absatz 4 und § 1b Absatz 5 Satz 1 Nummer 2 des Betriebsrentengesetzes selbst erbringt,

wenn eine Auszahlung der zugesagten Altersversorgungsleistung in Form einer Rente oder eines Auszahlungsplans (§ 1 Absatz 1 Nummer 4 des Altersvorsorgeverträge-Zertifizierungsgesetzes) vorgesehen ist. ²Die §§ 3 und 4 des Betriebsrentengesetzes stehen dem vorbehaltlich des § 93 nicht entgegen.

(3) Zu den Altersvorsorgebeiträgen gehören auch die Beitragsanteile, die zur Absicherung der verminderten Erwerbsfähigkeit des Zulageberechtigten und zur Hinterbliebenenversorgung verwendet werden, wenn in der Leistungsphase die Auszahlung in Form einer Rente erfolgt.

(4) Nicht zu den Altersvorsorgebeiträgen zählen

1. Aufwendungen, die vermögenswirksame Leistungen nach dem Fünften Vermögensbildungsgesetz in der jeweils geltenden Fassung darstellen,

2. prämienbegünstigte Aufwendungen nach dem Wohnungsbau-Prämiengesetz in der Fassung der Bekanntmachung vom 30. Oktober 1997 (BGBl. I S. 2678), zuletzt geändert durch Artikel 5 des Gesetzes vom 29. Juli 2008 (BGBl. I S. 1509), in der jeweils geltenden Fassung,

3. Aufwendungen, die im Rahmen des § 10 als Sonderausgaben geltend gemacht werden,

4. Zahlungen nach § 92a Absatz 2 Satz 4 Nummer 1 und Absatz 3 Satz 9 Nummer 2 oder

5. Übertragungen im Sinne des § 3 Nummer 55 bis 55c.

(5) ¹Der Zulageberechtigte kann für ein abgelaufenes Beitragsjahr bis zum Beitragsjahr 2011 Altersvorsorgebeiträge auf einen auf seinen Namen lautenden Altersvorsorgevertrag leisten, wenn

1. der Anbieter des Altersvorsorgevertrags davon Kenntnis erhält, in welcher Höhe und für welches Beitragsjahr die Altersvorsorgebeiträge berücksichtigt werden sollen,

2. in dem Beitragsjahr, für das die Altersvorsorgebeiträge berücksichtigt werden sollen, ein Altersvorsorgevertrag bestanden hat,

3. im fristgerechten Antrag auf Zulage für dieses Beitragsjahr eine Zulageberechtigung nach § 79 Satz 2 angegeben wurde, aber tatsächlich eine Zulageberechtigung nach § 79 Satz 1 vorliegt,

4. die Zahlung der Altersvorsorgebeiträge für abgelaufene Beitragsjahre bis zum Ablauf von zwei Jahren nach Erteilung der Bescheinigung nach § 92, mit der zuletzt Ermittlungsergebnisse für dieses Beitragsjahr bescheinigt wurden, längstens jedoch bis zum Beginn der Auszahlungsphase des Altersvorsorgevertrages erfolgt und

5. der Zulageberechtigte vom Anbieter in hervorgehobener Weise darüber informiert wurde oder dem Anbieter seine Kenntnis darüber versichert, dass die Leistungen aus diesen Altersvorsorgebeiträgen der vollen nachgelagerten Besteuerung nach § 22 Nummer 5 Satz 1 unterliegen.

²Wurden die Altersvorsorgebeiträge dem Altersvorsorgevertrag gutgeschrieben und sind die Voraussetzungen nach Satz 1 erfüllt, so hat der Anbieter der zentralen Stelle (§ 81) die entsprechenden Daten nach § 89 Absatz 2 Satz 1 für das zurückliegende Beitragsjahr nach einem mit der zentralen Stelle abgestimmten Verfahren mitzuteilen. ³Die Beträge nach Satz 1 gelten für die Ermittlung der zu zahlenden Altersvorsorgezulage nach § 83 als Altersvorsorgebeiträge für das Beitragsjahr, für das sie gezahlt wurden. ⁴Für die Anwendung des § 10a Absatz 1 Satz 1 sowie bei der Ermittlung der dem Steuerpflichtigen zustehenden Zulage im Rahmen des § 2 Absatz 6 und des § 10a sind die nach Satz 1 gezahlten Altersvorsorgebeiträge weder für das Beitragsjahr nach Satz 1 Nummer 2 noch für das Beitragsjahr der Zahlung zu berücksichtigen.

§ 83
Altersvorsorgezulage

In Abhängigkeit von den geleisteten Altersvorsorgebeiträgen wird eine Zulage gezahlt, die sich aus einer Grundzulage (§ 84) und einer Kinderzulage (§ 85) zusammensetzt.

§ 84
Grundzulage

¹Jeder Zulageberechtigte erhält eine Grundzulage; diese beträgt jährlich 154 Euro. ²Für Zulageberechtigte nach § 79 Satz 1, die zu Beginn des Beitragsjahres (§ 88) das 25. Lebensjahr noch nicht vollendet haben, erhöht sich die Grundzulage nach Satz 1 um einmalig 200 Euro. ³Die Erhöhung nach Satz 2 ist für das erste nach dem 31. Dezember 2007 beginnende Beitragsjahr zu gewähren, für das eine Altersvorsorgezulage beantragt wird.

§ 85
Kinderzulage

(1) ¹Die Kinderzulage beträgt für jedes Kind, für das dem Zulageberechtigten Kindergeld ausgezahlt wird, jährlich 185 Euro. ²Für ein nach dem 31. Dezember 2007 geborenes Kind erhöht sich die Kinderzulage nach Satz 1 auf 300 Euro. ³Der Anspruch auf Kinderzulage entfällt für den Veranlagungszeitraum, für den das Kindergeld insgesamt zurückgefordert wird. ⁴Erhalten mehrere Zulageberechtigte für dasselbe Kind Kindergeld, steht die Kinderzulage demjenigen zu, dem für den ersten Anspruchszeitraum (§ 66 Absatz 2) im Kalenderjahr Kindergeld ausgezahlt worden ist.

(2) ¹Bei Eltern, die miteinander verheiratet sind, nicht dauernd getrennt leben (§ 26 Absatz 1) und ihren Wohnsitz oder gewöhnlichen Aufenthalt in einem Mitgliedstaat der Europäischen Union oder einem Staat haben, auf den das Abkommen über den Europäischen Wirtschaftsraum (EWR-Abkommen) anwendbar ist, wird die Kinderzulage der Mutter zugeordnet, auf Antrag beider Eltern dem Vater. ²Bei Eltern, die miteinander eine Lebenspartnerschaft führen, nicht dauernd getrennt leben (§ 26 Absatz 1) und ihren Wohnsitz oder gewöhnlichen Aufenthalt in einem Mitgliedstaat der Europäischen Union oder einem Staat haben, auf den das EWR-Abkommen anwendbar ist, ist die Kinderzulage dem Lebenspartner zuzuordnen, dem das Kindergeld ausgezahlt wird, auf Antrag beider Eltern dem anderen Lebenspartner. ³Der Antrag kann für ein abgelaufenes Beitragsjahr nicht zurückgenommen werden.

§ 86
Mindesteigenbeitrag

(1) ¹Die Zulage nach den §§ 84 und 85 wird gekürzt, wenn der Zulageberechtigte nicht den Mindesteigenbeitrag leistet. ²Dieser beträgt jährlich 4 Prozent der Summe der in dem dem Kalenderjahr vorangegangenen Kalenderjahr

1. erzielten beitragspflichtigen Einnahmen im Sinne des Sechsten Buches Sozialgesetzbuch,

2. bezogenen Besoldung und Amtsbezüge,

3. in den Fällen des § 10a Absatz 1 Satz 1 Nummer 3 und Nummer 4 erzielten Einnahmen, die beitragspflichtig wären, wenn die Versicherungsfreiheit in der gesetzlichen Rentenversicherung nicht bestehen würde und

4. bezogenen Rente wegen voller Erwerbsminderung oder Erwerbsunfähigkeit oder bezogenen Versorgungsbezüge wegen Dienstunfähigkeit in den Fällen des § 10a Absatz 1 Satz 4,

jedoch nicht mehr als der in § 10a Absatz 1 Satz 1 genannte Höchstbetrag, vermindert um die Zulage nach den §§ 84 und 85; gehört der Ehegatte zum Personenkreis nach § 79 Satz 2, berechnet sich der Mindesteigenbeitrag des nach § 79 Satz 1 Begünstigten unter Berücksichtigung der den Ehegatten insgesamt zustehenden Zulagen. ³Auslandsbezogene Bestandteile nach den §§ 52 ff. des Bundesbesoldungsgesetzes oder entsprechender Regelungen eines Landesbesoldungsgesetzes bleiben unberücksichtigt. ⁴Als Sockelbetrag sind ab dem Jahr 2005 jährlich 60 Euro zu leisten. ⁵Ist der Sockelbetrag höher als der Mindesteigenbeitrag nach Satz 2, so ist der Sockelbetrag als Mindesteigenbeitrag zu leisten. ⁶Die Kürzung der Zulage ermittelt sich nach dem Verhältnis der Altersvorsorgebeiträge zum Mindesteigenbeitrag.

(2) ¹Ein nach § 79 Satz 2 begünstigter Ehegatte hat Anspruch auf eine ungekürzte Zulage, wenn der zum begünstigten Personenkreis nach § 79 Satz 1 gehörende Ehegatte seinen geförderten Mindesteigenbeitrag unter Berücksichtigung der den Ehegatten insgesamt zustehenden Zulagen erbracht hat. ²Werden bei einer in der gesetzlichen Rentenversicherung pflichtversicherten Person beitragspflichtige Einnahmen zu Grunde gelegt, die höher sind als das tatsächlich erzielte Entgelt oder die Entgeltersatzleistung, ist das tatsächlich erzielte Entgelt oder der Zahlbetrag der Entgeltersatzleistung für die Berechnung des Mindesteigenbeitrags zu berücksichtigen. ³Für die nicht erwerbsmäßig ausgeübte Pflegetätigkeit einer nach § 3 Satz 1 Nummer 1a des Sechsten Buches Sozialgesetzbuch rentenversicherungspflichtigen Person ist für die Berechnung des Mindesteigenbeitrags ein tatsächlich erzieltes Entgelt von 0 Euro zu berücksichtigen.

(3) ¹Für Versicherungspflichtige nach dem Gesetz über die Alterssicherung der Landwirte ist Absatz 1 mit der Maßgabe anzuwenden,

dass auch die Einkünfte aus Land- und Forstwirtschaft im Sinne des § 13 des zweiten dem Beitragsjahr vorangegangenen Veranlagungszeitraums als beitragspflichtige Einnahmen des vorangegangenen Kalenderjahres gelten. ²Negative Einkünfte im Sinne des Satzes 1 bleiben unberücksichtigt, wenn weitere nach Absatz 1 oder Absatz 2 zu berücksichtigende Einnahmen erzielt werden.

(4) Wird nach Ablauf des Beitragsjahres festgestellt, dass die Voraussetzungen für die Gewährung einer Kinderzulage nicht vorgelegen haben, ändert sich dadurch die Berechnung des Mindesteigenbeitrags für dieses Beitragsjahr nicht.

(5) Bei den in § 10a Absatz 6 Satz 1 und 2 genannten Personen ist der Summe nach Absatz 1 Satz 2 die Summe folgender Einnahmen und Leistungen aus dem dem Kalenderjahr vorangegangenen Kalenderjahr hinzuzurechnen:

1. die erzielten Einnahmen aus der Tätigkeit, die die Zugehörigkeit zum Personenkreis des § 10a Absatz 6 Satz 1 begründet, und
2. die bezogenen Leistungen im Sinne des § 10a Absatz 6 Satz 2 Nummer 1.

§ 87
Zusammentreffen mehrerer Verträge

(1) ¹Zahlt der nach § 79 Satz 1 Zulageberechtigte Altersvorsorgebeiträge zugunsten mehrerer Verträge, so wird die Zulage nur für zwei dieser Verträge gewährt. ²Der insgesamt nach § 86 zu leistende Mindesteigenbeitrag muss zugunsten dieser Verträge geleistet worden sein. ³Die Zulage ist entsprechend dem Verhältnis der auf diese Verträge geleisteten Beiträge zu verteilen.

(2) ¹Der nach § 79 Satz 2 Zulageberechtigte kann die Zulage für das jeweilige Beitragsjahr nicht auf mehrere Altersvorsorgeverträge verteilen. ²Es ist nur der Altersvorsorgevertrag begünstigt, für den zuerst die Zulage beantragt wird.

§ 88
Entstehung des Anspruchs auf Zulage

Der Anspruch auf die Zulage entsteht mit Ablauf des Kalenderjahres, in dem die Altersvorsorgebeiträge geleistet worden sind (Beitragsjahr).

§ 89
Antrag

(1) ¹Der Zulageberechtigte hat den Antrag auf Zulage nach amtlich vorgeschriebenem Vordruck bis zum Ablauf des zweiten Kalenderjahres, das auf das Beitragsjahr (§ 88) folgt, bei dem Anbieter seines Vertrages einzureichen. ²Hat der Zulageberechtigte im Beitragsjahr Altersvorsorgebeiträge für mehrere Verträge gezahlt, so hat er mit dem Zulageantrag zu bestimmen, auf welche Verträge die Zulage überwiesen werden soll. ³Beantragt der Zulageberechtigte die Zulage für mehr als zwei Verträge, so wird die Zulage nur für die zwei Verträge mit den höchsten Altersvorsorgebeiträgen gewährt. ⁴Sofern eine Zulagenummer (§ 90 Absatz 1 Satz 2) durch die zentrale Stelle (§ 81) oder eine Versicherungsnummer nach § 147 des Sechsten Buches Sozialgesetzbuch für den nach § 79 Satz 2 berechtigten Ehegatten noch nicht vergeben ist, hat dieser über seinen Anbieter eine Zulagenummer bei der zentralen Stelle zu beantragen. ⁵Der Antragsteller ist verpflichtet, dem Anbieter unverzüglich eine Änderung der Verhältnisse mitzuteilen, die zu einer Minderung oder zum Wegfall des Zulageanspruchs führt.

(1a) ¹Der Zulageberechtigte kann den Anbieter seines Vertrages schriftlich bevollmächtigen, für ihn abweichend von Absatz 1 die Zulage für jedes Beitragsjahr zu beantragen. ²Absatz 1 Satz 5 gilt mit Ausnahme der Mitteilung geänderter beitragspflichtiger Einnahmen entsprechend. ³Ein Widerruf der Vollmacht ist bis zum Ablauf des Beitragsjahres, für das der Anbieter keinen Antrag auf Zulage stellen soll, gegenüber dem Anbieter zu erklären.

(2) ¹Der Anbieter ist verpflichtet,
a) die Vertragsdaten,
b) die Versicherungsnummer nach § 147 des Sechsten Buches Sozialgesetzbuch, die Zulagenummer des Zulageberechtigten und dessen Ehegatten oder einen Antrag auf Vergabe einer Zulagenummer eines nach § 79 Satz 2 berechtigten Ehegatten,
c) die vom Zulageberechtigten mitgeteilten Angaben zur Ermittlung des Mindesteigenbeitrags (§ 86),
d) die für die Gewährung der Kinderzulage erforderlichen Daten,
e) die Höhe der geleisteten Altersvorsorgebeiträge und
f) das Vorliegen einer nach Absatz 1a erteilten Vollmacht

als die für die Ermittlung und Überprüfung des Zulageanspruchs und Durchführung des Zulageverfahrens erforderlichen Daten zu erfassen. ²Er hat die Daten der bei ihm im Laufe eines Kalendervierteljahres eingegangenen Anträge bis zum Ende des folgenden Monats nach amtlich vorgeschriebenem Datensatz durch amtlich bestimmte Datenfernübertragung an die zentrale Stelle zu übermitteln. ³Dies gilt auch im Fall des Absatzes 1 Satz 5.

(3) ¹Ist der Anbieter nach Absatz 1a Satz 1 bevollmächtigt worden, hat er der zentralen Stelle die nach Absatz 2 Satz 1 erforderlichen Angaben für jedes Kalenderjahr bis zum Ablauf des auf das Beitragsjahr folgenden Kalenderjahres zu übermitteln. ²Liegt die Bevollmächtigung erst nach dem im Satz 1 genannten Meldetermin vor, hat der Anbieter die Angaben bis zum Ende des folgenden Kalendervierteljahres nach der Bevollmächtigung, spätestens jedoch bis zum Ablauf der in Absatz 1 Satz 1 genannten Antragsfrist, zu übermitteln. ³Absatz 2 Satz 2 und 3 gilt sinngemäß.

§ 90
Verfahren

(1) ¹Die zentrale Stelle ermittelt aufgrund der von ihr erhobenen oder der ihr übermittelten Daten, ob und in welcher Höhe ein Zulageanspruch besteht. ²Soweit der zuständige Träger der Rentenversicherung keine Versicherungsnummer vergeben hat, vergibt die zentrale Stelle zur Erfüllung der ihr nach diesem Abschnitt zugewiesenen Aufgaben eine Zulagenummer. ³Die zentrale Stelle teilt im Falle eines Antrags nach § 10a Absatz 1a der zuständigen Stelle, im Falle eines Antrags nach § 89 Absatz 1 Satz 4 dem Anbieter die Zulagenummer mit; von dort wird sie an den Antragsteller weitergeleitet.

(2) ¹Die zentrale Stelle veranlasst die Auszahlung an den Anbieter zugunsten der Zulageberechtigten durch die zuständige Kasse. ²Ein gesonderter Zulagenbescheid ergeht vorbehaltlich des Absatzes 4 nicht. ³Der Anbieter hat die erhaltenen Zulagen unverzüglich den begünstigten Verträgen gutzuschreiben. ⁴Zulagen, die nach Beginn der Auszahlungsphase für das Altersvorsorgevermögen von der zentralen Stelle an den Anbieter überwiesen werden, können vom Anbieter an den Anleger ausgezahlt werden. ⁵Besteht kein Zulageanspruch, so teilt die zentrale Stelle dies dem Anbieter durch Datensatz mit. ⁶Die zentrale Stelle teilt dem Anbieter die Altersvorsorgebeiträge im Sinne des § 82, auf die § 10a oder dieser Abschnitt angewendet wurde, durch Datensatz mit.

(3) ¹Erkennt die zentrale Stelle nachträglich, dass der Zulageanspruch ganz oder teilweise nicht besteht oder weggefallen ist, so hat sie zu Unrecht gutgeschriebene oder ausgezahlte Zulagen zurückzufordern und dies dem Anbieter durch Datensatz mitzuteilen. ²Bei bestehendem Vertragsverhältnis hat der Anbieter das Konto zu belasten. ³Die ihm im Kalendervierteljahr mitgeteilten Rückforderungsbeträge hat er bis zum zehnten Tag des dem Kalendervierteljahr folgenden Monats in einem Betrag bei der zentralen Stelle anzumelden und an diese abzuführen. ⁴Die Anmeldung nach Satz 3 ist nach amtlich vorgeschriebenem Vordruck abzugeben. ⁵Sie gilt als Steueranmeldung im Sinne der Abgabenordnung.

(4) ¹Eine Festsetzung der Zulage erfolgt nur auf besonderen Antrag des Zulageberechtigten. ²Der Antrag ist schriftlich innerhalb eines Jahres vom Antragsteller an den Anbieter zu richten; die Frist beginnt mit der Erteilung der Bescheinigung nach § 92, die die Ermittlungsergebnisse für das Beitragsjahr enthält, für das eine Festsetzung der Zulage erfolgen soll. ³Der Anbieter leitet den Antrag der zentralen Stelle zur Festsetzung zu. ⁴Er hat dem Antrag eine Stellungnahme und die zur Festsetzung erforderlichen Unterlagen beizufügen. ⁵Die zentrale Stelle teilt die Festsetzung auch dem Anbieter mit. ⁶Im Übrigen gilt Absatz 3 entsprechend.

§ 91
Datenerhebung und Datenabgleich

(1) ¹Für die Berechnung und Überprüfung der Zulage sowie die Überprüfung des Vorliegens der Voraussetzungen des Sonderausgabenabzugs nach § 10a übermitteln die Träger der gesetzlichen

Rentenversicherung, die landwirtschaftliche Alterskasse, die Bundesagentur für Arbeit, die Meldebehörden, die Familienkassen und die Finanzämter der zentralen Stelle auf Anforderung die bei ihnen vorhandenen Daten nach § 89 Absatz 2 durch Datenfernübertragung; für Zwecke der Berechnung des Mindesteigenbeitrags für ein Beitragsjahr darf die zentrale Stelle bei den Trägern der gesetzlichen Rentenversicherung und der landwirtschaftlichen Alterskasse die bei ihnen vorhandenen Daten zu den beitragspflichtigen Einnahmen sowie in den Fällen des § 10a Absatz 1 Satz 4 zur Höhe der bezogenen Rente wegen voller Erwerbsminderung oder Erwerbsunfähigkeit erheben, sofern diese nicht vom Anbieter nach § 89 übermittelt worden sind. ²Für Zwecke der Überprüfung nach Satz 1 darf die zentrale Stelle die ihr übermittelten Daten mit den ihr nach § 89 Absatz 2 übermittelten Daten automatisiert abgleichen. ³Führt die Überprüfung zu einer Änderung der ermittelten oder festgesetzten Zulage, ist dies dem Anbieter mitzuteilen. ⁴Ergibt die Überprüfung eine Abweichung von dem in der Steuerfestsetzung berücksichtigten Sonderausgabenabzug nach § 10a oder der gesonderten Feststellung nach § 10a Absatz 4, ist dies dem Finanzamt mitzuteilen; die Steuerfestsetzung oder die gesonderte Feststellung ist insoweit zu ändern.

(2) ¹Die zuständige Stelle hat der zentralen Stelle die Daten nach § 10a Absatz 1 Satz 1 zweiter Halbsatz bis zum 31. März des dem Beitragsjahr folgenden Kalenderjahres durch Datenfernübertragung zu übermitteln. ²Liegt die Einwilligung nach § 10a Absatz 1 Satz 1 zweiter Halbsatz erst nach dem in Satz 1 genannten Meldetermin vor, hat die zuständige Stelle die Daten spätestens bis zum Ende des folgenden Kalendervierteljahres nach Erteilung der Einwilligung nach Maßgabe von Satz 1 zu übermitteln.

§ 92
Bescheinigung

¹Der Anbieter hat dem Zulageberechtigten jährlich eine Bescheinigung nach amtlich vorgeschriebenem Muster zu erteilen über

1. die Höhe der im abgelaufenen Beitragsjahr geleisteten Altersvorsorgebeiträge (Beiträge und Tilgungsleistungen),
2. die im abgelaufenen Beitragsjahr getroffenen, aufgehobenen oder geänderten Ermittlungsergebnisse (§ 90),
3. die Summe der bis zum Ende des abgelaufenen Beitragsjahres dem Vertrag gutgeschriebenen Zulagen,
4. die Summe der bis zum Ende des abgelaufenen Beitragsjahres geleisteten Altersvorsorgebeiträge (Beiträge und Tilgungsleistungen),
5. den Stand des Altersvorsorgevermögens,
6. den Stand des Wohnförderkontos (§ 92a Absatz 2 Satz 1), sofern er diesen von der zentralen Stelle mitgeteilt bekommen hat, und
7. die Bestätigung der durch den Anbieter erfolgten Datenübermittlung an die zentrale Stelle im Fall des § 10a Absatz 5 Satz 1.

²Einer jährlichen Bescheinigung bedarf es nicht, wenn zu Satz 1 Nummer 1, 2, 6 und 7 keine Angaben erforderlich sind und sich zu Satz 1 Nummer 3 bis 5 keine Änderungen gegenüber der zuletzt erteilten Bescheinigung ergeben. ³Liegen die Voraussetzungen des Satzes 2 nur hinsichtlich der Angabe nach Satz 1 Nummer 6 nicht vor und wurde die Geschäftsbeziehung im Hinblick auf den jeweiligen Altersvorsorgevertrag zwischen Zulageberechtigtem und Anbieter beendet, weil

1. das angesparte Kapital vollständig aus dem Altersvorsorgevertrag entnommen wurde oder
2. das gewährte Darlehen vollständig getilgt wurde,

bedarf es keiner jährlichen Bescheinigung, wenn der Anbieter dem Zulageberechtigten in einer Bescheinigung im Sinne dieser Vorschrift Folgendes mitteilt: „Das Wohnförderkonto erhöht sich bis zum Beginn der Auszahlungsphase jährlich um 2 Prozent, solange Sie keine Zahlungen zur Minderung des Wohnförderkontos leisten." ⁴Der Anbieter kann dem Zulageberechtigten mit dessen Einverständnis die Bescheinigung auch elektronisch bereitstellen.

§ 92a
Verwendung für eine selbst genutzte Wohnung

(1) ¹Der Zulageberechtigte kann das in einem Altersvorsorgevertrag gebildete und nach § 10a oder nach diesem Abschnitt geförderte Kapital in vollem Umfang oder, wenn das verbleibende geförderte Restkapital mindestens 3 000 Euro beträgt, teilweise wie folgt verwenden (Altersvorsorge-Eigenheimbetrag):

1. bis zum Beginn der Auszahlungsphase unmittelbar für die Anschaffung oder Herstellung einer Wohnung oder zur Tilgung eines zu diesem Zweck aufgenommenen Darlehens, wenn das dafür entnommene Kapital mindestens 3 000 Euro beträgt, oder
2. bis zum Beginn der Auszahlungsphase unmittelbar für den Erwerb von Pflicht-Geschäftsanteilen an einer eingetragenen Genossenschaft für die Selbstnutzung einer Genossenschaftswohnung oder zur Tilgung eines zu diesem Zweck aufgenommenen Darlehens, wenn das dafür entnommene Kapital mindestens 3 000 Euro beträgt, oder
3. bis zum Beginn der Auszahlungsphase unmittelbar für die Finanzierung eines Umbaus einer Wohnung, wenn
   a) das dafür entnommene Kapital
      aa) mindestens 6 000 Euro beträgt und für einen innerhalb eines Zeitraums von drei Jahren nach der Anschaffung oder Herstellung der Wohnung vorgenommenen Umbau verwendet wird oder
      bb) mindestens 20 000 Euro beträgt,
   b) das dafür entnommene Kapital zu mindestens 50 Prozent auf Maßnahmen entfällt, die die Vorgaben der DIN 18040 Teil 2, Ausgabe September 2011, soweit baustrukturell möglich, erfüllen, und der verbleibende Teil der Kosten der Reduzierung von Barrieren in oder an der Wohnung dient; die zweckgerechte Verwendung ist durch einen Sachverständigen zu bestätigen; und
   c) der Zulageberechtigte oder ein Mitnutzer der Wohnung für die Umbaukosten weder eine Förderung durch Zuschüsse noch eine Steuerermäßigung nach § 35a in Anspruch nimmt oder nehmen wird noch die Berücksichtigung als außergewöhnliche Belastung nach § 33 beantragt hat oder beantragen wird und dies schriftlich bestätigt. ²Diese Bestätigung ist bei der Antragstellung nach § 92b Absatz 1 Satz 1 gegenüber der zentralen Stelle abzugeben. ³Bei der Inanspruchnahme eines Darlehens im Rahmen eines Altersvorsorgevertrags nach § 1 Absatz 1a des Altersvorsorgeverträge-Zertifizierungsgesetzes hat der Zulageberechtigte die Bestätigung gegenüber seinem Anbieter abzugeben.

²Die DIN 18040 ist im Beuth-Verlag GmbH, Berlin und Köln, erschienen und beim Deutschen Patent- und Markenamt in München archivmäßig gesichert niedergelegt. ³Die technischen Mindestanforderungen für die Reduzierung von Barrieren in oder an der Wohnung nach Satz 1 Nummer 3 Buchstabe b werden durch das Bundesministerium für Verkehr, Bau und Stadtentwicklung im Einvernehmen mit dem Bundesministerium der Finanzen festgelegt und im Bundesbaublatt veröffentlicht. ⁴Sachverständige im Sinne dieser Vorschrift sind nach Landesrecht Bauvorlageberechtigte sowie nach § 91 Absatz 1 Nummer 8 der Handwerksordnung öffentlich bestellte und vereidigte Sachverständige, die für ein Sachgebiet bestellt sind, das die Barrierefreiheit und Barrierereduzierung in Wohngebäuden umfasst, und die eine besondere Sachkunde oder ergänzende Fortbildung auf diesem Gebiet nachweisen. ⁵Eine nach Satz 1 begünstigte Wohnung ist

1. eine Wohnung in einem eigenen Haus oder
2. eine eigene Eigentumswohnung oder
3. eine Genossenschaftswohnung einer eingetragenen Genossenschaft,

wenn diese Wohnung in einem Mitgliedstaat der Europäischen Union oder in einem Staat, auf den das Abkommen über den Europäischen Wirtschaftsraum (EWR-Abkommen) anwendbar ist, belegen ist und die Hauptwohnung oder den Mittelpunkt der Lebensinteressen des Zulageberechtigten darstellt. ⁶Einer Wohnung im Sinne des Satzes 5 steht ein eigentumsähnliches oder lebenslanges Dauerwohnrecht nach § 33 des Wohnungseigentumsgesetzes gleich, soweit Vereinbarungen nach § 39 des Wohnungseigentumsgesetzes getroffen werden. ⁷Bei der Ermittlung des Restkapitals nach

§ 92a EStG – Gesetzestext

Satz 1 ist auf den Stand des geförderten Altersvorsorgevermögens zum Ablauf des Tages abzustellen, an dem die zentrale Stelle den Bescheid nach § 92b ausgestellt hat. [8]Der Altersvorsorge-Eigenheimbetrag gilt nicht als Leistung aus einem Altersvorsorgevertrag, die dem Zulageberechtigten im Zeitpunkt der Auszahlung zufließt.

(2) [1]Der Altersvorsorge-Eigenheimbetrag, die Tilgungsleistungen im Sinne des § 82 Absatz 1 Satz 1 Nummer 2 und die hierfür gewährten Zulagen sind durch die zentrale Stelle in Bezug auf den zugrunde liegenden Altersvorsorgevertrag gesondert zu erfassen (Wohnförderkonto); die zentrale Stelle teilt für jeden Altersvorsorgevertrag, für den sie ein Wohnförderkonto (Altersvorsorgevertrag mit Wohnförderkonto) führt, dem Anbieter jährlich den Stand des Wohnförderkontos nach amtlich vorgeschriebenem Datensatz durch Datenfernübertragung mit. [2]Beiträge, die nach § 82 Absatz 1 Satz 3 wie Tilgungsleistungen behandelt wurden, sind im Zeitpunkt der unmittelbaren Darlehenstilgung einschließlich der zur Tilgung eingesetzten Zulagen und Erträge in das Wohnförderkonto aufzunehmen; zur Tilgung eingesetzte ungeförderte Beiträge einschließlich der darauf entfallenden Erträge fließen dem Zulageberechtigten in diesem Zeitpunkt zu. [3]Nach Ablauf eines Beitragsjahres, letztmals für das Beitragsjahr des Beginns der Auszahlungsphase, ist der sich aus dem Wohnförderkonto ergebende Gesamtbetrag um 2 Prozent zu erhöhen. [4]Das Wohnförderkonto ist zu vermindern um

1. Zahlungen des Zulageberechtigten auf einen auf seinen Namen lautenden zertifizierten Altersvorsorgevertrag nach § 1 Absatz 1 des Altersvorsorgeverträge-Zertifizierungsgesetzes bis zum Beginn der Auszahlungsphase zur Minderung der in das Wohnförderkonto eingestellten Beträge; der Anbieter, bei dem die Einzahlung erfolgt, hat die Einzahlung der zentralen Stelle nach amtlich vorgeschriebenem Datensatz durch Datenfernübertragung mitzuteilen; erfolgt die Einzahlung nicht auf den Altersvorsorgevertrag mit Wohnförderkonto, hat der Zulageberechtigte dem Anbieter, bei dem die Einzahlung erfolgt, die Vertragsdaten des Altersvorsorgevertrags mit Wohnförderkonto mitzuteilen; diese hat der Anbieter der zentralen Stelle zusätzlich mitzuteilen;
2. den Verminderungsbetrag nach Satz 5.

[5]Verminderungsbetrag ist der sich mit Ablauf des Kalenderjahres des Beginns der Auszahlungsphase ergebende Stand des Wohnförderkontos dividiert durch die Anzahl der Jahre bis zur Vollendung des 85. Lebensjahres des Zulageberechtigten; als Beginn der Auszahlungsphase gilt der vom Zulageberechtigten und Anbieter vereinbarte Zeitpunkt, der zwischen der Vollendung des 60. Lebensjahres und des 68. Lebensjahres des Zulageberechtigten liegen muss; ist ein Auszahlungszeitpunkt nicht vereinbart, so gilt die Vollendung des 67. Lebensjahres als Beginn der Auszahlungsphase. [6]Anstelle einer Verminderung nach Satz 5 kann der Zulageberechtigte jederzeit in der Auszahlungsphase von der zentralen Stelle die Auflösung des Wohnförderkontos verlangen (Auflösungsbetrag). [7]Der Anbieter hat im Zeitpunkt der unmittelbaren Darlehenstilgung die Beträge nach Satz 2 erster Halbsatz und der Anbieter eines Altersvorsorgevertrags mit Wohnförderkonto hat zu Beginn der Auszahlungsphase den Zeitpunkt des Beginns der Auszahlungsphase der zentralen Stelle nach amtlich vorgeschriebenem Datensatz durch Datenfernübertragung mitzuteilen. [8]Wird gefördertes Altersvorsorgevermögen nach § 93 Absatz 2 Satz 1 von einem Anbieter auf einen anderen auf den Namen des Zulageberechtigten lautenden Altersvorsorgevertrag vollständig übertragen und hat die zentrale Stelle für den bisherigen Altersvorsorgevertrag ein Wohnförderkonto geführt, so schließt sie das Wohnförderkonto des bisherigen Vertrags und führt es zu dem neuen Altersvorsorgevertrag fort. [9]Erfolgt eine Zahlung nach Satz 4 Nummer 1 oder nach Absatz 3 Satz 9 Nummer 2 auf einen anderen Altersvorsorgevertrag als auf den Altersvorsorgevertrag mit Wohnförderkonto, schließt die zentrale Stelle das Wohnförderkonto des bisherigen Vertrags und führt es ab dem Zeitpunkt der Einzahlung für den Altersvorsorgevertrag fort, auf den die Einzahlung erfolgt ist. [10]Die zentrale Stelle teilt die Schließung des Wohnförderkontos dem Anbieter des bisherigen Altersvorsorgevertrags mit Wohnförderkonto mit.

(2a) [1]Geht im Rahmen der Regelung von Scheidungsfolgen der Eigentumsanteil des Zulageberechtigten an der Wohnung im Sinne des Absatzes 1 Satz 5 ganz oder teilweise auf den anderen Ehegatten über, geht das Wohnförderkonto in Höhe des Anteils, der dem Verhältnis des übergegangenen Eigentumsanteils zum verbleibenden Eigentumsanteil entspricht, mit allen Rechten und Pflichten auf den anderen Ehegatten über; dabei ist auf das Lebensalter des anderen Ehegatten abzustellen. [2]Hat der andere Ehegatte das Lebensalter für den vertraglich vereinbarten Beginn der Auszahlungsphase oder, soweit kein Beginn der Auszahlungsphase vereinbart wurde, das 67. Lebensjahr im Zeitpunkt des Übergangs des Wohnförderkontos bereits überschritten, so gilt als Beginn der Auszahlungsphase der Zeitpunkt des Übergangs des Wohnförderkontos. [3]Der Zulageberechtigte hat den Übergang des Eigentumsanteils der zentralen Stelle nachzuweisen. [4]Dazu hat er die für die Anlage eines Wohnförderkontos erforderlichen Daten des anderen Ehegatten mitzuteilen. [5]Die Sätze 1 bis 4 gelten entsprechend für Ehegatten, die im Zeitpunkt des Todes des Zulageberechtigten

1. nicht dauernd getrennt gelebt haben (§ 26 Absatz 1) und
2. ihren Wohnsitz oder gewöhnlichen Aufenthalt in einem Mitgliedstaat der Europäischen Union oder einem Staat hatten, auf das Abkommen über den Europäischen Wirtschaftsraum anwendbar ist.

(3) [1]Nutzt der Zulageberechtigte die Wohnung im Sinne des Absatzes 1 Satz 5, für die ein Altersvorsorge-Eigenheimbetrag verwendet oder für die eine Tilgungsförderung im Sinne des § 82 Absatz 1 in Anspruch genommen worden ist, nicht nur vorübergehend nicht mehr zu eigenen Wohnzwecken, hat er dies dem Anbieter, in der Auszahlungsphase der zentralen Stelle, unter Angabe des Zeitpunkts der Aufgabe der Selbstnutzung mitzuteilen. [2]Eine Aufgabe der Selbstnutzung liegt auch vor, soweit der Zulageberechtigte das Eigentum an der Wohnung aufgibt. [3]Die Mitteilungspflicht gilt entsprechend für den Rechtsnachfolger der begünstigten Wohnung, wenn der Zulageberechtigte stirbt. [4]Die Anzeigepflicht entfällt, wenn das Wohnförderkonto vollständig zurückgeführt worden ist, es sei denn, es liegt ein Fall des § 22 Nummer 5 Satz 6 vor. [5]Im Fall des Satzes 1 gelten die im Wohnförderkonto erfassten Beträge als Leistungen aus einem Altersvorsorgevertrag, die dem Zulageberechtigten nach letztmaliger Erhöhung des Wohnförderkontos nach Absatz 2 Satz 3 zum Ende des Veranlagungszeitraums, in dem die Selbstnutzung aufgegeben wurde, zufließen; das Wohnförderkonto ist aufzulösen (Auflösungsbetrag). [6]Verstirbt der Zulageberechtigte, ist der Auflösungsbetrag ihm noch zuzurechnen. [7]Der Anbieter hat der zentralen Stelle den Zeitpunkt der Aufgabe nach amtlich vorgeschriebenem Datensatz durch Datenfernübertragung mitzuteilen. [8]Wurde im Fall des Satzes 1 eine Tilgungsförderung nach § 82 Absatz 1 Satz 3 in Anspruch genommen und erfolgte keine Einstellung in das Wohnförderkonto nach Absatz 2 Satz 2, sind die Beiträge, die nach § 82 Absatz 1 Satz 3 wie Tilgungsleistungen behandelt wurden, sowie die darauf entfallenden Zulagen und Erträge in ein Wohnförderkonto aufzunehmen und anschließend die weiteren Regelungen dieses Absatzes anzuwenden; Absatz 2 Satz 2 zweiter Halbsatz und Satz 7 gilt entsprechend. [9]Die Sätze 5 bis 7 sowie § 20 sind nicht anzuwenden, wenn

1. der Zulageberechtigte einen Betrag in Höhe des noch nicht zurückgeführten Betrags im Wohnförderkonto innerhalb von zwei Jahren vor dem Veranlagungszeitraum und von fünf Jahren nach Ablauf des Veranlagungszeitraums, in dem er die Wohnung letztmals zu eigenen Wohnzwecken genutzt hat, für eine weitere Wohnung im Sinne des Absatzes 1 Satz 5 verwendet,
2. der Zulageberechtigte einen Betrag in Höhe des noch nicht zurückgeführten Betrags im Wohnförderkonto innerhalb eines Jahres nach Ablauf des Veranlagungszeitraums, in dem er die Wohnung letztmals zu eigenen Wohnzwecken genutzt hat, auf einen auf seinen Namen lautenden zertifizierten Altersvorsorgevertrag zahlt; Absatz 2 Satz 4 Nummer 1 ist entsprechend anzuwenden,
3. die Ehewohnung aufgrund einer richterlichen Entscheidung nach § 1361b des Bürgerlichen Gesetzbuchs oder nach der Verordnung über die Behandlung der Ehewohnung und des Hausrats dem anderen Ehegatten zugewiesen wird oder
4. der Zulageberechtigte krankheits- oder pflegebedingt die Wohnung nicht mehr bewohnt, sofern er Eigentümer dieser Wohnung bleibt, sie ihm weiterhin zur Selbstnutzung zur Verfügung steht und sie nicht von Dritten, mit Ausnahme seines Ehegatten, genutzt wird.

[10]Der Zulageberechtigte hat dem Anbieter, in der Auszahlungsphase der zentralen Stelle, die Reinvestitionsabsicht und den Zeitpunkt der Reinvestition im Rahmen der Mitteilung nach Satz 1 oder

die Aufgabe der Reinvestitionsabsicht mitzuteilen; in den Fällen des Absatzes 2a und des Satzes 9 Nummer 3 gelten die Sätze 1 bis 9 entsprechend für den anderen, geschiedenen oder überlebenden Ehegatten, wenn er die Wohnung nicht nur vorübergehend nicht mehr zu eigenen Wohnzwecken nutzt. [11]Satz 5 ist mit der Maßgabe anzuwenden, dass der Eingang der Mitteilung der aufgegebenen Reinvestitionsabsicht, spätestens jedoch der 1. Januar

1. des sechsten Jahres nach dem Jahr der Aufgabe der Selbstnutzung bei einer Reinvestitionsabsicht nach Satz 9 Nummer 1 oder
2. des zweiten Jahres nach dem Jahr der Aufgabe der Selbstnutzung bei einer Reinvestitionsabsicht nach Satz 9 Nummer 2

als Zeitpunkt der Aufgabe gilt.

(4) [1]Absatz 3 sowie § 20 sind auf Antrag des Steuerpflichtigen nicht anzuwenden, wenn er

1. die Wohnung im Sinne des Absatzes 1 Satz 5 aufgrund eines beruflich bedingten Umzugs für die Dauer der beruflich bedingten Abwesenheit nicht selbst nutzt; wird während dieser Zeit mit einer anderen Person ein Nutzungsrecht für diese Wohnung vereinbart, ist diese Vereinbarung von vorneherein entsprechend zu befristen,
2. beabsichtigt, die Selbstnutzung wieder aufzunehmen und
3. die Selbstnutzung spätestens mit der Vollendung seines 67. Lebensjahres aufnimmt.

[2]Der Steuerpflichtige hat den Antrag bei der zentralen Stelle zu stellen und dabei die notwendigen Nachweise zu erbringen. [3]Die zentrale Stelle erteilt dem Steuerpflichtigen einen Bescheid über die Bewilligung des Antrags und informiert den Anbieter des Altersvorsorgevertrags mit Wohnförderkonto des Zulageberechtigten über die Bewilligung, eine Wiederaufnahme der Selbstnutzung nach einem beruflich bedingten Umzug und den Wegfall der Voraussetzungen nach diesem Absatz; die Information hat nach amtlich vorgeschriebenem Datensatz durch Datenfernübertragung zu erfolgen. [4]Entfällt eine der in Satz 1 genannten Voraussetzungen, ist Absatz 3 mit der Maßgabe anzuwenden, dass bei einem Wegfall der Voraussetzung nach Satz 1 Nummer 1 als Zeitpunkt der Aufgabe der Zeitpunkt des Wegfalls der Voraussetzung und bei einem Wegfall der Voraussetzung nach Satz 1 Nummer 2 oder Nummer 3 der Eingang der Mitteilung des Steuerpflichtigen nach Absatz 3 als Zeitpunkt der Aufgabe gilt, spätestens jedoch die Vollendung des 67. Lebensjahres des Steuerpflichtigen.

§ 92b
Verfahren bei Verwendung für eine selbst genutzte Wohnung

(1) [1]Der Zulageberechtigte hat die Verwendung des Kapitals nach § 92a Absatz 1 Satz 1 spätestens zehn Monate vor dem Beginn der Auszahlungsphase des Altersvorsorgevertrags im Sinne des § 1 Absatz 1 Nummer 2 des Altersvorsorgeverträge-Zertifizierungsgesetzes bei der zentralen Stelle zu beantragen und dabei die notwendigen Nachweise zu erbringen. [2]Er hat zu bestimmen, aus welchen Altersvorsorgeverträgen der Altersvorsorge-Eigenheimbetrag ausgezahlt werden soll. [3]Die zentrale Stelle teilt dem Zulageberechtigten durch Bescheid und den Anbietern der in Satz 2 genannten Altersvorsorgeverträge nach amtlich vorgeschriebenem Datensatz durch Datenfernübertragung mit, bis zu welcher Höhe eine wohnungswirtschaftliche Verwendung im Sinne des § 92a Absatz 1 Satz 1 vorliegen kann.

(2) [1]Die Anbieter der in Absatz 1 Satz 2 genannten Altersvorsorgeverträge dürfen den Altersvorsorge-Eigenheimbetrag auszahlen, sobald sie die Mitteilung nach Absatz 1 Satz 3 erhalten haben. [2]Sie haben der zentralen Stelle nach amtlich vorgeschriebenem Datensatz durch Datenfernübertragung Folgendes anzuzeigen:

1. den Auszahlungszeitpunkt und den Auszahlungsbetrag,
2. die Summe der bis zum Auszahlungszeitpunkt dem Altersvorsorgevertrag gutgeschriebenen Zulagen,
3. die Summe der bis zum Auszahlungszeitpunkt geleisteten Altersvorsorgebeiträge und
4. den Stand des geförderten Altersvorsorgevermögens im Zeitpunkt der Auszahlung.

(3) [1]Die zentrale Stelle stellt zu Beginn der Auszahlungsphase und in den Fällen des § 92a Absatz 2a und 3 Satz 5 den Stand des Wohnförderkontos, soweit für die Besteuerung erforderlich, den Verminderungsbetrag und den Auflösungsbetrag von Amts wegen gesondert fest. [2]Die zentrale Stelle teilt die Feststellung dem Zulageberechtigten, in den Fällen des § 92a Absatz 2a Satz 1 auch dem anderen Ehegatten, durch Bescheid und dem Anbieter nach amtlich vorgeschriebenem Datensatz durch Datenfernübertragung mit. [3]Der Anbieter hat auf Anforderung der zentralen Stelle die zur Feststellung erforderlichen Unterlagen vorzulegen. [4]Auf Antrag des Zulageberechtigten stellt die zentrale Stelle den Stand des Wohnförderkontos gesondert fest. [5]§ 90 Absatz 4 Satz 2 bis 5 gilt entsprechend.

§ 93
Schädliche Verwendung

(1) [1]Wird gefördertes Altersvorsorgevermögen nicht unter den in § 1 Absatz 1 Satz 1 Nummer 4 und 10 Buchstabe c des Altersvorsorgeverträge-Zertifizierungsgesetzes oder § 1 Absatz 1 Satz 1 Nummer 4, 5 und 10 Buchstabe c des Altersvorsorgeverträge-Zertifizierungsgesetzes in der bis zum 31. Dezember 2004 geltenden Fassung genannten Voraussetzungen an den Zulageberechtigten ausgezahlt (schädliche Verwendung), sind die auf das ausgezahlte geförderte Altersvorsorgevermögen entfallenden Zulagen und die nach § 10a Absatz 4 gesondert festgestellten Beträge (Rückzahlungsbetrag) zurückzuzahlen. [2]Dies gilt auch bei einer Auszahlung nach Beginn der Auszahlungsphase (§ 1 Absatz 1 Satz 1 Nummer 2 des Altersvorsorgeverträge-Zertifizierungsgesetzes) und bei Auszahlungen im Falle des Todes des Zulageberechtigten. [3]Hat der Zulageberechtigte im Sinne des § 92a Absatz 2 Satz 4 Nummer 1 oder § 92a Absatz 3 Satz 9 Nummer 2 geleistet, dann handelt es sich bei dem hierauf beruhenden Altersvorsorgevermögen um gefördertes Altersvorsorgevermögen im Sinne des Satzes 1; der Rückzahlungsbetrag bestimmt sich insoweit nach der für die in das Wohnförderkonto eingestellten Beträge gewährten Förderung. [4]Eine Rückzahlungsverpflichtung besteht nicht für den Teil der Zulagen und der Steuerermäßigung,

a) der auf nach § 1 Absatz 1 Satz 1 Nummer 2 des Altersvorsorgeverträge-Zertifizierungsgesetzes angespartes gefördertes Altersvorsorgevermögen entfällt, wenn es in Form einer Hinterbliebenenrente an die dort genannten Hinterbliebenen ausgezahlt wird; dies gilt auch für Leistungen im Sinne des § 82 Absatz 3 an Hinterbliebene des Steuerpflichtigen;
b) der den Beitragsanteilen zuzuordnen ist, die für die zusätzliche Absicherung der verminderten Erwerbsfähigkeit und eine zusätzliche Hinterbliebenenabsicherung ohne Kapitalbildung verwendet worden sind;
c) der auf gefördertes Altersvorsorgevermögen entfällt, das im Falle des Todes des Zulageberechtigten auf einen auf den Namen des Ehegatten lautenden Altersvorsorgevertrag übertragen wird, wenn die Ehegatten im Zeitpunkt des Todes des Zulageberechtigten nicht dauernd getrennt gelebt haben (§ 26 Absatz 1) und ihren Wohnsitz oder gewöhnlichen Aufenthalt in einem Mitgliedstaat der Europäischen Union oder einem Staat hatten, auf das Abkommen über den Europäischen Wirtschaftsraum (EWR-Abkommen) anwendbar ist;
d) der auf den Altersvorsorge-Eigenheimbetrag entfällt.

(1a) [1]Eine schädliche Verwendung liegt nicht vor, wenn gefördertes Altersvorsorgevermögen aufgrund einer internen Teilung nach § 10 des Versorgungsausgleichsgesetzes oder aufgrund einer externen Teilung nach § 14 des Versorgungsausgleichsgesetzes auf einen zertifizierten Altersvorsorgevertrag oder eine nach § 82 Absatz 2 begünstigte betriebliche Altersversorgung übertragen wird; die auf das übertragene Anrecht entfallende steuerliche Förderung geht mit allen Rechten und Pflichten auf die ausgleichsberechtigte Person über. [2]Eine schädliche Verwendung liegt ebenfalls nicht vor, wenn gefördertes Altersvorsorgevermögen aufgrund einer externen Teilung nach § 14 des Versorgungsausgleichsgesetzes auf die Versorgungsausgleichskasse oder die gesetzliche Rentenversicherung übertragen wird; die Rechte und Pflichten der ausgleichspflichtigen Person aus der steuerlichen Förderung des übertragenen Anteils entfallen. [3]In den Fällen der Sätze 1 und 2 teilt die zentrale Stelle der ausgleichspflichtigen Person die Höhe der auf die Ehezeit im Sinne des § 3 Absatz 1 des Versorgungsausgleichsgesetzes oder die Lebenspartnerschaftszeit im Sinne des § 20 Absatz 2 des Lebenspartnerschaftsgesetzes entfallenden gesondert festgestellten Beträge nach § 10a Absatz 4 und die ermittelten Zulagen mit. ⁴Die entsprechenden Beträge sind monatsweise zuzuordnen. ⁵Die zentrale Stelle teilt die geänderte Zuordnung der gesondert festgestellten Beträge nach § 10a Absatz 4 sowie der ermittelten Zulagen der ausgleichspflichtigen und in den Fällen des Satzes 1 auch der ausgleichsberechtigten Person durch Feststellungsbescheid mit. ⁶Nach Eintritt der Unanfechtbarkeit dieses Feststellungsbescheids informiert die zentrale Stelle den Anbieter durch einen Datensatz über die geänderte Zuordnung.

(2) ¹Die Übertragung von gefördertem Altersvorsorgevermögen auf einen anderen auf den Namen des Zulageberechtigten lautenden Altersvorsorgevertrag (§ 1 Absatz 1 Satz 1 Nummer 10 Buchstabe b des Altersvorsorgeverträge-Zertifizierungsgesetzes) stellt keine schädliche Verwendung dar. ²Dies gilt sinngemäß in den Fällen des § 4 Absatz 2 und 3 des Betriebsrentengesetzes, wenn das geförderte Altersvorsorgevermögen auf eine der in § 82 Absatz 2 Buchstabe a genannten Einrichtungen der betrieblichen Altersversorgung zum Aufbau einer kapitalgedeckten betrieblichen Altersversorgung übertragen und eine lebenslange Altersversorgung im Sinne des § 1 Absatz 1 Satz 1 Nummer 4 des Altersvorsorgeverträge-Zertifizierungsgesetzes oder § 1 Absatz 1 Satz 1 Nummer 4 und 5 des Altersvorsorgeverträge-Zertifizierungsgesetzes in der bis zum 31. Dezember 2004 geltenden Fassung vorgesehen wird. ³In den übrigen Fällen der Abfindung von Anwartschaften der betrieblichen Altersversorgung gilt dies, soweit die geförderte Altersvorsorgevermögen zugunsten eines auf den Namen des Zulageberechtigten lautenden Altersvorsorgevertrages geleistet wird.

(3) ¹Auszahlungen zur Abfindung einer Kleinbetragsrente zu Beginn der Auszahlungsphase gelten nicht als schädliche Verwendung. ²Eine Kleinbetragsrente ist eine Rente, die bei gleichmäßiger Verrentung des gesamten zu Beginn der Auszahlungsphase zur Verfügung stehenden Kapitals eine monatliche Rente ergibt, die 1 Prozent der monatlichen Bezugsgröße nach § 18 des Vierten Buches Sozialgesetzbuch nicht übersteigt. ³Bei der Berechnung dieses Betrags sind alle bei einem Anbieter bestehenden Verträge des Zulageberechtigten insgesamt zu berücksichtigen, auf die nach diesem Abschnitt geförderte Altersvorsorgebeiträge geleistet wurden.

(4) ¹Wird bei einem einheitlichen Vertrag nach § 1 Absatz 1a Satz 1 Nummer 2 zweiter Halbsatz des Altersvorsorgeverträge-Zertifizierungsgesetzes das Darlehen nicht wohnungswirtschaftlich im Sinne des § 92a Absatz 1 Satz 1 verwendet, liegt zum Zeitpunkt der Darlehensauszahlung eine schädliche Verwendung des geförderten Altersvorsorgevermögens vor, es sei denn, das geförderte Altersvorsorgevermögen wird innerhalb eines Jahres nach Ablauf des Veranlagungszeitraums, in dem das Darlehen ausgezahlt wurde, auf einen anderen zertifizierten Altersvorsorgevertrag übertragen, der auf den Namen des Zulageberechtigten lautet. ²Der Zulageberechtigte hat dem Anbieter die Absicht zur Kapitalübertragung, den Zeitpunkt der Kapitalübertragung bis zum Zeitpunkt der Darlehensauszahlung und die Aufgabe der Absicht zur Kapitalübertragung mitzuteilen. ³Wird die Absicht zur Kapitalübertragung aufgegeben, tritt die schädliche Verwendung zu dem Zeitpunkt ein, zu dem die Mitteilung des Zulageberechtigten hierzu beim Anbieter eingeht, spätestens aber am 1. Januar des zweiten Jahres nach dem Jahr, in dem das Darlehen ausgezahlt wurde.

§ 94
Verfahren bei schädlicher Verwendung

(1) ¹In den Fällen des § 93 Absatz 1 hat der Anbieter der zentralen Stelle vor der Auszahlung des geförderten Altersvorsorgevermögens die schädliche Verwendung nach amtlich vorgeschriebenem Datensatz durch amtlich bestimmte Datenfernübertragung anzuzeigen. ²Die zentrale Stelle ermittelt den Rückzahlungsbetrag und teilt diesen dem Anbieter durch Datensatz mit. ³Der Anbieter hat den Rückzahlungsbetrag einzubehalten, mit der nächsten Anmeldung nach § 90 Absatz 3 anzumelden und an die zentrale Stelle abzuführen. ⁴Der Anbieter hat die einbehaltenen und abgeführten Beträge der zentralen Stelle nach amtlich vorgeschriebenem Datensatz durch amtlich bestimmte Datenfernübertragung mitzuteilen und diese Beträge dem Zulageberechtigten zu bescheinigen. ⁵In den Fällen des § 93 Absatz 3 gilt Satz 1 entsprechend.

(2) ¹Eine Festsetzung des Rückzahlungsbetrags erfolgt durch die zentrale Stelle auf besonderen Antrag des Zulageberechtigten oder sofern die Rückzahlung nach Absatz 1 ganz oder teilweise nicht möglich oder nicht erfolgt ist. ²§ 90 Absatz 4 Satz 2 bis 6 gilt entsprechend; § 90 Absatz 4 Satz 5 gilt nicht, wenn die Geschäftsbeziehung im Hinblick auf den jeweiligen Altersvorsorgevertrag zwischen dem Zulageberechtigten und dem Anbieter beendet wurde. ³Im Rückforderungsbescheid sind auf den Rückzahlungsbetrag die vom Anbieter bereits einbehaltenen und abgeführten Beträge nach Maßgabe der Bescheinigung nach Absatz 1 Satz 4 anzurechnen. ⁴Der Zulageberechtigte hat den verbleibenden Rückzahlungsbetrag innerhalb eines Monats nach Bekanntgabe des Rückforderungsbescheids an die zuständige Kasse zu entrichten. ⁵Die Frist für die Festsetzung des Rückzahlungsbetrags beträgt vier Jahre und beginnt mit Ablauf des Kalenderjahres, in dem die Auszahlung im Sinne des § 93 Absatz 1 erfolgt ist.

§ 95
Sonderfälle der Rückzahlung

(1) Die §§ 93 und 94 gelten entsprechend, wenn

1. sich der Wohnsitz oder gewöhnliche Aufenthalt des Zulageberechtigten außerhalb der Mitgliedstaaten der Europäischen Union und der Staaten befindet, auf die das Abkommen über den Europäischen Wirtschaftsraum (EWR-Abkommen) anwendbar ist, oder wenn der Zulageberechtigte ungeachtet eines Wohnsitzes oder gewöhnlichen Aufenthaltes in einem dieser Staaten nach einem Abkommen zur Vermeidung der Doppelbesteuerung mit einem dritten Staat als außerhalb des Hoheitsgebiets dieser Staaten ansässig gilt und

2. entweder keine Zulageberechtigung besteht oder der Vertrag in der Auszahlungsphase ist.

(2) ¹Auf Antrag des Zulageberechtigten ist der Rückzahlungsbetrag im Sinne des § 93 Absatz 1 Satz 1 zunächst bis zum Beginn der Auszahlung zu stunden. ²Die Stundung ist zu verlängern, wenn der Rückzahlungsbetrag mit mindestens 15 Prozent der Leistungen aus dem Vertrag getilgt wird. ³Die Stundung endet, wenn das geförderte Altersvorsorgevermögen nicht unter den in § 1 Absatz 1 Satz 1 Nummer 4 des Altersvorsorgeverträge-Zertifizierungsgesetzes genannten Voraussetzungen an den Zulageberechtigten ausgezahlt wird. ⁴Der Stundungsantrag ist über den Anbieter an die zentrale Stelle zu richten. ⁵Die zentrale Stelle teilt ihre Entscheidung auch dem Anbieter mit.

(3) Wurde der Rückzahlungsbetrag nach Absatz 2 gestundet und

1. verlegt der ehemals Zulageberechtigte seinen ausschließlichen Wohnsitz oder gewöhnlichen Aufenthalt in einen Mitgliedstaat der Europäischen Union oder einen Staat, auf den das Abkommen über den Europäischen Wirtschaftsraum (EWR-Abkommen) anwendbar ist, oder

2. wird der ehemals Zulageberechtigte erneut zulageberechtigt,

sind der Rückzahlungsbetrag und die bereits entstandenen Stundungszinsen von der zentralen Stelle zu erlassen.

§ 96
Anwendung der Abgabenordnung, allgemeine Vorschriften

(1) ¹Auf die Zulagen und die Rückzahlungsbeträge sind die für Steuervergütungen geltenden Vorschriften der Abgabenordnung entsprechend anzuwenden. ²Dies gilt nicht für § 163 der Abgabenordnung.

(2) ¹Der Anbieter haftet als Gesamtschuldner neben dem Zulageempfänger für die Zulagen und die nach § 10a Absatz 4 gesondert festgestellten Beträge, die wegen seiner vorsätzlichen oder grob fahrlässigen Pflichtverletzung zu Unrecht gezahlt, nicht einbehalten oder nicht zurückgezahlt worden sind. ²Für die Inanspruchnahme des Anbieters ist die zentrale Stelle zuständig.

(3) Die zentrale Stelle hat auf Anfrage des Anbieters Auskunft über die Anwendung des Abschnitts XI zu geben.

(4) ¹Die zentrale Stelle kann beim Anbieter ermitteln, ob er seine Pflichten erfüllt hat. ²Die §§ 193 bis 203 der Abgabenordnung gelten sinngemäß. ³Auf Verlangen der zentralen Stelle hat der Anbieter ihr Unterlagen, soweit sie im Ausland geführt und aufbewahrt werden, verfügbar zu machen.

(5) Der Anbieter erhält vom Bund oder den Ländern keinen Ersatz für die ihm aus diesem Verfahren entstehenden Kosten.

(6) ¹Der Anbieter darf die im Zulageverfahren bekannt gewordenen Verhältnisse der Beteiligten nur für das Verfahren verwerten. ²Er darf sie ohne Zustimmung der Beteiligten nur offenbaren, soweit dies gesetzlich zugelassen ist.

(7) ¹Für die Zulage gelten die Strafvorschriften des § 370 Absatz 1 bis 4, der §§ 371, 375 Absatz 1 und des § 376 sowie die Bußgeldvorschriften der §§ 378, 379 Absatz 1 und 4 und der §§ 383 und 384 der Abgabenordnung entsprechend. ²Für das Strafverfahren wegen einer Straftat nach Satz 1 sowie der Begünstigung einer Person, die eine solche Tat begangen hat, gelten die §§ 385 bis 408, für das Bußgeldverfahren wegen einer Ordnungswidrigkeit nach Satz 1 die §§ 409 bis 412 der Abgabenordnung entsprechend.

§ 97
Übertragbarkeit

¹Das nach § 10a oder Abschnitt XI geförderte Altersvorsorgevermögen einschließlich seiner Erträge, die geförderten laufenden Altersvorsorgebeiträge und der Anspruch auf die Zulage sind nicht übertragbar. ²§ 93 Absatz 1a und § 4 des Betriebsrentengesetzes bleiben unberührt.

§ 98
Rechtsweg

In öffentlich-rechtlichen Streitigkeiten über die aufgrund des Abschnitts XI ergehenden Verwaltungsakte ist der Finanzrechtsweg gegeben.

§ 99
Ermächtigung

(1) Das Bundesministerium der Finanzen wird ermächtigt, die Vordrucke für die Anträge nach § 89, für die Anmeldung nach § 90 Absatz 3 und für die in den §§ 92 und 94 Absatz 1 Satz 4 vorgesehenen Bescheinigungen und im Einvernehmen mit den obersten Finanzbehörden der Länder den Vordruck für die nach § 22 Nummer 5 Satz 7 vorgesehene Bescheinigung und den Inhalt und Aufbau der für die Durchführung des Zulageverfahrens zu übermittelnden Datensätze zu bestimmen.

(2) ¹Das Bundesministerium der Finanzen wird ermächtigt, im Einvernehmen mit dem Bundesministerium für Arbeit und Soziales und dem Bundesministerium des Innern durch Rechtsverordnung mit Zustimmung des Bundesrates Vorschriften zur Durchführung dieses Gesetzes über das Verfahren für die Ermittlung, Festsetzung, Auszahlung, Rückzahlung und Rückforderung der Zulage sowie die Rückzahlung und Rückforderung der nach § 10a Absatz 4 festgestellten Beträge zu erlassen. ²Hierzu gehören insbesondere

1. Vorschriften über Aufzeichnungs-, Aufbewahrungs-, Bescheinigungs- und Anzeigepflichten des Anbieters,
2. Grundsätze des vorgesehenen Datenaustausches zwischen den Anbietern, der zentralen Stelle, den Trägern der gesetzlichen Rentenversicherung, der Bundesagentur für Arbeit, den Meldebehörden, den Familienkassen, den zuständigen Stellen und den Finanzämtern und
3. Vorschriften über Mitteilungspflichten, die für die Erteilung der Bescheinigungen nach § 22 Nummer 5 Satz 7 und § 92 erforderlich sind.

Anlage 1
(zu § 4d Absatz 1)

Tabelle für die Errechnung des Deckungskapitals für lebenslänglich laufende Leistungen von Unterstützungskassen

Erreichtes Alter des Leistungsempfängers (Jahre)	Die Jahresbeiträge der laufenden Leistungen sind zu vervielfachen bei Leistungen	
	an männliche Leistungsempfänger mit	an weibliche Leistungsempfänger mit
1	2	3
bis 26	11	17
27 bis 29	12	17
30	13	17
31 bis 35	13	16
36 bis 39	14	16
40 bis 46	14	15
47 und 48	14	14
49 bis 52	13	14
53 bis 56	13	13
57 und 58	13	12
59 und 60	12	12
61 bis 63	12	11
64	11	11
65 bis 67	11	10
68 bis 71	10	9
72 bis 74	9	8
75 bis 77	8	7
78	8	6
79 bis 81	7	6
82 bis 84	6	5
85 bis 87	5	4
88	4	4
89 und 90	4	3
91 bis 93	3	3
94	3	2
95 und älter	2	2

Anlage 1a
(zu § 13a)

Ermittlung des Gewinns auf Land- und Forstwirtschaft nach Durchschnittssätzen

Für ein Wirtschaftsjahr betragen

1. der Grundbetrag und die Zuschläge für Tierzucht und Tierhaltung der landwirtschaftlichen Nutzung (§ 13a Absatz 4):

Gewinn pro Hektar selbst bewirtschaftete Fläche	350 EUR
bei Tierbeständen für die ersten 25 Vieheinheiten	0 EUR/Vieheinheit
bei Tierbeständen für alle weiteren Vieheinheiten	300 EUR/Vieheinheit

Angefangene Hektar und Vieheinheiten sind anteilig zu berücksichtigen.

2. die Grenzen und Gewinne der Sondernutzungen (§ 13a Absatz 6):

Nutzung	Grenze	Grenze
1	2	3
Weinbauliche Nutzung	0,66 ha	0,16 ha
Nutzungsteil Obstbau	1,37 ha	0.34 ha
Nutzungsteil Gemüsebau		
Freilandgemüse	0.67 ha	0,17 ha
Unterglas Gemüse	0,06 ha	0,015 ha

Anlage 2 EStG – Gesetzestext

Nutzung	Grenze 2	Grenze 3
1		
Nutzungsteil Blumen/Zierpflanzenbau		
Freiland Zierpflanzen	0,23 ha	0,05 ha
Unterglas Zierpflanzen	0,04 ha	0,01 ha
Nutzungsteil Baumschulen	0,15 ha	0,04 ha
Sondernutzung Spargel	0,42 ha	0,1 ha
Sondernutzung Hopfen	0,78 ha	0,19 ha
Binnenfischerei	2.000 kg Jahresfang	500 kg Jahresfang
Teichwirtschaft	1,6 ha	0,4 ha
Fischzucht	0,2 ha	0,05 ha
Imkerei	70 Völker	30 Völker
Wanderschäfereien	120 Mutterschafe	30 Mutterschafe
Weihnachtsbaumkulturen	0,4 ha	0,1 ha

3. In den Fällen des § 13a Absatz 7 Nummer 3 die Betriebsausgaben 60 Prozent der Betriebseinnahmen.

Anlage 2
(zu § 43b)

Gesellschaften im Sinne der Richtlinie Nr. 2011/96/EU

Gesellschaft im Sinne der genannten Richtlinie ist jede Gesellschaft, die

1. eine der folgenden Formen aufweist:

    a) eine Gesellschaft, die gemäß der Verordnung (EG) Nr. 2157/2001 des Rates vom 8. Oktober 2001 über das Statut der Europäischen Gesellschaft (SE) und der Richtlinie 2001/86/EG des Rates vom 8. Oktober 2001 zur Ergänzung des Statuts der Europäischen Gesellschaft hinsichtlich der Beteiligung der Arbeitnehmer gegründet wurde, sowie eine Genossenschaft, die gemäß der Verordnung (EG) Nr. 1435/2003 des Rates vom 22. Juli 2003 über das Statut der Europäischen Genossenschaft (SCE) und gemäß der Richtlinie 2003/72/EG des Rates vom 22. Juli 2003 zur Ergänzung des Statuts der Europäischen Genossenschaft hinsichtlich der Beteiligung der Arbeitnehmer gegründet wurde,

    b) Gesellschaften belgischen Rechts mit der Bezeichnung „société anonyme"/„naamloze vennootschap", „société en commandite par actions"/„commanditaire vennootschap op aandelen", „société privée à responsabilité limitée"/„besloten vennootschap met beperkte aansprakelijkheid", „société coopérative à responsabilité limitée"/„coöperatieve vennootschap met beperkte aansprakelijkheid", „société coopérative à responsabilité illimitée"/„coöperatieve vennootschap met onbeperkte aansprakelijkheid", „société en nom collectif"/„vennootschap onder firma" oder „société en commandite simple"/„gewone commanditaire vennootschap", öffentliche Unternehmen, die eine der genannten Rechtsformen angenommen haben, und andere nach belgischem Recht gegründete Gesellschaften, die der belgischen Körperschaftsteuer unterliegen,

    c) Gesellschaften bulgarischen Rechts mit der Bezeichnung „събирателно дружество", „командитно дружество", „дружество с ограничена отговорност", „акционерно дружество", „командитно дружество с акции", „неперсонифицирано дружество", „кооперации", „кооперативни съюзи" oder „държавни предприятия", die nach bulgarischem Recht gegründet wurden und gewerbliche Tätigkeiten ausüben,

    d) Gesellschaften tschechischen Rechts mit der Bezeichnung „akciová společnost", „společnost s ručením omezeným",

    e) Gesellschaften dänischen Rechts mit der Bezeichnung „aktieselskab" oder „anpartsselskab" und weitere nach dem Körperschaftsteuergesetz steuerpflichtige Gesellschaften, soweit ihr steuerbarer Gewinn nach den allgemeinen steuerrechtlichen Bestimmungen für die „aktieselskaber" ermittelt und besteuert wird,

    f) Gesellschaften deutschen Rechts mit der Bezeichnung „Aktiengesellschaft", „Kommanditgesellschaft auf Aktien", „Gesellschaft mit beschränkter Haftung", „Versicherungsverein auf Gegenseitigkeit", „Erwerbs- und Wirtschaftsgenossenschaft" oder „Betrieb gewerblicher Art von juristischen Personen des öffentlichen Rechts" und andere nach deutschem Recht gegründete Gesellschaften, die der deutschen Körperschaft- steuer unterliegen,

    g) Gesellschaften estnischen Rechts mit der Bezeichnung „täisühing", „usaldusühing", „osaühing", „aktsiaselts" oder „tulundusühistu",

    h) nach irischem Recht gegründete oder eingetragene Gesellschaften, gemäß dem Industrial and Provident Societies Act eingetragene Körperschaften, gemäß dem Building Societies Act gegründete „building societies" und „trustee savings banks" im Sinne des Trustee Savings Banks Act von 1989,

    i) Gesellschaften griechischen Rechts mit der Bezeichnung: „ανώνυμη εταιρεία" oder „εταιρεία περιορισμένης ευθύνης (Ε.Π.Ε.)" und andere nach griechischem Recht gegründete Gesellschaften, die der griechischen Körperschaftsteuer unterliegen,

    j) Gesellschaften spanischen Rechts mit der Bezeichnung „sociedad anónima", „sociedad comanditaria por acciones" oder „sociedad de responsabilidad limitada" und die öffentlich-rechtlichen Körperschaften, deren Tätigkeit unter das Privatrecht fällt sowie andere nach spanischem Recht gegründete Körperschaften, die der spanischen Körperschaftsteuer („impuesto sobre sociedades") unterliegen,

    k) Gesellschaften französischen Rechts mit der Bezeichnung „société anonyme", „société en commandite par actions", „société à responsabilité limitée", „sociétés par actions simplifiées", „sociétés d'assurances mutuelles", „caisses d'épargne et de prévoyance", „sociétés civiles", die automatisch der Körperschaft- steuer unterliegen, „coopératives" „unions de coopératives", die öffentlichen Industrie- und Handelsbetriebe, die öffentlichen Industrie- und Handelsunternehmen und andere nach französischem Recht gegründete Gesellschaften, die der französischen Körperschaftsteuer unterliegen,

    l) Gesellschaften kroatischen Rechts mit der Bezeichnung „dioničko društvo" oder „društvo s ograničenom odgovornošću" und andere nach kroatischem Recht gegründete Gesellschaften, die der kroatischen Gewinnsteuer unterliegen,

    m) Gesellschaften italienischen Rechts mit der Bezeichnung „società per azioni", „società in accomandita per azioni", „società a responsabilità limitata", „società cooperative" oder „società di mutua assicurazione" sowie öffentliche und private Körperschaften, deren Tätigkeit ganz oder überwiegend handelsgewerblicher Art ist,

    n) Gesellschaften zyprischen Rechts mit der Bezeichnung: „εταιρείες" im Sinne der Einkommensteuergesetze,

    o) Gesellschaften lettischen Rechts mit der Bezeichnung: „akciju sabiedrība" oder „sabiedrība ar ierobežotu atbildību",

    p) Gesellschaften litauischen Rechts,

    q) Gesellschaften luxemburgischen Rechts mit der Bezeichnung „société anonyme", „société en commandite par actions", „société à responsabilité limitée", „société coopérative", „société coopérative organisée comme une société anonyme", „association d'assurances mutuelles", „association d'épargne-pension" oder „entreprise de nature commerciale, industrielle ou minière de l'Etat, des communes, des syndicats de communes, des établissements publics et des autres personnes morales de droit public" sowie andere nach luxemburgischem Recht gegründete Gesellschaften, die der luxemburgischen Körperschaftsteuer unterliegen,

    r) Gesellschaften ungarischen Rechts mit der Bezeichnung „közkereseti társaság", „betéti társaság", „közös vállalat", „korlátolt felelősségű társaság", részvénytársaság", „egyesülés" oder „szövetkezet";

    s) Gesellschaften maltesischen Rechts mit der Bezeichnung „Kumpaniji ta' Responsabilita' Limitata" oder „Soċjetajiet en commandite li l-kapital taghhom maqsum f'azzjonijiet",

EStG – Gesetzestext Anlage 3

t) Gesellschaften niederländischen Rechts mit der Bezeichnung „naamloze vennootschap", „besloten vennootschap met beperkte aansprakelijkheid", „open commanditaire vennootschap", „coöperatie", „onderlinge waarborgmaatschappij", „fonds voor gemene rekening", „vereniging op coöperatieve grondslag" oder „vereniging welke op onderlinge grondslag als verzekeraar of keredietinstelling optreedt" und andere nach niederländischem Recht gegründete Gesellschaften, die der niederländischen Körperschaftsteuer unterliegen,

u) Gesellschaften österreichischen Rechts mit der Bezeichnung „Aktiengesellschaft", „Gesellschaft mit beschränkter Haftung", „Versicherungsvereine auf Gegenseitigkeit", „Erwerbs- und Wirtschaftsgenossenschaften", „Betriebe gewerblicher Art von Körperschaften des öffentlichen Rechts" oder „Sparkassen" sowie andere nach österreichischem Recht gegründete Gesellschaften, die der österreichischen Körperschaftsteuer unterliegen,

v) Gesellschaften polnischen Rechts mit der Bezeichnung: „spółka akcyjna" oder „spółka z ograniczoną odpowiedzialnością",

w) Gesellschaften portugiesischen Rechts in Form von Handelsgesellschaften oder zivilrechtlichen Handelsgesellschaften sowie Genossenschaften und öffentliche Unternehmen,

x) Gesellschaften rumänischen Rechts mit der Bezeichnung „societăţi pe acţiuni", „societăţi în comandită pe acţiuni" oder „societăţi cu răspundere limitată",

y) Gesellschaften slowenischen Rechts mit der Bezeichnung „delniška družba", „komanditna družba" oder „družba z omejeno odgovornostjo",

z) Gesellschaften slowakischen Rechts mit der Bezeichnung „akciová spoločnost'", „spločnost' s ručením obmedzeným" oder „komanditná spoločnost'",

aa) Gesellschaften finnischen Rechts mit der Bezeichnung „osakeyhtiö"/„aktiebolag", „osuuskunta"/„andelslag", „säästöpankki"/„sparbank" und „vakuutusyhtiö"/„försäkringsbolag",

bb) Gesellschaften schwedischen Rechts mit der Bezeichnung „aktiebolag", „försäkringsaktiebolag", „ekonomiska föreningar", „sparbanker", „ömsesidiga försäkringsbolag" oder „försäkringsföreningar",

cc) nach dem Recht des Vereinigten Königreichs gegründete Gesellschaften;

2. nach dem Steuerrecht eines Mitgliedstaates in Bezug auf den steuerlichen Wohnsitz als in diesem Staat ansässig betrachtet wird und aufgrund eines mit einem dritten Staat geschlossenen Doppelbesteuerungsabkommens in Bezug auf den steuerlichen Wohnsitz nicht als außerhalb der Gemeinschaft ansässig betrachtet wird und

3. ohne Wahlmöglichkeit einer der folgenden Steuern oder irgendeiner Steuer, die eine dieser Steuern ersetzt, unterliegt, ohne davon befreit zu sein:
   - vennootschapsbelasting/impôt des sociétés in Belgien,
   - корпоративен данък in Bulgarien,
   - daň z příjmů právnických osob in der Tschechischen Republik,
   - selskabsskat in Dänemark,
   - Körperschaftsteuer in Deutschland,
   - tulumaks in Estland,
   - corporation tax in Irland,
   - φόρος εισοδήματος νομικών προσώπων κερδοσκοπικού χαρακτήρα in Griechenland,
   - impuesto sobre sociedades in Spanien,
   - impôt sur les sociétés in Frankreich,
   - porez na dobit in Kroatien,
   - imposta sul reddito delle persone giuridiche in Italien,
   - φόρος εισοδήματος in Zypern,
   - uzņēmumu ienākuma nodoklis in Lettland,
   - pelno mokestis in Litauen,
   - impôt sur le revenu des collectivités in Luxemburg,
   - társasági adó, osztalékadó in Ungarn,
   - taxxa fuq l-income in Malta,
   - vennootschapsbelasting in den Niederlanden,
   - Körperschaftsteuer in Österreich,
   - podatek dochodowy od osób prawnych in Polen,
   - imposto sobre o rendimento das pessoas colectivas in Portugal,
   - impozit pe profit in Rumänien
   - davek od dobička pravnih oseb in Slowenien,
   - daň z príjmov právnických osôb in der Slowakei,
   - yhteisöjen tulovero/inkomstskatten för samfund in Finnland,
   - statlig inkomstskatt in Schweden,
   - corporation tax im Vereinigten Königreich,

Anlage 3
(zu § 50g)

1. Unternehmen im Sinne von § 50g Absatz 3 Nummer 5 Buchstabe a Doppelbuchstabe aa sind:

   a) Gesellschaften belgischen Rechts mit der Bezeichnung „naamloze vennootschap"/„société anonyme", „commanditaire vennootschap op aandelen"/„société en commandite par actions" oder „besloten vennootschap met beperkte aansprakelijkheid"/„société privée à responsabilité limitée" sowie öffentlich-rechtliche Körperschaften, deren Tätigkeit unter das Privatrecht fällt;

   b) Gesellschaften dänischen Rechts mit der Bezeichnung „aktieselskab" und „anpartsselskab";

   c) Gesellschaften deutschen Rechts mit der Bezeichnung „Aktiengesellschaft", „Kommanditgesellschaft auf Aktien" oder „Gesellschaft mit beschränkter Haftung";

   d) Gesellschaften griechischen Rechts mit der Bezeichnung ‚ανώνυμη εταιρία';

   e) Gesellschaften spanischen Rechts mit der Bezeichnung „sociedad anónima", „sociedad comanditaria por acciones" oder „sociedad de responsabilidad limitada" sowie öffentlich-rechtliche Körperschaften, deren Tätigkeit unter das Privatrecht fällt;

   f) Gesellschaften französischen Rechts mit der Bezeichnung „société anonyme", „société en commandite par actions" oder „société a responsabilité limitée" sowie die staatlichen Industrie- und Handelsbetriebe und Unternehmen;

   g) Gesellschaften irischen Rechts mit der Bezeichnung „public companies limited by shares or by guarantee", „private companies limited by shares or by guarantee", gemäß den „Industrial and Provident Societies Acts" eingetragene Einrichtungen oder gemäß den „Building Societies Acts" eingetragene „building societies";

   h) Gesellschaften italienischen Rechts mit der Bezeichnung „società per azioni", „società in accomandita per azioni" oder „società a responsabilità limitata" sowie staatliche und private Industrie- und Handelsunternehmen;

   i) Gesellschaften luxemburgischen Rechts mit der Bezeichnung „société anonyme", „société en commandite par actions" oder „société à responsabilité limitée";

   j) Gesellschaften niederländischen Rechts mit der Bezeichnung „naamloze vennootschap" oder „besloten vennootschap met beperkte aansprakelijkheid";

   k) Gesellschaften österreichischen Rechts mit der Bezeichnung „Aktiengesellschaft" oder „Gesellschaft mit beschränkter Haftung";

   l) Gesellschaften portugiesischen Rechts in Form von Handelsgesellschaften oder zivilrechtlichen Handelsgesellschaften sowie Genossenschaften und öffentliche Unternehmen;

   m) Gesellschaften finnischen Rechts mit der Bezeichnung „osakeyhtiö/aktiebolag", „osuuskunta/andelslag", „säästöpankki/sparbank" oder „vakuutusyhtiö/försäkringsbolag";

   n) Gesellschaften schwedischen Rechts mit der Bezeichnung „aktiebolag" und „försäkringsaktiebolag";

Anlage 3   EStG – Gesetzestext

o) nach dem Recht des Vereinigten Königreichs gegründete Gesellschaften;

p) Gesellschaften tschechischen Rechts mit der Bezeichnung „akciová společnost", „společnost s ručením omezeným", „veřejná obchodní společnost", „komanditní společnost", oder „družstvo";

q) Gesellschaften estnischen Rechts mit der Bezeichnung „täisühing", „usaldusühing", „osaühing", „aktsiaselts", oder „tulundusühistu";

r) Gesellschaften zyprischen Rechts, die nach dem Gesellschaftsrecht als Gesellschaften bezeichnet werden, Körperschaften des öffentlichen Rechts und sonstige Körperschaften, die als Gesellschaft im Sinne der Einkommensteuergesetze gelten;

s) Gesellschaften lettischen Rechts mit der Bezeichnung „akciju sabiedrība" oder „sabiedrība ar ierobežotu atbildību";

t) nach dem Recht Litauens gegründete Gesellschaften;

u) Gesellschaften ungarischen Rechts mit der Bezeichnung „közkereseti társaság", „betéti társaság", „közös vállalat", „korlátolt felelősségű társaság", „részvénytársaság", „egyesülés", „közhasznú társaság" oder „szövetkezet";

v) Gesellschaften maltesischen Rechts mit der Bezeichnung „Kumpaniji ta' Responsabilita' Limitata" oder „Soċjetajiet in akkomandita li l-kapital taghhom maqsum f'azzjonijiet";

w) Gesellschaften polnischen Rechts mit der Bezeichnung „spółka akcyjna" oder „spółka z organiczoną odpowiedzialnością";

x) Gesellschaften slowenischen Rechts mit der Bezeichnung „delniška družba", „komanditna delniška družba", „komanditna družba", „družba z omejeno odgovornostjo" oder „družba z neomejeno odgovornostjo";

y) Gesellschaften slowakischen Rechts mit der Bezeichnung „akciová spoločnos", „spoločnosť s ručením obmedzeným", „komanditná spoločnos", „verejná obchodná spoločnos" oder „družstvo";

aa) Gesellschaften bulgarischen Rechts mit der Bezeichnung „събирателното дружество", „дружеството с ограничена отговорност", „акционерното дружество", „командитното дружество с акции", „кооперации", „кооперативни съюзи" oder „държавни предприятия", die nach bulgarischem Recht gegründet wurden und gewerbliche Tätigkeiten ausüben;

bb) Gesellschaften rumänischen Rechts mit der Bezeichnung „societăţi pe acţiuni", „societăţi în comandită pe acţiuni" oder „societăţi cu răspundere limitată";

cc) Gesellschaften kroatischen Rechts mit der Bezeichnung „dioničko društvo" oder „društvo s ograničenom odgovornošću" und andere nach kroatischem Recht gegründete Gesellschaften, die der kroatischen Gewinnsteuer unterliegen.

2. Steuern im Sinne von § 50g Absatz 3 Nummer 5 Buchstabe a Doppelbuchstabe cc sind:

– impôt des sociétés/vennootschapsbelasting in Belgien,

– selskabsskat in Dänemark,

– Körperschaftsteuer in Deutschland,

– Φόρος εισοδήματος νομικών προσώπων in Griechenland,

– impuesto sobre sociedades in Spanien,

– impôt sur les sociétés in Frankreich,

– corporation tax in Irland,

– imposta sul reddito delle persone giuridiche in Italien,

– impôt sur le revenu des collectivités in Luxemburg,

– vennootschapsbelasting in den Niederlanden,

– Körperschaftsteuer in Österreich,

– imposto sobre o rendimento da pessoas colectivas in Portugal,

– yhteisöjen tulovero/inkomstskatten för samfund in Finnland,

– statlig inkomstskatt in Schweden,

– corporation tax im Vereinigten Königreich,

– Daň z příjmů právnických osob in der Tschechischen Republik,

– Tulumaks in Estland,

– φόρος εισοδήματος in Zypern

– uzņēmumu ienākuma nodoklis in Lettland,

– Pelno mokestis in Litauen,

– Társasági adó in Ungarn,

– Taxxa fuq l-income in Malta,

– Podatek dochodowy od osób prawnych in Polen,

– Davek od dobička pravnih oseb in Slowenien,

– Daň z príjmov právnických osôb in der Slowakei,

– корпоративен данък in Bulgarien,

– impozit pe profit, impozitul pe veniturile obţinute din România de nerezidenţi in Rumänien.

– porez na dobit in Kroatien.

B. Einkommensteuergesetz, Lohnsteuer-Durchführungsverordnung, Lohnsteuer-Richtlinien und Verwaltungserlasse

I. Steuerpflicht

§ 1 EStG
Steuerpflicht

(1) ¹Natürliche Personen, die im Inland einen Wohnsitz oder ihren gewöhnlichen Aufenthalt haben, sind unbeschränkt einkommensteuerpflichtig. ²Zum Inland im Sinne dieses Gesetzes gehört auch der der Bundesrepublik Deutschland zustehende Anteil

1. am Festlandsockel, soweit dort Naturschätze des Meeresgrundes und des Meeresuntergrundes erforscht oder ausgebeutet werden, und
2. an der ausschließlichen Wirtschaftszone, soweit dort Energieerzeugungsanlagen errichtet oder betrieben werden, die erneuerbare Energien nutzen.

(2) ¹Unbeschränkt einkommensteuerpflichtig sind auch deutsche Staatsangehörige, die

1. im Inland weder einen Wohnsitz noch ihren gewöhnlichen Aufenthalt haben und
2. zu einer inländischen juristischen Person des öffentlichen Rechts in einem Dienstverhältnis stehen und dafür Arbeitslohn aus einer inländischen öffentlichen Kasse beziehen,

sowie zu ihrem Haushalt gehörende Angehörige, die die deutsche Staatsangehörigkeit besitzen oder keine Einkünfte oder nur Einkünfte beziehen, die ausschließlich im Inland einkommensteuerpflichtig sind. ²Dies gilt nur für natürliche Personen, die in dem Staat, in dem sie ihren Wohnsitz oder ihren gewöhnlichen Aufenthalt haben, lediglich in einem der beschränkten Einkommensteuerpflicht ähnlichen Umfang zu einer Steuer vom Einkommen herangezogen werden.

(3) ¹Auf Antrag werden auch natürliche Personen als unbeschränkt einkommensteuerpflichtig behandelt, die im Inland weder einen Wohnsitz noch ihren gewöhnlichen Aufenthalt haben, soweit sie inländische Einkünfte im Sinne des § 49 haben. ²Dies gilt nur, wenn ihre Einkünfte im Kalenderjahr mindestens zu 90 Prozent der deutschen Einkommensteuer unterliegen oder die nicht der deutschen Einkommensteuer unterliegenden Einkünfte den Grundfreibetrag nach § 32a Absatz 1 Satz 2 Nummer 1 nicht übersteigen; dieser Betrag ist zu kürzen, soweit es nach den Verhältnissen im Wohnsitzstaat des Steuerpflichtigen notwendig und angemessen ist. ³Inländische Einkünfte, die nach einem Abkommen zur Vermeidung der Doppelbesteuerung nur der Höhe nach beschränkt besteuert werden dürfen, gelten hierbei als nicht der deutschen Einkommensteuer unterliegend. ⁴Unberücksichtigt bleiben bei der Ermittlung der Einkünfte nach Satz 2 nicht der deutschen Einkommensteuer unterliegende Einkünfte, die im Ausland nicht besteuert werden, soweit vergleichbare Einkünfte im Inland steuerfrei sind. ⁵Weitere Voraussetzung ist, dass die Höhe der nicht der deutschen Einkommensteuer unterliegenden Einkünfte durch eine Bescheinigung der zuständigen ausländischen Steuerbehörde nachgewiesen wird. ⁶Der Steuerabzug nach § 50a ist ungeachtet der Sätze 1 bis 4 vorzunehmen.

(4) Natürliche Personen, die im Inland weder einen Wohnsitz noch ihren gewöhnlichen Aufenthalt haben, sind vorbehaltlich der Absätze 2 und 3 und des § 1a beschränkt einkommensteuerpflichtig, wenn sie inländische Einkünfte im Sinne des § 49 haben.

R 1
Steuerpflicht

– unbesetzt –

H 1
Hinweise zu R 1
Steuerpflicht

Erweiterte unbeschränkte Steuerpflicht und unbeschränkte Steuerpflicht auf Antrag

>R 1a EStR, H 1a EStH

Anlage 1
zu H 1

§ 1 EStG Bescheinigung nach Abs. 3 Satz 4; Verzicht auf die Bestätigung der ausländischen Steuerbehörde im Lohnsteuer-Ermäßigungsverfahren

BMF-Schreiben vom 25.11.1999 (BStBl. I S. 990)

Im Einvernehmen mit den obersten Finanzbehörden der Länder gilt Folgendes:

Im Lohnsteuer-Ermäßigungsverfahren kann auf die Bestätigung der ausländischen Steuerbehörde auf dem amtlichen Vordruck „Anlage Grenzpendler EU/EWR" bzw. „Anlage Grenzpendler außerhalb EU/EWR" verzichtet werden, wenn für einen der beiden vorangegangenen VZ bereits eine von der ausländischen Steuerbehörde bestätigte Anlage „Bescheinigung EU/EWR" bzw. „Bescheinigung außerhalb EU/EWR" vorliegt und sich die Verhältnisse nach Angaben des Stpfl. nicht geändert haben.

Anlage 2
zu H 1

Wohnsitz und gewöhnlicher Aufenthalt

Anwendungserlass des BMF zur Abgabenordnung vom 31.1.2014 (BStBl. I S. 290), zuletzt geändert durch das BMF-Schreiben vom 3.11.2014 (BStBl. I S. 1393)

§§ 8, 9 Abgabenordnung – Wohnsitz, gewöhnlicher Aufenthalt

1. Die Begriffe des Wohnsitzes (§ 8) bzw. des gewöhnlichen Aufenthaltes (§ 9) haben insbesondere Bedeutung für die persönliche Steuerpflicht natürlicher Personen (vgl. zu § 1 EStG, § 2 ErbStG) oder für familienbezogene Entlastungen (z.B. Realsplitting nach § 10 Abs. 1 Nr. 1 EStG). Sie stellen allein auf die tatsächlichen Verhältnisse ab (BFH-Urteil vom 10.11.1978, VI R 127/76, BStBl. II 1979 S. 335).

Zwischenstaatliche Vereinbarungen enthalten dagegen z.T. Fiktionen, die den §§ 8 und 9 vorgehen (z.B. Art. 14 des Protokolls über die Vorrechte und Befreiungen der Europäischen Gemeinschaften vom 8.4.1965; Artikel X des NATO-Truppenstatus i. V. mit § 68 Abs. 4 AO, § 73 des Zusatzabkommens zum NATO-Truppenstatut). Andere Abkommen enthalten persönliche Steuerbefreiungen (z. B. Wiener Übereinkommen vom 18.4.1961 über diplomatische Beziehungen und vom 24.4.1963 über konsularische Beziehungen). Für Auslandsbedienstete gelten traditionell Sonderregelungen zur Steuerpflicht (§ 1 Abs. 2 EStG). Teilweise ist auch die Höhe der Einkünfte Anknüpfungskriterium für den Umfang der Steuerpflicht (§ 1 Abs. 3 EStG).

Der Begriff der Ansässigkeit i.S.d. DBA ist allein auf deren Anwendung (insbesondere hinsichtlich der Abkommensberechtigung und der Zuteilung der Besteuerungsrechte) beschränkt und hat keine Auswirkung auf die persönliche Steuerpflicht. Die deutsche unbeschränkte Steuerpflicht besteht daher auch dann, wenn der Steuerpflichtige eine Wohnung bzw. einen gewöhnlichen Aufenthalt im Inland und im Ausland hat und nach dem anzuwendenden DBA im ausländischen Vertragsstaat ansässig ist (vgl. BFH-Urteil vom 4.6.1975, I R 250/73, BStBl. II S. 708).

§ 1 EStG
R 1

2. Auch wenn ein Steuerpflichtiger im Inland keinen Wohnsitz (§ 8) mehr hat, kann er hier noch seinen gewöhnlichen Aufenthalt (§ 9) haben.

Zu § 8 – Wohnsitz:

1. Die Frage des Wohnsitzes ist bei Ehegatten/Lebenspartnern und sonstigen Familienangehörigen für jede Person gesondert zu prüfen. Personen können aber über einen Familienangehörigen einen Wohnsitz beibehalten. Ein Ehegatte/Lebenspartner, der nicht dauernd getrennt lebt, hat seinen Wohnsitz grundsätzlich dort, wo seine Familie lebt (BFH-Urteil vom 6.2.1985, I R 23/82, BStBl. II S. 331). Ein ausländisches Kind, das im Heimatland bei Verwandten untergebracht ist und dort die Schule besucht, hat grundsätzlich keinen Wohnsitz im Inland. Dies gilt auch dann, wenn es sich in den Schulferien bei seinen Eltern im Inland aufhält (BFH-Urteil vom 22.4.1994, III R 22/92, BStBl. II S. 887).

2. Die bloße Absicht, einen Wohnsitz zu begründen oder aufzugeben, bzw. die An- und Abmeldung bei der Ordnungsbehörde entfalten allein keine unmittelbare steuerliche Wirkung (BFH-Urteil vom 14.11.1969, III R 95/68, BStBl. II 1970 S. 153). I. d. R. stimmen der bürgerlich-rechtliche, aufgrund einer Willenserklärung des Steuerpflichtigen von ihm selbst bestimmte Wohnsitz und der steuerlich maßgebende Wohnsitz überein. Deshalb können die An- und Abmeldung bei der Ordnungsbehörde im Allgemeinen als Indizien dafür angesehen werden, dass der Steuerpflichtige seinen Wohnsitz unter der von ihm angegebenen Anschrift begründet bzw. aufgegeben hat.

3. Mit Wohnung sind die objektiv zum Wohnen geeigneten Wohnräume gemeint. Es genügt eine bescheidene Bleibe. Nicht erforderlich ist eine abgeschlossene Wohnung mit Küche und separater Waschgelegenheit i.S.d. Bewertungsrechts.

4. Der Steuerpflichtige muss die Wohnung innehaben, d. h. er muss tatsächlich über sie verfügen können und sie als Bleibe nicht nur vorübergehend benutzen (BFH-Urteile vom 24.4.1964, VI 236/62 U, BStBl. III S. 462, und vom 6.3.1968, I 38/65, BStBl. II 1968 S. 439). Es genügt, dass die Wohnung z. B. über Jahre hinweg jährlich regelmäßig zweimal zu bestimmten Zeiten über einige Wochen benutzt wird (BFH-Urteil vom 23.11.1988, II R 139/87, BStBl. II 1989 S. 182). Anhaltspunkte dafür können die Ausstattung und Einrichtung sein; nicht erforderlich ist, dass sich der Steuerpflichtige während einer Mindestanzahl von Tagen oder Wochen im Jahr in der Wohnung aufhält (BFH-Urteil vom 19.3.1997, I R 69/96, BStBl. II S. 447). Wer eine Wohnung von vornherein in der Absicht nimmt, sie nur vorübergehend (weniger als sechs Monate) beizubehalten und zu benutzen, begründet dort keinen Wohnsitz (BFH-Urteil vom 30.8.1989, I R 215/85, BStBl. II S. 956). Auch gelegentliches Übernachten auf einem inländischen Betriebsgelände, in einem Büro u. Ä. (sog. Schlafstelle) kann dort keinen Wohnsitz begründen (BFH-Urteil vom 6.2.1985, I R 23/82, BStBl. II S. 331). Wer sich – auch in regelmäßigen Abständen – in der Wohnung eines Angehörigen oder eines Bekannten aufhält, begründet dort ebenfalls keinen Wohnsitz (BFH-Urteil vom 24.10.1969, IV 290/64, BStBl. II 1970 S. 109), sofern es sich nicht wie im Fall einer Familienwohnung oder der Wohnung einer Wohngemeinschaft gleichzeitig die eigene Wohnung ist.

5. Wer einen Wohnsitz im Ausland begründet und seine Wohnung im Inland beibehält, hat auch im Inland einen Wohnsitz im Sinne von § 8 (BFH-Urteil vom 4.6.1975, I R 250/73, BStBl. II S. 708). Bei einem ins Ausland versetzten Arbeitnehmer ist ein inländischer Wohnsitz widerlegbar zu vermuten, wenn er seine Wohnung im Inland beibehält, deren Benutzung ihm möglich ist und die nach ihrer Ausstattung jederzeit als Bleibe dienen kann (BFH-Urteil vom 17.5.1995, I R 8/94, BStBl. II 1996 S. 2). Das Innehaben der inländischen Wohnung kann nach den Umständen des Einzelfalles auch dann anzunehmen sein, wenn der Steuerpflichtige sie während eines Auslandsaufenthalts kurzfristig (bis zu sechs Monaten) vermietet oder untervermietet, um sie alsbald nach Rückkehr im Inland wieder zu benutzen. Zur Zuständigkeit in diesen Fällen siehe § 19 Abs. 1 Satz 2 AO.

6. Ein Wohnsitz im Sinne von § 8 AO besteht nicht mehr, wenn die inländische Wohnung/die inländischen Wohnungen aufgegeben wird/werden. Das ist z. B. der Fall bei Kündigung und Auflösung einer Mietwohnung, bei nicht nur kurzfristiger Vermietung der Wohnung im eigenen Haus bzw. der Eigentumswohnung. Wird die inländische Wohnung zur bloßen Vermögensverwaltung zurückgelassen, endet der Wohnsitz mit dem Wegzug. Bloße Vermögensverwaltung liegt z. B. vor, wenn ein ins Ausland versetzter Steuerpflichtiger bzw. ein im Ausland lebender Steuerpflichtiger seine Wohnung/sein Haus verkaufen oder langfristig vermieten will und dies in absehbarer Zeit auch tatsächlich verwirklicht. Eine zwischenzeitliche kurze Rückkehr (zur Beaufsichtigung und Verwaltung der zurückgelassenen Wohnung) führt nicht dazu, dass die zurückgelassene Wohnung dadurch zum inländischen Wohnsitz wird.

Zu § 9 – Gewöhnlicher Aufenthalt:

1. Sofern nicht die besonderen Voraussetzungen des § 9 Satz 3 AO vorliegen, wird an den inländischen Aufenthalt während eines zusammenhängenden Zeitraums von mehr als sechs Monaten die unwiderlegbare Vermutung für das Vorhandensein eines gewöhnlichen Aufenthalts geknüpft. Der Begriff „gewöhnlich" ist gleichbedeutend mit „dauernd". „Dauernd" erfordert keine ununterbrochene Anwesenheit, sondern ist im Sinne „nicht nur vorübergehend" zu verstehen (BFH-Urteil vom 30.8.1989, I R 215/85, BStBl. II S. 956). Bei Unterbrechungen der Anwesenheit kommt es darauf an, ob noch ein einheitlicher Aufenthalt oder mehrere getrennte Aufenthalte anzunehmen sind. Ein einheitlicher Aufenthalt ist gegeben, wenn der Aufenthalt nach den Verhältnissen fortgesetzt werden sollte und die Unterbrechung nur kurzfristig ist. Als kurzfristige Unterbrechung kommen in Betracht Familienheimfahrten, Jahresurlaub, längerer Heimaturlaub, Kur und Erholung, aber auch geschäftliche Reisen. Der Tatbestand des gewöhnlichen Aufenthalts kann bei einem weniger als sechs Monate dauernden Aufenthalt verwirklicht werden, wenn Inlandsaufenthalte nacheinander folgen, die sachlich miteinander verbunden sind, und der Steuerpflichtige von vornherein beabsichtigt, nicht nur vorübergehend im Inland zu verweilen (BFH-Urteile vom 27.7.1962, VI 156/59 U, BStBl. III S. 429, und vom 3.8.1977, I R 210/75, BStBl. II 1978 S. 118).

2. Der gewöhnliche Aufenthalt im Inland ist zu verneinen, wenn der Steuerpflichtige unter Benutzung einer im Ausland gelegenen Wohnung lediglich seine Tätigkeit im Inland ausübt (BFH-Urteil vom 25.5.1988, I R 225/82, BStBl. II S. 944). Grenzgänger haben ihren gewöhnlichen Aufenthalt grundsätzlich im Wohnsitzstaat (BFH-Urteile vom 10.5.1989, I R 50/85, BStBl. II S. 755, und vom 10.7.1996, I R 4/96, BStBl. II 1997 S. 15). Dasselbe gilt für Unternehmer/Freiberufler, die regelmäßig jeweils nach Geschäftsschluss zu ihrer Familienwohnung im Ausland zurückkehren (BFH-Urteil vom 6.2.1985, I R 23/82, BStBl. II S. 331). Wer allerdings regelmäßig an Arbeitstagen am Arbeits-/Geschäftsort im Inland übernachtet und sich nur am Wochenende bzw. an Feiertagen und im Urlaub zu seiner Wohnung im Ausland begibt, hat an dem inländischen Arbeits-/Geschäftsort jedenfalls seinen gewöhnlichen Aufenthalt.

3. Der gewöhnliche Aufenthalt kann nicht gleichzeitig an mehreren Orten bestehen. Bei fortdauerndem Schwerpunktaufenthalt im Ausland begründen kurzfristige Aufenthalte im Inland, z. B. Geschäfts-, Dienstreisen, Schulungen, keinen gewöhnlichen Aufenthalt im Inland. Umgekehrt führen kurzfristige Auslandsaufenthalte bei fortdauerndem Schwerpunktaufenthalt im Inland nicht zur Aufgabe eines gewöhnlichen Aufenthalts im Inland.

4. Der gewöhnliche Aufenthalt im Inland ist aufgegeben, wenn der Steuerpflichtige zusammenhängend mehr als sechs Monate im Ausland lebt, es sei denn, dass besondere Umstände darauf schließen lassen, dass die Beziehungen zum Inland bestehen bleiben. Entscheidend ist dabei, ob der Steuerpflichtige den persönlichen und geschäftlichen Lebensmittelpunkt ins Ausland verlegt hat und ob er seinen Willen, in den Geltungsbereich dieses Gesetzes zurückzukehren, endgültig aufgegeben hat (BFH-Urteil vom 27.7.1962, VI 156/59 U, BStBl. III S. 429). Als Kriterien dafür können die familiären, beruflichen und gesellschaftlichen Bindungen herangezogen werden (z. B. Wohnung der Familienangehörigen im Inland, Sitz des Gewerbebetriebs im Inland). Hält sich der Steuerpflichtige zusammenhängend länger als ein Jahr im Ausland auf, ist grundsätzlich eine Aufgabe des gewöhnlichen Aufenthalts im Inland anzunehmen.

§ 1a EStG

(1) Für Staatsangehörige eines Mitgliedstaates der Europäischen Union oder eines Staates, auf den das Abkommen über den Europäischen Wirtschaftsraum anwendbar ist, die nach § 1 Absatz 1 unbeschränkt einkommensteuerpflichtig sind oder die nach § 1 Absatz 3 als unbeschränkt einkommensteuerpflichtig zu behandeln sind, gilt bei Anwendung von § 10 Absatz 1a und § 26 Absatz 1 Satz 1 Folgendes:

1. Aufwendungen im Sinne des § 10 Absatz 1a sind auch dann als Sonderausgaben abziehbar, wenn der Empfänger der Leistung oder Zahlung nicht unbeschränkt einkommensteuerpflichtig ist. Voraussetzung ist, dass

   a) der Empfänger seinen Wohnsitz oder gewöhnlichen Aufenthalt im Hoheitsgebiet eines anderen Mitgliedstates der Europäischen Union oder eines Staates hat, auf den das Abkommen über den Europäischen Wirtschaftsraum Anwendung findet und

   b) die Besteuerung der nach § 10 Absatz 1a zu berücksichtigenden Leistung oder Zahlung beim Empfänger durch eine Bescheinigung der zuständigen ausländischen Steuerbehörde nachgewiesen wird;

2. der nicht dauernd getrennt lebende Ehegatte ohne Wohnsitz oder gewöhnlichen Aufenthalt im Inland wird auf Antrag für die Anwendung des § 26 Absatz 1 Satz 1 als unbeschränkt einkommensteuerpflichtig behandelt. ²Nummer 1 Satz 2 gilt entsprechend. ³Bei Anwendung des § 1 Absatz 3 Satz 2 ist auf die Einkünfte beider Ehegatten abzustellen und der Grundfreibetrag nach § 32a Absatz 1 Satz 2 Nummer 1 zu verdoppeln.

(2) Für unbeschränkt einkommensteuerpflichtige Personen im Sinne des § 1 Absatz 2, die die Voraussetzungen des § 1 Absatz 3 Satz 2 bis 5 erfüllen, und für unbeschränkt einkommensteuerpflichtige Personen im Sinne des § 1 Absatz 3, die die Voraussetzungen des § 1 Absatz 2 Satz 1 Nummer 1 und 2 erfüllen und an einem ausländischen Dienstort tätig sind, gilt die Regelung des Absatzes 1 Nummer 2 entsprechend mit der Maßgabe, dass auf Wohnsitz oder gewöhnlichen Aufenthalt im Staat des ausländischen Dienstortes abzustellen ist.

Anlage 1
zu § 1a EStG

Steuerklasse von Arbeitnehmern mit Besteuerungsmerkmalen im Ausland

BMF-Schreiben vom 29.9.1995 (BStBl. I S. 429)

1 Steuerklasse von Arbeitnehmern mit Besteuerungsmerkmalen im Ausland

1.1 Berücksichtigung des Ehegatten bei Staatsangehörigen eines EU/EWR-Mitgliedstaats, die nach § 1 Abs. 1 EStG unbeschränkt einkommensteuerpflichtig sind

Ein Arbeitnehmer, der als Staatsangehöriger eines Mitgliedstaates der Europäischen Union (EU) oder der Staaten Island, Liechtenstein oder Norwegen (EWR) nach § 1 Abs. 1 EStG unbeschränkt einkommensteuerpflichtig ist, ist auf Antrag in die Steuerklasse III einzuordnen, wenn der Ehegatte des Arbeitnehmers in einem EU/EWR-Mitgliedstaat lebt (§ 1a Abs. 1 Nr. 2 EStG). Es ist nicht erforderlich, dass der Ehegatte ebenfalls Staatsangehöriger eines EU/EWR-Mitgliedstaates ist. Voraussetzung ist jedoch, dass die Einkünfte beider Ehegatten zu mindestens 90 v. H. der deutschen Einkommensteuer unterliegen oder ihre nicht der deutschen Einkommensteuer unterliegenden Einkünfte höchstens 24 000 DM*) betragen. Die nicht der deutschen Einkommensteuer unterliegenden Einkünfte sind durch eine Bescheinigung der zuständigen ausländischen Steuerbehörde nachzuweisen. Für die Änderung der Steuerklasse ist das Wohnsitzfinanzamt des im Inland lebenden Arbeitnehmers zuständig. Die Eintragung der Steuerklasse III auf der Lohnsteuerkarte führt zur Veranlagungspflicht nach § 46 Abs. 2 Nr. 7 Buchstabe a EStG.**)

1.2 Unbeschränkte Steuerpflicht auf Antrag nach § 1 Abs. 3 EStG bei Arbeitnehmern ohne Wohnsitz oder gewöhnlichen Aufenthalt im Inland (Grenzpendler)

Ein Arbeitnehmer, der im Inland keinen Wohnsitz oder gewöhnlichen Aufenthalt hat, wird auf Antrag nach § 1 Abs. 3 EStG als unbeschränkt einkommensteuerpflichtig behandelt, wenn seine Einkünfte zu mindestens 90 v. H. der deutschen Einkommensteuer unterliegen oder die nicht der deutschen Einkommensteuer unterliegenden Einkünfte höchstens 12 000 DM***) betragen. Die nicht der deutschen Einkommensteuer unterliegenden Einkünfte sind durch eine Bescheinigung der zuständigen ausländischen Steuerbehörde nachzuweisen.

1.2.1 Berücksichtigung des Ehegatten bei Grenzpendlern, die Staatsangehörige eines EU/EWR-Mitgliedstaates sind

Grenzpendler, die auf Antrag nach § 1 Abs. 3 EStG als unbeschränkt einkommensteuerpflichtig zu behandeln sind, sind auf Antrag in die Steuerklasse III einzuordnen, wenn sie die unter Tz. 1.1 dargestellten Voraussetzungen erfüllen. Die Steuerklasse ist in der Bescheinigung nach § 39c Abs. 4 EStG vom Betriebsstättenfinanzamt anzugeben. Die Erteilung der Bescheinigung führt zur Veranlagungspflicht nach § 46 Abs. 2 Nr. 7 Buchstabe b EStG.

1.2.2 Steuerklasse bei Grenzpendlern, die nicht Staatsangehörige eines EU/EWR-Mitgliedstaates sind

Bei Grenzpendlern im Sinne des § 1 Abs. 3 EStG, die nicht Staatsangehörige eines EU/EWR-Mitgliedstaates sind, kann der Ehegatte steuerlich nicht berücksichtigt werden. Für diese Arbeitnehmer ist in der nach § 39c Abs. 4 zu erteilende Bescheinigung die Steuerklasse I oder für das zweite und jedes weitere Dienstverhältnis die Steuerklasse VI anzugeben. Tz. 1.2.1 letzter Satz ist zu beachten.

1.3 Haushaltsfreibetrag****) wegen eines Kindes, das in einer Wohnung des Arbeitnehmers in einem EU/EWR-Mitgliedstaat gemeldet ist

Bei einem allein stehenden Arbeitnehmer, der Staatsangehöriger eines EU/EWR-Mitgliedstaates ist, nach § 1 Abs. 1 EStG unbeschränkt einkommensteuerpflichtig ist und die Einkommensvoraussetzung des § 1 Abs. 3 Satz 2 bis 4 EStG (s. Tz. 1.2) erfüllt oder nach § 1 Abs. 3 EStG auf Antrag als unbeschränkt einkommensteuerpflichtig behandelt wird, ist auf der Lohnsteuerkarte oder in der Bescheinigung nach § 39c Abs. 4 EStG die Steuerklasse II einzutragen, wenn in seiner Wohnung im EU/EWR-Mitgliedstaat ein Kind gemeldet ist, für das er Anspruch auf einen Kinderfreibetrag oder Kindergeld hat (§ 1a Abs. 1 Nr. 3 EStG). Die Steuerklasse II ist auch dann zu bescheinigen, wenn der Arbeitnehmer verheiratet ist, aber von seinem Ehegatten dauernd getrennt lebt.

1.4 Steuerklasse bei Angehörigen des öffentlichen Dienstes

Auf Angehörige des öffentlichen Dienstes im Sinne des § 1 Abs. 2 Satz 1 Nr. 1 und 2 EStG ohne diplomatischen oder konsularischen Status, die nach § 1 Abs. 3 EStG auf Antrag als unbeschränkt einkommensteuerpflichtig behandelt werden und an einem ausländischen Dienstort tätig sind, sind die Regelungen in Tz. 1.2.1 und 1.3 auf Antrag nach § 1a Abs. 2 EStG entsprechend anzuwenden. Dabei muss auf den Wohnsitz, den gewöhnlichen Aufenthalt, die Wohnung oder den Haushalt im Staat des ausländischen Dienstortes abgestellt werden. Danach kann auch bei außerhalb von EU/EWR-Mitgliedstaaten tätigen Beamten weiterhin die Steuerklasse III in Betracht kommen. Dagegen erfüllen ein pensionierter Angehöriger des öffentlichen Dienstes und ein im Inland tätiger Angehöriger des öffentlichen Dienstes, die ihren Wohnsitz außerhalb eines EU/EWR-Mitgliedstaates haben, nicht die Voraussetzungen des § 1a Abs. 2 EStG, sie können ggf. aber nach Tz. 1.2.1 in die Steuerklasse III einge-

---

*) Ab 1.1.2010 16 008 €, ab 1.1.2013 16 260 € und ab 1.1.2014 16 708 €.
**) Seit 2008 kommt es auf die Höhe der der deutschen Einkommensteuer unterliegenden bzw. nicht unterliegenden Einkünfte nicht mehr an.
***) Ab 1.1.2010 8004 €, ab 1.1.2013 8130 € und ab 1.1.2014 8354 €.
****) Seit 2004 teilweise neue Rechtslage durch Entlastungsbetrag für Alleinerziehende (§ 24b EStG)

ordnet werden, wenn der Ehegatte in einem EU/EWR-Mitgliedstaat lebt.*)

1.5 Behandlung der beschränkt einkommensteuerpflichtigen Arbeitnehmer

Für Arbeitnehmer, die im Ausland ansässig sind und nicht die Voraussetzungen der Tz. 1.2 oder 1.4 erfüllen, ist weiterhin das Bescheinigungsverfahren nach § 39d EStG anzuwenden.

Anlage 2
zu § 1a EStG

Beschränkte und unbeschränkte Einkommensteuerpflicht; Umsetzung des EuGH-Urteils vom 14. Februar 1995
– Schumacker –

BMF-Schreiben vom 30.12.1996 (BStBl. I S. 1506)

Der EuGH hat zu Art. 48 EWG-Vertrag – Freizügigkeit der Arbeitnehmer – (jetzt Art. 48 EG-Vertrag) entschieden, dass bisher beschränkt einkommensteuerpflichtige Staatsangehörige anderer Mitgliedstaaten der Europäischen Union (EU) oder des Europäischen Wirtschaftsraums (EWR), die ihr Einkommen ganz oder fast ausschließlich aus nichtselbständiger Tätigkeit in Deutschland erzielen, mit unbeschränkt einkommensteuerpflichtigen Arbeitnehmern gleichzustellen sind, wenn der Familienwohnsitz in einem anderen EU/EWR-Mitgliedstaat liegt. Das Urteil erfordert, insbesondere das Splitting-Verfahren auf diesen Personenkreis anzuwenden. Gleichzustellen sind auch unbeschränkt Steuerpflichtige (sog. Gastarbeiter) mit Familienwohnsitz in einem anderen EU/EWR-Mitgliedstaat.

Der EuGH hat außerdem entschieden, dass beschränkt einkommensteuerpflichtige Staatsangehörige anderer EU/EWR-Mitgliedstaaten, auch wenn sie ihr Einkommen aus nichtselbständiger Tätigkeit nur zum Teil in Deutschland erzielen, nicht von der Einkommensteuerveranlagung ausgeschlossen werden dürfen.

Das Jahressteuergesetz 1996 vom 11. Oktober 1995 (BGBl. 1995, S. 1250) enthält die erforderlichen Anpassungen des EStG an den EG-Vertrag, und zwar grundsätzlich unabhängig von der Einkunftsart.

1. Antrag zur unbeschränkten Einkommensteuerpflicht (§§ 1 Abs. 3, 1a EStG)

Im Einvernehmen mit den obersten Finanzbehörden der Länder sind bei der Prüfung der Einkunftsgrenzen im Rahmen eines Antrages zur unbeschränkten Einkommensteuerpflicht nach § 1 Abs. 3 EStG (ggf. in Verbindung mit § 1a EStG) die nicht der deutschen Besteuerung unterliegenden Einkünfte eines Steuerpflichtigen sowohl hinsichtlich der relativen (10%) als auch der absoluten Grenze (nicht mehr als 12 000 DM**), bei Ehegatten: nicht mehr als 24 000 DM***)) grundsätzlich nach deutschem Steuerrecht zu ermitteln. Steuerfreie Einnahmen (z. B. nach § 3 EStG) und Einkünfte, die aufgrund zwischenstaatlicher oder multilateraler Vereinbarungen von nationalen Steuern der jeweiligen Staaten befreit sind, sind nicht in die Prüfung der Einkunftsgrenzen einzubeziehen. Weisen zwischenstaatliche Vereinbarungen (z. B. DBA) den Vertragsstaaten lediglich Besteuerungsrechte zu, sind die Einkünfte in einem Vertragsstaat steuerpflichtig und damit in die Prüfung der Einkunftsgrenzen einzubeziehen.

Auf die in § 1 Abs. 3 Satz 4 EStG vorgeschriebene Bescheinigung über die Höhe der nicht der deutschen Einkommensteuer unterliegenden Einkünfte durch die zuständige Steuerbehörde eines anderen EU/EWR-Mitgliedstaates kann nicht mehr verzichtet werden. Sie ist auf amtlichen Vordrucken zu erteilen.

Ist zuständige Behörde die Steuerbehörde eines Nicht-EU/EWR-Mitgliedstaates, so reichen auch andere Bestätigungen dieser Steuerbehörde über die Höhe der ausländischen Einkünfte (z. B. der Steuerbescheid) aus. Gibt es in einem Nicht-EU/EWR-Mitgliedstaat keine Steuerbehörden oder werden Bescheinigungen nach § 1 Abs. 3 Satz 4 EStG von dortigen Steuerbehörden nicht erteilt, reicht die Bescheinigung einer deutschen Auslandsvertretung aus, in der dies bestätigt wird.

Auch in diesem Fall ist der amtliche Vordruck für die Erteilung einer Bescheinigung der ausländischen Steuerbehörde zu verwenden.

Aus Vereinfachungsgründen können die in der Bescheinigung der ausländischen Steuerbehörde genannten Beträge übernommen werden; dies gilt auch für die Anwendung des Progressionsvorbehaltes.

1.1 Lohnsteuerabzug, ESt-Vorauszahlungen

Die Regelungen für den Lohnsteuerabzug ergeben sich aus § 1a Abs. 1 i. V. m. § 1 Abs. 3, § 38b, § 39c Abs. 4 und § 52 Abs. 2 EStG. Bei Personen, die die Voraussetzungen des § 1a Abs. 1 EStG erfüllen, kommen insbesondere die Steuerklassen II oder III, für die Festsetzung von ESt-Vorauszahlungen das Ehegattensplitting oder der Haushaltsfreibetrag in Betracht. Dies gilt auch für unbeschränkt Steuerpflichtige mit Familienwohnsitz in einem anderen EU/EWR-Mitgliedstaat.

Für die in § 1 Abs. 3 Satz 4 EStG vorgeschriebene Bescheinigung zum Lohnsteuer-Ermäßigungsantrag oder zum Antrag auf Herabsetzung der Einkommensteuer-Vorauszahlungen ist der amtliche Vordruck Anlage „Grenzpendler EU/EWR" bzw. Anlage „Grenzpendler außerhalb EU/EWR" zu verwenden.

1.2 Veranlagungen zur unbeschränkten Einkommensteuerpflicht (§§ 1 Abs. 3, 1a EStG)

Die in § 1 Abs. 3 Satz 4 EStG vorgesehene Bescheinigung der ausländischen Einkünfte durch die zuständige ausländische Steuerbehörde ist auf den amtlichen Vordrucken Anlage „Bescheinigung EU/EWR" bzw. Anlage „Bescheinigung außerhalb EU/EWR" zur Einkommensteuererklärung zu erteilen.

2. Altfälle

Die Regelungen zu §§ 1 Abs. 3, 1a EStG und § 50 Abs. 5 Satz 2 Nr. 2 EStG sind, soweit sie nicht ausdrücklich erst ab 1996 gelten, mit Rücksicht auf das EuGH-Urteil auf noch offene Altfälle anzuwenden:

2.1 Veranlagungen zur unbeschränkten Einkommensteuerpflicht (§§ 1 Abs. 3, 1a EStG)

Die Rückwirkung der Regelung für bisher unbeschränkt oder beschränkt Steuerpflichtige, die die Anwendung der in § 1a Abs. 1 Nr. 1 bis 4 EStG genannten Vorschriften (insbes. Ehegattensplitting, Haushaltsfreibetrag) beantragen, ergibt sich aus § 1a Abs. 1 i. V. m. § 1 Abs. 3, § 46 Abs. 2 Nr. 7 und § 52 Abs. 2 EStG in der Fassung des Jahressteuergesetzes 1996. Hiernach ist ein Antrag für Veranlagungszeiträume vor 1996 zulässig, „soweit Steuerbescheide noch nicht bestandskräftig sind". Arbeitnehmer, die wegen der Abgeltungswirkung des Lohnsteuerabzugs keinen Steuerbescheid erhalten haben, haben innerhalb der Zweijahresfrist des § 46 Abs. 2 Nr. 8 Satz 2 EStG die Möglichkeit, rückwirkend auch für Veranlagungszeiträume vor 1996 einen solchen Antrag zu stellen. Haben bisher beschränkt steuerpflichtige Arbeitnehmer einen zulässigen Antrag auf Veranlagung nach § 50 Abs. 4 EStG 1995 gestellt, über den noch nicht entschieden worden ist, kann der Antrag bei Vorliegen der Voraussetzungen des § 1a EStG geändert werden in einen Antrag auf Anwendung der in § 1a Abs. 1 Nr. 1 bis 4 EStG genannten Vorschriften. Dies gilt auch in den Fällen, in denen der Arbeitnehmer die Veranlagungsgrenzen des § 46 Abs. 1 EStG in der bis zum Veranlagungszeitraum 1995 geltenden Fassung überschreitet. Ein Progressionsvorbehalt ist nur in der jeweils im Veranlagungszeitraum geltenden Fassung anzuwenden.

2.2 Veranlagung zur beschränkten Einkommensteuerpflicht (§ 50 Abs. 5 Satz 2 Nr. 2 EStG)

Für beschränkt einkommensteuerpflichtige Arbeitnehmer, die eine Veranlagung zur Einkommensteuer nach § 50 Abs. 5 Satz 4 Nr. 2 EStG beantragen, gilt § 52 Absatz 31 in Verbindung mit § 52 Abs. 2 EStG in der Fassung des Jahressteuergesetzes 1996. Hiernach ist ein Antrag für Veranlagungszeiträume vor 1996 zulässig, „soweit Steuerbescheide noch nicht bestandskräftig sind". Beschränkt steuerpflichtige Arbeitnehmer, die

---

*) Vgl. aber Anlage 5 zu § 1a EStG.
**) Ab 1.1.2010 8004 €, ab 1.1.2013 8130 € und ab 1.1.2014 8354 €.
***) Ab 1.1.2010 16 008 €, ab 1.1.2013 16 260 € und ab 1.1.2014 16 708 €.

§ 1a EStG

wegen der Abgeltungswirkung des Lohnsteuerabzugs keinen Steuerbescheid erhalten haben, können innerhalb der Zweijahresfrist des § 46 Abs. 2 Nr. 8 Satz 2 EStG rückwirkend auch für Veranlagungszeiträume vor 1996 einen solchen Antrag stellen. Der Progressionsvorbehalt ist nur in der jeweils im Veranlagungszeitraum geltenden Fassung anzuwenden.

Anlage 3
zu § 1a EStG

Erweiterte unbeschränkte Einkommensteuerpflicht nach § 1 Abs. 2 EStG und unbeschränkte Einkommensteuerpflicht auf Antrag nach § 1 Abs. 3 in Verbindung mit § 1a Abs. 2 EStG; Billigkeitsregelung

BMF-Schreiben vom 8.10.1996 (BStBl. I S. 1191)

Nach § 1 Abs. 2 EStG sind insbesondere von der Bundesrepublik Deutschland ins Ausland entsandte deutsche Staatsangehörige, die Mitglied einer diplomatischen Mission oder konsularischen Vertretung sind und dafür Arbeitslohn aus einer inländischen öffentlichen Kasse beziehen – sowie zu ihrem Haushalt gehörende Angehörige, die entweder die deutsche Staatsangehörigkeit besitzen oder keine Einkünfte oder nur Einkünfte beziehen, die ausschließlich im Inland der Einkommensteuer unterliegen –, unbeschränkt einkommensteuerpflichtig, auch wenn sie im Inland weder einen Wohnsitz noch ihren gewöhnlichen Aufenthalt haben.

Bedienstete der öffentlichen Hand sowie ihr nicht dauernd getrennt lebender Ehegatte, die im Inland weder einen Wohnsitz noch ihren gewöhnlichen Aufenthalt haben und die nicht nach § 1 Abs. 2 EStG unbeschränkt einkommensteuerpflichtig sind, können auf Antrag als unbeschränkt einkommensteuerpflichtig gemäß § 1 Abs. 3 in Verbindung mit § 1a Abs. 2 EStG behandelt werden, sofern die übrigen Voraussetzungen dieser Vorschriften erfüllt sind. Dies bedeutet u. a., dass die Einkommensteuer nach dem Splitting-Verfahren (Lohnsteuerklasse III) berechnet werden kann.

Wird ein Bediensteter in das Inland versetzt und begründet er im Inland einen Wohnsitz oder gewöhnlichen Aufenthalt, so ist § 1 Abs. 2 bzw. § 1 Abs. 3 in Verbindung mit § 1a Abs. 2 EStG nicht mehr anzuwenden. Der Bedienstete ist vielmehr gemäß § 1 Abs. 1 EStG unbeschränkt einkommensteuerpflichtig. Verbleibt der nicht dauernd getrennt lebende Ehegatte des Bediensteten im Ausland, wird dieser mit der Versetzung des Bediensteten nicht unbeschränkt einkommensteuerpflichtig nach § 1 Abs. 1 oder 2 EStG. Dies gilt grundsätzlich auch dann, wenn dem Umzug des nicht dauernd getrennt lebenden Ehegatten des Bediensteten vom Ausland ins Inland Hindernisgründe entgegenstehen, für die gemäß § 12 Abs. 3 des Bundesumzugskostengesetzes in der Fassung vom 11. Dezember 1990 (BGBl. I S. 2688 ff.) Trennungsgeld gewährt wird. Da der im Ausland verbliebene, von dem ins Inland versetzten Bediensteten nicht dauernd getrennt lebende Ehegatte nicht unbeschränkt einkommensteuerpflichtig ist und vorbehaltlich § 1a Abs. 1 Nr. 2 EStG auch nicht als unbeschränkt einkommensteuerpflichtig behandelt werden kann, kommt die Zusammenveranlagung unter Anwendung des Splitting-Verfahrens (bzw. der Steuerklasse III) nicht in Betracht.

In Fällen, in denen ein Steuerpflichtiger und sein nicht dauernd getrennt lebender Ehegatte zunächst unter den Voraussetzungen des § 1 Abs. 2 EStG unbeschränkt einkommensteuerpflichtig sind bzw. unter den Voraussetzungen des § 1 Abs. 3 in Verbindung mit § 1a Abs. 2 EStG auf Antrag als unbeschränkt einkommensteuerpflichtig behandelt werden,

– der Steuerpflichtige dann aus dienstlichen Gründen in das Inland versetzt wird,
– der nicht dauernd getrennt lebende Ehegatte aus persönlichen Gründen noch für kurze Zeit im Ausland verbleibt und
– die Voraussetzungen des § 1a Abs. 1 EStG nicht erfüllt sind,

sind aus sachlichen Billigkeitsgründen der Steuerpflichtige und sein Ehegatte weiterhin zu dem nach § 1 Abs. 2 bzw. § 1 Abs. 3 in Verbindung mit § 1a Abs. 2 EStG begünstigten Personenkreis zu rechnen.

Voraussetzung hierfür ist jedoch,

– dass dem Umzug in das Inland ein in § 12 Abs. 2 und 3 des Bundesumzugskostengesetzes in der Fassung vom 11. Dezember 1990 (BGBl. I S. 2688 ff.) genannter Hinderungsgrund entgegensteht und
– die Einkünfte des Ehegatten mindestens zu 90 % der deutschen Einkommensteuer unterliegen oder die nicht der deutschen Einkommensteuer unterliegenden Einkünfte der Ehegatten nicht mehr als 24 000 DM*) im Kalenderjahr betragen. § 1 Abs. 3 Sätze 2 bis 5 EStG gelten entsprechend. In Fällen des § 1 Abs. 2 EStG ist es nicht erforderlich, dass der im Ausland verbleibende Ehegatte die Voraussetzungen des § 1 Abs. 2 Satz 1 und Satz 2 EStG erfüllt.

Bei den von dieser Billigkeitsmaßnahme begünstigten Personen kann daher die Einkommensteuer nach dem Splitting-Verfahren berechnet werden. Die Eintragungen auf der Lohnsteuerkarte werden vom zuständigen Finanzamt auf Antrag entsprechend geändert.

Anlage 4
zu § 1a EStG

Unbeschränkte Steuerpflicht auf Antrag bei Ehegatten (§ 1 Abs. 3 i. V. m. § 1a EStG)

Verfügung der Oberfinanzdirektion Frankfurt am Main vom 27.2.2012 (Az.: S 2303 A – 23 – St 56)

1. Antrag zur unbeschränkten Einkommensteuerpflicht (§ 1 Abs. 3 EStG)

Auf Antrag können gemäß § 1 Abs. 3 EStG natürliche Personen als unbeschränkt einkommensteuerpflichtig behandelt werden, die im Inland weder einen Wohnsitz noch ihren gewöhnlichen Aufenthalt haben, soweit sie inländische Einkünfte i. S. des § 49 EStG erzielen. Voraussetzung ist, dass ihre Einkünfte im Kalenderjahr mindestens 90 % der deutschen Einkommensteuer unterliegen oder die nicht der deutschen Einkommensteuer unterliegenden Einkünfte den Grundfreibetrag nach § 32a Abs. 1 Satz 2 Nr. 1 EStG nicht übersteigen. Dieser Betrag ist zu kürzen, soweit es nach den Verhältnissen im Wohnsitzstaat des Steuerpflichtigen notwendig und angemessen ist.

Bei der Prüfung dieser Einkunftsgrenzen sind die nicht der deutschen Besteuerung unterliegenden Einkünfte eines Steuerpflichtigen grundsätzlich nach deutschem Steuerrecht zu ermitteln.

2. Zusammenveranlagung nach § 1 Abs. 1 EStG i. V. mit § 1a Abs. 1 Nr. 2 EStG

Ab dem Veranlagungszeitraum 2008 sind bei unbeschränkter Steuerpflicht eines EU- oder EWR-Staatsangehörigen Ehegatten nach § 1 Abs. 1 EStG die Einkunftsgrenzen des § 1 Abs. 3 EStG nicht mehr zu prüfen. Der entsprechende Verweis in der Vorschrift des § 1a Abs. 1 Satz 1 Alt. 1 EStG auf § 1 Abs. 3 Satz 2 EStG ist mit dem Jahressteuergesetz 2008 weggefallen. Auch im Rahmen des § 1a Abs. 1 Nr. 2 EStG erfolgt keine Prüfung der Einkunftsgrenzen. In diesen Fällen ist auch keine Bescheinigung EU/EWR für die ausländischen Einkünfte mehr notwendig. Die Bescheinigung kann jedoch als Wohnsitzbestätigung dienen.

3. Zusammenveranlagung nach § 1 Abs. 3 EStG i. V. mit § 1a Abs. 1 Nr. 2 EStG

3.1. Ermittlung der Einkunftsgrenzen in zwei Stufen

Für EU/EWR-Staatsangehörige, die nach § 1 Abs. 3 EStG fiktiv unbeschränkt einkommensteuerpflichtig sind (ohne Wohnsitz oder gewöhnlichen Aufenthalt im Inland), gelten die Einkunftsgrenzen nach wie vor. Eine Bescheinigung (vgl. unter 4.) ist in diesen Fällen weiter erforderlich.

Die Prüfung der Voraussetzungen für eine Zusammenveranlagung nach § 1 Abs. 3 EStG i. V. mit § 1a Abs. 1 Nr. 2 EStG hat nach dem Wortlaut der Vorschrift zweistufig zu erfolgen, da die Anwendung des § 1a EStG nur für bereits nach § 1 Abs. 3 EStG unbeschränkt Steuerpflichtige möglich ist.

*) Ab 1.1.2010 16 008 €, ab 1.1.2013 16 260 € und ab 1.1.2014 16 708 €.

§ 2 EStG

Der bisher nach § 1 Abs. 4 EStG i. V. mit § 49 EStG nur beschränkt Steuerpflichtige muss daher für die Anwendung des § 1a Abs. 1 Nr. 2 EStG zunächst selbst die Voraussetzungen des § 1 Abs. 3 EStG in seiner Person erfüllen. In einem ersten Schritt ist zu prüfen, ob seine Einkünfte zu mindestens 90% der deutschen Einkommensteuer unterliegen, oder ob die nicht der deutschen Einkommensteuer unterliegenden Einkünfte den (einfachen) Grundfreibetrag nicht übersteigen.

Sind diese Voraussetzungen erfüllt, dann ist in einem zweiten Schritt zu prüfen, ob die Zusammenveranlagung nach § 1a Abs. 1 Nr. 2 EStG in Betracht kommt. Dafür ist die Grenze des § 1 Abs. 3 Satz 2 EStG anhand der verdoppelten Werte unter Berücksichtigung der gemeinsamen Einkünfte zu ermitteln, d. h. entweder müssen die Einkünfte beider Ehegatten zu 90% der deutschen Einkommensteuer unterliegen, oder die nicht der deutschen Einkommensteuer unterliegenden Einkünfte beider Ehegatten dürfen den doppelten Grundfreibetrag nicht übersteigen.

3.2. Ansässigkeit von Personen in Staaten mit verschiedener Ländergruppeneinteilung

In den Fällen, in denen zu prüfen ist, ob die nicht der deutschen Einkommensteuer unterliegenden Einkünfte den Grundfreibetrag nicht übersteigen, ist dieser zu kürzen, soweit es nach den Verhältnissen im Wohnsitzstaat des Steuerpflichtigen notwendig und angemessen ist.

Haben die Eheleute neben den jeweiligen Wohnsitzen in den Staaten mit verschiedener Ländergruppeneinteilung einen gemeinsamen (ehelichen) Wohnsitz (also ein Ehegatte einen doppelten Wohnsitz), so ist der Grundfreibetrag für beide Ehegatten bei Anwendung von § 1a Abs. 1 Nr. 2 i. V. mit § 1 Abs. 3 EStG nach dem Länderschlüssel des Staates zu bemessen, in dem der gemeinsame Familienwohnsitz begründet ist.

Ist ein gemeinsamer (Ehe-)Wohnsitz nicht ermittelbar, so ist jedem Ehegatten der Grundfreibetrag in der Höhe zuzurechnen, wie es nach den Verhältnissen im jeweiligen Ansässigkeitsstaat angemessen ist. Wohnt also ein in Deutschland beschränkt steuerpflichtiger Ehegatte im Jahr 2008 in Italien (Ländergruppe 1 = voller Grundfreibetrag) und der andere Ehegatte in Estland (Ländergruppe 3 = halber Grundfreibetrag*)), dürfen die von den Eheleuten im Veranlagungszeitraum 2008 erzielten Einkünfte, die nicht der deutschen Einkommensteuer unterliegen, den Betrag von 11496 € (7664 € + 3832 €)**) nicht übersteigen.

4. Bescheinigung gemäß § 1 Abs. 3 Satz 5 EStG

Weitere Voraussetzung für die Behandlung eines grundsätzlich beschränkt Steuerpflichtigen auf Antrag als unbeschränkt einkommensteuerpflichtig ist, dass die Höhe der nicht der deutschen Einkommensteuer unterliegenden Einkünfte durch eine Bescheinigung der zuständigen ausländischen Steuerbehörde nachgewiesen wird.

Anlage 5
zu § 1a EStG

Familienbezogene Steuervergünstigungen bei Wohnsitz in der Schweiz

BMF-Schreiben vom 16.9.2013 (BStBl. I S. 1325)

Der Gerichtshof der Europäischen Union (EuGH) hat mit Urteil vom 28. Februar 2013 in der Rechtssache C-425/11 „Ettwein" (BStBl 2013 II S. 896) entschieden:

„Art. 1 Buchst. a des zwischen der Europäischen Gemeinschaft und ihren Mitgliedstaaten einerseits und der Schweizerischen Eidgenossenschaft andererseits geschlossenen Abkommens über die Freizügigkeit, unterzeichnet in Luxemburg am 21. Juni 1999, sowie die Art. 9 Abs. 2, 13 Abs. 1 und 15 Abs. 2 des Anhangs I dieses Abkommens sind dahin auszulegen, dass sie der Regelung eines Mitgliedstaats entgegenstehen, nach der Eheleuten, die Staatsangehörige dieses Staates sind und mit ihren gesamten steuerpflichtigen Einkünften der Besteuerung in diesem Staat unterliegen, die in dieser Regelung vorgesehene Zusammenveranlagung unter Berücksichtigung des Splitting-Verfahrens allein deshalb verweigert wird, weil ihr Wohnsitz im Hoheitsgebiet der Schweizerischen Eidgenossenschaft liegt."

Unter Bezugnahme auf das Ergebnis der Erörterungen mit den obersten Finanzbehörden der Länder gilt für die Anwendung von § 1a Absatz 1 EStG im Hinblick auf die Auslegung des Abkommens zwischen der Europäischen Gemeinschaft und ihren Mitgliedstaaten einerseits und der Schweizerischen Eidgenossenschaft andererseits über die Freizügigkeit und nach Maßgabe des o. g. Urteils Folgendes:

§ 1a Absatz 1 EStG ist bei Staatsangehörigen eines Mitgliedstaates der Europäischen Union oder eines Staates, auf den das Abkommen über den Europäischen Wirtschaftsraum anwendbar ist, bei Vorliegen der übrigen Voraussetzungen auch anwendbar, wenn

– der Empfänger der Leistungen im Sinne der Nummern 1 und 1a,
– die ausgleichsberechtigte Person im Sinne der Nummer 1b oder
– der Ehegatte/Lebenspartner im Sinne der Nummer 2

seinen/ihren Wohnsitz oder gewöhnlichen Aufenthalt in der Schweiz haben.

Das gilt für alle noch nicht bestandskräftigen Fälle.

II. Einkommen

§ 2 EStG
Umfang der Besteuerung, Begriffsbestimmungen

(1) ¹Der Einkommensteuer unterliegen
1. Einkünfte aus Land- und Forstwirtschaft,
2. Einkünfte aus Gewerbebetrieb,
3. Einkünfte aus selbständiger Arbeit,
4. Einkünfte aus nichtselbständiger Arbeit,
5. Einkünfte aus Kapitalvermögen,
6. Einkünfte aus Vermietung und Verpachtung,
7. sonstige Einkünfte im Sinne des § 22,

die der Steuerpflichtige während seiner unbeschränkten Einkommensteuerpflicht oder als inländische Einkünfte während seiner beschränkten Einkommensteuerpflicht erzielt. ²Zu welcher Einkunftsart die Einkünfte im einzelnen Fall gehören, bestimmt sich nach den §§ 13 bis 24.

(2) ¹Einkünfte sind
1. bei Land- und Forstwirtschaft, Gewerbebetrieb und selbständiger Arbeit der Gewinn (§§ 4 bis 7k und 13a),
2. bei den anderen Einkunftsarten der Überschuss der Einnahmen über die Werbungskosten (§§ 8 bis 9a).

²Bei Einkünften aus Kapitalvermögen tritt § 20 Absatz 9 vorbehaltlich der Regelung in § 32d Absatz 2 an die Stelle der §§ 9 und 9a.

(3) Die Summe der Einkünfte, vermindert um den Altersentlastungsbetrag, den Entlastungsbetrag für Alleinerziehende und den Abzug nach § 13 Absatz 3, ist der Gesamtbetrag der Einkünfte.

(4) Der Gesamtbetrag der Einkünfte, vermindert um die Sonderausgaben und die außergewöhnlichen Belastungen, ist das Einkommen.

(5) ¹Das Einkommen, vermindert um die Freibeträge nach § 32 Absatz 6 und um die sonstigen vom Einkommen abzuziehenden Beträge, ist das zu versteuernde Einkommen; dieses bildet die Bemessungsgrundlage für die tarifliche Einkommensteuer. ²Knüpfen andere Gesetze an den Begriff des zu versteuernden Einkommens an, ist für deren Zweck das Einkommen in allen Fällen des § 32 um die Freibeträge nach § 32 Absatz 6 zu vermindern.

---
*) Estland ist jetzt Ländergruppe 2 = 75% des Grundfreibetrags.
**) Für 2015 ergibt sich ein Betrag von 14 620 € (8354 € + 6266 €).

(5a) ¹Knüpfen außersteuerliche Rechtsnormen an die in den vorstehenden Absätzen definierten Begriffe (Einkünfte, Summe der Einkünfte, Gesamtbetrag der Einkünfte, Einkommen, zu versteuerndes Einkommen) an, erhöhen sich für deren Zwecke diese Größen um die nach § 32d Absatz 1 und nach § 43 Absatz 5 zu besteuernden Beträge sowie um die nach § 3 Nummer 40 steuerfreien Beträge und mindern sich um die nach § 3c Absatz 2 nicht abziehbaren Beträge. ²Knüpfen außersteuerliche Rechtsnormen an die in den Absätzen 1 bis 3 genannten Begriffe (Einkünfte, Summe der Einkünfte, Gesamtbetrag der Einkünfte) an, mindern sich für deren Zwecke diese Größen um die nach § 10 Absatz 1 Nummer 5 abziehbaren Kinderbetreuungskosten.

(5b) Soweit Rechtsnormen dieses Gesetzes an die in den vorstehenden Absätzen definierten Begriffe (Einkünfte, Summe der Einkünfte, Gesamtbetrag der Einkünfte, Einkommen, zu versteuerndes Einkommen) anknüpfen, sind Kapitalerträge nach § 32d Absatz 1 und § 43 Absatz 5 nicht einzubeziehen.

(6) ¹Die tarifliche Einkommensteuer, vermindert um die anzurechnenden ausländischen Steuern und die Steuerermäßigungen, vermehrt um die Steuer nach § 32d Absatz 3 und 4, die Steuer nach § 34c Absatz 5 und den Zuschlag nach § 3 Absatz 4 Satz 2 des Forstschäden-Ausgleichsgesetzes in der Fassung der Bekanntmachung vom 26. April 1985 (BGBl. I S. 1756), das zuletzt durch Artikel 18 des Gesetzes vom 19. Dezember 2008 (BGBl. I S. 2794) geändert worden ist, in der jeweils geltenden Fassung, ist die festzusetzende Einkommensteuer. ²Wurde der Gesamtbetrag der Einkünfte in den Fällen des § 10a Absatz 2 um Sonderausgaben nach § 10a Absatz 1 gemindert, ist für die Ermittlung der festzusetzenden Einkommensteuer der Anspruch auf Zulage nach Abschnitt XI der tariflichen Einkommensteuer hinzuzurechnen; bei der Ermittlung der dem Steuerpflichtigen zustehenden Zulage bleibt die Erhöhung der Grundzulage nach § 84 Satz 2 außer Betracht. ³Wird das Einkommen in den Fällen des § 31 um die Freibeträge nach § 32 Absatz 6 gemindert, ist der Anspruch auf Kindergeld nach Abschnitt X der tariflichen Einkommensteuer hinzuzurechnen.

(7) ¹Die Einkommensteuer ist eine Jahressteuer. ²Die Grundlagen für ihre Festsetzung sind jeweils für ein Kalenderjahr zu ermitteln. ³Besteht während eines Kalenderjahres sowohl unbeschränkte als auch beschränkte Einkommensteuerpflicht, so sind die während der beschränkten Einkommensteuerpflicht erzielten inländischen Einkünfte in eine Veranlagung zur unbeschränkten Einkommensteuerpflicht einzubeziehen.

(8) Die Regelungen dieses Gesetzes zu Ehegatten und Ehen sind auch auf Lebenspartner und Lebenspartnerschaften anzuwenden.

R 2
Einkommen
– unbesetzt –

H 2
Hinweise zu R 2
Einkommen

>R 2 EStR, H 2 EStH

R 3.0
Steuerfreie Einnahmen
– unbesetzt –

H 3.0
Hinweise zu R 3.0
Steuerfreie Einnahmen

Steuerbefreiungen nach anderen Gesetzen und nach Verträgen
>R 3.0 EStR, H 3.0 EStH

Zwischenstaatliche Vereinbarungen
>BMF vom 18.3.2013 (BStBl. I S. 404)

§ 3 Nr. 1 EStG
Steuerfreie Einnahmen

Steuerfrei sind

a) Leistungen aus einer Krankenversicherung, aus einer Pflegeversicherung und aus der gesetzlichen Unfallversicherung,

b) Sachleistungen und Kinderzuschüsse aus den gesetzlichen Rentenversicherungen einschließlich der Sachleistungen nach dem Gesetz über die Alterssicherung der Landwirte,

c) Übergangsgeld nach dem Sechsten Buch Sozialgesetzbuch und Geldleistungen nach den §§ 10, 36 bis 39 des Gesetzes über die Alterssicherung der Landwirte,

d) das Mutterschaftsgeld nach dem Mutterschutzgesetz, der Reichsversicherungsordnung und dem Gesetz über die Krankenversicherung der Landwirte, die Sonderunterstützung für im Familienhaushalt beschäftigte Frauen, der Zuschuss zum Mutterschaftsgeld nach dem Mutterschutzgesetz sowie der Zuschuss bei Beschäftigungsverboten für die Zeit vor oder nach einer Entbindung sowie für den Entbindungstag während einer Elternzeit nach beamtenrechtlichen Vorschriften;

§ 3 Nr. 2 EStG
Steuerfreie Einnahmen

Steuerfrei sind

a) das Arbeitslosengeld, das Teilarbeitslosengeld, das Kurzarbeitergeld, der Zuschuss zum Arbeitsentgelt, das Übergangsgeld, der Gründungszuschuss nach dem Dritten Buch Sozialgesetzbuch sowie die übrigen Leistungen nach dem Dritten Buch Sozialgesetzbuch und den entsprechenden Programmen des Bundes und der Länder, soweit sie Arbeitnehmern oder Arbeitsuchenden oder zur Förderung der Aus- oder Weiterbildung oder Existenzgründung der Empfänger gewährt werden,

b) das Insolvenzgeld, Leistungen aufgrund der in § 169 und § 175 Absatz 2 des Dritten Buches Sozialgesetzbuch genannten Ansprüche sowie Zahlungen des Arbeitgebers an einen Sozialleistungsträger aufgrund des gesetzlichen Forderungsübergangs nach § 115 Absatz 1 des Zehnten Buches Sozialgesetzbuch, wenn ein Insolvenzereignis nach § 165 Absatz 1 Satz 2 auch in Verbindung mit Satz 3 des Dritten Buches Sozialgesetzbuch vorliegt,

c) die Arbeitslosenbeihilfe nach dem Soldatenversorgungsgesetz,

d) Leistungen zur Sicherung des Lebensunterhalts und zur Eingliederung in Arbeit nach dem Zweiten Buch Sozialgesetzbuch,

e) mit den in den Nummern 1 bis 2 Buchstabe d genannten Leistungen vergleichbare Leistungen ausländischer Rechtsträger, die ihren Sitz in einem Mitgliedstaat der Europäischen Union, in einem Staat, auf den das Abkommen über den Europäischen Wirtschaftsraum Anwendung findet oder in der Schweiz haben;

§ 3 Nr. 2a, Nr. 2b, Nr. 3, § 3 Nr. 4 EStG
R 3.2, 3.4

R 3.2
Leistungen nach dem Dritten Buch Sozialgesetzbuch (§ 3 Nr. 2 EStG)

(1) ¹Steuerfrei sind das Arbeitslosengeld und das Teilarbeitslosengeld nach dem Dritten Buch Sozialgesetzbuch (SGB III). ²Etwaige spätere Zahlungen des Arbeitgebers an die Agentur für Arbeit aufgrund des gesetzlichen Forderungsübergangs (§ 115 SGB X) sind ebenfalls steuerfrei, wenn über das Vermögen des Arbeitgebers das Insolvenzverfahren eröffnet worden ist oder einer der Fälle des § 165 Abs. 1 Satz 2 Nr. 2 oder 3 SGB III vorliegt. ³Hat die Agentur für Arbeit in den Fällen der §§ 157 Abs. 3 und § 158 Abs. 4 SGB III zunächst Arbeitslosengeld gezahlt und zahlt der Arbeitnehmer dieses aufgrund dieser Vorschriften der Agentur für Arbeit zurück, so bleibt die Rückzahlung mit Ausnahme des Progressionsvorbehalts (>R 32b. EStR) ohne steuerliche Auswirkung (§ 3c EStG); der dem Arbeitnehmer vom Arbeitgeber nachgezahlte Arbeitslohn ist grundsätzlich steuerpflichtig.

(2) Steuerfrei sind außerdem das Insolvenzgeld (§ 165 SGB III) und Leistungen des Insolvenzverwalters oder des ehemaligen Arbeitgebers aufgrund von § 169 Satz 1 SGB III an die Bundesagentur oder Leistungen der Einzugsstelle an die Agentur für Arbeit aufgrund von § 175 Abs. 2 SGB III.

(3) Zu den steuerfreien Leistungen nach dem SGB III gehört auch das Wintergeld, das als Mehraufwands-Wintergeld zur Abgeltung der witterungsbedingten Mehraufwendungen bei Arbeit und als Zuschuss-Wintergeld für jede aus Arbeitsguthaben ausgeglichene Ausfallstunde (zur Vermeidung der Inanspruchnahme des Saison-Kurzarbeitergeldes) gezahlt wird (§ 102 SGB III).

(4) Steuerfrei sind auch das Übergangsgeld und der Gründungszuschuss, die behinderten oder von Behinderung bedrohten Menschen nach den §§ 45 bis 52 SGB IX bzw. § 33 Abs. 3 Nr. 5 SGB IX geleistet werden, weil es sich um Leistungen i.S.d. SGB III, SGB VI, SGB VII oder des Bundesversorgungsgesetzes (BVG) handelt.

H 3.2
Hinweise zu R 3.2
Leistungen nach dem Dritten Buch Sozialgesetzbuch

Zahlungen des Arbeitgebers an die Agentur für Arbeit

Leistet der Arbeitgeber aufgrund des gesetzlichen Forderungsübergangs nach § 115 SGB X eine Lohnnachzahlung unmittelbar an die Arbeitsverwaltung, führt dies beim Arbeitnehmer zum Zufluss von Arbeitslohn (>BFH vom 15.11.2007 – BStBl. 2008 II S. 375). Sind die Voraussetzungen von R 3.2 Abs. 1 Satz 2 nicht erfüllt, d. h. liegt kein Konkurs-, Gesamtvollstreckungs- oder Insolvenzverfahren vor, sind die Zahlungen des Arbeitgebers steuerpflichtiger Arbeitslohn (>BFH vom 16.3.1993 – BStBl. II S. 507); in diesen Fällen ist R 39b.6 Abs. 3 zu beachten.

Anlage
zu H 3.2

Steuerliche Behandlung von Zahlungen des Insolvenzverwalters an die Bundesagentur für Arbeit aufgrund des gesetzlichen Forderungsübergangs nach § 115 SGB X

Verfügung der OFD Hannover vom 20.3.2008 (Az.: S 2342 – 157 – StO 213)

Die Ausschüttung von Masseverbindlichkeiten gem. § 55 Abs. 1 Nr. 2 InsO umfasst auch die Zahlungen an freigestellte Arbeitnehmer für die Zeit bis zum Ablauf der Kündigungsfrist, die bislang für diesen Zeitraum lediglich Arbeitslosengeld erhalten haben (Differenzlohnzahlungen). Das bezogene Arbeitslosengeld ist vom Insolvenzverwalter der Bundesagentur für Arbeit unmittelbar zu erstatten.

Entsprechend der Regelung in R 3.2 Abs. 1 Satz 2 LStR 2008 bleiben die Zahlungen des Insolvenzverwalters an die Bundesagentur für Arbeit steuerfrei, da sie aufgrund des gesetzlichen Forderungsübergangs nach § 115 SGB X geleistet werden und über das Vermögen des (früheren) Arbeitgebers das Insolvenzverfahren eröffnet worden ist. Steuerpflichtiger Arbeitslohn liegt nur in Höhe der Differenz zwischen dem Arbeitslohnanspruch und den an die Bundesagentur für Arbeit geleisteten Rückzahlungen des vom Arbeitnehmer bezogenen Arbeitslosengeldes vor.

§ 3 Nr. 2a, Nr. 2b, Nr. 3 EStG
Steuerfreie Einnahmen

Steuerfrei sind

Nr. 2a die Arbeitslosenbeihilfe und die Arbeitslosenhilfe nach dem Soldatenversorgungsgesetz;

Nr. 2b Leistungen zur Sicherung des Lebensunterhalts und zur Eingliederung in Arbeit nach dem Zweiten Buch Sozialgesetzbuch;

Nr. 3 a) Rentenabfindungen nach § 107 des Sechsten Buches Sozialgesetzbuch, nach § 21 des Beamtenversorgungsgesetzes oder entsprechendem Landesrecht und nach § 43 des Soldatenversorgungsgesetzes in Verbindung mit § 21 des Beamtenversorgungsgesetzes,

b) Beitragserstattungen an den Versicherten nach den §§ 210 und 286d des Sechsten Buches Sozialgesetzbuch sowie nach den §§ 204, 205 und 207 des Sechsten Buches Sozialgesetzbuch, Beitragserstattungen nach den §§ 75 und 117 des Gesetzes über die Alterssicherung der Landwirte und nach § 26 des Vierten Buches Sozialgesetzbuch,

c) Leistungen aus berufsständischen Versorgungseinrichtungen, die den Leistungen nach den Buchstaben a und b entsprechen,

d) Kapitalabfindungen und Ausgleichszahlungen nach § 48 des Beamtenversorgungsgesetzes oder entsprechendem Landesrecht und nach den §§ 28 bis 35 und 38 des Soldatenversorgungsgesetzes;

§ 3 Nr. 4 EStG
Steuerfreie Einnahmen

Steuerfrei sind

bei Angehörigen der Bundeswehr, der Bundespolizei, der Zollverwaltung, der Bereitschaftspolizei der Länder, der Vollzugspolizei und der Berufsfeuerwehr der Länder und Gemeinden und bei Vollzugsbeamten der Kriminalpolizei des Bundes, der Länder und Gemeinden

a) der Geldwert der ihnen aus Dienstbeständen überlassenen Dienstkleidung,

b) Einkleidungsbeihilfen und Abnutzungsentschädigungen für die Dienstkleidung der zum Tragen oder Bereithalten von Dienstkleidung Verpflichteten und für dienstlich notwendige Kleidungsstücke der Vollzugsbeamten der Kriminalpolizei sowie der Angehörigen der Zollverwaltung,

c) im Einsatz gewährte Verpflegung oder Verpflegungszuschüsse,

d) der Geldwert der aufgrund gesetzlicher Vorschriften gewährten Heilfürsorge;

R 3.4
Überlassung von Dienstkleidung und anderen Leistungen an bestimmte Angehörige des öffentlichen Dienstes (§ 3 Nr. 4 EStG)

¹Die Steuerfreiheit nach § 3 Nr. 4 Buchstaben a und b EStG gilt für sämtliche Dienstbekleidungsstücke, die die Angehörigen der genannten Berufsgruppen nach den jeweils maßgebenden Dienstbekleidungsvorschriften zu tragen verpflichtet sind. ²Zu den Ange-

hörigen der Bundeswehr oder der Bundespolizei i.S.d. § 3 Nr. 4 EStG gehören nicht die Zivilbediensteten.

§ 3 Nr. 5 EStG
Steuerfreie Einnahmen

Steuerfrei sind

a) die Geld- und Sachbezüge, die Wehrpflichtige während des Wehrdienstes nach § 4 des Wehrpflichtgesetzes erhalten,

b) die Geld- und Sachbezüge, die Zivildienstleistende nach § 35 des Zivildienstgesetzes erhalten,

c) der nach § 2 Absatz 1 des Wehrsoldgesetzes an Soldaten im Sinne des § 1 Absatz 1 des Wehrsoldgesetzes gezahlte Wehrsold,

d) die an Reservistinnen und Reservisten der Bundeswehr im Sinne des § 1 des Reservistinnen- und Reservistengesetzes nach dem Wehrsoldgesetz gezahlten Bezüge,

e) die Heilfürsorge, die Soldaten nach § 6 des Wehrsoldgesetzes und Zivildienstleistende nach § 35 des Zivildienstgesetzes erhalten,

f) das an Personen, die einen in § 32 Absatz 4 Satz 1 Nummer 2 Buchstabe d genannten Freiwilligendienst leisten, gezahlte Taschengeld oder eine vergleichbare Geldleistung;

R 3.5
Leistungen an Wehrdienst, Zivildienst, Freiwilligendienst Leistende (§ 3 Nr. 5 EStG)

– unbesetzt –

H 3.5
Hinweise zu R 3.5
Leistungen an Wehrdienst, Zivildienst, Freiwilligendienst Leistende

Beispiele:

Zu den nach § 3 Nr. 5 EStG steuerfreien Geld- und Sachbezügen gehören insbesondere

– der Wehrsold nach § 2 Abs. 1 WSG;
– die unentgeltliche truppenärztliche Versorgung nach § 6 WSG;
– Dienstgeld bei Kurzwehrübungen bis zu drei Tagen anstelle des Wehrsolds nach § 8 WSG;
– die an Reservisten der Bundeswehr nach dem WSG gezahlten Bezüge einschl. des Zuschlags für Reserveunteroffiziere (§ 8b WSG) und Reserveoffiziere (§ 8h WSG);
– das Taschengeld oder vergleichbare Geldleistungen, das Personen gezahlt wird, die einen in § 32 Abs. 4 Satz 1 Nr. 2 Buchstabe d EStG genannten Freiwilligendienst leisten.

Zu den nach anderen Vorschriften steuerfreien Geld- und Sachbezügen gehören insbesondere

– der doppelte Wehrsold bei Verwendung im Ausland nach § 2 Abs. 2 WSG (§ 3 Nr. 64 EStG);
– die unentgeltliche Verpflegung im Einsatz (§ 3 Nr. 4 Buchstabe c EStG);
– die unentgeltliche Unterkunft im Rahmen einer beruflichen Auswärtstätigkeit oder einer doppelten Haushaltsführung (§ 3 Nr. 13 oder Nr. 16 EStG);
– die Dienstbekleidung nach § 5 WSG (§ 3 Nr. 4 oder Nr. 31 EStG);
– Leistungen nach dem USG (> § 3 Nr. 48 EStG);
– der Auslandsverwendungszuschlag nach § 8f WSG (§ 3 Nr. 64 EStG).

Zu den steuerpflichtigen Geld- und Sachbezügen gehören insbesondere

– der erhöhte Wehrsold für Soldaten und Soldatinnen mit besonderer zeitlicher Belastung nach § 2 Abs. 5 WSG;

– die unentgeltliche Unterkunft nach § 4 WSG, soweit diese nicht nach § 3 Nr. 13 oder Nr. 16 EStG steuerbefreit ist;
– die besondere Zuwendung (Weihnachtsgeld) nach § 7 WSG;
– der Leistungszuschlag nach § 8a WSG;
– der Wehrdienstzuschlag nach § 8c WSG;
– die als Ausgleich für mit bestimmten Verwendungen verbundene Belastung gewährte besondere Vergütung nach § 8g WSG;
– das Entlassungsgeld nach § 9 WSG;
– die unentgeltliche oder verbilligte Verpflegung und Unterkunft, die Personen erhalten, die einen in § 32 Abs. 4 Satz 1 Nr. 2 Buchstabe d EStG genannten Freiwilligendienst leisten,

Freiwillig Wehrdienst Leistende

Für freiwillig Wehrdienst Leistende, deren Dienstverhältnis vor dem 1.1.2014 begonnen hat, gilt § 3 Nr. 5 EStG in der am 29.6.2013 geltenden Fassung fort. Danach sind auch die über das Taschengeld hinaus gewährten Geld- und Sachbezüge steuerfrei (§ 52 Abs. 4 Satz 2 EStG).

§ 3 Nr. 6 EStG
Steuerfreie Einnahmen

Steuerfrei sind

Bezüge, die aufgrund gesetzlicher Vorschriften aus öffentlichen Mitteln versorgungshalber an Wehrdienstbeschädigte, im Freiwilligen Wehrdienst Beschädigte, Zivildienstbeschädigte und im Bundesfreiwilligendienst Beschädigte oder ihre Hinterbliebenen, Kriegsbeschädigte, Kriegshinterbliebene und ihnen gleichgestellte Personen gezahlt werden, soweit es sich nicht um Bezüge handelt, die aufgrund der Dienstzeit gewährt werden. ²Gleichgestellte im Sinne des Satzes 1 sind auch Personen, die Anspruch auf Leistungen nach dem Bundesversorgungsgesetz oder auf Unfallfürsorgeleistungen nach dem Soldatenversorgungsgesetz, Beamtenversorgungsgesetz oder vergleichbarem Landesrecht haben;

R 3.6
Gesetzliche Bezüge der Wehr- und Zivildienstbeschädigten, Kriegsbeschädigten, ihrer Hinterbliebenen und der ihnen gleichgestellten Personen (§ 3 Nr. 6 EStG)

(1) ¹Steuerfreie Bezüge nach § 3 Nr. 6 EStG sind die Leistungen nach dem Bundesversorgungsgesetz ohne Rücksicht darauf, ob sie sich unmittelbar aus diesem oder aus Gesetzen, die es für anwendbar erklären, ergeben, ferner Leistungen nach den §§ 41 Abs. 2, 63, 63a, 63b, 63e, 63f, 85 und 86 des Soldatenversorgungsgesetzes sowie nach § 35 Abs. 5 und nach § 50 des Zivildienstgesetzes (ZDG). ²Zu den Gesetzen, die das BVG für anwendbar erklären, gehören

1. das SVG (§§ 80, 81b, 81e, 81f des Gesetzes),
2. das ZVG (§§ 47, 47b des Gesetzes),
3. das Häftlingshilfegesetz (§§ 4 und 5 des Gesetzes, § 8 des Gesetzes i. V. m. § 86 BVG),
4. das Gesetz über die Unterhaltsbeihilfe für Angehörige von Kriegsgefangenen (§ 3 des Gesetzes i. V. m. § 86 BVG),
5. das Gesetz über den Bundesgrenzschutz vom 18.8.1972 in der jeweils geltenden Fassung (§ 59 Abs. 1 des Gesetzes i. V. m. dem SVG),
6. des Gesetz zur Regelung der Rechtsverhältnisse der unter Artikel 131 des Grundgesetzes fallenden Personen (§§ 66, 66a des Gesetzes) unter Beachtung der Anwendungsregelung des § 2 Dienstrechtliches Kriegsfolgen-Abschlussgesetz,
7. das Gesetz zur Einführung des BVG im Saarland vom 16.8.1961 (§ 5 Abs. 1 des Gesetzes),
8. das Gesetz über die Entschädigung für Opfer von Gewalttaten (§§ 1, 10a des Gesetzes),
9. das Infektionsschutzgesetz (§ 60 des Gesetzes),

§ 3 Nr. 9, § 3 Nr. 11 EStG

R 3.11

10. das Strafrechtliche Rehabilitierungsgesetz (§§ 21, 22 des Gesetzes),
11. das Verwaltungsrechtliche Rehabilitierungsgesetz (§§ 3, 4 des Gesetzes).

(2) Zu den nach § 3 Nr. 6 EStG versorgungshalber gezahlten Bezügen, die nicht aufgrund der Dienstzeit gewährt werden, gehören auch

1. Bezüge der Berufssoldaten der früheren Wehrmacht, der Angehörigen des Vollzugsdienstes der Polizei, des früheren Reichswasserschutzes, der Beamten der früheren Schutzpolizei der Länder sowie der früheren Angehörigen der Landespolizei und ihrer Hinterbliebenen,
2. die Unfallfürsorgeleistungen an Beamte aufgrund der §§ 32 bis 35, 38, 40, 41, 43 und 43a des Beamtenversorgungsgesetzes (BeamtVG), Unterhaltsbeiträge nach § 38a BeamtVG oder vergleichbarem Landesrecht, die einmalige Unfallentschädigung und die entsprechende Entschädigung für Hinterbliebene nach § 20 Abs. 4 und 5 des Einsatz-Weiterverwendungsgesetzes.
3. die Dienstbeschädigungsvollrenten und die Dienstbeschädigungsteilrenten nach den Versorgungsordnungen der Nationalen Volksarmee (VSO-NVA), der Volkspolizei, der Feuerwehr und des Strafvollzugs des Ministeriums des Innern (VSO-MdI), der DDR-Zollverwaltung (VSO-Zoll) und des Ministeriums für Staatssicherheit/Amtes für Nationale Sicherheit (VSO-MfS/AfNS) sowie der Dienstbeschädigungsausgleich, der ab dem 1.1.1997 nach dem Gesetz über einen Ausgleich für Dienstbeschädigungen im Beitrittsgebiet vom 11.11.1996 (BGBl. I S. 1676) anstelle der vorbezeichneten Renten gezahlt wird.

H 3.6
Hinweise zu R 3.6
Gesetzliche Bezüge der Wehr- und Zivildienstbeschädigten, Kriegsbeschädigten, ihrer Hinterbliebenen und der ihnen gleichgestellten Personen

Bezüge aus EU-Mitgliedstaaten

§ 3 Nr. 6 EStG ist auch auf Bezüge von Kriegsbeschädigten und gleichgestellten Personen anzuwenden, die aus öffentlichen Mitteln anderer EU-Mitgliedstaaten gezahlt werden (>BFH vom 22.1.1997 – BStBl. II S. 358).

Erhöhtes Unfallruhegehalt nach § 37 BeamtVG

ist ein Bezug, der aufgrund der Dienstzeit gewährt wird, und somit nicht erst nach § 3 Nr. 6 EStG steuerbefreit ist (>BFH vom 29.5.2008 – BStBl. 2009 II S. 150).

Unterhaltsbeitrag nach § 38 BeamtVG

ist ein Bezug, der „versorgungshalber" gezahlt wird und somit nach § 3 Nr. 6 EStG steuerbefreit ist (>BFH vom 16.1.1998 – BStBl. II S. 303).

§ 3 Nr. 9 EStG
Steuerfreie Einnahmen

Erstattungen nach § 23 Absatz 2 Satz 1 Nummer 3 und 4 sowie nach § 39 Absatz 4 Satz 2 des Achten Buches Sozialgesetzbuch;

§ 3 Nr. 11 EStG
Steuerfreie Einnahmen

Steuerfrei sind

Bezüge aus öffentlichen Mitteln oder aus Mitteln einer öffentlichen Stiftung, die wegen Hilfsbedürftigkeit oder als Beihilfe zu dem Zweck bewilligt werden, die Erziehung oder Ausbildung, die Wissenschaft oder Kunst unmittelbar zu fördern. ²Darunter fallen nicht Kinderzuschläge und Kinderbeihilfen, die aufgrund der Besoldungsgesetze, besonderer Tarife oder ähnlicher Vorschriften gewährt werden. ³Voraussetzung für die Steuerfreiheit ist, dass der Empfänger mit den Bezügen nicht zu einer bestimmten wissenschaftlichen oder künstlerischen Gegenleistung oder zu einer bestimmten Arbeitnehmertätigkeit verpflichtet wird. ⁴Den Bezügen aus öffentlichen Mitteln wegen Hilfsbedürftigkeit gleichgestellt sind Beitragsermäßigungen und Prämienrückzahlungen eines Trägers der gesetzlichen Krankenversicherung für nicht in Anspruch genommene Beihilfeleistungen;

R 3.11
Beihilfen und Unterstützungen, die wegen Hilfsbedürftigkeit gewährt werden (§ 3 Nr. 11 EStG)

Beihilfen und Unterstützungen aus öffentlichen Mitteln

(1) Steuerfrei sind

1. Beihilfen in Krankheits-, Geburts- oder Todesfällen nach den Beihilfevorschriften des Bundes oder der Länder sowie Unterstützungen in besonderen Notfällen, die aus öffentlichen Kassen gezahlt werden;
2. Beihilfen in Krankheits-, Geburts- oder Todesfällen oder Unterstützungen in besonderen Notfällen an Arbeitnehmer von Körperschaften, Anstalten oder Stiftungen des öffentlichen Rechts aufgrund von Beihilfevorschriften (Beihilfegrundsätzen) oder Unterstützungsvorschriften (Unterstützungsgrundsätzen) des Bundes oder der Länder oder von entsprechenden Regelungen;
3. Beihilfen und Unterstützungen an Arbeitnehmer von Verwaltungen, Unternehmen oder Betrieben, die sich überwiegend in öffentlicher Hand befinden, wenn
    a) die Verwaltungen, Unternehmen oder Betriebe einer staatlichen oder kommunalen Aufsicht und Prüfung der Finanzgebarung bezüglich der Entlohnung und der Gewährung der Beihilfen unterliegen und
    b) die Entlohnung sowie die Gewährung von Beihilfen und Unterstützungen für die betroffenen Arbeitnehmer ausschließlich nach den für Arbeitnehmer des öffentlichen Dienstes geltenden Vorschriften und Vereinbarungen geregelt sind;
4. Beihilfen und Unterstützungen an Arbeitnehmer von Unternehmen, die sich nicht überwiegend in öffentlicher Hand befinden, z. B. staatlich anerkannte Privatschulen, wenn
    a) hinsichtlich der Entlohnung, der Reisekostenvergütungen und der Gewährung von Beihilfen und Unterstützungen nach den Regelungen verfahren wird, die für den öffentlichen Dienst gelten,
    b) die für die Bundesverwaltung oder eine Landesverwaltung maßgeblichen Vorschriften über die Haushalts-, Kassen- und Rechnungsführung und über die Rechnungsprüfung beachtet werden und
    c) das Unternehmen der Prüfung durch den Bundesrechnungshof oder einen Landesrechnungshof unterliegt.

Unterstützungen an Arbeitnehmer im privaten Dienst

(2) ¹Unterstützungen, die von privaten Arbeitgebern an einzelne Arbeitnehmer gezahlt werden, sind steuerfrei, wenn die Unterstützungen dem Anlass nach gerechtfertigt sind, z. B. in Krankheits- und Unglücksfällen. ²Voraussetzung für die Steuerfreiheit ist, dass die Unterstützungen

1. aus einer mit eigenen Mitteln des Arbeitgebers geschaffenen, aber von ihm unabhängigen und mit ausreichender Selbständigkeit ausgestatteten Einrichtung gewährt werden. ²Das gilt nicht nur für bürgerlich-rechtlich selbständige Unterstützungskassen, sondern auch für steuerlich selbständige Unterstützungskassen ohne bürgerlich-rechtliche Rechtspersönlichkeit, auf deren Verwaltung der Arbeitgeber keinen maßgebenden Einfluss hat;
2. aus Beträgen gezahlt werden, die der Arbeitgeber dem Betriebsrat oder sonstigen Vertretern der Arbeitnehmer zu dem Zweck überweist, aus diesen Beträgen Unterstützungen an die Arbeitnehmer ohne maßgebenden Einfluss des Arbeitgebers zu gewähren;

3. vom Arbeitgeber selbst erst nach Anhörung des Betriebsrats oder sonstiger Vertreter der Arbeitnehmer gewährt oder nach einheitlichen Grundsätzen bewilligt werden, denen der Betriebsrat oder sonstige Vertreter der Arbeitnehmer zugestimmt haben.

³Die Voraussetzungen des Satzes 2 Nr. 1 bis 3 brauchen nicht vorzuliegen, wenn der Betrieb weniger als fünf Arbeitnehmer beschäftigt. ⁴Die Unterstützungen sind bis zu einem Betrag von 600 Euro je Kalenderjahr steuerfrei. ⁵Der 600 Euro übersteigende Betrag gehört nur dann nicht zum steuerpflichtigen Arbeitslohn, wenn er aus Anlass eines besonderen Notfalls gewährt wird. ⁶Bei der Beurteilung, ob ein solcher Notfall vorliegt, sind auch die Einkommensverhältnisse und der Familienstand des Arbeitnehmers zu berücksichtigen; drohende oder bereits eingetretene Arbeitslosigkeit begründet für sich keinen besonderen Notfall im Sinne dieser Vorschrift. ⁷Steuerfrei sind auch Leistungen des Arbeitgebers zur Aufrechterhaltung und Erfüllung eines Beihilfeanspruchs nach beamtenrechtlichen Vorschriften sowie zum Ausgleich von Beihilfeaufwendungen früherer Arbeitgeber im Falle der Beurlaubung oder Gestellung von Arbeitnehmern oder des Übergangs des öffentlich-rechtlichen Dienstverhältnisses auf den privaten Arbeitgeber, wenn Versicherungsfreiheit in der gesetzlichen Krankenversicherung nach § 6 Abs. 1 Nr. 2 SGB V besteht.

H 3.11
Hinweise zu R 3.11
Beihilfen und Unterstützungen, die wegen Hilfsbedürftigkeit gewährt werden

Beamte bei Postunternehmen

>§ 3 Nr. 35 EStG

Beihilfen aus öffentlichen Haushalten

Für nicht nach R 3.11 Abs. 1 Nr. 3 oder 4 steuerfreie Beihilfen kann eine Steuerfreiheit in Betracht kommen, soweit die Mittel aus einem öffentlichen Haushalt stammen und über die Gelder nur nach Maßgabe der haushaltsrechtlichen Vorschriften des öffentlichen Rechts verfügt werden kann und ihre Verwendung einer gesetzlich geregelten Kontrolle unterliegt (>BFH vom 15.11.1983 – BStBl. 1984 II S. 113); ist das Verhältnis der öffentlichen Mittel zu den Gesamtkosten im Zeitpunkt des Lohnsteuerabzugs nicht bekannt, so muss das Verhältnis ggf. geschätzt werden.

Beihilfen von einem Dritten

gehören regelmäßig zum steuerpflichtigen Arbeitslohn, wenn dies durch eine ausreichende Beziehung zwischen dem Arbeitgeber und dem Dritten gerechtfertigt ist (>BFH vom 27.1.1961 – BStBl. III S. 167).

Erholungsbeihilfen und andere Beihilfen

gehören grundsätzlich zum steuerpflichtigen Arbeitslohn, sowie sie nicht ausnahmsweise als Unterstützungen anzuerkennen sind (>BFH vom 14.1.1954 – BStBl. III S. 86, vom 4.2.1954 – BStBl. III S. 111, vom 5.7.1957 – BStBl. III S. 279 und vom 18.3.1960 – BStBl. III S. 237).

Öffentliche Kassen

Öffentliche Kassen sind die Kassen der inländischen juristischen Personen des öffentlichen Rechts und solche Kassen, die einer Dienstaufsicht und Prüfung der Finanzgebarung durch die inländische öffentliche Hand unterliegen (>BFH vom 7.8.1986 – BStBl. II S. 848). Zu den öffentlichen Kassen gehören danach neben den Kassen des Bundes, der Länder und der Gemeinden insbesondere auch die Kassen der öffentlich-rechtlichen Religionsgemeinschaften, die Ortskrankenkassen, Landwirtschaftliche Krankenkassen, Innungskrankenkassen und Ersatzkassen sowie die Kassen des Bundeseisenbahnvermögens, der Deutschen Bundesbank, der öffentlich-rechtlichen Rundfunkanstalten, der Berufsgenossenschaften, Gemeindeunfallversicherungsverbände, der Deutschen Rentenversicherung (Bund, Knappschaft-Bahn-See, Regionalträger) und die Unterstützungskassen der Postunternehmen sowie deren Nachfolgeunternehmen > § 3 Nr. 35 EStG.

Öffentliche Stiftung

>H 3.11 EStH

Steuerfreiheit nach § 3 Nr. 11 EStG

– Voraussetzung ist eine offene Verausgabung nach Maßgabe der haushaltsrechtlichen Vorschriften und unter gesetzlicher Kontrolle (>BFH vom 9.4.1975 – BStBl. II S. 577 und vom 15.11.1983 – BStBl. 1984 II S. 113).

– Empfänger einer steuerfreien Beihilfe können nur Personen sein, denen sie im Hinblick auf den Zweck der Leistung bewilligt worden ist (>BFH vom 19.6.1997 – BStBl. II S. 652).

– Zu den steuerfreien Erziehungs- und Ausbildungsbeihilfen gehören die Leistungen nach dem BAföG sowie die Ausbildungszuschüsse nach § 5 Abs. 4 SVG.

– Zu den steuerfreien Erziehungs- und Ausbildungsbeihilfen gehören nicht die Unterhaltszuschüsse an Beamte im Vorbereitungsdienst – Beamtenanwärter (>BFH vom 12.8.1983 – BStBl. II S. 718), die zur Sicherstellung von Nachwuchskräften gezahlten Studienbeihilfen und die für die Fertigung einer Habilitationsschrift gewährten Beihilfen (>BFH vom 4.5.1972 – BStBl. II S. 566).

Stipendien

>R 3.44 EStR, H 3.44 EStH

§ 3 Nr. 12 EStG
Steuerfreie Einnahmen

Steuerfrei sind

aus einer Bundeskasse oder Landeskasse gezahlte Bezüge, die zum einen

a) in einem Bundesgesetz oder Landesgesetz,

b) auf Grundlage einer bundesgesetzlichen oder landesgesetzlichen Ermächtigung beruhenden Bestimmung oder

c) von der Bundesregierung oder einer Landesregierung

als Aufwandsentschädigung festgesetzt sind und die zum anderen jeweils auch als Aufwandsentschädigung im Haushaltsplan ausgewiesen werden. ²Das Gleiche gilt für andere Bezüge, die als Aufwandsentschädigung aus öffentlichen Kassen an öffentliche Dienste leistende Personen gezahlt werden, soweit nicht festgestellt wird, dass sie für Verdienstausfall oder Zeitverlust gewährt werden oder den Aufwand, der dem Empfänger erwächst, offenbar übersteigen;

R 3.12
Aufwandsentschädigungen aus öffentlichen Kassen
(§ 3 Nr. 12 Satz 2 EStG)

(1) ¹Öffentliche Dienste leisten grundsätzlich alle Personen, die im Dienst einer juristischen Person des öffentlichen Rechts stehen und hoheitliche (einschl. schlichter Hoheitsverwaltung) Aufgaben ausüben, die nicht der Daseinsvorsorge zuzurechnen sind. ²Keine öffentlichen Dienste im Sinne dieser Vorschrift leisten hingegen Personen, die in der fiskalischen Verwaltung tätig sind.

(2) ¹Voraussetzung für die Anerkennung als steuerfreie Aufwandsentschädigung nach § 3 Nr. 12 Satz 2 EStG ist, dass die gezahlten Beträge dazu bestimmt sind, Aufwendungen abzugelten, die steuerlich als Werbungskosten oder Betriebsausgaben abziehbar wären. ²Eine steuerfreie Aufwandsentschädigung liegt deshalb insoweit nicht vor, als die Entschädigung für Verdienstausfall oder Zeitverlust oder zur Abgeltung eines Haftungsrisikos gezahlt wird oder dem Empfänger ein abziehbarer Aufwand nicht oder offenbar nicht in Höhe der gewährten Entschädigung erwächst. ³Das Finanzamt hat das Recht und die Pflicht zu prüfen, ob die als Aufwandsentschädigung gezahlten Beträge tatsächlich zur Bestreitung eines abziehbaren Aufwands erforderlich sind. ⁴Dabei ist nicht erforderlich, dass der Steuerpflichtige alle seine dienstlichen Aufwendungen bis ins Kleinste nachweist. ⁵Entscheidend ist auch nicht, welche

§ 3 Nr. 12 EStG
R 3.12

Aufwendungen einem einzelnen Stpfl. in einem einzelnen Jahr tatsächlich erwachsen sind, sondern ob Personen in gleicher dienstlicher Stellung im Durchschnitt der Jahre abziehbare Aufwendungen etwa in Höhe der Aufwandsentschädigung erwachsen. [6]Eine Nachprüfung ist nur geboten, wenn dazu ein Anlass von einigem Gewicht besteht. [7]Werden im kommunalen Bereich ehrenamtlich tätigen Personen Bezüge unter der Bezeichnung Aufwandsentschädigung gezahlt, so sind sie nicht nach § 3 Nr. 12 Satz 2 EStG steuerfrei, soweit sie auch den Aufwand an Zeit und Arbeitsleistung sowie den entgangenen Arbeitsverdienst und das Haftungsrisiko abgelten oder den abziehbaren Aufwand offensichtlich übersteigen.

(3) [1]Zur Erleichterung der Feststellung, inwieweit es sich in den Fällen des § 3 Nr. 12 Satz 2 EStG um eine steuerfreie Aufwandsentschädigung handelt, ist wie folgt zu verfahren:

[2]Sind die Anspruchsberechtigten und der Betrag oder auch ein Höchstbetrag der aus einer öffentlichen Kasse gewährten Aufwandsentschädigung durch Gesetz oder Rechtsverordnung bestimmt, ist die Aufwandsentschädigung

1. bei hauptamtlich tätigen Personen in voller Höhe steuerfrei,
2. bei ehrenamtlich tätigen Personen in Höhe von ⅓ der gewährten Aufwandsentschädigung, mindestens 200 Euro monatlich steuerfrei.

[3]Sind die Anspruchsberechtigten und der Betrag oder auch ein Höchstbetrag nicht durch Gesetz oder Rechtsverordnung bestimmt, so kann bei hauptamtlich und ehrenamtlich tätigen Personen in der Regel ohne weiteren Nachweis ein steuerlich anzuerkennender Aufwand von 200 Euro monatlich angenommen werden. [4]Ist die Aufwandsentschädigung niedriger als 200 Euro monatlich, so bleibt nur der tatsächlich geleistete Betrag steuerfrei. [5]Bei Personen, die für mehrere Körperschaften des öffentlichen Rechts tätig sind, sind die steuerfreien monatlichen Mindest- und Höchstbeträge auf die Entschädigung zu beziehen, die von der einzelnen öffentlich-rechtlichen Körperschaft an diese Personen gezahlt wird. [6]Aufwandsentschädigungen für mehrere Tätigkeiten bei einer Körperschaft sind für die Anwendung der Mindest- und Höchstbeträge zusammenzurechnen. [7]Bei einer gelegentlichen ehrenamtlichen Tätigkeit sind die steuerfreien monatlichen Mindest- und Höchstbeträge nicht auf einen weniger als einen Monat dauernden Zeitraum der ehrenamtlichen Tätigkeit umzurechnen. [8]Soweit der steuerfreie Monatsbetrag von 200 Euro nicht ausgeschöpft wird, ist eine Übertragung in andere Monate dieser Tätigkeiten im selben Kalenderjahr möglich. [9]Maßgebend für die Ermittlung der Anzahl der in Betracht kommenden Monate ist die Dauer der ehrenamtlichen Funktion bzw. Ausübung im Kalenderjahr. [10]Die für die Finanzverwaltung zuständige oberste Landesbehörde kann im Benehmen mit dem Bundesministerium der Finanzen und den obersten Finanzbehörden der anderen Länder Anpassungen an die im Lande gegebenen Verhältnisse vornehmen.

(4) [1]Die Empfänger von Aufwandsentschädigungen können dem Finanzamt gegenüber einen höheren steuerlich abziehbaren Aufwand glaubhaft machen; der die Aufwandsentschädigung übersteigende Aufwand ist als Werbungskosten oder Betriebsausgaben abziehbar. [2]Wenn einer hauptamtlich tätigen Person neben den Aufwendungen, die durch die Aufwandsentschädigung ersetzt werden sollen, andere beruflich veranlasste Aufwendungen entstehen, sind diese unabhängig von der Aufwandsentschädigung als Werbungskosten abziehbar; in diesem Fall ist aber Absatz 3 nicht anzuwenden, sondern nach Absatz 2 Satz 3 bis 6 zu verfahren. [3]Bei ehrenamtlich tätigen Personen sind alle durch die Tätigkeit veranlassten Aufwendungen als durch die steuerfreie Aufwandsentschädigung ersetzt anzusehen, so dass nur ein die Aufwandsentschädigung übersteigender Aufwand als Werbungskosten oder Betriebsausgaben abziehbar ist.

(5) [1]Von Pauschalentschädigungen, die Gemeinden oder andere juristische Personen des öffentlichen Rechts für eine gelegentliche ehrenamtliche Tätigkeit zahlen, darf ein Betrag bis zu 6 Euro täglich ohne nähere Prüfung als steuerfrei anerkannt werden. [2]Bei höheren Pauschalentschädigungen hat das Finanzamt zu prüfen, ob es sich um einen Aufwand an Zeit und Arbeitsleistung sowie ein entgangener Verdienst abgegolten worden ist. [3]Anstelle dieser Regelung kann auch Absatz 3 angewendet werden.

H 3.12
Hinweise zu R 3.12
Aufwandsentschädigungen aus öffentlichen Kassen

Allgemeines zu § 3 Nr. 12 Satz 2 EStG

Aufwandsentschädigungen, bei denen die Voraussetzungen des § 3 Nr. 12 Satz 1 EStG nicht vorliegen, sind nach § 3 Nr. 12 Satz 2 EStG nur steuerfrei, wenn sie aus öffentlichen Kassen (>H 3.11) an Personen gezahlt werden, die öffentliche Dienste für einen inländischen Träger öffentlicher Gewalt leisten (>BFH vom 3.12.1982 – BStBl. 1983 II S. 219). Dabei kann es sich auch um eine Nebentätigkeit handeln. Aufwandsentschädigungen können nicht nur bei Personen steuerfrei sein, die öffentlich-rechtliche (hoheitliche) Dienste leisten, sondern auch bei Personen, die im Rahmen des öffentlichen Dienstes Aufgaben der schlichten Hoheitsverwaltung erfüllen (>BFH vom 15.3.1968 – BStBl. II S. 437, vom 1.4.1971 – BStBl. II S. 519 und vom 27.2.1976 – BStBl. II S. 418).

Beamte bei Postunternehmen

>§ 3 Nr. 35 EStG

Begriff der Aufwandsentschädigung

– Zur Abgeltung von Werbungskosten/Betriebsausgaben >BFH vom 9.7.1992 (BStBl. 1993 II S. 50) und vom 29.11.2006 (BStBl. 2007 II S. 308)
– Zur Prüfung dieser Voraussetzung durch das Finanzamt >BFH vom 3.8.1962 (BStBl. III S. 425) und vom 9.6.1989 (BStBl. 1990 II S. 121 und 123)

Daseinsvorsorge

Beispiel:

Ein kirchlicher Verein erbringt Pflegeleistungen im Rahmen der Nachbarschaftshilfe.

Die den Pflegekräften gewährten Entschädigungen sind nicht nach § 3 Nr. 12 Satz 2 EStG steuerbefreit, da Pflegeleistungen zur Daseinsvorsorge gehören; ggf. kann eine Steuerbefreiung nach § 3 Nr. 26 oder Nr. 26a EStG in Betracht kommen.

Fiskalische Verwaltung

Keine öffentlichen Dienste im Sinne des § 3 Nr. 12 Satz 2 EStG leisten Personen, die in der fiskalischen Verwaltung tätig sind (>BFH vom 13.8.1971 – BStBl. II S. 818, vom 9.5.1974 – BStBl. II S. 631 und vom 31.1.1975 – BStBl. II S. 563). Dies ist insbesondere dann der Fall, wenn sich die Tätigkeit für die juristische Person des öffentlichen Rechts ausschließlich oder überwiegend auf die Erfüllung von Aufgaben

1. in einem land- oder forstwirtschaftlichen Betrieb einer juristischen Person des öffentlichen Rechts oder
2. in einem Betrieb gewerblicher Art einer juristischen Person des öffentlichen Rechts im Sinne des § 1 Abs. 1 Nr. 6 KStG bezieht.

Ob es sich um einen Betrieb gewerblicher Art einer juristischen Person des öffentlichen Rechts handelt, beurteilt sich nach dem Körperschaftsteuerrecht (§ 4 KStG und R 6 KStR). Hierbei kommt es nicht darauf an, ob der Betrieb gewerblicher Art von der Körperschaftsteuer befreit ist. Zu den Betrieben gewerblicher Art in diesem Sinne gehören insbesondere die von einer juristischen Person des öffentlichen Rechts unterhaltenen Betriebe, die der Versorgung der Bevölkerung mit Wasser, Gas, Elektrizität oder Wärme (>BFH vom 19.1.1990 – BStBl. II S. 679), dem öffentlichen Verkehr oder dem Hafenbetrieb dienen, sowie die in der Rechtsform einer juristischen Person des öffentlichen Rechts betriebenen Sparkassen (>BFH vom 13.8.1971 – BStBl. II S. 818).

Öffentliche Dienste

Ehrenamtliche Vorstandsmitglieder eines Versorgungswerks leisten öffentliche Dienste i.S.d. § 3 Nr. 12 Satz 2 EStG, wenn sich das Versorgungswerk als juristische Person des öffentlichen Rechts im Rahmen seiner gesetzlichen Aufgabenzuweisungen auf die Gewährleistung der Alters-, Invaliden- und Hinterbliebenenversorgung für seine Zwangsmitglieder beschränkt und dabei die insoweit bestehenden Anlagegrundsätze beachtet (>BFH vom 27.8.2013 – BStBl. 2014 II 248).

§ 3 Nr. 12 EStG
R 3.12

Öffentliche Kassen
>H 3.11

Steuerlicher Aufwand

Zur Voraussetzung der Abgeltung steuerlich zu berücksichtigender Werbungskosten/Betriebsausgaben >BFH vom 3.8.1962 (BStBl. III S. 425), vom 9.6.1989 (BStBl. 1990 II S. 121 und 123), vom 9.7.1992 (BStBl. 1993 II S. 50) und vom 29.11.2006 (BStBl. 2007 II S. 308)

Übertragung nicht ausgeschöpfter steuerfreier Monatsbeträge

Beispiel:

Für öffentliche Dienste in einem Ehrenamt in der Zeit vom 1. Januar bis 31. Mai werden folgende Aufwandsentschädigungen im Sinne von § 3 Nr. 12 Satz 2 EStG und R 3.12 Abs. 3 Satz 3 LStR gezahlt:

Januar 275 €, Februar 75 €, März 205 €, April 325 €, Mai 225 €; Zeitaufwand wird nicht vergütet. Für den Lohnsteuerabzug können die nicht ausgeschöpften steuerfreien Monatsbeträge i. H. v. 200 € wie folgt mit den steuerpflichtigen Aufwandsentschädigungen der anderen Lohnzahlungszeiträume dieser Tätigkeit verrechnet werden:

	Gezahlte Aufwands-entschädigung	Steuerliche Behandlung nach R 3.12 Abs. 3 Satz 3 LStR		Steuerliche Behandlung bei Übertragung nicht ausgeschöpfter steuerfreier Monatsbeträge	
		Steuerfrei sind:	Steuerpflichtig sind:	Steuerfreier Höchstbetrag	Steuerpflichtig sind:
Januar	275 €	200 €	75 €	200 €	75 €
Februar	75 €	75 €	0 €	2 × 200 € = 400 €	0 € (275 + 75 – 400), Aufrollung des Januar
März	205 €	200 €	5 €	3 × 200 € = 600 €	0 € (275 + 75 + 205 – 600)
April	325 €	200 €	125 €	4 × 200 € = 800 €	80 € (275 + 75 + 205 + 325 – 800), Aufrollung des März
Mai	225 €	200 €	25 €	5 × 200 € = 1 000 €	105 € (275 + 75 + 205 + 325 + 225 – 1 000)
Summe	1 105 €	1 000 €	230 €	5 × 200 € = 1 000 €	105 €

Bei Verrechnung des nicht ausgeschöpften Freibetragsvolumens mit abgelaufenen Lohnzahlungszeiträumen ist im Februar der Lohnsteuereinbehalt für den Monat Januar und im April für den Monat März zu korrigieren.

Anlage 1
zu H 3.12

Steuerliche Behandlung von Entschädigungen, die den ehrenamtlichen Mitgliedern kommunaler Vertretungen gezahlt werden

Grundsätzlich bundeseinheitlich geltende Regelung, z. B. Erlass des Finanzministeriums Nordrhein-Westfalen vom 8.11.2013 (Az.: S 2337 – 3 – V B 3)

Für Entschädigungen an Mitglieder kommunaler Vertretungen gilt ab dem Veranlagungszeitraum 2013 Folgendes:

Vorbemerkung

Durch die Lohnsteuer-Änderungsrichtlinien 2013 vom 8.7.2013 (Bundessteuerblatt Teil I S. 851) wurde mit steuerlicher Wirkung ab 1.1.2013 der steuerfreie Mindestbetrag für Aufwandsentschädigungen aus öffentlichen Kassen in R 3.12 Abs. 3 der Lohnsteuer-Richtlinien von 175 € monatlich auf 200 € monatlich erhöht. Durch diese Änderung ist auch eine Anhebung des steuerfreien Mindestbetrags für die Entschädigungen an Mitglieder kommunaler Vertretungen (sog. Ratsherrenerlass) erforderlich. Neben dieser Erhöhung des steuerfreien Mindestbetrags sind lediglich redaktionelle Anpassungen vorgenommen worden.

A. Allgemeines

Die den ehrenamtlichen Mitgliedern kommunaler Vertretungen gewährten Entschädigungen sind grundsätzlich als Einnahmen aus „sonstiger selbständiger Arbeit" i. S. d. § 18 Abs. 1 Nr. 3 Einkommensteuergesetz (EStG) einkommensteuerpflichtig. Das gilt insbesondere für Entschädigungen, die für Verdienstausfall oder Zeitverlust gewährt werden. Ein Steuerabzug ist bei Auszahlung der Aufwandsentschädigungen nicht vorzunehmen; bezogene Aufwandsentschädigungen sind von den Mandatsträgern im Rahmen ihrer Einkommensteuererklärung anzugeben.

Steuerfrei sind

– nach § 3 Nr. 13 EStG Reisekostenvergütungen, die nach den Vorschriften des Bundesreisekostengesetzes oder entsprechender Landesgesetze gewährt werden,

– nach § 3 Nr. 12 Satz 2 EStG Aufwandsentschädigungen, soweit Aufwendungen abgegolten werden, die einkommensteuerrechtlich als Betriebsausgaben berücksichtigungsfähig wären.

B. Anerkennung steuerfreier Aufwandsentschädigungen (§ 3 Nr. 12 Satz 2 EStG)

I. Für ehrenamtliche Mitglieder eines Gemeinderates (Ratsmitglieder) gilt:

1. Pauschale Entschädigungen und Sitzungsgelder sind steuerfrei, soweit sie insgesamt während der Dauer der Mitgliedschaft folgende Beträge nicht übersteigen:

In einer Gemeinde oder Stadt mit	Monatlich	Jährlich
höchstens 20.000 Einwohnern	104 €	1248 €
20.001 bis 50.000 Einwohnern	166 €	1992 €
50.001 bis 150.000 Einwohnern	204 €	2448 €
150.001 bis 450.000 Einwohnern	256 €	3072 €
mehr als 450.000 Einwohnern	306 €	3672 €

Die pauschalen Entschädigungen und Sitzungsgelder sind jedoch mindestens in Höhe des in R 3.12 Abs. 3 der LStR genannten Betrages von 200 € monatlich steuerfrei.

Beispiel 1:

Die von der Stadt A (bis 20.000 Einwohner) im Januar 2013 an ihre Ratsmitglieder gezahlte pauschale Entschädigung in Höhe von 187,30 € monatlich ist aufgrund des Mindestbetrags in voller Höhe steuerfrei.

Beispiel 2:

Die von der Stadt B (ca. 80.000 Einwohner) im Januar 2013 an ihre Ratsmitglieder gezahlte pauschale Entschädigung in Höhe von 342 € monatlich ist in Höhe von 204 € steuerfrei und in der verbleibenden Höhe von 138 € steuerpflichtig.

Aus den beiden Beispielen wird deutlich, dass der steuerfreie Mindestbetrag von 200 € monatlich bei Gemeinden oder Städten bis 50.000 Einwohner anzuwenden ist.

Für den höchstens steuerfrei bleibenden Betrag ist es unerheblich, ob die nach der Verordnung über die Entschädigung kommunaler Vertretungen und Ausschüsse (Entschädigungsverordnung) gezahlten Aufwandsentschädigungen ausschließlich als monatliche Pauschale, zugleich als monatliche Pauschale und als Sitzungsgelder oder ausschließlich als Sitzungsgelder gezahlt werden. Ebenso ist es unerheblich, ob ein Sitzungsgeld für die Teilnehmer an einer Sitzung eines Gemeinderats, eines seiner Ausschüsse oder einer Fraktion gezahlt wird.

Die Nachholung nicht ausgeschöpfter steuerfreier Monatsbeträge in anderen Monaten desselben Kalenderjahres ist zulässig. Dabei kann jedoch der steuerfreie Jahresbetrag uneingeschränkt nur dann eingesetzt werden, wenn die Ratsmitgliedschaft während eines ganzen Kalenderjahres bestanden hat.

Für die Eingruppierung nach der Gemeindegröße ist für steuerliche Zwecke – abweichend von der Regelung zur Entschädigungsverordnung – die Einwohnerzahl der Gemeinde zu Beginn des Kalenderjahres zu Grunde zu legen (Grundsatz der Abschnittsbesteuerung).

§ 3 Nr. 12 EStG
R 3.12

2. Neben den steuerfreien Beträgen nach Nr. 1 ist die Erstattung der tatsächlichen Fahrtkosten für Fahrten von der Wohnung zum Sitzungsort und zurück als steuerfreie Aufwandsentschädigung zulässig; bei Benutzung eines eigenen Kfz oder Fahrrads ist die Wegstreckenentschädigung nach dem Landesreisekostengesetz maßgebend.

3. Die steuerfreien Beträge nach Nr. 1 erhöhen sich für zwei Stellvertreter des Bürgermeisters, in Gemeinden mit mehr als 50.000 Einwohnern für einen weiteren Stellvertreter, sowie für Fraktionsvorsitzende auf das Doppelte der Beträge nach Nr. 1.

In den Fällen einer Vervielfältigung ist der steuerfreie Mindestbetrag von 200 € monatlich nicht anzuwenden.

Beispiel:
Der erste Stellvertreter des Bürgermeisters der Stadt A (bis 20.000 Einwohner) erhält im Januar 2013 eine Aufwandsentschädigung in Höhe von insgesamt 749,20 € monatlich.

Die gezahlte pauschale Entschädigung ist in Höhe von 208 € monatlich (104 € × 2) steuerfrei und in Höhe von 541,20 € monatlich steuerpflichtig.

Die steuerliche Behandlung der den hauptamtlichen Bürgermeistern gezahlten Aufwandsentschädigungen richtet sich nach R 3.12 Abs. 3 Satz 2 Nr. 1 LStR. Danach sind die nach der Eingruppierungsverordnung gezahlten Aufwandsentschädigungen in voller Höhe steuerfrei.

II. Für ehrenamtliche Mitglieder eines Kreistages gilt Folgendes:
1. Pauschale Entschädigungen und Sitzungsgelder sind steuerfrei, soweit sie insgesamt während der Dauer der Mitgliedschaft folgende Beträge nicht übersteigen:

in einem Landkreis mit	Monatlich	Jährlich
höchstens 250.000 Einwohnern	204 €	2448 €
mehr als 250.000 Einwohnern	256 €	3072 €

2. Die steuerfreien Beträge nach Nr. 1 erhöhen sich für höchstens zwei Stellvertreter des Landrats sowie für Fraktionsvorsitzende in den Kreistagen auf das Doppelte der Beträge nach Nr. 1.

Die steuerliche Behandlung der den hauptamtlichen Landräten gezahlten Aufwandsentschädigungen richtet sich nach R 3.12 Abs. 3 Satz 2 Nr. 1 LStR. Danach sind die nach der Eingruppierungsverordnung gezahlten Aufwandsentschädigungen in voller Höhe steuerfrei.

III. Für ehrenamtliche Mitglieder der Landschaftsversammlungen der Landschaftsverbände Rheinland und Westfalen-Lippe sowie der Verbandsversammlung des Regionalverbandes Ruhrgebiet gilt Folgendes:
1. Pauschale Entschädigungen und Sitzungsgelder sind steuerfrei, soweit sie insgesamt während der Dauer der Mitgliedschaft monatlich 256 € und jährlich 3 072 € nicht übersteigen.
2. die steuerfreien Beträgen nach Nr. 1 erhöhen sich
   a) für den Vorsitzenden auf das Dreifache,
   b) für höchstens zwei Stellvertreter des Vorsitzenden sowie für Fraktionsvorsitzende in den Landschaftsversammlungen bzw. in der Verbandsversammlung auf das Doppelte
   der Beträge nach Nr. 1.

IV. Für ehrenamtliche Mitglieder der Bezirksvertretungen und für Ortsvorsteher gilt:
1. Die Regelungen nach Abschnitt I Nr. 1 und 2 gelten sinngemäß für Mitglieder der Bezirksvertretungen in kreisfreien Städten und für Ortsvorsteher in kreisangehörigen Gemeinden. Dabei ist jedoch nicht die Einwohnerzahl der Gemeinde oder der Stadt, sondern die des Stadt- oder Gemeindebezirks maßgebend.
2. Die steuerfreien Beträge nach Nr. 1 erhöhen sich für den Bezirksvorsteher auf das Doppelte der Beträge nach Nr. 1, mindestens auf insgesamt 220 € monatlich.

Beispiel:
Der Bezirksvorsteher eines Stadtbezirks (Einwohnerzahl ca. 15.000) erhält eine Aufwandsentschädigung von 178,20 € monatlich.

Die Aufwandsentschädigung ist aufgrund des anzuwendenden Mindestbetrags nach der vorstehenden Nr. 2 von 220 € monatlich in voller Höhe steuerfrei.

Sofern eine Person Ratsmitglied und Ortsvorsteher ist und für beide Tätigkeiten eine Aufwandsentschädigung erhält, kann der steuerfreie Mindestbetrag von 200 € monatlich jeweils für beide Tätigkeiten gesondert in Anspruch genommen werden.

V. Für sachkundige Bürger
1. im Sinne von § 58 Gemeindeordnung sind Sitzungsgelder steuerfrei, soweit sie folgende Beträge nicht übersteigen:

in einer Gemeinde oder Stadt mit	
höchstens 20.000 Einwohnern	5,50 €
20.001 bis 50.000 Einwohnern	6,50 €
50.001 bis 150.000 Einwohnern	8,00 €
150.001 bis 450.000 Einwohnern	9,00 €
mehr als 450.000 Einwohnern	10,50 €

2. im Sinne von § 41 Kreisordnung sind Sitzungsgelder steuerfrei, soweit sie folgende Beträge nicht übersteigen:

in einer Gemeinde oder Stadt mit	
höchstens 250.000 Einwohnern	9,00 €
mehr als 250.000 Einwohnern	10,50 €

3. bei sachkundigen Bürgern der Landschaftsversammlungen sowie des Regionalverbandes (vgl. jeweils Abschnitt III.) sind Sitzungsgelder steuerfrei, soweit sie 15,50 € nicht übersteigen.

Die Sitzungsgelder an sachkundige Bürger sind jedoch in den Fällen der Nrn. 1 bis 3 dieses Abschnitts mindestens in Höhe des in R 3.12 Abs. 3 LStR genannten Betrags von 200 € monatlich steuerfrei.

Beispiel 1:
A erhält als sachkundige Bürgerin der Gemeinde B (ca. 40.000 Einwohner) für die Teilnahme an drei Sitzungen im Januar 2013 ein Sitzungsgeld in Höhe von insgesamt 67,20 € (22,40 € × 3).

Das Sitzungsgeld übersteigt nicht den steuerfreien Mindestbetrag (= 200 € monatlich) und ist deshalb in voller Höhe (= 67,20 €) steuerfrei.

Beispiel 2:
C erhält als sachkundiger Bürger der Stadt D (ca. 180.000 Einwohner) für die Teilnahme an acht Sitzungen im Januar 2013 ein Sitzungsgeld in Höhe von insgesamt 244 € (30,50 € × 8).

Der nach der o. a. Tabelle steuerfreie Betrag von 72 € (9 € × 8) übersteigt nicht den steuerfreien Mindestbetrag. Das Sitzungsgeld ist daher in Höhe von 200 € steuerfrei und in Höhe von 44 € steuerpflichtig.

Beispiel 3:
E erhält als sachkundige Bürgerin der Stadt F (ca. 500.000 Einwohner) für die Teilnahme an zwanzig Sitzungen im Januar 2013 ein Sitzungsgeld in Höhe von insgesamt 732 €. Der nach der o. a. Tabelle steuerfreie Betrag von 210 € (10,50 € × 20) übersteigt den steuerfreien Mindestbetrag von 200 € monatlich. Das Sitzungsgeld ist daher in Höhe von 210 € steuerfrei und in Höhe von 522 € steuerpflichtig.

Die vorstehenden Ausführungen gelten entsprechend für sachkundige Einwohner.

VI. Steuerpflichtige, die gleichzeitig Mitglied mehrerer kommunaler Vertretungen sind, können steuerfreie Entschädigungen i. S. d. vorstehenden Absätze I bis IV nebeneinander beziehen. R 3.12 Abs. 3 Satz 6 LStR ist insoweit nicht anzuwenden.

VII. Nach § 7 Entschädigungsverordnung kann für Mitglieder kommunaler Vertretungen und Ausschüsse sowie für Ortsvorsteher zusätzlich eine angemessene private Unfallversicherung abgeschlossen werden. In den meisten Fällen handelt es sich um einen „24-Stunden-Schutz" mit der Folge, dass der Versicherungsschutz Unfälle im privaten Bereich, Unfälle im Rahmen der Ausübung der Mandatstätigkeit am Sitzungsort einschließlich der Fahrten von der Wohnung zum Sitzungsort und Unfälle bei mandatsbedingten Auswärtsterminen umfasst.

Für Unfallversicherungen i. S. d. § 7 Entschädigungsverordnung sind die Grundsätze des Schreibens des Bundesministeriums der Finanzen vom 28.10.2009 (BStBl. I S. 1275)*) zur steuerlichen Behandlungen von freiwilligen Unfallversicherungen entsprechend anzuwenden.

C. Wirkung der steuerfreien Aufwandsentschädigungen

Mit den steuerfreien Beträgen nach Abschnitt B sind alle Aufwendungen, die mit einer dort genannten ehrenamtlichen Tätigkeit zusammenhängen, mit Ausnahme der Aufwendungen für Auswärtstätigkeiten und der Fahrten zwischen Wohnung und Sitzungsort, abgegolten. Es bleibt den Steuerpflichtigen unbenommen, ihre tatsächlichen Aufwendungen, soweit sie nicht Kosten der Lebensführung sind, die ihre wirtschaftliche oder gesellschaftliche Stellung mit sich bringt, gegenüber dem Finanzamt nachzuweisen oder glaubhaft zu machen. In diesem Fall können die tatsächlichen Aufwendungen, soweit sie die steuerfreien Entschädigungen übersteigen, als Betriebsausgaben berücksichtigt werden.

Leistet die Körperschaft ausnahmsweise keinen Ersatz für Reisekosten und Aufwendungen für Fahrten zwischen Wohnung und Sitzungsort, so kann das Finanzamt diese Aufwendungen nicht zusätzlich zu dem als Aufwandsentschädigung pauschal steuerfrei belassenen Betrag als Betriebsausgaben berücksichtigen. Eine Berücksichtigung ist in diesen Fällen nur dann möglich, wenn sämtliche mit der ehrenamtlichen Tätigkeit zusammenhängenden Aufwendungen im Einzelnen nachgewiesen werden und der Gesamtbetrag aller nachgewiesenen Betriebsausgaben die steuerfrei belassene Aufwandsentschädigung übersteigt. Für die Höhe der als Betriebsausgaben abziehbaren Aufwendungen für die Wege zwischen Wohnung und Sitzungsort gilt § 9 Abs. 1 Satz 3 Nr. 4 und Abs. 2 EStG entsprechend.

Bei der Führung des Einzelnachweises ist Folgendes zu beachten:

1. Als Betriebsausgaben können nach der Art der Tätigkeit des hier angesprochenen Personenkreises etwa folgende Aufwendungen in Betracht kommen:

1.1 Aufwendungen für Informationsmaterial in Bezug auf die ausgeübte Tätigkeit in der kommunalen Vertretung;

1.2 Aufwendungen für Porti, Telekommunikation, Schreibmaterial und andere Sachkosten, die im Zusammenhang mit der Tätigkeit als Mitglied der kommunalen Vertretung stehen; der Abzug der Aufwendungen für ein häusliches Arbeitszimmer dem Grunde und der Höhe nach richtet sich nach § 4 Abs. 5 Satz 1 Nr. 6 b EStG;

1.3 Beträge, die von Ratsmitgliedern an die Fraktionsgeschäftsführung abgeführt werden müssen, sofern damit Kosten für die Erledigung gemeinsamer oder für das Ratsmitglied übernommener Aufgaben umgelegt werden;

1.4 Reisekosten in besonders gelagerten Fällen;

   a) Soweit die für die Benutzung privateigener Kfz für Auswärtstätigkeiten sowie für die An- und Abfahrt zum Sitzungsort nach Maßgabe des Landesreisekostengesetzes erstatteten Beträge niedriger als die tatsächlichen Kosten sind, kann die Differenz als Betriebsausgaben abgezogen werden.

   b) Mehraufwand für die Verpflegung und Kosten einer eventuellen Übernachtung im Rahmen einer Auswärtstätigkeit sind grundsätzlich durch die Reisekostenvergütungen nach dem Landesreisekostengesetz abgegolten. Eine Berücksichtigung derartiger Aufwendungen kommt lediglich in Betracht, wenn für eine Auswärtstätigkeit im Einzelfall eine Reisekostenvergütung nicht in Anspruch genommen worden ist oder die nach § 4 Abs. 5 Satz 1 Nr. 5 EStG (ab 2014 i. V. m. § 9 Abs. 4a EStG) in Betracht kommenden Pauschbeträge höher als die Reisekostenvergütungen sind.

1.5 Aufwendungen in angemessenem Umfang

   a) für die Bewirtung außerhalb des eigenen Haushalts (vgl. § 4 Abs. 5 Satz 1 Nr. 2 EStG);

   b) für Geschenke an Personen nach Maßgabe des § 4 Abs. 5 Satz 1 Nr. 1 EStG.

   Voraussetzung ist, dass diese Aufwendungen einzeln mit Angabe des Empfängers und getrennt von sonstigen Betriebsausgaben aufgezeichnet worden sind (§ 4 Abs. 7 EStG).

Vor Anwendung der Vorschriften des § 4 Abs. 5 und 7 EStG ist ferner stets zu prüfen, ob die als Betriebsausgaben geltend gemachten Aufwendungen für die Bewirtung und Repräsentation tatsächlich und eindeutig im Zusammenhang mit der Mandatstätigkeit stehen.

2. Die vorbezeichneten Aufwendungen müssen grundsätzlich nachgewiesen oder zumindest glaubhaft gemacht werden. Dabei genügt es, wenn der Steuerpflichtige den Einzelnachweis für einen zusammenhängenden repräsentativen Zeitraum von sechs Monaten erbringt. Die dabei gewonnenen Erkenntnisse können sodann für die gesamte Legislaturperiode zugrunde gelegt werden, ohne dass es insoweit eines erneuten Nachweises bedarf. Der Einzelnachweis – zumindest für einen repräsentativen Sechsmonatszeitraum – ist im Hinblick auf das Gleichbehandlungsgebot in allen Fällen anzufordern.

Innerhalb des vereinfachten Nachweises können jedoch nicht die Betriebsausgaben berücksichtigt werden, deren Abzug nach § 4 Abs. 7 EStG die Erfüllung besonderer Aufzeichnungspflichten voraussetzt. Diese Aufwendungen sind in jedem Falle einzeln nachzuweisen.

3. Hat sich ein Steuerpflichtiger für einen Veranlagungszeitraum für den vereinfachten Nachweis entschieden, schließt dies nicht aus, dass er für einen anderen Veranlagungszeitraum seine tatsächlichen Betriebsausgaben im Einzelnen nachweist. Es ist jedoch nicht möglich, innerhalb eines Veranlagungszeitraums einen Teil der Betriebsausgaben nach dem vereinfachten Verfahren anzusetzen und darüber hinaus weitere im Einzelnen nachzuweisende Aufwendungen zu berücksichtigen. Der Steuerpflichtige kann vielmehr – abgesehen von den nach § 4 Abs. 7 EStG in jedem Fall besonders nachzuweisenden Betriebsausgaben – für jeden einzelnen Veranlagungszeitraum insgesamt nur zwischen dem Einzelnachweis und dem vereinfachten Nachweis seiner Betriebsausgaben wählen.

D. Keine Anwendung der sog. Drittelregelung

Bei den vorstehenden Ausführungen handelt es sich um eine Regelung i. S. d. R 3.12 Abs. 3 Satz 10 LStR. Die sich aus R 3.12 Abs. 3 Satz 2 Nr. 2 LStR ergebende sog. „Drittelregelung" ist daher nicht anzuwenden.

E Anwendungszeitraum

Die vorstehenden steuerlichen Regelungen sind erstmals für den Veranlagungszeitraum 2013 anzuwenden.

Anlage 2
zu H 3.12

Steuerliche Behandlung der Aufwandsentschädigungen für ehrenamtliche Tätigkeiten bei den Regionalverbänden bzw. Regionen

Erlass des Finanzministeriums Baden-Württemberg vom 19.4.2011 (Az.: 3 – S 233.7/67)

Die in Baden-Württemberg eingerichteten Regionalverbände bzw. Regionen sind Körperschaften des öffentlichen Rechts. Die ehrenamtlichen Verbandsvorsitzenden, die als Beamte auf Zeit hauptamtlich tätigen Verbandsdirektoren bzw. Regionaldirektoren und die Mitglieder der Verbandsversammlungen leisten öffentliche Dienste und erhalten hierfür nach Maßgaben der einzelnen Verbandssatzung Aufwandsentschädigung und/oder Sitzungsgelder gewährt.

Die aus der ehrenamtlichen Tätigkeit als Verbandsvorsitzender oder Mitglied der Verbandsversammlung gewährten Aufwandsentschädigungen und Sitzungsgelder sind entsprechend den Grundsätzen des R 3.12 Abs. 3 Satz 3 LStR ab 2007 bis zur Höhe von 175 Euro monatlich steuerfrei (zur Vorgriffsregelung zu R 3.12 Abs. 3 Satz 3 LStR 2008 siehe BMF-Schreiben vom 20.12.2007, BStBl 2008 I S. 21).**) Der den steuerfreien Betrag übersteigende Anteil unterliegt als Einkünfte aus sonstiger selbständiger Arbeit i.S. des § 18 Abs. 1 Nr. 3 EStG der Einkommensteuer.

---
*) Abgedruckt als Anlage zu H 40b.2 LStR.
**) Seit 1.1.2013 200 € monatlich.

§ 3 Nr. 12 EStG
R 3.12

Entsprechendes gilt für die den hauptamtlichen Verbandsdirektoren bzw. Regionaldirektoren gewährten Aufwandsentschädigungen, mit denen die durch das Amt entstehenden besonderen Aufwendungen abgegolten werden. Der den steuerfreien Betrag übersteigende Anteil ist zusammen mit den laufenden Bezügen als Arbeitslohn dem Lohnsteuerabzug zu unterwerfen.

Wird ein Betrag von weniger als 175 Euro*) gezahlt, ist nur der tatsächlich gezahlte Betrag steuerfrei. Der nicht ausgeschöpfte Betrag bis 175 Euro*) kann in andere Monate dieser Tätigkeiten im selben Kalenderjahr übertragen werden. Für die Ermittlung der in Betracht kommenden Monate ist allein die Dauer der Funktion bzw. Ausübung im Kalenderjahr maßgebend. Aufwandsentschädigungen für unterschiedliche Tätigkeiten innerhalb des Regionalverbandes bzw. der Region sind für die Anwendung des monatlichen Höchstbetrags von 175 Euro*) zusammenzurechnen.

Die vom Regionalverband bzw. der Region nach den Bestimmungen des Landesreisekostengesetzes zusätzlich gezahlten Reisekostenvergütungen sind im Rahmen des § 3 Nr. 13 EStG steuerfrei.

Für die Veranlagungszeiträume von 2002 bis einschließlich 2006 tritt an die Stelle des monatlichen Höchstbetrags von 175 Euro der Betrag von 154 Euro (R 13 Abs. 3 Satz 3 LStR).*)

Die steuerliche Behandlung der Entschädigungen für ehrenamtliche Tätigkeit beim Verband Region Stuttgart bleibt hiervon unberührt.

Anlage 3
zu H 3.12

Entschädigungen an ehrenamtliche Mitglieder der Selbstverwaltungsorgane der Sozialversicherungsträger

Bundeseinheitlich geltende Regelung, z.B. Erlass des Ministeriums für Finanzen und Wirtschaft Baden-Württemberg vom 19.9.2011 (Az.: 3 – S 233.7/63)

Die Träger der Sozialversicherung (Sozialversicherungsträger) sind rechtsfähige Körperschaften des öffentlichen Rechts mit Selbstverwaltung (§ 29 Abs. 1 SGB IV). Die Mitglieder der Selbstverwaltungsorgane (Vertreterversammlung und Vorstand) sowie die Versichertenältesten und Vertrauenspersonen üben ihre Tätigkeit ehrenamtlich aus (§ 40 Abs. 1 Satz 1 SGB IV) und erhalten hierfür Entschädigungen für bare Auslagen, Verdienstausfall, sowie Pauschbeträge für Zeitaufwand (§ 41 SGB IV). Die ehrenamtliche Tätigkeit gilt als sog. schlichte Hoheitsverwaltung, die den öffentlichen Diensten zugeordnet wird (R 3.12 Abs. 1 Satz 1 LStR), für die die Steuerbefreiung nach § 3 Nr. 12 Satz 2 EStG dem Grunde nach anwendbar ist. Einzelheiten über die Höhe der Entschädigungen sind in den von den Sozialversicherungsträgern – nach einer von den Sozialpartnern erarbeiteten Empfehlungsvereinbarung – beschlossenen Entschädigungsregelungen festgelegt, die der Genehmigung der Aufsichtsbehörden bedürfen.

Die steuerliche Behandlung der hiernach gewährten Entschädigungen richtet sich nach folgenden Grundsätzen:

Die den ehrenamtlich tätigen Personen gewährten Vergütungen sind als Einkünfte aus sonstiger selbständiger Arbeit zu erfassen (§ 18 Abs. 1 Nr. 3 EStG).

I. Für bare Auslagen, Verdienstausfall, sowie Pauschbeträge für Zeitaufwand werden einzelne (Teil-)Entschädigungen gewährt.

Eine Aufteilung der Summe aller (Teil-)Entschädigungen in steuerfreie und nicht steuerfreie Aufwandsentschädigungen nach der Vereinfachungsregelung in R 3.12 Abs. 3 Satz 3 LStR ist nicht anwendbar. Für jede nach der beschlossenen Entschädigungsregelung einzelne (Teil-)Entschädigung ist gesondert zu prüfen, ob die Voraussetzungen des § 3 Nr. 12 Satz 2 EStG i. V. m. R 3.12 Abs. 2 LStR erfüllt sind. Für die Anerkennung als steuerfreie Aufwandsentschädigung ist entscheidend, ob die einzelne (Teil-)Entschädigung dazu bestimmt ist, Aufwendungen abzugelten, die steuerlich als Werbungskosten oder Betriebsausgaben abziehbar wären. Soweit diese Voraussetzungen erfüllt sind, bestehen keine Bedenken, die Entschädigungen unter Berücksichtigung der Vereinfachungsregelung bis zur Höhe von 175 Euro monatlich*) als steuerfreie Aufwandsentschädigung zu behandeln.

Die (Teil-)Entschädigungen sind danach wie folgt zu behandeln:

1. Erstattung von baren Auslagen (§ 41 Abs. 1 SGB IV)

   Die Erstattung von baren Auslagen, die ggf. auch als feste Pauschbeträge vorgesehen sein können, setzt sich regelmäßig aus den Teilbeträgen für Tage- und Übernachtungsgeld, Unterkunfts- und Verpflegungskosten für einen Fahrer, Fahrtkosten und sonstigen Kosten (z. B. Beförderung und Aufbewahrung von Gepäck, Post- und Telekommunikationskosten, Parkplatz- und Garagenkosten) zusammen.

   Die Erstattung von baren Auslagen nach dem tatsächlich entstandenen Aufwand – ohne das Tagegeld – ist steuerfrei nach § 3 Nr. 12 Satz 2 EStG. Die Erstattung der tatsächlichen Fahrtkosten für Fahrten von der Wohnung zum Sitzungsort wird als steuerfreie Aufwandsentschädigung anerkannt; bei Benutzung eines eigenen Kraftfahrzeugs ist die Wegstreckenentschädigung nach dem Bundesreisekostengesetz oder nach dem entsprechenden Landesgesetz maßgebend. Das für eine am Sitz des Sozialversicherungsträgers stattfindende Sitzung gewährte Tagegeld ist nicht steuerfrei, da insoweit keine Geschäftsreise, sondern eine Tätigkeit am Mittelpunkt der dauerhaft angelegten betrieblichen Tätigkeit vorliegt und mithin keine Verpflegungsmehraufwendungen als Betriebsausgaben berücksichtigt werden können.

   Die Erstattung von baren Auslagen nach festen Pauschbeträgen ist nach § 3 Nr. 12 Satz 2 EStG nur insoweit steuerfrei, als sie den tatsächlich entstandenen Aufwand nicht erheblich übersteigt.

2. Ersatz des tatsächlich entgangenen regelmäßigen Bruttoverdienstes und Erstattung der Beiträge zur Sozialversicherung (§ 41 Abs. 2 SGB IV)

   Die Zahlungen sind steuerpflichtige Betriebseinnahmen. Die vom ehrenamtlich tätigen Arbeitnehmer selbst zu tragenden Beiträge zur Sozialversicherung sind im Rahmen des Sonderausgabenzugs nach § 10 EStG abzugsfähig.

3. Pauschbeträge für Zeitaufwand (§ 41 Abs. 3 SGB IV)

   Die pauschalen Zahlungen sind steuerpflichtige Betriebseinnahmen.

4. Pauschbeträge für Auslagen der Vorsitzenden der Organe außerhalb von Sitzungen (§ 41 Abs. 1 Satz 2 SGB IV)

   Die pauschalen Zahlungen für Auslagen der Vorsitzenden der Organe außerhalb von Sitzungen sind nach § 3 Nr. 12 Satz 2 EStG steuerfrei, wenn die ehrenamtliche Tätigkeit einen entsprechenden Aufwand in annähernd gleichbleibender Höhe verursacht (R 3.12 Abs. 2 Satz 5 LStR). Es bestehen keine Bedenken, die in der Entschädigungsregelung festgelegten Pauschbeträge bis zu den von den Sozialpartnern in der Empfehlungsvereinbarung aufgeführten Höchstbeträgen (zur Zeit von 13 bis 77 Euro) monatlich nach § 3 Nr. 12 Satz 2 EStG steuerfrei zu belassen.

5. Pauschbeträge für Zeitaufwand außerhalb von Sitzungen (§ 41 Abs. 3 Satz 2 SGB IV)

   Die pauschalen Zahlungen sind steuerpflichtige Betriebseinnahmen.

6. Gesondert gewährte Reisekostenvergütungen (Erstattungen von Fahrtkosten, Verpflegungsmehraufwendungen und Übernachtungskosten) sind nach § 3 Nr. 13 EStG steuerfrei.

II. Für bare Auslagen, Verdienstausfall, sowie Pauschbeträge für Zeitaufwand wird eine einheitliche Entschädigung gewährt.

Die Aufteilung der einheitlichen Entschädigung in einen steuerfreien und einen steuerpflichtigen Teil kann nach der Vereinfachungsregelung in R 3.12 Abs. 3 Satz 3 LStR vorgenommen werden. Danach kann bei Vergütungen, die weder durch Gesetz oder Rechtsverordnung bestimmt sind, für ehrenamtlich tätige Personen in der Regel ohne weiteren Nachweis ein steuerlich anzuerkennender Aufwand von 175 Euro monatlich*) angenommen werden.

Gesondert gewährte Reisekostenvergütungen (Erstattungen von Fahrtkosten, Verpflegungsmehraufwendungen und Übernachtungskosten) sind nach § 3 Nr. 13 EStG steuerfrei.

---
*) Seit 1.1.2013 200 € monatlich.

§ 3 Nr. 13 EStG
Steuerfreie Einnahmen

Steuerfrei sind

die aus öffentlichen Kassen gezahlten Reisekostenvergütungen, Umzugskostenvergütungen und Trennungsgelder. ²Die als Reisekostenvergütungen gezahlten Vergütungen für Verpflegung sind nur insoweit steuerfrei, als sie die Pauschbeträge nach § 9 Absatz 4a nicht übersteigen; Trennungsgelder sind nur insoweit steuerfrei, als sie die nach § 9 Absatz 1 Satz 3 Nummer 5 und Absatz 4a abziehbaren Aufwendungen nicht übersteigen;

R 3.13
Reisekostenvergütungen, Umzugskostenvergütungen und Trennungsgelder aus öffentlichen Kassen (§ 3 Nr. 13 EStG)

(1) ¹Nach § 3 Nr. 13 EStG sind Leistungen (Geld und Sachbezüge) steuerfrei, die als Reisekostenvergütungen, Umzugskostenvergütungen oder Trennungsgelder aus einer öffentlichen Kasse gewährt werden; dies gilt nicht für Mahlzeiten, die dem Arbeitnehmer während einer beruflichen Auswärtstätigkeit oder im Rahmen einer doppelten Haushaltsführung vom Arbeitgeber oder auf dessen Veranlassung von einem Dritten zur Verfügung gestellt werden. ²Die Steuerfreiheit von Verpflegungszuschüssen ist auf die nach § 9 Abs. 4a EStG maßgebenden Beträge begrenzt. ³R 3.16 Satz 1 bis 3 ist entsprechend anzuwenden.

(2) ¹Reisekostenvergütungen sind die als solche bezeichneten Leistungen, die dem Grunde und der Höhe nach unmittelbar nach Maßgabe der reisekostenrechtlichen Vorschriften des Bundes oder der Länder gewährt werden. ²Reisekostenvergütungen liegen auch vor, soweit sie aufgrund von Tarifverträgen oder anderen Vereinbarungen (z. B. öffentlich-rechtliche Satzung) gewährt werden, die den reisekostenrechtlichen Vorschriften des Bundes oder eines Landes dem Grund und der Höhe nach vollumfänglich entsprechen. ³§ 12 Nr. 1 EStG bleibt unberührt.

(3) ¹Werden bei Reisekostenvergütungen aus öffentlichen Kassen die reisekostenrechtlichen Vorschriften des Bundes oder der Länder nicht oder nur teilweise angewendet, können auf diese Leistungen die zu § 3 Nr. 16 EStG erlassenen Verwaltungsvorschriften angewendet werden. ²Im Übrigen kann auch eine Steuerbefreiung nach § 3 Nr. 12, 26, 26a oder 26b EStG in Betracht kommen; >R 3.12 und 3.26.

(4) ¹Die Absätze 2 und 3 gelten sinngemäß für Umzugskostenvergütungen und Trennungsgelder nach Maßgabe der umzugskosten- und reisekostenrechtlichen Vorschriften des Bundes und der Länder. ²Werden anlässlich eines Umzugs Verpflegungszuschüsse nach dem Bundesumzugskostengesetz (BUKG) gewährt, sind diese nur im Rahmen der zeitlichen Voraussetzungen des § 9 Abs. 4a EStG steuerfrei. ³Trennungsgeld, das bei täglicher Rückkehr zum Wohnort gewährt wird, ist nur in den Fällen des § 9 Abs. 1 Satz 3 Nr. 4a Satz 1 EStG steuerfrei. ⁴Trennungsgeld, das bei Bezug einer Unterkunft am Beschäftigungsort gewährt wird, ist regelmäßig nach Maßgabe von § 9 Abs. 1 Satz 3 Nr. 5 und Abs. 4a EStG steuerfrei. ⁵R 9.9 Abs. 2 Satz 1 ist entsprechend anzuwenden.

H 3.13
Hinweise zu R 3.13
Reisekostenvergütungen, Umzugskostenvergütungen und Trennungsgelder aus öffentlichen Kassen

Beamte bei Postunternehmen

>§ 3 Nr. 35 EStG

Klimabedingte Kleidung

Der Beitrag zur Beschaffung klimabedingter Kleidung (§ 19 AUV) sowie der Ausstattungsbeitrag (§ 21 AUV) sind nicht nach § 3 Nr. 13 Satz 1 EStG steuerfrei (>BFH vom 27.5.1994 – BStBl. 1995 II S. 17 und vom 12.4.2007 – BStBl. II S. 536).

Mietbeiträge

anstelle eines Trennungsgelds sind nicht nach § 3 Nr. 13 EStG steuerfrei (>BFH vom 16.7.1971 – BStBl. II S. 772).

Öffentliche Kassen

>H 3.11

Pauschale Reisekostenvergütungen

Nach einer öffentlich-rechtlichen Satzung geleistete pauschale Reisekostenvergütungen können bei Beachtung von R 3.13 Abs. 2 Satz 2 auch ohne Einzelnachweis steuerfrei sein, sofern die Pauschale die tatsächlich entstandenen Reiseaufwendungen nicht ersichtlich übersteigt (>BFH vom 8.10.2008 – BStBl. 2009 II S. 405).

Prüfung, ob Werbungskosten vorliegen

Es ist nur zu prüfen, ob die ersetzten Aufwendungen vom Grundsatz her Werbungskosten sind (>BFH vom 12.4.2007 – BStBl. II S. 536). Daher sind z. B. Arbeitgeberleistungen im Zusammenhang mit Incentive-Reisen nicht nach § 3 Nr. 13 EStG steuerfrei (>R 3.13 Abs. 2 Satz 3), soweit diese dem Arbeitnehmer als geldwerter Vorteil zuzurechnen sind (>H 19.7).

§ 3 Nr. 16 EStG
Steuerfreie Einnahmen

Steuerfrei sind

die Vergütungen, die Arbeitnehmer außerhalb des öffentlichen Dienstes von ihrem Arbeitgeber zur Erstattung von Reisekosten, Umzugskosten oder Mehraufwendungen bei doppelter Haushaltsführung erhalten, soweit sie die nach § 9 als Werbungskosten abziehbaren Aufwendungen nicht übersteigen;

R 3.16
Steuerfreie Leistungen für Reisekosten, Umzugskosten und Mehraufwendungen bei doppelter Haushaltsführung außerhalb des öffentlichen Dienstes (§ 3 Nr. 16 EStG)

¹Zur Ermittlung der steuerfreien Leistungen (Geld und Sachbezüge) für Reisekosten dürfen die einzelnen Aufwendungsarten zusammengefasst werden; die Leistungen sind steuerfrei, soweit sie die Summe der § 9 Abs. 1 Satz 3 Nr. 4a Satz 1, 2 und 4, Nr. 5a und Abs. 4a EStG sowie R 9.8 zulässigen Leistungen nicht übersteigen. ²Hierbei können mehrere Reisen zusammengefasst abgerechnet werden. ³Dies gilt sinngemäß für Umzugskosten und für Mehraufwendungen bei einer doppelten Haushaltsführung. ⁴Wegen der Höhe der steuerfrei zu belassenden Leistungen für Reisekosten, Umzugskosten und Mehraufwendungen bei einer doppelten Haushaltsführung >§ 9 Abs. 1 Satz 3 Nr. 5 EStG und R 9.7 bis 9.9 und 9.11.

H 3.16
Hinweise zu R 3.16
Erstattung von Reisekosten, Umzugskosten und Mehraufwendungen bei doppelter Haushaltsführung außerhalb des öffentlichen Dienstes

Gehaltsumwandlung

Vergütungen zur Erstattung von Reisekosten können auch dann steuerfrei sein, wenn sie der Arbeitgeber aus umgewandeltem Arbeitslohn zahlt. Voraussetzung ist, dass Arbeitgeber und Arbeitnehmer die Lohnumwandlung vor der Entstehung des Vergütungsanspruchs vereinbaren (>BFH vom 27.4.2001 – BStBl. II S. 601).

§ 3 Nr. 25, § 3 Nr. 26 EStG

§ 3 Nr. 25 EStG
Steuerfreie Einnahmen

Steuerfrei sind

Entschädigungen nach dem Infektionsschutzgesetz vom 20. Juli 2000 (BGBl. I S. 1045);

§ 3 Nr. 26 EStG
Steuerfreie Einnahmen

Steuerfrei sind

Einnahmen aus nebenberuflichen Tätigkeiten als Übungsleiter, Ausbilder, Erzieher, Betreuer oder vergleichbaren nebenberuflichen Tätigkeiten, aus nebenberuflichen künstlerischen Tätigkeiten oder der nebenberuflichen Pflege alter, kranker oder behinderter Menschen im Dienst oder im Auftrag einer juristischen Person des öffentlichen Rechts, die in einem Mitgliedstaat der Europäischen Union oder in einem Staat belegen ist, auf den das Abkommen über den Europäischen Wirtschaftsraum Anwendung findet, oder einer unter § 5 Absatz 1 Nummer 9 des Körperschaftsteuergesetzes fallenden Einrichtung zur Förderung gemeinnütziger, mildtätiger und kirchlicher Zwecke (§§ 52 bis 54 der Abgabenordnung) bis zur Höhe von insgesamt 2 400 Euro im Jahr. [2]Überschreiten die Einnahmen für die in Satz 1 bezeichneten Tätigkeiten den steuerfreien Betrag, dürfen die mit den nebenberuflichen Tätigkeiten in unmittelbarem wirtschaftlichen Zusammenhang stehenden Ausgaben abweichend von § 3c nur insoweit als Betriebsausgaben oder Werbungskosten abgezogen werden, als sie den Betrag der steuerfreien Einnahmen übersteigen;

R 3.26
Steuerbefreiung für nebenberufliche Tätigkeiten (§ 3 Nr. 26 EStG)

Begünstigte Tätigkeiten

(1) [1]Die Tätigkeiten als Übungsleiter, Ausbilder, Erzieher oder Betreuer haben miteinander gemeinsam, dass sie auf andere Menschen durch persönlichen Kontakt Einfluss nehmen, um auf diese Weise deren geistige und körperliche Fähigkeiten zu entwickeln und zu fördern. [2]Gemeinsames Merkmal der Tätigkeiten ist eine pädagogische Ausrichtung. [3]Zu den begünstigten Tätigkeiten gehören z. B. die Tätigkeit eines Sporttrainers, eines Chorleiters oder Orchesterdirigenten, die Lehr- und Vortragstätigkeit im Rahmen der allgemeinen Bildung und Ausbildung, z. B. Kurse und Vorträge an Schulen und Volkshochschulen, Mütterberatung, Erste-Hilfe-Kurse, Schwimm-Unterricht, oder im Rahmen der beruflichen Ausbildung und Fortbildung, nicht dagegen die Ausbildung von Tieren, z. B. von Rennpferden oder Diensthunden. [4]Die Pflege alter, kranker oder behinderter Menschen umfasst außer der Dauerpflege auch Hilfsdienste bei der häuslichen Betreuung durch ambulante Pflegedienste, z. B. Unterstützung bei der Grund- und Behandlungspflege, bei häuslichen Verrichtungen und Einkäufen, beim Schriftverkehr, bei der Altenhilfe entsprechend § 71 SGB XII, z. B. Hilfe bei der Wohnungs- und Heimplatzbeschaffung, in Fragen der Inanspruchnahme altersgerechter Dienste, und bei Sofortmaßnahmen gegenüber Schwerkranken und Verunglückten, z. B. durch Rettungssanitäter und Ersthelfer. [5]Eine Tätigkeit, die ihrer Art nach keine übungsleitende, ausbildende, erzieherische, betreuende oder künstlerische Tätigkeit und keine Pflege alter, kranker oder behinderter Menschen ist, ist keine begünstigte Tätigkeit, auch wenn sie die übrigen Voraussetzungen des § 3 Nr. 26 EStG erfüllt, z. B. eine Tätigkeit als Vorstandsmitglied, als Vereinskassierer oder als Gerätewart bei einem Sportverein bzw. als ehrenamtlich tätiger Betreuer (§ 1896 Abs. 1 Satz 1, § 1908i Abs. 1 BGB), Vormund (§ 1773 Abs. 1 Satz 1 BGB) oder Pfleger (§§ 1909 ff., 1915 Abs. 1 BGB); ggf. ist § 3 Nr. 26a bzw. § 26b EStG anzuwenden.

Nebenberuflichkeit

(2) [1]Eine Tätigkeit wird nebenberuflich ausgeübt, wenn sie – bezogen auf das Kalenderjahr – nicht mehr als ein Drittel der Arbeitszeit eines vergleichbaren Vollzeiterwerbs in Anspruch nimmt. [2]Es können deshalb auch solche Personen nebenberuflich tätig sein, die im steuerrechtlichen Sinne keinen Hauptberuf ausüben, z. B. Hausfrauen, Vermieter, Studenten, Rentner oder Arbeitslose. [3]Übt ein Steuerpflichtiger mehrere verschiedenartige Tätigkeiten i.S.d. § 3 Nr. 26 EStG aus, ist die Nebenberuflichkeit für jede Tätigkeit getrennt zu beurteilen. [4]Mehrere gleichartige Tätigkeiten sind zusammenzufassen, wenn sie sich nach der Verkehrsanschauung als Ausübung eines einheitlichen Hauptberufs darstellen, z. B. Unterricht von jeweils weniger als dem dritten Teil des Pensums einer Vollzeitkraft in mehreren Schulen. [5]Eine Tätigkeit wird nicht nebenberuflich ausgeübt, wenn sie als Teil der Haupttätigkeit anzusehen ist.

Arbeitgeber/Auftraggeber

(3) [1]Der Freibetrag wird nur gewährt, wenn die Tätigkeit im Dienst oder im Auftrag einer der in § 3 Nr. 26 EStG genannten Personen erfolgt. [2]Als juristische Personen des öffentlichen Rechts kommen beispielsweise in Betracht Bund, Länder, Gemeinden, Gemeindeverbände, Industrie- und Handelskammern, Handwerkskammern, Rechtsanwaltskammern, Steuerberaterkammern, Wirtschaftsprüferkammern, Ärztekammern, Universitäten oder die Träger der Sozialversicherung. [3]Zu den Einrichtungen i.S.d. § 5 Abs. 1 Nr. 9 KStG gehören Körperschaften, Personenvereinigungen, Stiftungen und Vermögensmassen, die nach der Satzung oder dem Stiftungsgeschäft und nach der tatsächlichen Geschäftsführung ausschließlich und unmittelbar gemeinnützige, mildtätige oder kirchliche Zwecke verfolgen. [4]Nicht zu den begünstigten Einrichtungen gehören beispielsweise Berufsverbände (Arbeitgeberverband, Gewerkschaft) oder Parteien. [5]Fehlt es an einem begünstigten Auftraggeber/Arbeitgeber, so kann der Freibetrag nicht in Anspruch genommen werden.

Förderung gemeinnütziger, mildtätiger und kirchlicher Zwecke

(4) [1]Die Begriffe der gemeinnützigen, mildtätigen und kirchlichen Zwecke ergeben sich aus den §§ 52 bis 54 der Abgabenordnung (AO). [2]Eine Tätigkeit dient auch dann der selbstlosen Förderung begünstigter Zwecke, wenn sie diesen Zwecken nur mittelbar zugute kommt.

(5) [1]Wird die Tätigkeit im Rahmen der Erfüllung der Satzungszwecke einer juristischen Person ausgeübt, die wegen Förderung gemeinnütziger, mildtätiger oder kirchlicher Zwecke steuerbegünstigt ist, so ist im Allgemeinen davon auszugehen, dass die Tätigkeit ebenfalls der Förderung dieser steuerbegünstigten Zwecke dient. [2]Dies gilt auch dann, wenn die nebenberufliche Tätigkeit in einem so genannten Zweckbetrieb i.S.d. §§ 65 bis 68 AO ausgeübt wird, z. B. als nebenberuflicher Übungsleiter bei sportlichen Veranstaltungen nach § 67a Abs. 1 AO, als nebenberuflicher Erzieher in einer Einrichtung über Tag und Nacht (Heimerziehung) oder sonstigen betreuten Wohnform nach § 68 Nr. 5 AO. [3]Eine Tätigkeit in einem steuerpflichtigen wirtschaftlichen Geschäftsbetrieb einer im Übrigen steuerbegünstigten juristischen Person (§§ 64, 14 AO) erfüllt dagegen das Merkmal der Förderung gemeinnütziger, mildtätiger oder kirchlicher Zwecke nicht.

(6) [1]Der Förderung begünstigter Zwecke kann auch eine Tätigkeit für eine juristische Person des öffentlichen Rechts dienen, z. B. nebenberufliche Lehrtätigkeit an einer Universität, nebenberufliche Ausbildungstätigkeit bei der Feuerwehr, nebenberufliche Fortbildungstätigkeit für eine Anwalts- oder Ärztekammer. [2]Dem steht nicht entgegen, dass die Tätigkeit in den Hoheitsbereich der juristischen Person des öffentlichen Rechts fallen kann.

Gemischte Tätigkeiten

(7) [1]Erzielt der Stpfl. Einnahmen, die teils für eine Tätigkeit, die unter § 3 Nr. 26 EStG fällt und teils für eine andere Tätigkeit gezahlt werden, so ist lediglich für den entsprechenden Anteil nach § 3 Nr. 26 EStG der Freibetrag zu gewähren. [2]Die Steuerfreiheit von Bezügen nach anderen Vorschriften, z. B. nach § 3 Nr. 12, 13, 16 EStG, bleibt unberührt; wenn auf bestimmte Bezüge sowohl § 3 Nr. 26 EStG als auch andere Steuerbefreiungsvorschriften anwend-

bar sind, so sind die Vorschriften in der Reihenfolge anzuwenden, die für den Steuerpflichtigen am günstigsten ist.

Höchstbetrag

(8) ¹Der Freibetrag nach § 3 Nr. 26 EStG ist ein Jahresbetrag. ²Dieser wird auch dann nur einmal gewährt, wenn mehrere begünstigte Tätigkeiten ausgeübt werden. ³Er ist nicht zeitanteilig aufzuteilen, wenn die begünstigte Tätigkeit lediglich wenige Monate ausgeübt wird.

Werbungskosten- bzw. Betriebsausgabenabzug

(9) ¹Ein Abzug von Werbungskosten bzw. Betriebsausgaben, die mit den steuerfreien Einnahmen nach § 3 Nr. 26 EStG in einem unmittelbaren wirtschaftlichen Zusammenhang stehen, ist nur dann möglich, wenn die Einnahmen aus der Tätigkeit und gleichzeitig auch die jeweiligen Ausgaben den Freibetrag übersteigen. ²In Arbeitnehmerfällen ist in jedem Fall der Arbeitnehmer-Pauschbetrag anzusetzen, soweit er nicht bei anderen Dienstverhältnissen verbraucht ist.

Lohnsteuerverfahren

(10) ¹Beim Lohnsteuerabzug ist eine zeitanteilige Aufteilung des steuerfreien Höchstbetrags nicht erforderlich; das gilt auch dann, wenn feststeht, dass das Dienstverhältnis nicht bis zum Ende des Kalenderjahres besteht. ²Der Arbeitnehmer hat dem Arbeitgeber jedoch schriftlich zu bestätigen, dass die Steuerbefreiung nicht bereits in einem anderen Dienst- oder Auftragsverhältnis berücksichtigt worden ist oder berücksichtigt wird. ³Diese Erklärung ist zum Lohnkonto zu nehmen.

H 3.26
Hinweise zu R 3.26
Steuerbefreiung für nebenberufliche Tätigkeiten

Abgrenzung der Einkunftsart

>R 19.2, H 19.2

Begrenzung der Steuerbefreiung

Die Steuerfreiheit ist auch bei Einnahmen aus mehreren nebenberuflichen Tätigkeiten, z. B. Tätigkeit für verschiedene gemeinnützige Organisationen, und bei Zufluss von Einnahmen aus einer in mehreren Jahren ausgeübten Tätigkeit im Sinne des § 3 Nr. 26 EStG in einem Jahr auf einen einmaligen Jahresbetrag von 2 400 € begrenzt (>BFH vom 23.6.1988 – BStBl. II S. 890 und vom 15.2.1990 – BStBl. II S. 686).

Juristische Personen des öffentlichen Rechts in EU/EWR-Mitgliedsstaaten

Zahlungen einer französischen Universität für eine nebenberufliche Lehrtätigkeit sind nach § 3 Nr. 26 EStG steuerfrei (>BFH vom 22.7.2008 – BStBl. 2010 II S. 265).

Künstlerische Tätigkeit

Eine nebenberufliche künstlerische Tätigkeit liegt auch dann vor, wenn sie die eigentliche künstlerische (Haupt-)Tätigkeit nur unterstützt und ergänzt, sofern sie Teil des gesamten künstlerischen Geschehens ist (>BFH vom 18.4.2007 – BStBl. II S. 702).

Mittelbare Förderung

eines begünstigten Zwecks reicht für eine Steuerfreiheit aus. So dient die Unterrichtung eines geschlossenen Kreises von Pflegeschülern an einem Krankenhaus mittelbar dem Zweck der Gesundheitspflege (>BFH vom 26.3.1992 – BStBl. 1993 II S. 20).

Nebenberuflichkeit

– Selbst bei dienstrechtlicher Verpflichtung zur Übernahme einer Tätigkeit im Nebenamt unter Fortfall von Weisungs- und Kontrollrechten des Arbeitgebers kann Nebenberuflichkeit vorliegen (>BFH vom 29.1.1987 – BStBl. II S. 783).
– Zum zeitlichen Umfang >BFH vom 30.3.1990 (BStBl. II S. 854).

Prüfer

Die Tätigkeit als Prüfer bei einer Prüfung, die zu Beginn, im Verlaufe oder als Abschluss einer Ausbildung abgenommen wird, ist mit der Tätigkeit eines Ausbilders vergleichbar (>BFH vom 23.6.1988 – BStBl. II S. 890).

Rundfunkessays

Die Tätigkeit als Verfasser und Vortragender von Rundfunkessays ist nicht nach § 3 Nr. 26 EStG begünstigt (>BFH vom 17.10.1991 – BStBl. 1992 II S. 176).

Vergebliche Aufwendungen

Aufwendungen für eine Tätigkeit im Sinne des § 3 Nr. 26 EStG sind auch dann als vorweggenommene Betriebsausgaben abzugsfähig, wenn es nicht mehr zur Ausübung der Tätigkeit kommt; das Abzugsverbot des § 3c EStG steht dem nicht entgegen (>BFH vom 6.7.2005 – BStBl. 2006 II S. 163).

Anlage 1
zu H 3.26

Steuerbefreiung für nebenberufliche Tätigkeiten nach § 3 Nr. 26 EStG

Verfügung der Oberfinanzdirektion Frankfurt am Main vom 12.8.2014 (Az.: S 2245 A – 2 – St 213)

1 Allgemeines

Die Steuerbefreiung für nebenberufliche Tätigkeiten ist in R 3.26 LStR geregelt.

Ergänzend hierzu weise ich auf Folgendes hin:

Durch das Steuerbereinigungsgesetz 1999 wurde ab dem 1.1.2000 die Tätigkeit des nebenberuflichen Betreuers in den Katalog der begünstigten Tätigkeiten aufgenommen. Begünstigt sind danach drei Tätigkeitsbereiche:

– Nebenberufliche Tätigkeit als Übungsleiter, Ausbilder, Erzieher, Betreuer oder eine vergleichbare Tätigkeit
– Nebenberufliche künstlerische Tätigkeit
– Nebenberufliche Pflege alter, kranker oder behinderter Menschen

Die bisher begünstigten Tätigkeiten der Übungsleiter, Ausbilder und Erzieher haben miteinander gemeinsam, dass bei ihrer Ausübung durch persönliche Kontakte Einfluss auf andere Menschen genommen wird, um auf diese Weise deren Fähigkeiten zu entwickeln und zu fördern. Nach der Gesetzesbegründung zum Steuerbereinigungsgesetz gilt dies auch für den neu eingeführten Begriff des Betreuers. Gemeinsamer Nenner dieser Tätigkeiten ist daher die pädagogische Ausrichtung. Nicht begünstigt ist die Aufwandsentschädigung nach § 1835a BGB für ehrenamtliche rechtliche Betreuer nach §§ 1896 ff. BGB, ehrenamtlich tätige Vormünder nach §§ 1773 BGB und ehrenamtliche Pfleger nach §§ 1909 ff. BGB, da § 3 Nr. 26 EStG nur angewendet werden kann, wenn durch einen direkten pädagogisch ausgerichteten persönlichen Kontakt zu den betreuten Menschen ein Kernbereich des ehrenamtlichen Engagements erfüllt wird. Zur steuerlichen Behandlung der Aufwandsentschädigungen für ehrenamtliche rechtliche Betreuer nach § 1835a BGB vgl. ofix: EStG/18/34.*) Die bis 31.8.2009 geltenden Regelungen für Verfahrenspfleger nach §§ 50, 67 und 70b des Gesetzes über Angelegenheiten der freiwilligen Gerichtsbarkeit – FGG – sind nunmehr in die oben genannten Vorschriften des BGB integriert.

Betroffen von der Neuregelung sind insbesondere Personen, die betreuend im Jugend- und Sportbereich gemeinnütziger Vereine tätig werden. Daher kommt u. a. nun auch der Übungsleiterfreibetrag für die Beaufsichtigung und Betreuung von Jugendlichen durch Jugendleiter, Ferienbetreuer, Schulwegbegleiter etc. in Betracht.

Auch wenn ausschließlich (ohne Zusammenhang mit körperlicher Pflege) hauswirtschaftliche oder betreuende Hilfstätigkeiten für alte oder behinderte Menschen erbracht werden (z. B. Reinigung der Wohnung, Kochen, Einkaufen, Erledigung von Schriftverkehr), ist der Freibetrag nach § 3 Nr. 26 EStG zu gewähren, wenn die übrigen Voraussetzungen der Vorschrift erfüllt sind.

---

*) Zur Steuerfreistellung der Aufwandsentschädigungen ehrenamtlicher Betreuer vgl. § 3 Nr. 26b EStG.

§ 3 Nr. 26 EStG
R 3.26

Im Bereich der nebenberuflichen künstlerischen Tätigkeit sind an den Begriff der „künstlerischen Tätigkeit" dieselben strengen Anforderungen zu stellen wie an die hauptberufliche künstlerische Tätigkeit im Sinne des § 18 Abs. 1 Nr. 1 EStG.

Bei einer Tätigkeit für juristische Personen des öffentlichen Rechts ist es unschädlich, wenn sie für einen Betrieb gewerblicher Art ausgeführt wird, da Betriebe gewerblicher Art auch gemeinnützigen Zwecken dienen können (z. B. Krankenhaus oder Kindergarten). Ziel des § 3 Nr. 26 EStG ist es, Bürger, die im gemeinnützigen, mildtätigen oder kirchlichen Bereich nebenberuflich tätig sind, von steuerlichen Verpflichtungen freizustellen. Mithin ist bei einer Tätigkeit für einen Betrieb gewerblicher Art darauf abzustellen, ob dieser einen entsprechend begünstigten Zweck verfolgt oder nicht.

Eine Förderung gemeinnütziger, mildtätiger und kirchlicher Zwecke ist grundsätzlich nur dann gegeben, wenn die Tätigkeit der Allgemeinheit zugute kommt. Bei nebenberuflicher Lehrtätigkeit ist diese Voraussetzung auch dann erfüllt, wenn eine Aus- oder Fortbildung zwar nur einem abgeschlossenen Personenkreis zugute kommt (z. B. innerhalb eines Unternehmens oder einer Dienststelle), die Aus- oder Fortbildung selbst aber im Interesse der Allgemeinheit liegt (vgl. BFH-Urteil vom 26.3.1992, BStBl 1993 II S. 20).

Mit dem Gesetz zur weiteren Stärkung des bürgerschaftlichen Engagements vom 10.10.2007 (BGBl I S. 2332, BStBl I S. 815) wurde der Freibetrag ab 2007 von bisher 1848 € auf 2100 € angehoben, mit dem Gesetz zur Stärkung des Ehrenamts vom 1.3.2013 (BGBl. 2013 I Nr. 15) ab 1.1.2013 auf 2400 €.

Aufgrund der Änderung des § 3 Nr. 26 EStG durch das Jahressteuergesetz 2009 kann der Freibetrag von 2100 €/2400 €*) nunmehr auch in Anspruch genommen werden, wenn eine entsprechende Tätigkeit nebenberuflich im Dienst oder Auftrag einer juristischen Person des öffentlichen Rechts bzw. einer zur Förderung gemeinnütziger, mildtätiger und kirchlicher Zwecke steuerbegünstigten Körperschaft erfolgt, die ihren Sitz in einem EU-/EWR-Staat hat. Die Regelung ist nach § 52 Abs. 4b EStG in allen noch offenen Fällen anzuwenden.

2 Einzelfälle

2.1 Ärzte im Behindertensport

Nach § 11a des Bundesversorgungsgesetzes ist Rehabilitationssport unter ärztlicher Aufsicht durchzuführen. Behindertensport bedarf nach § 2 Abs. 2 der Gesamtvereinbarungen über den ambulanten Behindertensport während der sportlichen Übungen der Überwachung durch den Arzt. Die Tätigkeit eines Arztes im Rahmen dieser Bestimmungen fällt dem Grunde nach unter § 3 Nr. 26 EStG, sofern auch die übrigen Voraussetzungen hierfür erfüllt sind.

2.2 Ärzte im Coronarsport

Ärzte, die nebenberuflich in gemeinnützigen Sportvereinen Coronar-Sportkurse leiten, üben eine einem Übungsleiter vergleichbare Tätigkeit aus, wenn der im Coronar-Sport nebenberuflich tätige Arzt auf den Ablauf der Übungseinheiten und die Übungsinhalte aktiv Einfluss nimmt. Es handelt sich dann um eine nach § 3 Nr. 26 EStG begünstigte Tätigkeit.

2.3 Aufsichtsvergütung für die juristische Staatsprüfung

Vergütungen an Richter, Staatsanwälte und Verwaltungsbeamte des höheren Dienstes, die nebenamtlich als Leiter von Arbeitsgemeinschaften für Referendarinnen und Referendare tätig sind, fallen unter die Steuerbefreiungsvorschrift des § 3 Nr. 26 EStG und sind bis zur Höhe von 2100 €/2400 € jährlich*) steuerfrei.

2.4 Bahnhofsmission

Der Tätigkeitsbereich von Bahnhofsmissionen umfasst auch gem. § 3 Nr. 26 EStG begünstigte Pflege- und Betreuungsleistungen. Zur Abgrenzung gegenüber den nicht begünstigten Leistungen bestehen keine Bedenken, wenn Aufwandsentschädigungen nebenberuflicher Mitarbeiterinnen in Bahnhofsmissionen in Höhe von 60 % der Einnahmen, maximal in Höhe von 3600,– DM (ab 2002: 1848 €, ab 2007: 2100 €, ab 2013: 2400 €) steuerfrei belassen werden. Von dem pauschalen Satz kann im Einzelfall abgewichen und auf die tatsächlichen Verhältnisse abgestellt werden, wenn Anhaltspunkte dafür vorliegen, dass die Anwendung dieses Regelsatzes zu einer unzutreffenden Besteuerung führen würde.

2.5 Behindertentransport

Fahrer und Beifahrer im Behindertentransport erhalten den Freibetrag nach § 3 Nr. 26 EStG bei Vorliegen der übrigen Voraussetzungen für jeweils 50 % ihrer Vergütung, da ihre Tätigkeit in der Regel zu gleichen Teilen auf das Fahren des Behindertenfahrzeugs und die Betreuung behinderter Menschen entfällt.

2.6 Bereitschaftsleistungen und Jugendgruppenleiter

Inwieweit eine Gewährung des Freibetrags nach § 3 Nr. 26 EStG in Betracht kommt, hängt von der tatsächlichen Tätigkeit ab. Soweit lediglich organisatorische Aufgaben wahrgenommen werden, liegt keine begünstigte Tätigkeit vor. Soweit die Vergütung auf die Tätigkeit als Ausbilder oder Betreuer entfällt, kann der Freibetrag nach § 3 Nr. 26 EStG gewährt werden.

2.7 Diakon

Ob ein nebenberuflich tätiger katholischer Diakon die Steuerbefreiung nach § 3 Nr. 26 EStG erhalten kann, hängt von der jeweiligen Tätigkeit ab. Zum Berufsbild des Diakons gehören auch ausbildende und betreuende Tätigkeiten mit pädagogischer Ausrichtung sowie Arbeiten im sozialen Bereich, die als Pflege alter, kranker oder behinderter Menschen gewertet werden können. Für solche Tätigkeiten ist eine Steuerbefreiung nach § 3 Nr. 26 EStG möglich.

Bei einer Tätigkeit im Bereich der Verkündigung (z. B. Taufen, Krankenkommunion, Trauungen, Predigtdienst) handelt es sich nicht um eine begünstigte Tätigkeit. Zur Aufteilung bei gemischten Tätigkeiten sowie zur Steuerfreiheit nach anderen Vorschriften vgl. R 3.26 Abs. 7 LStR.

2.8 Ferienbetreuer

Ehrenamtliche Ferienbetreuer, die zeitlich begrenzt zur Durchführung von Ferienmaßnahmen eingesetzt werden, sind nebenberuflich tätig, so dass bei Vorliegen der weiteren Voraussetzungen die Einnahmen aus dieser Tätigkeit nach § 3 Nr. 26 EStG begünstigt sind.

2.9 Feuerwehrleute

siehe ofix: EStG/3/20 und ofix: EStG/3/56**)

2.10 Hauswirtschaftliche Tätigkeiten in Altenheim, Krankenhäusern usw.

Reine Hilfsdienste, wie z. B. Putzen, Waschen und Kochen im Reinigungsdienst und in der Küche von Altenheimen, Krankenhäusern, Behinderteneinrichtungen u.ä. Einrichtungen stehen nicht den ambulanten Pflegediensten gleich und fallen daher nicht unter § 3 Nr. 26 EStG, da keine häusliche Betreuung im engeren Sinne stattfindet und damit kein unmittelbarer persönlicher Bezug zu den gepflegten Menschen entsteht. Die Leistungen werden primär für das jeweilige Heim oder Krankenhaus erbracht und betreffen daher nur mittelbar die pflegebedürftigen Personen.

2.11 Helfer im sog. Hintergrunddienst des Hausnotrufdienstes

Um bei Hausnotrufdiensten die Entgegennahme von Alarmanrufen rund um die Uhr, die Vertrautheit der Bewohner mit dem Hausnotrufdienst und die Funktionsfähigkeit der Hausnotrufgeräte zu gewährleisten, wird von den Hilfsorganisationen – zusätzlich zu den Mitarbeitern der Hausnotrufzentrale – ein sog. Hintergrunddienst eingerichtet, um vor Ort Hilfe zu leisten. Die Mitarbeiter des Hintergrunddienstes sind daneben auch mit der Einweisung, Einrichtung, Wartung und Überprüfung der Hausnotrufgeräte beschäftigt. Ihnen kann die Steuervergünstigung nach § 3 Nr. 26 EStG für den Anteil ihrer Vergütung gewährt werden, der auf tatsächliche Rettungseinsätze entfällt. Der begünstigte Anteil ist anhand der Gesamtumstände des Einzelfalls zu ermitteln.

2.12 Küchenmitarbeiter in Waldheimen

Die Tätigkeit von Mitarbeiterinnen in der Küche und im hauswirtschaftlichen Bereich von Waldheimen stellt keine begünstigte Tätigkeit im Sinne des § 3 Nr, 26 EStG dar. Es handelt sich nicht um eine betreuende Tätigkeit, da pädagogische Aspekte nicht im Vorder-

---

*) Seit 2013 2400 € jährlich.
**) Vgl. Anlage 2 zu H 3.26 LStR.

grund stehen. Ausschlaggebend ist die hauswirtschaftliche Tätigkeit im Zusammenhang mit der Essenszubereitung für die in den Waldheimen während der Ferienzeit aufgenommenen Jugendlichen.

2.13 Lehrbeauftragte an Schulen

Vergütungen an ehrenamtliche Lehrbeauftragte, die von den Schulen für einen ergänzenden Unterricht eingesetzt werden, sind – soweit von den Schulen mit den Lehrbeauftragten nicht ausdrücklich ein Arbeitsvertrag abgeschlossen wird – den Einnahmen aus selbständiger (unterrichtender) Tätigkeit nach § 18 Abs. 1 Nr. 1 EStG zuzuordnen und nach § 3 Nr. 26 EStG begünstigt.

2.14 Mahlzeitendienste

Vergütungen an Helfer des Mahlzeitendienstes sind nicht nach § 3 Nr. 26 EStG begünstigt, da die Lieferung einer Mahlzeit für die Annahme einer Pflegeleistung nicht ausreicht. Ab dem 1.1.2007 ist jedoch die Inanspruchnahme der Steuerfreistellung nach § 3 Nr. 26a EStG in Höhe von bis zu 500 €, ab 2013 bis 720 € möglich, sofern diese Tätigkeit nebenberuflich ausgeübt wird.

2.15 Notfallfahrten bei Blut- und Organtransport

Bei diesen Notfallfahrten handelt es sich nicht um begünstigte Tätigkeiten nach § 3 Nr. 26 EStG.

2.16 Organistentätigkeit

Durch das Kultur- und Stiftungsgesetz vom 13.12.1990 (BStBl 1991 I S. 51) ist § 3 Nr. 26 EStG dahingehend erweitert worden, dass ab 1991 auch Aufwandsentschädigungen für nebenberufliche künstlerische Tätigkeiten im Dienst oder Auftrag einer inländischen juristischen Person des öffentlichen Rechts oder einer gemeinnützigen Körperschaft in begrenztem Umfang steuerfrei bleiben. Aus Gründen der Praktikabilität und der Verwaltungsvereinfachung ist bei den in Kirchengemeinden eingesetzten Organisten grundsätzlich davon auszugehen, dass deren Tätigkeit eine gewisse Gestaltungshöhe erreicht und somit die Voraussetzungen einer künstlerischen Tätigkeit im Sinne des § 3 Nr. 26 EStG vorliegen.

2.17 Patientenfürsprecher

Der Patientenfürsprecher hat die Interessen der Patienten gegenüber dem Krankenhaus zu vertreten. Diese Tätigkeit stellt keine Pflege alter, kranker oder behinderter Menschen dar. Die an die Patientenfürsprecher gezahlten Aufwandsentschädigungen sind daher nicht nach § 3 Nr. 26 EStG steuerfrei.

2.18 Prädikanten

Die Anwendung des § 3 Nr. 26 EStG wurde von den obersten Finanzbehörden des Bundes und der Länder verneint. Insoweit fehle bei den Prädikanten (wie auch bei Lektoren) der direkte pädagogisch ausgerichtete persönliche Kontakt zu einzelnen Menschen. Eine Steuerfreiheit der Bezüge kann sich jedoch ggf. aus § 3 Nr. 12, 13, 50 EStG ergeben.

2.19 Richter, Parcourschefs, Parcourschef-Assistenten bei Pferdesportveranstaltungen

Bei diesen ehrenamtlichen Tätigkeiten handelt es sich nicht um begünstigte Tätigkeiten nach § 3 Nr. 26 EStG

2.20 Rettungssanitäter, -schwimmer und Notärzte im Rettungsdienst

Die Vergütungen für die Tätigkeit von Rettungssanitätern, -schwimmern und Notärzten in Rettungs- und Krankentransportwagen sowie im Rahmen von Großveranstaltungen sind – bei Vorliegen aller Voraussetzungen – insgesamt nach § 3 Nr. 26 EStG begünstigt.

Die Einnahmen dieser ehrenamtlichen Rettungskräfte sind nicht mehr in solche aus Rettungseinsätzen und solche aus Bereitschaftszeiten aufzuteilen.

2.21 Schulweghelfer und Schulbusbegleiter

Gemeinden gewähren den grundsätzlich als Arbeitnehmer beschäftigten Schulweghelfern und Schulbusbegleitern Aufwandsentschädigungen. Diese sind nebeneinander sowohl nach § 3 Nr. 26 EStG als auch nach § 3 Nr. 12 Satz 2 EStG begünstigt. Die Vorschriften sind in der für den Steuerpflichtigen günstigsten Reihenfolge zu berücksichtigen (R 3.26 Abs. 7 LStR 2008).

2.22 Stadtführer

Die Tätigkeit eines Stadtführers ist – vergleichbar mit einer unterrichtenden Tätigkeit an einer Volkshochschule und der Tätigkeit eines Museumsführers – wegen ihrer pädagogischen Ausrichtung grundsätzlich nach § 3 Nr. 26 EStG begünstigt. Zu prüfen ist jedoch insbesondere, ob die Tätigkeit im Auftrag oder im Dienst einer juristischen Person des öffentlichen Rechts oder einer anderen unter § 5 Abs. 1 Nr. 9 KStG fallenden Institution zur Förderung gemeinnütziger, mildtätiger und kirchlicher Zwecke ausgeübt wird.

2.23 Statisten/Komparsen bei Theateraufführungen

Aufwandsentschädigungen für Statisten sind grundsätzlich nicht nach § 3 Nr. 26 EStG begünstigt, da Statisten keine künstlerische Tätigkeit ausüben. Eine künstlerische Tätigkeit liegt bei § 3 Nr. 26 EStG (wie bei § 18 EStG) nur vor, wenn eine gewisse Gestaltungshöhe bei eigenschöpferischer Leistung gegeben ist. Nach dem BFH-Urteil vom 18.4.2007 (BStBl II, 702) wird die Auslegung des Begriffs einer künstlerischen Tätigkeit im Sinne des § 3 Nr. 26 EStG jedoch beeinflusst durch die Begrenzung auf einen Höchstbetrag und das Merkmal der Nebenberuflichkeit. In diesem Sinne kann eine künstlerische Tätigkeit auch dann vorliegen, wenn sie die eigentliche künstlerische (Haupt-)Tätigkeit unterstützt und ergänzt, sofern sie Teil des gesamten künstlerischen Geschehens ist. Auch der Komparse kann daher – anders als z. B. ein Bühnenarbeiter – eine künstlerische Tätigkeit ausüben. Bei der Beurteilung kommt es auf die Umstände des Einzelfalles an.

2.24 Versichertenälteste

Für die Tätigkeit der Versichertenältesten ist die Begünstigung des § 3 Nr. 26 EStG nicht zu gewähren, da es sich weder um eine begünstigte Tätigkeit handelt noch diese zur Förderung gemeinnütziger, mildtätiger oder kirchlicher Zwecke im Sinne der §§ 52 bis 54 AO erfolgt.

2.25 Zahnärzte im Arbeitskreis Jugendzahnpflege

Soweit Zahnärzte in freier Praxis im Rahmen der „Arbeitskreise Jugendzahnpflege in Hessen" (AkJ) tätig werden (sogen. Patenschaftszahnärzte), üben sie diese Tätigkeit nebenberuflich aus, so dass die entsprechenden Vergütungen bei Vorliegen der übrigen Voraussetzungen nach § 3 Nr. 26 EStG begünstigt sind.

3 Betriebsausgaben-/Werbungskostenabzug

Nach § 3c EStG dürfen Ausgaben, soweit sie mit steuerfreien Einnahmen in unmittelbarem wirtschaftlichen Zusammenhang stehen, nicht als Betriebsausgaben oder Werbungskosten abgezogen werden. Ausgaben, die zugleich steuerfreie und steuerpflichtige Einnahmen betreffen, sind – ggf. im Schätzungswege – aufzuteilen und anteilig abzuziehen.

Ab 1.1.2000 dürfen abweichend von diesen Grundsätzen nach § 3 Nr. 26 Satz 2 EStG in unmittelbarem wirtschaftlichen Zusammenhang mit der nebenberuflichen Tätigkeit stehende Ausgaben nur insoweit als Werbungskosten oder Betriebsausgaben abgezogen werden, als sie den Betrag der steuerfreien Einnahmen übersteigen.

Entstehen Betriebsausgaben zur Vorbereitung einer unter § 3 Nr. 26 EStG fallenden Tätigkeit und wird diese später nicht aufgenommen, kann der entstandene Verlust in voller Höhe, also ohne Kürzung um den Freibetrag, berücksichtigt werden. Der BFH hat mit Urteil vom 6.7.2005, XI R 61/04, BStBl. 2006 II S. 163, – zu § 3 Nr. 26 EStG a. F. – entschieden, § 3c EStG sei insoweit nicht anwendbar.

§ 3 Nr. 26a EStG
R 3.26a

Anlage 2
zu H 3.26

Steuerliche Behandlung der Aufwandsentschädigung für ehrenamtliche Funktionsträger der Freiwilligen Feuerwehren Thüringens

Erlass des Finanzministeriums Thüringen vom 4.6.2008 (Az.: S 2337 A – 4 – 201.4)*)

Für die steuerliche Behandlung der Aufwandsentschädigungen, die an Angehörige der Freiwilligen Feuerwehren Thüringens gemäß der Thüringer Feuerwehr-Entschädigungsverordnung (ThürFw-EntschVO) vom 21.12.1993 (GVBl. 1994 S. 33), zuletzt geändert durch Verordnung vom 11.12.2001 (GVBl. 2002 S. 92), gezahlt werden, gilt Folgendes:

Die Aufwandsentschädigungen sind in Höhe von 1/3 der gewährten Aufwandsentschädigung, mindestens jedoch in Höhe von 175 € monatlich**), nach § 3 Nr. 12 Satz 2 Einkommensteuergesetz (EStG) steuerfrei (R 3.12 Abs. 3 Satz 2 Nr. 2 Lohnsteuer-Richtlinien 2008, Schreiben des Bundesministeriums der Finanzen vom 20.12.2007 – IV C 5 – S 2337/0 –). Ist die Aufwandsentschädigung niedriger als 175 € monatlich**), so bleibt nur der tatsächlich geleistete Betrag steuerfrei.

Nach Feststellungen des Thüringer Innenministeriums besteht die Tätigkeit einzelner Funktionsträger zum Teil in einer Ausbildungstätigkeit: Der Anteil der Ausbildungstätigkeit ergibt sich aus der nachfolgenden Aufstellung:

Funktionsträger	Ausbildertätigkeit in v. H.
Kreisbrandinspektor	50
Kreisbrandmeister	70
Stadtbrandmeister (-inspektor)/Ortsbrandmeister	60
Wehrführer	70
Führer mit Aufgaben, die mit denen des Wehrführers vergleichbar sind	60
Kreisausbilder	100
Kreisjugendfeuerwehrwart	100
Jugendfeuerwehrwart	100
Gerätewart	60
Feuerwehrangehörige für die Alarm- und Einsatzplanung	60
Feuerwehrangehörige für Bedienung, Wartung u. Pflege der Inf. und Komm.-Mittel	60

Entsprechend dieses Anteils können die gewährten Aufwandsentschädigungen im Rahmen des § 3 Nr. 26 EStG bis höchstens 2100 €***) pro Jahr steuerfrei belassen werden.

Eine Rangfolge zwischen den beiden Steuerbefreiungen (§ 3 Nr. 12 und § 3 Nr. 26 EStG) besteht nicht; es kann die für den Empfänger der Aufwandsentschädigung günstigere Reihenfolge gewählt werden. Dabei ist bei der Anwendung der Steuerbefreiung, die an zweiter Stelle gewährt wird, nur der nach Gewährung der ersten Steuerbefreiung verbleibende steuerpflichtige Teil der Aufwandsentschädigung zugrunde zu legen.

§ 3 Nr. 26a EStG
Steuerfreie Einnahmen

Steuerfrei sind

Einnahmen aus nebenberuflichen Tätigkeiten im Dienst oder Auftrag einer juristischen Person des öffentlichen Rechts, die in einem Mitgliedstaat der Europäischen Union oder in einem Staat belegen ist, auf den das Abkommen über den Europäischen Wirtschaftsraum Anwendung findet, oder einer unter § 5 Absatz 1 Nummer 9 des Körperschaftsteuergesetzes fallenden Einrichtung zur Förderung gemeinnütziger, mildtätiger und kirchlicher Zwecke (§§ 52 bis 54 der Abgabenordnung) bis zur Höhe von insgesamt 720 Euro im Jahr. ²Die Steuerbefreiung ist ausgeschlossen, wenn für die Einnahmen aus der Tätigkeit – ganz oder teilweise – eine Steuerbefreiung nach § 3 Nummer 12, 26 oder 26b gewährt wird. ³Überschreiten die Einnahmen für die in Satz 1 bezeichneten Tätigkeiten den steuerfreien Betrag, dürfen die mit den nebenberuflichen Tätigkeiten in unmittelbarem wirtschaftlichen Zusammenhang stehenden Ausgaben abweichend von § 3c nur insoweit als Betriebsausgaben oder Werbungskosten abgezogen werden, als sie den Betrag der steuerfreien Einnahmen übersteigen;

R 3.26a
Steuerfreie Einnahmen aus ehrenamtlicher Tätigkeit

– unbesetzt –

H 3.26a
Hinweise zu R 3.26a
Steuerfreie Einnahmen aus ehrenamtlicher Tätigkeit

Allgemeine Grundsätze

>BMF vom 21.11.2014 (Az.: IV C 4 – S 2121/07/0010 : 032)****)

Anlage
zu H 3.26a

Steuerfreie Einnahmen aus ehrenamtlicher Tätigkeit

BMF-Schreiben vom 21.11.2014 (Az.: IV C 4 – S 2121/07/0010 : 032)

Unter Bezugnahme auf das Ergebnis der Erörterung mit den obersten Finanzbehörden der Länder gilt zur Anwendung der § 3 Nummer 26a und Nummer 26b Einkommensteuergesetz (EStG) in der Fassung des Gesetzes zur Stärkung des Ehrenamtes vom 21. März 2013 (BGBl. I Seite 556) Folgendes:

1. Begünstigte Tätigkeiten i. S. d. § 3 Nummer 26a EStG

§ 3 Nummer 26a EStG sieht im Gegensatz zu § 3 Nummer 26 EStG keine Begrenzung auf bestimmte Tätigkeiten im gemeinnützigen Bereich vor. Begünstigt sind z. B. die Tätigkeiten der Mitglieder des Vorstands, des Kassierers, der Bürokräfte, des Reinigungspersonals, des Platzwartes, des Aufsichtspersonals oder des Schiedsrichters im Amateurbereich. Die Tätigkeit der Amateursportler ist nicht begünstigt. Eine Tätigkeit im Dienst oder Auftrag einer steuerbegünstigten Körperschaft muss für deren ideellen Bereich einschließlich ihrer Zweckbetriebe ausgeübt werden. Tätigkeiten in einem steuerpflichtigen wirtschaftlichen Geschäftsbetrieb und bei der Verwaltung des Vermögens sind nicht begünstigt.

2. Nebenberuflichkeit

Eine Tätigkeit wird nebenberuflich ausgeübt, wenn sie – bezogen auf das Kalenderjahr – nicht mehr als ein Drittel der Arbeitszeit eines vergleichbaren Vollzeiterwerbs in Anspruch nimmt. Es können deshalb auch solche Personen nebenberuflich tätig sein, die im steuerrechtlichen Sinne keinen Hauptberuf ausüben, z. B. Hausfrauen, Vermieter, Studenten, Rentner oder Arbeitslose. Übt ein Steuerpflichtiger mehrere verschiedenartige Tätigkeiten i. S. d. § 3 Nummer 26 oder 26a EStG aus, ist die Nebenberuflichkeit für jede Tätigkeit getrennt zu beurteilen. Mehrere gleichartige Tätigkeiten sind zusammenzufassen, wenn sie sich nach der Verkehrsanschauung als Ausübung eines einheitlichen Hauptberufs darstellen, z. B. Erledigung der Buchführung oder Aufzeichnungen von jeweils weniger als dem dritten Teil des Pensums einer Bürokraft für mehrere gemeinnützige Körperschaften. Eine Tätigkeit wird nicht nebenberuflich ausgeübt, wenn sie als Teil der Haupttätigkeit anzusehen ist. Dies ist auch bei formaler Trennung von haupt- und

---

*) Alle anderen Länder haben ebenfalls vergleichbare Erlasse herausgegeben. Die Prozentsätze können allerdings aufgrund örtlicher Besonderheiten in den einzelnen Ländern u.U. geringer oder höher sein.
**) Seit 1.1.2013 200 € monatlich.
***) Seit 2013 2400 € jährlich.
****) Abgedruckt als Anlage zu H 3.26a LStR.

§ 3 Nr. 26a EStG
R 3.26a

nebenberuflicher selbständiger oder nichtselbständiger Tätigkeit für denselben Arbeitgeber anzunehmen, wenn beide Tätigkeiten gleichartig sind und die Nebentätigkeit unter ähnlichen organisatorischen Bedingungen wie die Haupttätigkeit ausgeübt wird oder der Steuerpflichtige mit der Nebentätigkeit eine ihm aus seinem Dienstverhältnis faktisch oder rechtlich obliegende Nebenpflicht erfüllt.

3. Auftraggeber/Arbeitgeber

Der Freibetrag wird nur gewährt, wenn die Tätigkeit im Dienst oder im Auftrag einer der in § 3 Nummer 26a EStG genannten Personen erfolgt. Als juristische Personen des öffentlichen Rechts kommen beispielsweise in Betracht Bund, Länder, Gemeinden, Gemeindeverbände, Industrie- und Handelskammern, Handwerkskammern, Rechtsanwaltskammern, Steuerberaterkammern, Wirtschaftsprüferkammern, Ärztekammern, Universitäten oder die Träger der Sozialversicherung. Zu den Einrichtungen i. S. d. § 5 Absatz 1 Nummer 9 des Körperschaftsteuergesetzes (KStG) gehören Körperschaften, Personenvereinigungen, Stiftungen und Vermögensmassen, die nach der Satzung oder dem Stiftungsgeschäft und nach der tatsächlichen Geschäftsführung ausschließlich und unmittelbar gemeinnützige, mildtätige oder kirchliche Zwecke verfolgen. Nicht zu den begünstigten Einrichtungen gehören beispielsweise Berufsverbände (Arbeitgeberverband, Gewerkschaft) oder Parteien. Fehlt es an einem begünstigten Auftraggeber/Arbeitgeber, kann der Freibetrag nicht in Anspruch genommen werden.

4. Förderung gemeinnütziger, mildtätiger und kirchlicher Zwecke

Die Begriffe der gemeinnützigen, mildtätigen und kirchlichen Zwecke ergeben sich aus den §§ 52 bis 54 der Abgabenordnung (AO). Eine Tätigkeit dient auch dann der selbstlosen Förderung begünstigter Zwecke, wenn sie diesen Zwecken nur mittelbar zugute kommt.

Wird die Tätigkeit im Rahmen der Erfüllung der Satzungszwecke einer juristischen Person ausgeübt, die wegen Förderung gemeinnütziger, mildtätiger oder kirchlicher Zwecke steuerbegünstigt ist, ist im Allgemeinen davon auszugehen, dass die Tätigkeit ebenfalls der Förderung dieser steuerbegünstigten Zwecke dient. Dies gilt auch dann, wenn die nebenberufliche Tätigkeit in einem so genannten Zweckbetrieb i. S. d. §§ 65 bis 68 AO ausgeübt wird, z. B. als nebenberuflicher Kartenverkäufer in einem Museum, Theater oder Opernhaus nach § 68 Nummer 7 AO.

Der Förderung begünstigter Zwecke kann auch eine Tätigkeit für eine juristische Person des öffentlichen Rechts dienen, z. B. nebenberufliche Aufsichtstätigkeit in einem Schwimmbad, nebenberuflicher Kirchenvorstand. Dem steht nicht entgegen, dass die Tätigkeit in den Hoheitsbereich der juristischen Person des öffentlichen Rechts fallen kann.

5. Nach § 3 Nummer 12, 26 oder 26b EStG begünstigte Tätigkeiten

Der Freibetrag nach § 3 Nummer 26a EStG kann nicht in Anspruch genommen werden, wenn für die Einnahmen aus derselben Tätigkeit ganz oder teilweise eine Steuerbefreiung nach § 3 Nummer 12 EStG (Aufwandsentschädigungen aus öffentlichen Kassen) gewährt wird oder eine Steuerbefreiung nach § 3 Nummer 26 EStG (sog. Übungsleiterfreibetrag) gewährt wird oder gewährt werden könnte. Die Tätigkeit der Versichertenältesten fällt unter die schlichte Hoheitsverwaltung, so dass die Steuerbefreiungsvorschrift des § 3 Nummer 12 Satz 2 EStG anwendbar ist. Für eine andere Tätigkeit, die neben einer nach § 3 Nummer 12 oder 26 EStG begünstigten Tätigkeit bei einer anderen oder derselben Körperschaft ausgeübt wird, kann die Steuerbefreiung nach § 3 Nummer 26a EStG nur dann in Anspruch genommen werden, wenn die Tätigkeit nebenberuflich ausgeübt wird (s. dazu 2.) und die Tätigkeiten voneinander trennbar sind, gesondert vergütet werden und die dazu getroffenen Vereinbarungen eindeutig sind und durchgeführt werden. Einsatz- und Bereitschaftsdienstzeiten der Rettungssanitäter und Ersthelfer sind als einheitliche Tätigkeit zu behandeln, die insgesamt nach § 3 Nummer 26 EStG begünstigt sein kann und für die deshalb auch nicht teilweise die Steuerbefreiung nach § 3 Nummer 26a EStG gewährt wird.

Aufwandsentschädigungen nach § 1835a BGB an ehrenamtlich tätige Betreuer (§ 1896 Absatz 1 Satz 1, § 1908i Absatz 1 BGB), Vormünder (§ 1773 Absatz 1 Satz 1 BGB) und Pfleger (§§ 1909 ff., 1915 Absatz 1 Satz 1 BGB) fallen ab dem Veranlagungszeitraum 2011 ausschließlich unter die Steuerbefreiung nach § 3 Nummer 26b EStG.

Eine Anwendung des § 3 Nummer 26a EStG ist ausgeschlossen (§ 3 Nummer 26a Satz 2 EStG).

6. Verschiedenartige Tätigkeiten

Erzielt der Steuerpflichtige Einnahmen, die teils für eine Tätigkeit, die unter § 3 Nummer 26a EStG fällt, und teils für eine andere Tätigkeit, die nicht unter § 3 Nummer 12, 26 oder 26a EStG fällt, gezahlt werden, ist lediglich für den entsprechenden Anteil nach § 3 Nummer 26a EStG der Freibetrag zu gewähren. Die Steuerfreiheit von Bezügen nach anderen Vorschriften, z. B. nach § 3 Nummer 13, 16 EStG, bleibt unberührt; wenn auf bestimmte Bezüge sowohl § 3 Nummer 26a EStG als auch andere Steuerbefreiungsvorschriften anwendbar sind, sind die Vorschriften in der Reihenfolge anzuwenden, die für den Steuerpflichtigen am günstigsten ist.

7. Höchstbetrag

Der Freibetrag nach § 3 Nummer 26a EStG ist ein Jahresbetrag. Dieser wird auch dann nur einmal gewährt, wenn mehrere begünstigte Tätigkeiten ausgeübt werden. Er ist nicht zeitanteilig aufzuteilen, wenn die begünstigte Tätigkeit lediglich wenige Monate ausgeübt wird.

Die Steuerbefreiung ist auch bei Ehegatten oder Lebenspartnern stets personenbezogen vorzunehmen. Auch bei der Zusammenveranlagung kann der Freibetrag demnach von jedem Ehegatten oder Lebenspartner bis zur Höhe der Einnahmen, höchstens 720 Euro, die er für eine eigene begünstigte Tätigkeit erhält, in Anspruch genommen werden. Eine Übertragung des nicht ausgeschöpften Teils des Freibetrags eines Ehegatten oder Lebenspartners auf höhere Einnahmen des anderen Ehegatten oder Lebenspartners aus der begünstigten nebenberuflichen Tätigkeit ist nicht zulässig.

8. Ehrenamtlicher Vorstand

Die Zahlung von pauschalen Vergütungen für Arbeits- oder Zeitaufwand (Tätigkeitsvergütungen) an den Vorstand ist nur dann zulässig, wenn dies durch bzw. aufgrund einer Satzungsregelung ausdrücklich zugelassen ist (vgl. auch § 27 Absatz 3 Satz 2 BGB in der Fassung des Ehrenamtsstärkungsgesetzes). Ein Verein, der nicht ausdrücklich die Bezahlung des Vorstands regelt und der dennoch Tätigkeitsvergütungen an Mitglieder des Vorstands zahlt, verstößt gegen das Gebot der Selbstlosigkeit. Die regelmäßig in den Satzungen enthaltene Aussage: „Es darf keine Person ... durch unverhältnismäßig hohe Vergütungen begünstigt werden" (vgl. Anlage 1 zu § 60 AO; dort § 4 der Mustersatzung) ist keine satzungsmäßige Zulassung von Tätigkeitsvergütungen an Vorstandsmitglieder. Eine Vergütung ist auch dann anzunehmen, wenn sie nach der Auszahlung an den Verein zurückgespendet oder durch Verzicht auf die Auszahlung eines entstandenen Vergütungsanspruchs an den Verein gespendet wird.

Der Ersatz tatsächlich entstandener Aufwendungen (z. B. Büromaterial, Telefon- und Fahrtkosten) ist auch ohne entsprechende Regelung in der Satzung zulässig. Der Einzelnachweis der Aufwendungen ist nicht erforderlich, wenn pauschale Zahlungen den tatsächlichen Aufwand offensichtlich nicht übersteigen; dies gilt nicht, wenn durch die pauschalen Zahlungen auch Arbeits- oder Zeitaufwand abgedeckt werden soll. Die Zahlungen dürfen nicht unangemessen hoch sein (§ 55 Absatz 1 Nummer 3 AO).

Falls ein gemeinnütziger Verein bis zum 31. Dezember 2010 ohne ausdrückliche Erlaubnis dafür in seiner Satzung bereits Tätigkeitsvergütungen gezahlt hat, sind daraus unter den folgenden Voraussetzungen keine für die Gemeinnützigkeit des Vereins schädlichen Folgerungen zu ziehen:

1. Die Zahlungen dürfen nicht unangemessen hoch gewesen sein (§ 55 Absatz 1 Nummer 3 AO).
2. Die Mitgliederversammlung hat bis zum 31. Dezember 2010 eine Satzungsänderung beschlossen, die Tätigkeitsvergütungen zulässt. An die Stelle einer Satzungsänderung kann ein Beschluss des Vorstands treten, künftig auf Tätigkeitsvergütungen zu verzichten.

§ 3 Nr. 26b, § 3 Nr. 28 EStG
R 3.28

9. Werbungskosten- oder Betriebsausgabenabzug

Ein Abzug von Werbungskosten bzw. Betriebsausgaben, die mit den steuerfreien Einnahmen nach § 3 Nummer 26a EStG in einem unmittelbaren wirtschaftlichen Zusammenhang stehen, ist nur dann möglich, wenn die Einnahmen aus der Tätigkeit und gleichzeitig auch die jeweiligen Ausgaben den Freibetrag übersteigen. In Arbeitnehmerfällen ist in jedem Falle der Arbeitnehmer-Pauschbetrag anzusetzen, soweit er nicht bei anderen Dienstverhältnissen verbraucht ist.

Beispiel:

Ein Student, der keine anderen Einnahmen aus nichtselbständiger Arbeit erzielt, arbeitet nebenberuflich im Dienst der Stadt als Tierpfleger bei deren als gemeinnützig anerkanntem Tierheim. Dafür erhält er insgesamt 1.200 Euro im Jahr. Von den Einnahmen sind der Arbeitnehmer-Pauschbetrag von 1.000 Euro (§ 9a Satz 1 Nummer 1 Buchstabe a EStG) und der Freibetrag nach § 3 Nummer 26a EStG bis zur Höhe der verbliebenen Einnahmen (200 Euro) abzuziehen. Die Einkünfte aus der nebenberuflichen Tätigkeit betragen 0 Euro.

10. Freigrenze des § 22 Nummer 3 EStG

Gehören die Einnahmen des Steuerpflichtigen aus seiner nebenberuflichen Tätigkeit zu den sonstigen Einkünften (§ 22 Nummer 3 EStG), sind diese nicht einkommensteuerpflichtig, wenn sie weniger als 256 Euro im Kalenderjahr betragen haben. Der Freibetrag nach § 3 Nummer 26a EStG ist bei der Prüfung ob diese Freigrenze überschritten ist, zu berücksichtigen.

Beispiel:

Ein nebenberuflicher ehrenamtlicher Schiedsrichter im Amateurbereich erhält insgesamt 900 Euro. Nach Abzug des Freibetrags nach § 3 Nummer 26a EStG betragen die Einkünfte 180 Euro. Sie sind nicht einkommensteuerpflichtig, weil sie weniger als 256 Euro im Kalenderjahr betragen haben (§ 22 Nummer 3 Satz 2 EStG).

11. Lohnsteuerverfahren

Beim Lohnsteuerabzug ist eine zeitanteilige Aufteilung des Freibetrags nicht erforderlich. Dies gilt auch dann, wenn feststeht, dass das Dienstverhältnis nicht bis zum Ende des Kalenderjahres besteht. Der Arbeitnehmer hat dem Arbeitgeber jedoch schriftlich zu bestätigen, dass die Steuerbefreiung nach § 3 Nummer 26a EStG nicht bereits in einem anderen Dienst- oder Auftragsverhältnis berücksichtigt worden ist oder berücksichtigt wird. Diese Erklärung ist zum Lohnkonto zu nehmen.

12. Rückspende

Die Rückspende einer steuerfrei ausgezahlten Aufwandsentschädigung oder Vergütung an die steuerbegünstigte Körperschaft ist grundsätzlich zulässig. Für den Spendenabzug sind die Grundsätze des BMF-Schreibens vom 7. Juni 1999 (BStBl I S. 591) zur Anerkennung sog. Aufwandsspenden an gemeinnützige Vereine zu beachten.

Dieses Schreiben wird im Bundessteuerblatt Teil I veröffentlicht und tritt an die Stelle der Schreiben vom 25. November 2008, BStBl I Seite 985, und vom 14. Oktober 2009, BStBl I Seite 1318.

§ 3 Nr. 26b EStG
Steuerfreie Einnahmen

Steuerfrei sind

Aufwandsentschädigungen nach § 1835a des Bürgerlichen Gesetzbuchs, soweit sie zusammen mit den steuerfreien Einnahmen im Sinne der Nummer 26 den Freibetrag nach Nummer 26 Satz 1 nicht überschreiten. ²Nummer 26 Satz 2 gilt entsprechend;

§ 3 Nr. 28 EStG
Steuerfreie Einnahmen

Steuerfrei sind

die Aufstockungsbeträge im Sinne des § 3 Absatz 1 Nummer 1 Buchstabe a sowie die Beiträge und Aufwendungen im Sinne des § 3 Absatz 1 Nummer 1 Buchstabe b und des § 4 Absatz 2 des Altersteilzeitgesetzes, die Zuschläge, die versicherungsfrei Beschäftigte im Sinne des § 27 Absatz 1 Nummer 1 bis 3 des Dritten Buches Sozialgesetzbuch zur Aufstockung der Bezüge bei Altersteilzeit nach beamtenrechtlichen Vorschriften oder Grundsätzen erhalten sowie die Zahlungen des Arbeitgebers zur Übernahme der Beiträge im Sinne des § 187a des Sechsten Buches Sozialgesetzbuch, soweit sie 50 vom Hundert der Beiträge nicht übersteigen;

R 3.28
Leistungen nach dem Altersteilzeitgesetz (AltTZG) (§ 3 Nr. 28 EStG)

(1) ¹Aufstockungsbeträge und zusätzliche Beiträge zur gesetzlichen Rentenversicherung i.S.d. § 3 Abs. 1 Nr. 1 sowie Aufwendungen i.S.d. § 4 Abs. 2 AltTZG sind steuerfrei, wenn die Voraussetzungen des § 2 AltTZG, z. B. Vollendung des 55. Lebensjahres, Verringerung der tariflichen regelmäßigen wöchentlichen Arbeitszeit auf die Hälfte, vorliegen. ²Die Vereinbarung über die Arbeitszeitverminderung muss sich zumindest auf die Zeit erstrecken, bis der Arbeitnehmer eine Rente wegen Alters beanspruchen kann. ³Dafür ist nicht erforderlich, dass diese Rente ungemindert ist. ⁴Der frühestmögliche Zeitpunkt, zu dem eine Altersrente in Anspruch genommen werden kann, ist die Vollendung des 60. Lebensjahres. ⁵Die Steuerfreiheit kommt nicht mehr in Betracht mit Ablauf des Kalendermonats, in dem der Arbeitnehmer die Altersteilzeitarbeit beendet oder die für ihn geltende gesetzliche Altersgrenze für die Regelaltersrente erreicht hat (§ 5 Abs. 1 Nr. 1 AltTZG).

(2) ¹Die Leistungen sind auch dann steuerfrei, wenn der Förderanspruch des Arbeitgebers an die Bundesagentur für Arbeit nach § 5 Abs. 1 Nr. 2 und 3, Abs. 2 bis 4 AltTZG erlischt, nicht besteht oder ruht, z. B. wenn der frei gewordene Voll- oder Teilarbeitsplatz nicht wieder besetzt wird. ²Die Leistungen sind auch dann steuerfrei, wenn mit der Altersteilzeit erst nach dem 31.12.2009 begonnen wurde und diese nicht durch die Bundesagentur für Arbeit nach § 4 AltTzG gefördert wird (§ 1 Abs. 3 Satz 2 AltTZG). ³Durch eine vorzeitige Beendigung der Altersteilzeit (Störfall) ändert sich der Charakter der bis dahin erbrachten Arbeitgeberleistungen nicht, weil das AltTzG keine Rückzahlung vorsieht. ⁴Die Steuerfreiheit der Aufstockungsbeträge bleibt daher bis zum Eintritt des Störfalls erhalten.

(3) ¹Aufstockungsbeträge und zusätzliche Beiträge zur gesetzlichen Rentenversicherung sind steuerfrei, auch soweit sie über die im AltTZG genannten Mindestbeträge hinausgehen. ²Dies gilt nur, soweit die Aufstockungsbeträge zusammen mit dem während der Altersteilzeit bezogenen Nettoarbeitslohn monatlich 100 % des maßgebenden Arbeitslohns nicht übersteigen. ³Maßgebend ist bei laufendem Arbeitslohn der Nettoarbeitslohn, den der Arbeitnehmer im jeweiligen Lohnzahlungszeitraum ohne Altersteilzeit üblicherweise erhalten hätte; bei sonstigen Bezügen ist auf den unter Berücksichtigung des nach R 39b.6 Abs. 2 ermittelten voraussichtlichen Jahresnettoarbeitslohns unter Einbeziehung der sonstigen Bezüge bei einer unterstellten Vollzeitbeschäftigung abzustellen. ⁴Unangemessene Erhöhungen vor oder während der Altersteilzeit sind dabei nicht zu berücksichtigen. ⁵Aufstockungsbeträge, die in Form von Sachbezügen gewährt werden, sind steuerfrei, wenn die Aufstockung betragsmäßig in Geld festgelegt und außerdem vereinbart ist, dass der Arbeitgeber anstelle der Geldleistung Sachbezüge erbringen darf.

H 3.28
Hinweise zu R 3.28
Leistungen nach dem Altersteilzeitgesetz

Begrenzung auf 100 % des Nettoarbeitslohns

Beispiel 1 (laufend gezahlter Aufstockungsbetrag):

Ein Arbeitnehmer mit einem monatlichen Vollzeit-Bruttogehalt in Höhe von 8 750 € nimmt von der Vollendung des 62. bis zur Vollendung des 64. Lebensjahres Altersteilzeit in Anspruch. Danach scheidet er aus dem Arbeitsverhältnis aus.

Der Mindestaufstockungsbetrag nach § 3 Abs. 1 Nr. 1 Buchst. a Altersteilzeitgesetz beträgt 875 €. Der Arbeitgeber gewährt eine weitere freiwillige Aufstockung in Höhe von 3 000 € (Aufstockungsbetrag insgesamt 3 875 €). Der steuerfreie Teil des Aufstockungsbetrags ist wie folgt zu ermitteln:

§ 3 Nr. 28 EStG
R 3.28

a) Ermittlung des maßgebenden Arbeitslohns

Bruttoarbeitslohn bei fiktiver Vollarbeitszeit	8 750 €
./. gesetzliche Abzüge (Lohnsteuer, Solidaritätszuschlag, Kirchensteuer, Sozialversicherungsbeiträge)	3 750 €
= maßgebender Nettoarbeitslohn	5 000 €

b) Vergleichsberechnung

Bruttoarbeitslohn bei Altersteilzeit	4 375 €
./. gesetzliche Abzüge (Lohnsteuer, Solidaritätszuschlag, Kirchensteuer, Sozialversicherungsbeiträge)	1 725 €
= Zwischensumme	2 650 €
+ Mindestaufstockungsbetrag	875 €
+ freiwilliger Aufstockungsbetrag	3 000 €
= Nettoarbeitslohn	6 525 €

Durch den freiwilligen Aufstockungsbetrag von 3 000 € ergäbe sich ein Nettoarbeitslohn bei der Altersteilzeit, der den maßgebenden Nettoarbeitslohn um 1 525 € übersteigen würde. Demnach sind steuerfrei:

Mindestaufstockungsbetrag		875 €
+ freiwilliger Aufstockungsbetrag	3 000 €	
abzgl.	1 525 €	1 475 €
= steuerfreier Aufstockungsbetrag		2 350 €

c) Abrechnung des Arbeitgebers

Bruttoarbeitslohn bei Altersteilzeit	4 375 €
+ steuerpflichtiger Aufstockungsbetrag	1 525 €
= steuerpflichtiger Arbeitslohn	5 900 €
./. gesetzliche Abzüge (Lohnsteuer, Solidaritätszuschlag, Kirchensteuer, Sozialversicherungsbeiträge)	2 300 €
= Zwischensumme	3 600 €
+ steuerfreier Aufstockungsbetrag	2 350 €
= Nettoarbeitslohn	5 950 €

Beispiel 2 (sonstiger Bezug als Aufstockungsbetrag):

Ein Arbeitnehmer in Altersteilzeit hätte bei einer Vollzeitbeschäftigung Anspruch auf ein monatliches Bruttogehalt in Höhe von 4 000 € sowie im März auf einen sonstigen Bezug (Ergebnisbeteiligung) in Höhe von 1 500 € (brutto).

Nach dem Altersteilzeitvertrag werden im März folgende Beträge gezahlt:

– laufendes Bruttogehalt	2 000 €
– laufende steuerfreie Aufstockung (einschließlich freiwilliger Aufstockung des Arbeitgebers)	650 €
– Brutto-Ergebnisbeteiligung (50 % der vergleichbaren Vergütung auf Basis einer Vollzeitbeschäftigung)	750 €
– Aufstockungsleistung auf die Ergebnisbeteiligung	750 €

a) Ermittlung des maßgebenden Arbeitslohns

jährlicher laufender Bruttoarbeitslohn bei fiktiver Vollarbeitszeitbeschäftigung	48 000 €
+ sonstiger Bezug bei fiktiver Vollzeitbeschäftigung	1 500 €
./. gesetzliche jährliche Abzüge (Lohnsteuer, Solidaritätszuschlag, Kirchensteuer, Sozialversicherungsbeiträge)	18 100 €
= maßgebender Jahresnettoarbeitslohn	31 400 €

b) Vergleichsberechnung

jährlich laufender Bruttoarbeitslohn bei Altersteilzeit	24 000 €
+ steuerpflichtiger sonstiger Bezug bei Altersteilzeit	750 €
./. gesetzliche jährliche Abzüge (Lohnsteuer, Solidaritätszuschlag, Kirchensteuer, Sozialversicherungsbeiträge)	6 000 €
= Zwischensumme	18 750 €
+ Aufstockung Ergebnisbeteiligung	750 €
+ steuerfreie Aufstockung (12 × 650)	7 800 €
= Jahresnettoarbeitslohn	27 300 €

Durch die Aufstockung des sonstigen Bezugs wird der maßgebende Jahresnettoarbeitslohn von 31 400 € nicht überschritten. Demnach kann die Aufstockung des sonstigen Bezugs (im Beispiel: Aufstockung der Ergebnisbeteiligung) in Höhe von 750 € insgesamt steuerfrei bleiben.

Progressionsvorbehalt

Die Aufstockungsbeträge unterliegen dem Progressionsvorbehalt (>§ 32b Abs. 1 Nr. 1 Buchst. g EStG). Zur Aufzeichnung und Bescheinigung >§ 41 Abs. 1 und § 41b Abs. 1 Satz 2 Nr. 5 EStG.

Anlage 1
zu H 3.28

Steuerfreiheit der Aufstockungsbeträge bei Nachzahlungen in sog. Störfällen

BMF-Schreiben vom 28.3.2000 (Az.: IV C 5 – S 2340 – 51/99 V)

Wird ein Arbeitsverhältnis über Altersteilzeit im Blockmodell vorzeitig beendet (sog. „Störfall"), sind Nachzahlungen, die keine Aufstockungsbeträge im Sinne des § 3 Nr. 28 EStG sind, unabhängig von dem Grund der Beendigung dieses Arbeitsverhältnisses steuerpflichtiger Arbeitslohn. Die für den Zeitraum bis zur vorzeitigen Beendigung der Altersteilzeit gezahlten Aufstockungsbeträge sowie die Beiträge und Aufwendungen im Sinne des § 3 Abs. 1 Nr. 1 Buchst. b und des § 4 Abs. 2 des Altersteilzeitgesetzes sind nach § 3 Nr. 28 EStG steuerfrei.

Zahlt der Arbeitgeber bei sog. „Störfällen" aufgrund der Auflösung der in der Arbeitsphase angesparten und in der Freistellungsphase noch nicht verbrauchten Wertguthaben im Sinne der Sozialversicherung Beiträge zur Renten-, Arbeitslosen-, Kranken- oder Pflegeversicherung nach (§ 7 Abs. 1a i. V. m. § 23b Abs. 2 SGB IV – sog. „Krebsgang"), so sind diese Beitragsanteile des Arbeitgebers am Gesamtsozialversicherungsbeitrag nach Maßgabe des § 3 Nr. 62 EStG steuerfrei. Für die Arbeitnehmer, die von der Versicherungspflicht in der gesetzlichen Rentenversicherung befreit sind oder die freiwillig in der gesetzlichen Kranken- bzw. Pflegeversicherung versichert oder privat kranken- bzw. pflegeversichert sind, wird auf R 24 LStR*) hingewiesen.

Soweit für den steuerpflichtigen Arbeitslohn die Voraussetzungen des § 34 Abs. 2 Nr. 4 EStG vorliegen, ist eine ermäßigte Besteuerung als außerordentliche Einkünfte geboten.

Anlage 2
zu H 3.28

Verzinsung steuerfreier Zuschläge für Sonntags-, Feiertags- und Nachtarbeit bei Blockzeitmodellen)**

BMF-Schreiben vom 27.4.2000 (Az.: IV C 5 – S 2343 – 6/00)

Nach Abstimmung mit den obersten Finanzbehörden der Länder wird zur Verzinsung von Leistungen nach § 3b EStG im Rahmen der Altersteilzeit bei Auszahlung der dem Grunde nach begünstigten Zuschläge in der Freistellungsphase die Auffassung vertreten, dass die Verzinsung steuerfreier Zuschläge, die auf ein Zeitkonto genommen und getrennt ausgewiesen werden, nicht nach § 3b EStG steuerfrei bleiben kann.

Nach § 3b EStG sind Zuschläge, die für tatsächlich geleistete Sonntags-, Feiertags- oder Nachtarbeit neben dem Grundlohn gezahlt werden, innerhalb bestimmter Grenzen steuerfrei. Werden diese Zuschläge im Rahmen der Altersteilzeit – ggf. teilweise – auf ein Zeitkonto genommen und wegen der Auszahlung in der Freistellungsphase verzinst, so hat die Verzinsung ihre alleinige Ursache in der späteren Auszahlung. Sie stellt folglich keine Vergütung für tatsächlich geleistete Sonntags-, Feiertags- oder Nachtarbeit dar, so dass bereits aus diesem Grund § 3b EStG nicht anzuwenden ist.

Außerdem werden häufig Zuschläge in Höhe der gesetzlich festgelegten Grenzen oder darüber hinaus gezahlt. Könnte auch die Verzinsung nach § 3b EStG steuerfrei belassen werden, müsste in

---
*) Jetzt R 3.62 LStR.
**) Vgl. auch Anlage 7 zu H 3b LStR.

jedem Einzelfall geprüft werden, ob und ggf. in welcher Höhe diese Grenzen durch die Zuschläge selbst noch nicht ausgeschöpft sind. Dies würde eine nicht gerechtfertigte unterschiedliche steuerliche Behandlung der Arbeitnehmer bei der Verzinsung zur Folge haben, je nachdem ob die zustehenden Zuschläge unterhalb dieser Grenzen liegen oder nicht.

Auch der Hinweis, dass im Fall sofortiger Auszahlung der steuerfreien Zuschläge und verzinslicher Anlage durch den Arbeitnehmer ein steuerpflichtiger Tatbestand nach § 20 EStG gegeben wäre und wegen des Sparer-Freibetrags bei den meisten Arbeitnehmern die Zinsen im Ergebnis nicht besteuert würden, kann zu keiner anderen Beurteilung führen, da das Steuerrecht an den tatsächlich verwirklichten Sachverhalt anknüpft.

Ebenso wenig kann der Gesichtspunkt der Verwaltungsvereinfachung eine andere Entscheidung rechtfertigen. Die getrennte Erfassung der steuerfreien Zuschläge und der darauf gezahlten Zinsen erscheint zumutbar, da bereits bilanzsteuerrechtlich für den künftig zu erfüllenden angesammelten Vergütungsanspruch und die Verpflichtung, die sich aus der daneben zugesagten Gegenleistung ergibt, jeweils gesonderte Rückstellungen auszuweisen sind (vgl. Rdnrn. 6 und 7 des BMF-Schreibens vom 11. November 1999 – IV C – S 2176 – 102/99 –, BStBl. I S. 959).

Anlage 3
zu H 3.28

Rückzahlung von Arbeitslohn bei rückwirkender Inanspruchnahme von Altersteilzeit

Bundeseinheitliche Regelung, z. B. Verfügung der OFD Erfurt vom 23.8.2000 (Az.: S 2333 A – 12 – St 331)

Bei der rückwirkenden Bewilligung von Altersteilzeit im sog. Blockmodell ist die folgende Fallgestaltung aufgetreten:

Einem Beamten mit einem Monatslohn von 5500 DM wurde im Jahr 02 rückwirkend zum 1.11.01 Altersteilzeit im sog. Blockmodell bewilligt. Zwischenzeitlich hatte die Zentrale Gehaltsstelle (ZG) dem Beamten den Arbeitslohn für das Jahr 01 wie bisher weitergezahlt und dementsprechend auf der dem Beamten zurückgegebenen Lohnsteuerkarte 01 einen steuerpflichtigen Arbeitslohn i. H. von 66 000 DM (= 12 × 5500 DM) bescheinigt.

In Folge der Altersteilzeit stand dem Beamten rückwirkend ab dem 1.11.01 monatlich nur ein steuerpflichtiger Arbeitslohn i. H. von 2750 DM (= 50 v. H. von 5500 DM) und ein steuerfreier Aufstockungsbetrag i. H. von 1200 DM zu. Die ZG forderte von dem Beamten den für das Jahr 01 zu viel gezahlten Betrag i. H. von 3100 DM (= 2 × 2750 DM ./. 2 × 1200 DM) im Jahr 02 zurück.

Die steuerliche Behandlung der Rückzahlung von Arbeitslohn bei rückwirkender Inanspruchnahme von Altersteilzeit wurde von den obersten Finanzbehörden des Bundes und der Länder erörtert. Im Ergebnis dieser Erörterung wird folgende Auffassung vertreten:

Die Besteuerung nach dem Einkommen wird vom Veranlagungszeitraum (VZ) und damit vom Zuflussprinzip geprägt (§ 11 Abs. 1 EStG). Dies bedeutet, dass im Beispielsfall bei der ESt-Veranlagung für den VZ 01 der im Jahr 01 zugeflossene Betrag i. H. von 66 000 DM anzusetzen ist (vgl. Abschn. 2 der Verfügung vom 19.12.1996 S 2332 A – 30 – St 332)*).

Für eine Stattgabe von Anträgen, nur den tatsächlich zustehenden steuerpflichtigen Arbeitslohn i. H. von 60 500 DM (= 10 × 5500 DM + 2 × 2750 DM) sowie den steuerfreien Aufstockungsbetrag i. H. von 2400 DM (= 2 × 1200 DM) zu berücksichtigen, kommen sachliche Billigkeitsgründe gem. § 227 AO nicht in Betracht.

Allerdings ist in Folge der rückwirkenden Altersteilzeit ab dem 1.11.01 der im Jahr 01 zugeflossene Betrag i. H. von 66 000 DM nicht in voller Höhe als steuerpflichtiger Arbeitslohn anzusetzen, da dieser Betrag steuerfreie Aufstockungsbeträge nach § 3 Nr. 28 EStG i. H. von 2400 DM (= 2 × 1200 DM) enthält, sodass ein Betrag i. H. von 63 600 DM als steuerpflichtiger Arbeitslohn anzusetzen ist.

Die Aufstockungsbeträge unterliegen gem. § 32b Abs. 1 Nr. 1g EStG dem Progressionsvorbehalt.

Bei dem im Jahr 02 zurückgezahlten Betrag i. H. von 3100 DM handelt es sich um steuerpflichtigen Arbeitslohn, den die ZG im Jahr der Rückzahlung als negativen Arbeitslohn i. S. des Abschn. 2.2 der Verfügung vom 19.12.1996 S 2332 A – 30 – St 332 berücksichtigen darf*).

Anlage 4
zu H 3.28

Steuerfreie Aufstockungsbeträge bei Arbeitsunfähigkeit

BMF-Schreiben vom 27.4.2001 (Az.: IV C 5 – S 2333 – 21/01)

Im Rahmen der Altersteilzeitbeschäftigung vom Arbeitgeber gewährte tarifliche Aufstockungsleistungen, die anstelle eines Krankengeldzuschusses an arbeitsunfähig erkrankte Arbeitnehmer gezahlt werden, sind als Aufstockungsleistungen im Sinne des § 3 Abs. 1 Nr. 1 Buchst. a des Altersteilzeitgesetzes anzusehen und deshalb nach § 3 Nr. 28 EStG steuerfrei (und auch sozialversicherungsfrei).

Anlage 5
zu H 3.28

Keine Werbungskostenkürzung bei Altersteilzeit

Verfügung der OFD Hannover vom 20.3.2008 (Az.: S 2350 – 118 – StO 217)

Allgemeines:

Derzeit gibt es im Rahmen der Altersteilzeit zwei Hauptmodelle. Die Reduzierung der Arbeitszeit um 50 % innerhalb der Altersteilzeit und das sog. Blockmodell. Im Rahmen des Blockmodells wird die Altersteilzeit in zwei Beschäftigungsphasen unterteilt. In der ersten Phase bleibt die Arbeitszeit ungekürzt und in der zweiten Phase erfolgt die sog. Freistellungsphase (Reduzierung der Arbeitszeit auf null). In beiden Modellen erfolgt die gleiche Entgeltzahlung. Grundsätzlich wäre der Arbeitgeber durch die Reduzierung der Arbeitszeit des Arbeitnehmers verpflichtet, nur 50 % des Arbeitslohnes zu zahlen. Gem. § 3 Abs. 1 Nr. 1a AltTZG stockt der Arbeitgeber das Regelentgelt um mindestens 20 % auf. Die Aufstockungsbeträge sind Teil des Arbeitsentgelts, den der Arbeitgeber steuerfrei zahlen kann. Nach § 1 Abs. 2 Nr. 4 BBesG gilt dies sinngemäß für die Besoldung von Beamten. Die als Zulage gezahlten Aufstockungsbeträge sind ein Bestandteil der Besoldung.

Werbungskostenabzug:

Die obersten Finanzbehörden des Bundes und der Länder haben entschieden, dass bei in Altersteilzeit befindlichen Arbeitnehmern die Werbungskosten nicht nach Maßgabe des § 3c EStG zu kürzen sind, weil die Aufwendungen (z. B. für Fahrten zur Arbeitsstätte) – wie ebenso bei Arbeitnehmern, die nach § 3b EStG steuerfreie Zuschläge erhalten – in keinem unmittelbaren wirtschaftlichen Zusammenhang mit den nach § 3 Nr. 28 EStG steuerfreien Einnahmen stehen.

§ 3 Nr. 30 EStG
Steuerfreie Einnahmen

Steuerfrei sind

Entschädigungen für die betriebliche Benutzung von Werkzeugen eines Arbeitnehmers (Werkzeuggeld), soweit sie die entsprechenden Aufwendungen des Arbeitnehmers nicht offensichtlich übersteigen;

---

*) Die dieser Verfügung zugrunde liegende bundeseinheitliche Regelung ist als Anlage zu § 11 EStG abgedruckt.

R 3.30
Werkzeuggeld (§ 3 Nr. 30 EStG)

¹Die Steuerbefreiung beschränkt sich auf die Erstattung der Aufwendungen, die dem Arbeitnehmer durch die betriebliche Benutzung eigener Werkzeuge entstehen. ²Als Werkzeuge sind allgemein nur Handwerkzeuge anzusehen, die zur leichteren Handhabung, zur Herstellung oder zur Bearbeitung eines Gegenstands verwendet werden; Musikinstrumente und deren Einzelteile gehören ebenso wie Datenverarbeitungsgeräte o. Ä. nicht dazu. ³Eine betriebliche Benutzung der Werkzeuge liegt auch dann vor, wenn die Werkzeuge im Rahmen des Dienstverhältnisses außerhalb einer Betriebsstätte des Arbeitgebers eingesetzt werden, z. B. auf einer Baustelle. ⁴Ohne Einzelnachweis der tatsächlichen Aufwendungen sind pauschale Entschädigungen steuerfrei, soweit sie

1. die regelmäßigen Absetzungen für Abnutzung der Werkzeuge,
2. die üblichen Betriebs-, Instandhaltungs- und Instandsetzungskosten der Werkzeuge sowie
3. die Kosten der Beförderung der Werkzeuge

abgelten. ⁵Soweit Entschädigungen für Zeitaufwand des Arbeitnehmers gezahlt werden, z. B. für die ihm obliegende Reinigung und Wartung der Werkzeuge, gehören sie zum steuerpflichtigen Arbeitslohn.

H 3.30
Hinweise zu R 3.30
Werkzeuggeld

Musikinstrumente

sind keine Werkzeuge (>BFH vom 21.8.1995 – BStBl. II S. 906).

Anlage 1
zu H 3.30

Lohnsteuerliche Behandlung der an Orchestermitglieder gezahlten Instrumenten-, Saiten-, Rohr- und Blattgelder

Bundeseinheitlich geltende Regelung, für Bayern bekannt gegeben mit Schreiben des Bayer. Staatsministeriums der Finanzen vom 22.3.1991 (Az.: 32 – S 2355 – 26/2 – 5320)

Im Einvernehmen mit den obersten Finanzbehörden des Bundes und der Länder bitte ich die Auffassung zu vertreten, dass Instrumenten-, Saiten-, Rohr- und Blattgelder nicht als Werkzeuggeld i. S. d. § 3 Nr. 30 EStG steuerfrei gezahlt werden können. Diese Leistungen stellen vielmehr Werbungskostenersatz dar, der zum steuerpflichtigen Arbeitslohn gehört. Als Werkzeuge i. S. d. § 3 Nr. 30 EStG sind im Allgemeinen nur solche Hilfsmittel anzusehen, die zur leichteren Handhabung, zur Herstellung oder zur Bearbeitung eines Gegenstandes verwendet werden. Musikinstrumente und deren Einzelteile gehören nicht dazu.

Anlage 2
zu H 3.30

Motorsägegeld für Waldarbeiter

Bundeseinheitlich geltende Regelung, für Bayern bekannt gegeben mit Schreiben des Bayer. Staatsministeriums der Finanzen vom 7.10.1982 (Az.: 32 – S 2332 – 49/14 – 49572)

Waldarbeiter erhalten bei Einsatz eigener Motorsägen in der Stücklohnarbeit nach § 12 Ziffer 5a des seit 1.5.1982 gültigen Rahmentarifvertrags für die privaten reinen Forstbetriebe in Bayern ein Motorsägegeld in Höhe von 15 v. H. des vereinbarten Stücklohns.

Das nach dieser Tarifvorschrift gezahlte Motorsägegeld gehört als Werkzeuggeld nicht zum steuerpflichtigen Arbeitslohn.

Anlage 3
zu H 3.30

Steuerliche Behandlung der Waldarbeiter nach § 33a des Manteltarifvertrags für Waldarbeiter (MTW) gezahlten Transportentschädigungen

Bundeseinheitlich geltende Regelung, für Bayern bekannt gegeben mit Schreiben des Bayer. Staatsministeriums der Finanzen vom 9.2.1995 (Az.: 32 – S 2332 – 49/24 – 40727)

Nach § 33a MTW werden Waldarbeitern seit 1. April 1994 für den Transport von betriebseigenem Gerät und Material im eigenen Kraftfahrzeug oder mittels betriebseigenem oder waldarbeitereigenem Kraftfahrzeuganhänger und für das Umsetzen eines Waldarbeiterschutzwagens pauschale Transportentschädigungen gezahlt. Für deren steuerliche Behandlung gilt Folgendes:

1. Die pauschale Transportentschädigung nach § 33a Abs. 1 MTW von 2,– DM für jeden Tag der Mitnahme von betriebseigenem Gerät und Material bei der Fahrt von der Wohnung zur Arbeitsstätte gehört zum steuerpflichtigen Arbeitslohn.
2. Die Transportentschädigungen nach § 33a Abs. 2 und 3 MTW für die Mitnahme von betriebseigenem Gerät und Material in einem betriebseigenem Kraftfahrzeuganhänger (4,– DM) bzw. einem waldarbeitereigenem Kraftfahrzeuganhänger (7,– DM) und für das Umsetzen eines Waldarbeiterschutzwagens (15,– DM) werden neben der kilometerbezogenen Fahrentschädigung (0,42 DM) nach § 33 MTW für die Benutzung eines eigenen Kraftfahrzeugs gezahlt. Die pauschalen Entschädigungen sind steuerfrei, soweit sie zusammen mit der Fahrentschädigung den nach Abschnitt 38 Abs. 2 LStR*) maßgebenden Kilometersatz nicht übersteigen.

§ 3 Nr. 31 EStG
Steuerfreie Einnahmen

Steuerfrei sind

die typische Berufskleidung, die der Arbeitgeber seinem Arbeitnehmer unentgeltlich oder verbilligt überlässt; dasselbe gilt für eine Barablösung eines nicht nur einzelvertraglichen Anspruchs auf Gestellung von typischer Berufskleidung, wenn die Barablösung betrieblich veranlasst ist und die entsprechenden Aufwendungen des Arbeitnehmers nicht offensichtlich übersteigt;

R 3.31
Überlassung typischer Berufskleidung (§ 3 Nr. 31 EStG)

(1) ¹Steuerfrei ist nach § 3 Nr. 31 erster Halbsatz EStG nicht nur die Gestellung, sondern auch die Übereignung typischer Berufskleidung durch den Arbeitgeber. ²Erhält der Arbeitnehmer die Berufsbekleidung von seinem Arbeitgeber zusätzlich zum ohnehin geschuldeten Arbeitslohn (>R 3.33 Abs. 5), so ist anzunehmen, dass es sich um typische Berufskleidung handelt, wenn nicht das Gegenteil offensichtlich ist. ³Zur typischen Berufskleidung gehören Kleidungsstücke, die

1. als Arbeitsschutzkleidung auf die jeweils ausgeübte Berufstätigkeit zugeschnitten sind oder
2. nach ihrer z. B. uniformartigen Beschaffenheit oder dauerhaft angebrachten Kennzeichnung durch Firmenemblem objektiv eine berufliche Funktion erfüllen,

wenn ihre private Nutzung so gut wie ausgeschlossen ist. ⁴Normale Schuhe und Unterwäsche sind z. B. keine typische Berufskleidung.

(2) ¹Die Steuerbefreiung nach § 3 Nr. 31 zweiter Halbsatz EStG beschränkt sich auf die Erstattung der Aufwendungen, die dem Arbeitnehmer durch den beruflichen Einsatz typischer Berufskleidung in den Fällen entstehen, in denen der Arbeitnehmer z. B. nach Unfallverhütungsvorschriften, Tarifvertrag oder Betriebsvereinbarung einen Anspruch auf Gestellung von Arbeitskleidung hat, der

---

*) § 9 Abs. 1 Satz 3 Nr. 4a EStG i.V.m. dem Bundesreisekostengesetz.

§ 3 Nr. 32 EStG
R 3.32

aus betrieblichen Gründen durch die Barvergütung abgelöst wird. ²Die Barablösung einer Verpflichtung zur Gestellung von typischer Berufskleidung ist z. B. betrieblich begründet, wenn die Beschaffung der Kleidungsstücke durch den Arbeitnehmer für den Arbeitgeber vorteilhafter ist. ³Pauschale Barablösungen sind steuerfrei, soweit sie die regelmäßigen Absetzungen für Abnutzung und die üblichen Instandhaltungs- und Instandsetzungskosten der typischen Berufskleidung abgelten. ⁴Aufwendungen für die Reinigung gehören regelmäßig nicht zu den Instandhaltungs- und Instandsetzungskosten der typischen Berufskleidung.

H 3.31
Hinweise zu R 3.31
Überlassung typischer Berufskleidung

Abgrenzung zwischen typischer Berufskleidung und bürgerlicher Kleidung

>BFH vom 18.4.1991 (BStBl. II S. 751).

Lodenmantel

ist keine typische Berufskleidung (>BFH vom 19.1.1996 – BStBl. II S. 202).

Anlage 1
zu H 3.31

Steuerliche Behandlung des tariflichen Kleidergeldes für Orchestermusiker

Bundeseinheitlich geltende Regelung z. B. Erlass der Senatsverwaltung für Finanzen Berlin vom 1.4.1993 (Az.: III D 12 – S 2334 – 10/91)

Orchestermusiker erhalten nach tariflichen Vorschriften für jede Veranstaltung, für die Frack bzw. Abendkleid vorgeschrieben und getragen worden ist, eine als Kleidergeld bezeichnete Entschädigung. Die Zahlungen sind bisher als Auslagenersatz nach § 3 Nr. 50 EStG steuerfrei belassen worden. Ab 1990 kommt die Steuerfreiheit nach § 3 Nr. 50 EStG nicht mehr in Betracht, da die Aufwendungen der Orchestermitglieder für einen Frack bzw. ein Abendkleid entweder Werbungskosten oder Kosten der privaten Lebensführung darstellen (Abschnitt 22 LStR).

Es wurde die Frage gestellt, ob das Kleidergeld als Barablösung für die Gestellung typischer Berufskleidung nach § 3 Nr. 31 EStG steuerfrei ist. Dies setzt voraus, dass es sich bei dem Frack und dem Abendkleid um typische Berufskleidung handelt und dass nach dem einschlägigen Tarifvertrag ein Anspruch auf Gestellung dieser Berufskleidung besteht.

Da der Frack bzw. das Abendkleid typische Berufskleidung darstellen und in § 13 des Tarifvertrags für die Musiker in Kulturorchestern inzwischen der tarifliche Anspruch auf Gestellung von Frack/Abendkleid und die Barablösung bestimmt ist (Änderungstarifvertrag vom 15.2.1992), bestehen keine Bedenken, das Kleidergeld ab 1990 gemäß § 3 Nr. 31 EStG steuerfrei zu belassen.

Dieser Erlass ergeht im Einvernehmen mit den obersten Finanzbehörden des Bundes und der anderen Länder.

Anlage 2
zu H 3.31

Steuerliche Behandlung der an Privatforstbedienstete gezahlten Entschädigungen

Bundeseinheitlich geltende Regelung, für Bayern bekannt gegeben mit Schreiben des Bayer. Staatsministeriums der Finanzen vom 29.6.1990 (Az.: 32 – S 2337 – 10/28 – 39220)

Im Einvernehmen mit dem Bundesminister der Finanzen und den Finanzministern (-senatoren) der anderen Länder gilt für die steuerliche Behandlung der an Privatforstbedienstete in Anlehnung an die Regelungen im staatlichen Forstdienst gezahlten Entschädigungen ab 1.1.1990 Folgendes:

1. Der Dienstkleidungszuschuss ist als Barablösung i. S. d. § 3 Nr. 31 EStG steuerfrei.
2. ...

Anlage 3
zu H 3.31

Dienstkleidung im öffentlichen Dienst als Berufskleidung; Anwendung des BFH-Urteils vom 19.1.1996, BStBl. II S. 202

Bundeseinheitlich geltende Regelung z. B. Erlass des Finanzministeriums Nordrhein-Westfalen vom 26.11.1996 (Az.: S. 2350 – 5 – V B 3)

Nach dem BFH-Urteil vom 19.1.1996, BStBl. II S. 202, wird der Lodenmantel eines Forstbeamten nicht dadurch zur typischen Berufskleidung, dass er nach der Dienstanweisung des Arbeitgebers zur Dienstkleidung zählt und mit einem Dienstabzeichen versehen ist.

Dieses Urteil ist nur auf gleich gelagerte Fälle anzuwenden. Andere Kleidungsstücke als Lodenmäntel, die als Dienstkleidungs- oder Uniformteile dauerhaft gekennzeichnet sind (z. B. durch angenähte oder eingewebte Bundes- oder Landeswappen, Dienstabzeichen der jeweiligen Behörde oder Dienststelle, Posthorn), wie bisher als typische Berufskleidung anzuerkennen (vgl. Abschn. 20 Abs. 1 Nr. 2 LStR).*)

Dieses Schreiben ergeht im Einvernehmen mit dem Bundesministerium der Finanzen und den obersten Finanzbehörden der anderen Länder.

§ 3 Nr. 32 EStG
Steuerfreie Einnahmen

Steuerfrei sind

die unentgeltliche oder verbilligte Sammelbeförderung eines Arbeitnehmers zwischen Wohnung und erster Tätigkeitsstätte sowie bei Fahrten nach § 9 Absatz 1 Satz 3 Nummer 4a Satz 3 mit einem vom Arbeitgeber gestellten Beförderungsmittel, soweit die Sammelbeförderung für den betrieblichen Einsatz des Arbeitnehmers notwendig ist;

R 3.32
Sammelbeförderung von Arbeitnehmern zwischen Wohnung und erster Tätigkeitsstätte (§ 3 Nr. 32 EStG)

Die Notwendigkeit einer Sammelbeförderung ist z. B. in den Fällen anzunehmen, in denen

1. die Beförderung mit öffentlichen Verkehrsmitteln nicht oder nur mit unverhältnismäßig hohem Zeitaufwand durchgeführt werden könnte oder
2. der Arbeitsablauf eine gleichzeitige Arbeitsaufnahme der beförderten Arbeitnehmer erfordert.

H 3.32
Hinweise zu R 3.32
Sammelbeförderung von Arbeitnehmern zwischen Wohnung und erster Tätigkeitsstätte

Lohnsteuerbescheinigung

Bei steuerfreier Sammelbeförderung zwischen Wohnung und erster Tätigkeitsstätte sowie bei Fahrten nach § 9 Abs. 1 Satz 3 Nr. 4a Satz 3 EStG ist der Großbuchstabe F anzugeben (>BMF-Schreiben zur Ausstellung von Lohnsteuerbescheinigungen ab 2015, Anhang 23)**)

---

*) Jetzt R 3.31 Abs. 1 Satz 3 Nr. 2 LStR.
**) Abgedruckt als Anlage 1 zu H 41b LStR.

Sammelbeförderung

Sammelbeförderung i. S. d. § 3 Nr. 32 EStG ist die durch den Arbeitgeber organisierte oder zumindest veranlasste Beförderung mehrerer Arbeitnehmer; sie darf nicht auf dem Entschluss eines Arbeitnehmers beruhen. Das Vorliegen einer Sammelbeförderung bedarf grundsätzlich einer besonderen Rechtsgrundlage. Dies kann ein Tarifvertrag oder eine Betriebsvereinbarung sein (>BFH vom 29.1.2009 – BStBl. 2010 II S. 1067).

§ 3 Nr. 33 EStG
Steuerfreie Einnahmen

Steuerfrei sind

zusätzlich zum ohnehin geschuldeten Arbeitslohn erbrachte Leistungen des Arbeitgebers zur Unterbringung und Betreuung von nicht schulpflichtigen Kindern der Arbeitnehmer in Kindergärten oder vergleichbaren Einrichtungen;

R 3.33
Unterbringung und Betreuung von nicht schulpflichtigen Kindern (§ 3 Nr. 33 EStG)

(1) ¹Steuerfrei sind zusätzliche Arbeitgeberleistungen (>Absatz 5) zur Unterbringung, einschl. Unterkunft und Verpflegung, und Betreuung von nicht schulpflichtigen Kindern des Arbeitnehmers in Kindergärten oder vergleichbaren Einrichtungen. ²Dies gilt auch, wenn der nicht beim Arbeitgeber beschäftigte Elternteil die Aufwendungen trägt. ³Leistungen für die Vermittlung einer Unterbringungs- und Betreuungsmöglichkeit durch Dritte sind nicht steuerfrei.*) ⁴Zuwendungen des Arbeitgebers an einen Kindergarten oder vergleichbare Einrichtung, durch die er für die Kinder seiner Arbeitnehmer ein Belegungsrecht ohne Bewerbungsverfahren und Wartezeit erwirbt, sind den Arbeitnehmern nicht als geldwerter Vorteil zuzurechnen.

(2) ¹Es ist gleichgültig, ob die Unterbringung und Betreuung in betrieblichen oder außerbetrieblichen Kindergärten erfolgt. ²Vergleichbare Einrichtungen sind z. B. Schulkindergärten, Kindertagesstätten, Kinderkrippen, Tagesmütter, Wochenmütter und Ganztagspflegestellen. ³Die Einrichtung muss gleichzeitig zur Unterbringung und Betreuung von Kindern geeignet sein. ⁴Die alleinige Betreuung im Haushalt, z. B. durch Kinderpflegerinnen, Hausgehilfinnen oder Familienangehörige, genügt nicht. ⁵Soweit Arbeitgeberleistungen auch den Unterricht eines Kindes ermöglichen, sind sie nicht steuerfrei. ⁶Das Gleiche gilt für Leistungen, die nicht unmittelbar der Betreuung eines Kindes dienen, z. B. die Beförderung zwischen Wohnung und Kindergarten.

(3) ¹Begünstigt sind nur Leistungen zur Unterbringung und Betreuung von nicht schulpflichtigen Kindern. ²Ob ein Kind schulpflichtig ist, richtet sich nach dem jeweiligen landesrechtlichen Schulgesetz. ³Die Schulpflicht ist aus Vereinfachungsgründen nicht zu prüfen bei Kindern, die

1. das 6. Lebensjahr noch nicht vollendet haben oder
2. im laufenden Kalenderjahr das 6. Lebensjahr nach dem 30. Juni vollendet haben, es sei denn, sie sind vorzeitig eingeschult worden, oder
3. im laufenden Kalenderjahr das 6. Lebensjahr vor dem 1. Juli vollendet haben, in den Monaten Januar bis Juli dieses Jahres.

⁴Den nicht schulpflichtigen Kindern stehen schulpflichtige Kinder gleich, solange sie mangels Schulreife vom Schulbesuch zurückgestellt oder noch nicht eingeschult sind.

(4) ¹Sachleistungen an den Arbeitnehmer, die über den nach § 3 Nr. 33 EStG steuerfreien Bereich hinausgehen, sind regelmäßig mit dem Wert nach § 8 Abs. 2 Satz 1 EStG dem Arbeitslohn hinzuzurechnen. ²Barzuwendungen an den Arbeitnehmer sind nur steuerfrei, soweit der Arbeitnehmer dem Arbeitgeber die zweckentsprechende Verwendung nachgewiesen hat. ³Der Arbeitgeber hat die Nachweise im Original als Belege zum Lohnkonto aufzubewahren.

(5) ¹Die Zusätzlichkeitsvoraussetzung erfordert, dass die zweckbestimmte Leistung zu dem Arbeitslohn hinzukommt, den der Arbeitgeber arbeitsrechtlich schuldet. ²Wird eine zweckbestimmte Leistung unter Anrechnung auf den arbeitsrechtlichen geschuldeten Arbeitslohn oder durch dessen Umwandlung gewährt, liegt keine zusätzliche Leistung vor. ³Eine zusätzliche Leistung liegt aber dann vor, wenn sie unter Anrechnung auf eine andere freiwillige Sonderzahlung, z. B. freiwillig geleistetes Weihnachtsgeld, erbracht wird. ⁴Unschädlich ist es, wenn der Arbeitgeber verschiedene zweckgebundene Leistungen zur Auswahl anbietet oder die übrigen Arbeitnehmer die freiwillige Sonderzahlung erhalten.

H 3.33
Hinweise zu R 3.33
Unterbringung und Betreuung von nicht schulpflichtigen Kindern

Zusätzlichkeitsvoraussetzung

>BMF vom 22.5.2013 (BStBl. I S. 728)**)

Anlage
zu H 3.33

Anforderungen an Zusätzlichkeitsvoraussetzung

BMF-Schreiben vom 22.5.2013 (BStBl. I S. 728)

Mit Urteilen vom 19. September 2012 – VI R 54/11 (BStBl. 2013 II S. 395) und VI R 55/11 (BStBl. 2013 II S. 398) – hat der BFH entschieden, dass in bestimmten lohnsteuerlichen Begünstigungsnormen verwendete Tatbestandsmerkmal „zusätzlich zum ohnehin geschuldeten Arbeitslohn" sei nur bei freiwilligen Arbeitgeberleistungen erfüllt. Aus der Sicht des BFH ist der „ohnehin geschuldete Arbeitslohn" der arbeitsrechtlich geschuldete. „Zusätzlich" zum ohnehin geschuldeten Arbeitslohn werden nur freiwillige Leistungen erbracht. Die Urteile sind ergangen zu den Vorschriften § 3 Nummer 33 EStG (Kinderbetreuungsleistungen des Arbeitgebers), § 40 Absatz 2 Satz 1 Nummer 5 EStG (IT-Leistungen des Arbeitgebers) und § 40 Absatz 2 Satz 2 EStG (Fahrtkostenzuschüsse).

Nach bisheriger BFH-Rechtsprechung setzte das Tatbestandsmerkmal „zusätzlich zum ohnehin geschuldeten Arbeitslohn" lediglich voraus, dass die zweckbestimmte Leistung „zu dem Arbeitslohn hinzukommt, den der Arbeitgeber aus anderen Gründen schuldet" (vgl. BFH-Urteil vom 15. Mai 1998 – VI R 127/97 –, BStBl. II Seite 518). Dass die zusätzliche Leistung auf freiwilliger Basis erfolgen muss, hat der BFH bisher nicht gefordert. Mit den eingangs genannten Entscheidungen verschärft der BFH somit die Anforderungen an die lohnsteuerlichen Vergünstigungen.

Die Verwaltung sieht die Zusätzlichkeitsvoraussetzung abweichend von der neuen BFH-Rechtsprechung als erfüllt an, wenn die zweckbestimmte Leistung zu dem Arbeitslohn hinzukommt, den der Arbeitgeber arbeitsrechtlich schuldet (vgl. R 3.33 Absatz 5 Satz 1 LStR 2011). Nur Gehaltsumwandlungen sind danach schädlich.

Im Einvernehmen mit den obersten Finanzbehörden der Länder gilt zum Tatbestandsmerkmal „zusätzlich zum ohnehin geschuldeten Arbeitslohn" abweichend von der neuen BFH-Rechtsprechung und über den Einzelfall hinaus aus Gründen des Vertrauensschutzes und der Kontinuität der Rechtsanwendung weiterhin Folgendes:

Kommt die zweckbestimmte Leistung zu dem Arbeitslohn hinzu, den der Arbeitgeber schuldet, ist das Tatbestandsmerkmal „zusätzlich zum ohnehin geschuldeten Arbeitslohn" auch dann erfüllt, wenn der Arbeitnehmer arbeitsvertraglich oder aufgrund einer anderen arbeits- oder dienstrechtlichen Rechtsgrundlage einen Anspruch auf die zweckbestimmte Leistung hat.

---

*) Vgl. hierzu aber die Steuerbefreiungsvorschrift des § 3 Nr. 34a EStG.
**) Abgedruckt als Anlage zu H 3.33 LStR.

§ 3 Nr. 34, § 3 Nr. 34a, § 3 Nr. 35, § 3 Nr. 38, § 3 Nr. 39 EStG
R 3.39

§ 3 Nr. 34 EStG
Steuerfreie Einnahmen

zusätzlich zum ohnehin geschuldeten Arbeitslohn erbrachte Leistungen des Arbeitgebers zur Verbesserung des allgemeinen Gesundheitszustandes und der betrieblichen Gesundheitsförderung, die hinsichtlich Qualität, Zweckbindung und Zielgerichtetheit den Anforderungen der §§ 20 und 20a des Fünften Buches Sozialgesetzbuch genügen, soweit sie 500 Euro im Kalenderjahr nicht übersteigen;

§ 3 Nr. 34a EStG
Steuerfreie Einnahmen

zusätzlich zum ohnehin geschuldeten Arbeitslohn erbrachte Leistungen des Arbeitgebers

a) an ein Dienstleistungsunternehmen, das den Arbeitnehmer hinsichtlich der Betreuung von Kindern oder pflegebedürftigen Angehörigen berät oder hierfür Betreuungspersonen vermittelt sowie

b) zur kurzfristigen Betreuung von Kindern im Sinne des § 32 Absatz 1, die das 14. Lebensjahr noch nicht vollendet haben oder die wegen einer vor Vollendung des 25. Lebensjahres eingetretenen körperlichen, geistigen oder seelischen Behinderung außerstande sind, sich selbst zu unterhalten oder pflegebedürftigen Angehörigen des Arbeitnehmers, wenn die Betreuung aus zwingenden und beruflich veranlassten Gründen notwendig ist, auch wenn sie im privaten Haushalt des Arbeitnehmers stattfindet, soweit die Leistungen 600 Euro im Kalenderjahr nicht übersteigen;

§ 3 Nr. 35 EStG
Steuerfreie Einnahmen

die Einnahmen der bei der Deutsche Post AG, Deutsche Postbank AG oder Deutsche Telekom AG beschäftigten Beamten, soweit die Einnahmen ohne Neuordnung des Postwesens und der Telekommunikation nach den Nummern 11 bis 13 und 64 steuerfrei wären;

§ 3 Nr. 38 EStG
Steuerfreie Einnahmen

Steuerfrei sind

Sachprämien, die der Steuerpflichtige für die persönliche Inanspruchnahme von Dienstleistungen von Unternehmen unentgeltlich erhält, die diese zum Zwecke der Kundenbindung im allgemeinen Geschäftsverkehr in einem jedermann zugänglichen planmäßigen Verfahren gewähren, soweit der Wert der Prämien 1 080 Euro im Kalenderjahr nicht übersteigt;

§ 3 Nr. 39 EStG
Steuerfreie Einnahmen

der Vorteil des Arbeitnehmers im Rahmen eines gegenwärtigen Dienstverhältnisses aus der unentgeltlichen oder verbilligten Überlassung von Vermögensbeteiligungen im Sinne des § 2 Absatz 1 Nummer 1 Buchstabe a, b und f bis l und Absatz 2 bis 5 des Fünften Vermögensbildungsgesetzes in der Fassung der Bekanntmachung vom 4. März 1994 (BGBl. I S. 406), zuletzt geändert durch Artikel 2 des Gesetzes vom 7. März 2009 (BGBl. I S. 451), in der jeweils geltenden Fassung, am Unternehmen des Arbeitgebers, soweit der Vorteil insgesamt 360 Euro im Kalenderjahr nicht übersteigt. [2]Voraussetzung für die Steuerfreiheit ist, dass die Beteiligung mindestens allen Arbeitnehmern offensteht, die im Zeitpunkt der Bekanntgabe des Angebots ein Jahr oder länger ununterbrochen in einem gegenwärtigen Dienstverhältnis zum Unternehmen stehen. [3]Als Unternehmen des Arbeitgebers im Sinne des Satzes 1 gilt auch ein Unternehmen im Sinne des § 18 des Aktiengesetzes. [4]Als Wert der Vermögensbeteiligung ist der gemeine Wert anzusetzen;

R 3.39
Steuerfreie Vermögensbeteiligungen
– unbesetzt –

H 3.39
Hinweise zu R 3.39
Steuerfreie Vermögensbeteiligungen

Allgemeine Grundsätze

>BMF vom 8.12.2009 (BStBl. I S. 1513)*)

Anlage
zu H 3.39

Lohnsteuerliche Behandlung der Überlassung von Vermögensbeteiligungen ab 2009 (§ 3 Nummer 39, § 19a EStG)

BMF-Schreiben vom 8.12.2009 (BStBl. I S. 1513)

Durch das Gesetz zur steuerlichen Förderung der Mitarbeiterkapitalbeteiligungen (Mitarbeiterkapitalbeteiligungsgesetz) vom 7. März 2009 (BGBl. I Seite 451, BStBl. I Seite 436) hat die lohnsteuerliche Behandlung der Überlassung von Vermögensbeteiligungen an Arbeitnehmer wesentliche Änderungen erfahren. Unter Bezugnahme auf das Ergebnis einer Erörterung mit den obersten Finanzbehörden der Länder und dem Bundesministerium für Arbeit und Soziales wird zur lohnsteuerlichen Behandlung der Überlassung von Vermögensbeteiligungen ab 2009 wie folgt Stellung genommen:

1. Steuerfreistellung über § 3 Nummer 39 EStG

1.1 Allgemeines (§ 3 Nummer 39 Satz 1 EStG)

1.1.1 Begünstigter Personenkreis

§ 3 Nummer 39 des Einkommensteuergesetzes (EStG) gilt für unbeschränkt und beschränkt einkommensteuerpflichtige Arbeitnehmer (siehe § 1 der Lohnsteuer-Durchführungsverordnung – LStDV –), die in einem gegenwärtigen Dienstverhältnis zum Unternehmen (siehe § 1 Absatz 2 LStDV) stehen. Ein erstes Dienstverhältnis ist nicht Voraussetzung für die Steuerfreistellung.

In einem gegenwärtigen Dienstverhältnis stehen auch Arbeitnehmer, deren Dienstverhältnis ruht (z.B. während der Mutterschutzfristen, der Elternzeit, Zeiten der Ableistung von Wehr- und Zivildienst) oder die sich in der Freistellungsphase einer Altersteilzeitvereinbarung befinden.

Die Überlassung von Vermögensbeteiligungen an frühere Arbeitnehmer des Arbeitgebers ist nur steuerbegünstigt, soweit die unentgeltliche oder verbilligte Vermögensbeteiligung im Rahmen einer Abwicklung des früheren Dienstverhältnisses noch als Arbeitslohn für die tatsächliche Arbeitsleistung überlassen wird. Personen, die ausschließlich Versorgungsbezüge beziehen, stehen nicht mehr in einem gegenwärtigen Dienstverhältnis.

1.1.2 Begünstigte Vermögensbeteiligungen

Die Vermögensbeteiligungen, deren Überlassung nach § 3 Nummer 39 EStG steuerbegünstigt ist, sind in § 3 Nummer 39 Satz 1 EStG i. V. m. § 2 Absatz 1 Nummer 1 Buchstabe a, b und d bis l und Absatz 2 bis 5 des Fünften Vermögensbildungsgesetzes (5. VermBG) abschlie-

*) Abgedruckt als Anlage zu H 3.39 LStR.

ßend aufgezählt. Auf das BMF-Schreiben vom 9. August 2004 (BStBl. I Seite 717), das mit Wirkung ab 2009 durch das BMF-Schreiben vom 16. März 2009 (BStBl. I Seite 501) geändert wurde, wird hingewiesen.*) Aktienoptionen sind keine Vermögensbeteiligungen im Sinne de Fünften Vermögensbildungsgesetzes.

Es muss sich um Beteiligungen „… am Unternehmen des Arbeitgebers …" handeln. Unternehmen, die demselben Konzern im Sinne von § 18 des Aktiengesetzes (AktG) angehören, gelten als Arbeitgeber in diesem Sinne (§ 3 Nummer 39 Satz 3 EStG). Der Begriff „Unternehmen des Arbeitgebers" im Sinne des § 3 Nummer 39 Satz 1 EStG umfasst das gesamte Betätigungsfeld des Arbeitgebers im lohnsteuerlichen Sinn; zum Arbeitgeberbegriff in diesem Sinne siehe § 1 Absatz 2 Satz 2 LStDV, R 19.1 der Lohnsteuer-Richtlinien 2008 – LStR 2008 – sowie die entsprechenden Hinweise.

Inländische und ausländische Investmentanteile können nicht steuerbegünstigt überlassen werden, soweit es sich nicht um Anteile an einem Mitarbeiterbeteiligungs-Sondervermögen im Sinne des § 90l InvG handelt (Ausschluss des Buchstaben c des § 2 Absatz 1 Nummer 1 des 5. VermBG). Dies gilt auch dann, wenn das Sondervermögen oder der ausländische Investmentfonds Vermögenswerte des Arbeitgebers beinhaltet (insbesondere Aktien).**

Die Beteiligung an einem Mitarbeiterbeteiligungs-Sondervermögen ist bei Erwerb von entsprechenden Anteilen durch den Arbeitgeber für den Arbeitnehmer begünstigt, denn aufgrund der besonderen Ausgestaltung des Mitarbeiterbeteiligungs-Sondervermögens handelt es sich ebenfalls dem Grunde nach um eine Beteiligung „… am Unternehmen des Arbeitgebers …"; eine Investition des Sondervermögens in das Unternehmen des Arbeitgebers ist hier nicht erforderlich.**

Auch der Erwerb von Vermögensbeteiligungen durch eine Bruchteilsgemeinschaft sowie der Erwerb durch eine Gesamthandsgemeinschaft, der jeweils ausschließlich Arbeitnehmer angehören, stellt einen Erwerb im Sinne des § 2 Absatz 1 Nummer 1 des 5. VermBG dar. Dies gilt nicht, wenn die gemeinschaftlich erworbenen Vermögensbeteiligungen den Arbeitnehmern bei wirtschaftlicher Betrachtung nicht zuzurechnen sind (vgl. Tz. 4).

1.1.3 Überlassung der Vermögensbeteiligung durch einen Dritten

Voraussetzung für die Steuerbegünstigung ist nicht, dass der Arbeitgeber Rechtsinhaber der zu überlassenden Vermögensbeteiligung am Unternehmen des Arbeitgebers ist. Die Steuerbegünstigung gilt deshalb auch für den geldwerten Vorteil, der bei Überlassung der Vermögensbeteiligung durch einen Dritten entsteht, sofern die Überlassung durch das gegenwärtige Dienstverhältnis veranlasst ist. Eine steuerbegünstigte Überlassung von Vermögensbeteiligungen durch Dritte liegt z. B. vor, wenn der Arbeitnehmer die Vermögensbeteiligung unmittelbar erhält

1. von einem Beauftragten des Arbeitgebers, z.B. einem Kreditinstitut oder anderen Unternehmen, oder
2. von einem Unternehmen, das mit dem Unternehmen des Arbeitgebers in einem Konzern (§ 18 AktG) verbunden ist (z.B. Ausgabe von Aktien oder anderen Vermögensbeteiligungen durch eine Konzernobergesellschaft an Arbeitnehmer der Konzernuntergesellschaft oder zwischen anderen Konzerngesellschaften).

Dabei kommt es nicht darauf an, ob der Arbeitgeber in die Überlassung eingeschaltet ist oder ob der Arbeitgeber dem Dritten den Preis der Vermögensbeteiligung oder die durch die Überlassung entstehenden Kosten ganz oder teilweise ersetzt.

1.1.4 Mehrfache Inanspruchnahme

§ 3 Nummer 39 EStG ist auf das Dienstverhältnis bezogen. Steht der Arbeitnehmer im Kalenderjahr nacheinander oder nebeneinander in mehreren Dienstverhältnissen, kann die Steuerbefreiung in jedem Dienstverhältnis in Anspruch genommen werden.

1.1.5 Geldleistungen

Die Steuerbegünstigung gilt nur für den geldwerten Vorteil, den der Arbeitnehmer durch die unentgeltliche oder verbilligte Überlassung der Vermögensbeteiligung erhält. Deshalb sind Geldleistungen des Arbeitgebers an den Arbeitnehmer zur Begründung oder zum Erwerb der Vermögensbeteiligung oder für den Arbeitnehmer vereinbarte vermögenswirksame Leistungen im Sinne des Fünften Vermögensbildungsgesetzes, die zur Begründung oder zum Erwerb der Vermögensbeteiligung angelegt werden, nicht steuerbegünstigt.

1.1.6 Nebenkosten

Die Übernahme der mit der Überlassung von Vermögensbeteiligungen verbundenen Nebenkosten durch den Arbeitgeber, z. B. Notariatsgebühren, Eintrittsgelder im Zusammenhang mit Geschäftsguthaben bei einer Genossenschaft und Kosten für Registereintragungen, ist kein Arbeitslohn. Ebenfalls kein Arbeitslohn sind vom Arbeitgeber übernommene Depotgebühren, die durch die Festlegung der Wertpapiere für die Dauer einer vertraglich vereinbarten Sperrfrist entstehen; dies gilt entsprechend bei der kostenlosen Depotführung durch den Arbeitgeber.

1.2 Einzubeziehende Arbeitnehmer (§ 3 Nummer 39 Satz 2 Buchstabe b EStG)

Nach § 3 Nummer 39 Satz 2 Buchstabe b EStG ist unabhängig von der arbeitsrechtlichen Verpflichtung zur Gleichbehandlung Voraussetzung für die Steuerfreiheit, dass die Beteiligung mindestens allen Arbeitnehmern (§ 1 LStDV) offen steht, die im Zeitpunkt der Bekanntgabe des Angebots ein Jahr oder länger ununterbrochen in einem gegenwärtigen Dienstverhältnis zum Unternehmen des Arbeitgebers stehen (§ 2 LStDV). Einzubeziehen sind danach z. B. auch geringfügig Beschäftigte, Teilzeitkräfte, Auszubildende und weiterbeschäftigte Rentner. Bei einem Entleiher sind Leiharbeitnehmer nicht einzubeziehen. Arbeitnehmer, die kürzer als ein Jahr in einem Dienstverhältnis zum Unternehmen stehen, können einbezogen werden. Bei einem Konzernunternehmen müssen die Beschäftigten der übrigen Konzernunternehmen nicht einbezogen werden.

Es wird nicht beanstandet, wenn aus Vereinfachungsgründen ins Ausland entsandte Arbeitnehmer (sog. Expatriates) nicht einbezogen werden. Entsprechendes gilt für Organe von Körperschaften, für Mandatsträger, für Arbeitnehmer mit einem gekündigten Dienstverhältnis und für Arbeitnehmer, die zwischen dem Zeitpunkt des Angebots und dem Zeitpunkt der Überlassung der Vermögensbeteiligung aus sonstigen Gründen aus dem Unternehmen ausscheiden (z. B. Auslaufen des Arbeitsvertrages).

War ein Arbeitgeber begründet davon ausgegangen, dass ein bestimmter Arbeitnehmer oder eine bestimmte Gruppe von Arbeitnehmern nicht einzubeziehen ist und stellt sich im Nachhinein etwas anderes heraus, bleibt die Steuerfreiheit der übrigen Arbeitnehmer unberührt.

Beispiel:

Der Arbeitgeber ging davon aus, allen Arbeitnehmern ein Angebot zum verbilligten Erwerb einer Vermögensbeteiligung unterbreitet zu haben. Bei einer nicht einbezogenen Gruppe von Personen stellte sich jedoch im Rahmen einer Lohnsteuer-Außenprüfung heraus, dass es sich nicht um selbständige Mitarbeiter, sondern um Arbeitnehmer handelt. Die Steuerfreiheit der übrigen Arbeitnehmer bleibt davon unberührt.

Hinsichtlich der Konditionen, zu denen die Vermögensbeteiligungen überlassen werden, kann bei den einzelnen Arbeitnehmern differenziert werden (z. B. bezüglich der Höhe einer Zuzahlung oder der Beteiligungswerte). Dies bedarf aus arbeitsrechtlicher Sicht eines sachlichen Grundes.

1.3 Bewertung (§ 3 Nummer 39 Satz 4 EStG)

Nach § 3 Nummer 39 Satz 4 EStG ist als Wert der Vermögensbeteiligung der gemeine Wert zum Zeitpunkt der Überlassung anzusetzen.***) Für die Höhe des Wertes wird dabei an die Grundsätze des

---

*) Die angegebenen BMF-Schreiben wurden ersetzt durch das BMF-Schreiben vom 23.7.2014 (BStBl. I S. 1175), das als Anhang 6 abgedruckt ist.

**) Überholt, die im Investmentgesetz enthaltenen Regelungen zu Mitarbeiterbeteiligungs-Sondervermögen wurden durch das AIFM-Umsetzungsgesetz vom 4.7.2013 (BGBl. I S. 1981) aufgehoben. Die Folgeänderungen im Fünften Vermögensbildungsgesetz (Streichung der Regelungen zu Mitarbeiterbeteiligungs-Sondervermögen) erfolgten durch das AIFM-Steuer-Anpassungsgesetz vom 18.12.2013 (BGBl. I S. 4318, BStBl. 2014 I S. 2). Anteile an OGAV-Sondervermögen sowie an als Sondervermögen aufgelegten offenen Publikums-AIF nach den §§ 218 und 219 des Kapitalanlagegesetzbuchs sowie Anteile an offenen EU-Investvermögen und offenen AIF, die nach dem Kapitalanlagegesetzbuch vertrieben werden dürfen, können nicht steuerbegünstigt überlassen werden (Ausschluss des Buchstaben c des § 2 Absatz 1 Nummer 1 des 5. VermBG).

***) Entsprechend dem BFH-Urteil vom 7.5.2014 (BStBl. II S. 904) können auch die Wertverhältnisse bei Abschluss des für beiden Seiten verbindlichen Veräußerungsgeschäfts herangezogen werden.

§ 3 Nr. 44 EStG

Bewertungsgesetzes (BewG) angeknüpft und nicht an die üblichen Endpreise am Abgabeort, wie sie nach § 8 Absatz 2 Satz 1 EStG sonst für die nicht in Geld bestehenden Einnahmen im Regelfall anzusetzen sind. § 8 Absatz 2 Satz 9 EStG*) und R 8.1 Absatz 2 Satz 9 LStR 2008**) sind daher nicht anzuwenden.

Für die Bewertung der in § 3 Nummer 39 EStG genannten Vermögensbeteiligungen gilt immer § 3 Nummer 39 Satz 4 EStG als spezielle Bewertungsvorschrift, und zwar auch dann, wenn die Steuerbegünstigung nach § 3 Nummer 39 EStG nicht greift.

Veräußerungssperren mindern den Wert der Vermögensbeteiligung nicht (vgl. BFH-Urteile vom 7. April 1989 – VI R 47/88 –, BStBl. II Seite 608 und vom 30. September 2008 – VI R 67/05 –, BStBl. 2009 II Seite 282).

Aus Vereinfachungsgründen kann die Ermittlung des Wertes der Vermögensbeteiligung beim einzelnen Arbeitnehmer am Tag der Ausbuchung beim Überlassenden oder dessen Erfüllungsgehilfen erfolgen; es kann auch auf den Vortag der Ausbuchung abgestellt werden. Bei allen begünstigten Arbeitnehmern kann aber auch der durchschnittliche Wert der Vermögensbeteiligungen angesetzt werden, wenn das Zeitfenster der Überlassung nicht mehr als einen Monat beträgt. Dies gilt jeweils im Lohnsteuerabzugs- und Veranlagungsverfahren.***)

1.4 Ermittlung des steuerfreien geldwerten Vorteils

Der geldwerte Vorteil ergibt sich aus dem Unterschied zwischen dem Wert der Vermögensbeteiligung bei Überlassung und dem Preis, zu dem die Vermögensbeteiligung dem Arbeitnehmer überlassen wird. Der Zeitpunkt der Beschlussfassung über die Überlassung, der Zeitpunkt des Angebots an die Arbeitnehmer und der Zeitpunkt des Abschlusses des obligatorischen Rechtsgeschäfts sind in jedem Fall unmaßgeblich. Bei einer Verbilligung ist es unerheblich, ob der Arbeitgeber einen prozentualen Abschlag auf den Wert der Vermögensbeteiligung oder einen Preisvorteil in Form eines Festbetrags gewährt.

1.5 Pauschalbesteuerung nach § 37b EStG

Nach § 37b Absatz 2 Satz 2 EStG sind sämtliche Vermögensbeteiligungen von der Anwendung des § 37b EStG ausgeschlossen. Steuerpflichtige geldwerte Vorteile aus der Überlassung von Vermögensbeteiligungen (z. B. den steuerfreien Höchstbetrag nach § 3 Nummer 39 Satz 1 EStG übersteigende geldwerte Vorteile und Fälle, in denen die Steuerfreistellung des § 3 Nummer 39 EStG bereits dem Grunde nach nicht greift) sind danach grds. individuell zu besteuern.

1.6 Zuflusszeitpunkt****)

Der Zuflusszeitpunkt bestimmt sich nach den allgemeinen lohnsteuerlichen Regelungen. Zeitpunkt des Zuflusses ist der Tag der Erfüllung des Anspruchs des Arbeitnehmers auf Verschaffung der wirtschaftlichen Verfügungsmacht über die Vermögensbeteiligung (BFH-Urteil vom 23. Juni 2005 – VI R 10/03 –, BStBl. II Seite 770). Bei Aktien ist dies der Zeitpunkt der Einbuchung der Aktien in das Depot des Arbeitnehmers (BFH-Urteil vom 20. November 2008 – VI R 25/05 –, BStBl. II 2009 Seite 382). Zu Vereinfachungsregelungen siehe aber unter Tz. 1.3.

Muss der Arbeitnehmer aufgrund der getroffenen Vereinbarung einen höheren Kaufpreis als z. B. den Kurswert der Vermögensbeteiligung zahlen, führt dies nicht zu negativem Arbeitslohn. Entsprechendes gilt für Kursrückgänge nach dem Zuflusszeitpunkt.

2. Erstmalige Anwendung des § 3 Nummer 39 EStG

§ 3 Nummer 39 EStG gilt infolge der Anwendungsregelung in § 52 Absatz 1 EStG erstmals für die Lohnzahlungszeiträume des Jahres 2009 (bei laufendem Arbeitslohn) und für die Zuflusszeitpunkte im Jahr 2009 (bei sonstigen Bezügen).

Hat der Arbeitgeber in der Zeit zwischen dem 1. Januar 2009 und dem 31. März 2009 Vermögensbeteiligungen im Sinne des § 3 Nummer 39 EStG überlassen und sind diese nach dem 1. April 2009 (Inkrafttreten des Mitarbeiterkapitalbeteiligungsgesetzes) steuerlich anders zu behandeln (keine Begrenzung auf den halben Wert der Beteiligung, neuer Höchstbetrag von 360 €), greift § 41c Absatz 1 Nummer 2 EStG. Der Arbeitgeber kann den Lohnsteuerabzug ändern; er ist dazu verpflichtet, wenn ihm dies wirtschaftlich zumutbar ist (§ 41c Absatz 1 Satz 2 EStG in der Fassung des Gesetzes zur Sicherung von Beschäftigung und Stabilität in Deutschland vom 2. März 2009, BGBl. I Seite 416, BStBl. I Seite 434). Ändert der Arbeitgeber den Lohnsteuerabzug nicht, kann der Arbeitnehmer beim Finanzamt den höheren Steuerfreibetrag in der Regel bei der Veranlagung zur Einkommensteuer geltend machen.

3. Weiteranwendung des § 19a EStG a. F. über § 52 Absatz 35 EStG

Die Übergangsregelung nach § 52 Absatz 35 Nummer 2 EStG greift auch dann, wenn eine Vereinbarung vor dem 1. April 2009 getroffen wurde, aber die Höhe des geldwerten Vorteils noch ungewiss ist. Dies ist z. B. der Fall, wenn die Höhe der Vermögensbeteiligung und damit die Höhe des geldwerten Vorteils vom Betriebsergebnis abhängig ist.

Die Übergangsregelung des § 52 Absatz 35 Nummer 2 EStG ist betriebsbezogen, nicht personenbezogen. Sie kann auch greifen, wenn das Dienstverhältnis nach dem 31. März 2009 begründet wird.

4. Mitarbeiterbeteiligungsprogramm nach französischem Recht (FCPE)

Nach ständiger Rechtsprechung des BFH (siehe u. a. BFH vom 23. Juni 2005 – VI R 124/99 –, BStBl. II Seite 766, zu den Wandelschuldverschreibungen) führt das Innehaben von Ansprüchen oder Rechten ggü. dem Arbeitgeber regelmäßig noch nicht zum Lohnzufluss. Der Zufluss ist grundsätzlich erst mit der Erfüllung des Anspruchs (der Gewinnchance) gegeben. Ein Vorteil ist dem Arbeitnehmer erst dann zugeflossen, wenn die geschuldete Leistung tatsächlich erbracht worden ist, er also wirtschaftlich verfügt oder zumindest verfügen kann.

Unter Berücksichtigung dieser Grundsätze erfolgt bei Mitarbeiterbeteiligungsprogrammen mittels Einschaltung eines Fonds Commun de Placement d'Entreprise (FCPE) nach französischem Recht und in gleich gelagerten Fällen eine Besteuerung des geldwerten Vorteils erst im Zeitpunkt der Auflösung des Programms und Überweisung eines Geldbetrags an den Arbeitnehmer bzw. der Zuwendung anderer Vorteile (z. B. Tausch in Aktien). Dies gilt unabhängig von der Ausgestaltung im Einzelfall. Bis zur Auflösung des Programms fließen dem Arbeitnehmer auch keine Kapitaleinkünfte (Dividenden, Zinsen etc.) zu.

5. Anwendung

Dieses Schreiben ist ab 1. Januar 2009 anzuwenden.

§ 3 Nr. 44 EStG
Steuerfreie Einnahmen

Steuerfrei sind

Stipendien, die aus öffentlichen Mitteln oder von zwischenstaatlichen oder überstaatlichen Einrichtungen, denen die Bundesrepublik Deutschland als Mitglied angehört, zur Förderung der Forschung oder zur Förderung der wissenschaftlichen oder künstlerischen Ausbildung oder Fortbildung gewährt werden. ²Das Gleiche gilt für Stipendien, die zu den in Satz 1 bezeichneten Zwecken von einer Einrichtung, die von einer Körperschaft des öffentlichen Rechts errichtet ist oder verwaltet wird, oder von einer Körperschaft, Personenvereinigung oder Vermögensmasse im Sinne des § 5 Absatz 1 Nummer 9 des Körperschaftsteuergesetzes gegeben werden. ³Voraussetzung für die Steuerfreiheit ist, dass

a) die Stipendien einen für die Erfüllung der Forschungsaufgabe oder für die Bestreitung des Lebensunterhalts und die

---

*) Jetzt § 8 Abs. 2 Satz 11 EStG.
**) Jetzt R 8.1 Abs. 2 Satz 3 LStR.
***) Entsprechend dem BFH-Urteil vom 7.5.2014 (BStBl. II S. 904) können auch die Wertverhältnisse bei Abschluss des für beide Seiten verbindlichen Veräußerungsgeschäfts herangezogen werden.
****) Ein Zufluss von Arbeitslohn liegt nicht vor, solange dem Arbeitnehmer eine Verfügung über die Vermögensbeteiligung rechtlich unmöglich ist (> BFH vom 30.6.2011 – BStBl. 2012 II S. 923 zu vinkulierten Namensaktien. Im Gegensatz dazu stehen Sperr- und Haltefristen einem Zufluss nicht entgegen (>BFH vom 30.9.2008 – BStBl. 2009 II S. 282).

Deckung des Ausbildungsbedarfs erforderlichen Betrag nicht übersteigen und nach den von dem Geber erlassenen Richtlinien vergeben werden,

b) der Empfänger im Zusammenhang mit dem Stipendium nicht zu einer bestimmten wissenschaftlichen oder künstlerischen Gegenleistung oder zu einer bestimmten Arbeitnehmertätigkeit verpflichtet ist;

Anlage
zu § 3 Nr. 44 EStG

Steuerfreiheit von EXIST-Gründerstipendien nach § 3 Nr. 44 EStG

Verfügung des Bayer. Landesamtes für Steuern vom 20.5.2008 (Az.: S 2342 – 15 – St 32/St 33)

Auf Bund/Länderebene wurde die Frage erörtert, ob EXIST-Gründerstipendien unter die Steuerbefreiungsvorschrift des § 3 Nr. 44 EStG fallen.

Die Frage wurde mit folgender Begründung verneint:

§ 3 Nr. 44 EStG stellt Stipendien steuerfrei, soweit sie zur Förderung der Forschung oder zur Förderung der wissenschaftlichen oder künstlerischen Ausbildung oder Fortbildung gewährt werden. Andere Ziele werden von § 3 Nr. 44 EStG nicht erfasst. Die EXIST-Gründerstipendien dienen – wie ihre Bezeichnung schon andeutet – in erster Linie dazu, Existenzgründungsvorhaben auf dem Weg in die Selbständigkeit zu unterstützen. Das Gründungsklima an Hochschulen und Forschungseinrichtungen soll verbessert werden. Die Gründerstipendien bezwecken also gerade nicht, Forschung oder wissenschaftliche Ausbildung zu fördern. Vielmehr sind sie darauf gerichtet, den Übergang von der wissenschaftlichen Ausbildung in den Markt zu ermöglichen. Eine Anwendung des § 3 Nr. 44 EStG kommt daher nicht in Betracht.

§ 3 Nr. 45 EStG
Steuerfreie Einnahmen

Steuerfrei sind

die Vorteile des Arbeitnehmers aus der privaten Nutzung von betrieblichen Datenverarbeitungsgeräten und Telekommunikationsgeräten sowie deren Zubehör, aus zur privaten Nutzung überlassenen System- und Anwendungsprogrammen, die der Arbeitgeber auch in seinem Betrieb einsetzt, und aus den im Zusammenhang mit diesen Zuwendungen erbrachten Dienstleistungen. ²Satz 1 gilt entsprechend für Steuerpflichtige, denen die Vorteile im Rahmen einer Tätigkeit zugewendet werden, für die sie eine Aufwandsentschädigung im Sinne des § 3 Nummer 12 erhalten.

R 3.45
Betriebliche Datenverarbeitungs- und Telekommunikationsgeräte (§ 3 Nr. 45 EStG)

¹Die Privatnutzung betrieblicher Datenverarbeitungs- und Telekommunikationsgeräte durch den Arbeitnehmer ist unabhängig vom Verhältnis der beruflichen zur privaten Nutzung steuerfrei. ²Die Steuerfreiheit umfasst auch die Nutzung von Zubehör und Software. ³Sie ist nicht auf die private Nutzung im Betrieb beschränkt, sondern gilt beispielsweise auch für Mobiltelefone im Auto oder Personalcomputer in der Wohnung des Arbeitnehmers. ⁴Die Steuerfreiheit gilt nur für die Überlassung zur Nutzung durch den Arbeitgeber oder aufgrund des Dienstverhältnisses durch einen Dritten. ⁵In diesen Fällen sind auch die vom Arbeitgeber getragenen Verbindungsentgelte (Grundgebühr und sonstige laufende Kosten) steuerfrei. ⁶Für die Steuerfreiheit kommt es nicht darauf an, ob die Vorteile zusätzlich zum ohnehin geschuldeten Arbeitslohn oder aufgrund einer Vereinbarung mit dem Arbeitgeber über die Herabsetzung von Arbeitslohn erbracht werden.

H 3.45
Hinweise zu R 3.45
Betriebliche Datenverarbeitungs- und Telekommunikationsgeräte

Anwendungsbereich

Die auf Arbeitnehmer beschränkte Steuerfreiheit für die Vorteile aus der privaten Nutzung von betrieblichen Personalcomputern und Telekommunikationsgeräten (§ 3 Nr. 45 EStG) verletzt nicht den Gleichheitssatz (>BFH vom 21.6.2006 – BStBl. II S. 715).

Beispiele für die Anwendung des § 3 Nr. 45 EStG:

– **Betriebliche Datenverarbeitungsgeräte und Telekommunikationsgeräte**

  Begünstigt sind u. a. Personalcomputer, Laptop, Handy, Smartphone, Tablet, Autotelefon.

  Regelmäßig nicht begünstigt sind Smart TV, Konsole, MP3-Player, Spielautomat, E-Book-Reader, Gebrauchsgegenstand mit eingebautem Mikrochip, Digitalkamera und digitaler Videocamcorder, weil es sich nicht um betriebliche Geräte des Arbeitgebers handelt. Nicht begünstigt ist auch ein vorinstalliertes Navigationsgerät im Pkw (>BFH vom 16.2.2005 – BStBl II S. 563).

– **System- und Anwendungsprogramme**

  Begünstigt sind u. a. Betriebssystem, Browser, Virenscanner, Softwareprogramm (z. B. Home-Use-Programme, Volumenlizenzvereinbarung).

  Regelmäßig nicht begünstigt sind mangels Einsatz im Betrieb des Arbeitgebers u. a. Computerspiele.

– **Zubehör**

  Begünstigt sind u. a. Monitor, Drucker, Beamer, Scanner, Modem, Netzwerkswitch, Router, Hub, Bridge, ISDN-Karte, Sim-Karte, UMTS-Karte, LTE-Karte, Ladegeräte und Transportbehältnisse.

– **Dienstleistung**

  Begünstigt ist insbesondere die Installation oder Inbetriebnahme der begünstigten Geräte und Programme i. S. d. § 3 Nr. 45 EStG durch einen IT-Service des Arbeitgebers.

Anlage 1
zu H 3.45

Steuerfreiheit der Vorteile des Arbeitnehmers aus der Privatnutzung von betrieblichen Telekommunikationsgeräten nach § 3 Nr. 45 EStG

Erlass des Finanzministeriums Nordrhein-Westfalen vom 22.10.2002 (Az.: S 2342 – 40 – V B 3)

Nach Abstimmung mit den obersten Finanzbehörden des Bundes und der Länder gilt zu den folgenden Fallgestaltungen (jeweils Festnetztelefon, der Arbeitnehmer ist Vertragspartner des Telekommunikationsanbieters) Folgendes:

Fall 1:

Der Arbeitgeber beauftragt das Telekommunikationsunternehmen, seinem Arbeitnehmer ein Telefon zur Verfügung zu stellen. Die monatlichen Kosten übernimmt der Arbeitgeber.

Die Voraussetzungen für eine Steuerbefreiung nach § 3 Nr. 45 EStG sind erfüllt, da es sich um die Zurverfügungstellung eines betrieblichen – wenn auch vom Arbeitgeber gemieteten – Telekommunikationsgeräts handelt.

Fall 2:

Der Arbeitnehmer kauft ein Telefon bzw. hat ein Telefon vor längerer Zeit erworben und vermietet dieses Gerät an den Arbeitgeber. Dieser überlässt das Gerät wiederum an den Arbeitnehmer.

Der Arbeitnehmer ist zivilrechtlicher und auch wirtschaftlicher Eigentümer des Telekommunikationsgeräts. Es handelt sich – trotz Anmietung des Geräts durch den Arbeitgeber – nicht um die Zurverfügungstellung eines betrieblichen Telekommunikationsgeräts im

Sinne der Steuerbefreiungsvorschrift des § 3 Nr. 45 EStG (vgl. insoweit auch das Urteil des Bundesfinanzhofs – BFH – vom 6.11.2001, Bundessteuerblatt – BStBl. – 2002 II S. 164, wonach bei Arbeitgebererstattung der Kosten für einen Pkw des Arbeitnehmers Barlohn und kein Nutzungsvorteil vorliegt).

Fall 3:

Der Arbeitgeber kauft ein Telefon und stellt es dem Arbeitnehmer (zeitlich unbegrenzt) zur Verfügung.

Die Steuerbefreiungsvorschrift ist ausgeschlossen, wenn der Arbeitnehmer als wirtschaftlicher Eigentümer des Telekommunikationsgeräts anzusehen ist. In diesem Fall handelt es sich nicht mehr um eine Nutzungsüberlassung, sondern um die Übertragung des Telekommunikationsgeräts.

Der Arbeitnehmer ist wirtschaftlicher Eigentümer, wenn er die tatsächliche Sachherrschaft über das Telekommunikationsgerät in einer Weise ausübt, dass er den Arbeitgeber im Regelfall von der Einwirkung auf das Wirtschaftsgut ausschließen kann (§ 39 Abs. 2 Nr. 1 der Abgabenordnung). Dem Herausgabeanspruch des Arbeitgebers als zivilrechtlichem Eigentümer darf keine wirtschaftliche Bedeutung mehr zukommen. Im Regelfall ist derjenige, der lediglich zur Nutzung eines Wirtschaftsguts berechtigt ist, nicht wirtschaftlich Eigentümer. Eine andere Beurteilung kann aber z. B. in Betracht kommen, wenn dem Arbeitnehmer ein Kaufrecht zusteht und bei Ausübung dieser Option nur ein unverhältnismäßig geringer Kaufpreis zu entrichten ist (BFH-Urteil vom 9.12.1999, BStBl. 2001 II S. 311, 314).

Anlage 2
zu H 3.45

Umsatzsteuerliche Behandlung der privaten Nutzung von betrieblichen Personalcomputern und Telekommunikationsgeräten durch Arbeitnehmer

BMF-Schreiben vom 11.4.2001 (Az.: IV B 7 – S 7109 – 14/01)

Im Zusammenhang mit der Einführung einer einkommensteuerrechtlichen Steuerbefreiung der Vorteile der Arbeitnehmers aus der privaten Nutzung von betrieblichen Personalcomputern und Telekommunikationsgeräten (§ 3 Nr. 45 EStG) waren entsprechende Steuerbefreiungen bzw. Vereinfachungen auch im Bereich der Umsatzsteuer angeregt worden.

Die Angelegenheit ist zwischenzeitlich mit den obersten Finanzbehörden der Länder erörtert worden.

Das Ergebnis der Erörterung lässt sich wie folgt zusammenfassen:

Da die Umsatzsteuer als allgemeine Verbrauchsabgabe den gesamten privaten Verbrauch von Waren und Dienstleistungen belasten soll, unterliegt die private Internetnutzung als unentgeltliche Wertabgabe des unternehmerischen Arbeitgebers an den Arbeitnehmer ebenso den Vorschriften des Umsatzsteuerrechts, wie z. B. die unentgeltliche Gewährung von Kost, die kostenlose Abgabe von Waren oder die Überlassung eines sog. Firmenwagens. Dabei sind im Umsatzsteuerrecht zwingende EU-rechtliche Vorgaben zu beachten, die eine Regelung wie im Lohnsteuerrecht ausschließen.

Umsatzsteuerrechtlich sind im Wesentlichen drei mögliche Fallgestaltungen zu unterscheiden:

1. Überlassung gegen Entgelt

Stellt der Arbeitgeber die Nutzung betrieblicher Computer oder Telekommunikationsgeräte entgeltlich für Privatzwecke des Arbeitnehmers zur Verfügung, so handelt es sich um einen steuerbaren und steuerpflichtigen Vorgang. Es liegt eine entgeltliche sonstige Leistung des Arbeitgebers an den Arbeitnehmer vor.

2. Überlassung ohne Entgelt

Wenn Arbeitnehmer betriebliche Telekommunikationsgeräte (inkl. PC) kostenlos für ihre Privatzwecke (z. B. privaten Schriftverkehr, privates Internetsurfen) nutzen dürfen, erbringt der Arbeitgeber ihnen gegenüber grundsätzlich steuerbare und steuerpflichtige unentgeltliche Wertabgaben i. S. des § 3 Abs. 9a UStG. Nach Abschn. 12 Abs. 4 UStR*) liegen allerdings nicht steuerbare Leistungen vor, die überwiegend durch das betriebliche Interesse des Arbeitgebers veranlasst sind, wenn die Nutzung betrieblicher Einrichtungen zwar auch die Befriedigung eines privaten Bedarfs der Arbeitnehmer zur Folge haben, diese Folge aber durch die mit der Nutzung angestrebten betrieblichen Zwecke überlagert wird.

Aufmerksamkeiten, die bereits den Tatbestand der unentgeltlichen Wertabgabe nicht erfüllen würden, liegen hier nicht vor.

3. Nutzung gegen den Willen des Arbeitgebers

Wenn der Arbeitnehmer gegen den Willen des Arbeitgebers Telekommunikationsgeräte privat nutzt, fehlt es an der willentlichen Wertabgabe des Arbeitgebers. Es liegt ein nicht steuerbarer Vorgang vor, aus dem ggf. zivil- bzw. arbeitsrechtliche Konsequenzen zu ziehen sind.

§ 3 Nr. 50 EStG
Steuerfreie Einnahmen

Steuerfrei sind

die Beträge, die der Arbeitnehmer vom Arbeitgeber erhält, um sie für ihn auszugeben (durchlaufende Gelder), und die Beträge, durch die Auslagen des Arbeitnehmers für den Arbeitgeber ersetzt werden (Auslagenersatz);

R 3.50
Durchlaufende Gelder, Auslagenersatz (§ 3 Nr. 50 EStG)

(1) ¹Durchlaufende Gelder oder Auslagenersatz liegen vor, wenn

1. der Arbeitnehmer die Ausgaben für Rechnung des Arbeitgebers macht, wobei es gleichgültig ist, ob das im Namen des Arbeitgebers oder im eigenen Namen geschieht und

2. über die Ausgaben im Einzelnen abgerechnet wird.

²Dabei sind die Ausgaben des Arbeitnehmers bei ihm so zu beurteilen, als hätte der Arbeitgeber sie selbst getätigt. ³Die Steuerfreiheit der durchlaufenden Gelder oder des Auslagenersatzes nach § 3 Nr. 50 EStG ist hiernach stets dann ausgeschlossen, wenn die Ausgaben durch das Dienstverhältnis des Arbeitnehmers veranlasst sind (>R 19.3). ⁴Durchlaufende Gelder- oder Auslagenersatz werden immer zusätzlich gezahlt, da sie ihrem Wesen nach keinen Arbeitslohn darstellen. ⁵Sie können daher auch keinen anderen Arbeitslohn ersetzen.

(2) ¹Pauschaler Auslagenersatz führt regelmäßig zu Arbeitslohn. ²Ausnahmsweise kann pauschaler Auslagenersatz steuerfrei bleiben, wenn er regelmäßig wiederkehrt und der Arbeitnehmer die entstandenen Aufwendungen für einen repräsentativen Zeitraum von drei Monaten im Einzelnen nachweist. ³Dabei können bei Aufwendungen für Telekommunikation auch die Aufwendungen für das Nutzungsentgelt einer Telefonanlage sowie für den Grundpreis der Anschlüsse entsprechend dem beruflichen Anteil der Verbindungsentgelte an den gesamten Verbindungsentgelten (Telefon und Internet) steuerfrei ersetzt werden. ⁴Fallen erfahrungsgemäß beruflich veranlasste Telekommunikationsaufwendungen an, können aus Vereinfachungsgründen ohne Einzelnachweis bis zu 20 % des Rechnungsbetrags, höchstens 20 Euro monatlich steuerfrei ersetzt werden. ⁵Zur weiteren Vereinfachung kann der monatliche Durchschnittsbetrag, der sich aus den Rechnungsbeträgen für einen repräsentativen Zeitraum von drei Monaten ergibt, für den pauschalen Auslagenersatz fortgeführt werden. ⁶Der pauschale Auslagenersatz bleibt grundsätzlich so lange steuerfrei, bis sich die Verhältnisse wesentlich ändern. ⁷Eine wesentliche Änderung der Verhältnisse kann sich insbesondere im Zusammenhang mit einer Änderung der Berufstätigkeit ergeben.

---

*) Jetzt Abschnitt 1.8 Abs. 4 UStAE, abgedruckt als Anhang 14.

H 3.50
Hinweise zu R 3.50
Durchlaufende Gelder, Auslagenersatz

Allgemeines

- **Nicht** nach § 3 Nr. 50 EStG **steuerfrei**
  Ersatz von Werbungskosten
  Ersatz von Kosten der privaten Lebensführung des Arbeitnehmers
- **Steuerfrei** ist z. B. der Ersatz von Gebühren für ein geschäftliches Telefongespräch, das der Arbeitnehmer für den Arbeitgeber außerhalb des Betriebs führt.

Ersatz von Reparaturkosten

Ersetzt der Arbeitgeber aufgrund einer tarifvertraglichen Verpflichtung dem als Orchestermusiker beschäftigten Arbeitnehmer die Kosten der Instandsetzung des dem Arbeitnehmer gehörenden Musikinstruments, so handelt es sich dabei um steuerfreien Auslagenersatz (>BFH vom 28.3.2006 – BStBl. II S. 473).

Garagenmiete

Stellt der Arbeitnehmer den Dienstwagen in einer von ihm angemieteten Garage unter, handelt es sich bei der vom Arbeitgeber erstatteten Garagenmiete um steuerfreien Auslagenersatz (>BFH vom 7.6.2002 – BStBl. II S. 829).

Pauschaler Auslagenersatz

führt regelmäßig zu Arbeitslohn (>BFH vom 10.6.1966 – BStBl. II S. 607). Er ist nur dann steuerfrei, wenn der Steuerpflichtige nachweist, dass die Pauschale den tatsächlichen Aufwendungen im Großen und Ganzen entspricht (>BFH vom 2.10.2003 – BStBl. 2004 II S. 129).

Anlage 1
zu H 3.50

Lohnsteuerliche Behandlung von Futter- und Wartungskosten für Wachhunde

Bundeseinheitlich geltende Regelung, für Bayern bekannt gegeben mit Schreiben des Bayer. Staatsministeriums der Finanzen vom 11.7.1990 (Az.: 32 – S 2336 – 4/22 – 28874)

Mit FM-Schreiben vom 15.10.1986 (Az.: 32 – S 2336 – 4/15 – 57553) ist zugelassen worden, dass die Arbeitgeber im Bewachungsgewerbe an die Arbeitnehmer für die Wartung und Pflege einschließlich Futtermittelbeschaffung der Wachhunde bis zu 5 DM täglich steuerfrei zahlen können. Diese Regelung gilt letztmals für 1989, da der steuerfreie Werbungskostenersatz ab 1990 durch das Steuerreformgesetz abschließend gesetzlich geregelt worden ist.

Ab 1.1.1990 gilt im Einvernehmen mit dem Bundesminister der Finanzen und den Finanzministern (-senatoren) der anderen Länder Folgendes:

Die vom Arbeitgeber ohne Kostennachweis ersetzten Futter- und Wartungskosten bis zu 5 DM täglich gehören zum steuerpflichtigen Arbeitslohn, da es sich weder um Werkzeuggeld noch um Auslagenersatz handelt. Die Steuerfreiheit als Werkzeuggeld kommt nicht in Betracht, da ein Wachhund kein Werkzeug i. S. des § 3 Nr. 30 EStG ist. Auslagenersatz i. S. des § 3 Nr. 50 EStG liegt nicht vor, da bei einem eigenen Wachhund des Wachmannes ein eigenes Interesse an den Aufwendungen vorliegt. Ein pauschaler Auslagenersatz für einen im Eigentum der Wachgesellschaft stehenden Wachhund kann nicht anerkannt werden, da es sich bei 5 DM täglich nicht um einen kleineren Betrag handelt, der erfahrungsgemäß den Aufwand nicht übersteigt (Abschnitt 22 Abs. 2 Satz 2 LStR). Die Steuerfreiheit der Arbeitgeberleistungen als Auslagenersatz nach § 3 Nr. 50 EStG kommt nur dann in Betracht, wenn der Wachhund Eigentum der Wachgesellschaft ist und über die Futter- und Wartungskosten einzeln abgerechnet wird (Abschnitt 22 Abs. 1 LStR).

Anlage 2
zu H 3.50

Lohnsteuerliche Behandlung tariflicher Waschgelder an Kaminkehrergesellen

Bundeseinheitlich geltende Regelung, für Bayern bekannt gegeben mit Schreiben des Bayer. Staatsministeriums der Finanzen vom 21.3.1991 (Az.: 32 – S 2332 – 117/2 – 14472)

Das Waschgeld kann nicht als Auslagenersatz im Sinne des § 3 Nr. 50 EStG anerkannt werden. Da es sich bei dem Waschgeld um eine Barleistung handelt, kann es auch nicht als Arbeitgeberleistung zur Verbesserung der Arbeitsbedingungen (Abschnitt 70 Abs. 3 Nr. 1 LStR) oder als Aufmerksamkeit (Abschnitt 73 LStR) steuerfrei bleiben. Das Waschgeld gehört deshalb zum steuerpflichtigen Arbeitslohn.

Dieses Schreiben ergeht im Einvernehmen mit dem Bundesminister der Finanzen und den Finanzministern (-senatoren) der anderen Länder.

Anlage 3
zu H 3.50

Steuerliche Behandlung der an Privatforstbedienstete gezahlten Entschädigungen

Bundeseinheitlich geltende Regelung, für Bayern bekannt gegeben mit Schreiben des Bayer. Staatsministeriums der Finanzen vom 29.6.1990 (Az.: 32 – S 2337 – 10/28 – 39220)

Im Einvernehmen mit dem Bundesminister der Finanzen und den Finanzministern (-senatoren) der anderen Länder gilt für die steuerliche Behandlung der an Privatforstbedienstete in Anlehnung an die Regelungen im staatlichen Forstdienst gezahlten Entschädigungen ab 1.1.1990 Folgendes:

1. Der Dienstkleidungszuschuss ist als Barablösung i. S. d. § 3 Nr. 31 EStG steuerfrei.
2. Beim Futtergeld, der Jagdaufwandsentschädigung, dem Schussgeld und der Pauschalentschädigung für das Dienstzimmer handelt es sich um den Ersatz von Werbungskosten des Arbeitnehmers durch den Arbeitgeber. Diese Entschädigungen rechnen deshalb zum steuerpflichtigen Arbeitslohn.

Anlage 4
zu H 3.50

Übernahme der Aufwendungen für den Führerschein bei Feuerwehrleuten durch die Gemeinde

Schreiben des Bayer. Staatsministeriums der Finanzen vom 16.6.2004 (Az.: 34 – S 2337 – 158 – 25617/04)

Aufgrund der Einführung des EU-Führerscheins zum 1.1.1999 dürfen Inhaber der Fahrerlaubnisklasse B nur noch Fahrzeuge mit einer zulässigen Gesamtmasse von nicht mehr als 3,5 t führen. Die Fahrzeuge der (Freiwilligen) Feuerwehren überschreiten zumeist dieses Gewicht, so dass viele Gemeinden die Kosten für den Erwerb der Führerscheinklasse C 1/C übernehmen. Es ist gefragt worden, ob die Übernahme der Kosten für den Erwerb der Führerscheinklasse C 1/C durch die Gemeinden zu einem geldwerten Vorteil bei den Feuerwehrleuten führt.

In Abstimmung mit den obersten Finanzbehörden des Bundes und der andern Länder wird hierzu folgende Auffassung vertreten:

Nach der ständigen Rechtsprechung des Bundesfinanzhofs sind solche Vorteile nicht als Arbeitslohn anzusehen, die sich bei objektiver Würdigung aller Umstände nicht als Entlohnung, sondern lediglich als notwendige Begleiterscheinung betriebsfunktionaler Zielsetzung erweisen. Vorteile besitzen danach keinen Arbeitslohncharakter, wenn sie im ganz überwiegend eigenbetrieblichen Interesse des Arbeitgebers gewährt werden. Dies ist der Fall, wenn sich aus den Begleitumständen wie Anlass, Art und Höhe des Vorteils, Auswahl

§ 3 Nr. 51, § 3 Nr. 55 EStG
R 3.51

der Begünstigten, freie oder nur gebundene Verfügbarkeit, Freiwilligkeit oder Zwang zur Annahme des Vorteils und seiner besonderen Geeignetheit für den jeweiligen verfolgten betrieblichen Zweck ergibt, dass diese Zielsetzung ganz im Vordergrund steht und ein damit einhergehendes eigenes Interesse des Arbeitnehmers, den betreffenden Vorteil zu erlangen deshalb vernachlässigt werden kann (vgl. z. B. BFH-Urteil vom 26.6.2003, BStBl Teil II S. 886 zu Führerscheinen von Polizisten).

Für die Feuerwehren ist es unerlässlich, dass die oft ehrenamtlich tätigen Feuerwehrleute nicht nur für den Einsatz entsprechend ausgebildet werden, sondern auch die im Ernstfall benötigten Gerätschaften bedienen können und dürfen. Dies schließt den Erwerb der Erlaubnis zum Führen der entsprechenden Feuerwehrfahrzeuge mit ein. Da die Erlaubnis zum Führen dieser Fahrzeuge oft nicht vorliegt, müssen die Feuerwehren eine entsprechende Ausbildung anbieten, um überhaupt einsatzfähig zu sein und den betrieblichen Zweck verfolgen zu können. Der Arbeitgeber hat damit ein ganz wesentliches Interesse an der Führerscheinausbildung einzelner Feuerwehrleute. Der Vorteil des Arbeitnehmers, die Führerscheinklasse ggf. auch für private Zwecke nutzen zu können, ist lediglich eine Begleiterscheinung und tritt hinter dem vom Arbeitgeber verfolgten Zweck zurück.

Anlage 5
zu H 3.50

Übernahme der Aufwendungen für den Erwerb eines Führerscheins durch den Arbeitgeber bei einem Straßenanwärter/einer Straßenanwärterin

Erlass des Finanzministeriums Nordrhein-Westfalen vom 13.12.2004 (Az.: S 2332 – 76 – V B 3)

Die Tätigkeit als Straßenwärter/Straßenwärterin erfordert die Fahrerlaubnis Klasse C (früher Führerscheinklasse 2 – LKW) und E (Anhänger). Voraussetzung hierfür ist der vorherige Erwerb der Fahrerlaubnis Klasse B. Da ein Teil der Auszubildenden unter 18 Jahre alt ist, werden sie auf Veranlassung der Ausbildungsstätte sowie auf Kosten des Dienstherrn bei örtlichen Fahrschulen unterrichtet. Das Nichtbestehen der Fahrprüfung Klasse B führt zur Entlassung aus dem Ausbildungsdienstverhältnis. Der Erwerb der Fahrerlaubnis Klasse B ist somit zwingende Voraussetzung für den weiteren Ausbildungsfortgang.

Die obersten Finanzbehörden des Bundes und der Länder haben daher entschieden, dass der im Rahmen der Berufsausbildung zum Straßenwärter/zur Straßenwärterin miterlangte Erwerb der Fahrerlaubnis der Klasse B ebenfalls als Leistung im überwiegend eigenbetrieblichen Interesse anzusehen ist, die nicht zu einem steuerpflichtigen Arbeitslohn führt.

Anlage 6
zu H 3.50

Übernahme der Aufwendungen für den Erwerb eines Führerscheins in Handwerksbetrieben

Vfg. des Bayerischen Landesamtes für Steuern vom 26.6.2009 (Az.: S 2332.1.1 – 3/3 - St 32/St 33)

Mit dem Führerschein der „alten" Klasse III dürfen Züge mit maximal 3 Achsen (Zugfahrzeug max. 7,5 t zulässige Gesamtmasse) gefahren werden. Beim Umtausch eines Führerscheins der Klasse III werden die Klassen B, BE, CI, C1E, M, L und S erteilt.

Seit der Einführung des EU-Führerscheins dürfen Inhaber der Fahrerlaubnisklasse B nur noch Fahrzeuge mit einer zulässigen Gesamtmasse von nicht mehr als 3,5 t führen. In Handwerksbetrieben werden oft Transportkapazitäten benötigt, bei denen Fahrzeuge dieses Gewicht überschreiten. Daher übernehmen Handwerksbetriebe häufig die Kosten für den Erwerb der Führerscheinklasse C 1/C1E.

Nach der ständigen Rechtsprechung des Bundesfinanzhofs ist der Erwerb eines Führerscheins, der zum Führen eines Personenkraftwagens berechtigt, den Kosten der allgemeinen Lebensführung zuzurechnen und nicht den beruflichen Aufwendungen, selbst wenn der unmittelbare Anlass für den Führerscheinerwerb berufliche Gründe waren. Daher hatte das Gericht weder den Werbungskostenabzug noch den steuerfreien Ersatz durch den Arbeitgeber beim Erwerb eines Führerscheins der Klasse III zugelassen. Im Einkommensteuerhandbuch (H 12.1) wurde diese Rechtsprechung etwas missverständlich zitiert, indem bei „Klasse III" angefügt wurde: „nunmehr C1E". Dies ist zwar insoweit richtig, als die frühere Fahrerlaubnis auch diese Stufe umfasst. Für die Führung eines Personenkraftwagens genügt jedoch die Klasse B.

Die Kosten für den Erwerb einer Fahrerlaubnis für eine Fahrzeugklasse, die im privaten Alltagsleben nicht üblich ist, können hingegen steuerfrei ersetzt werden. Es kommen hier allerdings nur die Kosten für den Erwerb der Fahrerlaubnis in Klasse C zum Ansatz, wenn der Arbeitnehmer bereits eine Fahrerlaubnis in Klasse B besessen hat, oder – wenn zugleich auch die Fahrerlaubnis der Klasse B erworben wurde – die nachweislich für Klasse C entstandenen Mehrkosten.

Die Aufwendungen des Arbeitgebers für seine Arbeitnehmer stellen für ihn Betriebsausgaben dar (§ 4 Abs. 4 EStG).

§ 3 Nr. 51 EStG
Steuerfreie Einnahmen

Steuerfrei sind

Trinkgelder, die anlässlich einer Arbeitsleistung dem Arbeitnehmer von Dritten freiwillig und ohne dass ein Rechtsanspruch auf sie besteht, zusätzlich zu dem Betrag gegeben werden, der für diese Arbeitsleistung zu zahlen ist;

R 3.51
Steuerfreie Trinkgelder (§ 3 Nr. 51 EStG)

– unbesetzt –

H 3.51
Hinweise zu R 3.51
Steuerfreie Trinkgelder

Freiwillige Sonderzahlungen

an Arbeitnehmer eines konzernverbundenen Unternehmens sind keine steuerfreien Trinkgelder (>BFH vom 3.5.2007 – BStBl. II S. 712).

Spielbanktronc

Aus dem Spielbanktronc finanzierte Zahlungen an die Arbeitnehmer der Spielbank sind keine steuerfreien Trinkgelder (>BFH vom 18.12.2008 – BStBl. 2009 II S. 820).

§ 3 Nr. 55 EStG
Steuerfreie Einnahmen

Steuerfrei sind

der in den Fällen des § 4 Absatz 2 Nummer 2 und Absatz 3 des Betriebsrentengesetzes vom 19. Dezember 1974 (BGBl. I S. 3610), das zuletzt durch Artikel 8 des Gesetzes vom 5. Juli 2004 (BGBl. I S. 1427) geändert worden ist, in der jeweils geltenden Fassung geleistete Übertragungswert nach § 4 Absatz 5 des Betriebsrentengesetzes, wenn die betriebliche Altersversorgung beim ehemaligen und neuen Arbeitgeber über einen Pensionsfonds, eine Pensionskasse oder ein Unternehmen der Lebensversicherung durchgeführt wird. ²Satz 1 gilt auch, wenn der Übertragungswert vom ehemaligen Arbeit-

§ 3 Nr. 55a, § 3 Nr. 55b, § 3 Nr. 55c, § 3 Nr. 55d EStG

R 3.55, 3.55a, 3.55b, 3.55c

geber oder von einer Unterstützungskasse an den neuen Arbeitgeber oder eine andere Unterstützungskasse geleistet wird. ³Die Leistungen des neuen Arbeitgebers, der Unterstützungskasse, des Pensionsfonds, der Pensionskasse oder des Unternehmens der Lebensversicherung aufgrund des Betrages nach Satz 1 und 2 gehören zu den Einkünften, zu denen die Leistungen gehören würden, wenn die Übertragung nach § 4 Absatz 2 Nummer 2 und Absatz 3 des Betriebsrentengesetzes nicht stattgefunden hätte;

R 3.55
Übertragung der betrieblichen Altersversorgung (§ 3 Nr. 55 EStG)
– unbesetzt –

H 3.55
Hinweise zu R 3.55
Übertragung der betrieblichen Altersversorgung
>BMF-Schreiben vom 24.7.2013 (BStBl. I S. 1022), Rz. 323–328*)

§ 3 Nr. 55a EStG
Steuerfreie Einnahmen

Steuerfrei sind

die nach § 10 des Versorgungsausgleichsgesetzes vom 3. April 2009 (BGBl. I S. 700) in der jeweils geltenden Fassung (interne Teilung) durchgeführte Übertragung von Anrechten für die ausgleichsberechtigte Person zu Lasten von Anrechten der ausgleichspflichtigen Person. ²Die Leistungen aus diesen Anrechten gehören bei der ausgleichsberechtigten Person zu den Einkünften, zu denen die Leistungen bei der ausgleichspflichtigen Person gehören würden, wenn die interne Teilung nicht stattgefunden hätte;

R 3.55a
Versorgungsausgleich – Interne Teilung
– unbesetzt –

H 3.55a
Hinweise zu R 3.55a
Versorgungsausgleich – Interne Teilung
Allgemeine Grundsätze
>BMF vom 24.7.2013 (BStBl. I S. 1022), Rz. 411 ff.*)
>BMF vom 19.8.2013 (BStBl. I S. 1087), Rz. 270 ff.

§ 3 Nr. 55b EStG
Steuerfreie Einnahmen

Steuerfrei sind

der nach § 14 des Versorgungsausgleichsgesetzes (externe Teilung) geleistete Ausgleichswert zur Begründung von Anrechten für die ausgleichsberechtigte Person zu Lasten von Anrechten der ausgleichspflichtigen Person, soweit Leistungen aus diesen Anrechten zu steuerpflichtigen Einkünften nach den §§ 19, 20 und 22 führen würden. ²Satz 1 gilt nicht, soweit Leistungen, die auf dem begründeten Anrecht beruhen, bei der ausgleichsberechtigten Person zu Einkünften nach § 20 Absatz 1 Nummer 6 oder § 22 Nummer 1 Satz 3 Buchstabe a Doppelbuchstabe bb führen würden. ³Der Versorgungsträger der ausgleichspflichtigen Person hat den Versorgungsträger der ausgleichsberechtigten Person über die für die Besteue-

rung der Leistungen erforderlichen Grundlagen zu informieren. ⁴Dies gilt nicht, wenn der Versorgungsträger der ausgleichsberechtigten Person die Grundlagen bereits kennt oder aus den bei ihm vorhandenen Daten feststellen kann und dieser Umstand dem Versorgungsträger der ausgleichspflichtigen Person mitgeteilt worden ist;

R 3.55b
Versorgungsausgleich – Externe Teilung
– unbesetzt –

H 3.55b
Hinweise zu R 3.55b
Versorgungsausgleich – Externe Teilung
Allgemeine Grundsätze
>BMF vom 24.7.2013 (BStBl. I S. 1022), Rz. 415 ff.*)
>BMF vom 19.8.2013 (BStBl. I S. 1087), Rz. 270 ff.

§ 3 Nr. 55c EStG
Steuerfreie Einnahmen

Steuerfrei sind

Übertragungen von Altersvorsorgevermögen im Sinne des § 92 auf einen anderen auf den Namen des Steuerpflichtigen lautenden Altersvorsorgevertrag (§ 1 Absatz 1 Satz 1 Nummer 10 Buchstabe b des Altersvorsorgeverträge-Zertifizierungsgesetzes), soweit die Leistungen zu steuerpflichtigen Einkünften nach § 22 Nummer 5 führen würden. ²Dies gilt entsprechend

a) wenn Anwartschaften der betrieblichen Altersversorgung abgefunden werden, soweit das Altersvorsorgevermögen zugunsten eines auf den Namen des Steuerpflichtigen lautenden Altersvorsorgevertrages geleistet wird,

b) wenn im Fall des Todes des Steuerpflichtigen das Altersvorsorgevermögen auf einen auf den Namen des Ehegatten lautenden Altersvorsorgevertrag übertragen wird, wenn die Ehegatten im Zeitpunkt des Todes des Zulageberechtigten nicht dauernd getrennt gelebt haben (§ 26 Absatz 1) und ihren Wohnsitz oder gewöhnlichen Aufenthalt in einem Mitgliedstaat der Europäischen Union oder einem Staat hatten, auf den das Abkommen über den Europäischen Wirtschaftsraum anwendbar ist;

R 3.55c
Übertragungen von Altervorsorgevermögen
– unbesetzt –

H 3.55c
Hinweise zu R 3.55c
Übertragungen von Altersvorsorgevermögen
Allgemeine Grundsätze
>BMF vom 24.7.2013 (BStBl. I S. 1022), Rz. 145 ff.

§ 3 Nr. 55d EStG
Steuerfreie Einnahmen

Steuerfrei sind

Übertragungen von Anrechten aus einem nach § 5a Altersvorsorgeverträge-Zertifizierungsgesetz zertifizierten Vertrag auf

---
*) Abgedruckt als Anhang 13c zum Handbuch.

§ 3 Nr. 55e, § 3 Nr. 56, § 3 Nr. 58, § 3 Nr. 59 EStG
R 3.56, 3.58, 3.59

einen anderen auf den Namen des Steuerpflichtigen lautenden nach § 5a Altersvorsorgeverträge-Zertifizierungsgesetz zertifizierten Vertrag;

§ 3 Nr. 55e EStG
Steuerfreie Einnahmen

Steuerfrei sind

die aufgrund eines Abkommens mit einer zwischen- oder überstaatlichen Einrichtung übertragenen Werte von Anrechten auf Altersversorgung, soweit diese zur Begründung von Anrechten auf Altersversorgung bei einer zwischen- oder überstaatlichen Einrichtung dienen. ²Die Leistungen aufgrund des Betrags nach Satz 1 gehören zu den Einkünften, zu denen die Leistungen gehören, die die übernehmende Versorgungseinrichtung im Übrigen erbringt;

§ 3 Nr. 56 EStG
Steuerfreie Einnahmen

Steuerfrei sind

Zuwendungen des Arbeitgebers nach § 19 Absatz 1 Satz 1 Nummer 3 Satz 1 aus dem ersten Dienstverhältnis an eine Pensionskasse zum Aufbau einer nicht kapitalgedeckten betrieblichen Altersversorgung, bei der eine Auszahlung der zugesagten Alters-, Invaliditäts- oder Hinterbliebenenversorgung in Form einer Rente oder eines Auszahlungsplans (§ 1 Absatz 1 Satz 1 Nummer 4 des Altersvorsorgeverträge-Zertifizierungsgesetzes) vorgesehen ist, soweit diese Zuwendungen im Kalenderjahr 1 Prozent der Beitragsbemessungsgrenze in der allgemeinen Rentenversicherung nicht übersteigen. ²Der in Satz 1 genannte Höchstbetrag erhöht sich ab 1. Januar 2014 auf 2 Prozent, ab 1. Januar 2020 auf 3 Prozent und ab 1. Januar 2025 auf 4 Prozent der Beitragsbemessungsgrenze in der allgemeinen Rentenversicherung. ³Die Beträge nach den Sätzen 1 und 2 sind jeweils um die nach § 3 Nummer 63 Satz 1, 3 oder Satz 4 steuerfreien Beträge zu mindern;

R 3.56
Steuerfreie Beiträge zur umlagefinanzierten betrieblichen Altersversorgung (§ 3 Nr. 56 EStG)

– unbesetzt –

H 3.56
Hinweise zu R 3.56
Steuerfreie Beiträge zur umlagefinanzierten betrieblichen Altersversorgung (§ 3 Nr. 56 EStG)

Allgemeine Grundsätze

>BMF vom 24.7.2013 (BStBl. I S. 1022), Rz. 340–346*)

§ 3 Nr. 58 EStG
Steuerfreie Einnahmen

Steuerfrei sind

das Wohngeld nach dem Wohngeldgesetz, die sonstigen Leistungen aus öffentlichen Haushalten oder Zweckvermögen zur Senkung der Miete oder Belastung im Sinne des § 11 Absatz 2 Nummer 4 des Wohngeldgesetzes sowie öffentliche Zuschüsse zur Deckung laufender Aufwendungen und Zinsvorteile bei Darlehen, die aus öffentlichen Haushalten gewährt werden, für eine zu eigenen Wohnzwecken genutzte Wohnung im eigenen Haus oder eine zu eigenen Wohnzwecken genutzte Eigentumswohnung, soweit die Zuschüsse und Zinsvorteile die Vorteile aus einer entsprechenden Förderung mit öffentlichen Mitteln nach dem Zweiten Wohnungsbaugesetz, dem Wohnraumförderungsgesetz oder einem Landesgesetz zur Wohnraumförderung nicht überschreiten, der Zuschuss für die Wohneigentumsbildung in innerstädtischen Altbauquartieren nach den Regelungen zum Stadtumbau Ost in den Verwaltungsvereinbarungen über die Gewährung von Finanzhilfen des Bundes an die Länder nach Artikel 104a Absatz 4 des Grundgesetzes zur Förderung städtebaulicher Maßnahmen;

R 3.58
Zuschüsse und Zinsvorteile aus öffentlichen Haushalten (§ 3 Nr. 58 EStG)

Öffentliche Haushalte i.S.d. § 3 Nr. 58 EStG sind die Haushalte des Bundes, der Länder, der Gemeinden, der Gemeindeverbände, der kommunalen Zweckverbände und der Sozialversicherungsträger.

Anlage
R 3.58 LStR

Zinsersparnisse und Aufwendungszuschüsse aus Wohnungsfürsorgemitteln

Bundeseinheitlich geltende Regelung, für Bayern bekannt gegeben mit Schreiben des Bayerischen Staatsministeriums der Finanzen vom 16. 2. 2001 (Az.: 34 – S 2332 – 107/129 – 7111)

Abgedruckt als Anlage 3 zu H 8.1 (1–4).

§ 3 Nr. 59 EStG
Steuerfreie Einnahmen

Steuerfrei sind

die Zusatzförderung nach § 88e des Zweiten Wohnungsbaugesetzes und nach § 51f des Wohnungsbaugesetzes für das Saarland und Geldleistungen, die ein Mieter zum Zwecke der Wohnkostenentlastung nach dem Wohnraumförderungsgesetz oder einem Landesgesetz zur Wohnraumförderung erhält, soweit die Einkünfte dem Mieter zuzurechnen sind, und die Vorteile aus einer mietweisen Wohnungsüberlassung im Zusammenhang mit einem Arbeitsverhältnis, soweit sie die Vorteile aus einer entsprechenden Förderung nach dem Zweiten Wohnungsbaugesetz, nach dem Wohnraumförderungsgesetz oder einem Landesgesetz zur Wohnraumförderung nicht überschreiten;

R 3.59
Steuerfreie Mietvorteile (§ 3 Nr. 59 EStG)

¹Steuerfrei sind Mietvorteile, die im Rahmen eines Dienstverhältnisses gewährt werden und die auf der Förderung nach dem Zweiten Wohnungsbaugesetz, dem Wohnungsbaugesetz für das Saarland, nach dem Wohnraumförderungsgesetz (WoFG) oder den Landesgesetzen zur Wohnraumförderung beruhen. ²Mietvorteile, die sich aus dem Einsatz von Wohnungsfürsorgemitteln aus öffentlichen Haushalten ergeben, sind ebenfalls steuerfrei. ³Bei einer Wohnung, die ohne Mittel aus öffentlichen Haushalten errichtet worden ist, gilt Folgendes: ⁴Die Mietvorteile im Rahmen eines Dienstverhältnisses sind steuerfrei, wenn die Wohnung im Zeitpunkt ihres Bezugs durch den Arbeitnehmer für eine Förderung mit Mitteln aus öffentlichen Haushalten in Betracht gekommen wäre. ⁵§ 3 Nr. 59 EStG ist deshalb nur auf Wohnungen anwendbar, die im Geltungszeitraum der in Satz 1 genannten Gesetze errichtet worden sind, d. h. auf Baujahrgänge ab 1957. ⁶Es muss nicht geprüft werden, ob der Arbeit-

---
*) Abgedruckt als Anhang 13c zum Handbuch.

nehmer nach seinen Einkommensverhältnissen als Mieter einer geförderten Wohnung in Betracht kommt. ⁷Der Höhe nach ist die Steuerbefreiung auf die Mietvorteile begrenzt, die sich aus der Förderung nach den in Satz 1 genannten Gesetzen ergeben würden. ⁸§ 3 Nr. 59 EStG ist deshalb nicht anwendbar auf Wohnungen, für die der Förderzeitraum abgelaufen ist. ⁹Wenn der Förderzeitraum im Zeitpunkt des Bezugs der Wohnung durch den Arbeitnehmer noch nicht abgelaufen ist, ist ein Mietvorteil bis zur Höhe des Teilbetrags steuerfrei, auf den der Arbeitgeber gegenüber der Vergleichsmiete verzichten müsste, wenn die Errichtung der Wohnung nach den in Satz 1 genannten Gesetzen gefördert worden wäre. ¹⁰Der steuerfreie Teilbetrag verringert sich in dem Maße, in dem der Arbeitgeber nach den Förderregelungen eine höhere Miete verlangen könnte. ¹¹Mit Ablauf der Mietbindungsfrist läuft auch die Steuerbefreiung aus. ¹²Soweit später zulässige Mieterhöhungen z. B. nach Ablauf des Förderzeitraums im Hinblick auf das Dienstverhältnis unterblieben sind, sind sie in den steuerpflichtigen Mietvorteil einzubeziehen.

H 3.59
Hinweise zu R 3.59
Steuerfreie Mietvorteile

Steuerfreie Mietvorteile im Zusammenhang mit einem Arbeitsverhältnis

R 3.59 Sätze 2 bis 4 LStR sind unabhängig vom BFH-Urteil vom 16. 2 2005 (BStBl. II S. 750) weiterhin anzuwenden (>BMF vom 10.10.2005 – BStBl. I S. 959)*)

Anlage
zu H 3.59

Steuerfreie Mietvorteile (§ 3 Nr. 59 EStG)
Steuerbefreiung von Mietvorteilen nach § 3 Nr. 59 2. Halbsatz EStG; BFH-Urteil vom 16. Februar 2005 – VI R 58/03 – (BStBl. II S. 750)

BMF-Schreiben vom 10.10.2005 (BStBl. I S. 959)

Der BFH hat entschieden, eine Steuerbefreiung von Mietvorteilen aus dem Arbeitsverhältnis nach § 3 Nr. 59 EStG komme nur dann in Betracht, wenn die Vorteile auf der Förderung nach dem II. WoBauG beruhen und zudem der Förderzeitraum noch nicht abgelaufen ist. Des Weiteren hat er Zweifel geäußert, ob die Regelung in R 23a Sätze 2 bis 4 LStR**) eine zutreffende Auslegung des § 3 Nr. 59 EStG beinhalte.

Hierzu wird im Einvernehmen mit den obersten Finanzbehörden der Länder die folgende Auffassung vertreten:

Das BFH-Urteil ist anzuwenden. Die sich daraus ergebende Frage, ob die Sätze 2 bis 4 in R 23a LStR**) eine zutreffende Auslegung des § 3 Nr. 59 EStG beinhalten, hat der BFH letztendlich offen gelassen bzw. nicht angesprochen. Es ist daher sachgerecht, diese für die Arbeitnehmer günstigeren Regelungen beizubehalten. Die Sätze 2 bis 4 in R 23a LStR**) sind deshalb weiterhin anzuwenden.

§ 3 Nr. 62 EStG
Steuerfreie Einnahmen

Steuerfrei sind

Ausgaben des Arbeitgebers für die Zukunftssicherung des Arbeitnehmers, soweit der Arbeitgeber dazu nach sozialversicherungsrechtlichen oder anderen gesetzlichen Vorschriften oder nach einer auf gesetzlicher Ermächtigung beruhenden Bestimmung verpflichtet ist, und es sich nicht um Zuwendungen oder Beiträge des Arbeitgebers nach den Nummern 56 und 63 handelt. ²Den Ausgaben des Arbeitgebers für die Zukunftssicherung, die aufgrund gesetzlicher Verpflichtung geleistet werden, werden gleichgestellt Zuschüsse des Arbeitgebers zu den Aufwendungen des Arbeitnehmers

a) **für eine Lebensversicherung,**

b) **für die freiwillige Versicherung in der gesetzlichen Rentenversicherung,**

c) **für eine öffentlich-rechtliche Versicherungs- oder Versorgungseinrichtung seiner Berufsgruppe,**

wenn der Arbeitnehmer von der Versicherungspflicht in der gesetzlichen Rentenversicherung befreit worden ist. ³Die Zuschüsse sind nur insoweit steuerfrei, als sie insgesamt bei Befreiung von der Versicherungspflicht in der allgemeinen Rentenversicherung die Hälfte und bei Befreiung von der Versicherungspflicht in der knappschaftlichen Rentenversicherung zwei Drittel der Gesamtaufwendungen des Arbeitnehmers nicht übersteigen und nicht höher sind als der Betrag, der als Arbeitgeberanteil bei Versicherungspflicht in der allgemeinen Rentenversicherung oder in der knappschaftlichen Rentenversicherung zu zahlen wäre. ⁴Die Sätze 2 und 3 gelten sinngemäß für Beiträge des Arbeitgebers zu einer Pensionskasse, wenn der Arbeitnehmer bei diesem Arbeitgeber nicht im Inland beschäftigt ist und der Arbeitgeber keine Beiträge zur gesetzlichen Rentenversicherung im Inland leistet; Beiträge des Arbeitgebers zu einer Rentenversicherung aufgrund gesetzlicher Verpflichtung sind anzurechnen;

R 3.62
Zukunftssicherungsleistungen (§ 3 Nr. 62 EStG, § 2 Abs. 2 Nr. 3 LStDV)

Leistungen aufgrund gesetzlicher Verpflichtungen

(1) ¹Zu den nach § 3 Nr. 62 EStG steuerfreien Ausgaben des Arbeitgebers für die Zukunftssicherung des Arbeitnehmers (§ 2 Abs. 2 Nr. 3 Satz 1 und 2 LStDV***)) gehören insbesondere die Beitragsanteile des Arbeitgebers am Gesamtsozialversicherungsbeitrag (Rentenversicherung, Krankenversicherung, Pflegeversicherung, Arbeitslosenversicherung), Beiträge des Arbeitgebers nach § 172a SGB VI zu einer berufsständischen Versorgungseinrichtung für Arbeitnehmer, die nach § 6 Abs. 1 Satz 1 Nr. 1 SGB VI von der Versicherungspflicht in der gesetzlichen Rentenversicherung befreit sind, und Beiträge des Arbeitgebers nach § 249b SGB V und nach §§ 168 Abs. 1 Nr. 1b oder 1c, 172 Abs. 3 oder 3a, 276a Abs. 1 SGB VI für geringfügig Beschäftigte. ²Dies gilt auch für solche Beitragsanteile, die aufgrund einer nach ausländischen Gesetzen bestehenden Verpflichtung an ausländische Sozialversicherungsträger, die den inländischen Sozialversicherungsträgern vergleichbar sind, geleistet werden. ³Steuerfrei sind nach § 3 Nr. 62 EStG auch vom Arbeitgeber nach § 3 Abs. 3 Satz 3 SvEV****) übernommene Arbeitnehmeranteile am Gesamtsozialversicherungsbeitrag sowie Krankenversicherungsbeiträge, die der Arbeitgeber nach § 9 der Mutterschutz- und Elternzeitverordnung oder nach entsprechenden Rechtsvorschriften der Länder erstattet. ⁴Zukunftssicherungsleistungen aufgrund einer tarifvertraglichen Verpflichtung sind dagegen nicht nach § 3 Nr. 62 EStG steuerfrei.

(2) Für Ausgaben des Arbeitgebers zur Kranken- und Pflegeversicherung des Arbeitnehmers gilt Folgendes:

1. ¹Die Beitragsteile und Zuschüsse des Arbeitgebers zur gesetzlichen Krankenversicherung und zur sozialen Pflegeversicherung eines gesetzlichen krankenversicherungspflichtigen Arbeitnehmers sind steuerfrei, soweit der Arbeitgeber zur Tragung der Beiträge verpflichtet ist (§ 249 SGB V, § 58 SGB XI). ²Der Zusatzbeitrag (§ 242 SGB V) sowie der Beitragszuschlag für Kinderlose i.H.v. 0,25 % (§ 55 Abs. 3 SGB XI) sind vom Arbeitnehmer allein zu tragen und können deshalb vom Arbeitgeber nicht steuerfrei erstattet werden.

2. ¹Zuschüsse des Arbeitgebers zur gesetzlichen Krankenversicherung und zur sozialen Pflegeversicherung oder privaten Pflege-Pflichtversicherung eines nicht krankenversicherungspflichtigen Arbeitnehmers, der in der gesetzlichen Krankenversicherung freiwillig versichert ist, sind nach § 3 Nr. 62 EStG steuerfrei, soweit der Arbeitgeber nach § 257 Abs. 1

---
*) Abgedruckt als Anlage zu H 3.59 LStR.
**) Jetzt R 3.59 Sätze 2 bis 4 LStR.
***) Abgedruckt als Anhang 1 zum Handbuch.
****) Abgedruckt als Anhang 2 zum Handbuch.

SGB V und nach § 61 Abs. 1 SGB XI zur Zuschussleistung verpflichtet ist. ²Soweit bei Beziehern von Kurzarbeitergeld ein fiktives Arbeitsentgelt maßgebend ist, bleiben die Arbeitgeberzuschüsse in voller Höhe steuerfrei (§ 257 Abs. 1 i. V. m. § 249 Abs. 2 SGB V). ³Übersteigt das Arbeitsentgelt nur aufgrund von einmalig gezahltem Arbeitsentgelt die Beitragsbemessungsgrenze und hat der Arbeitnehmer deshalb für jeden Monat die Höchstbeiträge an die Kranken- und Pflegekasse zu zahlen, sind die Arbeitgeberzuschüsse aus Vereinfachungsgründen entsprechend der Höchstbeiträge steuerfrei. ⁴Dies gilt auch dann, wenn das im Krankheitsfall fortgezahlte Arbeitsentgelt die monatliche Beitragsbemessungsgrenze unterschreitet und der Arbeitnehmer dennoch für die Dauer der Entgeltfortzahlung die Höchstbeiträge an die Kranken- und Pflegekasse zu zahlen hat.

3. ¹Zuschüsse des Arbeitgebers zu den Kranken- und Pflegeversicherungsbeiträgen eines nicht gesetzlich krankenversicherungspflichtigen Arbeitnehmers, der eine private Kranken- und Pflege-Pflichtversicherung abgeschlossen hat, sind ebenfalls nach § 3 Nr. 62 EStG steuerfrei, soweit der Arbeitgeber nach § 257 Abs. 2 SGB V sowie nach § 61 Abs. 2 SGB XI zur Zuschussleistung verpflichtet ist. ²Der Anspruch auf den Arbeitgeberzuschuss an den bei einem privaten Krankenversicherungsunternehmen versicherten Arbeitnehmer setzt voraus, dass der private Krankenversicherungsschutz Leistungen zum Inhalt hat, die ihrer Art nach auch den Leistungen des SGB V entsprechen. ³Die Höhe des Arbeitgeberzuschusses bemisst sich nach § 257 Abs. 2 Satz 2 SGB V. ⁴Eine leistungsbezogene Begrenzung des Zuschusses sieht § 257 Abs. 2 Satz 2 SGB V nicht vor, so dass Beiträge zur privaten Krankenversicherung im Rahmen des § 257 SGB V zuschussfähig sind, auch wenn der Krankenversicherungsvertrag Leistungserweiterungen enthält (§ 11 Abs. 1, § 251 Abs. 2 Satz 1 SGB V). ⁵Die für Zwecke des Sonderausgabenabzugs bestehenden Regelungen der Krankenversicherungsbeitragsanteils-Ermittlungsverordnung (KVBEVO) bilden keine Grundlage für die Bemessung der Arbeitgeberzuschusses. ⁶Nummer 2 Satz 3 und 4 gilt entsprechend. ⁷Für die private Pflege-Pflichtversicherung gilt, dass der Versicherungsschutz Leistungen zum Inhalt haben muss, die nach Art und Umfang den Leistungen der sozialen Pflegeversicherung nach dem SGB XI entsprechen (§ 61 Abs. 2 Satz 1 SGB XI). ⁸Die Höhe des Arbeitgeberzuschusses bemisst sich nach § 61 Abs. 2 Satz 2 SGB XI. ⁹Der Arbeitgeber darf Zuschüsse zu einer privaten Krankenversicherung und zu einer privaten Pflege-Pflichtversicherung des Arbeitnehmers nur dann steuerfrei lassen, wenn der Arbeitnehmer eine Bescheinigung des Versicherungsunternehmens vorlegt, in der bestätigt wird, dass die Voraussetzungen des § 257 Abs. 2a SGB V und des § 61 Abs. 6 SGB XI vorliegen und dass es sich bei den vertraglichen Leistungen um Leistungen i.S.d. SGB V und SGB XI handelt. ¹⁰Die Bescheinigung muss außerdem Angaben über die Höhe des für die vertraglichen Leistungen i.S.d. SGB V und SGB XI zu zahlenden Versicherungsbeitrags enthalten. ¹¹Der Arbeitgeber hat die Bescheinigung als Unterlage zum Lohnkonto aufzubewahren. ¹²Soweit der Arbeitgeber die steuerfreien Zuschüsse unmittelbar an den Arbeitnehmer auszahlt, hat der Arbeitnehmer die zweckentsprechende Verwendung durch eine Bescheinigung des Versicherungsunternehmens über die tatsächlichen Kranken- und Pflege-Pflichtversicherungsbeiträge nach Ablauf eines jeden Kalenderjahres nachzuweisen; der Arbeitgeber hat diese Bescheinigung als Unterlage zum Lohnkonto aufzubewahren. ¹³Diese Bescheinigung kann mit der Bescheinigung nach den Sätzen 9 und 10 verbunden werden.

Den gesetzlichen Pflichtbeiträgen gleichgestellte Zuschüsse

(3) ¹Nach § 3 Nr. 62 Satz 2 EStG sind den Ausgaben des Arbeitgebers für die Zukunftssicherung des Arbeitnehmers, die aufgrund gesetzlicher Verpflichtung geleistet werden, die Zuschüsse des Arbeitgebers gleichgestellt, die zu den Beiträgen des Arbeitnehmers für eine Lebensversicherung – auch für die mit einer betrieblichen Pensionskasse abgeschlossenen Lebensversicherung –, für die freiwillige Versicherung in der gesetzlichen Rentenversicherung oder für eine öffentlich-rechtliche Versicherungs- oder Versorgungseinrichtung der Berufsgruppe geleistet werden, wenn der Arbeitnehmer von der Versicherungspflicht in der gesetzlichen Rentenversicherung nach einer der folgenden Vorschriften auf eigenen Antrag befreit worden ist:

1. § 18 Abs. 3 des Gesetzes über die Erhöhung der Einkommensgrenzen in der Sozialversicherung und der Arbeitslosenversicherung und zur Änderung der Zwölften Verordnung zum Aufbau der Sozialversicherung vom 13.8.1952 (BGBl. I S. 437),
2. Artikel 2 § 1 des Angestelltenversicherungs-Neuregelungsgesetzes vom 23.2.1957 (BGBl. I S. 88, 1074) oder Artikel 2 § 1 des Knappschaftsrentenversicherungs-Neuregelungsgesetzes vom 21.5.1957 (BGBl. I S. 533), jeweils in der bis zum 30.6.1965 geltenden Fassung,
3. § 7 Abs. 2 des Angestelltenversicherungsgesetzes in der Fassung des Artikels 1 des Angestelltenversicherungs-Neuregelungsgesetzes vom 23.2.1957 (BGBl. I S. 88, 1074),
4. Artikel 2 § 1 des Angestelltenversicherungs-Neuregelungsgesetzes oder Artikel 2 § 1 des Knappschaftsrentenversicherungs-Neuregelungsgesetzes, jeweils in der Fassung des Rentenversicherungs-Änderungsgesetzes vom 9.6.1965 (BGBl. I S. 476),
5. Artikel 2 § 1 des Zweiten Rentenversicherungs-Änderungsgesetzes vom 23.12.1966 (BGBl. I S. 745),
6. Artikel 2 § 1 des Angestelltenversicherungs-Neuregelungsgesetzes oder Artikel 2 § 1 des Knappschaftsrentenversicherungs-Neuregelungsgesetzes, jeweils in der Fassung des Finanzänderungsgesetzes 1967 vom 21.12.1967 (BGBl. I S. 1259),
7. Artikel 2 § 1 Abs. 2 des Angestelltenversicherungs-Neuregelungsgesetzes oder Artikel 2 § 1 Abs. 1a des Knappschaftsrentenversicherungs-Neuregelungsgesetzes, jeweils in der Fassung des Dritten Rentenversicherungs-Änderungsgesetzes vom 28.7.1969 (BGBl. I S. 956),
8. § 20 des Gesetzes über die Sozialversicherung vom 28.6.1990 (GBl. der Deutschen Demokratischen Republik I Nr. 38 S. 486) i. V. m. § 231a SGB VI i.d.F. des Gesetzes zur Herstellung der Rechtseinheit in der gesetzlichen Renten- und Unfallversicherung (Renten-Überleitungsgesetz – RÜG) vom 25.7.1991 (BGBl. I S. 1606).

²Zuschüsse des Arbeitgebers i.S.d. § 3 Nr. 62 Satz 2 EStG liegen nicht vor, wenn der Arbeitnehmer kraft Gesetzes in der gesetzlichen Rentenversicherung versicherungsfrei ist. ³Den Beiträgen des Arbeitnehmers für eine freiwillige Versicherung in der allgemeinen Rentenversicherung stehen im Übrigen Beiträge für die freiwillige Versicherung in der knappschaftlichen Rentenversicherung oder für die Selbstversicherung/Weiterversicherung in der gesetzlichen Rentenversicherung gleich.

Höhe der steuerfreien Zuschüsse, Nachweis

(4) ¹Die Steuerfreiheit der Zuschüsse beschränkt sich nach § 3 Nr. 62 Satz 3 EStG im Grundsatz auf den Betrag, den der Arbeitgeber als Arbeitgeberanteil zur gesetzlichen Rentenversicherung aufzuwenden hätte, wenn der Arbeitnehmer nicht von der gesetzlichen Versicherungspflicht befreit worden wäre. ²Soweit der Arbeitgeber die steuerfreien Zuschüsse unmittelbar an den Arbeitnehmer auszahlt, hat dieser die zweckentsprechende Verwendung durch eine entsprechende Bescheinigung des Versicherungsträgers bis zum 30. April des folgenden Kalenderjahres nachzuweisen. ³Die Bescheinigung ist als Unterlage zum Lohnkonto aufzubewahren.

H 3.62
Hinweise zu R 3.62
Zukunftssicherungsleistungen

Ausländische Krankenversicherung

Die nach § 3 Nr. 62 Satz 1 EStG für die Steuerfreiheit vorausgesetzte gesetzliche Verpflichtung zu einer Zukunftssicherungsleistung des Arbeitgebers ergibt sich für einen Arbeitgeberzuschuss zu einer privaten Krankenversicherung aus § 257 Abs. 2a Satz 1 SGB V. § 257 Abs. 2a SGB V findet auch auf Steuerpflichtige Anwendung, die eine Krankenversicherung bei einem Versicherungsunternehmen abgeschlossen haben, das in einem anderen Land der EU seinen Sitz hat und ist vom Steuerpflichtigen nachzuweisen. Die Vorlage der Bescheinigung nach § 257 Abs. 2a SGB V ist nicht konstitutive Voraussetzung der Steuerbefreiung (>BFH vom 22.7.2008 – BStBl. II S. 894).

§ 3 Nr. 62 EStG
R 3.62

Ausländische Versicherungsunternehmen

Zahlungen des Arbeitgebers an ausländische Versicherungsunternehmen sind nicht steuerfrei, wenn sie auf vertraglicher Grundlage entrichtet werden (>BFH vom 28.5.2009 – BStBl. II S. 857).

Ausländischer Sozialversicherungsträger

- Arbeitgeberanteile zur ausländischen Sozialversicherung sind nicht steuerfrei, wenn sie auf vertraglicher Grundlage und damit freiwillig entrichtet werden (>BFH vom 18.5.2004 – BStBl. II S. 1014).
- Zu Zuschüssen zu einer ausländischen gesetzlichen Krankenversicherung >BMF vom 30.1.2014 (BStBl. I S. 210).*)

Beitragszuschlag

Der Beitragszuschlag für Kinderlose in der sozialen Pflegeversicherung i. H. v. 0,25 % ist vom Arbeitnehmer allein zu tragen und kann deshalb vom Arbeitgeber nicht steuerfrei erstattet werden (>§ 55 Abs. 3 i. V. m. § 58 Abs. 1 SGB XI).

Entscheidung des Sozialversicherungsträgers

Bei der Frage, ob die Ausgaben des Arbeitgebers für die Zukunftssicherung des Arbeitnehmers auf einer gesetzlichen Verpflichtung beruhen, ist der Entscheidung des zuständigen Sozialversicherungsträgers des Arbeitnehmers zu folgen, wenn sie nicht offensichtlich rechtswidrig ist (>BFH vom 6.6.2002 – BStBl. 2003 II S. 34 und vom 21.1.2010 – BStBl. II S. 703).

Gegenwärtiger Versicherungsstatus

Für die Steuerfreiheit von Arbeitgeberzuschüssen zu einer Lebensversicherung des Arbeitnehmers ist dessen gegenwärtiger Versicherungsstatus maßgeblich. Die Zuschüsse sind nicht nach § 3 Nr. 62 Satz 2 EStG steuerfrei, wenn der Arbeitnehmer als nunmehr beherrschender Gesellschafter-Geschäftsführer kraft Gesetzes rentenversicherungsfrei geworden ist, auch wenn er sich ursprünglich auf eigenen Antrag von der Rentenversicherungspflicht hatte befreien lassen (>BFH vom 10.10.2002 – BStBl. II S. 886).

Gesetzliche Verpflichtung

- Beiträge für eine Krankenversicherung der Arbeitnehmer können steuerfrei sein, wenn der Arbeitgeber nach einer zwischenstaatlichen Verwaltungsvereinbarung, die ihrerseits auf einer gesetzlichen Ermächtigung beruht, zur Leistung verpflichtet ist (§ 3 Nr. 62 Satz 1 3. Alternative EStG; >BFH vom 14.4.2011 – BStBl. II S. 767)
- Zuschüsse, die eine AG Vorstandsmitgliedern zur freiwilligen Weiterversicherung in der gesetzlichen Rentenversicherung oder einem Versorgungswerk gewährt, sind nicht nach § 3 Nr. 62 Satz 1 EStG steuerfrei (>BFH vom 24.9.2013 – BStBl. 2014 II S. 124).

Gesetzlicher Beitragszuschuss des Arbeitgebers in der Pflegeversicherung**)

Beispiel:

Ein Arbeitgeber zahlt für Juli 2014 einem privat krankenversicherten Arbeitnehmer einen Zuschuss zur privaten Pflegeversicherung in Höhe von 50 % des Gesamtbetrags von 44 €. Die Beitragsbemessungsgrenze 2014 beträgt 48 600 € (mtl. 4 050 €). Der steuerfreie Betrag errechnet sich wie folgt:

a) **Die Betriebsstätte befindet sich in Sachsen (Arbeitgeberanteil: 0,525 %)**

1. Begrenzung
4 050 € × 0,525 % = 21,26 € mtl. Arbeitgeberanteil

2. Begrenzung
Privater Pflegeversicherungsbeitrag mtl. 44,00 €
davon 50 % 22,00 €

Vergleich
1. Begrenzung 21,26 €
2. Begrenzung 22,00 €
damit steuerfreier Zuschuss des Arbeitgebers
nach § 3 Nr. 62 EStG 21,26 €
somit steuerpflichtiger Zuschuss des Arbeitgebers 0,74 €

b) **Die Betriebsstätte befindet sich im übrigen Bundesgebiet (Arbeitgeberanteil: 1,025 %)**

1. Begrenzung
4 050 € × 1,025 % = 41,51 € mtl. Arbeitgeberanteil

2. Begrenzung
Privater Pflegeversicherungsbeitrag mtl. 44,00 €
davon 50 % 22,00 €

Vergleich
1. Begrenzung 41,51 €
2. Begrenzung 22,00 €
damit steuerfreier Zuschuss des Arbeitgebers
nach § 3 Nr. 62 EStG 22,00 €

Rückzahlung von Beitragsanteilen an den Arbeitgeber

Beitragsanteile am Gesamtsozialversicherungsbeitrag, die der Arbeitgeber ohne gesetzliche Verpflichtung übernommen hat, sind kein Arbeitslohn, wenn sie dem Arbeitgeber zurückgezahlt worden sind und der Arbeitnehmer keine Versicherungsleistungen erhalten hat (>BFH vom 27.3.1992 – BStBl. II S. 663).

Umlagezahlungen

Umlagezahlungen des Arbeitgebers an die VBL sind Arbeitslohn (>§ 19 Abs. 1 Satz 1 Nr. 3 Satz 1 EStG); sie sind nicht nach § 3 Nr. 62 EStG steuerfrei (>BFH vom 7.5.2009 – BStBl 2010 II S. 194)
Zur Steuerfreistellung >§ 3 Nr. 56 EStG

Anlage 1
zu H 3.62

Rückwirkender Wegfall der Sozialversicherungspflicht bei beherrschendem Gesellschafter-Geschäftsführer einer GmbH

Verfügung der OFD Magdeburg vom 1.8.2001 (Az.: S 2333 – 21 – St 224)

Wird durch den Sozialversicherungsträger nachträglich festgestellt, dass bei einem Gesellschafter-Geschäftsführer in der Vergangenheit keine Sozialversicherungspflicht bestand, hat der rückwirkende Wegfall der angenommenen Versicherungspflicht folgende steuerliche Konsequenzen:

1. Erstattet der Sozialversicherungsträger die Arbeitgeberanteile zur gesetzlichen Renten- und Arbeitslosenversicherung an den Arbeitgeber, die dieser in der rechtsirrtümlichen Annahme der Versicherungspflicht geleistet hat, ohne dass sie vom Arbeitgeber an den Arbeitnehmer weitergegeben werden (bei Weitergabe an den Arbeitnehmer siehe 5.), so ergeben sich daraus keine lohnsteuerlichen Folgen (BFH-Urteil vom 27.3.1992, BStBl. II S. 663).

2. Werden die vermeintlich gesetzlichen Arbeitnehmeranteile zur gesetzlichen Renten- und Arbeitslosenversicherung vom Sozialversicherungsträger an den Arbeitnehmer erstattet, so berührt dieser Vorgang nicht den Arbeitslohn. Da die erstatteten vermeintlichen Arbeitnehmeranteile zur Sozialversicherung nicht als Sonderausgaben hätten abgezogen werden dürfen, sind die betroffenen Veranlagungen nach § 175 Abs. 1 Nr. 2 AO zu ändern, soweit im Erstattungsjahr keine Verrechnung mit gleichartigen Aufwendungen (hier: Vorsorgeaufwendungen) möglich ist (BFH-Urteil vom 28.5.1998, BStBl. 1999 II S. 95). Die (nachträgliche) Mitteilung des Sozialversicherungsträgers, der Steuerpflichtige sei aufgrund dieses Arbeitsverhältnisses mit der GmbH nicht sozialversicherungspflichtig („Freistellung"), stellt ein rückwirkendes Ereignis i. S. der Vorschrift dar.***)

3. Der Vorwegabzug (§ 10 Abs. 3 Nr. 2 EStG) ist bei den betroffenen Veranlagungen wegen des rückwirkenden Wegfalls der Sozialversicherungspflicht (keine Arbeitgeberleistung i. S. des § 3 Nr. 62 EStG) zu Unrecht gekürzt worden, soweit nicht ausnahmsweise eine andere Kürzungsvorschrift anzuwenden war. Die Kürzung des Vorwegabzugs ist folglich rückgängig zu machen (§ 175 Abs. 1 Nr. 2 AO).

---
*) Abgedruckt als Anlage 3 zu H 3.62 LStR.
**) Für 2015 beträgt die monatliche Beitragsbemessungsgrenze in der Kranken- und Pflegeversicherung 4 125 € (= 49 500 € im Jahr). Es gelten zudem neue Beitragssätze.
***) Zur Rechtslage ab 2012 vgl. § 10 Abs. 4b EStG.

§ 3 Nr. 62 EStG
R 3.62

4. Kranken- und/oder Pflegeversicherungsbeiträge werden nur dann nicht erstattet, wenn der Versicherungsträger bis zur Geltendmachung des Erstattungsanspruchs aufgrund dieser Beiträge oder für den Zeitraum, für den die Beiträge zu Unrecht entrichtet worden sind, Leistungen erbracht oder zu erbringen hat (§ 26 Abs. 2 SGB IV). Hinsichtlich der nicht erstatteten Kranken- und/oder Pflegeversicherungsbeiträge des Arbeitgebers liegt steuerpflichtiger Arbeitslohn im jeweiligen Jahr der Zahlung vor, diese Beiträge können als Sonderausgaben berücksichtigt werden. Im Erstattungsfall sind die Ausführungen zu der Renten- und Arbeitslosenversicherung anzuwenden.

5. Werden die Arbeitgeberanteile zur gesetzlichen Renten- und Arbeitslosenversicherung vom Sozialversicherungsträger an den Arbeitgeber erstattet und von diesem an den Arbeitnehmer weitergegeben, so ist zu entscheiden, ob es sich um eine verdeckte Gewinnausschüttung i. S. des § 20 Abs. 1 Nr. 1 Satz 2 EStG oder um steuerpflichtigen Arbeitslohn des Arbeitnehmers handelt. Bei Annahme von Arbeitslohn sind die Arbeitgeberanteile in dem Kalenderjahr zu versteuern, in dem sie an den Arbeitnehmer ausgezahlt werden. Dies gilt auch dann, wenn die erstatteten Beiträge von diesem für eine private Lebensversicherung verwendet werden.

6. Verzichtet der Arbeitgeber auf Rückzahlung der Arbeitgeberbeiträge zur gesetzlichen Rentenversicherung und werden die Beiträge für die freiwillige Versicherung des Arbeitnehmers in der gesetzlichen Rentenversicherung verwendet (Umwandlung), ist ebenfalls zu entscheiden, ob es sich um eine verdeckte Gewinnausschüttung oder um steuerpflichtigen Arbeitslohn (Urteil des FG Köln vom 21.11.1989, EFG S. 383) handelt. Ist steuerpflichtiger Arbeitslohn gegeben, liegt Zufluss bereits in den jeweiligen Kalenderjahren der früheren Zahlung vor, da hier durch Umwandlung rückwirkend eine Versicherungsanwartschaft begründet wird. Die freiwillige Versicherung nimmt die Stellung der vermeintlichen gesetzlichen Versicherung ein. Der ehemals steuerfreie Arbeitgeberanteil, der nunmehr als steuerpflichtiger Arbeitslohn versteuert wird, kann gleichzeitig beim Steuerpflichtigen als Sonderausgabe abgezogen werden. Der Vorwegabzug ist nicht zu kürzen.

Die bestandskräftigen Einkommensteuer-Veranlagungen der früheren Kalenderjahre sind aufgrund der nachträglichen Freistellung von der Sozialversicherungspflicht nach § 175 Abs. 1 Nr. 2 AO zu ändern.*)

Anlage 2
zu H 3.62

Folgerungen aus einer irrtümlich angenommenen Sozialversicherungspflicht von Gesellschafter-Geschäftsführern einer GmbH

Verfügung der OFD Karlsruhe vom 19.12.2008 (Az.: S 2333/77 – St 144)

Nach dem Urteil des FG Rheinland-Pfalz vom 13.9.2007 – 1 K 2180/06, ist in Fällen einer irrtümlich angenommenen Sozialversicherungspflicht von Gesellschafter-Geschäftsführern (GesGF), in denen bereits gezahlte Arbeitgeberanteile zur Kranken-, Pflege- und Rentenversicherung in freiwillige Beiträge umgewandelt werden, erst im Jahr der Umwandlung ein steuerpflichtiger Arbeitslohn zu erfassen. Im zugrunde liegenden Streitfall hatte eine GmbH für ihre Prokuristin jahrelang Sozialversicherungsbeiträge abgeführt. Nachdem der Sozialversicherungsträger hierzu mitgeteilt hatte, dass die Tätigkeit der Prokuristin keine der gesetzlichen Sozialversicherung unterliegende Tätigkeit ist, wurden die bislang abgeführten Arbeitnehmeranteile zur Gesamtsozialversicherung und die Arbeitgeberanteile zur Arbeitslosenversicherung an die GmbH ausbezahlt. Die Arbeitnehmeranteile hatte die GmbH an die Prokuristin weitergeleitet. Die bereits gezahlten Arbeitgeberanteile zur Kranken-, Pflege- und Rentenversicherung wurden in freiwillige Beiträge umgewandelt. Das Finanzamt hatte ausgehend von der bisherigen Rechtsauffassung der Finanzverwaltung**) diese als freiwillige Beiträge umqualifizierten Arbeitgeberleistungen rückwirkend als steuerpflichtigen Arbeitslohn in den Jahren der ursprünglichen Zahlungen der GmbH an den Sozialversicherungsträger behandelt. Das FG Rheinland-Pfalz verneinte dagegen ein rückwirkendes Ereignis i.S.d. § 175 Abs. 1 Satz 1 Nr. 2 AO und erfasst die in freiwillige Beiträge umgewandelten Arbeitgeberleistungen im Jahr der Umwandlung als steuerpflichtigen Arbeitslohn. Nach bundeseinheitlich abgestimmter Rechtsauffassung ist das Urteil allgemein anzuwenden.

Die neue Rechtsauffassung ist allerdings nur in den Fällen anzuwenden, in denen tatsächlich eine Umwandlung (d.h. ein Zeitpunkt des Entschlusses des Arbeitgebers und dessen Umsetzung) irrtümlich gezahlter Beiträge zur Sozialversicherung in freiwillige Beiträge stattfindet. War dagegen der Gesellschafter-Geschäftsführer (z.B. wegen Überschreitens der Jahresentgeltgrenze) nicht krankenversicherungspflichtig und hat der Arbeitgeber irrtümlicherweise nach § 3 Nr. 62 Satz 1 EStG i.V. mit § 257 Abs. 1 und Abs. 2 SGB V steuerfreie Zuschüsse zu den Krankenversicherungsbeiträgen (zu einer freiwilligen Versicherung in der gesetzlichen Krankenversicherung oder zu einer privaten Krankenversicherung) geleistet, so wurden diese Zuschüsse in den Jahren der ursprünglichen Zahlung zu Unrecht als steuerfrei nach § 3 Nr. 62 Satz 1 EStG behandelt.

Mangels einer „Umwandlungshandlung" gilt in diesen Fällen die bisherige Rechtsauffassung weiter, wonach ein Zufluss von Arbeitslohn bereits in den jeweiligen Kalenderjahren der früheren Zahlung gegeben ist. Die Einkommensteuer-Veranlagungen sind insoweit unter den Voraussetzungen des § 175 Abs. 1 Satz 1 Nr. 2 AO zu ändern.

Anlage 3
zu H 3.62

Zuschüsse zu einer ausländischen gesetzlichen Krankenversicherung

BMF-Schreiben vom 30.1.2014 (BStBl. I S. 210)

Der BFH hat mit Urteil vom 12. Januar 2011 – I R 49/10 – (BStBl II 2011 Seite 446) im Anschluss an seine bisherige Rechtsprechung (Urteile vom 18. Mai 2004 – VI R 11/01 – [BStBl II Seite 1014] und vom 28. Mai 2009 – VI R 27/06 – [BStBl II Seite 857]) entschieden, dass Zuschüsse zu einer Krankenversicherung, die ein inländischer Arbeitgeber an einen Arbeitnehmer für dessen Versicherung in der französischen gesetzlichen Krankenversicherung leistet, nicht nach § 3 Nummer 62 EStG steuerfrei sind. Nach Auffassung des BFH greift die Steuerfreiheit nicht, weil eine gesetzliche Verpflichtung des Arbeitgebers zu Zahlungen des Zuschusses fehle. Der BFH hat sich in seinem Urteil der sozialversicherungsrechtlichen Beurteilung der Vorinstanz angeschlossen (Urteil des FG München vom 21. Mai 2010 – 8 K 3773/07 – [EFG 2010 Seite 2096]).

Das Bundesministerium für Gesundheit hat in Abstimmung mit dem Bundesministerium für Arbeit und Soziales nunmehr hierzu mitgeteilt, dass entgegen der Auffassung der Finanzgerichtsbarkeit gleichwohl eine sozialrechtliche Zuschusspflicht des Arbeitgebers nach § 257 Absatz 1 des Fünften Buches Sozialgesetzbuch (SGB V) besteht, denn die Begründung einer freiwilligen Mitgliedschaft in einer ausländischen gesetzlichen Krankenversicherung ist zumindest innerhalb der Europäischen Union und des Europäischen Wirtschaftsraums sowie im Verhältnis zur Schweiz nach Artikel 5 Buchstabe b der Verordnung (EG) Nummer 883/2004 des Europäischen Parlaments und des Rates vom 29. April 2004 so zu behandeln, als ob eine (freiwillige) Mitgliedschaft bei einer inländischen gesetzlichen Krankenkasse begründet worden wäre.

Vor diesem Hintergrund gilt unter Bezugnahme auf das Ergebnis der Erörterung mit den obersten Finanzbehörden der Länder Folgendes:

Zuschüsse eines inländischen Arbeitgebers an einen Arbeitnehmer für dessen Versicherung in einer ausländischen gesetzlichen Krankenversicherung zumindest innerhalb der Europäischen Union und des Europäischen Wirtschaftsraums sowie im Verhältnis zur Schweiz fallen unter den Anwendungsbereich des § 3 Nummer 62 EStG, weil aufgrund von Artikel 5 Buchstabe b der Verordnung (EG) Nummer 883/2004 des Europäischen Parlaments und des Rates vom 29. April 2004 eine gesetzliche Zuschusspflicht nach § 257 Absatz 1 SGB V besteht. Das BFH-Urteil vom 12. Januar 2011 – I R 49/10 – (a.a.O.) ist daher nicht mehr allgemein anzuwenden, soweit

---
*) Nr. 6 überholt. Vgl. nachfolgende Anlage 2 zu H 3.62 LStR.
**) Vgl. die als Anlage 1 zu H 3.62 LStR abgedruckte Verfügung der OFD Magdeburg.

der BFH von anderen Rechtsgrundsätzen ausgegangen ist. Dies gilt in allen offenen Fällen.

§ 3 Nr. 63 EStG*)
Steuerfreie Einnahmen

Steuerfrei sind

Beiträge des Arbeitgebers aus dem ersten Dienstverhältnis an einen Pensionsfonds, eine Pensionskasse oder für eine Direktversicherung zum Aufbau einer kapitalgedeckten betrieblichen Altersversorgung, bei der die Auszahlung der zugesagten Alters-, Invaliditäts- oder Hinterbliebenenversorgungsleistungen in Form einer Rente oder eines Auszahlungsplans (§ 1 Absatz 1 Satz 1 Nummer 4 des Altersvorsorgeverträge-Zertifizierungsgesetzes vom 26. Juni 2001 (BGBl. I S. 1310, 1322), das zuletzt durch Artikel 7 des Gesetzes vom 5. Juli 2004 (BGBl. I S. 1427) geändert worden ist, in der jeweils geltenden Fassung vorgesehen ist, soweit die Beiträge im Kalenderjahr 4 Prozent der Beitragsbemessungsgrenze in der allgemeinen Rentenversicherung nicht übersteigen. ²Dies gilt nicht, soweit der Arbeitnehmer nach § 1a Absatz 3 des Betriebsrentengesetzes verlangt hat, dass die Voraussetzungen für eine Förderung nach § 10a oder Abschnitt XI erfüllt werden. ³Der Höchstbetrag nach Satz 1 erhöht sich um 1 800 Euro, wenn die Beiträge im Sinne des Satzes 1 aufgrund einer Versorgungszusage geleistet werden, die nach dem 31. Dezember 2004 erteilt wurde. ⁴Aus Anlass der Beendigung des Dienstverhältnisses geleistete Beiträge im Sinne des Satzes 1 sind steuerfrei, soweit sie 1 800 Euro vervielfältigt mit der Anzahl der Kalenderjahre, in denen das Dienstverhältnis des Arbeitnehmers zu dem Arbeitgeber bestanden hat, nicht übersteigen; der vervielfältigte Betrag vermindert sich um die nach den Sätzen 1 und 3 steuerfreien Beiträge, die der Arbeitgeber in dem Kalenderjahr, in dem das Dienstverhältnis beendet wird, und in den sechs vorangegangenen Kalenderjahren erbracht hat; Kalenderjahre vor 2005 sind dabei jeweils nicht zu berücksichtigen;

R 3.63
Steuerfreie Beiträge zur kapitalgedeckten betrieblichen Altersversorgung (§ 3 Nr. 63 EStG)

– unbesetzt –

H 3.63
Hinweise zu R 3.63
Steuerfreie Beiträge zur kapitalgedeckten betrieblichen Altersversorgung (§ 3 Nr. 63 EStG)

Allgemeine Grundsätze
>BMF vom 24.7.2013 (BStBl. I S. 1022), Rz. 301–320**)

Beiträge des Arbeitgebers
>BMF vom 24.7.2013 (BStBl. I S. 1022), Rz. 304–305**)

Umlagezahlungen
– Zur Abgrenzung gegenüber dem Kapitaldeckungsverfahren
 >BMF vom 24.7.2013 (BStBl. I S. 1022), Rz. 303, 341–346;**)
– >§ 3 Nr. 56 EStG.

Anlage 1
zu H 3.63

Verwaltungskosten Clearing Stelle; lohnsteuerliche Behandlung

BMF-Schreiben vom 24.6.2008 (Az.: IV C 5 – S 2333/07/0016)

Das Bundesministerium der Finanzen vertritt nach Abstimmung mit den obersten Finanzbehörden der Länder folgende Auffassung:

Die Zahlung von Verwaltungskosten durch den Arbeitgeber an eine sog. Clearing Stelle ist lohnsteuerlich irrelevant. Sie führt beim Arbeitnehmer nicht zum Zufluss von Arbeitslohn.

Verlangt der Arbeitgeber vom Arbeitnehmer die Erstattung solcher Aufwendungen, handelt es sich nicht um eine Entgeltumwandlung, sondern um Einkommensverwendung. Entgelt wird nicht in eine wertgleiche Anwartschaft auf Versorgungsleistungen umgewandelt, sondern für zusätzlich anfallende Verwaltungskosten verwendet. Die Steuerbefreiung des § 3 Nr. 63 EStG für Leistungen des Arbeitnehmers aus eigenem Einkommen ist nicht möglich und kommt daher für diese Beträge nicht in Betracht. Die Einbeziehung der Verwaltungskosten in die Vereinbarung einer Entgeltumwandlung zugunsten einer betrieblichen Altersversorgung hat auf die steuerliche Anerkennung der Entgeltumwandlung keinen Einfluss.

Die vom Arbeitnehmer an den Arbeitgeber zu erstattenden Kosten für die Beauftragung der Clearing Stelle stellen keine Aufwendungen des Arbeitnehmers zur Erzielung und zur Sicherung von Einkünften dar. Beim Arbeitnehmer liegen weder Werbungskosten bei den laufenden Einkünften aus § 19 EStG vor, noch können in ihnen Aufwendungen zur Sicherung einer zukünftigen Einkommensquelle (Einkünfte gem. § 22 Nr. 5 EStG bezogen auf die späteren Versorgungsleistungen) gesehen werden.

Anlage 2
zu H 3.63

Finanzierungsanteile der Arbeitnehmer zur betrieblichen Altersversorgung

BMF-Schreiben vom 25.11.2011 (BStBl. I S. 1250)

Der BFH hat mit Urteil vom 9. Dezember 2010 (BStBl. 2011 II S. 978) entschieden, dass die Finanzierungsanteile der Arbeitnehmer, die in dem Gesamtversicherungsbeitrag des Arbeitgebers an eine kapitalgedeckte Pensionskasse enthalten sind, als Arbeitgeberbeiträge nach § 3 Nummer 63 EStG steuerfrei sind. Für die Qualifizierung einer Zahlung als Beitrag des Arbeitgebers im Sinne des § 3 Nummer 63 EStG ist nur die versicherungsvertragliche Außenverpflichtung maßgeblich. Es kommt nicht darauf an, wer die Versicherungsbeiträge finanziert, d. h. wer durch sie wirtschaftlich belastet wird. Unter Bezugnahme auf das Ergebnis der Erörterung mit den obersten Finanzbehörden der Länder sind die Grundsätze dieses Urteils allgemein anzuwenden. Dies gilt ebenfalls für die Beiträge im Kapitaldeckungsverfahren, die von einer Pensionskasse neben einer Umlage erhoben werden, wenn eine getrennte Verwaltung und Abrechnung beider Vermögensmassen erfolgt. Bei der Umsetzung ist Folgendes zu beachten:

Umsetzung ab Kalenderjahr 2012

Gemäß § 3 Nummer 63 Satz 2 EStG kann der Arbeitnehmer nach § 1a Absatz 3 Betriebsrentengesetz (BetrAVG) auf die Steuerfreiheit der Beiträge zugunsten einer Förderung nach § 10a EStG/ Abschnitt XI EStG verzichten. Die Regelungen des § 1a BetrAVG, die die Finanzierungsbeteiligung der Arbeitnehmer im Wege der freiwilligen Entgeltumwandlung betreffen, gelten nach § 1 Absatz 2 Nummer 4 2. Halbsatz BetrAVG entsprechend auch für andere Beiträge des Arbeitnehmers aus seinem Arbeitsentgelt zur Finanzierung von Leistungen der betrieblichen Altersversorgung. Insoweit umfasst das Wahlrecht nach § 3 Nummer 63 Satz 2 EStG alle im Gesamtversicherungsbeitrag des Arbeitgebers enthaltenen Finanzierungsanteile der Arbeitnehmer; dabei sind die freiwillige Entgeltumwandlung und die anderen Beiträge des Arbeitnehmers aus seinem Arbeitsentgelt zur Finanzierung von Leistungen der betrieblichen Altersversorgung gleichrangig zu behandeln. Eine individuelle Besteuerung dieser Beitragsteile ist durchzuführen, soweit der Arbeitnehmer dies verlangt.

---

*) § 3 Nr. 63 EStG ist bei Beiträgen für eine Direktversicherung nicht anzuwenden, wenn die entsprechende Versorgungszusage vor dem 1. Januar 2005 erteilt wurde und der Arbeitnehmer gegenüber dem Arbeitgeber für diese Beiträge auf die Anwendung des § 3 Nr. 63 EStG verzichtet hat. Der Verzicht gilt für die Dauer des Dienstverhältnisses; er ist bis zum 30. Juni 2005 oder bei einem späteren Arbeitgeberwechsel bis zur ersten Beitragsleistung zu erklären. § 3 Nr. 63 Satz 3 und 4 EStG ist nicht anzuwenden, wenn § 40b Abs. 1 und 2 EStG in der am 31. Dezember 2004 geltenden Fassung angewendet wird (§ 52 Abs. 4 Sätze 10 bis 12 EStG).

**) Abgedruckt als Anhang 13c zum Handbuch.

Rein arbeitgeberfinanzierte Beiträge können weiterhin vorrangig steuerfrei bleiben (siehe auch Rz. 271 des BMF-Schreibens vom 31. März 2010 – BStBl. I Seite 270).*) Eine Differenzierung zwischen den verschiedenen Finanzierungsanteilen der Arbeitnehmer (z. B. verpflichtende und freiwillige Finanzierungsanteile) ist nach den Grundsätzen des BFH-Urteils nicht zulässig. Soweit die Höchstbeträge nach § 3 Nummer 63 EStG nicht durch die rein arbeitgeberfinanzierten Beiträge ausgeschöpft worden sind, sind die verbleibenden, auf den verschiedenen Finanzierungsanteilen des Arbeitnehmers beruhenden Beiträge zu berücksichtigen.

Umsetzung im Kalenderjahr 2011

Wurden Finanzierungsanteile der Arbeitnehmer in 2011 individuell versteuert und hat der Arbeitnehmer erklärt, er wolle die Steuerfreiheit in Anspruch nehmen und nicht von seinem Wahlrecht nach § 3 Nummer 63 Satz 2 EStG Gebrauch machen, ist die Versteuerung dieser Arbeitslohnbestandteile im Rahmen des Lohnsteuerabzugs für 2011 rückgängig zu machen, solange die Lohnsteuerbescheinigung für 2011 noch nicht ausgestellt und übermittelt wurde (§ 41c Absatz 3 Satz 1 EStG). Anderenfalls ist eine Korrektur nur noch im Rahmen der Einkommensteuerveranlagung möglich.

Umsetzung für Kalenderjahre 2010 und früher

Die Lohnsteuerbescheinigung für das Kalenderjahr 2010 musste gem. § 41b Absatz 1 Satz 2 EStG spätestens bis zum 28. Februar 2011 ausgestellt und übermittelt werden, so dass eine Korrektur für die Jahre 2010 und früher nur noch im Rahmen der Einkommensteuerveranlagung möglich ist.

In allen noch offenen Fällen von Einkommensteuerfestsetzungen für die Kalenderjahre 2010 und früher, in denen der Arbeitnehmer erklärt, er wolle die Steuerfreiheit in Anspruch nehmen und nicht von seinem Wahlrecht nach § 3 Nummer 63 Satz 2 EStG Gebrauch machen, ist der Bruttoarbeitslohn des einzelnen Arbeitnehmers bei Vorliegen der nachfolgend beschriebenen Bescheinigungen des Arbeitgebers sowie der Versorgungseinrichtung um die nach § 3 Nummer 63 EStG steuerfreien Finanzierungsanteile zu mindern; die Möglichkeit einer Förderung der Beiträge durch Gewährung einer Zulage nach Abschnitt XI EStG bzw. die Berücksichtigung im Rahmen des Sonderausgabenabzugs nach § 10a EStG kommt dann nicht mehr in Betracht.

Zum Zweck der Inanspruchnahme der Steuerfreiheit hat der Arbeitgeber dem Arbeitnehmer die bisher individuell besteuerten Finanzierungsanteile zu bescheinigen sowie der Versorgungseinrichtung sowohl die Änderung der steuerlichen Behandlung gemäß § 5 Absatz 2 LStDV**) mitzuteilen als auch auf das Erfordernis einer eventuellen Korrektur oder Stornierung des Zulageantrags hinzuweisen.

Hat der Arbeitnehmer keinen Zulageantrag nach § 89 EStG gestellt und die Versorgungseinrichtung des Arbeitgebers auch nicht bevollmächtigt, einen Zulageantrag für ihn zu stellen, hat die Versorgungseinrichtung dem Arbeitnehmer zum Zweck der Inanspruchnahme der Steuerfreiheit eine Bescheinigung auszustellen, dass kein Zulageantrag nach § 89 EStG gestellt wurde.

Sofern der Arbeitnehmer für die Jahre 2010 und früher bereits eine Zulage erhalten oder beantragt hat, hat die Versorgungseinrichtung aufgrund der Mitteilung des Arbeitgebers über die Änderung der steuerlichen Behandlung gemäß § 5 Absatz 2 LStDV eine eventuell erforderliche Korrektur bzw. Stornierung des Zulageantrags zu überwachen. Die Versorgungseinrichtung hat dem Arbeitnehmer zum Zweck der Inanspruchnahme der Steuerfreiheit eine Bescheinigung auszustellen, dass der Arbeitnehmer bereits eine Zulage erhalten oder beantragt hat, die Versorgungseinrichtung jedoch eine Korrektur bzw. Stornierung veranlassen wird, sobald eine Inanspruchnahme der Steuerfreiheit im Einkommensteuerbescheid erfolgt ist. Der Arbeitnehmer hat die Versorgungseinrichtung über die tatsächliche Inanspruchnahme der Steuerfreiheit im Einkommensteuerbescheid unverzüglich zu unterrichten (§ 89 Absatz 1 Satz 5 EStG). Die Versorgungseinrichtung hat in diesem Fall, spätestens jedoch 12 Monate nach Erteilung der Bescheinigung unabhängig von einer Unterrichtung des Arbeitnehmers, den an die zentrale Stelle (§ 81 EStG) übermittelten Zulageantrag zu korrigieren bzw. stornieren, es sei denn, der Arbeitnehmer hat der Versorgungseinrichtung die Ablehnung der Steuerfreiheit nachgewiesen. Die zentrale Stelle hat ggf. zu Unrecht gewährte Zulagen nach § 90 Absatz 3 EStG zurückzufordern. Die Versorgungseinrichtung hat zudem eine ggf. übermittelte Bescheinigung nach § 10a Absatz 5 EStG für das Beitragsjahr 2010 zu korrigieren bzw. zu stornieren. Sollte im Einkommensteuerbescheid keine Inanspruchnahme der Steuerfreiheit erfolgen, hat die Versorgungseinrichtung keinen korrigierten bzw. stornierten Zulageantrag an die zentrale Stelle zu übermitteln.

Im Hinblick auf die möglichen gegenläufigen Konsequenzen bei der Umsetzung des BFH-Urteils (Gewährung der Steuerfreiheit § 3 Nummer 63 EStG einerseits, dafür Verlust der Förderung nach § 10a EStG/Abschnitt XI EStG andererseits) ist eine Korrektur von Amts wegen nicht durchzuführen, sondern nur auf Antrag des Arbeitnehmers.

Die Steuerfreistellung nach § 3 Nummer 56 EStG sowie die Pauschalversteuerung nach § 40b Absätze 1 und 2 EStG von Zuwendungen des Arbeitgebers an eine Pensionskasse zum Aufbau einer nicht kapitalgedeckten Altersversorgung bleiben in diesem Zusammenhang unberührt.

§ 3 Nr. 64 EStG
Steuerfreie Einnahmen

Steuerfrei sind

bei Arbeitnehmern, die zu einer inländischen juristischen Person des öffentlichen Rechts in einem Dienstverhältnis stehen und dafür Arbeitslohn aus einer inländischen öffentlichen Kasse beziehen, die Bezüge für eine Tätigkeit im Ausland insoweit, als sie den Arbeitslohn übersteigen, der dem Arbeitnehmer bei einer gleichwertigen Tätigkeit am Ort der zahlenden öffentlichen Kasse zustehen würde. ²Satz 1 gilt auch, wenn das Dienstverhältnis zu einer anderen Person besteht, die den Arbeitslohn entsprechend den im Sinne des Satzes 1 geltenden Vorschriften ermittelt, der Arbeitslohn aus einer öffentlichen Kasse gezahlt wird und ganz oder im Wesentlichen aus öffentlichen Mitteln aufgebracht wird. ³Bei anderen für einen begrenzten Zeitraum in das Ausland entsandten Arbeitnehmern, die dort einen Wohnsitz oder gewöhnlichen Aufenthalt haben, ist der ihnen von einem inländischen Arbeitgeber gewährte Kaufkraftausgleich steuerfrei, soweit er den für vergleichbare Auslandsdienstbezüge nach § 55 des Bundesbesoldungsgesetzes zulässigen Betrag nicht übersteigt;

R 3.64
Kaufkraftausgleich (§ 3 Nr. 64 EStG)

(1) ¹Wird einem Arbeitnehmer außerhalb des öffentlichen Dienstes von einem inländischen Arbeitgeber ein Kaufkraftausgleich gewährt, so bleibt er im Rahmen des Absatzes 2 steuerfrei, wenn der Arbeitnehmer aus dienstlichen Gründen in ein Gebiet außerhalb des Inlands entsandt wird und dort für einen begrenzten Zeitraum einen Wohnsitz i.S.d. § 8 AO oder gewöhnlichen Aufenthalt i.S.d. § 9 AO hat***). ²Eine Entsendung für einen begrenzten Zeitraum ist anzunehmen, wenn eine Rückkehr des Arbeitnehmers nach Beendigung der Tätigkeit vorgesehen ist. ³Es ist unerheblich, ob der Arbeitnehmer tatsächlich zurückkehrt oder nicht.

(2) ¹Der Umfang der Steuerfreiheit des Kaufkraftausgleichs bestimmt sich nach den Sätzen des Kaufkraftzuschlags zu den Auslandsdienstbezügen im öffentlichen Dienst. ²Die für die einzelnen Länder in Betracht kommenden Kaufkraftzuschläge werden im BStBl. Teil I bekannt gemacht****).

(3) ¹Die Zuschläge beziehen sich jeweils auf den Auslandsdienstort einer Vertretung der Bundesrepublik Deutschland und gelten, sofern nicht im Einzelnen andere Zuschläge festgesetzt sind, jeweils für den gesamten konsularischen Amtsbezirk der Vertre-

---

*) Nunmehr Randnummer 310 des BMF-Schreibens vom 24.7.2013 – BStBl. I S. 1022; abgedruckt als Anhang 13c zum Handbuch.
**) Abgedruckt als Anhang 1 zum Handbuch.
***) Zum Begriff des Wohnsitzes im Sinne des § 8 AO und des gewöhnlichen Aufenthalts im Sinne des § 9 AO vgl. die Anlage 2 zu H 1 LStR.
****) Die ab 1.1.2015 geltenden Zuschlagssätze werden zu Beginn des Jahres 2015 im BStBl. Teil I veröffentlicht.

tung. ²Die konsularischen Amtsbezirke der Vertretungen ergeben sich vorbehaltlich späterer Änderungen, die im Bundesanzeiger veröffentlicht werden, aus dem Verzeichnis der Vertretungen der Bundesrepublik Deutschland im Ausland.

(4) ¹Die regionale Begrenzung der Zuschlagssätze gilt auch für die Steuerbefreiung nach § 3 Nr. 64 EStG. ²Für ein Land, das von einer Vertretung der Bundesrepublik Deutschland nicht erfasst wird, kann jedoch der Zuschlagssatz angesetzt werden, der für einen vergleichbaren konsularischen Amtsbezirk eines Nachbarlandes festgesetzt worden ist.

(5) ¹Die Zuschlagssätze werden im öffentlichen Dienst auf 60 v. H. der Dienstbezüge, die bei Verwendung im Inland zustehen, und der Auslandsdienstbezüge angewendet. ²Da eine vergleichbare Bemessungsgrundlage außerhalb des öffentlichen Dienstes regelmäßig nicht vorhanden ist, ist der steuerfreie Teil des Kaufkraftausgleichs durch Anwendung eines entsprechenden Abschlagssatzes nach den Gesamtbezügen einschließlich des Kaufkraftausgleichs zu bestimmen. ³Dabei ist es gleichgültig, ob die Bezüge im Inland oder im Ausland ausgezahlt werden. ⁴Der Abschlagssatz errechnet sich nach der Formel:

$$\frac{\text{Zuschlagssatz} \times 600}{1000 + 6 \times \text{Zuschlagssatz}}$$

⁵Ergibt sich durch Anwendung des Abschlagssatzes ein höherer Betrag als der tatsächlich gewährte Kaufkraftausgleich, so ist nur der niedrigere Betrag steuerfrei. ⁶Zu den Gesamtbezügen, auf die der Abschlagssatz anzuwenden ist, gehören nicht steuerfreie Reisekostenvergütungen und steuerfreie Vergütungen für Mehraufwendungen bei doppelter Haushaltsführung.

(6) ¹Wird ein Zuschlagssatz rückwirkend erhöht, so ist der Arbeitgeber berechtigt, die bereits abgeschlossenen Lohnabrechnungen insoweit wieder aufzurollen und bei der jeweils nächstfolgenden Lohnzahlung die gegebenenfalls zu viel einbehaltene Lohnsteuer zu erstatten. ²Dabei ist § 41c Abs. 2 und 3 EStG anzuwenden. ³Die Herabsetzung eines Zuschlagssatzes ist erstmals bei der Lohnabrechnung des Arbeitslohns zu berücksichtigen, der für einen nach der Veröffentlichung der Herabsetzung beginnenden Lohnzahlungszeitraum gezahlt wird.

H 3.64
Hinweise zu R 3.64
Kaufkraftausgleich

Abschlagssätze

Zuschlagssatz	Abschlagssatz	Zuschlagssatz	Abschlagssatz
5	2,91	55	24,81
10	5,66	60	26,47
15	8,26	65	28,06
20	10,71	70	29,58
25	13,04	75	31,03
30	15,25	80	32,43
35	17,36	85	33,77
40	19,35	90	35,06
45	21,26	95	36,31
50	23,08	100	37,50

EU-Recht

Eine Anwendung des § 3 Nr. 64 EStG auf die dem Kaufkraftausgleich vergleichbaren Auslandszahlungen ist aus EU-rechtlichen Gründen nicht erforderlich (>EuGH vom 15.9.2011 – BStBl. 2013 II S. 56).

EU-Tagegeld

Das EU-Tagegeld ist Arbeitslohn. Es bleibt jedoch steuerfrei, soweit es auf steuerfreie Auslandsdienstbezüge angerechnet wird (BMF vom 12.4.2006 – BStBl. I S. 340)*).

Wohnungsgestellung

am ausländischen Dienstort >R 8.1 Abs. 6 Satz 10

§ 3 Nr. 65 EStG
Steuerfreie Einnahmen

Steuerfrei sind

a) Beiträge des Trägers der Insolvenzsicherung (§ 14 des Betriebsrentengesetzes) zugunsten eines Versorgungsberechtigten und seiner Hinterbliebenen an eine Pensionskasse oder ein Unternehmen der Lebensversicherung zur Ablösung von Verpflichtungen, die der Träger der Insolvenzsicherung im Sicherungsfall gegenüber dem Versorgungsberechtigten und seinen Hinterbliebenen hat,

b) Leistungen zur Übernahme von Versorgungsleistungen oder unverfallbaren Versorgungsanwartschaften durch eine Pensionskasse oder ein Unternehmen der Lebensversicherung in den in § 4 Absatz 4 des Betriebsrentengesetzes bezeichneten Fällen und

c) der Erwerb von Ansprüchen durch den Arbeitnehmer gegenüber einem Dritten im Falle der Eröffnung des Insolvenzverfahrens oder in den Fällen des § 7 Absatz 1 Satz 4 des Betriebsrentengesetzes, soweit der Dritte neben dem Arbeitgeber für die Erfüllung von Ansprüchen aufgrund bestehender Versorgungsverpflichtungen oder Versorgungsanwartschaften gegenüber dem Arbeitnehmer und dessen Hinterbliebenen einsteht; dies gilt entsprechend, wenn der Dritte für Wertguthaben aus einer Vereinbarung über die Altersteilzeit nach dem Altersteilzeitgesetz vom 23. Juli 1996 (BGBl. I S. 1078), zuletzt geändert durch Artikel 234 der Verordnung vom 31. Oktober 2006 (BGBl. I S. 2407), in der jeweils geltenden Fassung oder aufgrund von Wertguthaben aus einem Arbeitszeitkonto in den im ersten Halbsatz genannten Fällen für den Arbeitgeber einsteht.

²In den Fällen nach Buchstabe a, b und c gehören die Leistungen der Pensionskasse, des Unternehmens der Lebensversicherung oder des Dritten zu den Einkünften, zu denen jene Leistungen gehören würden, die ohne Eintritt eines Falles nach Buchstabe a, b und c zu erbringen wären. ³Soweit sie zu den Einkünften aus nichtselbständiger Arbeit im Sinne des § 19 gehören, ist von ihnen Lohnsteuer einzubehalten. ⁴Für die Erhebung der Lohnsteuer gelten die Pensionskasse, das Unternehmen der Lebensversicherung oder der Dritte als Arbeitgeber und der Leistungsempfänger als Arbeitnehmer;

R 3.65
Insolvenzsicherung (§ 3 Nr. 65 EStG)

(1) ¹Die Steuerbefreiung gilt nur für etwaige Beiträge des Trägers der Insolvenzsicherung an eine Pensionskasse oder an ein Lebensversicherungsunternehmen zur Versicherung seiner Verpflichtungen im Sicherungsfall. ²Sie gilt auch für die Übertragung von Direktzusagen oder für Zusagen, die von einer Unterstützungskasse erbracht werden sollen, wenn die Betriebstätigkeit eingestellt und das Unternehmen liquidiert wird (§ 4 Abs. 4 des Betriebsrentengesetzes – BetrAVG)**). ³Im Falle der Liquidation einer Kapitalgesellschaft greift die Steuerbefreiung auch bei der Übertragung von Versorgungszusagen, die an Gesellschafter-Geschäftsführer gegeben worden sind; dies gilt auch dann, wenn es sich um Versorgungszusagen an beherrschende Gesellschafter-Geschäftsführer handelt. ⁴Die Sätze 2 und 3 gelten nicht bei einer Betriebsveräußerung, wenn das Unternehmen vom Erwerber fortgeführt wird.

(2) ¹Die Mittel für die Durchführung der Insolvenzsicherung werden aufgrund öffentlich-rechtlicher Verpflichtung durch Beiträge aller Arbeitgeber aufgebracht, die Leistungen der betrieblichen Altersversorgung unmittelbar zugesagt haben oder eine betriebliche Altersversorgung über eine Unterstützungskasse oder eine Direktversicherung oder einen Pensionsfonds durchführen (§ 10 BetrAVG)**). ²Die Beiträge an den Träger der Insolvenzsicherung gehören damit als Ausgaben des Arbeitgebers für die Zukunftssicherung des Arbeitnehmers, die aufgrund gesetzlicher Verpflichtung geleistet werden, zu den steuerfreien Einnahmen i.S.d. § 3 Nr. 62 EStG.

---

*) Abgedruckt als Anlage 4 zu H 39b.10 LStR.
**) Abgedruckt als Anhang 13 zum Handbuch.

§ 3 Nr. 66 EStG
R 3.66

(3) ¹Durch die Insolvenzsicherung der betrieblichen Altersversorgung werden nicht neue oder höhere Ansprüche geschaffen, sondern nur bereits vorhandene Ansprüche gegen Insolvenz geschützt. ²Die in Insolvenzfällen zu erbringenden Versorgungsleistungen des Trägers der Insolvenzsicherung bzw. bei Rückversicherung der Pensionskasse oder des Lebensversicherungsunternehmens behalten deshalb grundsätzlich ihren steuerlichen Charakter, als wäre der Insolvenzfall nicht eingetreten. ³Das bedeutet z. B., dass Versorgungsleistungen an einen Arbeitnehmer, die auf einer Pensionszusage beruhen oder die über eine Unterstützungskasse durchgeführt werden sollten, auch nach Eintritt des Insolvenzfalles und Übernahme der Leistungen durch ein Versicherungsunternehmen zu den Einnahmen aus nichtselbständiger Arbeit gehören.

(4) § 3 Nr. 65 Satz 1 Buchstabe c EStG ist in den Fällen der Übertragung oder Umwandlung einer Rückdeckungsversicherung (>R 40b.1 Abs. 3) nicht anwendbar.

H 3.65
Hinweise zu R 3.65
Insolvenzsicherung (§ 3 Nr. 65 EStG)

Allgemeine Grundsätze

>BMF vom 24.7.2013 (BStBl. I S. 1022), Rz. 284 ff.*)

§ 3 Nr. 66 EStG
Steuerfreie Einnahmen

Steuerfrei sind

Leistungen eines Arbeitgebers oder einer Unterstützungskasse an einen Pensionsfonds zur Übernahme bestehender Versorgungsverpflichtungen oder Versorgungsanwartschaften durch den Pensionsfonds, wenn ein Antrag nach § 4d Absatz 3 oder § 4e Absatz 3 gestellt worden ist;

R 3.66
Übertragung von Versorgungsverpflichtungen oder -anwartschaften (§ 3 Nr. 66 EStG)

– unbesetzt –

H 3.66
Hinweise zu R 3.66
Übertragung von Versorgungsverpflichtungen oder -anwartschaften (§ 3 Nr. 66 EStG)

Allgemeines

>BMF vom 26.10.2006 (BStBl. I S. 709)**)

Die Steuerfreiheit gilt auch dann, wenn beim übertragenden Unternehmen keine Zuwendungen im Sinne von § 4d Abs. 3 EStG oder Leistungen im Sinne von § 4e Abs. 3 EStG im Zusammenhang mit der Übernahme einer Versorgungsverpflichtung durch einen Pensionsfonds anfallen (>BMF vom 24.7.2013 – BStBl. I S. 1022) unter Berücksichtigung der Änderungen durch BMF vom 13.1.2014 (BStBl. I S. 97), Rz. 322.*)

Umfang der Steuerfreiheit

Bei einer entgeltlichen Übertragung von Versorgungsanwartschaften aktiver Beschäftigter kommt die Anwendung von § 3 Nr. 66 EStG nur für Zahlungen an den Pensionsfonds in Betracht, die für die bis zum Zeitpunkt der Übertragung bereits erdienten Versorgungsanwartschaften geleistet werden; Zahlungen an den Pensionsfonds für zukünftig noch zu erdienende Anwartschaften sind ausschließlich in dem begrenzten Rahmen des § 3 Nr. 63 EStG lohnsteuerfrei (>BMF vom 26.10.2006 – BStBl. I S. 709)**).

Anlage
zu H 3.66
Übertragung von Versorgungsverpflichtungen und Versorgungsanwartschaften auf Pensionsfonds; Anwendung der Regelungen in § 4d Abs. 3 EStG und § 4e Abs. 3 EStG i. V. m. § 3 Nr. 66 EStG

BMF-Schreiben vom 26.10.2006 (BStBl. I S. 709)

Nach § 4e Abs. 3 Satz 1 EStG können auf Antrag die insgesamt erforderlichen Leistungen an einen Pensionsfonds zur teilweisen oder vollständigen Übernahme einer bestehenden Versorgungsverpflichtung oder Versorgungsanwartschaft durch den Pensionsfonds erst in den dem Wirtschaftsjahr der Übertragung folgenden zehn Wirtschaftsjahren gleichmäßig verteilt als Betriebsausgabe abgezogen werden. Werden Versorgungszusagen über eine Unterstützungskasse von einem Pensionsfonds übernommen, ist die Verteilungsregelung mit der Maßgabe anzuwenden, dass die im Zusammenhang mit der Übernahme erforderliche Zuwendung an die Unterstützungskasse erst in den dem Wirtschaftsjahr der Zuwendung folgenden zehn Wirtschaftsjahren gleichmäßig verteilt als Betriebsausgaben abgezogen werden können (§ 4d Abs. 3 EStG). Der Antrag nach § 4d Abs. 3 EStG oder § 4e Abs. 3 EStG führt nach Maßgabe der folgenden Regelungen zur Lohnsteuerfreiheit der entsprechenden Leistungen des Arbeitgebers oder der Unterstützungskasse an den Pensionsfonds (§ 3 Nr. 63, 66 EStG).

Für die Anwendung dieser Regelungen gilt nach Abstimmung mit den obersten Finanzbehörden der Länder Folgendes:

1. **Anwendungsbereich der Regelungen in § 3 Nr. 63 und 66 EStG i. V. m. § 4d Abs. 3 EStG und § 4e Abs. 3 EStG**

   a) **Übertragung von Versorgungsverpflichtungen gegenüber Leistungsempfängern und von unverfallbaren Versorgungsanwartschaften ausgeschiedener Versorgungsberechtigter**

   1 Leistungen eines Arbeitgebers oder einer Unterstützungskasse an einen Pensionsfonds zur Übernahme bestehender Versorgungsverpflichtungen gegenüber Leistungsempfängern (laufende Rentenzahlungen) und unverfallbarer Versorgungsanwartschaften ausgeschiedener Versorgungsberechtigter sind insgesamt nach § 3 Nr. 66 EStG steuerfrei, wenn ein Antrag gemäß § 4d Abs. 3 EStG oder § 4e Abs. 3 EStG gestellt wird.

   b) **Übertragung von Versorgungsanwartschaften aktiver Beschäftigter**

   2 Bei einer entgeltlichen Übertragung von Versorgungsanwartschaften aktiver Beschäftigter kommt die Anwendung von § 3 Nr. 66 EStG nur für Zahlungen an den Pensionsfonds in Betracht, die für die bis zum Zeitpunkt der Übertragung bereits erdienten Versorgungsanwartschaften geleistet werden.

   3 Zahlungen an den Pensionsfonds für zukünftig noch zu erdienende Anwartschaften sind ausschließlich in dem begrenzten Rahmen des § 3 Nr. 63 EStG lohnsteuerfrei.

   4 Die bis zum Zeitpunkt der Übertragung bereits erdienten, entgeltlich übertragenen Versorgungsanwartschaften sind grundsätzlich mit dem steuerlich ausfinanzierbaren Teil, mindestens aber in Höhe des zeitanteilig quotierten Versorgungsanteiles nach § 2 Abs. 1 oder Abs. 5a des Betriebsrentengesetzes (Gesetz zur Verbesserung der betrieblichen Altersversorgung – BetrAVG) zu berücksichtigen.

   5 Soll eine Versorgungsanwartschaft eines Aktiven aus einer Pensionszusage auf einen Pensionsfonds übertragen werden, ergibt sich der erdiente Teil der Anwartschaft als Quotient des Teilwertes gem. § 6a Abs. 3 Satz 2 Nr. 1 EStG zum Barwert der künftigen Pensionsleistungen, jeweils ermittelt auf den Übertragungszeitpunkt.

---
*) Abgedruckt als Anhang 13c zum Handbuch.
**) Abgedruckt als Anlage zu H 3.66 LStR.

2. Berücksichtigung der insgesamt erforderlichen Leistungen zur Übernahme von Versorgungsverpflichtungen oder Versorgungsanwartschaften

6 Nach dem Sinn und Zweck der Regelungen in § 4d Abs. 3 EStG und § 4e Abs. 3 EStG können alle Leistungen des Steuerpflichtigen im Sinne der Randnummern 1 und 2 im Zusammenhang mit der Übernahme von Versorgungsverpflichtungen oder Versorgungsanwartschaften durch Pensionsfonds über den Verteilungszeitraum als Betriebsausgaben abgezogen werden. Das gilt auch für nach § 3 Nr. 66 EStG begünstigte Leistungen (Randnummern 1 und 2), die nach dem Wirtschaftsjahr der Übernahme der Versorgungsverpflichtung entstanden sind oder entrichtet werden (z. B. nachträgliche zusätzliche Zuwendungen aufgrund einer nicht hinreichenden Deckung durch den zum Übernahmezeitpunkt geleisteten Einmalbetrag). Der Antrag auf Verteilung kann nur einheitlich für sämtliche Leistungen zur Übernahme einer Versorgungsverpflichtung oder Versorgungsanwartschaft gestellt werden. Wurden die erstmaligen Aufwendungen im vollen Umfang gewinnmindernd geltend gemacht, ist auch eine Verteilung eventueller Nachschusszahlungen nicht möglich.

3. Beginn des Verteilungszeitraumes

7 Der zehnjährige Verteilungszeitraum beginnt bei einer Bilanzierung nach § 4 Abs. 1 und § 5 EStG in dem dem Wirtschaftsjahr des Entstehens der Leistungsverpflichtung folgenden Wirtschaftsjahr und bei einer Gewinnermittlung nach § 4 Abs. 3 EStG in dem dem Jahr der Leistung folgenden Wirtschaftsjahr. Das gilt auch für die Verteilung einer möglichen Nachschusszahlung, wobei es unerheblich ist, ob noch innerhalb des ursprünglichen Zehnjahresraumes nach dem Wirtschaftsjahr der Übertragung der Versorgungsverpflichtung oder Versorgungsanwartschaft oder erst zu einem späteren Zeitpunkt die Leistungsverpflichtung entsteht oder die Zahlung geleistet wird.

4. Beispiel

8 Arbeitgeber A passiviert in der steuerlichen Gewinnermittlung zum 31. Dezember 2003 aufgrund einer Direktzusage zulässigerweise eine Pensionsrückstellung nach § 6a EStG in Höhe von 100 000 €. In 2004 wird die Versorgungsanwartschaft von einem Pensionsfonds übernommen. A zahlt hierfür 150 000 € (begünstigt nach § 3 Nr. 66 EStG, vgl. Randnummer 2) und stellt einen Antrag nach § 4e Abs. 3 EStG auf Verteilung der Betriebsausgaben. Im Jahr 2010 leistet A aufgrund einer Deckungslücke einen weiteren unter § 3 Nr. 66 EStG fallenden Einmalbetrag von 30 000 €.

In 2004 ist die Rückstellung nach § 6a EStG gewinnerhöhend aufzulösen. Da A einen Antrag auf Verteilung der dem Grunde nach sofort abzugsfähigen Betriebsausgaben gestellt hat, mindern in 2004 im Ergebnis nur 100 000 € (= Höhe der aufzulösenden Pensionsrückstellung, § 4e Abs. 3 Satz 3 EStG) den Gewinn. Der verbleibende Betrag von 50 000 € (150 000 € − 100 000 €) ist dem Gewinn 2004 außerbilanziell wieder hinzuzurechnen. In den Jahren 2005 bis 2014 ist der Gewinn um jeweils $^1\!/_{10} \times 50\,000\,€ = 5000\,€$ außerbilanziell zu vermindern.

Auch die in 2010 geleistete Nachschusszahlung von 30 000 € ist aufgrund des für alle Leistungen im Zusammenhang mit der Übertragung bindenden Antrages nach § 4e Abs. 3 EStG zu verteilen. Demnach erhöht der Betrag von 30 000 € außerbilanziell den Gewinn in 2010. In den Jahren 2011 bis 2020 mindert sich der Gewinn außerbilanziell jährlich um je $^1\!/_{10} \times 30\,000\,€ = 3000\,€$. Hätte A die ursprüngliche Zahlung von 150 000 € vollumfänglich in 2004 als Betriebsausgabe geltend gemacht, hätte auch die in 2010 geleistete Nachschusszahlung nicht verteilt werden können.

§ 3 Nr. 67 EStG
Steuerfreie Einnahmen

Steuerfrei sind

a) das Erziehungsgeld nach dem Bundeserziehungsgeldgesetz und vergleichbare Leistungen der Länder,

b) das Elterngeld nach dem Bundeselterngeld- und Elternzeitgesetz und vergleichbare Leistungen der Länder,

c) Leistungen für Kindererziehung an Mütter der Geburtsjahrgänge vor 1921 nach den §§ 294 bis 299 des Sechsten Buches Sozialgesetzbuch sowie

d) Zuschläge, die nach den §§ 50a bis 50e des Beamtenversorgungsgesetzes oder nach den §§ 70 bis 74 des Soldatenversorgungsgesetzes oder nach vergleichbaren Regelungen der Länder für ein vor dem 1. Januar 2015 geborenes Kind oder für eine vor dem 1. Januar 2015 beginnende Zeit der Pflege einer pflegebedürftigen Person zu gewähren sind; im Falle des Zusammentreffens von Zeiten für mehrere Kinder nach § 50b des Beamtenversorgungsgesetzes oder § 71 des Soldatenversorgungsgesetzes oder nach vergleichbaren Regelungen der Länder gilt dies, wenn eines der Kinder vor dem 1. Januar 2015 geboren ist;

§ 3 Nr. 69 EStG
Steuerfreie Einnahmen

Steuerfrei sind

die von der Stiftung „Humanitäre Hilfe für durch Blutprodukte HIV-infizierte Personen" nach dem HIV-Hilfegesetz vom 24. Juli 1995 (BGBl. I S. 972) gewährten Leistungen;

§ 3b EStG
Steuerfreiheit von Zuschlägen für Sonntags-, Feiertags- oder Nachtarbeit

(1) Steuerfrei sind Zuschläge, die für tatsächlich geleistete Sonntags-, Feiertags- oder Nachtarbeit neben dem Grundlohn gezahlt werden, soweit sie

1. für Nachtarbeit 25 Prozent,
2. vorbehaltlich der Nummern 3 und 4 für Sonntagsarbeit 50 Prozent,
3. vorbehaltlich der Nummer 4 für Arbeit am 31. Dezember ab 14 Uhr und an den gesetzlichen Feiertagen 125 Prozent,
4. für Arbeit am 24. Dezember ab 14 Uhr, am 25. und 26. Dezember sowie am 1. Mai 150 Prozent

des Grundlohns nicht übersteigen.

(2) ¹Grundlohn ist der laufende Arbeitslohn, der dem Arbeitnehmer bei der für ihn maßgebenden regelmäßigen Arbeitszeit für den jeweiligen Lohnzahlungszeitraum zusteht; er ist in einen Stundenlohn umzurechnen und mit höchstens 50 Euro anzusetzen. ²Nachtarbeit ist die Arbeit in der Zeit von 20 Uhr bis 6 Uhr. ³Sonntagsarbeit und Feiertagsarbeit ist die Arbeit in der Zeit von 0 Uhr bis 24 Uhr des jeweiligen Tages. ⁴Die gesetzlichen Feiertage werden durch die am Ort der Arbeitsstätte geltenden Vorschriften bestimmt.

(3) Wenn die Nachtarbeit vor 0 Uhr aufgenommen wird, gilt abweichend von den Absätzen 1 und 2 Folgendes:

1. Für Nachtarbeit in der Zeit von 0 Uhr bis 4 Uhr erhöht sich der Zuschlagssatz auf 40 Prozent,
2. als Sonntagsarbeit und Feiertagsarbeit gilt auch die Arbeit in der Zeit von 0 Uhr bis 4 Uhr des auf den Sonntag oder Feiertag folgenden Tages.

R 3b.
Steuerfreiheit der Zuschläge für Sonntags-, Feiertags- oder Nachtarbeit (§ 3b EStG)

Allgemeines

(1) ¹Die Steuerfreiheit setzt voraus, dass neben dem Grundlohn tatsächlich ein Zuschlag für Sonntags-, Feiertags- oder Nachtarbeit gezahlt wird. ²Ein solcher Zuschlag kann in einem Gesetz, einer Rechtsverordnung, einem Tarifvertrag, einer Betriebsvereinbarung oder einem Einzelarbeitsvertrag geregelt sein. ³Bei einer Nettolohnvereinbarung ist der Zuschlag nur steuerfrei, wenn er neben dem vereinbarten Nettolohn gezahlt wird. ⁴Unschädlich ist es, wenn neben einem Zuschlag für Sonntags-, Feiertags- oder Nachtarbeit, die gleichzeitig Mehrarbeit ist, keine gesonderte Mehrarbeitsvergütung oder ein Zuschlag im Grundlohn gezahlt wird, mit dem die Mehrarbeit abgegolten ist. ⁵Auf die Bezeichnung der Lohnzuschläge kommt es nicht an. ⁶Die Barabgeltung eines Freizeitanspruchs oder eines Freizeitüberhangs oder Zuschläge wegen Mehrarbeit oder wegen anderer als durch die Arbeitszeit bedingter Erschwernisse oder Zulagen, die lediglich nach bestimmten Zeiträumen bemessen werden, sind keine begünstigten Lohnzuschläge. ⁷§ 3b EStG ist auch bei Arbeitnehmern anwendbar, deren Lohn nach § 40a EStG pauschal versteuert wird.

Grundlohn

(2) ¹Grundlohn ist nach § 3b Abs. 2 EStG der auf eine Arbeitsstunde entfallende Anspruch auf laufenden Arbeitslohn, den der Arbeitnehmer für den jeweiligen Lohnzahlungszeitraum aufgrund seiner regelmäßigen Arbeitszeit erwirbt. ²Im Einzelnen gilt Folgendes:

1. Abgrenzung des Grundlohns
   a) ¹Der Anspruch auf laufenden Arbeitslohn ist nach R 39b.2 vom Anspruch auf sonstige Bezüge abzugrenzen. ²Soweit Arbeitslohn-Nachzahlungen oder -Vorauszahlungen zum laufenden Arbeitslohn gehören, erhöhen sie den laufenden Arbeitslohn der Lohnzahlungszeiträume, für die sie nach- oder vorausgezahlt werden; § 41c EStG ist anzuwenden.
   b) ¹Ansprüche auf Sachbezüge, Aufwendungszuschüsse und vermögenswirksame Leistungen gehören zum Grundlohn, wenn sie laufender Arbeitslohn sind. ²Das Gleiche gilt für Ansprüche auf Zuschläge und Zulagen, die wegen der Besonderheit der Arbeit in der regelmäßigen Arbeitszeit gezahlt werden, z. B. Erschwerniszulagen oder Schichtzuschläge, sowie für Lohnzuschläge für die Arbeit in der nicht durch § 3b EStG begünstigten Zeit. ³Regelmäßige Arbeitszeit ist die für das jeweilige Dienstverhältnis vereinbarte Normalarbeitszeit.
   c) ¹Nicht zum Grundlohn gehören Ansprüche auf Vergütungen für Überstunden (Mehrarbeitsvergütungen), Zuschläge für Sonntags-, Feiertags- oder Nachtarbeit in der nach § 3b EStG begünstigten Zeit, und zwar auch insoweit, als sie wegen Überschreitens der dort genannten Zuschlagssätze steuerpflichtig sind. ²Dies gilt auch für steuerfreie und nach § 40 EStG pauschal besteuerte Bezüge. ³Zum Grundlohn gehören aber die nach § 3 Nr. 56 oder 63 EStG steuerfreien Beiträge des Arbeitgebers, soweit es sich um laufenden Arbeitslohn handelt.

2. Ermittlung des Grundlohnanspruchs für den jeweiligen Lohnzahlungszeitraum
   a) ¹Es ist der für den jeweiligen Lohnzahlungszeitraum vereinbarte Grundlohn im Sinne der Nummer 1 zu ermitteln (Basisgrundlohn). ²Werden die für den Lohnzahlungszeitraum zu zahlenden Lohnzuschläge nach den Verhältnissen eines früheren Lohnzahlungszeitraums bemessen, ist auch der Ermittlung des Basisgrundlohns der frühere Lohnzahlungszeitraum zugrunde zu legen. ³Werden die Zuschläge nach der Arbeitsleistung eines früheren Lohnzahlungszeitraums aber nach dem Grundlohn des laufenden Lohnzahlungszeitraums bemessen, ist der Basisgrundlohn des laufenden Lohnzahlungszeitraums zugrunde zu legen. ⁴Soweit sich die Lohnvereinbarung auf andere Zeiträume als auf den Lohnzahlungszeitraum bezieht, ist der Basisgrundlohn durch Vervielfältigung des vereinbarten Stundenlohns mit der Stundenzahl der regelmäßigen Arbeitszeit im Lohnzahlungszeitraum zu ermitteln. ⁵Bei einem monatlichen Lohnzahlungszeitraum ergibt sich die Stundenzahl der regelmäßigen Arbeitszeit aus dem 4,35fachen der wöchentlichen Arbeitszeit. ⁶Arbeitszeitausfälle, z. B. durch Urlaub oder Krankheit, bleiben außer Betracht.
   b) ¹Zusätzlich ist der Teil des für den jeweiligen Lohnzahlungszeitraum zustehenden Grundlohns i.S.d. Nummer 1 zu ermitteln, dessen Höhe nicht von im Voraus bestimmbaren Verhältnissen abhängt (Grundlohnzusätze), z. B. der nur für einzelne Arbeitsstunden bestehende Anspruch auf Erschwerniszulagen oder Spätarbeitszuschläge oder der von der Zahl der tatsächlichen Arbeitstage abhängige Anspruch auf Fahrtkostenzuschüsse. ²Diese Grundlohnzusätze sind mit den Beträgen anzusetzen, die dem Arbeitnehmer für den jeweiligen Lohnzahlungszeitraum tatsächlich zustehen.

3. Umrechnung des Grundlohnanspruchs
   ¹Basisgrundlohn (Nummer 2 Buchstabe a) und Grundlohnzusätze (Nummer 2 Buchstabe b) sind zusammenzurechnen und durch die Zahl der Stunden der regelmäßigen Arbeitszeit im jeweiligen Lohnzahlungszeitraum zu teilen. ²Bei einem monatlichen Lohnzahlungszeitraum ist der Divisor mit dem 4,35fachen der wöchentlichen Arbeitszeit anzusetzen. ³Das Ergebnis ist der Grundlohn; er ist für die Berechnung des steuerfreien Anteils der Zuschläge für Sonntags-, Feiertags- und Nachtarbeit maßgebend, soweit er die Stundenlohnhöchstgrenze nach § 3b Abs. 2 Satz 1 EStG nicht übersteigt. ⁴Ist keine regelmäßige Arbeitszeit vereinbart, sind der Ermittlung des Grundlohns die im Lohnzahlungszeitraum tatsächlich geleisteten Arbeitsstunden zugrunde zu legen. ⁵Bei Stücklohnempfängern kann die Umrechnung des Stücklohns auf einen Stundenlohn unterbleiben.

4. Wird ein Zuschlag für Sonntags-, Feiertags-, oder Nachtarbeit von weniger als einer Stunde gezahlt, so ist bei der Ermittlung des steuerfreien Zuschlags für diesen Zeitraum der Grundlohn entsprechend zu kürzen.

5. Bei einer Beschäftigung nach dem AltTZG ist der Grundlohn nach § 3b Abs. 2 EStG so zu berechnen, als habe eine Vollzeitbeschäftigung bestanden.

§ 3b EStG
R 3b

Nachtarbeit an Sonntagen und Feiertagen

(3) ¹Wird an Sonntagen und Feiertagen oder in der zu diesen Tagen nach § 3b Abs. 3 Nr. 2 EStG gehörenden Zeit Nachtarbeit geleistet, kann die Steuerbefreiung nach § 3b Abs. 1 Nr. 2 bis 4 EStG neben der Steuerbefreiung nach § 3b Abs. 1 Nr. 1 EStG in Anspruch genommen werden. ²Dabei ist der steuerfreie Zuschlagssatz für Nachtarbeit mit dem steuerfreien Zuschlagssatz für Sonntags- oder Feiertagsarbeit auch dann zusammenzurechnen, wenn nur ein Zuschlag gezahlt wird. ³Zu den gesetzlichen Feiertagen i.S.d. § 3b Abs. 1 Nr. 3 EStG gehören der Oster- und der Pfingstsonntag auch dann, wenn sie in den am Ort der Arbeitsstätte geltenden Vorschriften nicht ausdrücklich als Feiertage genannt werden. ⁴Wenn für die einem Sonn- oder Feiertag folgende oder vorausgehende Nachtarbeit ein Zuschlag für Sonntags- oder Feiertagsarbeit gezahlt wird, ist dieser als Zuschlag für Nachtarbeit zu behandeln.

Feiertagsarbeit an Sonntagen

(4) ¹Ist ein Sonntag zugleich Feiertag, kann ein Zuschlag nur bis zur Höhe des jeweils in Betracht kommenden Feiertagszuschlags steuerfrei gezahlt werden. ²Das gilt auch dann, wenn nur ein Sonntagszuschlag gezahlt wird.

Zusammentreffen mit Mehrarbeitszuschlägen

(5) ¹Hat der Arbeitnehmer arbeitsrechtlich Anspruch auf Zuschläge für Sonntags-, Feiertags- oder Nachtarbeit und auf Zuschläge für Mehrarbeit und wird Mehrarbeit als Sonntags-, Feiertags- oder Nachtarbeit geleistet, sind folgende Fälle zu unterscheiden:

1. es werden sowohl die in Betracht kommenden Zuschläge für Sonntags-, Feiertags- oder Nachtarbeit als auch für Mehrarbeit gezahlt;
2. es wird nur der in Betracht kommende Zuschlag für Sonntags-, Feiertags- oder Nachtarbeit gezahlt, der ebenso hoch oder höher ist als der Zuschlag für Mehrarbeit;
3. es wird nur der Zuschlag für Mehrarbeit gezahlt;
4. es wird ein einheitlicher Zuschlag (Mischzuschlag) gezahlt, der höher ist als die jeweils in Betracht kommenden Zuschläge, aber niedriger als ihre Summe;
5. es wird ein einheitlicher Zuschlag (Mischzuschlag) gezahlt, der höher ist als die Summe der jeweils in Betracht kommenden Zuschläge.

²In den Fällen des Satzes 1 Nr. 1 und 2 ist von den gezahlten Zuschlägen der Betrag als Zuschlag für Sonntags-, Feiertags- oder Nachtarbeit zu behandeln, der dem arbeitsrechtlich jeweils in Betracht kommenden Zuschlag entspricht. ³Im Fall des Satzes 1 Nr. 3 liegt ein Zuschlag i.S.d. § 3b EStG nicht vor. ⁴In den Fällen des Satzes 1 Nr. 4 und 5 ist der Mischzuschlag im Verhältnis der in Betracht kommenden Einzelzuschläge in einen nach § 3b EStG begünstigten Anteil und einen nicht begünstigten Anteil aufzuteilen. ⁵Ist für Sonntags-, Feiertags- oder Nachtarbeit kein Zuschlag vereinbart, weil z. B. Pförtner oder Nachtwächter ihre Tätigkeit regelmäßig zu den begünstigten Zeiten verrichten, so bleibt von einem für diese Tätigkeiten gezahlten Mehrarbeitszuschlag kein Teilbetrag nach § 3b EStG steuerfrei.

Nachweis der begünstigten Arbeitszeiten

(6) ¹Steuerfrei sind nur Zuschläge, die für tatsächlich geleistete Sonntags-, Feiertags- oder Nachtarbeit gezahlt werden. ²Zur vereinbarten und vergüteten Arbeitszeit gehörende Waschzeiten, Schichtübergabezeiten und Pausen gelten als begünstigte Arbeitszeit i.S.d. § 3b EStG, soweit sie in den begünstigten Zeitraum fallen. ³Die tatsächlich geleistete Sonntags-, Feiertags- oder Nachtarbeit ist grundsätzlich im Einzelfall nachzuweisen. ⁴Wird eine einheitliche Vergütung für den Grundlohn und die Zuschläge für Sonntags-, Feiertags- oder Nachtarbeit, gegebenenfalls unter Einbeziehung der Mehrarbeit und Überarbeit, gezahlt, weil Sonntags-, Feiertags- oder Nachtarbeit üblicherweise verrichtet wird, und werden deshalb die sonntags, feiertags oder nachts tatsächlich geleisteten Arbeitsstunden nicht aufgezeichnet, so bleiben die in der einheitlichen Vergütung enthaltenen Zuschläge für Sonntags-, Feiertags- oder Nachtarbeiten grundsätzlich nicht nach § 3b EStG steuerfrei. ⁵Zu einem erleichterten Nachweis >Absatz 7. ⁶Sind die Einzelanschreibung und die Einzelbezahlung der geleisteten Sonntags-, Feiertags- oder Nachtarbeit wegen der Besonderheiten der Arbeit und der Lohnzahlungen nicht möglich, so darf das Betriebsstättenfinanzamt den Teil der Vergütung, der als steuerfreier Zuschlag für Sonntags-, Feiertags- oder Nachtarbeit anzuerkennen ist, von Fall zu Fall feststellen. ⁷Im Interesse einer einheitlichen Behandlung der Arbeitnehmer desselben Berufszweigs darf das Betriebsstättenfinanzamt die Feststellung nur auf Weisung der vorgesetzten Behörde treffen. ⁸Die Weisung ist der obersten Landesfinanzbehörde vorbehalten, wenn die für den in Betracht kommenden Berufszweig maßgebende Regelung nicht nur im Bezirk der für das Betriebsstättenfinanzamt zuständigen vorgesetzten Behörde gilt. ⁹Eine Feststellung nach Satz 6 kommt für solche Regelungen nicht in Betracht, durch die nicht pauschale Zuschläge festgesetzt, sondern bestimmte Teile eines nach Zeiträumen bemessenen laufenden Arbeitslohns als Zuschläge für Sonntags-, Feiertags- oder Nachtarbeit erklärt werden.

Pauschale Zuschläge

(7) ¹Werden Zuschläge für Sonntags-, Feiertags- oder Nachtarbeit als laufende Pauschale, z. B. Monatspauschale, gezahlt und wird eine Verrechnung mit den Zuschlägen, die für die einzeln nachgewiesenen Zeiten für Sonntags-, Feiertags- oder Nachtarbeit aufgrund von Einzelberechnungen zu zahlen wären, erst später vorgenommen, so kann die laufende Pauschale oder ein Teil davon steuerfrei belassen werden, wenn

1. der steuerfreie Betrag nicht nach höheren als den in § 3b EStG genannten Prozentsätzen berechnet wird,
2. der steuerfreie Betrag nach dem durchschnittlichen Grundlohn und der durchschnittlichen im Zeitraum des Kalenderjahres tatsächlich anfallenden Sonntags-, Feiertags- oder Nachtarbeit bemessen wird,
3. die Verrechnung mit den einzeln ermittelten Zuschlägen jeweils vor der Erstellung der Lohnsteuerbescheinigung und somit regelmäßig spätestens zum Ende des Kalenderjahres oder beim Ausscheiden des Arbeitnehmers aus dem Dienstverhältnis erfolgt. ²Für die Ermittlung der im Einzelnen nachzuweisenden Zuschläge ist auf den jeweiligen Lohnzahlungszeitraum abzustellen. ³Dabei ist auch der steuerfreie Teil der einzeln ermittelten Zuschläge festzustellen und die infolge der Pauschalierung zu wenig oder zu viel einbehaltene Lohnsteuer auszugleichen,
4. bei der Pauschalzahlung erkennbar ist, welche Zuschläge im Einzelnen – jeweils getrennt nach Zuschlägen für Sonntags-, Feiertags- oder Nachtarbeit – abgegolten sein sollen und nach welchen Prozentsätzen des Grundlohns die Zuschläge bemessen worden sind,
5. die Pauschalzahlung tatsächlich ein Zuschlag ist, der neben dem Grundlohn gezahlt wird; eine aus dem Arbeitslohn rechnerisch ermittelte Pauschalzahlung ist kein Zuschlag.

²Ergibt die Einzelfeststellung, dass der dem Arbeitnehmer aufgrund der tatsächlich geleisteten Sonntags-, Feiertags- oder Nachtarbeit zustehende Zuschlag höher ist als die Pauschalzahlung, so kann ein höherer Betrag nur steuerfrei sein, wenn und soweit der Zuschlag auch tatsächlich zusätzlich gezahlt wird; eine bloße Kürzung des steuerpflichtigen Arbeitslohns um den übersteigenden Steuerfreibetrag ist nicht zulässig. ³Diese Regelungen gelten sinngemäß, wenn lediglich die genaue Feststellung des steuerfreien Betrags im Zeitpunkt der Zahlung des Zuschlags schwierig ist und sie erst zu einem späteren Zeitpunkt nachgeholt werden kann.

Zeitversetzte Auszahlung

(8) ¹Die Steuerfreiheit von Zuschlägen für Sonntags-, Feiertags- oder Nachtarbeit bleibt auch bei zeitversetzter Auszahlung grundsätzlich erhalten. ²Voraussetzung ist jedoch, dass vor der Leistung der begünstigten Arbeit bestimmt wird, dass ein steuerfreier Zuschlag – ggf. teilweise – als Wertguthaben auf ein Arbeitszeitkonto genommen und getrennt ausgewiesen wird. ³Dies gilt z. B. in Fällen der Altersteilzeit bei Aufteilung in Arbeits- und Freistellungsphase (so genannte Blockmodelle).

§ 3b EStG
R 3b

H 3b
Hinweise zu R 3b
Steuerfreiheit der Zuschläge für Sonntags-, Feiertags- oder Nachtarbeit

Abgrenzung Sonntags-/Feiertagszuschlag – Nachtzuschlag

Beispiel:

Ein Arbeitnehmer beginnt seine Nachtschicht am Sonntag, dem 1. Mai um 22 Uhr und beendet sie am 2. Mai um 7 Uhr.

Für diesen Arbeitnehmer sind Zuschläge zum Grundlohn bis zu folgenden Sätzen steuerfrei:

– 175 % für die Arbeit am 1. Mai in der Zeit von 22 Uhr bis 24 Uhr (25 % für Nachtarbeit und 150 % für Feiertagsarbeit),

– 190 % für die Arbeit am 2. Mai in der Zeit von 0 Uhr bis 4 Uhr (40 % für Nachtarbeit und 150 % für Feiertagsarbeit),

– 25 % für die Arbeit am 2. Mai in der Zeit von 4 Uhr bis 6 Uhr.

Abgrenzung Spätarbeitszuschlag – andere Lohnzuschläge

Beispiel:

Aufgrund tarifvertraglicher Vereinbarung erhält ein Arbeitnehmer für die Arbeit in der Zeit von 18 bis 22 Uhr einen Spätarbeitszuschlag und für die in der Zeit von 19 bis 21 Uhr verrichteten Arbeiten eine Gefahrenzulage. Der für die Zeit von 20 bis 22 Uhr gezahlte Spätarbeitszuschlag ist ein nach § 3b EStG begünstigter Zuschlag für Nachtarbeit. Die Gefahrenzulage wird nicht für die Arbeit zu einer bestimmten Zeit gezahlt und ist deshalb auch insoweit kein Nachtarbeitszuschlag im Sinne des § 3b EStG, als sie für die Arbeit in der Zeit von 20 bis 21 Uhr gezahlt wird.

Aufteilung von Mischzuschlägen

>BFH vom 13.10.1989 – BStBl. 1991 II S. 8

Bereitschaftsdienste

– Ein Zeitzuschlag für ärztliche Bereitschaftsdienste wird auch dann nicht für tatsächlich geleistete Sonntags-, Feiertags- oder Nachtarbeit gezahlt, wenn die Bereitschaftsdienste überwiegend zu diesen Zeiten anfallen. Auch wenn die auf Sonntage, Feiertage und Nachtzeit entfallenden Bereitschaftsdienste festgestellt werden können, ist Bereitschaftsdienstvergütung deshalb nicht steuerfrei (>BFH vom 24.11.1989 – BStBl. 1990 II S. 315).

– Ist in begünstigten Zeiten des § 3b EStG Bereitschaft angeordnet, sind Zuschläge zur Bereitschaftsdienstvergütung steuerfrei, soweit sie die in § 3b EStG vorgesehenen Prozentsätze, gemessen an der Bereitschaftsdienstvergütung, nicht übersteigen (>BFH vom 27.8.2002 – BStBl. II S. 883).

Durchschnittlicher Auszahlungsbetrag

Die Vereinbarung eines durchschnittlichen Auszahlungsbetrags pro tatsächlich geleisteter Arbeitsstunde steht der Steuerbefreiung nicht entgegen; der laufende Arbeitslohn kann der Höhe nach schwanken und durch eine Grundlohnergänzung aufgestockt werden (>BFH vom 17.6.2010 – BStBl. 2011 II S. 43).

Einkünfte aus nichtselbständiger Arbeit

– Die Steuerfreiheit nach § 3b EStG setzt voraus, dass die Zuschläge ohne diese Vorschrift den Einkünften aus nichtselbständiger Arbeit zuzurechnen wären (>BFH vom 19.3.1997 – BStBl. II S. 577).

– Zahlt eine Kapitalgesellschaft ihrem Gesellschafter-Geschäftsführer zusätzlich zu seinem Festgehalt Vergütungen für Sonntags-, Feiertags- und Nachtarbeit, liegt nur in Ausnahmefällen keine verdeckte Gewinnausschüttung vor (>BFH vom 14.7.2004 – BStBl. 2005 II S. 307).

– Bezieht ein nicht beherrschender Gesellschafter, der zugleich leitender Angestellter der GmbH ist, neben einem hohen Festgehalt, Sonderzahlungen und einer Gewinntantieme zusätzlich Zuschläge für Sonntags-, Feiertags-, Mehr- und Nachtarbeit, können diese als verdeckte Gewinnausschüttung zu erfassen sein (>BFH vom 13.12.2006 – BStBl. 2007 II S. 393).

Gefahrenzulage

Es ist von Verfassungs wegen nicht geboten, die Steuerbefreiung für Zuschläge, die für tatsächlich geleistete Sonntags-, Feiertags- oder Nachtarbeit gezahlt werden, auf Gefahrenzulagen und Zulagen im Kampfmittelräumdienst auszudehnen (>BFH vom 15.9.2011 – BStBl. 2012 II S. 144).

Grundlohn

Beispiel 1:

Ein Arbeitnehmer in einem Dreischichtbetrieb hat eine tarifvertraglich geregelte Arbeitszeit von 38 Stunden wöchentlich und einen monatlichen Lohnzahlungszeitraum. Er hat Anspruch – soweit es den laufenden Arbeitslohn ohne Sonntags-, Feiertags- oder Nachtarbeitszuschläge angeht – auf

– einen Normallohn von 8,50 € für jede im Lohnzahlungszeitraum geleistete Arbeitsstunde,

– einen Schichtzuschlag von 0,25 € je Arbeitsstunde,

– einen Zuschlag für Samstagsarbeit von 0,50 € für jede Samstagsarbeitsstunde,

– einen Spätarbeitszuschlag von 0,85 € für jede Arbeitsstunde zwischen 18 Uhr und 20 Uhr,

– einen Überstundenzuschlag von 2,50 € je Überstunde,

– eine Gefahrenzulage für unregelmäßig anfallende gefährliche Arbeiten von 1,50 € je Stunde,

– einen steuerpflichtigen, aber nicht pauschal versteuerten Fahrtkostenzuschuss von 3,– € je Arbeitstag,

– eine vermögenswirksame Leistung von 40,– € monatlich,

– Beiträge des Arbeitgebers zu einer Direktversicherung von 50,– € monatlich.

Im Juni hat der Arbeitnehmer infolge Urlaubs nur an 10 Tagen insgesamt 80 Stunden gearbeitet. In diesen 80 Stunden sind enthalten:

– Regelmäßige Arbeitsstunden 76
– Überstunden insgesamt 4
– Samstagsstunden insgesamt 12
– Überstunden an Samstagen 2
– Spätarbeitsstunden insgesamt 16
– Überstunden mit Spätarbeit 2
– Stunden mit gefährlichen Arbeiten insgesamt 5
– Überstunden mit gefährlichen Arbeiten 1

Hiernach betragen

a) der Basisgrundlohn

8,50 € Stundenlohn × 38 Stunden × 4,35	1 405,05 €
0,25 € Schichtzuschlag × 38 Stunden × 4,35	41,33 €
Vermögenswirksame Leistungen	40,00 €
Beiträge zur Direktversicherung	50,00 €
insgesamt	1 536,38 €

b) die Grundlohnzusätze

0,50 € Samstagsarbeitszuschlag × 10 Stunden	5,00 €
0,85 € Spätarbeitszuschlag × 14 Stunden	11,90 €
1,50 € Gefahrenzulage × 4 Stunden	6,00 €
3,00 € Fahrtkostenzuschuss × 10 Arbeitstage	30,00 €
insgesamt	52,90 €

c) der Grundlohn des Lohnzahlungszeitraums insgesamt 1 589,28 €

d) der für die Begrenzung des steuerfreien Anteils der begünstigten Lohnzuschläge maßgebende Grundlohn

$$\frac{1\,589{,}28\,€}{38 \times 4{,}35} = 9{,}61\,€$$

Beispiel 2:

Bei einem Arbeitnehmer mit tarifvertraglich geregelter Arbeitszeit von 37,5 Stunden wöchentlich und einem monatlichen Lohnzahlungszeitraum, dessen Sonntags-, Feiertags- und Nachtarbeitszuschläge sowie nicht im Voraus feststehende Bezüge sich nach den Verhältnissen des Vormonats bemessen, betragen für den Lohnzahlungszeitraum März

– der Basisgrundlohn 1 638,64 €
– die Grundlohnzusätze (bemessen nach den Verhältnissen im Monat Februar) 140,36 €

Im Februar betrug der Basisgrundlohn 1 468,08 €.

Für die Ermittlung des steuerfreien Anteils der Zuschläge für Sonntags-, Feiertags- oder Nachtarbeit, die dem Arbeitnehmer aufgrund der im Februar geleisteten Arbeit für den Lohnzahlungszeitraum März zustehen, ist von einem Grundlohn auszugehen, der sich aus

– dem Basisgrundlohn des Lohnzahlungszeitraums Februar (R 3b Abs. 2 Satz 2 Nr. 2 Buchst. a Satz 2) von 1 468,08 €
– und den Grundlohnzusätzen des Lohnzahlungszeitraums März (bemessen nach den Verhältnissen im Februar) 140,36 €

zusammensetzt.

Der für die Berechnung des steuerfreien Anteils der begünstigten Lohnzuschläge maßgebende Grundlohn beträgt also

$$\frac{1\,468{,}08\,\text{€} + 140{,}36\,\text{€}}{37{,}5 \times 4{,}35} = \underline{9{,}86\,\text{€}}.$$

Pauschale Zuschläge

– Die Steuerbefreiung setzt grundsätzlich Einzelaufstellungen der tatsächlich erbrachten Arbeitsstunden an Sonn- und Feiertagen oder zur Nachtzeit voraus (>BFH vom 28.11.1990 – BStBl. 1991 II S. 293). Demgegenüber können pauschale Zuschläge dann steuerfrei sein, wenn und soweit sie als bloße Abschlagszahlungen oder Vorschüsse auf später einzeln abzurechnende Zuschläge geleistet werden (>BFH vom 23.10.1992 – BStBl. 1993 II S. 314).

– Pauschale Zuschläge können steuerfrei sein, wenn sie als Abschlagszahlungen oder Vorschüsse für tatsächlich geleistete Sonntags-, Feiertags- oder Nachtarbeit gezahlt werden. Der fehlende Nachweis tatsächlich erbrachter Arbeitsleistungen kann nicht durch eine Modellrechnung ersetzt werden (>BFH vom 25.5.2005 – BStBl. II S. 725).

– Pauschale Zuschläge sind nicht steuerfrei, wenn sie nicht als Abschlagszahlungen oder Vorschüsse auf Zuschläge für tatsächlich geleistete Sonntags-, Feiertags- oder Nachtarbeit gezahlt werden, sondern Teil einer einheitlichen Tätigkeitsvergütung sind (>BFH vom 16.12.2010 – BStBl. 2012 II S. 288).

– Pauschale Zuschläge, die der Arbeitgeber ohne Rücksicht auf die Höhe der tatsächlich erbrachten Sonntags-, Feiertags- oder Nachtarbeit an den Arbeitnehmer leistet, sind nur dann nach § 3b EStG begünstigt, wenn sie nach dem übereinstimmenden Willen von Arbeitgeber und Arbeitnehmer als Abschlagszahlungen oder Vorschüsse auf eine spätere Einzelabrechnung gemäß § 41b EStG geleistet werden. Diese Einzelabrechnung zum jährlichen Abschluss des Lohnkontos ist grundsätzlich unverzichtbar. Auf sie kann im Einzelfall nur verzichtet werden, wenn die Arbeitsleistungen fast ausschließlich zur Nachtzeit zu erbringen sind und die pauschal geleisteten Zuschläge so bemessen sind, dass sie auch unter Einbeziehung von Urlaub und sonstigen Fehlzeiten – aufs Jahr bezogen – die Voraussetzungen der Steuerfreiheit erfüllen (>BFH vom 8.12.2011 – BStBl. 2012 II S. 291).

Tatsächliche Arbeitsleistung

Soweit Zuschläge gezahlt werden, ohne dass der Arbeitnehmer in der begünstigten Zeit gearbeitet hat, z. B. bei Lohnfortzahlung im Krankheits- oder Urlaubsfall oder bei Lohnfortzahlung an von der betrieblichen Tätigkeit freigestellte Betriebsratsmitglieder oder bei der Lohnfortzahlung nach dem Mutterschutzgesetz, sind sie steuerpflichtig (>BFH vom 3.5.1974 – BStBl. II S. 646 und vom 26.10.1984 – BStBl. 1985 II S. 57 und vom 27.5.2009 – BStBl. II S. 730).

Wechselschichtzuschlag

Zuschläge für Wechselschichtarbeit, die der Arbeitnehmer für seine Wechselschicht regelmäßig und fortlaufend bezieht, sind dem steuerpflichtigen Grundlohn zugehörig; sie sind auch während der durch § 3b EStG begünstigten Nachtzeit nicht steuerbefreit (>BFH vom 7.7.2005 – BStBl. II S. 888).

Zeitwertkonto

Bei zeitversetzter Auszahlung bleibt die Steuerfreiheit nur für den Zuschlag als solchen erhalten (>R 3b Abs. 8). Eine darauf beruhende etwaige Verzinsung oder Wertsteigerung ist hingegen nicht steuerfrei (>BMF vom 17.6.2009 – BStBl. I S. 1286).*)

Zuschlag zum Grundlohn

Ein Zuschlag wird nicht neben dem Grundlohn gezahlt, wenn er aus dem arbeitsrechtlich geschuldeten Arbeitslohn rechnerisch ermittelt wird, selbst wenn im Hinblick auf eine ungünstig liegende Arbeitszeit ein höherer Arbeitslohn gezahlt werden sollte (>BFH vom 28.11.1990 – BStBl. 1991 II S. 296); infolgedessen dürfen auch aus einer Umsatzbeteiligung keine Zuschläge abgespalten und nach § 3b EStG steuerfrei gelassen werden.

Anlage 1
zu H 3b

Zuschläge für Prozentempfänger im Hotel- und Gaststättengewerbe

Bundeseinheitlich geltende Regelung, für Bayern bekannt gegeben mit Schreiben des Bayer. Staatsministeriums der Finanzen vom 30.12.1975 (Az.: 32 – S 2370 – 1/208 – 74078)

In übereinstimmenden Ländererlassen ist bisher zugelassen worden, dass bei den Prozentempfängern im Hotel- und Gaststättengewerbe unter bestimmten Voraussetzungen ein Teil der Bezüge durch Betriebsvereinbarung als Zuschläge i. S. des § 34a Abs. 2 EStG a. F. angesehen werden können, soweit für die Zahlung von Zuschlägen für Sonntags-, Feiertags- oder Nachtarbeit eine tarifvertragliche Regelung nicht besteht. Nach nochmaliger Überprüfung der Rechtslage kann an dieser Auffassung nicht mehr festgehalten werden. Hierfür sind folgende Überlegungen maßgebend:

Nach § 3b Abs. 2 EStG (früher § 34a Abs. 2 EStG) müssen echte Zuschläge gezahlt werden. Das bedeutet, dass aus dem arbeitsrechtlich geschuldeten Arbeitslohn, selbst wenn im Hinblick auf eine ungünstig liegende Arbeitszeit ein höherer Lohn gezahlt werden sollte, ein begünstigter Zuschlag herausgerechnet werden kann (vgl. auch BFH-Urteil vom 14.6.1967, BStBl. III S. 609). Das bisher zugelassene Verfahren führt im Ergebnis aber dazu, dass von dem geschuldeten Arbeitslohn, der sich nach dem Umsatz richtet und in seiner Höhe nicht davon abhängig ist, in welcher Zeit die Arbeit geleistet wird, ein Teil abgespalten wird. Es fehlt also an einem echten Zuschlag.

Darüber hinaus muss der Zuschlag auch neben dem Grundlohn gezahlt werden. Nach § 3b Abs. 3 Ziff. 1 EStG gilt als Grundlohn, was dem Arbeitnehmer bei der für ihn maßgebenden regelmäßigen Arbeitszeit in dem jeweiligen Lohnzahlungszeitraum an laufenden Geld- und laufenden Sachbezügen zusteht. Der Prozentempfänger im Hotel- und Gaststättengewerbe erhält nach den Tarifverträgen eine prozentuale Umsatzentlohnung. Dieser am Umsatz orientierte Tariflohn ist der Lohn, der dem Arbeitnehmer „zusteht". Der Garantielohn stellt hingegen lediglich den Mindestlohn dar und kann nur in den Lohnzahlungszeiträumen als Grundlohn gelten, in denen der umsatzabhängige Lohn diese Grenze unterschreitet. Es fehlt mithin auch an einem Zuschlag, der neben den Grundlohn tritt.

Anlage 2
zu H 3b

Steuerliche Behandlung von Spätschichtzulagen als Zuschläge für Sonntags-, Feiertags- oder Nachtarbeit

Bundeseinheitlich geltende Regelung, für Bayern bekannt gegeben mit Schreiben des Bayer. Staatsministeriums der Finanzen vom 1.1.1990 (Az.: 32 – S 2343 – 1/60 – 17476)

Im Einvernehmen mit dem Bundesminister der Finanzen und den Finanzministern (-senatoren) der anderen Länder gilt ab 1.1.1990 Folgendes:

1. Zuschläge für Sonntags-, Feiertags- oder Nachtarbeit im Sinne des § 3b EStG sind Lohnzuschläge, die für die Arbeit in den nach § 3b EStG begünstigten Zeiten gezahlt werden. Auf die Bezeichnung der Lohnzuschläge kommt es für die Anwendung des § 3b EStG nicht an. Zuschläge wegen Mehrarbeit oder wegen anderer als durch die Arbeitszeit bedingten Erschwernisse oder Zulagen, die lediglich nach bestimmten Zeiträumen bemessen werden, sind keine begünstigten Lohnzuschläge.

   Beispiel:
   Aufgrund tarifvertraglicher Vereinbarung erhält ein Arbeitnehmer für die Arbeit in der Zeit von 18 bis 22 Uhr einen Spätarbeitszuschlag und für die in der Zeit von 19 bis 21 Uhr verrichteten Arbeiten eine Gefahrenzulage. Der für die Zeit von 20 bis 22 Uhr gezahlte Zuschlag ist ein nach § 3b EStG begünstigter Zuschlag für Nachtarbeit. Die Gefahrenzulage wird nicht für die Arbeit zu einer bestimmten Zeit gezahlt und ist deshalb auch insoweit kein Nachtarbeitszuschlag im Sinne des § 3b EStG, als sie für die Arbeit in der Zeit von 20 bis 21 Uhr gezahlt wird.

*) Abgedruckt als Anlage 3 zu H 38.2 LStR.

§ 3b EStG
R 3b

2. Soweit Lohnzuschläge im Sinne der Nummer 1 Satz 1 vorliegen, gehören sie unabhängig von ihrer Bezeichnung nicht zum Grundlohn (Abschnitt 30 Abs. 2 Nr. 1 Buchstabe c LStR 1990*)). Das gilt auch für den Teil dieser Zuschläge, der wegen Überschreitens der in § 3b EStG genannten Zuschlagsätze steuerpflichtig ist.

   Beispiel:
   Der Arbeitnehmer erhält für die Arbeit in der Zeit von 20 bis 6 Uhr einen Nachtarbeitszuschlag, der nach § 3b Abs. 1 Nr. 1 EStG nur zum Teil steuerfrei ist. Gleichwohl bleibt der Nachtarbeitszuschlag in voller Höhe bei der Grundlohnermittlung unberücksichtigt.

3. Lohnzuschläge für Zeiten, die nicht nach § 3b EStG begünstigt sind, gehören unabhängig von ihrer Bezeichnung zum Grundlohn. Das gilt auch in den Fällen, in denen diese Lohnzuschläge nach Abschnitt 30 Abs. 9 Satz 4 LStR 1990 durch § 52 Abs. 3 EStG begünstigt werden.

   Beispiel:
   Aufgrund tarifvertraglicher Vereinbarungen erhält ein Arbeitnehmer Nachtarbeitszuschläge für die Zeit von 18 bis 6 Uhr. Der für die Arbeit in der Zeit von 18 bis 20 Uhr gezahlte Zuschlag ist kein nach § 3b EStG begünstigter Zuschlag. Er gehört deshalb trotz seiner Bezeichnung als Nachtarbeitszuschlag zum Grundlohn.

4. Soweit bisher die Hinzurechnung der Zeitzuschläge im Sinne der Nummer 3 zum Grundlohn unterblieben ist und sich dies zugunsten des Arbeitnehmers ausgewirkt hat, wird auf eine Nachforderung der Lohnsteuer verzichtet.

Anlage 3
zu H 3b

Steuerliche Behandlung von Nachtarbeitszuschlägen in der Druckindustrie

Bundeseinheitlich geltende Regelung, für Bayern bekannt gegeben mit Schreiben des Bayer. Staatsministeriums der Finanzen vom 26.10.1992 (Az.: 32 – S 2343 – 11/18 – 54540)

Nach Abstimmung mit dem Bundesminister der Finanzen und den obersten Finanzbehörden der anderen Länder vertrete ich die Auffassung, dass nach der rückwirkenden Änderung des § 8 des Manteltarifvertrages in der Druckindustrie der Zuschlag für Nachtarbeit, die gleichzeitig Mehrarbeit ist, kein Mischzuschlag ist. Vielmehr ist der volle Zuschlag (52 v. H. des Stundenlohns) als Nachtarbeitszuschlag im Sinne der §§ 3b und 52 Abs. 3 EStG anzuerkennen.

Anlage 4
zu H 3b

Wechselschichtzulage im Bankgewerbe

Verfügung der OFD München vom 10.10.1993 (Az.: S 2343 – 33 St 435)

Nach § 5 Ziff. 4 des Tarifvertrages für das private Bankgewerbe erhalten Arbeitnehmer für eine ständige dreischichtige Wechselschichtarbeit (außer Wachdienst), bei der die 3. Schicht regelmäßig überwiegend in der Nachtzeit (20 bis 6 Uhr) liegt, einen monatlichen Zuschlag von 475,00 DM. Daneben wird für die Arbeit in der Nachtzeit (20 bis 6 Uhr) ein Zuschlag von 25 % gezahlt (§ 5 Ziff. 3 des Tarifvertrages).

Im Rahmen von Einkommensteuererklärungen beantragen Arbeitnehmer, die Wechselschichtzulage i. H. von 475,00 DM teilweise nach § 3b Abs. 1 EStG steuerfrei zu belassen. Ich bitte hierzu folgende Auffassung zu vertreten:

Zuschläge für Sonntags-, Feiertags- oder Nachtarbeit im Sinne des § 3b EStG sind Lohnzuschläge, die für die Arbeit in den nach § 3b EStG begünstigten Zeiten gezahlt werden. Auf die Bezeichnung der Lohnzuschläge kommt es nicht an. Zuschläge wegen Mehrarbeit oder wegen anderer als durch die Arbeitszeit bedingter Erschwernisse oder Zulagen, die lediglich nach bestimmten Zeiträumen bemessen werden, sind keine begünstigten Lohnzuschläge (Abschn. 30 Abs. 1 LStR 1993**)).

Die o. g. Wechselschichtzulage erfüllt nicht die Voraussetzung, dass sie eindeutig als Zeitzuschlag für begünstigte Zeiten bezahlt wird. Sie wird ohne Rücksicht darauf, inwieweit die Arbeitsleistung auf gesetzlich begünstigte Zeiten entfällt, geleistet. Es handelt sich um eine Zulage, die den Charakter einer erhöhten (steuerpflichtigen) Entlohnung hat (vgl. BFH-Urteil vom 24.11.1989, BStBl. II 1990, S. 315). Eine Steuerbefreiung i. R. des § 3b EStG ist deshalb nicht möglich, auch nicht teilweise, soweit durch die Zahlung von Nachtarbeitszuschlägen nach § 5 Ziff. 3 des Tarifvertrages die nach § 3b EStG mögliche Steuerbefreiung noch nicht ausgeschöpft ist.

Anlage 5
zu H 3b

Steuerfreiheit von Zuschlägen für Feiertagsarbeit im Ausland

BMF-Schreiben vom 1.3.2004 (Az.: IV C 5 – S 2353 – 26/04)

Ein Zuschlag für tatsächlich geleistete Feiertagsarbeit ist für die Zeit bis 24.00 Uhr des maßgeblichen gesetzlichen Feiertags steuerfrei. Dabei bestimmt sich der gesetzliche Feiertag gem. § 3b Abs. 2 Satz 4 EStG nach den Vorschriften, die für den Ort der Arbeitsstätte gelten. Die obersten Finanzbehörden vertreten die Auffassung, dass bei einer nur vorübergehenden kurzfristigen Abwesenheit von der regelmäßigen Arbeitsstätte (z. B. Außendienstmitarbeiter hat an einem Feiertag an seiner regelmäßigen Arbeitsstätte einen Auftrag an einem Ort zu erledigen, an dem kein Feiertag ist) die Verhältnisse an der regelmäßigen Arbeitsstätte maßgebend sind; bei einer längerfristigen Abwesenheit können dagegen je nach den Umständen des Einzelfalls die Verhältnisse am Ort der neuen Tätigkeitsstätte maßgebend sein. In Zweifelsfällen bestehen keine Bedenken, besonderen tarifvertraglichen Regelungen über die Gewährung von Feiertagszuschlägen zu folgen.

Anlage 6
zu H 3b

Zuschläge für Sonntags-, Feiertags- und Nachtarbeit bei Gesellschafter-Geschäftsführern

Verfügung der OFD Düsseldorf vom 7.7.2005 (Az.: St 22 – S 2343 – 41 – St 213 – k)

Zuschläge, die eine GmbH ihrem Gesellschafter-Geschäftsführer für Sonntags-, Feiertags- und Nachtarbeit zahlt, sind unvereinbar mit dem Aufgabenbild des Gesellschafter-Geschäftsführers und daher regelmäßig als verdeckte Gewinnausschüttungen anzusehen. Daraus folgt, dass für diese Zuschläge die Steuerfreiheit nach § 3b EStG grundsätzlich nicht in Betracht kommt, denn dafür wäre Voraussetzung, dass die Zuschläge ohne diese Vorschrift den Einkünften aus nichtselbständiger Arbeit zuzurechnen sind (H 30 „Einkünfte aus nichtselbständiger Arbeit" LStH). Dieser Grundsatz gilt gleichermaßen für beherrschende und nicht beherrschende Gesellschafter-Geschäftsführer (BFH-Urteil vom 19.3.1997 – I R 75/96, BStBl. 1997 II S. 577 und BFH-Urteil vom 27.3.2001 – I R 40/00, BStBl. 2001 II S. 655) und auch dann, wenn sowohl in der betreffenden Branche als auch in dem einzelnen Betrieb regelmäßig in der Nacht sowie an Sonn- und Feiertagen gearbeitet werden muss (FG Hamburg, Urteil vom 29.6.2001 – II 202/00, EFG 2003 S. 1412) und gesellschaftsfremde Arbeitnehmer typischerweise solche Zuschläge erhalten (BFH-Urteil vom 14.7.2004 – I R 24/04, BFH/NV 2005 S. 247). Unbeachtlich ist auch, dass dem Gesellschafter-Geschäftsführer keine Gewinntantieme zusteht und er für seine Sonntags-, Feiertags- und Nachtarbeit ausschließlich die nach einem festen Grundlohn berechneten Zuschläge erhält (BFH-Beschluss vom 19.7.2001 – I B 14/00, BFH/NV 2001 S. 1608).

---

*) Jetzt R 3b Abs. 2 Nr. 1 Buchstabe c LStR.
**) Jetzt R 3b Abs. 1 LStR.

Arbeitslohn und damit keine verdeckte Gewinnausschüttung kann ausnahmsweise dann vorliegen, wenn im Einzelfall entsprechende Vereinbarungen über die Zahlung von Sonntags-, Feiertags- und Nachtzuschlägen nicht nur mit dem Gesellschafter-Geschäftsführer, sondern auch mit vergleichbaren gesellschaftsfremden Arbeitnehmern abgeschlossen wurden. Eine solche Gestaltung weist im Rahmen des betriebsinternen Fremdvergleichs darauf hin, dass die Vereinbarung speziell in dem betreffenden Unternehmen auf betrieblichen Gründen beruht (BFH-Urteil vom 14.7.2004 – I R 111/03, BStBl. 2005 II S. 307).

Für die Frage der Vergleichbarkeit kommt es darauf an, dass die gesellschaftsfremden Arbeitnehmer

– eine mit dem Geschäftsführer vergleichbare Leitungsfunktion haben und

– eine Vergütung erhalten, die sich in derselben Größenordnung bewegt wie die Gesamtbezüge des Gesellschafter-Geschäftsführers.

Anlage 7
zu H 3b

Allgemeine Tariferhöhung für Zuschläge im Wertguthaben

BMF-Schreiben vom 9.2.2011 (Az.: IV C 5 – S 2343/0 – 02)

Wie im BMF-Schreiben vom 17.6.2009 (BStBl I Seite 1286)*) ausgeführt (s. auch H 3b [Zeitwertkonten] Lohnsteuerhinweise [LStH] 2010), ist eine Verzinsung oder Wertsteigerung von auf Zeitwertkonten gutgeschriebenen Zuschlägen nicht als steuerfreier Zuschlag zu behandeln. Nach § 3b EStG sind nur Zuschläge, die für tatsächlich geleistete Sonntags-, Feiertags oder Nachtarbeit neben dem Grundlohn gezahlt werden, innerhalb bestimmter Grenzen steuerfrei. Werden diese Zuschläge im Rahmen der Altersteilzeit teilweise auf einem Zeitwertkonto angesammelt und wegen der Auszahlung in der Freistellungsphase verzinst oder erfolgt eine Wertsteigerung aufgrund von Tariferhöhungen, so hat die Verzinsung oder die Wertsteigerung ihre alleinige Ursache in der zeitversetzten Auszahlung. Sie stellt folglich keine Vergütung für tatsächlich geleistete Sonntags-, Feiertags- oder Nachtarbeit dar, so dass § 3b EStG nicht anzuwenden ist. Dasselbe gilt auch für andere steuerfreie Leistungen, die dem Arbeitszeitkonto gutgeschrieben werden.

§ 3c EStG
Anteilige Abzüge

(1) Ausgaben dürfen, soweit sie mit steuerfreien Einnahmen in unmittelbarem wirtschaftlichen Zusammenhang stehen, nicht als Betriebsausgaben oder Werbungskosten abgezogen werden; Absatz 2 bleibt unberührt.

(2) ¹Betriebsvermögensminderungen, Betriebsausgaben, Veräußerungskosten oder Werbungskosten, die mit den dem § 3 Nummer 40 zugrunde liegenden Betriebsvermögensmehrungen oder Einnahmen oder mit Vergütungen nach § 3 Nummer 40a in wirtschaftlichem Zusammenhang stehen, dürfen unabhängig davon, in welchem Veranlagungszeitraum die Betriebsvermögensmehrungen oder Einnahmen anfallen, bei der Ermittlung der Einkünfte nur zu 60 Prozent abgezogen werden; Entsprechendes gilt, wenn bei der Ermittlung der Einkünfte der Wert des Betriebsvermögens oder des Anteils am Betriebsvermögen oder die Anschaffungs- oder Herstellungskosten oder der an deren Stelle tretende Wert mindernd zu berücksichtigen sind. ²Satz 1 ist auch für Betriebsvermögensminderungen oder Betriebsausgaben im Zusammenhang mit einer Darlehensforderung oder aus der Inanspruchnahme von Sicherheiten anzuwenden, die für ein Darlehen hingegeben wurden, wenn das Darlehen oder die Sicherheit von einem Steuerpflichtigen gewährt wird, der zu mehr als einem Viertel unmittelbar oder mittelbar am Grund- oder Stammkapital der Körperschaft, der das Darlehen gewährt wurde, beteiligt ist oder war. ³Satz 2 ist insoweit nicht anzuwenden, als nachgewiesen wird, dass auch ein fremder Dritter das Darlehen bei sonst gleichen Umständen gewährt oder noch nicht zurückgefordert hätte; dabei sind nur die eigenen Sicherungsmittel der Körperschaft zu berücksichtigen. ⁴Die Sätze 2 und 3 gelten entsprechend für Forderungen aus Rechtshandlungen, die einer Darlehensgewährung wirtschaftlich vergleichbar sind. ⁵Gewinne aus dem Ansatz des nach § 6 Absatz 1 Nummer 2 Satz 3 maßgeblichen Werts bleiben bei der Ermittlung der Einkünfte außer Ansatz, soweit auf die vorangegangene Teilwertabschreibung Satz 2 angewendet worden ist. ⁶Satz 1 ist außerdem ungeachtet eines wirtschaftlichen Zusammenhangs mit den dem § 3 Nummer 40 zugrunde liegenden Betriebsvermögensmehrungen oder Einnahmen oder mit Vergütungen nach § 3 Nummer 40a auch auf Betriebsvermögensminderungen, Betriebsausgaben oder Veräußerungskosten eines Gesellschafters einer Körperschaft anzuwenden, soweit diese mit im Gesellschaftsverhältnis veranlassten unentgeltlichen Überlassungen von Wirtschaftsgütern an diese Körperschaft oder bei einer teilentgeltlichen Überlassung von Wirtschaftsgütern mit dem unentgeltlichen Teil in Zusammenhang stehen und der Steuerpflichtige zu mehr als einem Viertel unmittelbar oder mittelbar am Grund- oder Stammkapital dieser Körperschaft beteiligt ist oder war. ⁷Für die Anwendung des Satzes 1 ist die Absicht zur Erzielung von Betriebsvermögensmehrungen oder Einnahmen im Sinne des § 3 Nummer 40 oder von Vergütungen im Sinne des § 3 Nummer 40a ausreichend. ⁸Satz 1 gilt auch für Wertminderungen des Anteils an einer Organgesellschaft, die nicht auf Gewinnausschüttungen zurückzuführen sind. ⁹§ 8b Absatz 10 des Körperschaftsteuergesetzes gilt sinngemäß.

(3) Betriebsvermögensminderungen, Betriebsausgaben oder Veräußerungskosten, die mit den Betriebsvermögensmehrungen oder Einnahmen im Sinne des § 3 Nummer 70 in wirtschaftlichem Zusammenhang stehen, dürfen unabhängig davon, in welchem Veranlagungszeitraum die Betriebsvermögensmehrungen oder Einnahmen anfallen, nur zur Hälfte abgezogen werden.

§ 4 Abs. 5 EStG
Gewinnbegriff im Allgemeinen

(5) ¹Die folgenden Betriebsausgaben dürfen den Gewinn nicht mindern:

1. Aufwendungen für Geschenke an Personen, die nicht Arbeitnehmer des Steuerpflichtigen sind. ²Satz 1 gilt nicht, wenn die Anschaffungs- oder Herstellungskosten der dem Empfänger im Wirtschaftsjahr zugewendeten Gegenstände insgesamt 35 Euro nicht übersteigen;

2. Aufwendungen für die Bewirtung von Personen aus geschäftlichem Anlass, soweit sie 70 Prozent der Aufwendungen übersteigen, die nach der allgemeinen Verkehrsauffassung als angemessen anzusehen und deren Höhe und betriebliche Veranlassung nachgewiesen sind. ²Zum Nachweis der Höhe und der betrieblichen Veranlassung der Aufwendungen hat der Steuerpflichtige schriftlich die folgenden Angaben zu machen: Ort, Tag, Teilnehmer und Anlass der Bewirtung sowie Höhe der Aufwendungen. ³Hat die Bewirtung in einer Gaststätte stattgefunden, so genügen Angaben zu dem Anlass und den Teilnehmern der Bewirtung; die Rechnung über die Bewirtung ist beizufügen;

3. Aufwendungen für Einrichtungen des Steuerpflichtigen, soweit sie der Bewirtung, Beherbergung oder Unterhaltung von Personen, die nicht Arbeitnehmer des Steuerpflichtigen sind, dienen (Gästehäuser) und sich außerhalb des Orts eines Betriebs des Steuerpflichtigen befinden;

4. Aufwendungen für Jagd oder Fischerei, für Segeljachten oder Motorjachten sowie für ähnliche Zwecke und für die hiermit zusammenhängenden Bewirtungen;

---

*) Abgedruckt als Anlage 3 zu H 38.2.

5. Mehraufwendungen für die Verpflegung des Steuerpflichtigen. ²Wird der Steuerpflichtige vorübergehend von seiner Wohnung und dem Mittelpunkt seiner dauerhaft angelegten betrieblichen Tätigkeit entfernt betrieblich tätig, sind die Mehraufwendungen für Verpflegung nach Maßgabe des § 9 Absatz 4a abziehbar;

6. Aufwendungen für die Wege des Steuerpflichtigen zwischen Wohnung und Betriebsstätte und für Familienheimfahrten, soweit in den folgenden Sätzen nichts anderes bestimmt ist. ²Zur Abgeltung dieser Aufwendungen ist § 9 Absatz 1 Satz 3 Nummer 4 Satz 2 bis 6 und Nummer 5 Satz 5 bis 7 und Absatz 2 entsprechend anzuwenden. ³Bei der Nutzung eines Kraftfahrzeugs dürfen die Aufwendungen in Höhe des positiven Unterschiedsbetrags zwischen 0,03 Prozent des inländischen Listenpreises im Sinne des § 6 Absatz 1 Nummer 4 Satz 2 des Kraftfahrzeugs im Zeitpunkt der Erstzulassung je Kalendermonat für jeden Entfernungskilometer und dem sich nach § 9 Absatz 1 Satz 3 Nummer 4 Satz 2 bis 6 oder Absatz 2 ergebenden Betrag sowie Aufwendungen für Familienheimfahrten in Höhe des positiven Unterschiedsbetrags zwischen 0,002 Prozent des inländischen Listenpreises im Sinne des § 6 Absatz 1 Nummer 4 Satz 2 für jeden Entfernungskilometer und dem sich nach § 9 Absatz 1 Satz 3 Nummer 5 Satz 5 bis 7 oder Absatz 2 ergebenden Betrag den Gewinn nicht mindern; ermittelt der Steuerpflichtige die private Nutzung des Kraftfahrzeugs nach § 6 Absatz 1 Nummer 4 Satz 1 oder Satz 3, treten an die Stelle des mit 0,03 oder 0,002 Prozent des inländischen Listenpreises ermittelten Betrags für Fahrten zwischen Wohnung und Betriebsstätte und für Familienheimfahrten die auf diese Fahrten entfallenden tatsächlichen Aufwendungen; § 6 Absatz 1 Nummer 4 Satz 3 zweiter Halbsatz gilt sinngemäß;

6a. die Mehraufwendungen für eine betrieblich veranlasste doppelte Haushaltsführung, soweit sie die nach § 9 Absatz 1 Satz 3 Nummer 5 Satz 1 bis 4 abziehbaren Beträge und die Mehraufwendungen für betrieblich veranlasste Übernachtungen, soweit sie die nach § 9 Absatz 1 Satz 3 Nummer 5a abziehbaren Beträge übersteigen;

6b. Aufwendungen für ein häusliches Arbeitszimmer sowie die Kosten der Ausstattung. ²Dies gilt nicht, wenn für die betriebliche oder berufliche Tätigkeit kein anderer Arbeitsplatz zur Verfügung steht. ³In diesem Fall wird die Höhe der abziehbaren Aufwendungen auf 1 250 Euro begrenzt; die Beschränkung der Höhe nach gilt nicht, wenn das Arbeitszimmer den Mittelpunkt der gesamten betrieblichen und beruflichen Betätigung bildet;

7. andere als die in den Nummern 1 bis 6 und 6b bezeichneten Aufwendungen, die die Lebensführung des Steuerpflichtigen oder anderer Personen berühren, soweit sie nach allgemeiner Verkehrsauffassung als unangemessen anzusehen sind;

8. von einem Gericht oder einer Behörde im Geltungsbereich dieses Gesetzes oder von Organen der Europäischen Union festgesetzte Geldbußen, Ordnungsgelder und Verwarnungsgelder. ²Dasselbe gilt für Leistungen zur Erfüllung von Auflagen oder Weisungen, die in einem berufsgerichtlichen Verfahren erteilt werden, soweit die Auflagen oder Weisungen nicht lediglich der Wiedergutmachung des durch die Tat verursachten Schadens dienen. ³Die Rückzahlung von Ausgaben im Sinne der Sätze 1 und 2 darf den Gewinn nicht erhöhen. ⁴Das Abzugsverbot für Geldbußen gilt nicht, soweit der wirtschaftliche Vorteil, der durch den Gesetzesverstoß erlangt wurde, abgeschöpft worden ist, wenn die Steuern vom Einkommen und Ertrag, die auf den wirtschaftlichen Vorteil entfallen, nicht abgezogen worden sind; Satz 3 ist insoweit nicht anzuwenden;

8a. Zinsen auf hinterzogene Steuern nach § 235 der Abgabenordnung;

9. Ausgleichszahlungen, die in den Fällen der §§ 14 und 17 des Körperschaftsteuergesetzes an außenstehende Anteilseigner geleistet werden;

10. die Zuwendung von Vorteilen sowie damit zusammenhängende Aufwendungen, wenn die Zuwendung der Vorteile eine rechtswidrige Handlung darstellt, die den Tatbestand eines Strafgesetzes oder eines Gesetzes verwirklicht, das die Ahndung mit einer Geldbuße zulässt. ²Gerichte, Staatsanwaltschaften oder Verwaltungsbehörden haben Tatsachen, die sie dienstlich erfahren und die den Verdacht einer Tat im Sinne des Satzes 1 begründen, der Finanzbehörde für Zwecke des Besteuerungsverfahrens und zur Verfolgung von Steuerstraftaten und Steuerordnungswidrigkeiten mitzuteilen. ³Die Finanzbehörde teilt Tatsachen, die den Verdacht einer Straftat oder einer Ordnungswidrigkeit im Sinne des Satzes 1 begründen, der Staatsanwaltschaft oder der Verwaltungsbehörde mit. ⁴Diese unterrichten die Finanzbehörde von dem Ausgang des Verfahrens und den zugrunde liegenden Tatsachen;

11. Aufwendungen, die mit unmittelbaren oder mittelbaren Zuwendungen von nicht einlagefähigen Vorteilen an natürliche oder juristische Personen oder Personengesellschaften zur Verwendung in Betrieben in tatsächlichem oder wirtschaftlichem Zusammenhang stehen, deren Gewinn nach § 5a Absatz 1 ermittelt wird;

12. Zuschläge nach § 162 Absatz 4 der Abgabenordnung;

13. Jahresbeiträge nach § 12 Absatz 2 des Restrukturierungsfondsgesetzes.

²Das Abzugsverbot gilt nicht, soweit die in den Nummern 2 bis 4 bezeichneten Zwecke Gegenstand einer mit Gewinnabsicht ausgeübten Betätigung des Steuerpflichtigen sind. ³§ 12 Nummer 1 bleibt unberührt.

§ 4 Abs. 9 EStG
Gewinnbegriff im Allgemeinen

(9) ¹Aufwendungen des Steuerpflichtigen für seine Berufsausbildung oder sein Studium sind nur dann Betriebsausgaben, wenn der Steuerpflichtige zuvor bereits eine Erstausbildung (Berufsausbildung oder Studium) abgeschlossen hat. ²§ 9 Absatz 6 Satz 2 bis 5 gilt entsprechend.

§ 4b EStG
Direktversicherung

¹Der Versicherungsanspruch aus einer Direktversicherung, die von einem Steuerpflichtigen aus betrieblichem Anlass abgeschlossen wird, ist dem Betriebsvermögen des Steuerpflichtigen nicht zuzurechnen, soweit am Schluss des Wirtschaftsjahres hinsichtlich der Leistungen des Versicherers die Person, auf deren Leben die Lebensversicherung abgeschlossen ist, oder ihre Hinterbliebenen bezugsberechtigt sind. ²Das gilt auch, wenn der Steuerpflichtige die Ansprüche aus dem Versicherungsvertrag abgetreten oder beliehen hat, sofern er sich der bezugsberechtigten Person gegenüber schriftlich verpflichtet, sie bei Eintritt des Versicherungsfalls so zu stellen, als ob die Abtretung oder Beleihung nicht erfolgt wäre.

§ 4c EStG
Zuwendungen an Pensionskassen

(1) ¹Zuwendungen an eine Pensionskasse dürfen von dem Unternehmen, das die Zuwendungen leistet (Trägerunternehmen), als Betriebsausgaben abgezogen werden, soweit sie auf einer in der Satzung oder im Geschäftsplan der Kasse festgelegten Verpflichtung oder auf einer Anordnung der Versicherungsaufsichtsbehörde beruhen oder der Abdeckung von Fehlbeträgen bei der Kasse dienen. ²Soweit die allgemeinen

Versicherungsbedingungen und die fachlichen Geschäftsunterlagen im Sinne des § 5 Absatz 3 Nummer 2 Halbsatz 2 des Versicherungsaufsichtsgesetzes nicht zum Geschäftsplan gehören, gelten diese als Teil des Geschäftsplans.

(2) Zuwendungen im Sinne des Absatzes 1 dürfen als Betriebsausgaben nicht abgezogen werden, soweit die Leistungen der Kasse, wenn sie vom Trägerunternehmen unmittelbar erbracht würden, bei diesem nicht betrieblich veranlasst wären.

§ 4d EStG
Zuwendungen an Unterstützungskassen

(1) ¹Zuwendungen an eine Unterstützungskasse dürfen von dem Unternehmen, das die Zuwendungen leistet (Trägerunternehmen), als Betriebsausgaben abgezogen werden, soweit die Leistungen der Kasse, wenn sie vom Trägerunternehmen unmittelbar erbracht würden, bei diesem betrieblich veranlasst wären und sie die folgenden Beträge nicht übersteigen:

1. bei Unterstützungskassen, die lebenslänglich laufende Leistungen gewähren:

a) das Deckungskapital für die laufenden Leistungen nach der dem Gesetz als Anlage 1 beigefügten Tabelle. ²Leistungsempfänger ist jeder ehemalige Arbeitnehmer des Trägerunternehmens, der von der Unterstützungskasse Leistungen erhält; soweit die Kasse Hinterbliebenenversorgung gewährt, ist Leistungsempfänger der Hinterbliebene eines ehemaligen Arbeitnehmers des Trägerunternehmens, der von der Kasse Leistungen erhält. ³Dem ehemaligen Arbeitnehmer stehen andere Personen gleich, denen Leistungen der Alters-, Invaliditäts- oder Hinterbliebenenversorgung aus Anlass ihrer ehemaligen Tätigkeit für das Trägerunternehmen zugesagt worden sind;

b) in jedem Wirtschaftsjahr für jeden Leistungsanwärter,

aa) wenn die Kasse nur Invaliditätsversorgung oder nur Hinterbliebenenversorgung gewährt, jeweils 6 Prozent,

bb) wenn die Kasse Altersversorgung mit oder ohne Einschluss von Invaliditätsversorgung oder Hinterbliebenenversorgung gewährt, 25 Prozent

der jährlichen Versorgungsleistungen, die der Leistungsanwärter oder, wenn nur Hinterbliebenenversorgung gewährt wird, dessen Hinterbliebene nach den Verhältnissen am Schluss des Wirtschaftsjahres der Zuwendung im letzten Zeitpunkt der Anwartschaft, spätestens zum Zeitpunkt des Erreichens der Regelaltersgrenze der gesetzlichen Rentenversicherung erhalten können. ²Leistungsanwärter ist jeder Arbeitnehmer oder ehemalige Arbeitnehmer des Trägerunternehmens, der von der Unterstützungskasse schriftlich zugesagte Leistungen erhalten kann und am Schluss des Wirtschaftsjahres, in dem die Zuwendung erfolgt, das 27. Lebensjahr vollendet hat; soweit die Kasse nur Hinterbliebenenversorgung gewährt, gilt als Leistungsanwärter jeder Arbeitnehmer oder ehemalige Arbeitnehmer des Trägerunternehmens, der am Schluss des Wirtschaftsjahres, in dem die Zuwendung erfolgt, das 27. Lebensjahr vollendet hat und dessen Hinterbliebene die Hinterbliebenenversorgung erhalten können. ³Das Trägerunternehmen kann bei der Berechnung nach Satz 1 statt des dort maßgebenden Betrages den Durchschnittsbetrag der von der Kasse im Wirtschaftsjahr an Leistungsempfänger im Sinne des Buchstabens a Satz 2 gewährten Leistungen zugrunde legen. ⁴In diesem Fall sind Leistungsanwärter im Sinne des Satzes 2 nur die Arbeitnehmer oder ehemaligen Arbeitnehmer des Trägerunternehmens, die am Schluss des Wirtschaftsjahres, in dem die Zuwendung erfolgt, das 50. Lebensjahr vollendet haben. ⁵Dem Arbeitnehmer oder ehemaligen Arbeitnehmer als Leistungsanwärter stehen andere Personen gleich, denen schriftlich Leistungen der Alters-, Invaliditäts- oder Hinterbliebenenversorgung aus Anlass ihrer Tätigkeit für das Trägerunternehmen zugesagt worden sind;

c) den Betrag des Beitrages, den die Kasse an einen Versicherer zahlt, soweit sie sich die Mittel für ihre Versorgungsleistungen, die der Leistungsanwärter oder Leistungsempfänger nach den Verhältnissen am Schluss des Wirtschaftsjahres der Zuwendung erhalten kann, durch Abschluss einer Versicherung verschafft. ²Bei Versicherungen für einen Leistungsanwärter ist der Abzug des Beitrages nur zulässig, wenn der Leistungsanwärter die in Buchstabe b Satz 2 und 5 genannten Voraussetzungen erfüllt, die Versicherung für die Dauer bis zu dem Zeitpunkt abgeschlossen ist, für den erstmals Leistungen der Altersversorgung vorgesehen sind, mindestens jedoch bis zu dem Zeitpunkt, an dem der Leistungsanwärter das 55. Lebensjahr vollendet hat, und während dieser Zeit jährlich Beiträge gezahlt werden, die der Höhe nach gleich bleiben oder steigen. ³Das Gleiche gilt für Leistungsanwärter, die das 27. Lebensjahr noch nicht vollendet haben, für Leistungen der Invaliditäts- oder Hinterbliebenenversorgung, für Leistungen der Altersversorgung unter der Voraussetzung, dass die Leistungsanwartschaft bereits unverfallbar ist. ⁴Ein Abzug ist ausgeschlossen, wenn die Ansprüche aus der Versicherung der Sicherung eines Darlehens dienen. ⁵Liegen die Voraussetzungen der Sätze 1 bis 4 vor, sind die Zuwendungen nach den Buchstaben a und b in dem Verhältnis zu vermindern, in dem die Leistungen der Kasse durch die Versicherung gedeckt sind;

d) den Betrag, den die Kasse einem Leistungsanwärter im Sinne des Buchstabens b Satz 2 und 5 vor Eintritt des Versorgungsfalls als Abfindung für künftige Versorgungsleistungen gewährt, den Übertragungswert nach § 4 Absatz 5 des Betriebsrentengesetzes oder den Betrag, den sie an einen anderen Versorgungsträger zahlt, der eine ihr obliegende Versorgungsverpflichtung übernommen hat.

²Zuwendungen dürfen nicht als Betriebsausgaben abgezogen werden, wenn das Vermögen der Kasse ohne Berücksichtigung künftiger Versorgungsleistungen am Schluss des Wirtschaftsjahres das zulässige Kassenvermögen übersteigt. ³Bei der Ermittlung des Vermögens der Kasse ist am Schluss des Wirtschaftsjahres vorhandener Grundbesitz mit 200 Prozent der Einheitswerte anzusetzen, die zu dem Feststellungszeitpunkt maßgebend sind, der dem Schluss des Wirtschaftsjahres folgt; Ansprüche aus einer Versicherung sind mit dem Wert des geschäftsplanmäßigen Deckungskapitals zuzüglich der Guthaben aus Beitragsrückerstattung am Schluss des Wirtschaftsjahres anzusetzen, und das übrige Vermögen ist mit dem gemeinen Wert am Schluss des Wirtschaftsjahres zu bewerten. ⁴Zulässiges Kassenvermögen ist die Summe aus dem Deckungskapital für alle am Schluss des Wirtschaftsjahres laufenden Leistungen nach der dem Gesetz als Anlage 1 beigefügten Tabelle für Leistungsempfänger im Sinne des Satzes 1 Buchstabe a und dem Achtfachen der nach Satz 1 Buchstabe b abzugsfähigen Zuwendungen. ⁵Soweit sich die Kasse die Mittel für ihre Leistungen durch Abschluss einer Versicherung verschafft, ist, wenn die Voraussetzungen für den Abzug des Beitrages nach Satz 1 Buchstabe c erfüllt sind, zulässiges Kassenvermögen der Wert des geschäftsplanmäßigen Deckungskapitals aus der Versicherung am Schluss des Wirtschaftsjahres; in diesem Fall ist das zulässige Kassenvermögen nach Satz 4 in dem Verhältnis zu vermindern, in dem die Leistungen der Kasse durch die Versicherung gedeckt sind. ⁶Soweit die Berechnung des Deckungskapitals nicht zum Geschäftsplan gehört, tritt an die Stelle des geschäftsplanmäßigen Deckungskapitals der nach § 176 Absatz 3 des Gesetzes über den Versicherungsvertrag berechnete Zeitwert, beim zulässigen Kassenvermögen ohne Berücksichtigung des Guthabens aus Beitragsrückerstattung. ⁷Gewährt eine Unterstützungskasse an Stelle von lebenslänglich laufenden Leistungen eine einmalige Kapitalleistung, so gelten 10 Prozent der Kapitalleistung als Jahresbetrag einer lebenslänglich laufenden Leistung;

§ 4e EStG

2. bei Kassen, die keine lebenslänglich laufenden Leistungen gewähren, für jedes Wirtschaftsjahr 0,2 Prozent der Lohn- und Gehaltssumme des Trägerunternehmens, mindestens jedoch den Betrag der von der Kasse in einem Wirtschaftsjahr erbrachten Leistungen, soweit dieser Betrag höher ist als die in den vorangegangenen fünf Wirtschaftsjahren vorgenommenen Zuwendungen abzüglich der in dem gleichen Zeitraum erbrachten Leistungen. ²Diese Zuwendungen dürfen nicht als Betriebsausgaben abgezogen werden, wenn das Vermögen der Kasse am Schluss des Wirtschaftsjahres das zulässige Kassenvermögen übersteigt. ³Als zulässiges Kassenvermögen kann 1 Prozent der durchschnittlichen Lohn- und Gehaltssumme der letzten drei Jahre angesetzt werden. ⁴Hat die Kasse bereits zehn Wirtschaftsjahre bestanden, darf das zulässige Kassenvermögen zusätzlich die Summe der in den letzten zehn Wirtschaftsjahren gewährten Leistungen nicht übersteigen. ⁵Für die Bewertung des Vermögens der Kasse gilt Nummer 1 Satz 3 entsprechend. ⁶Bei der Berechnung der Lohn- und Gehaltssumme des Trägerunternehmens sind Löhne und Gehälter von Personen, die von der Kasse keine nicht lebenslänglich laufenden Leistungen erhalten können, auszuscheiden.

²Gewährt eine Kasse lebenslänglich laufende und nicht lebenslänglich laufende Leistungen, so gilt Satz 1 Nummer 1 und 2 nebeneinander. ³Leistet ein Trägerunternehmen Zuwendungen an mehrere Unterstützungskassen, so sind diese Kassen bei der Anwendung der Nummern 1 und 2 als Einheit zu behandeln.

(2) ¹Zuwendungen im Sinne des Absatzes 1 sind von dem Trägerunternehmen in dem Wirtschaftsjahr als Betriebsausgaben abzuziehen, in dem sie geleistet werden. ²Zuwendungen, die bis zum Ablauf eines Monats nach Aufstellung oder Feststellung der Bilanz des Trägerunternehmens für den Schluss eines Wirtschaftsjahres geleistet werden, können von dem Trägerunternehmen noch für das abgelaufene Wirtschaftsjahr durch eine Rückstellung gewinnmindernd berücksichtigt werden. ³Übersteigen die in einem Wirtschaftsjahr geleisteten Zuwendungen die nach Absatz 1 abzugsfähigen Beträge, so können die übersteigenden Beträge im Wege der Rechnungsabgrenzung auf die folgenden drei Wirtschaftsjahre vorgetragen und im Rahmen der für diese Wirtschaftsjahre abzugsfähigen Beträge als Betriebsausgaben behandelt werden. ⁴§ 5 Absatz 1 Satz 2 ist nicht anzuwenden.

(3) ¹Abweichend von Absatz 1 Satz 1 Nummer 1 Satz 1 Buchstabe d und Absatz 2 können auf Antrag die insgesamt erforderlichen Zuwendungen an die Unterstützungskasse für den Betrag, den die Kasse an einen Pensionsfonds zahlt, der eine ihr obliegende Versorgungsverpflichtung ganz oder teilweise übernommen hat, nicht im Wirtschaftsjahr der Zuwendung, sondern erst in den dem Wirtschaftsjahr der Zuwendung folgenden zehn Wirtschaftsjahren gleichmäßig verteilt als Betriebsausgaben abgezogen werden. ²Der Antrag ist unwiderruflich; der jeweilige Rechtsnachfolger ist an den Antrag gebunden.

Anlage
zu § 4d Abs. 1 EStG
Tabelle für die Errechnung des Deckungskapitals für lebenslänglich laufende Leistungen von Unterstützungskassen

Erreichtes Alter des Leistungsempfängers (Jahre)	Die Jahresbeiträge der laufenden Leistungen sind zu vervielfachen bei Leistungen	
	an männliche Leistungsempfänger mit	an weibliche Leistungsempfänger mit
1	2	3
bis 26	11	17
27 bis 29	12	17
30	13	17
31 bis 35	13	16
36 bis 39	14	16
40 bis 46	14	15
47 und 48	14	14
49 bis 52	13	14
53 bis 56	13	13
57 und 58	13	12
59 und 60	12	12
61 bis 63	12	11
64	11	11
65 bis 67	11	10
68 bis 71	10	9
72 bis 74	9	8
75 bis 77	8	7
78	8	6
79 bis 81	7	6
82 bis 84	6	5
85 bis 87	5	4
88	4	4
89 und 90	4	3
91 bis 93	3	3
94	3	2
95 und älter	2	2

§ 4e EStG
Beiträge an Pensionsfonds

(1) Beiträge an einen Pensionsfonds im Sinne des § 112 des Versicherungsaufsichtsgesetzes dürfen von dem Unternehmen, das die Beiträge leistet (Trägerunternehmen), als Betriebsausgaben abgezogen werden, soweit sie auf einer festgelegten Verpflichtung beruhen oder der Abdeckung von Fehlbeträgen bei dem Fonds dienen.

(2) Beiträge im Sinne des Absatzes 1 dürfen als Betriebsausgaben nicht abgezogen werden, soweit die Leistungen des Fonds, wenn sie vom Trägerunternehmen unmittelbar erbracht würden, bei diesem nicht betrieblich veranlasst wären.

(3) ¹Der Steuerpflichtige kann auf Antrag die insgesamt erforderlichen Leistungen an einen Pensionsfonds zur teilweisen oder vollständigen Übernahme einer bestehenden Versorgungsverpflichtung oder Versorgungsanwartschaft durch den Pensionsfonds erst in dem Wirtschaftsjahr der Übertragung folgenden zehn Wirtschaftsjahren gleichmäßig verteilt als Betriebsausgaben abziehen. ²Der Antrag ist unwiderruflich; der jeweilige Rechtsnachfolger ist an den Antrag gebunden. ³Ist eine Pensionsrückstellung nach § 6a gewinnhöhend aufzulösen, ist Satz 1 mit der Maßgabe anzuwenden, dass die Leistungen an den Pensionsfonds im Wirtschaftsjahr der Übertragung in Höhe der aufgelösten Rückstellung als Betriebsausgaben abgezogen werden können; der die aufgelöste Rückstellung übersteigende Betrag ist in den dem Wirtschaftsjahr der Übertragung folgenden zehn Wirtschaftsjahren gleichmäßig verteilt als Betriebsausgaben abzuziehen. ⁴Satz 3 gilt entsprechend, wenn es im Zuge der Leistungen des Arbeitgebers an den Pensionsfonds zu Vermögensübertragungen einer Unterstützungskasse an den Arbeitgeber kommt.

§ 6 Abs. 1 Nr. 4 EStG
Bewertung der Entnahmen

4. Entnahmen des Steuerpflichtigen für sich, für seinen Haushalt oder für andere betriebsfremde Zwecke sind mit dem Teilwert anzusetzen; in den Fällen des § 4 Absatz 1 Satz 3 ist die Entnahme mit dem gemeinen Wert anzusetzen. ²Die private Nutzung eines Kraftfahrzeugs, das zu mehr als 50 Prozent betrieblich genutzt wird, ist für jeden Kalendermonat mit 1 Prozent des inländischen Listenpreises im Zeitpunkt der Erstzulassung zuzüglich der Kosten für Sonderausstattungen einschließlich der Umsatzsteuer anzusetzen; bei der privaten Nutzung von Fahrzeugen mit Antrieb ausschließlich durch Elektromotoren, die ganz oder überwiegend aus mechanischen oder elektrochemischen Energiespeichern oder aus emissionsfrei betriebenen Energiewandlern gespeist werden (Elektrofahrzeuge), oder von extern aufladbaren Hybridelektrofahrzeugen, ist der Listenpreis dieser Kraftfahrzeuge um die darin enthaltenen Kosten des Batteriesystems im Zeitpunkt der Erstzulassung des Kraftfahrzeugs wie folgt zu mindern: für bis zum 31. Dezember 2013 angeschaffte Kraftfahrzeuge um 500 Euro pro Kilowattstunde der Batteriekapazität, dieser Betrag mindert sich für in den Folgejahren angeschaffte Kraftfahrzeuge um jährlich 50 Euro pro Kilowattstunde der Batteriekapazität; die Minderung pro Kraftfahrzeug beträgt höchstens 10 000 Euro; dieser Höchstbetrag mindert sich für in den Folgejahren angeschaffte Kraftfahrzeuge um jährlich 500 Euro. ³Die private Nutzung kann abweichend von Satz 2 mit den auf die Privatfahrten entfallenden Aufwendungen angesetzt werden, wenn die für das Kraftfahrzeug insgesamt entstehenden Aufwendungen durch Belege und das Verhältnis der privaten zu den übrigen Fahrten durch ein ordnungsgemäßes Fahrtenbuch nachgewiesen werden; bei der privaten Nutzung von Fahrzeugen mit Antrieb ausschließlich durch Elektromotoren, die ganz oder überwiegend aus mechanischen oder elektrochemischen Energiespeichern oder aus emissionsfrei betriebenen Energiewandlern gespeist werden (Elektrofahrzeuge), oder von extern aufladbaren Hybridelektrofahrzeugen, sind die der Berechnung der Entnahme zugrunde zu legenden insgesamt entstandenen Aufwendungen um die nach Satz 2 in pauschaler Höhe festgelegten Aufwendungen, die auf das Batteriesystem entfallen, zu mindern. ⁴Wird ein Wirtschaftsgut unmittelbar nach seiner Entnahme einer nach § 5 Absatz 1 Nummer 9 des Körperschaftsteuergesetzes von der Körperschaftsteuer befreiten Körperschaft, Personenvereinigung oder Vermögensmasse oder einer juristischen Person des öffentlichen Rechts zur Verwendung für steuerbegünstigte Zwecke im Sinne des § 10b Absatz 1 Satz 1 unentgeltlich überlassen, so kann die Entnahme mit dem Buchwert angesetzt werden. ⁵Satz 4 gilt nicht für die Entnahme von Nutzungen und Leistungen.

§ 8 EStG
Einnahmen

(1) Einnahmen sind alle Güter, die in Geld oder Geldeswert bestehen und dem Steuerpflichtigen im Rahmen einer der Einkunftsarten des § 2 Absatz 1 Satz 1 Nummer 4 bis 7 zufließen.

(2) ¹Einnahmen, die nicht in Geld bestehen (Wohnung, Kost, Waren, Dienstleistungen und sonstige Sachbezüge), sind mit den um übliche Preisnachlässe geminderten üblichen Endpreisen am Abgabeort anzusetzen. ²Für die private Nutzung eines betrieblichen Kraftfahrzeugs zu privaten Fahrten gilt § 6 Absatz 1 Nummer 4 Satz 2 entsprechend. ³Kann das Kraftfahrzeug auch für Fahrten zwischen Wohnung und erster Tätigkeitsstätte sowie Fahrten nach § 9 Absatz 1 Satz 3 Nummer 4a Satz 3 genutzt werden, erhöht sich der Wert in Satz 2 für jeden Kalendermonat um 0,03 Prozent des Listenpreises im Sinne des § 6 Absatz 1 Nummer 4 Satz 2 für jeden Kilometer der Entfernung zwischen Wohnung und erster Tätigkeitsstätte sowie der Fahrten nach § 9 Absatz 1 Satz 3 Nummer 4a Satz 3. ⁴Der Wert nach den Sätzen 2 und 3 kann mit dem auf die private Nutzung und die Nutzung zu Fahrten zwischen Wohnung und erster Tätigkeitsstätte sowie Fahrten nach § 9 Absatz 1 Satz 3 Nummer 4a Satz 3 entfallenden Teil der gesamten Kraftfahrzeugaufwendungen angesetzt werden, wenn die durch das Kraftfahrzeug insgesamt entstehenden Aufwendungen durch Belege und das Verhältnis der privaten Fahrten und der Fahrten zwischen Wohnung und erster Tätigkeitsstätte sowie Fahrten nach § 9 Absatz 1 Satz 3 Nummer 4a Satz 3 zu den übrigen Fahrten durch ein ordnungsgemäßes Fahrtenbuch nachgewiesen werden; § 6 Absatz 1 Nummer 4 Satz 3 zweiter Halbsatz gilt entsprechend. ⁵Die Nutzung des Kraftfahrzeugs zu einer Familienheimfahrt im Rahmen einer doppelten Haushaltsführung ist mit 0,002 Prozent des Listenpreises im Sinne des § 6 Absatz 1 Nummer 4 Satz 2 für jeden Kilometer der Entfernung zwischen dem Ort des eigenen Hausstands und dem Beschäftigungsort anzusetzen; dies gilt nicht, wenn für diese Fahrt ein Abzug von Werbungskosten nach § 9 Absatz 1 Satz 3 Nummer 5 Satz 5 und 6 in Betracht käme; Satz 4 ist sinngemäß anzuwenden. ⁶Bei Arbeitnehmern, für deren Sachbezüge durch Rechtsverordnung nach § 17 Absatz 1 Satz 1 Nummer 4 des Vierten Buches Sozialgesetzbuch Werte bestimmt worden sind, sind diese Werte maßgebend. ⁷Die Werte nach Satz 6 sind auch bei Steuerpflichtigen anzusetzen, die nicht der gesetzlichen Rentenversicherungspflicht unterliegen. ⁸Wird dem Arbeitnehmer während einer beruflichen Tätigkeit außerhalb seiner Wohnung und ersten Tätigkeitsstätte oder im Rahmen einer beruflich veranlassten doppelten Haushaltsführung vom Arbeitgeber oder auf dessen Veranlassung von einem Dritten eine Mahlzeit zur Verfügung gestellt, ist diese Mahlzeit mit dem Wert nach Satz 6 (maßgebender amtlicher Sachbezugswert nach der Sozialversicherungsentgeltverordnung) anzusetzen, wenn der Preis für die Mahlzeit 60 Euro nicht übersteigt. ⁹Der Ansatz einer nach Satz 8 bewerteten Mahlzeit unterbleibt, wenn beim Arbeitnehmer für ihm entstehende Mehraufwendungen für Verpflegung ein Werbungskostenabzug nach § 9 Absatz 4a Satz 1 bis 7 in Betracht käme. ¹⁰Die oberste Finanzbehörde eines Landes kann mit Zustimmung des Bundesministeriums der Finanzen für weitere Sachbezüge der Arbeitnehmer Durchschnittswerte festsetzen. ¹¹Sachbezüge, die nach Satz 1 zu bewerten sind, bleiben außer Ansatz, wenn die sich nach Anrechnung der vom Steuerpflichtigen gezahlten Entgelte ergebenden Vorteile insgesamt 44 Euro im Kalendermonat nicht übersteigen.

(3) ¹Erhält ein Arbeitnehmer aufgrund seines Dienstverhältnisses Waren oder Dienstleistungen, die vom Arbeitgeber nicht überwiegend für den Bedarf seiner Arbeitnehmer hergestellt, vertrieben oder erbracht werden und deren Bezug nicht nach § 40 pauschal versteuert wird, so gelten als deren Werte abweichend von Absatz 2 die um 4 Prozent geminderten Endpreise, zu denen der Arbeitgeber oder der dem Abgabeort nächstansässige Abnehmer die Waren oder Dienstleistungen fremden Letztverbrauchern im allgemeinen Geschäftsverkehr anbietet. ²Die sich nach Abzug der vom Arbeitnehmer gezahlten Entgelte ergebenden Vorteile sind steuerfrei, soweit sie aus dem Dienstverhältnis insgesamt 1 080 Euro im Kalenderjahr nicht übersteigen.

Übersicht über die Anlagen zu § 8 EStG

1. 44-Euro-Freigrenze für Sachbezüge
Anlagen zu H 8.1 (1–4)

- Anlage 1: Geldwerter Vorteil bei Arbeitgeberdarlehen und Anwendung der 44-Euro-Freigrenze
- Anlage 2: Abgrenzung zwischen Bar- und Sachlohn bei Gutscheinen
- Anlage 3: Zinsersparnisse und Aufwendungszuschüsse aus Wohnungsfürsorgemitteln
- Anlage 4: Steuerliche Behandlung von Zinsen auf Einlagen der Arbeitnehmer von Kreditinstituten
- Anlage 5: Umrechnungskurs ausländischer Arbeitslohn
- Anlage 6: Durchschnittswert bei der Privatnutzung von Fahrrädern
- Anlage 7: Keine 44-Euro-Freigrenze bei Zukunftssicherungsleistungen

2. Unterkunft oder Wohnung
Anlagen zu H 8.1 (5–6)

- Anlage 1: Lohnsteuerliche Behandlung von Aufwendungen der Arbeitgeber zur Wohnungsbeschaffung für Arbeitnehmer
- Anlage 2: Lohnsteuerliche Behandlung der Vermietung von Wohnungen ehemals gemeinnütziger Wohnungsunternehmen an Arbeitnehmer verbundener Unternehmen
- Anlage 3: Lohnsteuerliche Behandlung der Aufwendungen des Arbeitgebers für Sicherheitsmaßnahmen in der Wohnung des Arbeitnehmers

3. Kantinenmahlzeiten und Essenmarken
Anlage zu H 8.1 (7)

- Anlage: Bewertung von unentgeltlichen oder verbilligten Mahlzeiten

4. Gestellung von Kraftfahrzeugen
Anlagen zu H 8.1 (9–10)

- Anlage 1: Steuerliche Behandlung der Überlassung eines betrieblichen Kraftfahrzeugs an Arbeitnehmer
- Anlage 2: Ertragsteuerliche Erfassung der Nutzung eines betrieblichen Kraftfahrzeugs zu Privatfahren, zu Fahrten zwischen Wohnung und Betriebsstätte sowie zu Familienheimfahrten
- Anlage 3: Nutzung von Elektro- und Hybridelektrofahrzeugen
- Anlage 4: Überlassung von Firmenwagen für Fahrten zwischen Wohnung und regelmäßiger Arbeitsstätte
- Anlage 5: Ordnungsmäßigkeit eines elektronischen Fahrtenbuchs
- Anlage 6: Zuzahlung bzw. Aufwendungen des Arbeitnehmers bei Firmenwagengestellung
- Anlage 7: Privatnutzung geleaster Kraftfahrzeuge im sog. Zwei-Vertrags-Modell
- Anlage 8: Firmenwagengestellung mit Fahrer
- Anlage 9: Private Kfz-Nutzung durch den Gesellschafter-Geschäftsführer einer GmbH
- Anlage 10: Umsatzsteuerliche Behandlung der Überlassung sog. Firmenwagen an Arbeitnehmer, wenn diese Zuzahlungen leisten
- Anlage 11: Umsatzsteuerliche Bemessungsgrundlage bei sonstigen Leistungen
- Anlage 12: Umsatzsteuerliche Behandlung der Überlassung von Fahrzeugen an das Personal

5. Rabatte/Rabattfreibetrag
Anlagen zu H 8.2

- Anlage 1: Überlassung von Rundfunk- und Fernsehgeräten sowie von Videorekordern
- Anlage 2: Steuerliche Behandlung der Personalrabatte bei Arbeitnehmern von Kreditinstituten
- Anlage 3: Steuerliche Behandlung der von Luftverkehrsgesellschaften gewährten unentgeltlichen oder verbilligten Mitarbeiterflüge

§ 8 EStG
R 8.1 Abs. 1 bis 4

Anlage 4: Steuerliche Behandlung unentgeltlicher oder verbilligter Reiseleistungen bei Mitarbeitern von Reisebüros und Reiseveranstaltern

Anlage 5: Lohnsteuerliche Behandlung ersparter Abschlussgebühren bei Abschluss eines Bausparvertrages

Anlage 6: Steuerliche Behandlung der Rabatte, die Arbeitnehmern von dritter Seite eingeräumt werden

Anlage 7: Bewertung von beschädigten oder gebrauchten Waren zur Anwendung der Rabattregelung

Anlage 8: Lohnsteuerliche Behandlung des verbilligten Erwerbs von Fondsanteilen durch Mitarbeiter von Bankkonzernen

Anlage 9: Ermittlung des geldwerten Vorteils beim Erwerb von Kraftfahrzeugen vom Arbeitgeber in der Automobilindustrie

Anlage 10: Ersparte Abschlussgebühren bei Abschluss eigener Bausparverträge durch Arbeitnehmer von Kreditinstituten

Anlage 11: Lohnsteuerliche Behandlung der verbilligten Energielieferungen an Arbeitnehmer von Versorgungsunternehmen

Anlage 12: Lohnsteuerliche Behandlung der verbilligten Energielieferungen an Arbeitnehmer von Versorgungsunternehmen

Anlage 13: Bewertungswahlrecht zwischen § 8 Abs. 2 und Abs. 3 EStG

Anlage 14: Steuerliche Behandlung von Zinsvorteilen aus Arbeitgeberdarlehen

R 8.1 Abs. 1 bis 4
Bewertung der Sachbezüge (§ 8 Abs. 2 EStG)

Allgemeines

(1) ^{1}Fließt dem Arbeitnehmer Arbeitslohn in Form von Sachbezügen zu, sind diese ebenso wie Barlohnzahlungen entweder dem laufenden Arbeitslohn oder den sonstigen Bezügen zuzuordnen (>R 39b.2). ^{2}Für die Besteuerung unentgeltlicher Sachbezüge ist deren Geldwert maßgebend. ^{3}Erhält der Arbeitnehmer die Sachbezüge nicht unentgeltlich, ist der Unterschiedsbetrag zwischen dem Geldwert des Sachbezugs und dem tatsächlichen Entgelt zu versteuern. ^{4}Der Geldwert ist entweder durch Einzelbewertung zu ermitteln (>Absatz 2) oder mit einem amtlichen Sachbezugswert anzusetzen (>Absatz 4). ^{5}Besondere Bewertungsvorschriften gelten nach § 8 Abs. 3 EStG für den Bezug von Waren oder Dienstleistungen, die vom Arbeitgeber nicht überwiegend für den Bedarf seiner Arbeitnehmer hergestellt, vertrieben oder erbracht werden, soweit diese Sachbezüge nicht nach § 40 EStG pauschal versteuert werden (>R 8.2), sowie nach § 19a Abs. 2 EStG in der am 31.12.2008 geltenden Fassung (>R 19a) und § 3 Nr. 39 Satz 4 EStG für den Bezug von Vermögensbeteiligungen. ^{6}Die Auszahlung von Arbeitslohn in Fremdwährung ist kein Sachbezug.

Einzelbewertung von Sachbezügen

(2) ^{1}Sachbezüge, für die keine amtlichen Sachbezugswerte (>Absatz 4) festgesetzt sind und die nicht nach § 8 Abs. 2 Satz 2 bis 5 EStG (>Absatz 9 und 10) zu bewerten sind, und die nicht nach § 8 Abs. 3 EStG bewertet werden, sind nach § 8 Abs. 2 Satz 1 EStG mit den um übliche Preisnachlässe geminderten üblichen Endpreisen am Abgabeort im Zeitpunkt der Abgabe anzusetzen*). ^{2}Bei einem umfangreichen Warenangebot, von dem fremde Letztverbraucher ausgeschlossen sind, kann der übliche Preis einer Ware auch aufgrund repräsentativer Erhebungen über die relative Preisdifferenz für die gängigsten Einzelstücke jeder Warengruppe ermittelt werden. ^{3}Erhält der Arbeitnehmer eine Ware oder Dienstleistung, die nach § 8 Abs. 2 Satz 1 EStG zu bewerten ist, kann sie aus Vereinfachungsgründen mit 96 % des Endpreises bewertet werden, zu dem sie der Abgebende oder dessen Abnehmer fremden Letztverbrauchern im allgemeinen Geschäftsverkehr anbietet. ^{4}Satz 3 gilt nicht, wenn als Endpreis der günstigste Preis am Markt angesetzt, ein Sachbezug durch eine (zweckgebundene) Geldleistung des Arbeitgebers verwirklicht oder ein Warengutschein mit Betragsangabe hingegeben wird.

Freigrenze nach § 8 Abs. 2 Satz 11 EStG

(3) ^{1}Bei der Prüfung der Freigrenze bleiben die nach § 8 Abs. 2 Satz 1 EStG zu bewertenden Vorteile, die nach §§ 37b, 40 EStG pauschal versteuert werden, außer Ansatz. ^{2}Für die Feststellung, ob die Freigrenze des § 8 Abs. 2 Satz 11 EStG überschritten ist, sind die in einem Kalendermonat zufließenden und nach § 8 Abs. 2 Satz 1 EStG zu bewertenden Vorteile – auch soweit hierfür Lohnsteuer nach § 39b Abs. 2 und 3 EStG einbehalten worden ist – zusammenzurechnen. ^{3}Außer Ansatz bleiben Vorteile, die nach § 8 Abs. 2 Satz 2 bis 10 oder Abs. 3, § 3 Nr. 39 EStG oder nach § 19a EStG a.F. i.V.m. § 52 Abs. 27 EStG zu bewerten sind. ^{4}Auf Zukunftssicherungsleistungen des Arbeitgebers i.S.d. § 2 Abs. 2 Nr. 3 LStDV ist die Freigrenze nicht anwendbar. ^{5}Bei der monatlichen Überlassung einer Monatsmarke oder einer monatlichen Fahrberechtigung für ein Job-Ticket, das für einen längeren Zeitraum gilt, ist die Freigrenze anwendbar.

Amtliche Sachbezugswerte

(4) ^{1}Amtliche Sachbezugswerte werden durch die SvEV**) oder durch Erlasse der obersten Landesfinanzbehörden nach § 8 Abs. 2 Satz 10 EStG festgesetzt. ^{2}Die amtlichen Sachbezugswerte sind, soweit nicht zulässigerweise § 8 Abs. 3 EStG angewandt wird, ausnahmslos für die Sachbezüge maßgebend, für die sie bestimmt sind. ^{3}Die amtlichen Sachbezugswerte gelten auch dann, wenn in einem Tarifvertrag, einer Betriebsvereinbarung oder in einem Arbeitsvertrag für Sachbezüge höhere oder niedrigere Werte festgesetzt worden sind. ^{4}Sie gelten ausnahmsweise auch für Barvergütungen, wenn diese nur gelegentlich oder vorübergehend gezahlt werden, z. B. bei tageweiser auswärtiger Beschäftigung, für die Dauer einer Krankheit oder eines Urlaubs, und wenn mit der Barvergütung nicht mehr als der tatsächliche Wert der Sachbezüge abgegolten wird; geht die Barvergütung über den tatsächlichen Wert der Sachbezüge hinaus, ist die Barvergütung der Besteuerung zugrunde zu legen.

H 8.1 (1–4)
Hinweise zu R 8.1 Abs. 1 bis 4
Bewertung der Sachbezüge

44-Euro-Freigrenze

– Vorteile aus der Überlassung eines zinslosen oder zinsverbilligten Arbeitgeberdarlehens sind bei der Zusammenrechnung einzubeziehen (>BMF vom 1.10.2008 – BStBl. I S. 892)***).

– Zu den Aufzeichnungserleichterungen für Sachbezüge i. S. d. § 8 Abs. 2 Satz 11 EStG >§ 4 Abs. 3 Satz 2 LStDV.

– Die 44-Euro-Freigrenze ist auf Zukunftssicherungsleistungen nicht anwendbar (>BMF vom 10.10.2013 – BStBl. I S. 1301)****)

Aktien

>H 3.39

Aktienoptionen

>H 38.2
>H 9.1

Arbeitgeberdarlehen

>BMF vom 1.10.2008 (BStBl. I S. 892)***)

Ausländische Währung

Lohnzahlungen in einer gängigen ausländischen Währung sind Einnahmen in Geld und kein Sachbezug. Die Freigrenze des § 8 Abs. 2 Satz 11 EStG findet auf sie keine Anwendung (>BFH vom 27.10.2004 – BStBl. 2005 II S. 135 und vom 11.11.2010 – BStBl. 2011 II S. 383, 386 und 389). Umrechnungsmaßstab ist –

---
*) Zum günstigsten Preis am Markt > H 8.1 (1–4) Üblicher Endpreis.
**) Die Sozialversicherungsentgeltverordnung ist als Anhang 2 zum Handbuch abgedruckt.
***) Abgedruckt als Anlage 14 zu H 8.2 LStR.
****) Abgedruckt als Anlage 7 zu H 8.1 (1–4) LStR.

§ 8 EStG
R 8.1 Abs. 1 bis 4

soweit vorhanden – der auf den Umrechnungszeitpunkt bezogene Euro-Referenzkurs der Europäischen Zentralbank. Lohnzahlungen sind bei Zufluss des Arbeitslohns anhand der von der Europäischen Zentralbank veröffentlichten monatlichen Durchschnittsreferenzkurse umzurechnen, denen die im BStBl. I veröffentlichten Umsatzsteuer-Umrechnungskurse entsprechen (>BFH vom 3.12.2009 – BStBl. 2010 II S. 698).

Durchschnittswerte der von Luftfahrtunternehmen gewährten Flüge
>Gleich lautende Ländererlasse vom 26.9.2012 (BStBl. I S. 940)*)

Fahrrad
Zur Ermittlung des geldwerten Vorteils bei Überlassung von (Elektro-)Fahrrädern >gleich lautende Ländererlasse vom 23.11.2012 (BStBl. I S. 1224).**)

Geldleistungen oder Sachbezug
- Sachbezüge i.S.d. § 8 Abs. 2 Satz 1 und 11 EStG sind alle nicht in Geld bestehenden Einnahmen. Ob Barlöhne oder Sachbezüge vorliegen, entscheidet sich nach dem Rechtsgrund des Zuflusses, also auf Grundlage der arbeitsvertraglichen Vereinbarungen danach, was der Arbeitnehmer vom Arbeitgeber beanspruchen kann. Es kommt nicht darauf an, auf welche Art und Weise der Arbeitgeber den Anspruch erfüllt und seinem Arbeitnehmer den zugesagten Vorteil verschafft (>BFH vom 11.11.2010 – BStBl 2011 II S. 383, 386 und 389).
- Sachbezug ist u.a.
  - eine Zahlung des Arbeitgebers an den Arbeitnehmer, die mit der Auflage verbunden ist, den empfangenen Geldbetrag nur in bestimmter Weise zu verwenden,
  - ein dem Arbeitnehmer durch den Arbeitgeber eingeräumtes Recht, bei einer Tankstelle zu tanken,
  - ein Gutschein über einen in Euro lautenden Höchstbetrag für Warenbezug.

  Ein Sachbezug liegt nicht vor, wenn der Arbeitnehmer anstelle der Sachleistung Barlohn verlangen kann.
- >Warengutscheine
- >Zukunftssicherungsleistungen
- Leistet der Arbeitgeber im Rahmen eines ausgelagerten Optionsmodells zur Vermögensbeteiligung der Arbeitnehmer Zuschüsse an einen Dritten als Entgelt für die Übernahme von Kursrisiken, führt dies bei den Arbeitnehmern zu Sachlohn, wenn die Risikoübernahme des Dritten auf einer vertraglichen Vereinbarung mit dem Arbeitgeber beruht; die Freigrenze des § 8 Abs. 2 Satz 11 EStG ist anwendbar (>BFH vom 13.9.2007 – BStBl. 2008 II S. 204).
- Die Umwandlung von Barlohn in Sachlohn (Gehaltsumwandlung) setzt voraus, dass der Arbeitnehmer unter Änderung des Anstellungsvertrages auf einen Teil seines Barlohns verzichtet und ihm der Arbeitgeber stattdessen Sachlohn gewährt. Ob ein Anspruch auf Barlohn oder Sachlohn besteht, ist auf den Zeitpunkt bezogen zu entscheiden, zu dem der Arbeitnehmer über seinen Lohnspruch verfügt (>BFH vom 6.3.2008 – BStBl. II S. 530).

Geltung der Sachbezugswerte
- Die Sachbezugswerte nach der SvEV***) gelten nach § 8 Abs. 2 Satz 7 EStG auch für Arbeitnehmer, die nicht der gesetzlichen Rentenversicherungspflicht unterliegen.
- Die Sachbezugswerte gelten nicht, wenn die vorgesehenen Sachbezüge durch Barvergütungen abgegolten werden; in diesen Fällen sind grundsätzlich die Barvergütungen zu versteuern (>BFH vom 16.3.1962 – BStBl. III S. 284).

Job-Ticket
>BMF vom 27.1.2004 (BStBl. I S. 173), Tz. II.1****)
- Ein geldwerter Vorteil ist nicht anzunehmen, wenn der Arbeitgeber seinen Arbeitnehmern ein Job-Ticket zu dem mit dem Verkehrsträger vereinbarten Preis überlässt. Ein Sachbezug liegt jedoch vor, soweit der Arbeitnehmer das Job-Ticket darüber hinaus verbilligt oder unentgeltlich vom Arbeitgeber erhält. § 8 Abs. 2 Satz 11 EStG (44-Euro-Freigrenze) findet Anwendung. Die vorstehenden Sätze gelten auch, wenn der Arbeitgeber dem Arbeitnehmer durch Vereinbarung mit einem Verkehrsbetrieb das Recht zum Erwerb einer vergünstigten Jahresnetzkarte (Job-Ticket) einräumt, soweit sich dies für den Arbeitnehmer als Frucht seiner Arbeit für den Arbeitgeber darstellt (> BFH vom 14.11.2012 – BStBl. 2013 II S. 382).
- **Beispiel**

Üblicher Preis für eine Monatsfahrkarte	100,00 €
Vom Verkehrsträger eingeräumte Job-Ticketermäßigung 10 %	10,00 €
Differenz	90,00 €
davon 96 % (>R 8.1 Abs. 2 Satz 3)	86,40 €
abzüglich Zuzahlung des Arbeitnehmers	45,00 €
Vorteil	41,40 €

  Unter der Voraussetzung, dass keine weiteren Sachbezüge im Sinne von § 8 Abs. 2 Satz 1 EStG im Monat gewährt werden, die zu einer Überschreitung der 44-Euro-Grenze führen, bleibt der Vorteil von 41,40 € außer Ansatz.
- Gilt das Job-Ticket für einen längeren Zeitraum (z. B. Jahreskarte), fließt der Vorteil insgesamt bei Überlassung des Job-Tickets zu (>BFH vom 12.4.2007 – BStBl. II S. 719). Zum Zuflusszeitpunkt > H 38.2 (Zufluss von Arbeitslohn).

Sachbezugswerte im Bereich der Seeschifffahrt und Fischerei
>Gleich lautende Erlasse der Länder Bremen, Hamburg, Mecklenburg-Vorpommern, Niedersachsen und Schleswig-Holstein, die im BStBl. I veröffentlicht werden.

Üblicher Endpreis
- BMF vom 16.5.2013 (BStBl. I S. 729, Tz. 3.1)*****)
- Beim Erwerb eines Gebrauchtwagens vom Arbeitgeber ist nicht auf den Händlereinkaufspreis abzustellen, sondern auf den Preis, den das Fahrzeug unter Berücksichtigung der vereinbarten Nebenleistungen auf dem Gebrauchtwagenmarkt tatsächlich erzielen würde (Händlerverkaufspreis). Wird zur Bestimmung des üblichen Endpreises eine Schätzung erforderlich, kann sich die Wertermittlung an den im Rechtsverkehr anerkannten Marktübersichten für gebrauchte Pkw orientieren (>BFH vom 17.6.2005 – BStBl. II S. 795).
- Der Wert einer dem Arbeitnehmer durch den Arbeitgeber zugewandten Reise kann grundsätzlich anhand der Kosten geschätzt werden, die der Arbeitgeber für die Reise aufgewendet hat. Sofern sich ein Beteiligter auf eine abweichende Wertbestimmung beruft, muss er konkret darlegen, dass eine Schätzung des üblichen Endpreises am Abgabeort nach den aufgewandten Kosten dem objektiven Wert der Reise nicht entspricht (>BFH vom 18.8.2005 – BStBl. 2006 II S. 30).

Wandeldarlehensvertrag
Der geldwerte Vorteil bemisst sich im Falle der Ausübung des Wandlungsrechts aus der Differenz zwischen dem Börsenpreis der Aktien an dem Tag, an dem der Arbeitnehmer die wirtschaftliche Verfügungsmacht über die Aktien erlangt, und den Erwerbsaufwendungen (>BFH vom 23.6.2005 – BStBl. II S. 770 und vom 20.5.2010 – BStBl. II S. 1069).

Wandelschuldverschreibung
>H 38.2

Warengutscheine
- **Beispiel**

  Der Arbeitgeber räumt seinem Arbeitnehmer das Recht ein, einmalig zu einem beliebigen Zeitpunkt bei einer Tankstelle auf Kosten des Arbeitgebers gegen Vorlage einer Tankkarte bis zu einem Betrag von 44 € zu tanken. Der Arbeitnehmer tankt im Februar für 46 €; der Betrag wird vom Konto des Arbeitgebers abgebucht.

---
*) Abgedruckt als Anlage 3 zu H 8.2 LStR.
**) Abgedruckt als Anlage 6 zu H 8.1 (1–4) LStR.
***) Abgedruckt als Anhang 2 zum Handbuch.
****) Abgedruckt als Anhang 16 zum Handbuch.
*****) Abgedruckt als Anlage 13 zu H 8.2 LStR.

§ 8 EStG
R 8.1 Abs. 1 bis 4

Unter der Voraussetzung, dass der Arbeitnehmer von seinem Arbeitgeber nicht anstelle der ausgehändigten Tankkarte Barlohn verlangen kann, liegt im Februar ein Sachbezug in Höhe der zugesagten 44 € vor. Er ist steuerfrei nach § 8 Abs. 2 Satz 11 EStG (44-Euro-Freigrenze), wenn dem Arbeitnehmer in diesem Monat keine weiteren Sachbezüge gewährt werden und der Arbeitgeber die übersteigenden 2 € vom Arbeitnehmer einfordert. Ein Abschlag von 4 % (>R 8.1 Abs. 2 Satz 3) ist nicht vorzunehmen, wenn der Sachbezug durch eine (zweckgebundene) Geldleistung des Arbeitgebers verwirklicht wird oder ein Warengutschein mit Betragsangabe hingegeben wird (>R 8.1 Abs. 2 Satz 4).

– Zum Zuflusszeitpunkt bei Warengutscheinen >R 38.2 Abs. 3

Zinsersparnisse
>Arbeitgeberdarlehen

Zukunftssicherungsleistungen

Die 44-Euro-Freigrenze ist nicht anwendbar (> BMF vom 10.10.2013 – BStBl. I S. 1301).*)

Anlage 1
zu H 8.1 (1–4)

Geldwerter Vorteil bei Arbeitgeberdarlehen und Anwendung der 44-Euro-Freigrenze

BMF-Schreiben vom 1.10.2008 (BStBl. I S. 892)

Abgedruckt als Anlage 14 zu H 8.2

Anlage 2
zu H 8.1 (1–4)

Abgrenzung zwischen Bar- und Sachlohn bei Gutscheinen

Verfügung der OFD'en Rheinland und Münster vom 17.5.2011 (Az.: S 2334 – 1026 – St 212 (Rhld) und S 2334 – 10 – St 22 – 31 (Ms))

Der BFH hat mit drei Grundsatzurteilen vom 11.11.2010 (VI R 21/09, BStBl. 2011 II S. 383, VI R 27/09, BStBl. 2011 II S. 386, und VI R 41/10, BStBl. 2011 II S. 389), in denen es um die Besteuerung von Tankkarten, Tankgutscheinen und Geschenkgutscheinen ging, zur Unterscheidung von Barlohn und Sachlohn und in diesem Zusammenhang zur Anwendung der monatlichen Sachbezugsfreigrenze von 44 € Stellung genommen. In den vom BFH entschiedenen Streitfällen ging es um folgende Sachverhalte:

- Der Arbeitgeber hatte seinen Arbeitnehmern das Recht eingeräumt, auf seine Kosten gegen Vorlage einer Tankkarte bei einer bestimmten Tankstelle bis zu einem Höchstbetrag von 44 € monatlich zu tanken,
- Arbeitnehmer hatten von ihrem Arbeitgeber anlässlich ihres Geburtstages Geschenkgutscheine einer großen Einzelhandelskette über 20 € erhalten,
- Arbeitnehmer durften mit vom Arbeitgeber ausgestellten Tankgutscheinen bei einer Tankstelle ihrer Wahl 30 Liter Treibstoff tanken und sich die Kosten dafür von ihrem Arbeitgeber erstatten lassen.

Ob Barlohn oder nach § 8 Abs. 2 Satz 9 EStG**) steuerbegünstigte Sachbezüge vorliegen, ist nach Auffassung des BFH allein danach zu beurteilen, welche Leistung der Arbeitnehmer vom Arbeitgeber beanspruchen kann. Entscheidend sei, was der Arbeitnehmer vom Arbeitgeber auf Grundlage der arbeitsvertraglichen Vereinbarungen beanspruchen könne. Demgegenüber komme es nicht darauf an, auf welche Art und Weise der Arbeitgeber den Anspruch erfülle und seinem Arbeitnehmer den zugesagten Vorteil verschaffe. Ferner sei unerheblich, ob der Arbeitgeber zur Erfüllung dieses Anspruchs selbst tätig werde oder dem Arbeitnehmer gestatte, auf seine Kosten die Sachen bei einem Dritten zu erwerben. Deshalb lägen Sachbezüge auch dann vor, wenn der Arbeitgeber seine Zahlung an den Arbeitnehmer mit der Auflage verbinde, den empfangenen Geldbetrag nur in einer bestimmten Weise zu verwenden.

Hat der Arbeitnehmer dagegen Anspruch darauf, dass sein Arbeitgeber ihm anstelle der Sache den Barlohn in Höhe des Werts des Sachbezugs ausbezahlt, liegt auch dann kein Sachbezug, sondern Barlohn vor, wenn der Arbeitgeber den Sachbezug zuwendet (BFH-Urteil vom 11.11.2010 – VI R 27/09, BStBl. 2011 II S. 386, m. w. N.).

Aufgrund des Beschlusses der obersten Finanzbehörden des Bundes und der Länder ist die BFH-Rechtsprechung im Bundessteuerblatt Teil II veröffentlicht worden und in allen offenen Fällen mit folgender Maßgabe allgemein anzuwenden:

Die Regelung in R 8.1 Absatz 2 Satz 9 LStR***), den geldwerten Vorteil bei einem Sachbezug mit 96 % des Endpreises anzusetzen, ist nicht anzuwenden, wenn deren Voraussetzungen nicht gegeben sind, weil kein Bewertungserfordernis besteht (z. B. bei nachträglicher Kostenerstattung, betragsmäßig begrenzten Gutscheinen, zweckgebundenen Geldzuwendungen).

Anlage 3
zu H 8.1 (1–4)

Zinsersparnisse und Aufwendungszuschüsse aus Wohnungsfürsorgemitteln

Bundeseinheitlich geltende Regelung, für Bayern bekannt gegeben mit Schreiben des Bayerischen Staatsministeriums der Finanzen vom 16.2.2001 (Az.: 34 – S 2332 – 107/129 – 7111)

Im Einvernehmen mit dem BMF und den obersten Finanzbehörden der anderen Länder gilt für die lohnsteuerliche Behandlung von Zinsersparnissen und Aufwendungszuschüssen aus Wohnungsfürsorgemitteln Folgendes:

Werden Aufwendungszuschüsse oder Darlehen aus Wohnungsfürsorgemitteln für Angehörige des öffentlichen Diensts nach § 87a oder § 87b Zweites Wohnungsbaugesetz nur gegen Einräumung eines Besetzungsrechts und eines Verzichts auf einen Teil der Miete bei Fremdvermietung gewährt, so ist davon auszugehen, dass diese Gegenleistung die Vorteile aus der Förderung ausgleicht. Der Vorteil ist mit null DM anzusetzen; Aufwendungszuschüsse und Zinsvorteile sind deshalb nicht als Arbeitslohn zu erfassen. Die vorstehenden Grundsätze sind für Arbeitnehmer in der Privatwirtschaft entsprechend anzuwenden, wenn vergleichbare Fälle auftreten.

Anmerkung der OFDen München/Nürnberg:

Unter den genannten Voraussetzungen braucht deshalb nicht mehr geprüft werden, ob und ggf. inwieweit Fördervorteile nach § 3 Nr. 58 EStG steuerfrei bleiben können.

Anlage 4
zu H 8.1 (1–4)

Einkommensteuerliche Behandlung von Zinsen auf Einlagen der Arbeitnehmer von Kreditinstituten

BMF-Schreiben vom 2.3.1990 (BStBl. I S. 141)

Unter Bezugnahme auf das Ergebnis der Erörterungen mit den obersten Finanzbehörden der Länder gilt hinsichtlich der einkommensteuerrechtlichen Behandlung der Zinsen auf Einlagen der Arbeitnehmer von Kreditinstituten Folgendes:

Soweit die Arbeitnehmer von Kreditinstituten und ihre Angehörigen auf ihre Einlagen beim Arbeitgeber höhere Zinsen erhalten als betriebsfremde Anleger, sind die zusätzlichen Zinsen durch das Dienstverhältnis veranlasst und dem Lohnsteuerabzug zu unterwerfen. Aus Vereinfachungsgründen ist es jedoch nicht zu beanstanden, wenn der Zusatzzins als Einnahmen aus Kapitalvermögen behandelt wird, sofern der dem Arbeitnehmer und seinen Angehörigen eingeräumte Zinssatz nicht mehr als 1 Prozentpunkt über dem Zinssatz liegt, den die kontoführende Stelle des Arbeitgebers betriebsfremden Anlegern im allgemeinen Geschäftsverkehr anbietet.

---

*) Abgedruckt als Anlage 7 zu H 8.1 (1–4) LStR.
**) Jetzt § 8 Abs. 2 Satz 11 EStG.
***) Jetzt R 8.1 Abs. 2 Satz 3 LStR.

§ 8 EStG
R 8.1 Abs. 5 und 6

Anlage 5
zu H 8.1 (1–4)

Umrechnungskurs ausländischer Arbeitslohn

Kurzinformation des Finanzministeriums Schleswig-Holstein vom 27.1.2012 Nr. 2012/2 (Az.: VI 302 – S 2255 – 174)

Mit Urteil vom 3.12.2009 (BStBl. 2010 II S. 698) hat der BFH entschieden, dass Lohnzahlungen in einer gängigen ausländischen Währung bei Zufluss des Arbeitslohns anhand der von der Europäischen Zentralbank veröffentlichten monatlichen Durchschnittsreferenzkurse, denen die im BStBl. I veröffentlichten monatlichen Umsatzsteuerreferenzkursen entsprechen, umzurechnen sind (H 8.1 (1–4) (Ausländische Währung) LStH 2012).

Abweichend hiervon ist es nicht zu beanstanden, wenn die in einer ausländischen Währung erhaltenen Lohnzahlungen auf Basis eines jährlichen Umrechnungskurses – ermittelt aus den monatlich veröffentlichten Umsatzsteuerreferenzkursen, abgerundet auf volle 50 Cent – umgerechnet werden.

Anlage 6
zu H 8.1 (1–4)

Durchschnittswert bei der Privatnutzung von Fahrrädern

Gleich lautende Erlasse der obersten Finanzbehörden der Länder vom 23.11.2012 (BStBl. I S. 1224)

Überlässt der Arbeitgeber oder aufgrund des Dienstverhältnisses ein Dritter dem Arbeitnehmer ein Fahrrad zur privaten Nutzung, gilt für die Bewertung dieses zum Arbeitslohn gehörenden geldwerten Vorteils Folgendes:

Nach § 8 Absatz 2 Satz 8 EStG*) wird hiermit als monatlicher Durchschnittswert der privaten Nutzung (einschließlich Privatfahrten, Fahrten zwischen Wohnung und regelmäßiger Arbeitsstätte**) und Heimfahrten im Rahmen einer doppelten Haushaltsführung) 1 % der auf volle 100 Euro abgerundeten unverbindlichen Preisempfehlung des Herstellers, Importeurs oder Großhändlers im Zeitpunkt der Inbetriebnahme des Fahrrads einschließlich der Umsatzsteuer festgesetzt. Die Freigrenze für Sachbezüge nach § 8 Absatz 2 Satz 9 EStG***) ist nicht anzuwenden.

Gehört die Nutzungsüberlassung von Fahrrädern zur Angebotspalette des Arbeitgebers an fremde Dritte (z. B. Fahrradverleihfirmen), ist der geldwerte Vorteil nach § 8 Absatz 3 EStG zu ermitteln, wenn die Lohnsteuer nicht nach § 40 EStG pauschal erhoben wird. Bei Personalrabatten ist der Rabattfreibetrag in Höhe von 1080 Euro zu berücksichtigen.

Die vorstehenden Regelungen gelten auch für Elektrofahrräder, wenn diese verkehrsrechtlich als Fahrrad einzuordnen (u. a. keine Kennzeichen- und Versicherungspflicht) sind.

Ist ein Elektrofahrrad verkehrsrechtlich als Kraftfahrzeug einzuordnen (z. B. gelten Elektrofahrräder, deren Motor auch Geschwindigkeiten über 25 Kilometer pro Stunde unterstützt, als Kraftfahrzeuge), ist für die Bewertung des geldwerten Vorteils § 8 Absatz 2 Sätze 2 bis 5 i. V. m. § 6 Absatz 1 Nummer 4 Satz 2 EStG anzuwenden.

Dieser Erlass ergeht mit Zustimmung des Bundesministeriums der Finanzen und im Einvernehmen mit den obersten Finanzbehörden der anderen Länder. Er ist erstmals für das Kalenderjahr 2012 anzuwenden und wird im Bundessteuerblatt Teil I veröffentlicht.

Anlage 7
zu H 8.1 (1–4)

Keine 44-Euro-Freigrenze bei Zukunftssicherungsleistungen

BMF-Schreiben vom 10.10.2013 (BStBl. I S. 1301)

Es wurde die Frage aufgeworfen, ob für Beiträge des Arbeitgebers für die Zukunftssicherung des Arbeitnehmers (z. B. private Pflegezusatzversicherung und Krankentagegeldversicherung) die 44-Euro-Freigrenze für Sachbezüge (§ 8 Absatz 2 Satz 9 EStG; ab 2014: § 8 Absatz 2 Satz 11 EStG) anzuwenden ist.

Unter Bezugnahme auf das Ergebnis der Erörterung mit den obersten Finanzbehörden der Länder wird auf Folgendes hingewiesen:

Arbeitslohn sind alle Einnahmen, die dem Arbeitnehmer aus dem Dienstverhältnis zufließen (§ 19 EStG, § 2 Absatz 1 LStDV 1990). Zum Arbeitslohn gehören auch Ausgaben, die ein Arbeitgeber leistet, um einen Arbeitnehmer oder diesem nahestehende Personen für den Fall der Krankheit, des Unfalls, der Invalidität, des Alters oder des Todes abzusichern – Zukunftssicherung – (§ 2 Absatz 2 Nummer 3 Satz 1 LStDV 1990).

Dem Arbeitnehmer fließt Arbeitslohn in Form von Barlohn zu, wenn er Versicherungsnehmer ist und der Arbeitgeber die Beiträge des Arbeitnehmers übernimmt (BFH-Urteile vom 26. November 2002 – VI R 161/01 –, BStBl 2003 II Seite 331 und vom 13. September 2007 – VI R 26/04 –, BStBl 2008 II Seite 204).

Auch wenn der Arbeitgeber Versicherungsnehmer ist und die versicherte Person der Arbeitnehmer, führt die Beitragszahlung des Arbeitgebers in der Regel zum Zufluss von Barlohn. Die 44-Euro-Grenze ist damit nicht anzuwenden.

Der BFH führt in ständiger Rechtsprechung aus, dass die Arbeitslohnqualität von Zukunftssicherungsleistungen, bei denen die Leistung des Arbeitgebers an einen Dritten (Versicherer) erfolgt, davon abhängt, ob sich der Vorgang – wirtschaftlich betrachtet – so darstellt, als ob der Arbeitgeber dem Arbeitnehmer Mittel zur Verfügung gestellt und der Arbeitnehmer sie zum Zweck seiner Zukunftssicherung verwendet hat (zuletzt BFH-Urteil vom 5. Juli 2012 – VI R 11/11 –, BStBl 2013 II Seite 190). Stellt der Arbeitgeber dem Arbeitnehmer – wirtschaftlich betrachtet – die Beiträge zur Verfügung, ist eine Qualifizierung als Barlohn gerechtfertigt.

An der Qualifizierung als Barlohn ändert auch das BFH-Urteil vom 14. April 2011 – VI R 24/10 – (BStBl. II Seite 767) nichts. Der BFH hatte entschieden, dass die Gewährung von Krankenversicherungsschutz in Höhe der geleisteten Beiträge Sachlohn ist, wenn der Arbeitnehmer aufgrund des Arbeitsvertrags von seinem Arbeitgeber ausschließlich Versicherungsschutz und nicht auch eine Geldzahlung verlangen kann.

Die Anwendung der 44-Euro-Freigrenze auf Zukunftssicherungsleistungen würde im Übrigen auch zu Wertungswidersprüchen im Rahmen der betrieblichen Altersversorgung führen, in der die Steuerfreistellung der Arbeitgeberbeiträge über § 3 Nummer 56 und 63 EStG in eine nachgelagerte Besteuerung nach § 22 Nummer 5 EStG mündet. Bei Zukunftssicherungsleistungen gilt im Einkommensteuerrecht ein eigenes Freistellungssystem, dem die 44-Euro-Freigrenze wesensfremd ist.

Die vorstehenden Grundsätze sind erstmals auf den laufenden Arbeitslohn anzuwenden, der für einen nach dem 31. Dezember 2013 endenden Lohnzahlungszeitraum gezahlt wird, und auf sonstige Bezüge, die nach dem 31. Dezember 2013 zufließen.

R 8.1 Abs. 5 und 6
Unterkunft und Wohnung

Unterkunft oder Wohnung

(5) ¹Für die Bewertung einer Unterkunft, die keine Wohnung ist (>Absatz 6 Satz 2 bis 4), ist der amtliche Sachbezugswert nach der SvEV****) maßgebend, soweit nicht zulässigerweise § 8 Abs. 3 EStG angewandt wird. ²Dabei ist der amtliche Sachbezugswert grundsätzlich auch dann anzusetzen, wenn der Arbeitgeber die dem Arbeitnehmer überlassene Unterkunft gemietet und gegebenenfalls mit Einrichtungsgegenständen ausgestattet hat. ³Eine Gemeinschaftsunterkunft liegt vor, wenn die Unterkunft beispielsweise durch Gemeinschaftswaschräume oder Gemeinschaftsküchen Wohnheimcharakter hat oder Zugangsbeschränkungen unterworfen ist.

---

*) Jetzt § 8 Abs. 2 Satz 10 EStG.
**) Ab 1.1.2014: Fahrten zwischen Wohnung und erster Tätigkeitsstätte sowie Fahrten nach § 9 Abs. 1 Satz 3 Nr. 4a Satz 3 EStG (§ 8 Abs. 2 Satz 3 EStG).
***) Jetzt § 8 Abs. 2 Satz 11 EStG.
****) Abgedruckt als Anhang 2 zum Handbuch.

(6) ¹Soweit nicht zulässigerweise § 8 Abs. 3 EStG angewandt wird, ist für die Bewertung einer Wohnung der ortsübliche Mietwert maßgebend. ²Eine Wohnung ist eine in sich geschlossene Einheit von Räumen, in denen ein selbständiger Haushalt geführt werden kann. ³Wesentlich ist, dass eine Wasserversorgung und -entsorgung, zumindest eine einer Küche vergleichbare Kochgelegenheit sowie eine Toilette vorhanden sind. ⁴Danach stellt z. B. ein Einzimmerappartement mit Küchenzeile und WC als Nebenraum eine Wohnung dar, dagegen ist ein Wohnraum bei Mitbenutzung von Bad, Toilette und Küche eine Unterkunft. ⁵Als ortsüblicher Mietwert ist die Miete anzusetzen, die für eine nach Baujahr, Art, Größe, Ausstattung, Beschaffenheit und Lage vergleichbare Wohnung üblich ist (Vergleichsmiete). ⁶In den Fällen, in denen der Arbeitgeber vergleichbare Wohnungen in nicht unerheblichem Umfang an fremde Dritte zu einer niedrigeren als der üblichen Miete vermietet, ist die niedrigere Miete anzusetzen. ⁷Die Vergleichsmiete gilt unabhängig davon, ob die Wohnung z. B. als Werks- und Dienstwohnung im Eigentum des Arbeitgebers oder dem Arbeitgeber aufgrund eines Belegungsrechts zur Verfügung steht oder von ihm angemietet worden ist. ⁸Gesetzliche Mietpreisbeschränkungen sind zu beachten. ⁹Stehen solche einem Mieterhöhungsverlangen entgegen, gilt dies jedoch nur, soweit die maßgebliche Ausgangsmiete den ortsüblichen Mietwert oder die gesetzlich zulässige Höchstmiete nicht unterschritten hat. ¹⁰Überlässt der Arbeitgeber dem Arbeitnehmer im Rahmen einer Auslandstätigkeit eine Wohnung im Ausland, deren ortsübliche Miete 18 % des Arbeitslohns ohne Kaufkraftausgleich übersteigt, ist diese Wohnung mit 18 % des Arbeitslohns ohne Kaufkraftausgleich zuzüglich 10 % der darüber hinausgehenden ortsüblichen Miete zu bewerten.

H 8.1 (5–6)
Hinweise zu R 8.1 Abs. 5 und 6
Unterkunft oder Wohnung

Erholungsheim

Wird ein Arbeitnehmer in einem Erholungsheim des Arbeitgebers oder auf Kosten des Arbeitgebers zur Erholung in einem anderen Beherbergungsbetrieb untergebracht oder verpflegt, so ist die Leistung mit dem entsprechenden Pensionspreis eines vergleichbaren Beherbergungsbetriebs am selben Ort zu bewerten; dabei können jedoch Preisabschläge in Betracht kommen, wenn der Arbeitnehmer z. B. nach der Hausordnung Bedingungen unterworfen wird, die für Hotels und Pensionen allgemein nicht gelten (>BFH vom 18.3.1960 – BStBl. III S. 237).

Ortsüblicher Mietwert

– Überlässt der Arbeitgeber seinem Arbeitnehmer eine Wohnung zu einem Mietpreis, der innerhalb der Mietpreisspanne des örtlichen Mietspiegels für vergleichbare Wohnungen liegt, scheidet die Annahme eines geldwerten Vorteils regelmäßig aus (>BFH vom 17.8.2005 – BStBl. 2006 II S. 71 und vom 11.5.2011 – BStBl. II S. 946).

– Überlässt ein Arbeitgeber seinen Arbeitnehmern Wohnungen und werden Nebenkosten (z. T.) nicht erhoben, liegt eine verbilligte Überlassung und damit ein Sachbezug nur vor, soweit die tatsächlich erhobene Miete zusammen mit den tatsächlich abgerechneten Nebenkosten die ortsübliche Miete (Kaltmiete plus umlagefähige Nebenkosten) unterschreitet (>BFH vom 11.5.2011 – BStBl. II S. 946).

Persönliche Bedürfnisse des Arbeitnehmers

Persönliche Bedürfnisse des Arbeitnehmers, z. B. hinsichtlich der Größe der Wohnung, sind bei der Höhe des Mietwerts nicht zu berücksichtigen (>BFH vom 8.3.1968 – BStBl. II S. 435 und vom 2.10.1968 – BStBl. 1969 II S. 73).

Steuerfreie Mietvorteile

>R 3.59

Anlage 1
zu H 8.1 (5–6)

Lohnsteuerliche Behandlung von Aufwendungen der Arbeitgeber zur Wohnungsbeschaffung für Arbeitnehmer

Bundeseinheitlich geltende Regelung, für Bayern bekannt gegeben mit Schreiben des Bayer. Staatsministeriums der Finanzen vom 5.8.1983 (Az.: 32 – S 2332 – 2/73 – 33111)

Bei der lohnsteuerlichen Behandlung von Aufwendungen der Arbeitgeber zur Wohnungsbeschaffung für Arbeitnehmer ist nach den folgenden Grundsätzen zu verfahren:

I. Eigenheime, Eigentumswohnungen

1. Der Arbeitgeber gewährt dem Arbeitnehmer ohne jede Auflage einen verlorenen Zuschuss zum Bau oder Erwerb eines Eigenheims (Eigentumswohnung).

   Der Zuschuss ist steuerpflichtiger Arbeitslohn.

2. Der Arbeitgeber gewährt dem Arbeitnehmer ein zinsbegünstigtes Darlehen zum Bau eines Einfamilienhauses.

   Überholt durch § 3 Nr. 68 EStG 1987, § 52 EStG*).

3. Der Arbeitgeber erstattet dem Arbeitnehmer die Zinsen für einen Kredit, den der Arbeitnehmer zum Bau eines Eigenheims (Eigentumswohnung) von Dritten aufgenommen hat.

   Überholt durch § 3 Nr. 68 EStG 1987, § 52 EStG.*)

4. Der Arbeitgeber veräußert Bauland an den Arbeitnehmer.

   Liegt der Kaufpreis unter dem üblichen Mittelpreis des Verbrauchsorts (§ 8 Abs. 2 EStG, § 3 Abs. 1 LStDV), so stellt der Unterschiedsbetrag einen steuerpflichtigen Sachbezug dar.

5. Der Arbeitgeber erlässt dem Arbeitnehmer bei vorzeitiger Rückzahlung eines zinslosen oder niedrig verzinslichen Darlehens einen Teil der Darlehensschuld.

   Der teilweise Verzicht auf die Darlehensrückzahlung ist grundsätzlich ein lohnsteuerpflichtiger geldwerter Vorteil, weil der Verzicht auf die Rückzahlung eines Teilbetrags für den Arbeitnehmer einen Vorteil aus dem Dienstverhältnis bedeutet. Er unterliegt dem Lohnsteuerabzug. Bei der Bewertung dieses geldwerten Vorteils können jedoch als wertmindernd berücksichtigt werden:

   1. Ein Belegungsrecht zugunsten des Dienstherrn, das auch nach der Darlehensrückzahlung fortbesteht,
   2. der Verzicht auf die Zinsfreiheit oder den günstigen Zinssatz.

   Darüber hinaus kann auch der Zusammenhang der Zinsen mit den Einkünften aus Vermietung und Verpachtung nicht ganz außer Acht gelassen werden. Diese Bewertungsfaktoren führen zu einem geldwerten Vorteil, der in der Regel 0 DM beträgt. Auch bei Vorliegen von nur einem Wertminderungsfaktor kann der geldwerte Vorteil in Einzelfällen bei 0 DM liegen.

II. Mietwohnungen

1. Der Arbeitgeber gewährt dem Arbeitnehmer ohne jede Auflage einen verlorenen Zuschuss zur Miete einer Wohnung.

   Der Zuschuss ist steuerpflichtiger Arbeitslohn.

2. Der Arbeitgeber gewährt dem Arbeitnehmer einen Zuschuss zur Miete einer Wohnung mit der Auflage, dass der Arbeitnehmer den Zuschuss an den Vermieter als Mietvorauszahlung weiterleitet und in Höhe der Mietminderung (Verrechnung) an den Arbeitgeber zurückzahlt.

   Der Zuschuss hat den Charakter eines Darlehens. Steuerpflichtiger Arbeitslohn liegt mithin nicht vor.

3. Der Arbeitgeber gewährt dem Arbeitnehmer einen Zuschuss zur Miete einer Wohnung mit der Auflage, dass der Zuschuss nach vorzeitigem Ausscheiden aus dem Dienstverhältnis ganz oder teilweise an den Arbeitgeber zurückgezahlt werden muss.

   Der Zuschuss ist steuerpflichtiger Arbeitslohn, Rückzahlungen mindern den steuerpflichtigen Arbeitslohn im Kalenderjahr der Zahlung.

---

*) Nach Wegfall des § 3 Nr. 68 EStG handelt es sich grundsätzlich um steuerpflichtigen Arbeitslohn.

§ 8 EStG
R 8.1 Abs. 5 und 6

4. Der Arbeitgeber gewährt einem Bauherrn einen verlorenen Zuschuss oder ein zinsloses oder zinsbegünstigtes Darlehen unter der Auflage, dass ihm ein Recht für die Belegung der Wohnungen mit Arbeitnehmern seines Betriebes eingeräumt wird.

Der Zuschuss oder die Darlehensgewährung betrifft nur das Verhältnis des Arbeitgebers zum Bauherrn (Vermieter des Arbeitnehmers). Lohnsteuerlich ist zu prüfen, ob die Miete, die für die werksgeförderte Wohnung zu zahlen ist, der ortsüblichen Miete (§ 8 Abs. 2 EStG, § 3 Abs. 1 LStDV) entspricht. Handelt es sich um eine Wohnung, die nach Art und Ausstattung den im sozialen Wohnungsbau erstellten Wohnungen entspricht, so ist für die Ermittlung der ortsüblichen Miete von der Miete auszugehen, die für eine nach Baujahr, Ausstattung und Lage vergleichbare, im sozialen Wohnungsbau erstellte Wohnung zu zahlen wäre. Dabei ist nicht zu prüfen, ob der Arbeitnehmer nach seinen Einkommensverhältnissen als Mieter für eine Sozialwohnung in Betracht kommt.

Gemeinnützige Wohnungsunternehmen nach dem Wohnungsgemeinnützigkeitsrecht dürfen höchstens die zur Deckung der laufenden Ausgaben nach den Grundsätzen ordnungsmäßiger Geschäftsführung erforderliche Miete fordern. Dieser Mietpreis kann abweichend von den obigen Grundsätzen auch dann angesetzt werden, wenn er unter der Miete einer vergleichbaren Wohnung des sozialen Wohnungsbaus liegt.

Dies gilt zur Vermeidung von Missbräuchen jedoch nur dann, wenn die maßgebende Kostenmiete auch von Mietern erhoben wird, die nicht Arbeitnehmer eines Arbeitgebers sind, der sich an der Finanzierung der Wohnungen des gemeinnützigen Wohnungsunternehmens beteiligt hat. In den Fällen, in denen sich die Gesellschaftsanteile eines gemeinnützigen Wohnungsunternehmens in den Händen eines Arbeitgebers oder mehrerer Arbeitgeber befinden, ist hinsichtlich des steuerlichen Mietwerts der Wohnungen, die an Arbeitnehmer des Arbeitgebers (der Arbeitgeber) vermietet werden, nach Abs. 1 zu verfahren.

5. Der Arbeitgeber gewährt einem Bauherrn einen Zuschuss oder ein Darlehen zur Finanzierung einer Wohnung, die er als Hauptmieter mietet und seinem Arbeitnehmer untervermietet.

Lohnsteuerlich gelten hinsichtlich der Prüfung, ob die Miete der ortsüblichen Miete entspricht, die zu Nummer 4 dargelegten Grundsätze.

6. Besteuerung der verlorenen Zuschüsse in den Fällen der Nummern 1 und 3.

Die Zuschüsse sind im Kalenderjahr des Zuflusses zu versteuern. Für eine Verteilung auf mehrere Kalenderjahre besteht keine Rechtsgrundlage. Auch sind die Voraussetzungen für eine Pauschalierung nach § 40 Abs. 1 Nr. 1 EStG regelmäßig nicht gegeben, sofern die Zuschüsse nicht in einer Vielzahl von Fällen gegeben werden.

7. Anpassung der steuerlichen Mietwerte von Altbauwohnungen an die Mietpreisentwicklung.

Bei der Anpassung der Mietwerte von Altbauwohnungen an die Mietpreisentwicklung ist nicht von der preisrechtlich höchstzulässigen Miete auszugehen, sondern von der Miete, die für vergleichbare Wohnungen ortsüblich gefordert wird.

8. Mietwert von Dienstwohnungen.

Bei der Feststellung des steuerlich anzusetzenden Mietwerts der Dienstwohnungen (Werksdienstwohnungen) der Arbeitnehmer im öffentlichen Dienst ist nach den allgemeinen Grundsätzen zu verfahren.

Dieses Schreiben ergeht im Einvernehmen mit dem Bundesminister der Finanzen und den Finanzministern (-senatoren) der anderen Länder.

Anlage 2
zu H 8.1 (5–6)

Lohnsteuerliche Behandlung der Vermietung von Wohnungen ehemals gemeinnütziger Wohnungsunternehmen an Arbeitnehmer verbundener Unternehmen

Bundeseinheitlich geltende Regelung, für Bayern bekannt gegeben mit Schreiben des Bayer. Staatsministeriums der Finanzen vom 30.10.1992 (Az.: 32 – S 2334 – 4/200 – 12645)

Mit der Aufhebung des Wohnungsgemeinnützigkeitsgesetzes (WGG) zum 1.1.1990 ist für die ehemals gemeinnützigen Wohnungsunternehmen auch die Bindung an die gemeinnützigkeitsrechtliche zulässige angemessene Miete (§ 13 WGGDV) entfallen. Abweichend von meinem Bezugschreiben gilt hierzu Folgendes:

Überlässt ein ehemals gemeinnütziges Wohnungsunternehmen Wohnungen an Arbeitnehmer verbundener Unternehmen zu einer Miete, die mindestens der nach dem ehemaligen Wohnungsgemeinnützigkeitsrecht maßgebenden Kostenmiete entspricht, aber unter dem ortsüblichen Mietwert liegt, so wird auf die Besteuerung des Unterschiedsbetrags in den Jahren 1990 bis 1995 verzichtet.

Nach Ablauf dieses Zeitraums ist der geldwerte Vorteil aus einer verbilligten Wohnungsvermietung im Vergleich zur ortsüblichen Miete festzustellen und zu versteuern. Statt der ortsüblichen Miete kann auch die Miete zugrunde gelegt werden, die ausgehend von der am 31.12.1989 maßgebenden WGG-rechtlichen Kostenmiete unter Berücksichtigung der in der Zwischenzeit mietpreisrechtlich zulässigen Mieterhöhungen im Jahr 1996 höchstens verlangt werden kann.

Von der WGG-rechtlichen Kostenmiete ist auch dann auszugehen, wenn das ehemals gemeinnützige Wohnungsunternehmen von verbundenen Unternehmen zinslose Darlehen erhalten hat.

Anlage 3
zu H 8.1 (5–6)

Lohnsteuerliche Behandlung der Aufwendungen des Arbeitgebers für sicherheitsgefährdete Arbeitnehmer; Sicherheitsmaßnahmen

BMF-Schreiben vom 30.6.1997 (BStBl. I S. 696)

Es ist gefragt worden, wie die vom Arbeitgeber getragenen oder ersetzten Aufwendungen für Sicherheitsmaßnahmen bei Arbeitnehmern, die aufgrund ihrer beruflichen Position den Angriffen gewaltbereiter, politisch motivierter Personen ausgesetzt sind **(Positionsgefährdung)**, lohnsteuerlich zu behandeln sind. Nach dem Ergebnis der Erörterungen mit den obersten Finanzbehörden der Länder gilt Folgendes:

1. Aufwendungen des Arbeitgebers für das ausschließlich mit dem Personenschutz befasste Personal führen nicht zu steuerpflichtigem Arbeitslohn der zu schützenden Person, weil diese Aufwendungen im ganz überwiegenden eigenbetrieblichen Interesse des Arbeitgebers liegen und der Arbeitnehmer durch diese „aufgedrängten" Leistungen nicht bereichert wird.

2. Bei den Aufwendungen des Arbeitgebers für den Einbau von Sicherheitseinrichtungen (Grund- und Spezialschutz) in eine Mietwohnung oder ein selbstgenutztes Wohneigentum zum Schutze positionsgefährdeter Arbeitnehmer, beurteilt sich die Frage, ob diese Aufwendungen steuerpflichtiger Arbeitslohn sind oder im ganz überwiegenden eigenbetrieblichen Interesse des Arbeitgebers liegen, nach dem Maß der Gefährdung des einzelnen Arbeitnehmers. Für die steuerliche Behandlung ist es unerheblich, ob die Sicherheitseinrichtungen in das Eigentum des Arbeitnehmers übergehen oder nicht.

   a) Bei Arbeitnehmern, die durch eine für die Gefährdungsanalyse zuständige Behörde (Sicherheitsbehörde) in die Gefährdungsstufen 1 bis 3 eingeordnet sind, ist davon auszugehen, dass eine Positionsgefährdung vorliegt **(konkrete Positionsgefährdung)**. Für diese Arbeitnehmer ergibt sich durch den Einbau der Sicherheitseinrichtungen grundsätzlich kein steuerpflichtiger Arbeitslohn, weil der Einbau im ganz überwiegenden eigenbetrieblichen Interesse des Arbeitgebers liegt. Bei Arbeitnehmern der Gefährdungsstufe 3 gilt dies allerdings grundsätzlich nur bis zu dem Betrag je Objekt, der vergleichbaren Bundesbediensteten als Höchstbetrag zur Verfügung gestellt wird; dieser beträgt zur Zeit 30 000 DM. Bei höheren Aufwendungen ist von einem ganz überwiegenden eigenbetrieblichen Interesse des Arbeitgebers auszugehen, soweit sie Einrichtungen betreffen, die von der Sicherheitsbehörde empfohlen worden sind.

b) Bei Arbeitnehmern, für die die Sicherheitsbehörden keine Gefährdungsanalyse erstellen und keine Sicherheitseinrichtungen empfehlen, handelt es sich bei den Aufwendungen grundsätzlich um steuerpflichtigen Arbeitslohn, es sei denn, eine Positionsgefährdung der Arbeitnehmer ist durch eine oberste Bundes- oder Landesbehörde anerkannt worden oder kann anderweitig nachgewiesen oder glaubhaft gemacht werden **(abstrakte Positionsgefährdung)**. In diesem Fall ist bei einem Einbau von Sicherheitseinrichtungen bis zu einem Betrag von 15 000 DM je Objekt von einem ganz überwiegenden eigenbetrieblichen Interesse des Arbeitgebers auszugehen.

Die in Buchstabe a und b bezeichneten Höchstbeträge gelten auch, wenn die Aufwendungen je Objekt auf verschiedene Veranlagungszeiträume verteilt werden. Die steuerpflichtigen Vorteile fließen dem Arbeitnehmer beim Einbau sofort als Arbeitslohn zu. Eine spätere Änderung der Gefährdungsstufe löst keine steuerlichen Konsequenzen aus (z. B. Erfassung eines Vorteils nach Herabsetzung der Gefährdungsstufe), es sei denn, sie erfolgt noch innerhalb des Jahres, in dem die Sicherheitseinrichtungen eingebaut worden sind. Die dem Arbeitgeber entstehenden Betriebs- und Wartungskosten teilen steuerlich das Schicksal der Einbaukosten. Sie sind gegebenenfalls nur anteilig nach dem Verhältnis des steuerpflichtigen Anteils an den Gesamtkosten steuerpflichtig.

3. Ersetzt der Arbeitgeber dem Arbeitnehmer Aufwendungen für Sicherheitseinrichtungen oder mit diesen Einrichtungen verbundene laufende Betriebs- oder Wartungskosten, ist der Ersatz unter den Voraussetzungen der Nummer 2 ebenfalls kein steuerpflichtiger Arbeitslohn, gegebenenfalls nur anteilig nach dem Verhältnis des nicht steuerpflichtigen Anteils an den Gesamtbaukosten. Dies gilt allerdings nur dann, wenn die Aufwendungen in zeitlichem Zusammenhang mit dem Einbau bzw. der Zahlung durch den Arbeitnehmer ersetzt werden; andernfalls ist der Aufwendungsersatz steuerpflichtiger Arbeitslohn.

4. Nicht vom Arbeitgeber ersetzte Aufwendungen des Arbeitnehmers für Sicherheitseinrichtungen gehören zu den Kosten der Lebensführung und dürfen aufgrund des Aufteilungs- und Abzugsverbots des § 12 Nr. 1 Satz 2 EStG nicht als Werbungskosten bei den Einkünften aus nichtselbständiger Arbeit abgezogen werden. Werden Aufwendungen teilweise durch den Arbeitgeber ersetzt, gilt das Abzugsverbot auch für die nicht ersetzten Aufwendungen.

5. Diese Regelung gilt allgemein ab dem 1. Januar 1997. Sie kann zugunsten des Arbeitnehmers in offenen Fällen auch rückwirkend angewandt werden. Abweichende Regelungen sind nicht mehr anzuwenden.

R 8.1 Abs. 7
Kantinenmahlzeiten und Essenmarken

Kantinenmahlzeiten und Essenmarken

(7) Für die Bewertung von Mahlzeiten, die arbeitstäglich an die Arbeitnehmer abgegeben werden, gilt Folgendes:

1. ¹Mahlzeiten, die durch eine vom Arbeitgeber selbst betriebene Kantine, Gaststätte oder vergleichbare Einrichtung abgegeben werden, sind mit dem maßgebenden amtlichen Sachbezugswert nach der SvEV*) zu bewerten. ²Alternativ kommt eine Bewertung mit dem Endpreis i.S.d. § 8 Abs. 3 EStG in Betracht, wenn die Mahlzeiten überwiegend nicht für die Arbeitnehmer zubereitet werden.

2. ¹Mahlzeiten, die die Arbeitnehmer in einer nicht vom Arbeitgeber selbst betriebenen Kantine, Gaststätte oder vergleichbaren Einrichtung erhalten, sind vorbehaltlich der Nummer 4 ebenfalls mit dem maßgebenden amtlichen Sachbezugswert zu bewerten, wenn der Arbeitgeber aufgrund vertraglicher Vereinbarung durch Barzuschüsse oder andere Leistungen an die die Mahlzeiten vertreibende Einrichtung, z. B. durch verbilligte Überlassung von Räumen, Energie oder Einrichtungsgegenständen, zur Verbilligung der Mahlzeiten beiträgt. ²Es ist nicht erforderlich, dass die Mahlzeiten im Rahmen eines Reihengeschäfts zunächst an den Arbeitgeber und danach von diesem an die Arbeitnehmer abgegeben werden.

3. In den Fällen der Nummern 1 und 2 ist ein geldwerter Vorteil als Arbeitslohn zu erfassen, wenn und soweit der vom Arbeitnehmer für eine Mahlzeit gezahlte Preis (einschließlich Umsatzsteuer) den maßgebenden amtlichen Sachbezugswert unterschreitet.

4. Bestehen die Leistungen des Arbeitgebers im Falle der Nummer 2 aus Barzuschüssen in Form von Essenmarken (Essensgutscheine, Restaurantschecks), die vom Arbeitgeber an die Arbeitnehmer verteilt und von einer Gaststätte oder vergleichbaren Einrichtung (Annahmestelle) bei der Abgabe einer Mahlzeit in Zahlung genommen werden, gilt Folgendes:

   a) ¹Es ist nicht die Essenmarke mit ihrem Verrechnungswert, sondern vorbehaltlich des Buchstaben b die Mahlzeit mit dem maßgebenden Sachbezugswert zu bewerten, wenn

   aa) tatsächlich eine Mahlzeit abgegeben wird. ²Lebensmittel sind nur dann als Mahlzeit anzuerkennen, wenn sie zum unmittelbaren Verzehr geeignet oder zum Verbrauch während der Essenpausen bestimmt sind,

   bb) für jede Mahlzeit lediglich eine Essenmarke täglich in Zahlung genommen wird,

   cc) der Verrechnungswert der Essenmarke den amtlichen Sachbezugswert einer Mittagsmahlzeit um nicht mehr als 3,10 Euro übersteigt und

   dd) die Essenmarke nicht an Arbeitnehmer ausgegeben wird, die eine Auswärtstätigkeit ausüben.

   ²Dies gilt auch dann, wenn zwischen dem Arbeitgeber und der Annahmestelle keine unmittelbaren vertraglichen Beziehungen bestehen, weil ein Unternehmen eingeschaltet ist, das die Essenmarken ausgibt. ³Zur Erfüllung der Voraussetzungen nach Doppelbuchstabe bb hat der Arbeitgeber für jeden Arbeitnehmer die Tage der Abwesenheit z. B. infolge von Auswärtstätigkeiten, Urlaub oder Erkrankung festzustellen und die für diese Tage ausgegebenen Essenmarken zurückzufordern oder die Zahl der im Folgemonat auszugebenden Essenmarken um die Zahl der Abwesenheitstage zu vermindern. ⁴Die Pflicht zur Feststellung der Abwesenheitstage und zur Anpassung der Zahl der Essenmarken im Folgemonat entfällt für Arbeitnehmer, die im Kalenderjahr durchschnittlich an nicht mehr als drei Arbeitstagen je Kalendermonat Auswärtstätigkeiten ausüben, wenn keiner dieser Arbeitnehmer im Kalendermonat mehr als 15 Essenmarken erhält.

   b) Bestehen die Leistungen des Arbeitgebers ausschließlich in der Hingabe von Essenmarken, ist auch unter den Voraussetzungen des Buchstabens a der Verrechnungswert der Essenmarke als Arbeitslohn anzusetzen, wenn dieser Wert den geldwerten Vorteil nach Nummer 3 unterschreitet.

   c) ¹Wird der Arbeitsvertrag dahingehend geändert, dass der Arbeitnehmer anstelle von Barlohn Essenmarken erhält, vermindert sich dadurch der Barlohn in entsprechender Höhe. ²Die Essenmarken sind mit dem Wert anzusetzen, der sich nach den Buchstaben a oder b ergibt. ³Ohne Änderung des Arbeitsvertrages führt der Austausch von Barlohn durch Essenmarken nicht zu einer Herabsetzung des steuerpflichtigen Barlohns. ⁴In diesem Fall ist der Betrag, um den sich der ausgezahlte Barlohn verringert, als Entgelt für die Mahlzeit oder Essenmarke anzusehen und von dem nach Buchstabe a oder b maßgebenden Wert abzusetzen.

---

*) Abgedruckt als Anhang 2 zum Handbuch.

§ 8 EStG
R 8.1 Abs. 7

d) ¹Die von Annahmestellen eingelösten Essenmarken brauchen nicht an den Arbeitgeber zurückgegeben und von ihm nicht aufbewahrt zu werden, wenn der Arbeitgeber eine Abrechnung erhält, aus der sich ergibt, wie viel Essenmarken mit welchem Verrechnungswert eingelöst worden sind, und diese aufbewahrt. ²Dasselbe gilt, wenn ein Essenmarkenemittent eingeschaltet ist, und der Arbeitgeber von diesem eine entsprechende Abrechnung erhält und aufbewahrt.

5. ¹Wenn der Arbeitgeber unterschiedliche Mahlzeiten zu unterschiedlichen Preisen teilentgeltlich oder unentgeltlich an die Arbeitnehmer abgibt oder Leistungen nach Nummer 2 zur Verbilligung der Mahlzeiten erbringt und die Lohnsteuer nach § 40 Abs. 2 EStG pauschal erhebt, kann der geldwerte Vorteil mit dem Durchschnittswert der Pauschalbesteuerung zugrunde gelegt werden. ²Die Durchschnittsbesteuerung braucht nicht tageweise durchgeführt zu werden, sie darf sich auf den gesamten Lohnzahlungszeitraum erstrecken. ³Bietet der Arbeitgeber bestimmte Mahlzeiten nur einem Teil seiner Arbeitnehmer an, z. B. in einem Vorstandskasino, sind diese Mahlzeiten nicht in die Durchschnittsberechnung einzubeziehen. ⁴Unterhält der Arbeitgeber mehrere Kantinen, ist der Durchschnittswert für jede einzelne Kantine zu ermitteln. ⁵Ist die Ermittlung des Durchschnittswerts wegen der Menge der zu erfassenden Daten besonders aufwendig, kann die Ermittlung des Durchschnittswerts für einen repräsentativen Zeitraum und bei einer Vielzahl von Kantinen für eine repräsentative Auswahl der Kantinen durchgeführt werden.

6. ¹Der Arbeitgeber hat die vom Arbeitnehmer geleistete Zahlung grundsätzlich in nachprüfbarer Form nachzuweisen. ²Der Einzelnachweis der Zahlungen ist nur dann nicht erforderlich,

   a) wenn gewährleistet ist, dass

      aa) die Zahlung des Arbeitnehmers für eine Mahlzeit den anteiligen amtlichen Sachbezugswert nicht unterschreitet oder

      bb) nach Nummer 4 der Wert der Essenmarke als Arbeitslohn zu erfassen ist oder

   b) wenn der Arbeitgeber die Durchschnittsberechnung nach Nummer 5 anwendet.

H 8.1 (7)
Hinweise zu R 8.1 Abs. 7
Kantinenmahlzeiten und Essenmarken

Begriff der Mahlzeit

Zu den Mahlzeiten gehören alle Speisen und Lebensmittel, die üblicherweise der Ernährung dienen, einschließlich der dazu üblichen Getränke (>BFH vom 21.3.1975 – BStBl. II S. 486 und vom 7.11.1975 – BStBl. 1976 II S. 50).

Essenmarken

Beispiele zu R 8.1 Abs. 7 Nr. 4 Buchst. b

Beispiel 1:

Ein Arbeitnehmer erhält eine Essenmarke mit einem Wert von 1,00 €. Die Mahlzeit kostet 2,00 €.

Preis der Mahlzeit	2,00 €
./. Wert der Essenmarke	1,00 €
Zahlung des Arbeitnehmers	1,00 €
Sachbezugswert der Mahlzeit	3,00 €
./. Zahlung des Arbeitnehmers	1,00 €
Verbleibender Wert	2,00 €
Anzusetzen ist der niedrigere Wert der Essenmarke	1,00 €

Beispiel 2:

Ein Arbeitnehmer erhält eine Essenmarke mit einem Wert von 4,00 €. Die Mahlzeit kostet 4,00 €.

Preis der Mahlzeit	4,00 €
./. Wert der Essenmarke	4,00 €
Zahlung des Arbeitnehmers	0,00 €
Sachbezugswert der Mahlzeit	3,00 €
./. Zahlung des Arbeitnehmers	0,00 €
Verbleibender Wert	3,00 €
Anzusetzen ist der Sachbezugswert	3,00 €

Essenmarken und Gehaltsumwandlung

– **Änderung des Arbeitsvertrags**

Wird der Arbeitsvertrag dahingehend geändert, dass der Arbeitnehmer anstelle von Barlohn Essenmarken erhält, so vermindert sich dadurch der Barlohn in entsprechender Höhe (>BFH vom 20.8.1997 – BStBl. II S. 667).

Beispiel:

Der Arbeitgeber gibt dem Arbeitnehmer monatlich 15 Essenmarken. Im Arbeitsvertrag ist der Barlohn von 3 500 € im Hinblick auf die Essenmarken um 60 € auf 3 440 € herabgesetzt worden.

a) Beträgt der Verrechnungswert der Essenmarken jeweils 5 €, so ist dem Barlohn von 3 440 € der Wert der Mahlzeit mit dem Sachbezugswert (15 × 3 € =) 45 € hinzuzurechnen.

b) Beträgt der Verrechnungswert der Essenmarken jeweils 7 €, so ist dem Barlohn von 3 440 € der Verrechnungswert der Essenmarken (15 × 7 € =) 105 € hinzuzurechnen.

– **Keine Änderung des Arbeitsvertrags**

Ohne Änderung des Arbeitsvertrags führt der Austausch von Barlohn durch Essenmarken nicht zu einer Herabsetzung des steuerpflichtigen Barlohns. In diesem Fall ist der Betrag, um den sich der ausgezahlte Barlohn verringert, als Entgelt für die Mahlzeit oder Essenmarke anzusehen und von dem für die Essenmarke maßgebenden Wert abzusetzen.

Beispiel:

Ein Arbeitnehmer mit einem monatlichen Bruttolohn von 3 500 € erhält von seinem Arbeitgeber 15 Essenmarken. Der Arbeitsvertrag bleibt unverändert. Der Arbeitnehmer zahlt für die Essenmarken monatlich 60 €.

a) Auf den Essenmarken ist jeweils ein Verrechnungswert von 7 € ausgewiesen.

Der Verrechnungswert der Essenmarke übersteigt den Sachbezugswert von 3 € um mehr als 3,10 €. Die Essenmarken sind deshalb mit ihrem Verrechnungswert anzusetzen:

15 Essenmarken × 7 €	105,00 €
./. Entgelt des Arbeitnehmers	60,00 €
Vorteil	45,00 €

Dieser ist dem bisherigen Arbeitslohn von 3 500 € hinzuzurechnen.

b) Auf den Essenmarken ist jeweils ein Verrechnungswert von 5 € ausgewiesen.

Der Verrechnungswert der Essenmarke übersteigt den Sachbezugswert von 3 € um nicht mehr als 3,10 €. Es ist deshalb nicht der Verrechnungswert der Essenmarke, sondern der Wert der erhaltenen Mahlzeiten mit dem Sachbezugswert anzusetzen:

15 Essenmarken × Sachbezugswert 3 €	45,00 €
./. Entgelt des Arbeitnehmers	60,00 €
Vorteil	0,00 €

Dem bisherigen Arbeitslohn von 3 500 € ist nichts hinzuzurechnen.

Sachbezugsbewertung

Beispiel zu R 8.1 Abs. 7 Nr. 3

Der Arbeitnehmer zahlt 2 € für ein Mittagessen im Wert von 4 €.

Sachbezugswert der Mahlzeit	3,00 €
./. Zahlung des Arbeitnehmers	2,00 €
geldwerter Vorteil	1,00 €

Hieraus ergibt sich, dass die steuerliche Erfassung der Mahlzeiten entfällt, wenn gewährleistet ist, dass der Arbeitnehmer für jede Mahlzeit mindestens einen Preis in Höhe des amtlichen Sachbezugswerts zahlt.

Anlage
zu H 8.1 (7)

Lohnsteuerliche Behandlung von unentgeltlichen oder verbilligten Mahlzeiten an Arbeitnehmer ab Kalenderjahr 2015

BMF-Schreiben vom 16.12.2014 (Az.: IV C 5 – S 2334/14/10005)

Mahlzeiten, die arbeitstäglich unentgeltlich oder verbilligt an die Arbeitnehmer abgegeben werden, sind mit dem anteiligen amtlichen Sachbezugswert nach der Verordnung über die sozialversicherungsrechtliche Beurteilung von Zuwendungen des Arbeitgebers als Arbeitsentgelt (Sozialversicherungsentgeltverordnung – SvEV) zu bewerten. Dies gilt ab 1. Januar 2014 gemäß § 8 Absatz 2 Satz 8 EStG auch für Mahlzeiten, die dem Arbeitnehmer während einer beruflich veranlassten Auswärtstätigkeit oder im Rahmen einer doppelten Haushaltsführung vom Arbeitgeber oder dessen

§ 8 EStG
R 8.1 Abs. 8, 8.1 Abs. 9 und 10

Veranlassung von einem Dritten zur Verfügung gestellt werden, wenn der Preis der Mahlzeit 60 Euro nicht übersteigt.*) Die Sachbezugswerte ab Kalenderjahr 2015 sind – teilweise – durch die Siebte Verordnung zur Änderung der Sozialversicherungsentgeltverordnung vom 24.11.2014 (BGBl. I Seite 1799) festgesetzt worden. Die Werte für Mahlzeiten wurden nicht angepasst und betragen daher weiterhin

a) für ein Mittag- oder Abendessen 3,00 Euro,
b) für ein Frühstück 1,63 Euro.

Im Übrigen wird auf R 8.1 Absatz 7 und 8 LStR 2015 sowie auf das BMF-Schreiben zur Reform des steuerlichen Reisekostenrechts vom 24. Oktober 2014 (BStBl. I Seite 1412) hingewiesen.

R 8.1 Abs. 8
Mahlzeiten aus besonderem Anlass

Mahlzeiten aus besonderem Anlass

(8) Für die steuerliche Erfassung und Bewertung von Mahlzeiten, die der Arbeitgeber oder auf dessen Veranlassung ein Dritter aus besonderem Anlass an Arbeitnehmer abgibt, gilt Folgendes:

1. ^{1}Mahlzeiten, die im ganz überwiegenden betrieblichen Interesse des Arbeitgebers an die Arbeitnehmer abgegeben werden, gehören nicht zum Arbeitslohn. ^{2}Dies gilt für Mahlzeiten im Rahmen herkömmlicher Betriebsveranstaltungen nach Maßgabe der R 19.5, für ein sog. Arbeitsessen i.S.d. R 19.6 Abs. 2 sowie für die Beteiligung von Arbeitnehmern an einer geschäftlich veranlassten Bewirtung i.S.d. § 4 Abs. 5 Satz 1 Nr. 2 EStG.

2. ^{1}Mahlzeiten, die der Arbeitgeber als Gegenleistung für das Zurverfügungstellen der individuellen Arbeitskraft an seine Arbeitnehmer abgibt, sind mit ihrem tatsächlichen Preis anzusetzen. ^{2}Dies gilt z.B. für eine während einer beruflich veranlassten Auswärtstätigkeit oder doppelten Haushaltsführung gestellte Mahlzeit, deren Preis die 60-Euro-Grenze i.S.d. § 8 Abs. 2 Satz 8 EStG übersteigt. ^{3}Ein vom Arbeitnehmer an den Arbeitgeber oder an den Dritten gezahltes Entgelt ist auf den tatsächlichen Preis anzurechnen. ^{4}Wird vom Arbeitgeber oder auf dessen Veranlassung von einem Dritten nur ein Essen, aber kein Getränk gestellt, ist das Entgelt, das der Arbeitnehmer für ein Getränk bei der Mahlzeit zahlt, nicht auf den tatsächlichen Preis der Mahlzeit anzurechnen.

H 8.1 (8)
Hinweise zu R 8.1 Abs. 8
Mahlzeiten aus besonderem Anlass

Allgemeines

Zur Behandlung der Mahlzeitengestellung nach der Reform des steuerlichen Reisekostenrechts >BMF vom 24.10.2014 (BStBl. I S. 1412).**)

Individuell zu versteuernde Mahlzeiten

Mit dem tatsächlichen Preis anzusetzen sind Mahlzeiten, die im Rahmen unüblicher Betriebsveranstaltungen (>BFH vom 6.2.1987 – BStBl. II S. 355) oder regelmäßiger Geschäftsleitungssitzungen (>BFH vom 4.8.1994 – BStBl. 1995 II S. 59) abgegeben werden.

Reisekostenabrechnungen

>BMF vom 24.10.2014 (BStBl., I S. 1412), Rz. 77 Beispiel 50 und Rz. 58 ff.**)

R 8.1 Abs. 9 und 10
Gestellung von Kraftfahrzeugen

Gestellung von Kraftfahrzeugen

(9) Überlässt der Arbeitgeber oder aufgrund des Dienstverhältnisses ein Dritter dem Arbeitnehmer ein Kraftfahrzeug zur privaten Nutzung, gilt Folgendes:

1. ^{1}Der Arbeitgeber hat den privaten Nutzungswert mit monatlich 1 % des inländischen Listenpreises des Kraftfahrzeugs anzusetzen. ^{2}Kann das Kraftfahrzeug auch zu Fahrten zwischen Wohnung und erster Tätigkeitsstätte genutzt werden, ist grundsätzlich diese Nutzungsmöglichkeit unabhängig von der Nutzung des Fahrzeugs zu Privatfahrten zusätzlich mit monatlich 0,03 % des inländischen Listenpreises des Kraftfahrzeugs für jeden Kilometer der Entfernung zwischen Wohnung und erster Tätigkeitsstätte zu bewerten und dem Arbeitslohn zuzurechnen.***) ^{3}Wird das Kraftfahrzeug zu Familienheimfahrten im Rahmen einer doppelten Haushaltsführung genutzt, erhöht sich der Wert nach Satz 1 für jeden Kilometer der Entfernung zwischen dem Beschäftigungsort und dem Ort des eigenen Hausstands um 0,002 % des inländischen Listenpreises für jede Fahrt, für die der Werbungskostenabzug nach § 9 Abs. 1 Satz 3 Nr. 5 Satz 5 EStG ausgeschlossen ist. ^{4}Die Monatswerte nach den Sätzen 1 und 2 sind auch dann anzusetzen, wenn das Kraftfahrzeug dem Arbeitnehmer im Kalendermonat nur zeitweise zur Verfügung steht. ^{5}Kürzungen der Werte, z. B. wegen einer Beschriftung des Kraftwagens, oder wegen eines privaten Zweitwagens sind nicht zulässig. ^{6}Listenpreis i.S.d. Sätze 1 bis 3 ist – auch bei gebraucht erworbenen oder geleasten Fahrzeugen – die auf volle hundert Euro abgerundete unverbindliche Preisempfehlung des Herstellers für das genutzte Kraftfahrzeug im Zeitpunkt seiner Erstzulassung zuzüglich der Kosten für werkseitig im Zeitpunkt der Erstzulassung eingebaute Sonderausstattungen (z. B. Navigationsgeräte, Diebstahlsicherungssysteme) und der Umsatzsteuer; der Wert eines Autotelefons einschließlich Freisprecheinrichtung sowie der Wert eines weiteren Satzes Reifen einschließlich Felgen bleiben außer Ansatz. ^{7}Bei einem Kraftwagen, der aus Sicherheitsgründen gepanzert ist, kann der Listenpreis des leistungsschwächeren Fahrzeugs zugrunde gelegt werden, das dem Arbeitnehmer zur Verfügung gestellt würde, wenn seine Sicherheit nicht gefährdet wäre. ^{8}Kann das Kraftfahrzeug auch im Rahmen einer anderen Einkunftsart genutzt werden, ist diese Nutzungsmöglichkeit mit dem Nutzungswert nach Satz 1 abgegolten. ^{9}Nummer 2 Satz 9 bis 16 gilt entsprechend.

2. ^{1}Der Arbeitgeber kann den privaten Nutzungswert abweichend von Nummer 1 mit den für das Kraftfahrzeug entstehenden Aufwendungen ansetzen, die auf die nach Nummer 1 zu erfassenden privaten Fahrten entfallen, wenn die Aufwendungen durch Belege und das Verhältnis der privaten zu den übrigen Fahrten durch ein ordnungsgemäßes Fahrtenbuch nachgewiesen werden. ^{2}Dabei sind die dienstlich und privat zurückgelegten Fahrtstrecken gesondert und laufend im Fahrtenbuch nachzuweisen. ^{3}Für dienstliche Fahrten sind grundsätzlich die folgenden Angaben erforderlich:

a) Datum und Kilometerstand zu Beginn und am Ende jeder einzelnen Auswärtstätigkeit,

b) Reiseziel und bei Umwegen auch die Reiseroute,

c) Reisezweck und aufgesuchte Geschäftspartner.

^{4}Für Privatfahrten genügen jeweils Kilometerangaben; für Fahrten zwischen Wohnung und erster Tätigkeitsstätte genügt jeweils ein kurzer Vermerk im Fahrtenbuch. ^{5}Die Führung des Fahrtenbuchs kann nicht auf einen repräsentativen Zeitraum beschränkt werden, selbst wenn die Nutzungsverhältnisse keinen größeren Schwankungen unterliegen. ^{6}Anstelle des Fahrtenbuchs kann ein Fahrtenschreiber eingesetzt werden, wenn sich daraus dieselben Erkenntnisse gewinnen lassen. ^{7}Der private Nutzungswert ist der Anteil an den Gesamtkosten des Kraftwagens, der dem Verhältnis der Privatfahrten zur Gesamt-

---

*) Zur Nichtbesteuerung der Mahlzeiten und Kürzung der Verpflegungspauschalen vgl. § 8 Abs. 2 Satz 9 und § 9 Abs. 4a Satz 8 EStG.

**) Abgedruckt als Anlage zu H 9.4 LStR.

***) Zur Einzelbewertung anstelle der 0,03 %-Regelung >H 8.1 (9–10) Fahrten zwischen Wohnung und erster Tätigkeitsstätte bei pauschaler Nutzungswertermittlung.

§ 8 EStG
R 8.1 Abs. 9 und 10

fahrtstrecke entspricht. ⁸Die insgesamt durch das Kraftfahrzeug entstehenden Aufwendungen i.S.d. § 8 Abs. 2 Satz 4 EStG (Gesamtkosten) sind als Summe der Nettoaufwendungen zuzüglich Umsatzsteuer zu ermitteln; dabei bleiben vom Arbeitnehmer selbst getragene Kosten außer Ansatz. ⁹Zu den Gesamtkosten gehören nur solche Kosten, die dazu bestimmt sind, unmittelbar dem Halten und dem Betrieb des Kraftfahrzeugs zu dienen und im Zusammenhang mit seiner Nutzung typischerweise entstehen. ¹⁰Absetzungen für Abnutzung sind stets in die Gesamtkosten einzubeziehen; ihnen sind die tatsächlichen Anschaffungs- oder Herstellungskosten einschießlich der Umsatzsteuer zugrunde zu legen. ¹¹Nicht zu den Gesamtkosten gehören z. B. Beiträge für einen auf den Namen des Arbeitnehmers ausgestellten Schutzbrief, Straßen- oder Tunnelbenutzungsgebühren und Unfallkosten. ¹²Verbleiben nach Erstattungen durch Dritte Unfallkosten bis zur Höhe von 1 000 Euro (zuzüglich Umsatzsteuer) je Schaden ist es aber nicht zu beanstanden, wenn diese als Reparaturkosten in die Gesamtkosten einbezogen werden; Satz 15 ist sinngemäß anzuwenden. ¹³Ist der Arbeitnehmer gegenüber dem Arbeitgeber wegen Unfallkosten nach allgemeinen zivilrechtlichen Regeln schadensersatzpflichtig (z. B. Privatfahrten, Trunkenheitsfahrten) und verzichtet der Arbeitgeber (z. B. durch arbeitsvertragliche Vereinbarungen) auf diesen Schadensersatz, liegt in Höhe des Verzichts ein gesonderter geldwerter Vorteil vor (§ 8 Abs. 2 Satz 1 EStG). ¹⁴Erstattungen durch Dritte (z. B. Versicherung) sind unabhängig vom Zahlungszeitpunkt zu berücksichtigen, so dass der geldwerte Vorteil regelmäßig in Höhe des vereinbarten Selbstbehalts anzusetzen ist. ¹⁵Hat der Arbeitgeber auf den Abschluss einer Versicherung verzichtet oder eine Versicherung mit einem Selbstbehalt von mehr als 1000 Euro abgeschlossen, ist aus Vereinfachungsgründen so zu verfahren, als bestünde eine Versicherung mit einem Selbstbehalt in Höhe von 1 000 Euro, wenn es bei bestehender Versicherung zu einer Erstattung gekommen wäre. ¹⁶Liegt keine Schadensersatzpflicht des Arbeitnehmers vor (z. B. Fälle höherer Gewalt, Verursachung des Unfalls durch einen Dritten) oder ereignet sich der Unfall auf einer beruflich veranlassten Fahrt (Auswärtstätigkeit, die wöchentliche Familienheimfahrt bei doppelter Haushaltsführung oder Fahrten zwischen Wohnung und erster Tätigkeitsstätte), liegt vorbehaltlich Satz 13 kein geldwerter Vorteil vor.

3. ¹Der Arbeitgeber muss in Abstimmung mit dem Arbeitnehmer die Anwendung eines der Verfahren nach den Nummern 1 und 2 für jedes Kalenderjahr festlegen; das Verfahren darf bei demselben Kraftfahrzeug während des Kalenderjahres nicht gewechselt werden. ²Soweit die genaue Erfassung des privaten Nutzungswerts nach Nummer 2 monatlich nicht möglich ist, kann der Erhebung der Lohnsteuer monatlich ein Zwölftel des Vorjahresbetrags zugrunde gelegt werden. ³Nach Ablauf des Kalenderjahres oder nach Beendigung des Dienstverhältnisses ist der tatsächlich zu versteuernde Nutzungswert zu ermitteln und eine etwaige Lohnsteuerdifferenz nach Maßgabe der §§ 41c, 42b EStG auszugleichen. ⁴Bei der Veranlagung zur Einkommensteuer ist der Arbeitnehmer nicht an das für die Erhebung der Lohnsteuer gewählte Verfahren gebunden; Satz 1 2. Halbsatz gilt entsprechend.

4. ¹Zahlt der Arbeitnehmer an den Arbeitgeber oder auf dessen Weisung an einen Dritten zur Erfüllung einer Verpflichtung des Arbeitgebers (abgekürzter Zahlungsweg) für die außerdienstliche Nutzung (Nutzung zu privaten Fahrten, zu Fahrten zwischen Wohnung und erster Tätigkeitsstätte und zu Familienheimfahrten im Rahmen einer doppelten Haushaltsführung) des Kraftfahrzeugs ein Nutzungsentgelt, mindert dies den Nutzungswert. ²Zuschüsse des Arbeitnehmers zu den Anschaffungskosten können im Zahlungsjahr ebenfalls auf den privaten Nutzungswert angerechnet werden; in den Fällen der Nummer 2 gilt dies nur, wenn die für die AfA-Ermittlung maßgebenden Anschaffungskosten nicht um die Zuschüsse gemindert worden sind. ³Nach der Anrechnung im Zahlungsjahr verbleibende Zuschüsse können in den darauf folgenden Kalenderjahren auf den privaten Nutzungswert für das jeweilige Kraftfahrzeug angerechnet werden. ⁴Zuschussrückzahlungen sind Arbeitslohn, soweit die Zuschüsse den privaten Nutzungswert gemindert haben.

5. Die Nummern 1 bis 4 gelten bei Fahrten nach § 9 Abs. 1 Satz 3 Nr. 4a Satz 3 EStG entsprechend.

Gestellung eines Kraftfahrzeugs mit Fahrer

(10) ¹Wenn ein Kraftfahrzeug mit Fahrer zur Verfügung gestellt wird, ist der geldwerte Vorteil aus der Fahrergestellung zusätzlich zum Wert nach Absatz 9 Nr. 1 oder 2 als Arbeitslohn zu erfassen. ²Dieser geldwerte Vorteil bemisst sich grundsätzlich nach dem Endpreis i.S.d. § 8 Abs. 2 Satz 1 EStG einer vergleichbaren von fremden Dritten erbrachten Leistung. ³Es ist aus Vereinfachungsgründen nicht zu beanstanden, wenn der geldwerte Vorteil abweichend von Satz 2 wie folgt ermittelt wird:

1. ¹Stellt der Arbeitgeber dem Arbeitnehmer für Fahrten zwischen Wohnung und erster Tätigkeitsstätte oder Fahrten nach § 9 Abs. 1 Satz 3 Nr. 4a Satz 3 EStG ein Kraftfahrzeug mit Fahrer zur Verfügung, ist der für diese Fahrten nach Absatz 9 Nr. 1 oder 2 ermittelte Nutzungswert des Kraftfahrzeugs um 50 % zu erhöhen. ²Für die zweite und jede weitere Familienheimfahrt im Rahmen einer beruflich veranlassten doppelten Haushaltsführung erhöht sich der auf die einzelne Familienheimfahrt entfallende Nutzungswert nur dann um 50 %, wenn für diese Fahrten ein Fahrer in Anspruch genommen worden ist.

2. Stellt der Arbeitgeber dem Arbeitnehmer für andere Privatfahrten ein Kraftfahrzeug mit Fahrer zur Verfügung, so ist der entsprechende private Nutzungswert des Kraftfahrzeugs wie folgt zu erhöhen:

   a) um 50 %, wenn der Fahrer überwiegend in Anspruch genommen wird,

   b) um 40 %, wenn der Arbeitnehmer das Kraftfahrzeug häufig selbst steuert,

   c) um 25 %, wenn der Arbeitnehmer das Kraftfahrzeug weit überwiegend selbst steuert.

3. Bei Begrenzung des pauschalen Nutzungswertes i.S.d. § 8 Abs. 2 Satz 2, 3 und 5 EStG auf die Gesamtkosten, ist der anzusetzende Nutzungswert um 50 % zu erhöhen, wenn das Kraftfahrzeug mit Fahrer zur Verfügung gestellt worden ist.

4. ¹Wenn einem Arbeitnehmer aus Sicherheitsgründen ein sondergeschütztes (gepanzertes) Kraftfahrzeug, das zum Selbststeuern nicht geeignet ist, mit Fahrer zur Verfügung gestellt wird, ist von der steuerlichen Erfassung der Fahrergestellung abzusehen. ²Es ist dabei unerheblich, in welcher Gefährdungsstufe der Arbeitnehmer eingeordnet ist.

H 8.1 (9–10)
Hinweise zu R 8.1 Abs. 9 und 10
Gestellung von Kraftfahrzeugen

1 %-Regelung

Die 1 %-Regelung ist verfassungsrechtlich nicht zu beanstanden (>BFH vom 13.12.2012 – BStBl. 2013 II S. 385).
>Gebrauchtwagen

Abgrenzung Kostenerstattung – Nutzungsüberlassung

– Erstattet der Arbeitgeber dem Arbeitnehmer für dessen eigenen Pkw sämtliche Kosten, wendet er Barlohn und nicht einen Nutzungsvorteil im Sinne des § 8 Abs. 2 EStG zu (>BFH vom 6.11.2001 – BStBl. 2002 II S. 164).

– Eine nach § 8 Abs. 2 EStG zu bewertende Nutzungsüberlassung liegt vor, wenn der Arbeitnehmer das Kraftfahrzeug auf Veranlassung des Arbeitgebers least, dieser sämtliche Kosten des Kraftfahrzeugs trägt und im Innenverhältnis allein über die Nutzung des Kraftfahrzeugs bestimmt (>BFH vom 6.11.2001 – BStBl. 2002 II S. 370).

Allgemeines

Die Hinweise zu Fahrten zwischen Wohnung und erster Tätigkeitsstätte gelten entsprechend für Fahrten nach § 9 Abs. 1 Satz 3 Nr. 4a Satz 3 EStG von der Wohnung zu einem bestimmten Sammelpunkt oder zu einem weiträumigen Tätigkeitsgebiet (>§ 8 Abs. 2 Satz 3 und 4 EStG).

Anscheinsbeweis

– Die unentgeltliche oder verbilligte Überlassung eines Dienstwagens durch den Arbeitgeber an den Arbeitnehmer für dessen Privatnutzung führt unabhängig davon, ob und in welchem Umfang der Arbeitnehmer das Fahrzeug tatsächlich privat nutzt, zu einem lohnsteuerlichen Vorteil. Ob der Arbeitnehmer den Beweis des ersten Anscheins, dass dienstliche Fahrzeuge, die zu privaten Zwecken zur Verfügung stehen, auch tatsächlich privat genutzt werden, durch die substantiierte Darlegung eines atypischen Sachverhalts zu entkräften vermag, ist für die Besteuerung des Nutzungsvorteils nach § 8 Abs. 2 Satz 2 EStG unerheblich (>BFH vom 21.3.2013 – BStBl. II S. 700).
– >Nutzungsmöglichkeit
– >Nutzungsverbot, unbefugte Privatnutzung

Aufwendungen bei sicherheitsgeschützten Fahrzeugen

– Wird der Nutzungswert für ein aus Sicherheitsgründen gepanzertes Kraftfahrzeug individuell ermittelt, so kann dabei die AfA nach dem Anschaffungspreis des leistungsschwächeren Fahrzeugs zugrunde gelegt werden, das dem Arbeitnehmer zur Verfügung gestellt würde, wenn seine Sicherheit nicht gefährdet wäre (>BMF vom 28.5.1996 – BStBl. I S. 654)*).
– Im Hinblick auf die durch die Panzerung verursachten höheren laufenden Betriebskosten bestehen keine Bedenken, wenn der Nutzungswertermittlung 70 % der tatsächlich festgelegten laufenden Kosten (ohne AfA) zugrunde gelegt werden (>BMF vom 28.5.1996 – BStBl. I S. 654)*).

Begrenzung des pauschalen Nutzungswerts

Der pauschale Nutzungswert kann die dem Arbeitgeber für das Fahrzeug insgesamt entstandenen Kosten übersteigen. Wird dies im Einzelfall nachgewiesen, so ist der Nutzungswert höchstens mit dem Betrag der Gesamtkosten des Kraftfahrzeugs anzusetzen, wenn nicht aufgrund des Nachweises der Fahrten durch ein Fahrtenbuch ein geringerer Wertansatz in Betracht kommt (>BMF vom 28.5.1996 – BStBl. I S. 654)*). Der mit dem Betrag der Gesamtkosten anzusetzende Nutzungswert ist um 50 % zu erhöhen, wenn das Kraftfahrzeug mit Fahrer zur Verfügung gestellt worden ist (>R 8.1 Abs. 10 Satz 3 Nr. 3).

Dienstliche Fahrten von und zur Wohnung

Ein geldwerter Vorteil ist für Fahrten zwischen Wohnung und erster Tätigkeitsstätte nicht zu erfassen, wenn ein Arbeitnehmer ein Firmenfahrzeug ausschließlich an den Tagen für seine Fahrten zwischen Wohnung und erster Tätigkeitsstätte erhält, an denen es erforderlich werden kann, dass er dienstliche Fahrten von der Wohnung aus antritt, z. B. beim Bereitschaftsdienst in Versorgungsunternehmen (>BMF vom 28.5.1996 – BStBl. I S. 654)*).

Durchschnittswert

Bei der individuellen Nutzungswertermittlung ist die Bildung eines Durchschnittswerts nicht zulässig (>Arbeitgeber-Merkblatt vom 1.1.1996 – BStBl. 1995 I S. 719, Tz. 22)**).

Einheitliches Verfahren der Nutzungswertermittlung

Wird das Fahrzeug sowohl für Privatfahrten als auch für Fahrten zwischen Wohnung und erster Tätigkeitsstätte überlassen, kann die individuelle Nutzungswertermittlung weder auf Privatfahrten noch auf Fahrten zwischen Wohnung und erster Tätigkeitsstätte beschränkt werden (>Arbeitgeber-Merkblatt vom 1.1.1996 – BStBl. 1995 S. 719, Tz. 22, 32).

Elektro- und Hybridelektrofahrzeug

>BMF vom 5.6.2014 (BStBl. I S. 835)***)

Elektronisches Fahrtenbuch

Ein elektronisches Fahrtenbuch ist anzuerkennen, wenn sich daraus dieselben Erkenntnisse wie aus einem manuell geführten Fahrtenbuch gewinnen lassen. Beim Ausdrucken von elektronischen Aufzeichnungen müssen nachträgliche Veränderungen der aufgezeichneten Angaben technisch ausgeschlossen, zumindest aber dokumentiert werden (>BMF vom 28.5.1996 – BStBl. I S. 654*) und BFH vom 16.11.2005 – BStBl. 2006 II S. 410).

Erleichterungen bei der Führung eines Fahrtenbuchs

Ein Fahrtenbuch soll die Zuordnung von Fahrten zur betrieblichen und beruflichen Sphäre darstellen und ermöglichen. Es muss laufend geführt werden und die berufliche Veranlassung plausibel erscheinen lassen und ggf. eine stichprobenartige Nachprüfung ermöglichen. Auf einzelne in R 8.1 Abs. 9 Nr. 2 geforderte Angaben kann verzichtet werden, soweit wegen der besonderen Umstände im Einzelfall die erforderliche Aussagekraft und Überprüfungsmöglichkeit nicht beeinträchtigt wird. Bei Automatenlieferanten, Kurierdienstfahrern, Handelsvertretern, Kundendienstmonteuren und Pflegedienstmitarbeitern mit täglich wechselnden Auswärtstätigkeiten reicht es z. B. aus, wenn sie angeben, welche Kunden sie an welchem Ort aufsuchen. Angaben über die Reiseroute und zu den Entfernungen zwischen den Stationen einer Auswärtstätigkeit sind nur bei größerer Differenz zwischen direkter Entfernung und tatsächlicher Fahrtstrecke erforderlich. Bei Fahrten eines Taxifahrers im sogenannten Pflichtfahrgebiet ist es in Bezug auf Reisezweck, Reiseziel und aufgesuchtem Geschäftspartner ausreichend, täglich zu Beginn und Ende der Gesamtheit dieser Fahrten den Kilometerstand anzugeben mit der Angabe „Taxifahrten im Pflichtfahrgebiet" o. Ä. Wurden Fahrten durchgeführt, die über dieses Gebiet hinausgehen, kann auf die genaue Angabe des Reiseziels nicht verzichtet werden. Für Fahrlehrer ist es ausreichend in Bezug auf Reisezweck, Reiseziel und aufgesuchtem Geschäftspartner „Lehrfahrten", „Fahrschulfahrten" o. Ä. anzugeben (>BMF vom 18.11.2009 – BStBl. I S. 1326)****).

Bei sicherheitsgefährdeten Personen, deren Fahrtroute häufig von sicherheitsmäßigen Gesichtspunkten bestimmt wird, kann auf die Angabe der Reiseroute auch bei größeren Differenzen zwischen der direkten Entfernung und der tatsächlichen Fahrtstrecke verzichtet werden (>BMF vom 28.5.1996 – BStBl. I S. 654)*).

Fahrergestellung

>R 8.1 Abs. 10
>BMF vom 15.7.2014 (BStBl. I S. 1109)*****)

Fahrten zwischen Wohnung und erster Tätigkeitsstätte bei pauschaler Nutzungswertermittlung

– Aus Vereinfachungsgründen ist die Zuschlagsregelung des § 8 Abs. 2 Satz 3 EStG unabhängig von der 1 %-Regelung selbständig anzuwenden, wenn das Kraftfahrzeug ausschließlich für Fahrten zwischen Wohnung und erster Tätigkeitsstätte überlassen wird. Die bestehenden Verwaltungsregelungen zum >Nutzungsverbot, unbefugte Privatnutzung sind zu beachten (>BMF vom 1.4.2011 – BStBl. I S. 301, Rndr. 16)******).
– Grundsätzlich ist die Ermittlung des Zuschlags kalendermonatlich mit 0,03 % des Listenpreises für jeden Kilometer der Entfernung zwischen Wohnung und erster Tätigkeitsstätte vorzunehmen. Ein durch Urlaub oder Krankheit bedingter Nutzungsausfall ist im Nutzungswert pauschal berücksichtigt (>Arbeitgeber-Merkblatt vom 1.1.1996 – BStBl. 1995 I S. 719, Tz. 28).**) Nur unter den Voraussetzungen des >BMF vom 1.4.2011 (BStBl. I S. 301)******) ist stattdessen eine auf das Kalenderjahr bezogene Einzelbewertung der tatsächlichen Fahrten zwischen Wohnung und erster Tätigkeitsstätte mit 0,002 % des Listenpreises je Entfernungskilometer für höchstens 180 Tage zulässig (zum Lohnsteuerabzugsverfahren >Rndr. 8–11, zum Einkommensteuerveranlagungsverfahren >Rndr. 14).
– Im Lohnsteuerabzugsverfahren muss der Arbeitgeber in Abstimmung mit dem Arbeitnehmer die Anwendung der 0,03 %-Regelung oder der Einzelbewertung für jedes Kalenderjahr einheitlich für alle diesem überlassenen betrieblichen Kraftfahrzeuge festlegen. Die Methode darf während des Kalenderjahres nicht gewechselt werden. Im Einkommensteuerveranlagungsverfahren ist der Arbeitnehmer nicht an die für die Erhebung der Lohn-

---

*) Abgedruckt als Anlage 1 zu H 8.1 (9–10) LStR.
**) Das Merkblatt ist als Anhang 15 zum Handbuch abgedruckt.
***) Abgedruckt als Anlage 3 zu H 8.1 (9–10) LStR.
****) Abgedruckt als Anlage 2 zu H 8.1 (9–10) LStR.
*****) Abgedruckt als Anlage 8 zu H 8.1 (9–10) LStR.
******) Abgedruckt als Anlage 4 zu H 8.1 (9–10) LStR.

§ 8 EStG
R 8.1 Abs. 9 und 10

steuer gewählte Methode gebunden und kann die Methode einheitlich für alle ihm überlassenen betrieblichen Kraftfahrzeuge für das gesamte Kalenderjahr wechseln (>BMF vom 1.4.2011 – BStBl. I S. 301, Rdnr. 6)*).

– Dem pauschalen Nutzungswert ist die einfache Entfernung zwischen Wohnung und erster Tätigkeitsstätte zugrunde zu legen; diese ist auf den nächsten vollen Kilometerbetrag abzurunden. Maßgebend ist die kürzeste benutzbare Straßenverbindung. Der pauschale Nutzungswert ist nicht zu erhöhen, wenn der Arbeitnehmer das Kraftfahrzeug an einem Arbeitstag mehrmals zwischen Wohnung und erster Tätigkeitsstätte benutzt (>Arbeitgeber-Merkblatt vom 1.1.1996 – BStBl. 1995 I S. 719, Tz. 30)**).

– Fährt der Arbeitnehmer abwechselnd zu verschiedenen Wohnungen, ist bei Anwendung der 0,03 %-Regelung der pauschale Monatswert unter Zugrundelegung der Entfernung zur näher gelegenen Wohnung anzusetzen. Für jede Fahrt von und zu der weiter entfernt liegenden Wohnung ist zusätzlich ein pauschaler Nutzungswert von 0,002 % des inländischen Listenpreises des Kraftfahrzeugs für jeden Kilometer der Entfernung zwischen Wohnung und erster Tätigkeitsstätte dem Arbeitslohn zuzurechnen, soweit sie die Entfernung zur näher gelegenen Wohnung übersteigt (>Arbeitgeber-Merkblatt vom 1.1.1996 – BStBl. 1995 I S. 719, Tz. 31).**)

– >Fahrergestellung

Fahrzeugpool

– Übersteigt die Zahl der Nutzungsberechtigten die in einem Fahrzeugpool zur Verfügung stehenden Kraftfahrzeuge, so ist bei pauschaler Nutzungswertermittlung für Privatfahrten der geldwerte Vorteil mit 1 % der Listenpreise aller Kraftfahrzeuge zu ermitteln und die Summe entsprechend der Zahl der Nutzungsberechtigten aufzuteilen. Für Fahrten zwischen Wohnung und erster Tätigkeitsstätte ist der geldwerte Vorteil grundsätzlich mit 0,03 % der Listenpreise aller Kraftfahrzeuge zu ermitteln und die Summe durch die Zahl der Nutzungsberechtigten zu teilen. Dieser Wert ist beim einzelnen Arbeitnehmer mit der Zahl seiner Entfernungskilometer zu multiplizieren (>BFH vom 15.5.2002 – BStBl. 2003 II S. 311). Dem einzelnen Nutzungsberechtigten bleibt es unbenommen zur Einzelbewertung seiner tatsächlichen Fahrten zwischen Wohnung und erster Tätigkeitsstätte überzugehen (>BMF vom 1.4.2011 – BStBl. I S. 301)*).

– >BFH vom 21.4.2010 (BStBl. II S. 848) und vom 6.10.2011 (BStBl. 2012 II S. 362)
– >Nutzungsmöglichkeit
– >Nutzungsverbot, unbefugte Privatnutzung

Garage für den Dienstwagen

Wird ein Dienstwagen in der eigenen oder angemieteten Garage des Arbeitnehmers untergestellt und trägt der Arbeitgeber hierfür die Kosten, so ist bei der 1 %-Regelung kein zusätzlicher geldwerter Vorteil für die Garage anzusetzen (>BFH vom 7.6.2002 – BStBl. II S. 829).

Gebrauchtwagen

Die 1 %-Regelung auf Grundlage des Bruttolistenneupreises begegnet insbesondere im Hinblick auf die dem Steuerpflichtigen zur Wahl gestellte Möglichkeit, den Nutzungsvorteil auch nach der Fahrtenbuchmethode zu ermitteln und zu bewerten, keinen verfassungsrechtlichen Bedenken (>BFH vom 13.12.2012 – BStBl. 2013 II S. 385).

Gelegentliche Nutzung

Bei der pauschalen Nutzungswertermittlung ist die private Nutzung mit monatlich 1 % des Listenpreises auch dann anzusetzen, wenn der Arbeitnehmer das ihm überlassene Kraftfahrzeug tatsächlich nur gelegentlich nutzt (>BMF vom 28.5.1996 – BStBl. I S. 654)***).

Die Monatsbeträge brauchen nicht angesetzt zu werden
– für volle Kalendermonate, in denen dem Arbeitnehmer kein betriebliches Kraftfahrzeug zur Verfügung steht, oder
– wenn dem Arbeitnehmer das Kraftfahrzeug aus besonderem Anlass oder zu einem besonderen Zweck nur gelegentlich (von Fall zu Fall) für nicht mehr als fünf Kalendertage im Kalendermo-

nat überlassen wird. In diesem Fall ist die Nutzung zu Privatfahrten und zu Fahrten zwischen Wohnung und erster Tätigkeitsstätte je Fahrtkilometer mit 0,001 % des inländischen Listenpreises des Kraftfahrzeugs zu bewerten (Einzelbewertung). Zum Nachweis der Fahrstrecke müssen die Kilometerstände festgehalten werden.

Gesamtkosten

– Bei der Ermittlung des privaten Nutzungswerts nach den für das Kraftfahrzeug insgesamt entstehenden Aufwendungen ist für Pkw von einer AfA von 12,5 % der Anschaffungskosten entsprechend einer achtjährigen (Gesamt-)Nutzungsdauer auszugehen (>BFH vom 29.3.2005 – BStBl. 2006 II S. 368).

– Beispiele:
Zu den Gesamtkosten (R 8.1 Abs. 9 Nr. 2 Satz 9) gehören z. B. Betriebsstoffkosten, Wartungs- und Reparaturkosten, Kraftfahrzeugsteuer, Halterhaftpflicht- und Fahrzeugversicherungen, Leasing- und Leasingsonderzahlungen (anstelle der Absetzung für Abnutzung), Garagen-/Stellplatzmiete (>BFH vom 14.9.2005 – BStBl. 2006 II S 72), Aufwendungen für Anwohnerparkberechtigungen.

Nicht zu den Gesamtkosten gehören neben den in R 8.1 Abs. 9 Nr. 2 Satz 11 genannten Kosten z. B. Aufwendungen für Insassen- und Unfallversicherungen, Verwarnungs-, Ordnungs- und Bußgelder.

Gesellschafter-Geschäftsführer

– Zur Abgrenzung zwischen einer verdeckten Gewinnausschüttung und Arbeitslohn bei vertragswidriger Kraftfahrzeugnutzung durch den Gesellschafter-Geschäftsführer einer Kapitalgesellschaft >BMF vom 3.4.2012 (BStBl. I S. 478).****)
– >Anscheinsbeweis, Nutzungsmöglichkeit, Nutzungsverbot, unbefugte Privatnutzung

Kraftfahrzeuge

i. S. d. § 8 Abs. 2 EStG sind auch:
– Campingfahrzeuge (>BFH vom 6.11.2001 – BStBl. 2002 II S. 370),
– Elektrofahrräder, die verkehrsrechtlich als Kraftfahrzeug einzuordnen sind >gleich lautende Ländererlasse vom 23.11.2012 (BStBl. I S. 1224)*****),
– Kombinationskraftwagen, z. B. Geländewagen (>BFH vom 13.2.2003 – BStBl. II S. 472), siehe aber auch >Werkstattwagen.

Leerfahrten

Bei der Feststellung der privat und der dienstlich zurückgelegten Fahrtstrecken sind sog. Leerfahrten, die bei der Überlassung eines Kraftfahrzeugs mit Fahrer durch die An- und Abfahrten des Fahrers auftreten können, den dienstlichen Fahrten zuzurechnen (>BMF vom 28.5.1996 – BStBl. I S. 654)***).

Listenpreis

– Für den pauschalen Nutzungswert ist auch bei reimportierten Fahrzeugen der inländische Listenpreis des Kraftfahrzeugs im Zeitpunkt seiner Erstzulassung maßgebend. Soweit das reimportierte Fahrzeug mit zusätzlichen Sonderausstattungen versehen ist, die sich im inländischen Listenpreis nicht niedergeschlagen haben, ist der Wert der Sonderausstattung zusätzlich zu berücksichtigen. Soweit das reimportierte Fahrzeug geringerwertig ausgestattet ist, lässt sich der Wert der „Minderausstattung" durch einen Vergleich mit einem adäquaten inländischen Fahrzeug angemessen berücksichtigen (>BMF vom 28.5.1996 – BStBl. I S. 654)***).

– Eine in die Bemessungsgrundlage des § 6 Abs. 1 Nr. 4 Satz 2 EStG einzubeziehende Sonderausstattung liegt nur vor, wenn das Fahrzeug bereits werkseitig im Zeitpunkt der Erstzulassung

---

*) Abgedruckt als Anlage 4 zu H 8.1 (9–10) LStR.
**) Das Merkblatt ist als Anhang 15 zum Handbuch abgedruckt.
***) Abgedruckt als Anlage 1 zu H 8.1 (9–10) LStR.
****) Abgedruckt als Anlage 9 zu H 8.1 (9–10) LStR.
*****) Abgedruckt als Anlage 6 zu H 8.1 (1–4) LStR.

damit ausgestattet ist. Nachträglich eingebaute unselbständige Ausstattungsmerkmale sind durch den pauschalen Nutzungswert abgegolten und können nicht getrennt bewertet werden (>BFH vom 13.10.2010 – BStBl. 2011 II S. 361).

Navigationsgerät

Bemessungsgrundlage für die Bewertung nach der 1 %-Regelung ist der inländische Bruttolistenpreis einschließlich des darin enthaltenen Aufpreises für ein werkseitig eingebautes Satellitennavigationsgerät (>BFH vom 16.2.2005 – BStBl. II S. 563).

Nutzung durch mehrere Arbeitnehmer

Wird ein Kraftfahrzeug von mehreren Arbeitnehmern genutzt, so ist bei pauschaler Nutzungswertermittlung für Privatfahrten der geldwerte Vorteil mit 1 % des Listenpreises entsprechend der Zahl der Nutzungsberechtigten aufzuteilen. Für Fahrten zwischen Wohnung und erster Tätigkeitsstätte ist bei jedem Arbeitnehmer der geldwerte Vorteil mit 0,03 % des Listenpreises je Entfernungskilometer zu ermitteln und dieser Wert durch die Zahl der Nutzungsberechtigten zu teilen (>BFH vom 15.5.2002 – BStBl. 2003 II S. 311). Dem einzelnen Nutzungsberechtigten bleibt es unbenommen, zur Einzelbewertung seiner tatsächlichen Fahrten zwischen Wohnung und erster Tätigkeitsstätte überzugehen (>BMF vom 1.4.2011 – BStBl. I S. 301).*)

Nutzungsentgelt

– Die zwingend vorgeschriebene Bewertung nach der 1 %-Regelung, sofern nicht von der Möglichkeit, ein Fahrtenbuch zu führen, Gebrauch gemacht wird, kann nicht durch Zahlung eines Nutzungsentgelts vermieden werden, selbst wenn dieses als angemessen anzusehen ist. Das vereinbarungsgemäß gezahlte Nutzungsentgelt ist von dem entsprechend ermittelten privaten Nutzungswert in Abzug zu bringen (>BFH vom 7.11.2006 – BStBl. 2007 II S. 269).

– Zum Nutzungsentgelt i. S. d. R 8.1 Abs. 9 Nr. 4 und zur lohnsteuerlichen Behandlung vom Arbeitnehmer selbst getragener Aufwendungen bei der Überlassung eines betrieblichen Kraftfahrzeugs >BMF vom 19.4.2013 (BStBl. I S. 513).**)

Nutzungsmöglichkeit

– Die unentgeltliche oder verbilligte Überlassung eines Dienstwagens durch den Arbeitgeber an den Arbeitnehmer für dessen Privatnutzung führt unabhängig davon, ob und in welchem Umfang der Arbeitnehmer das Fahrzeug tatsächlich privat nutzt, zu einem lohnsteuerlichen Vorteil (>BFH vom 21.3.2013 – BStBl. II S. 700).

– Bei der Beurteilung der Nutzungsmöglichkeit ist unter Berücksichtigung sämtlicher Umstände des Einzelfalls zu entscheiden, ob und welches betriebliche Fahrzeug dem Arbeitnehmer ausdrücklich oder doch zumindest konkludent auch zur privaten Nutzung überlassen ist. Steht nicht fest, dass der Arbeitgeber dem Arbeitnehmer einen Dienstwagen zur privaten Nutzung überlassen hat, kann auch der Beweis des ersten Anscheins diese fehlende Feststellung nicht ersetzen (>BFH vom 21.3.2013 – BStBl. II S. 918 und S. 1044 und vom 18.4.2013 – BStBl. II S. 920).

Nutzungsverbot, unbefugte Privatnutzung

– Es gibt keinen allgemeinen Erfahrungssatz, dass ein Privatnutzungsverbot nur zum Schein ausgesprochen ist oder ein Privatnutzungsverbot generell missachtet wird. Das gilt selbst dann, wenn der Arbeitgeber ein arbeitsvertraglich vereinbartes Nutzungsverbot nicht überwacht (>BFH vom 21.3.2013 – BStBl. II S. 918 und S. 1044 und vom 18.4.2013 – BStBl. II S. 920).

– Die unbefugte Privatnutzung eines betrieblichen Kraftfahrzeugs hat keinen Lohncharakter (>BFH vom 21.3.2013 – BStBl. II S. 918 und S. 1044 und vom 18.4.2013 – BStBl. II S. 920). Zum Erlass einer Schadensersatzforderung >H 19.3.

Ordnungsgemäßes Fahrtenbuch

– Ein ordnungsgemäßes Fahrtenbuch muss zeitnah und in geschlossener Form geführt werden und die zu erfassenden Fahrten einschließlich des an ihrem Ende erreichten Gesamtkilometerstands vollständig und in ihrem fortlaufenden Zusammenhang wiedergeben (>BFH vom 9.11.2005 – BStBl. 2006 II S. 408). Kleinere Mängel führen nicht zur Verwerfung des Fahrtenbuchs, wenn die Angaben insgesamt plausibel sind (>BFH vom 10.4.2008 – BStBl. II S. 768).

– Die erforderlichen Angaben müssen sich dem Fahrtenbuch selbst entnehmen lassen. Ein Verweis auf ergänzende Unterlagen ist nur zulässig, wenn der geschlossene Charakter der Fahrtenbuchaufzeichnungen dadurch nicht beeinträchtigt wird (>BFH vom 16.3.2006 – BStBl. II S. 625).

– Ein ordnungsgemäßes Fahrtenbuch muss insbesondere Datum und hinreichend konkret bestimmt das Ziel der jeweiligen Fahrt ausweisen. Dem ist nicht entsprochen, wenn als Fahrziele nur Straßennamen angegeben sind und diese Angaben erst mit nachträglich erstellten Aufzeichnungen präzisiert werden (>BFH vom 1.3.2012 – BStBl. II S. 505)

– Mehrere Teilabschnitte einer einheitlichen beruflichen Reise können miteinander zu einer zusammenfassenden Eintragung verbunden werden, wenn die einzelnen aufgesuchten Kunden oder Geschäftspartner im Fahrtenbuch in der zeitlichen Reihenfolge aufgeführt werden (>BFH vom 16.3.2006 – BStBl. II S. 625).

– Der Übergang von der beruflichen zur privaten Nutzung des Fahrzeugs ist im Fahrtenbuch durch Angabe des bei Abschluss der beruflichen Fahrt erreichten Gesamtkilometerstands zu dokumentieren (>BFH vom 16.3.2006 – BStBl. II S. 625).

– Kann der Arbeitnehmer den ihm überlassenen Dienstwagen auch privat nutzen und wird über die Nutzung des Dienstwagens kein ordnungsgemäßes Fahrtenbuch geführt, ist der zu versteuernde geldwerte Vorteil nach der 1 %-Regelung zu bewerten. Eine Schätzung des Privatanteils anhand anderer Aufzeichnungen kommt nicht in Betracht (>BFH vom 16.11.2005 – BStBl. 2006 II S. 410).

Park and ride

Setzt der Arbeitnehmer ein ihm überlassenes Kraftfahrzeug bei den Fahrten zwischen Wohnung und erster Tätigkeitsstätte oder bei Familienheimfahrten nur für eine Teilstrecke ein, weil er regelmäßig die andere Teilstrecke mit öffentlichen Verkehrsmitteln zurücklegt, so ist der Ermittlung des pauschalen Nutzungswerts (Zuschlags) die gesamte Entfernung zugrunde zu legen. Es ist nicht zu beanstanden, den Zuschlag auf der Grundlage der Teilstrecke zu ermitteln, die mit dem betrieblichen Kraftfahrzeug tatsächlich zurückgelegt wurde, wenn

– das Kraftfahrzeug vom Arbeitgeber nur für diese Teilstrecke zur Verfügung gestellt worden ist und der Arbeitgeber die Einhaltung seines Verbots überwacht (>BMF vom 28.5.1996 – BStBl. I S. 654)***) oder

– für die restliche Teilstrecke ein Nachweis über die Benutzung eines anderen Verkehrsmittels erbracht wird, z.B. eine auf den Arbeitnehmer ausgestellte Jahres-Bahnfahrkarte vorgelegt wird (>BFH vom 4.4.2008 – BStBl. II S. 890, >BMF vom 1.4.2011 – BStBl. I S. 301, Rdnr. 17*)).

Sammelpunkt

>Allgemeines

Schätzung des Privatanteils

Kann der Arbeitnehmer den ihm überlassenen Dienstwagen auch privat nutzen und wird über die Nutzung des Dienstwagens kein ordnungsgemäßes Fahrtenbuch geführt, ist der zu versteuernde geldwerte Vorteil nach der 1 %-Regelung zu bewerten. Eine Schätzung des Privatanteils anhand anderer Aufzeichnungen kommt nicht in Betracht (>BFH vom 16.11.2005 – BStBl. 2006 II S. 410).

Schutzbrief

Übernimmt der Arbeitgeber die Beiträge für einen auf seinen Arbeitnehmer ausgestellten Schutzbrief, liegt darin die Zuwendung eines geldwerten Vorteils, der nicht von der Abgeltungswirkung der 1 %-Regelung erfasst wird (>BFH vom 14.9.2005 – BStBl. 2006 II S. 72).

---

*) Abgedruckt als Anlage 4 zu H 8.1 (9 – 10) LStR.
**) Abgedruckt als Anlage 6 zu H 8.1 (9 – 10) LStR.
***) Abgedruckt als Anlage 1 zu H 8.1 (9 – 10) LStR.

§ 8 EStG
R 8.1 Abs. 9 und 10

Straßenbenutzungsgebühren

Übernimmt der Arbeitgeber die Straßenbenutzungsgebühren für die mit einem Firmenwagen unternommenen Privatfahrten seines Arbeitnehmers, liegt darin die Zuwendung eines geldwerten Vorteils, der nicht von der Abgeltungswirkung der 1 %-Regelung erfasst wird (>BFH vom 14.9.2005 – BStBl. 2006 II S. 72).

Überlassung eines betrieblichen Kraftfahrzeugs zu Familienheimfahrten

– Überlässt der Arbeitgeber oder aufgrund des Dienstverhältnisses ein Dritter dem Arbeitnehmer ein Kraftfahrzeug unentgeltlich zu wöchentlichen Familienheimfahrten im Rahmen einer beruflich veranlassten doppelten Haushaltsführung, so ist insoweit der Nutzungswert steuerlich nicht zu erfassen (>§ 8 Abs. 2 Satz 5 EStG).

– Wird das Kraftfahrzeug zu mehr als einer Familienheimfahrt wöchentlich genutzt, so ist für jede Familienheimfahrt ein pauschaler Nutzungswert in Höhe von 0,002 % des inländischen Listenpreises des Kraftfahrzeugs für jeden Kilometer der Entfernung zwischen dem Beschäftigungsort und dem Ort des eigenen Hausstands anzusetzen und dem Arbeitslohn zuzurechnen. Anstelle des pauschalen Nutzungswerts kann der Arbeitgeber den Nutzungswert mit den Aufwendungen für das Kraftfahrzeug ansetzen, die auf die zu erfassenden Fahrten entfallen, wenn die für das Kraftfahrzeug insgesamt entstehenden Aufwendungen durch Belege und das Verhältnis der privaten zu den übrigen Fahrten durch ein ordnungsgemäßes Fahrtenbuch nachgewiesen werden (>Arbeitgeber-Merkblatt vom 1.1.1996 – BStBl. 1995 I S. 719, Tz. 37)*).

Überlassung mehrerer Kraftfahrzeuge

– Stehen einem Arbeitnehmer gleichzeitig mehrere Kraftfahrzeuge zur Verfügung, so ist bei der pauschalen Nutzungswertermittlung für jedes Fahrzeug die private Nutzung mit monatlich 1 % des Listenpreises anzusetzen; dem privaten Nutzungswert kann der Listenpreis des überwiegend genutzten Kraftfahrzeugs zugrunde gelegt werden, wenn die Nutzung der Fahrzeuge durch andere zur Privatsphäre des Arbeitnehmers gehörende Personen so gut wie ausgeschlossen ist. Dem Nutzungswert für Fahrten zwischen Wohnung und erster Tätigkeitsstätte ist stets der Listenpreis des überwiegend für diese Fahrten benutzten Kraftfahrzeugs zugrunde zu legen (>BMF vom 28.5.1996, BStBl. I S. 654, Tz. 2)**); diese Regelung bleibt von BFH vom 13.6.2013 unberührt >Fußnote 1 im BStBl. 2014 II S. 340).

– Der Listenpreis des überwiegend genutzten Kraftfahrzeugs ist bei der pauschalen Nutzungswertermittlung auch bei einem Fahrzeugwechsel im Laufe eines Kalendermonats zugrunde zu legen (>Arbeitgeber-Merkblatt vom 1.1.1996 – BStBl. 1995 I S. 719, Tz. 21)*).

– Bei der individuellen Nutzungswertermittlung muss für jedes Kraftfahrzeug die insgesamt entstehenden Aufwendungen und das Verhältnis der privaten zu den übrigen Fahrten nachgewiesen werden (>Arbeitgeber-Merkblatt vom 1.1.1996 – BStBl. 1995 I S. 719, Tz. 22)*).

– Stehen einem Arbeitnehmer gleichzeitig mehrere Kraftfahrzeuge zur Verfügung und führt er nur für einzelne Kraftfahrzeuge ein ordnungsgemäßes Fahrtenbuch, so kann er für diese den privaten Nutzungswert individuell ermitteln, während der Nutzungswert für die anderen mit monatlich 1 % des Listenpreises anzusetzen ist (>BFH vom 3.8.2000 – BStBl. 2001 II S. 332).

Vereinfachungsregelung

Bei der individuellen Nutzungswertermittlung im Laufe des Kalenderjahrs bestehen keine Bedenken, wenn die Privatfahrten je Fahrtkilometer vorläufig mit 0,001 % des inländischen Listenpreises für das Kraftfahrzeug angesetzt werden (>Arbeitgeber-Merkblatt vom 1.1.1996 – BStBl. 1995 I S. 719, Tz. 24)*).

Verzicht auf Schadensersatz

Verzichtet der Arbeitgeber gegenüber dem Arbeitnehmer auf Schadensersatz nach einem während einer beruflichen Fahrt alkoholbedingt entstandenen Schaden am auch zur privaten Nutzung überlassenen Firmen-Pkw, so ist der dem Arbeitnehmer aus dem Verzicht entstehende Vermögensvorteil nicht durch die 1 %-Regelung abgegolten. Der als Arbeitslohn zu erfassende Verzicht auf Schadensersatz führt nur dann zu einer Steuererhöhung, wenn die Begleichung der Schadensersatzforderung nicht zum Werbungskostenabzug berechtigt. Ein Werbungskostenabzug kommt nicht in Betracht, wenn das auslösende Moment für den Verkehrsunfall die alkoholbedingte Fahruntüchtigkeit war (>BFH vom 24.5.2007 – BStBl. II S. 766).

Wechsel zur Fahrtenbuchmethode

Ein unterjähriger Wechsel zwischen der 1%-Regelung und der Fahrtenbuchmethode für dasselbe Fahrzeug ist nicht zulässig (>BFH vom 20.3.2014 – BStBl. II S. 643).

Weiträumiges Tätigkeitsgebiet

>Allgemeines

Werkstattwagen

– Die 1%-Regelung gilt nicht für Fahrzeuge, die aufgrund ihrer objektiven Beschaffenheit und Einrichtung typischerweise so gut wie ausschließlich nur zur Beförderung von Gütern bestimmt sind (>BFH vom 18.12.2008 – BStBl. 2009 II S. 381).

– Ein geldwerter Vorteil für die Fahrten zwischen Wohnung und erster Tätigkeitsstätte ist nur dann nicht zu erfassen, wenn ein Arbeitnehmer ein Firmenfahrzeug ausschließlich an den Tagen für seine Fahrten zwischen Wohnung und erster Tätigkeitsstätte erhält, an denen es erforderlich werden kann, dass er dienstliche Fahrten von der Wohnung aus antritt, z.B. beim Bereitschaftsdienst in Versorgungsunternehmen (>BMF vom 28.5.1996 – BStBl. I S. 654).**)

Zuzahlungen des Arbeitnehmers

– Beispiel zu Zuzahlungen des Arbeitnehmers zu den Anschaffungskosten eines ihm auch zur privaten Nutzung überlassenen betrieblichen Kraftfahrzeugs:

Der Arbeitnehmer hat im Jahr 01 zu den Anschaffungskosten eines Firmenwagens einen Zuschuss i.H.v. 10 000 € geleistet. Der geldwerte Vorteil beträgt jährlich 4 000 €. Ab Januar 03 wird ihm ein anderer Firmenwagen überlassen.

Der geldwerte Vorteil i.H.v. 4 000 € wird in den Jahren 01 und 02 um jeweils 4 000 € gemindert. Aufgrund der Überlassung eines anderen Firmenwagens ab 03 kann der verbleibende Zuzahlungsbetrag von 2 000 € nicht auf den geldwerten Vorteil dieses Firmenwagens angerechnet werden.

Bei Zuzahlungen des Arbeitnehmers zu Leasingsonderzahlungen ist entsprechend zu verfahren.

– Bei der Fahrtenbuchmethode fließen vom Arbeitnehmer selbst getragene Aufwendungen nicht in die Gesamtkosten ein und erhöhen nicht den individuell zu ermittelnden geldwerten Vorteil. Bei der 1 %-Regelung mindern vom Arbeitnehmer selbst getragene Aufwendungen nicht den pauschal ermittelten geldwerten Vorteil.

>Nutzungsentgelt

Anlage 1
zu H 8.1 (9–10)

Steuerliche Behandlung der Überlassung eines betrieblichen Kraftfahrzeugs an Arbeitnehmer

BMF-Schreiben vom 28.5.1996 (BStBl. I S. 654)

Die steuerliche Bewertung der Überlassung eines betrieblichen Kraftfahrzeugs an Arbeitnehmer ist in Abschnitt 31 Abs. 7 und 7a LStR 1996***) und in Tz. 20 bis 37 des Merkblatts zu den Rechtsänderungen beim Steuerabzug vom Arbeitslohn ab 1. Januar 1996*) geregelt. Unter Bezugnahme auf das Ergebnis der Besprechung mit den obersten Finanzbehörden der Länder wird zu Zweifelsfragen wie folgt Stellung genommen:

---

*) Abgedruckt als Anhang 15 zum Handbuch.
**) Abgedruckt als Anlage 1 zu H 8.1 (9–10) LStR.
***) Jetzt R 8.1 Abs. 9 und 10 LStR.

I. Pauschaler Nutzungswert

1. Listenpreis

Für den pauschalen Nutzungswert ist der inländische Listenpreis des Kraftfahrzeugs im Zeitpunkt seiner Erstzulassung maßgebend. Das gilt auch für reimportierte Fahrzeuge. Soweit das reimportierte Fahrzeug mit zusätzlichen Sonderausstattungen versehen ist, die sich im inländischen Listenpreis nicht niedergeschlagen haben, ist der Wert der Sonderausstattung zusätzlich zu berücksichtigen. Soweit das re-importierte Fahrzeug geringerwertig ausgestattet ist, lässt sich der Wert der „Minderausstattung" durch einen Vergleich mit einem adäquaten inländischen Fahrzeug angemessen berücksichtigen.

2. Überlassung von mehreren Kraftfahrzeugen*)

Stehen einem Arbeitnehmer gleichzeitig mehrere Kraftfahrzeuge zur Verfügung, so ist für jedes Fahrzeug die private Nutzung mit monatlich 1 % des Listenpreises anzusetzen; dem privaten Nutzungswert kann der Listenpreis des überwiegend genutzten Kraftfahrzeugs zugrunde gelegt werden, wenn die Nutzung der Fahrzeuge durch andere zur Privatsphäre des Arbeitnehmers gehörende Personen so gut wie ausgeschlossen ist. Dem Nutzungswert für Fahrten zwischen Wohnung und Arbeitsstätte**) ist stets der Listenpreis des überwiegend für diese Fahrten benutzten Kraftfahrzeugs zugrunde zu legen.

3. Monatsbeträge***)

Die pauschalen Nutzungswerte nach § 8 Abs. 2 Satz 2 und 3 EStG sind mit ihren Monatsbeträgen auch dann anzusetzen, wenn der Arbeitnehmer das ihm überlassene Kraftfahrzeug tatsächlich nur gelegentlich nutzt oder wenn er von seinem Zugriffsrecht auf ein Kraftfahrzeug aus einem Fahrzeugpool nur gelegentlich Gebrauch macht.

Die Monatsbeiträge brauchen nicht angesetzt zu werden

a) für volle Kalendermonate, in denen dem Arbeitnehmer kein betriebliches Kraftfahrzeug zur Verfügung steht, oder

b) wenn dem Arbeitnehmer das Kraftfahrzeug aus besonderem Anlass oder zu einem besonderen Zweck nur gelegentlich (von Fall zu Fall) für nicht mehr als fünf Kalendertage im Kalendermonat überlassen wird. In diesem Fall ist die Nutzung zu Privatfahrten und zu Fahrten zwischen Wohnung und Arbeitsstätte je Fahrtkilometer mit 0,001 % des inländischen Listenpreises des Kraftfahrzeugs zu bewerten (Einzelbewertung). Zum Nachweis der Fahrstrecke müssen die Kilometerstände festgehalten werden.

4. Dienstliche Nutzung im Zusammenhang mit Fahrten zwischen Wohnung und Arbeitsstätte****)

Ein geldwerter Vorteil ist für Fahrten zwischen Wohnung und Arbeitsstätte****) nicht zu erfassen, wenn ein Arbeitnehmer ein Firmenfahrzeug ausschließlich an den Tagen für seine Fahrten zwischen Wohnung und Arbeitsstätte****) erhält, an denen es erforderlich werden kann, dass er dienstliche Fahrten von der Wohnung aus antritt, z. B. beim Bereitschaftsdienst in Versorgungsunternehmen.

5. Nutzungsverbot*****)

Wird dem Arbeitnehmer ein Kraftfahrzeug mit der Maßgabe zur Verfügung gestellt, es für Privatfahrten und/oder Fahrten zwischen Wohnung und Arbeitsstätte****) nicht zu nutzen, so kann von dem Ansatz des jeweils in Betracht kommenden pauschalen Wertes nur abgesehen werden, wenn der Arbeitgeber die Einhaltung seines Verbots überwacht oder wenn wegen der besonderen Umstände des Falles die verbotene Nutzung so gut wie ausgeschlossen ist, z. B. wenn der Arbeitnehmer das Fahrzeug nach seiner Arbeitszeit und am Wochenende auf dem Betriebsgelände abstellt und den Schlüssel abgibt.

Das Nutzungsverbot ist durch entsprechende Unterlagen nachzuweisen, die zum Lohnkonto zu nehmen sind. Wird das Verbot allgemein oder aus besonderem Anlass oder zu besonderem Zweck von Fall zu Fall ausgesetzt, so ist Nummer 3 entsprechend anzuwenden.

6. Park and ride******)

Setzt der Arbeitnehmer ein ihm überlassenes Kraftfahrzeug bei den Fahrten zwischen Wohnung und Arbeitsstätte****) oder bei Familienheimfahrten nur für eine Teilstrecke ein, weil er regelmäßig die andere Teilstrecke mit öffentlichen Verkehrsmitteln zurücklegt, so ist der Ermittlung des pauschalen Nutzungswerts die gesamte Entfernung zugrunde zu legen. Ein Nutzungswert auf der Grundlage der Entfernung, die mit dem Kraftfahrzeug zurückgelegt worden ist, kommt nur in Betracht, wenn das Kraftfahrzeug vom Arbeitgeber nur für diese Teilstrecke zur Verfügung gestellt worden ist. Nummer 5 ist entsprechend anzuwenden.

7. Fahrergestellung bei Familienheimfahrten*******)

Stellt der Arbeitgeber dem Arbeitnehmer für die steuerlich zu erfassenden Familienheimfahrten ein Kraftfahrzeug mit Fahrer zur Verfügung, so ist der Nutzungswert der Fahrten, die unter Inanspruchnahme eines Fahrers durchgeführt worden sind, um 50 % zu erhöhen.

8. Begrenzung des pauschalen Nutzungswerts

Der pauschale Nutzungswert nach § 8 Abs. 2 Satz 2, 3 und 5 EStG kann die dem Arbeitgeber für das Fahrzeug insgesamt entstandenen Kosten übersteigen. Wird dies im Einzelfall nachgewiesen, so ist der Nutzungswert höchstens mit dem Betrag der Gesamtkosten des Kraftfahrzeugs anzusetzen, wenn nicht aufgrund des Nachweises der Fahrten durch ein Fahrtenbuch nach § 8 Abs. 2 Satz 4 EStG ein geringerer Wertansatz in Betracht kommt. Der mit dem Betrag der Gesamtkosten anzusetzende Nutzungswert ist um 50 % zu erhöhen, wenn das Kraftfahrzeug mit Fahrer zur Verfügung gestellt worden ist.*******)

II. Individueller Nutzungswert

1. Elektronisches Fahrtenbuch

Ein elektronisches Fahrtenbuch ist anzuerkennen, wenn sich daraus dieselben Erkenntnisse wie aus einem manuell geführten Fahrtenbuch gewinnen lassen. Beim Ausdrucken von elektronischen Aufzeichnungen müssen nachträgliche Veränderungen der aufgezeichneten Angaben technisch ausgeschlossen, zumindest aber dokumentiert werden.********)

2. Erleichterungen bei der Führung eines Fahrtenbuchs

Ein Fahrtenbuch soll die Zuordnung von Fahrten zur betrieblichen und beruflichen Sphäre darstellen und ermöglichen. Es muss laufend geführt werden. Bei einer Dienstreise, Einsatzwechseltätigkeit und Fahrtätigkeit*********) müssen die über die Fahrtstrecken hinausgehenden Angaben hinsichtlich Reiseziel, Reiseroute, Reisezweck und aufgesuchte Geschäftspartner die berufliche Veranlassung plausibel erscheinen lassen und ggf. eine stichprobenartige Nachprüfung ermöglichen. Auf einzelne dieser zusätzlichen Angaben kann verzichtet werden, soweit wegen der besonderen Umstände im Einzelfall die erforderliche Aussagekraft und Überprüfungsmöglichkeit nicht beeinträchtigt wird. Bei Kundendienstmonteuren und Handelsvertretern mit täglich wechselnden Auswärtstätigkeiten reicht es z. B. aus, wenn sie angeben, welche Kunden sie an welchem Ort aufsuchen. Angaben über die Reiseroute und zu den Entfernungen zwischen den Stationen einer Auswärtstätigkeit sind nur bei größerer Differenz zwischen direkter Entfernung und tatsächlicher Fahrtstrecke erforderlich. Bei sicherheitsgefährdeten Personen, deren Fahrtroute häufig von sicherheitsmäßigen Gesichtspunkten bestimmt wird, kann auf die Angabe der Reise-

---

*) Bleibt von BFH vom 13.6.2013 unberührt (> Fußnote 1 im BStBl. 2014 II S. 340).

**) Jetzt Fahrten zwischen Wohnung und erster Tätigkeitsstätte sowie Fahrten nach § 9 Abs. 1 Satz 3 Nr. 4a Satz 3 EStG (>§ 8 Abs. 2 Satz 3 EStG).

***) >H 8.1 (9–10) LStR „Nutzung durch mehrere Arbeitnehmer" sowie „Fahrzeugpool".

****) Jetzt Fahrten zwischen Wohnung und erster Tätigkeitsstätte bzw. Fahrten nach § 9 Abs. 1 Satz 3 Nr. 4a Satz 3 EStG.

*****) Überholt >H 8.1 (9–10) Nutzungsverbot LStH

******) Teilweise überholt >H 8.1 (9–10) LStR „Park and ride".

*******) Teilweise überholt >BMF vom 15.7.2014, BStBl. I S. 1109, R 8.1 Abs. 10 LStR, H 8.1 (9–10) LStR „Fahrergestellung".

********) Bestätigt durch BFH vom 16.11.2005 (BStBl. 2006 II S. 410).

*********) „einer Dienstreise, Einsatzwechseltätigkeit, Fahrtätigkeit" = Jetzt: dienstliche Fahrten.

§ 8 EStG
R 8.1 Abs. 9 und 10

route auch bei größeren Differenzen zwischen der direkten Entfernung und der tatsächlichen Fahrtstrecke verzichtet werden.

3. Aufwendungen bei sicherheitsgeschützten Fahrzeugen

Wird der Nutzungswert für ein aus Sicherheitsgründen gepanzertes Kraftfahrzeug nach § 8 Abs. 2 Satz 4 EStG ermittelt, so kann dabei die AfA nach dem Anschaffungspreis des leistungsschwächeren Fahrzeugs zugrunde gelegt werden, das dem Arbeitnehmer zur Verfügung gestellt würde, wenn seine Sicherheit nicht gefährdet wäre. Im Hinblick auf die durch die Panzerung verursachten höheren laufenden Betriebskosten bestehen keine Bedenken, wenn der Nutzungswertermittlung 70 % der tatsächlich festgestellten laufenden Kosten (ohne AfA) zugrunde gelegt werden.

4. Fahrergestellung*)

Wenn ein Kraftfahrzeug mit Fahrer zur Verfügung gestellt wird, ist der für die Fahrten zwischen Wohnung und Arbeitsstätte**) insgesamt ermittelte Nutzungswert um 50 % zu erhöhen. Für Privatfahrten erhöht sich der hierfür insgesamt ermittelte Nutzungswert nach Abschnitt 31 Abs. 7a Nr. 2 LStR 1996***) entsprechend dem Grad der Inanspruchnahme des Fahrers um 50, 40 oder 25 %. Bei Familienheimfahrten erhöht sich der auf die einzelne Familienheimfahrt ermittelte Nutzungsvorteil nur dann um 50 %, wenn für diese Fahrt ein Fahrer in Anspruch genommen worden ist.

Bei der Feststellung der privat und der dienstlich zurückgelegten Fahrtstrecken sind sog. Leerfahrten, die bei der Überlassung eines Kraftfahrzeugs mit Fahrer durch die An- und Abfahrten des Fahrers auftreten können, den dienstlichen Fahrten zuzurechnen.

III. Lohnsteuerpauschalierung

Ist der Nutzungswert für Familienheimfahrten nach § 8 Abs. 2 Satz 5 EStG zu erfassen, so kommt eine Pauschbesteuerung nach § 40 Abs. 2 Satz 2 EStG nur für Familienheimfahrten nach Ablauf von zwei Jahren****) nach Aufnahme der Tätigkeit am neuen Beschäftigungsort und nur bis zur Höhe des Betrags in Betracht, den der Arbeitnehmer als Werbungskosten für Fahrten zwischen Wohnung und Arbeitsstätte*****) geltend machen könnte.

Anlage 2
zu H 8.1 (9–10)

Ertragsteuerliche Erfassung der Nutzung eines betrieblichen Kraftfahrzeugs zu Privatfahrten, zu Fahrten zwischen Wohnung und Betriebsstätte sowie zu Familienheimfahrten

BMF-Schreiben vom 18.11.2009 (BStBl. I S. 1326),
geändert durch BMF-Schreiben vom 15.11.2012 (BStBl. I S. 1099)

Im Einvernehmen mit den obersten Finanzbehörden der Länder gilt für die ertragsteuerliche Erfassung der Nutzung eines betrieblichen Kraftfahrzeugs zu Privatfahrten, zu Fahrten zwischen Wohnung und Betriebsstätte sowie zu Familienheimfahrten nach § 4 Absatz 5 Satz 1 Nummer 6 und § 6 Absatz 1 Nummer 4 Satz 1 bis 3 EStG Folgendes:

I. Anwendungsbereich des § 4 Absatz 5 Satz 1 Nummer 6 und des § 6 Absatz 1 Nummer 4 Satz 2 bis 3 EStG

1. Betriebliche Nutzung eines Kraftfahrzeugs

1 Die Zuordnung von Kraftfahrzeugen zu einem Betriebsvermögen richtet sich nach allgemeinen Grundsätzen (R 4.2 Absatz 1 EStR 2008). Zur betrieblichen Nutzung zählt auch die auf Wege zwischen Wohnung und Betriebsstätte und Familienheimfahrten entfallende Nutzung gemäß § 4 Absatz 5 Satz 1 Nummer 6 EStG.

Der private Nutzungsanteil eines zum Betriebsvermögen gehörenden Kraftfahrzeugs ist nach § 6 Absatz 1 Nummer 4 Satz 2 EStG mit 1 Prozent des inländischen Listenpreises zu bewerten, wenn dieses zu mehr als 50 Prozent betrieblich genutzt wird. Dies gilt auch für gemietete oder geleaste Kraftfahrzeuge. Kraftfahrzeuge i. S. dieser Regelung sind Kraftfahrzeuge, die typischerweise nicht nur vereinzelt und gelegentlich für private Zwecke genutzt werden (BFH-Urteil vom 13. Februar 2003, BStBl. II S. 472). Hierzu zählen beispielsweise auch Geländekraftfahrzeuge, wobei die kraftfahrzeugsteuerrechtliche Einordnung vor der Neuregelung in § 2 Absatz 2a KraftStG zum 1. Mai 2005 unerheblich ist. Keine Kraftfahrzeuge i. d. S. sind Zugmaschinen oder Lastkraftwagen, die kraftfahrzeugsteuerrechtlich „andere Kraftfahrzeuge" sind.

2 Die bloße Behauptung, das Kraftfahrzeug werde nicht für Privatfahrten genutzt oder Privatfahrten würden ausschließlich mit anderen Kraftfahrzeugen durchgeführt, reicht nicht aus, um von dem Ansatz eines privaten Nutzungsanteils abzusehen (BFH-Urteil vom 13. Februar 2003, BStBl. II S. 472). Vielmehr trifft den Steuerpflichtigen die objektive Beweislast, wenn ein nach der Lebenserfahrung untypischer Sachverhalt, wie z. B. die ausschließlich betriebliche Nutzung des einzigen betrieblichen Kraftfahrzeugs eines Unternehmers, der Besteuerung zugrunde gelegt werden soll.

3 Die Anwendung von § 4 Absatz 5 Satz 1 Nummer 6 EStG setzt voraus, dass ein Kraftfahrzeug für Fahrten zwischen Wohnung und Betriebsstätte oder für Familienheimfahrten genutzt wird. Die Zugehörigkeit des Kraftfahrzeugs zum Betriebsvermögen des Steuerpflichtigen ist hierbei nicht erforderlich. Für ein Kraftfahrzeug im Privatvermögen des Steuerpflichtigen werden im Ergebnis nur Aufwendungen in Höhe der Entfernungspauschale i. S. d. § 9 Absatz 1 Satz 3 Nummer 4 und Nummer 5 Satz 1 bis 6 EStG zum Abzug zugelassen. Die Regelung des § 9 Absatz 2 EStG ist entsprechend anzuwenden.

2. Nachweis der betrieblichen Nutzung i. S. d. § 6 Absatz 1 Nummer 4 Satz 2 EStG

4 Der Umfang der betrieblichen Nutzung ist vom Steuerpflichtigen darzulegen und glaubhaft zu machen. Dies kann in jeder geeigneten Form erfolgen. Auch die Eintragungen in Terminkalendern, die Abrechnung gefahrener Kilometer gegenüber den Auftraggebern, Reisekostenaufstellungen sowie andere Abrechnungsunterlagen können zur Glaubhaftmachung geeignet sein. Sind entsprechende Unterlagen nicht vorhanden, kann die überwiegende betriebliche Nutzung durch formlose Aufzeichnungen über einen repräsentativen zusammenhängenden Zeitraum (i. d. R. 3 Monate) glaubhaft gemacht werden. Dabei reichen Angaben über die betrieblich veranlassten Fahrten (jeweiliger Anlass und die jeweils zurückgelegte Strecke) und die Kilometerstände zu Beginn und Ende des Aufzeichnungszeitraumes aus.

5 Auf einen Nachweis der betrieblichen Nutzung kann verzichtet werden, wenn sich bereits aus Art und Umfang der Tätigkeit des Steuerpflichtigen ergibt, dass das Kraftfahrzeug zu mehr als 50 Prozent betrieblich genutzt wird. Dies kann in der Regel bei Steuerpflichtigen angenommen werden, die ihr Kraftfahrzeug für eine durch ihren Betrieb oder Beruf bedingte typische Reisetätigkeit benutzen oder die zur Ausübung ihrer räumlich ausgedehnten Tätigkeit auf die ständige Benutzung des Kraftfahrzeugs angewiesen sind (z. B. bei Taxiunternehmern, Handelsvertretern, Handwerkern der Bau- und Baunebengewerbe, Landtierärzten). Diese Vermutung gilt, wenn ein Steuerpflichtiger mehrere Kraftfahrzeuge im Betriebsvermögen hält, nur für das Kraftfahrzeug mit der höchsten Jahreskilometerleistung. Für die weiteren Kraftfahrzeuge gelten die allgemeinen Grundsätze. Die Vermutungsregelung ist nicht anzuwenden, sobald für ein weiteres Kraftfahrzeug der Nachweis über die überwiegende betriebliche Nutzung erbracht wird.

6 Keines weiteren Nachweises bedarf es, wenn die Fahrten zwischen Wohnung und Betriebsstätte und die Familienheimfahrten mehr als 50 Prozent der Jahreskilometerleistung des Kraftfahrzeugs ausmachen.

---

*) Teilweise überholt >BMF vom 15.7.2014, BStBl. I S. 1109, R 8.1 Abs. 10 LStR, H 8.1 (9–10) LStR „Fahrergestellung".
**) Jetzt Fahrten zwischen Wohnung und erster Tätigkeitsstätte bzw. Fahrten nach § 9 Abs. 1 Satz 3 Nr. 4a Satz 3 EStG.
***) Jetzt R 8.1 Abs. 10 Nr. 2 LStR.
****) Durch Wegfall der Zweijahresfrist gegenstandslos.
*****) Jetzt Fahrten zwischen Wohnung und erster Tätigkeitsstätte (> § 40 Abs. 2 Satz 2 EStG).

7 Hat der Steuerpflichtige den betrieblichen Nutzungsumfang des Kraftfahrzeugs einmal dargelegt, so ist – wenn sich keine wesentlichen Veränderungen in Art oder Umfang der Tätigkeit oder bei den Fahrten zwischen Wohnung und Betriebsstätte ergeben – auch für die folgenden Veranlagungszeiträume von diesem Nutzungsumfang auszugehen. Ein Wechsel der Kraftfahrzeugklasse kann im Einzelfall Anlass für eine erneute Prüfung des Nutzungsumfangs sein. Die im Rahmen einer rechtmäßigen Außenprüfung erlangten Kenntnisse bestimmter betrieblicher Verhältnisse des Steuerpflichtigen in den Jahren des Prüfungszeitraumes lassen Schlussfolgerungen auf die tatsächlichen Gegebenheiten in den Jahren vor oder nach dem Prüfungszeitraum zu (BFH-Urteil vom 28. August 1987, BStBl. II 1988 S. 2).

3. Methodenwahl

8 Wird das Kraftfahrzeug zu mehr als 50 Prozent betrieblich genutzt, kann der Steuerpflichtige die Wahl zwischen der Besteuerung nach § 6 Absatz 1 Nummer 4 Satz 2 EStG (1 %-Regelung) oder nach § 6 Absatz 1 Nummer 4 Satz 3 EStG (Fahrtenbuchmethode, Randnummer 21 bis 30) durch Einreichen der Steuererklärung beim Finanzamt vornehmen; die Methodenwahl muss für das Wirtschaftsjahr einheitlich getroffen werden. Im Fall des Kraftfahrzeugwechsels (vgl. Randnummer 9) ist auch während eines Wirtschaftsjahres der Übergang zu einer anderen Ermittlungsmethode zulässig. Das Wahlrecht kann bis zur Bestandskraft der Steuerfestsetzung ausgeübt oder geändert werden.

4. Kraftfahrzeugwechsel

9 Wird das auch privat genutzte Kraftfahrzeug im laufenden Wirtschaftsjahr ausgewechselt, z. B. bei Veräußerung des bisher genutzten und Erwerb eines neuen Kraftfahrzeugs, ist der Ermittlung des pauschalen Wertansätze im Monat des Kraftfahrzeugwechsels der inländische Listenpreis des Kraftfahrzeugs zugrunde zu legen, das der Steuerpflichtige nach der Anzahl der Tage überwiegend genutzt hat.

II. Pauschale Ermittlung des privaten Nutzungswerts

1. Listenpreis

10 Für den pauschalen Nutzungswert ist der inländische Listenpreis des Kraftfahrzeugs im Zeitpunkt seiner Erstzulassung zuzüglich der Kosten für Sonderausstattung (z. B. Navigationsgerät, BFH-Urteil vom 16. Februar 2005, BStBl. II S. 563) einschließlich der Umsatzsteuer (BFH-Urteil vom 6. März 2003, BStBl. II S. 704) maßgebend. Das gilt auch für reimportierte Kraftfahrzeuge. Soweit das reimportierte Kraftfahrzeug mit zusätzlicher Sonderausstattung versehen ist, die sich im inländischen Listenpreis nicht niedergeschlagen hat, ist der Wert der Sonderausstattung, der sich aus der Preisliste des Herstellers ergibt, zusätzlich zu berücksichtigen. Soweit das reimportierte Kraftfahrzeug geringwertiger ausgestattet ist, ist der Wert der „Minderausstattung" anhand des inländischen Listenpreises eines vergleichbaren inländischen Kraftfahrzeugs angemessen zu berücksichtigen. Kosten für nur betrieblich nutzbare Sonderausstattung, wie z. B. der zweite Pedalsatz eines Fahrschulkraftfahrzeugs, sind nicht anzusetzen. Für Kraftfahrzeuge, für die der inländische Listenpreis nicht ermittelt werden kann, ist dieser zu schätzen. Der Listenpreis ist auf volle Hundert Euro abzurunden. Für Veranlagungszeiträume ab 2002 ist der Listenpreis für vor dem 1. Januar 2002 angeschaffte oder hergestellte Kraftfahrzeuge zunächst in Euro umzurechnen und danach auf volle Hundert Euro abzurunden.

11 Zeitpunkt der Erstzulassung ist der Tag, an dem das Kraftfahrzeug das erste Mal zum Straßenverkehr zugelassen worden ist. Das gilt auch für gebraucht erworbene Kraftfahrzeuge. Zeitpunkt der Erstzulassung des Kraftfahrzeugs ist nicht der Zeitpunkt der Erstzulassung des Kraftfahrzeugtyps, sondern des jeweiligen individuellen Kraftfahrzeugs. Bei inländischen Kraftfahrzeugen ergibt sich das Datum aus den Zulassungspapieren. Macht der Steuerpflichtige geltend, dass für ein importiertes oder ein reimportiertes Kraftfahrzeug ein anderes Datum maßgebend sei, trifft ihn die objektive Beweislast.

2. Nutzung mehrerer Kraftfahrzeuge und Nutzung durch mehrere Nutzungsberechtigte

a) Einzelunternehmen*)

12 Gehören gleichzeitig mehrere Kraftfahrzeuge zum Betriebsvermögen, so ist der pauschale Nutzungswert grundsätzlich für jedes Kraftfahrzeug anzusetzen, das vom Steuerpflichtigen oder zu seiner Privatsphäre gehörenden Personen für Privatfahrten genutzt wird (vgl. Randnummer 2). Kann der Steuerpflichtige dagegen glaubhaft machen, dass bestimmte betriebliche Kraftfahrzeuge ausschließlich betrieblich genutzt werden, weil sie für eine private Nutzung nicht geeignet sind (z. B. bei sog. Werkstattwagen – BFH-Urteil vom 18. Dezember 2008 – VI R 34/07 – BStBl II S. 381) oder diese ausschließlich eigenen Arbeitnehmern zur Nutzung überlassen werden, ist für diese Kraftfahrzeuge kein pauschaler Nutzungswert zu ermitteln. Dies gilt entsprechend für Kraftfahrzeuge, die nach der betrieblichen Nutzungszuweisung nicht zur privaten Nutzung zur Verfügung stehen. Hierzu können z. B. Vorführwagen eines Kraftfahrzeughändlers, zur Vermietung bestimmte Kraftfahrzeuge oder Kraftfahrzeuge von Steuerpflichtigen, die ihre Tätigkeit nicht in einer festen örtlichen Einrichtung ausüben oder die ihre Leistungen nur durch den Einsatz eines Kraftfahrzeugs erbringen können, gehören. Gibt der Steuerpflichtige in derartigen Fällen in seiner Gewinnermittlung durch den Ansatz einer Nutzungsentnahme an, dass von ihm das Kraftfahrzeug mit dem höchsten Listenpreis auch privat genutzt wird, ist diesen Angaben aus Vereinfachungsgründen zu folgen und für weitere Kraftfahrzeuge kein zusätzlicher pauschaler Nutzungswert anzusetzen. Für die private Nutzung von betrieblichen Kraftfahrzeugen durch zur Privatsphäre des Steuerpflichtigen gehörende Personen gilt dies entsprechend, wenn je Person das Kraftfahrzeug mit dem nächsthöchsten Listenpreis berücksichtigt wird. Wird ein Kraftfahrzeug gemeinsam vom Steuerpflichtigen und einem oder mehreren Arbeitnehmern genutzt, so ist bei pauschaler Nutzungswertermittlung für Privatfahrten der Nutzungswert von 1 Prozent des Listenpreises entsprechend der Zahl der Nutzungsberechtigten aufzuteilen. Es gilt die widerlegbare Vermutung, dass für Fahrten zwischen Wohnung und Betriebsstätte und für Familienheimfahrten das Kraftfahrzeug mit dem höchsten Listenpreis genutzt wird.

Beispiel 1:
Zum Betriebsvermögen des Versicherungsmaklers C gehören fünf Kraftfahrzeuge, von denen vier von C, seiner Ehefrau und dem erwachsenen Sohn auch zu Privatfahrten genutzt werden; von C auch für Fahrten zwischen Wohnung und Betriebsstätte. Ein Kraftfahrzeug wird ausschließlich einem Angestellten auch zur privaten Nutzung überlassen; der Nutzungsvorteil wird bei diesem lohnversteuert. Die betriebliche Nutzung der Kraftfahrzeuge beträgt jeweils mehr als 50 Prozent. Es befindet sich kein weiteres Kraftfahrzeug im Privatvermögen. Die private Nutzungsentnahme nach § 6 Absatz 1 Nummer 4 Satz 2 EStG ist für vier Kraftfahrzeuge anzusetzen, und zwar mit jeweils 1 Prozent des Listenpreises. Zusätzlich ist für Fahrten zwischen Wohnung und Betriebsstätte der Betriebsausgabenabzug zu kürzen. Dabei ist der höchste Listenpreis zugrunde zu legen.

Beispiel 2:
Zum Betriebsvermögen eines Architekturbüros gehören sechs Kraftfahrzeuge, die jeweils vom Betriebsinhaber, seiner Ehefrau und den Angestellten/freien Mitarbeitern genutzt werden. Der Steuerpflichtige erklärt glaubhaft eine Nutzungsentnahme für die zwei von ihm und seiner Ehefrau auch privat genutzten Kraftfahrzeuge mit den höchsten Listenpreisen. Die übrigen Kraftfahrzeuge werden den Angestellten/freien Mitarbeitern nicht zur privaten Nutzung überlassen; sie werden im Rahmen ihrer Tätigkeit genutzt, um die Bauprojekte zu betreuen und zu überwachen. Eine Nutzungswertbesteuerung der vier weiteren Kraftfahrzeuge ist nicht vorzunehmen. Weist der Steuerpflichtige dem betrieblichen Kraftfahrzeug eine bestimmte Funktion im Betrieb zu und erklärt er zudem durch den Ansatz einer Nutzungsentnahme für zwei andere Fahrzeuge, dass er und die zu seiner Privatsphäre gehörenden Personen jenes Kraftfahrzeug nicht privat nutzen, so soll dieser Erklärung grundsätzlich gefolgt werden. Die reine Möglichkeit der privaten Nutzung der den Mitarbeitern zur Betreuung und Überwachung von Bauprojekten zugeordneten Kraftfahrzeuge (z. B. am Wochenende) führt nicht zum Ansatz einer weiteren Nutzungsentnahme.

---

*) Randnummer 12 wurde durch das BMF-Schreiben vom 15.11.2012 (BStBl. I S. 1099) neu gefasst. Die darin vertretene Auffassung ist in allen offenen Fällen anzuwenden. Die Nummerierung der nachfolgenden Beispiele wurde von der Redaktion angepasst.

§ 8 EStG
R 8.1 Abs. 9 und 10

b) Personengesellschaft

13 Befinden sich Kraftfahrzeuge im Betriebsvermögen einer Personengesellschaft, ist ein pauschaler Nutzungswert für den Gesellschafter anzusetzen, dem die Nutzung des Kraftfahrzeugs zuzurechnen ist. Randnummer 12 ist entsprechend anzuwenden.

Beispiel 3:

Der IJK-OHG gehören die Gesellschafter I, J und K an. Es befinden sich 4 Kraftfahrzeuge im Betriebsvermögen. Die Gesellschafter I und K sind alleinstehend. Niemand aus ihrer Privatsphäre nutzt die betrieblichen Kraftfahrzeuge. Der Gesellschafter J ist verheiratet. Seine Ehefrau nutzt ein betriebliches Kraftfahrzeug auch zu Privatfahrten. Die betriebliche Nutzung der Kraftfahrzeuge beträgt jeweils mehr als 50 Prozent. Die Bruttolistenpreise der Kraftfahrzeuge betragen 80 000 €, 65 000 €, 50 000 € und 40 000 €. I nutzt das 80 000 €-Kraftfahrzeug, J das 50 000 €-Kraftfahrzeug, K das 65 000 €-Kraftfahrzeug und Frau J das 40 000 €-Kraftfahrzeug. Die private Nutzungsentnahme ist monatlich für den Gesellschafter I mit 1 Prozent von 80 000 €, für den Gesellschafter K mit 1 Prozent von 65 000 € und für den Gesellschafter J mit 1 Prozent von 50 000 € zuzüglich 1 Prozent von 40 000 € anzusetzen.

3. Nur gelegentliche Nutzung des Kraftfahrzeugs

14 Der pauschale Nutzungswert und die nicht abziehbaren Betriebsausgaben sind auch dann mit den Monatswerten zu ermitteln, wenn das Kraftfahrzeug nur gelegentlich zu Privatfahrten oder zu Fahrten zwischen Wohnung und Betriebsstätte genutzt wird.

15 Die Monatswerte sind nicht anzusetzen für volle Kalendermonate, in denen eine private Nutzung oder eine Nutzung zu Fahrten zwischen Wohnung und Betriebsstätte ausgeschlossen ist.

16 Hat ein Steuerpflichtiger mehrere Betriebsstätten in unterschiedlicher Entfernung von der Wohnung, kann bei der pauschalen Berechnung der nicht abziehbaren Betriebsausgaben nach § 4 Absatz 5 Satz 1 Nummer 6 EStG die Entfernung zur näher gelegenen Betriebsstätte zugrunde gelegt werden. Die Fahrten zur weiter entfernt gelegenen Betriebsstätte sind zusätzlich mit 0,002 Prozent des inländischen Listenpreises i. S. d. § 6 Absatz 1 Nummer 4 Satz 2 EStG für jeden weiteren Entfernungskilometer (Differenz zwischen den Entfernungen der Wohnung zur jeweiligen Betriebsstätte) anzusetzen.

Beispiel 4:

Der Unternehmer A wohnt in A-Stadt und hat dort eine Betriebsstätte (Entfernung zur Wohnung 30 km). Eine zweite Betriebsstätte unterhält er in B-Stadt (Entfernung zur Wohnung 100 km). A fährt zwischen Wohnung und Betriebsstätte mit dem Betriebs-Kraftfahrzeug (Bruttolistenpreis: 22 500 €). Er ist an 40 Tagen von der Wohnung zur Betriebsstätte in B-Stadt gefahren, an den anderen Tagen zur Betriebsstätte in A-Stadt (insgesamt an 178 Tagen). Die nicht abziehbaren Betriebsausgaben sind wie folgt zu ermitteln:

a) 22 500 € × 0,03 % × 30 km × 12 Monate
 = 2 430,00 €
 ./. 178 Tage × 30 km × 0,30 € = 1 602,00 €
 828,00 €

b) 22 500 € × 0,002 % × 70 (100 ./. 30) km × 40 Tage = 1 260,00 €
 ./. 40 Tage × 100 km × 0,30 € = 1 200,00 €
 60,00 €

Summe der nicht abziehbaren Betriebsausgaben 888,00 €

4. Nutzung im Rahmen unterschiedlicher Einkunftsarten

17 Nutzt der Steuerpflichtige das betriebliche Kraftfahrzeug auch im Rahmen anderer Einkunftsarten, sind die auf diese außerbetriebliche, aber nicht private Nutzung entfallenden Aufwendungen grundsätzlich nicht mit dem nach § 6 Absatz 1 Nummer 4 Satz 2 EStG (1 %-Regelung) ermittelten Betrag abgegolten (BFH-Urteil vom 26. April 2006, BStBl. II 2007 S. 445). Es bestehen keine Bedenken, diese Entnahme mangels anderer Anhaltspunkte mit 0,001 % des inländischen Listenpreises des Kraftfahrzeugs je gefahrenem Kilometer zu bewerten; dieser Entnahmewert stellt umgekehrt bestehender Abzugsbeschränkungen die im Rahmen der anderen Einkunftsart abziehbaren Betriebsausgaben oder Werbungskosten dar. Aus Vereinfachungsgründen wird einkommensteuerrechtlich auf den Ansatz einer zusätzlichen Entnahme verzichtet, soweit die Aufwendungen bei der anderen Einkunftsart keinen Abzugsbeschränkungen unterliegen und dort nicht abgezogen werden.

5. Begrenzung der pauschalen Wertansätze (sog. Kostendeckelung)

18 Der pauschale Nutzungswert nach § 6 Absatz 1 Nummer 4 Satz 2 EStG sowie die nicht abziehbaren Betriebsausgaben für Fahrten zwischen Wohnung und Betriebsstätte und Familienheimfahrten nach § 4 Absatz 5 Satz 1 Nummer 6 EStG können die für das genutzte Kraftfahrzeug insgesamt tatsächlich entstandenen Aufwendungen übersteigen. Wird das im Einzelfall nachgewiesen, so sind diese Beträge höchstens mit den Gesamtkosten des Kraftfahrzeugs anzusetzen. Bei mehreren privat genutzten Kraftfahrzeugen können die zusammengefassten pauschal ermittelten Wertansätze auf die nachgewiesenen tatsächlichen Gesamtaufwendungen dieser Kraftfahrzeuge begrenzt werden; eine fahrzeugbezogene „Kostendeckelung" ist zulässig.

19 Wird neben dem pauschalen Nutzungswert nach § 6 Absatz 1 Nummer 4 Satz 2 EStG eine Entnahme aufgrund der Nutzung des Kraftfahrzeugs zur Erzielung anderer Einkunftsarten erfasst, ist auch dieser Betrag den tatsächlichen Aufwendungen gegenüberzustellen (vgl. Randnummer 17).

20 Bei Anwendung der Kostendeckelung müssen dem Steuerpflichtigen als abziehbare Aufwendungen mindestens die nach § 4 Absatz 5 Satz 1 Nummer 6 Satz 2, § 9 Absatz 1 Satz 3 Nummer 4 und Nummer 5 EStG ermittelten Beträge (Entfernungspauschalen) verbleiben.

Beispiel 5:

Für ein zu mehr als 50 Prozent für betriebliche Zwecke genutztes Kraftfahrzeug (Bruttolistenpreis 35 600 €) sind im Wirtschaftsjahr 7 400 € Gesamtkosten angefallen. Das Kraftfahrzeug wurde an 200 Tagen für Fahrten zwischen Wohnung und Betriebsstätte (Entfernung 27 Kilometer) genutzt. Ein Fahrtenbuch wurde nicht geführt.

1. **pauschaler Wertansatz nach § 4 Absatz 5 Satz 1 Nummer 6 EStG:**
 35 600 € × 0,03 % × 27 km × 12 Monate = 3 460,32 €

2. **privater Nutzungsanteil nach § 6 Absatz 1 Nummer 4 Satz 2 EStG:**
 35 600 € × 1 % × 12 Monate = 4 272,00 €

3. **Prüfung der Kostendeckelung:**
 Gesamtaufwendungen 7 400,00 €
 Pauschale Wertansätze (Summe aus 1. und 2.) 7 732,32 €
 Höchstbetrag der pauschalen Wertansätze 7 400,00 €

Die pauschalen Wertansätze übersteigen die entstandenen Gesamtkosten. Es liegt ein Fall der Kostendeckelung vor. Der pauschale Wertansatz für die Fahrten zwischen Wohnung und Betriebsstätte nach § 4 Absatz 5 Satz 1 Nummer 6 EStG und der private Nutzungsanteil nach § 6 Absatz 1 Nummer 4 Satz 2 EStG sind auf die Höhe der Gesamtaufwendungen von 7 400 € beschränkt. Die Entfernungspauschale nach § 4 Absatz 5 Satz 1 Nummer 6 i. V. m. § 9 Absatz 1 Satz 3 Nummer 4 EStG i. H. v. 1 620,00 € (200 Tage × 27 km × 0,30 €) ist zu berücksichtigen.

III. Ermittlung des tatsächlichen privaten Nutzungswerts

1. Führung eines Fahrtenbuches

21 Ein Fahrtenbuch soll die Zuordnung von Fahrten zur betrieblichen und beruflichen Sphäre ermöglichen und darstellen. Es muss laufend geführt werden.

22 Werden mehrere betriebliche Kraftfahrzeuge vom Unternehmer oder von zu seiner Privatsphäre gehörenden Personen zu Privatfahrten, zu Fahrten zwischen Wohnung und Betriebsstätte oder zu Familienheimfahrten genutzt, ist diese Nutzung für jedes der Kraftfahrzeuge, das zu mehr als 50 Prozent betrieblich genutzt wird, entweder pauschal im Wege der Listenpreisregelung oder aber konkret anhand der Fahrtenbuchmethode zu ermitteln (BFH-Urteil vom 3. August 2000, BStBl. II 2001 S. 332). Gehören dabei gleichzeitig mehrere Kraftfahrzeuge zum Betriebsvermögen, und wird nicht für jedes dieser Kraftfahrzeuge ein Fahrtenbuch im Sinne des § 6 Absatz 1 Nummer 4 Satz 3 EStG geführt, ist für diejenigen Kraftfahrzeuge, für die kein Fahrtenbuch geführt wird, und die für Privatfahrten, für

§ 8 EStG
R 8.1 Abs. 9 und 10

Fahrten zwischen Wohnung und Betriebsstätte oder für Familienheimfahrten genutzt werden, § 6 Absatz 1 Nummer 4 Satz 2 EStG (1 %-Regelung) und § 4 Absatz 5 Satz 1 Nummer 6 EStG (pauschale Ermittlung der nicht abziehbaren Betriebsausgaben) anzuwenden. Die Rdnrn. 12 und 13 gelten entsprechend.

Beispiel 6:
Zum Betriebsvermögen des Unternehmers C gehören 5 Kraftfahrzeuge, die von C, seiner Ehefrau und dem erwachsenen Sohn auch zu Privatfahrten genutzt werden. Die betriebliche Nutzung der Kraftfahrzeuge beträgt jeweils mehr als 50 Prozent. Es befindet sich kein weiteres Kraftfahrzeuge im Privatvermögen. Für ein Kraftfahrzeug wird ein Fahrtenbuch geführt. Die (pauschale) private Nutzungsentnahme für die vier weiteren auch privat genutzten Kraftfahrzeuge ist nach § 6 Absatz 1 Nummer 4 Satz 2 EStG mit jeweils 1 Prozent des Listenpreises anzusetzen. Für das Kraftfahrzeug, für das ein Fahrtenbuch geführt wird, ist die Nutzungsentnahme mit den tatsächlich auf die private Nutzung entfallenden Aufwendungen anzusetzen.

2. Elektronisches Fahrtenbuch

23 Ein elektronisches Fahrtenbuch ist anzuerkennen, wenn sich daraus dieselben Erkenntnisse wie aus einem manuell geführten Fahrtenbuch gewinnen lassen. Beim Ausdrucken von elektronischen Aufzeichnungen müssen nachträgliche Veränderungen der aufgezeichneten Angaben technisch ausgeschlossen, zumindest aber dokumentiert werden (BFH-Urteil vom 16. November 2005, BStBl. II 2006 S. 410).

3. Anforderungen an ein Fahrtenbuch

24 Ein Fahrtenbuch muss zeitnah und in geschlossener Form geführt werden. Es muss die Fahrten einschließlich des an ihrem Ende erreichten Gesamtkilometerstandes vollständig und in ihrem fortlaufenden Zusammenhang wiedergeben (BFH-Urteil vom 9. November 2005, BStBl. II 2006 S. 408). Das Fahrtenbuch muss mindestens folgende Angaben enthalten (vgl. R 8.1 Absatz 9 Nummer 2 Satz 3 LStR 2008): Datum und Kilometerstand zu Beginn und Ende jeder einzelnen betrieblich/beruflich veranlassten Fahrt, Reiseziel, Reisezweck und aufgesuchte Geschäftspartner. Wird ein Umweg gefahren, ist dieser aufzuzeichnen. Auf einzelne dieser Angaben kann verzichtet werden, soweit wegen der besonderen Umstände im Einzelfall die betriebliche/berufliche Veranlassung der Fahrten und der Umfang der Privatfahrten ausreichend dargelegt sind und Überprüfungsmöglichkeiten nicht beeinträchtigt werden. So sind z. B. folgende berufsspezifisch bedingte Erleichterungen möglich:

25 a) Handelsvertreter, Kurierdienstfahrer, Automatenlieferanten und andere Steuerpflichtige, die regelmäßig aus betrieblichen/beruflichen Gründen große Strecken mit mehreren unterschiedlichen Reisezielen zurücklegen.

Zu Reisezweck, Reiseziel und aufgesuchtem Geschäftspartner ist anzugeben, welche Kunden an welchem Ort besucht wurden. Angaben zu den Entfernungen zwischen den verschiedenen Orten sind nur bei größerer Differenz zwischen direkter Entfernung und tatsächlich gefahrenen Kilometern erforderlich.

26 b) Taxifahrer, Fahrlehrer

Bei Fahrten eines Taxifahrers im sog. Pflichtfahrgebiet ist es in Bezug auf Reisezweck, Reiseziel und aufgesuchtem Geschäftspartner ausreichend, täglich zu Beginn und Ende der Gesamtheit dieser Fahrten den Kilometerstand anzugeben mit der Angabe „Taxifahrten im Pflichtfahrgebiet" o. ä. Wurden Fahrten durchgeführt, die über dieses Gebiet hinausgehen, kann auf die genaue Angabe des Reiseziels nicht verzichtet werden.

27 Für Fahrlehrer ist es ausreichend, in Bezug auf Reisezweck, Reiseziel und aufgesuchten Geschäftspartner „Lehrfahrten", „Fahrschulfahrten" o. ä. anzugeben.

28 Werden regelmäßig dieselben Kunden aufgesucht, wie z. B. bei Lieferverkehr, und werden die Kunden mit Name und (Liefer-)-Adresse in einem Kundenverzeichnis unter einer Nummer geführt, unter der sie später identifiziert werden können, bestehen keine Bedenken, als Erleichterung für die Führung eines Fahrtenbuches zu Reiseziel, Reisezweck und aufgesuchtem Geschäftspartner jeweils zu Beginn und Ende der Lieferfahrten Datum und Kilometerstand sowie die Nummern der aufgesuchten Geschäftspartner aufzuzeichnen. Das Kundenverzeichnis ist dem Fahrtenbuch beizufügen.

29 Für die Aufzeichnung von Privatfahrten genügen jeweils Kilometerangaben; für Fahrten zwischen Wohnung und Betriebsstätte genügt jeweils ein kurzer Vermerk im Fahrtenbuch.

4. Nichtanerkennung eines Fahrtenbuches

30 Wird die Ordnungsmäßigkeit der Führung eines Fahrtenbuches von der Finanzverwaltung z. B. anlässlich einer Betriebsprüfung nicht anerkannt, ist der private Nutzungsanteil nach § 6 Absatz 1 Nummer 4 Satz 2 EStG zu bewerten, wenn die betriebliche Nutzung mehr als 50 Prozent beträgt. Für Fahrten zwischen Wohnung und Betriebsstätte sowie für Familienheimfahrten ist die Ermittlung der nicht abziehbaren Betriebsausgaben nach § 4 Absatz 5 Satz 1 Nummer 6 EStG vorzunehmen.

5. Ermittlung des privaten Nutzungsanteils bei Ausschluss der 1 %-Regelung

31 Beträgt der Umfang der betrieblichen Nutzung 10 bis 50 Prozent, darf der private Nutzungsanteil nicht gemäß § 6 Absatz 1 Nummer 4 Satz 2 EStG (1 %-Regelung) bewertet werden. Der private Nutzungsanteil ist als Entnahme gemäß § 6 Absatz 1 Nummer 4 Satz 1 EStG mit den auf die private Nutzung entfallenden tatsächlichen Selbstkosten (vgl. Randnummer 32) zu bewerten. Für Fahrten zwischen Wohnung und Betriebsstätte und Familienheimfahrten sind die nicht abziehbaren Betriebsausgaben nach § 4 Absatz 5 Satz 1 Nummer 6 Satz 3 2. Alternative EStG zu ermitteln.

IV. Gesamtaufwendungen für das Kraftfahrzeug

32 Zu den Gesamtaufwendungen für das Kraftfahrzeug (Gesamtkosten) gehören Kosten, die unmittelbar dem Halten und dem Betrieb des Kraftfahrzeugs zu dienen bestimmt sind und im Zusammenhang mit seiner Nutzung zwangsläufig anfallen (BFH-Urteil vom 14. September 2005, BStBl. II 2006 S. 72). Zu den Gesamtkosten gehören nicht die Sonderabschreibungen (BFH-Urteil vom 25. März 1988, BStBl. II S. 655). Außergewöhnliche Kraftfahrzeugkosten sind dagegen vorab der beruflichen oder privaten Nutzung zuzurechnen. Aufwendungen, die ausschließlich der privaten Nutzung zuzurechnen sind, sind vorab als Entnahme zu behandeln (z. B. Mautgebühren auf einer privaten Urlaubsreise – BFH-Urteil vom 14. September 2005, BStBl. II 2006 S. 72). Bei der Ermittlung des privaten Nutzungsanteils nach § 6 Absatz 1 Nummer 4 Satz 3 EStG sind die verbleibenden Kraftfahrzeugaufwendungen anhand des Fahrtenbuches anteilig der privaten Nutzung, der Nutzung für Fahrten zwischen Wohnung und Betriebsstätte oder für Familienheimfahrten zuzurechnen.

V. Fahrten zwischen Wohnung und Betriebsstätte

1. Mehrfache Fahrten zwischen Wohnung und Betriebsstätte

33 Werden täglich mehrere Fahrten zwischen Wohnung und Betriebsstätte zurückgelegt, so vervielfacht sich der pauschale Hinzurechnungsbetrag nach § 4 Absatz 5 Satz 1 Nummer 6 EStG nicht. Für die Ermittlung des betrieblichen Nutzungsumfangs sind auch die Mehrfachfahrten zu berücksichtigen.

2. Abziehbare Aufwendungen bei behinderten Menschen für Fahrten zwischen Wohnung und Betriebsstätte sowie Familienheimfahrten

34 Behinderte Menschen, deren Grad der Behinderung mindestens 70 beträgt, sowie behinderte Menschen, deren Grad der Behinderung weniger als 70, aber mindestens 50 beträgt und die in ihrer Bewegungsfähigkeit im Straßenverkehr erheblich beeinträchtigt sind, können ihre tatsächlichen Kosten für die Benutzung eines eigenen oder zur Nutzung überlassenen Kraftfahrzeuges für Fahrten zwischen Wohnung und Betriebsstätte sowie für Familienheimfahrten als Betriebsausgaben abziehen. Dabei ist der Gewinn nicht um Aufwendungen in Höhe des in § 4 Absatz 5 Satz 1 Nummer 6 EStG jeweils genannten positiven Unterschiedsbetrags zu erhöhen.

§ 8 EStG
R 8.1 Abs. 9 und 10

VI. Umsatzsteuerliche Beurteilung

35 Zur Frage des Vorsteuerabzugs und der Umsatzbesteuerung bei unternehmerisch genutzten Kraftfahrzeugen vgl. BMF-Schreiben vom 27. August 2004 (BStBl. I S. 864)*). Ist die Anwendung der 1%-Regelung gem. § 6 Absatz 1 Nummer 4 Satz 2 EStG ausgeschlossen, weil das Kraftfahrzeug zu weniger als 50 Prozent betrieblich genutzt wird, und wird der nicht unternehmerische Nutzungsanteil nicht durch ein ordnungsgemäßes Fahrtenbuch nachgewiesen, ist dieser Nutzungsanteil im Wege der Schätzung zu ermitteln, wobei der Umsatzbesteuerung grundsätzlich der für ertragsteuerliche Zwecke ermittelte private Nutzungsanteil zugrunde zu legen ist.

VII. Zeitliche Anwendung

36 Dieses Schreiben ersetzt die BMF-Schreiben vom 21. Januar 2002 (BStBl. I S. 148) und vom 7. Juli 2006 (BStBl. I S. 446) und ist in allen offenen Fällen anzuwenden. Randnummer 12 ist erstmals auf Wirtschaftsjahre anzuwenden, die nach dem 31. Dezember 2009 beginnen. Randnummer 17 ist erstmals ab dem Veranlagungszeitraum 2007 anzuwenden; wird der Gewinn nach einem vom Kalenderjahr abweichenden Wirtschaftsjahr ermittelt, ist Randnummer 17 erstmals ab 1. Januar 2007 anzuwenden.

Anlage 3
zu H 8.1 (9–10)

Nutzung von Elektro- und Hybridelektrofahrzeugen

BMF vom 5.6.2014 (BStBl. I S. 835)

Durch das AmtshilfeRLUmsG vom 26. Juni 2013 (BGBl. I S. 1809, BStBl I S. 802) wurde § 6 Absatz 1 Nummer 4 Satz 2 und 3 EStG um Sonderregelungen für Elektrofahrzeuge und extern aufladbare Hybridelektrofahrzeuge ergänzt. Im Einvernehmen mit den obersten Finanzbehörden der Länder gilt Folgendes:

1. Sachlicher Anwendungsbereich

a) Elektrofahrzeug

1 Elektrofahrzeug im Sinne des § 6 Absatz 1 Nummer 4 Satz 2 und 3 EStG ist ein Kraftfahrzeug, das ausschließlich durch einen Elektromotor angetrieben wird, der ganz oder überwiegend aus mechanischen oder elektrochemischen Energiespeichern (z. B. Schwungrad mit Generator oder Batterie) oder aus emissionsfrei betriebenen Energiewandlern (z. B. wasserstoffbetriebene Brennstoffzelle**) gespeist wird.

Nach dem Verzeichnis des Kraftfahrtbundesamtes zur Systematisierung von Kraftfahrzeugen und ihren Anhängern (Stand: Juni 2012) weisen danach folgende Codierungen im Feld 10 der Zulassungsbescheinigung ein Elektrofahrzeug i. d. S. aus: 0004 und 0015.

b) Hybridelektrofahrzeug

2 Hybridelektrofahrzeug***) ist ein Hybridfahrzeug, das zum Zwecke des mechanischen Antriebs aus folgenden Quellen im Fahrzeug gespeicherte Energie/Leistung bezieht:
- einem Betriebskraftstoff;
- einer Speichereinrichtung für elektrische Energie/Leistung (z. B. Batterie, Kondensator, Schwungrad mit Generator).

Hybridelektrofahrzeuge im Sinne des § 6 Absatz 1 Nummer 4 Satz 2 und 3 EStG müssen zudem extern aufladbar sein.

Nach dem Verzeichnis des Kraftfahrtbundesamtes zur Systematisierung von Kraftfahrzeugen und ihren Anhängern (Stand: Juni 2012) weisen danach folgende Codierungen im Feld 10 der Zulassungsbescheinigung ein Hybridelektrofahrzeug i. d. S. aus: 0016 bis 0019 und 0025 bis 0031.

2. Pauschale Ermittlung des privaten/pauschalen Nutzungswerts

a) Ermittlung des maßgebenden Listenpreises

3 Die Bemessungsgrundlage für die Ermittlung des Entnahmewerts nach § 6 Absatz 1 Nummer 4 Satz 2 EStG, der nicht abziehbaren Betriebsausgaben nach § 4 Absatz 5 Satz 1 Nummer 6 EStG oder des geldwerten Vorteils nach § 8 Absatz 2 Satz 2, 3 und 5 EStG ist der inländische Listenpreis im Zeitpunkt der Erstzulassung des Kraftfahrzeugs zuzüglich der Kosten für Sonderausstattung einschließlich Umsatzsteuer. Für Kraftfahrzeuge im Sinne der Rdnrn. 1 und 2 ist dieser Listenpreis wegen der darin enthaltenen Kosten für das Batteriesystem pauschal zu mindern; der pauschale Abschlag ist der Höhe nach begrenzt. Der Minderungs- und der Höchstbetrag richten sich nach dem Anschaffungsjahr des Kraftfahrzeugs und können aus nachfolgender Tabelle entnommen werden. Werden Elektro- und Hybridelektrofahrzeuge i. S. der Rdnrn. 1 und 2 gebraucht erworben, richtet sich der Minderungsbetrag nach dem Jahr der Erstzulassung des Kraftfahrzeugs. Der kWh-Wert kann dem Feld 22 der Zulassungsbescheinigung entnommen werden.

Anschaffungsjahr/ Jahr der Erstzulassung	Minderungsbetrag in Euro/kWh der Batteriekapazität	Höchstbetrag in Euro
2013 und früher	500	10 000
2014	450	9 500
2015	400	9 000
2016	350	8 500
2017	300	8 000
2018	250	7 500
2019	200	7 000
2020	150	6 500
2021	100	6 000
2022	50	5 500

4 Die Abrundung des Listenpreises auf volle Hundert Euro nach Rdnr. 10 des BMF-Schreibens vom 18. November 2009 (BStBl I S. 1326) und R 8.1 Absatz 9 Nummer 1 Satz 6 LStR ist nach Abzug des Abschlages vorzunehmen. Auf den so ermittelten Wert sind die Prozentsätze nach § 4 Absatz 5 Satz 1 Nummer 6 Satz 3, § 6 Absatz 1 Nummer 4 Satz 2 und § 8 Absatz 2 Satz 3 und 5 EStG anzuwenden.

Beispiel 1:

Der Steuerpflichtige hat in 2013 ein Elektrofahrzeug mit einer Batteriekapazität von 16,3 Kilowattstunden (kWh) erworben. Der Bruttolistenpreis beträgt 45 000 €. Die betriebliche Nutzung beträgt 60%. Der private Nutzungsanteil nach § 6 Absatz 1 Nummer 4 Satz 2 EStG ermittelt sich wie folgt:

Der Bruttolistenpreis ist um 8 150 € (16,3 kWh × 500 €) zu mindern. Der für die Ermittlung des Entnahmewerts geminderte und auf volle hundert Euro abgerundete Bruttolistenpreis beträgt 36.800 €. Die Nutzungsentnahme nach der 1%-Regelung beträgt 368 € pro Monat.

Beispiel 2:

Der Steuerpflichtige hat in 2013 ein Elektrofahrzeug mit einer Batteriekapazität von 26 Kilowattstunden (kWh) erworben. Der Bruttolistenpreis beträgt 109 150 €. Die betriebliche Nutzung beträgt 60%. Der private Nutzungsanteil nach § 6 Absatz 1 Nummer 4 Satz 2 EStG ermittelt sich wie folgt:

Der Bruttolistenpreis (109 150 €) ist um 10 000 € (26 kWh × 500 € = 13 000 €, begrenzt auf 10 000 € Höchstbetrag) zu mindern und auf volle Hundert Euro abzurunden. Der für die Ermittlung des Entnahmewerts geminderte Bruttolistenpreis beträgt 99 100 €. Die Nutzungsentnahme beträgt 991 € pro Monat.

---

*) Jetzt BMF-Schreiben vom 5.6.2014 (BStBl. I S. 896), auszugsweise abgedruckt als Anlage 12 zu H 8.1 (9–10) LStR.

**) Für Brennstoffzellenfahrzeuge werden ergänzende Regelungen aufgenommen, sobald diese allgemein marktgängig sind.

***) Vgl. Richtlinie 2007/46/EG des Europäischen Parlaments und des Rates vom 5. September 2007 zur Schaffung eines Rahmens für die Genehmigung von Kraftfahrzeugen und Kraftfahrzeuganhängern sowie von Systemen, Bauteilen und selbstständigen technischen Einheiten für diese Fahrzeuge (ABl. L263/1 vom 9.10.2007)

5 Eine Minderung der Bemessungsgrundlage ist nur dann vorzunehmen, wenn der Listenpreis die Kosten des Batteriesystems beinhaltet. Wird das Batteriesystem des Elektro- oder Hybridelektrofahrzeugs nicht zusammen mit dem Kraftfahrzeug angeschafft, sondern ist für dessen Überlassung ein zusätzliches Entgelt, z. B. in Form von Leasingraten, zu entrichten, kommt eine Minderung der Bemessungsgrundlage nicht in Betracht. Die für die Überlassung der Batterie zusätzlich zu entrichtenden Entgelte sind grundsätzlich als Betriebsausgaben abziehbar.

Beispiel 3:
Der Steuerpflichtige hat in 2013 ein Elektrofahrzeug mit einer Batteriekapazität von 16 Kilowattstunden (kWh) erworben. Der Bruttolistenpreis beträgt 25 640 €. Für die Batterie hat der Steuerpflichtige monatlich zusätzlich eine Mietrate von 79 Euro zu zahlen. Die betriebliche Nutzung beträgt 60 %. Der private Nutzungsanteil nach § 6 Absatz 1 Nummer 4 Satz 2 EStG ermittelt sich wie folgt:
Der Bruttolistenpreis (25 640 €) ist nicht zu mindern und wird – auf volle Hundert Euro abgerundet – für die Ermittlung des Entnahmewerts zugrunde gelegt. Die Nutzungsentnahme beträgt 256 € pro Monat.

6 Aus Vereinfachungsgründen ist es auch zulässig, die Nutzungsentnahme ausgehend vom Listenpreis für das Kraftfahrzeug mit Batteriesystem zu berechnen, wenn das gleiche Kraftfahrzeug am Markt jeweils mit oder ohne Batteriesystem angeschafft werden kann.

Beispiel 4:
Wie Beispiel 3, das Elektrofahrzeug könnte der Steuerpflichtige auch zusammen mit dem Batteriesystem erwerben. Der Bruttolistenpreis betrüge 31 640 €. Der private Nutzungsanteil nach § 6 Absatz 1 Nummer 4 Satz 2 EStG könnte auch wie folgt ermittelt werden:
Der Bruttolistenpreis (31 640 €) ist um 8 000 € (16 kWh × 500 € = 8 000 €) zu mindern und auf volle Hundert Euro abzurunden. Der für die Ermittlung des Entnahmewerts geminderte Bruttolistenpreis beträgt 23 600 €. Die Nutzungsentnahme beträgt 236 € pro Monat.

b) Begrenzung der pauschalen Wertansätze (sog. Kostendeckelung)

7 Nach den Rdnrn. 18 bis 20 des BMF-Schreibens vom 18. November 2009 (BStBl. I S. 1326) und Tz. I.8 des BMF-Schreibens vom 28. Mai 1996 (BStBl. I S. 654) werden die pauschalen Wertansätze auf die für das genutzte Kraftfahrzeug insgesamt tatsächlich entstandenen Gesamtkosten begrenzt. Zu den Gesamtkosten des Kraftfahrzeugs gehören auch die Absetzungen für Abnutzung. Für den Vergleich des pauschal ermittelten Nutzungswerts/geldwerten Vorteils mit den Gesamtkosten ist die Bemessungsgrundlage für die Absetzungen für Abnutzung um den Abschlag nach Rdnr. 3 zu mindern.

8 Enthalten die Anschaffungskosten für das Elektro- oder Hybridelektrofahrzeug keinen Anteil für das Batteriesystem (Rdnr. 5) und ist für die Überlassung der Batterie ein zusätzliches Entgelt (z. B. Miete oder Leasingrate) zu entrichten, sind die für das genutzte Kraftfahrzeug insgesamt tatsächlich entstandenen Gesamtkosten um dieses zusätzlich entrichtete Entgelt zu mindern. In diesem Fall sind auch weitere Kosten für das Batteriesystem, wie z. B. Reparaturkosten, Wartungspauschalen oder Beiträge für spezielle Batterieversicherungen abzuziehen, wenn sie vom Steuerpflichtigen zusätzlich zu tragen sind.

3. Ermittlung des tatsächlichen privaten/individuellen Nutzungswerts

9 Werden die Entnahme nach § 6 Absatz 1 Nummer 4 Satz 1 oder 3 (betriebliche Nutzung des Kraftfahrzeugs von 10 bis 50 Prozent oder Fahrtenbuchmethode), die nicht abziehbaren Betriebsausgaben nach § 4 Absatz 5 Satz 1 Nummer 6 Satz 3, 2. Halbsatz oder der geldwerte Vorteil nach § 8 Absatz 2 Satz 4 und 5 EStG mit den auf die jeweilige Nutzung entfallenden Aufwendungen bewertet und enthalten die Anschaffungskosten für das Elektro- oder Hybridelektrofahrzeug einen Anteil für das Batteriesystem, ist die Bemessungsgrundlage für die Absetzungen für Abnutzung um die nach § 6 Absatz 1 Nummer 4 Satz 2 EStG in pauschaler Höhe festgelegten Beträge zu mindern.

Beispiel 5:
Der Steuerpflichtige hat im Januar 2013 ein Elektrofahrzeug mit einer Batteriekapazität von 16 Kilowattstunden (kWh) erworben. Der Bruttolistenpreis beträgt 43 000 €; die tatsächlichen Anschaffungskosten 36 000 €. Die betriebliche Nutzung beträgt gemäß ordnungsgemäßem Fahrtenbuch 83 %. Der private Nutzungsanteil nach § 6 Absatz 1 Nummer 4 Satz 3 EStG ermittelt sich wie folgt:
Für die Ermittlung der Gesamtkosten sind die Anschaffungskosten um den pauschal ermittelten Minderungsbetrag i. H. v. 8 000 € (16 kWh × 500 €) zu mindern. Danach sind bei den Gesamtkosten Absetzungen für Abnutzung i. H. v. 4 666,67 € (36 000 € ./. 8 000 € = 28 000 € verteilt auf 6 Jahre) anzusetzen. Daneben sind Aufwendungen für Versicherung (1 000 €) und Strom (890 €) angefallen. Die Summe der geminderten Gesamtaufwendungen beträgt 6 556,67 €. Die Nutzungsentnahme nach der Fahrtenbuchmethode beträgt 1 114,63 € (17 %).

10 Wird die Batterie gemietet oder geleast, sind entsprechend Rdnr. 8 die Gesamtkosten um dieses zusätzlich entrichtete Entgelt zu mindern.

Beispiel 6:
Der Steuerpflichtige hat im Januar 2013 ein Elektrofahrzeug mit einer Batteriekapazität von 16 Kilowattstunden (kWh) erworben. Der Bruttolistenpreis beträgt 32 000 €; die tatsächlichen Anschaffungskosten (netto) 25 600 €. Für die Batterie hat der Steuerpflichtige monatlich zusätzlich eine Mietrate von 79 Euro zu zahlen. Die betriebliche Nutzung beträgt gemäß ordnungsgemäßem Fahrtenbuch 83 %. Der private Nutzungsanteil nach § 6 Absatz 1 Nummer 4 Satz 3 EStG ermittelt sich wie folgt:
Für die Ermittlung der Gesamtkosten sind Absetzungen für Abnutzung i. H. v. 4 266,67 € (25 600 € verteilt auf 6 Jahre) und weitere Aufwendungen für Versicherung (1 000 €) und Strom (890 €) anzusetzen. Die auf die Batteriemiete entfallenden Aufwendungen sind nicht zu berücksichtigen. Die Summe der geminderten Gesamtaufwendungen beträgt 6 156,67 €. Die Nutzungsentnahme nach der Fahrtenbuchmethode beträgt 1 046,63 € (17 %).

11 Miet-/Leasinggebühren für Kraftfahrzeuge im Sinne der Rdnrn. 1 und 2, die die Kosten des Batteriesystems beinhalten, sind aufzuteilen. Die anteilig auf das Batteriesystem entfallenden Miet-/Leasinggebühren mindern die Gesamtkosten (vgl. Rdnr. 10). Es bestehen keine Bedenken, wenn als Aufteilungsmaßstab hierfür das Verhältnis zwischen dem Listenpreis (einschließlich der Kosten für das Batteriesystem) und dem um den Abschlag nach Rdnr. 3 geminderten Listenpreis angesetzt wird.

Beispiel 7:
Der Steuerpflichtige hat im Januar 2013 ein Elektrofahrzeug mit einer Batteriekapazität von 16 Kilowattstunden (kWh) geleast. Der Bruttolistenpreis beträgt 43 000 €; die monatliche Leasingrate 399 Euro. Die betriebliche Nutzung beträgt gemäß ordnungsgemäßem Fahrtenbuch 83 %. Der private Nutzungsanteil nach § 6 Absatz 1 Nummer 4 Satz 3 EStG ermittelt sich wie folgt:
Für die Ermittlung der Gesamtkosten sind die Leasingraten unter Anwendung des Verhältnisses zwischen Listenpreis und dem um den pauschalen Abschlag geminderten Listenpreis aufzuteilen:
Listenpreis 43 000 €/geminderter Listenpreis 35 000 € entspricht einer Minderung von 18,6 % Leasingraten 399 € × 12 Monate = 4 788 € davon 18,6 % = 890,57 €.
Danach sind bei den Gesamtkosten Leasingaufwendungen i. H. v. 3 897,43 € anzusetzen. Daneben sind Aufwendungen für Versicherung (1 000 €) und Strom (890 €) angefallen. Die Summe der geminderten Gesamtaufwendungen beträgt 5 787,43 €. Die Nutzungsentnahme nach der Fahrtenbuchmethode beträgt 983,86 € (17 %).

4. Anwendungszeitraum

12 Die Minderung der Bemessungsgrundlage für die Ermittlung der Privatentnahme, der nicht abziehbaren Betriebsausgaben oder des geldwerten Vorteils für die Nutzung eines Elektro- oder eines Hybridelektrofahrzeugs ist ab dem 1. Januar 2013 für Elektrofahrzeuge und Hybridelektrofahrzeuge anzuwenden, die vor dem 1. Januar 2023 angeschafft, geleast oder zur Nutzung überlassen werden (§ 52 Absatz 1 und Absatz 16 Satz 11 EStG).

§ 8 EStG
R 8.1 Abs. 9 und 10

Anlage 4
zu H 8.1 (9–10)

Überlassung von Firmenwagen für Fahrten zwischen Wohnung und regelmäßiger Arbeitsstätte*); Anwendung der BFH-Rechtsprechung

BMF-Schreiben vom 1.4.2011 (BStBl. I S. 301)

Zu den Urteilen des Bundesfinanzhofs (BFH) vom 22.9.2010 – VI R 54/09 – (BStBl II 2011 Seite 354), – VI R 55/09 – (BStBl II 2011 Seite 358) und – VI R 57/09 – (BStBl II 2011 Seite 359) sowie zu den Urteilen des BFH vom 4.4.2008 – VI R 85/04 – (BStBl II Seite 887), – VI R 68/05 – (BStBl II Seite 890) und vom 28.8.2008 – VI R 52/07 – (BStBl II 2009 Seite 280) gilt im Einvernehmen mit den obersten Finanzbehörden der Länder Folgendes:

Die Urteile sind über den jeweils entschiedenen Einzelfall hinaus entsprechend den nachfolgenden Regelungen anzuwenden. Die BMF-Schreiben vom 23.10.2008 (BStBl I Seite 961) und vom 12.3.2009 (BStBl I Seite 500) werden aufgehoben.

1. Grundsätze der BFH-Rechtsprechung; BFH-Urteil – VI R 57/09 –

1 Der BFH hat seine Rechtsauffassung bestätigt, dass die Zuschlagsregelung des § 8 Absatz 2 Satz 3 EStG einen Korrekturposten zum Werbungskostenabzug darstellt und daher nur insoweit zur Anwendung kommt, wie der Arbeitnehmer den Dienstwagen tatsächlich für Fahrten zwischen Wohnung und regelmäßiger Arbeitsstätte**) benutzt hat. Die Zuschlagsregelung des § 8 Absatz 2 Satz 3 EStG habe nicht die Funktion, eine irgendwie geartete zusätzliche private Nutzung des Dienstwagens zu bewerten. Sie bezwecke lediglich einen Ausgleich für abziehbare, tatsächlich aber nicht entstandene Erwerbsaufwendungen.

2 Zur Ermittlung des Zuschlags für Fahrten zwischen Wohnung und regelmäßiger Arbeitsstätte**) ist nach Auffassung des BFH (Urteil vom 4.4.2008 – VI R 85/04 –, BStBl II Seite 887) eine Einzelbewertung der tatsächlichen Fahrten mit 0,002 % des Listenpreises im Sinne des § 6 Absatz 1 Nummer 4 Satz 2 EStG je Entfernungskilometer vorzunehmen.

2. Zeitliche Anwendung der BFH-Rechtsprechung

2.1. Anwendung der BFH-Rechtsprechung bis einschließlich 2010

3 Die BFH-Rechtsprechung ist für Veranlagungszeiträume bis einschließlich 2010 in allen offenen Fällen im Veranlagungsverfahren anwendbar. Der für Lohnzahlungszeiträume bis einschließlich 2010 vorgenommene Lohnsteuerabzug ist nicht zu ändern.

2.2. Anwendung der BFH-Rechtsprechung ab 2011

4 Die BFH-Rechtsprechung ist im Lohnsteuerabzugsverfahren und im Veranlagungsverfahren anwendbar.

5 Im Lohnsteuerabzugsverfahren ist der Arbeitgeber nicht zur Einzelbewertung der tatsächlichen Fahrten zwischen Wohnung und regelmäßiger Arbeitsstätte**) (vgl. Rdnr. 2) verpflichtet. Dem Arbeitgeber bleibt es unbenommen, im Lohnsteuerabzugsverfahren nur die kalendermonatliche Ermittlung des Zuschlags mit 0,03 Prozent des Listenpreises für jeden Kilometer der Entfernung zwischen Wohnung und regelmäßiger Arbeitsstätte***) (0,03 %Regelung) vorzunehmen, z. B. die Gestellung des betrieblichen Kraftfahrzeugs an die Anwendung der 0,03 %-Regelung zu binden.

6 Der Arbeitgeber muss in Abstimmung mit dem Arbeitnehmer die Anwendung der BFH-Rechtsprechung oder die Anwendung der 0,03 %-Regelung für jedes Kalenderjahr einheitlich für alle diesem überlassenen betrieblichen Kraftfahrzeuge festlegen. Die Methode darf während des Kalenderjahres nicht gewechselt werden; zur Anwendung im Lohnsteuerabzugsverfahren für 2011 vgl. Rdnr. 12. Bei der Veranlagung zur Einkommensteuer ist der Arbeitnehmer nicht an die für die Erhebung der Lohnsteuer gewählte Methode gebunden und kann die Methode einheitlich für alle ihm überlassenen betrieblichen Kraftfahrzeuge für das gesamte Kalenderjahr wechseln.

3. Materielle Anwendung der BFH-Rechtsprechung

7 Grundsätzlich ist die Ermittlung des Zuschlags für die Nutzung eines betrieblichen Kraftfahrzeugs für Fahrten zwischen Wohnung und regelmäßiger Arbeitsstätte**) kalendermonatlich mit 0,03 Prozent des Listenpreises für jeden Kilometer der Entfernung zwischen Wohnung und regelmäßiger Arbeitsstätte***) vorzunehmen. Eine Einzelbewertung der tatsächlichen Fahrten zwischen Wohnung und regelmäßiger Arbeitsstätte**) (vgl. Rdnr. 2) ist nur unter den nachfolgenden Voraussetzungen zulässig.

3.1. Anwendung der BFH-Rechtsprechung im Lohnsteuerabzugsverfahren

8 Der Arbeitnehmer hat gegenüber dem Arbeitgeber kalendermonatlich fahrzeugbezogen schriftlich zu erklären, an welchen Tagen (mit Datumsangabe) er das betriebliche Kraftfahrzeug tatsächlich für Fahrten zwischen Wohnung und regelmäßiger Arbeitsstätte**) genutzt hat; die bloße Angabe der Anzahl der Tage reicht nicht aus. Es sind keine Angaben erforderlich, wie der Arbeitnehmer an den anderen Arbeitstagen zur regelmäßigen Arbeitsstätte****) gelangt ist. Arbeitstage, an denen der Arbeitnehmer das betriebliche Kraftfahrzeug für Fahrten zwischen Wohnung und regelmäßiger Arbeitsstätte**) mehrmals benutzt, sind für Zwecke der Einzelbewertung nur einmal zu erfassen. Diese Erklärungen des Arbeitnehmers hat der Arbeitgeber als Belege zum Lohnkonto aufzubewahren. Es ist aus Vereinfachungsgründen nicht zu beanstanden, wenn für den Lohnsteuerabzug jeweils die Erklärung des Vormonats zugrunde gelegt wird.

9 Stehen dem Arbeitnehmer gleichzeitig mehrere betriebliche Kraftfahrzeuge zur Verfügung, ist die Regelung, nach der dem Nutzungswert für Fahrten zwischen Wohnung und regelmäßiger Arbeitsstätte**) stets der Listenpreis des überwiegend für diese Fahrten benutzten betrieblichen Kraftfahrzeugs zugrunde zu legen ist (BMF-Schreiben vom 28.5.1996, BStBl I Seite 654),*****) für Zwecke der Einzelbewertung nicht anzuwenden. Der Zuschlag für Fahrten zwischen Wohnung und regelmäßiger Arbeitsstätte**) ist in diesen Fällen entsprechend den Angaben des Arbeitnehmers (vgl. Rdnr. 8) fahrzeugbezogen zu ermitteln.

10 Der Arbeitgeber hat aufgrund der Erklärungen des Arbeitnehmers den Lohnsteuerabzug durchzuführen, sofern der Arbeitnehmer nicht erkennbar unrichtige Angaben macht. Ermittlungspflichten des Arbeitgebers ergeben sich hierdurch nicht.

11 Wird im Lohnsteuerabzugsverfahren eine Einzelbewertung der tatsächlichen Fahrten zwischen Wohnung und regelmäßiger Arbeitsstätte**) vorgenommen, so hat der Arbeitgeber für alle dem Arbeitnehmer überlassenen betrieblichen Kraftfahrzeuge eine jahresbezogene Begrenzung auf insgesamt 180 Fahrten vorzunehmen. Eine monatliche Begrenzung auf 15 Fahrten ist ausgeschlossen.

Beispiel 1:

Arbeitnehmer A kann ein vom Arbeitgeber B überlassenes betriebliches Kraftfahrzeug (Mittelklasse) auch für Fahrten zwischen Wohnung und regelmäßiger Arbeitsstätte**) nutzen. B liegen datumsgenaue Erklärungen des A über Fahrten zwischen Wohnung und regelmäßiger Arbeitsstätte**) für die Monate Januar bis Juni an jeweils 14 Tagen, für die Monate Juli bis November an jeweils 19 Tagen vor. Für den Monat Dezember liegt B eine datumsgenaue Erklärung des A über Fahrten zwischen Wohnung und regelmäßiger Arbeitsstätte**) an 4 Tagen vor.

In den Monaten Januar bis Juni hat B für Zwecke der Einzelbewertung jeweils 14 Tage zugrunde zulegen, in den Monaten Juli bis November jeweils 19 Tage. Wegen der jahresbezogenen Begrenzung ist für Zwecke der Einzelbewertung im Dezember nur ein Tag anzusetzen (Anzahl der Fahrten von Januar bis November = 179). Damit ergeben sich für die Einzelbewertung der tatsächlichen Fahrten des A zwischen Wohnung und regelmäßiger Arbeitsstätte**) je Kalendermonat folgende Prozentsätze:

- Januar bis Juni: 0,028 % (14 Fahrten × 0,002 %)
- Juli bis November: 0,038 % (19 Fahrten × 0,002 %)
- Dezember: 0,002 % (1 Fahrt × 0,002 %).

---

*) Jetzt Fahrten zwischen Wohnung und erster Tätigkeitsstätte sowie Fahrten nach § 9 Abs. 1 Satz 3 Nr. 4a Satz 3 EStG (>§ 8 Abs. 2 Satz 3 EStG).

**) Jetzt Fahrten zwischen Wohnung und erster Tätigkeitsstätte bzw. Fahrten nach § 9 Abs. 1 Satz 3 Nr. 4a Satz 3 EStG.

***) Jetzt Entfernung zwischen Wohnung und erster Tätigkeitsstätte sowie der Fahrten nach § 9 Abs. 1 Satz 3 Nr. 4a Satz 3 EStG (>§ 8 Abs. 2 Satz 3 EStG).

****) Jetzt erste Tätigkeitsstätte; bei Fahrten nach § 9 Abs. 1 Satz 3 Nr. 4a Satz 3 EStG: demselben Ort oder demselben weiträumigen Tätigkeitsgebiet.

*****) Abgedruckt als Anlage 1 zu H 8.1 (9–10) LStR.

Beispiel 2:
Wie Beispiel 1. Ab Dezember steht dem A ein anderes betriebliches Kraftfahrzeug (Oberklasse) zur Nutzung zur Verfügung.

Für die Einzelbewertung der tatsächlichen Fahrten des A zwischen Wohnung und regelmäßiger Arbeitsstätte*) ergeben sich entsprechend der zeitlichen Reihenfolge der tatsächlichen Fahrten zwischen Wohnung und regelmäßiger Arbeitsstätte*) je Kalendermonat folgende Prozentsätze:

- Januar bis Juni: 0,028 % (14 Fahrten × 0,002 %)
- Juli bis November: 0,038 % (19 Fahrten × 0,002 %)
  jeweils vom Listenpreis des betrieblichen Kraftfahrzeugs der Mittelklasse,
- Dezember: 0,002 % (1 Fahrt × 0,002 %)
  vom Listenpreis des betrieblichen Kraftfahrzeugs der Oberklasse.

12 Hat der Arbeitgeber bisher im Lohnsteuerabzugsverfahren 2011 die 0,03 %-Regelung angewandt, kann er abweichend von Rdnr. 6 Satz 2 während des Kalenderjahres 2011 zur Anwendung der BFH-Rechtsprechung übergehen. Die Methode darf während des Kalenderjahres 2011 nicht erneut gewechselt werden. Die in Rdnr. 11 Satz 1 vorgesehene Begrenzung auf 180 Tage ist für jeden Kalendermonat, in der die 0,03 %-Regelung angewandt wurde, um 15 Tage zu kürzen.

13 Im Falle der Einzelbewertung der tatsächlichen Fahrten zwischen Wohnung und regelmäßiger Arbeitsstätte**) ist die Lohnsteuerpauschalierung nach § 40 Absatz 2 Satz 2 EStG anhand der vom Arbeitnehmer erklärten Anzahl der Tage vorzunehmen; R 40.2 Absatz 6 Satz 1 Nummer 1 Buchstabe b), 2. Halbsatz LStR 2011 ist nicht anzuwenden.

3.2. Anwendung der BFH-Rechtsprechung im Veranlagungsverfahren

14 Um im Veranlagungsverfahren zur Einzelbewertung der tatsächlichen Fahrten zwischen Wohnung und regelmäßiger Arbeitsstätte*) wechseln zu können, muss der Arbeitnehmer fahrzeugbezogen darlegen, an welchen Tagen (mit Datumsangabe) er das betriebliche Kraftfahrzeug tatsächlich für Fahrten zwischen Wohnung und regelmäßiger Arbeitsstätte*) genutzt hat. Zudem hat er durch geeignete Belege glaubhaft zu machen, dass und in welcher Höhe der Arbeitgeber den Zuschlag mit 0,03 Prozent des Listenpreises für jeden Kilometer der Entfernung zwischen Wohnung und regelmäßiger Arbeitsstätte***) ermittelt und versteuert hat (z. B. Gehaltsabrechnung, die die Besteuerung des Zuschlags erkennen lässt; Bescheinigung des Arbeitgebers). Für das Veranlagungsverfahren 2011 gilt Rdnr. 12 entsprechend.

4. Gestellung eines Fahrers für die Fahrten zwischen Wohnung und regelmäßiger Arbeitsstätte*); BFH-Urteil – VI R 54/09 –

15 Für Veranlagungszeiträume ab 2001 bleiben die bestehenden Verwaltungsregelungen zur Gestellung eines Fahrers für die Fahrten zwischen Wohnung und regelmäßiger Arbeitsstätte*) im Hinblick auf die ab 2001 geltende, von den tatsächlichen Aufwendungen grundsätzlich unabhängige Entfernungspauschale unberührt, vgl. R 8.1 (10) LStR 2011.

5. Selbständige Anwendung der Zuschlagsregelung des § 8 Absatz 2 Satz 3 EStG; BFH-Urteil – VI R 54/09 –

16 Der BFH vertritt die Auffassung, die Zuschlagsregelung des § 8 Absatz 2 Satz 3 EStG („wenn und soweit" das Kraftfahrzeug tatsächlich genutzt wird) sei neben der 1 %Regelung selbständig anzuwenden, wenn das Kraftfahrzeug ausschließlich für Fahrten zwischen Wohnung und regelmäßiger Arbeitsstätte*) überlassen wird; die Formulierung „auch" in § 8 Absatz 2 Satz 3 EStG stehe dem nicht entgegen. Dieser Auffassung des BFH wird aus Vereinfachungsgründen gefolgt. Die bestehenden Verwaltungsregelungen zum Nutzungsverbot des betrieblichen Kraftfahrzeugs für private Zwecke sind zu beachten (BMF-Schreiben vom 28. Mai 1996, BStBl I Seite 654).****)

6. Park and ride; BFH-Urteil – VI R 68/05 –

17 Setzt der Arbeitnehmer ein ihm überlassenes betriebliches Kraftfahrzeug bei den Fahrten zwischen Wohnung und regelmäßiger Arbeitsstätte*) oder bei Familienheimfahrten nur für eine Teilstrecke ein, so ist der Ermittlung des Zuschlags grundsätzlich die gesamte Entfernung zugrunde zu legen. Es ist nicht zu beanstanden, den Zuschlag auf der Grundlage der Teilstrecke zu ermitteln, die mit dem betrieblichen Kraftfahrzeug tatsächlich zurückgelegt wurde, wenn

a) das Kraftfahrzeug vom Arbeitgeber nur für diese Teilstrecke zur Verfügung gestellt worden ist und der Arbeitgeber die Einhaltung seines Nutzungsverbots überwacht (BMF-Schreiben vom 28.5.1996 – BStBl I Seite 654)****) oder

b) für die restliche Teilstrecke ein Nachweis über die Benutzung eines anderen Verkehrsmittels erbracht wird, z. B. eine auf den Arbeitnehmer ausgestellte Jahres-Bahnfahrkarte vorgelegt wird (BFH-Urteil vom 4.4.2008 – VI R 68/05 – BStBl II Seite 890).

Anlage 5
zu H 8.1 (9–10)

Ordnungsmäßigkeit eines elektronische Fahrtenbuchs

Kurzinformation der Oberfinanzdirektionen Rheinland und Münster für den Lohnsteuer-Außendienst Nr. 02/2013 vom 18.2.2013

Elektronische Fahrtenbücher bzw. elektronische Fahrtenbuchprogramme werden von der Finanzverwaltung weder zertifiziert noch zugelassen. Eine derartige Zertifizierung/Zulassung könnte sich auch immer nur auf eine bestimmte Programmversion beziehen, weil bei einer Versionsänderung zertifizierungs-/zulassungsschädliche Änderungen nicht ausgeschlossen werden könnten.

Selbst wenn die technischen Voraussetzungen für die Führung eines ordnungsgemäßen elektronischen Fahrtenbuchs erfüllt werden, setzt die Anerkennung eines elektronischen Fahrtenbuchs als ordnungsgemäß auch voraus, dass die Hard- und Software ordnungsgemäß bedient werden und das Fahrtenbuch hinterher alle von der BFH-Rechtsprechung und der Finanzverwaltung – insbesondere in R 8.1 Abs. 9 Nr. 2 LStR – geforderten Angaben enthält.

Die Prüfung, ob ein elektronisches Fahrtenbuch als ordnungsgemäß anzuerkennen ist, kann deshalb immer nur für den jeweiligen Einzelfall erfolgen.

Im Urteil vom 1.3.2012 (VI R 33/10, BStBl. II 2012 S. 505) führt der BFH aus:

„Der gesetzlich nicht weiter bestimmte Begriff des ordnungsgemäßen Fahrtenbuchs i. S. des § 8 Abs. 2 Satz 4 EStG ist durch die Rechtsprechung des BFH dahingehend präzisiert worden, dass nach dem Wortlaut sowie Sinn und Zweck der Regelung die dem Nachweis des zu versteuernden Privatanteils an der Gesamtfahrleistung dienenden Aufzeichnungen eine hinreichende Gewähr für ihre Vollständigkeit und Richtigkeit bieten und mit vertretbarem Aufwand auf ihre materielle Richtigkeit hin überprüfbar sein müssen. Ein ordnungsgemäßes Fahrtenbuch muss zeitnah und in geschlossener Form geführt werden, um so nachträgliche Einfügungen oder Änderungen auszuschließen oder als solche erkennbar zu machen. Hierfür hat es neben dem Datum und den Fahrtzielen grundsätzlich auch den jeweils aufgesuchten Kunden oder Geschäftspartner oder – wenn ein solcher nicht vorhanden ist – den konkreten Gegenstand der dienstlichen Verrichtung aufzuführen (...). Dementsprechend müssen die zu erfassenden Fahrten einschließlich des an ihrem Ende erreichten Gesamtkilometerstands im Fahrtenbuch vollständig und in ihrem fortlaufenden Zusammenhang wiedergegeben werden. Grundsätzlich ist dabei jede einzelne berufliche Verwendung für sich und mit dem bei Abschluss der Fahrt erreichten Gesamtkilometerstand des Fahrzeugs aufzuzeichnen. Besteht allerdings eine einheitliche berufliche Reise aus mehreren Teilabschnitten, so können diese Abschnitte miteinander zu einer zusammengefassten Eintragung verbunden werden. Dann genügt die Aufzeichnung des am Ende der gesamten Reise erreichten Gesamtkilometerstands, wenn zugleich die einzelnen Kunden oder Geschäftspartner im Fahrtenbuch in der zeitlichen Reihenfolge aufgeführt werden, in der sie aufgesucht worden sind. Wenn jedoch

---

*) Jetzt Fahrten zwischen Wohnung und erster Tätigkeitsstätte bzw. Fahrten nach § 9 Abs. 1 Satz 3 Nr. 4a Satz 3 EStG.

**) Jetzt Fahrten zwischen Wohnung und erster Tätigkeitsstätte (§ 40 Abs. 2 Satz 2 EStG).

***) Jetzt Entfernung zwischen Wohnung und erster Tätigkeitsstätte sowie der Fahrten nach § 9 Abs. 1 Satz 3 Nr. 4a Satz 3 EStG (>§ 8 Abs. 2 Satz 3 EStG).

****) Abgedruckt als Anlage 1 zu H 8.1 (9–10) LStR.

der berufliche Einsatz des Fahrzeugs zugunsten einer privaten Verwendung unterbrochen wird, stellt diese Nutzungsänderung wegen der damit verbundenen unterschiedlichen steuerlichen Rechtsfolgen einen Einschnitt dar, der im Fahrtenbuch durch Angabe des bei Abschluss der beruflichen Fahrt erreichten Kilometerstands zu dokumentieren ist (...)."

In H 8.1 (9–10) „elektronisches Fahrtenbuch" LStH heißt es:

„Ein elektronisches Fahrtenbuch ist anzuerkennen, wenn sich daraus dieselben Erkenntnisse wie aus einem manuell geführten Fahrtenbuch gewinnen lassen. Beim Ausdrucken von elektronischen Aufzeichnungen müssen nachträgliche Veränderungen der aufgezeichneten Angaben technisch ausgeschlossen, zumindest aber dokumentiert werden (...)."

Der erste Leitsatz des BFH-Urteils vom 16.11.2005 (VI R 64/04, BStBl. II 2006 S. 410) lautet:

„Eine mit Hilfe eines Computerprogramms erzeugte Datei genügt den Anforderungen an ein ordnungsgemäßes Fahrtenbuch nur dann, wenn nachträgliche Veränderungen an den zu einem früheren Zeitpunkt eingegebenen Daten nach der Funktionsweise des verwendeten Programms technisch ausgeschlossen sind oder in ihrer Reichweite in der Datei selbst dokumentiert und offen gelegt werden."

Die eindeutige Kennzeichnung einer geänderten Eingabe sowohl in der Anzeige des elektronischen Fahrtenbuchs am Bildschirm als auch in seinem Ausdruck ist unverzichtbare Voraussetzung für die Anerkennung eines elektronischen Fahrtenbuchs. Nur wenn diese Voraussetzungen erfüllt sind, ist eine hinreichende Gewähr für die Vollständigkeit und Richtigkeit gegeben. Es muss darüber hinaus auch sichergestellt sein, dass die Daten des elektronischen Fahrtenbuchs bis zum Ablauf der Aufbewahrungsfrist für ein Fahrtenbuch unveränderlich aufbewahrt und (ggf. wieder unverändert) lesbar gemacht werden können. Bei eventuellen Änderungen müssen die Änderungshistorie mit Änderungsdatum/-daten und (jeweils) ursprünglichem Inhalt ersichtlich sein. Auch die Änderungshistorie darf nicht nachträglich verändert sein.

Bestehen außersteuerliche oder steuerliche Aufzeichnungs- und Aufbewahrungspflichten und sind die aufzeichnungs- und aufbewahrungspflichtigen Unterlagen mit Hilfe eines Datenverarbeitungssystems erstellt worden (z. B. elektronisches Fahrtenbuch), so hat die Finanzverwaltung ein Datenzugriffsrecht auf diese digitalen Unterlagen (§ 147 Abs. 6 AO). Besteht ein Datenzugriffsrecht auf ein elektronisches Fahrtenbuch, muss auch die maschinelle Auswertbarkeit der Fahrtenbuchdaten nach § 147 Abs. 2 AO gewährleistet sein.

Zu der Frage, ob ein elektronisches Fahrtenbuch, in dem alle Fahrten automatisch bei Beendigung jeder Fahrt mit Datum, Kilometerstand und Fahrtziel erfasst werden, zeitnah geführt ist, wenn der Fahrer den Fahrtanlass erst nachträglich in einem Webportal einträgt, ist dem Anbieter eines elektronischen Fahrtenbuchprogramms auf dessen Anfragen vom Bundesfinanzministerium mit Schreiben vom 27.10. und 7.12.2011 mitgeteilt worden: „Die obersten Finanzbehörden des Bundes und der Länder betrachten bei einem elektronischen Fahrtenbuch die nachträgliche Eintragung des Fahrtzwecks in einem Webportal als zulässig. Dabei müssen die Person und der Zeitpunkt der nachträglichen Eintragung im Webportal dokumentiert sein." „Es bestehen keine Bedenken, ein elektronisches Fahrtenbuch, in dem alle Fahrten automatisch bei Beendigung jeder Fahrt mit Datum, Kilometerstand und Fahrtziel erfasst werden, jedenfalls dann als zeitnah geführt anzusehen, wenn der Fahrer den dienstlichen Fahrtanlass innerhalb eines Zeitraums von bis zu sieben Kalendertagen nach Abschluss der jeweiligen Fahrt in einem Webportal einträgt und die übrigen Fahrten dem privaten Bereich zugeordnet werden."

Nach R 8.1 Abs. 9 Nr. 2 Satz 4 LStR genügen für Privatfahrten jeweils Kilomterangaben. Die Angabe des Datums ist also bei Privatfahrten – im Gegensatz zu beruflichen Fahrten – nicht vorgesehen. Da die beruflich und privat zurückgelegten Fahrtstrecken gesondert und laufend im Fahrtenbuch nachzuweisen sind (Hinweis auf R 8.1 Abs. 9 Nr. 2 Satz 2 LStR), ergeben sich die Daten der Privatfahrten (zumindest der Zeitraum) regelmäßig aus dem Zusammenhang der Eintragungen. Nur wenn die privat zurückgelegten Fahrtstrecken im fortlaufenden Zusammenhang der durchgeführten Fahrten im Fahrtenbuch nachgewiesen werden, können die Anforderungen an ein ordnungsgemäßes elektronisches Fahrtenbuch erfüllt werden. Das gilt auch z. B. für das Ausschalten des GPS-Moduls des Bordcomputers.

Bei einem elektronischen Fahrtenbuch ist die GPS-Ermittlung der Fahrtstrecken und die dadurch entstehende Abweichung vom Tachostand des Fahrzeugs grundsätzlich unbedenklich. Allerdings sollte der tatsächliche Tachostand im Halbjahres- oder Jahresabstand dokumentiert werden.

Anlage 6
zu H 8.1 (9–10)

Zuzahlungen bzw. Aufwendungen des Arbeitnehmers bei Firmenwagengestellung

BMF-Schreiben vom 19.4.2013 (BStBl. I S. 513)

Im Einvernehmen mit den obersten Finanzbehörden der Länder gilt zur lohnsteuerlichen Behandlung vom Arbeitnehmer selbst getragener Aufwendungen bei der Überlassung eines betrieblichen Kraftfahrzeugs Folgendes:

1. Nutzungsentgelt i. S. v. R 8.1 Absatz 9 Nummer 4 LStR 2011

1 Zahlt der Arbeitnehmer an den Arbeitgeber oder auf dessen Weisung an einen Dritten zur Erfüllung einer Verpflichtung des Arbeitgebers (abgekürzter Zahlungsweg) für die außerdienstliche Nutzung (Nutzung zu privaten Fahrten, zu Fahrten zwischen Wohnung und regelmäßiger Arbeitsstätte*) und zu Heimfahrten im Rahmen einer doppelten Haushaltsführung) eines betrieblichen Kraftfahrzeugs ein Nutzungsentgelt, mindert dies den Nutzungswert (R 8.1 Absatz 9 Nummer 4 Satz 1 LStR 2011).

2 Es ist gleichgültig, ob das Nutzungsentgelt pauschal oder entsprechend der tatsächlichen Nutzung des Kraftfahrzeugs bemessen wird (R 8.1 Absatz 9 Nummer 4 Satz 2 LStR 2011). Nutzungsentgelt i. S. v. R 8.1 Absatz 9 Nummer 4 LStR 2011 ist:

a) ein arbeitsvertraglich oder aufgrund einer anderen arbeits- oder dienstrechtlichen Rechtsgrundlage vereinbarter nutzungsunabhängiger pauschaler Betrag (z. B. Monatspauschale),

b) ein arbeitsvertraglich oder aufgrund einer anderen arbeits- oder dienstrechtlichen Rechtsgrundlage vereinbarter an den gefahrenen Kilometern ausgerichteter Betrag (z. B. Kilometerpauschale) oder

c) die arbeitsvertraglich oder aufgrund einer anderen arbeits- oder dienstrechtlichen Rechtsgrundlage vom Arbeitnehmer übernommenen Leasingraten.

3 Die vollständige oder teilweise Übernahme einzelner Kraftfahrzeugkosten (z. B. Treibstoffkosten, Versicherungsbeiträge, Wagenwäsche) durch den Arbeitnehmer ist kein an der tatsächlichen Nutzung bemessenes Nutzungsentgelt i. S. d. Rdnr. 2 (vgl. R 8.1 Absatz 9 Nummer 1 Satz 5 LStR 2011, siehe auch BFH-Urteil vom 18. Oktober 2007, BStBl 2008 II Seite 198). Dies gilt auch für einzelne Kraftfahrzeugkosten, die zunächst vom Arbeitgeber verauslagt und anschließend dem Arbeitnehmer weiterbelastet werden oder, wenn der Arbeitnehmer zunächst pauschale Abschlagszahlungen leistet, die zu einem späteren Zeitpunkt nach den tatsächlich entstandenen Kraftfahrzeugkosten abgerechnet werden. Ein den Nutzungswert minderndes Nutzungsentgelt muss daher arbeitsvertraglich oder aufgrund einer anderen arbeits- oder dienstrechtlichen Rechtsgrundlage für die Gestellung des betrieblichen Kraftfahrzeugs vereinbart worden sein und darf nicht die Weiterbelastung einzelner Kraftfahrzeugkosten zum Gegenstand haben. Wie der Arbeitgeber das pauschale Nutzungsentgelt kalkuliert, ist dagegen unerheblich.

4 In Höhe des Nutzungsentgelts i. S. d. Rdnr. 2 ist der Arbeitnehmer nicht bereichert und die gesetzlichen Voraussetzungen des § 8 Absatz 1 EStG i. V. m. § 19 Absatz 1 EStG sind nicht erfüllt. Übersteigt das Nutzungsentgelt den Nutzungswert, führt der

---
*) Jetzt Fahrten zwischen Wohnung und erster Tätigkeitsstätte sowie Fahrten nach § 9 Abs. 1 Satz 3 Nr. 4a Satz 3 EStG (>§ 8 Abs. 2 Satz 3 EStG).

übersteigende Betrag weder zu negativem Arbeitslohn noch zu Werbungskosten.

2. Pauschale Nutzungswertmethode (1 %-Regelung, 0,03 %-Regelung)

5 Der geldwerte Vorteil aus der Gestellung eines Dienstwagens ist monatlich pauschal mit 1 % des inländischen Listenpreises im Zeitpunkt der Erstzulassung zuzüglich der Kosten für Sonderausstattungen einschließlich der Umsatzsteuer zu bewerten (§ 8 Absatz 2 Satz 2 i. V. m. § 6 Absatz 1 Nummer 4 Satz 2 EStG). Wird der geldwerte Vorteil aus der Nutzung eines betrieblichen Kraftfahrzeugs zu privaten Fahrten typisierend nach der 1 %-Regelung ermittelt, so ist der geldwerte Vorteil grundsätzlich um monatlich 0,03 % des Listenpreises für jeden Kilometer der Entfernung zwischen Wohnung und regelmäßiger Arbeitsstätte*) zu erhöhen, wenn das Kraftfahrzeug auch für Fahrten zwischen Wohnung und regelmäßiger Arbeitsstätte**) genutzt werden kann (§ 8 Absatz 2 Satz 3 EStG, im Übrigen vgl. BMF-Schreiben vom 1. April 2011, BStBl. I Seite 301***)). Die Begrenzung des pauschalen Nutzungswerts auf die Gesamtkosten ist zu beachten (vgl. BMF-Schreiben vom 28. Mai 1996, BStBl. I Seite 654 Tz. I.8****)).

Beispiele

6 Der Arbeitgeber hat seinem Arbeitnehmer ein betriebliches Kraftfahrzeug auch zur Privatnutzung überlassen und den geldwerten Vorteil aus der Kraftfahrzeuggestellung nach der 1 %-Regelung bewertet.

Beispiel 1

In der Nutzungsüberlassungsvereinbarung ist geregelt, dass der Arbeitnehmer ein Nutzungsentgelt in Höhe von 0,20 Euro je privat gefahrenen Kilometer zu zahlen hat.

Es handelt sich um ein pauschales Nutzungsentgelt i. S. d. Rdnr. 2. Der pauschale Nutzungswert ist um dieses Nutzungsentgelt zu kürzen.

Beispiel 2

Der Arbeitnehmer kann das Kraftfahrzeug mittels einer Tankkarte des Arbeitgebers betanken. In der Nutzungsüberlassungsvereinbarung ist geregelt, dass der Arbeitnehmer ein Entgelt in Höhe der privat veranlassten Treibstoffkosten zu zahlen hat. Der Arbeitgeber hat den Betrag für den vom Arbeitnehmer anlässlich privater Fahrten verbrauchten Treibstoff ermittelt und vom Gehalt des Folgemonats einbehalten.

Die nachträgliche Kostenübernahme durch den Arbeitnehmer ist kein Nutzungsentgelt i. S. d. Rdnr. 2. Aus den übernommenen Treibstoffkosten wird nicht dadurch ein Nutzungsentgelt, dass der Arbeitnehmer zunächst auf Kosten des Arbeitgebers tanken kann und erst anschließend die Treibstoffkosten ersetzen muss, zur Anwendung siehe Rdnr. 10.

Beispiel 3

In der Nutzungsüberlassungsvereinbarung ist geregelt, dass der Arbeitnehmer ein Entgelt zu zahlen hat, das sich aus einer Monatspauschale in Höhe von 200 Euro und privat veranlassten Treibstoffkosten zusammensetzt.

Es handelt sich nur in Höhe der Monatspauschale um ein Nutzungsentgelt i. S. d. Rdnr. 2.

3. Individuelle Nutzungswertmethode (Fahrtenbuchmethode)

7 Statt des pauschalen Nutzungswerts können die auf die außerdienstlichen Fahrten entfallenden tatsächlichen Aufwendungen als individueller Nutzungswert angesetzt werden. Diese Bewertungsmethode setzt den Nachweis der tatsächlichen Kraftfahrzeugkosten (Gesamtkosten) und die Führung eines ordnungsgemäßen Fahrtenbuchs voraus. Werden aufgrund eines ordnungsgemäß geführten Fahrtenbuchs die außerdienstlichen und die dienstlichen Fahrten nachgewiesen, kann der auf die außerdienstliche Nutzung entfallende Anteil an den Gesamtkosten konkret ermittelt werden (§ 8 Absatz 2 Satz 4 EStG).

8 Bei der Fahrtenbuchmethode fließen vom Arbeitnehmer selbst getragene individuelle Kraftfahrzeugkosten – von vornherein – nicht in die Gesamtkosten ein und erhöhen damit nicht den individuellen Nutzungswert (R 8.1 Absatz 9 Nummer 2 Satz 8, 2. Halbsatz LStR 2011). Zahlt der Arbeitnehmer ein pauschales Nutzungsentgelt i. S. d. Rdnr. 2, ist der individuelle Nutzungswert um diesen Betrag zu kürzen.

Beispiele

9 Der Arbeitgeber hat seinem Arbeitnehmer ein betriebliches Kraftfahrzeug auch zur Privatnutzung überlassen und den geldwerten Vorteil aus der Kraftfahrzeuggestellung nach der Fahrtenbuchmethode bewertet.

Beispiel 4

In der Nutzungsüberlassungsvereinbarung ist geregelt, dass der Arbeitnehmer ein Nutzungsentgelt in Höhe von 0,20 Euro je privat gefahrenen Kilometer zu zahlen hat.

Es handelt sich um ein Nutzungsentgelt i. S. d. Rdnr. 2. Der individuelle Nutzungswert ist um dieses Nutzungsentgelt zu kürzen.

Beispiel 5

Der Arbeitnehmer kann das Kraftfahrzeug mittels einer Tankkarte des Arbeitgebers betanken. In der Nutzungsüberlassungsvereinbarung ist geregelt, dass der Arbeitnehmer ein Entgelt in Höhe der privat veranlassten Treibstoffkosten zu zahlen hat. Der Arbeitgeber hat den Betrag für den vom Arbeitnehmer anlässlich privater Fahrten verbrauchten Treibstoff ermittelt und vom Gehalt des Folgemonats einbehalten.

Die vom Arbeitnehmer selbst getragenen Treibstoffkosten fließen nicht in die Gesamtkosten des Kraftfahrzeugs ein. Anhand der (niedrigeren) Gesamtkosten ist der individuelle Nutzungswert zu ermitteln. Es handelt sich aber nicht um ein Nutzungsentgelt i. S. d. Rdnr. 2.

Beispiel 6

Wie Beispiel 5. In der Nutzungsüberlassungsvereinbarung ist geregelt, dass der Arbeitnehmer zudem ein Nutzungsentgelt in Höhe von 0,10 Euro je privat gefahrenen Kilometer zu zahlen hat.

Die vom Arbeitnehmer selbst getragenen Treibstoffkosten fließen nicht in die Gesamtkosten des Kraftfahrzeugs ein. Anhand der (niedrigeren) Gesamtkosten ist der individuelle Nutzungswert zu ermitteln. Das zusätzlich gezahlte Nutzungsentgelt i. S. d. Rdnr. 2 mindert den individuellen Nutzungswert.

4. Anwendung

10 Dieses Schreiben ist in allen offenen Fällen anzuwenden. Rdnr. 3 Sätze 2 und 3 sind erstmals auf ab dem 1. Juli 2013 verwirklichte Sachverhalte anzuwenden.

Anlage 7
zu H 8.1 (9–10)

Privatnutzung geleaster Kraftfahrzeuge im sog. Zwei-Vertrags-Modell

Verfügung der Oberfinanzdirektion Berlin vom 12.7.1999 (Az.: St 423 – S 2334 – 4/96)

Zur steuerlichen Behandlung von Mietverträgen, die mit Arbeitgebern und Arbeitnehmern für das gleiche Fahrzeug abgeschlossen werden, insbesondere zur Privatnutzung geleaster Kraftfahrzeuge im sog. Zwei-Vertrags-Modell, bitte ich nach entsprechender Erörterung der obersten Finanzbehörden des Bundes und der anderen Länder folgende Auffassung zu vertreten:

Die Aufteilung eines Leasing-Verhältnisses für dasselbe Fahrzeug in einen Vertrag mit dem Arbeitgeber hinsichtlich der betrieblichen Nutzung und in einen Vertrag mit dem Arbeitnehmer hinsichtlich der privaten Nutzung kann steuerlich nicht anerkannt werden. Vielmehr ist dieses Modell bei wirtschaftlicher Betrachtungsweise so zu beurteilen, dass der Arbeitgeber das Fahrzeug least und es dem Arbeitnehmer zur beruflichen und privaten Nutzung überlässt. Der dem Arbeitnehmer zufließende steuerliche Nutzungsvorteil ist deshalb nach § 8 Abs. 2 EStG vom Arbeitgeber zu erfassen. Dabei sind die vom Arbeitnehmer an den Leasinggeber gezahlten Leasingraten als pauschale Nutzungsvergütung i. S. der LStR 31 Abs. 7 Nr. 4*****) anzusehen und auf den nach § 8 Abs. 2 EStG ermittelten Nutzungswert anzurechnen.

---

*) Jetzt Entfernung zwischen Wohnung und erster Tätigkeitsstätte sowie der Fahrten nach § 9 Abs. 1 Satz 3 Nr. 4a Satz 3 EStG (>§ 8 Abs. 2 Satz 3 EStG).
**) Jetzt Fahrten zwischen Wohnung und erster Tätigkeitsstätte sowie Fahrten nach § 9 Abs. 1 Satz 3 Nr. 4a Satz 3 EStG (>§ 8 Abs. 2 Satz 3 EStG).
***) Abgedruckt als Anlage 4 zu H 8.1 (9–10) LStR.
****) Abgedruckt als Anlage 1 zu H 8.1 (9–10) LStR.
*****) Jetzt R 8.1 Abs. 9 Nr. 4 LStR.

Dabei kommt der Ausgestaltung der Wartungs- und Wertsicherungsverträge auch lohnsteuerlich maßgebende Bedeutung zu. Trägt der Arbeitnehmer in der Zusatzvereinbarung nur das Wertminderungsrisiko, ohne dass ihm über eine Kaufoption oder einen Mehrwertausgleich eine Wertsteigerungschance eingeräumt wird, liegt ein Leasingvertrag vor, bei dem der Leasinggegenstand steuerlich grundsätzlich nicht dem Arbeitnehmer zuzurechnen ist. Die Nutzung durch den Arbeitnehmer ist wie bisher nach § 8 Abs. 2 Sätze 2 bis 5 EStG zu erfassen.

Werden jedoch Zusatzvereinbarungen getroffen, mit denen den Arbeitnehmern neben dem Wertminderungsrisiko auch die Wertsteigerungschance eingeräumt wird, ist kein Leasingvertrag, sondern ein Ratenkaufvertrag anzunehmen und der Pkw dem Arbeitnehmer zuzurechnen. Dies gilt z. B. dann, wenn der Arbeitnehmer einen Minderwert auszugleichen hat, aber andererseits auch den Mehrwert vergütet erhält. Daher liegt in diesen Fällen keine Kraftfahrzeuggestellung des Arbeitgebers an den Arbeitnehmer vor, sondern die „Leasingraten" des Arbeitgebers stellen einen Arbeitgeberzuschuss zum Kaufpreis dar. Sie sind deshalb dem Arbeitnehmer als Arbeitslohn zuzurechnen. Soweit allerdings der Arbeitgeber diese „Leasingraten" im Rahmen der Reisekostenabrechnung auf steuerfreien Fahrtkostenersatz anrechnet, sind diese nach § 3 Nr. 16 EStG steuerfrei.

Bei Arbeitnehmern (und ggf. Arbeitgebern), die sich bei der steuerlichen Behandlung der nach dem 21.1.1997 geschlossenen Verträge nach der mit Erlass der Senatsverwaltung für Finanzen v. 21.1.1997 – III D 12 – S 2334 – 15/96 – erteilten anders lautenden Auskunft gerichtet haben, dass kein geldwerter Vorteil entsteht, sofern die Leasingrate für den Arbeitnehmer unter Anwendung der gesetzlichen Vorschriften (§ 8 Abs. 2 i. V. m. § 6 Abs. 1 Nr. 4 EStG) ermittelt und gezahlt wird, bzw. bei Festlegung einer geringeren Mietrate ein geldwerter Vorteil nur in Höhe der Differenz zwischen dieser und dem nach § 8 Abs. 2 EStG zu besteuern ist, sollen hieraus bis zum 31.1.1999 keine steuerlichen Nachteile erwachsen.

Anlage 8
zu H 8.1 (9–10)

Firmenwagengestellung mit Fahrer

BMF-Schreiben vom 15.7.2014 (BStBl. I S. 1109)

1 Der BFH hat mit Urteil vom 15. Mai 2013 – VI R 44/11 – (BStBl 2014 II Seite 589) entschieden, dass die arbeitgeberseitige Gestellung eines Fahrers für die Fahrten des Arbeitnehmers zwischen Wohnung und (regelmäßiger) Arbeitsstätte (ab 1. Januar 2014: erster Tätigkeitsstätte) dem Grunde nach zu einem lohnsteuerrechtlich erheblichen Vorteil führt, der grundsätzlich nach dem um übliche Preisnachlässe geminderten üblichen Endpreis am Abgabeort (§ 8 Absatz 2 Satz 1 EStG) zu bemessen ist. Maßstab zur Bewertung dieses Vorteils ist der Wert einer von einem fremden Dritten bezogenen vergleichbaren Dienstleistung, wobei dieser Wert den zeitanteiligen Personalkosten des Arbeitgebers entsprechen kann, aber nicht muss.

2 Unter Bezugnahme auf das Ergebnis der Erörterung mit den obersten Finanzbehörden der Länder sind die Grundsätze dieses Urteils im Lohnsteuerabzugsverfahren und im Veranlagungsverfahren zur Einkommensteuer allgemein anzuwenden. Sie gelten sowohl für Privatfahrten, für Fahrten zwischen Wohnung und erster Tätigkeitsstätte oder Fahrten nach § 9 Absatz 1 Satz 3 Nummer 4a Satz 3 EStG als auch für Familienheimfahrten. Sie sind unabhängig davon anzuwenden, ob der Nutzungswert des Fahrzeugs pauschal oder nach der Fahrtenbuchmethode ermittelt wird. Der geldwerte Vorteil aus der Fahrergestellung ist nach R 8.1 Absatz 10 LStR zusätzlich zum Wert nach R 8.1 Absatz 9 Nummer 1 oder 2 LStR als Arbeitslohn zu erfassen.

3 Maßstab zur Bewertung des geldwerten Vorteils aus der arbeitgeberseitigen Gestellung eines Fahrers ist grundsätzlich der Preis für eine von einem fremden Dritten bezogene vergleichbare Dienstleistung (üblicher Endpreis i. S. d. § 8 Absatz 2 Satz 1 EStG). Es bestehen jedoch keine Bedenken, insgesamt einheitlich für das Kalenderjahr für Privatfahrten, für Fahrten zwischen Wohnung und erster Tätigkeitsstätte oder Fahrten nach § 9 Absatz 1 Satz 3 Nummer 4a Satz 3 EStG sowie für Familienheimfahrten als üblichen Endpreis am Abgabeort den Anteil an den tatsächlichen Lohn- und Lohnnebenkosten des Fahrers (d. h. insbesondere: Bruttoarbeitslohn, Arbeitgeberbeiträge zur Sozialversicherung, Verpflegungszuschüsse sowie Kosten beruflicher Fort- und Weiterbildung für den Fahrer) anzusetzen, welcher der Einsatzdauer des Fahrers im Verhältnis zu dessen Gesamtarbeitszeit entspricht. Zur Einsatzdauer des Fahrers gehören auch die Stand- und Wartezeiten des Fahrers, nicht aber die bei der Überlassung eines Kraftfahrzeugs mit Fahrer durch die An- und Abfahrten des Fahrers durchgeführten Leerfahrten und die anfallenden Rüstzeiten; diese sind den dienstlichen Fahrten zuzurechnen.

4 Es ist aus Vereinfachungsgründen nicht zu beanstanden, wenn der geldwerte Vorteil aus einer Fahrergestellung wie folgt ermittelt wird:

1. Stellt der Arbeitgeber dem Arbeitnehmer für Fahrten zwischen Wohnung und erster Tätigkeitsstätte oder Fahrten nach § 9 Absatz 1 Satz 3 Nummer 4a Satz 3 EStG ein Kraftfahrzeug mit Fahrer zur Verfügung, ist der für diese Fahrten nach R 8.1 Absatz 9 Nummer 1 oder 2 LStR bzw. nach Rz. 2 des BMF-Schreibens vom 1. April 2011 (BStBl I S. 301) durch eine Einzelbewertung der tatsächlichen Fahrten ermittelte Nutzungswert des Kraftfahrzeugs um 50 % zu erhöhen.

   Für die zweite und jede weitere Familienheimfahrt anlässlich einer doppelten Haushaltsführung erhöht sich der auf die einzelne Familienheimfahrt entfallende Nutzungswert nur dann um 50 %, wenn für diese Fahrt ein Fahrer in Anspruch genommen worden ist.

2. Stellt der Arbeitgeber dem Arbeitnehmer für andere Privatfahrten ein Kraftfahrzeug mit Fahrer zur Verfügung, ist der entsprechende private Nutzungswert des Kraftfahrzeugs wie folgt zu erhöhen:

   a) um 50 %, wenn der Fahrer überwiegend in Anspruch genommen wird,

   b) um 40 %, wenn der Arbeitnehmer das Kraftfahrzeug häufig selbst steuert,

   c) um 25 %, wenn der Arbeitnehmer das Kraftfahrzeug weit überwiegend selbst steuert.

3. Wird der pauschal anzusetzende Nutzungswert i. S. d. § 8 Absatz 2 Satz 2, 3 und 5 EStG auf die Gesamtkosten des Kraftfahrzeugs begrenzt, ist der anzusetzende Nutzungswert um 50 % zu erhöhen, wenn das Kraftfahrzeug mit Fahrer zur Verfügung gestellt worden ist.

5 Der Arbeitgeber kann im Lohnsteuerabzugsverfahren den geldwerten Vorteil nach Rz. 3 oder nach Rz. 4 ansetzen. Diese Wahl kann er im Kalenderjahr für Privatfahrten, für Fahrten zwischen Wohnung und erster Tätigkeitsstätte oder Fahrten nach § 9 Absatz 1 Satz 3 Nummer 4a Satz 3 EStG sowie für Familienheimfahrten insgesamt nur einheitlich ausüben. Erfolgt die Bewertung nach Rz. 3, hat der Arbeitgeber die Grundlagen für die Berechnung des geldwerten Vorteils aus der Fahrergestellung zu dokumentieren, als Belege zum Lohnkonto aufzubewahren und dem Arbeitnehmer auf Verlangen formlos mitzuteilen.

6 Der Arbeitnehmer kann den geldwerten Vorteil aus der Fahrergestellung im Rahmen seiner Einkommensteuerveranlagung nach den vorgenannten Grundsätzen abweichend von dem Ansatz des Arbeitgebers bewerten und gegenüber dem Finanzamt nachweisen. Diese Wahl kann er im Kalenderjahr für Privatfahrten, für Fahrten zwischen Wohnung und erster Tätigkeitsstätte oder Fahrten nach § 9 Absatz 1 Satz 3 Nummer 4a Satz 3 EStG sowie für Familienheimfahrten insgesamt nur einheitlich ausüben.

7 Eine abweichende Bewertung setzt voraus, dass der im Lohnsteuerabzugsverfahren angesetzte Vorteil sowie die Grundlagen für die Berechnung des geldwerten Vorteils nachgewiesen werden (z. B. durch eine formlose Mitteilung des Arbeitgebers).

8 Dieses Schreiben ist in allen offenen Fällen anzuwenden.

Anlage 9
zu H 8.1 (9–10)
Private Kfz-Nutzung durch den Gesellschafter-Geschäftsführer einer GmbH

BMF-Schreiben vom 3.4.2012 (BStBl. I S. 478)

Nach dem Ergebnis der Erörterungen mit den obersten Finanzbehörden der Länder gilt zur Anwendung der Urteile des Bundesfinanzhofs vom 23. Januar 2008 – I R 8/06 – (BStBl. 2012 II Seite 260, vom 23. April 2009 – VI R 81/06 – (BStBl. 2012 II Seite 262) und vom 11. Februar 2010 – VI R 43/09 – (BStBl. 2012 II Seite 266) im Hinblick auf die Frage der privaten Nutzung eines betrieblichen Kraftfahrzeugs (Kfz) durch den Gesellschafter-Geschäftsführer einer Kapitalgesellschaft Folgendes:

I. Vorliegen einer verdeckten Gewinnausschüttung (§ 8 Absatz 3 Satz 2 KStG)

1 Nach den BFH-Entscheidungen vom 23. Januar 2008 – I R 8/06 – (a.a.O.) und vom 17. Juli 2008 – IR 83/07 – (BFH/NV 2009 Seite 417) ist nur diejenige Nutzung eines betrieblichen Kfz durch einen Gesellschafter-Geschäftsführer betrieblich veranlasst, welche durch eine fremdübliche Überlassungs- oder Nutzungsvereinbarung abgedeckt wird. Die ohne eine solche Vereinbarung erfolgende oder darüber hinausgehende oder einem ausdrücklichen Verbot widersprechende Nutzung ist hingegen durch das Gesellschaftsverhältnis zumindest mitveranlasst. Sie führt sowohl bei einem beherrschenden als auch bei einem nicht beherrschenden Gesellschafter-Geschäftsführer zu einer verdeckten Gewinnausschüttung (§ 8 Absatz 3 Satz 2 KStG).*)

2 Eine Überlassungs- oder Nutzungsvereinbarung kann auch durch eine – ggf. vom schriftlichen Anstellungsvertrag abweichende – mündliche oder konkludente Vereinbarung zwischen der Kapitalgesellschaft und dem Gesellschafter-Geschäftsführer erfolgen, wenn entsprechend dieser Vereinbarung tatsächlich verfahren wird (BFH-Urteil vom 24. Januar 1990 – I R 157/86 – BStBl. II Seite 645). Für einen außen stehenden Dritten muss dabei zweifelsfrei zu erkennen sein, dass das Kfz durch die Kapitalgesellschaft aufgrund einer entgeltlichen Vereinbarung mit dem Gesellschafter überlassen wird.

3 Erfolgt die Überlassung im Rahmen eines Arbeitsverhältnisses, muss die tatsächliche Durchführung der Vereinbarung – insbesondere durch zeitnahe Verbuchung des Lohnaufwands und Abführung der Lohnsteuer (und ggf. der Sozialversicherungsbeiträge) – durch die Kapitalgesellschaft nachgewiesen sein. Erfolgt die Überlassung nicht im Rahmen des Arbeitsverhältnisses, sondern im Rahmen eines entgeltlichen Überlassungsvertrags, muss auch hier die Durchführung der Vereinbarung – etwa durch die zeitnahe Belastung des Verrechnungskontos des Gesellschafter-Geschäftsführers – dokumentiert sein.

II. Bewertung der verdeckten Gewinnausschüttung

4 Auf der Ebene der Kapitalgesellschaft ist für die Bemessung der verdeckten Gewinnausschüttung im Zusammenhang mit der privaten Kfz-Nutzung von der erzielbaren Vergütung auszugehen (H 37 KStH 2008 Stichwort „Nutzungsüberlassungen"). Dies steht in Einklang mit den BFH-Urteilen vom 23. Februar 2005 – I R 70/04 – (BStBl. II Seite 882) und vom 23. Januar 2008 – I R 8/06 – (a.a.O.), wonach die verdeckte Gewinnausschüttung mit dem gemeinen Wert der Nutzungsüberlassung zu bemessen ist und damit einen angemessenen Gewinnaufschlag einbezieht. Aus Vereinfachungsgründen kann es die Finanzbehörde im Einzelfall zulassen, dass die verdeckte Gewinnausschüttung für die private Nutzung eines betrieblichen Kfz entsprechend § 6 Absatz I Nummer 4 Satz 2 EStG mit 1 Prozent des inländischen Listenpreises im Zeitpunkt der Erstzulassung zuzüglich der Kosten für Sonderausstattung einschließlich Umsatzsteuer für jeden Kalendermonat bewertet wird; bei Nutzung des Kfz durch den Gesellschafter-Geschäftsführer auch für Fahrten zwischen Wohnung und Arbeitsstätte**) erhöht sich dieser Wert um die in § 8 Absatz 2 Satz 3 EStG und für Familienheimfahrten im Rahmen einer doppelten Haushaltsführung um die in § 8 Absatz 2 Satz 5 EStG genannten Beträge.

5 Auf der Ebene des Gesellschafters ist die verdeckte Gewinnausschüttung auch nach Inkrafttreten des § 32a KStG durch das Jahressteuergesetz 2007 vom 13. Dezember 2006 (BStBl. 2007 I Seite 28) nach § 8 Absatz 2 Satz 2, 3 und 5 EStG zu bewerten.

III. Anwendung

6 Dieses Schreiben ist in allen offenen Fällen anzuwenden.

Anlage 10
zu H 8.1 (9–10)
Umsatzsteuerliche Behandlung der Überlassung sog. Firmenwagen an Arbeitnehmer, wenn diese Zuzahlungen leisten

BMF-Schreiben vom 30.12.1997 (BStBl. 1998 I S. 110)

In vielen Fällen müssen Arbeitnehmer sog. Zuzahlungen zu den Anschaffungskosten und/oder zu den Kosten des laufenden Unterhalts von Kraftfahrzeugen leisten, die der Unternehmer (Arbeitgeber) ihnen zur privaten Nutzung überlässt. Unter Bezugnahme auf das Ergebnis der Erörterungen mit den obersten Finanzbehörden der Länder gilt hierzu Folgendes:

I. Zuzahlungen zu den Anschaffungskosten

1. Vorsteuerabzug des Unternehmers

Mit dem Arbeitnehmer als Nutzer eines sog. Firmenwagens kann vereinbart werden, dass der Unternehmer (Arbeitgeber) im Innenverhältnis die Anschaffungskosten dieses Fahrzeugs lediglich bis zu einer festgelegten Obergrenze oder bis zu einer bestimmten Ausstattung des Fahrzeugs übernimmt. Den Teil der Anschaffungskosten, der diese Werte bzw. Grenzen übersteigt, muss in diesem Fall im Innenverhältnis der Arbeitnehmer tragen. Wenn der Unternehmer ein auf Wunsch des Arbeitnehmers höherwertiges oder besser ausgestattetes Fahrzeug im eigenen Namen bestellt, wird er Leistungsempfänger der späteren Lieferung dieses Fahrzeugs (vgl. Abschnitt 192 Abs. 13 UStR***)). Er kann somit unter den weiteren Voraussetzungen des § 15 UStG die für diese Lieferung gesondert ausgewiesene Umsatzsteuer als Vorsteuer abziehen.

Wenn dagegen der Arbeitnehmer im eigenen Namen Sonderausstattungen für das Fahrzeug (z. B. eine hochwertige Musikanlage) erwirbt und insoweit als Leistungsempfänger anzusehen ist, scheidet der Vorsteuerabzug des Unternehmers hierfür aus.

2. Bemessungsgrundlage für die Fahrzeugüberlassung

a) Wird die umsatzsteuerliche Bemessungsgrundlage für die Fahrzeugüberlassung anhand der sog. 1%-Regelung ermittelt (vgl. Abschnitt III Abs. 4 des BMF-Schreibens vom 11. März 1997 – IV C 3 – S 7102 – 5/97 –, BStBl. I S. 324)****), ist hierfür vom Listenpreis des tatsächlich an den Unternehmer gelieferten Fahrzeugs (einschließlich eventueller Sonderausstattungen auf Wunsch des Arbeitnehmers) auszugehen. Dagegen bleiben vom Arbeitnehmer selbst erworbene Sonderausstattungen bei der Ermittlung des Listenpreises außer Betracht. Die Zuzahlung des Arbeitnehmers mindert nicht die umsatzsteuerliche Bemessungsgrundlage, und zwar auch dann nicht, wenn sie lohnsteuerlich nach Abschnitt 31 Abs. 7 Nr. 4 Satz 3 LStR*****) auf den privaten Nutzungswert angerechnet werden kann. Andererseits ist die Zuzahlung nicht als Entgelt zu behandeln.

b) Die Zuzahlung des Arbeitnehmers zu den Anschaffungskosten eines Firmenwagens ist ein Zuschuss i. S. von R 34 Abs. 1 EStR******). Nach R 34 Abs. 2 EStR*******) hat der Unternehmer ein Wahlrecht, diesen Zuschuss erfolgswirksam als Betriebsein-

---
*) Siehe auch BFH vom 21.3.2013 – VI R 46/11 – (BStBl. II S. 1044).
**) Jetzt Fahrten zwischen Wohnung und erster Tätigkeitsstätte sowie Fahrten nach § 9 Abs. 1 Satz 3 Nr. 4a Satz 3 EStG (>§ 8 Abs. 2 Satz 3 EStG).
***) Jetzt Abschnitt 15.2b UStAE.
****) Jetzt BMF-Schreiben vom 5.6.2014 (BStBl. I S. 896), auszugsweise abgedruckt als Anlage 12 zu H 8.1 (9–10) LStR.
*****) Jetzt R 8.1 Abs. 9 Nr. 4 Satz 2 LStR.
******) Jetzt R 6.5 Abs. 1 EStR.
*******) Jetzt R 6.5 Abs. 2 EStR.

nahme anzusetzen; die Anschaffungskosten für das Kraftfahrzeug bleiben dadurch unberührt. Er kann das Kraftfahrzeug aber auch – erfolgsneutral – mit den um den Zuschuss verringerten Anschaffungskosten bewerten. In diesem Fall ergeben sich durch die niedrigere Bemessungsgrundlage geringere AfA-Beträge. Wird der private Nutzungswert der Fahrzeugüberlassung für Zwecke der Lohnsteuer und der Umsatzsteuer mit Hilfe eines ordnungsgemäßen Fahrtenbuches anhand der durch Belege nachgewiesenen Gesamtkosten ermittelt (vgl. Abschnitt III Abs. 5 des BMF-Schreibens vom 11. März 1997, a.a.O.*)), sind auch in den Fällen, in denen der Zuschuss erfolgsneutral behandelt wird, für Zwecke der Umsatzsteuer AfA-Beträge anhand der ungekürzten Anschaffungskosten des Fahrzeugs anzusetzen.

II. Zuzahlungen zu den Unterhaltskosten

Zahlt der Arbeitnehmer für die Überlassung des Firmenwagens eine pauschale Nutzungsvergütung oder eine kilometerbezogene Vergütung oder muss er einen Teil der Kraftfahrzeugkosten übernehmen, so wird die umsatzsteuerliche Bemessungsgrundlage für die Fahrzeugüberlassung nicht gemindert. Andererseits sind die Zahlungen des Arbeitnehmers nicht als Entgelt zu behandeln.

Anlage 11
zu H 8.1 (9–10)

Umsatzsteuer; Bemessungsgrundlage bei sonstigen Leistungen i. S. d. § 3 Abs. 9a Nr. 1 und 2 UStG

BMF-Schreiben vom 13.4.2004 (BStBl. I S. 468)

(1) Gemäß § 10 Abs. 4 Satz 1 Nr. 2 UStG wird der Umsatz bei sonstigen Leistungen im Sinne des § 3 Abs. 9a Nr. 1 UStG (Verwendung eines dem Unternehmen zugeordneten Gegenstandes) nach den bei der Ausführung dieser Umsätze entstandenen Kosten, soweit sie zum vollen oder teilweisen Vorsteuerabzug berechtigt haben, bemessen.

Gemäß § 10 Abs. 4 Satz 1 Nr. 3 UStG wird der Umsatz bei sonstigen Leistungen im Sinne des § 3 Abs. 9a Nr. 2 UStG (unentgeltliche Erbringung einer Dienstleistung) nach den bei Ausführung dieser Umsätze entstandenen Kosten bemessen. Dabei sind auch Ausgaben zu berücksichtigen, die den Unternehmer nicht zum vollen oder teilweisen Vorsteuerabzug berechtigt haben (z. B. Arbeitslohn für Arbeitnehmer des Unternehmers).

§ 10 Abs. 4 UStG gilt entsprechend für die in § 10 Abs. 5 UStG bezeichneten Leistungen, wenn die nach § 10 Abs. 4 UStG ermittelte Bemessungsgrundlage das Entgelt nach § 10 Abs. 1 UStG übersteigt.

(2) Unter Bezugnahme auf die Erörterungen mit den obersten Finanzbehörden der Länder gilt hinsichtlich der Ermittlung der Kosten i. S. d. § 10 Abs. 4 Satz 1 Nr. 2 und 3 UStG Folgendes:

Unter den Kosten sind die Ausgaben des Unternehmers für die Erbringung der sonstigen Leistung zu verstehen (Art. 11 Teil A Abs. 1 Buchst. c der 6. EG-Richtlinie**)). Zu den Kosten zählen deshalb auch Ausgaben, die aus Zuschüssen finanziert worden sind. Die Vorsteuerbeträge, die nach § 15 UStG abziehbar sind, sind keine Kosten.

Zu den zu berücksichtigenden Kosten gehören z. B. Aufwendungen des Unternehmers für den laufenden Betrieb oder Unterhalt des dem Unternehmen zugeordneten Gegenstandes, aber auch Anschaffungs- oder Herstellungskosten. Anschaffungs- oder Herstellungskosten eines Gegenstandes sind dabei abweichend von den ertragsteuerlichen Grundsätzen gleichmäßig auf den nach § 15a UStG für diesen Gegenstand jeweils maßgeblichen Berichtigungszeitraum zu verteilen (Neutralitätsgrundsatz). Nach Ablauf des jeweils nach § 15a UStG maßgeblichen Berichtigungszeitraums sind die auf den Gegenstand entfallenden Kosten vollständig in die Bemessungsgrundlage eingeflossen und in den Folgejahren nicht mehr als Bemessungsgrundlage zu berücksichtigen.

Betragen bei einem Gegenstand die Anschaffungs- oder Herstellungskosten weniger als 500 Euro, sind diese nicht auf mehrere Jahre zu verteilen, sondern im Jahr der Anschaffung oder Herstellung zu berücksichtigen.

(3) Die vorstehenden Grundsätze sind ab 1. Juli 2004 anzuwenden. Hinsichtlich der vor dem 1. Juli 2004 angeschafften Gegenstände ist es jedoch nicht zu beanstanden, wenn bis zum 30. Juni 2004 bei der Berechnung der Kosten insoweit grundsätzlich von den bei der Ertragsteuer zugrunde gelegten Kosten ausgegangen wird. Dabei ist das bei Inkrafttreten der Neuregelung noch nicht verbrauchte Abschreibungsvolumen nicht auf den nach § 15a UStG maßgeblichen verbleibenden Berichtigungszeitraum zu verteilen.

Beispiel:

U hat zum 1. Januar 2003 ein Ferienhaus zum Kaufpreis von 100 000 Euro zzgl. USt und Grund und Boden erworben. U hat das Haus vollständig seinem Unternehmen zugeordnet, da er dieses Haus als Ferienhaus jeweils kurzfristig steuerpflichtig vermieten will. Die Kosten sind wie folgt zu verteilen:

Anschaffung 1. Januar 2003	100 000 Euro
Kosten 2003 (ertragsteuerliche AfA i. H. v. 2%)	2 000 Euro
Kosten 2004 (bis 30. Juni 2004)	1 000 Euro
Kosten 2004 (ab 1. Juli 2004 gem. Absatz 2)	5 000 Euro
Kosten ab 2005 bis 2012	je 10 000 Euro

(4) ... ***)

(5) Die den vorstehenden Ausführungen entgegenstehenden Grundsätze des Abschnitts 155 Abs. 2 Satz 2 und des Abschnitts 158 Abs. 3 und 4 UStR 2000 sind nicht mehr anzuwenden.

Anlage 12
zu H 8.1 (9–10)

Umsatzsteuer: Vorsteuerabzug und Umsatzbesteuerung bei (teil-)unternehmerisch verwendeten Fahrzeugen

BMF-Schreiben vom 5.6.2014 (BStBl. I S. 896)

I.

...

II. Überlassung von Fahrzeugen an das Personal (sog. Dienst- oder Firmenwagen)

1. Entgeltliche Überlassung eines Fahrzeugs an das Personal

Überlässt der Unternehmer (Arbeitgeber) seinem Personal (Arbeitnehmer) ein Fahrzeug auch zu Privatzwecken (Privatfahrten, Fahrten zwischen Wohnung und erster Tätigkeitsstätte sowie Familienheimfahrten aus Anlass einer doppelten Haushaltsführung), ist dies regelmäßig eine entgeltliche sonstige Leistung im Sinne des § 1 Abs. 1 Nr. 1 Satz 1 UStG. Das Fahrzeug wird, wenn es nicht ausnahmsweise zusätzlich vom Unternehmer nichtunternehmerisch verwendet wird, durch die entgeltliche umsatzsteuerpflichtige Überlassung an das Personal ausschließlich unternehmerisch genutzt. Die aus den Anschaffungskosten als auch aus den Unterhaltskosten der sog. Dienst- oder Firmenwagen anfallenden Vorsteuerbeträge können in voller Höhe abgezogen werden (§ 15 Abs. 1 Satz 1 UStG), sofern kein Ausschlusstatbestand nach § 15 Abs. 1a und 2 in Verbindung mit Abs. 3 UStG vorliegt. Dies gilt auch für die Überlassung von Fahrzeugen an Gesellschafter-Geschäftsführer von Kapitalgesellschaften, wenn sie umsatzsteuerrechtlich insoweit nicht als Unternehmer anzusehen sind (vgl. Abschnitt 2.2 Abs. 2 UStAE). Die spätere Veräußerung und die Entnahme der Fahrzeuge unterliegen insgesamt der Umsatzsteuer, wenn sie im vollen Umfang dem Unternehmen zugeordnet werden konnten.

Die Gegenleistung des Arbeitnehmers für die Fahrzeugüberlassung besteht regelmäßig in der anteiligen Arbeitsleistung, die er für die Privatnutzung des gestellten Fahrzeugs erbringt. Die Überlassung des Fahrzeugs ist als Vergütung für geleistete Dienste und damit als entgeltlich anzusehen, wenn sie im Arbeitsvertrag geregelt ist oder auf mündlichen Abreden oder sonstigen Umständen des

---

*) Jetzt BMF-Schreiben vom 5.6.2014 (BStBl. I S. 896), auszugsweise abgedruckt als Anlage 12 zu H 8.1 (9–10) LStR.
**) Seit 1.1.2007 vgl. Art. 75 MwStSystRL.
***) Nicht mehr anzuwenden; vgl. BMF-Schreiben vom 10.8.2007, BStBl. I S. 690.

Arbeitsverhältnisses (z. B. der taktischen betrieblichen Übung) beruht. Von Entgeltlichkeit ist stets auszugehen, wenn das Fahrzeug dem Arbeitnehmer für eine gewisse Dauer und nicht nur gelegentlich zur Privatnutzung überlassen wird.

2. Bemessungsgrundlage bei entgeltlicher Überlassung des Fahrzeugs an das Personal

Bei der entgeltlichen Fahrzeugüberlassung zu Privatzwecken des Personals liegt ein tauschähnlicher Umsatz (§ 3 Abs. 12 Satz 2 UStG) vor. Die Bemessungsgrundlage ist nach § 10 Abs. 2 Satz 2 in Verbindung mit Abs. 1 Satz 1 UStG der Wert der nicht durch den Barlohn abgegoltenen Arbeitsleistung. Deren Wert entspricht dem Betrag, den der Arbeitgeber zu diesem Zweck aufzuwenden bereit ist (vgl. Abschnitt 10.5 Abs. 1 UStAE). Das sind die Gesamtausgaben für die Überlassung des Fahrzeugs. Die Gesamtausgaben für die entgeltliche sonstige Leistung im Sinne des § 1 Abs. 1 Nr. 1 Satz 1 UStG umfassen auch die Ausgaben, bei denen ein Vorsteuerabzug nicht möglich ist. Der so ermittelte Wert ist der Nettowert; die Umsatzsteuer ist mit dem allgemeinen Steuersatz hinzuzurechnen. Treffen die Parteien Aussagen zum Wert der Arbeitsleistungen, so ist dieser Wert als Bemessungsgrundlage für die Überlassung des Fahrzeugs zugrunde zu legen, wenn er die Ausgaben für die Fahrzeugüberlassung übersteigt.

a) Besteuerung auf Grundlage der sog. 1%-Regelung

Aus Vereinfachungsgründen wird es nicht beanstandet, wenn für die umsatzsteuerrechtliche Bemessungsgrundlage anstelle der Ausgaben von den lohnsteuerrechtlichen Werten ausgegangen wird. Die lohnsteuerrechtlichen Werte sind als Bruttowerte anzusehen, aus denen die Umsatzsteuer herauszurechnen ist (vgl. Abschnitt 1.8 Abs. 8 UStAE).

Wird der lohnsteuerrechtliche Wert der entgeltlichen Fahrzeugüberlassung für Privatfahrten und für Fahrten zwischen Wohnung und erster Tätigkeitsstätte nach § 8 Abs. 2 Satz 2 und 3 in Verbindung mit § 6 Abs. 1 Nr. 4 Satz 2 EStG mit dem vom Listenpreis abgeleiteten Pauschalwert angesetzt (vgl. R 8.1 Abs. 9 Nr. 1 LStR 2013), kann von diesem Wert auch bei der Umsatzbesteuerung ausgegangen werden, wobei jedoch keine Kürzung des inländischen Listenpreises für Elektro- und Hybridelektrofahrzeuge vorzunehmen ist. Der umsatzsteuerrechtliche Wert für Familienheimfahrten kann aus Vereinfachungsgründen für jede Fahrt mit 0,002% des Listenpreises (§ 6 Abs. 1 Nr. 4 Satz 2 EStG: für jeden Kilometer der Entfernung zwischen dem Ort des eigenen Hausstands und dem Beschäftigungsort) angesetzt werden, wobei keine Kürzung für Elektro- und Hybridelektrofahrzeuge erfolgt. Der Umsatzsteuer unterliegen die auf die Familienheimfahrten entfallenden Kosten auch dann, wenn ein lohnsteuerrechtlicher Wert nach § 8 Abs. 2 Satz 5 EStG nicht anzusetzen ist. Aus dem so ermittelten lohnsteuerrechtlichen Wert ist die Umsatzsteuer herauszurechnen. Ein pauschaler Abschlag von 20% für nicht mit Vorsteuern belastete Ausgaben ist in diesen Fällen unzulässig.

Beispiel 1:

Ein Arbeitnehmer mit einer am 1. Januar 01 begründeten doppelten Haushaltsführung nutzt einen sog. Firmenwagen mit einem Listenpreis einschließlich Umsatzsteuer von 30 000 € im gesamten Jahr 02 zu Privatfahrten, zu Fahrten zur 10 km entfernten ersten Tätigkeitsstätte und zu 20 Familienheimfahrten zum 150 km entfernten Wohnsitz der Familie.

Die Umsatzsteuer für die Firmenwagenüberlassung ist nach den lohnsteuerrechtlichen Werten wie folgt zu ermitteln:

a. für die allgemeine Privatnutzung 1% von 30 000 € × 12 Monate = 3 600 €
b. für Fahrten zwischen Wohnung und erster Tätigkeitsstätte 0,03% von 30 000 € × 10 km × 12 Monate = 1 080 €
c. für Familienheimfahrten 0,002% von 30 000 € × 150 km × 20 Fahrten = 1 800 €

Die Umsatzsteuer für die sonstige Leistung an den Arbeitnehmer beträgt $^{19}/_{119}$ von 6 480 € = 1 034,62 €.

b) Besteuerung auf der Grundlage der Fahrtenbuchregelung

Wird bei der entgeltlichen Fahrzeugüberlassung an das Personal zu Privatzwecken der lohnsteuerrechtliche Nutzungswert mit Hilfe eines ordnungsgemäßen Fahrtenbuchs anhand der durch Belege nachgewiesenen Gesamtausgaben ermittelt (vgl. R 8.1 Abs. 9 Nr. 2 LStR 2013), ist das so ermittelte Nutzungsverhältnis auch bei der Umsatzsteuer zugrunde zu legen.

Die Fahrten zwischen Wohnung und erster Tätigkeitsstätte sowie die Familienheimfahrten aus Anlass einer doppelten Haushaltsführung werden umsatzsteuerrechtlich den Privatfahrten des Arbeitnehmers zugerechnet. Die Gesamtausgaben für die entgeltliche sonstige Leistung im Sinne des § 1 Abs. 1 Nr. 1 Satz 1 UStG umfassen auch die Ausgaben, bei denen ein Vorsteuerabzug nicht möglich ist. Für umsatzsteuerliche Zwecke erfolgt keine Kürzung der insgesamt entstandenen Aufwendungen um Aufwendungen, die auf das Batteriesystem bei Elektro- und Hybridelektrofahrzeugen entfallen.

Beispiel 2:

Ein sog. Firmenwagen mit einer Jahresfahrleistung von 20 000 km wird von einem Arbeitnehmer lt. ordnungsgemäß geführtem Fahrtenbuch an 180 Tagen jährlich für Fahrten zur 10 km entfernten erster Tätigkeitsstätte benutzt. Die übrigen Privatfahrten des Arbeitnehmers belaufen sich auf insgesamt 3 400 km. Die gesamten Fahrzeugkosten (Nettoaufwendungen einschließlich der auf die betriebsgewöhnliche Nutzungsdauer von 6 Jahren verteilten Anschaffungs- oder Herstellungskosten betragen 9 000 Euro.

Von den Privatfahrten des Arbeitnehmers entfallen 3 600 km auf Fahrten zwischen Wohnung und erster Tätigkeitsstätte (180 Tage × 20 km) und 3 400 km auf sonstige Fahrten. Dies entspricht einer Privatnutzung von insgesamt 35% (7 000 km von 20 000 km). Für die umsatzsteuerrechtliche Bemessungsgrundlage ist von einem Betrag von 35% von 9 000 Euro 3 150 € auszugehen. Die Umsatzsteuer beträgt 19% von 3 150 € 598,50 €.

3. Unentgeltliche Überlassung des Fahrzeugs an das Personal

Von einer unentgeltlichen Fahrzeugüberlassung an das Personal zu Privatzwecken im Sinne des § 3 Abs. 9a Nr. 1 UStG (vgl. Abschnitt 1.8 Abs. 2 UStAE) kann ausnahmsweise ausgegangen werden, wenn die vereinbarte private Nutzung des Fahrzeugs derart gering ist, dass sie für die Gehaltsbemessung keine wirtschaftliche Rolle spielt, und nach den objektiven Gegebenheiten eine weitergehende private Nutzungsmöglichkeit ausscheidet (vgl. BFH-Urteil vom 4. Oktober 1984, V R 82/83, BStBl. II S. 808). Danach kann Unentgeltlichkeit nur angenommen werden, wenn dem Arbeitnehmer das Fahrzeug aus besonderem Anlass oder zu einem besonderen Zweck nur gelegentlich (von Fall zu Fall) an nicht mehr als fünf Kalendertagen im Kalendermonat für private Zwecke überlassen wird (vgl. Abschnitt 1 Nr. 3 Buchstabe b des BMF-Schreibens vom 28. Mai 1996, BStBl. II S. 654).

4. Bemessungsgrundlage bei unentgeltlicher Überlassung des Fahrzeugs an das Personal

a) Besteuerung auf der Grundlage einer Kostenschätzung

Bemessungsgrundlage für die unentgeltliche Fahrzeugüberlassung für den privaten Bedarf des Personals sind die Ausgaben, soweit sie zum vollen oder teilweisen Vorsteuerabzug berechtigt haben (§ 10 Abs. 4 Satz 1 Nr. 2 UStG).

Aus der Bemessungsgrundlage sind somit die nicht mit Vorsteuern belasteten Ausgaben auszuscheiden. Der so ermittelte Wert ist der Nettowert ohne Umsatzsteuer; die Umsatzsteuer ist mit dem allgemeinen Steuersatz hinzuzurechnen.

b) Besteuerung auf der Grundlage von lohnsteuerrechtlichen Werten

Aus Vereinfachungsgründen wird es nicht beanstandet, wenn für die umsatzsteuerrechtliche Bemessungsgrundlage von den lohnsteuerrechtlichen Werten ausgegangen wird. Die lohnsteuerrechtlichen Werte sind als Bruttowerte anzusehen, aus denen die Umsatzsteuer herauszurechnen ist (vgl. Abschnitt 1.8 Abs. 8 UStAE).

R 8.2
Bezug von Waren und Dienstleistungen (§ 8 Abs. 3 EStG)

(1) ¹Die steuerliche Begünstigung bestimmter Sachbezüge der Arbeitnehmer nach § 8 Abs. 3 EStG setzt Folgendes voraus:

1. ¹Die Sachbezüge müssen dem Arbeitnehmer aufgrund seines Dienstverhältnisses zufließen. ²Steht der Arbeitnehmer im Kalenderjahr nacheinander oder nebeneinander in mehreren

§ 8 EStG
R 8.2

Dienstverhältnissen, so sind die Sachbezüge aus jedem Dienstverhältnis unabhängig voneinander zu beurteilen. ³Auf Sachbezüge, die der Arbeitnehmer nicht unmittelbar vom Arbeitgeber erhält, ist § 8 Abs. 3 EStG grundsätzlich nicht anwendbar.

2. ¹Die Sachbezüge müssen in der Überlassung von Waren oder in Dienstleistungen bestehen. ²Zu den Waren gehören alle Wirtschaftsgüter, die im Wirtschaftsverkehr wie Sachen (§ 90 BGB) behandelt werden, also auch elektrischer Strom und Wärme. ³Als Dienstleistungen kommen alle anderen Leistungen in Betracht, die üblicherweise gegen Entgelt erbracht werden.

3. ¹Auf Rohstoffe, Zutaten und Halbfertigprodukte ist die Begünstigung anwendbar, wenn diese mengenmäßig überwiegend in die Erzeugnisse des Betriebs eingehen. ²Betriebs- und Hilfsstoffe, die mengenmäßig überwiegend nicht an fremde Dritte abgegeben werden, sind nicht begünstigt.

4. Bei jedem einzelnen Sachbezug, für den die Voraussetzungen des § 8 Abs. 3 und des § 40 Abs. 1 oder Abs. 2 Satz 1 Nr. 1, 2 oder 5 Satz 1 EStG gleichzeitig vorliegen, kann zwischen der Pauschalbesteuerung, der Anwendung des § 8 Abs. 3 EStG (mit Bewertungsabschlag und Rabatt-Freibetrag) und der Anwendung des § 8 Abs. 2 EStG (ohne Bewertungsabschlag und Rabatt-Freibetrag) gewählt werden.

²Die Begünstigung gilt sowohl für teilentgeltliche als auch für unentgeltliche Sachbezüge. ³Sie gilt deshalb z. B. für den Haustrunk im Brauereigewerbe, für die Freitabakwaren in der Tabakwarenindustrie und für die Deputate im Bergbau sowie in der Land- und Forstwirtschaft. ⁴Nachträgliche Gutschriften sind als Entgeltsminderung zu werten, wenn deren Bedingungen bereits in dem Zeitpunkt feststehen, in dem der Arbeitnehmer die Sachbezüge erhält. ⁵Zuschüsse eines Dritten sind nicht als Verbilligung zu werten, sondern gegebenenfalls als Lohnzahlungen durch Dritte zu versteuern.

(2) ¹Der steuerlichen Bewertung des Sachbezugs, der die Voraussetzungen des Absatzes 1 erfüllt, ist grundsätzlich der Endpreis (einschl. der Umsatzsteuer) zugrunde zu legen, zu dem der Arbeitgeber die konkrete Ware oder Dienstleistung fremden Letztverbrauchern im allgemeinen Geschäftsverkehr am Ende von Verkaufsverhandlungen durchschnittlich anbietet. ²Bei der Gewährung von Versicherungsschutz sind es die Beiträge, die der Arbeitgeber als Versicherer von fremden Versicherungsnehmern für diesen Versicherungsschutz durchschnittlich verlangt. ³Tritt der Arbeitgeber mit Letztverbrauchern außerhalb des Arbeitnehmerbereichs nicht in Geschäftsbeziehungen, ist grundsätzlich der Endpreis zugrunde zu legen, zu denen der dem Abgabeort des Arbeitgebers nächstansässige Abnehmer konkrete Ware oder Dienstleistung fremden Letztverbrauchern anbietet. ⁴Dies gilt auch in den Fällen, in denen der Arbeitgeber nur als Kommissionär tätig ist. ⁵R 8.1 Abs. 2 Satz 2 ist sinngemäß anzuwenden. ⁶Für die Preisfeststellung ist grundsätzlich jeweils der Kalendertag maßgebend, an dem die Ware oder Dienstleistung an den Arbeitnehmer abgegeben wird. ⁷Fallen Bestell- und Liefertag auseinander, sind die Verhältnisse am Bestelltag für die Ermittlung des Angebotspreises maßgebend. ⁸Der um 4 % geminderte Endpreis ist der Geldwert des Sachbezugs; als Arbeitslohn ist der Unterschiedsbetrag zwischen diesem Geldwert und dem vom Arbeitnehmer gezahlten Entgelt anzusetzen. ⁹Arbeitslöhne dieser Art aus demselben Dienstverhältnis bleiben steuerfrei, soweit sie insgesamt den Rabatt-Freibetrag nach § 8 Abs. 3 EStG nicht übersteigen.

H 8.2
Hinweise zu R 8.2
Bezug von Waren und Dienstleistungen

Allgemeines

Die Regelung des § 8 Abs. 3 EStG gilt nicht für
- Waren, die der Arbeitgeber überwiegend für seine Arbeitnehmer herstellt, z. B. Kantinenmahlzeiten, oder überwiegend an seine Arbeitnehmer vertreibt und Dienstleistungen, die der Arbeitgeber überwiegend für seine Arbeitnehmer erbringt,
- Sachbezüge, die nach § 40 Abs. 1 oder Abs. 2 Nr. 1 oder 2 EStG pauschal versteuert werden.

In diesen Fällen ist die Bewertung nach § 8 Abs. 2 EStG vorzunehmen.

Anwendung des Rabatt-Freibetrags

Der Rabatt-Freibetrag findet Anwendung bei
- Waren oder Dienstleistungen, die vom Arbeitgeber hergestellt, vertrieben oder erbracht werden (>BFH vom 15.1.1993 – BStBl. II S. 356),
- Leistungen des Arbeitgebers, auch wenn sie nicht zu seinem üblichen Geschäftsgegenstand gehören (>BFH vom 7.2.1997 – BStBl. II S. 363),
- der verbilligten Abgabe von Medikamenten an die Belegschaft eines Krankenhauses, wenn Medikamente dieser Art mindestens im gleichen Umfang an Patienten abgegeben werden (>BFH vom 27.8.2002 – BStBl. II S. 881 und BStBl. 2003 II S. 95),
- Waren, die ein Arbeitgeber im Auftrag und nach den Plänen und Vorgaben eines anderen produziert und damit Hersteller dieser Waren ist (>BFH vom 28.8.2002 – BStBl. 2003 II S. 154 betr. Zeitungsdruck),
- Waren, die ein Arbeitgeber auf eigene Kosten nach seinen Vorgaben und Plänen von einem Dritten produzieren lässt oder zu deren Herstellung er damit vergleichbare sonstige gewichtige Beiträge erbringt (>BFH vom 1.10.2009 – BStBl. 2010 II S. 204),
- verbilligter Überlassung einer Hausmeisterwohnung, wenn der Arbeitgeber Wohnungen zumindest in gleichem Umfang an Dritte vermietet und sich die Hausmeisterwohnung durch ihre Merkmale nicht in einem solchen Maße von anderen Wohnungen unterscheidet, dass sie nur als Hausmeisterwohnung genutzt werden kann (>BFH vom 16.2.2005 – BStBl. II S. 529),
- Überlassung eines zinslosen oder zinsverbilligten Arbeitgeberdarlehens, wenn Darlehen gleicher Art und zu gleichen Konditionen überwiegend an betriebsfremde Dritte vergeben werden (>BMF vom 1.10.2008 – BStBl. I S. 892).*)
- Mahlzeitengestellung im Rahmen einer Auswärtstätigkeit, wenn aus der Küche eines Flusskreuzfahrtschiffes neben den Passagieren auch die Besatzungsmitglieder verpflegt werden (>BFH vom 21.1.2010 – BStBl. II S. 700).

Der Rabatt-Freibetrag findet keine Anwendung bei
- Arbeitgeberdarlehen, wenn der Arbeitgeber lediglich verbundenen Unternehmen Darlehen gewährt (>BFH vom 18.9.2002 – BStBl. 2003 II S. 371),
- Arbeitgeberdarlehen, wenn der Arbeitgeber Darlehen dieser Art nicht an Fremde vergibt (>BFH vom 9.10.2002 – BStBl. 2003 II S. 373 betr. Arbeitgeberdarlehen einer Landeszentralbank).

Aufteilung eines Sachbezugs

Die Aufteilung eines Sachbezugs zum Zwecke der Lohnsteuerpauschalierung ist nur zulässig, wenn die Pauschalierung der Lohnsteuer beantragt wird und die Pauschalierungsgrenze des § 40 Abs. 1 Satz 3 EStG überschritten wird (>BMF vom 1.10.2008 – BStBl. I S. 892, Rdnr. 17)*).

Berechnung des Rabatt-Freibetrags

Beispiel 1:

Ein Möbelhandelsunternehmen überlässt einem Arbeitnehmer eine Schrankwand zu einem Preis von 3 000 €; der durch Preisauszeichnung angegebene Endpreis dieser Schrankwand beträgt 4 500 €.

Zur Ermittlung des Sachbezugswerts ist der Endpreis um 4 % = 180 € zu kürzen, sodass sich nach Anrechnung des vom Arbeitnehmer gezahlten Entgelts ein Arbeitslohn von 1 320 € ergibt. Dieser Arbeitslohn überschreitet den Rabatt-Freibetrag von 1 080 € um 240 €, sodass dieser Betrag zu versteuern ist.

Würde der Arbeitnehmer im selben Kalenderjahr ein weiteres Möbelstück unter denselben Bedingungen beziehen, so käme der Rabatt-Freibetrag nicht mehr in Betracht; es ergäbe sich dann ein zu versteuernder Betrag von 1 320 € (Unterschiedsbetrag zwischen dem um 4 % = 180 € geminderten Endpreis von 4 500 € und dem Abgabepreis von 3 000 €).

Beispiel 2:

Der Arbeitnehmer eines Reisebüros hat für eine vom Arbeitgeber vermittelte Pauschalreise, die im Katalog des Reiseveranstalters zum Preis von 2 000 € angeboten wird, nur 1 500 € zu zahlen. Vom Preisnachlass entfallen 300 € auf die Reiseleistung des Veranstalters und 200 € auf die Vermittlung des Arbeitgebers, der insoweit keine Vermittlungsprovision erhält.

---
*) Abgedruckt als Anlage 14 zu H 8.2 LStR.

§ 8 EStG
R 8.2

Die unentgeltliche Vermittlungsleistung ist nach § 8 Abs. 3 EStG mit ihrem um 4 % = 8 € geminderten Endpreis von 200 € zu bewerten, so dass sich ein Arbeitslohn von 192 € ergibt, der im Rahmen des Rabatt-Freibetrags von 1 080 € jährlich steuerfrei ist.

Auf die darüber hinausgehende Verbilligung der Pauschalreise um 300 € ist der Rabatt-Freibetrag nicht anwendbar, weil die Reiseveranstaltung nicht vom Arbeitgeber durchgeführt wird; sie ist deshalb nach § 8 Abs. 2 EStG zu bewerten. Nach R 8.1 Abs. 2 Satz 3 kann der für die Reiseleistung maßgebende Preis mit 1 728 € (96 % von 1 800 €) angesetzt werden, sodass sich ein steuerlicher Preisvorteil von 228 € ergibt.

Dienstleistungen

Die leih- oder mietweise Überlassung von Grundstücken, Wohnungen, möblierten Zimmern oder von Kraftfahrzeugen, Maschinen und anderen beweglichen Sachen sowie die Gewährung von Darlehen sind Dienstleistungen (>BFH vom 4.11.1994 – BStBl. 1995 II S. 338).

Weitere Beispiele für Dienstleistungen sind:
– Beförderungsleistungen,
– Beratung,
– Datenverarbeitung,
– Kontenführung,
– Reiseveranstaltungen,
– Versicherungsschutz,
– Werbung.

Endpreis

– i. S. d. § 8 Abs. 3 EStG ist der am Ende von Verkaufsverhandlungen als letztes Angebot stehende Preis und umfasst deshalb auch die Rabatte (>BFH vom 26.7.2012 – BStBl. 2013 II S. 400). Zur Anwendung >BMF vom 16.5.2013 (BStBl. I S. 729, Tz. 3.2*)),
– beim Erwerb von Kraftfahrzeugen vom Arbeitgeber in der Automobilbranche >BMF vom 18.12.2009 (BStBl. 2010 I S. 20)**) unter Berücksichtigung der Änderung durch >BMF vom 16.5.2013 (BStBl. I S. 729, Rdnr. 8*)),
– bei Überlassung eines zinslosen oder zinsverbilligten Arbeitgeberdarlehens >BMF vom 1.10.2008 (BStBl. I S. 892)***).

Sachbezüge an ehemalige Arbeitnehmer

Sachbezüge, die dem Arbeitnehmer ausschließlich wegen seines früheren oder künftigen Dienstverhältnisses zufließen, können nach § 8 Abs. 3 EStG bewertet werden (>BFH vom 8.11.1996 – BStBl. 1997 II S. 330).

Sachbezüge von dritter Seite

– Erfassung und Bewertung
 >BMF vom 27.9.1993 (BStBl. I S. 814)****)
– Einschaltung eines Dritten
 Die Einschaltung eines Dritten ist für die Anwendung des § 8 Abs. 3 EStG unschädlich, wenn der Arbeitnehmer eine vom Arbeitgeber hergestellte Ware auf dessen Veranlassung und Rechnung erhält (>BFH vom 4.6.1993 – BStBl. II S. 687).

Vermittlungsprovision

– Ein Arbeitgeber, der den Abschluss von Versicherungsverträgen vermittelt, kann seinen Arbeitnehmern auch dadurch geldwerten Vorteil i. S. d. § 8 Abs. 3 Satz 1 EStG gewähren, dass er im Voraus auf die ihm zustehende Vermittlungsprovision verzichtet, sofern das Versicherungsunternehmen aufgrund dieses Verzichts den fraglichen Arbeitnehmern den Abschluss von Versicherungsverträgen zu günstigeren Tarifen gewährt, als das bei anderen Versicherungsnehmern der Fall ist (>BFH vom 30.5.2001 – BStBl. 2002 II S. 230).
– Gibt der Arbeitgeber seine Provisionen, die er von Dritten für die Vermittlung von Versicherungsverträgen seiner Arbeitnehmer erhalten hat, an diese weiter, gewährt er Bar- und nicht Sachlohn (>BFH vom 23.8.2007 – BStBl. 2008 II S. 52).

Wahlrecht

Liegen die Voraussetzungen des § 8 Abs. 3 EStG vor, kann der geldwerte Vorteil wahlweise nach § 8 Abs. 2 EStG ohne Bewertungsabschlag und ohne Rabattfreibetrag oder mit diesen Abschlägen auf der Grundlage des Endpreises des Arbeitgebers nach § 8 Abs. 3 EStG bewertet werden (>BFH vom 26.7.2012 – BStBl. 2013 II S. 400 und 402). Dieses Wahlrecht ist sowohl im Lohnsteuerabzugsverfahren als auch im Veranlagungsverfahren anwendbar (>BMF vom 16.5.2013 – BStBl. I S. 729, Tz. 3.3*)).

Waren und Dienstleistungen vom Arbeitgeber

– Die Waren oder Dienstleistungen müssen vom Arbeitgeber hergestellt, vertrieben oder erbracht werden (>BFH vom 15.1.1993 – BStBl. II S. 356).
– Es ist nicht erforderlich, dass die Leistung des Arbeitgebers zu seinem üblichen Geschäftsgegenstand gehört (>BFH vom 7.2.1997 – BStBl. II S. 363).

Anlage 1
zu H 8.2

Überlassung von Rundfunk- und Fernsehgeräten sowie von Videorekordern

Bundeseinheitlich geltende Regelung, für Bayern bekannt gegeben mit Schreiben des Bayer. Staatsministeriums der Finanzen vom 12.10.2001 (Az.: 34 – S 2334 – 28/51 – 44990)

Überlässt der Arbeitgeber (z. B. die Deutsche Telekom AG oder eine Rundfunkanstalt) oder aufgrund des Dienstverhältnisses ein Dritter dem Arbeitnehmer Rundfunk- und Fernsehgeräte (einschl. Videogeräte) unentgeltlich zur privaten Nutzung, so ist der darin liegende Sachbezug mit dem Betrag zu bewerten, der dem Arbeitnehmer für die Nutzung eigener Geräte des gleichen Typs an Aufwendungen entstanden wäre. Nach § 8 Abs. 2 Satz 8 EStG wird hiermit als monatlicher Durchschnittswert der privaten Nutzung 1 % des auf volle 100 Euro abgerundeten Kaufpreises des jeweiligen Geräts festgesetzt. Kaufpreis in diesem Sinne ist die im Zeitpunkt der Inbetriebnahme des genutzten Geräts unverbindliche Preisempfehlung (Listenpreis) einschließlich Umsatzsteuer. Wird Befreiung von den Rundfunk- und Fernsehgebühren eingeräumt, ist die Gebührenersparnis zusätzlich als Sachbezug zu erfassen, soweit nicht § 8 Abs. 3 EStG anzuwenden ist.

Die vorstehende Regelung ist bei Überlassung von Rundfunk- und Fernsehgeräten an Rundfunkratsmitglieder sinngemäß anzuwenden.

Dieses Schreiben ergeht mit Zustimmung des Bundesministers der Finanzen und im Einvernehmen mit den Finanzministern (-senatoren) der anderen Länder; es ist erstmals für das Kalenderjahr 2002 anzuwenden.

Anlage 2
zu H 8.2

Steuerliche Behandlung der Personalrabatte bei Arbeitnehmern von Kreditinstituten

BMF-Schreiben vom 15.4.1993 (BStBl. I S. 339)

Nach dem Ergebnis der Erörterung mit den obersten Finanzbehörden der Länder gilt für die steuerliche Behandlung der Personalrabatte bei Arbeitnehmern von Kreditinstituten Folgendes:

1. Endpreis

Endpreis im Sinne des § 8 Abs. 3 EStG für die von einem Kreditinstitut gegenüber seinen Mitarbeitern erbrachten Dienstleistungen ist der Preis, der für diese Leistungen im Preisaushang der kontoführenden Zweigstelle des Kreditinstituts angegeben ist. Dieser Preisaushang ist für die steuerliche Bewertung auch der Dienstleistungen maßgebend, die vom Umfang her den Rahmen des standardisierten Privatkundengeschäfts übersteigen, es sei denn, dass für derartige

---

*) Abgedruckt als Anlage 13 zu H 8.2 LStR.
**) Abgedruckt als Anlage 9 zu H 8.2 LStR.
***) Abgedruckt als Anlage 14 zu H 8.2 LStR.
****) Abgedruckt als Anlage 6 zu H 8.2 LStR.

§ 8 EStG
R 8.2

Dienstleistungen in den Geschäftsräumen besondere Preisverzeichnisse ausgelegt werden.

2. Aufzeichnungserleichterungen

Das Betriebsstättenfinanzamt kann auf Antrag eines Kreditinstituts auf die Aufzeichnung der Vorteile verzichten, die sich aus der unentgeltlichen oder verbilligten

- Kontenführung (dazu gehören auch die Ausgabe von Überweisungsvordrucken, Scheckvordrucken, Scheckkarten und Reiseschecks, die Einrichtung und Löschung von Daueraufträgen, die Verfügung am Geldautomaten sowie aus Vereinfachungsgründen die Ausgabe von Kreditkarten),
- Depotführung bis zu einem Depotnennwert von 100 000,– DM (maßgebend ist der Depotnennwert, nach dem die Depotgebühren berechnet werden),
- Vermietung von Schließfächern und Banksafes und
- Beschaffung und Rücknahme von Devisen durch Barumtausch

ergeben.

Voraussetzung hierfür ist, dass

a) der durchschnittliche Betrag des Vorteils aus den von der Aufzeichnung befreiten Dienstleistungen unter Berücksichtigung des Preisabschlags nach § 8 Abs. 3 EStG von 4 % je Arbeitnehmer ermittelt wird (Durchschnittsbetrag).

Der Durchschnittsbetrag ist jeweils im letzten Lohnzahlungszeitraum eines Kalenderjahrs aus der summarischen Erfassung sämtlicher aufzeichnungsbefreiter Vorteile der vorangegangenen 12 Monate für die Arbeitnehmer eines Kreditinstituts (einschließlich sämtlicher inländischer Zweigstellen) zu ermitteln. Dabei sind auch die Vorteile einzubeziehen, die das Kreditinstitut Personen einräumt, die mit den Arbeitnehmern verbunden sind. Falls erforderlich, können für allein stehende und verheiratete Arbeitnehmer unterschiedliche Durchschnittsbeträge festgesetzt werden.

Ist die summarische Erfassung der aufzeichnungsbefreiten Vorteile im Einzelfall technisch nur mit unverhältnismäßigem Mehraufwand möglich, kann der Durchschnittsbetrag geschätzt werden. In diesem Fall ist der Durchschnittsbetrag vom Betriebsstättenfinanzamt festzusetzen. Hat ein Kreditinstitut mehrere lohnsteuerliche Betriebsstätten, so ist der Aufzeichnungsverzicht und ggf. die Festsetzung des Durchschnittsbetrags mit den anderen Betriebsstättenfinanzämtern abzustimmen.

b) der Arbeitgeber im letzten Lohnzahlungszeitraum des Kalenderjahrs den Betrag pauschal nach § 40 Abs. 1 EStG versteuert, um den die Summe der Vorteile aus den nicht aufzeichnungsbefreiten Dienstleistungen und dem Durchschnittsbetrag bei den einzelnen Arbeitnehmern den Rabatt-Freibetrag von 2400,– DM*) übersteigt. Dabei ist der übersteigende Betrag wenigstens bis zur Höhe des Durchschnittsbetrags pauschal zu versteuern. Soweit die Vorteile pauschal versteuert werden, sind sie nach § 8 Abs. 2 EStG zu bewerten; die Minderung der Vorteile um 4 % ist insoweit rückgängig zu machen.

Beispiel:

Der durchschnittliche Vorteil wird auf der Basis der Endpreise ermittelt mit	677,– DM
Nach Abzug des Bewertungsabschlags von (677,– DM × 4 %)	27,– DM
ergibt sich ein Durchschnittsbetrag von	650,– DM
Nach § 4 Abs. 2 Nr. 3 LStDV sind im Lohnkonto des Arbeitnehmers als Sachbezüge im Sinne des § 8 Abs. 3 EStG aufgezeichnet worden	1 853,– DM
Die Summe von	2 503,– DM
übersteigt den Rabatt-Freibetrag*) um	103,– DM
Der auf diesen Teil des Durchschnittsbetrags entfallende Bewertungsabschlag wird durch Vervielfältigung mit 1,0417 rückgängig gemacht (103,– DM × 1,0417) =	107,29 DM

Für diesen Betrag ist die Lohnsteuer pauschal nach § 40 Abs. 1 Nr. 1 EStG zu erheben.

Anlage 3
zu H 8.2

Steuerliche Behandlung der von Luftfahrtunternehmen gewährten unentgeltlichen oder verbilligten Flüge

Gleich lautende Erlasse der obersten Finanzbehörden der Länder vom 26.9.2012 (BStBl. I S. 940)

Für die Bewertung der zum Arbeitslohn gehörenden Vorteile aus unentgeltlich oder verbilligt gewährten Flügen gilt Folgendes:

1. Gewähren Luftfahrtunternehmen ihren Arbeitnehmern unentgeltlich oder verbilligt Flüge, die unter gleichen Beförderungsbedingungen auch betriebsfremden Fluggästen angeboten werden, so ist der Wert der Flüge nach § 8 Abs. 3 EStG zu ermitteln, wenn die Lohnsteuer nicht nach § 40 EStG pauschal erhoben wird.

2. Die Mitarbeiterflüge sind nach § 8 Abs. 2 EStG mit dem um übliche Preisnachlässe geminderten üblichen Endpreis am Abgabeort zu bewerten

   a) bei Beschränkungen im Reservierungsstatus, wenn das Luftfahrtunternehmen Flüge mit entsprechenden Beschränkungen betriebsfremden Fluggästen nicht anbietet, oder

   b) wenn die Lohnsteuer pauschal erhoben wird.

3. Gewähren Luftfahrtunternehmen Arbeitnehmern anderer Arbeitgeber unentgeltlich oder verbilligt Flüge, so sind diese Flüge ebenfalls nach § 8 Abs. 2 EStG zu bewerten.

4. In den Fällen der Nummern 2 und 3 können die Flüge mit Durchschnittswerten angesetzt werden. Für die Jahre 2013 bis 2015 werden die folgenden Durchschnittswerte nach § 8 Abs. 2 Satz 8 EStG**) für jeden Flugkilometer festgesetzt.

   a) Wenn keine Beschränkungen im Reservierungsstatus bestehen, ist der Wert des Fluges wie folgt zu berechnen:

bei einem Flug von	Durchschnittswerte in Euro je Flugkilometer (FKM)
1 – 4 000 km	0,04
4 001 – 12 000 km	$0{,}04 - \dfrac{0{,}01 \times (FKM - 4\,000)}{8\,000}$
mehr als 12 000 km	0,03

   Jeder Flug ist gesondert zu bewerten. Die Zahl der Flugkilometer ist mit dem Wert anzusetzen, der der im Flugschein angegebenen Streckenführung entspricht. Nimmt der Arbeitgeber einen nicht vollständig ausgeflogenen Flugschein zurück, so ist die tatsächlich ausgeflogene Strecke zugrunde zu legen. Bei der Berechnung des Flugkilometerwerts sind die Beträge nur bis zur fünften Dezimalstelle anzusetzen.

   Die nach dem IATA-Tarif zulässigen Kinderermäßigungen sind entsprechend anzuwenden.

   b) Bei Beschränkungen im Reservierungsstatus mit dem Vermerk „space available – SA –" auf dem Flugschein beträgt der Wert je Flugkilometer 60 % des nach Buchstabe a ermittelten Werts.

   c) Bei Beschränkungen im Reservierungsstatus ohne Vermerk „space available – SA –" auf dem Flugschein beträgt der Wert je Flugkilometer 80 % des nach Buchstabe a ermittelten Werts.

Der nach den Durchschnittswerten ermittelte Wert des Fluges ist um 15 % zu erhöhen.

Beispiel:

Der Arbeitnehmer erhält einen Freiflug Frankfurt–Palma de Mallorca und zurück. Der Flugschein trägt den Vermerk „SA". Die Flugstrecke beträgt insgesamt 2507 km. Der Wert des Fluges für diesen Flug beträgt 60 % von (0,04 × 2507) = 60,17 Euro, zu erhöhen um 15 % (= 9,03 Euro) = 69,20 Euro.

---

*) Seit 1.1.2004 beträgt der Rabatt-Freibetrag 1080 €.
**) Jetzt § 8 Abs. 2 Satz 10 EStG.

5. Mit den Durchschnittswerten nach Nummer 4 können auch Flüge bewertet werden, die der Arbeitnehmer von seinem Arbeitgeber erhalten hat, der kein Luftfahrtunternehmer ist, wenn

   a) der Arbeitgeber diesen Flug von einem Luftfahrtunternehmen erhalten hat und

   b) dieser Flug den unter Nummer 4 Buchstaben b oder c genannten Beschränkungen im Reservierungsstatus unterliegt.

6. Von den Werten nach Nummern 2 bis 5 sind die von den Arbeitnehmern jeweils gezahlten Entgelte abzuziehen. Der Rabattfreibetrag nach § 8 Abs. 3 EStG ist nicht abzuziehen.

7. Luftfahrtunternehmen im Sinne der vorstehenden Regelungen sind Unternehmen, denen die Betriebsgenehmigung zur Beförderung von Fluggästen im gewerblichen Luftverkehr nach der Verordnung (EWG) Nr. 2407/92 des Rates vom 23. Juli 1992 (Amtsblatt EG Nr. L 240/1) oder nach entsprechenden Vorschriften anderer Staaten erteilt worden ist.

Dieser Erlass ergeht mit Zustimmung des Bundesministeriums der Finanzen und im Einvernehmen mit den obersten Finanzbehörden der anderen Länder. Er ersetzt den Erlass vom 9. November 2009 (BStBl. I S. 1314) für die Jahre 2013 bis 2015.

Anlage 4
zu H 8.2

Steuerliche Behandlung unentgeltlicher oder verbilligter Reiseleistungen bei Mitarbeitern von Reisebüros und Reiseveranstaltern

BMF-Schreiben vom 14.9.1994 (BStBl. I S. 755)

Nach dem Ergebnis der Besprechung mit den obersten Finanzbehörden der Länder gilt für die lohnsteuerrechtliche Behandlung unentgeltlicher oder verbilligter Reisen der Mitarbeiter von Reisebüros und Reiseveranstaltern Folgendes:

1. Die einem Arbeitnehmer vom Arbeitgeber unentgeltlich oder verbilligt verschaffte Reise gehört nicht zum Arbeitslohn, wenn die Reise im ganz überwiegenden betrieblichen Interesse des Arbeitgebers durchgeführt wird. Ein ganz überwiegendes betriebliches Interesse muss über das normale Interesse des Arbeitgebers, das ihn zur Lohnzahlung veranlasst, deutlich hinausgehen. Dieses Interesse muss so stark sein, dass das Interesse des Arbeitnehmers an der Leistung vernachlässigt werden kann. Für die Teilnahme des Arbeitnehmers an der Reise müssen nachweisbare betriebsfunktionale Gründe bestehen.

2. Als Reisen im ganz überwiegenden betrieblichen Interesse des Arbeitgebers kommen in Betracht

   a) Reisen, denen ein unmittelbarer betrieblicher Anlass zugrunde liegt, z. B. Verhandlungen mit einem Geschäftspartner des Arbeitgebers oder Durchführung eines bestimmten Auftrags wie die Vorbereitung von Reiseveranstaltungen oder von Objektbeschreibungen in Katalogen des Arbeitgebers (Dienstreisen),

   b) Reisen zur beruflichen Fortbildung des Arbeitnehmers (Fachstudienreisen).

3. Bei Reisen im Sinne der Nummer 2 Buchstabe a kann ein ganz überwiegendes betriebliches Interesse des Arbeitgebers nur dann angenommen werden, wenn die folgenden Voraussetzungen nebeneinander erfüllt sind:

   a) Die Reise wird auf Anordnung des Arbeitgebers durchgeführt.

   b) Die Reise ist für den Arbeitnehmer unentgeltlich.

   c) Die Reisetage sind grundsätzlich wie normale Arbeitstage mit beruflicher Tätigkeit ausgefüllt (BFH-Urteil vom 12. April 1979 – BStBl. II S. 513).

   d) Die Reisetage werden auf den Urlaub des Arbeitnehmers nicht angerechnet.

4. Bei Reisen im Sinne der Nummer 2 Buchstabe b kann ein ganz überwiegendes betriebliches Interesse des Arbeitgebers (Abschnitt 74 LStR*)) nur dann angenommen werden, wenn die folgenden Voraussetzungen nebeneinander erfüllt sind:

   a) Der an der Reise teilnehmende Arbeitnehmer ist im Reisevertrieb oder mit der Reiseprogrammbeschreibung, -gestaltung oder -abwicklung beschäftigt.

   b) Der Arbeitgeber wertet die Teilnahme an der Reise als Arbeitszeit und rechnet jeden vollen Reisetag, der auf einen regelmäßigen Arbeitstag des teilnehmenden Arbeitnehmers entfällt, mit mindestens 6 Stunden auf die vereinbarte regelmäßige Arbeitszeit an.

   c) Der Reise liegt eine feste Programmgestaltung zugrunde, wobei das Programm auf die konkreten beruflichen Qualifikations- und Informationsbedürfnisse der in Buchstabe a genannten Arbeitnehmer zugeschnitten ist. Das Programm muss Fachveranstaltungen mit einer Gesamtdauer von mindestens 6 Stunden arbeitstäglich enthalten. Berufliche Programmpunkte können sein:

      – Kennenlernen der Leistungsträger der gesamten Organisation vor Ort,

      – Vorstellung verschiedener Unterkünfte und Unterkunftsbesichtigungen,

      – länderkundliche Referate, Zielgebietsschulung,

      – ortskundige Führungen,

      – Vorträge von Verkehrsämtern und Ausflugsveranstaltern,

      – eigene Recherchen nach Aufgabenstellung (Fallstudien, Gruppenarbeit),

      – regelmäßige Programmbesprechungen.

   d) Der Arbeitnehmer nimmt grundsätzlich an allen vorgesehenen fachlichen Programmpunkten teil und erstellt ein Protokoll über den Reiseverlauf.

   e) Der Arbeitnehmer nimmt keine Begleitperson mit, es sei denn, dass die Mitnahme einer Begleitperson aus zwingenden betrieblichen Gründen erforderlich ist.

5. Zum Nachweis seines ganz überwiegenden betrieblichen Interesses hat der Arbeitgeber folgende Unterlagen aufzubewahren und auf Verlangen vorzulegen:

   a) In den Fällen der Nummer 2 Buchstabe a Unterlagen, aus denen sich der Anlass und der Arbeitsauftrag ergeben.

   b) In den Fällen der Nummer 2 Buchstabe b

      – die Einladung zur Fachstudienreise,

      – Programmunterlagen,

      – Bestätigungen über die Teilnahme des Arbeitnehmers an den fachlichen Programmpunkten,

      – Protokoll des Arbeitnehmers über den Reiseverlauf,

      – Teilnehmerliste.

6. Leistungen Dritter sind kein Arbeitslohn, wenn sie dem Arbeitnehmer im ganz überwiegenden betrieblichen Interesse des Arbeitgebers zugute kommen, d. h. wenn die in Nummern 2 bis 5 genannten Voraussetzungen erfüllt sind. Andernfalls ist die Frage, ob die Leistung des Dritten Arbeitslohn darstellt und dem Lohnsteuerabzug unterliegt, nach den Grundsätzen des BMF-Schreibens vom 27. September 1993 (BStBl. I S. 814)**) zu beurteilen.

7. Schließt sich an eine Reise, die im ganz überwiegenden betrieblichen Interesse des Arbeitgebers liegt, ein privater Reiseaufenthalt an, so gehören die Leistungen für den Anschlussaufenthalt zum Arbeitslohn. Leistungen für die Hin- und Rückfahrt gehören nur in den Fällen der Nummer 2 Buchstabe b und nur dann zum Arbeitslohn, wenn der Anschlussaufenthalt mehr als 10 % der gesamten Reisezeit in Anspruch nimmt. Das Gleiche gilt, wenn der im ganz überwiegenden betrieblichen Interesse liegenden Reise ein privater Reiseaufenthalt vorgeschaltet ist.

---

*) Jetzt R 19.7 LStR.

**) Abgedruckt als Anlage 6 zu H 8.2 LStR.

§ 8 EStG
R 8.2

Anlage 5
zu H 8.2

Lohnsteuerliche Behandlung ersparter Abschlussgebühren bei Abschluss eines Bausparvertrages*)

BMF-Schreiben vom 28.3.1994 (BStBl. I S. 233)

Wenn Bausparkassen gegenüber ihren eigenen Mitarbeitern, gegenüber Arbeitnehmern von anderen Kreditinstituten oder gegenüber Arbeitnehmern von Versicherungsunternehmen und anderen Unternehmen beim Abschluss von Bausparverträgen zunächst auf die übliche Sondereinlage in Höhe von 1 % der Bausparsumme und bei der Inanspruchnahme eines Bauspardarlehens auf die dann fällige Abschlussgebühr verzichten, gilt nach dem Ergebnis der Erörterung mit den obersten Finanzbehörden der Länder Folgendes:

1. Der Verzicht auf die Sondereinlage beim Abschluss eines Bausparvertrags ist lohnsteuerlich ohne Bedeutung.
2. Der Abschluss eines Bausparvertrags ist eine Dienstleistung der Bausparkasse; der durch den Verzicht auf die Abschlussgebühr entstehende geldwerte Vorteil gehört zum Arbeitslohn.
3. Bei eigenen Arbeitnehmern der Bausparkassen handelt es sich um eine Dienstleistung im Sinne des § 8 Abs. 3 EStG.
4. Bei Arbeitnehmern anderer Kreditinstitute, Arbeitnehmern von Versicherungsunternehmen und anderen Unternehmen ist nach dem BMF-Schreiben vom 27.9.1993 IV B 6 – S 2334 – 152/93 (BStBl. I S. 814) sowie den entsprechenden Erlassen der obersten Finanzbehörden der Länder zu verfahren.**)
5. Soweit der Vorteil als Arbeitslohn versteuert wird, ist er der Zahlung einer Abschlussgebühr gleichzustellen und nach Maßgabe des § 10 EStG***) und des § 2 WoPG als Bausparbeitrag zu behandeln.
6. Wenn vor dem 1.4.1994 zugeflossene Vorteile nicht der Besteuerung unterworfen worden sind, kann es dabei verbleiben, soweit diese Vorteile nicht höher sind als die Vorteile, die nach der bisherigen ländereinheitlichen Regelung steuerfrei belassen worden sind. Lohnsteuer und Einkommensteuer sind insoweit nicht festzusetzen.

Anlage 6
zu H 8.2

Steuerliche Behandlung der Rabatte, die Arbeitnehmern von dritter Seite eingeräumt werden

BMF-Schreiben vom 27.9.1993 (BStBl. I S. 814)

Zur steuerlichen Behandlung von Preisvorteilen, die den Arbeitnehmern bei der Nutzung oder dem Erwerb von Waren oder Dienstleistungen nicht unmittelbar vom Arbeitgeber eingeräumt werden, wird unter Bezugnahme auf das Ergebnis der Erörterungen mit den obersten Finanzbehörden der Länder wie folgt Stellung genommen:

1. Preisvorteile gehören zum Arbeitslohn, wenn der Arbeitgeber an der Verschaffung dieser Preisvorteile mitgewirkt hat.

    Eine Mitwirkung des Arbeitgebers in diesem Sinne liegt nur vor, wenn

    a) aus dem Handeln des Arbeitgebers ein Anspruch des Arbeitnehmers auf den Preisvorteil entstanden ist oder
    b) der Arbeitgeber für den Dritten Verpflichtungen übernommen hat, z. B. Inkassotätigkeit oder Haftung, oder
    c) zwischen dem Arbeitgeber und dem Dritten eine enge wirtschaftliche oder tatsächliche Verflechtung oder enge Beziehung sonstiger Art besteht, z. B. Organschaftsverhältnis, oder
    d) dem Arbeitnehmer Preisvorteile von einem Unternehmen eingeräumt werden, dessen Arbeitnehmer ihrerseits Preisvorteile vom Arbeitgeber erhalten.

2. Eine Mitwirkung des Arbeitgebers an der Verschaffung von Preisvorteilen ist nicht anzunehmen, wenn sich seine Beteiligung darauf beschränkt,

    a) Angebote Dritter in seinem Betrieb bekannt zu machen oder
    b) Angebote Dritter an die Arbeitnehmer seines Betriebs zu dulden oder
    c) die Betriebszugehörigkeit der Arbeitnehmer zu bescheinigen.

    An einer Mitwirkung des Arbeitgebers fehlt es auch dann, wenn bei der Verschaffung von Preisvorteilen allein eine vom Arbeitgeber unabhängige Selbsthilfeeinrichtung der Arbeitnehmer mitwirkt.

3. Die Mitwirkung des Betriebsrats oder Personalrats an der Verschaffung von Preisvorteilen durch Dritte ist für die steuerliche Beurteilung dieser Vorteile dem Arbeitgeber nicht zuzurechnen und führt allein nicht zur Annahme von Arbeitslohn. In den Fällen der Nummer 1 wird die Zurechnung von Preisvorteilen zum Arbeitslohn jedoch nicht dadurch ausgeschlossen, dass der Betriebsrat oder Personalrat ebenfalls mitgewirkt hat.

4. Ohne Mitwirkung des Arbeitgebers im Sinne der Nummer 1 gehören Preisvorteile, die Arbeitnehmern von Dritten eingeräumt werden, zum Arbeitslohn, wenn sie Entgelt für eine Leistung sind, die der Arbeitnehmer im Rahmen seines Dienstverhältnisses für den Arbeitgeber erbringt.

5. Für die Bewertung der zum Arbeitslohn gehörenden Preisvorteile ist der Preis maßgebend, der im allgemeinen Geschäftsverkehr von Letztverbrauchern in der Mehrzahl der Verkaufsfälle am Abgabeort für gleichartige Waren oder Dienstleistungen tatsächlich gezahlt wird. Aus Vereinfachungsgründen ist es nicht zu beanstanden, wenn auf die Feststellung dieses Preises verzichtet wird und er stattdessen mit 96 v. H. des konkreten Endpreises für Letztverbraucher angesetzt wird; dieser Endpreis ist nach Abschnitt 32 Abs. 2 LStR****) mit der Maßgabe zu ermitteln, dass an die Stelle des Arbeitgebers der Dritte tritt.

6. Die nach Nummer 1 zum Arbeitslohn gehörenden Preisvorteile unterliegen dem Lohnsteuerabzug (§ 38 Abs. 1 Satz 1 EStG). Preisvorteile im Sinne der Nummer 4 unterliegen dem Lohnsteuerabzug, wenn sie üblicherweise von einem Dritten für eine Arbeitsleistung gewährt werden (§ 38 Abs. 1 Satz 2 EStG)*****).

    Soweit der Arbeitgeber diese Bezüge nicht selbst ermitteln kann, hat der Arbeitnehmer sie ihm für jeden Lohnzahlungszeitraum schriftlich anzuzeigen. Der Arbeitnehmer muss die Richtigkeit seiner Angaben durch Unterschrift bestätigen. Der Arbeitgeber hat die Anzeige als Beleg zum Lohnkonto aufzubewahren und die bezeichneten Bezüge zusammen mit dem übrigen Arbeitslohn des Arbeitnehmers dem Lohnsteuerabzug zu unterwerfen. Abschnitt 106 Abs. 5 LStR******) ist anzuwenden.

7. Soweit der vor dem 1.11.1993 zugeflossene Arbeitslohn im Sinne der Nummer 1 Sätze 1 und 2 Buchstaben a und b nicht der Besteuerung unterworfen worden ist, kann es dabei verbleiben; Lohnsteuer oder Einkommensteuer ist insoweit nicht festzusetzen.

8. Die Erlasse der obersten Finanzbehörden der Länder zur lohnsteuerlichen Behandlung von Sondertarifen für das sog. Job-Ticket im öffentlichen Personennahverkehr werden durch dieses Schreiben nicht berührt; sie werden jedoch im Hinblick auf § 3 Nr. 34 EStG mit Wirkung zum 1.1.1994 aufgehoben.

Anlage 7
zu H 8.2

Bewertung von beschädigten oder gebrauchten Waren zur Anwendung der Rabattregelung

BMF-Schreiben vom 7.8.1990 (Az.: IV B 6 – S 2334 – 106/90)

Zur steuerlichen Bewertung von beschädigten oder gebrauchten Gebrauchsgütern, die der Arbeitgeber unentgeltlich oder verbilligt an seine Arbeitnehmer abgibt, wird folgende Auffassung vertreten:

---
*) Vgl. auch Anlage 10 zu H 8.2 LStR.
**) Abgedruckt als Anlage 6 zu H 8.2 LStR.
***) Der Sonderausgabenabzug ist seit 1996 entfallen.
****) Jetzt R 8.2 Abs. 1 und 2 LStR.
*****) Seit 2004: § 38 Abs. 1 Satz 3 EStG.
******) Jetzt R 42d.1 Abs. 1 Satz 3 LStR.

1. Geräte und Möbelstücke, die nur unerhebliche Mängel oder Schäden aufweisen (z. B. Kratzer am Gehäuse eines Fernsehgeräts) oder bei denen lediglich die Verpackung mangelhaft oder beschädigt ist, sind wie unbeschädigte Waren zu behandeln. Die steuerliche Bewertung dieser Waren richtet sich nach § 8 Abs. 3 EStG, soweit die Artikel einer einzelnen Warengruppe vom Arbeitgeber nicht überwiegend an seine Arbeitnehmer abgegeben werden. Dies gilt auch dann, wenn die beschädigten Artikel einer einzelnen Warengruppe überwiegend an die Arbeitnehmer abgegeben werden. Der steuerlichen Bewertung sind hiernach die Endpreise zugrunde zu legen, zu denen der Arbeitgeber oder der dem Abgabeort nächstansässige Abnehmer die unbeschädigten Waren fremden Letztverbrauchern im allgemeinen Geschäftsverkehr anbietet.

2. Bei Geräten und Möbeln, die nicht unerheblich beschädigt oder zu Vorführzwecken erkennbar benutzt worden sind, handelt es sich um Waren, die eine andere Marktgängigkeit als unbeschädigte oder ungebrauchte Waren haben. Dabei ist eine nicht unerhebliche Beschädigung eines Geräts insbesondere dann anzunehmen, wenn sie die Funktion des Geräts beeinträchtigt. Die steuerliche Bewertung dieser Waren richtet sich nur dann nach § 8 Abs. 3 EStG, wenn die beschädigten oder gebrauchten Artikel der einzelnen Warengruppe vom Arbeitgeber nicht überwiegend an seine Arbeitnehmer abgegeben werden. Dabei sind die Endpreise zugrunde zu legen, zu denen der Arbeitgeber oder der dem Abgabeort nächstansässige Abnehmer die beschädigten oder gebrauchten Waren fremden Letztverbrauchern im allgemeinen Geschäftsverkehr anbietet. Wenn der Arbeitgeber die beschädigten oder gebrauchten Waren überwiegend an seine Arbeitnehmer abgibt, richtet sich die steuerliche Bewertung nach § 8 Abs. 2 EStG. Hiernach sind die Preise zugrunde zu legen, zu denen die beschädigten oder gebrauchten Waren im allgemeinen Geschäftsverkehr am Abgabeort angeboten werden.

Anlage 8
zu H 8.2

Lohnsteuerliche Behandlung des verbilligten Erwerbs von Fondsanteilen durch Mitarbeiter im Bankkonzern

Erlass des Hessischen Ministeriums der Finanzen vom 30.9.2008 (Az.: S 2334 A – 110 – II 3b)

Beim Erwerb von Fondsanteilen wird Mitarbeitern im Bankkonzern ein Teilnachlass bei den Erwerbsnebenkosten gewährt, wie es auch bei Geschäften mit anderen Großkunden der Fall ist. Die Verbilligung ist als ein bloßer Rabatt bei einem Kaufvorgang zu sehen, den der Arbeitnehmer aufgrund einer eigenen Investitionsentscheidung tätigt. Es handelt sich daher nicht um einen Vorteil im Rahmen der Überlassung von Vermögensbeteiligungen im Sinne des § 19a EStG, dessen lohnsteuerliche Bewertung nach § 19a Abs. 2 EStG zu erfolgen hat. Die Rabattgewährung ist vielmehr als geldwerter Vorteil nach Maßgabe des § 8 Abs. 2 Satz 1 EStG (bei Arbeitnehmern im Konzernbereich) bzw. § 8 Abs. 3 EStG (bei Arbeitnehmern der Investmentgesellschaft) zu erfassen.

Die nachstehenden hauptsächlich vorkommenden Sachverhalte sind daher wie folgt zu würdigen:

Grundlegendes zum Sachverhalt:

Der Ausgabepreis für einen Fondsanteil in den folgenden Beispielen beträgt am Kauftag 100,– €. Dieser Preis beinhaltet grundsätzlich einen Ausgabeaufschlag von 5%, der nach der Vertriebsvereinbarung zwischen der Investmentgesellschaft und dem Kreditinstitut in Höhe von 4% dem Kreditinstitut zusteht. Den Mitarbeitern soll in den nachfolgenden Sachverhalten jeweils immer ein Rabatt auf den Anschaffungspreis des Fondsanteils von 4% eingeräumt werden.

Sachverhalt 1 a (Festpreisgeschäft):

Ein *Arbeitnehmer des Kreditinstituts* schließt mit diesem einen Kaufvertrag über den Erwerb von Fondsanteilen (Festpreisgeschäft). Das Kreditinstitut reduziert den Kaufpreis zugunsten des Arbeitnehmers auf 96,19 €*).

Lösung:

Vertragspartner des Kaufgeschäfts (= „Personalkauf") ist für den Arbeitnehmer das Kreditinstitut. Die Verbilligung ist als bloßer Rabatt bei einem geschäftsüblichen Kaufvorgang zu sehen, den der Arbeitnehmer aufgrund einer eigenen Investitionsentscheidung tätigt. Der Verzicht des Kreditinstituts auf einen Teil seines Entgeltanteils im Rahmen des Erwerbs der Anteile führt vorliegend zu keinem zu versteuernden geldwerten Vorteil des Arbeitnehmers, weil der Fondsanteil nicht unter 96% des Preises im allgemeinen Geschäftsverkehr (Ausgabepreis) überlassen wird. Vorliegend übersteigt die Zahlung des Arbeitnehmers (96,19 €) den nach § 8 Abs. 3 EStG zu bewertenden Sachbezug (96 €).

Falls sich hier ein lohnsteuerpflichtiger geldwerter Vorteil ergäbe, würde dieser unter Beachtung des Rabattfreibetrags von 1080 € steuerfrei bleiben.

Sachverhalt 1 b (Festpreisgeschäft):

Ein *Arbeitnehmer einer Konzerngesellschaft/eines Verbundunternehmens* des Kreditinstituts schließt mit diesem einen Kaufvertrag über den Erwerb von Fondsanteilen (Festpreisgeschäft). Das Kreditinstitut reduziert den Kaufpreis beispielsweise aufgrund eines Rahmenvertrages mit dem Arbeitgeber des Arbeitnehmers zugunsten des Arbeitnehmers auf 96,19 €.

Lösung:

Vertragspartner des Kaufgeschäfts ist für den Arbeitnehmer das Kreditinstitut. Die Verbilligung ist als bloßer Rabatt bei einem geschäftsüblichen Kaufvorgang zu sehen, den der Arbeitnehmer aufgrund einer eigenen Investitionsentscheidung tätigt. Der Verzicht des Kreditinstituts auf einen Entgeltanteil im Rahmen des Erwerbs der Anteile führt vorliegend zu keinem zu versteuernden geldwerten Vorteil des Arbeitnehmers, weil der Fondsanteil nicht unter 96% des Preises im allgemeinen Geschäftsverkehr (Ausgabepreis) überlassen wird. Vorliegend übersteigt die Zahlung des Arbeitnehmers (96,19 €) den nach § 8 Abs. 2 EStG (in Verbindung mit R 8.1 Abs. 2 Satz 9 LStR**)) zu bewertenden Sachbezug (96 €).

Sofern die gesamten geldwerten Vorteile des Arbeitnehmers im Kaufmonat insgesamt 44 € nicht übersteigen, unterbleibt eine Versteuerung.

Sachverhalt 2 a (Anlagenvermittlung):

Ein *Arbeitnehmer des Kreditinstituts* kauft den Fondsanteil unmittelbar bei der Investmentgesellschaft. Das Kreditinstitut tritt als Finanzintermediär hier lediglich als Vermittler im technischen Sinne (§ 84 HGB) auf, d. h. es wird nur die Verbindung zur Fondsgesellschaft hergestellt, ggf. werden Formulare ausgefüllt, so dass ein Kaufvertrag zustande kommt. Das Kreditinstitut erhält von der Investmentgesellschaft beispielsweise wegen geringerem Arbeitsaufwand auch nur eine geringere oder keine Vermittlungsprovision, so dass sich insgesamt der Ausgabeaufschlag für den Fondsanteil mindert und der Arbeitnehmer (bei einer Minderung des Ausgabeaufschlags auf 1%) nur 96,19 € an die Investmentgesellschaft zahlt.

Lösung:

Hier handelt das Kreditinstitut als technischer Vermittler und nicht wie in Sachverhalt 1 a und 1 b als Verkäufer. Verkäuferin ist die Fondsgesellschaft. Der geldwerte Vorteil – hier von dritter Seite – ermittelt sich nach § 8 Abs. 2 EStG auf der Basis von 96% des üblichen Endpreises am Abgabeort. Vorliegend übersteigt die Zahlung des Arbeitnehmers (96,19 €) den nach § 8 Abs. 2 EStG zu bewertenden Sachbezug (96 €). Darüber hinaus kommt die Freigrenze des § 8 Abs. 2 Satz 9 EStG***) in Betracht.

Sofern die gesamten geldwerten Vorteile des Arbeitnehmers im Kaufmonat insgesamt 44 € nicht übersteigen, unterbleibt eine Versteuerung.

Sachverhalt 2 b (Abschlussvermittlung)

Ein *Arbeitnehmer des Kreditinstituts* wendet sich zur Vermittlung von Fondsanteilen an seinen Arbeitgeber. Das Kreditinstitut tritt auf Basis eines Vermittlungsvertrages mit der Investmentgesellschaft gegenüber dem Mitarbeiter im fremden Namen und auf Rechnung dieser Investmentgesellschaft auf. Der Vermittlungsvertrag sieht vor, dass das Kreditinstitut bei der Vermittlung von Fondsanteilen

---

*) Da der Ausgabeaufschlag im Ausgabepreis enthalten ist, entsprechen die 100 € 105%. Der Mitarbeiter müsste demnach 101%, somit 96,19 € zahlen.

**) Jetzt R 8.1 Abs. 2 Satz 3 LStR.

***) Jetzt § 8 Abs. 2 Satz 11 EStG.

§ 8 EStG
R 8.2

zugunsten der Mitarbeiter keine oder nur eine reduzierte Provision erhält. Im vorliegenden Beispiel erhält das Kreditinstitut keine Provision*), so dass die Investmentgesellschaft dem Mitarbeiter je Fondsanteil lediglich 96,19 € in Rechnung stellt.

Lösung:

Hier erbringt das Kreditinstitut eine Vermittlungsleistung zugunsten der Investmentgesellschaft. Der geldwerte Vorteil für den Arbeitnehmer entsteht mittelbar durch den Provisionsverzicht des Kreditinstituts (Arbeitgeber), aber direkt durch einen Dritten (die Investmentgesellschaft). Dieser geldwerte Vorteil für den Arbeitnehmer ermittelt sich daher nach § 8 Abs. 2 EStG auf der Basis von 96 % des üblichen Endpreises am Abgabeort (das ist hier die Provision von 3,81 €), somit mit 3,66 € pro Fondsanteil.

Sofern die gesamten geldwerten Vorteile des Arbeitnehmers im Kaufmonat insgesamt 44 € nicht übersteigen, unterbleibt eine Versteuerung.

Sachverhalt 2c (Kommissionsgeschäft)

Ein *Arbeitnehmer des Kreditinstituts* erteilt diesem den Auftrag zum Kauf von Fondsanteilen. Das Kreditinstitut bestellt im eigenen Namen für fremde Rechnung bei der Investmentgesellschaft die georderten Fondsanteile. Von der Investmentgesellschaft erhält das Kreditinstitut eine Provision in Höhe des vollen ihm zustehenden Ausgabeaufschlags. Das Kreditinstitut reduziert nun beispielsweise im Fall des Kommissionsgeschäfts mit seinem Arbeitnehmer den Verkaufspreis auf 96,19 €.

Lösung:

Kreditinstitut tritt vorliegend als Kommissionär auf. Der Sachverhalt ist vergleichbar dem Festpreisgeschäft (Sachverhalt 1 a) zu lösen.

Sachverhalt 3a (Direkterwerb):

Ein *Arbeitnehmer der Investmentgesellschaft* (= „Personalkauf") kauft den Fondsanteil unmittelbar bei seiner Arbeitgeberin. Wegen des verkürzten Vertriebswegs verzichtet die Investmentgesellschaft maximal auf den gesamten Ausgabeaufschlag.

Lösung:

Vertragspartner des Kaufgeschäfts ist für den Arbeitnehmer die Investmentgesellschaft, seine Arbeitgeberin. Die Verbilligung ist als bloßer Rabatt bei einem geschäftsüblichen Kaufvorgang zu sehen, den der Arbeitnehmer aufgrund einer eigenen Investitionsentscheidung tätigt. Die Nichterhebung eines Ausgabeaufschlags oder die Erhebung eines verringerten Ausgabeaufschlags führt zu einem zu versteuernden geldwerten Vorteil des Arbeitnehmers, wenn der Fondsanteil unter 96 % des Preises im allgemeinen Geschäftsverkehr (Ausgabepreis) überlassen wird. Er ermittelt sich dann als Differenz des um 4 % geminderten Ausgabepreises und der Zahlung des Arbeitnehmers. Sofern die gesamten geldwerten Vorteile des Mitarbeiters im Kalenderjahr den Rabattfreibetrag von 1080 € nicht übersteigen, unterbleibt eine Versteuerung (§ 8 Abs. 3 EStG).

Sachverhalt 3b (Direkterwerb):

Ein *Arbeitnehmer einer Konzerngesellschaft/eines Verbundunternehmens* der Investmentgesellschaft kauft den Fondsanteil unmittelbar bei der Investmentgesellschaft. Wegen des verkürzten Vertriebswegs verzichtet die Investmentgesellschaft maximal auf den gesamten Ausgabeaufschlag.

Lösung:

Vertragspartner des Kaufgeschäfts ist für den Arbeitnehmer die Investmentgesellschaft. Die Verbilligung ist als bloßer Rabatt bei einem geschäftsüblichen Kaufvorgang zu sehen, den der Arbeitnehmer der Konzerngesellschaft/des Verbundunternehmens aufgrund einer eigenen Investitionsentscheidung tätigt. Die Nichterhebung eines Ausgabeaufschlags oder die Erhebung eines verringerten Ausgabeaufschlags führt zu einem zu versteuernden geldwerten Vorteil des Arbeitnehmers der Konzerngesellschaft/des Verbundunternehmens, wenn der Fondsanteil unter 96 % des Preises im allgemeinen Geschäftsverkehr (Ausgabepreis) überlassen wird (§ 8 Abs. 2 EStG in Verbindung mit R 8.1 Abs. 2 Satz 9 LStR). Er ermittelt sich dann als Differenz des um 4 % geminderten Ausgabepreises und der Zahlung des Arbeitnehmers.

Sofern die gesamten geldwerten Vorteile des Arbeitnehmers im Kaufmonat insgesamt 44 € nicht übersteigen, unterbleibt eine Versteuerung (§ 8 Abs. 2 Satz 9 EStG**)).

Sachverhalt 4 (Mitarbeiterfonds):

Eine Investmentgesellschaft schließt mit einem Unternehmen eine Vereinbarung, auf deren Grundlage die Arbeitnehmer des Unternehmens unmittelbar Anteile an einem von der Investmentgesellschaft aufgelegten Mitarbeiterfonds erwerben können. Dabei verzichtet die Investmentgesellschaft auf die Erhebung eines Teils des Ausgabeaufschlags.

Lösung:

Durch die Vereinbarung der Investmentgesellschaft mit dem Arbeitgeber-Unternehmen führt der verbilligte Erwerb der Fondsanteile durch die Arbeitnehmer des Unternehmens grundsätzlich zur Gewährung eines geldwerten Vorteils von dritter Seite. Die Erhebung eines verringerten Ausgabeaufschlags führt zu einem zu versteuernden geldwerten Vorteil des Arbeitnehmers, wenn der Fondsanteil unter 96 % des im allgemeinen Geschäftsverkehr von Letztverbrauchern in der Mehrzahl der Verkaufsfälle am Abgabeort für den Fonds tatsächlich gezahlten Preis (Ausgabepreis) überlassen wird (§ 8 Abs. 2 EStG in Verbindung mit R 8.1 Abs. 2 Satz 9 LStR***)).

Sofern die gesamten geldwerten Vorteile des Arbeitnehmers im Kaufmonat insgesamt 44 € nicht übersteigen, unterbleibt eine Versteuerung (§ 8 Abs. 2 Satz 9 EStG**)).

Anlage 9
zu H 8.2

Ermittlung des geldwerten Vorteils beim Erwerb von Kraftfahrzeugen vom Arbeitgeber in der Automobilbranche (§ 8 Abs. 3 EStG)

BMF-Schreiben vom 18.12.2009 (BStBl. 2010 I S. 20)

Im Einvernehmen mit den obersten Finanzbehörden der Länder gilt bei der Ermittlung des geldwerten Vorteils beim Erwerb von Kraftfahrzeugen vom Arbeitgeber in der Automobilbranche Folgendes:

Personalrabatte, die Automobilhersteller oder Automobilhändler ihren Arbeitnehmern beim Erwerb von Kraftfahrzeugen gewähren, gehören grundsätzlich als geldwerte Vorteile zum steuerpflichtigen Arbeitslohn. Der steuerlichen Bewertung der Kraftfahrzeuge sind unter den Voraussetzungen des § 8 Absatz 3 EStG (vgl. R 8.2 Absatz 1 LStR 2008) die Endpreise zugrunde zu legen, zu denen der Arbeitgeber die Kraftfahrzeuge anderen Letztverbrauchern im allgemeinen Geschäftsverkehr anbietet. Bietet der Arbeitgeber die Kraftfahrzeuge anderen Letztverbrauchern nicht an, so sind die Endpreise des nächstgelegenen Händlers maßgebend (R 8.2 Absatz 2 Satz 1 bis 6 LStR 2008).

Endpreis ist nicht der Preis, der mit dem Käufer unter Berücksichtigung individueller Preiszugeständnisse tatsächlich vereinbart wird. Regelmäßig ist vielmehr der Preis maßgebend, der nach der Preisangabenverordnung anzugeben und auszuweisen ist. Dies ist z. B. der sog. Hauspreis, mit dem Kraftfahrzeuge ausgezeichnet werden, die im Verkaufsraum eines Automobilhändlers ausgestellt werden. Wenn kein anderes Preisangebot vorliegt, ist dem Endpreis grundsätzlich die unverbindliche Preisempfehlung (UPE) des Herstellers zugrunde zu legen.

Nach den Gepflogenheiten in der Automobilbranche werden Kraftfahrzeuge im allgemeinen Geschäftsverkehr fremden Letztverbrauchern tatsächlich häufig zu einem Preis angeboten, der unter der UPE des Herstellers liegt. Deshalb kann der tatsächliche Angebotspreis anstelle des empfohlenen Preises angesetzt werden (vgl. BFH-Urteil vom 4. Juni 1993 – BStBl. II S. 687, BFH-Urteil vom 17. Juni 2009 – BStBl. 2010 II S. 67).

Im Hinblick auf die Schwierigkeiten bei der Ermittlung des tatsächlichen Angebotspreises ist es nicht zu beanstanden, wenn als Endpreis im Sinne des § 8 Abs. 3 EStG der Preis angenommen wird,

---

*) Da der Ausgabeaufschlag im Ausgabepreis enthalten ist, entsprechen 100 € 105 %. Der Mitarbeiter muss demnach 101 %, somit 96,19 € zahlen. Der Provisionsanteil für die Bank beträgt daher 3,81 € (4/105 von 100 €).

**) Jetzt § 8 Abs. 2 Satz 11 EStG.

***) Jetzt R 8.1 Abs. 2 Satz 3 LStR.

der sich ergibt, wenn 80 Prozent*) des Preisnachlasses, der durchschnittlich beim Verkauf an fremde Letztverbraucher im allgemeinen Geschäftsverkehr tatsächlich gewährt wird, von dem empfohlenen Preis abgezogen wird. Dabei ist der durchschnittliche Preisnachlass modellbezogen nach den tatsächlichen Verkaufserlösen in den vorangegangenen drei Kalendermonaten zu ermitteln und jeweils der Endpreisfeststellung im Zeitpunkt der Bestellung (Bestellbestätigung) zugrunde zu legen.

Bei der Ermittlung des durchschnittlichen Preisnachlasses sind auch Fahrzeugverkäufe, deren Endpreise inklusive Transport- und Überführungskosten im Einzelfall über der UPE liegen, sowie Fahrzeugverkäufe, die mit überhöhter Inzahlungnahme von Gebrauchtfahrzeugen, Sachzugaben oder anderen indirekten Rabatten einhergehen, einzubeziehen. Neben Barrabatten ist der Wert indirekter Rabatte bei der Ermittlung des durchschnittlichen Preisnachlasses zu berücksichtigen, soweit diese in den Verkaufsunterlagen des Automobilherstellers oder Automobilhändlers nachvollziehbar dokumentiert sind. Fahrzeugverkäufe mit Marktzins unterschreitenden Finanzierungen bleiben bei der Ermittlung des durchschnittlichen Preisnachlasses unberücksichtigt.

Es wird nicht beanstandet, wenn bei neu eingeführten Modellen in den ersten drei Kalendermonaten ein pauschaler Abschlag von 6 Prozent der UPE als durchschnittlicher Preisnachlass angenommen wird. Als neues Modell ist ein neuer Fahrzeugtyp oder eine neue Fahrzeuggeneration anzusehen, nicht dagegen eine sog. Modellpflegemaßnahme („Facelift"). Es bestehen keine Bedenken, in Zweifelsfällen hierzu auf die ersten Ziffern des im Fahrzeugschein oder in der Zulassungsbescheinigung Teil I verzeichneten Typenschlüssels des Herstellers abzustellen. Wurde ein Modell in den der Bestellung vorangegangenen drei Kalendermonaten nicht verkauft, ist auf den durchschnittlichen Preisnachlass des letzten Dreimonatszeitraums abzustellen, in dem Verkaufsfälle vorliegen.

Der Arbeitgeber hat die Grundlagen für den ermittelten geldwerten Vorteil als Beleg zum Lohnkonto aufzubewahren.

Dieses Schreiben ersetzt das BMF-Schreiben vom 30. Januar 1996, BStBl. I Seite 114, und ist ab dem 1. Januar 2009 anzuwenden.

Anlage 10
zu H 8.2

Ersparte Abschlussgebühren bei Abschluss eigener Bausparverträge durch Arbeitnehmer von Kreditinstituten

Verfügung der Oberfinanzdirektion Hannover vom 19.2.2001 (Az.: S 2334 – 331 – StH 212)

Für die Beurteilung der Frage, ob geldwerte Vorteile, die Arbeitnehmern von Kreditinstituten beim Abschluss eigener Bausparverträge durch die Ersparnis der Abschlussgebühr in Höhe von 1 % der Bausparsumme zufließen, nach § 8 Abs. 2 oder Abs. 3 EStG zu bewerten sind, kommt es auf die jeweils vorliegende Sachverhaltsgestaltung an.

1. Ist das Kreditinstitut provisionsberechtigt und verzichtet es bei Mitarbeiterverträgen gegenüber der Bausparkasse auf seinen Provisionsanspruch, d. h. erbringt es gegenüber seinem Arbeitnehmer die Vermittlungsleistung unentgeltlich, fließt dem Arbeitnehmer durch die Ersparnis der Abschlussgebühr ein geldwerter Vorteil aus dem Dienstverhältnis zu, der sich aus der unentgeltlichen Vermittlungsleistung des Arbeitgebers und aus einem Preisnachlass der Bausparkasse zusammensetzt.

   a) Der geldwerte Vorteil aus der unentgeltlichen Vermittlungsleistung des Kreditinstituts fällt in den Anwendungsbereich des § 8 Abs. 3 EStG; er ist mit dem um 4 % geminderten Endpreis, den das Kreditinstitut für die Vermittlung des entsprechenden Vertrags an einen Kunden im allgemeinen Geschäftsverkehr erzielt, zu bewerten und bleibt bis zur Ausschöpfung des Rabattfreibetrags steuerfrei.

   b) Der geldwerte Vorteil aus dem Preisnachlass der Bausparkasse ist als Rabatt von dritter Seite nach § 8 Abs. 2 Satz 1 EStG zu bewerten. Nach R 31 Abs. 2 Satz 9 LStR**) kann die Bewertung aus Vereinfachungsgründen mit 96 % des konkreten Endpreises des Dritten erfolgen. Die Freigrenze nach § 8 Abs. 2 Satz 9 EStG***) ist zu beachten.

2. Ist nicht das Kreditinstitut, sondern direkt der den Vertrag vermittelnde Arbeitnehmer des Kreditinstituts gegenüber der Bausparkasse provisionsberechtigt, fließt dem Arbeitnehmer durch den Verzicht der Bausparkasse auf Zahlung der Abschlussgebühr insgesamt ein Rabatt von dritter Seite zu, der nach § 8 Abs. 2 Satz 1 EStG zu bewerten ist. Gleiches würde im Übrigen gelten, wenn die Bausparkasse nicht auf die Zahlung der Abschlussgebühr verzichtet, sondern dem Mitarbeiter des Kreditinstituts auch bei Eigenverträgen die übliche Provision zahlt.

Anlage 11
zu H 8.2

Lohnsteuerliche Behandlung der verbilligten Energielieferungen an Arbeitnehmer von Versorgungsunternehmen

Erlass des Finanzministeriums Niedersachsen vom 13.12.1999 (Az.: S 2334 – 96 – 35)

Aufgrund des Gesetzes zur Neuregelung des Energiewirtschaftsrechts vom 24.4.1998 (BGBl. 1 S. 730) ergeben sich Änderungen hinsichtlich der lohnsteuerrechtlichen Beurteilung der verbilligten Energielieferungen an die Arbeitnehmer der Versorgungsunternehmen, wenn die Arbeitnehmer nicht im Versorgungsgebiet ihres Arbeitgebers wohnen.

Hierzu ist folgende Auffassung zu vertreten:

Auch weiterhin kann bei der verbilligten Überlassung von Energie (Strom oder Gas) § 8 Abs. 3 EStG nur angewandt werden, wenn genau dieselbe Ware, die der Arbeitnehmer von einem Dritten erhält, vom Arbeitgeber zuvor hergestellt oder vertrieben worden ist (Nämlichkeit). Dabei ist unter „Vertreiben" in diesem Sinne nicht eine bloße Vermittlungsleistung zu verstehen – der Arbeitgeber muss die Dienstleistung als eigene erbringen (BFH v. 7.2.1997, BStBl. II S. 363). Die Voraussetzung der Nämlichkeit ist erfüllt, wenn das Versorgungsunternehmen, das den Arbeitnehmer beliefert, diese Energie zuvor von dem Versorgungsunternehmen, bei dem der Arbeitnehmer beschäftigt ist, erhalten hat. Erhält jedoch das Versorgungsunternehmen, das den Arbeitnehmer mit Energie beliefert, seine Energielieferungen nicht unmittelbar durch das Versorgungsunternehmen, bei dem der Arbeitnehmer beschäftigt ist, ist der geldwerte Vorteil aus der verbilligten Energielieferung nach § 8 Abs. 2 EStG zu versteuern (vgl. BFH v. 15.1.1993, BStBl. II S. 356).

In den Fällen der sog. **Durchleitung** (= verhandelter Netzzugang gemäß §§ 5, 6 EnWG) muss das örtliche Versorgungsunternehmen, in dessen Bereich der Arbeitnehmer wohnt, sein Versorgungsnetz dem anderen Versorgungsunternehmen – gegen Gebühr – zur Durchleitung von Strom zur Verfügung stellen. Ist dieses andere Versorgungsunternehmen der Arbeitgeber, ist die Voraussetzung des § 8 Abs. 3 EStG erfüllt, weil der Arbeitnehmer Strom erhält, der vom Arbeitgeber hergestellt oder vertrieben worden ist und von diesem unmittelbar an seinen Arbeitnehmer unter Zuhilfenahme des örtlichen Versorgungsunternehmens geliefert wird.

In den Fällen der sog. **Netzzugangsalternative** ist das Versorgungsunternehmen, in dessen Bereich der Arbeitnehmer wohnt, verpflichtet, den Strom abzunehmen, den dieser Arbeitnehmer bei einem anderen Versorgungsunternehmen gekauft hat (§ 7 Abs. 2 EnWG). Anschließend liefert das örtliche Versorgungsunternehmen diesen Strom an den Arbeitnehmer weiter. Auch bei dieser Alternative erhält das örtliche Versorgungsunternehmen tatsächlich den Strom des anderen Versorgungsunternehmens. Ist dieses andere Versorgungsunternehmen der Arbeitgeber, ist auch in dem Fall der Netzzugangsalternative nach § 7 Abs. 2 EnWG die Voraussetzung der Nämlichkeit und damit die Voraussetzung des § 8 Abs. 3 EStG erfüllt.

Diese Grundsätze gelten gleichermaßen für Arbeitgeber, die als Versorgungsunternehmen den Strom lediglich verteilen oder aber auch selbst Strom erzeugen. Sie sind hingegen nicht anzuwenden,

---

*) Überholt durch Rdnr. 8 des BMF-Schreibens vom 16.5.2013 (BStBl. I S. 729), abgedruckt als Anlage 13 zu H 8.2 LStR. Der durchschnittliche Preisnachlass ist in vollem Umfang (= 100 %) zu berücksichtigen.
**) Jetzt R 8.1 Abs. 2 Satz 3 LStR.
***) Jetzt § 8 Abs. 2 Satz 11 EStG.

§ 8 EStG
R 8.2

wenn die entsprechende Energie tatsächlich nicht zwischen den Versorgungsunternehmen vertrieben, sondern nur als Rechnungsposten gehandelt wird.

Dieser Erlass ergeht im Einvernehmen mit dem BMF und den obersten Finanzbehörden der anderen Länder bundeseinheitlich.

Anlage 12
zu H 8.2

Lohnsteuerliche Behandlung der verbilligten Energielieferungen an Arbeitnehmer von Versorgungsunternehmen

Verfügung der Oberfinanzdirektionen Düsseldorf und Münster vom 26.2.2004 (Az.: S 2334 A – St 22/S 2334 – 104 – St 213 K/ S 2334 – 10 – St 21-31)

Auf der Basis des Gesetzes zur Neuregelung des Energiewirtschaftsrechts wurde eine Verbändevereinbarung (VV II) geschlossen. Hierbei wurde bei den Leistungen auf dem Energiemarkt strikt zwischen der Netznutzung und der Stromlieferung getrennt. Der Kunde hatte danach grundsätzlich zwei Verträge abzuschließen – einen Stromlieferungsvertrag mit dem Energielieferanten/Händler und einen Netzzugangsvertrag mit dem Netzbetreiber. Als Folge dieser Verträge handelte es sich bei dem Strom, den der Kunde an seiner Zählerklemme abnahm, um solchen des Energielieferanten, den dieser im eigenen Namen und auf eigene Rechnung an den Kunden veräußerte. Der Netzbetreiber (z. B. das örtliche Versorgungsunternehmen) stellte lediglich die Netznutzung sicher. Das vom Kunden zu zahlende Gesamtentgelt setzte sich nach dieser Vereinbarung aus einem Entgelt für die Stromlieferung sowie einem Entgelt für die Netznutzung zusammen.

Bei der entsprechenden Umsetzung dieses Verfahrens sind die zwei Leistungen (Stromlieferung und Netznutzung) lohnsteuerlich gesondert zu beurteilen.

Stromlieferung

Steht der Strom, der aufgrund des Stromlieferungsvertrags an der Zählerklemme des Arbeitnehmers abgenommen wird, im Eigentum des stromliefernden Arbeitgebers und wird daher von diesem im eigenen Namen und auf eigene Rechnung veräußert, erfolgt eine unmittelbare Stromlieferung. Die entscheidende Voraussetzung für die Anwendung des § 8 Abs. 3 EStG ist damit bei der verbilligten Überlassung von Energie erfüllt, denn der Arbeitnehmer erhält den Strom unmittelbar von seinem Arbeitgeber.

Netznutzung

Für die Anwendung des § 8 Abs. 3 EStG auf die gesonderte Leistung in Form der Netznutzung ist die Voraussetzung, dass der örtliche Netzbetreiber Arbeitgeber des Kunden ist. Nur in diesem Fall erhält der Arbeitnehmer die Dienstleistung unmittelbar von seinem Arbeitgeber. Ist der örtliche Netzbetreiber jedoch nicht Arbeitgeber des Kunden, kann § 8 Abs. 3 EStG für die Leistung „Netznutzung" nicht in Betracht kommen. Dies gilt auch dann, wenn der Stromlieferant das vom Arbeitnehmer hierfür zu erbringende Netzentgelt im Namen und für Rechnung des Netzbetreibers vereinnahmen sollte.

„All-inclusive-Verträge"

Die in der VV II festgelegte Trennung hat sich jedoch in der Praxis nicht durchgesetzt. Vielmehr haben Stromhändler schon bald auch außerhalb des eigenen Netzgebietes sog. „All-inclusive-Verträge" einschließlich Netznutzung angeboten. Ein anderes Modell – das sog. „Doppelvertragsmodell" – hat vorgesehen, dass sich der Stromlieferant vom Netzbetreiber in einem Händler-Rahmenvertrag den Netzzugang einräumen lässt und die Netznutzung dem Kunden (auch dem eigenen Arbeitnehmer) als eigene Leistung verkauft. Diese Entwicklung ist in der Verbändevereinbarung vom 13.12.2001 (VV II plus) umgesetzt worden; sie hat die VV II seit dem 1.1.2002 abgelöst.

Danach hat der Stromlieferant bei Vorlage eines „All-inclusive-Vertrags" zur Stromversorgung eines Einzelkunden in einem anderen Netzgebiet Anspruch auf den zeitnahen Abschluss eines Netznutzungsvertrages mit dem örtlichen Netzbetreiber, d. h., zwischen Netzbetreiber und Kunden bestehen keine vertraglichen Beziehungen. Beim „All-inclusive-Vertrag" enthält der Stromlieferungsvertrag des Energieversorgungsunternehmens (EVU) mit seinem Endkunden (auch Arbeitnehmer) bereits die Netznutzung auch für den Fall, dass der Endkunde (oder der Arbeitnehmer) in einem anderen Netzgebiet wohnt. Damit kommt für den Arbeitnehmer eines EVU als Endkunde der Rabattfreibetrag nach § 8 Abs. 3 EStG für alle Leistungen in Betracht, auch wenn er außerhalb des Netzgebiets seines Arbeitgebers wohnt oder dessen Arbeitgeber als reiner Stromhändler kein eigenes Versorgungsnetz betreibt.

Anlage 13
zu H 8.2

Bewertung von Sachbezügen nach § 8 Abs. 2 und § 8 Abs. 3 EStG

BMF-Schreiben vom 16.5.2013 (BStBl. I S. 729)

Zu den Urteilen des Bundesfinanzhofs (BFH) vom 26. Juli 2012 – VI R 30/09 – (BStBl. 2013 II Seite 400) und – VI R 27/11 – (BStBl. 2013 II Seite 402) gilt im Einvernehmen mit den obersten Finanzbehörden der Länder Folgendes:

Die Urteile sind über den jeweils entschiedenen Einzelfall hinaus entsprechend den nachfolgenden Regelungen anzuwenden. Das BMF-Schreiben vom 28. März 2007 (BStBl. I Seite 464) wird aufgehoben.

1. Grundsätze der BFH-Rechtsprechung

1 Der BFH bestätigt in seinen Urteilen vom 26. Juli 2012 – VI R 30/09 – und – VI R 27/11 – die in seiner Entscheidung vom 5. September 2006 – VI R 41/02 – (BStBl II 2007 Seite 309) vertretene Rechtsauffassung, dass der Arbeitnehmer im Rahmen seiner Einkommensteuerveranlagung den geldwerten Vorteil wahlweise nach § 8 Absatz 2 EStG ohne Bewertungsabschlag und ohne Rabattfreibetrag oder mit diesen Abschlägen auf der Grundlage des Endpreises des Arbeitgebers nach § 8 Absatz 3 EStG bewerten lassen kann.

2 Nach Auffassung des BFH ist bei Anwendung des § 8 Absatz 2 EStG Vergleichspreis grundsätzlich der „günstigste Preis am Markt". Endpreis i. S. d. § 8 Absatz 3 EStG ist nach Auffassung des BFH der am Ende von Verkaufsverhandlungen als letztes Angebot stehende Preis und umfasst deshalb auch Rabatte (Änderung der Rechtsprechung).

2. Zeitliche Anwendung der BFH-Rechtsprechung

3 Die BFH-Rechtsprechung ist sowohl im Lohnsteuerabzugsverfahren als auch im Veranlagungsverfahren in allen offenen Fällen anwendbar (vgl. aber Rdnr. 5 und Rdnr. 11).

3. Materielle Anwendung der BFH-Rechtsprechung

3.1. Endpreis i. S. d. § 8 Absatz 2 Satz 1 EStG

4 Einnahmen, die nicht in Geld bestehen (Wohnung, Kost, Waren, Dienstleistungen und sonstige Sachbezüge), sind mit den um übliche Preisnachlässe geminderten üblichen Endpreisen am Abgabeort anzusetzen (§ 8 Absatz 2 Satz 1 EStG); R 8.1 Absatz 2 Satz 9 LStR 2011*) ist anzuwenden. Endpreis in diesem Sinne ist auch der nachgewiesene günstigste Preis einschließlich sämtlicher Nebenkosten, zu dem die konkrete Ware oder Dienstleistung mit vergleichbaren Bedingungen an Endverbraucher ohne individuelle Preisverhandlungen im Zeitpunkt des Zuflusses am Markt angeboten wird; R 8.1 Absatz 2 Satz 9 LStR 2011*) ist nicht anzuwenden. Fallen Bestell- und Liefertag auseinander, sind die Verhältnisse am Bestelltag für die Preisfeststellung maßgebend (vgl. R 8.1 Absatz 2 Satz 8 LStR 2011**)). Markt in diesem Sinne sind alle gewerblichen Anbieter, von denen der Steuerpflichtige die konkrete Ware oder Dienstleistung im Inland unter Einbeziehung allgemein zugänglicher Inter-

---
*) Jetzt R 8.1 Abs. 2 Satz 3 LStR.
**) Fundstelle in den LStR 2015 entfallen, Aussage aber weiterhin gültig.

netangebote oder auf sonstige Weise gewöhnlich beziehen kann. §8 Absatz 2 Sätze 2 bis 9 EStG*) bleiben unberührt.

5 Dem Arbeitgeber bleibt es unbenommen, im Lohnsteuerabzugsverfahren einen um übliche Preisnachlässe geminderten üblichen Endpreis am Abgabeort i. S. d. Rdnr. 4 Satz 1 anzusetzen. Er ist nicht verpflichtet, den günstigsten Preis am Markt i. S. d. Rdnr. 4 Satz 2 zu ermitteln. Der Arbeitnehmer kann im Rahmen seiner Einkommensteuerveranlagung den geldwerten Vorteil mit dem günstigsten Preis am Markt i. S. d. Rdnr. 4 Satz 2 bewerten (vgl. Rdnr. 10).

6 Der Arbeitgeber hat die Grundlagen für den ermittelten und der Lohnversteuerung zu Grunde gelegten Endpreis als Belege zum Lohnkonto aufzubewahren, zu dokumentieren und dem Arbeitnehmer auf Verlangen formlos mitzuteilen.

3.2. Endpreis i. S. d. § 8 Absatz 3 Satz 1 EStG

7 Endpreis i. S. d. § 8 Absatz 3 Satz 1 EStG ist der Preis, zu dem der Arbeitgeber oder der dem Abgabeort nächstansässige Abnehmer die konkrete Ware oder Dienstleistung fremden Letztverbrauchern im allgemeinen Geschäftsverkehr am Ende von Verkaufsverhandlungen durchschnittlich anbietet. Auf diesen Angebotspreis sind der gesetzliche Bewertungsabschlag von 4 Prozent und der gesetzliche Rabattfreibetrag von 1.080 Euro zu berücksichtigen (§ 8 Absatz 3 Satz 2 EStG).

8 Bei der Ermittlung des tatsächlichen Angebotspreises ist es nicht zu beanstanden, wenn als Endpreis i. S. d. § 8 Absatz 3 EStG der Preis angenommen wird, der sich ergibt, wenn der Preisnachlass, der durchschnittlich beim Verkauf an fremde Letztverbraucher im allgemeinen Geschäftsverkehr tatsächlich gewährt wird, von dem empfohlenen Preis abgezogen wird.

Das BMF-Schreiben vom 18. Dezember 2009 (BStBl I 2010 S. 20) zur Ermittlung des geldwerten Vorteils beim Erwerb von Kraftfahrzeugen vom Arbeitgeber in der Automobilbranche ist hinsichtlich des bisher zu berücksichtigenden Preisnachlasses in Höhe von 80 Prozent nicht mehr anzuwenden. Es gilt ansonsten unverändert fort.**)

9 Der Arbeitgeber hat die Grundlagen für den ermittelten und der Lohnversteuerung zu Grunde gelegten Endpreis als Belege zum Lohnkonto aufzubewahren, zu dokumentieren und dem Arbeitnehmer auf Verlangen formlos mitzuteilen.

3.3. Wahlrecht zwischen den Bewertungsmethoden nach § 8 Absatz 2 und Absatz 3 EStG

10 Der Arbeitnehmer kann den geldwerten Vorteil im Rahmen seiner Einkommensteuerveranlagung nach § 8 Absatz 2 Satz 1 EStG (vgl. Rdnr. 4) bewerten. Der Arbeitnehmer hat den im Lohnsteuerabzugsverfahren der Besteuerung zu Grunde gelegten Endpreis i. S. d. § 8 Absatz 3 Satz 1 EStG und den Endpreis i. S. d. § 8 Absatz 2 Satz 1 EStG nachzuweisen (z. B. formlose Mitteilung des Arbeitgebers, Ausdruck eines günstigeren inländischen Angebots im Zeitpunkt des Zuflusses).

11 Dem Arbeitgeber bleibt es unbenommen, im Lohnsteuerabzugsverfahren den geldwerten Vorteil nach § 8 Absatz 3 Satz 1 EStG (vgl. Rdnr. 7) zu bewerten. Er ist nicht verpflichtet, den geldwerten Vorteil nach § 8 Absatz 2 Satz 1 EStG (vgl. Rdnr. 4) zu bewerten.

12 Beispiel

Ein Möbelhandelsunternehmen übereignet seinem Arbeitnehmer im Januar 2013 eine Schrankwand und im Februar 2013 eine Couch zu einem Preis von je 3.000 Euro. Bestell- und Liefertag fallen nicht auseinander. Der durch Preisauszeichnung angegebene Endpreis beträgt jeweils 5.000 Euro. Das Möbelhandelsunternehmen gewährt auf diese Möbelstücke durchschnittlich 10 Prozent Rabatt. Ein anderes inländisches Möbelhandelsunternehmen bietet diese Couch im Februar 2013 auf seiner Internetseite für 4.000 Euro an. Der Arbeitgeber hat die geldwerten Vorteile nach § 8 Absatz 3 Satz 1 EStG bewertet. Der Arbeitnehmer beantragt im Rahmen seiner Einkommensteuerveranlagung die Bewertung des geldwerten Vorteils für die Couch nach § 8 Absatz 2 Satz 1 EStG und legt einen Ausdruck des günstigeren Angebots vor.

Steuerliche Behandlung im Lohnsteuerabzugsverfahren:

Endpreis i. S. d. § 8 Absatz 3 Satz 1 EStG ist der am Ende von Verkaufsverhandlungen durchschnittlich angebotene Preis des Arbeitgebers in Höhe von jeweils 4.500 Euro (= 5.000 Euro abzgl. durchschnittlichem Rabatt von 10 Prozent). Zur Ermittlung des geldwerten Vorteils aus der Übereignung der Schrankwand ist der Endpreis um 180 Euro (= 4 Prozent) zu kürzen, so dass sich nach Anrechnung des vom Arbeitnehmer gezahlten Entgelts von 3.000 Euro ein Arbeitslohn von 1.320 Euro ergibt. Dieser Arbeitslohn überschreitet den Rabatt-Freibetrag von 1.080 Euro um 240 Euro, so dass dieser Betrag für Januar 2013 zu versteuern ist. Zur Ermittlung des geldwerten Vorteils aus der Übereignung der Couch ist der Endpreis von 4.500 Euro um 180 Euro (= 4 Prozent) zu kürzen, so dass sich nach Anrechnung des vom Arbeitnehmer gezahlten Entgelts von 3.000 Euro ein Arbeitslohn von 1.320 Euro ergibt. Der Rabatt-Freibetrag kommt nicht mehr in Betracht, da er bereits bei der Ermittlung des geldwerten Vorteils aus der Übereignung der Schrankwand berücksichtigt wurde. Daher ist ein Arbeitslohn von 1.320 Euro für Februar 2013 zu versteuern.

Steuerliche Behandlung im Veranlagungsverfahren:

Endpreis i. S. d. § 8 Absatz 2 Satz 1 EStG ist die nachgewiesene günstigste Marktkondition in Höhe von 4.000 Euro. Zur Ermittlung des geldwerten Vorteils aus der Übereignung der Couch ist der Endpreis nicht zu kürzen, so dass sich nach Anrechnung des vom Arbeitnehmer gezahlten Entgelts ein Arbeitslohn von 1.000 Euro (statt bisher 1.320 Euro) ergibt. Die Freigrenze für Sachbezüge nach § 8 Absatz 2 Satz 9 EStG***) ist überschritten, so dass ein Arbeitslohn von 1.000 Euro zu versteuern ist. Der bisher versteuerte Arbeitslohn (vgl. Zeile 3 des Ausdrucks der elektronischen Lohnsteuerbescheinigung für 2013) ist durch das Finanzamt um 320 Euro zu mindern.

Anlage 14
zu H 8.2

Steuerliche Behandlung von Zinsvorteilen aus Arbeitgeberdarlehen

BMF-Schreiben vom 1.10.2008 (BStBl. I S. 892)

1. Anwendungsbereich

1 Ein Arbeitgeberdarlehen ist die Überlassung von Geld durch den Arbeitgeber oder aufgrund des Dienstverhältnisses durch einen Dritten an den Arbeitnehmer, die auf dem Rechtsgrund eines Darlehensvertrags beruht.

2 Nicht unter den Anwendungsbereich „Arbeitgeberdarlehen" fallen insbesondere Reisekostenvorschüsse, ein vorschüssiger Auslagenersatz, als Arbeitslohn zufließende Lohnabschläge und als Arbeitslohn zufließende Lohnvorschüsse, sofern es sich bei letzteren nur um eine abweichende Vereinbarung über die Bedingungen der Zahlung des Arbeitslohns handelt. Diese Voraussetzung ist beispielsweise bei Gehaltsvorschüssen im öffentlichen Dienst nach den Vorschussrichtlinien des Bundes oder entsprechenden Richtlinien der Länder nicht erfüllt, so dass entsprechende Gehaltsvorschüsse unter den Anwendungsbereich „Arbeitgeberdarlehen" fallen.

2. Ermittlung des geldwerten Vorteils

3 Für die Ermittlung des geldwerten Vorteils aus der Überlassung eines zinslosen oder zinsverbilligten Arbeitgeberdarlehens ist zwischen einer Bewertung nach § 8 Abs. 2 EStG (z. B. Arbeitnehmer eines Einzelhändlers erhält ein zinsverbilligtes Arbeitgeberdarlehen) und einer Bewertung nach § 8 Abs. 3 EStG (z. B. Sparkassenangestellter erhält ein zinsverbilligtes Arbeitgeberdarlehen) zu unterscheiden. Zinsvorteile sind als Sachbezüge zu versteuern, wenn die Summe der noch nicht getilgten Darlehen am Ende des Lohnzahlungszeitraums 2600 € übersteigt.

---

*) Jetzt § 8 Abs. 2 Sätze 2 bis 11 EStG.
**) Das BMF-Schreiben vom 18. Dezember 2009 (BStBl. I 2010 S. 20) ist abgedruckt als Anlage 9 zu H 8.2 LStR.
***) Jetzt § 8 Absatz 2 Satz 11 EStG.

§ 8 EStG
R 8.2

2.1. Bewertung nach § 8 Abs. 2 EStG

2.1.1. Allgemeine Grundsätze

4 Der Arbeitnehmer erlangt keinen lohnsteuerlich zu erfassenden Vorteil, wenn der Arbeitgeber ihm ein Darlehen zu einem marktüblichen Zinssatz (Maßstabszinssatz) gewährt (BFH-Urteil vom 4. Mai 2006 – VI R 28/05 –, BStBl. II S. 781). Marktüblich in diesem Sinne ist auch die nachgewiesene günstigste Marktkondition für Darlehen mit vergleichbaren Bedingungen am Abgabeort unter Einbeziehung allgemein zugänglicher Internetangebote (z. B. von Direktbanken).

5 Bei Zinsvorteilen, die nach § 8 Abs. 2 EStG zu bewerten sind, bemisst sich der geldwerte Vorteil nach dem Unterschiedsbetrag zwischen dem Maßstabszinssatz für vergleichbare Darlehen am Abgabeort und dem Zinssatz, der im konkreten Einzelfall vereinbart ist. Vergleichbar in diesem Sinne ist ein Darlehen, das dem Arbeitgeberdarlehen insbesondere hinsichtlich der Kreditart (z. B. Wohnungsbaukredit, Konsumentenkredit/Ratenkredit, Überziehungskredit), der Laufzeit des Darlehens und der Dauer der Zinsfestlegung im Wesentlichen entspricht. Bei Arbeitgeberdarlehen mit Zinsfestlegung ist grundsätzlich für die gesamte Vertragslaufzeit der Maßstabszinssatz bei Vertragsabschluss maßgeblich. Werden nach Ablauf der Zinsfestlegung die Zinskonditionen desselben Darlehensvertrages neu vereinbart (Prolongation), ist der Zinsvorteil neu zu ermitteln. Dabei ist der neu vereinbarte Zinssatz mit dem Maßstabszinssatz im Zeitpunkt der Prolongationsvereinbarung zu vergleichen. Bei Arbeitgeberdarlehen mit variablem Zinssatz ist für die Ermittlung des geldwerten Vorteils im Zeitpunkt der vertraglichen Zinssatzanpassung der neu vereinbarte Zinssatz mit dem jeweils aktuellen Maßstabszinssatz zu vergleichen. Der Arbeitgeber hat die Grundlagen für den ermittelten Zinsvorteil als Belege zum Lohnkonto aufzubewahren.

6 Bei der Feststellung, ob die 44 €-Freigrenze (§ 8 Abs. 2 Satz 9 EStG*)) überschritten wird, sind geldwerte Vorteile aus der Überlassung eines zinslosen oder zinsverbilligten Arbeitgeberdarlehens vorbehaltlich Rdnr. 3 Satz 2 einzubeziehen.

7 Ein nach Beachtung der Rdnr. 3 Satz 2 und der Rdnr. 6 ermittelter steuerpflichtiger geldwerter Vorteil aus der Überlassung eines zinslosen oder zinsverbilligten Arbeitgeberdarlehens i. S. d. § 8 Abs. 2 EStG kann nach § 37b EStG pauschal besteuert werden (vgl. hierzu BMF-Schreiben vom 29. April 2008, BStBl. I S. 566)**).

8 Aus Vereinfachungsgründen wird es nicht beanstandet, wenn bei einer Bewertung nach § 8 Abs. 2 EStG für die Feststellung des Maßstabszinssatzes die bei Vertragsabschluss von der Deutschen Bundesbank zuletzt veröffentlichten Effektivzinssätze – also die gewichteten Durchschnittszinssätze – herangezogen werden, die unter http://www.bundesbank.de/statistik/statistik_zinsen_tabellen.php unter der Rubrik „EWU-Zinsstatistik [Bestände, Neugeschäft]"***) veröffentlicht sind. Es sind die Effektivzinssätze unter „Neugeschäft" maßgeblich. Von dem sich danach ergebenden Effektivzinssatz kann ein Abschlag von 4 % vorgenommen werden. Aus der Differenz zwischen diesem Maßstabszinssatz und dem Zinssatz, der im konkreten Einzelfall vereinbart ist, sind die Zinsverbilligung und der geldwerte Vorteil zu ermitteln, wobei die Zahlungsweise der Zinsen (z. B. monatlich, jährlich) unmaßgeblich ist. Zwischen den einzelnen Arten von Krediten (z. B. Wohnungsbaukredit, Konsumentenkredit/Ratenkredit, Überziehungskredit) ist zu unterscheiden.

Beispiel:

Ein Arbeitnehmer erhält im Juni 2008 ein Arbeitgeberdarlehen von 16 000 € zu einem Effektivzinssatz von 2 % jährlich (Laufzeit 4 Jahre mit monatlicher Tilgung und monatlicher Fälligkeit der Zinsen). Der bei Vertragsabschluss im Juni 2008 von der Deutschen Bundesbank für Konsumentenkredite mit anfänglicher Zinsbindung von über 1 Jahr bis 5 Jahre veröffentlichte Effektivzinssatz (Erhebungszeitraum April 2008) beträgt 5,68 %.

Nach Abzug eines Abschlags von 4 % ergibt sich ein Maßstabszinssatz von 5,45 %. Die Zinsverbilligung beträgt somit 3,45 % (5,45 % abzüglich 2 %). Danach ergibt sich im Juni 2008 ein geldwerter Vorteil von 46 € (3,45 % von 16 000 € × $^1/_{12}$). Dieser Vorteil ist – da die 44 €-Freigrenze überschritten ist – lohnsteuerpflichtig. Der geldwerte Vorteil ist jeweils bei Tilgung des Arbeitgeberdarlehens für die Restschuld neu zu ermitteln.

2.1.2. Für Arbeitgeberdarlehen mit Vertragsabschluss vor dem 1. Januar 2008 (Bestandsdarlehen) gilt Folgendes:

2.1.2.1. Ermittlung des geldwerten Vorteils

9 Bei Arbeitgeberdarlehen mit Zinsfestlegung ist der vereinbarte Zinssatz grundsätzlich mit dem Maßstabszinssatz bei Vertragsabschluss (nicht dem Richtlinienzinssatz) zu vergleichen. Im Falle der Prolongation ist der neu vereinbarte Zinssatz mit dem Maßstabszinssatz im Zeitpunkt der Prolongationsvereinbarung zu vergleichen. Der geldwerte Vorteil ist auf dieser Basis für die Restschuld und die verbleibende Vertragslaufzeit des Arbeitgeberdarlehens ab dem Kalenderjahr 2008 zu ermitteln (vgl. Beispiel in Rdnr. 11). Bei Arbeitgeberdarlehen mit variablem Zinssatz ist für die Ermittlung des geldwerten Vorteils im Zeitpunkt der vertraglichen Zinssatzanpassung der neu vereinbarte Zinssatz mit dem jeweils aktuellen Maßstabszinssatz zu vergleichen. Auf den historischen marktüblichen Zinssatz bei Vertragsabschluss ist nicht abzustellen.

2.1.2.2. Vereinfachungsregelung bei Vertragsabschluss ab dem Kalenderjahr 2003

10 Für Bestandsdarlehen mit Vertragsabschluss ab dem Kalenderjahr 2003 kann Rdnr. 8 in allen offenen Fällen angewendet werden.

2.1.2.3. Vereinfachungsregelung bei Vertragsabschluss vor dem Kalenderjahr 2003

11 Für Bestandsdarlehen mit Vertragsabschluss vor dem 1. Januar 2003 kann Rdnr. 8 mit der Maßgabe angewendet werden, dass die frühere Bundesbank-Zinsstatistik „Erhebung über Soll- und Habenzinsen ausgewählter Kredit- und Einlagenarten" herangezogen wird, die unter http://www.bundesbank.de/statistik/statistik_zeitreihen.php unter der Rubrik „Zinsen, Renditen"****), dort Bundesbank Zinsstatistik, veröffentlicht ist. Zur Einordnung der Arbeitgeberdarlehen wird auf die Gegenüberstellung der Instrumentenkategorien der EWU-Zinsstatistik und der Erhebungspositionen der früheren Bundesbank-Zinsstatistik verwiesen, die unter http://www.bundesbank.de/meldewesen/mw_bankenstatistik_ewustatistik.php veröffentlicht ist.*****) Es ist die Untergrenze der Streubreite der statistisch erhobenen Zinssätze (ohne Abschlag von 4 %) zugrunde zu legen. Zwischen den einzelnen Arten von Krediten (z. B. Wohnungsbaukredit, Konsumentenkredit/Ratenkredit, Überziehungskredit) ist zu unterscheiden.

Beispiel:

Der Arbeitnehmer hat von seinem Arbeitgeber im Januar 1999 einen unbesicherten Wohnungsbaukredit über 150 000 € zu einem festen Effektivzinssatz von 2 % mit einer Zinsbindung von 10 Jahren erhalten. Der nach der Bundesbank-Zinsstatistik ermittelte Maßstabszinssatz betrug für einen Hypothekarkredit auf Wohngrundstücke bei Vertragsabschluss im Januar 1999 4,91 % (Zeitreihe SU0047) und beträgt für vergleichbare Wohnungsbaukredite an private Haushalte im Januar 2008 5,04 % (Zeitreihe SUD118). Der Richtlinienzinssatz nach R 31 Abs. 8 Satz 3 LStR 1999 betrug im Kalenderjahr 1999 6 %.

Der geldwerte Vorteil ist ab dem Veranlagungszeitraum 2008 mit 2,91 % (Maßstabszinssatz 4,91 %, abzüglich Zinslast des Arbeitnehmers von 2 %) für die Restschuld und die verbleibende Vertragslaufzeit zu ermitteln.

2.1.2.4. Ermittlung des geldwerten Vorteils bis einschließlich Kalenderjahr 2007

12 Es wird nicht beanstandet, wenn der geldwerte Vorteil nach den Regelungen in R 31 Abs. 11 LStR 2005 (vormals R 31 Abs. 8 Satz 3 LStR 1999) – unbeachtlich des BFH-Urteils vom

---
*) Jetzt § 8 Abs. 2 Satz 11 EStG.
**) Abgedruckt als Anlage 1 zu H 37b LStR.
***) Jetzt www.bundesbank.de/Navigation/DE/Statistiken/statistiken.html>Zeitreihen-Datenbanken>Makroökonomische Zeitreihen>Geld- und Kapitalmärkte>Zinssätze und Renditen>Einlagen- und Kreditzinssätze>MFI-Zinsstatistik (Deutscher Beitrag ab Januar 2003).
****) Jetzt www.bundesbank.de/Navigation/DE/Statistiken/statistiken.html>Zeitreihen-Datenbanken>Makroökonomische Zeitreihen>Geld- und Kapitalmärkte>Zinssätze und Renditen>Einlagen- und Kreditzinssätze>Bundesbank-Zinsstatistik (Juni 1967 bis Juni 2003).
*****) Jetzt www.bundesbank.de/Redaktion/DE/Downloads/Statistiken/Geld_Und_Kapitalmaerkte/Zinssaetze_Renditen/gegenueberstellung.pdf?_blob=publicationFile.

4. Mai 2006 – VI R 28/05 –, BStBl. II S. 781 – in allen offenen Fällen bis einschließlich Kalenderjahr 2007 ermittelt wird. Sowohl die Grenze von 2600 € als auch der für das entsprechende Kalenderjahr maßgebliche Richtlinienzinssatz sind anwendbar.

2.1.3. Einzelanfragen zur Ermittlung des Maßstabszinssatzes

13 Einzelanfragen zur Ermittlung des Maßstabszinssatzes für vergleichbare Darlehen am Abgabeort sind bei der Deutschen Bundesbank unter EWU-zinsstatistik@bundesbank.de möglich.

2.2. Bewertung nach § 8 Abs. 3 EStG*)

14 Der geldwerte Vorteil aus der Überlassung eines zinslosen oder zinsverbilligten Darlehens ist nach § 8 Abs. 3 EStG*) zu ermitteln, wenn der Arbeitgeber Darlehen gleicher Art und – mit Ausnahme des Zinssatzes – zu gleichen Konditionen (insbesondere Laufzeit des Darlehens, Dauer der Zinsfestlegung) überwiegend an betriebsfremde Dritte vergibt und der geldwerte Vorteil nicht nach § 40 EStG pauschal besteuert wird.

15 Bei Zinsvorteilen, die nach § 8 Abs. 3 EStG*) zu bewerten sind, bemisst sich der geldwerte Vorteil nach dem Unterschiedsbetrag zwischen dem im Preisaushang der kontoführenden Zweigstelle des Kreditinstituts oder im Preisverzeichnis des Arbeitgebers, das zur Einsichtnahme bereitgehalten wird, angegebenen und um 4 % geminderten Effektivzinssatz, den der Arbeitgeber fremden Letztverbrauchern im allgemeinen Geschäftsverkehr für Darlehen vergleichbarer Kreditart (z. B. Wohnungsbaukredit, Konsumentenkredit) anbietet (Maßstabszinssatz), und dem Zinssatz, der im konkreten Einzelfall vereinbart ist. Bei Arbeitgeberdarlehen mit Zinsfestlegung ist grundsätzlich für die gesamte Vertragslaufzeit der Maßstabszinssatz bei Vertragsabschluss maßgeblich. Im Falle der Prolongation ist der neu vereinbarte Zinssatz mit dem Maßstabszinssatz im Zeitpunkt der Prolongationsvereinbarung zu vergleichen. Bei Arbeitgeberdarlehen mit variablem Zinssatz ist für die Ermittlung des geldwerten Vorteils im Zeitpunkt der vertraglichen Zinssatzanpassung der neu vereinbarte Zinssatz mit dem jeweils aktuellen Maßstabszinssatz zu vergleichen. Der Arbeitgeber hat die Grundlagen für den ermittelten Zinsvorteil als Belege zum Lohnkonto aufzubewahren.

16 Wird der geldwerte Vorteil aus der Überlassung eines zinslosen oder zinsverbilligten Darlehens nach § 40 EStG auf Antrag des Arbeitgebers pauschal versteuert, so ist der Zinsvorteil nach § 8 Abs. 2 EStG zu bewerten (vgl. Tz. 2.1., Rdnr. 4 bis 12), auch wenn der Arbeitgeber Geld darlehensweise überwiegend betriebsfremden Dritten überlässt. Wenn die Voraussetzungen für die Lohnsteuerpauschalierung erfüllt sind, insbesondere ein Pauschalierungsantrag gestellt worden ist, gilt dies auch dann, wenn keine pauschale Lohnsteuer anfällt.

Zinsvorteile sind als sonstige Bezüge i. S. d. § 40 Abs. 1 Satz 1 Nr. 1 EStG anzusehen, wenn der maßgebende Verzinsungszeitraum den jeweiligen Lohnzahlungszeitraum überschreitet.

17 Wird der geldwerte Vorteil aus der Überlassung eines zinslosen oder zinsverbilligten Darlehens nur zum Teil pauschal versteuert, weil die Pauschalierungsgrenze des § 40 Abs. 1 Satz 3 EStG überschritten ist, so ist bei der Bewertung des individuell zu versteuernden Zinsvorteils der Teilbetrag des Darlehens außer Ansatz zu lassen, für den die Zinsvorteile unter Anwendung der Tz. 2.1. (Rdnr. 4 bis 12) pauschal versteuert werden.

Beispiel:
Ein Kreditinstitut überlässt seinem Arbeitnehmer A am 1. Januar 2008 ein Arbeitgeberdarlehen von 150 000 € zum Effektivzinssatz von 4 % jährlich (Laufzeit 4 Jahre mit jährlicher Tilgung und vierteljährlicher Fälligkeit der Zinsen). Darlehen gleicher Art bietet das Kreditinstitut fremden Kunden im allgemeinen Geschäftsverkehr zu einem Effektivzinssatz von 6,5 % an. Der marktübliche Zinssatz für vergleichbare Darlehen am Abgabeort wurde im Internet bei einer Direktbank mit 6 % ermittelt.

Das Kreditinstitut beantragt die Besteuerung nach § 40 Abs. 1 Satz 1 Nr. 1 EStG. Der geldwerte Vorteil ist insoweit nach § 8 Abs. 2 Satz 1 EStG zu ermitteln. Die nach Tz. 2.1. (Rdnr. 5) ermittelte Zinsverbilligung beträgt 2 % (marktüblicher Zinssatz 6 %, abzüglich Zinslast des Arbeitnehmers von 4 %).

Der geldwerte Vorteil beträgt im Kalenderjahr 2008 3000 € (2 % von 150 000 €). Mangels anderer pauschal besteuerter Leistungen kann der Zinsvorteil des Arbeitnehmers A bis zum Höchstbetrag von 1 000 € pauschal besteuert werden (Pauschalierungsgrenze). Ein Zinsvorteil von 1000 € ergibt sich unter Berücksichtigung der nach Tz. 2.1. ermittelten Zinsverbilligung von 2 % für ein Darlehen von 50 000 € (2 % von 50 000 € = 1 000 €). Mithin wird durch die Pauschalbesteuerung nur der Zinsvorteil aus einem Darlehensteilbetrag von 50 000 € abgedeckt. Der Zinsvorteil aus dem restlichen Darlehensteilbetrag von 100 000 € ist individuell zu versteuern. Der zu versteuernde Betrag ist wie folgt zu ermitteln*):

Nach Abzug eines Abschlags von 4 % (§ 8 Abs. 3 Satz 1 EStG) vom Angebotspreis des Arbeitgebers von 6,5 % ergibt sich ein Maßstabszinssatz von 6,24 %.

100 000 € Darlehen × Maßstabszinssatz 6,24 %	6 240 €
./. Zinslast des Arbeitnehmers 100 000 € × 4 %	4 000 €
Zinsvorteil	2 240 €
./. Rabattfreibetrag (§ 8 Abs. 3 Satz 2 EStG)	1 080 €
zu versteuernder geldwerter Vorteil (Jahresbetrag)	1 160 €
vierteljährlich der Lohnsteuer zu unterwerfen	290 €

Der geldwerte Vorteil ist jeweils bei Tilgung des Arbeitgeberdarlehens für die Restschuld neu zu ermitteln.

3. Zufluss von Arbeitslohn

18 Als Zuflusszeitpunkt ist der Zeitpunkt der Fälligkeit der Zinsen als Nutzungsentgelt für die Überlassung eines zinsverbilligten Darlehens anzusehen (vgl. Beispiel unter Tz. 2.2., Rdnr. 17). Bei der Überlassung eines zinslosen Darlehens ist der Zufluss in dem Zeitpunkt anzunehmen, in dem das Entgelt üblicherweise fällig wäre. Es kann davon ausgegangen werden, dass das Entgelt üblicherweise zusammen mit der Tilgungsrate fällig wäre.

4. Versteuerung in Sonderfällen

4.1. Versteuerung bei fehlender Zahlung von Arbeitslohn

19 Erhält der Arbeitnehmer keinen laufenden Arbeitslohn (z. B. Beurlaubung, Ableistung des Grundwehr-/Zivildienstes, Elternzeit) ist bei Wiederaufnahme der Arbeitslohnzahlung oder nach Ablauf des Kalenderjahres der Gesamtbetrag der im jeweiligen Zeitraum angefallenen geldwerten Vorteile aus einem noch nicht getilgten Arbeitgeberdarlehen nach § 41c EStG zu behandeln.

4.2. Versteuerung bei Ausscheiden aus dem Dienstverhältnis

20 Scheidet der Arbeitnehmer aus dem Dienstverhältnis aus und fallen infolge eines noch nicht getilgten zinslosen oder zinsverbilligten Arbeitgeberdarlehens geldwerte Vorteile aus dem beendeten Dienstverhältnis an, so hat der Arbeitgeber dies dem Betriebsstättenfinanzamt anzuzeigen, wenn die Lohnsteuer nicht nachträglich einbehalten werden kann (§ 41c Abs. 4 Nr. 2 EStG**)).

5. Anrufungsauskunft

21 Für Sachverhalte zur steuerlichen Behandlung von Arbeitgeberdarlehen kann eine Anrufungsauskunft i. S. d. § 42e EStG eingeholt werden.

6. Zeitliche Anwendung

22 Dieses Schreiben ersetzt das BMF-Schreiben vom 13. Juni 2007, BStBl. I S. 502, und ist in allen offenen Fällen anzuwenden.

Das BMF-Schreiben zur steuerlichen Behandlung von Nutzungsüberlassungen vom 28. April 1995, BStBl. I S. 273, geändert durch BMF-Schreiben vom 21. Juli 2003, BStBl. I S. 391, und das BMF-Schreiben zur Anwendung der 44 €-Freigrenze für Sachbezüge nach § 8 Abs. 2 Satz 9 EStG***) vom 9. Juli 1997, BStBl. I S. 735, geändert durch BMF-Schreiben vom 13. Juni 2007, BStBl. I S. 502, werden aufgehoben.

---

*) Die Bewertung nach § 8 Abs. 3 EStG ist nicht (mehr) obligatorisch. Zum Verhältnis zwischen § 8 Abs. 2 und 3 EStG >H 8.2 Wahlrecht.
**) Jetzt § 41c Abs. 4 Satz 1 Nr. 1 EStG.
***) Jetzt § 8 Abs. 2 Satz 11 EStG.

§ 9 EStG
Werbungskosten

(1) ¹Werbungskosten sind Aufwendungen zur Erwerbung, Sicherung und Erhaltung der Einnahmen. ²Sie sind bei der Einkunftsart abzuziehen, bei der sie erwachsen sind. ³Werbungskosten sind auch

1. Schuldzinsen und auf besonderen Verpflichtungsgründen beruhende Renten und dauernde Lasten, soweit sie mit einer Einkunftsart in wirtschaftlichem Zusammenhang stehen. ²Bei Leibrenten kann nur der Anteil abgezogen werden, der sich nach § 22 Nummer 1 Satz 3 Buchstabe a Doppelbuchstabe bb ergibt;
2. Steuern vom Grundbesitz, sonstige öffentliche Abgaben und Versicherungsbeiträge, soweit solche Ausgaben sich auf Gebäude oder auf Gegenstände beziehen, die dem Steuerpflichtigen zur Einnahmeerzielung dienen;
3. Beiträge zu Berufsständen und sonstigen Berufsverbänden, deren Zweck nicht auf einen wirtschaftlichen Geschäftsbetrieb gerichtet ist;
4. Aufwendungen des Arbeitnehmers für die Wege zwischen Wohnung und erster Tätigkeitsstätte im Sinne des Absatzes 4. ²Zur Abgeltung dieser Aufwendungen ist für jeden Arbeitstag, an dem der Arbeitnehmer die erste Tätigkeitsstätte aufsucht eine Entfernungspauschale für jeden vollen Kilometer der Entfernung zwischen Wohnung und erster Tätigkeitsstätte von 0,30 Euro anzusetzen, höchstens jedoch 4 500 Euro im Kalenderjahr; ein höherer Betrag als 4 500 Euro ist anzusetzen, soweit der Arbeitnehmer einen eigenen oder ihm zur Nutzung überlassenen Kraftwagen benutzt. ³Die Entfernungspauschale gilt nicht für Flugstrecken und Strecken mit steuerfreier Sammelbeförderung nach § 3 Nummer 32. ⁴Für die Bestimmung der Entfernung ist die kürzeste Straßenverbindung zwischen Wohnung und erster Tätigkeitsstätte maßgebend; eine andere als die kürzeste Straßenverbindung kann zugrunde gelegt werden, wenn diese offensichtlich verkehrsgünstiger ist und vom Arbeitnehmer regelmäßig für die Wege zwischen Wohnung und erster Tätigkeitsstätte benutzt wird. ⁵Nach § 8 Absatz 2 Satz 11 oder Absatz 3 steuerfreie Sachbezüge für Fahrten zwischen Wohnung und erster Tätigkeitsstätte mindern den nach Satz 2 abziehbaren Betrag; ist der Arbeitgeber selbst der Verkehrsträger, ist der Preis anzusetzen, den ein dritter Arbeitgeber an den Verkehrsträger zu entrichten hätte. ⁶Hat ein Arbeitnehmer mehrere Wohnungen, so sind die Wege von einer Wohnung, die nicht der ersten Tätigkeitsstätte am nächsten liegt, nur zu berücksichtigen, wenn sie den Mittelpunkt der Lebensinteressen des Arbeitnehmers bildet und nicht nur gelegentlich aufgesucht wird.
4a. Aufwendungen des Arbeitnehmers für beruflich veranlasste Fahrten, die nicht Fahrten zwischen Wohnung und erster Tätigkeitsstätte im Sinne des Absatzes 4 sowie keine Familienheimfahrten sind. ²Anstelle der tatsächlichen Aufwendungen, die dem Arbeitnehmer durch die persönliche Benutzung eines Beförderungsmittels entstehen, können die Fahrtkosten mit den pauschalen Kilometersätzen angesetzt werden, die für das jeweils benutzte Beförderungsmittel (Fahrzeug) als höchste Wegstreckenentschädigung nach dem Bundesreisekostengesetz festgesetzt sind. ³Hat ein Arbeitnehmer keine erste Tätigkeitsstätte (§ 9 Absatz 4) und hat er nach den dienst- oder arbeitsrechtlichen Festlegungen sowie den diese ausfüllenden Absprachen und Weisungen zur Aufnahme seiner beruflichen Tätigkeit dauerhaft denselben Ort oder dasselbe weiträumige Tätigkeitsgebiet typischerweise arbeitstäglich aufzusuchen, gilt Absatz 1 Satz 3 Nummer 4 und Absatz 2 für die Fahrten von der Wohnung zu diesem Ort oder dem zur Wohnung nächstgelegenen Zugang zum Tätigkeitsgebiet entsprechend. ⁴Für die Fahrten innerhalb des weiträumigen Tätigkeitsgebietes gelten die Sätze 1 und 2 entsprechend.
5. notwendige Mehraufwendungen, die einem Arbeitnehmer wegen einer beruflich veranlassten doppelten Haushaltsführung entstehen. ²Eine doppelte Haushaltsführung liegt nur vor, wenn der Arbeitnehmer außerhalb des Ortes seiner ersten Tätigkeitsstätte einen eigenen Hausstand unterhält und auch am Ort der ersten Tätigkeitsstätte wohnt. ³Das Vorliegen eines eigenen Hausstandes setzt das Innehaben einer Wohnung sowie eine finanzielle Beteiligung an den Kosten der Lebensführung voraus. ⁴Als Unterkunftskosten für eine doppelte Haushaltsführung können im Inland die tatsächlichen Aufwendungen für die Nutzung der Unterkunft angesetzt werden, höchstens 1 000 Euro im Monat. ⁵Aufwendungen für die Wege vom Ort der ersten Tätigkeitsstätte zum Ort des eigenen Hausstandes und zurück (Familienheimfahrt) können jeweils nur für eine Familienheimfahrt wöchentlich abgezogen werden. ⁶Zur Abgeltung der Aufwendungen für eine Familienheimfahrt ist eine Entfernungspauschale von 0,30 Euro für jeden vollen Kilometer der Entfernung zwischen dem Ort des eigenen Hausstandes und dem Ort der ersten Tätigkeitsstätte anzusetzen. ⁷Nummer 4 Satz 3 bis 5 ist entsprechend anzuwenden. ⁸Aufwendungen für Familienheimfahrten mit einem dem Steuerpflichtigen im Rahmen einer Einkunftsart überlassenen Kraftfahrzeug werden nicht berücksichtigt.
5a. notwendige Mehraufwendungen eines Arbeitnehmers für beruflich veranlasste Übernachtungen an einer Tätigkeitsstätte, die nicht erste Tätigkeitsstätte ist. ²Übernachtungskosten sind die tatsächlichen Aufwendungen für die persönliche Inanspruchnahme einer Unterkunft zur Übernachtung. ³Soweit höhere Übernachtungskosten anfallen, weil der Arbeitnehmer eine Unterkunft gemeinsam mit Personen nutzt, die in keinem Dienstverhältnis zum selben Arbeitgeber stehen, sind nur diejenigen Aufwendungen anzusetzen, die bei alleiniger Nutzung durch den Arbeitnehmer angefallen wären. ⁴Nach Ablauf von 48 Monaten einer längerfristigen beruflichen Tätigkeit an derselben Tätigkeitsstätte, die nicht erste Tätigkeitsstätte ist, können Unterkunftskosten nur noch bis zur Höhe des Betrags nach Nummer 5 angesetzt werden. ⁵Eine Unterbrechung dieser beruflichen Tätigkeit an derselben Tätigkeitsstätte führt zu einem Neubeginn, wenn die Unterbrechung mindestens sechs Monate dauert.
6. Aufwendungen für Arbeitsmittel, zum Beispiel für Werkzeuge und typische Berufskleidung. ²Nummer 7 bleibt unberührt;
7. Absetzungen für Abnutzung und für Substanzverringerung und erhöhte Absetzungen. ²§ 6 Absatz 2 Satz 1 bis 3 ist in Fällen der Anschaffung oder Herstellung von Wirtschaftsgütern entsprechend anzuwenden.

(2) ¹Durch die Entfernungspauschalen sind sämtliche Aufwendungen abgegolten, die durch die Wege zwischen Wohnung und erster Tätigkeitsstätte im Sinne des Absatzes 4 und durch die Familienheimfahrten veranlasst sind. ²Aufwendungen für die Benutzung öffentlicher Verkehrsmittel können angesetzt werden, soweit sie den im Kalenderjahr insgesamt als Entfernungspauschale abziehbaren Betrag übersteigen. ³Behinderte Menschen,

1. deren Grad der Behinderung mindestens 70 beträgt,
2. deren Grad der Behinderung weniger als 70, aber mindestens 50 beträgt und die in ihrer Bewegungsfähigkeit im Straßenverkehr erheblich beeinträchtigt sind,

können anstelle der Entfernungspauschalen die tatsächlichen Aufwendungen für die Wege zwischen Wohnung und erster Tätigkeitsstätte und für Familienheimfahrten ansetzen. ⁴Die Voraussetzungen der Nummern 1 und 2 sind durch amtliche Unterlagen nachzuweisen.

(3) Absatz 1 Satz 3 Nummer 4 bis 5a sowie die Absätze 2 und 4a gelten bei den Einkunftsarten im Sinne des § 2 Absatz 1 Satz 1 Nummer 5 bis 7 entsprechend.

(4) ¹Erste Tätigkeitsstätte ist die ortsfeste betriebliche Einrichtung des Arbeitgebers, eines verbundenen Unternehmens (§ 15 des Aktiengesetzes) oder eines vom Arbeitgeber bestimmten Dritten, der der Arbeitnehmer dauerhaft zugeordnet ist. ²Die Zuordnung im Sinne des Satzes 1 wird durch die dienst- oder arbeitsrechtlichen Festlegungen sowie die diese ausfüllenden Absprachen und Weisungen bestimmt. ³Von einer dauerhaften Zuordnung ist insbesondere auszugehen, wenn der Arbeitneh-

mer unbefristet, für die Dauer des Dienstverhältnisses oder über einen Zeitraum von 48 Monaten hinaus an einer solchen Tätigkeitsstätte tätig werden soll. ⁴Fehlt eine solche dienst- oder arbeitsrechtliche Festlegung auf eine Tätigkeitsstätte oder ist sie nicht eindeutig, ist erste Tätigkeitsstätte die betriebliche Einrichtung, an der der Arbeitnehmer dauerhaft

1. typischerweise arbeitstäglich tätig werden soll oder
2. je Arbeitswoche zwei volle Arbeitstage oder mindestens ein Drittel seiner vereinbarten regelmäßigen Arbeitszeit tätig werden soll.

⁵Je Dienstverhältnis hat der Arbeitnehmer höchstens eine erste Tätigkeitsstätte. ⁶Liegen die Voraussetzungen der Sätze 1 bis 4 für mehrere Tätigkeitsstätten vor, ist diejenige Tätigkeitsstätte erste Tätigkeitsstätte, die der Arbeitgeber bestimmt. ⁷Fehlt es an dieser Bestimmung oder ist sie nicht eindeutig, ist die der Wohnung örtlich am nächsten liegende Tätigkeitsstätte die erste Tätigkeitsstätte. ⁸Als erste Tätigkeitsstätte gilt auch eine Bildungseinrichtung, die außerhalb eines Dienstverhältnisses zum Zwecke eines Vollzeitstudiums oder einer vollzeitigen Bildungsmaßnahme aufgesucht wird; die Regelungen für Arbeitnehmer nach Absatz 1 Satz 3 Nummer 4 und 5 sowie Absatz 4a sind entsprechend anzuwenden.

(4a) ¹Mehraufwendungen des Arbeitnehmers für die Verpflegung sind nur nach Maßgabe der folgenden Sätze als Werbungskosten abziehbar. ²Wird der Arbeitnehmer außerhalb seiner Wohnung und ersten Tätigkeitsstätte beruflich tätig (auswärtige berufliche Tätigkeit), ist zur Abgeltung der ihm tatsächlich entstandenen, beruflich veranlassten Mehraufwendungen eine Verpflegungspauschale anzusetzen. ³Diese beträgt

1. 24 Euro für jeden Kalendertag, an dem der Arbeitnehmer 24 Stunden von seiner Wohnung und ersten Tätigkeitsstätte abwesend ist,
2. jeweils 12 Euro für den An- und Abreisetag, wenn der Arbeitnehmer an diesem, einem anschließenden oder vorhergehenden Tag außerhalb seiner Wohnung übernachtet,
3. 12 Euro für den Kalendertag, an dem der Arbeitnehmer ohne Übernachtung außerhalb seiner Wohnung mehr als 8 Stunden von seiner Wohnung und der ersten Tätigkeitsstätte abwesend ist; beginnt die auswärtige berufliche Tätigkeit an einem Kalendertag und endet am nachfolgenden Kalendertag ohne Übernachtung, werden 12 Euro für den Kalendertag gewährt, an dem der Arbeitnehmer den überwiegenden Teil der insgesamt mehr als 8 Stunden von seiner Wohnung und der ersten Tätigkeitsstätte abwesend ist.

⁴Hat der Arbeitnehmer keine erste Tätigkeitsstätte, gelten die Sätze 2 und 3 entsprechend; Wohnung im Sinne der Sätze 2 und 3 ist der Hausstand, der den Mittelpunkt der Lebensinteressen des Arbeitnehmers bildet sowie eine Unterkunft am Ort der ersten Tätigkeitsstätte im Rahmen der doppelten Haushaltsführung. ⁵Bei einer Tätigkeit im Ausland treten an die Stelle der Pauschbeträge nach Satz 3 länderweise unterschiedliche Pauschbeträge, die für die Fälle der Nummer 1 mit 120 sowie der Nummern 2 und 3 mit 80 Prozent der Auslandstagegelder nach dem Bundesreisekostengesetz vom Bundesministerium der Finanzen im Einvernehmen mit den obersten Finanzbehörden der Länder aufgerundet auf volle Euro festgesetzt werden; dabei bestimmt sich der Pauschbetrag nach dem Ort, den der Arbeitnehmer vor 24 Uhr Ortszeit zuletzt erreicht, oder, wenn dieser Ort im Inland liegt, nach dem letzten Tätigkeitsort im Ausland. ⁶Der Abzug der Verpflegungspauschalen ist auf die ersten drei Monate einer längerfristigen beruflichen Tätigkeit an derselben Tätigkeitsstätte beschränkt. ⁷Eine Unterbrechung der beruflichen Tätigkeit an derselben Tätigkeitsstätte führt zu einem Neubeginn, wenn sie mindestens vier Wochen dauert. ⁸Wird dem Arbeitnehmer anlässlich oder während einer Tätigkeit außerhalb seiner ersten Tätigkeitsstätte vom Arbeitgeber oder auf dessen Veranlassung von einem Dritten eine Mahlzeit zur Verfügung gestellt, sind die nach den Sätzen 3 und 5 ermittelten Verpflegungspauschalen zu kürzen:
1. für Frühstück um 20 Prozent,
2. für Mittag- und Abendessen um jeweils 40 Prozent,

der nach Satz 3 Nummer 1 gegebenenfalls in Verbindung mit Satz 5 maßgebenden Verpflegungspauschale für einen vollen Kalendertag; die Kürzung darf die ermittelte Verpflegungspauschale nicht übersteigen. ⁹Satz 8 gilt auch, wenn Reisekostenvergütungen wegen der zur Verfügung gestellten Mahlzeiten einbehalten oder gekürzt werden oder die Mahlzeiten nach § 40 Absatz 2 Satz 1 Nummer 1a pauschal besteuert werden. ¹⁰Hat der Arbeitnehmer für die Mahlzeit ein Entgelt gezahlt, mindert dieser Betrag den Kürzungsbetrag nach Satz 8. ¹¹Erhält der Arbeitnehmer steuerfreie Erstattungen für Verpflegung, ist ein Werbungskostenabzug insoweit ausgeschlossen. ¹²Die Verpflegungspauschalen nach den Sätzen 3 und 5, die Dreimonatsfrist nach den Sätzen 6 und 7 sowie die Kürzungsregelungen nach den Sätzen 8 bis 10 gelten entsprechend auch für den Abzug von Mehraufwendungen für Verpflegung, die bei einer beruflich veranlassten doppelten Haushaltsführung entstehen, soweit der Arbeitnehmer vom eigenen Hausstand im Sinne des § 9 Absatz 1 Satz 3 Nummer 5 abwesend ist; dabei ist für jeden Kalendertag innerhalb der Dreimonatsfrist, an dem gleichzeitig eine Tätigkeit im Sinne des Satzes 2 oder des Satzes 4 ausgeübt wird, nur der jeweils höchste in Betracht kommende Pauschbetrag abziehbar. ¹³Die Dauer einer Tätigkeit im Sinne des Satzes 2 an dem Tätigkeitsort, an dem die doppelte Haushaltsführung begründet wurde, ist auf die Dreimonatsfrist anzurechnen, wenn sie ihr unmittelbar vorausgegangen ist.

(5) ¹§ 4 Absatz 5 Satz 1 Nummer 1 bis 4, 6b bis 8a, 10, 12 und Absatz 6 gilt sinngemäß. ²§ 6 Absatz 1 Nummer 1a gilt entsprechend.

(6) ¹Aufwendungen des Steuerpflichtigen für seine Berufsausbildung oder für sein Studium sind nur dann Werbungskosten, wenn der Steuerpflichtige zuvor bereits eine Erstausbildung (Berufsausbildung oder Studium) abgeschlossen hat oder wenn die Berufsausbildung oder das Studium im Rahmen eines Dienstverhältnisses stattfindet. ²Eine Berufsausbildung als Erstausbildung nach Satz 1 liegt vor, wenn eine geordnete Ausbildung mit einer Mindestdauer von 12 Monaten bei vollzeitiger Ausbildung und mit einer Abschlussprüfung durchgeführt wird. ³Eine geordnete Ausbildung liegt vor, wenn sie auf der Grundlage von Rechts- oder Verwaltungsvorschriften oder internen Vorschriften eines Bildungsträgers durchgeführt wird. ⁴Ist eine Abschlussprüfung nach dem Ausbildungsplan nicht vorgesehen, gilt die Ausbildung mit der tatsächlichen planmäßigen Beendigung als abgeschlossen. ⁵Eine Berufsausbildung als Erstausbildung hat auch abgeschlossen, wer die Abschlussprüfung einer durch Rechts- oder Verwaltungsvorschriften geregelten Berufsausbildung mit einer Mindestdauer von 12 Monaten bestanden hat, ohne dass er zuvor die entsprechende Berufsausbildung durchlaufen hat.

R 9.1
Werbungskosten

(1) ¹Zu den Werbungskosten gehören alle Aufwendungen, die durch den Beruf veranlasst sind. ²Werbungskosten, die die Lebensführung des Arbeitnehmers oder anderer Personen berühren, sind nach § 9 Abs. 5 i. V. m. § 4 Abs. 5 Satz 1 Nr. 7 EStG insoweit nicht abziehbar, als sie nach der allgemeinen Verkehrsauffassung als unangemessen anzusehen sind. ³Dieses Abzugsverbot betrifft nur seltene Ausnahmefälle; die Werbungskosten müssen erhebliches Gewicht haben und die Grenze der Angemessenheit erheblich überschreiten, wie z. B. Aufwendungen für die Nutzung eines Privatflugzeugs zu einer Auswärtstätigkeit.

(2) ¹Aufwendungen für Ernährung, Kleidung und Wohnung sowie Repräsentationsaufwendungen sind in der Regel Aufwendungen für die Lebensführung i.S.d. § 12 Nr. 1 EStG. ²Besteht bei diesen Aufwendungen ein Zusammenhang mit der beruflichen Tätigkeit des Arbeitnehmers, so ist zu prüfen, ob und in welchem Umfang die Aufwendungen beruflich veranlasst sind. ³Hierbei gilt Folgendes:

1. Sind die Aufwendungen so gut wie ausschließlich beruflich veranlasst, z. B. Aufwendungen für typische Berufskleidung (>R 3.31), so sind sie in voller Höhe als Werbungskosten abziehbar.

§ 9 EStG
R 9.1

2. Sind die Aufwendungen nur zum Teil beruflich veranlasst und lässt sich dieser Teil der Aufwendungen nach objektiven Merkmalen leicht und einwandfrei von den Aufwendungen trennen, die ganz oder teilweise der privaten Lebensführung dienen, so ist dieser Teil der Aufwendungen als Werbungskosten abziehbar; er kann ggf. geschätzt werden.
3. ¹Ein Abzug der Aufwendungen kommt insgesamt nicht in Betracht, wenn die – für sich gesehen jeweils nicht unbedeutenden – beruflichen und privaten Veranlassungsbeiträge so ineinander greifen, dass eine Trennung nicht möglich und eine Grundlage für die Schätzung nicht erkennbar ist. ²Das ist insbesondere der Fall, wenn es an objektivierbaren Kriterien für eine Aufteilung fehlt.
4. ¹Aufwendungen für die Ernährung gehören grundsätzlich zu den nach § 12 Nr. 1 EStG nicht abziehbaren Aufwendungen für die Lebensführung. ²Das Abzugsverbot nach § 12 Nr. 1 EStG gilt jedoch nicht, wenn die Aufwendungen, die z. B. als Reisekosten (>R 9.6) oder wegen einer aus beruflichem Anlass begründeten doppelten Haushaltsführung (>R 9.11) so gut wie ausschließlich durch die berufliche Tätigkeit veranlasst sind.

(3) Die Annahme von Werbungskosten setzt nicht voraus, dass im selben Kalenderjahr, in dem die Aufwendungen geleistet werden, Arbeitslohn zufließt.

(4) ¹Ansparleistungen für beruflich veranlasste Aufwendungen, z. B. Beiträge an eine Kleiderkasse zur Anschaffung typischer Berufskleidung, sind noch keine Werbungskosten; angesparte Beträge können erst dann abgezogen werden, wenn sie als Werbungskosten verausgabt worden sind. ²Hat ein Arbeitnehmer beruflich veranlasste Aufwendungen dadurch erspart, dass er entsprechende Sachbezüge erhalten hat, so steht der Wert der Sachbezüge entsprechenden Aufwendungen gleich; die Sachbezüge sind vorbehaltlich der Abzugsbeschränkungen nach § 9 Abs. 1 Satz 3 Nr. 5, 7 und Abs. 5 EStG mit dem Wert als Werbungskosten abziehbar, mit dem sie als steuerpflichtiger Arbeitslohn erfasst worden sind. ³Steuerfreie Bezüge, auch soweit sie von einem Dritten – z. B. der Agentur für Arbeit – gezahlt werden, schließen entsprechende Werbungskosten aus.

(5) ¹Telekommunikationsaufwendungen sind Werbungskosten, soweit sie beruflich veranlasst sind. ²Weist der Arbeitnehmer den Anteil der beruflich veranlassten Aufwendungen an den Gesamtaufwendungen für einen repräsentativen Zeitraum von drei Monaten im Einzelnen nach, kann dieser berufliche Anteil für den gesamten Veranlagungszeitraum zugrunde gelegt werden. ³Dabei können die Aufwendungen für das Nutzungsentgelt der Telefonanlage sowie für den Grundpreis der Anschlüsse entsprechend dem beruflichen Anteil der Verbindungsentgelte an den gesamten Verbindungsentgelten (Telefon und Internet) abgezogen werden. ⁴Fallen erfahrungsgemäß beruflich veranlasste Telekommunikationsaufwendungen an, können aus Vereinfachungsgründen ohne Einzelnachweis bis zu 20 % des Rechnungsbetrags, jedoch höchstens 20 Euro monatlich als Werbungskosten anerkannt werden. ⁵Zur weiteren Vereinfachung kann der monatliche Durchschnittsbetrag, der sich aus den Rechnungsbeträgen für einen repräsentativen Zeitraum von drei Monaten ergibt, für den gesamten VZ zugrunde gelegt werden. ⁶Nach R 3.50 Abs. 2 steuerfrei ersetzte Telekommunikationsaufwendungen mindern den als Werbungskosten abziehbaren Betrag.

H 9.1
Hinweise zu R 9.1
Werbungskosten

Aktienoptionen

Erhält ein Arbeitnehmer von seinem Arbeitgeber nicht handelbare Aktienoptionsrechte, können die von ihm getragenen Aufwendungen im Zahlungszeitpunkt nicht als Werbungskosten berücksichtigt werden; sie mindern erst im Jahr der Verschaffung der verbilligten Aktien den geldwerten Vorteil. Verfällt das Optionsrecht, sind die Optionskosten im Jahr des Verfalls als vergebliche Werbungskosten abziehbar (>BFH vom 3.5.2007 – BStBl. II S. 647).

Arbeitsgerichtlicher Vergleich

Es spricht regelmäßig eine Vermutung dafür, dass Aufwendungen für aus dem Arbeitsverhältnis folgende zivil- und arbeitsrechtliche Streitigkeiten einen den Werbungskostenabzug rechtfertigenden hinreichend konkreten Veranlassungszusammenhang zu den Lohneinkünften aufweisen. Dies gilt grundsätzlich auch, wenn sich Arbeitgeber und Arbeitnehmer über solche streitigen Ansprüche im Rahmen eines arbeitsgerichtlichen Vergleichs einigen (>BFH vom 9.2.2012 – BStBl. II S. 829).

Aufteilung von Aufwendungen bei mehreren Einkunftsarten

Erzielt ein Arbeitnehmer sowohl Einnahmen aus selbständiger als auch aus nichtselbständiger Arbeit, sind die durch diese Tätigkeiten veranlassten Aufwendungen den jeweiligen Einkunftsarten, ggf. nach einer im Schätzungswege vorzunehmenden Aufteilung der Aufwendungen, als Werbungskosten oder Betriebsausgaben zuzuordnen (>BFH vom 10.6.2008 – BStBl. II S. 937).

Aufteilungs- und Abzugsverbot

>Gemischte Aufwendungen

Auslandstätigkeit

Die auf eine Auslandstätigkeit entfallenden Werbungskosten, die nicht eindeutig den steuerfreien oder steuerpflichtigen Bezügen zugeordnet werden können, sind regelmäßig zu dem Teil nicht abziehbar, der dem Verhältnis der steuerfreien Einnahmen zu den Gesamteinnahmen während der Auslandstätigkeit entspricht (>BFH vom 11.2.1993 – BStBl. II S. 450 und vom 11.2.2009 – BStBl. 2010 II S. 536 – zu Aufwendungen eines Referendars).

Berufliche Veranlassung

Eine berufliche Veranlassung setzt voraus, dass objektiv ein >Zusammenhang mit dem Beruf besteht und in der Regel subjektiv die Aufwendungen zur Förderung des Berufs gemacht werden (>BFH vom 28.11.1980 – BStBl. 1981 II S. 368).

Berufskrankheit

Aufwendungen zur Wiederherstellung der Gesundheit können dann beruflich veranlasst sein, wenn es sich um eine typische Berufskrankheit handelt oder der Zusammenhang zwischen der Erkrankung und dem Beruf eindeutig feststeht (>BFH vom 11.7.2013 – BStBl. II S. 815).

Beteiligung am Arbeitgeberunternehmen

Schuldzinsen für Darlehen, mit denen Arbeitnehmer den Erwerb von Gesellschaftsanteilen an ihrer Arbeitgeberin finanzieren, um damit die arbeitsvertragliche Voraussetzung für die Erlangung einer höher dotierten Position zu erfüllen, sind regelmäßig nicht bei den Einkünften aus nichtselbständiger Arbeit als Werbungskosten zu berücksichtigen (>BFH vom 5.4.2006 – BStBl. II S. 654).

Bewirtungskosten

– Bewirtungskosten eines Arbeitnehmers anlässlich persönlicher Ereignisse sind grundsätzlich nicht als Werbungskosten abziehbar (>BFH vom 19.2.1993 – BStBl. II S. 403 und vom 15.7.1994 – BStBl. II S. 896).

– Bewirtungskosten, die einem Offizier für einen Empfang aus Anlass der Übergabe der Dienstgeschäfte (Kommandoübergabe) und der Verabschiedung in den Ruhestand entstehen, können als Werbungskosten zu berücksichtigen sein (>BFH vom 11.1.2007 – BStBl. II S. 317).

– Bewirtungsaufwendungen eines angestellten Geschäftsführers mit variablen Bezügen anlässlich einer ausschließlich für Betriebsangehörige im eigenen Garten veranstalteten Feier zum 25-jährigen Dienstjubiläum können Werbungskosten sein (>BFH vom 1.2.2007 – BStBl. II S. 459).

– Beruflich veranlasste Bewirtungskosten können ausnahmsweise auch dann vorliegen, wenn der Arbeitnehmer nicht variabel vergütet wird (>BFH vom 24.5.2007 – BStBl. II S. 721).

– Bewirtungskosten sind nur in Höhe von 70 % als Werbungskosten abzugsfähig (>§ 4 Abs. 5 Satz 1 Nr. 2 i. V. m. § 9 Abs. 5 EStG). Diese Abzugsbeschränkung gilt nur, wenn der Arbeitnehmer

§ 9 EStG
R 9.1

Bewirtender ist (>BFH vom 19.6.2008 – BStBl. II S. 870). Sie gilt nicht, wenn der Arbeitnehmer nur Arbeitnehmer des eigenen Arbeitgebers bewirtet (>BFH vom 19.6.2008 – BStBl. 2009 II S. 11).

Bürgerliche Kleidung

Aufwendungen für bürgerliche Kleidung sind auch bei außergewöhnlich hohen Aufwendungen nicht als Werbungskosten abziehbar (>BFH vom 6.7.1989 – BStBl. 1990 II S. 49).

Bürgschaftsverpflichtung

Tilgungskosten aus einer Bürgschaftsverpflichtung durch den Arbeitnehmer einer Gesellschaft können zu Werbungskosten bei den Einkünften aus nichtselbständiger Arbeit führen, wenn eine Gesellschafterstellung zwar vereinbart aber nicht zustande gekommen ist (>BFH vom 16.11.2011 – BStBl. 2012 II S. 343).

Einbürgerung

Aufwendungen für die Einbürgerung sind nicht als Werbungskosten abziehbar (>BFH vom 18.5.1984 – BStBl. II S. 588).

Ernährung

Aufwendungen für die Ernährung am Ort der ersten Tätigkeitsstätte sind auch dann nicht als Werbungskosten abziehbar, wenn der Arbeitnehmer berufsbedingt arbeitstäglich überdurchschnittlich oder ungewöhnlich lange von seiner Wohnung abwesend ist (>BFH vom 21.1.1994 – BStBl. II S. 418).

Erziehungsurlaub/Elternzeit

Aufwendungen während eines Erziehungsurlaubs/einer Elternzeit können vorab entstandene Werbungskosten sein. Der berufliche Verwendungsbezug ist darzulegen, wenn er sich nicht bereits aus den Umständen von Umschulungs- oder Qualifizierungsmaßnahmen ergibt (>BFH vom 22.7.2003 – BStBl. 2004 II S. 888).

Familienpflegezeitversicherung

Hat der Arbeitnehmer eine Familienpflegezeitversicherung abgeschlossen und zahlt er die Versicherungsprämie direkt an das Versicherungsunternehmen, liegen bei ihm Werbungskosten vor (>BMF vom 23.5.2012 – BStBl. I S. 617).*)

Geldauflagen

Geldauflagen sind nicht als Werbungskosten abziehbar, soweit die Auflagen nicht der Wiedergutmachung des durch die Tat verursachten Schadens dienen (>BFH vom 22.7.2008 – BStBl. 2009 II S. 151 und vom 15.1.2009 – BStBl. 2010 II S. 111).

Geldbußen

Geldbußen sind nicht als Werbungskosten abziehbar (>BFH vom 22.7.2008 – BStBl. 2009 II S. 151).

Gemischte Aufwendungen

Bei gemischt veranlassten Aufwendungen besteht kein generelles Aufteilungs- und Abzugsverbot (>BFH vom 21.9.2009 – BStBl. 2010 II S. 672); zu den Folgerungen >BMF vom 6.7.2010 (BStBl. I S. 614).**)
>H 9.2 (Auslandsgruppenreise)

Geschenke

Geschenke eines Arbeitnehmers anlässlich persönlicher Feiern sind nicht als Werbungskosten abziehbar (>BFH vom 1.7.1994 – BStBl. 1995 II S. 273).

Körperpflege und Kosmetika

Aufwendungen für Körperpflege und Kosmetika sind auch bei außergewöhnlich hohen Aufwendungen nicht als Werbungskosten abziehbar (>BFH vom 6.7.1989 – BStBl. 1990 II S. 49).

Kontoführungsgebühren

Kontoführungsgebühren sind Werbungskosten, soweit sie durch Gutschriften von Einnahmen aus dem Dienstverhältnis und durch beruflich veranlasste Überweisungen entstehen. Pauschale Kontoführungsgebühren sind ggf. nach dem Verhältnis beruflich und privat veranlasster Kontenbewegungen aufzuteilen (>BFH vom 9.5.1984 – BStBl. II S. 560).

Kunstgegenstände

Aufwendungen für die Ausschmückung eines Dienstzimmers sind nicht als Werbungskosten abziehbar (>BFH vom 12.3.1993 – BStBl. II S. 506).

Nachträgliche Werbungskosten

Werbungskosten können auch im Hinblick auf ein früheres Dienstverhältnis entstehen (>BFH vom 14.10.1960 – BStBl. 1961 III S. 20).

Psychoseminar

Aufwendungen für die Teilnahme an psychologischen Seminaren, die nicht auf den konkreten Beruf zugeschnittene psychologische Kenntnisse vermittelt, sind auch dann nicht als Werbungskosten abziehbar, wenn der Arbeitgeber für die Teilnahme an den Seminaren bezahlten Bildungsurlaub gewährt (>BFH vom 6.3.1995 – BStBl. II S. 393).

Reinigung von typischer Berufskleidung in privater Waschmaschine

>H 9.12 (Berufskleidung)

Sammelbeförderung

>BMF vom 31.10.2013 (BStBl. I S. 1376)***)

Schulgeld

Schulgeldzahlungen an eine fremdsprachige Schule im Inland sind auch dann nicht als Werbungskosten abziehbar, wenn sich die ausländischen Eltern aus beruflichen Gründen nur vorübergehend im Inland aufhalten (>BFH vom 23.11.2000 – BStBl. 2001 II S. 132).

Statusfeststellungsverfahren

Aufwendungen im Zusammenhang mit dem Anfrageverfahren nach § 7a SGB IV (sog. Statusfeststellungsverfahren) sind durch das Arbeitsverhältnis veranlasst und deshalb als Werbungskosten bei den Einkünften aus nichtselbständiger Arbeit zu berücksichtigen (>BFH vom 6.5.2010 – BStBl. II S. 851).

Strafverteidigungskosten

Aufwendungen für die Strafverteidigung können Werbungskosten sein, wenn der Schuldvorwurf durch berufliches Verhalten veranlasst war (>BFH vom 19.2.1982 – BStBl. II S. 467) und vom 18.10.2007 – BStBl. 2008 II S. 223).

Übernachtung an der ersten Tätigkeitsstätte

Die Kosten für gelegentliche Hotelübernachtungen am Ort der ersten Tätigkeitsstätte sind Werbungskosten, wenn sie beruflich veranlasst sind. Für eine Tätigkeit an diesem Ort sind Verpflegungsmehraufwendungen nicht zu berücksichtigen (>BFH vom 5.8.2004 – BStBl. II S. 1074).

Verlorener Zuschuss eines Gesellschafter-Geschäftsführers

Gewährt der Gesellschafter-Geschäftsführer einer GmbH, an der er nicht nur unwesentlich beteiligt ist, einen verlorenen Zuschuss, ist die Berücksichtigung als Werbungskosten regelmäßig abzulehnen (>BFH vom 26.11.1993 – BStBl. 1994 II S. 242).

Verlust einer Beteiligung am Unternehmen des Arbeitgebers

– Der Verlust einer Beteiligung an einer GmbH kann selbst dann nicht als Werbungskosten berücksichtigt werden, wenn die Beteiligung am Stammkapital der GmbH Voraussetzung für die Beschäftigung als Arbeitnehmer der GmbH war (>BFH vom 12.5.1995 – BStBl. II S. 644).

---

*) Abgedruckt als Anlage 13 zu H 19.3 LStR.
**) Abgedruckt als Anlage 4 zu H 9.1 LStR.
***) Abgedruckt als Anlage zu H 9.10 LStR.

§ 9 EStG
R 9.1

– Der Veräußerungsverlust aus einer Kapitalbeteiligung am Unternehmen des Arbeitgebers führt nur dann zu Werbungskosten, wenn ein erheblicher Veranlassungszusammenhang zum Dienstverhältnis besteht und nicht auf der Nutzung der Beteiligung als Kapitalertragsquelle beruht (>BFH vom 17.9.2009 – BStBl. 2010 II S. 198).

Verlust einer Darlehensforderung gegen den Arbeitgeber

– Der Verlust einer Darlehensforderung gegen den Arbeitgeber ist als Werbungskosten zu berücksichtigen, wenn der Arbeitnehmer das Risiko, die Forderung zu verlieren, aus beruflichen Gründen bewusst auf sich genommen hat (>BFH vom 7.5.1993 – BStBl. II S. 663).

– Die berufliche Veranlassung eines Darlehens wird nicht zwingend dadurch ausgeschlossen, dass der Darlehensvertrag mit dem alleinigen Gesellschafter-Geschäftsführer der Arbeitgeberin (GmbH) statt mit der insolvenzbedrohten GmbH geschlossen worden und die Darlehensvaluta an diesen geflossen ist. Maßgeblich sind der berufliche Veranlassungszusammenhang und der damit verbundene konkrete Verwendungszweck des Darlehens (>BFH vom 7.2.2008 – BStBl. 2010 II S. 48).

– Auch wenn ein Darlehen aus im Gesellschaftsverhältnis liegenden Gründen gewährt wurde, kann der spätere Verzicht darauf durch das zugleich bestehende Arbeitsverhältnis veranlasst sein und dann insoweit zu Werbungskosten bei den Einkünften aus nichtselbständiger Arbeit führen, als die Darlehensforderung noch werthaltig ist (>BFH vom 25.11.2010 – BStBl. 2012 II S. 24).

– Der Verlust einer aus einer Gehaltsumwandlung entstandenen Darlehensforderung eines Arbeitnehmers gegen seinen Arbeitgeber kann insoweit zu Werbungskosten bei den Einkünften aus nichtselbständiger Arbeit führen, als der Arbeitnehmer ansonsten keine Entlohnung für seine Arbeitsleistung erhalten hätte, ohne seinen Arbeitsplatz erheblich zu gefährden. Dabei ist der Umstand, dass ein außenstehender Dritter, insbesondere eine Bank, dem Arbeitgeber kein Darlehen mehr gewährt hätte, lediglich ein Indiz für eine beruflich veranlasste Darlehenshingabe, nicht aber unabdingbare Voraussetzung für den Werbungskostenabzug eines Darlehensverlustes (>BFH vom 10.4.2014 – BStBl. II S. 850).

Versorgungsausgleich

Ausgleichszahlungen eines Beamten und damit zusammenhängende Schuldzinsen zur Vermeidung einer Kürzung seiner Versorgungsbezüge an den auf den Versorgungsausgleich verzichtenden Ehegatten sind Werbungskosten (>BFH vom 8.3.2006 – BStBl. II S. 446 und S. 448).*)

Versorgungszuschlag

Zahlt der Arbeitgeber bei beurlaubten Beamten ohne Bezüge einen Versorgungszuschlag, handelt es sich um steuerpflichtigen Arbeitslohn. In gleicher Höhe liegen beim Arbeitnehmer Werbungskosten vor; dies gilt auch, wenn der Arbeitnehmer den Versorgungszuschlag zahlt (>BMF vom 22.2.1991 – BStBl. I S. 951)**).

Vertragsstrafe

Die Zahlung einer in einem Ausbildungsverhältnis begründeten Vertragsstrafe kann zu Werbungskosten führen (>BFH vom 22.6.2006 – BStBl. 2007 II S. 4).

Videorecorder

Aufwendungen für einen Videorecorder sind – ohne Nachweis der weitaus überwiegenden beruflichen Nutzung – nicht als Werbungskosten abziehbar (>BFH vom 27.9.1991 – BStBl. 1992 II S. 195).

Vorweggenommene Werbungskosten

Werbungskosten können auch im Hinblick auf ein künftiges Dienstverhältnis entstehen (>BFH vom 4.8.1961 – BStBl. 1962 III S. 5 und vom 3.11.1961 – BStBl. 1962 III S. 123). Der Berücksichtigung dieser Werbungskosten steht es nicht entgegen, dass der Arbeitnehmer Arbeitslosengeld oder sonstige für seinen Unterhalt bestimmte steuerfreie Leistungen erhält (>BFH vom 4.3.1977 – BStBl. II S. 507), ggf. kommt ein Verlustabzug nach § 10d EStG in Betracht.

Werbegeschenke

Aufwendungen eines Arbeitnehmers für Werbegeschenke an Kunden seines Arbeitgebers sind Werbungskosten, wenn er sie tätigt, um die Umsätze seines Arbeitgebers und damit seine erfolgsabhängigen Einkünfte zu steigern (>BFH vom 13.1.1984 – BStBl. II S. 315). Aufwendungen für Werbegeschenke können ausnahmsweise auch dann Werbungskosten sein, wenn der Arbeitnehmer nicht variabel vergütet wird (>BFH vom 24.5.2007 – BStBl. II S. 721). Die nach § 4 Abs. 5 Satz 1 Nr. 1 EStG maßgebende Wertgrenze von 35 € ist zu beachten (§ 9 Abs. 5 EStG).

Werbungskosten bei Insolvenzgeld

Werbungskosten, die auf den Zeitraum entfallen, für den der Arbeitnehmer Insolvenzgeld erhält, sind abziehbar, da kein unmittelbarer wirtschaftlicher Zusammenhang zwischen den Aufwendungen und dem steuerfreien Insolvenzgeld im Sinne des § 3c EStG besteht (>BFH vom 23.11.2000 – BStBl. 2001 II S. 199).

Zusammenhang mit dem Beruf

Ein Zusammenhang mit dem Beruf ist gegeben, wenn die Aufwendungen in einem wirtschaftlichen Zusammenhang mit der auf Einnahmeerzielung gerichteten Tätigkeit des Arbeitnehmers stehen (>BFH vom 1.10.1982 – BStBl. 1983 II S. 17).

Anlage 1
zu H 9.1

Aufwendungen für kombinierte Rechtsschutzversicherungen als Werbungskosten

BMF-Schreiben vom 23.7.1998 (Az.: IV B 6 – S 2354 – 33/98)

Die Erörterung mit den obersten Finanzbehörden der Länder über eine pauschale Aufteilung von Beiträgen zu kombinierten Rechtsschutzversicherungen in Werbungskosten und Kosten der privaten Lebensführung hat zu folgendem Ergebnis geführt:

Ihr Vorschlag, den auf das beruflich veranlasste Risiko entfallenden Prämienanteil bei der Familien-Rechtsschutzversicherung auf 65 % und bei der Familien- und Verkehrs-Rechtsschutzversicherung auf 43 % zu schätzen, fand keine Zustimmung. Ausschlaggebend hierfür war, dass der Schätzung eine Schadensstatistik zugrunde liegt, die die Ergebnisse mehrerer Versicherungsgesellschaften zusammenfasst, nach dem BFH-Urteil vom 31. Januar 1997 – VI R 97/94 – (BFH/NV 1997 S. 346) jedoch für die Aufteilung der Prämie in einen beruflichen und privaten Anteil auf die Kalkulation der einzelnen Versicherungsgesellschaft abzustellen ist. Außerdem sind bei der vorgelegten Schätzung zusätzlich zu der Leistungsart Arbeits-Rechtsschutz auch beruflich veranlasste Prämienanteile für andere Leistungsarten (z. B. Straf- und Steuer-Rechtsschutz) berücksichtigt worden, die sich nicht nach allgemeinen Maßstäben in einen beruflichen und einen privaten Anteil aufteilen lassen.

Als Werbungskosten kann nur der Anteil der Prämie für eine Familien-Rechtsschutzversicherung oder für eine Familien- und Verkehrs-Rechtsschutzversicherung berücksichtigt werden, der nach der Schadensstatistik der einzelnen Versicherungsgesellschaft auf den Arbeits-Rechtsschutz entfällt. Dieser Prämienanteil ist durch eine Bescheinigung der Versicherungsgesellschaft nachzuweisen.

Anlage 2
zu H 9.1

Aufwendungen für einen privat angeschafften Computer und für Internetzugang

Erlass des Finanzministeriums Nordrhein-Westfalen vom 14.2.2002 (Az.: S 2354 – 1 – V B 3)

Aufwendungen für einen privat angeschafften Computer (z. B. Abschreibung, Verbrauchsmaterial wie Druckerpatronen, Papier, Disketten, CD-Rohlinge) und für den Internetzugang (z. B. Verbin-

---

*) Abgedruckt als Anlage 3 zu H 19.3 LStR.
**) Ab 2015 Sonderausgaben § 10 Abs. 1a EStG.

dungsentgelte) können als Werbungskosten im Umfang der beruflichen Nutzung abgezogen werden. Der auf die berufliche Nutzung entfallende Teil der Aufwendungen für den privat angeschafften Computer einschließlich Zubehör kann berücksichtigt werden, sofern der Umfang der beruflichen Nutzung nachgewiesen oder glaubhaft gemacht wird. Der Werbungskostenabzug hinsichtlich der mit einem Internetzugang in Zusammenhang stehenden Telekommunikationsaufwendungen richtet sich nach R 9.1 Abs. 5 LStR.

Es ist nicht mehr vorgesehen, eine Regelung dahingehend zu schaffen, den auf die berufliche Nutzung entfallenden Teil der Aufwendungen nach festgelegten Prozentsätzen zu bestimmen. Es kommt demnach auch künftig ausschließlich auf den Nachweis und die Glaubhaftmachung des Umfangs der beruflichen Nutzung an.*)

Anlage 3
zu H 9.1

Zuordnung der Steuerberatungskosten zu den Betriebsausgaben, Werbungskosten oder Kosten der Lebensführung

BFM-Schreiben vom 21.12.2007 (BStBl. 2008 I S. 256)

Durch das Gesetz zum Einstieg in ein steuerliches Sofortprogramm vom 22. Dezember 2005 (BGBl. I S. 3682, BStBl. I 2006 S. 79) wurde der Abzug von Steuerberatungskosten als Sonderausgaben ausgeschlossen. Steuerberatungskosten sind nur noch zu berücksichtigen, wenn sie Betriebsausgaben oder Werbungskosten darstellen. Im Einvernehmen mit den obersten Finanzbehörden der Länder gilt für die Zuordnung der Steuerberatungskosten zu den Betriebsausgaben, Werbungskosten oder den nicht abziehbaren Kosten der Lebensführung Folgendes:

1. Begriffsbestimmung

1 Steuerberatungskosten umfassen alle Aufwendungen, die in sachlichem Zusammenhang mit dem Besteuerungsverfahren stehen. Hierzu zählen insbesondere solche Aufwendungen, die dem Steuerpflichtigen durch die Inanspruchnahme eines Angehörigen der steuerberatenden Berufe zur Erfüllung seiner steuerlichen Pflichten und zur Wahrung seiner steuerlichen Rechte entstehen (§§ 1 und 2 StBerG). Dazu gehören auch die damit zwangsläufig verbundenen und durch die Steuerberatung veranlassten Nebenkosten (BFH vom 12. Juli 1989, BStBl. II S. 967), wie Fahrtkosten zum Steuerberater und Unfallkosten auf dem Weg zum Steuerberater. Steuerberatungskosten sind u. a. auch Beiträge zu Lohnsteuerhilfevereinen, Aufwendungen für Steuerfachliteratur und sonstige Hilfsmittel (z. B. Software).

2 Nicht zu den Steuerberatungskosten zählen u. a. Rechtsanwaltskosten, die der Steuerpflichtige aufwendet, um die Zustimmung seines geschiedenen oder dauernd getrennt lebenden unbeschränkt steuerpflichtigen Ehegatten zum begrenzten Realsplitting zu erlangen oder die für die Verteidigung in einem Steuerstrafverfahren (>BFH vom 20. September 1989, BStBl. II 1990 S. 20) anfallen.

2. Zuordnung zu den Betriebsausgaben/Werbungskosten

3 Steuerberatungskosten sind als Betriebsausgaben oder Werbungskosten abzuziehen, wenn und soweit sie bei der Ermittlung der Einkünfte anfallen (>BFH vom 18. November 1965, BStBl. III 1966 S. 190) oder im Zusammenhang mit Betriebssteuern (z. B. Gewerbesteuer, Umsatzsteuer, Grundsteuer für Betriebsgrundstücke) oder Investitionszulagen für Investitionen im einkünfterelevanten Bereich stehen. Die Ermittlung der Einkünfte umfasst die Kosten der Buchführungsarbeiten und der Überwachung der Buchführung, die Ermittlung von Ausgaben oder Einnahmen, die Anfertigung von Zusammenstellungen, die Aufstellung von Bilanzen oder von Einnahmenüberschussrechnungen, die Beantwortung der sich dabei ergebenden Steuerfragen, soweit es sich nicht um Nebenleistungen nach § 12 Nr. 3 EStG handelt und die Kosten der Beratung. Zur Ermittlung der Einkünfte zählt auch das Ausfüllen des Vordrucks Einnahmenüberschussrechnung (EÜR).

3. Zuordnung zu den Kosten der Lebensführung

4 Das Übertragen der Ergebnisse aus der jeweiligen Einkunftsermittlung in die entsprechende Anlage zur Einkommensteuererklärung und das übrige Ausfüllen der Einkommensteuererklärung gehören nicht zur Einkunftsermittlung. Die hierauf entfallenden Kosten sowie Aufwendungen, die die Beratung in Tarif- oder Veranlagungsfragen betreffen oder im Zusammenhang mit der Ermittlung von Sonderausgaben und außergewöhnlichen Belastungen stehen, sind als Kosten der privaten Lebensführung gemäß § 12 Nr. 1 EStG steuerlich nicht zu berücksichtigen (>BFH vom 12. Juli 1989, BStBl. II S. 967).

5 Zu den der Privatsphäre zuzurechnenden Aufwendungen zählen auch die Steuerberatungskosten, die:
– durch haushaltsnahe Beschäftigungsverhältnisse veranlasst sind,
– im Zusammenhang mit der Inanspruchnahme haushaltsnaher Dienstleistungen oder der steuerlichen Berücksichtigung von Kinderbetreuungskosten stehen,
– die Erbschaft- oder Schenkungsteuer,
– das Kindergeld oder
– die Eigenheimzulage betreffen.

4. Zuordnung zur Betriebs-/Berufssphäre oder zur Privatsphäre

6 Steuerberatungskosten, die für Steuern entstehen, die sowohl betrieblich/beruflich als auch privat verursacht sein können, sind anhand ihrer Veranlassung den Aufwendungen nach Rdnr. 3 oder 4 zuzuordnen (z. B. Grundsteuer, Kraftfahrzeugsteuer, Zweitwohnungsteuer, Gebühren für verbindliche Auskünfte nach § 89 Abs. 3 bis 5 AO). Als Aufteilungsmaßstab dafür ist grundsätzlich die Gebührenrechnung des Steuerberaters heranzuziehen.

5. Zuordnung gemischt veranlasster Aufwendungen

7 Entstehen dem Steuerpflichtigen Aufwendungen, die unter Berücksichtigung der Ausführungen zu den Rdnrn. 3 und 4 sowohl betrieblich/beruflich als auch privat veranlasst sind, wie z. B. Beiträge an Lohnsteuerhilfevereine, Anschaffungskosten für Steuerfachliteratur zur Ermittlung der Einkünfte und des Einkommens, Beratungsgebühren für einen Rechtsstreit, der sowohl die Ermittlung von Einkünften als auch z. B. den Ansatz von außergewöhnlichen Belastungen umfasst, ist im Rahmen einer sachgerechten Schätzung eine Zuordnung zu den Betriebsausgaben, Werbungskosten oder Kosten der Lebensführung vorzunehmen. Dies gilt auch in den Fällen einer Vereinbarung einer Pauschalvergütung nach § 14 der StBGebV.

8 Bei Beiträgen an Lohnsteuerhilfevereine, Aufwendungen für steuerliche Fachliteratur und Software wird es nicht beanstandet, wenn diese Aufwendungen i. H. v. 50 Prozent den Betriebsausgaben oder Werbungskosten zugeordnet werden. Dessen ungeachtet ist aus Vereinfachungsgründen der Zuordnung des Steuerpflichtigen bei Aufwendungen für gemischte Steuerberatungskosten bis zu einem Betrag von 100 Euro im Veranlagungszeitraum zu folgen.

Beispiel:
Der Steuerpflichtige zahlt in 01 einen Beitrag an einen Lohnsteuerhilfeverein i. H. v. 120 Euro.

Davon ordnet er 100 Euro den Werbungskosten zu; diese Zuordnung ist nicht zu beanstanden.

6. Zuordnung der Steuerberatungskosten bei Körperschaften

9 Auf Körperschaften findet § 12 EStG keine Anwendung. Den Körperschaften im Sinne des § 1 Abs. 1 Nr. 1 bis 3 KStG entstehende Steuerberatungskosten sind in vollem Umfang als Betriebsausgaben abziehbar. Für Körperschaften, die auch andere als gewerbliche Einkünfte erzielen, ist zwischen einkunftsbezogenen und nicht einkunftsbezogenen Aufwendungen zu unterscheiden. Den einzelnen Einkunftsarten zuzuordnenden Steuerberatungskosten sind als Betriebsausgaben oder Werbungskosten abziehbar.

---

*) Nach dem BFH-Urteil vom 19.2.2004 (BStBl. II S. 958) kann die berufliche Nutzung aus Vereinfachungsgründen mit 50 % angesetzt werden.

7. Anwendungszeitpunkt

10 Steuerberatungskosten, die den Kosten der Lebensführung zuzuordnen sind, sind ab dem 1. Januar 2006 nicht mehr als Sonderausgaben zu berücksichtigen. Maßgebend dafür ist der Zeitpunkt des Abflusses der Aufwendungen (§ 11 Abs. 2 Satz 1 EStG). Werden Steuerberatungskosten für den Veranlagungszeitraum 2005 vorschussweise (§ 8 StBGebV) bereits in 2005 gezahlt, so sind sie dem Grunde nach abziehbar. Eine spätere Rückzahlung aufgrund eines zu hohen Vorschusses mindert die abziehbaren Aufwendungen des Veranlagungszeitraumes 2005. Ein bereits bestandskräftiger Bescheid ist nach § 175 Abs. 1 Satz 1 Nr. 2 AO zu ändern (>BFH vom 28. Mai 1998, BStBl II 1999 S. 95).

Anlage 4
zu H 9.1

Steuerliche Beurteilung gemischter Aufwendungen; Beschluss des Großen Senats des BFH vom 21.9.2009 – GrS 1/06 (BStBl. 2010 II S. 672)

BMF-Schreiben vom 6.7.2010 (BStBl. I S. 614)

Der Große Senat des Bundesfinanzhofs hat mit dem o. a. Beschluss entschieden, dass § 12 Nummer 1 Satz 2 EStG kein allgemeines Aufteilungs- und Abzugsverbot für Aufwendungen normiert, die sowohl durch die Einkunftserzielung als auch privat veranlasste Teile enthalten (gemischte Aufwendungen). Unter Bezugnahme auf das Ergebnis der Erörterungen mit den obersten Finanzbehörden der Länder gelten zur steuerlichen Beurteilung gemischter Aufwendungen für alle Einkunftsarten und für die verschiedenen Arten der Gewinnermittlung die folgenden Grundsätze:

1. Allgemeines

1 Gemischte Aufwendungen eines Steuerpflichtigen können nach Maßgabe der folgenden Ausführungen grundsätzlich in als Betriebsausgaben oder Werbungskosten abziehbare sowie in privat veranlasste und damit nicht abziehbare Teile aufgeteilt werden, soweit nicht gesetzlich etwas anderes geregelt ist oder es sich um Aufwandspositionen handelt, die durch das steuerliche Existenzminimum abgegolten oder als Sonderausgaben oder als außergewöhnliche Belastungen abziehbar sind.

2 Eine Aufteilung der Aufwendungen kommt nur in Betracht, wenn der Steuerpflichtige die betriebliche oder berufliche Veranlassung im Einzelnen umfassend dargelegt und nachgewiesen hat. Bestehen gewichtige Zweifel an einer betrieblichen oder beruflichen (Mit)Veranlassung der Aufwendungen, so kommt für die Aufwendungen schon aus diesem Grund ein Abzug insgesamt nicht in Betracht.

3 Die Aufteilung gemischt veranlasster Aufwendungen hat nach einem an objektiven Kriterien orientierten Maßstab der Veranlassungsbeiträge zu erfolgen. Ist eine verlässliche Aufteilung nur mit unverhältnismäßigem Aufwand möglich, erfolgt die Aufteilung im Wege der Schätzung. Fehlt es an einer geeigneten Schätzungsgrundlage oder sind die Veranlassungsbeiträge nicht trennbar, gelten die Aufwendungen als insgesamt privat veranlasst.

2. Nicht abziehbare Aufwendungen der Lebensführung

4 Nach § 12 Nummer 1 Satz 1 EStG sind Aufwendungen für den Haushalt des Steuerpflichtigen und für den Unterhalt seiner Familienangehörigen vollständig vom Betriebsausgaben-/Werbungskostenabzug ausgeschlossen und demzufolge nicht in einen abziehbaren und nicht abziehbaren Teil aufzuteilen. Sie sind durch die Vorschriften zur Berücksichtigung des steuerlichen Existenzminimums (Grundfreibetrag, Freibeträge für Kinder) pauschal abgegolten oder als Sonderausgaben oder als außergewöhnliche Belastungen abziehbar.

Kosten der Lebensführung in diesem Sinne sind insbesondere Aufwendungen für

– Wohnung,
– Ernährung,
– Kleidung,
– allgemeine Schulausbildung,
– Kindererziehung,
– persönliche Bedürfnisse des täglichen Lebens, z. B. Erhaltung der Gesundheit, Pflege, Hygieneartikel,
– Zeitung,
– Rundfunk oder
– Besuch kultureller und sportlicher Veranstaltungen.

5 Vollumfänglich nicht abziehbar und demzufolge nicht aufzuteilen sind ferner Aufwendungen nach § 12 Nummer 1 Satz 2 EStG. Das sind Aufwendungen für die Lebensführung, die zwar der Förderung des Berufs oder der Tätigkeit dienen können, die aber grundsätzlich die wirtschaftliche oder gesellschaftliche Stellung des Steuerpflichtigen mit sich bringt. Hierbei handelt es sich um Aufwendungen, die mit dem persönlichen Ansehen des Steuerpflichtigen in Zusammenhang stehen, d. h. der Pflege der sozialen Verpflichtungen dienen (sog. Repräsentationsaufwendungen).

Ob Aufwendungen Repräsentationsaufwendungen im Sinne des § 12 Nummer 1 Satz 2 EStG oder (zumindest teilweise) Betriebsausgaben/Werbungskosten darstellen, ist stets durch eine Gesamtwürdigung aller Umstände des Einzelfalls festzustellen. Bei Veranstaltungen, die vom Steuerpflichtigen ausgerichtet werden, stellt ein persönlicher Anlass (z. B. Geburtstag, Trauerfeier) regelmäßig ein bedeutendes Indiz für die Annahme nicht abziehbarer Repräsentationsaufwendungen dar. Auch Aufwendungen für gesellschaftliche Veranstaltungen fallen in der Regel unter § 12 Nummer 1 Satz 2 EStG.

6 Aufwendungen nach § 12 Nummer 1 EStG sind selbst im Falle einer betrieblichen/beruflichen Mitveranlassung nicht als Betriebsausgaben/Werbungskosten abziehbar.

7 Aufwendungen im Sinne der Rn. 4 und 5 sind Betriebsausgaben oder Werbungskosten, soweit sie ausschließlich oder nahezu ausschließlich betrieblich/beruflich sind (z. B. § 4 Absatz 5 Satz 1 Nummer 6b EStG: Arbeitszimmer; § 9 Absatz 1 Satz 3 Nummer 6 EStG: Arbeitsmittel, typische Berufskleidung) oder ein abgegrenzter betrieblicher/beruflicher Mehraufwand gegeben ist. Die Abzugsbeschränkungen des § 4 Absatz 5 Satz 1 Nummer 5 EStG (Verpflegungsmehraufwendungen) und § 9 Absatz 1 Satz 3 Nummer 5 EStG (Doppelte Haushaltsführung) sind zu beachten.*)

3. Grundsätze der Aufteilung gemischter Aufwendungen

8 Gemäß § 4 Absatz 4 EStG (Betriebsausgaben) und § 9 Absatz 1 EStG (Werbungskosten) werden bei der Ermittlung der Einkünfte nur Aufwendungen berücksichtigt, die durch die Einkunftserzielung veranlasst sind. Ein Veranlassungszusammenhang in diesem Sinne besteht, wenn die Aufwendungen mit der Einkunftserzielung objektiv zusammenhängen und ihr subjektiv zu dienen bestimmt sind, d. h. wenn sie in unmittelbarem oder mittelbarem wirtschaftlichem Zusammenhang mit einer der Einkunftsarten des Einkommensteuergesetzes stehen.

9 Aufwendungen, die eindeutig und klar abgrenzbar ausschließlich betrieblich/beruflich oder privat veranlasst sind, sind unmittelbar dem betrieblichen/beruflichen oder privaten Teil der Aufwendungen zuzuordnen.

a) Durch die Einkunftserzielung (mit)veranlasste Aufwendungen

10 Nicht von § 12 Nummer 1 EStG erfasste Aufwendungen, die nicht eindeutig zugeordnet werden können, aber einen nachgewiesenen abgrenzbaren betrieblichen oder beruflichen Anteil enthalten, sind nach dem jeweiligen Veranlassungsanteil in abziehbare und nicht abziehbare Aufwendungen aufzuteilen.

11 Bei einer untergeordneten betrieblichen/beruflichen Mitveranlassung (< 10 %) sind die Aufwendungen in vollem Umfang nicht als Betriebsausgaben/Werbungskosten abziehbar.

Wird ein Sachverhalt insgesamt als privat veranlasst gewürdigt und werden die Aufwendungen dementsprechend steuerlich nicht berücksichtigt, so können zusätzliche ausschließlich

---
*) Vgl. C III.4.a der Entscheidungsgründe des GrS.

betrieblich/beruflich veranlasste Aufwendungen für sich genommen als Betriebsausgaben oder Werbungskosten abzuziehen sein (vgl. Rn. 9).*)

Beispiel 1:

Ein Steuerpflichtiger nimmt während seiner 14-tägigen Urlaubsreise an einem eintägigen Fachseminar teil.

B1 Die Aufwendungen für die Urlaubsreise sind nicht abziehbar. Die Aufwendungen, die unmittelbar mit dem Fachseminar zusammenhängen (Seminargebühren, Fahrtkosten vom Urlaubsort zum Tagungsort, ggf. Pauschbetrag für Verpflegungsmehraufwendungen), sind als Betriebsausgaben/Werbungskosten abziehbar.

12 Bei einer untergeordneten privaten Mitveranlassung (< 10 %) sind die Aufwendungen in vollem Umfang als Betriebsausgaben/Werbungskosten abziehbar; die Abzugsbeschränkungen des § 4 Absatz 5 EStG und § 9 Absatz 5 EStG bleiben unberührt.

Von einer untergeordneten privaten Mitveranlassung der Kosten für die Hin- und Rückreise ist auch dann auszugehen, wenn der Reise ein eindeutiger unmittelbarer betrieblicher/beruflicher Anlass zugrunde liegt (z. B. ein Arbeitnehmer nimmt aufgrund einer Weisung seines Arbeitgebers einen ortsgebundenen Pflichttermin wahr oder ein Nichtarbeitnehmer tätigt einen ortsgebundenen Geschäftsabschluss oder ist Aussteller auf einer auswärtigen Messe), den der Steuerpflichtige mit einem vorangehenden oder nachfolgenden Privataufenthalt verbindet.

b) Höhe der abziehbaren Aufwendungen

13 Sind die Aufwendungen sowohl durch betriebliche/berufliche als auch private Gründe von jeweils nicht untergeordneter Bedeutung (vgl. Rn. 11 und 12) veranlasst, ist nach Möglichkeit eine Aufteilung der Aufwendungen nach Veranlassungsbeiträgen vorzunehmen (vgl. BFH vom 21. April 2010 VI R 66/04 – BStBl. II Seite 685; siehe aber Rn. 18).

14 Es ist ein geeigneter, den Verhältnissen im Einzelfall gerecht werdender Aufteilungsmaßstab zu finden. Der Maßstab muss nach objektivierbaren – d. h. nach außen hin erkennbaren und nachvollziehbaren – Kriterien ermittelt und hinsichtlich des ihm zugrunde liegenden Veranlassungsbeitrags dokumentiert werden.

15 Der betrieblich/beruflich und privat veranlasste Teil der Aufwendungen kann beispielsweise nach folgenden Kriterien ermittelt werden: Zeit-, Mengen- oder Flächenanteile sowie Aufteilung nach Köpfen.

Beispiel 2:

An der Feier zum 30. Firmenjubiläum des Einzelunternehmens Y nehmen 100 Personen teil (80 Kunden und Geschäftsfreunde und 20 private Gäste des Firmeninhabers). Die Gesamtkosten der Feier betragen 5000 €, auf Essen und Getränke entfallen 4000 €.

B2 Aufgrund der Teilnahme privater Gäste handelt es sich um eine gemischt betrieblich und privat veranlasste Veranstaltung. Zwar liegt der Anlass der Veranstaltung im betrieblichen Bereich (Firmenjubiläum). Die Einladung der privaten Gäste erfolgte allerdings ausschließlich aus privaten Gründen, so dass die Kosten der Verköstigung und Unterhaltung der privaten Gäste als privat veranlasst zu behandeln sind. Sachgerechtes objektivierbares Kriterium für eine Aufteilung ist eine Aufteilung nach Köpfen. 80 Personen nehmen aus betrieblichen Gründen an dem Firmenjubiläum teil, 20 aus privaten Gründen. Damit sind 1000 € (20 % der Gesamtkosten), die anteilig auf die privaten Gäste entfallen, nicht als Betriebsausgaben abziehbar. Von den verbleibenden betrieblich veranlassten Kosten in Höhe von 4000 € sind unter Berücksichtigung des § 4 Absatz 5 Satz 1 Nummer 2 EStG 3040 € (80 % von 1000 € + 70 % von 80 % von 4000 €) als Betriebsausgaben abziehbar.

Beispiel 3:

Ein niedergelassener Arzt besucht einen Fachkongress in London. Er reist Samstag früh an. Die Veranstaltung findet ganztägig von Dienstag bis Donnerstag statt. Am Sonntagabend reist er nach Hause zurück.

B3 Da Reisen nach dem Beschluss des Großen Senats des BFH entgegen der bisherigen Rechtsprechung nicht mehr in jedem Fall als Einheit zu betrachten sind, sind die Kosten für 2 Übernachtungen (von Dienstag bis Donnerstag) sowie die Kongressgebühren ausschließlich dem betrieblichen Bereich zuzuordnen und daher vollständig als Betriebsausgaben abziehbar. Die Flugkosten sind gemischt veranlasst und entsprechend den Veranlassungsbeiträgen aufzuteilen. Sachgerechter Aufteilungsmaßstab ist das Verhältnis der betrieblichen und privaten Zeitanteile der Reise (betrieblich veranlasst sind 3/9). Ein Abzug der Verpflegungskosten als Betriebsausgaben ist nur in Höhe der Pauschbeträge für Verpflegungsmehraufwendungen für die betrieblich veranlassten Tage zulässig.

Abwandlung:

Der Arzt fährt nicht als Zuhörer, sondern als Mitveranstalter zu dem Fachkongress.

B4 Die Kosten für die Hin- und Rückreise sind vollständig dem betrieblichen Bereich zuzurechnen und daher nicht aufzuteilen (vgl. Rn. 12).

16 Bestehen keine Zweifel daran, dass ein nach objektivierbaren Kriterien abgrenzbarer Teil der Aufwendungen betrieblich/beruflich veranlasst ist, bereitet seine Quantifizierung aber Schwierigkeiten, so ist dieser Anteil unter Berücksichtigung aller maßgeblichen Umstände zu schätzen (§ 162 AO). Ist also zweifelsfrei ein betrieblicher/beruflicher Kostenanteil entstanden, kann aber dessen jeweiliger Umfang mangels geeigneter Unterlagen nicht belegt werden, ist wie bisher eine Schätzung geboten.

c) Nicht aufteilbare gemischte Aufwendungen

17 Ein Abzug der Aufwendungen kommt insgesamt nicht in Betracht, wenn die – für sich gesehen jeweils nicht unbedeutenden – betrieblichen/beruflichen und privaten Veranlassungsbeiträge so ineinander greifen, dass eine Trennung nicht möglich und eine Grundlage für die Schätzung nicht erkennbar ist. Das ist insbesondere der Fall, wenn es an objektivierbaren Kriterien für eine Aufteilung fehlt.

Beispiel 4:

Ein Steuerberater begehrt die hälftige Anerkennung der Kosten eines Abonnements einer überregionalen Zeitung, die er neben der regionalen Tageszeitung bezieht, als Betriebsausgaben, weil die überregionale Zeitung umfassend auch über die steuerrechtliche Entwicklung informiere.

B5 Die Kosten sind insgesamt nicht als Betriebsausgaben abziehbar. Die betrieblichen und privaten Veranlassungsbeiträge greifen so ineinander, dass eine Trennung nicht möglich ist. Soweit die Zeitung nicht bereits durch das steuerliche Existenzminimum abgegolten ist, fehlt es an einer Aufteilbarkeit der Veranlassungsbeiträge. Denn keine Rubrik oder Seite einer Zeitung kann ausschließlich dem betrieblichen Bereich zugeordnet werden, sondern dient stets auch dem privaten Informationsinteresse. Es fehlt damit an einer Möglichkeit zur Aufteilung nach objektivierbaren Kriterien.

18 Die für Auslandsgruppenreisen aufgestellten Abgrenzungsmerkmale gelten grundsätzlich weiter (BFH vom 27. November 1978 – BStBl. 1979 II Seite 213; zuletzt BFH vom 21. April 2010 VI R 5/07 – BStBl. II Seite 687)**). Eine Aufteilung der Kosten und damit ein teilweiser Abzug als Betriebsausgaben/Werbungskosten kommt bei solchen Reisen regelmäßig nur in Betracht, soweit die beruflichen und privaten Veranlassungsbeiträge voneinander abgrenzbar sind (vgl. BFH vom 21. April 2010 VI R 5/07 – BStBl. II Seite 687).

19 Soweit der BFH bisher die Abziehbarkeit anderer gemischter Aufwendungen mangels objektiver Aufteilungskriterien abgelehnt hat, ist weiterhin von der Nichtabziehbarkeit auszugehen.

Beispiele:

B6 Aufwendungen für Sicherheitsmaßnahmen eines Steuerpflichtigen zum Schutz von Leben, Gesundheit, Freiheit und Vermögen seiner Person (BFH vom 5. April 2006 – BStBl. II Seite 541),

B7 Aufwendungen eines in Deutschland lebenden Ausländers für das Erlernen der deutschen Sprache (BFH vom 15. März 2007 – BStBl. II Seite 814),

B8 Aufwendungen einer Landärztin für einen Schutzhund (BFH vom 29. März 1979 – BStBl. II Seite 512),

B9 Einbürgerungskosten zum Erwerb der deutschen Staatsangehörigkeit (BFH vom 18. Mai 1984 – BStBl. II Seite 588),

B10 Kosten für den Erwerb eines Führerscheins (BFH vom 8. April 1964 – BStBl. III Seite 431).

4. Anwendungsregelung

20 Dieses Schreiben ist vorbehaltlich des § 176 Absatz 1 Satz 1 Nummer 3 AO für alle offenen Fälle anzuwenden.

---

*) Vgl. C. III. 3f) der Entscheidungsgründe des GrS.
**) Vgl. C.III 4e der Entscheidungsgründe des GrS.

Anlage 5
zu H 9.1

Verdeckte Gewinnausschüttung bei gemischt veranlassten Aufwendungen

Kurzinformation des Finanzministeriums Schleswig-Holstein vom 1.11.2010 (Az.: VI 3011 – S 2742 – 121)

Für den Bereich der Einkommensteuer wurde zur Anwendung des Beschlusses des Großen Senats des BFH vom 21.9.2009, GrS 1/06 (BStBl. II 2010, 672) mit BMF-Schreiben vom 6.7.2010 (IV C 3 – S 2227/07/10003 :002, DOK 2010/0522213, BStBl. I 2010, 614)*) Stellung genommen.

Zu den Auswirkungen bei der Körperschaftsteuer wird wie folgt Stellung genommen:

Im Bereich der verdeckten Gewinnausschüttung (vGA) gilt § 12 Nr. 1 Satz 2 EStG nicht unmittelbar. Allerdings hat der I. Senat des BFH in dem Urteil vom 6.4.2005 (I R 86/04, BStBl. II 2005, 666) unter Hinweis auf eine rechtsformneutrale Besteuerung entschieden, dass die für eine vGA ausreichende private Mitveranlassung durch das Gesellschaftsverhältnis regelmäßig gegeben ist, wenn bei vergleichbaren Aufwendungen eines sonstigen Unternehmers § 12 Nr. 1 Satz 2 EStG eingreifen würde. In der Entscheidung hat der 1. Senat erstmals ausdrücklich die Abgrenzungskriterien des § 12 Nr. 1 Satz 2 EStG auf die vGA übertragen.

Auch der VIII. Senat des BFH (Urteil vom 9.3.2010, VIII R 32/07) hat zum Ausdruck gebracht, dass sich die private (gesellschaftsrechtliche) Veranlassung bei der Körperschaftsteuer grundsätzlich nach denselben Kriterien bestimmt, die für die Beurteilung bei Einzelunternehmen und Personengesellschaften entwickelt worden sind (Rdnr. 12 der Entscheidung).

Der Beschluss des Großen Senats des BFH vom 21.9.2009 (GrS 1/06, a.a.O.) tangiert damit auch den Bereich der vGA. Unter Berücksichtigung der bisherigen Rechtsprechung des I. Senats und der Entscheidung des VIII. Senats des BFH vom 9.3.2010 (VIII R 32/07) ergeben sich folgende Auswirkungen:

1. Aufwendungen, die durch die private Lebensführung des Gesellschafter-Geschäftsführers veranlasst sind

Wenn ein privater Anlass des Gesellschafter-Geschäftsführers (insbesondere bei Feiern und Bewirtungen) auslösendes Moment für die Aufwendungen ist, reichen Bezüge zum Betrieb der Kapitalgesellschaft nicht für eine Aufteilung der Aufwendungen aus. Es ist insgesamt von einer vGA auszugehen.

Repräsentationsaufwendungen, die für den Gesellschafter-Geschäftsführer durch die Gesellschaft übernommen werden, stellen vGA dar. Dies gilt auch dann, wenn zu einer Veranstaltung (z. B. Geburtstagsfeier) überwiegend Geschäftsfreunde oder Arbeitnehmer der Gesellschaft eingeladen sind und der Gesellschafter-Geschäftsführer daneben privat eine eigene Feier veranstaltet. Die gesellschaftsrechtliche Veranlassung verdrängt die möglicherweise daneben bestehende Absicht, Imagepflege für die Kapitalgesellschaft zu betreiben (st. Rspr. des I. Senats des BFH; Urteile v. 28.11.1991, I R 13/90, BStBl. II 1992, 359; v. 28.11.1991, I R 34-35/90, BFH/NV 1992, 560; und v. 14.7.2004, I R 57/03). Entsprechendes gilt für vergleichbare Anlässe (z. B. Trauerfeier). Der BFH stellt bei Repräsentationsaufwendungen darauf ab, dass die Grundveranlassung (das auslösende Moment) für die Aufwendungen im privaten Bereich des Gesellschafter-Geschäftsführers liegt.

Eine Änderung gegenüber der bisherigen Rechtslage ist durch den Beschluss des Großen Senats des BFH vom 21.9.2009 (GrS 1/06, a.a.O.) nicht eingetreten. Auch ein Gleichlauf zwischen Einkommensteuer und Körperschaftsteuer ist gegeben; nach Rn. 5 ff. des BMF-Schreibens vom 6.7.2010 (IV C 3 – S 2227/07/10003 :002, DOK 2010/0522213, a.a.O.)*) sind derartige Aufwendungen regelmäßig nicht abziehbar.

2. Nicht aufteilbare (abgrenzbare) gemischt veranlasste Aufwendungen

Insgesamt von einer vGA ist außerdem auszugehen, wenn die Aufwendungen sowohl gesellschaftsrechtlich als auch betrieblich veranlasst sind und eine Aufteilung (Abgrenzung) nicht möglich ist. Die gesellschaftsrechtliche Mitveranlassung führt insgesamt zu einer Wertung als vGA.

In dem Beschluss des Großen Senats des BFH vom 21.9.2009 (GrS 1/06, a.a.O.) ist ausgeführt (Rz. 125), dass ein Abzug von Aufwendungen nicht zulässig ist, wenn die beruflichen (betrieblichen) und die privaten Veranlassungsbeiträge so ineinander greifen, dass eine Trennung nicht möglich ist, und es also an objektivierbaren Kriterien für eine Aufteilung fehlt.

Keine Betriebsausgaben stellen im Regelfall Auslandsgruppenreisen zu Informationszwecken dar, weil kein (abgrenzbarer) Zeitabschnitt nur betrieblichen Zwecken dient. Die Rechtsprechung des Großen Senats des BFH hierzu (Beschl. v. 27.11.1978, GrS 8/77, BStBl. II 1979, 213) soll grundsätzlich weiterhin gelten (Rz. 130 des Beschl. v. 21.9.2009, GrS 1/06, a.a.O.). Entsprechende Aufwendungen einer Kapitalgesellschaft für ihren Gesellschafter-Geschäftsführer führen zur vGA. Nach dem BFH-Beschluss vom 7.10.2008, I B 37/07 (BFH/NV 2009, 216) liegen vGA vor, wenn die Reisezeit weder vollständig noch teilweise eindeutig den betrieblichen Interessen der Kapitalgesellschaft zugeordnet werden kann.

Auch für andere nicht aufteilbare Aufwendungen sind insgesamt vGA anzunehmen. Für Lösegeldzahlungen hat dies der BFH in dem Beschluss vom 22.2.2001, I B 132/00, NV (BFH/NV 2001, 1048) bejaht, und zwar auch dann, wenn die Entführung auf einer Dienstreise stattgefunden hat. Nicht abziehbar ist z. B. auch ein allgemeines Kommunikationsseminar für den Gesellschafter-Geschäftsführer (Lang, in: Dötsch/Jost/Pung/Witt, KStG, § 8 Abs. 3 Teil C Rz. 136, m.w.Bsp.).

Eine Änderung gegenüber der bisherigen Rechtslage ist durch den Beschluss des Großen Senats des BFH vom 21.9.2009 (GrS 1/06, a.a.O.) nicht eingetreten. Auch ein Gleichlauf zwischen Einkommensteuer und Körperschaftsteuer ist gegeben. Rdnr. 17 des BMF-Schreibens vom 6.7.2010 (IV C 3 – S 2227/07/10003 :002, DOK 2010/0522213, a.a.O.)*) regelt, dass ein Abzug als Betriebsausgabe insgesamt nicht in Betracht kommt, wenn die betrieblichen und privaten Veranlassungsbeiträge so ineinander greifen, dass eine Trennung nicht möglich und eine Grundlage für die Schätzung nicht erkennbar ist.

3. Aufteilbare (abgrenzbare) Aufwendungen, die teils gesellschaftsrechtlich und teils betrieblich veranlasst sind

Aufgrund der geänderten Rechtsprechung werden zukünftig nach dem BMF-Schreiben vom 6.7.2010 (IV C 3 – S 2227/07/10003 :002, DOK 2010/0522213, a.a.O.)*) aufteilbare Aufwendungen, die teilweise betrieblich und teilweise privat veranlasst sind, bei der Einkommensteuer nach Veranlassungsbeiträgen aufgeteilt (Rdnr. 10 ff.). Eine Aufteilung kann beispielsweise nach Zeit-, Mengen- oder Flächenanteilen oder nach Köpfen erfolgen.

Im Hinblick auf die vom I. Senat des BFH in der Entscheidung vom 6.4.2005 (I R 86/04, a.a.O.) angemahnte Rechtsformneutralität ist auch für den Bereich der Körperschaftsteuer eine Aufteilung zuzulassen (Änderung der Rechtslage). Ein Widerspruch zu den allgemeinen vGA-Grundsätzen (Fremdvergleichsgrundsatz) ist darin nicht zu sehen. Abgrenzbar betrieblich veranlasste Aufwendungen stellen keine vGA dar, denn ein ordentlicher und gewissenhafter Geschäftsleiter würde sie übernehmen. Voraussetzung ist jedoch, dass ein objektiver Aufteilungsmaßstab gegeben ist. Auch unter Berücksichtigung der älteren BFH-Rechtsprechung ist eine Aufteilung solcher Aufwendungen geboten. Für Reiseaufwendungen wurde in den Entscheidungen des BFH vom 13.3.1985, I R 86/04 (BFH/NV 1986, 48) und vom 7.7.1976, I R 180/74 (BStBl. II 1976, 753) trotz „gemischter" Veranlassung eine Aufteilung der Aufwendungen für vGA-Zwecke zugelassen.

Daraus folgt im Einzelnen:

a) Sind Aufwendungen betrieblich veranlasst und sind private Belange des Gesellschafters nur in untergeordnetem Maße berührt, unterbleibt eine Aufteilung. Die Aufwendungen sind insgesamt abziehbar; eine teilweise vGA ist nicht anzunehmen.

---

*) Abgedruckt als Anlage 4 zu H 9.1 LStR.

Dies dürfte z. B. dann der Fall sein, wenn die Kapitalgesellschaft ein Betriebsjubiläum feiert, an dem u. a. auch die Gesellschafter und deren Familien bewirtet werden. Die Veranlassung ist betrieblich, die Aufwendungen können in voller Höhe abgezogen werden. Entsprechend hat der BFH bereits mit Urteil vom 16.12.1981, I R 140/81 (BStBl. II 1982, 465) entschieden, dass Beiträge einer Kapitalgesellschaft an einen Industrieverein in vollem Umfang als Betriebsausgaben abgezogen werden können, auch wenn gelegentlich Veranstaltungen dem repräsentativen Bereich zuzuordnen sind.

Bei Reisen des Gesellschafter-Geschäftsführers gilt dies für die Kosten der An- und Abreise, wenn der Reise ein unmittelbarer betrieblicher Anlass zugrunde liegt. Dies ist z. B. dann der Fall, wenn die Kapitalgesellschaft als Aussteller auf einer Messe vertreten ist oder ein ortsgebundener Geschäftstermin wahrgenommen wird (siehe hierzu für die Einkommensteuer BMF-Schreiben v. 6.7.2010, IV C 3 – S 2227/07/10003 :002, DOK 2010/0522213, a.a.O., Rdnr. 12)*). Die Verbindung mit einem dem geschäftlichen Anlass vorangehenden oder nachfolgenden Privataufenthalt ist regelmäßig unschädlich, da ein ordentlicher und gewissenhafter Geschäftsleiter die Kosten der An- und Abreise auch für einen fremden Arbeitnehmer übernehmen würde.

b) Im umgekehrten Fall (gesellschaftsrechtliche Veranlassung mit geringfügigen betrieblichen Bezügen) sind insgesamt vGA anzunehmen. Dies ist dann der Fall, wenn der Gesellschafter-Geschäftsführer auf einer privaten Urlaubsreise einen geschäftlichen Termin wahrnimmt. Die Aufwendungen – insbesondere Kosten der An- und Abreise zum Urlaubsort – stellen vGA dar; eine Aufteilung ist nicht vorzunehmen.

Nur für die unmittelbar mit dem geschäftlichen Termin zusammenhängenden Aufwendungen verbleibt es beim Abzug als Betriebsausgaben. Für den Bereich der Einkommensteuer sieht das BMF-Schreiben vom 6.7.2010 (IV C 3 – S 2227/07/10003 :002, DOK 2010/0522213, a.a.O., Rdnr. 11 Beispiel 1)*) eine entsprechende Behandlung vor.

c) Sind Aufwendungen gemischt betrieblich und gesellschaftsrechtlich veranlasst, ist nach allgemeinen vGA-Grundsätzen zu prüfen, ob und in welcher Höhe die Aufwendungen durch einen ordentlichen und gewissenhaften Geschäftsleiter übernommen worden wären. Besteht ein objektiver Aufteilungsmaßstab, stellen die betrieblich veranlassten Aufwendungen regelmäßig keine vGA dar. Dabei können die in Rdnr. 13 ff. des BMF-Schreibens vom 6.7.2010 (IV C 3 – S 2227/07/10003 :002, DOK 2010/0522213, a.a.O.)*) dargestellten Aufteilungskriterien entsprechend auch bei der Körperschaftsteuer herangezogen werden.

– Bei sowohl betrieblicher als auch privater Veranlassung einer Reise stellen abgrenzbar betrieblich veranlasste Aufwendungen keine vGA dar. Zur Aufteilung siehe Beispiel 3/Rdnr. 15 des BMF-Schreibens vom 6.7.2010 (IV C 3 – S 2227/07/10003 :002, DOK 2010/0522213, a.a.O.);*) Flugkosten sind auch im Bereich der Körperschaftsteuer entsprechend sachgerecht aufzuteilen.

– Bisher durch den BFH nicht entschieden worden ist, wie bei der Körperschaftsteuer in dem in Beispiel 2/Rdnr. 15 des BMF-Schreibens vom 6.7.2010 (IV C 3 – S 2227/07/10003 :002, DOK 2010/0522213, a.a.O.)*) dargestellten Fall einer Betriebsfeier (Firmeninhaber lädt in nicht untergeordnetem Umfang – im Beispiel 20 % – private Gäste ein) zu verfahren ist. Bei derartigen Anlässen ist darauf abzustellen, ob die private Mitveranlassung untergeordnet ist (bei der Einkommensteuer wird dies bei einem Umfang von < 10 % angenommen). Übersteigen die gesellschaftsrechtlich veranlassten Aufwendungen diesen Betrag, liegen anteilig vGA vor. Ein ordentlicher und gewissenhafter Geschäftsleiter würde derartige Kosten nicht übernehmen.

Zusammenfassend führen die Wertungen des BMF-Schreibens vom 6.7.2010 (IV C 3 – S 2227/07/10003 :002, DOK 2010/0522213, a.a.O.)*) und die allgemeinen vGA-Grundsätze zu weitgehend identischen Ergebnissen.

§ 9 EStG
R 9.2

R 9.2
Aufwendungen für die Aus- und Fortbildung

¹Aufwendungen für den erstmaligen Erwerb von Kenntnissen, die zur Aufnahme eines Berufs befähigen, beziehungsweise für ein erstes Studium (Erstausbildung) sind Kosten der Lebensführung und nur als Sonderausgaben im Rahmen von § 10 Abs. 1 Nr. 7 EStG abziehbar.**) ²Werbungskosten liegen dagegen vor, wenn die erstmalige Berufsausbildung oder das Erststudium Gegenstand eines Dienstverhältnisses (Ausbildungsdienstverhältnis) ist. ³Unabhängig davon, ob ein Dienstverhältnis besteht, sind die Aufwendungen für die Fortbildung in dem bereits erlernten Beruf und für die Umschulungsmaßnahmen, die einen Berufswechsel vorbereiten, als Werbungskosten abziehbar. ⁴Das gilt auch für die Aufwendungen für ein weiteres Studium, wenn dieses in einem hinreichend konkreten, objektiv feststellbaren Zusammenhang mit späteren steuerpflichtigen Einnahmen aus der angestrebten beruflichen Tätigkeit steht.

H 9.2
Hinweise zu R 9.2
Aufwendungen für die Aus- und Fortbildung

Allgemeine Grundsätze

>BMF vom 22.9.2010 (BStBl. I S. 721)***)

Allgemein bildende Schulen

Aufwendungen für den Besuch allgemein bildender Schulen sind regelmäßig keine Werbungskosten, sondern Sonderausgaben (>BFH vom 22.6.2006 – BStBl. II S. 717).

Ausbildungsdienstverhältnis

Beispiele:

– Referendariat zur Vorbereitung auf das zweite Staatsexamen (>BFH vom 10.12.1971 – BStBl. 1972 II S. 251)

– Beamtenanwärter (>BFH vom 21.1.1972 – BStBl. II S. 261)

– zum Studium abkommandierte oder beurlaubte Bundeswehroffiziere (>BFH vom 7.11.1980 – BStBl. 1981 II S. 216 und vom 28.9.1984 – BStBl. 1985 II S. 87)

– zur Erlangung der mittleren Reife abkommandierte Zeitsoldaten (>BFH vom 28.9.1984 – BStBl. 1985 II S. 89)

– für ein Promotionsstudium beurlaubte Geistliche (>BFH vom 7.8.1987 – BStBl. II S. 780)

Auslandsgruppenreise

– Aufwendungen für Reisen, die der beruflichen Fortbildung dienen, sind als Werbungskosten abziehbar, wenn sie unmittelbar beruflich veranlasst sind (z. B. das Aufsuchen eines Kunden des Arbeitgebers, das Halten eines Vortrags auf einem Fachkongress oder die Durchführung eines Forschungsauftrags) und die Verfolgung privater Interessen nicht den Schwerpunkt der Reise bildet (>BFH vom 21.9.2009 – BStBl. 2010 II S. 672).

– Ein unmittelbarer beruflicher Anlass liegt nicht vor, wenn der Arbeitnehmer mit der Teilnahme an der Auslandsgruppenreise eine allgemeine Verpflichtung zur beruflichen Fortbildung erfüllt oder die Reise von einem Fachverband angeboten wird (>BFH vom 19.1.2012 – BStBl. II S. 416); zur Abgrenzung gegenüber der konkreten beruflichen Verpflichtung zur Reiseteilnahme >BFH vom 9.12.2010 (BStBl. 2011 II S. 522). Zur Aufteilung gemischt veranlasster Aufwendungen bei auch beruflicher Veranlassung der Auslandsgruppenreise >H 9.1 (Gemischte Aufwendungen).

Deutschkurs

Aufwendungen eines in Deutschland lebenden Ausländers für das Erlernen der deutschen Sprache gehören regelmäßig auch dann zu den nicht abziehbaren Kosten der Lebensführung, wenn ausrei-

---

*) Abgedruckt als Anlage 4 zu H 9.1 LStR.

**) Zur Vorlage des BFH an das BVerfG wegen des Ausschlusses der Berufsausbildungskosten vom Werbungskostenabzug vgl. die Beschlüsse vom 17.7.2014 VI R 2/12 und VI R 8/12.

***) Abgedruckt als Anlage 1 zu H 9.2 LStR.

§ 9 EStG
R 9.2

chende Deutschkenntnisse für einen angestrebten Ausbildungsplatz förderlich sind (>BFH vom 15.3.2007 – BStBl. II S. 814).

Erstmalige Berufsausbildung*)

Rettungssanitäter > BFH vom 27.10.2011 (BStlBl. 2012 II S. 825)

Erziehungsurlaub/Elternzeit

Aufwendungen während eines Erziehungsurlaubs/einer Elternzeit können vorab entstandene Werbungskosten sein. Der berufliche Verwendungsbezug ist darzulegen, wenn er sich nicht bereits aus den Umständen von Umschulungs- oder Qualifizierungsmaßnahmen ergibt (>BFH vom 22.7.2003 – BStBl. 2004 II S. 888).

Fortbildung

– Aufwendungen von Führungskräften für Seminare zur Persönlichkeitsentfaltung können Werbungskosten sein (>BFH vom 28.8.2008 – BStBl. 2009 II S. 108).

– Aufwendungen einer leitenden Redakteurin zur Verbesserung beruflicher Kommunikationsfähigkeit sind Werbungskosten (>BFH vom 28.8.2008 – BStBl. 2009 II S. 106).

– Aufwendungen für den Erwerb des Verkehrsflugzeugführerscheins einschließlich Musterberechtigung können vorab entstandene Werbungskosten sein (> BFH vom 27.10.2011 – BStBl. 2012 II S. 825 zum Rettungssanitäter**)). Die Aufwendungen für den Erwerb des Privatflugzeugführerscheins führen regelmäßig nicht zu Werbungskosten (>BFH vom 27.5.2003 – BStBl. 2005 II S. 202). Bei einer durchgehenden Ausbildung zum Verkehrsflugzeugführer sind aber auch die Aufwendungen für den Erwerb des Privatflugzeugführerscheins als Werbungskosten abziehbar (>BFH vom 30.9.2008 – BStBl. 2009 II S. 111).

Fremdsprachenunterricht

– Der Abzug der Aufwendungen für einen Sprachkurs kann nicht mit der Begründung versagt werden, er habe in einem anderen Mitgliedstaat der Europäischen Union stattgefunden (>BFH vom 13.6.2002 – BStBl. 2003 II S. 765). Dies gilt auch für Staaten, auf die das Abkommen über den europäischen Wirtschaftsraum Anwendung findet (Island, Liechtenstein, Norwegen), und wegen eines bilateralen Abkommens, das die Dienstleistungsfreiheit festschreibt, auch für die Schweiz (>BMF vom 26.9.2003 – BStBl. I S. 447).

– Ein Sprachkurs kann auch dann beruflich veranlasst sein, wenn er nur Grundkenntnisse oder allgemeine Kenntnisse in einer Fremdsprache vermittelt, diese aber für die berufliche Tätigkeit ausreichen. Die Kursgebühren sind dann als Werbungskosten abziehbar. Der Ort, an dem der Sprachkurs durchgeführt wird, kann ein Indiz für eine private Mitveranlassung sein. Die Reisekosten sind dann grundsätzlich in Werbungskosten und Kosten der privaten Lebensführung aufzuteilen (>H 9.1 – Gemischte Aufwendungen). Dabei kann auch ein anderer als der zeitliche Aufteilungsmaßstab anzuwenden sein (>BFH vom 24.2.2011 – BStBl. II S. 796 zum Sprachkurs in Südafrika).

– Aufwendungen für eine zur Erteilung von Fremdsprachenunterricht in den eigenen Haushalt aufgenommene Lehrperson sind selbst bei einem konkreten Bezug zur Berufstätigkeit keine Fortbildungskosten (>BFH vom 8.10.1993 – BStBl. 1994 II S. 114).

Klassenfahrt

Aufwendungen eines Berufsschülers für eine im Rahmen eines Ausbildungsdienstverhältnisses als verbindliche Schulveranstaltung durchgeführte Klassenfahrt sind in der Regel Werbungskosten (>BFH vom 7.2.1992 – BStBl. II S. 531).

Ski- und Snowboardkurse

Aufwendungen von Lehrern für Snowboardkurse können als Werbungskosten bei den Einkünften aus nicht selbständiger Arbeit abziehbar sein, wenn ein konkreter Zusammenhang mit der Berufstätigkeit besteht (>BFH vom 22.6.2006 – BStBl. II S. 782). Zu den Merkmalen der beruflichen Veranlassung >BFH vom 26.8.1988 (BStBl. 1989 II S. 91).

Studienreisen und Fachkongresse

>R 12.2 EStR, H 12.2 EStH

Anlage 1
zu H 9.2

Neuregelung der einkommensteuerlichen Behandlung von Berufsausbildungskosten gemäß §§ 10 Abs. 1 Nr. 7, 12 Nr. 5 EStG in der Fassung des Gesetzes zur Änderung der Abgabenordnung und weiterer Gesetze vom 21. Juli 2004 (BGBl. I S. 1753, BStBl. I 2005 S. 343) ab 2004

BMF-Schreiben vom 22.9.2010 (BStBl. I S. 721)***)

Die einkommensteuerliche Behandlung von Berufsausbildungskosten wurde durch das Gesetz zur Änderung der Abgabenordnung und weiterer Gesetze vom 21. Juli 2004 (BGBl. I S. 1753, BStBl. I 2005 S. 343) neu geordnet (Neuordnung). Nach dem Ergebnis der Erörterungen mit den obersten Finanzbehörden der Länder unter Einbeziehung der Rechtsfolgen aus der allgemeinen Anwendung des BFH-Urteils vom 18. Juni 2009, VI R 14/07 (BStBl. II 2010, S. 816) und notwendiger redaktioneller Änderungen gelten dazu die nachfolgenden Ausführungen.

1 Grundsätze

1 Aufwendungen für die erstmalige Berufsausbildung oder ein Erststudium stellen nach § 12 Nummer 5 EStG keine Betriebsausgaben oder Werbungskosten dar, es sei denn, die Bildungsmaßnahme findet im Rahmen eines Dienstverhältnisses statt (Ausbildungsdienstverhältnis).

Aufwendungen für die eigene Berufsausbildung, die nicht Betriebsausgaben oder Werbungskosten darstellen, können nach § 10 Abs. 1 Nummer 7 EStG bis zu 4 000 Euro im Kalenderjahr als Sonderausgaben abgezogen werden****).

2 Ist einer Berufsausbildung oder einem Studium eine abgeschlossene erstmalige Berufsausbildung oder ein abgeschlossenes Erststudium vorausgegangen (weitere Berufsausbildung oder weiteres Studium), handelt es sich dagegen bei den durch die weitere Berufsausbildung oder das weitere Studium veranlassten Aufwendungen um Betriebsausgaben oder Werbungskosten, wenn ein hinreichend konkreter, objektiv feststellbarer Zusammenhang mit späteren im Inland steuerpflichtigen Einnahmen aus der angestrebten beruflichen Tätigkeit besteht. Entsprechendes gilt für ein Erststudium nach einer abgeschlossenen nichtakademischen Berufsausbildung (BFH vom 18. Juni 2009, VI R 14/07, BStBl. II 2010 S. 816). Die Rechtsprechung des BFH zur Rechtslage vor der Neuordnung ist insoweit weiter anzuwenden, BFH vom 4. Dezember 2002, VI R 120/01, BStBl. II 2003 S. 403; vom 17. Dezember 2002, VI R 137/01, BStBl. II 2003 S. 407; vom 13. Februar 2003, IV R 44/01, BStBl. II 2003 S. 698; vom 29. April 2003, VI R 86/99, BStBl. II 2003 S. 749; vom 27. Mai 2003, VI R 33/01, BStBl. II 2004 S. 884; vom 22. Juli 2003, VI R 190/97, BStBl. II 2003 S. 886; vom 22. Juli 2003, VI R 137/99, BStBl. II 2004 S. 888; vom 22. Juli 2003, VI R 50/02, BStBl. II 2004 S. 889; vom 13. Oktober 2003, VI R 71/02, BStBl. II 2004 S. 890; vom 4. November 2003, VI R 96/01, BStBl. II 2004 S. 891.

3 Unberührt von der Neuordnung bleibt die Behandlung von Aufwendungen für eine berufliche Fort- und Weiterbildung. Sie stellen Betriebsausgaben oder Werbungskosten dar, sofern sie durch den Beruf veranlasst sind, soweit es sich dabei nicht um eine erstmalige Berufsausbildung oder ein Erststudium i. S. d. § 12 Nummer 5 EStG handelt.

2 Erstmalige Berufsausbildung, Erststudium und Ausbildungsdienstverhältnisse i. S. d. § 12 Nummer 5 EStG

2.1 Erstmalige Berufsausbildung***)**

4 Unter dem Begriff „Berufsausbildung" i. S. d. § 12 Nummer 5 EStG ist eine berufliche Ausbildung unter Ausschluss eines Studiums zu verstehen.

---
*) Ab 2015 setzt eine Erstausbildung eine Mindestduer von 12 Monaten voraus

**) Ab 2015 setzt eine Erstausbildung eine Mindestdauer von 12 Monaten voraus (§ 9 Abs. 6 EStG).

***) Vgl. auch § 4 Abs. 9, § 9 Abs. 6 und § 10 Abs. 1 Nr. 7 Satz 1 in der aktuellen Fassung.

****) Ab 2012: 6000 Euro im Kalenderjahr

*****) Zur Vorlage des BFH an das BVerfG wegen des Ausschlusses der Berufsausbildungskosten vom Werbungskostenabzug vgl. die Beschlüsse vom 17.7.2014 VI R 2/12 und VI R 8/12.

Eine Berufsausbildung i. S. d. § 12 Nummer 5 EStG liegt vor, wenn der Steuerpflichtige durch eine berufliche Ausbildungsmaßnahme die notwendigen fachlichen Fertigkeiten und Kenntnisse erwirbt, die zur Aufnahme eines Berufs befähigen. Voraussetzung ist, dass der Beruf durch eine Ausbildung im Rahmen eines öffentlich-rechtlich geordneten Ausbildungsgangs erlernt wird (BFH vom 6. März 1992, VI R 163/88, BStBl. II 1992 S. 661) und der Ausbildungsgang durch eine Prüfung abgeschlossen wird.

Die Auslegung des Begriffs „Berufsausbildung" im Rahmen des § 32 Abs. 4 EStG ist für § 12 Nummer 5 EStG nicht maßgeblich.

5 Zur Berufsausbildung zählen:

– Berufsausbildungsverhältnisse gemäß § 1 Abs. 3, §§ 4 bis 52 Berufsbildungsgesetz (Artikel 1 des Gesetzes zur Reform der beruflichen Bildung [Berufsbildungsreformgesetz – BerBiRefG] vom 23. März 2005, BGBl. I S. 931, im Folgenden BBiG), sowie anerkannte Lehr- und Anlernberufe oder vergleichbar geregelte Ausbildungsberufe aus der Zeit vor dem Inkrafttreten des BBiG, § 104 BBiG. Der erforderliche Abschluss besteht hierbei in der erfolgreich abgelegten Abschlussprüfung i. S. d. § 37 BBiG. Gleiches gilt, wenn die Abschlussprüfung nach § 43 Abs. 2 BBiG ohne ein Ausbildungsverhältnis aufgrund einer entsprechenden schulischen Ausbildung abgelegt wird, die durch Verordnung des jeweiligen Landes als im Einzelnen gleichwertig anerkannt ist;

– mit Berufsausbildungsverhältnissen vergleichbare betriebliche Ausbildungsgänge außerhalb des Geltungsbereichs des BBiG (zur Zeit nach der Schiffsmechaniker-Ausbildungsverordnung vom 12. April 1994, BGBl. I S. 797 in der jeweils geltenden Fassung);

– die Ausbildung aufgrund der bundes- oder landesrechtlichen Ausbildungsregelungen für Berufe im Gesundheits- und Sozialwesen;

– landesrechtlich geregelte Berufsabschlüsse an Berufsfachschulen;

– die Berufsausbildung behinderter Menschen in anerkannten Berufsausbildungsberufen oder aufgrund von Regelungen der zuständigen Stellen in besonderen „Behinderten-Ausbildungsberufen" und

– die Berufsausbildung in einem öffentlich-rechtlichen Dienstverhältnis sowie die Berufsausbildung auf Kauffahrtschiffen, die nach dem Flaggenrechtsgesetz vom 8. Februar 1951 (BGBl. I S. 79) die Bundesflagge führen, soweit es sich nicht um Schiffe der kleinen Hochseefischerei und der Küstenfischerei handelt.

6 Andere Bildungsmaßnahmen werden einer Berufsausbildung i. S. d. § 12 Nummer 5 EStG gleichgestellt, wenn sie dem Nachweis einer Sachkunde dienen, die Voraussetzung zur Aufnahme einer fest umrissenen beruflichen Betätigung ist. Die Ausbildung muss im Rahmen eines geordneten Ausbildungsgangs erfolgen und durch eine staatliche oder staatlich anerkannte Prüfung abgeschlossen werden. Der erfolgreiche Abschluss der Prüfung muss Voraussetzung für die Aufnahme der beruflichen Betätigung sein. Die Ausbildung und der Abschluss müssen vom Umfang und Qualität der Ausbildungsmaßnahmen und Prüfungen her grundsätzlich mit den Anforderungen, die im Rahmen von Berufsausbildungsmaßnahmen i. S. d. Rz. 5 gestellt werden, vergleichbar sein.

Dazu gehört z. B. die Ausbildung zu Berufspiloten aufgrund der JAR-FCL 1 deutsch vom 15. April 2003, Bundesanzeiger 2003 Nummer 80 a.

7 Aufwendungen für den Besuch allgemein bildender Schulen sind Kosten der privaten Lebensführung im Sinne des § 12 Nummer 1 EStG und dürfen daher nicht bei den einzelnen Einkunftsarten abgezogen werden. Der Besuch eines Berufskollegs zum Erwerb der Fachhochschulreife gilt als Besuch einer allgemein bildenden Schule. Dies gilt auch, wenn ein solcher Abschluss, z. B. das Abitur, nach Abschluss einer Berufsausbildung nachgeholt wird (BFH vom 22. Juni 2006, VI R 5/04, BStBl. II S. 717). Derartige Aufwendungen können als Sonderausgaben gemäß § 10 Absatz 1 Nummer 7 oder Nummer 9 EStG vom Gesamtbetrag der Einkünfte abgezogen werden.

8 Die Berufsausbildung ist als erstmalige Berufsausbildung anzusehen, wenn ihr keine andere abgeschlossene Berufsausbildung beziehungsweise kein abgeschlossenes berufsqualifizierendes Hochschulstudium vorausgegangen ist. Wird ein Steuerpflichtiger ohne entsprechende Berufsausbildung in einem Beruf tätig und führt die zugehörige Berufsausbildung nachfolgend durch (nachgeholte Berufsausbildung), handelt es sich dabei um eine erstmalige Berufsausbildung (BFH vom 6. März 1992, VI R 163/88, BStBl II 1992 S. 661).

9 Diese Grundsätze gelten auch für die Behandlung von Aufwendungen für Anerkennungsjahre und praktische Ausbildungsabschnitte als Bestandteil einer Berufsausbildung. Soweit keine vorherige abgeschlossene Berufsausbildung vorangegangen ist, stellen sie Teil einer ersten Berufsausbildung dar und unterliegen § 12 Nummer 5 EStG. Nach einer vorherigen abgeschlossenen Berufsausbildung oder einem berufsqualifizierenden Studium können Anerkennungsjahre und Praktika einen Bestandteil einer weiteren Berufsausbildung darstellen oder bei einem entsprechenden Veranlassungszusammenhang als Fort- oder Weiterbildung anzusehen sein.

10 Bei einem Wechsel und einer Unterbrechung der erstmaligen Berufsausbildung sind die in Rz. 19 angeführten Grundsätze entsprechend anzuwenden.

11 Inländischen Abschlüssen gleichgestellt sind Berufsausbildungsabschlüsse von Staatsangehörigen eines Mitgliedstaats der Europäischen Union (EU) oder eines Vertragstaats des europäischen Wirtschaftsraums (EWR) oder der Schweiz, die in einem dieser Länder erlangt werden, sofern der Abschluss in mindestens einem dieser Länder unmittelbar den Zugang zu dem entsprechenden Beruf eröffnet. Ferner muss die Tätigkeit, zu denen die erlangte Qualifikation in mindestens einem dieser Länder befähigt, der Tätigkeit, zu der ein entsprechender inländischer Abschluss befähigt, gleichartig sein. Zur Vereinfachung kann in der Regel davon ausgegangen werden, dass eine Gleichartigkeit vorliegt.

2.2 Erststudium*)

2.2.1 Grundsätze

12 Ein Studium i. S. d. § 12 Nummer 5 EStG liegt dann vor, wenn es sich um ein Studium an einer Hochschule i. S. d. § 1 Hochschulrahmengesetz handelt (Gesetz vom 26. Januar 1976, BGBl. I S. 185 in der Fassung der Bekanntmachung vom 19. Januar 1999, BGBl. I S. 18 zuletzt geändert durch Gesetz vom 12. April 2007, BGBl. I S. 506, im Folgenden HRG). Nach dieser Vorschrift sind Hochschulen die Universitäten, die Pädagogischen Hochschulen, die Kunsthochschulen, die Fachhochschulen und die sonstigen Einrichtungen des Bildungswesens, die nach Landesrecht staatliche Hochschulen sind. Gleichgestellt sind private und kirchliche Bildungseinrichtungen sowie die Hochschulen des Bundes, die nach Landesrecht als Hochschule anerkannt werden, § 70 HRG. Studien können auch als Fernstudien durchgeführt werden, § 13 HRG. Auf die Frage, welche schulischen Abschlüsse oder sonstigen Leistungen den Zugang zum Studium eröffnet haben, kommt es nicht an.

13 Ein Studium stellt dann ein erstmaliges Studium i. S. d. § 12 Nummer 5 EStG dar, wenn es sich um eine Erstausbildung handelt. Es darf ihm kein anderes durch einen berufsqualifizierenden Abschluss beendetes Studium oder keine andere abgeschlossene nichtakademische Berufsausbildung i. S. d. Rz. 4 bis 11 vorangegangen sein (BFH vom 18. Juni 2009, VI R 14/07, BStBl. II 2010 S. 816). Dies gilt auch in den Fällen, in denen während eines Studiums eine Berufsausbildung erst abgeschlossen wird, unabhängig davon, ob die beiden Ausbildungen sich inhaltlich ergänzen. In diesen Fällen ist eine Berücksichtigung der Aufwendungen für das Studium als Werbungskosten/ Betriebsausgaben erst – unabhängig vom Zahlungszeitpunkt – ab dem Zeitpunkt des Abschlusses der Berufsausbildung möglich. Davon ausgenommen ist ein Studium, das im Rahmen eines Dienstverhältnisses stattfindet (siehe Rz. 27). Ein Studium wird aufgrund der entsprechenden Prüfungsordnung einer inlän-

---

*) Zur Vorlage des BFH an das BVerfG wegen des Ausschlusses der Berufsausbildungskosten vom Werbungskostenabzug vgl. die Beschlüsse vom 17.7.2014 VI R 2/12 und VI R 8/12.

§ 9 EStG
R 9.2

dischen Hochschule durch eine Hochschulprüfung oder eine staatliche oder kirchliche Prüfung abgeschlossen, §§ 15, 16 HRG.

14 Aufgrund einer berufsqualifizierenden Hochschulprüfung kann ein Hochschulgrad verliehen werden. Hochschulgrade sind der Diplom- und der Magistergrad i. S. d. § 18 HRG. Das Landesrecht kann weitere Grade vorsehen. Ferner können die Hochschulen Studiengänge einrichten, die aufgrund entsprechender berufsqualifizierender Prüfungen zu einem Bachelor- oder Bakkalaureusgrad und einem Master- oder Magistergrad führen, § 19 HRG. Der Magistergrad i. S. d. § 18 HRG setzt anders als der Master- oder Magistergrad i. S. d. des § 19 HRG keinen vorherigen anderen Hochschulabschluss voraus. Zwischenprüfungen stellen keinen Abschluss eines Studiums i. S. d. § 12 Nummer 5 EStG dar.

15 Die von den Hochschulen angebotenen Studiengänge führen in der Regel zu einem berufsqualifizierenden Abschluss, § 10 Abs. 1 Satz 1 HRG. Im Zweifel ist davon auszugehen, dass die entsprechenden Prüfungen berufsqualifizierend sind.

16 Die Ausführungen bei den Berufsausbildungskosten zur Behandlung von Aufwendungen für Anerkennungsjahre und Praktika gelten entsprechend, vgl. Rz. 9.

17 Studien- und Prüfungsleistungen an ausländischen Hochschulen, die zur Führung eines ausländischen akademischen Grades berechtigen, der nach § 20 HRG in Verbindung mit dem Recht des Landes, in dem der Gradinhaber seinen inländischen Wohnsitz oder inländischen gewöhnlichen Aufenthalt hat, anerkannt wird, sowie Studien- und Prüfungsleistungen, die von Staatsangehörigen eines Mitgliedstaats der EU oder von Vertragstaaten des EWR oder der Schweiz an Hochschulen dieser Staaten erbracht werden, sind nach diesen Grundsätzen inländischen Studien- und Prüfungsleistungen gleichzustellen. Der Steuerpflichtige hat die Berechtigung zur Führung des Grades nachzuweisen. Für die Gleichstellung von Studien- und Prüfungsleistungen werden die in der Datenbank „anabin" (www.anabin.de) der Zentralstelle für ausländisches Bildungswesen beim Sekretariat der Kultusministerkonferenz aufgeführten Bewertungsvorschläge zugrunde gelegt.

2.2.2 Einzelfragen:

18 Fachschulen:

Die erstmalige Aufnahme eines Studiums nach dem Abschluss einer Fachschule stellt auch dann ein Erststudium dar, wenn die von der Fachschule vermittelte Bildung und das Studium sich auf ein ähnliches Wissensgebiet beziehen. Die Aufwendungen für ein solches Erststudium können bei Vorliegen der entsprechenden Voraussetzungen als Betriebsausgaben oder Werbungskosten berücksichtigt werden.

19 Wechsel und Unterbrechung des Studiums:

Bei einem Wechsel des Studiums ohne Abschluss des zunächst betriebenen Studiengangs, z. B. von Rechtswissenschaften zu Medizin, stellt das zunächst aufgenommene Jurastudium kein abgeschlossenes Erststudium dar. Bei einer Unterbrechung eines Studiengangs ohne einen berufsqualifizierenden Abschluss und seiner späteren Weiterführung stellt der der Unterbrechung nachfolgende Studienteil kein weiteres Studium dar.

Beispiel:

An einer Universität wird der Studiengang des Maschinenbaustudiums aufgenommen, anschließend unterbrochen und nunmehr eine Ausbildung als Kfz-Mechaniker begonnen, aber ebenfalls nicht abgeschlossen. Danach wird der Studiengang des Maschinenbaustudiums weitergeführt und abgeschlossen. § 12 Nummer 5 EStG ist auf beide Teile des Maschinenbaustudiums anzuwenden. Das gilt unabhängig davon, ob das Maschinenbaustudium an derselben Hochschule fortgeführt oder an einer anderen Hochschule bzw. Fachhochschule aufgenommen und abgeschlossen wird.

Abwandlung:

Wird das begonnene Studium statt dessen, nachdem die Ausbildung zum Kfz-Mechaniker erfolgreich abgeschlossen wurde, weitergeführt und abgeschlossen, ist § 12 Nummer 5 EStG nur auf den ersten Teil des Studiums anzuwenden, da der Fortsetzung des Studiums eine abgeschlossene nichtakademische Berufsausbildung vorausgeht.

20 Mehrere Studiengänge:

Werden zwei (oder ggf. mehrere) Studiengänge parallel studiert, die zu unterschiedlichen Zeiten abgeschlossen werden, stellt der nach dem berufsqualifizierenden Abschluss eines der Studiengänge weiter fortgesetzte andere Studiengang vom Zeitpunkt des Abschlusses an ein weiteres Studium dar.

21 Aufeinander folgende Abschlüsse unterschiedlicher Hochschultypen:

Da die Universitäten, Pädagogischen Hochschulen, Kunsthochschulen, Fachhochschulen sowie weitere entsprechende landesrechtliche Bildungseinrichtungen gleichermaßen Hochschulen i. S. d. § 1 HRG darstellen, stellt ein Studium an einer dieser Bildungseinrichtungen nach einem abgeschlossen Studium an einer anderen dieser Bildungseinrichtungen ein weiteres Studium dar. So handelt es sich bei einem Universitätsstudium nach einem abgeschlossenen Fachhochschulstudium um ein weiteres Studium.

22 Ergänzungs- und Aufbaustudien:

Postgraduale Zusatz-, Ergänzungs- und Aufbaustudien i. S. d. § 12 HRG setzen den Abschluss eines ersten Studiums voraus und stellen daher ein weiteres Studium dar.

23 Vorbereitungsdienst:

Als berufsqualifizierender Studienabschluss gilt auch der Abschluss eines Studiengangs, durch den die fachliche Eignung für einen beruflichen Vorbereitungsdienst oder eine berufliche Einführung vermittelt wird, § 10 Abs. 1 Satz 2 HRG. Dazu zählt beispielhaft der jur. Vorbereitungsdienst (Referendariat). Das erste juristische Staatsexamen stellt daher einen berufsqualifizierenden Abschluss dar.

24 Bachelor- und Masterstudiengänge:

Nach § 19 Abs. 2 HRG stellt der Bachelor- oder Bakkalaureusgrad einer inländischen Hochschule einen berufsqualifizierenden Abschluss dar. Daraus folgt, dass der Abschluss eines Bachelorstudiengangs den Abschluss eines Erststudiums darstellt und ein nachfolgender Studiengang als weiteres Studium anzusehen ist.

Nach § 19 Abs. 3 HRG kann die Hochschule aufgrund von Prüfungen, mit denen ein weiterer berufsqualifizierender Abschluss erworben wird, einen Master- oder Magistergrad verleihen. Die Hochschule kann einen Studiengang ausschließlich mit dem Abschluss Bachelor anbieten (grundständig). Sie kann einen Studiengang mit dem Abschluss als Bachelor und einem inhaltlich darauf aufbauenden Masterstudiengang vorsehen (konsekutives Masterstudium). Sie kann aber auch ein Masterstudium anbieten, ohne selbst einen entsprechenden Bachelorstudiengang anzubieten (postgraduales Masterstudium).

Ein Masterstudium i. S. d. § 19 HRG kann nicht ohne ein abgeschlossenes Bachelor- oder anderes Studium aufgenommen werden. Es stellt daher ein weiteres Studium dar. Dies gilt auch für den Master of Business Administration (MBA).

Er ermöglicht Studenten verschiedener Fachrichtungen ein anwendungsbezogenes Postgraduiertenstudium in den Wirtschaftswissenschaften.

25 Berufsakademien und andere Ausbildungseinrichtungen:

Nach Landesrecht kann vorgesehen werden, dass bestimmte an Berufsakademien oder anderen Ausbildungseinrichtungen erfolgreich absolvierte Ausbildungsgänge einem abgeschlossenen Studium an einer Fachhochschule gleichwertig sind und die gleichen Berechtigungen verleihen, auch wenn es sich bei diesen Ausbildungseinrichtungen nicht um Hochschulen i. S. d. § 1 HRG handelt. Soweit dies der Fall ist, stellt ein entsprechend abgeschlossenes Studium unter der Voraussetzung, dass ihm kein anderes Studium oder keine andere abgeschlossene Berufsausbildung vorangegangen ist, ein Erststudium i. S. d. § 12 Nummer 5 EStG dar.

26 Promotion:

Es ist regelmäßig davon auszugehen, dass dem Promotionsstudium und der Promotion durch die Hochschule selber der Abschluss eines Studiums vorangeht. Aufwendungen für ein Promotionsstudium und die Promotion stellen Betriebsausgaben oder Werbungskosten dar, sofern ein berufsbezogener Veranlassungszusammenhang zu bejahen ist (BFH vom 4. November 2003, VI R 96/01, BStBl II 2004, 891). Dies gilt auch, wenn das Promotionsstudium bzw. die Promotion im Einzelfall ohne vorhergehenden berufsqualifizierenden Studienabschluss durchgeführt wird.

Eine Promotion stellt keinen berufsqualifizierenden Abschluss eines Studienganges dar.

2.3 Berufsausbildung oder Studium im Rahmen eines Ausbildungsdienstverhältnisses

27 Eine erstmalige Berufsausbildung oder ein Studium findet im Rahmen eines Ausbildungsdienstverhältnisses statt, wenn die Ausbildungsmaßnahme Gegenstand des Dienstverhältnisses ist, (vgl. R 9.2 LStR 2008*) und H 9.2 „Ausbildungsdienstverhältnis" LStH 2010**) sowie die dort angeführte Rechtsprechung des BFH). Die dadurch veranlassten Aufwendungen stellen Werbungskosten dar. Zu den Ausbildungsdienstverhältnissen zählen z. B. die Berufsausbildungsverhältnisse gemäß § 1 Abs. 3, §§ 4 bis 52 BBiG.

28 Dementsprechend liegt kein Ausbildungsdienstverhältnis vor, wenn die Berufsausbildung oder das Studium nicht Gegenstand des Dienstverhältnisses ist, auch wenn die Berufsbildungsmaßnahme oder das Studium seitens des Arbeitgebers durch Hingabe von Mitteln, z. B. eines Stipendiums, gefördert wird.

3 Abzug von Aufwendungen für die eigene Berufsausbildung als Sonderausgaben, § 10 Abs. 1 Nr. 7 EStG

29 Bei der Ermittlung der Aufwendungen gelten die allgemeinen Grundsätze des Einkommensteuergesetzes. Dabei sind die Regelungen in § 4 Absatz 5 Satz 1 Nummer 5 und 6b, § 9 Absatz 1 Satz 3 Nummer 4 und 5 und Absatz 2 EStG zu beachten.***) Zu den abziehbaren Aufwendungen gehören z. B.

- Lehrgangs-, Schul- oder Studiengebühren, Arbeitsmittel, Fachliteratur,
- Fahrten zwischen Wohnung und Ausbildungsort,
- Mehraufwendungen für Verpflegung,
- Mehraufwendungen wegen auswärtiger Unterbringung.

Für den Abzug von Aufwendungen für eine auswärtige Unterbringung ist nicht erforderlich, dass die Voraussetzungen einer doppelten Haushaltsführung vorliegen.

4 Anwendungszeitraum

30 Die Grundsätze dieses Schreibens sind in allen noch offenen Fällen ab dem Veranlagungszeitraum 2004 anzuwenden. Dieses Schreiben ersetzt die BMF-Schreiben vom 4. November 2005 – IV C 8 – S 2227 – 5/05 – (BStBl. I S. 955) und 21. Juni 2007 – IV C 4 – S 2227/07/0002 – 2007/0137269 – (BStBl. I S. 492).

Anlage 2
zu H 9.2

Einsatz von Zeitguthaben für berufliche Fortbildung

OFD NRW vom 20.3.2014, Kurzinformation Einkommensteuer Nr. 11/2014

Es ist folgende Fallgestaltung bekannt geworden: Steuerpflichtige beantragen in der Anlage N zur Steuererklärung die Berücksichtigung von Fortbildungskosten und verweisen dabei auf § 2a des für sie maßgeblichen Tarifvertrags. Dort heißt es: *„Für die Qualifizierung (betriebliche Weiterbildung) bringt der Arbeitnehmer jährlich eine Eigenbeteiligung von 50 Stunden ein. Diese wird dem persönlichen Zeitsaldo entnommen. Sollte der Arbeitnehmer mehr als 50 Stunden für die Qualifizierung aufwenden, so werden diese wie Arbeitszeit vergütet. Teilzeitbeschäftigte bringen die Eigenbeteiligung anteilig ein."*

Steuerpflichtige machen als Ausfluss aus den o.g. tarifvertraglichen Regelungen pauschal einen Anteil ihres Lohns als Fortbildungskosten geltend, indem der umgerechnete Stundenlohn auf die 50 Stunden angewendet wird. Insoweit ergibt sich z. B. bei einem Stundenlohn von gerundet 30,– € ein Wert in Höhe von 1500 € (30 € × 50 Stunden).

Soweit ein entsprechender Werbungskostenabzug in Form eines „entgangenen bzw. aus dem Zeitsaldo entnommenen Lohns" beantragt wird, bitte ich diese Anträge abzulehnen.

Werbungskosten sind nach § 9 Abs. 1 Satz 1 EStG Aufwendungen zur Erwerbung, Sicherung und Erhaltung von Einnahmen. Sie sind berücksichtigungsfähig, wenn und sobald sie beim Steuerpflichtigen abgeflossen sind und so bei ihm zu einer endgültigen Vermögensminderung geführt haben (§ 11 Abs. 2 EStG). Zu den Werbungskosten rechnen daher nur die konkret beruflich veranlassten Ausgaben in Geld oder Geldeswert.

Die bei der hier vorgestellten Fallgestaltung für eine Fortbildung (im Ergebnis unentgeltlich) zu erbringende Mehrarbeit begründet keine Werbungskosten i. S. d. § 9 EStG. Ein tatsächlicher Aufwand in Geld oder Geldeswert ist nicht entstanden. Die tarifvertragliche Verpflichtung, für die persönliche Qualifizierung eine Eigenbeteiligung einzubringen, führt folglich nicht zu einer Ausgabe im Sinne des § 9 Abs. 1 Satz 1, § 11 Abs. 2 EStG.

R 9.3
Ausgaben im Zusammenhang mit Berufsverbänden

(1) ¹Ausgaben bei Veranstaltungen des Berufsstands, des Berufsverbands, des Fachverbands oder der Gewerkschaft eines Arbeitnehmers, die der Förderung des Allgemeinwissens der Teilnehmer dienen, sind nicht Werbungskosten, sondern Aufwendungen für die Lebensführung. ²Um nicht abziehbare Aufwendungen für die Lebensführung handelt es sich insbesondere stets bei den Aufwendungen, die der Arbeitnehmer aus Anlass von gesellschaftlichen Veranstaltungen der bezeichneten Organisation gemacht hat, und zwar auch dann, wenn die gesellschaftlichen Veranstaltungen im Zusammenhang mit einer rein fachlichen oder beruflichen Tagung oder Sitzung standen.

(2) ¹Bestimmte Veranstaltungen von Berufsständen und Berufsverbänden dienen dem Zweck, die Teilnehmer im Beruf fortzubilden, z. B. Vorlesungen bei Verwaltungsakademien oder Volkshochschulen, Fortbildungslehrgänge, fachwissenschaftliche Lehrgänge, fachliche Vorträge. ²Ausgaben, die dem Teilnehmer bei solchen Veranstaltungen entstehen, können Werbungskosten sein.

H 9.3
Hinweise zu R 9.3
Ausgaben im Zusammenhang mit Berufsverbänden

Ehrenamtliche Tätigkeit

Aufwendungen eines Arbeitnehmers im Zusammenhang mit einer ehrenamtlichen Tätigkeit für seine Gewerkschaft oder seinen Berufsverband können Werbungskosten sein (>BFH vom 28.11.1980 – BStBl. 1981 II S. 368 und vom 2.10.1992 – BStBl. 1993 II S. 53).

Mitgliedsbeiträge an einen Interessenverband

Mitgliedsbeiträge an einen Interessenverband sind Werbungskosten, wenn dieser als Berufsverband auch die spezifischen beruflichen Interessen des Arbeitnehmers vertritt. Dies ist nicht nur nach der Satzung, sondern auch nach der tatsächlichen Verbandstätigkeit zu beurteilen (>BFH vom 13.8.1993 – BStBl. 1994 II S. 33).

Reiseaufwendungen für einen Berufsverband

Reiseaufwendungen eines Arbeitnehmers im Zusammenhang mit einer ehrenamtlichen Tätigkeit für seine Gewerkschaft oder seinen Berufsverband sind keine Werbungskosten, wenn der Schwerpunkt der Reise allgemeintouristischen Zwecken dient (>BFH vom 25.3.1993 – BStBl. II S. 559).

---
*) > LStR 2015.
**) > LStH 2015.
***) Ab 2014 gilt gemäß § 9 Abs. 4 Satz 8 EStG als erste Tätigkeitsstätte auch eine Bildungseinrichtung, die außerhalb eines Dienstverhältnisses zum Zwecke eines Vollzeitstudiums oder einer vollzeitigen Bildungsmaßnahme aufgesucht wird (> auch BMF vom 24.10.2014, BStBl. I S. 1412, Rn. 32 bis 34, abgedruckt als Anlage zu H 9.4 LStR).

R 9.4
Reisekosten

¹Reisekosten sind Fahrtkosten (>§ 9 Abs. 1 Satz 3 Nr. 4a EStG, R 9.5) Verpflegungsmehraufwendungen (§ 9 Abs. 4a EStG, >R 9.6), Übernachtungskosten (>§ 9 Abs. 1 Satz 3 Nr. 5a EStG, R 9.7) und Reisenebenkosten (>R 9.8), soweit diese durch eine so gut wie ausschließlich beruflich veranlasste Auswärtstätigkeit (>§ 9 Abs. 4a Satz 2 und 4 EStG) des Arbeitnehmers entstehen. ²Eine beruflich veranlasste Auswärtstätigkeit ist auch der Vorstellungsbesuch eines Stellenbewerbers. ³Erledigt der Arbeitnehmer im Zusammenhang mit der beruflich veranlassten Auswärtstätigkeit auch in einem mehr als geringfügigen Umfang private Angelegenheiten, sind die beruflich veranlassten von den privat veranlassten Aufwendungen zu trennen. ⁴Ist das nicht – auch nicht durch Schätzung – möglich, gehören die gesamten Aufwendungen zu den nach § 12 EStG nicht abziehbaren Aufwendungen für die Lebensführung (z. B. Bekleidungskosten oder Aufwendungen für andere allgemeine Reiseausrüstungen). ⁵Die berufliche Veranlassung der Auswärtstätigkeit, die Reisedauer und den Reiseweg hat der Arbeitnehmer aufzuzeichnen und anhand geeigneter Unterlagen, z. B. Fahrtenbuch (>R 8.1 Abs. 9 Nr. 2 Satz 3), Tankquittungen, Hotelrechnungen, Schriftverkehr, nachzuweisen oder glaubhaft zu machen.

H 9.4
Hinweise zu R 9.4
Reisekosten

Erstattung durch den Arbeitgeber

- Steuerfrei >§ 3 Nr. 13, 16 EStG, >R 3.13, 3.16
- Steuerfreie Arbeitgebererstattungen mindern die abziehbaren Werbungskosten auch dann, wenn sie erst im Folgejahr geleistet werden (>BFH vom 20.9.2006 – BStBl. II S. 756).

Erste Tätigkeitsstätte

- Bestimmung der ersten Tätigkeitsstätte
  > BMF vom 24.10.2014 BStBl. I S. 1412), Rz. 5 ff.
- Erste Tätigkeitsstätte bei vollzeitigen Bildungsmaßnahmen
  > BMF vom 24.10.2014 BStBl. I S. 1412), Rz. 32 ff.

Seeleute

Bei Seeleuten ist das Schiff keine erste Tätigkeitsstätte (>BFH vom 19.12.2005 – BStBl. 2006 II S. 378).

Weiträumiges Tätigkeitsgebiet

> BMF vom 24.10.2014 BStBl. I S. 1412), Rz. 40 ff.*)

Anlage
zu H 9.4

Anwendungsschreiben zur Reisekostenreform zum 1.1.2014

BMF-Schreiben vom 24.10.2014 (BStBl. I S. 1412)

I. Vorbemerkung

1 Mit dem Gesetz zur Änderung und Vereinfachung der Unternehmensbesteuerung und des steuerlichen Reisekostenrechts vom 20. Februar 2013 (BGBl. I S. 285, BStBl I S. 188) wurden die bisherigen steuerlichen Bestimmungen zum steuerlichen Reisekostenrecht umgestaltet. Unter Bezugnahme auf das Ergebnis der Erörterungen mit den obersten Finanzbehörden der Länder gelten bei der Anwendung der am 1. Januar 2014 in Kraft getretenen gesetzlichen Bestimmungen des Einkommensteuergesetzes zur steuerlichen Beurteilung von Reisekosten der Arbeitnehmer die folgenden Grundsätze:

II. Anwendung der Regelungen bei den Einkünften aus nichtselbständiger Arbeit

1. Erste Tätigkeitsstätte, auswärtige Tätigkeit, weiträumiges Tätigkeitsgebiet, § 9 Absatz 1 Satz 3 Nummer 4a, Absatz 4 EStG

a) Gesetzliche Definition „erste Tätigkeitsstätte", § 9 Absatz 4 EStG

2 Zentraler Punkt der ab 1. Januar 2014 geltenden Neuregelungen ist die gesetzliche Definition der ersten Tätigkeitsstätte, die künftig an die Stelle der regelmäßigen Arbeitsstätte tritt. Der Arbeitnehmer kann je Dienstverhältnis höchstens eine erste Tätigkeitsstätte, ggf. aber auch keine erste, sondern nur auswärtige Tätigkeitsstätten haben (§ 9 Absatz 4 Satz 5 EStG). Die Bestimmung der ersten Tätigkeitsstätte erfolgt vorrangig anhand der dienst- oder arbeitsrechtlichen Festlegungen durch den Arbeitgeber (Rz. 5 ff.). Sind solche nicht vorhanden oder sind die getroffenen Festlegungen nicht eindeutig, werden hilfsweise quantitative Kriterien (Rz. 25 ff.) herangezogen. Voraussetzung ist zudem, dass der Arbeitnehmer in einer der in § 9 Absatz 4 Satz 1 EStG genannten ortsfesten Einrichtungen (Rz. 3 ff.) dauerhaft (Rz. 13 ff.) tätig werden soll. Ein Arbeitnehmer ohne erste Tätigkeitsstätte ist außerhalb seiner Wohnung immer auswärts tätig.

aa) Tätigkeitsstätte

3 Tätigkeitsstätte ist eine von der Wohnung getrennte, ortsfeste betriebliche Einrichtung. Baucontainer, die z. B. auf einer Großbaustelle längerfristig fest mit dem Erdreich verbunden sind und in denen sich z. B. Baubüros, Aufenthaltsräume oder Sanitäreinrichtungen befinden, stellen „ortsfeste" betriebliche Einrichtungen dar. Befinden sich auf einem Betriebs-/Werksgelände mehrere ortsfeste betriebliche Einrichtungen, so handelt es sich dabei nicht um mehrere, sondern nur um eine Tätigkeitsstätte. Fahrzeuge, Flugzeuge, Schiffe oder Tätigkeitsgebiete ohne ortsfeste betriebliche Einrichtungen sind keine Tätigkeitsstätten i. S. d. § 9 Absatz 4 Satz 1 EStG. Das häusliche Arbeitszimmer des Arbeitnehmers ist – wie bisher – keine betriebliche Einrichtung des Arbeitgebers oder eines Dritten und kann daher auch zukünftig keine erste Tätigkeitsstätte sein. Dies gilt auch, wenn der Arbeitgeber vom Arbeitnehmer einen oder mehrere Arbeitsräume anmietet, die der Wohnung des Arbeitnehmers zuzurechnen sind. Auch in diesem Fall handelt es sich bei einem häuslichen Arbeitszimmer um einen Teil der Wohnung des Arbeitnehmers. Zur Abgrenzung, welche Räume der Wohnung des Arbeitnehmers zuzurechnen sind, ist auf das Gesamtbild der Verhältnisse im Einzelfall abzustellen (z. B. unmittelbare Nähe zu den privaten Wohnräumen).

bb) Tätigkeitsstätte des Arbeitgebers bei einem verbundenen Unternehmen oder bei einem Dritten

4 Die Annahme einer Tätigkeitsstätte erfordert nicht, dass es sich um eine ortsfeste betriebliche Einrichtung des lohnsteuerlichen Arbeitgebers handelt. Von der Neuregelung erfasst werden auch Sachverhalte, in denen der Arbeitnehmer statt beim eigenen Arbeitgeber in einer ortsfesten betrieblichen Einrichtung eines der in § 15 AktG genannten Unternehmen oder eines Dritten (z. B. eines Kunden) tätig werden soll. Von einem solchen Tätigwerden kann dann nicht ausgegangen werden, wenn der Arbeitnehmer bei dem Dritten oder verbundenen Unternehmen z. B. nur eine Dienstleistung des Dritten in Anspruch nimmt oder einen Einkauf tätigt.

cc) Zuordnung mittels dienst- oder arbeitsrechtlicher Festlegung durch den Arbeitgeber

5 Eine erste Tätigkeitsstätte liegt vor, wenn der Arbeitnehmer einer solchen Tätigkeitsstätte (§ 9 Absatz 4 Satz 1 EStG) dauerhaft zugeordnet ist. Ist der Arbeitnehmer nur vorübergehend einer Tätigkeitsstätte zugeordnet, begründet er dort keine erste Tätigkeitsstätte (zur Abgrenzung der Merkmale „dauerhaft" und „vorübergehend" vgl. Rz. 13). Die dauerhafte Zuordnung des Arbeitnehmers wird durch die dienst- oder arbeitsrechtlichen Festlegungen sowie die diese ausfüllenden Absprachen oder Weisungen bestimmt (§ 9 Absatz 4 Satz 2 EStG). Das gilt für einzelne Arbeitnehmer oder Arbeitnehmergruppen, unabhängig davon, ob diese schriftlich oder

---

*) Abgedruckt als Anlage zu H 9.4 LStR.

mündlich erteilt worden sind. Die Zuordnung muss sich auf die Tätigkeit des Arbeitnehmers beziehen; dies ergibt sich aus § 9 Absatz 4 Satz 3 EStG, der mit der beispielhaften Aufzählung darüber hinaus das Kriterium der Dauerhaftigkeit beschreibt.

6 Die Zuordnung eines Arbeitnehmers zu einer betrieblichen Einrichtung allein aus tarifrechtlichen, mitbestimmungsrechtlichen oder organisatorischen Gründen (z. B. Personalaktenführung), ohne dass der Arbeitnehmer in dieser Einrichtung tätig werden soll, ist keine Zuordnung i. S. d. § 9 Absatz 4 EStG. Sofern der Arbeitnehmer in einer vom Arbeitgeber festgelegten Tätigkeitsstätte zumindest in ganz geringem Umfang tätig werden soll, z. B. Hilfs- und Nebentätigkeiten (Auftragsbestätigungen, Stundenzettel, Krank- und Urlaubsmeldung abgeben etc.), kann der Arbeitgeber den Arbeitnehmer zu dieser Tätigkeitsstätte zuordnen, selbst wenn für die Zuordnung letztlich tarifrechtliche, mitbestimmungsrechtliche oder organisatorische Gründe ausschlaggebend sind. Auf die Qualität des Tätigwerdens kommt es dabei somit nicht an (anders als bei der Bestimmung anhand der quantitativen Zuordnungskriterien vgl. dazu Rz. 26). Vielmehr können, wie z. B. bei Festlegung einer Dienststelle/Dienststätte, auch Tätigkeiten von untergeordneter Bedeutung (s. o.) ausreichend sein (Vorrang des Dienst- oder Arbeitsrechts). Die Abgabe von Krank- oder Urlaubsmeldungen durch Dritte (z. B. mittels Post, Bote, Familienangehörige) reicht für eine Zuordnung nicht aus, da ein Tätigwerden auch ein persönliches Erscheinen des Arbeitnehmers voraussetzt.

7 Soll der Arbeitnehmer an mehreren Tätigkeitsstätten tätig werden und ist er einer bestimmten Tätigkeitsstätte dienst- oder arbeitsrechtlich dauerhaft zugeordnet, ist es unerheblich, in welchem Umfang er seine berufliche Tätigkeit an dieser oder an den anderen Tätigkeitsstätten ausüben soll. Auch auf die Regelmäßigkeit des Aufsuchens dieser Tätigkeitsstätten kommt es dann nicht mehr an.

8 Nicht mehr entscheidend ist zudem, ob an der vom Arbeitgeber nach § 9 Absatz 4 Satz 1 EStG festgelegten Tätigkeitsstätte der qualitative Schwerpunkt der Tätigkeit liegt oder liegen soll. Die bisherige Rechtsprechung des BFH, die darauf abstellte, ob der zu beurteilenden Arbeitsstätte eine hinreichend zentrale Bedeutung gegenüber weiteren Tätigkeitsorten beizumessen war (vgl. BFH vom 9. Juni 2011, VI R 36/10, BStBl 2012 II S. 36), welche Tätigkeit an den verschiedenen Arbeitsstätten im Einzelnen ausgeübt wurde und welches konkrete Gewicht dieser Tätigkeit zukam (vgl. BFH vom 9. Juni 2011, VI R 55/10, BStBl 2012 II S. 38), ist ab 2014 gegenstandslos.

Beispiel 1

Der Vertriebsmitarbeiter V für die Region A soll einmal wöchentlich an den Firmensitz nach B fahren, dem er zugeordnet ist. Dort soll er die anfallenden Bürotätigkeiten erledigen und an Dienstbesprechungen teilnehmen. B ist erste Tätigkeitsstätte aufgrund der arbeitsrechtlichen Zuordnung. Dabei ist unerheblich, dass V überwiegend in der Region A und nicht in B tätig werden soll.

Abwandlung

Ordnet der Arbeitgeber den V dem Firmensitz in B nicht oder nicht eindeutig zu, erfolgt die Prüfung, ob eine erste Tätigkeitsstätte vorliegt anhand der quantitativen Kriterien des § 9 Absatz 4 Satz 4 EStG (Rz. 25 ff.) In diesem Fall liegt in B keine erste Tätigkeitsstätte vor.

9 § 42 AO ist zu beachten. Insbesondere bei Gesellschafter-Geschäftsführern, Arbeitnehmer-Ehegatten/Lebenspartnern und sonstigen, mitarbeitenden Familienangehörigen ist entscheidend, ob die getroffenen Vereinbarungen einem Fremdvergleich standhalten.

10 Da die dienst- oder arbeitsrechtliche Zuordnungsentscheidung des Arbeitgebers eindeutig sein muss, ist sie vom Arbeitgeber zu dokumentieren. In Betracht kommen hierfür z. B. Regelungen im Arbeitsvertrag, im Tarifvertrag, in Protokollnotizen, dienstrechtlichen Verfügungen, Einsatzplänen, Reiserichtlinien, Reisekostenabrechnungen, der Ansatz eines geldwerten Vorteils für die Nutzung eines Dienstwagens für die Fahrten Wohnung – erste Tätigkeitsstätte oder vom Arbeitgeber als Nachweis seiner Zuordnungsentscheidung vorgelegte Organigramme. Fehlt ein Nachweis oder die Glaubhaftmachung einer eindeutigen Zuordnung, gilt § 9 Absatz 4 Satz 4 EStG.

11 Ein Organigramm kann gegen den Willen des Arbeitgebers nicht als Nachweis zur Bestimmung einer ersten Tätigkeitsstätte herangezogen werden, wenn der Arbeitgeber tatsächlich keine Zuordnung seines Arbeitnehmers zu einer Tätigkeitsstätte getroffen hat und kein anderer Nachweis über die Zuordnung erbracht wird. In diesen Fällen ist anhand der quantitativen Kriterien nach § 9 Absatz 4 Satz 4 EStG zu prüfen, ob der Arbeitnehmer eine erste Tätigkeitsstätte hat. Indiz für eine dienst- oder arbeitsrechtliche Zuordnungsentscheidung des Arbeitgebers kann auch sein, dass z. B. nach der Reiserichtlinie gerade für Tätigkeiten an dieser Tätigkeitsstätte keine Reisekosten gezahlt werden bzw. die Besteuerung eines geldwerten Vorteils für die Fahrten Wohnung – erste Tätigkeitsstätte bei Dienstwagengestellung erfolgt.

12 § 9 Absatz 4 Satz 1 bis 3 EStG sieht die Möglichkeit einer Zuordnungsentscheidung des Arbeitgebers zu einer bestimmten Tätigkeitsstätte vor. Der Arbeitgeber kann dienst- oder arbeitsrechtlich daher nicht festlegen, dass der Arbeitnehmer keine erste Tätigkeitsstätte hat (Negativfestlegung). Er kann allerdings (ggf. auch ausdrücklich) darauf verzichten, eine erste Tätigkeitsstätte dienst- oder arbeitsrechtlich festzulegen, oder ausdrücklich erklären, dass organisatorische Zuordnungen keine erste Tätigkeitsstätte begründen sollen. In diesen Fällen erfolgt die Prüfung, ob eine erste Tätigkeitsstätte gegeben ist, anhand der quantitativen Zuordnungskriterien nach § 9 Absatz 4 Satz 4 EStG (Rz. 25 ff.). Der Arbeitgeber kann zudem festlegen, dass sich die Bestimmung der ersten Tätigkeitsstätte nach den quantitativen Zuordnungskriterien des § 9 Absatz 4 Satz 4 EStG richtet. Im Ergebnis ist eine Zuordnungsentscheidung des Arbeitgebers mittels dienst- oder arbeitsrechtlicher Festlegung (Rz. 6 ff.) somit lediglich erforderlich, wenn er die erste Tätigkeitsstätte abweichend von den quantitativen Zuordnungskriterien festlegen will.

Beispiel 2

In Einstellungsbögen bzw. in Arbeitsverträgen ist aufgrund des Nachweisgesetzes und tariflicher Regelungen ein Einstellungs-, Anstellungs- oder Arbeitsort des Arbeitnehmers bestimmt. Hierbei handelt es sich nicht um eine Zuordnung i. S. d. § 9 Absatz 4 EStG, wenn der Arbeitgeber schriftlich auch gegenüber dem Arbeitnehmer bzw. in der Reiserichtlinie des Unternehmens erklärt, dass dadurch keine arbeitsrechtliche Zuordnung zu einer ersten Tätigkeitsstätte erfolgen soll.

dd) Dauerhafte Zuordnung

13 Die Zuordnung durch den Arbeitgeber zu einer Tätigkeitsstätte muss auf Dauer angelegt sein (Prognose). Die typischen Fälle einer dauerhaften Zuordnung sind nach § 9 Absatz 4 Satz 3 EStG die unbefristete Zuordnung des Arbeitnehmers zu einer bestimmten betrieblichen Einrichtung, die Zuordnung für die gesamte Dauer des – befristeten oder unbefristeten – Dienstverhältnisses oder die Zuordnung über einen Zeitraum von 48 Monaten hinaus. Die Zuordnung „bis auf Weiteres" ist eine Zuordnung ohne Befristung und damit dauerhaft. Entscheidend sind dabei allein die Festlegungen des Arbeitgebers und die im Rahmen des Dienstverhältnisses erteilten Weisungen.

Beispiel 3

Der Arbeitnehmer A ist von der Firma Z als technischer Zeichner ausschließlich für ein Projekt befristet eingestellt worden. Das Arbeitsverhältnis von A soll vertragsgemäß nach Ablauf der Befristung enden.

A hat ab dem ersten Tag der Tätigkeit bei Z aufgrund der arbeitsrechtlichen Zuordnung des Arbeitgebers seine erste Tätigkeitsstätte.

14 Für die Beurteilung, ob eine dauerhafte Zuordnung vorliegt, ist die auf die Zukunft gerichtete prognostische Betrachtung (Ex-ante-Betrachtung) maßgebend. Die Änderung einer Zuordnung durch den Arbeitgeber ist mit Wirkung für die Zukunft zu berücksichtigen.

Beispiel 4

Der in H wohnende Arbeitnehmer A ist bis auf Weiteres an drei Tagen in der Woche in einer Filiale seines Arbeitgebers in H und an zwei Tagen in der Woche in einer Filiale seines Arbeitgebers in S tätig. Der Arbeitgeber hatte zunächst die Filiale in S als erste Tätigkeitsstätte festgelegt. Ab 1. Juli 2014 legt er H als erste Tätigkeitsstätte fest.

Bis 30. Juni 2014 hat der Arbeitnehmer in S seine erste Tätigkeitsstätte. Ab 1. Juli 2014 ist die erste Tätigkeitsstätte in H.

Beispiel 5

Der Arbeitnehmer A ist unbefristet beschäftigt. Für einen Zeitraum von 36 Monaten soll er überwiegend in der Filiale X arbeiten. In der Filiale Y soll er nur an Teambesprechungen, Mitarbeiterschulungen und sonstigen Firmenveranstaltungen teilnehmen. Diese finden voraussichtlich ein Mal pro Monat statt. Der Arbeitgeber hat A der Filiale Y arbeitsrechtlich dauerhaft zugeordnet.

§ 9 EStG
R 9.4

Erste Tätigkeitsstätte ist die Filiale Y, da A dort arbeitsrechtlich dauerhaft zugeordnet ist.

Abwandlung

Ordnet der Arbeitgeber nicht zu, liegt keine erste Tätigkeitsstätte vor; in der Filiale X soll A nicht dauerhaft tätig werden und in der Filiale Y nicht in dem nach § 9 Absatz 4 Satz 4 EStG (Rz. 25 ff.) erforderlichen quantitativen Umfang.

15 Eine Änderung der Zuordnung kann auch vorliegen, wenn sich das Berufsbild des Arbeitnehmers aufgrund der Vorgaben des Arbeitgebers dauerhaft ändert, so z. B. wenn ein Außendienstmitarbeiter auf Dauer in den Innendienst wechselt.

Beispiel 6

Der Arbeitnehmer A ist von seinem Arbeitgeber unbefristet eingestellt worden, um dauerhaft in der Filiale Y zu arbeiten. In den ersten 36 Monaten seiner Beschäftigung soll A aber zunächst ausschließlich die Filiale X führen. In der Filiale Y soll er während dieser Zeit nicht, auch nicht in ganz geringem Umfang tätig werden.

Die Filiale X ist keine erste Tätigkeitsstätte, da A dort lediglich für 36 Monate und damit nicht dauerhaft tätig werden soll (unabhängig vom quantitativen Umfang der Tätigkeit). Die Filiale Y wird erst nach Ablauf von 36 Monaten erste Tätigkeitsstätte, wenn A dort tätig werden soll.

16 Weichen die tatsächlichen Verhältnisse durch unvorhersehbare Ereignisse, wie etwa Krankheit, politische Unruhen am Tätigkeitsort, Insolvenz des Kunden o. ä. von der ursprünglichen Festlegung (Prognose) der dauerhaften Zuordnung ab, bleibt die zuvor getroffene Prognoseentscheidung für die Vergangenheit bezüglich des Vorliegens der ersten Tätigkeitsstätte maßgebend.

Beispiel 7

Der Kundendienstmonteur K soll an der betrieblichen Einrichtung seines Arbeitgebers in A lediglich in unregelmäßigen Abständen seine Aufträge abholen und abrechnen, Urlaubsanträge abgeben und gelegentlich an Besprechungen teilnehmen (vgl. Rz. 26). K ist der betrieblichen Einrichtung in A nicht arbeitsrechtlich zugeordnet. Seine eigentliche berufliche Tätigkeit soll K ausschließlich bei verschiedenen Kunden ausüben. Aufgrund ungeplanter betrieblicher Abläufe ergibt es sich, dass K über einen Zeitraum von 12 Monaten nun die betriebliche Einrichtung in A arbeitstäglich aufsuchen soll und auch aufsucht, um dort seine Berichte zu verfassen (= Teil seiner eigentlichen beruflichen Tätigkeit).

Auch wenn K für einen Zeitraum von 12 Monaten arbeitstäglich einen Teil seiner eigentlichen Tätigkeit in der betrieblichen Einrichtung in A ausüben soll, führt dies mangels Dauerhaftigkeit noch nicht zu einer ersten Tätigkeitsstätte. Die ursprüngliche Prognose sah dies nicht vor und nach der neuen Prognose sollen diese Arbeiten am Betriebssitz in A nur vorübergehend ausgeübt werden.

17 Wird eine auf höchstens 48 Monate geplante Auswärtstätigkeit des Arbeitnehmers verlängert, kommt es darauf an, ob dieser vom Zeitpunkt der Verlängerungsentscheidung an noch mehr als 48 Monate an der Tätigkeitsstätte eingesetzt werden soll.

Beispiel 8

Der unbefristet beschäftigte Arbeitnehmer A wird für eine Projektdauer von voraussichtlich 18 Monaten der betrieblichen Einrichtung in M zugeordnet. Nach 18 Monaten wird die Zuordnung um 36 Monate verlängert.

Obwohl A insgesamt 54 Monate in M tätig wird, hat er dort keine erste Tätigkeitsstätte. Die vom Gesetz vorgegebene Prognose-Betrachtung bedeutet, dass A weder im Zeitpunkt der erstmaligen Zuordnung noch im Zeitpunkt der Verlängerungsentscheidung für mehr als 48 Monate in M eingesetzt werden sollte.

Abwandlung

Die Zuordnung von A wird bereits nach drei Monaten um 36 Monate auf insgesamt 54 Monate verlängert.

Ab dem Zeitpunkt der Verlängerungsentscheidung hat A seine erste Tätigkeitsstätte in M, da er ab diesem Zeitpunkt noch 51 Monate und somit dauerhaft in M tätig werden soll. Das gilt auch, wenn A für diese Tätigkeit neu eingestellt und eine Probezeit vereinbart wurde oder das Projekt planwidrig bereits nach 12 Monaten beendet wird. Die steuerliche Beurteilung der ersten drei Monate als beruflich veranlasste Auswärtstätigkeit bleibt von der Verlängerungsentscheidung unberührt.

18 Bei einer sog. Kettenabordnung ist keine dauerhafte Zuordnung zu einer Tätigkeitsstätte gegeben, wenn die einzelne Abordnung jeweils einen Zeitraum von höchstens 48 Monaten umfasst.

19 Eine dauerhafte Zuordnung ist gegeben, wenn das Dienstverhältnis auf einen anderen Arbeitgeber ausgelagert wird und der Arbeitnehmer für die gesamte Dauer des neuen Beschäftigungsverhältnisses oder länger als 48 Monate weiterhin an seiner früheren Tätigkeitsstätte des bisherigen Arbeitgebers tätig werden soll (sog. Outsourcing). Die anders lautende Rechtsprechung des BFH (vgl. BFH vom 9. Februar 2012, VI R 22/10, BStBl II S. 827) ist überholt. Entsprechendes gilt für den Fall, dass ein Leiharbeitnehmer ausnahmsweise dauerhaft (nach § 9 Absatz 4 Satz 3 EStG, wenn er „bis auf Weiteres" also unbefristet, für die gesamte Dauer des Leiharbeitsverhältnisses oder länger als 48 Monate) in einer ortsfesten betrieblichen Einrichtung des Entleihers tätig werden soll (vgl. BFH vom 17. Juni 2010, VI R 35/08, BStBl II S. 852, der das Vorliegen einer regelmäßigen Arbeitsstätte generell verneint hatte). Auch die Entscheidung des BFH, wonach die betriebliche Einrichtung eines Kunden des Arbeitgebers in der Regel keine regelmäßige Arbeitsstätte sein konnte (vgl. BFH vom 13. Juni 2012, VI R 47/11, BStBl 2013 II S. 169), ist überholt, sofern der Arbeitnehmer dauerhaft beim Kunden des Arbeitgebers tätig werden soll.

Beispiel 9

Der Arbeitnehmer A ist von der Zeitarbeitsfirma Z als technischer Zeichner ausschließlich für die Überlassung an die Projektentwicklungsfirma P eingestellt worden. Das Arbeitsverhältnis von A endet vertragsgemäß nach Abschluss des aktuellen Projekts bei P.

A hat ab dem ersten Tag der Tätigkeit bei der Projektentwicklungsfirma P seine erste Tätigkeitsstätte, da er seine Tätigkeit bei P für die gesamte Dauer seines Dienstverhältnisses bei Z und damit dort dauerhaft ausüben soll.

Abwandlung

Der Arbeitnehmer A ist von der Zeitarbeitsfirma Z unbefristet als technischer Zeichner eingestellt worden und wird bis auf Weiteres an die Projektentwicklungsfirma P überlassen. A hat ab dem ersten Tag der Tätigkeit bei der Projektentwicklungsfirma P seine erste Tätigkeitsstätte, da er seine Tätigkeit bei P ohne Befristung und damit dort dauerhaft ausüben soll.

20 Dienststelle/Dienststätte i. S. d. öffentlichen Reisekosten-, Umzugskosten- und Trennungsgeldrechts ist die Stelle, bei der der Arbeitnehmer eingestellt oder zu der er versetzt, abgeordnet, zugeteilt, zugewiesen oder kommandiert worden ist. Jede dieser dienstlichen Maßnahmen führt dazu, dass diese Stelle zur neuen dienstrechtlichen Dienststelle/Dienststätte wird, unabhängig davon, ob die Maßnahme dauerhaft oder nur vorübergehend ist. Für die steuerrechtliche Beurteilung der dauerhaften Zuordnung zu einer bestimmten Tätigkeitsstätte gilt insbesondere Folgendes:

- Versetzung ohne zeitliche Befristung – dauerhafte Zuordnung, es wird eine neue „erste Tätigkeitsstätte" begründet.
- Abordnung ohne zeitliche Befristung – dauerhafte Zuordnung, es wird eine neue „erste Tätigkeitsstätte" begründet.
- Versetzung mit einer zeitlichen Befristung bis zu 48 Monaten – keine dauerhafte Zuordnung, damit keine neue „erste Tätigkeitsstätte".
- Abordnung mit einer zeitlichen Befristung bis zu 48 Monaten, ggf. auch verbunden mit dem Ziel der Versetzung – keine dauerhafte Zuordnung, damit keine neue „erste Tätigkeitsstätte".
- Entsprechendes gilt für abordnungs- oder versetzungsgleiche Maßnahmen (z. B. Kommandierung, Zuteilung, Zuweisung).

21 Bei grenzüberschreitender Arbeitnehmerentsendung zwischen verbundenen Unternehmen liegt beim aufnehmenden Unternehmen eine erste Tätigkeitsstätte dann vor, wenn der Arbeitnehmer im Rahmen eines eigenständigen Arbeitsvertrags mit dem aufnehmenden Unternehmen einer ortsfesten betrieblichen Einrichtung dieses Unternehmens unbefristet zugeordnet ist, die Zuordnung die Dauer des gesamten – befristeten oder unbefristeten – Dienstverhältnisses umfasst oder die Zuordnung über einen Zeitraum von 48 Monaten hinausreicht (vgl. § 9 Absatz 4 Satz 3 EStG). Die Rechtsprechung des BFH, die darauf abstellte, dass ein Arbeitnehmer, der wiederholt befristet von seinem Arbeitgeber ins Ausland entsandt worden ist, dort keine regelmäßige Arbeitsstätte habe (vgl. BFH vom 10. April 2014, VI R 11/13, BStBl. 2014 II S. 804), ist im Hinblick auf die gesetzliche Regelung des § 9 Absatz 4 EStG ab 2014 überholt.

Beispiel 10

Der Arbeitnehmer A ist von der ausländischen Muttergesellschaft M für zwei Jahre an die inländische Tochtergesellschaft T entsandt worden. A hat mit T einen eigenständigen Arbeitsvertrag über zwei Jahre abgeschlossen, in dem er der inländischen Hauptniederlassung von T zugeordnet wurde.

A hat bei T seine erste Tätigkeitsstätte.

22 Wird ein Arbeitnehmer bei grenzüberschreitender Arbeitnehmerentsendung zwischen verbundenen Unternehmen ohne Abschluss eines eigenständigen Arbeitsvertrags mit dem aufnehmenden Unternehmen in einer ortsfesten betrieblichen Einrichtung dieses Unternehmens tätig, liegt beim aufnehmenden Unternehmen eine erste Tätigkeitsstätte nur dann vor, wenn der Arbeitnehmer vom entsendenden Unternehmen einer ortsfesten Einrichtung des aufnehmenden Unternehmens unbefristet zugeordnet ist, die Zuordnung die Dauer des gesamten – befristeten oder unbefristeten – Dienstverhältnisses umfasst oder die Zuordnung über einen Zeitraum von 48 Monaten hinausreicht (vgl. § 9 Absatz 4 Satz 3 EStG).

Beispiel 11
Der Arbeitnehmer A ist von der ausländischen Muttergesellschaft M im Rahmen eines unbefristeten Arbeitsvertrags für zwei Jahre an die inländische Tochtergesellschaft T entsandt und für diesen Zeitraum der inländischen Hauptniederlassung von T zugeordnet worden. A hat mit T keinen eigenständigen Arbeitsvertrag abgeschlossen.

A hat bei T keine erste Tätigkeitsstätte, da er der inländischen Hauptniederlassung von T nicht dauerhaft i. S. v. § 9 Absatz 4 Satz 1 i. V. m. Satz 3 EStG zugeordnet worden ist. Er übt für die Dauer seiner zweijährigen Tätigkeit bei T eine beruflich veranlasste Auswärtstätigkeit aus.

23 Fehlt es bei grenzüberschreitender Arbeitnehmerentsendung zwischen verbundenen Unternehmen an einer dauerhaften Zuordnung des Arbeitnehmers zu einer betrieblichen Einrichtung des aufnehmenden Unternehmens durch dienst- oder arbeitsrechtliche Festlegung oder ist die getroffene Festlegung nicht eindeutig, gelten die quantitativen Zuordnungskriterien des § 9 Absatz 4 Satz 4 EStG (vgl. hierzu die Ausführungen zur Dauerhaftigkeit unter Rz. 13 ff. und zu den quantitativen Kriterien unter Rz. 25 ff.).

ee) Anwendung der 48-Monatsfrist im Zusammenhang mit der Prüfung der dauerhaften Zuordnung ab 1. Januar 2014

24 Für die Anwendung der im Zusammenhang mit der Prüfung einer dauerhaften Zuordnung gegebenenfalls zu beachtenden 48-Monatsfrist gilt Folgendes:

Für die Frage (Prognose), ob der Arbeitnehmer dauerhaft einer bestimmten Tätigkeitsstätte zugeordnet ist, kommt es maßgeblich auf den jeweiligen Beginn der durch den Arbeitnehmer auszuübenden Tätigkeit an. Dieser ist daher regelmäßig für die Anwendung der 48-Monatsfrist entscheidend, auch wenn er vor dem 1. Januar 2014 liegt. Hat der Arbeitgeber zu Beginn der Tätigkeit keine oder keine eindeutige Prognose getroffen oder eine solche nicht dokumentiert, hat er diese bis spätestens zum 1. Januar 2014 zu treffen und zu dokumentieren.

Beispiel 12
Der Arbeitnehmer A hat seine Tätigkeit am 1. Juli 2010 an der Tätigkeitsstätte des Kunden K seines Arbeitgebers aufgenommen. Er soll dort bis zum 1. März 2014 tätig sein.

Die 48-Monatsfrist beginnt am 1. Juli 2010; der Tätigkeitszeitraum beträgt weniger als 48 Monate. A hat ab 1. Januar 2014 bei dem Kunden K weiterhin keine erste Tätigkeitsstätte.

Abwandlung
A hat seine Tätigkeit am 1. Juli 2010 an einer Tätigkeitsstätte des Kunden K seines Arbeitgebers aufgenommen und soll dort bis zum 31. Dezember 2014 tätig sein.

Die 48-Monatsfrist beginnt am 1. Juli 2010; der Tätigkeitszeitraum beträgt mehr als 48 Monate. Ab 1. Januar 2014 hat Arbeitnehmer A somit bei dem Kunden K seine erste Tätigkeitsstätte.

ff) Quantitative Zuordnungskriterien

25 Fehlt es an einer dauerhaften Zuordnung des Arbeitnehmers zu einer betrieblichen Einrichtung durch dienst- oder arbeitsrechtliche Festlegung nach den vorstehenden Kriterien (z. B. weil der Arbeitgeber ausdrücklich auf eine Zuordnung verzichtet hat oder ausdrücklich erklärt, dass organisatorische Zuordnungen keine steuerliche Wirkung entfalten sollen) oder ist die getroffene Festlegung nicht eindeutig, ist nach § 9 Absatz 4 Satz 4 EStG von einer ersten Tätigkeitsstätte an der betrieblichen Einrichtung auszugehen, an der der Arbeitnehmer

- typischerweise arbeitstäglich oder
- je Arbeitswoche zwei volle Arbeitstage oder mindestens ein Drittel seiner vereinbarten regelmäßigen Arbeitszeit

dauerhaft (vgl. Rz. 13 ff.) tätig werden soll.

Beispiel 13
Der Arbeitnehmer A ist von seinem Arbeitgeber unbefristet eingestellt worden, um dauerhaft in der Filiale Y zu arbeiten. In den ersten 36 Monaten seiner Tätigkeit arbeitet er an drei Tagen wöchentlich in der Filiale X und zwei volle Tage wöchentlich in der Filiale Y. Der Arbeitgeber hat A für die ersten 36 Monate Filiale X zugeordnet.

In diesen 36 Monaten seiner Tätigkeit hat A in der Filiale X keine erste Tätigkeitsstätte, da er dort nicht dauerhaft zugeordnet ist. Erste Tätigkeitsstätte ist jedoch – auch ohne Zuordnung i. S. d. § 9 Absatz 4 Satz 1 EStG – Filiale Y, da A dort dauerhaft typischerweise an zwei vollen Tagen i. S. d. § 9 Absatz 4 Satz 4 EStG tätig werden soll.

Abwandlung
Der Arbeitnehmer A soll in den ersten 36 Monaten seiner Tätigkeit an vier Tagen wöchentlich in der Filiale X und einen vollen Tag wöchentlich in der Filiale Y tätig werden.

In diesen 36 Monaten seiner Tätigkeit hat A in der Filiale X keine erste Tätigkeitsstätte, da er dort nicht dauerhaft tätig werden soll. Erste Tätigkeitsstätte ist auch nicht die Filiale Y, da A dort die quantitativen Kriterien nach § 9 Absatz 4 Satz 4 EStG nicht erfüllt.

26 Dabei muss der Arbeitnehmer an der betrieblichen Einrichtung seine eigentliche berufliche Tätigkeit ausüben. Allein ein regelmäßiges Aufsuchen der betrieblichen Einrichtung, z. B. für kurze Rüstzeiten, zur Berichtsfertigung, zur Vorbereitung der Zustellroute, zur Wartung und Pflege des Fahrzeugs, zur Abholung oder Abgabe von Kundendienstfahrzeugen oder LKWs einschließlich deren Be- und Entladung, zur Abgabe von Auftragsbestätigungen, Stundenzetteln, Krankmeldungen und Urlaubsanträgen führt hier noch nicht zu einer Qualifizierung der betrieblichen Einrichtung als erste Tätigkeitsstätte.

Beispiel 14
Der Kundendienstmonteur K, der von seinem Arbeitgeber keiner betrieblichen Einrichtung dauerhaft zugeordnet ist, sucht den Betrieb seines Arbeitgebers regelmäßig auf, um den Firmenwagen samt Material zu übernehmen, die Auftragsbestätigungen in Empfang zu nehmen und die Stundenzettel vom Vortag abzugeben.

Der K hat keine erste Tätigkeitsstätte. Der Betrieb seines Arbeitgebers wird auch durch das regelmäßige Aufsuchen nicht zur ersten Tätigkeitsstätte, da er seine eigentliche berufliche Tätigkeit an diesem Ort nicht ausübt.

Beispiel 15
Die Fahrer im ÖPV sollen ihr Fahrzeug immer an wechselnden Stellen im Stadtgebiet aufnehmen und in der Regel mindestens einmal wöchentlich die Kassen abrechnen. Die Kassenabrechnung sollen sie in der Geschäftsstelle oder in einem Betriebshof durchführen. Dort werden auch die Personalakten geführt oder sind Krank- und Urlaubsmeldungen abzugeben.

Das bloße Abrechnen der Kassen, die Führung der Personalakten sowie die Verpflichtung zur Abgabe der Krank- und Urlaubsmeldungen führt nicht zu einer ersten Tätigkeitsstätte am Betriebshof oder in der Geschäftsstelle, es sei denn, der Arbeitgeber ordnet die Arbeitnehmer dem Betriebshof oder der Geschäftsstelle arbeitsrechtlich als erste Tätigkeitsstätte zu.

Beispiel 16
Der LKW-Fahrer L soll typischerweise arbeitstäglich den Betriebssitz des Arbeitgebers aufsuchen, um dort das Fahrzeug abzuholen sowie dessen Wartung und Pflege durchzuführen.

Allein das Abholen sowie die Wartung und Pflege des Fahrzeugs, als Hilfs- und Nebentätigkeiten, führen nicht zu einer ersten Tätigkeitsstätte am Betriebssitz des Arbeitgebers; allerdings handelt es sich in diesem Fall bei dem Betriebssitz um einen sog. Sammelpunkt (Rz. 37). Etwas anderes gilt nur, wenn der Arbeitgeber den Arbeitnehmer dem Betriebssitz arbeitsrechtlich als erste Tätigkeitsstätte zuordnet (Rz. 12).

27 Auch die in § 9 Absatz 4 Satz 4 EStG aufgeführten zeitlichen (= quantitativen) Kriterien sind anhand einer in die Zukunft gerichteten Prognose zu beurteilen. Weichen die tatsächlichen Verhältnisse durch unvorhersehbare Ereignisse (wie z. B. Krankheit) hiervon ab, bleibt es bei der zuvor getroffenen Prognoseentscheidung bezüglich der ersten Tätigkeitsstätte. Die Prognoseentscheidung ist zu Beginn des Dienstverhältnisses zu treffen. Die auf Grundlage dieser Prognose getroffene Beurteilung bleibt solange bestehen, bis sich die Verhältnisse maßgeblich ändern. Davon ist insbesondere auszugehen, wenn sich das Berufsbild des Arbeitnehmers (Außendienstmitarbeiter wechselt z. B. in den Innendienst) oder die quantitativen Zuordnungskriterien (Arbeitnehmer soll z. B. statt zwei nun drei Filialen betreuen) dauerhaft ändern oder der Arbeitgeber erstmalig eine dienst- oder arbeitsrechtliche Zuordnungsentscheidung trifft.

Beispiel 17

Der Arbeitnehmer A soll seine berufliche Tätigkeit an drei Tagen wöchentlich in einem häuslichen Arbeitszimmer ausüben und an zwei vollen Tagen wöchentlich in der betrieblichen Einrichtung seines Arbeitgebers in D tätig werden.

Das häusliche Arbeitszimmer ist nie erste Tätigkeitsstätte. Erste Tätigkeitsstätte ist hier vielmehr die betriebliche Einrichtung des Arbeitgebers in D, da der Arbeitnehmer dort an zwei vollen Tagen wöchentlich beruflich tätig werden soll.

Beispiel 18

Der Arbeitnehmer A soll seine berufliche Tätigkeit im häuslichen Arbeitszimmer ausüben und zusätzlich jeden Arbeitstag für eine Stunde in der betrieblichen Einrichtung seines Arbeitgebers in D tätig werden.

Das häusliche Arbeitszimmer ist nie erste Tätigkeitsstätte. Erste Tätigkeitsstätte ist hier vielmehr die betriebliche Einrichtung des Arbeitgebers in D, da der Arbeitnehmer dort typischerweise arbeitstäglich tätig werden soll. In diesem Fall ist es unerheblich, dass dort weniger als ⅓ der gesamten regelmäßigen Arbeitszeit erbracht werden soll.

Beispiel 19

Der Arbeitnehmer A soll seine berufliche Tätigkeit im häuslichen Arbeitszimmer ausüben und zusätzlich jeden Tag in einer anderen betrieblichen Einrichtung seines Arbeitgebers tätig werden. Die Arbeitszeit in den verschiedenen Tätigkeitsstätten beträgt jeweils weniger als ⅓ der gesamten Arbeitszeit des Arbeitnehmers.

Das häusliche Arbeitszimmer ist nie erste Tätigkeitsstätte. Auch an den anderen Tätigkeitsstätten des Arbeitgebers hat der Arbeitnehmer keine erste Tätigkeitsstätte, da er diese Tätigkeitsstätten nicht arbeitstäglich aufsucht und dort jeweils weniger als ⅓ seiner gesamten Arbeitszeit tätig wird.

Beispiel 20

Der Arbeitnehmer A übt seine Tätigkeit nur bei wechselnden Kunden und im häuslichen Arbeitszimmer aus. Er hat keine erste Tätigkeitsstätte.

28 Zusammenfassung

Bei der quantitativen Prüfung kommt es somit allein auf den Umfang der an der Tätigkeitsstätte zu leistenden arbeitsvertraglichen Arbeitszeit (mind. ⅓ der vereinbarten regelmäßigen Arbeitszeit oder zwei volle Arbeitstage wöchentlich oder arbeitstäglich) an. Dies bedeutet:

- Soll der Arbeitnehmer an einer Tätigkeitsstätte zwei volle Arbeitstage je Arbeitswoche oder mindestens ⅓ der vereinbarten regelmäßigen Arbeitszeit tätig werden, dann ist dies die erste Tätigkeitsstätte.
- Entsprechendes gilt, wenn der Arbeitnehmer an einer Tätigkeitsstätte arbeitstäglich und mindestens ⅓ der vereinbarten regelmäßigen Arbeitszeit tätig werden soll.
- Soll der Arbeitnehmer an einer Tätigkeitsstätte arbeitstäglich, aber weniger als ⅓ der vereinbarten regelmäßigen Arbeitszeit tätig werden, dann führt dies nur zu einer ersten Tätigkeitsstätte, wenn der Arbeitnehmer dort typischerweise arbeitstäglich seine eigentliche berufliche Tätigkeit und nicht nur Vorbereitungs-, Hilfs- oder Nebentätigkeiten (Rüstzeiten, Abholung oder Abgabe von Kundendienstfahrzeugen oder LKWs einschließlich deren Be- und Entladung, die Abgabe von Auftragsbestätigungen, Stundenzetteln, Krankmeldungen, Urlaubsanträgen oder Ähnlichem) durchführen soll.
- Erfüllen danach mehrere Tätigkeitsstätten die quantitativen Voraussetzungen für eine erste Tätigkeitsstätte, kann der Arbeitgeber bestimmen, welche dieser Tätigkeitsstätten die erste Tätigkeitsstätte ist.
- Fehlt eine solche Bestimmung des Arbeitgebers, wird zugunsten des Arbeitnehmers die Tätigkeitsstätte zugrunde gelegt, die der Wohnung des Arbeitnehmers am nächsten liegt.

gg) Mehrere Tätigkeitsstätten

29 Der Arbeitnehmer kann je Dienstverhältnis höchstens eine erste Tätigkeitsstätte haben (§ 9 Absatz 4 Satz 5 EStG). Hingegen kann ein Arbeitnehmer mit mehreren Dienstverhältnissen auch mehrere erste Tätigkeitsstätten haben (je Dienstverhältnis jedoch höchstens eine).

30 Erfüllen mehrere Tätigkeitsstätten in einem Dienstverhältnis die quantitativen Kriterien für die Annahme einer ersten Tätigkeitsstätte, kann der Arbeitgeber die erste Tätigkeitsstätte bestimmen (§ 9 Absatz 4 Satz 6 EStG). Dabei muss es sich nicht um die Tätig-

keitsstätte handeln, an der der Arbeitnehmer den zeitlich überwiegenden oder qualitativ bedeutsameren Teil seiner beruflichen Tätigkeit ausüben soll.

Beispiel 21

Der in H wohnende Filialleiter A ist an drei Tagen in der Woche in einer Filiale seines Arbeitgebers in H und an zwei Tagen in der Woche in einer Filiale seines Arbeitgebers in S tätig. Der Arbeitgeber bestimmt die Filiale in S zur ersten Tätigkeitsstätte.

Durch die Bestimmung seines Arbeitgebers hat der Filialleiter A in der betrieblichen Einrichtung in S seine erste Tätigkeitsstätte. Unerheblich ist, dass er dort lediglich zwei Tage und damit nicht zeitlich überwiegend beruflich tätig ist.

31 Macht der Arbeitgeber von seinem Bestimmungsrecht nach § 9 Absatz 4 Satz 6 EStG keinen Gebrauch oder ist die Bestimmung nicht eindeutig, ist die der Wohnung des Arbeitnehmers örtlich am nächsten liegende Tätigkeitsstätte die erste Tätigkeitsstätte (§ 9 Absatz 4 Satz 7 EStG). Die Fahrten zu weiter entfernt liegenden Tätigkeitsstätten werden in diesem Fall als Auswärtstätigkeit qualifiziert.

Beispiel 22

Der in H wohnende Filialleiter A soll typischerweise arbeitstäglich in drei Filialen (X, Y und Z) seines Arbeitgebers tätig werden. Er fährt morgens mit seinem eigenen PKW regelmäßig zur Filiale X, dann zur Filiale Y, von dort zur Filiale Z und von dieser zur Wohnung. Die Filiale in Y liegt der Wohnung am nächsten. Der Arbeitgeber ordnet A arbeitsrechtlich keine Filiale (als erste Tätigkeitsstätte) zu.

Erste Tätigkeitsstätte ist die Filiale Y, da diese der Wohnung des A am nächsten liegt. Die Tätigkeit in X und Z sind beruflich veranlasste Auswärtstätigkeiten. Da A von seiner Wohnung zu einer auswärtigen Tätigkeitsstätte, von dort zur ersten Tätigkeitsstätte und von dort wieder zu einer anderen auswärtigen Tätigkeitsstätte fährt, liegen keine Fahrten zwischen Wohnung und erster Tätigkeitsstätte vor, sondern Fahrten, für die ein steuerfreier Arbeitgeberersatz bzw. Werbungskostenabzug nach Reisekostengrundsätzen in Betracht kommt.

Abwandlung

Wie Beispiel 22, allerdings nutzt der Filialleiter A für die arbeitstäglichen Fahrten einen ihm vom Arbeitgeber überlassenen Dienstwagen; A führt kein Fahrtenbuch, sondern ermittelt den geldwerten Vorteil nach der pauschalen Nutzungswertmethode.

Grundsätzlich ist ein geldwerter Vorteil, für die Möglichkeit den Dienstwagen für Fahrten zwischen Wohnung und erster Tätigkeitsstätte zu nutzen, in Höhe von 0,03 Prozent des Listenpreises je Entfernungskilometer anzusetzen. Weist A mittels Einzelaufzeichnungen der Zahl der tatsächlichen Fahrten zwischen Wohnung und erster Tätigkeitsstätte nach, ist stattdessen für jede Fahrt ein geldwerter Vorteil von 0,002 Prozent des Listenpreises je Entfernungskilometer anzusetzen. Im vorliegenden Fall hat A keine unmittelbaren Fahrten zwischen Wohnung und erster Tätigkeitsstätte; daher ist – bei Nachweis – der tatsächlichen Fahrten insoweit kein geldwerter Vorteil anzusetzen.

Beispiel 22

Die Pflegedienstkraft P hat täglich vier Personen zu betreuen. Alle vier Pflegepersonen sollen von P nach Absprache mit der Pflegedienststelle (Arbeitgeber) bis auf Weiteres arbeitstäglich regelmäßig betreut werden. Der Arbeitgeber hat keine dieser Pflegestellen als erste Tätigkeitsstätte bestimmt.

Erste Tätigkeitsstätte der P ist die ihrer Wohnung am nächsten liegende Pflegestelle.

Abwandlung

Die vier Pflegepersonen sollen von P nach Absprache mit der Pflegedienststelle (Arbeitgeber) zunächst für die Dauer von zwei Jahren arbeitstäglich regelmäßig betreut werden. Die Pflegedienstkraft hat keine erste Tätigkeitsstätte, da sie an keiner der Pflegestellen dauerhaft tätig werden soll.

hh) Erste Tätigkeitsstätte bei Vollzeitstudium oder vollzeitigen Bildungsmaßnahmen

32 Erste Tätigkeitsstätte ist auch eine Bildungseinrichtung, die außerhalb eines Dienstverhältnisses zum Zwecke eines Vollzeitstudiums oder einer vollzeitigen Bildungsmaßnahme aufgesucht wird (§ 9 Absatz 4 Satz 8 EStG). Durch diese Neuregelung ist die Rechtsprechung des BFH, wonach es sich bei vollzeitig besuchten Bildungseinrichtungen nicht um regelmäßige Arbeitsstätten handelt (vgl. BFH vom 9. Februar 2012, VI R 42/11, BStBl 2013 II S. 236 und VI R 44/10, BStBl 2013 II S. 234), überholt.

Ein Studium oder eine Bildungsmaßnahme findet insbesondere dann außerhalb eines Dienstverhältnisses statt, wenn

- diese nicht Gegenstand des Dienstverhältnisses sind, auch wenn sie seitens des Arbeitgebers durch Hingabe von Mitteln, wie z. B. eines Stipendiums, gefördert werden oder

- diese ohne arbeitsvertragliche Verpflichtung absolviert werden und die Beschäftigung lediglich das Studium oder die Bildungsmaßnahme ermöglicht.

Zur Abgrenzung gegenüber einem Studium oder einer Bildungsmaßnahme innerhalb eines Dienstverhältnisses vgl. auch R 9.2 sowie 19.7 LStR 2013.*)

33 Ein Vollzeitstudium oder eine vollzeitige Bildungsmaßnahme liegt insbesondere vor, wenn der Steuerpflichtige im Rahmen des Studiums oder im Rahmen der Bildungsmaßnahme für einen Beruf ausgebildet wird und daneben entweder keiner Erwerbstätigkeit nachgeht oder während der gesamten Dauer des Studiums oder der Bildungsmaßnahme eine Erwerbstätigkeit mit durchschnittlich bis zu 20 Stunden regelmäßiger wöchentlicher Arbeitszeit oder in Form eines geringfügigen Beschäftigungsverhältnisses i. S. d. §§ 8 und 8a SGB IV ausübt.

34 Dies gilt auch für den Sonderausgabenabzug nach § 10 Absatz 1 Nummer 7 EStG.

b) Fahrtkosten bei auswärtiger Tätigkeit, Sammelpunkt, weiträumiges Tätigkeitsgebiet, § 9 Absatz 1 Satz 3 Nummer 4a EStG

aa) Tatsächliche Fahrtkosten und pauschaler Kilometersatz bei auswärtiger Tätigkeit

35 Die steuerliche Berücksichtigung der tatsächlichen Fahrtkosten im Zusammenhang mit einer auswärtigen beruflichen Tätigkeit bleibt im Wesentlichen unverändert.

36 Statt der tatsächlichen Aufwendungen kann aus Vereinfachungsgründen typisierend je nach Art des benutzten Verkehrsmittels (z. B. PKW, Motorrad) auch ein pauschaler Kilometersatz nach dem Bundesreisekostengesetz für das jeweils benutzte Beförderungsmittel: Benutzung eines Kraftwagens, z. B. PKW 0,30 Euro, für jedes andere motorbetriebene Fahrzeug 0,20 Euro) für jeden gefahrenen Kilometer angesetzt werden (§ 9 Absatz 1 Satz 3 Nummer 4a Satz 2 EStG). Eine Prüfung der tatsächlichen Kilometerkosten ist demnach nicht mehr erforderlich, wenn der Arbeitnehmer von dieser gesetzlichen Typisierung Gebrauch macht. Durch diese Neuregelung ist die Rechtsprechung des BFH zur Prüfung der pauschalen Kilometersätze (vgl. BFH vom 25. Oktober 1985, VI R 15/81, BStBl 1986 II S. 200 sowie vom 26. Juli 1991, VI R 114/88, BStBl 1992 II S. 105) überholt.

bb) „Sammelpunkt"

37 Liegt keine erste Tätigkeitsstätte (nach Rz. 6 ff. oder Rz. 25 ff.) vor und bestimmt der Arbeitgeber durch dienst- oder arbeitsrechtliche Festlegung, dass der Arbeitnehmer sich dauerhaft (Rz. 13 ff.) typischerweise arbeitstäglich an einem festgelegten Ort, der die Kriterien für eine erste Tätigkeitsstätte nicht erfüllt, einfinden soll, um von dort seine unterschiedlichen eigentlichen Einsatzorte aufzusuchen oder von dort seine berufliche Tätigkeit aufzunehmen (z. B. Treffpunkt für einen betrieblichen Sammeltransport, das Busdepot, der Fährhafen), werden die Fahrten des Arbeitnehmers von der Wohnung zu diesem vom Arbeitgeber festgelegten Ort wie Fahrten zu einer ersten Tätigkeitsstätte behandelt; für diese Fahrten dürfen Fahrtkosten nur im Rahmen des § 9 Absatz 1 Satz 3 Nummer 4 und Absatz 2 EStG (Entfernungspauschale) angesetzt werden.

Beispiel 24
Bus- oder LKW-Fahrer haben regelmäßig keine erste Tätigkeitsstätte. Lediglich, wenn dauerhaft und typischerweise arbeitstäglich ein vom Arbeitgeber festgelegter Ort aufgesucht werden soll, werden die Fahrten von der Wohnung zu diesem Ort/Sammelpunkt gleich behandelt mit den Fahrten von der Wohnung zu einer ersten Tätigkeitsstätte.

Beispiel 25
Kundendienstmonteure haben ebenfalls in der Regel keine erste Tätigkeitsstätte. Nur dann, wenn dauerhaft und typischerweise arbeitstäglich ein vom Arbeitgeber festgelegter Ort aufgesucht werden soll, werden die Fahrten von der Wohnung zu diesem Ort/Sammelpunkt ebenso behandelt wie die Fahrten von der Wohnung zu einer ersten Tätigkeitsstätte.

Beispiel 26
Seeleute, die auf einem Schiff tätig werden sollen, haben in der Regel keine erste Tätigkeitsstätte, da das Schiff keine ortsfeste betriebliche Einrichtung des Arbeitgebers ist. Soll der Dienstantritt, die Ein- und Ausschiffung aber typischerweise arbeitstäglich von dem gleichen Anleger (wie z. B. einem Fähranleger, Liegeplatz des Seenotrettungskreuzers, Anleger des Fahrgastschiffes) erfolgen, werden die Fahrten zu diesem Ort/Sammelpunkt ebenso behandelt wie die Fahrten von der Wohnung zu einer ersten Tätigkeitsstätte.

Beispiel 27
Angestellte Lotsen haben üblicherweise keine erste Tätigkeitsstätte, wenn sie ihre Tätigkeit typischerweise auf verschiedenen Schiffen ausüben sollen. Fahrten von der Wohnung zu einer vom Arbeitgeber festgelegten Lotsenstation oder Lotsenwechselstation, um von dort zum Einsatz auf ein Schiff verbracht zu werden, werden ebenso behandelt wie die Fahrten von der Wohnung zu einer ersten Tätigkeitsstätte.

38 Treffen sich mehrere Arbeitnehmer typischerweise arbeitstäglich an einem bestimmten Ort, um von dort aus gemeinsam zu ihren Tätigkeitsstätten zu fahren (privat organisierte Fahrgemeinschaft), liegt kein „Sammelpunkt" nach § 9 Absatz 1 Satz 3 Nummer 4a Satz 3 EStG vor. Es fehlt insoweit an einer dienst- oder arbeitsrechtlichen Festlegung des Arbeitgebers.

39 Auf die Berücksichtigung von Verpflegungspauschalen oder Übernachtungskosten als Werbungskosten oder den steuerfreien Arbeitgeberersatz hierfür hat diese Festlegung hingegen keinen Einfluss, da der Arbeitnehmer weiterhin außerhalb einer ersten Tätigkeitsstätte und somit auswärts beruflich tätig wird. Es wird keine erste Tätigkeitsstätte fingiert, sondern nur die Anwendung der Entfernungspauschale für die Fahrten von der Wohnung zu diesem Ort sowie die Besteuerung eines geldwerten Vorteils bei Dienstwagengestellung durch den Arbeitgeber nach § 8 Absatz 2 Satz 3 und 4 EStG festgelegt und der steuerfreie Arbeitgeberersatz für diese Fahrten nach § 3 Nummer 13 oder Nummer 16 EStG ausgeschlossen.

cc) Weiträumiges Tätigkeitsgebiet

40 Soll der Arbeitnehmer aufgrund der Weisungen des Arbeitgebers seine berufliche Tätigkeit typischerweise arbeitstäglich in einem weiträumigen Tätigkeitsgebiet ausüben, findet für die Fahrten von der Wohnung zu diesem Tätigkeitsgebiet ebenfalls die Entfernungspauschale Anwendung.

41 Ein weiträumiges Tätigkeitsgebiet liegt in Abgrenzung zur ersten Tätigkeitsstätte vor, wenn die vertraglich vereinbarte Arbeitsleistung auf einer festgelegten Fläche und nicht innerhalb einer ortsfesten betrieblichen Einrichtung des Arbeitgebers, eines verbundenen Unternehmens (§ 15 AktG) oder bei einem vom Arbeitgeber bestimmten Dritten ausgeübt werden soll. In einem weiträumigen Tätigkeitsgebiet werden in der Regel z. B. Zusteller, Hafenarbeiter und Forstarbeiter tätig.

Hingegen sind z. B. Bezirksleiter und Vertriebsmitarbeiter, die verschiedene Niederlassungen betreuen oder mobile Pflegekräfte, die verschiedene Personen in deren Wohnungen in einem festgelegten Gebiet betreuen, sowie Schornsteinfeger von dieser Regelung nicht betroffen.

42 Wird das weiträumige Tätigkeitsgebiet immer von verschiedenen Zugängen aus betreten oder befahren, ist die Entfernungspauschale aus Vereinfachungsgründen bei diesen Fahrten nur für die kürzeste Entfernung von der Wohnung zum nächstgelegenen Zugang anzuwenden.

43 Für alle Fahrten innerhalb des weiträumigen Tätigkeitsgebietes sowie für die zusätzlichen Kilometer bei den Fahrten von der Wohnung zu einem weiter entfernten Zugang können weiterhin die tatsächlichen Aufwendungen oder der sich am Bundesreisekostengesetz orientierende maßgebliche pauschale Kilometersatz angesetzt werden.

Beispiel 28
Der Forstarbeiter A fährt an 150 Tagen mit dem PKW von seiner Wohnung zu dem 15 km entfernten, nächstgelegenen Zugang des von ihm täglich zu betreuenden Waldgebietes (weiträumiges Tätigkeitsgebiet). An 70 Tagen fährt A von seiner Wohnung über einen weiter entfernt gelegenen Zugang (20 km) in das Waldgebiet.

Die Fahrten von der Wohnung zu dem weiträumigen Tätigkeitsgebiet werden behandelt wie die Fahrten von der Wohnung zu einer ersten Tätigkeitsstätte. A kann somit für diese Fahrten lediglich die Entfernungspauschale in Höhe von 0,30 Euro je Entfernungskilometer (= 15 km x 0,30 Euro) als Werbungskosten ansetzen. Die Fahrten innerhalb des Waldgebietes können mit den tatsächlichen Kosten oder aus Vereinfachungsgründen mit dem pauschalen Kilometersatz in Höhe von 0,30 Euro je tatsächlich gefahrenem Kilometer berücksichtigt werden.

---
*) Jetzt LStR 2015.

Bei den Fahrten zu dem weiter entfernt gelegenen Zugang werden ebenfalls nur 15 Kilometer mit der Entfernungspauschale (15 km x 0,30 Euro) berücksichtigt. Die jeweils zusätzlichen fünf Kilometer für den tatsächlich längeren Hin- und Rückweg, werden ebenso wie die Fahrten innerhalb des weiträumigen Tätigkeitsgebietes mit den tatsächlichen Kosten oder aus Vereinfachungsgründen mit dem pauschalen Kilometersatz in Höhe von 0,30 Euro je gefahrenem Kilometer berücksichtigt.

Somit sind für 220 Tage jeweils 15 km mit der Entfernungspauschale und die restlichen tatsächlich gefahrenen Kilometer mit den tatsächlichen Kosten oder aus Vereinfachungsgründen mit dem pauschalen Kilometersatz in Höhe von 0,30 Euro anzusetzen.

44 Auf die Berücksichtigung von Verpflegungspauschalen oder Übernachtungskosten als Werbungskosten sowie den steuerfreien Arbeitgeberersatz hat diese Festlegung „tätig werden in einem weiträumigen Tätigkeitsgebiet" – im Gegensatz zum bisherigen sog. „weiträumigen Arbeitsgebiet", welches auch „regelmäßige Arbeitsstätte" sein konnte – keinen Einfluss, da der Arbeitnehmer weiterhin außerhalb einer ersten Tätigkeitsstätte – und damit auswärts beruflich tätig wird. Es wird nur die Anwendung der Entfernungspauschale für die Fahrtkosten von der Wohnung zum nächstgelegenen Zugang zu dem weiträumigen Tätigkeitsgebiet sowie die Besteuerung eines geldwerten Vorteils bei Dienstwagengestellung durch den Arbeitgeber nach § 8 Absatz 2 Satz 3 und 4 EStG festgelegt und der steuerfreie Arbeitgeberersatz für diese Fahrten nach § 3 Nummer 13 oder Nummer 16 EStG ausgeschlossen.

45 Soll der Arbeitnehmer in mehreren ortsfesten Einrichtungen seines Arbeitgebers, eines verbundenen Unternehmens oder eines Dritten, die innerhalb eines bestimmten Bezirks gelegen sind, beruflich tätig werden, wird er nicht in einem weiträumigen Tätigkeitsgebiet, sondern an verschiedenen, ggf. sogar ständig wechselnden Tätigkeitsstätten tätig.

2. Verpflegungsmehraufwendungen, § 9 Absatz 4a EStG

a) Vereinfachung bei der Ermittlung der Pauschalen, § 9 Absatz 4a Satz 2 bis 5 EStG

aa) Eintägige Auswärtstätigkeiten im Inland

46 Für eintägige auswärtige Tätigkeiten ohne Übernachtung kann ab einer Abwesenheit von mehr als acht Stunden von der Wohnung und der ersten Tätigkeitsstätte eine Pauschale von 12 Euro berücksichtigt werden. Dies gilt auch, wenn der Arbeitnehmer seine auswärtige berufliche Tätigkeit über Nacht (also an zwei Kalendertagen) ausübt – somit nicht übernachtet – und dadurch ebenfalls insgesamt mehr als acht Stunden von der Wohnung und der ersten Tätigkeitsstätte abwesend ist. Ist der Arbeitnehmer an einem Kalendertag mehrfach oder über Nacht (an zwei Kalendertagen ohne Übernachtung) auswärts tätig, können die Abwesenheitszeiten dieser Tätigkeiten zusammengerechnet und im Fall der Tätigkeit über Nacht für den Kalendertag berücksichtigt werden, an dem der Arbeitnehmer den überwiegenden Teil der insgesamt mehr als 8 Stunden abwesend ist.

Beispiel 29
Der Vertriebsleiter V verlässt um 8.00 Uhr seine Wohnung in B und besucht zuerst bis 12.00 Uhr einen Kunden. Von 12.30 Uhr bis 14.30 Uhr ist er in seinem Büro (erste Tätigkeitsstätte) tätig. Anschließend fährt er von dort zu einer Tagung in C und kehrt um 19.00 Uhr noch einmal für eine Stunde in sein Büro in B zurück.

Es zählen die Zeiten vom Verlassen der Wohnung bis zur Ankunft an der ersten Tätigkeitsstätte (Büro) mittags sowie vom Verlassen der ersten Tätigkeitsstätte (Büro) bis zur Rückkehr dorthin. V war zweimal beruflich auswärts tätig und dabei insgesamt mehr als acht Stunden von seiner Wohnung und seiner ersten Tätigkeitsstätte abwesend. Er erfüllt daher die Voraussetzungen der Verpflegungspauschale für eine eintägige Auswärtstätigkeit (12 Euro).

Beispiel 30
Der Kurierfahrer K ist typischerweise von 20.00 Uhr bis 5.30 Uhr des Folgetags beruflich unterwegs. In dieser Zeit legt er regelmäßig auch eine Lenkpause von 45 Minuten ein. Seine Wohnung verlässt K um 19.30 Uhr und kehrt um 6.00 Uhr dorthin zurück. Eine erste Tätigkeitsstätte liegt nicht vor.

K ist im Rahmen seiner beruflichen Auswärtstätigkeit (Fahrtätigkeit) über Nacht von seiner Wohnung abwesend. Bei der Lenkpause handelt es sich nicht um eine Übernachtung. Die Abwesenheitszeiten über Nacht können somit zusammengerechnet werden. Sie werden für den zweiten Kalendertag berücksichtigt, an dem A den überwiegenden Teil der Zeit abwesend ist. A erfüllt die Voraussetzungen der Verpflegungspauschale für eine eintägige Auswärtstätigkeit (12 Euro).

Abwandlung 1
Die berufliche Fahrtätigkeit des K verteilt sich wie folgt auf die Tage (in Stunden):

Montag		Dienstag		Mittwoch		Donnerstag		Freitag		Samstag	
5	4	5	4	5	4	4,5	5		5	4	

Im Fall der Zusammenrechnung der Abwesenheitszeiten über Nacht, kann K eine Verpflegungspauschale für eine eintägige Auswärtstätigkeit für folgende Tage beanspruchen: Montag, Dienstag, Mittwoch und Freitag.

Werden stattdessen die an dem jeweiligen Tag geleisteten einzelnen Abwesenheitszeiten zusammengerechnet, dann kann K für Dienstag, Mittwoch, Donnerstag und Freitag eine Verpflegungspauschale von 12 Euro beanspruchen.

Abwandlung 2
Die berufliche Fahrtätigkeit des K verteilt sich wie folgt auf die Tage (in Stunden):

Montag		Dienstag		Mittwoch		Donnerstag		Freitag		Samstag
5	4	5	4	5	4	4,5	4		4	5

Im Fall der Zusammenrechnung der Abwesenheitszeiten über Nacht, kann K eine Verpflegungspauschale für eine eintägige Auswärtstätigkeit für folgende Tage beanspruchen: Montag, Dienstag, Mittwoch, Donnerstag und Samstag.

Wären nur die an dem jeweiligen Tag geleisteten einzelnen Abwesenheitszeiten zu berücksichtigen und zusammenzurechnen, könnte K nur für Dienstag, Mittwoch und Donnerstag eine Verpflegungspauschale von 12 Euro beanspruchen.

Dies wird durch die gesetzliche Regelung des § 9 Absatz 4a Satz 3 Nummer 3 2. Halbsatz EStG verhindert, die anstelle der auf den Kalendertag bezogenen Betrachtung ausnahmsweise bei auswärtigen beruflichen Tätigkeiten über Nacht ohne Übernachtung die Zusammenrechnung dieser Zeiten ermöglicht.

Beispiel 31
Der Arbeitnehmer A unternimmt, ohne zu übernachten, eine Dienstreise, die am 5.5. um 17.00 Uhr beginnt und am 6.5. um 7.30 Uhr beendet wird. Am 6.5. unternimmt A nachmittags eine weitere Dienstreise (von 14.00 Uhr bis 23.30 Uhr).

A hat hier die Möglichkeit die Abwesenheitszeiten der ersten Dienstreise über Nacht zusammenzurechnen (=14 Stunden und 30 Minuten). Bedingt durch die überwiegende Abwesenheit am 6.5. ist die dafür zu berücksichtigende Verpflegungspauschale dann dem 6.5. zuzurechnen.

Alternativ können auch alle ausschließlich am 6.5. geleisteten Abwesenheitszeiten (7 Stunden 30 Minuten zuzüglich 8 Stunden 30 Minuten =16 Stunden) zusammengerechnet werden. In diesem Fall bleiben die im Rahmen der ersten Dienstreise angefallenen Abwesenheitszeiten unberücksichtigt.

Unabhängig davon, für welche Berechnungsmethode A sich entscheidet, steht ihm lediglich eine Verpflegungspauschale von 12 Euro für den 6.5. zu.

Eine Verpflegungspauschale von 24 Euro kommt nur in Betracht, wenn entweder die gesamte Tätigkeit über Nacht oder die Tätigkeit an dem jeweiligen Kalendertag 24 Stunden erreicht.

Beispiel 32
Der Arbeitnehmer A arbeitet von 8.30 Uhr bis 17.00 Uhr in seinem Büro in B (erste Tätigkeitsstätte), anschließend fährt er zu einem Geschäftstermin in C. Der Termin erstreckt sich bis 0.30 Uhr des Folgetags. A kehrt um 1.30 Uhr in seine Wohnung zurück.

A war wegen beruflicher Tätigkeit mehr als acht Stunden auswärts tätig. Dass sich die Abwesenheit über zwei Kalendertage ohne Übernachtung erstreckt, ist unschädlich. Die Abwesenheiten werden zusammengerechnet und dem ersten Kalendertag zugeordnet, weil an diesem Tag der überwiegende Teil der Abwesenheit stattgefunden hat. A erfüllt die Voraussetzungen der Verpflegungspauschale für eine eintägige Auswärtstätigkeit (12 Euro).

bb) Mehrtägige Auswärtstätigkeiten im Inland

47 Für die Kalendertage, an denen der Arbeitnehmer außerhalb seiner Wohnung und ersten Tätigkeitsstätte beruflich tätig ist (auswärtige berufliche Tätigkeit) und aus diesem Grund 24 Stunden von seiner Wohnung abwesend ist, kann weiterhin eine Pauschale von 24 Euro als Werbungskosten geltend gemacht bzw. vom Arbeitgeber steuerfrei ersetzt werden (**Zwischentag**).

48 Für den **An- und Abreisetag** einer mehrtägigen auswärtigen Tätigkeit mit Übernachtung außerhalb der Wohnung kann ohne Prüfung einer Mindestabwesenheitszeit eine Pauschale von jeweils 12 Euro als Werbungskosten berücksichtigt bzw. vom Arbeitgeber steuerfrei ersetzt werden. Insoweit ist es unerheblich, ob der Arbeitnehmer

die Reise von der Wohnung, der ersten oder einer anderen Tätigkeitsstätte aus antritt. Eine mehrtägige auswärtige Tätigkeit mit Übernachtung liegt auch dann vor, wenn die berufliche Auswärtstätigkeit über Nacht ausgeübt wird und sich daran eine Übernachtung am Tage sowie eine weitere Tätigkeit über Nacht anschließt. Unerheblich ist auch, ob für die Übernachtung tatsächlich Übernachtungskosten anfallen (so z. B. bei Schlafen im Bus, LKW oder Lok).

Beispiel 33
Der Ingenieur I aus B ist von Montagabend bis Dienstag in M auswärts tätig. An diese Tätigkeit schließt sich am Dienstag gleich die Weiterreise nach H zu einer neuen auswärtigen Tätigkeit an. I fährt von M direkt nach H und kehrt am Mittwochmittag zu seiner Wohnung zurück.

I kann folgende Verpflegungspauschalen beanspruchen: für Montag als Anreisetag und für Mittwoch als Rückreisetag stehen ihm jeweils 12 Euro zu. Da I am Dienstag infolge der Abreise aus M und direkten Anreise nach H 24 Stunden von seiner Wohnung und ersten Tätigkeitsstätte abwesend ist, kann er für diesen Tag eine Pauschale von 24 Euro beanspruchen.

Abwandlung
I sucht am Dienstag kurz seine Wohnung in B auf um Unterlagen und Kleidung einzupacken und fährt nach einer Stunde weiter nach H.

In diesem Fall kann I auch für Dienstag als An- und gleichzeitig als Abreisetag nur 12 Euro Verpflegungspauschale beanspruchen. Eine Verpflegungspauschale von 24 Euro kann nur dann beansprucht werden, wenn I infolge seiner beruflichen Auswärtstätigkeit 24 Stunden von seiner Wohnung und ersten Tätigkeitsstätte abwesend ist.

Beispiel 34
Monteur M aus I) ist von Montag bis Mittwoch in S auswärts tätig. Eine erste Tätigkeitsstätte besteht nicht. M verlässt am Montag um 10.30 Uhr seine Wohnung in D. M verlässt S am Mittwochabend und erreicht seine Wohnung in D am Donnerstag um 1.45 Uhr.

M steht für Montag (Anreisetag) eine Verpflegungspauschale von 12 Euro zu. Für Dienstag und Mittwoch kann M eine Pauschale von 24 Euro beanspruchten, da er an diesen Tagen 24 Stunden von seiner Wohnung abwesend ist. Für Donnerstag steht ihm eine Pauschale von 12 Euro zu (Abreisetag).

49 Als Wohnung im vorstehenden Sinn gilt (§ 9 Absatz 4a Satz 4, 2. Halbsatz EStG)
- der Hausstand, der den Mittelpunkt der Lebensinteressen des Arbeitnehmers bildet und nicht nur gelegentlich aufgesucht wird oder
- die Zweitwohnung am Ort einer steuerlich anzuerkennenden doppelten Haushaltsführung (insbesondere zu berücksichtigen, wenn der Arbeitnehmer mehrere Wohnungen hat).

Beispiel 35
Wohnung in diesem Sinne kann somit z. B. bei Auszubildenden auch die elterliche Wohnung sein, wenn sich dort noch der Lebensmittelpunkt des Auszubildenden befindet.

Beispiel 36
Übernachtet der Arbeitnehmer aus beruflichem Anlass z. B. im Rahmen einer Auswärtstätigkeit in seinem eigenen Ferienappartement, welches er nur gelegentlich aufsucht, handelt es sich um eine mehrtägige auswärtige Tätigkeit mit Übernachtung, auch wenn für die Übernachtung selbst keine Kosten entstehen.

cc) Auswärtstätigkeiten im Ausland

50 Für Tätigkeiten im Ausland gibt es nur noch zwei Pauschalen in Höhe von 120 Prozent und 80 Prozent der Auslandstagegelder nach dem Bundesreisekostengesetz unter den gleichen Voraussetzungen wie bei den inländischen Pauschalen. Die entsprechenden Beträge werden durch BMF-Schreiben bekannt gemacht.*) Im Hinblick auf die bei auswärtigen beruflichen Tätigkeiten im Ausland oftmals über Nacht oder mehrere Tage andauernden An- und Abreisen genügt es für die Qualifizierung als An- und Abreisetag, wenn der Arbeitnehmer unmittelbar nach der Anreise oder vor der Abreise auswärtig übernachtet. Die übrigen Regelungen zu den Besonderheiten bei Auswärtstätigkeiten im Ausland gelten weiter (so z. B. R 9.6 Absatz 3 LStR 2013**)).

51 Bei Auswärtstätigkeiten in verschiedenen ausländischen Staaten gilt für die Ermittlung der Verpflegungspauschalen am An- und Abreisetag Folgendes:
- Bei einer Anreise vom Inland ins Ausland oder vom Ausland ins Inland jeweils ohne Tätigwerden ist die Verpflegungspauschale des Ortes maßgebend, der vor 24.00 Uhr erreicht wird.
- Bei einer Abreise vom Ausland ins Inland oder vom Inland ins Ausland ist die Verpflegungspauschale des letzten Tätigkeitsortes maßgebend.

Beispiel 37
Der Arbeitnehmer A reist am Montag um 20.00 Uhr zu einer beruflichen Auswärtstätigkeit von seiner Wohnung in Berlin nach Brüssel. Er erreicht Belgien um 2.00 Uhr. Dienstag ist er den ganzen Tag in Brüssel tätig. Am Mittwoch reist er zu einem weiteren Geschäftstermin um 8.00 Uhr nach Amsterdam. Er erreicht Amsterdam um 14.00 Uhr. Dort ist er bis Donnerstag um 13.00 Uhr tätig und reist anschließend zurück nach Berlin. Er erreicht seine Wohnung am Donnerstag um 22.30 Uhr.

Für Montag ist die inländische Verpflegungspauschale für den Anreisetag maßgebend, da A sich um 24.00 Uhr noch im Inland befindet. Für Dienstag ist die Verpflegungspauschale für Belgien anzuwenden. Für Mittwoch ist die Verpflegungspauschale für die Niederlande zugrunde zu legen, da sich der Ort, den A vor 24 Uhr Ortszeit zuletzt erreicht hat, in den Niederlanden befindet (§ 9 Absatz 4a Satz 5 EStG). Für Donnerstag ist die Verpflegungspauschale der Niederlande für den Abreisetag maßgeblich, da A noch bis 13.00 Uhr in Amsterdam beruflich tätig war.

Beispiel 38
Der Arbeitnehmer A reist für ein berufliches Projekt am Sonntag um 21.00 Uhr von Paris nach Mannheim. Am Sonntag um 24.00 Uhr befindet sich A noch in Frankreich. A ist in Mannheim von Montag bis Freitag beruflich tätig und verlässt Mannheim am Freitag um 11.00 Uhr. Er erreicht Paris am Freitag um 21.00 Uhr.

Für Sonntag (Anreisetag) ist die Verpflegungspauschale für Frankreich maßgebend. Für Montag bis Freitag ist die jeweils maßgebliche inländische Verpflegungspauschale anzuwenden.

b) Dreimonatsfrist, § 9 Absatz 4a Satz 6 EStG

52 Wie bisher ist der Abzug der Verpflegungsmehraufwendungen auf die ersten drei Monate einer längerfristigen beruflichen Tätigkeit an derselben Tätigkeitsstätte beschränkt (vgl. Rz. 55). Werden im Rahmen einer beruflichen Tätigkeit mehrere ortsfeste betriebliche Einrichtungen innerhalb eines großräumigen Werks- oder Betriebsgeländes aufgesucht, handelt es sich um die Tätigkeit an einer Tätigkeitsstätte. Handelt es sich um einzelne ortsfeste betriebliche Einrichtungen verschiedener Auftraggeber oder Kunden, liegen mehrere Tätigkeitsstätten vor. Dies gilt auch dann, wenn sich die Tätigkeitsstätten in unmittelbarer räumlicher Nähe zueinander befinden.

53 Um die Berechnung der Dreimonatsfrist zu vereinfachen, wird eine rein zeitliche Bemessung der Unterbrechungsregelung eingeführt. Danach führt eine Unterbrechung der beruflichen Tätigkeit an derselben Tätigkeitsstätte zu einem Neubeginn der Dreimonatsfrist, wenn sie mindestens vier Wochen dauert (§ 9 Absatz 4a Satz 7 EStG). Der Grund der Unterbrechung ist unerheblich; es zählt nur noch die Unterbrechungsdauer.

54 Dies gilt auch, wenn die Unterbrechung der beruflichen Tätigkeit schon vor dem 1. Januar 2014 begonnen hat.

Beispiel 39
Der Arbeitnehmer A musste seine Tätigkeit in B wegen einer Krankheit ab dem 15. Dezember 2013 unterbrechen. Er nimmt seine Tätigkeit in B am 20. Januar 2014 wieder auf.

Die berufliche Tätigkeit des A in B wurde für mehr als vier Wochen unterbrochen. A kann somit für weitere drei Monate seiner Tätigkeit in B Verpflegungspauschalen als Werbungskosten geltend machen oder steuerfrei durch den Arbeitgeber ersetzt bekommen.

55 Von einer längerfristigen beruflichen Tätigkeit an derselben Tätigkeitsstätte ist erst dann auszugehen sobald der Arbeitnehmer an dieser mindestens an drei Tagen in der Woche tätig wird. Die Dreimonatsfrist beginnt daher nicht, solange die auswärtige Tätigkeitsstätte an nicht mehr als zwei Tagen in der Woche aufgesucht wird. Die Prüfung des Unterbrechungszeitraums und des Ablaufs der Dreimonatsfrist erfolgt stets im Nachhinein mit Blick auf die zurückliegende Zeit (Ex-post-Betrachtung).

Beispiel 40
Der Bauarbeiter A soll ab März 2014 arbeitstäglich an der Baustelle in H für 5 Monate tätig werden. Am 1. April 2014 nimmt er dort seine Tätigkeit auf. Ab 20. Mai 2014 wird er nicht nur in H, sondern für einen Tag wöchentlich auch an der Baustelle in B tätig, da dort ein Kollege ausgefallen ist.

---
*) Die Länderübersicht über die Auslandsreisekosten 2015 ist in Anhang 10 abgedruckt.
**) Jetzt LStR 2015.

Für die Tätigkeit an der Baustelle in H beginnt die Dreimonatsfrist am 1. April 2014 und endet am 30. Juni 2014. Eine vierwöchige Unterbrechung liegt nicht vor (immer nur eintägige Unterbrechung).

Für die Tätigkeit an der Baustelle in B greift die Dreimonatsfrist hingegen nicht, da A dort lediglich einen Tag wöchentlich tätig wird.

Abwandlung

Wie Beispiel 40, allerdings wird A ab 1. April 2014 zwei Tage wöchentlich in H und drei Tage in B tätig. Ab 15. April 2014 muss er für zwei Wochen nach M. Ab 1. Mai 2014 ist er dann bis auf Weiteres drei Tage wöchentlich in H und zwei Tage in B tätig. Für die Tätigkeit an der Baustelle in B beginnt die Dreimonatsfrist am 1. April 2014 und endet am 30. Juni 2014. Eine vierwöchige Unterbrechung liegt nicht vor (lediglich zwei Wochen und dann immer nur dreitägige Unterbrechung).

Für die Tätigkeit an der Baustelle in H beginnt die Dreimonatsfrist hingegen erst am 1. Mai 2014, da A dort erst ab diesem Tag an drei Tagen wöchentlich tätig wird.

Beispiel 41

Der Außendienstmitarbeiter A wohnt in K und hat am Betriebssitz seines Arbeitgebers in S seine erste Tätigkeitsstätte (arbeitsrechtliche Zuordnung durch AG). A sucht arbeitstäglich die Filiale in K gegen 8.00 Uhr auf und bereitet sich dort üblicherweise für eine bis zwei Stunden auf seinen Außendienst vor. Von ca. 10.00 Uhr bis 16.30 Uhr sucht er dann verschiedene Kunden im Großraum K auf. Anschließend fährt er nochmals in die Filiale in K, um Nacharbeiten zu erledigen.

Bei dem arbeitstäglichen Vor- und Nachbereiten der Außendiensttätigkeit in der Filiale in K handelt es sich um eine längerfristige berufliche Auswärtstätigkeit an derselben Tätigkeitsstätte; für die berufliche Tätigkeit an dieser Tätigkeitsstätte können nach Ablauf von drei Monaten daher keine Verpflegungspauschalen mehr beansprucht werden. Für die restliche eintägige berufliche Auswärtstätigkeit bei den verschiedenen Kunden im Großraum K gilt dies nicht. Die Tätigkeitszeit in der Filiale in K kann für die Ermittlung der erforderlichen Mindestabwesenheitszeit von mehr als 8 Stunden auch nach Ablauf von 3 Monaten nicht berücksichtigt werden, sondern ist abzuziehen. Ab dem vierten Monat kommt es für die Ermittlung der Abwesenheitszeiten der eintägigen Auswärtstätigkeit daher jeweils auf die Dauer der Abwesenheit von der Wohnung, abzüglich der Tätigkeitszeit(en) in der Filiale in K an.

56 Bei beruflichen Tätigkeiten auf mobilen, nicht ortsfesten betrieblichen Einrichtungen wie z. B. Fahrzeugen, Flugzeugen, Schiffen findet die Dreimonatsfrist ebenfalls keine Anwendung. Entsprechendes gilt für eine Tätigkeit in einem weiträumigen Tätigkeitsgebiet.

57 Die Regelungen zu den Verpflegungspauschalen sowie die Dreimonatsfrist gelten auch im Rahmen einer doppelten Haushaltsführung (§ 9 Absatz 4a Satz 12 EStG).

c) Pauschalbesteuerung nach § 40 Absatz 2 Satz 1 Nummer 4 EStG

58 Die Lohnsteuer kann mit einem Pauschsteuersatz von 25 Prozent erhoben werden, wenn dem Arbeitnehmer Vergütungen für Verpflegungsmehraufwendungen anlässlich einer Auswärtstätigkeit i. S. v. § 9 Absatz 4a Satz 3 bis 6 EStG gezahlt werden, soweit diese die danach dem Arbeitnehmer zustehenden Verpflegungspauschalen ohne Anwendung der Kürzungsregelung nach § 9 Absatz 4a Satz 8 bis 10 EStG um nicht mehr als 100 Prozent übersteigen.

59 Soweit nach Ablauf der Dreimonatsfrist eine steuerfreie Erstattung von Verpflegungsmehraufwendungen nicht mehr möglich ist, kommt eine Pauschalbesteuerung nach § 40 Absatz 2 Satz 1 Nummer 4 EStG nicht in Betracht.

Beispiel 42

Der Arbeitnehmer A erhält während einer ununterbrochenen viermonatigen Auswärtstätigkeit von seinem Arbeitgeber Vergütungen für Verpflegungsmehraufwendungen in Höhe von 48 Euro für jeden vollen Kalendertag. Für An- und Abreisetage reduziert sich diese Vergütung auf 24 Euro pro Tag. Während seiner Auswärtstätigkeit wird dem Arbeitnehmer kostenlos eine Unterkunft vom Arbeitgeber zur Verfügung gestellt.

In den ersten drei Monaten ist die Verpflegungspauschale für die vollen Kalendertage in Höhe von 24 Euro und für die An- und Abreisetage jeweils in Höhe von 12 Euro steuerfrei. Der Mehrbetrag von 24 Euro bzw. 12 Euro kann mit 25 Prozent pauschal versteuert werden. Ab dem vierten Monat sind die vom Arbeitgeber gezahlten Verpflegungsvergütungen von täglich 48 Euro bzw. 24 Euro wegen des Ablaufs der Dreimonatsfrist in voller Höhe als Arbeitslohn individuell zu versteuern.

60 Für Verpflegungszuschüsse, die im Rahmen einer doppelten Haushaltsführung gezahlt werden (§ 9 Absatz 4a Satz 12 EStG), ist die Pauschalbesteuerung nach § 40 Absatz 2 Satz 1 Nummer 4 EStG – wie bisher – nicht zulässig.

3. Vereinfachung der steuerlichen Erfassung der vom Arbeitgeber zur Verfügung gestellten Mahlzeiten während einer auswärtigen Tätigkeit, § 8 Absatz 2 Satz 8 und 9, § 9 Absatz 4a Satz 8 bis 10, § 40 Absatz 2 Nummer 1a EStG

a) Bewertung und Besteuerungsverzicht bei üblichen Mahlzeiten, § 8 Absatz 2 Satz 8 und 9 EStG

61 Eine vom Arbeitgeber während einer beruflich veranlassten Auswärtstätigkeit zur Verfügung gestellte „übliche" Mahlzeit wird mit dem amtlichen Sachbezugswert nach § 2 SvEV bewertet. Entsprechendes gilt für die im Rahmen einer beruflich veranlassten doppelten Haushaltsführung vom Arbeitgeber zur Verfügung gestellten „üblichen" Mahlzeiten. Als „üblich" gilt eine Mahlzeit, deren Preis 60 Euro nicht übersteigt (§ 8 Absatz 2 Satz 8 EStG). Hierbei sind auch die zur Mahlzeit eingenommenen Getränke einzubeziehen.

62 Mahlzeiten mit einem Preis von über 60 Euro dürfen nicht mit dem amtlichen Sachbezugswert bewertet werden. Bei einer solchen Mahlzeit wird typisierend unterstellt, dass es sich um ein „Belohnungsessen" (R 8.1 Absatz 8 Nummer 3 LStR 2013*)) handelt. Belohnungsessen sind mit dem tatsächlichen Preis als Arbeitslohn (§ 8 Absatz 2 Satz 1 EStG) anzusetzen.

63 Für die Prüfung der 60 Euro-Grenze kommt es auf den Preis der Mahlzeit (einschließlich Umsatzsteuer) an, den der Dritte dem Arbeitgeber in Rechnung stellt. Zuzahlungen des Arbeitnehmers sind bei der Prüfung der 60 Euro-Grenze nicht zu berücksichtigen. Ist der Preis der Mahlzeit in der Rechnung eines Dritten nicht beziffert, weil die Mahlzeit im Rahmen eines Gesamtpreises z. B. mit einer Fortbildungsveranstaltung berechnet wird, ist nach dem Gesamtbild der Verhältnisse im Einzelfall zu beurteilen, ob es sich um eine „übliche" Beköstigung i. S. d. § 8 Absatz 2 Satz 8 EStG gehandelt hat oder ob ein höherer Wert der Mahlzeit als 60 Euro anzunehmen ist.

64 Die für eine unmittelbar vom Arbeitgeber abgegebene Mahlzeit maßgeblichen Grundsätze gelten auch, wenn eine Mahlzeit auf Veranlassung des Arbeitgebers von einem Dritten an den Arbeitnehmer abgegeben wird. Die Gestellung einer Mahlzeit ist vom Arbeitgeber veranlasst, wenn er Tag und Ort der Mahlzeitengestellung bestimmt. Das ist insbesondere dann der Fall, wenn

- er die Verpflegungskosten im Hinblick auf die beruflich veranlasste Auswärtstätigkeit des Arbeitnehmers dienst- oder arbeitsrechtlich erstattet und

- die Rechnung auf den Arbeitgeber ausgestellt ist (R 8.1 Absatz 8 Nummer 2 Satz 6 LStR 2013) oder es sich um eine Kleinbetragsrechnung i. S. d. § 14 UStG i. V. m. § 33 UStDV handelt, die im Original beim Arbeitgeber vorliegt oder vorgelegen hat und zu Zwecken der elektronischen Archivierung eingescannt wurde.

65 Zu den vom Arbeitgeber zur Verfügung gestellten Mahlzeiten (Rz. 73 ff.) gehören auch die z. B. im Flugzeug, im Zug oder auf einem Schiff im Zusammenhang mit der Beförderung unentgeltlich angebotenen Mahlzeiten, sofern die Rechnung für das Beförderungsticket auf den Arbeitgeber ausgestellt ist und von diesem dienst- oder arbeitsrechtlich erstattet wird. Die Verpflegung muss dabei nicht offen auf der Rechnung ausgewiesen werden. Lediglich dann, wenn z. B. anhand des gewählten Beförderungstarifs feststeht, dass es sich um eine reine Beförderungsleistung handelt, bei der keine Mahlzeiten unentgeltlich angeboten werden, liegt keine Mahlzeitengestellung vor.

66 Die steuerliche Erfassung einer solchen üblichen Mahlzeit als Arbeitslohn ist ausgeschlossen, wenn der Arbeitnehmer für die betreffende Auswärtstätigkeit dem Grunde nach eine Verpflegungspauschale i. S. d. § 9 Absatz 4a EStG als Werbungskosten geltend machen könnte. Auf die Höhe der tatsächlich als Werbungskosten anzusetzenden Verpflegungspauschale kommt es nicht an. Ebenso ist eine mögliche Kürzung des Werbungskostenabzugs nach § 9 Absatz 4a Satz 8 ff. EStG wegen der Gestellung einer Mahlzeit unerheblich.

67 Im Ergebnis unterbleibt die Erfassung der mit dem Sachbezugswert bewerteten Mahlzeit bereits immer dann, wenn der Arbeitnehmer anlässlich einer beruflich veranlassten Auswärtstätigkeit eine Verpflegungspauschale beanspruchen kann, weil er innerhalb der Dreimonatsfrist nach § 9 Absatz 4a Satz 6 EStG nachweislich mehr als

---

*) Jetzt R 8.1 Abs. 8 Nr. 2 LStR 2015.

acht Stunden von seiner Wohnung und der ersten Tätigkeitsstätte abwesend ist oder eine mehrtägige Auswärtstätigkeit mit Übernachtung vorliegt. Nach Ablauf der Dreimonatsfrist ist die Gestellung einer Mahlzeit grundsätzlich als Arbeitslohn zu erfassen.

Beispiel 43

Der Arbeitnehmer A nimmt auf Veranlassung seines Arbeitgebers an einem zweitägigen Seminar mit Übernachtung teil. Die Hotelrechnung ist auf den Arbeitgeber ausgestellt. Der Arbeitgeber erstattet die vom Arbeitnehmer verauslagten Übernachtungskosten von 100 Euro incl. 20 Euro für ein Frühstück im Rahmen der Reisekostenabrechnung des Arbeitnehmers. Die auf den Arbeitgeber ausgestellte Rechnung des Seminarveranstalters hat der Arbeitgeber unmittelbar bezahlt. Darin enthalten ist für beide Seminartage jeweils ein für derartige Veranstaltungen typisches Mittagessen, dessen Preis in der Rechnung nicht gesondert ausgewiesen ist.

Der Arbeitnehmer A erhält sowohl das Frühstück als auch die beiden Mittagessen auf Veranlassung seines Arbeitgebers. Für den An- und den Abreisetag steht ihm grundsätzlich jeweils eine Verpflegungspauschale i. H. v. 12 Euro zu.

Obgleich der Preis der Mittagessen in der Rechnung des Seminarveranstalters nicht beziffert ist, kann aufgrund der Art und Durchführung der Seminarveranstaltung von einer üblichen Beköstigung ausgegangen werden, deren Preis 60 Euro nicht übersteigt. Die Mahlzeiten sind daher nicht als Arbeitslohn zu erfassen und die Verpflegungspauschale des Arbeitnehmers im Hinblick auf die zur Verfügung gestellten Mahlzeiten nach § 9 Absatz 4a Satz 8 EStG zu kürzen (vgl. Rz. 73 ff.).

68 Eine vom Arbeitgeber oder auf dessen Veranlassung von einem Dritten abgegebene Mahlzeit mit einem höheren Preis als 60 Euro ist stets als Arbeitslohn zu erfassen. Das gilt auch dann, wenn der Preis der Mahlzeit zwar nicht offen in Rechnung gestellt, nach dem Gesamtbild der Umstände aber als unüblich i. S. d. § 8 Absatz 2 Satz 8 EStG anzusehen ist und ein Wert der Mahlzeit von mehr als 60 Euro unterstellt werden kann. Im Zweifel ist der Wert der Mahlzeit zu schätzen. Eine unübliche Mahlzeit ist als Arbeitslohn zu erfassen, unabhängig davon, ob der Arbeitnehmer für die betreffende Auswärtstätigkeit eine Verpflegungspauschale als Werbungskosten geltend machen kann.

Beispiel 44

Der Arbeitnehmer A nimmt im Auftrag seines Arbeitgebers an einer eintägigen Podiumsdiskussion mit anschließender Abendveranstaltung teil. Die auf den Arbeitgeber ausgestellte Rechnung des Veranstalters hat der Arbeitgeber unmittelbar bezahlt. Darin enthalten sind die Kosten für ein Galadinner, das mit 80 Euro separat ausgewiesen ist. Der Arbeitnehmer ist mehr als acht Stunden von seiner Wohnung und seiner ersten Tätigkeitsstätte abwesend. Der Arbeitnehmer erhält das Galadinner vom Veranstalter der Podiumsdiskussion auf Veranlassung seines Arbeitgebers. Angesichts der Kosten von mehr als 60 Euro ist von einem Belohnungsessen auszugehen (unübliche Beköstigung gemäß § 8 Absatz 2 Satz 8 EStG), so dass die dafür berechneten 80 Euro als Arbeitslohn anzusetzen sind. Der Arbeitnehmer kann als Werbungskosten eine ungekürzte Verpflegungspauschale i. H. v. 12 Euro geltend machen.

69 Der Ansatz einer nach § 8 Absatz 2 Satz 8 EStG mit dem amtlichen Sachbezugswert bewerteten Mahlzeit als Arbeitslohn setzt voraus, dass es sich um eine übliche Mahlzeit handelt und der Arbeitnehmer keine Verpflegungspauschale beanspruchen kann; dies liegt regelmäßig vor, wenn er nicht mehr als acht Stunden außerhalb seiner Wohnung und seiner ersten Tätigkeitsstätte beruflich tätig ist oder die Dreimonatsfrist nach § 9 Absatz 4a Satz 6 EStG überschritten ist.

70 Zahlt der Arbeitnehmer in diesen Fällen ein Entgelt für die erhaltene Mahlzeit, mindert dieses Entgelt den steuerpflichtigen geldwerten Vorteil. Es ist nicht zu beanstanden, wenn der Arbeitgeber ein vereinbartes Entgelt für die Mahlzeit im Rahmen der Lohnabrechnung unmittelbar aus dem Nettoentgelt des Arbeitnehmers entnimmt. Übersteigt das vom Arbeitnehmer gezahlte Entgelt den maßgebenden Sachbezugswert oder entspricht es dem Sachbezugswert, verbleibt kein steuerpflichtiger geldwerter Vorteil. Der den Sachbezugswert übersteigende Betrag darf nicht als Werbungskosten abgezogen werden.

71 Gleiches gilt, wenn der Arbeitnehmer bei der Gestellung einer Mahlzeit auf Veranlassung des Arbeitgebers ein zuvor vereinbartes Entgelt unmittelbar an den Dritten entrichtet. Es muss sich hierbei aber um ein Entgelt des Arbeitnehmers handeln. Wird das vom Dritten in Rechnung gestellte Entgelt zunächst vom Arbeitnehmer verauslagt und diesem anschließend vom Arbeitgeber erstattet, handelt es sich nicht um ein Entgelt des Arbeitnehmers. Das gilt insbesondere für den auf den Arbeitgeber ausgestellten Rechnungsbetrag.

Beispiel 45

Der Arbeitnehmer A nimmt auf Veranlassung seines Arbeitgebers an einem zweitägigen Seminar mit Übernachtung teil. Die auf den Arbeitgeber ausgestellte Hotelrechnung von 100 Euro incl. 20 Euro für ein Frühstück wird zunächst vom Arbeitnehmer bezahlt. Der Arbeitgeber erstattet dem Arbeitnehmer die Übernachtungskosten incl. Frühstück im Rahmen der Reisekostenabrechnung.

Im Hinblick auf die Rechnungsstellung und spätere Erstattung der Auslagen durch den Arbeitnehmer handelt es sich bei dem in der Hotelrechnung für das Frühstück enthaltenen Kostenanteil nicht um ein Entgelt des Arbeitnehmers. Da es sich bei den zur Verfügung gestellten Mahlzeiten um übliche Mahlzeiten handelt, sind diese nicht als Arbeitslohn zu erfassen; beim Werbungskostenabzug des Arbeitnehmers sind die Verpflegungspauschalen entsprechend zu kürzen (für den zweiten Tag zustehende Verpflegungspauschale um 4,80 Euro).

Beispiel 46

Der Arbeitnehmer A wird für sechs Monate von seinem Arbeitgeber an einen Tochterbetrieb im Inland entsandt. Für die Zeit der Entsendung übernachtet der Arbeitnehmer während der Woche in einem Hotel in der Nähe des Tochterbetriebs. Das Hotel stellt dem Arbeitgeber pro Übernachtung 70 Euro zuzüglich 10 Euro für ein Frühstück in Rechnung, das der Arbeitnehmer zunächst verauslagt und dann im Rahmen der Reisekostenabrechnung von seinem Arbeitgeber erstattet erhält. Es liegt eine beruflich veranlasste Auswärtstätigkeit vor. Der Arbeitnehmer erhält das Frühstück jeweils auf Veranlassung seines Arbeitgebers. Für die ersten drei Monate der Auswärtstätigkeit stehen dem Arbeitnehmer arbeitstäglich Verpflegungspauschalen zu. Da es sich bei den zur Verfügung gestellten Mahlzeiten um übliche Mahlzeiten handelt, sind diese nicht als Arbeitslohn zu erfassen und beim Werbungskostenabzug des Arbeitnehmers die Verpflegungspauschalen entsprechend zu kürzen.

Ab dem vierten Monat der Auswärtstätigkeit stehen dem Arbeitnehmer keine Verpflegungspauschalen mehr zu. Das Frühstück ist jeweils mit dem amtlichen Sachbezugswert als Arbeitslohn zu erfassen, der nach § 40 Absatz 2 Satz 1 Nummer 1a EStG pauschal besteuert (vgl. dazu Rz. 93 ff.) werden kann.

Abwandlung

Sachverhalt wie voriges Beispiel. Allerdings zahlt der Arbeitnehmer A für das Frühstück jeweils 3 Euro.

Das vom Arbeitnehmer A für das Frühstück gezahlte Entgelt ist ab dem vierten Monat auf den Sachbezugswert anzurechnen. Da das Entgelt höher ist als der Sachbezugswert, unterbleibt eine Besteuerung als Arbeitslohn. Der den Sachbezugswert übersteigende Betrag darf nicht als Werbungskosten abgezogen werden.

Die Vorteile aus der Teilnahme des Arbeitnehmers an einer geschäftlich veranlassten Bewirtung i. S. d. § 4 Absatz 5 Satz 1 Nummer 2 EStG gehören weiterhin nicht zum Arbeitslohn (R 8.1 Absatz 8 Nummer 1 LStR 2013*)). Entsprechendes gilt für die im ganz überwiegenden eigenbetrieblichen Interesse des Arbeitgebers abgegebenen Mahlzeiten. Hierzu gehören insbesondere die Teilnahme an einem Arbeitsessen (R 19.6 Absatz 2 Satz 2 LStR 2013*)) sowie die im Rahmen einer üblichen Betriebsveranstaltung (R 19.5 LStR 2013) abgegebenen Mahlzeiten. 72

b) Kürzung der Verpflegungspauschalen, § 9 Absatz 4a Satz 8 bis 10 EStG

aa) Voraussetzungen der Mahlzeitengestellung

Der Arbeitnehmer kann für die ihm tatsächlich entstandenen Mehraufwendungen für Verpflegung aufgrund einer beruflich veranlassten Auswärtstätigkeit nach der Abwesenheitszeit von seiner Wohnung und seiner ersten Tätigkeitsstätte gestaffelte Verpflegungspauschalen als Werbungskosten ansetzen oder in entsprechender Höhe einen steuerfreien Arbeitgeberersatz erhalten. Das Merkmal „tatsächlich entstandene" Mehraufwendungen bringt dabei zum Ausdruck, dass die Verpflegungspauschalen insoweit nicht mehr zum Ansatz kommen, als der Arbeitnehmer während seiner beruflichen Auswärtstätigkeit durch den Arbeitgeber „verpflegt" wird. Eine Prüfungspflicht hinsichtlich der Höhe der tatsächlich entstandenen Aufwendungen besteht nicht. Wird dem Arbeitnehmer von seinem Arbeitgeber oder auf dessen Veranlassung von einem Dritten eine Mahlzeit zur Verfügung gestellt, wird der Werbungskostenabzug vielmehr tageweise gekürzt, und zwar 73

---

*) Jetzt LStR 2015.

§ 9 EStG
R 9.4

- um 20 Prozent für ein Frühstück und
- um jeweils 40 Prozent für ein Mittag- und Abendessen

der für die 24-stündige Abwesenheit geltenden höchsten Verpflegungspauschale. Das entspricht für Auswärtstätigkeiten im Inland einer Kürzung der jeweils zustehenden Verpflegungspauschale um 4,80 Euro für ein Frühstück und jeweils 9,60 Euro für ein Mittag- und Abendessen. Diese typisierende, pauschale Kürzung der Verpflegungspauschale ist tagesbezogen und maximal bis auf 0 Euro vorzunehmen.

74 Auch ein vom Arbeitgeber zur Verfügung gestellter Snack oder Imbiss (z. B. belegte Brötchen, Kuchen, Obst), der während einer auswärtigen Tätigkeit gereicht wird, kann eine Mahlzeit sein, die zur Kürzung der Verpflegungspauschale führt. Eine feste zeitliche Grenze für die Frage, ob ein Frühstück, Mittag- oder Abendessen zur Verfügung gestellt wird, gibt es nicht. Maßstab für die Einordnung ist vielmehr, ob die zur Verfügung gestellte Verpflegung an die Stelle einer der genannten Mahlzeiten tritt, welche üblicherweise zu der entsprechenden Zeit eingenommen wird.

75 Unbeachtlich im Hinblick auf die gesetzlich vorgeschriebene pauschale Kürzung der Verpflegungspauschalen ist, ob die vom Arbeitgeber zur Verfügung gestellte Mahlzeit vom Arbeitnehmer tatsächlich eingenommen wird oder die Aufwendungen für die vom Arbeitgeber gestellte Mahlzeit niedriger sind als der jeweilige pauschale Kürzungsbetrag. Die Kürzung kann nur dann unterbleiben, wenn der Arbeitgeber keine Mahlzeit zur Verfügung stellt, z. B. weil er die entsprechende Mahlzeit abbestellt oder der Arbeitnehmer die Mahlzeit selbst veranlasst und bezahlt.

Beispiel 47

Der Arbeitnehmer A ist von 9.00 Uhr bis 18.00 auswärts bei verschiedenen Kunden beruflich tätig. In der Mittagspause kauft er sich eine Pizza und ein Wasser für 8 Euro.

Da A anlässlich einer eintägigen beruflichen Auswärtstätigkeit mehr als acht Stunden von seiner Wohnung abwesend ist, könnte er eine Verpflegungspauschale von 12 Euro beanspruchen. Würde A die Rechnung für die mittags verzehrte Pizza und das Wasser seinem Arbeitgeber vorlegen und von diesem erstattet bekommen, könnte A neben 8 Euro Erstattungsbetrag nur noch eine gekürzte Verpflegungspauschale von 2,40 Euro (12 Euro – 9,60 Euro) beanspruchen.

76 Bei der Hingabe von Essensmarken durch den Arbeitgeber im Rahmen einer beruflichen Auswärtstätigkeit des Arbeitnehmers handelt es sich in der Regel nicht um eine vom Arbeitgeber gestellte Mahlzeit, sondern lediglich um eine Verbilligung der vom Arbeitnehmer selbst veranlassten und bezahlten Mahlzeit.

Beispiel 48

Der Arbeitnehmer A ist auf einer dreitägigen Auswärtstätigkeit. Der Arbeitgeber hat für den Arbeitnehmer in einem Hotel zwei Übernachtungen jeweils mit Frühstück sowie am Zwischentag ein Mittag- und ein Abendessen gebucht und bezahlt. Der Arbeitnehmer A erhält vom Arbeitgeber keine weiteren Reisekostenerstattungen.

Der Arbeitgeber hat keinen geldwerten Vorteil für die Mahlzeiten zu versteuern. Der Arbeitnehmer kann für die Auswärtstätigkeit folgende Verpflegungspauschalen als Werbungskosten geltend machen:

Anreisetag:			12,00 Euro
Zwischentag:			24,00 Euro
Kürzung:	Frühstück	– 4,80 Euro	
	Mittagessen	– 9,60 Euro	
	Abendessen	– 9,60 Euro	
verbleiben für Zwischentag			0,00 Euro
Abreisetag:			12,00 Euro
Kürzung:	Frühstück	– 4,80 Euro	
verbleiben für den Abreisetag			7,20 Euro
Insgesamt abziehbar			19,20 Euro

Beispiel 49

Der Werbegrafiker W arbeitet von 10.00 Uhr bis 20.00 Uhr in seinem Büro in B (erste Tätigkeitsstätte), anschließend fährt er zu einem Geschäftstermin in C. Der Termin erstreckt sich bis 3.00 Uhr des Folgetags. W kehrt um 4.30 Uhr in seine Wohnung zurück. Zu Beginn des Geschäftstermins nimmt W an einem Abendessen teil, welches vom Arbeitgeber des W bestellt und bezahlt wird.

W ist im Rahmen seiner beruflichen Tätigkeit mehr als acht Stunden auswärts tätig. Dass sich diese Abwesenheit über zwei Kalendertage ohne Übernachtung erstreckt, ist unschädlich. Die Abwesenheitszeiten werden zusammengerechnet und dem zweiten Kalendertag zugeordnet, da an diesem Tag der überwiegende Teil der Abwesenheit stattgefunden hat. Die Verpflegungspauschale von 12 Euro für die berufliche Abwesenheit von mehr als acht Stunden über Nacht ist allerdings um 9,60 Euro zu kürzen; dass die Mahlzeit am ersten Tag vom Arbeitgeber gestellt wird und die Verpflegungspauschale dem Folgetag (Tag an dem die Auswärtstätigkeit endet) zuzuordnen ist, ist dabei unbeachtlich; dem Arbeitnehmer wird im Zusammenhang mit der beruflichen Auswärtstätigkeit, für die er die Verpflegungspauschale beanspruchen kann, eine Mahlzeit vom Arbeitgeber gestellt.

bb) Weitere Voraussetzungen der Kürzung

Die Kürzung der Verpflegungspauschalen ist auch dann vorzunehmen, wenn der Arbeitgeber die dem Arbeitnehmer zustehende Reisekostenvergütung lediglich gekürzt ausbezahlt. Nur ein für die Gestellung der Mahlzeit vereinbartes und vom Arbeitnehmer tatsächlich gezahltes Entgelt mindert den Kürzungsbetrag. Es ist hierbei nicht zu beanstanden, wenn der Arbeitgeber das für die Mahlzeit vereinbarte Entgelt im Rahmen eines abgekürzten Zahlungsweges unmittelbar aus dem Nettolohn des Arbeitnehmers entnimmt. Gleiches gilt, wenn der Arbeitgeber das Entgelt im Wege der Verrechnung aus der dem Arbeitnehmer dienst- oder arbeitsrechtlich zustehenden Reisekostenerstattung entnimmt. 77

Beispiel 50

Der Arbeitnehmer A ist auf einer dreitägigen Auswärtstätigkeit. Der Arbeitgeber hat für den Arbeitnehmer A in einem Hotel zwei Übernachtungen jeweils mit Frühstück sowie am Zwischentag ein Mittag- und ein Abendessen gebucht und bezahlt. Zusätzlich zu diesen Leistungen möchte der Arbeitgeber auch noch eine steuerfreie Reisekostenerstattung zahlen. Für die vom Arbeitgeber veranlassten und bezahlten Mahlzeiten soll jeweils ein Betrag in Höhe des geltenden Sachbezugswertes (2014: Frühstück 1,63 Euro und Mittag-/Abendessen 3,00 Euro*)) einbehalten werden.

Der Arbeitgeber hat keinen geldwerten Vorteil für die Mahlzeiten zu versteuern. Der Arbeitgeber kann für die Auswärtstätigkeit höchstens noch folgende Beträge zusätzlich für die Verpflegung steuerfrei auszahlen:

Anreisetag:			12,00 Euro
Zwischentag:			24,00 Euro
Kürzung:	Frühstück	– 4,80 Euro	
	Mittagessen	– 9,60 Euro	
	Abendessen	– 9,60 Euro	
verbleiben für Zwischentag			0,00 Euro
Abreisetag:			12,00 Euro
Kürzung:	Frühstück	– 4,80 Euro	
verbleiben für den Abreisetag			7,20 Euro
Insgesamt steuerfrei auszahlbar			19,20 Euro

Zahlt der Arbeitgeber angesichts der Mahlzeitengestellung nur eine (z. B. um die amtlichen Sachbezugswerte für zwei Frühstücke je 1,63 Euro, ein Mittagessen je 3,00 Euro und ein Abendessen je 3,00 Euro zusammen also um 9,26 Euro) gekürzte steuerfreie Reisekostenerstattung von 9,94 Euro an seinen Arbeitnehmer, kann der Arbeitnehmer die Differenz von 9,26 Euro als Werbungskosten geltend machen. In diesem Fall hat der Arbeitnehmer einen arbeitsrechtlichen Anspruch (nur) auf eine gekürzte Reisekostenerstattung.

Anreisetag:			12,00 Euro
Zwischentag:			24,00 Euro
Kürzung:	Frühstück	– 4,80 Euro	
	Mittagessen	– 9,60 Euro	
	Abendessen	– 9,60 Euro	
verbleiben für Zwischentag			0,00 Euro
Abreisetag:			12,00 Euro
Kürzung:	Frühstück	– 4,80 Euro	
verbleiben für den Abreisetag			7,20 Euro
Insgesamt Verpflegungspauschalen			19,20 Euro
abzüglich steuerfreie Reisekostenerstattung			9,94 Euro
verbleiben als Werbungskosten			9,26 Euro

Nimmt der Arbeitgeber den Einbehalt in Höhe der Sachbezugswerte z. B. von einem Betrag in Höhe der ungekürzten Verpflegungspauschalen (48,00 Euro) vor und zahlt nur eine gekürzte Reisekostenerstattung von 38,74 Euro (48 Euro – 9,26 Euro) an den Arbeitnehmer, können ebenfalls höchstens 19,20 Euro steuerfrei erstattet werden. Der darüber hinausgehende, vom Arbeitgeber ausgezahlte Betrag von 19,54 Euro (= 38,74 Euro – 19,20 Euro) ist pauschal (nach § 40 Absatz 2 Satz 1 Nummer 4 EStG höchstens bis zu 48,00 Euro) oder individuell zu besteuern.

---

*) Für 2015 gelten die angegebenen Sachbezugswerte entsprechend.

§ 9 EStG
R 9.4

Zahlt der Arbeitgeber eine ungekürzte steuerfreie Reisekostenerstattung von 19,20 Euro, zieht hiervon aber im Wege der Verrechnung ein Entgelt für die gestellten Mahlzeiten in Höhe der amtlichen Sachbezugswerte ab, ist die Kürzung der Verpflegungspauschalen um die verrechneten Entgelte zu kürzen, im Gegenzug aber die ungekürzte steuerfreie Reisekostenerstattung von 19,20 Euro abzuziehen. Zwar erhält der Arbeitnehmer nur 9,94 Euro ausgezahlt, dies ist aber wirtschaftlich die Differenz aus 19,20 Euro steuerfreie Reisekostenerstattung – 9,26 Euro Entgelt für die gestellten Mahlzeiten. In diesem Fall hat der Arbeitnehmer einen arbeitsrechtlichen Anspruch auf eine ungekürzte steuerfreie Reisekostenerstattung, die der Arbeitgeber aber im Rahmen der Erfüllung dieses Erstattungsanspruchs mit seinem Anspruch auf das für die Mahlzeiten vereinbarte Entgelt aufrechnet. Die arbeitgeberinterne Verrechnung ändert nicht den wirtschaftlichen Charakter oder die Anspruchsgrundlage der Reisekostenerstattung.

Anreisetag:		12,00 Euro
Zwischentag:		24,00 Euro
Kürzung:	Frühstück	– 3,17 Euro
	(4,80 – 1,63 Euro)	
	Mittagessen	– 6,60 Euro
	(9,60 – 3,00 Euro)	
	Abendessen	– 6,60 Euro
	(9,60 – 3,00 Euro)	
verbleiben für Zwischentag		7,63 Euro
Abreisetag:		12,00 Euro
Kürzung:	Frühstück	– 3,17 Euro
	(4,80 – 1,63 Euro)	
verbleiben für den Abreisetag		8,83 Euro
Insgesamt Verpflegungspauschalen		28,46 Euro
abzüglich steuerfreie Reisekostenerstattung		19,20 Euro
verbleiben als Werbungskosten		9,26 Euro

Zahlt der Arbeitgeber eine ungekürzte Reisekostenerstattung von 48 Euro und zieht hiervon das für die Mahlzeiten vereinbarte Entgelt in Höhe der Sachbezugswerte im Wege der Verrechnung ab (48,00 Euro – 9,26 Euro = 38,74 Euro), ändert dies nichts an der Berechnung der dem Arbeitnehmer steuerlich zustehenden Verpflegungspauschalen. In diesem Fall können ebenfalls 28,46 Euro steuerfrei erstattet werden. Der darüber hinausgehende, dem Arbeitnehmer arbeitsrechtlich zustehende Erstattungsbetrag von 19,54 Euro (= 48,00 Euro – 28,46 Euro) ist pauschal (nach § 40 Absatz 2 Satz 1 Nummer 4 EStG höchstens bis zu 48,00 Euro) oder individuell zu besteuern.

Abwandlung 1

Wie Beispiel 50 Ausgangsfall, allerdings zahlt der Arbeitnehmer A für das Frühstück je 5 Euro und für das Mittag- und das Abendessen je 7 Euro.

Anreisetag:		12,00 Euro
Zwischentag:		24,00 Euro
Kürzung:	Frühstück	– 0,00 Euro
	(4,80 – 5,00 Euro)	
	Mittagessen	– 2,60 Euro
	(9,60 – 7,00 Euro)	
	Abendessen	– 2,60 Euro
	(9,60 – 7,00 Euro)	
verbleiben für den Zwischentag		18,80 Euro
Abreisetag:		12,00 Euro
Kürzung:	Frühstück	– 0,00 Euro
	(4,80 – 5,00 Euro)	
verbleiben für den Abreisetag		12,00 Euro
Insgesamt steuerfrei auszahlbar		42,80 Euro

Abwandlung 2

Sachverhalt wie Beispiel 50 Ausgangsfall, allerdings zahlt der Arbeitnehmer für die volle Verpflegung am Zwischentag pauschal 19,00 Euro.

Anreisetag:		12,00 Euro
Zwischentag:		24,00 Euro
Kürzung:	Tages- verpflegung	– 5,00 Euro
	(24 Euro – 19 Euro)	
verbleiben für Zwischentag		19,00 Euro
Abreisetag:		12,00 Euro
Kürzung:	Frühstück	– 4,80 Euro
verbleiben für den Abreisetag		7,20 Euro
Insgesamt steuerfrei auszahlbar		38,20 Euro

Beispiel 51

Der Arbeitnehmer ist während einer eintägigen Auswärtstätigkeit von 5.00 bis 22.00 Uhr abwesend. Der Arbeitgeber stellt am Reisetag zwei Mahlzeiten (Mittag- und Abendessen) zur Verfügung. Für eintägige Auswärtstätigkeiten erstattet der Arbeitgeber dem Arbeitnehmer einen Verpflegungsmehraufwand von 30,00 Euro.

Aufgrund der Kürzung der Verpflegungspauschale verbleibt kein steuerfreier Reisekostenersatz für Verpflegungsmehraufwendungen.

Verpflegungspauschale		12,00 Euro
Kürzung:	Mittagessen	– 9,60 Euro
	Abendessen	– 9,60 Euro
verbleibt Verpflegungspauschale:		0,00 Euro

Die Erstattung des Verpflegungsmehraufwands durch den Arbeitgeber ist in Höhe von 30,00 Euro grundsätzlich steuerpflichtiger Arbeitslohn. Nach § 40 Absatz 2 Satz 1 Nummer 4 EStG kann der Arbeitgeber einen Betrag von 12,00 Euro (100 Prozent des in § 9 Absatz 4a Satz 3 Nummer 2 EStG genannten Betrags) pauschal mit 25 Prozent besteuern. Die verbleibenden 18,00 Euro (30,00 Euro abzüglich 12,00 Euro) sind nach den persönlichen Besteuerungsmerkmalen des Arbeitnehmers individuell zu besteuern.

78 Zuzahlungen des Arbeitnehmers sind jeweils vom Kürzungsbetrag derjenigen Mahlzeit abzuziehen, für die der Arbeitnehmer das Entgelt zahlt. Übersteigt das vom Arbeitnehmer für die Mahlzeit gezahlte Entgelt den Kürzungsbetrag, entfällt für diese Mahlzeit die Kürzung des Werbungskostenabzugs. Eine Verrechnung etwaiger Überzahlungen des Arbeitnehmers mit Kürzungsbeträgen für andere Mahlzeiten ist nicht zulässig.

Beispiel 52

Der Arbeitnehmer A ist auf einer dreitägigen Auswärtstätigkeit. Der Arbeitgeber hat für den Arbeitnehmer in einem Hotel zwei Übernachtungen jeweils mit Frühstück sowie am Zwischentag ein Mittag- und ein Abendessen gebucht und bezahlt. Der Arbeitnehmer A zahlt für das Mittag- und Abendessen je 10 Euro.

Anreisetag:		12,00 Euro
Zwischentag:		24,00 Euro
Kürzung:	Frühstück	– 4,80 Euro
	Mittagessen	– 0,00 Euro
	(9,60 – 10,00 Euro)	
	Abendessen	– 0,00 Euro
	(9,60 – 10,00 Euro)	
verbleiben für den Zwischentag		19,20 Euro
Abreisetag:		12,00 Euro
Kürzung:	Frühstück	– 4,80 Euro
verbleiben für den Abreisetag		7,20 Euro
Insgesamt Verpflegungspauschalen		38,40 Euro

79 Die Kürzung der Verpflegungspauschale ist auch dann vorzunehmen, wenn der Arbeitgeber den amtlichen Sachbezugswert der Mahlzeit pauschal besteuert hat.

Beispiel 53

Der Arbeitnehmer A nimmt an einer eintägigen Fortbildungsveranstaltung teil. Der Arbeitgeber hat für den Arbeitnehmer A auf dieser Fortbildungsveranstaltung ein Mittagessen gebucht und bezahlt. Der Arbeitgeber besteuert das Mittagessen nach § 40 Absatz 2 Satz 1 Nummer 1a EStG pauschal, da er keine Aufzeichnungen über die Abwesenheit des Arbeitnehmers führt. Der Arbeitnehmer A erhält vom Arbeitgeber keine weiteren Reisekostenerstattungen.

Der A kann anhand seiner Bahntickets gegenüber dem Finanzamt nachweisen, dass er für die Fortbildung insgesamt zehn Stunden von seiner Wohnung und seiner ersten Tätigkeitsstätte abwesend war. Er kann für die Fortbildung folgende Verpflegungspauschalen als Werbungskosten abziehen:

eintägige Auswärtstätigkeit:	12,00 Euro
Kürzung: 1 × Mittagessen	– 9,60 Euro
verbleiben als Verpflegungspauschale:	2,40 Euro

80 Erhält der Arbeitnehmer steuerfreie Erstattungen für Verpflegung vom Arbeitgeber, ist ein Werbungskostenabzug insoweit ausgeschlossen.

Beispiel 54

Der Arbeitnehmer A ist auf einer dreitägigen Auswärtstätigkeit. Der Arbeitgeber hat für den Arbeitnehmer in einem Hotel zwei Übernachtungen jeweils mit Frühstück sowie am Zwischentag ein Mittag- und ein Abendessen gebucht und bezahlt. Der Arbeitnehmer A erhält von seinem Arbeitgeber zusätzlich zu den zur Verfügung gestellten Mahlzeiten noch eine steuerfreie Reisekostenerstattung für Verpflegungsmehraufwendungen i. H. v. 19,20 Euro.

§ 9 EStG
R 9.4

Der Arbeitgeber muss keinen geldwerten Vorteil für die Mahlzeiten versteuern. Der A kann für die Auswärtstätigkeit keine Verpflegungspauschalen als Werbungskosten geltend machen:

Anreisetag:		12,00 Euro
Zwischentag:		24,00 Euro
Kürzung:	Frühstück	– 4,80 Euro
	Mittagessen	– 9,60 Euro
	Abendessen	– 9,60 Euro
verbleiben für Zwischentag		0,00 Euro
Abreisetag:		12,00 Euro
Kürzung:	Frühstück	– 4,80 Euro
verbleiben für den Abreisetag		7,20 Euro
Insgesamt Verpflegungspauschalen		19,20 Euro
abzüglich steuerfreie Reisekostenerstattung:		19,20 Euro
verbleiben als Werbungskosten:		0,00 Euro

81 Die Kürzung der Verpflegungspauschalen ist nach § 9 Absatz 4a Satz 8 EStG immer dann vorzunehmen, wenn dem Arbeitnehmer eine Mahlzeit von seinem Arbeitgeber oder auf dessen Veranlassung von einem Dritten zur Verfügung gestellt wird.

82 Die Kürzung gilt daher auch für die Teilnahme des Arbeitnehmers an einer geschäftlich veranlassten Bewirtung i. S. d. § 4 Absatz 5 Satz 1 Nummer 2 EStG oder an einem außerhalb der ersten Tätigkeitsstätte gewährten Arbeitsessen (R 19.6 Absatz 2 Satz 2 LStR 2013*)), wenn der Arbeitgeber oder auf dessen Veranlassung ein Dritter die Mahlzeit zur Verfügung stellt. Es kommt nicht darauf an, ob Vorteile aus der Gestellung derartiger Mahlzeiten zum Arbeitslohn zählen.

Beispiel 55

Unternehmer U trifft sich am Samstagabend mit einigen Vertretern der Zulieferfirma Z in einem Restaurant zum Essen, um mit diesen eine geschäftliche Kooperation zu erörtern. An dem Essen nehmen auch der Vertriebsleiter und der Leiter der Konstruktionsabteilung des U teil. Jeder Teilnehmer erhält ein Menü zum Preis von 55 Euro einschließlich Getränke. Die Mahlzeit am Samstagabend erhalten die Arbeitnehmer des U im Rahmen einer geschäftlich veranlassten Bewirtung; sie gehört nicht zum Arbeitslohn. Sofern bei den Arbeitnehmern des U die Voraussetzungen für eine Verpflegungspauschale erfüllt wären (z. B. weil sie mehr als acht Stunden abwesend waren oder weil sie nach dem Restaurantbesuch auswärtig übernachtet haben), wäre diese um 9,60 Euro zu kürzen. Für die Arbeitnehmer der Zulieferfirma Z handelt es sich ebenfalls um die Teilnahme an einer geschäftlich veranlassten Bewirtung, die auch für die Arbeitnehmer des Z keinen Arbeitslohn darstellt. Sofern die Arbeitnehmer des Z die Voraussetzungen für eine Verpflegungspauschale erfüllen, ist bei diesen keine Kürzung wegen der gestellten Mahlzeit vorzunehmen. Z selbst hat ihren Arbeitnehmern keine Mahlzeit gestellt. Da U das Essen gestellt hat, um Geschäftsbeziehungen zu Z zu knüpfen, ist das Merkmal: „ein Dritter auf Veranlassung des Arbeitgebers" nicht gegeben.

83 Nimmt der Arbeitnehmer hingegen an der geschäftlich veranlassten Bewirtung durch einen Dritten oder einem Arbeitsessen eines Dritten teil, fehlt es in aller Regel an einer durch den Arbeitgeber zur Verfügung gestellten Mahlzeit; in diesem Fall sind die Verpflegungspauschalen nicht zu kürzen.

Beispiel 56

Der Mitarbeiter einer deutschen Gesellschaft nimmt an einer Vertriebsveranstaltung im Betriebssitz der italienischen Tochtergesellschaft teil (separate Firmierung). Die italienische Gesellschaft trägt sämtliche Kosten der Vertriebsveranstaltung (so z. B. Hotel, Essen, etc.).

Die Verpflegungspauschalen des Arbeitnehmers der deutschen Gesellschaft sind nicht zu kürzen, weil ihm die Mahlzeiten nicht auf Veranlassung seines Arbeitgebers, sondern eines Dritten (der italienischen Tochtergesellschaft) zur Verfügung gestellt werden.

Abwandlung

Die italienische Tochtergesellschaft belastet der deutschen Gesellschaft die Kosten für den Arbeitnehmer weiter.

In diesem Fall ist davon auszugehen, dass die dem Arbeitnehmer gestellten Mahlzeiten auf Veranlassung des Arbeitgebers erfolgen, was zur gesetzlich vorgeschriebenen Kürzung der Verpflegungspauschalen führt.

84 Da die im Rahmen einer herkömmlichen Betriebsveranstaltung (R 19.5 LStR 2013) abgegebenen Mahlzeiten in aller Regel durch den Arbeitgeber veranlasst sind, gelten für den Sonderfall, dass die Betriebsveranstaltung mit einer beruflichen Auswärtstätigkeit verknüpft ist, die in Rz. 88 dargestellten Grundsätze entsprechend.

85 Die durch eine zusätzlich zur Betriebsveranstaltung veranlasste berufliche Auswärtstätigkeit entstehenden Fahrt- und Übernachtungskosten sowie Verpflegungsmehraufwendungen sind Reisekosten und können als Werbungskosten berücksichtigt oder in entsprechender Höhe als steuerfreier Arbeitgeberersatz erstattet werden.

Die dem Arbeitgeber unmittelbar durch die Betriebsveranstaltung entstehenden Fahrt- und Übernachtungskosten sowie Verpflegungsaufwendungen sind nach den für die Betriebsveranstaltung geltenden allgemeinen Grundsätzen steuerlich zu beurteilen.

86 Die Kürzung der Verpflegungspauschalen unterbleibt insoweit, als Mahlzeiten vom Arbeitgeber zur Verfügung gestellt werden, deren Preis 60 Euro übersteigt und die daher individuell zu versteuern sind.

87 Hat der Arbeitnehmer für die Mahlzeit ein Entgelt entrichtet, wird dieses Entgelt auf den Kürzungsbetrag angerechnet. Es kommt insoweit auf das tatsächlich entrichtete Entgelt an, nicht aber darauf, ob das Entgelt dem tatsächlichen Wert der Mahlzeit entsprochen oder der Arbeitnehmer die Mahlzeit verbilligt erhalten hat.

cc) Ermittlung der Pauschalen bei gemischt veranlassten Veranstaltungen mit Mahlzeitengestellung

88 Bei gemischt veranlassten Reisen sind die entstehenden Kosten grundsätzlich in einen beruflich veranlassten Anteil und einen den Kosten der Lebensführung zuzurechnenden Anteil aufzuteilen (vgl. BFH vom 18. August 2005, VI R 32/03, BStBl 2006 II S. 30). Dies gilt auch für die entstehenden Verpflegungsmehraufwendungen. Stellt der Arbeitgeber im Rahmen einer gemischt veranlassten Reise Mahlzeiten zur Verfügung, ist die gesetzlich vorgeschriebene Kürzung der Verpflegungspauschalen erst nach der Ermittlung des beruflich veranlassten Teils der Verpflegungspauschalen vorzunehmen.

Beispiel 57

Der Arbeitnehmer A nimmt an einer einwöchigen vom Arbeitgeber organisierten und finanzierten Fortbildungsreise im Inland teil. Das Programm sieht morgens eine Fortbildungsmaßnahme vor, der Nachmittag steht für touristische Aktivitäten zur Verfügung. Frühstück und Abendessen sind inklusive (Halbpension).

Folgende Auswirkungen ergeben sich durch die gemischte Veranlassung der Reise (bei einer angenommenen Quote von 50 Prozent) auf die steuerliche Berücksichtigung des Verpflegungsmehraufwands:

Die Verpflegungsmehraufwendungen sind – wie die übrigen Reisekosten – nur zu 50 Prozent beruflich veranlasst.

Anreisetag: 12,00 Euro × 50 Prozent =	6,00 Euro
Kürzung:	– 9,60 Euro
verbleibt Verpflegungspauschale	0,00 Euro
5 Zwischentage je 24,00 Euro × 50 Prozent =	je 12,00 Euro
Kürzung je 4,80 Euro und je 9,60 Euro =	je – 14,40 Euro
verbleibt Verpflegungspauschale 5 × 0,00 Euro =	0,00 Euro
Abreisetag: 12,00 Euro × 50 Prozent =	6,00 Euro
Kürzung:	– 4,80 Euro
verbleibt Verpflegungspauschale	1,20 Euro

c) Doppelte Haushaltsführung, § 9 Absatz 4a Satz 12 EStG

89 Die Verpflegungspauschalen gelten auch für eine Übergangszeit von drei Monaten nachdem eine steuerlich anzuerkennende doppelte Haushaltsführung begründet wurde (§ 9 Absatz 4a Satz 12 EStG). Für den Fall der Gestellung von Mahlzeiten durch den Arbeitgeber oder auf dessen Veranlassung von einem Dritten im Rahmen der doppelten Haushaltsführung gelten die vorstehenden Ausführungen unter Rz. 61 bis 87 entsprechend.

Beispiel 58

Der Arbeitnehmer A wird vom Stammsitz seines Arbeitgebers, wo er mit seiner Familie wohnt, an einen 250 Kilometer entfernten Tochterbetrieb im Inland ohne zeitliche Begrenzung umgesetzt. A behält seinen Familienwohnsitz bei und übernachtet während der Woche in einem Hotel in der Nähe des Tochterbetriebs. Das Hotel stellt dem Arbeitgeber pro Übernachtung 50 Euro zuzüglich 10 Euro für ein Frühstück in Rechnung, welche der Arbeitnehmer zunächst verauslagt und dann von seinem Arbeitgeber erstattet erhält. Es liegt eine doppelte Haushaltsführung vor, da der Tochterbetrieb mit der zeitlich unbegrenzten Zuordnung zur ersten Tätigkeitsstätte des Arbeitnehmers wird. Für die ersten drei Monate der doppelten Haushaltsführung gelten die

---
*) Jetzt LStR 2015.

Regelungen zur Gestellung von Mahlzeiten bei Auswärtstätigkeit entsprechend. Nach Ablauf der Dreimonatsfrist sind dann die Regeln der Gestellung von Mahlzeiten am Ort der ersten Tätigkeitsstätte anzuwenden.

In den ersten drei Monaten der doppelten Haushaltsführung unterbleibt folglich die Erfassung des arbeitstäglichen Frühstücks mit dem amtlichen Sachbezugswert als Arbeitslohn bei gleichzeitiger Kürzung der täglichen Verpflegungspauschalen um jeweils 4,80 Euro.

Nach Ablauf der ersten drei Monate ist für das Frühstück ein geldwerter Vorteil in Höhe des Sachbezugswertes anzusetzen (R 8.1 Absatz 7 Nummer 1 LStR 2013*)).

d) Bescheinigungspflicht „M"

90 Hat der Arbeitgeber oder auf dessen Veranlassung ein Dritter dem Arbeitnehmer während seiner beruflichen Tätigkeit außerhalb seiner Wohnung und seiner ersten Tätigkeitsstätte oder im Rahmen einer doppelten Haushaltsführung eine mit dem amtlichen Sachbezugswert zu bewertende Mahlzeit zur Verfügung gestellt, muss im Lohnkonto der Großbuchstabe „M" aufgezeichnet und in der elektronischen Lohnsteuerbescheinigung bescheinigt werden. Zur Erläuterung der mit dem Großbuchstaben „M" bescheinigten Mahlzeitengestellungen sind neben den Reisekostenabrechnungen regelmäßig keine weiteren detaillierten Arbeitgeberbescheinigungen auszustellen.

91 Diese Aufzeichnungs- und Bescheinigungspflicht gilt unabhängig von der Anzahl der Mahlzeitengestellungen an den Arbeitnehmer im Kalenderjahr. Es kommt nicht darauf an, ob eine Besteuerung der Mahlzeiten ausgeschlossen ist (§ 8 Absatz 2 Satz 9 EStG) oder die Mahlzeit pauschal nach § 40 Absatz 2 Satz 1 Nummer 1a EStG oder individuell besteuert wurde. Im Fall der Gewährung von Mahlzeiten, die keinen Arbeitslohn darstellen oder deren Preis 60 Euro übersteigt und die daher nicht mit dem amtlichen Sachbezugswert zu bewerten sind, besteht keine Pflicht im Lohnkonto den Großbuchstaben „M" aufzuzeichnen und zu bescheinigen.

92 Sofern das Betriebsstättenfinanzamt für die nach § 3 Nummer 13 oder Nummer 16 EStG steuerfrei gezahlten Vergütungen nach § 4 Absatz 3 LStDV eine andere Aufzeichnung im Lohnkonto zugelassen hat, ist für eine Übergangszeit (bis max. 2015) eine Bescheinigung des Großbuchstabens „M" nicht zwingend erforderlich.

e) Neue Pauschalbesteuerungsmöglichkeit üblicher Mahlzeiten, § 40 Absatz 2 Satz 1 Nummer 1a EStG

93 Nach § 40 Absatz 2 Satz 1 Nummer 1a EStG besteht bei Mahlzeiten die Möglichkeit der pauschalen Besteuerung mit 25 Prozent, wenn

- diese dem Arbeitnehmer von seinem Arbeitgeber oder auf dessen Veranlassung von einem Dritten während einer auswärtigen Tätigkeit unentgeltlich oder verbilligt zur Verfügung gestellt werden und
- deren Besteuerung nicht nach § 8 Absatz 2 Satz 9 EStG unterbleibt.

94 Die Pauschalbesteuerung kommt demnach in Betracht, wenn

- der Arbeitnehmer ohne Übernachtung nicht mehr als acht Stunden auswärts tätig ist,
- der Arbeitgeber die Abwesenheitszeit nicht überwacht, nicht kennt oder
- die Dreimonatsfrist nach § 9 Absatz 4a Satz 6 EStG abgelaufen ist.

Beispiel 59
Der Arbeitnehmer A nimmt an einer halbtägigen auswärtigen Seminarveranstaltung teil. Der Arbeitgeber hat für die teilnehmenden Arbeitnehmer neben dem Seminar auch ein Mittagessen gebucht und bezahlt. Der Arbeitgeber besteuert das Mittagessen nach § 40 Absatz 2 Satz 1 Nummer 1a EStG pauschal mit 25 Prozent, weil er keine Aufzeichnungen über die Abwesenheitszeiten der Arbeitnehmer führt.

95 Voraussetzung ist, dass es sich um übliche Mahlzeiten handelt, die nach § 8 Absatz 2 Satz 8 EStG mit dem Sachbezugswert anzusetzen sind.

96 Nicht nach § 40 Absatz 2 Satz 1 Nummer 1a EStG pauschal besteuerbar sind somit sog. Belohnungsessen mit einem Preis von mehr als 60 Euro.

97 Die Pauschalierungsmöglichkeit greift auch nicht für Mahlzeiten, die im überwiegend eigenbetrieblichen Interesse des Arbeitgebers abgegeben werden (z. B. sog. Arbeitsessen oder bei Beteiligung von Arbeitnehmern an einer geschäftlich veranlassten Bewirtung), da insoweit kein steuerpflichtiger Arbeitslohn vorliegt.

98 Die Pauschalierungsmöglichkeit nach § 40 Absatz 2 Satz 1 Nummer 1a EStG gilt zudem nicht für die Gestellung von Mahlzeiten am Ort der ersten Tätigkeitsstätte im Rahmen einer doppelten Haushaltsführung; hier kommt allerdings eine Pauschalierung nach § 40 Absatz 2 Satz 1 Nummer 1 EStG in Betracht.

4. Unterkunftskosten, § 9 Absatz 1 Satz 3 Nummer 5 und Nummer 5a EStG

a) Unterkunftskosten im Rahmen der doppelten Haushaltsführung, § 9 Absatz 1 Satz 3 Nummer 5 EStG

aa) Vorliegen einer doppelten Haushaltsführung

99 Eine doppelte Haushaltsführung liegt nur vor, wenn der Arbeitnehmer außerhalb des Ortes seiner ersten Tätigkeitsstätte einen eigenen Haushalt unterhält und auch am Ort der ersten Tätigkeitsstätte wohnt. Die Anzahl der Übernachtungen ist dabei weiterhin unerheblich.

100 Das Vorliegen eines eigenen Hausstandes setzt neben dem Innehaben einer Wohnung aus eigenem Recht als Eigentümer oder Mieter bzw. aus gemeinsamen oder abgeleitetem Recht als Ehegatte, Lebenspartner oder Lebensgefährte sowie Mitbewohner gemäß § 9 Absatz 1 Satz 3 Nummer 5 Satz 3 EStG auch eine finanzielle Beteiligung an den Kosten der Lebensführung (laufende Kosten der Haushaltsführung) voraus. Es genügt nicht, wenn der Arbeitnehmer z. B. im Haushalt der Eltern lediglich ein oder mehrere Zimmer unentgeltlich bewohnt oder wenn dem Arbeitnehmer eine Wohnung im Haus der Eltern unentgeltlich zur Nutzung überlassen wird. Die finanzielle Beteiligung an den Kosten der Haushaltsführung ist darzulegen und kann auch bei volljährigen Kindern, die bei ihren Eltern oder einem Elternteil wohnen, nicht generell unterstellt werden. Durch diese Neuregelung ist die anders lautende Rechtsprechung des BFH (z. B. BFH vom 16. Januar 2013, VI R 46/12, BStBl II S. 627) überholt. Eine finanzielle Beteiligung an den Kosten der Haushaltsführung mit Bagatellbeträgen ist nicht ausreichend. Betragen die Barleistungen des Arbeitnehmers mehr als zehn Prozent der monatlich regelmäßig anfallenden laufenden Kosten der Haushaltsführung (z. B. Miete, Mietnebenkosten, Kosten für Lebensmittel und andere Dinge des täglichen Bedarfs) ist von einer finanziellen Beteiligung oberhalb der Bagatellgrenze auszugehen. Liegen die Barleistungen darunter, kann der Arbeitnehmer eine hinreichende finanzielle Beteiligung auch auf andere Art und Weise darlegen. Bei Ehegatten oder Lebenspartnern mit den Steuerklassen III, IV oder V kann eine finanzielle Beteiligung an den Kosten der Haushaltsführung ohne entsprechenden Nachweis unterstellt werden (vgl. auch Rz. 109).

bb) Berufliche Veranlassung

101 Das Beziehen einer Zweitwohnung oder -unterkunft muss aus beruflichen Gründen erforderlich sein. Eine Zweitwohnung oder -unterkunft in der Nähe des Beschäftigungsorts steht einer Zweitwohnung am Ort der ersten Tätigkeitsstätte gleich. Aus Vereinfachungsgründen kann von einer Zweitunterkunft oder -wohnung am Ort der ersten Tätigkeitsstätte dann noch ausgegangen werden, wenn der Weg von der Zweitunterkunft oder -wohnung zur ersten Tätigkeitsstätte weniger als die Hälfte der Entfernung der kürzesten Straßenverbindung zwischen der Hauptwohnung (Mittelpunkt der Lebensinteressen) und der ersten Tätigkeitsstätte beträgt. Befinden sich der eigene Hausstand und die Zweitwohnung innerhalb desselben Ortes (derselben Stadt oder Gemeinde) kann für die Frage der beruflichen Veranlassung ebenfalls diese Vereinfachungsregelung (Entfernung Zweitwohnung und erste Tätigkeitsstätte im Vergleich zur Entfernung zwischen Hauptwohnung und ersten Tätigkeitsstätte) herangezogen werden.

Beispiel 60
Der Arbeitnehmer A hat seinen eigenen Hausstand in B und in C seine neue erste Tätigkeitsstätte. Die Entfernung von B (Mittelpunkt der Lebensinteressen) nach C beträgt 250 km. Der Arbeitnehmer findet in Z eine günstige Zweitwohnung. Die Entfernung von dieser Zweitwohnung in Z nach C (erste Tätigkeitsstätte) beträgt 70 km.

---

*) Jetzt LStR 2015.

§ 9 EStG
R 9.4

Auch wenn die Zweitwohnung in Z 70 km von C entfernt liegt, gilt sie noch als Wohnung am Ort der ersten Tätigkeitsstätte, da sie weniger als die Hälfte der Entfernung von der Hauptwohnung in B zur neuen ersten Tätigkeitsstätte in C entfernt liegt (1/2 von 250 km= 125 km).

Abwandlung

Die Entfernung von der Zweitwohnung in Z nach C (erste Tätigkeitsstätte) beträgt 150 Kilometer. In diesem Fall kann nicht mehr ohne Weiteres von einer Zweitwohnung am Ort der ersten Tätigkeitsstätte ausgegangen werden. Die steuerliche Anerkennung richtet sich in diesem Fall nach den von der BFH-Rechtsprechung aufgestellten Grundsätzen (vgl. hierzu grundlegend BFH vom 19. April 2012, VI R 59/11, BStBl II S. 833).

cc) Höhe der Unterkunftskosten

102 Als Unterkunftskosten für eine doppelte Haushaltsführung im Inland werden die dem Arbeitnehmer tatsächlich entstandenen Aufwendungen für die Nutzung der Wohnung oder Unterkunft höchstens bis zu einem nachgewiesenen Betrag von 1 000 Euro im Monat anerkannt. Die Prüfung der Notwendigkeit und Angemessenheit entfällt; auch auf die Zahl der Wohnungsbenutzer (Angehörige) kommt es nicht an. Durch diese Neuregelung ist die anders lautende Rechtsprechung des BFH (vgl. BFH vom 9. August 2007, VI R 10/06, BStBl II S. 820) überholt.

103 Steht die Zweitwohnung oder -unterkunft im Eigentum des Arbeitnehmers, sind die tatsächlichen Aufwendungen (z. B. AfA, Schuldzinsen, Reparaturkosten, Nebenkosten) bis zum Höchstbetrag von 1 000 Euro monatlich zu berücksichtigen. Insoweit gelten die Grundsätze der BFH-Rechtsprechung (vgl. BFH vom 3. Dezember 1982, VI R 228/80, BStBl 1983 II S. 467) weiter.

104 Der Höchstbetrag umfasst sämtliche entstehenden Aufwendungen wie Miete, Betriebskosten, Kosten der laufenden Reinigung und Pflege der Zweitwohnung oder -unterkunft , AfA für notwendige Einrichtungsgegenstände (ohne Arbeitsmittel), Zweitwohnungsteuer, Rundfunkbeitrag, Miet- oder Pachtgebühren für Kfz-Stellplätze, Aufwendungen für Sondernutzung (wie Garten), die vom Arbeitnehmer selbst getragen werden. Wird die Zweitwohnung oder -unterkunft möbliert angemietet, sind die Aufwendungen bis zum Höchstbetrag berücksichtigungsfähig. Auch Aufwendungen für einen separat angemieteten Garagenstellplatz sind in den Höchstbetrag einzubeziehen und können nicht als „sonstige" notwendige Mehraufwendungen zusätzlich berücksichtigt werden. Die anders lautende BFH-Rechtsprechung (vgl. BFH vom 13. November 2012, VI R 50/11, BStBl 2013 II S. 286) ist überholt. Maklerkosten, die für die Anmietung einer Zweitwohnung oder -unterkunft entstehen, sind als Umzugskosten zusätzlich als Werbungskosten abziehbar (R 9.9 Absatz 2 LStR 2013) oder vom Arbeitgeber steuerfrei erstattbar. Sie sind nicht in die 1 000 Euro-Grenze mit einzubeziehen.

105 Bei der Anwendung des Höchstbetrags ist grundsätzlich § 11 EStG zu beachten. Soweit der monatliche Höchstbetrag von 1 000 Euro nicht ausgeschöpft wird, ist eine Übertragung des nicht ausgeschöpften Volumens in andere Monate des Bestehens der doppelten Haushaltsführung im selben Kalenderjahr möglich. Erhält der Arbeitnehmer Erstattungen z. B. für Nebenkosten, mindern diese Erstattungen im Zeitpunkt des Zuflusses die Unterkunftskosten der doppelten Haushaltsführung.

Ein häusliches Arbeitszimmer in der Zweitwohnung am Ort der ersten Tätigkeitsstätte ist bei der Ermittlung der anzuerkennenden Unterkunftskosten wie bisher nicht einzubeziehen; der Abzug der hierauf entfallenden Aufwendungen richtet sich weiterhin nach § 4 Absatz 5 Satz 1 Nummer 6b EStG (vgl. BFH vom 9. August 2007, VI R 23/05, BStBl 2009 II S. 722).

106 Der Höchstbetrag nach § 9 Absatz 1 Satz 3 Nummer 5 Satz 4 EStG in Höhe von 1 000 Euro ist ein Monatsbetrag, der nicht auf einen Kalendertag umzurechnen ist und grundsätzlich für jede doppelte Haushaltsführung des Arbeitnehmers gesondert gilt. Beziehen mehrere berufstätige Arbeitnehmer (z. B. beiderseits berufstätige Ehegatten, Lebenspartner, Lebensgefährten, Mitglieder einer Wohngemeinschaft) am gemeinsamen Beschäftigungsort eine gemeinsame Zweitwohnung, handelt es sich jeweils um eine doppelte Haushaltsführung, so dass jeder Arbeitnehmer den Höchstbetrag für die tatsächlich von ihm getragenen Aufwendungen jeweils für sich beanspruchen kann.

Beispiel 61

Die beiderseits berufstätigen Ehegatten bewohnen an ihrem Beschäftigungsort in M (jeweils Ort der ersten Tätigkeitsstätte) gemeinsam eine möblierte Unterkunft. Ihren Hausstand sowie ihren Lebensmittelpunkt haben die Eheleute nachweislich im eigenen Einfamilienhaus in B. Die Aufwendungen für die Nutzung der Unterkunft am Beschäftigungsort betragen inklusive sämtlicher Nebenkosten und Abschreibungen für notwendige Einrichtungsgegenstände 1100 Euro im Monat. Diese werden aufgrund gemeinsamer Verpflichtung von beiden Ehegatten zu gleichen Anteilen gezahlt.

Die tatsächlichen Aufwendungen für die Nutzung der Unterkunft können bei jedem Ehegatten jeweils in Höhe von 550 Euro angesetzt werden.

Beispiel 62

Der Arbeitnehmer A bewohnt am Ort seiner ersten Tätigkeitsstätte in M eine Zweitwohnung. Die Aufwendungen für die Nutzung dieser Unterkunft (Miete, inkl. sämtlicher berücksichtigungsfähiger Nebenkosten und evtl. Abschreibungen für notwendige Einrichtungsgegenstände) betragen bis zum 30. Juni monatlich 990 Euro. Ab 1. Juli wird die Miete um 30 Euro erhöht, so dass ab diesem Zeitpunkt die monatlichen Aufwendungen für die Nutzung der Unterkunft 1 020 Euro betragen.

In den Monaten Januar bis Juni können die Aufwendungen für die Nutzung der Unterkunft in voller Höhe vom Arbeitgeber steuerfrei erstattet bzw. von A als Werbungskosten geltend gemacht werden.

Ab Juli ist grundsätzlich die Beschränkung auf den Höchstbetrag von 1000 Euro zu beachten. Die den Höchstbetrag übersteigenden Aufwendungen von monatlich 20 Euro können allerdings mit dem noch nicht aufgebrauchten Höchstbetragsvolumen der Monate Januar Juni (6 x 10 Euro = 60 Euro) verrechnet und insoweit steuerfrei erstattet oder als Werbungskosten geltend gemacht werden .

107 Bei doppelter Haushaltsführung im Ausland gelten die bisherigen Grundsätze unverändert weiter. Danach sind die Aufwendungen in tatsächlicher Höhe notwendig, soweit sie die ortsübliche Miete für eine nach Lage und Ausstattung durchschnittliche Wohnung am Ort der ersten Tätigkeitsstätte mit einer Wohnfläche bis zu 60 qm nicht überschreiten.

dd) Steuerfreie Erstattung durch den Arbeitgeber und Werbungskostenabzug

108 Für den steuerfreien Arbeitgeberersatz kann der Arbeitgeber bei Arbeitnehmern mit den Steuerklassen III, IV oder V weiterhin ohne Weiteres unterstellen, dass sie einen eigenen Hausstand haben, an dem sie sich auch finanziell beteiligen. Bei anderen Arbeitnehmern darf der Arbeitgeber einen eigenen Hausstand nur dann anerkennen, wenn sie schriftlich erklären, dass sie neben einer Zweitwohnung oder -unterkunft am Beschäftigungsort außerhalb des Beschäftigungsortes einen eigenen Hausstand unterhalten, an dem sie sich auch finanziell beteiligen. Die Kosten der Zweitwohnung oder -unterkunft am Ort der ersten Tätigkeitsstätte im Inland können weiterhin vom Arbeitgeber pauschal steuerfrei erstattet werden (R 9.11 Absatz 10 Satz 7 Nummer 3 LStR 2013*)).

109 Beim Werbungskostenabzug im Rahmen der Einkommensteuerveranlagung hat der Arbeitnehmer das Vorliegen einer doppelten Haushaltsführung und die finanzielle Beteiligung an der Haushaltsführung am Ort des eigenen Hausstands darzulegen. Kosten der Zweitwohnung oder -unterkunft sind für die Berücksichtigung als Werbungskosten grundsätzlich im Einzelnen nachzuweisen; sie können geschätzt werden, wenn sie dem Grunde nach zweifelsfrei entstanden sind (vgl. BFH vom 12. September 2001, VI R 72/97, BStBl II S. 775).

b) Unterkunftskosten im Rahmen einer Auswärtstätigkeit, § 9 Absatz 1 Satz 3 Nummer 5a EStG

110 Als Werbungskosten abzugsfähig sind Unterkunftskosten bei einer Auswärtstätigkeit. Hierbei muss es sich um notwendige Mehraufwendungen eines Arbeitnehmers für beruflich veranlasste Übernachtungen an einer Tätigkeitsstätte handeln, die nicht erste Tätigkeitsstätte ist.

aa) Berufliche Veranlassung

111 Die berufliche Veranlassung ist gegeben, wenn der Arbeitnehmer auf Weisung des Arbeitgebers so gut wie ausschließlich betrieblich bzw. dienstlich unterwegs ist. Dies ist zum Beispiel der Fall, wenn der Arbeitnehmer einen Kunden besucht. Erledigt der Arbeitnehmer im Zusammenhang mit der beruflich veranlassten Auswärtstätigkeit auch in einem mehr als geringfügigen Umfang private Angelegenheiten, sind die beruflich veranlassten von den privat veranlassten

---
*) Jetzt LStR 2015.

Aufwendungen zu trennen (vgl. BFH vom 21. September 2009, GrS 1/06, BStBl 2010 II S. 672). Ist das nicht auch nicht durch Schätzung möglich, gehören die gesamten Aufwendungen zu den nach § 12 EStG nicht abziehbaren Aufwendungen für die Lebensführung.

bb) Unterkunftskosten

12 Unterkunfts- bzw. Übernachtungskosten sind die tatsächlichen Aufwendungen für die persönliche Inanspruchnahme einer Unterkunft zur Übernachtung. Hierzu zählen zum Beispiel Kosten für die Nutzung eines Hotelzimmers, Mietaufwendungen für die Nutzung eines (ggf. möblierten) Zimmers oder einer Wohnung sowie Nebenleistungen (z. B. Kultur- und Tourismusförderabgabe, Kurtaxe/Fremdenverkehrsabgabe, bei Auslandsübernachtungen die besondere Kreditkartengebühr bei Zahlungen in Fremdwährungen). Im Rahmen des Werbungskostenabzugs können lediglich die tatsächlich entstandenen Übernachtungskosten und keine Pauschalen berücksichtigt werden.

13 Kosten für Mahlzeiten gehören zu den Aufwendungen des Arbeitnehmers für die Verpflegung und sind nur nach Maßgabe des § 9 Absatz 4a EStG abziehbar. Wird durch Zahlungsbelege nur ein Gesamtpreis für Unterkunft und Verpflegung nachgewiesen und lässt sich der Preis für die Verpflegung nicht feststellen (z. B. Tagungspauschale), so ist dieser Gesamtpreis zur Ermittlung der Übernachtungskosten zu kürzen. Als Kürzungsbeträge sind dabei

- für Frühstück 20 Prozent,
- für Mittag- und Abendessen jeweils 40 Prozent

der für den Unterkunftsort maßgebenden Verpflegungspauschale bei einer Auswärtstätigkeit mit einer Abwesenheitsdauer von mindestens 24 Stunden anzusetzen.

Beispiel 63

Der Arbeitnehmer A übernachtet während einer zweitägigen inländischen Auswärtstätigkeit im Hotel. Die Rechnung des Hotels ist auf den **Namen des Arbeitgebers** ausgestellt. Das Hotel rechnet eine Übernachtung mit Frühstück wie folgt ab:

Pauschalarrangement   70 Euro

Der Arbeitgeber hat folgende Möglichkeiten:

Zur Ermittlung der Übernachtungskosten kann der Gesamtpreis um 4,80 Euro (20 Prozent von 24 Euro für die auf das Frühstück entfallenden anteiligen Kosten) gekürzt werden. Der verbleibende Betrag von 65,20 Euro kann vom Arbeitgeber dann als Übernachtungskosten steuerfrei erstattet werden. Für den An- und Abreisetag stehen dem Arbeitnehmer Verpflegungspauschalen von 24 Euro (je 12 Euro für den An- und Abreisetag) zu. Die Verpflegungspauschale für den Abreisetag ist nicht zu kürzen (um 4,80 Euro für das Frühstück), wenn der Arbeitgeber dem Arbeitnehmer lediglich die 65,20 Euro als Übernachtungskosten erstattet. Insgesamt kann der Arbeitgeber somit 89,20 Euro steuerfrei erstatten (65,20 Euro Unterkunft plus 24 Euro Verpflegung).

Erstattet der Arbeitgeber dem Arbeitnehmer hingegen den Gesamtpreis von 70 Euro (also einschließlich Frühstück) sind die Verpflegungspauschalen zu kürzen auf einen Betrag von 19,20 Euro für Verpflegung. Insgesamt kann der Arbeitgeber somit 89,20 Euro steuerfrei erstatten (70 Euro Unterkunft und Frühstück plus 19,20 Euro Verpflegung).

Die Berechnungen führen somit zum gleichen Ergebnis, egal von welchem Betrag der pauschale Einbehalt bzw. die pauschale Kürzung erfolgt.

Abwandlung

Die Rechnung des Hotels ist **auf den Namen des Arbeitnehmers** ausgestellt.

Auch in diesem Fall kann der Arbeitgeber insgesamt höchstens 89,20 Euro steuerfrei erstatten (65,20 Euro Unterkunft plus 24 Euro Verpflegung).

Beispiel 64

Der Arbeitnehmer A übernachtet während einer zweitägigen Auswärtstätigkeit im Hotel. Die Rechnung ist auf den **Namen des Arbeitgebers** ausgestellt. Das Hotel rechnet eine Übernachtung mit Frühstück wie folgt ab:

Übernachtung   60 Euro
Frühstück   10 Euro

Die ausgewiesenen Übernachtungskosten von 60 Euro können vom Arbeitgeber steuerfrei erstattet werden. Für den An- und Abreisetag stünden dem Arbeitnehmer zusätzlich auch noch Verpflegungspauschalen von 24 Euro (je 12 Euro für den An- und Abreisetag) zu. Die Verpflegungspauschale für den Abreisetag ist nicht zu kürzen, wenn der Arbeitgeber dem Arbeitnehmer lediglich die 60 Euro Übernachtungskosten erstattet.

Erstattet der Arbeitgeber hingegen auch den Betrag von 10 Euro für das Frühstück, ist die Verpflegungspauschale für den Abreisetag um 4,80 Euro wegen des vom Arbeitgeber zur Verfügung gestellten Frühstücks zu kürzen.

Der Arbeitgeber kann dann zusätzlich einen Betrag von 19,20 Euro für Verpflegung steuerfrei erstatten.

Abwandlung

Die Rechnung des Hotels ist **auf den Namen des Arbeitnehmers** ausgestellt.

In diesem Fall kann der Arbeitgeber insgesamt höchstens 84 Euro steuerfrei erstatten (60 Euro Unterkunft plus 24 Euro Verpflegung).

Werden keine steuerfreien Erstattungen seitens des Arbeitgebers gezahlt, ist der Betrag von 84 Euro als Werbungskosten berücksichtigungsfähig.

cc) Notwendige Mehraufwendungen

Es ist lediglich die berufliche Veranlassung zu prüfen, nicht aber die 114 Angemessenheit der Unterkunft (bestimmte Hotelkategorie oder Größe der Unterkunft). Die Anerkennung von Unterkunftskosten im Rahmen einer auswärtigen beruflichen Tätigkeit erfordert, dass noch eine andere Wohnung besteht, für die dem Arbeitnehmer Aufwendungen entstehen, weil er dort

– seinen Lebensmittelpunkt hat, ohne dass dort jedoch ein eigener Hausstand vorliegen muss, oder

– seinen Lebensmittelpunkt wieder aufnehmen will.

Für die Berücksichtigung von Unterkunftskosten anlässlich einer Auswärtstätigkeit wird somit – anders als bei der doppelten Haushaltsführung – nicht vorausgesetzt, dass der Arbeitnehmer eine Wohnung aus eigenem Recht oder als Mieter innehat und eine finanzielle Beteiligung an den Kosten der Lebensführung leistet. Es genügt, wenn der Arbeitnehmer z. B. im Haushalt der Eltern ein Zimmer bewohnt.

Ist die Unterkunft am auswärtigen Tätigkeitsort die einzige Woh- 115 nung/Unterkunft des Arbeitnehmers, liegt kein beruflich veranlasster Mehraufwand vor.

Soweit höhere Übernachtungskosten anfallen, weil der Arbeitneh- 116 mer eine Unterkunft gemeinsam mit Personen nutzt, die in keinem Dienstverhältnis zum selben Arbeitgeber stehen, sind nur diejenigen Aufwendungen anzusetzen, die bei alleiniger Nutzung durch den Arbeitnehmer angefallen wären. Nicht abziehbar sind somit Mehrkosten, die aufgrund der Mitnutzung der Übernachtungsmöglichkeit durch eine Begleitperson entstehen, insbesondere wenn die Begleitung privat und nicht beruflich veranlasst ist. Bei Mitnutzung eines Mehrbettzimmers (z. B. Doppelzimmer) können die Aufwendungen angesetzt werden, die bei Inanspruchnahme eines Einzelzimmers im selben Haus entstanden wären.

Bei Nutzung einer Wohnung am auswärtigen Tätigkeitsort zur Über- 117 nachtung während einer beruflich veranlassten Auswärtstätigkeit kann im Inland aus Vereinfachungsgründen – entsprechend der Regelung für Unterkunftskosten bei einer längerfristigen Auswärtstätigkeit von mehr als 48 Monaten – bei Aufwendungen bis zu einem Betrag von 1 000 Euro monatlich von einer ausschließlich beruflichen Veranlassung ausgegangen werden. Betragen die Aufwendungen im Inland mehr als 1 000 Euro monatlich oder handelt es sich um eine Wohnung im Ausland, können nur die Aufwendungen berücksichtigt werden, die durch die beruflich veranlasste, alleinige Nutzung des Arbeitnehmers verursacht werden; dazu kann die ortsübliche Miete für eine nach Lage und Ausstattung durchschnittliche Wohnung am Ort der auswärtigen Tätigkeitsstätte mit einer Wohnfläche bis zu 60 qm als Vergleichsmaßstab herangezogen werden.

Beispiel 65

Der Arbeitnehmer A wird aus persönlichen Gründen auf einer Auswärtstätigkeit von seiner Ehefrau begleitet. Für die Übernachtung im Doppelzimmer entstehen Kosten von 150 Euro. Ein Einzelzimmer hätte 90 Euro gekostet.

Als Werbungskosten abziehbar oder vom Arbeitgeber steuerfrei erstattungsfähig sind 90 Euro.

Abwandlung

Auf einer Auswärtstätigkeit teilt sich der Arbeitnehmer A das Doppelzimmer mit seinem Kollegen B, der ihn aus betrieblichen Gründen begleitet.

Für jeden Arbeitnehmer können (150 Euro : 2 =) 75 Euro als Werbungskosten berücksichtigt oder vom Arbeitgeber steuerfrei erstattet werden.

dd) Begrenzte Berücksichtigung von Unterkunftskosten bei einer längerfristigen Auswärtstätigkeit an derselben Tätigkeitsstätte im Inland

Bei einer längerfristigen beruflichen Tätigkeit an derselben Tätig- 118 keitsstätte im Inland, die nicht erste Tätigkeitsstätte ist, können nach Ablauf von 48 Monaten die tatsächlich entstehenden Unterkunftskosten höchstens noch bis zur Höhe von 1 000 Euro im Monat als Werbungskosten abgezogen oder vom Arbeitgeber steuerfrei erstattet werden. Das gilt auch für Hotelübernachtungen.

119 Bei Übernachtungen im Ausland im Rahmen einer längerfristigen Auswärtstätigkeit gelten die bisherigen Grundsätze zur beruflichen Veranlassung und Notwendigkeit der entstandenen Aufwendungen unverändert weiter. Die Höchstgrenze von 1 000 Euro gilt hier nicht.

120 Von einer längerfristigen beruflichen Tätigkeit an derselben Tätigkeitsstätte ist erst dann auszugehen, sobald der Arbeitnehmer an dieser mindestens an drei Tagen in der Woche tätig wird. Die 48-Monatsfrist beginnt daher nicht, solange die auswärtige Tätigkeitsstätte nur an zwei Tagen in der Woche aufgesucht wird. Eine Unterbrechung von weniger als sechs Monaten, z. B. wegen Urlaub, Krankheit, beruflicher Tätigkeit an einer anderen Tätigkeitsstätte führt nicht zu einem Neubeginn der 48-Monatsfrist. Die Prüfung des Unterbrechungszeitraums und des Ablaufs der 48-Monatsfrist erfolgt stets im Nachhinein mit Blick auf die zurückliegende Zeit (Ex-post-Betrachtung).

Beispiel 66

Der Arbeitnehmer A ist seit 1. April 2014 in der sich an seinem Wohnort befindlichen ersten Tätigkeitsstätte in H an zwei Tagen in der Woche tätig. An den anderen drei Tagen betreut er aufgrund arbeitsrechtlicher Festlegungen eine 200 km entfernte Filiale in B. Dort übernachtet er regelmäßig zweimal wöchentlich.

Da der Arbeitnehmer A längerfristig infolge seiner beruflichen Tätigkeit an drei Tagen in der Woche an derselben Tätigkeitsstätte in B, die nicht erste Tätigkeitsstätte ist, tätig wird und dort übernachtet, können die ihm tatsächlich entstehenden Übernachtungskosten nach Ablauf von 48 Monaten nur noch bis zur Höhe von 1 000 Euro monatlich als Werbungskosten geltend gemacht oder steuerfrei erstattet werden.

Abwandlung

Wie Beispiel 66, allerdings muss A ab 15. Juli 2014 für vier Monate nach M. Ab 16. November 2014 ist er dann drei Tage wöchentlich in H und zwei Tage in B.

Für die längerfristige berufliche Auswärtstätigkeit in B beginnt die 48-Monatsfrist am 1. April 2014 und endet voraussichtlich am 31. März 2018. Eine sechsmonatige Unterbrechung liegt noch nicht vor (lediglich vier Monate und dann immer nur dreitägige Unterbrechung).

121 Für die Prüfung der 48-Monatsfrist wird auf den tatsächlich verwirklichten Sachverhalt abgestellt. Erst nach Ablauf von 48 Monaten greift die Begrenzung der Höhe nach auf den Betrag von 1 000 Euro im Monat. Die unbegrenzte Berücksichtigung der entstandenen Aufwendungen in den ersten 48 Monaten bleibt davon unberührt.

ee) Anwendung der 48-Monatsfrist zur begrenzten Berücksichtigung der Unterkunftskosten bei einer längerfristigen Auswärtstätigkeit im Inland ab 1. Januar 2014

122 Maßgeblich für den Beginn der 48-Monatsfrist ist der jeweilige Beginn der längerfristigen beruflichen Tätigkeit an derselben Tätigkeitsstätte im Inland. Dies gilt auch, wenn dieser vor dem 1. Januar 2014 liegt. Aus Vereinfachungsgründen ist es allerdings nicht zu beanstanden, wenn die abziehbaren Übernachtungskosten erst ab dem ersten vollen Kalendermonat, der auf den Monat folgt, in dem die 48-Monatsfrist endet, auf 1 000 Euro begrenzt werden.

Beispiel 67

Der Arbeitnehmer A hat seine Tätigkeit am 15. Juli 2010 an einer auswärtigen Tätigkeitsstätte aufgenommen und soll dort bis zum 31. Dezember 2015 tätig sein.

Die 48-Monatsfrist beginnt am 15. Juli 2010 und endet mit Ablauf des 14. Juli 2014. Nach Ablauf dieser Frist können grundsätzlich Übernachtungskosten nur noch bis zur Höhe von 1 000 Euro monatlich berücksichtigt werden. Aus Vereinfachungsgründen ist es jedoch nicht zu beanstanden, wenn diese Begrenzung der Übernachtungskosten erst ab dem ersten vollen Kalendermonat angewendet wird, der auf den Monat folgt, in dem die 48-Monatsfrist endet. Dies wäre dann ab August 2014.

Abwandlung

Der Arbeitnehmer A wird vom 15. März 2014 bis 3. Oktober 2014 wegen eines personellen Engpasses ausschließlich am Stammsitz der Firma tätig. Ab 4. Oktober 2014 kehrt er zu der vorherigen auswärtigen Tätigkeitsstätte zurück.

Die längerfristige Auswärtstätigkeit wurde länger als sechs Monate unterbrochen. Die Übernachtungskosten können daher ab 4. Oktober 2014 für die nächsten 48 Monate (bis 3. Oktober 2018) grundsätzlich wieder unbeschränkt berücksichtigt werden.

ff) Steuerfreie Erstattung durch den Arbeitgeber

Für jede Übernachtung im Inland darf der Arbeitgeber die nachgewiesenen Übernachtungskosten nach Rz. 112 bis Rz. 121 oder – wie bisher – ohne Einzelnachweis einen Pauschbetrag von 20 Euro steuerfrei erstatten. Bei Übernachtungen im Rahmen einer auswärtigen beruflichen Tätigkeit im Ausland gelten die bisherigen Grundsätze unverändert weiter.

5. Reisenebenkosten

Zu den Reisenebenkosten gehören die tatsächlichen Aufwendungen z. B. für:

1. Beförderung und Aufbewahrung von Gepäck;
2. Ferngespräche und Schriftverkehr beruflichen Inhalts mit dem Arbeitgeber oder Geschäftspartnern;
3. Straßen- und Parkplatzbenutzung sowie Schadensbeseitigung infolge von Verkehrsunfällen, wenn die jeweils damit verbundenen Fahrtkosten als Reisekosten anzusetzen sind;
4. Verlust von auf der Reise abhanden gekommener oder beschädigter Gegenstände, die der Arbeitnehmer auf der Reise verwenden musste, wenn der Verlust aufgrund einer reisespezifischen Gefährdung eingetreten ist. Berücksichtigt wird der Verlust bis zur Höhe des Wertes, der dem Gegenstand zum Zeitpunkt des Verlustes beigemessen wird.
5. Private Telefongespräche, soweit sie der beruflichen Sphäre zugeordnet werden können (vgl. BFH-Urteil vom 5. Juli 2012, VI R 50/10, BStBl 2013 II S. 282).

Die Reisenebenkosten sind durch geeignete Unterlagen nachzuweisen bzw. glaubhaft zu machen. Regelmäßig wiederkehrende Reisenebenkosten können zur Vereinfachung über einen repräsentativen Zeitraum von drei Monaten im Einzelnen nachgewiesen werden und dann in der Folgezeit mit dem täglichen Durchschnittsbetrag angesetzt werden. Zur Berücksichtigung von Reisenebenkosten bei LKW-Fahrern, die in ihrer Schlafkabine übernachten, vgl. BMF-Schreiben vom 4. Dezember 2012, BStBl I S. 1249.*)

Nicht zu den Reisenebenkosten gehören z. B.:

1. Kosten für die persönliche Lebensführung wie Tageszeitungen, private Telefongespräche mit Ausnahme der Gespräche i. S. d. Rz. 117 Nr. 5, Massagen, Minibar oder Pay-TV,
2. Ordnungs-, Verwarnungs- und Bußgelder, die auf einer Auswärtstätigkeit verhängt werden,
3. Verlust von Geld oder Schmuck,
4. Anschaffungskosten für Bekleidung, Koffer oder andere Reiseausrüstungsgegenstände, weil sie nur mittelbar mit einer Auswärtstätigkeit zusammenhängen,
5. Essengutscheine, z. B. in Form von Raststätten- oder Autohof-Wertbons.

Gutscheine i. S. d. Rz. 126 Nummer 5 gehören nicht zu den Reisenebenkosten, da zur Abgeltung der tatsächlich entstandenen, beruflich veranlassten Mehraufwendungen für Verpflegung eine Verpflegungspauschale (§ 9 Absatz 4a EStG) angesetzt werden kann.

Beispiel 68

Der LKW-Fahrer L ist im Inland eintägig mehr als acht Stunden beruflich auswärts tätig. Er nimmt ein Mittagessen im Wert von 8,50 Euro in einer Autobahnraststätte ein und bezahlt an der Kasse 6 Euro in bar und den Rest in Wertbons, die er im Zusammenhang mit der vom Arbeitgeber erstatteten Parkplatzgebühr erhalten hat.

Dem LKW-Fahrer L steht eine ungekürzte Verpflegungspauschale von 12 Euro zu.

6. Sonstiges

Zur Ermittlung der steuerfreien Leistungen für Reisekosten dürfen die einzelnen Aufwendungsarten zusammengefasst werden; die Leistungen sind steuerfrei, soweit sie die Summe der zulässigen steuerfreien Leistungen nicht übersteigen. Hierbei können mehrere Reisen zusammengefasst abgerechnet werden. Dies gilt sinngemäß für Umzugskosten und für Mehraufwendungen bei einer doppelten Haushaltsführung (R 3.16 Satz 1 bis 3 ggf. i. V. m. R 3.13 Abs. 1 Satz 3 LStR 2013**)).

---

*) Abgedruckt als Anlage 1 zu H 9.8 LStR.
**) Jetzt LStR 2015.

§ 9 EStG
R 9.5

Beispiel 69
Im Rahmen einer längerfristigen beruflichen Auswärtstätigkeit wird ein Monteur für die Dauer von sechs Monaten (110 Arbeitstage) an derselben Tätigkeitsstätte tätig. Die arbeitstägliche Abwesenheit von seiner Wohnung und der ersten Tätigkeitsstätte beträgt jeweils mehr als 8 Stunden. Während der sechs Monate seiner Tätigkeit steht dem Monteur nach Reiserichtlinie des Arbeitgebers ein Tagegeld in Höhe von insgesamt 660 Euro zu (110 Arbeitstage × 6 Euro/Arbeitstag).
Erfolgt eine monatliche Reisekostenabrechnung können die Tagegelder der ersten drei Monate steuerfrei geleistet werden:
Steuerfreie Verpflegungspauschalen:
    55 Arbeitstage × 12 Euro/Arbeitstag = 660 Euro
Gezahltes Tagegeld: 55 Arbeitstage x 6 Euro/Arbeitstag = 330 Euro
Der Arbeitnehmer könnte somit zusätzlich für die ersten drei Monate noch 330 Euro als Werbungskosten geltend machen.
Die Tagegelder der folgenden drei Monate sind steuerpflichtig und der Arbeitnehmer kann keine Werbungskosten mehr geltend machen
Steuerfreie Verpflegungspauschalen: = 0 Euro
Gezahltes Tagegeld: 55 Arbeitstage x 6 Euro/Arbeitstag = 330 Euro
Wird die längerfristige berufliche Auswärtstätigkeit zusammengefasst abgerechnet, können die Tagegelder der gesamten sechs Monate steuerfrei gezahlt werden. Der Arbeitnehmer kann dann keinen Werbungskostenabzug mehr geltend machen.
Steuerfreie Verpflegungspauschalen:
    55 Arbeitstage x 12 Euro/Arbeitstag = 660 Euro
Gezahltes Tagegeld: 110 Arbeitstage x 6 Euro/Arbeitstag = 660 Euro

29 In den Fällen, in denen keine steuerfreie Verpflegungspauschale gezahlt werden darf, ist es nicht zu beanstanden, wenn der Arbeitgeber bei einer von ihm zur Verfügung gestellten Mahlzeit eine Verrechnung des anzusetzenden Sachbezugswertes mit steuerfrei zu erstattenden Fahrt-, Unterkunfts- oder Reisenebenkosten vornimmt.

Beispiel 70
Der Arbeitnehmer A nimmt an einem halbtägigen auswärtigen Seminar mit Mittagessen teil und ist 6 Stunden von seiner Wohnung und der ersten Tätigkeitsstätte abwesend. Für die Fahrt zum Seminar nutzt A seinen privaten PKW und könnte für die entstandenen Fahrtkosten eine steuerfreie Erstattung in Höhe von 30 Euro von seinem Arbeitgeber beanspruchen.
Der Arbeitgeber kann die von ihm im Rahmen des Seminars gestellte Mahlzeit mit dem Sachbezugswert individuell oder pauschal mit 25 Prozent versteuern oder von den zu erstattenden 30 Euro abziehen.

III. Zeitliche Anwendungsregelung

30 Dieses Schreiben ist mit Wirkung ab 1. Januar 2014 anzuwenden. Hinsichtlich der Regelungen in Rz. 65 (Mahlzeiten im Flugzeug, Schiff oder Zug) ist es nicht zu beanstanden, wenn diese erst ab 1. Januar 2015 angewendet werden. Das BMF-Schreiben vom 30. September 2013 wird aufgehoben und durch dieses BMF-Schreiben ersetzt.
Das BMF-Schreiben vom 20. August 2001, BStB1 I S. 541, das BMF-Schreiben vom 21. Dezember 2009, BStB1 2010 I S. 21, das BMF-Schreiben vom 27. September 2011, BStB1 I S. 976 sowie das BMF-Schreiben vom 15. Dezember 2011, BStB1 2012 I S. 57 werden mit Wirkung ab 1. Januar 2014 aufgehoben.

R 9.5
Fahrtkosten als Reisekosten

Allgemeines

(1) ¹Fahrtkosten sind die tatsächlichen Aufwendungen, die dem Arbeitnehmer durch die persönliche Benutzung eines Beförderungsmittels entstehen. ²Bei öffentlichen Verkehrsmitteln ist der entrichtete Fahrpreis einschließlich etwaiger Zuschläge anzusetzen. ³Benutzt der Arbeitnehmer sein Fahrzeug, ist der Teilbetrag der jährlichen Gesamtkosten dieses Fahrzeugs anzusetzen, der dem Anteil der zu berücksichtigenden Fahrten an der Jahresfahrleistung entspricht. ⁴Der Arbeitnehmer kann aufgrund der für einen Zeitraum von zwölf Monaten ermittelten Gesamtkosten für das von ihm gestellte Fahrzeug einen Kilometersatz errechnen, der so lange angesetzt werden darf, bis sich die Verhältnisse wesentlich ändern, z. B. bis zum Ablauf des Abschreibungszeitraums oder bis zum Eintritt veränderter Leasingbelastungen. ⁵Abweichend von Satz 3 können die Fahrtkosten auch mit den pauschalen Kilometersätzen gemäß § 9 Abs. 1 Satz 3 Nr. 4a Satz 2 EStG angesetzt werden. ⁶Aufwendungen für Fahrten nach § 9 Abs. 1 Satz 3 Nr. 4a Satz 3 EStG gehören nicht zu den Reisekosten.

Erstattung durch den Arbeitgeber

(2) ¹Der Arbeitnehmer hat seinem Arbeitgeber Unterlagen vorzulegen, aus denen die Voraussetzungen für die Steuerfreiheit der Erstattung und, soweit die Fahrtkosten bei Benutzung eines privaten Fahrzeugs nicht mit den pauschalen Kilometersätzen nach Absatz 1 Satz 5 erstattet werden, auch die tatsächlichen Gesamtkosten des Fahrzeugs ersichtlich sein müssen. ²Der Arbeitgeber hat diese Unterlagen als Belege zum Lohnkonto aufzubewahren. ³Wird dem Arbeitnehmer für die Auswärtstätigkeit im Rahmen seines Dienstverhältnisses ein Kraftfahrzeug zur Verfügung gestellt, darf der Arbeitgeber die pauschalen Kilometersätze nicht – auch nicht teilweise – steuerfrei erstatten.

H 9.5
Hinweise zu R 9.5
Fahrtkosten als Reisekosten

Allgemeines

– BMF vom 24.10.2014 (BStBl. I S. 1412), Rz. 35 ff.*)
– Als Reisekosten können die Aufwendungen für folgende Fahrten angesetzt werden:
  1. Fahrten zwischen Wohnung oder erster Tätigkeitsstätte und auswärtiger Tätigkeitsstätte oder Unterkunft im Sinne der Nummer 3 einschließlich sämtlicher Zwischenheimfahrten (>BFH vom 17.12.1976 – BStBl. 1977 II S. 294 und vom 24.4.1992 – BStBl. II S. 664); zur Abgrenzung dieser Fahrten von den Fahrten zwischen Wohnung und erster Tätigkeitsstätte >H 9.10 (Dienstliche Verrichtungen auf der Fahrt, Fahrtkosten),
  2. innerhalb desselben Dienstverhältnisses Fahrten zwischen mehreren auswärtigen Tätigkeitsstätten oder innerhalb eines weiträumigen Tätigkeitsgebiet (§ 9 Abs. 1 Satz 3 Nr. 4a Satz 4 EStG) und
  3. Fahrten zwischen einer Unterkunft am Ort der auswärtigen Tätigkeitsstätte oder in ihrem Einzugsbereich und auswärtiger Tätigkeitsstätte (>BFH vom 17.12.1976 – BStBl. 1977 II S. 294).
– Nicht als Reisekosten, sondern mit der Entfernungspauschale sind die Aufwendungen für folgende Fahrten anzusetzen:
  1. Fahrten von der Wohnung zu einem bestimmten Sammelpunkt >§ 9 Abs. 1 Satz 3 Nr. 4a Satz 3 EStG, >BMF vom 24.10.2014 (BStBl. 1412); Rz. 37 ff.*)
  2. Fahrten von der Wohnung zu einem weiträumigen Tätigkeitsgebiet >§ 9 Abs. 1 Satz 3 Nr. 4a Satz 3 EStG, >BMF vom 24.10.2014 (BStBl. 1412); Rz. 40 ff.*)

Einzelnachweis

– Zu den Gesamtkosten eines Fahrzeugs gehören die Betriebsstoffkosten, die Wartungs- und Reparaturkosten, die Kosten einer Garage am Wohnort, die Kraftfahrzeugsteuer, die Aufwendungen für die Halterhaftpflicht- und Fahrzeugversicherungen, die Absetzungen für Abnutzung, wobei Zuschüsse nach der Kraftfahrzeughilfe – Verordnung für die Beschaffung eines Kraftfahrzeugs oder den Erwerb einer behinderungsbedingten Zusatzausstattung die Anschaffungskosten mindern (> BFH vom 14.6.2012 – BStBl. II S. 835), sowie die Zinsen für ein Anschaffungsdarlehen (>BFH vom 1.10.1982 – BStBl. 1983 II S. 17). Dagegen gehören nicht zu den Gesamtkosten z. B. Aufwendungen infolge von Verkehrsunfällen, Park- und Straßenbenutzungsgebühren, Aufwendungen für Insassen- und Unfallversicherungen sowie Verwarnungs-, Ordnungs- und Bußgelder; diese Aufwendungen sind mit Ausnahme der Verwarnungs-, Ordnungs- und Bußgelder ggf. als Reisenebenkosten abziehbar (>H 9.8).

---
*) Abgedruckt als Anlage zu H 9.4 LStR.

§ 9 EStG
R 9.5

- Bei einem geleasten Fahrzeug gehört eine Leasingsonderzahlung zu den Gesamtkosten (>BFH vom 5.5.1994 – BStBl. II S. 643 und vom 15.4.2010, BStBl. II S. 805).
- Den Absetzungen für Abnutzung ist bei Personenkraftwagen und Kombifahrzeugen grundsätzlich eine Nutzungsdauer von 6 Jahren zugrunde zu legen (>BMF vom 15.12.2000 – BStBl. I S. 1532). Bei einer hohen Fahrleistung kann auch eine kürzere Nutzungsdauer anerkannt werden. Bei Kraftfahrzeugen, die im Zeitpunkt der Anschaffung nicht neu gewesen sind, ist die entsprechende Restnutzungsdauer unter Berücksichtigung des Alters, der Beschaffenheit und des voraussichtlichen Einsatzes des Fahrzeugs zu schätzen (>BMF vom 28.5.1993 – BStBl. I 483)*).
- Ein Teilnachweis der tatsächlichen Gesamtkosten ist möglich. Der nicht nachgewiesene Teil der Kosten kann geschätzt werden. Dabei ist von den für den Steuerpflichtigen ungünstigsten Umständen auszugehen (>BFH vom 4.7.1992 – BStBl. II S. 854).

Pauschale Kilometersätze

- >BMF vom 24.10.2014 (BStBl. I S. 1412); Rz. 36**).
- Neben den pauschalen Kilometersätzen (>BMF vom 24.10.2014 – BStBl. I S. 1412, Rz. 36**)) können etwaige außergewöhnliche Kosten angesetzt werden, wenn diese durch Fahrten entstanden sind, für die die Kilometersätze anzusetzen sind. Außergewöhnliche Kosten sind nur die nicht voraussehbaren Aufwendungen für Reparaturen, die nicht auf Verschleiß (>BFH vom 17.10.1973 – BStBl. 1974 II S. 186) oder die auf Unfallschäden beruhen, und Absetzungen für außergewöhnliche technische Abnutzung und Aufwendungen infolge eines Schadens, der durch den Diebstahl des Fahrzeugs entstanden ist (>BFH vom 25.5.1992 – BStBl. 1993 II S. 44); dabei sind entsprechende Schadensersatzleistungen auf die Kosten anzurechnen.
- Kosten, die mit dem laufenden Betrieb eines Fahrzeugs zusammenhängen, wie z. B. Aufwendungen für eine Fahrzeug-Vollversicherung, sind keine außergewöhnlichen Kosten (>BFH vom 21.6.1991 – BStBl. II S. 814 und vom 8.11.1991 – BStBl. 1992 II S. 204). Mit den pauschalen Kilometersätzen ist auch eine Leasingsonderzahlung abgegolten (>BFH vom 15.4.2010, BStBl. II S. 805).
- Die pauschalen Kilometersätze sind auch anzusetzen, wenn der Arbeitgeber Beiträge zu einer Dienstreise-Kaskoversicherung aufwendet (>BMF vom 31.3.1992 – BStBl. I S. 270)***). Zur Erstattung durch den Arbeitgeber >R 9.5 Abs. 2 Satz 3.

Werbungskostenabzug und Erstattung durch den Arbeitgeber

- Die als Reisekosten erfassten Fahrtkosten können als Werbungskosten abgezogen werden, soweit sie nicht vom Arbeitgeber steuerfrei erstattet worden sind (§ 3c EStG).
- Die Erstattung der Fahrtkosten durch den Arbeitgeber ist nach § 3 Nr. 16 EStG steuerfrei, soweit höchstens die als Werbungskosten abziehbaren Beträge erstattet werden (>BFH vom 21.6.1991 – BStBl. II S. 814).
- Bei Sammelbeförderung durch den Arbeitgeber scheidet mangels Aufwands des Arbeitnehmers ein Werbungskostenabzug für diese Fahrten aus (>BFH vom 11.5.2005 – BStBl. II S. 785).

Anlage 1
zu H 9.5

Absetzungen für Abnutzung (AfA) bei Pkw und Kombifahrzeugen

BMF-Schreiben vom 28.5.1993 (BStBl. I S. 483)

Unter Bezugnahme auf das Ergebnis der Erörterungen mit den obersten Finanzbehörden der Länder wird zu Einzelfragen wie folgt Stellung genommen:

1. Nach Nummer 1 Satz 2 und Nummer 3 Satz 1 des Bezugschreibens ist für Pkw und Kombifahrzeuge, die nach dem 31. Dezember 1992 erstmals zugelassen worden sind, grundsätzlich eine Nutzungsdauer von fünf****) Jahren anzunehmen. Dies bedeutet, dass es nicht zu beanstanden ist, wenn der Steuerpflichtige den Absetzungen für Abnutzung keine längere als eine fünfjährige****) Nutzungsdauer zugrunde legt. Bei einer hohen Fahrleistung kann aber auch eine kürzere Nutzungsdauer anerkannt werden. Die Absetzungen für Abnutzung sind weder zu kürzen noch zu versagen, wenn sich bei einer Weiterveräußerung des Fahrzeugs herausstellt, dass die Absetzungen für Abnutzung den tatsächlichen Wertverzehr überschritten haben.
2. Nach Nummer 3 Satz 3 des Bezugschreibens ist den Absetzungen für Abnutzung bei Kraftfahrzeugen, die im Zeitpunkt der Anschaffung nicht neu gewesen sind, die entsprechende Restnutzungsdauer zugrunde zu legen. Dies bedeutet, dass grundsätzlich eine Restnutzungsdauer von höchstens fünf****) Jahren anzunehmen ist. Sie ist in jedem Einzelfall unter Berücksichtigung aller Umstände, nämlich Alter, Beschaffenheit und voraussichtlicher Einsatz des Kraftfahrzeugs, zu schätzen.
3. ...

Anlage 2
zu H 9.5

**Dienstreise-Kaskoversicherung des Arbeitgebers für Kraftfahrzeuge des Arbeitnehmers und steuerfreier Fahrtkostenersatz;
hier: BFH-Urteil vom 27.6.1991 – VI R 3/87 – (BStBl. 1992 II S. 365)**

BMF-Schreiben vom 31.3.1992 (BStBl. I S. 270)

Der Bundesfinanzhof hat in seinem Urteil vom 27.6.1991 – VI R 3/87 – BStBl. 1992 II S. 365 – entschieden (2. Leitsatz), dass ein Arbeitgeber, der eine Dienstreise-Kaskoversicherung für ein Kraftfahrzeug des Arbeitnehmers abgeschlossen hat, für Dienstreisen nur einen geminderten Kilometersatz steuerfrei ersetzen kann, wenn der Arbeitnehmer keine eigene Fahrzeug-Vollversicherung abgeschlossen hat.

Im Einvernehmen mit dem Bundesminister der Finanzen und den obersten Finanzbehörden der Länder ist der 2. Leitsatz des genannten Urteils über den entschiedenen Einzelfall hinaus nicht anzuwenden. Die allgemeine Anwendung des 2. Leitsatzes würde dem steuerlichen Kilometersatz seinen typisierenden Charakter nehmen, erheblichen zusätzlichen Verwaltungsaufwand verursachen und damit dem Vereinfachungsgedanken der Pauschalregelung zuwiderlaufen.

Anlage 3
zu H 9.5

Steuerliche Behandlung des Arbeitgeberersatzes der Anschaffungskosten einer „Bahncard"

Bundeseinheitlich geltende Regelung, für Bayern bekannt gegeben mit Schreiben des Bayer. Staatsministeriums der Finanzen vom 22.2.1993 (Az.: 32 – S 2334 – 101/41 – 9731)

Ersetzt der Arbeitgeber Arbeitnehmern mit umfangreicher Reisetätigkeit die Kosten der Bahncard, um auf diese Weise die erstattungspflichtigen Fahrtkosten für Dienstreisen zu mindern, so ist diese Ersatzleistung nach § 3 Nr. 13 und 16 EStG steuerfrei.

Nutzt der Arbeitnehmer die Bahncard auch für private Bahnreisen, liegt ein steuerpflichtiger Vorteil dann nicht vor, wenn die Aufwendungen des Arbeitgebers für die Bahncard und die ermäßigt abgerechneten dienstlichen Bahnfahrten unter den Fahrtkosten liegen, die ohne Bahncard entstanden wären.

Dieses Schreiben ergeht im Einvernehmen mit dem Bundesminister der Finanzen und den obersten Finanzbehörden der anderen Länder.

---

*) Abgedruckt als Anlage 1 zu H 9.5 LStR.
**) Abgedruckt als Anlage 2 zu H 9.4 LStR.
***) Abgedruckt als Anlage 2 zu H 9.5 LStR.
****) Bei einer Anschaffung des Pkws oder Kombifahrzeugs nach dem 31.12.2001 beträgt die Nutzungsdauer mindestens sechs Jahre (BMF-Schreiben vom 15.12.2000 – BStBl. I S. 1532).

Anlage 4
zu H 9.5

Steuerfreie Reisekostenerstattung bei Verwendung einer arbeitnehmereigenen „BahnCard 100"

Erlass des Finanzministeriums Saarland vom 13.10.2004 (Az.: B/2 – 4 – 114/04 – S 2334)

Ein Erwerber der „BahnCard" erhält das Recht, ein Jahr lang ab Gültigkeit der Karte für alle Strecken der Deutschen Bahn Fahrkarten ohne weitere Zahlung zu erwerben. Fraglich ist der Umfang der steuerfreien Fahrkostenerstattung durch den Arbeitgeber, wenn der Arbeitnehmer unter Verwendung einer von ihm selbst (ohne Zuschuss des Arbeitgebers) erworbenen „BahnCard 100" Fahrkarten der Deutschen Bahn (kostenlos) erwirbt und damit Dienstreisen durchführt.

Es wird gebeten, hierzu die Auffassung zu vertreten, dass eine steuerfreie Erstattung der Kosten für die „BahnCard 100" erst in Betracht kommt, wenn die fiktiven Kosten für die dienstlichen Bahnfahrten den Kaufpreis für die „BahnCard 100" übersteigen.

R 9.6
Verpflegungsmehraufwendungen als Reisekosten

Allgemeines

(1) ¹Die dem Arbeitnehmer tatsächlich entstandenen, beruflich veranlassten Mehraufwendungen für die Verpflegung sind unter den Voraussetzungen des § 9 Abs. 4a EStG mit den dort genannten Pauschbeträgen anzusetzen. ²Der Einzelnachweis von Verpflegungsmehraufwendungen berechtigt nicht zum Abzug höherer Beträge.

Konkurrenzregelung

(2) Soweit für denselben Kalendertag Verpflegungsmehraufwendungen wegen einer Auswärtstätigkeit oder wegen einer doppelten Haushaltsführung (>R 9.11 Abs. 7) anzuerkennen sind, ist jeweils nur der höchste Pauschbetrag anzusetzen (>§ 9 Abs. 4a Satz 12 zweiter Halbsatz EStG).

Besonderheiten bei Auswärtstätigkeiten im Ausland

(3) ¹Für den Ansatz von Verpflegungsmehraufwendungen bei Auswärtstätigkeiten im Ausland gelten nach Staaten unterschiedliche Pauschbeträge (Auslandstagegelder), die vom BMF im Einvernehmen mit den obersten Finanzbehörden der Länder auf der Grundlage der höchsten Auslandstagegelder nach dem Bundesreisekostengesetz bekannt gemacht werden*). ²Für die in der Bekanntmachung nicht erfassten Staaten ist der für Luxemburg geltende Pauschbetrag maßgebend; für die in der Bekanntmachung nicht erfassten Übersee- und Außengebiete eines Staates ist der für das Mutterland geltende Pauschbetrag maßgebend. ³Werden an einem Kalendertag Auswärtstätigkeiten im In- und Ausland durchgeführt, ist für diesen Tag das entsprechende Auslandstagegeld maßgebend, selbst dann, wenn die überwiegende Zeit im Inland verbracht wird. ⁴Im Übrigen ist beim Ansatz des Auslandstagegeldes Folgendes zu beachten:

1. ¹Bei Flugreisen gilt ein Staat in dem Zeitpunkt als erreicht, in dem das Flugzeug dort landet; Zwischenlandungen bleiben unberücksichtigt, es sei denn, dass durch sie Übernachtungen notwendig werden. ²Erstreckt sich eine Flugreise über mehr als zwei Kalendertage, ist für die Tage, die zwischen dem Tag des Abflugs und dem Tag der Landung liegen, das für Österreich geltende Tagegeld maßgebend.
2. ¹Bei Schiffsreisen ist das für Luxemburg geltende Tagegeld maßgebend. ²Für das Personal auf deutschen Staatsschiffen sowie für das Personal auf Schiffen der Handelsmarine unter deutscher Flagge auf Hoher See gilt das Inlandstagegeld. ³Für die Tage der Einschiffung und Ausschiffung ist das für den Hafenort geltende Tagegeld maßgebend.

H 9.6
Hinweise zu R 9.6
Verpflegungsmehraufwendungen als Reisekosten

Allgemeines

>BMF vom 24.10.2014 (BStBl. I S. 1412), Rz. 46 ff.**)

Dreimonatsfrist

>BMF vom 24.10.2014 (BStBl. I S. 1412), Rz. 52 ff.**)

Erstattung durch den Arbeitgeber

– **steuerfrei** >§ 3 Nr. 13, 16 EStG, >R 3.13, 3.16

 Die Erstattung der Verpflegungsmehraufwendungen durch den Arbeitgeber ist steuerfrei, soweit keine höheren Beträge erstattet werden, als nach >§ 9 Abs. 4a EStG, >BMF vom 24.10.2014 (BStBl. I S. 1412), Rz. 73**) als Reisekosten angesetzt werden dürfen. Eine zusammengefasste Erstattung unterschiedlicher Aufwendungen ist möglich >R 3.16 Satz 1. Zur Erstattung im Zusammenhang mit Mahlzeitengestellungen bei Auswärtstätigkeit >BMF vom 24.10.2014 (BStBl. I S. 1412), Rz. 73 ff.**)

– pauschale Versteuerung bei Mahlzeitengestellungen

 >§ 40 Abs. 2 Satz 1 Nr. 1a EStG und BMF vom 24.10.2014 (BStBl. I S. 1412), Rz. 93 ff.**)

 bei Vergütungen für Verpflegungsmehraufwendungen

 >§ 40 Abs. 2 Satz 1 Nr. 4 EStG und BMF vom 24.10.2014 (BStBl. I S. 1412), Rz. 58 ff.**)

– **Nachweise**

 Der Arbeitnehmer hat seinem Arbeitgeber Unterlagen vorzulegen, aus denen die Voraussetzungen für den Erstattungsanspruch ersichtlich sein müssen. Der Arbeitgeber hat diese Unterlagen als Belege zum Lohnkonto aufzubewahren (>BFH vom 6.3.1980 – BStBl. II S. 289).

Mahlzeitengestellung und Verpflegungsmehraufwendungen

>BMF vom 24.10.2014 (BStBl. I S. 1412), Rz. 64 ff. und 73 ff.**)

Pauschbeträge bei Auslandsdienstreisen

>BMF vom 19.12.2014 (Az.: IV C 5 – S 2353/08/10006 : 005)*)
>R 9.6 Abs. 3

Verpflegungsmehraufwendungen

– Arbeitnehmer haben bei einer beruflichen Auswärtstätigkeit einen Rechtsanspruch darauf, dass die gesetzlichen Pauschbeträge berücksichtigt werden (>BFH vom 4.4.2006 – BStBl. II S. 567).

– Kürzung der Verpflegungspauschalen

 >§ 9 Abs. 4 Satz 8 ff. EStG und BMF vom 24.10.2014 (BStBl. I S. 1412), Rz. 73 ff.**)

Werbungskosten bei Reisekostenerstattung durch den Arbeitgeber

Wurden Reisekosten vom Arbeitgeber – ggf. teilweise – erstattet, ist der Werbungskostenabzug insgesamt auf den Betrag beschränkt, um den die Summe der abziehbaren Aufwendungen die steuerfreie Erstattung übersteigt (>BFH vom 15.11.1991 – BStBl. 1992 II S. 367). Dabei ist es gleich, ob die Erstattung des Arbeitgebers nach § 3 Nr. 13, 16 EStG oder nach anderen Vorschriften steuerfrei geblieben ist, z. B. durch Zehrkostenentschädigungen i. S. d. § 3 Nr. 12 EStG (>BFH vom 28.1.1988 – BStBl. II S. 635).

Anlage 1
zu H 9.6

Versteuerungszeitpunkt bei steuerpflichtigen Reisekostenvergütungen

Bundeseinheitlich geltende Regelung, bekannt gegeben durch Verfügung der OFD Frankfurt am Main vom 29.5.2013 (Az.: S 2388 A – 43 – St 211)

---

*) Abgedruckt als Anhang 10 zum Handbuch.
**) Abgedruckt als Anlage zu H 9.4 LStR.

Es ist die Frage gestellt worden, ob die Lohnbesteuerung der steuerpflichtigen Teile von Reisekostenvergütungen aus Vereinfachungsgründen erst im letzten Lohnzahlungszeitraum des Jahres durchgeführt werden kann.

Hierzu wird folgende Auffassung vertreten:

Grundsätzlich sind die steuerpflichtigen Teile von Reisekostenvergütungen bei der nächstmöglichen Lohnabrechnung zu versteuern. Aus Vereinfachungsgründen bestehen jedoch keine Bedenken, wenn die steuerpflichtigen Teile von Reisekostenvergütungen bis zu einer Obergrenze von 153 € monatlich beim einzelnen Arbeitnehmer nur mindestens vierteljährlich abgerechnet werden. Dies gilt auch für die Besteuerung von Mahlzeiten gem. R 8.1 Abs. 4 LStR mit den Sachbezugswerten.*) Dieser Erlass ergeht im Einvernehmen mit dem Bundesministerium der Finanzen und den obersten Finanzbehörden der anderen Länder.

Anlage 2
zu H 9.6

Pauschbeträge für Verpflegungsmehraufwendungen an Bord von Schiffen für Seeleute der Bundes- oder der Handelsmarine

Erlass des Finanzministeriums Schleswig-Holstein vom 4.9.2008 (Az.: VI 315 – S 2380 – 183)

Der Bundesfinanzhof (BFH) hat in seinen Urteilen vom 16. November 2005, BStBl. 2006 II S. 267, und vom 19. Dezember 2005, BStBl. 2006 II S. 378, entschieden, dass das Schiff als mobile Tätigkeitsstätte keine regelmäßige Arbeitsstätte darstellen kann; hierzu bedarf es immer eines immobilen Standorts.

Bei der Anwendung des § 4 Abs. 5 Satz 1 Nr. 5 EStG ist nunmehr Folgendes zu beachten:

1. Bundesmarine:

Marinesoldaten üben an Bord von Schiffen regelmäßig eine Auswärtstätigkeit aus. Verpflegungsmehraufwendungen können hier für die ersten drei Monate der jeweiligen Auswärtstätigkeit als Werbungskosten berücksichtigt werden. Bei Reisen auf einem seegehenden Schiff findet die gleichbleibende, nämliche Auswärtstätigkeit ihr Ende, sobald das Schiff in den Heimathafen zurückkehrt. Läuft das Schiff zu einer neuen Reise aus, beginnt der Dreimonatszeitraum für den Abzug der Verpflegungspauschalen von neuem.

Zur Höhe der zu berücksichtigenden Verpflegungsmehraufwendungen ist zu beachten, dass nach völkerrechtlichen Grundsätzen ein Schiff der Bundesmarine zum Inland gehört, so lange es sich in deutschen Küstengewässern, auf hoher See und in ausländischen Küstengewässern befindet (Hinweis auf Artikel 29–32 des UN-Seerechtsübereinkommens, BGBl. 1994 II S. 1798). Diese völkerrechtlichen Grundsätze finden über Artikel 25, 59 Abs. 2 Satz 1 GG i. V. m. § 2 AO Anwendung im Einkommensteuerrecht. Im Übrigen hat der BFH entschieden, dass Schiffe auf hoher See als „schwimmender Gebietsteil" des Landes anzusehen sind, dessen Flagge sie führen (vgl. BFH-Urteil vom 5. Oktober 1977, BStBl. 1978 II S. 50 m. w. N.). Diese Rechtsauffassung hat das Finanzgericht Düsseldorf mit Urteil vom 28. September 2007 – 18 K 638/06 E – bestätigt. Dieses Urteil ist rechtskräftig geworden. Es bestehen keine Bedenken, die Grundsätze des Urteils auf alle noch offenen Fälle anzuwenden.

Folglich sind für die Tage in ausländischen Küstengewässern und auf hoher See die Inlandspauschalen anzusetzen.

Nur für die Tage der Ein- und Ausschiffung und für Liegezeiten in ausländischen Häfen sind bei Soldaten der Bundesmarine die für den ausländischen Hafenort maßgebenden Tagegelder zu berücksichtigen.

2. Handelsmarine:

Für Seeleute auf Handelsschiffen gelten die obigen Ausführungen im ersten Absatz zum Punkt „Bundesmarine" entsprechend.

Bei der Höhe der Verpflegungsmehraufwendungen ist Folgendes zu beachten:

Handelsschiffe unter deutscher Flagge gehören auf hoher See nach völkerrechtlichen, auch einkommensteuerrechtlich maßgebenden Grundsätzen zum deutschen Staatsgebiet (Hinweis auf Artikel 27 und 28 des UN-Seerechtsabkommens, BGBl. 1994 II S. 1798). Dies gilt auch dann, wenn sie sich in Gebieten fremder Festlandssockel aufhalten. Das BFH-Urteil vom 5. Oktober 1977 (a.a.O.) findet hier Anwendung. Diese Rechtsauffassung hat das Finanzgericht Mecklenburg-Vorpommern mit Urteil vom 19. September 2007 – 3 K 185/06 – bestätigt. Gegen dieses Urteil war Revision beim BFH unter dem Aktenzeichen – VI R 51/07 – eingelegt worden. Das Revisionsverfahren ist zwischenzeitlich durch Rücknahme der Revision durch den Kläger erledigt. Es bestehen keine Bedenken, die Grundsätze aus dem Urteil des Finanzgerichts Mecklenburg-Vorpommern vom 19. September 2007 – 3 K 185/06 – auf alle noch offenen Fälle anzuwenden.

Anders als Marinesoldaten auf Schiffen der Bundesmarine erhalten Seeleute der Handelsmarine an Bord von Schiffen unter deutscher Flagge bereits dann die für das fremde Hoheitsgebiet maßgebenden Auslandspauschalen, wenn sie sich in ausländischen Küstengewässern befinden (vgl. BFH-Urteil vom 5. Oktober 1977, BStBl. 1978 II S. 50, Urteil des Finanzgerichts Düsseldorf vom 28. September 2007 – 18 K 638/06 E –); denn Schiffe unter deutscher Flagge, die nicht hoheitlichen Zwecken dienen, sind in fremden Eigengewässern nicht exterritorial und grundsätzlich der Rechtsordnung des Aufenthaltsstaates unterworfen.

Folglich erhalten Seeleute auf Handelsschiffen unter **deutscher Flagge**

– für die Tage in deutschen Küstengewässern, für die Tage der Ein- und Ausschiffung sowie für Liegezeiten in deutschen Häfen die Inlandspauschalen,
– für die Tage auf hoher See die Inlandspauschale,
– für die Tage in ausländischen Küstengewässern die Auslandspauschale des jeweiligen Staates,
– für die Tage der Ein- und Ausschiffung und für Liegezeiten in ausländischen Häfen die für den ausländischen Hafenort maßgebenden Tagegelder.

Seeleute auf Handelsschiffen unter **fremder Flagge** erhalten

– für die Tage in deutschen Küstengewässern, für die Tage der Ein- und Ausschiffung sowie für Liegezeiten in deutschen Häfen die Inlandspauschalen,
– für die Tage auf hoher See das für Luxemburg geltende Tagegeld (R 9.6 Abs. 3 Satz 4 Nr. 2 LStR 2008),
– für die Tage in ausländischen Küstengewässern das für Luxemburg geltende Tagegeld (R 9.6 Abs. 3 Satz 4 Nr. 2 LStR 2008),
– für die Tage der Ein- und Ausschiffung und für Liegezeiten in ausländischen Häfen die für den ausländischen Hafenort maßgebenden Tagegelder.

Das Territorialitätsprinzip findet aufgrund der Regelungen in R 9.6 Abs. 3 Satz 4 Nr. 2 LStR 2008 auf Handelsschiffe unter fremder Flagge keine Anwendung.

R 9.7
Übernachtungskosten

Allgemeines

(1) ¹Übernachtungskosten sind die tatsächlichen Aufwendungen, die dem Arbeitnehmer für die persönliche Inanspruchnahme einer Unterkunft zur Übernachtung entstehen. ²Ist die Unterkunft am auswärtigen Tätigkeitsort die einzige Wohnung/Unterkunft des Arbeitnehmers, liegt kein beruflich veranlasster Mehraufwand i. S. d. § 9 Abs. 1 Satz 3 Nr. 5a EStG vor.

Werbungskostenabzug

(2) Die tatsächlichen Übernachtungskosten können bei einer Auswärtstätigkeit als Reisekosten angesetzt und als Werbungskosten abgezogen werden, soweit sie nicht vom Arbeitgeber nach § 3 Nr. 13 oder 16 EStG steuerfrei ersetzt werden.

---

*) Seit 1.1.2014 werden übliche Mahlzeiten bis 60 € nicht versteuert, wenn ein Anspruch auf eine Verpflegungspauschale besteht, die in diesem Fall zu kürzen ist.

§9 EStG
R 9.8

Erstattung durch den Arbeitgeber

(3) ¹Für jede Übernachtung im Inland darf der Arbeitgeber ohne Einzelnachweis einen Pauschbetrag von 20 Euro steuerfrei erstatten. ²Bei Übernachtungen im Ausland dürfen die Übernachtungskosten ohne Einzelnachweis der tatsächlichen Aufwendungen mit Pauschbeträgen (Übernachtungsgelder) steuerfrei erstattet werden. ³Die Pauschbeträge werden vom Bundesministerium der Finanzen im Einvernehmen mit den obersten Finanzbehörden der Länder auf der Grundlage der höchsten Auslandsübernachtungsgelder nach dem Bundesreisekostengesetz bekannt gemacht*). ⁴Sie richten sich nach dem Ort, der nach R 9.6 Abs. 3 Satz 4 Nummer 1 und 2 maßgebend ist. ⁵Für die in der Bekanntmachung nicht erfassten Länder und Gebiete ist R 9.6 Abs. 3 Satz 2 anzuwenden. ⁶Die Pauschbeträge dürfen nicht steuerfrei erstattet werden, wenn dem Arbeitnehmer die Unterkunft vom Arbeitgeber oder aufgrund seines Dienstverhältnisses von einem Dritten unentgeltlich oder teilweise unentgeltlich zur Verfügung gestellt wurde. ⁷Auch bei Übernachtung in einem Fahrzeug ist die steuerfreie Zahlung der Pauschbeträge nicht zulässig. ⁸Bei Benutzung eines Schlafwagens oder einer Schiffskabine dürfen die Pauschbeträge nur dann steuerfrei gezahlt werden, wenn die Übernachtung in einer anderen Unterkunft begonnen oder beendet worden ist.

H 9.7
Hinweise zu R 9.7
Übernachtungskosten

Allgemeines

>BMF vom 24.10.2014 (BStBl. I S. 1412), Rz. 110 ff.**)

Steuerfreiheit der Arbeitgebererstattungen

Die Erstattung der Übernachtungskosten durch den Arbeitgeber ist steuerfrei

– aus öffentlichen Kassen in voller Höhe >§ 3 Nr. 13 EStG,

– bei Arbeitgebern außerhalb des öffentlichen Dienstes nach § 3 Nr. 16 EStG bis zur Höhe der tatsächlichen Aufwendungen oder bis zur Höhe der maßgebenden Pauschbeträge (Übernachtung im Inland: 20 Euro, Übernachtung im Ausland: Pauschbeträge >BMF vom 19.12.2014 (Az.: IV C 5 – S 2353/08/10006 : 005).*)

Übernachtungskosten

– Die Übernachtungskosten sind für den Werbungskostenabzug grundsätzlich im Einzelnen nachzuweisen. Sie können geschätzt werden, wenn sie dem Grunde nach zweifelsfrei entstanden sind (>BFH vom 12.9.2001 – BStBl. II S. 775).

– Übernachtet ein Kraftfahrer in der Schlafkabine seines LKW, sind Pauschalen für Übernachtungen nicht anzuwenden (>BFH vom 28.3.2012, BStBl. II S. 926).***)

R 9.8
Reisenebenkosten

Allgemeines

(1) ¹Reisenebenkosten werden unter den Voraussetzungen von R 9.4 Abs. 1 in tatsächlicher Höhe berücksichtigt und können als Werbungskosten abgezogen werden, soweit sie nicht vom Arbeitgeber steuerfrei erstattet wurden.

(2) – unbesetzt –

Steuerfreiheit der Arbeitgebererstattungen

(3) ¹Die Erstattung der Reisenebenkosten durch den Arbeitgeber ist nach § 3 Nr. 16 EStG steuerfrei, soweit sie die tatsächlichen Aufwendungen nicht überschreitet. ²Der Arbeitnehmer hat seinem Arbeitgeber Unterlagen vorzulegen, aus denen die tatsächlichen Aufwendungen ersichtlich sein müssen. ³Der Arbeitgeber hat diese Unterlagen als Belege zum Lohnkonto aufzubewahren.

H 9.8
Hinweise zu R 9.8
Reisenebenkosten

Allgemeines

>BMF vom 24.10.2014 (BStBl. I S. 1412), Rz. 124 ff.**)

Diebstahl

Wertverluste bei einem Diebstahl des für die Reise notwendigen persönlichen Gepäcks sind Reisenebenkosten (>BFH vom 30.6.1995 – BStBl. II S. 744). Dies gilt nicht für den Verlust von >Geld oder >Schmuck.

Geld

Der Verlust einer Geldbörse führt nicht zu Reisenebenkosten (>BFH vom 4.7.1986 – BStBl. II S. 771).

Geldbußen

>R 4.13 EStR

LKW-Fahrer

Zu den Reisenebenkosten bei LKW-Fahrern, die in ihrer Schlafkabine übernachten, >BMF vom 4.12.2012 (BStBl. I S. 1249).****)

Ordnungsgelder

>R 4.13 EStR

Reisegepäckversicherung

Kosten für eine Reisegepäckversicherung, soweit sich der Versicherungsschutz auf eine beruflich bedingte Abwesenheit von einer ersten Tätigkeitsstätte beschränkt, sind Reisenebenkosten; zur Aufteilung der Aufwendungen für eine gemischte Reisegepäckversicherung >BFH vom 19.2.1993 (BStBl. II S. 519).

Schaden

Wertverluste aufgrund eines Schadens an mitgeführten Gegenständen, die der Arbeitnehmer auf seiner Reise verwenden musste, sind Reisenebenkosten, wenn der Schaden auf einer reisespezifischen Gefährdung beruht (>BFH vom 30.11.1993 – BStBl. 1994 II S. 256).

Schmuck

Der Verlust von Schmuck führt nicht zu Reisenebenkosten (>BFH vom 26.1.1968 – BStBl. II S. 342).

Telefonkosten

Zu den Reisenebenkosten gehören auch die tatsächlichen Aufwendungen für private Telefongespräche, soweit sie der beruflichen Sphäre zugeordnet werden können (>BFH vom 5.7.2012 – BStBl. 2013 II S. 282).

Unfallversicherung

Beiträge zu Unfallversicherungen sind Reisenebenkosten, soweit sie Berufsunfälle außerhalb einer ersten Tätigkeitsstätte abdecken; wegen der steuerlichen Behandlung von Unfallversicherungen, die das Unfallrisiko sowohl im beruflichen als auch im außerberuflichen Bereich abdecken >BMF vom 28.10.2009 (BStBl. I S. 1275)*****).

Verwarnungsgelder

>R 4.13 EStR

---

*) Abgedruckt als Anhang 10 zum Handbuch.
**) Abgedruckt als Anlage zu H 9.4 LStR.
***) Vgl. hierzu aber Anlage 1 zu H 9.8 LStR.
****) Abgedruckt als Anlage 1 zu H 9.8 LStR.
*****) Abgedruckt als Anlage zu H 40b.2 LStR.

§ 9 EStG
R 9.9

Anlage 1
zu H 9.8

Reisenebenkosten für sanitäre Einrichtungen bei Lkw-Fahrern

BMF-Schreiben vom 4.12.2012 (BStBl. I S. 1249)

Der BFH hat in seinem Urteil vom 28. März 2012 – VI R 48/11 – (BStBl. II S. 926) entschieden, dass ein Kraftfahrer, der in der Schlafkabine seines LKW übernachtet, die Pauschalen für Übernachtungen bei Auslandsdienstreisen nicht anwenden darf. Liegen Einzelnachweise über die Kosten nicht vor, seien die tatsächlichen Aufwendungen zu schätzen. Im Hinblick auf dieses Urteil ist nach der Erörterung mit den obersten Finanzbehörden der Länder Folgendes zu beachten:

Einem Kraftfahrer, der anlässlich seiner auswärtigen beruflichen Tätigkeit (Fahrtätigkeit) in der Schlafkabine seines LKW übernachtet, entstehen Aufwendungen, die bei anderen Arbeitnehmern mit Übernachtung anlässlich einer beruflichen Auswärtstätigkeit typischerweise in den Übernachtungskosten enthalten sind. Derartige Aufwendungen können als Reisenebenkosten in vereinfachter Weise ermittelt und glaubhaft gemacht werden. Als Reisenebenkosten in diesem Sinne kommen z. B. in Betracht:

- Gebühren für die Benutzung der sanitären Einrichtungen (Toiletten sowie Dusch- oder Waschgelegenheiten) auf Raststätten,
- Aufwendungen für die Reinigung der eigenen Schlafkabine.

Aus Gründen der Vereinfachung ist es ausreichend, wenn der Arbeitnehmer die ihm tatsächlich entstandenen und regelmäßig wiederkehrenden Reisenebenkosten für einen repräsentativen Zeitraum von drei Monaten im Einzelnen durch entsprechende Aufzeichnungen glaubhaft macht. Dabei ist zu beachten, dass bei der Benutzung der sanitären Einrichtungen auf Raststätten nur die tatsächlichen Benutzungsgebühren aufzuzeichnen sind, nicht jedoch die als Wertbons ausgegebenen Beträge.

Hat der Arbeitnehmer diesen Nachweis erbracht, kann der tägliche Durchschnittsbetrag, der sich aus den Rechnungsbeträgen für den repräsentativen Zeitraum ergibt, für den Ansatz von Werbungskosten oder auch für die steuerfreie Erstattung durch den Arbeitgeber (nach Maßgabe der §§ 3 Nummer 13 und 16 EStG) so lange zu Grunde gelegt werden, bis sich die Verhältnisse wesentlich ändern.

Beispiel:

Nachweis durch Belege des Arbeitnehmers:
- Monat Oktober 2012: Aufwendungen gesamt 60 Euro (20 Tage Auswärtstätigkeit)
- Monat November 2012: Aufwendungen gesamt 80 Euro (25 Tage Auswärtstätigkeit)
- Monat Dezember 2012: Aufwendungen gesamt 40 Euro (15 Tage Auswärtstätigkeit)

Summe der Aufwendungen: 180 Euro: 60 Tage Auswärtstätigkeit = 3 Euro täglicher Durchschnittswert.

Der so ermittelte Wert kann bei LKW-Fahrern, die in ihrer Schlafkabine übernachten, für jeden Tag der Auswärtstätigkeit als Werbungskosten geltend gemacht oder steuerfrei durch den Arbeitgeber erstattet werden.

Anlage 2
zu H 9.8

Benutzung von Firmenkreditkarten bei Dienstreisen*)

BMF-Schreiben vom 29.9.1998 (Az.: IV C 5 – S 2334 – 1/98)

1. Firmenkreditkarten

Bei der steuerlichen Beurteilung der Nutzung von Kreditkarten, die auf Dienstreisen*) eingesetzt und über das Bankkonto des Arbeitnehmers abgerechnet werden, ist wie folgt zu unterscheiden:

a) Erstattet der Arbeitgeber dem Arbeitnehmer die für die Kreditkarte anfallende Kartengebühr, erhält der Arbeitnehmer eine Barzuwendung, die nur steuerfrei bleiben kann, soweit sie den Ersatz von nach § 3 Nr. 16 EStG steuerfreien Reisekosten betrifft. Nach den einschlägigen Erlassen der obersten Finanzbehörden der Länder sind die Kreditkartenabrechnungen, aus denen sich der Einsatz der Kreditkarten auf Dienstreisen*) ergibt, zum Lohnkonto zu nehmen. Es reicht allerdings aus, wenn die Abrechnungen als Belege zur Reisekostenabrechnung aufbewahrt werden und die Möglichkeit zur Nachprüfung der Reisekostenvergütungen durch Hinweise im Lohnkonto sichergestellt wird.

b) Wird die Vergabe von Kreditkarten an Arbeitnehmer zwischen dem Arbeitgeber und dem Kreditkartenunternehmen vereinbart, z. B. in einem Rahmenvertrag, und wird die Kreditkarte an den einzelnen Arbeitnehmer mit Zustimmung und für Rechnung des Arbeitgebers ausgehändigt, erhält der Arbeitnehmer einen Sachbezug in Form der unentgeltlichen Überlassung einer Kreditkarte.

Ist in diesem Fall die Kreditkarte als Firmenkreditkarte, z. B. als Corporate-Card, gekennzeichnet, mit dem Namen des Arbeitgebers versehen und wird sie an Arbeitnehmer mit einer umfangreichen Reisetätigkeit ausgegeben, bei denen die Kreditkarte nur in ganz geringem Umfang privat eingesetzt wird, bestehen keine Bedenken, die Überlassung insgesamt als eine Leistung des Arbeitgebers zu betrachten, die er in ganz überwiegendem betrieblichen Interesse erbringt und die deshalb nicht zum Arbeitslohn gehört.

Kann nach den Verhältnissen des Einzelfalls nicht davon ausgegangen werden, dass die private Mitbenutzung der überlassenen Firmenkreditkarte von untergeordneter Bedeutung ist, so ist der Anteil des Vorteils nach § 3 Nr. 16 EStG steuerfrei, der dem Volumenanteil der Reisekostenumsätze am Gesamtumsatz der Kreditkarte entspricht. Der übrige Anteil des Vorteils ist als Arbeitslohn nur zu erfassen, wenn er – ggf. zusammen mit anderen nach § 8 Abs. 2 Satz 1 EStG zu bewertenden Sachbezügen – die Freigrenze nach § 8 Abs. 2 Satz 9 EStG übersteigt.

2. Reisekostenabrechnung

Die Erstattung von Reisekosten ist nach § 3 Nr. 16 EStG steuerfrei, soweit keine höheren Beträge erstattet werden, als nach § 9 EStG als Werbungskosten abzuziehen wären. Der Arbeitnehmer hat seinem Arbeitgeber Unterlagen vorzulegen, aus denen die Voraussetzungen für die Steuerfreiheit der Erstattung ersichtlich sind. Soweit tatsächlich entstandene Aufwendungen erstattet werden, z. B. Fahrtkosten und Übernachtungskosten, müssen sich aus den Unterlagen auch die tatsächlichen Kosten ergeben. Verpflegungsmehraufwendungen können nur bis zu Höhe der von der Abwesenheitsdauer abhängenden Verpflegungspauschbeträge steuerfrei ersetzt werden. Insoweit ist in den Unterlagen auch die Abwesenheitsdauer anzugeben.

Formvorschriften für die Abrechnung bzw. für die Aufzeichnung gibt es nicht. Deshalb sind auch Reisekostenabrechnungen steuerlich anzuerkennen, in denen mehrere innerhalb eines bestimmten Zeitraums durchgeführte Dienstreisen abgerechnet werden.

R 9.9
Umzugskosten

Allgemeines

(1) Kosten, die einem Arbeitnehmer durch einen beruflich veranlassten Wohnungswechsel entstehen, sind Werbungskosten.

Höhe der Umzugskosten

(2) ¹Bei einem beruflich veranlassten Wohnungswechsel können die tatsächlichen Umzugskosten grundsätzlich bis zur Höhe der Beträge als Werbungskosten abgezogen werden, die nach dem BUKG**) und der Auslandsumzugskostenverordnung (AUV)***) in der jeweils geltenden Fassung als Umzugskostenvergütung höchstens gezahlt werden könnten, mit Ausnahme der Pauschalen nach §§ 19, 21 AUV und der Auslagen (insbesondere Maklergebühren) für die Anschaffung einer eigenen Wohnung (Wohneigentum) nach

---

*) Ab 1.1.2008 ist der Begriff „Dienstreisen" durch den Begriff „beruflich veranlasste Auswärtstätigkeiten" ersetzt worden.

**) Abgedruckt als Anhang 7 zum Handbuch.

***) Abgedruckt als Anhang 9 zum Handbuch.

§ 9 EStG
R 9.9

§ 9 Abs. 1 BUKG; die Pauschbeträge für Verpflegungsmehraufwendungen nach § 9 Abs. 4a EStG sind zu beachten. ²Werden die umzugskostenrechtlich festgelegten Grenzen eingehalten, ist nicht zu prüfen, ob die Umzugskosten Werbungskosten darstellen. ³Werden höhere Umzugskosten im Einzelnen nachgewiesen, so ist insgesamt zu prüfen, ob und inwieweit die Aufwendungen Werbungskosten oder nicht abziehbare Kosten der Lebensführung sind, z. B. bei Aufwendungen für die Neuanschaffung von Einrichtungsgegenständen. ⁴Anstelle der in § 10 BUKG pauschal erfassten Umzugskosten können auch die im Einzelfall nachgewiesenen höheren Umzugskosten als Werbungskosten abgezogen werden. ⁵Ein Werbungskostenabzug entfällt, soweit die Umzugskosten vom Arbeitgeber steuerfrei erstattet worden sind (§ 3c EStG).

Erstattung durch den Arbeitgeber

(3) ¹Die Erstattung der Umzugskosten durch den Arbeitgeber ist steuerfrei, soweit keine höheren Beträge erstattet werden, als nach Absatz 2 als Werbungskosten abziehbar wären. ²Der Arbeitnehmer hat seinem Arbeitgeber Unterlagen vorzulegen, aus denen die tatsächlichen Aufwendungen ersichtlich sein müssen. ³Der Arbeitgeber hat diese Unterlagen als Belege zum Lohnkonto aufzubewahren.

H 9.9
Hinweise zu R 9.9
Umzugskosten

Aufgabe der Umzugsabsicht

Wird vom Arbeitgeber eine vorgesehene Versetzung rückgängig gemacht, sind die dem Arbeitnehmer durch die Aufgabe seiner Umzugsabsicht entstandenen vergeblichen Aufwendungen als Werbungskosten abziehbar (>BFH vom 24.5.2000 – BStBl. II S. 584).

Berufliche Veranlassung

Ein Wohnungswechsel ist z. B. beruflich veranlasst,

1. wenn durch ihn eine >erhebliche Verkürzung der Entfernung zwischen Wohnung und Tätigkeitsstätte eintritt und die verbleibende Wegezeit im Berufsverkehr als normal angesehen werden kann (>BFH vom 6.11.1986 – BStBl. 1987 II S. 81). Es ist nicht erforderlich, dass der Wohnungswechsel mit einem Wohnortwechsel oder mit einem Arbeitsplatzwechsel verbunden ist,
2. wenn er im ganz überwiegenden betrieblichen Interesse des Arbeitgebers durchgeführt wird, insbesondere beim Beziehen oder Räumen einer Dienstwohnung, die aus betrieblichen Gründen bestimmten Arbeitnehmern vorbehalten ist, um z. B. deren jederzeitige Einsatzmöglichkeit zu gewährleisten (>BFH vom 28.4.1988 – BStBl. II S. 777), oder
3. wenn er aus Anlass der erstmaligen Aufnahme einer beruflichen Tätigkeit, des Wechsels des Arbeitgebers oder im Zusammenhang mit einer Versetzung durchgeführt wird oder
4. wenn der eigene Hausstand zur Beendigung einer doppelten Haushaltsführung an den Beschäftigungsort verlegt wird (>BFH vom 21.7.1989 – BStBl. II S. 917).

Die privaten Motive für die Auswahl der neuen Wohnung sind grundsätzlich unbeachtlich (>BFH vom 23.2.2001 – BStBl. 2002 II S. 56).

Doppelte Haushaltsführung

>R 9.11

Doppelter Mietaufwand

Wegen eines Umzugs geleistete doppelte Mietzahlungen können beruflich veranlasst und deshalb in voller Höhe als Werbungskosten abziehbar sein. Diese Mietaufwendungen können jedoch nur zeitanteilig, und zwar für die neue Familienwohnung ab dem Kündigungs- bis zum Umzugstag und für die bisherige Wohnung ab dem Umzugstag, längstens bis zum Ablauf der Kündigungsfrist des bisherigen Mietverhältnisses, als Werbungskosten abgezogen werden (>BFH vom 13.7.2011 – 2012 II S. 104).

Eheschließung/Begründung einer Lebenspartnerschaft

Erfolgt ein Umzug aus Anlass einer Eheschließung von getrennten Wohnorten in eine gemeinsame Familienwohnung, so ist die berufliche Veranlassung des Umzugs eines jeden Ehegatten gesondert zu beurteilen (>BFH vom 23.3.2001 – BStBl. II S. 585). Entsprechendes gilt für Lebenspartnerschaften (>§ 2 Abs. 8 EStG).

Erhebliche Fahrzeitverkürzung

– Eine erhebliche Verkürzung der Entfernung zwischen Wohnung und Tätigkeitsstätte ist anzunehmen, wenn sich die Dauer der täglichen Hin- und Rückfahrt insgesamt wenigstens zeitweise um mindestens eine Stunde ermäßigt (>BFH vom 22.11.1991 – BStBl. 1992 II S. 494 und vom 16.10.1992 – BStBl. 1993 II S. 610).

– Die Fahrzeitersparnisse beiderseits berufstätiger Ehegatten/Lebenspartner sind weder zusammenzurechnen (>BFH vom 27.7.1995 – BStBl. II S. 728) noch zu saldieren (>BFH vom 21.2.2006 – BStBl. II S. 598).

– Steht bei einem Umzug eine arbeitstägliche Fahrzeitersparnis von mindestens einer Stunde fest, sind private Gründe (z. B. Gründung eines gemeinsamen Haushalts aus Anlass einer Eheschließung/Begründung einer Lebenspartnerschaft, erhöhter Wohnbedarf wegen Geburt eines Kindes) unbeachtlich (>BFH vom 23.3.2001 – BStBl. II S. 585 und 2002 II S. 56).

Höhe der Umzugskosten

– Zur Höhe der maßgebenden Beträge für umzugsbedingte Unterrichtskosten und sonstige Umzugsauslagen ab 1.3.2014 und 1.3.2015 >BMF vom 6.10.2014 (BStBl. I S. 1342).*)

– Die umzugskostenrechtliche Beschränkung einer Mietausfallentschädigung für den bisherigen Wohnungsvermieter gilt nicht für den Werbungskostenabzug (>BFH vom 1.12.1993 – BStBl. 1994 II S. 323).

– Nicht als Werbungskosten abziehbar sind die bei einem Grundstückskauf angefallenen Maklergebühren, auch soweit sie auf die Vermittlung einer vergleichbaren Mietwohnung entfallen würden (>BFH vom 24.5.2000 – BStBl. II S. 586) sowie Aufwendungen für die Anschaffung von klimabedingter Kleidung und Wohnungsausstattung im Sinne der §§ 19 und 21 AUV (>BFH vom 20.3.1992 – BStBl. 1993 II S. 192, vom 27.5.1994 – BStBl. 1995 II S. 17 und vom 12.4.2007 – BStBl. II S. 536).

– Der Werbungskostenabzug setzt eine Belastung mit Aufwendungen voraus. Das ist bei einem in Anlehnung an § 8 Abs. 3 BUKG ermittelten Mietausfall nicht der Fall. Als entgangene Einnahme erfüllt er nicht den Aufwendungsbegriff (>BFH vom 19.4.2012 – BStBl. 2013 II S. 699).

– Zur steuerfreien Arbeitgebererstattung >R 9.9 Abs. 3.

– Aufwendungen aufgrund der Veräußerung eines Eigenheims anlässlich eines beruflich bedingten Umzugs sind keine Werbungskosten bei den Einkünften aus nicht selbständiger Arbeit (>BFH vom 24.5.2000 – BStBl. II S. 474).

– Veräußerungsverluste aus dem Verkauf eines Eigenheims einschließlich zwischenzeitlich angefallener Finanzierungskosten anlässlich eines beruflich bedingten Umzugs sind keine Werbungskosten bei den Einkünften aus nicht selbständiger Arbeit (>BFH vom 24.5.2000 – BStBl. II S. 474).

– Bei einem beruflich veranlassten Umzug sind Aufwendungen für die Ausstattung der neuen Wohnung (z. B. Renovierungsmaterial, Gardinen, Rollos, Lampen, Telefonanschluss, Anschaffung und Installation eines Wasserboilers) nicht als Werbungskosten abziehbar (>BFH vom 17.12.2002 – BStBl. 2003 II S. 314). Die Berücksichtigung der Pauschale nach § 10 BUKG bleibt unberührt >R 9.9 Abs. 2 Satz 2.

Rückumzug ins Ausland

Der Rückumzug ins Ausland ist bei einem ausländischen Arbeitnehmer, der unbefristet ins Inland versetzt wurde und dessen Familie mit ins Inland umzog und der bei Erreichen der Altersgrenze ins Heimatland zurückzieht, nicht beruflich veranlasst (>BFH vom 8.11.1996 – BStBl. 1997 II S. 207); anders bei einer von vornherein befristeten Tätigkeit im Inland (>BFH vom 4.12.1992 – BStBl. 1993 II S. 722).

---
*) Abgedruckt als Anlage 2 zu H 9.9 LStR.

§ 9 EStG
R 9.10

Umzug ins Ausland

Umzugskosten im Zusammenhang mit einer beabsichtigten nichtselbständigen Tätigkeit im Ausland sind bei den inländischen Einkünften nicht als Werbungskosten abziehbar, wenn die Einkünfte aus der beabsichtigten Tätigkeit nicht der deutschen Besteuerung unterliegen (>BFH vom 20.9.2006 – BStBl. 2007 II S. 756). Zum Progressionsvorbehalt >H 32b (Zeitweise unbeschränkte Steuerpflicht) EStH.

Zwischenumzug

Die berufliche Veranlassung eines Umzugs endet regelmäßig mit dem Einzug in die erste Wohnung am neuen Arbeitsort. Die Aufwendungen für die Einlagerung von Möbeln für die Zeit vom Bezug dieser Wohnung bis zur Fertigstellung eines Wohnhauses am oder in der Nähe vom neuen Arbeitsort sind daher keine Werbungskosten (BFH vom 21.9.2000 – BStBl. 2001 II S. 70).

Anlage 1
zu H 9.9

Steuerliche Anerkennung von Umzugskosten nach R 9.9 Absatz 2 LStR; Änderung der maßgebenden Beträge für umzugsbedingte Unterrichtskosten und sonstige Umzugsauslagen ab 1. März 2012, 1. Januar 2013 und 1. August 2013

BMF-Schreiben vom 1.10.2012 (BStBl. I S. 942)

Im Einvernehmen mit den obersten Finanzbehörden der Länder gilt zur Anwendung der §§ 6 bis 10 des Bundesumzugskostengesetzes (BUKG) für Umzüge ab 1. März 2012, ab 1. Januar 2013 sowie 1. August 2013 jeweils Folgendes:

1. Der Höchstbetrag, der für die Anerkennung umzugsbedingter Unterrichtskosten für ein Kind nach § 9 Absatz 2 BUKG maßgebend ist, beträgt bei Beendigung des Umzugs ab

   - 1. März 2012   1.711 Euro;
   - 1. Januar 2013   1.732 Euro;
   - 1. August 2013   1.752 Euro.

2. Der Pauschbetrag für sonstige Umzugsauslagen nach § 10 Absatz 1 BUKG beträgt:

   a) für Verheiratete bei Beendigung des Umzugs

   - 1. März 2012   1.357 Euro;
   - 1. Januar 2013   1.374 Euro;
   - 1. August 2013   1.390 Euro.

   b) für Ledige bei Beendigung des Umzugs

   - ab 1. März 2012   679 Euro;
   - ab 1. Januar 2013   687 Euro;
   - ab 1. August 2013   695 Euro.

Der Pauschbetrag erhöht sich für jede in § 6 Absatz 3 Sätze 2 und 3 BUKG bezeichnete weitere Person mit Ausnahme des Ehegatten:

- zum 1. März 2012 um   299 Euro;
- zum 1. Januar 2013 um 303 Euro;
- zum 1. August 2013 um 306 Euro.

Das BMF-Schreiben vom 23. Februar 2012 – (BStBl. I Seite 262) ist auf Umzüge, die nach dem 29. Februar 2012 beendet werden, nicht mehr anzuwenden.

Anlage 2
zu H 9.9

Steuerliche Anerkennung von Umzugskosten nach R 9.9 Absatz 2 LStR; Änderung der maßgebenden Beträge für umzugsbedingte Unterrichtskosten und sonstige Umzugsauslagen ab 1. März 2014 und 1. März 2015

BMF-Schreiben vom 6.10.2014 (BStBl. I S. 1342)

Im Einvernehmen mit den obersten Finanzbehörden der Länder gilt zur Anwendung der §§ 6 bis 10 des Bundesumzugskostengesetzes (BUKG) für Umzüge ab 1. März 2014 und ab 1. März 2015 jeweils Folgendes:

1. Der Höchstbetrag, der für die Anerkennung umzugsbedingter Unterrichtskosten für ein Kind nach § 9 Absatz 2 BUKG maßgebend ist, beträgt bei Beendigung des Umzugs ab

   - 1. März 2014   1802 Euro;
   - 1. März 2015   1841 Euro;

2. Der Pauschbetrag für sonstige Umzugsauslagen nach § 10 Absatz 1 BUKG beträgt:

   a) für Verheiratete, Lebenspartner und Gleichgestellte i. S. d. § 10 Absatz 2 BUKG bei Beendigung des Umzugs

   - 1. März 2014   1429 Euro;
   - 1. März 2015   1460 Euro;

   b) für Ledige, die die Voraussetzungen des § 10 Absatz 2 BUKG nicht erfüllen, bei Beendigung des Umzugs

   - ab 1. März 2014   715 Euro;
   - ab 1. März 2015   730 Euro;

Der Pauschbetrag erhöht sich für jede in § 6 Absatz 3 Sätze 2 und 3 BUKG bezeichnete weitere Person mit Ausnahme des Ehegatten oder Lebenspartners:

- zum 1. März 2014 um   315 Euro;
- zum 1. März 2015 um   322 Euro;

Das BMF-Schreiben vom 1. Oktober 2012 – IV C5 – S 2353/08/10007; DOK: 2012/0899967 – (BStBl. 2012 I Seite 942) ist auf Umzüge, die nach dem 28. Februar 2014 beendet werden, nicht mehr anzuwenden.

R 9.10
Aufwendungen für Wege zwischen Wohnung und erster Tätigkeitsstätte sowie Fahrten nach § 9 Abs. 1 Satz 3 Nr. 4a Satz 3 EStG

Maßgebliche Wohnung

(1) [1]Als Ausgangspunkt für die Wege kommt jede Wohnung des Arbeitnehmers in Betracht, die er regelmäßig zur Übernachtung nutzt und von der aus er seine erste Tätigkeitsstätte aufsucht. [2]Als Wohnung ist z. B. auch ein möbliertes Zimmer, eine Schiffskajüte, ein Gartenhaus, ein auf eine gewisse Dauer abgestellter Wohnwagen oder ein Schlafplatz in einer Massenunterkunft anzusehen. [3]Hat ein Arbeitnehmer mehrere Wohnungen, können Wege von und zu der von der ersten Tätigkeitsstätte weiter entfernt liegenden Wohnung nach § 9 Abs. 1 Satz 3 Nr. 4 Satz 6 EStG nur dann berücksichtigt werden, wenn sich dort der Mittelpunkt der Lebensinteressen des Arbeitnehmers befindet und sie nicht nur gelegentlich aufgesucht wird. [4]Der Mittelpunkt der Lebensinteressen befindet sich bei einem verheirateten Arbeitnehmer*) regelmäßig am tatsächlichen Wohnort seiner Familie. [5]Die Wohnung kann aber nur dann ohne nähere Prüfung berücksichtigt werden, wenn sie der Arbeitnehmer mindestens sechsmal im Kalenderjahr aufsucht. [6]Bei anderen Arbeitnehmern befindet sich der Mittelpunkt der Lebensinteressen an dem Wohnort, zu dem die engeren persönlichen Beziehungen bestehen. [7]Die persönlichen Beziehungen können ihren Ausdruck besonders in Bindungen an Personen, z. B. Eltern, Verlobte, Freundes- und Bekanntenkreis, finden, aber auch in Vereinszugehörigkeiten und anderen Aktivitäten. [8]Sucht der Arbeitnehmer diese Wohnung im Durchschnitt mindestens zweimal monatlich auf, ist davon auszugehen, dass sich dort der Mittelpunkt seiner Lebensinteressen befindet. [9]Die Sätze 4 bis 8 gelten unabhängig davon, ob sich der Lebensmittelpunkt im Inland oder im Ausland befindet.

Fahrten mit einem zur Nutzung überlassenen Kraftfahrzeug

(2) [1]Ein Kraftfahrzeug ist dem Arbeitnehmer zur Nutzung überlassen, wenn es dem Arbeitnehmer vom Arbeitgeber unentgeltlich oder teilentgeltlich überlassen worden ist (>R 8.1 Abs. 9) oder wenn es der Arbeitnehmer von dritter Seite geliehen, gemietet oder geleast hat. [2]Wird ein Kraftfahrzeug von einer anderen Person als dem Arbeitnehmer, dem das Kraftfahrzeug von seinem Arbeitgeber

---
*) Bei Lebenspartnern gilt Entprechendes >§ 2 Abs. 8 EStG.

§ 9 EStG
R 9.10

zur Nutzung überlassen ist, für Wege zwischen Wohnung und erster Tätigkeitsstätte benutzt, kann die andere Person die Entfernungspauschale nach § 9 Abs. 1 Satz 3 Nr. 4 EStG geltend machen; Entsprechendes gilt für den Arbeitnehmer, dem das Kraftfahrzeug von seinem Arbeitgeber überlassen worden ist, für Wege zwischen Wohnung und erster Tätigkeitsstätte im Rahmen eines anderen Dienstverhältnisses.

Behinderte Menschen i.S.d. § 9 Abs. 2 Satz 3 EStG

(3) ¹Ohne Einzelnachweis der tatsächlichen Aufwendungen können die Fahrtkosten nach den Regelungen in § 9 Abs. 1 Satz 3 Nr. 4a Satz 2 EStG angesetzt werden. ²Wird ein behinderter Arbeitnehmer im eigenen oder ihm zur Nutzung überlassenen Kraftfahrzeug arbeitstäglich von einem Dritten, z. B. dem Ehegatten, zu seiner ersten Tätigkeitsstätte gefahren und wieder abgeholt, können auch die Kraftfahrzeugkosten, die durch die Ab- und Anfahrten des Fahrers – die so genannten Leerfahrten – entstehen, in tatsächlicher Höhe oder in sinngemäßer Anwendung von § 9 Abs. 1 Satz 3 Nr. 4a Satz 2 EStG als Werbungskosten abgezogen werden. ³Für den Nachweis der Voraussetzungen des § 9 Abs. 2 Satz 3 EStG ist § 65 EStDV entsprechend anzuwenden. ⁴Für die Anerkennung der tatsächlichen Aufwendungen oder der Kilometersätze aus § 9 Abs. 1 Satz 3 Nr. 4a Satz 2 EStG und für die Berücksichtigung von Leerfahrten ist bei rückwirkender Festsetzung oder Änderung des Grads der Behinderung das Gültigkeitsdatum des entsprechenden Nachweises maßgebend.

Sammelpunkt oder weiträumiges Tätigkeitsgebiet

(4) Die Absätze 1 bis 3 gelten bei Fahrten nach § 9 Abs. 1 Satz 3 Nr. 4a Satz 3 EStG entsprechend.

H 9.10
Hinweise zu R 9.10
Aufwendungen für Fahrten zwischen Wohnung und regelmäßiger Arbeitsstätte

Allgemeine Grundsätze

>BMF vom 31.10.2013 (BStBl. I S. 1376)*)

Anrechnung von Arbeitgebererstattungen auf die Entfernungspauschale

>BMF vom 31.10.2013 (BStBl. I S. 1376), Tz. 1.9*)

Behinderte Menschen

– >BMF vom 31.10.2013 (BStBl. I S. 1376), Tz. 3*)
– Auch bei Arbeitnehmern mit Behinderungen darf grundsätzlich nur eine Hin- und Rückfahrt arbeitstäglich, gegebenenfalls zusätzlich eine Rück- und Hinfahrt als Leerfahrt, berücksichtigt werden (>BFH vom 2.4.1976 – BStBl. II S. 452).
– Zur Ermittlung der Absetzungen für Abnutzung sind die Anschaffungskosten um Zuschüsse nach der Kraftfahrzeughilfe-Verordnung zu mindern (>BFH vom 14.6.2012 – BStBl. II S. 835).
– Wird bei einem behinderten Menschen der Grad der Behinderung herabgesetzt und liegen die Voraussetzungen des § 9 Abs. 2 Satz 3 EStG nach der Herabsetzung nicht mehr vor, ist dies ab dem im Bescheid genannten Zeitpunkt zu berücksichtigen. Aufwendungen für Wege zwischen Wohnung und erster Tätigkeitsstätte sowie für Fahrten nach § 9 Abs. 1 Satz 3 Nr. 4a Satz 3 EStG können daher ab diesem Zeitpunkt nicht mehr nach § 9 Abs. 2 Satz 3 EStG bemessen werden (>BFH vom 11.3.2014 – BStBl. II S. 525).

Benutzung verschiedener Verkehrsmittel

>BMF vom 31.10.2013 (BStBl. I S. 1376), Tz. 1.6*)

Dienstliche Verrichtungen auf der Fahrt

Eine Fahrt zwischen Wohnung und erster Tätigkeitsstätte liegt auch vor, wenn diese gleichzeitig zu dienstlichen Verrichtungen für den Arbeitgeber genutzt wird, z. B. Abholen der Post, sich dabei aber der Charakter der Fahrt nicht wesentlich ändert und allenfalls ein geringer Umweg erforderlich wird; die erforderliche Umwegstrecke ist als Auswärtstätigkeit zu werten (>BFH vom 12.10.1990 – BStBl. 1991 II S. 134).

Fahrgemeinschaften

>BMF vom 31.10.2013 (BStBl. I S. 1376), Tz. 1.5*)

Fahrtkosten

– **bei Antritt einer Auswärtstätigkeit von der ersten Tätigkeitsstätte**

  Hat der Arbeitnehmer eine erste Tätigkeitsstätte, ist die Entfernungspauschale auch dann anzusetzen, wenn der Arbeitnehmer seine erste Tätigkeitsstätte deshalb aufsucht, um von dort eine Auswärtstätigkeit anzutreten (>BFH vom 18.1.1991 – BStBl. II S. 408).

– **bei einfacher Fahrt**

  Wird das Kraftfahrzeug lediglich für eine Hin- oder Rückfahrt benutzt, z. B. wenn sich an die Hinfahrt eine Auswärtstätigkeit anschließt, die an der Wohnung des Arbeitnehmers endet, so ist die Entfernungspauschale nur zur Hälfte anzusetzen (>BFH vom 26.7.1978 – BStBl. II S. 661). Dasselbe gilt, wenn Hin- und Rückfahrt sich auf unterschiedliche Wohnungen beziehen (>BFH vom 9.12.1988 – BStBl. 1989 II S. 296).

– **bei mehreren ersten Tätigkeitsstätten**

  Zum Ansatz der Entfernungspauschale bei mehreren ersten Tätigkeitsstätten in **mehreren Dienstverhältnissen** (BMF vom 31.10.2013 – BStBl. I S. 1376, Tz. 1.8).*)

– **bei Nutzung unterschiedlicher Verkehrsmittel**

  >BMF vom 31.10.2013 (BStBl. I S. 1376), Tz. 1.6*)

– zu einem bestimmten Sammelpunkt

  >§ 9 Abs. 1 Satz 3 Nr. 4a Satz 3 EStG und BMF vom 24.10.2014 (BStBl. I S. 1412), Rz. 37 ff.**)

– zu einem weiträumigen Tätigkeitsgebiet

  >§ 9 Abs. 1 Satz 3 Nr. 4a Satz 3 EStG und BMF vom 24.10.2014 (BStBl. I S. 1412), Rz. 40 ff.**)

Leasingsonderzahlung

Durch die Entfernungspauschale wird auch eine Leasingsonderzahlung abgegolten (>BFH vom 15.4.2010 – BStBl. II S. 805).

Leerfahrten

Wird ein Arbeitnehmer im eigenen Kraftfahrzeug von einem Dritten zu seiner ersten Tätigkeitsstätte gefahren oder wieder abgeholt, so sind die sogenannten Leerfahrten selbst dann nicht zu berücksichtigen, wenn die Fahrten wegen schlechter öffentlicher Verkehrsverhältnisse erforderlich sind (>BFH vom 7.4.1989 – BStBl. II S. 925).

Mehrere Dienstverhältnisse

>BMF vom 31.10.2013 (BStBl. I S. 1376), Tz. 1.8*)

Mehrere Fahrten an einem Arbeitstag

– >BMF vom 31.10.2013 (BStBl. I S. 1376), Tz. 1.7*)
– Die Abgeltungswirkung der Entfernungspauschale greift auch dann ein, wenn wegen atypischer Dienstzeiten Wege zwischen Wohnung und erster Tätigkeitsstätte zweimal arbeitstäglich erfolgen (>BFH vom 11.9.2003 – BStBl. II S. 893).

Parkgebühren

>BMF vom 31.10.2013 (BStBl. I S. 1376), Tz. 4*)

Park and ride

>BMF vom 31.10.2013 (BStBl. I S. 1376), Tz. 1.6*)

Umwegfahrten

>Dienstliche Verrichtungen auf der Fahrt
>Fahrgemeinschaften

---
*) Abgedruckt als Anlage zu H 9.10 LStR.
**) Abgedruckt als Anlage zu H 9.4 LStR.

§ 9 EStG
R 9.10

Unfallschäden

Neben der Entfernungspauschale können nur Aufwendungen berücksichtigt werden für die Beseitigung von Unfallschäden bei einem Verkehrsunfall

- auf der Fahrt zwischen Wohnung und erster Tätigkeitsstätte (>BFH vom 23.6.1978 – BStBl. II S. 457 und vom 14.7.1978 – BStBl. II S. 595),
- auf einer Umwegfahrt zum Betanken des Fahrzeugs (>BFH vom 11.10.1984 – BStBl. 1985 II S. 10),
- unter einschränkenden Voraussetzungen auf einer Leerfahrt des Ehegatten/Lebenspartners zwischen der Wohnung und der Haltestelle eines öffentlichen Verkehrsmittels oder auf der Abholfahrt des Ehegatten/Lebenspartners (>BFH vom 26.6.1987 – BStBl. II S. 818 und vom 11.2.1993 – BStBl. II S. 518),
- auf einer Umwegstrecke zur Abholung der Mitfahrer einer Fahrgemeinschaft unabhängig von der Gestaltung der Fahrgemeinschaft (>BFH vom 11.7.1980 – BStBl. II S. 655).

Nicht berücksichtigt werden können die Folgen von Verkehrsunfällen

- auf der Fahrt unter Alkoholeinfluss (>BFH vom 6.4.1984 – BStBl. II S. 434),
- auf einer Probefahrt (>BFH vom 23.6.1978 – BStBl. II S. 457),
- auf einer Fahrt, die nicht von der Wohnung aus angetreten oder an der Wohnung beendet wird (>BFH vom 25.3.1988 – BStBl. II S. 706),
- auf einer Umwegstrecke, wenn diese aus privaten Gründen befahren wird, z.B. zum Einkauf von Lebensmitteln oder um ein Kleinkind unmittelbar vor Arbeitsbeginn in den Hort zu bringen (>BFH vom 13.3.1996 – BStBl. II S. 375).

Zu den **berücksichtigungsfähigen Unfallkosten** gehören auch Schadensersatzleistungen, die der Arbeitnehmer unter Verzicht auf die Inanspruchnahme seiner gesetzlichen Haftpflichtversicherung selbst getragen hat.

Nicht berücksichtigungsfähig sind dagegen

- die in den Folgejahren erhöhten Beiträge für die Haftpflicht- und Fahrzeugversicherung, wenn die Schadensersatzleistungen von dem Versicherungsunternehmen erbracht worden sind (>BFH vom 11.7.1986 – BStBl. II S. 866),
- Finanzierungskosten, und zwar auch dann, wenn die Kreditfinanzierung des Fahrzeugs wegen Verlusts eines anderen Kraftfahrzeugs auf einer Fahrt von der Wohnung zur ersten Tätigkeitsstätte erforderlich geworden ist (>BFH vom 1.10.1982 – BStBl. 1983 II S. 17),
- der so genannte merkantile Minderwert eines reparierten und weiterhin benutzten Fahrzeugs (>BFH vom 31.1.1992 – BStBl. II S. 401),
- Reparaturaufwendungen infolge der Falschbetankung eines Kraftfahrzeugs auf der Fahrt zwischen Wohnung und erster Tätigkeitsstätte sowie auf Fahrten nach § 9 Abs. 1 Satz 3 Nr. 4a Satz 3 EStG (>BFH vom 20.3.2014 – BStBl. II S. 849).

Lässt der Arbeitnehmer das unfallbeschädigte Fahrzeug nicht reparieren, kann die Wertminderung durch Absetzungen für außergewöhnliche Abnutzung (§ 7 Abs. 1 letzter Satz i.V.m. § 9 Abs. 1 Satz 3 Nr. 7 EStG) berücksichtigt werden (>BFH vom 21.8.2012 – BStBl. 2013 II S. 171); Absetzungen sind ausgeschlossen, wenn die gewöhnliche Nutzungsdauer des Fahrzeugs bereits abgelaufen ist (>BFH vom 21.8.2012 – BStBl. 2013 II S. 171).
>H 9.12 (Absetzung für Abnutzung).

Soweit die unfallbedingte Wertminderung durch eine Reparatur behoben worden ist, sind nur die tatsächlichen Reparaturkosten zu berücksichtigten (>BFH vom 27.8.1993 – BStBl. 1994 II S. 235).

Verkehrsgünstigere Strecke

- >BMF vom 31.10.2013 (BStBl. I S. 1376), Tz. 1.4*)
- Für die Entfernungspauschale ist die kürzeste Straßenverbindung auch dann maßgeblich, wenn diese mautpflichtig ist oder mit dem vom Arbeitnehmer verwendeten Verkehrsmittel straßenverkehrsrechtlich nicht benutzt werden darf (>BFH vom 24.9.2013 – BStBl. 2014 II S. 259).

Wohnung

- Ein Hotelzimmer oder eine fremde Wohnung, in denen der Arbeitnehmer nur kurzfristig aus privaten Gründen übernachtet, ist nicht Wohnung i. S. d. § 9 Abs. 1 EStG (>BFH vom 25.3.1988 – BStBl. II S. 706).
- Der Mittelpunkt der Lebensinteressen befindet sich bei einem verheirateten Arbeitnehmer regelmäßig am tatsächlichen Wohnort seiner Familie (>BFH vom 10.11.1978 – BStBl. 1979 II S. 219 und vom 3.10.1985 – BStBl. 1986 II S. 95).
- Aufwendungen für Wege zwischen der ersten Tätigkeitsstätte und der Wohnung, die den örtlichen Mittelpunkt der Lebensinteressen des Arbeitnehmers darstellt, sind auch dann als Werbungskosten im Sinne des § 9 Abs. 1 Satz 3 Nr. 4 EStG zu berücksichtigen, wenn die Fahrt an der näher zur ersten Tätigkeitsstätte liegenden Wohnung unterbrochen wird (>BFH vom 20.12.1991 – BStBl. 1992 II S. 306).
- Ob ein Arbeitnehmer seine weiter entfernt liegende Familienwohnung nicht nur gelegentlich aufsucht, ist anhand einer Gesamtwürdigung zu beurteilen. Fünf Fahrten im Kalenderjahr können bei entsprechenden Umständen ausreichend sein (>BFH vom 26.11.2003 – BStBl. 2004 II S. 233; >R 9.10 Abs. 1 Satz 5).

Anlage
zu H 9.10

Anwendungsschreiben zur Entfernungspauschale

BMF-Schreiben vom 31.10.2013 (BStBl. I S. 1376)

Mit dem Gesetz zur Änderung und Vereinfachung der Unternehmensbesteuerung und des steuerlichen Reisekostenrechts vom 20. Februar 2013 (BGBl. I Seite 285, BStBl. I Seite 188) haben sich Änderungen zu den Entfernungspauschalen ergeben, die nachfolgend **in Fettdruck** dargestellt sind. Das BMF-Schreiben vom 3. Januar 2013 (BStBl. I Seite 215) ist mit Wirkung ab 1. Januar 2014 damit überholt.

Zur Ermittlung der Entfernungspauschalen wird im Einvernehmen mit den obersten Finanzbehörden der Länder wie folgt Stellung genommen:

1. Entfernungspauschale für die Wege zwischen Wohnung und erster Tätigkeitsstätte (§ 9 Absatz 1 Satz 3 Nummer 4 und Absatz 2 EStG) oder für Fahrten nach § 9 Absatz 1 Satz 3 Nummer 4a Satz 3 EStG

1.1 Allgemeines

Die Entfernungspauschale ist grundsätzlich unabhängig vom Verkehrsmittel zu gewähren. Ihrem Wesen als Pauschale entsprechend kommt es grundsätzlich nicht auf die Höhe der tatsächlichen Aufwendungen an. Unfallkosten können als außergewöhnliche Aufwendungen (§ 9 Absatz 1 Satz 1 EStG) jedoch neben der Entfernungspauschale berücksichtigt werden (siehe Tz. 4).

Auch bei Benutzung öffentlicher Verkehrsmittel wird die Entfernungspauschale angesetzt. Übersteigen die Aufwendungen für die Benutzung öffentlicher Verkehrsmittel den im Kalenderjahr insgesamt als Entfernungspauschale anzusetzenden Betrag, können diese übersteigenden Aufwendungen zusätzlich angesetzt werden (§ 9 Absatz 2 Satz 2 EStG; siehe auch unter Tz. 1.6).

Beispiel 1:

Ein Arbeitnehmer benutzt von Januar bis September (an 165 Arbeitstagen) für die Wege von seiner Wohnung zur 90 km entfernten **ersten Tätigkeitsstätte** und zurück den eigenen Kraftwagen. Dann verlegt er seinen Wohnsitz. Von der neuen Wohnung aus gelangt er ab Oktober (an 55 Arbeitstagen) zur nunmehr nur noch 5 km entfernten **ersten Tätigkeitsstätte** mit dem öffentlichen Bus. Hierfür entstehen ihm tatsächliche Kosten in Höhe von (3 × 70 Euro =) 210 Euro.

Für die Strecken mit dem eigenen Kraftwagen ergibt sich eine Entfernungspauschale von 165 Arbeitstagen × 90 km × 0,30 Euro = 4 455 Euro. Für die Strecke mit dem Bus errechnet sich eine Entfernungspauschale von 55 Arbeitstagen × 5 km × 0,30 Euro = 83 Euro. Die

---
*) Abgedruckt als Anlage zu H 9.10 LStR.

insgesamt im Kalenderjahr anzusetzende Entfernungspauschale i. H. v. 4 538 Euro (4 455 Euro + 83 Euro) ist anzusetzen, da die tatsächlich angefallenen Aufwendungen für die Nutzung der öffentlichen Verkehrsmittel (210 Euro) diese nicht übersteigen.

Beispiel 2:

Ein Arbeitnehmer benutzt für die Fahrten von der Wohnung zur **ersten Tätigkeitsstätte** den Bus und die Bahn. Die kürzeste benutzbare Straßenverbindung beträgt 20 km. Die Monatskarte für den Bus kostet 50 Euro und für die Bahn 65 Euro (= 115 Euro).

Für das gesamte Kalenderjahr ergibt sich eine Entfernungspauschale von 220 Tagen × 20 km × 0,30 Euro = 1 320 Euro. Die für die Nutzung von Bus und Bahn im Kalenderjahr angefallenen Aufwendungen betragen 1 380 Euro (12 × 115 Euro). Da die tatsächlich angefallenen Kosten für die Benutzung der öffentlichen Verkehrsmittel die insgesamt im Kalenderjahr anzusetzende Entfernungspauschale übersteigen, kann der übersteigende Betrag zusätzlich angesetzt werden; insgesamt somit 1 380 Euro.

Ausgenommen von der Entfernungspauschale sind Flugstrecken und Strecken mit steuerfreier Sammelbeförderung.

Für Flugstrecken sind die tatsächlichen Aufwendungen anzusetzen (BFH vom 26. März 2009, BStBl. II Seite 724). Bei entgeltlicher Sammelbeförderung durch den Arbeitgeber sind die Aufwendungen des Arbeitnehmers ebenso als Werbungskosten anzusetzen.

Für Fahrten zwischen Wohnung und einem sog. „Sammelpunkt" oder Wohnung und dem nächstgelegenen Zugang eines „weiträumigen Tätigkeitsgebiets" gelten die Regelungen der Entfernungspauschale entsprechend. Zu den Voraussetzungen und der Anwendung des § 9 Absatz 1 Satz 3 Nummer 4a Satz 3 EStG im Einzelnen sind Rz. 37 bis 45 des BMF-Schreibens zur Reform des steuerlichen Reisekostenrechts vom 30. September 2013, BStBl. I Seite 1279*) zu beachten.

1.2 Höhe der Entfernungspauschale

Die Entfernungspauschale beträgt 0,30 Euro für jeden vollen Entfernungskilometer zwischen Wohnung und **erster Tätigkeitsstätte**. Die Entfernungspauschale gilt bei der Nutzung von Flugzeugen nur für die An- und Abfahrten zu und von Flughäfen.

Die anzusetzende Entfernungspauschale ist wie folgt zu berechnen: Zahl der Arbeitstage × volle Entfernungskilometer × 0,30 Euro.

1.3 Höchstbetrag von 4 500 Euro

Die anzusetzende Entfernungspauschale ist grundsätzlich auf einen Höchstbetrag von 4 500 Euro im Kalenderjahr begrenzt. Die Beschränkung auf 4 500 Euro gilt

– wenn der Weg zwischen Wohnung und **erster Tätigkeitsstätte** mit einem Motorrad, Motorroller, Moped, Fahrrad oder zu Fuß zurückgelegt wird,

– bei Benutzung eines Kraftwagens für die Teilnehmer an einer Fahrgemeinschaft und zwar für die Tage, an denen der Arbeitnehmer seinen eigenen oder zur Nutzung überlassenen Kraftwagen nicht einsetzt,

– bei Benutzung öffentlicher Verkehrsmittel, soweit im Kalenderjahr insgesamt keine höheren Aufwendungen glaubhaft gemacht oder nachgewiesen werden (§ 9 Absatz 2 Satz 2 EStG).

Bei Benutzung eines eigenen oder zur Nutzung überlassenen Kraftwagens greift die Begrenzung auf 4 500 Euro nicht. Der Arbeitnehmer muss lediglich nachweisen oder glaubhaft machen, dass er die Fahrten zwischen Wohnung und **erster Tätigkeitsstätte** mit dem eigenen oder ihm zur Nutzung überlassenen Kraftwagen zurückgelegt hat. Ein Nachweis der tatsächlichen Aufwendungen für den Kraftwagen ist für den Ansatz eines höheren Betrages als 4 500 Euro nicht erforderlich.

1.4 Maßgebende Entfernung zwischen Wohnung und erster Tätigkeitsstätte

Für die Bestimmung der Entfernung zwischen Wohnung und **erster Tätigkeitsstätte** ist die kürzeste Straßenverbindung zwischen Wohnung und **erster Tätigkeitsstätte** maßgebend.

Dabei sind nur volle Kilometer der Entfernung anzusetzen, ein angefangener Kilometer bleibt unberücksichtigt. Die Entfernungsbestimmung richtet sich nach der Straßenverbindung; sie ist unabhängig von dem Verkehrsmittel, das tatsächlich für den Weg zwischen Wohnung und **erster Tätigkeitsstätte** benutzt wird. Bei Benutzung eines Kraftfahrzeugs kann eine andere als die kürzeste Straßenverbindung zugrunde gelegt werden, wenn diese offensichtlich verkehrsgünstiger ist und vom Arbeitnehmer regelmäßig für die Wege zwischen Wohnung und **erster Tätigkeitsstätte** benutzt wird. Eine mögliche, aber vom Steuerpflichtigen nicht tatsächlich benutzte Straßenverbindung kann der Berechnung der Entfernungspauschale nicht zugrunde gelegt werden. Diese Grundsätze gelten auch, wenn der Arbeitnehmer ein öffentliches Verkehrsmittel benutzt, dessen Linienführung direkt über die verkehrsgünstigere Straßenverbindung erfolgt (z. B. öffentlicher Bus). Eine von der kürzesten Straßenverbindung abweichende Strecke ist verkehrsgünstiger, wenn der Arbeitnehmer die **erste Tätigkeitsstätte** – trotz gelegentlicher Verkehrsstörungen – in der Regel schneller und pünktlicher erreicht (BFH vom 10. Oktober 1975, BStBl. II Seite 852 sowie BFH vom 16. November 2011, VI R 46/10, BStBl. 2012 II Seite 470 und VI R 19/11, BStBl. 2012 II Seite 520). Teilstrecken mit steuerfreier Sammelbeförderung sind nicht in die Entfernungsermittlung einzubeziehen.

Eine Fährverbindung ist sowohl bei der Ermittlung der kürzesten Straßenverbindung als auch bei der Ermittlung der verkehrsgünstigsten Straßenverbindung einzubeziehen, soweit sie zumutbar erscheint und wirtschaftlich sinnvoll ist. Die Fahrtstrecke der Fähre selbst ist dann jedoch nicht Teil der maßgebenden Entfernung. An ihrer Stelle können die tatsächlichen Fährkosten berücksichtigt werden.

Gebühren für die Benutzung eines Straßentunnels oder einer mautpflichtigen Straße dürfen dagegen nicht neben der Entfernungspauschale berücksichtigt werden, weil sie nicht für die Benutzung eines Verkehrsmittels entstehen. Fallen die Hin- und Rückfahrt zur **ersten Tätigkeitsstätte** auf verschiedene Arbeitstage, so kann aus Vereinfachungsgründen unterstellt werden, dass die Fahrten an einem Arbeitstag durchgeführt wurden; ansonsten ist H 9.10 (Fahrtkosten – bei einfacher Fahrt) LStH **2014****) weiter zu beachten.

Beispiel 1:

Ein Arbeitnehmer fährt mit der U-Bahn zur **ersten Tätigkeitsstätte**. Einschließlich der Fußwege beträgt die zurückgelegte Entfernung 15 km. Die kürzeste Straßenverbindung beträgt 10 km.

Für die Ermittlung der Entfernungspauschale ist eine Entfernung von 10 km anzusetzen.

Beispiel 2:

Ein Arbeitnehmer wohnt an einem Fluss und hat seine **erste Tätigkeitsstätte** auf der anderen Flussseite. Die Entfernung zwischen Wohnung und **erster Tätigkeitsstätte** beträgt über die nächstgelegene Brücke 60 km und bei Benutzung einer Autofähre 20 km. Die Fährstrecke beträgt 0,6 km, die Fährkosten betragen 650 Euro jährlich.

Für die Entfernungspauschale ist eine Entfernung von 19 km anzusetzen. Daneben können die Fährkosten berücksichtigt werden (siehe auch Tz. 1.6 Beispiel 4).

1.5 Fahrgemeinschaften

Unabhängig von der Art der Fahrgemeinschaft ist bei jedem Teilnehmer der Fahrgemeinschaft die Entfernungspauschale entsprechend der für ihn maßgebenden Entfernungsstrecke anzusetzen. Umwegstrecken, insbesondere zum Abholen von Mitfahrern, sind jedoch nicht in die Entfernungsermittlung einzubeziehen.

Der Höchstbetrag für die Entfernungspauschale von 4 500 Euro greift auch bei einer wechselseitigen Fahrgemeinschaft, und zwar für die Mitfahrer der Fahrgemeinschaft an den Arbeitstagen, an denen sie ihren Kraftwagen nicht einsetzen.

Bei wechselseitigen Fahrgemeinschaften kann zunächst der Höchstbetrag von 4 500 Euro durch die Wege an den Arbeitstagen ausgeschöpft werden, an denen der Arbeitnehmer mitgenommen wurde. Deshalb ist zunächst die (auf 4 500 Euro

---

*) Jetzt BMF-Schreiben vom 24.10.2014 (BStBl. I S. 1412); abgedruckt als Anlage zu H 9.4 LStR.
**) Jetzt LStH 2015.

begrenzte) anzusetzende Entfernungspauschale für die Tage zu berechnen, an denen der Arbeitnehmer mitgenommen wurde. Anschließend ist die anzusetzende (unbegrenzte) Entfernungspauschale für die Tage zu ermitteln, an denen der Arbeitnehmer seinen eigenen Kraftwagen benutzt hat. Beide Beträge zusammen ergeben die insgesamt anzusetzende Entfernungspauschale.

Beispiel 1:

Bei einer aus drei Arbeitnehmern bestehenden wechselseitigen Fahrgemeinschaft beträgt die Entfernung zwischen Wohnung und **erster Tätigkeitsstätte** für jeden Arbeitnehmer 100 km. Bei tatsächlichen 210 Arbeitstagen benutzt jeder Arbeitnehmer seinen eigenen Kraftwagen an 70 Tagen für die Fahrten zwischen Wohnung und **erster Tätigkeitsstätte**.

Die Entfernungspauschale ist für jeden Teilnehmer der Fahrgemeinschaft wie folgt zu ermitteln:

Zunächst ist die Entfernungspauschale für die Fahrten und Tage zu ermitteln, an denen der Arbeitnehmer mitgenommen wurde:

140 Arbeitstage × 100 km × 0,30 Euro	= 4 200 Euro

(Höchstbetrag von 4 500 Euro ist nicht überschritten).

Anschließend ist die Entfernungspauschale für die Fahrten und Tage zu ermitteln, an denen der Arbeitnehmer seinen eigenen Kraftwagen benutzt hat:

70 Arbeitstage × 100 km × 0,30 Euro	= 2 100 Euro
abziehbar (unbegrenzt)	
anzusetzende Entfernungspauschale	= 6 300 Euro

Setzt bei einer Fahrgemeinschaft nur ein Teilnehmer seinen Kraftwagen ein, kann er die Entfernungspauschale ohne Begrenzung auf den Höchstbetrag von 4 500 Euro für seine Entfernung zwischen Wohnung und **erster Tätigkeitsstätte** geltend machen; eine Umwegstrecke zum Abholen der Mitfahrer ist nicht in die Entfernungsermittlung einzubeziehen. Bei den Mitfahrern wird gleichfalls die Entfernungspauschale angesetzt, allerdings bei ihnen begrenzt auf den Höchstbetrag von 4 500 Euro.

1.6 Benutzung verschiedener Verkehrsmittel

Arbeitnehmer legen die Wege zwischen Wohnung und **erster Tätigkeitsstätte** oftmals auf unterschiedliche Weise zurück, d. h. für eine Teilstrecke werden der Kraftwagen und für die weitere Teilstrecke öffentliche Verkehrsmittel benutzt (Park & Ride) oder es werden für einen Teil des Jahres der eigene Kraftwagen und für den anderen Teil öffentliche Verkehrsmittel benutzt. In derartigen Mischfällen ist zunächst die maßgebende Entfernung für die kürzeste Straßenverbindung zu ermitteln (Tz. 1.4). Auf der Grundlage dieser Entfernung ist sodann die anzusetzende Entfernungspauschale für die Fahrten zwischen Wohnung und **erster Tätigkeitsstätte** zu berechnen.

Die Teilstrecke, die mit dem eigenen Kraftwagen zurückgelegt wird, ist in voller Höhe anzusetzen; für diese Teilstrecke kann Tz. 1.4 zur verkehrsgünstigeren Strecke angewandt werden. Der verbleibende Teil der maßgebenden Entfernung ist die Teilstrecke, die auf öffentliche Verkehrsmittel entfällt. Die anzusetzende Entfernungspauschale ist sodann für die Teilstrecke und Arbeitstage zu ermitteln, an denen der Arbeitnehmer seinen eigenen oder ihm zur Nutzung überlassenen Kraftwagen eingesetzt hat. Anschließend ist die anzusetzende Entfernungspauschale für die Teilstrecke und Arbeitstage zu ermitteln, an denen der Arbeitnehmer öffentliche Verkehrsmittel benutzt. Beide Beträge ergeben die insgesamt anzusetzende Entfernungspauschale, so dass auch in Mischfällen ein höherer Betrag als 4 500 Euro angesetzt werden kann.

Beispiel 1:

Ein Arbeitnehmer fährt an 220 Arbeitstagen im Jahr mit dem eigenen Kraftwagen 30 km zur nächsten Bahnstation und von dort 100 km mit der Bahn zur **ersten Tätigkeitsstätte**. Die kürzeste maßgebende Entfernung (Straßenverbindung) beträgt 100 km. Die Aufwendungen für die Bahnfahrten betragen (monatlich 180 Euro × 12 =) 2 160 Euro im Jahr.

Von der maßgebenden Entfernung von 100 km entfällt eine Teilstrecke von 30 km auf Fahrten mit dem eigenen Kraftwagen, so dass sich hierfür eine Entfernungspauschale von 220 Arbeitstagen × 30 km × 0,30 Euro = 1 980 Euro ergibt. Für die verbleibende Teilstrecke mit der Bahn von (100 km − 30 km =) 70 km errechnet sich eine Entfernungspauschale von 220 Arbeitstagen × 70 km × 0,30 Euro = 4 620 Euro. Hierfür ist der Höchstbetrag von 4 500 Euro anzusetzen, so dass sich eine insgesamt anzusetzende Entfernungspauschale von 6 480 Euro ergibt. Die tatsächlichen Aufwendungen für die Bahnfahrten in Höhe von 2 160 Euro bleiben unberücksichtigt, weil sie unterhalb der für das Kalenderjahr insgesamt anzusetzenden Entfernungspauschale liegen.

Beispiel 2:

Ein Arbeitnehmer fährt an 220 Arbeitstagen im Jahr mit dem eigenen Kraftwagen 3 km zu einer verkehrsgünstig gelegenen Bahnstation und von dort noch 30 km mit der Bahn zur **ersten Tätigkeitsstätte**. Die kürzeste maßgebende Straßenverbindung beträgt 25 km. Die Jahreskarte für die Bahn kostet 1 746 Euro.

Für die Teilstrecke mit dem eigenen Kraftwagen von 3 km ergibt sich eine Entfernungspauschale von 220 Arbeitstagen × 3 km × 0,30 Euro = 198 Euro. Für die verbleibende Teilstrecke mit der Bahn von (25 km − 3 km =) 22 km errechnet sich eine Entfernungspauschale von 220 Arbeitstagen × 22 km × 0,30 Euro = 1 452 Euro. Die insgesamt im Kalenderjahr anzusetzende Entfernungspauschale beträgt somit 1 650 Euro. Da die tatsächlichen Aufwendungen für die Bahnfahrten in Höhe von 1 746 Euro höher sind als die für das Kalenderjahr insgesamt anzusetzende Entfernungspauschale, kann zusätzlich der die Entfernungspauschale übersteigende Betrag angesetzt werden; insgesamt also 1 746 Euro.

Beispiel 3:

Ein Arbeitnehmer fährt im Kalenderjahr die ersten drei Monate mit dem eigenen Kraftwagen und die letzten neun Monate mit öffentlichen Verkehrsmitteln zur 120 km entfernten **ersten Tätigkeitsstätte**. Die entsprechende Monatskarte kostet 190 Euro.

Die Entfernungspauschale beträgt bei 220 Arbeitstagen: 220 × 120 km × 0,30 Euro = 7 920 Euro. Da jedoch für einen Zeitraum von neun Monaten öffentliche Verkehrsmittel benutzt worden sind, ist hier die Begrenzung auf den Höchstbetrag von 4 500 Euro zu beachten. Die anzusetzende Entfernungspauschale ist deshalb wie folgt zu ermitteln:

165 Arbeitstage × 120 km × 0,30 Euro	= 5 940 Euro
Begrenzt auf den Höchstbetrag von	4 500 Euro
zuzüglich	
55 Arbeitstage × 120 km × 0,30 Euro	= 1 980 Euro
anzusetzende Entfernungspauschale insgesamt	6 480 Euro

Die tatsächlichen Kosten für die Benutzung der öffentlichen Verkehrsmittel (9 × 190 Euro = 1 710 Euro) sind niedriger; anzusetzen ist also die Entfernungspauschale in Höhe von 6 480 Euro.

Beispiel 4:

Ein Arbeitnehmer wohnt in Konstanz und hat seine **erste Tätigkeitsstätte** auf der anderen Seite des Bodensees. Für die Fahrt zur **ersten Tätigkeitsstätte** benutzt er seinen Kraftwagen und die Fähre von Konstanz nach Meersburg. Die Fahrtstrecke einschließlich der Fährstrecke von 4,2 km beträgt insgesamt 15 km. Die Monatskarte für die Fähre kostet 122,50 Euro. Bei 220 Arbeitstagen im Jahr ergibt sich eine Entfernungspauschale von:

220 Arbeitstage × 10 km × 0,30 Euro =	660 Euro
zuzüglich	
Fährkosten (12 × 122,50 Euro) =	1 470 Euro
Insgesamt zu berücksichtigen	2 130 Euro

1.7 Mehrere Wege an einem Arbeitstag

Die Entfernungspauschale kann für die Wege zu derselben **ersten Tätigkeitsstätte** für jeden Arbeitstag nur einmal angesetzt werden.

1.8 Mehrere Dienstverhältnisse

Bei Arbeitnehmern, die in mehreren Dienstverhältnissen stehen und denen Aufwendungen für die Wege zu mehreren auseinander liegenden **ersten Tätigkeitsstätten** entstehen, ist die Entfernungspauschale für jeden Weg zur **ersten Tätigkeitsstätte** anzusetzen, wenn der Arbeitnehmer am Tag zwischenzeitlich in die Wohnung zurückkehrt. Die Einschränkung, dass täglich nur eine Fahrt zu berücksichtigen ist, gilt nur für **den Fall** einer, nicht aber für **den Fall mehrerer erster Tätigkeitsstätten**. Werden täglich mehrere **erste Tätigkeitsstätten** ohne Rückkehr zur Wohnung nacheinander angefahren, so ist für die Entfernungsermittlung der Weg zur **zuerst aufgesuchten ersten Tätigkeitsstätte** als Umwegstrecke zur nächsten **ersten Tätigkeitsstätte** zu berücksichtigen; die für die Ermittlung der Entfernungspauschale anzusetzende Entfernung darf höchstens die Hälfte der Gesamtstrecke betragen.

Beispiel 1:

Ein Arbeitnehmer fährt an 220 Tagen vormittags von seiner Wohnung A zur **ersten Tätigkeitsstätte** B, nachmittags weiter zur **ersten Tätigkeitsstätte** C und abends zur Wohnung in A zurück. Die Entfernungen betragen zwischen A und B 30 km, zwischen B und C 40 km und zwischen C und A 50 km.

Die Gesamtentfernung beträgt 30 + 40 + 50 km = 120 km, die Entfernung zwischen der Wohnung und den beiden **ersten Tätigkeitsstätten** 30 + 50 km = 80 km. Da dies mehr als die Hälfte der Gesamtentfernung ist, sind (120 km : 2) = 60 km für die Ermittlung der Entfernungspauschale anzusetzen. Die Entfernungspauschale beträgt 3 960 Euro (220 Tage × 60 km × 0,30 Euro).

Beispiel 2:

Ein Arbeitnehmer fährt mit öffentlichen Verkehrsmitteln an 220 Arbeitstagen vormittags von seiner Wohnung A zur **ersten Tätigkeitsstätte** B, mittags zur Wohnung A, nachmittags zur **ersten Tätigkeitsstätte** C und abends zur Wohnung A zurück. Die Entfernungen betragen zwischen A und B 30 km und zwischen A und C 40 km. Die Monatskarte für die öffentlichen Verkehrsmittel kostet 300 Euro monatlich.

Die Entfernungspauschale beträgt: 220 Tage × 70 km (30 km + 40 km) × 0,30 Euro = 4 620 Euro, höchstens 4 500 Euro. Die tatsächlichen Kosten für die Benutzung der öffentlichen Verkehrsmittel (12 × 300 Euro = 3 600 Euro) übersteigen die im Kalenderjahr insgesamt anzusetzende Entfernungspauschale nicht; anzusetzen ist also die Entfernungspauschale in Höhe von 4 500 Euro.

1.9 Anrechnung von Arbeitgeberleistungen auf die Entfernungspauschale

Jeder Arbeitnehmer erhält die Entfernungspauschale unabhängig von der Höhe seiner Aufwendungen für die Wege zwischen Wohnung und **erster Tätigkeitsstätte**. Nach § 9 Absatz 1 Satz 3 Nummer 4 EStG gilt dies auch dann, wenn der Arbeitgeber dem Arbeitnehmer ein Kraftfahrzeug für die Wege zwischen Wohnung und **erster Tätigkeitsstätte** überlässt und diese Arbeitgeberleistung nach § 8 Absatz 3 EStG (Rabattfreibetrag) steuerfrei ist, z. B. wenn ein Mietwagenunternehmen dem Arbeitnehmer einen Mietwagen für die Fahrten zwischen Wohnung und **erster Tätigkeitsstätte** überlässt.

Die folgenden steuerfreien bzw. pauschal versteuerten Arbeitgeberleistungen sind jedoch auf die anzusetzende und ggf. auf 4 500 Euro begrenzte Entfernungspauschale anzurechnen:

- nach § 8 Absatz 2 Satz 11 EStG (44 Euro-Grenze) steuerfreie Sachbezüge für die Wege zwischen Wohnung und **erster Tätigkeitsstätte**,
- nach § 8 Absatz 3 EStG steuerfreie Sachbezüge für Fahrten zwischen Wohnung und **erster Tätigkeitsstätte** bis höchstens 1 080 Euro (Rabattfreibetrag),
- der nach § 40 Absatz 2 Satz 2 EStG pauschal besteuerte Arbeitgeberersatz bis zur Höhe der abziehbaren Entfernungspauschale (siehe Tz. 5).

Die vorgenannten steuerfreien oder pauschal besteuerten Arbeitgeberleistungen sind vom Arbeitgeber zu bescheinigen (§ 41b Absatz 1 Satz 2 Nummer 6 und 7 EStG).

2. Entfernungspauschale für Familienheimfahrten bei doppelter Haushaltsführung (§ 9 Absatz 1 Satz 3 Nummer 5 EStG)

Auf die Entfernungspauschale für Familienheimfahrten bei doppelter Haushaltsführung sind die Tzn. 1.1 und 1.4 entsprechend anzuwenden. Die Begrenzung auf den Höchstbetrag von 4 500 Euro gilt bei Familienheimfahrten nicht. Für Flugstrecken und bei entgeltlicher Sammelbeförderung durch den Arbeitgeber sind die tatsächlichen Aufwendungen des Arbeitnehmers anzusetzen. Arbeitgeberleistungen für Familienheimfahrten, die nach § 3 Nummer 13 oder 16 EStG steuerfrei sind, sind nach § 3c Absatz 1 EStG auf die für die Familienheimfahrten anzusetzende Entfernungspauschale anzurechnen.

3. Behinderte Menschen

Nach § 9 Absatz 2 Satz 3 EStG können behinderte Menschen für die Wege zwischen Wohnung und **erster Tätigkeitsstätte** an Stelle der Entfernungspauschale die tatsächlichen Aufwendungen ansetzen. Bei Benutzung eines privaten Fahrzeugs können die Fahrtkosten **aus Vereinfachungsgründen auch** mit den pauschalen Kilometersätzen gemäß **§ 9 Absatz 1 Satz 3 Nummer 4a EStG** angesetzt werden **(siehe auch Rz. 36 des BMF-Schreibens zur Reform des steuerlichen Reisekostenrechts vom 30. September 2013, BStBl. I Seite 1279).**[*]) Bei Benutzung eines eigenen oder zur Nutzung überlassenen Kraftwagens kann danach ohne Einzelnachweis der Kilometersatz von 0,30 Euro je gefahrenen Kilometer angesetzt werden. Unfallkosten, die auf einer Fahrt zwischen Wohnung und **erster Tätigkeitsstätte** entstanden sind, können neben dem pauschalen Kilometersatz berücksichtigt werden. Werden die Wege zwischen Wohnung und **erster Tätigkeitsstätte** mit verschiedenen Verkehrsmitteln zurückgelegt, kann das Wahlrecht – Entfernungspauschale oder tatsächliche Kosten – für beide zurückgelegten Teilstrecken – nur einheitlich ausgeübt werden (BFH vom 5. Mai 2009, BStBl. II Seite 729).

Beispiel 1:

Ein behinderter Arbeitnehmer **A** (Grad der Behinderung von 90) fährt an 220 Arbeitstagen im Jahr mit dem eigenen Kraftwagen 17 km zu einem behindertengerechten Bahnhof und von dort 82 km mit der Bahn zur **ersten Tätigkeitsstätte**. Die tatsächlichen Bahnkosten betragen 240 Euro im Monat. **A wählt das günstigste Ergebnis (für 183 Tage die Entfernungspauschale und für 37 Tage den Ansatz der tatsächlichen Kosten).**

a) Ermittlung der Entfernungspauschale

Für die Teilstrecke mit dem eigenen Kraftwagen errechnet sich eine Entfernungspauschale von

183 Arbeitstagen × 17 km × 0,30 Euro = **933,30** Euro

Für die Teilstrecke mit der Bahn errechnet sich eine Entfernungspauschale von

183 Arbeitstagen × 82 km × 0,30 Euro = **4 501,80** Euro, höchstens 4 500 Euro, so dass sich eine insgesamt anzusetzende Entfernungspauschale von **5 434** Euro (4 500 Euro + 934 Euro) ergibt.

b) Ermittlung der tatsächlichen Kosten

Für die Teilstrecke mit dem eigenen Kraftwagen sind

37 Arbeitstage × 17 km × 2 × 0,30 Euro = **377,40** Euro anzusetzen (= tatsächliche Aufwendungen mit pauschalem Kilometersatz)

für die verbleibende Teilstrecke mit der Bahn **484,36** Euro (= 240 Euro × 12 Monate = 2 880 Euro : 220 Tage × 37 Tage),

so dass sich insgesamt also ein Betrag von **862** Euro (377,40 Euro + 484,36 Euro) ergibt.

Insgesamt kann somit ein Betrag von 6 296 Euro (183 Tage Entfernungspauschale und 37 Tage tatsächliche Kosten) abgezogen werden.

Beispiel 2:

Arbeitnehmer **A** fährt an 220 Arbeitstagen im Jahr mit dem eigenen Kraftwagen 17 km zum Bahnhof und von dort 82 km mit der Bahn zur **ersten Tätigkeitsstätte**. Die tatsächlichen Bahnkosten betragen 240 Euro im Monat. Mitte des Jahres (110 Arbeitstage) tritt eine Behinderung ein (Grad der Behinderung von 90). **A wählt wieder das günstigste Ergebnis (für 183 Tage die Entfernungspauschale und für 37 Tage während des Zeitraums der Behinderung den Ansatz der tatsächlichen Kosten).**

a) Ermittlung der Entfernungspauschale

Für die Teilstrecke mit dem eigenen Kraftwagen errechnet sich eine Entfernungspauschale von

183 Arbeitstagen × 17 km × 0,30 Euro = **933,30** Euro

Für die Teilstrecke mit der Bahn errechnet sich eine Entfernungspauschale von

183 Arbeitstagen × 82 km × 0,30 Euro = **4 501,80** Euro, höchstens 4 500 Euro, so dass sich eine insgesamt anzusetzende Entfernungspauschale von **5 434** Euro (4 500 Euro + 934 Euro) ergibt.

b) Ermittlung der tatsächlichen Kosten

Für die Teilstrecke mit dem eigenen Kraftwagen sind

37 Arbeitstage × 17 km × 2 × 0,30 Euro = **377,40** Euro anzusetzen (= tatsächliche Aufwendungen mit pauschalem Kilometersatz)

für die verbleibende Teilstrecke mit der Bahn **484,36** Euro (= 240 Euro × 12 Monate = 2 880 Euro : 220 Tage × 37 Tage),

so dass sich insgesamt also ein Betrag von **862** Euro (377,40 Euro + 484,36 Euro) ergibt.

Insgesamt kann auch in diesem Fall ein Betrag von 6 296 Euro (183 Tage Entfernungspauschale und 37 Tage tatsächliche Kosten) abgezogen werden.

---

[*]) Jetzt BMF-Schreiben vom 24.10.2014 (BStBl. I S. 1412); abgedruckt als Anlage zu H 9.4 LStR.

§ 9 EStG
R 9.11 Abs. 1–4

4. Abgeltungswirkung der Entfernungspauschalen

Nach § 9 Absatz 2 Satz 1 EStG sind durch die Entfernungspauschale sämtliche Aufwendungen abgegolten, die durch die Wege zwischen Wohnung und **erster Tätigkeitsstätte** und Familienheimfahrten entstehen. Dies gilt z. B. auch für Parkgebühren für das Abstellen des Kraftfahrzeugs während der Arbeitszeit, für Finanzierungskosten (siehe auch BFH vom 15. April 2010, BStBl. II Seite 805), Beiträge für Kraftfahrerverbände, Versicherungsbeiträge für einen Insassenunfallschutz, Aufwendungen infolge Diebstahls sowie für die Kosten eines Austauschmotors anlässlich eines Motorschadens auf einer Fahrt zwischen Wohnung und **erster Tätigkeitsstätte** oder einer Familienheimfahrt. Unfallkosten, die auf einer Fahrt zwischen Wohnung und **erster Tätigkeitsstätte** oder auf einer zu berücksichtigenden Familienheimfahrt entstehen, sind als außergewöhnliche Aufwendungen im Rahmen der allgemeinen Werbungskosten nach § 9 Absatz 1 Satz 1 EStG weiterhin neben der Entfernungspauschale zu berücksichtigen (siehe Bundestags-Drucksache 16/12099, Seite 6).

5. Pauschalbesteuerung nach § 40 Absatz 2 Satz 2 EStG

5.1 Allgemeines

Der Arbeitgeber kann die Lohnsteuer für **Sachbezüge in Form der unentgeltlichen oder verbilligten Beförderung eines Arbeitnehmers zwischen Wohnung und erster Tätigkeitsstätte oder Fahrten nach § 9 Absatz 1 Satz 3 Nummer 4a Satz 3 EStG sowie für** zusätzlich zum ohnehin geschuldeten Arbeitslohn gezahlte Zuschüsse zu den Aufwendungen des Arbeitnehmers für Fahrten zwischen Wohnung und **erster Tätigkeitsstätte sowie Fahrten nach § 9 Absatz 1 Satz 3 Nummer 4a Satz 3 EStG** pauschal mit 15 % erheben, soweit diese den Betrag nicht übersteigen, den der Arbeitnehmer nach § 9 Absatz 1 Satz 3 Nummer 4 und Absatz 2 EStG als Werbungskosten geltend machen kann. Ausschlaggebend für die Höhe **des pauschalierbaren Betrags** ist demnach der Betrag, den der Arbeitnehmer für die Fahrten zwischen Wohnung und **erster Tätigkeitsstätte oder Fahrten nach § 9 Absatz 1 Satz 3 Nummer 4a Satz 3 EStG** als Werbungskosten geltend machen kann.

5.2 Höhe der pauschalierbaren Sachbezüge und Zuschüsse

Bei ausschließlicher Benutzung eines eigenen oder zur Nutzung überlassenen Kraftwagens ist die Höhe der pauschalierungsfähigen **Sachbezüge und** Zuschüsse des Arbeitgebers auf die Höhe der nach § 9 Absatz 1 Satz 3 Nummer 4 EStG als Werbungskosten abziehbaren Entfernungspauschale beschränkt, **ohne Begrenzung auf den Höchstbetrag von 4 500 Euro.** Aus Vereinfachungsgründen kann davon ausgegangen werden, dass monatlich an 15 Arbeitstagen Fahrten zwischen Wohnung und **erster Tätigkeitsstätte oder Fahrten nach § 9 Absatz 1 Satz 3 Nummer 4a Satz 3 EStG** erfolgen.

Bei ausschließlicher **Benutzung** eines Motorrads, Motorrollers, Mopeds **oder Mofas sind** die pauschalierbaren **Sachbezüge und** Zuschüsse des Arbeitgebers auf die Höhe der nach § 9 Absatz 1 Satz 3 Nummer 4 EStG als Werbungskosten abziehbaren Entfernungspauschale, **begrenzt auf den Höchstbetrag von 4 500 Euro,** beschränkt. Aus Vereinfachungsgründen kann hier ebenfalls davon ausgegangen werden, dass monatlich an 15 Arbeitstagen Fahrten zwischen Wohnung und **erster Tätigkeitsstätte oder Fahrten nach § 9 Absatz 1 Satz 3 Nummer 4a Satz 3 EStG** erfolgen.

Bei ausschließlicher Benutzung öffentlicher Verkehrsmittel, bei entgeltlicher Sammelbeförderung, für Flugstrecken sowie bei behinderten Menschen ist eine Pauschalierung **der Sachbezüge und Zuschüsse** in Höhe der tatsächlichen Aufwendungen **des Arbeitnehmers (§ 9 Absatz 1 Satz 3 Nummer 4 und Absatz 2 EStG)** für die Fahrten zwischen Wohnung und **erster Tätigkeitsstätte oder Fahrten nach § 9 Absatz 1 Satz 3 Nummer 4a Satz 3 EStG** zulässig.

Bei der **Benutzung** verschiedener Verkehrsmittel (insbesondere sog. Park & Ride-Fälle) ist die Höhe der pauschalierbaren **Sachbezüge und** Zuschüsse des Arbeitgebers auf die Höhe der nach § 9 Absatz 1 Satz 3 Nummer 4 **und Absatz 2** EStG als Werbungskosten abziehbaren Entfernungspauschale beschränkt. Eine Pauschalierung in Höhe der tatsächlichen Aufwendungen **des Arbeitnehmers** für die Nutzung öffentlicher Verkehrsmittel kommt erst dann in Betracht, wenn diese die insgesamt im Kalenderjahr anzusetzende Entfernungspauschale, ggf. begrenzt auf **den Höchstbetrag von** 4 500 Euro, übersteigen. Aus Vereinfachungsgründen kann auch in diesen Fällen davon ausgegangen werden, dass monatlich an 15 Arbeitstagen Fahrten zwischen Wohnung und **erster Tätigkeitsstätte oder Fahrten nach § 9 Absatz 1 Satz 3 Nummer 4a Satz 3 EStG** erfolgen.

6. Anwendungsregelung

Dieses Schreiben ist mit Wirkung ab 1. Januar 2014 anzuwenden.

Das BMF-Schreiben zu den Entfernungspauschalen vom 3. Januar 2013 (BStBl. I Seite 215) ist letztmals für den Veranlagungszeitraum 2013 anzuwenden. Beim Steuerabzug vom Arbeitslohn gilt dies mit der Maßgabe, dass die Fassung des BMF-Schreibens vom 3. Januar 2013 letztmals auf den laufenden Arbeitslohn anzuwenden ist, der für einen bis zum 31. Dezember 2013 endenden Lohnzahlungszeitraum gezahlt wird, und auf sonstige Bezüge, die bis zum 31. Dezember 2013 zufließen.

R 9.11 Abs. 1 bis 4
Mehraufwendungen bei doppelter Haushaltsführung

Doppelte Haushaltsführung

(1) ¹Eine doppelte Haushaltsführung liegt nur dann vor, wenn der Arbeitnehmer außerhalb des Ortes seiner ersten Tätigkeitsstätte eigenen Hausstand unterhält und auch am Ort der ersten Tätigkeitsstätte wohnt; die Anzahl der Übernachtungen ist dabei unerheblich. ²Eine doppelte Haushaltsführung liegt nicht vor, solange die auswärtige Beschäftigung nach R 9.4 Abs. 2 als Auswärtstätigkeit anzuerkennen ist.

Berufliche Veranlassung

(2) ¹Das Beziehen einer Zweitwohnung ist regelmäßig bei einem Wechsel des Beschäftigungsorts aufgrund einer Versetzung, des Wechsels oder der erstmaligen Begründung eines Dienstverhältnisses beruflich veranlasst. ²Beziehen beiderseits berufstätige Ehegatten*) am gemeinsamen Beschäftigungsort eine gemeinsame Zweitwohnung, liegt ebenfalls eine berufliche Veranlassung vor. ³Auch die Mitnahme des nicht berufstätigen Ehegatten*) an den Beschäftigungsort steht der beruflichen Veranlassung einer doppelten Haushaltsführung nicht entgegen. ⁴Bei Zuzug aus dem Ausland kann das Beziehen einer Zweitwohnung auch dann beruflich veranlasst sein, wenn der Arbeitnehmer politisches Asyl beantragt oder erhält. ⁵Eine aus beruflichem Anlass begründete doppelte Haushaltsführung liegt auch dann vor, wenn ein Arbeitnehmer seinen Haupthausstand aus privaten Gründen vom Beschäftigungsort wegverlegt und er darauf in einer Wohnung am Beschäftigungsort einen Zweithaushalt begründet, um von dort seiner Beschäftigung weiter nachgehen zu können. ⁶In den Fällen, in denen bereits zum Zeitpunkt der Wegverlegung des Lebensmittelpunktes vom Beschäftigungsort ein Rückumzug an den Beschäftigungsort geplant ist oder feststeht, handelt es sich hingegen nicht um eine doppelte Haushaltsführung i.S.d. § 9 Abs. 1 Satz 3 Nr. 5 EStG.

Eigener Hausstand

(3) ¹Ein eigener Hausstand setzt eine eingerichtete, den Lebensbedürfnissen entsprechende Wohnung des Arbeitnehmers sowie die finanzielle Beteiligung an den Kosten der Lebensführung (laufende Kosten der Haushaltsführung) voraus. ²In dieser Wohnung muss der Arbeitnehmer einen Haushalt unterhalten, das heißt, er muss die Haushaltsführung bestimmen oder wesentlich mitbestimmen. ³Es ist nicht erforderlich, dass in der Wohnung am Ort des eigenen Hausstands hauswirtschaftliches Leben herrscht, z. B. wenn der Arbeitnehmer seinen nicht berufstätigen Ehegatten an den auswärtigen Beschäftigungsort mitnimmt oder der Arbeitnehmer nicht verheiratet ist. ⁴Die Wohnung muss außerdem der auf Dauer ange-

---
*) Bei eingetragenen Lebenspartnern gilt Entsprechendes > § 2 Abs. 8 EStG.

legte Mittelpunkt der Lebensinteressen des Arbeitnehmers sein. ⁵Bei größerer Entfernung zwischen dieser Wohnung und der Zweitwohnung, insbesondere bei einer Wohnung im Ausland, reicht bereits eine Heimfahrt im Kalenderjahr aus, um diese als Lebensmittelpunkt anzuerkennen, wenn in der Wohnung auch bei Abwesenheit des Arbeitnehmers hauswirtschaftliches Leben herrscht, an dem sich der Arbeitnehmer sowohl durch persönliche Mitwirkung als auch finanziell maßgeblich beteiligt. ⁶Bei Arbeitnehmern mit einer Wohnung in weit entfernt liegenden Ländern, z. B. Australien, Indien, Japan, Korea, Philippinen, gilt Satz 5 mit der Maßgabe, dass innerhalb von zwei Jahren mindestens eine Heimfahrt unternommen wird.

Ort der Zweitwohnung

(4) Eine Zweitwohnung in der Nähe des Beschäftigungsorts steht einer Zweitwohnung am Beschäftigungsort gleich.

H 9.11 (1–4)
Hinweise zu R 9.11 (Abs. 1–4)
Mehraufwendungen bei doppelter Haushaltsführung

Beibehaltung der Wohnung

– Ist der doppelte Haushalt beruflich begründet worden, ist es unerheblich, ob in der Folgezeit auch die Beibehaltung beider Wohnungen beruflich veranlasst ist (>BFH vom 30.9.1988 – BStBl. 1989 II S. 103 oder ob der gemeinsame Wohnsitz beiderseits berufstätiger Ehegatten/Lebenspartner über die Jahre gleich bleibt oder verändert wird (>BFH vom 30.10.2008 – BStBl. 2009 II S. 153).

– Nach einer mehrmonatigen Beurlaubung kann in der alten Wohnung am früheren Beschäftigungsort auch erneut eine doppelte Haushaltsführung begründet werden (>BFH vom 8.7.2010 – BStBl. 2011 II S. 47).

Berufliche Veranlassung

– >R 9.11 Abs. 2 und BMF vom 24.10.2014 (BStBl. I S. 1412), Rz. 101*)

– Eine beruflich begründete doppelte Haushaltsführung liegt vor, wenn aus beruflicher Veranlassung in einer Wohnung am Beschäftigungsort ein zweiter (doppelter) Haushalt zum Hausstand des Stpfl. hinzutritt. Der Haushalt in der Wohnung am Beschäftigungsort ist beruflich veranlasst, wenn ihn der Stpfl. nutzt, um seinen Arbeitsplatz von dort aus erreichen zu können (>BFH vom 5.3.2009 – BStBl. II S. 1012 und 1016).

– Eine aus beruflichem Anlass begründete doppelte Haushaltsführung kann auch dann vorliegen, wenn ein Stpfl. seinen Haupthausstand aus privaten Gründen vom Beschäftigungsort wegverlegt und er darauf in einer Wohnung am Beschäftigungsort einen Zweithaushalt begründet, um von dort seiner bisherigen Beschäftigung weiter nachgehen zu können (>BFH vom 5.3.2009 – BStBl. II S. 1012 und 1016).

– Der berufliche Veranlassungszusammenhang einer doppelten Haushaltsführung wird nicht allein dadurch beendet, dass ein Arbeitnehmer seinen Familienhausstand innerhalb desselben Ortes verlegt (>BFH vom 4.4.2006 – BStBl. II S. 714).

Beschäftigung am Hauptwohnsitz

Aufwendungen eines Arbeitnehmers für eine Zweitwohnung an einem auswärtigen Beschäftigungsort sind auch dann wegen doppelter Haushaltsführung als Werbungskosten abziehbar, wenn der Arbeitnehmer zugleich am Ort seines Hausstandes beschäftigt ist (>BFH vom 24.5.2007 – BStBl. II S. 609).

Ehegatten/Lebenspartner

Bei verheirateten Arbeitnehmern kann für jeden Ehegatten eine doppelte Haushaltsführung beruflich veranlasst sein, wenn die Ehegatten außerhalb des Ortes ihres gemeinsamen Hausstands an verschiedenen Orten beschäftigt sind und am jeweiligen Beschäftigungsort eine Zweitwohnung beziehen (>BFH vom 6.10.1994 – BStBl. 1995 II S. 184). Entsprechendes gilt für Lebenspartnerschaften (§ 2 Abs. 8 EStG).

Eheschließung/Begründung einer Lebenspartnerschaft

Eine beruflich veranlasste doppelte Haushaltsführung liegt auch in den Fällen vor, in denen der eigene Hausstand nach der Eheschließung am Beschäftigungsort des ebenfalls berufstätigen Ehegatten begründet (>BFH vom 6.9.1977 – BStBl. 1978 II S. 32, vom 20.3.1980 – BStBl. II S. 455 und vom 4.10.1989 – BStBl. 1990 II S. 321) oder wegen der Aufnahme einer Berufstätigkeit des Ehegatten an dessen Beschäftigungsort verlegt und am Beschäftigungsort eine Zweitwohnung des Arbeitnehmers begründet worden ist (>BFH vom 2.10.1987 – BStBl. II S. 852). Entsprechendes gilt für Lebenspartnerschaften (§ 2 Abs. 8 EStG).

Eigener Hausstand

– Die Wohnung muss grundsätzlich aus eigenem Recht, z. B. als Eigentümer oder als Mieter genutzt werden, wobei auch ein gemeinsames oder abgeleitetes Nutzungsrecht ausreichen kann (>BFH vom 5.10.1994 – BStBl. 1995 II S. 180 und BMF vom 24.10.2014 (BStBl. I S. 1412, Rz. 100*)). Ein eigener Hausstand wird auch anerkannt, wenn die Wohnung zwar allein vom Lebensgefährten des Arbeitnehmers angemietet wurde, dieser sich aber mit Duldung seines Lebensgefährten dauerhaft dort aufhält und sich finanziell in einem Umfang an der Haushaltsführung beteiligt, dass daraus auf eine gemeinsame Haushaltsführung geschlossen werden kann (>BFH vom 12.9.2000 – BStBl. 2001 II S. 29).

– Bei einem alleinstehenden Arbeitnehmer ist zu prüfen, ob er einen eigenen Hausstand unterhält oder in einen fremden Haushalt eingegliedert ist; er muss sich an den Kosten auch finanziell beteiligen (>BMF vom 24.10.2014 (BStBl. I S. 1412, Rz. 100*)).

– Ein eigener Hausstand liegt nicht vor bei Arbeitnehmern, die – wenn auch gegen Kostenbeteiligung – in den Haushalt der Eltern eingegliedert sind oder in der Wohnung der Eltern lediglich ein Zimmer bewohnen (>BFH vom 5.10.1994 – BStBl. 1995 II S. 180).

– Ein Vorbehaltsnießbrauch zugunsten der Eltern an einem Zweifamilienhaus eines unverheirateten Arbeitnehmers schließt nicht aus, dass dieser dort einen eigenen Hausstand als Voraussetzung für eine doppelte Haushaltsführung unterhält, wenn gesichert ist, dass er die Wohnung nicht nur vorübergehend nutzen kann; bei dieser Prüfung kommt es auf den Fremdvergleich nicht an (>BFH vom 4.11.2003 – BStBl. 2004 II S. 16).

– Unterhält ein unverheirateter Arbeitnehmer am Ort des Lebensmittelpunkts seinen Haupthausstand, so kommt es für das Vorliegen einer doppelten Haushaltsführung nicht darauf an, ob die ihm dort zur ausschließlichen Nutzung zur Verfügung stehenden Räumlichkeiten den bewertungsrechtlichen Anforderungen an eine Wohnung gerecht werden (>BFH vom 14.10.2004 – BStBl. 2005 II S. 98).

Nutzung der Zweitwohnung

Es ist unerheblich, wie oft der Arbeitnehmer tatsächlich in der Zweitwohnung übernachtet (>BFH vom 9.6.1988 – BStBl. II S. 990).

Private Veranlassung

>R 9.11 Abs. 2 Satz 6

Zeitlicher Zusammenhang

Es ist gleichgültig, ob die >Zweitwohnung in zeitlichem Zusammenhang mit dem Wechsel des Beschäftigungsorts, nachträglich (>BFH vom 9.3.1979 – BStBl. II S. 520) oder im Rahmen eines Umzugs aus einer privat begründeten >Zweitwohnung (>BFH vom 26.8.1988 – BStBl. 1989 II S. 89) bezogen worden ist.

Zweitwohnung am Beschäftigungsort

– Als Zweitwohnung am Beschäftigungsort kommt jede dem Arbeitnehmer entgeltlich oder unentgeltlich zur Verfügung stehende Unterkunft in Betracht, z. B. auch eine Eigentumswohnung, ein möbliertes Zimmer, ein Hotelzimmer, eine Gemeinschaftsunterkunft, ein Gleisbauzug, in dem der Arbeitnehmer übernachten kann (>BFH vom 3.10.1985 – BStBl. 1986 II S. 369) oder bei Soldaten die Unterkunft in der Kaserne (>BFH vom 20.12.1982 – BStBl. 1983 II S. 269).

---
*) Abgedruckt als Anlage zu H 9.4 LStR.

§ 9 EStG
R 9.11 Abs. 5–10

- Eine Wohnung dient dem Wohnen am Beschäftigungsort, wenn sie dem Arbeitnehmer ungeachtet von Gemeinde- oder Landesgrenzen ermöglicht, seine Arbeitsstätte täglich aufzusuchen (>BFH vom 19.4.2012 – BStBl. II S. 833).
- >BMF vom 24.10.2014 (BStBl. I S. 1412), Rz. 101*)

R 9.11 Abs. 5 bis 10
Mehraufwendungen bei doppelter Haushaltsführung

Notwendige Mehraufwendungen

(5) ¹Als notwendige Mehraufwendungen wegen einer doppelten Haushaltsführung kommen in Betracht:

1. die Fahrtkosten aus Anlass der Wohnungswechsel zu Beginn und am Ende der doppelten Haushaltsführung sowie für wöchentliche Heimfahrten an den Ort des eigenen Hausstands (>Absatz 6) oder Aufwendungen für wöchentliche Familien-Ferngespräche,
2. Verpflegungsmehraufwendungen (>Absatz 7),
3. Aufwendungen für die Zweitwohnung (>Absatz 8) und
4. Umzugskosten (>Absatz 9).

²Führt der Arbeitnehmer mehr als eine Heimfahrt wöchentlich durch, kann er wählen, ob er die nach Satz 1 in Betracht kommenden Mehraufwendungen wegen doppelter Haushaltsführung oder die Fahrtkosten als Aufwendungen für Fahrten zwischen Wohnung und Arbeitsstätte nach R 9.10 geltend machen will. ³Der Arbeitnehmer kann das Wahlrecht bei derselben doppelten Haushaltsführung für jedes Kalenderjahr nur einmal ausüben. ⁴Hat der Arbeitgeber die Zweitwohnung unentgeltlich oder teilentgeltlich zur Verfügung gestellt, sind die abziehbaren Fahrtkosten um diesen Sachbezug mit dem nach R 8.1 Abs. 5 und 6 maßgebenden Wert zu kürzen.

Notwendige Fahrtkosten

(6) Als notwendige Fahrtkosten sind anzuerkennen:

1. die tatsächlichen Aufwendungen für die Fahrten anlässlich der Wohnungswechsel zu Beginn und am Ende der doppelten Haushaltsführung. ²Für die Ermittlung der Fahrtkosten ist § 9 Abs. 1 Satz 3 Nr. 4a Satz 1 und 2 EStG, R 9.5 Abs. 1 anzuwenden; zusätzlich können etwaige Nebenkosten nach Maßgabe von R 9.8 berücksichtigt werden,
2. die Entfernungspauschale nach § 9 Abs. 1 Satz 3 Nr. 5 Satz 6 EStG für jeweils eine tatsächlich durchgeführte Heimfahrt wöchentlich. ²Aufwendungen für Fahrten mit einem im Rahmen des Dienstverhältnisses zur Nutzung überlassenen Kraftfahrzeug können nicht angesetzt werden (>Absatz 10 Satz 7 Nr. 1).

Notwendige Verpflegungsmehraufwendungen

(7) ¹Die dem Arbeitnehmer im Rahmen einer doppelten Haushaltsführung tatsächlich entstandenen, beruflich veranlassten Mehraufwendungen für Verpflegung sind unter den Voraussetzungen des § 9 Abs. 4a Satz 12 und 13 EStG mit den dort genannten Pauschbeträgen anzusetzen. ²Ist der Tätigkeit am Beschäftigungsort eine Auswärtstätigkeit an diesem Beschäftigungsort unmittelbar vorausgegangen, ist deren Dauer auf die Dreimonatsfrist anzurechnen (>§ 9 Abs. 4a Satz 13 EStG). ³Verlegt der Arbeitnehmer seinen Lebensmittelpunkt i.S.d. Absatzes 3 aus privaten Gründen (>Absatz 2 Satz 5) vom Beschäftigungsort weg und begründet in seiner bisherigen Wohnung oder einer anderen Unterkunft am Beschäftigungsort einen Zweithaushalt, um von dort seiner Beschäftigung weiter nachgehen zu können, liegen notwendige Verpflegungsmehraufwendungen nur vor, wenn und soweit der Arbeitnehmer am Beschäftigungsort zuvor nicht bereits drei Monate gewohnt hat; die Dauer eines unmittelbar der Begründung des Zweithaushalts am Beschäftigungsort vorausgegangenen Aufenthalts am Ort des Zweithaushalts ist auf die Dreimonatsfrist anzurechnen.

Notwendige Aufwendungen für die Zweitwohnung

(8) ¹Bei einer doppelten Haushaltsführung im Inland sind die tatsächlichen Kosten für die Zweitwohnung im Rahmen des Höchstbetrags nach § 9 Abs. 1 Satz 3 Nr. 5 Satz 4 EStG anzuerkennen. ²Aufwendungen für eine im Ausland gelegene Zweitwohnung sind zu berücksichtigen, soweit sie notwendig und angemessen sind. ³Steht die Zweitwohnung im Ausland im Eigentum des Arbeitnehmers, sind die Aufwendungen in der Höhe als notwendig anzusehen, in der sie der Arbeitnehmer als Mieter für eine nach Größe, Ausstattung und Lage angemessene Wohnung tragen müsste.

Umzugskosten

(9) ¹Umzugskosten anlässlich der Begründung, Beendigung oder des Wechsels einer doppelten Haushaltsführung sind vorbehaltlich des Satzes 4 Werbungskosten, wenn der Umzug beruflich veranlasst ist. ²Der Nachweis der Umzugskosten i.S.d. § 10 BUKG ist notwendig, weil für sie keine Pauschalierung möglich ist. ³Dasselbe gilt für die sonstigen Umzugsauslagen i.S.d. § 18 AUV bei Beendigung einer doppelten Haushaltsführung durch den Rückumzug eines Arbeitnehmers in das Ausland. ⁴Verlegt der Arbeitnehmer seinen Lebensmittelpunkt i.S.d. Absatzes 3 aus privaten Gründen (>Absatz 2 Satz 5) vom Beschäftigungsort weg und begründet in seiner bisherigen Wohnung am Beschäftigungsort einen Zweithaushalt, um von dort seiner Beschäftigung weiter nachgehen zu können, sind diese Umzugskosten keine Werbungskosten, sondern Kosten der privaten Lebensführung; Entsprechendes gilt für Umzugskosten, die nach Wegverlegung des Lebensmittelpunktes vom Beschäftigungsort durch die endgültige Aufgabe der Zweitwohnung am Beschäftigungsort entstehen; es sei denn, dass dieser Umzug wie z. B. im Falle eines Arbeitsplatzwechsels ausschließlich beruflich veranlasst ist. ⁵Für Umzugskosten, die nach Wegverlegung des Lebensmittelpunktes vom Beschäftigungsort für den Umzug in eine andere, ausschließlich aus beruflichen Gründen genutzte Zweitwohnung am Beschäftigungsort entstehen, gelten die Sätze 1 bis 3 entsprechend.

Erstattung durch den Arbeitgeber oder Werbungskostenabzug

(10) ¹Die notwendigen Mehraufwendungen nach den Absätzen 5 bis 9 können als Werbungskosten abgezogen werden, soweit sie nicht vom Arbeitgeber nach den folgenden Regelungen steuerfrei erstattet werden. ²Die Erstattung der Mehraufwendungen bei doppelter Haushaltsführung durch den Arbeitgeber ist nach § 3 Nr. 13 oder 16 EStG steuerfrei, soweit keine höheren Beträge erstattet werden, als nach Satz 1 als Werbungskosten abgezogen werden können. ³Dabei kann der Arbeitgeber bei Arbeitnehmern in den Steuerklassen III, IV oder V ohne weiteres unterstellen, dass sie einen eigenen Hausstand haben, an dem sie sich auch finanziell beteiligen. ⁴Bei anderen Arbeitnehmern darf der Arbeitgeber einen eigenen Hausstand nur dann anerkennen, wenn sie schriftlich erklären, dass sie neben einer Zweitwohnung am Beschäftigungsort außerhalb des Beschäftigungsorts einen eigenen Hausstand unterhalten, an dem sie sich auch finanziell beteiligen, und die Richtigkeit dieser Erklärung durch Unterschrift bestätigen. ⁵Diese Erklärung ist als Beleg zum Lohnkonto aufzubewahren. ⁶Das Wahlrecht des Arbeitnehmers nach Absatz 5 hat der Arbeitgeber nicht zu beachten. ⁷Darüber hinaus gilt Folgendes:

1. Hat der Arbeitgeber oder für dessen Rechnung ein Dritter dem Arbeitnehmer einen Kraftwagen zur Durchführung der Heimfahrten unentgeltlich überlassen, kommen ein Werbungskostenabzug und eine Erstattung von Fahrtkosten nicht in Betracht.
2. Verpflegungsmehraufwendungen dürfen nur bis zu den nach Absatz 7 maßgebenden Pauschbeträgen steuerfrei erstattet werden.
3. ¹Die notwendigen Aufwendungen für die Zweitwohnung an einem Beschäftigungsort im Inland dürfen ohne Einzelnachweis für einen Zeitraum von drei Monaten mit einem Pauschbetrag von 20 Euro und für die Folgezeit mit einem Pauschbetrag von 5 Euro je Übernachtung steuerfrei erstattet werden, wenn dem Arbeitnehmer die Zweitwohnung nicht unentgeltlich oder teilentgeltlich zur Verfügung gestellt worden ist. ²Bei einer Zweitwohnung im Ausland können die notwendigen Aufwendungen ohne Einzelnachweis für einen Zeitraum von drei Monaten mit dem für eine Auswärtstätigkeit geltenden ausländischen Übernachtungspauschbetrag und für die Folgezeit mit 40 % dieses Pauschbetrags steuerfrei erstattet werden.

---

*) Abgedruckt als Anlage zu H 9.4 LStR.

4. Bei der Erstattung der Mehraufwendungen durch den Arbeitgeber dürfen unter Beachtung von Nummer 1 bis 3 die einzelnen Aufwendungsarten zusammengefasst werden; in diesem Falle ist die Erstattung steuerfrei, soweit sie die Summe der nach Absatz 5 Nr. 1 bis 4 zulässigen Einzelerstattungen nicht übersteigt.

H 9.11 (5–10)
Hinweise zu R 9.11 (Absätze 5–10)
Mehraufwendungen bei doppelter Haushaltsführung

Drittaufwand

Der Abzug der Aufwendungen für die Zweitwohnung ist ausgeschlossen, wenn die Aufwendungen aufgrund eines Dauerschuldverhältnisses (z. B. Mietvertrag) von einem Dritten getragen werden (>BFH vom 13.3.1996 – BStBl. II S. 375 und vom 24.2.2000 – BStBl. II S. 314).

Eigene Zweitwohnung

Bei einer im Eigentum des Arbeitnehmers stehenden Zweitwohnung gilt Folgendes:
- Zu den Aufwendungen gehören auch die Absetzungen für Abnutzung, Hypothekenzinsen und Reparaturkosten (>BFH vom 3.12.1982 – BStBl. 1983 II S. 467).
- >BMF vom 24.10.2014 (BStBl. I S. 1412), Rz. 103*)

Erstattung durch den Arbeitgeber

- Steuerfrei >§ 3 Nr. 13, 16 EStG, >R 3.13, 3.16 und BMF vom 24.10.2014 (BStBl. I S. 1412), Rz. 108.*)
- Steuerfreie Arbeitgebererstattungen mindern die abziehbaren Werbungskosten auch dann, wenn sie erst im Folgejahr geleistet werden (>BFH vom 20.9.2006 – BStBl. II S. 756).

Familienheimfahrten

- Tritt der den doppelten Haushalt führende Ehegatte die wöchentliche Familienheimfahrt aus privaten Gründen nicht an, sind die Aufwendungen für die stattdessen durchgeführte Besuchsfahrt des anderen Ehegatten zum Beschäftigungsort keine Werbungskosten (>BFH vom 2.2.2011 – BStBl. II S. 456). Entsprechendes gilt für Besuchsfahrten des Lebenspartners (§ 2 Abs. 8 EStG).
- Die Entfernungspauschale für eine wöchentliche Familienheimfahrt im Rahmen einer doppelten Haushaltsführung kann aufwandsunabhängig in Anspruch genommen werden. Steuerfrei geleistete Reisekostenvergütungen und steuerfrei gewährte Freifahrten sind jedoch mindernd auf die Entfernungspauschale anzurechnen (>BFH vom 18.4.2013 – BStBl. II S. 735).
- Aufwendungen für Familienheimfahrten des Arbeitnehmers mit einem vom Arbeitgeber überlassenen Dienstwagen berechtigen nach § 9 Abs. 1 Satz 3 Nr. 5 Satz 8 EStG nicht zum Werbungskostenabzug (>BFH vom 28.2.2013 – BStBl. II S. 629).
- Wird bei einem behinderten Menschen der Grad der Behinderung herabgesetzt und liegen die Voraussetzungen des § 9 Abs. 2 Satz 3 EStG nach der Herabsetzung nicht mehr vor, ist dies ab dem im Bescheid genannten Zeitpunkt zu berücksichtigen. Aufwendungen für Familienheimfahrten können daher ab diesem Zeitpunkt nicht mehr nach § 9 Abs. 2 Satz 3 EStG bemessen werden (>BFH vom 11.3.2014 – BStBl. II S. 525).

Kostenarten

Zu den einzelnen Kostenarten bei Vorliegen einer doppelten Haushaltsführung >BFH vom 4.4.2006 (BStBl. II S. 567).

Pauschbeträge bei doppelter Haushaltsführung im Ausland

>BMF vom 19.12.2014 (Az.: IV C 5 – S 2353/08/10006 : 005)**); zur Begrenzung auf 40 % >R 9.11 Abs. 10 Satz 7 Nr. 3 Satz 2.

Telefonkosten

Anstelle der Aufwendungen für eine Heimfahrt an den Ort des eigenen Hausstands können die Gebühren für ein Ferngespräch bis zu einer Dauer von 15 Minuten mit Angehörigen, die zum eigenen Hausstand des Arbeitnehmers gehören, berücksichtigt werden (>BFH vom 18.3.1988 – BStBl. II S. 988).

Übernachtungskosten

Die Übernachtungskosten sind für den Werbungskostenabzug grundsätzlich im Einzelnen nachzuweisen. Sie können geschätzt werden, wenn sie dem Grunde nach zweifelsfrei entstanden sind (>BFH vom 12.9.2001 – BStBl. II S. 775).

Umzugskosten

- >R 9.11 Abs. 9
- Zu den notwendigen Mehraufwendungen einer doppelten Haushaltsführung gehören auch die durch das Beziehen oder die Aufgabe der Zweitwohnung verursachten tatsächlichen Umzugskosten (>BFH vom 29.4.1992 – BStBl. II S. 667).
- >H 9.9 (Doppelter Mietaufwand).

Unfallschäden

>H 9.10.

Unterkunftskosten

- bei doppelter Haushaltsführung im Inland >BMF vom 24.10.2014 (BStBl. I S. 1412), Rz. 102 ff.*)
- bei doppelter Haushaltsführung im Ausland sind die tatsächlichen Mietkosten anzusetzen, soweit sie nicht überhöht sind (>BFH vom 16.3.1979 – BStBl. II S. 473). Entsprechendes gilt für die tatsächlich angefallenen Unterkunftskosten im eigenen Haus (>BFH vom 24.5.2000 – BStBl. II S. 474). Nicht überhöht sind Aufwendungen, die sich für eine Wohnung von 60 qm bei einem ortsüblichen Mietzins je qm für eine nach Lage und Ausstattung durchschnittliche Wohnung (Durchschnittsmietzins) ergeben würden (>BFH vom 9.8.2007 – BStBl. II S. 820).
- Ein häusliches Arbeitszimmer in der Zweitwohnung am Beschäftigungsort ist bei der Ermittlung der abziehbaren Unterkunftskosten nicht zu berücksichtigen; der Abzug der hierauf entfallenden Aufwendungen richtet sich nach § 4 Abs. 5 Satz 1 Nr. 6b EStG (>BFH vom 9.8.2007 – BStBl. 2009 II S. 722).
- Die Vorschriften über den Abzug notwendiger Mehraufwendungen wegen einer aus beruflichen Anlass begründeten doppelten Haushaltsführung stehen dem allgemeinen Werbungskostenabzug umzugsbedingt geleisteter Mietzahlungen nicht entgegen (>BFH vom 13.7.2011, BStBl. 2012 II S. 104); >H 9.9 (Doppelter Mietaufwand).

Verpflegungsmehraufwendungen

- >R 9.11 Abs. 7 und vom 24.10.2014 (BStBl. I S. 1412), Rz. 57*)
- Die Begrenzung des Abzugs von Mehraufwendungen für die Verpflegung auf drei Monate bei einer aus beruflichem Anlass begründeten doppelten Haushaltsführung ist verfassungsgemäß (>BFH vom 8.7.2010 – BStBl. 2011 II S. 32).

Wahlrecht

Wählt der Arbeitnehmer den Abzug der Fahrtkosten nach R 9.10, so kann er Verpflegungsmehraufwendungen nach R 9.11 Abs. 7 und Aufwendungen für die Zweitwohnung nach R 9.11 Abs. 8 auch dann nicht geltend machen, wenn ihm Fahrtkosten nicht an jedem Arbeitstag entstanden sind, weil er sich in Rufbereitschaft zu halten oder mehrere Arbeitsschichten nacheinander abzuleisten hatte (>BFH vom 2.10.1992 – BStBl. 1993 II S. 113).

R 9.12
Arbeitsmittel

¹Die Anschaffungs- oder Herstellungskosten von Arbeitsmitteln einschließlich der Umsatzsteuer können im Jahr der Anschaffung oder Herstellung in voller Höhe als Werbungskosten abgesetzt werden, wenn sie ausschließlich der Umsatzsteuer für das einzelne Arbeits-

---

*) Abgedruckt als Anlage zu H 9.4 LStR.
**) Abgedruckt als Anhang 10 zum Handbuch.

§ 9 EStG
R 9.12

mittel die Grenze für geringwertige Wirtschaftsgüter nach § 9 Abs. 1 Satz 3 Nr. 7 Satz 2 EStG nicht übersteigen. ²Höhere Anschaffungs- oder Herstellungskosten sind auf die Kalenderjahre der voraussichtlichen gesamten Nutzungsdauer des Arbeitsmittels zu verteilen und in jedem dieser Jahre anteilig als Werbungskosten zu berücksichtigen. ³Wird ein als Arbeitsmittel genutztes Wirtschaftsgut veräußert, ist ein sich eventuell ergebender Veräußerungserlös bei den Einkünften aus nichtselbständiger Arbeit nicht zu erfassen.

H 9.12
Hinweise zu R 9.12
Arbeitsmittel

Absetzung für Abnutzung

- Außergewöhnliche technische oder wirtschaftliche Abnutzungen sind zu berücksichtigen (>BFH vom 29.4.1983 – BStBl. II S. 586 – im Zusammenhang mit einem Diebstahl eingetretene Beschädigung an einem als Arbeitsmittel anzusehenden Pkw).
- Eine technische Abnutzung kann auch dann in Betracht kommen, wenn wirtschaftlich kein Wertverzehr eintritt (>BFH vom 31.1.1986 – BStBl. II S. 355 – als Arbeitsmittel ständig in Gebrauch befindliche Möbelstücke, >BFH vom 26.1.2001 – BStBl. II S. 194 – im Konzertalltag regelmäßig bespielte Meistergeige).
- Wird ein Wirtschaftsgut nach einer Nutzung außerhalb der Einkunftsarten als Arbeitsmittel verwendet, so sind die weiteren AfA von den Anschaffungs- oder Herstellungskosten einschließlich Umsatzsteuer nach der voraussichtlichen gesamten Nutzungsdauer des Wirtschaftsguts in gleichen Jahresbeträgen zu bemessen. Der auf den Zeitraum vor der Verwendung als Arbeitsmittel entfallende Teil der Anschaffungs- oder Herstellungskosten des Wirtschaftsguts (fiktive AfA) gilt als abgesetzt (>BFH vom 14.2.1989 – BStBl. II S. 922 und vom 2.2.1990 – BStBl. II S. 684). Dies gilt auch für geschenkte Wirtschaftsgüter (>BFH vom 16.2.1990 – BStBl. II S. 883).
- Der Betrag, der nach Umwidmung eines erworbenen oder geschenkten Wirtschaftsguts zu einem Arbeitsmittel nach Abzug der fiktiven AfA von den Anschaffungs- oder Herstellungskosten einschließlich Umsatzsteuer verbleibt, kann aus Vereinfachungsgründen im Jahr der erstmaligen Verwendung des Wirtschaftsguts als Arbeitsmittel in voller Höhe als Werbungskosten abgezogen werden, wenn er 410 € nicht übersteigt (>BFH vom 16.2.1990 – BStBl. II S. 883).
- Die Peripherie-Geräte einer PC-Anlage sind regelmäßig keine geringwertigen Wirtschaftsgüter (>BFH vom 19.2.2004 – BStBl. II S. 958).

Angemessenheit

Aufwendungen für ein Arbeitsmittel können auch dann Werbungskosten sein, wenn sie zwar ungewöhnlich hoch, aber bezogen auf die berufliche Stellung und die Höhe der Einnahmen nicht unangemessen sind.

>BFH vom 10.3.1978 (BStBl. II S. 459) – Anschaffung eines Flügels durch eine am Gymnasium Musik unterrichtende Lehrerin

>BFH vom 21.10.1988 (BStBl. 1989 II S. 356) – Anschaffung eines Flügels durch eine Musikpädagogin

Aufteilung der Anschaffungs- oder Herstellungskosten

- Betreffen Wirtschaftsgüter sowohl den beruflichen als auch den privaten Bereich des Arbeitnehmers, ist eine Aufteilung der Anschaffungs- oder Herstellungskosten in nicht abziehbare Aufwendungen für die Lebensführung und in Werbungskosten nur zulässig, wenn objektive Merkmale und Unterlagen eine zutreffende und leicht nachprüfbare Trennung ermöglichen und wenn außerdem der berufliche Nutzungsanteil nicht von untergeordneter Bedeutung ist (>BFH vom 19.10.1970 – BStBl. 1971 II S. 17).
- Die Aufwendungen sind voll abziehbar, wenn die Wirtschaftsgüter ausschließlich oder ganz überwiegend der Berufsausübung dienen.

  >BFH vom 18.2.1977 (BStBl. II S. 464) – Schreibtisch im Wohnraum eines Gymnasiallehrers

  >BFH vom 21.10.1988 (BStBl. 1989 II S. 356) – Flügel einer Musikpädagogin

- Ein privat angeschaffter und in der privaten Wohnung aufgestellter Personalcomputer kann ein Arbeitsmittel sein. Eine private Mitbenutzung ist unschädlich, soweit sie einen Nutzungsanteil von etwa 10 % nicht übersteigt. Die Kosten eines gemischt genutzten PC sind aufzuteilen. § 12 Nr. 1 Satz 2 EStG steht einer solchen Aufteilung nicht entgegen (>BFH vom 19.2.2004 – BStBl. II S. 958).

Ausstattung eines häuslichen Arbeitszimmers mit Arbeitsmittel

>BMF vom 2.3.2011 (BStBl. I S. 195)*)

Berufskleidung

- Begriff der typischen Berufskleidung
  >R 3.31
- Reinigung von typischer Berufskleidung in privater Waschmaschine

  Werbungskosten sind neben den unmittelbaren Kosten des Waschvorgangs (Wasser- und Energiekosten, Wasch- und Spülmittel) auch die Aufwendungen in Form der Abnutzung sowie Instandhaltung und Wartung der für die Reinigung eingesetzten Waschmaschine. Die Aufwendungen können ggf. geschätzt werden (>BFH vom 29.6.1993 – BStBl. II S. 837 und 838).

Diensthund

Die Aufwendungen eines Polizei-Hundeführers für den ihm anvertrauten Diensthund sind Werbungskosten (>BFH vom 30.6.2010 – BStBl. 2011 II S. 45).

Fachbücher und Fachzeitschriften

Bücher und Zeitschriften sind Arbeitsmittel, wenn sichergestellt ist, dass die erworbenen Bücher und Zeitschriften ausschließlich oder ganz überwiegend beruflichen Zwecken dienen.

Die allgemeinen Grundsätze zur steuerlichen Behandlung von Arbeitsmitteln gelten auch, wenn zu entscheiden ist, ob Bücher als Arbeitsmittel eines Lehrers zu würdigen sind. Die Eigenschaft eines Buchs als Arbeitsmittel ist bei einem Lehrer nicht ausschließlich danach zu bestimmen, in welchem Umfang der Inhalt eines Schriftwerks in welcher Häufigkeit Eingang in den abgehaltenen Unterricht gefunden hat. Auch die Verwendung der Literatur zur Unterrichtsvorbereitung oder die Anschaffung von Büchern und Zeitschriften für eine Unterrichtseinheit, die nicht abgehalten worden ist, kann eine ausschließliche oder zumindest weitaus überwiegende berufliche Nutzung der Literatur begründen (>BFH vom 20.5.2010 – BStBl. 2011 II S. 723).

Medizinische Hilfsmittel

Aufwendungen für die Anschaffung medizinischer Hilfsmittel sind selbst dann nicht als Werbungskosten abziehbar, wenn sie ausschließlich am Arbeitsplatz benutzt werden.

>BFH vom 23.10.1992 (BStBl. 1993 II S. 193) – Bildschirmbrille

Nachweis der beruflichen Nutzung

Bei der Anschaffung von Gegenständen, die nach der Lebenserfahrung ganz überwiegend zu Zwecken der Lebensführung angeschafft werden, gelten erhöhte Anforderungen an den Nachweis der beruflichen Nutzung.

>BFH vom 27.9.1991 (BStBl. 1992 II S. 195) – Videorecorder

>BFH vom 15.1.1993 (BStBl. II S. 348) – Spielecomputer

Transport

Anteilige Aufwendungen für den Transport von Arbeitsmitteln bei einem privat veranlassten Umzug sind nicht als Werbungskosten abziehbar (>BFH vom 21.7.1989 – BStBl. II S. 972).

---
*) Abgedruckt als Anlage 1 zu H 9.14 LStR.

R 9.13
Werbungskosten bei Heimarbeitern

(1) Bei Heimarbeitern i.S.d. Heimarbeitsgesetzes können Aufwendungen, die unmittelbar durch die Heimarbeit veranlasst sind, z. B. Miete und Aufwendungen für Heizung und Beleuchtung der Arbeitsräume, Aufwendungen für Arbeitsmittel und Zutaten sowie für den Transport des Materials und der fertig gestellten Waren, als Werbungskosten anerkannt werden, soweit sie die Heimarbeiterzuschläge nach Absatz 2 übersteigen.

(2) ¹Lohnzuschläge, die den Heimarbeitern zur Abgeltung der mit der Heimarbeit verbundenen Aufwendungen neben dem Grundlohn gezahlt werden, sind insgesamt aus Vereinfachungsgründen nach § 3 Nr. 30 und 50 EStG steuerfrei, soweit sie 10 % des Grundlohns nicht übersteigen. ²Die oberste Finanzbehörde eines Landes kann mit Zustimmung des Bundesministeriums der Finanzen den Prozentsatz für bestimmte Gruppen von Heimarbeitern an die tatsächlichen Verhältnisse anpassen.

R 9.14
Häusliches Arbeitszimmer
– unbesetzt –

H 9.14
Hinweise zu R 9.14
Häusliches Arbeitszimmer

Allgemeine Grundsätze

>BMF vom 2.3.2011 (BStBl. I S. 195)*)

Ausstattung

Aufwendungen für Einrichtungsgegenstände wie z. B. Bücherschränke oder Schreibtische, die zugleich Arbeitsmittel sind, sind nach § 9 Abs. 1 Satz 3 Nr. 6 EStG abziehbar (>BFH vom 21.11.1997 – BStBl. 1998 II S. 351).

Außerhäusliches Arbeitszimmer

Werden im Dachgeschoss eines Mehrfamilienhauses Räumlichkeiten, die nicht zur Privatwohnung gehören, als Arbeitszimmer genutzt, handelt es sich hierbei im Regelfall um ein außerhäusliches Arbeitszimmer, das nicht unter die Abzugsbeschränkung des § 4 Abs. 5 Satz 1 Nr. 6b EStG fällt. Etwas anders kann dann gelten, wenn die Räumlichkeiten aufgrund der unmittelbaren räumlichen Nähe mit den privaten Wohnräumen als gemeinsame Wohneinheit verbunden sind (>BFH vom 18.8.2005 – BStBl. 2006 II S. 428).

Berufliche Nutzung mehrerer Räume

Zur Abgrenzung eines häuslichen Arbeitszimmers zu sonstigen beruflich genutzten Räumen >BFH vom 26.3.2009 (BStBl. II S. 598).

Drittaufwand

Es gilt der Grundsatz, dass – auch bei zusammen veranlagten Ehegatten – nur derjenige Aufwendungen steuerlich abziehen kann, der sie tatsächlich getragen hat. Daraus folgt:

– Ehegatten, die gemeinsam die Herstellungskosten des von ihnen bewohnten Hauses getragen haben und die darin jeweils einen Raum für eigenbetriebliche Zwecke nutzen, können jeweils die auf diesen Raum entfallenden Herstellungskosten für die Dauer der betrieblichen Nutzung als Betriebsausgaben/Werbungskosten in Form von AfA geltend machen (>BFH vom 23.8.1999 – BStBl. II S. 774).

– Beteiligt sich der Arbeitnehmer an den Anschaffungs- oder Herstellungskosten eines Gebäudes, das seinem Ehepartner gehört und in dem der Arbeitnehmer ein Arbeitszimmer für seine beruflichen Zwecke nutzt, kann er die auf diesen Raum entfallenden eigenen Aufwendungen grundsätzlich als Werbungskosten (AfA) geltend machen. In diesem Fall sind die auf das Arbeitszimmer entfallenden Anschaffungs- oder Herstellungskosten Bemessungsgrundlage der AfA, soweit sie der Kostenbeteiligung des Arbeitnehmers entsprechen (>BFH vom 23.8.1999 – BStBl. II S. 778).

– Erwerben der Arbeitnehmer und sein Ehegatte aus gemeinsamen Mitteln gleichzeitig jeweils einander gleiche Eigentumswohnungen zum Alleineigentum und nutzt der Arbeitnehmer in der von den Ehegatten gemeinsam zu Wohnzwecken genutzten Wohnung des Ehegatten ein Arbeitszimmer alleine zu beruflichen Zwecken, kann er die darauf entfallenden Anschaffungskosten grundsätzlich nicht als eigene Werbungskosten (AfA) geltend machen. Die vom Eigentümer-Ehegatten aufgewendeten Anschaffungskosten des Arbeitszimmers sind somit keine Werbungskosten des Arbeitnehmers (keine Anerkennung von Drittaufwand). Abziehbar sind hingegen die durch die Nutzung des Arbeitszimmers verursachten laufenden Aufwendungen (z. B. anteilige Energie- und Reparaturkosten des Arbeitszimmers), wenn sie entweder vom Arbeitnehmer-Ehegatten absprachegemäß übernommen oder von den Ehegatten gemeinsam getragen werden (etwa von einem gemeinsamen Bankkonto). Nicht abziehbar sind dagegen – ungeachtet der gemeinsamen Kostentragung – die durch das Eigentum bedingten Kosten, wie z. B. Grundsteuer, Schuldzinsen, allgemeine Reparaturkosten (>BFH vom 23.8.1999 – BStBl. II S. 782).

– Allein aufgrund der Tatsache, dass der Arbeitnehmer gemeinsam mit seinem Ehepartner ein Arbeitszimmer in der dem Ehegatten gehörenden Wohnung nutzt, sind ihm die anteiligen Anschaffungs- oder Herstellungskosten des Arbeitszimmers entsprechend seiner Nutzung zur Vornahme von AfA nicht zuzurechnen (>BFH vom 23.8.1999 – BStBl. II S. 787).

– Sind die Ehegatten nicht Eigentümer des Hauses oder der Wohnung, ist der Abzug der Aufwendungen für ein Arbeitszimmer ausgeschlossen, wenn die Aufwendungen aufgrund eines Dauerschuldverhältnisses (z. B. Mietvertrag) vom Ehegatten des Arbeitnehmers getragen werden (>BFH vom 24.2.2000 – BStBl. II S. 314).

Ermittlung der abziehbaren Aufwendungen

– Die Aufwendungen für das häusliche Arbeitszimmer, z. B. anteilige Miete und Heizungskosten sowie die unmittelbaren Kosten der Ausstattung, Reinigung und Renovierung, sind Werbungskosten, bei Mitbenutzung zu Ausbildungszwecken anteilig Sonderausgaben (>BFH vom 22.6.1990 – BStBl. II S. 901).

– Die anteiligen Kosten des Arbeitszimmers sind nach dem Verhältnis der Fläche des Arbeitszimmers zur gesamten Wohnfläche einschließlich des Arbeitszimmers zu ermitteln (>BFH vom 10.4.1987 – BStBl. II S. 500).

– Vergrößert sich die Gesamtwohnfläche durch Erweiterungsbaumaßnahmen, so ergibt sich ein veränderter Aufteilungsmaßstab; sind die Erweiterungsbaumaßnahmen mit Krediten finanziert, so sind die darauf entfallenden Schuldzinsen dem häuslichen Arbeitszimmer selbst dann anteilig zuzuordnen, wenn die Baumaßnahmen das Arbeitszimmer nicht unmittelbar betroffen haben (>BFH vom 21.8.1995 – BStBl. II S. 729).

– Wegen der berücksichtigungsfähigen Kosten dem Grunde und der Höhe nach, wenn das Arbeitszimmer in einem selbstgenutzten Haus oder einer selbstgenutzten Eigentumswohnung gelegen ist, >BFH vom 18.10.1983 (BStBl. 1984 II S. 112).

– Die AfA richtet sich bei einem selbstgenutzten häuslichen Arbeitszimmer im eigenen Einfamilienhaus nach § 7 Abs. 4 Satz 1 Nr. 2 oder Abs. 5 Satz 1 Nr. 2 EStG; eine (höhere) Absetzung nach § 7 Abs. 5 Satz 1 Nr. 3 EStG ist nicht zulässig (>BFH vom 30.6.1995 – BStBl. II S. 598 vom 4.8.1995 – BStBl. II S. 727).

– Liegt das Arbeitszimmer in einer den Ehegatten gemeinsam gehörenden Wohnung, einem gemeinsamen Einfamilienhaus oder einer gemeinsamen Eigentumswohnung, so sind die auf das Arbeitszimmer anteilig entfallenden Aufwendungen einschließlich AfA grundsätzlich unabhängig vom Miteigentumsanteil des anderen Ehegatten zu berücksichtigen (>BFH vom 12.2.1988 – BStBl. II S. 764); Entsprechendes gilt für die auf das Arbeitszimmer anteilig entfallenden Schuldzinsen (>BFH vom 3.4.1987 – BStBl. II S. 623).

---

*) Abgedruckt als Anlage 1 zu H 9.14 LStR.

§ 9 EStG
R 9.14

– Vergütungen an den Ehegatten für die Reinigung des Arbeitszimmers sind keine Werbungskosten (>BFH vom 27.10.1978 – BStBl. 1979 II S. 80).

Fortbildungszwecke

Steht einem Arbeitnehmer beim Arbeitgeber ein Büroarbeitsplatz für Fortbildungsmaßnahmen zur Verfügung, schließt dies regelmäßig die steuerliche Berücksichtigung von Kosten für ein zu Fortbildungszwecken genutztes häusliches Arbeitszimmer aus (>BFH vom 5.10.2011 – BStBl. 2012 II S. 127).

Kunstgegenstände

Aufwendungen für Kunstgegenstände, die zur Einrichtung eines häuslichen Arbeitszimmers gehören, sind regelmäßig keine Werbungskosten (>BFH vom 30.10.1990 – BStBl. 1991 II S. 340 und vom 12.3.1993 – BStBl. II S. 506).

Räumliche Voraussetzungen

– Zu den Voraussetzungen für die steuerliche Anerkennung gehört, dass das Arbeitszimmer von den privat genutzten Räumen getrennt ist (>BFH vom 6.12.1991 – BStBl. 1992 II S. 304).

– Neben dem Arbeitszimmer muss genügend Wohnraum vorhanden sein (>BFH vom 26.4.1985 – BStBl. II S. 467).

– Ein häusliches Arbeitszimmer ist steuerlich nicht anzuerkennen, wenn das Arbeitszimmer ständig durchquert werden muss, um andere privat genutzte Räume der Wohnung zu erreichen (>BFH vom 18.10.1983 – BStBl. 1984 II S. 110); die private Mitbenutzung des Arbeitszimmers ist dagegen von untergeordneter Bedeutung, wenn es nur durchquert werden muss, um z. B. das Schlafzimmer zu erreichen (>BFH vom 19.8.1988 – BStBl. II S. 1000).

Telearbeitsplatz

– Auch ein Raum, in dem ein Arbeitnehmer zu Hause einen Telearbeitsplatz unterhält, kann dem Typus des häuslichen Arbeitszimmers entsprechen (>BFH vom 26.2.2014 – BStBl. II S. 568).

– Wird eine in qualitativer Hinsicht gleichwertige Arbeitsleistung wöchentlich an drei Tagen an einem häuslichen Telearbeitsplatz und an zwei Tagen im Betrieb des Arbeitgebers erbracht, liegt der Mittelpunkt der gesamten beruflichen Betätigung im häuslichen Arbeitszimmer (>BFH vom 23.5.2006 – BStBl. II S. 600).

Vermietung an den Arbeitgeber

>BMF vom 13.12.2005 (BStBl. 2006 I S. 4)*)

Vorweggenommene Aufwendungen

– Ob die Aufwendungen für das Herrichten eines häuslichen Arbeitszimmers für eine nachfolgende berufliche Tätigkeit als Werbungskosten abziehbar sind, bestimmt sich nach den zu erwartenden Umständen der späteren beruflichen Tätigkeit. Nicht entscheidend ist, ob die beabsichtigte berufliche Nutzung im Jahr des Aufwands bereits begonnen hat (>BFH vom 23.5.2006 – BStBl. II S. 600).

– Aufwendungen für ein häusliches Arbeitszimmer während einer Erwerbslosigkeit sind nur abziehbar, wenn der Abzug auch bei der späteren beruflichen Tätigkeit möglich wäre (>BFH vom 2.12.2005 – BStBl. 2006 II S. 329).

Anlage 1
zu H 9.14

Einkommensteuerliche Behandlung der Aufwendungen für ein häusliches Arbeitszimmer nach § 4 Abs. 5 Satz 1 Nr. 6b, § 9 Abs. 5 und § 10 Abs. 1 Nr. 7 EStG; Neuregelung durch das Jahressteuergesetz 2010 vom 8. Dezember 2010 (BGBl. I S. 1768, BStBl. I S. 1395)

BMF-Schreiben vom 2.3.2011 (BStBl. I S. 195)

Im Einvernehmen mit den obersten Finanzbehörden der Länder gilt zur einkommensteuerrechtlichen Behandlung der Aufwendungen für ein häusliches Arbeitszimmer nach § 4 Abs. 5 Satz 1 Nr. 6b, § 9 Abs. 5 und § 10 Abs. 1 Nr. 7 EStG in der Fassung des Jahressteuergesetzes 2010 (BGBl. I S. 1768, BStBl. I S. 1394) Folgendes:

I. Grundsatz

1 Nach § 4 Abs. 5 Satz 1 Nr. 6b Satz 1 und § 9 Abs. 5 Satz 1 EStG dürfen die Aufwendungen für ein häusliches Arbeitszimmer sowie die Kosten der Ausstattung grundsätzlich nicht als Betriebsausgaben oder Werbungskosten abgezogen werden. Bildet das häusliche Arbeitszimmer den Mittelpunkt der gesamten betrieblichen und beruflichen Betätigung, dürfen die Aufwendungen in voller Höhe steuerlich berücksichtigt werden (§ 4 Absatz 5 Satz 1 Nummer 6b Satz 3 2. Halbsatz EStG). Steht für die betriebliche oder berufliche Tätigkeit kein anderer Arbeitsplatz zur Verfügung, sind die Aufwendungen bis zur Höhe von 1250 Euro je Wirtschaftsjahr oder Kalenderjahr als Betriebsausgaben oder Werbungskosten abziehbar (§ 4 Absatz 5 Satz 1 Nummer 6b Satz 2 und 3 1. Halbsatz EStG).**) Der Betrag von 1250 Euro ist kein Pauschbetrag. Es handelt sich um einen objektbezogenen Höchstbetrag, der nicht mehrfach für verschiedene Tätigkeiten oder Personen in Anspruch genommen werden kann, sondern ggf. auf die unterschiedlichen Tätigkeiten oder Personen aufzuteilen ist (vgl. Rdnr. 19 bis 21).

II. Anwendungsbereich der gesetzlichen Regelung

2 Unter die Regelungen des § 4 Abs. 5 Satz 1 Nr. 6b und § 9 Abs. 5 EStG fällt die Nutzung eines häuslichen Arbeitszimmers zur Erzielung von Einkünften aus sämtlichen Einkunftsarten.

III. Begriff des häuslichen Arbeitszimmers

3 Ein häusliches Arbeitszimmer ist ein Raum, der seiner Lage, Funktion und Ausstattung nach in die häusliche Sphäre des Steuerpflichtigen eingebunden ist, vorwiegend der Erledigung gedanklicher, schriftlicher, verwaltungstechnischer oder -organisatorischer Arbeiten dient (>BFH-Urteile vom 19. September 2002, – VI R 70/01 –, BStBl. II 2003 S. 139 und vom 16. Oktober 2002, – XI R 89/00 –, BStBl. II 2003 S. 185) und ausschließlich oder nahezu ausschließlich zu betrieblichen und/oder beruflichen Zwecken genutzt wird; eine untergeordnete private Mitbenutzung (< 10 %) ist unschädlich. Es muss sich aber nicht zwingend um Arbeiten büromäßiger Art handeln; ein häusliches Arbeitszimmer kann auch bei geistiger, künstlerischer oder schriftstellerischer Betätigung gegeben sein. In die häusliche Sphäre eingebunden ist ein als Arbeitszimmer genutzter Raum regelmäßig dann, wenn er zur privaten Wohnung oder zum Wohnhaus des Steuerpflichtigen gehört. Dies betrifft nicht nur die Wohnräume, sondern ebenso Zubehörräume (>BFH-Urteil vom 26. Februar 2003, – VI R 130/01 –, BStBl. II 2004 S. 74 und BFH-Urteil vom 19. September 2002, – VI R 70/01 –, BStBl. II 2003 S. 139). So kann auch ein Raum, z. B. im Keller oder unter dem Dach (Mansarde) des Wohnhauses, in dem der Steuerpflichtige seine Wohnung hat, ein häusliches Arbeitszimmer sein, wenn die Räumlichkeiten aufgrund der unmittelbaren Nähe mit den privaten Wohnräumen des Steuerpflichtigen als gemeinsame Wohneinheit verbunden sind.***)

4 Dagegen kann es sich bei einem im Keller oder Dachgeschoss eines Mehrfamilienhauses befindlichen Raum, der nicht zur Privatwohnung des Steuerpflichtigen gehört, sondern zusätzlich angemietet wurde, um ein außerhäusliches Arbeitszimmer handeln (>BFH-Urteil vom 26. Februar 2003, – VI R 160/99 –, BStBl. II S. 515 und vom 18. August 2005, – VI R 39/04 –, BStBl. II 2006 S. 428). Maßgebend ist, ob eine innere häusliche Verbindung des Arbeitszimmers mit der privaten Lebenssphäre des Steuerpflichtigen besteht. Dabei ist das Gesamtbild der Verhältnisse im Einzelfall entscheidend. Für die Anwendung des § 4 Abs. 5 Satz 1 Nr. 6b, des § 9 Abs. 5 und des § 10 Abs. 1 Nr. 7 EStG ist es ohne Bedeutung, ob die Wohnung, zu der das häusliche Arbeitszimmer gehört, gemietet ist oder ob sie sich im

---

*) Abgedruckt als Anlage 8 zu H 19.3 LStR.

**) § 4 Abs. 5 Satz 1 Nr. 6b EStG begegnet keinen verfassungsrechtlichen Bedenken hinsichtlich der Begrenzung auf einen Höchstbetrag (>BFH vom 28.2.2013 – BStBl. II S. 642).

***) Ein häusliches Arbeitszimmer liegt auch dann vor, wenn sich die zu Wohnzwecken und die betrieblich genutzten Räume in einem ausschließlich vom Stpfl. genutzten Zweifamilienhaus befinden und auf dem Weg dazwischen keine der Allgemeinheit zugängliche oder von fremden Dritten benutzte Verkehrsfläche betreten werden muss (>BFH vom 15.1.2013 – BStBl. II S. 374).

Eigentum des Steuerpflichtigen befindet. Auch mehrere Räume können als ein häusliches Arbeitszimmer anzusehen sein; die Abtrennung der Räumlichkeiten vom übrigen Wohnbereich ist erforderlich.

5 Nicht unter die Abzugsbeschränkung des § 4 Abs. 5 Satz 1 Nr. 6b und § 9 Abs. 5 EStG fallen Räume, die ihrer Ausstattung und Funktion nach nicht einem Büro entsprechen (z. B. Betriebsräume, Lagerräume, Ausstellungsräume), selbst wenn diese ihrer Lage nach mit dem Wohnraum des Steuerpflichtigen verbunden und so in dessen häusliche Sphäre eingebunden sind (>BFH-Urteile vom 28. August 2003 – IV R 53/01 –, BStBl. II 2004 S. 55 und vom 26. März 2009 – VI R 15/07 –, BStBl. II S. 598).

Beispiele:

a) Ein häusliches Arbeitszimmer liegt in folgenden Fällen regelmäßig vor:*)

- häusliches Büro eines selbständigen Handelsvertreters, eines selbständigen Übersetzers oder eines selbständigen Journalisten,
- bei Anmietung einer unmittelbar angrenzenden oder unmittelbar gegenüberliegenden Zweitwohnung in einem Mehrfamilienhaus (>BFH-Urteile vom 26. Februar 2003, – VI R 124/01 – und – VI R 125/01 –, BStBl. II 2004 S. 69 und 72),
- häusliches ausschließlich beruflich genutztes Musikzimmer der freiberuflich tätigen Konzertpianistin, in dem diese Musikunterricht erteilt,
- Aufwendungen für einen zugleich als Büroarbeitsplatz und als Warenlager betrieblich genutzten Raum unterliegen der Abzugsbeschränkung für das häusliche Arbeitszimmer, wenn der Raum nach dem Gesamtbild der Verhältnisse vor allem aufgrund seiner Ausstattung und Funktion, ein typisches häusliches Büro ist und die Ausstattung und Funktion als Lager dahinter zurücktritt (>BFH-Urteil vom 22. November 2006 – X R 1/05 –, BStBl. II 2007 S. 304).

b) Kein häusliches Arbeitszimmer, sondern betrieblich genutzte Räume liegen regelmäßig in folgenden Fällen vor:

- Arzt-, Steuerberater- oder Anwaltspraxis grenzt an das Einfamilienhaus an oder befindet sich im selben Gebäude wie die Privatwohnung, wenn diese Räumlichkeiten für einen intensiven und dauerhaften Publikumsverkehr geöffnet und z. B. bei häuslichen Arztpraxen für Patientenbesuche und -untersuchungen eingerichtet sind (>BFH-Urteil vom 5. Dezember 2002, – IV R 7/01 –, BStBl. II 2003 S. 463 zu einer Notfallpraxis und Negativabgrenzung im BFH-Urteil vom 23. Januar 2003, – IV R 71/00 –, BStBl. II 2004 S. 43 zur Gutachtertätigkeit einer Ärztin).
- In einem Geschäftshaus befinden sich neben der Wohnung des Bäckermeisters die Backstube, der Verkaufsraum, ein Aufenthaltsraum für das Verkaufspersonal und das Büro, in dem die Buchhaltungsarbeiten durchgeführt werden. Das Büro ist in diesem Fall aufgrund der Nähe zu den übrigen Betriebsräumen nicht als häusliches Arbeitszimmer zu werten.
- Im Keller ist ein Arbeitsraum belegen, der – anders als z. B. ein Archiv (>BFH-Urteil vom 19. September 2002, – VI R 70/01 –, BStBl. II 2003 S. 139) – keine (Teil-)Funktionen erfüllt, die typischerweise einem häuslichen Arbeitszimmer zukommen, z. B. Lager für Waren und Werbematerialien.

IV. Betroffene Aufwendungen

6 Zu den Aufwendungen für ein häusliches Arbeitszimmer gehören insbesondere die anteiligen Aufwendungen für:

- Miete,
- Gebäude-AfA, Absetzungen für außergewöhnliche technische oder wirtschaftliche Abnutzung, Sonderabschreibungen,
- Schuldzinsen für Kredite, die zur Anschaffung, Herstellung oder Reparatur des Gebäudes oder der Eigentumswohnung verwendet worden sind,
- Wasser- und Energiekosten,
- Reinigungskosten,
- Grundsteuer, Müllabfuhrgebühren, Schornsteinfegergebühren, Gebäudeversicherungen,
- Renovierungskosten,
- Aufwendungen für die Ausstattung des Zimmers, wie z. B. Tapeten, Teppiche, Fenstervorhänge, Gardinen und Lampen.

Die Kosten einer Gartenerneuerung können anteilig den Kosten des häuslichen Arbeitszimmers zuzurechnen sein, wenn bei einer Reparatur des Gebäudes Schäden am Garten verursacht worden sind. Den Kosten des Arbeitszimmers zuzurechnen sind allerdings nur diejenigen Aufwendungen, die der Wiederherstellung des ursprünglichen Zustands dienen (>BFH-Urteil vom 6. Oktober 2004, – VI R 27/01 –, BStBl. II S. 1071).

7 Luxusgegenstände wie z. B. Kunstgegenstände, die vorrangig der Ausschmückung des Arbeitszimmers dienen, gehören zu den nach § 12 Nr. 1 EStG nicht abziehbaren Aufwendungen (>BFH-Urteil vom 30. Oktober 1990, – VIII R 42/87 –, BStBl. II 1991 S. 340).

8 Keine Aufwendungen i. S. d. § 4 Abs. 5 Satz 1 Nr. 6b EStG sind die Aufwendungen für Arbeitsmittel (>BFH-Urteil vom 21. November 1997, – VI R 4/97 –, BStBl. II 1998 S. 351). Diese werden daher von § 4 Abs. 5 Satz 1 Nr. 6b EStG nicht berührt.

V. Mittelpunkt der gesamten betrieblichen und beruflichen Betätigung

9 Ein häusliches Arbeitszimmer ist der Mittelpunkt der gesamten betrieblichen und beruflichen Betätigung des Steuerpflichtigen, wenn nach Würdigung des Gesamtbildes der Verhältnisse und der Tätigkeitsmerkmale dort diejenigen Handlungen vorgenommen und Leistungen erbracht werden, die für die konkret ausgeübte betriebliche oder berufliche Tätigkeit wesentlich und prägend sind. Der Tätigkeitsmittelpunkt i. S. d. § 4 Abs. 5 Satz 1 Nr. 6b Satz 3, 2. Halbsatz EStG bestimmt sich nach dem inhaltlichen (qualitativen) Schwerpunkt der betrieblichen und beruflichen Betätigung des Steuerpflichtigen.

10 Dem zeitlichen (quantitativen) Umfang der Nutzung des häuslichen Arbeitszimmers kommt im Rahmen dieser Würdigung lediglich eine indizielle Bedeutung zu; das zeitliche Überwiegen der außerhäuslichen Tätigkeit schließt einen unbeschränkten Abzug der Aufwendungen für das häusliche Arbeitszimmer nicht von vornherein aus (>BFH-Urteile vom 13. November 2002, – VI R 82/01 –, BStBl. II 2004 S. 62; – VI R 104/01 –, BStBl. II 2004 S. 65 und – VI R 28/02 –, BStBl. II 2004 S. 59).

11 Übt ein Steuerpflichtiger nur eine betriebliche oder berufliche Tätigkeit aus, die in qualitativer Hinsicht gleichwertig sowohl im häuslichen Arbeitszimmer als auch am außerhäuslichen Arbeitsort erbracht wird, so liegt der Mittelpunkt der gesamten beruflichen und betrieblichen Betätigung dann im häuslichen Arbeitszimmer, wenn der Steuerpflichtige mehr als die Hälfte der Arbeitszeit im häuslichen Arbeitszimmer tätig wird (>BFH-Urteil vom 23. Mai 2006, – VI R 21/03 –, BStBl. II S. 600).

12 Übt ein Steuerpflichtiger mehrere betriebliche und berufliche Tätigkeiten nebeneinander aus, ist nicht auf eine Einzelbetrachtung der jeweiligen Betätigung abzustellen; vielmehr sind alle Tätigkeiten in ihrer Gesamtheit zu erfassen. Grundsätzlich lassen sich folgende Fallgruppen unterscheiden:

- Bilden bei allen Erwerbstätigkeiten – jeweils – die im häuslichen Arbeitszimmer verrichteten Arbeiten den qualitativen Schwerpunkt, so liegt dort auch der Mittelpunkt der Gesamttätigkeit.
- Bilden hingegen die außerhäuslichen Tätigkeiten – jeweils – den qualitativen Schwerpunkt der Einzeltätigkeiten oder lassen sich diese keinem Schwerpunkt zuordnen, so kann das häusliche Arbeitszimmer auch nicht durch die Summe der darin verrichteten Arbeiten zum Mittelpunkt der Gesamttätigkeit werden.
- Bildet das häusliche Arbeitszimmer schließlich den qualitativen Mittelpunkt lediglich einer Einzeltätigkeit, nicht jedoch im Hinblick auf die übrigen Tätigkeiten, ist regelmäßig davon auszugehen, dass das Arbeitszimmer nicht den Mittelpunkt der Gesamttätigkeit bildet.

Der Steuerpflichtige hat jedoch die Möglichkeit, anhand konkreter Umstände des Einzelfalls glaubhaft zu machen oder nachzuweisen, dass die Gesamttätigkeit gleichwohl einem einzelnen qualitativen Schwerpunkt zugeordnet werden kann und dass dieser im häuslichen Arbeitszimmer liegt. Abzustellen ist dabei auf das Gesamtbild der Verhältnisse und auf die

---
*) Das häusliche Büro eines Telearbeiters entspricht grundsätzlich dem Typus des häuslichen Arbeitszimmers (>BFH vom 26.2.2014 – BStBl. II S. 568).

Verkehrsanschauung, nicht auf die Vorstellung des betroffenen Steuerpflichtigen (>BFH-Urteil vom 13. Oktober 2003, – VI R 27/02 –, BStBl. II 2004 S. 771 und vom 16. Dezember 2004, – IV R 19/03 –, BStBl. II 2005 S. 212).

13 Das häusliche Arbeitszimmer und der Außendienst können nicht gleichermaßen „Mittelpunkt" der beruflichen Betätigung eines Steuerpflichtigen i. S. d. § 4 Abs. 5 Satz 1 Nr. 6b Satz 3, 2. Halbsatz EStG sein (>BFH-Urteil vom 21. Februar 2003, – VI R 14/02 –, BStBl. II 2004 S. 68).

Beispiele, in denen das häusliche Arbeitszimmer den Mittelpunkt der gesamten betrieblichen und beruflichen Betätigung bilden kann:

– Bei einem Verkaufsleiter, der zur Überwachung von Mitarbeitern und zur Betreuung von Großkunden auch im Außendienst tätig ist, kann das häusliche Arbeitszimmer Tätigkeitsmittelpunkt sein, wenn er dort die für den Beruf wesentlichen Leistungen (z. B. Organisation der Betriebsabläufe) erbringt (>BFH-Urteil vom 13. November 2002, – VI R 104/01 –, BStBl. II 2004 S. 65).

– Bei einem Ingenieur, dessen Tätigkeit durch die Erarbeitung theoretischer, komplexer Problemlösungen im häuslichen Arbeitszimmer geprägt ist, kann dieses auch dann der Mittelpunkt der beruflichen Betätigung sein, wenn die Betreuung von Kunden im Außendienst ebenfalls zu seinen Aufgaben gehört (>BFH-Urteil vom 13. November 2002, – VI R 28/02 –, BStBl. II 2004 S. 59).

– Bei einem Praxis-Konsultant, der ärztliche Praxen in betriebswirtschaftlichen Fragen berät, betreut und unterstützt, kann das häusliche Arbeitszimmer auch dann den Mittelpunkt der gesamten beruflichen Tätigkeit bilden, wenn er einen nicht unerheblichen Teil seiner Arbeitszeit im Außendienst verbringt (>BFH-Urteil vom 29. April 2003, – VI R 78/02 –, BStBl. II 2004 S. 76).

Beispiele, in denen das Arbeitszimmer nicht den Mittelpunkt der gesamten betrieblichen und beruflichen Betätigung bildet:*)

– Bei einem – freien oder angestellten – Handelsvertreter liegt der Tätigkeitsschwerpunkt außerhalb des häuslichen Arbeitszimmers, wenn die Tätigkeit nach dem Gesamtbild der Verhältnisse durch die Arbeit im Außendienst geprägt ist, auch wenn die zu Hause verrichteten Tätigkeiten zur Erfüllung der beruflichen Aufgaben unerlässlich sind (>BFH-Urteil vom 13. November 2002, – VI R 82/01 –, BStBl. II 2004 S. 62).

– Ein kaufmännischer Angestellter eines Industrieunternehmens ist nebenbei als Mitarbeiter für einen Lohnsteuerhilfeverein selbständig tätig und nutzt für letztere Tätigkeit sein häusliches Arbeitszimmer als „Beratungsstelle", in dem er Steuererklärungen erstellt, Beratungsgespräche führt und Rechtsbehelfe bearbeitet. Für diese Nebentätigkeit ist das Arbeitszimmer zwar der Tätigkeitsmittelpunkt. Aufgrund der erforderlichen Gesamtbetrachtung ist das Arbeitszimmer jedoch nicht Mittelpunkt seiner gesamten betrieblichen und beruflichen Betätigung (>BFH-Urteil vom 23. September 1999, – VI R 74/98 –; BStBl. II 2000 S. 7).

– Bei einer Ärztin, die Gutachten über die Einstufung der Pflegebedürftigkeit erstellt und dazu ihre Patienten ausschließlich außerhalb des häuslichen Arbeitszimmers untersucht und dort (vor Ort) alle erforderlichen Befunde erhebt, liegt der qualitative Schwerpunkt nicht im häuslichen Arbeitszimmer, in welchem lediglich die Tätigkeit begleitende Aufgaben erledigt werden (>BFH-Urteil vom 23. Januar 2003, – IV R 71/00 –, BStBl. II 2004 S. 43).

– Bei einem Architekten, der neben der Planung auch mit der Ausführung der Bauwerke (Bauüberwachung) betraut ist, kann diese Gesamttätigkeit keinem konkreten Tätigkeitsschwerpunkt zugeordnet werden. Das häusliche Arbeitszimmer bildet in diesem Fall nicht den Mittelpunkt der gesamten beruflichen und betrieblichen Betätigung (>BFH-Urteil vom 26. Juni 2003, – IV R 9/03 –, BStBl. II 2004 S. 50).

– Bei Lehrern befindet sich der Mittelpunkt der betrieblichen und beruflichen Betätigung regelmäßig nicht im häuslichen Arbeitszimmer, weil die berufsprägenden Merkmale eines Lehrers im Unterrichten bestehen und diese Leistungen in der Schule o. Ä. erbracht werden (>BFH-Urteil vom 26. Februar 2003, – VI R 125/01 –, BStBl. II 2004 S. 72). Deshalb sind die Aufwendungen für das häusliche Arbeitszimmer auch dann nicht in voller Höhe abziehbar, wenn die überwiegende Arbeitszeit auf die Vor- und Nachbereitung des Unterrichts verwendet und diese Tätigkeit im häuslichen Arbeitszimmer ausgeübt wird.

VI. Für die betriebliche oder berufliche Betätigung steht kein anderer Arbeitsplatz zur Verfügung

14 Anderer Arbeitsplatz i. S. d. § 4 Absatz 5 Satz 1 Nummer 6b Satz 2 EStG ist grundsätzlich jeder Arbeitsplatz, der zur Erledigung büromäßiger Arbeiten geeignet ist (>BFH-Urteil vom 7. August 2003 – VI R 17/01 –, BStBl. II 2004 S. 78). Weitere Anforderungen an die Beschaffenheit des Arbeitsplatzes werden nicht gestellt; unbeachtlich sind mithin grundsätzlich die konkreten Arbeitsbedingungen und Umstände wie beispielsweise Lärmbelästigung oder Publikumsverkehr (>BFH-Urteil vom 7. August 2003 – VI R 162/00 –, BStBl. II 2004 S. 83). Voraussetzung ist auch nicht das Vorhandensein eines eigenen, räumlich abgeschlossenen Arbeitsbereichs oder eines individuell zugeordneten Arbeitsplatzes, so dass auch ein Arbeitsplatz in einem Großraumbüro oder in der Schalterhalle einer Bank ein anderer Arbeitsplatz im Sinne der o.g. Vorschrift ist (>BFH-Urteile vom 7. August 2003 – VI R 17/01 –, BStBl. II 2004 S. 78 und – VI R 162/00 –, BStBl. II 2004 S. 83). Die Ausstattung des häuslichen Arbeitszimmers mit Arbeitsmitteln, die im Betrieb/in dem vom Arbeitgeber zur Verfügung gestellten Raum nicht vorhanden sind, ist ohne Bedeutung. Ob ein anderer Arbeitsplatz vorliegt, ist nach objektiven Gesichtspunkten zu beurteilen. Subjektive Erwägungen des Steuerpflichtigen zur Annehmbarkeit des Arbeitsplatzes sind unbeachtlich.

15 Ein anderer Arbeitsplatz steht dem Steuerpflichtigen dann zur Verfügung, wenn dieser ihn in dem konkret erforderlichen Umfang und in der konkret erforderlichen Art und Weise tatsächlich nutzen kann. Die Erforderlichkeit des häuslichen Arbeitszimmers entfällt nicht bereits dann, wenn dem Steuerpflichtigen irgendein Arbeitsplatz zur Verfügung steht, sondern nur dann, wenn dieser Arbeitsplatz grundsätzlich so beschaffen ist, dass der Steuerpflichtige auf das häusliche Arbeitszimmer nicht angewiesen ist (>BFH-Urteil vom 7. August 2003 – VI R 17/01 –, BStBl. II 2004 S. 78). Die Beurteilung, ob für die betriebliche oder berufliche Tätigkeit kein anderer Arbeitsplatz zur Verfügung steht, ist jeweils tätigkeitsbezogen vorzunehmen. Ein anderer Arbeitsplatz steht auch dann nicht zur Verfügung, wenn er außerhalb der üblichen Arbeitszeiten, wie z. B. am Wochenende oder in den Ferien, nicht zugänglich ist. Ändern sich die Nutzungsverhältnisse des Arbeitszimmers innerhalb eines Veranlagungszeitraumes, ist auf den Zeitraum der begünstigten Nutzung abzustellen. Werden in einem Arbeitszimmer sowohl Tätigkeiten, für die ein anderer Arbeitsplatz zur Verfügung steht, als auch Tätigkeiten, für die ein anderer Arbeitsplatz nicht zur Verfügung steht, ausgeübt, so sind die Aufwendungen dem Grunde nach nur zu berücksichtigen, soweit sie auf Tätigkeiten entfallen, für die ein anderer Arbeitsplatz nicht zur Verfügung steht.

16 Übt ein Steuerpflichtiger mehrere betriebliche oder berufliche Tätigkeiten nebeneinander aus, ist daher für jede Tätigkeit zu prüfen, ob ein anderer Arbeitsplatz zur Verfügung steht. Dabei kommt es nicht darauf an, ob ein für eine Tätigkeit zur Verfügung stehender Arbeitsplatz auch für eine andere Tätigkeit genutzt werden kann (z. B. Firmenarbeitsplatz auch für schriftstellerische Nebentätigkeit), vgl. Rdnr. 20.

17 Geht ein Steuerpflichtiger nur einer betrieblichen oder beruflichen Tätigkeit nach, muss ein vorhandener anderer Arbeitsplatz auch tatsächlich für alle Aufgabenbereiche dieser Erwerbstätigkeit genutzt werden können. Ist ein Steuerpflichtiger auf sein häusliches Arbeitszimmer angewiesen, weil er dort einen nicht unerheblichen Teil seiner betrieblichen oder beruflichen Tätigkeit verrichten muss, ist der andere Arbeitsplatz unschädlich. Es genügt allerdings nicht, wenn er im häuslichen Arbeitszimmer

---

*) Bei einem Richter liegt der Mittelpunkt der beruflichen Tätigkeit im Gericht (>BFH vom 8.12.2011 – BStBl. 2012 II S. 236). Auch bei einem Hochschullehrer ist das häusliche Arbeitszimmer grundsätzlich nicht der Mittelpunkt der beruflichen Tätigkeit (>BFH vom 17.10.2011 – BStBl. 2012 II S. 234).

Arbeiten verrichtet, die er grundsätzlich auch an einem anderen Arbeitsplatz verrichten könnte (>BFH-Urteil vom 7. August 2003 – VI R 17/01 –, BStBl II 2004 S. 78).

Beispiele (kein anderer Arbeitsplatz vorhanden):*)

– Ein Lehrer hat für seine Unterrichtsvorbereitung in der Schule keinen Schreibtisch. Das jeweilige Klassenzimmer oder das Lehrerzimmer stellt keinen Arbeitsplatz im Sinne der Abzugsbeschränkung dar.

– Ein angestellter oder selbständiger Orchestermusiker hat im Konzertsaal keine Möglichkeit zu üben. Hierfür hat er sich ein häusliches Arbeitszimmer eingerichtet.

– Ein angestellter Krankenhausarzt übt eine freiberufliche Gutachtertätigkeit aus. Dafür steht ihm im Krankenhaus kein Arbeitsplatz zur Verfügung.

Beispiele (vorhandener anderer Arbeitsplatz steht nicht für alle Aufgabenbereiche der Erwerbstätigkeit zur Verfügung)**)

– Ein EDV-Berater übt außerhalb seiner regulären Arbeitszeit vom häuslichen Arbeitszimmer aus Bereitschaftsdienst aus und kann dafür den Arbeitsplatz bei seinem Arbeitgeber tatsächlich nicht nutzen (>BFH-Urteil vom 7. August 2003 – VI R 41/98 –, BStBl. II 2004 S. 80).

– Einer Schulleiterin mit einem Unterrichtspensum von 18 Wochenstunden steht im Schulsekretariat ein Schreibtisch nur für die Verwaltungsarbeiten zur Verfügung. Für die Vor- und Nachbereitung des Unterrichts kann dieser Arbeitsplatz nach objektiven Kriterien wie Größe, Ausstattung und Nutzung nicht genutzt werden; diese Arbeiten müssen im häuslichen Arbeitszimmer verrichtet werden (>BFH-Urteil vom 7. August 2003 – VI R 118/00 –, BStBl. II 2004 S. 82).

– Einem Grundschulleiter, der zu 50 % von der Unterrichtsverpflichtung freigestellt ist, steht für die Verwaltungstätigkeit ein Dienstzimmer von 11 qm zur Verfügung. Das Dienstzimmer bietet kein ausreichenden Platz zur Unterbringung der für die Vor- und Nachbereitung des Unterrichts erforderlichen Gegenstände (>BFH-Urteil vom 7. August 2003 – VI R 16/01 –, BStBl. II 2004 S. 77).

– Muss ein Bankangestellter in einem nicht unerheblichen Umfang Büroarbeiten auch außerhalb der üblichen Bürozeiten verrichten und steht ihm hierfür sein regulärer Arbeitsplatz nicht zur Verfügung, können die Aufwendungen für ein häusliches Arbeitszimmer grundsätzlich (bis zu einer Höhe von 1250 €) als Werbungskosten zu berücksichtigen sein (>BFH-Urteil vom 7. August 2003 – VI R 162/00 –, BStBl. II 2004 S. 83).

18 Der Steuerpflichtige muss konkret darlegen, dass ein anderer Arbeitsplatz für die jeweilige betriebliche oder berufliche Tätigkeit nicht zur Verfügung steht. Die Art der Tätigkeit kann hierfür Anhaltspunkte bieten. Zusätzliches Indiz kann eine entsprechende Bescheinigung des Arbeitgebers sein.

VII. Nutzung des Arbeitszimmers zur Erzielung unterschiedlicher Einkünfte

19 Übt ein Steuerpflichtiger mehrere betriebliche und berufliche Tätigkeiten nebeneinander aus und bildet das häusliche Arbeitszimmer den Mittelpunkt der gesamten betrieblichen und beruflichen Betätigung, so sind die Aufwendungen für das Arbeitszimmer entsprechend dem Nutzungsumfang den darin ausgeübten Tätigkeiten zuzuordnen. Liegt dabei der Mittelpunkt einzelner Tätigkeiten außerhalb des häuslichen Arbeitszimmers, ist der Abzug der anteiligen Aufwendungen auch für diese Tätigkeiten möglich.

20 Liegt der Mittelpunkt der gesamten betrieblichen und beruflichen Betätigung nicht im häuslichen Arbeitszimmer, steht für einzelne Tätigkeiten jedoch kein anderer Arbeitsplatz zur Verfügung, können die Aufwendungen bis zur Höhe von 1250 Euro abgezogen werden. Dabei sind die Aufwendungen für das Arbeitszimmer entsprechend dem Nutzungsumfang den darin ausgeübten Tätigkeiten zuzuordnen. Soweit der Kostenabzug für eine oder mehrere Tätigkeiten möglich ist, kann der Steuerpflichtige diese anteilig insgesamt bis zum Höchstbetrag abziehen. Eine Vervielfachung des Höchstbetrages ist ausgeschlossen (objektbezogener Höchstbetrag, vgl. BFH-Urteil vom 20. November 2003 – IV R 30/03 –, BStBl. II 2004 S. 775).

Beispiel:
Ein Angestellter nutzt sein Arbeitszimmer zu 40 % für seine nichtselbständige Tätigkeit und zu 60 % für eine unternehmerische Nebentätigkeit. Nur für die Nebentätigkeit steht ihm kein anderer Arbeitsplatz zur Verfügung. An Aufwendungen sind für das Arbeitszimmer insgesamt 2500 € entstanden. Diese sind nach dem Nutzungsverhältnis aufzuteilen. Auf die nichtselbständige Tätigkeit entfallen 40 % von 2500 € = 1000 €, die nicht abgezogen werden können. Auf die Nebentätigkeit entfallen 60 % von 2500 € = 1500 €, die bis zu 1250 € als Betriebsausgaben abgezogen werden können.

VIII. Nutzung des Arbeitszimmers durch mehrere Steuerpflichtige

21 Jeder Nutzende darf die Aufwendungen abziehen, die er getragen hat, wenn die Voraussetzungen des § 4 Absatz 5 Satz 1 Nummer 6b Satz 2 oder 3 EStG in seiner Person vorliegen. Steht allen Nutzenden jeweils dem Grunde nach nur ein Abzug in beschränkter Höhe zu, ist der Höchstbetrag dabei auf den jeweiligen Nutzenden nach seinem Nutzungsanteil aufzuteilen; er ist nicht mehrfach zu gewähren (>BFH-Urteil vom 20. November 2003 – IV R 30/03 –, BStBl. II 2004 S. 775). Gleiches gilt auch, wenn nur einem Nutzenden ein beschränkter Abzug zusteht (>BFH-Urteil vom 23. September 2009 – IV R 21/08 –, BStBl. II 2010 S. 337).

Beispiele:
– A und B nutzen gemeinsam ein häusliches Arbeitszimmer jeweils zu 50 %. Die Gesamtaufwendungen betragen 4000 €. Sowohl A als auch B steht für die im häuslichen Arbeitszimmer ausgeübte betriebliche oder berufliche Tätigkeit kein anderer Arbeitsplatz zur Verfügung. Sie können daher jeweils 625 € (50 % des begrenzten Abzugs) als Betriebsausgaben oder Werbungskosten abziehen.

– A und B nutzen gemeinsam ein häusliches Arbeitszimmer jeweils zu 50 % (zeitlicher Nutzungsanteil). Die Gesamtaufwendungen betragen 4000 €. Für A bildet das häusliche Arbeitszimmer den Mittelpunkt der gesamten betrieblichen und beruflichen Betätigung; A kann 2000 € als Betriebsausgaben oder Werbungskosten ansetzen. B steht für die im häuslichen Arbeitszimmer ausgeübte betriebliche oder berufliche Tätigkeit kein anderer Arbeitsplatz zur Verfügung und kann daher 625 € (50 % des begrenzten Abzugs) als Betriebsausgaben oder Werbungskosten abziehen.

IX. Nicht ganzjährige Nutzung des häuslichen Arbeitszimmers

22 Ändern sich die Nutzungsverhältnisse innerhalb eines Wirtschafts- oder Kalenderjahres, können nur die auf den Zeitraum, in dem das Arbeitszimmer den Mittelpunkt der gesamten betrieblichen und beruflichen Betätigung bildet, entfallenden Aufwendungen in voller Höhe abgezogen werden. Für den übrigen Zeitraum kommt ein beschränkter Abzug nur in Betracht, wenn für die betriebliche oder berufliche Betätigung kein anderer Arbeitsplatz zur Verfügung steht. Der Höchstbetrag von 1250 Euro ist auch bei nicht ganzjähriger Nutzung eines häuslichen Arbeitszimmers in voller Höhe zum Abzug zuzulassen.

Beispiele:
– Ein Arbeitnehmer hat im 1. Halbjahr den Mittelpunkt seiner gesamten betrieblichen und beruflichen Tätigkeit in seinem häuslichen Arbeitszimmer. Im 2. Halbjahr übt er die Tätigkeit am Arbeitsplatz bei seinem Arbeitgeber aus: Die Aufwendungen für das Arbeitszimmer, die auf das 1. Halbjahr entfallen, sind in voller Höhe als Werbungskosten abziehbar. Für das 2. Halbjahr kommt ein Abzug nicht in Betracht.

– Ein Arbeitnehmer hat ein häusliches Arbeitszimmer, das er nur nach Feierabend und am Wochenende auch für seine nichtselbständige Tätigkeit nutzt. Seit 15. Juni ist er in diesem Raum auch schriftstellerisch tätig. Aus der schriftstellerischen Tätigkeit erzielt er Einkünfte aus selbständiger Arbeit. Fortan nutzt der Steuerpflichtige sein Arbeitszimmer zu 30 % für die nichtselbständige Tätigkeit und zu 70 % für die schriftstellerische Tätigkeit, wofür ihm kein anderer Arbeitsplatz zur Verfügung steht. Die Gesamtaufwendungen für das Arbeitszimmer betragen 5000 €. Davon entfallen auf den Zeitraum ab 15. Juni (6,5/12 =) 2708 €. Der auf die nichtselbständige Tätigkeit ent-

---
*) Zu einem Arbeitsplatz, der wegen Gesundheitsgefahr nicht nutzbar ist >BFH vom 26.2.2014 (BStBl. II S. 674).

**) Ein Poolarbeitsplatz in der Firma des Arbeitgebers (z. B. in einem Großraumbüro) ist ein anderer Arbeitsplatz, wenn aufgrund der gesamten Umstände des Einzelfalles (u. a. ausreichende Anzahl, arbeitgeberseitig organisierte dienstliche Nutzungseinteilung) gewährleistet ist, dass der Arbeitnehmer seine berufliche Tätigkeit in dem konkret erforderlichen Umfang dort erledigen kann; ein eigener räumlich abgeschlossener Arbeitsbereich ist nicht Voraussetzung (>BFH vom 26.2.2014 – BStBl. II S. 570).

fallende Kostenanteil ist insgesamt nicht abziehbar. Auf die selbständige Tätigkeit entfallen 70 % von 2708 € = 1896 €, die bis zum Höchstbetrag von 1250 € als Betriebsausgaben abgezogen werden können. Eine zeitanteilige Kürzung des Höchstbetrages ist nicht vorzunehmen.

23 Wird das Arbeitszimmer für eine spätere Nutzung vorbereitet, bei der die Abzugsvoraussetzungen vorliegen, sind die darauf entfallenden Aufwendungen entsprechend zu berücksichtigen (>BFH-Urteil vom 23. Mai 2006, – VI R 21/03 –, BStBl. II S. 600).

X. Nutzung eines häuslichen Arbeitszimmers zu Ausbildungszwecken

24 Nach § 10 Abs. 1 Nr. 7 Satz 4 EStG ist die Regelung des § 4 Abs. 5 Satz 1 Nr. 6b EStG auch für Aufwendungen für ein häusliches Arbeitszimmer anzuwenden, das für die eigene Berufsausbildung genutzt wird. Im Rahmen der Ausbildungskosten können jedoch in jedem Fall Aufwendungen nur bis zu insgesamt 4000 €*) als Sonderausgaben abgezogen werden (§ 10 Abs. 1 Nr. 7 Satz 1 EStG). Wird das häusliche Arbeitszimmer auch zur Einkunftserzielung genutzt, ist für die Aufteilung der Kosten Rdnr. 19 und 20 entsprechend anzuwenden.

XI. Besondere Aufzeichnungspflichten

25 Nach § 4 Abs. 7 EStG dürfen Aufwendungen für ein häusliches Arbeitszimmer bei der Gewinnermittlung nur berücksichtigt werden, wenn sie besonders aufgezeichnet sind. Es bestehen keine Bedenken, wenn die auf das Arbeitszimmer anteilig entfallenden Finanzierungskosten im Wege der Schätzung ermittelt werden und nach Ablauf des Wirtschafts- oder Kalenderjahres eine Aufzeichnung aufgrund der Jahresabrechnung des Kreditinstitutes erfolgt. Entsprechendes gilt für die verbrauchsabhängigen Kosten wie z. B. Wasser- und Energiekosten. Es ist ausreichend, Abschreibungsbeträge einmal jährlich – zeitnah nach Ablauf des Kalender- oder Wirtschaftsjahres – aufzuzeichnen.

XII. Zeitliche Anwendung

26 Nach § 52 Abs. 12 Satz 9 EStG i.d.F. des Jahressteuergesetzes 2010 ist § 4 Abs. 5 Satz 1 Nr. 6b EStG rückwirkend ab dem Veranlagungszeitraum 2007 anzuwenden. Wird der Gewinn nach einem vom Kalenderjahr abweichenden Wirtschaftsjahr ermittelt, ist die Vorschrift ab 1. Januar 2007 anzuwenden. Für den Teil des Wirtschaftsjahres, der vor dem 1. Januar 2007 liegt, ist § 4 Abs. 5 Satz 1 Nr. 6b EStG in der bis dahin gültigen Fassung maßgebend.

27 Das BMF-Schreiben vom 3. April 2007 (BStBl. I S. 442) wird durch dieses Schreiben ersetzt. Es gilt ab dem Veranlagungszeitraum 2007 und ersetzt ab diesem Veranlagungszeitraum die BMF-Schreiben vom 7. Januar 2004 (BStBl. I S. 143) und vom 14. September 2004 (BStBl. I S. 861). Das BMF-Schreiben zur Vermietung eines Büroraumes an den Arbeitgeber vom 13. Dezember 2005 (BStBl. I 2006 S. 4) bleibt unberührt.**)

Anlage 2
zu H 9.14

Vermietung eines Büroraums an den Arbeitgeber; Anwendung des BFH-Urteils vom 16. September 2004 (BStBl. 2006 II S. 10)

BMF-Schreiben vom 13.12.2005 (BStBl. 2006 I S. 4)

Abgedruckt als Anlage 8 zu H 19.3 LStR.

§ 9a EStG
Pauschbeträge für Werbungskosten

¹Für Werbungskosten sind bei der Ermittlung der Einkünfte die folgenden Pauschbeträge abzuziehen, wenn nicht höhere Werbungskosten nachgewiesen werden:

1. a) von den Einnahmen aus nichtselbständiger Arbeit vorbehaltlich Buchstabe b:

   ein Arbeitnehmer-Pauschbetrag von 1 000 Euro;

   b) von den Einnahmen aus nichtselbständiger Arbeit, soweit es sich um Versorgungsbezüge im Sinne des § 19 Absatz 2 handelt:

   ein Pauschbetrag von 102 Euro;

2. – *weggefallen* –

3. von den Einnahmen im Sinne des § 22 Nummer 1, 1a und 5:

   ein Pauschbetrag von insgesamt 102 Euro.

²Der Pauschbetrag nach Satz 1 Nummer 1 Buchstabe b darf nur bis zur Höhe der um den Versorgungsfreibetrag einschließlich des Zuschlags zum Versorgungsfreibetrag (§ 19 Absatz 2) geminderten Einnahmen, die Pauschbeträge nach Satz 1 Nummer 1 Buchstabe a und Nummer 3 dürfen nur bis zur Höhe der Einnahmen abgezogen werden.

R 9a
Pauschbeträge für Werbungskosten
– *unbesetzt* –

H 9a
Hinweise zu R 9a
Pauschbeträge für Werbungskosten

Allgemeines

>R 9a EStR, H 9a EStH

Der Arbeitnehmer-Pauschbetrag ist auch dann nicht zu kürzen, wenn feststeht, dass keine oder nur geringe Werbungskosten angefallen sind (>BFH vom 10.6.2008 – BStBl. II S. 937).

---

*) Seit 2012: 6000 €.
**) Abgedruckt als Anlage 8 zu H 19.3 LStR.

§ 10 EStG

(1) Sonderausgaben sind die folgenden Aufwendungen, wenn sie weder Betriebsausgaben noch Werbungskosten sind oder wie Betriebsausgaben oder Werbungskosten behandelt werden:

Nrn. 1 bis 1b – *weggefallen* –

2. a) Beiträge zu den gesetzlichen Rentenversicherungen oder zur landwirtschaftlichen Alterskasse sowie zu berufsständischen Versorgungseinrichtungen, die den gesetzlichen Rentenversicherungen vergleichbare Leistungen erbringen;

   b) Beiträge des Steuerpflichtigen

      aa) zum Aufbau einer eigenen kapitalgedeckten Altersversorgung, wenn der Vertrag nur die Zahlung einer monatlichen, auf das Leben des Steuerpflichtigen bezogenen lebenslangen Leibrente nicht vor Vollendung des 62. Lebensjahres*) oder zusätzlich die ergänzende Absicherung des Eintritts der Berufsunfähigkeit (Berufsunfähigkeitsrente), der verminderten Erwerbsfähigkeit (Erwerbsminderungsrente) oder von Hinterbliebenen (Hinterbliebenenrente) vorsieht. ²Hinterbliebene in diesem Sinne sind der Ehegatte des Steuerpflichtigen und die Kinder, für die er Anspruch auf Kindergeld oder auf einen Freibetrag nach § 32 Absatz 6 hat. ³Der Anspruch auf Waisenrente darf längstens für den Zeitraum bestehen, in dem der Rentenberechtigte die Voraussetzungen für die Berücksichtigung als Kind im Sinne des § 32 erfüllt;

      bb) für seine Absicherung gegen den Eintritt der Berufsunfähigkeit oder der verminderten Erwerbsfähigkeit (Versicherungsfall), wenn der Vertrag nur die Zahlung einer monatlichen, auf das Leben des Steuerpflichtigen bezogenen lebenslangen Leibrente für einen Versicherungsfall vorsieht, der bis zur Vollendung des 67. Lebensjahres eingetreten ist. ²Der Vertrag kann die Beendigung der Rentenzahlung wegen eines medizinisch begründeten Wegfalls der Berufsunfähigkeit oder der verminderten Erwerbsfähigkeit vorsehen. ³Die Höhe der zugesagten Rente kann vom Alter des Steuerpflichtigen bei Eintritt des Versicherungsfalls abhängig gemacht werden, wenn der Steuerpflichtige das 55. Lebensjahr vollendet hat.

   ²Die Ansprüche nach Buchstabe b dürfen nicht vererblich, nicht übertragbar, nicht beleihbar, nicht veräußerbar und nicht kapitalisierbar sein. ³Anbieter und Steuerpflichtiger können vereinbaren, dass bis zu zwölf Monatsleistungen in einer Auszahlung zusammengefasst werden oder eine Kleinbetragsrente im Sinne von § 93 Absatz 3 Satz 2 abgefunden wird. ⁴Bei der Berechnung der Kleinbetragsrente sind alle bei einem Anbieter bestehenden Verträge des Steuerpflichtigen jeweils nach Buchstabe b Doppelbuchstabe aa oder Doppelbuchstabe bb zusammenzurechnen. ⁵Neben den genannten Auszahlungsformen darf kein weiterer Anspruch auf Auszahlungen bestehen. ⁶Zu den Beiträgen nach den Buchstaben a und b ist der nach § 3 Nummer 62 steuerfreie Arbeitgeberanteil zur gesetzlichen Rentenversicherung und ein diesem gleichgestellter steuerfreier Zuschuss des Arbeitgebers hinzuzurechnen. ⁷Beiträge nach § 168 Absatz 1 Nummer 1b oder 1c oder nach § 172 Absatz 3 oder 3a des Sechsten Buches Sozialgesetzbuch werden abweichend von Satz 2 nur auf Antrag des Steuerpflichtigen hinzugerechnet;

3. Beiträge zu

   a) Krankenversicherungen, soweit diese zur Erlangung eines durch das Zwölfte Buch Sozialgesetzbuch bestimmten sozialhilfegleichen Versorgungsniveaus erforderlich sind und sofern auf die Leistungen ein Anspruch besteht. ²Für Beiträge zur gesetzlichen Krankenversicherung sind dies die nach dem Dritten Titel des Ersten Abschnitts des Achten Kapitels des Fünften Buches Sozialgesetzbuch oder die nach dem Sechsten Abschnitt des Zweiten Gesetzes über die Krankenversicherung der Landwirte festgesetzten Beiträge. ³Für Beiträge zu einer privaten Krankenversicherung sind dies die Beitragsanteile, die auf Vertragsleistungen entfallen, die, mit Ausnahme der auf das Krankengeld entfallenden Beitragsanteile, in Art, Umfang und Höhe den Leistungen nach dem Dritten Kapitel des Fünften Buches Sozialgesetzbuch vergleichbar sind; § 12 Absatz 1d des Versicherungsaufsichtsgesetzes in der Fassung der Bekanntmachung vom 17. Dezember 1992 (BGBl. 1993 I S. 2), das zuletzt durch Artikel 4 und 6 Absatz 2 des Gesetzes vom 17. Oktober 2008 (BGBl. I S. 1982) geändert worden ist, gilt entsprechend. ⁴Wenn sich aus den Krankenversicherungsbeiträgen nach Satz 2 ein Anspruch auf Krankengeld oder ein Anspruch auf eine Leistung, die anstelle von Krankengeld gewährt wird, ergeben kann, ist der jeweilige Beitrag um 4 Prozent zu vermindern;

   b) gesetzlichen Pflegeversicherungen (soziale Pflegeversicherung und private Pflege-Pflichtversicherung).

   ²Als eigene Beiträge des Steuerpflichtigen werden auch die vom Steuerpflichtigen im Rahmen der Unterhaltsverpflichtung getragenen eigenen Beiträge im Sinne des Buchstaben a oder des Buchstaben b eines Kindes behandelt, für das ein Anspruch auf einen Freibetrag nach § 32 Absatz 6 oder auf Kindergeld besteht. ³Hat der Steuerpflichtige in den Fällen des Absatzes 1a Nummer 1 eigene Beiträge im Sinne des Buchstaben a oder des Buchstaben b zum Erwerb einer Krankenversicherung oder gesetzlichen Pflegeversicherung für einen geschiedenen oder dauernd getrennt lebenden unbeschränkt einkommensteuerpflichtigen Ehegatten geleistet, dann werden diese abweichend von Satz 1 als eigene Beiträge des geschiedenen oder dauernd getrennt lebenden unbeschränkt einkommensteuerpflichtigen Ehegatten behandelt. ⁴Beiträge, die für nach Ablauf des Veranlagungszeitraums beginnende Beitragsjahre geleistet werden und in der Summe das Zweieinhalbfache der auf den Veranlagungszeitraum entfallenden Beiträge überschreiten, sind in dem Veranlagungszeitraum anzusetzen, für den sie geleistet wurden; dies gilt nicht für Beiträge, soweit sie der unbefristeten Beitragsminderung nach Vollendung des 62. Lebensjahrs dienen;

3a. Beiträge zu Kranken- und Pflegeversicherungen, soweit diese nicht nach Nummer 3 zu berücksichtigen sind; Beiträge zu Versicherungen gegen Arbeitslosigkeit, zu Erwerbs- und Berufsunfähigkeitsversicherungen, die nicht unter Nummer 2 Satz 1 Buchstabe b fallen, zu Unfall- und Haftpflichtversicherungen sowie zu Risikoversicherungen, die nur für den Todesfall eine Leistung vorsehen; Beiträge zu Versicherungen im Sinne des § 10 Absatz 1 Nummer 2 Buchstabe b Doppelbuchstabe bb bis dd in der am 31. Dezember 2004 geltenden Fassung, wenn die Laufzeit dieser Versicherungen vor dem 1. Januar 2005 begonnen hat und ein Versicherungsbeitrag bis zum 31. Dezember 2004 entrichtet wurde; § 10 Absatz 1 Nummer 2 Satz 2 bis 6 und Absatz 2 Satz 2 in der am 31. Dezember 2004 geltenden Fassung ist in diesen Fällen weiter anzuwenden;

4. gezahlte Kirchensteuer; dies gilt nicht, soweit die Kirchensteuer als Zuschlag zur Kapitalertragsteuer oder als Zuschlag auf die nach dem gesonderten Tarif des § 32d Absatz 1 ermittelte Einkommensteuer gezahlt wurde;

5. zwei Drittel der Aufwendungen, höchstens 4 000 Euro je Kind, für Dienstleistungen zur Betreuung eines zum Haushalt des Steuerpflichtigen gehörenden Kindes im Sinne des § 32 Absatz 1, welches das 14. Lebensjahr noch nicht vollendet hat oder wegen einer vor Vollendung des 25. Lebensjahres eingetretenen körperlichen, geistigen oder seelischen Behinderung außerstande ist, sich selbst zu unterhalten. ²Dies gilt nicht für Aufwendungen für Unterricht, die Vermittlung besonderer Fähigkeiten sowie für sportliche und andere Freizeitbetätigungen. ³Ist das zu betreuende Kind nicht nach § 1 Absatz 1 oder Absatz 2

---

*) Anm. d. Verlages:
Bei Vertragsabschlüssen vor dem 1.1.2012 darf der Vertrag die Zahlung der Leibrente nicht vor Vollendung des 60. Lebensjahres vorsehen (§ 10 Abs. 6 Satz 1 EStG).

§ 10 EStG

unbeschränkt einkommensteuerpflichtig, ist der in Satz 1 genannte Betrag zu kürzen, soweit es nach den Verhältnissen im Wohnsitzstaat des Kindes notwendig und angemessen ist. ⁴Voraussetzung für den Abzug der Aufwendungen nach Satz 1 ist, dass der Steuerpflichtige für die Aufwendungen eine Rechnung erhalten hat und die Zahlung auf das Konto des Erbringers der Leistung erfolgt ist;

6. – weggefallen –

7. Aufwendungen für die eigene Berufsausbildung bis zu 6 000 Euro im Kalenderjahr. ²Bei Ehegatten, die die Voraussetzungen des § 26 Absatz 1 Satz 1 erfüllen, gilt Satz 1 für jeden Ehegatten. ³Zu den Aufwendungen im Sinne des Satzes 1 gehören auch Aufwendungen für eine auswärtige Unterbringung. ⁴§ 4 Absatz 5 Satz 1 Nummer 6b sowie § 9 Absatz 1 Satz 3 Nummer 4 und 5, Absatz 2, 4 Satz 8 und Absatz 4a sind bei der Ermittlung der Aufwendungen anzuwenden.

8. – weggefallen –

9. 30 Prozent des Entgelts, höchstens 5 000 Euro, das der Steuerpflichtige für ein Kind, für das er Anspruch auf einen Freibetrag nach § 32 Absatz 6 oder auf Kindergeld hat, für dessen Besuch einer Schule in freier Trägerschaft oder einer überwiegend privat finanzierten Schule entrichtet, mit Ausnahme des Entgelts für Beherbergung, Betreuung und Verpflegung. ²Voraussetzung ist, dass die Schule in einem Mitgliedstaat der Europäischen Union oder in einem Staat belegen ist, auf den das Abkommen über den Europäischen Wirtschaftsraum Anwendung findet, und die Schule zu einem von dem zuständigen inländischen Ministerium eines Landes, von der Kultusministerkonferenz der Länder oder von einer inländischen Zeugnisanerkennungsstelle anerkannten oder einem inländischen Abschluss an einer öffentlichen Schule als gleichwertig anerkannten allgemeinbildenden oder berufsbildenden Schul-, Jahrgangs- oder Berufsabschluss führt. ³Der Besuch einer anderen Einrichtung, die auf einen Schul-, Jahrgangs- oder Berufsabschluss im Sinne des Satzes 2 ordnungsgemäß vorbereitet, steht einem Schulbesuch im Sinne des Satzes 1 gleich. ⁴Der Besuch einer Deutschen Schule im Ausland steht dem Besuch einer solchen Schule gleich, unabhängig von ihrer Belegenheit. ⁵Der Höchstbetrag nach Satz 1 wird für jedes Kind, bei dem die Voraussetzungen vorliegen, je Elternpaar nur einmal gewährt.

(1a) Sonderausgaben sind auch die folgenden Aufwendungen:

1. Unterhaltsleistungen an den geschiedenen oder dauernd getrennt lebenden unbeschränkt einkommensteuerpflichtigen Ehegatten, wenn der Geber dies mit Zustimmung des Empfängers beantragt, bis zu 13 805 Euro im Kalenderjahr. ²Der Höchstbetrag nach Satz 1 erhöht sich um den Betrag der im jeweiligen Veranlagungszeitraum nach Absatz 1 Nummer 3 für die Absicherung des geschiedenen oder dauernd getrennt lebenden unbeschränkt einkommensteuerpflichtigen Ehegatten aufgewandten Beiträge. ³Der Antrag kann jeweils nur für ein Kalenderjahr gestellt und nicht zurückgenommen werden. ⁴Die Zustimmung ist mit Ausnahme der nach § 894 der Zivilprozessordnung als erteilt geltenden bis auf Widerruf wirksam. ⁵Der Widerruf ist vor Beginn des Kalenderjahres, für das die Zustimmung erstmals nicht gelten soll, gegenüber dem Finanzamt zu erklären. ⁶Die Sätze 1 bis 5 gelten für Fälle der Nichtigkeit oder der Aufhebung der Ehe entsprechend;

2. auf besonderen Verpflichtungsgründen beruhende, lebenslange und wiederkehrende Versorgungsleistungen, die nicht mit Einkünften in wirtschaftlichem Zusammenhang stehen, die bei der Veranlagung außer Betracht bleiben, wenn der Empfänger unbeschränkt einkommensteuerpflichtig ist. ²Dies gilt nur für

   a) Versorgungsleistungen im Zusammenhang mit der Übertragung eines Mitunternehmeranteils an einer Personengesellschaft, die eine Tätigkeit im Sinne der §§ 13, 15 Absatz 1 Satz 1 Nummer 1 oder des § 18 Absatz 1 ausübt,

   b) Versorgungsleistungen im Zusammenhang mit der Übertragung eines Betriebs oder Teilbetriebs, sowie

   c) Versorgungsleistungen im Zusammenhang mit der Übertragung eines mindestens 50 Prozent betragenden Anteils an einer Gesellschaft mit beschränkter Haftung, wenn der Übergeber als Geschäftsführer tätig war und der Übernehmer diese Tätigkeit nach der Übertragung übernimmt.

   ³Satz 2 gilt auch für den Teil der Versorgungsleistungen, der auf den Wohnteil eines Betriebs der Land- und Forstwirtschaft entfällt;

3. Ausgleichsleistungen zur Vermeidung eines Versorgungsausgleichs nach § 6 Absatz 1 Satz 2 Nummer 2 und § 23 des Versorgungsausgleichsgesetzes sowie § 1408 Absatz 2 und § 1587 des Bürgerlichen Gesetzbuchs, soweit der Verpflichtete dies mit Zustimmung des Berechtigten beantragt. ²Nummer 1 Satz 3 bis 5 gilt entsprechend.

4. Ausgleichszahlungen im Rahmen des Versorgungsausgleichs nach den §§ 20 bis 22 und 26 des Versorgungsausgleichsgesetzes und nach den §§ 1587f, 1587g und 1587i des Bürgerlichen Gesetzbuchs in der bis 31. August 2009 geltenden Fassung sowie nach § 3a des Gesetzes zur Regelung von Härten im Versorgungsausgleich, soweit die ihnen zu Grunde liegenden Einnahmen bei der ausgleichspflichtigen Person der Besteuerung unterliegen, wenn die ausgleichsberechtigte Person unbeschränkt einkommensteuerpflichtig ist.

(2) ¹Voraussetzung für den Abzug der in Absatz 1 Nummer 2, 3 und 3a bezeichneten Beträge (Vorsorgeaufwendungen) ist, dass sie

1. nicht in unmittelbarem wirtschaftlichen Zusammenhang mit steuerfreien Einnahmen stehen; steuerfreie Zuschüsse zu einer Kranken- oder Pflegeversicherung stehen insgesamt in unmittelbarem wirtschaftlichen Zusammenhang mit den Vorsorgeaufwendungen im Sinne des Absatzes 1 Nummer 3,

2. geleistet werden an

   a) Versicherungsunternehmen,

      aa) die ihren Sitz oder ihre Geschäftsleitung in einem Mitgliedstaat der Europäischen Union oder einem anderen Vertragsstaat des Europäischen Wirtschaftsraums haben und das Versicherungsgeschäft im Inland betreiben dürfen, oder

      bb) denen die Erlaubnis zum Geschäftsbetrieb im Inland erteilt ist.

   ²Darüber hinaus werden Beiträge nur berücksichtigt, wenn es sich um Beträge im Sinne des Absatzes 1 Nummer 3 Satz 1 Buchstabe a an eine Einrichtung handelt, die eine anderweitige Absicherung im Krankheitsfall im Sinne des § 5 Absatz 1 Nummer 13 des Fünften Buches Sozialgesetzbuch oder eine der Beihilfe oder freien Heilfürsorge vergleichbare Absicherung im Sinne des § 193 Absatz 3 Satz 2 Nummer 2 des Versicherungsvertragsgesetzes gewährt. ³Dies gilt entsprechend, wenn ein Steuerpflichtiger, der weder seinen Wohnsitz noch seinen gewöhnlichen Aufenthalt im Inland hat, mit den Beiträgen einen Versicherungsschutz im Sinne des Absatzes 1 Nummer 3 Satz 1 erwirbt,

   b) berufsständische Versorgungseinrichtungen,

   c) einen Sozialversicherungsträger oder

   d) einen Anbieter im Sinne des § 80.

²Vorsorgeaufwendungen nach Absatz 1 Nummer 2 Buchstabe b werden nur berücksichtigt, wenn

1. die Beiträge zugunsten eines Vertrags geleistet wurden, der nach § 5a des Altersvorsorgeverträge-Zertifizierungsgesetzes zertifiziert ist, wobei die Zertifizierung Grundlagenbescheid im Sinne des § 171 Absatz 10 der Abgabenordnung ist, und

2. der Steuerpflichtige gegenüber dem Anbieter in die Datenübermittlung nach Absatz 2a eingewilligt hat.

§ 10 EStG

³Vorsorgeaufwendungen nach Absatz 1 Nummer 3 werden nur berücksichtigt, wenn der Steuerpflichtige gegenüber dem Versicherungsunternehmen, dem Träger der gesetzlichen Kranken- und Pflegeversicherung, der Künstlersozialkasse oder einer Einrichtung im Sinne des Satzes 1 Nummer 2 Buchstabe a Satz 2 in die Datenübermittlung nach Absatz 2a eingewilligt hat; die Einwilligung gilt für alle sich aus dem Versicherungsverhältnis ergebenden Zahlungsverpflichtungen als erteilt, wenn die Beiträge mit der elektronischen Lohnsteuerbescheinigung (§ 41b Absatz 1 Satz 2) oder der Rentenbezugsmitteilung (§ 22a Absatz 1 Satz 1 Nummer 5) übermittelt werden.

(2a) ¹Der Steuerpflichtige hat in die Datenübermittlung nach Absatz 2 gegenüber der übermittelnden Stelle schriftlich einzuwilligen, spätestens bis zum Ablauf des zweiten Kalenderjahres, das auf das Beitragsjahr (Kalenderjahr, in dem die Beiträge geleistet worden sind) folgt; übermittelnde Stelle ist bei Vorsorgeaufwendungen nach Absatz 1 Nummer 2 Buchstabe b der Anbieter, bei Vorsorgeaufwendungen nach Absatz 1 Nummer 3 das Versicherungsunternehmen, der Träger der gesetzlichen Kranken- und Pflegeversicherung, die Künstlersozialkasse oder eine Einrichtung im Sinne des Absatzes 2 Satz 1 Nummer 2 Buchstabe a Satz 2. ²Die Einwilligung gilt auch für die folgenden Beitragsjahre, es sei denn, der Steuerpflichtige widerruft diese schriftlich gegenüber der übermittelnden Stelle. ³Der Widerruf muss vor Beginn des Beitragsjahres, für das die Einwilligung erstmals nicht mehr gelten soll, der übermittelnden Stelle vorliegen. ⁴Die übermittelnde Stelle hat bei Vorliegen einer Einwilligung

1. nach Absatz 2 Satz 2 Nummer 2 die Höhe der im jeweiligen Beitragsjahr geleisteten Beiträge nach Absatz 1 Nummer 2 Buchstabe b und die Zertifizierungsnummer,
2. nach Absatz 2 Satz 3 die Höhe der im jeweiligen Beitragsjahr geleisteten und erstatteten Beiträge nach Absatz 1 Nummer 3, soweit diese nicht mit der elektronischen Lohnsteuerbescheinigung oder der Rentenbezugsmitteilung zu übermitteln sind,

unter Angabe der Vertrags- oder Versicherungsdaten, des Datums der Einwilligung und der Identifikationsnummer (§ 139b der Abgabenordnung) nach amtlich vorgeschriebenem Datensatz durch Datenfernübertragung an die zentrale Stelle (§ 81) bis zum 28. Februar des dem Beitragsjahr folgenden Kalenderjahres zu übermitteln; sind Versicherungsnehmer und versicherte Person nicht identisch, sind zusätzlich die Identifikationsnummer und das Geburtsdatum des Versicherungsnehmers anzugeben. ⁵§ 22a Absatz 2 gilt entsprechend. ⁶Wird die Einwilligung nach Ablauf des Beitragsjahres, jedoch innerhalb der in Satz 1 genannten Frist abgegeben, sind die Daten bis zum Ende des folgenden Kalendervierteljahres zu übermitteln. ⁷Stellt die übermittelnde Stelle fest, dass

1. die an die zentrale Stelle übermittelten Daten unzutreffend sind oder
2. der zentralen Stelle ein Datensatz übermittelt wurde, obwohl die Voraussetzungen hierfür nicht vorlagen,

ist dies unverzüglich durch Übermittlung eines Datensatzes an die zentrale Stelle zu korrigieren oder zu stornieren. ⁸Ein Steuerbescheid ist zu ändern, soweit

1. Daten nach den Sätzen 4, 6 oder Satz 7 vorliegen oder
2. eine Einwilligung in die Datenübermittlung nach Absatz 2 Satz 2 Nummer 2 oder nach Absatz 2 Satz 3 nicht vorliegt

und sich hierdurch eine Änderung der festgesetzten Steuer ergibt. ⁹Die übermittelnde Stelle hat den Steuerpflichtigen über die Höhe der nach den Sätzen 4, 6 oder Satz 7 übermittelten Beiträge für das Beitragsjahr zu unterrichten. ¹⁰§ 150 Absatz 6 der Abgabenordnung gilt entsprechend. ¹¹Das Bundeszentralamt für Steuern kann die bei Vorliegen der Einwilligung nach Absatz 2 Satz 3 zu übermittelnden Daten prüfen; die §§ 193 bis 203 der Abgabenordnung sind sinngemäß anzuwenden. ¹²Wer vorsätzlich oder grob fahrlässig eine unzutreffende Höhe der Beiträge im Sinne des Absatzes 1 Nummer 3 übermittelt, haftet für die entgangene Steuer. ¹³Diese ist mit 30 Prozent des zu hoch ausgewiesenen Betrags anzusetzen.

(3) ¹Vorsorgeaufwendungen nach Absatz 1 Nummer 2 sind bis zu dem Höchstbeitrag zur knappschaftlichen Rentenversicherung, aufgerundet auf einen vollen Betrag in Euro, zu berücksichtigen. ²Bei zusammenveranlagten Ehegatten verdoppelt sich der Höchstbetrag. ³Der Höchstbetrag nach Satz 1 oder 2 ist bei Steuerpflichtigen, die

1. Arbeitnehmer sind und die während des ganzen oder eines Teils des Kalenderjahres

   a) in der gesetzlichen Rentenversicherung versicherungsfrei oder auf Antrag des Arbeitgebers von der Versicherungspflicht befreit waren und denen für den Fall ihres Ausscheidens aus der Beschäftigung aufgrund des Beschäftigungsverhältnisses eine lebenslängliche Versorgung oder an deren Stelle eine Abfindung zusteht oder die in der gesetzlichen Rentenversicherung nachzuversichern sind oder

   b) nicht der gesetzlichen Rentenversicherungspflicht unterliegen, eine Berufstätigkeit ausgeübt und im Zusammenhang damit aufgrund vertraglicher Vereinbarungen Anwartschaftsrechte auf eine Altersversorgung erworben haben, oder

2. Einkünfte im Sinne des § 22 Nummer 4 erzielen und die ganz oder teilweise ohne eigene Beitragsleistungen einen Anspruch auf Altersversorgung erwerben,

um den Betrag zu kürzen, der, bezogen auf die Einnahmen aus der Tätigkeit, die die Zugehörigkeit zum genannten Personenkreis begründen, dem Gesamtbeitrag (Arbeitgeber- und Arbeitnehmeranteil) zur allgemeinen Rentenversicherung entspricht. ⁴Im Kalenderjahr 2013 sind 76 Prozent der nach den Sätzen 1 bis 3 ermittelten Vorsorgeaufwendungen anzusetzen. ⁵Der sich danach ergebende Betrag, vermindert um den nach § 3 Nummer 62 steuerfreien Arbeitgeberanteil zur gesetzlichen Rentenversicherung und einen diesem gleichgestellten steuerfreien Zuschuss des Arbeitgebers, ist als Sonderausgabe abziehbar. ⁶Der Prozentsatz in Satz 4 erhöht sich in den folgenden Kalenderjahren bis zum Kalenderjahr 2025 um 2 Prozentpunkte je Kalenderjahr. ⁷Beiträge nach § 168 Absatz 1 Nummer 1b oder 1c oder nach § 172 Absatz 3 oder 3a des Sechsten Buches Sozialgesetzbuch vermindern den abziehbaren Betrag nach Satz 5 nur, wenn der Steuerpflichtige die Hinzurechnung dieser Beiträge zu den Vorsorgeaufwendungen nach Absatz 1 Nummer 2 Satz 7 beantragt hat.

(4) ¹Vorsorgeaufwendungen im Sinne des Absatzes 1 Nummer 3 und 3a können je Kalenderjahr insgesamt bis 2 800 Euro abgezogen werden. ²Der Höchstbetrag beträgt 1 900 Euro bei Steuerpflichtigen, die ganz oder teilweise ohne eigene Aufwendungen einen Anspruch auf vollständige oder teilweise Erstattung oder Übernahme von Krankheitskosten haben oder für deren Krankenversicherung Leistungen im Sinne des § 3 Nummer 9, 14, 57 oder 62 erbracht werden. ³Bei zusammen veranlagten Ehegatten bestimmt sich der gemeinsame Höchstbetrag aus der Summe der jedem Ehegatten unter den Voraussetzungen von Satz 1 und 2 zustehenden Höchstbeträge. ⁴Übersteigen die Vorsorgeaufwendungen im Sinne des Absatzes 1 Nummer 3 die nach den Sätzen 1 bis 3 zu berücksichtigenden Vorsorgeaufwendungen, sind diese abzuziehen und ein Abzug von Vorsorgeaufwendungen im Sinne des Absatzes 1 Nummer 3a scheidet aus.

(4a) ¹Ist in den Kalenderjahren 2013 bis 2019 der Abzug der Vorsorgeaufwendungen nach Absatz 1 Nummer 2 Buchstabe a, Absatz 1 Nummer 3 und Nummer 3a in der für das Kalenderjahr 2004 geltenden Fassung des § 10 Absatz 3 mit folgenden Höchstbeträgen für den Vorwegabzug

Kalenderjahr	Vorwegabzug für den Steuerpflichtigen	Vorwegabzug im Falle der Zusammenveranlagung von Ehegatten
2013	2 100	4 200
2014	1 800	3 600
2015	1 500	3 000
2016	1 200	2 400

§ 10a EStG

R 10

Kalenderjahr	Vorwegabzug für den Steuerpflichtigen	Vorwegabzug im Falle der Zusammenveranlagung von Ehegatten
2017	900	1 800
2018	600	1 200
2019	300	600

zuzüglich des Erhöhungsbetrags nach Satz 3 günstiger, ist der sich danach ergebende Betrag anstelle des Abzugs nach Absatz 3 und 4 anzusetzen. ²Mindestens ist bei Anwendung des Satzes 1 der Betrag anzusetzen, der sich ergeben würde, wenn zusätzlich noch die Vorsorgeaufwendungen nach Absatz 1 Nummer 2 Buchstabe b in die Günstigerprüfung einbezogen werden würden; der Erhöhungsbetrag nach Satz 3 ist nicht hinzuzurechnen. ³Erhöhungsbetrag sind die Beiträge nach Absatz 1 Nummer 2 Buchstabe b, soweit sie nicht um die Beiträge nach Absatz 1 Nummer 2 Buchstabe a und den nach § 3 Nummer 62 steuerfreien Arbeitgeberanteil zur gesetzlichen Rentenversicherung und einen diesem gleichgestellten steuerfreien Zuschuss verminderten Höchstbetrag nach Absatz 3 Satz 1 bis 3 überschreiten; Absatz 3 Satz 4 und 6 gilt entsprechend.

(4b) ¹Erhält der Steuerpflichtige für die von ihm für einen anderen Veranlagungszeitraum geleisteten Aufwendungen im Sinne des Satzes 2 einen steuerfreien Zuschuss, ist dieser den erstatteten Aufwendungen gleichzustellen. ²Übersteigen bei den Sonderausgaben nach Absatz 1 Nummer 2 bis 3a die im Veranlagungszeitraum erstatteten Aufwendungen die geleisteten Aufwendungen (Erstattungsüberhang), ist der Erstattungsüberhang mit anderen im Rahmen der jeweiligen Nummer anzusetzenden Aufwendungen zu verrechnen. ³Ein verbleibender Betrag des sich bei den Aufwendungen nach Absatz 1 Nummer 3 und 4 ergebenden Erstattungsüberhangs ist dem Gesamtbetrag der Einkünfte hinzuzurechnen. ⁴Behörden im Sinne des § 6 Absatz 1 der Abgabenordnung und andere öffentliche Stellen, die einem Steuerpflichtigen für die von ihm geleisteten Beiträge im Sinne des Absatzes 1 Nummer 2, 3 und 3a steuerfreie Zuschüsse gewähren oder Vorsorgeaufwendungen im Sinne dieser Vorschrift erstatten (übermittelnde Stelle), haben der zentralen Stelle jährlich die zur Gewährung und Prüfung des Sonderausgabenabzugs nach § 10 erforderlichen Daten nach amtlich vorgeschriebenem Datensatz durch Datenfernübertragung zu übermitteln. ⁵Ein Steuerbescheid ist zu ändern, soweit Daten nach Satz 4 vorliegen und sich hier durch oder durch eine Korrektur oder Stornierung der entsprechenden Daten eine Änderung der festgesetzten Steuer ergibt. ⁶§ 22a Absatz 2 sowie § 150 Absatz 6 der Abgabenordnung gelten entsprechend.*)

(5) Durch Rechtsverordnung wird bezogen auf den Versicherungstarif bestimmt, wie der nicht abziehbare Teil der Beiträge zum Erwerb eines Krankenversicherungsschutzes im Sinne des Absatzes 1 Nummer 3 Buchstabe a Satz 3 durch einheitliche prozentuale Abschläge auf die zugunsten der jeweiligen Tarifs gezahlte Prämie zu ermitteln ist, soweit der nicht abziehbare Beitragsteil nicht bereits als gesonderter Tarif oder Tarifbaustein ausgewiesen wird.

(6) ¹Absatz 1 Nummer 2 Buchstabe b Doppelbuchstabe aa ist für Vertragsabschlüsse vor dem 1. Januar 2012 mit der Maßgabe anzuwenden, dass der Vertrag die Zahlung der Leibrente nicht vor der Vollendung des 60. Lebensjahres vorsehen darf. ²Für Verträge im Sinne des Absatzes 1 Nummer 2 Buchstabe b, die vor dem 1. Januar 2011 abgeschlossen wurden, und bei Kranken- und Pflegeversicherungen im Sinne des Absatzes 1 Nummer 3, bei denen das Versicherungsverhältnis vor dem 1. Januar 2011 bestanden hat, ist Absatz 2 Satz 2 Nummer 2 und Satz 3 mit der Maßgabe anzuwenden, dass die erforderliche Einwilligung zur Datenübermittlung als erteilt gilt, wenn

1. die übermittelnde Stelle den Steuerpflichtigen schriftlich darüber informiert, dass sie

   a) von einer Einwilligung ausgeht und

   b) die Daten an die zentrale Stelle übermittelt und

2. der Steuerpflichtige dem nicht innerhalb einer Frist von vier Wochen nach Erhalt der Information nach Nummer 1 schriftlich widerspricht.

R 10
Sonderausgaben
– unbesetzt –

H 10
Hinweise zu R 10
Sonderausgaben

Sonderausgaben

>R 10.1 bis 10.11 EStR, H 10.1 bis 10.11 EStH

§ 10a EStG
Zusätzliche Altersvorsorge

(1) ¹In der inländischen gesetzlichen Rentenversicherung Pflichtversicherte können Altersvorsorgebeiträge (§ 82) zuzüglich der dafür nach Abschnitt XI zustehenden Zulage jährlich bis zu 2 100 Euro als Sonderausgaben abziehen; das Gleiche gilt für

1. Empfänger von inländischer Besoldung nach dem Bundesbesoldungsgesetz oder einem Landesbesoldungsgesetz,

2. Empfänger von Amtsbezügen aus einem inländischen Amtsverhältnis, deren Versorgungsrecht die entsprechende Anwendung des § 69e Absatz 3 und 4 des Beamtenversorgungsgesetzes vorsieht,

3. die nach § 5 Absatz 1 Satz 1 Nummer 2 und 3 des Sechsten Buches Sozialgesetzbuch versicherungsfrei Beschäftigten, die nach § 6 Absatz 1 Satz 1 Nummer 2 oder nach § 230 Absatz 2 Satz 2 des Sechsten Buches Sozialgesetzbuch von der Versicherungspflicht befreiten Beschäftigten, deren Versorgungsrecht die entsprechende Anwendung des § 69e Absatz 3 und 4 des Beamtenversorgungsgesetzes vorsieht,

4. Beamte, Richter, Berufssoldaten und Soldaten auf Zeit, die ohne Besoldung beurlaubt sind, für die Zeit einer Beschäftigung, wenn während der Beurlaubung die Gewährleistung einer Versorgungsanwartschaft unter den Voraussetzungen des § 5 Absatz 1 Satz 1 des Sechsten Buches Sozialgesetzbuch auf diese Beschäftigung erstreckt wird und

5. Steuerpflichtige im Sinne der Nummern 1 bis 4, die beurlaubt sind und deshalb keine Besoldung, Amtsbezüge oder Entgelt erhalten, sofern sie eine Anrechnung von Kindererziehungszeiten nach § 56 des Sechsten Buches Sozialgesetzbuch in Anspruch nehmen könnten, wenn die Versicherungsfreiheit in der inländischen gesetzlichen Rentenversicherung nicht bestehen würde,

wenn sie spätestens bis zum Ablauf des zweiten Kalenderjahres, das auf das Beitragsjahr (§ 88) folgt, gegenüber der zuständigen Stelle (§ 81a) schriftlich eingewilligt haben, dass diese der zentralen Stelle (§ 81) jährlich mitteilt, dass der Steuerpflichtige zum begünstigten Personenkreis gehört, dass die zuständige Stelle der zentralen Stelle die für die Ermittlung des Mindesteigenbeitrags (§ 86) und die Gewährung der Kinderzulage (§ 85) erforderlichen Daten übermittelt und die zentrale Stelle diese Daten für das Zulageverfahren verwenden darf. ²Bei der Erteilung der Einwilligung ist der Steuerpflichtige darauf hinzuweisen, dass er die Einwilligung vor Beginn des Kalenderjahres, für das sie erstmals nicht mehr gelten soll, gegenüber der zuständigen Stelle widerrufen kann. ³Versicherungspflichtige nach dem Gesetz über die Alterssicherung der Landwirte stehen Pflichtversicherten gleich; dies gilt auch für Personen, die

---
*) Anm. d. Verlages:
§ 10 Abs. 4b Sätze 4 bis 6 EStG sind erstmals für den Veranlagungszeitraum 2016 anzuwenden (§ 52 Abs. 18 Satz 4 EStG).

1. eine Anrechnungszeit nach § 58 Absatz 1 Nummer 3 oder Nummer 6 des Sechsten Buches Sozialgesetzbuch in der gesetzlichen Rentenversicherung erhalten und

2. unmittelbar vor einer Anrechnungszeit nach § 58 Absatz 1 Nummer 3 oder Nummer 6 des Sechsten Buches Sozialgesetzbuch einer der im ersten Halbsatz, in Satz 1 oder in Satz 4 genannten begünstigten Personengruppen angehörten.

[4]Die Sätze 1 und 2 gelten entsprechend für Steuerpflichtige, die nicht zum begünstigten Personenkreis nach Satz 1 oder 3 gehören und eine Rente wegen voller Erwerbsminderung oder Erwerbsunfähigkeit oder eine Versorgung wegen Dienstunfähigkeit aus einem der in Satz 1 oder 3 genannten Alterssicherungssysteme beziehen, wenn unmittelbar vor dem Bezug der entsprechenden Leistungen der Leistungsbezieher einer der in Satz 1 oder 3 genannten begünstigten Personengruppen angehörte; dies gilt nicht, wenn der Steuerpflichtige das 67. Lebensjahr vollendet hat. [5]Bei der Ermittlung der dem Steuerpflichtigen zustehenden Zulage nach Satz 1 bleibt die Erhöhung der Grundzulage nach § 84 Satz 2 außer Betracht.

(1a) [1]Sofern eine Zulagennummer (§ 90 Absatz 1 Satz 2) durch die zentrale Stelle oder eine Versicherungsnummer nach § 147 des Sechsten Buches Sozialgesetzbuch noch nicht vergeben ist, haben die in Absatz 1 Satz 1 Nummer 1 bis 5 genannten Steuerpflichtigen über die zuständige Stelle eine Zulagenummer bei der zentralen Stelle zu beantragen. [2]Für Empfänger einer Versorgung im Sinne des Absatzes 1 Satz 4 gilt Satz 1 entsprechend.

(2) [1]Ist der Sonderausgabenabzug nach Absatz 1 für den Steuerpflichtigen günstiger als der Anspruch auf die Zulage nach Abschnitt XI, erhöht sich die unter Berücksichtigung des Sonderausgabenabzugs ermittelte tarifliche Einkommensteuer um den Anspruch auf Zulage. [2]In den anderen Fällen scheidet der Sonderausgabenabzug aus. [3]Die Günstigerprüfung wird von Amts wegen vorgenommen.

(2a) [1]Der Sonderausgabenabzug setzt voraus, dass der Steuerpflichtige gegenüber dem Anbieter (übermittelnde Stelle) in die Datenübermittlung nach Absatz 5 Satz 1 eingewilligt hat. [2]§ 10 Absatz 2a Satz 1 bis Satz 3 gilt entsprechend. [3]In den Fällen des Absatzes 3 Satz 2 und 5 ist die Einwilligung nach Satz 1 von beiden Ehegatten abzugeben. [4]Hat der Zulageberechtigte den Anbieter nach § 89 Absatz 1a bevollmächtigt oder liegt dem Anbieter ein Zulageantrag nach § 89 Absatz 1 vor, gilt die Einwilligung nach Satz 1 für das jeweilige Beitragsjahr als erteilt.

(3) [1]Der Abzugsbetrag nach Absatz 1 steht im Fall der Veranlagung von Ehegatten nach § 26 Absatz 1 jedem Ehegatten unter den Voraussetzungen des Absatzes 1 gesondert zu. [2]Gehört nur ein Ehegatte zu dem nach Absatz 1 begünstigten Personenkreis und ist der andere Ehegatte nach § 79 Satz 2 zulageberechtigt, sind bei dem nach Absatz 1 abzugsberechtigten Ehegatten die von beiden Ehegatten geleisteten Altersvorsorgebeiträge und die dafür zustehenden Zulagen bei der Anwendung der Absätze 1 und 2 zu berücksichtigen. [3]Der Höchstbetrag nach Absatz 1 Satz 1 erhöht sich in den Fällen des Satzes 2 um 60 Euro. [4]Dabei sind die von dem Ehegatten, der zu dem nach Absatz 1 begünstigten Personenkreis gehört, geleisteten Altersvorsorgebeiträge vorrangig zu berücksichtigen, jedoch mindestens 60 Euro der von dem anderen Ehegatten geleisteten Altersvorsorgebeiträge. [5]Gehören beide Ehegatten zu dem nach Absatz 1 begünstigten Personenkreis und liegt ein Fall der Veranlagung nach § 26 Absatz 1 vor, ist bei der Günstigerprüfung nach Absatz 2 der Anspruch auf Zulage beider Ehegatten anzusetzen.

(4) [1]Im Fall des Absatzes 2 Satz 1 stellt das Finanzamt die über den Zulageanspruch nach Abschnitt XI hinausgehende Steuerermäßigung gesondert fest und teilt diese der zentralen Stelle (§ 81) mit; § 10d Absatz 4 Satz 3 bis 5 gilt entsprechend. [2]Sind Altersvorsorgebeiträge zugunsten von mehreren Verträgen geleistet worden, erfolgt die Zurechnung im Verhältnis der nach Absatz 1 berücksichtigten Altersvorsorgebeiträge. [3]Ehegatten ist der nach Satz 1 festzustellende Betrag auch im Falle der Zusammenveranlagung jeweils getrennt zuzurechnen; die Zurechnung erfolgt im Verhältnis der nach Absatz 1 berücksichtigten Altersvorsorgebeiträge. [4]Werden Altersvorsorgebeiträge nach Absatz 3 Satz 2 berücksichtigt, die der nach § 79 Satz 2 zulageberechtigte Ehegatte zugunsten eines auf seinen Namen lautenden Vertrages geleistet hat, ist die hierauf entfallende Steuerermäßigung dem Vertrag zuzurechnen, zu dessen Gunsten die Altersvorsorgebeiträge geleistet wurden. [5]Die Übermittlung an die zentrale Stelle erfolgt unter Angabe der Vertragsnummer und der Identifikationsnummer (§ 139b der Abgabenordnung) sowie der Zulage- oder Versicherungsnummer nach § 147 des Sechsten Buches Sozialgesetzbuch.

(5) [1]Die übermittelnde Stelle hat bei Vorliegen einer Einwilligung nach Absatz 2a die Höhe der im jeweiligen Beitragsjahr zu berücksichtigenden Altersvorsorgebeiträge unter Angabe der Vertragsdaten, des Datums der Einwilligung nach Absatz 2a, der Identifikationsnummer (§ 139b der Abgabenordnung) sowie der Zulage- oder der Versicherungsnummer nach § 147 des Sechsten Buches Sozialgesetzbuch nach amtlich vorgeschriebenem Datensatz durch Datenfernübertragung an die zentrale Stelle bis zum 28. Februar des dem Beitragsjahr folgenden Kalenderjahres zu übermitteln. [2]§ 10 Absatz 2a Satz 6 bis 8 und § 22a Absatz 2 gelten entsprechend. [3]Die Übermittlung erfolgt auch dann, wenn im Fall der mittelbaren Zulageberechtigung keine Altersvorsorgebeiträge geleistet worden sind. [4]Die übrigen Voraussetzungen für den Sonderausgabenabzug nach den Absätzen 1 bis 3 werden im Wege der Datenerhebung und des automatisierten Datenabgleichs nach § 91 überprüft. [5]Erfolgt eine Datenübermittlung nach Satz 1 und wurde noch keine Zulagenummer (§ 90 Absatz 1 Satz 2) durch die zentrale Stelle oder keine Versicherungsnummer nach § 147 des Sechsten Buches Sozialgesetzbuch vergeben, gilt § 90 Absatz 1 Satz 2 und 3 entsprechend.

(6) [1]Für die Anwendung der Absätze 1 bis 5 stehen den in der inländischen gesetzlichen Rentenversicherung Pflichtversicherten nach Absatz 1 Satz 1 die Pflichtmitglieder in einem ausländischen gesetzlichen Alterssicherungssystem gleich, wenn diese Pflichtmitgliedschaft

1. mit einer Pflichtmitgliedschaft in einem inländischen Alterssicherungssystem nach Absatz 1 Satz 1 oder 3 vergleichbar ist und

2. vor dem 1. Januar 2010 begründet wurde.

[2]Für die Anwendung der Absätze 1 bis 5 stehen den Steuerpflichtigen nach Absatz 1 Satz 4 die Personen gleich,

1. die aus einem ausländischen gesetzlichen Alterssicherungssystem eine Leistung erhalten, die den in Absatz 1 Satz 4 genannten Leistungen vergleichbar ist,

2. die unmittelbar vor dem Bezug der entsprechenden Leistung nach Satz 1 oder Absatz 1 Satz 1 oder 3 begünstigt waren und

3. die noch nicht das 67. Lebensjahr vollendet haben.

[3]Als Altersvorsorgebeiträge (§ 82) sind bei den in Satz 1 oder 2 genannten Personen nur diejenigen Beiträge zu berücksichtigen, die vom Abzugsberechtigten zugunsten seines vor dem 1. Januar 2010 abgeschlossenen Vertrags geleistet wurden. [4]Endet die unbeschränkte Steuerpflicht eines Zulageberechtigten im Sinne des Satzes 1 oder 2 durch Aufgabe des inländischen Wohnsitzes oder gewöhnlichen Aufenthalts und wird die Person nicht nach § 1 Absatz 3 als unbeschränkt einkommensteuerpflichtig behandelt, so gelten die §§ 93 und 94 entsprechend; § 95 Absatz 2 und 3 und § 99 Absatz 1 in der am 31. Dezember 2008 geltenden Fassung sind anzuwenden.

§ 10b EStG
Steuerbegünstigte Zwecke

(1) [1]Zuwendungen (Spenden und Mitgliedsbeiträge) zur Förderung steuerbegünstigter Zwecke im Sinne der §§ 52 bis 54 der Abgabenordnung können insgesamt bis zu

1. 20 Prozent des Gesamtbetrags der Einkünfte oder

2. 4 Promille der Summe der gesamten Umsätze und der im Kalenderjahr aufgewendeten Löhne und Gehälter

als Sonderausgaben abgezogen werden. ²Voraussetzung für den Abzug ist, dass diese Zuwendungen

1. an eine juristische Person des öffentlichen Rechts oder an eine öffentliche Dienststelle, die in einem Mitgliedstaat der Europäischen Union oder in einem Staat belegen ist, auf den das Abkommen über den Europäischen Wirtschaftsraum (EWR-Abkommen) Anwendung findet, oder
2. an eine nach § 5 Absatz 1 Nummer 9 des Körperschaftsteuergesetzes steuerbefreite Körperschaft, Personenvereinigung oder Vermögensmasse oder
3. an eine Körperschaft, Personenvereinigung oder Vermögensmasse, die in einem Mitgliedstaat der Europäischen Union oder in einem Staat belegen ist, auf den das Abkommen über den Europäischen Wirtschaftsraum (EWR-Abkommen) Anwendung findet, und die nach § 5 Absatz 1 Nummer 9 des Körperschaftsteuergesetzes in Verbindung mit § 5 Absatz 2 Nummer 2 zweiter Halbsatz des Körperschaftsteuergesetzes steuerbefreit wäre, wenn sie inländische Einkünfte erzielen würde,

geleistet werden. ³Für nicht im Inland ansässige Zuwendungsempfänger nach Satz 2 ist weitere Voraussetzung, dass durch diese Staaten Amtshilfe und Unterstützung bei der Beitreibung geleistet werden. ⁴Amtshilfe ist der Auskunftsaustausch im Sinne oder entsprechend der Amtshilferichtlinie gemäß § 2 Absatz 2 des EU-Amtshilfegesetzes. ⁵Beitreibung ist die gegenseitige Unterstützung bei der Beitreibung von Forderungen im Sinne oder entsprechend der Beitreibungsrichtlinie einschließlich der in diesem Zusammenhang anzuwendenden Durchführungsbestimmungen in den für den jeweiligen Veranlagungszeitraum geltenden Fassungen oder, eines entsprechenden Nachfolgerechtsaktes. ⁶Werden die steuerbegünstigten Zwecke des Zuwendungsempfängers im Sinne von Satz 2 Nummer 1 nur im Ausland verwirklicht, ist für den Sonderausgabenabzug Voraussetzung, dass natürliche Personen, die ihren Wohnsitz oder ihren gewöhnlichen Aufenthalt im Geltungsbereich dieses Gesetzes haben, gefördert werden oder dass die Tätigkeit dieses Zuwendungsempfängers neben der Verwirklichung der steuerbegünstigten Zwecke auch zum Ansehen der Bundesrepublik Deutschland beitragen kann. ⁷Abziehbar sind auch Mitgliedsbeiträge an Körperschaften, die Kunst und Kultur gemäß § 52 Absatz 2 Satz 1 Nummer 5 der Abgabenordnung fördern, soweit es sich nicht um Mitgliedsbeiträge nach Satz 8 Nummer 2 handelt, auch wenn den Mitgliedern Vergünstigungen gewährt werden. ⁸Nicht abziehbar sind Mitgliedsbeiträge an Körperschaften, die

1. den Sport (§ 52 Absatz 2 Satz 1 Nummer 21 der Abgabenordnung),
2. kulturelle Betätigungen, die in erster Linie der Freizeitgestaltung dienen,
3. die Heimatpflege und Heimatkunde (§ 52 Absatz 2 Satz 1 Nummer 22 der Abgabenordnung) oder
4. Zwecke im Sinne des § 52 Absatz 2 Satz 1 Nummer 23 der Abgabenordnung

fördern. ⁹Abziehbare Zuwendungen, die die Höchstbeträge nach Satz 1 überschreiten oder die den um die Beträge nach § 10 Absatz 3 und 4, § 10c und § 10d verminderten Gesamtbetrag der Einkünfte übersteigen, sind im Rahmen der Höchstbeträge in den folgenden Veranlagungszeiträumen als Sonderausgaben abzuziehen. ¹⁰§ 10d Absatz 4 gilt entsprechend.

(1a) ¹Spenden zur Förderung steuerbegünstigter Zwecke im Sinne der §§ 52 bis 54 der Abgabenordnung in das zu erhaltende Vermögen (Vermögensstock) einer Stiftung, welche die Voraussetzungen des Absatzes 1 Satz 2 bis 6 erfüllt, können auf Antrag des Steuerpflichtigen im Veranlagungszeitraum der Zuwendung und in den folgenden neun Veranlagungszeiträumen bis zu einem Gesamtbetrag von 1 Million Euro, bei Ehegatten, die nach den §§ 26, 26b zusammen veranlagt werden, bis zu einem Gesamtbetrag von 2 Millionen Euro, zusätzlich zu den Höchstbeträgen nach Absatz 1 Satz 1 abgezogen werden. ²Nicht abzugsfähig nach Satz 1 sind Spenden in das verbrauchbare Vermögen einer Stiftung. ³Der besondere Abzugsbetrag nach Satz 1 bezieht sich auf den gesamten Zehnjahreszeitraum und kann der Höhe nach innerhalb dieses Zeitraums nur einmal in Anspruch genommen werden. ⁴§ 10d Absatz 4 gilt entsprechend.

(2) ¹Zuwendungen an politische Parteien im Sinne des § 2 des Parteiengesetzes sind bis zur Höhe von insgesamt 1 650 Euro und im Falle der Zusammenveranlagung von Ehegatten bis zur Höhe von insgesamt 3 300 Euro im Kalenderjahr abzugsfähig. ²Sie können nur insoweit als Sonderausgaben abgezogen werden, als für sie nicht eine Steuerermäßigung nach § 34g gewährt worden ist.

(3) ¹Als Zuwendung im Sinne dieser Vorschrift gilt auch die Zuwendung von Wirtschaftsgütern mit Ausnahme von Nutzungen und Leistungen. ²Ist das Wirtschaftsgut unmittelbar vor seiner Zuwendung einem Betriebsvermögen entnommen worden, so bemisst sich die Zuwendungshöhe nach dem Wert, der bei der Entnahme angesetzt wurde und nach der Umsatzsteuer, die auf die Entnahme entfällt. ³Ansonsten bestimmt sich die Höhe der Zuwendung nach dem gemeinen Wert des zugewendeten Wirtschaftsguts, wenn dessen Veräußerung im Zeitpunkt der Zuwendung keinen Besteuerungstatbestand erfüllen würde. ⁴In allen übrigen Fällen dürfen bei der Ermittlung der Zuwendungshöhe die fortgeführten Anschaffungs- oder Herstellungskosten nur überschritten werden, soweit eine Gewinnrealisierung stattgefunden hat. ⁵Aufwendungen zugunsten einer Körperschaft, die zum Empfang steuerlich abziehbarer Zuwendungen berechtigt ist, können nur abgezogen werden, wenn ein Anspruch auf die Erstattung der Aufwendungen durch Vertrag oder Satzung eingeräumt und auf die Erstattung verzichtet worden ist. ⁶Der Anspruch darf nicht unter der Bedingung des Verzichts eingeräumt worden sein.

(4) ¹Der Steuerpflichtige darf auf die Richtigkeit der Bestätigung über Spenden und Mitgliedsbeiträge vertrauen, es sei denn, dass er die Bestätigung durch unlautere Mittel oder falsche Angaben erwirkt hat oder dass ihm die Unrichtigkeit der Bestätigung bekannt oder infolge grober Fahrlässigkeit nicht bekannt war. ²Wer vorsätzlich oder grob fahrlässig eine unrichtige Bestätigung ausstellt oder veranlasst, dass Zuwendungen nicht zu den in der Bestätigung angegebenen steuerbegünstigten Zwecken verwendet werden, haftet für die entgangene Steuer. ³Diese ist mit 30 Prozent des zugewendeten Betrags anzusetzen. ⁴In den Fällen des Satzes 2 zweite Alternative (Veranlasserhaftung) ist vorrangig der Zuwendungsempfänger in Anspruch zu nehmen; die in diesen Fällen für den Zuwendungsempfänger handelnden natürlichen Personen sind nur in Anspruch zu nehmen, wenn die entgangene Steuer nicht nach § 47 der Abgabenordnung erloschen ist und Vollstreckungsmaßnahmen gegen den Zuwendungsempfänger nicht erfolgreich sind. ⁵Die Festsetzungsfrist für Haftungsansprüche nach Satz 2 läuft nicht ab, solange die Festsetzungsfrist für von dem Empfänger der Zuwendung geschuldete Körperschaftsteuer für den Veranlagungszeitraum nicht abgelaufen ist, in dem die unrichtige Bestätigung ausgestellt worden ist oder veranlasst wurde, dass die Zuwendung nicht zu den in der Bestätigung angegebenen steuerbegünstigten Zwecken verwendet worden ist; § 191 Absatz 5 der Abgabenordnung ist nicht anzuwenden.

§ 10c EStG
Sonderausgaben-Pauschbetrag

¹Für Sonderausgaben nach § 10 Absatz 1 Nummer 4, 5, 7 und 9 sowie Absatz 1a und nach § 10b wird ein Pauschbetrag von 36 Euro abgezogen (Sonderausgaben-Pauschbetrag), wenn der Steuerpflichtige nicht höhere Aufwendungen nachweist. ²Im Fall der Zusammenveranlagung von Ehegatten verdoppelt sich der Sonderausgaben-Pauschbetrag.

§ 10d EStG
Verlustabzug

(1) ¹Negative Einkünfte, die bei der Ermittlung des Gesamtbetrags der Einkünfte nicht ausgeglichen werden, sind bis zu einem Betrag von 1 000 000 Euro, bei Ehegatten, die nach den §§ 26, 26b zusammen veranlagt werden, bis zu einem Betrag von 2 000 000 Euro vom Gesamtbetrag der Einkünfte des unmittelbar vorangegangenen Veranlagungszeitraums vorrangig vor Sonderausgaben, außergewöhnlichen Belastungen und sonstigen Abzugsbeträgen abzuziehen (Verlustrücktrag). ²Dabei wird der Gesamtbetrag der Einkünfte des unmittelbar vorangegangenen Veranlagungszeitraums um die Begünstigungsbeträge nach § 34a Absatz 3 Satz 1 gemindert. ³Ist für den unmittelbar vorangegangenen Veranlagungszeitraum bereits ein Steuerbescheid erlassen worden, so ist er insoweit zu ändern, als der Verlustrücktrag zu gewähren oder zu berichtigen ist. ⁴Das gilt auch dann, wenn der Steuerbescheid unanfechtbar geworden ist; die Festsetzungsfrist endet insoweit nicht, bevor die Festsetzungsfrist für den Veranlagungszeitraum abgelaufen ist, in dem die negativen Einkünfte nicht ausgeglichen werden. ⁵Auf Antrag des Steuerpflichtigen ist ganz oder teilweise von der Anwendung des Satzes 1 abzusehen. ⁶Im Antrag ist die Höhe des Verlustrücktrags anzugeben.

(2) ¹Nicht ausgeglichene negative Einkünfte, die nicht nach Absatz 1 abgezogen worden sind, sind in den folgenden Veranlagungszeiträumen bis zu einem Gesamtbetrag der Einkünfte von 1 Million Euro unbeschränkt, darüber hinaus bis zu 60 Prozent des 1 Million Euro übersteigenden Gesamtbetrags der Einkünfte vorrangig vor Sonderausgaben, außergewöhnlichen Belastungen und sonstigen Abzugsbeträgen abzuziehen (Verlustvortrag). ²Bei Ehegatten, die nach §§ 26, 26b zusammen veranlagt werden, tritt an die Stelle des Betrags von 1 Million Euro ein Betrag von 2 Millionen Euro. ³Der Abzug ist nur insoweit zulässig, als die Verluste nicht nach Absatz 1 abgezogen worden sind und in den vorangegangenen Veranlagungszeiträumen nicht nach Satz 1 und 2 abgezogen werden konnten.

(3) – weggefallen –

(4) ¹Der am Schluss eines Veranlagungszeitraums verbleibende Verlustvortrag ist gesondert festzustellen. ²Verbleibender Verlustvortrag sind die bei der Ermittlung des Gesamtbetrags der Einkünfte nicht ausgeglichenen negativen Einkünfte, vermindert um die nach Absatz 1 abgezogenen und die nach Absatz 2 abziehbaren Beträge und vermehrt um den auf den Schluss des vorangegangenen Veranlagungszeitraums festgestellten verbleibenden Verlustvortrag. ³Zuständig für die Feststellung ist das für die Besteuerung zuständige Finanzamt. ⁴Bei der Feststellung des verbleibenden Verlustvortrags sind die Besteuerungsgrundlagen so zu berücksichtigen, wie sie den Steuerfestsetzungen des Veranlagungszeitraums, auf dessen Schluss der verbleibende Verlustvortrag festgestellt wird, und des Veranlagungszeitraums, in dem ein Verlustrücktrag vorgenommen werden kann, zu Grunde gelegt worden sind; § 171 Absatz 10, § 175 Absatz 1 Satz 1 Nummer 1 und § 351 Absatz 2 der Abgabenordnung sowie § 42 der Finanzgerichtsordnung gelten entsprechend. ⁵Die Besteuerungsgrundlagen dürfen bei der Feststellung nur insoweit abweichend von Satz 4 berücksichtigt werden, wie die Aufhebung, Änderung oder Berichtigung der Steuerbescheide ausschließlich mangels Auswirkung auf die Höhe der festzusetzenden Steuer unterbleibt. ⁶Die Feststellungsfrist endet nicht, bevor die Festsetzungsfrist für den Veranlagungszeitraum abgelaufen ist, auf dessen Schluss der verbleibende Verlustvortrag gesondert festzustellen ist; § 181 Absatz 5 der Abgabenordnung ist nur anzuwenden, wenn die zuständige Finanzbehörde die Feststellung des Verlustvortrags pflichtwidrig unterlassen hat.

§ 11 EStG

(1) ¹Einnahmen sind innerhalb des Kalenderjahres bezogen, in dem sie dem Steuerpflichtigen zugeflossen sind. ²Regelmäßig wiederkehrende Einnahmen, die dem Steuerpflichtigen kurze Zeit vor Beginn oder kurze Zeit nach Beendigung des Kalenderjahres, zu dem sie wirtschaftlich gehören, zugeflossen sind, gelten als in diesem Kalenderjahr bezogen. ³Der Steuerpflichtige kann Einnahmen, die auf einer Nutzungsüberlassung im Sinne des Absatzes 2 Satz 3 beruhen, insgesamt auf den Zeitraum gleichmäßig verteilen, für den die Vorauszahlung geleistet wird. ⁴Für Einnahmen aus nichtselbständiger Arbeit gilt § 38a Absatz 1 Satz 2 und 3 und § 40 Absatz 3 Satz 2. ⁵Die Vorschriften über die Gewinnermittlung (§ 4 Absatz 1, § 5) bleiben unberührt.

(2) ¹Ausgaben sind für das Kalenderjahr abzusetzen, in dem sie geleistet worden sind. ²Für regelmäßig wiederkehrende Ausgaben gilt Absatz 1 Satz 2 entsprechend. ³Werden Ausgaben für eine Nutzungsüberlassung von mehr als fünf Jahren im Voraus geleistet, sind sie insgesamt auf den Zeitraum gleichmäßig zu verteilen, für den die Vorauszahlung geleistet wird. ⁴Satz 3 ist auf ein Damnum oder Disagio nicht anzuwenden, soweit dieses marktüblich ist. ⁵§ 42 der Abgabenordnung bleibt unberührt. ⁶Die Vorschriften über die Gewinnermittlung (§ 4 Absatz 1, § 5) bleiben unberührt.

R 11
Zufluss von Einnahmen und Abfluss von Ausgaben
– unbesetzt –

H 11
Hinweise zu R 11
Zufluss von Einnahmen und Abfluss von Ausgaben

Allgemeines

>H 11 EStH

Rückzahlung von Arbeitslohn

Arbeitslohnrückzahlungen sind nur dann anzunehmen, wenn der Arbeitnehmer an den Arbeitgeber die Leistungen, die bei ihm als Lohnzahlungen zu qualifizieren waren, zurückzahlt (>BFH vom 10.8.2010 – BStBl. II S. 1074). Zurückgezahlter Arbeitslohn ist erst im Zeitpunkt des Abflusses steuermindernd zu berücksichtigen (>BFH vom 4.5.2006 – BStBl. II S. 830 und 832); dies gilt auch dann, wenn sich die Rückzahlung im Folgejahr steuerlich nicht mehr auswirkt (>BFH vom 7.11.2006 – BStBl. 2007 II S. 315).

Zufluss von Arbeitslohn

>R 38.2

Anlage
zu H 11

Rückzahlung von Arbeitslohn

Bundeseinheitlich geltende Regelung, für Bayern bekannt gegeben mit Schreiben des Bayer. Staatsministeriums der Finanzen vom 6.6.1986 (Az.: 32 – S 2399 – 1/15 – 36383)

Zu den im Zusammenhang mit der Rückzahlung von Arbeitslohn auftretenden steuerlichen Fragen wird folgende Auffassung vertreten:

1. Rückzahlung von nicht versteuertem Arbeitslohn

1.1 Zahlt ein Arbeitnehmer Arbeitslohn zurück, der im Zeitpunkt des Zuflusses zu Recht steuerbefreit war, so ist die Rückzahlung als ein außersteuerlicher Vorgang anzusehen. Der Arbeitnehmer kann im Jahr der Rückzahlung weder Werbungskosten noch negative Einnahmen in entsprechender Höhe geltend machen.

§ 11 EStG
R 11

1.2 Textziffer 1.1 gilt entsprechend für den Fall, dass der Arbeitnehmer Arbeitslohn zurückzahlen muss, bei dem es sich dem Grunde nach zwar um steuerpflichtigen Arbeitslohn gehandelt hat, der aber im Zeitpunkt des Zuflusses zu Unrecht als steuerfrei behandelt worden ist.

Beispiele:

a) Dem Arbeitnehmer ist ein bestimmter Betrag als Reisekostenersatz steuerfrei ausgezahlt worden. Es stellt sich später heraus, dass die Voraussetzungen einer Dienstreise nicht gegeben waren. Der Arbeitgeber fordert den zu Unrecht gewährten Betrag zurück.

b) Der Arbeitnehmer hat ein Jubiläumsgeschenk steuerfrei erhalten, weil der Arbeitgeber irrigerweise davon ausging, dass eine Dienstzeit von 25 Jahren erfüllt sei. Nachträglich stellt der Arbeitgeber fest, dass erst 20 Dienstjahre vorlagen: Der Arbeitgeber fordert aus diesem Grunde das Jubiläumsgeschenk zurück.

Sieht der Arbeitgeber in derartigen Fällen von einer Rückforderung des zu Unrecht als steuerfrei behandelten Arbeitslohns ab, muss dieser Arbeitslohn noch nachträglich steuerlich erfasst werden.

2. Rückzahlung von versteuertem Arbeitslohn

Zahlt ein Arbeitnehmer Arbeitslohn zurück, der dem Lohnsteuerabzug unterlegen hat, so bleibt der früher gezahlte Arbeitslohn zugeflossen (§ 11 Abs. 1 EStG). Die zurückgezahlten Beträge sind im Zeitpunkt der Rückzahlung (§ 11 Abs. 2 EStG) als negative Einnahmen zu behandeln. Im Einzelnen gilt Folgendes:

2.1 Rückzahlung von Arbeitslohn im Kalenderjahr seiner Zahlung bei fortbestehendem Dienstverhältnis

Hat der Arbeitnehmer Arbeitslohn im selben Kalenderjahr zurückzuzahlen, in dem er ihn erhalten hat, und steht er im Zeitpunkt der Rückzahlung noch in einem Dienstverhältnis zu demselben Arbeitgeber, kann dieser den zurückgezahlten Betrag im Lohnzahlungszeitraum der Rückzahlung oder in den auf die Rückzahlung folgenden Lohnzahlungszeiträumen sowie im Lohnsteuer-Jahresausgleich nach § 42b EStG vom steuerpflichtigen Arbeitslohn absetzen. Es bestehen keine Bedenken, wenn der Arbeitgeber stattdessen den Lohnsteuerabzug des früheren Lohnzahlungszeitraums aufgrund der Rückzahlung entsprechend ändert.

Die Berücksichtigung des zurückgezahlten Betrags durch den Arbeitgeber ist gemäß § 41c Abs. 3 EStG aber nur bis zur Ausstellung einer Lohnsteuerbescheinigung oder eines Lohnzettels möglich. Kann der Arbeitgeber deswegen zurückgezahlte Beträge des Arbeitnehmers nicht mehr berücksichtigen oder macht er von seiner Berechtigung hierzu keinen Gebrauch, kann der Arbeitnehmer diese Beträge im Lohnsteuer-Jahresausgleich oder bei der Veranlagung zur Einkommensteuer als negative Einnahmen geltend machen (vgl. Tz. 2.4).

2.2 Rückzahlung von Arbeitslohn in einem späteren Kalenderjahr bei fortbestehendem Dienstverhältnis

Wird Arbeitslohn nicht im Kalenderjahr der Zahlung, sondern in einem späteren Kalenderjahr zurückgefordert, stellen die zurückgezahlten Beträge negative Einnahmen des Rückzahlungsjahrs dar. Steht der Arbeitnehmer zu dem Arbeitgeber, der den Arbeitslohn überzahlt hat, noch in einem Dienstverhältnis, kann der Arbeitgeber die Rückzahlung im Lohnzahlungszeitraum der Rückzahlung oder in den auf die Rückzahlung folgenden Lohnzahlungszeiträumen sowie im Lohnsteuer-Jahresausgleich nach § 42b EStG berücksichtigen. Im Übrigen gilt Tz. 2.1 entsprechend.

2.3 Rückzahlung von Arbeitslohn nach Beendigung des Dienstverhältnisses

Steht ein Arbeitnehmer im Zeitpunkt der Rückzahlung von Arbeitslohn nicht mehr in einem Dienstverhältnis zu dem Arbeitgeber, der den Arbeitslohn überzahlt hat, kann der zurückgezahlte Betrag nur im Lohnsteuer-Jahresausgleich oder bei einer Veranlagung zur Einkommensteuer berücksichtigt werden (vgl. Tz. 2.4).

2.4 Berücksichtigung der Rückzahlung beim Lohnsteuer-Jahresausgleich oder bei der Veranlagung zur Einkommensteuer durch das Finanzamt

Für die Berücksichtigung zurückgezahlten Arbeitslohns als negative Einnahme (vgl. Tz. 2.1, 2.2 und 2.3) im Lohnsteuer-Jahresausgleich oder bei der Veranlagung zur Einkommensteuer gilt Folgendes:

2.4.1 Bezieht der Arbeitnehmer im Jahr der Rückzahlung Einkünfte aus nichtselbständiger Arbeit, werden diese durch den zurückgezahlten Arbeitslohn (negative Einnahmen) entsprechend gemindert.

2.4.2 Bezieht der Arbeitnehmer im Kalenderjahr der Rückzahlung keine Einkünfte aus nichtselbständiger Arbeit, so können die negativen Einnahmen mit anderen Einkünften im Rahmen einer Veranlagung zur Einkommensteuer ausgeglichen werden.

2.4.3 Soweit dem Arbeitnehmer im Kalenderjahr der Rückzahlung keine positiven Einkünfte verbleiben, kann er eine Erstattung von Steuern erreichen, indem er für den zurückgezahlten Arbeitslohn einen Verlustabzug von positiven Einkünften der beiden vorangegangenen Kalenderjahre (Verlustrücktrag) bzw. in den folgenden 5 Kalenderjahren (Verlustvortrag) nach Maßgabe von § 10d EStG beantragt*). Kommt für diese Kalenderjahre nicht bereits aus anderen Gründen eine Veranlagung zur Einkommensteuer in Betracht, kann sie der Arbeitnehmer besonders beantragen (§ 46 Abs. 2 Nr. 8 EStG).

2.4.4 Die Höhe der im Lohnsteuer-Jahresausgleich bzw. bei der Veranlagung zur Einkommensteuer zu berücksichtigenden negativen Einnahmen ist vom Arbeitnehmer nachzuweisen oder glaubhaft zu machen. Dem Antrag auf Lohnsteuer-Jahresausgleich oder der Einkommensteuererklärung sollte deshalb, wenn der Arbeitnehmer nicht über andere geeignete Unterlagen verfügt, eine entsprechende Bescheinigung des Arbeitgebers beigefügt werden.

3. Steuererstattungen im Billigkeitswege (§ 227 AO)

Kann der Arbeitnehmer nach Maßgabe von Tz. 2.4 keinen vollen steuerlichen Ausgleich (einschl. Progressionsnachteile) erlangen, kommt regelmäßig eine zusätzliche Steuererstattung aus sachlichen Billigkeitsgründen (§ 227 AO) nicht in Betracht, weil der Gesetzgeber Auswirkungen bei der Anwendung der Vorschriften des § 11 EStG (Zufluss von Einnahmen, Abfluss von Ausgaben) oder des § 10d EStG (Verlustabzug) zum Vorteil oder zum Nachteil des Steuerpflichtigen bewusst in Kauf genommen hat. Die Erstattung von Steuerbeträgen aus persönlichen Billigkeitsgründen des Arbeitnehmers bleibt hiervon unberührt.

4. Steuerliche Folgen aus der Rückzahlung von Sozialversicherungsbeiträgen

Wird bei der Rückzahlung von Arbeitslohn auch die sozialversicherungsrechtliche Behandlung rückgängig gemacht, ist Folgendes zu beachten:

4.1 Fordert der Arbeitgeber vom Arbeitnehmer den Bruttoarbeitslohn ohne Kürzung um den Arbeitnehmeranteil zur Sozialversicherung zurück und erstattet er dem Arbeitnehmer später diesen Anteil, weil er den Betrag von den für alle Arbeitnehmer des Betriebs abzuführenden Sozialversicherungsbeiträgen gekürzt oder vom Sozialversicherungsträger erstattet erhalten hat, so stellt die Vergütung keinen steuerpflichtigen Arbeitslohn dar. Fordert der Arbeitgeber dagegen vom Arbeitnehmer den Bruttoarbeitslohn zunächst gekürzt um den Arbeitnehmeranteil zur Sozialversicherung zurück und behält er die durch Verrechnung zurückerhaltenen Arbeitnehmeranteile zurück, stellen diese ebenfalls zurückgezahlten Arbeitslohn des Arbeitnehmers dar, auf den Tz. 2 anwendbar ist. Dies gilt unabhängig davon, ob die Sozialversicherungsbeiträge in demselben oder im nachfolgenden Kalenderjahr verrechnet werden.

4.2 Die zurückgezahlten Arbeitnehmeranteile zur Sozialversicherung mindern im Rückzahlungsjahr die als Vorsorgeaufwendungen abziehbaren Sozialversicherungsbeiträge. Der Ar-

---
*) Zum nunmehr gültigen Zeitraum des Verlustrücktrags bzw. Verlustvortrags vgl. § 10d EStG in der aktuellen Fassung.

beitgeber hat dies bei der Bescheinigung der einbehaltenen Sozialversicherungsbeiträge zu berücksichtigen.

4.3 Die Erstattung des Arbeitgeberanteils zur gesetzlichen Sozialversicherung spielt sich nur im Verhältnis des Arbeitgebers zu den Sozialversicherungsträgern ab und hat keine Auswirkungen auf die Besteuerung des Arbeitslohns. Sie mindert jedoch die ggf. auf den Vorwegabzugsbetrag nach § 10 Abs. 3 Nr. 2 Buchst. a EStG anzurechnenden Arbeitgeberleistungen; der Arbeitgeber hat dies bei einer Bescheinigung der Arbeitgeberanteile zur Sozialversicherung entsprechend zu berücksichtigen.

5. **Rückzahlung von Arbeitslohn in Fällen der Nettolohnvereinbarung**

Für die steuerliche Behandlung von zurückgezahltem Arbeitslohn bei Vorliegen einer Nettolohnvereinbarung gelten die Ausführungen unter Tz. 2 bis 4 entsprechend. Steuerschuldner und damit auch Erstattungsberechtigter ist der Arbeitnehmer und nicht der Arbeitgeber.

6. **Rückzahlung von Arbeitslohn in den Fällen der Lohnsteuerpauschalierung nach §§ 40, 40a und 40b EStG**

Die Rückzahlung von Arbeitslohn, der unter Übernahme der Lohnsteuer durch den Arbeitgeber nach §§ 40, 40a und 40b EStG pauschal versteuert worden ist, hat keine negativen Einnahmen beim Arbeitnehmer zur Folge. Die Rückzahlung führt vielmehr zu einem Erstattungsanspruch des Arbeitgebers. Für die Ermittlung eines evtl. Steuererstattungsanspruchs sind folgende Fälle zu unterscheiden:

6.1 **Pauschalierung nach §§ 40 Abs. 2, 40a, 40b EStG**

Soweit eine Verrechnung des zurückgezahlten Arbeitslohns mit entsprechenden Zahlungen im gleichen Anmeldungszeitraum nicht möglich ist, ergibt sich für den Arbeitgeber ein Steuererstattungsanspruch. Der Berechnung dieses Anspruchs ist der entsprechende, im Zeitpunkt der Rückzahlung geltende Pauschsteuersatz zugrunde zu legen. Im Übrigen wird wegen der Rückzahlung von nach § 40b EStG pauschal besteuertem Arbeitslohn auf das FMS vom 24.5.1978 – § 10 EStG Fach 2 Karte 1 – hingewiesen, das dem BMF-Schreiben vom 24.5.1978 IV B 6 – S 2333 – 13/78 in BStBl. I S. 232 entspricht*).

6.2 **Pauschalierung nach § 40 Abs. 1 EStG**

Im Fall des § 40 Abs. 1 EStG darf der zurückgezahlte Arbeitslohn nicht mit entsprechenden positiven Zahlungen im gleichen Anmeldungszeitraum verrechnet werden. Die Rückzahlung führt deshalb zu einem Steuererstattungsanspruch des Arbeitgebers. Dabei kann aus Vereinfachungsgründen von dem Betrag ausgegangen werden, der vorher als pauschale Lohnsteuer für die zurückgezahlten Beträge abgeführt worden ist.

Dieses Schreiben ergeht im Einvernehmen mit dem Bundesminister der Finanzen und den Finanzministern (-senatoren) der anderen Länder.

§ 12 EStG

Soweit in § 10 Absatz 1 Nummer 2 bis 5, 7 und 9 sowie Absatz 1a Nummer 1, den §§ 10a, 10b und den §§ 33 bis 33b nichts anderes bestimmt ist, dürfen weder bei den einzelnen Einkunftsarten noch vom Gesamtbetrag der Einkünfte abgezogen werden

1. die für den Haushalt des Steuerpflichtigen und für den Unterhalt seiner Familienangehörigen aufgewendeten Beträge. ²Dazu gehören auch die Aufwendungen für die Lebensführung, die die wirtschaftliche oder gesellschaftliche Stellung des Steuerpflichtigen mit sich bringt, auch wenn sie zur Förderung des Berufs oder der Tätigkeit des Steuerpflichtigen erfolgen;
2. freiwillige Zuwendungen, Zuwendungen aufgrund einer freiwillig begründeten Rechtspflicht und Zuwendungen an eine gegenüber dem Steuerpflichtigen oder seinem Ehegatten gesetzlich unterhaltsberechtigte Person oder deren Ehegatten, auch wenn diese Zuwendungen auf einer besonderen Vereinbarung beruhen;
3. die Steuern vom Einkommen und sonstige Personensteuern sowie die Umsatzsteuer für Umsätze, die Entnahmen sind, und die Vorsteuerbeträge auf Aufwendungen, für die das Abzugsverbot der Nummer 1 oder des § 4 Absatz 5 Satz 1 Nummer 1 bis 5, 7 oder Absatz 7 gilt; das gilt auch für die auf diese Steuern entfallenden Nebenleistungen;
4. in einem Strafverfahren festgesetzte Geldstrafen, sonstige Rechtsfolgen vermögensrechtlicher Art, bei denen der Strafcharakter überwiegt, und Leistungen zur Erfüllung von Auflagen oder Weisungen, soweit die Auflagen oder Weisungen nicht lediglich der Wiedergutmachung des durch die Tat verursachten Schadens dienen;
5. – *weggefallen* –

§ 18 EStG

(1) Einkünfte aus selbständiger Arbeit sind

1. Einkünfte aus freiberuflicher Tätigkeit. ²Zu der freiberuflichen Tätigkeit gehören die selbständig ausgeübte wissenschaftliche, künstlerische, schriftstellerische, unterrichtende oder erzieherische Tätigkeit, die selbständige Berufstätigkeit der Ärzte, Zahnärzte, Tierärzte, Rechtsanwälte, Notare, Patentanwälte, Vermessungsingenieure, Ingenieure, Architekten, Handelschemiker, Wirtschaftsprüfer, Steuerberater, beratenden Volks- und Betriebswirte, vereidigten Buchprüfer, Steuerbevollmächtigten, Heilpraktiker, Dentisten, Krankengymnasten, Journalisten, Bildberichterstatter, Dolmetscher, Übersetzer, Lotsen und ähnlicher Berufe. ³Ein Angehöriger eines freien Berufs im Sinne der Sätze 1 und 2 ist auch dann freiberuflich tätig, wenn er sich der Mithilfe fachlich vorgebildeter Arbeitskräfte bedient; Voraussetzung ist, dass er aufgrund eigener Fachkenntnisse leitend und eigenverantwortlich tätig wird. ⁴Eine Vertretung im Fall vorübergehender Verhinderung steht der Annahme einer leitenden und eigenverantwortlichen Tätigkeit nicht entgegen;
2. Einkünfte der Einnehmer einer staatlichen Lotterie, wenn sie nicht Einkünfte aus Gewerbebetrieb sind;
3. Einkünfte aus sonstiger selbständiger Arbeit, z. B. Vergütungen für die Vollstreckung von Testamenten, für Vermögensverwaltung und für die Tätigkeit als Aufsichtsratsmitglied;
4. Einkünfte, die ein Beteiligter an einer vermögensverwaltenden Gesellschaft oder Gemeinschaft, deren Zweck im Erwerb, Halten und in der Veräußerung von Anteilen an Kapitalgesellschaften besteht, als Vergütung für Leistungen zur Förderung des Gesellschafts- oder Gemeinschaftszwecks erzielt, wenn der Anspruch auf die Vergütung unter der Voraussetzung eingeräumt worden ist, dass die Gesellschafter oder Gemeinschafter ihr eingezahltes Kapital vollständig zurückerhalten haben; § 15 Absatz 3 ist nicht anzuwenden.

(2) Einkünfte nach Absatz 1 sind auch dann steuerpflichtig, wenn es sich nur um eine vorübergehende Tätigkeit handelt.

(3) ¹Zu den Einkünften aus selbständiger Arbeit gehört auch der Gewinn, der bei der Veräußerung des Vermögens oder eines selbständigen Teils des Vermögens oder eines Anteils am Vermögen erzielt wird, das der selbständigen Arbeit dient. ²§ 16 Abs. 1 Nr. 1 Satz 2 und Abs. 2 bis 4 gilt entsprechend.

(4) ¹§ 13 Absatz 5 gilt entsprechend, sofern das Grundstück im Veranlagungszeitraum 1986 zu einem der selbständigen Arbeit dienenden Betriebsvermögen gehört hat. ²§ 15 Absatz 1 Satz 1 Nummer 2, Absatz 1a, Absatz 2 Satz 2 und 3, §§ 15a und 15b sind entsprechend anzuwenden.

---

*) Jetzt R 40b.1 Absätze 13 bis 16 LStR. Seit 1.1.2008 ist bei einer Rückzahlung von pauschal nach § 40b EStG besteuertem Arbeitslohn eine Erstattung der Pauschalsteuer aus Vorjahren nicht mehr möglich (R 40b.1 Abs. 14 Satz 3 LStR).

§ 19 EStG

(1) ¹Zu den Einkünften aus nichtselbständiger Arbeit gehören
1. Gehälter, Löhne, Gratifikationen, Tantiemen und andere Bezüge und Vorteile für eine Beschäftigung im öffentlichen oder privaten Dienst;
1a. Zuwendungen des Arbeitgebers an seinen Arbeitnehmer und dessen Begleitpersonen anlässlich von Veranstaltungen auf betrieblicher Ebene mit gesellschaftlichem Charakter (Betriebsveranstaltung). ²Zuwendungen im Sinne des Satzes 1 sind alle Aufwendungen des Arbeitgebers einschließlich Umsatzsteuer unabhängig davon, ob sie einzelnen Arbeitnehmern individuell zurechenbar sind oder ob es sich um einen rechnerischen Anteil an den Kosten der Betriebsveranstaltung handelt, die der Arbeitgeber gegenüber Dritten für den äußeren Rahmen der Betriebsveranstaltung aufwendet. ³Soweit solche Zuwendungen den Betrag von 110 Euro je Betriebsveranstaltung und teilnehmenden Arbeitnehmer nicht übersteigen, gehören sie nicht zu den Einkünften aus nichtselbständiger Arbeit, wenn die Teilnahme an der Betriebsveranstaltung allen Angehörigen des Betriebs oder eines Betriebsteils offensteht. ⁴Satz 3 gilt für bis zu zwei Betriebsveranstaltungen jährlich. ⁵Die Zuwendungen im Sinne des Satzes 1 sind abweichend von § 8 Absatz 2 mit den anteilig auf den Arbeitnehmer und dessen Begleitpersonen entfallenden Aufwendungen des Arbeitgebers im Sinne des Satzes 2 anzusetzen;
2. Wartegelder, Ruhegelder, Witwen- und Waisengelder und andere Bezüge und Vorteile aus früheren Dienstleistungen, auch soweit sie von Arbeitgebern ausgleichspflichtiger Personen an ausgleichsberechtigte Personen infolge einer nach § 10 oder § 14 des Versorgungsausgleichsgesetzes durchgeführten Teilung geleistet werden;
3. laufende Beiträge und laufende Zuwendungen des Arbeitgebers aus einem bestehenden Dienstverhältnis an einen Pensionsfonds, eine Pensionskasse oder für eine Direktversicherung für eine betriebliche Altersversorgung. ²Zu den Einkünften aus nichtselbständiger Arbeit gehören auch Sonderzahlungen, die der Arbeitgeber neben den laufenden Beiträgen und Zuwendungen an eine solche Versorgungseinrichtung leistet, mit Ausnahme der Zahlungen des Arbeitgebers
   a) zur erstmaligen Bereitstellung der Kapitalausstattung zur Erfüllung der Solvabilitätsvorschriften nach den §§ 53c und 114 des Versicherungsaufsichtsgesetzes,
   b) zur Wiederherstellung einer angemessenen Kapitalausstattung nach unvorhersehbaren Verlusten oder zur Finanzierung der Verstärkung der Rechnungsgrundlagen auf Grund einer unvorhersehbaren und nicht nur vorübergehenden Änderung der Verhältnisse, wobei die Sonderzahlungen nicht zu einer Absenkung des laufenden Beitrags führen oder durch die Absenkung des laufenden Beitrags Sonderzahlungen ausgelöst werden dürfen,
   c) in der Rentenbezugszeit nach § 112 Absatz 1a des Versicherungsaufsichtsgesetzes oder
   d) in Form von Sanierungsgeldern;
Sonderzahlungen des Arbeitgebers sind insbesondere Zahlungen an eine Pensionskasse anlässlich
   a) seines Ausscheidens aus einer nicht im Wege der Kapitaldeckung finanzierten betrieblichen Altersversorgung oder
   b) des Wechsels von einer nicht im Wege der Kapitaldeckung zu einer anderen nicht im Wege der Kapitaldeckung finanzierten betrieblichen Altersversorgung.
³Von Sonderzahlungen im Sinne des Satzes 2 zweiter Halbsatz Buchstabe b ist bei laufenden und wiederkehrenden Zahlungen entsprechend dem periodischen Bedarf nur auszugehen, soweit die Bemessung der Zahlungsverpflichtungen des Arbeitgebers in das Versorgungssystem nach dem Wechsel die Bemessung der Zahlungsverpflichtung zum Zeitpunkt des Wechsels übersteigt. ⁴Sanierungsgelder sind Sonderzahlungen des Arbeitgebers an eine Pensionskasse anlässlich der Systemumstellung einer nicht im Wege der Kapitaldeckung finanzierten betrieblichen Altersversorgung auf der Finanzierungs- oder Leistungsseite, die der Finanzierung der zum Zeitpunkt der Umstellung bestehenden Versorgungsverpflichtungen oder Versorgungsanwartschaften dienen; bei laufenden und wiederkehrenden Zahlungen entsprechend dem periodischen Bedarf ist nur von Sanierungsgeldern auszugehen, soweit die Bemessung der Zahlungsverpflichtungen des Arbeitgebers in das Versorgungssystem nach der Systemumstellung die Bemessung der Zahlungsverpflichtung zum Zeitpunkt der Systemumstellung übersteigt.

²Es ist gleichgültig, ob es sich um laufende oder um einmalige Bezüge handelt und ob ein Rechtsanspruch auf sie besteht.

(2) ¹Von Versorgungsbezügen bleiben ein nach einem Prozentsatz ermittelter, auf einen Höchstbetrag begrenzter Betrag (Versorgungsfreibetrag) und ein Zuschlag zum Versorgungsfreibetrag steuerfrei. ²Versorgungsbezüge sind
1. das Ruhegehalt, Witwen- oder Waisengeld, der Unterhaltsbeitrag oder ein gleichartiger Bezug
   a) aufgrund beamtenrechtlicher oder entsprechender gesetzlicher Vorschriften,
   b) nach beamtenrechtlichen Grundsätzen von Körperschaften, Anstalten oder Stiftungen des öffentlichen Rechts oder öffentlich-rechtlichen Verbänden von Körperschaften
oder
2. in anderen Fällen Bezüge und Vorteile aus früheren Dienstleistungen wegen Erreichens einer Altersgrenze, verminderter Erwerbsfähigkeit oder Hinterbliebenenbezüge; Bezüge wegen Erreichens einer Altersgrenze gelten erst dann als Versorgungsbezüge, wenn der Steuerpflichtige das 63. Lebensjahr oder, wenn er schwerbehindert ist, das 60. Lebensjahr vollendet hat.

³Der maßgebende Prozentsatz, der Höchstbetrag des Versorgungsfreibetrags und der Zuschlag zum Versorgungsfreibetrag sind der nachstehenden Tabelle zu entnehmen:

Jahr des Versorgungs-beginns	Versorgungsfreibetrag		Zuschlag zum Versorgungs-freibetrag in Euro
	in % der Versorgungs-bezüge	Höchstbetrag in Euro	
bis 2005	40,0	3 000	900
ab 2006	38,4	2 880	864
2007	36,8	2 760	828
2008	35,2	2 640	792
2009	33,6	2 520	756
2010	32,0	2 400	720
2011	30,4	2 280	684
2012	28,8	2 160	648
2013	27,2	2 040	612
2014	25,6	1 920	576
2015	24,0	1 800	540
2016	22,4	1 680	504
2017	20,8	1 560	468
2018	19,2	1 440	432
2019	17,6	1 320	396
2020	16,0	1 200	360
2021	15,2	1 140	342
2022	14,4	1 080	324
2023	13,6	1 020	306
2024	12,8	960	288
2025	12,0	900	270
2026	11,2	840	252
2027	10,4	780	234

§ 19 EStG
R 19.0

Jahr des Versorgungs-beginns	Versorgungsfreibetrag		Zuschlag zum Versorgungs-freibetrag in Euro
	in % der Versorgungs-bezüge	Höchstbetrag in Euro	
2028	9,6	720	216
2029	8,8	660	198
2030	8,0	600	180
2031	7,2	540	162
2032	6,4	480	144
2033	5,6	420	126
2034	4,8	360	108
2035	4,0	300	90
2036	3,2	240	72
2037	2,4	180	54
2038	1,6	120	36
2039	0,8	60	18
2040	0,0	0	0

[4]Bemessungsgrundlage für den Versorgungsfreibetrag ist
a) bei Versorgungsbeginn vor 2005
   das Zwölffache des Versorgungsbezugs für Januar 2005,
b) bei Versorgungsbeginn ab 2005
   das Zwölffache des Versorgungsbezugs für den ersten vollen Monat,

jeweils zuzüglich voraussichtlicher Sonderzahlungen im Kalenderjahr, auf die zu diesem Zeitpunkt ein Rechtsanspruch besteht. [5]Der Zuschlag zum Versorgungsfreibetrag darf nur bis zur Höhe der um den Versorgungsfreibetrag geminderten Bemessungsgrundlage berücksichtigt werden. [6]Bei mehreren Versorgungsbezügen mit unterschiedlichem Bezugsbeginn bestimmen sich der insgesamt berücksichtigungsfähige Höchstbetrag des Versorgungsfreibetrags und der Zuschlag zum Versorgungsfreibetrag nach dem Jahr des Beginns des ersten Versorgungsbezugs. [7]Folgt ein Hinterbliebenenbezug einem Versorgungsbezug, bestimmen sich der Prozentsatz, der Höchstbetrag des Versorgungsfreibetrags und der Zuschlag zum Versorgungsfreibetrag für den Hinterbliebenenbezug nach dem Jahr des Beginns des Versorgungsbezugs. [8]Der nach den Sätzen 3 bis 7 berechnete Versorgungsfreibetrag und Zuschlag zum Versorgungsfreibetrag gelten für die gesamte Laufzeit des Versorgungsbezugs. [9]Regelmäßige Anpassungen des Versorgungsbezugs führen nicht zu einer Neuberechnung. [10]Abweichend hiervon sind der Versorgungsfreibetrag und der Zuschlag zum Versorgungsfreibetrag neu zu berechnen, wenn sich der Versorgungsbezug wegen Anwendung von Anrechnungs-, Ruhens-, Erhöhungs- oder Kürzungsregelungen erhöht oder vermindert. [11]In diesen Fällen sind die Sätze 3 bis 7 mit dem geänderten Versorgungsbezug als Bemessungsgrundlage im Sinne des Satzes 4 anzuwenden; im Kalenderjahr der Änderung sind der höchste Versorgungsfreibetrag und Zuschlag zum Versorgungsfreibetrag maßgebend. [12]Für jeden vollen Kalendermonat, für den keine Versorgungsbezüge gezahlt werden, ermäßigen sich der Versorgungsfreibetrag und der Zuschlag zum Versorgungsfreibetrag in diesem Kalenderjahr um je ein Zwölftel.

R 19.0
Arbeitnehmer
— unbesetzt —

H 19.0
Hinweise zu R 19.0
Arbeitnehmer

Allgemeines

Wer Arbeitnehmer ist, ist unter Beachtung der Vorschriften des § 1 LStDV*) nach dem Gesamtbild der Verhältnisse zu beurteilen. Die arbeitsrechtliche und sozialversicherungsrechtliche Behandlung ist unmaßgeblich (>BFH vom 2.12.1998 – BStBl. 1999 II S. 534). Wegen der Abgrenzung der für einen Arbeitnehmer typischen fremdbestimmten Tätigkeit von selbständiger Tätigkeit >BFH vom 14.6.1985 (BStBl. II S. 661) und vom 18.1.1991 (BStBl. II S. 409). Danach können für eine Arbeitnehmereigenschaft insbesondere folgende Merkmale sprechen:

– persönliche Abhängigkeit,
– Weisungsgebundenheit hinsichtlich Ort, Zeit und Inhalt der Tätigkeit,
– feste Arbeitszeiten,
– Ausübung der Tätigkeit gleichbleibend an einem bestimmten Ort,
– feste Bezüge,
– Urlaubsanspruch,
– Anspruch auf sonstige Sozialleistungen,
– Fortzahlung der Bezüge im Krankheitsfall,
– Überstundenvergütung,
– zeitlicher Umfang der Dienstleistungen,
– Unselbständigkeit in Organisation und Durchführung der Tätigkeit,
– kein Unternehmerrisiko,
– keine Unternehmerinitiative,
– kein Kapitaleinsatz,
– keine Pflicht zur Beschaffung von Arbeitsmitteln,
– Notwendigkeit der engen ständigen Zusammenarbeit mit anderen Mitarbeitern,
– Eingliederung in den Betrieb,
– Schulden der Arbeitskraft und nicht eines Arbeitserfolges,
– Ausführung von einfachen Tätigkeiten, bei denen eine Weisungsabhängigkeit die Regel ist.

Diese Merkmale ergeben sich regelmäßig aus dem der Beschäftigung zugrunde liegenden Vertragsverhältnis, sofern die Vereinbarungen ernsthaft gewollt sind und tatsächlich durchgeführt werden (>BFH vom 14.12.1978 – BStBl. 1979 II S. 188, vom 20.2.1979 – BStBl. II S. 414 und vom 24.7.1992 – BStBl. 1993 II S. 155). Dabei sind die für oder gegen ein Dienstverhältnis sprechenden Merkmale ihrer Bedeutung entsprechend gegeneinander abzuwägen. Die arbeitsrechtliche Fiktion eines Dienstverhältnisses ist steuerlich nicht maßgebend (>BFH vom 8.5.2008 – BStBl. II S. 868).

Ehegatten-Arbeitsverhältnis**)
>R 4.8 EStR***) und H 4.8 EStH****)

Einkunftserzielungsabsicht

Zur Abgrenzung der Einkunftserzielungsabsicht von einer einkommensteuerrechtlich unbeachtlichen Liebhaberei >BFH vom 28.8.2008 (BStBl. 2009 II S. 243).

Eltern-Kind-Arbeitsverhältnis

Zur steuerlichen Anerkennung von Dienstverhältnissen zwischen Eltern und Kindern >BFH vom 9.12.1993 (BStBl. 1994 II S. 298), >R 4.8 Abs. 3 EStR.***)

Gesellschafter-Geschäftsführer

Ein Gesellschafter-Geschäftsführer einer Kapitalgesellschaft ist nicht allein aufgrund seiner Organstellung Arbeitnehmer. Es ist anhand der

---

*) Abgedruckt als Anhang 1 zum Handbuch.
**) Die dort aufgeführten Grundsätze gelten bei eingetragenen Lebenspartnern entsprechend (§ 2 Abs. 8 EStG).
***) Abgedruckt als Anlage 6 zu H 19.0 LStR.
****) Abgedruckt als Anlage 7 zu H 19.0 LStR.

§ 19 EStG
R 19.0

allgemeinen Merkmale (>Allgemeines) zu entscheiden, ob die Geschäftsführungsleistung selbständig oder nichtselbständig erbracht wird (>BMF vom 31.5.2007 – BStBl. I S. 503 unter Berücksichtigung der Änderungen durch BMF vom 2.5.2011 – BStBl. I S. 490).

Mitunternehmer

Zur Frage, unter welchen Voraussetzungen ein Arbeitnehmer Mitunternehmer i. S. d. § 15 Abs. 1 Nr. 2 EStG ist, >H 15.8 Abs. 1 (Verdeckte Mitunternehmerschaft) EStH.

Nichteheliche Lebensgemeinschaft

- >H 4.8 EStH*)
- Ein hauswirtschaftliches Beschäftigungsverhältnis mit der nicht ehelichen Lebensgefährtin kann nicht anerkannt werden, wenn diese zugleich Mutter des gemeinsamen Kindes ist (>BFH vom 19.5.1999 – BStBl. II S. 764).

Selbständige Arbeit

Zur Abgrenzung einer Tätigkeit als Arbeitnehmer von einer selbständigen Tätigkeit >R 15.1 und 18.1 EStR.

Weisungsgebundenheit

Die in § 1 Abs. 2 LStDV**) genannte Weisungsgebundenheit kann auf einem besonderen öffentlich-rechtlichen Gewaltverhältnis beruhen, wie z. B. bei Beamten und Richtern, oder Ausfluss des Direktionsrechts sein, mit dem ein Arbeitgeber die Art und Weise, Ort, Zeit und Umfang der zu erbringenden Arbeitsleistung bestimmt. Die Weisungsbefugnis kann eng, aber auch locker sein, wie z. B. bei einem angestellten Chefarzt, der fachlich weitgehend eigenverantwortlich handelt; entscheidend ist, ob die beschäftigte Person einer etwaigen Weisung bei der Art und Weise der Ausführung der geschuldeten Arbeitsleistung zu folgen verpflichtet ist oder ob ein solches Weisungsrecht nicht besteht. Maßgebend ist das Innenverhältnis; die Weisungsgebundenheit muss im Auftreten der beschäftigten Person nach außen nicht erkennbar werden (>BFH vom 15.7.1987 – BStBl. II S. 746). Die Eingliederung in einen Betrieb kann auch bei einer kurzfristigen Beschäftigung gegeben sein, wie z. B. bei einem Apothekervertreter als Urlaubsvertretung. Sie ist aber eher bei einfachen als bei gehobenen Arbeiten anzunehmen, z. B. bei einem Gelegenheitsarbeiter, der zu bestimmten unter Aufsicht durchzuführenden Arbeiten herangezogen wird. Die vorstehenden Kriterien gelten auch für die Entscheidung, ob ein sogenannter Schwarzarbeiter Arbeitnehmer des Auftraggebers ist.

Zuordnung

a) Beispiele für Arbeitnehmereigenschaft

Amateursportler können Arbeitnehmer sein, wenn die für den Trainings- und Spieleinsatz gezahlten Vergütungen nach dem Gesamtbild der Verhältnisse als Arbeitslohn zu beurteilen sind (>BFH vom 23.10.1992 – BStBl. 1993 II S. 303),

Apothekervertreter; ein selbständiger Apotheker, der als Urlaubsvertreter eines anderen selbständigen Apothekers gegen Entgelt tätig wird, ist Arbeitnehmer (>BFH vom 20.2.1979 – BStBl. II S. 414),

Artist ist Arbeitnehmer, wenn er seine Arbeitskraft einem Unternehmer für eine Zeitdauer, die eine Reihe von Veranstaltungen umfasst – also nicht lediglich für einige Stunden eines Abends – ausschließlich zur Verfügung stellt (>BFH vom 16.3.1951 – BStBl. III S. 97),

AStA-Mitglieder >BFH vom 22.7.2008 (BStBl. II S. 981),

Buchhalter >BFH vom 6.7.1955 (BStBl. III S. 256) und vom 13.2.1980 (BStBl. II S. 303),

Büffettier >BFH vom 31.1.1963 (BStBl. III S. 230),

Chefarzt; ein angestellter Chefarzt, der berechtigt ist, Privatpatienten mit eigenem Liquidationsrecht ambulant zu behandeln und die wahlärztlichen Leistungen im Rahmen seines Dienstverhältnisses erbringt (>BFH vom 5.10.2005 – BStBl. 2006 II S. 94),

Gelegenheitsarbeiter, die zu bestimmten, unter Aufsicht durchzuführenden Verlade- und Umladearbeiten herangezogen werden, sind auch dann Arbeitnehmer, wenn sie die Tätigkeit nur für wenige Stunden ausüben (>BFH vom 18.1.1974 – BStBl. II S. 301),

Heimarbeiter >R 15.1 Abs. 2 EStR,

Helfer von Wohlfahrtsverbänden; ehrenamtliche Helfer, die Kinder und Jugendliche auf Ferienreisen betreuen, sind Arbeitnehmer (>BFH vom 28.2.1975 – BStBl. 1976 II S. 134),

Musiker; nebenberuflich tätige Musiker, die in Gaststätten auftreten, sind nach der allgemeinen Lebenserfahrung Arbeitnehmer des Gastwirts; dies gilt nicht, wenn die Kapelle gegenüber Dritten als selbständige Gesellschaft oder der Kapellenleiter als Arbeitgeber der Musiker auftritt bzw. der Musiker oder die Kapelle nur gelegentlich spielt (>BFH vom 10.9.1976 – BStBl. 1977 II S. 178),

Oberarzt; ein in einer Universitätsklinik angestellter Oberarzt ist hinsichtlich der Mitarbeit in der Privatpraxis des Chefarztes dessen Arbeitnehmer (>BFH vom 11.11.1971 – BStBl. 1972 II S. 213),

Reisevertreter kann auch dann Arbeitnehmer sein, wenn er erfolgsabhängig entlohnt wird und ihm eine gewisse Bewegungsfreiheit eingeräumt ist, die nicht Ausfluss seiner eigenen Machtvollkommenheit ist (>BFH vom 7.12.1961 – BStBl. 1962 III S. 149); >H 15.1 (Reisevertreter) EStH,

Sanitätshelfer des Deutschen Roten Kreuzes sind Arbeitnehmer, wenn die gezahlten Entschädigungen nicht mehr als pauschale Erstattung der Selbstkosten beurteilt werden können, weil sie die durch die ehrenamtliche Tätigkeit veranlassten Aufwendungen der einzelnen Sanitätshelfer regelmäßig nicht nur unwesentlich übersteigen (>BFH vom 4.8.1994 – BStBl. II S. 944),

Servicekräfte in einem Warenhaus >BFH vom 20.11.2008 (BStBl. 2009 II S. 374),

Stromableser können auch dann Arbeitnehmer sein, wenn die Vertragsparteien „freie Mitarbeit" vereinbart haben und das Ablesen in Ausnahmefällen auch durch einen zuverlässigen Vertreter erfolgen darf (>BFH vom 24.7.1992 – BStBl. 1993 II S. 155),

Telefoninterviewer >BFH vom 29.5.2008 (BStBl. II S. 933),

Vorstandsmitglied einer Aktiengesellschaft >BFH vom 11.3.1960 (BStBl. III S. 214),

Vorstandsmitglied einer Familienstiftung >BFH vom 31.1.1975 (BStBl. II S. 358),

Vorstandsmitglied einer Genossenschaft >BFH vom 2.10.1968 (BStBl. II 1969 S. 185).

b) Beispiele für fehlende Arbeitnehmereigenschaft

Arztvertreter >BFH vom 10.4.1953 (BStBl. III S. 142),

Beratungsstellenleiter eines Lohnsteuerhilfevereins ist kein Arbeitnehmer, wenn er die Tätigkeit als freier Mitarbeiter ausübt (>BFH vom 10.12.1987 – BStBl. II 1988 S. 273),

Bezirksstellenleiter bei Lotto- und Totogesellschaften >BFH vom 14.9.1967 (BStBl. III 1988 S. 193),

Diakonissen sind keine Arbeitnehmerinnen des Mutterhauses (>BFH vom 30.7.1965 – BStBl. III S. 525),

Fahrlehrer, die gegen eine tätigkeitsbezogene Vergütung unterrichten, sind in der Regel keine Arbeitnehmer, auch wenn ihnen keine Fahrschulerlaubnis erteilt worden ist >BFH vom 17.10.1996 (BStBl. 1997 II S. 188),

Fotomodell; ein Berufsfotomodell ist kein Arbeitnehmer, wenn es nur von Fall zu Fall vorübergehend zu Aufnahmen herangezogen wird (>BFH vom 8.6.1967 – BStBl. III S. 618); Entsprechendes gilt für ausländische Fotomodelle, die zur Produktion von Werbefilmen kurzfristig im Inland tätig werden (>BFH vom 14.6.2007 – BStBl. 2009 II S. 931),

Gerichtsreferendar, der neben der Tätigkeit bei Gericht für einen Rechtsanwalt von Fall zu Fall tätig ist, steht zu dem Anwalt in der Regel nicht in einem Arbeitsverhältnis (>BFH vom 22.3.1968 – BStBl. II S. 455),

Gutachter >BFH vom 22.6.1971 (BStBl. II S. 749),

Hausgewerbetreibender >R 15.1 Abs. 2 EStR,

Hausverwalter, die für eine Wohnungseigentümergemeinschaft tätig sind, sind keine Arbeitnehmer (>BFH vom 13.5.1966 – BStBl. III S. 489),

Knappschaftsarzt >BFH vom 3.7.1959 (BStBl. III S. 344),

---

*) Abgedruckt als Anlage 7 zu H 19.0 LStR.
**) Abgedruckt als Anhang 1 zum Handbuch.

Künstler; zur Frage der Selbständigkeit von Künstlern und verwandten Berufen >BMF vom 5.10.1990 (BStBl. I S. 638)*),
Lehrbeauftragte >BFH vom 17.7.1958 (BStBl. III S. 360),
Lotsen >BFH vom 21.5.1987 (BStBl. II S. 625),
Nebenberufliche Lehrkräfte sind in der Regel keine Arbeitnehmer (>BFH vom 4.10.1984 – BStBl. II 1985 S. 51); zur Abgrenzung zwischen nicht selbständiger und selbständiger Arbeit >R 19.2 und H 19.2 (Nebenberufliche Lehrtätigkeit),
Notariatsverweser >BFH vom 12.9.1968 (BStBl. II S. 811),
Rundfunkermittler, die im Auftrage einer Rundfunkanstalt Schwarzhörer aufspüren, sind keine Arbeitnehmer, wenn die Höhe ihrer Einnahmen weitgehend von ihrem eigenen Arbeitseinsatz abhängt und sie auch im Übrigen – insbesondere bei Ausfallzeiten – ein Unternehmerrisiko in Gestalt des Entgeltrisikos tragen. Die gilt unabhängig davon, dass sie nur für einen einzigen Vertragspartner tätig sind (>BFH vom 2.12.1998 – BStBl. 1999 II S. 534),
Schwarzarbeiter; ein Bauhandwerker ist bei nebenberuflicher „Schwarzarbeit" in der Regel kein Arbeitnehmer des Bauherrn (>BFH vom 21.3.1975 – BStBl. II S. 513),
Tutoren >BFH vom 21.7.1972 (BStBl. II S. 738) und vom 28.2.1978 (BStBl. II S. 387),
Versicherungsvertreter ist selbständig tätig und kein Arbeitnehmer, wenn er ein ins Gewicht fallendes Unternehmerrisiko trägt; die Art seiner Tätigkeit, ob werbende oder verwaltende, ist in der Regel nicht von entscheidender Bedeutung (>BFH vom 19.2.1959 – BStBl. III S. 425, vom 10.9.1959 – BStBl. III S. 437, vom 3.10.1961 – BStBl. III S. 567 und vom 13.4.1967 – BStBl. III S. 398),
>R 15.1 Abs. 1 EStR, H 15.1 (Generalagent, Versicherungsvertreter) EStH,
Vertrauensleute einer Buchgemeinschaft; nebenberufliche Vertrauensleute einer Buchgemeinschaft sind keine Arbeitnehmer des Buchclubs (>BFH vom 11.3.1960 – BStBl. III S. 215),
Werbedamen, die von ihren Auftraggebern von Fall zu Fall für jeweils kurzfristige Werbeaktionen beschäftigt werden, können selbständig sein (>BFH vom 14.6.1985 – BStBl. II S. 661).

Anlage 1
zu H 19.0

Steuerabzug vom Arbeitslohn bei unbeschränkt einkommensteuer(lohnsteuer-)pflichtigen Künstlern und verwandten Berufen

BMF-Schreiben vom 5.10.1990 (BStBl. I S. 638)**)

Unter Bezugnahme auf das Ergebnis der Erörterung mit den obersten Finanzbehörden der Länder gilt bei Künstlern und verwandten Berufen, soweit sie eine unmittelbare Vertragsbeziehung zum Arbeitgeber/Auftraggeber begründen, zur Abgrenzung zwischen selbständiger Tätigkeit und nichtselbständiger Arbeit sowie für den Steuerabzug bei Annahme einer nichtselbständigen Arbeit Folgendes:

1. **Abgrenzung zwischen selbständiger Tätigkeit und nichtselbständiger Arbeit**

   Für die Annahme einer nichtselbständigen Arbeit sind die in § 1 LStDV***) aufgestellten Merkmale maßgebend. Danach liegt eine nichtselbständige Arbeit vor, wenn die tätige Person in der Betätigung ihres geschäftlichen Willens unter der Leitung eines Arbeitgebers steht oder in den geschäftlichen Organismus des Arbeitgebers eingegliedert und dessen Weisungen zu folgen verpflichtet ist. Dagegen ist nicht Arbeitnehmer, wer Lieferungen und sonstige Leistungen innerhalb der von ihm selbständig ausgeübten gewerblichen und beruflichen Tätigkeit im Inland gegen Entgelt ausführt, soweit es sich um die Entgelte für diese Lieferungen und sonstigen Leistungen handelt. Im Übrigen kommt es bei der Abgrenzung zwischen selbständiger Tätigkeit und nichtselbständiger Arbeit nicht so sehr auf die formelle vertragliche Gestaltung, z. B. auf die Bezeichnung als freies Mitarbeiterverhältnis, als vielmehr auf die Durchführung der getroffenen Vereinbarung an (BFH-Urteil vom 29. September 1967 – BStBl. 1968 II S. 84). Dies führt bei künstlerischen und verwandten Berufen im Allgemeinen zu folgenden Ergebnissen:

1.1 Tätigkeit bei Theaterunternehmen

1.1.1 Spielzeitverpflichtete Künstler

Künstler und Angehörige von verwandten Berufen, die auf Spielzeit- oder Teilspielzeitvertrag angestellt sind, sind in den Theaterbetrieb eingegliedert und damit nichtselbständig. Dabei spielt es keine Rolle, ob der Künstler gleichzeitig eine Gastspielverpflichtung bei einem anderen Unternehmen eingegangen ist.

1.1.2 Gastspielverpflichtete Künstler

Bei gastspielverpflichteten Künstlern und Angehörigen von verwandten Berufen erstreckt sich der Vertrag in der Regel auf eine bestimmte Anzahl von Aufführungen.

Für die Annahme einer nichtselbständigen Tätigkeit kommt es darauf an, ob das Gastspieltheater während der Dauer des Vertrages im Wesentlichen über die Arbeitskraft des Gastkünstlers verfügt (BFH-Urteil vom 24. Mai 1973 – BStBl. II S. 636). Dies hängt von dem Maß der Einbindung in den Theaterbetrieb (nicht in das Ensemble) ab. Ob ein Künstler allein (Solokünstler) oder in einer Gruppe (z. B. Chor) auftritt und welchen künstlerischen Rang er hat, spielt für die Abgrenzung keine entscheidende Rolle. Auch kommt es nicht darauf an, wie das für die Veranlagung des Künstlers zuständige Finanzamt eine vergleichbare Tätigkeit des Künstlers bei Hörfunk und Fernsehen bewertet und ob es hierfür eine entsprechende Bescheinigung erteilt hat. Im Einzelnen gilt deshalb:

Gastspielverpflichtete Regisseure, Choreographen, Bühnenbildner und Kostümbildner sind selbständig. Gastspielverpflichtete Dirigenten üben dagegen eine nichtselbständige Tätigkeit aus; sie sind ausnahmsweise selbständig, wenn sie nur für kurze Zeit einspringen.

Gastspielverpflichtete Schauspieler, Sänger, Tänzer und andere Künstler sind in den Theaterbetrieben eingegliedert und deshalb nichtselbständig, wenn sie eine Rolle in einer Aufführung übernehmen und gleichzeitig eine Probenverpflichtung zur Einarbeitung in die Rolle oder eine künstlerische Konzeption eingehen. Stell- oder Verständigungsproben reichen nicht aus. Voraussetzung ist außerdem, dass die Probenverpflichtung tatsächlich erfüllt wird. Die Zahl der Aufführungen ist nicht entscheidend.

Aushilfen für Chor und Orchester sind selbständig, wenn sie nur für kurze Zeit einspringen.

Gastspielverpflichtete Künstler einschließlich der Instrumentalsolisten sind selbständig, wenn sie an einer konzertanten Opernaufführung, einem Oratorium, Liederabend oder dergleichen mitwirken.

1.2 Tätigkeit bei Kulturorchestern

Sämtliche gastspielverpflichteten (vgl. Tz. 1.1.2 Abs. 1) Künstler, z. B. Dirigenten, Vokal- und Instrumentalsolisten, sind stets und ohne Rücksicht auf die Art und Anzahl der Aufführungen selbständig. Orchesteraushilfen sind ebenfalls selbständig, wenn sie nur für kurze Zeit einspringen.

1.3 Tätigkeit bei Hörfunk und Fernsehen

Für die neben dem ständigen Personal beschäftigten Künstler und Angehörigen von verwandten Berufen, die in der Regel aufgrund von Honorarverträgen tätig werden und im Allgemeinen als freie Mitarbeiter bezeichnet werden, gilt vorbehaltlich der Tz. 1.4 Folgendes:

1.3.1 Die freien Mitarbeiter sind grundsätzlich nichtselbständig.

1.3.2 Im Allgemeinen sind nur die folgenden Gruppen von freien Mitarbeitern selbständig, soweit sie nur für einzelne Produktionen (z. B. ein Fernsehspiel, eine Unterhaltungssendung oder einen aktuellen Beitrag) tätig werden („Negativkatalog"):

---

*) Abgedruckt als Anlage 1 zu H 19.0 LStR.
**) Die Anlage zu diesem Erlass wurde geändert durch BMF-Schreiben vom 9.7.2014 (BStBl. I S. 1103).
***) Abgedruckt als Anhang 1 zum Handbuch.

§ 19 EStG
R 19.0

Architekten
Arrangeure
Artisten*)
Autoren
Berichterstatter
Bildhauer
Bühnenbildner
Choreographen
Chorleiter**)
Darsteller***)
Dirigenten**)
Diskussionsleiter
Dolmetscher
Fachberater
Fotografen
Gesprächsteilnehmer
Grafiker
Interviewpartner
Journalisten
Kommentatoren
Komponisten
Korrespondenten
Kostümbildner
Kunstmaler
Lektoren
Moderatoren****)
musikalische Leiter**)
Quizmaster
Realisatoren****)
Regisseure
Solisten (Gesang, Musik, Tanz)*)
Schriftsteller
Übersetzer

1.3.3 Eine von vornherein auf Dauer angelegte Tätigkeit eines freien Mitarbeiters ist nichtselbständig, auch wenn für sie mehrere Honorarverträge abgeschlossen werden.

Beispiele:
a) Ein Journalist reist in das Land X, um in mehreren Beiträgen über kulturelle Ereignisse zu berichten. Eine Rundfunkanstalt verpflichtet sich vor Reiseantritt, diese Beiträge abzunehmen.

Die Tätigkeit ist nichtselbständig, weil sie von vornherein auf Dauer angelegt ist und die Berichte aufgrund einer vorher eingegangenen Gesamtverpflichtung geliefert werden. Dies gilt auch, wenn diese Beiträge einzeln abgerechnet werden.

b) Ein Journalist wird von einer Rundfunkanstalt für kulturpolitische Sendungen um Beiträge gebeten. Die Beiträge liefert er aufgrund von jeweils einzeln abgeschlossenen Vereinbarungen.

Die Tätigkeit ist selbständig, weil sie nicht von vornherein auf Dauer angelegt ist.

1.3.4 Wird der freie Mitarbeiter für denselben Auftraggeber in mehreren zusammenhängenden Leistungsbereichen tätig, von denen der eine als selbständig und der andere als nichtselbständig zu beurteilen ist, ist die gesamte Tätigkeit einheitlich als selbständige oder als nichtselbständige Tätigkeit zu behandeln. Die Einordnung dieser Mischtätigkeit richtet sich nach der überwiegenden Tätigkeit, die sich aus dem Gesamterscheinungsbild ergibt. Für die Frage des Überwiegens kann auch auf die Höhe des aufgeteilten Honorars abgestellt werden.

1.3.5 Übernimmt ein nichtselbständiger Mitarbeiter für seinen Arbeitgeber zusätzliche Aufgaben, die nicht zu den Nebenpflichten aus seiner Haupttätigkeit gehören, so ist nach den allgemeinen Abgrenzungskriterien zu prüfen, ob die Nebentätigkeit selbständig oder nichtselbständig ausgeübt wird (siehe Abschn. 68 LStR*****) und >BFH-Urteil vom 25. November 1971 – BStBl. 1972 II S. 212).

1.3.6 Gehört ein freier Mitarbeiter nicht zu einer der im Negativkatalog (Tz. 1.3.2) genannten Berufsgruppen, so kann aufgrund besonderer Verhältnisse des Einzelfalls die Tätigkeit gleichwohl selbständig sein. Das Wohnsitzfinanzamt erteilt dem Steuerpflichtigen nach eingehender Prüfung ggf. eine Bescheinigung nach beiliegendem Muster. Die Bescheinigung bezieht sich auf die Tätigkeit des freien Mitarbeiters für einen bestimmten Auftraggeber. Das Finanzamt hat seine Entscheidung grundsätzlich mit dem Betriebsstättenfinanzamt des Auftraggebers abzustimmen.

1.3.7 Gehört ein freier Mitarbeiter zu einer der in Tz. 1.3.2 genannten Berufsgruppen, so kann er aufgrund besonderer Verhältnisse des Einzelfalls gleichwohl nichtselbständig sein.

1.3.8 Aushilfen für Chor und Orchester sind selbständig, wenn sie nur für kurze Zeit einspringen.

1.4 **Tätigkeit bei Film- und Fernsehfilmproduzenten (Eigen- und Auftragsproduktion) einschl. Synchronisierung**

Filmautoren, Filmkomponisten und Fachberater sind im Allgemeinen nicht in den Organismus des Unternehmens eingegliedert, sodass ihre Tätigkeit in der Regel selbständig ist. Schauspieler, Regisseure, Kameraleute, Regieassistenten und sonstige Mitarbeiter in der Film- und Fernsehfilmproduktion sind dagegen im Allgemeinen nichtselbständig (BFH-Urteil vom 6. Oktober 1971 – BStBl. 1972 II S. 88). Das gilt auch für Mitarbeiter bei der Herstellung von Werbefilmen.******)

Synchronsprecher sind in der Regel selbständig (BFH-Urteil vom 12. Oktober 1978 – BStBl. 1981 II S. 706). Das gilt nicht nur für Lippensynchronsprecher, sondern auch für Synchronsprecher für besondere Filme (z. B. Kultur-, Lehr- und Werbefilme), bei denen der in eine andere Sprache zu übertragende Begleittext zu sprechen ist. Diese Grundsätze gelten für Synchronregisseure entsprechend.

1.5 **Wiederholungshonorare*******)**

Wiederholungshonorare sind der Einkunftsart zuzuordnen, zu welcher das Ersthonorar gehört hat. Dies gilt auch dann, wenn das Wiederholungshonorar nicht vom Schuldner des Ersthonorars gezahlt wird. Ist das Ersthonorar im Rahmen der Einkünfte aus nichtselbständiger Arbeit zugeflossen und wird das Wiederholungshonorar durch einen Dritten gezahlt, so ist ein Lohnsteuerabzug nicht vorzunehmen.

2. **Steuerabzug vom Arbeitslohn********)**

2.1 Bei Annahme einer nichtselbständigen Tätigkeit ist der Arbeitgeber zur Einbehaltung und Abführung der Lohnsteuer verpflichtet. Die Höhe der einzubehaltenden Lohnsteuer richtet sich dabei nach der für den jeweiligen Lohnzahlungszeitraum maßgebenden Lohnsteuertabelle.

2.2 Bei täglicher Zahlung des Honorars ist grundsätzlich die Lohnsteuertabelle für tägliche Lohnzahlungen anzuwenden. Stellt sich die tägliche Lohnzahlung lediglich als Abschlagszahlung auf ein für einen längeren Lohnabrechnungszeitraum vereinbartes Honorar dar, so ist der Lohnabrechnungszeitraum als Lohnzahlungszeitraum zu betrachten (§ 39b Abs. 5 EStG). Können die Honorare nicht als Abschlagszahlungen angesehen werden, bestehen keine Bedenken, wenn eines der folgenden Verfahren angewendet wird:

2.2.1 Erweiterter Lohnzahlungszeitraum

Der Lohnzahlungszeitraum wird auf die vor der tatsächlichen Beschäftigung liegende Zeit ausgedehnt, soweit dieser Zeitraum nach der auf der Lohnsteuerkarte vermerkten Lohnsteuerbescheinigung nicht schon belegt ist. Dabei gilt jedoch die Einschränkung, dass für je zwei Tage der tatsächlichen Beschäftigung nur 1 Woche, insgesamt jedoch höchstens 1 Monat bescheinigt werden kann.

---

*) Die als Gast außerhalb eines Ensembles oder einer Gruppe eine Sololeistung erbringen.
**) Soweit sie als Gast mitwirken oder Träger des Chores/Klangkörpers oder Arbeitgeber der Mitglieder des Chores/Klangkörpers sind.
***) Die als Gast in einer Sendung mit Live-Charakter mitwirken.
****) Wenn der eigenschöpferische Teil der Leistung überwiegt.
*****) Jetzt: R 19.2 LStR.
******) Ausländische Fotomodelle, die zur Produktion von Werbefilmen kurzfristig im Inland tätig werden, können selbständig tätig sein (>BFH vom 14.6.2007 – BStBl. 2009 II S. 931).
*******) Wiederholungshonorare für die nochmalige Ausstrahlung von Fernseh- und Hörfunkproduktionen und Erlösbeteiligungen, die als Nutzungsentgelte für die Übertragung originär urheberrechtlicher Verwertungsrechte gezahlt werden, gehören auch dann zu den Einkünften aus selbständiger Arbeit, wenn das Ersthonorar Arbeitslohn ist (>BFH vom 26.7.2006 – BStBl. II S. 917).
********) Die nachfolgenden Regelungen gelten grundsätzlich auch im elektronischen ELStAM-Verfahren.

Beispiele:
a) Beschäftigung vom 26. bis 31. März (6 Tage). Letzte Eintragung auf der Lohnsteuerkarte 2. bis 5. März. Für 6 Tage Beschäftigung Eintragung von 3 Wochen = 21 Tage. Es kommt demnach ein erweiterter Lohnzahlungszeitraum für die Zeit vom 11. bis 31. März (21 Tage) in Betracht.

Würde sich im vorstehenden Beispiel die letzte Eintragung auf der Lohnsteuerkarte statt auf die Zeit vom 2. bis 5. März auf die Zeit vom 15. bis 18. März erstrecken, dann käme als erweiterter Lohnzahlungszeitraum nur die Zeit vom 19. bis 31. März in Betracht.

b) Beschäftigung vom 10. bis 19. März (10 Tage). Letzte Eintragung auf der Lohnsteuerkarte vom 2. bis 7. Februar. Für 10 Tage Beschäftigung Eintragung von 5 Wochen, höchstens jedoch 1 Monat. Es kommt demnach ein erweiterter Lohnzahlungszeitraum für die Zeit vom 20. Februar bis 19. März in Betracht.

Würde im vorstehenden Beispiel die Beschäftigung statt vom 10. bis 19. März vom 10. März bis 15. April, also mindestens 1 Monat dauern, so kommt die Anwendung des erweiterten Lohnzahlungszeitraums nicht in Betracht.

Ist die Zahl der tatsächlichen Beschäftigungstage nicht durch 2 teilbar und verbleibt demnach ein Rest von 1 Tag oder beträgt die tatsächliche Beschäftigungsdauer nur 1 Tag, so kann hierfür – im Rahmen des Höchstzeitraums von 1 Monat – ebenfalls 1 Woche bescheinigt werden.

Beispiel:
Beschäftigung vom 10. bis 12. März (3 Tage). Letzte Eintragung auf der Lohnsteuerkarte 2. bis 7. Februar. Für 3 Tage Beschäftigung Eintragung von 2 Wochen = 14 Tage. Es kommt demnach ein erweiterter Lohnzahlungszeitraum für die Zeit vom 27. Februar bis 12. März (14 Tage) in Betracht.

Würde im vorstehenden Beispiel die Beschäftigung statt vom 10. bis 12. März vom 10. bis 18. März dauern, so würden nach dieser Berechnung zwar 5 Wochen in Betracht kommen. Es kann aber nur höchstens 1 Monat als Lohnzahlungszeitraum angesetzt werden, also die Zeit vom 19. Februar bis 18. März. Bei Eintragung voller Wochen ist die Wochentabelle auf jeweils das auf die Anzahl der Wochen aufgeteilte Honorar, bei Eintragung eines Monats die Monatstabelle anzuwenden.

Beispiel:
Das Honorar für eine Beschäftigung von 5 Tagen beträgt 900 DM. Bei einem erweiterten Lohnzahlungszeitraum von 3 Wochen ist die Wochentabelle jeweils auf ein Drittel des Honorars = 300 DM anzuwenden.

Der Arbeitgeber hat in der Lohnsteuerbescheinigung in die zu bescheinigende Dauer des Dienstverhältnisses auch die Tage einzubeziehen, um die nach vorstehenden Verfahren Lohnzahlungszeiträume erweitert worden sind. Im Lohnkonto hat der Arbeitgeber neben den sonstigen Angaben, zu denen er verpflichtet ist, den Zeitraum der tatsächlichen Beschäftigung, den nach vorstehendem Verfahren erweiterten Lohnzahlungszeitraum sowie den auf der Lohnsteuerkarte vermerkten vorangegangenen Beschäftigungszeitraum sowie Name und Anschrift des früheren Arbeitgebers einzutragen. Händigt der Arbeitgeber dem Arbeitnehmer die Lohnsteuerkarte vorübergehend aus (§ 39b Abs. 1 Satz 3 EStG), so hat er zuvor auf der Rückseite der Lohnsteuerkarte bereits die für eine spätere Lohnsteuerbescheinigung vorgesehene letzte Spalte (Anschrift und Steuer-Nr. des Arbeitgebers, ggf. Firmenstempel, mit Unterschrift) auszufüllen. Ein anderer Arbeitgeber, dem eine derart gekennzeichnete Lohnsteuerkarte vorgelegt wird, darf diese nicht seiner Lohnsteuerberechnung zugrunde legen; er hat vielmehr für die Berechnung der Lohnsteuerbeträge die tatsächliche Zahl der Arbeitstage nach § 39b Abs. 4 EStG*) zugrunde zu legen und die Lohnsteuer nach § 39c Abs. 1 EStG zu errechnen.

2.2.2 Verlängerung des Lohnzahlungszeitraums auf 1 Monat

Der Arbeitgeber vereinbart mit dem Arbeitnehmer, dass für das in 1 Monat anfallende Honorar der Monat als Lohnzahlungszeitraum angesehen wird und die Zahlungen zunächst als Abschlag behandelt werden. Die in dem Monat gezahlten Abschläge werden innerhalb von 3 Wochen nach Ablauf des Monats als Monatshonorare abgerechnet. Die Lohnsteuer wird dem Lohnzahlungszeitraum entsprechend nach der Monatstabelle einbehalten. Auf den Zeitpunkt der Leistung des Arbeitnehmers und die Dauer seiner Beschäftigung wird dabei nicht besonders abgestellt.

Dem Lohnsteuerabzug wird die dem Arbeitgeber vorgelegte Lohnsteuerkarte zugrunde gelegt. Voraussetzung für die Anwendung dieses Verfahrens ist, dass die für den Lohnsteuerabzug maßgebende Lohnsteuerkarte für den betreffenden Monat noch keine Eintragung enthält und mindestens für den Monat, in dem das Honorar anfällt, beim Arbeitgeber verbleibt.

Vor der Aushändigung der Lohnsteuerkarte wird die Lohnsteuerbescheinigung (§ 41b Abs. 1 EStG) eingetragen. Diese ist dem Lohnabrechnungszeitraum entsprechend jeweils für abgeschlossene Kalendermonate zu erteilen. Als Dauer des Dienstverhältnisses wird der Zeitraum eingetragen, in dem die Lohnsteuerkarte dem Arbeitgeber vorgelegen hat.

Verlangt ein Arbeitnehmer schon im Laufe des Kalenderjahrs die Aushändigung der Lohnsteuerkarte, weil er nicht mehr für den Arbeitgeber tätig ist oder einen Steuerkartenwechsel (z. B. wegen Verlagerung seiner Haupteinnahmequelle zu einem anderen Arbeitgeber; vgl. Abschn. 114 Abs. 3 Satz 1 LStR**)) vornehmen will, wird diese Lohnsteuerkarte noch bis zum Ende des laufenden Lohnabrechnungszeitraums dem Steuerabzug zugrunde gelegt. Kann die Lohnsteuerkarte nach Ablauf des Lohnabrechnungszeitraums infolge einer maschinellen Lohnabrechnung nicht sofort ausgehändigt werden, erhält der neue Arbeitgeber unmittelbar oder über den Arbeitnehmer eine vorläufige Bescheinigung – Zwischenbescheinigung – (§ 41b Abs. 1 Satz 6 EStG*)), sodass er ab Beginn des neuen Lohnabrechnungszeitraums (z. B. Monat) die sich daraus ergebende Steuerklasse anwenden kann. Auf die bei Abschluss des Lohnsteuerabzugs nach § 41b Abs. 1 EStG auszuschreibende Bescheinigung wird besonders hingewiesen.

Enthält die Lohnsteuerkarte für einen Teil des Monats bereits eine Eintragung oder händigt der Arbeitgeber dem Arbeitnehmer die Lohnsteuerkarte vor Ablauf des Monats aus, in dem das Honorar anfällt, so ist der Steuerabzug vom Arbeitslohn für diesen Monat nach den allgemeinen Vorschriften oder nach dem in der nachfolgenden Tz. 2.2.3 zugelassenen Verfahren vorzunehmen. Bei Aushändigung der Lohnsteuerkarte im Laufe des Monats, in dem das Honorar anfällt, ist § 41c EStG zu beachten.

Sofern dem Arbeitgeber eine Lohnsteuerkarte nicht vorliegt, wird nach § 39c Abs. 1 und 2 EStG verfahren.

2.2.3 Permanente Monatsabrechnung

Liegen die Voraussetzungen der Tz. 2.2.2 vor, so kann der Steuerabzug vom Arbeitslohn für die während eines Monats anfallenden Lohnzahlungen nach der Monatstabelle auch in der Weise vorgenommen werden, dass die früheren Lohnzahlungen desselben Monats mit in die Steuerberechnung für den betreffenden Monat einbezogen werden. Dieses Verfahren kann grundsätzlich unabhängig von der auf der Lohnsteuerkarte eingetragenen Steuerklasse angewendet werden. Es gilt also auch bei Vorlage einer Lohnsteuerkarte mit der Steuerklasse VI, nicht hingegen, wenn wegen fehlender Lohnsteuerkarte der Steuerabzug nach der Steuerklasse VI vorzunehmen ist. Die mehrmalige Anwendung der Monatstabelle innerhalb eines Monats ohne Einbeziehung früherer Zahlungen desselben Monats ist auf keinen Fall zulässig.

Beispiel:
Ein Arbeitnehmer, der dem Arbeitgeber eine Lohnsteuerkarte mit der Steuerklasse I vorgelegt hat, erhält am 8. August 1990 für eine eintägige Beschäftigung 400 DM. Die Lohnsteuer hierauf beträgt nach der Monatstabelle 0,– DM.

(Wenn der Arbeitnehmer eine Lohnsteuerkarte mit der Steuerklasse VI vorgelegt hat, beträgt die Lohnsteuer nach der Monatstabelle 75,16 DM.) Erhält der Arbeitnehmer im August 1990 von diesem Arbeitgeber keine weiteren Lohnzahlungen, so beträgt die Lohnsteuer für die am 8. August 1990 gezahlte Vergütung in Höhe von 400 DM

---
*) Weggefallen.
**) Jetzt: R 39b.1 Abs. 2 Satz 1 LStR.

§ 19 EStG
R 19.0

nach Steuerklasse I 0,– DM. Erhält der Arbeitnehmer am 13. August 1990 und am 27. August 1990 vom selben Arbeitgeber nochmals jeweils 500 DM, so berechnet der Arbeitgeber die Lohnsteuer für diese Lohnzahlungen wie folgt (in der 2. Spalte ist vergleichsweise die Steuerberechnung bei Vorlage einer Lohnsteuerkarte mit der Steuerklasse VI aufgeführt):

a) Lohnzahlung am 13. August 1990:	Steuerklasse I	Steuerklasse VI
Bis 13. August 1990 bereits gezahlter Arbeitslohn	400 DM	
zuzüglich für den 13. August 1990 zu zahlender Arbeitslohn	500 DM	
insgesamt	900 DM	
Lohnsteuer hierauf nach der Monatstabelle	17,08 DM	177,33 DM
abzüglich Lohnsteuer, die vom bereits gezahlten Arbeitslohn einbehalten wurde	0,00 DM	75,16 DM
Für die Lohnzahlung am 13. August 1990 einzubehaltende Lohnsteuer	17,08 DM	102,17 DM
b) Lohnzahlung am 27. August 1990:	Steuerklasse I	Steuerklasse VI
Bis 27. August 1990 bereits gezahlter Arbeitslohn	900 DM	
zuzüglich für den 27. August 1990 zu zahlender Arbeitslohn	500 DM	
insgesamt	1400 DM	
Lohnsteuer hierauf nach der Monatstabelle	97,33 DM	303,00 DM
abzüglich Lohnsteuer, die vom bereits gezahlten Arbeitslohn einbehalten wurde	17,08 DM	177,33 DM
Für die Lohnzahlung am 27. August 1990 einzubehaltende Lohnsteuer	80,25 DM	125,67 DM

Hat der Arbeitnehmer dem Arbeitgeber keine Lohnsteuerkarte vorgelegt, so ist für die am 8., 13. und 27. August gezahlten Beträge die Lohnsteuer jeweils nach der Tagestabelle zu ermitteln.

2.2.4 Permanenter Lohnsteuer-Jahresausgleich

Der Steuerabzug vom Arbeitslohn kann unter den in § 39b Abs. 2 Satz 7 EStG*) bzw. in Abschn. 121 Abs. 2 LStR**) genannten Voraussetzungen auch nach dem voraussichtlichen Jahresarbeitslohn unter Anwendung der Jahreslohnsteuertabelle unabhängig davon vorgenommen werden, welche Steuerklasse auf der Lohnsteuerkarte des Arbeitnehmers eingetragen ist.

Dieses Schreiben tritt an die Stelle der BMF-Schreiben vom 27. Juni 1975 – IV B 6 – S 2365 – 8/75 – (BStBl. I S. 923), vom 20. Juli 1976 – IV B 6 – S 2367 – 22/76 –, vom 22. Juni 1977 – IV B 6 – S 2367 – 10/77 – und vom 23. September 1981 – IV B 6 – S 2367– 13/81 –.

Anlage*)**

Finanzamt ....
Steuernummer ....

Bescheinigung

Herrn/Frau .... geb. am ....
wohnhaft ....
wird bescheinigt, dass er/sie hier unter Steuernummer .... zur Einkommensteuer veranlagt wird.
Aufgrund des/der vorgelegten Vertrages/Verträge,
Prod.-Nr. .... vom ....
der zwischen im/ihr und

....
über die Tätigkeit als ....
geschlossen wurde, werden die Honorareinnahmen unter dem Vorbehalt des jederzeitigen Widerrufs als

    Einkünfte aus selbständiger Arbeit i. S. des § 18 EStG****)
    Einkünfte aus Gewerbebetrieb i. S. des § 15 EStG****)
behandelt

Im Auftrag

Anlage 2
zu H 19.0

Mitglieder einer Musikkapelle

Bundeseinheitlich geltende Regelung, für Bayern bekannt gegeben mit Schreiben des Bayer. Staatsministeriums der Finanzen vom 14.12.1977 (Az.: 32 – S 2113 – 1/15 – 50086)

Die Mitglieder einer Musikkapelle sind nicht Arbeitnehmer eines Vereins, wenn dieser, ohne dass ein gewerbliches, auf Dauer eingerichtetes Unternehmen vorliegt, zu gelegentlichen Festveranstaltungen Musik- und Tanzkapellen verpflichtet, da der Verein als loser Personenzusammenschluss ohne wirtschaftlichen Zweck keine feste Betriebsorganisation besitzt, in die die Musiker eingegliedert werden könnten. Typische Festveranstaltungen in diesem Sinne sind z. B. von Vereinen durchgeführte Faschingsbälle und Weihnachtsfeiern.

Eine andere steuerliche Beurteilung ist geboten, wenn Vereine Festveranstaltungen durchführen, die sich über mehrere Tage erstrecken. Mit solchen Veranstaltungen, die meist in Festzelten abgehalten werden, treten die Vereine allgemein in Wettbewerb zu den örtlichen Gastwirten und sind bereits deshalb mit anderen Festwirten vergleichbar. Die Verpflichtung einer Musikkapelle dient hier, ebenso wie die Beschäftigung des übrigen Personals (z. B. Bedienungen, Schenkkellner, Küchen- und Ordnungspersonal) der Förderung des wirtschaftlichen Geschäftsbetriebs. Der Umfang der wirtschaftlichen Betätigung der Vereine bei der Durchführung solcher Festveranstaltungen bedingt wie bei sonstigen Veranstaltern (Festwirten) einen Betrieb, in den Beschäftigte eingegliedert und somit im Rahmen eines Arbeitsverhältnisses tätig sein können. Ob eine Tätigkeit dabei im Rahmen eines Dienstverhältnisses ausgeübt wird, ist nach den hierfür allgemein geltenden Abgrenzungsmerkmalen zu entscheiden. Bei Musikern liegt danach ein Arbeitsverhältnis zum Verein regelmäßig nicht vor, wenn der einzelne Musiker oder die Kapelle, der er angehört, nur gelegentlich – etwa nur für einen Abend oder an einem Wochenende – vom Verein verpflichtet wird oder wenn eine Kapelle selbständig als Gesellschaft oder der Kapellenleiter als Arbeitgeber der Musiker aufgetreten ist (BFH-Urteil vom 10.9.1976 BStBl. 1977 II S. 178). Dagegen ist das vorerwähnte, vom Verein bei solchen Veranstaltungen herangezogene übrige Personal auch bei einer nur kurzfristigen Beschäftigung nichtselbständig tätig.

Anlage 3
zu H 19.0

Ordensangehörige, Diakonissen und Angehörige ähnlicher Gemeinschaften

Bundeseinheitlich geltende Regelung, für Bayern bekannt gegeben mit Schreiben des Bayer. Staatsministeriums der Finanzen vom 18.3.1963 (S 2220 – 27/22 – 12351)

Die Auswirkung der geänderten Rechtsprechung des BFH (Urteil vom 11.5.1962, BStBl. III S. 310) wurde von den Lohnsteuerreferenten des Bundes und der Länder erörtert. Nach dem Ergebnis dieser Besprechungen bitte ich die folgende Auffassung zu vertreten:

Das Urteil des BFH vom 11.5.1962 geht von dem Grundsatz aus, dass eine von den Steuerpflichtigen bürgerlich-rechtlich ernsthaft vereinbarte und durchgeführte Regelung ihrer beiderseitigen Beziehungen auch für die einkommensteuerliche Beurteilung maßgebend ist. Danach sind Gestellungsverträge, durch die es ein Orden gegen Entgelt übernimmt, bestimmte, bei einer Außenstation (z. B. einem Pfarrbezirk, einer Schule oder einem Krankenhaus) anfallende Dienstleistungen oder sonstige Aufgaben durch seine Ordensangehörigen wahrnehmen zu lassen, als Werkverträge anzusehen, durch die ein Arbeitsverhältnis zwischen der Außenstation und den Ordensangehörigen nicht begründet wird. Das gilt

---
*) Jetzt: § 39b Abs. 2 Satz 12 EStG.
**) Jetzt: R 39b.8 LStR.
***) Die Anlage zu diesem Erlass wurde geändert durch BMF-Schreiben vom 9.7.2014 (BStBl. I S. 1103).
****) Nichtzutreffendes bitte streichen.

auch insoweit, als sich die Außenstation gegenüber dem Orden verpflichtet, an den Ordensangehörigen unmittelbar bestimmte Leistungen (z. B. freie Unterkunft und Verpflegung, Taschengeld oder sonstiges Barentgelt) zu erbringen. Nach diesen Grundsätzen ist nicht nur bei katholischen Orden, sondern auch bei anderen Gemeinschaften (z. B. Diakonieverbänden) zu verfahren. Die Anwendung dieser Grundsätze bleibt nicht auf Fälle beschränkt, in denen sich der Gestellungsvertrag auf auswechselbare Arbeitskräfte bezieht; auch bei Gestellungsverträgen über bestimmte, namentlich benannte Arbeitskräfte ist entsprechend zu verfahren. Die auf Außenstationen eingesetzten Ordensangehörigen usw. sind hiernach nur dann als Arbeitnehmer der Außenstationen anzusehen, wenn bürgerlich-rechtlich und tatsächlich durch Vereinbarung zwischen der Außenstation und den Ordensangehörigen usw. unmittelbar die für ein Dienstverhältnis typischen Rechte und Pflichten (z. B. Dienstleistungspflichten, Kündigungsrechte, Entgeltansprüche) begründet werden. Die Annahme eines Arbeitsvertrags setzt insbesondere voraus, dass der Vertrag durch den Arbeitnehmer selbst oder – in Vertretungsfällen – in seinem Namen und mit seiner Vollmacht abgeschlossen wird. Ein Arbeitsverhältnis ist jedoch stets anzunehmen, wenn ein Ordensangehöriger usw. formell in ein Beamtenverhältnis (z. B. als Hochschullehrer) berufen wird.

Anlage 4
zu H 19.0

Arbeitsentgelt an Strafgefangene

Bundeseinheitlich geltende Regelung, für Bayern bekannt gegeben mit Schreiben des Bayer. Staatsministeriums der Finanzen vom 31.7.1979 (Az.: 32 – S 2392 – 1/16 – 73 539/78)

Die lohnsteuerliche Behandlung der an Strafgefangene gezahlten Entgelte wurde von den Lohnsteuerreferenten der obersten Finanzbehörden des Bundes und der Länder in der Besprechung vom 28. bis 30.11.1978 erörtert. Dabei wurde mehrheitlich die Auffassung vertreten, die Tätigkeit der Strafgefangenen nicht als lohnsteuerpflichtiges Arbeitsverhältnis anzusehen. Das Arbeitsentgelt nach § 43 StVollzG unterliegt daher nicht dem Steuerabzug vom Arbeitslohn.*)

Anlage 5
zu H 19.0

Beschäftigung von Behinderten in Werkstätten für Behinderte

Bundeseinheitlich geltende Regelung, für Bayern bekannt gegeben mit Schreiben des Bayer. Staatsministeriums der Finanzen vom 28.8.1990 (Az.: 32 – S 2330 B – 52907)

Die steuerliche Behandlung der Zuschüsse der Werkstätten für Behinderte zu den Fahrtkosten und Mittagessen ist inzwischen mit den für Lohnsteuerfragen zuständigen Vertretern der obersten Landesfinanzbehörden erörtert worden. Nach dem Besprechungsergebnis sind diese Leistungen als steuerfreie Beihilfen gem. § 3 Nr. 11 Einkommensteuergesetz zu behandeln.

Dagegen handelt es sich bei den an die Behinderten gezahlten Arbeitsentgelten grundsätzlich um Einkünfte aus nichtselbständiger Arbeit. Nur in den Fällen, in denen die Beschäftigung überwiegend der Rehabilitation und somit überwiegend therapeutischen und sozialen Zwecken und weniger der Erzielung eines produktiven Arbeitsergebnisses dient, kann ein Arbeitsverhältnis auch im steuerlichen Sinne nicht angenommen werden. Das gilt besonders, wenn lediglich die Anwesenheit des Behinderten belohnt wird, die Höhe des Entgelts aber durch die Arbeitsleistung nicht mit beeinflusst wird. In diesen Fällen entfallen aber auch Begünstigungen (z. B. vermögenswirksame Leistungen, Berlin-Zulagen), die an ein Dienstverhältnis anknüpfen.

Anlage 6
zu H 19.0

R 4.8 EStR
Rechtsverhältnisse zwischen Angehörigen

Arbeitsverhältnisse zwischen Ehegatten**)

(1) Arbeitsverhältnisse zwischen Ehegatten können steuerrechtlich nur anerkannt werden, wenn sie ernsthaft vereinbart und entsprechend der Vereinbarung tatsächlich durchgeführt werden.

Arbeitsverhältnisse mit Personengesellschaften

(2) ¹Für die einkommensteuerrechtliche Beurteilung des Arbeitsverhältnisses eines Ehegatten mit einer Personengesellschaft, die von dem anderen Ehegatten aufgrund seiner wirtschaftlichen Machtstellung beherrscht wird, z. B. in der Regel bei einer Beteiligung zu mehr als 50 %, gelten die Grundsätze für die steuerliche Anerkennung von Ehegattenarbeitsverhältnissen im Allgemeinen entsprechend. ²Beherrscht der Mitunternehmer-Ehegatte die Personengesellschaft nicht, kann allgemein davon ausgegangen werden, dass der mitarbeitende Ehegatte in der Gesellschaft die gleiche Stellung wie ein fremder Arbeitnehmer hat und das Arbeitsverhältnis deshalb steuerrechtlich anzuerkennen ist.

Arbeitsverhältnisse zwischen Eltern und Kindern

(3) ¹Für die bürgerlich-rechtliche Wirksamkeit eines Arbeits- oder Ausbildungsvertrages mit einem minderjährigen Kind ist die Bestellung eines Ergänzungspflegers nicht erforderlich. ²Arbeitsverhältnisse mit Kindern unter 15 Jahren verstoßen jedoch im Allgemeinen gegen das Jugendarbeitsschutzgesetz; sie sind nichtig und können deshalb auch steuerrechtlich nicht anerkannt werden. ³Die Gewährung freier Wohnung und Verpflegung kann als Teil der Arbeitsvergütung zu behandeln sein, wenn die Leistungen auf arbeitsvertraglichen Vereinbarungen beruhen.

Anlage 7
zu H 19.0

H 4.8 EStH
Hinweise zu R 4.8 EStR
Rechtsverhältnisse zwischen Angehörigen

Arbeitsverhältnisse mit Kindern

– >Aushilfstätigkeiten von Kindern
– Beruht die Mitarbeit von Kindern im elterlichen Betrieb auf einem Ausbildungs- oder Arbeitsverhältnis, so gelten für dessen steuerrechtliche Anerkennung den Ehegatten-Arbeitsverhältnissen entsprechende Grundsätze (>BFH vom 10.3.1988 – BStBl. II S. 877 und vom 29.10.1997 – BStBl. 1998 II S. 149).
– >Bildungsaufwendungen für Kinder
– Ein steuerrechtlich anzuerkennendes Arbeitsverhältnis bei Hilfeleistungen von Kindern im elterlichen Betrieb liegt nicht vor bei geringfügigen oder typischerweise privaten Verrichtungen (>BFH vom 9.12.1993 – BStBl. 1994 II S. 298); >Gelegentliche Hilfeleistung.
– >Unterhalt

Arbeitsverhältnisse zwischen Ehegatten***)

– **Betriebliche Altersversorgung, Direktversicherung.**
  >H 4b (Arbeitnehmer-Ehegatten)
– **Der steuerrechtlichen Anerkennung eines Arbeitsverhältnisses steht entgegen:**
  – Arbeitnehmer-Ehegatte hebt monatlich vom betrieblichen Bankkonto des Arbeitgeber-Ehegatten einen größeren Geldbetrag ab und teilt diesen selbst auf in das benötigte Haus-

---

*) Es können aber im Einzelfall sonstige Einkünfte aus Leistungen nach § 22 Nr. 3 EStG vorliegen (vgl. auch BFH vom 6.6.1973 – BStBl. II S. 727).
**) Entsprechendes gilt für Arbeitsverhältnisse zwischen eingetragenen Lebenspartnern (§ 2 Abs. 8 EStG).
***) Die nachfolgenden Ausführungen gelten entsprechend bei Arbeitsverhältnissen zwischen eingetragenen Lebenspartnern (§ 2 Abs. 8 EStG).

haltsgeld und den ihm zustehenden monatlichen Arbeitslohn (>BFH vom 20.4.1989 – BStBl. II S. 655).
- Fehlen einer Vereinbarung über die Höhe des Arbeitslohns (>BFH vom 8.3.1962 – BStBl. III S. 218).
- Langzeitige Nichtauszahlung des vereinbarten Arbeitslohns zum üblichen Zahlungszeitpunkt; stattdessen z. B. jährliche Einmalzahlung (>BFH vom 14.10.1981 – BStBl. 1982 II S. 119). Das gilt auch dann, wenn das Arbeitsverhältnis bereits seit mehreren Jahren ordnungsgemäß durchgeführt wurde und im Veranlagungsjahr Lohnsteuer und Sozialabgaben abgeführt wurden (>BFH vom 25.7.1991 – BStBl. II S. 842).
- Wechselseitige Verpflichtung zur Arbeitsleistung; ein Arbeitsvertrag ist nicht durchführbar, wenn sich Ehegatten, die beide einen Betrieb unterhalten, wechselseitig verpflichten, mit ihrer vollen Arbeitskraft jeweils im Betrieb des anderen tätig zu sein. Wechselseitige Teilzeitarbeitsverträge können jedoch anerkannt werden, wenn die Vertragsgestaltungen insgesamt einem >Fremdvergleich standhalten (>BFH vom 12.10.1988 – BStBl. 1989 II S. 354).

- Der steuerrechtlichen Anerkennung eines Arbeitsverhältnisses kann entgegenstehen:
  - Arbeitslohnzahlung in Form von Schecks, die der Arbeitnehmer-Ehegatte regelmäßig auf das private Konto des Arbeitgeber-Ehegatten einzahlt (>BFH vom 28.2.1990 – BStBl. II S. 548).
  - Überweisung des Arbeitsentgelts des Arbeitnehmer-Ehegatten auf ein Konto des Arbeitgeber-Ehegatten, über das dem Arbeitnehmer-Ehegatten nur ein Mitverfügungsrecht zusteht (BFH vom 24.3.1983 – BStBl. II S. 663), oder auf ein Bankkonto des Gesellschafterehegatten, über das dem Arbeitnehmer-Ehegatten nur ein Mitverfügungsrecht zusteht (BFH vom 20.10.1983 – BStBl. 1984 II S. 298).

- Der steuerrechtlichen Anerkennung eines Arbeitsverhältnisses steht nicht entgegen:
  - Darlehensgewährung des Arbeitnehmer-Ehegatten an den Arbeitgeber-Ehegatten in Höhe des Arbeitsentgelts ohne rechtliche Verpflichtung, nachdem dieses in die Verfügungsmacht des Arbeitnehmer-Ehegatten gelangt ist. Das gilt auch, wenn der Arbeitnehmer-Ehegatte jeweils im Fälligkeitszeitpunkt über den an ihn ausgezahlten Nettoarbeitslohn ausdrücklich dadurch verfügt, dass er den Auszahlungsanspruch in eine Darlehensforderung umwandelt (>BFH vom 17.7.1984 – BStBl. 1986 II S. 48). Werden dagegen Arbeits- und Darlehensvereinbarungen von Ehegatten in einer Weise miteinander verknüpft, dass das Arbeitsentgelt ganz oder teilweise bereits als Darlehen behandelt wird, bevor es in die Verfügungsmacht des Arbeitnehmer-Ehegatten gelangt ist, so ist zur Anerkennung des Arbeitsverhältnisses erforderlich, dass auch der Darlehensvertrag wie ein unter Fremden üblicher Vertrag mit eindeutigen Zins- und Rückzahlungsvereinbarungen abgeschlossen und durchgeführt wird (>BFH vom 23.4.1975 – BStBl. II S. 579).
  - Schenkung – Laufende Überweisung des Arbeitsentgelts auf ein Sparbuch des Arbeitnehmer-Ehegatten, von dem dieser ohne zeitlichen Zusammenhang mit den Lohnzahlungen größere Beträge abhebt und dem Arbeitgeber-Ehegatten schenkt (>BFH vom 4.11.1986 – BStBl. 1987 II S. 336).
  - Teilüberweisung des Arbeitsentgelts als vermögenswirksame Leistungen nach dem Vermögensbildungsgesetz auf Verlangen des Arbeitnehmer-Ehegatten auf ein Konto des Arbeitgeber-Ehegatten oder auf ein gemeinschaftliches Konto beider Ehegatten (>BFH vom 19.9.1975 – BStBl. 1976 II S. 81).
  - Überweisung des Arbeitsentgelts auf ein Bankkonto des Arbeitnehmer-Ehegatten, für das der Arbeitgeber-Ehegatte unbeschränkte Verfügungsvollmacht besitzt (>BFH vom 16.1.1974 – BStBl. II S. 294).
  - Vereinbartes Arbeitsentgelt ist unüblich niedrig, es sei denn, das Arbeitsentgelt ist so niedrig bemessen, dass es nicht mehr als Gegenleistung für eine begrenzte Tätigkeit des Arbeitnehmer-Ehegatten angesehen werden kann, weil ein rechtsgeschäftlicher Bindungswille fehlt (>BFH vom 22.3.1990 – BStBl. II S. 776).
  - >Gehaltsumwandlung, -verzicht.

- Zahlung des Arbeitsentgelts auf ein „Oder-Konto" bei im Übrigen ernsthaft vereinbarten und tatsächlich durchgeführten Ehegatten-Arbeitsverhältnissen (BVerfG vom 7.11.1995 – BStBl. 1996 II S. 34).
- **Direktversicherung**
  >H 4b (Arbeitnehmer-Ehegatten)
- **Gehaltsumwandlung, -verzicht**
  - Begnügt sich der Arbeitnehmer-Ehegatte mit unangemessen niedrigen Aktivbezügen, ist die Dienstleistung in einen entgeltlichen und einen unentgeltlichen Teil zu zerlegen. Betrieblich veranlasst ist nur der entgeltliche Teil. Verzichtet der Arbeitnehmer-Ehegatte ganz auf sein Arbeitsentgelt, ist von einer in vollem Umfang privat veranlassten familiären Mitarbeit auszugehen. Entsprechendes gilt, wenn ein Arbeitnehmer-Ehegatte ohne entsprechende Absicherung seines Anspruchs zugunsten eines erst viele Jahre später fällig werdenden Ruhegehalts auf seine Aktivbezüge verzichtet (>BFH vom 25.7.1995 – BStBl. 1996 II S. 153).
  - >BMF vom 9.1.1986 (BStBl. I S. 7)
- **Rückstellungen für Pensionsverpflichtungen**
  - Bei einer Pensionszusage an den Arbeitnehmer-Ehegatten, die an die Stelle einer fehlenden Anwartschaft aus der gesetzlichen Rentenversicherung getreten ist, können sich die Rückstellungsbeträge grundsätzlich nicht gewinnmindernd auswirken, soweit die Aufwendungen die wirtschaftliche Funktion der Arbeitnehmerbeiträge haben. Fiktive Arbeitgeberbeiträge in der Zeit zwischen dem Beginn des steuerrechtlich anerkannten Arbeitsverhältnisses und der Erteilung der Pensionszusage können nicht als Betriebsausgaben berücksichtigt werden (>BFH vom 14.7.1989 – BStBl. II S. 969).
  - >H 6a (9)
- **Rückwirkung**
  Rückwirkende Vereinbarungen sind steuerrechtlich nicht anzuerkennen (BFH vom 29.11.1988 – BStBl. 1989 II S. 281).
- **Sonderzuwendungen**
  wie z. B. Weihnachts- und Urlaubsgelder, Sonderzulagen, Tantiemen, können dann als Betriebsausgaben abgezogen werden, wenn sie vor Beginn des Leistungsaustauschs klar und eindeutig vereinbart worden sind und auch einem >Fremdvergleich standhalten (>BFH vom 26.2.1988 – BStBl. II S. 606 und vom 10.3.1988 – BStBl. II S. 877).
- **Unterarbeitsverhältnis**
  Ist ein Arbeitnehmer wegen anderer beruflicher Verpflichtungen nicht in der Lage, ein Aufgabengebiet in vollem Umfang selbst zu betreuen, kommt ein Ehegatten-Unterarbeitsverhältnis hierüber jedenfalls dann nicht in Betracht, wenn solche Tätigkeiten sonst ehrenamtlich von Dritten unentgeltlich übernommen werden (>BFH vom 22.11.1996 – BStBl. 1997 II S. 187).
- **Zukunftssicherung**
  Voraussetzungen für die Anerkennung von Maßnahmen zur Zukunftssicherung bei Ehegatten-Arbeitsverhältnissen >H 6a (9) und H 4b (Arbeitnehmer-Ehegatten).

Aushilfstätigkeiten von Kindern

Bei Verträgen über Aushilfstätigkeiten von Kindern ist der >Fremdvergleich im Einzelfall vorzunehmen (>BFH vom 9.12.1993 – BStBl. 1994 II S. 298).

Bildungsaufwendungen für Kinder

- Ausbildungs- und Fortbildungsaufwendungen für Kinder sind in der Regel nicht abziehbare Lebenshaltungskosten. Aufwendungen für die Fortbildung von im Betrieb mitarbeitenden Kindern (z. B. für den Besuch einer Meisterfachschule) sind Betriebsausgaben, wenn die hierzu getroffenen Vereinbarungen klar und eindeutig sind und nach Inhalt und Durchführung dem zwischen Fremden Üblichen entsprechen, insbesondere auch Bindungsfristen und Rückzahlungsklauseln enthalten (>BFH vom 14.12.1990 – BStBl. 1991 II S. 305).
- Aufwendungen für den Meisterlehrgang eines nicht im Betrieb mitarbeitenden Kindes sind nicht allein deshalb Betriebsausga-

ben, weil sie eine spätere Unternehmensnachfolge vorbereiten sollen (>BFH vom 29.10.1997 – BStBl. 1998 II S. 149).
– Die Aufwendungen für die Facharztausbildung des als Nachfolger vorgesehenen Kindes sind ohne den Nachweis, dass sie auch für fremde Dritte im Betrieb des Stpfl. oder üblicherweise in anderen – nach Größe und Branche – vergleichbaren Betrieben getätigt worden wären, nicht betrieblich veranlasst (>BFH vom 6.11.2012 – BStBl. 2013 II S. 309).

Darlehensverhältnisse zwischen Angehörigen
– >BMF vom 23.12.2010 (BStBl. 2011 I S. 37).
– >Personengesellschaften; – Abtretung.
– >Personengesellschaften; – Darlehen.
– **Schenkungsbegründetes Darlehen**
  – Die Kürze der zwischen Schenkung und Darlehensgewährung liegenden Zeit begründet keine unwiderlegbare Vermutung für die gegenseitige Abhängigkeit der beiden Verträge (>BFH vom 18.1.2001 – BStBl. II S. 393 und BMF vom 23.12.2010 (BStBl. 2011 I S. 37), Rdnr. 12. Demgegenüber kann bei einem längeren Abstand zwischen Schenkungs- und Darlehensvertrag eine auf einem Gesamtplan beruhende sachliche Verknüpfung bestehen (>BFH vom 22.1.2002 – BStBl. II S. 685).
  – Geht dem Darlehen eines minderjährigen Kindes an einen Elternteil eine Schenkung des anderen Elternteils voraus, und liegt diesen Rechtsgeschäften ein Gesamtplan der Eltern zur Schaffung von steuerlich abziehbaren Aufwendungen zugrunde (= sachliche Abhängigkeit), so kann hierin auch bei zeitlicher Unabhängigkeit zwischen Schenkung und Darlehen ein Missbrauch von Gestaltungsmöglichkeiten des Rechts (§ 42 AO) liegen (>BFH vom 26.3.1996 – BStBl. II S. 443).
  – Ein Darlehensvertrag zwischen einer Personengesellschaft und dem Kind des beherrschenden Gesellschafters über einen Geldbetrag, den das Kind zuvor von diesem geschenkt bekommen hat, ist nicht anzuerkennen, wenn zwischen Schenkung und Darlehensvertrag eine auf einem Gesamtplan beruhende sachliche Verknüpfung besteht (>BFH vom 22.1.2002 – BStBl. II S. 685).
– >Sicherung des Darlehensanspruchs
– **Verknüpfung von Arbeits- und Darlehensvereinbarungen zwischen Ehegatten**
  >Arbeitsverhältnisse zwischen Ehegatten, – Der steuerrechtlichen Anerkennung eines Arbeitsverhältnisses steht nicht entgegen, = Darlehensgewährung

Eheschließung

Mehrere Jahre vor der Ehe abgeschlossene ernsthafte Arbeitsverträge zwischen den Ehegatten sind steuerrechtlich in der Regel auch nach der Eheschließung anzuerkennen, wenn sich mit der Eheschließung in der Tätigkeit des im Betrieb beschäftigten Ehegatten nichts ändert und auch die Auszahlung des Arbeitsentgelts vor und nach der Heirat in gleicher Weise vollzogen wird (>BFH vom 21.10.1966 – BStBl. 1967 III S. 22).*)

Erbfolgeregelungen
– Ertragsteuerliche Behandlung der Erbengemeinschaft und ihrer Auseinandersetzung >BMF vom 14.3.2006 (BStBl. I S. 253)
– Ertragsteuerliche Behandlung der vorweggenommenen Erbfolge >BMF vom 13.1.1993 (BStBl. I S. 80) unter Berücksichtigung der Änderungen durch BMF vom 26.2.2007 (BStBl. I S. 269)
– Einkommensteuerrechtliche Behandlung von wiederkehrenden Leistungen im Zusammenhang mit einer Vermögensübertragung >BMF vom 11.3.2010 (BStBl. I S. 227)

Fremdvergleich
– **Angehörigen** steht es frei, ihre Rechtsverhältnisse untereinander so zu gestalten, dass sie steuerlich möglichst günstig sind. Die steuerrechtliche Anerkennung des Vereinbarten setzt voraus, dass die Verträge zivilrechtlich wirksam zustande gekommen sind (>BMF vom 23.12.2010 – BStBl. 2011 I S. 37), inhaltlich dem zwischen Fremden Üblichen entsprechen und so auch durchgeführt werden. Maßgebend für die Beurteilung ist die Gesamtheit der objektiven Gegebenheiten. Dabei kann einzelnen dieser Beweisanzeichen je nach Lage des Falles im Rahmen der Gesamtbetrachtung eine unterschiedliche Bedeutung zukommen. Dementsprechend schließt nicht jede Abweichung vom Üblichen notwendigerweise die steuerrechtliche Anerkennung des Vertragsverhältnisses aus. An den Nachweis, dass es sich um ein ernsthaftes Vertragsverhältnis handelt, sind umso strengere Anforderungen zu stellen, je mehr die Umstände auf eine private Veranlassung des Rechtsverhältnisses hindeuten (>BFH vom 28.1.1997 – BStBl. II S. 655).
– Die Grundsätze des sog. Fremdvergleichs rechtfertigen es nicht, an Stelle der im Vertrag tatsächlich vereinbarten Leistung der Besteuerung eine höhere Gegenleistung unter Hinweis darauf zugrunde zu legen, dass eine solche unter fremden Dritten gefordert (und erbracht) worden wäre (>BFH vom 31.5.2001 – BStBl. II S. 756).
– Leistet der als Arbeitnehmer beschäftigte Angehörige unbezahlte Mehrarbeit über seine vertragliche Stundenzahl hinaus, steht dies der Annahme, das Arbeitsverhältnis sei tatsächlich durchgeführt worden, grundsätzlich nicht entgegen. Etwas anderes gilt nur, wenn die vereinbarte Vergütung nicht mehr als Gegenleistung für die Tätigkeit des Angehörigen angesehen werden kann und deshalb auf das Fehlen eines Rechtsbindungswillens zu schließen ist (>BFH vom 17.7.2013 – BStBl. II S. 1015).
– >H 6a (9)
– **Personengesellschaften** – Die Grundsätze des Fremdvergleichs gelten entsprechend für die Verträge einer Personengesellschaft, die von nahen Angehörigen des anderen Vertragspartners beherrscht wird. Hierbei kommt es auf den rechtlichen und wirtschaftlichen Gehalt des jeweiligen Geschäfts und nicht auf die Bezeichnung durch die Vertragsparteien an (>BFH vom 9.5.1996 – BStBl. II S. 642). Schließt eine Personengesellschaft aufeinander abgestimmte Arbeitsverträge mit den Angehörigen ihrer Gesellschafter, bei denen keiner der Gesellschafter als allein beherrschend angesehen werden kann, ist der Fremdvergleich bei jedem einzelnen Arbeitsvertrag durchzuführen (>BFH vom 20.10.1983 – BStBl. 1984 II S. 298). Ein Gesellschafter, der nicht in der Lage ist, für sich allein einen beherrschenden Einfluss auszuüben, ist dann einem beherrschenden Gesellschafter gleichzustellen, wenn er gemeinsam mit anderen Gesellschaftern einen Gegenstand von gemeinsamem Interesse in gegenseitiger Abstimmung regelt (>BFH vom 18.12.2001 – BStBl. 2002 II S. 353).
– >Personengesellschaften; – Abtretung.
– >Personengesellschaften; – Darlehen.
– >Umdeutung
– **Umfang**
  – Der Fremdvergleich ist nur einheitlich für den gesamten Vertrag anzustellen. Das Herauslösen einzelner Vertragsteile, wie z. B. einzelner Tätigkeiten aus einem Arbeitsvertrag, ist nicht möglich. Der Vertrag kann auch nicht mit Blick auf diese Vertragsteile teilweise steuerrechtlich anerkannt werden, wenn der Vertrag im Übrigen dem Fremdvergleich nicht standhält (>BFH vom 9.12.1993 – BStBl. 1994 II S. 298),
  – Wird zur Finanzierung eines Kaufvertrags zwischen nahen Angehörigen ein Darlehensvertrag mit einer Bank abgeschlossen, sind die in dem Darlehensvertrag getroffenen Vereinbarungen auch dann nicht in den Fremdvergleich hinsichtlich des Kaufvertrags einzubeziehen, wenn der Verkäufer zugleich Sicherungsgeber ist (>BFH vom 15.10.2002 – BStBl. 2003 II S. 243).
– >Mehrere Verträge zwischen Angehörigen

Gelegentliche Hilfeleistung

Arbeitsverträge über gelegentliche Hilfeleistungen durch Angehörige sind steuerrechtlich nicht anzuerkennen, weil sie zwischen fremden Personen nicht vereinbart worden wären (>BFH vom 9.12.1993 – BStBl. 1994 II S. 298).

---

*) Entsprechendes gilt bei Begründung einer Lebenspartnerschaft (§ 2 Abs. 8 EStG).

§ 19 EStG
R 19.0

Gesellschaftsverträge zwischen Angehörigen
- >R 15.9
- >Umdeutung

Gewinnanteile aus geschenkter typisch stiller Beteiligung

Werden Geldbeträge vom Betriebsinhaber an seine minderjährigen Kinder mit der Auflage zugewendet, diese ihm wieder als Einlage im Rahmen einer typisch stillen Beteiligung zur Verfügung zu stellen, sind die Gewinnanteile nicht als Betriebsausgaben abziehbar, wenn eine Verlustbeteiligung ausgeschlossen ist (>BFH vom 21.10.1992 – BStBl. 1993 II S. 289).

Mehrere Verträge zwischen Angehörigen

Bei der Prüfung, ob die Leistungsbeziehungen zwischen nahen Angehörigen dem >Fremdvergleich standhalten, sind mehrere zeitlich und sachlich zusammenhängende Verträge nicht isoliert, sondern in ihrer Gesamtheit zu würdigen (>BFH vom 13.12.1995 – BStBl. 1996 II S. 180).

Miet- und Pachtverträge zwischen Angehörigen
- >R 21.4
- >Sonstige Rechtsverhältnisse zwischen Angehörigen

Minderjährige Kinder

- **Ergänzungspfleger** – Bei Verträgen zwischen Eltern und minderjährigen Kindern, die nicht Arbeitsverträge sind (>R 4.8 Abs. 3*)), ist ein Ergänzungspfleger zu bestellen, damit die Vereinbarungen bürgerlich-rechtlich wirksam zustande kommen und so eine klare Trennung bei der Verwaltung des Kindesvermögens und des elterlichen Vermögens gewährleistet ist (>BFH vom 23.4.1992 – BStBl. II S. 1024 und BMF vom 30.9.2013 – BStBl. I S. 1184, Tz. 4).
- **Schwebend unwirksame Verträge, Insichgeschäfte** – Die klaren und ernsthaft gewollten Vereinbarungen (>Fremdvergleich) müssen zu Beginn des maßgeblichen Rechtsverhältnisses oder bei Änderung des Verhältnisses für die Zukunft getroffen werden. Ein Insichgeschäft im Sinne des § 181 BGB ist solange – schwebend – unwirksam, bis die Wirksamkeit z. B. durch Bestellung eines Ergänzungspflegers oder mit Erreichen der Volljährigkeit eines minderjährigen Kindes nachgeholt wird. Die nachträgliche Genehmigung des Rechtsgeschäftes hat zivilrechtlich zur Folge, dass die schwebende Unwirksamkeit des Vertrages rückwirkend entfällt (§ 108 Abs. 3, § 184 Abs. 1 BGB). Steuerrechtlich entfaltet sie grundsätzlich keine Rückwirkung. Im Regelfall sind die steuerrechtlichen Folgerungen erst von dem Zeitpunkt an zu ziehen, zu dem die schwebende Unwirksamkeit entfallen ist (>BFH vom 31.10.1989 – BStBl. 1992 II S. 506), es sei denn, die steuerrechtliche Rückwirkung ist ausdrücklich gesetzlich zugelassen (§ 41 Abs. 1 AO).

Nichteheliche Lebensgemeinschaften

Die für die steuerrechtliche Beurteilung von Verträgen zwischen Ehegatten geltenden Grundsätze können nicht auf Verträge zwischen Partner einer nichtehelichen Lebensgemeinschaft – ausgenommen eingetragenen Lebenspartnerschaften – übertragen werden (>BFH vom 14.4.1988 – BStBl. II S. 670 und >R 21.4).

Personengesellschaften

- **Abtretung** – Tritt der Gesellschafter einer Personengesellschaft ihm gegen die Gesellschaft zustehende Darlehensansprüche zur Ablösung von Pflichtteilsansprüchen an einen Angehörigen ab, der die Beträge der Gesellschaft weiterhin als Darlehen belässt, so sind die an den neuen Darlehensgläubiger gezahlten Darlehenszinsen Betriebsausgaben der Personengesellschaft. Der Betriebsausgabenabzug kann nicht vom Ergebnis eines >Fremdvergleichs hinsichtlich der Darlehensbedingungen abhängig gemacht werden, wenn der Abtretende die Gesellschaft nicht beherrscht (>BFH 15.12.1988 – BStBl. 1989 II S. 500).
- >Arbeitsverhältnisse zwischen Ehegatten
- >Darlehensverhältnisse zwischen Angehörigen
- >Fremdvergleich
- **Vermögen einer Personengesellschaft** kann nicht als Vermögen des Gesellschafterehegatten angesehen werden. Deshalb liegt ein Vermögenszugang beim Arbeitnehmer-Ehegatten auch dann vor, wenn das Arbeitsentgelt auf ein gemeinschaftliches Konto der Ehegatten überwiesen wird, über das jeder Ehegatte ohne Mitwirkung des anderen verfügen kann (>BFH vom 24.3.1983 – BStBl. II S. 663).
- Keine betriebliche Veranlassung bei Vergabe eines zinslosen und ungesicherten **Darlehens** durch eine Personengesellschaft an ihren Gesellschafter. Die Frage der betrieblichen Veranlassung der Geldhingabe ist auf der Grundlage eines Fremdvergleichs zu beurteilen (>BFH vom 9.5.1996 – BStBl. II S. 642). Wird neben dem (festen) Kapitalkonto lediglich ein weiteres Konto zur Erfassung von Gewinnen, Einlagen und Entnahmen der Gesellschafter geführt, handelt es sich nicht um ein Darlehenskonto, wenn auf dem Konto auch Verluste verbucht werden (>BFH vom 27.6.1996 – BStBl. 1997 II S. 36).
- >Sicherung des Darlehensanspruchs
- Unterbeteiligung von Kindern an einer vermögensverwaltenden Personengesellschaft >H 21.6 (Unterbeteiligung an einer Personengesellschaft)

Rechtsfolgen bei fehlender Anerkennung

- Ist ein **Arbeitsverhältnis** steuerrechtlich nicht anzuerkennen, so sind Lohnzahlungen einschließlich einbehaltener und abgeführter Lohn- und Kirchensteuerbeträge, für den mitarbeitenden Ehegatten einbehaltene und abgeführte Sozialversicherungsbeiträge (Arbeitgeber- und Arbeitnehmeranteil) und vermögenswirksame Leistungen, die der Arbeitgeber-Ehegatte nach dem Vermögensbildungsgesetz erbringt, nicht als Betriebsausgaben abziehbar (>BFH vom 8.2.1983 – BStBl. II S. 496 und vom 10.4.1990 – BStBl. II S. 741).
- Zinsen aus einem ertragsteuerlich nicht anzuerkennenden Darlehen unter nahen Angehörigen sind keine Betriebsausgaben; beim Empfänger sind sie keine Einkünfte aus Kapitalvermögen (>BFH vom 2.8.1994 – BStBl. 1995 II S. 264).

Scheidungsklausel

Erwirbt ein Ehegatte (A) mit vom anderen Ehegatten (B) geschenkten Mitteln ein Grundstück, welches für betriebliche Zwecke an B vermietet wird, begründet weder die Schenkung der Mittel, die Vereinbarung zwischen den Ehegatten für den Fall der Beendigung des Güterstandes auf andere Weise als den Tod, das erworbene Grundstück auf den anderen Ehegatten zu übertragen (sog. Scheidungsklausel), noch die B eingeräumte Möglichkeit zu seinen Gunsten oder zugunsten eines Dritten eine Auflassungsvormerkung in das Grundbuch eintragen zu lassen, wirtschaftliches Eigentum des B (>BFH vom 4.2.1998 – BStBl. II S. 542).

Schenkung

- >Arbeitsverhältnisse zwischen Ehegatten; – Der steuerrechtlichen Anerkennung eines Arbeitsverhältnisses steht nicht entgegen; = Schenkung
- >Darlehensverhältnisse zwischen Angehörigen; – Schenkungsbegründetes Darlehen

Sicherung des Darlehensanspruchs

- Bei einem Darlehen einer Personengesellschaft an ihren Gesellschafter kann nicht ein künftiger Gewinnanteil des Gesellschafters als Sicherheit angesehen werden. Unüblich ist auch die Unverzinslichkeit eines Darlehens (>BFH vom 9.5.1996 – BStBl. II S. 642).
- Die fehlende verkehrsübliche Sicherung des Darlehensanspruchs wird bei langfristigen Darlehen zwischen nahen Angehörigen als Indiz für die außerbetriebliche Veranlassung des Darlehens gewertet, wobei als langfristig jedenfalls Darlehen mit einer Laufzeit von mehr als vier Jahren angesehen werden (>BFH vom 9.5.1996 – BStBl. II S. 642). Eine langfristige Darlehensvereinbarung zwischen Eltern und Kindern kann trotz teilweise fehlender Sicherheiten steuerrechtlich anerkannt werden, wenn die Kinder bei Darlehensabschluss bereits volljährig sind,

---

*) Abgedruckt als Anlage 6 zu H 19.0 LStR.

nicht mehr im Haushalt der Eltern leben und wirtschaftlich von den Eltern unabhängig sind (>BFH vom 18.12.1990 – BStBl. 1991 II S. 911).

Sonstige Rechtsverhältnisse zwischen Angehörigen

– Für die einkommensteuerrechtliche Beurteilung von Miet- und Pachtverträgen, Darlehensverträgen und ähnlichen Verträgen sind die Grundsätze zur steuerlichen Anerkennung von Ehegatten-Arbeitsverhältnissen entsprechend anzuwenden (>BFH vom 28.1.1997 – BStBl. II S. 655).
– >Fremdvergleich

Umdeutung

Die steuerliche Beurteilung muss von dem ausgehen, was die Stpfl. rechtsgültig vereinbart haben, und zwar auch dann, wenn die Vereinbarung aus privater Veranlassung von dem abweicht, was unter fremden Dritten üblich ist. Haben die Beteiligten einen Gesellschaftsvertrag über eine Unterbeteiligung abgeschlossen, und kann der Gesellschaftsvertrag wegen der nicht fremdüblichen Ausgestaltung zu Lasten der Unterbeteiligung steuerlich nicht anerkannt werden, kann an die Stelle des wirksam abgeschlossenen Gesellschaftsvertrags für die steuerliche Beurteilung **nicht** ein tatsächlich **nicht** existenter Vertrag über ein partiarisches Darlehen gesetzt werden (>BFH vom 6.7.1995 – BStBl. 1996 II S. 269).

Unterhalt

Beschränkt sich der Stpfl. darauf, dem mitarbeitenden Kind Unterhalt zu gewähren (Beköstigung, Bekleidung, Unterkunft und Taschengeld), so liegen steuerlich nicht abziehbare Lebenshaltungskosten vor (>BFH vom 19.8.1971 – BStBl. 1972 II S. 172).

Wirtschaftsüberlassungsvertrag

Bei nach dem 31.12.2007 abgeschlossenen Wirtschaftsüberlassungsverträgen liegt keine begünstigte Vermögensübertragung im Zusammenhang mit Versorgungsleistungen vor (>BMF vom 11.3.2010 – BStBl. I S. 227, Rzn. 22, 81).

Wohnungsüberlassung an geschiedenen oder dauernd getrennt lebenden Ehegatten

>H 21.4 (Vermietung an Unterhaltsberechtigte)

R 19.1
Arbeitgeber

[1]Neben den in § 1 Abs. 2 LStDV*) genannten Fällen kommt als Arbeitgeber auch eine natürliche oder juristische Person, ferner eine Personenvereinigung oder Vermögensmasse in Betracht, wenn ihr gegenüber die Arbeitskraft geschuldet wird. [2]Die Nachfolgeunternehmen der Deutschen Bundespost sind Arbeitgeber der bei ihnen Beschäftigten. [3]Arbeitgeber ist auch, wer Arbeitslohn aus einem früheren oder für ein künftiges Dienstverhältnis zahlt. [4]Bei internationaler Arbeitnehmerentsendung ist das in Deutschland ansässige Unternehmen, das den Arbeitslohn für die ihm geleistete Arbeit wirtschaftlich trägt, inländischer Arbeitgeber. [5]Arbeitgeber ist grundsätzlich auch, wer einem Dritten (Entleiher) einen Arbeitnehmer (Leiharbeitnehmer) zur Arbeitsleistung überlässt (Verleiher). [6]Zahlt im Fall unerlaubter Arbeitnehmerüberlassung der Entleiher anstelle des Verleihers den Arbeitslohn an den Arbeitnehmer, ist der Entleiher regelmäßig nicht Dritter, sondern Arbeitgeber i. S. v. § 38 Abs. 1 Satz 1 Nr. 1 EStG (>R 42d.2 Abs. 1). [7]Im Übrigen kommt es nicht darauf an, ob derjenige, dem die Arbeitskraft geschuldet wird, oder ein Dritter Arbeitslohn zahlt (>R 38.4).

H 19.1
Hinweise zu R 19.1
Arbeitgeber

Arbeitgeber

– Eine **GbR** kann Arbeitgeber im lohnsteuerlichen Sinne sein (>BFH vom 17.2.1995 – BStBl. II S. 390).

– Eine **Sportverein** kann Arbeitgeber der von ihm eingesetzten Amateursportler sein (>BFH vom 23.10.1992 – BStBl. 1993 II S. 303).
– Ein **Verein** ist auch dann Arbeitgeber, wenn nach der Satzung des Vereins Abteilungen mit eigenem Vertreter bestehen und diesen eine gewisse Selbständigkeit eingeräumt ist, sogenannter Verein im Verein (>BFH vom 13.3.2003 – BStBl. II S. 556).
– Arbeitgeber **kraft gesetzlicher Fiktion** ist für die in § 3 Nr. 65 Satz 2 und 3 EStG bezeichneten Leistungen die sie erbringende Pensionskasse oder das Unternehmen der Lebensversicherung (>§ 3 Nr. 65 Satz 4 EStG) und in den Fällen des § 3 Nr. 53 EStG die Deutsche Rentenversicherung Bund (>§ 38 Abs. 3 Satz 3 EStG).
– Arbeitslohn auszahlende **öffentliche Kasse** >§ 38 Abs. 3 Satz 2 EStG.
– Bei Arbeitnehmerentsendung ist das in Deutschland ansässige aufnehmende Unternehmen, das den Arbeitslohn für die ihm geleistete Arbeit wirtschaftlich trägt, Arbeitgeber >§ 38 Abs. 1 Satz 2 EStG.

Kein Arbeitgeber

Die **Obergesellschaft eines Konzerns** (Organträger) ist auch dann nicht Arbeitgeber der Arbeitnehmer ihrer Tochtergesellschaften, wenn sie diesen Arbeitnehmern Arbeitslohn zahlt (>BFH vom 21.2.1986 – BStBl. II S. 768).

R 19.2
Nebentätigkeit und Aushilfstätigkeit

[1]Bei einer nebenberuflichen Lehrtätigkeit an einer Schule oder einem Lehrgang mit einem allgemein feststehenden und nicht nur von Fall zu Fall aufgestellten Lehrplan sind die nebenberuflich tätigen Lehrkräfte in der Regel Arbeitnehmer, es sei denn, dass sie in den Schul- oder Lehrgangsbetrieb nicht fest eingegliedert sind. [2]Hat die Lehrtätigkeit nur einen geringen Umfang, so kann das ein Anhaltspunkt dafür sein, dass eine feste Eingliederung in den Schul- oder Lehrgangsbetrieb nicht vorliegt. [3]Ein geringer Umfang in diesem Sinne kann stets angenommen werden, wenn die nebenberuflich tätige Lehrkraft bei der einzelnen Schule oder dem einzelnen Lehrgang in der Woche durchschnittlich nicht mehr als sechs Unterrichtsstunden erteilt. [4]Auf nebenberuflich tätige Übungsleiter, Ausbilder, Erzieher, Betreuer oder ähnliche Personen sind die Sätze 1 bis 3 sinngemäß anzuwenden.

H 19.2
Hinweise zu R 19.2
Nebentätigkeit und Aushilfstätigkeit

Allgemeines

– Ob eine Nebentätigkeit oder Aushilfstätigkeit in einem Dienstverhältnis oder selbständig ausgeübt wird, ist nach den allgemeinen Abgrenzungsmerkmalen (§ 1 Abs. 1 und 2 LStDV*) zu entscheiden. Dabei ist die Nebentätigkeit oder Aushilfstätigkeit in der Regel für sich allein zu beurteilen. Die Art einer etwaigen Haupttätigkeit ist für die Beurteilung nur wesentlich, wenn beide Tätigkeiten unmittelbar zusammenhängen (>BFH vom 24.11.1961 – BStBl. 1962 III S. 37).
– Zu der Frage, ob eine nebenberufliche oder ehrenamtliche Tätigkeit mit Überschusserzielungsabsicht ausgeübt wird, >BFH vom 23.10.1992 (BStBl. 1993 II S. 303 – Amateurfußballspieler) und vom 4.8.1994 (BStBl. II S. 944 – Sanitätshelfer).
– Gelegenheitsarbeiter, die zu bestimmten, unter Aufsicht durchzuführenden Arbeiten herangezogen werden, sind auch dann Arbeitnehmer, wenn sie die Tätigkeit nur für einige Stunden ausüben (>BFH vom 18.1.1974 – BStBl. II S. 301).
– Bei nebenberuflich tätigen Musikern, die in Gaststätten auftreten, liegt ein Arbeitsverhältnis zum Gastwirt regelmäßig nicht vor, wenn der einzelne Musiker oder die Kapelle, der er ange-

---

*) Abgedruckt als Anhang 1 zum Handbuch.

§ 19 EStG
R 19.2

hört, nur gelegentlich – etwa nur für einen Abend oder an einem Wochenende – von dem Gastwirt verpflichtet wird. Ein Arbeitsverhältnis zum Gastwirt ist in der Regel auch dann zu verneinen, wenn eine Kapelle selbständig als Gesellschaft oder der Kapellenleiter als Arbeitgeber der Musiker aufgetreten ist (>BFH vom 10.9.1976 – BStBl. 1977 II S. 178).

Nebenberufliche Lehrtätigkeit

– Bei **Lehrkräften**, die im Hauptberuf eine nichtselbständige Tätigkeit ausüben, liegt eine Lehrtätigkeit im Nebenberuf nur vor, wenn diese Lehrtätigkeit nicht zu den eigentlichen Dienstobliegenheiten des Arbeitnehmers aus dem Hauptberuf gehört. Die Ausübung der Lehrtätigkeit im Nebenberuf ist in der Regel als Ausübung eines freien Berufs anzusehen (>BFH vom 24.4.1959 – BStBl. III S. 193), es sei denn, dass gewichtige Anhaltspunkte – z. B. Arbeitsvertrag unter Zugrundelegung eines Tarifvertrags, Anspruch auf Urlaubs- und Feiertagsvergütung – für das Vorliegen einer Arbeitnehmertätigkeit sprechen (>BFH vom 28.4.1972 – BStBl. II S. 617 und vom 4.5.1972 – BStBl. II S. 618).

– Auch bei nur geringem Umfang der Nebentätigkeit sind die Lehrkräfte als Arbeitnehmer anzusehen, wenn sie aufgrund eines als Arbeitsvertrag ausgestalteten Vertrags tätig werden oder wenn eine an einer Schule vollbeschäftigte Lehrkraft zusätzliche Unterrichtsstunden an derselben Schule oder an einer Schule gleicher Art erteilt (>BFH vom 4.12.1975 – BStBl. 1976 II S. 291, 292).

– Die nebenberufliche Lehrtätigkeit von **Handwerksmeistern** an Berufs- und Meisterschulen ist in aller Regel keine nichtselbständige Tätigkeit.

– Bei **Angehörigen der freien Berufe** stellt eine Nebentätigkeit als Lehrbeauftragte an Hochschulen regelmäßig eine selbständige Tätigkeit dar (>BFH vom 4.10.1984 – BStBl. 1985 II S. 51).

Nebenberufliche Prüfungstätigkeit

Eine Prüfungstätigkeit als Nebentätigkeit ist in der Regel als Ausübung eines freien Berufs anzusehen (>BFH vom 14.3.1958 – BStBl. III S. 255, vom 2.4.1958 – BStBl. III S. 293 und vom 29.1.1987 – BStBl. II S. 783 wegen nebenamtlicher Prüfungstätigkeit eines Hochschullehrers).

Nebentätigkeit bei demselben Arbeitgeber

Einnahmen aus der Nebentätigkeit eines Arbeitnehmers, die er im Rahmen des Dienstverhältnisses für denselben Arbeitgeber leistet, für den er die Haupttätigkeit ausübt, sind Arbeitslohn, wenn dem Arbeitnehmer aus seinem Dienstverhältnis Nebenpflichten obliegen, die zwar im Arbeitsvertrag nicht ausdrücklich vorgesehen sind, deren Erfüllung der Arbeitgeber aber nach der tatsächlichen Gestaltung des Dienstverhältnisses und nach der Verkehrsauffassung erwarten darf, auch wenn er die zusätzlichen Leistungen besonders vergüten muss (>BFH vom 25.11.1971 – BStBl. 1972 II S. 212).

Vermittlungsprovisionen

>R 19.4

Zuordnung in Einzelfällen

– Vergütungen, die **Angestellte eines Notars** für die Übernahme der Auflassungsvollmacht von den Parteien eines beurkundeten Grundstücksgeschäfts erhalten, können Arbeitslohn aus ihrem Dienstverhältnis sein (>BFH vom 9.12.1954 – BStBl. 1955 III S. 55).

– Die Tätigkeit der bei Universitätskliniken angestellten **Assistenzärzte als Gutachter** ist unselbständig, wenn die Gutachten den Auftraggebern als solche der Universitätsklinik zugehen (>BFH vom 19.4.1956 – BStBl. III S. 187).*)

– **Gemeindedirektor**, der aufgrund des Gesetzes betreffend die Oldenburgische Landesbrandkasse vom 6.8.1938 Mitglied der Schätzungskommission ist, bezieht aus dieser Tätigkeit keine Einkünfte aus nicht selbständiger Arbeit (>BFH vom 8.2.1972 – BStBl. II S. 460).

– **Orchestermusiker**, die neben ihrer nicht selbständigen Haupttätigkeit im Orchester gelegentlich für ihren Arbeitgeber eine künstlerische Nebentätigkeit ausüben, können insoweit Einkünfte aus selbständiger Arbeit haben, als die Tätigkeit nicht zu den Nebenpflichten aus dem Dienstvertrag gehört (>BFH vom 25.11.1971 – BStBl. 1972 II S. 212).

– Übernimmt ein **Richter** ohne Entlastung in seinem Amt zusätzlich die Leitung einer Arbeitsgemeinschaft für Rechtsreferendare, so besteht zwischen Haupt- und Nebentätigkeit kein unmittelbarer Zusammenhang. Ob die Nebentätigkeit selbständig ausgeübt wird, ist deshalb nach dem Rechtsverständnis zu beurteilen, aufgrund dessen sie ausgeübt wird (>BFH vom 7.2.1980 – BStBl. II S. 321).

– Einnahmen, die angestellte **Schriftleiter** aus freiwilliger schriftstellerischer Nebentätigkeit für ihren Arbeitgeber erzielen, können Einnahmen aus selbständiger Tätigkeit sein (>BFH vom 3.3.1955 – BStBl. III S. 153).

– Das Honorar, das ein (leitender) Angestellter von seinem Arbeitgeber dafür erhält, dass er diesen bei Verhandlungen über den Verkauf des Betriebes beraten hat, gehört zu den Einnahmen aus nichtselbständiger Tätigkeit (>BFH vom 20.12.2000 – BStBl. 2001 II S. 496).

– Prämien, die ein Verlagsunternehmen seinen **Zeitungsausträgern** für die Werbung neuer Abonnenten gewährt, sind dann kein Arbeitslohn, wenn die Zeitungsausträger weder rechtlich noch faktisch zur Anwerbung neuer Abonnenten verpflichtet sind (>BFH vom 22.11.1996 – BStBl. 1997 II S. 254).

Anlage 1
zu H 19.2

Bezüge von nebenamtlichen Kirchenbediensteten

Bundeseinheitlich geltende Regelung, für Bayern bekannt gegeben mit Schreiben des Bayer. Staatsministeriums der Finanzen vom 22.7.1960 (Az.: S 2232 – 30/3 – 55536)

Im Einvernehmen mit dem Herrn Bundesminister der Finanzen und den Herren Finanzministern (Finanzsenatoren) der Länder bitte ich, die in Abschnitt 4 LStR**) für die nebenberufliche Lehrtätigkeit aufgestellten Grundsätze auf nebenamtliche Organisten in Kirchen und für Chorleiter in Kirchenchören entsprechend anzuwenden. Danach ist bei Organisten und Chorleitern regelmäßig eine selbständige Tätigkeit anzunehmen, wenn das Gesamtbild der Verhältnisse im Einzelfall nicht eine andere Beurteilung erfordert. Dagegen ist die Tätigkeit der sonstigen nebenamtlichen Kirchenbediensteten (z. B. Hilfsküster, Hilfsmesner) stets als nichtselbständig anzusehen; das gilt auch, wenn ein nebenamtlich tätiger Organist oder Chorleiter eine sonstige kirchliche Tätigkeit im Nebenberuf ausübt (z. B. die Tätigkeit eines Küsters oder Mesners).

Anlage 2
zu H 19.2

Gutachtertätigkeit von Klinikärzten

Kurzinformation des Finanzministeriums Schleswig-Holstein vom 7.12.2012 (Az.: VI 302 – S 2246 – 25)

Erstellen Klinikärzte Gutachten für Dritte, stellt sich regelmäßig die Frage, ob die daraus erzielten Einnahmen zu den Einkünften aus selbständiger (§ 18 EStG) oder aus nichtselbständiger Arbeit (§ 19 EStG) gehören.

Allen Fällen ist jedoch gemeinsam, dass eine am Einzelfall orientierte Zuordnung unter Beachtung der allgemeinen Abgrenzungsmerkmale nach dem Gesamtbild der Verhältnisse vorgenommen werden muss. Besonders bedeutsam ist für die Frage der Abgrenzung, ob die Gutachtertätigkeit innerhalb des Dienstverhältnisses erbracht wird (BFH-Urteil v. 5.10.2005, VI R 152/01, BStBl. 2006 II S. 94).

---

*) Vgl. auch Anlage 2 zu H 19.2 LStR.
**) Jetzt R 19.2 LStR.

Gutachtertätigkeit von Chefärzten

Erstellen Chefärzte Gutachten für dem Klinikbetrieb nicht zugehörige Dritte (z.B. Gerichte, Staatsanwaltschaften, Krankenkassen, Berufsgenossenschaften), ist für die steuerrechtliche Behandlung der Einkünfte anhand der Gesamtumstände zu ermitteln, wie die Ausübung der Tätigkeit im konkreten Einzelfall erfolgt.

Für eine Tätigkeit innerhalb des Dienstverhältnisses und somit für das Vorliegen von Einkünften aus nichtselbständiger Arbeit spricht es hierbei, wenn die Gutachteraufträge dem Chefarzt nicht direkt zugehen, sondern über die Klinikleitung an ihn weitergereicht werden und auch die Abrechnung der gutachterlichen Tätigkeit unter Mitwirkung der Klinik erfolgt.

Anhaltspunkte für das Vorliegen einer selbständigen Arbeit können darin gesehen werden, dass der Chefarzt dem Krankenhaus ein Entgelt für die Benutzung der zur Erstellung der Gutachten notwendigen Krankenhauseinrichtungen zahlt. Des Weiteren kann es für eine selbständige Tätigkeit des Chefarztes sprechen, wenn der Chefarzt selbst die Gutachten in seinem Namen und mit eigenem Briefkopf unterschreibt (BFH-Urteil v. 19.4.1956, IV 88/56 U, BStBl. III S. 187).

Gutachtertätigkeit von nachgeordneten Ärzten/Assistenzärzten

In der Praxis werden Gutachten häufig von angestellten Assistenzärzten oder unter deren Mitwirkung erstellt.

Werden die Gutachten von den Assistenzärzten ohne Mitwirkung eines übergeordneten Arztes/Chefarztes gefertigt, ist die Einordnung der Gutachtertätigkeit als selbständige oder nichtselbständige Arbeit anhand der oben beschriebenen Kriterien vorzunehmen. Hierbei ist allerdings zu beachten, dass Tarifverträge oder auch Einzelarbeitsverträge der Ärzte eine Pflicht zur Erstellung von Gutachten beinhalten können. Auf solche Regelungen ist insbesondere bei Universitätskliniken zu achten. Eine derartige Verpflichtung spricht dafür, dass das Erstellen des Gutachtens im Rahmen des Dienstverhältnisses erfolgt. Dies gilt insbesondere dann, wenn die Übernahme der Nebentätigkeit nur in besonders begründeten Ausnahmefällen verweigert werden darf. In diesen Fällen ist für die Frage, ob die Gutachtertätigkeit im Rahmen des Dienstverhältnisses erfolgt, besonders bedeutsam, inwiefern eine Weisungsabhängigkeit der Assistenzärzte besteht.

Gleiches gilt auch für die Zuordnung der Einkünfte der angestellten Assistenzärzte, wenn die Erstellung des Gutachtens im Rahmen einer zugelassenen Nebentätigkeit eines Chefarztes erfolgt, der sich der Hilfe eines Assistenzarztes bedient, wenn tarifvertraglich oder arbeitsvertraglich eine Pflicht der Assistenzärzte zur Gutachtenerstellung besteht und diese Pflicht sich auch auf die Erstellung von Gutachten im Rahmen der Nebentätigkeit des Chefarztes erstreckt. Auch hier ist für die Zuordnung der Tätigkeit zum Dienstverhältnis das Vorliegen einer Weisungsabhängigkeit zu beachten.

Der Umstand, dass die nachgeordneten Ärzte eine besondere Vergütung für ihre Gutachtertätigkeit erhalten, ist für die Einordnung der Einkünfte als solche aus nichtselbständiger Arbeit unschädlich (BFH-Urteil v. 25.11.1971, IV R 126/70, BStBl. 1972 II S. 212).

Weiterhin ist zu beachten, dass ein Bestandteil der Facharztausbildung die Erstellung von Gutachten ist. Die Vergabe von angeforderten Gutachten an die Facharztkandidaten durch die zuständigen Chefärzte erfolgt daher regelmäßig im Rahmen des Dienstverhältnisses. Die den Facharztkandidaten aus der Erstellung dieser Gutachten zugeflossenen Einnahmen gehören zu den Einkünften aus nichtselbständiger Arbeit, da sie im Rahmen des Dienstverhältnisses erzielt werden.

Anlage 3
zu H 19.2

Aufsichtsratsvergütungen als Einnahmen aus nichtselbständiger Arbeit

Verfügung der OFD Frankfurt am Main vom 23.9.2013 (Az.: S 2337 A – 26 – St 211)

Aufsichtsratsvergütungen gehören grundsätzlich zu den Einkünften aus selbständiger Tätigkeit nach § 18 Abs. 1 Nr. 3 EStG. Steht die Wahrnehmung der Aufsichtsratsfunktion in einem engen ursächlichen Zusammenhang mit einer nichtselbständigen Haupttätigkeit, gehören die Aufsichtsratsvergütungen abweichend hiervon zu den Einkünften aus dieser Haupttätigkeit (§ 19 EStG). Ein solcher Zusammenhang ist insbesondere dann anzunehmen, wenn die Verpflichtung besteht, die Aufsichtsratsvergütung vollständig oder teilweise an den Arbeitgeber abzuführen (aufgrund einer gesetzlichen oder vertraglichen Bestimmung, z.B. beamtenrechtlichen oder tarifvertraglichen Regelungen). Unterbleibt im Einzelfall eine Abführung der Aufsichtsratsvergütung an den Arbeitgeber, weil die Vergütung z.B. einen bestimmten Grenzbetrag nicht überschreitet, ist dennoch ein enger ursächlicher Zusammenhang mit der Haupttätigkeit anzunehmen, wenn dem Grunde nach eine Abführungsverpflichtung für den Arbeitnehmer besteht. Aufsichtsratsvergütungen, die zu den Einkünften aus einer nichtselbständigen Haupttätigkeit gehören, unterliegen als Arbeitslohn von dritter Seite grundsätzlich dem Lohnsteuerabzug. Es wird jedoch nicht beanstandet, wenn der Arbeitgeber in einem solchen Fall auf den Lohnsteuerabzug verzichtet. Hat der Arbeitgeber keinen Lohnsteuerabzug vorgenommen, ist der Arbeitnehmer verpflichtet, die Einnahmen im Rahmen seiner Einkommensteuererklärung zu deklarieren. Die Abführung der Aufsichtsratsvergütung an den Arbeitgeber führt zu negativem Arbeitslohn.

Personen in einem öffentlich-rechtlichen Amtsverhältnis (z.B. Minister, parlamentarische Staatssekretäre), Beamte und Wahlbeamte (z.B. Bürgermeister, Landräte) sowie Tarifbeschäftigte des öffentlichen Dienstes, die kraft ihrer Funktion einem Aufsichtsrat angehören oder dieses Mandat auf Verlangen, Vorschlag oder Veranlassung ihres Dienstherrn/Arbeitgebers wahrnehmen und grundsätzlich zur (vollständigen oder teilweisen) Abführung der Aufsichtsratsvergütung an den Dienstherrn/Arbeitgeber verpflichtet sind, erzielen daher mit ihren Aufsichtsratsvergütungen Einkünfte aus nichtselbständiger Arbeit. Die Vergütung, die sie als Aufsichtsratsmitglieder erhalten, ist als Arbeitslohn zu behandeln.

Zum Arbeitslohn aus der Aufsichtsratstätigkeit gehört nicht nur die eigentliche Vergütung sowie ggf. Sitzungsgelder, sondern grundsätzlich jeder geldwerte Vorteil, der dem Aufsichtsratsmitglied im Zusammenhang mit der Aufsichtsratstätigkeit zufließt. Dabei kann es sich um Geld- oder Sachzuwendungen (hierzu gehören auch Nutzungsüberlassungen und andere Dienstleistungen) handeln. Für Sachzuwendungen ist ggf. eine Pauschalversteuerung durch das zuwendende Unternehmen möglich.

Nicht als Arbeitslohn sind Zuwendungen zu qualifizieren, die sich nicht als Entlohnung, sondern lediglich als Begleiterscheinung einer betriebsfunktionalen Zielsetzung erweisen. Solche Zuwendungen erfolgen im ganz überwiegenden betrieblichen Interesse und stellen deshalb keinen steuerpflichtigen Arbeitslohn dar (H 19.3 – Allgemeines zum Arbeitslohn – LStH). Bei Zuwendungen von Unternehmen an ihre Aufsichtsräte handelt es sich nicht um Geschenke i.S. des § 4 Abs. 5 Satz 1 Nr. 1 EStG, weil die Zuwendung durch die Rechtsbeziehung zwischen Aufsichtsrat und Unternehmen veranlasst ist.

Die vorstehenden Regelungen sind entsprechend anzuwenden, soweit der oben beschriebene Personenkreis kraft seines Amtes bzw. auf Verlangen, Vorschlag oder Veranlassung seines Dienstherrn/Arbeitgebers in einem Verwaltungsrat oder einem anderen Organ einer Gesellschaft, Genossenschaft oder eines in einer anderen Rechtsform betriebenen Unternehmens tätig ist.

R 19.3
Arbeitslohn

(1) ¹Arbeitslohn ist die Gegenleistung für das Zurverfügungstellen der individuellen Arbeitskraft. ²Zum Arbeitslohn gehören deshalb auch

1. die Lohnzuschläge für Mehrarbeit und Erschwerniszuschläge, wie Hitzezuschläge, Wasserzuschläge, Gefahrenzuschläge, Schmutzzulagen usw.,
2. Entschädigungen, die für nicht gewährten Urlaub gezahlt werden,
3. der aufgrund des § 7 Abs. 5 SVG gezahlte Einarbeitungszuschuss,

§ 19 EStG
R 19.3

4. pauschale Fehlgeldentschädigungen, die Arbeitnehmern im Kassen- und Zähldienst gezahlt werden, soweit sie 16 Euro im Monat übersteigen,

5. Trinkgelder, Bedienungszuschläge und ähnliche Zuwendungen, auf die der Arbeitnehmer einen Rechtsanspruch hat.

(2) ¹Nicht als Gegenleistung für das Zurverfügungstellen der individuellen Arbeitskraft und damit nicht als Arbeitslohn sind u. a. anzusehen

1. der Wert der unentgeltlich zur beruflichen Nutzung überlassenen Arbeitsmittel,

2. die vom Arbeitgeber aufgrund gesetzlicher Verpflichtung nach § 3 Abs. 2 Nr. 1 und Abs. 3 des Gesetzes über die Durchführung von Maßnahmen des Arbeitsschutzes zur Verbesserung der Sicherheit und des Gesundheitsschutzes der Beschäftigten bei der Arbeit (ArbSchG) i. V. m. § 6 der Verordnung über Sicherheit und Gesundheitsschutz bei der Arbeit an Bildschirmgeräten (BildscharbV) sowie der Verordnung zur arbeitsmedizinischen Vorsorge (ArbMedVV) übernommenen angemessenen Kosten für eine spezielle Sehhilfe, wenn aufgrund einer Untersuchung der Augen und des Sehvermögens durch eine fachkundige Person i.S.d. ArbMedVV die spezielle Sehhilfe notwendig ist, um eine ausreichende Sehfähigkeit in den Entfernungsbereichen des Bildschirmarbeitsplatzes zu gewährleisten,

3. übliche Sachleistungen des Arbeitgebers aus Anlass der Diensteinführung, eines Amts- oder Funktionswechsels, eines runden Arbeitnehmerjubiläums (>R 19.5 Abs. 2 Satz 4 Nr. 3) oder der Verabschiedung eines Arbeitnehmers; betragen die Aufwendungen des Arbeitgebers einschl. Umsatzsteuer mehr als 110 Euro je teilnehmender Person, so sind die Aufwendungen dem Arbeitslohn des Arbeitnehmers hinzuzurechnen; auch Geschenke bis zu einem Gesamtwert von 60 Euro sind in die 110-Euro-Grenze einzubeziehen,

4. übliche Sachleistungen bei einem Empfang anlässlich eines runden Geburtstages eines Arbeitnehmers, wenn es sich unter Berücksichtigung aller Umstände des Einzelfalls um ein Fest des Arbeitgebers (betriebliche Veranstaltung) handelt. ²Die anteiligen Aufwendungen des Arbeitgebers, die auf den Arbeitnehmer selbst, seine Familienangehörigen sowie private Gäste des Arbeitnehmers entfallen, gehören jedoch zum steuerpflichtigen Arbeitslohn, wenn die Aufwendungen des Arbeitgebers mehr als 110 Euro je teilnehmender Person betragen; auch Geschenke bis zu einem Gesamtwert von 60 Euro sind in die 110-Euro-Grenze einzubeziehen,

5. pauschale Zahlungen des Arbeitgebers an ein Dienstleistungsunternehmen, das sich verpflichtet, alle Arbeitnehmer des Auftraggebers kostenlos in persönlichen und sozialen Angelegenheiten zu beraten und zu betreuen, beispielsweise durch die Übernahme der Vermittlung von Betreuungspersonen für Familienangehörige.

(3) ¹Leistungen des Arbeitgebers, mit denen er Werbungskosten des Arbeitnehmers ersetzt, sind nur steuerfrei, soweit dies gesetzlich bestimmt ist. ²Somit sind auch steuerpflichtig

1. Vergütungen des Arbeitgebers zum Ersatz der dem Arbeitnehmer berechneten Kontoführungsgebühren,

2. Vergütungen des Arbeitgebers zum Ersatz der Aufwendungen des Arbeitnehmers für Fahrten zwischen Wohnung und erster Tätigkeitsstätte.

H 19.3
Hinweise zu R 19.3
Arbeitslohn

Abgrenzung zu anderen Einkunftsarten

- Abgrenzung des Arbeitslohns von den Einnahmen aus Kapitalvermögen >BFH vom 31.10.1989 (BStBl. 1990 II S. 532).
- Zahlungen im Zusammenhang mit einer fehlgeschlagenen Hofübergabe sind kein Arbeitslohn, sondern Einkünfte nach § 22 Nr. 3 EStG (>BFH vom 8.5.2008 – BStBl. II S. 868 –).
- Zur Abgrenzung von Arbeitslohn und privater Vermögensebene bei einem Gesellschafter-Geschäftsführer >BFH vom 19.6.2008 (BStBl. II S. 826).
- Veräußerungsgewinn aus einer Kapitalbeteiligung an einem Unternehmen des Arbeitgebers >BFH vom 17.6.2009 (BStBl. 2010 II S 69).
- Veräußerungsverluste aus einer Kapitalbeteiligung am Unternehmen des Arbeitgebers sind keine negativen Einnahmen bei den Einkünften aus nichtselbständiger Arbeit, wenn es an einem Veranlassungszusammenhang zum Dienstverhältnis mangelt (>BFH vom 17.9.2009 – BStBl. 2010 II S. 198).
- Arbeitslohn im Zusammenhang mit der Veräußerung von GmbH-Anteilen (>BFH vom 30.6.2011 – BStBl. II S. 948).
- Abgrenzung zwischen Arbeitslohn und gewerblichen Einkünften eines Fußballspielers (>BFH vom 22.2.2012 – BStBl. II S. 511).
- Abgrenzung zwischen einer verdeckten Gewinnausschüttung und Arbeitslohn bei vertragswidriger Kraftfahrzeugnutzung durch den Gesellschafter-Geschäftsführer einer Kapitalgesellschaft >BMF vom 3.4.2012 (BStBl. I S. 478).*)
- Abgrenzung des Arbeitslohns von den Einnahmen aus Kapitalvermögen beim Rückverkauf von Genussrechten im Zusammenhang mit der Beendigung des Dienstverhältnisses (>BFH vom 5.11.2013 – BStBl. 2014 II S. 275).

Allgemeines zum Arbeitslohnbegriff

Welche Einnahmen zum Arbeitslohn gehören, ist unter Beachtung der Vorschriften des § 19 Abs. 1 EStG und § 2 LStDV**) sowie der hierzu ergangenen Rechtsprechung zu entscheiden. Danach sind Arbeitslohn grundsätzlich alle Einnahmen in Geld oder Geldeswert, die durch ein individuelles Dienstverhältnis veranlasst sind. Ein **Veranlassungszusammenhang zwischen Einnahmen und einem Dienstverhältnis** ist anzunehmen, wenn die Einnahmen dem Empfänger nur mit Rücksicht auf das Dienstverhältnis zufließen und sich als Ertrag seiner nichtselbständigen Arbeit darstellen. Die letztgenannte Voraussetzung ist erfüllt, wenn sich die Einnahmen im weitesten Sinne als Gegenleistung für das Zurverfügungstellen der individuellen Arbeitskraft erweisen (>BFH vom 24.9.2013 – BStBl. 2014 II S. 124). Eine solche Gegenleistung liegt nicht vor, wenn die Vergütungen die mit der Tätigkeit zusammenhängenden Aufwendungen nur unwesentlich übersteigen (>BFH vom 23.10.1992 – BStBl. 1993 II S. 303). Die Zurechnung des geldwerten Vorteils zu einem erst künftigen Dienstverhältnis ist zwar nicht ausgeschlossen, bedarf aber der Feststellung eines eindeutigen Veranlassungszusammenhangs, wenn sich andere Ursachen für die Vorteilsgewährung als Veranlassungsgrund aufdrängen (>BFH vom 20.5.2010 – BStBl. II S. 1069).

Ebenfalls keine Gegenleistung sind Vorteile, die sich bei objektiver Würdigung aller Umstände nicht als Entlohnung, sondern lediglich als notwendige Begleiterscheinung betriebsfunktionaler Zielsetzungen erweisen. Ein rechtswidriges Tun ist keine beachtliche Grundlage einer solch betriebsfunktionalen Zielsetzung (>BFH vom 14.11.2013 – BStBl. 2014 II S. 278). Vorteile besitzen danach keinen Arbeitslohncharakter, wenn sie im ganz überwiegend eigenbetrieblichen Interesse des Arbeitgebers gewährt werden. Das ist der Fall, wenn sich aus den Begleitumständen wie zum Beispiel Anlass, Art und Höhe des Vorteils, Auswahl der Begünstigten, freie oder nur gebundene Verfügbarkeit, Freiwilligkeit oder Zwang zur Annahme des Vorteils und seine besondere Geeignetheit für den jeweils verfolgten betrieblichen Zweck ergibt, dass diese Zielsetzung ganz im Vordergrund steht und ein damit einhergehendes eigenes Interesse des Arbeitnehmers, den betreffenden Vorteil zu erlangen, vernachlässigt werden kann (>BFH vom 24.9.2013 – BStBl. 2014 II S. 124 und die dort zitierte Rechtsprechung). Im Ergebnis handelt es sich um Leistungen des Arbeitgebers, die er im ganz überwiegenden betrieblichen Interesse erbringt. Ein ganz überwiegendes betriebliches Interesse muss über das an jeder Lohnzahlung bestehende betriebliche Interesse deutlich hinausgehen (>BFH vom 2.2.1990 – BStBl. II S. 472). Gemeint sind Fälle, z. B. in denen ein Vorteil der Belegschaft als Gesamtheit zugewendet wird oder in denen dem Arbeitnehmer ein Vorteil aufgedrängt wird, ohne dass ihm eine Wahl bei der Annahme des Vorteils bleibt und ohne dass der Vorteil eine Marktgängigkeit besitzt (>BFH vom 25.7.1986 – BStBl. II S. 868).

---
*) Abgedruckt als Anlage 9 zu H 8.1 (9–10) LStR.
**) Abgedruckt als Anhang 1 zum Handbuch.

§ 19 EStG
R 19.3

Beispiele:
Zum Arbeitslohn gehören

- der verbilligte Erwerb von **Aktien** vom Arbeitgeber (oder einem Dritten), wenn der Vorteil dem Arbeitnehmer oder einem Dritten für die Arbeitsleistung des Arbeitnehmers gewährt wird (>BFH vom 7.5.2014 – BStBl II S. 904),
- die vom Arbeitgeber übernommenen Beiträge einer angestellten Rechtsanwältin zum deutschen **Anwaltverein** (>BFH vom 12.2.2009 – BStBl. II S. 462),
- **Arbeitnehmeranteile** zur Arbeitslosen-, Kranken-, Pflege- und Rentenversicherung (Gesamtsozialversicherung), wenn der Arbeitnehmer hierdurch einen eigenen Anspruch gegen einen Dritten erwirbt (>BFH vom 16.1.2007 – BStBl. II S. 579),
- die vom Arbeitgeber übernommenen Beiträge zur **Berufshaftpflichtversicherung** von Rechtsanwälten (>BFH vom 26.7.2007 – BStBl. II S. 892),
- der geldwerte Vorteil aus dem verbilligten Erwerb einer **Beteiligung**, der im Hinblick auf eine spätere Beschäftigung als Geschäftsführer gewährt wird (>BFH vom 26.6.2014 – BStBl. 2014 II S. 864),
- die vom Arbeitgeber übernommenen **Bußgelder**, die gegen bei ihm angestellte Fahrer wegen Verstoßes gegen die Lenk- und Ruhezeit verhängt worden sind (>BFH vom 14.11.2013 – BStBl. 2014 II S. 278),
- die unentgeltliche bzw. verbilligte Überlassung eines **Dienstwagens** durch den Arbeitgeber an den Arbeitnehmer für dessen Privatnutzung (>BFH vom 29.1.2009 – BStBl. 2010 II S. 1067),
- die vom Arbeitgeber übernommenen **Geldbußen und Geldauflagen** bei nicht ganz überwiegend eigenbetrieblichem Interesse (>BFH vom 22.7.2008 – BStBl. 2009 II S. 151),
- die vom Arbeitgeber übernommenen Beiträge für die Mitgliedschaft in einem **Golfclub** (>BFH vom 21.3.2013 – BStBl. II S. 700),
- Beiträge des Arbeitgebers zu einer privaten **Gruppenkrankenversicherung**, wenn der Arbeitnehmer einen eigenen unmittelbaren und unentziehbaren Rechtsanspruch gegen den Versicherer erlangt (>BFH vom 14.4.2011 – BStBl. II S. 767),
- die vom Arbeitgeber übernommenen **Kammerbeiträge** für Geschäftsführer von Wirtschaftsprüfungs-/Steuerberatungsgesellschaften (>BFH vom 17.1.2008 – BStBl. II S. 378),
- die kostenlose oder verbilligte Überlassung von qualitativ und preislich hochwertiger **Kleidungsstücke** durch den Arbeitgeber (>BFH vom 11.4.2006 – BStBl. II S. 691), soweit es sich nicht um typische Berufskleidung handelt >R 3.31 Abs. 1; zum überwiegend eigenbetrieblichem Interesse bei Überlassung einheitlicher Kleidung >BFH vom 22.6.2006 (BStBl. II S. 915),
- monatliche Zahlungen nach einer Betriebsvereinbarung (Sozialplan) zum Ausgleich der durch **Kurzarbeit** entstehenden Nachteile (>BFH vom 20.7.2010 – BStBl. 2011 II S. 218),
- die innerhalb eines Dienstverhältnisses erzielten **Liquidationseinnahmen** eines angestellten Chefarztes aus einem eingeräumten Liquidationsrecht für gesondert berechenbare wahlärztliche Leistungen (>BFH vom 5.10.2005 – BStBl. 2006 II S. 94)*),
- **Lohnsteuerbeträge**, soweit sie vom Arbeitgeber übernommen werden und kein Fall des § 40 Abs. 3 EStG vorliegt (>BFH vom 28.2.1992 – BStBl. II S. 733). Bei den ohne entsprechende Nettolohnvereinbarung übernommenen Lohnsteuerbeträgen handelt es sich um Arbeitslohn des Kalenderjahres, in dem sie entrichtet worden sind und der Arbeitgeber auf den Ausgleichsanspruch gegen den Arbeitnehmer verzichtet (>BFH vom 29.10.1993 – BStBl. 1994 II S. 197). Entsprechendes gilt für übernommene Kirchensteuerbeträge sowie für vom Arbeitgeber zu Unrecht angemeldete und an das Finanzamt endgültig abgeführte Lohnsteuerbeträge (>BFH vom 17.6.2009 – BStBl. 2010 II S. 72),
- vom Arbeitgeber nachträglich an das Finanzamt abgeführte **Lohnsteuer** für zunächst als steuerfrei behandelten Arbeitslohn (>BFH vom 29.11.2000 – BStBl. 2001 II S. 195),
- von einem Dritten verliehene **Preise**, die den Charakter eines leistungsbezogenen Entgelts haben und nicht eine Ehrung der Persönlichkeit des Preisträgers darstellen (>BFH vom 23.4.2009 – BStBl. II S. 668),

- die vom Arbeitgeber übernommenen Kosten einer **Regenerationskur**; keine Aufteilung einer einheitlich zu beurteilenden Zuwendung (>BFH vom 11.3.2010 – BStBl. II S. 763),
- geldwerte Vorteile anlässlich von **Reisen** (>H 19.7),
- Zuschüsse, die eine AG Vorstandsmitgliedern zur freiwilligen Weiterversicherung in der gesetzlichen **Rentenversicherung** oder einem Versorgungswerk gewährt (>BFH vom 24.9.2013 – BStBl. 2014 II S. 124),
- Überschüsse aus dem **Rückverkauf** der vom Arbeitgeber erworbenen Genussrechte, wenn der Arbeitnehmer sie nur an den Arbeitgeber veräußern kann (>BFH vom 5.11.2013 – BStBl. 2014 II S. 275),
- **Sachbezüge**, soweit sie zu geldwerten Vorteilen des Arbeitnehmers aus seinem Dienstverhältnis führen (>R 8.1 und 8.2),
- der Erlass einer **Schadensersatzforderung** des Arbeitgebers (>BFH vom 27.3.1992 – BStBl. II S. 837), siehe auch H 8.1 (9–10) „Verzicht auf Schadensersatz",
- Aufwendungen des Arbeitgebers für **Sicherheitsmaßnahmen** bei abstrakter berufsbedingter Gefährdung (>BFH vom 5.4.2006 – BStBl. II S. 541); >aber BMF vom 30.6.1997 (BStBl. I S. 696)**),
- vom Arbeitgeber übernommene **Steuerberatungskosten** (>BFH vom 21.1.2010 – BStBl. II S. 639),
- **Surrogatleistungen** des Arbeitgebers aufgrund des Wegfalls von Ansprüchen im Rahmen der betrieblichen Altersversorgung (>BFH vom 7.5.2009 – BStBl. 2010 II S. 130),
- die vom Arbeitgeber übernommenen festen und laufenden Kosten für einen **Telefonanschluss** in der Wohnung des Arbeitnehmers oder für ein Mobiltelefon, soweit kein betriebliches Gerät genutzt wird (>R 3.45), es sich nicht um Auslagenersatz nach R 3.50 handelt oder die Telefonkosten nicht zu den Reisenebenkosten (>R 9.8), Umzugskosten (>R 9.9) oder Mehraufwendungen wegen doppelter Haushaltsführung (>R 9.11) gehören,
- die Nutzung vom Arbeitgeber gemieteter **Tennis- und Squashplätze** (>BFH vom 27.9.1996 – BStBl. 1997 II S. 146),
- **Umlagezahlungen** des Arbeitgebers an die Versorgungsanstalt des Bundes und der Länder (>BFH vom 7.5.2009 – BStBl. 2010 II S. 194),
- ggf. Beiträge für eine und Leistungen aus einer **Unfallversicherung** (>BMF vom 28.10.2009 – BStBl. I S. 1275),***)
- Leistungen aus **Unterstützungskassen** (>BFH vom 28.3.1958 – BStBl. III S. 268), soweit sie nicht nach R 3.11 Abs. 2 steuerfrei sind,
- **Vermittlungsprovisionen** (>R 19.4),
- Ausgleichszahlungen, die der Arbeitnehmer für seine in der Arbeitsphase erbrachten **Vorleistungen** erhält, wenn ein im Blockmodell geführtes Altersteilzeitarbeitsverhältnis vor Ablauf der vertraglich vereinbarten Zeit beendet wird (>BFH vom 15.12.2011 – BStBl. 2012 II S. 415).

Nicht zum Arbeitslohn gehören

- **Aufmerksamkeiten** (>R 19.6),
- **Arbeitnehmeranteile** am Gesamtsozialversicherungsbeitrag, die der Arbeitgeber wegen der gesetzlichen Beitragslastverschiebung nachzuentrichten und zu übernehmen hat (§ 3 Nr. 62 EStG), es sei denn, dass Arbeitgeber und Arbeitnehmer eine Nettolohnvereinbarung getroffen haben oder der Arbeitgeber zwecks Steuer- und Beitragshinterziehung die Unmöglichkeit einer späteren Rückbelastung beim Arbeitnehmer bewusst in Kauf genommen hat (>BFH vom 29.10.1993 – BStBl. 1994 II S. 194 und vom 13.9.2007 – BStBl. 2008 II S. 58),
- **Beiträge** des Bundes nach § 15 **FELEG** (>BFH vom 14.4.2005 – BStBl. II S. 569),
- **Betriebsveranstaltungen** (>R 19.5),
- **Fort- oder Weiterbildungsleistungen** (>R 19.7),
- Gestellung einheitlicher, während der Arbeitszeit zu tragende bürgerliche **Kleidung,** wenn das eigenbetriebliche Interesse des Arbeitgebers im Vordergrund steht bzw. kein geldwerter Vorteil

---
*) Vgl. auch Anlage 2 zu H 19.3 LStR.
**) Abgedruckt als Anlage 3 zu H 8.1 (5–6) LStR.
***) Abgedruckt als Anlage zu H 40b.2 LStR.

§ 19 EStG
R 19.3

des Arbeitnehmers anzunehmen ist (>BFH vom 22.6.2006 – BStBl. II S. 915); zur Überlassung hochwertiger Kleidung >BFH vom 11.4.2006 (BStBl. II S. 691),

– **Leistungen** zur **Verbesserung** der **Arbeitsbedingungen**, z. B. die Bereitstellung von Aufenthalts- und Erholungsräumen sowie von betriebseigenen Dusch- und Badeanlagen; sie werden der Belegschaft als Gesamtheit und damit in überwiegendem betrieblichen Interesse zugewendet (>BFH vom 25.7.1986 – BStBl. II S. 868),

– **Maßnahmen** des Arbeitgebers zur Vorbeugung spezifischer berufsbedingter Beeinträchtigungen der **Gesundheit,** wenn die Notwendigkeit der Maßnahmen zur Verhinderung krankheitsbedingter Arbeitsausfälle durch Auskünfte des medizinischen Dienstes einer Krankenkasse bzw. Berufsgenossenschaft oder durch Sachverständigengutachten bestätigt wird (>BFH vom 30.5.2001 – BStBl. II S. 671),

– **Mietzahlungen** des Arbeitgebers für ein im Haus bzw. in der Wohnung des Arbeitnehmers gelegenen Arbeitszimmers, das der Arbeitnehmer für die Erbringung seiner Arbeitsleistung nutzt, wenn die Nutzung des Arbeitszimmers in vorrangigem Interesse des Arbeitgebers erfolgt (>BMF vom 13.12.2005 – BStBl. 2006 I S. 4)*),

– **Nutzungsentgelt** für eine dem Arbeitgeber überlassene eigene Garage, in der ein Dienstwagen untergestellt wird (>BFH vom 7.6.2002 – BStBl. II S. 829),

– **Rabatte,** die der Arbeitgeber nicht nur seinen Arbeitnehmern, sondern auch fremden Dritten üblicherweise einräumt (>BFH vom 26.7.2012 – BStBl. 2013 II S. 402).

– übliche **Sachleistungen** des Arbeitgebers anlässlich einer betrieblichen Veranstaltung im Zusammenhang mit einem runden Geburtstag des Arbeitnehmers im Rahmen des R 19.3 Abs. 2 Nr. 4 LStR; zur Abgrenzung einer betrieblichen Veranstaltung von einem privaten Fest des Arbeitnehmers >BFH vom 28.1.2003 (BStBl. II S. 724),

– **Schadensersatzleistungen,** soweit der Arbeitgeber zur Leistung gesetzlich verpflichtet ist oder soweit der Arbeitgeber einen zivilrechtlichen Schadensersatzanspruch des Arbeitnehmers wegen schuldhafter Verletzung arbeitsvertraglicher Fürsorgepflichten erfüllt (>BFH vom 20.9.1996 – BStBl. 1997 II S. 144),

– **Vergütungen** eines Sportvereins an **Amateursportler,** wenn die Vergütungen, die mit der Tätigkeit zusammenhängenden Aufwendungen nur unwesentlich übersteigen (>BFH vom 23.10.1992 – BStBl. 1993 II S. 303),

– **Vergütungen** für **Sanitätshelfer** des DRK, wenn sie als pauschale Erstattung der Selbstkosten beurteilt werden können, weil sie die durch die ehrenamtliche Tätigkeit veranlassten Aufwendungen regelmäßig nur unwesentlich übersteigen (>BFH vom 4.8.1994 – BStBl. II S. 944),

– vom Arbeitnehmer **veruntreute Beträge** (>BFH vom 13.11.2012 – BStBl. II S. 929).

– **Vorsorgeuntersuchungen** leitender Angestellter >BFH vom 17.9.1982 (BStBl. 1983 II S. 39),

– **Zuwendungen** aus persönlichem Anlass (>R 19.6).

Steuerfrei sind

– die Leistungen nach dem **AltTZG** nach § 3 Nr. 28 EStG (>R 3.28),

– **Aufwandsentschädigungen** nach § 3 Nr. 12 (>R 3.12) und Einnahmen bis zum Höchstbetrag nach § 3 Nr. 26 und 26a EStG (>R 3.26),

– durchlaufende Gelder und **Auslagenersatz** nach § 3 Nr. 50 EStG (>R 50),

– **Beihilfen** und Unterstützungen, die wegen Hilfsbedürftigkeit gewährt werden nach § 3 Nr. 11 EStG (>R 3.11),

– der Wert der unentgeltlich oder verbilligt überlassenen **Berufskleidung** sowie die Barablösung des Anspruchs auf Gestellung typischer Berufskleidung nach § 3 Nr. 31 EStG (>R 3.31),

– die Erstattung von Mehraufwendungen bei **doppelter Haushaltsführung** nach § 3 Nr. 13 und 16 (>R 3.13, 3.16 und 9.11),

– die Maßnahmen der **Gesundheitsförderung** bis zum Höchstbetrag nach § 3 Nr. 34 EStG,

– der **Kaufkraftausgleich** nach § 3 Nr. 64 EStG (>R 3.64),

– Leistungen des Arbeitgebers für die Unterbringung und Betreuung von nicht schulpflichtigen **Kindern** nach § 3 Nr. 33 EStG (>R 3.33),

– der Ersatz von **Reisekosten** nach § 3 Nr. 13 und 16 EStG (>R 3.13, 3.16 und 9.4 bis 9.8),

– die betrieblich notwendige **Sammelbeförderung** des Arbeitnehmers nach § 3 Nr. 32 EStG (>R 3.32),

– **Studienbeihilfen und Stipendien** nach § 3 Nr. 11 und 44 EStG (>R 4.1 und R 3.44 EStR),

– vom Arbeitgeber nach R 3.50 Abs. 2 ersetzte Aufwendungen für **Telekommunikation,**

– geldwerte Vorteile aus der privaten Nutzung betrieblicher Personalcomputer und **Datenverarbeitungsgeräte** nach § 3 Nr. 45 EStG (>R 3.45),

– **Trinkgelder** nach § 3 Nr. 51 EStG,

– der Ersatz von **Umzugskosten** nach § 3 Nr. 13 und 16 EStG (>R 3.13, 3.16 und 9.9),

– der Ersatz von **Unterkunftskosten** sowie die unentgeltliche oder teilentgeltliche Überlassung einer Unterkunft nach
  § 3 Nr. 13 EStG (>R 3.13),
  § 3 Nr. 16 EStG (>R 9.7 und 9.11),

– der Ersatz von **Verpflegungskosten** nach
  § 3 Nr. 4 Buchstabe c EStG (>R 3.4),
  § 3 Nr. 12 EStG (>R 3.12),
  § 3 Nr. 13 EStG (>R 3.13),
  § 3 Nr. 16 EStG (>R 9.6 und 9.11),
  § 3 Nr. 26 EStG (>R 3.26),

– **Werkzeuggeld** nach § 3 Nr. 30 EStG (>R 3.30),

– **Zukunftssicherungsleistungen** des Arbeitgebers aufgrund gesetzlicher Verpflichtung und gleichgestellte Zuschüsse nach § 3 Nr. 62 EStG (>§ 2 Abs. 2 Nr. 3 LStDV**) und R 3.62),

– **Zuschläge** für Sonntags-, Feiertags- oder Nachtarbeit nach § 3b EStG (>R 3b).

Familienpflegezeit

Zur lohnsteuerlichen Behandlung der Familienpflegezeit >BMF vom 23.5.2012 (BStBl. I S. 617).***)

Gehaltsverzicht

>R 3.33 und 38.2

Lohnverwendungsabrede

Arbeitslohn fließt nicht nur dadurch zu, dass der Arbeitgeber den Lohn auszahlt oder überweist, sondern auch dadurch, dass der Arbeitgeber eine mit dem Arbeitnehmer getroffene Lohnverwendungsabrede (eine konstitutive Verwendungsauflage) erfüllt. Keinen Lohn erhält der Arbeitnehmer hingegen dann, wenn der Arbeitnehmer auf Lohn verzichtet und keine Bedingungen an die Verwendung der freigewordenen Mittel knüpft (>BFH vom 23.9.1998 – BStBl. 1999 II S. 98).

Lohnzahlung durch Dritte

Die Zuwendung eines Dritten kann Arbeitslohn sein, wenn sie als Entgelt für eine Leistung beurteilt werden kann, die der Arbeitnehmer im Rahmen seines Dienstverhältnisses für seinen Arbeitgeber erbringt, erbracht hat oder erbringen soll (>BFH vom 28.2.2013, BStBl. II S. 642). Bei Zuflüssen von dritter Seite können die Einnahmen insbesondere dann Ertrag der nichtselbständigen Arbeit sein, wenn sie

– aufgrund konkreter Vereinbarungen mit dem Arbeitgeber beruhen (>BFH vom 28.3.1958 – BStBl. III S. 268 und vom 27.1.1961 – BStBl. III S. 167 zu Leistungen aus einer Unterstützungskasse),

– aufgrund gesellschaftsrechtlicher oder geschäftlicher Beziehungen des Dritten zum Arbeitgeber gewährt werden (>BFH vom

---
*) Abgedruckt als Anlage 8 zu H 19.3 LStR.
**) Abgedruckt als Anhang 1 zum Handbuch.
***) Abgedruckt als Anlage 13 zu H 19.3 LStR.

21.2.1986 – BStBl. II S. 768 zur unentgeltlichen oder teilentgeltlichen Überlassung von Belegschaftsaktien an Mitarbeiter verbundener Unternehmen),

– dem Empfänger mit Rücksicht auf das Dienstverhältnis zufließen (>BFH vom 19.8.2004 – BStBl. II S. 1076 zur Wohnungsüberlassung).

Negativer Arbeitslohn

Wird ein fehlgeschlagenes Mitarbeiterbeteiligungsprogramm rückgängig gemacht, in dem zuvor vergünstigt erworbene Aktien an den Arbeitgeber zurückgegeben werden, liegen negative Einnahmen bzw. Werbungskosten vor (>BFH vom 17.9.2009 – BStBl. 2010 II S. 299).

Pensionszusage, Ablösung

Die Ablösung einer vom Arbeitgeber erteilten Pensionszusage führt beim Arbeitnehmer auch dann zum Zufluss von Arbeitslohn, wenn der Ablösungsbetrag auf Verlangen des Arbeitnehmers zur Übernahme der Pensionsverpflichtung an einen Dritten gezahlt wird (>BFH vom 12.4.2007 – BStBl. II S. 581); zur Übertragung der betrieblichen Altersversorgung >§ 3 Nr. 55, Nr. 65 und Nr. 66 EStG und BMF vom 24.7.2013 (BStBl. I S. 1022, Rz. 321 ff.)*).

Rabattgewährung durch Dritte

>BMF vom 27.9.1993 (BStBl. I S. 814)**)

Rückzahlung von Arbeitslohn

Arbeitslohnrückzahlungen sind nur dann anzunehmen, wenn der Arbeitnehmer an den Arbeitgeber die Leistungen, die bei ihm als Lohnzahlungen zu qualifizieren waren, zurückzahlt. Der Veranlassungszusammenhang zum Arbeitsverhältnis darf aber nicht beendet worden sein (>BFH vom 10.8.2010 – BStBl. II S. 1074 zum fehlgeschlagenen Grundstückserwerb vom Arbeitgeber).
>H 11

Zinsen

Soweit die Arbeitnehmer von Kreditinstituten und ihre Angehörigen auf ihre Einlagen beim Arbeitgeber höhere Zinsen erhalten als betriebsfremde Anleger, sind die zusätzlichen Zinsen durch das Dienstverhältnis veranlasst und dem Lohnsteuerabzug zu unterwerfen. Aus Vereinfachungsgründen ist es jedoch nicht zu beanstanden, wenn der Zusatzzins als Einnahmen aus Kapitalvermögen behandelt wird, sofern der dem Arbeitnehmer und seinen Angehörigen eingeräumte Zinssatz nicht mehr als 1 Prozentpunkt über dem Zinssatz liegt, den die kontoführende Stelle des Arbeitgebers betriebsfremden Anlegern im allgemeinen Geschäftsverkehr anbietet (>BMF vom 2.3.1990 – BStBl. I S. 141).

Zufluss von Arbeitslohn

>R 38.2

Zum Lohnsteuerabzug

>R 38.4

Anlage 1
zu H 19.3
Dienstbelohnungen

Bundeseinheitlich geltende Regelung, für Bayern bekannt gegeben mit Schreiben des Bayer. Staatsministeriums der Finanzen vom 1.6.1954 (Az.: S 2303 – 10/2 – 49079)

Dienstbelohnungen, die an einzelne Arbeitnehmer für Leistungen besonderer Art (z. B. Verhütung von Unfällen oder Sachschäden durch persönlichen Einsatz oder durch besonders umsichtiges Verhalten) gezahlt werden, gehören nach § 2 Abs. 3 Ziff. 3 LStDV***) grundsätzlich zum steuerpflichtigen Arbeitslohn.

In besonders gelagerten Einzelfällen kann jedoch auf Antrag von der Besteuerung abgesehen werden, wenn es sich um Belohnungen für die Verhütung von Katastrophen handelt und die Gefahrenbekämpfung nicht zur unmittelbaren Aufgabe des Arbeitnehmers gehört.

Anlage 2
zu H 19.3
Lohnsteuerliche Behandlung der Einnahmen von Chefärzten aus der Erbringung wahlärztlicher Leistungen im Krankenhaus;
hier: Anwendung des BFH-Urteils vom 5.10.2005 (BStBl. 2006 II S. 94)

Verfügung der Oberfinanzdirektion Karlsruhe vom 24.4.2006 (Az.: S 236.0/15 – St 131)

Der BFH hat mit dem im Betreff genannten Urteil vom 5.10.2005 entschieden, dass ein angestellter Chefarzt mit den Einnahmen aus dem ihm eingeräumten Liquidationsrecht im stationären Bereich für die gesondert berechenbaren wahlärztlichen Leistungen in der Regel Arbeitslohn bezieht, wenn die wahlärztlichen Leistungen innerhalb des Dienstverhältnisses erbracht werden. Das BFH-Urteil ist in vergleichbaren Fällen anzuwenden.

Der BFH bringt in den Urteilsgründen zum Ausdruck, dass die wahlärztlichen Leistungen selbständig oder nichtselbständig erbracht werden können. Entscheidend ist das Gesamtbild der Verhältnisse des Einzelfalles. Dabei ist insbesondere das Vorliegen bzw. das Fehlen der Unternehmerinitiative und des Unternehmerrisikos von Bedeutung. Für das Vorliegen von Einkünften aus nichtselbständiger Arbeit spricht Folgendes:

– Die Erbringung der wahlärztlichen Leistungen gehört zu den vertraglich geschuldeten Dienstaufgaben des Arztes gegenüber dem Krankenhaus.
– Die Verträge über die wahlärztlichen Leistungen werden unmittelbar zwischen den Patienten und dem Krankenhaus geschlossen.
– Der Arzt unterliegt – mit Ausnahme seiner rein ärztlichen Tätigkeit – den Weisungen des leitenden Arztes des Krankenhauses.
– Der Arzt erbringt die mit den wahlärztlichen Leistungen zusammenhängenden Behandlungen mit den Einrichtungen und Geräten des Krankenhauses.
– Neue diagnostische und therapeutische Untersuchungs- und Behandlungsmethoden bzw. Maßnahmen, die wesentliche Mehrkosten verursachen, können grundsätzlich nur im Einvernehmen mit dem Krankenhaus eingeführt werden.
– Der Dienstvertrag sieht für die gesondert berechenbaren wahlärztlichen Leistungen ausdrücklich vor, dass diese im Verhinderungsfall vom Stellvertreter übernommen werden.
– Der betroffene Arzt hat nur eine begrenzte Möglichkeit, den Umfang der wahlärztlichen Leistungen zu bestimmen.
– Sofern wahlärztliche Leistungen vereinbart werden, beziehen sich diese nicht speziell auf die Leistungen des liquidationsberechtigen Arztes, sondern auf die Leistungen aller an der Behandlung beteiligten liquidationsberechtigten Ärzte des Krankenhauses.
– Der Arzt kann es nicht ablehnen, die mit dem Krankenhaus vereinbarten wahlärztlichen Leistungen zu erbringen.
– Das Risiko eines Forderungsausfalls, das der liquidationsberechtigte Arzt zu tragen hat, ist gering.
– Das Krankenhaus rechnet über die wahlärztlichen Leistungen direkt mit den Patienten ab und vereinnahmt auch die geschuldeten Beträge.

Dem gegenüber sprechen folgende Kriterien für eine selbständige Tätigkeit:

– Die Erbringung der wahlärztlichen Leistung wird nicht gegenüber dem Krankenhaus geschuldet.
– Der liquidationsberechtigte Arzt vereinbart die zu erbringende wahlärztliche Leistung direkt mit den Patienten und wird hierdurch unmittelbar verpflichtet.
– Nur der liquidationsberechtigte Arzt haftet für die von ihm vorgenommenen wahlärztlichen Behandlungen.
– Der liquidationsberechtigte Arzt rechnet direkt mit den Patienten ab und vereinnahmt auch selbst die geschuldeten Beträge.

---
*) Abgedruckt als Anhang 13c zum Handbuch.
**) Abgedruckt als Anlage 6 zu H 8.2 LStR.
***) Abgedruckt als Anhang 1 zum Handbuch.

Nach den aufgezeigten Abgrenzungsmerkmalen liegen jedenfalls in folgenden Fällen Einkünfte aus nichtselbständiger Arbeit vor:
– Der Vertrag für die Erbringung der wahlärztlichen Leistungen wird zwischen dem Krankenhaus und den Patienten geschlossen. Die Liquidation erfolgt ebenfalls durch das Krankenhaus.
– Der Vertrag für die Erbringung der wahlärztlichen Leistungen wird zwischen dem Krankenhaus und den Patienten geschlossen. Die Liquidation erfolgt aber durch den Arzt auf ein von ihm geführtes persönliches Konto.

Der Krankenhausträger hat hier den Lohnsteuerabzug vorzunehmen. Dabei ist es nach Auffassung der obersten Finanzbehörden des Bundes und der Länder zulässig, die Lohnsteuer von dem Betrag zu berechnen, der dem Arzt nach Abzug der gesetzlich oder vertraglich geschuldeten und aus den „Bruttoliquidationserlösen" zu bestreitenden Zahlungen verbleibt. Auf das mit Kurzmitteilung vom 2.2.2006 S 236.0/15 – St 131 übersandte Schreiben des Finanzministeriums Baden-Württemberg vom 26.1.2006 3-S 236.0/24 weise ich hin.

Werden die Zahlungen regelmäßig geleistet (z. B. vierteljährlich) und liegt ihnen der gleiche Abrechnungszeitraum zugrunde, handelt es sich um laufenden Arbeitslohn S. v. R 115 Abs. 1 LStR*). Dass die Zahlungen in der Höhe Schwankungen unterliegen, führt allein noch nicht zu sonstigen Bezügen.

Einkünfte aus selbständiger Arbeit liegen jedenfalls vor, wenn die Verträge über die wahlärztlichen Leistungen unmittelbar zwischen den Patienten und dem Chefarzt abgeschlossen werden und die Liquidation durch den Chefarzt erfolgt. Soweit den Chefärzten neben den wahlärztlichen Leistungen im stationären Bereich auch die Möglichkeit eingeräumt wird auf eigene Rechnung und eigenes Risiko Leistungen im ambulanten Bereich zu erbringen, handelt es sich ebenfalls um Einkünfte aus selbständiger Arbeit.

Anlage 3
zu H 19.3

Steuerliche Behandlung des Versorgungszuschlags für Beamte bei Beurlaubung ohne Dienstbezüge

BMF-Schreiben vom 22.2.1991 (BStBl. I S. 951)

Zahlt der Arbeitgeber bei beurlaubten Beamten ohne Bezüge einen Versorgungszuschlag, so handelt es sich um steuerpflichtigen Arbeitslohn. In gleicher Höhe liegen beim Arbeitnehmer Werbungskosten vor. Dies gilt auch, wenn der Arbeitnehmer den Versorgungszuschlag zahlt.

Anlage 4
zu H 19.3

Einkommensteuerrechtliche Behandlung von Preisgeldern

BMF-Schreiben vom 5.9.1996 (BStBl. I S. 1150)

Unter Bezugnahme auf das Ergebnis der Erörterung mit den obersten Finanzbehörden der Länder gilt zur einkommensteuerrechtlichen Behandlung von Preisgeldern Folgendes:

1. Einnahmen aus Preisen (Preisgelder), insbesondere für wissenschaftliche oder künstlerische Leistungen, unterliegen der Einkommensteuer, wenn sie in untrennbarem wirtschaftlichem Zusammenhang mit einer der Einkunftsarten des Einkommensteuergesetzes stehen. Einkommensteuerlich unbeachtlich sind Einnahmen aus Preisen, die außerhalb einer Tätigkeit zur Erzielung von Einkünften bezogen werden. Für die Abgrenzung ist von den Ausschreibungsbedingungen und den der Preisverleihung zugrunde liegenden Zielen auszugehen.

2. Der Zusammenhang mit einer Einkunftsart ist gegeben, wenn die Preisverleihung wirtschaftlich den Charakter eines leistungsbezogenen Entgelts hat und wenn sie sowohl Ziel als auch unmittelbare Folge der Tätigkeit des Steuerpflichtigen ist. Das ist insbesondere dann der Fall, wenn der Preisträger zur Erzielung des Preises ein besonderes Werk geschaffen oder eine besondere Leistung erbracht hat.

Der Zusammenhang mit einer Einkunftsart ist auch gegeben, wenn die Preisverleihung bestimmungsgemäß in nicht unbedeutendem Umfang die persönlichen oder sachlichen Voraussetzungen der Einkunftserzielung des Steuerpflichtigen fördert.

Dies ist u. a. der Fall bei

– werbewirksamen Auszeichnungen im Rahmen von betriebs- oder berufsbezogenen Ausstellungen, wie z. B. Ausstellungen kunstgewerblicher Erzeugnisse (vgl. BFH-Urteil vom 1. Oktober 1964, BStBl. III S. 629) und

– Geldpreisen mit Zuschusscharakter, die vom Empfänger im Rahmen seiner ausgeübten beruflichen oder betrieblichen Tätigkeit verwendet werden müssen, z. B. Starthilfen nach der Meisterprüfung als Handwerker, die an die Aufnahme einer selbständigen gewerblichen Tätigkeit geknüpft sind (vgl. BFH-Urteil vom 14. März 1989, BStBl. II S. 651), oder Filmpreisen (Produzentenpreisen), die nach den Vergaberichtlinien einer Zweckbestimmung zur Herstellung eines neuen Films unterliegen.

Ein Indiz dafür, dass die Preisverleihung wirtschaftlich den Charakter eines leistungsbezogenen Entgelts hat und dass sie sowohl Ziel als auch unmittelbare Folge der Tätigkeit des Steuerpflichtigen ist, ist die Bewerbung um den Preis. Dies trifft z. B. auf Ideenwettbewerbe von Architekten zu (vgl. BFH-Urteil vom 16. Januar 1975, BStBl. II S. 558).

3. Keinen Zusammenhang mit einer Einkunftsart haben dagegen Einnahmen aus Preisen, deren Verleihung in erster Linie dazu bestimmt ist,

– das Lebenswerk oder Gesamtschaffen des Empfängers zu würdigen,
– die Persönlichkeit des Preisträgers zu ehren,
– eine Grundhaltung auszuzeichnen oder
– eine Vorbildfunktion herauszustellen (vgl. BFH-Urteil vom 9. Mai 1985, BStBl. II S. 427).

Dies kann ausnahmsweise auch angenommen werden, wenn zwar ein bestimmtes Werk oder eine bestimmte Leistung Anlass für die Preisverleihung war, zur Auswahl des Preisträgers jedoch dessen Gesamtpersönlichkeit oder (bisheriges) Gesamtschaffen entscheidend beigetragen haben. Davon ist z. B. bei der Vergabe des Nobelpreises auszugehen.

4.**) – *weggefallen* –

Anlage 5
zu H 19.3

Ertragsteuerliche Behandlung von Incentive-Reisen

BMF-Schreiben vom 14.10.1996 (BStBl. I S. 1192)

Abgedruckt als Anlage 2 zu H 19.7.

Anlage 6
zu H 19.3

Lohnsteuerliche Behandlung von Directors & Officers-Versicherungen (D&O)

BMF-Schreiben vom 24.1.2002 (Az.: IV C 5 – S 2332 – 8/02)

Die steuerliche Behandlung von D&O-Versicherungen ist mit den obersten Finanzbehörden der Länder erörtert worden. Dabei wurde davon ausgegangen, dass

– es sich bei der D&O-Versicherung um eine Vermögensschaden-Haftpflichtversicherung handelt, die in erster Linie der Absiche-

---
*) Nach R 39b.2 Abs. 2 Satz 2 Nr. 10 LStR gehören Zahlungen innerhalb eines Kalenderjahres als viertel- oder halbjährliche Teilbeträge zu den sonstigen Bezügen.

**) BMF-Schreiben vom 23.12.2002 (BStBl. 2003 I S. 76).

rung des Unternehmens oder des Unternehmenswertes gegen Schadenersatzforderungen Dritter gegenüber dem Unternehmen dient, die ihren Grund in dem Tätigwerden oder Untätigbleiben der für das Unternehmen verantwortlich handelnden und entscheidenden Organe und Leitungsverantwortlichen haben,
- die D&O-Verträge besondere Klauseln zur Firmenhaftung oder sog. Company Reimbursement enthalten, die im Ergebnis dazu führen, dass der Versicherungsanspruch aus der Versicherungsleistung dem Unternehmen als Versicherungsnehmer zusteht,
- des Weiteren die D&O-Versicherungen dadurch gekennzeichnet sind, dass
  = regelmäßig das Management als Ganzes versichert ist und Versicherungsschutz für einzelne Personen nicht in Betracht kommt,
  = Basis der Prämienkalkulation nicht individuelle Merkmale der versicherten Organmitglieder sind, sondern Betriebsdaten des Unternehmens und dabei die Versicherungssummen deutlich höher sind als typischerweise Privatvermögen.

Für diesen Typ D&O-Versicherung ist nach Auffassung der obersten Finanzbehörden des Bundes und der Länder von einem überwiegend eigenbetrieblichen Interesse auszugehen.

Ein überwiegend eigenbetriebliches Interesse ist hingegen zu verneinen, wenn Risiken versichert werden, die üblicherweise durch eine individuelle Berufshaftpflichtversicherung abgedeckt werden.

Anlage 7
zu H 19.3

Hochwasserkatastrophe in Deutschland im Juni 2013*)

BMF-Schreiben vom 21.6.2013 (BStBl. I S. 769)
– Auszug –

Durch das Hochwasser Ende Mai/Anfang Juni 2013 sind in weiten Teilen des Bundesgebiets beträchtliche Schäden entstanden. Im Einvernehmen mit den obersten Finanzbehörden der Länder gelten vom 1. Juni 2013 bis 31. Mai 2014 zur Unterstützung der Betroffenen folgende Verwaltungsregelungen:

...

II. Lohnsteuer

Aus Billigkeits- und Vereinfachungsgründen gilt Folgendes:

1. Unterstützung an Arbeitnehmer

Beihilfen und Unterstützungen des Arbeitgebers an seine Arbeitnehmer können nach R 3.11 LStR 2011**) steuerfrei sein. R 3.11 Absatz 2 LStR 2011**) ist auf Unterstützungen, die von dem Hochwasser betroffene Arbeitnehmer von ihrem Arbeitgeber erhalten, mit folgender Maßgabe anzuwenden:
- Die in R 3.11 Absatz 2 Satz 2 Nummer 1 bis 3 LStR 2011**) genannten Voraussetzungen brauchen nicht vorzuliegen,
- die Unterstützungen sind bis zu einem Betrag von 600 Euro je Kalenderjahr steuerfrei. Der 600 Euro übersteigende Betrag gehört nicht zum steuerpflichtigen Arbeitslohn, wenn unter Berücksichtigung der Einkommens- und Familienverhältnisse des Arbeitnehmers ein besonderer Notfall vorliegt. Im Allgemeinen kann bei den von dem Hochwasser betroffenen Arbeitnehmern von einem besonderen Notfall ausgegangen werden.

Auf Unterstützungen, die in Form von sonst steuerpflichtigen Zinsvorteilen (BMF-Schreiben vom 1. Oktober 2008 – IV C 5 – S 2334/07/0009 –, BStBl I S. 892) oder in Form von Zinszuschüssen gewährt werden, ist die vorstehende Regelung ebenfalls anzuwenden. Zinszuschüsse und Zinsvorteile bei Darlehen, die zur Beseitigung von Schäden durch das Hochwasser aufgenommen worden sind, sind deshalb ebenfalls nach R 3.11 Absatz 2 LStR 2011**) steuerfrei, und zwar während der gesamten Laufzeit des Darlehens. Voraussetzung hierfür ist, dass das Darlehen die Schadenshöhe nicht übersteigt. Bei längerfristigen Darlehen sind Zinszuschüsse und Zinsvorteile insgesamt nur bis zu einem Betrag in Höhe des Schadens steuerfrei.

Die steuerfreien Leistungen sind im Lohnkonto aufzuzeichnen (§ 4 Absatz 2 Nummer 4 Satz 1 LStDV); dabei ist auch zu dokumentieren, dass der die Leistung empfangende Arbeitnehmer durch das Hochwasser zu Schaden gekommen ist.

2. Arbeitslohnspende

Verzichten Arbeitnehmer auf die Auszahlung von Teilen des Arbeitslohns oder auf Teile eines angesammelten Wertguthabens

a) zugunsten einer Beihilfe des Arbeitgebers an von dem Hochwasser betroffene Arbeitnehmer des Unternehmens (Nummer 1) oder

b) zugunsten einer Zahlung des Arbeitgebers auf ein Spendenkonto einer spendenempfangsberechtigten Einrichtung im Sinne des § 10b Absatz 1 Satz 2 EStG,

bleiben diese Lohnteile bei der Feststellung des steuerpflichtigen Arbeitslohns außer Ansatz, wenn der Arbeitgeber die Verwendungsauflage erfüllt und dies dokumentiert.

Der außer Ansatz bleibende Arbeitslohn ist im Lohnkonto aufzuzeichnen (§ 4 Absatz 2 Nummer 4 Satz 1 LStDV). Auf die Aufzeichnung kann verzichtet werden, wenn stattdessen der Arbeitnehmer seinen Verzicht schriftlich erklärt hat und diese Erklärung zum Lohnkonto genommen worden ist.

Der außer Ansatz bleibende Arbeitslohn ist nicht in der Lohnsteuerbescheinigung (§ 41b Absatz 1 Satz 2 Nummer 3 EStG) anzugeben.

Die steuerfrei belassenen Lohnteile dürfen im Rahmen der Einkommensteuerveranlagung nicht als Spende berücksichtigt werden.

Anlage 8
zu H 19.3

Vermietung eines Büroraums an den Arbeitgeber; Anwendung des BFH-Urteils vom 16. September 2004 (BStBl. 2006 II S. 10)

BMF-Schreiben vom 13.12.2005 (BStBl. 2006 I S. 4)

Zur einkommensteuerrechtlichen Behandlung der Vermietung eines Büroraums durch einen Arbeitnehmer an seinen Arbeitgeber, den der Arbeitnehmer als Arbeitszimmer nutzt, hat der Bundesfinanzhof in Fortentwicklung der Urteile vom 19. Oktober 2001 (BStBl. 2002 II S. 300) und vom 20. März 2003 (BStBl. II S. 519) mit Urteil vom 16. September 2004 seine Rechtsprechung weiter präzisiert.

Unter Bezugnahme auf das Ergebnis der Erörterungen mit den obersten Finanzbehörden der Länder sind die Urteilsgrundsätze unter Anlegung eines strengen Maßstabs wie folgt anzuwenden:

Zu den Einkünften aus nichtselbständiger Arbeit zählen nach § 19 Abs. 1 Satz 1 Nr. 1 EStG auch andere Bezüge und Vorteile, die einem Arbeitnehmer für eine Beschäftigung im öffentlichen oder privaten Dienst gewährt werden. Ein Vorteil wird gewährt, wenn er durch das individuelle Dienstverhältnis des Arbeitnehmers veranlasst ist. Hieran fehlt es, wenn der Arbeitgeber dem Arbeitnehmer Vorteile aufgrund einer anderen, neben dem Dienstverhältnis gesondert bestehenden Rechtsbeziehung – beispielsweise einem Mietverhältnis – zuwendet.

Leistet der Arbeitgeber Zahlungen für ein im Haus oder in der Wohnung des Arbeitnehmers gelegenes Büro, das der Arbeitnehmer für die Erbringung seiner Arbeitsleistung nutzt, so ist die Unterscheidung zwischen Arbeitslohn und Einkünften aus Vermietung und Verpachtung danach vorzunehmen, in wessen vorrangigem Interesse die Nutzung des Büros erfolgt.

Dient die Nutzung in erster Linie den Interessen des Arbeitnehmers, ist davon auszugehen, dass die Zahlungen des Arbeitgebers als Gegenleistung für das Zurverfügungstellen der Arbeitskraft des Arbeitnehmers erfolgt sind. Die Einnahmen sind als Arbeitslohn zu erfassen.

---

*) Das Sozialversicherungsrecht sieht nach der geltenden Rechtslage für Arbeitslohnspenden ins Ausland keine Freistellung von der Beitragspflicht vor (§ 1 Abs. 1 Satz 1 Nr. 11 SvEV). Zu steuerlichen Maßnahmen zur Unterstützung der Opfer des Hochwassers auf dem Balkan (Bosnien-Herzegowinna, Kroatien und Serbien) vgl. BMF-Schreiben vom 17.6.2014, BStBl. I S. 889).

**) Jetzt LStR 2015.

§ 19 EStG
R 19.3

Eine für die Zuordnung der Mietzahlungen zu den Einnahmen aus Vermietung und Verpachtung i. S. von § 21 Abs. 1 Nr. 1 EStG erforderliche, neben dem Dienstverhältnis gesondert bestehende Rechtsbeziehung setzt voraus, dass das Arbeitszimmer vorrangig im betrieblichen Interesse des Arbeitgebers genutzt wird und dieses Interesse über die Entlohnung des Arbeitnehmers sowie über die Erbringung der jeweiligen Arbeitsleistung hinausgeht. Die Ausgestaltung der Vereinbarung zwischen Arbeitgeber und Arbeitnehmer als auch die tatsächliche Nutzung des angemieteten Raumes im Haus oder der Wohnung des Arbeitnehmers müssen maßgeblich und objektiv nachvollziehbar von den Bedürfnissen des Arbeitgebers geprägt sein.

Für das Vorliegen eines betrieblichen Interesses sprechen beispielsweise folgende Anhaltspunkte:

– Für den/die Arbeitnehmer sind im Unternehmen keine geeigneten Arbeitszimmer vorhanden; die Versuche des Arbeitgebers, entsprechende Räume von fremden Dritten anzumieten, sind erfolglos geblieben.

– Der Arbeitgeber hat für andere Arbeitnehmer des Betriebs, die über keine für ein Arbeitszimmer geeignete Wohnung verfügen, entsprechende Rechtsbeziehungen mit fremden Dritten, die nicht in einem Dienstverhältnis zu ihm stehen, begründet.

– Es wurde eine ausdrückliche, schriftliche Vereinbarung über die Bedingungen der Nutzung des überlassenen Raumes abgeschlossen.

Allerdings muss der Steuerpflichtige auch in diesen Fällen das vorrangige betriebliche Interesse seines Arbeitgebers nachweisen, ansonsten sind die Zahlungen als Arbeitslohn zu erfassen.

Ein gegen das betriebliche Interesse und damit für den Arbeitslohncharakter der Mieteinnahmen sprechendes gewichtiges Indiz liegt vor, wenn der Arbeitnehmer im Betrieb des Arbeitgebers über einen weiteren Arbeitsplatz verfügt und die Nutzung des häuslichen Arbeitszimmers vom Arbeitgeber lediglich gestattet oder geduldet wird. In diesem Fall ist grundsätzlich von einem vorrangigen Interesse des Arbeitnehmers an der Nutzung des häuslichen Arbeitszimmers auszugehen. Zur Widerlegung dieser Annahme muss der Steuerpflichtige das vorrangige Interesse seines Arbeitgebers am zusätzlichen häuslichen Arbeitsplatz, hinter welches das Interesse des Steuerpflichtigen zurücktritt, nachweisen. Ein etwa gleichgewichtiges Interesse von Arbeitgeber und Arbeitnehmer reicht hierfür nicht aus.

Für das Vorliegen eines betrieblichen Interesses kommt es nicht darauf an,

– ob ein entsprechendes Nutzungsverhältnis zu gleichen Bedingungen auch mit einem fremden Dritten hätte begründet werden können,

– ob der vereinbarte Mietzins die Höhe des ortsüblichen Mietzinses unterschreitet, denn das geforderte betriebliche Interesse an der Nutzung des betreffenden Raumes wird durch eine für den Arbeitgeber vorteilhafte Gestaltung der zugrunde liegenden Rechtsbeziehung nicht in Frage gestellt.

Bei einer auf Dauer angelegten Vermietungstätigkeit ist nach der Rechtsprechung des Bundesfinanzhofs vom Vorliegen der Einkunftserzielungsabsicht auszugehen (vgl. auch BMF-Schreiben vom 8. Oktober 2004 – BStBl. I S. 933). Das gilt auch für die Vermietung eines im Haus oder der Wohnung des Arbeitnehmers gelegenen Büros an den Arbeitgeber. Selbst wenn wegen der Koppelung des Mietvertrags an die Amts- oder Berufszeit des Arbeitnehmers und im Hinblick auf die Höhe des Mietzinses Zweifel am Vorliegen der Einkunftserzielungsabsicht bestehen, steht dies bei vorrangigem betrieblichen Interesse des Arbeitgebers einer Berücksichtigung der Aufwendungen nicht entgegen.

Liegen die Voraussetzungen für die Zuordnung der Mieteinnahmen zu den Einkünften aus Vermietung und Verpachtung vor, sind die das Dienstzimmer betreffenden Aufwendungen in vollem Umfang als Werbungskosten zu berücksichtigen. Sie fallen nicht unter die Abzugsbeschränkung des § 4 Abs. 5 Satz 1 Nr. 6b EStG.

Anlage 9
zu H 19.3

Übernahme der Beiträge zur Berufshaftpflichtversicherung angestellter Rechtsanwälte durch den Arbeitgeber

Erlass der Senatsverwaltung für Finanzen Berlin vom 22.7.2010 (Az.: III B – S 2332 – 3/2008)

Der BFH hat mit Urteil vom 26.7.2007, BStBl. 2007 II S. 892, entschieden, dass die Übernahme von Beiträgen zur Berufshaftpflichtversicherung angestellter Rechtsanwälte durch den Arbeitgeber zu Arbeitslohn führt, weil angestellte Rechtsanwälte gemäß § 51 BRAO zum Abschluss der Versicherung verpflichtet sind und deshalb ein überwiegend eigenbetriebliches Interesse des Arbeitgebers ausscheidet. Auch eine Versicherung der angestellten Rechtsanwälte über die Mindestdeckungssumme hinaus hat nicht zur Folge, dass das Interesse des einzelnen Arbeitnehmers am Abschluss der Berufshaftpflichtversicherung als unerheblich zu qualifizieren wäre.

In der Praxis erfolgt die Absicherung der angestellten Rechtsanwälte über die Mindestdeckungssumme hinaus regelmäßig im Rahmen einer Vermögensschaden-Haftpflichtversicherung der Rechtsanwaltssozietät. Die Versicherungspflicht nach § 51 BRAO kann auch durch eine vom Arbeitgeber abgeschlossene Gruppenversicherung erfüllt werden, bei der die angestellten Rechtsanwälte als versicherte Personen namentlich genannt werden. Somit wird auch durch eine vom Arbeitgeber abgeschlossene Versicherung für die bei ihm tätigen, namentlich genannten, Rechtsanwälte deren individuelle Pflicht zum Abschluss einer Berufshaftpflichtversicherung erfüllt. Die Rechtsanwälte haben ein entsprechendes Eigeninteresse an dieser Versicherung, sodass grundsätzlich von Arbeitslohn auszugehen ist, wenn der Arbeitgeber die Versicherungsbeiträge zahlt.

Eine Aufteilung der Versicherungssumme nach Mindestdeckungssumme und überschießender Summe ist nach bundeseinheitlichem Beschluss der obersten Finanzbehörden der Länder somit nicht vorzunehmen (vgl. auch BFH-Beschluss vom 6.5.2009, VI B 4/09, BFH/NV 2009 S. 1431 sowie die Entscheidung des Vorverfahrens). Bei einer für die Rechtsanwälte der Kanzlei (ggf. Sozien und angestellte Rechtsanwälte) insgesamt abgeschlossenen Haftpflichtversicherung ist für die Ermittlung des auf den einzelnen angestellten Rechtsanwalt entfallenden Arbeitslohns der Gesamtbetrag der zu leistenden Versicherungsbeiträge nach Köpfen zu verteilen.

Anlage 10
zu H 19.3

Behandlung von bundesweiten Schulprojekten

Verfügung der OFD Frankfurt am Main vom 4.3.2010 (Az.: S 2332 A 88 – St 211)

– Auszug –

In der Vergangenheit haben bereits mehrfach Schulprojekte wie: „Der Soziale Tag", „Aktion Tagwerk" und andere vergleichbare Projekte in verschiedenen Bundesländern stattgefunden. Die Schülerinnen und Schüler arbeiteten im Rahmen der Projekte einen Tag lang in Unternehmen oder Privathaushalten. Der erarbeitete Lohn wird im Einvernehmen mit den Schülern und den Arbeitgebern an die jeweilige Organisation gespendet.

Die im Rahmen dieser Projekte gespendeten Arbeitslöhne können aus Billigkeits- und Vereinfachungsgründen im Rahmen einer eventuell durchzuführenden ESt-Veranlagung der Schülerinnen oder Schüler bei der Feststellung des steuerpflichtigen Arbeitslohns außer Ansatz bleiben. Die Vergütungen sind hierbei von den Arbeitgebern direkt an die spendenempfangsberechtigte Einrichtung i.S. des § 10b Abs. 1 Satz 1 EStG zu überweisen und unterliegen nicht dem LSt-Abzug. Da die außer Ansatz bleibenden Vergütungen nicht als Spende berücksichtigt werden dürfen, haben zudem die Vereine sicherzustellen, dass über diese Vergütungen keine Zuwendungsbestätigungen i.S. des § 50 EStDV ausgestellt werden.

Anlage 11
zu H 19.3

Verzicht des Gesellschafter-Geschäftsführers auf Pensionsanspruch

BMF-Schreiben vom 14.8.2012 (BStBl. I S. 874)

Unter Bezugnahme auf die Erörterung mit den obersten Finanzbehörden der Länder gilt zur ertragsteuerlichen Behandlung des Verzichts eines Gesellschafter-Geschäftsführers auf eine Pensionsanwartschaft gegenüber seiner Kapitalgesellschaft Folgendes:

1 Nach dem BFH-Beschluss vom 9. Juni 1997 (GrS 1/94 – BStBl. 1998 II Seite 307) führt der durch das Gesellschaftsverhältnis veranlasste Verzicht eines Gesellschafter-Geschäftsführers auf eine werthaltige Forderung gegenüber seiner Kapitalgesellschaft zu einer verdeckten Einlage nach § 8 Absatz 3 Satz 3 KStG in die Kapitalgesellschaft und zu einem Zufluss von Einnahmen beim Gesellschafter-Geschäftsführer. Diese Grundsätze gelten auch bei einem Verzicht des Gesellschafter-Geschäftsführers auf eine Pensionsanwartschaft. Für die Bewertung der verdeckten Einlage ist dabei nach dem BFH-Urteil vom 15. Oktober 1997 (I R 58/93 – BStBl. 1998 II Seite 305) auf den Teilwert der Pensionsanwartschaft des Gesellschafter-Geschäftsführers abzustellen und nicht auf den gemäß § 6a EStG ermittelten Teilwert der Pensionsverbindlichkeit der Kapitalgesellschaft. Der Teilwert ist dabei unter Beachtung der allgemeinen Teilwertermittlungsgrundsätze im Zweifel nach den Wiederbeschaffungskosten zu ermitteln. Demnach kommt es darauf an, welchen Betrag der Versorgungsberechtigte zu dem Zeitpunkt des Verzichtes hätte aufwenden müssen, um eine gleich hohe Pensionsanwartschaft gegen einen vergleichbaren Schuldner zu erwerben. Dabei kann die Bonität des Forderungsschuldners berücksichtigt werden. Außerdem kann von Bedeutung sein, ob die Pension unverfallbar ist oder ob sie voraussetzt, dass der Berechtigte bis zum Pensionsfall für den Verpflichteten nichtselbständig tätig ist (BFH-Urteil vom 15. Oktober 1997 – I R 58/93 – BStBl. 1998 II Seite 305).

2 Im Falle des vollständigen Verzichts auf eine Pensionsanwartschaft vor Eintritt des Versorgungsfalls liegt eine verdeckte Einlage in Höhe des bis zum Verzichtszeitpunkt bereits erdienten Anteils des Versorgungsanspruches vor. Bei einem teilweisen Verzicht ist eine verdeckte Einlage insoweit anzunehmen, als der Barwert der bis zu dem Verzichtszeitpunkt bereits erdienten Versorgungsleistungen des Gesellschafter-Geschäftsführers den Barwert der nach dem Teilverzicht noch verbleibenden Versorgungsleistungen übersteigt. Dies gilt unabhängig davon, ob sich die Verzichtsvereinbarung der Bezeichnung nach nur auf künftig noch zu erdienende Anwartschaften (sog. Future Service) bezieht oder ob es sich dabei um eine durch das Gesellschaftsverhältnis veranlasste Änderung einer Pensionszusage handelt, die mit einer Reduzierung der bisher zugesagten Versorgungsleistungen verbunden ist.

3 Es wird nicht beanstandet, wenn als erdienter Teil der Versorgungsleistungen bei einer Leistungszusage an einen beherrschenden Gesellschafter-Geschäftsführer der Teilanspruch aus den bisher zugesagten Versorgungsleistungen angesetzt wird, der dem Verhältnis der ab Erteilung der Pensionszusage bis zum Verzichtszeitpunkt abgeleisteten Dienstzeit (s) einerseits und der ab Erteilung der Pensionszusage bis zu der in der Pensionszusage vorgesehenen festen Altersgrenze (t) andererseits entspricht (zeitanteilig erdienter Anwartschaftsbarwert ab Pensionszusage – s/t). Bei einem nicht beherrschenden Gesellschafter-Geschäftsführer ist insoweit nicht auf den Zeitpunkt der (erstmaligen) Erteilung einer Pensionszusage, sondern auf den Beginn des Dienstverhältnisses abzustellen (sog. m/n-Anwartschaftsbarwert).

Beispiel

– Beherrschender Gesellschafter-Geschäftsführer einer GmbH, geb. 1. Januar 1960
– Diensteintritt in die GmbH am 1. Januar 1986
– Zusage am 1. Januar 1996 einer Alters- und Invalidenrente über 3.000 €/monatlich
– Pensionseintritt mit Vollendung des 66. Lebensjahres
– Herabsetzung der Versorgungsanwartschaft am 1. Januar 2011 auf 1.500 €/monatlich

Ermittlung des erdienten Anteils der Versorgungsleistungen zum Zeitpunkt der Herabsetzung:

Quotient nach Rz. 3: tatsächlich geleistete Dienstjahre ab Zusageerteilung (da beherrschend)/maximal mögliche Dienstjahre ab Zusageerteilung = 15/30 = 0,5 Erdienter Anteil zum 1. Januar 2011: 1.500 €/monatlich

Da die nach Herabsetzung noch verbleibenden Versorgungsleistungen genau dem bereits erdienten Anteil entsprechen, beträgt der Wert der verdeckten Einlage nach § 8 Absatz 3 Satz 3 KStG 0 €.

4 Bei der Berechnung des Barwerts der bis zum Verzichtszeitpunkt erdienten sowie des Barwerts der danach herabgesetzten Pensionsanwartschaft sind die gleichen, im Verzichtszeitpunkt anerkannten Rechnungsgrundlagen und anerkannten Regeln der Versicherungsmathematik anzuwenden. Es wird dabei für den Barwertvergleich nicht beanstandet, wenn die Rechnungsgrundlagen verwendet werden, die am vorangegangenen Bilanzstichtag der steuerlichen Bewertung der Pensionsverpflichtung zugrunde lagen.

Anlage 12
zu H 19.3

Jubiläumszuwendungen bei Ausübung eines Ehrenamtes

Verfügung des Landesamtes für Steuern und Finanzen Sachsen vom 22.9.2011 (Az.: S 2337 – 65/3 – 212)

Mit Wirkung vom 1. Januar 2011 ist die Verordnung des Sächsischen Staatsministeriums des Innern über die Gewährung von Jubiläumszuwendungen an ehrenamtlich Tätige in den Freiwilligen Feuerwehren, den Rettungsdiensten und den Einheiten des Katastrophenschutzes im Freistaat Sachsen in Kraft getreten.

Danach erhalten Angehörige der Freiwilligen Feuerwehr, Mitarbeiter der Hilfsorganisationen im Rettungsdienst und Helfer im Katastrophenschutz ab dem Jahr 2011 aus Anlass eines 10-, 25- oder 40-jährigen aktiven ehrenamtlichen Dienstes eine Jubiläumszuwendung in Höhe von 100, 200 oder 300 EUR. Damit soll die besondere Anerkennung für die zum Wohle der Allgemeinheit geleisteten aktiven Dienste im Ehrenamt zum Ausdruck gebracht werden.

Diese Jubiläumszuwendungen sind bei zu Ehrenden die ihre ehrenamtliche Tätigkeit ohne jegliche Zahlung einer Aufwandsentschädigung leisten bereits dem Grunde nach nicht einkommensteuerpflichtig, da es an der Überschusserzielungsabsicht fehlt.

Bei zu Ehrenden, die für ihre ehrenamtliche Tätigkeit Aufwandsentschädigungen erhalten (z. B. Gemeindewehrleiter oder Ausbilder), stellen sie keinen (mit) zu versteuernden Arbeitslohn dar, sondern sind ebenfalls dem Grunde nach nicht einkommensteuerpflichtig.

Wie bei den zu Ehrenden, die für ihre ehrenamtliche Tätigkeit keine Aufwandsentschädigung erhalten, wird lediglich der langjährige aktive ehrenamtliche und selbstlose Dienst in der Feuerwehr, im Rettungsdienst oder im Katastrophenschutz als solcher ausgezeichnet.

Anlage 13
zu H 19.3

Lohnsteuerliche Behandlung der Familienpflegezeit

BMF-Schreiben vom 23.5.2012 (BStBl. I S. 617)

Mit dem Gesetz zur Vereinbarkeit von Pflege und Beruf vom 6. Dezember 2011 (BGBl. I Seite 2564) wurde u. a. das Gesetz über die Familienpflegezeit (Familienpflegezeitgesetz – FPfZG) beschlossen. Durch das Familienpflegezeitgesetz, mit dem zum 1. Januar 2012 die Familienpflegezeit eingeführt wurde, wird die Vereinbarkeit von Beruf und familiärer Pflege verbessert. Beschäftigte (= lohnsteuerliche Arbeitnehmer), die ihre Arbeitszeit über einen Zeitraum von maximal zwei Jahren auf bis zu 15 Stunden reduzieren, erhalten während der Familienpflegezeit eine Entgeltaufstockung in Höhe der Hälfte der Differenz zwischen dem bisherigen Arbeitsentgelt und dem Arbeitsentgelt, das sich infolge der

§ 19 EStG
R 19.4

Reduzierung der Arbeitszeit ergibt (bspw. Entgeltaufstockung auf 75 % des letzten Bruttoeinkommens, wenn ein Vollzeitbeschäftigter seine Arbeitszeit auf 50 % reduziert). Zum Ausgleich erhalten die Arbeitnehmer später bei voller Arbeitszeit weiterhin nur das reduzierte Gehalt (bspw. Entgelt in Höhe von 75 % des letzten Bruttoeinkommens bei 100 % Arbeitszeit), bis ein Ausgleich des „negativen" Wertguthabens erfolgt ist.

Das Familienpflegezeitgesetz selbst enthält keine steuerlichen Regelungen. Gleichwohl stellen sich lohnsteuerliche Fragen zu den arbeits-/sozialrechtlichen Regelungen.

Unter Bezugnahme auf das Ergebnis einer Erörterung mit den obersten Finanzbehörden wird hierzu wie folgt Stellung genommen:

1. Arbeitszeitverringerung und Entgeltaufstockung während der Familienpflegezeit

Während der Familienpflegezeit liegt Zufluss von Arbeitslohn in Höhe der Summe aus dem verringerten (regulären) Arbeitsentgelt und der Entgeltaufstockung des Arbeitgebers nach § 3 Absatz 1 Nummer 1 Buchstabe b FPfZG vor. Dies gilt auch, soweit die als Entgeltaufstockung ausgezahlten Beträge aus einem Wertguthaben nach dem Vierten Buch Sozialgesetzbuch (SGB IV) entnommen werden und dadurch ein „negatives" Wertguthaben aufgebaut wird (§ 3 Absatz 1 Nummer 1 Buchstabe b Doppelbuchstabe aa FPfZG).

2. Nachpflegephase

Wird in der Nachpflegephase (§ 3 Absatz 1 Nummer 1 Buchstabe c FPfZG) bei voller Arbeitszeit nur das reduzierte Arbeitsentgelt ausgezahlt, um gleichzeitig mit dem anderen Teil des Arbeitsentgelts ein „negatives" Wertguthaben nach SGB IV auszugleichen, liegt Zufluss von Arbeitslohn nur in Höhe des reduzierten Arbeitsentgelts vor. Der Ausgleich des „negativen" Wertguthabens nach SGB IV löst keinen Zufluss von Arbeitslohn und damit auch keine Besteuerung aus.

3. Zinsloses Darlehen an den Arbeitgeber

Das zinslose Darlehen des Bundesamtes für Familie und zivilgesellschaftliche Aufgaben (BAFzA) an den Arbeitgeber (§ 3 Absatz 1 FPfZG), die Rückzahlung durch den Arbeitgeber (§ 6 FPfZG) und der Erlass der Rückzahlungsforderung (§ 8 Absatz 1 FPfZG) führen beim Arbeitnehmer zu keinen lohnsteuerpflichtigen Tatbeständen.

4. Beitragszahlungen zur Familienpflegezeitversicherung

Hat der Arbeitnehmer eine Familienpflegezeitversicherung abgeschlossen (§ 4 Absatz 1 FPfZG) und zahlt er die Versicherungsprämie direkt an das Versicherungsunternehmen, liegen bei ihm Werbungskosten vor (§ 9 Absatz 1 Satz 1 EStG).

Dies gilt auch, wenn das BAFzA die Prämienzahlungen zunächst verauslagt (§ 3 Absatz 3 FPfZG) oder der Arbeitgeber mit den Prämienzahlungen in Vorlage tritt (§ 4 Absatz 3 FPfZG) und der Arbeitnehmer die Versicherungsprämie erstattet. Der Werbungskostenabzug erfolgt im Kalenderjahr der Erstattung durch den Arbeitnehmer. Verrechnet der Arbeitgeber seine Vorleistung mit dem auszuzahlenden Arbeitsentgelt, mindert sich dadurch der steuerpflichtige Arbeitslohn nicht.

Hat der Arbeitgeber die Familienpflegezeitversicherung abgeschlossen bzw. lässt er sich die ihm vom BAFzA belasteten Beträge (§ 3 Absatz 3 i. V. m. § 6 Absatz 1 Satz 2 FPfZG) nicht vom Arbeitnehmer erstatten, ergeben sich aus der Prämientragung durch den Arbeitgeber für den Arbeitnehmer keine steuerlichen Folgen (kein Arbeitslohn, keine Werbungskosten). Es handelt sich insoweit vielmehr um eine Leistung des Arbeitgebers im ganz überwiegenden eigenbetrieblichen Interesse.

5. Leistungen der Familienpflegezeitversicherung

Zahlungen aus der Familienpflegezeitversicherung an den Arbeitgeber oder das BAFzA (§ 4 FPfZG) führen beim Arbeitnehmer zu keinem lohnsteuerpflichtigen Tatbestand.

6. Erstattungen des Arbeitnehmers

Zahlungen des Arbeitnehmers an das BAFzA nach § 7 FPfZG, an das BAFzA wegen des Forderungsübergangs nach § 8 Absatz 3 FPfZG oder an den Arbeitgeber bei vorzeitiger Beendigung des Beschäftigungsverhältnisses oder Freistellung von der Arbeitsleistung nach § 9 Absatz 2 und 4 FPfZG führen zu negativem Arbeitslohn.

Der negative Arbeitslohn kann, soweit eine Aufrechnung mit Forderungen des Arbeitnehmers gegenüber dem Arbeitgeber erfolgt, mit dem steuerpflichtigen Arbeitslohn verrechnet werden, sodass nur noch der Differenzbetrag dem Lohnsteuerabzug unterliegt. Andernfalls kann eine Berücksichtigung erst im Rahmen der Veranlagung zur Einkommensteuer (§ 46 EStG) erfolgen.

Hat der Arbeitnehmer darüber hinaus Zahlungen zu leisten (z. B. Bußgeld etc.), ist der außersteuerliche Bereich betroffen, d. h. es ergeben sich daraus keine steuerlichen Konsequenzen.

7. Prämienvorteile durch einen Gruppenversicherungsvertrag

Die Familienpflegezeitversicherung (§ 4 Absatz 1 FPfZG) kann auch als Gruppenversicherungsvertrag, der auf einer rahmenvertraglichen Vereinbarung des Versicherers mit dem Arbeitgeber beruht, ausgestaltet sein. Die bei Gruppenversicherungen (zum Gruppentarif) gegenüber Einzelversicherungen (zum Einzeltarif) entstehenden Prämienvorteile gehören nicht zum Arbeitslohn. Die Prämienunterschiede sind kein Ausfluss aus dem Dienstverhältnis, sondern beruhen auf Versicherungsrecht.

8. Erlöschen des Ausgleichsanspruchs

Unterbleibt der (vollständige) Ausgleich eines negativen Wertkontos, weil der Beschäftigte mit behördlicher Zustimmung gekündigt wurde und der Ausgleichsanspruch mangels Aufrechnungsmöglichkeit erlischt (§ 9 Absatz 2 Satz 3 FPfZG), liegt kein geldwerter Vorteil in Höhe der erloschenen Ausgleichsforderung vor.

R 19.4
Vermittlungsprovisionen

(1) ¹Erhalten Arbeitnehmer von ihren Arbeitgebern Vermittlungsprovisionen, sind diese grundsätzlich Arbeitslohn. ²Das Gleiche gilt für Provisionen, die ein Dritter an den Arbeitgeber zahlt und die dieser an den Arbeitnehmer weiterleitet.

(2) ¹Provisionszahlungen einer Bausparkasse oder eines Versicherungsunternehmens an Arbeitnehmer der Kreditinstitute für Vertragsabschlüsse, die während der Arbeitszeit vermittelt werden, sind als Lohnzahlungen Dritter dem Lohnsteuerabzug zu unterwerfen. ²Wenn zum Aufgabengebiet des Arbeitnehmers der direkte Kontakt mit dem Kunden des Kreditinstituts gehört, z. B. bei einem Kunden- oder Anlageberater, gilt dies auch für die Provisionen der Vertragsabschlüsse außerhalb der Arbeitszeit.

H 19.4
Hinweise zu R 19.4
Vermittlungsprovisionen

Lohnsteuerabzug bei Vermittlungsprovisionen von Dritten

>R 38.4

Provisionen für Vertragsabschlüsse mit dem Arbeitnehmer

– Preisnachlässe des Arbeitgebers bei Geschäften, die mit dem Arbeitnehmer als Kunden abgeschlossen werden, sind als Preisvorteile nach § 8 Abs. 3 EStG zu erfassen, auch wenn sie als Provisionszahlungen bezeichnet werden (>BFH vom 22.5.1992 – BStBl. II S. 840).

– Provisionszahlungen einer Bausparkasse oder eines Versicherungsunternehmens an Arbeitnehmer der Kreditinstitute bei Vertragsabschlüssen im Verwandtenbereich und für eigene Verträge unterliegen als Rabatte von dritter Seite dem Lohnsteuerabzug (>BMF vom 27.9.1993 – BStBl. I S. 814)*).

*) Abgedruckt als Anlage 6 zu H 8.2 LStR.

Provisionen für im Innendienst Beschäftigte

Provisionen, die Versicherungsgesellschaften ihren im Innendienst beschäftigten Arbeitnehmern für die gelegentliche Vermittlung von Versicherungen zahlen, und Provisionen im Bankgewerbe für die Vermittlung von Wertpapiergeschäften sind Arbeitslohn, wenn die Vermittlungstätigkeit im Rahmen des Dienstverhältnisses ausgeübt wird (>BFH vom 7.10.1954 – BStBl. 1955 III S. 17).

Anlage
zu H 19.4

Provisionszahlungen von Bausparkassen und Versicherungen an Arbeitnehmer von Kreditinstituten

Verfügung der OFD Münster vom 31.5.2000 (Az.: S 2332 – 94 – St 22 – 31)

Die steuerliche Behandlung der Provisionszahlungen von Bausparkassen und Versicherungen an Arbeitnehmer von Kreditinstituten ist in Abschnitt 71 Abs. 2 LStR 1990*) geregelt. Dabei ist Folgendes zu beachten:

1. Bei Arbeitnehmern mit direktem Kundenkontakt (z. B. hauptberufliche Kreditsachbearbeiter, Anlagenberater, Kundenberater im Schalterdienst) sind sämtliche Provisionszahlungen steuerpflichtiger Arbeitslohn. Bei diesen Arbeitnehmern wird somit nicht danach unterschieden, ob sie die Vertragsabschlüsse während der Arbeitszeit oder in der Freizeit vermittelt haben und ob die Provisionen für Verträge mit Fremden, für Abschlüsse im Verwandtenbereich oder für eigene Verträge gezahlt werden.

2. Bei Arbeitnehmern ohne direkten Kundenkontakt handelt es sich bei den Provisionen um Vertragsabschlüsse während der Arbeitszeit mit Ausnahme der Provisionen für eigene Verträge um steuerpflichtigen Arbeitslohn. Provisionszahlungen für in der Freizeit abgeschlossene Verträge sind bei diesen Arbeitnehmern dagegen keine Einkünfte aus nichtselbständiger Arbeit.

3. Ist bei Vertragsabschlüssen und Eigenversicherungen durch Arbeitnehmer des Kreditinstitutes nach den schriftlichen Vereinbarungen der Bausparkasse oder des Versicherungsunternehmens mit dem Kreditinstitut ausschließlich das Kreditinstitut provisionsberechtigt, so handelt es sich bei den von dem Kreditinstitut an die Arbeitnehmer weitergeleiteten Provisionen stets um steuerpflichtigen Arbeitslohn. Es ist unerheblich, ob es sich dabei um Arbeitnehmer mit oder ohne direkten Kundenkontakt handelt oder ob die Verträge während der Arbeitszeit oder in der Freizeit vermittelt worden sind.

4. Findet entsprechend den unter 1. – 3. beschriebenen Tatbeständen die Vermittlungstätigkeit ihre Grundlage jedoch offensichtlich nicht in einer – ungeschriebenen – Nebenleistungspflicht aus dem Arbeitsvertrag, sondern beruhen die Provisionszahlungen an die Arbeitnehmer des Kreditinstituts dagegen ausschließlich auf konkreten schriftlichen Vereinbarungen der Bausparkassen oder des Versicherungsunternehmens mit den Arbeitnehmern des Kreditinstituts, so handelt es sich bei den Provisionszahlungen nicht um steuerpflichtigen Arbeitslohn aus dem Dienstverhältnis der Arbeitnehmer zum Kreditinstitut, sondern bei einer nachhaltigen Vermittlungstätigkeit um Einkünfte aus Gewerbebetrieb (§ 15 EStG) und bei einer nur gelegentlichen Vermittlungstätigkeit um sonstige Einkünfte (§ 22 Nr. 3 EStG).

Bei einer nachhaltigen Vermittlungstätigkeit sind auch die Provisionen für Eigenversicherungen als Einnahmen aus Gewerbebetrieb zu erfassen. Nach dem BFH-Urteil vom 27.2.1991 (BFH/NV 1991, 453) ist nämlich davon auszugehen, dass sich diese Provisionen allein auf das gewerbliche Vertragsverhältnis zwischen Versicherungsgesellschaft (Bausparkasse) und Versicherungsvertreter gründen. Einem fremden Dritten würden für Eigenversicherungen nämlich keine Provisionen gezahlt. Die Frage, für wen eine Versicherung abgeschlossen wird, kann deshalb für die Qualifikation als gewerbliche Einkünfte keine Bedeutung haben. Bei einer einmaligen oder gelegentlichen Vermittlungstätigkeit sind die Provisionen für Eigenversicherungen als Einnahmen nach § 22 Nr. 3 EStG zu erfassen (BFH-Urteil vom 27.5.1998 BStBl. 1998 II S. 619).

R 19.5
Zuwendungen bei Betriebsveranstaltungen**)

Allgemeines

(1) Zuwendungen des Arbeitgebers an die Arbeitnehmer bei Betriebsveranstaltungen gehören als Leistungen im ganz überwiegenden betrieblichen Interesse des Arbeitgebers nicht zum Arbeitslohn, wenn es sich um herkömmliche (übliche) Betriebsveranstaltungen und um bei diesen Veranstaltungen übliche Zuwendungen handelt.

Begriff der Betriebsveranstaltung

(2) ¹Betriebsveranstaltungen sind Veranstaltungen auf betrieblicher Ebene, die gesellschaftlichen Charakter haben und bei denen die Teilnahme allen Betriebsangehörigen offen steht, z. B. Betriebsausflüge, Weihnachtsfeiern, Jubiläumsfeiern. ²Ob die Veranstaltung vom Arbeitgeber, Betriebsrat oder Personalrat durchgeführt wird, ist unerheblich. ³Veranstaltungen, die nur für einen beschränkten Kreis der Arbeitnehmer von Interesse sind, sind Betriebsveranstaltungen, wenn sich die Begrenzung des Teilnehmerkreises nicht als eine Bevorzugung bestimmter Arbeitnehmergruppen darstellt. ⁴Als Betriebsveranstaltungen sind deshalb auch solche Veranstaltungen anzuerkennen, die z. B.

1. jeweils nur für eine Organisationseinheit des Betriebs, z. B. Abteilung, durchgeführt werden, wenn alle Arbeitnehmer dieser Organisationseinheit an der Veranstaltung teilnehmen können,

2. nur für alle im Ruhestand befindlichen früheren Arbeitnehmer des Unternehmens veranstaltet werden (Pensionärstreffen),

3. nur für solche Arbeitnehmer durchgeführt werden, die bereits im Unternehmen ein rundes (10-, 20-, 25-, 30-, 40-, 50-, 60-jähriges) Arbeitnehmerjubiläum gefeiert haben oder in Verbindung mit der Betriebsveranstaltung feiern (Jubilarfeiern). ²Dabei ist es unschädlich, wenn neben den Jubilaren auch ein begrenzter Kreis anderer Arbeitnehmer, wie z. B. die engeren Mitarbeiter des Jubilars, eingeladen wird. ³Der Annahme eines 40-, 50- oder 60-jährigen Arbeitnehmerjubiläums steht nicht entgegen, wenn die Jubilarfeier zu einem Zeitpunkt stattfindet, der höchstens fünf Jahre vor den bezeichneten Jubiläumszeiten liegt.

⁵Die Ehrung eines einzelnen Jubilars oder eines einzelnen Arbeitnehmers bei dessen Ausscheiden aus dem Betrieb, auch unter Beteiligung weiterer Arbeitnehmer, ist keine Betriebsveranstaltung; zu Sachzuwendungen aus solchen Anlässen >R 19.3 Abs. 2 Nr. 3. ⁶Auch ein so genanntes Arbeitsessen ist keine Betriebsveranstaltung (>R 19.6 Abs. 2).

Herkömmlichkeit (Üblichkeit) der Betriebsveranstaltung

(3) ¹Abgrenzungsmerkmale für die Herkömmlichkeit (Üblichkeit) sind Häufigkeit, Dauer oder besondere Ausgestaltung der Betriebsveranstaltung. ²In Bezug auf die Häufigkeit ist eine Betriebsveranstaltung üblich, wenn nicht mehr als zwei Veranstaltungen jährlich durchgeführt werden; auf die Dauer der einzelnen Veranstaltung kommt es nicht an. ³Das gilt auch für Veranstaltungen i.S.d. Absatzes 2 Satz 4 Nr. 2 und 3, die gesondert zu werten sind. ⁴Bei mehr als zwei gleichartigen Veranstaltungen kann der Arbeitgeber die beiden Veranstaltungen auswählen, die als übliche Betriebsveranstaltungen durchgeführt werden. ⁵Unschädlich ist, wenn ein Arbeitnehmer an mehr als zwei unterschiedlichen Veranstaltungen teilnimmt, z. B. ein Jubilar, der noch im selben Jahr in den Ruhestand tritt, nimmt an der Jubilarfeier, an einem Pensionärstreffen und an einem Betriebsausflug teil. ⁶Die Teilnahme eines Arbeitnehmers an mehr als zwei gleichartigen Betriebsveranstaltungen ist unschädlich, wenn sie der Erfüllung beruflicher Aufgaben dient, z. B. wenn der Personalchef oder Betriebsratsmitglieder die Veranstaltungen mehrerer Abteilungen besuchen.

Übliche Zuwendungen

(4) ¹Übliche Zuwendungen bei einer Betriebsveranstaltung sind insbesondere

---

*) Jetzt R 19.4 Abs. 2 LStR.
**) Zur Rechtslage ab 2015 vgl. § 19 Abs. 1 Satz 1 Nr. 1a EStG.

§ 19 EStG
R 19.5

1. Speisen, Getränke, Tabakwaren und Süßigkeiten,
2. die Übernahme von Übernachtungs- und Fahrtkosten, auch wenn die Fahrt als solche schon einen Erlebniswert hat,
3. Eintrittskarten für kulturelle und sportliche Veranstaltungen, wenn sich die Betriebsveranstaltung nicht im Besuch einer kulturellen oder sportlichen Veranstaltung erschöpft,
4. Geschenke (>Absatz 6 Satz 3). ²Üblich ist auch die nachträgliche Überreichung der Geschenke an solche Arbeitnehmer, die aus betrieblichen oder persönlichen Gründen nicht an der Betriebsveranstaltung teilnehmen konnten, nicht aber eine deswegen gewährte Barzuwendung,
5. Aufwendungen für den äußeren Rahmen, z. B. für Räume, Musik, Kegelbahn, für künstlerische und artistische Darbietungen, wenn die Darbietungen nicht der wesentliche Zweck der Betriebsveranstaltung sind.

²Betragen die Aufwendungen des Arbeitgebers einschließlich Umsatzsteuer für die üblichen Zuwendungen i.S.d. Satzes 1 Nr. 1 bis 5 an den einzelnen Arbeitnehmer insgesamt mehr als 110 Euro je Veranstaltung, so sind die Aufwendungen dem Arbeitslohn hinzuzurechnen.

(5) Im Übrigen gilt Folgendes:
1. Zuwendungen an den Ehegatten oder einen Angehörigen des Arbeitnehmers, z. B. Kind, Verlobte, sind dem Arbeitnehmer zuzurechnen.
2. Barzuwendungen, die statt der in Absatz 4 Satz 1 Nr. 1 bis 3 genannten Sachzuwendungen gewährt werden, sind diesen gleichgestellt, wenn ihre zweckentsprechende Verwendung sichergestellt ist.

Besteuerung der Zuwendungen

(6) ¹Bei einer nicht herkömmlichen (unüblichen) Betriebsveranstaltung gehören die gesamten Zuwendungen an die Arbeitnehmer, einschließlich der Aufwendungen für den äußeren Rahmen (Absatz 4 Satz 1 Nr. 5), zum Arbeitslohn. ²Für die Erhebung der Lohnsteuer gelten die allgemeinen Vorschriften; § 40 Abs. 2 EStG ist anwendbar. ³Das gilt auch für ihrer Art nach übliche Zuwendungen, bei denen die 110-Euro-Grenze des Absatzes 4 Satz 2 überschritten wird, sowie für nicht übliche Zuwendungen, z. B. Geschenke, deren Gesamtwert 60 Euro übersteigt, oder Zuwendungen an einzelne Arbeitnehmer aus Anlass – nicht nur bei Gelegenheit – einer Betriebsveranstaltung.

H 19.5
Hinweise zu R 19.5
Zuwendungen bei Betriebsveranstaltungen

Dauer

Aufwendungen des Arbeitgebers führen bei einer zweitägigen Betriebsveranstaltung nicht zu Arbeitslohn, sofern die Freigrenze eingehalten wird (>BFH vom 16.11.2005 – BStBl. 2006 II S. 439).

Entlohnungsabsicht

– Zuwendungszweck von Aufwendungen des Arbeitgebers für eine nach Häufigkeit, Dauer und Ausgestaltung übliche Betriebsveranstaltung ist nicht die Entlohnung von Arbeitsleistung, sondern das Gelingen der im ganz überwiegenden betrieblichen Interesse des Arbeitgebers zur Förderung des Betriebsklimas durchgeführten Gemeinschaftsveranstaltung. Von einer Entlohnungsabsicht ist dagegen bei einer unüblichen Betriebsveranstaltung oder bei außergewöhnlichen Zuwendungen aus Anlass herkömmlicher Betriebsveranstaltungen auszugehen (>BFH vom 22.3.1985 – BStBl. II S. 529, 532).

– Überschreiten die Zuwendungen anlässlich einer herkömmlichen Betriebsveranstaltung einschließlich der Kosten für den äußeren Rahmen die Freigrenze je teilnehmenden Arbeitnehmer, erlangen sie ein derartiges Eigengewicht, dass sie als steuerpflichtiger Arbeitslohn zu werten sind. Das gilt auch dann, wenn die Freigrenze nur geringfügig oder bei einzelnen Arbeitnehmern nur wegen der Zurechnung von anteiligen Kosten für mitgenommene Angehörige überschritten wird (>BFH vom 25.5.1992 – BStBl. II S. 655 und vom 16.11.2005 – BStBl. 2006 II S. 442).

Gemischt veranlasste Veranstaltung

– Sachzuwendungen anlässlich einer Reise, die sowohl eine Betriebsveranstaltung als auch eine aus ganz überwiegend eigenbetrieblichen Interessen durchgeführte Betriebsbesichtigung bei einem Hauptkunden des Arbeitgebers umfasst, sind grundsätzlich aufzuteilen. Die Aufwendungen des Arbeitgebers für eine derartige Reise sind insgesamt kein Arbeitslohn, wenn die dem Betriebsveranstaltungsteil zuzurechnenden, anteiligen Kosten die Freigrenze nicht übersteigen. Die dem Betriebsbesichtigungsteil zuzurechnenden, anteiligen Kosten stellen ebenfalls keinen Arbeitslohn dar, wenn die Besichtigung im ganz überwiegenden eigenbetrieblichen Interesse durchgeführt wird (>BFH vom 16.11.2005 – BStBl. 2006 II S. 444).

– Sachzuwendungen an Arbeitnehmer, anlässlich einer Veranstaltung, die sowohl Elemente einer Betriebsveranstaltung als auch einer sonstigen betrieblichen Veranstaltung enthält, sind grundsätzlich aufzuteilen. Die Aufwendungen des Arbeitgebers für die Durchführung der gemischt veranlassten Gesamtveranstaltung sind nur dann kein Arbeitslohn, wenn die dem Betriebsveranstaltungsteil zuzurechnenden anteiligen Kosten die für die Zuordnung bei Betriebsveranstaltungen maßgebliche Freigrenze nicht überschreiten (>BFH vom 30.4.2009 – BStBl. II S. 726).

Geschenke

Geschenke gehören als übliche Zuwendung nicht zum Arbeitslohn, wenn sie im Rahmen einer Betriebsveranstaltung gegeben werden. Dies ist nicht der Fall, wenn die Veranstaltung nur in der Übergabe der Geschenke besteht (>BFH vom 9.6.1978 – BStBl. II S. 532).

Häufigkeit

Führt ein Arbeitgeber pro Kalenderjahr mehr als zwei Betriebsveranstaltungen für denselben Kreis von Begünstigten durch, wird ab der dritten Veranstaltung Arbeitslohn zugewendet (>BFH vom 16.11.2005 – BStBl. 2006 II S. 440).

Pauschalbesteuerung

Die pauschale Erhebung der Lohnsteuer nach § 40 Abs. 2 Satz 1 Nr. 2 EStG kommt nur in Betracht, wenn begrifflich eine Betriebsveranstaltung gegeben ist. Das ist nur der Fall, wenn die Veranstaltung grundsätzlich allen Arbeitnehmern offen steht, die Teilnahme an ihr also keine Privilegierung einzelner Arbeitnehmer darstellt (>BFH vom 9.3.1990 – BStBl. II S. 711).

Privilegierung

– Incentive-Reisen, die der Arbeitgeber veranstaltet, um bestimmte Arbeitnehmer für besondere Leistungen zu entlohnen und zu weiteren Leistungen zu motivieren, sind keine Betriebsveranstaltungen (>BFH vom 9.3.1990 – BStBl. II S. 711).

– Eine Betriebsveranstaltung kann auch dann vorliegen, wenn eine gemeinsame Veranstaltung für einzelne Abteilungen eines Unternehmens durchgeführt wird. Voraussetzung hierfür ist, dass die abteilungsübergreifende Veranstaltung allen Arbeitnehmern der einbezogenen Abteilungen offen steht (vertikale Beteiligung) und sich damit die Begrenzung des Teilnehmerkreises nicht als eine Bevorzugung bestimmter Arbeitnehmergruppen innerhalb der Abteilungen darstellt (>BFH vom 4.8.1994 – BStBl. 1995 II S. 59).

– Eine nur Führungskräften eines Unternehmens vorbehaltene Abendveranstaltung ist mangels Offenheit des Teilnehmerkreises keine Betriebsveranstaltung (>BFH vom 15.1.2009 – BStBl. II S. 476).

Sachbezugswerte

Bei einer unüblichen Betriebsveranstaltung gewährte Sachzuwendungen sind mit den üblichen Endpreisen am Abgabeort zu bewerten; die Werte der SvEV*) für Unterkunft und Verpflegung sind nicht anzuwenden (>BFH vom 6.2.1987 – BStBl. II S. 355).

Theaterkarten

Zu den üblichen Zuwendungen gehört eine vom Arbeitgeber überlassene Theaterkarte, wenn der Theaterbesuch Bestandteil des

---
*) Abgedruckt als Anhang 2 zum Handbuch.

Gesamtprogramms einer Betriebsveranstaltung ist (>BFH vom 21.2.1986 – BStBl. II S. 406).

Verlosungsgewinne

Gewinne aus einer Verlosung, die gelegentlich einer Betriebsveranstaltung durchgeführt wurde, gehören zum Arbeitslohn, wenn an der Verlosung nicht alle an der Betriebsveranstaltung teilnehmenden Arbeitnehmer beteiligt werden, sondern die Verlosung nur einem bestimmten, herausgehobenen Personenkreis vorbehalten ist (>BFH vom 25.11.1993 – BStBl. 1994 II S. 254).

Zuschuss

Leistet ein Arbeitgeber einen Zuschuss zu einer Betriebsveranstaltung in eine Gemeinschaftskasse der Arbeitnehmer, stellt diese Zuwendung keinen Arbeitslohn dar, wenn der Zuschuss die Freigrenze je Arbeitnehmer nicht überschreitet (>BFH vom 16.11.2005 – BStBl. 2006 II S. 437).

R 19.6
Aufmerksamkeiten

(1) ¹Sachleistungen des Arbeitgebers, die auch im gesellschaftlichen Verkehr üblicherweise ausgetauscht werden und zu keiner ins Gewicht fallenden Bereicherung der Arbeitnehmer führen, gehören als bloße Aufmerksamkeiten nicht zum Arbeitslohn. ²Aufmerksamkeiten sind Sachzuwendungen bis zu einem Wert von 60 Euro, z. B. Blumen, Genussmittel, ein Buch oder ein Tonträger, die dem Arbeitnehmer oder seinen Angehörigen aus Anlass eines besonderen persönlichen Ereignisses zugewendet werden. ³Geldzuwendungen gehören stets zum Arbeitslohn, auch wenn ihr Wert gering ist.

(2) ¹Als Aufmerksamkeiten gehören auch Getränke und Genussmittel, die der Arbeitgeber den Arbeitnehmern zum Verzehr im Betrieb unentgeltlich oder teilentgeltlich überlässt, nicht zum Arbeitslohn. ²Dasselbe gilt für Speisen, die der Arbeitgeber den Arbeitnehmern anlässlich und während eines außergewöhnlichen Arbeitseinsatzes, z. B. während einer außergewöhnlichen betrieblichen Besprechung oder Sitzung, im ganz überwiegenden betrieblichen Interesse an einer günstigen Gestaltung des Arbeitsablaufs unentgeltlich oder teilentgeltlich überlässt und deren Wert 60 Euro nicht überschreitet.

H 19.6
Hinweise zu R 19.6
Aufmerksamkeiten

Bewirtung von Arbeitnehmern

– Zur Gewichtung des Arbeitgeberinteresses an der Überlassung von Speisen und Getränken anlässlich und während eines außergewöhnlichen Arbeitseinsatzes (>BFH vom 5.5.1994 – BStBl. II S. 771).

– Ein mit einer gewissen Regelmäßigkeit stattfindendes Arbeitsessen in einer Gaststätte am Sitz des Unternehmens führt bei den teilnehmenden Arbeitnehmern zu einem Zufluss von Arbeitslohn (>BFH vom 4.8.1994 – BStBl. 1995 II S. 59).

– Zur Erfassung und Bewertung von Mahlzeiten, die der Arbeitgeber oder auf dessen Veranlassung ein Dritter aus besonderem Anlass an Arbeitnehmer abgibt (>R 8.1 Abs. 8).

– Die Verpflegung der Besatzungsmitglieder an Bord eines Flusskreuzfahrtschiffes ist dann kein Arbeitslohn, wenn das eigenbetriebliche Interesse des Arbeitgebers an einer Gemeinschaftsverpflegung wegen besonderer betrieblicher Abläufe den Vorteil der Arbeitnehmer bei weitem überwiegt (>BFH vom 21.1.2010 – BStBl. II S. 700).

Gelegenheitsgeschenke

Freiwillige Sonderzuwendungen (z. B. Lehrabschlussprämien) des Arbeitgebers an einzelne Arbeitnehmer gehören grundsätzlich zum Arbeitslohn, und zwar auch dann, wenn mit ihnen soziale Zwecke verfolgt werden oder wenn sie dem Arbeitnehmer anlässlich besonderer persönlicher Ereignisse zugewendet werden; das gilt sowohl für Geld- als auch für Sachgeschenke (>BFH vom 22.3.1985 – BStBl. II S. 641).

Warengutschein

>H 8.1 (1–4) Geldleistung oder Sachbezug
>R 38.2 Abs. 3 zum Zuflusszeitpunkt

Anlage 1
zu H 19.6

Unentgeltliche oder verbilligte Überlassung von Eintrittskarten der Theaterunternehmen an ihre Arbeitnehmer und deren Angehörige

Verfügung der OFD München/Nürnberg vom 3.12.1987 (Az.: S 2334 – 0 – St 23)

Die kostenlose oder verbilligte Überlassung von Theaterkarten durch Theaterunternehmen an ihre Arbeitnehmer und deren Angehörige bitte ich wie folgt zu beurteilen:

1. Die Bereitstellung von Dienstplätzen für die Theaterleitung (z. B. Intendant, Generalmusikdirektor, Verwaltungsdirektor) stellt keinen geldwerten Vorteil dar, da die Vorstellungen in diesen Fällen im Rahmen der beruflichen Tätigkeit besucht werden.

2. Die Überlassung von unentgeltlichen oder verbilligten Karten an das künstlerische und bühnentechnische Personal sowie an das Verwaltungspersonal des Theaters stellt ebenfalls keinen geldwerten Vorteil dar. Auch bei diesem Personenkreis kann davon ausgegangen werden, dass der Besuch der Vorstellungen überwiegend aus beruflichen Gründen erfolgt und vom Arbeitgeber erwartet wird.

3. Werden an Arbeitnehmer oder deren Angehörige bei nicht ausverkauften Vorstellungen unentgeltlich oder verbilligt Karten abgegeben (so genannte Füllkarten), so liegt kein geldwerter Vorteil, sondern eine steuerfreie Annehmlichkeit vor. Es kann davon ausgegangen werden, dass die Überlassung der Karten in solchen Fällen nicht als Entgelt der betroffenen Arbeitnehmer für die erbrachte Arbeitsleistung bestimmt ist, sondern ihre Ursache im überwiegenden eigenbetrieblichen Interesse des Theaters an einem gut besuchten Haus hat.

4. In den Fällen der Nr. 2 ist nur hinsichtlich der Überlassung einer Eintrittskarte an den Arbeitnehmer selbst kein geldwerter Vorteil gegeben. Soweit in diesen Fällen auch für Angehörige der Arbeitnehmer Karten überlassen werden, liegt dagegen steuerpflichtiger Arbeitslohn vor. Dasselbe gilt, wenn den an einer Vorstellung mitwirkenden Arbeitnehmern Karten überlassen werden. Nr. 3 bleibt unberührt.

5. Als Wert des Vorteils ist in Anlehnung an die Rechtsprechung des Bundesfinanzhofs zur Rabattgewährung der jeweilige Abonnementpreis der Theaterkarte anzusetzen, ggf. vermindert um den vom Arbeitnehmer tatsächlich gezahlten Eintrittspreis.

Anlage 2
zu H 19.6

Lohnsteuerliche Behandlung der Parkraumnutzung durch den Arbeitnehmer

Erlass des Landes Nordrhein-Westfalen vom 28.9.2006 (Az.: S 2334-61-V B 3)

Die lohnsteuerliche Behandlung vom Arbeitgeber zur Verfügung gestellter Stellplätze ist bereits mehrfach – mit dem Ergebnis der generellen Nichtbesteuerung – auf Bundesebene erörtert worden. Nach Abstimmung mit dem Bundesministerium der Finanzen und der obersten Finanzbehörden der Länder enthält das mit Ihrem Bezugsbericht vorgelegte rechtskräftige Urteil des Finanzgerichts Köln vom 15.3.2006 (Az.: 11 K 5680/04) keine neuen rechtlichen Gesichtspunkte, die zu einer Wiederaufnahme der Erörterungen zwingen.

§ 19 EStG
R 19.7

Anlage 3
zu H 19.6

Steuerliche Behandlung von Aufwendungen für VIP-Logen in Sportstätten

BMF-Schreiben vom 22.8.2005 (BStBl. I S. 845)

1. ...

2. ...

3. ...

4. Aufwendungen für VIP-Maßnahmen zugunsten von Arbeitnehmern

a) Geschenke

8 Aufwendungen für Geschenke an Arbeitnehmer des Steuerpflichtigen sind vom Abzugsverbot des § 4 Abs. 5 Satz 1 Nr. 1 EStG ausgeschlossen und somit in voller Höhe als Betriebsausgaben abziehbar.

b) Bewirtung

9 Bewirtungen, die der Steuerpflichtige seinen Arbeitnehmern gewährt, gelten als betrieblich veranlasst und unterliegen mithin nicht der Abzugsbeschränkung des § 4 Abs. 5 Satz 1 Nr. 2 EStG. Zu unterscheiden hiervon ist die Bewirtung aus geschäftlichem Anlass, an der Arbeitnehmer des Steuerpflichtigen lediglich teilnehmen (Beispiel: Der Unternehmer lädt anlässlich eines Geschäftsabschlusses die Geschäftspartner und seine leitenden Angestellten ein). Hier greift § 4 Abs. 5 Satz 1 Nr. 2 EStG auch für den Teil der Aufwendungen, der auf den an der Bewirtung teilnehmenden Arbeitnehmer entfällt.

c) Behandlung beim Empfänger

10 Die Zuwendung stellt für den Arbeitnehmer einen zum steuerpflichtigen Arbeitslohn gehörenden geldwerten Vorteil dar, wenn der für die Annahme von Arbeitslohn erforderliche Zusammenhang mit dem Dienstverhältnis gegeben ist (§ 8 Abs. 1 i. V. m. § 19 Abs. 1 Satz 1 Nr. 1 EStG und § 2 Abs. 1 LStDV). Der geldwerte Vorteil ist grundsätzlich nach § 8 Abs. 2 Satz 1 EStG zu bewerten. Die Freigrenze für Sachbezüge i. H. v. 44 Euro im Kalendermonat (§ 8 Abs. 2 Satz 9 EStG*)) und R 31 Abs. 2 Satz 9 LStR 2005**) sind zu beachten.

Nicht zum steuerpflichtigen Arbeitslohn gehören insbesondere Zuwendungen, die der Arbeitgeber im ganz überwiegenden betrieblichen Interesse erbringt. Dies sind auch Zuwendungen im Rahmen einer üblichen Betriebsveranstaltung (vgl. R 72 LStR 2005) oder Zuwendungen aus geschäftlichem Anlass (Beispiel: Der Unternehmer lädt anlässlich eines Geschäftsabschlusses die Geschäftspartner und seine leitenden Angestellten ein, vgl. R 31 Abs. 8 Nr. 1 LStR 2005).***)

5. ...

6. ...

7. Vereinfachungsregelungen

a) Pauschale Aufteilung des Gesamtbetrages für VIP-Logen in Sportstätten

14 Aus Vereinfachungsgründen ist es nicht zu beanstanden, wenn bei betrieblich veranlassten Aufwendungen der für das Gesamtpaket (Werbeleistungen, Bewirtung, Eintrittskarten usw.) vereinbarte Gesamtbetrag wie folgt pauschal aufgeteilt wird:

- Anteil für die Werbung: 40 v. H. des Gesamtbetrages.

  Dieser Werbeaufwand, der in erster Linie auf die Besucher der Sportstätte ausgerichtet ist, ist in vollem Umfang als Betriebsausgabe abziehbar.

- Anteil für die Bewirtung: 30 v. H. des Gesamtbetrages.

  Dieser Anteil ist gemäß § 4 Abs. 5 Satz 1 Nr. 2 EStG mit dem abziehbaren v. H.-Satz als Betriebsausgabe zu berücksichtigen.

- Anteil für Geschenke: 30 v. H. des Gesamtbetrages.

Sofern nicht eine andere Zuordnung nachgewiesen wird, ist davon auszugehen, dass diese Aufwendungen je zur Hälfte auf Geschäftsfreunde (Rdnr. 15, 16) und auf eigene Arbeitnehmer (Rdnr. 17, 18) entfallen.

b) ...

c) ...

d) ...

Anlage 4
zu H 19.6

Einlösen von Payback-Punkten gegen Sach- und Barprämien aus lohnsteuerlicher Sicht

BMF-Schreiben vom 20.10.2006 (Az.: IV C 5 – S 2334-68/06)

Im geschilderten Sachverhalt tanken die Arbeitnehmer für dienstliche und private Zwecke mit einer auf den Arbeitgeber ausgestellten Tankkarte bei einer großen Tankstellenkette. Nach dem Tanken werden sog. Payback-Punkte dem privaten Punktekonto gutgeschrieben und ausschließlich privat genutzt.

Die Vorteile aus den dienstlich erworbenen Payback-Punkten führen m. E. zweifelsfrei zu steuerpflichtigem Arbeitslohn. Der Arbeitslohn fließt bei Gutschrift auf dem privaten Punktekonto zu, nicht erst bei Einlösung der Payback-Punkte (s. a. R 104a Abs. 3 LStR zu den Gutscheinen und H 104a – Zufluss von Arbeitslohn – LStH 2006)****).

Die Anwendung von § 3 Nr. 38 EStG scheidet aus. Zum einen handelt es sich – zumindest bei der immer möglichen Bareinlösung – nicht um eine Sachprämie, zum anderen wird keine Dienstleistung in Anspruch genommen, sondern eine Ware erworben.

Der vom Arbeitgeber gezahlte, teilweise für private und teilweise für dienstliche Zwecke genutzte Treibstoff ist für die Lohnversteuerung aufzuteilen; eine andere Handhabe sieht das Einkommensteuergesetz nicht vor. Die auf dem privaten Punktekonto gutgeschriebenen Payback-Punkte sind dementsprechend aufzuteilen.

R 19.7
Berufliche Fort- oder Weiterbildungsleistungen des Arbeitgebers

(1) ¹Berufliche Fort- oder Weiterbildungsleistungen des Arbeitgebers führen nicht zu Arbeitslohn, wenn diese Bildungsmaßnahmen im ganz überwiegenden betrieblichen Interesse des Arbeitgebers durchgeführt werden. ²Dabei ist es gleichgültig, ob die Bildungsmaßnahmen am Arbeitsplatz, in zentralen betrieblichen Einrichtungen oder in außerbetrieblichen Einrichtungen durchgeführt werden. ³Sätze 1 und 2 gelten auch für Bildungsmaßnahmen fremder Unternehmer, die für Rechnung des Arbeitgebers erbracht werden. ⁴Ist der Arbeitnehmer Rechnungsempfänger, ist dies für ein ganz überwiegend betriebliches Interesse des Arbeitgebers unschädlich, wenn der Arbeitgeber die Übernahme bzw. den Ersatz der Aufwendungen allgemein oder für die besondere Bildungsmaßnahme vor Vertragsabschluss schriftlich zugesagt hat.

(2) ¹Bei einer Bildungsmaßnahme ist ein ganz überwiegendes betriebliches Interesse des Arbeitgebers anzunehmen, wenn sie die Einsatzfähigkeit des Arbeitnehmers im Betrieb des Arbeitgebers erhöhen soll. ²Für die Annahme eines ganz überwiegenden betrieblichen Interesses des Arbeitgebers ist nicht Voraussetzung, dass der Arbeitgeber die Teilnahme an der Bildungsmaßnahme zumindest teilweise auf die Arbeitszeit anrechnet. ³Rechnet er die Teilnahme an der Bildungsmaßnahme zumindest teilweise auf die Arbeitszeit an, ist die Prüfung weiterer Voraussetzungen eines ganz überwiegenden

---

*) Jetzt § 8 Abs. 2 Satz 11 EStG.
**) Jetzt R 8.1 Abs. 2 Satz 3 LStR.
***) Jetzt R 8.1 Abs. 8 Nr. 1 LStR.
****) Jetzt R 38.2 Abs. 3 LStR.

betrieblichen Interesses des Arbeitgebers entbehrlich, es sei denn, es liegen konkrete Anhaltspunkte für den Belohnungscharakter der Maßnahme vor. ⁴Auch sprachliche Bildungsmaßnahmen sind unter den genannten Voraussetzungen dem ganz überwiegenden betrieblichen Interesse zuzuordnen, wenn der Arbeitgeber die Sprachkenntnisse in dem für den Arbeitnehmer vorgesehenen Aufgabengebiet verlangt. ⁵Von einem ganz überwiegend betrieblichen Interesse ist auch bei dem SGB III entsprechenden Qualifikations- und Trainingsmaßnahmen auszugehen, die der Arbeitgeber oder eine zwischengeschaltete Beschäftigungsgesellschaft im Zusammenhang mit Auflösungsvereinbarungen erbringt. ⁶Bildet sich der Arbeitnehmer nicht im ganz überwiegenden betrieblichen Interesse des Arbeitgebers fort, so gehört der nach § 8 Abs. 2 EStG zu ermittelnde Wert der vom Arbeitgeber erbrachten Fort- oder Weiterbildungsleistung zum Arbeitslohn. ⁷Der Arbeitnehmer kann ggf. den Wert einer beruflichen Fort- und Weiterbildung im Rahmen des § 9 Abs. 1 Satz 1 EStG als Werbungskosten (>R 9.2) oder im Rahmen des § 10 Abs. 1 Nr. 7 EStG als Sonderausgaben geltend machen.

(3) Auch wenn Fort- oder Weiterbildungsleistungen nach den vorstehenden Regelungen nicht zu Arbeitslohn führen, können die Aufwendungen des Arbeitgebers, wie z. B. Reisekosten, die neben den Kosten für die eigentliche Fort- oder Weiterbildungsleistung anfallen und durch die Teilnahme des Arbeitnehmers an der Bildungsveranstaltung veranlasst sind, nach § 3 Nr. 13, 16 EStG (>R 9.4 bis R 9.8 und R 9.11) zu behandeln sein.

H 19.7
Hinweise zu R 19.7
Berufliche Fort- oder Weiterbildungsleistungen des Arbeitgebers

Incentive-Reisen

– Veranstaltet der Arbeitgeber sogenannte Incentive-Reisen, um bestimmte Arbeitnehmer für besondere Leistungen zu belohnen und zu weiteren Leistungssteigerungen zu motivieren, erhalten die Arbeitnehmer damit einen steuerpflichtigen geldwerten Vorteil, wenn auf den Reisen ein Besichtigungsprogramm angeboten wird, das einschlägigen Touristikreisen entspricht, und der Erfahrungsaustausch zwischen den Arbeitnehmern demgegenüber zurücktritt (>BFH vom 9.3.1990 – BStBl. II S. 711).

– Ein geldwerter Vorteil entsteht nicht, wenn die Betreuungsaufgaben das Eigeninteresse des Arbeitnehmers an der Teilnahme des touristischen Programms in den Hintergrund treten lassen (>BFH vom 5.9.2006 – BStBl. 2007 II S. 312).

– Selbst wenn ein Arbeitnehmer bei einer von seinem Arbeitgeber veranstalteten sogenannten Händler-Incentive-Reise Betreuungsaufgaben hat, ist die Reise Arbeitslohn, wenn der Arbeitnehmer auf der Reise von seinem Ehegatten/Lebenspartner begleitet wird (>BFH vom 25.3.1993 – BStBl. II S. 639).

– Eine Aufteilung von Sachzuwendungen an Arbeitnehmer in Arbeitslohn und Zuwendungen im eigenbetrieblichen Interesse ist grundsätzlich möglich (>BFH vom 18.8.2005 – BStBl. 2006 II S. 30).

– >BMF vom 14.10.1996 (BStBl. I S. 1192)*)

Studiengebühren

Zur lohnsteuerlichen Behandlung der Übernahme von Studiengebühren für ein berufsbegleitendes Studium durch den Arbeitgeber >BMF vom 13.4.2012 (BStBl. I S. 531).**)

Studienreisen, Fachkongresse

>R 12.2 EStR, H 12.2 EStH

Anlage 1
zu H 19.7

Übernahme von Studiengebühren durch den Arbeitgeber

BMF-Schreiben vom 13.4.2012 (BStBl. I S. 531)

Im Einvernehmen mit den obersten Finanzbehörden der Länder gilt zur lohnsteuerlichen Behandlung der Übernahme von Studiengebühren für ein berufsbegleitendes Studium durch den Arbeitgeber Folgendes:

Grundsätzlich gehören nach § 19 Absatz 1 Satz 1 Nummer 1 in Verbindung mit § 8 Absatz 1 EStG alle Einnahmen in Geld oder Geldeswert, die durch ein individuelles Dienstverhältnis veranlasst sind, zu den Einkünften aus nichtselbständiger Arbeit. Dies gilt – vorbehaltlich der weiteren Ausführungen – auch für vom Arbeitgeber übernommene Studiengebühren für ein berufsbegleitendes Studium des Arbeitnehmers.

1. Ausbildungsdienstverhältnis

Ein berufsbegleitendes Studium findet im Rahmen eines Ausbildungsdienstverhältnisses statt, wenn die Ausbildungsmaßnahme Gegenstand des Dienstverhältnisses ist (vgl. R 9.2 LStR 2011 und H 9.2 „Ausbildungsdienstverhältnis" LStH 2012 sowie die dort angeführte Rechtsprechung des BFH). Voraussetzung ist, dass die Teilnahme an dem berufsbegleitenden Studium zu den Pflichten des Arbeitnehmers aus dem Dienstverhältnis gehört.

Ein berufsbegleitendes Studium findet insbesondere nicht im Rahmen eines Ausbildungsdienstverhältnisses statt, wenn

a) das Studium nicht Gegenstand des Dienstverhältnisses ist, auch wenn das Studium seitens des Arbeitgebers durch Hingabe von Mitteln, z. B. eines Stipendiums, gefördert wird oder

b) Teilzeitbeschäftigte ohne arbeitsvertragliche Verpflichtung ein berufsbegleitendes Studium absolvieren und das Teilzeitarbeitsverhältnis lediglich das Studium ermöglicht.

1.1. Arbeitgeber ist Schuldner der Studiengebühren

Ist der Arbeitgeber im Rahmen eines Ausbildungsdienstverhältnisses Schuldner der Studiengebühren, wird ein ganz überwiegend eigenbetriebliches Interesse des Arbeitgebers unterstellt und steuerrechtlich kein Vorteil mit Arbeitslohncharakter angenommen. So sind auch Studiengebühren kein Arbeitslohn, die der Arbeitgeber bei einer im dualen System durchgeführten Ausbildung aufgrund einer Vereinbarung mit der Bildungseinrichtung als unmittelbarer Schuldner trägt.

1.2. Arbeitnehmer ist Schuldner der Studiengebühren

Ist der Arbeitnehmer im Rahmen eines Ausbildungsdienstverhältnisses Schuldner der Studiengebühren und übernimmt der Arbeitgeber die Studiengebühren, wird ein ganz überwiegend eigenbetriebliches Interesse des Arbeitgebers unterstellt und steuerrechtlich kein Vorteil mit Arbeitslohncharakter angenommen, wenn

a) sich der Arbeitgeber arbeitsvertraglich zur Übernahme der Studiengebühren verpflichtet und

b) der Arbeitgeber die übernommenen Studiengebühren vom Arbeitnehmer arbeitsvertraglich oder aufgrund einer anderen arbeitsrechtlichen Rechtsgrundlage zurückfordern kann, sofern der Arbeitnehmer das ausbildende Unternehmen auf eigenen Wunsch innerhalb von zwei Jahren nach dem Studienabschluss verlässt.

Ein ganz überwiegend eigenbetriebliches Interesse des Arbeitgebers kann auch dann angenommen werden, wenn der Arbeitgeber die übernommenen Studiengebühren nach arbeitsrechtlichen Grundsätzen nur zeitanteilig zurückfordern kann. Scheidet der Arbeitnehmer zwar auf eigenen Wunsch aus dem Unternehmen aus, fällt der Grund für das Ausscheiden aus dem Arbeitsverhältnis aber allein in die Verantwortungs- oder Risikosphäre des Arbeitgebers (Beispiele: Der vertraglich zugesagte Arbeitsort entfällt, weil der Arbeitgeber den Standort schließt. Der Arbeitnehmer nimmt das Angebot eines Ausweicharbeitsplatzes nicht an und kündigt.), kann eine vereinbarte Rückzahlungsverpflichtung nach arbeitsrechtlichen Grundsätzen hinfällig sein. in diesen Fällen genügt die Vereinbarung der Rückzahlungsverpflichtung für die Annahme eines überwiegenden eigenbetrieblichen Interesses an der Übernahme der Studiengebühren.

Der Arbeitgeber hat auf der ihm vom Arbeitnehmer zur Kostenübernahme vorgelegten Originalrechnung die Kostenübernahme sowie deren Höhe anzugeben. Eine Ablichtung der insoweit ergänzten Originalrechnung ist als Beleg zum Lohnkonto aufzubewahren.

---

*) Abgedruckt als Anlage 2 zu H 19.7 LStR.
**) Abgedruckt als Anlage 1 zu H 19.7 LStR.

§ 19 EStG
R 19.7

2. Berufliche Fort- und Weiterbildungsleistung

Ein berufsbegleitendes Studium kann als berufliche Fort- und Weiterbildungsleistung des Arbeitgebers im Sinne der Richtlinie R 19.7 LStR 2011*) anzusehen sein, wenn es die Einsatzfähigkeit des Arbeitnehmers im Betrieb erhöhen soll. Ist dies der Fall, führt die Übernahme von Studiengebühren für dieses Studium durch den Arbeitgeber nicht zu Arbeitslohn, denn sie wird im ganz überwiegend eigenbetrieblichen Interesse des Arbeitgebers durchgeführt. Die lohnsteuerliche Beurteilung, ob das berufsbegleitende Studium als berufliche Fort- und Weiterbildungsleistung des Arbeitgebers im Sinne der Richtlinie R 19.7 LStR 2011*) anzusehen ist, ist nach den konkreten Umständen des Einzelfalls vorzunehmen. Hierbei ist Folgendes zu beachten:

2.1. Schuldner der Studiengebühren

Es kommt für die Annahme eines ganz überwiegend eigenbetrieblichen Interesses des Arbeitgebers nicht darauf an, ob der Arbeitgeber oder der Arbeitnehmer Schuldner der Studiengebühren ist. Ist der Arbeitnehmer Schuldner der Studiengebühren, ist nur insoweit die Annahme eines ganz überwiegend eigenbetrieblichen Interesses des Arbeitgebers möglich, wie der Arbeitgeber vorab die Übernahme der zukünftig entstehenden Studiengebühren schriftlich zugesagt hat (R 19.7 Absatz 1 Satz 3 und 4 LStR 2011*)). Der Arbeitgeber hat auf der ihm vom Arbeitnehmer zur Kostenübernahme vorgelegten Originalrechnung die Kostenübernahme sowie deren Höhe anzugeben. Eine Ablichtung der insoweit ergänzten Originalrechnung ist als Beleg zum Lohnkonto aufzubewahren.

2.2. Rückforderungsmöglichkeit des Arbeitgebers

Für die Annahme eines ganz überwiegend eigenbetrieblichen Interesses des Arbeitgebers ist es nicht erforderlich, dass der Arbeitgeber die übernommenen Studiengebühren vom Arbeitnehmer arbeitsvertraglich oder aufgrund einer anderen arbeitsrechtlichen Rechtsgrundlage zurückfordern kann.

2.3. Übernahme von Studienkosten durch den Arbeitgeber im Darlehenswege

Bei einer Übernahme von Studienkosten durch den Arbeitgeber im Darlehenswege, bei der marktübliche Vereinbarungen über Verzinsung, Kündigung und Rückzahlung getroffen werden, führt weder die Hingabe noch die Rückzahlung der Mittel zu lohnsteuerlichen Folgerungen.

Ist das Arbeitgeberdarlehen nach den getroffenen Vereinbarungen nur dann tatsächlich zurückzuzahlen, wenn der Arbeitnehmer aus Gründen, die in seiner Person liegen, vor Ablauf des vertraglich festgelegten Zeitraums (in der Regel zwei bis fünf Jahre) aus dem Arbeitsverhältnis ausscheidet oder ist der marktübliche Zinssatz unterschritten, ist zu prüfen, ob im Zeitpunkt der Einräumung des Arbeitgeberdarlehens die Voraussetzungen des R 19.7 LStR 2011*) vorliegen. Wird dies bejaht, ist der Verzicht auf die Darlehensrückzahlung oder der Zinsvorteil eine Leistung des Arbeitgebers im ganz überwiegend eigenbetrieblichen Interesse.

Liegen die Voraussetzungen des R 19.7 LStR 2011*) nicht vor, stellt der (Teil-)Erlass des Darlehens einen Vorteil mit Arbeitslohncharakter für den Arbeitnehmer dar. Gleiches gilt für einen Zinsvorteil nach Maßgabe des BMF-Schreibens vom 1. Oktober 2008 (BStBl. I Seite 892**)). Der Arbeitslohn fließt dem Arbeitnehmer bei einem Darlehens(teil-)erlass in dem Zeitpunkt zu, in dem der Arbeitgeber zu erkennen gibt, dass er auf die (Teil-)Rückzahlung des Darlehens verzichtet (BFH-Urteil vom 27. März 1992, BStBl. II Seite 837).

2.4. Prüfschema

Es ist nicht zu beanstanden, wenn die lohnsteuerliche Beurteilung nach folgendem Prüfschema vorgenommen wird:

1. Liegt eine erstmalige Berufsausbildung oder ein Erststudium als Erstausbildung außerhalb eines Ausbildungsdienstverhältnisses im Sinne von § 9 Absatz 6 und § 12 Nummer 5 EStG vor?***)

Wenn ja:
⇒ Es liegen weder Werbungskosten des Arbeitnehmers noch ein ganz überwiegend eigenbetriebliches Interesse des Arbeitgebers vor. Die Übernahme von Studiengebühren durch den Arbeitgeber führt zu Arbeitslohn.

Wenn nein:
2. Ist eine berufliche Veranlassung gegeben?

Wenn nein:
⇒ Es liegen weder Werbungskosten des Arbeitnehmers noch ein ganz überwiegend eigenbetriebliches Interesse des Arbeitgebers vor. Die Übernahme von Studiengebühren durch den Arbeitgeber führt zu Arbeitslohn.

Wenn ja:
3. Sind die Voraussetzungen der Richtlinie R 19.7 LStR 2011*) (vgl. auch Tz. 2.1. bis 2.3.) erfüllt?

Wenn nein:
⇒ Es liegen Werbungskosten des Arbeitnehmers, aber kein ganz überwiegend eigenbetriebliches Interesse des Arbeitgebers vor. Die Übernahme von Studiengebühren durch den Arbeitgeber führt zu Arbeitslohn.

Wenn ja:
⇒ Es liegt eine Leistung des Arbeitgebers im ganz überwiegend eigenbetrieblichen Interesse vor. Die Übernahme von Studiengebühren durch den Arbeitgeber führt nicht zu Arbeitslohn. Zur Übernahme von weiteren durch die Teilnahme des Arbeitnehmers an dem berufsbegleitenden Studium veranlassten Kosten durch den Arbeitgeber vgl. R 19.7 Absatz 3 LStR 2011.*)

Anlage 2
zu H 19.7

Ertragsteuerliche Behandlung von Incentive-Reisen

BMF-Schreiben vom 14.10.1996 (BStBl. I S. 1192)

Im Einvernehmen mit den obersten Finanzbehörden der Länder nehme ich zur ertragsteuerlichen Behandlung Incentive-Reisen bei den Unternehmen, die die Leistungen gewähren, und den Empfängern der Leistungen wie folgt Stellung:

Incentive-Reisen werden von einem Unternehmen gewährt, um Geschäftspartner oder Arbeitnehmer des Betriebs für erbrachte Leistungen zu belohnen und zu Mehr- oder Höchstleistungen zu motivieren. Reiseziel, Unterbringung, Transportmittel und Teilnehmerkreis werden von dem die Reiseleistung gewährenden Unternehmen festgelegt. Der Ablauf der Reise und die einzelnen Veranstaltungen dienen allgemein-touristischen Interessen.

1. Behandlung der Aufwendungen bei dem die Reiseleistung gewährenden Unternehmen:

   a) Aufwendungen für Geschäftspartner

   Wird eine Incentive-Reise mit Geschäftspartnern des Steuerpflichtigen durchgeführt, ist bei der Beurteilung der steuerlichen Abzugsfähigkeit der für die Reise getätigten Aufwendungen danach zu unterscheiden, ob die Reise als Belohnung zusätzlich zum vereinbarten Entgelt oder zur Anknüpfung, Sicherung oder Verbesserung von Geschäftsbeziehungen gewährt wird.

   Wird die Reise in sachlichem und zeitlichem Zusammenhang mit den Leistungen des Empfängers als – zusätzliche – Gegenleistung gewährt, sind die tatsächlich entstandenen Fahrtkosten sowie die Unterbringungskosten in vollem Umfang als Betriebsausgaben abzugsfähig. Nutzt der Unternehmer allerdings ein eigenes Gästehaus, das sich nicht am Ort des Betriebs befindet, dürfen die Aufwendungen für die Unterbringung den Gewinn nicht mindern (§ 4 Abs. 5 Satz 1 Nr. 3 EStG). Die Aufwendungen für die Gewährung von Mahlzeiten sind als Bewirtungskosten in Höhe von 80 v. H.****) der angemessenen und nachgewiesenen Kosten abzugsfähig (§ 4 Abs. 5 Satz 1 Nr. 2 EStG).

   Wird die Reise mit gegenwärtigen oder zukünftigen Geschäftspartnern durchgeführt, um allgemeine Geschäftsbeziehungen erst anzuknüpfen, zu erhalten oder zu verbes-

---
*) Jetzt LStR 2015.
**) Abgedruckt als Anlage 14 zu H 8.2 LStR.
***) >BMF vom 22.9.2010 (BStBl. I S. 721), abgedruckt als Anlage 1 zu H 9.2 LStR.
****) Jetzt 70 %.

sern, handelt es sich um ein Geschenk (§ 4 Abs. 5 Satz 1 Nr. 1 EStG). Fahrt- und Unterbringungskosten dürfen dann den Gewinn nicht mindern (BFH-Urteil vom 23. Juni 1993, BStBl. II S. 806); Aufwendungen für die Bewirtung sind nach § 4 Abs. 5 Satz 1 Nr. 2 EStG zu beurteilen.

b) Aufwendungen für Arbeitnehmer

Wird die Reise mit Arbeitnehmern des Betriebs durchgeführt, sind die hierdurch veranlassten Aufwendungen als Betriebsausgaben in voller Höhe berücksichtigungsfähig: die Abzugsbeschränkungen nach § 4 Abs. 5 Satz 1 Nr. 1, 2 und 3 EStG greifen nicht ein.

2. Behandlung der Reise beim Empfänger

a) Gewährung der Reiseleistungen an Geschäftspartner

aa) Erfassung als Betriebseinnahmen

Wendet der Unternehmer einem Geschäftspartner, der in einem Einzelunternehmen betriebliche Einkünfte erzielt, eine Incentive-Reise zu, hat der Empfänger den Wert der Reise im Rahmen seiner steuerlichen Gewinnermittlung als Betriebseinnahme zu erfassen (BFH-Urteil vom 22. Juli 1988, BStBl. II S. 995; vom 20. April 1989, BStBl. II S. 641). Wird der Wert der Incentive-Reise einer Personengesellschaft oder einer Kapitalgesellschaft zugewandt, haben sie in Höhe des Sachwerts der Reise eine Betriebseinnahme anzusetzen. Der Wert einer Reise ist auch dann als Betriebseinnahme anzusetzen, wenn das die Reiseleistungen gewährende Unternehmen die Aufwendungen nicht als Betriebsausgaben abziehen darf (BFH-Urteil vom 26. September 1995, BStBl. II 1996 S. 273).

bb) Verwendung der erhaltenen Reiseleistungen

Mit der Teilnahme an der Reise wird eine Entnahme verwirklicht, da mit der Reise regelmäßig allgemein-touristische Interessen befriedigt werden. Dies gilt auch, wenn eine Personengesellschaft die empfangene Reiseleistung an ihre Gesellschafter weiterleitet (BFH-Urteil vom 26. September 1995 a.a.O.). Leitet die Kapitalgesellschaft die erhaltene Reiseleistung an ihre Gesellschafter weiter, so liegt hierin grundsätzlich eine verdeckte Gewinnausschüttung.

b) Gewährung der Reiseleistungen an Arbeitnehmer

Wird Arbeitnehmern des Unternehmers eine Incentive-Reise gewährt, liegt steuerpflichtiger Arbeitslohn vor (BFH-Urteil vom 9. März 1990, BStBl. II S. 711), der unter den Voraussetzungen des § 40 Abs. 1 EStG pauschal versteuert werden kann.

c) Wert der Reise

Die Gewährung der Reise ist steuerlich in ihrer Gesamtheit zu beurteilen. Ihr Wert entspricht nach ihren Leistungsmerkmalen und ihrem Erlebniswert regelmäßig einer am Markt angebotenen Gruppenreise, bei der Reiseziel, Reiseprogramm und Reisedauer festgelegt und der Teilnehmerkreis begrenzt sind; deshalb können einzelne Teile der Durchführung und der Organisation aus der Sicht des Empfängers nur im Zusammenhang gesehen werden (vgl. BFH-Beschluss vom 27. November 1978, BStBl. II 1979 S. 213). Bei der Wertermittlung ist weder den tatsächlichen Aufwendungen des zuwendenden Unternehmers noch der subjektiven Vorstellung des Empfängers entscheidende Bedeutung beizumessen (BFH-Urteil vom 22. Juli 1988, a.a.O.); ihr Wert kann daher grundsätzlich nicht aus den Aufwendungen – auch nicht vermindert um einen pauschalen Abschlag bei über das übliche Maß hinausgehenden Aufwendungen – abgeleitet werden. Der Wert der zugewandten Reise ist daher in ihrer Gesamtheit mit dem üblichen Endpreis am Abgabeort anzusetzen (§ 8 Abs. 2 EStG). Er entspricht regelmäßig dem Preis der von Reiseveranstaltern am Markt angebotenen Gruppenreisen mit vergleichbaren Leistungsmerkmalen (z. B. Hotelkategorie, Besichtigungsprogramme); eine Wertminderung wegen des vom zuwendenden Unternehmen festgelegten Reiseziels, des Reiseprogramms, der Reisedauer und des fest umgrenzten Teilnehmerkreises kommt nicht in Betracht. Rabatte, die dem die Leistung gewährenden Unternehmen eingeräumt werden, bleiben für die Bewertung beim Empfänger ebenfalls außer Betracht: Gleiches gilt für Preisaufschläge, die das Unternehmen speziell für die Durchführung der Reise aufwenden muss.

d) Aufwendungen des Empfängers der Reiseleistungen

Aufwendungen, die im Zusammenhang mit der Teilnahme an der Reise stehen, darf der Empfänger nicht als Betriebsausgaben oder Werbungskosten abziehen, da die Teilnahme an der Reise durch private Interessen, die nicht nur von untergeordneter Bedeutung sind, veranlasst ist (BFH-Urteil vom 22. Juli 1988 a.a.O.; vgl. auch R 117a EStR*)). Zur Berücksichtigung von einzelnen Aufwendungen als Betriebsausgaben wird auf H 117a ("Einzelaufwendungen") EStH hingewiesen; hinsichtlich des Werbungskostenabzugs wird ergänzend auf Abschnitt 35 LStR**) verwiesen.

Anlage 3
zu H 19.7

Einkommensteuerliche Behandlung von Aufwendungen für Auslandssprachkurse als Werbungskosten oder Betriebsausgaben

BMF-Schreiben vom 26.9.2003 (BStBl. I S. 447)

Mit Urteil vom 13.6.2002 (BStBl. 2003 II S. 765) hat der Bundesfinanzhof zwar grundsätzlich an den im Urteil vom 31. Juli 1980 (BStBl. II S. 746) aufgestellten Merkmalen zur Abgrenzung von beruflicher und privater Veranlassung eines Auslandssprachkurses festgehalten. Der BFH hat ihre Geltung aber eingeschränkt, soweit sie in Widerspruch zu Artikel 59 des Vertrages zur Gründung der Europäischen Gemeinschaft (nach Änderung Art. 49 EGV) stehen, der die Dienstleistungsfreiheit in den Mitgliedstaaten garantiert. Die bislang bei einer Gesamtwürdigung von privater und beruflicher Veranlassung einer Fortbildungsveranstaltung zugrunde gelegte Vermutung, es spreche für eine überwiegend private Veranlassung, wenn die Veranstaltung im Ausland stattfinde, und die u. a. daraus gezogene Folgerung der steuerlichen Nichtanerkennung der entsprechenden Aufwendungen, kann danach für Mitgliedstaaten der Europäischen Union nicht mehr aufrechterhalten werden.

Unter Bezugnahme auf das Ergebnis der Erörterung mit den obersten Finanzbehörden der Länder sind die Grundsätze des BFH-Urteils wie folgt anzuwenden:

Die Grundsätze dieser Entscheidung gelten nicht nur für alle Mitgliedstaaten der Europäischen Union, sondern auch für Staaten, auf die das Abkommen über den europäischen Wirtschaftsraum (Island, Liechtenstein, Norwegen) Anwendung findet, und wegen eines bilateralen Abkommens, das die Dienstleistungsfreiheit ebenfalls festschreibt, auch für die Schweiz***). Sie sind im Übrigen nicht nur auf Sprachkurse, sondern auf Fortbildungsveranstaltungen allgemein anzuwenden.

Die Grundsätze der Entscheidung sind außerdem bei der Frage, ob im Falle einer Kostenübernahme durch den Arbeitgeber für solche Fortbildungsveranstaltungen Arbeitslohn vorliegt oder ein überwiegend eigenbetriebliches Interesse des Arbeitgebers für die Zahlung angenommen werden kann (R 74 LStR****), zu berücksichtigen.

Anlage 4
zu H 19.7

Ertragsteuerliche Behandlung von Incentive-Reisen bei Betriebsausgaben – Abzugsverbot

Verfügung der OFD'en Rheinland und Münster vom 28.1.2011 (Az.: S 2145 – 2009/0009 – St 14 (Rhld)/S 2144 – 50 – St 12 – 33 (Ms))

---

*) Jetzt R 12.2 EStR.
**) Jetzt R 9.2 LStR.
***) Vgl. zum Werbungskostenabzug auch BFH vom 24.2.2011 (BStBl. II S. 796) betreffend einen Englisch-Sprachkurs in Südafrika.
****) Jetzt R 19.7 LStR.

§ 19 EStG
R 19.8

Nach § 4 Abs. 5 Satz 1 Nr. 10 EStG dürfen die Zuwendung von Vorteilen sowie damit zusammenhängende Aufwendungen nicht als Betriebsausgaben berücksichtigt werden, wenn die Zuwendung der Vorteile eine rechtswidrige Handlung darstellt, die den Tatbestand eines Strafgesetzes oder eines Gesetzes verwirklicht, das die Ahndung mit einer Geldbuße zulässt.

Mit der Zuwendung von Vorteilen zusammenhängende Aufwendungen sind alle unmittelbar durch die Zuwendung i.S. von § 4 Abs. 5 Satz 1 Nr. 10 EStG ausgelösten Kosten. Nach dem BMF-Schreiben vom 10.10.2002 (IV A 6 – S 2145 – 35/02, BStBl. I 2002 S. 1031, Rdnr. 8) sind dies insbesondere sog. Transaktionskosten (z.B. Reise-, Transport-, Telefonkosten) sowie Nebenkosten im Zusammenhang mit einschlägigen Straftaten und Ordnungswidrigkeiten (z.B. Beratungs-, Verteidigungs- und Gerichtskosten).

Darüber hinaus umfasst das Abzugsverbot bei der Zuwendung sog. Incentive-Reisen insbesondere auch die auf den an der Reise teilnehmenden Unternehmer selbst sowie die auf eigene Arbeitnehmer entfallenden Reiseaufwendungen. Incentive-Reisen der in Rede stehenden Art sind regelmäßig nicht durchführbar, ohne dass der Unternehmer selbst oder von ihm beauftragte Arbeitnehmer als Gesprächspartner vor Ort zur Verfügung stehen, weil nur in diesem Fall die Interessen des die Reise veranstaltenden Unternehmens gewahrt werden können (Anbahnung/Abschluss von Verträgen). Selbst für den Fall, dass den Arbeitnehmern gleichwohl ein touristischer Erlebniswert verbleiben sollte, fallen die entsprechenden Reisekosten „ins Umfeld der Straftat", da die Arbeitnehmer nur an der Reise teilnehmen, um deren eigentlichen Zweck sicherzustellen.

Die Einbeziehung der auf den Unternehmer oder die eigenen Arbeitnehmer entfallenden Reisekosten in den Geltungsbereich des § 4 Abs. 5 Satz 1 Nr. 10 EStG muss daher wegen deren inneren Zusammenhangs mit dem eigentlichen Zweck der Incentive-Reise unabhängig davon erfolgen, ob den Arbeitnehmern insoweit ein lohnsteuerpflichtiger geldwerter Vorteil zuzurechnen ist.

Übernimmt der Arbeitgeber auch die auf den geldwerten Vorteil entfallende Lohnsteuer, entstehen keine weiteren durch die Reiseteilnahme der Arbeitnehmer unmittelbar veranlassten Aufwendungen. Vielmehr beruht die Lohnsteuer-Übernahme auf einer gesonderten Rechts- und Billigkeitsentscheidung des Arbeitgebers bzw. auf der steuerrechtlichen Wertung, dass mit der Reiseteilnahme ein lohnsteuerpflichtiger geldwerter Vorteil der teilnehmenden Arbeitnehmer verbunden ist.

R 19.8
Versorgungsbezüge

(1) Zu den nach § 19 Abs. 2 EStG steuerbegünstigten Versorgungsbezügen gehören auch:

1. Sterbegeld i.S.d. § 18 Abs. 1, Abs. 2 Nr. 1 und Abs. 3 des BeamtVG sowie entsprechende Bezüge im privaten Dienst. ²Nicht zu den steuerbegünstigten Versorgungsbezügen gehören Bezüge, die für den Sterbemonat aufgrund des Arbeitsvertrags als Arbeitsentgelt gezahlt werden; besondere Leistungen an Hinterbliebene, die über das bis zum Erlöschen des Dienstverhältnisses geschuldete Arbeitsentgelt hinaus gewährt werden, sind dagegen Versorgungsbezüge,

2. Übergangsversorgung, die nach dem BAT oder diesen ergänzenden, ändernden oder ersetzenden Tarifverträgen sowie Übergangszahlungen nach § 47 Nr. 3 des Tarifvertrags für den öffentlichen Dienst der Länder (TV-L) an Angestellte im militärischen Flugsicherungsdienst, bei der Bundesanstalt für Flugsicherung im Flugsicherungsdienst, im Justizvollzugsdienst und im kommunalen feuerwehrtechnischen Dienst sowie an Luftfahrzeugführer von Messflugzeugen und an technische Luftfahrzeugführer gezahlt wird, einschließlich des an Hinterbliebene zu zahlenden monatlichen Ausgleichsbetrags und einschließlich des Ausgleichs, der neben der Übergangsversorgung zu zahlen ist, sowie die Übergangsversorgung, die nach § 7 des Tarifvertrags vom 30.11.1991 über einen sozialverträglichen Personalabbau im Bereich des Bundesministeriums der Verteidigung gezahlt wird,

3. die Bezüge der Beamten im einstweiligen Ruhestand,

4. die nach § 47 Abs. 4 Satz 2 des Bundesbeamtengesetzes (BBG) sowie entsprechender Vorschriften der Beamtengesetze der Länder gekürzten Dienstbezüge,

5. die Unterhaltsbeiträge nach den §§ 15 und 26 BeamtVG sowie nach § 69 BeamtVG oder entsprechenden landesrechtlichen Vorschriften,

6. die Versorgungsbezüge der vorhandenen, ehemals unter das G 131 und das Gesetz zur Regelung der Wiedergutmachung nationalsozialistischen Unrechts für Angehörige des öffentlichen Dienstes (BWGöD) fallenden früheren Angehörigen des öffentlichen Dienstes und ihrer Hinterbliebenen nach § 2 Abs. 1 Nr. 1 des Dienstrechtlichen Kriegsfolgen-Abschlussgesetzes (DKfAG) i. V. m. den §§ 69, 69a BeamtVG,

7. die Versorgungsbezüge der politischen Wahlbeamten auf Zeit,

8. das Ruhegehalt und der Ehrensold der ehemaligen Regierungsmitglieder einschließlich der entsprechenden Hinterbliebenenbezüge, nicht dagegen das Übergangsgeld nach § 14 des Bundesministergesetzes sowie entsprechende Leistungen aufgrund von Gesetzen der Länder,

9. – unbesetzt –

10. Verschollenheitsbezüge nach § 29 Abs. 2 BeamtVG sowie entsprechende Leistungen nach den Beamtengesetzen der Länder,

11. Abfindungsrenten nach § 69 BeamtVG oder entsprechenden landesrechtlichen Vorschriften,

12. Unterhaltsbeihilfen nach den §§ 5 und 6 des baden-württembergischen Gesetzes zur einheitlichen Beendigung der politischen Säuberung vom 13.7.1953 (GBl. S. 91),

13. Ehrensold der früheren ehrenamtlichen Bürgermeister und ihrer Hinterbliebenen nach § 6 des baden-württembergischen Gesetzes über die Aufwandsentschädigung der ehrenamtlichen Bürgermeister und der ehrenamtlichen Ortsvorsteher vom 19.6.1987 (GBl. S. 281),

14. Ehrensold der früheren Bürgermeister und früheren Bezirkstagspräsidenten nach Artikel 59 des bayerischen Gesetzes über kommunale Wahlbeamte und Wahlbeamtinnen,

15. das Ruhegeld der vorhandenen, ehemals unter das G 131 und das BWGöD fallenden früheren Angestellten und Arbeiter der Freien und Hansestadt Hamburg nach § 2 Abs. 1 Nr. 5 DKfAG i. V. m. dem Hamburgischen Zusatzversorgungsgesetz,

16. Ehrensold der früheren ehrenamtlichen Bürgermeister und Kassenverwalter und ihrer Hinterbliebenen nach dem hessischen Gesetz über die Aufwandsentschädigungen und den Ehrensold der ehrenamtlichen Bürgermeister und der ehrenamtlichen Kassenverwalter der Gemeinden vom 7.10.1970 (GVBl. I S. 635),

17. Ehrensold der früheren ehrenamtlichen Bürgermeister, Beigeordneten und Ortsvorsteher nach dem rheinland-pfälzischen Ehrensoldgesetz vom 18.12.1972 (GVBl. S. 376),

18. Ruhegehalt und Versorgungsbezüge, die aufgrund des Artikels 3 der Anlage 1 des Saarvertrags (BGBl. 1956 II S. 1587) an Personen gezahlt werden, die aus Anlass der Rückgliederung des Saarlandes in den Ruhestand versetzt worden sind,

19. die Bezüge der im Saarland nach dem 8.5.1945 berufenen Amtsbürgermeister und Verwaltungsvorsteher, die nach dem Gesetz zur Ergänzung der Gemeindeordnung vom 10.7.1953 (Amtsbl. S. 415) in den Ruhestand versetzt worden sind,

20. Ehrensold der früheren ehrenamtlichen Bürgermeister, Beigeordneten und Amtsvorsteher nach dem saarländischen Gesetz Nr. 987 vom 6.3.1974 (Amtsbl. S. 357),

21. Vorruhestandsleistungen, z. B. i.S.d. Vorruhestandsgesetzes, soweit der Arbeitnehmer im Lohnzahlungszeitraum das 63., bei Schwerbehinderten das 60. Lebensjahr vollendet hat.

(2) Nicht zu den nach § 19 Abs. 2 EStG steuerbegünstigten Versorgungsbezügen gehören insbesondere

1. das Übergangsgeld nach § 47 BeamtVG i. V. m. dessen § 67 Abs. 4 und entsprechende Leistungen aufgrund der Beamtengesetze der Länder sowie das Übergangsgeld nach § 47a BeamtVG,

2. das Übergangsgeld nach § 14 des Bundesministergesetzes und entsprechende Leistungen aufgrund der Gesetze der Länder.

(3) ¹Bezieht ein Versorgungsberechtigter Arbeitslohn aus einem gegenwärtigen Dienstverhältnis und werden deshalb, z. B. nach § 53 BeamtVG, die Versorgungsbezüge gekürzt, so sind nur die gekürzten Versorgungsbezüge nach § 19 Abs. 2 EStG steuerbegünstigt; das Gleiche gilt, wenn Versorgungsbezüge nach der Ehescheidung gekürzt werden (§ 57 BeamtVG). ²Nachzahlungen von Versorgungsbezügen an nicht versorgungsberechtigte Erben eines Versorgungsberechtigten sind nicht nach § 19 Abs. 2 EStG begünstigt.

H 19.8
Hinweise zu R 19.8
Versorgungsbezüge

Altersgrenze

Die in § 19 Abs. 2 Satz 2 Nr. 2 Halbsatz 2 EStG für Versorgungsbezüge im privaten Dienst vorgesehenen Altersgrenzen sind verfassungsgemäß (>BFH vom 7.2.2013 – BStBl. II S. 576).

Altersteilzeit

Bezüge, die in der Freistellungsphase im Rahmen der Altersteilzeit nach dem sog. Blockmodell erzielt werden, sind keine Versorgungsbezüge (>BFH vom 21.3.2013 – BStBl. II S. 611).

Beamte – vorzeitiger Ruhestand

Bezüge nach unwiderruflicher Freistellung vom Dienst bis zur Versetzung in den Ruhestand gehören zu den Versorgungsbezügen (>BFH vom 12.2.2009 – BStBl. II S. 460).

Beihilfen

Die an nichtbeamtete Versorgungsempfänger gezahlten Beihilfen im Krankheitsfall sind bei Erfüllung der altermäßigen Voraussetzungen Versorgungsbezüge i.S.d. § 19 Abs. 2 Satz 2 Nr. 2 EStG (>BFH vom 6.2.2013 – BStBl. II S. 572).

Emeritenbezüge entpflichteter Hochschullehrer

Zu den Versorgungsbezügen gehören auch Emeritenbezüge entpflichteter Hochschullehrer (>BFH vom 19.6.1974 – BStBl. 1975 II S. 23 und vom 5.11.1993 – BStBl. 1994 II S. 238).

Internationale Organisationen

Zu der Frage, welche Zahlungen internationaler Organisationen zu den Versorgungsbezügen gehören >BMF vom 19.8.2013 (BStBl. I S. 1087), Rz. 168.

NATO-Bedienstete

Ruhegehaltsbezüge an ehemalige NATO-Bedienstete sind Versorgungsbezüge (>BFH vom 22.11.2006 – BStBl. 2007 II S. 402).

Sterbegeld

Das nach den tarifvertraglichen Vorschriften im öffentlichen Dienst gezahlte Sterbegeld ist ein Versorgungsbezug (>BFH vom 8.2.1974 – BStBl. II S. 303).

Übergangsgeld

Übergangsgeld, das nach den tarifvertraglichen Vorschriften im öffentlichen Dienst gewährt wird, ist ein Versorgungsbezug, wenn es wegen Berufsunfähigkeit oder Erwerbsunfähigkeit oder wegen Erreichens der tariflichen oder der sogenannten flexiblen Altersgrenze gezahlt wird; beim Übergangsgeld, das wegen Erreichens einer Altersgrenze gezahlt wird, ist Voraussetzung, dass der Angestellte im Zeitpunkt seines Ausscheidens das 63., bei Schwerbehinderten das 60. Lebensjahr vollendet hat (>BFH vom 21.8.1974 – BStBl. 1975 II S. 62).

Umfang der Besteuerung

Versorgungsbezüge sind in voller Höhe und nicht nur mit einem niedrigeren Betrag (z.B. Besteuerungsanteil nach § 22 EStG) als Arbeitslohn anzusetzen (>BFH vom 7.2.2013 – BStBl. II S. 573).

Versorgungsbezüge

>BMF vom 19.8.2013 (BStBl. I S. 1087), Rz. 168 ff.

Versorgungsfreibetrag

Beispiel zur Bemessungsgrundlage des Versorgungsfreibetrags bei Sachbezügen

Ein Arbeitnehmer scheidet zum 31.3. aus dem aktiven Dienst aus und erhält ab dem 1.4. eine Werkspension in Höhe von 300 €. Im April erhält er zusätzlich einen einmaligen Sachbezug in Höhe von 400 €.

Sachbezüge, die ein Arbeitnehmer nach dem Ausscheiden aus dem aktiven Dienst zusammen mit dem Ruhegehalt erhält, gehören zu den Versorgungsbezügen i.S.d. § 19 Abs. 2 Satz 2 EStG. Die Bemessungsgrundlage beträgt:

– laufender Bezug im ersten Versorgungsmonat 300 € × 12 Monate =	3 600 €
– Sachbezug	+ 400 €
Bemessungsgrundlage	4 000 €

R 19.9
Zahlung von Arbeitslohn an die Erben oder Hinterbliebenen eines verstorbenen Arbeitnehmers

(1) ¹Arbeitslohn, der nach dem Tod des Arbeitnehmers gezahlt wird, darf grundsätzlich unabhängig vom Rechtsgrund der Zahlung nicht mehr nach den steuerlichen Merkmalen des Verstorbenen versteuert werden. ²Bei laufendem Arbeitslohn, der im Sterbemonat oder für den Sterbemonat gezahlt wird, kann der Steuerabzug aus Vereinfachungsgründen noch nach den steuerlichen Merkmalen des Verstorbenen vorgenommen werden; die Lohnsteuerbescheinigung ist jedoch auch in diesem Falle für den Erben auszustellen und zu übermitteln.

(2) ¹Zahlt der Arbeitgeber den Arbeitslohn an einen Erben oder einen Hinterbliebenen aus, ist der Lohnsteuerabzug vorbehaltlich des Absatzes 1 Satz 2 nur nach dessen Besteuerungsmerkmalen durchzuführen. ²Die an die übrigen Anspruchsberechtigten weitergegebenen Beträge stellen im Kalenderjahr der Weitergabe negative Einnahmen dar. ³Handelt es sich dabei um Versorgungsbezüge i.S.d. § 19 Abs. 2 EStG, ist für die Berechnung der negativen Einnahmen zunächst vom Bruttobetrag der an die anderen Anspruchsberechtigten weitergegebenen Beträge auszugehen; dieser Bruttobetrag ist sodann um den Unterschied zwischen den beim Lohnsteuerabzug berücksichtigten Freibeträgen für Versorgungsbezüge und den auf den verbleibenden Anteil des Zahlungsempfängers entfallenden Freibeträgen für Versorgungsbezüge zu kürzen. ⁴Die Auseinandersetzungszahlungen sind bei den Empfängern – gegebenenfalls vermindert um die Freibeträge für Versorgungsbezüge (§ 19 Abs. 2 EStG) – als Einkünfte aus nichtselbständiger Arbeit im Rahmen einer Veranlagung zur Einkommensteuer zu erfassen (§ 46 Abs. 2 Nr. 1 EStG).

(3) Für den Steuerabzug durch den Arbeitgeber gilt im Übrigen Folgendes:

1. Beim Arbeitslohn, der noch für die aktive Tätigkeit des verstorbenen Arbeitnehmers gezahlt wird, ist, wie dies bei einer Zahlung an den Arbeitnehmer der Fall gewesen wäre, zwischen laufendem Arbeitslohn, z. B. Lohn für den Sterbemonat oder den Vormonat, und sonstigen Bezügen, z. B. Erfolgsbeteiligung, zu unterscheiden.

2. ¹Der Arbeitslohn für den Sterbemonat stellt, wenn er arbeitsrechtlich für den gesamten Lohnzahlungszeitraum zu zahlen ist, keinen Versorgungsbezug i.S.d. § 19 Abs. 2 EStG dar. ²Besteht dagegen ein Anspruch auf Lohnzahlung nur bis zum Todestag, handelt es sich bei den darüber hinausgehenden Leistungen an die Hinterbliebenen um Versorgungsbezüge. ³Dies gilt entsprechend für den Fall, dass die arbeitsrechtlichen Vereinbarungen für den Sterbemonat lediglich die Zahlung von Hinterbliebenenbezügen vorsehen oder keine vertraglichen Abmachungen über die Arbeitslohnbemessung bei Beendigung des Dienstverhältnisses im Laufe des Lohnzahlungszeitraums bestehen. ⁴Auch in diesen Fällen stellt nur der Teil der Bezüge, der auf die Zeit nach dem Todestag entfällt, einen Versorgungsbezug dar. ⁵In den Fällen des Absatzes 1 Satz 2 sind die Freibeträge für Versorgungsbezüge nicht zu berücksichtigen.

§ 19 EStG
R 19.9

3. ¹Das Sterbegeld ist ein Versorgungsbezug und stellt grundsätzlich einen sonstigen Bezug dar. ²Dies gilt auch für den Fall, dass als Sterbegeld mehrere Monatsgehälter gezahlt werden, weil es sich hierbei dem Grunde nach nur um die ratenweise Zahlung eines Einmalbetrags handelt. ³Die laufende Zahlung von Witwen- oder Hinterbliebenengeldern i.S.d. § 19 Abs. 1 Satz 1 Nr. 2 EStG durch den Arbeitgeber ist demgegenüber regelmäßig als laufender Arbeitslohn (Versorgungsbezug) zu behandeln.

4. ¹Soweit es sich bei den Zahlungen an die Erben oder Hinterbliebenen nicht um Versorgungsbezüge handelt, ist zu prüfen, ob der Altersentlastungsbetrag (§ 24a EStG) zum Ansatz kommt. ²Dabei ist auf das Lebensalter des jeweiligen Zahlungsempfängers abzustellen. ³Absatz 2 ist entsprechend anzuwenden.

5. ¹Soweit Zahlungen an im Ausland wohnhafte Erben oder Hinterbliebene erfolgen, bei denen die Voraussetzungen des § 1 Abs. 2 oder 3, § 1a EStG nicht vorliegen, ist bei beschränkt steuerpflichtigen Arbeitnehmern beim Steuerabzug nach den für Lohnzahlungen geltenden Vorschriften zu verfahren; wegen der Besonderheiten wird auf § 38b Abs. 1 Satz 2 Nr. 1 Buchstabe b, § 39 Abs. 2 und 3, § 39a Abs. 2 und 4, § 39b Abs. 1 und 2, § 39c Abs. 2 EStG hingewiesen. ²Dabei ist jedoch zu beachten, dass aufgrund eines Doppelbesteuerungsabkommens das Besteuerungsrecht dem Ansässigkeitsstaat zustehen kann.

H 19.9
Hinweise zu R 19.9
Zahlung von Arbeitslohn an die Erben oder Hinterbliebenen eines verstorbenen Arbeitnehmers

Erben als Arbeitnehmer

Durch die Zahlung von dem Erblasser zustehenden Arbeitslohn an die Erben oder Hinterbliebenen werden diese steuerlich zu Arbeitnehmern; der Lohnsteuerabzug ist nach den Lohnsteuerabzugsmerkmalen (ggf. Steuerklasse VI) der Erben oder Hinterbliebenen durchzuführen (§ 1 Abs. 1 Satz 2 LStDV)*).

Weiterleitung von Arbeitslohn an Miterben

Beispiel:

Nach dem Tod des Arbeitnehmers A ist an die Hinterbliebenen B, C, D und E ein Sterbegeld von 4 000 € zu zahlen. Der Arbeitgeber zahlt den Versorgungsbezug an B im Jahr 2015 aus. Dabei wurde die Lohnsteuer nach den Lohnsteuerabzugsmerkmalen des B unter Berücksichtigung der Freibeträge für Versorgungsbezüge von 1 500 € (24,0 % von 4 000 € = 960 € zuzüglich 540 €) erhoben. B gibt im Jahr 2016 je ¼ des Bruttoversorgungsbezugs an C, D und E weiter (insgesamt 3 000 €).

Im Jahr 2015 ergeben sich lohnsteuerpflichtige Versorgungsbezüge:

Versorgungsbezüge	4 000 €
./. Versorgungsfreibetrag	960 €
./. Zuschlag zum Versorgungsfreibetrag	540 €
lohnsteuerpflichtige Versorgungsbezüge	2 500 €

Durch die Weitergabe im Jahr 2016 verbleibt B ein Anteil an den Versorgungsbezügen von 1 000 €. Hierauf entfällt ein Versorgungsfreibetrag in Höhe von 240 € (24,0 % von 1 000 €) zuzüglich eines Zuschlags zum Versorgungsfreibetrag von 540 €, also steuerpflichtige Versorgungsbezüge von 220 €. Bei B sind in 2016 negative Einnahmen in Höhe von 2 280 € (2500 € – 220 €) anzusetzen.

Anlage
zu H 19.9

Bezüge, die für den Sterbemonat gezahlt werden

Bundeseinheitlich geltende Regelung, für Bayern bekannt gegeben mit Schreiben des Bayer. Staatsministeriums der Finanzen vom 30.12.1975 (Az.: 32 – S 2343 – 1/69 – 68062/75)

Zu der Frage, wie die für den Sterbemonat gezahlten Bezüge steuerlich zu behandeln sind, vertrete ich im Einvernehmen mit dem Bundesminister der Finanzen und den Finanzministern (-senatoren) der anderen Länder die Auffassung, dass die steuerliche Beurteilung weitgehend von den vertraglichen Abmachungen zwischen Arbeitgeber und Arbeitnehmer abhängt. Im Einzelnen sind folgende Fallgruppen denkbar:

1. Verstirbt ein noch berufstätiger Arbeitnehmer im Laufe des Kalendermonats und besteht nach dem Arbeitsvertrag Anspruch auf Arbeitslohn lediglich bis zum Todestag, so handelt es sich insoweit um Bezüge aus einem gegenwärtigen Dienstverhältnis. Werden diese Bezüge an die Hinterbliebenen des verstorbenen Arbeitnehmers ausgezahlt, so werden sie dadurch nicht zu einem steuerbegünstigten Versorgungsbezug. Sieht der Arbeitsvertrag über den bis zum Erlöschen des Dienstverhältnisses geschuldeten Arbeitslohn hinaus besondere Leistungen an die Hinterbliebenen vor, so bestehen keine Bedenken, diese Leistungen als steuerbegünstigten Versorgungsbezug anzuerkennen. Sind beide Bezüge in einer Gesamtvergütung zusammengefasst, so ist für die Lohnsteuererhebung der Versorgungs-Freibetrag nur von dem Teil der Gesamtvergütung zu berechnen, der als steuerbegünstigter Versorgungsbezug anzuerkennen ist.

2. Besteht nach dem Arbeitsvertrag für den Monat, in dem der Arbeitnehmer verstirbt, Anspruch auf den Arbeitslohn des gesamten Monats, so handelt es sich dabei in voller Höhe um laufenden Arbeitslohn. Eine teilweise Anerkennung als steuerbegünstigter Versorgungsbezug ist in diesen Fällen nicht möglich.

3. Wenn in Ausnahmefällen vereinbart werden sollte, dass für den Sterbemonat nur Hinterbliebenenbezüge gezahlt werden und ein Anspruch auf laufenden Arbeitslohn für die Zeit bis zum Todestag nicht besteht, so können gleichwohl die Gesamtbezüge nicht als steuerbegünstigte Versorgungsbezüge angesehen werden. Es ist aus steuerlicher Sicht nicht zu bestreiten, dass ein Teil der sog. Hinterbliebenenbezüge nicht versorgungshalber gezahlt wird; deshalb kann auf diesen Teil der Versorgungs-Freibetrag nicht angewendet werden. Es ist wie im Fall 1 zu verfahren.

4. Bestehen keine vertraglichen Abmachungen über die Arbeitslohnbemessung bei einer Beendigung des Dienstverhältnisses im Laufe eines Kalendermonats und wird ohne Rücksicht auf den Todestag der Arbeitslohn für den vollen Monat gezahlt, so ist ebenfalls wie im Fall 1 zu verfahren.

---

*) Abgedruckt als Anhang 1 zum Handbuch.

§ 19a EStG*)
Überlassung von Vermögensbeteiligungen an Arbeitnehmer
– aufgehoben –

R 19a.
Steuerbegünstigte Überlassung von Vermögensbeteiligungen

Soweit § 19a EStG nach der Übergangsregelung in § 52 Abs. 27 EStG weiter anzuwenden ist, gelten die Anweisungen in R 19a LStR 2008 fort.

H 19a
Hinweise zu R 19a
Steuerbegünstigte Überlassung von Vermögensbeteiligungen

§ 19a EStG in der am 31.12.2008 geltenden Fassung:

„(1) Erhält ein Arbeitnehmer im Rahmen eines gegenwärtigen Dienstverhältnisses unentgeltlich oder verbilligt Sachbezüge in Form von Vermögensbeteiligungen im Sinne des § 2 Abs. 1 Nr. 1 und Abs. 2 bis 5 des Fünften Vermögensbildungsgesetzes in der Fassung des Gesetzes vom 19. Dezember 2000 (BGBl. I S. 1790), so ist der Vorteil steuerfrei, soweit er nicht höher als der halbe Wert der Vermögensbeteiligung (Absatz 2) ist und insgesamt 135 Euro im Kalenderjahr nicht übersteigt.

(2) ¹Als Wert der Vermögensbeteiligung ist der gemeine Wert anzusetzen. ²Werden einem Arbeitnehmer Vermögensbeteiligungen im Sinne des § 2 Abs. 1 Nr. 1 Buchstabe a, b und f des Fünften Vermögensbildungsgesetzes überlassen, die am Tag der Beschlussfassung über die Überlassung an einer deutschen Börse zum regulierten Markt zugelassen sind, so werden diese mit dem niedrigsten an diesem Tag für sie im regulierten Markt notierten Kurs angesetzt, wenn am Tag der Überlassung nicht mehr als neun Monate seit dem Tag der Beschlussfassung über die Überlassung vergangen sind. ³Liegt am Tag der Beschlussfassung über die Überlassung eine Notierung nicht vor, so werden diese Vermögensbeteiligungen mit dem letzten innerhalb von 30 Tagen vor diesem Tag im regulierten Markt notierten Kurs angesetzt. ⁴Die Sätze 2 und 3 gelten entsprechend für Vermögensbeteiligungen im Sinne des § 2 Abs. 1 Nr. 1 Buchstabe a, b und f des Fünften Vermögensbildungsgesetzes, die im Inland in den Freiverkehr einbezogen sind oder in einem anderen Staat des Europäischen Wirtschaftsraums zum Handel an einem geregelten Markt im Sinne des Artikels 1 Nr. 13 der Richtlinie 93/22/EWG des Rates vom 10. Mai 1993 über Wertpapierdienstleistungen (ABl. EG Nr. L 141 S. 27) zugelassen sind. ⁵Sind am Tag der Überlassung von Vermögensbeteiligungen im Sinne des § 2 Abs. 1 Nr. 1 Buchstabe a, b und f des Fünften Vermögensbildungsgesetzes mehr als neun Monate seit dem Tag der Beschlussfassung über die Überlassung vergangen, so tritt an die Stelle des Tages der Beschlussfassung über die Überlassung im Sinne der Sätze 2 bis 4 der Tag der Überlassung. ⁶Der Wert von Vermögensbeteiligungen im Sinne des § 2 Abs. 1 Nr. 1 Buchstabe c des Fünften Vermögensbildungsgesetzes wird mit dem Ausgabepreis am Tag der Überlassung angesetzt. ⁷Der Wert von Vermögensbeteiligungen im Sinne des § 2 Abs. 1 Nr. 1 Buchstabe g, i, k und l des Fünften Vermögensbildungsgesetzes wird mit dem Nennbetrag angesetzt, wenn nicht besondere Umstände einen höheren oder niedrigeren Wert begründen."

Anwendungsregelung (§ 52 Abs. 27 EStG):

„§ 19a EStG wurde durch das Gesetz zur steuerlichen Förderung der Mitarbeiter-Kapitalbeteiligung ab VZ 2009 aufgehoben. § 19a EStG ist in der am 31.12.2008 geltenden Fassung weiter anzuwenden, wenn
– die Vermögensbeteiligung vor dem 1.4.2009 überlassen wurde oder
– aufgrund einer am 31.3.2009 bestehenden Vereinbarung ein Anspruch auf die unentgeltliche oder verbilligte Überlassung einer Vermögensbeteiligung besteht sowie die Vermögensbeteiligung vor dem 1.1.2016 überlassen wird und der Arbeitgeber bei demselben Arbeitnehmer im Kalenderjahr nicht § 3 Nr. 39 EStG anzuwenden hat."

R 19a LStR 2008:**)

Allgemeines

(1) ¹§ 19a EStG gilt für unbeschränkt und beschränkt einkommensteuerpflichtige Arbeitnehmer, die in einem gegenwärtigen Dienstverhältnis stehen. ²Die Überlassung von Vermögensbeteiligungen an frühere Arbeitnehmer des Arbeitgebers ist nur steuerbegünstigt, soweit die unentgeltliche oder verbilligte Vermögensbeteiligung im Rahmen einer Abwicklung des früheren Dienstverhältnisses noch als Arbeitslohn für die tatsächliche Arbeitsleistung überlassen wird.

(2) ¹Voraussetzung für die Steuerbegünstigung ist nicht, dass der Arbeitgeber Rechtsinhaber der zu überlassenden Vermögensbeteiligung ist. ²Die Steuerbegünstigung gilt deshalb auch für den geldwerten Vorteil, der bei Überlassung der Vermögensbeteiligung durch einen Dritten entsteht, wenn die Überlassung durch das gegenwärtige Dienstverhältnis veranlasst ist. ³Eine steuerbegünstigte Überlassung von Vermögensbeteiligungen durch Dritte liegt z. B. vor, wenn der Arbeitnehmer die Vermögensbeteiligung unmittelbar erhält

1. von einem Beauftragten des Arbeitgebers, z. B. einem Kreditinstitut, oder
2. von einem Unternehmen, das mit dem Unternehmen des Arbeitgebers in einem Konzern (§ 18 AktG) verbunden ist (Ausgabe von Aktien oder anderen Vermögensbeteiligungen durch eine Konzernobergesellschaft an Arbeitnehmer der Konzernuntergesellschaft oder zwischen anderen Konzerngesellschaften), oder
3. von einem fremden Unternehmen, mit dem der Arbeitgeber entsprechende Vereinbarungen getroffen hat.

⁴Dabei kommt es nicht darauf an, ob der Arbeitgeber in die Überlassung eingeschaltet ist oder ob der Arbeitgeber dem Dritten den Preis der Vermögensbeteiligung oder die durch die Überlassung entstehenden Kosten ganz oder teilweise ersetzt.

(3) ¹Die Steuerbegünstigung gilt nur für den geldwerten Vorteil, den der Arbeitnehmer durch die unentgeltliche oder verbilligte Überlassung der Vermögensbeteiligung erhält. ²Deshalb sind Geldleistungen des Arbeitgebers an den Arbeitnehmer zur Begründung oder zum Erwerb der Vermögensbeteiligung oder für den Arbeitnehmer vereinbarte vermögenswirksame Leistungen i. S. d. Fünften Vermögensbildungsgesetzes, die zur Begründung oder zum Erwerb der Vermögensbeteiligung angelegt werden, nicht steuerbegünstigt. ³Die Übernahme der mit der Überlassung von Vermögensbeteiligungen verbundenen Nebenkosten durch den Arbeitgeber, z. B. Notariatsgebühren, Eintrittsgelder im Zusammenhang mit Geschäftsguthaben bei einer Genossenschaft und Kosten für Registereintragungen, ist kein Arbeitslohn. ⁴Ebenfalls kein Arbeitslohn sind vom Arbeitgeber übernommene Depotgebühren, die durch die Festlegung der Wertpapiere für die Dauer einer vertraglich vereinbarten Sperrfrist entstehen; dies gilt entsprechend bei der kostenlosen Depotführung durch den Arbeitgeber.

Umwandlung von Arbeitslohn

(4) Für die Steuerfreiheit nach § 19a EStG kommt es nicht darauf an, ob die Vermögensbeteiligungen zusätzlich zum ohnehin geschuldeten Arbeitslohn oder aufgrund einer Vereinbarung mit dem Arbeitnehmer über die Herabsetzung des individuell zu besteuernden Arbeitslohns überlassen werden.

Begriff der Vermögensbeteiligungen

(5) ¹Die Vermögensbeteiligungen, deren Überlassung nach § 19a EStG steuerbegünstigt ist, sind in § 19a Abs. 1 EStG i. V. m. § 2 Abs. 1 Nr. 1 und Abs. 2 bis 5 VermBG abschließend aufgezählt.

---

*) § 19a EStG wurde durch das Gesetz zur steuerlichen Förderung der Mitarbeiterkapitalbeteiligung ab VZ 2009 aufgehoben. § 19a EStG ist in der am 31.12.2008 geltenden Fassung weiter anzuwenden, wenn
– die Vermögensbeteiligung vor dem 1.4.2009 überlassen wurde oder
– aufgrund einer am 31.3.2009 bestehenden Vereinbarung ein Anspruch auf die unentgeltliche oder verbilligte Überlassung einer Vermögensbeteiligung besteht sowie die Vermögensbeteiligung vor dem 1.1.2016 überlassen wird und der Arbeitgeber bei demselben Arbeitnehmer im Kalenderjahr nicht § 3 Nr. 39 EStG anzuwenden hat (>§ 52 Abs. 27 EStG).

**) >§ 52 Abs. 27 EStG.

§ 19a EStG
R 19a

²Danach können sowohl Vermögensbeteiligungen am Unternehmen des Arbeitgebers (betriebliche Beteiligungen) als auch Vermögensbeteiligungen an anderen Unternehmen (außerbetriebliche Beteiligungen) steuerbegünstigt überlassen werden.

Wert der Vermögensbeteiligung

(6) Der Wert von Vermögensbeteiligungen i. S. d. § 2 Abs. 1 Nr. 1 und Abs. 2 bis 5 VermBG richtet sich auch dann nach § 19a Abs. 2 EStG, wenn die Steuerbegünstigung des § 19a Abs. 1 EStG nicht in Anspruch genommen wird.

(7) ¹Beschließt ein herrschendes Unternehmen i. S. d. § 18 Abs. 1 AktG die Überlassung von Vermögensbeteiligungen i. S. d. § 2 Abs. 1 Nr. 1 Buchstabe a, b und f i. V. m. Abs. 2 bis 5 VermBG an Arbeitnehmer des Konzerns, gilt dieser Tag als Tag der Beschlussfassung i. S. d. § 19a Abs. 2 Satz 2 EStG; dies gilt auch dann, wenn das abhängige Unternehmen in einem eigenen Beschluss den Überlassungsbeschluss des herrschenden Unternehmens nachvollzieht, ohne die Wertpapiere von diesem zu erwerben. ²Erwirbt das abhängige Unternehmen die Wertpapiere, ist der Tag seiner Beschlussfassung maßgebend.

(8) Als Tag der Überlassung kann vom Tag der Ausbuchung beim Überlassenden oder dessen Erfüllungsgehilfen ausgegangen werden.

(9) ¹Vermögensbeteiligungen i. S. d. § 2 Abs. 1 Nr. 1 Buchstabe a, b und f, Abs. 2 und 4 VermBG, für die am Beschlusstag und innerhalb von 30 Tagen vor dem Beschlusstag ein Kurs weder im amtlichen Handel noch im geregelten Markt oder im Freiverkehr ermittelt worden ist, sind mit dem gemeinen Wert am Tag der Überlassung anzusetzen; wird an diesem Tag ein Kurs ermittelt, ist dieser der gemeine Wert. ²Liegt bei erstmaliger Börseneinführung von Aktien weder am Beschlusstag noch am Überlassungstag ein Börsenkurs vor, so ist der gemeine Wert der neu eingeführten Aktien mit dem für Privatanleger maßgebenden Ausgabekurs anzusetzen, wenn dieser zeitnah mit dem Beschluss- oder Überlassungstag feststeht. ³Der Wert junger Aktien, die noch nicht an der Börse eingeführt, aber schon voll dividendenberechtigt sind, kann aus Vereinfachungsgründen aus dem Kurs der Altaktien am Beschlusstag abgeleitet werden. ⁴Bei jungen Aktien, die noch nicht an der Börse eingeführt und noch nicht voll dividendenberechtigt sind, kann insgesamt ein Abschlag in Höhe von 10% des Börsenkurses der Altaktien, höchstens von 30% vom Nominalwert der Aktie, bei Stückaktien vom auf die Aktie entfallenden anteiligen Wert des Grundkapitals gemacht werden. ⁵Der ermittelte Wert gilt für alle jungen Aktien, die dem Arbeitnehmer innerhalb von 9 Monaten nach dem Beschlusstag überlassen werden. ⁶Nach Ablauf von 9 Monaten ist der Kurs der Altaktien am Tag der Überlassung zugrunde zu legen. ⁷Für die Bewertung innerhalb eines Konzerns ist Absatz 7 Satz 1 und 2 anzuwenden.

Ermittlung des steuerfreien geldwerten Vorteils

(10) Der geldwerte Vorteil ergibt sich aus dem Unterschied zwischen dem Wert der Vermögensbeteiligung (>Absätze 6 bis 9) und dem Preis, zu dem die Vermögensbeteiligung dem Arbeitnehmer überlassen wird.

(11) ¹Der steuerfreie Höchstbetrag ist auf das Dienstverhältnis bezogen. ²Steht der Arbeitnehmer im Kalenderjahr nacheinander oder nebeneinander in mehreren Dienstverhältnissen, so kann der steuerfreie Höchstbetrag in jedem Dienstverhältnis in Anspruch genommen werden.

H 19a LStR

Abgrenzung zwischen stiller Beteiligung und partiarischem Darlehen

Für die Abgrenzung einer stillen Beteiligung von einem partiarischen Darlehen kommt es darauf an, ob die Vertragspartner einen gemeinsamen Zweck verfolgen (>BFH vom 21.6.1983 – BStBl. II S. 563). Indiz für die Verfolgung eines gemeinsamen Zwecks kann die ausdrückliche Vereinbarung von Kontrollrechten des Arbeitnehmers sein (>BFH vom 10.2.1978 – BStBl. II S. 256). Fehlt es an einem gemeinsamen Zweck der Vertragspartner, liegt ein partiarisches Darlehen vor.

Begriff der Vermögensbeteiligungen
>BMF vom 23.7.2014 (BStBl. I S. 1175), Abschnitt 4*).

Darlehensforderung

Darlehensforderungen im Sinne des § 2 Abs. 1 Nr. 1 Buchstabe k des 5. VermBG können in der Regel dann unter dem Nennwert bewertet werden, wenn die Forderung unverzinslich ist (>R B 12.1 Abs. 1 Nr. 1 ErbStR); eine Bewertung über dem Nennwert ist im Allgemeinen dann gerechtfertigt, wenn die Forderung hoch verzinst und vonseiten des Schuldners (Arbeitgebers) für längere Zeit unkündbar ist (>R B 12.1 Abs. 1 Nr. 2 ErbStR).

Ermittlung des steuerfreien geldwerten Vorteils

Die Steuerfreiheit des geldwerten Vorteils ist der Höhe nach doppelt begrenzt, und zwar auf den halben Wert der Vermögensbeteiligung, höchstens aber auf 135 Euro jährlich (§ 19a Abs. 1 Satz 1 EStG). Daraus folgt, dass der geldwerte Vorteil nur insoweit zum steuerpflichtigen Arbeitslohn gehört, als er die Hälfte des Werts der Vermögensbeteiligung übersteigt. Ist der geldwerte Vorteil höher als 135 Euro im Kalenderjahr, so gehört der 135 Euro übersteigende Teil des geldwerten Vorteils auch dann zum steuerpflichtigen Arbeitslohn, wenn die Hälfte des Werts der Vermögensbeteiligung nicht überschritten wird.

Beispiele zur Ermittlung des steuerfreien geldwerten Vorteils

Eigenleistung des Arbeitnehmers €	Wert der Beteiligung €	steuerfrei €	steuerpflichtig €
0	50	25	25
0	500	135	365
200	400	135	65
50	250	125	75
135	270	135	0
150	300	135	15
250	500	135	115
275	550	135	140

Genussschein

Ein Genussschein ist ein Wertpapier, wenn er ein Genussrecht verbrieft und auf Inhaber, Namen oder an Order lautet.

Gewinnschuldverschreibung

Eine Gewinnschuldverschreibung ist ein Wertpapier, das auf Inhaber, Namen oder an Order lautet und in dem die Leistung einer bestimmten Geldsumme – im Regelfall die Einlösung zum Nennwert – versprochen wird.

Junge Aktien

§ 19a Abs. 2 Satz 2 EStG findet auch dann Anwendung, wenn sich der Überlassungsbeschluss auf junge Aktien bezieht, die erst im Rahmen einer bevorstehenden Kapitalerhöhung ausgegeben werden, sofern die „Altaktie" im Zeitpunkt des Überlassungsbeschlusses an der Börse notiert ist. Der Anwendung des § 19a Abs. 2 Satz 2 EStG steht in diesem Fall nicht der Umstand entgegen, dass die jungen Aktien bei ihrer Überlassung an den Arbeitnehmer bereits an der Börse notiert sind (>BFH vom 4.4.2001 – BStBl. II S. 677).

Preisnachlass

Überlässt der Arbeitgeber Wertpapiere an seine Arbeitnehmer gegen einen fest und unabänderlich bezifferten Preisnachlass, so bemisst sich der geldwerte Vorteil nach diesem im Überlassungsangebot bezifferten Preisnachlass. § 19a Abs. 2 Satz 2 EStG findet in diesem Fall keine Anwendung (>BFH vom 4.4.2001 – BStBl. II S. 813).

Tag der Beschlussfassung

Der Arbeitgeber kann einen Beschluss über die Überlassung von Aktien an seine Arbeitnehmer aufheben und durch einen anderen Überlassungsbeschluss ersetzen. In diesem Fall ist der nach § 19a

---
*) Abgedruckt als Anhang 6 zum Handbuch.

Abs. 2 Satz 2 EStG zu berechnende Vorteil auf den Tag des (Zweit-)Beschlusses zu berechnen, auf dem die Überlassung der Aktien tatsächlich beruht (>BFH vom 4.4.2001 – BStBl. II S. 677).

Überlassung von Vermögensbeteiligungen ab 2009

>§ 3 Nr. 39 EStG, BMF vom 8.12.2009 (BStBl. I S. 1513)*)
>auch § 19a EStG a.F. i. V. m. § 52 Abs. 27 EStG

Wert der Vermögensbeteiligung

– Veräußerungssperren mindern den Wert der Vermögensbeteiligung nicht (>BFH vom 7.4.1989 – BStBl. II S. 608 und vom 30.9.2008 – BStBl. 2009 II S. 282).

– Kann der Wert der unentgeltlich oder verbilligt überlassenen Vermögensbeteiligung auch nicht aus tatsächlichen Anteilsverkäufen abgeleitet werden, ist der Wert unter Beachtung des von der Finanzverwaltung herausgegebenen „Leitfadens zur Bewertung von Anteilen an Kapitalgesellschaften" zu ermitteln**).

– Der gemeine Wert nicht börsennotierter Aktien lässt sich nicht i.S.d. § 11 Abs. 2 Satz 2 BewG aus Verkäufen ableiten, wenn nach den Veräußerungen aber noch vor dem Bewertungsstichtag weitere objektive Umstände hinzutreten, die dafür sprechen, dass diese Verkäufe nicht mehr den gemeinen Wert der Aktien repräsentieren, und es an objektiven Maßstäben für Zu- und Abschläge fehlt, um von den festgestellten Verkaufspreisen der Aktien auf deren gemeinen Wert zum Bewertungsstichtag schließen zu können (>BFH vom 29.7.2010 – BStBl. 2011 II S. 68).

Zuflusszeitpunkt der Vermögensbeteiligung

– Zeitpunkt des Zuflusses ist der Tag der Erfüllung des Anspruchs des Arbeitnehmers auf Verschaffung der wirtschaftlichen Verfügungsmacht über die Vermögensbeteiligung (>BFH vom 23.6.2005 – BStBl. II S. 770).

– Ein solcher Zufluss liegt nicht vor, solange dem Arbeitnehmer eine Verfügung über die Aktien rechtlich unmöglich ist (>BFH vom 30.6.2011 – BStBl. II S. 923 zu vinkulierten Namensaktien). Im Gegensatz dazu stehen Sperr- und Haltefristen einem Zufluss nicht entgegen (BFH vom 30.9.2008 – BStBl. 2009 II S. 282).

§ 22 EStG
Arten der sonstigen Einkünfte

Sonstige Einkünfte sind
1. Einkünfte aus wiederkehrenden Bezügen, soweit sie nicht zu den in § 2 Absatz 1 Nummer 1 bis 6 bezeichneten Einkunftsarten gehören; § 15b ist sinngemäß anzuwenden. ²Werden die Bezüge freiwillig oder aufgrund einer freiwillig begründeten Rechtspflicht oder einer gesetzlich unterhaltsberechtigten Person gewährt, so sind sie nicht dem Empfänger zuzurechnen; dem Empfänger sind dagegen zuzurechnen
    a) Bezüge, die von einer Körperschaft, Personenvereinigung oder Vermögensmasse außerhalb der Erfüllung steuerbegünstigter Zwecke im Sinne der §§ 52 bis 54 der Abgabenordnung gewährt werden, und
    b) Bezüge im Sinne des § 1 der Verordnung über die Steuerbegünstigung von Stiftungen, die an die Stelle von Familienfideikommissen getreten sind, in der im Bundesgesetzblatt Teil III, Gliederungsnummer 611-4-3, veröffentlichten bereinigten Fassung.
³Zu den in Satz 1 bezeichneten Einkünften gehören auch
    a) Leibrenten und andere Leistungen,
        aa) die aus den gesetzlichen Rentenversicherungen, der landwirtschaftlichen Alterskasse, den berufsständischen Versorgungseinrichtungen und aus Rentenversicherungen im Sinne des § 10 Absatz 1 Nummer 2 Buchstabe b erbracht werden, soweit sie jeweils der Besteuerung unterliegen. ²Bemessungs-

grundlage für den der Besteuerung unterliegenden Anteil ist der Jahresbetrag der Rente. ³Der der Besteuerung unterliegende Anteil ist nach dem Jahr des Rentenbeginns und dem in diesem Jahr maßgebenden Prozentsatz aus der nachstehenden Tabelle zu entnehmen:

Jahr des Rentenbeginns		Besteuerungsanteil in %
bis	2005	50
ab	2006	52
	2007	54
	2008	56
	2009	58
	2010	60
	2011	62
	2012	64
	2013	66
	2014	68
	2015	70
	2016	72
	2017	74
	2018	76
	2019	78
	2020	80
	2021	81
	2022	82
	2023	83
	2024	84
	2025	85
	2026	86
	2027	87
	2028	88
	2029	89
	2030	90
	2031	91
	2032	92
	2033	93
	2034	94
	2035	95
	2036	96
	2037	97
	2038	98
	2039	99
	2040	100

⁴Der Unterschiedsbetrag zwischen dem Jahresbetrag der Rente und dem der Besteuerung unterliegenden Anteil der Rente ist der steuerfreie Teil der Rente. ⁵Dieser gilt ab dem Jahr, das dem Jahr des Rentenbeginns folgt, für die gesamte Laufzeit des Rentenbezugs. ⁶Abweichend hiervon ist der steuerfreie Teil der Rente bei einer Veränderung des Jahresbetrags der Rente in dem Verhältnis anzupassen, in dem der veränderte Jahresbetrag der Rente zum Jahresbetrag der Rente steht, der der Ermittlung des steuerfreien Teils der Rente zugrunde liegt. ⁷Regelmäßige Anpassungen des Jahresbetrags der Rente führen nicht zu einer Neuberechnung und bleiben

---
*) Abgedruckt als Anlage zu H 3.39 LStR.
**) http://www.ofd.nrw.de/die_ofd_nrw/leitfaeden_arbeits_und_praxishilfen/index.php. Nach dem BMF-Schreiben vom 22.9.2011 (BStBl. I S. 859) sind zudem die gleich lautenden Ländererlasse vom 17.5.2011 (BStBl. I S. 606) zur Anwendung der §§ 11, 95 bis 109 und 199ff. BewG in der Fassung des Erbschaftsteuerreformgesetzes für ertragsteuerliche Zwecke bei der Bewertung von Unternehmen und Anteilen an Kapitalgesellschaften entsprechend anzuwenden.

§ 22 EStG

bei einer Neuberechnung außer Betracht. ⁸Folgen nach dem 31. Dezember 2004 Renten aus derselben Versicherung einander nach, gilt für die spätere Rente Satz 3 mit der Maßgabe, dass sich der Prozentsatz nach dem Jahr richtet, das sich ergibt, wenn die Laufzeit der vorhergehenden Renten von dem Jahr des Beginns der späteren Rente abgezogen wird; der Prozentsatz kann jedoch nicht niedriger bemessen werden als der für das Jahr 2005;

bb) die nicht solche im Sinne des Doppelbuchstaben aa sind und bei denen in den einzelnen Bezügen Einkünfte aus Erträgen des Rentenrechts enthalten sind. ²Dies gilt auf Antrag auch für Leibrenten und andere Leistungen, soweit diese auf bis zum 31. Dezember 2004 geleisteten Beiträgen beruhen, welche oberhalb des Betrags des Höchstbeitrags zur gesetzlichen Rentenversicherung gezahlt wurden; der Steuerpflichtige muss nachweisen, dass der Betrag des Höchstbeitrags mindestens zehn Jahre überschritten wurde; soweit hiervon im Versorgungsausgleich übertragene Rentenanwartschaften betroffen sind, gilt § 4 Absatz 1 und 2 des Versorgungsausgleichsgesetzes entsprechend. ³Als Ertrag des Rentenrechts gilt für die gesamte Dauer des Rentenbezugs der Unterschiedsbetrag zwischen dem Jahresbetrag der Rente und dem Betrag, der sich bei gleichmäßiger Verteilung des Kapitalwerts der Rente auf ihre voraussichtliche Laufzeit ergibt; dabei ist der Kapitalwert nach dieser Laufzeit zu berechnen. ⁴Der Ertrag des Rentenrechts (Ertragsanteil) ist aus der nachstehenden Tabelle zu entnehmen:

Bei Beginn der Rente vollendetes Lebensjahr des Rentenberechtigten	Ertragsanteil in %	Bei Beginn der Rente vollendetes Lebensjahr des Rentenberechtigten	Ertragsanteil in %
0 bis 1	59	51 bis 52	29
2 bis 3	58	53	28
4 bis 5	57	54	27
6 bis 8	56	55 bis 56	26
9 bis 10	55	57	25
11 bis 12	54	58	24
13 bis 14	53	59	23
15 bis 16	52	60 bis 61	22
17 bis 18	51	62	21
19 bis 20	50	63	20
21 bis 22	49	64	19
23 bis 24	48	65 bis 66	18
25 bis 26	47	67	17
27	46	68	16
28 bis 29	45	69 bis 70	15
30 bis 31	44	71	14
32	43	72 bis 73	13
33 bis 34	42	74	12
35	41	75	11
36 bis 37	40	76 bis 77	10
38	39	78 bis 79	9
39 bis 40	38	80	8
41	37	81 bis 82	7
42	36	83 bis 84	6
43 bis 44	35	85 bis 87	5
45	34	88 bis 91	4
46 bis 47	33	92 bis 93	3
48	32	94 bis 96	2
49	31	ab 97	1
50	30		

⁵Die Ermittlung des Ertrags aus Leibrenten, die vor dem 1. Januar 1955 zu laufen begonnen haben, und aus Renten, deren Dauer von der Lebenszeit mehrerer Personen oder einer anderen Person als des Rentenberechtigten abhängt, sowie aus Leibrenten, die auf eine bestimmte Zeit beschränkt sind, wird durch eine Rechtsverordnung bestimmt;

b) Einkünfte aus Zuschüssen und sonstigen Vorteilen, die als wiederkehrende Bezüge gewährt werden;

1a. Einkünfte aus Leistungen und Zahlungen nach § 10 Absatz 1a, soweit für diese die Voraussetzungen für den Sonderausgabenabzug beim Leistungs- oder Zahlungsverpflichteten nach § 10 Absatz 1a erfüllt sind;

1b. und 1c. – weggefallen –

2. Einkünfte aus privaten Veräußerungsgeschäften im Sinne des § 23;

3. Einkünfte aus Leistungen, soweit sie weder zu anderen Einkunftsarten (§ 2 Absatz 1 Satz 1 Nummer 1 bis 6) noch zu den Einkünften im Sinne der Nummern 1, 1a, 2 oder 4 gehören, z. B. Einkünfte aus gelegentlichen Vermittlungen und aus der Vermietung beweglicher Gegenstände. ²Solche Einkünfte sind nicht einkommensteuerpflichtig, wenn sie weniger als 256 Euro im Kalenderjahr betragen haben. ³Übersteigen die Werbungskosten die Einnahmen, so darf der übersteigende Betrag bei Ermittlung des Einkommens nicht ausgeglichen werden; er darf auch nicht nach § 10d abgezogen werden. ⁴Die Verluste mindern jedoch nach Maßgabe des § 10d die Einkünfte, die der Steuerpflichtige in dem unmittelbar vorangegangenen Veranlagungszeitraum oder in den folgenden Veranlagungszeiträumen aus Leistungen im Sinne des Satzes 1 erzielt hat oder erzielt; § 10d Absatz 4 gilt entsprechend;

4. Entschädigungen, Amtszulagen, Zuschüsse zu Kranken- und Pflegeversicherungsbeiträgen, Übergangsgelder, Überbrückungsgelder, Sterbegelder, Versorgungsabfindungen, Versorgungsbezüge, die aufgrund des Abgeordnetengesetzes oder des Europaabgeordnetengesetzes, sowie vergleichbare Bezüge, die aufgrund der entsprechenden Gesetze der Länder gezahlt werden, und die Entschädigungen, das Übergangsgeld, das Ruhegehalt und die Hinterbliebenenversorgung, die aufgrund des Abgeordnetenstatus des Europäischen Parlaments von der Europäischen Union gezahlt werden. ²Werden zur Abgeltung des durch das Mandat veranlassten Aufwandes Aufwandsentschädigungen gezahlt, so dürfen die durch das Mandat veranlassten Aufwendungen nicht als Werbungskosten abgezogen werden. ³Wahlkampfkosten zur Erlangung eines Mandats im Bundestag, im Europäischen Parlament oder im Parlament eines Landes dürfen nicht als Werbungskosten abgezogen werden. ⁴Es gelten entsprechend

a) für Nachversicherungsbeiträge aufgrund gesetzlicher Verpflichtung nach den Abgeordnetengesetzen im Sinne des Satzes 1 und für Zuschüsse zu Kranken- und Pflegeversicherungsbeiträgen § 3 Nummer 62,

b) für Versorgungsbezüge § 19 Absatz 2 nur bezüglich des Versorgungsfreibetrags; beim Zusammentreffen mit Versorgungsbezügen im Sinne des § 19 Absatz 2 Satz 2 bleibt jedoch insgesamt höchstens ein Betrag in Höhe des Versorgungsfreibetrags nach § 19 Absatz 2 Satz 3 im Veranlagungszeitraum steuerfrei,

c) für das Übergangsgeld, das in einer Summe gezahlt wird, und für die Versorgungsabfindung § 34 Absatz 1,

d) für die Gemeinschaftssteuer, die auf die Entschädigung, das Übergangsgeld, das Ruhegehalt und die Hinterbliebenenversorgung aufgrund des Abgeordnetenstatuts des Europäischen Parlaments von der Europäischen Union erhoben wird, § 34c Absatz 1; dabei sind die im ersten Halbsatz genannten Einkünfte für die entsprechende Anwendung des § 34c Absatz 1 wie ausländische Einkünfte und die Gemeinschaftssteuer wie eine der deutschen Einkommensteuer entsprechende ausländische Steuer zu behandeln;

5. Leistungen aus Altersvorsorgeverträgen, Pensionsfonds, Pensionskassen und Direktversicherungen. ²Soweit die Leistungen nicht auf Beiträgen, auf die § 3 Nummer 63, § 10a oder Abschnitt XI angewendet wurde, nicht auf Zulagen im Sinne des Abschnitts XI, nicht auf Zahlungen im Sinne des § 92a Absatz 2 Satz 4 Nummer 1 und des § 92a Absatz 3 Satz 9 Nummer 2, nicht auf steuerfreien Leistungen nach § 3 Nummer 66 und nicht auf Ansprüchen beruhen, die durch steuerfreie Zuwendungen nach § 3 Nummer 56 oder die durch die nach § 3 Nummer 55b Satz 1 oder § 3 Nummer 55c steuerfreie Leistung aus einem neu begründeten Anrecht erworben wurden,

   a) ist bei lebenslangen Renten sowie bei Berufsunfähigkeits-, Erwerbsminderungs- und Hinterbliebenenrenten Nummer 1 Satz 3 Buchstabe a entsprechend anzuwenden,

   b) ist bei Leistungen aus Versicherungsverträgen, Pensionsfonds, Pensionskassen und Direktversicherungen, die nicht solche nach Buchstabe a sind, § 20 Absatz 1 Nummer 6 in der jeweils für den Vertrag geltenden Fassung entsprechend anzuwenden,

   c) unterliegt bei anderen Leistungen der Unterschiedsbetrag zwischen der Leistung und der Summe der auf sie entrichteten Beiträge der Besteuerung; § 20 Absatz 1 Nummer 6 Satz 2 gilt entsprechend.

³In den Fällen des § 93 Absatz 1 Satz 1 und 2 gilt das ausgezahlte geförderte Altersvorsorgevermögen nach Abzug der Zulagen im Sinne des Abschnitt XI als Leistung im Sinne des Satzes 2. ⁴Als Leistung im Sinne des Satzes 1 gilt auch der Verminderungsbetrag nach § 92a Absatz 2 Satz 5 und der Auflösungsbetrag nach § 92a Absatz 3 Satz 5. ⁵Der Auflösungsbetrag nach § 92a Absatz 2 Satz 6 wird zu 70 Prozent als Leistung nach Satz 1 erfasst. ⁶Tritt nach dem Beginn der Auszahlungsphase zu Lebzeiten des Zulageberechtigten der Fall des § 92a Absatz 3 Satz 1 ein, dann ist

   a) innerhalb eines Zeitraums bis zum zehnten Jahr nach dem Beginn der Auszahlungsphase das Eineinhalbfache,

   b) innerhalb eines Zeitraums zwischen dem zehnten und 20. Jahr nach dem Beginn der Auszahlungsphase das Einfache

des nach Satz 5 noch nicht erfassten Auflösungsbetrags als Leistung nach Satz 1 zu erfassen; § 92a Absatz 3 Satz 9 gilt entsprechend mit der Maßgabe, dass als noch nicht zurückgeführter Betrag im Wohnförderungskonto der noch nicht erfasste Auflösungsbetrag gilt. ⁷Bei erstmaligem Bezug von Leistungen, in den Fällen des § 93 Absatz 1 sowie bei Änderung der im Kalenderjahr auszuzahlenden Leistung hat der Anbieter (§ 80) nach Ablauf des Kalenderjahres dem Steuerpflichtigen nach amtlich vorgeschriebenem Muster den Betrag der im abgelaufenen Kalenderjahr zugeflossenen Leistungen im Sinne der Sätze 1 bis 3 je gesondert mitzuteilen. ⁸Werden dem Steuerpflichtigen Abschluss- und Vertriebskosten eines Altersvorsorgevertrages erstattet, gilt der Erstattungsbetrag als Leistung im Sinne des Satzes 1. ⁹In den Fällen des § 3 Nummer 55a richtet sich die Zuordnung zu Satz 1 oder Satz 2 bei der ausgleichsberechtigten Person danach, wie eine nur auf die Ehezeit bezogene Zuordnung der sich aus dem übertragenen Anrecht ergebenden Leistung zu Satz 1 oder Satz 2 bei der ausgleichspflichtigen Person im Zeitpunkt der Übertragung ohne die Teilung vorzunehmen gewesen wäre. ¹⁰Dies gilt sinngemäß in den Fällen des § 3 Nummer 55 und 55e. ¹¹Wird eine Versorgungsverpflichtung nach § 3 Nummer 66 auf einen Pensionsfonds übertragen und hat der Steuerpflichtige bereits vor dieser Übertragung Leistungen aufgrund dieser Versorgungsverpflichtung erhalten, so sind insoweit auf die Leistungen aus dem Pensionsfonds im Sinne des Satzes 1 die Beträge nach § 9a Satz 1 Nummer 1 und § 19 Absatz 2 entsprechend anzuwenden; § 9a Satz 1 Nummer 3 ist nicht anzuwenden. ¹²Wird aufgrund einer internen Teilung nach § 10 des Versorgungsausgleichsgesetzes oder einer externen Teilung nach § 14 des Versorgungsausgleichsgesetzes ein Anrecht zugunsten der ausgleichsberechtigten Person begründet, so gilt dieser Vertrag insoweit zu dem gleichen Zeitpunkt als abgeschlossen wie der Vertrag der ausgleichspflichtigen Person, wenn die aus dem Vertrag der ausgleichspflichtigen Person ausgezahlten Leistungen zu einer Besteuerung nach Satz 2 führen.

§ 24 EStG

Zu den Einkünften im Sinne des § 2 Absatz 1 gehören auch

1. Entschädigungen, die gewährt worden sind

   a) als Ersatz für entgangene oder entgehende Einnahmen oder

   b) für die Aufgabe oder Nichtausübung einer Tätigkeit, für die Aufgabe einer Gewinnbeteiligung oder einer Anwartschaft auf eine solche;

   c) als Ausgleichszahlungen an Handelsvertreter nach § 89b des Handelsgesetzbuchs;

2. Einkünfte aus einer ehemaligen Tätigkeit im Sinne des § 2 Absatz 1 Satz 1 Nummer 1 bis 4 oder aus einem früheren Rechtsverhältnis im Sinne des § 2 Absatz 1 Satz 1 Nummer 5 bis 7, und zwar auch dann, wenn sie dem Steuerpflichtigen als Rechtsnachfolger zufließen;

3. Nutzungsvergütungen für die Inanspruchnahme von Grundstücken für öffentliche Zwecke sowie Zinsen auf solche Nutzungsvergütungen und auf Entschädigungen, die mit der Inanspruchnahme von Grundstücken für öffentliche Zwecke zusammenhängen.

Anlage 1
zu § 24 EStG

Abfindungen für unverfallbare Pensionsanwartschaften

Bundeseinheitlich geltende Regelung, für Bayern bekannt gegeben mit Schreiben des Bayer. Staatsministeriums der Finanzen vom 11.3.1986 (Az.: 31 b – S 2258 – 11/2 – 70147/85)

Es ist die Frage aufgeworfen worden, ob eine Kapitalzahlung zur Abgeltung einer unverfallbaren Pensionsanwartschaft eine Abfindung im Sinne des § 24 Nr. 1 i. V. m. § 34 Abs. 2 Nr. 2 EStG darstellt, wenn

a) eine Pensionszusage lediglich ein Kapitalwahlrecht des Arbeitgebers enthält und das Arbeitsverhältnis auf Veranlassung des Arbeitgebers gelöst wird oder

b) der Arbeitgeber von dem in seiner Pensionszusage vorbehaltenen Recht Gebrauch macht, die bisher erdiente Pensionsanwartschaft durch eine Einmalzahlung abzugelten, ohne dass das Arbeitsverhältnis beendet wird.

Dazu vertrete ich die Auffassung, dass in beiden Fällen keine Entschädigung im Sinne des § 24 Nr. 1 EStG darin liegt, dass der Arbeitgeber eine unverfallbare Pensionsanwartschaft durch eine einmalige Kapitalzahlung abgilt; denn dieses Recht stand ihm nach dem Inhalt der Pensionszusage von Anfang an zu, sodass die Ausübung des Kapitalwahlrechts durch den Arbeitgeber nicht zu einer neuen Rechtsgrundlage für die Zahlung führt. Im Einzelfall kann allenfalls zu prüfen sein, ob eine Progressionsminderung durch Anwendung des § 34 Abs. 3 EStG möglich ist.

Dieses Schreiben ergeht im Einvernehmen mit dem Bundesminister der Finanzen und den obersten Finanzbehörden der anderen Länder.

§ 24a, § 24 b EStG
R 24a

Anlage 2
zu § 24 EStG

Einkommensteuerliche Behandlung von Abfindungszahlungen für Pensionsanwartschaften

Bundeseinheitlich geltende Regelung, für Bayern bekannt gegeben mit Schreiben des Bayer. Staatsministeriums der Finanzen vom 23.7.1987 (Az.: 31 b – S 2258 – 11/8 – 4424)

Es ist gefragt worden, ob Kapitalabfindungen Entschädigungen im Sinne des § 24 Nr. 1 Buchst. a EStG darstellen, die nach § 34 Abs. 2 Nr. 2 in Verbindung mit § 34 Abs. 1 EStG mit dem ermäßigten Steuersatz besteuert werden können, wenn Arbeitgeber ihre Arbeitnehmer bei Fortbestand ihres Arbeitsverhältnisses drängen, in eine Abfindung sowohl verfallbarer als auch unverfallbarer Anwartschaften auf laufende Pensionsleistungen einzuwilligen, bei denen die Pensionszusage weder für den Arbeitgeber noch für den Arbeitnehmer ein Kapitalwahlrecht enthält.

Im Einvernehmen mit dem Bundesminister der Finanzen und den obersten Finanzbehörden der anderen Länder vertrete ich hierzu die Auffassung, dass in diesen Fällen die Abfindungen unabhängig davon, ob sie zur Entschädigung für den Wegfall einer verfallbaren oder einer unverfallbaren Pensionsanwartschaft dienen, als Entschädigungen im Sinne des § 24 Nr. 1 Buchst. a EStG anzusehen sind. Die Vereinbarung über die Zahlung der Abfindung einer Pensionsanwartschaft stellt eine neue Rechtsgrundlage außerhalb des Arbeitsverhältnisses dar, zu deren Abschluss der Arbeitnehmer aus Gründen veranlasst wird, die in der Sphäre des Arbeitgebers einen auch für ihn spürbaren wirtschaftlichen Druck erzeugen.

Zur einkommensteuerlichen Behandlung von Abfindungen zur Abgeltung unverfallbarer Pensionsanwartschaften, die aufgrund eines Kapitalwahlrechts des Arbeitgebers erfolgen, weise ich auf das FMS vom 11.3.1986 hin*). Die darin aufgezeigten Grundsätze gelten entsprechend bei verfallbaren Pensionsanwartschaften und auch in den Fällen, in denen ein vereinbartes Kapitalwahlrecht seitens des Arbeitnehmers ausgeübt wird.

§ 24a EStG
Altersentlastungsbetrag

¹Der Altersentlastungsbetrag ist bis zu einem Höchstbetrag im Kalenderjahr ein nach einem Prozentsatz ermittelter Betrag des Arbeitslohns und der positiven Summe der Einkünfte, die nicht solche aus nichtselbständiger Arbeit sind. ²Bei der Bemessung des Betrags bleiben außer Betracht:
1. Versorgungsbezüge im Sinne des § 19 Absatz 2;
2. Einkünfte aus Leibrenten im Sinne des § 22 Nummer 1 Satz 3 Buchstabe a;
3. Einkünfte im Sinne des § 22 Nummer 4 Satz 4 Buchstabe b;
4. Einkünfte im Sinne des § 22 Nummer 5 Satz 1, soweit § 22 Nummer 5 Satz 11 anzuwenden ist;
5. Einkünfte im Sinne des § 22 Nummer 5 Satz 2 Buchstabe a.

³Der Altersentlastungsbetrag wird einem Steuerpflichtigen gewährt, der vor dem Beginn des Kalenderjahres, in dem er sein Einkommen bezogen hat, das 64. Lebensjahr vollendet hatte. ⁴Im Fall der Zusammenveranlagung von Ehegatten zur Einkommensteuer sind die Sätze 1 bis 3 für jeden Ehegatten gesondert anzuwenden. ⁵Der maßgebende Prozentsatz und der Höchstbetrag des Altersentlastungsbetrags sind der nachstehenden Tabelle zu entnehmen:

Das auf die Vollendung des 64. Lebensjahres folgende Kalenderjahr	Altersentlastungsbetrag	
	in % der Einkünfte	Höchstbetrag in Euro
2005	40,0	1 900
2006	38,4	1 824
2007	36,8	1 748
2008	35,2	1 672
2009	33,6	1 596
2010	32,0	1 520
2011	30,4	1 444
2012	28,8	1 368
2013	27,2	1 292
2014	25,6	1 216
2015	24,0	1 140
2016	22,4	1 064
2017	20,8	988
2018	19,2	912
2019	17,6	836
2020	16,0	760
2021	15,2	722
2022	14,4	684
2023	13,6	646
2024	12,8	608
2025	12,0	570
2026	11,2	532
2027	10,4	494
2028	9,6	456
2029	8,8	418
2030	8,0	380
2031	7,2	342
2032	6,4	304
2033	5,6	266
2034	4,8	228
2035	4,0	190
2036	3,2	152
2037	2,4	114
2038	1,6	76
2039	0,8	38
2040	0,0	0

R 24a
Altersentlastungsbetrag

– unbesetzt –

H 24a
Hinweise zu R 24a
Altersentlastungsbetrag

Allgemeines
>R 24 a EStR, H 24a EStH

§ 24b
Entlastungsbetrag für Alleinerziehende

(1) ¹Allein stehende Steuerpflichtige können einen Entlastungsbetrag in Höhe von 1 308 Euro im Kalenderjahr von der Summe der Einkünfte abziehen, wenn zu ihrem Haushalt mindestens ein Kind gehört, für das ihnen ein Freibetrag nach § 32

---

*) Abgedruckt als Anlage 1 zu § 24 EStG.

§ 24 b EStG
R 24b

Absatz 6 oder Kindergeld zusteht. ²Die Zugehörigkeit zum Haushalt ist anzunehmen, wenn das Kind in der Wohnung des allein stehenden Steuerpflichtigen gemeldet ist. ³Ist das Kind bei mehreren Steuerpflichtigen gemeldet, steht der Entlastungsbetrag nach Satz 1 demjenigen Alleinstehenden zu, der die Voraussetzungen auf Auszahlung des Kindergeldes nach § 64 Absatz 2 Satz 1 erfüllt oder erfüllen würde in Fällen, in denen nur ein Anspruch auf einen Freibetrag nach § 32 Absatz 6 besteht.

(2) ¹Allein stehend im Sinne des Absatzes 1 sind Steuerpflichtige, die nicht die Voraussetzungen für die Anwendung des Splitting-Verfahrens (§ 26 Absatz 1) erfüllen oder verwitwet sind und keine Haushaltsgemeinschaft mit einer anderen volljährigen Person bilden, es sei denn, für diese steht ihnen ein Freibetrag nach § 32 Absatz 6 oder Kindergeld zu oder es handelt sich um ein Kind im Sinne des § 63 Absatz 1 Satz 1, das einen Dienst nach § 32 Absatz 5 Satz 1 Nummer 1 und 2 leistet oder eine Tätigkeit nach § 32 Absatz 5 Satz 1 Nummer 3 ausübt. ²Ist die andere Person mit Haupt- oder Nebenwohnsitz in der Wohnung des Steuerpflichtigen gemeldet, wird vermutet, dass sie mit dem Steuerpflichtigen gemeinsam wirtschaftet (Haushaltsgemeinschaft). ³Diese Vermutung ist widerlegbar, es sei denn, der Steuerpflichtige und die andere Person leben in einer eheähnlichen oder lebenspartnerschaftsähnlichen Gemeinschaft.

(3) Für jeden vollen Kalendermonat, in dem die Voraussetzungen des Absatzes 1 nicht vorgelegen haben, ermäßigt sich der Entlastungsbetrag um ein Zwölftel.

R 24b
Entlastungsbetrag für Alleinerziehende
– unbesetzt –

H 24b
Hinweise zu R 24b
Entlastungsbetrag für Alleinerziehende

Allgemeine Grundsätze
>BMF vom 29.10.2004 (BStBl. I S. 1042)*)

Anlage
zu H 24b

Entlastungsbetrag für Alleinerziehende, Anwendungsschreiben zu § 24b EStG;

BMF-Schreiben vom 29.10.2004 (BStBl. I S. 1042)

Unter Bezugnahme auf das Ergebnis der Erörterungen mit den obersten Finanzbehörden der Länder gilt für die Anwendung des § 24b EStG ab dem Veranlagungszeitraum 2004 Folgendes:

I. Allgemeines

Durch Artikel 9 des Haushaltsbegleitgesetzes 2004 vom 29. Dezember 2003 (BGBl. I S. 3076; BStBl. 2004 I S. 120) wurde mit § 24b EStG ein Entlastungsbetrag für Alleinerziehende in Höhe von 1308 Euro jährlich zum 1. Januar 2004 in das Einkommensteuergesetz eingefügt. Durch das Gesetz zur Änderung der Abgabenordnung und weiterer Gesetze vom 21. Juli 2004 (BGBl. I S. 1753) wurden die Voraussetzungen für die Inanspruchnahme des Entlastungsbetrages für Alleinerziehende rückwirkend ab dem 1. Januar 2004 geändert, im Wesentlichen wurde der Kreis der Berechtigten erweitert.

Ziel des Entlastungsbetrages für Alleinerziehende ist es, die höheren Kosten für die eigene Lebens- bzw. Haushaltsführung der sog. echten Alleinerziehenden abzugelten, die einen gemeinsamen Haushalt nur mit ihren Kindern und keiner anderen erwachsenen Person führen, die tatsächlich oder finanziell zum Haushalt beiträgt.

Der Entlastungsbetrag für Alleinerziehende wird außerhalb des Familienleistungsausgleichs bei der Ermittlung des Gesamtbetrages der Einkünfte durch Abzug von der Summe der Einkünfte und beim Lohnsteuerabzug durch die Steuerklasse II berücksichtigt.

II. Anspruchsberechtigte

Der Entlastungsbetrag für Alleinerziehende wird Steuerpflichtigen gewährt, die

– „allein stehend" sind und
– zu deren Haushalt mindestens ein Kind gehört, für das ihnen ein Freibetrag nach § 32 Abs. 6 EStG oder Kindergeld zusteht.

„Allein stehend" im Sinne des § 24b Abs. 1 EStG sind nach § 24b Abs. 2 EStG Steuerpflichtige, die

– nicht die Voraussetzungen für die Anwendung des Splitting-Verfahrens (§ 26 Abs. 1 EStG) erfüllen oder
– verwitwet sind

und keine Haushaltsgemeinschaft mit einer anderen volljährigen Person bilden (Ausnahme siehe unter 3.).

1. Haushaltszugehörigkeit

Ein Kind gehört zum Haushalt des Steuerpflichtigen, wenn es dauerhaft in dessen Wohnung lebt oder mit seiner Einwilligung vorübergehend, z. B. zu Ausbildungszwecken, auswärtig untergebracht ist. Haushaltszugehörigkeit erfordert ferner eine Verantwortung für das materielle (Versorgung, Unterhaltsgewährung) und immaterielle Wohl (Fürsorge, Betreuung) des Kindes. Eine Heimunterbringung ist unschädlich, wenn die Wohnverhältnisse in der Familienwohnung die speziellen Bedürfnisse des Kindes berücksichtigen und es sich im Haushalt des Steuerpflichtigen regelmäßig aufhält (vgl. BFH-Urteil vom 14. November 2001, BStBl. 2002 II S. 244). Ist das Kind nicht in der Wohnung des Steuerpflichtigen gemeldet, trägt der Steuerpflichtige die Beweislast für das Vorliegen der Haushaltszugehörigkeit. Ist das Kind bei mehreren Steuerpflichtigen gemeldet oder gehört es unstreitig zum Haushalt des Steuerpflichtigen ohne bei ihm gemeldet zu sein, ist es aber bei weiteren Steuerpflichtigen gemeldet, steht der Entlastungsbetrag demjenigen Alleinstehenden zu, zu dessen Haushalt das Kind tatsächlich gehört. Dies ist im Regelfall derjenige, der das Kindergeld erhält.**)

2. Splitting-Verfahren***)

Es sind grundsätzlich nur Steuerpflichtige anspruchsberechtigt, die nicht die Voraussetzungen für die Anwendung des Splitting-Verfahrens erfüllen****). Abweichend hiervon können verwitwete Steuerpflichtige nach § 24b Abs. 3 EStG den Entlastungsbetrag für Alleinerziehende erstmals zeitanteilig für den Monat des Todes des Ehegatten beanspruchen. Darüber hinaus, insbesondere in den Fällen der getrennten*****) oder der besonderen Veranlagung im Jahr der Eheschließung******) kommt eine zeitanteilige Berücksichtigung nicht in Betracht.

Im Ergebnis sind nur Steuerpflichtige anspruchsberechtigt, die

– während des gesamten Veranlagungszeitraums nicht verheiratet (ledig, geschieden) sind,
– verheiratet sind, aber seit dem vorangegangenen Veranlagungszeitraum dauernd getrennt leben,
– verwitwet sind

oder deren Ehegatte im Ausland lebt und nicht unbeschränkt einkommensteuerpflichtig im Sinne des § 1 Abs. 1 oder 2 EStG oder des § 1a EStG ist.

---

*) Abgedruckt als Anlage zu H 24b LStR.
**) Ist ein Kind annähernd gleichwertig in die beiden Haushalte seiner allein stehenden Eltern aufgenommen, können die Eltern – unabhängig davon, an welchen Berechtigten das Kindergeld ausgezahlt wird – untereinander bestimmen, wem der Entlastungsbetrag zustehen soll, es sei denn, einer der Berechtigten hat bei seiner Veranlagung oder durch Berücksichtigung der Steuerklasse II beim Lohnsteuerabzug den Entlastungsbetrag bereits in Anspruch genommen. Treffen die Eltern keine Bestimmung über die Zuordnung des Entlastungsbetrags, steht er demjenigen zu, an den das Kindergeld ausgezahlt wird (>BFH vom 28.4.2010 – BStBl. 2011 II S. 30).
***) Das Splitting-Verfahren ist auch bei eingetragenen Lebenspartnerschaften anzuwenden (> § 2 Abs. 8 EStG).
****) Bestätigt durch BFH vom 19.10.2006 (BStBl. 2007 II S.637); hiergegen eingelegte Verfassungsbeschwerde wurde nicht zur Entscheidung angenommen (BVerfG vom 22.5.2009 – 2 BvR 310/07) und die Beschwerde beim Europäischen Gerichtshof für Menschenrechte für unzulässig erklärt (EGMR vom 28.3.2013 – 45624/09).
*****) Die getrennte Veranlagung wurde ab dem Veranlagungszeitraum 2013 durch die Einzelveranlagung von Ehegatten ersetzt.
******) Die besondere Veranlagung im Jahr der Eheschließung wurde aufgehoben und ist letztmals für den Veranlagungszeitraum 2012 anzuwenden.

§ 24 b EStG
R 24b

3. Haushaltsgemeinschaft

Gemäß § 24b Abs. 2 Satz 1 EStG sind Steuerpflichtige nur dann „allein stehend", wenn sie keine Haushaltsgemeinschaft mit einer anderen volljährigen Person bilden.

Der Gewährung des Entlastungsbetrages für Alleinerziehende steht es kraft Gesetzes nicht entgegen, wenn eine andere minderjährige Person in den Haushalt aufgenommen wird oder es sich bei der anderen volljährigen Person um ein leibliches Kind, Adoptiv-, Pflege-, Stief- oder Enkelkind handelt, für das dem Steuerpflichtigen ein Freibetrag für Kinder (§ 32 Abs. 6 EStG) oder Kindergeld zusteht oder das steuerlich nicht berücksichtigt wird, weil es

– den gesetzlichen Grundwehr- oder Zivildienst leistet (§ 32 Abs. 5 Satz 1 Nr. 1 EStG),
– sich an Stelle des gesetzlichen Grundwehrdienstes freiwillig für die Dauer von nicht mehr als drei Jahren zum Wehrdienst verpflichtet hat (§ 32 Abs. 5 Satz 1 Nr. 2 EStG) oder
– eine vom gesetzlichen Grundwehrdienst oder Zivildienst befreiende Tätigkeit als Entwicklungshelfer im Sinne des § 1 Abs. 1 des Entwicklungshelfer-Gesetzes ausübt (§ 32 Abs. 5 Satz 1 Nr. 3 EStG).

§ 24b Abs. 2 Satz 2 EStG enthält neben der gesetzlichen Definition der Haushaltsgemeinschaft auch die widerlegbare Vermutung für das Vorliegen einer Haushaltsgemeinschaft, die an die Meldung der anderen volljährigen Person mit Haupt- oder Nebenwohnsitz in der Wohnung des Steuerpflichtigen anknüpft. Eine nachträgliche Ab- bzw. Ummeldung ist insoweit unerheblich. Die Vermutung gilt jedoch dann nicht, wenn die Gemeinde oder das Finanzamt positive Kenntnis davon hat, dass die tatsächlichen Verhältnisse von den melderechtlichen Verhältnissen zugunsten des Steuerpflichtigen abweichen.

a) Begriff der Haushaltsgemeinschaft

Eine Haushaltsgemeinschaft liegt vor, wenn der Steuerpflichtige und die andere Person in der gemeinsamen Wohnung – im Sinne des § 8 AO – gemeinsam wirtschaften („Wirtschaften aus einem Topf").*) Die Annahme einer Haushaltsgemeinschaft setzt hingegen nicht die Meldung der anderen Person in der Wohnung des Steuerpflichtigen voraus.

Eine Haushaltsgemeinschaft setzt ferner nicht voraus, dass nur eine gemeinsame Kasse besteht und die zur Befriedigung jeglichen Lebensbedarfs dienenden Güter nur gemeinsam und aufgrund gemeinsamer Planung angeschafft werden. Es genügt eine mehr oder weniger enge Gemeinschaft mit nahem Beieinanderwohnen, bei der jedes Mitglied der Gemeinschaft tatsächlich oder finanziell seinen Beitrag zur Haushalts- bzw. Lebensführung leistet und an ihr partizipiert (der gemeinsame Verbrauch der Lebensmittel oder Reinigungsmittel, die gemeinsame Nutzung des Kühlschrankes etc.).

Auf die Zahlungswege kommt es dabei nicht an, d. h. es steht der Annahme einer Haushaltsgemeinschaft nicht entgegen, wenn z. B. der Steuerpflichtige die laufenden Kosten des Haushalts ohne Miete trägt und die andere Person dafür vereinbarungsgemäß die volle Miete bezahlt.

Es kommt ferner nicht darauf an, dass der Steuerpflichtige und die andere Person in besonderer Weise materiell (Unterhaltsgewährung) und immateriell (Fürsorge und Betreuung) verbunden sind.

Deshalb wird grundsätzlich bei jeder Art von Wohngemeinschaften vermutet, dass bei Meldung der anderen Person in der Wohnung des Steuerpflichtigen auch eine Haushaltsgemeinschaft vorliegt.

Als Kriterien für eine Haushaltsgemeinschaft können auch der Zweck und die Dauer der Anwesenheit der anderen Person in der Wohnung des Steuerpflichtigen herangezogen werden. So liegt eine Haushaltsgemeinschaft nicht vor bei nur kurzfristiger Anwesenheit in der Wohnung oder nicht nur vorübergehender Abwesenheit von der Wohnung.

Beispiele für nur kurzfristige Anwesenheit:
Zu Besuchszwecken, aus Krankheitsgründen

Beispiele für nur vorübergehende Abwesenheit:
Krankenhausaufenthalt, Auslandsreise, Auslandsaufenthalt eines Montagearbeiters, doppelte Haushaltsführung aus beruflichen Gründen bei regelmäßiger Rückkehr in die gemeinsame Wohnung

Beispiele für eine nicht nur vorübergehende Abwesenheit:
Strafvollzug, bei Meldung als vermisst, Auszug aus der gemeinsamen Wohnung, evtl. auch Unterhaltung einer zweiten Wohnung aus privaten Gründen

Haushaltsgemeinschaften sind jedoch insbesondere gegeben bei:
– Eheähnlichen Gemeinschaften,
– eingetragenen Lebenspartnerschaften**),
– Wohngemeinschaften unter gemeinsamer Wirtschaftsführung mit einer sonstigen volljährigen Person (z. B. mit Studierenden, mit volljährigen Kindern, für die dem Steuerpflichtigen weder Kindergeld noch ein Freibetrag für Kinder zusteht, oder mit anderen Verwandten),
– nicht dauernd getrennt lebenden Ehegatten, bei denen keine Ehegattenbesteuerung in Betracht kommt (z. B. bei deutschen Ehegatten von Angehörigen der NATO-Streitkräfte).

Mit sonstigen volljährigen Personen besteht keine Haushaltsgemeinschaft, wenn sie sich tatsächlich und finanziell nicht an der Haushaltsführung beteiligen.

Die Fähigkeit, sich tatsächlich an der Haushaltsführung zu beteiligen, fehlt bei Personen, bei denen mindestens ein Schweregrad der Pflegebedürftigkeit im Sinne des § 14 SGB XI (Pflegestufe I, II oder III) besteht oder die blind sind.

Die Fähigkeit, sich finanziell an der Haushaltsführung zu beteiligen, fehlt bei Personen, die kein oder nur geringes Vermögen im Sinne des § 33a Abs. 1 Satz 3 EStG***) besitzen und deren Einkünfte und Bezüge im Sinne des § 32 Abs. 4 Satz 2 bis 4 EStG****) den dort genannten Betrag nicht übersteigen.

Der Nachweis des gesundheitlichen Merkmals „blind" richtet sich nach § 65 EStDV.

Der Nachweis über den Schweregrad der Pflegebedürftigkeit im Sinne des § 14 SGB XI ist durch Vorlage des Leistungsbescheides des Sozialhilfeträgers bzw. des privaten Pflegeversicherungsunternehmens zu führen.

Bei rückwirkender Feststellung des Merkmals „blind" oder der Pflegebedürftigkeit sind ggf. bestandskräftige Steuerfestsetzungen auch hinsichtlich des Entlastungsbetrages nach § 24b EStG zu ändern.

b) Widerlegbarkeit der Vermutung

Der Steuerpflichtige kann die Vermutung der Haushaltsgemeinschaft bei Meldung der anderen volljährigen Person in seiner Wohnung widerlegen, wenn er glaubhaft darlegt, dass eine Haushaltsgemeinschaft mit der anderen Person nicht vorliegt.

c) Unwiderlegbarkeit der Vermutung

Bei nichtehelichen, aber eheähnlichen Gemeinschaften und eingetragenen Lebenspartnerschaften**) scheidet wegen des Verbots einer Schlechterstellung von Ehegatten (vgl. BVerfG-Beschluss vom 10. November 1998, BStBl. 1999 II S. 182) die Widerlegbarkeit aus.

Eheähnliche Gemeinschaften – im Sinne einer auf Dauer angelegten Verantwortungs- und Einstehensgemeinschaft – können anhand folgender, aus dem Sozialhilferecht abgeleiteter Indizien festgestellt werden:
– Dauer des Zusammenlebens (z. B. von länger als einem Jahr),
– Versorgung gemeinsamer Kinder im selben Haushalt,
– Versorgung anderer Angehöriger im selben Haushalt,
– der Mietvertrag ist von beiden Partnern unterschrieben und auf Dauer angelegt,
– gemeinsame Kontoführung,

---

*) Ein gemeinsames Wirtschaften kann sowohl darin bestehen, dass die andere volljährige Person zu den Kosten des gemeinsamen Haushalts beiträgt, als auch in einer Entlastung durch tatsächliche Hilfe und Zusammenarbeit. Auf den Umfang der Hilfe oder des Anteils an den im Haushalt anfallenden Arbeiten kommt es grundsätzlich nicht an (>BFH vom 28.6.2012 – BStBl. II S. 815).

**) Jetzt lebenspartnerschaftsähnliche Gemeinschaft, weil das Splitting-Verfahren auch bei eingetragenen Lebenspartnerschaften anzuwenden ist (> § 2 Abs. 8 EStG).

***) Jetzt § 33a Abs. 1 Satz 4 EStG.

****) Seit dem Veranlagungszeitraum 2012 enthält § 32 Abs. 4 EStG keine Einkünfte- und Bezügegrenzen mehr. Maßgebende Einkünfte- und Bezügegrenze ist nunmehr der Höchstbetrag nach § 33a Abs. 1 Satz 1 EStG.

- andere Verfügungsbefugnisse über Einkommen und Vermögen des Partners oder
- andere gemeinsame Verträge, z. B. über Unterhaltspflichten.

Beantragt ein Steuerpflichtiger den Abzug von Unterhaltsleistungen an den Lebenspartner als außergewöhnliche Belastungen nach § 33a Abs. 1 EStG, ist i. d. R. vom Vorliegen einer eheähnlichen Gemeinschaft auszugehen.

III. Veranlagung

§ 25 EStG
Veranlagungszeitraum, Steuererklärungspflicht

(1) Die Einkommensteuer wird nach Ablauf des Kalenderjahres (Veranlagungszeitraum) nach dem Einkommen veranlagt, das der Steuerpflichtige in diesem Veranlagungszeitraum bezogen hat, soweit nicht nach § 43 Absatz 5 und § 46 eine Veranlagung unterbleibt.

(2) – weggefallen –

(3) ¹Die steuerpflichtige Person hat für den Veranlagungszeitraum eine eigenhändig unterschriebene Einkommensteuererklärung abzugeben. ²Wählen Ehegatten die Zusammenveranlagung (§ 26b), haben sie eine gemeinsame Steuererklärung abzugeben, die von beiden eigenhändig zu unterschreiben ist.

(4) ¹Die Erklärung nach Absatz 3 ist nach amtlich vorgeschriebenem Datensatz durch Datenfernübertragung zu übermitteln, wenn Einkünfte nach § 2 Absatz 1 Satz 1 Nummer 1 bis 3 erzielt werden und es sich nicht um einen der Veranlagungsfälle gemäß § 46 Absatz 2 Nummer 2 bis 8 handelt. ²Auf Antrag kann die Finanzbehörde zur Vermeidung unbilliger Härten auf eine Übermittlung durch Datenfernübertragung verzichten.

§ 26 EStG
Veranlagung von Ehegatten

(1) ¹Ehegatten können zwischen der Einzelveranlagung (§ 26a) und der Zusammenveranlagung (§ 26b) wählen, wenn
1. beide unbeschränkt einkommensteuerpflichtig im Sinne des § 1 Absatz 1 oder 2 oder des § 1a sind,
2. sie nicht dauernd getrennt leben und
3. bei ihnen die Voraussetzungen aus den Nummern 1 und 2 zu Beginn des Veranlagungszeitraums vorgelegen haben oder im Laufe des Veranlagungszeitraums eingetreten sind.

²Hat ein Ehegatte in dem Veranlagungszeitraum, in dem seine zuvor bestehende Ehe aufgelöst worden ist, eine neue Ehe geschlossen und liegen bei ihm und dem neuen Ehegatten die Voraussetzungen des Satzes 1 vor, bleibt die zuvor bestehende Ehe für die Anwendung des Satzes 1 unberücksichtigt.

(2) ¹Ehegatten werden einzeln veranlagt, wenn einer der Ehegatten die Einzelveranlagung wählt. ²Ehegatten werden zusammen veranlagt, wenn beide Ehegatten die Zusammenveranlagung wählen. ³Die Wahl wird für den betreffenden Veranlagungszeitraum durch Angabe in der Steuererklärung getroffen. ⁴Die Wahl der Veranlagungsart innerhalb eines Veranlagungszeitraums kann nach Eintritt der Unanfechtbarkeit des Steuerbescheids nur noch geändert werden, wenn
1. ein Steuerbescheid, der die Ehegatten betrifft, aufgehoben, geändert oder berichtigt wird und
2. die Änderung der Wahl der Veranlagungsart der zuständigen Finanzbehörde bis zum Eintritt der Unanfechtbarkeit des Änderungs- oder Berichtigungsbescheids schriftlich oder elektronisch mitgeteilt oder zur Niederschrift erklärt worden ist und
3. der Unterschiedsbetrag aus der Differenz der festgesetzten Einkommensteuer entsprechend der bisher gewählten Veranlagungsart und der festzusetzenden Einkommensteuer, die sich bei einer geänderten Ausübung der Wahl der Veranlagungsarten ergeben würde, positiv ist. ²Die Einkommensteuer der einzeln veranlagten Ehegatten ist hierbei zusammenzurechnen.

(3) Wird von dem Wahlrecht nach Absatz 2 nicht oder nicht wirksam Gebrauch gemacht, so ist eine Zusammenveranlagung durchzuführen.

§ 26a EStG
Einzelveranlagung von Ehegatten

(1) ¹Bei der Einzelveranlagung von Ehegatten sind jedem Ehegatten die von ihm bezogene Einkünfte zuzurechnen. ²Einkünfte eines Ehegatten sind nicht allein deshalb zum Teil dem anderen Ehegatten zuzurechnen, weil dieser bei der Erzielung der Einkünfte mitgewirkt hat.

(2) ¹Sonderausgaben, außergewöhnliche Belastungen und die Steuerermäßigung nach § 35a werden demjenigen Ehegatten zugerechnet, der die Aufwendungen wirtschaftlich getragen hat. ²Auf übereinstimmenden Antrag der Ehegatten werden sie jeweils zur Hälfte abgezogen. ³Der Antrag des Ehegatten, der die Aufwendungen wirtschaftlich getragen hat, ist in begründeten Einzelfällen ausreichend. ⁴§ 26 Absatz 2 Satz 3 gilt entsprechend.

(3) Die Anwendung des § 10d für den Fall des Übergangs von der Einzelveranlagung zur Zusammenveranlagung und von der Zusammenveranlagung zur Einzelveranlagung zwischen zwei Veranlagungszeiträumen, wenn bei beiden Ehegatten nicht ausgeglichene Verluste vorliegen, wird durch Rechtsverordnung der Bundesregierung mit Zustimmung des Bundesrates geregelt.

§ 26b EStG
Zusammenveranlagung von Ehegatten

Bei der Zusammenveranlagung von Ehegatten werden die Einkünfte, die die Ehegatten erzielt haben, zusammengerechnet, den Ehegatten gemeinsam zugerechnet und, soweit nichts anderes vorgeschrieben ist, die Ehegatten sodann gemeinsam als Steuerpflichtiger behandelt.

IV. Tarif

§ 31 EStG
Familienleistungsausgleich

¹Die steuerliche Freistellung eines Einkommensbetrags in Höhe des Existenzminimums eines Kindes einschließlich der Bedarfe für Betreuung und Erziehung oder Ausbildung wird im gesamten Veranlagungszeitraum entweder durch die Freibeträge nach § 32 Absatz 6 oder durch Kindergeld nach Abschnitt X bewirkt. ²Soweit das Kindergeld dafür nicht erforderlich ist, dient es der Förderung der Familie. ³Im laufenden Kalenderjahr wird Kindergeld als Steuervergütung monatlich gezahlt. ⁴Bewirkt der Anspruch auf Kindergeld für den gesamten Veranlagungszeitraum die nach Satz 1 gebotene steuerliche Freistellung nicht vollständig und werden deshalb bei der Veranlagung zur Einkommensteuer die Freibeträge nach § 32 Absatz 6 vom Einkommen abgezogen, erhöht sich die unter Abzug dieser Freibeträge ermittelte tarifliche Einkommensteuer um den Anspruch auf Kindergeld für den gesamten Veranlagungszeitraum; bei nicht zusammenveranlagten Eltern

§ 32 EStG

wird der Kindergeldanspruch im Umfang des Kinderfreibetrags angesetzt. ⁵Satz 4 gilt entsprechend für mit dem Kindergeld vergleichbare Leistungen nach § 65. ⁶Besteht nach ausländischem Recht Anspruch auf Leistungen für Kinder, wird dieser insoweit nicht berücksichtigt, als er das inländische Kindergeld übersteigt.

§ 32 EStG
Kinder, Freibeträge für Kinder

(1) Kinder sind

1. im ersten Grad mit dem Steuerpflichtigen verwandte Kinder,
2. Pflegekinder (Personen, mit denen der Steuerpflichtige durch ein familienähnliches, auf längere Dauer berechnetes Band verbunden ist, sofern er sie nicht zu Erwerbszwecken in seinen Haushalt aufgenommen hat und das Obhuts- und Pflegeverhältnis zu den Eltern nicht mehr besteht).

(2) ¹Besteht bei einem angenommenen Kind das Kindschaftsverhältnis zu den leiblichen Eltern weiter, ist es vorrangig als angenommenes Kind zu berücksichtigen. ²Ist ein im ersten Grad mit dem Steuerpflichtigen verwandtes Kind zugleich ein Pflegekind, ist es vorrangig als Pflegekind zu berücksichtigen.

(3) Ein Kind wird in dem Kalendermonat, in dem es lebend geboren wurde, und in jedem folgenden Kalendermonat, zu dessen Beginn es das 18. Lebensjahr noch nicht vollendet hat, berücksichtigt.

(4) ¹Ein Kind, das das 18. Lebensjahr vollendet hat, wird berücksichtigt, wenn es

1. noch nicht das 21. Lebensjahr vollendet hat, nicht in einem Beschäftigungsverhältnis steht und bei einer Agentur für Arbeit im Inland als Arbeitsuchender gemeldet ist oder
2. noch nicht das 25. Lebensjahr vollendet hat und
   a) für einen Beruf ausgebildet wird oder
   b) sich in einer Übergangszeit von höchstens vier Monaten befindet, die zwischen zwei Ausbildungsabschnitten oder zwischen einem Ausbildungsabschnitt und der Ableistung des gesetzlichen Wehr- oder Zivildienstes, einer vom Wehr- oder Zivildienst befreienden Tätigkeit als Entwicklungshelfer oder als Dienstleistender im Ausland nach § 14b des Zivildienstgesetzes oder der Ableistung des freiwilligen Wehrdienstes nach § 58b des Soldatengesetzes oder der Ableistung eines freiwilligen Dienstes im Sinne des Buchstaben d liegt, oder
   c) eine Berufsausbildung mangels Ausbildungsplatzes nicht beginnen oder fortsetzen kann oder
   d) ein freiwilliges soziales Jahr oder ein freiwilliges ökologisches Jahr im Sinne des Jugendfreiwilligendienstegesetzes oder einen Freiwilligendienst im Sinne der Verordnung (EU) Nr. 1288/2013 des Europäischen Parlaments und des Rates vom 11. Dezember 2013 zur Einführung von „Erasmus+", dem Programm der Union für allgemeine und berufliche Bildung, Jugend und Sport, und zur Aufhebung der Beschlüsse Nr. 1719/2006/EG, Nr. 1720/2006/EG und Nr. 1298/2008/EG (ABl. L 347 vom 20.12.2013, S. 50) oder einen anderen Dienst im Ausland im Sinne von § 5 des Bundesfreiwilligendienstgesetzes oder einen entwicklungspolitischen Freiwilligendienst „weltwärts" im Sinne der Richtlinie des Bundesministeriums für wirtschaftliche Zusammenarbeit und Entwicklung vom 1. August 2007 (BAnz. 2008 S. 1297) oder einen Freiwilligendienst aller Generationen im Sinne von § 2 Absatz 1a des Siebten Buches Sozialgesetzbuch oder einen Internationalen Jugendfreiwilligendienst im Sinne der Richtlinie des Bundesministeriums für Familie, Senioren, Frauen und Jugend vom 20. Dezember 2010 (GMBl. S. 1778) oder einen Bundesfreiwilligendienst im Sinne des Bundesfreiwilligendienstgesetzes leistet oder
3. wegen körperlicher, geistiger oder seelischer Behinderung außerstande ist, sich selbst zu unterhalten; Voraussetzung ist, dass die Behinderung vor Vollendung des 25. Lebensjahres eingetreten ist.

²Nach Abschluss einer erstmaligen Berufsausbildung oder eines Erststudiums wird ein Kind in den Fällen des Satzes 1 Nummer 2 nur berücksichtigt, wenn das Kind keiner Erwerbstätigkeit nachgeht. ³Eine Erwerbstätigkeit mit bis zu 20 Stunden regelmäßiger wöchentlicher Arbeitszeit, ein Ausbildungsdienstverhältnis oder ein geringfügiges Beschäftigungsverhältnis im Sinne der §§ 8 und 8a des Vierten Buches Sozialgesetzbuch sind unschädlich.

(5) ¹In den Fällen des Absatzes 4 Satz 1 Nummer 1 oder Nummer 2 Buchstabe a und b wird ein Kind, das

1. den gesetzlichen Grundwehrdienst oder Zivildienst geleistet hat, oder
2. sich an Stelle des gesetzlichen Grundwehrdienstes freiwillig für die Dauer von nicht mehr als drei Jahren zum Wehrdienst verpflichtet hat, oder
3. eine vom gesetzlichen Grundwehrdienst oder Zivildienst befreiende Tätigkeit als Entwicklungshelfer im Sinne des § 1 Absatz 1 des Entwicklungshelfer-Gesetzes ausgeübt hat,

für einen der Dauer dieser Dienste oder der Tätigkeit entsprechenden Zeitraum, höchstens für die Dauer des inländischen gesetzlichen Grundwehrdienstes oder bei anerkannten Kriegsdienstverweigerern für die Dauer des inländischen gesetzlichen Zivildienstes über das 21. oder 25. Lebensjahr hinaus berücksichtigt. ²Wird der gesetzliche Grundwehrdienst oder Zivildienst in einem Mitgliedstaat der Europäischen Union oder einem Staat, auf den das Abkommen über den Europäischen Wirtschaftsraum Anwendung findet, geleistet, so ist die Dauer dieses Dienstes maßgebend. ³Absatz 4 Satz 2 und 3 gilt entsprechend.*)

(6) ¹Bei der Veranlagung zur Einkommensteuer wird für jedes zu berücksichtigende Kind des Steuerpflichtigen ein Freibetrag von 2 184 Euro für das sächliche Existenzminimum des Kindes (Kinderfreibetrag) sowie ein Freibetrag von 1 320 Euro für den Betreuungs- und Erziehungs- oder Ausbildungsbedarf des Kindes vom Einkommen abgezogen. ²Bei Ehegatten, die nach den §§ 26, 26b zusammen zur Einkommensteuer veranlagt werden, verdoppeln sich die Beträge nach Satz 1, wenn das Kind zu beiden Ehegatten in einem Kindschaftsverhältnis steht. ³Die Beträge nach Satz 2 stehen dem Steuerpflichtigen auch dann zu, wenn

1. der andere Elternteil verstorben oder nicht unbeschränkt einkommensteuerpflichtig ist oder
2. der Steuerpflichtige allein das Kind angenommen hat oder das Kind nur zu ihm in einem Pflegekindschaftsverhältnis steht.

⁴Für ein nicht nach § 1 Absatz 1 oder 2 unbeschränkt einkommensteuerpflichtiges Kind können die Beträge nach den Sätzen 1 bis 3 nur abgezogen werden, soweit sie nach den Verhältnissen seines Wohnsitzstaates notwendig und angemessen sind. ⁵Für jeden Kalendermonat, in dem die Voraussetzungen für einen Freibetrag nach den Sätzen 1 bis 4 nicht vorliegen, ermäßigen sich die dort genannten Beträge um ein Zwölftel. ⁶Abweichend von Satz 1 wird bei einem unbeschränkt einkommensteuerpflichtigen Elternpaar, bei dem die Voraussetzungen des § 26 Absatz 1 Satz 1 nicht vorliegen, auf Antrag eines Elternteils der dem anderen Elternteil zustehende Kinderfreibetrag auf ihn übertragen, wenn er, nicht jedoch der andere Elternteil seiner Unterhaltspflicht gegenüber dem Kind für das Kalenderjahr im Wesentlichen nachkommt oder der andere Elternteil mangels Leistungsfähigkeit nicht unterhaltspflichtig ist. ⁷Eine Übertragung nach Satz 6 scheidet für Zeiträume aus, für die Unterhaltsleistungen nach dem Unterhaltsvorschussgesetz gezahlt werden. ⁸Bei minderjährigen Kindern wird der dem Elternteil, in dessen Wohnung das Kind nicht gemeldet ist, zustehende Freibetrag für den Betreuungs- und Erziehungs- oder Ausbildungsbedarf auf Antrag des anderen Elternteils auf diesen übertragen, wenn bei dem Elternpaar die Voraussetzungen des § 26 Absatz 1 Satz 1 nicht vorliegen.

---
*) Anm. d. Verlages:
§ 32 Abs. 5 EStG ist nur noch anzuwenden, wenn das Kind den Dienst oder die Tätigkeit vor dem 1.7.2011 angetreten hat (§ 52 Abs. 32 Satz 2 EStG).

⁹Eine Übertragung nach Satz 8 scheidet aus, wenn der Übertragung widersprochen wird, weil der Elternteil, bei dem das Kind nicht gemeldet ist, Kinderbetreuungskosten trägt oder das Kind regelmäßig in einem nicht unwesentlichen Umfang betreut. ¹⁰Die den Eltern nach den Sätzen 1 bis 9 zustehenden Freibeträge können auf Antrag auch auf einen Stiefelternteil oder Großelternteil übertragen werden, wenn dieser das Kind in seinen Haushalt aufgenommen hat oder dieser einer Unterhaltspflicht gegenüber dem Kind unterliegt. ¹¹Die Übertragung nach Satz 10 kann auch mit Zustimmung des berechtigten Elternteils erfolgen, die nur für künftige Kalenderjahre widerrufen werden kann.

R 32
Berücksichtigung von Kindern
– unbesetzt –

H 32
Hinweise zu R 32
Berücksichtigung von Kindern
>R 32 EStR, H 32 EStH

§ 32a EStG
Einkommensteuertarif

(1) ¹Die tarifliche Einkommensteuer in den Veranlagungszeiträumen ab 2014 bemisst sich nach dem zu versteuernden Einkommen. ²Sie beträgt vorbehaltlich der §§ 32b, 32d, 34, 34a, 34b und 34c jeweils in Euro für zu versteuernde Einkommen

1. bis 8 354 Euro (Grundfreibetrag):
   0;
2. von 8 355 Euro bis 13 469 Euro:
   $(974{,}58 \cdot y + 1\,400) \cdot y$;
3. von 13 470 Euro bis 52 881 Euro:
   $(228{,}74 \cdot z + 2\,397) \cdot z + 971$;
4. von 52 882 Euro bis 250 730 Euro:
   $0{,}42 \cdot x - 8\,239$;
5. von 250 731 Euro an:
   $0{,}45 \cdot x - 15\,761$.

³„y" ist ein Zehntausendstel des den Grundfreibetrag übersteigenden Teils des auf einen vollen Euro-Betrag abgerundeten zu versteuernden Einkommens. ⁴„z" ist ein Zehntausendstel des 13 469 Euro übersteigenden Teils des auf einen vollen Euro-Betrag abgerundeten zu versteuernden Einkommens. ⁵„x" ist das auf einen vollen Euro-Betrag abgerundete zu versteuernde Einkommen. ⁶Der sich ergebende Steuerbetrag ist auf den nächsten vollen Euro-Betrag abzurunden.

(2) bis (4) – weggefallen –

(5) Bei Ehegatten, die nach den §§ 26, 26b zusammen zur Einkommensteuer veranlagt werden, beträgt die tarifliche Einkommensteuer vorbehaltlich der §§ 32b, 32d, 34, 34a, 34b und 34c das Zweifache des Steuerbetrags, der sich für die Hälfte ihres gemeinsam zu versteuernden Einkommens nach Absatz 1 ergibt (Splitting-Verfahren).

(6) ¹Das Verfahren nach Absatz 5 ist auch anzuwenden zur Berechnung der tariflichen Einkommensteuer für das zu versteuernde Einkommen

1. bei einem verwitweten Steuerpflichtigen für den Veranlagungszeitraum, der dem Kalenderjahr folgt, in dem der Ehegatte verstorben ist, wenn der Steuerpflichtige und sein verstorbener Ehegatte im Zeitpunkt seines Todes die Voraussetzungen des § 26 Absatz 1 Satz 1 erfüllt haben,
2. bei einem Steuerpflichtigen, dessen Ehe in dem Kalenderjahr, in dem er sein Einkommen bezogen hat, aufgelöst worden ist, wenn in diesem Kalenderjahr

   a) der Steuerpflichtige und sein bisheriger Ehegatte die Voraussetzungen des § 26 Absatz 1 Satz 1 erfüllt haben,
   b) der bisherige Ehegatte wieder geheiratet hat und
   c) der bisherige Ehegatte und dessen neuer Ehegatte ebenfalls die Voraussetzungen des § 26 Absatz 1 Satz 1 erfüllen.

²Voraussetzung für die Anwendung des Satzes 1 ist, dass der Steuerpflichtige nicht nach den §§ 26, 26a einzeln zur Einkommensteuer veranlagt wird.

§ 32b EStG
Progressionsvorbehalt

(1) ¹Hat ein zeitweise oder während des gesamten Veranlagungszeitraums unbeschränkt Steuerpflichtiger oder ein beschränkt Steuerpflichtiger, auf den § 50 Absatz 2 Satz 2 Nummer 4 Anwendung findet,

1. a) Arbeitslosengeld, Teilarbeitslosengeld, Zuschüsse zum Arbeitsentgelt, Kurzarbeitergeld, Insolvenzgeld, Übergangsgeld nach dem Dritten Buch Sozialgesetzbuch; Insolvenzgeld, das nach § 170 Absatz 1 des Dritten Buches Sozialgesetzbuch einem Dritten zusteht, ist dem Arbeitnehmer zuzurechnen,
   b) Krankengeld, Mutterschaftsgeld, Verletztengeld, Übergangsgeld oder vergleichbare Lohnersatzleistungen nach dem Fünften, Sechsten oder Siebten Buch Sozialgesetzbuch, der Reichsversicherungsordnung, dem Gesetz über die Krankenversicherung der Landwirte oder dem Zweiten Gesetz über die Krankenversicherung der Landwirte,
   c) Mutterschaftsgeld, Zuschuss zum Mutterschaftsgeld, die Sonderunterstützung nach dem Mutterschutzgesetz sowie den Zuschuss bei Beschäftigungsverboten für die Zeit vor oder nach einer Entbindung sowie für den Entbindungstag während einer Elternzeit nach beamtenrechtlichen Vorschriften,
   d) Arbeitslosenbeihilfe nach dem Soldatenversorgungsgesetz,
   e) Entschädigungen für Verdienstausfall nach dem Infektionsschutzgesetz vom 20. Juli 2000 (BGBl. I S. 1045),
   f) Versorgungskrankengeld oder Übergangsgeld nach dem Bundesversorgungsgesetz,
   g) nach § 3 Nummer 28 steuerfreie Aufstockungsbeträge oder Zuschläge,
   h) Verdienstausfallentschädigung nach dem Unterhaltssicherungsgesetz,
   i) – weggefallen –
   j) Elterngeld nach dem Bundeselterngeld- und Elternzeitgesetz,
   k) nach § 3 Nummer 2 Buchstabe e steuerfreie Leistungen, wenn vergleichbare Leistungen inländischer öffentlicher Kassen nach den Buchstaben a bis j dem Progressionsvorbehalt unterfallen, oder
2. ausländische Einkünfte, die im Veranlagungszeitraum nicht der deutschen Einkommensteuer unterlegen haben; dies gilt nur für Fälle der zeitweisen unbeschränkten Steuerpflicht einschließlich der in § 2 Absatz 7 Satz 3 geregelten Fälle; ausgenommen sind Einkünfte, die nach einem sonstigen zwischenstaatlichen Übereinkommen im Sinne der Nummer 4 steuerfrei sind und die nach diesem Übereinkommen nicht unter den Vorbehalt der Einbeziehung bei der Berechnung der Einkommensteuer stehen,
3. Einkünfte, die nach einem Abkommen zur Vermeidung der Doppelbesteuerung steuerfrei sind,
4. Einkünfte, die nach einem sonstigen zwischenstaatlichen Übereinkommen unter dem Vorbehalt der Einbeziehung bei der Berechnung der Einkommensteuer steuerfrei sind,
5. Einkünfte, die bei Anwendung von § 1 Absatz 3 oder § 1a oder § 50 Absatz 2 Satz 2 Nummer 4 im Veranlagungszeit-

§ 32b EStG
R 32b

raum bei der Ermittlung des zu versteuernden Einkommens unberücksichtigt bleiben, weil sie nicht der deutschen Einkommensteuer oder einem Steuerabzug unterliegen; ausgenommen sind Einkünfte, die nach einem sonstigen zwischenstaatlichen Übereinkommen im Sinne der Nummer 4 steuerfrei sind und die nach diesem Übereinkommen nicht unter den Vorbehalt der Einbeziehung bei der Berechnung der Einkommensteuer stehen,

bezogen, so ist auf das nach § 32a Absatz 1 zu versteuernde Einkommen ein besonderer Steuersatz anzuwenden. ²Satz 1 Nummer 3 gilt nicht für Einkünfte

1. aus einer anderen als in einem Drittstaat belegenden land- und forstwirtschaftlichen Betriebsstätte,
2. aus einer anderen als in einem Drittstaat belegen gewerblichen Betriebsstätte, die nicht die Voraussetzungen des § 2a Absatz 2 Satz 1 erfüllt,
3. aus der Vermietung oder der Verpachtung von unbeweglichem Vermögen oder von Sachinbegriffen, wenn diese in einem anderen Staat als in einem Drittstaat belegen sind oder
4. aus der entgeltlichen Überlassung von Schiffen, sofern diese ausschließlich oder fast ausschließlich in einem anderen als einem Drittstaat eingesetzt worden sind, es sei denn, es handelt sich um Handelsschiffe, die
    a) von einem Vercharterer ausgerüstet überlassen, oder
    b) an in einem anderen als in einem Drittstaat ansässige Ausrüster, die die Voraussetzungen des § 510 Absatz 1 des Handelsgesetzbuchs erfüllen, überlassen, oder
    c) insgesamt nur vorübergehend an in einem Drittstaat ansässige Ausrüster, die die Voraussetzungen des § 510 Absatz 1 des Handelsgesetzbuchs erfüllen, überlassen worden sind, oder
5. aus dem Ansatz des niedrigeren Teilwerts oder der Übertragung eines zu einem Betriebsvermögen gehörenden Wirtschaftsguts im Sinne der Nummern 3 und 4.

³§ 2a Absatz 2a und § 15b sind sinngemäß anzuwenden.

(1a) Als unmittelbar von einem unbeschränkt Steuerpflichtigen bezogene ausländische Einkünfte im Sinne des Absatzes 1 Nummer 3 gelten auch die ausländischen Einkünfte, die eine Organgesellschaft im Sinne des § 14 oder des § 17 des Körperschaftsteuergesetzes bezogen hat und die nach einem Abkommen zur Vermeidung der Doppelbesteuerung steuerfrei sind, in dem Verhältnis, in dem dem unbeschränkt Steuerpflichtigen das Einkommen der Organgesellschaft bezogen auf das gesamte Einkommen der Organgesellschaft im Veranlagungszeitraum zugerechnet wird.

(2) Der besondere Steuersatz nach Absatz 1 ist der Steuersatz, der sich ergibt, wenn bei der Berechnung der Einkommensteuer das nach § 32a Absatz 1 zu versteuernde Einkommen vermehrt oder vermindert wird um

1. im Fall des Absatzes 1 Nummer 1 die Summe der Leistungen nach Abzug des Arbeitnehmer-Pauschbetrags (§ 9a Satz 1 Nummer 1), soweit er nicht bei der Ermittlung der Einkünfte aus nichtselbständiger Arbeit abziehbar ist;
2. im Fall des Absatzes 1 Nummer 2 bis 5 die dort bezeichneten Einkünfte, wobei die darin enthaltenen außerordentlichen Einkünfte mit einem Fünftel zu berücksichtigen sind.
²Bei der Ermittlung der Einkünfte im Fall des Absatzes 1 Nummer 2 bis 5
    a) ist der Arbeitnehmer-Pauschbetrag (§ 9a Satz 1 Nummer 1 Buchstabe a) abzuziehen, soweit er nicht bei der Ermittlung der Einkünfte aus nichtselbständiger Arbeit abziehbar ist;
    b) sind Werbungskosten nur insoweit abzuziehen, als sie zusammen mit den bei der Ermittlung der Einkünfte aus nichtselbständiger Arbeit abziehbaren Werbungskosten den Arbeitnehmer-Pauschbetrag (§ 9a Satz 1 Nummer 1 Buchstabe a) übersteigen;
    c) sind bei Gewinnermittlung nach § 4 Absatz 3 die Anschaffungs- oder Herstellungskosten für Wirtschaftsgüter des Umlaufvermögens im Zeitpunkt des Zuflusses des Veräußerungserlöses oder bei Entnahme im Zeitpunkt der Entnahme als Betriebsausgaben zu berücksichtigen. ²§ 4 Absatz 3 Satz 5 gilt entsprechend.

(3) ¹Die Träger der Sozialleistungen im Sinne des Absatzes 1 Nummer 1 haben die Daten über die im Kalenderjahr gewährten Leistungen sowie die Dauer des Leistungszeitraums für jeden Empfänger bis zum 28. Februar des Folgejahres nach amtlich vorgeschriebenem Datensatz durch amtlich bestimmte Datenfernübertragung zu übermitteln, soweit die Leistungen nicht auf der Lohnsteuerbescheinigung (§ 41b Absatz 1 Satz 2 Nummer 5) auszuweisen sind; § 41b Absatz 2 und § 22a Absatz 2 gelten entsprechend. ²Der Empfänger der Leistungen ist entsprechend zu informieren und auf die steuerliche Behandlung dieser Leistungen und seine Steuererklärungspflicht hinzuweisen. ³In den Fällen des § 170 Absatz 1 des Dritten Buches Sozialgesetzbuch ist Empfänger des an Dritte ausgezahlten Insolvenzgeldes der Arbeitnehmer, der seinen Arbeitsentgeltanspruch übertragen hat.

R 32b
Anwendung des Progressionsvorbehalts auf Lohn- und Einkommensersatzleistungen

– unbesetzt –

H 32b
Hinweise zu R 32b

Progressionsvorhalt

>R 32b EStR, H 32b EStH

Anlage 1
zu H 32b

Elektronische Übermittlung der dem Progressionsvorbehalt unterliegenden Leistungen an die Finanzverwaltung

BMF-Schreiben vom 22.2.2011 (BStBl. I S. 214)

Nach § 32b Absatz 3 EStG haben die Träger der Sozialleistungen im Sinne des § 32b Absatz 1 Nummer 1 EStG die Daten über die im Kalenderjahr gewährten Leistungen sowie die Dauer des Leistungszeitraums für jeden Empfänger bis zum 28. Februar des Folgejahres nach amtlich vorgeschriebenem Datensatz durch amtlich bestimmte Datenfernübertragung zu übermitteln, soweit die Leistungen nicht auf der Lohnsteuerbescheinigung (§ 41b Absatz 1 Satz 2 Nummer 5 EStG) auszuweisen sind; § 41b Absatz 2 EStG und § 22a Absatz 2 EStG gelten entsprechend. Das Bundesministerium der Finanzen kann nach § 52 Absatz 43a Satz 4 EStG abweichend von § 32b Absatz 3 EStG den Zeitpunkt der erstmaligen Übermittlung der Mitteilungen durch ein im Bundessteuerblatt zu veröffentlichendes Schreiben mitteilen.

Im Einvernehmen mit den obersten Finanzbehörden der Länder gebe ich bekannt, dass erstmalig für die im Kalenderjahr 2011 gewährten Leistungen die Mitteilungen bis zum 28. Februar 2012 zu übermitteln sind.

Davon abweichend übermittelt die Bundesagentur für Arbeit (BA) die von ihr ausgezahlten Leistungen bereits erstmalig zum 28. Februar 2011 für die Kalenderjahre 2009 (Insolvenzgeld und Arbeitslosengeld) und 2010 (alle von der BA erbrachten Arten von Lohnersatzleistungen) im Rahmen eines vorgezogenen Verfahrensbeginns für diesen Leistungsträger (Pilotierung).

Der für die Übersendung der Mitteilung erforderliche amtlich vorgeschriebene Datensatz ist auf den Elster-Internetseiten (http://www.elster.de) nach erfolgter Registrierung im Entwicklerbereich abrufbar.

Zur Weiterleitung der Mitteilungen ist die Angabe des steuerlichen Identifikationsmerkmals (IdNr.) des Leistungsempfängers erforderlich. Für die erstmalige Übermittlung der Daten für 2011 kann von den Mitteilungspflichtigen ab 1. Oktober 2011 die IdNr. beim Bundeszentralamt für Steuern (BZSt) abgefragt werden (§ 52 Absatz 43a Satz 6 EStG). Für Leistungszeiträume ab 1. Januar

2012 hat der Leistungsempfänger den Sozialleistungsträgern auf Aufforderung seine IdNr. mitzuteilen. Verläuft die Anfrage erfolglos, kann die IdNr. nach § 22a Absatz 2 EStG beim BZSt abgefragt werden. Dieses Verfahren steht ab 1. Januar 2012 zur Verfügung (BMF-Schreiben vom 15. Dezember 2010, BStBl I, Seite 1499).
Die Ausnahmeregelung für die Bundesagentur für Arbeit bleibt bis dahin bestehen.

Anlage 2
zu H 32b

Progressionsvorbehalt: Verrechnung von Sozialleistungen

BMF-Schreiben vom 16.7.2013 (BStBl. I S. 922)

Im Einvernehmen mit den obersten Finanzbehörden der Länder gilt im Hinblick auf die Meldung von dem Progressionsvorbehalt unterliegenden Leistungen nach § 32b Absatz 3 EStG in Fällen der rückwirkenden Verrechnung zwischen Trägern der Sozialleistungen Folgendes:

Hat ein Leistungsträger (LT 1) Sozialleistungen erbracht und ist der Anspruch auf diese wegen der rückwirkenden Zubilligung einer anderen Sozialleistung nachträglich ganz oder teilweise entfallen, ist der für die andere Leistung zuständige Leistungsträger (LT 2) grundsätzlich erstattungspflichtig (vgl. § 102 ff. Zehntes Buch Sozialgesetzbuch). Es erfolgt insoweit regelmäßig kein Rückgriff beim Leistungsempfänger, sondern LT 2 erstattet LT 1 die an den Leistungsempfänger gezahlten Beträge. In diesen Fällen ist die ursprünglich von LT 1 gezahlte Sozialleistung in Höhe dieses Erstattungsanspruchs als Sozialleistung des LT 2 zu qualifizieren. Die von LT 2 gewährte Sozialleistung gilt in dieser Höhe im Zeitpunkt der Zahlung der ursprünglichen Leistung als dem Leistungsempfänger zugeflossen (vgl. BFH-Urteil vom 10. Juli 2002 – X R 46/01 –, BStBl II 2003 Seite 391).

LT 2 hat den Leistungsbetrag und LT 1 hat den Minderungsbetrag (Stornierungsbetrag) jeweils in seiner Mitteilung nach § 32b Absatz 3 Satz 1 EStG für das Jahr zu berücksichtigen, in dem die ursprüngliche Leistung dem Leistungsempfänger zugeflossen ist. Eine zuvor bereits übersandte Mitteilung ist nach amtlich vorgeschriebenem Datensatz durch amtlich bestimmte Datenfernübertragung zu korrigieren. Der Steuerpflichtige ist nach § 32b Absatz 3 Satz 2 EStG zu informieren.

Diese Regelungen gelten für die zur Meldung nach § 32b Absatz 3 EStG verpflichteten Sozialleistungsträger unabhängig davon, ob die andere Sozialleistung auch dem Progressionsvorbehalt unterliegt, die andere Leistung als steuerfreie Sozialleistung nicht dem Progressionsvorbehalt unterliegt oder die andere Sozialleistung als Rente zu besteuern ist (zur entsprechenden Rechtslage bei Renten: vgl. R 32b Absatz 4 EStR 2008*); BMF-Schreiben vom 13. September 2010, BStBl I Seite 681, Rz. 229).

Sofern einzelne Träger der Sozialleistungen diese Rechtslage bei bisher erfolgten elektronischen Meldungen nicht berücksichtigt haben und es ihnen aufgrund technischer Gegebenheiten nicht möglich sein sollte, die für zutreffende elektronische Meldungen erforderlichen Daten für die Jahre vor 2014 zu ermitteln, haben diese dem Steuerpflichtigen auf dessen Bitte hin Papierbescheinigungen mit den zutreffenden Beträgen auszustellen oder ihm Unterlagen zur Verfügung zu stellen, die es ihm ermöglichen, die korrekten Beträge zu ermitteln. Spätestens für das Jahr 2014 haben die Träger der Sozialleistungen korrekte elektronische Meldungen oder Korrekturmeldungen zu übermitteln.

§ 33 EStG
Außergewöhnliche Belastungen

(1) Erwachsen einem Steuerpflichtigen zwangsläufig größere Aufwendungen als der überwiegenden Mehrzahl der Steuerpflichtigen gleicher Einkommensverhältnisse, gleicher Vermögensverhältnisse und gleichen Familienstands (außergewöhnliche Belastung), so wird auf Antrag die Einkommensteuer dadurch ermäßigt, dass der Teil der Aufwendungen, der die dem Steuerpflichtigen zumutbare Belastung (Absatz 3) übersteigt, vom Gesamtbetrag der Einkünfte abgezogen wird.

(2) ¹Aufwendungen erwachsen dem Steuerpflichtigen zwangsläufig, wenn er sich ihnen aus rechtlichen, tatsächlichen oder sittlichen Gründen nicht entziehen kann und soweit die Aufwendungen den Umständen nach notwendig sind und einen angemessenen Betrag nicht übersteigen. ²Aufwendungen, die zu den Betriebsausgaben, Werbungskosten oder Sonderausgaben gehören, bleiben dabei außer Betracht; das gilt für Aufwendungen im Sinne des § 10 Absatz 1 Nummer 7 und 9 nur insoweit, als sie als Sonderausgaben abgezogen werden können. ³Aufwendungen, die durch Diätverpflegung entstehen, können nicht als außergewöhnliche Belastung berücksichtigt werden. ⁴Aufwendungen für die Führung eines Rechtsstreits (Prozesskosten) sind vom Abzug ausgeschlossen, es sei denn, es handelt sich um Aufwendungen ohne die der Steuerpflichtige Gefahr liefe, seine Existenzgrundlage zu verlieren und seine lebensnotwendigen Bedürfnisse in dem üblichen Rahmen nicht mehr befriedigen zu können.

(3) ¹Die zumutbare Belastung beträgt

bei einem Gesamtbetrag der Einkünfte	bis 15 340 EUR	über 15 340 EUR bis 51 130 EUR	über 51 130 EUR
1. bei Steuerpflichtigen, die keine Kinder haben und bei denen die Einkommensteuer			
a) nach § 32a Absatz 1,	5	6	7
b) nach § 32a Absatz 5 oder 6 (Splitting-Verfahren)	4	5	6
zu berechnen ist;			
2. bei Steuerpflichtigen mit			
a) einem Kind oder zwei Kindern,	2	3	4
b) drei oder mehr Kindern	1	1	2
Prozent des Gesamtbetrags der Einkünfte.			

²Als Kinder des Steuerpflichtigen zählen die, für die er Anspruch auf einen Freibetrag nach § 32 Absatz 6 oder auf Kindergeld hat.

(4) Die Bundesregierung wird ermächtigt, durch Rechtsverordnung mit Zustimmung des Bundesrates die Einzelheiten des Nachweises von Aufwendungen nach Absatz 1 zu bestimmen.

R 33
Außergewöhnliche Belastung allgemeiner Art
– unbesetzt –

H 33
Hinweise zu R 33
Außergewöhnliche Belastung allgemeiner Art

>R 33 EStR, H 33 EStH

---
*) Jetzt EStR 2012.

§ 33a EStG
R 33a

Anlage
zu H 33

§ 64 EStDV
Nachweis von Krankheitskosten*)

(1) Den Nachweis der Zwangsläufigkeit von Aufwendungen im Krankheitsfall hat der Steuerpflichtige zu erbringen:

1. durch eine Verordnung eines Arztes oder Heilpraktikers für Arznei-, Heil- und Hilfsmittel (§§ 2, 23, 31 bis 33 des Fünften Buches Sozialgesetzbuch);

2. durch ein amtsärztliches Gutachten oder eine ärztliche Bescheinigung eines Medizinischen Dienstes der Krankenversicherung (§ 275 des Fünften Buches Sozialgesetzbuch) für

   a) eine Bade- oder Heilkur; bei einer Vorsorgekur ist auch die Gefahr einer durch die Kur abzuwendenden Krankheit, bei einer Klimakur der medizinisch angezeigte Kurort und die voraussichtliche Kurdauer zu bescheinigen,

   b) eine psychotherapeutische Behandlung; die Fortführung einer Behandlung nach Ablauf der Bezuschussung durch die Krankenversicherung steht einem Behandlungsbeginn gleich,

   c) eine medizinisch erforderliche auswärtige Unterbringung eines an Legasthenie oder einer anderen Behinderung leidenden Kindes des Steuerpflichtigen,

   d) die Notwendigkeit der Betreuung des Steuerpflichtigen durch eine Begleitperson, sofern sich diese nicht bereits aus dem Nachweis der Behinderung nach § 65 Absatz 1 Nummer 1 ergibt,

   e) medizinische Hilfsmittel, die als allgemeine Gebrauchsgegenstände des täglichen Lebens im Sinne von § 33 Absatz 1 des Fünften Buches Sozialgesetzbuch anzusehen sind,

   f) wissenschaftlich nicht anerkannte Behandlungsmethoden, wie z. B. Frisch- und Trockenzellenbehandlungen, Sauerstoff-, Chelat- und Eigenbluttherapie.

   ²Der nach Satz 1 zu erbringende Nachweis muss vor Beginn der Heilmaßnahme oder dem Erwerb des medizinischen Hilfsmittels ausgestellt worden sein;

3. durch eine Bescheinigung des behandelnden Krankenhausarztes für Besuchsfahrten zu einem für längere Zeit in einem Krankenhaus liegenden Ehegatten oder Kind des Steuerpflichtigen, in dem bestätigt wird, dass der Besuch des Steuerpflichtigen zur Heilung oder Linderung einer Krankheit entscheidend beitragen kann.

(2) Die zuständigen Gesundheitsbehörden haben auf Verlangen des Steuerpflichtigen die für steuerliche Zwecke erforderlichen Gesundheitszeugnisse, Gutachten oder Bescheinigungen auszustellen.

§ 33a EStG
Außergewöhnliche Belastung in besonderen Fällen

(1) ¹Erwachsen einem Steuerpflichtigen Aufwendungen für den Unterhalt und eine etwaige Berufsausbildung einer dem Steuerpflichtigen oder seinem Ehegatten gegenüber gesetzlich unterhaltsberechtigten Person, so wird auf Antrag die Einkommensteuer dadurch ermäßigt, dass die Aufwendungen bis zu 8 354 Euro im Kalenderjahr vom Gesamtbetrag der Einkünfte abgezogen werden. ²Der Höchstbetrag nach Satz 1 erhöht sich um den Betrag der im jeweiligen Veranlagungszeitraum nach § 10 Absatz 1 Nummer 3 für die Absicherung der unterhaltsberechtigten Person aufgewandten Beiträge; dies gilt nicht für Kranken- und Pflegeversicherungsbeiträge, die bereits nach § 10 Absatz 1 Nummer 3 Satz 1 anzusetzen sind. ³Der gesetzlich unterhaltsberechtigten Person gleichgestellt ist eine Person, wenn bei ihr zum Unterhalt bestimmte inländische öffentliche Mittel mit Rücksicht auf die Unterhaltsleistungen des Steuerpflichtigen gekürzt werden. ⁴Voraussetzung ist, dass weder der Steuerpflichtige noch eine andere Person Anspruch auf einen Freibetrag nach § 32 Absatz 6 oder auf Kindergeld für die unterhaltene Person hat und die unterhaltene Person kein oder nur ein geringes Vermögen besitzt; ein angemessenes Hausgrundstück im Sinne von § 90 Absatz 2 Nummer 8 des Zwölften Buches Sozialgesetzbuch bleibt unberücksichtigt. ⁵Hat die unterhaltene Person andere Einkünfte oder Bezüge, so vermindert sich die Summe der nach Satz 1 und 2 ermittelten Beträge um den Betrag, um den diese Einkünfte und Bezüge den Betrag von 624 Euro im Kalenderjahr übersteigen, sowie um die von der unterhaltenen Person als Ausbildungshilfe aus öffentlichen Mitteln oder von Förderungseinrichtungen, die hierfür öffentliche Mittel erhalten, bezogenen Zuschüsse; zu den Bezügen gehören auch steuerfreie Gewinne nach den §§ 14, 16 Absatz 4, § 17 Absatz 3 und § 18 Absatz 3, die nach § 19 Absatz 2 steuerfrei bleibenden Einkünfte sowie Sonderabschreibungen und erhöhte Absetzungen, soweit sie die höchstmöglichen Absetzungen für Abnutzung nach § 7 übersteigen. ⁶Ist die unterhaltene Person nicht unbeschränkt einkommensteuerpflichtig, so können die Aufwendungen nur abgezogen werden, soweit sie nach den Verhältnissen des Wohnsitzstaates der unterhaltenen Person notwendig und angemessen sind, höchstens jedoch der Betrag, der sich nach den Sätzen 1 bis 5 ergibt; ob der Steuerpflichtige zum Unterhalt gesetzlich verpflichtet ist, ist nach inländischen Maßstäben zu beurteilen. ⁷Werden die Aufwendungen für eine unterhaltene Person von mehreren Steuerpflichtigen getragen, so wird bei jedem der Teil des sich hiernach ergebenden Betrags abgezogen, der seinem Anteil am Gesamtbetrag der Leistungen entspricht. ⁸Nicht auf Euro lautende Beträge sind entsprechend dem für Ende September des Jahres vor dem Veranlagungszeitraum von der Europäischen Zentralbank bekannt gegebenen Referenzkurs umzurechnen. ⁹Voraussetzung für den Abzug der Aufwendungen ist die Angabe der erteilten Identifikationsnummer (§ 139b der Abgabenordnung) der unterhaltenen Person in der Steuererklärung des Unterhaltsleistenden, wenn die unterhaltene Person der unbeschränkten oder beschränkten Steuerpflicht unterliegt. ¹⁰Die unterhaltene Person ist für diese Zwecke verpflichtet, dem Unterhaltsleistenden ihre erteilte Identifikationsnummer (§ 139b der Abgabenordnung) mitzuteilen. ¹¹Kommt die unterhaltene Person dieser Verpflichtung nicht nach, ist der Unterhaltsleistende berechtigt, bei der für ihn zuständigen Finanzbehörde die Identifikationsnummer der unterhaltenen Person zu erfragen.

(2) ¹Zur Abgeltung des Sonderbedarfs eines sich in Berufsausbildung befindenden, auswärtig untergebrachten, volljährigen Kindes, für das Anspruch auf einen Freibetrag nach § 32 Absatz 6 oder Kindergeld besteht, kann der Steuerpflichtige einen Freibetrag in Höhe von 924 Euro je Kalenderjahr vom Gesamtbetrag der Einkünfte abziehen. ²Für ein nicht unbeschränkt einkommensteuerpflichtiges Kind mindert sich der vorstehende Betrag nach Maßgabe des Absatzes 1 Satz 6. ³Erfüllen mehrere Steuerpflichtige für dasselbe Kind die Voraussetzungen nach Satz 1, so kann der Freibetrag insgesamt nur einmal abgezogen werden. ⁴Jedem Elternteil steht grundsätzlich die Hälfte des Abzugsbetrags nach den Sätzen 1 und 2 zu. ⁵Auf gemeinsamen Antrag der Eltern ist eine andere Aufteilung möglich.

(3) ¹Für jeden vollen Kalendermonat, in dem die in den Absätzen 1 und 2 bezeichneten Voraussetzungen nicht vorgelegen haben, ermäßigt sich die dort bezeichneten Beträge um je ein Zwölftel. ²Eigene Einkünfte und Bezüge der nach Absatz 1 unterhaltenen Person, die auf diese Kalendermonate entfallen, vermindern den nach Satz 1 ermäßigten Höchstbetrag nicht. ³Als Ausbildungshilfe bezogene Zuschüsse der nach Absatz 1 unterhaltenen Person mindern nur den zeitanteiligen Höchstbetrag der Kalendermonate, für die sie bestimmt sind.

(4) In den Fällen der Absätze 1 und 2 kann wegen der in diesen Vorschriften bezeichneten Aufwendungen der Steuerpflichtige eine Steuerermäßigung nach § 33 nicht in Anspruch nehmen.

R 33a
Außergewöhnliche Belastung in besonderen Fällen

– unbesetzt –

---

*) § 64 EStDV – einschließlich der rückwirkenden Anwendung in allen offenen Fällen – ist verfassungsgemäß (BFH-Urteil vom 19.4.2012, BStBl. II S. 577).

H 33a
Hinweise zu R 33a
Außergewöhnliche Belastung in besonderen Fällen

>R 33a EStR, H 33a EStH

§ 33b EStG
Pauschbeträge für behinderte Menschen, Hinterbliebene und Pflegepersonen

(1) ¹Wegen der Aufwendungen für die Hilfe bei den gewöhnlichen und regelmäßig wiederkehrenden Verrichtungen des täglichen Lebens, für die Pflege sowie für einen erhöhten Wäschebedarf können behinderte Menschen unter den Voraussetzungen des Absatzes 2 anstelle einer Steuerermäßigung nach § 33 einen Pauschbetrag nach Absatz 3 geltend machen (Behinderten-Pauschbetrag). ²Das Wahlrecht kann für die genannten Aufwendungen im jeweiligen Veranlagungszeitraum nur einheitlich ausgeübt werden.

(2) Die Pauschbeträge erhalten

1. behinderte Menschen, deren Grad der Behinderung auf mindestens 50 festgestellt ist;
2. behinderte Menschen, deren Grad der Behinderung auf weniger als 50, aber mindestens auf 25 festgestellt ist, wenn
   a) dem behinderten Menschen wegen seiner Behinderung nach gesetzlichen Vorschriften Renten oder andere laufende Bezüge zustehen, und zwar auch dann, wenn das Recht auf die Bezüge ruht oder der Anspruch auf die Bezüge durch Zahlung eines Kapitals abgefunden worden ist, oder
   b) die Behinderung zu einer dauernden Einbuße der körperlichen Beweglichkeit geführt hat oder auf einer typischen Berufskrankheit beruht.

(3) ¹Die Höhe des Pauschbetrags richtet sich nach dem dauernden Grad der Behinderung. ²Als Pauschbeträge werden gewährt bei einem Grad der Behinderung

von 25 und 30	310 Euro,
von 35 und 40	430 Euro,
von 45 und 50	570 Euro,
von 55 und 60	720 Euro,
von 65 und 70	890 Euro,
von 75 und 80	1 060 Euro,
von 85 und 90	1 230 Euro,
von 95 und 100	1 420 Euro.

³Für behinderte Menschen, die hilflos im Sinne des Absatzes 6 sind, und für Blinde erhöht sich der Pauschbetrag auf 3 700 Euro.

(4) ¹Personen, denen laufende Hinterbliebenenbezüge bewilligt worden sind, erhalten auf Antrag einen Pauschbetrag von 370 Euro (Hinterbliebenen-Pauschbetrag), wenn die Hinterbliebenenbezüge geleistet werden

1. nach dem Bundesversorgungsgesetz oder einem anderen Gesetz, das die Vorschriften des Bundesversorgungsgesetzes über Hinterbliebenenbezüge für entsprechend anwendbar erklärt, oder
2. nach den Vorschriften über die gesetzliche Unfallversicherung oder
3. nach den beamtenrechtlichen Vorschriften an Hinterbliebene eines an den Folgen eines Dienstunfalls verstorbenen Beamten oder
4. nach den Vorschriften des Bundesentschädigungsgesetzes über die Entschädigung für Schäden an Leben, Körper oder Gesundheit.

²Der Pauschbetrag wird auch dann gewährt, wenn das Recht auf die Bezüge ruht oder der Anspruch auf die Bezüge durch Zahlung eines Kapitals abgefunden worden ist.

(5) ¹Steht der Behinderten-Pauschbetrag oder der Hinterbliebenen-Pauschbetrag einem Kind zu, für das der Steuerpflichtige Anspruch auf einen Freibetrag nach § 32 Absatz 6 oder auf Kindergeld hat, so wird der Pauschbetrag auf Antrag auf den Steuerpflichtigen übertragen, wenn ihn das Kind nicht in Anspruch nimmt. ²Dabei ist der Pauschbetrag grundsätzlich auf beide Elternteile je zur Hälfte aufzuteilen, es sei denn, der Kinderfreibetrag wurde auf den anderen Elternteil übertragen. ³Auf gemeinsamen Antrag der Eltern ist eine andere Aufteilung möglich. ⁴In diesen Fällen besteht für Aufwendungen, für die der Behinderten-Pauschbetrag gilt, kein Anspruch auf eine Steuerermäßigung nach § 33.

(6) ¹Wegen der außergewöhnlichen Belastungen, die einem Steuerpflichtigen durch die Pflege einer Person erwachsen, die nicht nur vorübergehend hilflos ist, kann er an Stelle einer Steuerermäßigung nach § 33 einen Pauschbetrag von 924 Euro im Kalenderjahr geltend machen (Pflege-Pauschbetrag), wenn er dafür keine Einnahmen erhält. ²Zu diesen Einnahmen zählt unabhängig von der Verwendung nicht das von den Eltern eines behinderten Kindes für dieses Kind empfangene Pflegegeld. ³Hilflos im Sinne des Satzes 1 ist eine Person, wenn sie für eine Reihe von häufig und regelmäßig wiederkehrenden Verrichtungen zur Sicherung ihrer persönlichen Existenz im Ablauf eines jeden Tages fremder Hilfe dauernd bedarf. ⁴Diese Voraussetzungen sind auch erfüllt, wenn die Hilfe in Form einer Überwachung oder einer Anleitung zu den in Satz 3 genannten Verrichtungen erforderlich ist oder wenn die Hilfe zwar nicht dauernd geleistet werden muss, jedoch eine ständige Bereitschaft zur Hilfeleistung erforderlich ist. ⁵Voraussetzung ist, dass der Steuerpflichtige die Pflege entweder in seiner Wohnung oder in der Wohnung des Pflegebedürftigen persönlich durchführt und diese Wohnung in einem Mitgliedstaat der Europäischen Union oder in einem Staat belegen ist, auf den das Abkommen über den Europäischen Wirtschaftsraum anzuwenden ist. ⁶Wird ein Pflegebedürftiger von mehreren Steuerpflichtigen im Veranlagungszeitraum gepflegt, wird der Pauschbetrag nach der Zahl der Pflegepersonen, bei denen die Voraussetzungen der Sätze 1 bis 5 vorliegen, geteilt.

(7) Die Bundesregierung wird ermächtigt, durch Rechtsverordnung mit Zustimmung des Bundesrates zu bestimmen, wie nachzuweisen ist, dass die Voraussetzungen für die Inanspruchnahme der Pauschbeträge vorliegen.

R 33b
Pauschbeträge für behinderte Menschen, Hinterbliebene und Pflegepersonen

– unbesetzt –

H 33b
Hinweise zu R 33b
Pauschbeträge für behinderte Menschen, Hinterbliebene und Pflegepersonen

>R 33b EStR, H 33b EStH

Anlage
zu H 33b

§ 65 EStDV
Nachweis der Behinderung

(1) Den Nachweis einer Behinderung hat der Steuerpflichtige zu erbringen:

1. bei einer Behinderung, deren Grad auf mindestens 50 festgestellt ist, durch Vorlage eines Ausweises nach dem Neunten Buch Sozialgesetzbuch oder eines Bescheides der nach § 69 Absatz 1 des Neunten Buches Sozialgesetzbuch zuständigen Behörde,
2. bei einer Behinderung, deren Grad auf weniger als 50, aber mindestens 25 festgestellt ist,
   a) durch eine Bescheinigung der nach § 69 Absatz 1 des Neunten Buches Sozialgesetzbuch zuständigen Behörde auf-

grund eines Feststellungsbescheids nach § 69 Absatz 1 des Neunten Buches Sozialgesetzbuch, die eine Äußerung darüber enthält, ob die Behinderung zu einer dauernden Einbuße der körperlichen Beweglichkeit geführt hat oder auf einer typischen Berufskrankheit beruht, oder,

b) wenn ihm wegen seiner Behinderung nach den gesetzlichen Vorschriften Renten oder andere laufende Bezüge zustehen, durch den Rentenbescheid oder den die anderen laufenden Bezüge nachweisenden Bescheid.

(2) ¹Die gesundheitlichen Merkmale „blind" und „hilflos" hat der Steuerpflichtige durch einen Ausweis nach dem Neunten Buch Sozialgesetzbuch, der mit den Merkzeichen „Bl" oder „H" gekennzeichnet ist, oder durch einen Bescheid der nach § 69 Absatz 1 des Neunten Buches Sozialgesetzbuch zuständigen Behörde, der die entsprechenden Feststellungen enthält, nachzuweisen. ²Dem Merkzeichen „H" steht die Einstufung als Schwerstpflegebedürftiger in Pflegestufe III nach dem Elften Buch Sozialgesetzbuch, dem Zwölften Buch Sozialgesetzbuch oder diesen entsprechenden gesetzlichen Bestimmungen gleich; dies ist durch Vorlage des entsprechenden Bescheides nachzuweisen.

(3) Der Steuerpflichtige hat die Unterlagen nach den Absätzen 1 und 2 zusammen mit seiner Steuererklärung oder seinem Antrag auf Lohnsteuerermäßigung der Finanzbehörde vorzulegen.

(4) ¹Ist der behinderte Mensch verstorben und kann sein Rechtsnachfolger die Unterlagen nach den Absätzen 1 und 2 nicht vorlegen, so genügt zum Nachweis eine gutachtliche Stellungnahme der nach § 69 Absatz 1 des Neunten Buches Sozialgesetzbuch zuständigen Behörde. ²Diese Stellungnahme hat die Finanzbehörde einzuholen.

§ 34 EStG
Außerordentliche Einkünfte

(1) ¹Sind in dem zu versteuernden Einkommen außerordentliche Einkünfte enthalten, so ist die auf alle im Veranlagungszeitraum bezogenen außerordentlichen Einkünfte entfallende Einkommensteuer nach den Sätzen 2 bis 4 zu berechnen. ²Die für die außerordentlichen Einkünfte anzusetzende Einkommensteuer beträgt das Fünffache des Unterschiedsbetrags zwischen der Einkommensteuer für das um diese Einkünfte verminderte zu versteuernde Einkommen (verbleibendes zu versteuerndes Einkommen) und der Einkommensteuer für das verbleibende zu versteuernde Einkommen zuzüglich eines Fünftels dieser Einkünfte. ³Ist das verbleibende zu versteuernde Einkommen negativ und das zu versteuernde Einkommen positiv, so beträgt die Einkommensteuer das Fünffache der auf ein Fünftel des zu versteuernden Einkommens entfallenden Einkommensteuer. ⁴Die Sätze 1 bis 3 gelten nicht für außerordentliche Einkünfte im Sinne des Absatzes 2 Nummer 1, wenn der Steuerpflichtige auf diese Einkünfte ganz oder teilweise § 6b oder § 6c anwendet.

(2) Als außerordentliche Einkünfte kommen nur in Betracht:
1. Veräußerungsgewinne im Sinne der §§ 14, 14a Absatz 1, der §§ 16 und 18 Absatz 3 mit Ausnahme des steuerpflichtigen Teils der Veräußerungsgewinne, die nach § 3 Nummer 40 Buchstabe b in Verbindung mit § 3c Absatz 2 teilweise steuerbefreit sind;
2. Entschädigungen im Sinne des § 24 Nummer 1;
3. Nutzungsvergütungen und Zinsen im Sinne des § 24 Nummer 3, soweit sie für einen Zeitraum von mehr als drei Jahren nachgezahlt werden;
4. Vergütungen für mehrjährige Tätigkeiten; mehrjährig ist eine Tätigkeit, soweit sie sich über mindestens zwei Veranlagungszeiträume erstreckt und einen Zeitraum von mehr als zwölf Monaten umfasst.

(3) ¹Sind in dem zu versteuernden Einkommen außerordentliche Einkünfte im Sinne des Absatzes 2 Nummer 1 enthalten, so kann auf Antrag abweichend von Absatz 1 die auf den Teil dieser außerordentlichen Einkünfte, der den Betrag von insgesamt 5 Millionen Euro nicht übersteigt, entfallende Einkommensteuer nach einem ermäßigten Steuersatz bemessen werden, wenn der Steuerpflichtige das 55. Lebensjahr vollendet hat oder wenn er im sozialversicherungsrechtlichen Sinne dauernd berufsunfähig ist. ²Der ermäßigte Steuersatz beträgt 56 Prozent des durchschnittlichen Steuersatzes, der sich ergäbe, wenn die tarifliche Einkommensteuer nach dem gesamten zu versteuernden Einkommen zuzüglich der dem Progressionsvorbehalt unterliegenden Einkünfte zu bemessen wäre, mindestens jedoch 14 Prozent. ³Auf das um die in Satz 1 genannten Einkünfte verminderte zu versteuernde Einkommen (verbleibendes zu versteuerndes Einkommen) sind vorbehaltlich des Absatzes 1 die allgemeinen Tarifvorschriften anzuwenden. ⁴Die Ermäßigung nach den Sätzen 1 bis 3 kann der Steuerpflichtige nur einmal im Leben in Anspruch nehmen. ⁵Erzielt der Steuerpflichtige in einem Veranlagungszeitraum mehr als einen Veräußerungs- oder Aufgabegewinn im Sinne des Satzes 1, kann er die Ermäßigung nach den Sätzen 1 bis 3 nur für einen Veräußerungs- oder Aufgabegewinn beantragen. ⁶Absatz 1 Satz 4 ist entsprechend anzuwenden.

R 34
Entschädigungen und Vergütungen für mehrjährige Tätigkeiten
– unbesetzt –

H 34
Hinweise zu R 34

Abzug des Arbeitnehmer-Pauschbetrags
>H 34.1 EStH

Allgemeines
>BMF vom 1.11.2013 (BStBl. I S. 1326)*)

Arbeitslohn für mehrere Jahre
>H 34.4 EStH

Arbeitslohn für mehrjährige Tätigkeiten
>R 34.4 EStR und H 34.4 EStH

Entschädigungen
>R 34.3 EStR und H 34.3 EStH

Ermittlung der Einkünfte
>R 34.4 EStR

Fünftelregelung beim Lohnsteuerabzugsverfahren
>H 39b.6 (Fünftelungsregelung)

Jubiläumszuwendungen
>H 34.4 EStH

Tantiemen
>H 34.4 EStH

Verbesserungsvorschläge
>H 34.4 EStH

Versorgungsbezüge, Nachzahlungen von
>H 34.4 EStH

*) Abgedruckt als Anlage zu H 34 LStR.

§ 34 EStG
R 34

Anlage
zu H 34

Zweifelsfragen im Zusammenhang mit der ertragsteuerlichen Behandlung von Entlassungsentschädigungen (§ 34 EStG)

BMF-Schreiben vom 1.11.2013 (BStBl. I S. 1326)

Unter Bezugnahme auf das Ergebnis der Erörterungen mit den obersten Finanzbehörden der Länder nehme ich zu Fragen im Zusammenhang mit der ertragsteuerlichen Behandlung von Entlassungsentschädigungen wie folgt Stellung:

I. Allgemeines

1 ¹Scheidet ein Arbeitnehmer auf Veranlassung des Arbeitgebers vorzeitig aus einem Dienstverhältnis aus, so können ihm folgende Leistungen des Arbeitgebers zufließen, die wegen ihrer unterschiedlichen steuerlichen Auswirkung gegeneinander abzugrenzen sind:
– normal zu besteuernder Arbeitslohn nach § 19 EStG, ggf. i. V. m. § 24 Nr. 2 EStG,
– steuerbegünstigte Entschädigungen nach § 24 Nr. 1 i. V. m. § 34 Abs. 1 und 2 EStG (>Rz. 2 bis 3),
– steuerbegünstigte Leistungen für eine mehrjährige Tätigkeit i. S. d. § 34 Abs. 2 Nr. 4 EStG.

²Auch die Modifizierung betrieblicher Renten kann Gegenstand von Auflösungsvereinbarungen sein (>Rz. 4 bis 7).

2 ¹Eine steuerbegünstigte Entschädigung setzt voraus, dass an Stelle der bisher geschuldeten Leistung eine andere tritt. ²Diese andere Leistung muss auf einem anderen, eigenständigen Rechtsgrund beruhen. ³Ein solcher Rechtsgrund wird regelmäßig Bestandteil der Auflösungsvereinbarung sein; er kann aber auch bereits bei Abschluss des Dienstvertrags oder im Verlauf des Dienstverhältnisses für den Fall des vorzeitigen Ausscheidens vereinbart werden. ⁴Eine Leistung in Erfüllung eines bereits vor dem Ausscheiden begründeten Anspruchs des Empfängers ist keine Entschädigung, auch wenn dieser Anspruch in einer der geänderten Situation angepassten Weise erfüllt wird (Modifizierung; siehe z. B. Rz. 4 bis 7). ⁵Der Entschädigungsanspruch darf – auch wenn er bereits früher vereinbart worden ist – erst als Folge einer vorzeitigen Beendigung des Dienstverhältnisses entstehen. ⁶Eine Entschädigung i. S. d. § 24 Nr. 1 Buchstabe a EStG kann auch vorliegen, wenn der Arbeitgeber seinem Arbeitnehmer eine (Teil-)Abfindung zahlt, weil dieser seine Wochenarbeitszeit aufgrund eines Vertrags zur Änderung des Arbeitsvertrags unbefristet reduziert (>BFH vom 25.8.2009 – BStBl. 2010 II S. 1030).

3 ¹Eine Entschädigung i. S. d. § 24 Nr. 1 Buchstabe a EStG, die aus Anlass einer Entlassung aus dem Dienstverhältnis vereinbart wird (Entlassungsentschädigung), setzt den Verlust von Einnahmen voraus, mit denen der Arbeitnehmer rechnen konnte. ²Eine Zahlung des Arbeitgebers, die bereits erdiente Ansprüche abgilt, wie z. B. rückständiger Arbeitslohn, anteiliges Urlaubsgeld, Urlaubsabgeltung, Weihnachtsgeld, Gratifikationen, Tantiemen oder bei rückwirkender Beendigung des Dienstverhältnisses bis zum steuerlich anzuerkennenden Zeitpunkt der Auflösung noch zustehende Gehaltsansprüche ist keine Entschädigung i. S. d. § 24 Nr. 1 Buchstabe a EStG. ³Das gilt auch für freiwillige Leistungen, wenn sie in gleicher Weise den verbleibenden Arbeitnehmern tatsächlich zugewendet werden.

II. Lebenslängliche betriebliche Versorgungszusagen

4 ¹Lebenslängliche Bar- oder Sachleistungen sind als Einkünfte i. S. d. § 24 Nr. 2 EStG zu behandeln (>BFH vom 28.9.1967 – BStBl. 1968 II S. 76). ²Sie sind keine außerordentlichen Einkünfte i.S.d. § 34 Abs. 2 EStG und damit für eine begünstigte Besteuerung der im Übrigen gezahlten Entlassungsentschädigung i. S. d. § 24 Nr. 1 Buchstabe a EStG unschädlich (siehe die hauptsächlichen Anwendungsfälle in Rz. 5 bis 7). ³Deshalb kommt die begünstigte Besteuerung auch dann in Betracht, wenn dem Arbeitnehmer im Rahmen der Ausscheidensvereinbarung erstmals lebenslang laufende Versorgungsbezüge zugesagt werden. ⁴Auch eine zu diesem Zeitpunkt erstmals eingeräumte lebenslängliche Sachleistung, wie z. B. ein verbilligtes oder unentgeltliches Wohnrecht, ist für die ermäßigte Besteuerung unschädlich.

1. Steuerliche Behandlung von Entlassungsentschädigungen bei Verzicht des Arbeitgebers auf die Kürzung einer lebenslänglichen Betriebsrente

5 Wird bei Beginn der Rente aus der gesetzlichen Rentenversicherung die lebenslängliche Betriebsrente ungekürzt gezahlt, so schließt dies die ermäßigte Besteuerung der Entlassungsentschädigung, die in einem Einmalbetrag gezahlt wird, nicht aus.

2. Steuerliche Behandlung von Entlassungsentschädigungen bei vorgezogener lebenslänglicher Betriebsrente

6 ¹Wird im Zusammenhang mit der Auflösung des Dienstverhältnisses neben einer Einmalzahlung eine (vorgezogene) lebenslängliche Betriebsrente bereits vor Beginn der Rente aus der gesetzlichen Rentenversicherung gezahlt, so schließt auch dies die ermäßigte Besteuerung der Entlassungsentschädigung nicht aus. ²Dabei ist es unerheblich, ob die vorgezogene Betriebsrente gekürzt, ungekürzt oder erhöht geleistet wird. ³In diesen Fällen ist die vorgezogene Betriebsrente nach § 24 Nr. 2 EStG zu erfassen.

3. Steuerliche Behandlung von Entlassungsentschädigungen bei Umwandlung eines (noch) verfallbaren Anspruchs auf lebenslängliche Betriebsrente in einen unverfallbaren Anspruch

7 Wird ein (noch) verfallbarer Anspruch auf lebenslängliche Betriebsrente im Zusammenhang mit der Auflösung eines Dienstverhältnisses in einen unverfallbaren Anspruch umgewandelt, so ist die Umwandlung des Anspruchs für die Anwendung des § 34 Abs. 1 EStG auf die Einmalzahlung unschädlich.

III. Zusammenballung von Einkünften i. S. d. § 34 EStG

1. Zusammenballung von Einkünften in einem Veranlagungszeitraum (>1. Prüfung)

8 ¹Nach ständiger Rechtsprechung (>BFH vom 14. August 2001, BStBl. II 2002 S. 180 m. w. N.) setzt die Anwendung der begünstigten Besteuerung nach § 34 Absatz 1 und 2 EStG u. a. voraus, dass die Entschädigungsleistungen zusammengeballt in einem Veranlagungszeitraum zufließen. ²Der Zufluss mehrerer Teilbeträge in unterschiedlichen Veranlagungszeiträumen ist deshalb grundsätzlich schädlich (>BFH vom 3.7.2002, BStBl. II 2004, S. 447, >1. Prüfung). ³Dies gilt nicht, soweit es sich um eine im Verhältnis zur Hauptleistung stehende geringe Zahlung (maximal 5 % der Hauptleistung) handelt, die in einem anderen Veranlagungszeitraum zufließt (>BFH vom 25.8.2009, BStBl. 2011 II S. 27). ⁴Ausnahmsweise können jedoch ergänzende Zusatzleistungen, die Teil der einheitlichen Entschädigung sind und in späteren Veranlagungszeiträumen aus Gründen der sozialen Fürsorge für eine gewisse Übergangszeit gewährt werden, für die Beurteilung der Hauptleistung als einer zusammengeballten Entschädigung unschädlich sein (>Rz. 13). ⁵Pauschalbesteuerte Arbeitgeberleistungen sind bei der Beurteilung des Zuflusses in einem Veranlagungszeitraum nicht berücksichtigen. ⁶Bestimmen Arbeitgeber und Arbeitnehmer, dass die fällige Entschädigung erst im Folgejahr zufließen soll, ist dies für die Anwendung von § 34 Abs. 1 und 2 EStG unschädlich. ⁷Dabei gelten die Grundsätze von Rz. 8 bis 15 entsprechend (>BFH vom 11.11.2009 – BStBl. 2010 II S. 746). ⁸Ein auf zwei Jahre verteilter Zufluss der Entschädigung ist ausnahmsweise unschädlich, wenn die Zahlung der Entschädigung von vornherein in einer Summe vorgesehen war und nur wegen ihrer ungewöhnlichen Höhe und der besonderen Verhältnisse des Zahlungspflichtigen auf zwei Jahre verteilt wurde oder wenn der Entschädigungsempfänger – bar aller Existenzmittel – dringend auf den baldigen Bezug einer Vorauszahlung angewiesen war (>BFH vom 2.9.1992 – BStBl. 1993 II S. 831).

2. Zusammenballung von Einkünften unter Berücksichtigung der wegfallenden Einnahmen (>2. Prüfung)

2.1 Zusammenballung i. S. d. § 34 EStG, wenn durch die Entschädigung die bis zum Jahresende wegfallenden Einnahmen überschritten werden

9 Übersteigt die anlässlich der Beendigung eines Arbeitsverhältnisses gezahlte Entschädigung die bis zum Ende des Veranlagungszeitraums entgehenden Einnahmen, die der Arbeitnehmer

§ 34 EStG
R 34

bei Fortsetzung des Arbeitsverhältnisses bezogen hätte, so ist das Merkmal der Zusammenballung von Einkünften stets erfüllt.

2.2 Zusammenballung i. S. d. § 34 EStG, wenn durch die Entschädigung nur ein Betrag bis zur Höhe der bis zum Jahresende wegfallenden Einnahmen abgegolten wird

10 Übersteigt die anlässlich der Beendigung eines Dienstverhältnisses gezahlte Entschädigung die bis zum Ende des (Zufluss-)Veranlagungszeitraums entgehenden Einnahmen nicht, ist das Merkmal der Zusammenballung von Einkünften nur erfüllt, wenn der Steuerpflichtige weitere Einnahmen bezieht, die er bei Fortsetzung des Dienstverhältnisses nicht bezogen hätte (>BFH vom 4.3.1998 – BStBl. II S. 787, >2. Prüfung).

a) Ermittlung der zu berücksichtigenden Einkünfte (mit Beispielen)

11 ¹Für die Beurteilung der Zusammenballung ist es ohne Bedeutung, ob die Entschädigung für den Einnahmeverlust mehrerer Jahre gewährt werden soll. ²Entscheidend ist vielmehr, ob es unter Einschluss der Entschädigung infolge der Beendigung des Dienstverhältnisses in dem jeweiligen Veranlagungszeitraum insgesamt zu einer über die normalen Verhältnisse hinausgehenden Zusammenballung von Einkünften kommt (>BFH vom 4.3.1998 – BStBl. II S. 787). ³Dagegen kommt es auf eine konkrete Progressionserhöhung nicht an (>BFH vom 17.12.1982 – BStBl. 1983 II S. 221, vom 21.3.1996 – BStBl. II S. 416 und vom 4.3.1998 – BStBl. II S. 787). ⁴Auch die Zusammenballung mit anderen laufenden Einkünften des Steuerpflichtigen ist keine weitere Voraussetzung für die Anwendung des § 34 Abs. 1 EStG (>BFH vom 13.11.1953 – BStBl. 1954 III S. 13); dies gilt insbesondere in Fällen, in denen die Entschädigung die bis zum Jahresende entgehenden Einnahmen nur geringfügig übersteigt (> Rz. 9). ⁵Andererseits kommt § 34 Abs. 1 EStG unter dem Gesichtspunkt der Zusammenballung auch dann in Betracht, wenn im Jahr des Zuflusses der Entschädigung weitere Einkünfte erzielt werden, die der Steuerpflichtige nicht bezogen hätte, wenn das Dienstverhältnis ungestört fortgesetzt worden wäre und er dadurch mehr erhält, als er bei normalem Ablauf der Dinge erhalten hätte (>BFH vom 4.3.1998 – BStBl. II S. 787). ⁶Bei der Berechnung der Einkünfte, die der Steuerpflichtige beim Fortbestand des Vertragsverhältnisses im Veranlagungszeitraum bezogen hätte, ist grundsätzlich auf die Einkünfte des Vorjahres abzustellen (>BFH vom 4. März 1998, BStBl. II S. 787); es sei denn, die Einnahmesituation ist in diesem Jahr durch außergewöhnliche Ereignisse geprägt (>BFH vom 27. Januar 2010, BStBl. II 2011 S. 28). ⁷Die erforderliche Vergleichsberechnung ist grundsätzlich anhand der jeweiligen Einkünfte des Steuerpflichtigen laut Steuerbescheid/Steuererklärung vorzunehmen (>Beispiele 1 und 2). ⁸Da die außerordentlichen Einkünfte innerhalb einer Einkunftsart bzw. der Summe der Einkünfte eine „besondere Abteilung" bilden (>BFH vom 29.10.1998 – BStBl. 1999 II S. 588), sind in die Vergleichsrechnung nur Einkünfte einzubeziehen, die in einem Veranlassungszusammenhang mit dem (früheren) Arbeitsverhältnis oder dessen Beendigung bzw. in einem inneren Zusammenhang mit der früheren Tätigkeit stehen, d.h. die dazu bestimmt sind, die Einkünfte aus der früheren Tätigkeit zu ersetzen. ⁹Negative Einkünfte aus einer neu aufgenommenen Tätigkeit i. S. d. §§ 13, 15, 18 sowie § 19 EStG (ohne Versorgungsbezüge) sind nie zu berücksichtigen. ¹⁰Dabei ist der Arbeitnehmer-Pauschbetrag vorrangig von den laufenden Einkünften i. S. d. § 19 EStG abzuziehen (>BFH vom 29.10.1998 – BStBl. 1999 II S. 588). ¹¹Dem Progressionsvorbehalt unterliegende positive Lohnersatzleistungen und dem § 32b EStG unterliegender Arbeitslohn sind in die Vergleichsberechnung einzubeziehen. ¹²Liegen ausschließlich Einkünfte i. S. d. § 19 EStG vor, ist es nicht zu beanstanden, wenn die erforderliche Vergleichsrechnung stattdessen anhand der betreffenden Einnahmen aus nichtselbständiger Arbeit durchgeführt wird. ¹³Unbeschadet der Regelungen in Rz. 8 (Zusammenballung von Einkünften in einem Veranlagungszeitraum) sind bei einer solchen Vergleichsrechnung nach Maßgabe der Einnahmen neben den positiven Lohnersatzleistungen und dem Arbeitslohn, die dem Progressionsvorbehalt nach § 32b EStG unterliegen, auch pauschalbesteuerte Arbeitgeberleistungen einzubeziehen (>Beispiel 3).

Beispiel 1:
Auflösung des Dienstverhältnisses im Jahre 02. Die Entschädigung im Jahre 02 beträgt 15 000 EUR.

Vergleich
– Jahr 01

Einkünfte i. S. d. § 19 EStG (50 000 EUR ./. 1 000 EUR)	49 000 EUR
Einkünfte aus den übrigen Einkunftsarten	0 EUR
Summe	49 000 EUR

– Jahr 02

Einnahmen i. S. d. § 19 EStG aus bisherigem Dienstverhältnis	25 000 EUR	
Einnahmen i. S. d. § 19 EStG aus neuem Dienstverhältnis	25 000 EUR	
abzgl. AN-Pauschbetrag	1 000 EUR	49 000 EUR
Entschädigung		15 000 EUR
Summe		64 000 EUR

Die Entschädigung (15 000 EUR) übersteigt nicht den Betrag der entgehenden Einnahmen (25 000 EUR). ¹²Der Steuerpflichtige hat aber aus dem alten und neuen Dienstverhältnis so hohe Einkünfte, dass es unter Einbeziehung der Entschädigung zu einer die bisherigen Einkünfte übersteigenden Zusammenballung von Einkünften und somit zur Anwendung des § 34 EStG kommt.

Beispiel 2:
Auflösung des Dienstverhältnisses im Jahre 02. Die Entschädigung im Jahr 02 beträgt 20 000 €.

Vergleich
– Jahr 01

Einkünfte i. S. d. § 19 EStG (50 000 EUR ./. 1 000 EUR)	49 000 EUR
Einkünfte aus den übrigen Einkunftsarten	0 EUR
Summe	49 000 EUR

– Jahr 02

Einnahmen i. S. d. § 19 EStG aus bisherigem Dienstverhältnis (20 000 EUR)	
abzgl. AN-Pauschbetrag (1 000 EUR)	19 000 EUR
Entschädigung	20 000 EUR
tatsächlich bezogenes Arbeitslosengeld	4 800 EUR
Summe	43 800 EUR

Die Entschädigung von 20 000 EUR übersteigt nicht den Betrag der entgehenden Einnahmen (30 000 EUR). Der auf der Basis der Einkünfte vorgenommene Vergleich der aus dem bisherigen Dienstverhältnis im Jahr 02 bezogenen Einkünfte einschließlich der Entschädigung (19 000 EUR + 20 000 EUR + 4 800 EUR = 43 800 EUR) übersteigt nicht die bisherigen Einkünfte des Jahres 01 (49 000 EUR).

Auch bei einem Vergleich nach Maßgabe der Einnahmen aus nichtselbständiger Arbeit übersteigen die im Jahr 02 bezogenen Einnahmen einschließlich der Entschädigung (20 000 EUR + 20 000 EUR + 4 800 EUR = 44 800 EUR) nicht die Einnahmen des Jahres 01 (50 000 EUR). Eine Zusammenballung der Einkünfte liegt daher nicht vor. Für die Entschädigung kommt eine ermäßigte Besteuerung nach § 34 Abs. 1 und 2 EStG deshalb nicht in Betracht.

Beispiel 3:
Auflösung des Dienstverhältnisses im Jahre 02. Die Entschädigung im Jahre 02 beträgt 25 000 EUR.

Vergleich auf der Basis der Einnahmen
– Jahr 01

Einnahmen i. S. d. § 19 EStG	50 000 EUR

– Jahr 02

Einnahmen i. S. d. § 19 EStG aus bisherigem Dienstverhältnis	20 000 EUR
Entschädigung	25 000 EUR
pauschal besteuerte Zukunftssicherungsleistungen ab dem Ausscheiden	994 EUR
tatsächlich bezogenes Arbeitslosengeld	4 800 EUR
Summe	50 794 EUR

Die Entschädigung (25 000 EUR) übersteigt nicht den Betrag der entgehenden Einnahmen (30 000 EUR).

Der Vergleich nach Maßgabe der Einnahmen aus nichtselbständiger Arbeit ergibt, dass die Einnahmen im Jahr 02 einschließlich der Entschädigung, den pauschal besteuerten Zukunftssicherungsleistungen ab dem Ausscheiden und dem tatsächlich bezogenen Arbeitslosengeld (50 794 EUR) die Einnahmen des Jahres 01 (50 000 EUR) übersteigen. Aufgrund der vorliegenden Zusammenballung kann die steuerpflichtige Entschädigung nach § 34 Abs. 1 und 2 EStG ermäßigt besteuert werden.

Beispiel 4:
Auflösung des Dienstverhältnisses im März 02 – Einnahmen i. S. d. § 19 EStG bis dahin 17 000 EUR, die Entschädigung beträgt 46 000 EUR. Anschließend Bezug von Arbeitslosengeld (April 02 bis Oktober 02) 9 000 EUR. Gründung eines Gewerbebetriebs im November 02 (Einkünfte: ./. 15 000 EUR).

Vergleich

– Jahr 01

Einkünfte i. S. d. § 19 EStG (65 000 EUR ./. 1 000 EUR)	64 000 EUR
Einkünfte aus den übrigen Einkunftsarten	0 EUR
Summe	**64 000 EUR**

– Jahr 02

Einkünfte i. S. d. § 19 EStG aus bisherigem Dienstverhältnis (17 000 EUR ./. 1 000 EUR)	16 000 EUR
Entschädigung	46 000 EUR
tatsächlich bezogenes Arbeitslosengeld	9 000 EUR
Summe	**71 000 EUR**

Die Entschädigung (46 000 EUR) übersteigt nicht den Betrag der entgehenden Einnahmen (65 000 EUR ./. 17 000 EUR) in Höhe von 48 000 EUR.

Nach dem Vergleich der Einkünfte aus dem früheren Dienstverhältnis des Jahres 01 (64 000 EUR) mit den Einkünften des Jahres 02, die in Zusammenhang mit dem früheren Arbeitsverhältnis (Arbeitslohn und Entschädigung) und dessen Auflösung (Arbeitslosengeld) stehen (71 000 EUR), liegt jedoch eine Zusammenballung von Einkünften im Jahr 02 vor.

Die negativen Einkünfte aus dem neu aufgenommenen Gewerbebetrieb sind nicht zu berücksichtigen.

b) Anwendung im Lohnsteuerabzugsverfahren

12 [1]Im Lohnsteuerabzugsverfahren richtet sich die Anwendung des § 34 EStG nach § 39b Abs. 3 Satz 9 EStG. [2]Dabei ist die Regelung nach Rz. 8 und 11 ebenfalls anzuwenden, wobei der Arbeitgeber auch solche Einnahmen (Einkünfte) berücksichtigen darf, die der Arbeitnehmer nach Beendigung des bestehenden Dienstverhältnisses erzielt. [3]Der Arbeitnehmer ist in diesem Fall zur Abgabe einer Einkommensteuererklärung verpflichtet (Pflichtveranlagung § 46 Abs. 2 Nr. 5 EStG). [4]Kann der Arbeitgeber die erforderlichen Feststellungen nicht treffen, ist im Lohnsteuerabzugsverfahren die Besteuerung ohne Anwendung des § 39b Abs. 3 Satz 9 EStG durchzuführen. [5]Die begünstigte Besteuerung erfolgt dann ggf. erst im Veranlagungsverfahren (Antragsveranlagung nach § 46 Abs. 2 Nr. 8 EStG). [6]Die ermäßigte Besteuerung ist im Lohnsteuerabzugsverfahren nicht anzuwenden, wenn sie zu einer höheren Steuer führt als die Besteuerung als nicht begünstigter sonstiger Bezug (>BMF-Schreiben vom 10.1.2000 – BStBl. I S. 138).*)

3. Zusammenballung von Einkünften bei zusätzlichen Entschädigungsleistungen des Arbeitgebers

a) Zusätzliche Entschädigungsleistungen des Arbeitgebers

13 [1]Sehen Entlassungsvereinbarungen zusätzliche Leistungen des früheren Arbeitgebers vor, z. B. unentgeltliche Nutzung des Dienstwagens, ohne dass der ausgeschiedene Mitarbeiter noch zu einer Dienstleistung verpflichtet wäre, so kann es sich um eine Entschädigung handeln (>Rz. 2, 3). [2]Eine Entschädigung liegt in diesen Fällen u. a. nicht vor, wenn derartige zusätzliche Leistungen nicht nur bei vorzeitigem Ausscheiden, sondern auch in anderen Fällen, insbesondere bei altersbedingtem Ausscheiden, erbracht werden, z. B. Fortführung von Mietverhältnissen, von Arbeitgeberdarlehen, von Deputatlieferungen und von Sondertarifen sowie Weitergewährung von Rabatten. [3]Lebenslänglich zugesagte Geld- oder Sachleistungen sind stets nach § 24 Nr. 2 EStG zu behandeln.

b) Zusammenballung von Einkünften bei zusätzlichen Entschädigungsleistungen des Arbeitgebers aus Gründen der sozialen Fürsorge in späteren Veranlagungszeiträumen

14 [1]Fließt die Gesamtentschädigung (Einmalbetrag zuzüglich zusätzlicher Entschädigungsleistungen) nicht in einem Veranlagungszeitraum zu, so ist dies für die Anwendung des § 34 EStG grundsätzlich schädlich (>Rz. 8). [2]Werden aber zusätzliche Entschädigungsleistungen, die Teil einer einheitlichen Entschädigung sind, aus Gründen der sozialen Fürsorge für eine gewisse Übergangszeit in späteren Veranlagungszeiträumen gewährt, sind diese für die Beurteilung der Hauptleistung als einer zusammengeballten Entschädigung unschädlich, wenn sie weniger als 50 v. H. der Hauptleistung betragen. [3]Die Vergleichsrechnung ist hier durch Einnahmenvergleich vorzunehmen.

[4]Zusatzleistungen aus Gründen der sozialen Fürsorge sind beispielsweise solche Leistungen, die der (frühere) Arbeitgeber seinem (früheren) Arbeitnehmer zur Erleichterung des Arbeitsplatz- oder Berufswechsels oder als Anpassung an eine dauerhafte Berufsaufgabe und Arbeitslosigkeit erbringt. [5]Sie setzen keine Bedürftigkeit des entlassenen Arbeitnehmers voraus. [6]Soziale Fürsorge ist allgemein im Sinne der Fürsorge des Arbeitgebers für seinen früheren Arbeitnehmer zu verstehen. [7]Ob der Arbeitgeber zu der Fürsorge arbeitsrechtlich verpflichtet ist, ist unerheblich.

[8]Derartige ergänzende Zusatzleistungen können beispielsweise die Übernahme von Kosten für eine Outplacement-Beratung (>BFH vom 14.8.2001 – BStBl. 2002 II S. 180), die befristete Weiterbenutzung des Dienstwagens (>BFH vom 3.7.2002, BStBl. 2004 II S. 447), die befristete Übernahme von Versicherungsbeiträgen, die befristete Zahlung von Zuschüssen zum Arbeitslosengeld (>BFH vom 24.1.2002, BStBl. II 2004 S. 442), die Zahlung einer Jubiläumszuwendung nach dem Ausscheiden, die der Arbeitnehmer bei Fortsetzung des Arbeitsverhältnisses erhalten hätte (>BFH vom 14.5.2003 – BStBl. 2004 II S. 451), und Zahlungen zur Verwendung für die Altersversorgung (>BFH vom 15.10.2003, BStBl. II 2004 S. 264) sein.

[9]Die aus sozialer Fürsorge erbrachten ergänzenden Zusatzleistungen, die außerhalb des zusammengeballten Zuflusses in späteren Veranlagungszeiträumen erfolgen, fallen nicht unter die Tarifbegünstigung des § 34 Abs. 1 EStG.

Beispiel:

Auflösung des Dienstverhältnisses im Jahr 02. Der Arbeitgeber zahlt im Jahr 02 insgesamt 150 000 EUR Entschädigung und gewährt von Juli 02 bis Juni 03 zur Überbrückung der Arbeitslosigkeit einen Zuschuss zum Arbeitslosengeld von monatlich 2500 EUR. Im Jahr 03 fließen keine weiteren Einkünfte zu.

– Jahr 02

Einnahmen i. S. d. § 19 EStG	50 000 EUR
Entschädigung	150 000 EUR
monatlicher Zuschuss (6 × 2500 EUR)	15 000 EUR
Entschädigung insgesamt (Hauptleistung)	165 000 EUR

– Jahr 03:

monatlicher Zuschuss (6 × 2500 EUR)	15 000 EUR

Die im Jahre 03 erhaltenen Zahlungen sind zusätzliche Entschädigungsleistungen, die aus sozialer Fürsorge für eine gewisse Übergangszeit gewährt wurden. Sie betragen 15 000 EUR = 9,09 v. H. von 165 000 EUR (Entschädigungshauptleistung) und sind damit unschädlich für die Beurteilung der Hauptleistung als einer zusammengeballten Entschädigung. Die im Jahre 02 erhaltenen Entschädigungsleistungen sind daher nach § 34 EStG ermäßigt zu besteuern. Die im Jahre 03 erhaltenen Zusatzleistungen fallen nicht unter die Tarifbegünstigung des § 34 EStG. Wegen des vorzunehmenden Vergleichs der Einnahmen bleibt der Arbeitnehmer-Pauschbetrag außer Betracht.

---

*) Abgedruckt als Anlage 1 zu H 39b.6 LStR.

c) Weitere Nutzung der verbilligten Wohnung

15 Ist die weitere Nutzung einer Wohnung Bestandteil der Entschädigungsvereinbarung, so ist die Mietverbilligung nur dann für die Zusammenballung von Einkünften schädlich, wenn sie mietrechtlich frei vereinbar und dem Grunde nach geldwerter Vorteil aus dem früheren Dienstverhältnis ist und nicht auf die Lebenszeit des oder der Berechtigten abgeschlossen ist.

IV. Planwidriger Zufluss in mehreren Veranlagungszeiträumen/Rückzahlung bereits empfangener Entschädigungen

16 ¹Die Anwendung der begünstigten Besteuerung nach § 34 Abs. 1 und 2 EStG setzt u. a. voraus, dass die Entschädigungsleistungen zusammengeballt, d. h. in einem Veranlagungszeitraum zufließen (>Rz. 9). ²Das Interesse der Vertragsparteien ist daher regelmäßig auf den planmäßigen Zufluss in einem Veranlagungszeitraum gerichtet. ³Findet in den Fällen der nachstehenden Rz. 18 und 19 ein planwidriger Zufluss in mehreren Veranlagungszeiträumen statt, obwohl die Vereinbarungen eindeutig auf einen einmaligen Zufluss gerichtet waren, ist der Korrekturbetrag eines nachfolgenden Veranlagungszeitraums (VZ 02) auf Antrag des Steuerpflichtigen in den Veranlagungszeitraum (VZ 01) zurück zu beziehen, in dem die – grundsätzlich begünstigte – Hauptentschädigung zugeflossen ist. ⁴Stimmt das Finanzamt diesem Antrag zu (§ 163 AO), ist der Steuerbescheid (VZ 01) nach § 175 Abs. 1 Satz 1 Nr. 2 AO zu ändern, wobei die begünstigte Besteuerung auf die gesamte Entschädigungsleistung (Hauptentschädigung zzgl. Korrekturbetrag) anzuwenden ist. ⁵Wird der Antrag nicht gestellt und ist die Steuerfestsetzung für diesen Veranlagungszeitraum (VZ 02) bereits bestandskräftig, so ist der Bescheid (VZ 01) nach § 175 Abs. 1 Satz 1 Nr. 2 AO zu ändern und die begünstigte Steuerberechnung wegen fehlender Zusammenballung zu versagen.

17 ¹Hat der Steuerpflichtige in einem nachfolgenden Veranlagungszeitraum einen Teil der Entschädigung zurückzuzahlen, so ist die Rückzahlung als Korrektur auch dann im Jahr des Abflusses zu berücksichtigen, wenn die Abfindung im Zuflussjahr begünstigt besteuert worden ist. ²Eine Lohnrückzahlung ist regelmäßig kein rückwirkendes Ereignis im Sinne des § 175 Abs. 1 Satz 1 Nr. 2 AO, das zur Änderung des Einkommensteuerbescheides des Zuflussjahres berechtigt (>BFH vom 4.5.2006 – BStBl. II S. 911).

1. Versehentlich zu niedrige Auszahlung der Entschädigung

18 ¹Es kommt vor, dass eine Entschädigung an den ausscheidenden Arbeitnehmer versehentlich – z. B. aufgrund eines Rechenfehlers, nicht jedoch bei unzutreffender rechtlicher Würdigung – im Jahr des Ausscheidens zu niedrig ausgezahlt wird. ²Der Fehler wird im Laufe eines späteren Veranlagungszeitraums erkannt und der Differenzbetrag ausgezahlt.

2. Nachzahlung nach Rechtsstreit

19 ¹Streiten sich Arbeitgeber und Arbeitnehmer vor Gericht über die Höhe der Entschädigung, zahlt der Arbeitgeber üblicherweise an den Arbeitnehmer im Jahr des Ausscheidens nur den von ihm (Arbeitgeber) für zutreffend gehaltenen Entschädigungsbetrag und leistet ggf. erst Jahre später aufgrund einer gerichtlichen Entscheidung oder eines Vergleichs eine weitere Zahlung. ²Voraussetzung für die Anwendung der Billigkeitsregelung nach Rz. 16 ist in diesen Fällen, dass der ausgeschiedene Arbeitnehmer keinen Ersatzanspruch hinsichtlich einer aus der Nachzahlung resultierenden eventuellen ertragsteuerlichen Mehrbelastung gegenüber dem früheren Arbeitgeber hat.

V. Vom Arbeitgeber freiwillig übernommene Rentenversicherungsbeiträge im Sinne des § 187a SGB VI

20 Die Hälfte der vom Arbeitgeber freiwillig übernommenen Rentenversicherungsbeiträge i. S. d. § 187a SGB VI, durch die Rentenminderungen bei vorzeitiger Inanspruchnahme der Altersrente gemildert oder vermieden werden können, ist steuerfrei nach § 3 Nr. 28 EStG.

21 ¹Die vom Arbeitgeber zusätzlich geleisteten Rentenversicherungsbeiträge nach § 187a SGB VI einschließlich darauf entfallender, ggf. vom Arbeitgeber getragener Steuerabzugsbeträge sind als Teil der Entschädigung i. S. d. § 24 Nr. 1 EStG, die im Zusammenhang mit der Auflösung eines Dienstverhältnisses geleistet wird, zu behandeln. ²Leistet der Arbeitgeber diese Beiträge in Teilbeträgen, ist dies für die Frage der Zusammenballung unbeachtlich. ³Die dem Arbeitnehmer darüber hinaus zugeflossene Entschädigung (Einmalbetrag) kann daher aus Billigkeitsgründen auf Antrag unter den übrigen Voraussetzungen begünstigt besteuert werden.

VI. Anwendung

22 Die vorstehenden Grundsätze sind in allen noch offenen Fällen anzuwenden.

V. Steuerermäßigungen

§ 34c EStG

(1) ¹Bei unbeschränkt Steuerpflichtigen, die mit ausländischen Einkünften in dem Staat, aus dem die Einkünfte stammen, zu einer der deutschen Einkommensteuer entsprechenden Steuer herangezogen werden, ist die festgesetzte und gezahlte und um einen entstandenen Ermäßigungsanspruch gekürzte ausländische Steuer auf die deutsche Einkommensteuer anzurechnen, die auf die Einkünfte aus diesem Staat entfällt; das gilt nicht für Einkünfte aus Kapitalvermögen, auf die § 32d Absatz 1 und 3 bis 6 anzuwenden ist. ²Die auf die ausländischen Einkünfte nach Satz 1 erster Halbsatz entfallende deutsche Einkommensteuer ist in der Weise zu ermitteln, dass der sich bei der Veranlagung des zu versteuernden Einkommens, einschließlich der ausländischen Einkünfte, nach den §§ 32a, 32b, 34, 34a und 34b ergebende durchschnittliche Steuersatz auf die ausländischen Einkünfte anzuwenden ist. ³Bei der Ermittlung des zu versteuernden Einkommens und der ausländischen Einkünfte sind die Einkünfte nach Satz 1 zweiter Halbsatz nicht zu berücksichtigen; bei der Ermittlung der ausländischen Einkünfte sind die ausländischen Einkünfte nicht zu berücksichtigen, die in dem Staat, aus dem sie stammen, nach dessen Recht nicht besteuert werden. ⁴Gehören ausländische Einkünfte der in § 34d Nummer 3, 4, 6, 7 und 8 Buchstabe c genannten Art zum Gewinn eines inländischen Betriebes, sind bei ihrer Ermittlung Betriebsausgaben und Betriebsvermögensminderungen abzuziehen, die mit den diesen Einkünften zugrunde liegenden Einnahmen in wirtschaftlichem Zusammenhang stehen. ⁵Die ausländischen Steuern sind nur insoweit anzurechnen, als sie auf die im Veranlagungszeitraum bezogenen Einkünfte entfallen.

(2) Statt der Anrechnung (Absatz 1) ist die ausländische Steuer auf Antrag bei der Ermittlung der Einkünfte abzuziehen, soweit sie auf ausländische Einkünfte entfällt, die nicht steuerfrei sind.

(3) Bei unbeschränkt Steuerpflichtigen, bei denen eine ausländische Steuer vom Einkommen nach Absatz 1 nicht angerechnet werden kann, weil die Steuer nicht der deutschen Einkommensteuer entspricht oder nicht in dem Staat erhoben wird, aus dem die Einkünfte stammen, oder weil keine ausländischen Einkünfte vorliegen, ist die festgesetzte und gezahlte und um einen entstandenen Ermäßigungsanspruch gekürzte ausländische Steuer bei der Ermittlung der Einkünfte abzuziehen, soweit sie auf Einkünfte entfällt, die der deutschen Einkommensteuer unterliegen.

(4) – weggefallen –

(5) Die obersten Finanzbehörden der Länder oder die von ihnen beauftragten Finanzbehörden können mit Zustimmung des Bundesministeriums der Finanzen die auf ausländische Einkünfte entfallende deutsche Einkommensteuer ganz oder zum Teil erlassen oder in einem Pauschbetrag festsetzen, wenn es aus volkswirtschaftlichen Gründen zweckmäßig ist oder die Anwendung des Absatzes 1 besonders schwierig ist.

§ 34c EStG

(6) ¹Die Absätze 1 bis 3 sind vorbehaltlich der Sätze 2 bis 6 nicht anzuwenden, wenn die Einkünfte aus einem ausländischen Staat stammen, mit dem ein Abkommen zur Vermeidung der Doppelbesteuerung besteht. ²Soweit in einem Abkommen zur Vermeidung der Doppelbesteuerung die Anrechnung einer ausländischen Steuer auf die deutsche Einkommensteuer vorgesehen ist, sind Absatz 1 Satz 2 bis 5 und Absatz 2 entsprechend auf die nach dem Abkommen anzurechnende ausländische Steuer anzuwenden; das gilt nicht für Einkünfte, auf die § 32d Absatz 1 und 3 bis 6 anzuwenden ist; bei nach dem Abkommen als gezahlt geltenden ausländischen Steuerbeträgen sind Absatz 1 Satz 3 und Absatz 2 nicht anzuwenden. ³Absatz 1 Satz 3 gilt auch dann entsprechend, wenn die Einkünfte in dem ausländischen Staat nach dem Abkommen zur Vermeidung der Doppelbesteuerung mit diesem Staat nicht besteuert werden können. ⁴Bezieht sich ein Abkommen zur Vermeidung der Doppelbesteuerung nicht auf eine Steuer vom Einkommen dieses Staates, so sind die Absätze 1 und 2 entsprechend anzuwenden. ⁵In den Fällen des § 50d Absatz 9 sind die Absätze 1 bis 3 und Satz 6 entsprechend anzuwenden. ⁶Absatz 3 ist anzuwenden, wenn der Staat, mit dem ein Abkommen zur Vermeidung der Doppelbesteuerung besteht, Einkünfte besteuert, die nicht aus diesem Staat stammen, es sei denn, die Besteuerung hat ihre Ursache in einer Gestaltung, für die wirtschaftliche oder sonst beachtliche Gründe fehlen, oder das Abkommen gestattet dem Staat die Besteuerung dieser Einkünfte.

(7) Durch Rechtsverordnung können Vorschriften erlassen werden über

1. die Anrechnung ausländischer Steuern, wenn die ausländischen Einkünfte aus mehreren fremden Staaten stammen,
2. den Nachweis über die Höhe der festgesetzten und gezahlten ausländischen Steuern,
3. die Berücksichtigung ausländischer Steuern, die nachträglich erhoben oder zurückgezahlt werden.

Anlage
zu § 34c EStG

Steuerliche Behandlung von Arbeitnehmereinkünften bei Auslandstätigkeiten (Auslandstätigkeitserlass)

BMF-Schreiben vom 31.10.1983 (BStBl. I S 470)

Im Einvernehmen mit den obersten Finanzbehörden der Länder gilt aufgrund des § 34c Abs. 5 und des § 50 Abs. 7 EStG*) Folgendes:
Bei Arbeitnehmern eines inländischen Arbeitgebers (Abschnitt 72 LStR)**) wird von der Besteuerung des Arbeitslohns abgesehen, den der Arbeitnehmer aufgrund eines gegenwärtigen Dienstverhältnisses für eine begünstigte Tätigkeit im Ausland erhält.

I. Begünstigte Tätigkeit

Begünstigt ist die Auslandstätigkeit für einen inländischen Lieferanten, Hersteller, Auftragnehmer oder Inhaber ausländischer Mineralaufsuchungs- oder -gewinnungsrechte im Zusammenhang mit

1. der Planung, Errichtung, Einrichtung, Inbetriebnahme, Erweiterung, Instandsetzung, Modernisierung, Überwachung oder Wartung von Fabriken, Bauwerken, ortsgebundenen großen Maschinen oder ähnlichen Anlagen sowie dem Einbau, der Aufstellung oder Instandsetzung sonstiger Wirtschaftsgüter; außerdem ist das Betreiben der Anlagen bis zur Übergabe an den Auftraggeber begünstigt,
2. dem Aufsuchen oder der Gewinnung von Bodenschätzen,
3. der Beratung (Consulting) ausländischer Auftraggeber oder Organisationen im Hinblick auf Vorhaben im Sinne der Nummern 1 oder 2 oder
4. der deutschen öffentlichen Entwicklungshilfe im Rahmen der Technischen oder Finanziellen Zusammenarbeit.***)

Nicht begünstigt sind die Tätigkeit des Bordpersonals auf Seeschiffen und die Tätigkeit von Leiharbeitnehmern****), für deren Arbeitgeber die Arbeitnehmerüberlassung Unternehmenszweck ist, sowie die finanzielle Beratung mit Ausnahme der Nummer 4. Nicht begünstigt ist ferner das Einholen von Aufträgen (Akquisition), ausgenommen die Beteiligung an Ausschreibungen.

II. Dauer der begünstigten Tätigkeit

Die Auslandstätigkeit muss mindestens drei Monate ununterbrochen in Staaten ausgeübt werden, mit denen kein Abkommen zur Vermeidung der Doppelbesteuerung besteht, in das Einkünfte aus nichtselbständiger Arbeit einbezogen sind.

Sie beginnt mit Antritt der Reise ins Ausland und endet mit der endgültigen Rückkehr ins Inland. Eine vorübergehende Rückkehr ins Inland oder ein kurzer Aufenthalt in einem Staat, mit dem ein Abkommen zur Vermeidung der Doppelbesteuerung besteht, in das Einkünfte aus nichtselbständiger Arbeit einbezogen sind, gelten bis zu einer Gesamtaufenthaltsdauer von zehn vollen Kalendertagen innerhalb der Mindestfrist nicht als Unterbrechung der Auslandstätigkeit, wenn sie zur weiteren Durchführung oder Vorbereitung eines begünstigten Vorhabens notwendig sind. Dies gilt bei längeren Auslandstätigkeiten entsprechend für die jeweils letzten drei Monate.

Eine Unterbrechung der Tätigkeit im Falle eines Urlaubs oder einer Krankheit ist unschädlich, unabhängig davon, wo sich der Arbeitnehmer während der Unterbrechung aufhält. Zeiten der unschädlichen Unterbrechung sind bei der Dreimonatsfrist nicht mitzurechnen.

III. Begünstigter Arbeitslohn

Zum begünstigten Arbeitslohn gehören auch folgende steuerpflichtige Einnahmen, soweit sie für eine begünstigte Auslandstätigkeit gezahlt werden:

1. Zulagen, Prämien oder Zuschüsse des Arbeitgebers für Aufwendungen des Arbeitnehmers, die durch eine begünstigte Auslandstätigkeit veranlasst sind, oder die entsprechende unentgeltliche Ausstattung oder Bereitstellung durch den Arbeitgeber,
2. Weihnachtszuwendungen, Erfolgsprämien oder Tantiemen,
3. Arbeitslohn, der auf den Urlaub – einschließlich eines angemessenen Sonderurlaubs aufgrund einer begünstigten Tätigkeit – entfällt, Urlaubsgeld oder Urlaubsabgeltung,
4. Lohnfortzahlung aufgrund einer Erkrankung während einer begünstigten Auslandstätigkeit bis zur Wiederaufnahme dieser oder einer anderen begünstigten Tätigkeit oder bis zur endgültigen Rückkehr ins Inland.

Werden solche Zuwendungen nicht gesondert für die begünstigte Tätigkeit geleistet, so sind sie im Verhältnis der Kalendertage aufzuteilen.

Der begünstigte Arbeitslohn ist steuerfrei im Sinne der §§ 3c, 10 Abs. 2 Nr. 2 EStG und des § 28 Abs. 2 Berlin FG.

IV. Progressionsvorbehalt für unbeschränkt steuerpflichtige Arbeitnehmer

Auf das nach § 32a Abs. 1 EStG zu versteuernde Einkommen ist der Steuersatz anzuwenden, der sich ergibt, wenn die begünstigten Einkünfte aus nichtselbständiger Arbeit bei der Berechnung der Einkommensteuer einbezogen werden. Bei der Ermittlung der begünstigten Einkünfte ist der Arbeitslohn um die Freibeträge nach § 19 Abs. 3 und 4 EStG und um den Werbungskosten-Pauschbetrag nach § 9a Nr. 1 EStG zu kürzen, soweit sie nicht bei der Ermittlung der Einkünfte aus nicht begünstigter nichtselbständiger Arbeit berücksichtigt worden sind.

V. Nichtanwendung

Diese Regelung gilt nicht, wenn

1. der Arbeitslohn aus inländischen öffentlichen Kassen – einschließlich der Kassen der Deutschen Bundesbahn und der Deutschen Bundesbank – gezahlt wird,
2. die Tätigkeit in einem Staat ausgeübt wird, mit dem ein Abkommen zur Vermeidung der Doppelbesteuerung besteht, in das Einkünfte aus nichtselbständiger Arbeit einbezogen sind; ist ein

---

*) Aussage zu § 50 Abs. 7 EStG überholt.
**) Jetzt R 38.3 LStR. Außerdem wird der Auslandstätigkeitserlass auch dann angewendet, wenn der Arbeitgeber seinen Sitz in einem EU-/EWR Mitgliedstaat hat.
***) Seit 1.1.2014 gehört die deutsche öffentliche Entwicklungshilfe nicht mehr zu den begünstigten Tätigkeiten, wenn der Arbeitslohn aus einer inländischen öffentlichen Kasse gezahlt wird.
****) Auch die Überlassung von Leiharbeitnehmern für eine begünstigte Tätigkeit im Sinne der vorstehenden Nrn. 1 bis 4 fällt nunmehr unter den Auslandstätigkeitserlass.

§ 34g, § 35a EStG
R 34g

Abkommen für die Zeit vor seinem Inkrafttreten anzuwenden, so verbleibt es bis zum Zeitpunkt des Inkrafttretens bei den vorstehenden Regelungen, soweit sie für den Arbeitnehmer günstiger sind, oder

3. es sich um eine Tätigkeit in der Deutschen Demokratischen Republik oder Berlin (Ost) handelt.

VI. Verfahrensvorschriften

1. Der Verzicht auf die Besteuerung im Steuerabzugsverfahren (Freistellungsbescheinigung) ist vom Arbeitgeber oder Arbeitnehmer beim Betriebsstättenfinanzamt zu beantragen.*) Ein Nachweis, dass von dem Arbeitslohn in dem Staat, in dem die Tätigkeit ausgeübt wird, eine der deutschen Lohnsteuer (Einkommensteuer) entsprechende Steuer erhoben wird, ist nicht erforderlich.

   Ist glaubhaft gemacht worden, dass die in Abschnitt I und II bezeichneten Voraussetzungen vorliegen, so kann die Freistellungsbescheinigung erteilt werden, solange dem Arbeitgeber eine Änderung des Lohnsteuerabzugs möglich ist (§ 41c EStG). Außerdem muss sich der Arbeitgeber verpflichten, das folgende Verfahren einzuhalten:

   a) Der begünstigte Arbeitslohn ist im Lohnkonto, auf der Lohnsteuerkarte, der besonderen Lohnsteuerbescheinigung sowie dem Lohnzettel getrennt von dem übrigen Arbeitslohn anzugeben.

   b) Die Freistellungsbescheinigung ist als Beleg zum Lohnkonto des Arbeitnehmers zu nehmen.

   c) Für Arbeitnehmer, die während des Kalenderjahrs begünstigten Arbeitslohn bezogen haben, darf der Arbeitgeber weder die Lohnsteuer nach dem voraussichtlichen Jahresarbeitslohn (sog. permanenter Jahresausgleich) ermitteln noch einen Lohnsteuer-Jahresausgleich durchführen.

   Der Arbeitgeber ist bis zur Ausschreibung der Lohnsteuerbescheinigung sowie des Lohnzettels berechtigt, bei der jeweils nächstfolgenden Lohnzahlung bisher noch nicht erhobene Lohnsteuer nachträglich einzubehalten, wenn er erkennt, dass die Voraussetzungen für den Verzicht auf die Besteuerung nicht vorgelegen haben. Macht er von dieser Berechtigung keinen Gebrauch oder kann die Lohnsteuer nicht nachträglich einbehalten werden, so ist er zu einer Anzeige an das Betriebsstättenfinanzamt verpflichtet.

2. Soweit nicht bereits vom Steuerabzug abgesehen worden ist, hat der Arbeitnehmer den Verzicht auf die Besteuerung bei seinem Wohnsitzfinanzamt zu beantragen.

VII. Anwendungszeitraum, Übergangsregelung

Diese Regelung gilt ab 1. Januar 1984. Sie ersetzt die bisher hierzu ergangenen Verwaltungsbestimmungen.

Eine vor dem 1. Januar 1984 geleistete und nach den vorstehenden Bestimmungen begünstigte Tätigkeit ist bei der Dreimonatsfrist mitzurechnen.

§ 34g EStG

¹Die tarifliche Einkommensteuer, vermindert um die sonstigen Steuerermäßigungen mit Ausnahme des § 34f Absatz 3, ermäßigt sich bei Zuwendungen an

1. politische Parteien im Sinne des § 2 des Parteiengesetzes und

2. Vereine ohne Parteicharakter, wenn

   a) der Zweck des Vereins ausschließlich darauf gerichtet ist, durch Teilnahme mit eigenen Wahlvorschlägen an Wahlen auf Bundes-, Landes- oder Kommunalebene bei der politischen Willensbildung mitzuwirken, und

   b) der Verein auf Bundes-, Landes- oder Kommunalebene bei der jeweils letzten Wahl wenigstens ein Mandat errungen oder der zuständigen Wahlbehörde oder dem zuständigen Wahlorgan angezeigt hat, dass er mit eigenen Wahlvorschlägen auf Bundes-, Landes- oder Kommunalebene an der jeweils nächsten Wahl teilnehmen will.

²Nimmt der Verein an der jeweils nächsten Wahl nicht teil, wird die Ermäßigung nur für die bis zum Wahltag an ihn geleisteten Beiträge und Spenden gewährt. ³Die Ermäßigung für Beiträge und Spenden an den Verein wird erst wieder gewährt, wenn er sich mit eigenen Wahlvorschlägen an einer Wahl beteiligt hat. ⁴Die Ermäßigung wird in diesem Falle nur für Beiträge und Spenden gewährt, die nach Beginn des Jahres, in dem die Wahl stattfindet, geleistet werden.

²Die Ermäßigung beträgt 50 Prozent der Ausgaben, höchstens jeweils 825 Euro für Ausgaben nach den Nummern 1 und 2, im Fall der Zusammenveranlagung von Ehegatten höchstens jeweils 1 650 Euro. ³§ 10b Absatz 3 und 4 gilt entsprechend.

R 34g
Zuwendungen an politische Parteien und unabhängige Wählervereinigungen

– unbesetzt –

H 34g
Hinweise zu R 34g
Zuwendungen an politische Parteien und unabhängige Wählervereinigungen

Zuwendungen an politische Parteien

>H 34g EStH

§ 35a EStG
Steuerermäßigung bei Aufwendungen für haushaltsnahe Beschäftigungsverhältnisse, haushaltsnahe Dienstleistungen und Handwerkerleistungen

(1) Für haushaltsnahe Beschäftigungsverhältnisse, bei denen es sich um eine geringfügige Beschäftigung im Sinne des § 8a des Vierten Buches Sozialgesetzbuch handelt, ermäßigt sich die tarifliche Einkommensteuer, vermindert um die sonstigen Steuerermäßigungen, auf Antrag um 20 Prozent, höchstens 510 Euro, der Aufwendungen des Steuerpflichtigen.

(2) ¹Für andere als in Absatz 1 aufgeführte haushaltsnahe Beschäftigungsverhältnisse oder für die Inanspruchnahme von haushaltsnahen Dienstleistungen, die nicht Dienstleistungen nach Absatz 3 sind, ermäßigt sich die tarifliche Einkommensteuer, vermindert um die sonstigen Steuerermäßigungen, auf Antrag um 20 Prozent, höchstens 4 000 Euro, der Aufwendungen des Steuerpflichtigen. ²Die Steuerermäßigung kann auch in Anspruch genommen werden für die Inanspruchnahme von Pflege- und Betreuungsleistungen sowie für Aufwendungen, die einem Steuerpflichtigen wegen der Unterbringung in einem Heim oder zur dauernden Pflege erwachsen, soweit darin Kosten für Dienstleistungen enthalten sind, die mit denen einer Hilfe im Haushalt vergleichbar sind.

(3) ¹Für die Inanspruchnahme von Handwerkerleistungen für Renovierungs-, Erhaltungs- und Modernisierungsmaßnahmen ermäßigt sich die tarifliche Einkommensteuer, vermindert um die sonstigen Steuerermäßigungen, auf Antrag um 20 Prozent der Aufwendungen des Steuerpflichtigen, höchstens jedoch um 1 200 Euro. ²Dies gilt nicht für öffentlich geförderte Maßnahmen, für die zinsverbilligte Darlehen oder steuerfreie Zuschüsse in Anspruch genommen werden.

---

*) Hierfür sind die bundeseinheitlichen Antragsvordrucke zu verwenden, die im Internet unter http://www.bundesfinanzministerium.de/Service/Formulare/Formular ManagementSystem/Formularcenter/Steuerformulare/Lohnsteuer/Antrag auf Erteilung einer Bescheinigung nach dem Auslandstätigkeitserlass abgerufen werden können.

(4) ¹Die Steuerermäßigung nach den Absätzen 1 bis 3 kann nur in Anspruch genommen werden, wenn das Beschäftigungsverhältnis, die Dienstleistung oder die Handwerkerleistung in einem in der Europäischen Union oder dem Europäischen Wirtschaftsraum liegenden Haushalt des Steuerpflichtigen oder – bei Pflege- und Betreuungsleistungen – der gepflegten oder betreuten Person ausgeübt oder erbracht wird. ²In den Fällen des Absatzes 2 Satz 2 zweiter Halbsatz ist Voraussetzung, dass das Heim oder der Ort der dauernden Pflege in der Europäischen Union oder dem Europäischen Wirtschaftsraum liegt.

(5) ¹Die Steuerermäßigungen nach den Absätzen 1 bis 3 können nur in Anspruch genommen werden, soweit die Aufwendungen nicht Betriebsausgaben oder Werbungskosten darstellen und soweit sie nicht als Sonderausgaben oder außergewöhnliche Belastungen berücksichtigt worden sind; für Aufwendungen, die dem Grunde nach unter § 10 Absatz 1 Nummer 5 fallen, ist eine Inanspruchnahme ebenfalls ausgeschlossen. ²Der Abzug von der tariflichen Einkommensteuer nach den Absätzen 2 und 3 gilt nur für Arbeitskosten. ³Voraussetzung für die Inanspruchnahme der Steuerermäßigung für haushaltsnahe Dienstleistungen nach Absatz 2 oder für Handwerkerleistungen nach Absatz 3 ist, dass der Steuerpflichtige für die Aufwendungen eine Rechnung erhalten hat und die Zahlung auf das Konto des Erbringers der Leistung erfolgt ist. ⁴Leben zwei Alleinstehende in einem Haushalt zusammen, können sie die Höchstbeträge nach den Absätzen 1 bis 3 insgesamt jeweils nur einmal in Anspruch nehmen.

R 35a
Steuerermäßigung bei Aufwendungen für haushaltsnahe Beschäftigungsverhältnisse und für die Inanspruchnahme haushaltsnaher Dienstleistungen

– unbesetzt –

H 35a
Hinweise zu R 35a
Steuerermäßigung bei Aufwendungen für haushaltsnahe Beschäftigungsverhältnisse und für die Inanspruchnahme haushaltsnaher Dienstleistungen

Allgemeine Grundsätze

>H 35a EStH

VI. Steuererhebung

§ 36 EStG
Entstehung und Tilgung der Einkommensteuer

(1) Die Einkommensteuer entsteht, soweit in diesem Gesetz nichts anderes bestimmt ist, mit Ablauf des Veranlagungszeitraums.

(2) Auf die Einkommensteuer werden angerechnet:
1. die für den Veranlagungszeitraum entrichteten Einkommensteuer-Vorauszahlungen (§ 37);
2. die durch Steuerabzug erhobene Einkommensteuer, soweit sie auf die bei der Veranlagung erfassten Einkünfte oder auf die nach § 3 Nummer 40 dieses Gesetzes oder nach § 8b Absatz 1 und 6 Satz 2 des Körperschaftsteuergesetzes bei der Ermittlung des Einkommens außer Ansatz bleibenden Bezüge entfällt und nicht die Erstattung beantragt oder durchgeführt worden ist. ²Die durch Steuerabzug erhobene Einkommensteuer wird nicht angerechnet, wenn die in § 45a Absatz 2 oder 3 bezeichnete Bescheinigung nicht vorgelegt worden ist. ³In den Fällen des § 8b Absatz 6 Satz 2 des Körperschaftsteuergesetzes ist es für die Anrechnung ausreichend, wenn die Bescheinigung nach § 45a Absatz 2 und 3 vorgelegt wird, die dem Gläubiger der Kapitalerträge ausgestellt worden ist.

(3) ¹Die Steuerbeträge nach Absatz 2 Nummer 2 sind auf volle Euro aufzurunden. ²Bei den durch Steuerabzug erhobenen Steuern ist jeweils die Summe der Beträge einer einzelnen Abzugsteuer aufzurunden.

(4) ¹Wenn sich nach der Abrechnung ein Überschuss zuungunsten des Steuerpflichtigen ergibt, hat der Steuerpflichtige (Steuerschuldner) diesen Betrag, soweit er den fällig gewordenen, aber nicht entrichteten Einkommensteuer-Vorauszahlungen entspricht, sofort, im Übrigen innerhalb eines Monats nach Bekanntgabe des Steuerbescheids zu entrichten (Abschlusszahlung). ²Wenn sich nach der Abrechnung ein Überschuss zugunsten des Steuerpflichtigen ergibt, wird dieser dem Steuerpflichtigen nach Bekanntgabe des Steuerbescheids ausgezahlt. ³Bei Ehegatten, die nach den §§ 26, 26b zusammen zur Einkommensteuer veranlagt worden sind, wirkt die Auszahlung an einen Ehegatten auch für und gegen den anderen Ehegatten.

(5) ¹In den Fällen des § 16 Absatz 3a kann auf Antrag des Steuerpflichtigen die festgesetzte Steuer, die auf den Aufgabegewinn und den durch den Wechsel der Gewinnermittlungsart erzielten Gewinn entfällt, in fünf gleichen Jahresraten entrichtet werden, wenn die Wirtschaftsgüter einem Betriebsvermögen des Steuerpflichtigen in einem anderen Mitgliedstaat der Europäischen Union oder des Europäischen Wirtschaftsraums zuzuordnen sind, sofern durch diese Staaten Amtshilfe entsprechend oder im Sinne der Amtshilferichtlinie gemäß § 2 Absatz 2 des EU-Amtshilfegesetzes und gegenseitige Unterstützung bei der Beitreibung im Sinne der Beitreibungsrichtlinie einschließlich der in diesem Zusammenhang anzuwendenden Durchführungsbestimmungen in den für den jeweiligen Veranlagungszeitraum geltenden Fassungen oder eines entsprechenden Nachfolgerechtsaktes geleistet werden. ²Die erste Jahresrate ist innerhalb eines Monats nach Bekanntgabe des Steuerbescheids zu entrichten; die übrigen Jahresraten sind jeweils am 31. Mai der Folgejahre fällig. ³Die Jahresraten sind nicht zu verzinsen. ⁴Wird der Betrieb oder Teilbetrieb während dieses Zeitraums eingestellt, veräußert oder in andere als die in Satz 1 genannten Staaten verlegt, wird die noch nicht entrichtete Steuer innerhalb eines Monats nach diesem Zeitpunkt fällig; Satz 2 bleibt unberührt. ⁵Ändert sich die festgesetzte Steuer, sind die Jahresraten entsprechend anzupassen.

§ 37 EStG
Einkommensteuer-Vorauszahlung

(1) ¹Der Steuerpflichtige hat am 10. März, 10. Juni, 10. September und 10. Dezember Vorauszahlungen auf die Einkommensteuer zu entrichten, die er für den laufenden Veranlagungszeitraum voraussichtlich schulden wird. ²Die Einkommensteuer-Vorauszahlung entsteht jeweils mit Beginn des Kalendervierteljahres, in dem die Vorauszahlungen zu entrichten sind, oder, wenn die Steuerpflicht erst im Laufe des Kalendervierteljahres begründet wird, mit Begründung der Steuerpflicht.

(2) – weggefallen –

(3) ¹Das Finanzamt setzt die Vorauszahlungen durch Vorauszahlungsbescheid fest. ²Die Vorauszahlungen bemessen sich grundsätzlich nach der Einkommensteuer, die sich nach Anrechnung der Steuerabzugsbeträge (§ 36 Absatz 2 Nummer 2) bei der letzten Veranlagung ergeben hat. ³Das Finanzamt kann bis zum Ablauf des auf den Veranlagungszeitraum folgenden 15. Kalendermonats die Vorauszahlungen an die Einkommensteuer anpassen, die sich für den Veranlagungszeitraum voraussichtlich ergeben wird; dieser Zeitraum verlängert sich auf 23 Monate, wenn die Einkünfte aus Land- und Forstwirtschaft bei der erstmaligen Steuerfestsetzung die anderen Einkünfte voraussichtlich überwiegen werden. ⁴Bei der Anwen-

§ 37a, § 37b EStG

dung der Sätze 2 und 3 bleiben Aufwendungen im Sinne des § 10 Absatz 1 Nummer 4, 5, 7 und 9 sowie Absatz 1a, der §§ 10b und 33 sowie die abziehbaren Beträge nach § 33a, wenn die Aufwendungen und abziehbaren Beträge insgesamt 600 Euro nicht übersteigen, außer Ansatz. [5]Die Steuerermäßigung nach § 34a bleibt außer Ansatz. [6]Bei der Anwendung der Sätze 2 und 3 bleibt der Sonderausgabenabzug nach § 10a Absatz 1 außer Ansatz. [7]Außer Ansatz bleiben bis zur Anschaffung oder Fertigstellung der Objekte im Sinne des § 10e Absatz 1 und 2 und § 10h auch die Aufwendungen, die nach § 10e Absatz 6 und § 10h Satz 3 wie Sonderausgaben abgezogen werden; Entsprechendes gilt auch für Aufwendungen, die nach § 10i für nach dem Eigenheimzulagengesetz begünstigte Objekte wie Sonderausgaben abgezogen werden. [8]Negative Einkünfte aus der Vermietung oder Verpachtung eines Gebäudes im Sinne des § 21 Absatz 1 Satz 1 Nummer 1 werden bei der Festsetzung der Vorauszahlungen nur für Kalenderjahre berücksichtigt, die nach der Anschaffung oder Fertigstellung dieses Gebäudes beginnen. [9]Wird ein Gebäude vor dem Kalenderjahr seiner Fertigstellung angeschafft, tritt an die Stelle der Anschaffung die Fertigstellung. [10]Satz 8 gilt nicht für negative Einkünfte aus der Vermietung oder Verpachtung eines Gebäudes, für das erhöhte Absetzungen nach den §§ 14a, 14c oder 14d des Berlinförderungsgesetzes oder Sonderabschreibungen nach § 4 des Fördergebietsgesetzes in Anspruch genommen werden. [11]Satz 8 gilt für negative Einkünfte aus der Vermietung oder Verpachtung eines anderen Vermögensgegenstandes im Sinne des § 21 Absatz 1 Satz 1 Nummer 1 bis 3 entsprechend mit der Maßgabe, dass an die Stelle der Anschaffung oder Fertigstellung die Aufnahme der Nutzung durch den Steuerpflichtigen tritt. [12]In den Fällen des § 31, in denen die gebotene steuerliche Freistellung eines Einkommensbetrags in Höhe des Existenzminimums eines Kindes durch das Kindergeld nicht in vollem Umfang bewirkt wird, bleiben bei der Anwendung der Sätze 2 und 3 Freibeträge nach § 32 Absatz 6 und zu verrechnendes Kindergeld außer Ansatz.

(4) [1]Bei einer nachträglichen Erhöhung der Vorauszahlungen ist die letzte Vorauszahlung für den Veranlagungszeitraum anzupassen. [2]Der Erhöhungsbetrag ist innerhalb eines Monats nach Bekanntgabe des Vorauszahlungsbescheids zu entrichten.

(5) [1]Vorauszahlungen sind nur festzusetzen, wenn sie mindestens 400 Euro im Kalenderjahr und mindestens 100 Euro für einen Vorauszahlungszeitpunkt betragen. [2]Festgesetzte Vorauszahlungen sind nur zu erhöhen, wenn sich der Erhöhungsbetrag im Fall des Absatzes 3 Satz 2 bis 5 für einen Vorauszahlungszeitpunkt auf mindestens 100 Euro, im Fall des Absatzes 4 auf mindestens 5 000 Euro beläuft.

(6) Absatz 3 ist, soweit die erforderlichen Daten nach § 10 Absatz 2 Satz 3 noch nicht nach § 10 Absatz 2a übermittelt wurden, mit der Maßgabe anzuwenden, dass

1. als Beiträge im Sinne des § 10 Absatz 1 Nummer 3 Buchstabe a die für den letzten Veranlagungszeitraum geleisteten
   a) Beiträge zugunsten einer privaten Krankenversicherung vermindert um 20 Prozent oder
   b) Beiträge zur gesetzlichen Krankenversicherung vermindert um 4 Prozent,
2. als Beiträge im Sinne des § 10 Absatz 1 Nummer 3 Buchstabe b die bei der letzten Veranlagung berücksichtigten Beiträge zugunsten einer gesetzlichen Pflegeversicherung

anzusetzen sind; mindestens jedoch 1 500 Euro. Bei zusammen veranlagten Ehegatten ist der in Satz 1 genannte Betrag von 1 500 Euro zu verdoppeln.

§ 37a EStG
Pauschalierung der Einkommensteuer durch Dritte

(1) [1]Das Finanzamt kann auf Antrag zulassen, dass das Unternehmen, das Sachprämien im Sinne des § 3 Nummer 38 gewährt, die Einkommensteuer für den Teil der Prämien, der nicht steuerfrei ist, pauschal erhebt. [2]Bemessungsgrundlage der pauschalen Einkommensteuer ist der gesamte Wert der Prämien, die den im Inland ansässigen Steuerpflichtigen zufließen. [3]Der Pauschsteuersatz beträgt 2,25 Prozent.

(2) [1]Auf die pauschale Einkommensteuer ist § 40 Absatz 3 sinngemäß anzuwenden. [2]Das Unternehmen hat die Prämienempfänger von der Steuerübernahme zu unterrichten.

(3) [1]Über den Antrag entscheidet das Betriebsstättenfinanzamt des Unternehmens (§ 41a Absatz 1 Satz 1 Nummer 1). [2]Hat das Unternehmen mehrere Betriebsstättenfinanzämter, so ist das Finanzamt der Betriebsstätte zuständig, in der die für die pauschale Besteuerung maßgebenden Prämien ermittelt werden. [3]Die Genehmigung zur Pauschalierung wird mit Wirkung für die Zukunft erteilt und kann zeitlich befristet werden; sie erstreckt sich auf alle im Geltungszeitraum ausgeschütteten Prämien.

(4) Die pauschale Einkommensteuer gilt als Lohnsteuer und ist von dem Unternehmen in der Lohnsteuer-Anmeldung der Betriebsstätte im Sinne des Absatzes 3 anzumelden und spätestens am zehnten Tag nach Ablauf des für die Betriebsstätte maßgebenden Lohnsteuer-Anmeldungszeitraums an das Betriebsstättenfinanzamt abzuführen.

Anlage
zu § 37a EStG

Pauschalierung der Einkommensteuer durch Dritte gemäß § 37a EStG

Bundeseinheitlich geltende Regelung, für Bayern bekannt gegeben mit Schreiben des Bayerischen Staatsministeriums der Finanzen vom 21.10.1997 (Az.: 32 – S 2334 – 110/19 – 36228)

Zur Erfassung und Bewertung von Sachprämien im Sinne von § 37a EStG, die Lufttransportunternehmen ihren Kunden zum Zweck der Kundenbindung gewähren, gilt Folgendes:

1. Der Besteuerung unterliegen nur die tatsächlich in Anspruch genommenen Prämien und nicht bereits die Gutschriften von Bonuspunkten auf dem Prämienkonto.
2. Freiflüge sind grundsätzlich mit den jeweils für Mitarbeiterflüge maßgeblichen Flugkilometerwerten ohne Abschläge anzusetzen (s. gleich lautende Ländererlasse vom 22.12.1994, BStBl. I S. 926).*)
3. Upgrades können anhand des Punkte-/Meilenverbrauchs in einen Flugkilometerwert umgerechnet und mit dem Wert angesetzt werden, der sich für einen entsprechenden Mitarbeiterflug ergeben würde.
4. Wegen der schwierigen Feststellung des für Erlebnisprämien maßgeblichen üblichen Endpreises ist es aus Vereinfachungsgründen zulässig, die unter 3. dargestellte Bewertungsmethode auch auf Erlebnisprämien anzuwenden.

§ 37b EStG
Pauschalierung der Einkommensteuer bei Sachzuwendungen

(1) [1]Steuerpflichtige können die Einkommensteuer einheitlich für alle innerhalb eines Wirtschaftsjahres gewährten

1. betrieblich veranlassten Zuwendungen, die zusätzlich zur ohnehin vereinbarten Leistung oder Gegenleistung erbracht werden, und
2. Geschenke im Sinne des § 4 Absatz 5 Satz 1 Nummer 1,

---

*) Jetzt gleich lautender Ländererlass vom 26.9.2012 (BStBl. I S. 940), abgedruckt als Anlage 3 zu H 8.2 LStR.

die nicht in Geld bestehen, mit einem Pauschsteuersatz von 30 Prozent erheben. ²Bemessungsgrundlage der pauschalen Einkommensteuer sind die Aufwendungen des Steuerpflichtigen einschließlich Umsatzsteuer; bei Zuwendungen an Arbeitnehmer verbundener Unternehmen ist Bemessungsgrundlage mindestens der sich nach § 8 Absatz 3 Satz 1 ergebende Wert. ³Die Pauschalierung ist ausgeschlossen,

1. soweit die Aufwendungen je Empfänger und Wirtschaftsjahr oder
2. wenn die Aufwendungen für die einzelne Zuwendung den Betrag von 10 000 Euro übersteigen.

(2) ¹Absatz 1 gilt auch für betrieblich veranlasste Zuwendungen an Arbeitnehmer des Steuerpflichtigen, soweit sie nicht in Geld bestehen und zusätzlich zum ohnehin geschuldeten Arbeitslohn erbracht werden. ²In den Fällen des § 8 Absatz 2 Satz 2 bis 10, Absatz 3, § 40 Absatz 2 sowie in Fällen, in denen Vermögensbeteiligungen überlassen werden, ist Absatz 1 nicht anzuwenden; Entsprechendes gilt, soweit die Zuwendungen nach § 40 Absatz 1 pauschaliert worden sind. ³§ 37a Absatz 1 bleibt unberührt.

(3) ¹Die pauschal besteuerten Sachzuwendungen bleiben bei der Ermittlung der Einkünfte des Empfängers außer Ansatz. ²Auf die pauschale Einkommensteuer ist § 40 Absatz 3 sinngemäß anzuwenden. ³Der Steuerpflichtige hat den Empfänger von der Steuerübernahme zu unterrichten.

(4) ¹Die pauschale Einkommensteuer gilt als Lohnsteuer und ist von dem die Sachzuwendung gewährenden Steuerpflichtigen in der Lohnsteuer-Anmeldung der Betriebsstätte nach § 41 Absatz 2 anzumelden und spätestens am zehnten Tag nach Ablauf des für die Betriebsstätte maßgebenden Lohnsteuer-Anmeldungszeitraums an das Betriebsstättenfinanzamt abzuführen. ²Hat der Steuerpflichtige mehrere Betriebsstätten im Sinne des Satzes 1, so ist das Finanzamt der Betriebsstätte zuständig, in der die für die pauschale Besteuerung maßgebenden Sachbezüge ermittelt werden.

R 37b
Pauschalierung der Einkommensteuer bei Sachzuwendungen nach § 37b EStG
– unbesetzt –

H 37b
Hinweise zu R 37b

Sachzuwendungen an Arbeitnehmer

> BMF vom 29.4.2008 (BStBl. I S. 566)*)

Zur Pauschalierung der Kirchensteuer

> Gleich lautende Ländererlasse vom 28.12.2006 (BStBl. 2007 I S. 76)**)

Anlage 1
zu H 37b

Pauschalierung der Einkommensteuer bei Sachzuwendungen nach § 37b EStG

BMF-Schreiben vom 29.4.2008 (BStBl. I S. 566)***)

Mit dem Jahressteuergesetz 2007 vom 13. Dezember 2006 (BGBl. I 2006 S. 2878, BStBl. I 2007 S. 28) wurde mit § 37b EStG eine Regelung in das Einkommensteuergesetz eingefügt, die es dem zuwendenden Steuerpflichtigen ermöglicht, die Einkommensteuer auf Sachzuwendungen an Arbeitnehmer oder Nichtarbeitnehmer mit einem Steuersatz von 30 Prozent pauschal zu übernehmen und abzuführen. Zur Anwendung dieser Regelung gilt im Einvernehmen mit den obersten Finanzbehörden der Länder Folgendes:

I. Anwendungsbereich des § 37b EStG

1 Zuwendender i. S. d. § 37b EStG kann jede natürliche und juristische Person sein. Macht der Zuwendende von der Wahlmöglichkeit des § 37b EStG Gebrauch, so ist er Steuerpflichtiger i. S. d. § 33 AO. Ausländische Zuwendender und nicht steuerpflichtige juristische Personen des öffentlichen Rechts werden spätestens mit der Anwendung des § 37b EStG zu Steuerpflichtigen i. S. dieser Vorschrift.

2 Zuwendungsempfänger können eigene Arbeitnehmer des Zuwendenden sowie Dritte unabhängig von ihrer Rechtsform (z. B. AG's, GmbH's, Aufsichtsräte, Verwaltungsratsmitglieder, sonstige Organmitglieder von Vereinen und Verbänden, Geschäftspartner, deren Familienangehörige, Arbeitnehmer Dritter) sein.

3 Zuwendungen an eigene Arbeitnehmer sind Sachbezüge i. S. d. § 8 Abs. 2 Satz 1 EStG, für die keine gesetzliche Bewertungsmöglichkeit nach § 8 Abs. 2 Satz 2 bis 8, Abs. 3 und § 19a EStG sowie keine Pauschalierungsmöglichkeit nach § 40 Abs. 2 EStG besteht. Für sonstige Sachbezüge, die nach § 40 Abs. 1 EStG pauschaliert besteuert werden können, kann der Steuerpflichtige auch die Pauschalierung nach § 37b EStG wählen.

II. Wahlrecht zur Anwendung des § 37b EStG

1. Einheitlichkeit der Wahlrechtsausübung

4 Das Wahlrecht zur Anwendung der Pauschalierung der Einkommensteuer ist nach § 37b Abs. 1 Satz 1 EStG einheitlich für alle innerhalb eines Wirtschaftsjahres gewährten Zuwendungen, mit Ausnahme der die Höchstbeträge nach § 37b Abs. 1 Satz 3 EStG übersteigenden Zuwendungen, auszuüben. Dabei ist es zulässig, für Zuwendungen an Dritte (Absatz 1) und an eigene Arbeitnehmer (Absatz 2) § 37b EStG jeweils gesondert anzuwenden. Die Entscheidung zur Anwendung des § 37b EStG kann nicht zurück genommen werden.

5 Werden Zuwendungen an Arbeitnehmer verbundener Unternehmen i. S. d. §§ 15 ff. AktG oder § 271 HGB vergeben, fallen diese Zuwendungen in den Anwendungsbereich des § 37b Abs. 1 EStG und sind nach § 37b Abs. 1 Satz 2 EStG mindestens mit dem sich aus § 8 Abs. 3 Satz 1 EStG ergebenden Wert zu bemessen (Rabattgewährung an Konzernmitarbeiter). Es wird nicht beanstandet, wenn diese Zuwendungen an Arbeitnehmer verbundener Unternehmen individuell besteuert werden, auch wenn der Zuwendende für die übrigen Zuwendungen § 37b Abs. 1 EStG anwendet. Für die übrigen Zuwendungen ist das Wahlrecht einheitlich auszuüben.

6 Übt ein ausländischer Zuwendender das Wahlrecht zur Anwendung des § 37b EStG aus, sind die Zuwendungen, die unbeschränkt oder beschränkt Einkommen- oder Körperschaftsteuerpflichtigen im Inland gewährt werden, einheitlich zu pauschalieren.

2. Zeitpunkt der Wahlrechtsausübung

7 Die Entscheidung zur Anwendung der Pauschalierung kann für den Anwendungsbereich des § 37b Abs. 1 EStG auch im laufenden Wirtschaftsjahr, spätestens in der letzten Lohnsteuer-Anmeldung des Wirtschaftsjahres der Zuwendung getroffen werden. Eine Berichtigung der vorangegangenen einzelnen Lohnsteuer-Anmeldungen zur zeitgerechten Erfassung ist nicht erforderlich.

8 Für den Anwendungsbereich des § 37b Abs. 2 EStG ist die Entscheidung zur Anwendung der Pauschalierung spätestens bis zu dem für die Übermittlung der elektronischen Lohnsteuerbescheinigung geltenden Termin (§ 41b Abs. 1 Satz 2 EStG, 28. Februar des Folgejahres) zu treffen. Dieser Endtermin gilt auch, wenn ein Arbeitnehmer während des laufende Kalenderjahres ausscheidet. Ist eine Änderung des Lohnsteuerabzugs

---
*) Abgedruckt als Anlage 1 zu H 37b LStR.
**) Abgedruckt als Anlage 3 zu H 37b LStR.
***) **Anm. d. Verlages:**
Das Bundesministerium der Finanzen hat im Dezember 2014 den **Entwurf** eines neuen BMF-Schreibens zu Pauschalierung der Einkommensteuer bei Sachzuwendungen nach § 37b EStG den obersten Finanzbehörden der Länder sowie den Verbänden zur Stellungnahme übersandt. Mit einer Veröffentlichung des neuen BMF-Schreibens in der ersten Jahreshälfte 2015 kann gerechnet werden.

§ 37b EStG
R 37b

gemäß § 41c EStG zu Zeitpunkt der Ausübung des Wahlrechts nicht mehr möglich, so hat der Arbeitgeber dem Arbeitnehmer eine Bescheinigung über die Pauschalierung nach § 37b Abs. 2 EStG auszustellen. Die Korrektur des bereits individuell besteuerten Arbeitslohns kann der Arbeitnehmer dann nur noch im Veranlagungsverfahren begehren.

III. Bemessungsgrundlage

1. Begriffsbestimmung

9 Besteuerungsgegenstand sind Zuwendungen, die zusätzlich zur ohnehin vereinbarten Leistung oder zum ohnehin geschuldeten Arbeitslohn erbracht werden, die nicht in Geld bestehen und die nicht gesellschaftsrechtlich veranlasst sind. Verdeckte Gewinnausschüttungen (§ 8 Abs. 3 Satz 2 KStG, R 36 KStR) sind von der Pauschalierung nach § 37b EStG ausgenommen. Bei Zuwendungen an Dritte handelt es sich regelmäßig um Geschenke i. S. d. § 4 Abs. 5 Satz 1 Nr. 1 Satz 1 EStG oder Incentives (z. B. Reise oder Sachpreise aufgrund eines ausgeschriebenen Verkaufs- oder Außendienstwettbewerbs). Geschenke in diesem Sinne sind auch Nutzungsüberlassungen. Zuzahlungen des Zuwendungsempfängers ändern nicht den Charakter als Zuwendung; sie mindern lediglich die Bemessungsgrundlage. Zuzahlungen Dritter (z. B. Beteiligung eines anderen Unternehmers an der Durchführung einer Incentive-Reisen mindern die Bemessungsgrundlage hingegen nicht.

10 Sachzuwendungen, deren Anschaffungs- oder Herstellungskosten 10 Euro nicht übersteigen, sind bei der Anwendung des § 37b EStG als Streuwerbeartikel anzusehen und fallen daher nicht in den Anwendungsbereich der Vorschrift. Die Teilnahme an einer geschäftlich veranlassten Bewirtung i. S. d. § 4 Abs. 5 Satz 1 Nr. 2 EStG ist nicht in den Anwendungsbereich des § 37b EStG einzubeziehen (R 4.7 Abs. 3 EStR, R 8.1 Abs. 8 Nr. 1 LStR 2008)*).

11 Zuwendungen, die ein Arbeitnehmer von einem Dritten erhalten hat, können nicht vom Arbeitgeber, der nach § 38 Abs. 1 Satz 3 EStG zum Lohnsteuerabzug verpflichtet ist, nach § 37b EStG pauschal besteuert werden. Die Pauschalierung nach § 37b EStG kann nur der Zuwendende selbst vornehmen.

12 Gibt ein Steuerpflichtiger eine Zuwendung unmittelbar weiter, die dieser selbst unter Anwendung des § 37b EStG erhalten hat, entfällt eine erneute pauschale Besteuerung nach § 37b EStG, wenn der Steuerpflichtige hierfür keinen Betriebsausgabenabzug vornimmt.

13 In die Bemessungsgrundlage sind alle Zuwendungen einzubeziehen; es kommt nicht darauf an, dass sie beim Empfänger im Rahmen einer Einkunftsart zufließen (zu den Besonderheiten bei Zuwendungen an Arbeitnehmer siehe Tz. 3).**)

2. Bewertung der Zuwendungen

14 Nach § 37b Abs. 1 Satz 2 EStG sind die Zuwendungen mit den Aufwendungen des Steuerpflichtigen einschließlich Umsatzsteuer zu bewerten. Der Bruttobetrag kann aus Vereinfachungsgründen mit dem Faktor 1,19 aus dem Nettobetrag hochgerechnet werden. In die Bemessung sind alle tatsächlich angefallenen Aufwendungen einzubeziehen, die der jeweiligen Zuwendung direkt zugeordnet werden können. Soweit diese nicht direkt ermittelt werden können, weil sie Teil einer Gesamtleistung sind, ist der auf die jeweilige Zuwendung entfallende Anteil an den Gesamtaufwendungen anzusetzen, der ggf. im Wege der Schätzung zu ermitteln ist.

15 Die bestehenden Vereinfachungsregelungen, die zur Aufteilung der Gesamtaufwendungen für VIP-Logen in Sportstätten und in ähnlichen Sachverhalten ergangen sind, gelten unverändert (Rdnr. 14 und 19, BMF-Schreiben vom 22. August 2005, BStBl. I S. 845***) und vom 11. Juli 2006, BStBl. I S. 447). Der danach ermittelte, auf Geschenke entfallende pauschale Anteil stellt die Aufwendungen dar, die in die Bemessungsgrundlage nach § 37b EStG einzubeziehen sind. Die Vereinfachungsregelungen zur Übernahme der Besteuerung (Rdnrn. 16 und 18 des BMF-Schreibens vom 22. August 2005 und entsprechende Verweise im BMF-Schreiben vom 11. Juli 2006) sind ab dem 1. Januar 2007 nicht mehr anzuwenden.

16 Besteht die Zuwendung in der Hingabe eines Wirtschaftsgutes des Betriebsvermögens oder in der unentgeltlichen Nutzungsüberlassung und sind dem Zuwendenden keine oder nur unverhältnismäßig geringe Aufwendungen entstanden (z. B. zinslose Darlehensgewährung), ist als Bemessungsgrundlage für eine Besteuerung nach § 37b EStG der gemeine Wert anzusetzen.

3. Wirkungen auf bestehende Regelungen

Sachbezüge, die im ganz überwiegenden eigenbetrieblichen Interesse des Arbeitgebers gewährt werden sowie steuerfreie Sachbezüge, werden von § 37b Abs. 2 EStG nicht erfasst. Im Übrigen gilt Folgendes:

a) Sachbezugsfreigrenze

17 Wird die Freigrenze des § 8 Abs. 2 Satz 9 EStG in Höhe von 44 Euro nicht überschritten, liegt kein steuerpflichtiger Sachbezug vor. Bei der Prüfung der Freigrenze bleiben die nach § 8 Abs. 2 Satz 1 EStG zu bewertenden Vorteile, die nach §§ 37b und 40 EStG pauschal versteuert werden, außer Ansatz.

b) Mahlzeiten aus besonderem Anlass

18 Mahlzeiten aus besonderem Anlass (R 8.1 Abs. 8 Nr. 2 LStR 2008), die vom oder auf Veranlassung des Steuerpflichtigen anlässlich von Auswärtstätigkeiten an seine Arbeitnehmer abgegeben werden, können nach § 37b EStG pauschal besteuert werden, wenn der Wert der Mahlzeit 40 Euro****) übersteigt.

c) Aufmerksamkeiten

19 Zuwendungen des Steuerpflichtigen an seine Arbeitnehmer, die als bloße Aufmerksamkeiten (R 19.6 LStR 2008) anzusehen sind und deren jeweiliger Wert 40 Euro nicht übersteigt, gehören nicht zum Arbeitslohn und sind daher nicht in die Pauschalierung nach § 37b EStG einzubeziehen. Bei Überschreitung des Betrags von 40 Euro****) ist die Anwendung des § 37b EStG möglich.*****)

4. Zeitpunkt der Zuwendung

20 Die Zuwendung ist im Zeitpunkt der Erlangung der wirtschaftlichen Verfügungsmacht zu erfassen. Das ist bei Geschenken der Zeitpunkt der Hingabe (z. B. Eintrittskarte) und bei Nutzungen der Zeitpunkt der Inanspruchnahme (z. B. bei der Einladung zu einer Veranstaltungen der Zeitpunkt der Teilnahme). Es ist aber nicht zu beanstanden, wenn die Pauschalierung nach § 37b EStG bereits in dem Wirtschaftsjahr vorgenommen wird, in dem der Aufwand zu berücksichtigen ist.

5. Beträge nach § 37b Abs. 1 Satz 3 EStG

21 Die Beträge des § 37b Abs. 1 Satz 3 EStG i. H. v. 10 000 Euro sind auf die Bruttoaufwendungen anzuwenden. Bei dem Betrag nach § 37b Abs. 1 Satz 3 Nr. 1 EStG handelt es sich um einen Höchstbetrag (z. B. drei Zuwendungen im Wert von jeweils 4 000 Euro, § 37b EStG ist nicht nur für die ersten beiden Zuwendungen anwendbar, sondern auch die Hälfte der Aufwendungen für die dritte Zuwendung muss in die Pauschalbesteuerung einbezogen erden); bei dem Betrag nach § 37b Abs. 1 Satz 3 Nr. 2 EStG handelt es sich um eine Höchstgrenze (z. B. Zuwendung im Wert von 15 000 Euro, § 37b EStG ist auf diese Zuwendung nicht anwendbar). Wird die Höchstgrenze für eine Zuwendung überschritten, ist eine Pauschalierung für andere Zuwendungen an diesen Zuwendungsempfänger im Rahmen des § 37b Abs. 1 Satz 3 Nr. 1 EStG zulässig (z. B. drei Zuwendungen im Wert von 3 000 Euro, 5 000 Euro und 12 000 Euro,

---

*) Bei einer Incentive-Reise gehört allerdings auch der Teil der Brutto-Aufwendungen zur Bemessungsgrundlage nach § 37b EStG, der auf die Bewirtung entfällt.

**) Nach der Rechtsprechung des BFH ist die Pauschalbesteuerung nach § 37b EStG nur vorzunehmen, wenn die Sachzuwendung beim Empfänger zu steuerpflichtigen Einkünften führen würde (>BFH vom 16.10.2013, BFH/NV 2014 S. 399).

***) Abgedruckt als Anlage 3 zu H 37b LStR.

****) Ab 1.1.2015 = 60 Euro.

*****) Ab 1.1.2015 = 60 Euro. Die Regelung gilt entsprechend bei Sachzuwendungen bis zu 60 € an Geschäftsfreunde anlässlich eines besonderen persönlichen Ereignisses. Wegen des Betriebsausgabenabzugs solcher Zuwendungen > § 4 Abs. 5 Satz 1 Nr. 1 EStG.

die Aufwendungen für die Einzelzuwendung in Höhe von 12 000 Euro können nicht nach § 37b EStG pauschal besteuert werden, in die Pauschalbesteuerung sind indes die Aufwendungen für die beiden anderen Einzelzuwendungen von insgesamt 8 000 Euro einzubeziehen). Bei Zuzahlungen durch den Zuwendungsempfänger mindert sich der Wert der Zuwendung, auf den der Höchstbetrag/die Höchstgrenze anzuwenden ist.

IV. Verhältnis zu anderen Pauschalierungsvorschriften

1. Lohnsteuerpauschalierung mit Nettosteuersatz

22 Zum Zeitpunkt der Ausübung des Wahlrechts nach § 37b Abs. 2 EStG bereits nach § 40 Abs. 1 Satz 1 EStG durchgeführte Pauschalierungen müssen nicht rückgängig gemacht werden. Eine Änderung ist aber in den Grenzen der allgemeinen Regelungen zulässig; § 37b Abs. 2 EStG kann danach angewandt werden. Die Rückabwicklung eines nach § 40 Abs. 1 Satz 1 EStG pauschalierten Zuwendungsfalls muss für alle Arbeitnehmer einheitlich vorgenommen werden, die diese Zuwendung erhalten haben. Nach der Entscheidung zur Anwendung des § 37b EStG ist eine Pauschalierung nach § 40 Abs. 1 Satz 1 EStG für alle Zuwendungen, auf die § 37b EStG anwendbar ist, nicht mehr möglich.

2. Arbeitnehmer verbundener Unternehmen

23 Die Pauschalierung ist für Sachzuwendungen an Arbeitnehmer verbundener Unternehmen i. S. d. §§ 15 ff. AktG oder § 271 HGB zulässig, wenn die Voraussetzungen des § 37b Abs. 1 EStG erfüllt sind.

V. Steuerliche Behandlung beim Zuwendenden

1. Zuwendung

24 Die Aufwendungen für die Zuwendung sind nach allgemeinen steuerlichen Grundsätzen zu beurteilen; sie sind entweder in voller Höhe als Betriebsausgaben abziehbar (Geschenke an eigene Arbeitnehmer und Zuwendungen, die keine Geschenke sind) oder unter der Maßgabe des § 4 Abs. 5 Satz 1 Nr. 1 EStG beschränkt abziehbar. Die übrigen Abzugsbeschränkungen des § 4 Abs. 5 EStG, insbesondere des § 4 Abs. 5 Satz 1 Nr. 10 EStG sind ebenfalls zu beachten.

25 Bei der Prüfung der Freigrenze des § 4 Abs. 5 Satz 1 Nr. 1 Satz 2 EStG ist aus Vereinfachungsgründen allein auf den Betrag der Zuwendung abzustellen. Die übernommene Steuer ist nicht mit einzubeziehen.

2. Pauschalsteuer

26 Die Abziehbarkeit der Pauschalsteuer als Betriebsausgabe richtet sich danach, ob die Aufwendungen für die Zuwendung als Betriebsausgabe abziehbar sind.

VI. Steuerliche Behandlung beim Empfänger

27 Nach § 37b Abs. 3 Satz 1 EStG bleibt eine pauschal besteuerte Sachzuwendung bei der Ermittlung der Einkünfte des Empfängers außer Ansatz.

28 Besteht die Zuwendung in der Hingabe eines einzelnen Wirtschaftsgutes, das beim Empfänger Betriebsvermögen wird, gilt sein gemeiner Wert als Anschaffungskosten (§ 6 Abs 4 EStG). Rdnr. 12 ist zu beachten.

VII. Verfahren zur Pauschalierung der Einkommensteuer

1. Entstehung der Steuer

29 Für den Zeitpunkt der Entstehung der Steuer ist grundsätzlich der Zeitpunkt des Zuflusses der Zuwendung maßgeblich. Dabei ist nicht auf den Entstehungszeitpunkt der Einkommen- und Körperschaftsteuer beim Zuwendungsempfänger abzustellen.

2. Unterrichtung des Empfängers der Zuwendung

30 Nach § 37b Abs. 3 Satz 3 EStG hat der Zuwendende den Empfänger der Zuwendung über die Anwendung der Pauschalierung zu unterrichten. Eine besondere Form ist nicht vorgeschrieben.

31 Arbeitnehmer sind nach § 38 Abs. 4 Satz 3 EStG verpflichtet, ihrem Arbeitgeber die ihnen von Dritten gewährten Bezüge am Ende des Lohnzahlungszeitraumes anzuzeigen. Erhält der Arbeitnehmer erst im Nachhinein eine Mitteilung vom Zuwendenden über die Anwendung des § 37b EStG, kann bei bereits durchgeführter individueller Besteuerung eine Korrektur des Lohnsteuerabzugs vorgenommen werden, wenn die Änderung des Lohnsteuerabzugs beim Arbeitnehmer noch zulässig ist.

3. Aufzeichnungspflichten

32 Die bestehenden Aufzeichnungspflichten für Geschenke nach § 4 Abs. 5 Satz 1 Nr. 1 EStG bleiben unberührt (§ 4 Abs. 7 EStG, R 4.11 EStR). Besondere Aufzeichnungspflichten für die Ermittlung der Zuwendungen, für die § 37b EStG angewandt wird, bestehen nicht. Aus der Buchführung oder den Aufzeichnungen muss sich ablesen lassen, dass bei Wahlrechtsausübung alle Zuwendungen erfasst wurden und dass die Höchstbeträge nicht überschritten wurden. Nach § 37b EStG pauschal versteuerte Zuwendungen müssen nicht zum Lohnkonto genommen werden (§ 4 Abs. 2 Nr. 8 LStDV i. V. m. § 41 Abs. 1 EStG).

33 Aus Vereinfachungsgründen kann bei Zuwendungen bis zu einem Wert von jeweils 40 Euro davon ausgegangen werden, dass der Höchstbetrag nach § 37b Abs. 1 Satz 3 Nr. 1 EStG auch beim Zusammenfallen mit weiteren Zuwendungen im Wirtschaftsjahr nicht überschritten wird. Eine Aufzeichnung der Empfänger kann insoweit unterbleiben.*)

34 § 37b EStG kann auch angewendet werden, wenn die Aufwendungen beim Zuwendenden ganz oder teilweise unter das Abzugsverbot des § 160 AO fallen. Fallen mehrere Zuwendungen zusammen, bei denen § 160 AO zum Abzugsverbot der Aufwendungen führt, ist die Summe dieser Aufwendungen den Höchstbeträgen gegenüberzustellen.

4. Örtliche Zuständigkeit

35 Für ausländische Zuwendende ergeben sich die für die Verwaltung der Lohnsteuer zuständigen Finanzämter aus analoger Anwendung des H 41.3 LStH 2008 (wie ausländische Bauunternehmer).

5. Kirchensteuer

36 Für die Ermittlung der Kirchensteuer bei Anwendung des § 37b EStG ist in Rheinland-Pfalz nach dem Erlass des rheinland-pfälzischen Finanzministeriums vom 29. Dezember 2006 (BStBl. I 2007 S. 79) und in den übrigen Ländern nach den gleichlautenden Erlassen der obersten Finanzbehörden dieser Länder vom 28. Dezember 2006 (BStBl. I 2007 S. 76)**) zu verfahren.

6. Anrufungsauskunft

37 Für Sachverhalte zur Pauschalierung der Einkommensteuer bei Sachzuwendungen nach § 37b EStG kann eine Anrufungsauskunft i. S. d. § 42e EStG eingeholt werden.

VIII. Anwendungszeitpunkt

38 Nach Artikel 20 Abs. 6 des Jahressteuergesetzes 2007 tritt Artikel 1 Nr. 28 (§ 37b EStG) zum 1. Januar 2007 in Kraft. § 37b EStG ist daher erstmals auf Zuwendungen anzuwenden, die nach dem 31. Dezember 2006 gewährt werden.

39 Für Wirtschaftsjahre, die vor dem 1. Juli 2008 enden, kann das Wahlrecht zur Anwendung des § 37b EStG für diesen Zeitraum abweichend von Rdnr. 7 und 8 ausgeübt werden.

Anlage 2
zu H 37b

Zweifelsfragen bei Pauschalierung der Einkommensteuer nach § 37b EStG

Kurzinformation der OFD'en Münster und Rheinland vom 28.3.2012, Kurzinformation Lohnsteuer-Außendienst Nr. 02/2012

§ 37b EStG ermöglicht es dem zuwendenden Steuerpflichtigen, die Einkommensteuer auf Sachzuwendungen aus betrieblicher Veran-

---

*) Ab 1.1.2015 = 60 Euro.
**) Abgedruckt als Anlage 3 zu H 37b LStR.

§ 37b EStG
R 37b

lassung an Arbeitnehmer und Nichtarbeitnehmer pauschal mit 30 v. H. (zzgl. Annexsteuern) zu erheben. Besteuerungsgegenstand sind Zuwendungen, die zusätzlich zur ohnehin vereinbarten Leistung oder zum ohnehin geschuldeten Arbeitslohn erbracht werden, die nicht in Geld bestehen und die nicht gesellschaftsrechtlich veranlasst sind. Im Rahmen von Lohnsteueraußenprüfungen sind seit Einführung immer wieder Zweifelsfragen im Zusammenhang mit der Auslegung der Rechtsnorm aufgetreten.

Die zu diesem Bereich bisher auf Bund-Länder-Ebene erörterten Sachverhalte, sowie weitere Einzelfälle aus der Praxis werden in der vorliegenden Kurzinformation zusammengefasst. Zur besseren Übersicht orientiert sich der Aufbau dieser Kurzinformation an dem BMF-Schreiben vom 29.4.2008 (BStBl. I S. 566)*). Die Kurzinformationen für den Lohnsteuer-Außendienst Nr. 01 und 02/2009, 02/2011 sowie die Verfügung vom 4.11.2009 (OFD Rheinland S 2334 – 1011 – St 213) und vom 5.8.2010 (OFD Münster S 2372 – 24 – St 22 – 31) werden hiermit aufgehoben.

Anwendungsbereich des § 37b EStG
Zuwendender

Zuwendender i. S. des § 37b EStG kann jede natürliche und juristische Person sein. Macht der Zuwendende von der Wahlmöglichkeit des § 37b EStG Gebrauch, so ist er Steuerpflichtiger i. S. des § 33 AO.

Eine Pauschalierung der Einkommensteuer nach § 37b EStG ist auch bei Körperschaften des öffentlichen Rechts und damit auch bei Kommunen möglich. Nach der Intention des Gesetzes sollen jedoch von der Pauschalierungsvorschrift nur die Fälle erfasst werden, in denen Steuerpflichtige aus betrieblicher Veranlassung Sachzuwendungen an Arbeitnehmer sowie an Personen tätigen, die zu ihnen nicht in einem Dienstverhältnis stehen. Deshalb fallen Sachzuwendungen, die eine juristische Person des öffentlichen Rechts an Nichtarbeitnehmer leistet und die durch die „hoheitliche Tätigkeit" veranlasst sind, nicht in den Anwendungsbereich des § 37b Abs. 1 Satz 1 EStG. Befindet sich unter den Jubilaren ein Arbeitnehmer der juristischen Person des öffentlichen Rechts, fällt die Zuwendung dennoch in den hoheitlichen Bereich, wenn die Geschenke unabhängig von der Arbeitnehmereigenschaft allen Bürgerinnen und Bürgern zugewendet werden.

Sachverhalt:
Eine Gemeinde schenkt jedem Jubilar zum 80. Geburtstag einen Präsentkorb im Wert von 50 €; zur Goldenen Hochzeit wird jeweils ein Blumenstrauß überreicht.

Ergebnis:
Entscheidet sich z. B. eine Kommune für die Pauschalierung der Einkommensteuer nach § 37b Abs. 1 EStG, ist deshalb für jede Sachzuwendung nach dem zugrunde liegenden Veranlassungs-, Verursachungs- und Motivationshintergrund zu fragen. So kann es sich einerseits um Zuwendungen an Gemeindemitglieder im hoheitlichen Bereich handeln, die nicht der Pauschalierung nach § 37b Abs. 1 EStG unterliegen. Andererseits können Zuwendungen an Personen vorliegen, mit denen die Gemeinde in Geschäftsbeziehungen steht (Auftragnehmer der Gemeinde); in diesen Fällen ist die Regelung des § 37b Abs. 1 EStG anzuwenden.

Zu beachten ist, dass ein Betrieb gewerblicher Art als Bestandteil der juristischen Person des öffentlichen Rechts ein eigenständiger Steuerpflichtiger ist. Die Ausübung des Wahlrechts zur Anwendung des § 37b EStG durch einen Betrieb gewerblicher Art bindet nicht auch den hoheitlichen Bereich und den Bereich der Vermögensverwaltung einer Kommune. Die Anwendung des § 37b EStG durch die Kommune selbst wird dadurch nicht ausgeschlossen.

Zeitpunkt der Wahlrechtsausübung
Bindungswirkung bei abweichendem Wirtschaftsjahr

Die Entscheidung zur Anwendung der Pauschalierung kann für den Anwendungsbereich des § 37b Abs. 1 EStG auch im laufenden Wirtschaftsjahr, spätestens in der letzten Lohnsteuer-Anmeldung des Wirtschaftsjahres der Zuwendung getroffen werden. Für den Anwendungsbereich des § 37b Abs. 2 EStG ist die Entscheidung zur Anwendung der Pauschalierung spätestens bis zu dem für die Übermittlung der elektronischen Lohnsteuerbescheinigung geltenden Termin (§ 41b Abs. 1 Satz 2 EStG, 28. Februar des Folgejahres) zu treffen.

Sachverhalt:
Ein abweichendes Wirtschaftsjahr besteht zum Beispiel vom 1. August 2008 bis zum 31. Juli 2009.

Ergebnis:
Für die Sachzuwendungen an eigene Arbeitnehmer kann das Wahlrecht (Rdnr. 4 des BMF-Schrb. v. 29.4.2008, BStBl. I S. 566)*) zur Anwendung der Pauschalierung spätestens bis zu dem für die Übermittlung der elektronischen Lohnsteuerbescheinigung maßgeblichen Termin (28. Februar des Folgejahres) ausgeübt werden. Dies ist in dem Beispiel der 28.2.2009 für die Sachzuwendungen des Kalenderjahres 2008. Für den Personenkreis der eigenen Arbeitnehmer gilt bei einem abweichenden Wirtschaftsjahr die kalenderjährliche Betrachtungsweise. Das Wahlrecht wird also ausschließlich für die im Kalenderjahr 2008 ausgegebenen Sachzuwendungen ausgeübt und erstreckt sich nicht auch noch auf das Kalenderjahr 2009. Für das Kalenderjahr 2009 kann das Wahlrecht erneut ausgeübt werden. Für den Personenkreis der Geschäftsfreunde gilt die wirtschaftsjährliche Betrachtungsweise, das heißt das ausgeübte Wahlrecht erstreckt sich auch über das Kalenderjahr hinaus.

Pauschalierungswahlrecht nach Ablauf des maßgebenden Wahlrechtszeitpunkts

Nach § 37b Abs. 4 Satz 1 EStG gilt die pauschale Einkommensteuer als Lohnsteuer und ist von dem die Sachzuwendungen gewährenden Steuerpflichtigen in der Lohnsteueranmeldung anzumelden. Eine Ausschlussfrist, bis zu welchem Zeitpunkt die pauschale Einkommensteuer spätestens anzumelden ist, ist in § 37b EStG nicht genannt.

Für den Anwendungsbereich des § 37b Abs. 1 EStG (Dritte) ergibt sich auch aus dem BMF-Schreiben vom 29.4.2008 (BStBl. I S. 566, Rz. 7)*) eine solche Frist nicht. Dort ist lediglich ausgesagt, die Entscheidung zur Anwendung der Pauschalierung ist spätestens in der letzten Lohnsteuer-Anmeldung des Wirtschaftsjahres der Zuwendung zu treffen. In der letzten Lohnsteuer-Anmeldung wird die Entscheidung auch dann getroffen, wenn für den letzten Lohnsteuer-Anmeldungszeitraum eine geänderte Lohnsteuer-Anmeldung abgegeben wird, solange das verfahrensrechtlich (§ 168 Satz 1, § 164 Abs. 2 AO) noch möglich ist.

Für den Anwendungsbereich des § 37b Abs. 2 EStG (eigene Arbeitnehmer) ist die Entscheidung zur Anwendung der Pauschalierung spätestens bis zu dem für die Übermittlung der elektronischen Lohnsteuerbescheinigung geltenden Termin (§ 41b Abs. 1 Satz 2 EStG, 28. Februar des Folgejahres) zu treffen.

In den Fällen, in denen bisher noch keinerlei Sachzuwendungen an eigene Arbeitnehmer pauschal besteuert wurden und entsprechende Sachverhalte im Rahmen einer Lohnsteuer-Außenprüfung entdeckt werden, kann das Wahlrecht (erstmalig) noch ausgeübt werden und die Sachzuwendungen können nach § 37b Abs. 2 EStG pauschal besteuert werden.

Wenn andere Zuwendungen bereits nach § 37b Abs. 2 EStG pauschaliert wurden, muss bei neu aufgedeckten Sachverhalten die Pauschalierung nach § 37b EStG angewendet werden. Der Arbeitgeber hat insoweit das Wahlrecht bereits ausgeübt.

In den Fällen, in denen Sachzuwendungen bisher individuell besteuert wurden, also die Pauschalierung nach § 37b Abs. 2 EStG zum maßgeblichen Wahlrechtszeitpunkt nicht gewählt wurde, können neu aufgedeckte Sachverhalte ebenfalls nicht mehr nach § 37b Abs. 2 EStG pauschal besteuert werden.

Bemessungsgrundlage
1. Begriffsbestimmung

In den Anwendungsbereich nach § 37b EStG fallen u. a. Sachzuwendungen, die zusätzlich zur ohnehin vereinbarten Leistungen erbracht werden. Die Anwendbarkeit des § 37b Abs. 1 EStG erfordert, dass zwischen dem Zuwendenden und dem Leistungsempfänger eine Leistung oder Gegenleistung (Grundgeschäft) vereinbart ist, die Zuwendung in einem hinreichend konkreten Zusammenhang mit diesem Grundgeschäft steht und die Zuwendung zusätzlich (also freiwillig) zur geschuldeten Leistung oder Gegenleistung hinzukommt. Die durch den BFH aufgestellten Rechtsgrundsätze

---
*) Abgedruckt als Anlage 1 zu H 37b LStR.

(BFH-Urteile vom 11.11.2010, BStBl. 2011 II S. 383, 386 und 389) zur Abgrenzung zwischen Barlohn und Sachlohn sind auch bei Zuwendungen an eigene Arbeitnehmer und Dritte ins Zusammenhang mit der Pauschalierung der Einkommensteuer bei Sachzuwendungen nach § 37b EStG anzuwenden. Auf die zur Abgrenzung zwischen Bar- und Sachlohn bei Gutscheinen und Einkaufsberechtigungen ergangene gemeinsame Verfügung der OFD Rheinland und Münster vom 17.5.2011 (OFD Rheinland S 2334 – 1026 – St 212; OFD Münster S 2334 – 10 – St 22 – 31)*) wird verwiesen.

2. Einzelfälle

Sachverhalt 1:

Ein Versorgungsunternehmen hat seinen Kunden Sachzuwendungen und Gutscheine im Rahmen von Tombolas, Preisausschreiben und Gewinnspielen zugewendet. Der Kunde erwirbt mit Abschluss des Vertrags über die Versorgungsleistung jedoch keinen Anspruch auf die Gewährung von Sachzuwendungen.

Ergebnis:

Diese Leistungen werden zusätzlich im Rahmen eines bestehenden Vertragsverhältnisses erbracht. Die Voraussetzungen des § 37b Abs. 1 Nr. 1 EStG liegen vor.

Sachverhalt 2:

Ein Unternehmen führt eine Aktion unter dem Motto „Einkaufen – Punkte sammeln – Prämie aussuchen" durch. Hierbei wird jedem Kunden, der sich für die Teilnahme an der Aktion entschieden hat, pro 10 € Einkauf ein Punkt gutgeschrieben. Je nach Höhe der erlangten Punkte erhält der Kunde eine Prämie. Er erhält z. B. bei 25 Punkten wahlweise einen Waschstraßengutschein oder eine Isolierkanne, bei 50 Punkten einen USB-Stick oder eine elektrische Zahnbürste.

Ergebnis:

Sobald der Kunde sich für die Teilnahme an einem Bonusprogramm entscheidet, wird damit die Ausgabe der Punkte zum Bestandteil der Leistung des leistenden Unternehmers. Die Hingabe der Prämie stellt nur noch die Folge dar. Eine zusätzliche Leistung ist weder in der Gutschrift der Punkte, noch in der Hingabe der Prämie zu sehen. § 37b EStG findet in diesen Fällen somit keine Anwendung.

Sachverhalt 3:

Ein Unternehmen (A) gewährt seinen Arbeitnehmern und Unternehmen im Konzernverbund (Dritte) im Rahmen von Wettbewerben für bestimmte Leistungen Punkte, die diese gegen Prämien eintauschen können. Das Unternehmen wendet § 37b EStG an. Nun wollen die Dritten, deren eigene Arbeitnehmer bereits an dem Punktesystem teilnehmen, eigene Wettbewerbe starten und durch zusätzliche Punkte, die im Rahmen des Programms nutzbar sind, vergüten. Die Kosten werden durch einen Zuschuss durch die Dritten getragen. Das Unternehmen (A) will § 37b EStG für alle Zuwendungen anwenden.

Ergebnis:

Zuwendungen aufgrund eines Verkaufs- oder Mitarbeiterwettbewerbs fallen in der Regel in den Anwendungsbereich des § 37b EStG. In dem Sachverhalt liegt ein Anwendungsfall des § 37b Abs. 1 Satz 1 Nr. 1 EStG vor. Die Pauschalierung ist insgesamt von dem zuwendenden Unternehmen A durchzuführen (Rdnr. 11 des BMF-Schreibens vom 29.4.2008, BStBl. I S. 566)**). Die Zuzahlungen der Dritten mindern die Bemessungsgrundlage nicht (Rz. 9 des BMF-Schreibens vom 29.4.2008, BStBl. I S. 566)**).

Sachverhalt 4:

Ein Unternehmen schließt mit einem Großkunden einen Vertrag, nach dem dessen Arbeitnehmern bei Kauf eines Wirtschaftsgutes vom Unternehmen ein besonderer Rabatt gewährt wird.

Ergebnis:

Bei der Einräumung dieses Vorteils handelt es sich weder um ein Geschenk i. S. von § 4 Abs. 5 Satz 1 Nr. 1 EStG i. V. m. R 4.10 Abs. 4 Satz 4 EStR (ohne rechtliche Verpflichtung) noch um eine zusätzlich erbrachte Leistung in Bezug auf das Vertragsverhältnis Unternehmer/Arbeitnehmer des Großkunden. Es liegt kein Anwendungsfall des § 37b EStG vor. Im vorliegenden Sachverhalt liegt vielmehr eine Arbeitslohnzahlung von dritter Seite vor (§ 38 Abs. 1 Satz 3 EStG).

3. Streuwerbeartikel

Nicht besteuert werden nach der Gesetzesbegründung (BT-Drs. 16/2712, S. 55) – unabhängig von der Höhe der Zuwendung – auch weiterhin Streuwerbeartikel und geringwertige Warenproben, die nicht den Geschenkbegriff des § 4 Abs. 5 Satz 1 Nr. 1 Satz 1 EStG erfüllen. Streuwerbeartikel sind Werbemittel die durch ihre breite Streuung eine Vielzahl von Menschen erreichen und damit den Bekanntheitsgrad des Unternehmens steigern.

Sachzuwendungen, deren Anschaffungs- oder Herstellungskosten 10 € nicht übersteigen, sind bei der Anwendung des § 37b EStG als Streuwerbeartikel anzusehen und fallen daher nicht in den Anwendungsbereich der Vorschrift. Bei der Prüfung der 10-Euro-Grenze ist auf den Wert des einzelnen Werbeartikels abzustellen, auch wenn ein Zuwendungsempfänger mehrere Artikel erhält. Besteht der einzelne Werbeartikel aus einer Sachgesamtheit (Beispiel: ein Etui mit zwei Kugelschreibern im Wert von jeweils 6 €), ist für die Prüfung der 10-Euro-Grenze naturgemäß auf den Wert der Sachgesamtheit abzustellen. Die Umsatzsteuer ist für die Prüfung der 10-Euro-Grenze den Anschaffungs- bzw. Herstellungskosten dann hinzuzurechnen, wenn der Abzug als Vorsteuer ohne Berücksichtigung des § 15 Abs. 1a UStG ausgeschlossen ist (§ 9b Abs. 1 EStG im Umkehrschluss, R 9b Abs. 2 Satz 3 EStR, H 9b „Freigrenze für Geschenke nach § 4 Abs. 5 Satz 1 Nr. 1 EStG").

4. Umfang der pauschal zu besteuernden Sachzuwendungen an Empfänger***)

In die Bemessungsgrundlage sind alle Zuwendungen einzubeziehen; es kommt nicht darauf an, dass sie beim Empfänger im Rahmen einer Einkunftsart zufließen. Danach sind sowohl die Zuwendungen in die Bemessungsgrundlage nach § 37b EStG einzubeziehen, die an Arbeitnehmer und Dritte geleistet werden, die im Inland weder beschränkt noch unbeschränkt einkommensteuerpflichtig sind, als auch sämtliche Geschenke i. S. des § 4 Abs. 5 Satz 1 Nr. 1 Satz 1 EStG, unabhängig davon, ob der Zuwendende die Geschenkaufwendung als Betriebsausgabe abziehen darf.

Hinweis auf anhängige Verfahren:

Urteil FG Düsseldorf vom 6.10.2011, 8 K 4098 10 L

Das FG Düsseldorf hat entschieden; dass die Sachzuwendungen an nicht der Besteuerung im Inland unterliegenden Empfänger von der Pauschalsteuer nicht zu erfassen sind. Nach Auffassung des FG ist die Berechnung der Lohnsteuer durch das Finanzamt unter Einbeziehung der Zuwendungen an die ausländischen Empfänger rechtswidrig und verletzt die Klägerin in ihren Rechten. Die Pauschalierung der Lohnsteuer nach § 37b EStG bezwecke lediglich eine Vereinfachung der Besteuerung. Einer derartigen Vereinfachung bedürfe es aber nicht, wenn die Zuwendungen nicht zu den im Inland zu besteuernden Einkünften gehörten.

Gegen diese Entscheidung wurde Revision eingelegt (Az. des BFH: VI R 57/11).****)

Urteil FG Hamburg vom 20.9.2011, 2 K 41/11

§ 37b EStG findet auch auf Sachzuwendungen und Geschenke an Nichtarbeitnehmer im Wert zwischen 10 € und 35 € Anwendung. § 37b Abs. 1 Nr. 2 EStG verweist auf Geschenke i. S. des § 4 Abs. 5 Satz 1 Nr. 1 EStG und differenziert nicht danach, ob dem Zuwendenden der Betriebsausgabenabzug zusteht. Es ist daher nicht relevant für die Pauschalierung gemäß § 37b EStG, ob ein Betriebsausgabenabzug beim Zuwendenden zulässig ist, denn auch soweit ein Betriebsausgabenabzug nicht erfolgen kann, liegt ein Geschenk i. S. des § 37b EStG wie auch im zivilrechtlichen Verständnis vor.

Gegen diese Entscheidung wurde Revision eingelegt (Az. des BFH: VI R 52/11).*****)

---

*) Abgedruckt als Anlage 2 zu H 8.1 (1–4) LStR.
**) Abgedruckt als Anlage 1 zu H 37b LStR.
***) Nach der Rechtsprechung des BFH ist die Pauschalbesteuerung nach § 37b EStG nur vorzunehmen, wenn die Sachzuwendung beim Empfänger zu steuerpflichtigen Einkünften führen würde (>BFH vom 16.10.2013, BFH/NV 2014 S. 399).
****) Vgl. BFH vom 16.10.2013, BFH/NV 2014, S. 399.
*****) Vgl. BFH vom 16.10.2013, BFH/NV 2014, S. 397.

§ 37b EStG
R 37b

5. Bewertung der Zuwendungen

Nach § 37b Abs. 1 Satz 2 EStG sind Bemessungsgrundlage der pauschalen Einkommensteuer die Aufwendungen des Steuerpflichtigen einschließlich Umsatzsteuer. Besteht die Zuwendung aber in der Hingabe eines Wirtschaftsgutes des Betriebsvermögens oder in einer unentgeltlichen Nutzungsüberlassung und sind dem Zuwendenden keine oder nur unverhältnismäßig geringe Aufwendungen entstanden, ist als Bemessungsgrundlage für eine Besteuerung nach § 37b EStG der gemeine Wert anzusetzen.

Sachverhalt:

Die Zuwendung einer Eintrittskarte beinhaltet die kostenlose Hingabe eines Rechts, an einer bestimmten Veranstaltung teilzunehmen. Soweit dieses Recht selbst geschaffen wurde und zur Veräußerung bestimmt ist, handelt es sich um ein immaterielles Wirtschaftsgut des Umlaufvermögens. Damit fällt die Zuwendung von Eintrittskarten grundsätzlich unter die erste Fallgruppe der Rdnr. 16 des BMF-Schreibens vom 29.4.2008 (BStBl. I S. 566)*) der Hingabe eines Wirtschaftsgutes des Betriebsvermögens.

Ergebnis:

Die Aufwendungen für diesen Eintrittskarten entsprechen in diesen Fällen den anteiligen Herstellungskosten. Dazu zählen alle Aufwendungen, die mit der Organisation und Ausrichtung der Veranstaltung in Zusammenhang stehen und keinem anderen besonderen Zweck oder Wirtschaftsgut zugeordnet werden können (Rdnr. 14 des BMF-Schreibens vom 29.4.2008, BStBl. I S. 566)*). Da diese Aufwendungen im Regelfall nicht unverhältnismäßig gering sind, ist im jeweiligen Einzelsachverhalt zu prüfen, ob als Bemessungsgrundlage für die Anwendung des § 37b EStG die Aufwendungen anzusetzen sind, die der einzelnen Karte (ggf. im Schätzungswege) zugeordnet werden können, oder aber der gemeine Wert anzusetzen ist.

Wirkung auf bestehende Regelungen:

Aufmerksamkeiten:

Sachbezüge, die im ganz überwiegenden eigenbetrieblichen Interesse des Arbeitgebers gewährt werden, sowie steuerfreie Sachbezüge, werden von § 37b Abs. 2 EStG nicht erfasst. Entsprechend werden Zuwendungen des Steuerpflichtigen an seine Arbeitnehmer, die als bloße Aufmerksamkeiten (R 19.6 LStR 2011) anzusehen sind und deren Wert 40 €**) nicht übersteigen, nicht in die Pauschalierung nach § 37b EStG einbezogen. Gleiches gilt auch für Zuwendungen des Steuerpflichtigen i. S. vom R 19.6 LStR 2011 an Dritte.

Kontrollmitteilungen:

Die Pauschalsteuer nach § 37b EStG gilt per gesetzlicher Fiktion als Lohnsteuer (§ 37b Abs. 4 Satz 1 EStG). § 37b EStG gehört grundsätzlich zum sachlichen Prüfungsumfang einer Lohnsteuer-Außenprüfung. Hat der Arbeitgeber das Wahlrecht nach § 37b EStG ausgeübt, liegt in diesen Fällen auch das förmliche Prüfungsrecht bei der Lohnsteuer-Außenprüfung.

Anlage 3
zu H 37b

Kirchensteuer bei Pauschalierung der Einkommensteuer nach § 37b EStG

Gleich lautende Ländererlasse vom 28.12.2006 (BStBl. 2007 I S. 76)***)

Steuerpflichtige, die Sachzuwendungen nach Maßgabe des § 37b EStG gewähren, können die darauf entfallende Einkommensteuer mit einem Pauschsteuersatz von 30 % abgeltend erheben.

Die pauschale Einkommensteuer gilt als Lohnsteuer und ist von dem die Sachzuwendung gewährenden Steuerpflichtigen in der Lohnsteuer-Anmeldung anzugeben und an das Betriebsstättenfinanzamt abzuführen. In gleicher Weise ist auch hinsichtlich der zu entrichtenden Kirchensteuer zu verfahren. Bei der Erhebung der Kirchensteuer kann der Steuerpflichtige zwischen einem vereinfachten Verfahren und einem Nachweisverfahren wählen. Diese Wahl kann für jeden Lohnsteuer-Anmeldungszeitraum unterschiedlich getroffen werden. Im Einzelnen gilt Folgendes:

1. Entscheidet sich der Steuerpflichtige für die **Vereinfachungsregelung,** hat er für sämtliche Empfänger von Zuwendungen Kirchensteuer zu entrichten. Dabei ist ein ermäßigter Steuersatz anzuwenden, der in pauschaler Weise dem Umstand Rechnung trägt, dass nicht alle Empfänger Angehörige einer steuererhebenden Religionsgemeinschaft sind.

   Die im vereinfachten Verfahren ermittelten Kirchensteuern sind in der Lohnsteuer-Anmeldung bei Kennzahl 47 gesondert anzugeben. Die Aufteilung auf die steuererhebenden Religionsgemeinschaften wird von der Finanzverwaltung übernommen.

2. a) Macht der Steuerpflichtige Gebrauch von der ihm zustehenden **Nachweismöglichkeit,** dass einzelne Empfänger keiner steuererhebenden Religionsgemeinschaft angehören, kann er hinsichtlich dieser Empfänger von der Entrichtung der auf die pauschale Einkommensteuer entfallenden Kirchensteuer absehen; für die übrigen Empfänger ist der allgemeine Kirchensteuersatz anzuwenden.

   b) Als Nachweis über das Religionsbekenntnis bzw. die Nichtzugehörigkeit zu einer steuererhebenden Religionsgemeinschaft genügt eine Erklärung nach beigefügtem Muster. Die Erklärung des Empfängers muss vom Steuerpflichtigen aufbewahrt werden. Bei Arbeitnehmern des Steuerpflichtigen ist die Religionszugehörigkeit anhand des in den Lohnkonten aufzuzeichnenden Religionsbekenntnisses zu ermitteln.

   c) Kann der Steuerpflichtige bei einzelnen Empfängern die Religionszugehörigkeit nicht ermitteln, kann er aus Vereinfachungsgründen die gesamte pauschale Einkommensteuer im Verhältnis der kirchensteuerpflichtigen zu den nicht kirchensteuerpflichtigen Empfängern aufteilen; der auf die kirchensteuerpflichtigen Empfänger entfallende Anteil ist Bemessungsgrundlage für die Anwendung des allgemeinen Kirchensteuersatzes. Die so ermittelte Kirchensteuer ist im Verhältnis der Konfessions- bzw. Religionszugehörigkeit der kirchensteuerpflichtigen Empfänger aufzuteilen.

   Die im Nachweisverfahren ermittelten Kirchensteuern sind in der Lohnsteuer-Anmeldung unter der jeweiligen Kirchensteuer-Kennzahl (z. B. 61, 62) anzugeben.

3. Die Höhe der Kirchensteuersätze ergibt sich sowohl bei Anwendung der Vereinfachungsregelung (Nr. 1) als auch im Nachweisverfahren (Nr. 2) aus den Kirchensteuerbeschlüssen der steuererhebenden Religionsgemeinschaften. Die in den jeweiligen Ländern geltenden Regelungen werden für jedes Kalenderjahr im Bundessteuerblatt Teil I veröffentlicht.

4. Dieser Erlass ist erstmals für Sachzuwendungen anzuwenden, die nach dem 31. Dezember 2006 gewährt werden.

Muster

Erklärung gegenüber dem Betriebsstättenfinanzamt zur Religionszugehörigkeit für die Erhebung der pauschalen Einkommensteuer nach § 37b Abs. 4 EStG

Finanzamt ....

Steuerpflichtiger:
Name der Firma ....

Anschrift: ....

Empfänger der Zuwendung
Name, Vorname ....

Anschrift: ....

Ich, der vorbezeichnete Empfänger einer Zuwendung, erkläre, dass ich

☐ keiner Religionsgemeinschaft angehöre, die Kirchensteuer erhebt.

☐ der .... angehöre
(z. B. der Evangelischen oder Katholischen Kirche, Jüdischen Gemeinde etc.)

---

*) Abgedruckt als Anlage 1 zu H 37b LStR.
**) Ab 1.1.2015 = 60 €.
***) Für Rheinland-Pfalz: Erlass vom 29.10.2008 (BStBl. 2009 I S. 332).

Ich versichere, die Angaben in dieser Erklärung wahrheitsgemäß nach bestem Wissen und Gewissen gemacht zu haben. Mir ist bekannt, dass die Erklärung als Grundlage für das Besteuerungsverfahren dient.

....
Ort, Datum   Unterschrift des Zuwendungsempfängers

Diese Erklärung ist vom Zuwendenden aufzubewahren.

§ 38 EStG
Erhebung der Lohnsteuer

(1) ¹Bei Einkünften aus nichtselbständiger Arbeit wird die Einkommensteuer durch Abzug vom Arbeitslohn erhoben (Lohnsteuer), soweit der Arbeitslohn von einem Arbeitgeber gezahlt wird, der

1. im Inland einen Wohnsitz, seinen gewöhnlichen Aufenthalt, seine Geschäftsleitung, seinen Sitz, eine Betriebsstätte oder einen ständigen Vertreter im Sinne der §§ 8 bis 13 der Abgabenordnung hat (inländischer Arbeitgeber) oder
2. einem Dritten (Entleiher) Arbeitnehmer gewerbsmäßig zur Arbeitsleistung im Inland überlässt, ohne inländischer Arbeitgeber zu sein (ausländischer Verleiher).

²Inländischer Arbeitgeber im Sinne des Satzes 1 ist in den Fällen der Arbeitnehmerentsendung auch das in Deutschland ansässige aufnehmende Unternehmen, das den Arbeitslohn für die ihm geleistete Arbeit wirtschaftlich trägt; Voraussetzung hierfür ist nicht, dass das Unternehmen dem Arbeitnehmer den Arbeitslohn im eigenen Namen und für eigene Rechnung auszahlt. ³Der Lohnsteuer unterliegt auch der im Rahmen des Dienstverhältnisses von einem Dritten gewährte Arbeitslohn, wenn der Arbeitgeber weiß oder erkennen kann, dass derartige Vergütungen erbracht werden; dies ist insbesondere anzunehmen, wenn Arbeitgeber und Dritter verbundene Unternehmen im Sinne von § 15 des Aktiengesetzes sind.

(2) ¹Der Arbeitnehmer ist Schuldner der Lohnsteuer. ²Die Lohnsteuer entsteht in dem Zeitpunkt, in dem der Arbeitslohn dem Arbeitnehmer zufließt.

(3) ¹Der Arbeitgeber hat die Lohnsteuer für Rechnung des Arbeitnehmers bei jeder Lohnzahlung vom Arbeitslohn einzubehalten. ²Bei juristischen Personen des öffentlichen Rechts hat die öffentliche Kasse, die den Arbeitslohn zahlt, die Pflichten des Arbeitgebers. ³In den Fällen der nach § 7f Absatz 1 Satz 1 Nummer 2 des Vierten Buches Sozialgesetzbuch an die Deutsche Rentenversicherung Bund übertragenen Wertguthaben hat die Deutsche Rentenversicherung Bund bei Inanspruchnahme des Wertguthabens die Pflichten des Arbeitgebers.

(3a) ¹Soweit sich aus einem Dienstverhältnis oder einem früheren Dienstverhältnis tarifvertragliche Ansprüche des Arbeitnehmers auf Arbeitslohn unmittelbar gegen einen Dritten mit Wohnsitz, Geschäftsleitung oder Sitz im Inland richten und von diesem durch die Zahlung von Geld erfüllt werden, hat der Dritte die Pflichten des Arbeitgebers. ²In anderen Fällen kann das Finanzamt zulassen, dass ein Dritter mit Wohnsitz, Geschäftsleitung oder Sitz im Inland die Pflichten des Arbeitgebers im eigenen Namen erfüllt. ³Voraussetzung ist, dass der Dritte

1. sich hierzu gegenüber dem Arbeitgeber verpflichtet hat,
2. den Lohn auszahlt oder er nur Arbeitgeberpflichten für von ihm vermittelte Arbeitnehmer übernimmt und
3. die Steuererhebung nicht beeinträchtigt wird.

⁴Die Zustimmung erteilt das Betriebsstättenfinanzamt des Dritten auf dessen Antrag im Einvernehmen mit dem Betriebsstättenfinanzamt des Arbeitgebers; sie darf mit Nebenbestimmungen versehen werden, die die ordnungsgemäße Steuererhebung sicherstellen und die Überprüfung des Lohnsteuerabzugs nach § 42f erleichtern sollen. ⁵Die Zustimmung kann mit Wirkung für die Zukunft widerrufen werden. ⁶In den Fällen der Sätze 1 und 2 sind die das Lohnsteuerverfahren betreffenden Vorschriften mit der Maßgabe anzuwenden, dass an die Stelle des Arbeitgebers der Dritte tritt; der Arbeitgeber ist von seinen Pflichten befreit, soweit der Dritte diese Pflichten erfüllt hat. ⁷Erfüllt der Dritte die Pflichten des Arbeitgebers, kann er den Arbeitslohn, der einem Arbeitnehmer in demselben Lohnabrechnungszeitraum aus mehreren Dienstverhältnissen zufließt, für die Lohnsteuerermittlung und in der Lohnsteuerbescheinigung zusammenrechnen.

(4) ¹Wenn der vom Arbeitgeber geschuldete Barlohn zur Deckung der Lohnsteuer nicht ausreicht, hat der Arbeitnehmer dem Arbeitgeber den Fehlbetrag zur Verfügung zu stellen oder der Arbeitgeber einen entsprechenden Teil der anderen Bezüge des Arbeitnehmers zurückzubehalten. ²Soweit der Arbeitnehmer seiner Verpflichtung nicht nachkommt und der Arbeitgeber den Fehlbetrag nicht durch Zurückbehaltung von anderen Bezügen des Arbeitnehmers aufbringen kann, hat der Arbeitgeber dies dem Betriebsstättenfinanzamt (§ 41a Absatz 1 Satz 1 Nummer 1) anzuzeigen. ³Der Arbeitnehmer hat dem Arbeitgeber die von einem Dritten gewährten Bezüge (Absatz 1 Satz 3) am Ende des jeweiligen Lohnzahlungszeitraums anzugeben; wenn der Arbeitnehmer keine Angabe oder eine erkennbar unrichtige Angabe macht, hat der Arbeitgeber dies dem Betriebsstättenfinanzamt anzuzeigen. ⁴Das Finanzamt hat die zu wenig erhobene Lohnsteuer vom Arbeitnehmer nachzufordern.

R 38.1
Steuerabzug vom Arbeitslohn

¹Der Lohnsteuer unterliegt grundsätzlich jeder von einem inländischen Arbeitgeber oder ausländischen Verleiher gezahlte Arbeitslohn (>R 38.3). ²Es ist gleichgültig, ob es sich um laufende oder einmalige Bezüge handelt und in welcher Form sie gewährt werden. ³Der Arbeitgeber hat Lohnsteuer unabhängig davon einzubehalten, ob der Arbeitnehmer zur Einkommensteuer veranlagt wird oder nicht. ⁴Bei laufendem Arbeitslohn kommt es für die Beurteilung, ob Lohnsteuer einzubehalten ist, allein auf die Verhältnisse des jeweiligen Lohnzahlungszeitraums an; eine Ausnahme gilt, wenn der so genannte permanente Lohnsteuer-Jahresausgleich nach § 39b Abs. 2 Satz 12 EStG durchgeführt wird (>R 39b.8).

H 38.1
Hinweise zu R 38.1
Steuerabzug von Arbeitslohn

Lohnsteuerabzug

– **Keine Befreiung durch Stundung oder Aussetzung der Vollziehung**

Der Arbeitgeber kann von einer Verpflichtung zur Einbehaltung der Lohnsteuer nicht – auch nicht durch Stundung oder Aussetzung der Vollziehung – befreit werden (>BFH vom 8.2.1957 – BStBl. III S. 329).

– **Keine Prüfung, ob Jahreslohnsteuer voraussichtlich anfällt**

Der Arbeitgeber hat die Frage, ob Jahreslohnsteuer voraussichtlich anfällt, nicht zu prüfen (>BFH vom 24.11.1961 – BStBl. 1962 III S. 37).

– **Unzutreffender Steuerabzug**

Ein unzutreffender Lohnsteuerabzug kann durch Einwendungen gegen die Lohnsteuerbescheinigung nicht berichtigt werden (>BFH vom 13.12.2007 – BStBl. 2008 II S. 434).

– **Verhältnis Einbehaltungspflicht/Anzeigeverpflichtung**

Die Anzeige des Arbeitgebers nach § 38 Abs. 4 Satz 2 EStG ersetzt die Erfüllung der Einbehaltungspflichten. Bei unterlassener Anzeige hat der Arbeitgeber die Lohnsteuer mit den Haftungsfolgen nicht ordnungsgemäß einbehalten (>BFH vom 9.10.2002 – BStBl. II S. 884).

§ 38 EStG

R 38.2
Zufluss von Arbeitslohn

(1) ¹Der Lohnsteuerabzug setzt den Zufluss von Arbeitslohn voraus. ²Hat der Arbeitgeber eine mit dem Arbeitnehmer getroffene Lohnverwendungsabrede erfüllt, ist Arbeitslohn zugeflossen.

(2) Die besondere Regelung für die zeitliche Zuordnung des – zugeflossenen – Arbeitslohns (§ 11 Abs. 1 Satz 4 i. V. m. § 38a Abs. 1 Satz 2 und 3 EStG) bleibt unberührt.

(3) ¹Der Zufluss des Arbeitslohns erfolgt bei einem Gutschein, der bei einem Dritten einzulösen ist, mit Hingabe des Gutscheins, weil der Arbeitnehmer zu diesem Zeitpunkt einen Rechtsanspruch gegenüber dem Dritten erhält. ²Ist der Gutschein beim Arbeitgeber einzulösen, fließt Arbeitslohn erst bei Einlösung des Gutscheins zu.

H 38.2
Hinweise zu R 38.2
Zufluss von Arbeitslohn

Aktienoptionen

– Bei nicht handelbaren Aktienoptionsrechten liegt weder bei Einräumung noch im Zeitpunkt der erstmaligen Ausübbarkeit ein Zufluss von Arbeitslohn vor (>BFH vom 20.6.2001 – BStBl. II S. 689).

– Auch bei handelbaren Optionsrechten fließt ein geldwerter Vorteil grundsätzlich erst zu, wenn die Aktien unentgeltlich oder verbilligt in das wirtschaftliche Eigentum des Arbeitnehmers gelangen (>BFH vom 20.11.2008 – BStBl. 2009 II S. 382).

– Bei einem entgeltlichen Verzicht auf ein Aktienankaufs- oder Vorkaufsrecht fließt ein geldwerter Vorteil nicht zum Zeitpunkt der Rechtseinräumung, sondern erst zum Zeitpunkt des entgeltlichen Verzichts zu (>BFH vom 19.6.2008 – BStBl. II S. 826).

– Ein geldwerter Vorteil fließt nicht zu, solange dem Arbeitnehmer eine Verfügung über die im Rahmen eines Aktienoptionsplans erhaltenen Aktien rechtlich unmöglich ist (>BFH vom 30.6.2011 – BStBl. II S. 923 zu vinkulierten Namensaktien). Im Gegensatz dazu stehen Sperr- und Haltefristen einem Zufluss nicht entgegen (BFH vom 30.9.2008 – BStBl. 2009 II S. 282).

– Der Vorteil aus einem vom Arbeitgeber eingeräumten Aktienoptionsrecht fließt dem Arbeitnehmer zu, wenn er das Recht ausübt oder anderweitig verwertet. Eine solche Verwertung liegt insbesondere vor, wenn der Arbeitnehmer das Recht auf einen Dritten überträgt. Der Vorteil bemisst sich nach dem Wert des Rechts im Zeitpunkt der Verfügung darüber (>BFH vom 18.9.2012 – BStBl. 2013 II S. 289).

Arbeitnehmerfinanzierte betriebliche Altersversorgung

>BMF vom 24.7.2013 (BStBl. I S. 1022), Rz. 284 ff.*)

Einräumung eines Wohnungsrechts

Die Einräumung eines dinglichen Wohnungsrechts führt zu einem laufenden monatlichen Zufluss von Arbeitslohn (>BFH vom 19.8.2004 – BStBl. II S. 1076).

Gesellschafter-Geschäftsführer

Zum Zufluss von Gehaltsbestandteilen bei Nichtauszahlung >BMF vom 12.5.2014 (BStBl. I S. 860).**)

Kein Zufluss von Arbeitslohn

Arbeitslohn fließt nicht zu bei

– Verzicht des Arbeitnehmers auf Arbeitslohnanspruch, wenn er nicht mit einer Verwendungsauflage hinsichtlich der frei werdenden Mittel verbunden ist (>BFH vom 30.7.1993 – BStBl. II S. 884);

– Verzicht des Arbeitnehmers auf Arbeitslohnanspruch zugunsten von Beitragsleistungen des Arbeitgebers an eine Versorgungseinrichtung, die dem Arbeitnehmer keine Rentenansprüche auf Versorgungsleistungen gewährt (>BFH vom 27.5.1993 – BStBl. 1994 II S. 246);

– Gutschriften beim Arbeitgeber zugunsten des Arbeitnehmers aufgrund eines Gewinnbeteiligungs- und Vermögensbildungsmodells, wenn der Arbeitnehmer über die gutgeschriebenen Beträge wirtschaftlich nicht verfügen kann (>BFH vom 14.5.1982 – BStBl. II S. 469);

– Verpflichtung des Arbeitgebers im Rahmen eines arbeitsgerichtlichen Vergleichs zu einer Spendenzahlung, ohne dass der Arbeitnehmer auf die Person des Spendenempfängers Einfluss nehmen kann; diese Vereinbarung enthält noch keine zu Einkünften aus nicht selbständiger Arbeit führende Lohnverwendungsabrede (>BFH vom 23.9.1998 – BStBl. 1999 II S. 98);

– Einräumung eines Anspruchs gegen den Arbeitgeber, sondern grundsätzlich erst durch dessen Erfüllung. Das gilt auch für den Fall, dass der Anspruch – wie ein solcher auf die spätere Verschaffung einer Aktie zu einem bestimmten Preis (Aktienoptionsrecht) – lediglich die Chance eines zukünftigen Vorteils beinhaltet (>BFH vom 24.1.2001 – BStBl. II S. 509 und 512). Das gilt grundsätzlich auch bei handelbaren Optionsrechten (>BFH vom 20.11.2008 – BStBl. 2009 II S. 382);

– Einbehalt eines Betrags vom Arbeitslohn durch den Arbeitgeber und Zuführung zu einer Versorgungsrückstellung (>BFH vom 20.7.2005 – BStBl. II S. 890);

– rechtlicher Unmöglichkeit der Verfügung des Arbeitnehmers über Aktien (>BFH vom 30.6.2011 – BStBl. II S. 923 zu vinkulierten Namensaktien); im Gegensatz dazu stehen Sperr- und Haltefristen einem Zufluss nicht entgegen (BFH vom 30.9.2008 – BStBl. 2009 II S. 282).

Verschiebung der Fälligkeit

Arbeitgeber und Arbeitnehmer können den Zeitpunkt des Zuflusses einer Abfindung oder eines Teilbetrags einer solchen beim Arbeitgeber in der Weise steuerwirksam gestalten, dass sie deren ursprünglich vorgesehene Fälligkeit vor ihrem Eintritt auf einen späteren Zeitpunkt verschieben (>BFH vom 11.11.2009 – BStBl. 2010 II S. 746).

Wandelschuldverschreibung

– Wird im Rahmen eines Arbeitsverhältnisses durch Übertragung einer nicht handelbaren Wandelschuldverschreibung ein Anspruch auf die Verschaffung von Aktien eingeräumt, liegt ein Zufluss von Arbeitslohn nicht bereits durch die Übertragung der Wandelschuldverschreibung vor. Bei Ausübung des Wandlungsrechts fließt ein geldwerter Vorteil erst dann zu, wenn durch Erfüllung des Anspruchs das wirtschaftliche Eigentum an den Aktien verschafft wird. Geldwerter Vorteil ist die Differenz zwischen dem Börsenpreis der Aktien und den Erwerbsaufwendungen (>BFH vom 23.6.2005 – BStBl. II S. 766).

– Bei Verkauf eines Darlehens, das mit einem Wandlungsrecht zum Bezug von Aktien ausgestattet ist, fließt der geldwerte Vorteil im Zeitpunkt des Verkaufs zu (>BFH vom 23.6.2005 – BStBl. II S. 770).

Zeitwertkonten

>BMF vom 17.6.2009 (BStBl. I S. 1286)***)

Zufluss von Arbeitslohn

Arbeitslohn fließt zu bei

– wirtschaftlicher Verfügungsmacht des Arbeitnehmers über den Arbeitslohn (>BFH vom 30.4.1974 – BStBl. II S. 541); dies gilt auch bei Zahlungen ohne Rechtsgrund (>BFH vom 4.5.2006 – BStBl. II S. 832) sowie versehentliche Überweisung, die der Arbeitgeber zurückfordern kann (>BFH vom 4.5.2006 – BStBl. II S. 830); zur Rückzahlung von Arbeitslohn >H 11;

– Zahlung, Verrechnung oder Gutschrift (>BFH vom 10.12.1985 – BStBl. 1986 II S. 342);

– Entgegennahme eines Schecks oder Verrechnungsschecks, wenn die bezogene Bank im Fall der sofortigen Vorlage den Scheckbetrag auszahlen oder gutschreiben würde und der sofortigen Vorlage keine zivilrechtlichen Abreden entgegenstehen (>BFH vom 30.10.1980 – BStBl. 1981 II S. 305);

---

*) Abgedruckt als Anhang 13c zum Handbuch.
**) Abgedruckt als Anlage 6 zu H 38.2 LStR.
***) Abgedruckt als Anlage 3 zu H 38.2 LStR.

- Einlösung oder Diskontierung eines zahlungshalber hingegebenen Wechsels (>BFH vom 5.5.1971 – BStBl. II S. 624);
- Verzicht des Arbeitgebers auf eine ihm zustehende Schadenersatzforderung gegenüber dem Arbeitnehmer in dem Zeitpunkt, in dem der Arbeitgeber zu erkennen gibt, dass er keinen Rückgriff nehmen wird (>BFH vom 27.3.1992 – BStBl. II S. 837);
- Beitragsleistung des Arbeitgebers für eine Direktversicherung seines Arbeitnehmers in dem Zeitpunkt, in dem er seiner Bank einen entsprechenden Überweisungsauftrag erteilt (>BFH vom 7.7.2005 – BStBl. II S. 726);
- Überlassung einer Jahresnetzkarte mit uneingeschränktem Nutzungsrecht in voller Höhe im Zeitpunkt der Überlassung (>BFH vom 12.4.2007 – BStBl. II S. 719) oder im Zeitpunkt der Ausübung des Bezugsrechts durch Erwerb der Jahresnetzkarte (>BFH vom 14.11.2012 – BStBl. 2013 II S. 382);
- Ausgleichszahlungen, die der Arbeitnehmer für seine in der Arbeitsphase erbrachten Vorleistungen erhält, wenn ein im Blockmodell geführtes Altersteilzeitarbeitsverhältnis vor Ablauf der vertraglich vereinbarten Zeit beendet wird (>BFH vom 15.12.2011 – BStBl. 2012 II S. 415);
- >Wandelschuldverschreibung.

Anlage 1
zu H 38.2

Rückzahlung von Arbeitslohn

Bundeseinheitlich geltende Regelung, für Bayern bekannt gegeben mit Schreiben des Bayer. Staatsministeriums der Finanzen vom 6.6.1986 (Az.: 32 – S 2399 – 1/15 – 36383)

Abgedruckt als Anlage zu H 11 LStR.

Anlage 2
zu H 38.2

Rückzahlung von Arbeitslohn bei rückwirkender Inanspruchnahme von Altersteilzeit

Bundeseinheitliche Regelung, z. B. Verfügung der OFD Erfurt vom 23.8.2000 (Az.: S 2333 A – 12 – St 331)

Abgedruckt als Anlage 3 zu H 3.28 LStR.

Anlage 3
zu H 38.2

Lohn-/einkommensteuerliche Behandlung sowie Voraussetzungen für die steuerliche Anerkennung von Zeitwertkonten-Modellen

BMF-Schreiben vom 17.6.2009 (BStBl. I S. 1286)

Zur lohn-/einkommensteuerlichen Behandlung von Zeitwertkonten-Modellen sowie den Voraussetzungen für die steuerliche Anerkennung nehme ich im Einvernehmen mit den obersten Finanzbehörden der Länder wie folgt Stellung:

A. Allgemeines zu Zeitwertkonten

I. Steuerlicher Begriff des Zeitwertkontos

Bei Zeitwertkonten vereinbaren Arbeitgeber und Arbeitnehmer, dass der Arbeitnehmer künftig fällig werdenden Arbeitslohn nicht sofort ausbezahlt erhält, sondern dieser Arbeitslohn beim Arbeitgeber nur betragsmäßig erfasst wird, um ihn im Zusammenhang mit einer vollen oder teilweisen Freistellung von der Arbeitsleistung während des noch fortbestehenden Dienstverhältnisses auszuzahlen. In der Zeit der Arbeitsfreistellung ist dabei das angesammelte Guthaben um den Vergütungsanspruch zu vermindern, der dem Arbeitnehmer in der Freistellungsphase gewährt wird. Der steuerliche Begriff des Zeitwertkontos entspricht insoweit dem Begriff der Wertguthabenvereinbarungen im Sinne von § 7b SGB IV (sog. Lebensarbeitszeit- bzw. Arbeitszeitkonto).

Keine Zeitwertkonten in diesem Sinne sind dagegen Vereinbarungen, die das Ziel der flexiblen Gestaltung der werktäglichen oder wöchentlichen Arbeitszeit oder den Ausgleich betrieblicher Produktions- und Arbeitszeitzyklen verfolgen (sog. Flexi- oder Gleitzeitkonten). Diese dienen lediglich zur Ansammlung von Mehr- oder Minderarbeitszeit, die zu einem späteren Zeitpunkt ausgeglichen wird. Bei Flexi- oder Gleitzeitkonten ist der Arbeitslohn mit Auszahlung bzw. anderweitiger Erlangung der wirtschaftlichen Verfügungsmacht des Arbeitnehmers zugeflossen und zu versteuern.

II. Besteuerungszeitpunkt

Weder die Vereinbarung eines Zeitwertkontos noch die Wertgutschrift auf diesem Konto führen zum Zufluss von Arbeitslohn, sofern die getroffene Vereinbarung den nachfolgenden Voraussetzungen entspricht. Erst die Auszahlung des Guthabens während der Freistellung löst Zufluss von Arbeitslohn und damit eine Besteuerung aus.

Die Gutschrift von Arbeitslohn (laufender Arbeitslohn, Einmal- und Sonderzahlungen) zugunsten eines Zeitwertkontos wird aus Vereinfachungsgründen auch dann steuerlich anerkannt, wenn die Gehaltsänderungsvereinbarung bereits erdiente, aber noch nicht fällig gewordene Arbeitslohnteile umfasst. Dies gilt auch, wenn eine Einmal- oder Sonderzahlung einen Zeitraum von mehr als einem Jahr betrifft.

III. Verwendung des Guthabens zugunsten betrieblicher Altersversorgung

Wird das Guthaben des Zeitwertkontos aufgrund einer Vereinbarung zwischen Arbeitgeber und Arbeitnehmer vor Fälligkeit (planmäßige Auszahlung während der Freistellung) ganz oder teilweise zugunsten der betrieblichen Altersversorgung herabgesetzt, ist dies steuerlich auch als eine Entgeltumwandlung zugunsten der betrieblichen Altersversorgung anzuerkennen. Der Zeitpunkt des Zuflusses dieser zugunsten der betrieblichen Altersversorgung umgewandelten Beträge richtet sich nach dem Durchführungsweg der zugesagten betrieblichen Altersversorgung (vgl. BMF-Schreiben vom 20. Januar 2009, BStBl. I S. 273, Rz. 189)*).

Bei einem Altersteilzeitarbeitsverhältnis im sog. Blockmodell gilt dies in der Arbeitsphase und der Freistellungsphase entsprechend. Folglich ist auch in der Freistellungsphase steuerlich von einer Entgeltumwandlung auszugehen, wenn vor Fälligkeit (planmäßige Auszahlung) vereinbart wird, das Guthaben des Zeitwertkontos oder den während der Freistellung auszuzahlenden Arbeitslohn zugunsten der betrieblichen Altersversorgung herabzusetzen.

IV. Begünstigter Personenkreis

1. Grundsatz: Arbeitnehmer in einem gegenwärtigen Dienstverhältnis

Ein Zeitwertkonto kann für alle Arbeitnehmer (§ 1 LStDV) im Rahmen eines gegenwärtigen Dienstverhältnisses eingerichtet werden. Dazu gehören auch Arbeitnehmer mit einer geringfügig entlohnten Beschäftigung i. S. d. § 8 bzw. § 8a SGB IV.

Besonderheiten gelten bei befristeten Dienstverhältnissen und bei Arbeitnehmern, die gleichzeitig Organ einer Körperschaft sind.

2. Besonderheiten

a) Befristete Dienstverhältnisse

Bei befristeten Dienstverhältnissen werden Zeitwertkonten steuerlich nur dann anerkannt, wenn die sich während der Beschäftigung ergebenden Guthaben bei normalem Ablauf während der Dauer des befristeten Dienstverhältnisses, d. h. innerhalb der vertraglich vereinbarten Befristung, durch Freistellung ausgeglichen werden.

b) Organe von Körperschaften

Vereinbarungen über die Einrichtung von Zeitwertkonten bei Arbeitnehmern, die zugleich als Organ einer Körperschaft bestellt sind – z. B. bei Mitgliedern des Vorstands einer Aktiengesellschaft oder

---
*) Jetzt BMF-Schreiben vom 24.7.2013 (BStBl. I S. 1022, Randnummer 291), abgedruckt als Anhang 13c.

Geschäftsführern einer GmbH –, sind mit dem Aufgabenbild des Organs einer Körperschaft nicht vereinbar. Infolgedessen führt bereits die Gutschrift des künftig fällig werdenden Arbeitslohns auf dem Zeitwertkonto zum Zufluss von Arbeitslohn. Die allgemeinen Grundsätze der verdeckten Gewinnausschüttung bleiben unberührt.

Der Erwerb einer Organstellung hat keinen Einfluss auf das bis zu diesem Zeitpunkt aufgebaute Guthaben eines Zeitwertkontos. Nach Erwerb der Organstellung führen alle weiteren Zuführungen zu dem Konto steuerlich zu Zufluss von Arbeitslohn. Nach Beendigung der Organstellung und Fortbestehen des Dienstverhältnisses kann der Arbeitnehmer entsprechend der unter A. I. dargestellten Grundsätze weiter aufbauen oder das aufgebaute Guthaben für Zwecke der Freistellung verwenden.

c) Als Arbeitnehmer beschäftigte beherrschende Anteilseigner

Buchstabe b) gilt entsprechend für Arbeitnehmer, die von der Körperschaft beschäftigt werden, die sie beherrschen.

B. Modellinhalte

I. Aufbau des Zeitwertkontos

In ein Zeitwertkonto können keine weiteren Gutschriften mehr unversteuert eingestellt werden, sobald feststeht, dass die dem Konto zugeführten Beträge nicht mehr durch Freistellung vollständig aufgebraucht werden können.

Bei Zeitwertkontenvereinbarungen, die die Anforderungen des § 7 Absatz 1a Satz 1 Nummer 2 SGB IV hinsichtlich der Angemessenheit der Höhe des während der Freistellung fälligen Arbeitsentgeltes berücksichtigen, wird davon ausgegangen, dass die dem Konto zugeführten Beträge durch Freistellung vollständig aufgebraucht werden können und somit eine solche Prognoseentscheidung regelmäßig entbehrlich ist. Für Zeitwertkonten, die diese Anforderungen nicht berücksichtigen und eine Freistellung für Zeiten, die unmittelbar vor dem Zeitpunkt liegen, zu dem der Beschäftigte eine Rente wegen Alters nach dem SGB VI bezieht oder beziehen könnte, vorsehen, ist hierfür einmal jährlich eine Prognoseentscheidung zu treffen. Für diese Prognoseentscheidung ist zum einen der ungeminderte Arbeitslohnanspruch (ohne Berücksichtigung der Gehaltsänderungsvereinbarung) und zum anderen der voraussichtliche Zeitraum der maximal noch zu beanspruchenden Freistellung maßgeblich. Der voraussichtliche Zeitraum der Freistellung bestimmt sich dabei grundsätzlich nach der vertraglichen Vereinbarung. Das Ende des voraussichtlichen Freistellungszeitraums kann allerdings nicht über den Zeitpunkt hinausgehen, zu dem der Arbeitnehmer eine Rente wegen Alters nach dem SGB VI spätestens beanspruchen kann (Regelaltersgrenze). Jede weitere Gutschrift auf dem Zeitwertkonto ist dann Einkommensverwendung und damit steuerpflichtiger Zufluss von Arbeitslohn.

Beispiel zur Begrenzung der Zuführung

Zwischen dem 55-jährigen Arbeitnehmer B und seinem Arbeitgeber wird vereinbart, dass künftig die Hälfte des Arbeitslohns in ein Zeitwertkonto eingestellt wird, das dem Arbeitnehmer während der Freistellungsphase ratierlich ausgezahlt werden soll. Das Arbeitsverhältnis soll planmäßig mit Vollendung des 67. Lebensjahrs (Jahr 12) beendet werden. Der aktuelle Jahresarbeitslohn beträgt 100 000 €. Nach sieben Jahren beträgt das Guthaben 370 000 € (einschließlich Wertzuwächsen). Der Jahresarbeitslohn im Jahr 08 beläuft sich auf 120 000 €. Kann hiervon wieder die Hälfte dem Zeitwertkonto zugeführt werden?

Nach Ablauf des achten Jahres verbleiben für die Freistellungsphase noch vier Jahre. Eine Auffüllung des Zeitwertkontos ist bis zum Betrag von 480 000 € (= ungekürzter Arbeitslohn des laufenden Jahres × Dauer der Freistellungsphase in Jahren) steuerlich unschädlich. Daher können im Jahr 08 weitere 60 000 € dem Zeitwertkonto zugeführt werden (370 000 € + 60 000 € = 430 000 € Stand Guthaben 31. Dezember 08). Sollte im Jahr 09 die Freistellungsphase noch nicht begonnen haben, können keine weiteren Beträge mehr unversteuert in das Zeitwertkonto eingestellt werden (Prognoserechnung: bei einem Jahresarbeitslohn von 120 000 € für die Freistellungsphase von drei Freistellungsjahren = 360 000 €).

Bei erfolgsabhängiger Vergütung ist dabei neben dem Fixum auch der erfolgsabhängige Vergütungsbestandteil zu berücksichtigen. Es bestehen keine Bedenken, insoweit den Durchschnittsbetrag der letzten fünf Jahre zugrunde zu legen. Wird die erfolgsabhängige Vergütung noch keine fünf Jahre gewährt oder besteht das Dienstverhältnis noch keine fünf Jahre, ist der Durchschnittsbetrag dieses Zeitraumes zugrunde zu legen.

Beispiel zu erfolgsabhängigen Vergütungen

Zwischen dem 55-jährigen Arbeitnehmer C und seinem Arbeitgeber wird Anfang 01 vereinbart, dass künftig die Hälfte des Arbeitslohns in ein Zeitwertkonto eingestellt wird, das dem Arbeitnehmer während der Freistellungsphase ratierlich ausgezahlt werden soll. Das Arbeitsverhältnis soll planmäßig mit Vollendung des 67. Lebensjahrs (Jahr 12) beendet werden. C bezieht im Jahr 01 ein Festgehalt von 100 000 €. Daneben erhält er erfolgsabhängige Vergütungsbestandteile, die ebenfalls hälftig dem Zeitwertkonto zugeführt werden sollen. Nach sieben Jahren beträgt das Guthaben des Zeitwertkontos 520 000 €. Die Fixvergütung beläuft sich im Jahr 08 auf 120 000 €. Die variablen Vergütungsbestandteile im Jahr 08 betragen 80 000 €; in den letzten fünf Jahren standen ihm variable Vergütungen in Höhe von insgesamt 300 000 € zu.

Dem Zeitwertkonto können im achten Jahr (Jahr 08) 100 000 € unversteuert zugeführt werden. Damit beläuft sich das Guthaben des Zeitwertkontos am Ende des Jahres 08 auf 620 000 € und ist – bezogen auf eine mögliche Freistellungsphase von noch vier Jahren – weiterhin geringer als das Vierfache des aktuellen jährlichen Fixgehalts (120 000 €) zuzüglich der durchschnittlichen jährlichen variablen Vergütungen von 60 000 € (300 000 € : 5), die sich somit für einen Freistellungszeitraum von vier Jahren auf 720 000 € belaufen (= 180 000 € × 4 Jahre).

II. Verzinsung der Zeitwertkontenguthaben

Im Rahmen von Zeitwertkonten kann dem Arbeitnehmer auch eine Verzinsung des Guthabens zugesagt sein. Diese kann beispielsweise bestehen in einem festen jährlichen Prozentsatz des angesammelten Guthabens, wobei sich der Prozentsatz auch nach dem Umfang der jährlichen Gehaltsentwicklung richten kann, oder in einem Betrag in Abhängigkeit von der Entwicklung bestimmter am Kapitalmarkt angelegter Vermögenswerte.

Die Zinsen erhöhen das Guthaben des Zeitwertkontos, sind jedoch erst bei tatsächlicher Auszahlung an den Arbeitnehmer als Arbeitslohn zu erfassen.

III. Zuführung von steuerfreiem Arbeitslohn zu Zeitwertkonten

Wird vor der Leistung von steuerlich begünstigtem Arbeitslohn bestimmt, dass ein steuerfreier Zuschlag auf dem Zeitwertkonto eingestellt und getrennt ausgewiesen wird, bleibt die Steuerfreiheit bei Auszahlung in der Freistellungsphase erhalten (R 3b Abs. 8 LStR 2008). Dies gilt jedoch nur für den Zuschlag als solchen, nicht hingegen für eine darauf beruhende etwaige Verzinsung oder Wertsteigerung.

IV. Kein Rechtsanspruch gegenüber einem Dritten

Wird das Guthaben eines Zeitwertkontos aufgrund der Vereinbarung zwischen Arbeitgeber und Arbeitnehmer z. B. als Depotkonto bei einem Kreditinstitut oder Fonds geführt, darf der Arbeitnehmer zur Vermeidung eines Lohnzuflusses keinen unmittelbaren Rechtsanspruch gegen den Dritten haben.

Beauftragt der Arbeitgeber ein externes Vermögensverwaltungsunternehmen mit der Anlage der Guthabenbeträge, findet die Minderung wie auch die Erhöhung des Depots z. B. durch Zinsen und Wertsteigerungen infolge von Kursgewinnen zunächst in der Sphäre des Arbeitgebers statt. Beim Arbeitnehmer sind die durch die Anlage des Guthabens erzielten Vermögensminderungen/-mehrungen – unter Berücksichtigung der Regelung zur Zeitwertkontengarantie unter B. V. – erst bei Auszahlung der Beträge in der Freistellungsphase lohnsteuerlich zu erfassen. Ein Kapitalanlagewahlrecht des Arbeitnehmers ist dann unschädlich.

Beim Erwerb von Ansprüchen des Arbeitnehmers gegenüber einem Dritten im Fall der Eröffnung des Insolvenzverfahrens ist § 3 Nummer 65 Buchstabe c 2. Halbsatz EStG zu beachten.

V. Zeitwertkontengarantie

1. Inhalt der Zeitwertkontengarantie

Zeitwertkonten werden im Hinblick auf die in §§ 7d und 7e SGB IV getroffenen Regelungen steuerlich nur dann anerkannt, wenn die zwischen Arbeitgeber und Arbeitnehmer getroffene Vereinbarung vorsieht, dass zum Zeitpunkt der planmäßigen Inanspruchnahme des Guthabens mindestens ein Rückfluss der dem Zeitwertkonto zugeführten Arbeitslohn-Beträge (Bruttoarbeitslohn im steuerlichen Sinne ohne den Arbeitgeberanteil am Gesamtsozialversicherungsbeitrag) gewährleistet ist (Zeitwertkontengarantie). Im Fall der arbeitsrechtlichen Garantie des Arbeitgebers für die in das Zeitwertkonto für den Arbeitnehmer eingestellten Beträge bestehen keine

Bedenken von der Erfüllung der Zeitwertkontengarantie auszugehen, wenn der Arbeitgeber für diese Verpflichtung insbesondere die Voraussetzungen des Insolvenzschutzes nach § 7e SGB IV entsprechend erfüllt. Dies gilt nicht nur zu Beginn, sondern während der gesamten Auszahlungsphase, unter Abzug der bereits geleisteten Auszahlungen.

Wertschwankungen sowie die Minderung des Zeitwertkontos (z. B. durch die Abbuchung von Verwaltungskosten und Depotgebühren) in der Zuführungsphase sind lohnsteuerlich unbeachtlich.

Beispiel zur Zeitwertkontengarantie und Wertschwankungen
Im Rahmen eines vereinbarten Zeitwertkontos ergibt sich zum Ende des dritten Jahres innerhalb der zehnjährigen Ansparphase ein Guthaben von 10 000 €. Bei jährlichen Zuführungen von 4 000 € ergab sich durch Wertschwankungen sowie die Belastung von Provisionszahlungen und Verwaltungskosten ein geringerer Wert als die Summe der zugeführten Arbeitslohnbeträge.
Die Minderung des Guthabens des Zeitwertkontos ist unschädlich, wenn bis zum Beginn der Auszahlungsphase die Wertminderung durch Wertsteigerungen der Anlage oder durch Erträge aus der Anlage wieder ausgeglichen wird.

Beispiel 1 zur Zeitwertkontengarantie und Verwaltungskosten
Der Bestand des Zeitwertkontos beträgt zu Beginn der Freistellungsphase 60 000 €, die aus jährlichen Gutschriften von jeweils 5 000 € innerhalb der achtjährigen Aufbauphase sowie Erträgen aus der Anlage und Wertsteigerungen herrühren. Während der Freistellungsphase fallen jährlich Verwaltungskosten in Höhe von 120 € an, die dem Zeitwertkonto belastet werden sollen.
Die Belastung des Zeitwertkontos mit Verwaltungskosten und sonstigen Gebühren ist unschädlich, denn die Summe der bis zu Beginn der Freistellungsphase zugeführten Beträge (= 40 000 €) wird hierdurch nicht unterschritten.

Beispiel 2 zur Zeitwertkontengarantie und Verwaltungskosten
Der Bestand des Zeitwertkontos beträgt zu Beginn der Auszahlungsphase 40 200 €, die aus jährlichen Zuführungen von jeweils 5 000 € innerhalb der achtjährigen Aufbauphase sowie Erträgen aus der Anlage herrühren, aber auch durch Wertschwankungen in der Vergangenheit beeinflusst wurden. Im Hinblick auf die ertragsschwache Anlage wird eine Beratung in Anspruch genommen, die Kosten von 500 € verursacht. Ferner fallen weitere Verwaltungskosten in Höhe von 180 € an.
Die Belastung des Zeitwertkontos ist nur bis zu einem Betrag von 200 € unschädlich (Summe der zugeführten Arbeitslohnbeträge zu Beginn der Freistellungsphase und als steuerpflichtiger Arbeitslohn während der Freistellung mindestens auszuzahlen 40 000 €). Die restlichen Aufwendungen in Höhe von 480 € (= 500 € + 180 € − 200 €) muss der Arbeitgeber, der für den Erhalt des Zeitwertkontos einzustehen hat, tragen.

2. Zeitwertkontengarantie des Anlageinstituts

Wird das Guthaben eines Zeitwertkontos aufgrund der Vereinbarung zwischen Arbeitgeber und Arbeitnehmer bei einem externen Anlageinstitut (z. B. Kreditinstitut oder Fonds) geführt und liegt keine Zeitwertkontengarantie nach Ziffer 1 vor, muss eine vergleichbare Garantie durch das Anlageinstitut vorliegen.

C. Planwidrige Verwendung der Zeitwertkontenguthaben

I. Auszahlung bei existenzbedrohender Notlage

Die Vereinbarungen zur Bildung von Guthaben auf einem Zeitwertkonto werden steuerlich auch dann noch anerkannt, sofern die Möglichkeit der Auszahlung des Guthabens bei fortbestehendem Beschäftigungsverhältnis neben der Freistellung von der Arbeitsleistung auf Fälle einer existenzbedrohenden Notlage des Arbeitnehmers begrenzt wird.

Wenn entgegen der Vereinbarung ohne existenzbedrohende Notlage des Arbeitnehmers das Guthaben dennoch ganz oder teilweise ausgezahlt wird, ist bei dem einzelnen Arbeitnehmer das gesamte Guthaben – also neben dem ausgezahlten Betrag auch der verbleibende Guthabenbetrag – im Zeitpunkt der planwidrigen Verwendung zu besteuern.

II. Beendigung des Dienstverhältnisses vor oder während der Freistellungsphase

Eine planwidrige Verwendung liegt im Übrigen vor, wenn das Dienstverhältnis vor Beginn oder während der Freistellungsphase beendet wird (z. B. durch Erreichen der Altersgrenze, Tod des Arbeitnehmers, Eintritt der Invalidität, Kündigung) und der Wert des Guthabens an den Arbeitnehmer oder seine Erben ausgezahlt wird. Lohnsteuerlich gelten dann die allgemeinen Grundsätze, d. h. der Einmalbetrag ist in der Regel als sonstiger Bezug zu besteuern. Wurde das Guthaben über einen Zeitraum von mehr als 12 Monate hinweg angespart, ist eine tarifermäßigte Besteuerung im Rahmen des § 34 EStG vorzunehmen (Arbeitslohn für mehrjährige Tätigkeit).

III. Planwidrige Weiterbeschäftigung

Der Nichteintritt oder die Verkürzung der Freistellung durch planwidrige Weiterbeschäftigung ist ebenfalls eine planwidrige Verwendung. Eine lohnsteuerliche Erfassung erfolgt in diesen Fällen im Zeitpunkt der Auszahlung des Guthabens.

D. Übertragung des Zeitwertkontenguthabens bei Beendigung der Beschäftigung

Bei Beendigung einer Beschäftigung besteht die Möglichkeit, ein in diesem Beschäftigungsverhältnis aufgebautes Zeitwertkonto zu erhalten und nicht auflösen zu müssen.

Bei der Übertragung des Guthabens an den neuen Arbeitgeber (§ 7f Absatz 1 Satz 1 Nummer 1 SGB IV) tritt der neue Arbeitgeber an die Stelle des alten Arbeitgebers und übernimmt im Wege der Schuldübernahme die Verpflichtungen aus der Zeitwertkontenvereinbarung. Die Leistungen aus dem Zeitwertkonto durch den neuen Arbeitgeber sind Arbeitslohn, von dem er bei Auszahlung Lohnsteuer einzubehalten hat.

Im Fall der Übertragung des Guthabens auf die Deutsche Rentenversicherung Bund (§ 7f Absatz 1 Satz 1 Nr. 2 SGB IV) wird die Übertragung durch § 3 Nummer 53 EStG steuerfrei gestellt. Ein tatsächlich noch bestehendes Beschäftigungsverhältnis ist hierfür nicht erforderlich. Bei der Auszahlung des Guthabens durch die Deutsche Rentenversicherung Bund handelt es sich um Arbeitslohn, für den die Deutsche Rentenversicherung Bund Lohnsteuer einzubehalten hat (§ 38 Absatz 3 Satz 3 EStG).

E. Bilanzielle Behandlung der Zeitwertkonten

Zur bilanziellen Berücksichtigung von Arbeitszeit-, Zeitwert- und Lebensarbeitszeitkonten wird in einem gesonderten BMF-Schreiben Stellung genommen.

F. Anwendungsregelung

Dieses Schreiben ist mit Wirkung ab 1. Januar 2009 anzuwenden.

I. Übergangsregelung für vor dem 1. Januar 2009 eingerichtete Zeitwertkonten

Bei Zeitwertkonten-Modellen, die vor dem 1. Januar 2009 eingerichtet wurden und ohne die Regelungen zur Zeitwertkontengarantie nach Abschnitt B V. steuerlich anzuerkennen gewesen wären, sind aus Vertrauensschutzgründen der am 31. Dezember 2008 vorhandene Wertbestand des Zeitwertkontos sowie die Zuführungen vom 1. Januar bis zum 31. Dezember 2009 erst bei Auszahlung zu besteuern. Zuführungen ab dem 1. Januar 2010 führen steuerlich zum Zufluss von Arbeitslohn.

Wird spätestens bis zum 31. Dezember 2009 eine Zeitwertkontengarantie nach Abschnitt B. V. für den am 31. Dezember 2008 vorhandenen Wertbestand des Zeitwertkontos sowie die Zuführungen vom 1. Januar bis zum 31. Dezember 2009 nachträglich vorgesehen, können diese Modelle steuerlich weiter als Zeitwertkonten anerkannt werden, so dass auch die Zuführungen nach dem 31. Dezember 2009 erst bei Auszahlung zu besteuern sind. Abschnitt C. bleibt unberührt.

II. Übergangsregelung für Zeitwertkonten zugunsten von Organen von Körperschaften (Geschäftsführer und Vorstände) und als Arbeitnehmer beschäftigte beherrschende Anteilseigner

Bei Zeitwertkonten-Modellen für Organe von Körperschaften sowie als Arbeitnehmer beschäftigte beherrschende Anteilseigner, die bis zum 31. Januar 2009 eingerichtet wurden und aus Vertrauensschutzgründen steuerlich anzuerkennen gewesen wären, sind alle Zuführungen bis zum 31. Januar 2009 erst bei Auszahlung zu besteuern. Die Übergangsregelung gilt nicht für verdeckte Gewinnausschüttungen. Abschnitt C. bleibt unberührt.

§ 38 EStG
R 38.3

III. Besondere Aufzeichnungen

Als Arbeitslohn zu besteuernde Zuführungen nach F. I. und F. II. sind im Zeitwertkonto gesondert aufzuzeichnen. Eine etwaige Verzinsung (vgl. Abschnitt B. II) ist entsprechend aufzuteilen; die auf zu besteuernde Zuführungen nach dem Stichtag entfallenden Zinsen fließen dem Arbeitnehmer als Einkünfte aus Kapitalvermögen zu.

Anlage 4
zu H 38.2

Zuflusszeitpunkt des geldwerten Vorteils aus der Ausübung eines Aktienoptionsrechts durch den Arbeitnehmer

Verfügung des Bayer. Landesamtes für Steuern vom 14.5.2009 (Az.: S 2347.1.1-4 – St 32//St 33)

Der „Tag der Ausbuchung" ist nicht maßgeblicher Zuflusszeitpunkt, wenn die Aktien sofort mit der Ausübung des Aktienoptionsrechts verkauft werden. Denn in diesen Fällen gibt es eigentlich keinen Tag der Ausbuchung. Bei der sog. Exercise and Sell-Ausübungsvariante ist der Zufluss des geldwerten Vorteils bereits im Zeitpunkt der Ausübung des Aktienoptionsrechts bewirkt.

Anlage 5
zu H 38.2

Abgrenzung Zeitwertkonten von Flexi-/Gleitzeitkonten

Erlass Nordrhein-Westfalen vom 9.8.2011 (Az.: S 2332 – 81 – V B 3)

– Auszug –

Nach Abschnitt A.I sind sog. Flexi- oder Gleitzeitkonten keine Zeitwertkonten im Sinne des BMF-Schreibens*). Es handelt sich hierbei um Konten, bei denen ausschließlich Mehr- oder Minderarbeitszeit angesammelt wird, die Bezüge (laufender Arbeitslohn, sonstige Bezüge) aber unverändert bleiben.

Verändern sich hingegen (auch) die Bezüge, handelt es sich auch dann um ein Zeitwertkonto i. S. d. BMF-Schreibens*), wenn die Voraussetzungen des § 7b SGB IV nicht erfüllt sind. Dies hat zur Folge, dass auch bei einem solchen Konto die weiteren Voraussetzungen des BMF-Schreibens (z. B. Abschnitt A.IV*) „Begünstigter Personenkreis" und B.V*) „Zeitwertkontengarantie") erfüllt sein müssen, um einen Aufschub des Besteuerungszeitpunkts für die eingestellten Beträge zu erreichen (vgl. Abschnitt II. des o. a. BMF-Schreibens*)).

Entsprechend den Ausführungen in Abschnitt B.V.1*) ist die Zeitwertkontengarantie in diesen Fällen z. B. dann als erfüllt anzusehen, wenn der Arbeitgeber für die in das Zeitwertkonto eingestellten Beträge eine arbeitsrechtliche Garantie übernommen hat. Sofern aufgrund der im Einzelfall getroffenen Vereinbarungen ein Zeitpunkt der planmäßigen Inanspruchnahme nicht ersichtlich ist, muss der Arbeitgeber jederzeit für etwaige Verluste, die sich aus der Differenz zwischen dem Wert des Depots und den eingestellten Arbeitslohnbeträgen ergeben, einstehen.

Von einer Zeitwertkontengarantie im Sinne von Abschnitt B.V.1*) kann hingegen nicht ausgegangen werden, wenn der Arbeitgeber seine arbeitsrechtliche Garantie auf bestimmte Sachverhalte und/oder Risiken (z. B. Insolvenzrisiko des Arbeitgebers) beschränkt hat. In diesem Fall liegt das Risiko von Wertverlusten – über die abgesicherten Sachverhalte/Risiken hinaus – beim Arbeitnehmer mit der Folge, dass der Arbeitnehmer als wirtschaftlicher Eigentümer des Vermögensverwaltungsdepots anzusehen ist und die Gutschrift von Arbeitslohnbeträgen auf dem Zeitwertkonto zu einem Zufluss von Arbeitslohn führt.

Anlage 6
zu H 38.2

Nichtauszahlung von Gehaltsbestandteilen beim Gesellschafter-Geschäftsführer

BMF-Schreiben vom 12.5.2014 (BStBl. I S. 860)

Der Bundesfinanzhof hat in den Urteilen vom 3.2.2011 – VI R 4/10 – (BStBl. 2014 II S. 493) und – VI R 66/09 – (BStBl. 2014 II S. 491) sowie vom 15.5.2013 – VI R 24/12 – (BStBl. 2014 II S. 495) zur lohnsteuerlichen Behandlung bestimmter Gehaltsbestandteile eines Gesellschafter-Geschäftsführers einer Kapitalgesellschaft Stellung genommen, die im Anstellungsvertrag vereinbart, tatsächlich aber nicht ausgezahlt wurden.

Nach dem Ergebnis der Erörterungen mit den obersten Finanzbehörden der Länder sind die Entscheidungen vom 3.2.2011 (a.a.O.) unter Berücksichtigung der Entscheidung vom 15.5.2013 (a.a.O.) auszulegen.

Dem beherrschenden Gesellschafter fließt eine eindeutige und unbestrittene Forderung gegen „seine" Kapitalgesellschaft bereits mit deren Fälligkeit zu (BFH-Urteil vom 3.2.2011 – VI R 66/09 – m. w. N.). Ob sich der Vorgang in der Bilanz der Kapitalgesellschaft tatsächlich gewinnmindernd ausgewirkt hat, etwa durch die Bildung einer Verbindlichkeit, ist für die Anwendung dieser sog. Zuflussfiktion unerheblich, sofern eine solche Verbindlichkeit nach den Grundsätzen ordnungsmäßiger Buchführung hätte gebildet werden müssen.

Für den Zufluss beim Gesellschafter-Geschäftsführer durch eine verdeckte Einlage in die Kapitalgesellschaft kommt es darauf an, ob der Gesellschafter-Geschäftsführer vor oder nach Entstehen seines Anspruches darauf verzichtet hat (H 40 KStH 2008). Maßgeblich dafür ist, inwieweit Passivposten in eine Bilanz der Gesellschaft hätten eingestellt werden müssen, die zum Zeitpunkt des Verzichts erstellt worden wäre (BFH-Urteile vom 15.5.2013 a.a.O. und vom 24.5.1984 – I R 166/78 – BStBl. 1984 II S. 747). Auf die tatsächliche Buchung in der Bilanz der Gesellschaft kommt es für die Frage des Zuflusses aufgrund einer verdeckten Einlage nicht an.

R 38.3
Einbehaltungspflicht des Arbeitgebers

(1) ¹Zur Einbehaltung der Lohnsteuer vom Arbeitslohn ist jeder inländische Arbeitgeber verpflichtet. ²Für die Einbehaltung der Lohnsteuer seiner Leiharbeitnehmer hat der ausländische Verleiher nach § 38 Abs. 1 Satz 1 Nr. 2 EStG auch dann die gleichen Pflichten wie ein inländischer Arbeitgeber zu erfüllen, wenn er selbst nicht inländischer Arbeitgeber ist.

(2) Neben den im § 12 Satz 2 AO aufgeführten Einrichtungen sind Betriebsstätten auch Landungsbrücken (Anlegestellen von Schifffahrtsgesellschaften), Kontore und sonstige Geschäftseinrichtungen, die dem Unternehmer oder Mitunternehmer oder seinem ständigen Vertreter, z. B. einem Prokuristen, zur Ausübung des Gewerbes dienen.

(3) ¹Ständiger Vertreter nach § 13 AO kann hiernach z. B. auch eine Person sein, die eine Filiale leitet oder die Aufsicht über einen Bautrupp ausübt. ²Ständiger Vertreter ist jedoch z. B. nicht ein einzelner Monteur, der von Fall zu Fall Montagearbeiten im Inland ausführt.

(4) ¹Bei Bauausführungen oder Montagen ausländischer Arbeitgeber im Inland, die länger als sechs Monate (>§ 12 Satz 2 Nr. 8 AO) dauern, ist der ausländische Arbeitgeber zugleich als inländischer Arbeitgeber i.S.d. § 38 Abs. 1 Satz 1 Nr. 1 EStG anzusehen, gleichgültig ob die Bauausführung oder Montage nach dem Doppelbesteuerungsabkommen eine Betriebsstätte begründet. ²Begründet die Bauausführung oder Montage nach dem anzuwendenden Doppelbesteuerungsabkommen keine Betriebsstätte, so sind die Arbeitslöhne, die an die im Inland eingesetzten ausländischen Arbeitnehmer gezahlt werden, in der Regel von der Lohnsteuer freizustellen, wenn sie sich höchstens an 183 Tagen im Kalenderjahr, bei bestimmten Doppelbesteuerungsabkommen in einem Zwölfmonatszeitraum im Inland aufhalten.

---

*) Das angesprochene BMF-Schreiben ist abgedruckt als Anlage 3 zu H 38.2 LStR.

(5) ¹In den Fällen der Arbeitnehmerentsendung ist inländischer Arbeitgeber auch das in Deutschland ansässige Unternehmen, das den Arbeitslohn für die ihm geleistete Arbeit wirtschaftlich trägt. ²Hiervon ist insbesondere dann auszugehen, wenn die von dem anderen Unternehmen gezahlte Arbeitsvergütung dem deutschen Unternehmen weiterbelastet wird. ³Die Erfüllung der Arbeitgeberpflichten setzt nicht voraus, dass das inländische Unternehmen den Arbeitslohn im eigenen Namen und für eigene Rechnung auszahlt. ⁴Die Lohnsteuer entsteht bereits im Zeitpunkt der Arbeitslohnzahlung an den Arbeitnehmer, wenn das inländische Unternehmen aufgrund der Vereinbarung mit dem ausländischen Unternehmen mit einer Weiterbelastung rechnen kann; in diesem Zeitpunkt ist die Lohnsteuer vom inländischen Unternehmen zu erheben.

H 38.3
Hinweise zu R 38.3
Einbehaltungspflicht des Arbeitgebers

Arbeitgeberbegriff

– >R 19.1, H 19.1
– Wirtschaftlicher Arbeitgeber bei Arbeitnehmerentsendung zwischen international verbundenen Unternehmen >BMF vom 12.11.2014 (BStBl. I S. 1467), Tz. 4.3.3*)

Inländischer Arbeitgeber

– Auch ein im Ausland ansässiger Arbeitgeber, der im Inland eine Betriebsstätte oder einen ständigen Vertreter hat, ist nach § 38 Abs. 1 Satz 1 Nr. 1 EStG ein inländischer Arbeitgeber (>BFH vom 5.10.1977 – BStBl. 1978 II S. 205).
– Bei Arbeitnehmerentsendung ist das in Deutschland ansässige aufnehmende Unternehmen, das den Arbeitslohn für die ihm geleistete Arbeit wirtschaftlich trägt, Arbeitgeber >§ 38 Abs. 1 Satz 2 EStG.

Leiharbeitnehmer

Nach den neueren Abkommen zur Vermeidung der Doppelbesteuerung (z. B. DBA Frankreich, Italien, Schweden) ist die 183-Tage-Klausel auf Leiharbeitnehmer nicht anwendbar (>BMF vom 12.11.2014 – BStBl. I S. 1467 – Tz. 4.3.4)*).

Zuständiges Finanzamt

für ausländische Verleiher >H 41.3

R 38.4
Lohnzahlung durch Dritte

Unechte Lohnzahlung durch Dritte

(1) ¹Eine unechte Lohnzahlung eines Dritten ist dann anzunehmen, wenn der Dritte lediglich als Leistungsmittler fungiert. ²Das ist z. B. der Fall, wenn der Dritte im Auftrag des Arbeitgebers leistet oder die Stellung einer Kasse des Arbeitgebers innehat. ³Der den Dritten als Leistungsmittler einsetzende Arbeitgeber bleibt der den Arbeitslohn Zahlende und ist daher zum Lohnsteuerabzug verpflichtet (§ 38 Abs. 1 Satz 1 EStG).

Echte Lohnzahlung durch Dritte

(2) ¹Eine echte Lohnzahlung eines Dritten liegt dann vor, wenn dem Arbeitnehmer Vorteile von einem Dritten eingeräumt werden, die ein Entgelt für eine Leistung sind, die der Arbeitnehmer im Rahmen seines Dienstverhältnisses für den Arbeitgeber erbringt; hierzu gehören z.B. geldwerte Vorteile, die der Leiharbeitnehmer aufgrund des Zugangs zu Gemeinschaftseinrichtungen oder -diensten des Entleihers erhält (§ 13b AÜG). ²In diesen Fällen hat der Arbeitgeber die Lohnsteuer einzubehalten und die damit verbundenen sonstigen Pflichten zu erfüllen, wenn er weiß oder erkennen kann, dass derartige Vergütungen erbracht werden (§ 38 Abs. 1 Satz 3 EStG). ³Die dem Arbeitgeber bei der Lohnzahlung durch Dritte auferlegte Lohnsteuerabzugspflicht erfordert, dass dieser seine Arbeitnehmer auf ihre gesetzliche Verpflichtung (§ 38 Abs. 4 Satz 3 EStG) hinweist,

ihm am Ende des jeweiligen Lohnzahlungszeitraums die von einem Dritten gewährten Bezüge anzugeben. ⁴Kommt der Arbeitnehmer seiner Angabepflicht nicht nach und kann der Arbeitgeber bei der gebotenen Sorgfalt aus seiner Mitwirkung an der Lohnzahlung des Dritten oder aus der Unternehmensverbundenheit mit dem Dritten erkennen, dass der Arbeitnehmer zu Unrecht keine Angaben macht oder seine Angaben unzutreffend sind, hat der Arbeitgeber die ihm bekannten Tatsachen zur Lohnzahlung von dritter Seite dem Betriebsstättenfinanzamt anzuzeigen (§ 38 Abs 4 Satz 3 2. Halbsatz EStG). ⁵Die Anzeige hat unverzüglich zu erfolgen.

H 38.4
Hinweise zu R 38.4
Lohnzahlung durch Dritte

Abgrenzung zwischen echter und unechter Lohnzahlung durch Dritte

>R 38.4 und BFH vom 30.5.2001 (BStBl. 2002 II S. 230).

Lohnsteuerabzug

Der Arbeitgeber ist insbesondere dann zum Lohnsteuerabzug verpflichtet (unechte Lohnzahlung durch Dritte >R 38.4 Abs. 1), wenn

– er in irgendeiner Form tatsächlich oder rechtlich in die Arbeitslohnzahlung eingeschaltet ist (>BFH vom 13.3.1974 – BStBl. II S. 411);
– ein Dritter in der praktischen Auswirkung nur die Stellung einer zahlenden Kasse hat, z. B. selbständige Kasse zur Zahlung von Unterstützungsleistungen (>BFH vom 28.3.1958 – BStBl. III S. 268) oder von Erholungsbeihilfen (>BFH vom 27.1.1961 – BStBl. III S. 167).

Metergelder im Möbeltransportgewerbe

unterliegen in voller Höhe dem Lohnsteuerabzug, wenn auf sie ein Rechtsanspruch besteht (>BFH vom 9.3.1965 – BStBl. III S. 26)

Rabatte von dritter Seite

Bei einer Mitwirkung des Arbeitgebers an der Rabattgewährung von dritter Seite (>BMF vom 27.9.1993 – BStBl. I S. 814, Tz. 1)**) ist der Arbeitgeber zum Lohnsteuerabzug verpflichtet. In anderen Fällen ist zu prüfen, ob der Arbeitgeber weiß oder erkennen kann, dass derartige Vorteile gewährt werden (§ 38 Abs. 1 Satz 3 EStG).

Unerlaubte Arbeitnehmerüberlassung

>R 19.1 Satz 6

R 38.5
Lohnsteuerabzug durch Dritte

¹Die Übertragung der Arbeitgeberpflichten nach § 38 Abs. 3a Satz 2 ff. EStG auf einen Dritten kann vom Finanzamt auf schriftlichen Antrag zugelassen werden. ²Die Zustimmung kann nur erteilt werden, wenn der Dritte für den gesamten Arbeitslohn des Arbeitnehmers die Lohnsteuerabzugsverpflichtung übernimmt.

§ 38a EStG
Höhe der Lohnsteuer

(1) **¹Die Jahreslohnsteuer bemisst sich nach dem Arbeitslohn, den der Arbeitnehmer im Kalenderjahr bezieht (Jahresarbeitslohn). ²Laufender Arbeitslohn gilt in dem Kalenderjahr als bezogen, in dem der Lohnzahlungszeitraum endet; in den Fällen des § 39b Absatz 5 Satz 1 tritt der Lohnabrechnungszeitraum an die Stelle des Lohnzahlungszeitraums. ³Arbeitslohn, der nicht als laufender Arbeitslohn gezahlt wird (sonstige**

---

*) Abgedruckt als Anlage 2 zu H 39b.10 LStR.
**) Abgedruckt als Anlage 6 zu H 8.2 LStR.

Bezüge), wird in dem Kalenderjahr bezogen, in dem er dem Arbeitnehmer zufließt.

(2) Die Jahreslohnsteuer wird nach dem Jahresarbeitslohn so bemessen, dass sie der Einkommensteuer entspricht, die der Arbeitnehmer schuldet, wenn er ausschließlich Einkünfte aus nichtselbständiger Arbeit erzielt.

(3) ¹Vom laufenden Arbeitslohn wird die Lohnsteuer jeweils mit dem auf den Lohnzahlungszeitraum fallenden Teilbetrag der Jahreslohnsteuer erhoben, der sich bei Umrechnung des laufenden Arbeitslohns auf einen Jahresarbeitslohn ergibt. ²Von sonstigen Bezügen wird die Lohnsteuer mit dem Betrag erhoben, der zusammen mit der Lohnsteuer für den laufenden Arbeitslohn des Kalenderjahres und für etwa im Kalenderjahr bereits gezahlte sonstige Bezüge die voraussichtliche Jahreslohnsteuer ergibt.

(4) Bei der Ermittlung der Lohnsteuer werden die Besteuerungsgrundlagen des Einzelfalls durch die Einreihung der Arbeitnehmer in Steuerklassen (§ 38b), Feststellung von Freibeträgen und Hinzurechnungsbeträgen (§ 39a) sowie Bereitstellung von elektronischen Lohnsteuerabzugsmerkmalen (§ 39e) oder Ausstellung von entsprechenden Bescheinigungen für den Lohnsteuerabzug (§ 39 Absatz 3 und § 39e Absatz 7 und 8) berücksichtigt.

§ 38b EStG
Lohnsteuerklassen, Zahl der Kinderfreibeträge

(1) ¹Für die Durchführung des Lohnsteuerabzugs werden Arbeitnehmer in Steuerklassen eingereiht. ²Dabei gilt Folgendes:

1. In die Steuerklasse I gehören Arbeitnehmer, die
   a) unbeschränkt einkommensteuerpflichtig und
      aa) ledig sind,
      bb) verheiratet, verwitwet oder geschieden sind und bei denen die Voraussetzungen für die Steuerklasse III oder IV nicht erfüllt sind; oder
   b) beschränkt einkommensteuerpflichtig sind;
2. in die Steuerklasse II gehören die unter Nummer 1 Buchstabe a bezeichneten Arbeitnehmer, wenn bei ihnen der Entlastungsbetrag für Alleinerziehende (§ 24b) zu berücksichtigen ist;
3. in die Steuerklasse III gehören Arbeitnehmer,
   a) die verheiratet sind, wenn beide Ehegatten unbeschränkt einkommensteuerpflichtig sind und nicht dauernd getrennt leben und
      aa) der Ehegatte des Arbeitnehmers keinen Arbeitslohn bezieht oder
      bb) der Ehegatte des Arbeitnehmers auf Antrag beider Ehegatten in die Steuerklasse V eingereiht wird,
   b) die verwitwet sind, wenn sie und ihr verstorbener Ehegatte im Zeitpunkt seines Todes unbeschränkt einkommensteuerpflichtig waren und in diesem Zeitpunkt nicht dauernd getrennt gelebt haben, für das Kalenderjahr, das dem Kalenderjahr folgt, in dem der Ehegatte verstorben ist,
   c) deren Ehe aufgelöst worden ist, wenn
      aa) im Kalenderjahr der Auflösung der Ehe beide Ehegatten unbeschränkt einkommensteuerpflichtig waren und nicht dauernd getrennt gelebt haben und
      bb) der andere Ehegatte wieder geheiratet hat, von seinem neuen Ehegatten nicht dauernd getrennt lebt und er und sein neuer Ehegatte unbeschränkt einkommensteuerpflichtig sind,
      für das Kalenderjahr, in dem die Ehe aufgelöst worden ist;
4. in die Steuerklasse IV gehören Arbeitnehmer, die verheiratet sind, wenn beide Ehegatten unbeschränkt einkommensteuerpflichtig sind und nicht dauernd getrennt leben und der Ehegatte des Arbeitnehmers ebenfalls Arbeitslohn bezieht;
5. in die Steuerklasse V gehören die unter Nummer 4 bezeichneten Arbeitnehmer, wenn der Ehegatte des Arbeitnehmers auf Antrag beider Ehegatten in die Steuerklasse III eingereiht wird;
6. die Steuerklasse VI gilt bei Arbeitnehmern, die nebeneinander von mehreren Arbeitgebern Arbeitslohn beziehen, für die Einbehaltung der Lohnsteuer vom Arbeitslohn aus dem zweiten und einem weiteren Dienstverhältnis sowie in den Fällen des § 39c.

³Als unbeschränkt einkommensteuerpflichtig im Sinne der Nummern 3 und 4 gelten nur Personen, die die Voraussetzungen des § 1 Absatz 1 oder 2 oder des § 1a erfüllen.

(2) ¹Für ein minderjähriges und nach § 1 Absatz 1 unbeschränkt einkommensteuerpflichtiges Kind im Sinne des § 32 Absatz 1 Nummer 1 und Absatz 3 werden bei der Anwendung der Steuerklassen I bis IV die Kinderfreibeträge als Lohnsteuerabzugsmerkmal nach § 39 Absatz 1 wie folgt berücksichtigt:

1. mit Zähler 0,5, wenn dem Arbeitnehmer der Kinderfreibetrag nach § 32 Absatz 6 Satz 1 zusteht, oder
2. mit Zähler 1, wenn dem Arbeitnehmer der Kinderfreibetrag zusteht, weil
   a) die Voraussetzungen des § 32 Absatz 6 Satz 2 vorliegen oder
   b) der andere Elternteil vor dem Beginn des Kalenderjahres verstorben ist oder
   c) der Arbeitnehmer allein das Kind angenommen hat.

²Soweit dem Arbeitnehmer Kinderfreibeträge nach § 32 Absatz 1 bis 6 zustehen, die nicht nach Satz 1 berücksichtigt werden, ist die Zahl der Kinderfreibeträge auf Antrag vorbehaltlich des § 39a Absatz 1 Nummer 6 zu Grunde zu legen. ³In den Fällen des Satzes 2 können die Kinderfreibeträge für mehrere Jahre gelten, wenn nach den tatsächlichen Verhältnissen zu erwarten ist, dass die Voraussetzungen bestehen bleiben. ⁴Bei Anwendung der Steuerklassen III und IV sind auch Kinder des Ehegatten bei der Zahl der Kinderfreibeträge zu berücksichtigen. ⁵Der Antrag kann nur nach amtlich vorgeschriebenem Vordruck gestellt werden.

(3) ¹Auf Antrag des Arbeitnehmers kann abweichend von Absatz 1 oder 2 eine für ihn ungünstigere Steuerklasse oder geringere Zahl der Kinderfreibeträge als Lohnsteuerabzugsmerkmal gebildet werden. ²Dieser Antrag ist nach amtlich vorgeschriebenem Vordruck zu stellen und vom Arbeitnehmer eigenhändig zu unterschreiben.

R 38b
Lohnsteuerklassen
– unbesetzt –

H 38b
Hinweise zu R 38b
Lohnsteuerklassen

Familienstand

>R 26 EStR, H 26 EStH

Lebenspartner

>§ 2 Abs. 8 EStG

Steuerklasse in EU/EWR-Fällen

Ein Arbeitnehmer, der als Staatsangehöriger eines Mitgliedstaats der Europäischen Union (EU) oder der Staaten Island, Liechtenstein oder Norwegen (EWR) nach § 1 Abs. 1 EStG unbeschränkt einkommensteuerpflichtig ist, ist auf Antrag in die Steuerklasse III einzuordnen, wenn der Ehegatte des Arbeitnehmers in einem EU/

EWR-Mitgliedstaat oder in der Schweiz lebt (>§ 1a Abs. 1 Nr. 2 EStG). Es ist nicht erforderlich, dass der Ehegatte ebenfalls Staatsangehöriger eines EU/EWR-Mitgliedstaates ist. Auf die prozentuale oder absolute Höhe der nicht der deutschen Einkommensteuer unterliegenden Einkünfte beider Ehegatten kommt es nicht an.

Die Einreihung in die Steuerklasse III führt zur Veranlagungspflicht nach § 46 Abs. 2 Nr. 7 Buchstabe a EStG.

Ein allein stehender Arbeitnehmer, der Staatsangehöriger eines EU/EWR-Mitgliedstaates ist und nach § 1 Abs. 1 EStG unbeschränkt einkommensteuerpflichtig ist, ist in die Steuerklasse II einzureihen, wenn ihm der Entlastungsbetrag für Alleinerziehende zusteht.

Für die Änderung der Steuerklasse ist das Wohnsitzfinanzamt des im Inland lebenden Arbeitnehmers zuständig (>BMF vom 29.9.1995 – BStBl. I S. 429, Tz. 1.1 unter Berücksichtigung der zwischenzeitlich eingetretenen Rechtsänderungen)*).

---

*) Abgedruckt als Anlage 1 zu § 1a EStG.

373

§ 39 EStG
Lohnsteuerabzugsmerkmale

(1) ¹Für die Durchführung des Lohnsteuerabzugs werden auf Veranlassung des Arbeitnehmers Lohnsteuerabzugsmerkmale gebildet (§ 39a Absatz 1 und 4, § 39e Absatz 1 in Verbindung mit § 39e Absatz 4 Satz 1 und nach § 39e Absatz 8). ²Soweit Lohnsteuerabzugsmerkmale nicht nach § 39e Absatz 1 Satz 1 automatisiert gebildet werden oder davon abweichend zu bilden sind, ist das Finanzamt für die Bildung der Lohnsteuerabzugsmerkmale nach den §§ 38b und 39a und die Bestimmung ihrer Geltungsdauer zuständig. ³Für die Bildung der Lohnsteuerabzugsmerkmale sind die von den Meldebehörden nach § 39e Absatz 2 Satz 2 mitgeteilten Daten vorbehaltlich einer nach Satz 2 abweichenden Bildung durch das Finanzamt bindend. ⁴Die Bildung der Lohnsteuerabzugsmerkmale ist eine gesonderte Feststellung von Besteuerungsgrundlagen im Sinne des § 179 Absatz 1 der Abgabenordnung, die unter dem Vorbehalt der Nachprüfung steht. ⁵Die Bildung und die Änderung der Lohnsteuerabzugsmerkmale sind dem Arbeitnehmer bekannt zu geben. ⁶Die Bekanntgabe richtet sich nach § 119 Absatz 2 der Abgabenordnung und § 39e Absatz 6. ⁷Der Bekanntgabe braucht keine Belehrung über den zulässigen Rechtsbehelf beigefügt zu werden. ⁸Ein schriftlicher Bescheid mit einer Belehrung über den zulässigen Rechtsbehelf ist jedoch zu erteilen, wenn einem Antrag des Arbeitnehmers auf Bildung oder Änderung der Lohnsteuerabzugsmerkmale nicht oder nicht in vollem Umfang entsprochen wird oder der Arbeitnehmer die Erteilung eines Bescheids beantragt. ⁹Vorbehaltlich des Absatzes 5 ist § 153 Absatz 2 der Abgabenordnung nicht anzuwenden.

(2) ¹Für die Bildung und die Änderung der Lohnsteuerabzugsmerkmale nach Absatz 1 Satz 2 des nach § 1 Absatz 1 unbeschränkt einkommensteuerpflichtigen Arbeitnehmers ist das Wohnsitzfinanzamt im Sinne des § 19 Absatz 1 Satz 1 und 2 der Abgabenordnung und in den Fällen des Absatzes 4 Nummer 5 das Betriebsstättenfinanzamt nach § 41a Absatz 1 Satz 1 Nummer 1 zuständig. ²Ist der Arbeitnehmer nach § 1 Absatz 2 unbeschränkt einkommensteuerpflichtig, nach § 1 Absatz 3 als unbeschränkt einkommensteuerpflichtig zu behandeln oder beschränkt einkommensteuerpflichtig, ist das Betriebsstättenfinanzamt für die Bildung und die Änderung der Lohnsteuerabzugsmerkmale zuständig. ³Ist der nach § 1 Absatz 3 als unbeschränkt einkommensteuerpflichtig zu behandelnde Arbeitnehmer gleichzeitig bei mehreren inländischen Arbeitgebern tätig, ist für die Bildung der weiteren Lohnsteuerabzugsmerkmale das Betriebsstättenfinanzamt zuständig, das erstmals Lohnsteuerabzugsmerkmale gebildet hat. ⁴Bei Ehegatten, die beide Arbeitslohn von inländischen Arbeitgebern beziehen, ist das Betriebsstättenfinanzamt des älteren Ehegatten zuständig.

(3) ¹Wurde einem Arbeitnehmer in den Fällen des Absatzes 2 Satz 2 keine Identifikationsnummer zugeteilt, hat ihm das Betriebsstättenfinanzamt auf seinen Antrag hin eine Bescheinigung für den Lohnsteuerabzug auszustellen. ²In diesem Fall tritt an die Stelle der Identifikationsnummer das vom Finanzamt gebildete lohnsteuerliche Ordnungsmerkmal nach § 41b Absatz 2 Satz 1 und 2. ³Die Bescheinigung der Steuerklasse I kann auch der Arbeitgeber beantragen, wenn dieser den Antrag nach Satz 1 im Namen des Arbeitnehmers stellt. ⁴Diese Bescheinigung ist als Beleg zum Lohnkonto zu nehmen und während des Dienstverhältnisses, längstens bis zum Ablauf des jeweiligen Kalenderjahres, aufzubewahren.

(4) Lohnsteuerabzugsmerkmale sind
1. Steuerklasse (§ 38b Absatz 1) und Faktor (§ 39f),
2. Zahl der Kinderfreibeträge bei den Steuerklassen I bis IV (§ 38b Absatz 2),
3. Freibetrag und Hinzurechnungsbetrag (§ 39a),
4. Höhe der Beiträge für eine private Krankenversicherung und für eine private Pflege-Pflichtversicherung (§ 39b Absatz 2 Satz 5 Nummer 3 Buchstabe d) für die Dauer von zwölf Monaten, wenn der Arbeitnehmer dies beantragt,*)
5. Mitteilung, dass der von einem Arbeitgeber gezahlte Arbeitslohn nach einem Abkommen zur Vermeidung der Doppelbesteuerung von der Lohnsteuer freizustellen ist, wenn der Arbeitnehmer oder der Arbeitgeber dies beantragt.

(5) ¹Treten bei einem Arbeitnehmer die Voraussetzungen für eine für ihn ungünstigere Steuerklasse oder geringere Zahl der Kinderfreibeträge ein, ist der Arbeitnehmer verpflichtet, dem Finanzamt dies mitzuteilen und die Steuerklasse und die Zahl der Kinderfreibeträge umgehend ändern zu lassen. ²Dies gilt insbesondere, wenn die Voraussetzungen für die Berücksichtigung des Entlastungsbetrags für Alleinerziehende, für die die Steuerklasse II zur Anwendung kommt, entfallen. ³Eine Mitteilung ist nicht erforderlich, wenn die Abweichung einen Sachverhalt betrifft, der zu einer Änderung der Daten führt, die nach § 39e Absatz 2 Satz 2 von den Meldebehörden zu übermitteln sind. ⁴Kommt der Arbeitnehmer seiner Verpflichtung nicht nach, ändert das Finanzamt die Steuerklasse und die Zahl der Kinderfreibeträge von Amts wegen. ⁵Unterbleibt die Änderung der Lohnsteuerabzugsmerkmale, hat das Finanzamt zu wenig erhobene Lohnsteuer vom Arbeitnehmer nachzufordern, wenn diese 10 Euro übersteigt.

(6) ¹Ändern sich die Voraussetzungen für die Steuerklasse oder für die Zahl der Kinderfreibeträge zu Gunsten des Arbeitnehmers, kann dieser beim Finanzamt die Änderung der Lohnsteuerabzugsmerkmale beantragen. ²Die Änderung ist mit Wirkung von dem ersten Tag des Monats an vorzunehmen, in dem erstmals die Voraussetzungen für die Änderung vorlagen. ³Ehegatten, die beide in einem Dienstverhältnis stehen, können einmalig im Laufe des Kalenderjahres beim Finanzamt die Änderung der Steuerklassen beantragen. ⁴Dies gilt unabhängig von der automatisierten Bildung der Steuerklassen nach § 39e Absatz 3 Satz 3 sowie einer von den Ehegatten gewünschten Änderung dieser automatisierten Bildung. ⁵Das Finanzamt hat eine Änderung nach Satz 3 mit Wirkung vom Beginn des Kalendermonats vorzunehmen, der auf die Antragstellung folgt. ⁶Für eine Berücksichtigung der Änderung im laufenden Kalenderjahr ist der Antrag nach Satz 1 oder 3 spätestens bis zum 30. November zu stellen.

(7) ¹Wird ein unbeschränkt einkommensteuerpflichtiger Arbeitnehmer beschränkt einkommensteuerpflichtig, hat er dies dem Finanzamt unverzüglich mitzuteilen. ²Das Finanzamt hat die Lohnsteuerabzugsmerkmale vom Zeitpunkt des Eintritts der beschränkten Einkommensteuerpflicht an zu ändern. ³Absatz 1 Satz 5 bis 8 gilt entsprechend. ⁴Unterbleibt die Mitteilung, hat das Finanzamt zu wenig erhobene Lohnsteuer vom Arbeitnehmer nachzufordern, wenn diese 10 Euro übersteigt.

(8) ¹Der Arbeitgeber darf die Lohnsteuerabzugsmerkmale nur für die Einbehaltung der Lohn- und Kirchensteuer verwenden. ²Er darf sie ohne Zustimmung des Arbeitnehmers nur offenbaren, soweit dies gesetzlich zugelassen ist.

(9) ¹Ordnungswidrig handelt, wer vorsätzlich oder leichtfertig entgegen Absatz 8 ein Lohnsteuerabzugsmerkmal verwendet. ²Die Ordnungswidrigkeit kann mit einer Geldbuße bis zu zehntausend Euro geahndet werden.

R 39.1
– unbesetzt –

H 39.1
Hinweise zu R 39.1
Verfahren zur Bildung der Lohnsteuerabzugsmerkmale

Allgemeines

Lohnsteuerabzug ab dem Kalenderjahr 2013 im Verfahren der elektronischen Lohnsteuerabzugsmerkmale >BMF vom 7.8.2013 (BStBl. I S. 951) unter Berücksichtigung der Änderung durch BMF vom 23.10.2014 (BStBl. I S. 1411).**)

---
*) Anm. d. Verlages:
   Der Zeitpunkt der erstmaligen Anwendung wird durch ein im Bundessteuerblatt zu veröffentlichendes BMF-Schreiben bekannt gegeben (>§ 52 Abs. 36 EStG).
**) Abgedruckt als Anlage zu H 39e LStR.

Bescheinigung der Religionsgemeinschaft

– Die Bescheinigung der Religionsgemeinschaft ist verfassungsgemäß (>BVerfG vom 25.5.2001 – BvR 2253/00). Dies gilt auch für die Eintragung „– –", aus der sich ergibt, dass der Steuerpflichtige keiner kirchensteuererhebungsberechtigten Religionsgemeinschaft angehört (>BVerfG vom 30.9.2002 – 1 BvR 1744/02).

– Beispiele für die Bescheinigung der Religionsgemeinschaft

Konfessionszugehörigkeit		Eintragung im Feld Kirchensteuerabzug
Arbeitnehmer	Ehegatte	
ev	rk	ev rk
ev	ev	ev
rk	– –	rk
– –	ev	– –
– –	– –	– –

R 39.2
Änderungen und Ergänzungen der Lohnsteuerabzugsmerkmale

Änderung der Steuerklassen

(1) ¹Wird die Ehe eines Arbeitnehmers durch Scheidung oder Aufhebung aufgelöst oder haben die Ehegatten die dauernde Trennung herbeigeführt, dürfen die gebildeten Steuerklassen im laufenden Kalenderjahr nicht geändert werden; es kommt nur ein Steuerklassenwechsel nach Absatz 2 in Betracht. ²Das gilt nicht, wenn bei einer durch Scheidung oder Aufhebung aufgelösten Ehe der andere Ehegatte im selben Kalenderjahr wieder geheiratet hat, von seinem neuen Ehegatten nicht dauernd getrennt lebt und er und sein neuer Ehegatte unbeschränkt einkommensteuerpflichtig sind; in diesen Fällen ist die beim nicht wieder verheirateten Ehegatten gebildete Steuerklasse auf Antrag in Steuerklasse III zu ändern, wenn die Voraussetzungen des § 38b Satz 2 Nr. 3 Buchstabe c Doppelbuchstabe aa EStG erfüllt sind.

Steuerklassenwechsel

(2) ¹Bei Ehegatten, die beide Arbeitslohn beziehen, sind auf gemeinsamen Antrag der Ehegatten die gebildeten Steuerklassen wie folgt zu ändern:
1. Ist bei beiden die Steuerklasse IV gebildet worden, kann diese bei einem Ehegatten in Steuerklasse III und beim anderen Ehegatten in Steuerklasse V geändert werden.
2. Ist bei einem Ehegatten die Steuerklasse III und beim anderen Ehegatten die Steuerklasse V gebildet worden, können diese bei beiden Ehegatten in Steuerklasse IV geändert werden.
3. Ist bei einem Ehegatten die Steuerklasse III und beim anderen Ehegatten die Steuerklasse V gebildet worden, kann die Steuerklasse III des einen Ehegatten in Steuerklasse V und die Steuerklasse V des anderen Ehegatten in Steuerklasse III geändert werden.

²In einem Kalenderjahr kann jeweils nur ein Antrag gestellt werden. ³Neben dem in § 39 Abs. 6 Satz 4 EStG geregelten Fall ist ein weiterer Antrag möglich, wenn ein Ehegatte keinen steuerpflichtigen Arbeitslohn mehr bezieht oder verstorben ist, wenn sich die Ehegatten auf Dauer getrennt haben oder wenn ein Dienstverhältnis wieder aufgenommen wird, z.B. nach einer Arbeitslosigkeit oder einer Elternzeit.

Zahl der Kinderfreibeträge in den Fällen des § 32 Abs. 6 Satz 4 EStG

(3) Bei der Zahl der Kinderfreibeträge sind ermäßigte Kinderfreibeträge für nicht unbeschränkt einkommensteuerpflichtige Kinder nicht zu berücksichtigen.

R 39.3
Bescheinigung für den Lohnsteuerabzug

¹Ein Antrag nach § 39 Abs. 3 Satz 1 oder § 39e Abs. 8 Satz 1 EStG ist bis zum 31.12. des Kalenderjahres zu stellen, für das die Bescheinigung für den Lohnsteuerabzug gilt. ²Die Bescheinigung der Steuerklasse I kann auch der Arbeitgeber beantragen, wenn dieser den Antrag nach § 39 Abs. 3 Satz 1 EStG im Namen des Arbeitnehmers stellt (§ 39 Abs. 3 Satz 3 EStG). ³Bezieht ein Arbeitnehmer gleichzeitig Arbeitslohn aus mehreren gegenwärtigen oder früheren Dienstverhältnissen, mit dem er der beschränkten Einkommensteuerpflicht unterliegt, hat das Finanzamt in der Bescheinigung für das zweite und jedes weitere Dienstverhältnis zu vermerken, dass die Steuerklasse VI anzuwenden ist. ⁴Bei Nichtvorlage der Bescheinigung hat der Arbeitgeber den Lohnsteuerabzug nach Maßgabe des § 39c Abs. 1 und 2 EStG vorzunehmen.

R 39.4
Lohnsteuerabzug bei beschränkter Einkommensteuerpflicht

Freibetrag oder Hinzurechnungsbetrag bei beschränkter Einkommensteuerpflicht

(1) Nach § 39a Abs. 2 Satz 8 i.V.m. Abs. 4 EStG ist ein vom Arbeitnehmer zu beantragender Freibetrag oder Hinzurechnungsbetrag durch Aufteilung in Monatsbeträge, erforderlichenfalls in Wochen- und Tagesbeträge, jeweils auf die voraussichtliche Dauer des Dienstverhältnisses im Kalenderjahr gleichmäßig zu verteilen. Dabei sind ggf. auch die im Kalenderjahr bereits abgelaufenen Zeiträume desselben Dienstverhältnisses einzubeziehen, es sei denn, der Arbeitnehmer beantragt die Verteilung des Betrags auf die restliche Dauer des Dienstverhältnisses. Bei beschränkt einkommensteuerpflichtigen Arbeitnehmern, bei denen § 50 Abs. 1 Satz 4 EStG anzuwenden ist, sind Werbungskosten und Sonderausgaben insoweit zu einzutragen, als sie die zeitanteiligen Pauschbeträge (>§ 50 Abs. 1 Satz 5 EStG) übersteigen.

Ausübung der Verwertung (§ 49 Abs. 1 Nr. 4 Buchstabe a EStG)

(2) ¹Die nichtselbständige Arbeit wird im Inland ausgeübt, wenn der Arbeitnehmer im Geltungsbereich des Einkommensteuergesetzes persönlich tätig wird. ²Sie wird im Inland verwertet, wenn der Arbeitnehmer das Ergebnis einer außerhalb des Geltungsbereichs des Einkommensteuergesetzes ausgeübten Tätigkeit im Inland seinem Arbeitgeber zuführt. ³Zu der im Inland ausgeübten oder verwerteten nichtselbständigen Arbeit gehört nicht die nichtselbständige Arbeit, die auf einem deutschen Schiff während seines Aufenthalts in einem ausländischen Küstenmeer, in einem ausländischen Hafen von Arbeitnehmern ausgeübt wird, die weder einen Wohnsitz noch ihren gewöhnlichen Aufenthalt im Inland haben. ⁴Unerheblich ist, ob der Arbeitslohn zu Lasten eines inländischen Arbeitgebers gezahlt wird. ⁵Arbeitgeber i.S.d. Satzes 2 ist die Stelle im Inland, z. B. eine Betriebsstätte oder der inländische Vertreter eines ausländischen Arbeitgebers, die unbeschadet des formalen Vertragsverhältnisses zu einem möglichen ausländischen Arbeitgeber die wesentlichen Rechte und Pflichten eines Arbeitgebers tatsächlich wahrnimmt; inländischer Arbeitgeber ist auch ein inländisches Unternehmen bezüglich der Arbeitnehmer, die bei rechtlich unselbständigen Betriebsstätten, Filialen oder Außenstellen im Ausland beschäftigt sind.

Befreiung von der beschränkten Einkommensteuerpflicht

(3) Einkünfte aus der Verwertung einer außerhalb des Geltungsbereichs des Einkommensteuergesetzes ausgeübten nichtselbständigen Arbeit bleiben bei der Besteuerung außer Ansatz,
1. wenn zwischen der Bundesrepublik Deutschland und dem Wohnsitzstaat ein Doppelbesteuerungsabkommen besteht und nach R 39b.10 der Lohnsteuerabzug unterbleiben darf oder
2. in anderen Fällen, wenn nachgewiesen oder glaubhaft gemacht wird, dass von diesen Einkünften in dem Staat, in dem die Tätigkeit ausgeübt worden ist, eine der deutschen Einkommensteuer

entsprechende Steuer tatsächlich erhoben wird. ²Auf diesen Nachweis ist zu verzichten bei Arbeitnehmern, bei denen die Voraussetzungen des Auslandstätigkeitserlasses vorliegen*).

Künstler, Berufssportler, unterhaltend und ähnlich darbietende Personen sowie Artisten

(4) ¹Bezüge von beschränkt einkommensteuerpflichtigen Berufssportlern, darbietenden Künstlern (z. B. Musikern), werkschaffenden Künstlern (z. B. Schriftstellern, Journalisten und Bildberichterstattern), anderen unterhaltend oder ähnlich Darbietenden sowie Artisten unterliegen dem Lohnsteuerabzug, wenn sie zu den Einkünften aus nichtselbständiger Arbeit gehören und von einem inländischen Arbeitgeber i.S.d. § 38 Abs. 1 Satz 1 Nr. 1 EStG gezahlt werden. ²Von den Vergütungen der Berufssportler, darbietenden Künstler, Artisten und unterhaltend oder ähnlich darbietenden Personen (§ 50a Abs. 1 Nr. 1 EStG) wird die Einkommensteuer nach Maßgabe der §§ 50a, 50d EStG erhoben, wenn diese nicht von einem inländischen Arbeitgeber gezahlt werden.

H 39.4
Hinweise zu R 39.4
Lohnsteuerabzug bei beschränkter Einkommensteuerpflicht

Arbeitnehmer mit Wohnsitz

– in Belgien

>Grenzgängerregelung nach dem Zusatzabkommen zum DBA Belgien (BGBl. 2003 II S. 1615)

>Zur Verständigungsvereinbarung zum Besteuerungsrecht von Arbeitnehmer-Abfindungen >BMF vom 10.1.2007 (BStBl. I S. 261)**)

– in Frankreich

>Zur Verständigungsvereinbarung zur 183-Tage-Regelung und zur Anwendung der Grenzgängerregelung >BMF vom 3.4.2006 (BStBl. I S. 304)***)

– in Großbritannien und Nordirland

>Zur Verständigungsvereinbarung über die Zuordnung des Besteuerungsrechts von Abfindungen >BMF vom 2.12.2012 (BStBl. I S. 1221)****)

– in Luxemburg

>Verständigungsvereinbarung betreffend die Besteuerung von Abfindungszahlungen, Abfindungen und Entschädigungen in Folge einer Kündigung und/oder eines Sozialplans sowie Arbeitslosengeld >BMF vom 19.9.2011 (BStBl. I S. 852)*****)

>Verständigungsvereinbarung betreffend der Besteuerung von Berufskraftfahrern; Erweiterung der >Verständigungsvereinbarung auf Lokomotivführer und Begleitpersonal >BMF vom 19.9.2011 (BStBl. I S. 849)******)

– in den Niederlanden

>Zur Verständigungsvereinbarung zum Besteuerungsrecht von Arbeitnehmer-Abfindungen >BMF vom 29.10.2007 (BStBl. I S. 756)*******)

– in Österreich

>Zur Konsultationsvereinbarung zum Besteuerungsrecht von Arbeitnehmer-Abfindungen >BMF vom 26.8.2010 (BStBl. I S. 645)********)

– in der Schweiz

>Artikel 3 des Zustimmungsgesetzes vom 30.9.1993 (BStBl. I S. 927)

>Einführungsschreiben zur Neuregelung der Grenzgängerbesteuerung vom 19.9.1994 (BStBl. I S. 683)

>BMF vom 7.7.1997 (BStBl. I S. 723) unter Berücksichtigung der Änderungen durch BMF vom 30.9.2008 (BStBl. I S. 935)

>Zur Konsultationsvereinbarung zum Besteuerungsrecht von Arbeitnehmer-Abfindungen >BMF vom 25.3.2010 (BStBl. I S. 268)*********)

>Zur Verständigungsvereinbarung zur Behandlung von Arbeitnehmern im internationalen Transportgewerbe >BMF vom 29.6.2011 (BStBl. I S. 621)**********)

>Zur Verständigungsvereinbarung zur Behandlung über die Besteuerung von fliegendem Personal >BMF vom 23.7.2012 (BStBl. I S. 863)

Auslandstätigkeitserlass

>BMF vom 31.10.1983 (BStBl. I S. 470)*)

Entschädigung

>BMF vom 12.11.2014 (BStBl. I S. 1467), Tz. 5.5.4***********)

Künstler

>BMF vom 31.7.2002 (BStBl. I S. 707) unter Berücksichtigung der Änderungen durch BMF vom 28.3.2013 (BStBl. I S. 443)************)

Öffentliche Kassen

>H 3.11

Verwertungstatbestand

– >BFH vom 12.11.1986 (BStBl. 1987 II S. 377, 379, 381, 383)

– Beispiel:

Ein lediger Wissenschaftler wird im Rahmen eines Forschungsvorhabens in Südamerika tätig. Seinen inländischen Wohnsitz hat er aufgegeben. Er übergibt entsprechend den getroffenen Vereinbarungen seinem inländischen Arbeitgeber einen Forschungsbericht. Der Arbeitgeber sieht von einer kommerziellen Auswertung der Forschungsergebnisse ab.

Der Wissenschaftler ist mit den Bezügen, die er für die Forschungstätigkeit von seinem Arbeitgeber erhält, beschränkt einkommensteuerpflichtig nach § 1 Abs. 4 i. V. m. § 49 Abs. 1 Nr. 4 Buchstabe a EStG; sie unterliegen deshalb dem Lohnsteuerabzug.

Anlage 1
zu H 39.4

Besteuerung der Einkünfte aus nichtselbständiger Arbeit bei beschränkt einkommensteuerpflichtigen Künstlern***********)**

BMF-Schreiben vom 31.7.2002 (BStBl. I S. 707) unter Berücksichtigung der Änderungen durch BMF-Schreiben vom 28.3.2013 (BStBl. I S. 443)

Unter Bezugnahme auf das Ergebnis der Erörterung mit den obersten Finanzbehörden der Länder gilt für die Besteuerung der Einkünfte aus nichtselbständiger Arbeit bei beschränkt einkommensteuerpflichtigen Künstlern Folgendes:

1. **Abgrenzung der nichtselbständigen Arbeit**

   Für die Abgrenzung zwischen selbständiger Tätigkeit und nichtselbständiger Tätigkeit bei beschränkter Einkommensteuerpflicht sind die Regelungen maßgebend, die für unbeschränkt einkommensteuerpflichtige Künstler in Tz. 1, insbesondere in Tz. 1.1.2, des BMF-Schreibens vom 5. Oktober 1990 (BStBl. I S. 638)**************) getroffen worden sind.

---

*) Abgedruckt als Anlage zu § 34c EStG.
**) Abgedruckt als Anlage 9 zu H 39b.10 LStR.
***) Abgedruckt als Anlage 8 zu H 39b.10 LStR.
****) Abgedruckt als Anlage 17 zu H 39b.10 LStR.
*****) Abgedruckt als Anlage 16 zu H 39b.10 LStR.
******) Abgedruckt als Anlage 6 zu H 39b.10 LStR.
*******) Abgedruckt als Anlage 10 zu H 39b.10 LStR.
********) Abgedruckt als Anlage 13 zu H 39b.10 LStR.
*********) Abgedruckt als Anlage 12 zu H 39b.10 LStR.
**********) Abgedruckt als Anlage 15 zu H 39b.10 LStR.
***********) Abgedruckt als Anlage 2 zu H 39b.10 LStR.
************) Abgedruckt als Anlage 1 zu H 39.4 LStR.
*************) Die nachfolgenden Regelungen gelten grundsätzlich auch im ELStAM-Verfahren.
**************) Abgedruckt als Anlage 1 zu H 19.0 LStR.

2. Steuerabzug vom Arbeitslohn

2.1 Verpflichtung zum Lohnsteuerabzug

Die Einkünfte der beschränkt einkommensteuerpflichtigen Künstler aus nichtselbständiger Arbeit unterliegen ab 1996 nicht mehr der Abzugsteuer nach § 50a Abs. 4 EStG, sondern der Lohnsteuer, wenn der Arbeitgeber ein inländischer Arbeitgeber im Sinne des § 38 Abs. 1 Satz 1 Nr. 1 EStG ist, der den Lohnsteuerabzug durchzuführen hat.

2.2 Freistellung vom Lohnsteuerabzug

Der Lohnsteuerabzug darf nur dann unterbleiben, wenn der Arbeitslohn nach den Vorschriften eines Doppelbesteuerungsabkommens von der deutschen Lohnsteuer freizustellen ist. Dies ist vielfach für künstlerische Tätigkeiten im Rahmen eines Kulturaustausches vorgesehen. Das Betriebsstättenfinanzamt hat auf Antrag des Arbeitnehmers oder des Arbeitgebers (im Namen des Arbeitnehmers) eine entsprechende Freistellungsbescheinigung nach R 123 LStR*) zu erteilen (§ 39b Abs. 6 in Verbindung mit § 39d Abs. 3 Satz 4 EStG).

3. Erhebung der Lohnsteuer nach den Regelvorschriften

3.1 Bescheinigung des Betriebsstättenfinanzamts

Zur Durchführung des Lohnsteuerabzugs hat das Betriebsstättenfinanzamt auf Antrag des Arbeitnehmers oder des Arbeitgebers (im Namen des Arbeitnehmers) eine Bescheinigung über die maßgebende Steuerklasse und den vom Arbeitslohn ggf. abzuziehenden Freibetrag zu erteilen (§ 39d Abs. 1 Satz 3 und Abs. 2 EStG). Dabei kommt ein Freibetrag nur in Betracht, soweit die Werbungskosten, die im wirtschaftlichen Zusammenhang mit der im Inland ausgeübten künstlerischen Tätigkeit stehen, den zeitanteiligen Arbeitnehmer-Pauschbetrag (§ 9a Satz 1 Nr. 1 EStG) und die abziehbaren Ausgaben für steuerbegünstigte Zwecke im Sinne des § 10b EStG den zeitanteiligen Sonderausgaben-Pauschbetrag (§ 10c Abs. 1 EStG) übersteigen (§ 50 Abs. 1 Satz 6 EStG**)).

Der Zeitanteil des Arbeitnehmer-Pauschbetrags und des Sonderausgaben-Pauschbetrags bestimmt sich nach der (voraussichtlichen) Dauer des jeweiligen Dienstverhältnisses. Dabei ist der Beginn des Dienstverhältnisses besonders anzugeben. Auf Antrag kann der Beginn des Dienstverhältnisses zurückdatiert werden, soweit glaubhaft gemacht ist, dass der Künstler in der Zwischenzeit nicht bereits für einen anderen inländischen Arbeitgeber als Arbeitnehmer beschäftigt war. Dabei gilt jedoch die Einschränkung, dass für je zwei Tage der tatsächlichen Beschäftigungsdauer nur eine Zurückdatierung um eine Woche, insgesamt jedoch höchstens um einen Monat zulässig ist. Tz. 2.2.1 des BMF-Schreibens vom 5. Oktober 1990 (BStBl. I S. 638)***) ist sinngemäß anzuwenden.

Der ermittelte Freibetrag ist durch Aufteilung in Monatsbeträge, erforderlichenfalls auch in Wochen- und Tagesbeträge, ebenfalls auf die (voraussichtliche) Dauer des Dienstverhältnisses zu verteilen; auf Antrag des Künstlers kann nach R 125 Abs. 8 LStR auch die restliche Dauer des Dienstverhältnisses zu Grunde gelegt werden.

Die Bescheinigung ist vom Arbeitgeber als Beleg zum Lohnkonto aufzubewahren (§ 39d Abs. 3 Satz 2 EStG). Für Künstler, die bei mehreren inländischen Arbeitgebern beschäftigt werden, sind entsprechend viele Bescheinigungen zu erteilen; R 125 Abs. 7 Satz 2 LStR ist zu beachten.

3.2 Ermittlung der Lohnsteuer

Der Arbeitgeber hat die Lohnsteuer nach Maßgabe des § 39b Abs. 2 bis 6 und § 39c Abs. 1 und 2****) in Verbindung mit § 39d Abs. 3 Satz 4 EStG zu ermitteln. Der Ermittlung ist der steuerpflichtige Arbeitslohn und die Vorsorgepauschale nach § 10c Abs. 2 EStG zu Grunde zu legen. Zum steuerpflichtigen Arbeitslohn gehören nicht die steuerfreien Bezüge im Sinne des § 3 EStG, insbesondere die steuerfreien Reisekostenvergütungen nach § 3 Nr. 13 und 16 EStG.

Bei täglicher Lohnzahlung ist nach den Regelungen des § 39b Abs. 2 Sätze 5 bis 12 EStG zu verfahren. Stellt sich die tägliche Lohnzahlung lediglich als Abschlagszahlung dar, kann der Lohnabrechnungszeitraum als Lohnzahlungszeitraum behandelt werden (§ 39b Abs. 5 in Verbindung mit § 39d Abs. 3 Satz 4 EStG). Auf Lohnzahlungen, die nicht als Abschlagszahlungen angesehen werden können, kann der Arbeitgeber eines der Verfahren im Sinne der Tz. 2.2.1 bis 2.2.3 des BMF-Schreibens vom 5. Oktober 1990 (BStBl. I S. 638)***) anwenden. Dabei tritt anstelle des Zeitraumes, der nach der Lohnsteuerbescheinigung nicht belegt ist, der Zeitraum, um den der Beginn des Dienstverhältnisses vom Betriebsstättenfinanzamt nach Tz. 3.1 dieses Schreibens zurückdatiert worden ist.

3.3 Lohnsteuerbescheinigung

Eine Lohnsteuerbescheinigung ist vom Arbeitgeber nur auf besonderen Antrag des Künstlers zu erteilen (§ 39d Abs. 3 Satz 5 EStG). Sie ist erforderlich, wenn der Künstler Staatsangehöriger eines Mitgliedstaates der Europäischen Union oder von Island, Liechtenstein oder Norwegen ist, in einem dieser Staaten ansässig ist und eine Veranlagung zur Einkommensteuer beantragen will (vgl. § 50 Abs. 5 Satz 2 Nr. 2 EStG).*****)

4. Pauschale Erhebung der Lohnsteuer

4.1 Vereinfachungsmaßnahme

Wegen der besonderen Schwierigkeiten, die mit der Anwendung der Regelvorschriften nach Tz. 3.1 und 3.2 zur steuerlichen Erfassung der Einkünfte bei nur kurzfristig beschäftigten Künstlern verbunden sind, wird zugelassen, dass die Lohnsteuer nach Maßgabe folgender Regelungen pauschal erhoben wird. Der Arbeitgeber hat jedoch die Regelvorschriften anzuwenden, wenn der Arbeitnehmer dies verlangt.

4.2 Pauschal zu besteuernder Personenkreis

Der inländische Arbeitgeber kann die Lohnsteuer pauschal erheben bei beschränkt einkommensteuerpflichtigen Künstlern, die

– als gastspielverpflichtete Künstler bei Theaterbetrieben,

– als freie Mitarbeiter für den Hör- oder Fernsehfunk oder

– als Mitarbeiter in der Film- und Fernsehproduktion

nach Tz. 1.1.2, Tz. 1.3.1 (Tz. 1.3.7) bzw. Tz. 1.4 des BMF-Schreibens vom 5. Oktober 1990 (BStBl. I S. 638)***) nichtselbständig tätig sind und von dem Arbeitgeber nur kurzfristig, höchstens für sechs zusammenhängende Monate, beschäftigt werden.

4.3 Höhe der pauschalen Lohnsteuer******)

Die pauschale Lohnsteuer bemisst sich nach den gesamten Einnahmen des Künstlers einschließlich der Beträge im Sinne des § 3 Nr. 13 und 16 EStG. Abzüge, z. B. für Werbungskosten, Sonderausgaben und Steuern, sind nicht zulässig. Die pauschale Lohnsteuer beträgt 20 % der Einnahmen, wenn der Künstler die Lohnsteuer trägt. Übernimmt der Arbeitgeber die Lohnsteuer und den Solidaritätszuschlag von 5,5 % der Lohnsteuer, so beträgt die Lohnsteuer 25,35 % der Einnahmen; sie beträgt 20,22 % der Einnahmen, wenn der Arbeitgeber nur den Solidaritätszuschlag übernimmt. Der Solidaritätszuschlag beträgt zusätzlich jeweils 5,5 % der Lohnsteuer.

4.4 Lohnsteuerbescheinigung

Die Verpflichtung des Arbeitgebers, auf Verlangen des Künstlers eine Lohnsteuerbescheinigung zu erteilen (§ 39d Abs. 3 Satz 5 EStG), wird durch die pauschale Lohnsteuererhebung nicht berührt. Dasselbe gilt für das Veranlagungswahlrecht bestimmter Staatsangehöriger nach § 50 Abs. 5 Satz 2 Nr. 2 EStG*****). In die Lohnsteuerbescheinigung sind aber die Einnahmen im Sinne des § 3 Nr. 13 und 16 EStG nicht einzubeziehen. Die pauschale Lohnsteuer ist nach § 36 Abs. 2 Satz 2 Nr. 2 EStG*******) auf die veranlagte Einkommensteuer anzurechnen.

---

*) Jetzt R 39b.10 LStR.

**) Jetzt § 50 Abs. 1 Satz 5 EStG.

***) Abgedruckt als Anlage 1 zu H 19.0 LStR.

****) Jetzt § 39c Abs. 1, 2 und 5 EStG.

*****) Jetzt § 50 Abs. 2 EStG.

******) Tz. 4.3 wurde neu gefasst durch das BMF-Schreiben vom 28.3.2013 (BStBl. I S. 443). Die neue Fassung ist erstmals anzuwenden für Einnahmen, die nach dem 30.6.2013 zufließen.

*******) Jetzt § 36 Abs. 2 Nr. 2 EStG.

Anlage 2
zu H 39.4

Steuerabzug gemäß § 50a EStG bei Einkünften beschränkt Steuerpflichtiger aus künstlerischen, sportlichen, artistischen unterhaltenden oder ähnlichen Darbietungen

BMF-Schreiben vom 25.11.2010 (BStBl. I S. 1350)

– Auszug –

2.4 Verhältnis von Steuerabzug nach § 50a EStG und Lohnsteuerabzug

38 Bezüge beschränkt einkommensteuerpflichtiger Berufssportler, darbietender Künstler (z. B. Musiker), werkschaffender Künstler (z. B. Schriftsteller, Bildberichterstatter), anderer unterhaltender oder ähnliches Darbietender sowie Artisten, unterliegen grundsätzlich dem Lohnsteuerabzug nach § 39d EStG, soweit sie zu den Einkünften aus nichtselbständiger Arbeit gehören und von einem inländischen Arbeitgeber i. S. d. § 38 Absatz 1 Satz 1 Nummer 1 EStG gezahlt werden. In diesen Fällen hat der Arbeitgeber den Lohnsteuerabzug nach den dafür geltenden Vorschriften durchzuführen. Ein Steuerabzug nach § 50a Absatz 1 EStG findet insoweit nicht statt (§ 50a Absatz 1 Nummer 1, zweiter Halbsatz EStG). Wegen der Abgrenzung von nichtselbständiger und selbständiger Arbeit siehe BMF-Schreiben vom 5. Oktober 1990 (BStBl. I S. 638)*), das für den Bereich der beschränkten Einkommensteuerpflicht entsprechend anzuwenden ist. Zum Lohnsteuerabzug bei beschränkt steuerpflichtigen gastspielverpflichteten Künstlern wird auf das BMF-Schreiben vom 31. Juli 2002 (BStBl. I S. 707)**) verwiesen.

Über Beschränkungen des Besteuerungsrechts aufgrund von DBA ist im Lohnsteuerabzugsverfahren zu entscheiden, siehe R 39d Absatz 2 LStR 2011.

Kann die Lohnsteuer nicht erhoben werden, weil kein inländischer Arbeitgeber vorhanden ist, hat der ausländische Arbeitgeber den Steuerabzug vorzunehmen (§ 50a Absatz 1 Nummer 1 EStG).

39 Bis 31. Dezember 2010 kann bei beschränkt steuerpflichtigen Artisten, deren nichtselbständige Arbeit im Inland ausgeübt oder verwertet wird, die darauf entfallende Lohnsteuer noch mit einem Pauschsteuersatz von 20 Prozent erhoben werden, wenn der Artist die Lohnsteuer trägt; übernimmt der Arbeitgeber die Lohnsteuer, beträgt der Pauschsteuersatz 25 Prozent (R 39d Absatz 4 LStR 2008).

3.3 Höhe des Steuersatzes (§ 50a Absatz 2 und 3 EStG)

3.3.1 Allgemeiner Steuersatz

52 Der Steuersatz gem. § 50a Absatz 2 EStG beträgt beim Bruttosteuerabzug 15 Prozent der Einnahmen. Beim Nettosteuerabzug (§ 50a Absatz 3 EStG) beträgt der Steuersatz 30 Prozent von den nach Abzug der Betriebsausgaben oder Werbungskosten verbleibenden Einnahmen, wenn der Vergütungsgläubiger eine natürliche Person oder Personengesellschaft (z. B. eine Gesellschaft bürgerlichen Rechts) ist. Ist der Vergütungsgläubiger eine Körperschaft, Personenvereinigung oder Vermögensmasse beträgt er 15 Prozent von den nach Abzug der Betriebsausgaben oder Werbungskosten verbleibenden Einnahmen.

Zusätzlich zu dem Steuerabzug nach § 50a EStG ist ein Solidaritätszuschlag nach § 3 Absatz 1 Nummer 6 SolZG zu erheben.

3.3.2 Milderungsregelung (§ 50a Absatz 2 Satz 3 EStG)

53 Ein Steuerabzug wird bei Einkünften i.S.d. § 50a Absatz 1 Nummer 1 EStG nicht erhoben, wenn die Einnahmen je Darbietung 250 Euro nicht übersteigen. Die Milderungsregelung ist nur auf die unmittelbaren Einnahmen aus inländischen Darbietungen anzuwenden. Einnahmen aus der Verwertung der Darbietungen nach § 50a Absatz 1 Nummer 2 EStG fallen nicht unter die Milderungsregelung.

54 Sind mehrere Personen als Darbietende Gläubiger der Vergütung für eine Darbietung, ist die Milderungsregelung für jede Person auf die auf sie entfallende Vergütung anzuwenden. Dabei ist die Gesamtvergütung gleichmäßig nach Köpfen aufzuteilen, soweit die Empfänger keinen anderen Aufteilungsmaßstab darlegen. Dies gilt entsprechend für Personengesellschaften, soweit an der Personengesellschaft ausschließlich die auftretenden Personen beteiligt sind.

Ist eine beschränkt steuerpflichtige Körperschaft Gläubiger der Vergütung (z. B. Verein), erzielt diese als juristische Person die Einnahmen aus der Darbietung allein. Eine Aufteilung auf die an der Körperschaft beteiligten Personen ist nicht zulässig.

55 Unter dem Begriff der Darbietung in § 50a Absatz 2 Satz 3 EStG ist für Zwecke der Anwendung der Milderungsregelung der einzelne Auftritt zu verstehen. Eine (vertragliche) Aufteilung der Vergütung in mehrere Teilbeträge hat insoweit keine Auswirkung. Werden an einem Tag mit einem oder mehreren Veranstaltern mehrere Auftritte durchgeführt, ist die Milderungsregelung je Auftritt anzuwenden. Proben sind keine Auftritte.

---

*) Abgedruckt als Anlage 1 zu H 19.0 LStR.
**) Abgedruckt als Anlage 1 zu H 39.4 LStR.

§ 39 EStG
R 39.4

Anlage 3
zu H 39.4
Bescheinigung für beschränkt einkommensteuerpflichtige Arbeitnehmer

Anlage

Finanzamt
Steuernummer

Postleitzahl, Ort, Datum

Straße, Hausnummer

Telefonnummer

Auskunft erteilt   Zimmernummer

Bescheinigung für den Lohnsteuerabzug 201_

☐ bei erweiterter unbeschränkter Einkommensteuerpflicht nach § 1 Abs. 2 i.V.m. § 39 Abs. 2 EStG

☐ bei unbeschränkter Einkommensteuerpflicht auf Antrag nach § 1 Abs. 3 i.V.m. § 39 Abs. 2 EStG

☐ bei beschränkter Einkommensteuerpflicht nach § 1 Abs. 4 i.V.m. § 39 Abs. 2 EStG

Arbeitnehmer (Name, Vorname, Geburtsdatum) | Identifikationsnummer / eTIN

Anschrift (Straße, Hausnummer, Wohnort, Staat)

Für den Steuerabzug vom Arbeitslohn gelten folgende allgemeine Besteuerungsmerkmale (Kirchensteuer ist nicht einzubehalten):		Diese Eintragung gilt, wenn sie nicht widerrufen wird:	Datum, Unterschrift und Stempel der Behörde
Steuerklasse/Faktor	Zahl der Kinderfreibeträge		
		vom - bis	
		vom - bis	
Für die Berechnung der Lohnsteuer sind vom Arbeitslohn als steuerfrei **abzuziehen**:			
Jahresbetrag € | monatlich € | wöchentlich € | täglich €			
in Buchstaben: (Zehner und Einer wie oben) - tausend - hundert		vom - bis	
Jahresbetrag € | monatlich € | wöchentlich € | täglich €			
in Buchstaben: (Zehner und Einer wie oben) - tausend - hundert		vom - bis	
Für die Berechnung der Lohnsteuer sind dem Arbeitslohn **hinzuzurechnen**:			
Jahresbetrag € | monatlich € | wöchentlich € | täglich €			
in Buchstaben: (Zehner und Einer wie oben) - tausend - hundert		vom - bis	
Jahresbetrag € | monatlich € | wöchentlich € | täglich €			
in Buchstaben: (Zehner und Einer wie oben) - tausend - hundert		vom - bis	
☐ Die einzubehaltende Lohnsteuer ist nach Punkt 11 Nummer 2 des Schlussprotokolls zum Abkommen zur Vermeidung der Doppelbesteuerung zwischen der Bundesrepublik Deutschland und dem Königreich Belgien um 8 % zu mindern. Bei der Ermittlung der Bemessungsgrundlage für den Solidaritätszuschlag ist die 8 %-ige Minderung ebenfalls zu berücksichtigen.		vom - bis	

10.11 -ab 2012-

§ 39 EStG
R 39.4

☐ Der Arbeitslohn des genannten Arbeitnehmers (z.B. des Studenten, Praktikanten, Versorgungsempfängers) unterliegt nach § 39 Abs. 4 Nr. 5 i.V.m. § 52 Abs. 51b EStG und dem Abkommen zur Vermeidung der Doppelbesteuerung zwischen der Bundesrepublik Deutschland und Staat Artikel/Absatz	
nicht dem Steuerabzug, wenn die nachfolgend unter Nr. Nr. Nr. genannten vom - bis Voraussetzungen vorliegen.	

1. Der Arbeitnehmer darf sich nicht länger als _____ Tage im Inland aufhalten.
2. Der Arbeitnehmer darf nicht länger als _____ Tage beschäftigt werden.
3. Der Steuerabzug unterbleibt während der ersten zwei Jahre des Aufenthalts im Inland.
4. Der Steuerabzug unterbleibt während der ersten drei Jahre des Aufenthalts im Inland.
5. Der Steuerabzug unterbleibt während der ersten vier Jahre des Aufenthalts im Inland.
6. Der Steuerabzug unterbleibt während der ersten fünf Jahre des Aufenthalts im Inland.
7. Der Arbeitnehmer hält sich nur vorübergehend im Inland auf.
8. Der Steuerabzug unterbleibt hinsichtlich aller Vergütungen, die 3.067,75 € während des Kalenderjahres nicht übersteigen.
9. Der Steuerabzug unterbleibt hinsichtlich aller Vergütungen, die 3.681,30 € während des Kalenderjahres nicht übersteigen.
10. Der Steuerabzug unterbleibt hinsichtlich aller Vergütungen, die 3.834,69 € während des Kalenderjahres nicht übersteigen.
11. Der Steuerabzug unterbleibt hinsichtlich aller Vergütungen, die 4.090,34 € während des Kalenderjahres nicht übersteigen.
12. Der Steuerabzug unterbleibt unter der Voraussetzung, dass die Vergütungen 3.681,30 € im Kalenderjahr nicht übersteigen.
13. Der Steuerabzug unterbleibt, wenn die Vergütungen _____ € während dieser Zeit nicht übersteigen.
14. _____

§ 39a EStG
Freibetrag und Hinzurechnungsbetrag

(1) ¹Auf Antrag des unbeschränkt einkommensteuerpflichtigen Arbeitnehmers ermittelt das Finanzamt die Höhe eines vom Arbeitslohn insgesamt abzuziehenden Freibetrags aus der Summe der folgenden Beträge:

1. Werbungskosten, die bei den Einkünften aus nichtselbständiger Arbeit anfallen, soweit sie den Arbeitnehmer-Pauschbetrag (§ 9a Satz 1 Nummer 1 Buchstabe a) oder bei Versorgungsbezügen den Pauschbetrag (§ 9a Satz 1 Nummer 1 Buchstabe b) übersteigen,
2. Sonderausgaben im Sinne des § 10 Absatz 1 Nummer 4, 5, 7 und 9 sowie Absatz 1a und des § 10b, soweit sie den Sonderausgaben-Pauschbetrag von 36 Euro übersteigen,
3. der Betrag, der nach den §§ 33, 33a und 33b Absatz 6 wegen außergewöhnlicher Belastungen zu gewähren ist,
4. die Pauschbeträge für behinderte Menschen und Hinterbliebene (§ 33b Absatz 1 bis 5),
5. die folgenden Beträge, wie sie nach § 37 Absatz 3 bei der Festsetzung von Einkommensteuer-Vorauszahlungen zu berücksichtigen sind:
    a) die Beträge, die nach § 10d Absatz 2, §§ 10e, 10f, 10g, 10h, 10i, nach § 15b des Berlinförderungsgesetzes oder nach § 7 des Fördergebietsgesetzes abgezogen werden können,
    b) die negative Summe der Einkünfte im Sinne des § 2 Absatz 1 Satz 1 Nummer 1 bis 3, 6 und 7 und der negativen Einkünfte im Sinne des § 2 Absatz 1 Satz 1 Nummer 5,
    c) das Vierfache der Steuerermäßigung nach den §§ 34f und 35a,
6. die Freibeträge nach § 32 Absatz 6 für jedes Kind im Sinne des § 32 Absatz 1 bis 4, für das kein Anspruch auf Kindergeld besteht. ²Soweit für diese Kinder Kinderfreibeträge nach § 38b Absatz 2 berücksichtigt worden sind, ist die Zahl der Kinderfreibeträge entsprechend zu vermindern. ³Der Arbeitnehmer ist verpflichtet, den nach Satz 1 ermittelten Freibetrag ändern zu lassen, wenn für das Kind ein Kinderfreibetrag nach § 38b Absatz 2 berücksichtigt wird,
7. ein Betrag für ein zweites oder ein weiteres Dienstverhältnis insgesamt bis zur Höhe des auf volle Euro abgerundeten zu versteuernden Jahresbetrags nach § 39b Absatz 2 Satz 5, bis zu dem nach der Steuerklasse des Arbeitnehmers, die für den Lohnsteuerabzug vom Arbeitslohn aus dem ersten Dienstverhältnis anzuwenden ist, Lohnsteuer nicht zu erheben ist. ²Voraussetzung ist, dass
    a) der Jahresarbeitslohn aus dem ersten Dienstverhältnis geringer ist als der nach Satz 1 maßgebende Eingangsbetrag und
    b) in Höhe des Betrags für ein zweites oder ein weiteres Dienstverhältnis zugleich für das erste Dienstverhältnis ein Betrag ermittelt wird, der dem Arbeitslohn hinzuzurechnen ist (Hinzurechnungsbetrag).
   ³Soll für das erste Dienstverhältnis auch ein Freibetrag nach den Nummern 1 bis 6 und 8 ermittelt werden, ist nur der diesen Freibetrag übersteigende Betrag als Hinzurechnungsbetrag zu berücksichtigen. ⁴Ist der Freibetrag höher als der Hinzurechnungsbetrag, ist nur der den Hinzurechnungsbetrag übersteigende Freibetrag zu berücksichtigen,
8. der Entlastungsbetrag für Alleinerziehende (§ 24b) bei Verwitweten, die nicht in Steuerklasse II gehören.

²Der insgesamt abzuziehende Freibetrag und der Hinzurechnungsbetrag gelten mit Ausnahme von Satz 1 Nummer 4 und vorbehaltlich der Sätze 3 bis 5 für die gesamte Dauer eines Kalenderjahres. ³Die Summe der nach Satz 1 Nummer 1 bis 3 sowie 5 bis 8 ermittelten Beträge wird längstens für einen Zeitraum von zwei Kalenderjahren ab Beginn des Kalenderjahres, für das der Freibetrag erstmals gilt, berücksichtigt. ⁴Der Arbeitnehmer kann eine Änderung des Freibetrags innerhalb dieses Zeitraums beantragen, wenn sich die Verhältnisse zu seinen Gunsten ändern. ⁵Ändern sich die Verhältnisse zu seinen Ungunsten, ist er verpflichtet, dies dem Finanzamt umgehend anzuzeigen.*)

(2) ¹Der Antrag nach Absatz 1 ist nach amtlich vorgeschriebenem Vordruck zu stellen und vom Arbeitnehmer eigenhändig zu unterschreiben. ²Die Frist für die Antragstellung beginnt am 1. Oktober des Vorjahres, für das der Freibetrag gelten soll. ³Sie endet am 30. November des Kalenderjahres, in dem der Freibetrag gilt. ⁴Der Antrag ist hinsichtlich eines Freibetrags aus der Summe der nach Absatz 1 Satz 1 Nummer 1 bis 3 und 8 in Betracht kommenden Aufwendungen unzulässig, wenn die Aufwendungen im Sinne des § 9, soweit sie den Arbeitnehmer-Pauschbetrag übersteigen, die Aufwendungen im Sinne des § 10 Absatz 1 Nummer 4, 5, 7 und 9 sowie Absatz 1a, der §§ 10b und 33 sowie die abziehbaren Beträge nach den §§ 24b, 33a und 33b Absatz 6 insgesamt 600 Euro nicht übersteigen. ⁵Das Finanzamt kann auf nähere Angaben des Arbeitnehmers verzichten, wenn er

1. höchstens den Freibetrag beantragt, der für das vorangegangene Kalenderjahr ermittelt wurde, und
2. versichert, dass sich die maßgebenden Verhältnisse nicht wesentlich geändert haben.

⁶Das Finanzamt hat den Freibetrag durch Aufteilung in Monatsfreibeträge, falls erforderlich in Wochen- und Tagesfreibeträge, jeweils auf die der Antragstellung folgenden Monate des Kalenderjahres gleichmäßig zu verteilen. ⁷Abweichend hiervon darf ein Freibetrag, der im Monat Januar eines Kalenderjahres beantragt wird, mit Wirkung vom 1. Januar dieses Kalenderjahres an berücksichtigt werden. ⁸Ist der Arbeitnehmer beschränkt einkommensteuerpflichtig, hat das Finanzamt den nach Absatz 4 ermittelten Freibetrag durch Aufteilung in Monatsbeträge, falls erforderlich in Wochen- und Tagesbeträge, jeweils auf die voraussichtliche Dauer des Dienstverhältnisses im Kalenderjahr gleichmäßig zu verteilen. ⁹Die Sätze 5 bis 8 gelten für den Hinzurechnungsbetrag nach Absatz 1 Satz 1 Nummer 7 entsprechend.

(3) ¹Für Ehegatten, die beide unbeschränkt einkommensteuerpflichtig sind und nicht dauernd getrennt leben, ist jeweils die Summe der nach Absatz 1 Satz 1 Nummer 2 bis 5 und 8 in Betracht kommenden Beträge gemeinsam zu ermitteln; der in Absatz 1 Satz 1 Nummer 2 genannte Betrag ist zu verdoppeln. ²Für die Anwendung des Absatzes 2 Satz 4 ist die Summe der für beide Ehegatten in Betracht kommenden Aufwendungen im Sinne des § 9, soweit sie jeweils den Arbeitnehmer-Pauschbetrag übersteigen, und der Aufwendungen im Sinne des § 10 Absatz 1 Nummer 4, 5, 7 und 9 sowie Absatz 1a, der §§ 10b und 33 sowie der abziehbaren Beträge nach den §§ 24b, 33a und 33b Absatz 6 maßgebend. ³Die nach Satz 1 ermittelte Summe ist je zur Hälfte auf die Ehegatten aufzuteilen, wenn für jeden Ehegatten Lohnsteuerabzugsmerkmale gebildet werden und die Ehegatten keine andere Aufteilung beantragen. ⁴Für eine andere Aufteilung gilt Absatz 1 Satz 2 entsprechend. ⁵Für einen Arbeitnehmer, dessen Ehe in dem Kalenderjahr, für das der Freibetrag gilt, aufgelöst worden ist und dessen bisheriger Ehegatte in demselben Kalenderjahr wieder geheiratet hat, sind die nach Absatz 1 in Betracht kommenden Beträge ausschließlich aufgrund der in seiner Person erfüllten Voraussetzungen zu ermitteln. ⁶Satz 1 zweiter Halbsatz ist auch anzuwenden, wenn die tarifliche Einkommensteuer nach § 32a Absatz 6 zu ermitteln ist.

(4) ¹Für einen beschränkt einkommensteuerpflichtigen Arbeitnehmer, für den § 50 Absatz 1 Satz 4 anzuwenden ist, ermittelt das Finanzamt auf Antrag einen Freibetrag, der vom Arbeitslohn insgesamt abzuziehen ist, aus der Summe der folgenden Beträge:

1. Werbungskosten, die bei den Einkünften aus nichtselbständiger Arbeit anfallen, soweit sie den Arbeitnehmer-Pauschbetrag (§ 9a Satz 1 Nummer 1 Buchstabe a) oder bei Versorgungsbezügen den Pauschbetrag (§ 9a Satz 1 Nummer 1 Buchstabe b) übersteigen,
2. Sonderausgaben im Sinne des § 10b, soweit sie den Sonderausgaben-Pauschbetrag (§ 10c) übersteigen, und die wie Sonderausgaben abziehbaren Beträge nach § 10e oder § 10i,

---
*) Anm. d. Verlages:
Der Zeitpunkt der erstmaligen Anwendung der Sätze 3 bis 5 wird durch ein im Bundessteuerblatt zu veröffentlichendes BMF-Schreiben bekannt gegeben (> § 52 Abs. 37 EStG).

jedoch erst nach Fertigstellung oder Anschaffung des begünstigten Objekts oder nach Fertigstellung der begünstigten Maßnahme,
3. den Freibetrag oder den Hinzurechnungsbetrag nach Absatz 1 Satz 1 Nummer 7.

²Der Antrag kann nur nach amtlich vorgeschriebenem Vordruck bis zum Ablauf des Kalenderjahres gestellt werden, für das die Lohnsteuerabzugsmerkmale gelten.

(5) Ist zu wenig Lohnsteuer erhoben worden, weil ein Freibetrag unzutreffend als Lohnsteuerabzugsmerkmal ermittelt worden ist, hat das Finanzamt den Fehlbetrag vom Arbeitnehmer nachzufordern, wenn er 10 Euro übersteigt.

R 39a.1
Verfahren bei der Bildung eines Freibetrags oder eines Hinzurechnungsbetrags*)

Allgemeines

(1) Soweit die Gewährung eines Freibetrags wegen der Aufwendungen für ein Kind davon abhängt, dass der Arbeitnehmer für dieses Kind einen Anspruch auf einen Freibetrag nach § 32 Abs. 6 EStG oder auf Kindergeld erhält, ist diese Voraussetzung auch erfüllt, wenn dem Arbeitnehmer im Lohnsteuer-Abzugsverfahren ein Kinderfreibetrag zusteht, er aber auf die an sich mögliche Bildung einer Kinderfreibetragszahl für dieses Kind verzichtet hat oder Anspruch auf einen ermäßigten Freibetrag nach § 32 Abs. 6 EStG besteht.

Antragsgrenze

(2) Für die Feststellung, ob die Antragsgrenze nach § 39a Abs. 2 Satz 4 EStG überschritten wird, gilt Folgendes:
1. Soweit für Werbungskosten bestimmte Beträge gelten, z. B. für Verpflegungsmehraufwendungen und pauschale Kilometersätze bei Auswärtstätigkeit, für Wege zwischen Wohnung und erster Tätigkeitsstätte (>§ 9 EStG), sind diese maßgebend.
2. ¹Bei Sonderausgaben i.S.d. § 10 Abs. 1 Nr. 1a, 1b und 4 EStG sind die tatsächlichen Aufwendungen anzusetzen, auch wenn diese Aufwendungen geringer sind als der Pauschbetrag. ²Für Sonderausgaben i.S.d. § 10 Abs. 1 Nr. 1, 5, 7 und 9 EStG sind höchstens die nach diesen Vorschriften berücksichtigungsfähigen Aufwendungen anzusetzen.
3. Zuwendungen an politische Parteien sind als Sonderausgaben auch zu berücksichtigen, soweit eine Steuerermäßigung nach § 34g Satz 1 Nr. 1 EStG in Betracht kommt, nicht hingegen Zuwendungen an Vereine i.S.d. § 34g Satz 1 Nr. 2 EStG.
4. Bei außergewöhnlichen Belastungen nach § 33 EStG ist von den dem Grunde und der Höhe nach anzuerkennenden Aufwendungen auszugehen; bei außergewöhnlicher Belastung nach §§ 33a und 33b Abs. 6 EStG sind dagegen nicht die Aufwendungen, sondern die wegen dieser Aufwendungen abziehbaren Beträge maßgebend.
5. Vorsorgeaufwendungen (§ 10 Abs. 1 Nr. 2, 3 und 3a EStG) bleiben in jedem Fall außer Betracht, auch soweit sie die Vorsorgepauschale (§ 39b Abs. 2 Satz 5 Nr. 3 EStG) übersteigen.
6. ¹Bei Anträgen von Ehegatten, die beide unbeschränkt einkommensteuerpflichtig sind und nicht dauernd getrennt leben, ist die Summe der für beide Ehegatten in Betracht kommenden Aufwendungen und abziehbaren Beträge zugrunde zu legen. ²Die Antragsgrenze ist bei Ehegatten nicht zu verdoppeln.
7. Ist für beschränkt antragsfähige Aufwendungen bereits ein Freibetrag gebildet worden, so ist bei einer Änderung dieses Freibetrags die Antragsgrenze nicht erneut zu prüfen.

(3) Die Antragsgrenze gilt nicht, soweit es sich um die Bildung eines Freibetrags für die in § 39a Abs. 1 Satz 1 Nr. 4 bis 7 EStG bezeichneten Beträge handelt.

(4) ¹Wird die Antragsgrenze überschritten oder sind Beträge i.S.d. Absatzes 3 zu berücksichtigen, hat das Finanzamt den Jahresfreibetrag festzustellen. ²Bei der Berechnung des Jahresfreibetrags sind Werbungskosten nur zu berücksichtigen, soweit sie den maßgebenden Pauschbetrag für Werbungskosten nach § 9a Satz 1 Nr. 1 EStG übersteigen, Sonderausgaben mit Ausnahme der Vorsorgeaufwendungen nur anzusetzen, soweit sie den Sonderausgaben-Pauschbetrag (§ 10c) übersteigen, und außergewöhnliche Belastungen (§ 33 EStG) nur einzubeziehen, soweit sie die zumutbare Belastung (>Absatz 5) übersteigen. ³Zuwendungen an politische Parteien sind auch zu berücksichtigen, soweit eine Steuerermäßigung nach § 34g Satz 1 Nr. 1 EStG in Betracht kommt, nicht hingegen Zuwendungen an Vereine i.S.d. § 34g Satz 1 Nr. 2 EStG.

Freibetrag wegen außergewöhnlicher Belastung

(5) ¹Die zumutbare Belastung ist vom voraussichtlichen Jahresarbeitslohn des Arbeitnehmers und ggf. seines von ihm nicht dauernd getrennt lebenden, unbeschränkt einkommensteuerpflichtigen Ehegatten gekürzt um den Altersentlastungsbetrag (§ 24a EStG), die Freibeträge für Versorgungsbezüge (§ 19 Abs. 2 EStG) und die Werbungskosten (§§ 9, 9a und 9c EStG**)) zu berechnen. ²Steuerfreie Einnahmen sowie alle Bezüge, für die die Lohnsteuer mit einem Pauschsteuersatz nach den §§ 37a, 37b, 40 bis 40b EStG erhoben wird, und etwaige weitere Einkünfte des Arbeitnehmers und seines Ehegatten bleiben außer Ansatz. ³Bei der Anwendung der Tabelle in § 33 Abs. 3 EStG zählen als Kinder des Steuerpflichtigen die Kinder, für die er einen Anspruch auf einen Freibetrag nach § 32 Abs. 6 EStG oder auf Kindergeld erhält. ⁴Bei der zumutbaren Belastung sind auch Kinder zu berücksichtigen, für die der Arbeitnehmer auf die Bildung einer Kinderfreibetragszahl verzichtet hat oder Anspruch auf einen ermäßigten Freibetrag nach § 32 Abs. 6 EStG besteht. ⁵Ist im Kalenderjahr eine unterschiedliche Zahl von Kindern zu berücksichtigen, so ist von der höheren Zahl auszugehen.

Freibetrag und Hinzurechnungsbetrag nach § 39a Abs. 1 Satz 1 Nr. 7 EStG

(6) ¹Arbeitnehmer mit mehr als einem Dienstverhältnis, deren Arbeitslohn aus dem ersten Dienstverhältnis niedriger ist als der Betrag, bis zu dem nach der Steuerklasse des ersten Dienstverhältnisses keine Lohnsteuer zu erheben ist, können die Übertragung bis zur Höhe dieses Betrags als Freibetrag im zweiten Dienstverhältnis mit der Steuerklasse VI beantragen. ²Dabei kann der Arbeitnehmer den zu übertragenden Betrag selbst bestimmen. ³Eine Verteilung auf mehrere weitere Dienstverhältnisse des Arbeitnehmers ist zulässig. ⁴Für das erste Dienstverhältnis wird in diesen Fällen ein Hinzurechnungsbetrag in Höhe der abgerufenen Freibeträge nach den Sätzen 1 bis 3 gebildet oder ggf. mit einem Freibetrag nach § 39a Abs. 1 Satz 1 Nr. 1 bis 6 und 8 EStG verrechnet.

Umrechnung des Jahresfreibetrags oder des Jahreshinzurechnungsbetrags

(7) ¹Für die Umrechnung des Jahresfreibetrags in einen Freibetrag für monatliche Lohnzahlung ist der Jahresfreibetrag durch die Zahl der in Betracht kommenden Kalendermonate zu teilen. ²Der Wochenfreibetrag ist mit ⁷⁄₃₀ und der Tagesfreibetrag mit ¹⁄₃₀ des Monatsbetrags anzusetzen. ³Der sich hiernach ergebende Monatsbetrag ist auf den nächsten vollen Euro-Betrag, der Wochenbetrag auf den nächsten durch 10 teilbaren Centbetrag und der Tagesbetrag auf den nächsten durch 5 teilbaren Centbetrag aufzurunden. ⁴Die Sätze 1 bis 3 gelten für die Umrechnung des Jahreshinzurechnungsbetrags entsprechend.

Änderung eines eingetragenen Freibetrags oder Hinzurechnungsbetrags

(8) ¹Ist bereits ein Jahresfreibetrag gebildet worden und beantragt der Arbeitnehmer im Laufe des Kalenderjahres die Berücksichtigung weiterer Aufwendungen oder abziehbarer Beträge, wird der Jahresfreibetrag unter Berücksichtigung der gesamten Aufwendungen und abziehbaren Beträge des Kalenderjahres neu festgestellt; für die Berechnung des Monatsfreibetrags, Wochenfreibetrags usw. ist der Freibetrag um den Teil des bisherigen Freibetrags zu kürzen, der für den Zeitraum bis zur Wirksamkeit des neuen Freibetrags zu berücksichtigen war. ²Der verbleibende Betrag ist auf die Zeit vom Beginn des auf die Antragstellung folgenden Kalendermonats bis zum Schluss des Kalenderjahres gleichmäßig zu verteilen. ³Die Sätze 1 und 2 gelten für den Hinzurechnungsbetrag entsprechend.

---
*) Die Regelungen zu Ehegatten gelten auch für Lebenspartner (§ 2 Abs. 8 EStG).
**) § 9c EStG ist aufgehoben worden.

H 39a.1
Hinweise zu R 39a.1
Verfahren bei der Bildung eines Freibetrags oder eines Hinzurechnungsbetrags

Allgemeines

Lohnsteuerabzug ab dem Kalenderjahr 2013 im Verfahren der elektronischen Lohnsteuerabzugsmerkmale >BMF vom 7.8.2013 (BStBl. I S. 951) unter Berücksichtigung der Änderung durch BMF vom 23.10.2014 (BStBl. I S. 1411).*)

Beispiele:

- **Umrechnung des Jahresfreibetrags**
  Ein monatlich entlohnter Arbeitnehmer beantragt am 2.5. die Berücksichtigung eines Freibetrags. Es wird vom Finanzamt ein Freibetrag von 1 555 € festgestellt, der auf die Monate Juni bis Dezember (7 Monate) zu verteilen ist. Außer dem Jahresfreibetrag von 1 555 € ist ab 1.6. ein Monatsfreibetrag von 223 € zu berücksichtigen.

- **Erhöhung eines berücksichtigten Freibetrags**
  Ein monatlich entlohnter Arbeitnehmer, für den mit Wirkung vom 1.1. an ein Freibetrag von 2 400 € (monatlich 200 €) berücksichtigt worden ist, macht am 10.3. weitere Aufwendungen von 963 € geltend. Es ergibt sich ein neuer Jahresfreibetrag von (2 400 € + 963 € =) 3 363 €. Für die Berechnung des neuen Monatsfreibetrags ab April ist der Jahresfreibetrag um die bei der Lohnsteuerberechnung bisher zu berücksichtigenden Monatsfreibeträge Januar bis März von (3 × 200 € =) 600 € zu kürzen. Der verbleibende Betrag von (3 363 € ./. 600 € =) 2 763 € ist auf die Monate April bis Dezember zu verteilen, so dass ab 1.4. ein Monatsfreibetrag von 307 € zu berücksichtigen ist. Für die abgelaufenen Lohnzahlungszeiträume Januar bis März bleibt der Monatsfreibetrag von 200 € unverändert.

- **Herabsetzung eines Freibetrags**
  Ein monatlich entlohnter Arbeitnehmer, für den mit Wirkung vom 1.1. an ein Freibetrag von 4 800 € (monatlich 400 €) berücksichtigt worden ist, teilt dem Finanzamt am 10.3. mit, dass sich die Aufwendungen um 975 € vermindern. Es ergibt sich ein neuer Jahresfreibetrag von (4 800 € ./. 975 € =) 3 825 €. Für die Berechnung des neuen Monatsfreibetrags ab April ist der Jahresfreibetrag um die bei der Lohnsteuerberechnung bisher zu berücksichtigenden Monatsfreibeträge Januar bis März von (3 × 400 € =) 1 200 € zu kürzen. Der verbleibende Betrag von (3 825 € ./. 1 200 € =) 2 625 € ist auf die Monate April bis Dezember zu verteilen, so dass ab 1.4. ein Monatsfreibetrag von 292 € zu berücksichtigen ist. Für die abgelaufenen Lohnzahlungszeiträume Januar bis März bleibt der Monatsfreibetrag von 400 € unverändert.

Freibetrag wegen haushaltsnaher Beschäftigungsverhältnisse und haushaltsnaher Dienstleistungen

>BMF vom 10.1.2014 (BStBl. I S. 75)

Freibetrag wegen negativer Einkünfte

>R 39a.2

R 39a.2
Freibetrag wegen negativer Einkünfte**)

¹In die Ermittlung eines Freibetrags wegen negativer Einkünfte sind sämtliche Einkünfte aus Land- und Forstwirtschaft, Gewerbebetrieb, selbständiger Arbeit, Vermietung und Verpachtung und die sonstigen Einkünfte einzubeziehen, die der Arbeitnehmer und sein von ihm nicht dauernd getrennt lebender unbeschränkt einkommensteuerpflichtiger Ehegatte voraussichtlich erzielen werden; negative Einkünfte aus Kapitalvermögen werden nur berücksichtigt, wenn sie nicht unter das Verlustausgleichsverbot des § 20 Abs. 6 Satz 2 EStG fallen (>§ 32d Abs. 2 EStG). ²Das bedeutet, dass sich der Betrag der negativen Einkünfte des Arbeitnehmers z. B. um die positiven Einkünfte des Ehegatten vermindert. ³Außer Betracht bleiben stets die Einkünfte aus nichtselbständiger Arbeit und positive Einkünfte aus Kapitalvermögen.

H 39a.2
Hinweise zu R 39a.2
Freibetrag wegen negativer Einkünfte

Vermietung und Verpachtung

Negative Einkünfte aus Vermietung und Verpachtung eines Gebäudes können grundsätzlich erstmals für das Kalenderjahr berücksichtigt werden, das auf das Kalenderjahr der Fertigstellung oder der Anschaffung des Gebäudes folgt (§ 39a Abs. 1 Nr. 5 i. V. m. § 37 Abs. 3 EStG). Das Objekt ist angeschafft, wenn der Kaufvertrag abgeschlossen worden ist und Besitz, Nutzungen, Lasten und Gefahr auf den Erwerber übergegangen sind. Das Objekt ist fertiggestellt, wenn es nach Abschluss der wesentlichen Bauarbeiten bewohnbar ist; die Bauabnahme ist nicht erforderlich (>H 7.4 [Fertigstellung] EStH). Wird ein Objekt vor der Fertigstellung angeschafft, ist der Zeitpunkt der Fertigstellung maßgebend.

R 39a.3
Freibeträge bei Ehegatten**)

Werbungskosten

(1) ¹Werbungskosten werden für jeden Ehegatten gesondert ermittelt. ²Von den für den einzelnen Ehegatten ermittelten Werbungskosten ist jeweils der maßgebende Pauschbetrag für Werbungskosten nach § 9a Satz 1 Nr. 1 EStG abzuziehen.

Sonderausgaben

(2) ¹Sonderausgaben i.S.d. § 10 Abs. 1 Nr. 1, 1a, 1b, 4, 5, 7 und 9 EStG und des § 10b EStG sind bei Ehegatten, die beide unbeschränkt einkommensteuerpflichtig sind und nicht dauernd getrennt leben, einheitlich zu ermitteln. ²Hiervon ist der Sonderausgaben-Pauschbetrag für Ehegatten abzuziehen.

Außergewöhnliche Belastungen

(3) Bei Ehegatten, die beide unbeschränkt einkommensteuerpflichtig sind und nicht dauernd getrennt leben, genügt es für die Anwendung der §§ 33, 33a und 33b Abs. 6 EStG (außergewöhnliche Belastungen), dass die Voraussetzungen für die Eintragung eines Freibetrags in der Person eines Ehegatten erfüllt sind.

Behinderten-Pauschbetrag

(4) ¹Für die Gewährung eines Behinderten-Pauschbetrags nach § 33b EStG ist es bei Ehegatten, die beide unbeschränkt einkommensteuerpflichtig sind und nicht dauernd getrennt leben, unerheblich, wer von ihnen die Voraussetzungen erfüllt. ²Liegen bei beiden Ehegatten die Voraussetzungen für die Gewährung eines Behinderten-Pauschbetrags vor, ist für jeden Ehegatten der in Betracht kommende Pauschbetrag zu gewähren; dies gilt auch, wenn nur einer von ihnen Arbeitnehmer ist.

Aufteilung des Freibetrags

(5) ¹Bei Ehegatten, die beide unbeschränkt einkommensteuerpflichtig sind und nicht dauernd getrennt leben, ist der Freibetrag grundsätzlich je zur Hälfte auf die Ehegatten aufzuteilen; auf Antrag der Ehegatten ist aber eine andere Aufteilung vorzunehmen (§ 39a Abs. 3 Satz 3 EStG). ²Eine Ausnahme gilt für einen Freibetrag wegen erhöhter Werbungskosten; dieser darf bei dem Ehegatten berücksichtigt werden, dem die Werbungskosten entstanden sind. ³Pauschbeträge für behinderte Menschen und Hinterbliebene dürfen abweichend von Satz 1 bei demjenigen als Freibetrag gebildet werden, der die Voraussetzungen für den Pauschbetrag erfüllt. ⁴Der Freibetrag bei Ehegatten ist vor der Berücksichtigung des Hinzurechnungsbetrags nach § 39a Abs. 1 Satz 1 Nr. 7 EStG aufzuteilen; der Hinzurechnungsbetrag selbst darf nicht aufgeteilt werden.

H 39a.3
Hinweise zu R 39a.3
Freibeträge für Ehegatten

Pauschbeträge für behinderte Kinder

Wegen der Übertragung der Pauschbeträge für behinderte Kinder auf deren Eltern >R 33b EStR, H 33b EStH.

---

*) Abgedruckt als Anlage zu H 39e LStR.
**) Die Regelungen zu Ehegatten gelten auch für eingetragene Lebenspartner (§ 2 Abs. 8 EStG).

§ 39b EStG
Einbehaltung der Lohnsteuer

(1) Bei unbeschränkt und beschränkt einkommensteuerpflichtigen Arbeitnehmern hat der Arbeitgeber den Lohnsteuerabzug nach Maßgabe der Absätze 2 bis 6 durchzuführen.

(2) ¹Für die Einbehaltung der Lohnsteuer vom laufenden Arbeitslohn hat der Arbeitgeber die Höhe des laufenden Arbeitslohns im Lohnzahlungszeitraum festzustellen und auf einen Jahresarbeitslohn hochzurechnen. ²Der Arbeitslohn eines monatlichen Lohnzahlungszeitraums ist mit zwölf, der Arbeitslohn eines wöchentlichen Lohnzahlungszeitraums mit ³⁶⁰/₇ und der Arbeitslohn eines täglichen Lohnzahlungszeitraums mit 360 zu vervielfältigen. ³Von dem hochgerechneten Jahresarbeitslohn sind ein etwaiger Versorgungsfreibetrag (§ 19 Absatz 2) und Altersentlastungsbetrags (§ 24a) abzuziehen. ⁴Außerdem ist der hochgerechnete Jahresarbeitslohn um einen etwaigen als Lohnsteuerabzugsmerkmal für den Lohnzahlungszeitraum mitgeteilten Freibetrag (§ 39a Absatz 1) oder Hinzurechnungsbetrag (§ 39a Absatz 1 Satz 1 Nummer 7), vervielfältigt unter sinngemäßer Anwendung von Satz 2, zu vermindern oder zu erhöhen. ⁵Der so verminderte oder erhöhte hochgerechnete Jahresarbeitslohn, vermindert um

1. den Arbeitnehmer-Pauschbetrag (§ 9a Satz 1 Nummer 1 Buchstabe a) oder bei Versorgungsbezügen den Pauschbetrag (§ 9a Satz 1 Nummer 1 Buchstabe b) und den Zuschlag zum Versorgungsfreibetrag (§ 19 Absatz 2) in den Steuerklassen I bis V,
2. den Sonderausgaben-Pauschbetrag (§ 10c Satz 1) in den Steuerklassen I bis V,
3. eine Vorsorgepauschale aus den Teilbeträgen
   a) für die Rentenversicherung bei Arbeitnehmern, die in der gesetzlichen Rentenversicherung pflichtversichert oder von der gesetzlichen Rentenversicherung nach § 6 Absatz 1 Nummer 1 des Sechsten Buches Sozialgesetzbuch befreit sind, in den Steuerklassen I bis VI in Höhe des Betrags, der bezogen auf den Arbeitslohn 50 Prozent des Beitrags in der allgemeinen Rentenversicherung unter Berücksichtigung der jeweiligen Beitragsbemessungsgrenzen entspricht,
   b) für die Krankenversicherung bei Arbeitnehmern, die in der gesetzlichen Krankenversicherung versichert sind, in den Steuerklassen I bis VI in Höhe des Betrags, der bezogen auf den Arbeitslohn unter Berücksichtigung der Beitragsbemessungsgrenze, den ermäßigten Beitragssatz (§ 243 des Fünften Buches Sozialgesetzbuch) und den Zusatzbeitragssatz der Krankenkasse (§ 242 des Fünften Buches Sozialgesetzbuch) dem Arbeitnehmeranteil eines pflichtversicherten Arbeitnehmers entspricht,
   c) für die Pflegeversicherung bei Arbeitnehmern, die in der sozialen Pflegeversicherung versichert sind, in den Steuerklassen I bis VI in Höhe des Betrags, der bezogen auf den Arbeitslohn unter Berücksichtigung der Beitragsbemessungsgrenze und den bundeseinheitlichen Beitragssatz dem Arbeitnehmeranteil eines pflichtversicherten Arbeitnehmers entspricht, erhöht um den Beitragszuschlag des Arbeitnehmers nach § 55 Absatz 3 des Elften Buches Sozialgesetzbuch, wenn die Voraussetzungen dafür vorliegen,
   d) für die Krankenversicherung und für die private Pflege-Pflichtversicherung bei Arbeitnehmern, die nicht unter Buchstabe b und c fallen, in den Steuerklassen I bis V in Höhe der dem Arbeitgeber mitgeteilten Beiträge im Sinne des § 10 Absatz 1 Nummer 3, etwaig vervielfältigt unter sinngemäßer Anwendung von Satz 2 auf einen Jahresbetrag, vermindert um den Betrag, der bezogen auf den Arbeitslohn unter Berücksichtigung der Beitragsbemessungsgrenze und den ermäßigten Beitragssatz in der gesetzlichen Krankenversicherung sowie den bundeseinheitlichen Beitragssatz in der sozialen Pflegeversicherung dem Arbeitgeberanteil für einen pflichtversicherten Arbeitnehmer entspricht, wenn der Arbeitgeber gesetzlich verpflichtet ist, Zuschüsse zu den Kranken- und Pflegeversicherungsbeiträgen des Arbeitnehmers zu leisten;

Entschädigungen im Sinne des § 24 Nummer 1 sind bei Anwendung der Buchstaben a bis c nicht zu berücksichtigen; mindestens ist für die Summe der Teilbeträge nach den Buchstaben b und c oder für den Teilbetrag nach Buchstabe d ein Betrag in Höhe von 12 Prozent des Arbeitslohns, höchstens 1 900 Euro in den Steuerklassen I, II, IV, V, VI und höchstens 3 000 Euro in der Steuerklasse III anzusetzen,

4. den Entlastungsbetrag für Alleinerziehende (§ 24b) in der Steuerklasse II,

ergibt den zu versteuernden Jahresbetrag. ⁶Für den zu versteuernden Jahresbetrag ist die Jahreslohnsteuer in den Steuerklassen I, II und IV nach § 32a Absatz 1 sowie in der Steuerklasse III nach § 32a Absatz 5 zu berechnen. ⁷In den Steuerklassen V und VI ist die Jahreslohnsteuer zu berechnen, die sich aus dem Zweifachen des Unterschiedsbetrags zwischen dem Steuerbetrag für das Eineinviertelfache und dem Steuerbetrag für das Dreiviertelfache des zu versteuernden Jahresbetrags nach § 32a Absatz 1 ergibt; die Jahreslohnsteuer beträgt jedoch mindestens 14 Prozent des Jahresbetrags, für den 9 763 Euro übersteigenden Teil des Jahresbetrags höchstens 42 Prozent und für den 26 441 Euro übersteigenden Teil des zu versteuernden Jahresbetrags jeweils 42 Prozent sowie für den 200 584 Euro übersteigenden Teil des zu versteuernden Jahresbetrags jeweils 45 Prozent. ⁸Für die Lohnsteuerberechnung ist die als Lohnsteuerabzugsmerkmal mitgeteilte Steuerklasse maßgebend. ⁹Die monatliche Lohnsteuer ist $^{1}/_{12}$, die wöchentliche Lohnsteuer sind $^{7}/_{360}$ und die tägliche Lohnsteuer ist $^{1}/_{360}$ der Jahreslohnsteuer. ¹⁰Bruchteile eines Cents, die sich bei der Berechnung nach den Sätzen 2 und 9 ergeben, bleiben jeweils außer Ansatz. ¹¹Die auf den Lohnzahlungszeitraum entfallende Lohnsteuer ist vom Arbeitslohn einzubehalten. ¹²Das Betriebsstättenfinanzamt kann allgemein oder auf Antrag zulassen, dass die Lohnsteuer unter den Voraussetzungen des § 42b Absatz 1 nach dem voraussichtlichen Jahresarbeitslohn ermittelt wird, wenn gewährleistet ist, dass die zutreffende Jahreslohnsteuer (§ 38a Absatz 2) nicht unterschritten wird.

(3) ¹Für die Einbehaltung der Lohnsteuer von einem sonstigen Bezug hat der Arbeitgeber den voraussichtlichen Jahresarbeitslohn ohne den sonstigen Bezug festzustellen. ²Hat der Arbeitnehmer Lohnsteuerbescheinigungen aus früheren Dienstverhältnissen des Kalenderjahres nicht vorgelegt, so ist bei der Ermittlung des voraussichtlichen Jahresarbeitslohns der Arbeitslohn für Beschäftigungszeiten bei früheren Arbeitgebern mit dem Betrag anzusetzen, der sich ergibt, wenn der laufende Arbeitslohn im Monat der Zahlung des sonstigen Bezugs entsprechend der Beschäftigungsdauer bei früheren Arbeitgebern hochgerechnet wird. ³Der voraussichtliche Jahresarbeitslohn ist um den Versorgungsfreibetrag (§ 19 Absatz 2) und den Altersentlastungsbetrag (§ 24a), wenn die Voraussetzungen für den Abzug dieser Beträge jeweils erfüllt sind, sowie um einen etwaigen als Lohnsteuerabzugsmerkmal mitgeteilten Jahresfreibetrag zu vermindern und um einen etwaigen Jahreshinzurechnungsbetrag zu erhöhen. ⁴Für den so ermittelten Jahresarbeitslohn (maßgebender Jahresarbeitslohn) ist die Lohnsteuer nach Maßgabe des Absatzes 2 Satz 5 bis 7 zu ermitteln. ⁵Außerdem ist die Jahreslohnsteuer für den maßgebenden Jahresarbeitslohn unter Einbeziehung des sonstigen Bezugs zu ermitteln. ⁶Dabei ist der sonstige Bezug um den Versorgungsfreibetrag und den Altersentlastungsbetrag zu vermindern, wenn die Voraussetzungen für den Abzug dieser Beträge jeweils erfüllt sind und soweit sie nicht bei der Steuerberechnung für den maßgebenden Jahresarbeitslohn berücksichtigt worden sind. ⁷Für die Lohnsteuerberechnung ist die als Lohnsteuerabzugsmerkmal mitgeteilte Steuerklasse maßgebend. ⁸Der Unterschiedsbetrag zwischen den ermittelten Jahreslohnsteuerbeträgen ist die Lohnsteuer, die vom sonstigen Bezug einzubehalten ist. ⁹Die Lohnsteuer ist bei einem sonstigen Bezug im Sinne des § 34 Absatz 1 und 2 Nummer 2 und 4 in der Weise zu ermäßigen, dass der sonstige Bezug bei der Anwendung des Satzes 5 mit einem Fünftel anzusetzen

und der Unterschiedsbetrag im Sinne des Satzes 8 zu verfünffachen ist; § 34 Absatz 1 Satz 3 ist sinngemäß anzuwenden. ¹⁰Ein sonstiger Bezug im Sinne des § 34 Absatz 1 und 2 Nummer 4 ist bei der Anwendung des Satzes 4 in die Bemessungsgrundlage für die Vorsorgepauschale nach Absatz 2 Satz 5 Nummer 3 einzubeziehen.

(4) In den Kalenderjahren 2010 bis 2024 ist Absatz 2 Satz 5 Nummer 3 Buchstabe a mit der Maßgabe anzuwenden, dass im Kalenderjahr 2010 der ermittelte Betrag auf 40 Prozent begrenzt und dieser Prozentsatz in jedem folgenden Kalenderjahr um je 4 Prozentpunkte erhöht wird.

(5) ¹Wenn der Arbeitgeber für den Lohnzahlungszeitraum lediglich Abschlagszahlungen leistet und eine Lohnabrechnung für einen längeren Zeitraum (Lohnabrechnungszeitraum) vornimmt, kann er den Lohnabrechnungszeitraum als Lohnzahlungszeitraum behandeln und die Lohnsteuer abweichend von § 38 Absatz 3 bei der Lohnabrechnung einbehalten. ²Satz 1 gilt nicht, wenn der Lohnabrechnungszeitraum fünf Wochen übersteigt oder die Lohnabrechnung nicht innerhalb von drei Wochen nach dessen Ablauf erfolgt. ³Das Betriebsstättenfinanzamt kann anordnen, dass die Lohnsteuer von den Abschlagszahlungen einzubehalten ist, wenn die Erhebung der Lohnsteuer sonst nicht gesichert erscheint. ⁴Wenn wegen einer besonderen Entlohnungsart weder ein Lohnzahlungszeitraum noch ein Lohnabrechnungszeitraum festgestellt werden kann, gilt als Lohnzahlungszeitraum die Summe der tatsächlichen Arbeitstage oder Arbeitswochen.

(6) ¹Das Bundesministerium der Finanzen hat im Einvernehmen mit den obersten Finanzbehörden der Länder auf der Grundlage der Absätze 2 und 3 einen Programmablaufplan für die maschinelle Berechnung der Lohnsteuer aufzustellen und bekannt zu machen. ²Im Programmablaufplan kann von den Regelungen in den Absätzen 2 und 3 abgewichen werden, wenn sich das Ergebnis der maschinellen Berechnung der Lohnsteuer an das Ergebnis einer Veranlagung zur Einkommensteuer anlehnt.

R 39b.1
Aufbewahrung der Lohnsteuerkarte
– unbesetzt –

H 39b.1
Hinweise zu R 39b.1
Aufbewahrung der Lohnsteuerkarte

Aufbewahrung der Lohnsteuerkarte

Die dem Arbeitgeber vorliegenden Lohnsteuerkarten 2010, Bescheinigungen für den Lohnsteuerabzug und sonstige ELStAM-Papierbescheinigungen müssen während der ELStAM-Einführungsphase aufbewahrt und bei Beendigung des Dienstverhältnisses an den Arbeitnehmer herausgegeben werden. Die o.g. Papierbescheinigungen dürfen erst nach Ablauf des Kalenderjahres 2014 vernichtet werden >BMF vom 25.7.2013 (BStBl. I S. 943), Tz. III.9.*)

R 39b.2
Laufender Arbeitslohn und sonstige Bezüge

(1) Laufender Arbeitslohn ist der Arbeitslohn, der dem Arbeitnehmer regelmäßig fortlaufend zufließt, insbesondere:
1. Monatsgehälter,
2. Wochen- und Tagelöhne,
3. Mehrarbeitsvergütungen,
4. Zuschläge und Zulagen,
5. geldwerte Vorteile aus der ständigen Überlassung von Dienstwagen zur privaten Nutzung,
6. Nachzahlungen und Vorauszahlungen, wenn sich diese ausschließlich auf Lohnzahlungszeiträume beziehen, die im Kalenderjahr der Zahlung enden,
7. Arbeitslohn für Lohnzahlungszeiträume des abgelaufenen Kalenderjahres, der innerhalb der ersten drei Wochen des nachfolgenden Kalenderjahres zufließt.

(2) ¹Ein sonstiger Bezug ist der Arbeitslohn, der nicht als laufender Arbeitslohn gezahlt wird. ²Zu den sonstigen Bezügen gehören insbesondere einmalige Arbeitslohnzahlungen, die neben dem laufenden Arbeitslohn gezahlt werden, z.B.:
1. dreizehnte und vierzehnte Monatsgehälter,
2. einmalige Abfindungen und Entschädigungen,
3. Gratifikationen und Tantiemen, die nicht fortlaufend gezahlt werden,
4. Jubiläumszuwendungen,
5. Urlaubsgelder, die nicht fortlaufend gezahlt werden, und Entschädigungen zur Abgeltung nicht genommenen Urlaubs,
6. Vergütungen für Erfindungen,
7. Weihnachtszuwendungen,
8. Nachzahlungen und Vorauszahlungen, wenn sich der Gesamtbetrag oder ein Teilbetrag der Nachzahlung oder Vorauszahlung auf Lohnzahlungszeiträume bezieht, die in einem anderen Jahr als dem der Zahlung enden, oder, wenn Arbeitslohn für Lohnzahlungszeiträume des abgelaufenen Kalenderjahres später als drei Wochen nach Ablauf dieses Jahres zufließt,
9. Ausgleichszahlungen für die in der Arbeitsphase erbrachten Vorleistungen aufgrund eines Altersteilzeitverhältnisses im Blockmodell, das vor Ablauf der Zeit beendet wird,
10. Zahlungen innerhalb eines Kalenderjahres als viertel- oder halbjährliche Teilbeträge.

R 39b.3
Freibeträge für Versorgungsbezüge

(1) ¹Werden Versorgungsbezüge als sonstige Bezüge gezahlt, ist § 39b Abs. 3 EStG anzuwenden. ²Danach dürfen die Freibeträge für Versorgungsbezüge von dem sonstigen Bezug nur abgezogen werden, soweit sie bei der Feststellung des maßgebenden Jahresarbeitslohns nicht verbraucht sind. ³Werden laufende Versorgungsbezüge erstmals gezahlt, nachdem im selben Kalenderjahr bereits Versorgungsbezüge als sonstige Bezüge gewährt worden sind, darf der Arbeitgeber die maßgebenden Freibeträge für Versorgungsbezüge bei den laufenden Bezügen nur berücksichtigen, soweit sie sich bei den sonstigen Bezügen nicht ausgewirkt haben. ⁴Von Arbeitslohn, von dem die Lohnsteuer nach §§ 40 bis 40b EStG mit Pauschsteuersätzen erhoben wird, dürfen die Freibeträge für Versorgungsbezüge nicht abgezogen werden.

(2) Durch die Regelungen des Absatzes 1 wird die steuerliche Behandlung der Versorgungsbezüge beim Lohnsteuer-Jahresausgleich durch den Arbeitgeber oder bei einer Veranlagung zur Einkommensteuer nicht berührt.

R 39b.4
Altersentlastungsbetrag beim Lohnsteuerabzug

(1) Der Altersentlastungsbetrag ist auch bei beschränkt einkommensteuerpflichtigen Arbeitnehmern abzuziehen (>§ 50 Abs. 1 Satz 3 EStG).

(2) ¹Wird Arbeitslohn als sonstiger Bezug gezahlt, ist § 39b Abs. 3 EStG anzuwenden. ²Danach darf der Altersentlastungsbetrag von dem sonstigen Bezug nur abgezogen werden, soweit er bei der Feststellung des maßgebenden Jahresarbeitslohns nicht verbraucht ist. ³Wird laufender Arbeitslohn erstmals gezahlt, nachdem im selben Kalenderjahr ein Altersentlastungsbetrag bereits bei sonstigen Bezügen berücksichtigt worden ist, darf der Arbeitgeber den maßgebenden Höchstbetrag bei den laufenden Bezügen nur berücksichtigen, soweit er sich bei den sonstigen Bezügen nicht ausgewirkt hat. ⁴Von Arbeitslohn, von dem die Lohnsteuer nach §§ 40 bis 40b EStG mit Pauschsteuersätzen erhoben wird, darf der Altersentlastungsbetrag nicht abgezogen werden.

---
*) Abgedruckt als Anlage zu H 52b LStR.

§ 39b EStG

(3) Durch die Regelungen der Absätze 1 und 2 wird die steuerliche Behandlung des Altersentlastungsbetrags beim Lohnsteuer-Jahresausgleich durch den Arbeitgeber oder bei einer Veranlagung zur Einkommensteuer nicht berührt.

R 39b.5
Einbehaltung der Lohnsteuer vom laufenden Arbeitslohn

Allgemeines

(1) ¹Der Arbeitgeber hat die Lohnsteuer grundsätzlich bei jeder Zahlung vom Arbeitslohn einzubehalten (>§ 38 Abs. 3 EStG). ²Reichen die dem Arbeitgeber zur Verfügung stehenden Mittel zur Zahlung des vollen vereinbarten Arbeitslohns nicht aus, hat er die Lohnsteuer von dem tatsächlich zur Auszahlung gelangenden niedrigeren Betrag zu berechnen und einzubehalten. ³Der Lohnsteuerermittlung sind jeweils die Lohnsteuerabzugsmerkmale (>§ 39 EStG) zugrunde zu legen, die für den Tag gelten, an dem der Lohnzahlungszeitraum endet; dies gilt auch bei einem Wechsel des ersten Arbeitgebers (Hauptarbeitgeber) im Lauf des Lohnzahlungszeitraums. ⁴Für Lohnzahlungen vor Ende des betreffenden Lohnzahlungszeitraums sind zunächst die zu diesem Zeitpunkt bereitgestellten Lohnsteuerabzugsmerkmale (§ 39e Abs. 5 EStG) zugrunde zu legen. ⁵Werden nach einer solchen Lohnzahlung Lohnsteuerabzugsmerkmale bekannt, die auf den Lohnzahlungszeitraum zurückwirken, ist § 41c Abs. 1 Satz 1 Nr. 1 EStG anzuwenden.

Lohnzahlungszeitraum

(2) ¹Der Zeitraum, für den jeweils der laufende Arbeitslohn gezahlt wird, ist der Lohnzahlungszeitraum. ²Ist ein solcher Zeitraum nicht feststellbar, tritt an seine Stelle die Summe der tatsächlichen Arbeitstage oder der tatsächlichen Arbeitswochen (>§ 39b Abs. 5 Satz 4 EStG). ³Solange das Dienstverhältnis fortbesteht, sind auch solche in den Lohnzahlungszeitraum fallende Arbeitstage mitzuzählen, für die der Arbeitnehmer keinen steuerpflichtigen Arbeitslohn bezogen hat.

(3) ¹Wird der Arbeitslohn für einen Lohnzahlungszeitraum gezahlt, für den der steuerfreie Betrag oder der Hinzurechnungsbetrag den Lohnsteuerabzugsmerkmalen nicht unmittelbar entnommen werden kann, hat der Arbeitgeber für diesen Lohnzahlungszeitraum den zu berücksichtigenden Betrag selbst zu berechnen. ²Er hat dabei von dem für den monatlichen Lohnzahlungszeitraum geltenden – also aufgerundeten – Betrag auszugehen.

Nachzahlungen, Vorauszahlungen

(4) ¹Stellen Nachzahlungen oder Vorauszahlungen laufenden Arbeitslohn dar (>R 39b.2 Abs. 1), so ist die Nachzahlung oder Vorauszahlung für die Berechnung der Lohnsteuer den Lohnzahlungszeiträumen zuzurechnen, für die sie geleistet werden. ²Es bestehen jedoch keine Bedenken, diese Nachzahlungen und Vorauszahlungen als sonstige Bezüge nach R 39b.6 zu behandeln, wenn nicht der Arbeitnehmer die Besteuerung nach Satz 1 verlangt; die Pauschalierung nach § 40 Abs. 1 Satz 1 Nr. 1 EStG ist nicht zulässig.

Abschlagszahlungen

(5) ¹Zahlt der Arbeitgeber den Arbeitslohn für den üblichen Lohnzahlungszeitraum nur in ungefährer Höhe (Abschlagszahlung) und nimmt er eine genaue Lohnabrechnung für einen längeren Zeitraum vor, braucht er nach § 39b Abs. 5 EStG die Lohnsteuer erst bei der Lohnabrechnung einzubehalten, wenn der Lohnabrechnungszeitraum fünf Wochen nicht übersteigt und die Lohnabrechnung innerhalb von drei Wochen nach Ablauf des Lohnabrechnungszeitraums erfolgt. ²Die Lohnabrechnung gilt als abgeschlossen, wenn die Zahlungsbelege den Bereich des Arbeitgebers verlassen haben; auf den zeitlichen Zufluss der Zahlung beim Arbeitnehmer kommt es nicht an. ³Wird die Lohnabrechnung für den letzten Abrechnungszeitraum des abgelaufenen Kalenderjahres erst im nachfolgenden Kalenderjahr, aber noch innerhalb der 3-Wochen-Frist vorgenommen, handelt es sich um Arbeitslohn und einbehaltene Lohnsteuer dieses Lohnabrechnungszeitraums; der Arbeitslohn und die Lohnsteuer sind deshalb im Lohnkonto und in den Lohnsteuerbelegen des abgelaufenen Kalenderjahres zu erfassen. ⁴Die einbehaltene Lohnsteuer ist aber für die Anmeldung und Abführung als Lohnsteuer des Kalendermonats bzw. Kalendervierteljahrs zu erfassen, in dem die Abrechnung tatsächlich vorgenommen wird.

H 39b.5
Hinweise zu R 39b.5
Einbehaltung der Lohnsteuer vom laufenden Arbeitslohn

Abschlagszahlungen

Beispiele zum Zeitpunkt der Lohnsteuereinbehaltung:

A. Ein Arbeitgeber mit monatlichen Abrechnungszeiträumen leistet jeweils am 20. eines Monats eine Abschlagszahlung. Die Lohnabrechnung wird am 10. des folgenden Monats mit der Auszahlung von Spitzenbeträgen vorgenommen.

  Der Arbeitgeber ist berechtigt, auf eine Lohnsteuereinbehaltung bei der Abschlagszahlung zu verzichten und die Lohnsteuer erst bei der Schlussabrechnung einzubehalten.

B. Ein Arbeitgeber mit monatlichen Abrechnungszeiträumen leistet jeweils am 28. im laufenden Monat eine Abschlagszahlung und nimmt die Lohnabrechnung am 28. des folgenden Monats vor.

  Die Lohnsteuer ist bereits von der Abschlagszahlung einzubehalten, da die Abrechnung nicht innerhalb von drei Wochen nach Ablauf des Lohnabrechnungszeitraums erfolgt.

C. Auf den Arbeitslohn für Dezember werden Abschlagszahlungen geleistet. Die Lohnabrechnung erfolgt am 15.1.

  Die dann einzubehaltende Lohnsteuer ist spätestens am 10.2. als Lohnsteuer des Monats Januar anzumelden und abzuführen. Sie gehört gleichwohl zum Arbeitslohn des abgelaufenen Kalenderjahres und ist in die Lohnsteuerbescheinigung für das abgelaufene Kalenderjahr aufzunehmen.

Nachzahlungen

Beispiel zur Berechnung der Lohnsteuer:

Ein Arbeitnehmer mit einem laufenden Bruttoarbeitslohn von 2 000 € monatlich erhält im September eine Nachzahlung von 400 € für die Monate Januar bis August.

Von dem Monatslohn von 2 000 € ist nach der maßgebenden Steuerklasse eine Lohnsteuer von 100 € einzubehalten. Von dem um die anteilige Nachzahlung erhöhten Monatslohn von 2 050 € ist eine Lohnsteuer von 115 € einzubehalten. Auf die anteilige monatliche Nachzahlung von 50 € entfällt mithin eine Lohnsteuer von 15 €. Dieser Betrag, vervielfacht mit der Zahl der in Betracht kommenden Monate, ergibt dann die Lohnsteuer für die Nachzahlung (15 € × 8 =) 120 €.

R 39b.6
Einbehaltung der Lohnsteuer von sonstigen Bezügen

Allgemeines

(1) ¹Von einem sonstigen Bezug ist die Lohnsteuer stets in dem Zeitpunkt einzubehalten, in dem er zufließt. ²Der Lohnsteuerermittlung sind die Lohnsteuerabzugsmerkmale zugrunde zu legen, die zum Ende des Kalendermonats des Zuflusses gelten. ³Der maßgebende Arbeitslohn (§ 39b Abs. 3 EStG) kann nach Abzug eines Freibetrags auch negativ sein.

Voraussichtlicher Jahresarbeitslohn

(2) ¹Zur Ermittlung der von einem sonstigen Bezug einzubehaltenden Lohnsteuer ist jeweils der voraussichtliche Jahresarbeitslohn des Kalenderjahres zugrunde zu legen, in dem der sonstige Bezug dem Arbeitnehmer zufließt. ²Dabei sind der laufende Arbeitslohn, der für die im Kalenderjahr bereits abgelaufenen Lohnzahlungszeiträume zugeflossen ist, und die in diesem Kalenderjahr bereits gezahlten sonstigen Bezüge mit dem laufenden Arbeitslohn zusammenzurechnen, der sich voraussichtlich für die Restzeit des Kalenderjahres ergibt. ³Stattdessen kann der voraussichtlich für die Restzeit des Kalenderjahres zu zahlende laufende Arbeitslohn durch Umrechnung des bisher zugeflossenen laufenden Arbeitslohns ermittelt werden. ⁴Künftige sonstige Bezüge, deren Zahlung bis zum Ablauf des Kalenderjahres zu erwarten ist, sind nicht zu erfassen.

§ 39b EStG
R 39b.6

Sonstige Bezüge nach Ende des Dienstverhältnisses

(3) ¹Werden sonstige Bezüge gezahlt, nachdem der Arbeitnehmer aus dem Dienstverhältnis ausgeschieden ist, sind der Lohnsteuerermittlung die Lohnsteuerabzugsmerkmale zugrunde zu legen, die zum Ende des Kalendermonats des Zuflusses gelten. ²Der voraussichtliche Jahresarbeitslohn ist auf der Grundlage der Angaben des Arbeitnehmers zu ermitteln. ³Macht der Arbeitnehmer keine Angaben, ist der beim bisherigen Arbeitgeber zugeflossene Arbeitslohn auf einen Jahresbetrag hochzurechnen. ⁴Eine Hochrechnung ist nicht erforderlich, wenn mit dem Zufließen von weiterem Arbeitslohn im Laufe des Kalenderjahres, z. B. wegen Alters oder Erwerbsunfähigkeit, nicht zu rechnen ist.

Zusammentreffen regulär und ermäßigt besteuerter sonstiger Bezüge

(4) Trifft ein sonstiger Bezug i. S. v. § 39b Abs. 3 Satz 1 bis 7 EStG mit einem sonstigen Bezug i.S.d. § 39b Abs. 3 Satz 9 EStG zusammen, so ist zunächst die Lohnsteuer für den sonstigen Bezug i.S.d. § 39b Abs. 3 Satz 1 bis 7 EStG und danach die Lohnsteuer für den anderen sonstigen Bezug zu ermitteln.

Regulär zu besteuernde Entschädigungen

(5) ¹Liegen bei einer Entschädigung im Sinne des § 24 Nr. 1 EStG die Voraussetzungen für die Steuerermäßigung nach § 34 EStG nicht vor, ist die Entschädigung als regulär zu besteuernder sonstiger Bezug zu behandeln. ²Es ist aus Vereinfachungsgründen nicht zu beanstanden, wenn dieser sonstige Bezug bei der Anwendung des § 39b Abs. 2 Satz 5 Nr. 3 Buchstabe a bis c EStG berücksichtigt wird.

H 39b.6
Hinweise zu R 39b.6
Einbehaltung der Lohnsteuer von sonstigen Bezügen

Beispiele

A. Berechnung des voraussichtlichen Jahresarbeitslohnes

Ein Arbeitgeber X zahlt im September einen sonstigen Bezug von 1 200 € an einen Arbeitnehmer. Der Arbeitnehmer hat seinem Arbeitgeber zwei Ausdrucke der elektronischen Lohnsteuerbescheinigungen seiner vorigen Arbeitgeber vorgelegt:

a) Dienstverhältnis beim Arbeitgeber A vom 1.1. bis 31.3., Arbeitslohn 8 400 €,

b) Dienstverhältnis beim Arbeitgeber B vom 1.5. bis 30.6., Arbeitslohn 4 200 €.

Der Arbeitnehmer war im April arbeitslos. Beim Arbeitgeber X steht der Arbeitnehmer seit dem 1.7. in einem Dienstverhältnis; er hat für die Monate Juli und August ein Monatsgehalt von 2 400 € bezogen, außerdem erhielt er am 20.8. einen sonstigen Bezug von 500 €. Vom ersten September an erhält er ein Monatsgehalt von 2 800 € zuzüglich eines weiteren halben (13.) Monatsgehalts am 1.12.

Der vom Arbeitgeber im September zu ermittelnde voraussichtliche Jahresarbeitslohn (ohne den sonstigen Bezug, für den die Lohnsteuer ermittelt werden soll) beträgt hiernach:

Arbeitslohn 1.1. bis 30.6. (8 400 € + 4 200 €)	12 600 €
Arbeitslohn 1.7. bis 31.8. (2 × 2 400 € + 500 €)	5 300 €
Arbeitslohn 1.9. bis 31.12. (voraussichtlich 4 × 2 800 €)	11 200 €
	29 100 €

Das halbe 13. Monatsgehalt ist ein zukünftiger sonstiger Bezug und bleibt daher außer Betracht.

Abwandlung 1:

Legt der Arbeitnehmer seinem Arbeitgeber X zwar den Nachweis über seine Arbeitslosigkeit im April, nicht aber die Ausdrucke der elektronischen Lohnsteuerbescheinigungen der Arbeitgeber A und B vor, ergibt sich folgender voraussichtliche Jahresarbeitslohn:

Arbeitslohn 1.1. bis 30.6. (5 × 2 800 €)	14 000 €
Arbeitslohn 1.7. bis 31.8. (2 × 2 400 € + 500 €)	5 300 €
Arbeitslohn 1.9. bis 31.12. (voraussichtlich 4 × 2 800 €)	11 200 €
	30 500 €

Abwandlung 2:

Ist dem Arbeitgeber X nicht bekannt, dass der Arbeitnehmer im April arbeitslos war, ist der Arbeitslohn für die Monate Januar bis Juni mit 6 × 2 800 € = 16 800 € zu berücksichtigen.

B. Berechnung des voraussichtlichen Jahresarbeitslohns bei Versorgungsbezügen i. V. m. einem sonstigen Bezug

Ein Arbeitgeber zahlt im April einem 65-jährigen Arbeitnehmer einen sonstigen Bezug (Umsatzprovision für das vorangegangene Kalenderjahr) in Höhe von 5 000 €. Der Arbeitnehmer ist am 28.2.2015 in den Ruhestand getreten. Der Arbeitslohn betrug bis dahin monatlich 2 300 €. Seit dem 1.3.2015 erhält der Arbeitnehmer neben dem Altersruhegeld aus der gesetzlichen Rentenversicherung Versorgungsbezüge i. S. d. § 19 Abs. 2 EStG von monatlich 900 €. Außerdem hat das Finanzamt einen Jahresfreibetrag von 750 € festgesetzt.

Der maßgebende Jahresarbeitslohn, der zu versteuernde Teil des sonstigen Bezugs und die einzubehaltende Lohnsteuer sind wie folgt zu ermitteln:

I. Neben dem Arbeitslohn für die Zeit vom 1.1. bis 28.2. von (2 × 2 300 € =) 4 600,00 € gehören zum voraussichtlichen Jahresarbeitslohn die Versorgungsbezüge vom 1.3. an mit monatlich 900 €; voraussichtlich werden gezahlt (10 × 900 € =) 9 000,00 €
Der voraussichtliche Jahresarbeitslohn beträgt somit 13 600,00 €

II. Vom voraussichtlichen Jahresarbeitslohn sind folgende Beträge abzuziehen (> § 39b Abs. 3 Satz 3 EStG):
  a) der zeitanteilige Versorgungsfreibetrag und der Zuschlag zum Versorgungsfreibetrag, unabhängig von der Höhe der bisher berücksichtigten Freibeträge für Versorgungsbezüge (24,0 % von 10 800 €*) = 2 592,00 €, höchstens 1 800 € zuzüglich 540 € = 2 340 €, davon ¹⁹⁄₁₂) 1 950,00 €
  b) der Altersentlastungsbetrag unabhängig von der Höhe des bisher berücksichtigten Betrags (24,0 % von 4 600 € = 1 104,00 €, höchstens 1 140 €) 1 104,00 €
  c) vom Finanzamt festgesetzter Freibetrag von jährlich 750,00 €
  Gesamtabzugsbetrag somit 3 804,00 €

III. Der maßgebende Jahresarbeitslohn beträgt somit (13 600 € ./. 3 804,00 € =) 9 796,00 €

IV. Von dem sonstigen Bezug in Höhe von 5 000,00 € ist der Altersentlastungsbetrag in Höhe von 24,0 %, höchstens jedoch der Betrag, um den der Jahreshöchstbetrag von 1 140 € den bei Ermittlung des maßgebenden Jahresarbeitslohns abgezogenen Betrag überschreitet, abzuziehen (24,0 % von 5 000 € = 1 200 €, höchstens 1 140 € abzüglich 1 104,00 €) 36,00 €
Der zu versteuernde Teil des sonstigen Bezugs beträgt somit 4 964,00 €

V. Der maßgebende Jahresarbeitslohn einschließlich des sonstigen Bezugs beträgt somit (9 796,00 € + 4 964,00 €) 14 760,00 €

C. Berechnung der Lohnsteuer beim gleichzeitigen Zufluss eines regulär und eines ermäßigt besteuerten sonstigen Bezugs

Ein Arbeitgeber zahlt seinem Arbeitnehmer, dessen Jahresarbeitslohn 40 000 € beträgt, im Dezember einen sonstigen Bezug (Weihnachtsgeld) in Höhe von 3 000 € und daneben eine Jubiläumszuwendung von 2 500 €, von dem die Lohnsteuer nach § 39b Abs. 3 Satz 9 i. V. m. § 34 EStG einzubehalten ist.

Die Lohnsteuer ist wie folgt zu ermitteln:

		darauf entfallende Lohnsteuer
Jahresarbeitslohn	40 000 €	9 000 €
zzgl. Weihnachtsgeld	3 000 €	
	43 000 €	10 000 €
zzgl. ⅕ der Jubiläumszuwendung	500 €	
=	43 500 €	10 150 €
− LSt. auf das Weihnachtsgeld		1 000 €
− LSt. auf ⅕ der Jubiläumszuwendung = 150 € × 5		750 €
Lohnsteuer auf beide sonstigen Bezüge =		1 750 €

D. Berechnung der Lohnsteuer bei einem ermäßigt besteuerten sonstigen Bezug im Zusammenspiel mit einem Freibetrag

Ein Arbeitgeber zahlt seinem ledigen Arbeitnehmer, dessen Jahresarbeitslohn 78 000 € beträgt, im Dezember eine steuerpflichtige Abfindung von 62 000 €, von der die Lohnsteuer nach § 39b Abs. 3 Satz 9 i. V. m. § 34 EStG einzubehalten ist. Das Finanzamt hat einen Freibetrag (Verlust V+V) i. H. v. 80 000 € festgesetzt.

---

*) Maßgebend ist der erste Versorgungsbezug (900 €) × 12 Monate > § 19 Abs. 2 Satz 4 EStG

§ 39b EStG
R 39b.6

Die Lohnsteuer ist wie folgt zu ermitteln:

Jahresarbeitslohn	78 000 €
abzüglich Freibetrag	80 000 €
	./. 2 000 €
zuzüglich Abfindung	62 000 €
Zwischensumme	60 000 €
Davon ⅕	12 000 €
darauf entfallende Lohnsteuer	200 €
Lohnsteuer auf die Abfindung (5 × 200 €)	1 000 €

Fünftelungsregelung

– >BMF vom 1.11.2013 (BStBl. I S. 1326)*).

– Die Fünftelungsregelung ist nicht anzuwenden, wenn sie zu einer höheren Steuer führt als die Besteuerung als nicht begünstigter sonstiger Bezug (>BMF vom 10.1.2000 – BStBl. I S. 138)**).

– Bei Jubiläumszuwendungen kann der Arbeitgeber im Lohnsteuerabzugsverfahren eine Zusammenballung unterstellen, wenn die Zuwendung an einen Arbeitnehmer gezahlt wird, der voraussichtlich bis Ende des Kalenderjahres nicht aus dem Dienstverhältnis ausscheidet (>BMF vom 10.1.2000 – BStBl. I S. 138)**).

– Bei Aktienoptionsprogrammen kann die Fünftelungsregelung angewendet werden, wenn die Laufzeit zwischen Einräumung und Ausübung der Optionsrechte mehr als 12 Monate beträgt und der Arbeitnehmer in dieser Zeit auch bei seinem Arbeitgeber beschäftigt ist. Dies gilt auch dann, wenn dem Arbeitnehmer wiederholt Aktienoptionen eingeräumt worden sind und die jeweilige Option nicht in vollem Umfang in einem Kalenderjahr ausgeübt worden ist (>BFH vom 18.12.2007 – BStBl. 2008 II S. 294).

Vergütung für eine mehrjährige Tätigkeit
>R 34.4 EStR, H 34.4 EStH

Wechsel der Art der Steuerpflicht
Bei der Berechnung der Lohnsteuer für einen sonstigen Bezug, der einem (ehemaligen) Arbeitnehmer nach einem Wechsel von der unbeschränkten in die beschränkte Steuerpflicht in diesem Kalenderjahr zufließt, ist der während der Zeit der unbeschränkten Steuerpflicht gezahlte Arbeitslohn im Jahresarbeitslohn zu berücksichtigen (>BFH vom 25.8.2009 – BStBl. 2010 II S. 150).

Anlage 1
zu H 39b.6

Anwendung der Fünftelregelung im Lohnsteuerabzugsverfahren

BMF-Schreiben vom 10.1.2000 (BStBl. I S. 138)

– Auszug –

2. Anwendung der Fünftelungsregelung nach § 39b Abs. 3 Satz 9 EStG bei außerordentlichen Einkünften nach § 34 Abs. 2 Nr. 4 EStG im Lohnsteuerabzugsverfahren

Die Lohnsteuer für Vergütungen für mehrjährige Tätigkeiten (Arbeitnehmer- oder Firmenjubiläum) ist nach § 39b Abs. 3 Satz 9 EStG ab 1. Januar 1999 nach der Fünftelungsmethode zu ermäßigen, wenn eine Zusammenballung im Sinne von § 34 Abs. 1 EStG vorliegt (zur Zusammenballung vgl. BMF-Schreiben vom 18. Dezember 1998 – BStBl. I S. 1512)***). Im Lohnsteuerabzugsverfahren ist die begünstigte Besteuerung nicht antragsgebunden und daher vom Arbeitgeber – bei Zusammenballung – grundsätzlich anzuwenden. Dies kann im Einzelfall, insbesondere bei niedrigen Beträgen zu einer höheren Lohnsteuer führen als die Besteuerung als sonstiger Bezug. Da die Lohnsteuer nach dem Wortlaut des Gesetzes zu ermäßigen ist, darf in diesen Fällen die Fünftelungsregelung nicht angewendet werden. Der Arbeitgeber hat daher eine Vergleichsrechnung durchzuführen (Günstigerprüfung) und die Fünftelungsregelung nur anzuwenden, wenn sie zu einer niedrigeren Lohnsteuer führt als die Besteuerung als nicht begünstigter sonstiger Bezug. Die Aufzeichnung und Angabe in der Lohnsteuerbescheinigung folgen anschließend der tatsächlichen Behandlung.

Die für die Anwendung der begünstigten Besteuerung erforderliche Zusammenballung kann der Arbeitgeber im Lohnsteuerabzugsverfahren unterstellen, wenn die Jubiläumszuwendung an einen Arbeitnehmer bezahlt wird, der voraussichtlich bis Ende des Kalenderjahres nicht aus dem Dienstverhältnis ausscheidet.

Anlage 2
zu H 39b.6

Einführungsschreiben Lohnsteuer zum Steueränderungsgesetz 2003 und Haushaltsbegleitgesetz 2004

BMF-Schreiben vom 27.1.2004 (BStBl. I S. 173)

Unter Bezugnahme auf das Ergebnis der Abstimmung mit den obersten Finanzbehörden der Länder nehme ich zu Änderungen im Bereich der Lohnsteuer durch das Steueränderungsgesetz 2003 (StÄndG 2003) vom 15.12.2003 (BGBl. I S. 2645, BStBl. I S. 710) und durch das Haushaltsbegleitgesetz 2004 (HBeglG 2004) vom 29.12.2003 (BGBl. I S. 3076, BStBl. 2004 I S. 120) wie folgt Stellung:

I. ...

II. ...

III. ...

IV. Lohnsteuerberechnung, Programmablaufplan 2004

1. ...

2. Berechnung bei sonstigem Bezug und Arbeitgeberwechsel (§ 39b Abs. 3 Satz 2 EStG), Großbuchstabe S (§ 41 Abs. 1 Satz 7 EStG)**)**

Die Versteuerung des sonstigen Bezugs richtet sich nach dem voraussichtlichen Jahresarbeitslohn (§ 39b Abs. 3 Satz 1 EStG). Bei einem Arbeitgeberwechsel ist der für diese Ermittlung notwendige Arbeitslohn aus einem vorangegangenen Dienstverhältnis bzw. mehreren vorangegangenen Dienstverhältnissen dem neuen Arbeitgeber nicht mehr zwingend bekannt, wenn der Vorarbeitgeber eine elektronische Lohnsteuerbescheinigung übermittelt (vgl. dazu Tz. V) und der Arbeitnehmer dem neuen Arbeitgeber den früheren Arbeitslohn nicht mitteilt. In einem solchen Fall kann der neue Arbeitgeber den Arbeitslohn für die vom Arbeitnehmer anzugebenden früheren Beschäftigungszeiten des laufenden Kalenderjahres mit dem Betrag ansetzen, der sich aus der Hochrechnung des laufenden Arbeitslohns im Monat der Zahlung des sonstigen Bezugs entsprechend der Beschäftigungsdauer bei früheren Arbeitgebern ergibt (§ 39b Abs. 3 Satz 2 EStG; R 119 Abs. 3 Satz 6 LStR i.d.F. LStÄR 2004 vom 8.10.2003, BStBl. I S. 455).

Da diese Hochrechnung zu einer ungenaueren Lohnsteuer für den sonstigen Bezug führen kann, hat der Arbeitgeber bei Anwendung dieser Methode im Lohnkonto den Großbuchstaben S einzutragen (§ 41 Abs. 1 Satz 7 EStG)****) und auch zu bescheinigen (§ 41b Abs. 1 Satz 2 Nr. 3 EStG). Es kommt zu einer Pflichtveranlagung zur Einkommensteuer (§ 46 Abs. 2 Nr. 5a EStG).

3. Fünftelungsregelung bei negativem Arbeitslohn (§ 39b Abs. 3 Satz 9 EStG)

Bei der Ermittlung der Lohnsteuer für einen begünstigten sonstigen Bezug ist nunmehr § 34 Abs. 1 Satz 3 EStG sinngemäß anzuwenden (§ 39b Abs. 3 Satz 9 zweiter Halbsatz EStG), damit Einkommensteuernachzahlungen vorgebeugt wird. Die Neuregelung betrifft die Sonderfälle, in denen bei Anwendung der Fünftelungsregelung das zu versteuernde Einkommen (= steuerpflichtiger Arbeitslohn) negativ ist (z. B. wegen eines Freibetrages auf der Lohnsteuerkarte) und erst durch Hinzurechnung der außerordentlichen Einkünfte (z. B. steuerpflichtiger Teil einer Abfindung) positiv wird.

---

*) Abgedruckt als Anlage zu H 34 LStR.
**) Abgedruckt als Anlage 1 zu H 39b.6 LStR.
***) Jetzt BMF-Schreiben vom 1.11.2013 (BStBl. I S. 1326), abgedruckt als Anlage zu H 34 LStR.
****) Jetzt § 41 Abs. 1 Satz 6 EStG.

Diese Gesetzesänderung ist in dem Programmablaufplan 2004 (Tz. IV.4.) noch nicht berücksichtigt. Es ist daher nicht zu beanstanden, wenn der Arbeitgeber mit maschineller Lohnabrechnung bis zur Veröffentlichung einer entsprechenden Ergänzung des Programmablaufplans die Gesetzesänderung nicht berücksichtigt.

V. ...

R 39b.7
Berücksichtigung der Vorsorgepauschale beim Lohnsteuerabzug

– unbesetzt –

H 39b.7
Hinweise zu R 39b.7
Berücksichtigung der Vorsorgepauschale beim Lohnsteuerabzug

Ermittlung der Vorsorgepauschale im Lohnsteuerabzugsverfahren

>BMF vom 26.11.2013 (BStBl. I S. 1532)*)

Anlage
zu H 39b.7

Vorsorgepauschale im Lohnsteuerabzugsverfahren (§ 39b Absatz 2 Satz 5 Nummer 3 und Absatz 4 EStG)

BMF-Schreiben vom 26.11.2013 (BStBl. I S. 1532)

Im Einvernehmen mit den obersten Finanzbehörden der Länder gilt hinsichtlich der Vorsorgepauschale im Lohnsteuerabzugsverfahren (§ 39b Absatz 2 Satz 5 Nummer 3 und Absatz 4 EStG) Folgendes:

1. Allgemeines

Eine Vorsorgepauschale wird ausschließlich im Lohnsteuerabzugsverfahren berücksichtigt (§ 39b Absatz 2 Satz 5 Nummer 3 und Absatz 4 EStG). Über die Vorsorgepauschale hinaus werden im Lohnsteuerabzugsverfahren keine weiteren Vorsorgeaufwendungen berücksichtigt. Eine Vorsorgepauschale wird grundsätzlich in allen Steuerklassen berücksichtigt.

2. Bemessungsgrundlage für die Berechnung der Vorsorgepauschale (§ 39b Absatz 2 Satz 5 Nummer 3 EStG)

Die beim Lohnsteuerabzug zu berücksichtigende Vorsorgepauschale setzt sich aus folgenden Teilbeträgen zusammen:
– Teilbetrag für die Rentenversicherung (§ 39b Absatz 2 Satz 5 Nummer 3 Buchstabe a EStG),
– Teilbetrag für die gesetzliche Kranken- und soziale Pflegeversicherung (§ 39b Absatz 2 Satz 5 Nummer 3 Buchstabe b und c EStG) und
– Teilbetrag für die private Basiskranken- und Pflege-Pflichtversicherung (§ 39b Absatz 2 Satz 5 Nummer 3 Buchstabe d EStG).

Ob die Voraussetzungen für den Ansatz der einzelnen Teilbeträge vorliegen, ist jeweils gesondert zu prüfen; hierfür ist immer der Versicherungsstatus am Ende des jeweiligen Lohnzahlungszeitraums maßgebend und das Dienstverhältnis nicht auf Teilmonate aufzuteilen. Die Teilbeträge sind getrennt zu berechnen; die auf volle Euro aufgerundete Summe der Teilbeträge ergibt die anzusetzende Vorsorgepauschale.

Bemessungsgrundlage für die Berechnung der Teilbeträge für die Rentenversicherung und die gesetzliche Kranken- und soziale Pflegeversicherung ist der Arbeitslohn. Entschädigungen i. S. d. § 24 Nummer 1 EStG sind nicht als Arbeitslohnbestandteil zu berücksichtigen (§ 39b Absatz 2 Satz 5 Nummer 3 zweiter Teilsatz EStG); aus Vereinfachungsgründen ist es aber nicht zu beanstanden, wenn regulär zu besteuernde Entschädigungen bei der Bemessungsgrundlage für die Berechnung der Vorsorgepauschale berücksichtigt werden. Steuerfreier Arbeitslohn gehört ebenfalls nicht zur Bemessungsgrundlage für die Berechnung der entsprechenden Teilbeträge (BFH-Urteil vom 18. März 1983, BStBl. II S. 475). Dies gilt auch bei der Mindestvorsorgepauschale für die Kranken- und Pflegeversicherung (§ 39b Absatz 2 Satz 5 Nummer 3 dritter Teilsatz EStG, Tz. 7).

Der Arbeitslohn ist für die Berechnung der Vorsorgepauschale und der Mindestvorsorgepauschale (Tz. 7) nicht um den Versorgungsfreibetrag (§ 19 Absatz 2 EStG) und den Altersentlastungsbetrag (§ 24a EStG) zu vermindern.

Die jeweilige Beitragsbemessungsgrenze ist bei allen Teilbeträgen der Vorsorgepauschale zu beachten**). Bei den Rentenversicherungsbeiträgen gilt – abhängig vom Beschäftigungsort i. S. d. § 9 SGB IV – die allgemeine Beitragsbemessungsgrenze (BBG West) und die Beitragsbemessungsgrenze Ost (BBG Ost). Dies gilt auch bei einer Versicherung in der knappschaftlichen Rentenversicherung; deren besondere Beitragsbemessungsgrenze ist hier nicht maßgeblich. In Fällen, in denen die Verpflichtung besteht, Beiträge zur Alterssicherung an ausländische Sozialversicherungsträger abzuführen (Tz. 3), bestimmt sich die maßgebliche Beitragsbemessungsgrenze nach dem Ort der lohnsteuerlichen Betriebsstätte des Arbeitgebers (§ 41 Absatz 2 EStG). Die Gleitzone in der Sozialversicherung (Arbeitslöhne von 450,01 Euro bis 850 Euro) ist steuerlich unbeachtlich. Ebenfalls unbeachtlich ist die Verminderung der Beitragsbemessungsgrenzen beim Zusammentreffen mehrerer Versicherungsverhältnisse (§ 22 Absatz 2 SGB IV).

Die Bemessungsgrundlage für die Ermittlung der Vorsorgepauschale (Arbeitslohn) und für die Berechnung der Sozialabgaben (Arbeitsentgelt) kann unterschiedlich sein. Für die Berechnung der Vorsorgepauschale ist das sozialversicherungspflichtige Arbeitsentgelt nicht maßgeblich.

Beispiel:
Ein Arbeitnehmer mit einem Jahresarbeitslohn von 60 000 Euro wandelt im Jahr 2014 einen Betrag von 4 000 Euro bei einer Beitragsbemessungsgrenze in der allgemeinen Rentenversicherung von 71 400 Euro zugunsten einer betrieblichen Altersversorgung im Durchführungsweg Direktzusage um.

Bemessungsgrundlage für die Berechnung des Teilbetrags der Vorsorgepauschale für die Rentenversicherung ist der steuerpflichtige Arbeitslohn i. H. v. 56 000 Euro. Das sozialversicherungspflichtige Arbeitsentgelt beträgt hingegen 57 144 Euro, weil 4 % der Beitragsbemessungsgrenze (2 856 Euro) nicht als Arbeitsentgelt im Sinne der Sozialversicherung gelten (§ 14 Absatz 1 IV).

3. Teilbetrag für die Rentenversicherung (§ 39b Absatz 2 Satz 5 Nummer 3 Buchstabe a und Absatz 4 EStG)

Auf Grundlage des steuerlichen Arbeitslohns wird unabhängig von der Berechnung der tatsächlich abzuführenden Rentenversicherungsbeiträge typisierend ein Arbeitnehmeranteil für die Rentenversicherung eines pflichtversicherten Arbeitnehmers berechnet, wenn der Arbeitnehmer in der gesetzlichen Rentenversicherung pflichtversichert und ein Arbeitnehmeranteil zu entrichten ist. Das gilt auch bei der Versicherung in einer berufsständischen Versorgungseinrichtung bei Befreiung von der gesetzlichen Rentenversicherung (§ 6 Absatz 1 Nummer 1 SGB VI). Das Steuerrecht folgt insoweit der sozialversicherungsrechtlichen Beurteilung, so dass der Arbeitgeber hinsichtlich der maßgeblichen Vorsorgepauschale keinen zusätzlichen Ermittlungsaufwand anstellen muss, sondern auf die ihm insoweit bekannten Tatsachen bei der Abführung der Rentenversicherungsbeiträge – bezogen auf das jeweilige Dienstverhältnis – zurückgreifen kann.

Der Teilbetrag der Vorsorgepauschale für die Rentenversicherung gilt daher bezogen auf das jeweilige Dienstverhältnis beispielsweise nicht bei
– Beamten,
– beherrschenden Gesellschafter-Geschäftsführern einer GmbH,
– Vorstandsmitgliedern von Aktiengesellschaften (§ 1 Satz 3 SGB VI),
– weiterbeschäftigten Beziehern einer Vollrente wegen Alters oder vergleichbaren Pensionsempfängern, selbst wenn gemäß § 172

---
*) Abgedruckt als Anlage zu H 39b.7.
**) Die Beitragsbemessungsgrenze in der Rentenversicherung beträgt 2015 in den alten Bundesländern einschließlich West-Berlin 6050 € monatlich/72 600 € jährlich und in den neuen Bundesländern einschließlich Ost-Berlin 5200 € monatlich/62 400 € jährlich. Die Beitragsbemessungsgrenze in der Kranken- und Pflegeversicherung beträgt 2015 bundesweit 4125 € monatlich/49 500 € jährlich.

§ 39b EStG
R 39b.7

Absatz 1 SGB VI ein Arbeitgeberanteil zur gesetzlichen Rentenversicherung zu entrichten ist,
- Arbeitnehmern, die von ihrem Arbeitgeber nur Versorgungsbezüge i. S. d. § 19 Absatz 2 Satz 2 Nummer 2 EStG erhalten (Werkspensionäre),
- geringfügig beschäftigten Arbeitnehmern, bei denen die Lohnsteuer nach den individuellen Lohnsteuerabzugsmerkmalen erhoben wird und für die nur der pauschale Arbeitgeberbeitrag zur gesetzlichen Rentenversicherung entrichtet wird (Übergangsregelung und Befreiung von der Rentenversicherungspflicht),
- nach § 8 Absatz 1 Nummer 2 SGB IV geringfügig beschäftigten Arbeitnehmern (versicherungsfreie kurzfristige Beschäftigung), bei denen die Lohnsteuer nach den individuellen Lohnsteuerabzugsmerkmalen erhoben wird,
- anderen Arbeitnehmern, die nicht in der gesetzlichen Rentenversicherung pflichtversichert sind und deshalb auch keinen Arbeitnehmerbeitrag zur gesetzlichen Rentenversicherung zu leisten haben (z. B. als Praktikanten oder aus anderen Gründen),
- Arbeitnehmern, wenn der Arbeitgeber nach § 20 Absatz 3 Satz 1 SGB IV den Gesamtsozialversicherungsbeitrag allein trägt (u. a. Auszubildende mit einem Arbeitsentgelt von bis zu monatlich 325 Euro).

Bei Befreiung von der Versicherungspflicht in der gesetzlichen Rentenversicherung auf eigenen Antrag aufgrund einer der in R 3.62 Absatz 3 LStR genannten Vorschriften, ist der Teilbetrag für die Rentenversicherung nur in den Fällen des § 3 Nummer 62 Satz 2 Buchstabe b (gesetzliche Rentenversicherung) und c (berufsständische Versorgungseinrichtung) EStG, nicht jedoch in den Fällen des § 3 Nummer 62 Satz 2 Buchstabe a EStG (Lebensversicherung) anzusetzen.

In Fällen, in denen die Verpflichtung besteht, Beiträge zur Alterssicherung an ausländische Sozialversicherungsträger abzuführen, hat der Arbeitgeber bei der Berechnung der Vorsorgepauschale einen Teilbetrag für die Rentenversicherung nur zu berücksichtigen, wenn der abzuführende Beitrag – zumindest teilweise – einen Arbeitnehmeranteil enthält und dem Grunde nach zu einem Sonderausgabenabzug führen kann (§ 10 Absatz 1 Nummer 2 Buchstabe a EStG). Es ist nicht erforderlich, dass die Bundesrepublik Deutschland über das Gemeinschaftsrecht der Europäischen Union mit dem anderen Staat auf dem Gebiet der Sozialversicherung verbunden oder dass ein Sozialversicherungsabkommen mit dem anderen Staat geschlossen worden ist. Besteht Sozialversicherungspflicht im Inland und parallel im Ausland, bleiben im Lohnsteuerabzugsverfahren die Beiträge an den ausländischen Sozialversicherungsträger unberücksichtigt.

4. Teilbetrag für die gesetzliche Krankenversicherung (§ 39b Absatz 2 Satz 5 Nummer 3 Buchstabe b EStG)*)

Auf Grundlage des steuerlichen Arbeitslohns wird unabhängig von der Berechnung der tatsächlich abzuführenden Krankenversicherungsbeiträge typisierend ein Arbeitnehmeranteil für die Krankenversicherung eines pflichtversicherten Arbeitnehmers berechnet, wenn der Arbeitnehmer in der gesetzlichen Krankenversicherung pflichtversichert oder freiwillig versichert ist (z. B. bei höher verdienenden Arbeitnehmern). Der typisierte Arbeitnehmeranteil ist auch anzusetzen bei in der gesetzlichen Krankenversicherung versicherten Arbeitnehmern, die die anfallenden Krankenversicherungsbeiträge in voller Höhe allein tragen müssen (z. B. freiwillig versicherte Beamte, Empfänger von Versorgungsbezügen). Der entsprechende Teilbetrag ist jedoch nur zu berücksichtigen, wenn der Arbeitnehmer Beiträge zur inländischen gesetzlichen Krankenversicherung leistet; andernfalls ist für Kranken- und Pflegeversicherungsbeiträge immer die Mindestvorsorgepauschale (Tz. 7) anzusetzen. Besteht Sozialversicherungspflicht im Inland und parallel im Ausland, bleiben im Lohnsteuerabzugsverfahren die Beiträge an den ausländischen Sozialversicherungsträger unberücksichtigt. Den Arbeitnehmeranteil für die Versicherung in der gesetzlichen Krankenversicherung darf der Arbeitgeber nur ansetzen, wenn er von einer entsprechenden Versicherung Kenntnis hat (z. B. bei Zahlung eines steuerfreien Zuschusses oder nach Vorlage eines geeigneten Nachweises durch den Arbeitnehmer).

Beispiel:
Lediglich der Beihilfestelle, nicht jedoch der Besoldungsstelle ist bekannt, dass ein Beamter freiwillig gesetzlich krankenversichert ist.
Die Besoldungsstelle berücksichtigt beim Lohnsteuerabzug die Mindestvorsorgepauschale (Tz. 7).

Für geringfügig beschäftigte Arbeitnehmer (geringfügig entlohnte Beschäftigung sowie kurzfristige Beschäftigung), bei denen die Lohnsteuer nach den individuellen Lohnsteuerabzugsmerkmalen erhoben wird, ist kein Teilbetrag für die gesetzliche Krankenversicherung anzusetzen, wenn kein Arbeitnehmeranteil für die Krankenversicherung zu entrichten ist. Entsprechendes gilt für andere Arbeitnehmer, wenn kein Arbeitnehmeranteil zu entrichten ist; dies ist regelmäßig bei Schülern und Studenten der Fall. In den entsprechenden Fällen ist in den Lohnsteuerberechnungsprogrammen (siehe z.B. Bekanntmachung des BMF vom 20. Februar 2013, betreffend den geänderten Programmablaufplan für die maschinelle Berechnung der vom Arbeitslohn einzubehaltenden Lohnsteuer etc. für 2013, BStBl. I S. 221) unter dem Eingangsparameter „PKV" der Wert „1" einzugeben. Zum Ansatz der Mindestvorsorgepauschale vergleiche Tz. 7.

5. Teilbetrag für die soziale Pflegeversicherung (§ 39b Absatz 2 Satz 5 Nummer 3 Buchstabe c EStG)

Der Teilbetrag für die soziale Pflegeversicherung wird bei Arbeitnehmern angesetzt, die in der inländischen sozialen Pflegeversicherung versichert sind. Der Teilbetrag ist unter Berücksichtigung des Grundsatzes „Pflegeversicherung folgt Krankenversicherung" auch dann anzusetzen, wenn der Arbeitnehmer gesetzlich krankenversichert, jedoch privat pflegeversichert ist. Besteht Sozialversicherungspflicht im Inland und parallel im Ausland, bleiben im Lohnsteuerabzugsverfahren die Beiträge an den ausländischen Sozialversicherungsträger unberücksichtigt.

Länderspezifische Besonderheiten bei den Beitragssätzen sind zu berücksichtigen (höherer Arbeitnehmeranteil in Sachsen [zzt. 1,525 % statt 1,025 %]).**)

Der Beitragszuschlag für Arbeitnehmer ohne Kinder ist ebenfalls zu berücksichtigen (§ 55 Absatz 3 SGB XI [zzt. 0,25 %]).

6. Teilbetrag für die private Basiskranken- und Pflege-Pflichtversicherung (§ 39b Absatz 2 Satz 5 Nummer 3 Buchstabe d EStG)

Der Teilbetrag für die private Basiskranken- und Pflege-Pflichtversicherung wird bei Arbeitnehmern angesetzt, die nicht in der gesetzlichen Krankenversicherung und sozialen Pflegeversicherung versichert sind (z. B. privat versicherte Beamte, beherrschende Gesellschafter-Geschäftsführer und höher verdienende Arbeitnehmer).

---

*) Hinweise zum **einkommensbezogenen Zusatzbeitragssatzes** eines gesetzlich krankenversicherten Arbeitnehmers:
Maßgeblich ist der für den Arbeitnehmer bei der Beitragsberechnung zu berücksichtigende Zusatzbeitragssatz der Krankenkasse. Der durchschnittliche Zusatzbeitragssatz ist unmaßgeblich.
Bei der Berechnung der Lohnsteuer für sonstige Bezüge ist der am Ende des Kalendermonats des Zuflusses geltende Zusatzbeitragssatz maßgeblich (R 39b.6 LStR).
Bei der Nachforderung von Lohnsteuer nach R 41c.3 Absatz 2 LStR oder im Rahmen der Lohnsteuer-Außenprüfung nach Ablauf des Kalenderjahres mittels Jahreslohnsteuerberechnung ist der zuletzt im jeweiligen Kalenderjahr geltende Zusatzbeitragssatz maßgeblich.
Bei Entschädigungen im Sinne des § 24 Nummer 1 EStG, die nach § 39b Absatz 2 Satz 5 Nummer 3 Schlusssatz Halbsatz 1 EStG bei der Berechnung der Vorsorgepauschale außen vor bleiben, aber im Fall der regulären Besteuerung aus Vereinfachungsgründen nach R 39b.6 Absatz 5 Satz 2 LStR einbezogen werden können, ist der am Ende des Kalendermonats des Zuflusses geltende Zusatzbeitragssatz maßgeblich.
Bei der Berechnung des Durchschnittssteuersatzes nach § 40 Absatz 1 EStG i.V.m. R 40.1 LStR kann der Arbeitgeber aus Vereinfachungsgründen beim Teilbetrag der Vorsorgepauschale für die gesetzliche Krankenversicherung den durchschnittlichen Zusatzbeitragssatz nach § 242a SGB V zugrunde legen.
Bei bestimmten Personengruppen (vgl. § 242 Absatz 3 SGB V) ist bei der Beitragsberechnung der durchschnittliche Zusatzbeitragssatz nach § 242a SGB V maßgeblich; dies gilt für den Lohnsteuerabzug entsprechend.
Für bestimmte Übergangszeiträume kann es bei dem Lohnsteuerabzug unterliegenden Versorgungsbezügen zu Abweichungen zwischen dem von der Krankenkasse festgesetzten Zusatzbeitragssatz und dem tatsächlich vom Arbeitgeber anzuwendenden Zusatzbeitragssatz kommen (vgl. §§ 248, 322 SGB V). Hier ist der der Beitragsberechnung zugrunde liegende Zusatzbeitragssatz maßgeblich; der von der Krankenkasse (aktuell) festgesetzte Zusatzbeitragssatz ist unmaßgeblich.
Auf den Ausschlusstatbestand für den Lohnsteuer-Jahresausgleich nach einer unterjährigen Änderung des Zusatzbeitragssatzes wird hingewiesen (vgl. § 42b Absatz 1 Satz 3 Nummer 5 EStG).

**) 2015 beträgt der Arbeitnehmeranteil in Sachsen 1,675 % und der Arbeitgeberanteil 0,675 %.

In den Steuerklassen I bis V können die dem Arbeitgeber mitgeteilten privaten Basiskranken- und Pflege-Pflichtversicherungsbeiträge berücksichtigt werden (Tz. 6.1 und 6.2). Hiervon ist ein – unabhängig vom tatsächlich zu zahlenden Zuschuss – typisierend berechneter Arbeitgeberzuschuss abzuziehen, wenn der Arbeitgeber nach § 3 Nummer 62 EStG steuerfreie Zuschüsse zu einer privaten Kranken- und Pflegeversicherung des Arbeitnehmers zu leisten hat. Die Beitragsbemessungsgrenze und landesspezifische Besonderheiten bei der Verteilung des Beitragssatzes für die Pflegeversicherung auf Arbeitgeber und Arbeitnehmer (niedrigerer Arbeitgeberanteil in Sachsen [zzt. 0,525 % statt 1,025 %]) sind zu beachten.

6.1 Mitteilung der privaten Basiskranken- und Pflege-Pflichtversicherungsbeiträge durch den Arbeitnehmer

Es ist die Mindestvorsorgepauschale (Tz. 7) zu berücksichtigen, wenn der Arbeitnehmer dem Arbeitgeber die abziehbaren privaten Basiskranken- und Pflege-Pflichtversicherungsbeiträge nicht mitteilt (Beitragsbescheinigung des Versicherungsunternehmens). Die mitgeteilten Beiträge sind maßgebend, wenn sie höher sind als die Mindestvorsorgepauschale. Beitragsbescheinigungen ausländischer Versicherungsunternehmen darf der Arbeitgeber nicht berücksichtigen. Gesetzlich versicherte Arbeitnehmer können im Lohnsteuerabzugsverfahren keine Beiträge für eine private Basiskranken- und Pflege-Pflichtversicherung nachweisen; dies gilt auch hinsichtlich der Beiträge eines privat versicherten Ehegatten oder Lebenspartners des Arbeitnehmers (siehe unten).

Die mitgeteilten Beiträge privat versicherter Arbeitnehmer hat der Arbeitgeber im Rahmen des Lohnsteuerabzugs zu berücksichtigen. Einbezogen werden können Beiträge für die eigene private Basiskranken- und Pflege-Pflichtversicherung des Arbeitnehmers einschließlich der entsprechenden Beiträge für den mitversicherten, nicht dauernd getrennt lebenden, unbeschränkt einkommensteuerpflichtigen Ehegatten oder Lebenspartner und für mitversicherte Kinder, für die der Arbeitnehmer einen Anspruch auf einen Freibetrag für Kinder (§ 32 Absatz 6 EStG) oder auf Kindergeld hat. Über diesen Weg sind auch private Versicherungsbeiträge eines selbst versicherten, nicht dauernd getrennt lebenden, unbeschränkt einkommensteuerpflichtigen Ehegatten oder Lebenspartners des Arbeitnehmers zu berücksichtigen, sofern dieser keine Einkünfte i. S. d. § 2 Absatz 1 Nummer 1 bis 4 EStG (Einkünfte aus Land- und Forstwirtschaft, Gewerbebetrieb, selbständiger Arbeit und nichtselbständiger Arbeit) erzielt. Der Arbeitgeber hat nicht zu prüfen, ob die Voraussetzungen für die Berücksichtigung der Versicherungsbeiträge des selbst versicherten Ehegatten oder Lebenspartners bei der Vorsorgepauschale des Arbeitnehmers erfüllt sind. Eine ggf. erforderliche Korrektur bleibt einer Pflichtveranlagung (§ 46 Absatz 2 Nummer 3 EStG, Tz. 9) vorbehalten. Versicherungsbeiträge selbst versicherter Kinder sind nicht zu berücksichtigen.

Der Arbeitgeber kann die Beitragsbescheinigung oder die geänderte Beitragsbescheinigung entsprechend ihrer zeitlichen Gültigkeit beim Lohnsteuerabzug – auch rückwirkend – berücksichtigen. Bereits abgerechnete Lohnabrechnungszeiträume müssen nicht nachträglich geändert werden. Dies gilt nicht nur, wenn die Beiträge einer geänderten Beitragsbescheinigung rückwirkend höher sind, sondern auch im Falle niedrigerer Beiträge. Im Hinblick auf die Bescheinigungspflicht des Arbeitgebers nach § 41b Absatz 1 Satz 2 Nummer 15 EStG und die ggf. bestehende Veranlagungspflicht nach § 46 Absatz 2 Nummer 3 EStG (Tz. 9) ist keine Anzeige i. S. d. § 41c Absatz 4 EStG erforderlich.

Der Arbeitgeber hat folgende Beitragsbescheinigungen des Versicherungsunternehmens im Rahmen des Lohnsteuerabzugs zu berücksichtigen:

– eine bis zum 31. März des Kalenderjahres vorgelegte Beitragsbescheinigung über die voraussichtlichen privaten Basiskranken- und Pflege-Pflichtversicherungsbeiträge des Vorjahres,

– eine Beitragsbescheinigung über die voraussichtlichen privaten Basiskranken- und Pflege-Pflichtversicherungsbeiträge des laufen Kalenderjahres oder

– eine Beitragsbescheinigung über die nach § 10 Absatz 2a Satz 4 Nummer 2 EStG übermittelten Daten für das Vorjahr.

Eine dem Arbeitgeber vorliegende Beitragsbescheinigung ist auch im Rahmen des Lohnsteuerabzugs des Folgejahres (weiter) zu berücksichtigen, wenn keine neue Beitragsbescheinigung vorgelegt wird.

Sind die als Sonderausgaben abziehbaren privaten Kranken- und Pflege-Pflichtversicherungsbeiträge höher als die im Lohnsteuerabzugsverfahren berücksichtigten Beiträge, kann der Arbeitnehmer die tatsächlich gezahlten Beiträge bei der Veranlagung zur Einkommensteuer geltend machen. Sind die Beiträge niedriger, kommt eine Pflichtveranlagung in Betracht, wenn die entsprechenden Arbeitslohngrenzen überschritten sind (§ 46 Absatz 2 Nummer 3 EStG, Tz. 9).

6.2 Mitteilung der privaten Basiskranken- und Pflege-Pflichtversicherungsbeiträge mittels ELStAM (§ 39 Absatz 4 Nummer 4 i.V.m. § 52 Abs. 50g EStG)

Im Rahmen des ELStAM-Verfahrens (Elektronische LohnSteuerAbzugsMerkmale) wird das Mitteilungsverfahren (Tz. 6.1) abgelöst durch eine elektronische Bereitstellung der privaten Basiskranken- und Pflege-Pflichtversicherungsbeiträge (§ 39 Absatz 4 Nummer 4 EStG). Der Verfahrenseinsatz wird durch BMF-Schreiben mitgeteilt (§ 52 Absatz 50g EStG).

6.3 Bescheinigung der Beiträge des Arbeitnehmers zur gesetzlichen Krankenversicherung und zur sozialen Pflegeversicherung (§ 41b Absatz 1 Satz 2 Nummer 13 EStG)

Unter Nummer 25 und 26 der Lohnsteuerbescheinigung (siehe z. B. BMF-Schreiben vom 28. August 2013, BStBl. I Seite 1132*)) sind Beiträge des Arbeitnehmers zur inländischen gesetzlichen Krankenversicherung und zur inländischen sozialen Pflegeversicherung zu bescheinigen. Beiträge an ausländische Sozialversicherungsträger sind nicht zu bescheinigen.

7. Mindestvorsorgepauschale für Kranken- und Pflegeversicherungsbeiträge (§ 39b Absatz 2 Satz 5 Nummer 3 dritter Teilsatz EStG)

Die Mindestvorsorgepauschale (§ 39b Absatz 2 Satz 5 Nummer 3 dritter Teilsatz EStG) in Höhe von 12 % des Arbeitslohns mit einem Höchstbetrag von jährlich 1 900 Euro (in Steuerklasse III 3 000 Euro) ist anzusetzen, wenn sie höher ist als die Summe der Teilbeträge für die gesetzliche Krankenversicherung (Tz. 4) und die soziale Pflegeversicherung (Tz. 5) oder die private Basiskranken- und Pflege-Pflichtversicherung (Tz. 6). Die Mindestvorsorgepauschale ist auch dann anzusetzen, wenn für den entsprechenden Arbeitslohn kein Arbeitnehmeranteil zur inländischen gesetzlichen Kranken- und sozialen Pflegeversicherung zu entrichten ist (z. B. bei geringfügig beschäftigten Arbeitnehmern, deren Arbeitslohn nicht nach § 40a EStG pauschaliert wird, und bei Arbeitnehmern, die Beiträge zu einer ausländischen Kranken- und Pflegeversicherung leisten). Die Mindestvorsorgepauschale ist in allen Steuerklassen zu berücksichtigen.

Neben der Mindestvorsorgepauschale wird der Teilbetrag der Vorsorgepauschale für die Rentenversicherung berücksichtigt, wenn eine Pflichtversicherung in der gesetzlichen Rentenversicherung oder wegen der Versicherung in einer berufsständischen Versorgungseinrichtung eine Befreiung von der gesetzlichen Rentenversicherungspflicht vorliegt (Tz. 3).

8. Lohnsteuer-Jahresausgleich durch den Arbeitgeber (§ 42b Absatz 1 Satz 3 Nummer 5 und § 39b Absatz 2 Satz 12 EStG)

Über die in § 42b Absatz 1 Satz 3 Nummer 5 EStG genannten Ausschlusstatbestände hinaus ist ein Lohnsteuer-Jahresausgleich durch den Arbeitgeber auch dann ausgeschlossen, wenn – bezogen auf den Teilbetrag der Vorsorgepauschale für die Rentenversicherung – der Arbeitnehmer innerhalb des Kalenderjahres nicht durchgängig zum Anwendungsbereich nur einer Beitragsbemessungsgrenze (West oder Ost) gehörte oder wenn – bezogen auf den Teilbetrag der Vorsorgepauschale für die Rentenversicherung oder die gesetzliche Kranken- und soziale Pflegeversicherung – innerhalb des Kalenderjahres nicht durchgängig ein Beitragssatz anzuwenden war. Für den permanenten Lohnsteuer-Jahresausgleich (§ 39b Absatz 2 Satz 12 EStG) gilt dies entsprechend.

---
*) Jetzt BMF-Schreiben vom 15.9.2014, BStBl. I S. 1244, das als Anlage 1 zu H 41b.1 LStR abgedruckt ist.

§ 39b EStG
R 39b.8, 39b.9

9. Pflichtveranlagungstatbestand (§ 46 Absatz 2 Nummer 3 EStG)

Es besteht eine Pflicht zur Veranlagung zur Einkommensteuer, wenn bei einem Steuerpflichtigen die Summe der beim Lohnsteuerabzug berücksichtigten Teilbeträge der Vorsorgepauschale für die gesetzliche und private Kranken- und Pflegeversicherung höher ist als die bei der Veranlagung als Sonderausgaben abziehbaren Vorsorgeaufwendungen nach § 10 Absatz 1 Nummer 3 und 3a in Verbindung mit Absatz 4 EStG und die entsprechenden Arbeitslohngrenzen überschritten werden.

Dies gilt auch, wenn die beim Lohnsteuerabzug berücksichtigte Mindestvorsorgepauschale (Tz. 7) höher ist als die bei der Veranlagung zur Einkommensteuer als Sonderausgaben abziehbaren Vorsorgeaufwendungen.

10. Lohnsteuertabellen zur manuellen Berechnung der Lohnsteuer (§ 51 Absatz 4 Nummer 1a EStG)

Aus Vereinfachungsgründen wird bei der Erstellung der Lohnsteuertabellen – bezogen auf die Berücksichtigung der Vorsorgepauschale – der Beitragszuschlag für Kinderlose (§ 55 Absatz 3 SGB XI) nicht berücksichtigt (siehe z.B. Bekanntmachung des BMF vom 20. Februar 2013, betreffend den geänderten Programmablaufplan für die Erstellung von Lohnsteuertabellen 2013, BStBl. I Seite 221). Die länderspezifische Besonderheit bei der sozialen Pflegeversicherung (Tz. 5, höherer Arbeitnehmeranteil in Sachsen [zzt. 1,525 % statt 1,025 %]) ist jedoch bei der Erstellung von Lohnsteuertabellen zu beachten. Es bestehen keine Bedenken, wenn die Lohnsteuer mittels einer Lohnsteuertabelle berechnet wird, die die Besonderheit nicht berücksichtigt, wenn der Arbeitnehmer einer entsprechenden Lohnsteuerberechnung nicht widerspricht.

Bei geringfügig beschäftigten Arbeitnehmern (geringfügig entlohnte Beschäftigung sowie kurzfristige Beschäftigung), bei denen die Lohnsteuer nach den individuellen Lohnsteuerabzugsmerkmalen erhoben wird und der Arbeitnehmer keinen eigenen Beitrag zur Rentenversicherung und Kranken-/Pflegeversicherung zahlt, ist die Lohnsteuer mit der „Besonderen Lohnsteuertabelle" zu berechnen (siehe z.B. Bekanntmachung des BMF vom 20. Februar 2013, a.a.O.).

11. Pauschalierung der Lohnsteuer in besonderen Fällen (§ 40 Absatz 1 EStG)

Bei der Berechnung des durchschnittlichen Steuersatzes kann aus Vereinfachungsgründen davon ausgegangen werden, dass die betroffenen Arbeitnehmer in allen Zweigen der Sozialversicherung versichert sind und keinen Beitragszuschlag für Kinderlose (§ 55 Absatz 3 SGB VI) leisten. Die individuellen Verhältnisse aufgrund des Faktorverfahrens nach § 39f EStG bleiben unberücksichtigt.

12. Anwendungsregelung

Die Regelungen dieses Schreibens sind spätestens ab Veröffentlichung im Bundessteuerblatt Teil I zu beachten.

Das BMF-Schreiben vom 22. Oktober 2010 – IV C 5 – S 2367/09/10002, DOK 2010/0801807 – (BStBl. I Seite 1254) wird hiermit aufgehoben.

R 39b.8
Permanenter Lohnsteuer-Jahresausgleich

¹Nach § 39b Abs. 2 Satz 12 EStG darf das Betriebsstättenfinanzamt zulassen, dass die Lohnsteuer nach dem voraussichtlichen Jahresarbeitslohn ermittelt wird (so genannter permanenter Lohnsteuer-Jahresausgleich). ²Voraussetzung für den permanenten Lohnsteuer-Jahresausgleich ist, dass

1. der Arbeitnehmer unbeschränkt einkommensteuerpflichtig ist,
2. der Arbeitnehmer seit Beginn des Kalenderjahres ständig in einem Dienstverhältnis gestanden hat,
3. die zutreffende Jahreslohnsteuer (>§ 38a Abs. 2 EStG) nicht unterschritten wird,
4. bei der Lohnsteuerberechnung kein Freibetrag oder Hinzurechnungsbetrag zu berücksichtigen war,
5. das Faktorverfahren nicht angewandt wurde,
6. der Arbeitnehmer kein Kurzarbeitergeld einschl. Saison-Kurzarbeitergeld, keinen Zuschuss zum Mutterschaftsgeld nach dem Mutterschutzgesetz oder § 3 der Mutterschutz- und Elternzeitverordnung oder einer entsprechenden Landesregelung, keine Entschädigung für Verdienstausfall nach dem Infektionsschutzgesetz, keine Aufstockungsbeträge nach dem AltTZG und keine Zuschläge aufgrund § 6 Abs. 2 des Bundesbesoldungsgesetzes (BBesG) bezogen hat,
7. im Lohnkonto oder in der Lohnsteuerbescheinigung kein Großbuchstabe U eingetragen ist,
8. im Kalenderjahr im Rahmen der Vorsorgepauschale jeweils nicht nur zeitweise Beträge nach § 39b Abs. 2 Satz 5 Nr. 3 Buchstabe a bis d EStG oder der Beitragszuschlag nach § 39b Abs. 2 Satz 5 Nr. 3 Buchstabe c EStG berücksichtigt wurden und – bezogen auf den Teilbetrag der Vorsorgepauschale für die Rentenversicherung – der Arbeitnehmer innerhalb des Kalenderjahres durchgängig zum Anwendungsbereich nur einer Beitragsbemessungsgrenze (West oder Ost) gehörte und – bezogen auf den Teilbetrag der Vorsorgepauschale für die Rentenversicherung oder die gesetzliche Kranken- und soziale Pflegeversicherung – innerhalb des Kalenderjahres durchgängig ein Beitragssatz anzuwenden war,
9. der Arbeitnehmer keinen Arbeitslohn bezogen hat, der nach einem Doppelbesteuerungsabkommen oder nach dem Auslandstätigkeitserlass von der deutschen Lohnsteuer freigestellt ist.

³Auf die Steuerklasse des Arbeitnehmers kommt es nicht an. ⁴Sind die in Satz 2 bezeichneten Voraussetzungen erfüllt, gilt die Genehmigung des Betriebsstättenfinanzamts grundsätzlich als erteilt, wenn sie nicht im Einzelfall widerrufen wird. ⁵Die besondere Lohnsteuerermittlung nach dem voraussichtlichen Jahresarbeitslohn beschränkt sich im Übrigen auf den laufenden Arbeitslohn; für die Lohnsteuerermittlung von sonstigen Bezügen ist stets § 39b Abs. 3 EStG und R 39b.6 anzuwenden. ⁶Zur Anwendung des besonderen Verfahrens ist nach Ablauf eines jeden Lohnzahlungszeitraums oder – in den Fällen des § 39b Abs. 5 EStG – Lohnabrechnungszeitraums der laufende Arbeitslohn der abgelaufenen Lohnzahlungs- oder Lohnabrechnungszeiträume auf einen Jahresbetrag hochzurechnen, z. B. der laufende Arbeitslohn für die Monate Januar bis April × 3. ⁷Von dem Jahresbetrag sind die Freibeträge für Versorgungsbezüge (>§ 19 Abs. 2 EStG), und der Altersentlastungsbetrag (>§ 24a EStG) abzuziehen, wenn die Voraussetzungen für den Abzug jeweils erfüllt sind. ⁸Für den verbleibenden Jahreslohn ist die Jahreslohnsteuer zu ermitteln. ⁹Dabei ist die für den Lohnzahlungszeitraum geltende Steuerklasse maßgebend. ¹⁰Sodann ist der Teilbetrag der Jahreslohnsteuer zu ermitteln, der auf die abgelaufenen Lohnzahlungs- oder Lohnabrechnungszeiträume entfällt. ¹¹Von diesem Steuerbetrag ist die Lohnsteuer abzuziehen, die von dem laufenden Arbeitslohn der abgelaufenen Lohnzahlungs- oder Lohnabrechnungszeiträume bereits erhoben worden ist; der Restbetrag ist die Lohnsteuer, die für den zuletzt abgelaufenen Lohnzahlungs- oder Lohnabrechnungszeitraum zu erheben ist. ¹²In den Fällen, in denen die maßgebende Steuerklasse während des Kalenderjahres gewechselt hat, ist anstelle der Lohnsteuer, die vom laufenden Arbeitslohn der abgelaufenen Lohnzahlungs- oder Lohnabrechnungszeiträume erhoben worden ist, die Lohnsteuer abzuziehen, die nach der zuletzt maßgebenden Steuerklasse vom laufenden Arbeitslohn bis zum vorletzten abgelaufenen Lohnzahlungs- oder Lohnabrechnungszeitraum zu erheben gewesen wäre.

R 39b.9
Besteuerung des Nettolohns

(1) ¹Will der Arbeitgeber aufgrund einer Nettolohnvereinbarung die auf den Arbeitslohn entfallende Lohnsteuer, den Solidaritätszuschlag, die Kirchensteuer und den Arbeitnehmeranteil am Gesamtsozialversicherungsbeitrag selbst tragen, sind die von ihm übernommenen Abzugsbeträge Teile des Arbeitslohns, die dem Nettolohn zur Steuerermittlung hinzugerechnet werden müssen. ²Die Lohnsteuer ist aus dem Bruttoarbeitslohn zu berechnen, der nach Minderung um die übernommenen Abzugsbeträge den Netto-

lohn ergibt. ³Dies gilt sinngemäß, wenn der Arbeitgeber nicht alle Abzugsbeträge übernehmen will. ⁴Ein beim Lohnsteuerabzug zu berücksichtigender Freibetrag, die Freibeträge für Versorgungsbezüge, der Altersentlastungsbeitrag und ein Hinzurechnungsbetrag sind beim Bruttoarbeitslohn zu berücksichtigen. ⁵Führen mehrere Bruttoarbeitslöhne zum gewünschten Nettolohn, kann der niedrigste Bruttoarbeitslohn zugrunde gelegt werden.

(2) ¹Sonstige Bezüge, die netto gezahlt werden, z. B. Nettogratifikationen, sind nach § 39b Abs. 3 EStG zu besteuern. ²R 39b.6 ist mit der Maßgabe anzuwenden, dass bei der Ermittlung des maßgebenden Jahresarbeitslohns der voraussichtliche laufende Arbeitslohn und frühere, netto gezahlte sonstige Bezüge mit den entsprechenden Bruttobeträgen nach Absatz 1 anzusetzen sind. ³Diese Bruttobeträge sind auch bei späterer Zahlung sonstiger Bezüge im selben Kalenderjahr bei der Ermittlung des maßgebenden Jahresarbeitslohns zugrunde zu legen.

(3) Bei der manuellen Berechnung der Lohnsteuer anhand von Lohnsteuertabellen wird eine Nettolohnvereinbarung mit steuerlicher Wirkung nur anerkannt, wenn sich gegenüber der maschinellen Lohnsteuerberechnung keine Abweichungen ergeben. ²Geringfügige Abweichungen aufgrund des Lohnstufenabstands (§ 51 Abs. 4 Nr. 1a EStG) sind hier jedoch unbeachtlich.

(4) Im Lohnkonto und in den Lohnsteuerbescheinigungen sind die nach den Absätzen 1 und 2 ermittelten Bruttoarbeitslöhne anzugeben.

H 39b.9
Hinweise zu R 39b.9
Besteuerung des Nettolohns

Anerkennung einer Nettolohnvereinbarung

Eine Nettolohnvereinbarung mit steuerlicher Wirkung kann nur bei einwandfreier Gestaltung anerkannt werden (>BFH vom 18.1.1957 – BStBl. III S. 116, vom 18.5.1972 – BStBl. II S. 816, vom 12.12.1979 – BStBl. 1980 II S. 257 und vom 28.2.1992 – BStBl. II S. 733).

Finanzrechtsweg bei Nettolohnvereinbarung

Bei einer Nettolohnvereinbarung ist für Streitigkeiten über die Höhe des in der Lohnsteuerbescheinigung auszuweisenden Bruttoarbeitslohns der Finanzrechtsweg nicht gegeben. Ein unzutreffender Lohnsteuerabzug kann durch Einwendungen gegen die Lohnsteuerbescheinigung nicht berichtigt werden (>BFH vom 13.12.2007 – BStBl. II S. 434).

Steuerschuldner bei Nettolohnvereinbarung

bleibt der Arbeitnehmer (>BFH vom 19.12.1960 – BStBl. 1961 III S. 170)

R 39b.10
Anwendung von Doppelbesteuerungsabkommen

¹Ist die Steuerbefreiung nach einem Doppelbesteuerungsabkommen antragsunabhängig, hat das Betriebsstättenfinanzamt gleichwohl auf Antrag eine Freistellungsbescheinigung zu erteilen. ²Das Finanzamt hat in der Bescheinigung den Zeitraum anzugeben, für den sie gilt. ³Dieser Zeitraum darf grundsätzlich drei Jahre nicht überschreiten und soll mit Ablauf eines Kalenderjahres enden. ⁴Die Bescheinigung ist vom Arbeitgeber als Beleg zum Lohnkonto aufzubewahren. ⁵Der Verzicht auf den Lohnsteuerabzug schließt die Berücksichtigung des Progressionsvorbehalts (>§ 32b EStG) bei einer Veranlagung des Arbeitnehmers zur Einkommensteuer nicht aus. ⁶Die Nachweispflicht nach § 50d Abs. 8 EStG betrifft nicht das Lohnsteuerabzugsverfahren.

H 39b.10
Hinweise zu R 39b.10
Anwendung von Doppelbesteuerungsabkommen

Antragsabhängige Steuerbefreiung nach DBA

Der Lohnsteuerabzug darf nur dann unterbleiben, wenn das Betriebsstättenfinanzamt bescheinigt, dass der Arbeitslohn nicht der deutschen Lohnsteuer unterliegt (>BFH vom 10.5.1989 – BStBl. II S. 755).

Anwendung der 183-Tage-Klausel

>BMF vom 12.11.2014 (BStBl. I S. 1467)*)

Doppelbesteuerungsabkommen

Stand 1.1.2014 >BMF vom 22.1.2014 (BStBl. I S. 171)**)

EU-Tagegeld

>BMF vom 12.4.2006 (BStBl. I S. 340)***)

Gastlehrkräfte

>BMF vom 10.1.1994 (BStBl. I S. 14)****)

Organe einer Kapitalgesellschaft

>BMF vom 12.11.2014 (BStBl. I S. 1467)*)

Rückfallklausel

Die Rückfallklausel nach § 50d Abs. 8 EStG gilt nicht für das Lohnsteuerabzugsverfahren und die Fälle des Auslandstätigkeitserlasses (>BMF vom 21.7.2005 – BStBl. I S. 821)*****).

Steuerabzugsrecht trotz DBA

Nach Art. 29 Abs. 1 DBA-USA wird das deutsche Recht zur Vornahme des Lohnsteuerabzugs nach innerstaatlichem Recht nicht berührt. Gemäß Art. 29 Abs. 2 DBA-USA ist die im Abzugsweg erhobene Steuer auf Antrag zu erstatten (>H 41c.1 Erstattungsantrag), soweit das DBA-USA ihre Erhebung einschränkt. Daher kann der Arbeitgeber ohne eine Freistellungsbescheinigung des Betriebsstättenfinanzamts nicht vom Steuereinbehalt absehen. Das gilt entsprechend für alle anderen DBA, die vergleichbare Regelungen enthalten (>BMF vom 25.6.2012 – BStBl. I S. 692).

Anlage 1
zu H 39b.10

Stand der Doppelbesteuerungsabkommen und anderer Abkommen im Steuerbereich sowie der Abkommensverhandlungen am 1. Januar 2014

BMF-Schreiben vom 22.1.2014 (BStBl. I S. 171)

Hiermit übersende ich eine Übersicht über den gegenwärtigen Stand der Doppelbesteuerungsabkommen (DBA) und anderer Abkommen im Steuerbereich sowie der Abkommensverhandlungen.

Wie die Übersicht zeigt, werden verschiedene der angeführten Abkommen nach ihrem Inkrafttreten rückwirkend anzuwenden sein. In geeigneten Fällen sind Steuerfestsetzungen vorläufig durchzuführen, wenn ungewiss ist, wann ein unterzeichnetes Abkommen in Kraft treten wird, das sich zugunsten des Steuerschuldners auswirken wird. Umfang und Grund der Vorläufigkeit sind im Bescheid anzugeben. Ob bei vorläufiger Steuerfestsetzung der Inhalt eines unterzeichneten Abkommens bereits berücksichtigt werden soll, ist nach den Gegebenheiten des einzelnen Falles zwischen BMF und Ländern abgestimmt zu entscheiden.

---

*) Abgedruckt als Anlage 2 zu H 39b.10 LStR.
**) Abgedruckt als Anlage 1 zu H 39b.10 LStR.
***) Abgedruckt als Anlage 4 zu H 39b.10 LStR.
****) Abgedruckt als Anlage 3 zu H 39b.10 LStR.
*****) Abgedruckt als Anlage 7 zu H 39b.10 LStR.

§ 39b EStG
R 39b.10

Zur Rechtslage nach dem **Zerfall der Sozialistischen Föderativen Republik Jugoslawien (SFRJ)** ist auf Folgendes hinzuweisen:

Vereinbarungen über die Fortgeltung des DBA mit der SFRJ vom 26. März 1987 wurden geschlossen mit:

- Republik Bosnien und Herzegowina (BGBl. 1992 II S. 1196),
- Republik Serbien (Namensänderung; ehem. Bundesrepublik Jugoslawien BGBl. 1997 II S. 961),
- Republik Kosovo (BGBl. 2011 II S. 748) und
- Montenegro (BGBl. 2011 II S. 745).

Zur Rechtslage nach dem **Zerfall der Sowjetunion** ist auf Folgendes hinzuweisen:

Vereinbarungen über die Fortgeltung des DBA mit der UdSSR vom 24. November 1981 wurden geschlossen mit:

- Republik Armenien (BGBl. 1993 II S. 169),
- Republik Moldau (BGBl. 1996 II S. 768) und
- Turkmenistan (Bericht der Botschaft Aschgabat vom 11. August 1999 – Nr. 377/99).

Zur Rechtslage nach der **Teilung der Tschechoslowakei** ist auf Folgendes hinzuweisen:

Vereinbarungen über die Fortgeltung des DBA mit der Tschechoslowakischen Sozialistischen Republik vom 19. Dezember 1980 wurden mit der Slowakischen Republik und mit der Tschechischen Republik getroffen (BGBl. 1993 II S. 762).

Hongkong wurde mit Wirkung ab 1. Juli 1997 ein besonderer Teil der VR China (Hongkong Special Administrative Region). Das allgemeine Steuerrecht der VR China gilt dort nicht. Damit ist das zwischen der Bundesrepublik Deutschland und der VR China abgeschlossene DBA vom 10. Juni 1985 in Hongkong nicht anwendbar. Eine Einbeziehung Hongkongs in den Geltungsbereich des DBA China ist nicht angestrebt. Vorgenannte Ausführungen zu Hongkong (außer Luftfahrtunternehmen) gelten in entsprechender Weise auch für **Macau** nach dessen Übergabe am 20. Dezember 1999 an die VR China (Macau Special Administrative Region).

Aufgrund des besonderen völkerrechtlichen Status von **Taiwan** wurde ein Steuerabkommen nur von den Leitern des Deutschen Instituts in Taipeh und der Taipeh Vertretung in der Bundesrepublik Deutschland unterzeichnet. Das Gesetz vom 2. Oktober 2012 zum diesbezüglichen Abkommen vom 19. und 28. Dezember 2011 zwischen dem Deutschen Institut in Taipeh und der Taipeh Vertretung in der Bundesrepublik Deutschland zur Vermeidung der Doppelbesteuerung und zur Verhinderung der Steuerverkürzung hinsichtlich der Steuern vom Einkommen und vom Vermögen ist veröffentlicht (BGBl. 2012 I S. 2079; BStBl. 2013 I S. 20). Das Abkommen ist am 7. Dezember 2012 in Kraft getreten (BGBl. 2012 I S. 2461; BStBl. 2013 I S. 33) und damit grundsätzlich ab 1. Januar 2013 anzuwenden.

Hinsichtlich der Abkommen auf dem Gebiet der **Kraftfahrzeugsteuer** ist zur Rechtslage nach dem Zerfall der Sowjetunion auf Folgendes hinzuweisen:

Das Abkommen mit der UdSSR vom 21. Februar 1980 ist im Verhältnis zu den Nachfolgestaaten der UdSSR sowie zu Estland, Lettland und Litauen anzuwenden, bis mit diesen Staaten eine Neuregelung vereinbart wird. Voraussetzung ist, dass die genannten Staaten die im Abkommen vereinbarte Befreiung für deutsche Fahrzeuge gewähren. Diese Gegenseitigkeit muss auch hinsichtlich neuer Abgaben gewährleistet sein, die anstelle der UdSSR-Straßengebühr oder daneben eingeführt worden sind oder eingeführt werden, sofern sie mit der Kraftfahrzeugsteuer vergleichbar sind (siehe Ländererlasse).

§ 39b EStG
R 39b.10

Anlage

Stand der Doppelbesteuerungsabkommen und anderer Abkommen im Steuerbereich
1. Januar 2014

I. Geltende Abkommen

Abkommen mit	vom	Fundstelle BGBl. II Jg.	S.	BStBl. I Jg.	S.	Inkrafttreten BGBl. II Jg.	S.	BStBl. I Jg.	S.	Anwendung grundsätzlich ab
1. Abkommen auf dem Gebiet der Steuern vom Einkommen und vom Vermögen										
Ägypten	08.12.1987	1990	278	1990	280	1991	1042	1992	7	01.01.1992
Albanien	06.04.2010	2011	1186	2012	292	2012	145	2012	305	01.01.2012
Algerien	12.11.2007	2008	1188	2009	382	2009	136	2009	396	01.01.2009
Argentinien	13.07.1978/	1979	585	1979	326	1979	1332	1980	51	01.01.1976
	16.09.1996	1998	18	1998	187	2001	694	2001	540	01.01.1996
Armenien (DBA mit UdSSR gilt fort, BGBl. 1993 II S. 169)	24.11.1981	1983	2	1983	90	1983	427	1983	352	01.01.1980
Aserbaidschan	25.08.2004	2005	1146	2006	291	2006	120	2006	304:1	01.01.2006
Australien	24.11.1972	1974	337	1974	423	1975	216	1975	386	01.01.1971
Bangladesch[1])	29.05.1990	1991	1410	1992	34	1993	847	1993	466	01.01.1990
Belarus (Weißrussland)	30.09.2005	2006	1042	2007	276	2007	287	2007	290	01.01.2007
Belgien	11.04.1967/	1969	17	1969	38	1969	1465	1969	468	01.01.1966
	05.11.2002	2003	1615	2005	346	2003	1744	2005	348	01.01.2004
Bolivien	30.09.1992	1994	1086	1994	575	1995	907	1995	758	01.01.1991
Bosnien und Herzegowina (DBA mit SFR Jugoslawien gilt fort, BGBl. 1992 II S. 1196)	26.03.1987	1988	744	1988	372	1988	1179	1989	35	01.01.1989
Bulgarien	02.06.1987/	1988	770	1988	389	1988	1179	1989	34	01.01.1989
	25.01.2010	2010	1286	2011	543	2011	584	2011	558	01.01.2011
China (ohne Hongkong und Macau)	10.06.1985	1986	446	1986	329	1986	731	1986	339	01.01.1985
Côte d'Ivoire	03.07.1979	1982	153	1982	357	1982	637	1982	628	01.01.1982
Dänemark	22.11.1995	1996	2565	1996	1219	1997	728	1997	624	01.01.1997
Ecuador	07.12.1982	1984	466	1984	339	1986	781	1986	358	01.01.1987
Estland	29.11.1996	1998	547	1998	543	1999	84	1999	269	01.01.1994
Finnland	05.07.1979	1981	1164	1982	201	1982	577	1982	587	01.01.1981
Frankreich	21.07.1959/	1961	397	1961	342	1961	1659	1961	712	01.01.1957
	09.06.1969/	1970	717	1970	900	1970	1189	1970	1072	01.01.1968
	28.09.1989/	1990	770	1990	413	1991	387	1991	93	01.01.1990
	20.12.2001	2002	2370	2002	891	2003	542	2003	383	01.01.2002
Georgien	01.06.2006	2007	1034	2008	482	2008	521	2008	494	01.01.2008
Ghana	12.08.2004	2006	1018	2008	467	2008	51	2008	481	01.01.2008
Griechenland	18.04.1966	1967	852	1967	50	1968	30	1968	296	01.01.1964
Indien	19.06.1995	1996	706	1996	599	1997	751	1997	363	01.01.1997
Indonesien	30.10.1990	1991	1086	1991	1001	1991	1401	1992	186	01.01.1992
Iran, Islamische Republik	20.12.1968	1969	2133	1970	768	1969 1970	2288 282	1970	777	01.01.1970
Irland	17.10.1962/	1964	266	1964	266	1964	632	1964	266	01.01.1959
	25.05.2010/	2011	250	2012	14	2011	741	2012	16	01.01.2011
	30.03.2011	2011	1042	2013	417	2013	332	2013	487	01.01.2013
Island	18.03.1971	1973	357	1973	504	1973	1567	1973	730	01.01.1968
Israel	09.07.1962/	1966	329	1966	700	1966	767	1966	946	01.01.1961
	20.07.1977	1979	181	1979	124	1979	1031	1979	603	01.01.1970
Italien	18.10.1989	1990	742	1990	396	1993	59	1993	172	01.01.1993
Jamaika	08.10.1974	1976	1194	1976	407	1976	1703	1976	632	01.01.1973
Japan	22.04.1966/	1967	871	1967	58	1967	2028	1967	336	01.01.1967
	17.04.1979/	1980	1182	1980	649	1980	1426	1980	772	01.01.1977
	17.02.1983	1984	194	1984	216	1984	567	1984	388	01.01.1981
Jersey (begrenztes DBA)	04.07.2008	2009	589	2010	174	2010	38	2010	178	01.01.2010
Kanada	19.04.2001	2002	671	2002	505	2002	962	2002	521	01.01.2001
Kasachstan	26.11.1997	1998	1592	1998	1029	1999	86	1999	269	01.01.1996

395

§ 39b EStG
R 39b.10

Abkommen		Fundstelle				Inkrafttreten				Anwendung grundsätzlich ab
		BGBl. II		BStBl. I		BGBl. II		BStBl. I		
mit	vom	Jg.	S.	Jg.	S.	Jg.	S.	Jg.	S.	
Kenia	17.05.1977	1979	606	1979	337	1980	1357	1980	792	01.01.1980
Kirgisistan	01.12.2005	2006	1066	2007	233	2007	214	2007	246	01.01.2007
Korea, Republik	10.03.2000	2002	1630	2003	24	2002	2855	2003	36	01.01.2003
Kosovo (DBA mit SFR Jugoslawien gilt fort, BGBl. 2011 II S. 748)	26.03.1987	1988	744	1988	372	1988	1179	1989	35	01.01.1989
Kroatien	06.02.2006	2006	1112	2007	246	2007	213	2007	259	01.01.2007
Kuwait	04.12.1987/	1989	354	1989	150	1989	637	1989	268	01.01.84 – 31.12.97
	18.05.1999	2000	390	2000	439	2000	1156	2000	1383	01.01.1998
Lettland	21.02.1997	1998	330	1998	531	1998	2630	1998	1219	01.01.1996
Liberia	25.11.1970	1973	1285	1973	615	1975	916	1975	943	01.01.1970
Liechtenstein	17.11.2011	2012	1462	2013	488	2013	332	2013	507	01.01.2013
Litauen	22.07.1997	1998	1571	1998	1016	1998	2962	1999	121	01.01.1995
Luxemburg	23.08.1958/	1959	1269	1959	1022	1960	1532	1960	398	01.01.1957
	15.06.1973/	1978	109	1978	72	1978	1396	1979	83	01.01.1971
	11.12.2009/	2010	1150	2011	837	2011	713	2011	837	01.01.2010
	23.04.2012	2012	1403							01.01.2014
Malaysia	08.04.1977/	1978	925	1978	324	1979	288	1979	196	01.01.1971
	23.02.2010	2010	1310	2011	329	2011	464	2011	344	01.01.2011
Malta	08.03.2001/	2001	1297	2002	76	2002	320	2002	240	01.01.2002
	17.06.2010	2011	275	2011	742	2011	640	2011	745	01.01.2012
Marokko	07.06.1972	1974	21	1974	59	1974	1325	1974	1009	01.01.1974
Mauritius	15.03.1978/	1980	1261	1980	667	1981	8	1981	34	01.01.1979
	07.10.2011	2011	1050	2013	388	2013	331	2013	402	01.01.2013
Mazedonien	13.07.2006	2010	1153	2011	313	2011	462	2011	327	01.01.2011
Mexiko	23.02.1993	1993	1966	1993	964	1994	617	1994	310	01.01.1994
	09.07.2008	2009	746			2010	62			01.01.2010
Moldau, Republik (DBA mit UdSSR gilt fort, BGBl. 1996 II S. 768)	24.11.1981	1983	2	1983	90	1983	427	1983	352	01.01.1980
Mongolei	22.08.1994	1995	818	1995	607	1996	1220	1996	1135	01.01.1997
Montenegro (DBA mit SFR Jugoslawien gilt fort, BGBl. 2011 II S.745)	26.03.1987	1988	744	1988	372	1988	1179	1989	35	01.01.1989
Namibia	02.12.1993	1994	1262	1994	673	1995	770	1995	678	01.01.1993
Neuseeland	20.10.1978	1980	1222	1980	654	1980	1485	1980	787	01.01.1978
Niederlande	16.06.1959/	1960	1781	1960	381	1960	2216	1960	626	01.01.1956
	13.03.1980/	1980	1150	1980	646	1980	1486	1980	787	01.01.1979
	21.05.1991/	1991	1428	1992	94	1992	170	1992	382	21.02.1992
	04.06.2004	2004	1653	2005	364	2005	101	2005	368	01.01.2005
Norwegen	04.10.1991	1993	970	1993	655	1993	1895	1993	926	01.01.1991
Österreich	24.08.2000/	2002	734	2002	584	2002	2435	2002	958	01.01.2003
	29.12.2010	2011	1209	2012	366	2012	146	2012	369	01.01.2011
Pakistan[2])	14.07.1994	1995	836	1995	617	1996	467	1996	445	01.01.1995
Philippinen	22.07.1983	1984	878	1984	544	1984	1008	1984	612	01.01.1985
Polen	14.05.2003	2004	1304	2005	349	2005	55	2005	363	01.01.2005
Portugal	15.07.1980	1982	129	1982	347	1982	861	1982	763	01.01.1983
Rumänien	04.07.2001	2003	1594	2004	273	2004	102	2004	286	01.01.2004
Russische Föderation	29.05.1996/	1996	2710	1996	1490	1997	752	1997	363	01.01.1997
(Änderungsprotokoll)	15.10.2007	2008	1398	2009	831	2009	820	2009	834	01.01.2010
Sambia	30.05.1973	1975	661	1975	688	1975	2204	1976	7	01.01.1971
Schweden	14.07.1992	1994	686	1994	422	1995	29	1995	88	01.01.1995
Schweiz	11.08.1971/	1972	1021	1972	518	1973	74	1973	61	01.01.1972
	30.11.1978/	1980	751	1980	398	1980	1281	1980	678	01.01.1977
	17.10.1989/	1990	766	1990	409	1990	1698	1991	93	01.01.1990
	21.12.1992/	1993	1886	1993	927	1994	21	1994	110	01.01.1994
	12.03.2002/	2003	67	2003	165	2003	436	2003	329	01.01.02/ 01.01.04
	27.10.2010	2011	1090	2012	512	2012	279	2012	516	01.01.11/ 01.01.12

§ 39b EStG
R 39b.10

Abkommen mit	vom	Fundstelle BGBl. II Jg.	S.	BStBl. I Jg.	S.	Inkrafttreten BGBl. II Jg.	S.	BStBl. I Jg.	S.	Anwendung grundsätzlich ab
Serbien (Namensänderung; ehem. Bundesrepublik Jugoslawien); (DBA mit SFR Jugoslawien gilt fort, BGBl. 1997 II S. 961)	26.03.1987	1988	744	1988	372	1988	1179	1989	35	01.01.1989
Simbabwe	22.04.1988	1989	713	1989	310	1990	244	1990	178	01.01.1987
Singapur	28.06.2004	2006	930	2007	157	2007	24	2007	171	01.01.2007
Slowakei (DBA mit Tschechoslowakei gilt fort, BGBl. 1993 II S. 762)	19.12.1980	1982	1022	1982	904	1983	692	1983	486	01.01.1984
Slowenien	03.05.2006/ 17.05.2011	2006 2012	1091 154	2007 2013	171 369	2007 2013	213 330	2007 2013	183 372	01.01.2007 30.07.2012
Spanien	05.12.1966/ 03.02.2011	1968 2012	9 18	1968 2013	296 349	1968 2013	140 329	1968 2013	544 363	01.01.1968 01.01.2013
Sri Lanka	13.09.1979	1981	630	1981	610	1982	185	1982	373	01.01.1983
Südafrika	25.01.1973	1974	1185	1974	850	1975	440	1975	640	01.01.1965
Syrien	17.02.2010	2010	1359	2011	345	2011	463	2011	358	01.01.2011
Tadschikistan	27.03.2003	2004	1034	2005	15	2004	1565	2005	27	01.01.2005
Thailand	10.07.1967	1968	589	1968	1046	1968	1104	1969	18	01.01.1967
Trinidad und Tobago	04.04.1973	1975	679	1975	697	1977	263	1977	192	01.01.1972
Tschechien (DBA mit Tschechoslowakei gilt fort, BGBl. 1993 II S. 762)	19.12.1980	1982	1022	1982	904	1983	692	1983	486	01.01.1984
Tunesien	23.12.1975	1976	1653	1976	498	1976	1927	1977	4	01.01.1976
Türkei	16.04.1985/ 19.09.2011	1989 2012	866 526	1989 2013	471 373	1989 2013	1066 329	1983 2013	482 387	01.01.1990 01.01.2011
Turkmenistan (DBA mit UdSSR gilt fort, Bericht der Botschaft Aschgabat vom 11. August 1999 – Nr. 377/99)	24.11.1981	1983	2	1983	90	1983	427	1983	352	01.01.1980
Ukraine	03.07.1995	1996	498	1996	675	1996	2609	1996	1421	01.01.1997
Ungarn	18.07.1977/ 28.02.2011	1979 2011	626 919	1979 2012	348 155	1979 2012	1031 47	1979 2012	602 168	01.01.1980 01.01.2012
Uruguay	05.05.1987/ 09.03.2010	1988 2011	1060 954	1988 2012	531 350	1990 2012	740 131	1990 2012	365 365	01.01.1991 01.01.2012
Usbekistan	07.09.1999	2001	978	2001	765	2002	269	2002	239	01.01.2002
Venezuela	08.02.1995	1996	727	1996	611	1997	1809	1997	938	01.01.1997
Vereinigte Arab. Emirate (verlängert bis 09.08.2008)	09.04.1995/ 04.07.2006/ 01.07.2010	1996 2007 2011	518 746 538	1996 2007 2011	588 724 942	1996 2007 2011	1221 1467 873	1996 2007 2011	1135 726 955	01.01.1992 10.08.2006 01.01.2009
Vereinigtes Königreich	26.11.1964/ 23.03.1970/ 30.03.2010	1966 1971 2010	358 45 1333	1966 1971 2011	729 139 469	1967 1971 2011	828 841 536	1967 1971 2011	40 340 485	01.01.1960 01.01.1969 01.01.2011
Vereinigte Staaten	29.08.1989/ 01.06.2006	1991 2006	354 1184	1991 2008	94 766	1992 2008	235 117	1992 2008	262 782	01.01.1990 01.01.07/ 01.01.08
(Bekanntmachung der Neufassung)	04.06.2008	2008	611/ 851	2008	783					
Vietnam	16.11.1995	1996	2622	1996	1422	1997	752	1997	364	01.01.1997
Zypern	09.05.1974/ 18.02.2011	1977 2011	488 1068	1977 2012	340 222	1977 2012	1204 117	1977 2012	618 235	01.01.1970 01.01.2012

2. Abkommen auf dem Gebiet der Erbschaft- und Schenkungsteuern

Dänemark[3]	22.11.1995	1996	2565	1996	1219	1997	728	1997	624	01.01.1997
Frankreich	12.10.2006	2007	1402	2009	1258	2009	596	2009	1266	03.04.2009
Griechenland	18.11.1910/ 01.12.1910	1912	173[4]			1953	525	1953	377	01.01.1953
Schweden[3]	14.07.1992	1994	686	1994	422	1995	29	1995	88	01.01.1995
Schweiz	30.11.1978	1980	594	1980	243	1980	1341	1980	786	28.09.1980
Vereinigte Staaten	03.12.1980/ 14.12.1998	1982 2000	847 1170	1982 2001	765 110	1986 2001	860 62	1986 2001	478 114	01.01.1979 15.12.2000

3. Sonderabkommen betreffend Einkünfte und Vermögen von Schifffahrt (S)- und Luftfahrt (L)-Unternehmen[5]

Brasilien (S) (Protokoll)	17.08.1950	1951	11			1952	604			10.05.1952
Chile (S) (Handelsvertrag)	02.02.1951	1952	325			1953	128			08.01.1952

§ 39b EStG
R 39b.10

Abkommen		Fundstelle				Inkrafttreten				Anwendung grundsätzlich ab
		BGBl. II		BStBl. I		BGBl. II		BStBl. I		
mit	vom	Jg.	S.	Jg.	S.	Jg.	S.	Jg.	S.	
China (S) (Seeverkehrsvertrag)	31.10.1975	1976	1521	1976	496	1977	428	1977	452	29.03.1977
Hongkong (L)	08.05.1997	1998	2064	1998	1156	1999	26	2000	1554	01.01.1998
Hongkong (S)	13.01.2003	2004	34	2005	610	2005	332	2005	613	01.01.1998
Insel Man (S)	02.03.2009	2010	968	2011	510	2011	534	2011	511	01.01.2010
Jemen (L)	02.03.2005	2006	538	2006	229	2007	214	2007	231	01.01.1982
Jugoslawien (S)	26.06.1954	1959	735			1959	1259			23.10.1959
Kolumbien (S, L)	10.09.1965	1967	762	1967	24	1971	855	1971	340	01.01.1962
Paraguay (L)	27.01.1983	1984	644	1984	456	1985	623	1985	222	01.01.1979
Saudi-Arabien (L)	08.11.2007	2008	782	2009	866	2009	1027	2009	869	01.01.1967
Venezuela (S, L)	23.11.1987	1989	373	1989	161	1989	1065	1990	2	01.01.1990

4. Abkommen auf dem Gebiet der Rechts- und Amtshilfe und des Informationsaustauschs

Abkommen mit	vom	BGBl. II Jg.	S.	BStBl. I Jg.	S.	BGBl. II Jg.	S.	BStBl. I Jg.	S.	Anwendung grundsätzlich ab
Andorra	25.11.2010	2011	1213							
Anguilla	19.03.2010	2010	1381	2012	100	2011	948	2012	107	01.01.2012
Antigua Barbuda	19.10.2010	2011	1212							
Bahamas	09.04.2010	2011	642			2012	63			01.01.2012
Belgien³)	11.04.1967	1969	17	1969	38	1969	1465	1969	468	01.01.1966
Bermuda	03.07.2009	2012	1306			2013	330			01.01.2013
Britische Jungferninseln	05.10.2010	2011	895			2012	53			01.01.2012
Cookinseln	03.04.2012	2013	665			2012	53			01.01.2014
Dänemark³)	22.11.1995	1996	2565	1996	1219	1997	728	1997	624	01.01.1997
Finnland	25.09.1935	1936	37⁴)	1936	94⁴)	1954	740	1954	404	01.01.1936
Frankreich³)	21.07.1959	1961	397	1961	342	1961	1659	1961	712	01.01.1957
Gibraltar	13.08.2009	2010	984	2011	521	2011	535	2011	527	01.01.2011
Guernsey	26.03.2009	2010	973	2011	514	2011	535	2011	520	01.01.2011
Insel Man	02.03.2009	2010	957	2011	504	2011	534	2011	509	01.01.2011
Italien	09.06.1938	1939	124⁴)	1939	377⁴)	1956	2154	1957	142	23.01.1939
Jersey	04.07.2008	2009	578	2010	166	2010	38	2010	177	01.01.2010
Kaimaninseln	27.05.2010	2011	664	2011	841	2011	823	2011	848	01.01.2012
Liechtenstein	02.09.2009	2010	950	2011	286	2011	326	2011	292	01.01.2010
Luxemburg³)	23.08.1958	1959	1269	1959	1022	1960	1532	1960	398	01.01.1957
Monaco	27.07.2010	2011	653			2012	92			01.01.2012
Niederlande	21.05.1999	2001	2	2001	66	2001	691	2001	539	23.06.2001
Norwegen³)	04.10.1991	1993	970	1993	655	1993	1895	1993	926	01.01.1991
Österreich	04.10.1954	1955	833	1955	434	1955	926	1955	743	26.11.1955
San Marino	21.06.2010	2011	908	2011	909	2013	333			01.01.2012
Schweden³)	14.07.1992	1994	686	1994	422	1995	29	1995	88	01.01.1995
St. Lucia	07.06.2010	2011	264	2013	760	2013	559	2013	767	01.01.2014
St. Vincent und Grenadinen	29.03.2010	2011	253	2011	777	2011	696	2011	784	01.01.2012
Turks und Caicos Inseln	04.06.2010	2011	882			2012	16			01.01.2012
Vereinigte Staaten	31.05.2013	2013	1362							11.12.2013

5. Abkommen auf dem Gebiet der Kraftfahrzeugsteuer

Abkommen mit	vom	BGBl. II Jg.	S.	BStBl. I Jg.	S.	BGBl. II Jg.	S.	BStBl. I Jg.	S.	Anwendung grundsätzlich ab
Armenien (DBA mit UdSSR gilt fort, BGBl. 1993 II S. 169)	21.02.1980	1980	890	1980	467	1980	1484	1980	789	30.11.1980
Aserbaidschan (DBA mit UdSSR gilt fort, BGBl. 1996 II S. 2471)	21.02.1980	1980	890	1980	467	1980	1484	1980	789	30.11.1980
Belarus (Weißrussland) (DBA mit UdSSR gilt fort, BGBl. 1994 II S. 2533)	21.02.1980	1980	890	1980	467	1980	1484	1980	789	30.11.1980
Belgien⁶)	17.12.1964	1966	1508	1966	954	1967	1748			01.04.1967
Bulgarien	12.02.1980	1980	888	1980	465	1980	1488	1980	789	25.10.1980
Dänemark⁶)	19.07.1931/ 25.07.1931			1931	562⁷)			1954⁸)		01.11.1953
Finnland⁶)	31.03.1978	1979	1317	1980	64	1980	212	1980	788	01.03.1980
Frankreich⁶)	03.11.1969	1970	1317	1971	82	1971	206	1971	305	01.02.1971
Georgien (DBA mit UdSSR gilt fort, BGBl. 1992 II S. 1128)	21.02.1980	1980	890	1980	467	1980	1484	1980	789	30.11.1980
Griechenland⁶)	21.09.1977	1979	406	1979	310	1979	1049	1980	63	01.08.1979

§ 39b EStG
R 39b.10

Abkommen mit	vom	Fundstelle BGBl. II Jg.	S.	BStBl. I Jg.	S.	Inkrafttreten BGBl. II Jg.	S.	BStBl. I Jg.	S.	Anwendung grundsätzlich ab
Iran, Islamische Republik	17.03.1992	1993	914	1993	640	1995	992	1995	820	12.08.1995
Irland[6]	10.12.1976	1978	1009	1978	344	1978	1264	1978	460	01.10.1978
Israel	02.12.1983	1984	964	1984	615	1987	186	1987	374	01.02.1987
Italien[6]	18.02.1976	1978	1005	1978	341	1979	912	1980	63	04.01.1979
Kasachstan	21.02.1980	1980	890	1980	467	1980	1484	1980	789	30.11.1980
(DBA mit UdSSR gilt fort, BGBl. 1992 II S. 1120)										
Kirgisistan	21.02.1980	1980	890	1980	467	1980	1484	1980	789	30.11.1980
(DBA mit UdSSR gilt fort, BGBl. 1992 II S. 1015)										
Kroatien	09.12.1996	1998	182	1998	160	1998	2373	1998	1426	25.06.1998
Lettland[9]	21.02.1997	1998	958	1998	624	1998	2947	1999	164	22.10.1998
Liechtenstein	29.01.1934/ 27.02.1934			1934	288[7]			1934	288[7]	01.04.1934
Luxemburg[6]	31.01.1930/ 11.03.1930			1930	454[7]			1930	454[7]	01.04.1930
Moldau, Republik	21.02.1980	1980	890	1980	467	1980	1484	1980	789	30.11.1980
(DBA mit UdSSR gilt fort, BGBl. 1996 II S. 768)										
Niederlande[6]	31.01./ 23.04./ 19.05.1930			1930	454[7]			1930	454[7]	01.06.1930
Norwegen	11.11.1983	1984	674	1984	486	1984	1047	1985	125	01.11.1984
Österreich[6]	18.11.1969	1970	1320	1971	85	1971	215	1971	305	16.04.1971
Polen	19.07.1976	1978	1012	1978	346	1978	1328	1978	589	07.10.1978
Portugal[6]	24.07.1979	1980	886	1980	463	1982	1186	1983	17	01.01.1983
Rumänien[9]	31.10.1973	1975	453	1975	621	1975	1137			01.07.1975
Russische Föderation	21.02.1980	1980	890	1980	467	1980	1484	1980	789	30.11.1980
(DBA mit UdSSR gilt fort, BGBl. 1992 II S. 1016)										
San Marino	06.05.1986	1987	339	1987	465	1990	14	1990	56	01.10.1987
Schweden[6]	15.07.1977	1979	409	1979	308	1979	1140	1980	63	01.09.1979
Schweiz[10]	20.06.1928			1930	563[7]			1930	563[7]	15.07.1928
Slowakei	08.02.1990	1991	662	1991	508	1992	594	1992	454	27.05.1992
(DBA mit Tschechoslowakei gilt fort, BGBl. 1993 II S. 762)										
Spanien[6]	08.03.1979	1979	1320	1980	66	1980	900	1980	788	01.06.1980
Tadschikistan	21.02.1980	1980	890	1980	467	1980	1484	1980	789	30.11.1980
(DBA mit UdSSR gilt fort, BGBl. 1995 II S. 255)										
Tunesien	30.03.1984	1984	962	1984	613	1986	675	1986	319	01.05.1986
Türkei	30.05.1983	1984	594	1984	414	1985	55	1985	12	01.11.1984
Ukraine	21.02.1980	1980	890	1980	467	1980	1484	1980	789	30.11.1980
(DBA mit UdSSR gilt fort, BGBl. 1993 II S. 1189)										
Ungarn[9]	12.02.1981	1982	291	1982	393	1982	640	1982	630	11.06.1982
Usbekistan	21.02.1980	1980	890	1980	467	1980	1484	1980	789	30.11.1980
(DBA mit UdSSR gilt fort, BGBl. 1995 II S. 205)										
Vereinigtes Königreich[6]	05.11.1971	1973	340	1973	495	1975	1437			01.09.1973
Zypern	22.04.1980	1981	1018	1981	742	1982	176	1982	376	01.02.1982

II. Künftige Abkommen und laufende Verhandlungen

Abkommen mit	Art des Abkommens[11]	Sachstand[12]	Geltung für Veranlagungssteuern[13] ab	Abzugsteuern[14] ab	Bemerkungen
1. Abkommen auf dem Gebiet der Steuern vom Einkommen und vom Vermögen					
Ägypten	R-A	P: 09.11.2012	KR	KR	
Argentinien	R-A	V:			
Armenien	R-A	P: 01.03.2013	KR	KR	
Australien	R-A	V:			
Belgien	R-A	P: 16.12.2013	KR		
China	R-A	P: 12.07.2011	KR	KR	
Costa Rica	A	P: 16.10.2009	KR	KR	
Ecuador	R-A	P: 19.10.2012	KR	KR	
Finnland	R-A	P: 31.03.2011	KR	KR	
Frankreich	E-P	V:			
Georgien	R-P	P: 21.06.2011	KR	KR	
Ghana	R-P	V:	KR	KR	
Griechenland	R-A	P: 02.10.2009	KR	KR	
Indien	R-P	V:			

§ 39b EStG
R 39b.10

Abkommen mit	Art des Abkommens[11]	Sachstand[12]	Geltung für Veranlagungssteuern[13] ab	Geltung für Abzugsteuern[14] ab	Bemerkungen
Indonesien	R-A	V:			
Irland	R-P	P: 27.11.2013	KR	KR	
Island	R-A	P: 12.07.2011	KR	KR	
Israel	R-A	P: 08.06.2009	KR	KR	
Italien	R-P	V:			
Japan	R-A	V:			
Jordanien	A	V:			
Kanada	R-P	V:			
Katar	A	V:			
Kirgistan	R-P	V:			
Kolumbien	A	V:			
Korea, Republik	R-P	V:			
Kroatien	R-P	P: 11.06.2013	KR	KR	
Kuwait	R-P	V:			
Liberia	R-P	V:			
Libyen	A	V:			
Marokko	R-A	V:			
Mazedonien	R-P	P: 23.12.2013	KR	KR	
Namibia	R-P	V:			
Niederlande	R-A	U: 12.04.2012	KR	KR	
	R-P	V:			
Norwegen	R-P	U: 24.06.2013			
Oman	A	U: 15.08.2002	KR	KR	ab 1985 für int. Verkehr
Philippinen	R-A	U: 09.09.2013	KR	KR	
Polen	R-P	P: 06.11.2013	KR	KR	
Portugal	R-A	V:			
Serbien	A	V:			
Singapur	R-P	P: 27.09.2012	KR	KR	
Sri Lanka	R-A	P: 24.08.2012	KR	KR	
Südafrika	R-A	U: 09.09.2008	KR	KR	
Tadschikistan	R-P	V:			
Thailand	R-A	V:			
Trinidad und Tobago	R-A	V:			
Tunesien	R-A	P: 04.06.2010	KR	KR	
Turkmenistan	A	P: 16.04.2012	KR	KR	
Ukraine	R-P	V:			
Usbekistan	R-P	V:			
Vereinigtes Königreich	R-P	P: 19.03.2012	KR	KR	
Vietnam	R-P	V:			
2. Abkommen auf dem Gebiet der Erbschaft- und Schenkungsteuern					
Finnland	A	V:			
Italien	A	V:			
3. Sonderabkommen betreffend Einkünfte und Vermögen von Schifffahrt (S)- und Luftfahrt (L)-Unternehmen					
Bahrain	A (L)	P: 08.07.2010	KR	KR	
Kamerun	A (L)	P: 18.09.2012	KR	KR	
Panama	A (L/S)	P: 11.12.2013	KR	KR	
4. Abkommen auf dem Gebiet der Amtshilfe und des Informationsaustauschs					
Aruba	A	P: 14.09.2009	KR	KR	
Bahrain	A	P: 08.07.2010	KR	KR	
Barbados	A	P: 30.11.2011	KR	KR	
Brasilien	A	V:			
Brunei	A	V:			
Dominica	A	U: 21.09.2010	KR	KR	
Grenada	A	U: 03.02.2011	KR	KR	
Macau	A	V:			
Montserrat	A	U: 28.10.2011	KR	KR	
Panama	A	P: 13.05.2013	KR	KR	
St. Kitts und Nevis	A	U: 19.10.2010	KR	KR	

§ 39b EStG
R 39b.10

Abkommen mit	Art des Abkommens[11]	Sachstand[12]	Geltung für Veranlagungs-steuern[13]) ab	Geltung für Abzugsteuern[14]) ab	Bemerkungen
5. Abkommen auf dem Gebiet der Kraftfahrzeugsteuer					
Belarus (Weißrussland)	R-A	P: 10.10.2002	–	–	
Marokko	A	V:			
Slowenien	A	V:			

1) Gilt nicht für die VSt.
2) Gilt nicht für die VSt.
3) Die Erbschaftsteuer bzw. Vorschriften zur Rechts- und Amtshilfe sind in den unter I. 1. bzw. II. 1. aufgeführten Abkommen enthalten.
4) Angabe bezieht sich auf RGBl. bzw. RStBl.
5) Siehe auch Bekanntmachungen über die Steuerbefreiungen nach § 49 Abs. 4 EStG (und § 2 Abs. 3 VStG):
Äthiopien L (BStBl. 1962 I S. 536),
Afghanistan L (BStBl. 1964 I S. 411),
Brasilien S, L (BStBl. 2006 I S. 216),
Brunei Darussalam L (BStBl. 2011 I S. 77),
Chile L (BStBl. 1977 I S. 350),
Irak S, L (BStBl. 1972 I S. 490),
Jordanien L (BStBl. 1976 I S. 278),
Katar L (BStBl. 2006 I S. 3),
Libanon S, L (BStBl. 1959 I S. 198),
Papua-Neuguinea L (BStBl. 1989 I S. 115),
Seychellen L (BStBl. 1998 I S. 582),
Sudan L (BStBl. 1983 I S. 370) und
Zaire S, L (BStBl. 1990 I S. 178).
6) Siehe auch Artikel 5 der Richtlinie 1999/62/EG vom 17.6.1999 (ABl. EG L 187 S. 42) i. V. m. § 1 Abs. 1 Nr. 2 KraftStG (BGBl. I 2002 S. 3819) und Richtlinie 83/182/EWG vom 28.3.1983 (ABl. EG L 105 S. 59) i. V. m. § 3 Nr. 13 KraftStG.
7) Angabe bezieht sich auf RGBl. bzw. RStBl.
8) Bundesanzeiger Nr. 123 vom 1.7.1954 S. 2.
9) Siehe auch Interbus-Übereinkommen, welches bis 30. Juni 2001 zur Unterzeichnung auflag (ABl. EG 2002 L 321 S. 11, 44); gilt ab 1. Januar 2003 zugleich für Litauen und Slowenien.
10) Siehe auch Verordnungen über die kraftfahrzeugsteuerliche Behandlung von schweizerischen Straßenfahrzeugen im grenzüberschreitenden Verkehr vom 27.3.1985 (BGBl. I S. 615) und vom 18.5.1994 (BGBl. I S. 1076).
11) A: Erstmaliges Abkommen
R-A: Revisionsabkommen als Ersatz eines bestehenden Abkommens
R-P: Revisionsprotokoll zu einem bestehenden Abkommen
E-P: Ergänzungsprotokoll zu einem bestehenden Abkommen
12) V: Verhandlung
P: Paraphierung
U: Unterzeichnung hat stattgefunden, Gesetzgebungs- oder Ratifikationsverfahren noch nicht abgeschlossen
13) Einkommen-, Körperschaft-, Gewerbe- und Vermögensteuer
KR: Keine Rückwirkung vorgesehen
14) Abzugsteuern von Dividenden, Zinsen und Lizenzgebühren
KR: Keine Rückwirkung vorgesehen
15) A: Erstmaliges Abkommen
R-A: Revisionsabkommen als Ersatz eines bestehenden Abkommens
R-P: Revisionsprotokoll zu einem bestehenden Abkommen
E-P: Ergänzungsprotokoll zu einem bestehenden Abkommen
16) V: Verhandlung
P: Paraphierung
U: Unterzeichnung hat stattgefunden, Gesetzgebungs- oder Ratifikationsverfahren noch nicht abgeschlossen
17) Einkommen-, Körperschaft-, Gewerbe- und Vermögensteuer
KR: Keine Rückwirkung vorgesehen
18) Abzugsteuern von Dividenden, Zinsen und Lizenzgebühren
KR: Keine Rückwirkung vorgesehen

§ 39b EStG
R 39b.10

Anlage 2
zu H 39b.10

Steuerliche Behandlung des Arbeitslohns nach den Doppelbesteuerungsabkommen

BMF-Schreiben vom 12.11.2014 (BStBl. I S. 1467)

Unter Bezugnahme auf das Ergebnis der Erörterungen mit den obersten Finanzbehörden der Länder gilt für die Besteuerung der Einkünfte aus unselbständiger Arbeit nach den DBA Folgendes:

Inhaltsübersicht

1 Allgemeines
  1.1 Regelungsbereich eines DBA/des OECD-MA
  1.2 OECD-Musterabkommen
    1.2.1 Bestimmung der Ansässigkeit – Art. 4 OECD-MA
    1.2.2 Vergütungen aus unselbständiger Arbeit
      1.2.2.1 Art. 15 OECD-MA
      1.2.2.2 Grenzgängerregelung
      1.2.2.3 Besondere Regelungen bezüglich der Zuweisung des Besteuerungsrechts
    1.2.3 Vermeidung der Doppelbesteuerung – Art. 23 OECD-MA
    1.2.4 Abgrenzung zu anderen Abkommen und Bestimmungen
2 Besteuerung im Inland
  2.1 Steuerpflicht nach dem EStG
  2.2 Progressionsvorbehalt
  2.3 Anwendung des § 50d Abs. 8 EStG
  2.4 Anwendung des § 50d Abs. 9 EStG
  2.5 Abzugsbeschränkungen
3 Besteuerung im Tätigkeitsstaat – Art. 15 Abs. 1 OECD-MA
4 Besteuerung im Ansässigkeitsstaat – Art. 15 Abs. 2 OECD-MA (sog. 183-Tage-Klausel)
  4.1 Voraussetzungen
  4.2 Aufenthalt bis zu 183 Tagen – Art. 15 Abs. 2 Buchstabe a OECD-MA
    4.2.1 Ermittlung der Aufenthalts-/Ausübungstage
    4.2.2 183-Tage-Frist – Dauer des Aufenthalts im Tätigkeitsstaat
    4.2.3 183-Tage-Frist – Dauer der Ausübung der unselbständigen Arbeit im Tätigkeitsstaat
    4.2.4 Anwendung der 183-Tage-Frist auf einen 12-Monats-Zeitraum
    4.2.5 Anwendung der 183-Tage-Frist auf das Steuerjahr/Kalenderjahr
    4.2.6 Besonderheiten beim Wechsel des Bezugszeitraums im DBA und Wechsel der Ansässigkeit
  4.3 Zahlung durch einen oder für einen im Tätigkeitsstaat ansässigen Arbeitgeber – Art. 15 Abs. 2 Buchstabe b OECD-MA –
    4.3.1 Allgemeines
    4.3.2 Auslandstätigkeit für den zivilrechtlichen Arbeitgeber
    4.3.3 Grenzüberschreitende Arbeitnehmerentsendung zwischen verbundenen Unternehmen
      4.3.3.1 Wirtschaftlicher Arbeitgeber
      4.3.3.2 Vereinfachungsregelung
      4.3.3.3 Entsendendes und aufnehmendes Unternehmen sind Arbeitgeber
      4.3.3.4 Geschäftsführer, Vorstände und Prokuristen
      4.3.3.5 Gestaltungsmissbrauch i. S. des § 42 AO
      4.3.3.6 Arbeitgeber im Rahmen einer Poolvereinbarung
    4.3.4 Gewerbliche Arbeitnehmerüberlassung
      4.3.4.1 Beurteilung einer gewerblichen Arbeitnehmerüberlassung nach Art. 15 Abs. 1 und 2 OECD-MA entsprechenden Vorschriften
      4.3.4.2 Besondere Regelungen in einzelnen DBA
    4.3.5 Gelegentliche Arbeitnehmerüberlassung zwischen fremden Dritten
  4.4 Zahlung des Arbeitslohns zu Lasten einer Betriebsstätte des Arbeitgebers im Tätigkeitsstaat – Art. 15 Abs. 2 Buchstabe c OECD-MA
5 Ermittlung des steuerpflichtigen/steuerfreien Arbeitslohns
  5.1 Differenzierung zwischen der Anwendung der 183-Tage-Klausel und der Ermittlung des steuerpflichtigen/steuerfreien Arbeitslohns
  5.2 Grundsätze bei der Ermittlung des steuerpflichtigen/steuerfreien Arbeitslohns
  5.3 Direkte Zuordnung
  5.4 Aufteilung des verbleibenden Arbeitslohns
    5.4.1 Definition der tatsächlichen Arbeitstage
    5.4.2 Durchführung der Aufteilung
  5.5 Beispiele für die Aufteilung bestimmter Lohnbestandteile
    5.5.1 Tantiemen und andere Erfolgsvergütungen
    5.5.2 Urlaubsentgelte, Urlaubs- und Weihnachtsgeld
    5.5.3 Nachzahlung für eine frühere aktive Tätigkeit
    5.5.4 Abfindungen und Vergütungen für Diensterfindungen
      5.5.4.1 Grundsätze zur Besteuerung von Abfindungen
      5.5.4.2 Abfindungsbesteuerung in Sonderfällen und beim Vorliegen von Konsultationsvereinbarungen
      5.5.4.3 Erfindervergütungen
    5.5.5 Optionsrechte auf den Erwerb von Aktien („Stock Options")
      5.5.5.1 Allgemeines
      5.5.5.2 Zuflusszeitpunkt und Höhe des geldwerten Vorteils nach nationalem Recht
      5.5.5.3 Aufteilung des Besteuerungsrechtes des geldwerten Vorteils nach Abkommensrecht
      5.5.5.4 Weitere Aktienvergütungsmodelle Virtuelle Aktienoptionen (Stock Appreciation Rights, Phantom Stock Awards)
      5.5.5.5 Anwendung im Lohnsteuerabzugsverfahren
    5.5.6 Kaufkraftausgleich, Standortbonus und Sicherung des Wechselkurses
    5.5.7 Entgeltumwandlung zugunsten eines Arbeitszeitkontos
    5.5.8 Steuerausgleichsmechanismen – Hypo-Tax
    5.5.9 Beiträge bzw. Zuschüsse im Rahmen der sozialen Absicherung
    5.5.10 Übernahme von bestimmten Aufwendungen durch den Arbeitgeber
6 Abkommensrechtliche Beurteilung bestimmter Auslandstätigkeiten
  6.1 Organe von Kapitalgesellschaften
  6.2 Sich-zur-Verfügung-Halten
  6.3 Vorruhestandsgelder
  6.4 Konkurrenz- oder Wettbewerbsverbot
  6.5 Altersteilzeit nach dem Blockmodell
7 Besonderheiten bei Berufskraftfahrern
  7.1 Allgemeines
  7.2 Arbeitgeber im Inland
  7.3 Arbeitgeber oder arbeitslohntragende Betriebsstätte im Ausland

§ 39b EStG
R 39b.10

8 Personal auf Schiffen und Flugzeugen
   8.1 Allgemeines
   8.2 Beispiele für Abkommen, die von der Regelung des OECD-MA abweichen
      8.2.1 DBA-Liberia/DBA-Trinidad und Tobago
      8.2.2 DBA-Schweiz
      8.2.3 DBA-Griechenland 1966
      8.2.4 DBA-Großbritannien 2010
      8.2.5 DBA-Zypern 2011
      8.2.6 DBA-Insel Man 2009
9 Rückfallklauseln nach DBA
10 Verständigungsvereinbarungen
11. Aufhebung von Verwaltungsanweisungen
12. Erstmalige Anwendung

Abkürzungsverzeichnis

a.a.O.	am angegebenen Ort
Abs.	Absatz/Absätze
AO	Abgabenordnung
Art.	Artikel
BFH	Bundesfinanzhof
BMF	Bundesministerium der Finanzen
BGBl.	Bundesgesetzblatt
BStBl	Bundessteuerblatt
DBA	Doppelbesteuerungsabkommen
d.h.	das heißt
EStG	Einkommensteuergesetz
EU	Europäische Union
EWR	Europäischer Wirtschaftsraum
ggf.	gegebenenfalls
GmbH	Gesellschaft mit beschränkter Haftung
i.d.F.	in der Fassung
i.d.R.	in der Regel
i.H.	In Höhe
i.H.v.	in Höhe von
i.S.	im Sinne
i.V.m.	in Verbindung mit
LStR	Lohnsteuerrichtlinien
NATO	North Atlantic Treaty Organization (Organisation des Nordatlantikvertrags)
Nr.	Nummer
OECD	Organisation für wirtschaftliche Zusammenarbeit und Entwicklung (Organisation for Economic Cooperation and Development)
OECD-MA	OECD-Musterabkommen
OECD-MK	OECD-Musterkommentar
R	Richtlinie
S.	Seite
s.	siehe
sog.	so genannte/so genannten
Tz.	Textziffer/Textziffern
u.a.	unter anderem
UNO	United Nations Organization (Organisation der Vereinten Nationen)
z.B.	zum Beispiel

1 Allgemeines

1.1 Regelungsbereich eines DBA / des OECD-MA

1 Die DBA enthalten Regelungen für die Zuweisung des Besteuerungsrechts sowie zur Vermeidung einer Doppelbesteuerung im Verhältnis der beiden vertragsschließenden Staaten zueinander. Sie begründen selbst keinen Besteuerungsanspruch. Die Abkommen werden durch Protokolle, die Denkschrift, Briefwechsel oder andere Dokumente ergänzt und erläutert. Diese Dokumente sind Bestandteile des Abkommens und in gleicher Weise verbindlich.

2 Im Nachfolgenden wird die abkommensrechtliche Behandlung der Vergütungen aus unselbständiger Arbeit anhand des OECD-MA dargestellt. Sowohl das OECD-MA als auch der OECD-MK werden vom Steuerausschuss der OECD laufend weiterentwickelt. Das OECD-MA entfaltet selbst keine rechtliche Bindungswirkung; die von Deutschland abgeschlossenen und rechtlich wirksamen DBA orientieren sich jedoch nach Inhalt und Aufbau am OECD-MA. Im konkreten Einzelfall sind die jeweiligen Vorschriften des anzuwendenden DBA maßgeblich, nicht das OECD-MA. Soweit im Einzelfall Anknüpfungspunkte zu mehreren Staaten bestehen, können verschiedene DBA nebeneinander zu beachten sein (z.B. bei Berufskraftfahrern, s. Tz. 7).

3 Bei der steuerlichen Beurteilung von Vergütungen aus unselbständiger Arbeit sind daher insbesondere die Bestimmungen des nationalen Rechts und die des jeweils einschlägigen DBA zu beachten. Die Regelungen des OECD-MA, als auch des OECD-MK, sind unter Berücksichtigung der nachfolgenden Grundsätze bei der Auslegung zu berücksichtigen.

Beispiel 1: Wohnsitz in Deutschland

4 Der Arbeitnehmer ist nur in Deutschland unbeschränkt steuerpflichtig. Er ist in Österreich und Belgien tätig.

Es sind die DBA zwischen Deutschland und dem jeweiligen Tätigkeitsstaat (DBA-Österreich und DBA-Belgien) zu prüfen.

Beispiel 2: kein Wohnsitz in Deutschland

5 Der Arbeitnehmer ist nur in Österreich unbeschränkt steuerpflichtig. Er ist in Deutschland und zusätzlich in Belgien tätig. Er erstellt Marktanalysen und erzielt daraus Vergütungen, die insgesamt nach § 1 Abs. 4 EStG i.V.m. § 49 Abs. 1 Nr. 4 Buchstabe a EStG beschränkt steuerpflichtig sind (BFH-Urteil vom 12. November 1986, BStBl. 1987 II S. 379).

Es ist ausschließlich das DBA zwischen Österreich und Deutschland zu prüfen, da nur für dieses DBA eine Abkommensberechtigung nach Art. 4 Abs. 1 i.V.m. Art. 1 DBA-Österreich vorliegt. Soweit die Vergütungen auf die in Belgien ausgeübte Tätigkeit entfallen, sind sie grundsätzlich nach Art. 15 Abs. 1 Satz 1 DBA-Österreich in Österreich als Ansässigkeitsstaat zu besteuern.

1.2 OECD-Musterabkommen

1.2.1 Bestimmung der Ansässigkeit – Art. 4 OECD-MA

6 Für die Anwendung eines DBA ist der Staat zu bestimmen, in dem der Arbeitnehmer und ggf. der Arbeitgeber entsprechend Art. 1 i.V.m. Art. 4 OECD-MA ansässig sind. Der abkommensrechtliche Begriff der Ansässigkeit entspricht nicht dem im innerstaatlichen Recht verwendeten Begriff der unbeschränkten Steuerpflicht.

7 Während die unbeschränkte Steuerpflicht eine umfassende Steuerpflicht begründet, führt die Ansässigkeit einer Person in einem der Vertragsstaaten zu ihrer Abkommensberechtigung (Art. 1 OECD-MA). Zugleich wird mit der Bestimmung der Ansässigkeit einer Person in einem Vertragsstaat dieser Staat für die Anwendung des Abkommens zum Ansässigkeitsstaat; der andere Vertragsstaat ist Quellenstaat. Eine Person kann zwar in beiden Vertragsstaaten (z.B. aufgrund doppelten Wohnsitzes) unbeschränkt steuerpflichtig sein, dagegen kann sie nur in einem der beiden Vertragsstaaten als ansässig i.S. eines DBA gelten.

8 Eine natürliche Person ist nach Art. 4 Abs. 1 Satz 1 OECD-MA in einem Staat ansässig, wenn sie dort aufgrund ihres Wohnsitzes, ihres ständigen Aufenthalts oder eines anderen ähnlichen Merkmals steuerpflichtig ist (s. Tz. 2.1 zur Steuerpflicht nach dem EStG). Zu berücksichtigen ist jedoch, dass nach Art. 4 Abs. 1 Satz 2 OECD-MA eine Ansässigkeit in einem Staat nicht

403

§ 39b EStG
R 39b.10

begründet wird, wenn die Person in diesem Staat nur mit Einkünften aus Quellen in diesem Staat oder mit in diesem Staat gelegenem Vermögen steuerpflichtig ist, die Person nach deutschem Rechtsverständnis dort also nur der beschränkten Steuerpflicht unterliegt. Die Ansässigkeit nach Art. 4 Abs. 1 OECD-MA im Inland setzt damit eine unbeschränkte Steuerpflicht im Inland voraus.

9   Ist die Person nach Art. 4 Abs. 1 Satz 1 OECD-MA in beiden Vertragsstaaten ansässig (sog. doppelte Ansässigkeit), ist nach der im Art. 4 Abs. 2 OECD-MA festgelegten Prüfungsreihenfolge festzustellen, in welchem Vertragsstaat die Person als ansässig gilt. Verfügt die Person nur in einem Staat über eine ständige Wohnstätte, so gilt sie als nur in diesem Staat ansässig. Unter einer ständigen Wohnstätte sind Räumlichkeiten zu verstehen, die nach Art und Einrichtung zum Wohnen geeignet sind, die ständig genutzt werden können und die tatsächlich regelmäßig genutzt werden. Es handelt sich um eine in den allgemeinen Lebensrhythmus der Person einbezogene Anlaufstelle (s. BFH-Urteile vom 23. Oktober 1985, BStBl 1986 II S. 133, vom 16. Dezember 1998, BStBl 1999 II S. 207 und vom 5. Juni 2007, BStBl II S. 812). Verfügt die Person in beiden Staaten über eine ständige Wohnstätte, so gilt sie als nur in dem Staat ansässig, zu dem sie die engeren persönlichen und wirtschaftlichen Beziehungen hat (Mittelpunkt der Lebensinteressen). Dabei sind ihre familiären und gesellschaftlichen Beziehungen, ihre berufliche, politische, kulturelle und sonstige Tätigkeit, der Ort ihrer Geschäftstätigkeit, der Ort, von wo aus sie ihr Vermögen verwaltet, und Ähnliches zu berücksichtigen. Die Umstände sind als Ganzes zu prüfen. Lässt sich die Ansässigkeit nach diesen Kriterien nicht bestimmen, sind als Hilfsmerkmale zunächst der gewöhnliche Aufenthalt und danach die Staatsangehörigkeit heranzuziehen. Kann die Ansässigkeit auch nach dem letztgenannten Kriterium nicht bestimmt werden, weil die Person Staatsangehöriger beider Staaten oder keines der Staaten ist, regeln die betreffenden Staaten die Frage in gegenseitigem Einvernehmen nach Art. 25 OECD-MA (s. Tz. 10).

10 Zu beachten sind die Besonderheiten, die sich durch die speziellen Regelungen in einzelnen DBA (z. B. Art. 4 Abs. 1 Buchstabe b DBA-Vereinigte Arabische Emirate (VAE)) bzw. durch den Rückgriff auf das jeweilige nationale Recht (z. B. China, Südafrika) ergeben können.

Beispiel 1:

11 Der Arbeitnehmer begründet während seines Aufenthalts im ausländischen Tätigkeitsstaat einen Wohnsitz. Die Familie ist dem Arbeitnehmer nicht in den Tätigkeitsstaat gefolgt.

Der Mittelpunkt der Lebensinteressen des Arbeitnehmers befindet sich i. d. R. auch während seines Aufenthalts im ausländischen Tätigkeitsstaat weiterhin in dem bisherigen Ansässigkeitsstaat (kein Ansässigkeitswechsel). Insbesondere hat der Arbeitnehmer nach wie vor persönliche Beziehungen zu seiner Familie im bisherigen Ansässigkeitsstaat. Demgegenüber treten die persönlichen Beziehungen, die der Arbeitnehmer im Tätigkeitsstaat unterhält, in aller Regel stark zurück. Zudem verfügt der Arbeitnehmer häufig auch im bisherigen Ansässigkeitsstaat über wirtschaftliche Beziehungen (z. B. Grundbesitz, Kapitalvermögen, Arbeitgeber ist in diesem Staat ansässig), während die wirtschaftlichen Beziehungen zum Tätigkeitsstaat i. d. R. nur vorübergehender Natur sind.

Beispiel 2:

12 Der Arbeitnehmer begründet während seines auf 9 Monate befristeten Aufenthalts im ausländischen Tätigkeitsstaat einen Wohnsitz. Die Wohnung im bisherigen Ansässigkeitsstaat steht ihm und ggf. seiner Familie jederzeit zur Nutzung zur Verfügung. Das Arbeitsverhältnis zum bisherigen Arbeitgeber besteht fort.

a) Der Arbeitnehmer ist alleinstehend.

b) Die Familie ist dem Arbeitnehmer in den Tätigkeitsstaat gefolgt.

Der Mittelpunkt der Lebensinteressen befindet sich – unabhängig vom Familienstand – in aller Regel weiterhin im bisherigen Ansässigkeitsstaat (s. BFH-Urteil vom 23. Oktober 1985, a.a.O.), da bei einem auf kurze Zeit befristeten Aufenthalt im Tätigkeitsstaat und dem Fortbestehen des bisherigen Arbeitsverhältnisses die persönlichen und wirtschaftlichen Beziehungen zum bisherigen Ansässigkeitsstaat zumeist gewichtiger sind als die zum anderen Staat. Dies bedeutet jedoch nicht, dass sich der Mittelpunkt der Lebensinteressen bei einem vorübergehenden Aufenthalt von über einem Jahr zwangsläufig in den anderen Staat verlagern muss. Vielmehr ist stets das Gesamtbild der Verhältnisse zu würdigen.

Beispiel 3:

13 Der Arbeitnehmer begründet während seines mehrjährigen oder unbefristeten Aufenthalts im ausländischen Tätigkeitsstaat einen Wohnsitz. Die Familie ist dem Arbeitnehmer in den Tätigkeitsstaat gefolgt. Die Wohnung im bisherigen Ansässigkeitsstaat steht der Familie jederzeit zur Nutzung zur Verfügung.

Der Mittelpunkt der Lebensinteressen befindet sich in diesem Fall i. d. R. im Tätigkeitsstaat.

1.2.2 Vergütungen aus unselbständiger Arbeit

1.2.2.1 Art. 15 OECD-MA

14 Nach Art. 15 Abs. 1 OECD-MA können die Vergütungen aus unselbständiger Arbeit nur im Ansässigkeitsstaat des Arbeitnehmers besteuert werden, es sei denn, die Tätigkeit wird im anderen Staat ausgeübt. Wird die unselbständige Arbeit im anderen Staat (Tätigkeitsstaat) ausgeübt, steht grundsätzlich diesem Staat das Besteuerungsrecht für die bezogenen Vergütungen (sog. Arbeitsortprinzip) zu. Die bloße Verwertung stellt keine Tätigkeit i. S. der DBA dar (§ 49 Abs. 1 Nr. 4 Buchstabe a 2. Alternative EStG).

15 Abweichend hiervon steht unter den Voraussetzungen des Art. 15 Abs. 2 OECD-MA (sog. 183-Tage-Klausel) das Besteuerungsrecht für solche Vergütungen nur dem Ansässigkeitsstaat des Arbeitnehmers zu.

16 Art. 15 Abs. 3 OECD-MA enthält eine gesonderte Bestimmung für die Besteuerung der Vergütungen des Bordpersonals von Seeschiffen und Luftfahrzeugen im internationalen Verkehr und des Bordpersonals von Schiffen im Binnenverkehr (s. Tz. 4.3.4.2 und Tz. 8).

1.2.2.2 Grenzgängerregelung

17 Grenzgänger sind Arbeitnehmer, die i. d. R. im Grenzbereich des einen Staates arbeiten und täglich zu ihrem Wohnsitz im Grenzbereich des anderen Staates zurückkehren. Das OECD-MA sieht für Grenzgänger keine spezielle Regelung vor. Für diese Arbeitnehmer gelten Besonderheiten nach den DBA mit Frankreich (Art. 13 Abs. 5 – i. d. R. Besteuerung im Wohnsitzstaat), Österreich (Art. 15 Abs. 6 – i. d. R. Besteuerung im Wohnsitzstaat) und der Schweiz (Art. 15a – begrenzte Besteuerung im Tätigkeitsstaat und Wohnsitzbesteuerung mit Anrechnungssystem). Die Grenzgängerregelung im Verhältnis zu Belgien ist zum 1. Januar 2004 weggefallen. Besonderheiten bei Grenzpendlern nach Luxemburg sind in der Verständigungsvereinbarung vom 26. Mai 2011 (KonsVerLUXV vom 9. Juli 2012, BGBl. I S. 1484) geregelt.

1.2.2.3 Besondere Regelungen bezüglich der Zuweisung des Besteuerungsrechts

18 Das OECD-MA bzw. die einzelnen DBA enthalten von Art. 15 OECD-MA abweichende Regelungen für bestimmte Arbeitnehmer, insbesondere für das für die Geschäftsführung eines Unternehmens verantwortliche Personal (s. Tz. 6.1), für Künstler und Sportler (Art. 17 OECD-MA), für Ruhegehaltsempfänger (Art. 18 OECD-MA), für die Arbeitnehmer der Gebietskörperschaften, teilweise auch für weitere öffentlich-rechtliche Körperschaften sowie für Vergütungen, die im Rahmen eines Entwicklungshilfeprogramms eines Vertragsstaates gezahlt werden (Art. 19 OECD-MA), für Studenten, Schüler, Lehrlinge und sonstige Auszubildende (Art. 20 OECD-MA), für Hochschullehrer und Lehrer (z. B. Art. 21 DBA- Italien; Art. 20 Abs. 1 DBA-Österreich; Art. 20 Abs. 1 DBA-USA) sowie für Mitglieder diplomatischer Missionen und konsularischer Vertretungen (Art. 28 OECD-MA).

1.2.3 Vermeidung der Doppelbesteuerung – Art. 23 OECD-MA

19 Deutschland als Ansässigkeitsstaat vermeidet bei Einkünften aus unselbständiger Arbeit die Doppelbesteuerung regelmäßig durch Freistellung der Einkünfte (Anwendung der Freistellungsmethode entsprechend Art. 23 A OECD-MA) unter Berücksichtigung des § 32b Abs. 1 Satz 1 Nr. 3 EStG (Progressionsvorbehalt). Die Steuerfreistellung setzt allerdings i. d. R. die ausländische Besteuerung voraus; diesbezüglich wird auf die Ausführungen zu § 50d

Abs. 8 bzw. 9 EStG und zu den Rückfallklauseln in den DBA verwiesen (s. Tz. 2.3, 2.4 und 9).

20 Nach einzelnen DBA-Bestimmungen werden die Einkünfte nicht von der Besteuerung ausgenommen; vielmehr wird, die Doppelbesteuerung durch Steueranrechnung nach Maßgabe des § 34c EStG vermieden (Anwendung der Anrechnungsmethode). Dies gilt u. a. für Fälle der gewerbsmäßigen Arbeitnehmerüberlassung (z. B. DBA mit Dänemark, Frankreich, Italien, Norwegen, Polen oder Schweden) oder für Vergütungen des Bordpersonals von Schiffen und Luftfahrzeugen (s. Tz. 8.2). In einigen Fällen sehen DBA die Anrechnungsmethode grundsätzlich vor (z. B. Art. 22 Abs. 1 DBA-VAE; Art. 23 Abs. 1 Buchstabe b Doppelbuchstabe ee DBA-Liechtenstein; Art. 22 Abs. 1 DBA-Zypern; Art. 23 Abs. 2 Buchstabe a DBA-Mauritius). Die vollständige Anrechnung ausländischer Steuern i. S. des § 36 EStG stellt eine seltene Ausnahme dar (z. B. Art. 15a Abs. 3 Buchstabe a DBA- Schweiz, Grenzgängerregelung). Es ist jedoch zu beachten, dass die Doppelbesteuerung stets durch die Freistellungsmethode (mit Progressionsvorbehalt) vermieden wird, wenn im einschlägigen DBA-Artikel dem anderen Staat ein sog. ausschließliches Besteuerungsrecht zugewiesen wird (z. B. Art. 22 Abs. 2 i. V. m. Art. 14 Abs. 4 DBA-Zypern).

21 Eine besondere Regelung enthält Punkt 11 des Schlussprotokolls zu Art.23 DBA-Belgien i.d.F. des Zusatzabkommens von 2002. Danach rechnet Deutschland die von belgischen Gemeinden erhobene Zusatzsteuer pauschal i. H. v. 8 % der deutschen Steuer an. Die danach verbleibende deutsche Einkommensteuer ist Bemessungsgrundlage für die Kirchensteuer und den Solidaritätszuschlag. Die pauschale Anrechnung erfolgt nur, soweit Belgien als Ansässigkeitsstaat des Arbeitnehmers anzusehen ist und Deutschland als Quellenstaat für die der deutschen Steuer zugrundeliegenden Einkünfte nach Art. 15 DBA-Belgien das Besteuerungsrecht hat und Belgien diese Einkünfte grundsätzlich nach Art. 23 Abs. 2 Nr. 1 DBA-Belgien freistellt.

1.2.4 Abgrenzung zu anderen Abkommen und Bestimmungen

22 Neben den DBA sind weitere zwischenstaatliche Abkommen bzw. Vereinbarungen zu beachten, nach denen u. a. Arbeitnehmer von deutschen Steuern befreit sind (z. B. bei Tätigkeiten für die EU, UNO oder NATO). Eine Zusammenstellung der einzelnen Fundstellen zum 1. Januar 2013 ist dem BMF-Schreiben vom 18. März 2013 (BStBl I S. 404) zu entnehmen.

23 Nach dem Protokoll über die Vorrechte und Befreiungen der Europäischen Union (Abl. EU C 326, S. 266 – EU-Privilegienprotokoll) unterliegen z. B. Gehälter, Löhne und andere Bezüge, welche die EU ihren eigenen Beamten und sonstigen Bediensteten zahlt, nicht der nationalen Steuer in den EU-Mitgliedstaaten. Soweit Einkünfte aufgrund dessen in Deutschland freizustellen sind, unterliegen sie nicht dem Progressionsvorbehalt gemäß § 32b Abs. 1 Satz 1 Nr. 4 EStG, weil das EU-Privilegienprotokoll keinen entsprechenden Vorbehalt vorsieht. Vergütungen für eine Tätigkeit bei einem Organ bzw. einer Einrichtung der EU oder im Rahmen eines EU-Projektes, die an Personen gezahlt werden, die keine EU-Beamten oder sonstigen Bediensteten der EU sind (z. B. nationale Sachverständige), fallen i. d. R. nicht unter eine unionsrechtliche Befreiungsvorschrift. Hier ist ggf. die Anwendung eines DBA zu prüfen (s. BMF-Schreiben vom 12. April 2006, BStBl I S. 340, zur steuerlichen Behandlung des EU-Tagesgeldes).

2 Besteuerung im Inland

2.1 Steuerpflicht nach dem EStG

24 Steuerliche Sachverhalte mit Auslandsbezug, die nach dem nationalen Recht der Besteuerung im Inland unterliegen, können im Verhältnis zu DBA-Staaten nur besteuert werden, wenn das jeweils anzuwendende DBA das deutsche Besteuerungsrecht nicht ausschließt.

25 Hat ein Arbeitnehmer einen Wohnsitz oder seinen gewöhnlichen Aufenthalt im Inland, unterliegt er als unbeschränkt Steuerpflichtiger grundsätzlich mit seinem gesamten Welteinkommen der inländischen Besteuerung (§ 1 Abs. 1 i. V. m. § 2 Abs. 1 EStG).

26 Fehlt es sowohl an einem solchen Wohnsitz als auch an einem gewöhnlichen Aufenthalt, ist ein Arbeitnehmer, der inländische Einkünfte i. S. des § 49 Abs. 1 Nr. 4 EStG erzielt, grundsätzlich nach § 1 Abs. 4 EStG beschränkt einkommensteuerpflichtig. Die Erzielung inländischer Einkünfte nach § 49 Abs. 1 Nr. 4 EStG ist allein vom dort definierten inländischen Anknüpfungspunkt und nicht von einem Mindestaufenthalt im Inland abhängig.

27 Auf die unbeschränkte Steuerpflicht nach § 1 Abs. 2 und 3 EStG sowie § 1a EStG, wird hingewiesen. Für EU-/EWR-Staatsangehörige mit Wohnsitz in der Schweiz wird auf das BMF-Schreiben vom 16. September 2013, BStBl I S. 1325, verwiesen.*)

Beispiel:
28 Der in den Niederlanden wohnhafte Arbeitnehmer A ist für den in Aachen ansässigen Arbeitgeber B tätig. A übt seine Tätigkeit zu 60 % in Deutschland und zu 40 % in den Niederlanden aus.

Soweit A seine Tätigkeit im Inland ausübt, erzielt er inländische Einkünfte i. S. des § 49 Abs. 1 Nr. 4 Buchstabe a EStG. Nur für den auf diese Tätigkeit entfallenden Arbeitslohn besteht eine beschränkte Steuerpflicht nach § 1 Abs. 4 EStG.

Besteht eine beschränkte Steuerpflicht i. S. des § 1 Abs. 4 EStG, kann der Arbeitnehmer bei Vorliegen bestimmter Voraussetzungen nach § 1 Abs. 3 EStG als unbeschränkt Steuerpflichtiger behandelt werden und ggf. zusätzlich Vergünstigungen gemäß § 1a EStG in Anspruch nehmen.

29 Besteht während eines Kalenderjahres sowohl unbeschränkte als auch beschränkte Einkommensteuerpflicht, so sind die während der beschränkten Einkommensteuerpflicht erzielten inländischen Einkünfte in eine Veranlagung zur unbeschränkten Einkommensteuerpflicht einzubeziehen (§ 2 Abs. 7 Satz 3 EStG). Die materiell-rechtliche Behandlung bleibt hiervon unberührt.

2.2 Progressionsvorbehalt

30 Ist nach nationalem Recht zeitweise oder ganzjährig eine unbeschränkte Steuerpflicht gegeben, sind aber die Einkünfte nach einem DBA in Deutschland freizustellen, unterliegen die in Deutschland freigestellten Einkünfte dem Progressionsvorbehalt nach § 32b Abs. 1 Satz 1 Nr. 3 EStG.

31 Zu beachten ist, dass der ab dem Veranlagungszeitraum 2008 nach § 32b Abs. 1 Satz 2 EStG angeordnete Ausschluss des Progressionsvorbehalts für Fälle des § 32b Abs. 1 Satz 1 Nr. 3 EStG nicht Einkünfte aus unselbständiger Arbeit betrifft und nicht für den Progressionsvorbehalt nach § 32b Abs. 1 Satz 1 Nr. 2 EStG gilt.

32 Bei einer im Veranlagungszeitraum nur zeitweise bestehenden unbeschränkten Steuerpflicht sind die ausländischen Einkünfte, die bereits vom nationalen deutschen Steuerrecht nicht erfasst werden und damit im Veranlagungszeitraum nicht der deutschen Einkommensteuer unterlegen haben, ebenfalls in den Progressionsvorbehalt einzubeziehen (§ 32b Abs. 1 Satz 1 Nr. 2 EStG).

33 Bei Arbeitnehmern, die im Inland weder einen Wohnsitz noch ihren gewöhnlichen Aufenthalt haben, ist in den Fällen der Veranlagung gemäß § 1 Abs. 3, § 1a und § 50 Abs. 2 Satz 2 Nr. 4 EStG zu beachten, dass die nicht der deutschen Einkommensteuer oder dem Steuerabzug unterliegenden Einkünfte grundsätzlich dem Progressionsvorbehalt zu unterwerfen sind (§ 32b Abs. 1 Satz 1 Nr. 5 EStG).

34 Einkünfte, die nach einem sonstigen zwischenstaatlichen Übereinkommen steuerfrei sind, werden nach § 32b Abs. 1 Satz 1 Nr. 4 EStG in den Progressionsvorbehalt einbezogen, wenn in dem jeweiligen Übereinkommen die Anwendung des Progressionsvorbehalts ausdrücklich zugelassen worden ist.

35 Die Höhe der Einkünfte, die dem Progressionsvorbehalt unterliegen, ist nach deutschem Steuerrecht zu ermitteln (s. BFH-Urteil vom 20. September 2006, BStBl 2007 II S. 56). Dies bedeutet, dass beispielsweise ausländische Werbungskostenpauschalen oder Steuerbefreiungsvorschriften nicht zu berücksichtigen sind. Die steuerfreien ausländischen Einkünfte aus unselbständiger Arbeit i. S. des § 32b Abs. 1 Satz 1 Nr. 2 bis 5

---
*) Abgedruckt als Anlage 5 zu § 1a EStG.

EStG sind als Überschuss der Einnahmen über die Werbungskosten zu berechnen.

36 Bei der Ermittlung der Einkünfte i. S. des § 32b Abs. 1 Satz 1 Nr. 2 bis 5 EStG
- ist der Arbeitnehmer-Pauschbetrag abzuziehen, soweit er nicht schon bei der Ermittlung der Einkünfte aus nichtselbständiger Arbeit abgezogen wurde (§ 32b Abs. 2 Satz 1 Nr. 2 Satz 2 Buchstabe a EStG);
- sind Werbungskosten nur insoweit zu berücksichtigen, als sie zusammen mit den bei der Ermittlung der Einkünfte aus unselbständiger Arbeit abziehbaren Werbungskosten den Arbeitnehmer-Pauschbetrag übersteigen (§ 32b Abs. 2 Satz 1 Nr. 2 Satz 2 Buchstabe b EStG, s. H 32b „Ausländische Einkünfte" – EStH).

Beispiel 1:

37 Der inländische steuerpflichtige Arbeitslohn im Kalenderjahr beträgt 20.000 €; die Werbungskosten betragen 500 €. Der nach DBA unter Progressionsvorbehalt steuerfreie Arbeitslohn beträgt 10.000 €; im Zusammenhang mit der Erzielung des steuerfreien Arbeitslohns sind Werbungskosten in Höhe von 400 € tatsächlich angefallen.

Inländischer steuerpflichtiger Arbeitslohn	20.000 €
./. Werbungskosten im Zusammenhang mit steuerpflichtigem Arbeitslohn, mindestens Arbeitnehmer-Pauschbetrag (§ 9a Satz 1 Nr. 1 Buchstabe a EStG)	./. 1.000 €
Steuerpflichtige Einkünfte gemäß § 19 EStG	19.000 €
Ausländische Progressionseinnahmen	10.000 €
./. Gesamtwerbungskosten abzgl. bereits in Anspruch genommener Arbeitnehmer-Pauschbetrag oder abzgl. tatsächlicher inländische Werbungskosten, sofern diese höher sind als der Arbeitnehmer-Pauschbetrag	0 €
Maßgebende Progressionseinkünfte (§ 32b Abs. 2 Satz 1 Nr. 2 Satz 2 EStG)	10.000 €

Beispiel 2:

38 Sachverhalt wie Beispiel 1, jedoch sind im Zusammenhang mit der Erzielung des steuerfreien Arbeitslohns tatsächlich Werbungskosten in Höhe von 600 € angefallen.

Inländischer steuerpflichtiger Arbeitslohn	20.000 €
./. Werbungskosten im Zusammenhang mit steuerpflichtigem Arbeitslohn, mindestens Arbeitnehmer-Pauschbetrag (§ 9a Satz 1 Nr. 1 Buchstabe a EStG)	./. 1.000 €
Steuerpflichtige Einkünfte gemäß § 19 EStG	19.000 €
Ausländische Progressionseinnahmen	10.000 €
./. Gesamtwerbungskosten	1.100 €
abzgl. bereits bei den stpfl. Einkünften in Anspruch genommener Arbeitnehmer-Pauschbetrag	./. 1.000 €
oder abzgl. tatsächlicher inländischer Werbungskosten, sofern diese höher sind als der Arbeitnehmer-Pauschbetrag	100 €
Maßgebende Progressionseinkünfte (§ 32b Abs. 2 Satz 1 Nr. 2 Satz 2 EStG)	9.900 €

2.3 Anwendung des § 50d Abs. 8 EStG

39 Nach § 50d Abs. 8 EStG ist zu beachten, dass die in einem DBA vereinbarte Freistellung der Einkünfte eines unbeschränkt Steuerpflichtigen aus unselbständiger Arbeit nur zu gewähren ist, soweit der Steuerpflichtige nachweist, dass der Staat, dem nach dem DBA das Besteuerungsrecht zusteht, auf dieses Besteuerungsrecht verzichtet hat oder dass die in diesem Staat auf die Einkünfte festgesetzten Steuern entrichtet wurden. Die Anwendung des § 50d Abs. 8 EStG erfordert nicht, dass Deutschland als Ansässigkeitsstaat anzusehen ist.

40 Als ausländische Besteuerungsnachweise gelten ausländische Steuerbescheide mit ausländischen Zahlungsbelegen (über ausländische Steuerzahlungen) sowie auch ausländische Gehaltsabrechnungen (mit Ausweis der abgeführten Quellensteuern).

41 Des Weiteren wird auf die Ausführungen im BMF-Schreiben vom 21. Juli 2005, BStBl I S. 821, verwiesen.*)

2.4 Anwendung des § 50d Abs. 9 EStG

42 Soweit ein DBA nicht bereits eine entsprechende Regelung enthält, sind nach § 50d Abs. 9 Satz 1 Nr. 1 EStG Einkünfte nicht freizustellen, wenn die Nichtbesteuerung oder niedrige Besteuerung im anderen Staat die Folge eines Qualifikationskonfliktes ist. Qualifikationskonflikte haben ihre Ursache in einer nicht übereinstimmenden Anwendung der Vorschriften eines DBA durch die Vertragsstaaten, weil sie
- von unterschiedlichen Sachverhalten ausgehen,
- die Abkommensbestimmungen unterschiedlich auslegen oder
- Abkommensbegriffe, die im DBA nicht definiert sind, nach ihrem nationalen Recht unterschiedlich auslegen (s. Art. 3 Abs. 2 OECD-MA).

43 Soweit ein DBA nicht bereits eine entsprechende Regelung enthält (vgl. Tz. 9), sind Einkünfte nach § 50d Abs. 9 Satz 1 Nr. 2 EStG nicht von der Besteuerung auszunehmen, wenn die Nichtbesteuerung darauf zurückzuführen ist, dass sich der andere Vertragsstaat an der Ausübung seines DBA-Besteuerungsrechts durch sein innerstaatliches Recht, das diese Einkünfte ganz oder teilweise im Rahmen der beschränkten Steuerpflicht nicht erfasst, gehindert sieht. Als Nichtbesteuerung gilt auch, wenn die Einkünfte nur deshalb im anderen Vertragsstaat besteuert werden, weil der Steuerpflichtige es versäumt, einen Antrag auf Erstattung der erstattungsfähigen Steuer zu stellen.

44 Auf das BMF-Schreiben vom 12. November 2008, BStBl I S. 988, und vom 5. Dezember 2012, BStBl I S. 1248, zur Besteuerung von in Deutschland ansässigem Flugpersonal britischer und irischer Fluggesellschaften wird hingewiesen. § 50d Abs. 9 Satz 1 Nr. 2 EStG greift aber nicht, wenn im anderen DBA-Staat der vorliegende steuerliche Tatbestand auch bei unbeschränkter Steuerpflicht nicht besteuert wird.

45 § 50d Abs. 9 EStG kann auch dann zur Besteuerung von Einkünften aus unselbständiger Arbeit führen, wenn die Einkünfte nach § 50d Abs. 8 EStG steuerfrei belassen werden können. Die Regelungen des § 50d Abs. 8 und 9 EStG sind insoweit nebeneinander anzuwenden (§ 50d Abs. 9 Satz 3 EStG i.d.F. des AmtshilfeRLUmsG, BGBl. 2013 I S. 1809).

Beispiel:

46 K ist in Deutschland ansässig und sowohl bei seinem Arbeitgeber in Deutschland als auch bei einer Schwestergesellschaft in Schweden tätig. Im Jahr 01 hält sich K an 150 Tagen in Schweden auf. Der Arbeitslohn wird vom deutschen Arbeitgeber bezahlt und – soweit er auf die Tätigkeit in Schweden entfällt – der schwedischen Schwestergesellschaft weiterberechnet. Der Steuerberater beantragt die Freistellung des Arbeitslohns, der auf die Tätigkeit in Schweden entfällt, unter Hinweis auf Art. 15 Abs. 2 Buchstabe b DBA-Schweden (wirtschaftlicher Arbeitgeber, s. Tz. 4.3.3.1). Die schwedische Einkommensteuer wird mit 0 € festgesetzt. Der Steuerberater weist nach, dass es in Schweden das Rechtsinstitut des wirtschaftlichen Arbeitgebers i. S. des DBA nicht gibt.

Die Höhe der in Schweden festgesetzten Steuer beträgt 0 €. Der Steuerpflichtige hat somit nachgewiesen, dass die festgesetzte Steuer „entrichtet" wurde (§ 50d Abs. 8 Satz 2 zweite Alternative EStG). Nach § 50d Abs. 9 Satz 1 Nr. 1 EStG kann die Steuerfreistellung in Deutschland dann nicht gewährt werden, wenn der andere Staat (hier: Schweden) die Bestimmungen des DBA so anwendet, dass die Einkünfte in diesem Staat von der Besteuerung auszunehmen sind.

Da die Nichtbesteuerung in Schweden ihre Ursache in einer nicht übereinstimmenden Anwendung von DBA-Bestimmungen hat (Qualifikationskonflikt), entfällt nach § 50d Abs. 9 Satz 1 Nr. 1 EStG die Freistellung des Arbeitslohns.

2.5 Abzugsbeschränkungen

47 Gemäß § 3c Abs. 1 EStG dürfen Ausgaben, die mit steuerfreien Einnahmen in unmittelbarem wirtschaftlichen Zusammenhang stehen, nicht als Werbungskosten abgezogen werden. Sind

---

*) Abgedruckt als Anlage 7 zu H 39b.10 LStR.

Einkünfte aufgrund eines DBA freizustellen, sind regelmäßig nicht nur die Einnahmen, sondern auch die damit zusammenhängenden Werbungskosten von der Bemessungsgrundlage der deutschen Steuer auszunehmen (s. BFH-Urteil vom 11. Februar 2009, BStBl 2010 II S. 536). Darunter fallen sowohl laufende Werbungskosten, die durch steuerfreie Auslandseinkünfte veranlasst sind, als auch vorweggenommene Werbungskosten, die sich auf steuerfreie Auslandseinkünfte beziehen (s. BFH-Urteil vom 20. September 2006, BStBl 2007 II S. 756). Gleiches gilt für nachträgliche Werbungskosten.

48 Lassen sich die Werbungskosten nicht eindeutig zuordnen, sind diese nach den zu § 3c Abs. 1 EStG entwickelten Kriterien aufzuteilen. Hierbei sind die Werbungskosten den steuerfreien Einkünften in dem Verhältnis zuzuordnen, in dem die steuerfreien Einnahmen zu den gesamten Einnahmen stehen, die der Steuerpflichtige im betreffenden Zeitraum bezogen hat (s. BFH-Urteil vom 26. März 2002, BStBl II S. 823).

49 Vorsorgeaufwendungen, die mit steuerfreien Einnahmen in unmittelbarem wirtschaftlichen Zusammenhang stehen, sind grundsätzlich nicht als Sonderausgaben abziehbar (s. § 10 Abs. 2 Satz 1 Nr. 1 EStG und das jährliche BMF-Schreiben zur Ausstellung der elektronischen Lohnsteuerbescheinigung); aktuell ist dies das BMF-Schreiben vom 15. September 2014, BStBl I S. 1244.

3 Besteuerung im Tätigkeitsstaat – Art. 15 Abs. 1 OECD-MA

50 Nach Art. 15 Abs. 1 OECD-MA können die Vergütungen aus unselbständiger Arbeit ausschließlich im Ansässigkeitsstaat des Arbeitnehmers besteuert werden, es sei denn, die Tätigkeit wird im anderen Staat ausgeübt. Wird die unselbständige Arbeit im anderen Staat ausgeübt, steht grundsätzlich diesem Staat (Tätigkeitsstaat) das Besteuerungsrecht für die bezogenen Vergütungen zu.

51 Der Ort der Arbeitsausübung ist grundsätzlich der Ort, an dem sich der Arbeitnehmer zur Ausführung seiner Tätigkeit persönlich aufhält. Unerheblich ist, woher oder wohin die Zahlung des Arbeitslohns geleistet wird oder wo der Arbeitgeber ansässig ist.

4 Besteuerung im Ansässigkeitsstaat – Art. 15 Abs. 2 OECD-MA (sog. 183-Tage-Klausel)

4.1 Voraussetzungen

52 Abweichend von Art. 15 Abs. 1 OECD-MA steht dem Ansässigkeitsstaat des Arbeitnehmers das ausschließliche Besteuerungsrecht für eine nicht in diesem Staat ausgeübte unselbständige Arbeit zu, wenn

- der Arbeitnehmer sich insgesamt nicht länger als 183 Tage innerhalb eines im jeweiligen Abkommen näher beschriebenen Zeitraums im Tätigkeitsstaat aufgehalten oder die Tätigkeit dort ausgeübt hat (s. Tz. 4.2) und
- der Arbeitgeber, der die Vergütungen wirtschaftlich trägt oder hätte tragen müssen, nicht im Tätigkeitsstaat ansässig ist (s. Tz. 4.3) und
- der Arbeitslohn nicht von einer Betriebsstätte oder einer festen Einrichtung, die der Arbeitgeber im Tätigkeitsstaat hat, wirtschaftlich getragen wurde oder zu tragen gewesen wäre (s. Tz. 4.4).

53 Nach dem DBA-Norwegen ist weitere Voraussetzung, dass der Arbeitgeber im selben Staat wie der Arbeitnehmer ansässig ist (Art. 15 Abs. 2 Buchstabe b DBA-Norwegen).

54 Nur wenn alle drei Voraussetzungen zusammen vorliegen, steht dem Ansässigkeitsstaat des Arbeitnehmers das Besteuerungsrecht für Vergütungen, die für eine im Ausland ausgeübte Tätigkeit gezahlt werden, zu. Liegen dagegen nicht sämtliche Voraussetzungen des Art. 15 Abs. 2 OECD-MA zusammen vor, steht nach Art. 15 Abs. 1 OECD-MA dem Tätigkeitsstaat das Besteuerungsrecht für die Einkünfte aus der vom Arbeitnehmer dort ausgeübten unselbständigen Arbeit zu.

55 Steht in einem solchen Fall dem ausländischen Staat das Besteuerungsrecht zu, sind die Vergütungen i. d. R. unter Beachtung einer etwaigen Rückfallklausel im DBA oder des § 50d Abs. 8 bzw. 9 EStG im Inland freizustellen und nur im Rahmen des Progressionsvorbehalts zu berücksichtigen.

56 Ist Deutschland der Tätigkeitsstaat, ist nach den einkommensteuerrechtlichen Vorschriften zu prüfen, ob die Vergütungen des Arbeitnehmers aus seiner im Inland ausgeübten Tätigkeit im Wege der unbeschränkten oder der beschränkten Steuerpflicht der inländischen Besteuerung unterliegen.

4.2 Aufenthalt bis zu 183 Tagen – Art. 15 Abs. 2 Buchstabe a OECD-MA

4.2.1 Ermittlung der Aufenthalts-/Ausübungstage

57 Die in den DBA genannte 183-Tage-Frist bezieht sich häufig auf den Aufenthalt im Tätigkeitsstaat. Nach einigen DBA ist jedoch die Dauer der Ausübung der unselbständigen Arbeit im Tätigkeitsstaat maßgebend.

58 Die genannte 183-Tage-Frist kann sich entweder auf das Steuerjahr oder auf das Kalenderjahr oder auch auf einen Zeitraum von zwölf Monaten beziehen.

4.2.2 183-Tage-Frist – Dauer des Aufenthalts im Tätigkeitsstaat

59 Wird in einem DBA zur Ermittlung der Aufenthalts-/Ausübungstage auf den Aufenthalt im Tätigkeitsstaat abgestellt (z. B. Art. 13 Abs. 4 Nr. 1 DBA-Frankreich; Art. 15 Abs. 2 Buchstabe a DBA-Italien; Art. 15 Abs. 2 Buchstabe a DBA-Österreich), so ist hierbei nicht die Dauer der beruflichen Tätigkeit maßgebend, sondern allein die körperliche Anwesenheit im Tätigkeitsstaat. Es kommt darauf an, ob der Arbeitnehmer an mehr als 183 Tagen im Tätigkeitsstaat anwesend war. Dabei ist auch eine nur kurzfristige Anwesenheit an einem Tag als voller Aufenthaltstag im Tätigkeitsstaat zu berücksichtigen. Es muss sich nicht um einen zusammenhängenden Aufenthalt im Tätigkeitsstaat handeln; mehrere Aufenthalte im selben Tätigkeitsstaat sind zusammenzurechnen.

60 Als volle Tage des Aufenthalts im Tätigkeitsstaat werden u. a. mitgezählt:
- der Ankunfts- und Abreisetag,
- alle Tage der Anwesenheit im Tätigkeitsstaat unmittelbar vor, während und unmittelbar nach der Tätigkeit, z. B. Samstage, Sonntage, gesetzliche Feiertage,
- Tage der Anwesenheit im Tätigkeitsstaat während Arbeitsunterbrechungen, z. B. bei Streik, Aussperrung, Ausbleiben von Lieferungen oder Krankheit, es sei denn, die Krankheit steht der Abreise des Arbeitnehmers entgegen und er hätte ohne sie die Voraussetzungen für die Steuerbefreiung im Tätigkeitsstaat erfüllt,
- Urlaubstage, die unmittelbar vor, während und nach oder in einem engen zeitlichen Zusammenhang mit der Tätigkeit im Tätigkeitsstaat verbracht werden (s. Beispiel 3).

61 Tage, die ausschließlich außerhalb des Tätigkeitsstats verbracht werden, unabhängig davon, ob aus beruflichen oder privaten Gründen, werden nicht mitgezählt. Auch Tage des Transits in einem Durchreisestaat zählen nicht als Aufenthaltstage für diesen Staat (s. Beispiel 4). Eine Ausnahme hiervon gilt für Berufskraftfahrer (s. Tz. 7.2).

62 Kehrt der Arbeitnehmer täglich zu seinem Wohnsitz im Ansässigkeitsstaat zurück, so ist er täglich im Tätigkeitsstaat anwesend (s. BFH-Urteil vom 10. Juli 1996, BStBl 1997 II S. 15).

63 Zur Ermittlung der Aufenthaltstage nach dem DBA-Frankreich wird auf die Verständigungsvereinbarung mit Frankreich vom 16. Februar 2006 (s. BMF-Schreiben vom 3. April 2006, BStBl I S. 304; s. KonsVerFRAV vom 20. Dezember 2010 – BStBl 2011 I S. 104) verwiesen, wonach unter bestimmten Voraussetzungen bei mehrtägigen Dienstreisen grundsätzlich auch Sonn- und Feiertage, Urlaubs- und Krankheitstage sowie kurze Unterbrechungen im Zusammenhang mit Reisen in den Heimatstaat oder in Drittstaaten als Tage des Aufenthalts im Tätigkeitsstaat mitgezählt werden. Bei Arbeitnehmern, die – ohne Grenzgänger i. S. des Art. 13 Abs. 5 DBA-Frankreich zu sein – arbeitstäglich in den Tätigkeitsstaat fahren und nach Erbringung der Arbeitsleistung wieder in den Wohnsitzstaat zurückkehren (sog. Grenzpendler), ist jedoch auf die tatsächlich im anderen

Staat verbrachten Tage abzustellen (s. BFH-Urteil vom 12. Oktober 2011, BStBl II S. 548).

Beispiel 1 – Zu Wochenendheimfahrt:

64 A ist für seinen deutschen Arbeitgeber mehrere Monate lang jeweils von Montag bis Freitag in den Niederlanden tätig. Seine Wochenenden verbringt er bei seiner Familie in Deutschland. Dazu fährt er an jedem Freitag nach Arbeitsende nach Deutschland. Er verlässt Deutschland jeweils am Montagmorgen, um in den Niederlanden seiner Berufstätigkeit nachzugehen.

Die Tage von Montag bis Freitag sind jeweils als volle Anwesenheitstage in den Niederlanden zu berücksichtigen, weil sich A dort zumindest zeitweise aufgehalten hat. Dagegen können die Samstage und Sonntage mangels Aufenthalts in den Niederlanden nicht als Anwesenheitstage i. S. der 183-Tage-Klausel berücksichtigt werden.

Beispiel 2 – Zu Wochenendheimfahrt:

65 Wie Fall 1, jedoch fährt A an jedem Samstagmorgen von den Niederlanden nach Deutschland und an jedem Sonntagabend zurück in die Niederlande.

Bei diesem Sachverhalt sind auch die Samstage und Sonntage als volle Anwesenheitstage in den Niederlanden i. S. der 183-Tage-Klausel zu berücksichtigen, weil sich A an diesen Tagen zumindest zeitweise dort aufgehalten hat.

Beispiel 3 – Berechnung der Urlaubstage:

66 B ist für seinen deutschen Arbeitgeber vom 1. Januar bis 15. Juni in Schweden tätig. Im Anschluss hieran hielt er sich zu Urlaubszwecken bis einschließlich 24. Juni in Deutschland auf. Vom 25. Juni bis 24. Juli verbringt er seinen weiteren Urlaub in Schweden.

Das Besteuerungsrecht für den Arbeitslohn hat Schweden, weil sich B länger als 183 Tage im Kalenderjahr in Schweden aufgehalten hat (Art. 15 DBA-Schweden), denn die Urlaubstage, die B im Anschluss an seine Tätigkeit in Schweden verbringt, stehen in einem engen zeitlichen Zusammenhang mit dieser Tätigkeit und werden daher für die Aufenthaltsdauer berücksichtigt.

Beispiel 4 – Transittage:

67 C (kein Berufskraftfahrer) fährt für seinen deutschen Arbeitgeber an einem Montag mit dem Pkw von Hamburg nach Mailand, um dort eine Montagetätigkeit auszuüben. Er unterbricht seine Fahrt in Österreich, wo er übernachtet. Am folgenden Tag fährt C weiter nach Mailand. Am Freitag fährt C von Mailand über Österreich nach Hamburg zurück.

C durchquert Österreich lediglich für Zwecke des Transits. Zur Berechnung der Aufenthaltstage in Österreich werden daher die Tage, die C auf seiner Fahrt von und nach Mailand in Österreich verbringt, nicht gezählt; damit sind für Italien vier Tage zu zählen, für Österreich ist kein Tag zu berücksichtigen.

4.2.3 183-Tage-Frist – Dauer der Ausübung der unselbständigen Arbeit im Tätigkeitsstaat

68 Wird in einem DBA zur Ermittlung der Aufenthalts-/Ausübungstage auf die Dauer der Ausübung der unselbständigen Arbeit im Tätigkeitsstaat abgestellt (z. B. Art. 15 Abs. 2 Buchstabe a DBA-Dänemark), so ist hierbei jeder Tag zu berücksichtigen, an dem sich der Arbeitnehmer, sei es auch nur für kurze Zeit, in dem anderen Vertragsstaat zur Arbeitsausübung tatsächlich aufgehalten hat.

69 Tage der Anwesenheit im Tätigkeitsstaat, an denen eine Ausübung der beruflichen Tätigkeit ausnahmsweise nicht möglich ist, werden mitgezählt, z. B. bei Streik, Aussperrung, Ausbleiben von Lieferungen oder Krankheit, es sei denn, die Krankheit steht der Abreise des Arbeitnehmers entgegen und er hätte ohne sie die Voraussetzungen für die Steuerbefreiung im Tätigkeitsstaat erfüllt. Abweichend von Tz. 4.2.2 sind alle arbeitsfreien Tage der Anwesenheit im Tätigkeitsstaat vor, während und nach der Tätigkeit, z. B. Samstage, Sonntage, öffentliche Feiertage, Urlaubstage, nicht zu berücksichtigen (s. Beispiel 1).

Beispiel 1 – Wochenendheimfahrten:

70 A ist für seinen deutschen Arbeitgeber mehrere Monate lang jeweils von Montag bis Freitag in Dänemark tätig. Seine Wochenenden verbringt er bei seiner Familie in Deutschland. Dazu fährt er an jedem Samstagmorgen von Dänemark nach Deutschland und an jedem Sonntagabend zurück nach Dänemark.

Die Tage von Montag bis Freitag sind jeweils als volle Tage in Dänemark zu berücksichtigen, weil A an diesen Tagen dort seine berufliche Tätigkeit ausgeübt hat. Dagegen können die Samstage und Sonntage mangels Ausübung der Tätigkeit in Dänemark nicht als Tage i. S. der 183-Tage-Klausel berücksichtigt werden.

71 Im Verhältnis zu Belgien (Art. 15 Abs. 2 Nr. 1 DBA-Belgien) gilt die Besonderheit, dass für die Berechnung der 183-Tage-Frist Tage der Arbeitsausübung und übliche Arbeitsunterbrechungen auch dann mitgezählt werden, wenn sie nicht im Tätigkeitsstaat verbracht werden, z. B. Tage wie Samstage, Sonntage, Krankheits- und Urlaubstage, soweit sie auf den Zeitraum der Auslandstätigkeit entfallen (Art. 15 Abs. 2 Nr. 1 DBA-Belgien, s. Beispiel 2).

72 Dies gilt aber nicht für den Anreise- und Abreisetag, wenn an diesen Tagen nicht gearbeitet wird. Insofern handelt es sich nicht um Arbeitsunterbrechungen.

Beispiel 2 – Besonderheiten Belgien:

73 B ist für seinen deutschen Arbeitgeber zwei Wochen in Belgien tätig. Hierzu reist B am Sonntag nach Brüssel und nimmt dort am Montag seine Tätigkeit auf. Am folgenden arbeitsfreien Wochenende fährt B am Samstag nach Deutschland und kehrt am Montagmorgen zurück nach Brüssel. Nach Beendigung seiner Tätigkeit am darauf folgenden Freitag kehrt B am Samstag nach Deutschland zurück.

Der Anreisetag sowie der Abreisetag werden nicht als Tage der Arbeitsausübung in Belgien berücksichtigt, weil B an diesen Tagen dort seine berufliche Tätigkeit nicht ausgeübt hat und eine Arbeitsunterbrechung nicht gegeben ist. Die Tage von Montag bis Freitag sind jeweils als Tage der Arbeitsausübung in Belgien zu berücksichtigen, weil B an diesen Tagen dort seine berufliche Tätigkeit ausgeübt hat. Das dazwischen liegende Wochenende wird unabhängig vom Aufenthaltsort als Tage der Arbeitsausübung in Belgien berücksichtigt, weil eine übliche Arbeitsunterbrechung vorliegt. Somit sind für die 183-Tage-Frist 12 Tage zu berücksichtigen.

74 Eine dem DBA-Belgien ähnliche Regelung ist in den Abkommen mit der Elfenbeinküste (Art. 15 Abs. 2 Buchstabe a), Marokko (Art. 15 Abs. 2 Nr. 1) und Tunesien (Art. 15 Abs. 2 Buchstabe a) vereinbart. Diese Abkommen beziehen sich zwar auf die Dauer des Aufenthalts, jedoch werden auch hier gewöhnliche Arbeitsunterbrechungen bei der Berechnung der 183-Tage-Frist berücksichtigt.

4.2.4 Anwendung der 183-Tage-Frist auf einen 12-Monats-Zeitraum

75 Wird in einem DBA zur Ermittlung der Aufenthalts-/Ausübungstage entsprechend dem aktuellen OECD-Standard (Art. 15 Abs. 2 OECD-MA) auf einen „Zeitraum von zwölf Monaten" abgestellt, so sind hierbei alle denkbaren 12-Monats-Zeiträume in Betracht zu ziehen, auch wenn sie sich zum Teil überschneiden. Wenn sich der Arbeitnehmer in einem beliebigen 12-Monats-Zeitraum an mehr als 183 Tagen in dem anderen Vertragsstaat aufhält, steht diesem für die Einkünfte, die auf diese Tage entfallen, das Besteuerungsrecht zu. Mit jedem Aufenthaltstag des Arbeitnehmers in dem anderen Vertragsstaat ergeben sich somit neue zu beachtende 12-Monats-Zeiträume.

76 Ein 12-Monats-Zeitraum wurde z. B. mit folgenden Staaten vereinbart (Stand: 1. Januar 2014):

Albanien	(ab 1. Januar 2012),
Algerien	(ab 1. Januar 2009),
Aserbaidschan	(ab 1. Januar 2006),
Bulgarien	(ab 1. Januar 2011),
Belarus (Weißrussland)	(ab 1. Januar 2007),
Georgien	(ab 1. Januar 2008),
Ghana	(ab 1. Januar 2008),
Großbritannien	(ab 1. Januar 2011),
Kanada	(ab 1. Januar 2011),
Kasachstan	(ab 1. Januar 1996),
Kirgisistan	(ab 1. Januar 2007),
Korea	(ab 1. Januar 2003),
Kroatien	(ab 1. Januar 2007),
Liechtenstein	(ab 1. Januar 2013),
Liberia	(ab 1. Januar 1970),
Luxemburg	(ab 1. Januar 2014)
Malaysia	(ab 1. Januar 2011),

Malta	(ab 1. Januar 2002),
Mazedonien	(ab 1. Januar 2011),
Mexiko	(ab 1. Januar 1993),
Norwegen	(ab 1. Januar 1991),
Polen	(ab 1. Januar 2005),
Rumänien	(ab 1. Januar 2004),
Russland	(ab 1. Januar 1997),
Singapur	(ab 1. Januar 2007),
Slowenien	(ab 1. Januar 2007),
Spanien	(ab 1. Januar 2013),
Syrien	(ab 1. Januar 2011),
Tadschikistan	(ab 1. Januar 2005),
Ungarn	(ab 1. Januar 2012),
Uruguay	(ab 1. Januar 2012),
Usbekistan	(ab 1. Januar 2002),
Zypern	(ab 1. Januar 2012).

Beispiel 1:

77 A ist für seinen deutschen Arbeitgeber vom 1. April bis 20. April 01 für 20 Tage, zwischen dem 1. August 01 und dem 31. März 02 für 90 Tage sowie vom 25. April 02 bis zum 31. Juli 02 für 97 Tage in Norwegen tätig.

Für die Vergütungen, die innerhalb des Zeitraums 1. August 01 bis 31. Juli 02 auf Tage entfallen, an denen sich A in Norwegen aufhält, hat Norwegen das Besteuerungsrecht, da sich A innerhalb eines 12-Monats-Zeitraums dort an insgesamt mehr als 183 Tagen (insgesamt 187 Tage) aufgehalten hat. Das Besteuerungsrecht für die Einkünfte, die auf den Zeitraum 1. bis 20. April 01 entfallen, steht dagegen Deutschland zu, da sich A in allen auf diesen Zeitraum bezogenen denkbaren 12-Monats-Zeiträumen an nicht mehr als 183 Tagen in Norwegen aufgehalten hat.

Beispiel 2:

B ist für seinen deutschen Arbeitgeber zwischen dem 1. Januar 01 und dem 28. Februar 01 sowie vom 1. Mai 01 bis zum 30. April 02 für jeweils monatlich 20 Tage in Norwegen tätig.

Das Besteuerungsrecht für die Vergütungen, die innerhalb des Zeitraums 1. Mai 01 bis 30. April 02 auf Tage entfallen, an denen sich B in Norwegen aufhält, hat Norwegen, da sich B innerhalb eines 12-Monats-Zeitraums dort an insgesamt mehr als 183 Tagen (insgesamt = 240 Tage) aufgehalten hat. Gleiches gilt für den Zeitraum 1. Januar 01 bis 28. Februar 01, da sich B auch innerhalb des 12-Monats-Zeitraums 1. Januar 01 bis 31. Dezember 01 an insgesamt mehr als 183 Tagen (insgesamt = 200 Tage) in Norwegen aufgehalten hat.

4.2.5 Anwendung der 183-Tage-Frist auf das Steuerjahr/Kalenderjahr

79 Wird in einem DBA zur Ermittlung der Aufenthalts-/Ausübungstage anstelle eines 12–Monats-Zeitraums auf das Steuerjahr oder Kalenderjahr abgestellt, so sind die Aufenthalts-/Ausübungstage für jedes Steuer- oder Kalenderjahr gesondert zu ermitteln. Weicht das Steuerjahr des anderen Vertragsstaats vom Steuerjahr Deutschlands (= Kalenderjahr) ab, ist jeweils das Steuerjahr des Vertragsstaats maßgebend, in dem die Tätigkeit ausgeübt wird.

80 Folgende Vertragsstaaten haben z. B. ein vom Kalenderjahr abweichendes Steuerjahr (Stand: 1. Januar 2014):

Australien	1. Juli bis 30. Juni
Bangladesch	1. Juli bis 30. Juni
Großbritannien	6. April bis 5. April (s. u.)
Indien	1. April bis 31. März
Iran	21. März bis 20. März
Namibia	1. März bis 28./29. Februar
Neuseeland	1. April bis 31. März
Pakistan	1. Juli bis 30. Juni
Sri Lanka	1. April bis 31. März
Südafrika	1. März bis 28./29. Februar

81 In Bezug auf Großbritannien ist zu beachten, dass in Art. 14 Abs. 2 Buchstabe a des DBA-Großbritannien vom 30. März 2010 (gültig ab 1. Januar 2011) nicht mehr auf das Steuerjahr abgestellt wird, sondern auf einen Zeitraum von 12 Monaten (zur Berechnung s. Tz. 4.2.4.)

Beispiel 1:

82 A ist vom 1. Oktober 01 bis 31. Mai 02 für seinen deutschen Arbeitgeber in Schweden tätig.

Die Aufenthaltstage sind für jedes Kalenderjahr getrennt zu ermitteln. A hält sich weder im Kalenderjahr 01 (92 Tage) noch im Kalenderjahr 02 (151 Tage) länger als 183 Tage in Schweden auf.

Beispiel 2:

83 B ist für seinen deutschen Arbeitgeber vom 1. Januar 02 bis 31. Juli 02 in Indien (Steuerjahr 1. April bis 31. März) tätig.

Die Aufenthaltstage sind für jedes Steuerjahr getrennt zu ermitteln. Maßgeblich ist das Steuerjahr des Tätigkeitsstaates. Da das Steuerjahr 01/02 in Indien am 31. März 02 endet, hält sich B weder im Steuerjahr 01/02 (90 Tage) noch im Steuerjahr 02/03 (122 Tage) länger als 183 Tage in Indien auf.

4.2.6 Besonderheiten beim Wechsel des Bezugszeitraums im DBA und Wechsel der Ansässigkeit

84 Bei Umstellung eines DBA vom Steuerjahr auf einen 12-Monats-Zeitraum ist – soweit im DBA nichts anderes vereinbart ist – ab Anwendbarkeit des neuen DBA auch dann ein 12-Monats-Zeitraum zu betrachten, wenn dessen Beginn in den Anwendungszeitraum des alten DBA hineinreicht.

Beispiel 1:

85 Ein deutscher Arbeitgeber entsendet einen in Deutschland ansässigen Mitarbeiter A vom 15. November 2010 bis 31. Mai 2011 (insgesamt 198 Tage) nach Großbritannien.

Das DBA-Großbritannien 2010 ist nach Art. 32 Abs. 2 Buchstabe a Doppelbuchstabe bb ab 1. Januar 2011 anzuwenden und enthält als maßgeblichen Bezugszeitraum einen 12-Monats-Zeitraum, der während des bestehenden Steuerjahres (6. April bis 5. April) beginnt bzw. endet. Für den Veranlagungszeitraum 2010 bedeutet das, dass zur Ermittlung der Aufenthaltstage nach Art. XI Abs. 3 DBA-Großbritannien 1964 auf das britische Steuerjahr (6. April 2010 bis 5. April 2011) abzustellen ist. In diesem Zeitraum hielt sich A an 142 Tagen und somit nicht länger als 183 Tage in Großbritannien auf. In 2010 verbleibt somit das Besteuerungsrecht für die in 2010 erhaltenen Einkünfte des A in Deutschland. Für den Veranlagungszeitraum 2011 ist allerdings nach Art. 14 Abs. 2 des DBA-Großbritannien 2010 zu prüfen, ob sich A insgesamt länger als 183 Tage innerhalb eines 12-Monats-Zeitraum, der in 2010 beginnt und im Steuerjahr 2011 endet, in Großbritannien aufgehalten hat. A hat sich 198 Tage in Großbritannien aufgehalten. In 2011 erhält somit Großbritannien das Besteuerungsrecht für die vom 1. Januar 2011 bis 31. Mai 2011 vereinnahmten Einkünfte des A.

86 Seit der Aktualisierung des OECD-MK im Jahr 2008 (s. OECD-MK Punkt 5.1 zu Art.15 OECD-MA) ist bei der Ermittlung der Aufenthalts-/Ausübungstage ein Wechsel der Ansässigkeit innerhalb der vorgenannten Bezugszeiträume zu beachten. Tage, an denen der Steuerpflichtige im Tätigkeitsstaat ansässig ist, sind bei der Berechnung der 183 Tage nicht zu berücksichtigen.

Beispiel 2: (s. OECD-MK 2010 Punkt 5.1)

87 Vom 1. Januar 01 bis 31. Dezember 01 ist A in Polen ansässig. Am 1. Januar 02 wird A von einem in Deutschland ansässigen Arbeitgeber eingestellt und ab diesem Zeitpunkt in Deutschland ansässig. A wird vom 15. bis 31. März 02 von seinem deutschen Arbeitgeber nach Polen entsandt.

In diesem Fall hält sich A zwischen dem 1. April 01 und dem 31. März 02 insgesamt 292 Tage in Polen auf. Da er aber zwischen dem 1. April 01 und dem 31. Dezember 01 in Polen ansässig war, kann dieser Zeitraum für die Berechnung der 183 Tage nicht berücksichtigt werden. Das DBA-Polen 2003 (Anwendung ab 01.01.2005) sieht als maßgeblichen Bezugszeitraum für die 183-Tage-Frist den Zwölfmonatszeitraum vor.

A hat sich somit zwischen dem 1. April 01 und 31. März 02 nur 17 Tage (15. März 02 bis 31. März 02) in Polen aufgehalten, ohne zugleich dort ansässig zu sein.

Beispiel 3: (s. OECD-MK 2010 Punkt 5.1)

88 Vom 15. bis 31. Oktober 01 hält sich A, der in Polen ansässig ist, in Deutschland auf, um dort die Erweiterung der Geschäftstätigkeit der X-AG, die in Polen ansässig ist, vorzubereiten. Am 1. Mai 02 zieht A nach Deutschland, wo er ansässig wird und für eine in Deutschland neu gegründete Tochtergesellschaft der X-AG arbeitet.

In diesem Fall hält sich A zwischen dem 15. Oktober 01 und dem 14. Oktober 02 insgesamt 184 Tage in Deutschland auf. Da er aber zwischen dem 1. Mai 02 und dem 14. Oktober 02 in Deutschland ansässig war, wird dieser letztere Zeitraum für die Berechnung der nach Art. 15 Abs. 2 Buchstabe a genannten Zeiträume nicht berücksichtigt.

A hat sich somit zwischen dem 15. Oktober 01 und dem 14. Oktober 02 nur 16 Tage (15. Oktober 01 bis 31. Oktober 01) in Deutschland aufgehalten, ohne zugleich dort ansässig zu sein.

Beispiel 4:

89 Vom 1. Januar 01 bis 30. April 01 war A in Deutschland und vom 1. Mai 01 bis 31. Dezember 01 in den USA ansässig.

Bis zum 30. April 01 war A bei einem deutschen Arbeitgeber beschäftigt. Vom 1. März bis 6. März 01 war A für seinen deutschen Arbeitgeber in den USA tätig. Der deutsche Arbeitgeber hatte in den USA keine Betriebsstätte.

Deutschland hat für den Zeitraum bis zum 30. April 01 das Besteuerungsrecht, weil Deutschland der Ansässigkeitsstaat war, sich A nicht mehr als 183 Tage in den USA aufgehalten hat (der Zeitraum 1. Mai 01 bis 31. Dezember 01 wird insoweit nicht mitgerechnet, weil A in diesem Zeitraum in den USA ansässig war), und der Arbeitslohn nicht von einem US-amerikanischen Arbeitgeber oder einer US-amerikanischen Betriebsstätte getragen wurde.

4.3 Zahlung durch einen oder für einen im Tätigkeitsstaat ansässigen Arbeitgeber – Art. 15 Abs. 2 Buchstabe b OECD-MA –

4.3.1 Allgemeines

90 Erfolgt die Zahlung durch einen oder für einen im Tätigkeitsstaat ansässigen Arbeitgeber, sind die Voraussetzungen für die Besteuerung im Ansässigkeitsstaat nach Art. 15 Abs. 2 Buchstabe b OECD-MA nicht erfüllt.

91 Die im Ausland ausgeübte unselbständige Tätigkeit eines Arbeitnehmers kann für seinen zivilrechtlichen Arbeitgeber (s. Tz. 4.3.2), für seinen wirtschaftlichen Arbeitgeber im Rahmen einer Arbeitnehmerentsendung zwischen verbundenen Unternehmen (s. Tz. 4.3.3) oder aber für einen nicht verbundenen Unternehmer (s. Tz. 4.3.4 und 4.3.5) erfolgen.

92 Ist eine Personengesellschaft Arbeitgeberin bestimmt sich deren Ansässigkeit für Zwecke des Art. 15 Abs. 2 Buchstabe b OECD-MA grundsätzlich nach dem Ort der Geschäftsleitung. Entsprechendes gilt für eine Personengesellschaft, die im anderen Staat wie eine Kapitalgesellschaft besteuert wird.

93 Eine Betriebsstätte kommt zivilrechtlich nicht als Arbeitgeberin i. S. des DBA in Betracht (s. BFH-Urteile vom 29. Januar 1986, BStBl II S. 442 und BStBl II S. 513), s. aber Tz. 4.4.

Beispiel:

94 A ist Arbeitnehmer eines britischen Unternehmens B. Er wohnt seit Jahren in Deutschland und ist bei einer deutschen Betriebsstätte des B in Hamburg beschäftigt. Im Jahr 01 befindet er sich an fünf Arbeitstagen bei Kundenbesuchen in der Schweiz und an fünf Arbeitstagen bei Kundenbesuchen in Norwegen.

Aufenthalt in der Schweiz: Maßgeblich ist das DBA-Schweiz, da A in Deutschland ansässig ist (Art. 1, 4 Abs. 1 DBA-Schweiz) und die „Quelle" der Einkünfte aus unselbständiger Arbeit in dem Staat liegt, in dem die Tätigkeit ausgeübt wird. Nach Art. 15 Abs. 2 DBA-Schweiz hat Deutschland das Besteuerungsrecht, da neben der Erfüllung der weiteren Voraussetzungen dieser Vorschrift A von einem Arbeitgeber entlohnt wird, der nicht in der Schweiz ansässig ist.

Aufenthalt in Norwegen: Maßgeblich ist das DBA-Norwegen. Deutschland hat kein Besteuerungsrecht für die Vergütungen aus der Tätigkeit in Norwegen. Zwar hält sich A nicht länger als 183 Tage in Norwegen auf. Das Besteuerungsrecht steht Deutschland nach Art. 15 Abs. 2 Buchstabe b DBA-Norwegen aber nur dann zu, wenn der Arbeitgeber in dem Staat ansässig ist, in dem auch der Arbeitnehmer ansässig ist. Arbeitgeber ist hier das britische Unternehmen B; die inländische Betriebsstätte kann nicht Arbeitgeber i. S. des DBA sein.

4.3.2 Auslandstätigkeit für den zivilrechtlichen Arbeitgeber

95 Sofern der im Inland ansässige Arbeitnehmer für seinen zivilrechtlichen Arbeitgeber (z. B. im Rahmen einer Lieferung oder Werk-/Dienstleistung) bei einem nicht verbundenen Unternehmen im Ausland tätig ist, ist regelmäßig davon auszugehen, dass der zivilrechtliche Arbeitgeber auch der Arbeitgeber i. S. des DBA ist. Sofern in diesem Fall auch keine Betriebsstätte des Arbeitgebers vorliegt, die die Vergütungen wirtschaftlich trägt, fällt das Besteuerungsrecht erst dann an den Tätigkeitsstaat, wenn die 183-Tage-Frist überschritten ist (s. dazu Art. 15 Abs. 2 Buchstabe a und c OECD-MA).

96 Entsprechendes gilt für einen im Ausland ansässigen Arbeitnehmer, der für seinen zivilrechtlichen Arbeitgeber im Inland tätig ist.

Beispiel: Werkleistungsverpflichtung

97 Das ausschließlich in Spanien ansässige Unternehmen S ist spezialisiert auf die Installation von Computeranlagen. Das in Deutschland ansässige, nicht mit S verbundene Unternehmen D hat kürzlich eine neue Computeranlage angeschafft und schließt für die Durchführung der Installation dieser Anlage einen Werkleistungsvertrag mit S ab. X, ein in Spanien ansässiger Angestellter von S, wird für vier Monate an den Firmensitz von D im Inland gesandt, um die vereinbarte Installation durchzuführen. S berechnet D für die Installationsleistungen (einschließlich Reisekosten des X, Gewinnaufschlag etc.) einen pauschalen Betrag. Der Arbeitslohn des X ist dabei lediglich ein nicht gesondert ausgewiesener Preisbestandteil im Rahmen der Preiskalkulation des S.

X wird im Rahmen einer Werkleistungsverpflichtung und nicht im Rahmen einer Arbeitnehmerentsendung des S bei D tätig. Vorausgesetzt, X hält sich nicht mehr als 183 Tage während des betreffenden 12-Monats-Zeitraums in Deutschland auf und S hat in Deutschland keine Betriebsstätte, der die Gehaltszahlungen an X zuzurechnen sind, weist Art. 14 Abs. 2 DBA-Spanien das Besteuerungsrecht für die Vergütungen aus unselbständiger Arbeit Spanien zu.

X ist in Deutschland nach nationalem Recht bereits deshalb beschränkt steuerpflichtig, weil die Tätigkeit in Deutschland ausgeübt wurde (s. § 49 Abs. 1 Nr. 4 Buchstabe a EStG). Da Deutschland für den entsprechenden Arbeitslohn nach Art. 14 Abs. 2 DBA-Spanien kein Besteuerungsrecht hat, ergibt sich für X insoweit keine Einkommensteuer. Der Lohnsteuerabzug für die in Deutschland ausgeübte Tätigkeit kann bereits deshalb unterbleiben, weil in Deutschland kein inländischer Arbeitgeber vorliegt und darüber hinaus auch auf der Abkommensebene Deutschland kein Besteuerungsrecht zusteht. S ist kein in § 38 Abs. 1 Satz 1 Nr. 1 und 2 EStG genannter inländischer abzugspflichtiger Arbeitgeber. Eine Abzugsverpflichtung ergibt sich für Deutschland auch nicht nach § 38 Abs. 1 Satz 2 EStG, weil X im Rahmen einer Werkleistungsverpflichtung tätig wird. Für den Fall, dass S und D verbundene Unternehmen sind, ergibt sich keine abweichende Lösung.

4.3.3 Grenzüberschreitende Arbeitnehmerentsendung zwischen verbundenen Unternehmen

4.3.3.1 Wirtschaftlicher Arbeitgeber

98 Arbeitgeber i. S. des DBA kann nicht nur der zivilrechtliche Arbeitgeber, sondern auch eine andere natürliche oder juristische Person sein, die die Vergütung für die ihr geleistete unselbständige Tätigkeit wirtschaftlich trägt (s. BFH-Urteil vom 23. Februar 2005, BStBl II S. 547). Entsprechendes gilt für Personengesellschaften (s. Tz. 4.3.1). Wird die unselbständige Tätigkeit eines im Inland ansässigen Arbeitnehmers bei einem im Ausland ansässigen verbundenen Unternehmen (Art. 9 OECD-MA) ausgeübt, ist zu prüfen, welches dieser Unternehmen als Arbeitgeber i. S. des DBA und damit als wirtschaftlicher Arbeitgeber anzusehen ist. Hierbei ist auf den wirtschaftlichen Gehalt und die tatsächliche Durchführung der zugrunde liegenden Vereinbarungen abzustellen. Entsprechendes gilt, wenn ein im Ausland ansässiger Arbeitnehmer bei einem im Inland ansässigen verbundenen Unternehmen (Art. 9 OECD-MA) tätig ist.

99 In den Fällen der Arbeitnehmerentsendung ist der wirtschaftliche Arbeitgeber i. S. des Abkommensrechts auch der zum Lohnsteuerabzug verpflichtete inländische Arbeitgeber i. S. des § 38 Abs. 1 Satz 2 EStG, s. BMF-Schreiben vom 27. Januar 2004, BStBl I S. 173, Tz. III.1.

100 Die Grundsätze des BMF-Schreibens vom 9. November 2001, BStBl I S. 796, (Grundsätze für die Prüfung der Einkunftsabgrenzung zwischen international verbundenen Unternehmen in Fällen der Arbeitnehmerentsendung – Verwaltungsgrundsätze – Arbeitnehmerentsendung) sind bei der Abgrenzung zu beachten. Einzeln abgrenzbare Leistungen sind gesondert zu betrachten.

101 Wird der Arbeitnehmer im Rahmen einer Arbeitnehmerentsendung zur Erfüllung einer Lieferungs- oder Werk-/Dienstleistungsverpflichtung des entsendenden Unternehmens bei einem verbundenen Unternehmen tätig und ist sein Arbeitslohn Preisbestandteil der Lieferung oder Werkleistung, ist der zivilrechtliche Arbeitgeber (= entsendendes Unternehmen) auch Arbeitgeber i. S. des DBA.

102 Dagegen wird das aufnehmende verbundene Unternehmen zum Arbeitgeber im abkommensrechtlichen Sinne (wirtschaftlicher Arbeitgeber), wenn

- der Arbeitnehmer in das aufnehmende Unternehmen eingebunden ist und
- das aufnehmende Unternehmen den Arbeitslohn (infolge seines eigenen betrieblichen Interesses an der Entsendung des Arbeitnehmers) wirtschaftlich trägt oder nach dem Fremdvergleichsgrundsatz hätte tragen müssen. Hierbei ist es unerheblich, ob die Vergütungen unmittelbar dem betreffenden Arbeitnehmer ausgezahlt werden, oder ein anderes Unternehmen mit diesen Arbeitsvergütungen in Vorlage tritt (s. Verwaltungsgrundsätze-Arbeitnehmerentsendung, a.a.O.). Eine „willkürliche" Weiterbelastung des Arbeitslohns führt nicht zur Begründung der Arbeitgebereigenschaft, ebenso wie eine unterbliebene Weiterbelastung die Arbeitgebereigenschaft beim aufnehmenden Unternehmen nicht verhindern kann.

103 Für die Entscheidung, ob der Arbeitnehmer in das aufnehmende Unternehmen eingebunden ist, ist das Gesamtbild der Verhältnisse maßgebend. Hierbei ist insbesondere zu berücksichtigen, ob

- das aufnehmende Unternehmen die Verantwortung oder das Risiko für die durch die Tätigkeit des Arbeitnehmers erzielten Ergebnisse trägt und
- der Arbeitnehmer den fachlichen Weisungen des aufnehmenden Unternehmens unterworfen ist.

104 Darüber hinaus kann für die vorgenannte Entscheidung u. a. zu berücksichtigen sein, wer über Art und Umfang der täglichen Arbeit, die Höhe der Bezüge, die Teilnahme an einem etwaigen Erfolgsbonus- und Aktienerwerbsplan des Konzerns oder die Urlaubsgewährung entscheidet, wer die Arbeitsmittel stellt, das Risiko für eine Lohnzahlung im Nichtleistungsfall trägt, das Recht der Entscheidung über Kündigung oder Entlassung hat, oder für die Sozialversicherungsbelange des Arbeitnehmers verantwortlich ist, in wessen Räumlichkeiten die Arbeit erbracht wird, welchen Zeitraum das Tätigwerden im aufnehmenden Unternehmen umfasst, wem gegenüber Abfindungs- und Pensionsansprüche erwachsen und mit wem der Arbeitnehmer Meinungsverschiedenheiten aus dem Arbeitsvertrag auszutragen hat.

105 Nach diesen Grundsätzen wird z. B. bei Entsendung eines Arbeitnehmers von einer Muttergesellschaft zu ihrer Tochtergesellschaft das aufnehmende Unternehmen nicht zum wirtschaftlichen Arbeitgeber, wenn der Arbeitnehmer nicht in dessen Hierarchie eingebunden ist. In diesem Fall wird der Arbeitnehmer ausschließlich als Vertreter der Muttergesellschaft tätig, während im Verhältnis zur Tochtergesellschaft die für ein Arbeitsverhältnis kennzeichnende Abhängigkeit fehlt. Hier bleibt selbst dann, wenn die Tochtergesellschaft der Muttergesellschaft den Arbeitslohn ersetzt, letztere Arbeitgeberin im abkommensrechtlichen Sinne (s. BFH-Urteil vom 23. Februar 2005, BStBl II S. 547.).

106 Zu einem Wechsel der wirtschaftlichen Arbeitgeberstellung bedarf es weder einer förmlichen Änderung des Arbeitsvertrages zwischen dem Arbeitnehmer und dem entsendenden Unternehmen noch ist der Abschluss eines zusätzlichen Arbeitsvertrages zwischen dem Arbeitnehmer und dem aufnehmenden Unternehmen oder eine im Vorhinein getroffene Verrechnungspreisabrede zwischen den betroffenen verbundenen Unternehmen erforderlich (s. BFH-Urteil vom 23. Februar 2005, a. a. O).

107 Auf den Sonderfall eines Arbeitnehmers, der im Interesse seines inländischen Arbeitgebers die Funktion als Verwaltungsratsmitglied oder -beirat bei einem ausländischen verbundenen Unternehmen wahrnimmt, wird hingewiesen (s. BFH-Urteil vom 23. Februar 2005, a.a.O.).

108 In den Fällen der internationalen Arbeitnehmerentsendung ist das in Deutschland ansässige aufnehmende Unternehmen, das den Arbeitslohn für die ihm geleistete Arbeit wirtschaftlich trägt, zum Steuerabzug verpflichtet (§ 38 Abs. 1 Satz 2 EStG). Der wirtschaftliche Arbeitgeberbegriff ist damit auch für Zwecke des Lohnsteuerabzugs zu beachten. Nicht erforderlich ist hierfür, dass das deutsche Unternehmen den Arbeitslohn im eigenen Namen und für eigene Rechnung, beispielsweise aufgrund eigener arbeitsrechtlicher Verpflichtung, auszahlt. Die Lohnsteuerabzugsverpflichtung des inländischen Unternehmens entsteht bereits im Zeitpunkt der Auszahlung des Arbeitslohns an den Arbeitnehmer, sofern es aufgrund einer Vereinbarung mit dem ausländischen, entsendenden Unternehmen mit einer Weiterbelastung rechnen kann (R 38.3 Abs. 5 LStR).

109 Zum Umfang der Abzugsverpflichtung durch das inländische Unternehmen ist darauf hinzuweisen, dass sämtliche Gehaltsbestandteile für im Inland ausgeübte Tätigkeiten – auch die von anderen konzernverbundenen Unternehmen gezahlten Bonuszahlungen oder gewährten Aktienoptionen – grundsätzlich dem inländischen Lohnbesteuerabzug unterliegen (§ 38 Abs. 1 Satz 3 EStG).

Beispiel 1 – Entsendung im Interesse des entsendenden verbundenen Unternehmens:

110 Das ausschließlich in Spanien ansässige Unternehmen S ist die Muttergesellschaft einer Firmengruppe. Zu dieser Gruppe gehört auch D, ein in Deutschland ansässiges Unternehmen, das Produkte der Gruppe verkauft. S hat eine neue weltweite Marktstrategie für die Produkte der Gruppe entwickelt. Um sicherzustellen, dass diese Strategie von D richtig verstanden und umgesetzt wird, wird X, ein in Spanien ansässiger Angestellter von S, der an der Entwicklung der Marktstrategie mitgearbeitet hat, für vier Monate an den Firmensitz von D gesandt. Das Gehalt von X wird ausschließlich von S getragen.

D ist nicht als wirtschaftlicher Arbeitgeber des X anzusehen, denn S trägt allein die Gehaltsaufwendungen des X. Zudem übt X seine Tätigkeit im alleinigen Interesse von S aus. Eine Eingliederung in die organisatorischen Strukturen des D erfolgt nicht. Das Besteuerungsrecht für die Vergütungen des X wird Spanien zugewiesen (Art. 14 Abs. 2 DBA-Spanien). Deutschland stellt die Vergütungen steuerfrei.

X ist in Deutschland nach nationalem Recht bereits deshalb beschränkt steuerpflichtig, weil die Tätigkeit in Deutschland ausgeübt wurde (s. § 49 Abs. 1 Nr. 4 Buchstabe a EStG). Da Deutschland für den entsprechenden Arbeitslohn nach Art. 14 Abs. 2 DBA-Spanien kein Besteuerungsrecht hat, ergibt sich für X insoweit keine Einkommensteuer.

S und D sind keine inländischen Arbeitgeber i. S. des § 38 Abs. 1 EStG des X und daher auch nicht zum Lohnsteuerabzug verpflichtet.

Beispiel 2: Arbeitnehmerentsendung im Interesse des aufnehmenden Unternehmens

111 Ein internationaler Hotelkonzern betreibt durch eine Anzahl von Tochtergesellschaften weltweit Hotels. S, eine in Spanien ansässige Tochtergesellschaft, betreibt in Spanien ein Hotel. D, eine weitere Tochtergesellschaft der Gruppe, betreibt ein Hotel in Deutschland. D benötigt für fünf Monate einen Arbeitnehmer mit spanischen Sprachkenntnissen. Aus diesem Grund wird X, ein in Spanien ansässiger Angestellter der S, zu D entsandt, um während dieser Zeit an der Rezeption im Inland tätig zu sein. X bleibt während dieser Zeit bei S angestellt und wird auch weiterhin von S bezahlt. D übernimmt die Reisekosten von X und bezahlt an S eine Gebühr, die auf dem Gehalt, den Sozialabgaben und weiteren Vergütungen des X für diese Zeit basiert.

Für den Zeitraum der Tätigkeit des X im Inland ist D als wirtschaftlicher Arbeitgeber des X anzusehen. Die Entsendung des X zwischen den international verbundenen Unternehmen erfolgt im Interesse des aufnehmenden Unternehmens D. X ist in dem genannten Zeitraum in den Geschäftsbetrieb des D eingebunden. Zudem trägt D wirtschaftlich die Arbeitsvergütungen. Die Tatbestandsvoraussetzung des Art. 14 Abs. 2 Buchstabe b DBA-Spanien sind damit nicht gegeben. Obwohl X weniger als 183 Tage in Deutschland tätig ist, wird Deutschland gemäß Art. 14 Abs. 1 DBA-Spanien das Besteuerungsrecht für die Vergütungen des X für den genannten Zeitraum zugewiesen.

X ist in Deutschland nach nationalem Recht bereits deshalb beschränkt steuerpflichtig, weil die Tätigkeit in Deutschland ausgeübt wurde (s. § 49 Abs. 1 Nr. 4 Buchstabe a EStG).

D ist inländischer Arbeitgeber i. S. des § 38 Abs. 1 Satz 2 EStG. D zahlt den Arbeitslohn zwar nicht an X aus, trägt ihn aber wirtschaftlich und ist daher zum Lohnsteuerabzug verpflichtet (R 38.3 Abs. 5 LStR). Der Lohnsteuerabzug für X ist durchzuführen.

4.3.3.2 Vereinfachungsregelung

112 Bei einer Arbeitnehmerentsendung zwischen international verbundenen Unternehmen von nicht mehr als drei Monaten (auch jahresübergreifend für sachlich zusammenhängende Tätigkeiten) spricht eine widerlegbare Anscheinsvermutung dafür, dass das aufnehmende Unternehmen mangels Einbindung des Arbeitnehmers nicht als wirtschaftlicher Arbeitgeber anzusehen ist. Die Anscheinsvermutung kann im Einzelfall unter Beach-

tung der Kriterien in der Tz. 4.3.3.1 entkräftet werden. Die Grundsätze des BMF-Schreibens vom 9. November 2001, BStBl I S. 796, (Verwaltungsgrundsätze – Arbeitnehmerentsendung) sind zu beachten.

4.3.3.3 Entsendendes und aufnehmendes Unternehmen sind Arbeitgeber

113 Ist ein Arbeitnehmer abwechselnd sowohl für seinen inländischen zivilrechtlichen Arbeitgeber als auch für ein weiteres im Ausland ansässiges verbundenes Unternehmen tätig (z. B. ein Arbeitnehmer einer deutschen Muttergesellschaft wird abgrenzbar in Spanien und/oder in Deutschland sowohl im Interesse der spanischen aufnehmenden Gesellschaft als auch im Interesse der entsendenden deutschen Gesellschaft tätig), können abkommensrechtlich beide Unternehmen „Arbeitgeber" des betreffenden Arbeitnehmers sein. Voraussetzung ist, dass nach den vorgenannten Grundsätzen beide Unternehmen für die jeweils anteiligen Vergütungen als Arbeitgeber i. S. des DBA anzusehen sind. Dies kann z. B. der Fall sein, wenn sowohl das entsendende als auch das aufnehmende Unternehmen ein Interesse an der Entsendung haben, weil der Arbeitnehmer Planungs-, Koordinierungs- oder Kontrollfunktionen für das entsendende Unternehmen ausübt (s. Tz. 3.1.1 der Verwaltungsgrundsätze-Arbeitnehmerentsendung, a.a.O.). Die Tätigkeiten für das entsendende und für das aufnehmende Unternehmen sind mit ihrer (zeit-)anteiligen Vergütung jeweils getrennt zu beurteilen. Zunächst spricht eine widerlegbare Vermutung dafür, dass der entsandte Arbeitnehmer mit seiner Tätigkeit beim aufnehmenden Unternehmen in dessen Interesse tätig wird. Anhand von nachvollziehbaren Aufzeichnungen und Beschreibungen über die einzelnen abgrenzbaren Tätigkeiten kann aber dargelegt werden, dass im beschriebenen Umfang die Tätigkeit im Interesse des entsendenden Unternehmens erfolgt und insoweit diesem zuzuordnen ist.

114 Erhält der Arbeitnehmer seine Vergütungen aus unselbständiger Tätigkeit in vollem Umfang von seinem zivilrechtlichen Arbeitgeber und trägt das im Ausland ansässige verbundene Unternehmen wirtschaftlich die an den Arbeitnehmer gezahlten (zeit-)anteiligen Vergütungen für die in diesem Unternehmen ausgeübte Tätigkeit, indem die (zeit-)anteiligen Vergütungen zwischen den verbundenen Unternehmen verrechnet werden, ist zu prüfen, ob der Betrag dieser (zeit-)anteiligen Vergütungen höher ist, als sie ein anderer Arbeitnehmer unter gleichen oder ähnlichen Bedingungen für diese Tätigkeit in diesem anderen Staat erhalten hätte. Der übersteigende Betrag stellt keine Erstattung von Arbeitslohn dar, sondern ist Ausfluss des Verhältnisses der beiden verbundenen Unternehmen zueinander. Der übersteigende Betrag gehört nicht zum Arbeitslohn für die Auslandstätigkeit. Das Besteuerungsrecht steht insoweit dem Ansässigkeitsstaat des Arbeitnehmers zu.

Beispiel:

115 Ein in Deutschland ansässiger Arbeitnehmer wird vom 15. August 01 bis 31. Dezember 01 (80 Arbeitstage) an eine chinesische Tochtergesellschaft entsandt. Der Arbeitslohn in Höhe von 110.000 € wird weiterhin vom deutschen Unternehmen ausbezahlt. Davon werden (nach Fremdvergleichsgrundsätzen zutreffend) jedoch 80.000 € an die chinesische Tochtergesellschaft weiterbelastet, da der Arbeitnehmer nicht nur im Interesse der aufnehmenden Tochtergesellschaft, sondern auch im Interesse der entsendenden Muttergesellschaft (z. B. Aufsichtsfunktion zur Umsetzung eines von der Muttergesellschaft vorgegebenen Konzeptes) entsendet wird. Der Arbeitnehmer hält sich während des gesamten Zeitraums (80 Arbeitstage) stets im Interesse beider Arbeitgeber an 20 Arbeitstagen in Deutschland und an 60 Arbeitstagen in China auf. Folglich nimmt er zu jeder Zeit in beiden Staaten jeweils Aufgaben sowohl von der deutschen Muttergesellschaft als auch von der chinesischen Tochtergesellschaft wahr.

Nach Art. 15 Abs. 1 DBA-China können Vergütungen nur im Ansässigkeitsstaat besteuert werden, es sei denn die Tätigkeit wird im anderen Vertragsstaat ausgeübt. Wird die Arbeit dort ausgeübt, so können die dafür bezogenen Vergütungen im anderen Staat besteuert werden. **Soweit** die Voraussetzungen des Art. 15 Abs. 2 DBA-China erfüllt sind, bleibt es jedoch beim ausschließlichen Besteuerungsrecht des Ansässigkeitsstaates.

Behandlung der nicht weiterbelasteten Lohnbestandteile:

Da der Arbeitnehmer auch im Interesse des entsendenden Unternehmens (deutsche Muttergesellschaft) in China tätig war, entfallen die nicht an die chinesische Tochtergesellschaft weiterbelasteten Lohnbestandteile in Höhe von 30.000 € nach Art. 15 Abs. 1 DBA-China auf die in China ausgeübte Tätigkeit. Insoweit liegen die Voraussetzungen des Art. 15 Abs. 2 DBA-China vor. Der Arbeitnehmer hat sich im Jahr 01 nicht länger als 183 Tage im Tätigkeitsstaat aufgehalten und die Vergütung wurde **in dieser Höhe** (zutreffend) nicht von einem im Tätigkeitsstaat ansässigen Arbeitgeber oder einer dort gelegenen Betriebsstätte bezahlt. Das ausschließliche Besteuerungsrecht an diesem Vergütungsbestandteil verbleibt deshalb im Ansässigkeitsstaat Deutschland. Das deutsche Unternehmen kann die entsprechenden Lohnkosten als Betriebsausgaben geltend machen.

Behandlung der weiterbelasteten Lohnbestandteile:

Der übrige Lohnanteil (80.000 €) ist anhand der auf diesen Zeitraum entfallenden tatsächlichen Arbeitstage (80) auf die in Deutschland und die in China ausgeübte Tätigkeit aufzuteilen. Der Arbeitslohn entfällt in Höhe von 80.000 € × $^{20}/_{80}$ = 20.000 € auf die im Inland ausgeübte Tätigkeit. Das Besteuerungsrecht steht gemäß Art. 15 Abs. 1 Satz 1 1. Halbsatz DBA-China ausschließlich dem Ansässigkeitsstaat Deutschland zu.

Für den auf die Tätigkeit in China entfallenden Arbeitslohn in Höhe von 80.000 € × $^{60}/_{80}$ = 60.000 € hat hingegen China gemäß Art. 15 Abs. 1 Satz 2 DBA-China das Besteuerungsrecht. Insbesondere sind aufgrund der nach Fremdvergleichsgrundsätzen zutreffenden Weiterbelastung der Lohnkosten an die chinesische Tochtergesellschaft in dieser Höhe die Voraussetzungen des Art. 15 Abs. 2 DBA-China nicht erfüllt. Der Arbeitslohn ist folglich in Höhe von 60.000 € unter Beachtung der nationalen Rückfallklauseln des § 50d Abs. 8 und 9 EStG und des Progressionsvorbehalts von der deutschen Besteuerung auszunehmen (Art. 24 Abs. 2 Buchstabe a DBA-China).

Abwandlung:

116 Sachverhalt wie im Beispiel 1, jedoch entfallen die nicht an die Tochtergesellschaft weiterbelasteten Lohnbestandteile i. H. v. 30.000 € lediglich auf die 20 in Deutschland verbrachten Arbeitstage. Gleichwohl führt der Arbeitnehmer während seines Aufenthalts in Deutschland auch Aufgaben im Interesse der chinesischen Tochtergesellschaft aus.

Behandlung der nicht weiterbelasteten Lohnbestandteile:

Die nicht an die chinesische Tochtergesellschaft weiterbelasteten Lohnbestandteile i. H. v. 30.000 € entfallen auf eine ausschließlich in Deutschland ausgeübte Tätigkeit. Damit steht dem Ansässigkeitsstaat Deutschland gem. Art. 15 Abs. 1 Satz 1 1. Halbsatz DBA-China das ausschließliche Besteuerungsrecht zu.

Behandlung der weiterbelasteten Lohnbestandteile:

Die Behandlung der an die chinesische Tochtergesellschaft nach Fremdvergleichsgrundsätzen zutreffend weiterbelasteten Lohnbestandteile entspricht der Lösung im obigen Beispiel.

4.3.3.4 Geschäftsführer, Vorstände und Prokuristen

117 Wenn lediglich das im Ausland ansässige verbundene Unternehmen den formellen Anstellungsvertrag mit der natürlichen Person schließt und diese im Rahmen eines Managementvertrags an das inländische verbundene Unternehmen überlässt und die natürliche Person in das deutsche Handelsregister einträgt, ist das deutsche aufnehmende Unternehmen dann als wirtschaftlicher Arbeitgeber anzusehen, wenn die Person in das deutsche aufnehmende Unternehmen eingegliedert ist. Die auf diese Tätigkeit entfallenden Vergütungen sind nach den Fremdvergleichsgrundsätzen dem aufnehmenden Unternehmen (als wirtschaftlichem Arbeitgeber) zuzurechnen. Dies gilt allerdings nicht, wenn die o. g. leitende Person zur Erfüllung einer Dienstleistungsverpflichtung des entsendenden Unternehmens bei einem verbundenen Unternehmen tätig wird und sein Arbeitslohn Preisbestandteil der Dienstleistung ist. In diesem Fall wäre zu prüfen, ob durch die Tätigkeit dieser Person eine Betriebsstätte begründet wurde (s. BMF-Schreiben vom 9. November 2001, BStBl I S. 796, Tz. 2.1).

118 Gleiches gilt in Fällen, in denen für die Tätigkeit als leitende Person beim inländischen verbundenen Unternehmen keine gesonderte Vergütung vereinbart wird oder die Tätigkeit für das deutsche Unternehmen ausdrücklich unentgeltlich erfolgen soll, da der auf die leitende Tätigkeit entfallende Lohnanteil bereits in dem insgesamt im Ausland geschuldeten Arbeitslohn enthalten ist. Das Besteuerungsrecht für den Arbeitslohn, der dem deutschen verbundenen Unternehmen zuzurechnen ist, steht nach den allgemeinen Grundsätzen des Art. 15 OECD-MA Deutschland zu. Soweit die natürliche Person im Ausland ansässig ist, gilt dies nur insoweit, als die Tätigkeit in Deutschland ausgeübt wird.

119 Sondervorschriften in einzelnen DBA zu Geschäftsführern, Vorständen oder anderen leitenden Angestellten wie z. B. Art. 16 DBA-Österreich und Art. 15 Abs. 4 DBA-Schweiz sind jedoch stets vorrangig anzuwenden. In diesen Sonderfällen ist der Ort, an dem die Tätigkeit für das inländische Unternehmen ausgeübt wird, für die Zuteilung des Besteuerungsrechts der Einkünfte aus unselbständiger Arbeit unbeachtlich. Die Sondervorschriften gelten jedoch nur, wenn die Gesellschaft nicht im gleichen Staat ansässig ist wie die vorgenannte leitende Person.

4.3.3.5 Gestaltungsmissbrauch i. S. des § 42 AO

120 Dient eine Arbeitnehmerentsendung ausschließlich oder fast ausschließlich dazu, die deutsche Besteuerung zu vermeiden, ist im Einzelfall zu prüfen, ob ein Missbrauch rechtlicher Gestaltungsmöglichkeiten nach § 42 AO vorliegt.

Beispiel:

121 Ein in der Schweiz ansässiger Gesellschafter-Geschäftsführer einer inländischen Kapitalgesellschaft unterlag in der Vergangenheit der inländischen Besteuerung nach Art. 15 Abs. 4 DBA-Schweiz. Die Grenzgängereigenschaft des Art. 15a DBA-Schweiz war bei ihm nicht gegeben. Er legt diese Beteiligung in eine Schweizer AG ein, an der er ebenfalls als Gesellschafter-Geschäftsführer wesentlich beteiligt ist. Dieser Ertrag ist nach Art. 13 Abs. 3 i. V. m. Abs. 4 DBA-Schweiz in Deutschland steuerfrei. Sein inländischer Anstellungsvertrag wird aufgelöst, er wird ab der Umstrukturierung als Arbeitnehmer der neuen Muttergesellschaft im Rahmen eines Managementverleihvertrags für die deutsche Tochtergesellschaft tätig.

Dient die gewählte Gestaltung nur dazu, die Anwendung des Art. 15 Abs. 4 DBA-Schweiz zu vermeiden, ist die Gestaltung ungeachtet der ggf. erfüllten Kriterien der Tz. 4.3.3.1 nach § 42 AO nicht anzuerkennen.

4.3.3.6 Arbeitgeber im Rahmen einer Poolvereinbarung

122 Schließen sich verbundene Unternehmen zu einem Pool zusammen, handelt es sich steuerlich um eine Innengesellschaft (Verwaltungsgrundsätze-Umlageverträge, s. BMF-Schreiben vom 30. Dezember 1999, BStBl I S. 1122). Das gegebene zivilrechtliche Arbeitsverhältnis bleibt in diesen Fällen unverändert bestehen. Maßgeblich für die Anwendung des DBA ist dieses Arbeitsverhältnis.

Beispiel:

123 Fünf europäische Landesgesellschaften eines international tätigen Maschinenbau-Konzerns schließen sich zusammen, um eine Einsatzgruppe von Technikern zu bilden, die je nach Bedarf in Notfällen für die Landesgesellschaften in den einzelnen Ländern tätig werden sollen. Jede Landesgesellschaft stellt hierfür drei Techniker; die Kosten der Gruppe werden nach einem Umsatzschlüssel auf die Gesellschaften verteilt.

Arbeitgeber i. S. des DBA ist der jeweilige zivilrechtliche Arbeitgeber (die jeweilige Landesgesellschaft) des Technikers.

4.3.4 Gewerbliche Arbeitnehmerüberlassung

124 Gewerbliche Arbeitnehmerüberlassung liegt bei Unternehmen (Verleiher) vor, die Dritten (Entleiher) gewerbsmäßig Arbeitnehmer (Leiharbeitnehmer) zur Arbeitsleistung überlassen.

4.3.4.1 Beurteilung einer gewerblichen Arbeitnehmerüberlassung nach Art. 15 Abs. 1 und 2 OECD-MA entsprechenden Vorschriften

125 Bei einer grenzüberschreitenden Arbeitnehmerüberlassung nimmt grundsätzlich der Entleiher die wesentlichen Arbeitgeberfunktionen wahr. Der Leiharbeitnehmer ist regelmäßig in den Betrieb des Entleihers eingebunden. Dementsprechend ist (abweichend von Tz. 4.3.3.2) bereits mit Aufnahme der Tätigkeit des Leiharbeitnehmers beim Entleiher i. d. R. dieser als Arbeitgeber i. S. des DBA anzusehen.

126 Bei einer doppel- oder mehrstöckigen gewerblichen Arbeitnehmerüberlassung ist i. d. R. der letzte Entleiher in der Kette als wirtschaftlicher Arbeitgeber nach DBA anzusehen.

127 Nicht selten, z. B. bei nur kurzfristiger Überlassung (s. BFH-Beschluss vom 4. September 2002, BStBl 2003 II S. 306), können auch wesentliche Arbeitgeberfunktionen beim Verleiher verbleiben. Es ist daher insbesondere anhand folgender Kriterien zu prüfen, ob nach dem Gesamtbild der Verhältnisse der Verleiher oder der Entleiher überwiegend die wesentlichen Arbeitgeberfunktionen wahrnimmt und damit als Arbeitgeber i. S. des DBA (s. auch OECD-MK, Tz. 8.14 zu Art. 15) anzusehen ist.

– Wer trägt die Verantwortung oder das Risiko für die durch die Tätigkeit des Arbeitnehmers erzielten Ergebnisse? Hat der Entleiher im Falle von Beanstandungen das Recht, den Arbeitnehmer an den Verleiher zurückzuweisen?
– Wer hat das Recht, dem Arbeitnehmer Weisungen zu erteilen?
– Unter wessen Kontrolle und Verantwortung steht die Einrichtung, in der der Arbeitnehmer seine Tätigkeit ausübt?
– Wer stellt dem Arbeitnehmer im Wesentlichen die Werkzeuge und das Material zur Verfügung?
– Wer bestimmt die Zahl und die Qualifikation der Arbeitnehmer?
– Wer trägt das Lohnkostenrisiko im Falle der Nichtbeschäftigung?

Beispiel 1: Verleih im Inland mit anschließender grenzüberschreitender Lieferungs- oder Werkleistungsverpflichtung

128 Der im Inland ansässige Verleiher überlässt den im Inland ansässigen Arbeitnehmer an ein ebenfalls im Inland ansässiges Unternehmen (Entleiher), das den Arbeitnehmer für nicht mehr als 183 Tage zur Erfüllung einer eigenen Lieferungs- oder Werkleistungsverpflichtung bei einem fremden dritten Unternehmen im Ausland einsetzt.

Das im Ausland ansässige Unternehmen nimmt keinerlei Arbeitgeberfunktionen gegenüber dem Arbeitnehmer wahr und ist damit nicht dessen Arbeitgeber im abkommensrechtlichen Sinne. Wirtschaftlicher Arbeitgeber des Arbeitnehmers ist vielmehr der im Inland ansässige Entleiher. Das Besteuerungsrecht für die vom Arbeitnehmer im Ausland ausgeübte Tätigkeit richtet sich ausschließlich nach den Art. 15 Abs. 1 und 2 OECD-MA entsprechenden Vorschriften der DBA. Da der Arbeitnehmer nicht mehr als 183 Tage im Ausland eingesetzt ist und der Entleiher dort weder ansässig ist, noch eine Betriebsstätte unterhält, steht das Besteuerungsrecht für die Vergütungen aus der Tätigkeit ausschließlich Deutschland zu.

Beispiel 2: Verleih im Inland mit anschließender grenzüberschreitender Arbeitnehmerentsendung

129 Der im Inland ansässige Verleiher überlässt den im Inland ansässigen Arbeitnehmer an ein ebenfalls im Inland ansässiges Unternehmen (Entleiher), das den Arbeitnehmer für nicht mehr als 183 Tage im Ausland bei einem zum Konzern gehörenden Unternehmen einsetzt.

In diesem Fall ist zu prüfen, welche der beiden Konzerngesellschaften als Arbeitgeber im Sinne des DBA anzusehen ist (s. Tz. 4.3.3). Ist der im Inland ansässige Entleiher der wirtschaftliche Arbeitgeber des Leiharbeitnehmers, entspricht die Lösung der im Beispiel 1.

Ist dagegen das im Ausland ansässige Unternehmen als wirtschaftlicher Arbeitgeber anzusehen, sind die Voraussetzungen des Art. 15 Abs. 2 OECD-MA nicht erfüllt und der ausländische Tätigkeitsstaat hat nach Art. 15 Abs. 1 OECD-MA das Besteuerungsrecht.

Beispiel 3: Grenzüberschreitender Verleih mit anschließender Lieferungs- oder Werkleistungsverpflichtung im Inland

130 Der im Inland ansässige Verleiher überlässt den im Inland ansässigen Arbeitnehmer an ein im Ausland ansässiges Unternehmen (Entleiher), das den Arbeitnehmer für nicht mehr als 183 Tage zur Erfüllung einer eigenen Lieferungs- oder Werkleistungsverpflichtung bei einem Unternehmen im Inland einsetzt.

Es liegt eine grenzüberschreitende gewerbliche Arbeitnehmerüberlassung vor, in deren Rahmen der Arbeitnehmer an ein im Ausland ansässiges Unternehmen verliehen wird. Der Entleiher ist auch Arbeitgeber im abkommensrechtlichen Sinne, sofern er die wesentlichen Arbeitgeberfunktionen wahrnimmt. Soweit jedoch der Arbeitnehmer seine unselbständige Arbeit im Inland ausübt, ist der Ansässigkeitsstaat des Arbeitnehmers zugleich dessen Tätigkeitsstaat. Für die auf diese Tätigkeit entfallenden Vergütungen hat Deutschland das ausschließliche Besteuerungsrecht. Allein deshalb, weil der im anderen Vertragsstaat ansässige Entleiher im abkommensrechtlichen Sinne der Arbeitgeber ist und den Arbeitslohn an den Arbeitnehmer zahlt, ist das Besteuerungsrecht nicht dem anderen Vertragsstaat zuzuweisen.

Beispiel 4: Grenzüberschreitender Verleih mit anschließender Arbeitnehmerentsendung in das Inland

131 Der im Inland ansässige Verleiher überlässt den im Inland ansässigen Arbeitnehmer an ein im Ausland ansässiges Unternehmen (Entleiher), das den Arbeitnehmer für nicht mehr als 183 Tage bei einem im Inland ansässigen zum Konzern gehörenden Unternehmen einsetzt.

Soweit der Arbeitnehmer seine unselbständige Arbeit im Inland ausübt, ist der Ansässigkeitsstaat des Arbeitnehmers zugleich dessen Tätigkeitsstaat. Für die auf diese Tätigkeit entfallenden Vergütungen hat Deutschland das ausschließliche Besteuerungsrecht. In diesem Fall ist (abweichend von Beispiel 2) nicht entscheidend, welche der beiden Konzerngesellschaften als Arbeitgeber i. S. des DBA anzusehen ist.

Beispiel 5: Grenzüberschreitender Verleih mit anschließender Lieferungs- oder Werkleistungsverpflichtung im gleichen ausländischen Staat

132 Der im Inland ansässige Verleiher überlässt den im Inland ansässigen Arbeitnehmer an ein im Ausland ansässiges Unternehmen (Entleiher), das den Arbeitnehmer für nicht mehr als 183 Tage zur Erfüllung einer eigenen Lieferungs- oder Werkleistungsverpflichtung bei einem dritten Unternehmen im gleichen ausländischen Staat einsetzt.

Es liegt eine grenzüberschreitende gewerbliche Arbeitnehmerüberlassung vor, in deren Rahmen der Arbeitnehmer an ein im Ausland ansässiges Unternehmen entliehen und auch in diesem ausländischen Staat tätig wird. Der Entleiher ist Arbeitgeber im abkommensrechtlichen Sinne, sofern er die wesentlichen Arbeitgeberfunktionen wahrnimmt. Die Voraussetzungen des Art. 15 Abs. 2 OECD-MA sind nicht erfüllt und der ausländische Tätigkeitsstaat hat nach Art. 15 Abs. 1 OECD-MA das Besteuerungsrecht.

Beispiel 6: Grenzüberschreitender Verleih mit anschließender Arbeitnehmerentsendung innerhalb des gleichen ausländischen Staats

133 Der im Inland ansässige Verleiher überlässt den im Inland ansässigen Arbeitnehmer an ein im Ausland ansässiges Unternehmen (Entleiher), das den Arbeitnehmer für nicht mehr als 183 Tage bei einem im gleichen ausländischen Staat ansässigen zum Konzern gehörenden Unternehmen einsetzt.

Die Voraussetzungen des Art. 15 Abs. 2 OECD-MA sind nicht erfüllt und der ausländische Tätigkeitsstaat hat nach Art. 15 Abs. 1 OECD-MA das Besteuerungsrecht für die Vergütungen, die auf diese Tätigkeit entfallen. In diesem Fall ist (abweichend von Beispiel 2) nicht entscheidend, welche der beiden Konzerngesellschaften als Arbeitgeber i. S. des DBA anzusehen ist, da beide im gleichen ausländischen Staat ansässig sind.

Beispiel 7: Grenzüberschreitender Verleih mit anschließender Lieferungs- oder Werkleistungsverpflichtung in einem weiteren ausländischen Staat

134 Der im Inland ansässige Verleiher überlässt den im Inland ansässigen Arbeitnehmer an ein im Staat X ansässiges Unternehmen (Entleiher), das den Arbeitnehmer für nicht mehr als 183 Tage zur Erfüllung einer eigenen Lieferungs- oder Werkleistungsverpflichtung bei einem dritten Unternehmen in einem dritten Staat Y einsetzt.

Es liegt eine grenzüberschreitende gewerbliche Arbeitnehmerüberlassung vor, in deren Rahmen der Arbeitnehmer an das in Staat X ansässige Unternehmen entliehen wird. Der Entleiher ist Arbeitgeber im abkommensrechtlichen Sinne, sofern er die wesentlichen Arbeitgeberfunktionen wahrnimmt. Staat X hat nach Art. 15 Abs. 1 OECD-MA dennoch kein Besteuerungsrecht für die Vergütungen, soweit diese auf die im Staat Y ausgeübte Tätigkeit des Arbeitnehmers entfallen.

Das im Staat Y ansässige Unternehmen nimmt keinerlei Arbeitgeberfunktionen gegenüber dem Arbeitnehmer wahr und ist damit nicht dessen Arbeitgeber im abkommensrechtlichen Sinne. Wenn der Arbeitnehmer weniger als 183 Tage in Staat Y eingesetzt ist und der nicht in Staat Y ansässige Arbeitgeber im abkommensrechtlichen Sinne dort keine Betriebsstätte unterhält, steht das Besteuerungsrecht für die Vergütungen aus der Tätigkeit ausschließlich Deutschland zu.

Beispiel 8: Grenzüberschreitender Verleih mit anschließender Arbeitnehmerentsendung in einen weiteren ausländischen Staat

135 Der im Inland ansässige Verleiher überlässt den im Inland ansässigen Arbeitnehmer an ein im Staat X ansässiges Unternehmen (Entleiher), das den Arbeitnehmer für nicht mehr als 183 Tage bei einem zum Konzern gehörenden, in Staat Y ansässigen Unternehmen einsetzt.

In diesem Fall ist zu prüfen, welche der beiden in ausländischen Staaten ansässigen Konzerngesellschaften als Arbeitgeber i. S. des DBA anzusehen ist (s. Tz. 4.3.3). Ist der im Staat X ansässige Entleiher der wirtschaftliche Arbeitgeber des Leiharbeitnehmers, entspricht die Lösung der im Beispiel 7.

Ist dagegen das im Staat Y ansässige Unternehmen als wirtschaftlicher Arbeitgeber anzusehen, sind die Voraussetzungen des Art. 15 Abs. 2 OECD-MA nicht erfüllt und der ausländische Tätigkeitsstaat Y hat nach Art. 15 Abs. 1 OECD-MA das Besteuerungsrecht.

Beispiel 9: Grenzüberschreitender Verleih mit anschließendem Verleih in einen weiteren ausländischen Staat

136 Der im Inland ansässige gewerbliche Verleiher überlässt den im Inland ansässigen Arbeitnehmer an ein im Staat X ansässiges Unternehmen (Entleiher), das ebenfalls ein gewerblicher Verleiher ist und den Arbeitnehmer für nicht mehr als 183 Tage einem dritten, in Staat Y ansässigen Unternehmen (Entleiher) überlässt.

Es liegt eine grenzüberschreitende gewerbliche Arbeitnehmerüberlassung vor. Als wirtschaftlicher Arbeitgeber im abkommensrechtlichen Sinne ist der letzte, in Staat Y ansässige Entleiher in der Kette anzusehen, sofern er die wesentlichen Arbeitgeberfunktionen wahrnimmt. Die Voraussetzungen des Art. 15 Abs. 2 OECD-MA sind nicht erfüllt und der ausländische Tätigkeitsstaat Y hat nach Art. 15 Abs. 1 OECD-MA das Besteuerungsrecht.

137 Die vorstehenden Grundsätze zum grenzüberschreitenden Arbeitnehmerverleih sind auch in den Fällen anzuwenden, in denen ein im Inland ansässiger Arbeitnehmer bei einem ausländischen gewerbsmäßigen Arbeitnehmerverleiher beschäftigt ist und dieser den Arbeitnehmer an ein Unternehmen im Ausland verleiht.

4.3.4.2 Besondere Regelungen in einzelnen DBA

138 Einige DBA enthalten zur Vermeidung von Missbrauch in Fällen von grenzüberschreitenden Leiharbeitsverhältnissen besondere Regelungen, nach denen die Anwendung der 183-Tage-Klausel in diesen Fällen ausgeschlossen wird – insbesondere (Stand: 1. Januar 2014):

Protokoll Ziffer 5 zu Art. 15 DBA-Albanien,
Art. 15 Abs. 3 DBA-Algerien,
Art. 15 Abs. 3 DBA-Aserbaidschan,
Art. 14 Abs. 3 DBA-Bulgarien,
Art. 15 Abs. 4 DBA-Dänemark,
Art. 15 Abs. 3 DBA-Kasachstan,
Art. 15 Abs. 3 DBA-Korea,
Art. 15 Abs. 3 DBA-Kroatien,
Art. 15 Abs. 3 DBA-Polen,
Art. 15 Abs. 3 DBA-Rumänien,
Art. 15 Abs. 4 DBA-Schweden,
Protokoll Ziffer 4 zum DBA-Slowenien,
Art. 14 Abs. 3 DBA-Tadschikistan,
Art. 14 Abs. 3 DBA-Ungarn,
Art. 14 Abs. 3 DBA-Uruguay,
Art. 14 Abs. 3 DBA-Zypern.

139 In diesen Fällen bleibt es beim Besteuerungsrecht des Tätigkeitsstaates nach den Art. 15 Abs. 1 OECD-MA entsprechenden Vorschriften der DBA, unabhängig davon, wie lange der Arbeitnehmer in diesem Staat tätig ist. Der Ansässigkeitsstaat Deutschland vermeidet die Doppelbesteuerung, die sich durch die Anwendung der oben genannten Regelungen ergibt, grundsätzlich durch Anrechnung der ausländischen Steuer (Stand: 1. Januar 2014):

Art. 23 Abs. 1 Buchstabe b Doppelbuchstabe ee DBA-Albanien,
Art. 23 Abs. 2 Buchstabe b Doppelbuchstabe ee DBA-Algerien,
Art. 23 Abs. 1 Buchstabe b Doppelbuchstabe ee DBA-Aserbaidschan,
Art. 22 Abs. 1 Buchstabe b Doppelbuchstabe ee DBA-Bulgarien,
Art. 24 Abs. 1 Buchstabe b Doppelbuchstabe bb DBA-Dänemark,
Art. 23 Abs. 2 Buchstabe b Doppelbuchstabe ee DBA-Kasachstan,
Art. 23 Abs. 1 Buchstabe b Doppelbuchstabe ee DBA-Korea,
Art. 23 Abs. 1 Buchstabe b Doppelbuchstabe ee DBA-Kroatien,
Art. 24 Abs. 1 Buchstabe b Doppelbuchstabe bb DBA-Polen,
Art. 23 Abs. 2 Buchstabe b Doppelbuchstabe ee DBA-Rumänien,
Art. 23 Abs. 1 Buchstabe b Doppelbuchstabe cc DBA-Schweden,
Art. 23 Abs. 2 Buchstabe b Doppelbuchstabe dd DBA-Slowenien,
Art. 22 Abs. 2 Buchstabe b Doppelbuchstabe dd DBA-Tadschikistan,
Art. 22 Abs. 1 Buchstabe b Doppelbuchstabe cc DBA-Ungarn,
Art. 22 Abs. 1 Buchstabe b Doppelbuchstabe ee DBA-Uruguay,
Art. 22 Abs. 1 DBA-Zypern.

140 Art. 13 Abs. 6 DBA-Frankreich, Protokoll Ziffer 13 zum DBA-Italien und Protokoll Ziffer 5 zum DBA-Norwegen sehen vor, dass im Fall des gewerblichen Arbeitnehmerverleihs beiden Vertragsstaaten das Besteuerungsrecht zusteht. Die Doppelbesteuerung wird hier ebenfalls durch Steueranrechnung vermie-

den (Art. 20 Abs. 1 Buchstabe c DBA-Frankreich, Protokoll Ziffer 13 zum DBA-Italien, Protokoll Ziffer 5 zum DBA-Norwegen).

141 Art. 15 Abs. 3 DBA-Österreich regelt, dass Art. 15 Abs. 2 Buchstabe b (Arbeitgeber i. S. des DBA) für den Fall der gewerblichen Arbeitnehmerüberlassung dann keine Anwendung findet, wenn sich der Arbeitnehmer nicht länger als 183 Tage im anderen Staat aufhält. Damit wird dem Ansässigkeitsstaat des Arbeitnehmers das Besteuerungsrecht auch dann zugewiesen, wenn der Entleiher seinen Sitz im Tätigkeitsstaat hat und sich der Arbeitnehmer an nicht mehr als 183-Tagen im anderen Staat aufgehalten hat. Die Regelung des DBA wird durch Nr. 6 des Protokolls dahingehend flankiert, dass die 183-Tage-Regelung nur dann nicht zur Anwendung kommt, wenn der Verleiher im anderen Staat eine Betriebsstätte unterhält, die die Vergütungen trägt. Steht nach diesen Regeln Österreich als Tätigkeitsstaat das Besteuerungsrecht zu, vermeidet Deutschland die Doppelbesteuerung durch Anwendung der Freistellungsmethode nach Art. 23 Abs. 1 Buchstabe a DBA-Österreich.

142 Art. 15 Abs. 3 DBA-Polen sieht unter bestimmten Voraussetzungen vor, dass die 183-Tage-Klausel in Fällen internationaler Arbeitnehmerüberlassung nicht gilt und hat den Wechsel auf die Anrechnungsmethode (Art. 24 Abs. 1 Buchstabe b Doppelbuchstabe bb) zur Folge.

143 In folgenden Fällen, in denen es wegen der Anwendung der Anrechnungsmethode im laufenden Kalenderjahr zu einer zeitweiligen Doppelbesteuerung kommen kann, bestehen keine Bedenken, dass aus Billigkeitsgründen entsprechend der Regelung des § 39a Abs. 1 Satz 1 Nr. 5 Buchstabe c EStG das Vierfache der voraussichtlich abzuführenden ausländischen Abzugsteuer als Freibetrag für das Lohnsteuerabzugsverfahren gebildet wird:

– Anwendung des Art. 13 Abs. 6 DBA-Frankreich bzw. vergleichbarer Regelungen in anderen DBA
– Berücksichtigung ausländischer Steuern nach § 34c Abs. 1 EStG, die von Staaten erhoben werden, mit denen kein DBA besteht und der Auslandstätigkeitserlass (BMF-Schreiben vom 31. Oktober 1983, BStBl I S. 470) nicht anzuwenden ist. Es ist jedoch zu beachten, dass der Auslandstätigkeitserlass grundsätzlich auch bei Arbeitnehmerüberlassungen angewendet werden kann.

144 Hierzu ist es erforderlich, dass der Leiharbeitnehmer durch geeignete Unterlagen (z. B. Bestätigung des Arbeitgebers) glaubhaft macht, dass der Quellensteuerabzug im anderen Staat bereits vorgenommen wurde oder mit dem Quellensteuerabzug zumindest ernsthaft zu rechnen ist. Bei der Berechnung des Freibetrags dürfen ausländische Steuern eines Nicht-DBA-Staates nur zugrunde gelegt werden, wenn sie der deutschen Einkommensteuer entsprechen (Anhang 12 II EStH). Auf die Veranlagungsverpflichtung nach § 46 Abs. 2 Nr. 4 EStG wird hingewiesen.

4.3.5 Gelegentliche Arbeitnehmerüberlassung zwischen fremden Dritten

145 Sofern gelegentlich ein Arbeitnehmer bei einem fremden Dritten eingesetzt wird, kann entweder eine Arbeitnehmerüberlassung oder eine Tätigkeit zur Erfüllung einer Lieferungs- oder Werkleistungsverpflichtung vorliegen.

146 Eine gelegentliche Arbeitnehmerüberlassung liegt grundsätzlich dann vor, wenn der zivilrechtliche Arbeitgeber, dessen Unternehmenszweck nicht die Arbeitnehmerüberlassung ist, mit einem nicht verbundenen Unternehmen vereinbart, den Arbeitnehmer für eine befristete Zeit bei letztgenanntem Unternehmen tätig werden zu lassen und das aufnehmende Unternehmen entweder eine arbeitsrechtliche Vereinbarung (Arbeitsverhältnis) mit dem Arbeitnehmer schließt oder als wirtschaftlicher Arbeitgeber anzusehen ist.

147 Bezogen auf die vom Entleiher gezahlten Vergütungen ist in diesen Fällen regelmäßig der Entleiher als Arbeitgeber i. S. des DBA anzusehen.

Beispiel: Arbeitnehmerüberlassung zwischen fremden Dritten

148 S, ein in Spanien ansässiges Unternehmen, und D, ein in Deutschland ansässiges Unternehmen, sind ausschließlich mit der Ausübung technischer Dienstleistungen befasst. Sie sind keine verbundenen Unternehmen i. S. des Art. 9 OECD-MA. D benötigt für eine Übergangszeit die Leistungen eines Spezialisten, um eine Bauleistung im Inland fertig zu stellen und wendet sich deswegen an S. Beide Unternehmen vereinbaren, dass X, ein in Spanien ansässiger Angestellter von S, für die Dauer von vier Monaten für D unter der direkten Aufsicht von dessen erstem Ingenieur arbeiten soll. X bleibt während dieser Zeit formal weiterhin bei S angestellt. D zahlt S einen Betrag, der dem Gehalt, Sozialversicherungsabgaben, Reisekosten und anderen Vergütungen des Technikers für diesen Zeitraum entspricht. Zusätzlich wird ein Aufschlag von 5 % gezahlt. Es wurde vereinbart, dass S von allen Schadensersatzansprüchen, die in dieser Zeit aufgrund der Tätigkeit von X entstehen sollten, befreit ist.

Es liegt eine gelegentliche Arbeitnehmerüberlassung zwischen fremden Unternehmen vor. D ist während des genannten Zeitraums als wirtschaftlicher Arbeitgeber des X anzusehen. Die Tatbestandsvoraussetzungen des Art. 15 Abs. 2 Buchstabe b DBA-Spanien sind damit nicht erfüllt. Gemäß Art. 14 Abs. 1 DBA-Spanien hat somit Deutschland das Besteuerungsrecht für die Vergütungen des X für den genannten Zeitraum. Der Aufschlag in Höhe von 5 % stellt keinen Arbeitslohn des X dar. X ist in Deutschland nach nationalem Recht bereits deshalb beschränkt steuerpflichtig, weil die Tätigkeit in Deutschland ausgeübt wurde (§ 49 Abs. 1 Nr. 4 Buchstabe a EStG).

D ist inländischer Arbeitgeber i. S. des § 38 Abs. 1 Satz 2 EStG und daher zum Lohnsteuerabzug verpflichtet.

4.4 Zahlung des Arbeitslohns zulasten einer Betriebsstätte des Arbeitgebers im Tätigkeitsstaat – Art. 15 Abs. 2 Buchstabe c OECD-MA

149 Erfolgt die Zahlung zulasten einer Betriebsstätte des Arbeitgebers im Tätigkeitsstaat, sind die Voraussetzungen für die alleinige Besteuerung im Ansässigkeitsstaat nach Art. 15 Abs. 2 Buchstabe c OECD-MA nicht erfüllt.

150 Maßgebend für den Begriff der „Betriebsstätte" ist die Definition in dem jeweiligen Abkommen (Art. 5 OECD-MA). Nach vielen DBA ist z. B. eine Bauausführung oder Montage erst ab einem Zeitraum von mehr als 12 Monaten eine Betriebsstätte (abweichend von § 12 AO, wonach bei einer Dauer von mehr als 6 Monaten eine Betriebsstätte vorliegt).

151 Der Arbeitslohn wird zulasten einer Betriebsstätte gezahlt, wenn die Zahlungen wirtschaftlich der Betriebsstätte zuzuordnen sind. Nicht entscheidend ist, wer die Vergütungen auszahlt oder in seiner Teilbuchführung abrechnet. Es kommt nicht darauf an, dass die Vergütungen zunächst von der Betriebsstätte ausgezahlt und später vom Stammhaus erstattet werden. Ebenso ist es nicht entscheidend, wenn eine zunächst vom Stammhaus ausgezahlte Vergütung später in der Form einer Kostenumlage auf die ausländische Betriebsstätte abgewälzt wird. Entscheidend ist allein, ob und ggf. in welchem Umfang die ausgeübte Tätigkeit des Arbeitnehmers nach dem jeweiligen DBA (s. Art. 7 OECD-MA) der Betriebsstätte zuzuordnen ist und die Vergütung deshalb wirtschaftlich zulasten der Betriebsstätte geht (s. BFH-Urteil vom 24. Februar 1988, BStBl II S. 819).

152 Eine selbständige Tochtergesellschaft (z. B. GmbH) ist grundsätzlich nicht Betriebsstätte der Muttergesellschaft, kann aber ggf. eine Vertreterbetriebsstätte begründen oder selbst Arbeitgeber sein.

153 Im Übrigen wird auf die „Grundsätze der Verwaltung für die Prüfung der Aufteilung der Einkünfte bei Betriebsstätten international tätiger Unternehmen" (Betriebsstätten-Verwaltungsgrundsätze; s. BMF-Schreiben vom 24. Dezember 1999, BStBl I S. 1076, unter Berücksichtigung der Änderungen durch die BMF-Schreiben vom 20. November 2000, BStBl I S. 1509, vom 29. September 2004, BStBl I S. 917, und vom 25. August 2009, BStBl I S. 888) sowie die „Verwaltungsgrundsätze-Arbeitnehmerentsendung", BMF-Schreiben vom 9. November 2001 (BStBl I S. 796) verwiesen.

Beispiel 1:

154 Der in Deutschland ansässige A ist vom 1. Januar 01 bis 31. März 01 bei einer Betriebsstätte seines deutschen Arbeitgebers in Frankreich (nicht innerhalb der Grenzzone nach Art. 13 Abs. 5 DBA-Frankreich) tätig. Der Lohnaufwand ist der Betriebsstätte nach Art. 4 DBA-Frankreich als Betriebsausgabe zuzuordnen.

Das Besteuerungsrecht für den Arbeitslohn steht Frankreich zu. A ist zwar nicht mehr als 183 Tage in Frankreich tätig. Da der Arbeitslohn aber zulasten einer französischen Betriebsstätte des Arbeitgebers geht, bleibt das Besteuerungsrecht Deutschland nicht erhalten (Art. 13 Abs. 4 DBA-Frankreich). Frankreich kann als Tätigkeitsstaat den Arbeitslohn besteuern (Art. 13 Abs. 1 DBA-Frankreich). Deutschland stellt die Einkünfte unter Beachtung des § 50d Abs. 8 bzw. 9 EStG und des Progressionsvorbehalts frei (Art. 20 Abs. 1 Buchstabe a DBA-Frankreich).

Beispiel 2:

155 Der in Frankreich ansässige B ist bei einer deutschen Betriebsstätte seines französischen Arbeitgebers A (nicht innerhalb der Grenzzone nach Art. 13 Abs. 5 DBA-Frankreich) vom 1. Januar 01 bis 31. März 01 in Deutschland tätig. Der Lohnaufwand ist der Betriebsstätte nach Art. 4 DBA-Frankreich als Betriebsausgabe zuzuordnen.

Das Besteuerungsrecht für den Arbeitslohn hat Deutschland. B ist zwar nicht mehr als 183 Tage in Deutschland tätig, der Arbeitslohn geht aber zulasten einer deutschen Betriebsstätte. Deutschland kann daher als Tätigkeitsstaat der Arbeitslohn besteuern (Art. 13 Abs. 1 DBA-Frankreich i. V. m. § 1 Abs. 4 und § 49 Abs. 1 Nr. 4 Buchstabe a EStG).

A ist inländischer Arbeitgeber i. S. des § 38 Abs. 1 Satz 1 Nr. 1 EStG, weil er im Inland über eine Betriebsstätte verfügt, und deshalb zum Lohnsteuerabzug verpflichtet ist.

5 Ermittlung des steuerpflichtigen/steuerfreien Arbeitslohns

5.1 Differenzierung zwischen der Anwendung der 183-Tage-Klausel und der Ermittlung des steuerpflichtigen/steuerfreien Arbeitslohns

156 Nach Art. 15 Abs. 1 OECD-MA können die Vergütungen aus unselbständiger Arbeit ausschließlich im Ansässigkeitsstaat des Arbeitnehmers besteuert werden, es sei denn, die Tätigkeit wird im anderen Staat ausgeübt. Wird die unselbständige Arbeit im anderen Staat ausgeübt, steht auch diesem Staat das Besteuerungsrecht für Vergütungen zu, die für die dort ausgeübte Tätigkeit gezahlt werden (s. Tz. 3). Gemäß Art. 15 Abs. 2 OECD-MA ist zu prüfen, ob trotz der Auslandstätigkeit dem Ansässigkeitsstaat des Arbeitnehmers das ausschließliche Besteuerungsrecht an den Vergütungen aus unselbständiger Arbeit verbleibt (s. Tz. 4). Im Rahmen dieser Prüfung wird u. a. eine Berechnung der nach dem jeweils anzuwendenden DBA maßgeblichen Aufenthalts- oder Ausübungstage im Ausland anhand der 183-Tage-Klausel vorgenommen.

157 Die Ermittlung des steuerpflichtigen/steuerfreien Arbeitslohns erfolgt sodann in einem weiteren gesonderten Schritt.

5.2 Grundsätze bei der Ermittlung des steuerpflichtigen/steuerfreien Arbeitslohns

158 Nach § 90 Abs. 2 AO hat der Steuerpflichtige den Nachweis über die Ausübung der Tätigkeit in dem anderen Staat und deren Zeitdauer durch Vorlage geeigneter Aufzeichnungen (z. B. Stundenprotokolle, Terminkalender, Reisekostenabrechnungen) zu führen.

159 Ist der Arbeitslohn in Deutschland nach einem DBA freizustellen, ist zunächst zu prüfen, inwieweit die Vergütungen unmittelbar der Auslandstätigkeit oder der Inlandstätigkeit zugeordnet werden können (s. Tz. 5.3). Soweit eine unmittelbare Zuordnung nicht möglich ist, ist der verbleibende tätigkeitsbezogene Arbeitslohn aufzuteilen. Die Aufteilung hat bereits der Arbeitgeber im Lohnsteuerabzugsverfahren vorzunehmen; zum Erfordernis der Freistellungsbescheinigung vgl. R 39b.10 LStR. Darüber hinaus hat er den steuerfrei belassenen Arbeitslohn in der Lohnsteuerbescheinigung anzugeben. Das Lohnsteuerabzugsverfahren ist zwar ein Vorauszahlungsverfahren, dessen Besonderheiten und Regelungen nicht in das Veranlagungsverfahren hineinwirken (s. BFH-Urteil vom 13. Januar 2011, BStBl II S. 479), jedoch ist zu berücksichtigen, dass der Arbeitgeber auch nach Erstellung der Lohnsteuerbescheinigung für die zutreffende Anmeldung und Abführung der Lohnsteuer haftet und verpflichtet ist, etwaige Änderungen nach § 41c Abs. 4 EStG anzuzeigen. Das Finanzamt ist nicht gehindert, im Einkommensteuerveranlagungsverfahren die vorgenommene Aufteilung zu überprüfen; es ist nicht an eine fehlerhaft erteilte Freistellungsbescheinigung gebunden (s. BFH-Urteil vom 12. März 1985, BStBl II S. 500).

5.3 Direkte Zuordnung

160 Gehaltsbestandteile, die unmittelbar aufgrund einer konkreten inländischen oder ausländischen Arbeitsleistung gewährt werden, sind vorab direkt zuzuordnen. Dies können z. B. Reisekosten, Überstundenvergütungen, Zuschläge für Sonntags-, Feiertags- und Nachtarbeit, Auslandszulagen, die Gestellung einer Wohnung im Tätigkeitsstaat, Kosten für Orientierungsreise, Sprachunterricht, interkulturelle Schulungen, Aufwendungen für Visa oder medizinische Untersuchungen für die Auslandstätigkeit und sonstige Auslagen oder Unterstützungsleistungen für die mitumziehende Familie sein. Daran schließt sich die Würdigung an, ob überhaupt steuerpflichtiger Arbeitslohn vorliegt oder ob nicht Leistungen im ganz überwiegend betrieblichen Interesse bzw. steuerfreie Aufwandserstattungen vorliegen. Der Gesamtarbeitslohn abzüglich der direkt zugeordneten Gehaltsbestandteile ist der verbleibende Arbeitslohn.

5.4 Aufteilung des verbleibenden Arbeitslohns

161 Der nicht direkt zuordenbare, verbleibende Arbeitslohn ist aufzuteilen. Zum verbleibenden Arbeitslohn gehören z. B. neben den laufenden Vergütungen auch Zusatzvergütungen, die auf die nichtselbständige Arbeit des Arbeitnehmers innerhalb des gesamten Berechnungszeitraums entfallen (z. B. Weihnachts- und Urlaubsgeld). Hat sich das vereinbarte Gehalt während des Kalenderjahres verändert, so ist dieser Veränderung Rechnung zu tragen.

162 Grundlage für die Berechnung des steuerfreien Arbeitslohns ist die Zahl der tatsächlichen Arbeitstage (s. Tz. 5.4.1) innerhalb eines Kalenderjahres. Den tatsächlichen Arbeitstagen ist das für die entsprechende Zeit bezogene und nicht nach Tz. 5.3 direkt zugeordnete Arbeitsentgelt gegenüberzustellen (s. Tz. 5.4.2).

5.4.1 Definition der tatsächlichen Arbeitstage

163 Die tatsächlichen Arbeitstage sind alle Tage innerhalb eines Kalenderjahres, an denen der Arbeitnehmer seine Tätigkeit tatsächlich ausübt und für die er Arbeitslohn bezieht. Krankheitstage mit oder ohne Lohnfortzahlung, Urlaubstage und Tage des ganztägigen Arbeitszeitausgleichs sind folglich keine Arbeitstage. Dagegen können auch Wochenend- oder Feiertage grundsätzlich als tatsächliche Arbeitstage zu zählen sein, wenn der Arbeitnehmer an diesen Tagen seine Tätigkeit tatsächlich ausübt und diese durch den Arbeitgeber vergütet wird. Eine solche Vergütung liegt auch vor, wenn dem Arbeitnehmer ein entsprechender Arbeitszeitausgleich gewährt wird. Es kommt weder auf die Zahl der Kalendertage (365) noch auf die Anzahl der vertraglich vereinbarten Arbeitstage an.

Beispiel 1

164 Ein Arbeitnehmer (AN) ist grundsätzlich an 250 Werktagen zur Arbeit verpflichtet und verfügt über einen Anspruch von 30 Urlaubstagen (= vereinbarte Arbeitstage: 220). Die tatsächlichen Tage verändern sich wie folgt:

	220
AN überträgt 10 Urlaubstage vom Vorjahr	– 10
AN überträgt 20 Urlaubstage ins Folgejahr	+ 20
AN ist 30 Tage krank mit Lohnfortzahlung	– 30
AN ist 30 Tage krank ohne Lohnfortzahlung	– 30
Tatsächliche Arbeitstage gesamt	170

Beispiel 2

165 C ist laut Arbeitsvertrag von montags bis freitags verpflichtet zu arbeiten. Er macht eine Auslandsdienstreise von Freitag bis Montag, wobei C auch am Samstag und Sonntag für seinen Arbeitgeber tätig ist. Von seinem Arbeitgeber erhält C für Samstag eine Überstundenvergütung und für Sonntag einen ganztägigen Freizeitausgleich, den er bereits am Dienstag in Anspruch nimmt. Außer Dienstag sind alle Tage als Arbeitstage zu zählen, da C an diesen Tagen tatsächlich und entgeltlich gearbeitet hat. An dem Dienstag wurde jedoch tatsächlich keine Tätigkeit ausgeübt.

5.4.2 Durchführung der Aufteilung

166 Das aufzuteilende Arbeitsentgelt (Tz. 5.4) ist in Bezug zu den tatsächlichen Arbeitstagen (Tz. 5.4.1) zu setzen. Daraus ergibt sich ein Arbeitsentgelt pro tatsächlichen Arbeitstag. Das aufzu-

teilende Arbeitsentgelt pro tatsächlichen Arbeitstag ist mit den tatsächlichen Arbeitstagen zu multiplizieren, an denen der Arbeitnehmer seine Tätigkeit im anderen Staat ausgeübt hat.

Beispiel 1 (Grundfall zur Aufteilung nach tatsächlichen Arbeitstagen)

167 A ist vom 1. Januar 01 bis 31. Juli 01 für seinen deutschen Arbeitgeber in Österreich tätig. Die vereinbarten Arbeitstage des A belaufen sich auf 220 Tage. Tatsächlich hat A jedoch in Österreich an 145 Tagen und in Deutschland an 95 Tagen gearbeitet (240 Tage). Der aufzuteilende Arbeitslohn beträgt 120.000 €.

Unter Berücksichtigung der Rückfallklauseln stellt Deutschland Einkünfte i. H. v. $^{145}/_{240}$ × 120.000 € = 72.500 € unter Progressionsvorbehalt steuerfrei und unterwirft $^{95}/_{240}$ × 120.000 = 47.500 € der deutschen Besteuerung.

Beispiel 2 (zweistufige Ermittlung des steuerfreien Arbeitslohns)

168 A ist vom 1. Januar 01 bis 31. Juli 01 für seinen deutschen Arbeitgeber in Japan tätig. Seinen Familienwohnsitz in Deutschland behält er bei. Er erhält im Jahr 01 einen Arbeitslohn einschließlich Weihnachtsgeld und Urlaubsgeld i. H. v. 80.000 €. Für die Tätigkeit in Japan erhält er zusätzlich eine Zulage in Höhe von 30.000 €. A ist im Jahr 01 vertraglich an 200 Tagen zur Arbeit verpflichtet, übt seine Tätigkeit jedoch tatsächlich an 220 Tagen (davon 140 in Japan) aus.

Deutschland hat für den Arbeitslohn, der auf die Tätigkeit in Japan entfällt, kein Besteuerungsrecht, da sich A länger als 183 Tage (210 Tage; hier: Kalenderjahr) im Kalenderjahr 01 in Japan aufgehalten hat (Art. 15, 23 Abs. 1 Buchstabe a DBA-Japan). Der steuerfreie Arbeitslohn berechnet sich wie folgt:

Die Zulage i. H. v. 30.000 € ist der Auslandstätigkeit unmittelbar zuzuordnen und deshalb im Inland steuerfrei. Der übrige Arbeitslohn i. H. v. 80.000 € ist nach den tatsächlichen Arbeitstagen aufzuteilen. Die tatsächlichen Arbeitstage im Jahr 01 sollen hier 220 Tage betragen. Den tatsächlichen Arbeitstagen im Jahr 01 ist das im Jahr 01 aufzuteilende Arbeitsentgelt i. H. v. 80.000 € gegenüberzustellen. Es ergibt sich ein aufzuteilendes Arbeitsentgelt pro tatsächlichem Arbeitstag i. H. v. 363,64 €. Dieses Entgelt ist mit den tatsächlichen Arbeitstagen zu multiplizieren, die auf die Tätigkeit in Japan entfallen, hier 140 Tage. Von den 80.000 € Arbeitslohn sind daher 140 x 363,64 € = 50.910 € im Inland steuerfrei. Der insgesamt steuerfreie Arbeitslohn i. H. v. 80.910 € (30.000 € + 50.910 €) ist nach Abzug von Werbungskosten, die in unmittelbarem wirtschaftlichen Zusammenhang mit der Tätigkeit in Japan angefallen sind, freizustellen und nur im Wege des Progressionsvorbehalts zu berücksichtigen (sofern § 50d Abs. 8 oder 9 EStG nicht anzuwenden ist). Der übrige Arbeitslohn i. H. v. 29.090 € ist im Inland steuerpflichtig.

169 Dabei ist zu beachten, dass Vergütungen grundsätzlich dem Zeitraum zugeordnet werden müssen, in dem sie erdient bzw. für den sie gezahlt wurden. Aus Vereinfachungsgründen kann bei der Übertragung von Urlaubstagen in ein anderes Kalenderjahr von diesem Grundsatz abgewichen werden. Die Vereinfachungsregelung greift jedoch nicht bei der finanziellen Abgeltung von Urlaubsansprüchen.

Beispiel 3 (wirtschaftliche Zuordnung zum Erdienungszeitraum)

170 Der ausschließlich in Deutschland ansässige D übt seine Tätigkeit für einen deutschen Arbeitgeber im Rahmen einer Werkleistungsverpflichtung im Jahr 01 an 30 Tagen bei Kunden in Deutschland und an 200 Tagen bei Kunden in der Schweiz aus. Im Jahr 02 wird er ausschließlich in der Schweiz tätig. Er erhält im Februar 02 eine allgemeine Prämienzahlung für das Jahr 01.

Die Prämienzahlung ist nach den Verhältnissen des Erdienungszeitraums (Jahr 01) aufzuteilen und lediglich zu 200/230 unter Progressionsvorbehalt von der deutschen Besteuerung auszunehmen.

Beispiel 4 (Aufteilung bei Urlaubsübertragung)

171 B ist in 01 und 02 für seinen deutschen Arbeitgeber sowohl im Inland als auch in Schweden tätig. Seinen Familienwohnsitz in Deutschland behält er bei. In beiden Jahren hält sich B länger als 183 Tage in Schweden auf. Die vereinbarten Arbeitstage des B belaufen sich in den Kalenderjahren 01 und 02 auf jeweils 220 Tage zuzüglich der vertraglichen Urlaubstage von je 30 Tagen. Der Urlaub von 01 und 02 wurde vollständig in 02 genommen. Die tatsächlichen Arbeitstage in 01 betrugen in Schweden 230 Tage, auf das Inland entfielen 20 Arbeitstage. In 02 entfielen 150 tatsächliche Arbeitstage auf Schweden und 40 tatsächliche Arbeitstage auf das Inland. Der aufzuteilende Arbeitslohn beträgt 50.000 € in 01 und 60.000 € in 02.

Deutschland hat für den Arbeitslohn, der auf die Tätigkeit in Schweden entfällt, kein Besteuerungsrecht, da sich B länger als 183 Tage in 01 und 02 in Schweden aufgehalten hat (Art. 15, 23 Abs. 1 Buchstabe a DBA-Schweden). Der steuerfreie Arbeitslohn berechnet sich wie folgt:

Jahr 01: Die tatsächlichen Arbeitstage (250) setzen sich aus den vertraglich vereinbarten Arbeitstagen (220) und aus den in 01 nicht genommenen Urlaubstagen (30) zusammen. Die so ermittelten 250 tatsächlichen Arbeitstage sind dem aufzuteilenden Arbeitsentgelt von 50.000 € gegenüberzustellen. Das aufzuteilende Arbeitsentgelt pro Arbeitstag beträgt 200€. Dieser Betrag ist mit den Arbeitstagen zu multiplizieren, an denen sich B tatsächlich in Schweden aufgehalten hat. Von den 50.000 € Jahresarbeitslohn sind in 01 daher 46.000 € (230 Tage x 200 €) im Inland unter Beachtung des § 50d Abs. 8 und 9 EStG steuerfrei und nach Abzug von Werbungskosten, die in Zusammenhang mit der in Schweden ausgeübten Tätigkeit angefallen sind, beim Progressionsvorbehalt zu berücksichtigen. Der übrige Arbeitslohn in Höhe von 4.000 € ist im Inland steuerpflichtig.

Jahr 02: Wegen des aus dem Kalenderjahr 01 übertragenen Urlaubs sind nur 190 tatsächliche Arbeitstage angefallen. Aus Vereinfachungsgründen kann die wirtschaftliche Zuordnung des auf den Urlaub des Jahres 01 entfallenden Arbeitslohns verzichtet werden. Bei einem Jahresarbeitslohn von 60.000 € im Kalenderjahr 02 ergibt sich ein Arbeitslohn pro Kalendertag von 315,79 € (60.000/190). Im Kalenderjahr 02 sind danach insgesamt 47.369 € (375,79 x 150 tatsächliche Arbeitstage) im Inland unter Beachtung des § 50d Abs. 8 und 9 EStG steuerfrei und beim Progressionsvorbehalt zu berücksichtigen. Der verbleibende Betrag in Höhe von 12.631 € ist im Inland steuerpflichtig.

172 **Beispiel 5 (finanzielle Abgeltung von Urlaubsansprüchen)**

Sachverhalt wie Beispiel 4. Der im Jahr 01 in das Jahr 02 übertragene Urlaub wird jedoch nicht beansprucht, sondern vom Arbeitgeber im Juli 02 mit einer Einmalzahlung i. H. v. 10.000 € abgegolten. Der Arbeitnehmer übte seine Tätigkeit an 150 Arbeitstagen in Schweden und an 70 Arbeitstagen in Deutschland aus.

Jahr 01: Lösung wie in Beispiel 4

Jahr 02: B hat im Jahr 02 tatsächlich an 220 Arbeitstagen seine Tätigkeit ausgeübt. Der Urlaub, der mit der Einmalzahlung abgegolten wurde, ist wirtschaftlich dem Jahr 01 zuzuordnen. Folglich sind für diese Einmalzahlung die Verhältnisse des Jahres 01 entscheidend. Im Jahr 02 ergibt sich deshalb folgender steuerfrei zu stellender Arbeitslohn:

$$60.000 € \times {}^{150}/_{220} = 40.909 €$$
$$+ 10.000 € \times {}^{230}/_{250} = 9.200 €$$
$$\overline{ 50.109 €}$$

Der übrige Arbeitslohn (70.000 € – 50.109 € = 19.891 €) ist der deutschen Besteuerung zu unterwerfen.

173 Hält sich der Arbeitnehmer an einem Arbeitstag nicht ausschließlich im anderen Staat auf (z. B. an Reisetagen), so ist das Arbeitsentgelt für diesen Arbeitstag zeitanteilig aufzuteilen. Dies muss ggf. im Schätzungswege erfolgen. Hierbei ist die für diesen Tag tatsächliche Arbeitszeit zugrunde zu legen.

174 Darüber hinaus ist bei der Aufteilung zu berücksichtigen, dass tatsächliche Arbeitszeiten, die in Transitländern verbracht werden, dem Ansässigkeitsstaat zuzuordnen sind. Zu den Besonderheiten bei Berufskraftfahrern s. Tz. 7.

5.5 Beispiele für die Aufteilung bestimmter Lohnbestandteile

5.5.1 Tantiemen und andere Erfolgsvergütungen

175 Unabhängig vom Zuflusszeitpunkt ist eine zeitraumbezogene Erfolgsvergütung nach den Verhältnissen des Zeitraums zuzuordnen, für den sie gewährt wird (s. BFH-Urteil vom 27. Januar 1972, BStBl II S. 459) und ggf. unter Beachtung des § 50d Abs. 8 bzw. 9 EStG und des Progressionsvorbehalts von der inländischen Besteuerung freizustellen. Dagegen ist eine projektbezogene Erfolgsvergütung vorab direkt zuzuordnen.

5.5.2 Urlaubsentgelte, Urlaubs- und Weihnachtsgeld

176 Urlaubsentgelt (laufende Vergütung), Urlaubs- und Weihnachtsgeld (Vergütungen die auf den gesamten Berechnungszeitraum entfallen) sind in die Aufteilung einzubeziehen. Dies gilt auch für Bezüge, die für den Verzicht auf den Urlaub gezahlt werden (Urlaubsabgeltung für nicht genommenen Urlaub). Dabei ist der Teil der Urlaubsentgelte im Inland freizustellen, der auf die im Ausland ausgeübte Tätigkeit entfällt (s. Beispiel 5 zu Tz. 5.4.2).

5.5.3 Nachzahlung für eine frühere aktive Tätigkeit

177 Eine einmalige Zahlung (z. B. Jubiläumszahlung), die eine Nachzahlung für eine frühere aktive Tätigkeit darstellt und anteilig auf die Auslands- und Inlandstätigkeit entfällt, ist nach den Grundsätzen in Tz. 5.4 aufzuteilen. Für die Zuweisung des Besteuerungsrechts kommt es nicht darauf an, zu welchem Zeitpunkt und wo die Vergütung bezahlt wird, sondern allein darauf, dass sie dem Arbeitnehmer für eine Auslandstätigkeit gezahlt wird (s. BFH-Urteil vom 5. Februar 1992, BStBl II S. 660). Eine Nachzahlung für eine frühere aktive Tätigkeit liegt nicht vor, wenn die einmalige Zahlung ganz oder teilweise der Versorgung dient (s. BFH-Urteil vom 5. Februar 1992, a.a.O. und vom 12. Oktober 1978, BStBl II S. 64).

5.5.4 Abfindungen und Vergütungen für Diensterfindungen

5.5.4.1 Grundsätze zur Besteuerung von Abfindungen

178 Abfindungen, die dem Arbeitnehmer anlässlich seines Ausscheidens aus dem Arbeitsverhältnis gezahlt werden, sind regelmäßig den Vergütungen aus unselbständiger Arbeit i. S. des Art. 15 Abs. 1 OECD-MA zuzuordnen. Unter Abfindungen in diesem Sinne sind Zahlungen zu verstehen, die der Arbeitnehmer als Ausgleich für die mit der Auflösung des Dienstverhältnisses verbundenen Nachteile, insbesondere für den Verlust des Arbeitsplatzes, erhält. Sie stellen jedoch kein zusätzliches Entgelt für die frühere Tätigkeit dar und werden nicht für eine konkrete im In- oder Ausland ausgeübte Tätigkeit gezahlt. Abfindungen sind daher grundsätzlich im Ansässigkeitsstaat des Arbeitnehmers (Art. 15 Abs. 1 Satz 1 erster Halbsatz OECD-MA) zu besteuern (s. BFH-Urteile vom 2. September 2009, BStBl 2010 II S. 387 und S. 394). Maßgeblich hierfür ist der Zuflusszeitpunkt i. S. des § 11 EStG i. V. m. § 38a Abs. 1 Satz 3 EStG (BFH-Urteil vom 24. Februar 1988, BStBl II S. 819 und vom 10. Juli 1996, BStBl 1997 II S. 341).

179 Ein zeitlicher Zusammenhang zwischen dem Zufluss der Abfindung und der Beendigung des Dienstverhältnisses ist nicht erforderlich. Bei einer Zahlung innerhalb eines Zeitraums von fünf Jahren vor Beendigung des Dienstverhältnisses ist zum Beispiel ein sachlicher Zusammenhang mit der Auflösung des Dienstverhältnisses anzunehmen. Ein erhebliches zeitliches Auseinanderfallen der beiden Ereignisse kann jedoch den sachlichen Zusammenhang in Frage stellen.

180 Keine Abfindungen im vorstehenden Sinne stellen Zahlungen zur Abgeltung bereits vertraglich erdienter Ansprüche (z. B. Ausgleichszahlungen für Urlaubs- oder Tantiemeansprüche) dar. Diese sind als nachträglicher Arbeitslohn anzusehen und entsprechend den Aktivbezügen zu behandeln.

181 Hat eine Abfindung hingegen Versorgungscharakter, wird das Besteuerungsrecht nach Art. 18 OECD-MA (Ruhegehälter) zugeordnet. Ob ein solcher Versorgungscharakter vorliegt, richtet sich stets nach dem Grund der Zahlung. Dem zeitlichen Aspekt kann jedoch indizielle Bedeutung zukommen:

182 Abfindungen zur Ablösung eines Pensionsanspruchs, die während eines laufenden Arbeitsverhältnisses oder bei dessen Beendigung gezahlt werden, sind als laufende Vergütungen aus unselbständiger Arbeit nach Art. 15 Abs. 1 OECD-MA zu behandeln und können im Tätigkeitsstaat besteuert werden. Sie können dagegen Versorgungscharakter haben, wenn der Arbeitnehmer höchstens ein Jahr vor dem Eintritt in den gesetzlichen Ruhestand steht. Ein Ruhegehalt kann weiterhin vorliegen, wenn bereits laufende Pensionszahlungen kapitalisiert und in einem Einmalbetrag ausgezahlt werden (BFH-Urteil vom 19. September 1975, BStBl 1976 II S. 65).

5.5.4.2 Abfindungsbesteuerung in Sonderfällen und beim Vorliegen von Konsultationsvereinbarungen

183 Die steuerliche Behandlung von Abfindungszahlungen kann allerdings von den bislang dargestellten Grundsätzen abweichen, wenn in einem DBA hierzu eine Sonderregelung enthalten ist oder mit dem jeweils betroffenen Vertragsstaat eine Konsultationsvereinbarung bezüglich der Besteuerung von Abfindungen vereinbart wurde oder aus der Besonderheit der Fassung des im Abkommen einschlägigen Artikels eine andere Zuordnung abzuleiten ist (z. B. DBA-Frankreich). Derzeit existieren Konsultationsvereinbarungen mit Belgien, Großbritannien, Luxemburg, den Niederlanden, Österreich und der Schweiz, die sich mit der Besteuerung von Abfindungen befassen.

184 Auf der Grundlage von § 2 Abs. 2 AO wurden durch Rechtsverordnung (Konsultationsvereinbarungsverordnungen – KonsVer) die Konsultationsvereinbarungen mit folgenden Staaten in nationales Recht umgesetzt (Stand: 1. Januar 2014):

Belgien (s. KonsVerBELV – BStBl 2011 I S. 103),

Großbritannien (s. KonsVerGBRV – BStBl 2012 I S. 862),

Luxemburg (s. KonsVerLUXV – BStBl 2012 I S. 693),

Niederlande (s. KonsVerNLDV – BStBl 2011 I S. 142),

Österreich (s. KonsVerAUTV – BStBl 2011 I S. 144),

Schweiz (s. KonsVerCHEV – BStBl 2011 I S. 146).

185 Im Verhältnis zu Belgien, Großbritannien, Luxemburg, den Niederlanden und der Schweiz richtet sich die steuerliche Behandlung von Abfindungen nach dem Charakter der Abfindungszahlung. Während Abfindungen mit Versorgungscharakter als Ruhegehälter im Ansässigkeitsstaat besteuert werden können, steht das Besteuerungsrecht für Abfindungen, bei denen es sich um Lohn- oder Gehaltsnachzahlungen oder andere Vergütungen aus dem früheren Arbeitsverhältnis handelt oder die allgemein für das vorzeitige Ausscheiden aus dem Dienst gewährt werden, dem (früheren) Tätigkeitsstaat zu.

186 Zur Aufteilung des Besteuerungsrechts in den Fällen, in denen der Arbeitnehmer in der Zeit vor dem Ausscheiden aus dem Dienst nicht nur in seinem (früheren) Tätigkeitsstaat, sondern auch in seinem Wohnsitzstaat oder in Drittstaaten tätig war, wird auf die oben genannten Rechtsverordnungen mit Belgien, Großbritannien, Luxemburg, den Niederlanden und der Schweiz verwiesen.

187 Im Verhältnis zu Österreich steht das Besteuerungsrecht für Abfindungen aus Anlass der Beendigung des Arbeitsverhältnisses sowie für Urlaubsentschädigungen ungeachtet von deren Charakter stets dem Staat zu, der auch für die Bezüge aus der aktiven Zeit besteuerungsberechtigt war (s. KonsVerAUTV – BStBl 2011 I S. 144).

188 Spezielle Regelungen im Verhältnis zu Liechtenstein sind in Nr. 5 des Protokolls zu Art. 14 und 17 des DBA vom 17. November 2011, BGBl. 2012 II S. 1462/BStBl 2013 I S. 488 enthalten.

189 Unter das DBA-Frankreich fallende Abfindungen, die zur Abgeltung von mit der Auflösung des Dienstverhältnisses verbundenen Nachteilen gezahlt werden, sind aufgrund des besonderen Wortlauts des Art. 13 Abs. 1 DBA-Frankreich (abweichend zu den Art 15 OECD- MA entsprechenden Regelungen) nicht im Ansässigkeitsstaat, sondern ausschließlich im (ehemaligen) Tätigkeitsstaat zu besteuern (BFH-Urteil vom 24. Juli 2013, BStBl. 2014 II S. 929).

5.5.4.3 Erfindervergütungen

190 Eine Vergütung für eine sog. Diensterfindung i. S. des § 9 des Gesetzes über Arbeitnehmererfindungen (ArbnErfG) unterliegt als Arbeitslohn i. S. des § 19 EStG grundsätzlich der Steuerpflicht nach innerstaatlichem Recht (s. BFH-Urteil vom 21. Oktober 2009, BStBl 2012 II S. 493). Dies gilt auch dann, wenn das Arbeitsverhältnis im Augenblick der Zahlung nicht mehr besteht (§ 24 Nr. 2 EStG). Bei diesen Vergütungen liegt, ausgehend von der Qualifikation nach innerstaatlichem Recht (s. Art. 3 Abs. 2 OECD-MA), zwar grundsätzlich Arbeitslohn i. S. des Art. 15 OECD-MA vor. Um zusätzliches Entgelt für eine frühere Tätigkeit i. S. des Art. 15 Abs. 1 Satz 2 OECD-MA, für das der Tätigkeitsstaat das Besteuerungsrecht hat, handelt es sich jedoch regelmäßig nicht.

191 Soweit aber die Vergütungen als konkrete Gegenleistung zu einer früheren Arbeitsleistung anzusehen sind, kommt eine Besteuerung im ehemaligen Tätigkeitsstaat in Betracht; ein bloßer Anlasszusammenhang zwischen Zahlung und Tätigkeit reicht hierfür nicht aus.

5.5.5 Optionsrechte auf den Erwerb von Aktien („Stock Options")

5.5.5.1 Allgemeines

192 Das Einräumen von Aktienoptionen ist häufig Bestandteil moderner Vergütungssysteme, wodurch Arbeitnehmer direkt an der Steigerung des Unternehmenswertes („shareholder value") beteiligt und gleichzeitig an den Arbeitgeber gebunden werden sollen.

193 Aktienoptionen im Rahmen eines Dienstverhältnisses liegen vor, wenn ein Arbeitgeber oder eine Konzernobergesellschaft (Optionsgeber) seinen Beschäftigten das Recht einräumt, sich zu einem bestimmten Übernahmepreis an seinem Unternehmen zu beteiligen. Dieses Recht kann zu einem späteren Zeitpunkt durch den Arbeitnehmer ausgeübt und die Beteiligungen damit verbilligt bezogen werden („Stock Options"). Mitunter wird auch das Recht eingeräumt, dass der Arbeitnehmer das Optionsrecht selbst veräußern darf, ohne vorher die Beteiligung am Unternehmen erworben zu haben.

194 Bezüglich des Zeitpunkts der Besteuerung und der Aufteilung des Besteuerungsrechtes existieren aus internationaler Sicht unterschiedliche Rechtsauffassungen. Eingetretene Doppelbesteuerungen können in der Regel nur im Rahmen eines zwischenstaatlichen Verständigungsverfahrens beseitigt werden.

5.5.5.2 Zuflusszeitpunkt und Höhe des geldwerten Vorteils nach nationalem Recht

195 Lohneinnahmen, die nicht als laufender Arbeitslohn gezahlt werden (sonstige Bezüge) gelten nach § 38a Abs. 1 Satz 3 EStG als zugeflossen, wenn ein Arbeitnehmer wirtschaftlich über sie verfügen kann. Dies ist regelmäßig der Fall, wenn die verbilligt überlassenen Aktien in das Eigentum des Arbeitnehmers übergegangen sind (Einbuchung der Aktien auf das Depot des Arbeitnehmers). Folglich führt sowohl bei handelbaren als auch bei nicht handelbaren Aktienoptionen grundsätzlich erst die tatsächliche Ausübung („exercise") der Aktienoption zum Zufluss eines geldwerten Vorteils (s. BFH-Urteile vom 24. Januar 2001, BStBl II S. 509, S. 512 und vom 20. November 2008, BStBl 2009 II S. 382). Stimmt der Zeitpunkt der Optionsausübung mit dem Zeitpunkt der Gutschrift der Aktien im Depot des Arbeitnehmers nicht überein, fließt der geldwerte Vorteil erst an dem Tag zu, an dem die Aktien in das Depot des Arbeitnehmers eingebucht werden (s. BFH-Urteil vom 20. November 2008, a.a.O. und BMF-Schreiben vom 8. Dezember 2009, BStBl I S. 1513, Tz 1.6).

196 Werden die Aktienoptionen in der sog. Exercise-and-Sell-Variante (Verkauf der Aktien sofort mit Ausübung des Aktienoptionsrechts) ausgeübt, erfolgt keine Einbuchung in das Depot des Arbeitnehmers. Der Zufluss des geldwerten Vorteils gilt hier bereits grundsätzlich als im Zeitpunkt der Optionsausübung des Aktienoptionsrechts, d. h. konkret am Tag des Zugangs der Ausübungserklärung beim Optionsgeber, bewirkt.

197 Daneben ist ein Zufluss von Arbeitslohn auch dann zu bejahen, wenn das Optionsrecht vor der Ausübung anderweitig verwertet wird, denn der für den Zufluss von Arbeitslohn maßgebliche geldwerte Vorteil, der in dem auf die Aktien gewährten Preisnachlass besteht, wird insoweit durch den Arbeitnehmer realisiert (vgl. BFH-Urteile vom 20. November 2008, a.a.O. und vom 20. Juni 2005, BStBl II S. 770). Eine solche Verwertung liegt insbesondere vor, wenn der Arbeitnehmer die Aktienoption auf einen Dritten überträgt (BFH vom 18. September 2012, BStBl 2013 II S. 289).

198 Voraussetzung für den Zufluss von Arbeitslohn bei Aktienoptionen ist eine verbilligte oder unentgeltliche Überlassung der Aktien (geldwerter Vorteil). Der geldwerte Vorteil errechnet sich in der Regel aus der Differenz zwischen dem Kurswert der Aktien am Zuflusszeitpunkt (§ 11 Abs. 1 BewG) und dem vom Arbeitnehmer geleisteten Übernahmepreis bzw. den Erwerbsaufwendungen (s. BFH-Urteile vom 20. November 2008, a.a.O. und 24. Januar 2001, BStBl II a.a.O.). Es ist in diesem Zusammenhang nicht zu beanstanden, wenn von den Vereinfachungsregelungen nach Tz. 1.3 letzter Absatz des BMF-Schreibens vom 8. Dezember 2009, BStBl I S. 1513, zur lohnsteuerlichen Behandlung der Überlassung von Vermögensbeteiligungen ab 2009 Gebrauch gemacht wird. Veränderungen des Kurswertes der Aktien haben auf die Höhe des geldwerten Vorteils keine Auswirkungen. In Ermangelung eines Kurswerts, z. B. bei nicht handelbaren Aktienoptionen, sind die Aktien am Zuflusstag mit dem gemeinen Wert anzusetzen (§ 11 Abs. 2 BewG).

199 Bei der Ermittlung des geldwerten Vorteils ist die Steuerbefreiung i. H. v. 360 € nach § 3 Nr. 39 EStG zu berücksichtigen, sofern der Arbeitnehmer die verbilligten Aktienoptionen im Rahmen eines gegenwärtigen Dienstverhältnisses erhält. Im Übrigen kommt für steuerpflichtige geldwerte Vorteile aus der Ausübung von Aktienoptionen die Tarifermäßigung des § 34 Abs. 1 EStG i. V. m. § 34 Abs. 2 Nr. 4 EStG in Betracht, wenn es sich um Vergütungen für mehrjährige Tätigkeiten handelt (s. BFH-Urteil vom 24. Januar 2001, a.a.O.). Diese liegen vor, wenn die Laufzeit zwischen Einräumung und Ausübung mehr als 12 Monate betragen hat und das Arbeitsverhältnis nach Einräumung des Optionsrechts mindestens noch 12 Monate fortbestanden hat. Dagegen muss das Arbeitsverhältnis bei Optionsausübung nicht mehr bestehen. Maßgeblich ist alleine die Laufzeit der einzelnen Aktienoptionen von mehr als zwölf Monaten bei gleichzeitiger Beschäftigung durch den Arbeitgeber. Unschädlich ist es, wenn ein Arbeitnehmer Aktienoptionen nicht vollständig in einem einzigen Veranlagungszeitraum ausübt (s. BFH-Urteil vom 18. Dezember 2007, BStBl 2008 II S. 294) oder wiederholt Aktienoptionen eingeräumt und die betreffenden Optionen nicht auf einmal ausgeübt werden.

5.5.5.3 Aufteilung des Besteuerungsrechtes des geldwerten Vorteils nach Abkommensrecht

200 Der geldwerte Vorteil aus der Optionsgewährung ist den Einkünften aus unselbständiger Arbeit nach Art. 15 OECD-MA zuzuordnen. Diejenigen Einkünfte, die der Arbeitnehmer in seiner Eigenschaft als Anteilseigner nach Ausübung des Optionsrechts aus dem Halten der erworbenen Aktien (z. B. Dividenden) oder ihrer späteren Veräußerung erzielt, sind hingegen Art. 10 bzw. 13 OECD-MA zuzuordnen.

201 Für die Aufteilung des Besteuerungsrechts des geldwerten Vorteils ist bei Aktienoptionen grundsätzlich danach zu unterscheiden, ob die Option einen Vergangenheits- oder einen Zukunftsbezug aufweist. Für den zugrunde zu legenden Aufteilungszeitraum empfiehlt es sich regelmäßig danach zu differenzieren, ob Aktienoptionen an einer Wertpapierbörse gehandelt werden können oder nicht (handelbare und nicht handelbare Aktienoptionen). Können Optionsrechte lediglich außerhalb einer Wertpapierbörse gehandelt werden, gelten sie als nicht handelbar.

202 Handelbare Aktienoptionen werden regelmäßig gewährt, um in der Vergangenheit geleistete Tätigkeiten zu honorieren. Unter Umständen können sie jedoch auch mit Blick auf die Zukunft eingeräumt werden (z. B. mit Verfügungsbeschränkungen). Der geldwerte Vorteil ist unabhängig vom Zuflusszeitpunkt nach den Verhältnissen des Zeitraums zuzuordnen, für den er gewährt wird (Erdienungszeitraum).

203 Nicht handelbare Aktienoptionen stellen lediglich die Einräumung einer Chance dar. Der geldwerte Vorteil ist damit bei Zufluss als Vergütung für den ganzen Erdienungszeitraum („vesting period") anzusehen. Der Erdienungszeitraum ist der Zeitraum zwischen der Optionsgewährung („grant") und der erstmalig tatsächlich möglichen Ausübung des Optionsrechts durch den Arbeitnehmer („vesting").

204 Soweit keine unmittelbare Zuordnung zu der im Inland oder im Ausland ausgeübten Tätigkeit möglich ist, ist das Besteuerungsrecht nach den in der Tz. 5.4 erläuterten Grundsätzen anhand der tatsächlichen Arbeitstage aufzuteilen und zeitanteilig unter Beachtung des § 50d Abs. 8 bzw. 9 EStG und des Progressionsvorbehalts von der inländischen Besteuerung freizustellen:

$$\text{steuerfreier geldwerter Vorteil} = \frac{\text{Anzahl der tatsächlichen Arbeitstage im ausländischen Staat}}{\text{Tatsächliche Arbeitstage im gesamten Erdienungszeitraum}}$$

205 Befindet sich der Arbeitnehmer im Zeitpunkt der Erdienung des Optionsrechts bereits im Ruhestand, ist für die Aufteilung des geldwerten Vorteils nur der Zeitraum von der Gewährung bis

zur Beendigung der aktiven Tätigkeit heranzuziehen. Ist das Arbeitsverhältnis vor der Erdienung des Optionsrechts aus anderen Gründen beendet worden (z. B. Auflösung des Arbeitsverhältnisses), ist für die Aufteilung des geldwerten Vorteils der Zeitraum von der Gewährung des Optionsrechts bis zum Ausscheiden des Arbeitnehmers aus dem aktiven Arbeitsverhältnis maßgeblich. Dies gilt nicht, soweit der Arbeitnehmer weiterhin im Konzernverbund (§ 15 AktG) beschäftigt bleibt und daher das Optionsrecht weiterhin erdient wird. In diesem Fall zählt auch die Tätigkeit beim verbundenen Unternehmen zum Erdienungszeitraum.

206 Vorgenannte Ausführungen gelten unbeschadet eines Wechsels der Steuerpflicht des Arbeitnehmers während des genannten Zeitraums.

207 Sofern der Arbeitnehmer jährlich Aktienoptionsrechte erhält, sind die oben genannten Ausführungen für jedes jährlich ausgegebene Optionsrecht zu beachten.

Beispiel:

208 Ein in Deutschland beschäftigter Arbeitnehmer hat am 1. Juni 01 („grant") die nicht handelbare Option auf den Erwerb von 1.000 Aktien seines inländischen Arbeitgebers gewährt bekommen. Der Übernahmepreis liegt bei 10 € je Aktie. Ab dem 1. Januar 02 ist der Arbeitnehmer im Rahmen einer Arbeitnehmerentsendung in Italien tätig und dort mit seinen Arbeitseinkünften steuerpflichtig. Seinen deutschen Wohnsitz behält er während der Entsendung bei. Der Zeitpunkt der erstmalig möglichen Optionsausübung ist der 1. Juni 03 („vesting"). Am 1. September 03 übt der Arbeitnehmer die Aktienoption aus. Der Kurswert der Aktie beträgt zu diesem Zeitpunkt 15 €. Die Aktien werden noch am selben Tag auf seinem Depot gutgeschrieben. Der Arbeitnehmer hat an 220 Tagen im Jahr seine Tätigkeit tatsächlich ausgeübt. Im Erdienungszeitraum („vesting period" 1. Juni 01 bis 1. Juni 03) hält er sich wie folgt auf:

Kalenderjahr	01	02	03
Deutschland	128 Arbeitstage	0	0
Italien	0	220 Arbeitstage	92 Arbeitstage

Gemeiner Wert der Aktien zum Zuflusszeitpunkt:	15.000 €
./. Erwerbsaufwendungen:	10.000 €
= Steuerpflichtiger geldwerter Vorteil:	5.000 €*)

*) = Auf die Berechnung der Freibeträge wird aus Vereinfachungsgründen verzichtet.

Gesamtarbeitstage im Erdienungszeitraum:	440
In Italien verbrachte Arbeitstage im Erdienungszeitraum:	312

Der in Deutschland unter Beachtung von § 50d Abs. 8 EStG unter Progressionsvorbehalt steuerfrei zu stellende geldwerte Vorteil beträgt damit:

$$5.000\,€ \times \frac{312\text{ Arbeitstage in Italien}}{440\text{ Tatsächliche Gesamtarbeitstage im Erdienungszeitraum}} = 3.546\,€$$

5.5.5.4 Weitere Aktienvergütungsmodelle

Virtuelle Aktienoptionen (Stock Appreciation Rights, Phantom Stock Awards)

209 Als virtuelle Variante der Stock Options wird auf die tatsächliche Ausgabe von Aktien verzichtet und die finanziellen Auswirkungen entsprechend nachgebildet. Damit werden Neuemissionen sowie die damit verbundene Verwässerung des Aktienkurses und des Stimmrechts vermieden. Im Unterschied zu realen Aktienoptionsplänen besteht im Fall von virtuellen Aktienoptionen (Stock Appreciation Rights oder Phantom Stock Awards) bei Ausübung also kein Recht auf Lieferung von Aktien, sondern ein Recht auf Auszahlung eines Geldbetrages, der sich aus der Kursentwicklung ergibt. Wirtschaftlich betrachtet, stellen die Vergütungen aus den virtuellen Aktienoptionen ein Entgelt für die in der Vergangenheit geleistete Arbeit dar. Die vorgenannten Ausführungen bezüglich Zufluss und Aufteilung gelten entsprechend.

Aktienoptionsplan mit vorgeschaltetem Wandeldarlehen oder Wandelanleihe (Wandelschuldverschreibung)

210 Bei einem Wandeldarlehen gewährt der Darlehensgeber (hier: Arbeitnehmer) dem Darlehensnehmer (hier: Arbeitgeber) ein Darlehen, das mit einem Wandlungs- bzw. Umtauschrecht auf Aktien des Darlehensnehmers ausgestattet ist.

211 Eine Wandelanleihe (Wandelschuldverschreibung) ist ein von einer Aktiengesellschaft (hier: Arbeitgeber als Emittent) ausgegebenes verzinsliches Wertpapier, das dem Inhaber (hier: Arbeitnehmer) das Recht einräumt, die Anleihe in Aktien des Emittenten umzutauschen.

212 Bei Ausübung des Wandlungsrechtes im Rahmen des Aktienoptionsplans gelten die vorgenannten Ausführungen entsprechend (s. BFH-Urteil vom 23. Juni 2005, BStBl II S. 770). Der Zufluss des geldwerten Vorteils erfolgt also zu dem Zeitpunkt, in dem der Arbeitnehmer die wirtschaftliche Verfügungsmacht über die Aktien erhält und nicht bereits durch Hingabe des Darlehens.

Verfügungsbeschränkungen (Restrictions) für Aktien und Aktienanwartschaften

213 Im Gegensatz zu Aktienoptionen handelt es sich bei Restricted Stocks oder Restricted Shares um direkte Übertragungen von Aktien, die gewissen Verfügungsbeschränkungen unterliegen (u. a. Ausschluss von Stimm- und Dividendenbezugsrechten sowie Veräußerungsverbot für einen bestimmten Zeitraum). In vielen Fällen erfolgt die Aktienübertragung aber nicht unmittelbar, sondern den Arbeitnehmern wird zunächst in Aussicht gestellt, in einem späteren Jahr unentgeltlich Aktien ihres Arbeitgebers zu erhalten (Aktienanrechte, Stock Awards, Restricted Stock Units). Voraussetzung ist regelmäßig, dass der betreffende Arbeitnehmer zu diesem Stichtag noch bei dem Arbeitgeber (oder bei einem anderen Unternehmen im Konzernverbund) beschäftigt ist. Dabei werden häufig Sammel- oder Sperrdepots für die Mitarbeiter angelegt und eine entsprechende Anzahl an Aktien gutgeschrieben.

214 Sowohl bei direkten Aktienübertragungen als auch bei der Einräumung von Aktienanrechten setzt ein Lohnzufluss die Erlangung von wirtschaftlichem Eigentum beim Arbeitnehmer voraus. Wirtschaftliches Eigentum kann nicht unterstellt werden, wenn umfassende Verfügungsbeschränkungen (z. B. keine Stimm- und Dividendenbezugsrechte in Kombination mit einem Veräußerungsverbot) vereinbart wurden. Deshalb fließt dem Arbeitnehmer der geldwerte Vorteil erst in dem Zeitpunkt zu, in dem die Verfügungsbeschränkungen nicht mehr umfassend sind (z. B. bei Wegfall einzelner Beschränkungen). Dies gilt insbesondere auch, wenn eine Übertragung der Aktien in ihrer Wirksamkeit von der Zustimmung der Gesellschaft abhängig und eine Veräußerung der Aktien für den Arbeitnehmer rechtlich unmöglich ist (vinkulierte Namensaktien, s. BFH-Urteil vom 30. Juni 2011, BStBl II S. 923). Ein schuldrechtliches Veräußerungsverbot verhindert den Zufluss jedoch nicht, da die Veräußerung (ggf. unter Sanktionierung) rechtlich möglich ist.

215 Dagegen ist auch von wirtschaftlichem Eigentum auszugehen, wenn der Arbeitnehmer aufgrund einer Sperr- bzw. Haltefrist die Aktien lediglich für eine bestimmte Zeit nicht veräußern kann, ihm aber das Stimmrecht und der Dividendenanspruch unabhängig von der Vereinbarung einer Sperrfrist zustehen. Sperr- oder Haltefristen stehen einem Zufluss von Arbeitslohn in diesem Fall nicht entgegen (s. BFH-Urteil vom 30. September 2008, BStBl 2009 II S. 282). Die Erlangung der wirtschaftlichen Verfügungsmacht erfordert nicht, dass der Arbeitnehmer in der Lage sein muss, den Vorteil sofort durch Veräußerung der Aktien in Bargeld umzuwandeln.

216 Wegen der Zukunftsbezogenheit bei dieser Form der Mitarbeiterbeteiligung wird das Besteuerungsrecht am geldwerten Vorteil auf den Zeitraum zwischen der Einräumung und der Erlangung der wirtschaftlichen Verfügungsmacht (i. d. R. bei Wegfall der Verfügungsbeschränkung) aufgeteilt. Dies entspricht somit dem Erdienungszeitraum.

217 Im Übrigen gelten die vorgenannten Ausführungen entsprechend.

5.5.5.5 Anwendung im Lohnsteuerabzugsverfahren

218 Die Lohnsteuer entsteht nach § 38 Abs. 2 Satz 2 EStG in dem Zeitpunkt, in dem der Arbeitslohn dem Arbeitnehmer zufließt. Der nach § 38 EStG abzugspflichtige Arbeitgeber hat grundsätzlich auch den geldwerten Vorteil aus der Optionsausübung nach den im Zuflusszeitpunkt gegebenen Verhältnissen der Lohnsteuer zu unterwerfen. Die Verpflichtung zum Lohnsteuerabzug trifft ein inländisches Konzernunternehmen als inländischen Arbeitgeber i. S. des § 38 Abs. 1 EStG nach § 38 Abs. 1

Satz 3 EStG als sog. Arbeitslohn von dritter Seite auch dann, wenn die ausländische Konzernobergesellschaft die Aktienoptionen gewährt.

5.5.6 Kaufkraftausgleich, Standortbonus und Sicherung des Wechselkurses

219 Gleicht der Arbeitgeber die, gegenüber dem bisherigen Ansässigkeitsstaat, höheren Lebenshaltungskosten im Tätigkeitsstaat durch Zahlung eines Auslandsverwendungszuschlags/Kaufkraftausgleiches aus und sind die in § 3 Nr. 64 EStG genannten Beträge überschritten, liegt nach nationalem Recht steuerpflichtiger Arbeitslohn vor, der nach den DBA ausschließlich der Tätigkeit im Tätigkeitsstaat zuzuordnen ist.

220 Der Standortbonus ist eine zusätzliche Vergütung, mit der die Bereitschaft eines Arbeitnehmers zu internationalen Einsätzen, insbesondere an schwierigen Standorten mit vom Wohnsitzstaat abweichenden Lebensbedingungen, gewürdigt werden soll. Auch hier handelt es sich nach nationalem Recht um Arbeitslohn, der abkommensrechtlich der Tätigkeit im Tätigkeitsstaat direkt zuzuordnen ist.

221 Wird Arbeitslohn in der Währung des Tätigkeitsstaates ausgezahlt, ist er bei Zufluss nach dem von der Europäischen Zentralbank veröffentlichten monatlichen Euro-Durchschnittsreferenzkurs umzurechnen (s. BFH-Urteil vom 3. Dezember 2009, BStBl 2010 II S. 698; H 8.1 (1–4) „Ausländische Währung" LStH). Es wird allerdings nicht beanstandet, wenn die in einer ausländischen Währung erhaltenen Lohnzahlungen auf Basis eines jährlichen Umrechnungskurses – ermittelt aus den monatlich veröffentlichten Umsatzsteuerreferenzkursen, abgerundet auf volle 50 Cent – umgerechnet werden.

222 Gleicht der Arbeitgeber Wechselkursschwankungen in gewissen Zeitabständen aus, indem er wechselkursbezogen einen Mehrbetrag ermittelt, den er an den Arbeitnehmer auszahlt oder einen Minderbetrag ermittelt, den er vom Arbeitnehmer zurückfordert, ist dieser Mehr- oder Minderbetrag in demselben Verhältnis aufzuteilen, in dem das wechselkursgesicherte Gehalt auf den Wohnsitzstaat und den Tätigkeitsstaat entfällt.

5.5.7 Entgeltumwandlung zugunsten eines Arbeitszeitkontos

223 Unter den Begriff der Arbeitszeitkonten in diesem Sinne fallen nur sog. Zeitwertkonten (Arbeitsentgeltguthaben). Hierbei vereinbaren Arbeitgeber und Arbeitnehmer, dass künftig fällig werdender Arbeitslohn anstelle einer sofortigen Auszahlung auf einem Zeitwertkonto betragsmäßig erfasst und dem Arbeitnehmer erst im Rahmen einer späteren Freistellung von der weiterhin geschuldeten Arbeitsleistung ausgezahlt wird. Der steuerliche Begriff des Zeitwertkontos entspricht insoweit einer Wertguthabenvereinbarung i. S. des § 7b SGB IV. Die Voraussetzungen für die Anerkennung einer Zeitwertkontenvereinbarung und ihre Besteuerung sind im BMF-Schreiben vom 17. Juni 2009, BStBl I S. 1286 geregelt. Das gilt auch bei einem im Ausland ansässigen Arbeitnehmer, der mit seinem dortigen Arbeitgeber eine Zeitwertkontenvereinbarung geschlossen hat und vorübergehend im Inland tätig ist. In diesem Fall wird auch im Rahmen der beschränkten Steuerpflicht (s. § 49 Abs. 1 Nr. 4 Buchstabe a EStG) der Zufluss des Arbeitslohns zu einem späteren Zeitpunkt erfasst.

224 Auf Zahlungen aus Zeitwertkonten an den Arbeitnehmer ist Art. 15 OECD-MA anzuwenden. Das Besteuerungsrecht des Ansässigkeitsstaates wird danach nur insoweit durchbrochen, als der Arbeitnehmer im anderen Vertragsstaat tätig wird und hierfür Vergütungen bezieht. Ausgehend von dem engen Veranlassungszusammenhang zwischen Auslandstätigkeit und Vergütungsbezug, hat der Tätigkeitsstaat das Besteuerungsrecht für Auszahlungen aus dem Zeitwertkonto nur insofern, als ihnen eine dort erbrachte Arbeitsleistung zugrunde liegt (Erdienungsprinzip).

Beispiel 1:

225 Arbeitgeber und Arbeitnehmer A sind im Inland ansässig und schließen eine Zeitwertkontenvereinbarung. In 01 wird A insgesamt für 120 (Aufenthalts- und Tätigkeits-) Tage in die ausländische Betriebsstätte seines Arbeitgebers im DBA-Staat B entsandt. Den regulären Arbeitslohn trägt die ausländische Betriebsstätte. Vereinbarungsgemäß wird A nur die Hälfte des Arbeitslohns ausgezahlt, der auf die Auslandstätigkeit entfällt.

Der restliche Betrag wird seinem Zeitwertkonto gutgeschrieben; weitere Wertgutschriften erfolgen nicht. In 05 nimmt A sein Guthaben in Anspruch und wird für 60 Arbeitstage von der Verpflichtung zur Arbeitsleistung unter Fortzahlung seiner (seit 01 unveränderten) Bezüge in voller Höhe freigestellt.

Dem Staat B steht nach Art. 15 Abs. 1 Satz 2 und Abs. 2 Buchstabe c OECD-MA das Besteuerungsrecht für diejenigen Vergütungen zu, die A für seine Tätigkeit dort bezogen hat. Dies gilt unabhängig davon, ob der Betrag dem Arbeitnehmer im regulären Zahlungsturnus zufließt oder der Zuflusszeitpunkt durch die Gutschrift auf dem Zeitwertkonto wirksam in die Zukunft verlagert wird. Vorliegend steht dem Staat B das Besteuerungsrecht an den Zahlungen aus dem Zeitwertkonto im Jahr 05 zu. Deutschland stellt die Vergütungen unter Progressionsvorbehalt und Beachtung des § 50d Abs. 8 bzw. 9 EStG frei.

226 Das Besteuerungsrecht des Tätigkeitsstaates wird nicht dadurch berührt, dass die Voraussetzungen für die steuerliche Anerkennung der Zeitwertkontenvereinbarung später ganz oder teilweise entfallen (BMF-Schreiben vom 17. Juni 2009, BStBl I S. 1286 „planwidrige Verwendung"). Andererseits steht dies auch einer Berücksichtigung der Zahlungen im Rahmen des Progressionsvorbehalts zum Zuflusszeitpunkt nicht entgegen.

227 Soweit sich der Wert des Arbeitszeitguthabens aus anderen Gründen als den vereinbarten Lohngutschriften erhöht hat, z. B. infolge einer vom Arbeitgeber zugesagten Verzinsung oder aufgrund der erfolgreichen Anlage des Arbeitsentgeltguthabens am Kapitalmarkt (s. § 7d Abs. 3 SGB IV), stellt dieser Wertzuwachs keine Gegenleistung für die im anderen Staat ausgeübte Tätigkeit dar. Deshalb verbleibt das Besteuerungsrecht beim Ansässigkeitsstaat. Vorgenannte Zinsen erhöhen das Guthaben des Zeitwertkontos und sind bei tatsächlicher Auszahlung an den Arbeitnehmer als Arbeitslohn zu erfassen.

228 Bringt der Arbeitnehmer sowohl nach DBA freigestellten als auch steuerpflichtigen Arbeitslohn in sein Zeitwertkonto ein, gilt im Zeitpunkt der Auszahlung des Arbeitsentgeltguthabens stets der steuerfreie Arbeitslohn als zuerst verwandt. Ist der steuerfreie Arbeitslohn in mehreren Staaten erdient worden, ist er nach den einzelnen Tätigkeitsstaaten aufzuteilen. In diesem Fall gilt bei der Auszahlung des steuerfreien Arbeitslohns aus dem Arbeitsentgeltguthaben der zuerst erdiente steuerfreie Arbeitslohn als zuerst verwandt.

Beispiel 2:

229 Arbeitgeber und Arbeitnehmer A sind im Inland ansässig und schließen eine Zeitwertkontenvereinbarung. Im Jahr 01 wird A insgesamt für 40 (Aufenthalts- und Tätigkeits-) Tage in die ausländische Betriebsstätte seines Arbeitgebers im DBA-Staat B entsandt. Seinen Arbeitslohn trägt die ausländische Betriebsstätte. Vereinbarungsgemäß erhält A für die Auslandstätigkeiten einen Lohnzuschlag in Höhe von 50 %. Dieser wird seinem Zeitwertkonto gutgeschrieben. Der reguläre Lohn wird ausgezahlt. Im Jahr 02 führt A seinem Zeitwertkonto im Inland erdiente Wertgutschriften zu, die eine Freistellung von 20 Arbeitstagen unter Fortzahlung der Bezüge in voller Höhe erlauben. Im Jahr 03 wird A zu den gleichen Konditionen wie im Jahr 01 für 40 (Aufenthalts- und Tätigkeits-) Tage in die ausländische Betriebsstätte seines Arbeitgebers im DBA-Staat C entsandt. Im Jahr 05 nimmt A sein gesamtes Zeitwertguthaben in Anspruch und wird für 60 Arbeitstage von der Verpflichtung zur Arbeitsleistung unter Fortzahlung seiner Bezüge in voller Höhe freigestellt.

Die Entgeltzahlung für die ersten 20 Tage der Freistellung von der Arbeitspflicht speisen sich aus dem im Staat B erdienten und unter Beachtung von § 50d Abs. 8 bzw. 9 EStG steuerfreien Arbeitslohn; der unter denselben Bedingungen steuerfreie Arbeitslohn für die folgenden 20 Tage rührt aus der Tätigkeit im Staat C her. Erst in den letzten 20 Tagen kommt das durch die Inlandstätigkeit erdiente steuerpflichtige Arbeitsentgeltguthaben zur Auszahlung.

230 Im vorstehenden Beispiel ist die Versteuerung im Veranlagungsverfahren 05 auch dann nachgewiesen, wenn der Tätigkeitsstaat den auf dem Zeitwertkonto gutgeschriebenen Lohn einer Besteuerung in 01 unterworfen hat und dies belegt wird.

231 Aufgrund der oft langen Zeitspanne zwischen dem Erwerb der Lohnforderung und ihrem Zufluss kommt in diesen Fällen den steuerlichen Nachweispflichten eine besondere Bedeutung zu. Die Feststellungslast trifft im Lohnsteuerabzugsverfahren beide Beteiligten (Arbeitgeber und Arbeitnehmer). § 90 Abs. 2 AO verankert die Verantwortung für die Aufklärung und Beweismittel-

vorsorge unter den dort genannten Voraussetzungen (s. auch Tz. 5.2). Soweit der Tätigkeitsstaat die Arbeitszeitkontenvereinbarung nicht anerkennt und stattdessen von einem unmittelbaren Zufluss des gutgeschriebenen Arbeitslohns ausgeht, reicht es für Zwecke des § 50d Abs. 8 EStG aus, die steuerliche Erfassung im Tätigkeitsstaat zu diesem Zeitpunkt nachzuweisen.

232 Die vorstehenden Grundsätze finden auf sog. Gleitzeitkonten keine Anwendung, die lediglich der Ansammlung von Mehr- oder Minderarbeitszeit dienen und zu einem späteren Zeitpunkt ausgeglichen werden. Der Zufluss des Arbeitslohns richtet sich nach den allgemeinen Regeln.

5.5.8 Steuerausgleichsmechanismen – Hypo-Tax

233 Schließt der Arbeitgeber mit dem Arbeitnehmer eine Vereinbarung über den Ausgleich oder Tragung von Steuern des Auslandsaufenthalts, wird bei der Berechnung des Arbeitslohns für Arbeitnehmer im internationalen Einsatz in vielen Fällen eine sog. fiktive bzw. hypothetische Steuer (auch Hypo-Tax) ausgewiesen. Hierbei handelt es sich um eine fiktive Berechnungsgröße, die den auszuzahlenden Arbeitslohn i. d. R. tatsächlich mindert. Im Gegenzug verpflichtet sich der Arbeitgeber regelmäßig, die im Ansässigkeitsstaat oder im Tätigkeitsstaat anfallende Einkommensteuer des Arbeitnehmers zu bezahlen, soweit sie dem Arbeitsverhältnis zuzurechnen ist (sog. Nettolohnvereinbarung). Die Höhe bzw. die Berechnung der Hypo-Tax ist abhängig von der zwischen Arbeitgeber und Arbeitnehmer getroffenen Vereinbarung. Insbesondere in den Fällen der Entsendung von Führungskräften nach Deutschland ist dies regelmäßig eine Nettolohnvereinbarung, wobei die Übernahme der Einkommensteuer im Lohnsteuerabzugsverfahren bereits durch Hochrechnung des Nettolohns auf den Bruttolohn berücksichtigt wird.

234 Soweit vom Arbeitgeber eine Hypo-Tax berücksichtigt wird, fließt kein Arbeitslohn zu. Sie ist – da die entsprechenden Beträge nicht tatsächlich zufließen – auch nicht der Besteuerung zuzuführen. Maßgebend sind die tatsächlich anfallenden und vom Arbeitgeber gezahlten Steuern.

235 Die vom Arbeitgeber tatsächlich gezahlte Einkommensteuer ist in voller Höhe jeweils dem Staat (Ansässigkeits- oder Tätigkeitsstaat) als Arbeitslohn zuzuordnen, in dem sie anfällt. Übernimmt der Arbeitgeber darüber hinaus auch Steuern, die mit anderen Einkunftsquellen in Zusammenhang stehen, ist der hierauf entfallende Betrag abkommensrechtlich nach den allgemeinen Grundsätzen in einen auf die Tätigkeit im Ansässigkeitsstaat und in einen auf die Tätigkeit im Tätigkeitsstaat entfallenden Anteil aufzuteilen.

236 Arbeitgeber-Bescheinigungen über den Einbehalt einer Hypo-Tax stellen keinen Besteuerungsnachweis i. S. des § 50d Abs. 8 EStG dar, da es sich bei der Hypo-Tax nicht um eine tatsächlich entrichtete Steuer handelt.

237 In einem ersten Schritt ist zu prüfen, ob ein inländischer Arbeitgeber (§ 38 Abs. 1 EStG), der zum Lohnsteuerabzug verpflichtet ist, vorhanden ist. Im zweiten Schritt ist zu prüfen, ob eine Netto- oder Bruttolohnvereinbarung besteht. Grundsätzlich ist bei Hypo-Tax-Gestaltungen von einer Nettolohnvereinbarung auszugehen. In diesen Fällen ist der Nettolohn (= Auszahlungsbetrag) auf einen Bruttolohn „hochzurechnen".

238 Sollte kein inländischer Arbeitgeber vorhanden sein und die Zahlung an den Arbeitnehmer in Form einer Nettolohnvereinbarung erfolgen, ist im Rahmen der Einkommensteuerveranlagung, abweichend vom Lohnsteuerabzugsverfahren, nur der Nettolohn zu versteuern (Zuflussprinzip des § 11 EStG). Erst wenn die angefallenen Steuerbeträge später vom ausländischen Arbeitgeber ersetzt werden, ist dieser Betrag erneut der Besteuerung im Rahmen der Einkommensteuerveranlagung zu unterwerfen.

239 Da die tatsächliche Steuerbelastung in diesen Fällen regelmäßig nicht identisch mit der vom Arbeitgeber einbehaltenen Hypo-Tax ist, hat dies nachfolgend dargestellte Auswirkungen auf die steuerliche Behandlung im Inland:

Beispiel 1:

240 Ein im DBA-Ausland ansässiger Arbeitnehmer wird von seinem ausländischen Arbeitgeber nach Deutschland entsandt. Der Arbeitnehmer wird für eine im Inland ansässige Betriebsstätte des ausländischen Arbeitgebers tätig oder übernimmt die Funktion eines ständigen Vertreters i. S. des § 13 AO.

Der Arbeitgeber hat ihm für den Entsendungszeitraum unter Berücksichtigung einer fiktiven ausländischen Steuer von 10.000 € einen Nettoarbeitslohn von 45.000 € zugesagt. Das Besteuerungsrecht für den Arbeitslohn in diesem Zeitraum steht Deutschland zu.

Der Nettoarbeitslohn i. H. v. 45.000 € ist in beiden Fällen unter Berücksichtigung der tatsächlichen inländischen Steuerbelastung im Jahr der Zahlung auf einen Bruttoarbeitslohn hochzurechnen.

Abwandlung:

241 Wie Beispiel 1, jedoch existiert kein zum LSt-Abzug verpflichteter inländischer Arbeitgeber i. S. des § 38 Abs. 1 EStG.

Der Nettoarbeitslohn in Höhe von 45.000 € ist im Rahmen der Einkommensteuerveranlagung des Arbeitnehmers in Deutschland anzusetzen. Die sich ergebende deutsche Einkommensteuer, die vom ausländischen Arbeitgeber gezahlt wird, ist im Jahr der Zahlung durch den Arbeitgeber beim Arbeitnehmer als geldwerter Vorteil zu erfassen (s. BFH-Urteil vom 6. Dezember 1991, BStBl 1992 II S. 441).

Beispiel 2

242 Ein im Inland ansässiger Arbeitnehmer wird von seinem inländischen Arbeitgeber zu einer ausländischen Tochtergesellschaft abgeordnet, die auch die Lohnkosten wirtschaftlich trägt. Der Arbeitnehmer behält seinen inländischen Wohnsitz bei. Der Bruttolohn des Arbeitnehmers beträgt monatlich 3.000 €. Der monatliche Nettoarbeitslohn (ohne Berücksichtigung der Sozialversicherungsabzüge) vor Entsendung beträgt 2.421 €. Der Arbeitnehmer soll weiterhin den gleichen Nettobetrag erhalten. Im Ausland sind monatlich 250 € Steuern für den Arbeitslohnbezug des Arbeitnehmers fällig.

Die Lohnabrechnung sieht wie folgt aus:

Bruttoarbeitslohn		3.000 €
ausländische Steuern	–	250 €
Hypo-Tax	–	329 €
Nettoauszahlungsbetrag		2.421 €

Für Zwecke des Progressionsvorbehalts nach § 32b EStG ist der im Ausland erzielte Arbeitslohn wie folgt zu ermitteln:

Nettoauszahlungsbetrag		2.421 €
tatsächliche ausländische Steuern	+	250 €
Bruttoarbeitslohn		2.671 €

Der Betrag von monatlich 2.671 € ist für Zwecke des Progressionsvorbehalts bei der Ermittlung der deutschen Einkommensteuer anzusetzen. Der Arbeitgeber wird für den Zeitraum der Entsendung um monatlich 329 € entlastet. Die Hypo-Tax ist völlig unbeachtlich.

Abwandlung

243 Wie Beispiel 2, jedoch beträgt die monatliche Steuerbelastung 800 €.

Die Lohnabrechnung sieht wie folgt aus:

Bruttoarbeitslohn		3.000 €
ausländische Steuern	–	800 €
Hypo-Tax	–	579 €
Steuerzuschuss (i. H. der ausländischen Steuer)	+	800 €
Nettoauszahlungsbetrag		2.421 €

Für Zwecke des Progressionsvorbehalts nach § 32b EStG ist der im Ausland erzielte Arbeitslohn wie folgt zu ermitteln:

Nettoauszahlungsbetrag		2.421 €
tatsächliche ausländische Steuern	+	800 €
Bruttoarbeitslohn		3.221 €

244 Von dem vorstehend dargestellten System zu unterscheiden sind Treuhandmodelle, bei denen die Arbeitnehmer freiwillig Beiträge in ein gemeinsames Treuhandvermögen leisten, ohne dass der Arbeitgeber eine Zuschuss- oder Insolvenzpflicht hat und aus diesem Treuhandvermögen die ausländischen Steuer beglichen werden. In diesen Fällen gelten die in das gemeinsame Treuhandvermögen (sog. Steuertopf) von den Arbeitnehmern eingebrachten Beträge, die aus dem geschuldeten Arbeitslohn finanziert werden, als sog. Einkommensverwendung. Denn der Arbeitnehmer hat mit der Einbringung der Beträge Rechtsansprüche gegenüber einem fremden Dritten

(Treuhandvermögen) erworben. Damit führen die eingebrachten Beträge nicht zu einer Minderung des Bruttoarbeitslohnes. Die Aufteilung des ungekürzten Bruttoarbeitslohnes in einen steuerpflichtigen und steuerfreien Teil erfolgt nach allgemeinen Grundsätzen. Im Gegenzug bewirkt die Finanzierung der anfallenden Steuer im Ausland oder in Deutschland aus dem Treuhandvermögen keinen Zufluss von Arbeitslohn.

5.5.9 Beiträge bzw. Zuschüsse im Rahmen der sozialen Absicherung

245 Ein Arbeitnehmer kann während seiner Auslandstätigkeit ausschließlich dem Sozialversicherungsrecht des Ansässigkeits- oder des Tätigkeitsstaates oder dem Sozialversicherungsrecht beider Staaten unterworfen sein. Hier unterliegt der von einem Arbeitgeber bezogene Arbeitslohn sowohl dem Sozialversicherungsrecht des Ansässigkeitsstaates als auch dem Sozialversicherungsrecht des Tätigkeitsstaates.

246 Dabei kann das jeweilige Sozialversicherungsrecht insbesondere eine verpflichtende Renten-, Arbeitslosen- oder Krankenversicherung, aber auch Wahlrechte und freiwillige Versicherungen umfassen.

247 Eine Liste aller Länder, mit denen Deutschland Sozialversicherungsabkommen abgeschlossen hat, ist unter www.dvka.de zu finden.

248 Vom Arbeitgeber geleistete Beiträge bzw. Zuschüsse zu einer Renten-, Arbeitslosen- oder Krankenversicherung stellen regelmäßig Arbeitslohn dar. Das Besteuerungsrecht hierfür ist nach der Prüfung der Steuerbefreiung nach § 3 Nr. 62 EStG dem Wohnsitz- und dem Tätigkeitsstaat nach den DBA ggf. anteilig zuzuordnen und zwar regelmäßig in dem gleichen Verhältnis, in dem auch der übrige Arbeitslohn aufzuteilen ist. Bei einer Bruttolohnvereinbarung wird der Sozialversicherungsbeitrag „automatisch" zusammen mit den Lohnbestandteilen in einen DBA-rechtlich auf den Heimatstaat entfallenden und in einen DBA-rechtlich auf den Einsatzstaat entfallenden Anteil aufgeteilt.

Beispiel:

249 Ein im Inland wohnhafter Arbeitnehmer ist im Jahr 01 für seinen Arbeitgeber sowohl im bisherigen Ansässigkeitsstaat als auch im Tätigkeitsstaat tätig. Der auf den bisherigen Ansässigkeitsstaat entfallende Arbeitslohnanteil beträgt brutto 25.000 €. Enthalten sind sowohl direkt als auch nicht direkt zuordenbare Lohnbestandteile. Die Steuer im bisherigen Ansässigkeitsstaat beträgt 5.000 €. Sie wird vom Arbeitgeber nicht übernommen. Der auf den Tätigkeitsstaat entfallende Arbeitslohnanteil beträgt brutto 50.000 €. Enthalten sind auch hier sowohl direkt als auch nicht direkt zuordenbare Lohnbestandteile. Die hierauf entfallende Steuer beläuft sich im Tätigkeitsstaat auf 10.000 €. Sie wird vom Arbeitgeber ebenfalls nicht übernommen. Der Sozialversicherungsbeitrag beträgt – bezogen auf das Gesamtjahr – 15.000 €.

Die Lohnabrechnung sieht wie folgt aus:

Bruttoarbeitslohn bisheriger Ansässigkeitsstaat	25.000 €
Bruttoarbeitslohn Tätigkeitsstaat	50.000 €
abzüglich Steuer bisheriger Ansässigkeitsstaat	5.000 €
abzüglich Steuer Tätigkeitsstaat	10.000 €
abzüglich Sozialversicherungsbeitrag	15.000 € (einheitlich für das gesamte Kalenderjahr)
Nettoauszahlungsbetrag	45.000 €

Der Bruttoarbeitslohn wird DBA-rechtlich zu ⅓ dem bisherigen Ansässigkeitsstaat und zu ⅔ dem Tätigkeitsstaat zugerechnet. In diesem Verhältnis – ⅓ zu ⅔ – wird „automatisch" auch der Sozialversicherungsbeitrag verteilt (bezüglich der Abzugsbeschränkungen von Sonderausgaben im Zusammenhang mit steuerfreien Einkünften, s. Tz. 2.5).

250 Das gilt unabhängig davon, an welchen Sozialversicherungsträger im bisherigen Ansässigkeits- oder Tätigkeitsstaat die Beiträge bzw. Zuschüsse gezahlt werden. Insbesondere erfolgt keine direkte Zuordnung nach Tz. 5.3 aufgrund des Sitzes eines Sozialversicherungsträgers.

5.5.10 Übernahme von bestimmten Aufwendungen durch den Arbeitgeber

251 Die Steuerfreiheit bestimmter Einnahmen nach § 3 EStG (hier z. B. Nr. 13 und 16) ist vorrangig zu beachten; einige nach § 3 EStG steuerfreie Einnahmen unterliegen nicht dem Progressionsvorbehalt.

252 Zahlungen, die der Arbeitgeber im Hinblick auf einen künftigen internationalen Einsatz des Arbeitnehmers aufwendet, stellen insoweit i. d. R. Arbeitslohn dar, der nach Tz. 5.3 abkommensrechtlich direkt dem Tätigkeitsstaat zuzuordnen ist. Dies sind z. B. Kosten:
- für eine Orientierungsreise, um dem Arbeitnehmer einen Einblick in die Lebensbedingungen am Einsatzort zu geben (z. B. für Unterkunft, Mietwagen, Reisekosten oder Verpflegung),
- für Visa sowie Arbeits- oder Aufenthaltsgenehmigungen,
- für Sprachunterricht oder interkulturelles Training in Bezug auf den rechtlichen, kulturellen, sozialen und wirtschaftlichen Rahmen am Einsatzort (Ausnahmen s. R 19.7 Abs. 2 Satz 4 LStR),
- für medizinische Vorsorge oder sonstige Hilfestellungen und Informationen (u. a. Eröffnung von Bankkonten, Wohnraumbeschaffung).

253 Das gilt auch für:
- Übergangszuschüsse, die der Arbeitgeber als zusätzliche Leistung an bestimmten Einsatzorten zahlt, um höhere Kosten des Arbeitnehmers in der Orientierungsphase auszugleichen oder
- Ausgleichzahlungen des Arbeitgebers für Verluste des Arbeitnehmers aus privaten Veräußerungen im Wohnsitzstaat anlässlich des internationalen Einsatzes.

254 Übernimmt der Arbeitgeber während des Einsatzes Aufwendungen für den Arbeitnehmer im Tätigkeitsstaat (z. B. für die Unterbringung, die Verpflegung, den Umzug oder den Dienstwagen) oder im Wohnsitzstaat (z. B. für die Beibehaltung der bisherigen Wohnung oder deren Aufgabe) oder für Fahrten zwischen beiden Staaten und dies nur in Fällen des internationalen Einsatzes, liegt insoweit i. d. R. Arbeitslohn vor, der nach Tz. 5.3 abkommensrechtlich direkt dem Tätigkeitsstaat zuzuordnen ist. Soweit eine Leistung jedoch nicht auf Fälle des internationalen Einsatzes beschränkt ist und auch dem Wohnsitzstaat nach Tz. 5.3 nicht direkt zugeordnet werden kann, ist eine Aufteilung i. S. der Tz. 5.4 vorzunehmen. Das gilt entsprechend auch für Zuschüsse, die der Arbeitgeber dem Arbeitnehmer zum Ausgleich für dessen Aufwendungen im Zusammenhang mit dem Einsatz zahlt (z. B. Unterstützungsleistungen für den Arbeitnehmer und dessen Familie, Zuschüsse bei Anschaffungen).

255 Die Übernahme von Steuerberatungskosten durch den Arbeitgeber in den Fällen des internationalen Arbeitnehmereinsatzes ist grundsätzlich dergestalt direkt zuzuordnen, dass die Kosten für die Erklärungsabgabe im Heimatstaat ausschließlich der Tätigkeit im Heimatstaat und die Kosten für die Erklärungsabgabe im Einsatzstaat ausschließlich der Tätigkeit im Einsatzstaat zuzurechnen sind. Erfolgt die Übernahme der Steuerberatungskosten jedoch im ausschließlichen wirtschaftlichen Zusammenhang mit der im Inland oder im Ausland ausgeübten Tätigkeit (z. B. aufgrund ausdrücklicher und auf die Dauer der Entsendung beschränkter Vereinbarung im Entsendevertrag), so ist der hieraus resultierende Lohn ausschließlich dieser Tätigkeit zuzuordnen.

256 Stellt der Arbeitgeber dem Arbeitnehmer einen Dienstwagen zur Verfügung, ist der hieraus resultierende geldwerte Vorteil und der für Fahrten zwischen Wohnung und erster Tätigkeitsstätte entstehende geldwerte Vorteil jeweils nach Tz. 5.3 direkt der Tätigkeit im Wohnsitzstaat oder im Tätigkeitsstaat zuzuordnen.

257 Übernimmt der Arbeitgeber Aufwendungen für die Reintegration des Arbeitnehmers in den früheren Wohnsitzstaat (z. B. für die Unterbringung, die Verpflegung, den Rückumzug) und war der zurückliegende Einsatz in dem anderen Staat von vornherein befristet, liegt insoweit i. d. R. Arbeitslohn vor, der nach Tz. 5.3 abkommensrechtlich direkt dem Tätigkeitsstaat zuzuordnen ist. Erfolgte dagegen der Einsatz in dem anderen Staat unbefristet, ist die Rückkehr in den Wohnsitzstaat regelmäßig durch eine neue Tätigkeit im Wohnsitzstaat veranlasst. In diesem Fall sind die Aufwendungen des Arbeitgebers für die Reintegration des Arbeitnehmers in den Wohnsitzstaat ggf. dieser neuen Tätigkeit zuzuordnen.

§ 39b EStG
R 39b.10

6 Abkommensrechtliche Beurteilung bestimmter Auslandstätigkeiten

6.1 Organe von Kapitalgesellschaften

258 Bei der Besteuerung der Organe von Kapitalgesellschaften ist zwischen den geschäftsführenden und den überwachenden Organen zu unterscheiden.

259 Die Vergütungen von geschäftsführenden Organen (z. B. Vorstände und Geschäftsführer) von Kapitalgesellschaften fallen regelmäßig in den Anwendungsbereich des Art. 15 OECD-MA. Der Ort der Geschäftsleitung oder der Sitz der Gesellschaft ist für die Aufteilung des Besteuerungsrechts ebenso wenig relevant wie der Ort an dem die Tätigkeit „verwertet" wird, da die Mitglieder der Geschäftsleitung abkommensrechtlich ihre Tätigkeit grundsätzlich an dem Ort ausüben, an dem sie sich persönlich aufhalten (BFH-Urteil vom 5. Oktober 1994, BStBl 1995 II S. 95). Soweit das nationale Besteuerungsrecht nicht durch diese abkommensrechtliche Regelung beschränkt wird, unterliegen die Löhne innerstaatlich gemäß § 49 Abs. 1 Nr. 4 Buchstabe c EStG auch dann der beschränkten Einkommensteuerpflicht, wenn die geschäftsführenden Organe ihre Aufgaben im Ausland erfüllen.

260 Davon abzugrenzen sind jedoch die überwachenden Organe von Kapitalgesellschaften (z. B. Aufsichts- und Verwaltungsräte). Dabei handelt es sich um Einkünfte aus selbständiger Tätigkeit i. S. des § 18 EStG, die unter den Anwendungsbereich von Art. 16 OECD-MA fallen. Das Besteuerungsrecht wird regelmäßig dem Ansässigkeitsstaat der Kapitalgesellschaft zugewiesen und die Doppelbesteuerung durch die Anrechnungsmethode vermieden. Soweit das nationale Besteuerungsrecht nicht durch die abkommensrechtliche Regelung beschränkt wird, unterliegen die Vergütungen gemäß § 49 Abs. 1 Nr. 3 EStG nur dann der beschränkten Einkommensteuerpflicht, wenn die Tätigkeit im Inland ausgeübt oder verwertet wird oder worden ist oder für die Tätigkeit im Inland eine feste Einrichtung oder eine Betriebstätte unterhalten wird.

261 Hinsichtlich einiger Staaten ist es üblich, dass bestimmte Organe von Kapitalgesellschaften sowohl geschäftsführende als auch überwachende Aufgaben wahrnehmen (z. B. Schweizer Verwaltungsrat, kanadisches Board of Directors). In diesem Fall sind die Vergütungen unter Beachtung von Fremdüblichkeitsgrundsätzen aufzuteilen (vgl. BFH-Urteil vom 14. März 2011, BStBl 2013 II S. 73). Soweit die Einnahmen auf die geschäftsführenden Tätigkeiten entfallen ist das Besteuerungsrecht nach Art. 15 OECD-MA zuzuweisen. Der übrige Teil fällt unter die Anwendung des Art. 16 OECD-MA.

262 Darüber hinaus sind auch die in einigen DBA enthaltenen Sonderregelungen über Geschäftsführervergütungen (z. B. Art. 15 Abs. 4 DBA-Schweiz, Art. 16 Abs. 2 DBA-Dänemark, Art. 16 DBA-Japan, Art. 16 Abs. 2 DBA-Kasachstan, Art. 16 DBA-Österreich, Art. 16 Abs. 2 DBA-Polen, Art. 16 DBA-Schweden, s. auch Tz. 1.2.2.3) zu beachten. Abfindungen wegen Auflösung des Arbeitsverhältnisses unterfallen ebenfalls den vorgenannten Sonderregelungen. So ist beispielsweise für die Besteuerung der Abfindung an den Geschäftsführer einer japanischen Kapitalgesellschaft Art. 16 DBA-Japan (Sonderregelung Geschäftsführervergütung) anzuwenden. Weiterhin gelten die in Tz. 4.3.3.4 dargestellten Grundsätze zum Geschäftsführer für oben genannte Organe entsprechend. Nachdem auf den tatsächlichen Geschäftsführer abzustellen ist, endet die Anwendung der in einzelnen DBA enthaltenen Sondervorschriften für Organe von Kapitalgesellschaften bereits dann, wenn die Geschäftsführertätigkeit nachweislich tatsächlich nicht mehr ausgeübt wird. Ab diesem Zeitpunkt greift der allgemeine Artikel über unselbständige Arbeit (Art. 15 OECD-MA).

6.2 Sich-zur-Verfügung-Halten

263 Soweit die Arbeitsleistung in einem Sich-zur-Verfügung-Halten (z. B. Bereitschaftsdienst, Zeiträume der Arbeitsfreistellung im Zusammenhang mit der Beendigung des Dienstverhältnisses) besteht, ohne dass es zu einer Tätigkeit kommt, wird die Arbeitsleistung dort erbracht, wo sich der Arbeitnehmer während der Dauer des Sich-zur-Verfügung-Haltens tatsächlich aufhält (s. BFH-Urteil vom 9. September 1970, BStBl II S. 867).

6.3 Vorruhestandsgelder

264 Laufend ausgezahlte Ruhestandsgelder haben immer Versorgungscharakter. Sie sind daher Art. 18 OECD-MA zuzuordnen und im Ansässigkeitsstaat zu besteuern.

265 Erdiente kapitalisierte Vorruhestandsgelder, bei denen ein Versorgungscharakter angenommen werden kann, weil sie kurz (maximal 1 Jahr) vor dem Eintrittsalter in die gesetzliche Rentenversicherung gezahlt werden, sind Art. 18 OECD-MA zuzuordnen. Das Besteuerungsrecht steht daher dem Ansässigkeitsstaat zu.

266 Bei Einmalzahlungen zur Ablösung eines bereits im Arbeitsvertrag vereinbarten Anspruchs auf Vorruhestandsgeld, denen kein Versorgungscharakter beigemessen werden kann, weil sie nicht in einem nahen zeitlichen Zusammenhang vor Erreichen der gesetzlichen Altersgrenze gezahlt werden, handelt es sich grundsätzlich um Vergütungen aus unselbständiger Arbeit i. S. des Art. 15 Abs. 1 OECD-MA, für die dem Tätigkeitsstaat das Besteuerungsrecht zusteht. Ein solcher naher zeitlicher Zusammenhang ist anzunehmen, wenn die Einmalzahlungen innerhalb eines Jahres vor Erreichen des gesetzlichen Renteneintrittsalters geleistet werden. Besondere Umstände für den Eintritt in den Vorruhestand (z. B. Dienstunfähigkeit) sind dabei zu berücksichtigen.

267 Ist ein Vorruhestandsgeld dagegen nicht in einem Arbeitsvertrag vereinbart und somit nicht durch eine bestimmte Tätigkeit erdient, sondern wird der Anspruch erst im Zusammenhang mit der Auflösung eines Dienstverhältnisses begründet, steht das Besteuerungsrecht nach Art. 18 OECD-MA nicht dem Tätigkeitsstaat, sondern dem Ansässigkeitsstaat zu.

6.4 Konkurrenz- oder Wettbewerbsverbot

268 Vergütungen an den Arbeitnehmer für ein Konkurrenz- oder Wettbewerbsverbot fallen unter Art. 15 OECD-MA. Es handelt sich hierbei um Vergütungen, die für eine in die Zukunft gerichtete Verpflichtung gezahlt werden und nicht der Abgeltung und Abwicklung von Interessen aus dem bisherigen Rechtsverhältnis dienen (s. BFH-Urteil vom 12. Juni 1996, BStBl II S. 516). Die Arbeitsleistung, das Nicht-Tätig-Werden, wird in dem Staat erbracht, in dem sich der Arbeitnehmer während der Dauer des Verbotes aufhält. Die Fiktion eines Tätigkeitsortes unabhängig von der körperlichen Anwesenheit, beispielsweise in dem Staat, in dem der Steuerpflichtige nicht tätig werden darf, ist nicht möglich (s. BFH-Urteil vom 5. Oktober 1994, BStBl 1995 II S. 95). Hält sich der Arbeitnehmer während dieses Zeitraums in mehreren Staaten auf, ist das Entgelt entsprechend aufzuteilen.

269 Im Verhältnis zu Österreich werden Zahlungen anlässlich eines im Rahmen der Auflösung des Dienstverhältnisses verankerten Wettbewerbsverbots (Karenzentschädigung) dem vormaligen Tätigkeitsstaat in dem Verhältnis zugewiesen, in dem die für die zuvor ausgeübte Tätigkeit bezogenen Einkünfte dort der Besteuerung unterlegen haben (s. § 5 KonsVerAUTV, a.a.O.). Im Verhältnis zur Schweiz sind die Besonderheiten der Verständigungsvereinbarung zu Abfindungen (s. KonsVerCHEV, a.a.O.) auf Zahlungen im Zusammenhang mit einem bei Auflösung eines Dienstverhältnisses vereinbarten Wettbewerbsverbot sinngemäß anzuwenden.

6.5 Altersteilzeit nach dem Blockmodell

270 Für den Arbeitnehmer besteht im Rahmen des Altersteilzeitgesetzes unter bestimmten Voraussetzungen die Möglichkeit, seine Arbeitszeit zu halbieren. Beim sog. Blockmodell schließt sich dabei an eine Phase der Vollzeitarbeit (Arbeitsphase) eine gleich lange Freistellungsphase an. Das Arbeitsverhältnis besteht bis zum Ende der Freistellungsphase weiter fort. Der Arbeitgeber zahlt dem Arbeitnehmer für die von ihm geleistete Tätigkeit Arbeitslohn.

271 Den Anspruch auf Zahlung des Arbeitslohns während der Freistellungsphase erwirbt der Arbeitnehmer dabei durch seine Tätigkeit in der Arbeitsphase.

272 Der Arbeitslohn in der Arbeits- und in der Freistellungsphase stellt eine Vergütung i. S. des Art. 15 OECD-MA dar. In der Freistellungphase handelt es sich dabei einheitlich um nachträglich

gezahlten Arbeitslohn, der in dem Verhältnis aufzuteilen ist, das der Aufteilung der Vergütungen zwischen dem Wohnsitz- und Tätigkeitsstaat in der Arbeitsphase entspricht (s. BFH-Urteil vom 12. Januar 2011, BStBl II S. 446 zum DBA-Frankreich).

273 Der Arbeitslohn wird durch den sog. Aufstockungsbetrag erhöht. Dabei wird der Aufstockungsbetrag nicht für die im Ausland geleistete Tätigkeit gezahlt, sondern für die Bereitschaft des Mitarbeiters eine Altersteilzeitvereinbarung mit dem Arbeitgeber einzugehen. Diese ist unabhängig von der Auslandstätigkeit des Mitarbeiters vereinbart. Der Wert der Auslandsarbeit des Mitarbeiters wird durch die Zahlung des Aufstockungsbetrags nicht erhöht, da der Arbeitnehmer im Ausland keine anderswertige Tätigkeit erbringt als er ohne Altersteilzeitvereinbarung erbringen würde. Als solche Vergütung fällt der Aufstockungsbetrag als Arbeitslohn nicht in das Besteuerungsrecht des Tätigkeitsstaates, sondern steht ausschließlich dem Ansässigkeitsstaat zu. Ist Deutschland der Ansässigkeitsstaat, ist eine Steuerbefreiung nach § 3 Nr. 28 EStG (s. auch R 3.28 Abs. 3 LStR) zu prüfen.

274 Dies gilt auch für Grenzgänger i. S. des Art. 13 Abs. 5 DBA-Frankreich, des Art. 15 Abs. 6 DBA-Österreich und des Art. 15a DBA-Schweiz, unabhängig davon, dass ein Grenzgänger während der Freistellungsphase nicht mehr regelmäßig über die Grenze pendelt.

Beispiel 1:

275 Der inländische Arbeitnehmer A ist für seinen im Inland ansässigen Arbeitgeber B tätig. Zwischen A und B ist für die Jahre 01 und 02 eine Altersteilzeit nach dem Blockmodell vereinbart, d. h. das erste Jahr umfasst die Arbeitsphase und das zweite Jahr die Freistellungsphase. A arbeitet im Jahr 01 an 60 Arbeitstagen in einer Betriebsstätte seines Arbeitgebers in Korea. Der Arbeitslohn wird während dieser Zeit von der Betriebsstätte getragen. Die übrigen 180 Arbeitstage ist A im Inland tätig. Seinen inländischen Wohnsitz behält A bei und auch die Freistellungsphase verbringt A ausschließlich im Inland.

In 01 steht Korea als Tätigkeitsstaat des A das Besteuerungsrecht anteilig für $60/240$ der Vergütungen zu, da die Voraussetzung des Art. 15 Abs. 2 Buchstabe c DBA-Korea nicht erfüllt ist. Deutschland stellt die Vergütungen insoweit unter Beachtung des § 50d Abs. 8 bzw. 9 EStG und des Progressionsvorbehalts frei. Für die übrigen $180/240$ der Vergütungen steht Deutschland das Besteuerungsrecht zu. Entsprechend dieser Aufteilung in der Arbeitsphase steht das Besteuerungsrecht für die Vergütungen des A in der Freistellungsphase in 02 zu $60/240$ Korea und zu $180/240$ Deutschland zu. Da der Aufstockungsbetrag nicht für die Tätigkeit in Korea gezahlt wird, verbleibt das Besteuerungsrecht diesbezüglich im Ansässigkeitsstaat Deutschland. Die Steuerfreiheit ist unter Beachtung von § 3 Nr. 28 EStG und R 3.28 Abs. 3 LStR zu prüfen.

Beispiel 2:

276 Der in Dänemark ansässige Arbeitnehmer A ist für seinen im Inland ansässigen Arbeitgeber B tätig. Zwischen A und B ist für die Jahre 01 und 02 eine Altersteilzeit nach dem Blockmodell vereinbart, d. h. das erste Jahr umfasst die Arbeitsphase und das zweite Jahr die Freistellungsphase. A arbeitet während der Arbeitsphase ausschließlich in Deutschland.

In 01 steht Deutschland als Tätigkeitsstaat des A das Besteuerungsrecht an den Vergütungen in vollem Umfang zu, da die Voraussetzungen des Art. 15 Abs. 2 Buchstabe a und b DBA-Dänemark nicht erfüllt sind. Dementsprechend steht auch das Besteuerungsrecht für die Vergütungen des A in der Freistellungsphase in 02 nur Deutschland zu. Da der Aufstockungsbetrag nicht für die Tätigkeit in Deutschland gezahlt wird, verbleibt das Besteuerungsrecht diesbezüglich im Ansässigkeitsstaat Dänemark.

Beispiel 3:

277 Arbeitnehmer A ist für seinen im Inland ansässigen Arbeitgeber B tätig. Zwischen A und B ist für die Jahre 01 und 02 eine Altersteilzeit nach dem Blockmodell vereinbart, d. h. das erste Jahr umfasst die Arbeitsphase und das zweite Jahr die Freistellungsphase. Im Jahr 01 hat A seinen Wohnsitz in Deutschland und arbeitet auch ausschließlich im Inland. Anfang 02 zieht A nach Spanien.

In 01 unterliegt A im Inland der unbeschränkten Steuerpflicht; ein DBA ist nicht zu beachten. In 02 unterliegt A mit den Vergütungen für die ehemals in Deutschland geleistete Tätigkeit in der Freistellungsphase in Deutschland der beschränkten Steuerpflicht in Deutschland, weil insoweit inländische Einkünfte i. S. des § 49 Abs. 1 Nr. 4 Buchstabe a EStG vorliegen. Nach Art. 14 Abs. 1 DBA-Spanien steht für diese Vergütungen ausschließlich Deutschland das Besteuerungsrecht zu, da die Tätigkeit in der Arbeitsphase in Deutschland ausgeübt wurde. Da der Aufstockungsbetrag nicht für eine Tätigkeit im In- oder Ausland gezahlt wird unterliegt er im Jahr 01 (Aktivphase) der Besteuerung im Ansässigkeitsstaat Deutschland und im Jahr 02 (Freistellungsphase) der Besteuerung im Ansässigkeitsstaat Spanien.

7 Besonderheiten bei Berufskraftfahrern

7.1 Allgemeines

278 Berufskraftfahrer halten sich während der Arbeitsausübung in oder bei ihrem Fahrzeug auf (s. BFH-Urteil vom 31. März 2004, BStBl II S. 936). Das Fahrzeug ist daher ihr Ort der Arbeitsausübung. Der Ort der Arbeitsausübung des Berufskraftfahrers bestimmt sich nach dem jeweiligen Aufenthalts- oder Fortbewegungsort des Fahrzeugs. Zu den Berufskraftfahrern i. S. dieses Schreibens zählen auch Auslieferungsfahrer, nicht aber Reisevertreter. Fahrten zwischen der Wohnung und dem Standort des Fahrzeugs gehören nicht zur beruflichen Tätigkeit des Berufskraftfahrers i. S. der DBA.

7.2 Arbeitgeber im Inland

279 Der Berufskraftfahrer und der Arbeitgeber sind im Inland ansässig und der Arbeitslohn wird nicht von einer ausländischen Betriebsstätte getragen.

280 Soweit die Vergütungen aus unselbständiger Arbeit auf Tätigkeiten des Berufskraftfahrers in Deutschland entfallen, ist der Anwendungsbereich der DBA nicht betroffen. Diese Vergütungen unterliegen der inländischen unbeschränkten Einkommensteuerpflicht.

281 Soweit der Berufskraftfahrer seine Tätigkeit in einem anderen Staat ausübt, ist anhand der 183-Tage-Klausel zu prüfen, welchem der beiden Vertragsstaaten das Besteuerungsrecht für die auf das Ausland entfallenden Einkünfte zusteht.

282 Die Berechnung der 183-Tage-Frist ist dabei für jeden Vertragsstaat gesondert durchzuführen. In Abweichung von den Regelungen in Tz. 4.2.2 führt die von einem Berufskraftfahrer ausgeübte Fahrtätigkeit dazu, dass auch Anwesenheitstage der Durchreise in einem Staat bei der Ermittlung der 183-Tage-Frist als volle Tage der Anwesenheit in diesem Staat zu berücksichtigen sind. Durchquert der Fahrer an einem Tag mehrere Staaten, so zählt dieser Tag für Zwecke der Ermittlung der 183-Tage-Frist in jedem dieser Staaten als voller Anwesenheitstag.

283 Für die Zuordnung des Arbeitslohns gelten die Ausführungen der Tz. 5.2 bis 5.5 entsprechend.

Beispiel:

284 Der in München wohnhafte Berufskraftfahrer A nimmt seine Fahrt morgens in München auf, und fährt über Österreich nach Italien. Von dort kehrt er am selben Tage über die Schweiz nach München zurück.

Bei Berufskraftfahrern sind auch Tage der Durchreise als volle Anwesenheitstage im jeweiligen Staat zu berücksichtigen. Für die Ermittlung der 183-Tage-Frist ist damit für Österreich, Italien und die Schweiz jeweils ein Tag zu zählen.

7.3 Arbeitgeber oder arbeitslohntragende Betriebsstätte im Ausland

285 In den Fällen, in denen der Berufskraftfahrer in Deutschland, sein Arbeitgeber aber in dem anderen Vertragsstaat ansässig ist, steht Deutschland das Besteuerungsrecht für die Vergütungen des Berufskraftfahrers aus unselbständiger Arbeit zu, soweit die Vergütungen auf Tätigkeiten des Berufskraftfahrers im Inland entfallen.

286 Soweit der Berufskraftfahrer seine Tätigkeit in dem Staat ausübt, in dem der Arbeitgeber ansässig ist, ist die Anwendung des Art. 15 Abs. 2 OECD-MA ausgeschlossen, da die Voraussetzungen des Art. 15 Abs. 2 Buchstabe b OECD-MA nicht vorliegen. Mit jedem Tätigwerden des Berufskraftfahrers im Ansässigkeitsstaat des Arbeitgebers steht diesem als Tätigkeitsstaat das Besteuerungsrecht insoweit zu (Art. 15 Abs. 1 OECD-MA).

287 Übt der Berufskraftfahrer seine Tätigkeit in einem Drittstaat aus, d. h. weder in Deutschland noch in dem Staat, in dem der Arbeitgeber ansässig ist, steht das Besteuerungsrecht für die auf den Drittstaat entfallenden Arbeitsvergütungen im Verhältnis zum Ansässigkeitsstaat des Arbeitgebers Deutschland als

Ansässigkeitsstaat des Berufskraftfahrers zu. Besteht mit dem jeweiligen Drittstaat ein DBA, ist im Verhältnis zu diesem Staat nach diesem DBA zu prüfen, welchem Staat das Besteuerungsrecht zusteht. Soweit die Tätigkeit im jeweiligen Drittstaat an nicht mehr als 183 Tagen ausgeübt wird, verbleibt das Besteuerungsrecht regelmäßig bei Deutschland.

288 Die vorgenannten Ausführungen gelten entsprechend für die Fälle, in denen der Arbeitgeber in Deutschland oder in einem Drittstaat ansässig ist, die Arbeitsvergütungen aber von einer Betriebsstätte im Tätigkeitsstaat getragen werden (s. Tz. 4.4).

289 Auf die Verständigungsvereinbarungen mit Luxemburg (s. KonsVerLUXV, a.a.O.) und der Schweiz vom 9./16. Juni 2011, BStBl I S. 621, wird hingewiesen.*)

Beispiel:

290 A, ansässig im Inland, ist für seinen in Österreich ansässigen Arbeitgeber als Berufskraftfahrer tätig. Im Jahr 01 war A das ganze Jahr über im Inland tätig. Lediglich zwei Arbeitstage hat A in Österreich und zwei Arbeitstage in Italien verbracht. A ist kein Grenzgänger i. S. von Art. 15 Abs. 6 DBA-Österreich.

Deutschland hat als Ansässigkeitsstaat des A das Besteuerungsrecht für die Vergütungen, die auf die Arbeitstage entfallen, an denen A seine Tätigkeit in Deutschland ausgeübt hat (Art. 15 Abs. 1 DBA-Österreich). Zudem hat Deutschland das Besteuerungsrecht für die Vergütungen, die auf die in Italien verbrachten Arbeitstage entfallen, da sich A nicht mehr als 183 Tage in Italien aufgehalten hat (Art. 15 Abs. 2 DBA-Italien). Dagegen wird Österreich das Besteuerungsrecht für die Vergütungen zugewiesen, die auf die Tage entfallen, an denen A in Österreich seine Tätigkeit ausgeübt hat (Art. 15 Abs. 1 Satz 2, Abs. 2 Buchstabe b DBA-Österreich). Insoweit stellt Deutschland die Einkünfte unter Beachtung des § 50d Abs. 8 bzw. 9 EStG und des Progressionsvorbehaltes frei (Art. 23 Abs. 1 Buchstabe a DBA-Österreich).

8 Personal auf Schiffen und Flugzeugen

8.1 Allgemeines

291 Die DBA enthalten für die steuerliche Behandlung der Einkünfte des Bordpersonals von Seeschiffen und Luftfahrzeugen im internationalen Verkehr sowie des Bordpersonals von Binnenschiffen häufig gesonderte Bestimmungen. Diese orientieren sich i. d. R. an Art. 15 Abs. 3 OECD-MA. Einzelne Sonderregelungen knüpfen dagegen an Tatbestände an, die von Art. 15 Abs. 3 OECD-MA abweichen oder sehen anstelle der Freistellungsmethode die Anrechnungsmethode vor (z. B. DBA mit Griechenland, der Schweiz und Österreich). Soweit die DBA keine Sonderregelung enthalten, sind die allgemeinen Bestimmungen entsprechend Art. 15 Abs. 1 und 2 OECD-MA anzuwenden (z. B. DBA mit Liberia und Trinidad und Tobago). Mit einigen Staaten bestehen darüber hinaus Sonderabkommen betreffend die Einkünfte von Schiff- und Luftfahrtunternehmen, die auch Bestimmungen für die Vergütungen des Bordpersonals enthalten können (z. B. Abkommen mit der Insel Man und Saudi-Arabien).

292 Soweit die Regelungen dem Art. 15 Abs. 3 OECD-MA entsprechen, können Vergütungen für unselbständige Arbeit, die an Bord eines Seeschiffes oder Luftfahrzeuges, das im internationalen Verkehr betrieben wird, oder an Bord eines Binnenschiffes ausgeübt wird, in dem Vertragsstaat besteuert werden, in dem sich der Ort der tatsächlichen Geschäftsleitung des die Schifffahrt oder Luftfahrt betreibenden Unternehmens i. S. des Art. 8 OECD-MA befindet. Die Vorschrift folgt der Regelung für Unternehmensgewinne aus Schiffen und Luftfahrzeugen; insbesondere kann der Vertragsstaat die Vergütungen an das Bordpersonal besteuern, bei dem sie die Bemessungsgrundlage für die Gewinnbesteuerung mindern.

293 In Fällen der Vercharterung eines vollständig ausgerüsteten und bemannten Schiffes können sowohl der Vercharterer (unabhängig von der Nutzung durch den Charterer) als auch der Charterer Gewinne aus Beförderungsleistungen i. S. des Art. 8 OECD-MA erzielen. Auch hier ist ggf. der Vertragsstaat zur Besteuerung der Vergütungen an die Besatzungsmitglieder nach Art. 15 Abs. 3 OECD-MA berechtigt, in dem der Ort der Geschäftsleitung desjenigen Unternehmens liegt, dessen Gewinne durch die Lohnzahlung gemindert werden. Vorstehendes gilt nicht für den Vercharterer, der das Schiff leer vermietet (sog. Bare-Boat-Charter).

294 Die Anwendung der Art. 15 Abs. 3 OECD-MA entsprechenden Bestimmungen setzt außerdem voraus, dass das maßgebliche Unternehmen i. S. des Art. 8 OECD-MA zugleich abkommensrechtlicher Arbeitgeber des Besatzungsmitglieds ist. Dabei kann Arbeitgeber i. S. des Abkommens nicht nur der zivilrechtliche Arbeitgeber, sondern auch eine dritte Person sein. Dies ist im Einzelfall unter Berücksichtigung des wirtschaftlichen Gehalts und der tatsächlichen Durchführung der zugrunde liegenden Vereinbarungen zu prüfen; die Kriterien gemäß Tz. 4.3.3.1 gelten entsprechend. In den Fällen der Einschaltung von Shipmanagement- und Crewingunternehmen ist zu prüfen, ob die Voraussetzungen des Art. 15 Abs. 3 OECD-MA vorliegen (BFH-Urteile vom 10. November 1993, BStBl 1994 II S. 218 und vom 11. Februar 1997, BStBl II S. 432).

8.2 Beispiele für Abkommen, die von der Regelung des OECD-MA abweichen

8.2.1 DBA-Liberia/DBA-Trinidad und Tobago

295 Das DBA-Liberia enthält keine besondere Regelung für Vergütungen des Bordpersonals von Schiffen oder Luftfahrzeugen, daher sind die allgemeinen Regelungen des Art. 15 Abs. 1 und 2 DBA-Liberia anzuwenden. Demnach gilt Folgendes:

296 Gemäß Art. 15 Abs. 1 DBA-Liberia steht das Besteuerungsrecht dem Ansässigkeitsstaat zu, es sei denn, die Tätigkeit wird im anderen Vertragsstaat ausgeübt. Soweit in Deutschland ansässige Besatzungsmitglieder ihre Tätigkeit auf einem Schiff unter liberianischer Flagge ausüben und sich das Schiff im Hoheitsgebiet von Liberia oder auf hoher See aufhält, ist Liberia als Tätigkeitsstaat anzusehen. Nach Seerecht wird eine Tätigkeit in internationalen Gewässern dem Staat zugeordnet, dessen Flagge das Schiff trägt. Hält sich das Schiff dagegen im Hoheitsgebiet Deutschlands auf, steht das Besteuerungsrecht für die darauf entfallenden Einkünfte Deutschland zu, weil insoweit der Ansässigkeitsstaat des Arbeitnehmers zugleich dessen Tätigkeitsstaat ist. Hält sich das Schiff in den Hoheitsgewässern von Drittstaaten auf, ist zu prüfen, ob das deutsche Besteuerungsrecht aufgrund eines DBA zugunsten eines dritten Staates beschränkt wird.

297 Für den Teil der Einkünfte, für den Art. 15 Abs. 1 DBA-Liberia dem Tätigkeitsstaat Liberia das Besteuerungsrecht zuweist, fällt nach Art. 15 Abs. 2 DBA-Liberia nur dann das Besteuerungsrecht an Deutschland zurück, wenn die dort genannten Voraussetzungen gleichzeitig erfüllt sind. Dabei sind bei der Berechnung der Aufenthaltstage i. S. des Art. 15 Abs. 2 Buchstabe a DBA-Liberia auch solche Tage als volle Tage in Liberia mitzuzählen, in denen sich das Schiff nur zeitweise im Hoheitsgebiet von Liberia oder auf hoher See aufhält.

298 Die Ermittlung des steuerpflichtigen bzw. steuerfreien Arbeitslohns erfolgt in einem weiteren Schritt gemäß Tz. 5; soweit Vergütungen nicht direkt zugeordnet werden können, sind sie nach Tz. 5.4 aufzuteilen. Hält sich der Arbeitnehmer an einem Arbeitstag nicht vollständig im Hoheitsgebiet von Liberia oder auf hoher See auf, sind nach Tz. 5.4 die Vergütungen im Wege der Schätzung zeitanteilig zuzuordnen.

299 Die vorstehenden Ausführungen gelten sinngemäß für die Anwendung des DBA-Trinidad und Tobago.

300 Bei einer Tätigkeit auf einem unter liberianischer Flagge fahrenden Schiff ist zu beachten, dass Liberia von seinem ihm zustehenden Besteuerungsrecht keinen Gebrauch macht.

301 Die Rückfallklausel des § 50d Abs. 8 EStG kommt demnach nicht zur Anwendung. Die Tz. 3.3 des BMF-Schreibens vom 21. Juli 2005, a.a.O. (Bescheinigung von Liberia und Arbeitgeberbescheinigung) ist hierbei zu beachten. Eine Anwendung des § 50d Abs. 9 Satz 1 Nr. 2 EStG kommt ebenfalls nicht in Betracht, weil Seeleute, die in Liberia unbeschränkt steuerpflichtig sind, dort auch nicht besteuert werden.

8.2.2 DBA-Schweiz

302 Art. 15 Abs. 3 Satz 1 DBA-Schweiz regelt die Besteuerung der Vergütungen des Bordpersonals entsprechend Art. 15 Abs. 3 OECD-MA. Art. 15 Abs. 3 Satz 2 DBA-Schweiz enthält zudem

---

*) Abgedruckt als Anlage 6 bzw. 15 zu H 39b.10 LStR.

eine Rückfallklausel zugunsten des Ansässigkeitsstaates. Können nach Art. 15 Abs. 3 Satz 1 DBA-Schweiz die Vergütungen eines in Deutschland ansässigen Besatzungsmitglieds in der Schweiz besteuert werden, sind diese Vergütungen nur nach Art. 24 Abs. 1 Nr. 1 Buchstabe d i. V. m. Art. 15 Abs. 3 DBA-Schweiz von der deutschen Besteuerung auszunehmen, soweit sie auf eine Tätigkeit entfallen, die tatsächlich in der Schweiz ausgeübt wurde (s. BFH-Urteil vom 22. Oktober 2003, BStBl 2004 II S. 704). In den Fällen, in denen die Arbeit tatsächlich nicht in der Schweiz ausgeübt wurde, wird nach Art. 24 Abs. 1 Nr. 2 DBA-Schweiz die Doppelbesteuerung durch Anrechnung der anteiligen schweizerischen Quellensteuer vermieden. Eine Arbeitsortfiktion in der Schweiz wie bei den sog. leitenden Angestellten im Sinne des Art. 15 Abs. 4 DBA-Schweiz kommt nicht in Betracht (s. BFH-Urteil vom 10. Januar 2012, BFH/NV S. 1138).

303 Besonderheiten ergeben sich bei der Besteuerung des Bordpersonals von im internationalen Verkehr eingesetzten Luftfahrzeugen in den Jahren 2012 bis 2016 (s. BMF-Schreiben vom 23. Juli 2012, BStBl I S. 863).

8.2.3 DBA-Griechenland 1966

304 Art. XI Abs. 5 DBA-Griechenland enthält eine spezielle Regelung für Vergütungen des Bordpersonals von Seeschiffen, die von Art. 15 Abs. 3 OECD-MA abweicht. Entscheidend ist hier, wo sich der Registerhafen des jeweiligen Schiffes befindet. Ist Deutschland der Ansässigkeitsstaat, wird die Doppelbesteuerung nach Art. XVII Abs. 2 Nr. 2 Buchstabe a Doppelbuchstabe dd DBA-Griechenland durch die Anrechnungsmethode vermieden.

8.2.4 DBA-Großbritannien 2010

305 Nach Art. 14 Abs. 3 DBA-Großbritannien 2010 können Vergütungen, die eine Person für eine an Bord eines im internationalen Verkehr betriebenen Seeschiffs oder Luftfahrzeugs ausgeübte unselbständige Arbeit bezieht, nur im Ansässigkeitsstaat dieses Besatzungsmitglieds besteuert werden. Soweit Großbritannien als Ansässigkeitsstaat die Vergütungen besteuern kann, ist die Regelung des Art. 24 DBA-Großbritannien (sog. „Remittance-base"-Klausel; s. Tz. 9) zu beachten.

8.2.5 DBA-Zypern 2011

306 Der Wortlaut des Art. 14 Abs. 4 DBA-Zypern 2011 entspricht im Wesentlichen dem Text des Art. 15 Abs. 3 OECD-MA und beinhaltet nach dem OECD-MK auch den wirtschaftlichen Arbeitgeber. Folgerichtig kann Arbeitgeber i. S. dieses Abkommens nicht nur der zivilrechtliche Arbeitgeber, sondern auch eine dritte Person sein. Dies ist im Einzelfall zu prüfen; die Kriterien gemäß Tz. 4.3.3.1 gelten entsprechend. Insbesondere kann der abkommensrechtliche Arbeitgeber das Unternehmen sein, auf dessen Schiff das Besatzungsmitglied tätig wird, wenn dieses Unternehmen die wesentlichen Arbeitgeberfunktionen wahrnimmt. Die Nr. 4 des Protokolls zu Art. 14 Abs. 4 DBA-Zypern schließt die Anwendung des wirtschaftlichen Arbeitgeberbegriffs nicht aus.

8.2.6 DBA-Insel Man 2009

307 Nach Art. 3 Abs. 4 Satz 1 DBA-Insel Man können Vergütungen für eine unselbständige Arbeit an Bord eines im internationalen Verkehr betriebenen Schiffes in der Vertragspartei besteuert werden, in der sich der Ort der Geschäftsleitung des Unternehmens befindet, das die Schifffahrt betreibt (vgl. auch Art. 2 Abs. 1 Buchstaben e und j DBA-Insel Man).

308 Gemäß Art. 3 Abs. 4 Satz 2 DBA-Insel Man können die Vergütungen jedoch auch in der Vertragspartei besteuert werden, in der das Besatzungsmitglied ansässig ist, von dem die Vergütungen bezogen werden. Eine Doppelbesteuerung wird nach Art. 3 Abs. 4 Satz 3 DBA-Insel Man in diesem Fall durch die Vertragspartei, in der das Besatzungsmitglied ansässig ist, durch Anrechnung der nach Art. 3 Abs. 4 Satz 1 DBA-Insel Man erhobenen Steuer vermieden.

9 Rückfallklauseln nach DBA

309 Um zu vermeiden, dass Vergütungen in keinem der beiden Vertragsstaaten einer Besteuerung unterliegen, enthalten einige Abkommen Klauseln, die gewährleisten sollen, dass Einkünfte nicht doppelt unbesteuert bleiben. Diese Klauseln sind in den Abkommen unterschiedlich ausgestaltet; überwiegend handelt es sich um sog. Subject-to-tax-Klauseln, Remittance-base-Klauseln oder um Switch-over-Klauseln. Nähere Ausführungen dazu enthält das BMF-Schreiben vom 20. Juni 2013, BStBl I S. 980.

10 Verständigungsvereinbarungen

310 Verständigungsvereinbarungen i. S. des Art. 25 Abs. 1 OECD-MA und Konsultationsvereinbarungen i. S. des Art. 25 Abs. 3 OECD-MA zwischen den zuständigen Behörden der Vertragsstaaten sowie Verordnungen zur Umsetzung von Konsultationsvereinbarungen i. S. des § 2 Abs. 2 AO werden durch die vorstehenden Regelungen nicht berührt.

311 Sofern sich bei der Anwendung der oben genannten Grundsätze eine Doppelbesteuerung ergibt, bleibt es dem Abkommensberechtigten vorbehalten, die Einleitung eines Verständigungsverfahrens zu beantragen (s. BMF-Schreiben vom 13. Juli 2006, BStBl I S. 461).

11. Aufhebung von Verwaltungsanweisungen

312 Das BMF-Schreiben vom 14. September 2006, BStBl I S. 532, wird aufgehoben und durch dieses Schreiben ersetzt.

12. Erstmalige Anwendung

313 Die vorstehenden Regelungen sind ab 1. Januar 2015 anzuwenden.

314 Auf Antrag des Steuerpflichtigen können die vorstehenden Regelungen in allen offenen Fällen angewendet werden.

315 Dieses Schreiben wird im Bundessteuerblatt Teil I veröffentlicht.

Anlage 3
zu H 39b.10

Besteuerung von Gastlehrkräften nach den Doppelbesteuerungsabkommen (DBA)

BMF-Schreiben vom 10.1.1994 (BStBl. I S. 14)

Unter Bezugnahme auf das Ergebnis der Erörterungen mit den obersten Finanzbehörden der Länder gilt für die Besteuerung der Gastlehrkräfte nach den Doppelbesteuerungsabkommen (DBA) Folgendes:

1. Die DBA enthalten unterschiedliche Regelungen zur Befreiung von Lehrtätigkeitsvergütungen bei Gastlehrkräften. Die Befreiung von der deutschen Steuer kann davon abhängen, dass der Gastlehrer im Entsendestaat im Sinne des DBA ansässig bleibt oder dass er zumindest unmittelbar vor Aufnahme der Tätigkeit dort ansässig war. Nach einigen Abkommen setzt die Steuerfreiheit voraus, dass die Vergütungen aus Quellen außerhalb des Tätigkeitsstaats stammen. Die Besonderheiten des jeweiligen Abkommens sind zu beachten. Wird die Lehrkraft aus öffentlichen Kassen des ausländischen Entsendestaats besoldet, sind die Bestimmungen des Abkommens über Zahlungen aus öffentlichen Kassen anzuwenden.

2. Nach mehreren DBA sind die Lehrkräfte aus dem jeweiligen Partnerstaat mit ihren Einkünften aus der Lehrtätigkeit in Deutschland von der deutschen Einkommensteuer befreit, wenn sie sich hier vorübergehend für höchstens zwei Jahre zu Unterrichtszwecken aufhalten (z. B. Artikel XIII DBA-Großbritannien). Bei längerem Aufenthalt tritt für in den ersten beiden Aufenthaltsjahren erzielte Einkünfte aus Lehrtätigkeit auch dann keine Steuerbefreiung ein (wie bisher schon im Verhältnis zu Großbritannien), wenn ursprünglich eine kürzere Verweildauer geplant war und der Aufenthalt später verlängert wurde; es ist auf die objektiv feststellbare Verweildauer abzustellen (BFH-Urteil vom 22. Juli 1987, BStBl. II S. 842).

§ 39b EStG
R 39b.10

Liegt ein Zeitraum von mehr als 6 Monaten zwischen zwei Aufenthalten, so gelten die Aufenthalte nicht als zusammenhängend. Beträgt der Zeitraum weniger als 6 Monate, so gilt der Aufenthalt als nicht unterbrochen, es sei denn, aus den Umständen des Einzelfalls ergibt sich, dass die beiden Aufenthalte völlig unabhängig voneinander sind.

Ist nach einem Doppelbesteuerungsabkommen die Steuerbefreiung von einem Antrag abhängig, darf der Lohnsteuerabzug nur dann unterbleiben, wenn das Betriebsstättenfinanzamt bescheinigt, dass der Arbeitslohn nicht der deutschen Lohnsteuer unterliegt (vgl. BFH-Urteil vom 10. Mai 1989 – BStBl. II S. 755). Ist die Steuerbefreiung nach einem Doppelbesteuerungsabkommen antragsunabhängig, hat das Betriebsstättenfinanzamt gleichwohl auf Antrag eine Freistellungsbescheinigung zu erteilen. Wird nach einem Doppelbesteuerungsabkommen zulässigerweise kein Antrag gestellt, kann die Überprüfung der für die Lohnsteuerbefreiung maßgebenden 2-Jahres-Frist im Rahmen einer Lohnsteuer-Außenprüfung und unter Umständen die Inanspruchnahme des Arbeitgebers als Haftungsschuldner in Frage kommen.

Ist zweifelhaft, ob es bei einer ursprünglich vorgesehenen längstens zweijährigen Aufenthaltsdauer bleibt, können Freistellungsbescheinigungen unter dem Vorbehalt der Nachprüfung (§ 164 AO) erteilt werden und Steuerfestsetzungen nach § 165 AO insoweit vorläufig erfolgen oder ausgesetzt werden.

3. Unabhängig von dem in Nummer 2 dargestellten Grundsatz kann im Einzelfall nach Maßgabe der allgemeinen Vorschriften eine Billigkeitsmaßnahme in Betracht kommen, z. B. bei Verlängerung des Aufenthalts einer Gastlehrkraft im Falle einer Schwangerschaft. Ebenso kann in Fällen, in denen der vorübergehende Aufenthalt der Gastlehrkraft durch Heirat mit einem hier Ansässigen und Begründung des Familienwohnsitzes im Inland beendet wird, von einer Nachversteuerung der bis zum Zeitpunkt der Eheschließung bezogenen Bezüge abgesehen werden, sofern die bis dahin ausgeübte Gastlehrtätigkeit den Zeitraum von höchstens zwei Jahren nicht überschreitet.

4. Lehranstalten im Sinne dieser Regelungen können neben Universitäten, Schulen und anderen Lehranstalten des jeweiligen Staates auch private Institute sein. Voraussetzung ist, dass sie nach Struktur und Zielsetzung mit öffentlichen Lehranstalten, gleich welchen Typs, vergleichbar sind. Insbesondere müssen sie einen ständigen Lehrkörper besitzen, der nach einem festen Lehrplan Unterricht mit einem genau umrissenen Ziel erteilt, das auch von vergleichbaren öffentlichen Lehranstalten verfolgt wird. Das Vorliegen dieser Voraussetzungen kann im Allgemeinen bei privaten Lehranstalten unterstellt werden, soweit ihnen Umsatzsteuerfreiheit nach § 4 Nr. 21 Buchstabe a oder b UStG gewährt wird. Nicht erfüllt werden diese Voraussetzungen z. B. von Fernkursveranstaltern und anderen Einrichtungen, bei denen nur ein sehr loses Verhältnis zwischen Lehranstalt und Schülern besteht oder bei denen die Lehrkräfte ihre Tätigkeit in der Hauptsache nebenberuflich ausüben.

Forschungsinstitutionen mit mehreren Instituten können nicht in ihrer Gesamtheit als Lehranstalt im Sinne der Doppelbesteuerungsabkommen anerkannt werden. Eine Anerkennung ist nur für die einzelnen Institute möglich, sofern diese die Voraussetzungen hierfür nachweisen oder sich durch Bescheinigungen der zuständigen Kultusministerien als Lehranstalten ausweisen.

5. Als Lehrer ist jede Person anzusehen, die an einer Lehranstalt eine Lehrtätigkeit hauptberuflich ausübt. Ein besonderer Nachweis der Qualifikation ist nicht zu fordern.

6. Soweit aufgrund der Nummer 2 für die ersten beiden Aufenthaltsjahre keine Steuerfreiheit eintritt, ist das BFH-Urteil vom 22. Juli 1987 (BStBl. II S. 842) für Veranlagungszeiträume vor 1988 in noch offenen Fällen nicht über den entschiedenen Einzelfall hinaus anzuwenden.

7. Dieses Schreiben tritt an die Stelle meiner Schreiben vom 8. April 1953 – IV – S 2227 – 14/53 – 4. September 1975 – IV C 5 – S 1300 – 343/75 – 5. April 1976 – IV C 5 – S 1301 Gr Br – 43/76 – 15. Juli 1980 – IV C 5 – S 1300 – 242/80 – 23. August 1985 – IV C 6 – S 1301 SAf – 6/85 – und 18. August 1986 – IV C 5 – S 1301 GB – 35/86 –.

Anlage 4
zu H 39b.10

Steuerliche Behandlung des von Organen der EU gezahlten Tagegeldes für in ihrem Bereich verwendete Beamte

BMF-Schreiben vom 12.4.2006 (BStBl. I S. 340)

Unter Bezugnahme auf das Ergebnis der Erörterungen mit den obersten Finanzbehörden der Länder gilt für die steuerliche Behandlung des von den Organen der EU gezahlten Tagegeldes für in ihrem Geschäftsbereich verwendete Beamtinnen und Beamte Folgendes:

1. Allgemeines

Die EU zahlt an ihren Organen zugewiesene nationale Sachverständige (Beamte) ein Tagegeld (EU-Tagegeld). Darüber hinaus erhält der Beamte während der Zuweisung bei der EU die ihm aus seinem Amt zustehende Besoldung von seiner Herkunftsdienststelle.

2. Steuerliche Behandlung nach nationalem deutschen Recht

Wird der Beamte nach § 123a Abs. 1 Beamtenrechtsrahmengesetz (BRRG) zugewiesen und wird die Zuweisung einer Abordnung i. S. des § 58 Abs. 1 Satz 2 Bundesbesoldungsgesetz (BBesG) gleichgestellt, erhält der Beamte neben den Inlandsdienstbezügen bei Vorliegen der sonstigen Voraussetzungen von seinem deutschen Dienstherrn (steuerfreie) Auslandsdienstbezüge nach § 52 Abs. 1 BBesG.

Das EU-Tagegeld ist Arbeitslohn, weil es aufgrund des vorübergehenden Dienstverhältnisses mit der EU gezahlt wird. Es bleibt jedoch steuerfrei, soweit es auf steuerfreie Auslandsdienstbezüge angerechnet wird (§ 3 Nr. 64 EStG i. V. m. § 9a Abs. 2 BBesG), siehe auch Nr. 5.

3. Keine Steuerbefreiung nach Art. 13 des Protokolls über die Vorrechte und Befreiungen der Europäischen Gemeinschaft vom 8. April 1965

Die EU ist für die ihr zugewiesenen Beamten zwar auch als Arbeitgeberin i. S. des Art. 15 Abs. 2 Nr. 2 Doppelbesteuerungsabkommen-Belgien (DBA-Belgien) anzusehen, die betroffenen Personen sind aber trotzdem keine Beamten oder sonstigen Bediensteten der EU. Die vergüteten Tagegelder unterliegen daher nicht Art. 13 des Protokolls über die Vorrechte und Befreiungen der Europäischen Gemeinschaft vom 8. April 1965 und sind daher nicht steuerbefreit.

4. Zuordnung des Besteuerungsrechts nach den DBA

Für die dem Beamten gewährten Inlandsdienstbezüge steht nach den Vorschriften des jeweils einschlägigen DBA über die Bezüge aus öffentlichen Kassen der Vertragsstaaten (z. B. Art. 19 DBA-Belgien, Art. 11 DBA-Luxemburg) Deutschland als Kassenstaat das Besteuerungsrecht zu. Der inländische Dienstherr bleibt weiterhin Arbeitgeber im abkommensrechtlichen Sinne.

Für das EU-Tagegeld ist die Vorschrift über Einkünfte aus nichtselbständiger Arbeit des jeweiligen DBA anzuwenden (z. B. Art. 15 DBA-Belgien, Art. 10 DBA-Luxemburg); die Kassenstaatsklauseln finden keine Anwendung. Danach hat der Staat das Besteuerungsrecht, in dem die nichtselbständige Arbeit ausgeübt wird. Der Ort der Arbeitsausübung befindet sich grundsätzlich dort, wo sich der Arbeitnehmer zur Ausführung seiner Tätigkeit persönlich aufhält. In der Regel steht daher den Tätigkeitsstaaten (z. B. Belgien, Luxemburg) das Besteuerungsrecht zu. Das die EU-Tagegelder zahlende und wirtschaftlich tragende EU-Organ ist während der Tätigkeit des Beamten bei diesem Organ – neben dem inländischen Dienstherrn – (partiell) auch dessen Arbeitgeber im abkommensrechtlichen Sinne (BFH vom 15. März 2000, BStBl. 2002 II S. 238).

Ist der Beamte (weiterhin) in Deutschland ansässig und übt er seine Tätigkeit bei einem Organ der EU (in dem maßgebenden Veranlagungszeitraum) nicht länger als 183 Tage aus, wird das EU-Tagegeld grundsätzlich in Deutschland besteuert. Dies gilt jedoch nicht, wenn das die EU-Tagegelder zahlende und wirtschaftlich tragende Organ der EU seinen Sitz im Tätigkeitsstaat hat und somit i. S. des DBA ansässig ist.

§ 39b EStG
R 39b.10

Beispiel 1:
Zuweisung des Beamten zur Europäischen Kommission, Tätigkeit in Brüssel.
Die EU-Kommission (Arbeitgeberin) hat ihren Sitz in Brüssel; sie ist damit in Belgien ansässig i. S. des Art. 4 Abs. 1 DBA-Belgien. Das Besteuerungsrecht für das EU-Tagegeld steht somit Belgien zu (Art. 15 Abs. 1 DBA-Belgien).

Beispiel 2:
Zuweisung des Beamten zur Europäischen Kommission, Tätigkeit in Luxemburg.
Die EU-Kommission (Arbeitgeberin) ist in Belgien ansässig, der Beamte ist aber in Luxemburg tätig. Das Besteuerungsrecht für die EU-Tagegelder steht Luxemburg zu, wenn sich der Beamte mehr als 183 Tage in Luxemburg aufhält (Art. 10 Abs. 1 DBA-Luxemburg; die Voraussetzungen des Art. 10 Abs. 2 Nr. 1 DBA-Luxemburg sind nicht erfüllt). Hält sich der Beamte nicht mehr als 183 Tage in Luxemburg auf, steht das Besteuerungsrecht für die EU-Tagegelder Deutschland zu, weil die Arbeitgeberin des Beamten nicht in Luxemburg ansässig ist (Art. 10 Abs. 2 Nr. 2 DBA-Luxemburg).

Wird das EU-Tagegeld nach einem DBA von der deutschen Steuer freigestellt, ist gem. § 32b Abs. 1 Nr. 2 und 3 EStG bei unbeschränkter Steuerpflicht der Steuersatz anzuwenden, der sich unter Berücksichtigung des EU-Tagegeldes ergibt (Progressionsvorbehalt). Dies gilt nicht, soweit das EU-Tagegeld gem. § 9a Abs. 2 BBesG auf steuerfreie Auslandsdienstbezüge angerechnet wird (vgl. Nr. 5).

5. Anrechnung des EU-Tagegeldes auf steuerfreie Auslandsdienstbezüge

Steuerfreie Auslandsdienstbezüge und das EU-Tagegeld werden aufgrund der besoldungsrechtlich vorgeschriebenen Anrechnung grundsätzlich nicht in voller Höhe nebeneinander gezahlt (§ 9a Abs. 2 BBesG).

Bei der Besteuerung nach dem Einkommen ist nur der Teil des EU-Tagegeldes zu berücksichtigen, der die steuerfreien Auslandsdienstbezüge, die dem Steuerpflichtigen gezahlt würden, wenn er kein EU-Tagegeld erhalten hätte, übersteigt. Bei der Berechnung dieses Teils des EU-Tagegeldes ist die Höhe der steuerfreien Auslandsdienstbezüge, die dem Steuerpflichtigen ohne Zahlung von EU-Tagegeld zustehen würden, zu ermitteln und von dem insgesamt gezahlten EU-Tagegeld abzuziehen, auch wenn der Steuerpflichtige tatsächlich keine steuerfreien Auslandsdienstbezüge erhält (fiktive Anrechnung).

Beispiel:
Ein Steuerpflichtiger übt während des gesamten Kalenderjahrs eine Tätigkeit als nationaler Sachverständiger (Beamter) bei einem Organ der EU aus. Er erhält hierfür neben seinen Inlandsdienstbezügen ein EU-Tagegeld in Höhe von 3 000 € monatlich. Würde ihm kein EU-Tagegeld gezahlt werden, hätte er steuerfreie Auslandsdienstbezüge in Höhe von insgesamt 2 500 € monatlich erhalten. Der bei der Besteuerung zu berücksichtigende Teil des EU-Tagegeldes berechnet sich wie folgt:

Jahresbetrag des EU-Tagegeldes (12 × 3 000 €)	36 000 €
abzüglich Jahresbetrag der steuerfreien Auslandsdienstbezüge, die dem Steuerpflichtigen ohne Zahlung von EU-Tagegeld zustehen würden (12 × 2 500 €)	– 30 000 €
Übersteigender Betrag des EU-Tagegeldes	6 000 €

Bei der Besteuerung nach dem Einkommen ist das EU-Tagegeld in Höhe von 6 000 € zu berücksichtigen.

Die steuerfreien Auslandsdienstbezüge sind geregelt in §§ 52 ff. BBesG in der Fassung der Bekanntmachung vom 6. August 2002 (BGBl. I S. 3020), zuletzt geändert durch Artikel 3 Abs. 10 des Gesetzes vom 7. Juli 2005 (BGBl. I S. 1970) und durch Artikel 2 des Gesetzes vom 22. September 2005 (BGBl. I S. 2809). Bei Zweifelsfragen empfiehlt es sich, die für die Besoldung des Steuerpflichtigen zuständige Dienststelle um Amtshilfe zu bitten.

Dieses Schreiben tritt an die Stelle des BMF-Schreibens vom 12. März 2002 – IV B 6 – S 1300 – 157/01 – (BStBl. I S. 483), welches hiermit aufgehoben wird. Es ist in allen noch offenen Fällen anzuwenden.

Anlage 5
zu H 39b.10

DM-Beträge in den deutschen Abkommen auf dem Gebiet der Steuern vom Einkommen und vom Vermögen (DBA); Umstellung auf den Euro

BMF-Schreiben vom 16.3.2001 (BStBl. I S. 204)

Mit dem 1. Januar 2002 findet die automatische rechtliche Vollumstellung auf den Euro einschließlich der Untereinheit Cent statt. Der Euro tritt an die Stelle der nationalen Währungseinheit DM. In sämtlichen Rechtsakten gelten Bezugnahmen auf die nationale Währungseinheit DM bzw. Geldbeträge in DM als Bezugnahmen auf den Euro bzw. Euro-Beträge unter Verwendung des amtlichen Umrechnungskurses. Der Kurs zur DM lautet: 1 EUR = 1,95583 DM.

Zahlreiche deutsche Doppelbesteuerungsabkommen enthalten Rechtsvorschriften mit DM-Beträgen. Da eine Änderung der jeweiligen DBA nicht in Betracht kommt, sind diese Beträge in der beigefügten Anlage punktgenau in Euro umgerechnet worden. Die neuen Euro-Beträge werden der jeweils zuständigen Behörde der Vertragsstaaten im Schriftweg mitgeteilt.*)

---
*) Sofern in einem neueren Doppelbesteuerungsabkommen mit dem jeweiligen Staat andere Beträge festgelegt worden sind, gehen diese Beträge der nachfolgenden Tabelle vor. Der Stand der Doppelbesteuerungsabkommen ist als Anlage 1 zu H 39b.10 LStR abgedruckt.

§ 39b EStG
R 39b.10

DBA-Euro-Liste

DBA mit	vom	Artikel	Gegenstand	DM-Betrag	Euro-Betrag
Ägypten	08.12.87	Art. 20	Nebenverdienstgrenze für Studenten und Auszubildende	7 200	3 681,30
Argentinien	13.07.78	Art. 20 Abs. 2 Buchst. b	Nebenverdienstgrenze für Studenten und Auszubildende	6 000	3 067,75
Bangladesch	29.05.90	Art. 20 Abs. 2 Buchst. b	Nebenverdienstgrenze für Studenten und Auszubildende	7 200	3 681,30
Bolivien	30.09.92	Art. 20 Abs. 2 Buchst. b	Nebenverdienstgrenze für Studenten und Auszubildende	7 200	3 681,30
Brasilien*)	27.06.75	Art. 21 Abs. 2	Nebenverdienstgrenze für Studenten und Auszubildende	7 200	3 681,30
Bulgarien	02.06.87	Art. 19 Abs. 2 Buchst. b	Nebenverdienstgrenze für Studenten und Auszubildende	7 200	3 681,30
VR China	10.06.85	Art. 21	Nebenverdienstgrenze für Studenten und Auszubildende	6 000	3 067,75
Ecuador	07.12.82	Art. 20 Abs. 2 Buchst. b	Nebenverdienstgrenze für Studenten und Auszubildende	8 400	4 294,85
Indien	19.06.95	Art. 20 Abs. 2 Buchst. d) ii	Nebenverdienstgrenze für Studenten und Auszubildende	7 200	3 681,30
Israel	09.07.62	Art. 16 Abs. 2	Verdienstgrenze bei Arbeitnehmer-Fortbildung	15 000	7 669,38
	20.07.77	Art. 16 Abs. 3	Nebenverdienstgrenze für Studenten und Auszubildende	25 000	12 782,30
Jamaika	08.10.74	Art. 20 Abs. 2 Buchst. b	Nebenverdienstgrenze für Studenten und Auszubildende	6 000	3 067,75
Kenia	17.05.77	Art. 20 Abs. 2 Buchst. b	Nebenverdienstgrenze für Studenten und Auszubildende	6 000	3 067,75
Korea	14.12.76	Art. 20 Abs. 1 Buchst. b	Nebenverdienstgrenze für Studenten und Auszubildende	7 200	3 681,30
		Art. 20 Abs. 2 Buchst. c	Nebenverdienstgrenze für Forschung, technische Hilfe	7 200	3 681,30
		Art. 20 Abs. 3 Buchst. b	Verdienstgrenze bei Arbeitnehmer-Fortbildung	18 000	9 203,25
Liberia	25.11.70	Art. 20 Abs. 2 Buchst. b	Nebenverdienstgrenze für Studenten und Auszubildende	6 000	3 067,75
Malaysia	08.04.77	Art. 20 Abs. 1 Buchst. b	Nebenverdienstgrenze für Studenten und Auszubildende	6 000	3 067,75
		Art. 20 Abs. 3 Buchst. b	Verdienstgrenze für Arbeitnehmer-Fortbildung	15 000	7 669,38
Malta	17.09.74	Art. 20 Abs. 2 Buchst. b	Nebenverdienstgrenze für Studenten und Auszubildende	6 000	3 067,75
Marokko	07.06.72	Art. 20	Nebenverdienstgrenze für Studenten und Auszubildende	6 000	3 067,75
Mauritius	15.03.78	Art. 21 Abs. 1 Buchst. b	Nebenverdienstgrenze für Studenten und Auszubildende	8 000	4 090,34
Pakistan	14.07.94	Art. 20 Abs. 2 Buchst. iii	Nebenverdienstgrenze für Studenten und Auszubildende	7 200	3 681,30
Philippinen	22.07.83	Art. 21 Abs. 1 Buchst. b	Nebenverdienstgrenze für Studenten und Auszubildende	7 500	3 834,69
		Art. 21 Abs. 3 Buchst. b	Nebenverdienstgrenze für Studenten und Auszubildende	7 500	3 834,69
Portugal	15.07.80	Art. 21 Abs. 1 Buchst. b	Nebenverdienstgrenze für Studenten und Auszubildende	7 200	3 681,30
		Art. 21 Abs. 2 Buchst. c	Nebenverdienstgrenze für Studenten und Auszubildende	7 200	3 681,30
		Art. 21 Abs. 3	Verdienstgrenze bei Arbeitnehmer-Fortbildung	15 000	7 669,38
Rumänien	29.06.73	Art. 17	Verdienstgrenze bei Arbeitnehmer-Fortbildung	6 000	3 067,75
Russland	29.05.96	Art. 10 Abs. 1 Buchst. a	Mindestgrenze für Schachtelbeteiligungen	160 000	81 806,70
Sambia	30.05.73	Art. 20 Abs. 2 Buchst. b	Nebenverdienstgrenze für Studenten und Auszubildende	6 000	3 067,75

*) Das DBA Deutschland-Brasilien ist am 31.12.2005 außer Kraft getreten (BMF-Schreiben vom 6.5.2005, BStBl. I S. 799).

§ 39b EStG
R 39b.10

DBA mit	vom	Artikel	Gegenstand	DM-Betrag	Euro-Betrag
Singapur	19.02.72	Art. 19 Abs. 2 Buchst. b	Nebenverdienstgrenze für Studenten und Auszubildende	6 000	3 067,75
		Art. 19 Abs. 3 Buchst. c	Nebenverdienstgrenze für Studenten und Auszubildende	6 000	3 067,75
Sri Lanka	13.09.79	Art. 21 Abs. 1 Buchst. iii	Nebenverdienstgrenze für Studenten und Auszubildende	7 200	3 681,30
Thailand	10.07.67	Art. 20 Abs. 3 Buchst. b	Verdienstgrenze bei Arbeitnehmer-Fortbildung	15 000	7 669,38
Trinidad/Tobago	04.04.73	Art. 20 Abs. 2 Buchst. b	Nebenverdienstgrenze für Studenten und Auszubildende	6 000	3 067,75
		Art. 20 Abs. 3 Buchst. c	Nebenverdienstgrenze für Studenten und Auszubildende	6 000	3 067,75
Tunesien	23.12.75	Art. 20 Abs. 1 Buchst. b	Nebenverdienstgrenze für Studenten und Auszubildende	6 000	3 067,75
Uruguay	05.05.87	Art. 20 Abs. 2 Buchst. b	Nebenverdienstgrenze für Studenten und Auszubildende	7 200	3 681,30
Vietnam	16.11.95	Art. 20 Abs. 3	Nebenverdienstgrenze für Studenten und Auszubildende	9 000	4 601,63
Zypern	09.05.74	Art. 20 Abs. 2 Buchst. b	Nebenverdienstgrenze für Studenten und Auszubildende	6 000	3 067,75

§ 39b EStG

R 39b.10

Anlage 6
zu H 39b.10

Steuerliche Behandlung von Berufskraftfahrern, Lokomotivführern und Begleitpersonal nach dem deutsch-luxemburgischen Doppelbesteuerungsabkommen

BMF-Schreiben vom 19.9.2011 (BStBl. I S. 849)*)

Anbei übersende ich die mit der luxemburgischen Finanzverwaltung am 7. September 2011 geschlossene Verständigungsvereinbarung zum Abkommen zur Vermeidung der Doppelbesteuerungen und über gegenseitige Amts- und Rechtshilfe auf dem Gebiete der Steuern vom Einkommen und vom Vermögen sowie der Gewerbesteuern und der Grundsteuern vom 23. August 1958 in der Fassung des Ergänzungsprotokolls vom 15. Juni 1973 und des Änderungsprotokolls vom 11. Dezember 2009 betreffend die Besteuerung der Löhne von Berufskraftfahrern, Lokomotivführern und Begleitpersonal, die in einem der beiden Vertragsstaaten ansässig und für ein in dem anderen Vertragsstaat ansässiges Unternehmen tätig sind.

Hinsichtlich der Umsetzung der Verständigungsvereinbarung haben beide Seiten eine Umsetzungsvereinbarung getroffen. Unter anderem wird die luxemburgische Finanzverwaltung den zuständigen deutschen Behörden hiernach Informationen über die betreffenden Berufskraftfahrer, Lokomotivführer und das Begleitpersonal spontan mitteilen. Die Umsetzungsvereinbarung übersende ich diesem Schreiben anliegend ebenfalls zur Kenntnis.

Die Verständigungsvereinbarung ist am 8. September 2011 in Kraft getreten und ist auch auf alle Fälle anzuwenden, die zu diesem Zeitpunkt noch nicht abgeschlossen oder die Gegenstand eines Verständigungsverfahrens sind. Sie ersetzt die Vereinbarung betreffend die Besteuerung der Löhne von Berufskraftfahrern vom März 2005.

Verständigungsvereinbarung:

Zur Beseitigung von Schwierigkeiten bei der Abgrenzung des Besteuerungsrechts der Vertragsstaaten nach dem Ausübungsort der nichtselbständigen Tätigkeit bei Berufskraftfahrern, Lokomotivführern und Begleitpersonal die in einem der Vertragsstaaten ansässig sind und ihre nichtselbständige Tätigkeit für einen in dem anderen Vertragsstaat ansässigen Arbeitgeber ausüben, verständigen sich die zuständigen Behörden gemäß Artikel 26 Absatz 3 des Abkommens vom 23. August 1958 zwischen dem Großherzogtum Luxemburg und der Bundesrepublik Deutschland zur Vermeidung der Doppelbesteuerungen und über gegenseitige Amts- und Rechtshilfe auf dem Gebiete der Steuern vom Einkommen und vom Vermögen sowie der Gewerbesteuern und der Grundsteuern in der Fassung des Ergänzungsprotokolls vom 15. Juni 1973 und des Änderungsprotokolls vom 11. Dezember 2009 wie folgt:

1. Der Arbeitslohn, der auf Arbeitstage entfällt, an denen der Berufskraftfahrer, der Lokomotivführer oder das Begleitpersonal seine Tätigkeit ausschließlich in dem Vertragsstaat ausgeübt hat, in dem er seinen Wohnsitz hat, wird in diesem Vertragsstaat besteuert.

2. Der Arbeitslohn, der auf Arbeitstage entfällt, an denen der Berufskraftfahrer, der Lokomotivführer oder das Begleitpersonal seine Tätigkeit ausschließlich in dem Vertragsstaat ausgeübt hat, in dem der Arbeitgeber des Berufskraftfahrers, des Lokomotivführers oder des Begleitpersonals seinen Wohnsitz hat, wird in diesem Vertragsstaat besteuert.

3. Der Arbeitslohn, der auf Arbeitstage entfällt, an denen der Berufskraftfahrer, der Lokomotivführer oder das Begleitpersonal seine Tätigkeit ausschließlich

    a) in einem oder mehreren Drittstaaten, oder

    b) in einem oder mehreren Drittstaaten und in dem Vertragsstaat, in dem der Berufskraftfahrer, der Lokomotivführer oder das Begleitpersonal seinen Wohnsitz hat,

    ausgeübt hat, wird in dem Vertragsstaat besteuert, in dem der Berufskraftfahrer, der Lokomotivführer oder das Begleitpersonal seinen Wohnsitz hat. Drittstaat im Sinne dieser Vereinbarung ist jeder Staat mit Ausnahme der beiden Vertragsstaaten.

4. Der Arbeitslohn, der auf Arbeitstage entfällt, an denen der Berufskraftfahrer, der Lokomotivführer oder das Begleitpersonal seine Tätigkeit teilweise in dem Vertragsstaat ausgeübt hat, in dem der Arbeitgeber des Berufskraftfahrers, des Lokomotivführers oder des Begleitpersonals seinen Wohnsitz hat, und teilweise

    a) in dem Vertragsstaat, in dem der Berufskraftfahrer, der Lokomotivführer oder das Begleitpersonal seinen Wohnsitz hat,

    b) in einem oder mehreren Drittstaaten, oder

    c) in dem Vertragsstaat, in dem der Berufskraftfahrer, der Lokomotivführer oder das Begleitpersonal seinen Wohnsitz hat, und in einem oder mehreren Drittstaaten,

    wird, unabhängig von der jeweiligen Verweildauer des Berufskraftfahrers, des Lokomotivführers oder des Begleitpersonals in den einzelnen Staaten, zu gleichen Teilen auf die entsprechenden Staaten aufgeteilt. Das anteilige Besteuerungsrecht wird sodann gemäß den Nummern 1 bis 3 den Vertragsstaaten zugewiesen.

5. Das Besteuerungsrecht für den Arbeitslohn, der auf freie Tage (wie z. B. Samstage, Sonntage, Feiertage, Urlaubstage) des Berufskraftfahrers, des Lokomotivführers oder des Begleitpersonals entfällt, steht den Vertragsstaaten in dem Verhältnis zu, in dem der Arbeitslohn nach den Tätigkeitstagen gemäß den Nummern 1 bis 4 für das gesamte Kalenderjahr auf die Vertragsstaaten aufgeteilt worden ist. Das Besteuerungsrecht des Krankengeldes steht dem Vertragsstaate zu, in dem der Berufskraftfahrer, der Lokomotivführer oder das Begleitpersonal der Sozialversicherungspflicht unterliegt.

6. Im Sinne dieser Vereinbarung sind Fahrten des Berufskraftfahrers, des Lokomotivführers oder des Begleitpersonals zwischen Wohnung und Arbeitsstätte nicht als Ausübung seiner nichtselbständigen Tätigkeit anzusehen. Regelmäßige Arbeitsstätte des Berufskraftfahrers, des Lokomotivführers oder des Begleitpersonals ist das Fahrzeug.

7. Die Vereinbarung gilt sinngemäß für die Fälle, in denen der Berufskraftfahrer, der Lokomotivführer oder das Begleitpersonal mit Wohnsitz in einem der beiden Vertragsstaaten für seine Tätigkeit zu Lasten einer in dem anderen Vertragsstaat befindlichen Betriebsstätte des Arbeitgebers entlohnt wird.

8. Diese Vereinbarung tritt am Tag nach der Unterzeichnung in Kraft. Sie ersetzt die Vereinbarung betreffend die Besteuerung der Löhne von Berufskraftfahrern vom März 2005.

9. Diese Vereinbarung ist auch auf alle Fälle anzuwenden, die zum Zeitpunkt ihres Inkrafttretens noch nicht abgeschlossen oder die Gegenstand eines Verständigungsverfahrens sind.

10. Wird das Abkommen vom 23. August 1958 durch ein neues Abkommen ersetzt, das inhaltsgleiche Regelungen zur Besteuerung der Einkünfte aus unselbständiger Tätigkeit enthält, ist diese Vereinbarung entsprechend auf das neue Abkommen anzuwenden.

Umsetzung der Verständigungsvereinbarung

Beide Vertragsparteien werden die Öffentlichkeit, insbesondere die Verbände, Arbeitgeber und Gewerkschaften über diese Verständigungsvereinbarung in geeigneter Weise informieren.

Die Vertragsparteien beabsichtigen, den Inhalt dieser Verständigungsvereinbarung insbesondere den luxemburgischen Arbeitgebern und den in Deutschland ansässigen Berufskraftfahrern, Lokomotivführern und dem Begleitpersonal in hinreichendem Umfang bekannt zu machen. Die betroffenen luxemburgischen Arbeitgeber und die in Deutschland ansässigen Berufskraftfahrer, Lokomotivführer und das Begleitpersonal sollen durch geeignete Informationen in die Lage versetzt werden, die Vorgaben dieser Verständigungsvereinbarung zu beachten, so dass eine zutreffende Besteuerung sicher gestellt ist.

Zur Erreichung dieses Ziels sollen den betreffenden Arbeitgebern die Regelungen dieser Verständigungsvereinbarung in einem Rundschreiben der luxemburgischen Finanzverwaltung näher erläutert werden. Dieses Rundschreiben wird darauf hinweisen, dass luxemburgische Arbeitgeber die Lohnsteuer für ihre in Deutschland ansässigen Berufskraftfahrer, Lokomotivführer und das Begleitpersonal unter Berücksichtigung dieser Vereinbarung zu berechnen und darüber hinaus auf der Lohnbescheinigung den Teil des Arbeitslohns auszuweisen haben, der nicht der luxemburgi-

---

*) Die Verständigungsvereinbarung ist zwischenzeitlich durch eine Verordnung in verbindliches deutsches Recht umgesetzt worden (vgl. BStBl. 2012 I S. 693).

schen, sondern der deutschen Steuer unterliegt. Dieser Betrag ist unter „Autres exemptions" (Buchst. C Nr. 2) auf der Lohnsteuerbescheinigung anzugeben.

Die in Deutschland ansässigen Arbeitnehmer sind im Rahmen ihrer Einkommensteuererklärung verpflichtet, den Anteil des Arbeitslohns, welcher der deutschen Steuer unterliegt, nachzuweisen, insbesondere durch Vorlage der vom luxemburgischen Arbeitgeber erteilten Lohnbescheinigung.

Die luxemburgische Finanzverwaltung wird den zuständigen deutschen Behörden Informationen über die betreffenden Berufskraftfahrer, Lokomotivführer und das Begleitpersonal spontan mitteilen.

Anlage 7
zu H 39b.10

Merkblatt zur Steuerfreistellung ausländischer Einkünfte gemäß § 50d Abs. 8 EStG

BMF-Schreiben vom 21.7.2005 (BStBl. I S. 821)

Unter Bezugnahme auf das Ergebnis der Erörterungen mit den Vertretern der obersten Finanzbehörden der Länder gilt für die Steuerfreistellung ausländischer Einkünfte nach § 50d Abs. 8 EStG folgendes Verfahren.

Inhaltsübersicht

1. Anwendungsbereich
2. Nachweispflicht
   2.1 Besteuerung im ausländischen Staat
       2.1.1 Ermittlung und Nachweis der Höhe der Einkünfte
       2.1.2 Nachweis über die Festsetzung und Entrichtung der Steuern
   2.2 Verzicht auf das Besteuerungsrecht
3. Sonderfälle
   3.1 Entwicklungszusammenarbeit
       3.1.1 Besteuerungsrecht des Kassenstaates (Deutschland)
       3.1.2 Besteuerungsrecht des Tätigkeitsstaates/ Freistellung im Tätigkeitsstaat
   3.2 V.A.E./Kuwait
   3.3 Schiffe unter ausländischer Flagge/Liberia
4. Festsetzungsverfahren
   4.1 Festsetzung im Falle eines fehlenden Nachweises
   4.2 Bagatellgrenze
5. Informationsaustausch

1. Anwendungsbereich

Bei Einkünften aus nichtselbständiger Arbeit (§ 19 EStG), die nach einem Abkommen zur Vermeidung der Doppelbesteuerung (DBA) in einem ausländischen Staat besteuert werden können, wird die unter Progressionsvorbehalt (§ 32b Abs. 1 Nr. 3 EStG) erfolgende Freistellung von der deutschen Steuer eines unbeschränkt Steuerpflichtigen im Rahmen der Einkommensteuerveranlagung nach der Regelung des § 50d Abs. 8 EStG nur unter bestimmten Voraussetzungen gewährt. Der Steuerpflichtige muss für die Freistellung nachweisen, dass die in dem ausländischen Staat festgesetzten Steuern entrichtet wurden oder dass dieser Staat auf sein Besteuerungsrecht verzichtet hat. Das gilt nicht für Einkünfte aus Staaten, auf die der Auslandstätigkeitserlass (BMF-Schreiben vom 31. Oktober 1983 – IV B 6 – S 2293 – 50/83 – BStBl. I S. 470 – und Anh. 22 LStR)*) anzuwenden ist. Die Regelung des § 50d Abs. 8 EStG ist auch in den Fällen nicht anzuwenden, in denen das einschlägige Doppelbesteuerungsabkommen der Bundesrepublik Deutschland das Besteuerungsrecht zuweist, weil der ausländische Staat von seinem Besteuerungsrecht keinen Gebrauch macht**) oder die Besteuerung von der Überweisung der Einkünfte in den Tätigkeitsstaat abhängig macht***).

Die Nachweispflicht besteht für das Veranlagungsverfahren. Sie gilt nicht für das Lohnsteuerabzugsverfahren. Das Betriebsstättenfinanzamt kann daher unverändert auf Antrag des Arbeitnehmers oder des Arbeitgebers (§ 38 EStG) eine Freistellungsbescheinigung erteilen (§ 39b Abs. 6 Satz 1 EStG). In das Antragsformular auf Erteilung der Freistellungsbescheinigung (Antrag für unbeschränkt einkommensteuerpflichtige Arbeitnehmer auf Erteilung einer Bescheinigung über die Freistellung des Arbeitslohns vom Steuerabzug aufgrund eines DBA) wurde ein Hinweis auf die abschließende Prüfung im Rahmen der Veranlagung aufgenommen.

Die Regelung des § 50d Abs. 8 EStG ist erstmals für den Veranlagungszeitraum 2004 anzuwenden.

2. Nachweispflicht

Bei der Anforderung und Prüfung von Nachweisen sind die objektiven Umstände des Einzelfalles und der Grundsatz der Verhältnismäßigkeit zu beachten.

Zu der Anwendung einer Bagatellgrenze vgl. Tz. 4.2.

2.1 Besteuerung im ausländischen Staat

2.1.1 Ermittlung und Nachweis der Höhe der Einkünfte

Die Einkünfte im Sinne des § 50d Abs. 8 EStG sind nach den Vorschriften des deutschen Steuerrechts zu ermitteln. Aufgrund der unterschiedlichen Steuersysteme und Begriffsbestimmungen können sich bei den der ausländischen und deutschen Besteuerung zugrunde gelegten Einkünften Abweichungen ergeben. Diese können unter anderem entstehen, weil der ausländische Staat ein vom Kalenderjahr abweichendes Steuerjahr****) hat oder Sachverhalte zeitlich abweichend von den Regelungen des deutschen Rechts erfasst. Daneben können Abweichungen aus der Definition der Begriffe „Arbeitslohn" und „Werbungskosten", aus der Zuordnung von Bezügen zu steuerpflichtigen oder steuerfreien Einnahmen, der Bewertung von Sachbezügen und nachträglichen Bonuszahlungen oder der Behandlung von Altersteilzeitmodellen resultieren.

Soweit der Steuerpflichtige die Ursachen eventueller Abweichungen glaubhaft macht (z. B. Kopie der ausländischen Steuererklärung/en und/oder Steuerbescheid/e, Berechnungsschema), gilt der Nachweis über die Höhe der Einkünfte für den jeweiligen Veranlagungszeitraum als erbracht.

2.1.2 Nachweis über die Festsetzung und Entrichtung der Steuern*****)

Der Nachweis über die Zahlung der festgesetzten Steuern ist grundsätzlich durch Vorlage des Steuerbescheids der ausländischen Behörde sowie eines Zahlungsbelegs (Überweisungs- bzw. Einzahlungsbeleg der Bank oder der Finanzbehörde) zu erbringen. Sofern der ausländische Staat ein Selbstveranlagungsverfahren hat und daher keine Steuerbescheid erteilt (z. B. USA), reicht die Vorlage des Zahlungsbelegs und einer Kopie der Steuererklärung aus.

In den Fällen, in denen der Steuerpflichtige tatsächlich nicht in der Lage ist, geeignete Nachweise zu erbringen, ist ausnahmsweise eine hinreichend bestimmte Bescheinigung des zivilrechtlichen oder wirtschaftlichen Arbeitgebers ausreichend. Hieraus müssen insbesondere die Höhe der im jeweiligen Veranlagungszeitraum zugeflossenen Einnahmen, die vom Arbeitgeber abgeführte Steuer und der Zeitraum der Tätigkeit im Ausland hervorgehen (Arbeitgeberbescheinigung). Eine Arbeitgeberbescheinigung ist z. B. in den Fällen ausreichend, in denen der Arbeitgeber durch das ausländische Recht zum Steuerabzug verpflichtet ist und die einbehaltene und vom Arbeitgeber abgeführte Steuer Abgeltungswirkung hat (z. B. Italien, Spanien) oder eine Nettolohnvereinbarung getroffen wurde. Wurde die Steuer im Rahmen einer Pauschalversteuerung durch den Arbeitgeber entrichtet, reicht eine Bescheinigung des Arbeitgebers über die rechtliche Grundlage und die tatsächliche Durchführung der Pauschalversteuerung für den Steuerpflichtigen aus.

---

*) Abgedruckt als Anlage zu § 34c EStG.
**) Zu den Rückfallklauseln nach DBA vgl.Nr. 2 des BMF-Schreibens vom 20.6.2013 (BStBl. I S. 980 ff).
***) Zu den Überweisungsklauseln vgl. Nr. 3 des BMF-Schreibens vom 20.6.2013 (BStBl. I S. 980 ff).
****) Australien, Bangladesch, Indien, Iran, Mauritius, Namibia, Neuseeland, Pakistan, Sri Lanka, Südafrika
*****) Die Regelungen sind nicht mehr anzuwenden, wenn eine Rückfallklausel nach dem jeweiligen DBA besteht (z.B. Italien, USA). Vgl. im Einzelnen Nr. 2 des BMF-Schreibens vom 20.6.2013 (BStBl. I S. 980 ff).

2.2 Verzicht auf das Besteuerungsrecht

Wenn der ausländische Staat auf das ihm zugewiesene Besteuerungsrecht verzichtet, hat der Steuerpflichtige Unterlagen vorzulegen, aus denen sich der Verzicht ergibt. Es kann sich hierbei um einen Verzicht gegenüber Einzelpersonen, bestimmten Personengruppen oder um einen generellen Verzicht handeln (z. B. Erlass, Steuerbefreiung, genereller Verzicht auf die Steuererhebung, völkerrechtlicher Vertrag).

3. Sonderfälle

3.1 Entwicklungszusammenarbeit

3.1.1 Besteuerungsrecht des Kassenstaates (Deutschland)

Sofern Vergütungen im Rahmen der Entwicklungszusammenarbeit gezahlt werden, ist zunächst zu prüfen, ob das anzuwendende DBA Deutschland als Kassenstaat das Besteuerungsrecht zuweist und eine Anwendung des § 50d Abs. 8 EStG damit ausscheidet*).

3.1.2 Besteuerungsrecht des Tätigkeitsstaates/Freistellung im Tätigkeitsstaat

Soweit Arbeitnehmer im Rahmen der Entwicklungszusammenarbeit aufgrund von zwischenstaatlichen oder diesen vergleichbaren Abkommen oder Vereinbarungen in dem jeweiligen ausländischen Staat von der Steuer befreit sind (Verzicht auf das Besteuerungsrecht), ist dies durch geeignete Unterlagen nachzuweisen.

Arbeitgeber sind Organisationen und Firmen, die direkt oder indirekt durch die Bundesregierung, Landesregierungen oder andere deutsche staatliche Stellen mit der Durchführung personeller Leistungen im Rahmen der Entwicklungszusammenarbeit beauftragt worden sind. Weitere Auftraggeber sind z. B. die Europäische Union, internationale Finanzierungsinstitute und Regierungen anderer Staaten.

Als Nachweis ist dabei eine Bescheinigung des jeweiligen Arbeitgebers in Verbindung mit einem Auszug des geltenden Abkommens bzw. der Vereinbarung anzuerkennen.

Ein Muster einer Bescheinigung ist als Anlage 1**) beigefügt.

3.2 V.A.E./Kuwait

In den Vereinigten Arabischen Emiraten (V.A.E.) werden mangels gesetzlicher Regelungen natürliche Personen unabhängig von ihrer Staatsangehörigkeit keiner Ertragsteuer (Einkommensteuer) unterworfen. In Kuwait werden von natürlichen Personen ebenfalls keine Ertragsteuern erhoben.

Sofern nachgewiesen wird (Arbeitgeberbescheinigung, Lohnabrechnungen), dass die Tätigkeit in einem dieser Staaten ausgeübt wurde, ist von einem Nachweis über den Verzicht des ausländischen Staates auf das Besteuerungsrecht abzusehen.

3.3 Schiffe unter ausländischer Flagge/Liberia

Für Einkünfte aus nichtselbständiger Tätigkeit von Seeleuten sehen die von der Bundesrepublik Deutschland abgeschlossenen Doppelbesteuerungsabkommen in der Regel vor, dass dem Staat das Besteuerungsrecht zusteht, in dem sich die tatsächliche Geschäftsleitung des Unternehmens befindet (z. B. Art. 15 Abs. 3 DBA MA, Art. XI Abs. 5 DBA Großbritannien, Art. 10 Abs. 3 DBA Niederlande, Art. 15 Abs. 3 DBA Spanien). Abweichend hiervon regelt das DBA Liberia die Zuweisung des Besteuerungsrechts für die Einkünfte aus nichtselbständiger Arbeit von Seeleuten nicht gesondert. Es ist daher Artikel 15 Abs. 1 und 2 DBA Liberia anzuwenden. Als Tätigkeitsstaat ist danach bei Arbeitsausübung an Bord von Schiffen, die unter liberianischer Flagge fahren, Liberia anzusehen, soweit sich das Schiff auf hoher See bzw. im Hoheitsgebiet von Liberia befindet. Die Einkünfte können daher grundsätzlich von der Republik Liberia besteuert werden, welche von ihrem Besteuerungsrecht jedoch keinen Gebrauch macht. Als Anlage 2**) ist ein Muster einer Bescheinigung der Republik Liberia beigefügt, die diese für Arbeitnehmer ausstellt, die auf Schiffen unter liberianischer Flagge tätig werden. Die Bescheinigung ist anzuerkennen. Ab dem Veranlagungszeitraum 2005 ist ihr eine Bescheinigung des Arbeitgebers beizufügen, in der die Angaben für den jeweiligen Steuerpflichtigen bestätigt werden (Dauer der Tätigkeit, Schiffsname, Bestätigung, dass unter liberianischer Flagge fahrend).

4. Festsetzungsverfahren

4.1 Festsetzung im Falle eines fehlenden Nachweises

Soweit die nach Tz. 2 und Tz. 3 erforderlichen Nachweise nicht oder nicht vollständig vorgelegt werden, ist die Steuer unter Einbeziehung der betroffenen Einkünfte festzusetzen. Der Einkommensteuerbescheid ist gemäß § 50d Abs. 8 Satz 2 EStG zugunsten des Steuerpflichtigen zu ändern, sobald die tatsächliche Besteuerung oder der Verzicht auf die Besteuerung im Ausland nachgewiesen wird. Die Festsetzungsfrist beginnt mit Ablauf des Jahres, in dem das Ereignis (Erbringung des Nachweises) eintritt (§ 50d Abs. 8 Satz 3 EStG). Die Verzinsung richtet sich nach § 233a Abs. 1 und 2 AO.

4.2 Bagatellgrenze

Bis auf weiteres ist aus Vereinfachungsgründen die Freistellung unter Progressionsvorbehalt von der deutschen Einkommensteuer auch ohne das Erbringen von Nachweisen zu gewähren, wenn der maßgebende, nach deutschem Recht ermittelte Arbeitslohn in dem jeweiligen Veranlagungszeitraum insgesamt nicht mehr als 10 000 € beträgt.

5. Informationsaustausch

Auf die Regelungen des Merkblattes zur zwischenstaatlichen Amtshilfe durch Auskunftsaustausch in Steuersachen (Amtshilfe-Merkblatt; BMF-Schreiben vom 3. Februar 1999 – IV B 4 – S 1320 – 3/99 –, BStBl. I S. 228 und BStBl. I S. 974) weise ich hin. Abweichend von Tz 1.6.1.2 des Amtshilfe-Merkblattes wurde der Auskunftsaustausch in Steuersachen zwischenzeitlich in vollem Umfang dem Bundesamt für Finanzen übertragen (§ 1a Abs. 2 Satz 1 EG-Amtshilfe-Gesetz, § 5 Abs. 1 Nr. 5 Finanzverwaltungsgesetz; BMF-Schreiben vom 29. November 2004 – IV B 6 – S 1304 – 2/04 –).

In den Fällen, in denen der Steuerpflichtige die Nachweise im Sinne des § 50d Abs. 8 EStG erbracht hat, sind weder Auskunftsersuchen zu stellen noch Spontanauskünfte zu erteilen.

Bestehen Zweifel hinsichtlich der Zahlung der festgesetzten Steuer bzw. des Verzichts des ausländischen Staates auf sein Besteuerungsrecht, ist die Steuer unter Einbeziehung der betroffenen Einkünfte festzusetzen (Tz. 4.1 dieses Merkblattes) und ein Auskunftsersuchen an den ausländischen Staat zu richten. Entsprechendes gilt, soweit unklar ist, ob sämtliche steuerfrei zu stellenden Gehaltsbestandteile (z. B. Gratifikationen, Tantiemen, Urlaubsgeld) im ausländischen Staat zur Besteuerung herangezogen wurden. In diesen Fällen entfällt nach Tz. 5.1 des Amtshilfe-Merkblattes eine Anhörung des Steuerpflichtigen, sofern die Informationen auf Angaben beruhen, die der Steuerpflichtige in einem Antrag oder einer Erklärung gemacht hat. Gleichwohl kann der Steuerpflichtige gegen die Übermittlung aufgrund seiner Angaben in der Einkommensteuererklärung Einwendungen erheben (Anlage N sowie Tz. 6.1 Satz 1 Buchst. a und c und Satz 2 des Amtshilfe-Merkblattes).

Dieses Merkblatt hebt das Schreiben bezüglich des Auskunftsaustausches über Arbeitslöhne von in der Bundesrepublik Deutschland ansässigen und in anderen EU-Mitgliedstaaten tätigen Arbeitnehmern (BMF-Schreiben vom 3. Juni 1996 – IV C 7 – S 1320 – 8/96 –, BStBl. I S. 644) mit der Maßgabe auf, dass die dort enthaltene Dienstwegregelung für entsprechende Spontanauskünfte an einen anderen EU-Mitgliedstaat beibehalten wird. Hiernach geben die Finanzämter diese Informationen unmittelbar an das Bundesamt für Finanzen***) weiter.

---

*) Z. B. Art. 19 Abs. 3 DBA Bangladesch, Art. 18 Abs. 2 DBA Ecuador, Art. 19 Abs. 4 DBA Indien, Art. 19 Abs. 3 DBA Pakistan.

**) Hier nicht abgedruckt.

***) Jetzt Bundeszentralamt für Steuern.

Anlage 8
zu H 39b.10

Deutsch-französisches Doppelbesteuerungsabkommen; Verständigungsvereinbarung zur 183-Tage-Regelung (Artikel 13 Abs. 4) und zur Anwendung der Grenzgängerregelung (Artikel 13 Abs. 5)

BMF-Schreiben vom 3.4.2006 (BStBl. I S. 304)*)

Mit dem französischen Wirtschafts- und Finanzministerium wurde am 16. Februar 2006 die folgende Verständigungsvereinbarung zur Anwendung der 183-Tage-Regelung und der Grenzgängerregelung geschlossen:

A 183-Tage-Regelung

Nach Artikel 13 Absatz 4 des deutsch-französischen Doppelbesteuerungsabkommens können Einkünfte aus unselbständiger Arbeit nur in dem Vertragsstaat besteuert werden, in dem der Arbeitnehmer ansässig ist, wenn sich dieser Arbeitnehmer vorübergehend, zusammen nicht länger als 183 Tage im Laufe eines Kalenderjahres, in dem anderen Staat aufhält; daneben müssen weitere Voraussetzungen erfüllt sein.

Bei der Berechnung der Aufenthaltsdauer werden Sonn- und Feiertage, Urlaubs- und Krankheitstage und kurze Unterbrechungen im Zusammenhang mit Reisen in den Heimatstaat oder in dritte Länder als Tage des Aufenthalts im Beschäftigungsland mitgezählt, soweit sie im Rahmen bestehender Arbeitsverhältnisse anfallen und unter Berücksichtigung der Umstände, unter denen sie stattfinden, nicht als Beendigung des vorübergehenden Aufenthalts angesehen werden können.

B Grenzgängerregelung

1. Artikel 13 Absatz 5 des deutsch-französischen Doppelbesteuerungsabkommens findet auf Arbeitnehmer Anwendung, die im Grenzgebiet des einen Staates ihre Tätigkeit ausüben und im Grenzgebiet des anderen Staates ihren Wohnsitz haben, zu dem sie in der Regel jeden Tag zurückkehren (Grenzgänger). Das Besteuerungsrecht für die Einkünfte aus nichtselbständiger Arbeit steht in diesen Fällen ausschließlich dem Wohnsitzstaat zu.

2. Kehrt ein Arbeitnehmer nicht täglich an seinen Wohnsitz zurück oder ist er an ganzen Arbeitstagen an Arbeitsorten außerhalb der Grenzzone beschäftigt, so geht die Grenzgängereigenschaft nicht verloren, sofern

– der Arbeitnehmer während des ganzen Kalenderjahres in der Grenzzone beschäftigt ist und in dieser Zeit höchstens an 45 Arbeitstagen nicht zum Wohnsitz zurückkehrt oder außerhalb der Grenzzone für seinen Arbeitgeber tätig ist oder

– – falls der Arbeitnehmer nicht während des ganzen Kalenderjahres in der Grenzzone beschäftigt ist – die Tage der Nichtrückkehr oder der Tätigkeit außerhalb der Grenzzone 20 v. H. der gesamten Arbeitstage im Rahmen des Arbeitsverhältnisses (der Arbeitsverhältnisse) nicht übersteigen, jedoch in keinem Fall mehr als 45 Tage betragen.

3. Tätigkeiten in der Grenzzone des Ansässigkeitsstaates des Arbeitnehmers gelten als innerhalb der Grenzzone ausgeübt.

4. Als Arbeitstage gelten die vertraglich vereinbarten Arbeitstage (Kalendertage abzüglich der Tage, an denen der Arbeitnehmer laut Arbeitsvertrag nicht zu arbeiten verpflichtet ist, wie z. B. Urlaubstage, Wochenendtage, gesetzliche Feiertage) sowie alle weiteren Tage, an denen der Arbeitnehmer seine Tätigkeit ausübt. Daneben gelten auch Krankheitstage nicht als Tage der Nichtrückkehr.

5. Ein Nichtrückkehrtag ist nicht schon deshalb anzunehmen, weil sich die Arbeitszeit des Arbeitnehmers bedingt durch die Anfangszeiten oder durch die Dauer der Arbeitszeit über mehr als einen Kalendertag erstreckt (z. B. bei Schichtarbeitern oder Personal mit Nachtdiensten).

6. Bei mehrtägigen Dienstreisen gelten die Tage der Hinreise sowie der Rückreise stets zu Doppelnichtrückkehrtagen.

7. Für die Zwecke dieser Vereinbarung bezeichnet der Begriff „Arbeitgeber" den wirtschaftlichen Arbeitgeber.

8. **Beispiele:**

Ausgangssachverhalt:

Ein Grenzgänger hat seinen Wohnsitz in Straßburg (französisches Grenzgebiet). Sein gewöhnlicher Arbeitsort befindet sich in Kehl (deutsches Grenzgebiet).

8.1 Fallbeispiel 1:

Der Arbeitnehmer verlässt seinen Wohnsitz am Montagmorgen und begibt sich an seinen gewöhnlichen Arbeitsort im Grenzgebiet. Er verlässt dann dienstlich das Grenzgebiet. Am Abend kehrt er an seinen Arbeitsort im Grenzgebiet und anschließend an seinen Wohnsitz zurück.

Der Grenzgänger verrichtet auch im Grenzgebiet dienstliche Tätigkeiten. Er ist damit nicht den ganzen Arbeitstag außerhalb des Grenzgebiets beschäftigt. Gemäß Tz. 2 ist kein Tag zu zählen.

8.2 Fallbeispiel 2:

Der Grenzgänger verlässt seinen Wohnsitz am Montagmorgen und begibt sich an seinen gewöhnlichen Arbeitsort im Grenzgebiet. Er verlässt dann dienstlich das Grenzgebiet. Am Abend kehrt er direkt an seinen Wohnsitz zurück.

Lösung wie im Fallbeispiel 1.

8.3 Fallbeispiel 3:

Der Arbeitnehmer verlässt seinen Wohnsitz am Montagmorgen und begibt sich direkt an seinen Arbeitsort außerhalb des Grenzgebiets. Nach seinem Arbeitstag kehrt er am Abend direkt an seinen Wohnsitz zurück.

Der Arbeitnehmer ist den ganzen Arbeitstag außerhalb der Grenzzone beschäftigt. Es ist damit ein Tag gemäß Tz. 2 zu zählen.

8.4 Fallbeispiel 4:

Der Arbeitnehmer übt seine Tätigkeit nachts zwischen 20.00 Uhr und 4.00 Uhr morgens aus. Er verlässt seinen Wohnsitz am Montagabend, begibt sich an seinen gewöhnlichen Arbeitsort im Grenzgebiet und verlässt dann dienstlich das Grenzgebiet. Am Dienstagmorgen kehrt er an seinen Arbeitsort im Grenzgebiet und anschließend an seinen Wohnsitz zurück.

Da der Grenzgänger im Grenzgebiet dienstliche Tätigkeiten verrichtet, ist er keinen ganzen Arbeitstag außerhalb des Grenzgebiets beschäftigt. Es ist damit kein Tag gemäß Tz. 2 zu zählen. Unbeachtlich ist das Erstrecken der Arbeitszeit auf zwei Kalendertage (vgl. Tz. 5).

8.5 Fallbeispiel 5:

Der Arbeitnehmer übt seine Tätigkeit nachts zwischen 20.00 Uhr und 4.00 Uhr morgens aus. Er verlässt seinen Wohnsitz am Montagabend und begibt sich direkt an einen Arbeitsort außerhalb des Grenzgebiets. Am Dienstagmorgen kehrt er direkt an seinen Wohnsitz zurück.

Der Arbeitnehmer ist den ganzen Arbeitstag außerhalb der Grenzzone beschäftigt. Es ist damit ein Tag gemäß Tz. 2 zu zählen. Das Erstrecken der Arbeitszeit auf zwei Kalendertage führt zu keiner Erhöhung der zu zählenden Tage (vgl. Tz. 5).

8.6 Fallbeispiel 6:

Der Arbeitnehmer verlässt seinen Wohnsitz am Montagmorgen und begibt sich an seinen gewöhnlichen Arbeitsort im Grenzgebiet. Er verlässt dann dienstlich für mehrere Tage das Grenzgebiet. Am Donnerstagabend kehrt er an seinen Wohnsitz zurück.

Bei mehrtägigen Dienstreisen sind sämtliche Dienstreisetage, sofern es sich bei diesen um Arbeitstage handelt, als Tage im Sinne der Tz. 2 zu zählen (hier: vier Tage). Unbeachtlich ist, dass der Arbeitnehmer vor Antritt seiner mehrtägigen Dienstreise in der Grenzzone dienstliche Tätigkeiten verrichtet hat.

---

*) Die Verständigungsvereinbarung ist zwischenzeitlich durch eine Verordnung in verbindliches deutsches Recht umgesetzt worden (vgl. BStBl. 2011 I S. 104).

§ 39b EStG
R 39b.10

8.7 Fallbeispiel 7:

Der Arbeitnehmer verlässt seinen Wohnsitz am Donnerstagmorgen, begibt sich an seinen gewöhnlichen Arbeitsort und verlässt dann dienstlich für mehrere Tage das Grenzgebiet. Am folgenden Dienstag kehrt er an seinen Wohnsitz zurück. Der Sonnabend und der Sonntag stellen gemäß Arbeitsvertrag keine Arbeitstage für den Arbeitnehmer dar. Jedoch muss der Arbeitnehmer während seiner Dienstreise auf Anordnung seines Arbeitgebers an dem Sonnabend arbeiten.

Bei mehrtägigen Dienstreisen sind sämtliche Dienstreisetage, sofern es sich bei diesen um Arbeitstage handelt, als Tage im Sinne der Tz. 2 zu zählen. Da der Arbeitnehmer auch an dem Sonnabend arbeiten muss, wird auch dieser Tag als Nichtrückkehrtag gewertet. In diesem Fall sind damit fünf Tage im Sinne der Tz. 2 zu zählen.

9. Diese Verständigungsvereinbarung tritt im Falle eines Außerkrafttretens des deutsch-französischen Doppelbesteuerungsabkommens mit diesem außer Kraft.

10. Die bislang geltende Verständigungsvereinbarung zur 183-Tage-Regelung und zur Anwendung der Grenzgängerregelung wird hiermit aufgehoben.

Dieses Schreiben ist auf der Internetseite des Bundesministeriums der Finanzen (http://www.bundesfinanzministerium.de) unter der Rubrik Steuern/Internationales Steuerrecht abrufbar. Das BMF-Schreiben vom 20. Februar 1980 – IV C 5 – S 1301 – Fra – 2/80 – (BStBl. I S. 88) wird aufgehoben.

Die Verständigungsvereinbarung ist auf alle noch nicht bestandskräftigen Fälle anzuwenden.

Anlage 9
zu H 39b.10

Deutsch-belgisches Doppelbesteuerungsabkommen; Verständigungsvereinbarung mit dem belgischen Finanzministerium vom 15. Dezember 2006 über die Zuordnung des Besteuerungsrechts bei Abfindungen an Arbeitnehmer

BMF-Schreiben vom 10.1.2007 (BStBl. I S. 261)*)

Zwischen dem Bundesministerium der Finanzen der Bundesrepublik Deutschland und dem Finanzministerium des Königreichs Belgien wurde am 15. Dezember 2006 nachfolgende Verständigungsvereinbarung getroffen:

„Gestützt auf Artikel 25 Absatz 3 des Abkommens vom 11. April 1967 zwischen der Bundesrepublik Deutschland und dem Königreich Belgien zur Vermeidung der Doppelbesteuerungen und zur Regelung verschiedener anderer Fragen auf dem Gebiete der Steuern vom Einkommen und vom Vermögen einschließlich der Gewerbesteuer und der Grundsteuern in der Fassung des Zusatzabkommens vom 5. November 2002 – im Folgenden als „Abkommen" bezeichnet – haben die zuständigen Behörden der beiden Vertragsstaaten zur Besteuerung von Abfindungen an Arbeitnehmer Folgendes vereinbart:

(1) Die Besteuerung von Abfindungen an Arbeitnehmer ist abhängig vom wirtschaftlichen Hintergrund der jeweiligen Zahlung. Ist einer Abfindung Versorgungscharakter beizumessen, kann sie gemäß Artikel 18 des Abkommens nur im Wohnsitzstaat des Empfängers besteuert werden.

(2) Handelt es sich dagegen bei der Abfindung um eine im Rahmen eines Arbeitsvertrags geleistete Nachzahlung von Löhnen, Gehältern oder anderen Vergütungen oder wird die Abfindung allgemein für die Auflösung des Arbeitsvertrags gewährt, so kann sie gemäß Artikel 15 Absatz 1 des Abkommens in dem Staat besteuert werden, in dem die Tätigkeit ausgeübt wurde. Für den Fall, dass der Arbeitnehmer in der Zeit vor der Auflösung des Arbeitsvertrags teils in dem Staat seiner Ansässigkeit oder im Hoheitsgebiet von Drittstaaten und teils in dem anderen Staat tätig war, kann die Abfindung in diesem anderen Staat besteuert werden, jedoch nur anteilig entsprechend dem Teil der im Kalenderjahr vor Auflösung des Arbeitsvertrags bezogenen Vergütungen, der gemäß Artikel 15 Absatz 1 und 2 des Abkommens in diesem anderen Staat besteuert wurde.

(3) Diese Vereinbarung ist auf die in Artikel 15 Absatz 3 und Artikel 19 des Abkommens genannten Einkünfte nicht anzuwenden.

(4) Die Steuerbehörde eines Vertragsstaats wird den zuständigen Steuerbehörden des jeweils anderen Vertragsstaats den Zufluss einer Abfindung auf der Grundlage des Artikels 26 des Abkommens spontan mitteilen.

(5) Diese Vereinbarung tritt am Tage nach der Unterzeichnung in Kraft und bleibt so lange bestehen, wie das Abkommen. Maßgebend ist der Tag der zuletzt vorgenommenen Unterzeichnung. Die Vereinbarung ist auch auf alle Fälle anzuwenden, die zum Zeitpunkt des Inkrafttretens der Vereinbarung noch nicht abgeschlossen oder die Gegenstand eines Verständigungsverfahrens sind."

Anlage 10
zu H 39b.10

Deutsch-niederländisches Doppelbesteuerungsabkommen; Verständigungsvereinbarung zur Zuordnung des Besteuerungsrechts bei Abfindungen an Arbeitnehmer

Schreiben des Bundesministeriums der Finanzen vom 29.10.2007 (BStBl. I S. 756)**)

Mit dem niederländischen Finanzministerium wurde am 25. Oktober 2007 die folgende Verständigungsvereinbarung zur Zuordnung des Besteuerungsrechts bei Abfindungen an Arbeitnehmer geschlossen:

1. Die Zuordnung des Besteuerungsrechts von Abfindungen an Arbeitnehmer ist abhängig vom wirtschaftlichen Hintergrund der jeweiligen Zahlung.

   a) Der frühere Tätigkeitsstaat hat das Besteuerungsrecht, sofern die Abfindung hauptsächlich für das vorzeitige Ausscheiden aus dem Dienst gewährt wird (Artikel 10 des Abkommens). Für den Fall, dass der Arbeitnehmer in der Zeit vor dem Ausscheiden aus dem Dienst auch in dem Vertragsstaat, in dem er seinen Wohnsitz hat, oder in einem Drittstaat tätig war, ist die Abfindung zeitanteilig entsprechend der Besteuerungszuordnung der Vergütungen der früheren Tätigkeit auf die beiden Vertragsstaaten aufzuteilen. Hierbei soll die gesamte Dauer des maßgeblichen Arbeitsverhältnisses berücksichtigt werden. War der Arbeitnehmer auch in einem Drittstaat tätig, ist die Abfindung insoweit im Verhältnis der beiden Vertragsstaaten zeitanteilig dem Wohnsitzstaat zuzuordnen.

   Wenn eine natürliche Person mit Wohnsitz in Deutschland eine Abfindung erhält, die auf einer in den Niederlanden ausgeübten nichtselbständigen Arbeit beruht, und diese Abfindung umgewandelt wird in einen Anspruch auf wiederkehrende Bezüge im Sinne des Artikels 11 Absatz 1 Buchstabe g des Wet op de loonbelasting 1964, so ist diese Abfindung von der niederländischen Besteuerung befreit. In diesem Falle haben die Niederlande das Recht, die künftig zu zahlenden wiederkehrenden Bezüge aus einem Anspruch im Sinne des vorstehenden Satzes zu besteuern, wobei die in Deutschland auf diese wiederkehrenden Bezüge zu zahlenden Steuern anzurechnen sind.

   b) Ist dagegen einer Abfindung Versorgungscharakter beizumessen, steht das Besteuerungsrecht grundsätzlich dem Wohnsitzstaat des Arbeitnehmers zu (Artikel 12 Absatz 1 des Abkommens).

   c) Bei Abfindungszahlungen, die weder Buchstabe a noch Buchstabe b zuzuordnen sind, steht das Besteuerungsrecht grundsätzlich dem Wohnsitzstaat des Arbeitnehmers zu. Dies gilt auch für Abfindungen oder Teile von Abfindungen,

---
*) Die Verständigungsvereinbarung ist zwischenzeitlich durch eine Verordnung in verbindliches deutsches Recht umgesetzt worden (vgl. BStBl. 2011 I S. 103).
**) Die Verständigungsvereinbarung ist zwischenzeitlich durch eine Verordnung in verbindliches deutsches Recht umgesetzt worden (vgl. BStBl. 2011 I S. 142).

die infolge der Zuordnung aufgrund der Bestimmungen unter Buchstabe a oder b völlig unbesteuert blieben.

2. Die Verständigungsvereinbarung ist in Fällen, in denen vorrangig die Erlangung von Vorteilen aus den Bestimmungen dieser Verständigungsvereinbarung bezweckt wird, nach gehöriger Konsultation der zuständigen Behörde des anderen Staates nicht anzuwenden.

3. Die Steuerbehörde eines Vertragsstaats wird den zuständigen Steuerbehörden des jeweils anderen Vertragsstaats den Zufluss einer Abfindung auf der Grundlage des Artikels 23 des Abkommens spontan mitteilen.

4. Diese Verständigungsvereinbarung tritt am Tage nach der Unterzeichnung in Kraft. Maßgebend ist der Tag der zuletzt vorgenommenen Unterzeichnung.

5. Diese Verständigungsvereinbarung ist auch auf alle Fälle anzuwenden, die zum Zeitpunkt des Inkrafttretens der Verständigungsvereinbarung noch nicht abgeschlossen oder die Gegenstand eines Verständigungsverfahrens sind.

6. Jede zuständige Behörde kann diese Verständigungsvereinbarung schriftlich unter Einhaltung einer Frist von sechs Monaten zum Ende eines Kalenderjahres kündigen. Die Verständigungsvereinbarung ist in diesem Fall nur noch auf Besteuerungsfälle anzuwenden, in denen das Arbeitsverhältnis in dem Kalenderjahr beendet wird, in dem die Kündigung dieser Verständigungsvereinbarung ausgesprochen wurde.

7. Diese Verständigungsvereinbarung tritt im Falle des Außerkrafttretens des Abkommens mit diesem außer Kraft.

8. Nach Ablauf von vier Jahren werden die zuständigen Behörden der Vertragsstaaten diese Verständigungsvereinbarung evaluieren.

Anlage 11
zu H 39b.10

Besteuerung von in Deutschland ansässigem Flugpersonal britischer und irischer Fluggesellschaften

BMF-Schreiben vom 5.12.2012 (BStBl. I S. 1248)

Unter Bezugnahme auf das Ergebnis der Erörterung mit den obersten Finanzbehörden der Länder gilt für die Anwendung des § 50d Absatz 9 Satz 1 Nummer 2 EStG auf die Bezüge der im Inland unbeschränkt steuerpflichtigen Piloten und Flugbegleiter britischer und irischer Fluggesellschaften im Hinblick auf zwischenzeitlich eingetretene Rechtsänderungen ab dem Veranlagungszeitraum 2011 Folgendes:

1. Irland

Irland hat sein Steuerrecht dahingehend geändert, dass ab dem Veranlagungszeitraum 2011 sowohl bei unbeschränkt als auch bei beschränkt steuerpflichtigem Flugpersonal Vergütungen für Dienstleistungen, die an Bord eines Luftfahrzeuges im internationalen Verkehr erbracht werden, von Irland im Rahmen der dort bestehenden Steuerpflicht besteuert werden, wenn sich der Ort der tatsächlichen Geschäftsleitung des Unternehmens in Irland befindet. Dies gilt auch dann, wenn die Dienstleistungen außerhalb Irlands erbracht werden.

2. Großbritannien

Mit Inkrafttreten des deutsch-britischen DBA von 2010 (DBA 2010) zum 30. Dezember 2010 ist nach dessen Artikel 32 Absatz 3 i. V. m. Absatz 2 Buchstabe a Doppelbuchstabe bb das deutsch-britische DBA von 1964 (DBA 1964) für die Einkommensteuer ab dem Veranlagungszeitraum 2011 nicht mehr anzuwenden. Nach Artikel 14 Absatz 3 des DBA 2010 hat Deutschland ab dem Veranlagungszeitraum 2011 das ausschließliche Besteuerungsrecht für Vergütungen, die eine in Deutschland ansässige Person für eine an Bord eines im internationalen Verkehr betriebenen Seeschiffs oder Luftfahrzeugs ausgeübte unselbständige Arbeit bezieht. Auf den Ort der tatsächlichen Geschäftsleitung des Luftfahrtunternehmens und das dortige nationale Besteuerungsrecht kommt es danach nicht mehr an.

3. Besteuerung in Deutschland

3.1 Irland

Ab dem Veranlagungszeitraum 2011 sind die Voraussetzungen des § 50d Absatz 9 Satz 1 Nummer 2 EStG in Bezug auf Irland nicht mehr erfüllt, da Irland die Vergütungen für Dienstleistungen, die an Bord eines Luftfahrzeuges im internationalen Verkehr erbracht werden, sowohl bei unbeschränkt, als auch bei beschränkt steuerpflichtigen Personen besteuert. Die Vergütungen sind ab 2011 gemäß Artikel XII Absatz 3 i. V. m. Artikel XXII Absatz 2 Buchstabe a Doppelbuchstabe aa Satz 1, Absatz 3 des deutsch-irischen Doppelbesteuerungsabkommens von der deutschen Bemessungsgrundlage auszunehmen.

3.2 Großbritannien

Ab dem Veranlagungszeitraum 2011 sind die Voraussetzungen des § 50d Absatz 9 Satz 1 Nummer 2 EStG in Bezug auf Großbritannien ebenfalls nicht mehr erfüllt, da nach Artikel 14 Absatz 3 des DBA 2010 Vergütungen, die eine in Deutschland ansässige Person für eine an Bord eines im internationalen Verkehr betriebenen Luftfahrzeugs ausgeübte unselbständige Arbeit bezieht, nur in Deutschland besteuert werden können. Das gilt auch für Vergütungen, die für Dienstleistungen gezahlt werden, die außerhalb der Vertragsstaaten Deutschland und Großbritannien an Bord von Luftfahrzeugen im internationalen Verkehr erbracht werden.

Anlage 12
zu H 39b.10

Besteuerungsrecht von Abfindungen an Arbeitnehmer nach Artikel 15 des Abkommens zwischen der Bundesrepublik Deutschland und der Schweizerischen Eidgenossenschaft zur Vermeidung der Doppelbesteuerung auf dem Gebiete der Steuern vom Einkommen und vom Vermögen

BMF-Schreiben vom 25.3.2010 (BStBl. I S. 268)*)

Mit der Konsultationsvereinbarung vom 17. März 2010 zur Besteuerung von Abfindungszahlungen wurde mit der Eidgenössischen Steuerverwaltung die Verständigungsvereinbarung aus dem Jahre 1992 ergänzt und ist in der folgenden Fassung auf alle offenen Fälle anzuwenden:

„Bei der steuerlichen Behandlung von Arbeitnehmer-Abfindungen nach dem deutsch-schweizerischen Doppelbesteuerungsabkommen kommt es darauf an, welchen Charakter eine Abfindung hat. Ist einer Abfindung Versorgungscharakter beizumessen z. B. wenn laufende Pensionszahlungen kapitalisiert in einem Betrag ausgezahlt werden —, steht das Besteuerungsrecht entsprechend Artikel 18 des Abkommens dem Wohnsitzstaat zu. Dagegen hat der (frühere) Tätigkeitsstaat das Besteuerungsrecht, sofern es sich bei der Abfindung um Lohn- oder Gehaltsnachzahlungen oder Tantiemen aus dem früheren Arbeitsverhältnis handelt oder die Abfindung allgemein für das vorzeitige Ausscheiden aus dem Dienst gewährt wird. Für den Fall, dass der Arbeitnehmer in der Zeit vor dem Ausscheiden aus dem Dienst auch teils in dem Staat, in dem er ansässig ist, tätig war, ist die Abfindung zeitanteilig entsprechend der Besteuerungszuordnung der Vergütungen aufzuteilen.

Werden jedoch die Abfindungszahlungen aus Anlass der Auflösung des Arbeitsverhältnisses, die eine in einem Vertragsstaat wohnende Person nach Wegzug aus dem Tätigkeitsstaat, von ihrem ehemaligen, im anderen Vertragsstaat ansässigen Arbeitgeber erhält, nicht im ehemaligen Tätigkeitsstaat besteuert, können diese Abfindungszahlungen im Wohnsitzstaat der Person besteuert werden."

---

*) Die Konsultationsvereinbarung ist zwischenzeitlich durch eine Verordnung in verbindliches deutsches Recht umgesetzt worden (vgl. BStBl. 2011 I S. 146).

§ 39b EStG
R 39b.10

Anlage 13
zu H 39b.10

Besteuerungsrecht von Abfindungen an Arbeitnehmer nach Artikeln 15 des Abkommens zwischen der Bundesrepublik Deutschland und der Republik Österreich zur Vermeidung der Doppelbesteuerung auf dem Gebiete der Steuern vom Einkommen und vom Vermögen

BMF-Schreiben vom 26.8.2010 (BStBl. I S. 645)*)

Mit der Konsultationsvereinbarung vom 13. August 2010 wurden die Verständigungs- bzw. Konsultationsvereinbarungen zu Abfindungen an Arbeitnehmer vom 23. Juni 1999, vom 3. März 2000 und vom 21/27. März 2006 ersetzt. Sie ist in der folgenden Fassung auf alle offenen Fälle anzuwenden:

Gestützt auf Art. 25 des deutsch-österreichischen Doppelbesteuerungsabkommens haben die zuständigen Behörden der Bundesrepublik Deutschland und der Republik Österreich folgende Konsultationsvereinbarung getroffen, die die Verständigungs-/Konsultationsvereinbarungen zu Abfindungen an Arbeitnehmer vom 23. Juni 1999, vom 3. März 2000 und vom 21/27. März 2006 ersetzt:

Kausalitätsprinzip bei Arbeitnehmern:

Dem Arbeitsausübungsstaat steht gemäß Artikel 15 Abs. 1 des Abkommens grundsätzlich das Recht auf Besteuerung der Arbeitseinkünfte zu. Es ist hierbei unerheblich, ob der Empfänger dieser Einkünfte im Zahlungszeitpunkt noch im Arbeitsausübungsstaat ansässig ist oder nicht und ob er zu diesem Zeitpunkt noch als Arbeitnehmer berufstätig ist oder nicht. Es ist einzig und allein entscheidend, ob die betreffenden Zahlungen als Entgelt für die im Arbeitsausübungsstaat erbrachten Arbeitsleistungen anzusehen sind.

Gehaltfortzahlung nach vorzeitiger Beendigung des Dienstverhältnisses durch einen Arbeitgeber:

Verlegt ein in einem Vertragsstaat ansässiger Arbeitnehmer aus Anlass der vorzeitigen Beendigung seines Dienstverhältnisses seinen Wohnsitz in den anderen Vertragsstaat und werden ihm die Gehälter bis zum vertraglich vorgesehenen Ablauf des Dienstverhältnisses weitergezahlt, so steht das Besteuerungsrecht an den Gehaltsfortzahlungen dem Staat zu, der auch betreffend die Bezüge ans der aktiven Tätigkeit besteuerungsberechtigt war.

Zahlungen für ein Konkurrenz- und Wettbewerbsverbot:

Zahlungen für ein Konkurrenz- und Wettbewerbsverbot nach Beendigung des Dienstverhältnisses unterliegen in dem Staat der Besteuerung, der auch betreffend die Bezüge aus der aktiven Tätigkeit besteuerungsberechtigt war. Dies deshalb, weil diese Gehaltsfortzahlungen Einkünfte darstellen, die noch aus der persönlichen aktiven Tätigkeit des früheren Tätigkeitsstatus herrühren und weder als Ruhegehälter noch als nicht besonders geregelte Einkünfte angesehen werden.

Abfertigung (Abfindung) und Urlaubsentschädigung:

Eine gesetzliche oder freiwillige Abfertigung/Abfindung aus Anlass der Beendigung des Arbeitsverhältnisses sowie eine Urlaubsentschädigung unterliegen in jenem Staat der Besteuerung, der auch betreffend die Bezüge aus der aktiven Tätigkeit besteuerungsberechtigt war.

Werden jedoch Gehaltsfortzahlungen, Zahlungen für ein Konkurrenz- und Wettbewerbsverbot, Abfertigungen, Abfindungen und Urlaubsentschädigungen aus Anlass der Auflösung des Dienstverhältnisses, welche eine in einem Vertragsstaat ansässige Person nach Wegzug aus dem Tätigkeitsstaat von ihrem ehemaligen, im anderen Vertragsstaat ansässigen Arbeitgeber erhält, aufgrund der durch das maßgebliche innerstaatliche Recht dieses Staates gebotenen Anwendung des Abkommens nicht im ehemaligen Tätigkeitsstaat besteuert (negativer Qualifikationskonflikt), können diese Abfindungszahlungen gem. Art. 28 Abs. 1 lit. a) im Ansässigkeitsstaat dieser Person besteuert werden.

Im Falle eines positiven Qualifikationskonflikts wird der Eintritt einer Doppelbesteuerung unter sinngemäßer Berücksichtigung der Ausführungen des Abschnitts E des OECD-Kommentars zu Art. 23A und B des OECD-Musterabkommens auf dem Gebiet der Steuern vorn Einkommen und vom Vermögen, insbesondere dessen Tz 32.4 ff., durch Steuerfreistellung im Ansässigkeitsstaat vermieden.

Diese Konsultationsvereinbarung ist auf alle zum Zeitpunkt der Unterzeichnung noch offenen Fälle anzuwenden.

Anlage 14
zu H 39b.10

Besteuerung von Grenzpendlern im Verhältnis zu Luxemburg

BMF-Schreiben vom 14.6.2011 (BStBl. I S. 576)**)

Im Hinblick auf die steuerliche Behandlung des Arbeitslohns von Grenzpendlern wurde mit dem Großherzogtum Luxemburg am 26. Mai 2011 die in der Anlage beigefügte Verständigungsvereinbarung zum Abkommen zur Vermeidung der Doppelbesteuerungen und über gegenseitige Amts- und Rechtshilfe auf dem Gebiete der Steuern vom Einkommen und vom Vermögen sowie der Gewerbesteuern und der Grundsteuern vom 23. August 1958 in der Fassung des Ergänzungsprotokolls vom 15. Juni 1973 unterzeichnet.

Die Verständigungsvereinbarung ist am 27. Mai 2011 in Kraft getreten und ist auch auf alle Fälle anzuwenden, in denen die Einkommensteuer zum Zeitpunkt ihres Inkrafttretens noch nicht bestandskräftig festgesetzt ist oder die Gegenstand eines Verständigungsverfahrens sind.

Das BMF-Schreiben vom 12. April 2011 (BStBl. I S. 486) wird aufgehoben. Bisher ausgesetzte Steuerfestsetzungen sind nachzuholen und bisher vorläufig durchgeführte Steuerfestsetzungen sind zu ändern und für endgültig zu erklären, soweit nach der Verständigungsvereinbarung Einkommensteuer erstmals oder in anderer Höhe festzusetzen ist. Im Übrigen ist eine bisher nach § 165 Absatz 1 Satz 2 Nr. 1 AO vorläufige Steuerfestsetzung nur dann für endgültig zu erklären, wenn der Steuerpflichtige dies beantragt oder wenn die Steuerfestsetzung aus anderen Gründen zu ändern ist (§ 165 Absatz 2 Satz 4 AO).

Anlage

Verständigungsvereinbarung zum Abkommen vom 23. August 1958 in der Fassung des Ergänzungsprotokolls vom 15. Juni 1973 zwischen dem Großherzogtum Luxemburg und der Bundesrepublik Deutschland zur Vermeidung der Doppelbesteuerungen betreffend die steuerliche Behandlung des Arbeitslohns von Grenzpendlern

Gestützt auf Artikel 26 Absatz 3 des Abkommens vom 23. August 1958 zwischen der Bundesrepublik Deutschland und dem Großherzogtum Luxemburg zur Vermeidung der Doppelbesteuerungen und über gegenseitige Amts- und Rechtshilfe auf dem Gebiete der Steuern vom Einkommen und vom Vermögen sowie der Gewerbesteuern und der Grundsteuern – im Folgenden als „Abkommen" bezeichnet – haben die zuständigen Behörden der beiden Vertragsstaaten im Hinblick auf die Anwendung des Artikels 10 Absatz 1 des Abkommens für die Besteuerung des Arbeitslohns von Arbeitnehmern, die im Grenzgebiet ihre Tätigkeit ausüben, Folgendes vereinbart:

(1) Die Aufteilung des Arbeitslohns zwischen Ansässigkeits- und Tätigkeitsstaat erfolgt auf der Grundlage der vertraglich vereinbarten Arbeitstage:

a) Die vertraglich vereinbarten Arbeitstage sind die Kalendertage pro Jahr abzüglich der Tage, an denen der Arbeitnehmer laut Arbeitsvertrag nicht verpflichtet ist zu arbeiten (z. B. Urlaubstage, Wochenendtage, gesetzliche Feiertage).

b) Den vereinbarten Arbeitstagen ist das für die entsprechende Zeit vereinbarte und nicht direkt zugeordnete Arbeitsentgelt gegenüberzustellen. Hierzu gehören neben den laufenden Vergütungen (z. B. Lohn, Gehalt, sonstige Vorteile) auch Zusatzvergütungen, die auf die unselbständige Arbeit des Arbeitnehmers innerhalb des gesamten Berechnungszeitraums entfallen (z. B. Weihnachtsgeld, Urlaubsgeld). Hat sich das vereinbarte Gehalt

---

*) Die Konsultationsvereinbarung ist zwischenzeitlich durch eine Verordnung in verbindliches deutsches Recht umgesetzt worden (vgl. BStBl. 2011 I S. 144).

**) Die Konsultationsvereinbarung ist zwischenzeitlich durch eine Verordnung in verbindliches deutsches Recht umgesetzt worden (vgl. BStBl. 2012 I S. 693).

während des Kalenderjahres verändert, so ist dieser Veränderung Rechnung zu tragen.
c) Das aufzuteilende Arbeitsentgelt ist in Bezug zu den vereinbarten Arbeitstagen zu setzen. Daraus ergibt sich ein vereinbartes Arbeitsentgelt pro vereinbartem Arbeitstag.
d) Das aufzuteilende Arbeitsentgelt pro vereinbartem Arbeitstag ist mit den vereinbarten Arbeitstagen zu multiplizieren, an denen sich der Arbeitnehmer tatsächlich im Tätigkeitsstaat aufgehalten hat. Sollte sich der Arbeitnehmer auch an Tagen im Tätigkeitsstaat aufgehalten haben, die nicht zu den vereinbarten Arbeitstagen zählen (z. B. Verlängerung eines Aufenthalts aus privaten Gründen), fallen diese Tage aus der Berechnung des im Ansässigkeitsstaat steuerfrei zu stellenden Arbeitslohns heraus.
e) Abgeleistete Überstunden sind gesondert zu berücksichtigen, soweit der Arbeitgeber für sie tatsächlich einen Ausgleich leistet. Darüber hinaus ist bei der Aufteilung zu berücksichtigen, dass vereinbarte Arbeitszeiten, die in Drittstaaten verbracht werden, dem Ansässigkeitsstaat zuzuordnen sind.
f) Eine einmalige Zahlung (z. B. Jubiläumszahlung), die eine Nachzahlung für eine nicht mehr als 10 Jahre zurückliegende aktive Tätigkeit darstellt und anteilig auf die Tätigkeit im Ansässigkeits- und Tätigkeitsstaat entfällt, ist nach den vorgenannten Grundsätzen aufzuteilen. Für die Zuweisung des Besteuerungsrechts kommt es nicht darauf an, zu welchem Zeitpunkt und wo die Vergütung bezahlt wird, sondern allein darauf, dass sie dem Arbeitnehmer für eine Arbeitsleistung im Tätigkeitsstaat gezahlt wird. Eine Nachzahlung für eine frühere aktive Tätigkeit liegt nicht vor, wenn die einmalige Zahlung ganz oder teilweise der Versorgung dient, z. B. ein Ruhegehalt oder einen Rentenanspruch ersetzt.
g) Urlaubsentgelte sind in die Aufteilung einzubeziehen. Dies gilt sowohl für Urlaubsgeld als auch für Bezüge, die für den Verzicht auf den Urlaub gezahlt werden (Urlaubsabgeltung für nicht genommenen Urlaub). Der auf Urlaub entfallende Teil des Arbeitslohns ist dabei im Ansässigkeitsstaat freizustellen, soweit er der im Tätigkeitsstaat ausgeübten Arbeitsleistung entspricht. Weichen die tatsächlichen Arbeitstage von den vereinbarten Arbeitstagen ab, weil der Arbeitnehmer in dem zu beurteilenden Kalenderjahr entweder Urlaub nicht oder aus einem anderen Kalenderjahr genommen hat, sind die vereinbarten Arbeitstage für die Aufteilung des Arbeitslohns entsprechend zu erhöhen oder zu mindern. Hiervon kann aus Vereinfachungsgründen abgesehen werden, wenn die Anzahl der übertragenen Urlaubstage nicht mehr als zehn beträgt. Für Arbeitslohn, der auf Urlaub oder Urlaubsabgeltung eines vorangegangenen Kalenderjahrs entfällt, ist das Aufteilungsverhältnis dieses vorangegangenen Kalenderjahrs maßgeblich.
h) Übt der Arbeitnehmer seine Tätigkeit an Tagen aus, die gemäß dem Arbeitsvertrag den vereinbarten Tagen nicht zuzuordnen sind und erhält er für diese Tätigkeit kein gesondert berechnetes übliches Entgelt, sondern einen Freizeitausgleich, sind diese Tage bei den vereinbarten Arbeitstagen zu berücksichtigen.
i) Wird Arbeitslohn, Krankengeld oder Mutterschaftsgeld für die Zeit einer Erkrankung oder einer Mutterschaft gezahlt, zählen diese Zeiten zu den vereinbarten Arbeitstagen. Diese Zeiten sind dem Tätigkeitsstaat zuzurechnen und der Arbeitslohn, das Krankengeld und das Mutterschaftsgeld für die Zeit der Erkrankung oder Mutterschaft sind im Ansässigkeitsstaat steuerfrei zu stellen. Krankheitstage ohne Lohnfortzahlung mindern dagegen die vereinbarten Arbeitstage.

(2) Soweit der Arbeitnehmer seine Tätigkeit im Ansässigkeitsstaat oder in Drittstaaten erbracht hat, ist der darauf entfallende Teil des Arbeitslohns abweichend von Absatz 1 von der Besteuerung im Ansässigkeitsstaat freizustellen, wenn der Arbeitnehmer im Ansässigkeitsstaat oder in Drittstaaten während weniger als 20 Arbeitstagen im Kalenderjahr für solche Zwecke anwesend ist und dieser Teil des Arbeitslohns durch den Tätigkeitsstaat tatsächlich besteuert wird.

(3) Diese Vereinbarung tritt am Tage nach der Unterzeichnung in Kraft. Die Vereinbarung ist auch auf alle Fälle anzuwenden, in denen die Einkommensteuer zum Zeitpunkt ihres Inkrafttretens noch nicht bestandskräftig festgesetzt ist oder die Gegenstand eines Verständigungsverfahrens sind.

(4) Wird das Abkommen vom 23. August 1958 durch ein neues Abkommen ersetzt, das inhaltsgleiche Regelungen zur Besteuerung der Einkünfte aus unselbständiger Arbeit enthält, ist diese Vereinbarung entsprechend auf das neue Abkommen anzuwenden.

Anlage 15
zu H 39b.10

Besteuerung von Arbeitnehmern im internationalen Transportgewerbe im Verhältnis zur Schweiz

BMF-Schreiben vom 29.6.2011 (BStBl. I S. 621)

Im Hinblick auf die steuerliche Behandlung des Arbeitslohns von Arbeitnehmern im internationalen Transportgewerbe wurde mit der Schweizerischen Eidgenossenschaft am 9. bzw. 16. Juni 2011 die als Anlage beigefügte Verständigungsvereinbarung zum Abkommen vom 11. August 1971 zwischen der Bundesrepublik Deutschland und der Schweizerischen Eidgenossenschaft zur Vermeidung der Doppelbesteuerung auf dem Gebiete der Steuern vom Einkommen und vom Vermögen in der Fassung des Revisionsprotokolls vom 12. März 2002 getroffen.

Die Verständigungsvereinbarung ist am 17. Juni in Kraft getreten und ersetzt die am 4. Juni 1997 getroffene Verständigungsvereinbarung (siehe Tz. 1 der Vereinbarung vom 9. Juni 2011). Sie ist auf alle Fälle anzuwenden, in denen die Einkommensteuer zum Zeitpunkt ihres Inkrafttretens noch nicht bestandskräftig festgesetzt ist oder die Gegenstand eines Verständigungsverfahrens sind.

Sofern Steuerpflichtige entsprechend der Ziffer 2b der nunmehr getroffenen Vereinbarung eine von der hälftigen Aufteilung abweichende Aufteilung beantragen und hierfür Daten der schweizerischen leistungsabhängigen Schwerverkehrsabgabe (LSVA) vorlegen, ist bei der Prüfung zu berücksichtigen, dass das elektronische Erfassungsgerät die Fahrleistung des Fahrzeugs ermittelt.

Anlage

Verständigung
zu Artikel 15 Absatz 1 des Abkommens zwischen der Schweiz und Deutschland zur Vermeidung der Doppelbesteuerung auf dem Gebiete der Steuern vom Einkommen und Vermögen (DBA)

Gestützt auf Art. 26 Abs. 3 DBA haben die zuständigen Behörden der Schweizerischen Eidgenossenschaft und der Bundesrepublik Deutschland folgende Verständigung getroffen:

1. Mit Verständigung vom 4. Juni 1997 hatten sich die zuständigen Behörden darauf geeinigt, dass bei schweizerischen Unternehmen beschäftigten und in Deutschland ansässigen LKW-Fahrern die in der schweizerischen Arbeitsbewilligung festgehaltene maximale Anzahl von Jahresarbeitstagen der Ausübung der Tätigkeit in der Schweiz entspricht. Am 1. Juni 2002 ist das Abkommen vom 21. Juni 1999 zwischen der Schweizerischen Eidgenossenschaft einerseits und der Europäischen Gemeinschaft und ihren Mitgliedstaaten andererseits über die Personenfreizügigkeit in Kraft getreten. Entsprechend diesem Abkommen hat die Schweiz am 1. Juni 2007 die Kontingentierung der Arbeitsbewilligungen für Bürger aus EU-Mitgliedstaaten aufgehoben. Der Verständigung vom 4. Juni 1997 wurde damit insoweit die Grundlage entzogen.

2. Im Bestreben, einen angemessenen Ersatz für die Regelung vom 4. Juni 1997 zu finden, haben die zuständigen Behörden nunmehr Folgendes vereinbart:
   a) Für Vergütungen an LKW-Fahrer im internationalen Transportverkehr, die bei schweizerischen Arbeitgebern beschäftigt und in Deutschland ansässig sind und die auf festen Strecken eingesetzt werden, erfolgt die Aufteilung des Besteuerungsrechts nach den in der Schweiz bzw. in Deutschland und Drittstaaten gefahrenen Streckenkilometern.
   b) Für Vergütungen an LKW-Fahrer im internationalen Transportverkehr, die bei schweizerischen Arbeitgebern beschäftigt und in Deutschland ansässig sind und die auf wechseln-

den Strecken eingesetzt werden, wird das Besteuerungsrecht hälftig zwischen Deutschland und der Schweiz aufgeteilt. Den betroffenen Personen steht es frei, im konkreten Fall eine abweichende Aufteilung aufgrund der effektiv gefahrenen Streckenkilometer in der Schweiz bzw. in Deutschland und Drittstaaten zu verlangen. Eine abweichende Aufteilung ist von der betroffenen Person nachzuweisen und ist vom Arbeitgeber zu bestätigen. Dazu können auch Daten der schweizerischen leistungsabhängigen Schwerverkehrsabgabe (LSVA) herangezogen werden.

c) Die Grenzgängerregelung bleibt vorbehalten (Art. 15a DBA).

d) Diese Verständigung ersetzt insoweit die Verständigung vom 4. Juni 1997 und ist auf alle offenen Fälle anzuwenden.

Anlage 16
zu H 39b.10

Besteuerungsrecht von Abfindungen an Arbeitnehmer nach dem Doppelbesteuerungsabkommen zwischen der Bundesrepublik Deutschland und dem Großherzogtum Luxemburg

BMF-Schreiben vom 19.9.2011 (BStBl. I S. 852)*)

Anbei übersende ich die mit der luxemburgischen Finanzverwaltung am 7. September 2011 geschlossene Verständigungsvereinbarung zum Abkommen zur Vermeidung der Doppelbesteuerungen und über gegenseitige Amts- und Rechtshilfe auf dem Gebiete der Steuern vom Einkommen und vom Vermögen sowie der Gewerbesteuern und der Grundsteuern vom 23. August 1958 in der Fassung des Ergänzungsprotokolls vom 15. Juni 1973 und des Änderungsprotokolls vom 11. Dezember 2009 betreffend die Besteuerung von Abfindungszahlungen, Abfindungen und Entschädigungen in Folge einer Kündigung und/oder eines Sozialplans sowie Arbeitslosengeld.

Die Verständigungsvereinbarung ist am 8. September 2011 in Kraft getreten und ist auch auf alle Fälle anzuwenden, die zum Zeitpunkt ihres Inkrafttretens noch nicht abgeschlossen oder die Gegenstand eines Verständigungsverfahrens sind.

Verständigungsvereinbarung

Gestützt auf Artikel 26 Absatz 3 des Abkommens vom 23. August 1958 zwischen der Bundesrepublik Deutschland und dem Großherzogtum Luxemburg zur Vermeidung der Doppelbesteuerungen und über gegenseitige Amts- und Rechtshilfe auf dem Gebiete der Steuern vom Einkommen und vom Vermögen sowie der Gewerbesteuern und der Grundsteuern – im Folgenden als „Abkommen" bezeichnet – haben die zuständigen Behörden der beiden Vertragsstaaten zur Besteuerung von Abfindungen an Arbeitnehmer, Abfindungen und Entschädigungen in Folge einer Kündigung und/oder eines Sozialplans sowie Arbeitslosengeld Folgendes vereinbart:

(1) Die Zuordnung des Besteuerungsrechts von Abfindungen an Arbeitnehmer ist abhängig vom wirtschaftlichen Hintergrund der jeweiligen Zahlung. Ist einer Abfindung Versorgungscharakter beizumessen, kann sie gemäß Artikel 12 des Abkommens nur im Wohnsitzstaat des Empfängers besteuert werden.

(2) Handelt es sich dagegen bei der Abfindung um eine im Rahmen eines Arbeitsvertrags geleistete Nachzahlung von Löhnen, Gehältern oder anderen Vergütungen oder wird die Abfindung allgemein für die Auflösung des Arbeitsvertrags gewährt, so kann sie gemäß Artikel 10 Absatz 1 des Abkommens in dem Staat besteuert werden, in dem die Tätigkeit ausgeübt wurde. Für den Fall, dass der Arbeitnehmer in der Zeit vor der Auflösung des Arbeitsvertrags teils in dem Staat seiner Ansässigkeit oder im Hoheitsgebiet von Drittstaaten und teils in dem anderen Staat tätig war, kann die Abfindung in diesem anderen Staat besteuert werden, jedoch nur anteilig entsprechend dem Teil der im Kalenderjahr vor Auflösung des Arbeitsvertrags bezogenen Vergütungen, der gemäß Artikel 10 Absätze 1 und 2 des Abkommens in diesem anderen Staat besteuert wurde.

(3) Abfindungen und Entschädigungen in Folge einer Kündigung und/oder eines Sozialplans sowie Arbeitslosengeld sind von der Besteuerung im Ansässigkeitsstaat freizustellen, wenn diese Zahlungen durch den Tätigkeitsstaat tatsächlich besteuert werden.

(4) Diese Vereinbarung ist auf die in Artikel 10 Absatz 3 und Artikel 11 des Abkommens genannten Einkünfte nicht anzuwenden.

(5) Die Behörde eines Vertragsstaats wird den zuständigen Behörden des jeweils anderen Vertragsstaats den Zufluss einer Abfindung auf der Grundlage des Artikels 23 des Abkommens spontan mitteilen.

(6) Diese Vereinbarung tritt am Tage nach der Unterzeichnung in Kraft. Die Vereinbarung ist auch auf alle Fälle anzuwenden, die zum Zeitpunkt ihres Inkrafttretens noch nicht abgeschlossen oder die Gegenstand eines Verständigungsverfahrens sind.

(7) Wird das Abkommen vom 23. August 1958 durch ein neues Abkommen ersetzt, das inhaltsgleiche Regelungen zur Besteuerung der Einkünfte aus unselbständiger Arbeit enthält, ist diese Vereinbarung entsprechend auf das neue Abkommen anzuwenden.

Anlage 17
zu H 39b.10

Besteuerungsrecht von Abfindungen an Arbeitnehmer nach dem deutsch-britischen Doppelbesteuerungsabkommen

BMF-Schreiben vom 2.12.2011 (BStBl. I S. 1221)**)

Mit dem britischen Finanzministerium ist am 8. November 2011 die nachstehende Verständigungsvereinbarung gemäß Artikel 26 Absatz 3 des DBA GB getroffen worden:

Gestützt auf Artikel 26 Absatz 3 des Abkommens vom 30. März 2010 zwischen der Bundesrepublik Deutschland und dem Vereinigten Königreich Großbritannien und Nordirland zur Vermeidung der Doppelbesteuerung und zur Verhinderung der Steuerverkürzung auf dem Gebiet der Steuern vom Einkommen und vom Vermögen – im Folgenden als „Abkommen" bezeichnet – haben die zuständigen Behörden der beiden Vertragsstaaten zur Besteuerung von Abfindungen (bei Vertragsbeendigung), die ein in einem Vertragsstaat ansässiger Arbeitgeber an einen nunmehr im anderen Vertragsstaat ansässigen ehemaligen Arbeitnehmer zahlt, Folgendes vereinbart:

(1) Die Zuordnung des Besteuerungsrechts von Abfindungen an Arbeitnehmer ist abhängig vom wirtschaftlichen Hintergrund der jeweiligen Zahlung. Ist einer Abfindung Versorgungscharakter beizumessen, kann sie nach Artikel 17 Absatz 1 des Abkommens nur im Wohnsitzstaat des Empfängers besteuert werden.

(2) Handelt es sich dagegen bei der Abfindung um eine im Rahmen eines Arbeitsvertrags geleistete Nachzahlung von Löhnen, Gehältern oder anderen Vergütungen oder wird die Abfindung allgemein für die Auflösung des Arbeitsvertrags gewährt, so kann sie gemäß Artikel 14 Absatz 2 des Abkommens in dem Vertragsstaat besteuert werden, in dem die Tätigkeit ausgeübt wurde. Für den Fall, dass der Arbeitnehmer in der Zeit vor der Auflösung des Arbeitsvertrags teils in dem Vertragsstaat seiner damaligen Ansässigkeit oder im Hoheitsgebiet von Drittstaaten und teils in dem anderen Staat tätig war, kann die Abfindung auch in diesem anderen Staat besteuert werden, jedoch nur der Anteil der Abfindung, der der Beschäftigungsdauer im anderen Staat im Verhältnis zur gesamten Beschäftigungsdauer vor der Auflösung des Arbeitsverhältnisses entspricht. Die zuständigen Behörden können gegebenenfalls im Einzelfall eine abweichende Aufteilung vereinbaren.

(3) Diese Vereinbarung ist auf die in Artikel 18 Absatz 1 des Abkommens genannten Einkünfte nicht anzuwenden.

(4) Diese Vereinbarung tritt am Tag nach ihrer Unterzeichnung in Kraft. Maßgebend für das Inkrafttreten ist der Tag der zuletzt vorgenommenen Unterzeichnung. Die Vereinbarung ist in allen offenen Fällen anzuwenden.

(5) Wird das Abkommen durch ein neues Abkommen ersetzt, das inhaltsgleiche Regelungen zur Besteuerung der Einkünfte aus nichtselbständiger Tätigkeit enthält, ist diese Vereinbarung entsprechend auf das neue Abkommen anzuwenden.

---

*) Die Verständigungsvereinbarung ist zwischenzeitlich durch eine Verordnung in verbindliches deutsches Recht umgesetzt worden (vgl. BStBl. 2012 I S. 693).

**) Die Konsultationsvereinbarung ist zwischenzeitlich durch eine Verordnung in verbindliches deutsches Recht umgesetzt worden (vgl. BStBl. 2012 I S. 862).

§ 39c EStG
Einbehaltung der Lohnsteuer ohne Lohnsteuerabzugsmerkmale

(1) ¹Solange der Arbeitnehmer dem Arbeitgeber zum Zweck des Abrufs der elektronischen Lohnsteuerabzugsmerkmale (§ 39e Absatz 4 Satz 1) die ihm zugeteilte Identifikationsnummer sowie den Tag der Geburt schuldhaft nicht mitteilt oder das Bundeszentralamt für Steuern die Mitteilung elektronischer Lohnsteuerabzugsmerkmale ablehnt, hat der Arbeitgeber die Lohnsteuer nach Steuerklasse VI zu ermitteln. ²Kann der Arbeitgeber die elektronischen Lohnsteuerabzugsmerkmale wegen technischer Störungen nicht abrufen oder hat der Arbeitnehmer die fehlende Mitteilung der ihm zuzuteilenden Identifikationsnummer nicht zu vertreten, hat der Arbeitgeber für die Lohnsteuerberechnung die voraussichtlichen Lohnsteuerabzugsmerkmale im Sinne des § 38b längstens für die Dauer von drei Kalendermonaten zu Grunde zu legen. ³Hat nach Ablauf der drei Kalendermonate der Arbeitnehmer die Identifikationsnummer sowie den Tag der Geburt nicht mitgeteilt, ist rückwirkend Satz 1 anzuwenden. ⁴Sobald dem Arbeitgeber in den Fällen des Satzes 2 die elektronischen Lohnsteuerabzugsmerkmale vorliegen, sind die Lohnsteuerermittlungen für die vorangegangenen Monate zu überprüfen und, falls erforderlich, zu ändern. ⁵Die zu wenig oder zu viel einbehaltene Lohnsteuer ist jeweils bei der nächsten Lohnabrechnung auszugleichen.

(2) ¹Ist ein Antrag nach § 39 Absatz 3 Satz 1 oder § 39e Absatz 8 nicht gestellt, hat der Arbeitgeber die Lohnsteuer nach Steuerklasse VI zu ermitteln. ²Legt der Arbeitnehmer binnen sechs Wochen nach Eintritt in das Dienstverhältnis oder nach Beginn des Kalenderjahres eine Bescheinigung für den Lohnsteuerabzug vor, ist Absatz 1 Satz 4 und 5 sinngemäß anzuwenden.

(3) ¹In den Fällen des § 38 Absatz 3a Satz 1 kann der Dritte die Lohnsteuer für einen sonstigen Bezug mit 20 Prozent unabhängig von den Lohnsteuerabzugsmerkmalen des Arbeitnehmers ermitteln, wenn der maßgebende Jahresarbeitslohn nach § 39b Absatz 3 zuzüglich des sonstigen Bezugs 10 000 Euro nicht übersteigt. ²Bei der Feststellung des maßgebenden Jahresarbeitslohns sind nur die Lohnzahlungen des Dritten zu berücksichtigen.

R 39c.
Lohnsteuerabzug durch Dritte ohne Lohnsteuerabzugsmerkmale

¹Ist ein Dritter zum Lohnsteuerabzug verpflichtet, weil er tarifvertragliche Ansprüche eines Arbeitnehmers eines anderen Arbeitgebers unmittelbar zu erfüllen hat (§ 38 Abs. 3a Satz 1 EStG), kann der Dritte die Lohnsteuer für einen sonstigen Bezug unter den Voraussetzungen des § 39c Abs. 3 EStG mit 20 % unabhängig von den für den Arbeitnehmer geltenden Lohnsteuerabzugsmerkmalen ermitteln. ²Es handelt sich dabei nicht um eine pauschale Lohnsteuer i.S.d. §§ 40 ff. EStG. ³Schuldner der Lohnsteuer bleibt im Falle des § 39c Abs. 3 EStG der Arbeitnehmer. ⁴Der versteuerte Arbeitslohn ist im Rahmen einer Einkommensteuerveranlagung des Arbeitnehmers zu erfassen und die pauschal erhobene Lohnsteuer auf die Einkommensteuerschuld anzurechnen. ⁵Der Dritte hat daher dem Arbeitnehmer eine Lohnsteuerbescheinigung auszustellen und die einbehaltene Lohnsteuer zu bescheinigen (§ 41b EStG).

H 39c
Hinweise zu R 39c
Lohnsteuerabzug durch Dritte ohne Lohnsteuerabzugsmerkmale

Fehlerhafte Bescheinigung

>H 41c.3 (Einzelfälle)

Grenzpendler

Ein Arbeitnehmer, der im Inland keinen Wohnsitz oder gewöhnlichen Aufenthalt hat, wird auf Antrag nach § 1 Abs. 3 EStG als unbeschränkt einkommensteuerpflichtig behandelt, wenn seine Einkünfte **zu mindestens 90 %** der deutschen Einkommensteuer unterliegen oder die nicht der deutschen Einkommensteuer unterliegenden Einkünfte **höchstens** 8 354 €*) betragen.

Ein Grenzpendler, der als Staatsangehöriger eines EU/EWR-Mitgliedstaates nach § 1 Abs. 3 EStG als unbeschränkt einkommensteuerpflichtig behandelt wird, ist auf Antrag in die **Steuerklasse III** einzuordnen, wenn der Ehegatte des Arbeitnehmers in einem EU/EWR-Mitgliedstaat oder in der Schweiz lebt (>§ 1a Abs. 1 Nr. 2 EStG). Es ist nicht erforderlich, dass der Ehegatte ebenfalls Staatsangehöriger eines EU/EWR-Mitgliedstaates ist. Voraussetzung ist jedoch, dass die Einkünfte beider Ehegatten zu mindestens 90 % der deutschen Einkommensteuer unterliegen oder ihre nicht der deutschen Einkommensteuer unterliegenden Einkünfte höchstens **16 708 €*)** betragen. Die Steuerklasse ist in der Bescheinigung**) vom Betriebsstättenfinanzamt anzugeben.

Bei Grenzpendlern i.S.d. § 1 Abs. 3 EStG, die nicht Staatsangehörige eines EU/EWR-Mitgliedstaates sind, kann der Ehegatte steuerlich nicht berücksichtigt werden. Für diese Arbeitnehmer ist in der zu erteilenden Bescheinigung**) die **Steuerklasse I** oder für das zweite oder jedes weitere Dienstverhältnis die Steuerklasse VI anzugeben; in den Fällen des § 32a Abs. 6 EStG (= Witwensplitting) Steuerklasse III.

Die nicht der deutschen Einkommensteuer unterliegenden Einkünfte sind jeweils durch eine **Bescheinigung** der zuständigen ausländischen Steuerbehörde nachzuweisen.

Die Erteilung der Bescheinigung**) führt zur **Veranlagungspflicht** nach § 46 Abs. 2 Nr. 7 Buchstabe b EStG.

Für Arbeitnehmer, die im Ausland ansässig sind und nicht die Voraussetzungen des § 1 Abs. 2 oder § 1 Abs. 3 EStG erfüllen, ist weiterhin das **Bescheinigungsverfahren****) anzuwenden.

(>BMF vom 29.9.1995 – BStBl. I S. 429, Tz. 1.1 unter Berücksichtigung der zwischenzeitlich eingetretenen Rechtsänderungen)***)

Lohnsteuer-Ermäßigungsverfahren

Im Lohnsteuer-Ermäßigungsverfahren kann auf die Bestätigung der ausländischen Steuerbehörde in der Anlage Grenzpendler EU/EWR bzw. Anlage Grenzpendler außerhalb EU/EWR verzichtet werden, wenn für einen der beiden vorangegangenen Veranlagungszeiträume bereits eine von der ausländischen Steuerbehörde bestätigte Anlage vorliegt und sich die Verhältnisse nach Angaben des Steuerpflichtigen nicht geändert haben (BMF vom 25.11.1999 – BStBl. I S. 990)****).

Öffentlicher Dienst

Bei Angehörigen des öffentlichen Dienstes i.S.d. § 1 Abs. 2 Satz 1 Nr. 1 und 2 EStG ohne diplomatischen oder konsularischen Status, die nach § 1 Abs. 3 EStG auf Antrag als unbeschränkt einkommensteuerpflichtig behandelt werden und an einem ausländischen Dienstort tätig sind, sind die unter dem Stichwort >Grenzpendler genannten Regelungen zur Eintragung der Steuerklasse III auf Antrag entsprechend anzuwenden (>§ 1a Abs. 2 EStG). Dabei muss auf den Wohnsitz, den gewöhnlichen Aufenthalt, die Wohnung oder den Haushalt im Staat des ausländischen Dienstortes abgestellt werden. Danach kann auch bei außerhalb EU/EWR-Mitgliedstaaten tätigen Beamten weiterhin die Steuerklasse III in Betracht kommen. Dagegen erfüllen ein pensionierter Angehöriger des öffentlichen Dienstes und ein im Inland tätiger Angehöriger des öffentlichen Dienstes, die ihren Wohnsitz außerhalb eines EU/EWR-Mitgliedstaates oder in der Schweiz haben, nicht die Voraussetzungen des § 1a Abs. 2 EStG. Sie können aber ggf. als Grenzpendler in die Steuerklasse III eingeordnet werden, wenn der Ehegatte in einem EU/EWR-Mitgliedstaat oder in der Schweiz lebt (>BMF vom 29.9.1995 – BStBl. I S. 429, Tz. 1.4 unter Berücksichtigung der zwischenzeitlich eingetretenen Rechtsänderungen).***)

---

*) Nach der sog. Ländergruppeneinteilung kann eine Verringerung der Beträge in Betracht kommen (>BMF vom 18.11.2013, BStBl. I S. 1462).
**) Zur Erteilung von Bescheinigungen für diesen Personenkreis >§ 39 Abs. 3 EStG.
***) Abgedruckt als Anlage 1 zu § 1a EStG.
****) Abgedruckt als Anlage 1 zu H 1 LStR.

§ 39e EStG
Verfahren zur Bildung und Anwendung der elektronischen Lohnsteuerabzugsmerkmale

(1) ¹Das Bundeszentralamt für Steuern bildet für jeden Arbeitnehmer grundsätzlich automatisiert die Steuerklasse und für die bei den Steuerklassen I bis IV zu berücksichtigenden Kinder die Zahl der Kinderfreibeträge nach § 38b Absatz 2 Satz 1 als Lohnsteuerabzugsmerkmale (§ 39 Absatz 4 Satz 1 Nummer 1 und 2); für Änderungen gilt § 39 Absatz 2 entsprechend. ²Soweit das Finanzamt Lohnsteuerabzugsmerkmale nach § 39 bildet, teilt es sie dem Bundeszentralamt für Steuern zum Zweck der Bereitstellung für den automatisierten Abruf durch den Arbeitgeber mit. ³Lohnsteuerabzugsmerkmale sind frühestens bereitzustellen mit Wirkung von Beginn des Kalenderjahres an, für das sie anzuwenden sind, jedoch nicht für einen Zeitpunkt vor Beginn des Dienstverhältnisses.

(2) ¹Das Bundeszentralamt für Steuern speichert zum Zweck der Bereitstellung automatisiert abrufbarer Lohnsteuerabzugsmerkmale für den Arbeitgeber die Lohnsteuerabzugsmerkmale unter Angabe der Identifikationsnummer sowie für jeden Steuerpflichtigen folgende Daten zu den in § 139b Absatz 3 der Abgabenordnung genannten Daten hinzu:

1. rechtliche Zugehörigkeit zu einer steuererhebenden Religionsgemeinschaft sowie Datum des Eintritts und Austritts,
2. melderechtlichen Familienstand sowie den Tag der Begründung oder Auflösung des Familienstands und bei Verheirateten die Identifikationsnummer des Ehegatten,
3. Kinder mit ihrer Identifikationsnummer.

²Die nach Landesrecht für das Meldewesen zuständigen Behörden (Meldebehörden) haben dem Bundeszentralamt für Steuern unter Angabe der Identifikationsnummer und des Tages der Geburt die in Satz 1 Nummer 1 bis 3 bezeichneten Daten und deren Änderungen im Melderegister mitzuteilen. ³In den Fällen des Satzes 1 Nummer 3 besteht die Mitteilungspflicht nur, wenn das Kind mit Hauptwohnsitz oder alleinigem Wohnsitz im Zuständigkeitsbereich der Meldebehörde gemeldet ist und solange das Kind das 18. Lebensjahr noch nicht vollendet hat. ⁴Sofern die Identifikationsnummer noch nicht zugeteilt wurde, teilt die Meldebehörde die Daten unter Angabe des Vorläufigen Bearbeitungsmerkmals nach § 139b Absatz 6 Satz 2 der Abgabenordnung mit. ⁵Für die Datenübermittlung gilt § 6 Absatz 2a der Zweiten Bundesmeldedatenübermittlungsverordnung vom 31. Juli 1995 (BGBl. I S. 1011), die zuletzt durch Artikel 1 der Verordnung vom 11. März 2011 (BGBl. I S. 325) geändert worden ist, in der jeweils geltenden Fassung entsprechend.

(3) ¹Das Bundeszentralamt für Steuern hält die Identifikationsnummer, den Tag der Geburt, Merkmale für den Kirchensteuerabzug und die Lohnsteuerabzugsmerkmale des Arbeitnehmers nach § 39 Absatz 4 zum unentgeltlichen automatisierten Abruf durch den Arbeitgeber nach amtlich vorgeschriebenem Datensatz bereit (elektronische Lohnsteuerabzugsmerkmale). ²Bezieht ein Arbeitnehmer nebeneinander von mehreren Arbeitgebern Arbeitslohn, sind für jedes weitere Dienstverhältnis elektronische Lohnsteuerabzugsmerkmale zu bilden. ³Haben Arbeitnehmer im Laufe des Kalenderjahres geheiratet, gilt für die automatisierte Bildung der Steuerklassen Folgendes:

1. Steuerklasse III ist zu bilden, wenn die Voraussetzungen des § 38b Absatz 1 Satz 2 Nummer 3 Buchstabe a Doppelbuchstabe aa vorliegen;
2. für beide Ehegatten ist Steuerklasse IV zu bilden, wenn die Voraussetzungen des § 38b Absatz 1 Satz 2 Nummer 4 vorliegen.*)

⁴Das Bundeszentralamt für Steuern führt die elektronischen Lohnsteuerabzugsmerkmale des Arbeitnehmers zum Zweck ihrer Bereitstellung nach Satz 1 mit der Wirtschafts-Identifikationsnummer (§ 139c der Abgabenordnung) des Arbeitgebers zusammen.

(4) ¹Der Arbeitnehmer hat jedem seiner Arbeitgeber bei Eintritt in das Dienstverhältnis zum Zweck des Abrufs der Lohnsteuerabzugsmerkmale mitzuteilen,

1. wie die Identifikationsnummer sowie der Tag der Geburt lauten,
2. ob es sich um das erste oder ein weiteres Dienstverhältnis handelt (§ 38b Absatz 1 Satz 2 Nummer 6) und
3. ob und in welcher Höhe ein nach § 39a Absatz 1 Satz 1 Nummer 7 festgestellter Freibetrag abgerufen werden soll.

²Der Arbeitgeber hat bei Beginn des Dienstverhältnisses die elektronischen Lohnsteuerabzugsmerkmale für den Arbeitnehmer beim Bundeszentralamt für Steuern durch Datenfernübertragung abzurufen und sie in das Lohnkonto für den Arbeitnehmer zu übernehmen. ³Für den Abruf der elektronischen Lohnsteuerabzugsmerkmale hat sich der Arbeitgeber zu authentifizieren und seine Wirtschafts-Identifikationsnummer, die Daten des Arbeitnehmers nach Satz 1 Nummer 1 und 2, den Tag des Beginns des Dienstverhältnisses und etwaige Angaben nach Satz 1 Nummer 3 mitzuteilen. ⁴Zur Plausibilitätsprüfung der Identifikationsnummer hält das Bundeszentralamt für Steuern für den Arbeitgeber entsprechende Regeln bereit. ⁵Der Arbeitgeber hat den Tag der Beendigung des Dienstverhältnisses unverzüglich dem Bundeszentralamt für Steuern durch Datenfernübertragung mitzuteilen. ⁶Beauftragt der Arbeitgeber einen Dritten mit der Durchführung des Lohnsteuerabzugs, hat sich der Dritte für den Datenabruf zu authentifizieren und zusätzlich seine Wirtschafts-Identifikationsnummer mitzuteilen. ⁷Für die Verwendung der elektronischen Lohnsteuerabzugsmerkmale gelten die Schutzvorschriften des § 39 Absatz 8 und 9 sinngemäß.

(5) ¹Die abgerufenen elektronischen Lohnsteuerabzugsmerkmale sind vom Arbeitgeber für die Durchführung des Lohnsteuerabzugs des Arbeitnehmers anzuwenden, bis

1. ihm das Bundeszentralamt für Steuern geänderte elektronische Lohnsteuerabzugsmerkmale zum Abruf bereitstellt oder
2. der Arbeitgeber dem Bundeszentralamt für Steuern die Beendigung des Dienstverhältnisses mitteilt.

²Sie sind in der üblichen Lohnabrechnung anzugeben. ³Der Arbeitgeber ist verpflichtet, die vom Bundeszentralamt für Steuern bereitgestellten Mitteilungen und elektronischen Lohnsteuerabzugsmerkmale monatlich anzufragen und abzurufen.

(6) ¹Gegenüber dem Arbeitgeber gelten die Lohnsteuerabzugsmerkmale (§ 39 Absatz 4) mit dem Abruf der elektronischen Lohnsteuerabzugsmerkmale als bekannt gegeben. ²Einer Rechtsbehelfsbelehrung bedarf es nicht. ³Die Lohnsteuerabzugsmerkmale gelten gegenüber dem Arbeitnehmer als bekannt gegeben, sobald der Arbeitgeber dem Arbeitnehmer den Ausdruck der Lohnabrechnung mit den nach Absatz 5 Satz 2 darin ausgewiesenen elektronischen Lohnsteuerabzugsmerkmalen ausgehändigt oder elektronisch bereitgestellt hat. ⁴Die elektronischen Lohnsteuerabzugsmerkmale sind dem Steuerpflichtigen auf Antrag vom zuständigen Finanzamt mitzuteilen oder elektronisch bereitzustellen. ⁵Wird dem Arbeitnehmer bekannt, dass die elektronischen Lohnsteuerabzugsmerkmale zu seinen Gunsten von den nach § 39 zu bildenden Lohnsteuerabzugsmerkmalen abweichen, ist er verpflichtet, dies dem Finanzamt unverzüglich mitzuteilen. ⁶Der Steuerpflichtige kann beim zuständigen Finanzamt

1. den Arbeitgeber benennen, der zum Abruf von elektronischen Lohnsteuerabzugsmerkmalen berechtigt ist (Positivliste) oder nicht berechtigt ist (Negativliste). ²Hierfür hat der Arbeitgeber dem Arbeitnehmer seine Wirtschafts-Identifikationsnummer mitzuteilen. ³Für die Verwendung der Wirtschafts-Identifikationsnummer gelten die Schutzvorschriften des § 39 Absatz 8 und 9 sinngemäß; oder
2. die Bildung oder die Bereitstellung der elektronischen Lohnsteuerabzugsmerkmale allgemein sperren oder allgemein freischalten lassen.

⁷Macht der Steuerpflichtige von seinem Recht nach Satz 6 Gebrauch, hat er die Positivliste, die Negativliste, die allge-

---
*) Anm. d. Verlages:
Derzeit wird bei einer Heirat im Laufe des Kalenderjahres für jeden Ehegatten automatisiert die Steuerklasse IV gebildet (>§ 52 Abs. 36 EStG).

meine Sperrung oder die allgemeine Freischaltung in einem bereitgestellten elektronischen Verfahren oder nach amtlich vorgeschriebenem Vordruck dem Finanzamt zu übermitteln. ⁸Werden wegen einer Sperrung nach Satz 6 einem Arbeitgeber, der Daten abrufen möchte, keine elektronischen Lohnsteuerabzugsmerkmale bereitgestellt, wird dem Arbeitgeber die Sperrung mitgeteilt und dieser hat die Lohnsteuer nach Steuerklasse VI zu ermitteln.

(7) ¹Auf Antrag des Arbeitgebers kann das Betriebsstättenfinanzamt zur Vermeidung unbilliger Härten zulassen, dass er nicht am Abrufverfahren teilnimmt. ²Dem Antrag eines Arbeitgebers ohne maschinelle Lohnabrechnung, der ausschließlich Arbeitnehmer im Rahmen einer geringfügigen Beschäftigung in seinem Privathaushalt im Sinne des § 8a des Vierten Buches Sozialgesetzbuch beschäftigt, ist stattzugeben. ³Der Arbeitgeber hat dem Antrag unter Angabe seiner Wirtschafts-Identifikationsnummer ein Verzeichnis der beschäftigten Arbeitnehmer mit Angabe der jeweiligen Identifikationsnummer und des Tages der Geburt des Arbeitnehmers beizufügen. ⁴Der Antrag ist nach amtlich vorgeschriebenem Vordruck jährlich zu stellen und vom Arbeitgeber zu unterschreiben. ⁵Das Betriebsstättenfinanzamt übermittelt dem Arbeitgeber für die Durchführung des Lohnsteuerabzugs für ein Kalenderjahr eine arbeitgeberbezogene Bescheinigung mit den Lohnsteuerabzugsmerkmalen des Arbeitnehmers (Bescheinigung für den Lohnsteuerabzug) sowie etwaige Änderungen. ⁶Diese Bescheinigung sowie die Änderungsmitteilungen sind als Belege zum Lohnkonto zu nehmen und bis zum Ablauf des Kalenderjahres aufzubewahren. ⁷Absatz 5 Satz 1 und 2 sowie Absatz 6 Satz 3 gelten entsprechend. ⁸Der Arbeitgeber hat den Tag der Beendigung des Dienstverhältnisses unverzüglich dem Betriebsstättenfinanzamt mitzuteilen.

(8) ¹Ist einem nach § 1 Absatz 1 unbeschränkt einkommensteuerpflichtigen Arbeitnehmer keine Identifikationsnummer zugeteilt, hat das Wohnsitzfinanzamt auf Antrag eine Bescheinigung für den Lohnsteuerabzug für die Dauer eines Kalenderjahres auszustellen. ²Diese Bescheinigung ersetzt die Verpflichtung und Berechtigung des Arbeitgebers zum Abruf der elektronischen Lohnsteuerabzugsmerkmale (Absätze 4 und 6). ³In diesem Fall tritt an die Stelle des Arbeitgebers das lohnsteuerliche Ordnungsmerkmal nach § 41b Absatz 2 Satz 1 und 2. ⁴Für die Durchführung des Lohnsteuerabzugs hat der Arbeitnehmer seinem Arbeitgeber vor Beginn des Kalenderjahres oder bei Eintritt in das Dienstverhältnis die nach Satz 1 ausgestellte Bescheinigung für den Lohnsteuerabzug vorzulegen. ⁵§ 39c Absatz 1 Satz 2 bis 5 ist sinngemäß anzuwenden. ⁶Der Arbeitgeber hat die Bescheinigung für den Lohnsteuerabzug entgegenzunehmen und während des Dienstverhältnisses, längstens bis zum Ablauf des jeweiligen Kalenderjahres, aufzubewahren.

(9) Ist die Wirtschafts-Identifikationsnummer noch nicht oder nicht vollständig eingeführt, tritt an ihre Stelle die Steuernummer der Betriebsstätte oder des Teils des Betriebs des Arbeitgebers, in dem der für den Lohnsteuerabzug maßgebende Arbeitslohn des Arbeitnehmers ermittelt wird (§ 41 Absatz 2).

(10) Die beim Bundeszentralamt für Steuern nach Absatz 2 Satz 1 gespeicherten Daten können auch zur Prüfung und Durchführung der Einkommensbesteuerung (§ 2) des Steuerpflichtigen für Veranlagungszeiträume ab 2005 verwendet werden.

R 39e
Elektronische Lohnsteuerabzugsmerkmale
– unbesetzt –

H 39e
Hinweise zu R 39e
Elektronische Lohnsteuerabzugsmerkmale

Allgemeines

Lohnsteuerabzug ab dem Kalenderjahr 2013 im Verfahren der elektronischen Lohnsteuerabzugsmerkmale >BMF vom 7.8.2013 (BStBl. I S. 951) unter Berücksichtigung der Änderung durch BMF vom 23.10.2014 (BStBl. I S. 1411).*)

Antragsfrist

>R 39.3 Satz 1

Anlage
zu H 39e
Anwendungsschreiben zu den elektronischen Lohnsteuerabzugsmerkmalen ab 2013

BMF-Schreiben vom 7.8.2013 (BStBl. I S. 951)

Im Einvernehmen mit den obersten Finanzbehörden der Länder gilt für den Lohnsteuerabzug ab dem Kalenderjahr 2013 im Verfahren der elektronischen Lohnsteuerabzugsmerkmale Folgendes:

Inhaltsübersicht

	Rn.
I. Verfahren der elektronischen Lohnsteuerabzugsmerkmale	1–4
II. Bildung und Inhalt der ELStAM	5–32
1. ELStAM-Verfahren ab 2013	5–6
2. Lohnsteuerabzugsmerkmale	7–8
3. Bildung und Änderung der (elektronischen) Lohnsteuerabzugsmerkmale	9–12
4. Zuständigkeit	13
5. Steuerklassenbildung bei Ehegatten/Lebenspartnern	14–26
6. Berücksichtigung von Kindern	27–32
III. Durchführung des Lohnsteuerabzugs	33–108
1. Elektronisches Verfahren	33–38
2. Arbeitgeberpflichten	39–58
3. Arbeitgeberwechsel	59–63
4. Weiteres Dienstverhältnis	64–67
5. Pflichten des Arbeitnehmers	68–74
6. Rechte des Arbeitnehmers	75–85
7. Im Inland nicht meldepflichtige Arbeitnehmer	86–92
8. Durchführung des Lohnsteuerabzugs ohne ELStAM	93–103
9. ELStAM bei verschiedenen Lohnarten	104–106
10. Schutzvorschriften für die (elektronischen) Lohnsteuerabzugsmerkmale	107–108
IV. Verfahrensrecht	109–112
V. Härtefallregelung	113–122
VI. Betrieblicher Lohnsteuer-Jahresausgleich (§ 42b EStG)	123
VII. Lohnsteuerermäßigungsverfahren ab 2013	124–128
VIII. Sonstiges	129–133

I. Verfahren der elektronischen Lohnsteuerabzugsmerkmale

1 Mit Wirkung ab dem 1. Januar 2012 sind die lohnsteuerlichen Verfahrensregelungen für das neue Verfahren der elektronischen Lohnsteuerabzugsmerkmale (ELStAM) in Kraft getreten. Als Einsatztermin für das Verfahren der elektronischen Lohnsteuerabzugsmerkmale (ELStAM-Verfahren) wurde der 1. No-

---

*) Abgedruckt als Anlage zu H 39e LStR.

§ 39e EStG
R 39e

vember 2012 festgelegt (BMF-Schreiben vom 19. Dezember 2012 – IV C5 – S 2363/07/0002-03, DOK 2012/1170782 –, BStBl I Seite 1258, ELStAM-Startschreiben). Ab diesem Zeitpunkt stellt die Finanzverwaltung den Arbeitgebern die ELStAM für die Arbeitnehmer maschinell verwertbar zum Abruf zur Verfügung. Technische Informationen zum Verfahrensstart stehen unter https://www.elster.de/arbeitg_elstam.php zur Verfügung.

2 Im ELStAM-Verfahren ist allein die Finanzverwaltung für die Bildung der Lohnsteuerabzugsmerkmale und deren Bereitstellung für den Abruf durch den Arbeitgeber zuständig. Die steuerlichen Rechte und Pflichten der Arbeitgeber und Arbeitnehmer werden beibehalten. Es ist nicht vorgesehen und auch nicht erforderlich, dass der Arbeitnehmer sich vor Aufnahme einer Beschäftigung bzw. Beginn eines Dienstverhältnisses beim Finanzamt anmeldet oder einen Antrag zur Bildung der ELStAM stellt.

3 Ab dem Kalenderjahr 2013 ist der Arbeitgeber verpflichtet, den Arbeitnehmer bei Aufnahme des Dienstverhältnisses bei der Finanzverwaltung anzumelden und zugleich die ELStAM anzufordern. Diese Verpflichtung besteht auch, wenn das Finanzamt einen Härtefallantrag auf Nichtteilnahme am ELStAM-Verfahren (vgl. Rz. 113 bis 118, § 39e Absatz 7 EStG) abgelehnt hat. Hat das Finanzamt hingegen dem Antrag des Arbeitgebers auf Anwendung der Härtefallregelung zugestimmt, ist er von der Verpflichtung zur Anwendung des ELStAM-Verfahrens befreit. Die Anforderung von ELStAM ist nur für im Betrieb beschäftigte Arbeitnehmer zulässig.

4 Nach dem Abruf sind die ELStAM in das Lohnkonto des Arbeitnehmers zu übernehmen und entsprechend deren Gültigkeit für die Dauer des Dienstverhältnisses für den Lohnsteuerabzug anzuwenden. Etwaige Änderungen stellt die Finanzverwaltung dem Arbeitgeber monatlich zum Abruf bereit. Der Arbeitgeber soll dem Arbeitnehmer die Anwendung des ELStAM-Verfahrens zeitnah mitteilen. Wird das Dienstverhältnis beendet, hat der Arbeitgeber das Beschäftigungsende (Datum) der Finanzverwaltung unverzüglich auf elektronischem Weg nach amtlich vorgeschriebenem Datensatz mitzuteilen.

II. Bildung und Inhalt der ELStAM

1. ELStAM-Verfahren ab 2013

5 Gemäß dem ELStAM-Startschreiben vom 19. Dezember 2012, a.a.O., hat der Arbeitgeber die ELStAM der Arbeitnehmer ab dem 1. Januar 2013 anzuwenden. Das Kalenderjahr 2013 ist als Einführungszeitraum (§ 52b Absatz 5 Satz 2 EStG) bestimmt worden.

6 Soweit ein Arbeitgeber für die Durchführung des Lohnsteuerabzugs Lohnsteuerabzugsmerkmale benötigt, werden sie auf Veranlassung des Arbeitnehmers gebildet (§ 39 Absatz 1 Satz 1 EStG). Die Bildung der ELStAM erfolgt grundsätzlich automatisiert durch die Finanzverwaltung (Bundeszentralamt für Steuern, § 39e Absatz 1 Satz 1 EStG). Soweit das Finanzamt auf Antrag des Arbeitnehmers Lohnsteuerabzugsmerkmale nach § 39 Absatz 1 und 2 EStG bildet (z. B. Freibeträge nach § 39a EStG oder Steuerklassen nach antragsgebundenem Steuerklassenwechsel), teilt es diese dem Bundeszentralamt für Steuern zum Zweck der Bereitstellung für den automatisierten Abruf durch den Arbeitgeber mit.

2. Lohnsteuerabzugsmerkmale

7 Als Lohnsteuerabzugsmerkmale kommen in Betracht (§ 39 Absatz 4 EStG):
  1. Steuerklasse (§ 38b Absatz 1 EStG) und Faktor (§ 39f EStG),
  2. Zahl der Kinderfreibeträge bei den Steuerklassen I bis IV (§ 38b Absatz 2 EStG),
  3. Freibetrag und Hinzurechnungsbetrag (§ 39a EStG),
  4. Höhe der Beiträge für eine private Krankenversicherung und für eine private Pflege-Pflichtversicherung (§ 39b Absatz 2 Satz 5 Nummer 3 Buchstabe d EStG) für die Dauer von zwölf Monaten,
  5. Mitteilung, dass der von einem Arbeitgeber gezahlte Arbeitslohn nach einem Abkommen zur Vermeidung der Doppelbesteuerung von der Lohnsteuer freizustellen ist,
  6. die für den Kirchensteuerabzug erforderlichen Merkmale (§ 39e Absatz 3 Satz 1 EStG).

8 Die unter Nummer 4 und 5 aufgeführten Lohnsteuerabzugsmerkmale sollen erst in einer weiteren programmtechnischen Ausbaustufe des Verfahrens als ELStAM berücksichtigt werden (§ 52 Absatz 50g und Absatz 51b EStG). Gleiches gilt für die Möglichkeit, einen Freibetrag und Hinzurechnungsbetrag für die Dauer von zwei Kalenderjahren zu bilden (§ 39a Absatz 1 Satz 3 und § 52 Absatz 50h EStG). Zur vereinfachten Berücksichtigung der Beiträge für eine private Krankenversicherung und für eine private Pflege-Pflichtversicherung wird auf das BMF-Schreiben vom 22. Oktober 2010, BStBl I Seite 1254, Tz. 6.1, verwiesen.

3. Bildung und Änderung der (elektronischen) Lohnsteuerabzugsmerkmale

9 Für die (erstmalige) Bildung der (elektronischen) Lohnsteuerabzugsmerkmale stehen zwei Möglichkeiten zur Verfügung:
  1. Im Regelfall erfolgt die erstmalige Bildung der ELStAM zu Beginn eines Dienstverhältnisses aufgrund der Anmeldung des Arbeitnehmers durch seinen Arbeitgeber bei der Finanzverwaltung mit dem Ziel, die ELStAM des Arbeitnehmers abzurufen (§ 39e Absatz 4 Satz 2 EStG).
  2. Soweit Lohnsteuerabzugsmerkmale nicht automatisiert gebildet werden oder davon abweichend zu bilden sind (z. B. Freibeträge nach § 39a EStG oder Steuerklassen nach antragsgebundenem Steuerklassenwechsel), erfolgt die Bildung der Lohnsteuerabzugsmerkmale auf Antrag des Arbeitnehmers durch das Finanzamt (§ 39 Absatz 1 und 2 EStG).

10 Lohnsteuerabzugsmerkmale werden sowohl für ein erstes als auch für jedes weitere Dienstverhältnis gebildet (§ 39 Absatz 1 Satz 1 EStG). Auf Antrag des Arbeitnehmers teilt ihm das Finanzamt – auch im Hinblick auf ein zukünftiges Dienstverhältnis – seine (elektronischen) Lohnsteuerabzugsmerkmale mit (§ 39e Absatz 6 Satz 4 EStG).

11 Grundlage für die Bildung der Lohnsteuerabzugsmerkmale sind die von den Meldebehörden mitgeteilten melderechtlichen Daten (§ 39e Absatz 2 Satz 1 und 2 EStG), wobei die Finanzverwaltung grundsätzlich an diese melderechtlichen Daten gebunden ist (§ 39 Absatz 1 Satz 3 EStG). Änderungen der melderechtlichen Daten sind von den Meldebehörden dem Bundeszentralamt für Steuern tagesaktuell mitzuteilen und in dessen Datenbank für die elektronischen Lohnsteuerabzugsmerkmale (ELStAM-Datenbank) zu speichern. Dies ermöglicht der Finanzverwaltung, z. B. künftig die Steuerklassen bei Änderung des Familienstands automatisch zu bilden und zu ändern. Auslöser hierfür sind jeweils die Mitteilungen der Meldebehörden. Bei der automatischen Änderung kann es eventuell zu zeitlichen Verzögerungen kommen, die das Finanzamt nicht beeinflussen kann.

12 In begründeten Ausnahmefällen hat das Finanzamt rechtliche Prüfungen zu melderechtlichen Merkmalen vorzunehmen und bei abweichenden Feststellungen selbst eine Entscheidung über die zutreffende Besteuerung zu treffen. Trifft das Finanzamt in diesen Einzelfällen eine von den gespeicherten melderechtlichen Daten abweichende Entscheidung für die Besteuerung, werden die Lohnsteuerabzugsmerkmale nicht auf Basis der ELStAM-Datenbank gebildet. Das Finanzamt stellt in diesen Fällen eine jahresbezogene Bescheinigung für den Lohnsteuerabzug aus, anhand derer der Arbeitgeber den Lohnsteuerabzug durchzuführen hat (§ 39 Absatz 1 Satz 2 EStG). Der Abruf der ELStAM wird zugleich für den Gültigkeitszeitraum der Bescheinigung allgemein gesperrt; vgl. im Übrigen Rz. 33 bis 38. Für Änderungen im Melderegister bleiben weiterhin allein die Meldebehörden zuständig.

4. Zuständigkeit

13 Die Zuständigkeit für die Bildung der Lohnsteuerabzugsmerkmale für nach § 1 Absatz 1 EStG unbeschränkt einkommensteuerpflichtige Arbeitnehmer richtet sich nach den Vorschriften der AO. Zuständiges Finanzamt ist in der Regel das Wohnsitzfinanzamt. Abweichend hiervon kann dies nach Zuständigkeitsverordnungen der Länder auch das für die Veranlagung zur Einkommensteuer zuständige Finanzamt sein (z. B. durch Zentralisierungsmaßnahmen in Großstädten).

5. Steuerklassenbildung bei Ehegatten/Lebenspartnern

14 Ändert sich der Familienstand eines Arbeitnehmers, z. B. durch Eheschließung, Tod des Ehegatten oder Scheidung, übermitteln die nach Landesrecht für das Meldewesen zuständigen Behörden (Meldebehörden) die melderechtlichen Änderungen des Familienstands automatisch an die Finanzverwaltung.

Eheschließung

15 Heiraten Arbeitnehmer, teilen die zuständigen Meldebehörden der Finanzverwaltung den Familienstand „verheiratet", das Datum der Eheschließung und die Identifikationsnummer des Ehegatten mit. Dadurch werden beide Ehegatten programmgesteuert in die Steuerklasse IV eingereiht, wenn sie unbeschränkt einkommensteuerpflichtig sind und nicht dauernd getrennt leben (§ 39e Absatz 3 Satz 3 Nummer 2 EStG). Die Steuerklasse IV wird mit Wirkung vom Tag der Eheschließung an vergeben. Nach dem derzeitigen Stand der Programmierung wird bei Eheschließungen ab dem Kalenderjahr 2012 ohne Ausnahme automatisiert die Steuerklasse IV gebildet (§ 52 Absatz 52 EStG). Für eine spätere programmtechnische Ausbaustufe des neuen Verfahrens ist auch die Möglichkeit der automatisierten Zuteilung der Steuerklasse III bei Heirat vorgesehen (§ 39e Absatz 3 Satz 3 Nummer 1 EStG).

16 Soll die automatisch gebildete Steuerklassenkombination aus Sicht des Arbeitnehmers nicht zur Anwendung kommen, kann eine abweichende Steuerklassenkombination beim zuständigen Finanzamt beantragt werden (§ 39 Absatz 6 Satz 3 EStG; Vordruck „Antrag auf Steuerklassenwechsel bei Ehegatten/Lebenspartnern"). Diese Änderungen werden – abweichend von den übrigen Fällen des Steuerklassenwechsels – ab dem Zeitpunkt der Eheschließung wirksam. Ein solcher Antrag gilt nicht als Änderung der Steuerklassen im Sinne des § 39 Absatz 6 Satz 3 EStG. Das Recht, einmal jährlich die Steuerklasse zu wechseln, bleibt davon unberührt (§ 39 Absatz 6 Satz 4 EStG). Ebenso gilt eine Änderung der Steuerklassen bei Wiederaufnahme der ehelichen Gemeinschaft nicht als Steuerklassenwechsel. Gleiches gilt, wenn die automatisch gebildete Steuerklasse nicht erst zum Tag der Eheschließung, sondern bereits ab dem 1. des Heiratsmonats vergeben werden soll (§ 39 Absatz 6 Satz 2 EStG).

17 Ehegatten, die beide in einem Dienstverhältnis stehen, können darüber hinaus wie bisher einmalig im Laufe des Kalenderjahres beim Finanzamt eine Änderung der Steuerklassen beantragen (Steuerklassenwechsel, Vordruck „Antrag auf Steuerklassenwechsel bei Ehegatten/Lebenspartnern"). Für eine Berücksichtigung der Änderung im laufenden Kalenderjahr ist der Antrag spätestens bis zum 30. November zu stellen (§ 39 Absatz 6 Satz 6 EStG). Die beantragten Steuerklassen werden mit Wirkung vom Beginn des Kalendermonats, der auf die Antragstellung folgt, gewährt (§ 39 Absatz 6 Satz 5 EStG).

Scheidung

18 Wird die Ehe durch Scheidung aufgelöst, übermittelt die Meldebehörde den geänderten melderechtlichen Familienstand sowie das Datum der Scheidung der Ehe an die Finanzverwaltung. Zu Beginn des darauf folgenden Kalenderjahres wird für diese Arbeitnehmer automatisiert die Steuerklasse I gebildet. Davon unberührt bleibt die Anzeigepflicht des Arbeitnehmers bei Beginn eines dauernden Getrenntlebens. Zur Änderung der Steuerklassen im Scheidungsjahr vgl. R 39.2 Absatz 2 und Absatz 5 LStR 2013.*)

19 Auf die Möglichkeit eines zusätzlichen Steuerklassenwechsels nach R 39.2 Absatz 5 Satz 5 LStR 2013*) wird hingewiesen (Vordruck „Antrag auf Steuerklassenwechsel bei Ehegatten/Lebenspartnern"). Entsprechendes gilt bei der Aufhebung einer Ehe.

Tod

20 Verstirbt ein Ehegatte, wird die Steuerklasse des überlebenden Ehegatten ab dem ersten des auf den Todestag folgenden Monats automatisch in Steuerklasse III geändert. Etwas anderes gilt nur, sofern die Voraussetzungen für die Anwendung dieser Steuerklasse im Zeitpunkt des Todes nicht vorgelegen haben. Ab Beginn des zweiten Kalenderjahres nach dem Tod des Ehegatten wird programmgesteuert die Steuerklasse I gebildet.

Auslandssachverhalte

21 Gibt ein Ehegatte den inländischen Wohnsitz bzw. gewöhnlichen Aufenthalt auf, wird der Abruf der ELStAM des ins Ausland verzogenen Ehegatten gesperrt. In der Folge erhält der im Inland verbleibende Ehegatte ab dem Beginn des Folgejahres automatisiert die Steuerklasse I zugeteilt. Erfüllt der im Inland verbleibende unbeschränkt einkommensteuerpflichtige Ehegatte die Voraussetzungen des § 1a Absatz 1 Nummer 2 EStG, kann dieser auf Antrag in die Steuerklasse III eingereiht werden (Vordruck „Anträge zu den elektronischen Lohnsteuerabzugsmerkmalen – ELStAM –", vgl. Rz. 88 bis 90 und 92). Zu den Pflichten des Arbeitnehmers beim Wechsel der Steuerpflicht vgl. Rz. 73.

22 Die erneute Begründung eines inländischen Wohnsitzes bzw. gewöhnlichen Aufenthalts nach einem Auslandsaufenthalt führt bei Ehegatten ab Beginn dieses Monats automatisch zur Einreihung in die Steuerklasse IV.

Dauerndes Getrenntleben

23 Leben Ehegatten dauernd getrennt, haben sie dies dem zuständigen Wohnsitzfinanzamt (vgl. Rz. 13) unverzüglich anzuzeigen (Vordruck „Erklärung zum dauernden Getrenntleben"). Dadurch wird – ungeachtet eines etwaigen Steuerklassenwechsels im Trennungsjahr – ab Beginn des darauf folgenden Jahres automatisch die Steuerklasse I gebildet.

Lebenspartnerschaften

24 Mit dem Gesetz zur Änderung des Einkommensteuergesetzes in Umsetzung der Entscheidung des Bundesverfassungsgerichtes vom 7. Mai 2013 (BGBl. I Seite 2397) sind die Regelungen des EStG zu Ehegatten und Ehen auch auf Lebenspartner und Lebenspartnerschaften anzuwenden (§ 2 Absatz 8 EStG). Damit sind die gesetzlichen Rechte und Pflichten von Ehegatten für den Lohnsteuerabzug auch für Lebenspartner einer Lebenspartnerschaft einschlägig. Dies gilt insbesondere bei Begründung und Auflösung einer Lebenspartnerschaft, im Todesfall eines Lebenspartners, bei Verlegung des inländischen Wohnsitzes bzw. gewöhnlichen Aufenthalts in das Ausland sowie bei dauerndem Getrenntleben.

25 Derzeit ist die programmgesteuerte Bildung der für Ehegatten möglichen Steuerklassenkombinationen für Lebenspartner technisch noch nicht umgesetzt, so dass insoweit eine Teilnahme am ELStAM-Verfahren für eine Übergangszeit ausgeschlossen ist. Die Berücksichtigung der für Ehegatten möglichen Steuerklassenkombinationen beim Lohnsteuerabzug durch den Arbeitgeber setzt in diesen Fällen einen Antrag beim zuständigen Wohnsitzfinanzamt (vgl. Rz. 13) voraus. Nach Prüfung stellt das Wohnsitzfinanzamt nach § 39 Absatz 1 Satz 2 EStG eine Bescheinigung für den Lohnsteuerabzug aus, die der Arbeitnehmer seinem Arbeitgeber für die Durchführung des Lohnsteuerabzugs vorzulegen hat. Der Arbeitgeberabruf für die ELStAM ist entsprechend zu sperren.

26 Zu weiteren Einzelheiten wird auf Tz. V.2 des BMF-Schreibens zum erstmaligen Abruf der elektronischen Lohnsteuerabzugsmerkmale durch den Arbeitgeber und mit Anwendungsgrundsätzen für den Einführungszeitraum vom 25. Juli 2013 – IV C5 – S 2363/13/10003, DOK 2013/0634146 – (BStBl I Seite 943)**) verwiesen.

6. Berücksichtigung von Kindern

Lohnsteuerabzugsmerkmal

27 Kinderfreibetragszähler werden als Lohnsteuerabzugsmerkmal ab Beginn des Jahres der Geburt des Kindes bis zum Ablauf des Jahres, in dem die Voraussetzungen für die Berücksichtigung des Kindes nach § 32 Absatz 1, 2, 4 und 5 EStG entfallen, berücksichtigt (Jahresprinzip).

28 Bei minderjährigen Kindern im Sinne des § 32 Absatz 1 Nummer 1 EStG werden in den Steuerklassen I bis IV die Kinderfreibetragszähler bei beiden Elternteilen entsprechend der Regelungen in § 38b Absatz 2 EStG automatisch berücksichtigt, sofern Eltern und Kind in derselben Gemeinde wohnen.

---

*) Jetzt R 39.2 Abs. 1 und Abs. 2 LStR 2015.

**) Abgedruckt als Anlage zu H 52b LStR.

29 Minderjährige Kinder, die nicht in der Wohnung des Arbeitnehmers gemeldet sind, wurden bisher nur dann im Lohnsteuerabzugsverfahren berücksichtigt, wenn für dieses Kind eine steuerliche Lebensbescheinigung vorgelegt wurde. Diese Nachweisverpflichtung ist bereits ab dem Kalenderjahr 2011 entfallen. Die Bildung der Kinderfreibetragszähler setzt in diesen Fällen einen einmaligen Antrag voraus (Vordruck „Antrag auf Lohnsteuer-Ermäßigung" bzw. „Vereinfachter Antrag auf Lohnsteuer-Ermäßigung"). Dabei ist der Nachweis beim Finanzamt durch Vorlage einer Geburtsurkunde des Kindes zu führen.

30 Kommt ein Elternteil seinen Unterhaltsverpflichtungen im Wesentlichen nicht nach oder ist er mangels Leistungsfähigkeit nicht unterhaltspflichtig (sog. Mangelunterhaltsfälle), ist eine Übertragung des Kinderfreibetrags auf den anderen Elternteil im Lohnsteuerabzugsverfahren ab dem Kalenderjahr 2012 nur noch dann möglich, wenn der Antragsteller keinen Unterhaltsvorschuss erhalten hat. Insoweit ist R 39.2 Absatz 9 LStR 2013 nicht mehr anzuwenden. Ein Antrag auf Übertragung kann auch im Rahmen einer Veranlagung zur Einkommensteuer gestellt werden.

Mehrjährige Berücksichtigung in den Antragsfällen nach § 38b Absatz 2 Satz 2 EStG

31 Ab dem Kalenderjahr 2012 ist auch in den Antragsfällen nach § 38b Absatz 2 Satz 2 EStG die mehrjährige Berücksichtigung von Kindern im Lohnsteuerabzugsverfahren möglich, wenn nach den tatsächlichen Verhältnissen zu erwarten ist, dass die Voraussetzungen bestehen bleiben (§ 38b Absatz 2 Satz 3 EStG). Eine mehrjährige Berücksichtigung kommt z. B. in den folgenden Fällen in Betracht:

1. Pflegekinder in den Fällen des § 32 Absatz 1 Nummer 2 EStG,
2. Kinder unter 18 Jahren, wenn der Wohnsitz/gewöhnliche Aufenthalt des anderen Elternteils nicht ermittelbar oder der Vater des Kindes amtlich nicht feststellbar ist,
3. Kinder nach Vollendung des 18. Lebensjahres, die die Voraussetzungen des § 32 Absatz 4 EStG erfüllen. Bei Kindern, die sich in Berufsausbildung im Sinne des § 32 Absatz 4 Nummer 2 Buchstabe a EStG befinden, kann sich die mehrjährige Berücksichtigung bei einem Ausbildungsdienstverhältnis, z. B. aus dem Ausbildungsvertrag, ergeben; bei einem Erststudium kann für die mehrjährige Berücksichtigung grundsätzlich die Regelstudienzeit im Sinne der §§ 11, 19 HRG zugrunde gelegt werden.

32 Der Antrag nach § 38b Absatz 2 Satz 2 EStG kann nur nach amtlich vorgeschriebenem Vordruck gestellt werden (§ 38b Absatz 2 Satz 5 EStG); hierfür stehen die Vordrucke „Antrag auf Lohnsteuer-Ermäßigung" bzw. „Vereinfachter Antrag auf Lohnsteuer-Ermäßigung" zur Verfügung.

III. Durchführung des Lohnsteuerabzugs

1. Elektronisches Verfahren

Regelverfahren

33 Mit dem ELStAM-Startschreiben vom 19. Dezember 2012, a.a.O., wurde als Starttermin für das ELStAM-Verfahren der 1. November 2012 mit Wirkung ab dem 1. Januar 2013 festgelegt. Ab diesem Zeitpunkt ist der Lohnsteuerabzug grundsätzlich nach den ELStAM durchzuführen (Regelverfahren). Dazu stellt die Finanzverwaltung dem Arbeitgeber die Lohnsteuerabzugsmerkmale unentgeltlich zum elektronischen Abruf bereit (§ 39e Absatz 3 Satz 1 EStG). Die Finanzverwaltung bildet für Arbeitnehmer als Grundlage für den Lohnsteuerabzug die Steuerklasse, die Zahl der Kinderfreibetragszähler für die Steuerklassen I bis IV sowie die Merkmale für den Kirchensteuerabzug automatisch als ELStAM. Auf Antrag des Arbeitnehmers werden auch Freibeträge und Hinzurechnungsbeträge nach § 39a EStG oder ein Faktor nach § 39f EStG berücksichtigt. Zu der geplanten technischen Erweiterung (Ausbaustufe) vgl. Rz. 8.

Verfahren bei unzutreffenden ELStAM

34 Stellt die Finanzverwaltung dem Arbeitgeber unzutreffende ELStAM bereit, kann der Arbeitnehmer deren Berichtigung beim Finanzamt beantragen (§ 39 Absatz 1 Satz 2 und Absatz 2 EStG, vgl. Rz. 9 bis 13). In Betracht kommen neben unzutreffenden melderechtlichen Merkmalen insbesondere ELStAM, die aus technischen Gründen nicht zeitnah berichtigt werden können.

35 Um bei unzutreffenden ELStAM den zutreffenden Lohnsteuerabzug vornehmen zu können, stellt das Finanzamt im laufenden Verfahren auf Antrag des Arbeitnehmers eine Bescheinigung für den Lohnsteuerabzug (§ 39 Absatz 1 Satz 2 EStG) für die Dauer eines Kalenderjahres aus und sperrt in der Regel gleichzeitig den Arbeitgeberabruf (Vollsperrung). Durch diese Sperrung erhält der Arbeitgeber für den Arbeitnehmer keine sog. Änderungslisten mehr. Legt der Arbeitnehmer dem Arbeitgeber die Bescheinigung für den Lohnsteuerabzug vor, sind die darauf eingetragenen Lohnsteuerabzugsmerkmale maßgebend. Folglich hat sie der Arbeitgeber in das Lohnkonto des Arbeitnehmers zu übernehmen, dem Lohnsteuerabzug zugrunde zu legen und die Regelung in § 39e Absatz 6 Satz 8 EStG (Lohnsteuerabzug nach Steuerklasse VI) nicht anzuwenden.

36 Hebt das Finanzamt die Sperre nach einer Korrektur der (fehlerhaften) Daten auf, werden dem Arbeitgeber die zutreffenden ELStAM in einer sog. Änderungsliste zum Abruf bereitgestellt. Mit dem erneuten Abruf der ELStAM durch den Arbeitgeber verliert die Bescheinigung für den Lohnsteuerabzug ihre Gültigkeit; sie ist nicht an das Finanzamt zurückzugeben. Der Arbeitgeber darf sie nach Ablauf des Kalenderjahres vernichten.

37 Ist eine Korrektur unzutreffender ELStAM durch das Finanzamt für zurückliegende Lohnzahlungszeiträume erforderlich, stellt das Finanzamt auf Antrag des Arbeitnehmers eine befristete Bescheinigung für den Lohnsteuerabzug aus (§ 39 Absatz 1 Satz 2 EStG). Dies gilt insbesondere für Änderungen von ELStAM im Einspruchsverfahren oder bei verzögert übermittelten bzw. weiterverarbeiteten Daten der Meldebehörden. In der befristeten Bescheinigung werden die anzuwendenden Lohnsteuerabzugsmerkmale für im Kalenderjahr zurückliegende Monate ausgewiesen (befristet bis zum Monatsende vor Bereitstellung der zutreffenden ELStAM). Weil diese Lohnsteuerabzugsmerkmale nur für die Vergangenheit anzuwenden sind, wird der Arbeitgeberabruf für die ELStAM nicht gesperrt.

38 Hat das Finanzamt im Einführungszeitraum (§ 52b Absatz 5 Satz 2 EStG) aufgrund abweichender Meldedaten eine Besondere Bescheinigung für den Lohnsteuerabzug nach § 52b Absatz 5a Satz 3 EStG ausgestellt, sind die Grundsätze der Tz. III.2 des BMF-Schreibens zum erstmaligen Abruf der elektronischen Lohnsteuerabzugsmerkmale durch den Arbeitgeber und mit Anwendungsgrundsätzen für den Einführungszeitraum vom 25. Juli 2013, a.a.O.*), zu beachten.

2. Arbeitgeberpflichten

Anmeldung durch den Arbeitgeber bzw. Dritten

39 Zum Abruf der ELStAM hat sich der Arbeitgeber bei der Finanzverwaltung über das ElsterOnline-Portal zu registrieren und seine Wirtschafts-Identifikationsnummer anzugeben (§ 39e Absatz 4 Satz 3 EStG).

40 Beauftragt der Arbeitgeber einen Dritten mit der Durchführung des Lohnsteuerabzugs, hat sich der Dritte für den Datenabruf zu registrieren und zusätzlich seine Wirtschafts-Identifikationsnummer mitzuteilen (§ 39e Absatz 4 Satz 6 EStG). In diesem Fall ist der Arbeitgeber nicht zur Registrierung im ElsterOnline-Portal verpflichtet.

41 Da die Wirtschafts-Identifikationsnummer noch nicht zur Verfügung steht, erfolgt die erforderliche Anmeldung mit der Steuernummer der lohnsteuerlichen Betriebsstätte oder des Teilbetriebs, in dem der für die Durchführung des Lohnsteuerabzugs maßgebende Arbeitslohn des Arbeitnehmers ermittelt wird (§ 39e Absatz 9 EStG).

42 Der Arbeitgeber bzw. ein in seinem Auftrag tätiger Dritter hat das für die Authentifizierung erforderliche elektronische Zertifikat einmalig im ElsterOnline-Portal (www.elsteronline.de) zu beantragen. Ohne Authentifizierung sind eine Anmeldung der Arbeitnehmer und ein Abruf von ELStAM nicht möglich. Einzel-

---

*) Abgedruckt als Anlage zu H 52b LStR.

heiten zur Authentifizierung, zur Anmeldung und Abmeldung des Arbeitnehmers sowie für den Abruf der ELStAM sind im Internet unter https://www.elster.de/arbeitg_home.php einseh- und abrufbar. Es wird die Verwendung der Zertifikatsart „Nichtpersönliches Zertifikat (Organisationszertifikat)" empfohlen. Diese wird unternehmensbezogen ausgestellt und bietet die Möglichkeit, mehrere Zertifikate zu beantragen. Verfügt der Arbeitgeber bzw. der in seinem Auftrag tätige Dritte bereits über ein entsprechendes Zertifikat (z. B. zur Übermittlung der Lohnsteuerbescheinigung), ist ein erneuter Antrag zum Erwerb eines elektronischen Zertifikats grundsätzlich nicht erforderlich. Abrufberechtigt sind zudem nur Personen bzw. Unternehmen, die der Finanzverwaltung als Arbeitgeber oder berechtigter Dritter bekannt sind. Zu den Schutzvorschriften für die ELStAM vgl. unter Rz. 107 und 108.

43 Ist ein Dritter mit der Datenübermittlung beauftragt, ist eine zusammengefasste Übermittlung von Daten zur Anmeldung und Abmeldung sowie für den Abruf der ELStAM von Arbeitnehmern mehrerer Arbeitgeber zulässig.

Mitteilung der Steuernummer an den Arbeitnehmer

44 Möchte der Arbeitnehmer eine Negativ- oder Positivliste (vgl. Rz. 75 bis 79) beim Finanzamt einrichten, hat der Arbeitgeber dem Arbeitnehmer die Steuernummer der Betriebsstätte oder des Teilbetriebs, in dem der für die Durchführung des Lohnsteuerabzugs maßgebende Arbeitslohn ermittelt wird, mitzuteilen (§ 39e Absatz 6 Satz 6 Nummer 1 Satz 2 und Absatz 9 EStG). Der Arbeitnehmer hat für die Verwendung dieser Steuernummer die Schutzvorschriften für die ELStAM entsprechend zu beachten (§ 39e Absatz 6 Satz 6 Nummer 1 Satz 3 EStG, vgl. Rz. 107 und 108).

Abruf der ELStAM

45 Die Teilnahme am neuen Verfahren setzt voraus, dass der Arbeitgeber den Arbeitnehmer bei der Finanzverwaltung per Datenfernübertragung einmalig anmeldet und dadurch dessen ELStAM anfordert. Dies muss zum Start des Verfahrens für sämtliche Beschäftigte und im laufenden Verfahren nur für neu eingestellte Arbeitnehmer erfolgen. Mit der Anmeldebestätigung werden dem Arbeitgeber die ELStAM des Arbeitnehmers zur Verfügung gestellt. Die erstmals gebildeten ELStAM sind nach dem Starttermin für die dann jeweils nächstfolgende Lohnabrechnung abzurufen, in das Lohnkonto zu übernehmen und gemäß der zeitlichen Gültigkeitsangabe anzuwenden (§ 52b Absatz 5 Satz 3 und 7 EStG, § 39e Absatz 4 Satz 2 EStG).

46 Für die Anforderung von ELStAM hat der Arbeitgeber folgende Daten des Arbeitnehmers mitzuteilen (§ 39e Absatz 4 Satz 3 EStG):
1. Identifikationsnummer,
2. Tag der Geburt,
3. Tag des Beginns des Dienstverhältnisses,
4. ob es sich um ein erstes oder weiteres Dienstverhältnis handelt,
5. etwaige Angaben, ob und in welcher Höhe ein nach § 39a Absatz 1 Satz 1 Nummer 7 EStG festgestellter Freibetrag abgerufen werden soll.

47 Macht der Arbeitgeber zu 4. keine Angaben, wird programmgesteuert ein weiteres Beschäftigungsverhältnis unterstellt (Steuerklasse VI).

48 In der Anmeldung des Arbeitnehmers hat der Arbeitgeber zudem den Zeitpunkt anzugeben, ab dem er die für den Lohnsteuerabzug erforderlichen ELStAM anzuwenden hat („Referenzdatum Arbeitgeber"; sog. refDatumAG). Dies wird regelmäßig der Beginn des Dienstverhältnisses sein. Für einen davor liegenden Zeitraum ist die Anforderung von ELStAM nicht zulässig. Folglich legt dieses Datum den Zeitpunkt fest, ab dem ELStAM gebildet (und im Anschluss daran zum Abruf bereitgestellt) werden sollen. Nach der erfolgreichen Anmeldung des Arbeitnehmers werden die ELStAM für einen vor dem in der Anmeldung genannten Referenzdatum liegenden Zeitraum dem Arbeitgeber nicht übermittelt.

49 Das Referenzdatum Arbeitgeber darf nicht liegen:
– vor dem Start des ELStAM-Verfahrens (1. Januar 2013),
– vor dem Beginn des Dienstverhältnisses,
– nach dem Tag der elektronischen Anmeldung des Arbeitnehmers,
– vor dem 1. Januar des laufenden Jahres, wenn der Arbeitnehmer nach Ablauf des Monats Februar des laufenden Jahres elektronisch angemeldet wird,
– vor dem Vorjahresbeginn, wenn der Arbeitnehmer vor dem 1. März des laufenden Jahres elektronisch angemeldet wird.

Für Anmeldungen, die vor dem 1. Januar 2013 bei der Finanzverwaltung eingegangen sind, war als Referenzdatum Arbeitgeber stets der 1. Januar 2013 anzugeben.

50 Soweit die ELStAM-Anfrage des Arbeitgebers im Kalenderjahr 2013 trotz zutreffender Angaben in den Feldern „Beschäftigungsbeginn" und „Referenzdatum Arbeitgeber" von der Finanzverwaltung abgewiesen wird, darf der Arbeitgeber den Lohnsteuerabzug nach den ihm in Papierform vorliegenden Lohnsteuerabzugsmerkmalen des Arbeitnehmers bis zu zwei Monate nach dem Einsatz der Programmversion, mit der dieser Fehler behoben wird, längstens für den letzten Lohnzahlungszeitraum im Kalenderjahr 2013, durchführen. Weitere verfahrenserleichternde Regelungen zur Durchführung des Lohnsteuerabzugs werden vorübergehend im Internet unter http://www.bundesfinanzministerium.de/Content/DE/Downloads/BMF_Schreiben/Steuerarten/Lohnsteuer/2013-04-25-Abweisung-ELStAM-Anfrage-Arbeitgeber.pdf?_blob=publicationFile&v=1 und https://www.elster.de/arbeitg_elstam.php bereitgestellt.

Laufendes Abrufverfahren

51 Der Arbeitgeber ist verpflichtet, die ELStAM monatlich abzufragen und abzurufen (§ 39e Absatz 5 Satz 3 EStG). Da sich die Lohnsteuerabzugsmerkmale der Arbeitnehmer in einer Vielzahl von Fällen nicht in jedem Monat ändern, hat die Finanzverwaltung einen Mitteilungsservice eingerichtet. Zur Nutzung dieses Mitteilungsverfahrens kann der Arbeitgeber im Elster-Online-Portal beantragen, per E-Mail Informationen über die Bereitstellung von Änderungen zu erhalten. Erfährt der Arbeitgeber durch diesen E-Mail-Mitteilungsservice, dass sich für einen Lohnzahlungszeitraum keine Änderungen bei den ELStAM seiner Arbeitnehmer ergeben haben, ist er für diesen Zeitraum von der Verpflichtung zum Abruf befreit. Wird ihm dagegen mitgeteilt, dass neue bzw. geänderte ELStAM zum Abruf bereitstehen, bleibt er zum Abruf verpflichtet.*)

52 Legt der Arbeitnehmer eine Bescheinigung des Finanzamts zur Korrektur des Lohnsteuerabzugs zurückliegender Lohnzahlungszeiträume vor (vgl. Rz. 35 und 37), ist eine Änderung des Lohnsteuerabzugs nach Maßgabe des § 41c Absatz 1 Satz 1 Nummer 1 EStG möglich.

Gültigkeit der ELStAM, Beendigung des Dienstverhältnisses

53 Nach § 39e Absatz 5 Satz 1 EStG sind die abgerufenen ELStAM gemäß der zeitlichen Gültigkeitsangabe vom Arbeitgeber für die Durchführung des Lohnsteuerabzugs des Arbeitnehmers anzuwenden, bis
1. ihm die Finanzverwaltung geänderte ELStAM zum Abruf bereitstellt oder
2. der Arbeitgeber der Finanzverwaltung die Beendigung des Dienstverhältnisses mitteilt.

54 Der Arbeitgeber hat der Finanzverwaltung die Beendigung des Dienstverhältnisses unverzüglich mitzuteilen (§ 39e Absatz 4 Satz 5 EStG). Hierzu übermittelt der Arbeitgeber oder der von ihm beauftragte Dritte die Daten des abzumeldenden Arbeitnehmers (Identifikationsnummer, Geburtsdatum, Datum der Beendigung des Dienstverhältnisses und refDatumAG) auf elektronischem Weg nach amtlich vorgeschriebenem Datensatz. Vgl. im Übrigen Rz. 60.

55 Nach dem Tod eines Arbeitnehmers wird ein Abruf der ELStAM automatisch allgemein gesperrt. Versucht der Arbeitgeber, ELStAM abzurufen, erhält er lediglich die Rückmeldung, dass ein Abruf nicht möglich ist; ein Rückschluss auf den Grund (Tod des Arbeitnehmers) ist nicht möglich.

---

*) Der Arbeitgeber erfährt durch den E-Mail-Mitteilungsservice, dass sich für einen Lohnzahlungszeitraum Änderungen bei den ELStAM seiner Arbeitnehmer ergeben haben, sodass er zum Abruf verpflichtet ist.

56 Bei Lohnzahlungen an Erben oder Hinterbliebene des verstorbenen Arbeitnehmers sind diese durch den Arbeitgeber als Arbeitnehmer anzumelden, damit die Finanzverwaltung ELStAM bilden und zum Abruf bereitstellen kann.

Lohnzahlungen nach Beendigung des Dienstverhältnisses

57 Zahlt der Arbeitgeber nach Beendigung des Dienstverhältnisses laufenden Arbeitslohn (R 39b.2 Absatz 1 LStR 2013*)), sind der Besteuerung die ELStAM zum Ende des Lohnzahlungszeitraums zugrunde zu legen, für den die Nachzahlung erfolgt. Eine erneute Anmeldung des Arbeitnehmers bei der Finanzverwaltung ist insoweit nicht erforderlich.

58 Handelt es sich dagegen um sonstige Bezüge (R 39b.2 Absatz 2 LStR 2013*)), sind für die Besteuerung die ELStAM zum Ende des Lohnzahlungszeitraums des Zuflusses des sonstigen Bezugs maßgebend. Der Arbeitgeber muss daher den Arbeitnehmer erneut bei der Finanzverwaltung anmelden. Unterlässt der Arbeitgeber in diesem Fall die Anmeldung, obwohl ihm die hierzu erforderlichen Angaben des Arbeitnehmers vorliegen und der Anmeldung keine technischen Hinderungsgründe gemäß § 39c Absatz 1 Satz 2 EStG entgegenstehen, ist der Steuerabzug nach der Steuerklasse VI vorzunehmen.

3. Arbeitgeberwechsel

59 In Fällen des Arbeitgeberwechsels ist der (bisherige) erste Arbeitgeber verpflichtet, die Beendigung des Dienstverhältnisses der Finanzverwaltung unverzüglich anzuzeigen und den Arbeitnehmer bei der Finanzverwaltung zeitnah elektronisch abzumelden (§ 39e Absatz 4 Satz 5 EStG, vgl. Rz. 54). Der neue erste Arbeitgeber hat sich bei der Finanzverwaltung als erster Arbeitgeber (Hauptarbeitgeber) anzumelden und die ELStAM des Arbeitnehmers abzurufen (vgl. Rz. 45 bis 50).

60 Bei der Abmeldung ist zu berücksichtigen, dass die aktuellen ELStAM des Arbeitnehmers dem Arbeitgeber ab dem ersten bis zum fünften Werktag des Folgemonats zum Abruf bereitgestellt werden. Erfolgt die Abmeldung des Arbeitnehmers vor dem fünften Werktag des Folgemonats, kann der Arbeitgeber die aktuellen ELStAM des Arbeitnehmers für den Monat der Beendigung des Dienstverhältnisses ggf. nicht abrufen.

61 Erfolgt nach einem Arbeitgeberwechsel die Anmeldung des Arbeitnehmers durch den neuen (aktuellen) Hauptarbeitgeber, bevor der vorherige Hauptarbeitgeber die Abmeldung vorgenommen hat, gilt Folgendes:
– Der aktuelle Hauptarbeitgeber erhält die für das erste Dienstverhältnis gültigen ELStAM rückwirkend ab dem Beginn des Dienstverhältnisses. Der bisherige Hauptarbeitgeber erhält mit Gültigkeit ab diesem Tag die ELStAM für Steuerklasse VI.
– Erfolgt die Anmeldung des Arbeitnehmers zu einem Zeitpunkt, der mehr als sechs Wochen nach Beginn des Dienstverhältnisses liegt, erhält der aktuelle Hauptarbeitgeber die für das erste Dienstverhältnis gültigen ELStAM ab dem Tag der Anmeldung. Der bisherige Hauptarbeitgeber erhält mit Gültigkeit ab diesem Tag die ELStAM für Steuerklasse VI.

Beispiel 1 (Anmeldung innerhalb der 6-Wochen-Frist):

62 Arbeitnehmer A ist mit Steuerklasse III bei Arbeitgeber ALT beschäftigt. A wechselt zum 20. Juni 2013 zum Arbeitgeber NEU. Während Arbeitgeber NEU das Beschäftigungsverhältnis am 10. Juli 2013 als Hauptarbeitgeber mit Beschäftigungsbeginn 20. Juni 2013 anmeldet, unterbleibt eine Abmeldung durch den bisherigen Arbeitgeber ALT.

Arbeitgeber NEU

NEU erhält in der Anmeldebestätigungsliste zur Anmeldung vom 10. Juli 2013 die ELStAM rückwirkend auf den Tag des Beginns der Beschäftigung (Gültigkeit ab 20. Juni 2013) mit der Steuerklasse III.

Arbeitgeber ALT

ALT erhält mit dem nächsten Abruf (Anfang August 2013) ELStAM mit der Steuerklasse VI mit Gültigkeit ab Beginn der Beschäftigung bei Arbeitgeber NEU (20. Juni 2013). In der Zeit ab dem 20. Juni 2013 gezahlter Restlohn ist nach Steuerklasse VI zu besteuern.

Hinweis: Hat Arbeitgeber ALT den Arbeitnehmer bis Ende des Monats Juli 2013 abgemeldet, werden ihm für A keine ELStAM mehr zum Abruf bereitgestellt.

Beispiel 2 (Anmeldung außerhalb der 6-Wochen-Frist):

63 Arbeitnehmer B ist mit Steuerklasse III beim Arbeitgeber ALT beschäftigt. B wechselt zum 20. Juni 2013 zum Arbeitgeber NEU. NEU meldet das Beschäftigungsverhältnis am 20. August 2013 als Hauptarbeitgeber mit Beschäftigungsbeginn 20. Juni 2013 an, eine Abmeldung durch den bisherigen Arbeitgeber ALT unterbleibt.

Arbeitgeber NEU

NEU erhält für B erstmalig ELStAM mit der Steuerklasse III mit Gültigkeit ab dem Tag der Anmeldung (20. August 2013). Zuvor gezahlter Lohn ist mit Steuerklasse VI zu besteuern.

Arbeitgeber ALT

ALT erhält mit dem nächsten Abruf (Anfang September 2013) ELStAM mit der Steuerklasse VI mit Gültigkeit ab dem 20. August 2013.

Hinweis: Hat Arbeitgeber ALT den Arbeitnehmer bis Ende des Monats August 2013 abgemeldet, werden ihm für B keine ELStAM mehr zum Abruf bereitgestellt.

4. Weiteres Dienstverhältnis

Beginn eines weiteren Dienstverhältnisses

64 Beginnt der Arbeitnehmer ein neues Dienstverhältnis und bezieht er nebeneinander von mehreren Arbeitgebern Arbeitslohn, hat er zu entscheiden, welches das erste und welches das weitere Dienstverhältnis ist. Soll der Arbeitslohn des neuen Dienstverhältnisses nach der Steuerklasse VI besteuert werden, hat der Arbeitnehmer dem Arbeitgeber neben der Identifikationsnummer und dem Tag der Geburt mitzuteilen, dass es sich um ein weiteres Dienstverhältnis handelt (vgl. Rz. 68 und 69). Zur Berücksichtigung eines nach § 39a Absatz 1 Satz 1 Nummer 7 EStG festgestellten Freibetrags vgl. Rz. 127. Soll der Arbeitslohn des neuen Dienstverhältnisses nach den Merkmalen des ersten Dienstverhältnisses besteuert werden, hat der Arbeitnehmer dem Arbeitgeber mitzuteilen, dass es sich um das erste Dienstverhältnis handelt.

65 Nachdem der Arbeitgeber des neuen Dienstverhältnisses den Arbeitnehmer bei der Finanzverwaltung angemeldet hat, bildet die Finanzverwaltung die zutreffenden Steuerklassen automatisch und stellt sie dem jeweiligen Arbeitgeber zum Abruf bereit. Dem Arbeitgeber des weiteren Dienstverhältnisses werden als ELStAM die Steuerklasse VI und ggf. die rechtliche Zugehörigkeit zu einer steuererhebenden Religionsgemeinschaft sowie ein Freibetrag nach § 39a Absatz 1 Satz 1 Nummer 7 EStG zum Abruf bereitgestellt. Wird das neue Dienstverhältnis als erstes Dienstverhältnis angemeldet, stellt die Finanzverwaltung dem Arbeitgeber die ELStAM nach Rz. 6, 9 und 10 und dem anderen Arbeitgeber die Steuerklasse VI zum Abruf bereit.

66 Die für das neue Dienstverhältnis gültigen ELStAM werden grundsätzlich rückwirkend ab dem Beginn des Dienstverhältnisses (vgl. Rz. 59, 61 bis 63) gebildet.

Wechsel des ersten Dienstverhältnisses

67 Bezieht der Arbeitnehmer nebeneinander von mehreren Arbeitgebern Arbeitslohn, kann er auch während des Kalenderjahres einen neuen ersten Arbeitgeber bestimmen. Hierfür ist dem neuen Hauptarbeitgeber mitzuteilen, dass es sich nun um das erste Dienstverhältnis handelt. Dem weiteren Arbeitgeber ist mitzuteilen, dass es sich nun um das weitere Dienstverhältnis handelt und ggf. ob und in welcher Höhe ein nach § 39a Absatz 1 Satz 1 Nummer 7 EStG festgestellter Freibetrag (vgl. Rz. 127) abgerufen werden soll. Ein solcher Wechsel darf frühestens mit Wirkung vom Beginn des Kalendermonats an erfolgen, in dem der Arbeitnehmer das erste Dienstverhältnis neu bestimmt.

5. Pflichten des Arbeitnehmers

Gegenüber dem Arbeitgeber

68 Zum Zweck des Abrufs der ELStAM hat der Arbeitnehmer jedem Arbeitgeber bei Eintritt in das Dienstverhältnis Folgendes mitzuteilen (§ 39e Absatz 4 Satz 1 EStG):
1. die Identifikationsnummer sowie den Tag der Geburt,
2. ob es sich um das erste oder ein weiteres Dienstverhältnis handelt (vgl. Rz. 64),

---
*) Jetzt LStR 2015.

3. ggf. ob und in welcher Höhe ein nach § 39a Absatz 1 Satz 1 Nummer 7 EStG festgestellter Freibetrag abgerufen werden soll (vgl. Rz. 127).

69 Soll in einem zweiten oder weiteren Dienstverhältnis ein Freibetrag nach § 39a Absatz 1 Satz 1 Nummer 1 bis 6 EStG abgerufen werden, wird auf die Erläuterung unter Rz. 125 und 126 verwiesen.

Gegenüber der Finanzverwaltung

70 Die Steuerklasse und die Zahl der Kinderfreibeträge für minderjährige Kinder werden im neuen Verfahren in der Regel automatisch geändert. Auslöser hierfür sind Mitteilungen der Meldebehörden über den geänderten Familienstand bzw. die Geburt oder den Tod eines Kindes. In diesen Fällen ist der Arbeitnehmer nicht zu einer Mitteilung an das Finanzamt verpflichtet (§ 39 Absatz 5 Satz 3 EStG i. V. m. § 39e Absatz 2 Satz 2 EStG).

71 Ändern sich die persönlichen Verhältnisse des Arbeitnehmers und treten die Voraussetzungen zur Einreihung in eine für ihn ungünstigere Steuerklasse oder für eine geringere Zahl der Kinderfreibeträge ein, ist er in den Fällen, in denen die Änderungen nicht durch geänderte Meldedaten automatisch angestoßen werden, verpflichtet, dies dem Finanzamt mitzuteilen und die Steuerklasse sowie die Zahl der Kinderfreibeträge umgehend ändern zu lassen (§ 39 Absatz 5 Satz 1 EStG). Dies gilt insbesondere bei dauernder Trennung der Ehegatten bzw. Lebenspartner oder wenn die Voraussetzungen für die Berücksichtigung des Entlastungsbetrags für Alleinerziehende und somit für die Anwendung der Steuerklasse II entfallen.

72 Ferner besteht eine Mitteilungspflicht des Arbeitnehmers gegenüber dem Finanzamt, wenn ihm bekannt wird, dass die ELStAM zu seinen Gunsten von den nach § 39 EStG zu bildenden Lohnsteuerabzugsmerkmalen abweichen (§ 39e Absatz 6 Satz 5 EStG), z. B. wenn der Arbeitgeber abgerufene ELStAM irrtümlich nicht dem zutreffenden Arbeitnehmer zugeordnet hat.

73 Wird ein unbeschränkt einkommensteuerpflichtiger Arbeitnehmer beschränkt einkommensteuerpflichtig, z. B. weil er ins grenznahe Ausland verzieht und seinen Arbeitsplatz im Inland beibehält, hat er dies seinem Wohnsitzfinanzamt (vgl. Rz. 13) ebenfalls unverzüglich mitzuteilen (§ 39 Absatz 7 Satz 1 EStG). Als Folge hat das Finanzamt die Lohnsteuerabzugsmerkmale vom Zeitpunkt des Eintritts der beschränkten Einkommensteuerpflicht an zu ändern (Sperrung des Abrufs der ELStAM). Auf Antrag wird das Betriebsstättenfinanzamt des Arbeitgebers für den Arbeitnehmer eine Bescheinigung für den Lohnsteuerabzug ausstellen (vgl. Rz. 86 bis 88) und ihn ggf. in die Steuerklasse I einreihen.

74 Zu den Folgerungen aufgrund fehlender oder unzutreffender Angaben vgl. Rz. 93 bis 98 und 101.

6. Rechte des Arbeitnehmers

Abrufsperren und Abrufberechtigungen

75 Im neuen Verfahren kann der Arbeitnehmer einen oder mehrere zum Abruf von ELStAM berechtigte(n) Arbeitgeber benennen (Abrufberechtigung, „Positivliste") oder bestimmte Arbeitgeber von der Abrufberechtigung ausschließen (Abrufsperre, „Negativliste"; § 39e Absatz 6 Satz 6 Nummer 1 EStG). Zudem gibt es die Möglichkeit, sämtliche Arbeitgeber vom Abruf auszuschließen („Vollsperrung"; § 39e Absatz 6 Satz 6 Nummer 2 EStG). Eine Abrufberechtigung oder eine Sperrung ist dem Finanzamt mit dem Vordruck „Anträge zu den elektronischen Lohnsteuerabzugsmerkmalen – ELStAM –" mitzuteilen. Eine Verpflichtung zur Erteilung einer Abrufberechtigung der ELStAM oder deren Sperrung besteht nicht.

76 Abrufberechtigungen und Abrufsperren gelten lediglich mit Wirkung für die Zukunft, eine rückwirkende Berücksichtigung ist nicht möglich. Sie gelten, bis der Arbeitnehmer erklärt, die Abrufberechtigung zu erteilen oder die Sperrung aufzuheben.

77 Die Erteilung einer Abrufberechtigung oder Sperrung eines Arbeitgebers zum Abruf der ELStAM setzt die Angabe der Steuernummer der Betriebsstätte oder des Teilbetriebs des Arbeitgebers, in dem der für die Durchführung des Lohnsteuerabzugs maßgebende Arbeitslohn ermittelt wird, voraus. Zu den sich hieraus ergebenden Arbeitgeberpflichten vgl. Rz. 44. Für die Verwendung der Steuernummer des Arbeitgebers gelten die Regelungen zu den Schutzvorschriften für die ELStAM entsprechend (vgl. Rz. 107 und 108).

Positivliste

78 Hat der Arbeitnehmer bei seinem Wohnsitzfinanzamt (vgl. Rz. 13) eine Positivliste eingereicht, werden darin nicht genannte Arbeitgeber für den Abruf von ELStAM des Antragstellers gesperrt. Wird im Falle eines Arbeitgeberwechsels der neue Arbeitgeber nicht in eine bereits vorhandene Positivliste aufgenommen, ist ein Abruf der ELStAM durch den neuen Arbeitgeber nicht möglich. Bei fehlender Abrufberechtigung ist der Arbeitgeber zur Anwendung der Steuerklasse VI verpflichtet (§ 39e Absatz 6 Satz 8 EStG). Die Aufnahme von Arbeitgebern in die Positivliste setzt kein bestehendes Arbeitsverhältnis voraus.

Negativliste

79 Hat der Arbeitnehmer bei seinem Wohnsitzfinanzamt (vgl. Rz. 13) eine Negativliste eingereicht, können die darin genannten Arbeitgeber die ELStAM des Antragstellers nicht abrufen. Kommt es gleichwohl zu einem Arbeitsverhältnis und einer Lohnzahlung eines dieser Arbeitgeber, hat er aufgrund der fehlenden Abrufberechtigung die Steuerklasse VI anzuwenden (§ 39e Absatz 6 Satz 8 EStG).

Vollsperrung

80 Hat der Arbeitnehmer bei seinem Wohnsitzfinanzamt (vgl. Rz. 13) beantragt, die Bildung oder Bereitstellung der ELStAM allgemein sperren zu lassen, ist ein Abruf nicht möglich. Aufgrund der fehlenden Abrufberechtigung hat der Arbeitgeber die Steuerklasse VI anzuwenden (§ 39e Absatz 6 Satz 8 EStG). Die Sperrung bleibt solange bestehen, bis der Arbeitnehmer die Bildung oder Bereitstellung der ELStAM allgemein freischalten lässt.

Auskunft über die eigenen ELStAM

81 Der Arbeitnehmer kann beim zuständigen Wohnsitzfinanzamt (vgl. Rz. 13) auf Antrag Auskunft über die für ihn gebildeten ELStAM sowie über die durch den Arbeitgeber in den letzten 24 Monaten erfolgten Abrufe der ELStAM erhalten (§ 39e Absatz 6 Satz 4 EStG; vgl. Vordruck „Anträge zu den elektronischen Lohnsteuerabzugsmerkmalen – ELStAM –").

82 Dem Arbeitnehmer ist es darüber hinaus möglich, seine ELStAM über das Elster-Online-Portal (www.elsteronline.de/eportal) einzusehen. Dazu ist eine kostenfreie Registrierung unter Verwendung der Identifikationsnummer im Elster-Online-Portal notwendig.

Ungünstigere Lohnsteuerabzugsmerkmale

83 Nach § 38b Absatz 3 EStG haben unbeschränkt einkommensteuerpflichtige Arbeitnehmer die Möglichkeit, beim Wohnsitzfinanzamt (vgl. Rz. 13) die Berücksichtigung ungünstigerer Lohnsteuerabzugsmerkmale zu beantragen (eine ungünstigere Steuerklasse, eine geringere Anzahl von Kindern; ebenso ist die Rücknahme eines Antrags auf Berücksichtigung des Pauschbetrags für behinderte Menschen möglich); s. Vordruck „Anträge zu den elektronischen Lohnsteuerabzugsmerkmalen – ELStAM –". Von ungünstigeren Besteuerungsmerkmalen ist stets auszugehen, wenn die vom Arbeitnehmer gewählten Lohnsteuerabzugsmerkmale zu einem höheren Lohnsteuerabzug (inkl. Solidaritätszuschlag und ggf. Kirchensteuer) führen oder wenn statt der Steuerklasse IV die Steuerklasse I gewählt wird.

84 Ein solcher Antrag ist z. B. bei Arbeitnehmern denkbar, die dem Arbeitgeber ihren aktuellen Familienstand nicht mitteilen möchten. Um zu vermeiden, dass dem Arbeitgeber z. B. nach einer Eheschließung bzw. Begründung einer Lebenspartnerschaft die nunmehr für verheiratete bzw. verpartnerte Arbeitnehmer in Betracht kommende Steuerklasse III, IV oder V mitgeteilt wird, kann der Arbeitnehmer beantragen, stattdessen die Steuerklasse I beizubehalten.

85 Um das Ziel der Nichtoffenbarung von geänderten Besteuerungsmerkmalen zu erreichen, kann ein solcher Antrag bereits vor dem maßgebenden Ereignis beim Wohnsitzfinanzamt (vgl. Rz. 13) gestellt werden.

§ 39e EStG
R 39e

7. Im Inland nicht meldepflichtige Arbeitnehmer

86 Für im Inland nicht meldepflichtige Personen (nach § 1 Absatz 2 EStG erweitert unbeschränkt einkommensteuerpflichtige Arbeitnehmer, nach § 1 Absatz 3 EStG auf Antrag wie unbeschränkt einkommensteuerpflichtig zu behandelnde Arbeitnehmer, nach § 1 Absatz 4 EStG beschränkt einkommensteuerpflichtige Arbeitnehmer), wird die steuerliche Identifikationsnummer nicht aufgrund von Mitteilungen der Meldebehörden zugeteilt. Die Teilnahme dieser Arbeitnehmer am neuen Verfahren ist in einer späteren programmtechnischen Ausbaustufe vorgesehen. Dies gilt auch dann, wenn für diesen Arbeitnehmerkreis auf Anforderung des Finanzamts oder aus anderen Gründen (z. B. früherer Wohnsitz im Inland) steuerliche Identifikationsnummern vorliegen.

87 In diesen Fällen hat das Betriebsstättenfinanzamt des Arbeitgebers derzeit noch auf Antrag Papierbescheinigungen für den Lohnsteuerabzug auszustellen (Vordrucke „Antrag auf Erteilung einer Bescheinigung für den Lohnsteuerabzug für das Kalenderjahr 201_ bei erweiterter unbeschränkter Einkommensteuerpflicht und für übrige Bezieher von Arbeitslohn aus inländischen öffentlichen Kassen", „Antrag auf Erteilung einer Bescheinigung für den Lohnsteuerabzug für das Kalenderjahr 201_ für beschränkt einkommensteuerpflichtige Arbeitnehmer"). Legt ein Arbeitnehmer eine dieser Bescheinigungen für den Lohnsteuerabzug vor, entfällt die Verpflichtung und Berechtigung des Arbeitgebers zum Abruf der ELStAM nach § 39e Absatz 4 Satz 2 und Absatz 5 Satz 3 EStG.

88 Der Antrag nach § 39 Absatz 3 Satz 1 EStG ist grundsätzlich vom Arbeitnehmer zu stellen. Die Bescheinigung der Steuerklasse I kann auch der Arbeitgeber beantragen (§ 39 Absatz 3 Satz 3 EStG), wenn er den Antrag im Namen des Arbeitnehmers stellt. Weitere Lohnsteuerabzugsmerkmale, etwa die Zahl der Kinderfreibeträge oder ein Freibetrag nach § 39a EStG, können nur auf Antrag des Arbeitnehmers gebildet werden (§ 39 Absatz 3 Satz 1 EStG).

89 Der Arbeitgeber hat die in der jahresbezogenen Bescheinigung für den Lohnsteuerabzug ausgewiesenen Lohnsteuerabzugsmerkmale in das Lohnkonto des Arbeitnehmers zu übernehmen, diese Bescheinigung als Beleg zum Lohnkonto zu nehmen und während des Dienstverhältnisses, längstens bis zum Ablauf des jeweiligen Kalenderjahres, aufzubewahren (§ 39 Absatz 3 Satz 4 EStG). Bei Beendigung des Arbeitsverhältnisses vor Ablauf des Kalenderjahres hat er dem Arbeitnehmer diese Bescheinigung für den Lohnsteuerabzug auszuhändigen.

90 Ist die Ausstellung einer solchen Bescheinigung nicht beantragt oder legt der Arbeitnehmer sie nicht innerhalb von sechs Wochen nach Beginn des Dienstverhältnisses vor, hat der Arbeitgeber die Lohnsteuer nach der Steuerklasse VI zu ermitteln (§ 39c Absatz 2 Satz 2 EStG).

91 In den Lohnsteuerbescheinigungen dieser Arbeitnehmer ist anstelle der Identifikationsnummer das lohnsteuerliche Ordnungsmerkmal (§ 41b Absatz 2 Satz 1 und 2 EStG, sog. eTIN = elektronische Transfer-Identifikations-Nummer) auszuweisen.

92 Hinsichtlich der Schutzvorschriften für die Lohnsteuerabzugsmerkmale gelten die Regelungen zu den ELStAM unter Rz. 107 und 108 entsprechend.

8. Durchführung des Lohnsteuerabzugs ohne ELStAM

Fehlende Lohnsteuerabzugsmerkmale

93 Bei fehlenden Lohnsteuerabzugsmerkmalen hat der Arbeitgeber die Lohnsteuererhebung nach der Steuerklasse VI durchzuführen. Dies kommt insbesondere dann in Betracht, wenn der Arbeitnehmer

– bei Beginn des Dienstverhältnisses seinem Arbeitgeber die zum Abruf der ELStAM erforderliche steuerliche Identifikationsnummer und das Geburtsdatum schuldhaft nicht mitteilt (§ 39e Absatz 4 Satz 1 EStG),

– eine Übermittlung der ELStAM an den Arbeitgeber gesperrt hat (§ 39e Absatz 6 Satz 6 Nummer 1 EStG) oder

– beim Wohnsitzfinanzamt (vgl. Rz. 13) die Bildung oder Bereitstellung der ELStAM allgemein sperren lassen hat (§ 39e Absatz 6 Satz 6 Nummer 2 EStG).

94 Abweichend hiervon hat der Arbeitgeber in den folgenden Fällen für die Lohnsteuerberechnung – längstens für die Dauer von drei Kalendermonaten – die voraussichtlichen Lohnsteuerabzugsmerkmale im Sinne des § 38b EStG zu Grunde zu legen (§ 39c Absatz 1 Satz 2 EStG), wenn

1. ein Abruf der ELStAM wegen technischer Störungen nicht möglich ist oder

2. der Arbeitnehmer die fehlende Mitteilung über die ihm zuzuteilende Identifikationsnummer nicht zu vertreten hat.

95 Als Störungen in diesem Sinne kommen technische Schwierigkeiten bei Anforderung und Abruf, Bereitstellung oder Übermittlung der ELStAM in Betracht oder eine verzögerte Ausstellung der Bescheinigung für den Lohnsteuerabzug durch das Finanzamt.

96 Aufgrund dieser Ausnahmeregelungen kann der Arbeitgeber den Lohnsteuerabzug für die Dauer von längstens drei Monaten nach den ihm bekannten persönlichen Besteuerungsmerkmalen des Arbeitnehmers durchführen (Steuerklasse, Kinderzähler und Religionszugehörigkeit). Erhält der Arbeitgeber die (elektronischen) Lohnsteuerabzugsmerkmale vor Ablauf der drei Monate, hat er in den Fällen des § 39c Absatz 1 Satz 2 EStG die Lohnsteuerermittlungen für die vorangegangenen Kalendermonate zu überprüfen und erforderlichenfalls zu ändern (§ 39c Absatz 1 Satz 4 EStG).

97 Hat der Arbeitnehmer nach Ablauf der drei Monate die Identifikationsnummer sowie den Tag seiner Geburt nicht mitgeteilt und ersatzweise die Bescheinigung für den Lohnsteuerabzug nicht vorgelegt, so ist rückwirkend die Besteuerung nach der Steuerklasse VI durchzuführen und die Lohnsteuerermittlungen für die ersten drei Monate zu korrigieren. Erhält der Arbeitgeber in diesen Fällen die ELStAM oder ersatzweise die Bescheinigung für den Lohnsteuerabzug nach Ablauf der 3-Monatsfrist, ist eine Änderung des Lohnsteuerabzugs nur nach Maßgabe des § 41c Absatz 1 Satz 1 Nummer 1 EStG möglich.

Unbeschränkt einkommensteuerpflichtige Arbeitnehmer ohne steuerliche Identifikationsnummer

98 Ist einem nach § 1 Absatz 1 EStG unbeschränkt einkommensteuerpflichtigen Arbeitnehmer (noch) keine Identifikationsnummer (§§ 139a, 139b AO) zugeteilt worden, können ELStAM weder automatisiert gebildet, noch vom Arbeitgeber abgerufen werden. In diesen Fällen ersetzt eine dem Arbeitgeber vorzulegende Bescheinigung für den Lohnsteuerabzug mit den anzuwendenden Lohnsteuerabzugsmerkmalen die ELStAM. Der Arbeitnehmer hat eine solche Bescheinigung für den Lohnsteuerabzug beim Wohnsitzfinanzamt (vgl. Rz. 13) formlos oder mit dem „Antrag auf Ausstellung einer Bescheinigung für den Lohnsteuerabzug" zu beantragen und dem Arbeitgeber vorzulegen (§ 39e Absatz 8 Satz 1 und 4 EStG).

99 Das Wohnsitzfinanzamt (vgl. Rz. 13) hat diese Bescheinigung für die Dauer eines Kalenderjahres auszustellen. Legt der Arbeitnehmer eine entsprechende Bescheinigung für den Lohnsteuerabzug vor, entfällt die Verpflichtung und Berechtigung des Arbeitgebers zum Abruf der ELStAM (§ 39e Absatz 8 Satz 2 EStG).

100 Der Arbeitgeber hat diese jahresbezogene Bescheinigung für den Lohnsteuerabzug als Beleg zum Lohnkonto zu nehmen und während des Dienstverhältnisses, längstens bis zum Ablauf des jeweiligen Kalenderjahres, aufzubewahren. Bei Beendigung des Arbeitsverhältnisses vor Ablauf des Kalenderjahres hat er dem Arbeitnehmer diese Bescheinigung auszuhändigen.

101 Hat der Arbeitnehmer die Ausstellung einer solchen Bescheinigung für den Lohnsteuerabzug nicht beantragt oder legt er sie nicht innerhalb von sechs Wochen nach Beginn des Dienstverhältnisses vor, hat der Arbeitgeber die Lohnsteuer nach der Steuerklasse VI zu ermitteln.

102 Erhält der Arbeitnehmer seine Identifikationsnummer zugeteilt, hat er sie dem Arbeitgeber mitzuteilen (§ 39e Absatz 4 Satz 1 EStG). Mit dieser Angabe und dem (bereits vorliegenden) Geburtsdatum ist der Arbeitgeber berechtigt, die ELStAM des Arbeitnehmers abzurufen. Die vorliegende Bescheinigung für den Lohnsteuerabzug hindert den Arbeitgeber nicht, im laufenden Kalenderjahr zum elektronischen Verfahren zu wechseln,

um so die ELStAM des Arbeitnehmers abrufen zu können. Die Bescheinigung für den Lohnsteuerabzug ist weder an das ausstellende Finanzamt, noch an den Arbeitnehmer herauszugeben.

103 Hinsichtlich der Pflichten des Arbeitgebers zur Übertragung der Lohnsteuerabzugsmerkmale in das Lohnkonto, Aufbewahrung und Herausgabe der Bescheinigung für den Lohnsteuerabzug, Verwendung des lohnsteuerlichen Ordnungsmerkmals nach § 41b Absatz 2 Satz 1 und 2 EStG sowie der Schutzvorschriften für die Lohnsteuerabzugsmerkmale gelten die Regelungen unter Rz. 89, 91, 107 und 108 entsprechend.

9. ELStAM bei verschiedenen Lohnarten

104 Auch wenn der Arbeitgeber verschiedenartige Bezüge zahlt, sind diese aufgrund des Grundsatzes eines einheitlichen Dienstverhältnisses zu einem Arbeitgeber zusammenzurechnen. In den folgenden Fällen handelt es sich um ein einheitliches Dienstverhältnis, so dass die Lohnsteuer für die Bezüge einheitlich und nach denselben ELStAM zu erheben ist. Der Abruf von ELStAM für ein zweites Dienstverhältnis des Arbeitnehmers durch denselben Arbeitgeber ist nicht möglich.

105 Beispiele für die Zahlung verschiedenartiger Bezüge:
– Ein Arbeitnehmer erhält vom Arbeitgeber neben einer Betriebsrente noch Arbeitslohn für ein aktives Dienstverhältnis; die Lohnsteuer wird nicht pauschal erhoben.
– Ein Arbeitnehmer erhält vom Arbeitgeber Hinterbliebenenbezüge und eigene Versorgungsbezüge oder Arbeitslohn für ein aktives Dienstverhältnis.
– Ein Arbeitnehmer ist in Elternzeit und arbeitet gleichwohl beim selben Arbeitgeber weiter.

106 Zu der im Einführungszeitraum 2013 und im Kalenderjahr 2014 möglichen abweichenden Behandlung als Bezüge aus unterschiedlichen Dienstverhältnissen (Nichtbeanstandungsregelung) vgl. Tz. III. 5 des BMF-Schreibens zum erstmaligen Abruf der elektronischen Lohnsteuerabzugsmerkmale durch den Arbeitgeber und mit Anwendungsgrundsätzen für den Einführungszeitraum vom 25. Juli 2013, a.a.O.*)

10. Schutzvorschriften für die (elektronischen) Lohnsteuerabzugsmerkmale

107 Nur die Personen, denen der Arbeitnehmer die Berechtigung erteilt hat (Arbeitgeber oder beauftragte Dritte), sind befugt, ELStAM abzurufen und zu verwenden (§ 39e Absatz 4 Satz 2 und 6 EStG). ELStAM sind nur für den Lohnsteuerabzug bestimmt (§ 39e Absatz 4 Satz 7 und Absatz 5 Satz 1 EStG). Folglich dürfen grundsätzlich weder der Arbeitgeber, noch der mit der Durchführung des Lohnsteuerabzugs beauftragte Dritte abgerufene ELStAM bzw. Lohnsteuerabzugsmerkmale offenbaren. Dies gilt nicht, soweit eine Weitergabe von (elektronischen) Lohnsteuerabzugsmerkmalen gesetzlich zugelassen ist oder der Arbeitnehmer einer anderen Verwendung zustimmt (§ 39 Absatz 8 Satz 2 EStG).

108 Vorsätzliche oder leichtfertige Zuwiderhandlungen stellen eine Ordnungswidrigkeit dar und können mit einer Geldbuße bis zu zehntausend Euro geahndet werden (§ 39 Absatz 9 i. V. m. § 39e Absatz 4 Satz 7 EStG).

IV. Verfahrensrecht

109 Sowohl die erstmalige Bildung der (elektronischen) Lohnsteuerabzugsmerkmale als auch deren spätere Änderungen sind – wie die Eintragungen auf der Lohnsteuerkarte im bisherigen Verfahren – eine gesonderte Feststellung von Besteuerungsgrundlagen im Sinne von § 179 Absatz 1 AO, die unter dem Vorbehalt der Nachprüfung steht (§ 39 Absatz 1 Satz 4 EStG). Eine solche Feststellung ist ein anfechtbarer Verwaltungsakt, dessen Vollziehung gemäß § 361 AO ausgesetzt werden kann. Da die Bildung der ELStAM unter dem Vorbehalt der Nachprüfung steht, hat der Arbeitnehmer daneben auch die Möglichkeit, eine Änderung nach § 164 Absatz 2 Satz 2 AO zu beantragen.

110 Um als Verwaltungsakt erkennbar und anfechtbar zu sein, müssen die Bildung der (elektronischen) Lohnsteuerabzugsmerkmale und deren Änderungen dem Arbeitnehmer bekannt gegeben werden (§ 39 Absatz 1 Satz 5 EStG). Gemäß § 119 Absatz 2 AO kann dies schriftlich, elektronisch, mündlich oder in anderer Weise erfolgen. Üblicherweise hat der Arbeitgeber die ELStAM als Grundlage für die Lohnsteuerermittlung in der Lohn- und Gehaltsabrechnung auszuweisen (§ 39e Absatz 5 Satz 2 und Absatz 6 EStG). In diesen Fällen werden sie mit Aushändigung der Lohnabrechnung an den Arbeitnehmer bekannt gegeben (§ 39e Absatz 6 Satz 3 EStG). Wird die Lohnabrechnung elektronisch bereitgestellt, ist das Bereitstellungsdatum maßgebend (§ 39e Absatz 6 Satz 3 EStG).

111 Diesen Formen der Bekanntgabe ist keine Rechtsbehelfsbelehrung beizufügen (§ 39e Absatz 6 Satz 2 EStG). Dies führt dazu, dass ein Einspruch gegen die gebildeten ELStAM innerhalb eines Jahres ab Bekanntgabe des Verwaltungsaktes eingelegt werden kann (§ 356 Absatz 2 AO).

112 Erteilt das Finanzamt auf Antrag des Arbeitnehmers einen Bescheid über die Berücksichtigung von Lohnsteuerabzugsmerkmalen (§ 39 Absatz 1 Satz 8 EStG), ist diesem eine Rechtsbehelfsbelehrung beizufügen. Das Finanzamt ist zudem zur schriftlichen Erteilung eines Bescheids mit einer Belehrung über den zulässigen Rechtsbehelf verpflichtet, wenn dem Antrag des Arbeitnehmers auf Bildung oder Änderung der Lohnsteuerabzugsmerkmale (regelmäßig im Rahmen eines Antrags auf Lohnsteuer-Ermäßigung) nicht oder nicht in vollem Umfang entsprochen wird (§ 39 Absatz 1 Satz 8 EStG).

V. Härtefallregelung

Allgemeines

113 Sind Arbeitgeber nicht in der Lage und ist es ihnen nicht zumutbar, die ELStAM der Arbeitnehmer elektronisch abzurufen, wird ein Ersatzverfahren angeboten (§ 39e Absatz 7 EStG). Auf Antrag des Arbeitgebers kann das Betriebsstättenfinanzamt zur Vermeidung unbilliger Härten die Nichtteilnahme am neuen Abrufverfahren (ELStAM-Verfahren) zulassen (§ 39e Absatz 7 Satz 1 EStG). Die Teilnahme am Härtefallverfahren ist kalenderjährlich unter Darlegung der Gründe neu zu beantragen (§ 39e Absatz 7 Satz 4 EStG), ggf. rückwirkend bis zum Beginn des Kalenderjahres der Antragstellung.

114 Eine unbillige Härte liegt insbesondere bei einem Arbeitgeber vor, für den die technischen Möglichkeiten der Kommunikation über das Internet wirtschaftlich oder persönlich unzumutbar ist (§ 150 Absatz 8 AO ist entsprechend anzuwenden).

115 Dem Antrag ist stets stattzugeben, wenn der Arbeitgeber ohne maschinelle Lohnabrechnung ausschließlich Arbeitnehmer im Rahmen einer geringfügigen Beschäftigung in seinem Privathaushalt im Sinne des § 8a Viertes Buch Sozialgesetzbuch bzw. § 276a Sechstes Buch Sozialgesetzbuch beschäftigt und wenn er die Lohnsteuer vom Arbeitslohn/-entgelt nicht pauschal erhebt (§ 39e Absatz 7 Satz 2 EStG).

116 Auch nach einer Genehmigung zur Nichtteilnahme an diesem Verfahren kann der Arbeitgeber jederzeit ohne gesonderte Mitteilung zum elektronischen Abrufverfahren wechseln.

Antragstellung

117 Der Antrag ist nach amtlich vorgeschriebenem Vordruck zu stellen (Vordruck „Antrag des Arbeitgebers auf Nichtteilnahme am Abrufverfahren der elektronischen Lohnsteuerabzugsmerkmale (ELStAM) für 201_") und muss folgende Angaben beinhalten:

1. Steuernummer der lohnsteuerlichen Betriebsstätte,
2. Verzeichnis der beschäftigten Arbeitnehmer,
3. Identifikationsnummer und Geburtsdatum der einzelnen Beschäftigten,
4. Angaben darüber, ob es sich um ein erstes (Hauptarbeitgeber) oder weiteres Dienstverhältnis (Steuerklasse VI) handelt und
5. bei einem weiteren Dienstverhältnis ggf. den nach § 39a Absatz 1 Satz 1 Nummer 7 EStG zu berücksichtigenden Betrag.

---
*) Die Nichtbeanstandungsregelung ist aus Billigkeitsgründen bis zum 31.12.2015 verlängert worden (BMF-Schreiben vom 23.10.2014, BStBl. I S. 1411)

§ 39e EStG
R 39e

Verfahren/Bescheinigung der Lohnsteuerabzugsmerkmale

118 Gibt das Betriebsstättenfinanzamt dem Antrag statt, wird dem Arbeitgeber eine arbeitgeberbezogene Bescheinigung zur Durchführung des Lohnsteuerabzugs erteilt, welche die für das jeweilige Kalenderjahr gültigen Lohnsteuerabzugsmerkmale der einzelnen Arbeitnehmer enthält. Im Fall der Änderung von Lohnsteuerabzugsmerkmalen wird dem Arbeitgeber automatisch eine geänderte Bescheinigung für den Lohnsteuerabzug übersandt. Diese Bescheinigungen sind nur für den beantragenden Arbeitgeber bestimmt und dürfen von einem weiteren Arbeitgeber nicht als Grundlage für den Lohnsteuerabzug herangezogen werden.

Pflichten des Arbeitgebers

119 Für die Lohnsteuererhebung gelten in diesen Fällen die Regelungen des Abrufverfahrens für die ELStAM entsprechend. Insbesondere haben auch die wegen der Inanspruchnahme der Härtefallregelung nicht am elektronischen Verfahren teilnehmenden Arbeitgeber die Lohnsteuerabzugsmerkmale der Arbeitnehmer in deren Lohnabrechnung auszuweisen. Auch hier gelten die Lohnsteuerabzugsmerkmale gegenüber dem Arbeitnehmer als bekannt gegeben, sobald der Arbeitgeber dem Arbeitnehmer die Lohnabrechnung mit den ausgewiesenen Lohnsteuerabzugsmerkmalen aushändigt. Im Übrigen sind für die in der Bescheinigung ausgewiesenen Lohnsteuerabzugsmerkmale die Schutzvorschriften für die ELStAM entsprechend zu beachten (vgl. Rz. 107 und 108).

120 Der Arbeitgeber hat die Bescheinigung für den Lohnsteuerabzug sowie evtl. Änderungsmitteilungen als Beleg zum Lohnkonto zu nehmen und sie während der Beschäftigung, längstens bis zum Ablauf des maßgebenden Kalenderjahres, aufzubewahren. Zur Erteilung der Lohnsteuerbescheinigung (§ 41b EStG) hat der Arbeitgeber die Besondere Lohnsteuerbescheinigung zu verwenden.

121 Beginnt ein Arbeitnehmer im laufenden Kalenderjahr ein Dienstverhältnis, ist der Arbeitgeber zur Mitteilung an das Betriebsstättenfinanzamt verpflichtet (vgl. Rz. 3). Für die Ausstellung und Entgegennahme der Bescheinigung zur Durchführung des Lohnsteuerabzugs gelten Rz. 117 bis 120 entsprechend.

122 Bei Ausscheiden eines Arbeitnehmers aus dem Dienstverhältnis ist dem Betriebsstättenfinanzamt unverzüglich das Datum der Beendigung schriftlich anzuzeigen (§ 39e Absatz 7 Satz 8 EStG).

VI. Betrieblicher Lohnsteuer-Jahresausgleich (§ 42b EStG)

123 Nach einem Arbeitgeberwechsel im laufenden Kalenderjahr sind dem neuen Arbeitgeber – anders als im bisherigen Verfahren – regelmäßig nur die ELStAM des aktuellen Dienstverhältnisses bekannt. Deshalb hat der Arbeitgeber als weitere Voraussetzung für die Durchführung eines Lohnsteuer-Jahresausgleichs zu beachten, dass der Arbeitnehmer durchgängig das gesamte Kalenderjahr bei ihm beschäftigt war. Im Rahmen des Lohnsteuer-Jahresausgleichs ist die Jahreslohnsteuer nach der Steuerklasse zu ermitteln, die für den letzten Lohnzahlungszeitraum des Ausgleichsjahres als ELStAM abgerufen oder in einer Bescheinigung für den Lohnsteuerabzug ausgewiesen worden ist.

VII. Lohnsteuerermäßigungsverfahren ab 2013

Gültigkeit der Lohnsteuerabzugsmerkmale

124 Im Gegensatz zu den nach § 38b EStG zu bildenden Lohnsteuerabzugsmerkmalen wird im neuen Verfahren für die nach § 39a EStG zu bildenden persönlichen Freibeträge zunächst die jahresbezogene Betrachtungsweise fortgesetzt. Folglich ist die Geltungsdauer des Freibetrags, der beim Lohnsteuerabzug insgesamt zu berücksichtigen und abzuziehen ist, sowie eines Hinzurechnungsbetrags derzeit weiterhin auf ein Jahr begrenzt (§ 52 Absatz 50h EStG). Wie bisher sind hiervon die Pauschbeträge für behinderte Menschen und Hinterbliebene ausgenommen.

Start- und Endtermin für das Lohnsteuerermäßigungsverfahren

125 Der an den früheren Versand der Lohnsteuerkarten durch die Gemeinden (frühestens ab dem 20. September) gebundene Starttermin für das Lohnsteuerermäßigungsverfahren besteht nicht mehr. Nach § 39a Absatz 2 Satz 2 EStG beginnt die Frist für die Antragstellung im neuen Verfahren am 1. Oktober eines jeden Jahres. Sie endet weiterhin am 30. November des Kalenderjahres, in dem der Freibetrag gilt. Werden Anträge auf Lohnsteuer-Ermäßigung entgegen der gesetzlichen Vorgabe bereits vor dem 1. Oktober des Vorjahres gestellt, hat das Finanzamt diese Anträge nicht aus formalen Gründen abzulehnen. Diese Anträge sind mit Start des Lohnsteuerermäßigungsverfahrens zu bearbeiten.

126 Soll ein Freibetrag nach § 39a Absatz 1 Satz 1 Nummer 1 bis 6 EStG auf mehrere Dienstverhältnisse aufgeteilt werden, ist ein Antrag beim Finanzamt erforderlich. In diesen Fällen ordnet das Finanzamt die Freibeträge den einzelnen Dienstverhältnissen für den Abruf als ELStAM zu. Der Arbeitnehmer hat dem Arbeitgeber weder Angaben zur Anwendung des Freibetrags noch dessen Höhe mitzuteilen.

Aufteilung Hinzurechnungsbetrag/Freibetrag

127 Im neuen Verfahren kann der Arbeitnehmer entscheiden, ob bzw. in welcher Höhe der Arbeitgeber einen nach § 39a Absatz 1 Satz 1 Nummer 7 EStG beantragten und vom Finanzamt ermittelten Freibetrag abrufen soll. Allein für eine solche Verteilung auf die einzelnen Dienstverhältnisse ist ein Antrag beim Finanzamt nicht erforderlich. Diese Wahlmöglichkeit ist für zweite und weitere Dienstverhältnisse insbesondere für Fälle eines Arbeitgeberwechsels, nach Beendigung eines Dienstverhältnisses sowie bei in größeren Zeiträumen schwankenden Arbeitslöhnen gedacht.

128 Der Arbeitgeber hat den vom Arbeitnehmer genannten Betrag im Rahmen einer üblichen Anmeldung des Arbeitnehmers bzw. Anfrage von ELStAM an die Finanzverwaltung zu übermitteln. Nach Prüfung des übermittelten Betrags stellt die Finanzverwaltung dem Arbeitgeber den tatsächlich zu berücksichtigenden Freibetrag als ELStAM zum Abruf bereit. Nur dieser Freibetrag ist für den Arbeitgeber maßgebend und für den Lohnsteuerabzug anzuwenden sowie in der üblichen Lohn- und Gehaltsabrechnung des Arbeitnehmers als ELStAM auszuweisen.

VIII. Sonstiges

Aufzeichnung im Lohnkonto

129 Der Arbeitgeber hat die im elektronischen Verfahren abgerufenen ELStAM in das Lohnkonto zu übernehmen (§ 41 Absatz 1 Satz 2 EStG). Gleiches gilt für die im Rahmen der Härtefallregelung (vgl. Rz. 118 und 120) in der vom Finanzamt ausgestellten Bescheinigung ausgewiesenen (Lohnsteuerabzugs-)Merkmale und für die in der nach § 39e Absatz 8 EStG ausgestellten Bescheinigungen für den Lohnsteuerabzug ausgewiesenen (Lohnsteuerabzugs-)Merkmale.

Lohnsteuerbescheinigung

130 Im elektronischen Verfahren ist der Finanzverwaltung der für die Zerlegung der Lohnsteuer erforderliche amtliche Gemeindeschlüssel bekannt. Aus diesem Grunde entfällt insoweit die Übermittlungsverpflichtung des Arbeitgebers in der elektronischen Lohnsteuerbescheinigung.

Korrektur des Lohnsteuerabzugs

131 Nach § 41c Absatz 1 Satz 1 Nummer 1 EStG ist der Arbeitgeber berechtigt, bei der jeweils nächsten Lohnzahlung bisher erhobene Lohnsteuer zu erstatten bzw. noch nicht erhobene Lohnsteuer nachträglich einzubehalten. Das gilt im neuen Verfahren auch dann, wenn ihm ELStAM zum Abruf zur Verfügung gestellt werden oder ihm der Arbeitnehmer eine Bescheinigung für den Lohnsteuerabzug mit Eintragungen vorlegt, die auf einen Zeitpunkt vor Abruf der Lohnsteuerabzugsmerkmale oder vor Vorlage der Bescheinigung für den Lohnsteuerabzug zurückwirken.

Bereitstellung von Steuererklärungen und Vordrucken

132 Die im neuen Verfahren der ELStAM erforderlichen bundeseinheitlich abgestimmten Erklärungen und Vordrucke werden von den Finanzbehörden des Bundes und der Länder zur Verfügung gestellt. Die seitens des Bundesministeriums der Finanzen bereitgestellten Erklärungen und Vordrucke stehen im

Internet in einer Formulardatenbank unter der Internetadresse https://www.formulare-bfinv.de in der Rubrik Formularcenter/ Formularkatalog/Steuerformulare/Lohnsteuer als ausfüllbare Formulare bereit.

Anwendungszeitraum

133 Dieses Schreiben ist für Lohnzahlungszeiträume ab dem Kalenderjahr 2013 bzw. für ab 2013 zugeflossene sonstige Bezüge anzuwenden, soweit der Arbeitgeber im Einführungszeitraum nicht nach den Regelungen des § 52b EStG und dem BMF-Schreiben zum erstmaligen Abruf der elektronischen Lohnsteuerabzugsmerkmale durch den Arbeitgeber und mit Anwendungsgrundsätzen für den Einführungszeitraum vom 25. Juli 2013, a.a.O., verfährt.

§ 39f EStG
Faktorverfahren anstelle Steuerklassenkombination III/V

(1) [1]Bei Ehegatten, die in die Steuerklasse IV gehören (§ 38b Absatz 1 Satz 2 Nummer 4), hat das Finanzamt auf Antrag beider Ehegatten nach § 39a anstelle der Steuerklassenkombination III/V (§ 38b Absatz 1 Satz 2 Nummer 5) als Lohnsteuerabzugsmerkmal jeweils die Steuerklasse IV in Verbindung mit einem Faktor zur Ermittlung der Lohnsteuer zu bilden, wenn der Faktor kleiner als 1 ist. [2]Der Faktor ist Y : X und vom Finanzamt mit drei Nachkommastellen ohne Rundung zu berechnen. [3]„Y" ist die voraussichtliche Einkommensteuer für beide Ehegatten nach dem Splittingverfahren (§ 32a Absatz 5) unter Berücksichtigung der in § 39b Absatz 2 genannten Abzugsbeträge. [4]„X" ist die Summe der voraussichtlichen Lohnsteuer bei Anwendung der Steuerklasse IV für jeden Ehegatten. [5]In die Bemessungsgrundlage für Y werden jeweils neben den Jahresarbeitslöhnen der ersten Dienstverhältnisse zusätzlich nur Beträge einbezogen, die nach § 39a Absatz 1 Satz 1 Nummer 1 bis 6 als Freibetrag ermittelt und als Lohnsteuerabzugsmerkmal gebildet werden könnten; Freibeträge werden neben dem Faktor nicht als Lohnsteuerabzugsmerkmal gebildet. [6]In den Fällen des § 39a Absatz 1 Satz 1 Nummer 7 sind bei der Ermittlung von Y und X die Hinzurechnungsbeträge zu berücksichtigen; die Hinzurechnungsbeträge sind zusätzlich als Lohnsteuerabzugsmerkmal für das erste Dienstverhältnis zu bilden. [7]Arbeitslöhne aus zweiten und weiteren Dienstverhältnissen (Steuerklasse VI) sind im Faktorverfahren nicht zu berücksichtigen.

(2) Für die Einbehaltung der Lohnsteuer von Arbeitslohn hat der Arbeitgeber Steuerklasse IV und den Faktor anzuwenden.

(3) [1]§ 39 Absatz 6 Satz 3 und 5 gilt sinngemäß. [2]§ 39a ist anzuwenden mit der Maßgabe, dass ein Antrag nach amtlich vorgeschriebenem Vordruck (§ 39a Absatz 2) nur erforderlich ist, wenn bei der Faktorermittlung zugleich Beträge nach § 39a Absatz 1 Satz 1 Nummer 1 bis 6 berücksichtigt werden sollen.

(4) Das Faktorverfahren ist im Programmablaufplan für die maschinelle Berechnung der Lohnsteuer (§ 39b Absatz 6) zu berücksichtigen.

§ 40 EStG
Pauschalierung der Lohnsteuer in besonderen Fällen

(1) ¹Das Betriebsstättenfinanzamt (§ 41a Absatz 1 Satz 1 Nummer 1) kann auf Antrag des Arbeitgebers zulassen, dass die Lohnsteuer mit einem unter Berücksichtigung der Vorschriften des § 38a zu ermittelnden Pauschsteuersatz erhoben wird, soweit

1. von dem Arbeitgeber sonstige Bezüge in einer größeren Zahl von Fällen gewährt werden oder
2. in einer größeren Zahl von Fällen Lohnsteuer nachzuerheben ist, weil der Arbeitgeber die Lohnsteuer nicht vorschriftsmäßig einbehalten hat.

²Bei der Ermittlung des Pauschsteuersatzes ist zu berücksichtigen, dass die in Absatz 3 vorgeschriebene Übernahme der pauschalen Lohnsteuer durch den Arbeitgeber für den Arbeitnehmer eine in Geldeswert bestehende Einnahme im Sinne des § 8 Absatz 1 darstellt (Nettosteuersatz). ³Die Pauschalierung ist in den Fällen der Nummer 1 ausgeschlossen, soweit der Arbeitgeber einem Arbeitnehmer sonstige Bezüge von mehr als 1 000 Euro im Kalenderjahr gewährt. ⁴Der Arbeitgeber hat dem Antrag eine Berechnung beizufügen, aus der sich der durchschnittliche Steuersatz unter Zugrundelegung der durchschnittlichen Jahresarbeitslöhne und der durchschnittlichen Jahreslohnsteuer in jeder Steuerklasse für diejenigen Arbeitnehmer ergibt, denen die Bezüge gewährt werden sollen oder gewährt worden sind.

(2) ¹Abweichend von Absatz 1 kann der Arbeitgeber die Lohnsteuer mit einem Pauschsteuersatz von 25 Prozent erheben, soweit er

1. arbeitstäglich Mahlzeiten im Betrieb an die Arbeitnehmer unentgeltlich oder verbilligt abgibt oder Barzuschüsse an ein anderes Unternehmen leistet, das arbeitstäglich Mahlzeiten an die Arbeitnehmer unentgeltlich oder verbilligt abgibt. ²Voraussetzung ist, dass die Mahlzeiten nicht als Lohnbestandteile vereinbart sind,
1a. oder auf seine Veranlassung ein Dritter den Arbeitnehmern anlässlich einer beruflichen Tätigkeit außerhalb seiner Wohnung und ersten Tätigkeitsstätte Mahlzeiten zur Verfügung stellt, die nach § 8 Absatz 2 Satz 8 und 9 mit dem Sachbezugswert anzusetzen sind,
2. Arbeitslohn aus Anlass von Betriebsveranstaltungen zahlt,
3. Erholungsbeihilfen gewährt, wenn diese zusammen mit Erholungsbeihilfen, die in demselben Kalenderjahr früher gewährt worden sind, 156 Euro für den Arbeitnehmer, 104 Euro für dessen Ehegatten und 52 Euro für jedes Kind nicht übersteigen und der Arbeitgeber sicherstellt, dass die Beihilfen zu Erholungszwecken verwendet werden,
4. Vergütungen für Verpflegungsmehraufwendungen anlässlich einer Tätigkeit im Sinne des § 9 Absatz 4a Satz 2 oder Satz 4 zahlt, soweit die Vergütungen die nach § 9 Absatz 4a Satz 3, 5 und 6 zustehenden Pauschalen um nicht mehr als 100 Prozent übersteigen,
5. den Arbeitnehmern zusätzlich zum ohnehin geschuldeten Arbeitslohn unentgeltlich oder verbilligt Datenverarbeitungsgeräte übereignet; das gilt auch für Zubehör und Internetzugang. ²Das Gleiche gilt für Zuschüsse des Arbeitgebers, die zusätzlich zum ohnehin geschuldeten Arbeitslohn zu den Aufwendungen des Arbeitnehmers für die Internetnutzung gezahlt werden.

²Der Arbeitgeber kann die Lohnsteuer mit einem Pauschsteuersatz von 15 Prozent für Sachbezüge in Form der unentgeltlichen oder verbilligten Beförderung eines Arbeitnehmers zwischen Wohnung und erster Tätigkeitsstätte sowie Fahrten nach § 9 Absatz 1 Satz 3 Nummer 4a Satz 3 und für zusätzlich zum ohnehin geschuldeten Arbeitslohn geleistete Zuschüsse zu den Aufwendungen des Arbeitnehmers für Fahrten zwischen Wohnung und erster Tätigkeitsstätte sowie Fahrten nach § 9 Absatz 1 Satz 3 Nummer 4a Satz 3 erheben, soweit diese Bezüge den Betrag nicht übersteigen, den der Arbeitnehmer nach § 9 Absatz 1 Satz 3 Nummer 4 und Absatz 2 als Werbungskosten geltend machen könnte, wenn die Bezüge nicht pauschal besteuert würden. ³Die nach Satz 2 pauschal besteuerten Bezüge mindern die nach § 9 Absatz 1 Satz 3 Nummer 4 und Absatz 2 abziehbaren Werbungskosten; sie bleiben bei der Anwendung des § 40a Absatz 1 bis 4 außer Ansatz.

(3) ¹Der Arbeitgeber hat die pauschale Lohnsteuer zu übernehmen. ²Er ist Schuldner der pauschalen Lohnsteuer; auf den Arbeitnehmer abgewälzte pauschale Lohnsteuer gilt als zugeflossener Arbeitslohn und mindert nicht die Bemessungsgrundlage. ³Der pauschal besteuerte Arbeitslohn und die pauschale Lohnsteuer bleiben bei einer Veranlagung zur Einkommensteuer und beim Lohnsteuer-Jahresausgleich außer Ansatz. ⁴Die pauschale Lohnsteuer ist weder auf die Einkommensteuer noch auf die Jahreslohnsteuer anzurechnen.

R 40.1
Bemessung der Lohnsteuer nach besonderen Pauschsteuersätzen (§ 40 Abs. 1 EStG)

Größere Zahl von Fällen

(1) ¹Eine größere Zahl von Fällen ist ohne weitere Prüfung anzunehmen, wenn gleichzeitig mindestens 20 Arbeitnehmer in die Pauschalbesteuerung einbezogen werden. ²Wird ein Antrag auf Lohnsteuerpauschalierung für weniger als 20 Arbeitnehmer gestellt, so kann unter Berücksichtigung der besonderen Verhältnisse des Arbeitgebers und der mit der Pauschalbesteuerung angestrebten Vereinfachung eine größere Zahl von Fällen auch bei weniger als 20 Arbeitnehmern angenommen werden.

Beachtung der Pauschalierungsgrenze

(2) ¹Der Arbeitgeber hat anhand der Aufzeichnungen im Lohnkonto (>§ 4 Abs. 2 Nr. 8 Satz 1 LStDV)*) vor jedem Pauschalierungsantrag zu prüfen, ob die Summe aus den im laufenden Kalenderjahr bereits gezahlten sonstigen Bezügen, für die die Lohnsteuer mit einem besonderen Steuersatz erhoben worden ist, und aus dem sonstigen Bezug, der nunmehr an den einzelnen Arbeitnehmer gezahlt werden soll, die Pauschalierungsgrenze nach § 40 Abs. 1 Satz 3 EStG übersteigt. ²Wird diese Pauschalierungsgrenze durch den sonstigen Bezug überschritten, ist der übersteigende Teil nach § 39b Abs. 3 EStG zu besteuern. ³Hat der Arbeitgeber die Pauschalierungsgrenze mehrfach nicht beachtet, sind Anträge auf Lohnsteuerpauschalierung nach § 40 Abs. 1 Satz 1 Nr. 2 EStG nicht zu genehmigen.

Berechnung des durchschnittlichen Steuersatzes

(3) ¹Die Verpflichtung, den durchschnittlichen Steuersatz zu errechnen, kann der Arbeitgeber dadurch erfüllen, dass er

1. den Durchschnittsbetrag der pauschal zu versteuernden Bezüge,
2. die Zahl der betroffenen Arbeitnehmer nach Steuerklassen getrennt in folgende drei Gruppen:
   a) Arbeitnehmer in den Steuerklassen I, II und IV,
   b) Arbeitnehmer in der Steuerklasse III und
   c) Arbeitnehmer in den Steuerklassen V und VI sowie
3. die Summe der Jahresarbeitslöhne der betroffenen Arbeitnehmer, gemindert um die nach § 39b Abs. 3 Satz 3 EStG abziehbaren Freibeträge und den Entlastungsbetrag für Alleinerziehende bei der Steuerklasse II, erhöht um den Hinzurechnungsbetrag,

ermittelt. ²Hierbei kann aus Vereinfachungsgründen davon ausgegangen werden, dass die betroffenen Arbeitnehmer in allen Zweigen der Sozialversicherung versichert sind und keinen Beitragszuschlag für Kinderlose (§ 55 Abs. 3 SGB XI) leisten; die individuellen Verhältnisse aufgrund des Faktorverfahrens nach § 39f EStG bleiben unberücksichtigt. ³Außerdem kann für die Ermittlungen nach Satz 1 Nr. 2 und 3 eine repräsentative Auswahl der betroffenen Arbeitnehmer zugrunde gelegt werden. ⁴Zur Festsetzung eines Pauschsteuersatzes für das laufende Kalenderjahr können für die Ermittlung nach Satz 1 Nr. 3 auch die Verhältnisse des Vorjahrs zugrunde gelegt werden. ⁵Aus dem nach Satz 1 Nr. 3 ermittelten Betrag hat der Arbeitgeber den durchschnittlichen Jahresarbeitslohn der erfassten Arbeit-

---
*) Abgedruckt als Anhang 1 zum Handbuch.

§ 40 EStG
R 40.1

nehmer zu berechnen. ⁶Für jede der in Satz 1 Nr. 2 bezeichneten Gruppen hat der Arbeitgeber sodann den Steuerbetrag zu ermitteln, dem der Durchschnittsbetrag der pauschal zu versteuernden Bezüge unterliegt, wenn er dem durchschnittlichen Jahresarbeitslohn hinzugerechnet wird. ⁷Dabei ist für die Gruppe nach Satz 1 Nr. 2 Buchstabe a die Steuerklasse I, für die Gruppe nach Satz 1 Nr. 2 Buchstabe b die Steuerklasse III und für die Gruppe nach Satz 1 Nr. 2 Buchstabe c die Steuerklasse V maßgebend; der Durchschnittsbetrag der pauschal zu besteuernden Bezüge ist auf den nächsten durch 216 ohne Rest teilbaren Euro-Betrag aufzurunden. ⁸Durch Multiplikation der Steuerbeträge mit der Zahl der in der entsprechenden Gruppe erfassten Arbeitnehmer und Division der sich hiernach ergebenden Summe der Steuerbeträge durch die Gesamtzahl der Arbeitnehmer und den Durchschnittsbetrag der pauschal zu besteuernden Bezüge ist hiernach die durchschnittliche Steuerbelastung zu berechnen, der die pauschal zu besteuernden Bezüge unterliegen. ⁹Das Finanzamt hat den Pauschsteuersatz nach dieser Steuerbelastung so zu berechnen, dass unter Berücksichtigung der Übernahme der pauschalen Lohnsteuer durch den Arbeitgeber insgesamt nicht zu wenig Lohnsteuer erhoben wird. ¹⁰Die Prozentsätze der durchschnittlichen Steuerbelastung und des Pauschsteuersatzes sind mit einer Dezimalstelle anzusetzen, die nachfolgenden Dezimalstellen sind fortzulassen.

H 40.1
Hinweise zu R 40.1
Bemessung der Lohnsteuer nach besonderen Pauschsteuersätzen (§ 40 Abs. 1 EStG)

Berechnung des durchschnittlichen Steuersatzes

Die in R 40.1 Abs. 3 dargestellte Berechnung des durchschnittlichen Steuersatzes ist nicht zu beanstanden (>BFH vom 11.3.1988 – BStBl. II S. 726). Kinderfreibeträge sind nicht zu berücksichtigen (>BFH vom 26.7.2007 – BStBl. II S. 844).

Beispiel:

1. Der Arbeitgeber ermittelt für rentenversicherungspflichtige Arbeitnehmer
   a) den durchschnittlichen Betrag der pauschal zu besteuernden Bezüge mit 550 €,
   b) die Zahl der betroffenen Arbeitnehmer
      – in den Steuerklassen I, II und IV mit 20,
      – in der Steuerklasse III mit 12 und
      – in den Steuerklassen V und VI mit 3,
   c) die Summe der Jahresarbeitslöhne der betroffenen Arbeitnehmer nach Abzug aller Freibeträge mit 610 190 €; dies ergibt einen durchschnittlichen Jahresarbeitslohn von (610 190 € : 35 =) 17 434 €.

2. Die Erhöhung des durchschnittlichen Jahresarbeitslohns um den auf 648 € aufgerundeten Durchschnittsbetrag (>R 40.1 Abs. 3 Satz 7 zweiter Halbsatz) der pauschal zu besteuernden Bezüge ergibt für diesen Betrag folgende Jahreslohnsteuerbeträge:
   – in der Steuerklasse I   = 160 €,
   – in der Steuerklasse III   = 80 €,
   – in der Steuerklasse V   = 180 €.

3. Die durchschnittliche Steuerbelastung der pauschal zu besteuernden Bezüge ist hiernach wie folgt zu berechnen:

$$\frac{20 \times 160 + 12 \times 80 + 3 \times 180}{35 \times 648} = 20{,}7\,\%$$

4. Der Pauschsteuersatz beträgt demnach

$$\frac{100 \times 20{,}7\,\%}{100 - 20{,}7} = 26{,}1\,\%$$

Bindung des Arbeitgebers an den Pauschalierungsbescheid

Der Arbeitgeber ist an seinen rechtswirksam gestellten Antrag auf Pauschalierung der Lohnsteuer gebunden, sobald der Lohnsteuer-Pauschalierungsbescheid wirksam wird (>BFH vom 5.3.1993 – BStBl. II S. 692).

Bindung des Finanzamts an den Pauschalierungsbescheid

Wird auf den Einspruch des Arbeitgebers ein gegen ihn ergangener Lohnsteuer-Pauschalierungsbescheid aufgehoben, so kann der dort berücksichtigte Arbeitslohn bei der Veranlagung des Arbeitnehmers erfasst werden (>BFH vom 18.1.1991 – BStBl. II S. 309).

Bindung des Finanzamts an eine Anrufungsauskunft

Hat der Arbeitgeber eine Anrufungsauskunft eingeholt und ist er danach verfahren, ist das Betriebsstättenfinanzamt im Lohnsteuer-Abzugsverfahren daran gebunden. Eine Nacherhebung der Lohnsteuer ist auch dann nicht zulässig, wenn der Arbeitgeber nach einer Lohnsteuer-Außenprüfung einer Pauschalierung nach § 40 Abs. 1 Satz 1 Nr. 2 EStG zugestimmt hat (>BFH vom 16.11.2005 – BStBl. 2006 II S. 210).

Entstehung der pauschalen Lohnsteuer

In den Fällen des § 40 Abs. 1 Satz 1 Nr. 2 EStG ist der geldwerte Vorteil aus der Steuerübernahme des Arbeitgebers nicht nach den Verhältnissen im Zeitpunkt der Steuernachforderung zu versteuern. Vielmehr muss der für die pauschalierten Löhne nach den Verhältnissen der jeweiligen Zuflussjahre errechnete Bruttosteuersatz (>Beispiel Nr. 1 bis 3) jeweils auf den Nettosteuersatz (>Beispiel Nr. 4) der Jahre hochgerechnet werden, in denen die pauschalierten Löhne zugeflossen sind und in denen die pauschale Lohnsteuer entsteht (>BFH vom 6.5.1994 – BStBl. II S. 715).

Kirchensteuer bei Pauschalierung der Lohnsteuer

>Gleich lautende Ländererlasse vom 23.10.2012 (BStBl. I S. 1083)*)

Pauschalierungsantrag

Derjenige, der für den Arbeitgeber im Rahmen der Lohnsteuer-Außenprüfung auftritt, ist in der Regel dazu befugt, einen Antrag auf Lohnsteuer-Pauschalierung zu stellen (>BFH vom 10.10.2002 – BStBl. 2003 II S. 156).

Pauschalierungsbescheid

Die pauschalen Steuerbeträge sind im Pauschalierungsbescheid auf die einzelnen Jahre aufzuteilen (>BFH vom 18.7.1985 – BStBl. 1986 II S. 152).

Pauschalierungsvoraussetzungen

Die pauschalierte Lohnsteuer darf nur für solche Einkünfte aus nicht selbständiger Arbeit erhoben werden, die dem Lohnsteuerabzug unterliegen, wenn der Arbeitgeber keinen Pauschalierungsantrag gestellt hätte (>BFH vom 10.5.2006 – BStBl. II S. 669).

Wirkung einer fehlerhaften Pauschalbesteuerung

Eine fehlerhafte Pauschalbesteuerung ist für die Veranlagung zur Einkommensteuer nicht bindend (>BFH vom 10.6.1988 – BStBl. II S. 981).

Anlage 1
zu H 40.1

Ermittlung des Pauschsteuersatzes nach § 40 Abs. 1 Satz 2 EStG bzw. § 40 Abs. 1 Satz 1 Nr. 2 EStG

Bundeseinheitlich geltende Regelung, für Bayern bekannt gegeben mit Schreiben des Bayer. Staatsministeriums der Finanzen vom 15.6.2011 (Az.: 34 – S 2370 – 014 – 21480/11)

Bei der Ermittlung des Pauschsteuersatzes nach § 40 Abs. 1 Satz 2 EStG sind die Kirchensteuer und der Solidaritätszuschlag dem zu versteuernden Betrag aus Vereinfachungsgründen nicht hinzuzurechnen.

In den Fällen des § 40 Abs. 1 Satz 1 Nr. 2 EStG ist der für die pauschal versteuerten Löhne nach den Verhältnissen der jeweiligen Zuflussjahre errechnete Bruttosteuersatz jeweils auf den Nettosteuersatz der Jahre hochzurechnen, in denen die pauschal versteuerten Löhne zugeflossen sind [H 40.1 (Entstehung der pauschalen Lohnsteuer) LStH].

Anlage 2
zu H 40.1

Kirchensteuer bei Pauschalierung der Lohnsteuer

Gleich lautende Ländererlasse vom 23.10.2012 (BStBl. I S. 1083)

Abgedruckt als Anlage 1 zu H 40a.1.

*) Abgedruckt als Anlage 1 zu H 40a.1 LStR.

§ 40 EStG

R 40.2
Bemessung der Lohnsteuer nach einem festen Pauschsteuersatz (§ 40 Abs. 2 EStG)

Allgemeines

(1) ¹Die Lohnsteuer kann mit einem Pauschsteuersatz von 25% erhoben werden

1. nach § 40 Abs. 2 Satz 1 Nr. 1 EStG für den Unterschiedsbetrag zwischen dem amtlichen Sachbezugswert und dem niedrigeren Entgelt, das der Arbeitnehmer für die Mahlzeiten entrichtet (>R 8.1 Abs. 7 Nr. 1 bis 3); ggf. ist der nach R 8.1 Abs. 7 Nr. 5 ermittelte Durchschnittswert der Besteuerung zugrunde zu legen. ²Bei der Ausgabe von Essenmarken ist die Pauschalversteuerung nur zulässig, wenn die Mahlzeit mit dem maßgebenden Sachbezugswert zu bewerten ist (>R 8.1 Abs. 7 Nr. 4 Buchstabe a) oder der Verrechnungswert der Essenmarke nach R 8.1 Abs. 7 Nr. 4 Buchstabe b anzusetzen ist;

1a. nach § 40 Abs. 2 Satz 1 Nr. 1a EStG für Mahlzeiten, die der Arbeitgeber oder auf seine Veranlassung ein Dritter den Arbeitnehmern bei einer Auswärtstätigkeit zur Verfügung stellt, wenn die Mahlzeit mit dem Sachbezugswert gleichzusetzen ist, z.B., weil die Abwesenheit von mehr als 8 Stunden nicht erreicht oder nicht dokumentiert wird (eintägige Auswärtstätigkeit) oder der Dreimonatszeitraum abgelaufen ist.

2. nach § 40 Abs. 2 Satz 1 Nr. 2 EStG für Zuwendungen bei Betriebsveranstaltungen, wenn die Betriebsveranstaltung oder die Zuwendung nicht üblich ist (>R 19.5);

3. nach § 40 Abs. 2 Satz 1 Nr. 3 EStG für Erholungsbeihilfen, soweit sie nicht ausnahmsweise als steuerfreie Unterstützungen anzusehen sind und wenn sie nicht die in § 40 Abs. 2 Satz 1 Nr. 3 EStG genannten Grenzen übersteigen;

4. nach § 40 Abs. 2 Satz 1 Nr. 4 EStG für Vergütungen für Verpflegungsmehraufwendungen, die anlässlich einer Auswärtstätigkeit mit einer Abwesenheitsdauer von mehr als acht Stunden oder für den An- und Abreisetag einer mehrtägigen Auswärtstätigkeit mit Übernachtung gezahlt werden, soweit die Vergütungen die in § 9 Abs. 4a Satz 3 bis 6 EStG bezeichneten ungekürzten Pauschbeträge um nicht mehr als 100% übersteigen; die Pauschalversteuerung gilt nicht für die Erstattung von Verpflegungsmehraufwendungen wegen einer doppelten Haushaltsführung;

5. nach § 40 Abs. 2 Satz 1 Nr. 5 EStG für zusätzlich zum ohnehin geschuldeten Arbeitslohn unentgeltlich oder verbilligt übereignete Datenverarbeitungsgeräte, Zubehör und Internetzugang sowie für zusätzlich zum ohnehin geschuldeten Arbeitslohn gezahlte Zuschüsse des Arbeitgebers zu den Aufwendungen des Arbeitnehmers für die Internetnutzung.

Verhältnis zur Pauschalierung nach § 40 Abs. 1 Satz 1 Nr. 1

(2) Die nach § 40 Abs. 2 EStG pauschal besteuerten sonstigen Bezüge werden nicht auf die Pauschalierungsgrenze (>R 40.1 Abs. 2) angerechnet.

Erholungsbeihilfen

(3) ¹Bei der Feststellung, ob die im Kalenderjahr gewährten Erholungsbeihilfen zusammen mit früher gewährten Erholungsbeihilfen die in § 40 Abs. 2 Satz 1 Nr. 3 EStG bezeichneten Beträge übersteigen, ist von der Höhe der Zuwendungen im Einzelfall auszugehen. ²Die Jahreshöchstbeträge für den Arbeitnehmer, seinen Ehegatten*) und seine Kinder sind jeweils gesondert zu betrachten. ³Die Erholungsbeihilfen müssen für die Erholung dieser Personen bestimmt sein und verwendet werden. ⁴Davon kann in der Regel ausgegangen werden, wenn die Erholungsbeihilfe im zeitlichen Zusammenhang mit einem Urlaub des Arbeitnehmers gewährt wird. ⁵Übersteigen die Erholungsbeihilfen im Einzelfall den maßgebenden Jahreshöchstbetrag, so ist auf sie insgesamt entweder § 39b Abs. 3 mit Ausnahme des Satzes 9 oder § 40 Abs. 1 Satz 1 Nr. 1 EStG anzuwenden.

Reisekosten

(4) ¹Die Pauschalversteuerung mit einem Pauschsteuersatz von 25% nach § 40 Abs. 2 Satz 1 Nr. 4 EStG ist auf einen Vergütungsbetrag bis zur Summe der ungekürzten Verpflegungspauschalen nach § 9 Abs. 4a Satz 3 bis 6 EStG begrenzt. ²Für den darüber hinausgehenden Vergütungsbetrag kann weiterhin eine Pauschalversteuerung mit einem besonderen Pauschsteuersatz nach § 40 Abs. 1 Satz 1 Nr. 1 EStG in Betracht kommen. ³Zur Ermittlung des steuerfreien Vergütungsbetrags dürfen die einzelnen Aufwendungsarten zusammengefasst werden (>R 3.16 Satz 1). ⁴Aus Vereinfachungsgründen bestehen auch keine Bedenken, den Betrag, der den steuerfreien Vergütungsbetrag übersteigt, einheitlich als Vergütung für Verpflegungsmehraufwendungen zu behandeln, die in den Grenzen des § 40 Abs. 2 Satz 1 Nr. 4 EStG mit 25% pauschal versteuert werden kann.

Datenverarbeitungsgeräte und Internet

(5) ¹Die Pauschalierung nach § 40 Abs. 2 Satz 1 Nr. 5 Satz 1 EStG kommt bei Sachzuwendungen des Arbeitgebers in Betracht. ²Hierzu rechnet die Übereignung von Hardware einschließlich technischem Zubehör und Software als Erstausstattung oder als Ergänzung, Aktualisierung und Austausch vorhandener Bestandteile. ³Die Pauschalierung ist auch möglich, wenn der Arbeitgeber ausschließlich technisches Zubehör oder Software übereignet. ⁴Telekommunikationsgeräte, die nicht Zubehör eines Datenverarbeitungsgerätes sind oder nicht für die Internetnutzung verwendet werden können, sind von der Pauschalierung ausgeschlossen. ⁵Hat der Arbeitnehmer einen Internetzugang, sind die Barzuschüsse des Arbeitgebers für die Internetnutzung des Arbeitnehmers nach § 40 Abs. 2 Satz 1 Nr. 5 Satz 2 EStG pauschalierungsfähig. ⁶Zu den Aufwendungen für die Internetnutzung in diesem Sinne gehören sowohl die laufenden Kosten (z. B. Grundgebühr für den Internetzugang, laufende Gebühren für die Internetnutzung, Flatrate), als auch die Kosten der Einrichtung des Internetzugangs (z. B. Anschluss, Modem, Personalcomputer). ⁷Aus Vereinfachungsgründen kann der Arbeitgeber den vom Arbeitnehmer erklärten Betrag für die laufende Internetnutzung (Gebühren) pauschal versteuern, soweit dieser 50 Euro im Monat nicht übersteigt. ⁸Der Arbeitgeber hat diese Erklärung als Beleg zum Lohnkonto aufzubewahren. ⁹Bei höheren Zuschüssen zur Internetnutzung und zur Änderung der Verhältnisse gilt R 3.50 Abs. 2 sinngemäß. ¹⁰Soweit die pauschal besteuerten Bezüge auf Werbungskosten entfallen, ist der Werbungskostenabzug grundsätzlich ausgeschlossen. ¹¹Zu Gunsten des Arbeitnehmers sind die pauschal besteuerten Zuschüsse zunächst auf den privat veranlassten Teil der Aufwendungen anzurechnen. ¹²Aus Vereinfachungsgründen unterbleibt zu Gunsten des Arbeitnehmers eine Anrechnung auf seine Werbungskosten bei Zuschüssen bis zu 50 Euro im Monat.

Fahrten zwischen Wohnung und erster Tätigkeitsstätte

(6) ¹Die Lohnsteuer kann nach § 40 Abs. 2 Satz 2 EStG mit einem Pauschsteuersatz von 15 % erhoben werden. ²Maßgeblich für die Höhe des pauschalierbaren Betrages sind die tatsächlichen Aufwendungen des Arbeitnehmers für die Fahrten zwischen Wohnung und erster Tätigkeitsstätte oder Fahrten nach § 9 Abs. 1 Satz 3 Nr. 4a Satz 3 EStG, jedoch höchstens der Betrag, den der Arbeitnehmer nach § 9 Abs. 1 Satz 3 Nr. 4, Abs. 2 EStG als Werbungskosten geltend machen könnte.

H 40.2
Hinweise zu R 40.2
Bemessung der Lohnsteuer nach einem festen Pauschsteuersatz (§ 40 Abs. 2 EStG)

Abwälzung der pauschalen Lohnsteuer

– bei bestimmten Zukunftssicherungsleistungen >H 40b.1 (Abwälzung der pauschalen Lohnsteuer)

– bei Fahrtkosten (>BMF vom 10.1.2000 – BStBl. I S. 138)**)

Beispiel:
Ein Arbeitnehmer hat Anspruch auf einen Zuschuss zu seinen Pkw-Kosten für Fahrten zwischen Wohnung und erster Tätigkeitsstätte in Höhe der gesetzlichen Entfernungspauschale, sodass sich für den Lohnabrechnungszeitraum ein Fahrtkostenzuschuss von insgesamt 210 € ergibt. Arbeitgeber und Arbeitnehmer haben vereinbart, dass diese Arbeitgeberleistung pauschal besteuert werden und der Arbeitnehmer die pauschale Lohnsteuer tragen soll.

---
*) Die Regelungen zu Ehegatten gelten auch für eingetragene Lebenspartner (§ 2 Abs. 8 EStG).

**) Abgedruckt als Anlage 2 zu H 40.2 LStR.

Bemessungsgrundlage für die Anwendung des gesetzlichen Pauschsteuersatzes von 15 % ist der Bruttobetrag von 210 €.

Als pauschal besteuerte Arbeitgeberleistung ist der Betrag von 210 € zu bescheinigen. Dieser Betrag mindert den nach § 9 Abs. 1 Satz 3 Nr. 4 EStG als Werbungskostenbetrag abziehbaren Betrag von 210 € auf 0 €.

– bei Teilzeitbeschäftigten >H 40a.1 (Abwälzung der pauschalen Lohnsteuer).

Bescheinigungspflicht für Fahrgeldzuschüsse
>§ 41b Abs. 1 Satz 2 Nr. 7 EStG

Betriebsveranstaltung

– Eine nur Führungskräften eines Unternehmens vorbehaltene Abendveranstaltung ist mangels Offenheit des Teilnehmerkreises keine Betriebsveranstaltung i. S. d. § 40 Abs. 2 Satz 2 Nr. 2 EStG (BFH vom 15.1.2009 – BStBl. II S. 476).

– Im Rahmen einer Betriebsveranstaltung an alle Arbeitnehmer überreichte Goldmünzen unterliegen nicht der Pauschalierungsmöglichkeit des § 40 Abs. 2 Satz 1 Nr. 2 EStG (>BFH vom 7.11.2006 – BStBl. 2007 II S. 128).

– Während einer Betriebsveranstaltung überreichte Geldgeschenke, die kein zweckgebundenes Zehrgeld sind, können nicht nach § 40 Abs. 2 EStG pauschal besteuert werden (>BFH vom 7.2.1997 – BStBl. II S. 365).

Erholungsbeihilfen
>H 3.11 (Erholungsbeihilfen und andere Beihilfen)

Fahrten zwischen Wohnung und erster Tätigkeitsstätte
>BMF vom 1.4.2011 (BStBl. I S. 301)*)

Fahrtkostenzuschüsse

– als zusätzlich erbrachte Leistung >R 3.33 Abs. 5, BMF vom 22.5.2013 (BStBl. I S. 728)**);

– können auch bei Anrechnung auf andere freiwillige Sonderzahlung pauschal versteuert werden (>BFH vom 1.10.2009 – BStBl. 2010 II S. 487);

– sind auch bei Teilzeitbeschäftigten im Sinne des § 40a EStG unter Beachtung der Abzugsbeschränkung bei der Entfernungspauschale nach § 40 Abs. 2 Satz 2 EStG pauschalierbar. Die pauschal besteuerten Beförderungsleistungen und Fahrtkostenzuschüsse sind in die Prüfung der Arbeitslohngrenzen des § 40a EStG nicht einzubeziehen (>§ 40 Abs. 2 Satz 3 EStG);

– zur Pauschalbesteuerung von Fahrtkostenzuschüssen >BMF vom 31.10.2013 (BStBl. I S. 1376).***)

Fehlerhafte Pauschalversteuerung
>H 40a.1 (Fehlerhafte Pauschalversteuerung)

Gestellung von Kraftfahrzeugen

– Die Vereinfachungsregelung von 15 Arbeitstagen monatlich gilt nicht bei der Einzelbewertung einer Kraftfahrzeuggestellung nach der sog. 0,002 %-Methode >BMF vom 1.4.2011 (BStBl. I S. 301), Rdnr. 13*).

– zur Pauschalbesteuerung bei der Gestellung von Kraftfahrzeugen >BMF vom 31.10.2013 (BStBl. I S. 1376).***)

Kirchensteuer bei Pauschalierung der Lohnsteuer
>Gleich lautende Ländererlasse vom 23.10.2012 (BStBl. I S. 1083)****)

Pauschalversteuerung von Reisekosten

– BMF vom 24.10.2014 (BStBl. I S. 1412), Rz. 58 ff.*****)

– **Beispiel:**
Ein Arbeitnehmer erhält wegen einer Auswärtstätigkeit von Montag 11 Uhr bis Mittwoch 20 Uhr mit kostenloser Übernachtung mit Frühstück lediglich pauschalen Fahrtkostenersatz von 250 €, dem eine Fahrstrecke mit eigenem Pkw von 500 km zugrunde liegt.

§ 40 EStG
R 40.2

Steuerfrei sind
– eine Fahrtkostenvergütung von (500 × 0,30 € =)   150,00 €
– Verpflegungspauschalen von
(12 € + 19,20 € [24 € ./. 4,80 €] + 7,20 € [12 € ./. 4,80 €] =)   38,40 €
insgesamt   188,40 €.

Der Mehrbetrag von (250 € ./. 188,40 € =) 61,60 € kann mit einem Teilbetrag von 48 € pauschal mit 25 % versteuert werden. Bei einer Angabe in der Lohnsteuerbescheinigung sind 38,40 € einzutragen (>§ 41b Abs. 1 Satz 2 Nr. 10 EStG).

Anlage 1
zu H 40.2

Versteuerungszeitpunkt bei steuerpflichtigen Reisekostenvergütungen

Bundeseinheitlich geltende Regelung, bekannt gegeben durch Verfügung der OFD Frankfurt am Main vom 29.5.2013 (Az.: S 2388 A – 43 – St 211)

Abgedruckt als Anlage 1 zu H 9.6.

Anlage 2
zu H 40.2

Abwälzung der pauschalen Lohnsteuer und Annexsteuern auf den Arbeitnehmer nach dem Steuerentlastungsgesetz 1999/2000/2002

BMF-Schreiben vom 10.1.2000 (BStBl. I S. 138)
– Auszug –

...

1. Abwälzung von pauschaler Lohnsteuer und Annexsteuern auf Arbeitnehmer

Nach § 40 Abs. 3 Satz 2 EStG in der Fassung des Steuerentlastungsgesetzes 1999/2000/2002 gilt die auf den Arbeitnehmer abgewälzte pauschale Lohnsteuer als zugeflossener Arbeitslohn; sie darf die Bemessungsgrundlage nicht mindern. Dies entspricht dem in § 12 Nr. 3 EStG zum Ausdruck kommenden allgemeinen Grundsatz, dass Personensteuern nur abzugsfähig sind, wenn sie die Voraussetzungen als Betriebsausgaben oder Werbungskosten erfüllen oder ihre steuermindernde Berücksichtigung ausdrücklich zugelassen ist. Die Neuregelung gilt aufgrund von Verweisungen auch für §§ 40a und 40b EStG.

a) Abwälzung von Lohnsteuer

Im Fall der Abwälzung bleibt zwar der Arbeitgeber Schuldner der pauschalen Lohnsteuer, im wirtschaftlichen Ergebnis wird sie jedoch vom Arbeitnehmer getragen. Die Verlagerung der Belastung darf weder zu einer Minderung des individuell nach den Merkmalen der Lohnsteuerkarte zu versteuernden Arbeitslohns noch zu einer Minderung der Bemessungsgrundlage für die pauschale Lohnsteuer führen. Eine Abwälzung kann sich beispielsweise aus dem Arbeitsvertrag selbst, aus einer Zusatzvereinbarung zum Arbeitsvertrag ergeben oder aus dem wirtschaftlichen Ergebnis einer Gehaltsumwandlung oder Gehaltsänderungsvereinbarung. Das ist der Fall, wenn die pauschale Lohnsteuer als Abzugsbetrag in der Gehaltsabrechnung ausgewiesen wird. Dies gilt auch, wenn zur Abwälzung zwar in arbeitsrechtlich zulässiger Weise eine Gehaltsminderung vereinbart wird, der bisherige ungekürzte Arbeitslohn aber weiterhin für die Bemessung künftiger Erhöhungen des Arbeitslohns oder anderer Arbeitgeberleistungen (z. B. Weihnachtsgeld, Tantieme, Jubiläumszuwendungen) maßgebend bleibt. Eine Abwälzung der pauschalen Lohnsteuer ist hingegen nicht anzunehmen, wenn eine Gehaltsänderungsvereinbarung zu einer Neufestsetzung künftigen Arbeitslohns führt, aus der alle rechtlichen und wirt-

---

*) Abgedruckt als Anlage 4 zu H 8.1 (9–10) LStR.
**) Abgedruckt als Anlage zu H 3.33 LStR.
***) Abgedruckt als Anlage zu H 9.10 LStR.
****) Abgedruckt als Anlage 1 zu H 40a.1 LStR.
*****) Abgedruckt als Anlage zu H 9.4 LStR.

schaftlichen Folgerungen gezogen werden, also insbesondere der geminderte Arbeitslohn Bemessungsgrundlage für künftige Erhöhungen des Arbeitslohns oder andere Arbeitgeberleistungen wird. Dies gilt auch dann, wenn die Gehaltsminderung in Höhe der Pauschalsteuer vereinbart wird.

b) Abwälzung von Annexsteuern (Kirchensteuer, Solidaritätszuschlag)

Für im Zusammenhang mit der Pauschalierung der Lohnsteuer ebenfalls pauschal erhobene und auf den Arbeitnehmer abgewälzte Annexsteuern (Kirchensteuer, Solidaritätszuschlag) gelten die Ausführungen unter Buchstabe a entsprechend. Daher ist auch hinsichtlich der abgewälzten Annexsteuern von zugeflossenem Arbeitslohn auszugehen, der die Bemessungsgrundlage für die Lohnsteuer nicht mindert.

...

Anlage 3
zu H 40.2

Einführungsschreiben Lohnsteuer zum Steueränderungsgesetz 2003 und Haushaltsbegleitgesetz 2004

BMF-Schreiben vom 27.1.2004 (BStBl. I S. 173)

Unter Bezugnahme auf das Ergebnis der Abstimmung mit den obersten Finanzbehörden der Länder nehme ich zu Änderungen im Bereich der Lohnsteuer durch das Steueränderungsgesetz 2003 (StÄndG 2003) vom 15.12.2003 (BGBl. I S. 2645, BStBl. I S. 710) und durch das Haushaltsbegleitgesetz 2004 (HBeglG 2004) vom 29.12.2003 (BGBl. I S. 3076, BStBl. 2004 I S. 120) wie folgt Stellung:

I. ...

II. **Weitere Änderungen**

1. **Fahrtkostenzuschüsse, Job-Ticket (§ 3 Nr. 34 EStG) (Steuerpflicht, Pauschalierungsmöglichkeit, Bescheinigungspflichten)**

Die Steuerfreiheit nach § 3 Nr. 34 EStG (Zuschüsse des Arbeitgebers zu den Aufwendungen des Arbeitnehmers für Fahrten zwischen Wohnung und Arbeitsstätte*) mit öffentlichen Verkehrsmitteln im Linienverkehr, auch entsprechende unentgeltliche oder verbilligte Nutzung und sog. Job-Ticket) ist weggefallen. R 21 b LStR ist damit ab 2004 überholt.

Derartige Vorteile sind demnach grundsätzlich steuerpflichtig. Ein geldwerter Vorteil ist nicht anzunehmen, wenn der Arbeitgeber seinen Arbeitnehmern ein sog. Job-Ticket für Fahrten zwischen Wohnung und Arbeitsstätte*) mit öffentlichen Verkehrsmitteln zu dem mit dem Verkehrsträger vereinbarten Preis eines Job-Tickets überlässt (die Tarifermäßigung des Verkehrsträgers für das Job-Ticket gegenüber dem üblichen Endpreis ist also kein geldwerter Vorteil). Der zu versteuernde geldwerte Vorteil ist der Preis für das Job-Ticket abzüglich Zahlbetrag des Arbeitnehmers.

Überlässt der Arbeitgeber seinen Arbeitnehmern solche Job-Tickets für Fahrten zwischen Wohnung und Arbeitsstätte*) mit öffentlichen Verkehrsmitteln unentgeltlich oder verbilligt, so kommt die Anwendung von § 8 Abs. 2 Satz 9 EStG**) in Betracht. Danach bleiben Sachbezüge außer Ansatz, wenn die sich nach Anrechnung der vom Arbeitnehmer gezahlten Entgelte ergebenden Vorteile insgesamt 44 Euro im Kalendermonat nicht übersteigen (monatliche Freigrenze). Bei der Freigrenze sind andere Sachbezüge zu berücksichtigen; liegen solche nicht vor, so scheidet die Anwendung der Vorschrift gleichwohl aus, wenn der geldwerte Vorteil für den Sachbezug Job-Ticket allein 44 Euro überschreitet (dann ist also der gesamte Sachbezug Job-Ticket steuerpflichtig). Gilt das Job-Ticket für einen längeren Zeitraum (z. B. Jahresticket), so fließt der Vorteil insgesamt bei Überlassung des Job-Tickets zu.

Bei Arbeitnehmern eines Verkehrsträgers kann der Vorteil aus der Nutzung der öffentlichen Verkehrsmittel im Rahmen des § 8 Abs. 3 EStG (Rabattfreibetrag) steuerfrei bleiben.

Der Arbeitgeber kann die Lohnsteuer für diese nunmehr steuerpflichtigen – zusätzlich zum ohnehin geschuldeten Arbeitslohn geleisteten – Fahrtkostenzuschüsse für Fahrten zwischen Wohnung und Arbeitsstätte*) mit öffentlichen Verkehrsmitteln und etwaige geldwerten Vorteile bei Job-Tickets sowie etwaige den Rabattfreibetrag (§ 8 Abs. 3 EStG) übersteigende geldwerte Vorteile nach § 40 Abs. 2 Satz 2 EStG mit 15 % pauschal erheben. Die Regelung in R 127 Abs. 5 Satz 4 LStR, wonach bei Benutzung öffentlicher Verkehrsmittel im Linienverkehr eine Pauschalierung nicht in Betracht kommt, ist durch die Gesetzesänderung überholt. Die Pauschalierung ist auf den Betrag beschränkt, den der Arbeitnehmer als Werbungskosten geltend machen könnte, wenn die Bezüge nicht pauschal besteuert würden (§ 40 Abs. 2 Satz 2 EStG). Da die tatsächlichen Fahrtkosten für öffentliche Verkehrsmittel nach § 9 Abs. 2 Satz 2 EStG grundsätzlich in voller Höhe als Werbungskosten abziehbar sind, können sie in voller Höhe pauschaliert werden. Der Arbeitgeber braucht also die Höhe der Entfernungspauschale nicht zu ermitteln, da für Fahrtkosten öffentlicher Verkehrsmittel die Begrenzung durch die Entfernungspauschale für Fahrten zwischen Wohnung und Arbeitsstätte nach § 9 Abs. 1 Satz 3 Nr. 4 EStG nicht eingreift.

Die etwaigen steuerfreien Sachbezüge (§ 8 Abs. 2 Satz 9 EStG**) – Job-Ticket – oder § 8 Abs. 3 EStG – Verkehrsträger –) und die etwaigen pauschal besteuerten Arbeitgeberleistungen sind auf die Entfernungspauschale für Wege zwischen Wohnung und Arbeitsstätte*) anzurechnen (§ 3c EStG – Job-Ticket –, § 9 Abs. 1 Satz 3 Nr. 4 Satz 5 EStG – Verkehrsträger –, § 40 Abs. 2 Satz 3 EStG – pauschal besteuerte Beträge –). Daher sind die etwaigen steuerfreien Bezüge in der Lohnsteuerbescheinigung einzutragen (§ 41b Abs. 1 Nr. 6 EStG), ebenso die pauschal besteuerten Arbeitgeberleistungen (§ 41b Abs. 1 Nr. 7 EStG). Wenn der Arbeitnehmer bei einem Verkehrsträger beschäftigt ist, so ist der Sachbezug mit dem Preis anzusetzen, den ein dritter Arbeitgeber (Nichtverkehrsträger) an den Verkehrsträger (z. B. für ein Job-Ticket) zu entrichten hätte (§ 9 Abs. 1 Satz 3 Nr. 4 Satz 5 zweiter Halbsatz EStG).

III. ...

IV. ...

V. ...

Anlage 4
zu H 40.2

Pauschalierung der Lohnsteuer durch ausländische Arbeitgeber

Schreiben des BMF vom 3.4.2014 (Az.: IV C 5 – S 2371/13/100 01)

Die obersten Finanzbehörden des Bundes und der Länder sind der Auffassung, dass für ausländische Arbeitgeber die Pauschalierungsmöglichkeiten nach § 40 Abs. 2 EStG und § 40b EStG auch unter Berücksichtigung des Unionsrechts nicht zwingend ermöglicht werden müssen.

Um die Pauschalierungsmöglichkeiten in Anspruch zu nehmen, müsse der Arbeitgeber auch im Übrigen am Lohnsteuerererhebungsverfahren teilnehmen. Ferner könne eine Lohnsteuer-Außenprüfung bei ausländischen Arbeitgebern nicht erfolgen und auch eine Prüfung ausländischer Arbeitgeber im Wege der Amtshilfe sei in der Praxis oftmals kaum möglich. Zudem handele es sich bei den Pauschalierungsmöglichkeiten nach § 40 Absatz 2 Satz 1 Nummern 3 und 4 EStG sowie § 40b EStG um Wahlrechte des Arbeitgebers, sodass auch nicht alle Arbeitnehmer inländischer Arbeitgeber hiervon profitierten.

---

*) Seit 1.1.2014 erste Tätigkeitsstätte statt Arbeitsstätte.
**) Jetzt § 8 Abs. 2 Satz 11 EStG.

§ 40a EStG
Pauschalierung der Lohnsteuer für Teilzeitbeschäftigte und geringfügig Beschäftigte

(1) ¹Der Arbeitgeber kann unter Verzicht auf den Abruf von elektronischen Lohnsteuerabzugsmerkmalen (§ 39e Absatz 4 Satz 2) oder die Vorlage einer Bescheinigung für den Lohnsteuerabzug (§ 39 Absatz 3 oder § 39e Absatz 7 oder Absatz 8) bei Arbeitnehmern, die nur kurzfristig beschäftigt werden, die Lohnsteuer mit einem Pauschsteuersatz von 25 Prozent des Arbeitslohns erheben. ²Eine kurzfristige Beschäftigung liegt vor, wenn der Arbeitnehmer bei dem Arbeitgeber gelegentlich, nicht regelmäßig wiederkehrend beschäftigt wird, die Dauer der Beschäftigung 18 zusammenhängende Arbeitstage nicht übersteigt und

1. der Arbeitslohn während der Beschäftigungsdauer 62 Euro durchschnittlich je Arbeitstag nicht übersteigt oder
2. die Beschäftigung zu einem unvorhersehbaren Zeitpunkt sofort erforderlich wird.

(2) Der Arbeitgeber kann unter Verzicht auf den Abruf von elektronischen Lohnsteuerabzugsmerkmalen (§ 39e Absatz 4 Satz 2) oder die Vorlage einer Bescheinigung für den Lohnsteuerabzug (§ 39 Absatz 3 oder § 39e Absatz 7 oder Absatz 8) die Lohnsteuer einschließlich Solidaritätszuschlag und Kirchensteuern (einheitliche Pauschsteuer) für das Arbeitsentgelt aus geringfügigen Beschäftigungen im Sinne des § 8 Absatz 1 Nummer 1 oder des § 8a des Vierten Buches Sozialgesetzbuch, für das er Beiträge nach § 168 Absatz 1 Nummer 1b oder 1c (geringfügig versicherungspflichtig Beschäftigte) oder nach § 172 Absatz 3 oder 3a (versicherungsfrei oder von der Versicherungspflicht befreite geringfügig Beschäftigte) oder nach § 276a Absatz 1 (versicherungsfrei geringfügig Beschäftigte) des Sechsten Buches Sozialgesetzbuch zu entrichten hat, mit einem einheitlichen Pauschsteuersatz in Höhe von insgesamt 2 Prozent des Arbeitsentgelts erheben.

(2a) Hat der Arbeitgeber in den Fällen des Absatzes 2 keine Beiträge nach § 168 Absatz 1 Nummer 1b oder 1c oder nach § 172 Absatz 3 oder 3a oder nach § 276a Absatz 1 des Sechsten Buches Sozialgesetzbuch zu entrichten, kann er unter Verzicht auf den Abruf von elektronischen Lohnsteuerabzugsmerkmalen (§ 39e Absatz 4 Satz 2) oder die Vorlage einer Bescheinigung für den Lohnsteuerabzug (§ 39 Absatz 3 oder § 39e Absatz 7 oder Absatz 8) die Lohnsteuer mit einem Pauschsteuersatz in Höhe von 20 Prozent des Arbeitsentgelts erheben.

(3) ¹Abweichend von den Absätzen 1 und 2a kann der Arbeitgeber unter Verzicht auf den Abruf von elektronischen Lohnsteuerabzugsmerkmalen (§ 39e Absatz 4 Satz 2) oder die Vorlage einer Bescheinigung für den Lohnsteuerabzug (§ 39 Absatz 3 oder § 39e Absatz 7 oder Absatz 8) bei Aushilfskräften, die in Betrieben der Land- und Forstwirtschaft im Sinne des § 13 Absatz 1 Nummer 1 bis 4 ausschließlich mit typisch land- oder forstwirtschaftlichen Arbeiten beschäftigt werden, die Lohnsteuer mit einem Pauschsteuersatz von 5 Prozent des Arbeitslohns erheben. ²Aushilfskräfte im Sinne dieser Vorschrift sind Personen, die für die Ausführung und für die Dauer von Arbeiten, die nicht ganzjährig anfallen, beschäftigt werden; eine Beschäftigung mit anderen land- und forstwirtschaftlichen Arbeiten ist unschädlich, wenn deren Dauer 25 Prozent der Gesamtbeschäftigungsdauer nicht überschreitet. ³Aushilfskräfte sind nicht Arbeitnehmer, die zu den land- und forstwirtschaftlichen Fachkräften gehören oder die der Arbeitgeber mehr als 180 Tage im Kalenderjahr beschäftigt.

(4) Die Pauschalierungen nach den Absätzen 1 und 3 sind unzulässig

1. bei Arbeitnehmern, deren Arbeitslohn während der Beschäftigungsdauer durchschnittlich je Arbeitsstunde 12 Euro übersteigt,
2. bei Arbeitnehmern, die für eine andere Beschäftigung von demselben Arbeitgeber Arbeitslohn beziehen, der nach § 39b oder § 39c dem Lohnsteuerabzug unterworfen wird.

(5) Auf die Pauschalierungen nach den Absätzen 1 bis 3 ist § 40 Absatz 3 anzuwenden.

(6) ¹Für die Erhebung der einheitlichen Pauschsteuer nach Absatz 2 ist die Deutsche Rentenversicherung Knappschaft-Bahn-See zuständig. ²Die Regelungen zum Steuerabzug vom Arbeitslohn sind entsprechend anzuwenden. ³Für die Anmeldung, Abführung und Vollstreckung der einheitlichen Pauschsteuer sowie die Erhebung eines Säumniszuschlags und das Mahnverfahren für die einheitliche Pauschsteuer gelten dabei die Regelungen für die Beiträge nach § 168 Absatz 1 Nummer 1b oder 1c oder nach § 172 Absatz 3 oder 3a oder nach § 276a Absatz 1 des Sechsten Buches Sozialgesetzbuch. ⁴Die Deutsche Rentenversicherung Knappschaft-Bahn-See hat die einheitliche Pauschsteuer auf die erhebungsberechtigten Körperschaften aufzuteilen; dabei entfallen aus Vereinfachungsgründen 90 Prozent der einheitlichen Pauschsteuer auf die Lohnsteuer, 5 Prozent auf den Solidaritätszuschlag und 5 Prozent auf die Kirchensteuern. ⁵Die erhebungsberechtigten Kirchen haben sich auf eine Aufteilung des Kirchensteueranteils zu verständigen und diesen der Deutschen Rentenversicherung Knappschaft-Bahn-See mitzuteilen. ⁶Die Deutsche Rentenversicherung Knappschaft-Bahn-See ist berechtigt, die einheitliche Pauschsteuer nach Absatz 2 zusammen mit den Sozialversicherungsbeiträgen beim Arbeitgeber einzuziehen.

R 40a.1
Kurzfristig Beschäftigte und Aushilfskräfte in der Land- und Forstwirtschaft

Allgemeines

(1) ¹Die Pauschalierung der Lohnsteuer nach § 40a EStG Abs. 1 und 3 ist sowohl für unbeschränkt als auch für beschränkt einkommensteuerpflichtige Aushilfskräfte zulässig. ²Bei der Prüfung der Voraussetzungen für die Pauschalierung ist von den Merkmalen auszugehen, die sich für das einzelne Dienstverhältnis ergeben. ³Es ist nicht zu prüfen, ob die Aushilfskraft noch in einem Dienstverhältnis zu einem anderen Arbeitgeber steht. ⁴Der Arbeitgeber darf die Pauschalbesteuerung nachholen, solange keine Lohnsteuerbescheinigung ausgeschrieben ist, eine Lohnsteuer-Anmeldung noch berichtigt werden kann und noch keine Festsetzungsverjährung eingetreten ist. ⁵Der Arbeitnehmer kann Aufwendungen, die mit dem pauschal besteuerten Arbeitslohn zusammenhängen, nicht als Werbungskosten abziehen.

Gelegentliche Beschäftigung

(2) ¹Als gelegentliche, nicht regelmäßig wiederkehrende Beschäftigung ist eine ohne feste Wiederholungsabsicht ausgeübte Tätigkeit anzusehen. ²Tatsächlich kann es zu Wiederholungen der Tätigkeit kommen. ³Entscheidend ist, dass die erneute Tätigkeit nicht bereits von vornherein vereinbart worden ist. ⁴Es kommt dann nicht darauf an, wie oft die Aushilfskräfte tatsächlich im Laufe des Jahres tätig werden. ⁵Ob sozialversicherungsrechtlich eine kurzfristige Beschäftigung vorliegt oder nicht, ist für die Pauschalierung nach § 40a Abs. 1 EStG ohne Bedeutung.

Unvorhersehbarer Zeitpunkt

(3) ¹§ 40a Abs. 1 Satz 2 Nr. 2 EStG setzt voraus, dass das Dienstverhältnis dem Ersatz einer ausgefallenen oder dem akuten Bedarf einer zusätzlichen Arbeitskraft dient. ²Die Beschäftigung von Aushilfskräften, deren Einsatzzeitpunkt längere Zeit vorher feststeht, z. B. bei Volksfesten oder Messen, kann grundsätzlich nicht als unvorhersehbar und sofort erforderlich angesehen werden; eine andere Beurteilung ist aber z. B. hinsichtlich solcher Aushilfskräfte möglich, deren Einstellung entgegen dem vorhersehbaren Bedarf an Arbeitskräften notwendig geworden ist.

Bemessungsgrundlage für die pauschale Lohnsteuer

(4) ¹Zur Bemessungsgrundlage der pauschalen Lohnsteuer gehören alle Einnahmen, die dem Arbeitnehmer aus der Aushilfsbeschäftigung zufließen (>§ 2 LStDV*)). ²Steuerfreie Einnahmen bleiben außer Betracht. ³Der Arbeitslohn darf für die Ermittlung der

---
*) Abgedruckt als Anhang 1 zum Handbuch.

§ 40a EStG
R 40a.1

pauschalen Lohnsteuer nicht um den Altersentlastungsbetrag (§ 24a EStG) gekürzt werden.

Pauschalierungsgrenzen

(5) ¹Bei der Prüfung der Pauschalierungsgrenzen des § 40a Abs. 1 und 3 EStG ist Absatz 4 entsprechend anzuwenden. ²Pauschal besteuerte Bezüge mit Ausnahme des § 40 Abs. 2 Satz 2 EStG sind bei der Prüfung der Pauschalierungsgrenzen zu berücksichtigen. ³Zur Beschäftigungsdauer gehören auch solche Zeiträume, in denen der Arbeitslohn wegen Urlaubs, Krankheit oder gesetzlicher Feiertage fortgezahlt wird.

Aushilfskräfte in der Land- und Forstwirtschaft

(6) ¹Eine Pauschalierung der Lohnsteuer nach § 40a Abs. 3 EStG für Aushilfskräfte in der Land- und Forstwirtschaft ist nur zulässig, wenn die Aushilfskräfte in einem Betrieb i.S.d. § 13 Abs. 1 EStG beschäftigt werden. ²Für Aushilfskräfte, die in einem Gewerbebetrieb i.S.d. § 15 EStG tätig sind, kommt die Pauschalierung nach § 40a Abs. 3 EStG selbst dann nicht in Betracht, wenn sie mit typisch land- und forstwirtschaftlichen Arbeiten beschäftigt werden; eine Pauschalierung der Lohnsteuer ist grundsätzlich zulässig, wenn ein Betrieb, der Land- und Forstwirtschaft betreibt, nur wegen seiner Rechtsform oder der Abfärbetheorie (§ 15 Abs. 3 Nr. 1 EStG) als Gewerbebetrieb gilt. ³Werden die Aushilfskräfte zwar in einem land- und forstwirtschaftlichen Betrieb i.S.d. § 13 Abs. 1 EStG beschäftigt, üben sie aber keine typische land- und forstwirtschaftliche Tätigkeit aus, z. B. Blumenbinder, Verkäufer, oder sind sie abwechselnd mit typisch land- und forstwirtschaftlichen und anderen Arbeiten betraut, z. B. auch im Gewerbebetrieb oder Nebenbetrieb desselben Arbeitgebers tätig, ist eine Pauschalierung der Lohnsteuer nach § 40a Abs. 3 EStG nicht zulässig.

H 40a.1
Hinweise zu R 40a.1
Kurzfristig Beschäftigte und Aushilfskräfte in der Land- und Forstwirtschaft

Abwälzung der pauschalen Lohnsteuer

>BMF vom 10.1.2000 (BStBl. I S. 138)*)

Arbeitstag

Als Arbeitstag i. S. d. § 40a Abs. 1 Satz 2 Nr. 1 EStG ist grundsätzlich der Kalendertag zu verstehen. Arbeitstag kann jedoch auch eine auf zwei Kalendertage fallende Nachtschicht sein (>BFH vom 28.1.1994 – BStBl. II S. 421).

Arbeitsstunde

Arbeitsstunde i. S. d. § 40a Abs. 4 Nr. 1 EStG ist die Zeitstunde. Wird der Arbeitslohn für kürzere Zeiteinheiten gezahlt, z. B. für 45 Minuten, ist der Lohn zur Prüfung der Pauschalierungsgrenze nach § 40a Abs. 4 Nr. 1 EStG entsprechend umzurechnen (>BFH vom 10.8.1990 – BStBl. II S. 1092).

Aufzeichnungspflichten

– >§ 4 Abs. 2 Nr. 8 vorletzter Satz LStDV**)
– Als Beschäftigungsdauer ist jeweils die Zahl der tatsächlichen Arbeitsstunden (= 60 Minuten) in dem jeweiligen Lohnzahlungs- oder Lohnabrechnungszeitraum aufzuzeichnen (>BFH vom 10.9.1976 – BStBl. 1977 II S. 17).
– Bei fehlenden oder fehlerhaften Aufzeichnungen ist die Lohnsteuerpauschalierung zulässig, wenn die Pauschalierungsvoraussetzungen auf andere Weise, z. B. durch Arbeitsnachweise, Zeitkontrollen, Zeugenaussagen, nachgewiesen oder glaubhaft gemacht werden (>BFH vom 12.6.1986 – BStBl. II S. 681).

Fehlerhafte Pauschalversteuerung

Eine fehlerhafte Pauschalbesteuerung ist für die Veranlagung zur Einkommensteuer nicht bindend (>BFH vom 10.6.1988 – BStBl. II S. 981).

Kirchensteuer bei Pauschalierung der Lohnsteuer

>Gleich lautende Ländererlasse vom 23.10.2012 (BStBl. I S. 1083)***)

Land- und Forstwirtschaft

– Abgrenzung Gewerbebetrieb – Betrieb der Land- und Forstwirtschaft >R 15.5 EStR
– Die Pauschalierung nach § 40a Abs. 3 EStG ist zulässig, wenn ein Betrieb, der Land- und Forstwirtschaft betreibt, ausschließlich wegen seiner Rechtsform als Gewerbebetrieb gilt (>BFH vom 5.9.1980 – BStBl. 1981 II S. 76). Entsprechendes gilt, wenn der Betrieb nur wegen § 15 Abs. 3 Nr. 1 EStG (Abfärbetheorie) als Gewerbebetrieb anzusehen ist (>BFH vom 14.9.2005 – BStBl. 2006 II S. 92).
– Die Pauschalierung der Lohnsteuer nach § 40a Abs. 3 EStG ist nicht zulässig, wenn der Betrieb infolge erheblichen Zukaufs fremder Erzeugnisse aus dem Tätigkeitsbereich des § 13 Abs. 1 EStG ausgeschieden und einheitlich als Gewerbebetrieb zu beurteilen ist. Etwas anderes gilt auch nicht für Neben- oder Teilbetriebe, die für sich allein die Merkmale eines land- und forstwirtschaftlichen Betriebs erfüllen (>BFH vom 3.8.1990 – BStBl. II S. 1002).

Land- und forstwirtschaftliche Arbeiten

Das Schälen von Spargel durch Aushilfskräfte eines landwirtschaftlichen Betriebs zählt nicht zu den typisch land- und forstwirtschaftlichen Arbeiten i. S. d. § 40a Abs. 3 Satz 1 EStG (>BFH vom 8.5.2008 – BStBl. 2009 II S. 40).

Land- und forstwirtschaftliche Fachkraft

– Ein Arbeitnehmer, der die Fertigkeiten für eine land- oder forstwirtschaftliche Tätigkeit im Rahmen einer Berufsausbildung erlernt hat, gehört zu den Fachkräften, ohne dass es darauf ankommt, ob die durchgeführten Arbeiten den Einsatz einer Fachkraft erfordern (>BFH vom 25.10.2005 – BStBl. 2006 II S. 208).
– Hat ein Arbeitnehmer die erforderlichen Fertigkeiten nicht im Rahmen einer Berufsausbildung erworben, gehört er nur dann zu den land- und forstwirtschaftlichen Fachkräften, wenn er anstelle einer Fachkraft eingesetzt ist (>BFH vom 25.10.2005 – BStBl. 2006 II S. 208).
– Ein Arbeitnehmer ist anstelle einer land- und forstwirtschaftlichen Fachkraft eingesetzt, wenn mehr als 25 % der zu beurteilenden Tätigkeit Fachkraft-Kenntnisse erfordern (>BFH vom 25.10.2005 – BStBl. 2006 II S. 208).
– Traktorführer sind jedenfalls dann als Fachkräfte und nicht als Aushilfskräfte zu beurteilen, wenn sie den Traktor als Zugfahrzeug mit landwirtschaftlichen Maschinen führen (>BFH vom 25.10.2005 – BStBl. 2006 II S. 204).

Land- und forstwirtschaftliche Saisonarbeiten

– Land- und forstwirtschaftliche Arbeiten fallen nicht ganzjährig an, wenn sie wegen der Abhängigkeit vom Lebensrhythmus der produzierten Pflanzen oder Tiere einen erkennbaren Abschluss in sich tragen. Dementsprechend können darunter auch Arbeiten fallen, die im Zusammenhang mit der Viehhaltung stehen (>BFH vom 25.10.2005 – BStBl. 2006 II S. 206).
– Wenn die Tätigkeit des Ausmistens nicht laufend, sondern nur im Zusammenhang mit dem einmal jährlich erfolgenden Vieh-Austrieb auf die Weide möglich ist, handelt es sich um eine nicht ganzjährig anfallende Arbeit. Unschädlich ist, dass ähnliche Tätigkeiten bei anderen Bewirtschaftungsformen ganzjährig anfallen können (>BFH vom 25.10.2005 – BStBl. 2006 II S. 206).
– Reinigungsarbeiten, die ihrer Art nach während des ganzen Jahres anfallen (hier: Reinigung der Güllekanäle und Herausnahme der Güllespalten), sind nicht vom Lebensrhythmus der produzierten Pflanzen oder Tiere abhängig und sind daher keine saisonbedingten Arbeiten (>BFH vom 25.10.2005 – BStBl. 2006 II S. 204).

---

*) Abgedruckt als Anlage 2 zu H 40.2 LStR.
**) Abgedruckt als Anhang 1 zum Handbuch.
***) Abgedruckt als Anlage 1 zu H 40a.1 LStR.

– Die Unschädlichkeitsgrenze von 25 % der Gesamtbeschäftigungsdauer bezieht sich auf ganzjährig anfallende land- und forstwirtschaftliche Arbeiten. Für andere land- und forstwirtschaftliche Arbeiten gilt sie nicht (>BFH vom 25.10.2005 – BStBl. 2006 II S. 206).

Nachforderung pauschaler Lohnsteuer

Die Nachforderung pauschaler Lohnsteuer beim Arbeitgeber setzt voraus, dass dieser der Pauschalierung zustimmt (>BFH vom 20.11.2008 – BStBl. 2009 II S. 374).

Nebenbeschäftigung für denselben Arbeitgeber

Übt der Arbeitnehmer für denselben Arbeitgeber neben seiner Haupttätigkeit eine Nebentätigkeit mit den Merkmalen einer kurzfristigen Beschäftigung oder Aushilfskraft aus, ist die Pauschalierung der Lohnsteuer nach § 40a Abs. 1 und 3 EStG ausgeschlossen (>§ 40a Abs. 4 Nr. 2 EStG).

Ruhegehalt neben kurzfristiger Beschäftigung

In einer kurzfristigen Beschäftigung kann die Lohnsteuer auch dann pauschaliert werden, wenn der Arbeitnehmer vom selben Arbeitgeber ein betriebliches Ruhegeld bezieht, das dem normalen Lohnsteuerabzug unterliegt (>BFH vom 27.7.1990 – BStBl. II S. 931).

Anlage 1
zu H 40a.1

Kirchensteuer bei Pauschalierung der Lohnsteuer

Gleich lautende Ländererlasse vom 23.10.2012 (BStBl. I S. 1083)

In den Fällen der Pauschalierung der Lohnsteuer nach Maßgabe der § 40, § 40a Abs. 1, 2a und 3 und § 40b EStG kann der Arbeitgeber bei der Erhebung der Kirchensteuer zwischen einem vereinfachten Verfahren und einem Nachweisverfahren wählen. Diese Wahl kann der Arbeitgeber sowohl für jeden Lohnsteuer-Anmeldungszeitraum als auch für die jeweils angewandte Pauschalierungsvorschrift und darüber hinaus für die in den einzelnen Rechtsvorschriften aufgeführten Pauschalierungstatbestände unterschiedlich treffen. Im Einzelnen gilt Folgendes:

1. Entscheidet sich der Arbeitgeber für die Vereinfachungsregelung, hat er in allen Fällen der Pauschalierung der Lohnsteuer für sämtliche Arbeitnehmer Kirchensteuer zu entrichten. Dabei ist ein ermäßigter Steuersatz anzuwenden, der in pauschaler Weise dem Umstand Rechnung trägt, dass nicht alle Arbeitnehmer Angehörige einer steuererhebenden Religionsgemeinschaft sind.

   Die im vereinfachten Verfahren ermittelten Kirchensteuern sind in der Lohnsteuer-Anmeldung bei Kennzahl 47 gesondert anzugeben. Die Aufteilung auf die steuererhebenden Religionsgemeinschaften wird von der Finanzverwaltung übernommen.

2. a) Macht der Arbeitgeber Gebrauch von der ihm zustehenden Nachweismöglichkeit, dass einzelne Arbeitnehmer keiner steuererhebenden Religionsgemeinschaft angehören, kann er hinsichtlich dieser Arbeitnehmer von der Entrichtung der auf die pauschale Lohnsteuer entfallende Kirchensteuer absehen; für die übrigen Arbeitnehmer gilt der allgemeine Kirchensteuersatz.

   b) Als Beleg für die Nichtzugehörigkeit zu einer steuererhebenden Religionsgemeinschaft dienen in den Fällen des § 40 und § 40b EStG grundsätzlich die vom Arbeitgeber beim Bundeszentralamt für Steuern abgerufenen elektronischen Lohnsteuerabzugsmerkmale (ELStAM) oder ein Vermerk des Arbeitgebers, dass der Arbeitnehmer seine Nichtzugehörigkeit zu einer steuererhebenden Religionsgemeinschaft mit der vom Finanzamt ersatzweise ausgestellten Bescheinigung für den Lohnsteuerabzug nachgewiesen hat. Liegen dem Arbeitgeber diese amtlichen Nachweise nicht vor, bedarf es zumindest einer schriftlichen Erklärung des Arbeitnehmers nach beigefügtem Muster; in den Fällen des § 40a Abs. 1, 2a und 3 EStG genügt als Nachweis eine Erklärung nach beigefügtem Muster.

   Der Nachweis über die fehlende Kirchensteuerpflicht des Arbeitnehmers muss vom Arbeitnehmer als Beleg zum Lohnkonto aufbewahrt werden.

   c) Die auf die kirchensteuerpflichtigen Arbeitnehmer entfallende pauschale Lohnsteuer hat der Arbeitgeber anhand des in den Lohnkonten aufzuzeichnenden Religionsbekenntnisses zu ermitteln; führt der Arbeitgeber ein Sammelkonto (§ 4 Abs. 2 Nr. 8 Satz 2 LStDV*)) oder in den Fällen des § 40a EStG entsprechende Aufzeichnungen, hat er dort das Religionsbekenntnis der betroffenen Arbeitnehmer anzugeben.

   Kann der Arbeitgeber die auf den einzelnen kirchensteuerpflichtigen Arbeitnehmer entfallende pauschale Lohnsteuer nicht ermitteln, kann er aus Vereinfachungsgründen die gesamte pauschale Lohnsteuer im Verhältnis der kirchensteuerpflichtigen zu den nicht kirchensteuerpflichtigen Arbeitnehmern aufteilen; der auf die kirchensteuerpflichtigen Arbeitnehmer entfallende Anteil ist Bemessungsgrundlage für die Anwendung des allgemeinen Kirchensteuersatzes. Die so ermittelte Kirchensteuer ist im Verhältnis der Konfessions- bzw. Religionszugehörigkeit der kirchensteuerpflichtigen Arbeitnehmer aufzuteilen.

   Die im Nachweisverfahren ermittelten Kirchensteuern sind in der Lohnsteuer-Anmeldung unter der jeweiligen Kirchensteuer-Kennzahl (z. B. 61, 62) anzugeben.

3. Die Höhe der Kirchensteuersätze ergibt sich sowohl bei Anwendung der Vereinfachungsregelung (Nr. 1) als auch im Nachweisverfahren (Nr. 2) aus den Kirchensteuerbeschlüssen der steuererhebenden Religionsgemeinschaften. Die in den jeweiligen Ländern geltenden Regelungen werden für jedes Kalenderjahr im Bundessteuerblatt Teil I veröffentlicht.

4. Dieser Erlass ist erstmals anzuwenden
   – bei laufendem Arbeitslohn, der für einen nach dem 31. Dezember 2012 endenden Lohnzahlungszeitraum gezahlt wird, und
   – bei sonstigen Bezügen, die nach dem 31. Dezember 2012 zufließen.

   Er ersetzt den Bezugserlass. Solange der Arbeitgeber das ELStAM-Verfahren noch nicht anwendet, ist nach dem Erlass vom 17.11.2006 (BStBl. I S. 716) zu verfahren.

Anlage

Muster

Erklärung gegenüber dem Betriebsstättenfinanzamt zur Religionszugehörigkeit für die Erhebung der pauschalen Lohnsteuer nach § 40, § 40a Abs. 1, 2a und 3 und § 40b EStG**)

Finanzamt ....

Arbeitgeber:
Name der Firma ....
Anschrift ....

Arbeitnehmer:
Name, Vorname ....
Anschrift ....

Ich, der vorbezeichnete Arbeitnehmer erkläre, dass ich

☐ bereits zu Beginn meiner Beschäftigung bei dem oben genannten Arbeitgeber

☐ seit dem ....

keiner Religionsgemeinschaft angehöre, die Kirchensteuer erhebt.

Ich versichere, die Angaben in dieser Erklärung wahrheitsgemäß nach bestem Wissen und Gewissen gemacht zu haben und werde den Eintritt in eine steuererhebende Religionsgemeinschaft dem Arbeitgeber unverzüglich anzeigen. Mir ist bekannt, dass die Erklärung als Grundlage für das Besteuerungsverfahren dient und meinen Arbeitgeber berechtigt, von der Entrichtung der Kirchensteuer auf den Arbeitslohn abzusehen.

....
Ort, Datum   Unterschrift des Arbeitnehmers

Diese und jede weitere Erklärung über den Beitritt zu einer steuererhebenden Religionsgemeinschaft sind vom Arbeitgeber zum Lohnkonto zu nehmen.

---
*) Abgedruckt als Anhang 1 zum Handbuch.
**) Nach R 41.1 Abs. 4 Satz 3 EStG ist das amtliche Muster in den Fällen des § 40 Abs. 1, 2a und 3 EStG als Beleg verwendbar.

§ 40a EStG
R 40a.2

Anlage 2
zu H 40a.1

Abwälzung der pauschalen Lohnsteuer und Annexsteuern auf den Arbeitnehmer nach dem Steuerentlastungsgesetz 1999/ 2000/2002

BMF-Schreiben vom 10.1.2000 (BStBl. I S. 138)
– Auszug –

Abgedruckt als Anlage 2 zu H 40.2.

R 40a.2
Geringfügig entlohnte Beschäftigte

¹Die Erhebung der einheitlichen Pauschsteuer nach § 40a Abs. 2 EStG knüpft allein an die sozialversicherungsrechtliche Beurteilung als geringfügige Beschäftigung an und kann daher nur dann erfolgen, wenn der Arbeitgeber einen pauschalen Beitrag zur gesetzlichen Rentenversicherung von 15 % bzw. 5 % (geringfügig Beschäftigte im Privathaushalt) zu entrichten hat. ²Die Pauschalierung der Lohnsteuer nach § 40a Abs. 2a EStG kommt in Betracht, wenn der Arbeitgeber für einen geringfügig Beschäftigten nach §§ 8 Abs. 1 Nr. 1, 8a SGB IV keinen pauschalen Beitrag zur gesetzlichen Rentenversicherung zu entrichten hat (z. B. aufgrund der Zusammenrechnung mehrerer geringfügiger Beschäftigungsverhältnisse). ³Bemessungsgrundlage für die einheitliche Pauschsteuer (§ 40a Abs. 2 EStG) und den Pauschsteuersatz nach § 40a Abs. 2a EStG ist das sozialversicherungsrechtliche Arbeitsentgelt, unabhängig davon, ob es steuerpflichtiger oder steuerfreier Arbeitslohn ist. ⁴Für Lohnbestandteile, die nicht zum sozialversicherungsrechtlichen Arbeitsentgelt gehören, ist die Lohnsteuerpauschalierung nach § 40a Abs. 2 und 2a EStG nicht zulässig; sie unterliegen der Lohnsteuererhebung nach den allgemeinen Regelungen.

H 40a.2
Hinweise zu R 40a.2
Geringfügig entlohnte Beschäftigte

Wechsel zwischen Pauschalversteuerung und Regelbesteuerung

– Es ist nicht zulässig, im Laufe eines Kalenderjahres zwischen der Regelbesteuerung und der Pauschalbesteuerung zu wechseln, wenn dadurch allein die Ausnutzung der mit Einkünften aus nichtselbständiger Arbeit verbundenen Frei- und Pauschbeträge erreicht werden soll (>BFH vom 20.12.1991 – BStBl. 1992 II S. 695).

– Ein Arbeitgeber ist weder unter dem Gesichtspunkt des Rechtsmissbrauchs noch durch die Zielrichtung des § 40a EStG gehindert, nach Ablauf des Kalenderjahres die Pauschalversteuerung des Arbeitslohnes für die in seinem Betrieb angestellte Ehefrau rückgängig zu machen und zur Regelbesteuerung überzugehen (>BFH vom 26.11.2003 – BStBl. 2004 II S. 195).

§ 40b EStG*)
Pauschalierung der Lohnsteuer bei bestimmten Zukunftssicherungsleistungen

(1) Der Arbeitgeber kann die Lohnsteuer von den Zuwendungen zum Aufbau einer nicht kapitalgedeckten betrieblichen Altersversorgung an eine Pensionskasse mit einem Pauschsteuersatz von 20 Prozent der Zuwendungen erheben.

(2) ¹Absatz 1 gilt nicht, soweit die zu besteuernden Zuwendungen des Arbeitgebers für den Arbeitnehmer 1 752 Euro im Kalenderjahr übersteigen oder nicht aus seinem ersten Dienstverhältnis bezogen werden. ²Sind mehrere Arbeitnehmer gemeinsam in der Pensionskasse versichert, so gilt als Zuwendung für den einzelnen Arbeitnehmer der Teilbetrag, der sich bei einer Aufteilung der gesamten Zuwendungen durch die Zahl der begünstigten Arbeitnehmer ergibt, wenn dieser Teilbetrag 1 752 Euro nicht übersteigt; hierbei sind Arbeitnehmer, für die Zuwendungen von mehr als 2 148 Euro im Kalenderjahr geleistet werden, nicht einzubeziehen. ³Für Zuwendungen, die der Arbeitgeber für den Arbeitnehmer aus Anlass der Beendigung des Dienstverhältnisses erbracht hat, vervielfältigt sich der Betrag von 1 752 Euro mit der Anzahl der Kalenderjahre, in denen das Dienstverhältnis des Arbeitnehmers zu dem Arbeitgeber bestanden hat; in diesem Fall ist Satz 2 nicht anzuwenden. ⁴Der vervielfältigte Betrag vermindert sich um die nach Absatz 1 pauschal besteuerten Zuwendungen, die der Arbeitgeber in dem Kalenderjahr, in dem das Dienstverhältnis beendet wird, und in den sechs vorangegangenen Kalenderjahren erbracht hat.

(3) Von den Beiträgen für eine Unfallversicherung des Arbeitnehmers kann der Arbeitgeber die Lohnsteuer mit einem Pauschsteuersatz von 20 Prozent der Beiträge erheben, wenn mehrere Arbeitnehmer gemeinsam in einem Unfallversicherungsvertrag versichert sind und der Teilbetrag, der sich bei einer Aufteilung der gesamten Beiträge nach Abzug der Versicherungsteuer durch die Zahl der begünstigten Arbeitnehmer ergibt, 62 Euro im Kalenderjahr nicht übersteigt.

(4) In den Fällen des § 19 Absatz 1 Satz 1 Nummer 3 Satz 2 hat der Arbeitgeber die Lohnsteuer mit einem Pauschsteuersatz in Höhe von 15 Prozent der Sonderzahlungen zu erheben.

(5) ¹§ 40 Absatz 3 ist anzuwenden. ²Die Anwendung des § 40 Absatz 1 Satz 1 Nummer 1 auf Bezüge im Sinne des Absatzes 1, des Absatzes 3 und des Absatzes 4 ist ausgeschlossen.

R 40b.1
Pauschalierung der Lohnsteuer bei Beiträgen zu Direktversicherungen und Pensionskassen für Versorgungszusagen, die vor dem 1. Januar 2005 erteilt wurden

Direktversicherung

(1) ¹Eine Direktversicherung ist eine Lebensversicherung auf das Leben des Arbeitnehmers, die durch den Arbeitgeber bei einem inländischen oder ausländischen Versicherungsunternehmen abgeschlossen worden ist und bei der der Arbeitnehmer oder seine Hinterbliebenen hinsichtlich der Versorgungsleistungen des Versicherers ganz oder teilweise bezugsberechtigt sind (>§ 1b Abs. 2 Satz 1 BetrAVG)**). ²Dasselbe gilt für eine Lebensversicherung auf das Leben des Arbeitnehmers, die nach Abschluss durch den Arbeitnehmer vom Arbeitgeber übernommen worden ist. ³Der Abschluss einer Lebensversicherung durch eine mit dem Arbeitgeber verbundene Konzerngesellschaft schließt die Anerkennung als Direktversicherung nicht aus, wenn der Anspruch auf die Versicherungsleistungen durch das Dienstverhältnis veranlasst ist und der Arbeitgeber die Beitragslast trägt. ⁴Als Versorgungsleistungen können Leistungen der Alters-, Invaliditäts- oder Hinterbliebenenversorgung in Betracht kommen.

(2) ¹Es ist grundsätzlich gleichgültig, ob es sich um Kapitalversicherungen einschließlich Risikoversicherungen, um Rentenversicherungen oder fondsgebundene Lebensversicherungen handelt. ²Kapitallebensversicherungen mit steigender Todesfallleistung sind als Direktversicherung anzuerkennen, wenn zu Beginn der Versicherung eine Todesfallleistung von mindestens 10% der Kapitalleistung im Erlebensfall vereinbart und der Versicherungsvertrag vor dem 1.8.1994 abgeschlossen worden ist. ³Bei einer nach dem 31.7.1994 abgeschlossenen Kapitallebensversicherung ist Voraussetzung für die Anerkennung, dass die Todesfallleistung über die gesamte Versicherungsdauer mindestens 50% der für den Erlebensfall vereinbarten Kapitalleistung beträgt. ⁴Eine nach dem 31.12.1996 abgeschlossene Kapitallebensversicherung ist als Direktversicherung anzuerkennen, wenn die Todesfallleistung während der gesamten Laufzeit des Versicherungsvertrags mindestens 60% der Summe der Beiträge beträgt, die nach dem Versicherungsvertrag für die gesamte Vertragsdauer zu zahlen sind. ⁵Kapitalversicherungen mit einer Vertragsdauer von weniger als 5 Jahren können nicht anerkannt werden, es sei denn, dass sie im Rahmen einer Gruppenversicherung nach dem arbeitsrechtlichen Grundsatz der Gleichbehandlung abgeschlossen worden sind. ⁶Dasselbe gilt für Rentenversicherungen mit Kapitalwahlrecht, bei denen das Wahlrecht innerhalb von 5 Jahren nach Vertragsabschluss wirksam werden kann, und für Beitragserhöhungen bei bereits bestehenden Kapitalversicherungen mit einer Restlaufzeit von weniger als 5 Jahren; aus Billigkeitsgründen können Beitragserhöhungen anerkannt werden, wenn sie im Zusammenhang mit der Anhebung der Pauschalierungsgrenzen durch das Steuer-Euroglättungsgesetz erfolgt sind. ⁷Unfallversicherungen sind keine Lebensversicherungen, auch wenn bei Unfall mit Todesfolge eine Leistung vorgesehen ist. ⁸Dagegen gehören Unfallzusatzversicherungen und Berufsunfähigkeitszusatzversicherungen, die im Zusammenhang mit Lebensversicherungen abgeschlossen werden, sowie selbständige Berufsunfähigkeitsversicherungen und Unfallversicherungen mit Prämienrückgewähr, bei denen der Arbeitnehmer Anspruch auf die Prämienrückgewähr hat, zu den Direktversicherungen. ⁹Die Bezugsberechtigung des Arbeitnehmers oder seiner Hinterbliebenen muss vom Versicherungsnehmer (Arbeitgeber) der Versicherungsgesellschaft gegenüber erklärt werden (>§ 159 VVG). ¹⁰Die Bezugsberechtigung kann widerruflich oder unwiderruflich sein; bei widerruflicher Bezugsberechtigung sind die Bedingungen eines Widerrufs steuerlich unbeachtlich. ¹¹Unbeachtlich ist auch, ob die Anwartschaft des Arbeitnehmers arbeitsrechtlich bereits unverfallbar ist.

Rückdeckungsversicherung

(3) ¹Für die Abgrenzung zwischen einer Direktversicherung und einer Rückdeckungsversicherung, die vom Arbeitgeber abgeschlossen wird und die nur dazu dient, dem Arbeitgeber die Mittel zur

---

*) § 40b Abs. 1 und 2 EStG in der am 31. Dezember 2004 geltenden Fassung ist **weiter anzuwenden** auf Beiträge für eine Direktversicherung des Arbeitnehmers und Zuwendungen an eine Pensionskasse, die aufgrund einer Versorgungszusage geleistet werden, die vor dem 1. Januar 2005 erteilt wurde. Sofern die Beiträge für eine Direktversicherung die Voraussetzungen des § 3 Nr. 63 EStG erfüllen, gilt dies nur, wenn der Arbeitnehmer nach Absatz 4 gegenüber dem Arbeitgeber für diese Beiträge auf die Anwendung des § 3 Nr. 63 EStG verzichtet hat (§ 52 Abs. 40 EStG).
§ 40b Abs. 1 und 2 in der am 31. Dezember 2004 geltenden Fassung lauten:

§ 40b EStG

(1) ¹Der Arbeitgeber kann die Lohnsteuer von den Beiträgen für eine Direktversicherung des Arbeitnehmers und von den Zuwendungen an eine Pensionskasse mit einem Pauschsteuersatz von 20 vom Hundert der Beiträge und Zuwendungen erheben. ²Die pauschale Erhebung der Lohnsteuer von Beiträgen für eine Direktversicherung ist nur zulässig, wenn die Versicherung nicht auf den Erlebensfall eines früheren als des 60. Lebensjahres abgeschlossen und eine vorzeitige Kündigung des Versicherungsvertrags durch den Arbeitnehmer ausgeschlossen worden ist.
(2) ¹Absatz 1 gilt nicht, soweit die zu besteuernden Beiträge und Zuwendungen des Arbeitgebers für den Arbeitnehmer 1752 Euro im Kalenderjahr übersteigen oder nicht aus seinem ersten Dienstverhältnis bezogen werden. ²Sind mehrere Arbeitnehmer gemeinsam in einem Direktversicherungsvertrag oder in einer Pensionskasse versichert, so gilt als Beitrag oder Zuwendung für den einzelnen Arbeitnehmer der Teilbetrag, der sich bei einer Aufteilung der gesamten Beiträge oder der gesamten Zuwendungen durch die Zahl der begünstigten Arbeitnehmer ergibt, wenn dieser Teilbetrag 1752 Euro nicht übersteigt; hierbei sind Arbeitnehmer, für die Beiträge und Zuwendungen von mehr als 2148 Euro im Kalenderjahr geleistet werden, nicht einzubeziehen. ³Für Beiträge und Zuwendungen, die der Arbeitgeber für den Arbeitnehmer aus Anlass der Beendigung des Dienstverhältnisses erbracht hat, vervielfältigt sich der Betrag von 1752 Euro mit der Anzahl der Kalenderjahre, in denen das Dienstverhältnis des Arbeitnehmers zu dem Arbeitgeber bestanden hat; in diesem Fall ist Satz 2 nicht anzuwenden. ⁴Der vervielfältigte Betrag vermindert sich um die nach Absatz 1 pauschal besteuerten Beiträge und Zuwendungen, die der Arbeitgeber in dem Kalenderjahr, in dem das Dienstverhältnis beendet wird, und in den sechs vorangegangenen Kalenderjahren erbracht hat.

**) Abgedruckt als Anhang 13 zum Handbuch.

§ 40b EStG
R 40b.1

Leistung einer dem Arbeitnehmer zugesagten Versorgung zu verschaffen, sind regelmäßig die zwischen Arbeitgeber und Arbeitnehmer getroffenen Vereinbarungen (Innenverhältnis) maßgebend und nicht die Abreden zwischen Arbeitgeber und Versicherungsunternehmen (Außenverhältnis). ²Deshalb kann eine Rückdeckungsversicherung steuerlich grundsätzlich nur anerkannt werden, wenn die nachstehenden Voraussetzungen sämtlich erfüllt sind:

1. Der Arbeitgeber hat dem Arbeitnehmer eine Versorgung aus eigenen Mitteln zugesagt, z. B. eine Werkspension.
2. Zur Gewährleistung der Mittel für diese Versorgung hat der Arbeitgeber eine Versicherung abgeschlossen, zu der der Arbeitnehmer keine eigenen Beiträge i.S.d. § 2 Abs. 2 Nr. 2 Satz 2 LStDV*) leistet.
3. ¹Nur der Arbeitgeber, nicht aber der Arbeitnehmer erlangt Ansprüche gegen die Versicherung. ²Unschädlich ist jedoch die Verpfändung der Ansprüche aus der Rückdeckungsversicherung an den Arbeitnehmer, weil dieser bei einer Verpfändung gegenwärtig keine Rechte erwirbt, die ihm einen Zugriff auf die Versicherung und die darin angesammelten Werte ermöglichen. ³Entsprechendes gilt für eine aufschiebend bedingte Abtretung des Rückdeckungsanspruchs, da die Abtretung rechtlich erst wirksam wird, wenn die Bedingung eintritt (§ 158 Abs. 1 BGB), und für die Abtretung des Rückdeckungsanspruchs zahlungshalber im Falle der Liquidation oder der Vollstreckung in die Versicherungsansprüche durch Dritte.

³Wird ein Anspruch aus einer Rückdeckungsversicherung ohne Entgelt auf den Arbeitnehmer übertragen oder eine bestehende Rückdeckungsversicherung in eine Direktversicherung umgewandelt, fließt dem Arbeitnehmer im Zeitpunkt der Übertragung bzw. Umwandlung ein lohnsteuerpflichtiger geldwerter Vorteil zu, der grundsätzlich dem geschäftsplanmäßigen Deckungskapital zuzüglich einer bis zu diesem Zeitpunkt zugeteilten Überschussbeteiligung i.S.d. § 153 VVG der Versicherung entspricht; § 3 Nr. 65 Satz 1 Buchstabe c EStG ist nicht anwendbar. ⁴Entsprechendes gilt, wenn eine aufschiebend bedingte Abtretung rechtswirksam wird (>Satz 2 Nr. 3).

Pensionskasse

(4) ¹Als Pensionskassen sind sowohl rechtsfähige Versorgungseinrichtungen i.S.d. § 1b Abs. 3 Satz 1 BetrAVG**) als auch nicht rechtsfähige Zusatzversorgungseinrichtungen des öffentlichen Dienstes i.S.d. § 18 BetrAVG**) anzusehen, die den Leistungsberechtigten, insbesondere Arbeitnehmern und deren Hinterbliebenen, auf ihre Versorgungsleistungen einen Rechtsanspruch gewähren. ²Es ist gleichgültig, ob die Kasse ihren Sitz oder ihre Geschäftsleitung innerhalb oder außerhalb des Geltungsbereichs des Einkommensteuergesetzes hat. ³Absatz 1 Satz 4 gilt sinngemäß.

Barlohnkürzung

(5) Für die Lohnsteuerpauschalierung nach § 40b EStG kommt es nicht darauf an, ob die Beiträge oder Zuwendungen zusätzlich zum ohnehin geschuldeten Arbeitslohn oder aufgrund einer Vereinbarung mit dem Arbeitnehmer durch Herabsetzung des individuell zu besteuernden Arbeitslohns erbracht werden.

Voraussetzungen der Pauschalierung

(6) ¹Die Lohnsteuerpauschalierung setzt bei Beiträgen für eine Direktversicherung voraus, dass

1. die Versicherung nicht auf den Erlebensfall eines früheren als des 60. Lebensjahrs des Arbeitnehmers abgeschlossen,
2. die Abtretung oder Beleihung eines dem Arbeitnehmer eingeräumten unwiderruflichen Bezugsrechts in dem Versicherungsvertrag ausgeschlossen und
3. eine vorzeitige Kündigung des Versicherungsvertrags durch den Arbeitnehmer ausgeschlossen

worden ist. ²Der Versicherungsvertrag darf keine Regelung enthalten, nach der die Versicherungsleistung für den Erlebensfall vor Ablauf des 59. Lebensjahres fällig werden könnte. ³Lässt der Versicherungsvertrag z. B. die Möglichkeit, Gewinnanteile zur Abkürzung der Versicherungsdauer zu verwenden, so muss die Laufzeitverkürzung bis zur Vollendung des 59. Lebensjahrs begrenzt sein. ⁴Der Ausschluss einer vorzeitigen Kündigung des Versicherungsvertrags ist anzunehmen, wenn in dem Versicherungsvertrag zwischen dem Arbeitgeber als Versicherungsnehmer und dem Versicherer folgende Vereinbarung getroffen worden ist:

> „Es wird unwiderruflich vereinbart, dass während der Dauer des Dienstverhältnisses eine Übertragung der Versicherungsnehmer-Eigenschaft und eine Abtretung von Rechten aus diesem Vertrag auf den versicherten Arbeitnehmer bis zu dem Zeitpunkt, in dem der versicherte Arbeitnehmer sein 59. Lebensjahr vollendet, insoweit ausgeschlossen ist, als die Beiträge vom Versicherungsnehmer (Arbeitgeber) entrichtet worden sind."

⁵Wird anlässlich der Beendigung des Dienstverhältnisses die Direktversicherung auf den ausscheidenden Arbeitnehmer übertragen, bleibt die Pauschalierung der Direktversicherungsbeiträge in der Vergangenheit hiervon unberührt. ⁶Das gilt unabhängig davon, ob der Arbeitnehmer den Direktversicherungsvertrag auf einen neuen Arbeitgeber überträgt, selbst fortführt oder kündigt. ⁷Es ist nicht Voraussetzung, dass die Zukunftssicherungsleistungen in einer größeren Zahl von Fällen erbracht werden.

Bemessungsgrundlage der pauschalen Lohnsteuer

(7) ¹Die pauschale Lohnsteuer bemisst sich grundsätzlich nach den tatsächlichen Leistungen, die der Arbeitgeber für den einzelnen Arbeitnehmer erbringt. ²Bei einer Verrechnung des Tarifbeitrags mit Überschussanteilen stellt deshalb der ermäßigte Beitrag die Bemessungsgrundlage für die pauschale Lohnsteuer dar. ³Wird für mehrere Arbeitnehmer gemeinsam eine pauschale Leistung erbracht, bei der der Teil, der auf den einzelnen Arbeitnehmer entfällt, nicht festgestellt werden kann, ist dem einzelnen Arbeitnehmer der Teil der Leistung zuzurechnen, der sich bei einer Aufteilung der Leistung nach der Zahl der begünstigten Arbeitnehmer ergibt (>§ 2 Abs. 2 Nr. 3 Satz 3 LStDV). ⁴Werden Leistungen des Arbeitgebers für die tarifvertragliche Zusatzversorgung der Arbeitnehmer mit einem Prozentsatz der Bruttolohnsumme des Betriebs erbracht, ist die Arbeitgeberleistung Bemessungsgrundlage der pauschalen Lohnsteuer. ⁵Für die Feststellung der Pauschalierungsgrenze (>Absatz 8) bei zusätzlichen pauschal besteuerbaren Leistungen für einzelne Arbeitnehmer ist die Arbeitgeberleistung auf die Zahl der durch die tarifvertragliche Zusatzversorgung begünstigten Arbeitnehmer aufzuteilen.

Pauschalierungsgrenze

(8) ¹Die Pauschalierungsgrenze von 1752 Euro nach § 40b Abs. 2 Satz 1 EStG i.d.F. am 31.12.2004 kann auch in den Fällen voll ausgeschöpft werden, in denen feststeht, dass dem Arbeitnehmer bereits aus einem vorangegangenen Dienstverhältnis im selben Kalenderjahr pauschal besteuerte Zukunftssicherungsleistungen zugeflossen sind. ²Soweit pauschal besteuerbare Leistungen den Grenzbetrag von 1752 Euro überschreiten, müssen sie dem normalen Lohnsteuerabzug unterworfen werden.

Durchschnittsberechnung

(9) ¹Wenn mehrere Arbeitnehmer gemeinsam in einem Direktversicherungsvertrag oder in einer Pensionskasse versichert sind, ist für die Feststellung der Pauschalierungsgrenze eine Durchschnittsberechnung anzustellen. ²Ein gemeinsamer Direktversicherungsvertrag liegt außer bei einer Gruppenversicherung auch dann vor, wenn in einem Rahmenvertrag mit einem oder mehreren Versicherern sowohl die versicherten Personen als auch die versicherten Wagnisse bezeichnet werden und die Einzelheiten in Zusatzvereinbarungen geregelt sind. ³Ein Rahmenvertrag, der z. B. nur den Beitragseinzug und die Beitragsabrechnung regelt, stellt keinen gemeinsamen Direktversicherungsvertrag dar. ⁴Bei der Durchschnittsberechnung bleiben Beiträge des Arbeitgebers unberücksichtigt, die nach § 3 Nr. 63 EStG steuerfrei sind oder wegen der Ausübung des Wahlrechts nach § 3 Nr. 63 Satz 2 zweite Alternative EStG individuell besteuert werden. ⁵Im Übrigen ist wie folgt zu verfahren:

1. ¹Sind in der Direktversicherung oder in der Pensionskasse Arbeitnehmer versichert, für die pauschal besteuerbare Leistungen von jeweils insgesamt mehr als 2148 Euro (§ 40b Abs. 2 Satz 2 EStG i.d.F. am 31.12.2004) jährlich erbracht werden,

---

*) Abgedruckt als Anhang 1 zum Handbuch.
**) Abgedruckt als Anhang 13 zum Handbuch.

scheiden die Leistungen für diese Arbeitnehmer aus der Durchschnittsberechnung aus. ²Das gilt z. B. auch dann, wenn mehrere Direktversicherungsverträge bestehen und die Beitragsanteile für den einzelnen Arbeitnehmer insgesamt 2148 Euro übersteigen. ³Die Erhebung der Lohnsteuer auf diese Leistungen richtet sich nach Absatz 8 Satz 2.

2. ¹Die Leistungen für die übrigen Arbeitnehmer sind zusammenzurechnen und durch die Zahl der Arbeitnehmer zu teilen, für die sie erbracht worden sind. ²Bei einem konzernumfassenden gemeinsamen Direktversicherungsvertrag ist der Durchschnittsbetrag durch Aufteilung der Beitragszahlungen des Arbeitgebers auf die Zahl seiner begünstigten Arbeitnehmer festzustellen; es ist nicht zulässig, den Durchschnittsbetrag durch Aufteilung des Konzernbeitrags auf alle Arbeitnehmer des Konzerns zu ermitteln.

   a) ¹Übersteigt der so ermittelte Durchschnittsbetrag nicht 1752 Euro, ist dieser für jeden Arbeitnehmer der Pauschalbesteuerung zugrunde zu legen. ²Werden für den einzelnen Arbeitnehmer noch weitere pauschal besteuerbare Leistungen erbracht, so dürfen aber insgesamt nur 1752 Euro pauschal besteuert werden; im Übrigen gilt Absatz 8 Satz 2.

   b) ¹Übersteigt der Durchschnittsbetrag 1752 Euro, kommt er als Bemessungsgrundlage für die Pauschalbesteuerung nicht in Betracht. ²Der Pauschalbesteuerung sind die tatsächlichen Leistungen zugrunde zu legen, soweit sie für den einzelnen Arbeitnehmer 1752 Euro nicht übersteigen; im Übrigen gilt Absatz 8 Satz 2.

3. ¹Ist ein Arbeitnehmer
   a) in mehreren Direktversicherungsverträgen gemeinsam mit anderen Arbeitnehmern,
   b) in mehreren Pensionskassen oder
   c) in Direktversicherungsverträgen gemeinsam mit anderen Arbeitnehmern und in Pensionskassen

   versichert, ist jeweils der Durchschnittsbetrag aus der Summe der Beiträge für mehrere Direktversicherungen, aus der Summe der Zuwendungen an mehrere Pensionskassen oder aus der Summe der Beiträge zu Direktversicherungen und der Zuwendungen an Pensionskassen zu ermitteln. ²In diese gemeinsame Durchschnittsbildung dürfen jedoch solche Verträge nicht einbezogen werden, bei denen wegen der 2148-Euro-Grenze (>Nummer 1) nur noch ein Arbeitnehmer übrig bleibt; in diesen Fällen liegt eine gemeinsame Versicherung, die in die Durchschnittsberechnung einzubeziehen ist, nicht vor.

(10) Werden die pauschal besteuerbaren Leistungen nicht in einem Jahresbetrag erbracht, gilt Folgendes:

1. Die Einbeziehung der auf den einzelnen Arbeitnehmer entfallenden Leistungen in die Durchschnittsberechnung nach § 40b Abs. 2 Satz 2 EStG entfällt von dem Zeitpunkt an, in dem sich ergibt, dass die Leistungen für diesen Arbeitnehmer voraussichtlich insgesamt 2148 Euro im Kalenderjahr übersteigen werden.

2. Die Lohnsteuerpauschalierung auf der Grundlage des Durchschnittsbetrags entfällt von dem Zeitpunkt an, in dem sich ergibt, dass der Durchschnittsbetrag voraussichtlich 1752 Euro im Kalenderjahr übersteigen wird.

3. ¹Die Pauschalierungsgrenze von 1752 Euro ist jeweils insoweit zu vermindern, als sie bei der Pauschalbesteuerung von früheren Leistungen im selben Kalenderjahr bereits ausgeschöpft worden ist. ²Werden die Leistungen laufend erbracht, so darf die Pauschalierungsgrenze mit dem auf den jeweiligen Lohnzahlungszeitraum entfallenden Anteil berücksichtigt werden.

Vervielfältigungsregelung

(11) ¹Die Vervielfältigung der Pauschalierungsgrenze nach § 40b Abs. 2 Satz 3 EStG steht in Zusammenhang mit der Beendigung des Dienstverhältnisses; ein solcher Zusammenhang ist insbesondere dann zu vermuten, wenn der Direktversicherungsbeitrag innerhalb von 3 Monaten vor dem Auflösungszeitpunkt geleistet wird. ²Die Vervielfältigungsregelung gilt auch bei der Umwandlung von Arbeitslohn (>Absatz 5); nach Auflösung des Dienstverhältnisses kann sie ohne zeitliche Beschränkung angewendet werden, wenn die Umwandlung spätestens bis zum Zeitpunkt der Auflösung des Dienstverhältnisses vereinbart wird. ³Die Gründe, aus denen das Dienstverhältnis beendet wird, sind für die Vervielfältigung der Pauschalierungsgrenze unerheblich. ⁴Die Vervielfältigungsregelung kann daher auch in den Fällen angewendet werden, in denen ein Arbeitnehmer wegen Erreichens der Altersgrenze aus dem Dienstverhältnis ausscheidet. ⁵Auf die vervielfältigte Pauschalierungsgrenze sind die für den einzelnen Arbeitnehmer in dem Kalenderjahr, in dem das Dienstverhältnis beendet wird, und in den sechs vorangegangenen Kalenderjahren tatsächlich entrichteten Beiträge und Zuwendungen anzurechnen, die nach § 40b Abs. 1 EStG pauschal besteuert wurden. ⁶Dazu gehören auch die 1752 Euro übersteigenden personenbezogenen Beiträge, wenn sie nach § 40b Abs. 2 Satz 2 EStG in die Bemessungsgrundlage für die Pauschsteuer einbezogen worden sind. ⁷Ist bei Pauschalzuweisungen ein personenbezogener Beitrag nicht feststellbar, so ist als tatsächlicher Beitrag für den einzelnen Arbeitnehmer der Durchschnittsbetrag aus der Pauschalzuweisung anzunehmen.

Rückzahlung pauschal besteuerbarer Leistungen

(12) – unbesetzt –

(13) ¹Eine Arbeitslohnrückzahlung (negative Einnahme) ist anzunehmen, wenn der Arbeitnehmer sein Bezugsrecht aus einer Direktversicherung (z. B. bei vorzeitigem Ausscheiden aus dem Dienstverhältnis) ganz oder teilweise ersatzlos verliert und das Versicherungsunternehmen als Arbeitslohn versteuerte Beiträge an den Arbeitgeber zurückzahlt. ²Zahlungen des Arbeitnehmers zum Wiedererwerb des verlorenen Bezugsrechts sind der Vermögenssphäre zuzurechnen; sie stellen keine Arbeitslohnrückzahlung dar.

(14) ¹Sind nach Absatz 13 Arbeitslohnrückzahlungen aus pauschal versteuerten Beitragsleistungen anzunehmen, mindern sie die gleichzeitig (im selben Kalenderjahr) anfallenden pauschal besteuerbaren Beitragsleistungen des Arbeitgebers. ²Übersteigen in einem Kalenderjahr die Arbeitslohnrückzahlungen betragsmäßig die Beitragsleistungen des Arbeitgebers, ist eine Minderung der Beitragsleistungen im selben Kalenderjahr nur bis auf Null möglich. ³Eine Minderung von Beitragsleistungen des Arbeitgebers aus den Vorjahren ist nicht möglich. ⁴Der Arbeitnehmer kann negative Einnahmen aus pauschal versteuerten Beitragsleistungen nicht geltend machen.

(15) ¹Wenn Arbeitslohnrückzahlungen nach Absatz 13 aus teilweise individuell und teilweise pauschal versteuerten Beitragsleistungen herrühren, ist der Betrag entsprechend aufzuteilen. ²Dabei kann aus Vereinfachungsgründen das Verhältnis zugrunde gelegt werden, das sich nach den Beitragsleistungen in den vorangegangenen fünf Kalenderjahren ergibt. ³Maßgebend sind die tatsächlichen Beitragsleistungen; § 40b Abs. 2 Satz 2 EStG ist nicht anzuwenden. ⁴Die lohnsteuerliche Berücksichtigung der dem Arbeitnehmer zuzurechnenden Arbeitslohnzahlung richtet sich nach folgenden Grundsätzen:

1. Besteht im Zeitpunkt der Arbeitslohnrückzahlung noch das Dienstverhältnis zu dem Arbeitgeber, der die Versicherungsbeiträge geleistet hat, kann der Arbeitgeber die Arbeitslohnrückzahlung mit dem Arbeitslohn des Kalenderjahres der Rückzahlung verrechnen und den so verminderten Arbeitslohn der Lohnsteuer unterwerfen.

2. ¹Soweit der Arbeitgeber von der vorstehenden Möglichkeit nicht Gebrauch macht oder machen kann, kann der Arbeitnehmer die Arbeitslohnrückzahlung wie Werbungskosten – ohne Anrechnung des maßgebenden Pauschbetrags für Werbungskosten nach § 9a Satz 1 Nr. 1 EStG – als Freibetrag (>§ 39a EStG) bilden lassen oder bei der Veranlagung zur Einkommensteuer geltend machen. ²Erzielt der Arbeitnehmer durch die Arbeitslohnrückzahlung bei seinen Einkünften aus nichtselbständiger Arbeit einen Verlust, kann er diesen mit Einkünften aus anderen Einkunftsarten ausgleichen oder unter den Voraussetzungen des § 10d EStG den Verlustabzug beanspruchen.

(16) Die Absätze 13 bis 15 gelten für Zuwendungen an Pensionskassen sinngemäß.

§ 40b EStG

H 40b.1
Hinweise zu R 40b.1
Pauschalierung der Lohnsteuer bei Beiträgen zu Direktversicherungen und Pensionskassen für Versorgungszusagen, die vor dem 1. Januar 2005 erteilt wurden

§ 40b Abs. 1 und Abs. 2 in der am 31.12.2004 geltenden Fassung:

Zur Anwendungsregelung >§ 52 Abs. 40 EStG

(1) ¹Der Arbeitgeber kann die Lohnsteuer von den Beiträgen für eine Direktversicherung des Arbeitnehmers und von den Zuwendungen an eine Pensionskasse mit einem Pauschsteuersatz von 20 vom Hundert der Beiträge und Zuwendungen erheben. ²Die pauschale Erhebung der Lohnsteuer von Beiträgen für eine Direktversicherung ist nur zulässig, wenn die Versicherung nicht auf den Erlebensfall eines früheren als des 60. Lebensjahres abgeschlossen und eine vorzeitige Kündigung des Versicherungsvertrages durch den Arbeitnehmer ausgeschlossen worden ist.

(2) ¹Absatz 1 gilt nicht, soweit die zu besteuernden Beiträge und Zuwendungen des Arbeitgebers für den Arbeitnehmer 1 752 Euro im Kalenderjahr übersteigen oder nicht aus seinem ersten Dienstverhältnis bezogen werden. ²Sind mehrere Arbeitnehmer gemeinsam in einem Direktversicherungsvertrag oder in einer Pensionskasse versichert, so gilt als Beitrag oder Zuwendung für den einzelnen Arbeitnehmer der Teilbetrag, der sich bei einer Aufteilung der gesamten Beiträge oder der gesamten Zuwendungen durch die Zahl der begünstigten Arbeitnehmer ergibt, wenn dieser Teilbetrag 1 752 Euro nicht übersteigt; hierbei sind Arbeitnehmer, für die Beiträge und Zuwendungen von mehr als 2 148 Euro im Kalenderjahr geleistet werden, nicht einzubeziehen. ³Für Beiträge und Zuwendungen, die der Arbeitgeber für den Arbeitnehmer aus Anlass der Beendigung des Dienstverhältnisses erbracht hat, vervielfältigt sich der Betrag von 1 752 Euro mit der Anzahl der Kalenderjahre, in denen das Dienstverhältnis des Arbeitnehmers zu dem Arbeitgeber bestanden hat; in diesem Fall ist Satz 2 nicht anzuwenden. ⁴Der vervielfältigte Betrag vermindert sich um die nach Absatz 1 pauschal besteuerten Beiträge und Zuwendungen, die der Arbeitgeber in dem Kalenderjahr, in dem das Dienstverhältnis beendet wird, und in den sechs vorangegangenen Kalenderjahren erbracht hat.

44-Euro-Freigrenze

Die 44-Euro-Freigrenze ist auf Zukunftssicherungsleistungen nicht anwendbar (>BMF vom 10.10.2013 – BStBl. I S. 1301).*)

Abwälzung der pauschalen Lohnsteuer

>BMF vom 10.1.2000 (BStBl. I S. 138)**)

Beispiel:

Der Arbeitnehmer erhält eine Sonderzuwendung von 2 500 €. Er vereinbart mit dem Arbeitgeber, dass hiervon 1 752 € für eine vor 2005 abgeschlossene Direktversicherung verwendet werden, die eine Kapitalauszahlung vorsieht. Der Direktversicherungsbeitrag soll pauschal versteuert werden. Der Arbeitnehmer trägt die pauschale Lohnsteuer.

Sonderzuwendung	2 500 €
abzüglich Direktversicherungsbeitrag	1 752 €
nach den Lohnsteuerabzugsmerkmalen als sonstiger Bezug zu besteuern	748 €
Bemessungsgrundlage für die pauschale Lohnsteuer	1 752 €

Allgemeines

– Der Lohnsteuerpauschalierung unterliegen nur die Arbeitgeberleistungen i. S. d. § 40b EStG zugunsten von Arbeitnehmern oder früheren Arbeitnehmern und deren Hinterbliebenen (>BFH vom 7.7.1972 – BStBl. II S. 890).

– Die Pauschalierung der Lohnsteuer nach § 40b EStG ist auch dann zulässig, wenn die Zukunftssicherungsleistung erst nach Ausscheiden des Arbeitnehmers aus dem Betrieb erbracht wird und er bereits in einem neuen Dienstverhältnis steht (>BFH vom 18.12.1987 – BStBl. 1988 II S. 554).

– Pauschalbesteuerungsfähig sind jedoch nur Zukunftssicherungsleistungen, die der Arbeitgeber aufgrund ausschließlich eigener rechtlicher Verpflichtung erbringt (>BFH vom 29.4.1991 – BStBl. II S. 647).

– Die Pauschalierung der Lohnsteuer nach § 40b EStG ist ausgeschlossen, wenn der Arbeitgeber für den Ehegatten eines verstorbenen früheren Arbeitnehmers eine Lebensversicherung abschließt oder wenn bei einer Versicherung das typische Todesfallwagnis und – bereits bei Vertragsabschluss – das Rentenwagnis ausgeschlossen worden sind. Hier liegt begrifflich keine Direktversicherung i. S. d. § 40b EStG vor (>BFH vom 9.11.1990 – BStBl. 1991 II S. 189).

– Die Pauschalierung setzt allgemein voraus, dass die Zukunftssicherungsleistungen aus einem ersten Dienstverhältnis bezogen werden. Sie ist demnach bei Arbeitnehmern nicht anwendbar, bei denen der Lohnsteuerabzug nach Steuerklasse VI vorgenommen wird (>BFH vom 12.8.1996 – BStBl. 1997 II S. 143). Bei pauschal besteuerten Teilzeitarbeitsverhältnissen (>§ 40a EStG) ist die Pauschalierung zulässig, wenn es sich dabei um das erste Dienstverhältnis handelt (>BFH vom 8.12.1989 – BStBl. 1990 II S. 398).

– Für Zukunftssicherungsleistungen i. S. d. § 40b EStG kann die Lohnsteuerpauschalierung nach § 40 Abs. 1 Satz 1 Nr. 1 EStG nicht vorgenommen werden, selbst wenn sie als sonstige Bezüge gewährt werden (§ 40b Abs. 5 Satz 2 EStG).

– Zum Zeitpunkt der Beitragsleistung des Arbeitgebers für eine Direktversicherung >H 38.2 (Zufluss von Arbeitslohn).

– Die Pauschalierung setzt voraus, dass es sich bei den Beiträgen um Arbeitslohn handelt, der den Arbeitnehmern im Zeitpunkt der Abführung durch den Arbeitgeber an die Versorgungseinrichtung zufließt (>BFH vom 12.4.2007 – BStBl. II S. 619).

Arbeitnehmerfinanzierte betriebliche Altersversorgung

>BMF vom 24.7.2013 (BStBl. I S. 1022), Rz. 284 ff.***)

Ausscheiden des Arbeitgebers aus der VBL

Das Ausscheiden des Arbeitgebers aus der VBL und die damit verbundenen Folgen für die Zusatzversorgung des Arbeitnehmers führen nicht zur Rückzahlung von Arbeitslohn und damit weder zu negativem Arbeitslohn noch zu Werbungskosten bei den Einkünften aus nichtselbständiger Arbeit (>BFH vom 7.5.2009 – BStBl. 2010 II S. 133 und S. 135).

Barlohnkürzung

Beispiel:

Der Anspruch auf das 13. Monatsgehalt entsteht gemäß Tarifvertrag zeitanteilig nach den vollen Monaten der Beschäftigung im Kalenderjahr und ist am 1.12. fällig. Die Barlohnkürzung vom 13. Monatsgehalt zugunsten eines Direktversicherungsbeitrags wird im November des laufenden Kalenderjahres vereinbart.

Der Barlohn kann vor Fälligkeit, also bis spätestens 30.11., auch um den Teil des 13. Monatsgehalts, der auf bereits abgelaufene Monate entfällt, steuerlich wirksam gekürzt werden. Auf den Zeitpunkt der Entstehung kommt es nicht an (>R 40b.1 Abs. 5).

Beendigung einer betrieblichen Altersversorgung

>BMF vom 24.7.2013 (BStBl. I S. 1022), Rz. 390***)

Dienstverhältnis zwischen Ehegatten****)

Zur Anerkennung von Zukunftssicherungsleistungen bei Dienstverhältnissen zwischen Ehegatten >H 6 a (9) EStH*****).

Durchschnittsberechnung nach § 40b Abs. 2 Satz 2 EStG:

– „Eigenbeiträge" des Arbeitnehmers, die aus versteuertem Arbeitslohn stammen, sind in die Durchschnittsberechnung nicht einzubeziehen (>BFH vom 12.4.2007 – BStBl. II S. 619).

– Beiträge zu Direktversicherungen können nur dann in die Durchschnittsberechnung einbezogen werden, wenn ein gemeinsamer Versicherungsvertrag vorliegt. Direktversicherungen, die nach

---

*) Abgedruckt als Anlage 7 zu H 8.1 (1–4) LStR.
**) Abgedruckt als Anlage 2 zu H 40.2 LStR.
***) Abgedruckt als Anhang 13c zum Handbuch.
****) Die dort aufgeführten Grundsätze gelten bei eingetragenen Lebenspartnern entsprechend (§ 2 Abs. 8 EStG).
*****) Vgl. Anlagen 6 und 7 zu H 40b.1 LStR.

§ 40b EStG
R 40b.1

einem Wechsel des Arbeitgebers beim neuen Arbeitgeber als Einzelversicherungen fortgeführt werden, erfüllen diese Voraussetzung nicht (>BFH vom 11.3.2010 – BStBl. 2011 II S. 183).

– Beispiel:
Es werden ganzjährig laufend monatliche Zuwendungen an eine Pensionskasse (Altverträge mit Kapitalauszahlung)

a) für 2 Arbeitnehmer je 250 €	=	500 €
b) für 20 Arbeitnehmer je 175 €	=	3 500 €
c) für 20 Arbeitnehmer je 125 €	=	2 500 €
insgesamt		6 500 € geleistet.

Die Leistungen für die Arbeitnehmer zu a) betragen jeweils mehr als 2 148 € jährlich; sie sind daher in eine Durchschnittsberechnung nicht einzubeziehen. Die Leistungen für die Arbeitnehmer zu b) und c) übersteigen jährlich jeweils nicht 2 148 €; es ist daher der Durchschnittsbetrag festzustellen. Der Durchschnittsbetrag beträgt 150 € monatlich; er übersteigt hiernach 1 752 € jährlich und kommt deshalb als Bemessungsgrundlage nicht in Betracht. Der Pauschalbesteuerung sind also in allen Fällen die tatsächlichen Leistungen zugrunde zu legen. Der Arbeitgeber kann dabei

in den Fällen zu a) im 1. bis 7. Monat je 250 € und im 8. Monat noch 2 €
oder monatlich je 146 €,

in den Fällen zu b) im 1. bis 10. Monat je 175 € und im 11. Monat noch 2 €
oder monatlich je 146 €,

in den Fällen zu c) monatlich je 125 €

pauschal versteuern.

Kirchensteuer bei Pauschalierung der Lohnsteuer
>Gleich lautende Ländererlasse vom 23.10.2012 (BStBl. I S. 1083)*)

Mindesttodesfallschutz
>R 40b.1 Abs. 2
>BMF vom 22.8.2002 (BStBl. I S. 827), Rdnr. 23–30

Rückdeckungsversicherung
– R 40b.1 Abs. 3
– Verzichtet der frühere Arbeitnehmer auf seine Rechte aus einer Versorgungszusage des Arbeitgebers, tritt im Gegenzug der Arbeitgeber sämtliche Rechte aus der zur Absicherung der Versorgungszusage abgeschlossene Rückdeckungsversicherung an den vom Arbeitnehmer nunmehr getrennt lebenden Ehegatten/Lebenspartner ab und zahlt die Versicherung daraufhin das angesammelte Kapital an den Ehegatten/Lebenspartner aus, beinhaltet dies einen den früheren Arbeitnehmer bereichernden Lohnzufluss (>BFH vom 9.10.2002 – BStBl. II S. 884).
– Tritt ein Abeitgeber Ansprüche aus einer von ihm mit einem Versicherer abgeschlossenen Rückdeckungsversicherung an den Arbeitnehmer ab und leistet der Arbeitgeber im Anschluss hieran Beiträge an den Versicherer, sind diese Ausgaben Arbeitslohn (>BFH vom 5.7.2012 – BStBl. 2013 II S. 190).

Rückzahlung von Arbeitslohn
– Der Verlust des durch eine Direktversicherung eingeräumten Bezugsrechts bei Insolvenz des Arbeitgebers führt wegen des Ersatzanspruchs nicht zu einer Arbeitslohnrückzahlung (>BFH vom 5.7.2007 – BStBl. II S. 774)
– >R 40b.1 Abs. 13 ff. und >Ausscheiden des Arbeitgebers aus der VBL

Verhältnis von § 3 Nr. 63 EStG und § 40b EStG
>BMF vom 24.7.2013 (BStBl. I S. 1022) Rz. 349 ff.**)

Vervielfältigungsregelung
Die Beendigung des Dienstverhältnisses i. S. d. § 40b Abs. 2 Satz 3 1. Halbsatz EStG ist die nach bürgerlichem (Arbeits-)Recht wirksame Beendigung. Ein Dienstverhältnis kann daher auch dann beendet sein, wenn der Arbeitnehmer und sein bisheriger Arbeitgeber im Anschluss an das bisherige Dienstverhältnis ein neues vereinbaren, sofern es sich nicht als Fortsetzung des bisherigen erweist. Es liegt keine solche Beendigung vor, wenn das neue Dienstverhältnis mit demselben Arbeitgeber in Bezug auf den Arbeitsbereich, die Entlohnung und die sozialen Besitzstände im Wesentlichen dem bisherigen Dienstverhältnis entspricht (>BFH vom 30.10.2008 – BStBl. 2009 II S. 162).

Wahlrecht
>BMF vom 24.7.2013 (BStBl. I S. 1022) Rz. 359–362**)

Wirkung einer fehlerhaften Pauschalbesteuerung
Eine fehlerhafte Pauschalbesteuerung ist für die Veranlagung zur Einkommensteuer nicht bindend (>BFH vom 10.6.1988 – BStBl. II S. 981).

Zukunftssicherungsleistungen i. S. d. § 40b EStG n. F.
>BMF vom 24.7.2013 (BStBl. I S. 1022) Rz. 347–348**)

Übersicht über die Anlagen zu H 40b.1

Anlage 1: Abfindungen nach § 3 Abs. 1 des Gesetzes zur Verbesserung der betrieblichen Altersversorgung (BetrAVG)

Anlage 2: Direktversicherung für Gesellschafter-Geschäftsführer

Anlage 3: Insolvenzsicherung der Altersversorgung für Gesellschafter-Geschäftsführer von Kapitalgesellschaften durch Verpfändung der Ansprüche aus einer Rückdeckungsversicherung

Anlage 4: Kirchensteuer bei Pauschalierung der Lohnsteuer

Anlage 5: Abwälzung der pauschalen Lohnsteuer und Annexsteuern auf den Arbeitnehmer nach dem Steuerentlastungsgesetz 1999/2000/2002

Anlage 6: Betriebliche Altersversorgung; Überversorgung bei Ehegatten-Arbeitsverhältnissen (§ 3 Nr. 63, § 40b EStG)

Anlage 7: Überversorgung bei Ehegatten-Arbeitsverhältnissen

Anlage 8: Anhebung der Altersgrenzen bei der privaten Altersvorsorge und betrieblichen Altersversorgung

Anlage 1
zu H 40b.1

Abfindungen nach § 3 Abs. 1 des Gesetzes zur Verbesserung der betrieblichen Altersversorgung (BetrAVG)***)

Bundeseinheitlich geltende Regelung, für Bayern bekannt gegeben mit Schreiben des Bayer. Staatsministeriums der Finanzen vom 27.8.1976 (Az.: 32 – S 2373 – 5/6 – 46937)

Es ist gefragt worden, wie die Abfindung nach § 3 Abs. 1 BetrAVG in den Fällen einer Direktversicherung steuerlich zu behandeln ist. Ich bitte, hierzu folgende Auffassung zu vertreten:

Ansprüche auf Leistungen der betrieblichen Altersversorgung richten sich grundsätzlich gegen den Versorgungsträger, also im Falle der Direktzusage gegen den Arbeitgeber, in den sonstigen Fällen gegen den Träger der Versorgungseinrichtung (Pensionskasse, Unterstützungskasse, Versicherungsunternehmen). Dies folgt u. a. aus § 1 Abs. 3 und 4****) sowie § 4 BetrAVG; es ergibt sich im Übrigen aber auch aus dem Rechtsverhältnis, das der Versorgungszusage zugrunde liegt. § 3 BetrAVG sagt zwar nicht ausdrücklich, dass auch bei Abfindungszahlungen Schuldner der Leistung der jeweilige Versorgungsträger ist. Da es sich jedoch um eine Abgeltung der Versorgungsverpflichtung handelt, ist – sofern nichts Besonderes vereinbart ist – der Schuldner der Versorgung zugleich auch Schuldner der Abfindung. Bei einer Direktversicherung richtet sich der Anspruch auf Abfindungszahlungen somit grundsätzlich gegen das Versicherungsunternehmen. In diesen Fällen einer Direktversicherung unterliegen einmalige Abfindungen im Sinne des § 3 Abs. 1 BetrAVG nicht der Lohnsteuer.

Klarstellend weise ich noch darauf hin, dass die bezeichneten Abfindungszahlungen eine vorausgegangene pauschale Lohnsteuererhebung von den Beiträgen für die Direktversicherung unberührt lassen.

---

*) Abgedruckt als Anlage 1 zu H 40a.1 LStR.
**) Abgedruckt als Anhang 13c zum Handbuch.
***) Abgedruckt als Anhang 13 zum Handbuch.
****) Jetzt § 1b Abs. 2 bis 4 BetrAVG.

§ 40b EStG
R 40b.1

Dieses Schreiben ergeht im Einvernehmen mit dem Bundesminister der Finanzen und den Finanzministern (-senatoren) der anderen Länder.

Anlage 2
zu H 40b.1

Direktversicherung für Gesellschafter-Geschäftsführer

Bundeseinheitlich geltende Regelung, für Bayern bekannt gegeben mit Schreiben des Bayer. Staatsministeriums der Finanzen vom 18.5.1981 (Az.: 33 – S 2373 H – 23221)

Zur Frage, ob die einkommensteuerlichen Grundsätze zur Direktversicherung für den im Betrieb mitarbeitenden Ehegatten sinngemäß bei Kapitalgesellschaften anzuwenden sind, wenn zugunsten des beherrschenden Gesellschafter-Geschäftsführers (oder einer ihm nahe stehenden Person) eine Direktversicherung abgeschlossen wird, vertrete ich folgende Auffassung:

Die einkommensteuerlichen Grundsätze zur Direktversicherung für den im Betrieb mitarbeitenden Ehegatten beruhen auf § 12 EStG. Diese Vorschrift greift bei Kapitalgesellschaften nicht ein. Kapitalgesellschaften treten – entsprechend ihrer gesellschaftsrechtlichen Ausgestaltung – ihren Gesellschaftern als selbständige fremde Rechtspersonen gegenüber. Die zwischen Kapitalgesellschaft und Gesellschafter-Geschäftsführer (oder einer ihm nahe stehenden Person) getroffenen schuldrechtlichen Vereinbarungen sind allein unter dem Gesichtspunkt einer verdeckten Gewinnausschüttung (§ 8 Abs. 3 Satz 2 KStG) zu beurteilen.

Der einer Direktversicherung zugrunde liegende Vorgang wird wirtschaftlich so betrachtet, als ob der Arbeitgeber die Beträge, die er unmittelbar an die Versicherungsgesellschaft leistet, dem Arbeitnehmer zur eigenen Verwendung überließe und dieser sie selbst zum Erwerb seiner Zukunftsicherung bei der Versicherungsgesellschaft einzahlte. Es liegt sonach eine Einkommensverwendung des Arbeitnehmers für seine Zukunftsicherung vor. Gegen die steuerliche Anerkennung einer Direktversicherung zugunsten des beherrschenden Gesellschafter-Geschäftsführers (oder einer ihm nahe stehenden Person) bestehen daher grundsätzlich keine Bedenken. Die Versicherungsbeiträge sind laufender Arbeitslohn des Gesellschafter-Geschäftsführers (oder der ihm nahe stehenden Person) und somit grundsätzlich als Betriebsausgaben abziehbar. Eine verdeckte Gewinnausschüttung kommt nur in Betracht, soweit die Gesamtbezüge des Gesellschafter-Geschäftsführers bzw. der ihm nahe stehenden Person, die sich aus dem Gehalt und den Versicherungsbeiträgen zusammensetzen, den Rahmen eines angemessenen Arbeitslohns für die geleistete Tätigkeit überschreiten.

Anlage 3
zu H 40b.1

Insolvenzsicherung der Altersversorgung für Gesellschafter-Geschäftsführer von Kapitalgesellschaften durch Verpfändung der Ansprüche aus einer Rückdeckungsversicherung

Bundeseinheitlich geltende Regelung, für Bayern bekannt gegeben mit Schreiben des Bayer. Staatsministeriums der Finanzen vom 18.5.1982 (Az.: 32 – S 2373 – 16/10 – 30261)

Beiträge des Arbeitgebers zu einer Rückdeckungsversicherung (§ 2 Abs. 3 Nr. 2 letzter Satz LStDV) stellen auch dann keinen Arbeitslohn dar, wenn die Rechte und Ansprüche aus der Rückdeckungsversicherung an den Arbeitnehmer zur Sicherung seiner Ansprüche aus der ihm erteilten Versorgungszusage verpfändet sind. Ein lohnsteuerlicher Zufluss ist nicht anzunehmen, weil der Arbeitnehmer bei einer Verpfändung gegenwärtig keine Rechte und Ansprüche erwirbt, die ihm einen Zugriff auf die Rückdeckungsversicherung und die darin angesammelten Werte ermöglichen würden.

Dieses Schreiben ergeht im Einvernehmen mit dem Bundesminister der Finanzen und den Finanzministern (-senatoren) der anderen Länder.

Anlage 4
zu H 40b.1

Kirchensteuer bei Pauschalierung der Lohnsteuer

Gleich lautende Ländererlasse vom 23.10.2012 (BStBl. I S. 1083)

Abgedruckt als Anlage 1 zu H 40a.1 LStR.

Anlage 5
zu H 40b.1

Abwälzung der pauschalen Lohnsteuer und Annexsteuern auf den Arbeitnehmer nach dem Steuerentlastungsgesetz 1999/2000/2002

BMF-Schreiben vom 10.1.2000 (BStBl. I S. 138)

– Auszug –

Abgedruckt als Anlage 2 zu H 40.2.

Anlage 6
zu H 40b.1

Betriebliche Altersversorgung; Überversorgung bei Ehegatten-Arbeitsverhältnis (§ 3 Nr. 63, § 40b EStG)*)

Erlass des Finanzministeriums Saarland vom 7.3.2005 (Az.: B/2 – 4 – 49/2005 – S 2333)

Mit Urteil vom 16.5.1995 (XI R 87/93, BStBl. II 1995, 873, DStR 1995, 1789) hat der BFH entschieden, dass Aufwendungen für eine Direktversicherung, die im Rahmen eines steuerrechtlich anzuerkennenden Ehegatten-Arbeitsverhältnisses durch Umwandlung von Barlohn geleistet werden, der Höhe nach nur insoweit betrieblich veranlasst sind, als sie zu keiner Überversorgung führen (Anschluss an BFH v. 5.2.1987, IV R 198/84, BFHE 149, 451, BStBl. II 1987, 557 und v. 11.9.1987, III R 267/83, BFH/NV 1988, 225). Nach den Grundsätzen der Rechtsprechung sei zu prüfen, ob die einzelnen Lohnbestandteile (Aktivbezüge und Alterssicherung) zueinander in etwa dem entsprechen, was bei der Entlohnung familienfremder Arbeitnehmer betriebsintern üblich ist. Dabei soll nicht allein die Höhe, sondern auch die Zusammensetzung des Entgelts von Bedeutung sein. Eine Überversorgung eines mitarbeitenden Ehegatten liege vor, wenn seine Altersversorgung (z. B. die zu erwartende Rente aus der gesetzlichen Rentenversicherung zuzüglich der Leistungen aus der Direktversicherung) 75 % der letzten Aktivbezüge übersteigt. Aus Vereinfachungsgründen könne aber auf eine genaue Ermittlung der künftigen Altersversorgung verzichtet werden, wenn sämtliche Versorgungsleistungen 30 % des steuerpflichtigen Arbeitslohns nicht übersteigen.

Im Hinblick auf den seit dem 1.1.2002 bestehenden Anspruch auf betriebliche Altersversorgung durch Entgeltumwandlung (§ 1a BetrAVG) ist gefragt worden, ob die o. g. Grundsätze weiter anzuwenden seien.

Nach der Erörterung mit den obersten Finanzbehörden der Länder ist für lohnsteuerliche Zwecke nicht mehr an der 30 %-Regelung festzuhalten.

Wird bei einem steuerlich anzuerkennenden Ehegatten-Arbeitsverhältnis (u. a. Angemessenheit dem Grunde und der Höhe nach; s. a. H 129**) – Dienstverhältnis zwischen Ehegatten – mit Verweis auf H 41 Abs. 10 EStH***)) eine betriebliche Altersversorgung in den Durchführungswegen Pensionsfonds, Pensionskasse und Direktversicherung durchgeführt und stellen die Beiträge beim Arbeitgeber Betriebsausgaben dar, sind die Regelungen in § 3 Nr. 63 und § 40b EStG uneingeschränkt bis zu den jeweiligen Höchstbeträgen anwendbar. Dies gilt sowohl für rein arbeitgeberfinanzierte Beiträge als auch für Beiträge des Arbeitgebers, die durch Entgeltumwandlung finanziert werden.

---

*) Die nachfolgenden Ausführungen gelten entsprechend bei eingetragenen Lebenspartnern (>§ 2 Abs. 8 EStG).
**) Jetzt H 40b.1 LStR.
***) Jetzt H 6a Abs. 9 EStH.

Anlage 7
zu H 40b.1

Betriebliche Altersversorgung; Überversorgung bei Ehegatten-Arbeitsverhältnissen*)

Erlass des Finanzministeriums Saarland vom 15.12.2005 (Az.: B/2-4 – 49/05 – S 2333)

In dem Erlass vom 7. März 2005, B/2-4 – 49/2005 – S 2333**) ist u. a. Folgendes ausgeführt:

Wird bei einem steuerlich anzuerkennenden Ehegatten-Arbeitverhältnis (u. a. Angemessenheit dem Grunde und der Höhe nach, s. a. H 129***) – Dienstverhältnis zwischen Ehegatten – mit Verweis auf H 41 Abs. 10 EStH****)) eine betriebliche Altersversorgung in den Durchführungswegen Pensionsfonds, Pensionskasse und Direktversicherung durchgeführt und stellen die Beiträge beim Arbeitgeber Betriebsausgaben dar, sind die Regelungen in § 3 Nr. 63 und § 40b EStG uneingeschränkt bis zu den jeweiligen Höchstbeträgen anwendbar. Dies gilt sowohl für rein arbeitgeberfinanzierte Beiträge als auch für Beiträge des Arbeitgebers, die durch Entgeltumwandlung finanziert werden.

Aus gegebenem Anlass weise ich auf Folgendes erläuternd hin:

Zur Feststellung, ob die Beiträge zur betrieblichen Altersvorsorge in den Durchführungswegen Pensionsfonds, Pensionskasse und Direktversicherung bei dem Arbeitgeber Betriebsausgaben darstellen, ist nach wie vor zu prüfen, ob eine Überversorgung des mitarbeitenden Ehegatten vorliegt. In diesem Zusammenhang wird auf das BMF-Schreiben vom 3. November 2004 (BStBl. I S. 1045) und die in H 41 Abs. 10 EStH****) aufgenommenen BMF-Schreiben vom 4. September 1984 (BStBl. I S. 495) und vom 9. Januar 1986 (BStBl. I S. 7) mit der Maßgabe verwiesen, dass die dort genannte 30 %-Regelung überholt ist.

Bei Teilzeitarbeitsverhältnissen ist ebenfalls nach den Ausführungen in den genannten BMF-Schreiben zu verfahren.

Anlage 8
zu H 40b.1

Anhebung der Altersgrenzen bei der privaten Altersvorsorge und betrieblichen Altersversorgung

BMF-Schreiben vom 6.3.2012 (BStBl. I S. 238)

In Abstimmung mit den obersten Finanzbehörden der Länder gilt im Hinblick auf die steuerlichen Auswirkungen einer Anpassung von Vorsorgeverträgen an die Anhebung des Mindestrentenalters vom 60. auf das 62. Lebensjahr Folgendes:

I. Versicherungsleistungen, die nach § 20 Absatz 1 Nummer 6 EStG zu versteuern sind

Bei Versicherungsverträgen, die nach dem 31. Dezember 2011 abgeschlossen werden, ist der hälftige Unterschiedsbetrag nach § 20 Absatz 1 Nummer 6 Satz 2 EStG mit der Maßgabe anzuwenden, dass die Versicherungsleistung nach Vollendung des 62. Lebensjahres des Steuerpflichtigen ausgezahlt wird.

Werden wesentliche Vertragsmerkmale einer Versicherung (Versicherungslaufzeit, Versicherungssumme, Beitragshöhe, Beitragszahlungsdauer), die vor dem 1. Januar 2012 abgeschlossen wurde, geändert und führt dies nach den Ausführungen im BMF-Schreiben vom 22. August 2002 (BStBl. I Seite 827) und den Rz. 67 ff. des BMF-Schreibens vom 1. Oktober 2009 (BStBl. I Seite 1172) zu einem Neubeginn der Mindestvertragsdauer, dann ist bei Vertragsänderung nach dem 31. Dezember 2011 der hälftige Unterschiedsbetrag nur dann anzusetzen, wenn

- die Versicherungsleistungen nach Vollendung des 62. Lebensjahres des Steuerpflichtigen und
- nach Ablauf von zwölf Jahren seit der Vertragsänderung ausgezahlt werden.

Soweit nachträglich vereinbarte Beitragserhöhungen oder Erhöhung der Versicherungssumme im Umfang der Erhöhung steuerlich zu einem gesonderten neuen Vertrag führen, gelten die v. g. Regelungen nur für diesen neuen Vertrag.

Führt die Vertragsänderung bei vor dem 1. Januar 2012 abgeschlossen Versicherungsverträgen nicht zu einem Neubeginn der Mindestvertragsdauer, bspw. weil sie bereits bei Vertragsabschluss vereinbart wurde, kommt es für die Anwendung des § 20 Absatz 1 Nummer 6 Satz 2 EStG nicht zu einer Anhebung der Altersgrenze auf das 62. Lebensjahr. Der Zeitpunkt der Vertragsänderung ist insoweit ohne Bedeutung.

Darüber hinaus werden Rz. 71 und Rz. 92 des BMF-Schreibens vom 1. Oktober 2009 (BStBl. I Seite 1172) um folgende Sätze ergänzt:

„Im Hinblick auf die gesetzliche Anhebung des Rentenalters von 65 auf 67 Jahre gilt Folgendes:

Die Verlängerung der Laufzeit eines Vertrages, der bisher einen Auszahlungszeitpunkt im 65. oder 66. Lebensjahr zum Inhalt hatte, führt nicht zu einer nachträglichen Vertragsänderung, wenn die Verlängerung einen Zeitraum von höchstens zwei Jahren umfasst. Eine entsprechende Verlängerung der Beitragszahlungsdauer ist zulässig. Eine solche Verlängerung der Laufzeit bzw. der Beitragszahlungsdauer infolge der Anhebung der Altersgrenze kann nur einmalig vorgenommen werden."

II. Zertifizierte Altersvorsorgeverträge

Bei Altersvorsorgeverträgen, die nach dem 31. Dezember 2011 abgeschlossen werden, dürfen die sich ergebenden Altersleistungen nicht vor Vollendung des 62. Lebensjahres oder einer vor Vollendung des 62. Lebensjahres beginnenden Leistung aus einem gesetzlichen Alterssicherungssystem des Anlegers ausgezahlt werden.

Bei Altersvorsorgeverträgen ist im Hinblick auf die Förderbarkeit der Beiträge (§ 10a/Abschnitt XI EStG) insgesamt auf das Datum des ursprünglichen Vertragsabschlusses und das dem Vertragsabschluss zugrunde liegende Vertragsmuster abzustellen. D. h., wurde der Altersvorsorgevertrag vor dem 1. Januar 2012 abgeschlossen und sieht dieser für den Beginn der Altersleistungen ein Mindestrentenalter von 60 Jahren vor, dann gilt dies auch für eine nach dem 31. Dezember 2011 vorgenommene Erhöhung des Beitrags bzw. der Versicherungssumme.

Die sich aus den geförderten Beträgen ergebenden Leistungen unterliegen der nachgelagerten Besteuerung nach § 22 Nummer 5 Satz 1 EStG. Der Zeitpunkt der Beitragserhöhung ist insoweit ohne Bedeutung.

Für die Besteuerung von Leistungen aus Altersvorsorgeverträgen, die auf ungeförderten Beiträgen beruhen, ist § 22 Nummer 5 Satz 2 EStG anzuwenden. Im Hinblick auf den Ansatz des hälftigen Unterschiedsbetrags nach § 20 Absatz 1 Nummer 6 Satz 2 EStG gelten für Versicherungsverträge die unter I. genannten Grundsätze. Für die Frage der anwendbaren Altersgrenze kommt es somit auf den Zeitpunkt des Vertragsabschlusses an. Für Altersvorsorgeverträge, deren Leistungen nach § 22 Nummer 5 Satz 2 Buchstabe c EStG besteuert werden, gelten die oben genannten Grundsätze entsprechend.

III. Basisrentenverträge

Bei Basisrentenverträgen, die nach dem 31. Dezember 2011 abgeschlossen werden, dürfen die sich ergebenden Altersleistungen nicht vor Vollendung des 62. Lebensjahres des Anlegers ausgezahlt werden.

Wurde der Basisrentenvertrag vor dem 1. Januar 2012 abgeschlossen, dann führt die Erhöhung der Versicherungssumme bzw. der Beiträge nicht zu einer steuerlichen Aufteilung des Vertrags. Die zugunsten des Basisrentenvertrags geleisteten Beiträge sind nach § 10 Absatz 1 Nummer 2 Buchstabe b EStG begünstigt, da sie zugunsten eines zertifizierten Basisrentenvertrags gezahlt werden.

Die sich aus dem Basisrentenvertrag ergebenden Leistungen sind nach § 22 Nummer 1 Satz 3 Buchstabe a Doppelbuchstabe aa EStG nachgelagert zu versteuern. Der Zeitpunkt der Beitragserhöhung ist insoweit ohne Bedeutung.

---

*) Die nachfolgenden Ausführungen gelten entsprechend bei eingetragenen Lebenspartnern (>§ 2 Abs. 8 EStG).
**) Abgedruckt als Anlage 6 zu H 40b.1 LStR.
***) Jetzt H 40b.1 LStR.
****) Jetzt H 6a Abs. 9 EStH.

§ 40b EStG

R 40b.2

IV. Betriebliche Altersversorgung

Im Bereich der betrieblichen Altersversorgung gilt als Untergrenze für betriebliche Altersversorgungsleistungen bei altersbedingtem Ausscheiden aus dem Erwerbsleben im Regelfall das 60. Lebensjahr. Für Versorgungszusagen, die nach dem 31. Dezember 2011 erteilt werden, tritt an die Stelle des 60. Lebensjahres regelmäßig das 62. Lebensjahr (Rz. 249 des BMF-Schreibens vom 31. März 2010 – BStBl. I Seite 270)*).

Wird in einer vor dem 1. Januar 2012 erteilten Zusage die Untergrenze für betriebliche Altersversorgungsleistungen bei altersbedingtem Ausscheiden aus dem Erwerbsleben entsprechend erhöht, führt dies allein nicht zu einer Neuzusage (s. auch Rz. 306 ff. des BMF-Schreibens vom 31. März 2010)**). Dabei ist es unerheblich, ob dies zusammen mit einer Verlängerung der Beitragszahlungsdauer erfolgt oder nicht.

Hinsichtlich der Besteuerung der Leistungen aus einer betrieblichen Altersversorgung in den Durchführungswegen Direktversicherung, Pensionskasse und Pensionsfonds gelten die Ausführungen unter Abschnitt I. bis III. entsprechend. Wird bei einem vor dem 1. Januar 2012 abgeschlossenen Vertrag die Untergrenze für betriebliche Altersversorgungsleistungen bis auf das 62. Lebensjahr erhöht und dadurch die Laufzeit des Vertrages verlängert, führt auch dies allein zu keiner nachträglichen Vertragsänderung, wenn die Verlängerung einen Zeitraum vom höchstens zwei Jahren umfasst. Eine entsprechende Verlängerung der Beitragszahlungsdauer ist zulässig. Eine Verlängerung der Laufzeit bzw. der Beitragszahlungsdauer infolge der Anhebung der Altersgrenze kann nur einmalig vorgenommen werden.

R 40b.2
Pauschalierung der Lohnsteuer bei Beiträgen zu einer Gruppenunfallversicherung

¹Die Lohnsteuerpauschalierung nach § 40b Abs. 3 EStG ist nicht zulässig, wenn der steuerpflichtige Durchschnittsbeitrag – ohne Versicherungsteuer – 62 Euro jährlich übersteigt; in diesem Fall ist der steuerpflichtige Durchschnittsbeitrag dem normalen Lohnsteuerabzug zu unterwerfen. ²Bei konzernumfassenden Gruppenunfallversicherungen ist der Durchschnittsbeitrag festzustellen, der sich bei Aufteilung der Beitragszahlungen des Arbeitgebers auf die Zahl seiner begünstigten Arbeitnehmer ergibt; es ist nicht zulässig, den Durchschnittsbeitrag durch Aufteilung des Konzernbeitrags auf alle Arbeitnehmer des Konzerns zu ermitteln. ³Ein gemeinsamer Unfallversicherungsvertrag i.S.d. § 40b Abs. 3 EStG liegt außer bei einer Gruppenversicherung auch dann vor, wenn in einem Rahmenvertrag mit einem oder mehreren Versicherern sowohl die versicherten Personen als auch die versicherten Wagnisse bezeichnet werden und die Einzelheiten in Zusatzvereinbarungen geregelt sind. ⁴Ein Rahmenvertrag, der z. B. nur den Beitragseinzug und die Beitragsabrechnung regelt, stellt keinen gemeinsamen Unfallversicherungsvertrag dar.

H 40b.2
Hinweise zu R 40b.2
Pauschalierung der Lohnsteuer bei Beiträgen zu einer Gruppenunfallversicherung

Allgemeine Grundsätze

Zur Ermittlung des steuerpflichtigen Beitrags für Unfallversicherungen, die das Unfallrisiko sowohl im beruflichen als auch im außerberuflichen Bereich abdecken >BMF vom 28.10.2009 (BStBl. I S. 1275)***).

Anlage zu H 40b.2
Einkommen-(lohn-)steuerliche Behandlung von freiwilligen Unfallversicherungen

BMF-Schreiben vom 28.10.2009 (BStBl. I S. 1275)

Im Einvernehmen mit den obersten Finanzbehörden der Länder gilt für die einkommen(lohn-)steuerrechtliche Behandlung von freiwilligen Unfallversicherungen Folgendes:

1. **Versicherungen des Arbeitnehmers**

1.1 **Versicherung gegen Berufsunfälle**

Aufwendungen des Arbeitnehmers für eine Versicherung ausschließlich gegen Unfälle, die mit der beruflichen Tätigkeit in unmittelbarem Zusammenhang stehen (einschließlich der Unfälle auf dem Weg von und zur regelmäßigen Arbeitsstätte****)), sind Werbungskosten (§ 9 Absatz 1 Satz 1 EStG).

1.2 **Versicherung gegen außerberufliche Unfälle**

Aufwendungen des Arbeitnehmers für eine Versicherung gegen außerberufliche Unfälle sind Sonderausgaben (§ 10 Absatz 1 Nummer 3 Buchstabe a i. V. m. § 10 Absatz 4 und 4a EStG und ab dem Veranlagungszeitraum 2010 § 10 Absatz 1 Nummer 3a i. V. m. Absatz 4 und 4a EStG).

1.3 **Versicherung gegen alle Unfälle**

Aufwendungen des Arbeitnehmers für eine Unfallversicherung, die das Unfallrisiko sowohl im beruflichen als auch im außerberuflichen Bereich abdeckt, sind zum einen Teil Werbungskosten und zum anderen Teil Sonderausgaben. Der Gesamtbeitrag einschließlich Versicherungsteuer für beide Risiken ist entsprechend aufzuteilen (vgl. BFH-Urteil vom 22. Juni 1990 – VI R 2/87 –, BStBl II S. 901). Für die Aufteilung sind die Angaben des Versicherungsunternehmens darüber maßgebend, welcher Anteil des Gesamtbeitrags das berufliche Unfallrisiko abdeckt. Fehlen derartige Angaben, ist der Gesamtbeitrag durch Schätzung aufzuteilen. Es bestehen keine Bedenken, wenn die Anteile auf jeweils 50 % des Gesamtbeitrags geschätzt werden.

1.4 **Übernahme der Beiträge durch den Arbeitgeber**

Vom Arbeitgeber übernommene Beiträge des Arbeitnehmers sind steuerpflichtiger Arbeitslohn. Das gilt nicht, soweit Beiträge zu Versicherungen gegen berufliche Unfälle und Beiträge zu Versicherungen gegen alle Unfälle (Tz. 1.1 und 1.3) auch das Unfallrisiko bei Auswärtstätigkeiten (R 9.4 Absatz 2 LStR 2008) abdecken. Beiträge zu Unfallversicherungen sind als Reisenebenkosten steuerfrei, soweit sie Unfälle bei einer Auswärtstätigkeit abdecken (§ 3 Nummer 13 und 16 EStG). Es bestehen keine Bedenken, wenn aus Vereinfachungsgründen bei der Aufteilung des auf den beruflichen Bereich entfallenden Beitrags/Beitragsanteils in steuerfreie Reisekostenerstattungen und steuerpflichtigen Werbungskostenersatz (z. B. Unfälle auf Fahrten zwischen Wohnung und regelmäßiger Arbeitsstätte) der auf steuerfreie Reisekostenerstattungen entfallende Anteil auf 40 % geschätzt wird. Der Beitragsanteil, der als Werbungskostenersatz dem Lohnsteuerabzug zu unterwerfen ist, gehört zu den Werbungskosten des Arbeitnehmers.

2. **Versicherungen des Arbeitgebers**

2.1 **Ausübung der Rechte steht ausschließlich dem Arbeitgeber zu**

2.1.1 **Kein Arbeitslohn zum Zeitpunkt der Beitragszahlung**

Handelt es sich bei vom Arbeitgeber abgeschlossenen Unfallversicherungen seiner Arbeitnehmer um Versicherungen für fremde Rechnung (§ 179 Absatz 1 Satz 2 i. V. m. §§ 43 bis 48 VVG), bei denen die Ausübung der Rechte ausschließlich dem Arbeitgeber zusteht, so stellen die Beiträge im Zeit-

---

*) Jetzt Rz. 286 des BMF-Schreibens vom 24.7.2013 (BStBl. I S. 1022), abgedruckt als Anhang 13c zum Handbuch.
**) Jetzt Rz. 349 ff. des BMF-Schreibens vom 24.7.2013 (BStBl. I S. 1022), abgedruckt als Anhang 13c zum Handbuch.
***) Abgedruckt als Anlage zu H 40b.2 LStR.
****) Jetzt erste Tätigkeitsstätte.

punkt der Zahlung durch den Arbeitgeber keinen Arbeitslohn dar (BFH-Urteile vom 16. April 1999 – VI R 60/96 –, BStBl. 2000 II S. 406, sowie – VI R 66/97 –, BStBl. 2000 II S. 408).

2.1.2 Arbeitslohn zum Zeitpunkt der Leistungsgewährung

Erhält ein Arbeitnehmer Leistungen aus einem entsprechenden Vertrag, führen die bis dahin entrichteten, auf den Versicherungsschutz des Arbeitnehmers entfallenden Beiträge im Zeitpunkt der Auszahlung oder Weiterleitung der Leistung an den Arbeitnehmer zu Arbeitslohn in Form von Barlohn, begrenzt auf die dem Arbeitnehmer ausgezahlte Versicherungsleistung (BFH-Urteil vom 11. Dezember 2008 – VI R 9/05 –, BStBl. 2009 II S. 385); das gilt unabhängig davon, ob der Unfall im beruflichen oder außerberuflichen Bereich eingetreten ist und ob es sich um eine Einzelunfallversicherung oder eine Gruppenunfallversicherung handelt. Bei einer Gruppenunfallversicherung ist der auf den einzelnen Arbeitnehmer entfallende Teil der Beiträge ggf. zu schätzen (BFH-Urteil vom 11. Dezember 2008 – VI R 19/06 –, BFH/NV 2009 S. 905). Bei den im Zuflusszeitpunkt zu besteuernden Beiträgen kann es sich um eine Vergütung für eine mehrjährige Tätigkeit im Sinne des § 34 Absatz 1 i. V. m. Absatz 2 Nummer 4 EStG handeln.

Da sich der Vorteil der Beitragsgewährung nicht auf den konkreten Versicherungsfall, sondern allgemein auf das Bestehen von Versicherungsschutz des Arbeitnehmers bezieht, sind zur Ermittlung des Arbeitslohns alle seit Begründung des Dienstverhältnisses entrichteten Beiträge zu berücksichtigen, unabhängig davon, ob es sich um einen oder mehrere Versicherungsverträge handelt. Das gilt auch dann, wenn die Versicherungsverträge zeitlich befristet abgeschlossen wurden, das Versicherungsunternehmen gewechselt wurde oder der Versicherungsschutz für einen bestimmten Zeitraum des Dienstverhältnisses nicht bestanden hat (zeitliche Unterbrechung des Versicherungsschutzes). Bei einem Wechsel des Arbeitgebers sind ausschließlich die seit Begründung des neuen Dienstverhältnisses entrichteten Beiträge zu berücksichtigen, auch wenn der bisherige Versicherungsvertrag vom neuen Arbeitgeber fortgeführt wird. Das gilt auch, wenn ein Wechsel des Arbeitnehmers innerhalb eines Konzernverbundes zwischen Konzernunternehmen mit einem Arbeitgeberwechsel verbunden ist. Bei einem Betriebsübergang nach § 613a BGB liegt kein neues Dienstverhältnis vor.

Beiträge, die individuell oder pauschal besteuert wurden, sind im Übrigen nicht einzubeziehen.

Aus Vereinfachungsgründen können die auf den Versicherungsschutz des Arbeitnehmers entfallenden Beiträge unter Berücksichtigung der Beschäftigungsdauer auf Basis des zuletzt vor Eintritt des Versicherungsfalls geleisteten Versicherungsbeitrags hochgerechnet werden.

Die bei einer früheren Versicherungsleistung als Arbeitslohn berücksichtigten Beiträge sind bei einer späteren Versicherungsleistung nicht erneut als Arbeitslohn zu erfassen. Bei einer späteren Versicherungsleistung sind zumindest die seit der vorangegangenen Auszahlung einer Versicherungsleistung entrichteten Beiträge zu berücksichtigen (BFH-Urteil vom 11. Dezember 2008 – VI R 3/08 –, BFH/NV 2009 S. 907), allerdings auch in diesem Fall begrenzt auf die ausgezahlte Versicherungsleistung.

Erhält ein Arbeitnehmer die Versicherungsleistungen in mehreren Teilbeträgen oder ratierlich, so fließt dem Arbeitnehmer solange Arbeitslohn in Form von Barlohn zu, bis die Versicherungsleistungen die Summe der auf den Versicherungsschutz des Arbeitnehmers entfallenden Beiträge erreicht haben. Erhält ein Arbeitnehmer die Versicherungsleistungen als Leibrente, so fließt dem Arbeitnehmer solange Arbeitslohn in Form von Barlohn zu, bis der Teil der Versicherungsleistungen, der nicht Ertragsanteil ist (§ 22 Nummer 1 Satz 3 Buchstabe a Doppelbuchstabe bb EStG ggf. i. V. m. § 55 EStDV; siehe auch Tz. 2.1.6), die Summe der auf den Versicherungsschutz des Arbeitnehmers entfallenden Beiträge erreicht hat. Beiträge, die vom Arbeitgeber nach der ersten Auszahlung oder Weiterleitung von Versicherungsleistungen an den Arbeitnehmer gezahlt werden, sind hier aus Vereinfachungsgründen jeweils nicht einzubeziehen; diese Beiträge sind dann bei einem ggf. später eintretenden Versicherungsfall zu berücksichtigen.

Beispiel:

Nach einem Unfall wird ab dem Jahr 01 eine Versicherungsleistung als Leibrente i. H. v. jährlich 1000 € ausgezahlt. Der Ertragsanteil beträgt 25 %. An Beiträgen wurden für den Arbeitnehmer in der Vergangenheit insgesamt 2500 € gezahlt.

Ab dem Jahr 01 sind 250 € (1000 € × 25 % Ertragsanteil) steuerpflichtig nach § 22 Nummer 1 Satz 3 Buchstabe a Doppelbuchstabe bb EStG.

Darüber hinaus sind in den Jahren 01 bis 03 jeweils ein Betrag von 750 € und im Jahr 04 ein Betrag von 250 € (2500 € – [3 Jahre × 750 €]) steuerpflichtig nach § 19 EStG. Ab dem Jahr 05 fließt kein steuerpflichtiger Arbeitslohn mehr zu; steuerpflichtig ist dann nur noch die Leibrente mit dem Ertragsanteil von 25 %.

Dem Arbeitnehmer steht bei mehreren Versicherungsleistungen innerhalb verschiedener Veranlagungszeiträume (mehr als ein Versicherungsfall oder bei einem Versicherungsfall, Auszahlung in mehreren Veranlagungszeiträumen) kein Wahlrecht zu, inwieweit die vom Arbeitgeber erbrachten Beiträge jeweils als Arbeitslohn erfasst werden sollen. In diesen Fällen ist für den Arbeitslohn im jeweiligen Veranlagungszeitraum gesondert zu prüfen, ob es sich um eine Vergütung für eine mehrjährige Tätigkeit im Sinne des § 34 Absatz 1 i. V. m. Absatz 2 Nummer 4 EStG handelt.

2.1.3 Steuerfreier Reisekostenersatz und lohnsteuerpflichtiger Werbungskostenersatz

Der auf das Risiko beruflicher Unfälle entfallende Anteil der Beiträge ist zum Zeitpunkt der Leistungsgewährung steuerfreier Reisekostenersatz oder steuerpflichtiger Werbungskostenersatz des Arbeitgebers (dem bei der Veranlagung zur Einkommensteuer Werbungskosten in gleicher Höhe gegenüberstehen). Für die Aufteilung und Zuordnung gelten die Regelungen in Tz. 1.1 bis 1.4.

2.1.4 Schadensersatzleistungen

Bei einem im beruflichen Bereich eingetretenen Unfall gehört die Auskehrung des Arbeitgebers nicht zum Arbeitslohn, soweit der Arbeitgeber gesetzlich zur Schadensersatzleistung verpflichtet ist oder soweit der Arbeitgeber einen zivilrechtlichen Schadensersatzanspruch des Arbeitnehmers wegen schuldhafter Verletzung arbeitsvertraglicher Fürsorgepflichten erfüllt (BFH-Urteil vom 20. September 1996 – VI R 57/95 –, BStBl. 1997 II S. 144). Der gesetzliche Schadensersatzanspruch des Arbeitnehmers aus unfallbedingten Personenschäden im beruflichen Bereich wird regelmäßig durch Leistungen aus der gesetzlichen Unfallversicherung erfüllt; diese Leistungen sind nach § 3 Nummer 1 Buchstabe a EStG steuerfrei.

Schmerzensgeldrenten nach § 253 Absatz 2 BGB (bis 31. Juli 2002: § 847 BGB), Schadensersatzrenten zum Ausgleich vermehrter Bedürfnisse (§ 843 Absatz 1 2. Alternative BGB), Unterhaltsrenten nach § 844 Absatz 2 BGB sowie Ersatzansprüche wegen entgangener Dienste nach § 845 BGB sind ebenfalls nicht steuerbar (vgl. BMF-Schreiben vom 15. Juli 2009 – IV C 3 – S 2255/08/10012 –, BStBl. I S. 836).

2.1.5 Entschädigungen für entgangene oder entgehende Einnahmen

Sind die Versicherungsleistungen ausnahmsweise Entschädigungen für entgangene oder entgehende Einnahmen i. S. d. § 24 Nummer 1 Buchstabe a EStG (z. B. Leistungen wegen einer Körperverletzung, soweit sie den Verdienstausfall ersetzen; siehe H 24.1 EStH 2008), liegen insoweit zusätzliche steuerpflichtige Einkünfte aus nichtselbständiger Arbeit (steuerpflichtiger Arbeitslohn) vor. Wickelt das Versicherungsunternehmen die Auszahlung der Versicherungsleistung unmittelbar mit dem Arbeitnehmer ab, hat der Arbeitgeber Lohnsteuer nur einzubehalten, wenn er weiß oder erkennen kann, dass derartige Zahlungen erbracht wurden (§ 38 Absatz 1 Satz 3 EStG).

Der nach Tz. 2.1.2 zu besteuernde Betrag ist in diesen Fällen anteilig zu mindern.

§ 40b EStG
R 40b.2

Beispiel:
Nach einem Unfall wird eine Versicherungsleistung i. H. v. 10 000 € ausgezahlt. Hiervon sind 8000 € die Entschädigung für entgangene oder entgehende Einnahmen. An Beiträgen wurden in der Vergangenheit 2500 € gezahlt.

Die steuerpflichtigen Leistungen i. S. d. § 24 Nummer 1 Buchstabe a EStG betragen 8000 €. Zusätzlich sind 500 € (= 2500 € – [2500 € × 8000 € : 10 000 €]) entsprechend der Regelungen in Tz. 2.1.2 und 2.1.3 zu besteuern.

2.1.6 Sonstige Einkünfte nach § 22 Nummer 1 EStG
Wiederkehrende Leistungen aus der entsprechenden Unfallversicherung können Leibrenten nach § 22 Nummer 1 Satz 3 Buchstabe a Doppelbuchstabe bb EStG sein. Siehe auch Tz. 2.1.2 letzter Absatz.

2.2 Ausübung der Rechte steht unmittelbar dem Arbeitnehmer zu

2.2.1 Arbeitslohn zum Zeitpunkt der Beitragszahlung
Kann der Arbeitnehmer den Versicherungsanspruch bei einer vom Arbeitgeber abgeschlossenen Unfallversicherung unmittelbar gegenüber dem Versicherungsunternehmen geltend machen, sind die Beiträge bereits im Zeitpunkt der Zahlung durch den Arbeitgeber als Zukunftssicherungsleistungen Arbeitslohn in Form von Barlohn (§ 19 Absatz 1 Satz 1 Nummer 1 EStG, § 2 Absatz 2 Nummer 3 Satz 1 LStDV). Davon ist auch dann auszugehen, wenn zwar der Anspruch durch den Versicherungsnehmer (Arbeitgeber) geltend gemacht werden kann, vertraglich nach den Unfallversicherungsbedingungen jedoch vorgesehen ist, dass der Versicherer die Versicherungsleistung in jedem Fall an die versicherte Person (Arbeitnehmer) auszahlt. Die Ausübung der Rechte steht dagegen nicht unmittelbar dem Arbeitnehmer zu, wenn die Versicherungsleistung mit befreiender Wirkung auch an den Arbeitgeber gezahlt werden kann; in diesem Fall kann der Arbeitnehmer die Auskehrung der Versicherungsleistung letztlich nur im Innenverhältnis vom Arbeitgeber verlangen.

Das gilt unabhängig davon, ob es sich um eine Einzelunfallversicherung oder eine Gruppenunfallversicherung handelt; Beiträge zu Gruppenunfallversicherungen sind ggf. nach der Zahl der versicherten Arbeitnehmer auf diese aufzuteilen (§ 2 Absatz 2 Nummer 3 Satz 3 LStDV).

Steuerfrei sind Beiträge oder Beitragsteile, die bei Auswärtstätigkeiten (R 9.4 Absatz 2 LStR 2008) das Unfallrisiko abdecken und deshalb zu den steuerfreien Reisekostenerstattungen gehören. Für die Aufteilung eines auf den beruflichen Bereich entfallenden Gesamtbeitrags in steuerfreie Reisekostenerstattungen und steuerpflichtigen Werbungskostenersatz ist die Vereinfachungsregelung in Tz. 1.4 anzuwenden.

2.2.2 Arbeitslohn zum Zeitpunkt der Leistungsgewährung
Leistungen aus einer entsprechenden Unfallversicherung gehören zu den Einkünften aus nichtselbständiger Arbeit (steuerpflichtiger Arbeitslohn), soweit sie Entschädigungen für entgangene oder entgehende Einnahmen i. S. d. § 24 Nummer 1 Buchstabe a EStG darstellen, der Unfall im beruflichen Bereich eingetreten ist und die Beiträge ganz oder teilweise Werbungskosten bzw. steuerfreie Reisenebenkostenerstattungen waren.

Der Arbeitgeber hat Lohnsteuer nur einzubehalten, wenn er weiß oder erkennen kann, dass derartige Zahlungen erbracht wurden (§ 38 Absatz 1 Satz 3 EStG). Andernfalls ist der als Entschädigung i. S. d. § 24 Nummer 1 Buchstabe a EStG steuerpflichtige Teil des Arbeitslohns, der ggf. durch Schätzung zu ermitteln ist, im Rahmen der Veranlagung des Arbeitnehmers zur Einkommensteuer zu erfassen.

2.2.3 Sonstige Einkünfte nach § 22 Nummer 1 Satz 1 EStG
Tz. 2.1.6 gilt entsprechend.

3. Arbeitgeber als Versicherer
Gewährt ein Arbeitgeber als Versicherer Versicherungsschutz, handelt es sich um Sachleistungen. Tz. 2 gilt entsprechend. § 8 Absatz 3 EStG ist zu beachten.

4. Werbungskosten- oder Sonderausgabenabzug
Der Arbeitnehmer kann die dem Lohnsteuerabzug unterworfenen Versicherungsbeiträge als Werbungskosten oder als Sonderausgaben geltend machen. Für die Aufteilung und Zuordnung gelten die Regelungen in Tz. 1.1 bis 1.3.

5. Lohnsteuerabzug von Beitragsleistungen
Soweit die vom Arbeitgeber übernommenen Beiträge (Tz. 1.4) oder die Beiträge zu Versicherungen des Arbeitgebers (Tz. 2) steuerpflichtiger Arbeitslohn sind, sind sie im Zeitpunkt ihres Zuflusses dem Lohnsteuerabzug nach den allgemeinen Regelungen zu unterwerfen, wenn nicht eine Pauschalbesteuerung nach § 40b Absatz 3 EStG erfolgt. Zu den Voraussetzungen der Lohnsteuerpauschalierung siehe auch R 40b. 2 LStR 2008.

6. Betriebliche Altersversorgung
Die lohnsteuerliche Behandlung von Zusagen auf Leistungen der betrieblichen Altersversorgung nach dem Betriebsrentengesetz bleibt durch dieses Schreiben unberührt. Zu den Einzelheiten vgl. BMF-Schreiben vom 20. Januar 2009 – VI C 3 – S 2496/08/10011 / IV C 5 – S 2333/07/0003 – (BStBl. I S. 273)*).

7. Anwendungsregelung
Dieses Schreiben ist in allen noch nicht formell bestandskräftigen Fällen anzuwenden. Das BMF-Schreiben vom 17. Juli 2000 – IV C 5 – S 2332 – 67/00 – (BStBl. I S. 1204) wird hiermit aufgehoben.

---

*) Jetzt BMF-Schreiben vom 24.7.2013 (BStBl. I S. 1022), das als Anhang 13c abgedruckt ist.

§ 41 EStG
Aufzeichnungspflichten beim Lohnsteuerabzug

(1) ¹Der Arbeitgeber hat am Ort der Betriebsstätte (Absatz 2) für jeden Arbeitnehmer und jedes Kalenderjahr ein Lohnkonto zu führen. ²In das Lohnkonto sind die nach § 39e Absatz 4 Satz 2 und Absatz 5 Satz 3 abgerufenen elektronischen Lohnsteuerabzugsmerkmale sowie die für den Lohnsteuerabzug erforderlichen Merkmale aus der vom Finanzamt ausgestellten Bescheinigung für den Lohnsteuerabzug (§ 39 Absatz 3 oder § 39e Absatz 7 oder Absatz 8) zu übernehmen. ³Bei jeder Lohnzahlung für das Kalenderjahr, für das das Lohnkonto gilt, sind im Lohnkonto die Art und Höhe des gezahlten Arbeitslohns einschließlich der steuerfreien Bezüge sowie die einbehaltene oder übernommene Lohnsteuer einzutragen; an die Stelle der Lohnzahlung tritt in den Fällen des § 39b Absatz 5 Satz 1 die Lohnabrechnung. ⁴Ferner sind das Kurzarbeitergeld, das Schlechtwettergeld, das Winterausfallgeld, der Zuschuss zum Mutterschaftsgeld nach dem Mutterschutzgesetz, der Zuschuss bei Beschäftigungsverboten für die Zeit vor oder nach einer Entbindung sowie für den Entbindungstag während einer Elternzeit nach beamtenrechtlichen Vorschriften, die Entschädigungen für Verdienstausfall nach dem Infektionsschutzgesetz vom 20. Juli 2000 (BGBl. I S. 1045) sowie die nach § 3 Nummer 28 steuerfreien Aufstockungsbeträge oder Zuschläge einzutragen. ⁵Ist während der Dauer des Dienstverhältnisses in anderen Fällen als in denen des Satzes 5 der Anspruch auf Arbeitslohn für mindestens fünf aufeinander folgende Arbeitstage im Wesentlichen weggefallen, so ist dies jeweils durch Eintragung des Großbuchstabens U zu vermerken. ⁶Hat der Arbeitgeber die Lohnsteuer von einem sonstigen Bezug im ersten Dienstverhältnis berechnet und ist dabei der Arbeitslohn aus früheren Dienstverhältnissen des Kalenderjahres außer Betracht geblieben, so ist dies durch Eintragung des Großbuchstabens S zu vermerken. ⁷Die Bundesregierung wird ermächtigt, durch Rechtsverordnung mit Zustimmung des Bundesrates vorzuschreiben, welche Einzelangaben im Lohnkonto aufzuzeichnen sind. ⁸Dabei können für Arbeitnehmer mit geringem Arbeitslohn und für die Fälle der §§ 40 bis 40b Aufzeichnungserleichterungen sowie für steuerfreie Bezüge Aufzeichnungen außerhalb des Lohnkontos zugelassen werden. ⁹Die Lohnkonten sind bis zum Ablauf des sechsten Kalenderjahres, das auf die zuletzt eingetragene Lohnzahlung folgt, aufzubewahren.

(2) ¹Betriebsstätte ist der Betrieb oder Teil des Betriebs des Arbeitgebers, in dem der für die Durchführung des Lohnsteuerabzugs maßgebende Arbeitslohn ermittelt wird. ²Wird der maßgebende Arbeitslohn nicht in dem Betrieb oder einem Teil des Betriebs des Arbeitgebers oder nicht im Inland ermittelt, so gilt als Betriebsstätte der Mittelpunkt der geschäftlichen Leitung des Arbeitgebers im Inland; im Fall des § 38 Absatz 1 Satz 1 Nummer 2 gilt als Betriebsstätte der Ort im Inland, an dem die Arbeitsleistung ganz oder vorwiegend stattfindet. ³Als Betriebsstätte gilt auch der inländische Heimathafen deutscher Handelsschiffe, wenn die Reederei im Inland keine Niederlassung hat.

R 41.1
Aufzeichnungserleichterungen, Aufzeichnung der Religionsgemeinschaft

(1) ¹Die nach §§ 40 Abs. 1 Satz 1 Nr. 1 und 40b EStG pauschal besteuerten Bezüge und die darauf entfallende pauschale Lohnsteuer sind grundsätzlich in dem für jeden Arbeitnehmer zu führenden Lohnkonto aufzuzeichnen. ²Soweit die Lohnsteuerpauschalierung nach § 40b EStG auf der Grundlage des Durchschnittsbetrags durchgeführt wird (>§ 40b Abs. 2 Satz 2 EStG), ist dieser aufzuzeichnen.

(2) ¹Das Betriebsstättenfinanzamt kann nach § 4 Abs. 3 Satz 1 LStDV*) Ausnahmen von der Aufzeichnung im Lohnkonto zulassen, wenn die Möglichkeit zur Nachprüfung in anderer Weise sichergestellt ist. ²Die Möglichkeit zur Nachprüfung ist in den bezeichneten Fällen nur dann gegeben, wenn die Zahlung der Bezüge und die Art ihrer Aufzeichnung im Lohnkonto vermerkt werden.

(3) ¹Das Finanzamt hat Anträgen auf Befreiung von der Aufzeichnungspflicht nach § 4 Abs. 3 Satz 2 LStDV*) im Allgemeinen zu entsprechen, wenn es im Hinblick auf die betrieblichen Verhältnisse nach der Lebenserfahrung so gut wie ausgeschlossen ist, dass der Rabattfreibetrag (>§ 8 Abs. 3 EStG) oder die Freigrenze nach § 8 Abs. 2 Satz 11 EStG im Einzelfall überschritten wird. ²Zusätzlicher Überwachungsmaßnahmen durch den Arbeitgeber bedarf es in diesen Fällen nicht.

(4) ¹Der Arbeitgeber hat die Religionsgemeinschaft im Lohnkonto aufzuzeichnen (§ 4 Abs. 1 Nr. 1 LStDV*)). ²Erhebt der Arbeitgeber von pauschal besteuerten Bezügen (§§ 37b, 40, 40a Abs. 1, 2a und 3, § 40b EStG) keine Kirchensteuer, weil der Arbeitnehmer keiner Religionsgemeinschaft angehört, für die die Kirchensteuer von den Finanzbehörden erhoben wird, hat er die Unterlage hierüber als Beleg zu den nach § 4 Abs. 2 Nr. 8 Satz 3 und 4 LStDV*) zu führenden Unterlagen zu nehmen (§ 4 Abs. 2 Nr. 8 Satz 5 LStDV*)). ³In den Fällen des § 37b EStG und des § 40a Abs. 1, 2a und 3 EStG kann der Arbeitgeber auch eine Erklärung zur Religionszugehörigkeit nach amtlichen Muster als Beleg verwenden.

R 41.2
Aufzeichnung des Großbuchstabens U

¹Der Anspruch auf Arbeitslohn ist im Wesentlichen weggefallen, wenn z. B. lediglich vermögenswirksame Leistungen oder Krankengeldzuschüsse gezahlt werden, oder wenn während unbezahlter Fehlzeiten (z. B. Elternzeit) eine Beschäftigung mit reduzierter Arbeitszeit aufgenommen wird. ²Der Großbuchstabe U ist je Unterbrechung einmal im Lohnkonto einzutragen. ³Wird Kurzarbeitergeld einschl. Saison-Kurzarbeitergeld, der Zuschuss zum Mutterschaftsgeld nach dem Mutterschutzgesetz, der Zuschuss nach § 3 der Mutterschutz- und Elternzeitverordnung oder einer entsprechenden Landesregelung, die Entschädigung für Verdienstausfall nach dem Infektionsschutzgesetz oder werden Aufstockungsbeträge nach dem AltTZG gezahlt, ist kein Großbuchstabe U in das Lohnkonto einzutragen.

R 41.3
Betriebsstätte

¹Die lohnsteuerliche Betriebsstätte ist der im Inland gelegene Betrieb oder Betriebsteil des Arbeitgebers, an dem der Arbeitslohn insgesamt ermittelt wird, d. h. wo die einzelnen Lohnbestandteile oder bei maschineller Lohnabrechnung die Eingabewerte zu dem für die Durchführung des Lohnsteuerabzugs maßgebenden Arbeitslohn zusammengefasst werden. ²Es kommt nicht darauf an, wo einzelne Lohnbestandteile ermittelt, die Berechnung der Lohnsteuer vorgenommen wird und die für den Lohnsteuerabzug maßgebenden Unterlagen aufbewahrt werden. ³Bei einem ausländischen Arbeitgeber mit Wohnsitz und Geschäftsleitung im Ausland, der im Inland einen ständigen Vertreter (§ 13 AO) hat, aber keine Betriebsstätte unterhält, gilt als Mittelpunkt der geschäftlichen Leitung der Wohnsitz oder der gewöhnliche Aufenthalt des ständigen Vertreters. ⁴Ein selbständiges Dienstleistungsunternehmen, das für einen Arbeitgeber tätig wird, kann nicht als Betriebsstätte dieses Arbeitgebers angesehen werden. ⁵Bei einer Arbeitnehmerüberlassung (>R 42d.2) kann nach § 41 Abs. 2 Satz 2 EStG eine abweichende lohnsteuerliche Betriebsstätte in Betracht kommen. ⁶Erlangt ein Finanzamt von Umständen Kenntnis, die auf eine Zentralisierung oder Verlegung von lohnsteuerlichen Betriebsstätten in seinem Zuständigkeitsbereich hindeuten, hat es vor einer Äußerung gegenüber dem Arbeitgeber die anderen betroffenen Finanzämter unverzüglich hierüber zu unterrichten und sich mit ihnen abzustimmen.

---

*) § 4 LStDV ist abgedruckt als Anhang 1 zum Handbuch.

§ 41 EStG
R 41.3

H 41.3
Hinweise zu R 41.3
Betriebsstätte

Zuständige Finanzämter für ausländische Bauunternehmer

Für ausländische Bauunternehmer sind die in der Umsatzsteuerzuständigkeitsverordnung genannten Finanzämter für die Verwaltung der Lohnsteuer zuständig (>BMF vom 27.12.2002 – BStBl. I S. 1399, Tz. 100).

Ansässigkeitsstaat	Finanzamt	Adresse
Belgien	Trier	Hubert-Neuerburg-Str. 1 54290 Trier
Bulgarien	Neuwied	Augustastr. 54 56564 Neuwied
Dänemark	Flensburg	Duburger Str. 58–64 24939 Flensburg
Estland	Rostock	Möllner Str. 13 18109 Rostock
Finnland	Bremen	Rudolf-Hilferding-Platz 1 28195 Bremen
Frankreich	Offenburg	Zeller Straße 1–3 77654 Offenburg
Großbritannien (einschließlich Nordirland)	Hannover-Nord	Vahrenwalder Str. 206 30165 Hannover
Griechenland	Neukölln	Thiemannstraße 1 12059 Berlin
Irland	Hamburg-Nord	Borsteler Chaussee 45 22453 Hamburg
Italien	München	Finanzamt München Abteilung Körperschaften 80275 München
Kroatien	Kassel II – Hofgeismar	Altmarkt 1 34125 Kassel
Lettland	Bremen	Rudolf-Hilferding-Platz 1 28195 Bremen
Liechtenstein	Konstanz	Byk-Gulden-Str. 2a 78467 Konstanz
Litauen	Mühlhausen	Martinistr. 22 99974 Mühlhausen
Luxemburg	Saarbrücken	Am Stadtgraben 2–4 66111 Saarbrücken
Mazedonien	Neukölln	Thiemannstraße 1 12059 Berlin
Niederlande	Kleve	Emmericher Str. 182 47533 Kleve
Norwegen	Bremen	Rudolf-Hilferding-Platz 1 28195 Bremen
Österreich	München	Finanzamt München Abteilung Körperschaften 80275 München
Polen	Oranienburg (Nach- bzw. Firmenname A bis M)	Heinrich-Grüber-Platz 3 16515 Oranienburg
	Cottbus (Nach- bzw. Firmenname N bis Z)	Vom-Stein-Straße 29 03050 Cottbus
Portugal	Kassel II – Hofgeismar	Altmarkt 1 34125 Kassel
Rumänien	Chemnitz-Süd	Paul-Bertz-Straße 1 09120 Chemnitz
Russland	Magdeburg	Tessenowstraße 10 39114 Magdeburg
Schweden	Hamburg – Nord	Borsteler Chaussee 45 22453 Hamburg
Schweiz	Konstanz	Byk-Gulden-Str. 2a 78467 Konstanz
Slowakei	Chemnitz-Süd	Paul-Bertz-Straße 1 09120 Chemnitz
Spanien	Kassel II – Hofgeismar	Altmarkt 1 34125 Kassel
Slowenien	Oranienburg	Heinrich-Grüber-Platz 3 16515 Oranienburg
Tschechische Republik	Chemnitz-Süd	Paul-Bertz-Straße 1 09120 Chemnitz
Türkei	Dortmund-Unna	Trakehnerweg 4 44143 Dortmund
Ukraine	Magdeburg	Tessenowstraße 10 39114 Magdeburg
Ungarn	Zentralfinanzamt Nürnberg	Thomas-Mann-Straße 50 90471 Nürnberg
Vereinigte Staaten von Amerika	Bonn-Innenstadt	Welschnonnenstr. 15 53111 Bonn
Weißrussland	Magdeburg	Tessenowstraße 10 39114 Magdeburg
Übriges Ausland	Neukölln	Thiemannstraße 1 12059 Berlin

Zuständige Finanzämter für ausländische Verleiher

Die Zuständigkeit für ausländische Verleiher (ohne Bauunternehmer) ist in den Ländern bei folgenden Finanzämtern zentralisiert:

Land	Finanzamt	Adresse
Baden-Württemberg	Offenburg	Zellerstraße 1–3 77654 Offenburg
Bayern	München	Finanzamt München Abteilung Körperschaften 80275 München
	Zentralfinanzamt Nürnberg	Thomas-Mann-Straße 50 90471 Nürnberg
Berlin	für Körperschaften III	Volkmarstraße 13 12099 Berlin
Brandenburg	Oranienburg	Heinrich-Grüber-Platz 3 16515 Oranienburg
Bremen	Bremen	Rudolf-Hilferding-Platz 1 28195 Bremen
Hamburg	Hamburg-Nord	Borsteler Chaussee 45 22453 Hamburg
Hessen	Kassel II – Hofgeismar	Altmarkt 1 34125 Kassel
Mecklenburg-Vorpommern	Greifswald	Am Gorzberg Haus 11 17489 Greifswald
Niedersachsen	Bad Bentheim	Heinrich-Böll-Straße 2 48455 Bad Bentheim
Nordrhein-Westfalen	Düsseldorf-Altstadt	Kaiserstraße 52 40479 Düsseldorf
Rheinland-Pfalz	Kaiserslautern	Eisenbahnstraße 56 67655 Kaiserslautern
Saarland	Saarbrücken	Am Stadtgraben 2–4 66111 Saarbrücken
Sachsen	Chemnitz-Süd	Paul-Bertz-Straße 1 09120 Chemnitz
Sachsen-Anhalt	Magdeburg	Tessenowstraße 10 39114 Magdeburg
Schleswig-Holstein	Kiel-Nord	Holtenauer Straße 183 24118 Kiel
Thüringen	Mühlhausen	Martinistraße 22 99974 Mühlhausen

§ 41a EStG
Anmeldung und Abführung der Lohnsteuer

(1) ¹Der Arbeitgeber hat spätestens am zehnten Tag nach Ablauf eines jeden Lohnsteuer-Anmeldungszeitraums

1. dem Finanzamt, in dessen Bezirk sich die Betriebsstätte (§ 41 Absatz 2) befindet (Betriebsstättenfinanzamt), eine Steuererklärung einzureichen, in der er die Summen der im Lohnsteuer-Anmeldungszeitraum einzubehaltenden und zu übernehmenden Lohnsteuer angibt (Lohnsteuer-Anmeldung),
2. die im Lohnsteuer-Anmeldungszeitraum insgesamt einbehaltene und übernommene Lohnsteuer an das Betriebsstättenfinanzamt abzuführen.

²Die Lohnsteuer-Anmeldung ist nach amtlich vorgeschriebenem Datensatz durch Datenfernübertragung nach Maßgabe der Steuerdaten-Übermittlungsverordnung*) zu übermitteln. ³Auf Antrag kann das Finanzamt zur Vermeidung unbilliger Härten auf eine elektronische Übermittlung verzichten; in diesem Fall ist die Lohnsteuer-Anmeldung nach amtlich vorgeschriebenem Vordruck abzugeben und vom Arbeitgeber oder von einer zu seiner Vertretung berechtigten Person zu unterschreiben. ⁴Der Arbeitgeber wird von der Verpflichtung zur Abgabe weiterer Lohnsteuer-Anmeldungen befreit, wenn er Arbeitnehmer, für die er Lohnsteuer einzubehalten oder zu übernehmen hat, nicht mehr beschäftigt und das dem Finanzamt mitteilt.

(2) ¹Lohnsteuer-Anmeldungszeitraum ist grundsätzlich der Kalendermonat. ²Lohnsteuer-Anmeldungszeitraum ist das Kalendervierteljahr, wenn die abzuführende Lohnsteuer für das vorangegangene Kalenderjahr mehr als 1 080 Euro, aber nicht mehr als 4 000 Euro betragen hat; Lohnsteuer-Anmeldungszeitraum ist das Kalenderjahr, wenn die abzuführende Lohnsteuer für das vorangegangene Kalenderjahr nicht mehr als 1 080 Euro betragen hat. ³Hat die Betriebsstätte nicht während des ganzen vorangegangenen Kalenderjahres bestanden, so ist die für das vorangegangene Kalenderjahr abzuführende Lohnsteuer für die Feststellung des Lohnsteuer-Anmeldungszeitraums auf einen Jahresbetrag umzurechnen. ⁴Wenn die Betriebsstätte im vorangegangenen Kalenderjahr noch nicht bestanden hat, ist die auf einen Jahresbetrag umgerechnete für den ersten vollen Kalendermonat nach der Eröffnung der Betriebsstätte abzuführende Lohnsteuer maßgebend.

(3) ¹Die oberste Finanzbehörde des Landes kann bestimmen, dass die Lohnsteuer nicht dem Betriebsstättenfinanzamt, sondern einer anderen öffentlichen Kasse anzumelden und an diese abzuführen ist; die Kasse erhält insoweit die Stellung einer Landesfinanzbehörde. ²Das Betriebsstättenfinanzamt oder die zuständige andere öffentliche Kasse können anordnen, dass die Lohnsteuer abweichend von dem nach Absatz 1 maßgebenden Zeitpunkt anzumelden und abzuführen ist, wenn die Abführung der Lohnsteuer nicht gesichert erscheint.

(4) ¹Arbeitgeber, die eigene oder gecharterte Handelsschiffe betreiben, dürfen vom Gesamtbetrag der anzumeldenden und abzuführenden Lohnsteuer einen Betrag von 40 Prozent der Lohnsteuer der auf solchen Schiffen in einem zusammenhängenden Arbeitsverhältnis von mehr als 183 Tagen beschäftigten Besatzungsmitglieder abziehen und einbehalten. ²Die Handelsschiffe müssen in einem inländischen Seeschiffsregister eingetragen sein, die deutsche Flagge führen und zur Beförderung von Personen oder Gütern im Verkehr mit oder zwischen ausländischen Häfen, innerhalb eines ausländischen Hafens oder zwischen einem ausländischen Hafen und der Hohen See betrieben werden. ³Die Sätze 1 und 2 sind entsprechend anzuwenden, wenn Seeschiffe im Wirtschaftsjahr überwiegend außerhalb der deutschen Hoheitsgewässer zum Schleppen, Bergen oder zur Aufsuchung von Bodenschätzen oder zur Vermessung von Energielagerstätten unter dem Meeresboden eingesetzt werden. ⁴Ist für den Lohnsteuerabzug die Lohnsteuer nach der Steuerklasse V oder VI zu ermitteln, so bemisst sich der Betrag nach Satz 1 nach der Lohnsteuer der Steuerklasse I.

R 41a.1
Lohnsteuer-Anmeldung

(1) ¹Der Arbeitgeber ist von der Verpflichtung befreit, eine weitere Lohnsteuer-Anmeldung einzureichen, wenn er dem Betriebsstättenfinanzamt mitteilt, dass er im Lohnsteuer-Anmeldungszeitraum keine Lohnsteuer einzubehalten oder zu übernehmen hat, weil der Arbeitslohn nicht steuerbelastet ist. ²Dies gilt auch, wenn der Arbeitgeber nur Arbeitnehmer beschäftigt, für die er lediglich die Pauschsteuer nach § 40a Abs. 2 EStG an die Deutsche Rentenversicherung Knappschaft-Bahn-See entrichtet.

(2) ¹Für jede Betriebsstätte (>§ 41 Abs. 2 EStG) und für jeden Lohnsteuer-Anmeldungszeitraum ist eine einheitliche Lohnsteuer-Anmeldung einzureichen. ²Die Abgabe mehrerer Lohnsteuer-Anmeldungen für dieselbe Betriebsstätte und denselben Lohnsteuer-Anmeldungszeitraum, etwa getrennt nach den verschiedenen Bereichen der Lohnabrechnung, z. B. gewerbliche Arbeitnehmer, Gehaltsempfänger, Pauschalierungen nach den §§ 37a, 37b, 40 bis 40b EStG, ist nicht zulässig.

(3) Der für den Lohnsteuer-Anmeldungszeitraum maßgebende Betrag der abzuführenden Lohnsteuer (>§ 41a Abs. 2 EStG) ist die Summe der nach § 38 Abs. 3 EStG im Zeitpunkt der Zahlung einbehaltenen und übernommenen Lohnsteuer ohne Kürzung um das ihr entnommene Kindergeld (>§ 72 Abs. 7 EStG).

(4) ¹Das Betriebsstättenfinanzamt hat den rechtzeitigen Eingang der Lohnsteuer-Anmeldung zu überwachen. ²Es kann bei nicht rechtzeitigem Eingang der Lohnsteuer-Anmeldung einen Verspätungszuschlag nach § 152 AO festsetzen oder erforderlichenfalls die Abgabe der Lohnsteuer-Anmeldung mit Zwangsmitteln nach §§ 328 bis 335 AO durchsetzen. ³Wird eine Lohnsteuer-Anmeldung nicht eingereicht, kann das Finanzamt die Lohnsteuer im Schätzungswege ermitteln und den Arbeitgeber durch Steuerbescheid in Anspruch nehmen (>§§ 162, 167 Abs. 1 AO). ⁴Pauschale Lohnsteuer kann im Schätzungswege ermittelt und in einem Steuerbescheid festgesetzt werden, wenn der Arbeitgeber mit dem Pauschalierungsverfahren einverstanden ist.

(5) ¹Bemessungsgrundlage für den Steuereinbehalt nach § 41a Abs. 4 EStG ist die Lohnsteuer, die auf den für die Tätigkeit an Bord von Schiffen gezahlten Arbeitslohn entfällt, wenn der betreffende Arbeitnehmer mehr als 183 Tage bei dem betreffenden Reeder beschäftigt ist. ²Der Lohnsteuereinbehalt durch den Reeder nach § 41a Abs. 4 EStG gilt für den Kapitän und alle Besatzungsmitglieder – einschließlich des Servicepersonals –, die über ein Seefahrtsbuch verfügen und deren Arbeitgeber er ist. ³Der Lohnsteuereinbehalt kann durch Korrespondent- oder Vertragsreeder nur vorgenommen werden, wenn diese mit der Bereederung des Schiffes in ihrer Eigenschaft als Mitgesellschafter an der Eigentümergesellschaft beauftragt sind. ⁴Bei Vertragsreedern ist dies regelmäßig nicht der Fall. ⁵Bei Korrespondentreedern ist der Lohnsteuereinbehalt nur für die Heuern der Seeleute zulässig, die auf den Schiffen tätig sind, bei denen der Korrespondentreeder auch Miteigentümer ist.

H 41a.1
Hinweise zu R 41a.1
Lohnsteuer-Anmeldung

Änderung der Lohnsteuer-Anmeldung durch das Finanzamt

Eine Erhöhung der Lohnsteuer-Entrichtungsschuld ist unter den Voraussetzungen des § 164 Abs. 2 Satz 1 AO auch nach Übermittlung oder Ausschreibung der Lohnsteuerbescheinigung zulässig (>BFH vom 30.10.2008 – BStBl. 2009 II S. 354).

Anfechtung der Lohnsteuer-Anmeldung durch den Arbeitnehmer

Ein Arbeitnehmer kann die Lohnsteuer-Anmeldung des Arbeitgebers aus eigenem Recht anfechten, soweit sie ihn betrifft (>BFH vom 20.7.2005 – BStBl. II S. 890).

---
*) Abgedruckt als Anhang 17 zum Handbuch.

§ 41a EStG
R 41a.1

Elektronische Abgabe der Lohnsteuer-Anmeldung

Die Verpflichtung eines Arbeitgebers, seine Steueranmeldung dem Finanzamt grundsätzlich elektronisch zu übermitteln, ist verfassungsgemäß (>BFH vom 14.3.2012 – BStBl. II S. 477).
>Steuerdaten-Übermittlungsverordnung (StDÜV)*)
>BMF vom 16.11.2011 (BStBl. I S. 1063)

Härtefallregelung

Ein Härtefall liegt vor, wenn dem Arbeitgeber die elektronische Datenübermittlung wirtschaftlich oder persönlich unzumutbar ist. Dies ist z. B. der Fall, wenn ihm nicht zuzumuten ist, die technischen Voraussetzungen für die elektronische Übermittlung einzurichten (>BFH vom 14.3.2012 – BStBl. II S. 477).

Lohnsteuereinbehalt durch Reeder

Arbeitgeber i. S. d. § 41a Abs. 4 EStG ist der zum Lohnsteuereinbehalt nach § 38 Abs. 3 EStG Verpflichtete. Dies ist regelmäßig der Vertragspartner des Arbeitnehmers aus dem Dienstvertrag (>BFH vom 13.7.2011 – BStBl. II S. 986).

Schätzungsbescheid

Wenn ein Arbeitgeber die Lohnsteuer trotz gesetzlicher Verpflichtung nicht anmeldet und abführt, kann das Finanzamt sie durch Schätzungsbescheid festsetzen. Die Möglichkeit, einen Haftungsbescheid zu erlassen, steht dem nicht entgegen (>BFH vom 7.7.2004 – BStBl. II S. 1087).

Anlage 1
zu H 41a.1

Bekanntmachung des Musters für die Lohnsteuer-Anmeldung 2015

Schreiben des BMF vom 29.8.2014 (BStBl. I S. 1239)

2 Anlagen

Das Vordruckmuster der Lohnsteuer-Anmeldung für Lohnsteuer-Anmeldungszeiträume ab Januar 2015 ist gemäß § 51 Absatz 4 Nummer 1 Buchstabe d des Einkommensteuergesetzes bestimmt worden. Das Vordruckmuster und die „Übersicht über die länderunterschiedlichen Werte in der Lohnsteuer-Anmeldung 2015" werden hiermit bekannt gemacht. Das Vordruckmuster ist auch für die Gestaltung der Vordrucke maßgebend, die mit Hilfe von Datenverarbeitungsanlagen hergestellt werden (vgl. BMF-Schreiben vom 3. April 2012, BStBl. I S. 522).**)

---

*) Abgedruckt als Anhang 17 zum Handbuch.
**) Abgedruckt als Anlage 2 zu H 41a.1 LStR.

§ 41a EStG
R 41a.1

Anlage 1

- Bitte weiße Felder ausfüllen oder ☒ ankreuzen und Hinweise auf der Rückseite beachten -

2015

Zeile		
1	Fallart **11**	Steuernummer	Unterfallart **62**
2			
3		**30** Eingangsstempel oder -datum
4	Finanzamt	**Lohnsteuer-Anmeldung 2015**
5		**Anmeldungszeitraum**

bei **monatlicher** Abgabe bitte ankreuzen / bei **vierteljährlicher** Abgabe bitte ankreuzen

15 01	Jan.	15 07	Juli	15 41	I. Kalendervierteljahr
15 02	Feb.	15 08	Aug.	15 42	II. Kalendervierteljahr
15 03	März	15 09	Sept.	15 43	III. Kalendervierteljahr
15 04	April	15 10	Okt.	15 44	IV. Kalendervierteljahr
15 05	Mai	15 11	Nov.	bei **jährlicher** Abgabe bitte ankreuzen	
15 06	Juni	15 12	Dez.	15 19	Kalenderjahr

Arbeitgeber - Anschrift der Betriebsstätte - Telefonnummer - E-Mail

Zeile		EUR	Ct
14	Berichtigte Anmeldung (falls ja, bitte eine „1" eintragen)	**10**	
15	Zahl der Arbeitnehmer (einschl. Aushilfs- und Teilzeitkräfte)	**86**	
17	Summe der einzubehaltenden Lohnsteuer [1)2)]	**42**	
18	Summe der pauschalen Lohnsteuer - ohne § 37b EStG - [1)]	**41**	
19	Summe der pauschalen Lohnsteuer nach § 37b EStG [1)]	**44**	
20	abzüglich an Arbeitnehmer ausgezahltes Kindergeld	**43**	
21	abzüglich Kürzungsbetrag für Besatzungsmitglieder von Handelsschiffen	**33**	
22	Verbleiben [1)]	**48**	
23	Solidaritätszuschlag [1)2)]	**49**	
24	pauschale Kirchensteuer im vereinfachten Verfahren	**47**	
25	Evangelische Kirchensteuer [1)2)]	**61**	
26	Römisch-Katholische Kirchensteuer [1)2)]	**62**	
27			
28			
29			
30			
31			
32	**Gesamtbetrag** [1)] 1) Negativen Beträgen ist ein **Minuszeichen** voranzustellen 2) Nach Abzug der im Lohnsteuer-Jahresausgleich erstatteten Beträge	**83**	

33	Ein Erstattungsbetrag wird auf das dem Finanzamt benannte Konto überwiesen, soweit der Betrag nicht mit Steuerschulden verrechnet wird.
34	**Verrechnung des Erstattungsbetrags erwünscht/Erstattungsbetrag ist abgetreten** (falls ja, bitte eine „1" eintragen)	**29**
35	Geben Sie bitte die Verrechnungswünsche auf einem besonderen Blatt oder auf dem beim Finanzamt erhältlichen Vordruck „Verrechnungsantrag" an.
36	Das **SEPA-Lastschriftmandat** wird ausnahmsweise (z.B. wegen Verrechnungswünschen) für diesen Anmeldungszeitraum **widerrufen** (falls ja, bitte eine „1" eintragen)	**26**
37	Ein ggf. verbleibender Restbetrag ist gesondert zu entrichten.

Hinweis nach den Vorschriften der Datenschutzgesetze:
Die mit der Steueranmeldung angeforderten Daten werden auf Grund der §§ 149, 150 der Abgabenordnung und des § 41a des Einkommensteuergesetzes erhoben.
Die Angabe der Telefonnummer und der E-Mail-Adresse ist freiwillig.

Datum, Unterschrift

— **Vom Finanzamt auszufüllen** —

Bearbeitungshinweis
1. Die aufgeführten Daten sind mit Hilfe des geprüften und genehmigten Programms sowie ggf. unter Berücksichtigung der gespeicherten Daten maschinell zu verarbeiten.
2. Die weitere Bearbeitung richtet sich nach den Ergebnissen der maschinellen Verarbeitung.

| **11** | | **19** | |
| | | **12** | |

Kontrollzahl und/oder Datenerfassungsvermerk

Datum, Namenszeichen/Unterschrift

6.14 - LStA - Lohnsteuer-Anmeldung 2015 -

§ 41a EStG
R 41a.1

Hinweise für den Arbeitgeber

Datenübermittlung oder Steueranmeldung auf Papier?

1. Bitte beachten Sie, dass die Lohnsteuer-Anmeldung nach amtlich vorgeschriebenem Datensatz durch Datenfernübertragung nach Maßgabe der Steuerdaten-Übermittlungsverordnung zu übermitteln ist. Für die elektronische authentifizierte Übermittlung, die gesetzlich vorgeschrieben ist, benötigen Sie ein Zertifikat. Dieses erhalten Sie nach kostenloser Registrierung auf der Internetseite www.elsteronline.de/eportal/. Bitte beachten Sie, dass die Registrierung bis zu zwei Wochen dauern kann. Unter www.elster.de/elster_soft_nw.php finden Sie Programme zur elektronischen Übermittlung. Auf Antrag kann das Finanzamt zur Vermeidung von unbilligen Härten auf eine elektronische Übermittlung verzichten; in diesem Fall haben Sie oder eine zu Ihrer Vertretung berechtigte Person die Lohnsteuer-Anmeldung nach amtlich vorgeschriebenem Vordruck abzugeben und zu unterschreiben.

Abführung der Steuerabzugsbeträge

2. Tragen Sie bitte die Summe der einzubehaltenden Steuerabzugsbeträge (§§ 39b und 39c EStG) in Zeile 17 ein. Die Summe der mit festen oder besonderen Pauschsteuersätzen erhobenen Lohnsteuer nach den §§ 37a, 40 bis 40b EStG tragen Sie bitte in Zeile 18 ein. Nicht einzubeziehen ist die an die Deutsche Rentenversicherung Knappschaft-Bahn-See abzuführende 2 %-ige Pauschsteuer für geringfügig Beschäftigte i. S. d. § 8 Abs. 1 Nr. 1 und § 8a SGB IV. In Zeile 19 tragen Sie bitte gesondert die pauschale Lohnsteuer nach § 37b EStG ein. Vergessen Sie bitte nicht, auf dem Zahlungsabschnitt die Steuernummer, den Zeitraum, in dem die Beträge einbehalten worden sind, und je gesondert den Gesamtbetrag der Lohnsteuer, des Solidaritätszuschlags zur Lohnsteuer und der Kirchensteuer anzugeben oder durch Ihre Bank oder Sparkasse angeben zu lassen.

   Sollten Sie mehr Lohnsteuer erstatten, als Sie einzubehalten haben (z. B. wegen einer Neuberechnung der Lohnsteuer für bereits abgelaufene Lohnzahlungszeiträume desselben Kalenderjahres), kennzeichnen Sie bitte den Betrag mit einem deutlichen Minuszeichen. Der Erstattungsantrag ist durch Übermittlung oder Abgabe der Anmeldung gestellt.

3. Reichen die Ihnen zur Verfügung stehenden Mittel zur Zahlung des vollen vereinbarten Arbeitslohns nicht aus, so ist die Lohnsteuer von dem tatsächlich zur Auszahlung gelangenden niedrigeren Betrag zu berechnen und einzubehalten.

4. Eine Eintragung in Zeile 20 (ausgezahltes Kindergeld) kommt grundsätzlich nur bei Arbeitgebern des öffentlichen Rechts in Betracht.

   Arbeitgeber, die eigene oder gecharterte Handelsschiffe betreiben, dürfen einen Betrag von 40 % der Lohnsteuer der auf solchen Schiffen in einem zusammenhängenden Arbeitsverhältnis von mehr als 183 Tagen beschäftigten Besatzungsmitglieder abziehen. Dieser Betrag ist in Zeile 21 einzutragen.

5. Haben Sie in den Fällen der Lohnsteuerpauschalierung nach den §§ 37a, 37b, 40 bis 40b EStG die Kirchensteuer im vereinfachten Verfahren mit einem ermäßigten Steuersatz ermittelt, tragen Sie bitte diese (pauschale) Kirchensteuer in einer Summe in Zeile 24 ein. Die Aufteilung der pauschalen Kirchensteuer auf die steuererhebenden Religionsgemeinschaften wird von der Finanzverwaltung übernommen.

6. Abführungszeitpunkt ist
   a) spätestens der zehnte Tag nach Ablauf eines jeden Kalendermonats, wenn die abzuführende Lohnsteuer für das vorangegangene Kalenderjahr mehr als 4 000 € betragen hat,
   b) spätestens der zehnte Tag nach Ablauf eines jeden Kalendervierteljahres, wenn die abzuführende Lohnsteuer für das vorangegangene Kalenderjahr mehr als 1 080 €, aber nicht mehr als 4 000 € betragen hat,
   c) spätestens der zehnte Tag nach Ablauf eines jeden Kalenderjahres, wenn die abzuführende Lohnsteuer für das vorangegangene Kalenderjahr nicht mehr als 1 080 € betragen hat.

   Hat Ihr Betrieb nicht während des ganzen vorangegangenen Kalenderjahres bestanden, so ist die für das vorangegangene Kalenderjahr abzuführende Lohnsteuer für die Feststellung des Lohnsteuer-Anmeldungszeitraums auf einen Jahresbetrag umzurechnen.

   Hat Ihr Betrieb im vorangegangenen Kalenderjahr noch nicht bestanden, so ist die auf einen Jahresbetrag umgerechnete, für den ersten vollen Kalendermonat nach der Eröffnung des Betriebs abzuführende Lohnsteuer maßgebend.

7. Im Falle nicht rechtzeitiger Abführung der Steuerabzugsbeträge ist ein Säumniszuschlag zu entrichten. Der Säumniszuschlag beträgt 1 % des auf 50 € abgerundeten rückständigen Steuerbetrages (ohne Kirchensteuer) für jeden angefangenen Monat der Säumnis.

8. Verbleibende Beträge von insgesamt weniger als 1 € werden weder erhoben noch erstattet, weil dadurch unverhältnismäßige Kosten entstehen.

Anmeldung der Steuerabzugsbeträge

9. Übermitteln oder übersenden Sie bitte unabhängig davon, ob Sie Lohnsteuer einzubehalten hatten oder ob die einbehaltenen Steuerabzugsbeträge an das Finanzamt abgeführt worden sind, dem Finanzamt der Betriebsstätte spätestens bis zum Abführungszeitpunkt (siehe oben Nummer 6) eine Lohnsteuer-Anmeldung nach amtlich vorgeschriebenem Datensatz oder Vordruck.

   Sie sind aber künftig von der Verpflichtung zur Übermittlung oder Abgabe weiterer Lohnsteuer-Anmeldungen befreit, wenn Sie Ihrem Betriebsstättenfinanzamt mitteilen, dass Sie keine Lohnsteuer einzubehalten oder zu übernehmen haben. Gleiches gilt, wenn Sie nur Arbeitnehmer beschäftigen, für die Sie lediglich die 2 %-ige Pauschsteuer an die Deutsche Rentenversicherung Knappschaft-Bahn-See abzuführen haben.

10. Trifft die Anmeldung nicht rechtzeitig ein, so kann das Finanzamt zu der Lohnsteuer einen **Verspätungszuschlag** bis zu 10 % des anzumeldenden Betrages festsetzen.

11. Um Rückfragen des Finanzamts zu vermeiden, geben Sie bitte in Zeile 15 stets die Zahl der Arbeitnehmer – einschließlich Aushilfs- und Teilzeitkräfte, zu denen auch die an die Deutsche Rentenversicherung Knappschaft-Bahn-See gemeldeten geringfügig Beschäftigten i. S. d. § 8 Abs. 1 Nr. 1 und § 8a SGB IV gehören – an.

Berichtigung von Lohnsteuer-Anmeldungen

12. Wenn Sie feststellen, dass eine bereits eingereichte Lohnsteuer-Anmeldung fehlerhaft oder unvollständig ist, so ist für den betreffenden Anmeldungszeitraum eine berichtigte Lohnsteuer-Anmeldung zu übermitteln oder einzureichen. Dabei sind Eintragungen auch in den Zeilen vorzunehmen, in denen sich keine Änderungen ergeben haben. Es ist nicht zulässig, nur Einzel- oder Differenzbeträge nachzumelden. Für die Berichtigung mehrerer Anmeldungszeiträume sind jeweils gesonderte berichtigte Lohnsteuer-Anmeldungen einzureichen. Den Berichtigungsgrund teilen Sie bitte Ihrem Finanzamt gesondert mit.

§ 41a EStG
R 41a.1

Anlage 2

Übersicht über länderunterschiedliche Werte in der Lohnsteuer-Anmeldung 2015

Land	Zellen-Nr.	Bedeutung	Kennzahl
Baden-Württemberg	25	Evangelische Kirchensteuer – ev (fr/lt/rf)[1)2)]	61
	26	Römisch-Katholische Kirchensteuer – rk[1)2)]	62
	27	Kirchensteuer der Israelitischen Religionsgemeinschaft Baden – ib[1)2)]	78
	28	Kirchensteuer der Freireligiösen Landesgemeinde Baden – fb[1)2)]	67
	29	Kirchensteuer der Israelitischen Religionsgemeinschaft Württembergs – iw[1)2)]	73
	30	Alt-Katholische Kirchensteuer – ak[1)2)]	63
Bayern	25	Evangelische Kirchensteuer – ev (lt/rf/fr)[1)2)]	61
	26	Römisch-Katholische Kirchensteuer – rk[1)2)]	62
	27	Israelitische Bekenntnissteuer – is[1)2)]	64
	28	Alt-Katholische Kirchensteuer – ak[1)2)]	63
Berlin	25	Evangelische Kirchensteuer – ev[1)2)]	61
	26	Römisch-Katholische Kirchensteuer – rk[1)2)]	62
	27	Alt-Katholische Kirchensteuer – ak[1)2)]	63
Brandenburg	25	Evangelische Kirchensteuer – ev (lt/rf/fr)[1)2)]	61
	26	Römisch-Katholische Kirchensteuer – rk[1)2)]	62
	27	Israelitische/Jüdische Kultussteuer – is/jh/jd[1)2)]	64
	28	Freireligiöse Gemeinde Mainz – fm[1)2)]	65
	29	Israelitische Kultussteuer der kultussteuerberechtigten Gemeinden Hessen – il[1)2)]	74
	30	Alt-Katholische Kirchensteuer – ak[1)2)]	63
Bremen	25	Evangelische Kirchensteuer – ev (ev/rf/lt/fr)[1)2)]	61
	26	Römisch-Katholische Kirchensteuer – rk[1)2)]	62
	27	Beiträge zur Arbeitnehmerkammer	68
Hamburg	25	Evangelische Kirchensteuer – ev (ev/rf/lt/fr)[1)2)]	61
	27	Jüdische Kultussteuer – jh[1)2)]	64
	28	Alt-Katholische Kirchensteuer – ak[1)2)]	63
Hessen	25	Evangelische Kirchensteuer – ev (lt/rf/fr)[1)2)]	61
	26	Römisch-Katholische Kirchensteuer – rk[1)2)]	62
	27	Freireligiöse Gemeinde Offenbach/M. – fs[1)2)]	66
	28	Freireligiöse Gemeinde Mainz – fm[1)2)]	65
	29	Israelitische Kultussteuer Frankfurt – is[1)2)]	64
	30	Israelitische Kultussteuer der kultussteuerberechtigten Gemeinden – il[1)2)]	74
	31	Alt-Katholische Kirchensteuer – ak[1)2)]	63
Niedersachsen	25	Evangelische Kirchensteuer – ev (lt/rf/fr)[1)2)3)]	61
	26	Römisch-Katholische Kirchensteuer – rk[1)2)3)]	62
	27	Alt-Katholische Kirchensteuer – ak[1)2)3)]	63
Nordrhein-Westfalen	25	Evangelische Kirchensteuer – ev[1)2)]	61
	26	Römisch-Katholische Kirchensteuer – rk[1)2)]	62
	27	Jüdische Kultussteuer – jd[1)2)]	64
	28	Alt-Katholische Kirchensteuer – ak[1)2)]	63
Rheinland-Pfalz	25	Evangelische Kirchensteuer – ev[1)2)]	61
	26	Römisch-Katholische Kirchensteuer – rk[1)2)]	62
	27	Jüdische Kultussteuer – is[1)2)]	64
	28	Freireligiöse Landesgemeinde Pfalz – fg[1)2)]	68
	29	Freireligiöse Gemeinde Mainz – fm[1)2)]	65
	30	Freie Religionsgemeinschaft Alzey – fa[1)2)]	72
	31	Alt-Katholische Kirchensteuer – ak[1)2)]	63
Saarland	25	Evangelische Kirchensteuer ev (ev/rf/lt/fr)[1)2)]	61
	26	Römisch-Katholische Kirchensteuer – rk[1)2)]	62
	27	Israelitische Kultussteuer – issl[1)2)]	64
	28	Alt-Katholische Kirchensteuer – ak[1)2)]	63
	29	Beiträge zur Arbeitskammer	70
Schleswig-Holstein	27	Jüdische Kultussteuer – ih[1)2)]	64
	28	Alt-Katholische Kirchensteuer – ak[1)2)]	63

1) Negativen Beträgen ist ein **Minuszeichen** voranzustellen
2) Nach Abzug der im Lohnsteuer-Jahresausgleich erstatteten Beträge
3) Kann auf volle Cent zugunsten des Arbeitgebers gerundet werden

§ 41a EStG

Anlage 2
zu H 41a.1

Grundsätze für die Verwendung von Steuererklärungsvordrucken; Amtlich vorgeschriebene Vordrucke

BMF-Schreiben vom 3.4.2012 (BStBl. I S. 522)*)

Unter Bezugnahme auf das Ergebnis der Abstimmung mit den obersten Finanzbehörden der Länder gilt Folgendes:

Soweit Steuererklärungen nicht nach Maßgabe der Steuerdaten-Übermittlungsverordnung**) ausschließlich elektronisch übermittelt werden, sind sie nach amtlich vorgeschriebenem Vordruck abzugeben (§ 150 Abs. 1 AO). Mehrseitige Vordrucke sind vollständig abzugeben.

1. Amtlich vorgeschriebene Vordrucke

Amtlich vorgeschriebene Vordrucke sind:

1.1 Vordrucke, die mit den von den zuständigen Finanzbehörden freigegebenen Druckvorlagen hergestellt worden sind (amtliche Vordrucke), einschließlich der Formulare, die auf den Internetseiten der Steuerverwaltungen angeboten werden (Internetformulare);

1.2 Vordrucke, die im Rahmen einer elektronischen Übermittlung von Steuererklärungsdaten nach Tz. 2 Abs. 2 Sätze 3 bis 5 des BMF-Schreibens vom 16. November 2011 (BStBl I S. 1063) erstellt und ausgefüllt worden sind (komprimierte Vordrucke);

1.3 Vordrucke, die nach dem Muster einer amtlichen Druckvorlage durch Druck, Ablichtung oder mit Hilfe von Datenverarbeitungsanlagen hergestellt worden sind (nichtamtliche Vordrucke).

2. Verwendung nichtamtlicher Vordrucke

Die Verwendung nichtamtlicher Vordrucke (Tz. 1.3) ist zulässig, wenn diese in der drucktechnischen Ausgestaltung (Layout), in der Papierqualität und in den Abmessungen den amtlichen Vordrucken entsprechen.

Die Vordrucke müssen danach insbesondere

- im Wortlaut, im Format und in der Seitenzahl sowie Seitenfolge mit den amtlichen Vordrucken übereinstimmen und
- über einen Zeitraum von mindestens 15 Jahren haltbar und gut lesbar sein.

Geringfügige Veränderungen der Zeilen- und Schreibabstände sowie des Papierformats sind zugelassen, sofern diese gleichmäßig über die ganze Seite erfolgen und das Seitenverhältnis in Längs- und in Querrichtung beibehalten wird. Der Gründruck muss durch entsprechende Graustufen ersetzt werden.

Ein doppelseitiger Druck ist nicht erforderlich und die Verbindung der Seiten mehrseitiger Vordrucke ist zu vermeiden.

Sofern der amtliche Vordruck einen Barcode enthält, ist dieser in den nichtamtlichen Vordruck nicht aufzunehmen; die Eintragung des entsprechenden Formularschlüssels ist vorzunehmen. Weitere aufzunehmende Unterscheidungsmerkmale (z. B. Kennzahl und Wert) ergeben sich aus dem jeweiligen Vordruck.

Weitere Anforderungen an Vordrucke, die mit Hilfe von Datenverarbeitungsanlagen hergestellt wurden, ergeben sich aus dem als Anlage beigefügten Merkblatt.

3. Verwendung von Internetformularen und komprimierten Vordrucken

Bei der Verwendung von Internetformularen und komprimierten Vordrucken sind die Anforderungen an die Papierqualität nichtamtlicher Vordrucke (Tz. 2) einzuhalten.

4. Grundsätze für das maschinelle Ausfüllen von Vordrucken

4.1 Die für die Bearbeitung im Finanzamt erforderlichen Ordnungsangaben sind in dem dafür vorgesehenen Bereich (Vordruckfeld) im Kopf des Vordrucks anzugeben. Die Steuernummern sind nach dem Format aufzubereiten, das für das Land vorgesehen ist, in dem die Steuererklärung abzugeben ist.

4.2 Bei negativen Beträgen ist das Minuszeichen vor den Betrag zu setzen.

4.3 Feldeinteilungen sind einzuhalten. Es ist zu gewährleisten, dass die maschinell vorgenommenen Eintragungen deutlich erkennbar sind (z. B. Fettdruck), die Zuordnung von Beträgen zu den Kennzahlen eindeutig ist und die Kennzahlen nicht überschrieben werden.

4.4 In der Fußzeile des Vordrucks ist zusätzlich der Name des Herstellers des verwendeten Computerprogramms anzugeben.

5. Schlussbestimmungen

Dieses Schreiben tritt mit Veröffentlichung im Bundessteuerblatt Teil I an die Stelle des BMF-Schreibens vom 11. März 2011 (BStBl. I S. 247).

R 41a.2
Abführung der Lohnsteuer

[1]Der Arbeitgeber hat die Lohnsteuer in einem Betrag an die Kasse des Betriebsstättenfinanzamts (>§ 41 Abs. 2 EStG) oder an eine von der obersten Finanzbehörde des Landes bestimmte öffentliche Kasse (>§ 41a Abs. 3 EStG) abzuführen. [2]Der Arbeitgeber muss mit der Zahlung angeben oder durch sein Kreditinstitut angeben lassen: die Steuernummer, die Bezeichnung der Steuer und den Lohnsteuer-Anmeldungszeitraum. [3]Eine Stundung der einzubehaltenden oder einbehaltenen Lohnsteuer ist nicht möglich (>§ 222 Satz 3 und 4 AO).

---

*) Das dem BMF-Schreiben als Anlage beigefügte technische Merkblatt für Vordrucke, die mit Hilfe von Datenverarbeitungsanlagen hergestellt werden, wurde hier nicht abgedruckt.

**) Abgedruckt als Anhang 17 zum Handbuch.

§ 41b EStG
Abschluss des Lohnsteuerabzugs

(1) ¹Bei Beendigung eines Dienstverhältnisses oder am Ende des Kalenderjahres hat der Arbeitgeber das Lohnkonto des Arbeitnehmers abzuschließen. ²Aufgrund der Eintragungen im Lohnkonto hat der Arbeitgeber spätestens bis zum 28. Februar des Folgejahres nach amtlich vorgeschriebenem Datensatz auf elektronischem Weg nach Maßgabe der Steuerdaten-Übermittlungsverordnung vom 28. Januar 2003 (BGBl. I S. 139), zuletzt geändert durch Artikel 1 der Verordnung vom 26. Juni 2007 (BGBl. I S. 1185), in der jeweils geltenden Fassung, insbesondere folgende Angaben zu übermitteln (elektronische Lohnsteuerbescheinigung):

1. Name, Vorname, Tag der Geburt und Anschrift des Arbeitnehmers, die abgerufenen elektronischen Lohnsteuerabzugsmerkmale oder die auf der entsprechenden Bescheinigung für den Lohnsteuerabzug eingetragenen Lohnsteuerabzugsmerkmale, die Bezeichnung und die Nummer des Finanzamts, an das die Lohnsteuer abgeführt worden ist, sowie die Steuernummer des Arbeitgebers,
2. die Dauer des Dienstverhältnisses während des Kalenderjahres sowie die Anzahl der nach § 41 Absatz 1 Satz 6 vermerkten Großbuchstaben U,
3. die Art und Höhe des gezahlten Arbeitslohns sowie den nach § 41 Absatz 1 Satz 6 vermerkten Großbuchstaben S,
4. die einbehaltene Lohnsteuer, den Solidaritätszuschlag und die Kirchensteuer,
5. das Kurzarbeitergeld, das Schlechtwettergeld, das Winterausfallgeld, den Zuschuss zum Mutterschaftsgeld nach dem Mutterschutzgesetz, die Entschädigungen für Verdienstausfall nach dem Infektionsschutzgesetz vom 20. Juli 2000 (BGBl. I S. 1045), zuletzt geändert durch Artikel 11 § 3 des Gesetzes vom 6. August 2002 (BGBl. I S. 3082), in der jeweils geltenden Fassung, sowie die nach § 3 Nummer 28 steuerfreien Aufstockungsbeträge oder Zuschläge,
6. die auf die Entfernungspauschale anzurechnenden steuerfreien Arbeitgeberleistungen für Fahrten zwischen Wohnung und erster Tätigkeitsstätte sowie Fahrten nach § 9 Absatz 1 Satz 3 Nummer 4a Satz 3,
7. die pauschal besteuerten Arbeitgeberleistungen für Fahrten zwischen Wohnung und erster Tätigkeitsstätte sowie Fahrten nach § 9 Absatz 1 Satz 3 Nummer 4a Satz 3,
8. für die dem Arbeitnehmer zur Verfügung gestellten Mahlzeiten nach § 8 Absatz 2 Satz 8 den Großbuchstaben M,
9. für die steuerfreie Sammelbeförderung nach § 3 Nummer 32 den Großbuchstaben F,
10. die nach § 3 Nummer 13 und 16 steuerfrei gezahlten Verpflegungszuschüsse und Vergütungen bei doppelter Haushaltsführung,
11. Beiträge zu den gesetzlichen Rentenversicherungen und an berufsständische Versorgungseinrichtungen, getrennt nach Arbeitgeber- und Arbeitnehmeranteil,
12. die nach § 3 Nummer 62 gezahlten Zuschüsse zur Kranken- und Pflegeversicherung,
13. die Beiträge des Arbeitnehmers zur gesetzlichen Krankenversicherung und zur sozialen Pflegeversicherung,
14. die Beiträge des Arbeitnehmers zur Arbeitslosenversicherung,
15. den nach § 39b Absatz 2 Satz 5 Nummer 3 Buchstabe d berücksichtigten Teilbetrag der Vorsorgepauschale.

³Der Arbeitgeber hat dem Arbeitnehmer einen nach amtlich vorgeschriebenem Muster gefertigten Ausdruck der elektronischen Lohnsteuerbescheinigung mit Angabe der Identifikationsnummer (§ 139b der Abgabenordnung) oder des lohnsteuerlichen Ordnungsmerkmals (Absatz 2) auszuhändigen oder elektronisch bereitzustellen. ⁴Soweit der Arbeitgeber nicht zur elektronischen Übermittlung nach Absatz 1 Satz 2 verpflichtet ist, hat er nach Ablauf des Kalenderjahres oder wenn das Dienstverhältnis vor Ablauf des Kalenderjahres beendet wird, eine Lohnsteuerbescheinigung nach amtlich vorgeschriebenem Muster auszustellen. ⁵Er hat dem Arbeitnehmer diese Bescheinigung auszuhändigen. ⁶Nicht ausgehändigte Bescheinigungen für den Lohnsteuerabzug mit Lohnsteuerbescheinigungen hat der Arbeitgeber dem Betriebsstättenfinanzamt einzureichen.

(2) ¹Ist dem Arbeitgeber die Identifikationsnummer (§ 139b der Abgabenordnung) des Arbeitnehmers nicht bekannt, hat er für die Datenübermittlung nach Absatz 1 Satz 2 aus dem Namen, Vornamen und Geburtsdatum des Arbeitnehmers ein Ordnungsmerkmal nach amtlich festgelegter Regel für den Arbeitnehmer zu bilden und das Ordnungsmerkmal zu verwenden. ²Er darf das lohnsteuerliche Ordnungsmerkmal nur für die Zuordnung der elektronischen Lohnsteuerbescheinigung oder sonstiger für das Besteuerungsverfahren erforderlicher Daten zu einem bestimmten Steuerpflichtigen und für Zwecke des Besteuerungsverfahrens erheben, bilden, verarbeiten oder verwenden.

(2a) ¹Ordnungswidrig handelt, wer vorsätzlich oder leichtfertig entgegen Absatz 2 Satz 2 das Ordnungsmerkmal verwendet. ²Die Ordnungswidrigkeit kann mit einer Geldbuße bis zu zehntausend Euro geahndet werden.

(3) ¹Ein Arbeitgeber ohne maschinelle Lohnabrechnung, der ausschließlich Arbeitnehmer im Rahmen einer geringfügigen Beschäftigung in seinem Privathaushalt im Sinne des § 8a des Vierten Buches Sozialgesetzbuch beschäftigt und keine elektronische Lohnsteuerbescheinigung erteilt, hat an Stelle der elektronischen Lohnsteuerbescheinigung eine entsprechende Lohnsteuerbescheinigung nach amtlich vorgeschriebenem Muster auszustellen. ²Der Arbeitgeber hat dem Arbeitnehmer die Lohnsteuerbescheinigung auszuhändigen. ³In den übrigen Fällen hat der Arbeitgeber die Lohnsteuerbescheinigung dem Betriebsstättenfinanzamt einzureichen.

(4) Die Absätze 1 bis 3 gelten nicht für Arbeitnehmer, soweit sie Arbeitslohn bezogen haben, der nach den §§ 40 bis 40b pauschal besteuert worden ist.

R 41b.
Abschluss des Lohnsteuerabzugs

Lohnsteuerbescheinigungen

(1) Die Lohnsteuerbescheinigung richtet sich nach § 41b EStG und der im Bundessteuerblatt Teil I bekannt gemachten Datensatzbeschreibung für die elektronische Übermittlung sowie dem entsprechenden Vordruckmuster.

Lohnsteuerbescheinigungen von öffentlichen Kassen

(2) ¹Wird ein Arbeitnehmer, der den Arbeitslohn im Voraus für einen Lohnzahlungszeitraum erhalten hat, während dieser Zeit einer anderen Dienststelle zugewiesen und geht die Zahlung des Arbeitslohns auf die Kasse dieser Dienststelle über, hat die früher zuständige Kasse in der Lohnsteuerbescheinigung (>Absatz 1) den vollen von ihr gezahlten Arbeitslohn und die davon einbehaltene Lohnsteuer auch dann aufzunehmen, wenn ihr ein Teil des Arbeitslohns von der nunmehr zuständigen Kasse erstattet wird; der Arbeitslohn darf nicht um die Freibeträge für Versorgungsbezüge (>§ 19 Abs. 2 EStG) und den Altersentlastungsbetrag (>§ 24a EStG) gekürzt werden. ²Die nunmehr zuständige Kasse hat den der früher zuständigen Kasse erstatteten Teil des Arbeitslohns nicht in die Lohnsteuerbescheinigung aufzunehmen.

H 41b
Hinweise zu R 41b
Abschluss des Lohnsteuerabzugs

Ausstellung von elektronischen Lohnsteuerbescheinigungen ab 2015

Ausstellung von Besonderen Lohnsteuerbescheinigungen durch den Arbeitgeber ohne maschinelle Lohnabrechnung ab 2015

>BMF vom 15.9.2014 (BStBl. I S. 1244)*)

*) Abgedruckt als Anlage 1 zu H 41b LStR.

§ 41b EStG
R 41b

Bekanntmachung des Musters für den Ausdruck der elektronischen Lohnsteuerbescheinigung 2015

>BMF vom 16.9.2014 (BStBl. I S. 1251)*)

Berichtigung der Lohnsteuerbescheinigung

- Der Arbeitnehmer kann nach Übermittlung oder Ausschreibung der Lohnsteuerbescheinigung deren Berichtigung nicht mehr verlangen (>BFH vom 13.12.2007 – BStBl. 2008 II S. 434).
- Zur Berichtigung der Lohnsteuerbescheinigung bei Änderung der Lohnsteuer-Anmeldung zugunsten des Arbeitgebers >§ 41c Abs. 3 Satz 4 und 5 EStG.

Bescheinigung zu Unrecht einbehaltener Lohnsteuer

Wird von steuerfreien Einnahmen aus nichtselbständiger Arbeit (zu Unrecht) Lohnsteuer einbehalten und an ein inländisches Finanzamt abgeführt, ist auch diese Lohnsteuer in der Lohnsteuerbescheinigung einzutragen und auf die für den Veranlagungszeitraum festgesetzte Einkommensteuerschuld des Arbeitnehmers anzurechnen (>BFH vom 23.5.2000 – BStBl. II S. 581).

Finanzrechtsweg

Bei einer Nettolohnvereinbarung ist für Streitigkeiten über die Höhe des in der Lohnsteuerbescheinigung auszuweisenden Bruttoarbeitslohns der Finanzrechtsweg nicht gegeben (>BFH vom 13.12.2007 – BStBl. 2008 II S. 434).

Unzutreffender Steuerabzug

Ein unzutreffender Lohnsteuerabzug kann durch Einwendungen gegen die Lohnsteuerbescheinigung nicht berichtigt werden (>BFH vom 13.12.2007 – BStBl. 2008 II S. 434).

Anlage 1
zu H 41b

Ausstellung von elektronischen Lohnsteuerbescheinigungen ab 2015
Ausstellung von Besonderen Lohnsteuerbescheinigungen durch den Arbeitgeber ohne maschinelle Lohnabrechnung ab 2015

BMF-Schreiben vom 15.9.2014 (BStBl. I S. 1244)

Im Einvernehmen mit den obersten Finanzbehörden der Länder wird auf Folgendes hingewiesen:

Die Arbeitgeber sind grundsätzlich verpflichtet, der Finanzverwaltung bis zum 28. Februar des Folgejahres eine elektronische Lohnsteuerbescheinigung zu übermitteln (§ 41b Absatz 1 Satz 2 des Einkommensteuergesetzes – EStG –). Die Datenübermittlung ist nach amtlich vorgeschriebenem Datensatz nach Maßgabe der Steuerdaten-Übermittlungsverordnung**) authentifiziert vorzunehmen. Das für die Authentifizierung erforderliche Zertifikat muss vom Datenübermittler einmalig im ElsterOnline-Portal (www.elsteronline.de) beantragt werden. Ohne Authentifizierung ist eine elektronische Übermittlung der Lohnsteuerbescheinigung nicht möglich. Einzelheiten zum amtlich vorgeschriebenen Datensatz sind unter www.elster.de abrufbar.

Davon abweichend können Arbeitgeber ohne maschinelle Lohnabrechnung, die ausschließlich Arbeitnehmer im Rahmen einer geringfügigen Beschäftigung in ihren Privathaushalten im Sinne des § 8a SGB IV beschäftigen, anstelle der elektronischen Lohnsteuerbescheinigung eine entsprechende manuelle Lohnsteuerbescheinigung (Besondere Lohnsteuerbescheinigung) erteilen.

Für die elektronische Lohnsteuerbescheinigung und die Ausschreibung von Besonderen Lohnsteuerbescheinigungen sind § 41b EStG sowie die Anordnungen in R 41b der Lohnsteuer-Richtlinien (LStR) maßgebend. Lohnsteuerbescheinigungen sind hiernach sowohl für unbeschränkt als auch für beschränkt einkommensteuerpflichtige Arbeitnehmer zu erstellen.

Für Arbeitnehmer, für die der Arbeitgeber die Lohnsteuer ausschließlich nach den §§ 40 bis 40b EStG pauschal erhoben hat, ist keine Lohnsteuerbescheinigung zu erstellen.

I. Ausstellung von elektronischen Lohnsteuerbescheinigungen ab 2015

Dem Arbeitnehmer ist ein nach amtlich vorgeschriebenem Muster gefertigter Ausdruck der elektronischen Lohnsteuerbescheinigung mit Angabe der Identifikationsnummer (IdNr.) auszuhändigen oder elektronisch bereitzustellen (§ 41b Absatz 1 Satz 3 EStG). Sofern für den Arbeitnehmer keine IdNr. vergeben wurde oder der Arbeitnehmer diese dem Arbeitgeber nicht mitgeteilt hat, ist weiter die elektronische Übermittlung der Lohnsteuerbescheinigung mit der eTIN (= elektronische Transfer-Identifikations-Nummer) zulässig.

Das Muster des Ausdrucks der elektronischen Lohnsteuerbescheinigung wird jährlich im Bundessteuerblatt Teil I gesondert bekannt gemacht.***)

Außerdem gilt Folgendes:

1. Es sind die abgerufenen elektronischen Lohnsteuerabzugsmerkmale (ELStAM) oder die auf der entsprechenden Bescheinigung für den Lohnsteuerabzug eingetragenen Lohnsteuerabzugsmerkmale zu bescheinigen. Die hierfür im amtlichen Muster des Ausdrucks vorgesehene Anzahl der Eintragungszeilen ist variabel.

   Ein amtlicher Gemeindeschlüssel (AGS) ist seit 2012 nicht mehr anzugeben.

2. Unter **Nummer 2** des Ausdrucks sind in dem dafür vorgesehenen Feld die nachfolgenden Großbuchstaben zu bescheinigen:

   „S" ist einzutragen, wenn die Lohnsteuer von einem sonstigen Bezug im ersten Dienstverhältnis berechnet wurde und dabei der Arbeitslohn aus früheren Dienstverhältnissen des Kalenderjahres außer Betracht geblieben ist.

   „M" ist grundsätzlich einzutragen, wenn dem Arbeitnehmer anlässlich oder während einer beruflichen Auswärtstätigkeit oder im Rahmen einer beruflichen doppelten Haushaltsführung vom Arbeitgeber oder auf dessen Veranlassung von einem Dritten eine nach § 8 Absatz 2 Satz 2 EStG mit dem amtlichen Sachbezugswert zu bewertende Mahlzeit zur Verfügung gestellt wurde. Die Eintragung hat unabhängig davon zu erfolgen, ob die Besteuerung der Mahlzeit nach § 8 Absatz 2 Satz 9 EStG unterbleibt, der Arbeitgeber die Mahlzeit individuell oder nach § 40 Absatz 2 Satz 1 Nummer 1a EStG pauschal besteuert hat.

   Im Übrigen sind für die Bescheinigung des Großbuchstaben „M" auch die Ausführungen im BMF-Schreiben zur Reform des steuerlichen Reisekostenrechts ab 1. Januar 2014 vom 30. September 2013 (BStBl. I S. 1279) zu beachten.****)

   „F" ist einzutragen, wenn eine steuerfreie Sammelbeförderung eines Arbeitnehmers zwischen Wohnung und erster Tätigkeitsstätte sowie bei Fahrten nach § 9 Abs. 1 Satz 3 Nr. 4a Satz 3 EStG nach § 3 Nummer 32 EStG erfolgte.

3. Unter **Nummer 3** des Ausdrucks ist der Gesamtbetrag des steuerpflichtigen Bruttoarbeitslohns – einschließlich des Werts der Sachbezüge – zu bescheinigen, den der Arbeitnehmer aus dem Dienstverhältnis im Kalenderjahr bezogen hat. Bruttoarbeitslohn ist die Summe aus dem laufenden Arbeitslohn, der für Lohnzahlungszeiträume gezahlt worden ist, die im Kalenderjahr geendet haben, und den sonstigen Bezügen, die dem Arbeitnehmer im Kalenderjahr zugeflossen sind. Netto gezahlter Arbeitslohn ist mit dem hochgerechneten Bruttobetrag anzusetzen. Zum Bruttoarbeitslohn rechnen auch die laufend und einmalig gezahlten Versorgungsbezüge einschließlich Sterbegelder und Abfindungen/Kapitalauszahlungen solcher Ansprüche (Nummer 8 und Nummer 32 des Ausdrucks). Versorgungsbezüge für mehrere Jahre, die ermäßigt besteuert wurden, sind ausschließlich in **Nummer 9** zu bescheinigen. Der Bruttoarbeitslohn darf nicht um die Freibeträge für Versorgungsbezüge (§ 19 Absatz 2 EStG) und den Altersentlastungsbetrag (§ 24a EStG) gekürzt werden. Andere Freibeträge sind gleichfalls nicht abzuziehen und Hinzurechnungsbeträge nicht hinzuzurechnen.

---

*) Abgedruckt als Anlage A zur Anlage 1 zu H 41b LStR.
**) Abgedruckt als Anhang 17 zum Handbuch.
***) Vgl. nachfolgende Anlage A.
****) Jetzt BMF-Schreiben vom 24.10.2014 (BStBl. I S. 1412), das als Anlage zu H 9.4 LStR abgedruckt ist.

§ 41b EStG
R 41b

Arbeitslöhne im Sinne des § 8 Absatz 3 EStG sind um den Rabatt-Freibetrag nach § 8 Absatz 3 Satz 2 EStG zu kürzen.

Hat der Arbeitgeber steuerpflichtigen Arbeitslohn zurückgefordert, ist unter Nummer 3 bei fortbestehendem Dienstverhältnis nur der gekürzte steuerpflichtige Bruttoarbeitslohn zu bescheinigen. Dies gilt auch für zurückgeforderten Arbeitslohn, der im Zuflussjahr ermäßigt besteuert worden ist. Ergibt die Verrechnung von ausgezahltem und zurückgefordertem Arbeitslohn einen negativen Betrag, so ist dieser Betrag mit einem Minuszeichen zu versehen.

Nicht zum steuerpflichtigen Bruttoarbeitslohn gehören steuerfreie Bezüge, z. B. steuerfreie Zuschläge für Sonntags-, Feiertags- und Nachtarbeit, steuerfreie Umzugskostenvergütungen, steuerfreier Reisekostenersatz, steuerfreier Auslagenersatz, die nach § 3 Nr. 56 und 63 EStG steuerfreien Beiträge des Arbeitgebers an einen Pensionsfonds, eine Pensionskasse oder für eine Direktversicherung sowie Bezüge, für die die Lohnsteuer nach §§ 37b, 40 bis 40b EStG pauschal erhoben wurde. Nicht unter Nummer 3, sondern gesondert zu bescheinigen sind insbesondere ermäßigt besteuerte Entschädigungen, ermäßigt besteuerter Arbeitslohn für mehrere Kalenderjahre sowie die aufgrund eines Doppelbesteuerungsabkommens oder des Auslandstätigkeitserlasses von der Lohnsteuer freigestellten Bezüge.

4. Unter **Nummer 4 bis 6** des Ausdrucks sind die Lohnsteuer, der Solidaritätszuschlag und die Kirchensteuer zu bescheinigen, die der Arbeitgeber vom bescheinigten Bruttoarbeitslohn einbehalten hat. Wurden Lohnsteuer, Solidaritätszuschlag oder Kirchensteuer nicht einbehalten, ist das jeweilige Eintragungsfeld durch einen waagerechten Strich auszufüllen.

5. Bei konfessionsverschiedenen Ehen/konfessionsverschiedenen Lebenspartnerschaften (z. B. ein Ehegatte/Lebenspartner ev, der andere rk) ist sowohl bei Haupt- als auch bei Nebenarbeitsverhältnissen der auf den Ehegatten/Lebenspartner entfallende Teil der Kirchensteuer unter **Nummer 7** oder **Nummer 14** des Ausdrucks anzugeben (Halbteilung der Kirchensteuer nach den Kirchensteuergesetzen der Länder). Diese Halbteilung der Lohnkirchensteuer kommt in Bayern, Bremen und Niedersachsen nicht in Betracht. Deshalb ist in diesen Ländern die einbehaltene Kirchensteuer immer nur unter Nummer 6 oder Nummer 13 einzutragen.

6. Unter **Nummer 8** des Ausdrucks sind die in Nummer 3 enthaltenen Versorgungsbezüge nach § 19 Absatz 2 EStG (z. B. auch regelmäßige Anpassungen von Versorgungsbezügen nach § 19 Absatz 2 Satz 9 EStG) einzutragen.

Werden einem Versorgungsempfänger zusätzlich zum laufenden Versorgungsbezug weitere Zuwendungen und geldwerte Vorteile (z. B. steuerpflichtige Fahrtkostenzuschüsse, Freifahrtberechtigungen, Kontoführungsgebühren) gewährt, zählen diese ebenfalls zu den unter Nummer 8 zu bescheinigenden Versorgungsbezügen.

7. Im Lohnsteuerabzugsverfahren ermäßigt besteuerte Entschädigungen (z. B. Abfindungen) und ermäßigt besteuerter Arbeitslohn für mehrere Kalenderjahre (z. B. Jubiläumszuwendungen) sind in einer Summe unter **Nummer 10** des Ausdrucks gesondert zu bescheinigen.

Entschädigungen und Arbeitslohn für mehrere Kalenderjahre, die nicht ermäßigt besteuert wurden, können unter **Nummer 19** eingetragen werden; diese Beträge müssen in dem unter Nummer 3 bescheinigten Bruttoarbeitslohn enthalten sein.

Gesondert zu bescheinigen sind unter **Nummer 11 bis 14** des Ausdrucks die Lohnsteuer, der Solidaritätszuschlag und die Kirchensteuer, die der Arbeitgeber von ermäßigt besteuerten Versorgungsbezügen für mehrere Kalenderjahre, Entschädigungen und Vergütungen für eine mehrjährige Tätigkeit im Sinne des § 34 EStG einbehalten hat.

8. Das Kurzarbeitergeld einschließlich Saison-Kurzarbeitergeld, der Zuschuss zum Mutterschaftsgeld, der Zuschuss bei Beschäftigungsverbot für die Zeit vor oder nach einer Entbindung sowie für den Entbindungstag während der Elternzeit nach beamtenrechtlichen Vorschriften, die Verdienstausfallentschädigung nach dem Infektionsschutzgesetz, Aufstockungsbeträge und Altersteilzeitzuschläge sind in einer Summe unter **Nummer 15** des Ausdrucks zu bescheinigen. Hat der Arbeitgeber Kurzarbeitergeld zurückgefordert, sind nur die so gekürzten Beträge zu bescheinigen. Ergibt die Verrechnung von ausgezahlten und zurückgeforderten Beträgen einen negativen Betrag, so ist dieser Betrag mit einem Minuszeichen zu bescheinigen. Wurde vom Arbeitgeber in Fällen des § 47b Absatz 4 SGB V Krankengeld in Höhe des Kurzarbeitergeldes gezahlt, ist dieses nicht unter Nummer 15 des Ausdrucks anzugeben.

9. Unter **Nummer 16a)** des Ausdrucks ist der nach Doppelbesteuerungsabkommen und unter **Nummer 16b)** der nach dem Auslandstätigkeitserlass steuerfreie Arbeitslohn auszuweisen.

10. Unter **Nummer 17** des Ausdrucks sind die steuerfreien Sachbezüge für Fahrten zwischen Wohnung und erster Tätigkeitsstätte (§ 8 Absatz 2 Satz 11 EStG – Job-Ticket – oder § 8 Absatz 3 EStG – Verkehrsträger –) betragsmäßig zu bescheinigen.

Bei steuerfreier Sammelbeförderung nach § 3 Nr. 32 EStG ist der Großbuchstabe „F" unter Nummer 2 des Ausdrucks einzutragen; vgl. Textziffer II. 2 des BMF-Schreibens vom 27. Januar 2004 (BStBl. I Seite 173*)).

11. Unter **Nummer 18** des Ausdrucks sind pauschal besteuerte Arbeitgeberleistungen für Fahrten zwischen Wohnung und erster Tätigkeitsstätte zu bescheinigen.

12. Unter **Nummer 20** des Ausdrucks sind die nach § 3 Nummer 13 oder 16 EStG steuerfrei gezahlten Vergütungen für Verpflegung bei beruflich veranlassten Auswärtstätigkeiten zu bescheinigen.

Sofern das Betriebsstättenfinanzamt nach § 4 Absatz 2 Nummer 4 Satz 2 LStDV für steuerfreie Vergütung für Verpflegung eine andere Aufzeichnung als im Lohnkonto zugelassen hat, ist eine Bescheinigung dieser Beträge nicht zwingend erforderlich.

Steuerfreie Vergütungen bei doppelter Haushaltsführung sind unter **Nummer 21** des Ausdrucks zu bescheinigen.

13. Bei der Bescheinigung von Zukunftssicherungsleistungen ist Folgendes zu beachten:

a) **Beiträge und Zuschüsse zur Alterssicherung**

Der **Arbeitgeber**anteil der Beiträge zu den gesetzlichen Rentenversicherungen und der Arbeitgeberzuschuss an berufsständische Versorgungseinrichtungen, die den gesetzlichen Rentenversicherungen vergleichbare Leistungen erbringen (vgl. BMF-Schreiben vom 8. Juli 2014, BStBl. I Seite 1098**)), ist getrennt unter **Nummer 22a)** und **b)** des Ausdrucks auszuweisen, der entsprechende **Arbeitnehmer**anteil unter **Nummer 23a) und b)**. Gleiches gilt für Beiträge zur Alterssicherung, wenn darin zumindest teilweise ein Arbeitnehmeranteil enthalten ist, die aufgrund einer nach ausländischen Gesetzen bestehenden Verpflichtung an ausländische Sozialversicherungsträger, die den inländischen Sozialversicherungsträgern vergleichbar sind, geleistet werden. Beiträge zur Alterssicherung an ausländische Versicherungsunternehmen sind nicht zu bescheinigen.

Werden von ausländischen Sozialversicherungsträgern Globalbeiträge erhoben, ist eine Aufteilung vorzunehmen. In diesen Fällen ist unter Nummer 22a) und Nummer 23a) der auf die Rentenversicherung entfallende Teilbetrag zu bescheinigen. Die für die Aufteilung maßgebenden staatenbezogenen Prozentsätze werden für jeden Veranlagungszeitraum durch ein gesondertes BMF-Schreiben bekannt gegeben.***)

In Fällen, in denen der Arbeitgeber die Beiträge unmittelbar an eine berufsständische Versorgungseinrichtung abführt (sog. Firmenzahler), ist der Arbeitgeberzuschuss unter Nummer 22b) und der Arbeitgeberanteil unter Nummer 23b) zu bescheinigen.

Führt der Arbeitnehmer den gesamten Beitrag selbst an die berufsständische Versorgungseinrichtung ab (sog. Selbstzahler) und zahlt der Arbeitgeber dem Arbeitnehmer hierfür einen zweckgebundenen Zuschuss, ist unter Nummer 22b) der Zuschuss zu bescheinigen. Eine Eintragung unter Nummer 23b) ist in diesen Fällen nicht vorzunehmen.

Unter Nummer 22a) und Nummer 23a) sind auch Beiträge zur umlagefinanzierten Hüttenknappschaftlichen Zusatzver-

---
*) Abgedruckt als Anhang 16 zum Handbuch.
**) Abgedruckt als Anhang 13e zum Handbuch.
***) Abgedruckt als Anlage 2 zu H 41b LStR.

§ 41b EStG
R 41b

sicherung im Saarland zu bescheinigen. Das Gleiche gilt für Rentenversicherungsbeiträge bei geringfügiger Beschäftigung, wenn die Lohnsteuer nicht pauschal erhoben wurde (der Arbeitgeberbeitrag in Höhe von 15 % oder 5 % und der Arbeitnehmerbeitrag). Dies gilt für den Arbeitgeberbeitrag auch dann, wenn kein Arbeitnehmeranteil zur Rentenversicherung gezahlt wurde.

Arbeitgeberbeiträge zur gesetzlichen Rentenversicherung für Beschäftigte nach § 172 Absatz 1 SGB VI (z. B. bei weiterbeschäftigten Rentnern) gehören nicht zum steuerpflichtigen Arbeitslohn; sie sind nicht als steuerfreie Arbeitgeberanteile im Sinne des § 3 Nr. 62 EStG unter Nummer 22a) zu bescheinigen. Dies gilt auch, wenn dieser Arbeitnehmerkreis geringfügig beschäftigt ist (§ 172 Absatz 3 und 3a SGB VI).

Arbeitgeberbeiträge zur Rentenversicherung und an berufsständische Versorgungseinrichtungen, die im Zusammenhang mit nach § 3 Nummer 2 EStG steuerfreiem Kurzarbeitergeld stehen, sind ebenfalls nicht zu bescheinigen.

Zahlt der Arbeitgeber steuerfreie Beiträge zur gesetzlichen Rentenversicherung im Sinne des § 3 Nummer 28 EStG (z. B. bei Altersteilzeit), können diese nicht als Sonderausgaben berücksichtigt werden und sind daher nicht in der Bescheinigung anzugeben. Werden darüber hinaus steuerpflichtige Beiträge zum Ausschluss einer Minderung der Altersrente gezahlt, sind diese an die gesetzliche Rentenversicherung abgeführten Beiträge als Sonderausgaben abziehbar und deshalb unter Nummer 23a) zu bescheinigen.

b) Zuschüsse zur Kranken- und Pflegeversicherung

Steuerfreie Zuschüsse des Arbeitgebers zur gesetzlichen Krankenversicherung bei freiwillig in der gesetzlichen Krankenversicherung versicherten Arbeitnehmern, soweit der Arbeitgeber zur Zuschussleistung gesetzlich verpflichtet ist, sind unter **Nummer 24a)** des Ausdrucks einzutragen. Entsprechende Zuschüsse zu privaten Krankenversicherungen sind unter **Nummer 24b)** zu bescheinigen. Unter **Nummer 24c)** sind steuerfreie Zuschüsse des Arbeitgebers zu gesetzlichen Pflegeversicherungen (soziale Pflegeversicherung und private Pflege-Pflichtversicherung) einzutragen. Bei freiwillig in der gesetzlichen Krankenversicherung versicherten oder privat versicherten Arbeitnehmern, die Kurzarbeitergeld beziehen, sind unter Nummer 24a) bis c) die gesamten vom Arbeitgeber gewährten Zuschüsse zu bescheinigen.

Zu bescheinigen sind auch Zuschüsse des Arbeitgebers zur Kranken- und Pflegeversicherung bei ausländischen Versicherungsunternehmen und bei ausländischen Sozialversicherungsträgern. Nicht einzutragen ist der Arbeitgeberanteil zur gesetzlichen Kranken- und sozialen Pflegeversicherung bei pflichtversicherten Arbeitnehmern.

c) Beiträge zur gesetzlichen Kranken- und sozialen Pflegeversicherung

Der Arbeitnehmerbeitrag zur inländischen gesetzlichen Krankenversicherung bei pflichtversicherten Arbeitnehmern ist unter **Nummer 25** einzutragen. Es sind die an die Krankenkasse abgeführten Beiträge zu bescheinigen, d. h. ggf. mit Beitragsanteilen für Krankengeld.

Die Beiträge des Arbeitnehmers zur inländischen sozialen Pflegeversicherung sind unter **Nummer 26** des Ausdrucks zu bescheinigen.

Bei **freiwillig** in der gesetzlichen Krankenversicherung versicherten Arbeitnehmern ist unter Nummer 25 und 26 der **gesamte** Beitrag zu bescheinigen, wenn der Arbeitgeber die Beiträge an die Krankenkasse abführt (sog. **Firmenzahler**). Dies gilt auch in den Fällen des Bezugs von Kurzarbeitergeld. Arbeitgeberzuschüsse sind nicht von den Arbeitnehmerbeiträgen abzuziehen, sondern gesondert unter Nummer 24 zu bescheinigen.

In Fällen, in denen der **freiwillig** in der gesetzlichen Krankenversicherung versicherte Arbeitnehmer und nicht der Arbeitgeber die Beiträge an die Krankenkasse abführt (sog. **Selbstzahler**), sind unter Nummer 25 und 26 keine Eintragungen vorzunehmen. Dies gilt auch in den Fällen des Bezugs von Kurzarbeitergeld. Arbeitgeberzuschüsse sind unabhängig davon ungekürzt unter Nummer 24 zu bescheinigen.

Die vom Arbeitnehmer allein zu tragenden Beiträge aus Versorgungsbezügen an die gesetzliche Kranken- und soziale Pflegeversicherung sind ebenfalls unter Nummer 25 und Nummer 26 zu bescheinigen. Dies gilt für pflichtversicherte Arbeitnehmer und für freiwillig in der gesetzlichen Krankenversicherung versicherte Arbeitnehmer, wenn der Arbeitgeber die Beiträge an die Krankenkasse abführt (sog. Firmenzahler).

Beiträge zur Kranken- und Pflegeversicherung an ausländische Sozialversicherungsträger sind nicht zu bescheinigen.

d) Beiträge zur Arbeitslosenversicherung

Arbeitnehmerbeiträge zur Arbeitslosenversicherung sind unter **Nummer 27** des Ausdrucks zu bescheinigen; dies gilt auch bei Beitragszahlungen an ausländische Sozialversicherungsträger.

e) Bescheinigung bei steuerfreiem oder pauschal besteuertem Arbeitslohn

Unter Nummer 22 bis 27 des Ausdrucks dürfen keine Beiträge oder Zuschüsse bescheinigt werden, die mit steuerfreiem Arbeitslohn in unmittelbarem wirtschaftlichen Zusammenhang stehen, z. B. Arbeitslohn, der nach dem Auslandstätigkeitserlass oder aufgrund eines Doppelbesteuerungsabkommens steuerfrei ist. Somit sind die auf den nach § 3 Nr. 63 Satz 3 EStG steuerfreien Arbeitslohn (zusätzlicher Höchstbetrag von 1 800 €; vgl. Rz. 156 des BMF-Schreibens vom 19. August 2013, BStBl. I Seite 1087, geändert durch das BMF-Schreiben vom 10. Januar 2014, BStBl. I Seite 70) oder auf den im Zusammenhang mit nach § 3 Nr. 56 EStG steuerfreiem Arbeitslohn stehenden Hinzurechnungsbetrag nach § 1 Absatz 1 Satz 3 und 4 SvEV*) entfallenden, nicht als Sonderausgaben abziehbaren Beiträge nicht zu bescheinigen. Gleiches gilt in den Fällen, in denen Beiträge oder Zuschüsse des Arbeitgebers nicht nach § 3 Nr. 62 EStG, sondern nach einer anderen Vorschrift steuerfrei sind. Bei Pflichtversicherungen sind die gesetzlichen Arbeitgeber- und Arbeitnehmeranteile, die auf steuerfreien Arbeitslohn entfallen, nicht zu bescheinigen. Die auf steuerfreien Arbeitslohn entfallenden Zuschüsse und Beiträge für freiwillig in der gesetzlichen Kranken-/sozialen Pflegeversicherung Versicherten und privat Kranken-/Pflegeversicherten sind hingegen unter Nummer 24 bis 26 in voller Höhe zu bescheinigen.

Im Fall der beitragspflichtigen Umwandlung von Arbeitslohn zugunsten einer Direktzusage oberhalb von 4 % der Beitragsbemessungsgrenze in der allgemeinen Rentenversicherung sind die Beiträge unter Nummer 22 bis 27 des Ausdrucks zu bescheinigen (§ 14 Absatz 1 Satz 2 SGB IV).

Werden bei einem sozialversicherungspflichtigen Arbeitnehmer Beiträge von pauschal besteuertem Arbeitslohn (z. B. nach § 37b Absatz 2, § 40b EStG ggf. i. V. m. § 1 Absatz 1 Satz 3 und 4 SvEV*)) erhoben, sind diese unter Nummer 22 bis 27 des Ausdrucks zu bescheinigen.

Bei steuerfreien und steuerpflichtigen Arbeitslohnteilen im Lohnzahlungszeitraum ist nur der Anteil der Sozialversicherungsbeiträge zu bescheinigen, der sich nach dem Verhältnis des steuerpflichtigen Arbeitslohns zum gesamten Arbeitslohn des Lohnzahlungszeitraums (höchstens maßgebende Beitragsbemessungsgrenze) ergibt. Hierbei sind steuerpflichtige Arbeitslohnanteile, die nicht der Sozialversicherungspflicht unterliegen (z. B. Entlassungsabfindungen), nicht in die Verhältnisrechnung einzubeziehen. Erreicht der steuerpflichtige Arbeitslohn im Lohnzahlungszeitraum die für die Beitragsberechnung maßgebende Beitragsbemessungsgrenze, sind die Sozialversicherungsbeiträge des Lohnzahlungszeitraums folglich insgesamt dem steuerpflichtigen Arbeitslohn zuzuordnen und in vollem Umfang zu bescheinigen.

---
*) Abgedruckt als Anhang 2 zum Handbuch.

Werden Sozialversicherungsbeiträge erstattet, sind unter Nummer 22 bis 27 nur die gekürzten Beiträge zu bescheinigen.

f) Teilbeträge der Vorsorgepauschale für die private Basis-Kranken- und private Pflege-Pflichtversicherung

Unter **Nummer 28** des Ausdrucks ist der tatsächlich im Lohnsteuerabzugsverfahren berücksichtigte Teilbetrag der Vorsorgepauschale nach § 39b Absatz 2 Satz 5 Nr. 3 Buchstabe d EStG (Beiträge zur privaten Basis-Krankenversicherung und privaten Pflege-Pflichtversicherung) zu bescheinigen (z. B. bei Arbeitnehmern ohne Arbeitgeberzuschuss mit einem nachgewiesenen Monatsbeitrag von 500 €, Beschäftigungsdauer drei Monate, Bescheinigung 1 500 €). Wurde beim Lohnsteuerabzug die Mindestvorsorgepauschale berücksichtigt (ggf. auch nur in einzelnen Lohnzahlungszeiträumen), ist auch diese zu bescheinigen (z. B. Ansatz der Mindestvorsorgepauschale für zwei Monate, Bescheinigung von $^2/_{12}$ der Mindestvorsorgepauschale).

Bei geringfügig Beschäftigten, bei denen die Lohnsteuer nach den Lohnsteuerabzugsmerkmalen des Arbeitnehmers erhoben wird und kein Arbeitnehmeranteil für die Krankenversicherung zu entrichten ist, ist an Stelle des Teilbetrags für die gesetzliche Krankenversicherung die Mindestvorsorgepauschale anzusetzen und unter Nummer 28 des Ausdrucks zu bescheinigen. Entsprechendes gilt für andere Arbeitnehmer (z. B. Praktikanten, Schüler, Studenten). Siehe auch Programmablaufplan für den Lohnsteuerabzug zu „VKVLZZ" und „VKVSONST". Ist der berechnete Betrag negativ, ist der Wert mit einem deutlichen Minuszeichen zu versehen.

Beiträge zur Kranken- und Pflegeversicherung an ausländische Versicherungsunternehmen sind nicht zu bescheinigen.

Werden vom Arbeitnehmer Beiträge zur privaten Krankenversicherung und Pflege-Pflichtversicherung nachgewiesen, wird jedoch kein Arbeitslohn gezahlt, ist keine Lohnsteuerbescheinigung auszustellen.

14. Für die Ermittlung des bei Versorgungsbezügen nach § 19 Absatz 2 EStG zu berücksichtigenden Versorgungsfreibetrags sowie des Zuschlags zum Versorgungsfreibetrag (Freibeträge für Versorgungsbezüge) sind die Bemessungsgrundlage des Versorgungsfreibetrags, das Jahr des Versorgungsbeginns und bei unterjähriger Zahlung von Versorgungsbezügen der erste und letzte Monat, für den Versorgungsbezüge gezahlt werden, maßgebend.

Folgt ein Hinterbliebenenbezug einem Versorgungsbezug, bestimmen sich der Prozentsatz, der Höchstbetrag des Versorgungsfreibetrags und der Zuschlag zum Versorgungsfreibetrag für den Hinterbliebenenbezug nach dem Jahr des Beginns des Versorgungsbezugs des Verstorbenen (§ 19 Absatz 2 Satz 7 EStG). Unabhängig davon ist bei erstmaliger Zahlung dieses Hinterbliebenenbezugs im laufenden Kalenderjahr unter Nummer 31 des Ausdrucks eine unterjährige Zahlung zu bescheinigen.

Sterbegelder und Kapitalauszahlungen/Abfindungen von Versorgungsbezügen sowie Nachzahlungen von Versorgungsbezügen, die sich ganz oder teilweise auf vorangegangene Kalenderjahre beziehen, sind als eigenständige zusätzliche Versorgungsbezüge zu behandeln. Für diese Bezüge sind die Höhe des gezahlten Bruttobetrags im Kalenderjahr und das maßgebende Kalenderjahr des Versorgungsbeginns anzugeben. In diesen Fällen sind die maßgebenden Freibeträge für Versorgungsbezüge in voller Höhe und nicht zeitanteilig zu berücksichtigen (Rz. 184 bis 187 des BMF-Schreibens vom 19. August 2013, geändert durch das BMF-Schreiben vom 10. Januar 2014, a.a.O.).

Der Arbeitgeber ist verpflichtet, die für die Berechnung der Freibeträge für Versorgungsbezüge erforderlichen Angaben für jeden Versorgungsbezug gesondert im Lohnkonto aufzuzeichnen (§ 4 Absatz 1 Nr. 4 LStDV i. V. m. Rz. 189 des BMF-Schreibens vom 19. August 2013, geändert durch das BMF-Schreiben vom 10. Januar 2014, a.a.O.). Die hiernach im Lohnkonto aufgezeichneten Angaben zu Versorgungsbezügen sind in den Ausdruck wie folgt zu übernehmen (§ 41b Absatz 1 Satz 2 EStG):

a) Versorgungsbezug, der laufenden Arbeitslohn darstellt

Unter **Nummer 29** des Ausdrucks ist die nach § 19 Absatz 2 Sätze 4 bis 11 EStG ermittelte Bemessungsgrundlage für den Versorgungsfreibetrag (das Zwölffache des Versorgungsbezugs für den ersten vollen Monat zuzüglich voraussichtlicher Sonderzahlungen) einzutragen. In die Bemessungsgrundlage sind auch zusätzlich zu den laufenden Versorgungsbezügen gewährte weitere Zuwendungen und geldwerte Vorteile (z. B. steuerpflichtige Fahrtkostenzuschüsse, Freifahrtberechtigungen, Kontoführungsgebühren) einzubeziehen.

Unter **Nummer 30** ist das maßgebende Kalenderjahr des Versorgungsbeginns (vierstellig) zu bescheinigen.

Unter **Nummer 31** ist **nur bei unterjähriger Zahlung** eines laufenden Versorgungsbezugs der erste und letzte Monat (zweistellig mit Bindestrich, z. B. „02 – 12" oder „01 – 08"), für den Versorgungsbezüge gezahlt wurden, einzutragen. Dies gilt auch bei unterjährigem Wechsel des Versorgungsträgers.

b) Versorgungsbezug, der einen sonstigen Bezug darstellt

Sterbegelder, Kapitalauszahlungen/Abfindungen von Versorgungsbezügen und die als sonstige Bezüge zu behandelnden Nachzahlungen von Versorgungsbezügen, die in Nummer 3 und Nummer 8 des Ausdrucks enthalten sind, sind unter **Nummer 32** gesondert zu bescheinigen.

Nach § 34 EStG ermäßigt zu besteuernde Versorgungsbezüge für mehrere Kalenderjahre sind dagegen nur unter Nummer 9 des Ausdrucks zu bescheinigen. Zusätzlich ist zu den in Nummer 9 oder Nummer 32 bescheinigten Versorgungsbezügen jeweils unter Nummer 30 des Ausdrucks das Kalenderjahr des Versorgungsbeginns anzugeben.

c) Mehrere Versorgungsbezüge

Fällt der maßgebende Beginn mehrerer laufender Versorgungsbezüge in dasselbe Kalenderjahr (Nummer 30 des Ausdrucks), kann der Arbeitgeber unter Nummer 29 des Ausdrucks die zusammengerechneten Bemessungsgrundlagen dieser Versorgungsbezüge in einem Betrag bescheinigen (Rz. 177 des BMF-Schreibens vom 19. August 2013, geändert durch das BMF-Schreiben vom 10. Januar 2014, a.a.O.). In diesem Fall sind auch die unter Nummer 8 zu bescheinigenden Versorgungsbezüge zusammenzufassen.

Bei mehreren als sonstige Bezüge gezahlten Versorgungsbezügen mit maßgebendem Versorgungsbeginn in demselben Kalenderjahr können die Nummer 8 und/oder Nummer 9 sowie Nummer 30 und Nummer 32 zusammengefasst werden. Gleiches gilt, wenn der Versorgungsbeginn laufender Versorgungsbezüge und als sonstige Bezüge gezahlter Versorgungsbezüge in dasselbe Kalenderjahr fällt.

Bei mehreren laufenden Versorgungsbezügen und als sonstige Bezüge gezahlten Versorgungsbezügen mit unterschiedlichen Versorgungsbeginnen nach § 19 Absatz 2 Satz 3 EStG sind die Angaben zu Nummer 8 und/oder Nummer 9 sowie Nummer 29 bis 32 jeweils **getrennt** zu bescheinigen (Rz. 177 des BMF-Schreibens vom 19. August 2013, geändert durch das BMF-Schreiben vom 10. Januar 2014, a.a.O.).

15. Unter **Nummer 33** des Ausdrucks ist die Summe des vom Arbeitgeber an Angehörige des öffentlichen Dienstes im Kalenderjahr ausgezahlten Kindergeldes zu bescheinigen, wenn es zusammen mit den Bezügen oder dem Arbeitsentgelt ausgezahlt wird (§ 72 Absatz 7 Satz 1 EStG).

16. In der letzten Zeile des Ausdrucks ist stets das Finanzamt, an das die Lohnsteuer abgeführt wurde, und dessen vierstellige Nummer einzutragen. Bei Finanzamtsaußenstellen mit eigener Nummer ist diese Nummer einzutragen.

In den nicht amtlich belegten Zeilen des Ausdrucks sind freiwillig vom Arbeitgeber übermittelte Daten zu bescheinigen, z. B.

- „Arbeitnehmerbeitrag zur Winterbeschäftigungs-Umlage",
- bei Arbeitgeberbeiträgen zur Zusatzversorgung, die nach den Lohnsteuerabzugsmerkmalen versteuert wurden: „Steuerpflichtiger Arbeitgeberbeitrag zur Zusatzversorgung",
- „Arbeitnehmerbeitrag/-anteil zur Zusatzversorgung",

§ 41b EStG
R 41b

- bei Fahrten zwischen Wohnung und erster Tätigkeitsstätte: „Anzahl der Arbeitstage",
- bei steuerfreiem Fahrtkostenersatz für beruflich veranlasste Auswärtstätigkeiten: „Steuerfreie Fahrtkosten bei beruflich veranlasster Auswärtstätigkeit",
- „Versorgungsbezüge für mehrere Kalenderjahre, die nicht ermäßigt besteuert wurden – in 3. und 8. enthalten".

Außerdem sind weitere, nicht der Finanzverwaltung übermittelte Angaben zulässig (betriebsinterne, für den Arbeitnehmer bestimmte Informationen); dies ist entsprechend zu kennzeichnen.

Die Anschrift des Arbeitnehmers kann im Ausdruck – abweichend von der im Datensatz elektronisch übermittelten Adresse – so gestaltet sein, dass sie den Gegebenheiten des Unternehmens entspricht (z. B. Übermittlung durch Hauspost, Auslandszustellung). Eintragungsfelder (Tabellen) mit zeitraumbezogenen Angaben (Historie) können variabel – je nach Füllungsgrad – ausgedruckt werden. Es ist darauf zu achten, dass die IdNr./eTIN bei Benutzung von Fensterbriefumhüllungen im Adressfeld nicht sichtbar ist.

Neben der Anschrift des Arbeitgebers ist **die Steuernummer seiner lohnsteuerlichen Betriebsstätte** anzugeben. Hat ein Dritter für den Arbeitgeber die lohnsteuerlichen Pflichten übernommen (§ 38 Absatz 3a EStG), ist die Anschrift und **Steuernummer des Dritten** anzugeben.

Damit gewährleistet ist, dass die Daten der elektronischen Lohnsteuerbescheinigung(en) der Finanzverwaltung vollständig zur Verfügung stehen, muss nach der elektronischen Übermittlung das Verarbeitungsprotokoll abgerufen werden. Im Ausdruck der elektronischen Lohnsteuerbescheinigung ist als Transferticket die elektronisch vergebene Quittungsnummer des Verarbeitungsprotokolls anzugeben, soweit dies technisch möglich ist.

Eine Korrektur der elektronisch an das Finanzamt übermittelten Lohnsteuerbescheinigung ist zulässig, wenn es sich um eine bloße Berichtigung eines zunächst unrichtig übermittelten Datensatzes handelt (R 41c.1 Absatz 7 LStR). Die erneute Übermittlung kann nur dann als Korrektur erkannt werden, wenn das vorher verwendete steuerliche (Ordnungs-)Merkmal unverändert beibehalten wird (z. B. auch eTIN).

Stellen Nachzahlungen laufenden Arbeitslohn dar, sind diese für die Berechnung der Lohnsteuer den Lohnzahlungszeiträumen zuzurechnen, für die sie geleistet werden (R 39b.5 Absatz 4 Satz 1 LStR). Wird eine solche Nachzahlung nach Beendigung des Dienstverhältnisses im selben Kalenderjahr für Lohnzahlungszeiträume bis zur Beendigung des Dienstverhältnisses geleistet, ist die bereits erteilte und übermittelte Lohnsteuerbescheinigung zu korrigieren. Sonstige Bezüge, die nach Beendigung des Dienstverhältnisses oder in folgenden Kalenderjahren gezahlt werden, sind gesondert zu bescheinigen; als Dauer des Dienstverhältnisses ist in diesen Fällen der Monat der Zahlung anzugeben.

II. Ausstellung von Besonderen Lohnsteuerbescheinigungen durch den Arbeitgeber ohne maschinelle Lohnabrechnung ab 2015

Die unter I. Nr. 1 bis 16 aufgeführten Regelungen für den Ausdruck der elektronischen Lohnsteuerbescheinigung gelten für die Ausschreibung von Besonderen Lohnsteuerbescheinigungen ab 2015 entsprechend. Eine Besondere Lohnsteuerbescheinigung kann von Arbeitgebern ausgestellt werden, für die das Betriebsstättenfinanzamt zugelassen hat, dass diese nicht am elektronischen Abrufverfahren teilnehmen (§§ 39e Absatz 7, 41b Absatz 1 Sätze 4 bis 6 EStG). Dies gilt insbesondere für Arbeitgeber ohne maschinelle Lohnabrechnung, die ausschließlich Arbeitnehmer im Rahmen einer geringfügigen Beschäftigung nach § 8a SGB IV im Privathaushalt beschäftigen und die Lohnsteuerbescheinigung nicht elektronisch an die Finanzverwaltung übermitteln.

Der Vordruck wird dem Arbeitgeber auf Anforderung kostenlos vom Finanzamt zur Verfügung gestellt.

Anlage A

Bekanntmachung des Musters für den Ausdruck der elektronischen Lohnsteuerbescheinigung 2015

BMF-Schreiben vom 16.9.2014 (BStBl. I S. 1251)

Gemäß § 51 Absatz 4 Nummer 1 des Einkommensteuergesetzes ist das Bundesministerium der Finanzen ermächtigt, das Muster für den Ausdruck der elektronischen Lohnsteuerbescheinigung zu bestimmen. Im Einvernehmen mit den obersten Finanzbehörden der Länder wird hiermit das Muster für den Ausdruck der elektronischen Lohnsteuerbescheinigung für das Kalenderjahr 2015 bekannt gemacht (siehe Anlage).

Der Ausdruck hat das Format DIN A4.

Der Ausdruck der elektronischen Lohnsteuerbescheinigung kann vom amtlichen Muster abweichen, wenn er sämtliche Angaben in gleicher Reihenfolge enthält und in Format und Aufbau dem bekannt gemachten Muster entspricht.

Bei der Ausstellung des Ausdrucks der elektronischen Lohnsteuerbescheinigung sind die Vorgaben im BMF-Schreiben vom 15. September 2014 (BStBl. I S. 1244)*) zu beachten.

---
*) Abgedruckt als Anlage 1 zu H 41b LStR.

§ 41b EStG
R 41b

Ausdruck der elektronischen Lohnsteuerbescheinigung für 2015
Nachstehende Daten wurden maschinell an die Finanzverwaltung übertragen.

Datum:

eTIN:

Identifikationsnummer:

Personalnummer:

Geburtsdatum:

Transferticket:

Dem Lohnsteuerabzug wurden zugrunde gelegt:

Steuerklasse/Faktor	gültig ab

Zahl der Kinderfreibeträge	gültig ab

Steuerfreier Jahresbetrag	gültig ab

Jahreshinzurechnungsbetrag	gültig ab

Kirchensteuermerkmale	gültig ab

Anschrift und Steuernummer des Arbeitgebers:

		vom - bis	
1.	Dauer des Dienstverhältnisses		
2.	Zeiträume ohne Anspruch auf Arbeitslohn	Anzahl „U"	
	Großbuchstaben (S, M, F)		
		EUR	Ct
3.	Bruttoarbeitslohn einschl. Sachbezüge ohne 9. und 10.		
4.	Einbehaltene Lohnsteuer von 3.		
5.	Einbehaltener Solidaritätszuschlag von 3.		
6.	Einbehaltene Kirchensteuer des Arbeitnehmers von 3.		
7.	Einbehaltene Kirchensteuer des Ehegatten von 3. (nur bei konfessionsverschiedener Ehe)		
8.	In 3. enthaltene Versorgungsbezüge		
9.	Ermäßigt besteuerte Versorgungsbezüge für mehrere Kalenderjahre		
10.	Ermäßigt besteuerter Arbeitslohn für mehrere Kalenderjahre (ohne 9.) und ermäßigt besteuerte Entschädigungen		
11.	Einbehaltene Lohnsteuer von 9. und 10.		
12.	Einbehaltener Solidaritätszuschlag von 9. und 10.		
13.	Einbehaltene Kirchensteuer des Arbeitnehmers von 9. und 10.		
14.	Einbehaltene Kirchensteuer des Ehegatten von 9. und 10. (nur bei konfessionsverschiedener Ehe)		
15.	Kurzarbeitergeld, Zuschuss zum Mutterschaftsgeld, Verdienstausfallentschädigung (Infektionsschutzgesetz), Aufstockungsbetrag und Altersteilzeitzuschlag		
16.	Steuerfreier Arbeitslohn nach a) Doppelbesteuerungsabkommen		
	b) Auslandstätigkeitserlass		
17.	Steuerfreie Arbeitgeberleistungen für Fahrten zwischen Wohnung und erster Tätigkeitsstätte		
18.	Pauschalbesteuerte Arbeitgeberleistungen für Fahrten zwischen Wohnung und Tätigkeitsstätte		
19.	Steuerpflichtige Entschädigungen und Arbeitslohn für mehrere Kalenderjahre, die nicht ermäßigt besteuert wurden - in 3. enthalten		
20.	Steuerfreie Verpflegungszuschüsse bei Auswärtstätigkeit		
21.	Steuerfreie Arbeitgeberleistungen bei doppelter Haushaltsführung		
22.	Arbeitgeberanteil/-zuschuss a) zur gesetzlichen Rentenversicherung		
	b) an berufsständische Versorgungseinrichtungen		
23.	Arbeitnehmeranteil a) zur gesetzlichen Rentenversicherung		
	b) an berufsständische Versorgungseinrichtungen		
24.	Steuerfreie Arbeitgeberzuschüsse a) zur gesetzlichen Krankenversicherung		
	b) zur privaten Krankenversicherung		
	c) zur gesetzlichen Pflegeversicherung		
25.	Arbeitnehmerbeiträge zur gesetzlichen Krankenversicherung		
26.	Arbeitnehmerbeiträge zur sozialen Pflegeversicherung		
27.	Arbeitnehmerbeiträge zur Arbeitslosenversicherung		
28.	Beiträge zur privaten Kranken- und Pflege-Pflichtversicherung oder Mindestvorsorgepauschale		
29.	Bemessungsgrundlage für den Versorgungsfreibetrag zu 8.		
30.	Maßgebendes Kalenderjahr des Versorgungsbeginns zu 8. und/oder 9.		
31.	Zu 8. bei unterjähriger Zahlung: Erster und letzter Monat, für den Versorgungsbezüge gezahlt wurden		
32.	Sterbegeld; Kapitalauszahlungen/Abfindungen und Nachzahlungen von Versorgungsbezügen - in 3. und 8. enthalten		
33.	Ausgezahltes Kindergeld		–
Finanzamt, an das die Lohnsteuer abgeführt wurde (Name und vierstellige Nr.)			

§ 41b EStG
R 41b

Anlage B

- Bitte Rückseite beachten -

Besondere Lohnsteuerbescheinigung für das Kalenderjahr 2015
Auf Verlangen des Arbeitnehmers aushändigen, sonst bis zum 31. Dezember 2016 dem Finanzamt der Betriebsstätte einsenden.

			EUR	Ct
1.	Dauer des Dienstverhältnisses		vom - bis	
2.	Zeiträume ohne Anspruch auf Arbeitslohn		Anzahl „U"	
	Großbuchstaben (S, M, F)			
3.	Bruttoarbeitslohn einschl. Sachbezüge ohne 9. und 10.			
4.	Einbehaltene Lohnsteuer von 3.			
5.	Einbehaltener Solidaritätszuschlag von 3.			
6.	Einbehaltene Kirchensteuer des Arbeitnehmers von 3.			
7.	Einbehaltene Kirchensteuer des Ehegatten von 3. (nur bei konfessionsverschiedener Ehe)			
8.	In 3. enthaltene Versorgungsbezüge			
9.	Ermäßigt besteuerte Versorgungsbezüge für mehrere Kalenderjahre			
10.	Ermäßigt besteuerter Arbeitslohn für mehrere Kalenderjahre (ohne 9.) und ermäßigt besteuerte Entschädigungen			
11.	Einbehaltene Lohnsteuer von 9. und 10.			
12.	Einbehaltener Solidaritätszuschlag von 9. und 10.			
13.	Einbehaltene Kirchensteuer des Arbeitnehmers von 9. und 10.			
14.	Einbehaltene Kirchensteuer des Ehegatten von 9. und 10. (nur bei konfessionsverschiedener Ehe)			
15.	Kurzarbeitergeld, Zuschuss zum Mutterschaftsgeld, Verdienstausfallentschädigung (Infektionsschutzgesetz), Aufstockungsbetrag und Altersteilzeitzuschlag			
16.	Steuerfreier Arbeitslohn nach	a) Doppelbesteuerungsabkommen		
		b) Auslandstätigkeitserlass		
17.	Steuerfreie Arbeitgeberleistungen für Fahrten zwischen Wohnung und erster Tätigkeitsstätte			
18.	Pauschalbesteuerte Arbeitgeberleistungen für Fahrten zwischen Wohnung und Tätigkeitsstätte			
19.	Steuerpflichtige Entschädigungen und Arbeitslohn für mehrere Kalenderjahre, die nicht ermäßigt besteuert wurden - in 3. enthalten			
20.	Steuerfreie Verpflegungszuschüsse bei Auswärtstätigkeit			
21.	Steuerfreie Arbeitgeberleistungen bei doppelter Haushaltsführung			
22.	Arbeitgeberanteil/-zuschuss	a) zur gesetzlichen Rentenversicherung		
		b) an berufsständische Versorgungseinrichtungen		
23.	Arbeitnehmeranteil	a) zur gesetzlichen Rentenversicherung		
		b) an berufsständische Versorgungseinrichtungen		
24.	Steuerfreie Arbeitgeberzuschüsse	a) zur gesetzlichen Krankenversicherung		
		b) zur privaten Krankenversicherung		
		c) zur gesetzlichen Pflegeversicherung		
25.	Arbeitnehmerbeiträge zur gesetzlichen Krankenversicherung			
26.	Arbeitnehmerbeiträge zur sozialen Pflegeversicherung			
27.	Arbeitnehmerbeiträge zur Arbeitslosenversicherung			
28.	Beiträge zur privaten Kranken- und Pflege-Pflichtversicherung oder Mindestvorsorgepauschale			
29.	Bemessungsgrundlage für den Versorgungsfreibetrag zu 8.			
30.	Maßgebendes Kalenderjahr des Versorgungsbeginns zu 8. und/oder 9.			
31.	Zu 8. bei unterjähriger Zahlung: Erster und letzter Monat, für den Versorgungsbezüge gezahlt wurden			
32.	Sterbegeld; Kapitalauszahlungen/Abfindungen und Nachzahlungen von Versorgungsbezügen - in 3. und 8. enthalten			
33.	Ausgezahltes Kindergeld			—
Finanzamt, an das die Lohnsteuer abgeführt wurde (Name und vierstellige Nr.)				

Arbeitnehmer

Herrn/Frau

_____

_____

_____

Identifikationsnummer: _____

Personalnummer: _____

Geburtsdatum: _____

Dem Lohnsteuerabzug wurden zugrunde gelegt:

Gültig ab

Steuerklasse / Faktor

Zahl der Kinderfreibeträge

Steuerfreier Jahresbetrag   € _____   € _____

Jahreshinzurechnungsbetrag   € _____   € _____

Kirchensteuermerkmale

Vorgelegen hat
☐ Bescheinigung des Finanzamts

Arbeitgeber

_____

Anschrift der Betriebsstätte (Straße, Hausnummer, Ort)

Steuernummer _____   (Stempel, Unterschrift)

Finanzamt _____

6.14

§ 41b EStG
R 41b

Hinweise für den Arbeitgeber

Eine Besondere Lohnsteuerbescheinigung kann von Arbeitgebern ausgestellt werden, für die das Betriebsstättenfinanzamt zugelassen hat, dass diese nicht am elektronischen Abrufverfahren teilnehmen (§§ 39e Absatz 7, 41b Absatz 1 Sätze 4 bis 6 EStG). Dies gilt insbesondere für Arbeitgeber ohne maschinelle Lohnabrechnung, die ausschließlich Arbeitnehmer im Rahmen einer geringfügigen Beschäftigung nach § 8a SGB IV im Privathaushalt beschäftigen und die Lohnsteuerbescheinigung nicht elektronisch an die Finanzverwaltung übermitteln.

Die Besondere Lohnsteuerbescheinigung ist nach amtlich vorgeschriebenem Muster auszuschreiben. Erhebt der Arbeitgeber die Lohnsteuer ausschließlich pauschal, ist keine Lohnsteuerbescheinigung auszuschreiben.

Anlage 2
zu H 41b

Aufteilung der an ausländische Sozialversicherungsträger geleisteten Globalbeiträge

BMF-Schreiben vom 3.12.2014 (Az.: IV C 3 – S 2221/09/10013 : 001)

Im Einvernehmen mit den obersten Finanzbehörden der Länder sind zur Ermittlung der steuerlich berücksichtigungsfähigen Vorsorgeaufwendungen die vom Steuerpflichtigen geleisteten einheitlichen Sozialversicherungsbeiträge (Globalbeiträge) staatenbezogen wie folgt aufzuteilen:*)

Vorsorgeaufwendungen nach	Belgien	Irland	Lettland	Malta	Norwegen
§ 10 Absatz 1 Nummer 2 Buchstabe a EStG	49,48 %	77,24 %	83,22 %	47,03 %	54,60 %
§ 10 Absatz 1 Nummer 3 Satz 1 Buchstabe a und b EStG (ohne Krankengeldanteil)	41,15 %	8,13 %	–	44,06 %	45,40 %
§ 10 Absatz 1 Nummer 3a EStG (Anteil vom Globalbeitrag für Krankengeld)	9,37 % (1,56 %)	14,63 % (2,44 %)	13,35 % (7,22 %)	8,91 % (1,49 %)	–
Gesamtaufwand	100,00 %	100,00 %	96,57 % (3,43 % sonstige nicht Abziehbare)	100,00 %	100,00 %
Für Höchstbetragsberechnung gemäß § 10 Absatz 3 EStG anzusetzender Arbeitgeberanteil	93,77 %	82,07 %	186,97 %	47,03 %	93,89 %

Vorsorgeaufwendungen nach	Portugal	Spanien	Verein. Königreich (GB)	Zypern
§ 10 Absatz 1 Nummer 2 Buchstabe a EStG	84,08 %	96,94 %	84,07 %	82,65 %
§ 10 Absatz 1 Nummer 3 Satz 1 Buchstabe a und b EStG (ohne Krankengeldanteil)	–	–	–	–
§ 10 Absatz 1 Nummer 3a EStG (Anteil vom Globalbeitrag für Krankengeld)	15,92 % (2,65 %)	3,06 % (3,06 %)	15,93 % (2,66 %)	17,35 % (2,61 %)
Gesamtaufwand	100,00 %	100,00 %	100,00 %	100,00 %
Für Höchstbetragsberechnung gemäß § 10 Absatz 3 EStG anzusetzender Arbeitgeberanteil	177,71 %	486,76 %	96,68 %	82,65 %

Anwendungsbeispiel:

Der ledige Arbeitnehmer A leistet für das Jahr 2015 in Belgien einen Globalbeitrag i. H. v. 1 000 Euro.

Lösung:

A kann an Vorsorgeaufwendungen geltend machen:
- Altersvorsorgeaufwendungen i. S. d. § 10 Absatz 1 Nummer 2 Buchstabe a EStG i. H. v. 494,80 Euro (= 49,48 % von 1 000 Euro),
- Beiträge zur Basiskranken- und gesetzlichen Pflegeversicherung i. S. d. § 10 Absatz 1 Nummer 3 Satz 1 Buchstabe a und Buchstabe b EStG i. H. v. 411,50 Euro (= 41,15 % von 1 000 Euro),
- Beiträge für sonstige Vorsorgeaufwendungen i. S. d. § 10 Absatz 1 Nummer 3a EStG i. H. v. 93,70 Euro (= 9,37 % von 1 000 Euro, darin enthalten 15,60 Euro = 1,56 % von 1 000 Euro für Krankengeld und 78,10 Euro = 7,81 % von 1 000 Euro für die weiteren sonstigen Vorsorgeaufwendungen).

Im Rahmen der Höchstbetragsberechnung gemäß § 10 Absatz 3 EStG ist ein Arbeitgeberanteil i. H. v. 937,70 Euro (= 93,77 % von 1 000 Euro) anzusetzen.

Eine entsprechende Aufteilung ist hinsichtlich der Altersvorsorgeaufwendungen auch bei der Ausstellung von Lohnsteuerbescheinigungen und Besonderen Lohnsteuerbescheinigungen durch den Arbeitgeber für das Kalenderjahr 2015 vorzunehmen (s. Abschnitt I Tz. 13 Buchstabe a des BMF-Schreibens vom 15. September 2014, BStBl. I Seite 1244**)).

Die Tabellen sind für den Veranlagungszeitraum 2015 anzuwenden. Sie gelten für den gesamten Veranlagungszeitraum.

Die Aufteilung von Globalbeiträgen, die an Sozialversicherungsträger in Ländern außerhalb Europas geleistet werden, ist nach den Umständen des Einzelfalls vorzunehmen.

---

*) Angaben in Prozent des vom Arbeitnehmer geleisteten Globalbeitrags.
**) Abgedruckt als Anlage 1 zu H 41b LStR.

§ 41c EStG
Änderung des Lohnsteuerabzugs

(1) ¹Der Arbeitgeber ist berechtigt, bei der jeweils nächstfolgenden Lohnzahlung bisher erhobene Lohnsteuer zu erstatten oder noch nicht erhobene Lohnsteuer nachträglich einzubehalten,

1. wenn ihm elektronische Lohnsteuerabzugsmerkmale zum Abruf zur Verfügung gestellt werden oder ihm der Arbeitnehmer eine Bescheinigung für den Lohnsteuerabzug mit Eintragungen vorlegt, die auf einen Zeitpunkt vor Abruf der Lohnsteuerabzugsmerkmale oder vor Vorlage der Bescheinigung für den Lohnsteuerabzug zurückwirken, oder
2. wenn er erkennt, dass er die Lohnsteuer bisher nicht vorschriftsmäßig einbehalten hat; dies gilt auch bei rückwirkender Gesetzesänderung.

²In den Fällen des Satzes 1 Nummer 2 ist der Arbeitgeber jedoch verpflichtet, wenn ihm dies wirtschaftlich zumutbar ist.

(2) ¹Die zu erstattende Lohnsteuer ist dem Betrag zu entnehmen, den der Arbeitgeber für seine Arbeitnehmer insgesamt an Lohnsteuer einbehalten oder übernommen hat. ²Wenn die zu erstattende Lohnsteuer aus dem Betrag nicht gedeckt werden kann, der insgesamt an Lohnsteuer einzubehalten oder zu übernehmen ist, wird der Fehlbetrag dem Arbeitgeber auf Antrag vom Betriebsstättenfinanzamt ersetzt.

(3) ¹Nach Ablauf des Kalenderjahres oder, wenn das Dienstverhältnis vor Ablauf des Kalenderjahres endet, nach Beendigung des Dienstverhältnisses, ist die Änderung des Lohnsteuerabzugs nur bis zur Übermittlung oder Ausschreibung der Lohnsteuerbescheinigung zulässig. ²Bei Änderung des Lohnsteuerabzugs nach Ablauf des Kalenderjahres ist die nachträglich einzubehaltende Lohnsteuer nach dem Jahresarbeitslohn zu ermitteln. ³Eine Erstattung von Lohnsteuer ist nach Ablauf des Kalenderjahres nur im Wege des Lohnsteuer-Jahresausgleichs nach § 42b zulässig. ⁴Eine Minderung der einzubehaltenden und zu übernehmenden Lohnsteuer (§ 41a Absatz 1 Satz 1 Nummer 1) nach § 164 Absatz 2 Satz 1 der Abgabenordnung ist nach der Übermittlung oder Ausschreibung der Lohnsteuerbescheinigung nur dann zulässig, wenn sich der Arbeitnehmer ohne vertraglichen Anspruch und gegen den Willen des Arbeitgebers Beträge verschafft hat, für die Lohnsteuer einbehalten wurde. ⁵In diesem Fall hat der Arbeitgeber die bereits übermittelte oder ausgestellte Lohnsteuerbescheinigung zu berichtigen und sie als geändert gekennzeichnet an die Finanzverwaltung zu übermitteln; § 41b Absatz 1 gilt entsprechend. ⁶Der Arbeitgeber hat seinen Antrag zu begründen und die Lohnsteuer-Anmeldung (§ 41a Absatz 1 Satz 1) zu berichtigen.

(4) ¹Der Arbeitgeber hat die Fälle, in denen er die Lohnsteuer nach Absatz 1 nicht nachträglich einbehält oder die Lohnsteuer nicht nachträglich einbehalten kann, weil

1. der Arbeitnehmer vom Arbeitgeber Arbeitslohn nicht mehr bezieht oder
2. der Arbeitgeber nach Ablauf des Kalenderjahres bereits die Lohnsteuerbescheinigung übermittelt oder ausgeschrieben hat,

dem Betriebsstättenfinanzamt unverzüglich anzuzeigen. ²Das Finanzamt hat die zu wenig erhobene Lohnsteuer vom Arbeitnehmer nachzufordern, wenn der nachzufordernde Betrag 10 Euro übersteigt. ³§ 42d bleibt unberührt.

§ 41c EStG

Anlage
zu § 41c EStG

Steuernummer

Arbeitgeber - Anschrift der Betriebsstätte

Finanzamt

Zutreffendes bitte ankreuzen ☒

Anzeige über nicht durchgeführten Lohnsteuerabzug

| Für den Arbeitnehmer (Name, Vorname) | Identifikationsnummer | Geburtsdatum |

Anschrift

wird Folgendes angezeigt:

☐ Der Barlohn des Arbeitnehmers reicht zur Deckung der Lohnsteuer nicht aus. Der Arbeitnehmer hat den Fehlbetrag an Lohnsteuer nicht zur Verfügung gestellt und der Fehlbetrag konnte auch nicht durch Zurückbehalten anderer Bezüge aufgebracht werden (§ 38 Abs. 4 Satz 2 EStG).

☐ Dem Arbeitnehmer wurde im Rahmen seines Dienstverhältnisses Arbeitslohn von einem Dritten gewährt. Der Arbeitnehmer ist seiner Angabepflicht nicht oder in unzutreffender Weise nachgekommen. Die mir zu diesem Sachverhalt bekannten Tatsachen sind auf einem gesonderten Blatt angegeben (§ 38 Abs. 1 Satz 3 i. V. m. Abs. 4 Satz 3 EStG).

☐ Von der Berechtigung zur nachträglichen Einbehaltung von Lohnsteuer in Fällen, in denen elektronische Lohnsteuerabzugsmerkmale zum Abruf zur Verfügung gestellt werden oder der Arbeitnehmer eine Bescheinigung für den Lohnsteuerabzug mit Eintragungen vorlegt, die auf einen Zeitpunkt vor Abruf der Lohnsteuerabzugsmerkmale oder vor Vorlage der Bescheinigung für den Lohnsteuerabzug zurückwirken, wird kein Gebrauch gemacht (§ 41c Abs. 1 Satz 1 Nr. 1 und Abs. 4 EStG).

☐ Lohnsteuer wurde bisher nicht vorschriftsmäßig einbehalten. Eine nachträgliche Einbehaltung kann nicht durchgeführt werden (§ 41c Abs. 1 Satz 1 Nr. 2 und Abs. 4 EStG).
Grund:

Die Lohnsteuer kann nachträglich nicht einbehalten werden, weil

☐ der Arbeitnehmer Arbeitslohn nicht mehr bezieht (§ 41c Abs. 4 Satz 1 Nr. 1 EStG);

☐ nach Ablauf des Kalenderjahres bereits die Lohnsteuerbescheinigung übermittelt oder ausgeschrieben wurde (§ 41c Abs. 4 Satz 1 Nr. 2 EStG).

Auf einem gesonderten Blatt (z. B. Auszug aus dem Lohnkonto) sind angegeben:

1. die zum Abruf zur Verfügung gestellten elektronischen Lohnsteuerabzugsmerkmale oder die auf der Bescheinigung für den Lohnsteuerabzug eingetragenen und ggf. geänderten Besteuerungsmerkmale (Steuerklasse, Zahl der Kinderfreibeträge, Kirchensteuermerkmal und Freibetrag/Hinzurechnungsbetrag),

2. die für die Berechnung der Steuernachforderung erforderlichen Angaben über Art und Höhe des bisherigen und ggf. geänderten Arbeitslohns sowie die hierauf entfallenden Steuerabzugsbeträge für jeden betroffenen Lohnzahlungszeitraum.

(Ort, Datum)   (Firmenstempel und Unterschrift)

3.13

§ 41c EStG

R 41c.1
Änderung des Lohnsteuerabzugs

(1) ¹Unabhängig von der Verpflichtung des Arbeitgebers, nach § 39c Abs. 1 und 2 EStG den Lohnsteuerabzug für vorangegangene Monate zu überprüfen und erforderlichenfalls zu ändern, ist der Arbeitgeber in den in § 41c Abs. 1 EStG bezeichneten Fällen zu einer Änderung des Lohnsteuerabzugs bei der jeweils nächstfolgenden Lohnzahlung berechtigt. ²Die Änderung ist zugunsten oder zuungunsten des Arbeitnehmers zulässig, ohne dass es dabei auf die Höhe der zu erstattenden oder nachträglich einzubehaltenden Steuer ankommt. ³Für die nachträgliche Einbehaltung durch den Arbeitgeber gilt der Mindestbetrag für die Nachforderung durch das Finanzamt (§ 41c Abs. 4 Satz 2 EStG) nicht.

(2) ¹Der Arbeitgeber ist zur Änderung des Lohnsteuerabzugs nur berechtigt, soweit die Lohnsteuer von ihm einbehalten worden ist oder einzubehalten war. ²Bei Nettolöhnen (>R 39b.9) gilt dies für die zu übernehmende Steuer.

(3) ¹Die Änderung des Lohnsteuerabzugs aufgrund rückwirkender Lohnsteuerabzugsmerkmale ist nicht auf die Fälle beschränkt, in denen das Finanzamt die Lohnsteuerabzugsmerkmale mit Wirkung von einem zurückliegenden Zeitpunkt an ändert oder ergänzt. ²Die Änderung des Lohnsteuerabzugs ist ebenso zulässig, wenn der Arbeitgeber wegen fehlender Lohnsteuerabzugsmerkmale den Lohnsteuerabzug gemäß § 39c Abs. 1 Satz 1 bis 3 oder Abs. 2 Satz 1 EStG vorgenommen hat und dem Arbeitgeber erstmals Lohnsteuerabzugsmerkmale zur Verfügung gestellt werden bzw. der Arbeitnehmer erstmals eine Bescheinigung für den Lohnsteuerabzug vorlegt oder wenn bei Vorauszahlung des Arbeitslohns der Geltungsbeginn der Lohnsteuerabzugsmerkmale in einen bereits abgerechneten Lohnzahlungszeitraum fällt.

(4) ¹Die Änderung des Lohnsteuerabzugs ist, sofern der Arbeitgeber von seiner Berechtigung hierzu Gebrauch macht, bei der nächsten Lohnzahlung vorzunehmen, die dem Abruf von rückwirkenden Lohnsteuerabzugsmerkmalen oder auf die Vorlage einer Bescheinigung für den Lohnsteuerabzug mit den rückwirkenden Eintragungen oder dem Erkennen einer nicht vorschriftsmäßigen Lohnsteuereinbehaltung folgt. ²Der Arbeitgeber darf in Fällen nachträglicher Einbehaltung von Lohnsteuer die Einbehaltung nicht auf mehrere Lohnzahlungen verteilen. ³Die nachträgliche Einbehaltung ist auch insoweit zulässig, als dadurch die Pfändungsfreigrenzen unterschritten werden; wenn die nachträglich einzubehaltende Lohnsteuer den auszuzahlenden Barlohn übersteigt, ist die nachträgliche Einbehaltung in Höhe des auszuzahlenden Barlohns vorzunehmen und dem Finanzamt für den übersteigenden Betrag eine Anzeige nach § 41c Abs. 4 EStG zu erstatten.

(5) ¹Im Fall der Erstattung von Lohnsteuer hat der Arbeitgeber die zu erstattende Lohnsteuer dem Gesamtbetrag der von ihm abzuführenden Lohnsteuer zu entnehmen. ²Als Antrag auf Ersatz eines etwaigen Fehlbetrags reicht es aus, wenn in der Lohnsteueranmeldung der Erstattungsbetrag kenntlich gemacht wird. ³Macht der Arbeitgeber von seiner Berechtigung zur Lohnsteuererstattung nach § 41c Abs. 1 und 2 EStG keinen Gebrauch, kann der Arbeitnehmer die Erstattung beim Finanzamt beantragen.

(6) ¹Nach Ablauf des Kalenderjahres ist eine Änderung des Lohnsteuerabzugs in der Weise vorzunehmen, dass die Jahreslohnsteuer festzustellen und durch Gegenüberstellung mit der insgesamt einbehaltenen Lohnsteuer der nachträglich einzubehaltende oder zu erstattende Steuerbetrag zu ermitteln ist. ²Eine Erstattung darf aber nur im Lohnsteuer-Jahresausgleich unter den Voraussetzungen des § 42b EStG vorgenommen werden. ³Wenn der Arbeitgeber nach § 42b Abs. 1 EStG den Lohnsteuer-Jahresausgleich nicht durchführen darf, ist auch eine Änderung des Lohnsteuerabzugs mit Erstattungsfolge nicht möglich; der Arbeitnehmer kann in diesen Fällen die Erstattung im Rahmen einer Veranlagung zur Einkommensteuer erreichen. ⁴Soweit der Arbeitgeber aufgrund einer Änderung des Lohnsteuerabzugs nach Ablauf des Kalenderjahres nachträglich Lohnsteuer einbehält, handelt es sich um Lohnsteuer des abgelaufenen Kalenderjahres, die zusammen mit der übrigen einbehaltenen Lohnsteuer des abgelaufenen Kalenderjahres in einer Summe in der Lohnsteuerbescheinigung zu übermitteln oder anzugeben ist. ⁵Die nachträglich einbehaltene Lohnsteuer ist für den Anmeldungszeitraum anzugeben und abzuführen, in dem sie einbehalten wurde.

(7) ¹Hat der Arbeitgeber die Lohnsteuerbescheinigung übermittelt oder ausgestellt, ist eine Änderung des Lohnsteuerabzuges nicht mehr möglich. ²Die bloße Korrektur eines zunächst unrichtig übermittelten Datensatzes ist zulässig. ³Die Anzeigeverpflichtung nach § 41c Abs. 4 Satz 1 Nr. 2 EStG bleibt unberührt.

(8) ¹Bei beschränkt Stpfl. ist auch nach Ablauf des Kalenderjahres eine Änderung des Lohnsteuerabzugs nur für die Lohnzahlungszeiträume vorzunehmen, auf die sich die Änderungen beziehen. ²Eine Änderung mit Erstattungsfolge kann in diesem Falle nur das Finanzamt durchführen.

H 41c.1
Hinweise zu R 41c.1
Änderung des Lohnsteuerabzugs

Änderung der Festsetzung

Eine Erhöhung der Lohnsteuer-Entrichtungsschuld ist unter den Voraussetzungen des § 164 Abs. 2 Satz 1 AO auch nach Übermittlung der Ausschreibung der Lohnsteuerbescheinigung zulässig (>BFH vom 30.10.2008 – BStBl. 2009 II S. 354).

Erstattungsantrag

– Erstattungsansprüche des Arbeitnehmers wegen zu Unrecht einbehaltener Lohnsteuer sind nach Ablauf des Kalenderjahres im Rahmen einer Veranlagung zur Einkommensteuer geltend zu machen. Darüber hinaus ist ein Erstattungsantrag gemäß § 37 AO nicht zulässig (>BFH vom 20.5.1983 – BStBl. II S. 584). Dies gilt auch für zu Unrecht angemeldete und abgeführte Lohnsteuerbeträge, wenn der Lohnsteuerabzug nach § 41c Abs. 3 EStG nicht mehr geändert werden kann (>BFH vom 17.6.2009 – BStBl. 2010 II S. 72).

– Wird eine Zahlung des Arbeitgebers zu Unrecht dem Lohnsteuerabzug unterworfen, weil die Besteuerung abkommensrechtlich dem Wohnsitzstaat des Arbeitnehmers zugewiesen ist, hat der Arbeitnehmer eine Veranlagung zur Einkommensteuer zu beantragen (§ 50 Abs. 2 Satz 2 Nr. 4 Buchstabe b i. V. m. Satz 7 EStG). Für die übrigen Arbeitnehmer besteht ein Erstattungsanspruch in analoger Anwendung des § 50d Abs. 1 Satz 2 EStG, der gegen das Betriebsstättenfinanzamt des Arbeitgebers zu richten ist (>BFH vom 21.10.2009 – BStBl. 2012 II S. 493).

Anlage
zu H 41c.1

Änderung des Lohnsteuerabzugs bei veruntreuten Beträgen

BMF-Schreiben vom 7.11.2013 (BStBl. I S. 1474)

Mit Urteil vom 13. November 2012 – VI R 38/11 – (BStBl. 2013 II S. 929) hat der BFH entschieden, dass vom Arbeitnehmer veruntreute Beträge nicht zum Arbeitslohn rechnen und dass eine Minderung der Festsetzung einer Lohnsteuer-Entrichtungsschuld durch eine Änderung der Lohnsteuer-Anmeldung unter den Voraussetzungen des § 164 Absatz 2 Satz 1 AO auch nach Übermittlung oder Ausschreibung der Lohnsteuerbescheinigungen zulässig ist. Unter Bezugnahme auf das Ergebnis der Erörterung mit den obersten Finanzbehörden der Länder ist das Urteil wie folgt anzuwenden:

1. Vorliegen von Arbeitslohn

Überweist ein Arbeitnehmer unter eigenmächtiger Überschreitung seiner Befugnisse Beträge, die ihm vertraglich nicht zustehen, auf sein Konto, liegt kein Arbeitslohn i. S. d. § 19 Absatz 1 Satz 1 Nummer 1 EStG vor. Hingegen gehören versehentliche Überweisungen des Arbeitgebers auch dann zum Arbeitslohn des Arbeitnehmers, wenn sie der Arbeitgeber zurückfordern kann (BFH vom 4. Mai 2006 – VI R 17/03 – BStBl 2006 II Seite 830).

2. Änderung von Lohnsteuer-Anmeldungen

Die Änderung von Lohnsteuer-Anmeldungen und von Lohnsteuerfestsetzungen ist unter den Voraussetzungen des § 164 Absatz 2 Satz 1 AO auch nach Ablauf des für die Anmeldung maßgebenden Kalenderjahres zulässig. Führt die geänderte Lohnsteuer-Anmeldung zu einer geringeren Lohnsteuer, ist eine Änderung aber nur in

Fallgestaltungen zulässig, die mit dem vom BFH entschiedenen Sachverhalt vergleichbar sind. Eine vergleichbare Fallgestaltung liegt vor, wenn sich der Arbeitnehmer die Beträge, für die Lohnsteuer einbehalten worden ist, ohne vertraglichen Anspruch gegen den Willen des Arbeitgebers verschafft hat.

In solch einem Fall hat das Finanzamt dem Änderungsantrag ungeachtet der sich aus § 41c Absatz 3 Satz 1 EStG ergebenden Rechtsfolgen zu entsprechen, wenn der Arbeitgeber die nach Maßgabe des § 41b Absatz 1 Satz 2, Absatz 1 Satz 4 oder Absatz 3 Satz 1 EStG bereits übermittelte oder ausgestellte Lohnsteuerbescheinigung berichtigt. Der Arbeitgeber hat die berichtigte Lohnsteuerbescheinigung entsprechend zu kennzeichnen.

Für den Antrag auf Änderung einer Lohnsteuer-Anmeldung ist nach § 41a Absatz 1 Satz 1 EStG das Betriebsstättenfinanzamt zuständig. Der Arbeitgeber hat seinen Änderungsantrag zu begründen; § 41c Absatz 4 Satz 1 EStG gilt entsprechend.

3. Haftung nach § 42d Absatz 1 Nummer 3 EStG

Sind Angaben in der Lohnsteuerbescheinigung unrichtig oder nicht vollständig, haftet der Arbeitgeber nach § 42d Absatz 1 Nummer 3 EStG für die Einkommensteuer (Lohnsteuer), die aufgrund der fehlerhaften Lohnsteuerbescheinigung verkürzt wird.

R 41c.2
Anzeigepflichten des Arbeitgebers

(1) ¹Der Arbeitgeber hat die Anzeigepflichten nach § 38 Abs. 4, § 41c Abs. 4 EStG unverzüglich zu erfüllen. ²Sobald der Arbeitgeber erkennt, dass der Lohnsteuerabzug in zu geringer Höhe vorgenommen worden ist, hat er dies dem Betriebsstättenfinanzamt anzuzeigen, wenn er die Lohnsteuer nicht nachträglich einbehalten kann oder von seiner Berechtigung hierzu keinen Gebrauch macht; dies gilt auch bei rückwirkender Gesetzesänderung. ³Der Arbeitgeber hat die Anzeige über die zu geringe Einbehaltung der Lohnsteuer ggf. auch für die zurückliegenden vier Kalenderjahre zu erstatten. ⁴Die Anzeigepflicht besteht unabhängig von dem Mindestbetrag (§ 41c Abs. 4 Satz 2 EStG) für die Nachforderung durch das Finanzamt.

(2) ¹Die Anzeige ist schriftlich zu erstatten. ²In ihr sind Name, Anschrift, Geburtsdatum und Identifikationsnummer des Arbeitnehmers, seine Lohnsteuerabzugsmerkmale, nämlich Steuerklasse/Faktor, Zahl der Kinderfreibeträge, Kirchensteuermerkmal und ggf. ein Freibetrag oder Hinzurechnungsbetrag, sowie der Anzeigegrund und die für die Berechnung einer Lohnsteuer-Nachforderung erforderlichen Mitteilungen über Höhe und Art des Arbeitslohns, z. B. Auszug aus dem Lohnkonto, anzugeben.

(3) ¹Das Betriebsstättenfinanzamt hat die Anzeige an das für die Einkommensbesteuerung des Arbeitnehmers zuständige Finanzamt weiterzuleiten, wenn es zweckmäßig erscheint, die Lohnsteuer-Nachforderung nicht sofort durchzuführen, z. B. weil es wahrscheinlich ist, dass der Arbeitnehmer zur Einkommensteuer veranlagt wird. ²Das ist auch angebracht in Fällen, in denen bei Eingang der Anzeige nicht abzusehen ist, ob sich bei Änderung des Lohnsteuerabzugs nach Ablauf des Kalenderjahres (>§ 41c Abs. 3 Satz 2 EStG) eine Lohnsteuer-Nachforderung ergeben wird.

R 41c.3
Nachforderung von Lohnsteuer

(1) In den Fällen des § 38 Abs. 4 und des § 41c Abs. 4 EStG ist das Betriebsstättenfinanzamt für die Nachforderung dann zuständig, wenn die zu wenig erhobene Lohnsteuer bereits im Laufe des Kalenderjahres nachgefordert werden soll.

(2) ¹Im Falle des § 41c Abs. 4 EStG gilt für die Berechnung der nachzufordernden Lohnsteuer nach Ablauf des Kalenderjahres R 41c.1 Abs. 6 Satz 1 und Abs. 8 Satz 1 entsprechend. ²In anderen Fällen ist die Jahreslohnsteuer wie folgt zu ermitteln:

1		Bruttoarbeitslohn
2	+	ermäßigt besteuerte Entschädigungen und ermäßigt besteuerte Vergütungen für mehrjährige Tätigkeit i.S.d. § 34 EStG
3	=	Jahresarbeitslohn
4	–	Freibeträge für Versorgungsbezüge (§ 19 Abs. 2 EStG)
5	–	Werbungskosten, maßgebender Pauschbetrag für Werbungskosten (§§ 9, 9a EStG)
6	–	Altersentlastungsbetrag (§ 24a EStG)
7	–	Entlastungsbetrag für Alleinerziehende (§ 24b EStG)
8	=	Gesamtbetrag der Einkünfte (§ 2 Abs. 3 EStG)
9	–	Sonderausgaben (§§ 10, 10b, 10c, 39b Abs. 2 Satz 5 Nr. 3 EStG)
10	–	außergewöhnliche Belastungen (§§ 33 bis 33c EStG)
11	=	Einkommen (§ 2 Abs. 4 EStG)
12	–	Freibeträge für Kinder (nur für Kinder, für die kein Anspruch auf Kindergeld besteht; § 39a Abs. 1 Nr. 6 EStG)
13	=	zu versteuerndes Einkommen (§ 2 Abs. 5 EStG)
14	–	Entschädigungen und Vergütungen i.S.d. § 34 EStG (Zeile 2)
15	=	verbleibendes zu versteuerndes Einkommen
16	+	ein Fünftel der Entschädigungen und Vergütungen i.S.d. § 34 EStG (Zeile 2)
17	=	Summe
18	=	Steuerbetrag für die Summe (Zeile 17) laut Grundtarif/Splittingtarif
19	–	Steuerbetrag für das verbleibende zu versteuernde Einkommen (Zeile 15) laut Grundtarif/Splittingtarif
20	=	Unterschiedsbetrag

³Hat der Arbeitnehmer keine Entschädigungen und Vergütungen i.S.d. § 34 EStG bezogen, ist der für das zu versteuernde Einkommen (Zeile 13) nach dem Grundtarif/Splittingtarif ermittelte Steuerbetrag die Jahreslohnsteuer (tarifliche Einkommensteuer – § 32a Abs. 1, 5 EStG). ⁴Hat der Arbeitnehmer Entschädigungen und Vergütungen i.S.d. § 34 EStG bezogen, ist der Steuerbetrag für das verbleibende zu versteuernde Einkommen (Zeile 19) zuzüglich des Fünffachen des Unterschiedsbetrags (Zeile 20) die Jahreslohnsteuer (tarifliche Einkommensteuer – § 32a Abs. 1, 5 EStG).

(3) ¹Will das Finanzamt zu wenig einbehaltene Lohnsteuer vom Arbeitnehmer nachfordern, erlässt es gegen diesen einen Steuerbescheid. ²Nach Ablauf des Kalenderjahres kommt eine Nachforderung von Lohnsteuer oder Einkommensteuer ggf. auch durch erstmalige oder geänderte Veranlagung zur Einkommensteuer in Betracht. ³Die Nachforderung von Lohnsteuer oder Einkommensteuer erfolgt durch erstmalige oder geänderte Veranlagung zur Einkommensteuer, wenn ein Hinzurechnungsbetrag als Lohnsteuerabzugsmerkmal gebildet wurde (>§ 46 Abs. 2 Nr. 2 EStG).

(4) ¹Außer im Fall des § 38 Abs. 4 EStG unterbleibt die Nachforderung, wenn die nachzufordernde Lohnsteuer den Mindestbetrag nach § 41c Abs. 4 Satz 2 EStG nicht übersteigt. ²Bezieht sich die Nachforderung auf mehrere Kalenderjahre, ist für jedes Kalenderjahr gesondert festzustellen, ob der Mindestbetrag überschritten wird. ³Treffen in einem Kalenderjahr mehrere Nachforderungsgründe zusammen, so gilt der Mindestbetrag für die insgesamt nachzufordernde Lohnsteuer.

H 41c.3
Hinweise zu R 41c.3
Nachforderung von Lohnsteuer

Einzelfälle

Das Finanzamt hat die zu wenig einbehaltene Lohnsteuer vom Arbeitnehmer nachzufordern, wenn

– der Barlohn des Arbeitnehmers zur Deckung der Lohnsteuer nicht ausreicht und die Steuer weder aus zurückbehaltenen anderen Bezügen des Arbeitnehmers noch durch einen entsprechenden Barzuschuss des Arbeitnehmers aufgebracht werden kann (>§ 38 Abs. 4 EStG),

§ 41c EStG
R 41c.3

- eine Änderung der Lohnsteuerabzugsmerkmale erforderlich war, diese aber unterblieben ist,
- in den Fällen des § 39a Abs. 5 EStG ein Freibetrag rückwirkend herabgesetzt worden ist und der Arbeitgeber die zu wenig erhobene Lohnsteuer nicht nachträglich einbehalten kann,
- die rückwirkende Änderung eines Pauschbetrags für Behinderte und Hinterbliebene (>§ 33b EStG) wegen der bereits erteilten Lohnsteuerbescheinigung nicht zu einer Nacherhebung von Lohnsteuer durch den Arbeitgeber führen kann (>BFH vom 24.9.1982 – BStBl. 1983 II S. 60),
- der Arbeitgeber dem Finanzamt angezeigt hat, dass er von seiner Berechtigung, Lohnsteuer nachträglich einzubehalten, keinen Gebrauch macht, oder die Lohnsteuer nicht nachträglich einbehalten kann (>§ 41c Abs. 4 EStG),
- der Arbeitnehmer in den Fällen des § 42d Abs. 3 Satz 4 EStG für die nicht vorschriftsmäßig einbehaltene oder angemeldete Lohnsteuer in Anspruch zu nehmen ist; wegen der Wahl der Inanspruchnahme >R 42d.1 Abs. 3 und 4 oder
- die Voraussetzungen der unbeschränkten Einkommensteuerpflicht nach § 1 Abs. 3 EStG nicht vorgelegen haben und es dies bereits bei Erteilung der Bescheinigung hätte bemerken können (>§ 50 Abs. 2 Satz 2 Nr. 2 EStG); auch bei einer fehlerhaft erteilten Bescheinigung kann das Finanzamt die zu wenig erhobene Lohnsteuer nachfordern (>BFH vom 23.9.2008 – BStBl. 2009 II S. 666).

Erkenntnisse aus rechtswidriger Außenprüfung
>BFH von 9.11.1984 (BStBl. 1985 II S. 191)

Festsetzungsfrist gegenüber dem Arbeitnehmer
Durch eine Anzeige des Arbeitgebers nach § 41c Abs. 4 Satz 1 Nr. 1 EStG wird der Ablauf der Festsetzungsfrist für die Lohnsteuer gegenüber dem Arbeitnehmer gemäß § 170 Abs. 2 Satz 1 Nr. 1 AO gehemmt (>BFH vom 5.7.2012 – BStBl. 2013 II S. 190).

Freibeträge, rückwirkende Änderung
Wird Lohnsteuer nach Ablauf des Kalenderjahres wegen der rückwirkenden Änderung eines Pauschbetrags für behinderte Menschen und Hinterbliebene (>§ 33b EStG) und einer bereits erteilten Lohnsteuerbescheinigung nachgefordert, bedarf es keiner förmlichen Berichtigung des Freibetrags; es genügt, wenn die Inanspruchnahme des Arbeitnehmers ausdrücklich mit der rückwirkenden Änderung des Freibetrags begründet wird (>BFH vom 24.9.1982 – BStBl. 1983 II S. 60).

Zuständigkeit
Für die Nachforderung ist im Allgemeinen das für die Einkommensbesteuerung des Arbeitnehmers zuständige Finanzamt zuständig. Ist keine Pflicht- oder Antragsveranlagung nach § 46 Abs. 2 EStG durchzuführen, ist die Nachforderung vom Betriebsstättenfinanzamt vorzunehmen (>BFH vom 21.2.1992 – BStBl. II S. 565); Entsprechendes gilt, wenn zu wenig erhobene Lohnsteuer nach §§ 38 Abs. 4 und 41c Abs. 4 EStG bereits im Laufe des Kalenderjahres nachgefordert werden soll. Für die Nachforderung zu wenig einbehaltener Lohnsteuer von beschränkt einkommensteuerpflichtigen Arbeitnehmern ist stets das Betriebsstättenfinanzamt zuständig (>BFH vom 20.6.1990 – BStBl. 1992 II S. 43).

§ 42b EStG
Lohnsteuer-Jahresausgleich durch den Arbeitgeber

(1) ¹Der Arbeitgeber ist berechtigt, seinen unbeschränkt einkommensteuerpflichtigen Arbeitnehmern, die während des abgelaufenen Kalenderjahres (Ausgleichsjahr) ständig in einem zu ihm bestehenden Dienstverhältnis gestanden haben, die für das Ausgleichsjahr einbehaltene Lohnsteuer insoweit zu erstatten, als sie die auf den Jahresarbeitslohn entfallende Jahreslohnsteuer übersteigt (Lohnsteuer-Jahresausgleich). ²Er ist zur Durchführung des Lohnsteuer-Jahresausgleichs verpflichtet, wenn er am 31. Dezember des Ausgleichsjahres mindestens zehn Arbeitnehmer beschäftigt. ³Der Arbeitgeber darf den Lohnsteuer-Jahresausgleich nicht durchführen, wenn

1. der Arbeitnehmer es beantragt oder
2. der Arbeitnehmer für das Ausgleichsjahr oder für einen Teil des Ausgleichsjahres nach den Steuerklassen V oder VI zu besteuern war oder
3. der Arbeitnehmer für einen Teil des Ausgleichsjahres nach den Steuerklassen II, III oder IV zu besteuern war oder
3a. bei der Lohnsteuerberechnung ein Freibetrag oder Hinzurechnungsbetrag zu berücksichtigen war oder
3b. das Faktorenverfahren angewandt wurde oder
4. der Arbeitnehmer im Ausgleichsjahr Kurzarbeitergeld, Schlechtwettergeld, Winterausfallgeld, Zuschuss zum Mutterschaftsgeld nach dem Mutterschutzgesetz, Zuschuss bei Beschäftigungsverboten für die Zeit vor oder nach einer Entbindung sowie für den Entbindungstag während einer Elternzeit nach beamtenrechtlichen Vorschriften, Entschädigungen für Verdienstausfall nach dem Infektionsschutzgesetz vom 20. Juli 2000 (BGBl. I S. 1045) oder nach § 3 Nummer 28 steuerfreie Aufstockungsbeträge oder Zuschläge bezogen hat oder
4a. die Anzahl der im Lohnkonto oder in der Lohnsteuerbescheinigung eingetragenen Großbuchstaben U mindestens eins beträgt oder
5. für den Arbeitnehmer im Ausgleichsjahr im Rahmen der Vorsorgepauschale jeweils nur zeitweise Beträge nach § 39b Absatz 2 Satz 5 Nummer 3 Buchstabe a bis d oder der Beitragszuschlag nach § 39b Absatz 2 Satz 5 Nummer 3 Buchstabe c berücksichtigt wurden oder sich im Ausgleichsjahr der Zusatzbeitragssatz (§ 39b Absatz 2 Satz 5 Nummer 3 Buchstabe b) geändert hat oder
6. der Arbeitnehmer im Ausgleichsjahr ausländische Einkünfte aus nichtselbständiger Arbeit bezogen hat, die nach einem Abkommen zur Vermeidung der Doppelbesteuerung oder unter Progressionsvorbehalt nach § 34c Absatz 5 von der Lohnsteuer freigestellt waren.

(2) ¹Für den Lohnsteuer-Jahresausgleich hat der Arbeitgeber den Jahresarbeitslohn aus dem zu ihm bestehenden Dienstverhältnis festzustellen. ²Dabei bleiben Bezüge im Sinne des § 34 Absatz 1 und 2 Nummer 2 und 4 außer Ansatz, wenn der Arbeitnehmer nicht jeweils die Einbeziehung in den Lohnsteuer-Jahresausgleich beantragt. ³Vom Jahresarbeitslohn sind der etwa in Betracht kommende Versorgungsfreibetrag und Zuschlag zum Versorgungsfreibetrag und der etwa in Betracht kommende Altersentlastungsbetrag abzuziehen. ⁴Für den so geminderten Jahresarbeitslohn ist die Jahreslohnsteuer nach § 39b Absatz 2 Satz 6 und 7 zu ermitteln nach Maßgabe der Steuerklasse, die die für den letzten Lohnzahlungszeitraum des Ausgleichsjahres als elektronisches Lohnsteuerabzugsmerkmal abgerufen oder auf der Bescheinigung für den Lohnsteuerabzug oder etwaigen Mitteilungen über Änderungen zuletzt eingetragen wurde. ⁵Den Betrag, um den die sich hiernach ergebende Jahreslohnsteuer die Lohnsteuer unterschreitet, die von dem zugrunde gelegten Jahresarbeitslohn insgesamt erhoben worden ist, hat der Arbeitgeber dem Arbeitnehmer zu erstatten. ⁶Bei der Ermittlung der insgesamt erhobenen Lohnsteuer ist die Lohnsteuer auszuscheiden, die von den nach Satz 2 außer Ansatz gebliebenen Bezügen einbehalten worden ist.

(3) ¹Der Arbeitgeber darf den Lohnsteuer-Jahresausgleich frühestens bei der Lohnabrechnung für den letzten im Ausgleichsjahr endenden Lohnzahlungszeitraum, spätestens bei der Lohnabrechnung für den letzten Lohnzahlungszeitraum, der im Monat März des dem Ausgleichsjahr folgenden Kalenderjahres endet, durchführen. ²Die zu erstattende Lohnsteuer ist dem Betrag zu entnehmen, den der Arbeitgeber für seine Arbeitnehmer für den Lohnzahlungszeitraum insgesamt an Lohnsteuer erhoben hat. ³§ 41c Absatz 2 Satz 2 ist anzuwenden.

(4) ¹Im Lohnkonto für das Ausgleichsjahr ist die im Lohnsteuer-Jahresausgleich erstattete Lohnsteuer gesondert einzutragen. ²In der Lohnsteuerbescheinigung für das Ausgleichsjahr ist der sich nach Verrechnung der erhobenen Lohnsteuer mit der erstatteten Lohnsteuer ergebende Betrag als erhobene Lohnsteuer einzutragen.

R 42b
Durchführung des Lohnsteuer-Jahresausgleichs durch den Arbeitgeber

(1) ¹Der Arbeitgeber darf den Lohnsteuer-Jahresausgleich nur für unbeschränkt einkommensteuerpflichtige Arbeitnehmer durchführen,

1. die während des Ausgleichsjahres ständig in einem zu ihm bestehenden Dienstverhältnis gestanden haben,
2. die am 31. Dezember des Ausgleichsjahres in seinen Diensten stehen oder zu diesem Zeitpunkt von ihm Arbeitslohn aus einem früheren Dienstverhältnis beziehen und
3. bei denen kein Ausschlusstatbestand nach § 42b Abs. 1 Satz 3 EStG vorliegt.

²Beginnt oder endet die unbeschränkte Einkommensteuerpflicht im Laufe des Kalenderjahres, darf der Arbeitgeber den Lohnsteuer-Jahresausgleich nicht durchführen.

(2) Beantragt der Arbeitnehmer, Entschädigungen oder Vergütungen für mehrjährige Tätigkeit i.S.d. § 34 EStG in den Lohnsteuer-Jahresausgleich einzubeziehen (>§ 42b Abs. 2 Satz 2 EStG), so gehören die Entschädigungen und Vergütungen zum Jahresarbeitslohn, für den die Jahreslohnsteuer zu ermitteln ist.

(3) ¹Bei Arbeitnehmern, für die der Arbeitgeber nach § 42b Abs. 1 EStG einen Lohnsteuer-Jahresausgleich durchführen darf, darf der Arbeitgeber den Jahresausgleich mit der Ermittlung der Lohnsteuer für den letzten im Ausgleichsjahr endenden Lohnzahlungszeitraum zusammenfassen (>§ 42b Abs. 3 Satz 1 EStG). ²Hierbei ist die Jahreslohnsteuer nach § 42b Abs. 2 Satz 1 bis 3 EStG zu ermitteln und der Lohnsteuer, die von dem Jahresarbeitslohn erhoben worden ist, gegenüberzustellen. ³Übersteigt die ermittelte Jahreslohnsteuer die erhobene Lohnsteuer, ist der Unterschiedsbetrag die Lohnsteuer, die für den letzten Lohnzahlungszeitraum des Ausgleichsjahrs einzubehalten ist. ⁴Übersteigt die erhobene Lohnsteuer die ermittelte Jahreslohnsteuer, ist der Unterschiedsbetrag dem Arbeitnehmer zu erstatten; § 42b Abs. 3 Satz 2 und 3 sowie Abs. 4 EStG ist hierbei anzuwenden.

H 42b
Hinweise zu R 42b
Durchführung des Lohnsteuer-Jahresausgleichs durch den Arbeitgeber

Vorsorgepauschale

Zum Ausschluss des Lohnsteuer-Jahresausgleichs >§ 42b Abs. 1 Satz 3 Nr. 5 EStG und >BMF vom 26.11.2013 (BStBl. I S. 1532), Tz. 8.*)

---
*) Abgedruckt als Anlage zu H 39b.7 LStR.

§ 42d EStG
Haftung des Arbeitgebers und Haftung bei Arbeitnehmerüberlassung

(1) Der Arbeitgeber haftet

1. für die Lohnsteuer, die er einzubehalten und abzuführen hat,
2. für die Lohnsteuer, die er beim Lohnsteuer-Jahresausgleich zu Unrecht erstattet hat,
3. für die Einkommensteuer (Lohnsteuer), die aufgrund fehlerhafter Angaben im Lohnkonto oder in der Lohnsteuerbescheinigung verkürzt wird,
4. für die Lohnsteuer, die in den Fällen des § 38 Absatz 3a der Dritte zu übernehmen hat.

(2) Der Arbeitgeber haftet nicht, soweit Lohnsteuer nach § 39 Absatz 5 oder § 39a Absatz 5 nachzufordern ist und in den vom Arbeitgeber angezeigten Fällen des § 38 Absatz 4 Satz 2 und 3 und des § 41c Absatz 4.

(3) ¹Soweit die Haftung des Arbeitgebers reicht, sind der Arbeitgeber und der Arbeitnehmer Gesamtschuldner. ²Das Betriebsstättenfinanzamt kann die Steuerschuld oder Haftungsschuld nach pflichtgemäßem Ermessen gegenüber jedem Gesamtschuldner geltend machen. ³Der Arbeitgeber kann auch dann in Anspruch genommen werden, wenn der Arbeitnehmer zur Einkommensteuer veranlagt wird. ⁴Der Arbeitnehmer kann im Rahmen der Gesamtschuldnerschaft nur in Anspruch genommen werden,

1. wenn der Arbeitgeber die Lohnsteuer nicht vorschriftsmäßig vom Arbeitslohn einbehalten hat,
2. wenn der Arbeitnehmer weiß, dass der Arbeitgeber die einbehaltene Lohnsteuer nicht vorschriftsmäßig angemeldet hat. ²Dies gilt nicht, wenn der Arbeitnehmer den Sachverhalt dem Finanzamt unverzüglich mitgeteilt hat.

(4) ¹Für die Inanspruchnahme des Arbeitgebers bedarf es keines Haftungsbescheids und keines Leistungsgebots, soweit der Arbeitgeber

1. die einzubehaltende Lohnsteuer angemeldet hat oder
2. nach Abschluss einer Lohnsteuer-Außenprüfung seine Zahlungsverpflichtung schriftlich anerkennt.

²Satz 1 gilt entsprechend für die Nachforderung zu übernehmender pauschaler Lohnsteuer.

(5) Von der Geltendmachung der Steuernachforderung oder Haftungsforderung ist abzusehen, wenn diese insgesamt 10 Euro nicht übersteigt.

(6) ¹Soweit einem Dritten (Entleiher) Arbeitnehmer im Sinne des § 1 Absatz 1 Satz 1 des Arbeitnehmerüberlassungsgesetzes in der Fassung der Bekanntmachung vom 3. Februar 1995 (BGBl. I S. 158), das zuletzt durch Artikel 26 des Gesetzes vom 20. Dezember 2011 (BGBl. I S. 2854) geändert worden ist, zur Arbeitsleistung überlassen werden, haftet er mit Ausnahme der Fälle, in denen eine Arbeitnehmerüberlassung nach § 1 Absatz 3 des Arbeitnehmerüberlassungsgesetzes vorliegt, neben dem Arbeitgeber. ²Der Entleiher haftet nicht, wenn der Überlassung eine Erlaubnis nach § 1 des Arbeitnehmerüberlassungsgesetzes in der jeweils geltenden Fassung zugrunde liegt und soweit er nachweist, dass er den nach § 51 Absatz 1 Nummer 2 Buchstabe d vorgesehenen Mitwirkungspflichten nachgekommen ist. ³Der Entleiher haftet ferner nicht, wenn er über das Vorliegen einer Arbeitnehmerüberlassung ohne Verschulden irrte. ⁴Die Haftung beschränkt sich auf die Lohnsteuer für die Zeit, für die ihm der Arbeitnehmer überlassen worden ist. ⁵Soweit die Haftung des Entleihers reicht, sind der Arbeitgeber, der Entleiher und der Arbeitnehmer Gesamtschuldner. ⁶Der Entleiher darf auf Zahlung nur in Anspruch genommen werden, soweit die Vollstreckung in das inländische bewegliche Vermögen des Arbeitgebers fehlgeschlagen ist oder keinen Erfolg verspricht; § 219 Satz 2 der Abgabenordnung ist entsprechend anzuwenden. ⁷Ist durch die Umstände der Arbeitnehmerüberlassung die Lohnsteuer schwer zu ermitteln, so ist die Haftungsschuld mit 15 Prozent des zwischen Verleiher und Entleiher vereinbarten Entgelts ohne Umsatzsteuer anzunehmen, solange der Entleiher nicht glaubhaft macht, dass die Lohnsteuer, für die er haftet, niedriger ist. ⁸Die Absätze 1 bis 5 sind entsprechend anzuwenden. ⁹Die Zuständigkeit des Finanzamts richtet sich nach dem Ort der Betriebsstätte des Verleihers.

(7) Soweit der Entleiher Arbeitgeber ist, haftet der Verleiher wie ein Entleiher nach Absatz 6.

(8) ¹Das Finanzamt kann hinsichtlich der Lohnsteuer der Leiharbeitnehmer anordnen, dass der Entleiher einen bestimmten Teil des mit dem Verleiher vereinbarten Entgelts einzubehalten und abzuführen hat, wenn dies zur Sicherung des Steueranspruchs notwendig ist; Absatz 6 Satz 4 ist anzuwenden. ²Der Verwaltungsakt kann auch mündlich erlassen werden. ³Die Höhe des einzubehaltenden und abzuführenden Teils des Entgelts bedarf keiner Begründung, wenn der in Absatz 6 Satz 7 genannte Prozentsatz nicht überschritten wird.

(9) ¹Der Arbeitgeber haftet auch dann, wenn ein Dritter nach § 38 Absatz 3a dessen Pflichten trägt. ²In diesen Fällen haftet der Dritte neben dem Arbeitgeber. ³Soweit die Haftung des Dritten reicht, sind der Arbeitgeber, der Dritte und der Arbeitnehmer Gesamtschuldner. ⁴Absatz 3 Satz 2 bis 4 ist anzuwenden; Absatz 4 gilt auch für die Inanspruchnahme des Dritten. ⁵Im Fall des § 38 Absatz 3a Satz 2 beschränkt sich die Haftung des Dritten auf die Lohnsteuer, die für die Zeit zu erheben ist, für die er sich gegenüber dem Arbeitgeber zur Vornahme des Lohnsteuerabzugs verpflichtet hat; der maßgebende Zeitraum endet nicht, bevor der Dritte seinem Betriebsstättenfinanzamt die Beendigung seiner Verpflichtung gegenüber dem Arbeitgeber angezeigt hat. ⁶In den Fällen des § 38 Absatz 3a Satz 7 ist als Haftungsschuld der Betrag zu ermitteln, um den die Lohnsteuer, die für den gesamten Arbeitslohn des Lohnzahlungszeitraums zu berechnen und einzubehalten ist, die insgesamt tatsächlich einbehaltene Lohnsteuer übersteigt. ⁷Betrifft die Haftungsschuld mehrere Arbeitgeber, so ist sie bei fehlerhafter Lohnsteuerberechnung nach dem Verhältnis der Arbeitslöhne und für nachträglich zu erfassende Arbeitslohnbeträge nach dem Verhältnis dieser Beträge auf die Arbeitgeber aufzuteilen. ⁸In den Fällen des § 38 Absatz 3a ist das Betriebsstättenfinanzamt des Dritten für die Geltendmachung der Steuer- oder Haftungsschuld zuständig.

R 42d.1
Inanspruchnahme des Arbeitgebers

Allgemeines

(1) ¹Der Arbeitnehmer ist – vorbehaltlich § 40 Abs. 3 EStG – Schuldner der Lohnsteuer (§ 38 Abs. 2 EStG); dies gilt auch für den Fall einer Nettolohnvereinbarung (>R 39b.9). ²Für diese Schuld kann der Arbeitgeber als Haftender in Anspruch genommen werden, soweit seine Haftung reicht (§ 42d Abs. 1 und 2 EStG); die Haftung entfällt auch in den vom Arbeitgeber angezeigten Fällen des § 38 Abs. 4 Satz 3 EStG. ³Dies gilt auch bei Lohnzahlung durch Dritte, soweit der Arbeitgeber zur Einbehaltung der Lohnsteuer verpflichtet ist (§ 38 Abs. 1 Satz 3 EStG) und in Fällen des § 38 Abs. 3a EStG.

Haftung anderer Personen

(2) ¹Soweit Dritte für Steuerleistungen in Anspruch genommen werden können, z. B. gesetzliche Vertreter juristischer Personen, Vertreter, Bevollmächtigte, Vermögensverwalter, Rechtsnachfolger, haften sie als Gesamtschuldner neben dem Arbeitgeber als weiterem Haftenden und neben dem Arbeitnehmer als Steuerschuldner (§ 44 AO). ²Die Haftung kann sich z. B. aus §§ 69 bis 77 AO ergeben.

Gesamtschuldner

(3) ¹Soweit Arbeitgeber, Arbeitnehmer und ggf. andere Personen Gesamtschuldner sind, schuldet jeder die gesamte Leistung (§ 44 Abs. 1 Satz 2 AO). ²Das Finanzamt muss die Wahl, an welchen Gesamtschuldner es sich halten will, nach pflichtgemäßem Ermessen unter Beachtung der durch Recht und Billigkeit gezogenen Grenzen und unter verständiger Abwägung der Interessen aller Beteiligten treffen.

§ 42d EStG
R 42d.1

Ermessensprüfung

(4) ¹Die Haftung des Arbeitgebers ist von einem Verschulden grundsätzlich nicht abhängig. ²Ein geringfügiges Verschulden oder ein schuldloses Verhalten des Arbeitgebers ist aber bei der Frage zu würdigen, ob eine Inanspruchnahme des Arbeitgebers im Rahmen des Ermessens liegt. ³Die Frage, ob der Arbeitgeber vor dem Arbeitnehmer in Anspruch genommen werden darf, hängt wesentlich von den Gesamtumständen des Einzelfalls ab, wobei von dem gesetzgeberischen Zweck des Lohnsteuerverfahrens, durch den Abzug an der Quelle den schnellen Eingang der Lohnsteuer in einem vereinfachten Verfahren sicherzustellen, auszugehen ist. ⁴Die Inanspruchnahme des Arbeitgebers kann ausgeschlossen sein, wenn er den individuellen Lohnsteuerabzug ohne Berücksichtigung von Gesetzesänderungen durchgeführt hat, soweit es ihm in der kurzen Zeit zwischen der Verkündung des Gesetzes und den folgenden Lohnabrechnungen bei Anwendung eines strengen Maßstabs nicht zumutbar war, die Gesetzesänderungen zu berücksichtigen.

Haftungsbescheid

(5) ¹Wird der Arbeitgeber nach § 42d EStG als Haftungsschuldner in Anspruch genommen, so ist, vorbehaltlich § 42d Abs. 4 Nr. 1 und 2 EStG, ein Haftungsbescheid zu erlassen. ²Darin sind die für das Entschließungs- und Auswahlermessen maßgebenden Gründe anzugeben. ³Hat der Arbeitgeber nach Abschluss einer Lohnsteuer-Außenprüfung eine Zahlungsverpflichtung schriftlich anerkannt, steht die Anerkenntniserklärung einer Lohnsteuer-Anmeldung gleich (§ 167 Abs. 1 Satz 3 AO). ⁴Ein Haftungsbescheid lässt die Lohnsteuer-Anmeldungen unberührt.

Nachforderungsbescheid

(6) ¹Wird pauschale Lohnsteuer nacherhoben, die der Arbeitgeber zu übernehmen hat (§ 40 Abs. 3 EStG), so ist ein Nachforderungsbescheid (Steuerbescheid) zu erlassen; Absatz 5 Satz 3 und 4 gilt entsprechend. ²Der Nachforderungsbescheid bezieht sich auf bestimmte steuerpflichtige Sachverhalte. ³Die Änderung ist hinsichtlich der ihm zugrunde liegenden Sachverhalte – außer in den Fällen der §§ 172 und 175 AO – wegen der Änderungssperre des § 173 Abs. 2 AO nur bei Steuerhinterziehung oder leichtfertiger Steuerverkürzung möglich.

Zahlungsfrist

(7) Für die durch Haftungsbescheid (>Absatz 5) oder Nachforderungsbescheid (>Absatz 6) angeforderten Steuerbeträge ist eine Zahlungsfrist von einem Monat zu setzen.

H 42d.1
Hinweise zu R 42d.1
Inanspruchnahme des Arbeitgebers

Allgemeines zur Arbeitgeberhaftung

- Wegen der Einschränkung der Haftung in den Fällen, in denen sich der Arbeitgeber und der Arbeitnehmer über die Zugehörigkeit von Bezügen zum Arbeitslohn und damit auch über die Notwendigkeit der Eintragung der mit diesen Bezügen zusammenhängenden Werbungskosten irrten und irren konnten, >BFH vom 5.11.1971 (BStBl. 1972 II S. 137).
- Die Lohnsteuer ist nicht vorschriftsmäßig einbehalten, wenn der Arbeitgeber im Lohnsteuer-Jahresausgleich eine zu hohe Lohnsteuer erstattet (>BFH vom 24.1.1975 – BStBl. II S. 420).
- Wurde beim Arbeitgeber eine Lohnsteuer-Außenprüfung durchgeführt, bewirkt dies nicht zugleich eine Hemmung der Verjährungsfrist in Bezug auf den Steueranspruch gegen den Arbeitnehmer (>BFH vom 15.12.1989 – BStBl. 1990 II S. 526).
- Der Arbeitgeber hat den Arbeitslohn vorschriftsmäßig gekürzt, wenn er die Lohnsteuer entsprechend den Lohnsteuerabzugsmerkmalen berechnet hat und wenn er der Berechnung der Lohnsteuer die für das maßgebende Jahr gültigen Lohnsteuertabellen zugrunde gelegt hat (>BFH vom 9.3.1990 – BStBl. II S. 608).
- Die Lohnsteuer ist dann vorschriftsmäßig einbehalten, wenn in der betreffenden Lohnsteuer-Anmeldung die mit dem Zufluss des Arbeitslohns entstandene Lohnsteuer des Anmeldezeitraums erfasst wurde. Maßgebend für das Entstehen der Lohnsteuer sind dabei nicht die Kenntnisse und Vorstellungen des Arbeitgebers, sondern die Verwirklichung des Tatbestands, an den das Gesetz die Besteuerung knüpft (>BFH vom 4.6.1993 – BStBl. II S. 687).
- Bei einer fehlerhaft ausgestellten Lohnsteuerbescheinigung beschränkt sich die Haftung des Arbeitgebers auf die Lohnsteuer, die sich bei der Einkommensteuerveranlagung des Arbeitnehmers ausgewirkt hat (>BFH vom 22.7.1993 – BStBl. II S. 775).
- Führt der Arbeitgeber trotz fehlender Kenntnis der individuellen Lohnsteuerabzugsmerkmale des Arbeitnehmers den Lohnsteuerabzug nicht nach der Steuerklasse VI, sondern nach der Steuerklasse I bis V durch, kann der Arbeitgeber auch nach Ablauf des Kalenderjahres grundsätzlich nach Steuerklasse VI (§ 42d Abs. 1 Nr. 1 EStG) in Haftung genommen werden (>BFH vom 12.1.2001 – BStBl. 2003 II S. 151).
- Die Anzeige des Arbeitgebers nach § 38 Abs. 4 Satz 2 EStG ersetzt die Erfüllung der Einbehaltungspflichten. Bei unterlassener Anzeige hat der Arbeitgeber die Lohnsteuer mit den Haftungsfolgen nicht ordnungsgemäß einbehalten (>BFH vom 9.10.2002 – BStBl. II S. 884).
- Hat der Arbeitgeber aufgrund unrichtiger Angaben in den Lohnkonten oder den Lohnsteuerbescheinigungen vorsätzlich Lohnsteuer verkürzt, ist ihm als Steuerstraftäter der Einwand verwehrt, das Finanzamt hätte statt seiner die Arbeitnehmer in Anspruch nehmen müssen (>BFH vom 12.2.2009 – BStBl. II S. 478).

Ermessensausübung

- Die Grundsätze von Recht und Billigkeit verlangen keine vorrangige Inanspruchnahme des Arbeitnehmers (>BFH vom 6.5.1959 – BStBl. III S. 292).
- Eine vorrangige Inanspruchnahme des Arbeitgebers vor dem Arbeitnehmer kann unzulässig sein, wenn die Lohnsteuer ebenso schnell und ebenso einfach vom Arbeitnehmer nacherhoben werden kann, weil z. B. der Arbeitnehmer ohnehin zu veranlagen ist (>BFH vom 30.11.1966 – BStBl. 1967 III S. 331 und vom 12.1.1968 – BStBl. II S. 324); das gilt insbesondere dann, wenn der Arbeitnehmer inzwischen aus dem Betrieb ausgeschieden ist (>BFH vom 10.1.1964 – BStBl. III S. 213).
- Zur Ermessensprüfung bei geringfügigem Verschulden >BFH vom 21.1.1972 (BStBl. II S. 364).
- Der Inanspruchnahme des Arbeitgebers steht nicht entgegen, dass das Finanzamt über einen längeren Zeitraum von seinen Befugnissen zur Überwachung des Lohnsteuerabzugs und zur Beitreibung der Lohnabzugsbeträge keinen Gebrauch gemacht hat (>BFH vom 11.8.1978 – BStBl. II S. 683).
- War die Inanspruchnahme des Arbeitgebers nach der Ermessensprüfung unzulässig, so kann er trotzdem in Anspruch genommen werden, wenn der Versuch des Finanzamts, die Lohnsteuer beim Arbeitnehmer nachzuerheben, erfolglos verlaufen ist (>BFH vom 18.7.1958 – BStBl. III S. 384) und § 173 Abs. 2 AO dem Erlass eines Haftungsbescheids nicht entgegensteht (>BFH vom 17.2.1995 – BStBl. II S. 555).
- Eine vorsätzliche Steuerstraftat prägt das Auswahlermessen für die Festsetzung der Lohnsteuerhaftungsschuld; eine besondere Begründung der Ermessensentscheidung ist entbehrlich (>BFH vom 12.2.2009 – BStBl. II S. 478).

Eine Inanspruchnahme des Arbeitgebers kann ausgeschlossen sein, wenn z. B.

- der Arbeitgeber eine bestimmte Methode der Steuerberechnung angewendet und das Finanzamt hiervon Kenntnis erlangt und nicht beanstandet hat oder wenn der Arbeitgeber durch Prüfung und Erörterung einer Rechtsfrage durch das Finanzamt in einer unrichtigen Rechtsauslegung bestärkt wurde (>BFH vom 20.7.1962 – BStBl. 1963 III S. 23),
- der Arbeitgeber einem entschuldbaren Rechtsirrtum unterlegen ist, weil das Finanzamt eine unklare oder falsche Auskunft gegeben hat (>BFH vom 24.11.1961 – BStBl. 1962 III S. 37) oder weil er den Angaben in einem Manteltarifvertrag über die Steuerfreiheit vertraut hat (>BFH vom 18.9.1981 – BStBl. II S. 801),

§ 42d EStG
R 42d.1

- der Arbeitgeber den Lohnsteuerabzug entsprechend der von einer Mittelbehörde i. S. v. § 2a FVG in einer Verfügung geäußerten Auffassung durchführt, auch wenn er die Verfügung nicht gekannt hat (>BFH vom 25.10.1985 – BStBl. 1986 II S. 98); das gilt aber nicht, wenn dem Arbeitgeber bekannt war, dass das für ihn zuständige Betriebsstättenfinanzamt eine andere Auffassung vertritt,
- der Arbeitgeber entsprechend einer Billigkeitsregelung der Finanzbehörden Lohnsteuer materiell unzutreffend einbehält (>BFH vom 13.6.2013 – BStBl. 2014 II S. 340).

Die Inanspruchnahme des Arbeitgebers ist in aller Regel ermessensfehlerfrei, wenn

- die Einbehaltung der Lohnsteuer in einem rechtlich einfach und eindeutig vorliegenden Fall nur deshalb unterblieben ist, weil der Arbeitgeber sich über seine Verpflichtungen nicht hinreichend unterrichtet hat (>BFH vom 5.2.1971 – BStBl. II S. 353),
- das Finanzamt aufgrund einer fehlerhaften Unterlassung des Arbeitgebers aus tatsächlichen Gründen nicht in der Lage ist, die Arbeitnehmer als Schuldner der Lohnsteuer heranzuziehen (>BFH vom 7.12.1984 – BStBl. 1985 II S. 164),
- im Falle einer Nettolohnvereinbarung der Arbeitnehmer nicht weiß, dass der Arbeitgeber die Lohnsteuer nicht angemeldet hat (>BFH vom 8.11.1985 – BStBl. 1986 II S. 186),
- sie der Vereinfachung dient, weil gleiche oder ähnliche Berechnungsfehler bei einer größeren Zahl von Arbeitnehmern gemacht worden sind (>BFH vom 16.3.1962 – BStBl. III S. 282, vom 6.3.1980 – BStBl. II S. 289 und vom 24.1.1992 – BStBl. II S. 696: regelmäßig bei mehr als 40 Arbeitnehmern),
- die individuelle Ermittlung der Lohnsteuer schwierig ist und der Arbeitgeber bereit ist, die Lohnsteuerschulden seiner Arbeitnehmer endgültig zu tragen und keinen Antrag auf Pauschalierung stellt. In diesen und vergleichbaren Fällen kann die nachzufordernde Lohnsteuer unter Anwendung eines durchschnittlichen Bruttosteuersatzes – gegebenenfalls im Schätzungswege – ermittelt werden (>BFH vom 7.12.1984 – BStBl. 1985 II S. 170, vom 12.6.1986 – BStBl. II S. 681 und vom 29.10.1993 – BStBl. 1994 II S. 197);
- der Arbeitgeber in schwierigen Fällen, in denen bei Anwendung der gebotenen Sorgfalt Zweifel über die Rechtslage kommen müssen, einem Rechtsirrtum unterliegt, weil er von der Möglichkeit der Anrufungsauskunft (§ 42e EStG) keinen Gebrauch gemacht hat (>BFH vom 18.8.2005 – BStBl. 2006 II S. 30 und vom 29.5.2008 – BStBl. II S. 933).

Ermessensbegründung

- Die Ermessensentscheidung des Finanzamts muss im Haftungsbescheid, spätestens aber in der Einspruchsentscheidung begründet werden, andernfalls ist sie im Regelfall fehlerhaft. Dabei müssen die bei der Ausübung des Verwaltungsermessens angestellten Erwägungen – die Abwägung des Für und Wider der Inanspruchnahme des Haftungsschuldners – aus der Entscheidung erkennbar sein. Insbesondere muss zum Ausdruck kommen, warum der Haftungsschuldner anstatt des Steuerschuldners oder anstelle anderer ebenfalls für die Haftung in Betracht kommender Personen in Anspruch genommen wird (>BFH vom 8.11.1988 – BStBl. 1989 II S. 219).
- Enthält der Haftungsbescheid keine Aufgliederung des Haftungsbetrags auf die Anmeldungszeiträume, so ist er nicht deshalb nichtig (>BFH vom 22.11.1988 – BStBl. 1989 II S. 220).
- Nimmt das Finanzamt sowohl den Arbeitgeber nach § 42d EStG als auch den früheren Gesellschafter-Geschäftsführer u. a. wegen Lohnsteuer-Hinterziehung nach § 71 AO in Haftung, so hat es insoweit eine Ermessensentscheidung nach § 191 Abs. 1 i. V. m. § 5 AO zu treffen und die Ausübung dieses Ermessens regelmäßig zu begründen (>BFH vom 9.8.2002 – BStBl. 2003 II S. 160).

Haftung anderer Personen

- Zur Frage der Pflichtverletzung bei der Abführung von Lohnsteuer durch den Geschäftsführer einer GmbH >BFH vom 20.4.1982 (BStBl. II S. 521).
- Zur Frage der Pflichtverletzung des Geschäftsführers bei Zahlung von Arbeitslohn aus dem eigenen Vermögen >BFH vom 22.11.2005 (BStBl. 2006 II S. 397).
- Die steuerrechtlich und die insolvenzrechtlich unterschiedliche Bewertung der Lohnsteuer-Abführungspflicht des Arbeitgebers in insolvenzreifer Zeit kann zu einer Pflichtenkollision führen. Eine solche steht der Haftung des Geschäftsführers wegen Nichtabführung der Lohnsteuer aber jedenfalls dann nicht entgegen, wenn der Insolvenzverwalter die Beträge im gedachten Falle der pflichtgemäßen Zahlung der Lohnsteuer vom FA deshalb nicht herausverlangen kann, weil die Anfechtungsvoraussetzungen nach § 129 ff. InsO nicht vorliegen (>BFH vom 27.2.2007 – BStBl. 2009 II S. 348).
- Die gesellschaftsrechtliche Pflicht des Geschäftsführers zur Sicherung der Masse i. S. des § 64 Abs. 2 GmbHG kann die Verpflichtung zur Vollabführung der Lohnsteuer allenfalls in den drei Wochen suspendieren, die dem Geschäftsführer ab Kenntnis der Überschuldung bzw. Zahlungsunfähigkeit der GmbH nach § 64 Abs. 1 GmbHG eingeräumt sind, um die Sanierungsfähigkeit der GmbH zu prüfen und Sanierungsversuche durchzuführen. Nur in diesem Zeitraum kann das die Haftung nach § 69 AO begründende Verschulden ausgeschlossen sein (>BFH vom 27.2.2007 – BStBl. 2009 II S. 348).
- Der Geschäftsführer einer GmbH kann als Haftungsschuldner für die von der GmbH nicht abgeführte Lohnsteuer auch insoweit in Anspruch genommen werden, als die Steuer auf seinen eigenen Arbeitslohn entfällt (>BFH vom 15.4.1987 – BStBl. 1988 II S. 167).
- Zu den Anforderungen an die inhaltliche Bestimmtheit von Lohnsteuerhaftungsbescheiden bei der Haftung von Vertretern >BFH vom 8.3.1988 (BStBl. II S. 480).
- Zum Umfang der Haftung bei voller Auszahlung der Nettolöhne >BFH vom 26.7.1988 (BStBl. II S. 859).
- Durch privatrechtliche Vereinbarungen im Gesellschaftsvertrag kann die Haftung der Gesellschafter einer Gesellschaft bürgerlichen Rechts nicht auf das Gesellschaftsvermögen beschränkt werden (>BFH vom 27.3.1990 – BStBl. II S. 939).
- Das Auswahlermessen für die Inanspruchnahme eines von zwei jeweils alleinvertretungsberechtigten GmbH-Geschäftsführern als Haftungsschuldner ist in der Regel nicht sachgerecht ausgeübt, wenn das Finanzamt hierfür allein auf die Beteiligungsverhältnisse der Geschäftsführer am Gesellschaftskapital abstellt (>BFH vom 29.5.1990 – BStBl. II S. 1008).
- Zum Zeitpunkt der Anmeldung und Fälligkeit der einzubehaltenden Lohnsteuer und seine Auswirkung auf die Geschäftsführerhaftung >BFH vom 17.11.1992 (BStBl. 1993 II S. 471).
- Ein ehrenamtlich und unentgeltlich tätiger Vorsitzender eines Vereins, der sich als solcher wirtschaftlich betätigt und zur Erfüllung seiner Zwecke Arbeitnehmer beschäftigt, haftet für die Erfüllung der steuerlichen Verbindlichkeiten des Vereins grundsätzlich nach denselben Grundsätzen wie ein Geschäftsführer einer GmbH (>BFH vom 23.6.1998 – BStBl. II S. 761).
- Eine unzutreffende, jedoch bestandskräftig gewordene Lohnsteuer-Anmeldung muss sich der als Haftungsschuldner in Anspruch genommene Geschäftsführer einer GmbH dann nicht nach § 166 AO entgegenhalten lassen, wenn er nicht während der gesamten Dauer der Rechtsbehelfsfrist Vertretungsmacht und damit das Recht hatte, namens der GmbH zu handeln (>BFH vom 24.8.2004 – BStBl. 2005 II S. 127).

Haftungsbefreiende Anzeige

- Die haftungsbefreiende Wirkung der Anzeige nach § 41c Abs. 4 EStG setzt voraus, dass die nicht vorschriftsmäßige Einbehaltung der Lohnsteuer vom Arbeitgeber erkannt worden ist. Weicht der Arbeitgeber von einer erteilten Anrufungsauskunft ab, kann er nicht dadurch einen Haftungsausschluss bewirken, indem er die Abweichung dem Betriebsstättenfinanzamt anzeigt (>BFH vom 4.6.1993 – BStBl. II S. 687).
- Der Haftungsausschluss nach § 42d Abs. 2 i.V.m. § 41c Abs. 4 EStG setzt stets eine Korrekturberechtigung i.S.d. § 41c Abs. 1 EStG voraus. Daran fehlt es, wenn eine Lohnsteuer-Anmeldung vorsätzlich fehlerhaft abgegeben worden war und dies dem Arbeitgeber zuzurechnen ist (>BFH vom 21.4.2010 – BStBl. II S. 833).

§ 42d EStG
R 42d.1

Haftungsverfahren

- Wurde nach einer ergebnislosen Lohnsteuer-Außenprüfung der Vorbehalt der Nachprüfung aufgehoben, steht einer Änderung der Lohnsteuer-Anmeldung nach § 173 Abs. 1 AO durch Erlass eines Lohnsteuer-Haftungsbescheides die Änderungssperre des § 173 Abs. 2 AO entgegen, es sei denn, es liegt eine Steuerhinterziehung oder eine leichtfertige Steuerverkürzung vor (>BFH vom 15.5.1992 – BStBl. 1993 II S. 840 und vom 7.2.2008 – BStBl. 2009 II S. 703 –). Gleiches gilt, wenn nach einer Lohnsteuer-Außenprüfung bereits ein Lohnsteuer-Haftungsbescheid ergangen ist und der Vorbehalt der Nachprüfung für die betreffenden Lohnsteuer-Anmeldungen aufgehoben worden ist (>BFH vom 15.5.1992 – BStBl. 1993 II S. 829).
- Wird im Anschluss an eine Außenprüfung pauschale Lohnsteuer fälschlicherweise durch einen Haftungsbescheid geltend gemacht, kann mit der Aufhebung des Haftungsbescheides die Unanfechtbarkeit i. S. des § 171 Abs. 4 Satz 1 AO und damit das Ende der Ablaufhemmung für die Festsetzungsfrist eintreten. Der Eintritt der Festsetzungsverjährung kann nur vermieden werden, wenn der inkorrekte Haftungsbescheid erst dann aufgehoben wird, nachdem zuvor der formell korrekte Nachforderungsbescheid erlassen worden ist (>BFH vom 6.5.1994 – BStBl. II S. 715).
- Wird vom Arbeitgeber Lohnsteuer in einer Vielzahl von Fällen nachgefordert, so ist die Höhe der Lohnsteuer trotz des damit verbundenen Arbeitsaufwands grundsätzlich individuell zu ermitteln. Etwas anderes gilt dann, wenn entweder die Voraussetzungen des § 162 AO für eine Schätzung der Lohnsteuer vorliegen oder der Arbeitgeber der Berechnung der Haftungsschuld mit einem durchschnittlichen Steuersatz zugestimmt hat (>BFH vom 17.3.1994 – BStBl. II S. 536).
- Auch die Ansprüche gegenüber dem Haftenden unterliegen der Verjährung (>§ 191 Abs. 3 AO). Die Festsetzungsfrist für einen Lohnsteuer-Haftungsbescheid endet nicht vor Ablauf der Festsetzungsfrist für die Lohnsteuer (§ 191 Abs. 3 Satz 4 1. Halbsatz AO). Der Beginn der Festsetzungsfrist für die Lohnsteuer richtet sich nach § 170 Abs. 2 Satz 1 Nr. 1 AO. Für den Beginn der die Lohnsteuer betreffenden Festsetzungsfrist ist die Lohnsteuer-Anmeldung (Steueranmeldung) und nicht die Einkommensteuererklärung der betroffenen Arbeitnehmer maßgebend (>BFH vom 6.3.2008 – BStBl. II S. 597). Bei der Berechnung der für die Lohnsteuer maßgebenden Festsetzungsfrist sind Anlauf- und Ablaufhemmungen nach §§ 170, 171 AO zu berücksichtigen, soweit sie gegenüber dem Arbeitgeber wirken (>AEAO § 191 Nr. 9*)).
- Wenn ein Arbeitgeber die Lohnsteuer trotz gesetzlicher Verpflichtung nicht anmeldet und abführt, kann das Finanzamt sie durch Schätzungsbescheid festsetzen. Die Möglichkeit, einen Haftungsbescheid zu erlassen, steht dem nicht entgegen (>BFH vom 7.7.2004 – BStBl. II S. 1087).

Inanspruchnahme des Arbeitnehmers

- Die Beschränkung der Inanspruchnahme des Arbeitnehmers innerhalb des Lohnsteuerabzugsverfahrens nach § 42d Abs. 3 Satz 4 EStG steht einer uneingeschränkten Inanspruchnahme im Einkommensteuerveranlagungsverfahren nicht entgegen (>BFH vom 13.1.2011 – BStBl. II S. 479).
- Im Rahmen des Lohnsteuerabzugsverfahrens kann das Wohnsitzfinanzamt die vom Arbeitgeber aufgrund einer (unrichtigen) Anrufungsauskunft nicht einbehaltene und abgeführte Lohnsteuer vom Arbeitnehmer nicht nach § 42d Abs. 3 Satz 4 Nr. 1 EStG nachfordern (>BFH vom 17.10.2013 – BStBl. 2014 II S. 892).

Nachforderungsverfahren

- Hat der Arbeitgeber Arbeitslohn nach § 40a Abs. 3 EStG pauschal versteuert, obwohl nicht die Voraussetzungen dieser Vorschrift, sondern die des § 40a Abs. 2 EStG erfüllt sind, so kann ein Nachforderungsbescheid nur erlassen werden, wenn sich der Arbeitgeber eindeutig zu einer Pauschalierung nach § 40a Abs. 2 EStG bereit erklärt hat (>BFH vom 25.5.1984 – BStBl. II S. 569).
- Wird Lohnsteuer für frühere Kalenderjahre nachgefordert, so braucht die Steuerschuld nur nach Kalenderjahren aufgegliedert zu werden (>BFH vom 18.7.1985 – BStBl. 1986 II S. 152).
- Die Nachforderung pauschaler Lohnsteuer beim Arbeitgeber setzt voraus, dass der Arbeitgeber der Pauschalierung zustimmt (>BFH vom 20.11.2008 – BStBl. 2009 II S. 374).

Rechtsbehelf gegen den Haftungsbescheid

- Der Arbeitnehmer hat gegen diesen Haftungsbescheid insoweit ein Einspruchsrecht, als er persönlich für die nachgeforderte Lohnsteuer in Anspruch genommen werden kann (>BFH vom 29.6.1973 – BStBl. II S. 780).
- Wird der Arbeitgeber nach dem Entscheidungssatz des Bescheids als Haftender in Anspruch genommen, so ist der Bescheid unwirksam, wenn nach seiner Begründung pauschale Lohnsteuer nachgefordert wird (>BFH vom 15.3.1985 – BStBl. II S. 581).
- Wird Lohnsteuer für frühere Kalenderjahre nachgefordert, so braucht der Haftungsbetrag nur nach Kalenderjahren aufgegliedert zu werden (>BFH vom 18.7.1985 – BStBl. 1986 II S. 152).
- Der Haftungsbetrag ist grundsätzlich auf die einzelnen Arbeitnehmer aufzuschlüsseln; wegen der Ausnahmen >BFH vom 8.11.1985 (BStBl. 1986 II S. 274) und die dort genannten Urteile.
- Werden zu verschiedenen Zeiten und aufgrund unterschiedlicher Tatbestände entstandene Haftungsschulden in einem Haftungsbescheid festgesetzt und ficht der Haftungsschuldner diesen Sammelhaftungsbescheid nur hinsichtlich ganz bestimmter Haftungsfälle an, so erwächst der restliche Teil des Bescheids in Bestandskraft (>BFH vom 4.7.1986 – BStBl. II S. 921).
- Der Arbeitnehmer kann sich als Steuerschuldner nicht darauf berufen, dass die haftungsweise Inanspruchnahme des Arbeitgebers wegen Nichtbeanstandung seines Vorgehens bei einer vorangegangenen Außenprüfung gegen Treu und Glauben verstoßen könnte (>BFH vom 27.3.1991 – BStBl. II S. 720).
- In einem allein vom Arbeitnehmer veranlassten Einspruchsverfahren ist der Arbeitgeber hinzuzuziehen (>§ 360 AO).

Zusammengefasster Steuer- und Haftungsbescheid

- Steuerschuld und Haftungsschuld können äußerlich in einer Verfügung verbunden werden (>BFH vom 16.11.1984 – BStBl. 1985 II S. 266).
- Wird vom Arbeitgeber pauschale Lohnsteuer nacherhoben und wird er zugleich als Haftungsschuldner in Anspruch genommen, so ist die Steuerschuld von der Haftungsschuld zu trennen. Dies kann im Entscheidungssatz des zusammengefassten Steuer- und Haftungsbescheids, in der Begründung dieses Bescheids oder in dem dem Arbeitgeber bereits bekannten oder beigefügten Bericht einer Lohnsteuer-Außenprüfung, auf den zur Begründung Bezug genommen ist, geschehen (>BFH vom 1.8.1985 – BStBl. II S. 664).

Anlage
zu H 42d.1

Haftungsbescheide, Duldungsbescheide

Anwendungserlass des BMF zur Abgabenordnung vom 31.1.2014 (BStBl. I S. 290), zuletzt geändert durch das BMF-Schreiben vom 3.11.2014 (BStBl. I S. 1393)

§ 191 Haftungsbescheide, Duldungsbescheide

1. ...

9. ¹Ein erstmaliger Haftungsbescheid kann wegen Akzessorietät der Haftungsschuld zur Steuerschuld grundsätzlich nicht mehr ergehen, wenn der zugrunde liegende Steueranspruch wegen Festsetzungsverjährung gegenüber dem Steuerschuldner nicht mehr festgesetzt werden darf oder wenn der gegenüber dem Steuerschuldner festgesetzte Steueranspruch durch Zahlungsverjährung oder Erlass erloschen ist (§ 191 Abs. 5 Satz 1 AO). ²Maßgeblich ist dabei der Steueranspruch, auf den sich die Haftung konkret bezieht. ³Daher ist bei der Haftung eines Arbeitge-

---
*) Abgedruckt als Anlage zu H 42d.1 LStR.

§ 42d EStG

bers für zu Unrecht nicht angemeldete und abgeführte Lohnsteuer (§ 42d EStG) auf die vom Arbeitnehmer nach § 38 Abs. 2 EStG geschuldete Lohnsteuer und nicht auf die Einkommensteuer des Arbeitnehmers (§ 25 EStG) abzustellen. [4]Dabei ist für die Berechnung der die Lohnsteuer betreffenden Festsetzungsfrist die Lohnsteuer-Anmeldung des Arbeitgebers und nicht die Einkommensteuererklärung der betroffenen Arbeitnehmer maßgebend (vgl. BFH-Urteil vom 6.3.2008 – VI R 5/05 – BStBl. II S. 597). [5]Bei der Berechnung der für die Lohnsteuer maßgebenden Festsetzungsfrist sind Anlauf- und Ablaufhemmungen nach §§ 170, 171 zu berücksichtigen, soweit sie gegenüber dem Arbeitgeber wirken. [6]Zum Ablauf der Festsetzungsfrist bei Steuerschuldner beachte § 171 Abs. 15 AO.

R 42d.2
Haftung bei Arbeitnehmerüberlassung

Allgemeines

(1) [1]Bei Arbeitnehmerüberlassung ist steuerrechtlich grundsätzlich der Verleiher Arbeitgeber der Leiharbeitnehmer (>R 19.1 Satz 5). [2]Dies gilt für einen ausländischen Verleiher (>R 38.3 Abs. 1 Satz 2) selbst dann, wenn der Entleiher Arbeitgeber im Sinne eines Doppelbesteuerungsabkommens ist; die Arbeitgebereigenschaft des Entleihers nach einem Doppelbesteuerungsabkommen hat nur Bedeutung für die Zuteilung des Besteuerungsrechts. [3]Wird der Entleiher als Haftungsschuldner in Anspruch genommen, so ist wegen der unterschiedlichen Voraussetzungen und Folgen stets danach zu unterscheiden, ob er als Arbeitgeber der Leiharbeitnehmer oder als Dritter nach § 42d Abs. 6 EStG neben dem Verleiher als dem Arbeitgeber der Leiharbeitnehmer haftet.

Inanspruchnahme des Entleihers nach § 42d Abs. 6 EStG

(2) [1]Der Entleiher haftet nach § 42d Abs. 6 EStG wie der Verleiher (Arbeitgeber), jedoch beschränkt auf die Lohnsteuer für die Zeit, für die ihm der Leiharbeitnehmer überlassen worden ist. [2]Die Haftung des Entleihers richtet sich deshalb nach denselben Grundsätzen wie die Haftung des Arbeitgebers. [3]Sie scheidet aus, wenn der Verleiher als Arbeitgeber nicht haften würde. [4]Die Haftung des Entleihers kommt nur bei Arbeitnehmerüberlassung nach § 1 AÜG in Betracht. [5]Arbeitnehmerüberlassung liegt nicht vor, wenn das Überlassen von Arbeitnehmern als Nebenleistung zu einer anderen Leistung anzusehen ist, wenn z. B. im Falle der Vermietung von Maschinen und Überlassung des Bedienungspersonals der wirtschaftliche Wert der Vermietung überwiegt. [6]In den Fällen des § 1 Abs. 1 Satz 3 und Abs. 3 AÜG ist ebenfalls keine Arbeitnehmerüberlassung anzunehmen.

(3) [1]Zur rechtlichen Würdigung eines Sachverhalts mit drittbezogener Tätigkeit als Arbeitnehmerüberlassung und ihre Abgrenzung insbesondere gegenüber einem Werkvertrag ist entscheidend auf das Gesamtbild der Tätigkeit abzustellen. [2]Auf die Bezeichnung des Rechtsgeschäfts, z. B. als Werkvertrag, kommt es nicht entscheidend an. [3]Auf Arbeitnehmerüberlassung weisen z. B. folgende Merkmale hin:

1. Der Inhaber der Drittfirma (Entleiher) nimmt im Wesentlichen das Weisungsrecht des Arbeitgebers wahr;
2. der mit dem Einsatz des Arbeitnehmers verfolgte Leistungszweck stimmt mit dem Betriebszweck der Drittfirma überein;
3. das zu verwendende Werkzeug wird im Wesentlichen von der Drittfirma gestellt, es sei denn aufgrund von Sicherheitsvorschriften;
4. die mit anderen Vertragstypen, insbesondere Werkvertrag, verbundenen Haftungsrisiken sind ausgeschlossen oder beschränkt worden;
5. die Arbeit des eingesetzten Arbeitnehmers gegenüber dem entsendenden Arbeitgeber wird auf der Grundlage von Zeiteinheiten vergütet.

[4]Bei der Prüfung der Frage, ob Arbeitnehmerüberlassung vorliegt, ist die Auffassung der Bundesagentur für Arbeit zu berücksichtigen. [5]Eine Inanspruchnahme des Entleihers kommt regelmäßig nicht in Betracht, wenn die Bundesagentur für Arbeit gegenüber dem Entleiher die Auffassung geäußert hat, bei dem verwirklichten Sachverhalt liege Arbeitnehmerüberlassung nicht vor.

(4) [1]Ausnahmen von der Entleiherhaftung enthält § 42d Abs. 6 Satz 2 und 3 EStG. [2]Der Überlassung liegt eine Erlaubnis nach § 1 AÜG i.S.d. § 42d Abs. 6 Satz 2 EStG immer dann zugrunde, wenn der Verleiher eine Erlaubnis nach § 1 AÜG zur Zeit des Verleihs besessen hat oder die Erlaubnis in dieser Zeit nach § 2 Abs. 4 AÜG als fortbestehend gilt, d. h. bis zu zwölf Monaten nach Erlöschen der Erlaubnis für die Abwicklung der erlaubt abgeschlossenen Verträge. [3]Der Überlassung liegt jedoch keine Erlaubnis zugrunde, wenn Arbeitnehmer im Rahmen einer wirtschaftlichen Tätigkeit an Betriebe des Baugewerbes für Arbeiten überlassen werden, die üblicherweise von Arbeitern verrichtet werden, weil dies nach § 1b AÜG unzulässig ist und sich die Erlaubnis nach § 1 AÜG auf solchen Verleih nicht erstreckt, es sei denn, die Überlassung erfolgt zwischen Betrieben des Baugewerbes, die von denselben Rahmen- und Sozialkassentarifverträgen oder von der Allgemeinverbindlichkeit erfasst werden. [4]Bei erlaubtem Verleih durch einen inländischen Verleiher haftet der Entleiher nicht. [5]Der Entleiher trägt die Feststellungslast, wenn er sich darauf beruft, dass er über das Vorliegen einer Arbeitnehmerüberlassung ohne Verschulden irrte (§ 42d Abs. 6 Satz 3 EStG). [6]Bei der Inanspruchnahme des Entleihers ist Absatz 3 zu berücksichtigen. [7]Im Bereich unzulässiger Arbeitnehmerüberlassung sind wegen des Verbots in § 1b AÜG strengere Maßstäbe anzulegen, wenn sich der Entleiher darauf beruft, ohne Verschulden einem Irrtum erlegen zu sein. [8]Dies gilt insbesondere, wenn das Überlassungsentgelt deutlich günstiger ist als dasjenige von anderen Anbietern. [9]Ob der Verleiher eine Erlaubnis nach § 1 AÜG hat, muss der Verleiher in dem schriftlichen Überlassungsvertrag nach § 12 Abs. 1 AÜG erklären und kann der Entleiher selbst oder das Finanzamt durch Anfrage bei der Regionaldirektion der Bundesagentur für Arbeit erfahren oder überprüfen.

(5) [1]Die Höhe des Haftungsbetrags ist auf die Lohnsteuer begrenzt, die vom Verleiher ggf. anteilig für die Zeit einzubehalten war, für der Leiharbeitnehmer dem Entleiher überlassen war. [2]Hat der Verleiher einen Teil der von ihm insgesamt einbehaltenen und angemeldeten Lohnsteuer für den entsprechenden Lohnsteuer-Anmeldungszeitraum gezahlt, wobei er auch die Lohnsteuer des dem Entleiher überlassenen Leiharbeitnehmers berücksichtigt hat, so mindert sich der Haftungsbetrag im Verhältnis von angemeldeter zu gezahlter Lohnsteuer.

(6) [1]Der Haftungsbescheid kann gegen den Entleiher ergehen, wenn die Voraussetzungen der Haftung erfüllt sind. [2]Auf Zahlung darf er jedoch erst in Anspruch genommen werden nach einem fehlgeschlagenen Vollstreckungsversuch in das inländische bewegliche Vermögen des Verleihers oder wenn die Vollstreckung keinen Erfolg verspricht (§ 42d Abs. 6 Satz 6 EStG). [3]Eine vorherige Zahlungsaufforderung an den Arbeitnehmer oder ein Vollstreckungsversuch bei diesem ist nicht erforderlich (entsprechende Anwendung des § 219 Satz 2 AO).

Inanspruchnahme des Verleihers nach § 42d Abs. 7 EStG

(7) [1]Nach § 42d Abs. 7 EStG kann der Verleiher, der steuerrechtlich nicht als Arbeitgeber zu behandeln ist, wie ein Entleiher nach § 42d Abs. 6 EStG als Haftender in Anspruch genommen werden. [2]Insoweit kann er erst nach dem Entleiher auf Zahlung in Anspruch genommen werden. [3]Davon zu unterscheiden ist der Erlass des Haftungsbescheids, der vorher ergehen kann. [4]Gegen den Haftungsbescheid kann sich der Verleiher deswegen nicht mit Erfolg darauf berufen, der Entleiher sei aufgrund der tatsächlichen Abwicklung einer unerlaubten Arbeitnehmerüberlassung als Arbeitgeber aller oder eines Teils der überlassenen Leiharbeitnehmer zu behandeln.

Sicherungsverfahren nach § 42d Abs. 8 EStG

(8) [1]Als Sicherungsmaßnahme kann das Finanzamt den Entleiher verpflichten, einen bestimmten Euro-Betrag oder einen als Prozentsatz bestimmten Teil des vereinbarten Überlassungsentgelts einzubehalten und abzuführen. [2]Hat der Entleiher bereits einen Teil der geschuldeten Überlassungsvergütung an den Verleiher geleistet, kann der Sicherungsbetrag mit einem bestimmten Euro-Betrag oder als Prozentsatz bis zur Höhe des Restentgelts festgesetzt werden. [3]Die Sicherungsmaßnahme ist nur anzuordnen in Fällen, in denen

eine Haftung in Betracht kommen kann. ⁴Dabei darf berücksichtigt werden, dass sie den Entleiher im Ergebnis weniger belasten kann als die nachfolgende Haftung, wenn er z. B. einen Rückgriffsanspruch gegen den Verleiher nicht durchsetzen kann.

Haftungsverfahren

(9) Wird der Entleiher oder Verleiher als Haftungsschuldner in Anspruch genommen, so ist ein Haftungsbescheid zu erlassen (>R 42d.1 Abs. 5).

Zuständigkeit

(10) ¹Zuständig für den Haftungsbescheid gegen den Entleiher oder Verleiher ist das Betriebsstättenfinanzamt des Verleihers (§ 42d Abs. 6 Satz 9 EStG). ²Wird bei einem Entleiher festgestellt, dass seine Inanspruchnahme als Haftungsschuldner nach § 42d Abs. 6 EStG in Betracht kommt, so ist das Betriebsstättenfinanzamt des Verleihers einzuschalten. ³Bei Verleih durch einen ausländischen Verleiher (>§ 38 Abs. 1 Satz 1 Nr. 2 EStG) ist das Betriebsstättenfinanzamt des Entleihers zuständig, wenn dem Finanzamt keine andere Überlassung des Verleihers im Inland bekannt ist, da es zugleich Betriebsstättenfinanzamt des Verleihers nach § 41 Abs. 2 Satz 2 EStG ist. ⁴Dies gilt grundsätzlich auch für eine Sicherungsmaßnahme nach § 42d Abs. 8 EStG. ⁵Darüber hinaus ist für eine Sicherungsmaßnahme jedes Finanzamt zuständig, in dessen Bezirk der Anlass für die Amtshandlung hervortritt, insbesondere bei Gefahr im Verzug (§§ 24, 29 AO).

H 42d.2
Hinweise zu R 42d.2
Haftung bei Arbeitnehmerüberlassung

Abgrenzungsfragen

Zur Abgrenzung zwischen Arbeitnehmerüberlassung und Werk- oder Dienstverträgen bei Einsatz hoch qualifizierter Mitarbeiter des Auftragnehmers >BFH vom 18.1.1991 (BStBl. II S. 409).

Arbeitnehmerüberlassung im Baugewerbe

Die Haftung des Entleihers nach § 42d Abs. 6 EStG sowie die Anordnung einer Sicherungsmaßnahme nach § 42d Abs. 8 EStG sind ausgeschlossen, soweit der zum Steuerabzug nach § 48 Abs. 1 EStG verpflichtete Leistungsempfänger den Abzugsbetrag einbehalten und abgeführt hat bzw. dem Leistungsempfänger im Zeitpunkt der Abzugsverpflichtung eine Freistellungsbescheinigung des Leistenden vorliegt, auf deren Rechtmäßigkeit er vertrauen durfte (>§ 48 Abs. 4 Nr. 2, § 48b Abs. 5 EStG).

Arbeitnehmerüberlassung im Konzern

Überlässt eine im Ausland ansässige Kapitalgesellschaft von ihr eingestellte Arbeitnehmer an eine inländische Tochtergesellschaft gegen Erstattung der von ihr gezahlten Lohnkosten, so ist die inländische Tochtergesellschaft nicht Arbeitgeber im lohnsteuerlichen Sinne. Sie haftet daher für nicht einbehaltene Lohnsteuer nur unter den Voraussetzungen des § 42d Abs. 6 EStG (>BFH vom 24.3.1999 – BStBl. 2000 II S. 41).

Steuerrechtlicher Arbeitgeber

Der Verleiher ist grundsätzlich auch bei unerlaubter Arbeitnehmerüberlassung Arbeitgeber der Leiharbeitnehmer, da § 10 Abs. 1 AÜG, der den Entleiher bei unerlaubter Arbeitnehmerüberlassung als Arbeitgeber der Leiharbeitnehmer bestimmt, steuerrechtlich nicht maßgebend ist. Der Entleiher kann jedoch nach dem Gesamtbild der tatsächlichen Gestaltung der Beziehungen zu den für ihn tätigen Leiharbeitnehmern und zum Verleiher, insbesondere bei Entlohnung der Leiharbeitnehmer, steuerrechtlich Arbeitgeber sein (>BFH vom 2.4.1982 – BStBl. II S. 502).

Zuständige Finanzämter für ausländische Verleiher

>H 41.3

R 42d.3
Haftung bei Lohnsteuerabzug durch einen Dritten

¹In den Fällen der Lohnzahlung durch Dritte haftet der Dritte in beiden Fallgestaltungen des § 38 Abs. 3a EStG neben dem Arbeitgeber (§ 42d Abs. 9 EStG). ²Es besteht eine Gesamtschuldnerschaft zwischen Arbeitgeber, dem Dritten und dem Arbeitnehmer. ³Das Finanzamt muss die Wahl, an welchen Gesamtschuldner es sich halten will, nach pflichtgemäßem Ermessen unter Beachtung der durch Recht und Billigkeit gezogenen Grenzen und unter verständiger Abwägung der Interessen aller Beteiligten treffen. ⁴Eine Haftungsinanspruchnahme des Arbeitgebers unterbleibt, wenn beim Arbeitnehmer selbst eine Nachforderung unzulässig ist, weil der Mindestbetrag nach § 42d Abs. 5 EStG nicht überschritten wird. ⁵Für die durch Haftungsbescheid angeforderten Steuerbeträge ist eine Zahlungsfrist von einem Monat zu setzen.

H 42d.3
Hinweise zu R 42d.3
Haftung bei Lohnsteuerabzug durch einen Dritten

Ermessensausübung

Eine Haftung des Arbeitgebers bei einer Lohnsteuerabzugspflicht Dritter kommt nach § 42d Abs. 9 Satz 4 i.V.m. Abs. 3 Satz 4 Nr. 1 EStG nur in Betracht, wenn der Dritte die Lohnsteuer für den Arbeitgeber nicht vorschriftsmäßig vom Arbeitslohn einbehalten hat. An einem derartigen Fehlverhalten fehlt es, wenn beim Lohnsteuerabzug entsprechend einer Lohnsteueranrufungsauskunft oder in Übereinstimmung mit den Vorgaben der zuständigen Finanzbehörden der Länder oder des Bundes verfahren wird (>BFH vom 20.3.2014 – BStBl. II S. 592).

§ 42e EStG
Anrufungsauskunft

¹Das Betriebsstättenfinanzamt hat auf Anfrage eines Beteiligten darüber Auskunft zu geben, ob und inwieweit im einzelnen Fall die Vorschriften über die Lohnsteuer anzuwenden sind. ²Sind für einen Arbeitgeber mehrere Betriebsstättenfinanzämter zuständig, so erteilt das Finanzamt die Auskunft, in dessen Bezirk sich die Geschäftsleitung (§ 10 der Abgabenordnung) des Arbeitgebers im Inland befindet. ³Ist dieses Finanzamt kein Betriebsstättenfinanzamt, so ist das Finanzamt zuständig, in dessen Bezirk sich die Betriebsstätte mit den meisten Arbeitnehmern befindet. ⁴In den Fällen der Sätze 2 und 3 hat der Arbeitgeber sämtliche Betriebsstättenfinanzämter, das Finanzamt der Geschäftsleitung und erforderlichenfalls die Betriebsstätte mit den meisten Arbeitnehmern anzugeben sowie zu erklären, für welche Betriebsstätten die Auskunft von Bedeutung ist.

R 42e.
Anrufungsauskunft

(1) ¹Einen Anspruch auf gebührenfreie Auskunft haben sowohl der Arbeitgeber, der die Pflichten des Arbeitgebers erfüllende Dritte i.S.d. § 38 Abs. 3a EStG als auch der Arbeitnehmer. ²In beiden Fällen ist das Betriebsstättenfinanzamt für die Erteilung der Auskunft zuständig; bei Anfragen eines Arbeitnehmers soll es jedoch seine Auskunft mit dessen Wohnsitzfinanzamt abstimmen. ³Das Finanzamt soll die Auskunft unter ausdrücklichem Hinweis auf § 42e EStG schriftlich erteilen und kann sie befristen; das gilt auch, wenn der Beteiligte die Auskunft nur formlos erbeten hat.

(2) ¹Hat ein Arbeitgeber mehrere Betriebsstätten, hat das zuständige Finanzamt seine Auskunft mit den anderen Betriebsstättenfinanzämtern abzustimmen, soweit es sich um einen Fall von einigem Gewicht handelt und die Auskunft auch für die anderen Betriebsstätten von Bedeutung ist. ²Bei Anrufungsauskünften grundsätzlicher Art informiert das zuständige Finanzamt die übrigen betroffenen Finanzämter.

§ 42e EStG
R 42e

(3) ¹Sind mehrere Arbeitgeber unter einer einheitlichen Leitung zusammengefasst (Konzernunternehmen), so bleiben für den einzelnen Arbeitgeber entsprechend der Regelung des § 42e Satz 1 und 2 EStG das Betriebsstättenfinanzamt bzw. das Finanzamt der Geschäftsleitung für die Erteilung der Anrufungsauskunft zuständig. ²Sofern es sich bei einer Anrufungsauskunft um einen Fall von einigem Gewicht handelt und erkennbar ist, dass die Auskunft auch für andere Arbeitgeber des Konzerns von Bedeutung ist oder bereits Entscheidungen anderer Finanzämter vorliegen, ist insbesondere auf Antrag des Auskunftersuchenden die zu erteilende Auskunft mit den übrigen betroffenen Finanzämtern abzustimmen. ³Dazu informiert das für die Auskunftserteilung zuständige Finanzamt das Finanzamt der Konzernzentrale. ⁴Dieses koordiniert daraufhin die Abstimmung mit den Finanzämtern der anderen Arbeitgeber des Konzerns, die von der zu erteilenden Auskunft betroffen sind. ⁵Befindet sich die Konzernzentrale im Ausland, koordiniert das Finanzamt die Abstimmung, das als erstes mit der Angelegenheit betraut war.

(4) ¹In Fällen der Lohnzahlung durch Dritte, in denen der Dritte die Pflichten des Arbeitgebers trägt, ist die Anrufungsauskunft bei dem Betriebsstättenfinanzamt des Dritten zu stellen. ²Fasst der Dritte die dem Arbeitnehmer in demselben Lohnzahlungszeitraum aus mehreren Dienstverhältnissen zufließenden Arbeitslöhne zusammen, ist die Anrufungsauskunft bei dem Betriebsstättenfinanzamt des Dritten zu stellen. ³Dabei hat das Betriebsstättenfinanzamt seine Auskunft in Fällen von einigem Gewicht mit den anderen Betriebsstättenfinanzämtern abzustimmen.

H 42e
Hinweise zu R 42e
Anrufungsauskunft

Allgemeines

– Eine dem Arbeitgeber erteilte Anrufungsauskunft stellt nicht nur eine Wissenserklärung (unverbindliche Rechtsauskunft) des Betriebsstättenfinanzamts dar, sondern ist ein feststellender Verwaltungsakt i. S. d. § 118 Satz 1 AO, mit dem sich das Finanzamt selbst bindet. Der Arbeitgeber hat ein Recht auf förmliche Bescheidung seines Antrags und kann eine ihm erteilte Anrufungsauskunft im Klageweg inhaltlich überprüfen lassen (>BFH vom 30.4.2009 – BStBl. 2010 II S. 996 und vom 2.9.2010 – BStBl. 2011 II S. 233).

– >BMF vom 18.2.2011 (BStBl. I S. 213)*), >auch zur Aufhebung/Änderung einer erteilten Anrufungsauskunft

Bindungswirkung im Lohnsteuerabzugsverfahren

– Erteilt das Betriebsstättenfinanzamt eine Anrufungsauskunft, sind die Finanzbehörden im Rahmen des Lohnsteuerabzugsverfahrens an diese gegenüber allen Beteiligten gebunden (>BFH vom 17.10.2013 – BStBl. 2014 II S. 892 und vom 20.3.2014 – BStBl. II S. 592).

– Hat der Arbeitgeber eine Anrufungsauskunft eingeholt und ist er danach verfahren, ist eine Nacherhebung der Lohnsteuer auch dann nicht zulässig, wenn der Arbeitgeber nach einer Lohnsteuer-Außenprüfung einer Pauschalierung nach § 40 Abs. 1 Satz 1 Nr. 2 EStG zugestimmt hat (>BFH vom 16.11.2005 – BStBl. 2006 II S. 210).

Keine Bindungswirkung bei der Einkommensteuerveranlagung

Die Bindungswirkung einer Anrufungsauskunft erstreckt sich – unabhängig davon, ob sie dem Arbeitgeber oder dem Arbeitnehmer erteilt wurde – nicht auf das Veranlagungsverfahren. Das Wohnsitzfinanzamt kann daher bei der Einkommensteuerveranlagung einen für den Arbeitnehmer ungünstigeren Rechtsstandpunkt als das Betriebsstättenfinanzamt einnehmen (>BFH vom 9.10.1992 – BStBl. 1993 S. 166 und vom 17.10.2013 – BStBl. 2014 II S. 892).

Überprüfung durch das Finanzgericht

Die Anrufungsauskunft trifft eine Regelung dahin, wie die Finanzbehörde den vom Antragsteller dargestellten Sachverhalt gegenwärtig beurteilt. Das Finanzgericht überprüft die Auskunft sachlich nur daraufhin, ob der Sachverhalt zutreffend erfasst und die rechtliche Beurteilung nicht evident fehlerhaft ist (>BFH vom 27.2.2014 – BStBl. II S. 894).

Anlage
zu H 42e

Anrufungsauskunft als Verwaltungsakt

BMF-Schreiben vom 18.2.2011 (BStBl. I S. 213)

Mit Urteilen vom 30. April 2009 – VI R 54/07 – (BStBl. II 2010 Seite 996) und vom 2. September 2010 – VI R 3/09 – (BStBl. II 2011 Seite 233) hat der BFH unter Abänderung seiner bisherigen Rechtsprechung entschieden, dass die Erteilung und die Aufhebung (Rücknahme, Widerruf) einer Anrufungsauskunft nach § 42e Einkommensteuergesetz (EStG) nicht nur Wissenserklärungen (unverbindliche Rechtsauskünfte) des Betriebsstättenfinanzamts darstellen, sondern vielmehr feststellende Verwaltungsakte im Sinne des § 118 Satz 1 Abgabenordnung (AO) sind.

Zu den Urteilen gilt im Einvernehmen mit den obersten Finanzbehörden der Länder Folgendes:

Die Rechtsgrundsätze der Urteile sind über die entschiedenen Einzelfälle hinaus anzuwenden. Für die Anrufungsauskunft nach § 42e EStG gelten die Regelungen in §§ 118 ff. AO unmittelbar, und zwar insbesondere:

– die Anforderungen an Bestimmtheit und Form gemäß § 119 AO,
– die Regelungen über mögliche Nebenbestimmungen gemäß § 120 AO,
– die Regelungen über die Bekanntgabe gemäß § 122 AO,
– die Regelungen über die Berichtigung offenbarer Unrichtigkeiten gemäß § 129 AO.

Die Anrufungsauskunft kann darüber hinaus mit Wirkung für die Zukunft aufgehoben oder geändert werden; § 207 Absatz 2 AO ist sinngemäß anzuwenden. Hierbei handelt es sich um eine Ermessensentscheidung, die zu begründen ist (vgl. BFH vom 2. September 2010 – VI R 3/09 –, BStBl. II 2011 Seite 233). Im Falle einer zeitlichen Befristung der Anrufungsauskunft (vgl. R 42e Absatz 1 Satz 3 Lohnsteuerrichtlinie [LStR]) endet die Wirksamkeit des Verwaltungsaktes durch Zeitablauf (§ 124 Absatz 2 AO). Außerdem tritt eine Anrufungsauskunft außer Kraft, wenn die Rechtsvorschriften, auf denen die Entscheidung beruht, geändert werden (analoge Anwendung des § 207 Absatz 1 AO). Die Anweisungen im Anwendungserlass zu § 207 AO sind sinngemäß anzuwenden.

Die Anrufungsauskunft soll grundsätzlich schriftlich erteilt werden; wird eine Anrufungsauskunft abgelehnt oder abweichend vom Antrag erteilt, hat die Auskunft oder die Ablehnung der Erteilung schriftlich zu erfolgen.

Mögliche Antragsteller (Beteiligte im Sinne von § 42e Satz 1 EStG) sind der Arbeitgeber, der die Pflichten des Arbeitgebers erfüllende Dritte im Sinne von § 38 Absatz 3a EStG und der Arbeitnehmer. Auch als feststellender Verwaltungsakt wirkt die Anrufungsauskunft nur gegenüber demjenigen, der sie beantragt hat. Das Betriebsstättenfinanzamt ist daher durch eine vom Arbeitgeber beantragte und ihm erteilte Anrufungsauskunft nicht gehindert, gegenüber dem Arbeitnehmer einen für ihn ungünstigeren Rechtsstandpunkt einzunehmen (BFH vom 28. August 1991 – BStBl. 1992 II Seite 107).**)

Das Wohnsitzfinanzamt ist bei der Einkommensteuerfestsetzung gegenüber dem Arbeitnehmer nicht an die Anrufungsauskunft des Betriebsstättenfinanzamts gebunden (BFH vom 9. Oktober 1992 – BStBl. 1993 II Seite 166).

Die Regelungen über das außergerichtliche Rechtsbehelfsverfahren (§§ 347 ff. AO) sind anzuwenden. Im Falle der Ablehnung einer Anrufungsauskunft nach § 42e EStG kommt eine Aussetzung der Vollziehung allerdings nicht in Betracht, da es sich nicht um einen vollziehbaren Verwaltungsakt handelt. Das Gleiche gilt bei einer Aufhebung oder Änderung einer Anrufungsauskunft (Nummer 2.3.2 des Anwendungserlasses zu § 361 AO).

---

*) Abgedruckt als Anlage zu H 42e LStR.
**) Teilweise überholt; zur Bindungswirkung einer Anrufungsauskunft im Lohnsteuerabzugsverfahren >BFH vom 17.10.2013 – BStBl. 2014 II S. 892.

§ 42f EStG
Lohnsteuer-Außenprüfung

(1) Für die Außenprüfung der Einbehaltung oder Übernahme und Abführung der Lohnsteuer ist das Betriebsstättenfinanzamt zuständig.

(2) ¹Für die Mitwirkungspflicht des Arbeitgebers bei der Außenprüfung gilt § 200 der Abgabenordnung. ²Darüber hinaus haben die Arbeitnehmer des Arbeitgebers dem mit der Prüfung Beauftragten jede gewünschte Auskunft über Art und Höhe ihrer Einnahmen zu geben und auf Verlangen die etwa in ihrem Besitz befindlichen Bescheinigungen für den Lohnsteuerabzug sowie die Belege über bereits entrichtete Lohnsteuer vorzulegen. ³Dies gilt auch für Personen, bei denen es streitig ist, ob sie Arbeitnehmer des Arbeitgebers sind oder waren.

(3) ¹In den Fällen des § 38 Absatz 3a ist für die Außenprüfung das Betriebsstättenfinanzamt des Dritten zuständig; § 195 Satz 2 der Abgabenordnung bleibt unberührt. ²Die Außenprüfung ist auch beim Arbeitgeber zulässig; dessen Mitwirkungspflichten bleiben neben den Pflichten des Dritten bestehen.

(4) Auf Verlangen des Arbeitgebers können die Außenprüfung und die Prüfung durch die Träger der Rentenversicherung (§ 28p des Vierten Buches Sozialgesetzbuch) zur gleichen Zeit durchgeführt werden.

R 42f
Lohnsteuer-Außenprüfung

(1) ¹Für die Lohnsteuer-Außenprüfung gelten die §§ 193 bis 207 AO. ²Die §§ 5 bis 12, 20 bis 24, 29 und 30 Betriebsprüfungsordnung sind mit Ausnahme des § 5 Abs. 4 Satz 2 sinngemäß anzuwenden.

(2) ¹Der Lohnsteuer-Außenprüfung unterliegen sowohl private als auch öffentlich-rechtliche Arbeitgeber. ²Prüfungen eines öffentlich-rechtlichen Arbeitgebers durch die zuständige Aufsichts- und Rechnungsprüfungsbehörde stehen der Zulässigkeit einer Lohnsteuer-Außenprüfung nicht entgegen.

(3) ¹Die Lohnsteuer-Außenprüfung hat sich hauptsächlich darauf zu erstrecken, ob sämtliche Arbeitnehmer, auch die nicht ständig beschäftigten, erfasst wurden und alle zum Arbeitslohn gehörigen Einnahmen, gleichgültig in welcher Form sie gewährt wurden, dem Steuerabzug unterworfen wurden und ob bei der Berechnung der Lohnsteuer von der richtigen Lohnhöhe ausgegangen wurde. ²Privathaushalte, in denen nur gering entlohnte Hilfen beschäftigt werden, sind in der Regel nicht zu prüfen.

(4) ¹Über das Ergebnis der Außenprüfung ist dem Arbeitgeber ein Prüfungsbericht zu übersenden (>§ 202 Abs. 1 AO). ²Führt die Außenprüfung zu keiner Änderung der Besteuerungsgrundlagen, so genügt es, wenn dies dem Arbeitgeber schriftlich mitgeteilt wird (>§ 202 Abs. 1 Satz 3 AO). ³In den Fällen, in denen ein Nachforderungsbescheid oder ein Haftungsbescheid nicht zu erteilen ist (>§ 42d Abs. 4 EStG), kann der Arbeitgeber auf die Übersendung eines Prüfungsberichts verzichten.

(5) Das Recht auf Anrufungsauskunft nach § 42e EStG steht dem Recht auf Erteilung einer verbindlichen Zusage aufgrund einer Außenprüfung nach § 204 AO nicht entgegen.

H 42f
Hinweise zu R 42f
Lohnsteuer-Außenprüfung

Aufhebung des Vorbehalts der Nachprüfung

>§ 164 Abs. 3 Satz 3 AO

Digitale LohnSchnittstelle

>BMF vom 29.6.2011 (BStBl. I S. 675)*)

Festsetzungsverjährung

Wurde beim Arbeitgeber eine Lohnsteuer-Außenprüfung durchgeführt, bewirkt dies nicht zugleich eine Hemmung der Verjährungsfrist in Bezug auf den Steueranspruch gegen den Arbeitnehmer (>BFH vom 15.12.1989 – BStBl. 1990 II S. 526).

Rechte und Mitwirkungspflichten des Arbeitgebers

>BMF vom 24.10.2013 (BStBl. I S. 1264)**)

Anlage 1
zu H 42f

Hinweise auf die wesentlichen Rechte und Mitwirkungspflichten des Steuerpflichtigen bei der Außenprüfung (§ 5 Abs. 2 Satz 2 BpO 2000)

BMF-Schreiben vom 24.10.2013 (BStBl. I S. 1264)

Unter Bezugnahme auf das Ergebnis der Erörterungen mit den obersten Finanzbehörden der Länder sind der Prüfungsanordnung (§ 196 AO) die anliegenden Hinweise beizufügen. Dieses Schreiben tritt an die Stelle des BMF-Schreibens vom 20.7.2011 – IV D 2 – S 0403 – 3/01 – (BStBl. I S. 502) und wird im Bundessteuerblatt Teil I veröffentlicht.

Ihre wesentlichen Rechte und Mitwirkungspflichten bei der Außenprüfung

Die Außenprüfung soll dazu beitragen, dass die Steuergesetze gerecht und gleichmäßig angewendet werden; deshalb ist auch zu Ihren Gunsten zu prüfen (§ 199 Abs. 1 Abgabenordnung – AO –)

Beginn der Außenprüfung

Wenn Sie wichtige Gründe gegen den vorgesehenen Zeitpunkt der Prüfung haben, können Sie beantragen, dass ihr Beginn hinausgeschoben wird (§ 197 Abs. 2 AO). Wollen Sie wegen der Prüfungsanordnung Rückfragen stellen, wenden Sie sich bitte an die prüfende Stelle und geben Sie hierbei den Namen des Prüfers an. Über den Prüfungsbeginn sollten Sie ggf. Ihren Steuerberater unterrichten.

Der Prüfer wird sich bei Erscheinen unter Vorlage seines Dienstausweises bei Ihnen vorstellen (§ 198 AO).

Die Außenprüfung beginnt grundsätzlich in dem Zeitpunkt, in dem der Prüfer nach Bekanntgabe der Prüfungsanordnung konkrete Ermittlungshandlungen vornimmt. Bei einer Datenträgerüberlassung beginnt die Außenprüfung spätestens mit der Auswertung der Daten (AEAO zu § 198).

Ablauf der Außenprüfung

Haben Sie bitte Verständnis dafür, dass Sie für einen reibungslosen Ablauf der Prüfung zur Mitwirkung verpflichtet sind. Aus diesem Grunde sollten Sie Ihren nachstehenden Mitwirkungspflichten unverzüglich nachkommen. Sie können darüber hinaus auch sachkundige Auskunftspersonen benennen.

Stellen Sie dem Prüfer zur Durchführung der Außenprüfung bitte einen geeigneten Raum oder Arbeitsplatz sowie die erforderlichen Hilfsmittel unentgeltlich zur Verfügung (§ 200 Abs. 2 AO).

Legen Sie ihm bitte Ihre Aufzeichnungen, Bücher, Geschäftspapiere und die sonstigen Unterlagen vor, die er benötigt, erteilen Sie ihm die erbetenen Auskünfte, erläutern Sie ggf. die Aufzeichnungen und unterstützen Sie ihn beim Datenzugriff (§ 200 Abs. 1 AO).

Werden die Unterlagen in Form der Wiedergabe auf einem Bildträger oder auf anderen Datenträgern aufbewahrt, kann der Prüfer verlangen, dass Sie auf Ihre Kosten diejenigen Hilfsmittel zur Verfügung stellen, die zur Lesbarmachung erforderlich sind, bzw. dass Sie auf Ihre Kosten die Unterlagen unverzüglich ganz oder teilweise ausdrucken oder ohne Hilfsmittel lesbare Reproduktionen beibringen (§ 147 Abs. 5 AO).

Sind Unterlagen und sonstige Aufzeichnungen mit Hilfe eines DV-Systems erstellt worden, hat der Prüfer das Recht, Einsicht in die gespeicherten Daten zu nehmen und das DV-System zur Prüfung dieser Unterlagen zu nutzen (unmittelbarer Datenzugriff). Dazu kann er verlangen, dass Sie ihm die dafür erforderlichen Geräte und sonstigen Hilfsmittel zur Verfügung stellen. Dies umfasst unter Umständen die Einweisung in das DV-System und die Bereitstel-

---

*) Abgedruckt als Anlage 2 zu H 42f LStR.
**) Abgedruckt als Anlage 1 zu H 42f LStR.

lung von fachkundigem Personal zur Auswertung der Daten. Auf Anforderung sind dem Prüfer die Daten auf maschinell auswertbaren Datenträgern zur Verfügung zu stellen (Datenträgerüberlassung) oder nach seinen Vorgaben maschinell auszuwerten (mittelbarer Datenzugriff); § 147 Abs. 6 AO.

Über alle Feststellungen von Bedeutung wird Sie der Prüfer während der Außenprüfung unterrichten, es sei denn, Zweck und Ablauf der Prüfung werden dadurch beeinträchtigt (§ 199 Abs. 2 AO).

Ergebnis der Außenprüfung

Wenn sich die Besteuerungsgrundlagen durch die Prüfung ändern, haben Sie das Recht auf eine Schlussbesprechung. Sie erhalten dabei Gelegenheit, einzelne Prüfungsfeststellungen nochmals zusammenfassend zu erörtern (§ 201 AO).

Über das Ergebnis der Außenprüfung ergeht bei Änderung der Besteuerungsgrundlagen ein schriftlicher Prüfungsbericht, der Ihnen auf Antrag vor seiner Auswertung übersandt wird. Zu diesem Bericht können Sie Stellung nehmen (§ 202 AO).

Rechtsbehelfe können Sie allerdings nicht gegen den Bericht, sondern nur gegen die aufgrund der Außenprüfung ergehenden Steuerbescheide einlegen.

Wird bei Ihnen eine abgekürzte Außenprüfung (§ 203 AO) durchgeführt, findet keine Schlussbesprechung statt. Die steuerlich erheblichen Prüfungsfeststellungen werden Ihnen in diesem Fall spätestens mit den Steuer-/Feststellungsbescheiden schriftlich mitgeteilt.

Ablauf der Außenprüfung beim Verdacht einer Steuerstraftat oder einer Steuerordnungswidrigkeit

Ergibt sich während der Außenprüfung der Verdacht einer Steuerstraftat oder einer Steuerordnungswidrigkeit gegen Sie, so dürfen hinsichtlich des Sachverhalts, auf den sich der Verdacht bezieht, die Ermittlungen bei Ihnen erst fortgesetzt werden, wenn Ihnen die Einleitung eines Steuerstraf- oder Bußgeldverfahrens mitgeteilt worden ist (vgl. § 397 AO). Soweit die Prüfungsfeststellungen auch für Zwecke eines Steuerstraf- oder Bußgeldverfahrens verwendet werden können, darf Ihre Mitwirkung bei der Aufklärung der Sachverhalte nicht erzwungen werden (§ 393 Abs. 1 Satz 2 AO). Wirken Sie bei der Aufklärung der Sachverhalte nicht mit (vgl. §§ 90, 93 Abs. 1, 200 Abs. 1 AO), können daraus allerdings im Besteuerungsverfahren für Sie nachteilige Folgerungen gezogen werden; ggf. sind die Besteuerungsgrundlagen zu schätzen, wenn eine zutreffende Ermittlung des Sachverhalts deswegen nicht möglich ist (§ 162 AO).

Anlage 2
zu H 42f

Digitale LohnSchnittstelle (DLS) für Lohnsteuer-Außenprüfung

BMF-Schreiben vom 29.6.2011 (BStBl. I S. 675)

Seit dem 1. Januar 2002 hat die Finanzverwaltung das Recht, im Rahmen von Außenprüfungen die mit Hilfe eines Datenverarbeitungssystems erstellte Buchführung durch Datenzugriff zu prüfen [§ 147 Absatz 6 Abgabenordnung (AO)]. Das Datenzugriffsrecht erstreckt sich auf alle steuerrelevanten Daten (z. B. Lohnbuchhaltung, Finanzbuchhaltung, Anlagenbuchhaltung usw.). Eine wesentliche Form der Umsetzung ist die Überlassung von Datenträgern an Außenprüfer zur Auswertung auf den Notebooks der Prüfer. Die Finanzverwaltung empfiehlt hierzu den GDPdU-Beschreibungsstandard. Die Struktur und die Bezeichnung der steuerrelevanten Daten sind innerhalb dieses Standards nicht definiert.

In Deutschland werden von den Arbeitgebern zurzeit ca. 260 verschiedene Lohnabrechnungsprogramme eingesetzt. Jedes Programm ist anders aufgebaut und strukturiert, so dass auch die Dateien und Felder mit den steuerlich relevanten Daten entsprechend unterschiedlich aufgebaut, bezeichnet, formatiert und verknüpft sind.

Um

– Zweifelsfragen und Unklarheiten zu den Inhalten von elektronischen Dateien und Datenfeldern,

– technische Schwierigkeiten beim Aufbereiten der elektronischen Daten sowie

– Datennachforderungen durch den Außenprüfer (auf weiteren Datenträgern)

zu vermeiden, hat die Finanzverwaltung die „Digitale LohnSchnittstelle" (DLS) erarbeitet und beschrieben.

Die DLS ist eine Schnittstellenbeschreibung für den Export von Daten aus dem Lohnbuchhaltungssystem des Arbeitgebers zur Übergabe an den Lohnsteuer-Außenprüfer. Sie soll dabei eine einheitliche Strukturierung und Bezeichnung der Dateien und Datenfelder gemäß den Anforderungen der GDPdU unabhängig von dem beim Arbeitgeber eingesetzten Lohnabrechnungsprogramm sicherstellen.

Im Einvernehmen mit den obersten Finanzbehörden der Länder wird empfohlen, diese einheitliche Schnittstellenbeschreibung möglichst in den Lohnabrechnungsprogrammen vorzusehen und bereitzuhalten.

Mit dieser einheitlichen Schnittstellenbeschreibung soll zum einen erreicht werden, dass die nach § 41 Einkommensteuergesetz (EStG) und § 4 Lohnsteuer-Durchführungsverordnung (LStDV)*) im Lohnkonto aufzuzeichnenden Angaben in den dem Lohnsteuer-Außenprüfer überlassenen Daten enthalten sind. Zum anderen sollen die Voraussetzungen dafür geschaffen werden, die elektronischen Daten innerhalb kurzer Zeit zu erhalten und mittels der von der Finanzverwaltung eingesetzten Prüfsoftware auszuwerten.

Dies führt zu

– einer wesentlichen Vereinfachung des technischen Prozesses der Datenbereitstellung durch den Arbeitgeber,

– einer Vermeidung inhaltlicher Fehldeutungen von elektronischen Datei- und Feldinhalten,

– einer Verringerung der personellen Kapazitäten zur Betreuung der Datenbereitstellung,

– einer Zeit- und Kostenersparnis auf beiden Seiten und

– einem einheitlichen logischen Datenbestand in den Datenverarbeitungssystemen (auf den zu überlassenden Datenträgern).

Die DLS stellt jedoch im Rahmen der digitalen Zugriffsmöglichkeit keine abschließende Definition und Aufzählung der steuerrelevanten Daten dar, sondern liefert eine Datensatzbeschreibung für den Kernbereich der Lohndaten, die für die weitaus überwiegende Mehrzahl der Prüfungen als ausreichend angesehen werden können. Das Datenzugriffsrecht nach § 147 Absatz 6 Satz 2 AO auf darüber hinausgehende prüfungsrelevante steuerliche Daten bleibt hiervon unberührt.

Für die Bereitstellung der Daten wird der GDPdU-Beschreibungsstandard empfohlen.

Die jeweils aktuelle Version der DLS mit weitergehenden Informationen steht auf der Internetseite des Bundeszentralamtes für Steuern unter www.bzst.bund.de ab dem 1. Juli 2011 zum Download bereit.

---

*) Abgedruckt als Anhang 1 zum Handbuch.

§ 42f EStG
R 42f

Anlage 3
zu H 42f

Antrag auf zeitgleiche Prüfung durch Finanzverwaltung und Rentenversicherungsträger

Antrag auf zeitgleiche Lohnsteuer-Außenprüfungen durch die Finanzverwaltung und Betriebsprüfungen durch Träger der Rentenversicherung (§ 42f Absatz 4 EStG)

Hinweise:

Nach § 42f Absatz 4 Einkommensteuergesetz (EStG) können Sie beantragen, dass die Lohnsteuer-Außenprüfung (§ 42f EStG) und die Betriebsprüfungen durch den Träger der Rentenversicherung (§ 28p des Vierten Buches Sozialgesetzbuch) zur gleichen Zeit durchgeführt werden.

Möchten Sie zeitgleiche Außenprüfungen beantragen, füllen Sie bitte den nachfolgenden Antrag aus und senden diesen an das für Sie zuständige Betriebsstättenfinanzamt.

Bitte beachten Sie, dass als frühester Prüfungstermin regelmäßig ein Zeitraum ab dem dritten Monat nach Antragstellung in Betracht kommt.

Allgemeine Angaben

Steuernummer	Betriebsnummer des Arbeitgebers
Betriebsnummer der Abrechnungsstelle	
Name des Arbeitgebers/Betriebs	Organisationseinheit
Straße, Hausnummer	Postleitzahl, Ort
Ansprechpartner (Herr/Frau)	Telefonnummer
E-Mailadresse	

Hiermit beantrage ich zeitgleiche Außenprüfungen durch die Finanzverwaltung und den Träger der Rentenversicherung (§ 42f Absatz 4 EStG). Die Zustimmung zum Austausch der zur Abstimmung erforderlichen Daten wird erteilt.

Gewünschter Termin/Zeitraum (vom - bis)

Grund für die zeitgleichen Außenprüfungen

Hat der Träger der Rentenversicherung bereits eine Betriebsprüfung angekündigt? ☐ Ja, am

Hat die Finanzverwaltung bereits eine Lohnsteuer-Außenprüfung angekündigt? ☐ Ja, am

Träger der Rentenversicherung, der die letzte Betriebsprüfung angemeldet/durchgeführt hat

Anschrift des Betriebsstättenfinanzamts ▼

	Ort, Datum
	Unterschrift

§ 42g EStG
Lohnsteuer-Nachschau

(1) ¹Die Lohnsteuer-Nachschau dient der Sicherstellung einer ordnungsgemäßen Einbehaltung und Abführung der Lohnsteuer. ²Sie ist ein besonderes Verfahren zur zeitnahen Aufklärung steuererheblicher Sachverhalte.

(2) ¹Eine Lohnsteuer-Nachschau findet während der üblichen Geschäfts- und Arbeitszeiten statt. ²Dazu können die mit der Nachschau Beauftragten ohne vorherige Ankündigung und außerhalb einer Lohnsteuer-Außenprüfung Grundstücke und Räume von Personen, die eine gewerbliche oder berufliche Tätigkeit ausüben, betreten. ³Wohnräume dürfen gegen den Willen des Inhabers nur zur Verhütung dringender Gefahren für die öffentliche Sicherheit und Ordnung betreten werden.

(3) ¹Die von der Lohnsteuer-Nachschau betroffenen Personen haben dem mit der Nachschau Beauftragten auf Verlangen Lohn- und Gehaltsunterlagen, Aufzeichnungen, Bücher, Geschäftspapiere und andere Urkunden über die der Lohnsteuer-Nachschau unterliegenden Sachverhalte vorzulegen und Auskünfte zu erteilen, soweit dies zur Feststellung einer steuerlichen Erheblichkeit zweckdienlich ist. ²§ 42f Absatz 2 Satz 2 und 3 gilt sinngemäß.

(4) ¹Wenn die bei der Lohnsteuer-Nachschau getroffenen Feststellungen hierzu Anlass geben, kann ohne vorherige Prüfungsanordnung (§ 196 der Abgabenordnung) zu einer Lohnsteuer-Außenprüfung nach § 42f übergegangen werden. ²Auf den Übergang zur Außenprüfung wird schriftlich hingewiesen.

(5) Werden anlässlich einer Lohnsteuer-Nachschau Verhältnisse festgestellt, die für die Festsetzung und Erhebung anderer Steuern erheblich sein können, so ist die Auswertung der Feststellungen insoweit zulässig, als ihre Kenntnis für die Besteuerung der in Absatz 2 genannten Personen oder anderer Personen von Bedeutung sein kann.

R 42g
Lohnsteuer-Nachschau
– unbesetzt –

H 42g
Hinweise zu R 42g
Lohnsteuer-Nachschau

Allgemeines

>BMF zum 16.10.2014 (BStBl. I S. 1408)

Anlage
zu H 42g

Durchführung einer Lohnsteuer-Nachschau

BMF-Schreiben vom 16.10.2014 (BStBl. I S. 1408)

1 Mit § 42g EStG ist durch das Amtshilferichtlinie-Umsetzungsgesetz vom 26. Juni 2013 (BGBl. I Seite 1809) eine Regelung zur Lohnsteuer-Nachschau neu in das EStG eingefügt worden. Die Vorschrift ist zum 30. Juni 2013 in Kraft getreten. Im Einvernehmen mit den obersten Finanzbehörden der Länder gilt zur Anwendung der Vorschrift Folgendes:

1. Allgemeines

2 Die Lohnsteuer-Nachschau ist ein besonderes Verfahren zur zeitnahen Aufklärung möglicher steuererheblicher Sachverhalte. Steuererheblich sind Sachverhalte, die eine Lohnsteuerpflicht begründen oder zu einer Änderung der Höhe der Lohnsteuer oder der Zuschlagsteuern führen können. Das für die Lohnsteuer-Nachschau zuständige Finanzamt kann das Finanzamt, in dessen Bezirk der steuererhebliche Sachverhalt verwirklicht wird, mit der Nachschau beauftragen. Die Lohnsteuer-Nachschau ist keine Außenprüfung i. S. d. §§ 193ff. AO. Die Vorschriften für eine Außenprüfung sind nicht anwendbar, insbesondere gelten die §§ 146 Absatz 2b, 147 Absatz 6, 201, 202 AO und § 42d Absatz 4 Satz 1 Nummer 2 EStG nicht. Es bedarf weder einer Prüfungsanordnung i. S. d. § 196 AO noch einer Schlussbesprechung oder eines Prüfungsberichts. Im Anschluss an eine Lohnsteuer-Nachschau ist ein Antrag auf verbindliche Zusage (§ 204 AO) nicht zulässig.

2. Zweck der Lohnsteuer-Nachschau

3 Die Lohnsteuer-Nachschau dient der Sicherstellung einer ordnungsgemäßen Einbehaltung und Abführung der Lohnsteuer, des Solidaritätszuschlags, der Kirchenlohnsteuer oder von Pflichtbeiträgen zu einer Arbeits- oder Arbeitnehmerkammer. Ziel der Lohnsteuer-Nachschau ist es, einen Eindruck von den räumlichen Verhältnissen, dem tatsächlich eingesetzten Personal und dem üblichen Geschäftsbetrieb zu gewinnen.

4 Eine Lohnsteuer-Nachschau kommt insbesondere in Betracht:
– bei Beteiligung an Einsätzen der Finanzkontrolle Schwarzarbeit,
– zur Feststellung der Arbeitgeber- oder Arbeitnehmereigenschaft,
– zur Feststellung der Anzahl der insgesamt beschäftigten Arbeitnehmer,
– bei Aufnahme eines neuen Betriebs,
– zur Feststellung, ob der Arbeitgeber eine lohnsteuerliche Betriebsstätte unterhält,
– zur Feststellung, ob eine Person selbständig oder als Arbeitnehmer tätig ist,
– zur Prüfung der steuerlichen Behandlung von sog. Minijobs (vgl. § 8 Absatz 1 und 2 SGB IV), ausgenommen Beschäftigungen in Privathaushalten,
– zur Prüfung des Abrufs und der Anwendung der elektronischen Lohnsteuerabzugsmerkmale (ELStAM) und
– zur Prüfung der Anwendung von Pauschalierungsvorschriften, z. B. § 37b Absatz 2 EStG.

5 Nicht Gegenstand der Lohnsteuer-Nachschau sind:
– Ermittlungen der individuellen steuerlichen Verhältnisse der Arbeitnehmer, soweit sie für den Lohnsteuer-Abzug nicht von Bedeutung sind,
– die Erfüllung der Pflichten des Arbeitgebers nach dem Fünften Vermögensbildungsgesetz und
– Beschäftigungen in Privathaushalten.

3. Durchführung der Lohnsteuer-Nachschau

6 Die Lohnsteuer-Nachschau muss nicht angekündigt werden (§ 42g Absatz 2 Satz 2 EStG). Die Anordnung der Nachschau erfolgt in der Regel mündlich und zu Beginn der Lohnsteuer-Nachschau. Dem Arbeitgeber soll zu Beginn der Lohnsteuer-Nachschau der Vordruck „Durchführung einer Lohnsteuer-Nachschau"*) übergeben werden. Der mit der Lohnsteuer-Nachschau beauftragte Amtsträger hat sich auszuweisen.

7 Zum Zweck der Lohnsteuer-Nachschau können die mit der Lohnsteuer-Nachschau beauftragten Amtsträger Grundstücke und Räume von Personen, die eine gewerbliche oder berufliche Tätigkeit ausüben, betreten (§ 42g Absatz 2 Satz 2 EStG). Die Grundstücke und Räume müssen nicht im Eigentum der gewerblich oder beruflich tätigen Person stehen. Die Lohnsteuer-Nachschau kann sich auch auf gemietete oder gepachtete Grundstücke und Räume sowie auf andere Orte, an denen steuererhebliche Sachverhalte verwirklicht werden (z. B. Baustellen), erstrecken.

8 Wohnräume dürfen gegen den Willen des Inhabers nur zur Verhütung dringender Gefahren für die öffentliche Sicherheit und Ordnung betreten werden (§ 42g Absatz 2 Satz 3 EStG).

9 Häusliche Arbeitszimmer oder Büros, die innerhalb einer ansonsten privat genutzten Wohnung belegen sind, dürfen auch dann betreten bzw. besichtigt werden, wenn sie nur durch die ausschließlich privat genutzten Wohnräume erreichbar sind.

10 Ein Betreten der Grundstücke und Räume ist während der üblichen Geschäfts- und Arbeitszeiten zulässig. Die Nachschau kann auch außerhalb der Geschäftszeiten vorgenommen werden, wenn dort Arbeitnehmer anzutreffen sind.

*) Bundeseinheitlicher Vordruck

11 Das Betreten muss dazu dienen, Sachverhalte festzustellen oder zu überprüfen, die für den Steuerabzug vom Arbeitslohn erheblich sein können. Ein Durchsuchungsrecht gewährt die Lohnsteuer-Nachschau nicht. Das bloße Betreten oder Besichtigen von Geschäftsräumen, Betriebsräumen oder Grundstücken ist noch kein Durchsuchen.

4. Mitwirkungspflicht

12 Der Arbeitgeber hat dem mit der Lohnsteuer-Nachschau beauftragten Amtsträger auf Verlangen Lohn- und Gehaltsunterlagen, Aufzeichnungen, Bücher, Geschäftspapiere und andere Urkunden vorzulegen und Auskünfte zu erteilen, soweit dies zur Feststellung steuerlich erheblicher Sachverhalte zweckdienlich ist (§ 42g Absatz 3 Satz 1 EStG).

13 Darüber hinaus haben die Arbeitnehmer dem mit der Lohnsteuer-Nachschau beauftragten Amtsträger jede gewünschte Auskunft über Art und Höhe ihrer Einnahmen zu geben und auf Verlangen in ihrem Besitz befindliche Bescheinigungen über den Lohnsteuerabzug sowie Belege über bereits entrichtete Lohnsteuer vorzulegen (§ 42g Absatz 3 Satz 2 i. V. m. § 42f Absatz 2 Satz 2 EStG). Diese Pflichten gelten auch für Personen, bei denen es streitig ist, ob sie Arbeitnehmer sind oder waren. Die Auskunftspflicht erstreckt sich auf alle Fragen, die für die Beurteilung von Bedeutung sind, ob und in welcher Höhe eine Pflicht zum Abzug von Lohnsteuer und Zuschlagsteuern besteht.

5. Recht auf Datenzugriff

14 Der mit der Lohnsteuer-Nachschau beauftragte Amtsträger darf nur dann auf elektronische Daten des Arbeitgebers zugreifen, wenn der Arbeitgeber zustimmt. Stimmt der Arbeitgeber dem Datenzugriff nicht zu, kann der mit der Lohnsteuer-Nachschau beauftragte Amtsträger verlangen, dass ihm die erforderlichen Unterlagen in Papierform vorgelegt werden. Sollten diese nur in elektronischer Form existieren, kann er verlangen, dass diese unverzüglich ausgedruckt werden (vgl. § 147 Absatz 5 zweiter Halbsatz AO).

6. Übergang zu einer Lohnsteuer-Außenprüfung

15 Geben die bei der Lohnsteuer-Nachschau getroffenen Feststellungen hierzu Anlass, kann ohne vorherige Prüfungsanordnung (§ 196 AO) zu einer Lohnsteuer-Außenprüfung nach § 42f EStG übergegangen werden (§ 42g Absatz 4 Satz 1 EStG). Auf den Übergang zur Außenprüfung ist schriftlich hinzuweisen (§ 42g Absatz 4 Satz 2 EStG). Die allgemeinen Grundsätze über den notwendigen Inhalt von Prüfungsanordnungen gelten entsprechend. Insbesondere sind der Prüfungszeitraum und der Prüfungsumfang festzulegen. Der Beginn einer Lohnsteuer-Außenprüfung nach erfolgter Lohnsteuer-Nachschau ist unter Angabe von Datum und Uhrzeit aktenkundig zu machen. Für die Durchführung der nachfolgenden Lohnsteuer-Außenprüfung gelten die §§ 199 ff. AO. Die Entscheidung zum Übergang zu einer Lohnsteuer-Außenprüfung ist eine Ermessensentscheidung der Finanzbehörde (§ 5 AO).

16 Der Übergang zu einer Lohnsteuer-Außenprüfung nach § 42f EStG kann insbesondere angezeigt sein:
- wenn bei der Lohnsteuer-Nachschau erhebliche Fehler beim Steuerabzug vom Arbeitslohn festgestellt wurden,
- wenn der für die Besteuerung maßgebliche Sachverhalt im Rahmen der Lohnsteuer-Nachschau nicht abschließend geprüft werden kann und weitere Ermittlungen erforderlich sind,
- wenn der Arbeitgeber seinen Mitwirkungspflichten im Rahmen der Lohnsteuer-Nachschau nicht nachkommt oder
- wenn die Ermittlung von Sachverhalten aufgrund des fehlenden Datenzugriffs nicht oder nur erschwert möglich ist.

7. Auswertungsmöglichkeiten

17 Der Arbeitgeber kann aufgrund der im Rahmen der Lohnsteuer-Nachschau gewonnenen Erkenntnisse durch Lohnsteuer-Nachforderungsbescheid oder Lohnsteuer-Haftungsbescheid in Anspruch genommen werden. Die Lohnsteuer-Nachschau kann auch zu einer nachträglichen oder geänderten Lohnsteuer-Anmeldung führen. Soll aufgrund der Lohnsteuer-Nachschau der Arbeitgeber in Haftung genommen oder bei ihm Lohnsteuer nachgefordert werden, ist ihm rechtliches Gehör zu gewähren (§ 91 AO).

18 Ebenso kann der jeweilige Arbeitnehmer im Rahmen der allgemeinen gesetzlichen Regelungen in Anspruch genommen werden (§ 42d Absatz 3 EStG). Erkenntnisse der Lohnsteuer-Nachschau können auch im Veranlagungsverfahren des Arbeitnehmers berücksichtigt werden.

19 Feststellungen, die während einer Lohnsteuer-Nachschau getroffen werden und die für die Festsetzung und Erhebung anderer Steuern des Betroffenen oder anderer Personen erheblich sein können, können ausgewertet werden (§ 42g Absatz 5 EStG). Zu diesem Zweck können Kontrollmitteilungen erstellt werden.

8. Rechtsfolgen

Der Beginn der Lohnsteuer-Nachschau hemmt nicht den Ablauf der Festsetzungsfrist nach § 171 Absatz 4 AO. Die Änderungssperre des § 173 Absatz 2 AO findet keine Anwendung. Soweit eine Steuer gemäß § 164 AO unter dem Vorbehalt der Nachprüfung festgesetzt worden ist, muss dieser nach Durchführung der Lohnsteuer-Nachschau nicht aufgehoben werden.

20

9. Zwangsmittel

21 Im Rahmen einer Lohnsteuer-Nachschau erlassene Verwaltungsakte sind grundsätzlich mit Zwangsmitteln (§§ 328 ff. AO) durchsetzbar. Ein Verwaltungsakt liegt dann vor, wenn der mit der Lohnsteuer-Nachschau beauftragte Amtsträger Maßnahmen ergreift, die den Steuerpflichtigen zu einem bestimmten Tun, Dulden oder Unterlassen verpflichten sollen. Ein Verwaltungsakt liegt insbesondere vor, wenn der Amtsträger den Steuerpflichtigen auffordert,
- das Betreten der nicht öffentlich zugänglichen Geschäftsräume zu dulden,
- Aufzeichnungen, Bücher, Geschäftspapiere und andere lohnsteuerlich relevante Urkunden vorzulegen oder
- Auskunft zu erteilen.

10. Rechtsbehelf

22 Gegen schlichtes Verwaltungshandeln (z. B. Betreten von Grundstücken und Räumen zur Durchführung einer Lohnsteuer-Nachschau) ist kein Einspruch gegeben. Im Rahmen der Lohnsteuer-Nachschau ergangene Verwaltungsakte (vgl. Rz. 21) können gemäß § 347 AO mit Einspruch angefochten werden. Der Amtsträger ist berechtigt und verpflichtet, den Einspruch entgegenzunehmen. Der Einspruch hat keine aufschiebende Wirkung und hindert daher nicht die Durchführung der Lohnsteuer-Nachschau, es sei denn, die Vollziehung des angefochtenen Verwaltungsakts wurde ausgesetzt (§ 361 AO, § 69 FGO). Mit Beendigung der Lohnsteuer-Nachschau sind oder werden Einspruch und Anfechtungsklage gegen die Anordnung der Lohnsteuer-Nachschau unzulässig; insoweit kommt lediglich eine Fortsetzungs-Feststellungsklage (§ 100 Absatz 1 Satz 4 FGO) in Betracht. Wurden die Ergebnisse der Lohnsteuer-Nachschau in einem Steuer- oder Haftungsbescheid berücksichtigt, muss auch dieser Bescheid angefochten werden, um ein steuerliches Verwertungsverbot zu erlangen.

23 Für die Anfechtung der Mitteilung des Übergangs zur Außenprüfung (§ 42g Absatz 4 EStG) gelten die Grundsätze für die Anfechtung einer Prüfungsanordnung entsprechend (vgl. AEAO zu § 196).

§ 46 EStG
Veranlagung bei Bezug von Einkünften aus nichtselbständiger Arbeit

(1) – *weggefallen* –

(2) Besteht das Einkommen ganz oder teilweise aus Einkünften aus nichtselbständiger Arbeit, von denen ein Steuerabzug vorgenommen worden ist, so wird eine Veranlagung nur durchgeführt,

1. wenn die positive Summe der einkommensteuerpflichtigen Einkünfte, die nicht dem Steuerabzug vom Arbeitslohn zu unterwerfen waren, vermindert um die darauf entfallenden Beträge nach § 13 Absatz 3 und § 24a, oder die positive Summe der Einkünfte und Leistungen, die dem Progressi-

onsvorbehalt unterliegen, jeweils mehr als 410 Euro beträgt;
2. wenn der Steuerpflichtige nebeneinander von mehreren Arbeitgebern Arbeitslohn bezogen hat; das gilt nicht, soweit nach § 38 Absatz 3a Satz 7 Arbeitslohn von mehreren Arbeitgebern für den Lohnsteuerabzug zusammengerechnet worden ist;
3. wenn bei einem Steuerpflichtigen die Summe der beim Steuerabzug vom Arbeitslohn nach § 39b Absatz 2 Satz 5 Nummer 3 Buchstabe b bis d berücksichtigten Teilbeträge der Vorsorgepauschale größer ist als die abziehbaren Vorsorgeaufwendungen nach § 10 Absatz 1 Nummer 3 und Nummer 3a in Verbindung mit Absatz 4 und der im Kalenderjahr insgesamt erzielte Arbeitslohn 10 700 Euro übersteigt, oder bei Ehegatten, die die Voraussetzungen des § 26 Absatz 1 erfüllen, der im Kalenderjahr von den Ehegatten insgesamt erzielte Arbeitslohn 20 200 Euro übersteigt;
3a. wenn von Ehegatten, die nach den §§ 26, 26b zusammen zur Einkommensteuer zu veranlagen sind, beide Arbeitslohn bezogen haben und einer für den Veranlagungszeitraum oder einen Teil davon nach der Steuerklasse V oder VI besteuert oder bei Steuerklasse IV der Faktor (§ 39f) eingetragen worden ist;
4. wenn für einen Steuerpflichtigen ein Freibetrag im Sinne des § 39a Absatz 1 Satz 1 Nummer 1 bis 3, 5 oder Nummer 6 ermittelt worden ist und der im Kalenderjahr insgesamt erzielte Arbeitslohn 10 700 Euro übersteigt oder bei Ehegatten, die die Voraussetzungen des § 26 Absatz 1 erfüllen, der im Kalenderjahr von den Ehegatten insgesamt erzielte Arbeitslohn 20 200 Euro übersteigt; dasselbe gilt für einen Steuerpflichtigen, der zum Personenkreis des § 1 Absatz 2 gehört oder für einen beschränkt einkommensteuerpflichtigen Arbeitnehmer, wenn diese Eintragungen auf einer Bescheinigung für den Lohnsteuerabzug (§ 39 Absatz 3 Satz 1) erfolgt sind;
4a. wenn bei einem Elternpaar, bei dem die Voraussetzungen des § 26 Absatz 1 Satz 1 nicht vorliegen,
   a) bis c) – *weggefallen* –
   b) im Fall des § 33a Absatz 2 Satz 5 das Elternpaar gemeinsam eine Aufteilung des Abzugsbetrags in einem anderen Verhältnis als je zur Hälfte beantragt oder
   c) im Fall des § 33b Absatz 5 Satz 3 das Elternpaar gemeinsam eine Aufteilung des Pauschbetrags für behinderte Menschen oder des Pauschbetrags für Hinterbliebene in einem anderen Verhältnis als je zur Hälfte beantragt.
²Die Veranlagungspflicht besteht für jeden Elternteil, der Einkünfte aus nichtselbständiger Arbeit bezogen hat;
5. wenn bei einem Steuerpflichtigen die Lohnsteuer für einen sonstigen Bezug im Sinne des § 34 Absatz 1 und 2 Nummer 2 und 4 nach § 39b Absatz 3 Satz 9 oder für einen sonstigen Bezug nach § 39c Absatz 3 ermittelt wurde;
5a. wenn der Arbeitgeber die Lohnsteuer von einem sonstigen Bezug berechnet hat und dabei der Arbeitslohn aus früheren Dienstverhältnissen des Kalenderjahres außer Betracht geblieben ist (§ 39b Absatz 3 Satz 2, § 41 Absatz 1 Satz 6, Großbuchstabe S);
6. wenn die Ehe des Arbeitnehmers im Veranlagungszeitraum durch Tod, Scheidung oder Aufhebung aufgelöst worden ist und er oder sein Ehegatte der aufgelösten Ehe im Veranlagungszeitraum wieder geheiratet hat;
7. wenn
   a) für einen unbeschränkt Steuerpflichtigen im Sinne des § 1 Absatz 1 bei der Bildung der Lohnsteuerabzugsmerkmale (§ 39) ein Ehegatte im Sinne des § 1a Absatz 1 Nummer 2 berücksichtigt worden ist oder
   b) für einen Steuerpflichtigen, der zum Personenkreis des § 1 Absatz 3 oder des § 1a gehört, Lohnsteuerabzugsmerkmale nach § 39 Absatz 2 gebildet worden sind; das nach § 39 Absatz 2 Satz 2 bis 4 zuständige Betriebsstättenfinanzamt ist dann auch für die Veranlagung zuständig;

8. wenn die Veranlagung beantragt wird, insbesondere zur Anrechnung von Lohnsteuer auf die Einkommensteuer. ²Der Antrag ist durch Abgabe einer Einkommensteuererklärung zu stellen.

(3) ¹In den Fällen des Absatzes 2 ist ein Betrag in Höhe der einkommensteuerpflichtigen Einkünfte, von denen der Steuerabzug vom Arbeitslohn nicht vorgenommen worden ist und die nicht nach § 32d Absatz 6 der tariflichen Einkommensteuer unterworfen wurden, vom Einkommen abzuziehen, wenn diese Einkünfte insgesamt nicht mehr als 410 Euro betragen. ²Der Betrag nach Satz 1 vermindert sich um den Altersentlastungsbetrag, soweit dieser den unter Verwendung des nach § 24a Satz 5 maßgebenden Prozentsatzes zu ermittelnden Anteil des Arbeitslohns mit Ausnahme der Versorgungsbezüge im Sinne des § 19 Absatz 2 übersteigt, und um den nach § 13 Absatz 3 zu berücksichtigenden Betrag.

(4) ¹Kommt nach Absatz 2 eine Veranlagung zur Einkommensteuer nicht in Betracht, so gilt die Einkommensteuer, die auf die Einkünfte aus nichtselbständiger Arbeit entfällt, für den Steuerpflichtigen durch den Lohnsteuerabzug als abgegolten, soweit er nicht für zu wenig erhobene Lohnsteuer in Anspruch genommen werden kann. ²§ 42b bleibt unberührt.

(5) Durch Rechtsverordnung kann in den Fällen des Absatzes 2 Nummer 1, in denen die einkommensteuerpflichtigen Einkünfte, von denen der Steuerabzug vom Arbeitslohn nicht vorgenommen worden ist und die nicht nach § 32d Absatz 6 der tariflichen Einkommensteuer unterworfen wurden, den Betrag von 410 Euro übersteigen, die Besteuerung so gemildert werden, dass auf die volle Besteuerung dieser Einkünfte stufenweise übergeleitet wird.

R 46
Veranlagung nach § 46 Abs. 2 Nr. 8 EStG
– unbesetzt –

H 46
Hinweise zu R 46

Antragsveranlagung
>R 46.2 EStR, H 46.2 EStH

Härteausgleich
>H 46.3 EStH

VIII. Besteuerung beschränkt Steuerpflichtiger

§ 49 EStG
Beschränkt steuerpflichtige Einkünfte

(1) Inländische Einkünfte im Sinne der beschränkten Einkommensteuerpflicht (§ 1 Absatz 4) sind
1. Einkünfte aus einer im Inland betriebenen Land- und Forstwirtschaft (§§ 13, 14);
2. Einkünfte aus Gewerbebetrieb (§§ 15 bis 17),
   a) für den im Inland eine Betriebsstätte unterhalten wird oder ein ständiger Vertreter bestellt ist,
   b) die durch den Betrieb eigener oder gecharterter Seeschiffe oder Luftfahrzeuge aus Beförderungen zwischen inländischen und von inländischen zu ausländischen Häfen erzielt werden, einschließlich der Einkünfte aus anderen mit solchen Beförderungen zusammenhängenden, sich auf das Inland erstreckenden Beförderungsleistungen,
   c) die von einem Unternehmen im Rahmen einer internationalen Betriebsgemeinschaft oder eines Pool-Abkommens, bei denen ein Unternehmen mit Sitz oder Geschäftsleitung im Inland die Beförderung durchführt,

aus Beförderungen und Beförderungsleistungen nach Buchstabe b erzielt werden,

d) die, soweit sie nicht zu den Einkünften im Sinne der Nummern 3 und 4 gehören, durch im Inland ausgeübte oder verwertete künstlerische, sportliche, artistische, unterhaltende oder ähnliche Darbietungen erzielt werden, einschließlich der Einkünfte aus anderen mit diesen Leistungen zusammenhängenden Leistungen, unabhängig davon, wem die Einnahmen zufließen,

e) die unter den Voraussetzungen des § 17 erzielt werden, wenn es sich um Anteile an einer Kapitalgesellschaft handelt,

 aa) die ihren Sitz oder ihre Geschäftsleitung im Inland hat oder

 bb) bei deren Erwerb aufgrund eines Antrags nach § 13 Absatz 2 oder § 21 Absatz 2 Satz 3 Nummer 2 des Umwandlungssteuergesetzes nicht der gemeine Wert der eingebrachten Anteile angesetzt worden ist oder auf die § 17 Absatz 5 Satz 2 anzuwenden war,

f) die, soweit sie nicht zu den Einkünften im Sinne des Buchstaben a gehören, durch

 aa) Vermietung und Verpachtung oder

 bb) Veräußerung

von inländischem unbeweglichem Vermögen, von Sachinbegriffen oder Rechten, die im Inland belegen oder in ein inländisches öffentliches Buch oder Register eingetragen sind oder deren Verwertung in einer inländischen Betriebsstätte oder anderen Einrichtung erfolgt, erzielt werden. ²Als Einkünfte aus Gewerbebetrieb gelten auch die Einkünfte aus Tätigkeiten im Sinne dieses Buchstabens, die von einer Körperschaft im Sinne des § 2 Nummer 1 des Körperschaftsteuergesetzes erzielt werden, die mit einer Kapitalgesellschaft oder sonstigen juristischen Person im Sinne des § 1 Absatz 1 Nummer 1 bis 3 des Körperschaftsteuergesetzes vergleichbar ist, oder

g) die aus der Verschaffung der Gelegenheit erzielt werden, einen Berufssportler als solchen im Inland vertraglich zu verpflichten; dies gilt nur, wenn die Gesamteinnahmen 10 000 Euro übersteigen;

3. Einkünfte aus selbständiger Arbeit (§ 18), die im Inland ausgeübt oder verwertet wird oder worden ist, oder für die im Inland eine feste Einrichtung oder eine Betriebsstätte unterhalten wird;

4. Einkünfte aus nichtselbständiger Arbeit (§ 19), die

a) im Inland ausgeübt oder verwertet wird oder worden ist,

b) aus inländischen öffentlichen Kassen einschließlich der Kassen des Bundeseisenbahnvermögens und der Deutschen Bundesbank mit Rücksicht auf ein gegenwärtiges oder früheres Dienstverhältnis gewährt werden, ohne dass ein Zahlungsanspruch gegenüber der inländischen öffentlichen Kasse bestehen muss,

c) als Vergütung für eine Tätigkeit als Geschäftsführer, Prokurist oder Vorstandsmitglied einer Gesellschaft mit Geschäftsleitung im Inland bezogen werden;

d) als Entschädigung im Sinne des § 24 Nummer 1 für die Auflösung eines Dienstverhältnisses gezahlt werden, soweit die für die zuvor ausgeübte Tätigkeit bezogenen Einkünfte der inländischen Besteuerung unterlegen haben;

e) an Bord eines im internationalen Luftverkehr eingesetzten Luftfahrzeugs ausgeübt wird, das von einem Unternehmen mit Geschäftsleitung im Inland betrieben wird;

5. Einkünfte aus Kapitalvermögen im Sinne des

a) § 20 Absatz 1 Nummer 1, mit Ausnahme der Erträge aus Investmentanteilen im Sinne des § 2 des Investmentsteuergesetzes, Nummer 2, 4, 6 und 9, wenn der Schuldner Wohnsitz, Geschäftsleitung oder Sitz im Inland hat oder wenn es sich um Fälle des § 44 Absatz 1 Satz 4 Nummer 1 Buchstabe a Doppelbuchstabe bb dieses Gesetzes handelt; dies gilt auch für Erträge aus Wandelanleihen und Gewinnobligationen,

b) § 20 Absatz 1 Nummer 1 in Verbindung mit den §§ 2 und 7 des Investmentsteuergesetzes,

 aa) bei Erträgen im Sinne des § 7 Absatz 3 Investmentsteuergesetzes,

 bb) bei Erträgen im Sinne des § 7 Absatz 1, 2 und 4 des Investmentsteuergesetzes, wenn es sich um Fälle des § 44 Absatz 1 Satz 4 Nummer 1 Buchstabe a Doppelbuchstabe bb dieses Gesetzes handelt,

c) § 20 Absatz 1 Nummer 5 und 7, wenn

 aa) das Kapitalvermögen durch inländischen Grundbesitz, durch inländische Rechte, die den Vorschriften des bürgerlichen Rechts über Grundstücke unterliegen, oder durch Schiffe, die in ein inländisches Schiffsregister eingetragen sind, unmittelbar oder mittelbar gesichert ist. ²Ausgenommen sind Zinsen aus Anleihen und Forderungen, die in ein öffentliches Schuldbuch eingetragen oder über die Sammelurkunden im Sinne des § 9a des Depotgesetzes oder Teilschuldverschreibungen ausgegeben sind, oder

 bb) das Kapitalvermögen aus Genussrechten besteht, die nicht in § 20 Absatz 1 Nummer 1 genannt sind,

d) § 43 Absatz 1 Satz 1 Nummer 7 Buchstabe a, Nummer 9 und 10 sowie Satz 2, wenn sie von einem Schuldner oder von einem inländischen Kreditinstitut oder einem inländischen Finanzdienstleistungsinstitut im Sinne des § 43 Absatz 1 Satz 1 Nummer 7 Buchstabe b einem anderen als einem ausländischen Kreditinstitut oder einem ausländischen Finanzdienstleistungsinstitut

 aa) gegen Aushändigung der Zinsscheine ausgezahlt oder gutgeschrieben werden und die Teilschuldverschreibungen nicht von dem Schuldner, dem inländischen Kreditinstitut oder dem inländischen Finanzdienstleistungsinstitut verwahrt werden oder

 bb) gegen Übergabe der Wertpapiere ausgezahlt oder gutgeschrieben werden und diese vom Kreditinstitut weder verwahrt noch verwaltet werden.

²§ 20 Absatz 3 gilt entsprechend;

6. Einkünfte aus Vermietung und Verpachtung (§ 21), soweit sie nicht zu den Einkünften im Sinne der Nummern 1 bis 5 gehören, wenn das unbewegliche Vermögen, die Sachinbegriffe oder Rechte im Inland belegen oder in ein inländisches öffentliches Buch oder Register eingetragen sind oder in einer inländischen Betriebsstätte oder in einer anderen Einrichtung verwertet werden;

7. sonstige Einkünfte im Sinne des § 22 Nummer 1 Satz 3 Buchstabe a, die von den inländischen gesetzlichen Rentenversicherungsträgern, der inländischen landwirtschaftlichen Alterskasse, den inländischen berufsständischen Versorgungseinrichtungen, den inländischen Versicherungsunternehmen oder sonstigen inländischen Zahlstellen gewährt werden; dies gilt entsprechend für Leibrenten und andere Leistungen ausländischer Zahlstellen, wenn die Beiträge, die den Leistungen zugrunde liegen, nach § 10 Absatz 1 Nummer 2 ganz oder teilweise bei der Ermittlung der Sonderausgaben berücksichtigt wurden;

8. sonstige Einkünfte im Sinne des § 22 Nummer 2, soweit es sich um private Veräußerungsgeschäfte handelt, mit

a) inländischen Grundstücken oder

b) inländischen Rechten, die den Vorschriften des bürgerlichen Rechts über Grundstücke unterliegen;

8a. sonstige Einkünfte im Sinne des § 22 Nummer 4;

9. sonstige Einkünfte im Sinne des § 22 Nummer 3, auch wenn sie bei Anwendung dieser Vorschrift einer anderen Einkunftsart zuzurechnen wären, soweit es sich um Einkünfte aus inländischen unterhaltenden Darbietungen, aus der Nutzung beweglicher Sachen im Inland oder aus der Überlassung der Nutzung oder des Rechts auf Nutzung von gewerblichen, technischen, wissenschaftlichen und ähnlichen Erfahrungen, Kenntnissen und Fertigkeiten, zum Beispiel Plänen, Mustern und Verfahren, handelt, die im Inland genutzt werden oder worden sind; dies gilt nicht, soweit es

sich um steuerpflichtige Einkünfte im Sinne der Nummern 1 bis 8 handelt;
10. sonstige Einkünfte im Sinne des § 22 Nummer 5; dies gilt auch für Leistungen ausländischer Zahlstellen, soweit die Leistungen bei einem unbeschränkt Steuerpflichtigen zu Einkünften nach § 22 Nummer 5 Satz 1 führen würden oder wenn die Beiträge, die den Leistungen zugrunde liegen, nach § 10 Absatz 1 Nummer 2 ganz oder teilweise bei der Ermittlung der Sonderausgaben berücksichtigt wurden.

(2) Im Ausland gegebene Besteuerungsmerkmale bleiben außer Betracht, soweit bei ihrer Berücksichtigung inländische Einkünfte im Sinne des Absatzes 1 nicht angenommen werden könnten.

(3) [1]Bei Schifffahrt- und Luftfahrtunternehmen sind die Einkünfte im Sinne des Absatzes 1 Nummer 2 Buchstabe b mit 5 Prozent der für diese Beförderungsleistungen vereinbarten Entgelte anzusetzen. [2]Das gilt auch, wenn solche Einkünfte durch eine inländische Betriebsstätte oder einen inländischen ständigen Vertreter erzielt werden (Absatz 1 Nummer 2 Buchstabe a). [3]Das gilt nicht in den Fällen des Absatzes 1 Nummer 2 Buchstabe c oder soweit das deutsche Besteuerungsrecht nach einem Abkommen zur Vermeidung der Doppelbesteuerung ohne Begrenzung des Steuersatzes aufrechterhalten bleibt.

(4) [1]Abweichend von Absatz 1 Nummer 2 sind Einkünfte steuerfrei, die ein beschränkt Steuerpflichtiger mit Wohnsitz oder gewöhnlichem Aufenthalt in einem ausländischen Staat durch den Betrieb eigener oder gecharterter Schiffe oder Luftfahrzeuge aus einem Unternehmen bezieht, dessen Geschäftsleitung sich in dem ausländischen Staat befindet. [2]Voraussetzung für die Steuerbefreiung ist, dass dieser ausländische Staat Steuerpflichtigen mit Wohnsitz oder gewöhnlichem Aufenthalt im Geltungsbereich dieses Gesetzes eine entsprechende Steuerbefreiung für derartige Einkünfte gewährt und dass das Bundesministerium für Verkehr, Bau und Stadtentwicklung die Steuerbefreiung nach Satz 1 für verkehrspolitisch unbedenklich erklärt hat.

§ 50 EStG
Sondervorschriften für beschränkt Steuerpflichtige

(1) [1]Beschränkt Steuerpflichtige dürfen Betriebsausgaben (§ 4 Absatz 4 bis 8) oder Werbungskosten (§ 9) nur insoweit abziehen, als sie mit inländischen Einkünften in wirtschaftlichem Zusammenhang stehen. [2]§ 32a Absatz 1 ist mit der Maßgabe anzuwenden, dass das zu versteuernde Einkommen um den Grundfreibetrag des § 32a Absatz 1 Satz 2 Nummer 1 erhöht wird; dies gilt für Einkünften nach § 49 Absatz 1 Nummer 4 nur in Höhe des diese Einkünfte abzüglich der nach Satz 4 abzuziehenden Aufwendungen übersteigenden Teils des Grundfreibetrags. [3]Die §§ 10, 10a, 10c, 16 Absatz 4, die §§ 24b, 32, 32a Absatz 6, die §§ 33, 33a, 33b und 35a sind nicht anzuwenden. [4]Hiervon abweichend sind bei Arbeitnehmern, die Einkünfte aus nichtselbständiger Arbeit im Sinne des § 49 Absatz 1 Nummer 4 beziehen, § 10 Absatz 1 Nummer 2 Buchstabe a, Nummer 3 und Absatz 3 sowie § 10c anzuwenden, soweit die Aufwendungen auf die Zeit entfallen, in der Einkünfte im Sinne des § 49 Absatz 1 Nummer 4 erzielt wurden und die Einkünfte nach § 49 Absatz 1 Nummer 4 nicht übersteigen. [5]Die Jahres- und Monatsbeträge der Pauschalen nach § 9a Satz 1 Nummer 1 und § 10c, ermäßigen sich zeitanteilig, wenn Einkünfte im Sinne des § 49 Absatz 1 Nummer 4 nicht während eines vollen Kalenderjahres oder Kalendermonats zugeflossen sind.

(2) [1]Die Einkommensteuer für Einkünfte, die dem Steuerabzug vom Arbeitslohn oder vom Kapitalertrag oder dem Steuerabzug aufgrund des § 50a unterliegen, gilt bei beschränkt Steuerpflichtigen durch den Steuerabzug als abgegolten. [2]Satz 1 gilt nicht

1. für Einkünfte eines inländischen Betriebs;
2. wenn nachträglich festgestellt wird, dass die Voraussetzungen der unbeschränkten Einkommensteuerpflicht im Sinne des § 1 Absatz 2 oder Absatz 3 oder des § 1a nicht vorgelegen haben; § 39 Absatz 7 ist sinngemäß anzuwenden;
3. in Fällen des § 2 Absatz 7 Satz 3;
4. für Einkünfte aus nichtselbständiger Arbeit im Sinne des § 49 Absatz 1 Nummer 4,
   a) wenn als Lohnsteuerabzugsmerkmal ein Freibetrag nach § 39a Absatz 4 gebildet worden ist oder
   b) wenn die Veranlagung zur Einkommensteuer beantragt wird (§ 46 Absatz 2 Nummer 8);
5. für Einkünfte im Sinne des § 50a Absatz 1 Nummer 1, 2 und 4, wenn die Veranlagung zur Einkommensteuer beantragt wird.

[3]In den Fällen des Satzes 2 Nummer 4 erfolgt die Veranlagung durch das Betriebsstättenfinanzamt, das nach § 39 Absatz 2 Satz 2 oder Satz 4 für die Bildung und die Änderung der Lohnsteuerabzugsmerkmale zuständig ist. [4]Bei mehreren Betriebsstättenfinanzämtern ist das Betriebsstättenfinanzamt zuständig, in dessen Bezirk der Arbeitnehmer zuletzt beschäftigt war. [5]Bei Arbeitnehmern mit Steuerklasse VI ist das Betriebsstättenfinanzamt zuständig, in dessen Bezirk der Arbeitnehmer zuletzt unter Anwendung der Steuerklasse I beschäftigt war. [6]Hat der Arbeitgeber für den Arbeitnehmer keine elektronischen Lohnsteuerabzugsmerkmale (§ 39e Absatz 4 Satz 2) abgerufen und wurde keine Bescheinigung für den Lohnsteuerabzug nach § 39 Absatz 3 Satz 1 oder § 39e Absatz 7 Satz 5 ausgestellt, ist das Betriebsstättenfinanzamt zuständig, in dessen Bezirk der Arbeitnehmer zuletzt beschäftigt war. [7]Satz 2 Nummer 4 Buchstabe b und Nummer 5 gilt nur für Staatsangehörige eines Mitgliedstaats der Europäischen Union oder eines anderen Staates, auf den das Abkommen über den Europäischen Wirtschaftsraum Anwendung findet, die im Hoheitsgebiet eines dieser Staaten ihren Wohnsitz oder gewöhnlichen Aufenthalt haben. [8]In den Fällen des Satzes 2 Nummer 5 erfolgt die Veranlagung durch das Bundeszentralamt für Steuern.

(3) § 34c Absatz 1 bis 3 ist bei Einkünften aus Land- und Forstwirtschaft, Gewerbebetrieb oder selbständiger Arbeit, für die im Inland ein Betrieb unterhalten wird, entsprechend anzuwenden, soweit darin nicht Einkünfte aus einem ausländischen Staat enthalten sind, mit denen der beschränkt Steuerpflichtige dort in einem der unbeschränkten Steuerpflicht ähnlichen Umfang zu einer Steuer vom Einkommen herangezogen wird.

(4) Die obersten Finanzbehörden der Länder oder die von ihnen beauftragten Finanzbehörden können mit Zustimmung des Bundesministeriums der Finanzen die Einkommensteuer bei beschränkt Steuerpflichtigen ganz oder zum Teil erlassen oder in einem Pauschbetrag festsetzen, wenn dies im besonderen öffentlichen Interesse liegt; ein besonderes öffentliches Interesse besteht insbesondere

1. an der inländischen Veranstaltung international bedeutsamer kultureller und sportlicher Ereignisse, um deren Ausrichtung ein internationaler Wettbewerb stattfindet, oder
2. am inländischen Auftritt einer ausländischen Kulturvereinigung, wenn ihr Auftritt wesentlich aus öffentlichen Mitteln gefördert wird.

§ 50a EStG
Steuerabzug bei beschränkt Steuerpflichtigen

(1) Die Einkommensteuer wird bei beschränkt Steuerpflichtigen im Wege des Steuerabzugs erhoben

1. bei Einkünften, die durch im Inland ausgeübte künstlerische, sportliche, artistische, unterhaltende oder ähnliche Darbietungen erzielt werden, einschließlich der Einkünfte aus anderen mit diesen Leistungen zusammenhängenden Leistungen, unabhängig davon, wem die Einkünfte zuflie-

ßen (§ 49 Absatz 1 Nummer 2 bis 4 und 9), es sei denn, es handelt sich um Einkünfte aus nichtselbständiger Arbeit, die bereits dem Steuerabzug vom Arbeitslohn nach § 38 Absatz 1 Satz 1 Nummer 1 unterliegen,

2. bei Einkünften aus der inländischen Verwertung von Darbietungen im Sinne der Nummer 1 (§ 49 Absatz 1 Nummer 2 bis 4 und 6),

3. bei Einkünften, die aus Vergütungen für die Überlassung der Nutzung oder des Rechts auf Nutzung von Rechten, insbesondere von Urheberrechten und gewerblichen Schutzrechten, von gewerblichen, technischen, wissenschaftlichen und ähnlichen Erfahrungen, Kenntnissen und Fertigkeiten, zum Beispiel Plänen, Mustern und Verfahren, herrühren, sowie bei Einkünften, die aus der Verschaffung der Gelegenheit erzielt werden, einen Berufssportler über einen begrenzten Zeitraum vertraglich zu verpflichten (§ 49 Absatz 1 Nummer 2, 3, 6 und 9),

4. bei Einkünften, die Mitgliedern des Aufsichtsrats, Verwaltungsrats, Grubenvorstands oder anderen mit der Überwachung der Geschäftsführung von Körperschaften, Personenvereinigungen und Vermögensmassen im Sinne des § 1 des Körperschaftsteuergesetzes beauftragten Personen sowie von anderen inländischen Personenvereinigungen des privaten und öffentlichen Rechts, bei denen die Gesellschafter nicht als Unternehmer (Mitunternehmer) anzusehen sind, für die Überwachung der Geschäftsführung gewährt werden (§ 49 Absatz 1 Nummer 3).

(2) ¹Der Steuerabzug beträgt 15 Prozent, in den Fällen des Absatzes 1 Nummer 4 beträgt er 30 Prozent der gesamten Einnahmen. ²Vom Schuldner der Vergütung ersetzte oder übernommene Reisekosten gehören nur insoweit zu den Einnahmen, als die Fahrt- und Übernachtungsauslagen die tatsächlichen Kosten und die Vergütungen für Verpflegungsmehraufwand die Pauschbeträge nach § 4 Absatz 5 Satz 1 Nummer 5 übersteigen.*) ³Bei Einkünften im Sinne des Absatzes 1 Nummer 1 wird ein Steuerabzug nicht erhoben, wenn die Einnahmen je Darbietung 250 Euro nicht übersteigen.

(3) ¹Der Schuldner der Vergütung kann von den Einnahmen in den Fällen des Absatzes 1 Nummer 1, 2 und 4 mit ihnen in unmittelbarem wirtschaftlichem Zusammenhang stehende Betriebsausgaben oder Werbungskosten abziehen, die ihm ein beschränkt Steuerpflichtiger in einer für das Bundeszentralamt für Steuern nachprüfbaren Form nachgewiesen hat oder die vom Schuldner der Vergütung übernommen worden sind. ²Das gilt nur, wenn der beschränkt Steuerpflichtige Staatsangehöriger eines Mitgliedstaates der Europäischen Union oder eines anderen Staates ist, auf den das Abkommen über den Europäischen Wirtschaftsraum Anwendung findet, und im Hoheitsgebiet eines dieser Staaten seinen Wohnsitz oder gewöhnlichen Aufenthalt hat. ³Es gilt entsprechend bei einer beschränkt steuerpflichtigen Körperschaft, Personenvereinigung oder Vermögensmasse im Sinne des § 32 Absatz 4 des Körperschaftsteuergesetzes. ⁴In diesen Fällen beträgt der Steuerabzug von den nach Abzug der Betriebsausgaben oder Werbungskosten verbleibenden Einnahmen (Nettoeinnahmen), wenn

1. Gläubiger der Vergütung eine natürliche Person ist, 30 Prozent,

2. Gläubiger der Vergütung eine Körperschaft, Personenvereinigung oder Vermögensmasse ist, 15 Prozent.

(4) ¹Hat der Gläubiger einer Vergütung seinerseits Steuern für Rechnung eines anderen beschränkt steuerpflichtigen Gläubigers einzubehalten (zweite Stufe), kann er vom Steuerabzug absehen, wenn seine Einnahmen bereits dem Steuerabzug nach Absatz 2 unterlegen haben. ²Wenn der Schuldner der Vergütung auf zweiter Stufe Betriebsausgaben oder Werbungskosten nach Absatz 3 geltend macht, die Veranlagung nach § 50 Absatz 2 Satz 2 Nummer 5 beantragt oder die Erstattung der Abzugsteuer nach § 50d Absatz 1 oder einer anderen Vorschrift beantragt, hat er die sich nach Absatz 2 oder Absatz 3 ergebende Steuer zu diesem Zeitpunkt zu entrichten; Absatz 5 gilt entsprechend.

(5) ¹Die Steuer entsteht in dem Zeitpunkt, in dem die Vergütung dem Gläubiger zufließt. ²In diesem Zeitpunkt hat der Schuldner der Vergütung den Steuerabzug für Rechnung des Gläubigers (Steuerschuldner) vorzunehmen. ³Er hat die innerhalb eines Kalendervierteljahres einbehaltene Steuer jeweils bis zum zehnten des dem Kalendervierteljahr folgenden Monats an das Bundeszentralamt für Steuern abzuführen. ⁴Der Schuldner der Vergütung haftet für die Einbehaltung und Abführung der Steuer. ⁵Der Steuerschuldner kann in Anspruch genommen werden, wenn der Schuldner der Vergütung den Steuerabzug nicht vorschriftsmäßig vorgenommen hat. ⁶Der Schuldner der Vergütung ist verpflichtet, dem Gläubiger auf Verlangen die folgenden Angaben nach amtlich vorgeschriebenem Muster zu bescheinigen:

1. den Namen und die Anschrift des Gläubigers,

2. die Art der Tätigkeit und die Höhe der Vergütung in Euro,

3. den Zahlungstag,

4. den Betrag der einbehaltenen und abgeführten Steuer nach Absatz 2 oder Absatz 3.

(6) Die Bundesregierung kann durch Rechtsverordnung mit Zustimmung des Bundesrates bestimmen, dass bei Vergütungen für die Nutzung oder das Recht auf Nutzung von Urheberrechten (Absatz 1 Nummer 3), die nicht unmittelbar an den Gläubiger, sondern an einen Beauftragten geleistet werden, an Stelle des Schuldners der Vergütung der Beauftragte die Steuer einzubehalten und abzuführen hat und für die Einbehaltung und Abführung haftet.

(7) ¹Das Finanzamt des Vergütungsgläubigers kann anordnen, dass der Schuldner der Vergütung für Rechnung des Gläubigers (Steuerschuldner) die Einkommensteuer von beschränkt steuerpflichtigen Einkünften, soweit diese nicht bereits dem Steuerabzug unterliegen, im Wege des Steuerabzugs einzubehalten und abzuführen hat, wenn dies zur Sicherung des Steueranspruchs zweckmäßig ist. ²Der Steuerabzug beträgt 25 Prozent der gesamten Einnahmen, bei Körperschaften, Personenvereinigungen oder Vermögensmassen 15 Prozent der gesamten Einnahmen; das Finanzamt kann die Höhe des Steuerabzugs hiervon abweichend an die voraussichtlich geschuldete Steuer anpassen. ³Absatz 5 gilt entsprechend mit der Maßgabe, dass die Steuer bei dem Finanzamt anzumelden und abzuführen ist, das den Steuerabzug angeordnet hat; das Finanzamt kann anordnen, dass die innerhalb eines Monats einbehaltene Steuer jeweils bis zum zehnten des Folgemonats anzumelden und abzuführen ist. ⁴§ 50 Absatz 2 Satz 1 ist nicht anzuwenden.

§ 50d EStG
Besonderheiten im Fall von Doppelbesteuerungsabkommen und der §§ 43b und 50g

(1) – (7) ...

(8) ¹Sind Einkünfte eines unbeschränkt Steuerpflichtigen aus nichtselbständiger Arbeit (§ 19) nach einem Abkommen zur Vermeidung der Doppelbesteuerung von der Bemessungsgrundlage der deutschen Steuer auszunehmen, wird die Freistellung bei der Veranlagung ungeachtet des Abkommens nur gewährt, soweit der Steuerpflichtige nachweist, dass der Staat, dem nach dem Abkommen das Besteuerungsrecht zusteht, auf dieses Besteuerungsrecht verzichtet hat oder dass die in diesem Staat auf die Einkünfte festgesetzten Steuern entrichtet wurden. ²Wird ein solcher Nachweis erst geführt, nachdem die Einkünfte in eine Veranlagung zur Einkommensteuer einbezogen wurden, ist der Steuerbescheid insoweit zu ändern. ³§ 175 Absatz 1 Satz 2 der Abgabenordnung ist entsprechend anzuwenden.

---
*) Anm. d. Verlages:
Zu den maßgebenden Verpflegungspauschalen vgl. nunmehr § 9 Abs. 4a EStG.

(9) ¹Sind Einkünfte eines unbeschränkt Steuerpflichtigen nach einem Abkommen zur Vermeidung der Doppelbesteuerung von der Bemessungsgrundlage der deutschen Steuer auszunehmen, so wird die Freistellung der Einkünfte ungeachtet des Abkommens nicht gewährt, wenn

1. der andere Staat die Bestimmungen des Abkommens so anwendet, dass die Einkünfte in diesem Staat von der Besteuerung auszunehmen sind oder nur zu einem durch das Abkommen begrenzten Steuersatz besteuert werden können, oder

2. die Einkünfte in dem anderen Staat nur deshalb nicht steuerpflichtig sind, weil sie von einer Person bezogen werden, die in diesem Staat nicht aufgrund ihres Wohnsitzes, ständigen Aufenthalts, des Ortes ihrer Geschäftsleitung, des Sitzes oder eines ähnlichen Merkmals unbeschränkt steuerpflichtig ist.

²Nummer 2 gilt nicht für Dividenden, die nach einem Abkommen zur Vermeidung der Doppelbesteuerung von der Bemessungsgrundlage der deutschen Steuer auszunehmen sind, es sei denn, die Dividenden sind bei der Ermittlung des Gewinns der ausschüttenden Gesellschaft abgezogen worden. ³Bestimmungen eines Abkommens zur Vermeidung der Doppelbesteuerung sowie Absatz 8 und § 20 Absatz 2 des Außensteuergesetzes bleiben unberührt, soweit sie jeweils die Freistellung von Einkünften in einem weitergehenden Umfang einschränken.

(10) – (11) ...

Anlage
zu § 50d EStG
§ 50d Abs. 9 Satz 1 Nr. 2 EStG; Besteuerung von in Deutschland ansässigem Flugpersonal britischer und irischer Fluggesellschaften

Deutsch-britisches Doppelbesteuerungsabkommen;
Deutsch-irisches Doppelbesteuerungsabkommen

BMF-Schreiben vom 5.12.2012 (BStBl. I S. 1248)
Abgedruckt als Anlage 11 zu H 39b.10.

§ 50e EStG
Bußgeldvorschriften; Nichtverfolgung von Steuerstraftaten bei geringfügiger Beschäftigung in Privathaushalten

(1) ¹Ordnungswidrig handelt, wer vorsätzlich oder leichtfertig entgegen § 45d Absatz 1 Satz 1, § 45d Absatz 3 Satz 1, der nach § 45e erlassenen Rechtsverordnung oder den unmittelbar geltenden Verträgen mit den in Artikel 17 der Richtlinie 2003/48/EG genannten Staaten und Gebieten eine Mitteilung nicht, nicht richtig, nicht vollständig oder nicht rechtzeitig abgibt. ²Die Ordnungswidrigkeit kann mit einer Geldbuße bis zu fünftausend Euro geahndet werden.

(1a) Verwaltungsbehörde im Sinne des § 36 Absatz 1 Nummer 1 des Gesetzes über Ordnungswidrigkeiten ist in den Fällen des Absatzes 1 Satz 1 das Bundeszentralamt für Steuern.

(2) ¹Liegen die Voraussetzungen des § 40a Absatz 2 vor, werden Steuerstraftaten (§§ 369 bis 376 der Abgabenordnung) als solche nicht verfolgt, wenn der Arbeitgeber in den Fällen des § 8a des Vierten Buches Sozialgesetzbuch entgegen § 41a Absatz 1 Nummer 1, auch in Verbindung mit Absatz 2 und 3 und § 51a, und § 40a Absatz 6 Satz 3 dieses Gesetzes in Verbindung mit § 28a Absatz 7 Satz 1 des Vierten Buches Sozialgesetzbuch für das Arbeitsentgelt die Lohnsteuer-Anmeldung und die Anmeldung der einheitlichen Pauschsteuer nicht oder nicht rechtzeitig durchführt und dadurch Steuern verkürzt oder für sich oder einen anderen nicht gerechtfertigte Steuervorteile erlangt. ²Die Freistellung von der Verfolgung nach Satz 1 gilt auch für den Arbeitnehmer einer in Satz 1 genannten Beschäftigung, der die Finanzbehörde pflichtwidrig über steuerlich erhebliche Tatsachen aus dieser Beschäftigung in Unkenntnis lässt. ³Die Bußgeldvorschriften der §§ 377 bis 384 der Abgabenordnung bleiben mit der Maßgabe anwendbar, dass § 378 der Abgabenordnung auch bei vorsätzlichem Handeln anwendbar ist.

IX. Sonstige Vorschriften, Bußgeld-, Ermächtigungs- und Schlussvorschriften

§ 51 EStG
Ermächtigungen

(1) ...

(2) ...

(3) ...

(4) Das Bundesministerium der Finanzen wird ermächtigt,

1. im Einvernehmen mit den obersten Finanzbehörden der Länder die Vordrucke für
   a) – weggefallen –
   b) die Erklärungen zur Einkommensbesteuerung,
   c) die Anträge nach § 38b Absatz 2, nach § 39a Absatz 2, in dessen Vordrucke der Antrag nach § 39f einzubeziehen ist, die Anträge nach § 39a Absatz 4 sowie die Anträge zu den elektronischen Lohnsteuerabzugsmerkmalen (§ 38b Absatz 3 und § 39e Absatz 6 Satz 7),
   d) die Lohnsteuer-Anmeldung (§ 41a Absatz 1),
   e) die Anmeldung der Kapitalertragsteuer (§ 45a Absatz 1) und den Freistellungsauftrag nach § 44a Absatz 2 Satz 1 Nummer 1,
   f) die Anmeldung des Abzugsbetrags (§ 48a),
   g) die Erteilung der Freistellungsbescheinigung (§ 48b),
   h) die Anmeldung der Abzugsteuer (§ 50a),
   i) die Entlastung von der Kapitalertragsteuer und vom Steuerabzug nach § 50a aufgrund von Abkommen zur Vermeidung der Doppelbesteuerung

   und die Muster der Bescheinigungen für den Lohnsteuerabzug nach § 39 Absatz 3 Satz 1 und § 39e Absatz 7 Satz 5, des Ausdrucks der elektronischen Lohnsteuerbescheinigung (§ 41b Absatz 1), das Muster der Lohnsteuerbescheinigung nach § 41b Absatz 3 Satz 1, der Anträge auf Erteilung einer Bescheinigung für den Lohnsteuerabzug nach § 39 Absatz 3 Satz 1 und § 39e Absatz 7 Satz 1 sowie der in § 45a Absatz 2 und 3 und § 50a Absatz 5 Satz 6 vorgesehenen Bescheinigungen zu bestimmen;

1a. im Einvernehmen mit den obersten Finanzbehörden der Länder auf der Basis der §§ 32a und 39b einen Programmablaufplan für die Herstellung von Lohnsteuertabellen zur manuellen Berechnung der Lohnsteuer aufzustellen und bekannt zu machen. ²Der Lohnstufenabstand beträgt bei den Jahrestabellen 36. ³Die in den Tabellenstufen auszuweisende Lohnsteuer ist aus der Obergrenze der Tabellenstufen zu berechnen und muss an der Obergrenze mit der maschinell berechneten Lohnsteuer übereinstimmen. ⁴Die Monats-, Wochen- und Tagestabellen sind aus den Jahrestabellen abzuleiten;

1b. im Einvernehmen mit den obersten Finanzbehörden der Länder den Mindestumfang der nach § 5b elektronisch zu übermittelnden Bilanz und Gewinn- und Verlustrechnung zu bestimmen;

1c. durch Rechtsverordnung zur Durchführung dieses Gesetzes mit Zustimmung des Bundesrates Vorschriften über einen von dem vorgesehenen erstmaligen Anwendungszeitpunkt gemäß § 52 Absatz 15a in der Fassung des Artikels 1 des Gesetzes vom 20. Dezember 2008 (BGBl. I

S. 2850) abweichenden späteren Anwendungszeitpunkt zu erlassen, wenn bis zum 31. Dezember 2010 erkennbar ist, dass die technischen oder organisatorischen Voraussetzungen für eine Umsetzung der in § 5b Absatz 1 in der Fassung des Artikels 1 des Gesetzes vom 20. Dezember 2008 (BGBl. I S. 2850) vorgesehenen Verpflichtung nicht ausreichen;

2. den Wortlaut dieses Gesetzes und der zu diesem Gesetz erlassenen Rechtsverordnungen in der jeweils geltenden Fassung satzweise nummeriert mit neuem Datum und in neuer Paragraphenfolge bekannt zu machen und dabei Unstimmigkeiten im Wortlaut zu beseitigen.

§ 51a EStG
Festsetzung und Erhebung von Zuschlagsteuern

(1) Auf die Festsetzung und Erhebung von Steuern, die nach der Einkommensteuer bemessen werden (Zuschlagsteuern), sind die Vorschriften dieses Gesetzes entsprechend anzuwenden.

(2) [1]Bemessungsgrundlage ist die Einkommensteuer, die abweichend von § 2 Absatz 6 unter Berücksichtigung von Freibeträgen nach § 32 Absatz 6 in allen Fällen des § 32 festzusetzen wäre. [2]Zur Ermittlung der Einkommensteuer im Sinne des Satzes 1 ist das zu versteuernde Einkommen um die nach § 3 Nummer 40 steuerfreien Beträge zu erhöhen und um die nach § 3c Absatz 2 nicht abziehbaren Beträge zu mindern. [3]§ 35 ist bei der Ermittlung der festzusetzenden Einkommensteuer nach Satz 1 nicht anzuwenden.

(2a) [1]Vorbehaltlich des § 40a Absatz 2 in der Fassung des Gesetzes vom 23. Dezember 2002 (BGBl. I S. 4621) ist beim Steuerabzug vom Arbeitslohn Bemessungsgrundlage die Lohnsteuer; beim Steuerabzug vom laufenden Arbeitslohn und beim Jahresausgleich ist die Lohnsteuer maßgebend, die sich ergibt, wenn der nach § 39b Absatz 2 Satz 5 zu versteuernde Jahresbetrag für die Steuerklassen I, II und III um den Kinderfreibetrag von 4 368 Euro sowie den Freibetrag für den Betreuungs- und Erziehungs- oder Ausbildungsbedarf von 2 640 Euro und für die Steuerklasse IV um den Kinderfreibetrag von 2 184 Euro sowie den Freibetrag für den Betreuungs- und Erziehungs- oder Ausbildungsbedarf von 1 320 Euro für jedes Kind vermindert wird, für das eine Kürzung der Freibeträge für Kinder nach § 32 Absatz 6 Satz 4 nicht in Betracht kommt. [2]Bei der Anwendung des § 39b für die Ermittlung der Zuschlagsteuern ist die als Lohnsteuerabzugsmerkmal gebildete Zahl der Kinderfreibeträge maßgebend. [3]Bei Anwendung des § 39f ist beim Steuerabzug vom laufenden Arbeitslohn die Lohnsteuer maßgebend, die sich bei Anwendung des nach § 39f Absatz 1 ermittelten Faktors auf den nach den Sätzen 1 und 2 ermittelten Betrag ergibt.

(2b) – (2e) ...

(3) Ist die Einkommensteuer für Einkünfte, die dem Steuerabzug unterliegen, durch den Steuerabzug abgegolten oder werden solche Einkünfte bei der Veranlagung zur Einkommensteuer oder beim Lohnsteuer-Jahresausgleich nicht erfasst, gilt dies für die Zuschlagsteuer entsprechend.

(4) [1]Die Vorauszahlungen auf Zuschlagsteuern sind gleichzeitig mit den festgesetzten Vorauszahlungen auf die Einkommensteuer zu entrichten; § 37 Absatz 5 ist nicht anzuwenden. [2]Solange ein Bescheid über die Vorauszahlungen auf Zuschlagsteuern nicht erteilt worden ist, sind die Vorauszahlungen ohne besondere Aufforderung nach Maßgabe der für die Zuschlagsteuern geltenden Vorschriften zu entrichten. [3]§ 240 Absatz 1 Satz 3 der Abgabenordnung ist insoweit nicht anzuwenden; § 254 Absatz 2 der Abgabenordnung gilt insoweit sinngemäß.

(5) [1]Mit einem Rechtsbehelf gegen die Zuschlagsteuer kann weder die Bemessungsgrundlage noch die Höhe des zu versteuernden Einkommens angegriffen werden. [2]Wird die Bemessungsgrundlage geändert, ändert sich die Zuschlagsteuer entsprechend.

(6) Die Absätze 1 bis 5 gelten für die Kirchensteuern nach Maßgabe landesrechtlicher Vorschriften.

§ 52b EStG
Übergangsregelungen bis zur Anwendung der elektronischen Lohnsteuerabzugsmerkmale

(1) [1]Die Lohnsteuerkarte 2010 und die Bescheinigung für den Lohnsteuerabzug (Absatz 3) gelten mit den eingetragenen Lohnsteuerabzugsmerkmalen auch für den Steuerabzug vom Arbeitslohn ab dem 1. Januar 2011 bis zur erstmaligen Anwendung der elektronischen Lohnsteuerabzugsmerkmale durch den Arbeitgeber (Übergangszeitraum). [2]Voraussetzung ist, dass dem Arbeitgeber entweder die Lohnsteuerkarte 2010 oder die Bescheinigung für den Lohnsteuerabzug vorliegt. [3]In diesem Übergangszeitraum hat der Arbeitgeber die Lohnsteuerkarte 2010 und die Bescheinigung für den Lohnsteuerabzug

1. während des Dienstverhältnisses aufzubewahren, er darf sie nicht vernichten;
2. dem Arbeitnehmer zur Vorlage beim Finanzamt vorübergehend zu überlassen sowie
3. nach Beendigung des Dienstverhältnisses innerhalb einer angemessenen Frist herauszugeben.

[4]Nach Ablauf des auf den Einführungszeitraum (Absatz 5 Satz 2) folgenden Kalenderjahres darf der Arbeitgeber die Lohnsteuerkarte 2010 und die Bescheinigung für den Lohnsteuerabzug vernichten. [5]Ist auf der Lohnsteuerkarte 2010 eine Lohnsteuerbescheinigung erteilt und ist die Lohnsteuerkarte an den Arbeitnehmer herausgegeben worden, kann der Arbeitgeber bei fortbestehendem Dienstverhältnis die Lohnsteuerabzugsmerkmale der Lohnsteuerkarte 2010 im Übergangszeitraum weiter anwenden, wenn der Arbeitnehmer schriftlich erklärt, dass die Lohnsteuerabzugsmerkmale der Lohnsteuerkarte 2010 weiterhin zutreffend sind.

(2) [1]Für Eintragungen auf der Lohnsteuerkarte 2010 und in der Bescheinigung für den Lohnsteuerabzug im Übergangszeitraum ist das Finanzamt zuständig. [2]Der Arbeitnehmer ist verpflichtet, die Eintragung der Steuerklasse und der Zahl der Kinderfreibeträge auf der Lohnsteuerkarte 2010 und in der Bescheinigung für den Lohnsteuerabzug umgehend durch das Finanzamt ändern zu lassen, wenn die Eintragung von den Verhältnissen zu Beginn des jeweiligen Kalenderjahres im Übergangszeitraum zu seinen Gunsten abweicht. [3]Diese Verpflichtung gilt auch in den Fällen, in denen die Steuerklasse II bescheinigt ist und die Voraussetzungen für die Berücksichtigung des Entlastungsbetrags für Alleinerziehende (§ 24b) im Laufe des Kalenderjahres entfallen. [4]Kommt der Arbeitnehmer seiner Verpflichtung nicht nach, so hat das Finanzamt die Eintragung von Amts wegen zu ändern; der Arbeitnehmer hat die Lohnsteuerkarte 2010 und die Bescheinigung für den Lohnsteuerabzug dem Finanzamt auf Verlangen vorzulegen.

(3) [1]Hat die Gemeinde für den Arbeitnehmer keine Lohnsteuerkarte für das Kalenderjahr 2010 ausgestellt oder ist die Lohnsteuerkarte 2010 verloren gegangen, unbrauchbar geworden oder zerstört worden, hat das Finanzamt im Übergangszeitraum auf Antrag des Arbeitnehmers eine Bescheinigung für den Lohnsteuerabzug nach amtlich vorgeschriebenem Muster (Bescheinigung für den Lohnsteuerabzug) auszustellen. [2]Diese Bescheinigung tritt an die Stelle der Lohnsteuerkarte 2010.

(4) [1]Beginnt ein nach § 1 Absatz 1 unbeschränkt einkommensteuerpflichtiger lediger Arbeitnehmer im Übergangszeitraum ein Ausbildungsdienstverhältnis als erstes Dienstverhältnis, kann der Arbeitgeber auf die Vorlage einer Bescheinigung für den Lohnsteuerabzug verzichten. [2]In diesem Fall hat der Arbeitgeber die Lohnsteuer nach der Steuerklasse I zu ermit-

§ 52b EStG
R 52b

teln; der Arbeitnehmer hat dem Arbeitgeber seine Identifikationsnummer sowie den Tag der Geburt und die rechtliche Zugehörigkeit zu einer steuererhebenden Religionsgemeinschaft mitzuteilen und schriftlich zu bestätigen, dass es sich um das erste Dienstverhältnis handelt. ³Der Arbeitgeber hat die Erklärung des Arbeitnehmers bis zum Ablauf des Kalenderjahres als Beleg zum Lohnkonto aufzubewahren.

(5) ¹Das Bundesministerium der Finanzen hat im Einvernehmen mit den obersten Finanzbehörden der Länder den Zeitpunkt der erstmaligen Anwendung der ELStAM für die Durchführung des Lohnsteuerabzugs ab dem Kalenderjahr 2013 oder einem späteren Anwendungszeitpunkt sowie den Zeitpunkt des erstmaligen Abrufs der ELStAM durch den Arbeitgeber (Starttermin) in einem Schreiben zu bestimmen, das im Bundessteuerblatt zu veröffentlichen ist. ²Darin ist für die Einführung des Verfahrens der elektronischen Lohnsteuerabzugsmerkmale ein Zeitraum zu bestimmen (Einführungszeitraum). ³Der Arbeitgeber oder sein Vertreter (§ 39e Absatz 4 Satz 6) hat im Einführungszeitraum die nach § 39e gebildeten ELStAM abzurufen und für die auf den Abrufzeitpunkt folgende nächste Lohnabrechnung anzuwenden. ⁴Für den Abruf der ELStAM hat sich der Arbeitgeber oder sein Vertreter zu authentifizieren und die Steuernummer der Betriebsstätte oder des Teils des Betriebs des Arbeitgebers, in dem der für die Durchführung des Lohnsteuerabzugs maßgebende Arbeitslohn des Arbeitnehmers ermittelt wird (§ 41 Absatz 2), die Identifikationsnummer und den Tag der Geburt des Arbeitnehmers sowie, ob es sich um das erste oder ein weiteres Dienstverhältnis handelt, mitzuteilen. ⁵Er hat ein erstes Dienstverhältnis mitzuteilen, wenn auf der Lohnsteuerkarte 2010 oder der Bescheinigung für den Lohnsteuerabzug eine der Steuerklassen I bis V (§ 38b Absatz 1 Satz 2 Nummer 1 bis 5) eingetragen ist oder wenn die Lohnsteuerabzugsmerkmale nach Absatz 4 gebildet worden sind. ⁶Ein weiteres Dienstverhältnis (§ 38b Absatz 1 Satz 2 Nummer 6) ist mitzuteilen, wenn die Voraussetzungen des Satzes 5 nicht vorliegen. ⁷Der Arbeitgeber hat die ELStAM in das Lohnkonto zu übernehmen und gemäß der übermittelten zeitlichen Gültigkeitsangabe anzuwenden.

(5a) ¹Nachdem der Arbeitgeber die ELStAM für die Durchführung des Lohnsteuerabzugs angewandt hat, sind die Übergangsregelungen in Absatz 1 Satz 1 und in den Absätzen 2 bis 5 nicht mehr anzuwenden. ²Die Lohnsteuerabzugsmerkmale der vorliegenden Lohnsteuerkarte 2010 und der Bescheinigung für den Lohnsteuerabzug gelten nicht mehr. ³Wenn die nach § 39e Absatz 1 Satz 1 gebildeten Lohnsteuerabzugsmerkmale den tatsächlichen Verhältnissen des Arbeitnehmers nicht entsprechen, hat das Finanzamt auf dessen Antrag eine besondere Bescheinigung für den Lohnsteuerabzug (Besondere Bescheinigung für den Lohnsteuerabzug) mit den Lohnsteuerabzugsmerkmalen des Arbeitnehmers auszustellen sowie etwaige Änderungen einzutragen (§ 39 Absatz 1 Satz 2) und die Abrufberechtigung des Arbeitgebers auszusetzen. ⁴Die Gültigkeit dieser Bescheinigung ist auf längstens zwei Kalenderjahre zu begrenzen. ⁵§ 39e Absatz 5 Satz 1 und Absatz 7 Satz 6 gilt entsprechend. ⁶Die Lohnsteuerabzugsmerkmale der Besonderen Bescheinigung für den Lohnsteuerabzug sind für die Durchführung des Lohnsteuerabzugs nur dann für den Arbeitgeber maßgebend, wenn ihm gleichzeitig die Lohnsteuerkarte 2010 vorliegt oder unter den Voraussetzungen des Absatzes 1 Satz 5 vorgelegen hat oder eine Bescheinigung für den Lohnsteuerabzug für das erste Dienstverhältnis des Arbeitnehmers vorliegt. ⁷Abweichend von Absatz 5 Satz 3 und 7 kann der Arbeitgeber nach dem erstmaligen Abruf der ELStAM die Lohnsteuer im Einführungszeitraum längstens für die Dauer von sechs Kalendermonaten weiter nach den Lohnsteuerabzugsmerkmalen der Lohnsteuerkarte 2010, der Bescheinigung für den Lohnsteuerabzug oder den nach Absatz 4 maßgebenden Lohnsteuerabzugsmerkmalen erheben, wenn der Arbeitnehmer zustimmt. ⁸Dies gilt auch, wenn der Arbeitgeber die ELStAM im Einführungszeitraum erstmals angewandt hat.

(6) bis (8) – *weggefallen* –

(9) Ist der unbeschränkt einkommensteuerpflichtige Arbeitnehmer seinen Verpflichtungen nach Absatz 2 Satz 2 und 3 nicht nachgekommen und kommt eine Veranlagung zur Einkommensteuer nach § 46 Absatz 2 Nummer 1 bis 7 nicht in Betracht, kann das Finanzamt den Arbeitnehmer zur Abgabe einer Einkommensteuererklärung auffordern und eine Veranlagung zur Einkommensteuer durchführen.

R 52b
Übergangsregelungen bis zur Anwendung der elektronischen Lohnsteuerabzugsmerkmale (§ 52b EStG)

– unbesetzt –

H 52b
Hinweise zu R 52b
Übergangsregelungen bis zur Anwendung der elektronischen Lohnsteuerabzugsmerkmale (§ 52b EStG)

Allgemeines

Lohnsteuerabzug ab dem Kalenderjahr 2013 in Verfahren der elektronischen Lohnsteuerabzugsmerkmale > BMF vom 7.8.2013 (BStBl. I S. 951) unter Berücksichtigung der Änderung durch BMF vom 23.10.2014 (BStBl. I S. 1411)*)

Anlage
zu H 52b

Erstmaliger Abruf der elektronischen Lohnsteuerabzugsmerkmale und Anwendungsgrundsätze für den Einführungszeitraum 2013

BMF-Schreiben vom 25.7.2013 (BStBl. I S. 943)

Nach § 52b EStG in der Fassung des Gesetzes zur Umsetzung der Amtshilferichtlinie sowie zur Änderung steuerlicher Vorschriften (Amtshilferichtlinie-Umsetzungsgesetz – AmtshilfeRLUmsG) vom 26. Juni 2013 (BGBl. I Seite 1809) sind im Einvernehmen mit den obersten Finanzbehörden der Länder für den Lohnsteuerabzug ab dem Kalenderjahr 2013 die folgenden Regelungen zu beachten:

Inhaltsübersicht

I. Starttermin

II. Einführungszeitraum für das ELStAM-Verfahren

III. Arbeitgeber

1. Papierverfahren im Einführungszeitraum
2. Bescheinigung bei unzutreffenden ELStAM und Sperrung des Arbeitgeberabrufs (Besondere Bescheinigung für den Lohnsteuerabzug)
3. Unzutreffende ELStAM aus anderen Gründen
4. Erstmaliger Einsatz des ELStAM-Verfahrens nach dem Starttermin
5. ELStAM bei verschiedenen Lohnarten
6. Anwendung der abgerufenen ELStAM
7. Verzicht auf sofortige Anwendung der abgerufenen ELStAM
8. Beendigung des Dienstverhältnisses bei Anwendung des ELStAM-Verfahrens
9. Entgegennahme und Aufbewahrung der Lohnsteuerkarte 2010/Papierbescheinigung(en)
10. Härtefallregelung

IV. Arbeitnehmer

---
*) Abgedruckt als Anlage zu H 39e LStR.

V. Finanzamt

1. Lohnsteuerermäßigungsverfahren 2013
2. Unzutreffende ELStAM
3. Keine Rückforderung der Papierbescheinigungen

I. Starttermin

Mit Schreiben vom 19. Dezember 2012 – IV C 5 – S 2363/07/0002-03, DOK 2012/1170782 – (BStBl. I Seite 1258, ELStAM-Startschreiben) hat das Bundesministerium der Finanzen als Starttermin für das Verfahren der elektronischen Lohnsteuerabzugsmerkmale (ELStAM-Verfahren) den 1. November 2012 festgelegt. Ab diesem Zeitpunkt können die Arbeitgeber die ELStAM der Arbeitnehmer mit Wirkung ab dem 1. Januar 2013 abrufen. Der Arbeitgeber hat das ELStAM-Verfahren grundsätzlich für laufenden Arbeitslohn, der für einen nach dem 31. Dezember 2012 endenden Lohnzahlungszeitraum gezahlt wird, und für sonstige Bezüge, die nach dem 31. Dezember 2012 zufließen, anzuwenden.

II. Einführungszeitraum für das ELStAM-Verfahren

Nach der Regelung in § 52b Absatz 5 Satz 2 ist für die Einführung des ELStAM-Verfahrens ein Zeitraum zu bestimmen (Einführungszeitraum). Auf der Grundlage dieser Vorschrift wird hiermit das Kalenderjahr 2013 als Einführungszeitraum bestimmt. Damit wird insbesondere den Arbeitgebern ein längerer Umstellungszeitraum auf das ELStAM-Verfahren angeboten, um auch eventuelle technische und organisatorische Probleme, die bei einem gleichzeitigen Einstieg aller Arbeitgeber zu einem festen Termin entstehen könnten, zu vermeiden. Daraus folgt auch, dass der Arbeitgeber die ELStAM spätestens für den letzten im Kalenderjahr 2013 endenden Lohnzahlungszeitraum abzurufen und anzuwenden hat. Ein Abruf mit Wirkung ab 2014 ist verspätet.

Weil im Einführungszeitraum das Lohnsteuerabzugsverfahren nach Maßgabe der Regelungen für das Papierverfahren oder für das ELStAM-Verfahren durchgeführt werden kann, sind abweichend vom BMF-Schreiben vom 7.8.2013 – IV C 5 – S 2363/13/10003 – /– 2013/0755076 – (BStBl. I S. 951)*), die folgenden Regelungen zu beachten.

III. Arbeitgeber

1. Papierverfahren im Einführungszeitraum

Solange der Arbeitgeber im Einführungszeitraum das ELStAM-Verfahren nicht anwendet, sind für den Lohnsteuerabzug folgende Papierbescheinigungen zugrunde zu legen:

1. Die Lohnsteuerkarte 2010 oder
2. eine vom Finanzamt nach § 52b Absatz 3 EStG ausgestellte Bescheinigung für den Lohnsteuerabzug 2011, 2012 oder 2013 (Ersatzbescheinigung 2011, 2012, 2013).

Sind von den unter Nummer 1 und 2 genannten Papierbescheinigungen abweichende Lohnsteuerabzugsmerkmale anzuwenden, kann sie der Arbeitnehmer anhand folgender amtlicher Bescheinigungen nachweisen:

1. Mitteilungsschreiben des Finanzamts zur „Information über die erstmals elektronisch gespeicherten Daten für den Lohnsteuerabzug (Elektronische Lohnsteuerabzugsmerkmale)" nach § 52b Absatz 9 EStG i. d. Fassung des Jahres 2012,
2. Ausdruck oder sonstige Papierbescheinigung des Finanzamts mit den ab dem 1. Januar 2012 oder zu einem späteren Zeitpunkt im Übergangszeitraum 2012 und Einführungszeitraum 2013 gültigen ELStAM oder
3. Besondere Bescheinigung für den Lohnsteuerabzug (Tz. III. 2) aufgrund abweichender Meldedaten (§ 52b Absatz 5a Satz 3 EStG) bis zur Bereitstellung der ELStAM nach Aufhebung der Abrufsperre, längstens bis zum Ablauf der Gültigkeit (§ 52b Absatz 5a Satz 4 und 5 EStG).

Die in den vor dem 1. Januar 2013 ausgestellten Ausdrucken oder sonstigen Papierbescheinigungen eingetragenen Lohnsteuerabzugsmerkmale (Steuerklasse, Zahl der Kinderfreibeträge, Freibetrag, Hinzurechnungsbetrag, Kirchensteuerabzugsmerkmal, Faktor) bleiben weiterhin gültig und sind dem Lohnsteuerabzug im Einführungszeitraum zugrunde zu legen (§ 52b Absatz 1 Satz 1 und Absatz 3 EStG). Ein erneuter Antrag des Arbeitnehmers ist hierfür nicht erforderlich.

Das Mitteilungsschreiben des Finanzamts nach § 52b Absatz 9 EStG i. d. Fassung des Jahres 2012 ist nur dann für den Arbeitgeber maßgebend, wenn ihm gleichzeitig die Lohnsteuerkarte 2010 oder die Ersatzbescheinigung 2011 für das erste Dienstverhältnis des Arbeitnehmers vorliegt (Steuerklassen I bis V). Hingegen ist der Ausdruck bzw. die sonstige Papierbescheinigung des Finanzamts mit den ab dem 1. Januar 2012 oder zu einem späteren Zeitpunkt im Einführungszeitraum 2013 gültigen Lohnsteuerabzugsmerkmalen für den Arbeitgeber maßgebend, wenn ihm gleichzeitig die Lohnsteuerkarte 2010 oder die Ersatzbescheinigung 2011, 2012, 2013 für das erste Dienstverhältnis des Arbeitnehmers vorliegt (Steuerklassen I bis V).

Legt der Arbeitnehmer ein Mitteilungsschreiben des Finanzamts nach § 52b Absatz 9 EStG i. d. Fassung des Jahres 2012, einen Ausdruck bzw. eine sonstige Papierbescheinigung des Finanzamts oder eine Besondere Bescheinigung für den Lohnsteuerabzug dem Arbeitgeber zum Zweck der Berücksichtigung beim Lohnsteuerabzug vor, sind allein die ausgewiesenen Lohnsteuerabzugsmerkmale auf der zuletzt ausgestellten amtlichen Bescheinigung für den Lohnsteuerabzug maßgebend. Sämtliche auf einer Lohnsteuerkarte 2010 oder einer zu einem früheren Zeitpunkt ausgestellten Ersatzbescheinigung 2011, 2012, 2013 oder einer anderen zu einem früheren Zeitpunkt ausgestellten amtlichen Bescheinigung eingetragenen Lohnsteuerabzugsmerkmale werden überschrieben. Diese vereinfachte Nachweismöglichkeit besteht auch dann, wenn der Arbeitnehmer im Kalenderjahr 2013 in ein neues erstes Dienstverhältnis wechselt.

Somit sind die zuletzt eingetragenen Lohnsteuerabzugsmerkmale – unabhängig von der eingetragenen Gültigkeit – vom Arbeitgeber zunächst auch noch für das Lohnsteuerabzugsverfahren im Einführungszeitraum zu berücksichtigen. Der Arbeitgeber braucht nicht zu prüfen, ob die Voraussetzungen für die einzelnen Lohnsteuerabzugsmerkmale dem Grunde bzw. der Höhe nach noch vorliegen.

Zur Verpflichtung des Arbeitgebers zur Entgegennahme und Aufbewahrung der vom Finanzamt ausgestellten Papierbescheinigungen vgl. Tz. III. 9.

Ist auf der Lohnsteuerkarte 2010 eine Lohnsteuerbescheinigung erteilt und die Lohnsteuerkarte an den Arbeitnehmer herausgegeben worden, kann der Arbeitgeber bei fortbestehendem Dienstverhältnis die Lohnsteuerabzugsmerkmale der Lohnsteuerkarte 2010 im Einführungszeitraum 2013 weiter anwenden, wenn der Arbeitnehmer schriftlich bestätigt, dass die Lohnsteuerabzugsmerkmale der Lohnsteuerkarte 2010 auch weiterhin für den Lohnsteuerabzug im Einführungszeitraum 2013 zutreffend sind (§ 52b Absatz 1 Satz 5 EStG). Eine amtliche Bescheinigung ist hierfür nicht vorgesehen, so dass eine formlose Erklärung des Arbeitnehmers als Nachweis ausreicht. Diese schriftliche Bestätigung ist als Beleg zum Lohnkonto zu nehmen.

Für unbeschränkt einkommensteuerpflichtige ledige Arbeitnehmer, die im Kalenderjahr 2013 während des Einführungszeitraums ein Ausbildungsverhältnis als erstes Dienstverhältnis beginnen, kann der Arbeitgeber die Vereinfachungsregelung des § 52b Absatz 4 EStG anwenden. In diesen Fällen kann der Arbeitgeber den Lohnsteuerabzug ohne Vorlage einer Lohnsteuerkarte 2010 oder Ersatzbescheinigung 2011, 2012, 2013 nach der Steuerklasse I vornehmen. Dazu hat der Auszubildende seinem Arbeitgeber die Identifikationsnummer, den Tag der Geburt und ggf. die rechtliche Zugehörigkeit zu einer steuererhebenden Religionsgemeinschaft mitzuteilen und schriftlich zu bestätigen, dass es sich um ein erstes Dienstverhältnis handelt.

Wurde die vorstehende Vereinfachungsregelung bereits im Kalenderjahr 2011 oder 2012 in Anspruch genommen, kann im Einführungszeitraum 2013 die Lohnsteuer weiterhin nach der Steuerklasse I ermittelt werden. Voraussetzung hierfür ist eine schriftliche Bestätigung des Auszubildenden, dass es sich weiterhin um sein erstes Dienstverhältnis handelt.

2. Bescheinigung bei unzutreffenden ELStAM und Sperrung des Arbeitgeberabrufs (Besondere Bescheinigung für den Lohnsteuerabzug)

Bei Einführung des ELStAM-Verfahrens bzw. dem erstmaligen Abruf der ELStAM durch den Arbeitgeber kann nicht ausgeschlossen werden, dass die Finanzverwaltung für den Arbeitnehmer aufgrund feh-

---

*) Abgedruckt als Anlage zu H 39e LStR.

lerhafter Meldedaten materiell unzutreffende ELStAM bereitstellt, da die Finanzämter nicht befugt sind, in der ELStAM-Datenbank gespeicherte Meldedaten zu ändern. Es können auch aus anderen Gründen unzutreffende ELStAM gespeichert sein, deren Berichtigung aus technischen Gründen nicht zeitnah möglich ist.

Hat das Finanzamt in diesen Fällen eine Besondere Bescheinigung für den Lohnsteuerabzug ausgestellt (§ 52b Absatz 5a Satz 3 EStG, Tz. V.2), wird der Arbeitgeberabruf durch das Finanzamt gesperrt, sog. Vollsperrung. Meldet der Arbeitgeber oder sein Vertreter den Arbeitnehmer trotz erfolgter Sperrung an, erhält er die Mitteilung „Keine Anmeldeberechtigung". Die Regelungen des § 39e Absatz 6 Satz 8 EStG (Lohnsteuerabzug nach Steuerklasse VI) sind nicht anzuwenden, wenn der Arbeitnehmer dem Arbeitgeber die Besondere Bescheinigung für den Lohnsteuerabzug vorgelegt hat.

Der Arbeitgeber darf die Lohnsteuerabzugsmerkmale dieser Besonderen Bescheinigung für den Lohnsteuerabzug nur dann für den angegebenen Zeitraum anwenden, wenn ihm die Lohnsteuerkarte 2010 oder eine Ersatzbescheinigung 2011, 2012 oder 2013 des Arbeitnehmers mit einer der Steuerklassen I bis V (erstes Dienstverhältnis) vorliegt. Zur Anwendung der kalenderjahrbezogen bescheinigten Lohnsteuerabzugsmerkmale vgl. Tz. V. 2.

Erfolgte die Sperrung der ELStAM vor dem erstmaligen Abruf durch den Arbeitgeber, hat der Arbeitnehmer und nicht das Finanzamt dem Arbeitgeber die Aufhebung der Sperrung mitzuteilen (Tz. IV und V. 2). Dazu hat der Arbeitnehmer seinem Arbeitgeber das Informationsschreiben seines Wohnsitzfinanzamts über die Aufhebung der Sperrung auszuhändigen. Aufgrund dieser Mitteilung hat der Arbeitgeber den beschäftigten Arbeitnehmer erstmalig in der ELStAM-Datenbank anzumelden (Tz. III. 4) und die entsprechenden ELStAM abzurufen. Diese Grundsätze gelten auch bei einem Arbeitgeberwechsel während der Dauer der Sperrung.

Hat das Finanzamt die ELStAM nach ihrem erstmaligen Abruf gesperrt, wird dem Arbeitgeber die Aufhebung der Sperrung durch Bereitstellung sog. Änderungslisten automatisch mitgeteilt. Daraufhin hat der Arbeitgeber die bereitgestellten ELStAM abzurufen und ab der dem Abruf folgenden Lohnabrechnung anzuwenden.

3. Unzutreffende ELStAM aus anderen Gründen

Bei unzutreffenden ELStAM, die auf vom Finanzamt zu bildenden Merkmalen beruhen (z. B. Freibetrag aus dem Lohnsteuerermäßigungsverfahren, Steuerklassenkombination bei Ehegatten, Beantragung der Steuerklasse II), korrigiert das Finanzamt auf Veranlassung des Arbeitnehmers die ELStAM in der Datenbank. Daraufhin werden dem Arbeitgeber die zutreffenden ELStAM zur Verfügung gestellt.

Nimmt das Finanzamt die Korrektur vor dem erstmaligen Abruf vor (z. B. bei Feststellung des Fehlers im Rahmen des Ermäßigungsverfahrens), werden dem Arbeitgeber beim erstmaligen Abruf die zutreffenden ELStAM bereitgestellt. Der vom Finanzamt in diesem Fall ausgestellte Ausdruck der ELStAM (Tz. V. 2) kann auch vor dem erstmaligen Arbeitgeberabruf nach den Grundsätzen der Tz. III. 1 dem Lohnsteuerabzug zugrunde gelegt werden.

Nimmt das Finanzamt die Korrektur nach dem erstmaligen Abruf vor, werden dem Arbeitgeber die zutreffenden ELStAM bereitgestellt (sog. Änderungsmitteilung), die rückwirkend auf den Zeitpunkt des erstmaligen Abrufs angewendet werden können. Zur Beschleunigung der Korrektur eines unzutreffenden Lohnsteuerabzugs kann der in diesem Fall ausgestellte Ausdruck der ELStAM (Tz. V. 2) vor dem Abruf der korrigierten ELStAM nach den Grundsätzen der Tz. III. 1 dem Lohnsteuerabzug zugrunde gelegt werden.

4. Erstmaliger Einsatz des ELStAM-Verfahrens nach dem Starttermin

Nach dem Starttermin hat der Arbeitgeber oder sein Vertreter die beschäftigten Arbeitnehmer im Einführungszeitraum für den Einsatz des ELStAM-Verfahrens in der ELStAM-Datenbank anzumelden. Dazu soll der Arbeitgeber sämtliche Arbeitnehmer einer lohnsteuerlichen Betriebsstätte zeitgleich in das ELStAM-Verfahren einbeziehen. Um den Arbeitgebern den Einstieg in das ELStAM-Verfahren zu erleichtern, bestehen abweichend davon aber keine Bedenken, die Arbeitnehmer im Einführungszeitraum auch stufenweise (zu verschiedenen Zeitpunkten) in das ELStAM-Verfahren zu überführen. Wählt der Arbeitgeber diese Möglichkeit, hat er für den Lohnsteuerabzug – bezogen auf die jeweilige Betriebsstätte – sowohl die Regelungen für das Papierverfahren als auch für das ELStAM-Verfahren zu beachten.

Der Arbeitgeber soll dem Arbeitnehmer den Zeitpunkt für die erstmalige Anwendung der ELStAM zeitnah mitteilen. Eine Mitteilung des erstmaligen Abrufs der ELStAM gegenüber dem Betriebsstättenfinanzamt ist nicht erforderlich. Bei der Anmeldung in der ELStAM-Datenbank hat der Arbeitgeber auch anzugeben, ob es sich um ein erstes oder ein weiteres Dienstverhältnis des Arbeitnehmers handelt. Diese Angaben sind für die programmgesteuerte Bildung der Lohnsteuerklasse erforderlich.

Ein erstes Dienstverhältnis darf der Arbeitgeber während des Einführungszeitraums nur anmelden,

wenn ihm für den betreffenden Arbeitnehmer

– die Lohnsteuerkarte 2010 oder

– eine vom Finanzamt ausgestellte Bescheinigung für den Lohnsteuerabzug 2011, 2012 oder 2013 (Ersatzbescheinigung 2011, 2012 oder 2013)

mit einer der Steuerklassen I bis V vorliegt

oder wenn

– er im Rahmen der Vereinfachungsregelung für Auszubildende (§ 52b Absatz 4 EStG) den Lohnsteuerabzug ohne Vorlage einer Lohnsteuerkarte 2010 oder einer Ersatzbescheinigung nach der Steuerklasse I vorgenommen hat oder

– er die Lohnsteuerabzugsmerkmale der Lohnsteuerkarte 2010 nach § 52b Absatz 1 Satz 5 EStG aufgrund einer Erklärung des Arbeitnehmers weiter angewendet hat (§ 52b Absatz 5 Satz 5 EStG).

Diese Grundsätze gelten – mit Ausnahme der Fälle des § 52b Absatz 1 Satz 5 EStG (Anwendung der Lohnsteuerabzugsmerkmale 2010 ohne Lohnsteuerkarte 2010) – auch bei Begründung eines neuen Dienstverhältnisses im Einführungszeitraum. Für unbeschränkt einkommensteuerpflichtige ledige Arbeitnehmer, die im Einführungszeitraum nach Einstieg des Arbeitgebers in das ELStAM-Verfahren ein Ausbildungsverhältnis als erstes Dienstverhältnis beginnen, kann der Arbeitgeber ein erstes Dienstverhältnis ohne Vorlage einer Lohnsteuerkarte 2010 oder einer Ersatzbescheinigung anmelden, wenn der Auszubildende seinem Arbeitgeber dies entsprechend schriftlich bestätigt.

5. ELStAM bei verschiedenen Lohnarten

Auch wenn der Arbeitgeber verschiedenartige Bezüge zahlt, sind diese aufgrund des Grundsatzes eines einheitlichen Dienstverhältnisses zu einem Arbeitgeber zusammenzurechnen. In den folgenden Fällen handelt es sich um ein einheitliches Dienstverhältnis, so dass die Lohnsteuer für die Bezüge einheitlich und nach denselben ELStAM zu erheben ist. Der Abruf von ELStAM für ein zweites Dienstverhältnis des Arbeitnehmers durch denselben Arbeitgeber ist nicht möglich.

Beispiele für die Zahlung verschiedenartiger Bezüge:

– Ein Arbeitnehmer erhält vom Arbeitgeber neben einer Betriebsrente noch Arbeitslohn für ein aktives Dienstverhältnis; die Lohnsteuer wird nicht pauschal erhoben.

– Ein Arbeitnehmer erhält vom Arbeitgeber Hinterbliebenenbezüge und eigene Versorgungsbezüge oder Arbeitslohn für ein aktives Dienstverhältnis.

– Ein Arbeitnehmer ist in Elternzeit und arbeitet gleichwohl beim selben Arbeitgeber weiter.

Behandelt der Arbeitgeber solche Bezüge bei der Durchführung des Lohnsteuerabzugs wie Bezüge aus unterschiedlichen Dienstverhältnissen, sind für Lohnabrechnungszeiträume, die vor dem 1. Januar 2015 enden, bzw. für sonstige Bezüge, die vor dem 1. Januar 2015 zufließen, die vom Arbeitgeber abgerufenen ELStAM für einen der gezahlten Bezüge anzuwenden. Für den jeweils anderen Bezug ist die Steuerklasse VI ohne weiteren Abruf von ELStAM für ein zweites Dienstverhältnis zu Grunde zu legen. Für den Lohnsteuereinbehalt von Versorgungsbezügen nach der Steuerklasse VI ist § 39b Absatz 2 Satz 5 Nummer 1 EStG zu berücksichtigen, wonach kein Zuschlag zum Versorgungsfreibetrag anzusetzen ist. Die Lohnsteuerbescheinigung ist entsprechend den getrennt abgerechneten Bezügen auszustellen und an die Finanzverwaltung zu übermitteln.*)

---

*) Die Nichtbeanstandungsregelung ist aus Billigkeitsgründen bis zum 31.12.2015 verlängert worden (BMF-Schreiben vom 23.10.2014, BStBl. I S. 1411).

§ 52b EStG
R 52b

6. Anwendung der abgerufenen ELStAM

Nach erfolgreichem Abruf der ELStAM hat der Arbeitgeber für die angemeldeten Arbeitnehmer die Vorschriften des ELStAM-Verfahrens (§§ 38 bis 39e EStG, Regelverfahren) anzuwenden. Danach sind die vom Arbeitgeber oder seinem Vertreter abgerufenen ELStAM grundsätzlich für die nächste auf den Abrufzeitpunkt folgende Lohnabrechnung anzuwenden und im Lohnkonto aufzuzeichnen (§§ 52b Absatz 5 Satz 3, 41 Absatz 1 Satz 2 EStG; Ausnahme vgl. Tz. III. 7).

Eine erneute Anwendung der Lohnsteuerabzugsmerkmale nach der Lohnsteuerkarte 2010 und den vom Finanzamt ausgestellten Ersatzbescheinigung 2011, 2012, 2013 und der weiteren unter Tz. III.1 genannten Papierbescheinigungen ist grundsätzlich nicht mehr möglich (§ 52b Absatz 5 Satz 1 und 2 EStG; Ausnahme vgl. Tz. III. 7). Dieser Grundsatz ist auch dann zu beachten, wenn ein späterer Abruf oder eine spätere Anwendung der ELStAM aufgrund technischer Störungen nicht möglich ist. In diesen Fällen sind die Regelungen des § 39c EStG (Einbehaltung der Lohnsteuer ohne Lohnsteuerabzugsmerkmale) anzuwenden.

Scheitert allerdings der erstmalige Abruf der ELStAM während des Einführungszeitraums aufgrund technischer Probleme, kann der Arbeitgeber bis zum vorletzten Lohnzahlungszeitraum des Einführungszeitraums weiterhin das Papierverfahren und die Regelungen des § 52b EStG anwenden.

Weichen die erstmals abgerufenen ELStAM von den auf der Lohnsteuerkarte 2010, einer vom Finanzamt ausgestellten Ersatzbescheinigung 2011, 2012, 2013 und den weiteren unter Tz. III.1 genannten Papierbescheinigungen eingetragenen bzw. im Lohnkonto aufgezeichneten Lohnsteuerabzugsmerkmalen ab, besteht für den Arbeitgeber weder eine Korrekturpflicht nach § 41c Absatz 1 Satz 1 Nummer 1 EStG noch eine Anzeigepflicht nach § 41c Absatz 4 i. V. m. Absatz 1 Satz 1 Nummer 1 EStG, da er bei Berücksichtigung der vom Arbeitnehmer vorgelegten Lohnsteuerkarte 2010, der vom Finanzamt ausgestellten Ersatzbescheinigung 2011, 2012, 2013 und den weiteren unter Tz. III.1 genannten Papierbescheinigungen vorschriftsmäßig gehandelt hat. Abweichungen können z. B. dann auftreten, wenn der Arbeitnehmer seiner Anzeigeverpflichtung im Papierverfahren bei Änderungen der Lohnsteuerabzugsmerkmale zu seinen Ungunsten nicht nachgekommen ist (z. B. Steuerklasse III oder II anstatt I).

7. Verzicht auf sofortige Anwendung der abgerufenen ELStAM

Nichtanwendung der erstmals abgerufenen ELStAM

Abweichend von Tz. III. 6 kann der Arbeitgeber nach § 52b Absatz 5a Satz 7 EStG auf eine sofortige Anwendung der im Einführungszeitraum erstmals abgerufenen ELStAM einmalig verzichten. Statt dessen kann er den Lohnsteuerabzug für die Dauer von bis zu sechs Kalendermonaten weiter nach den Merkmalen der Lohnsteuerkarte 2010, einer vom Finanzamt ausgestellten Ersatzbescheinigung 2011, 2012 oder 2013 und der weiteren unter Tz. III.1 genannten Papierbescheinigungen bzw. nach den im Lohnkonto aufgezeichneten Lohnsteuerabzugsmerkmalen durchführen. Der 6-Monats-Zeitraum gilt auch dann, wenn dieser über das Ende des Einführungszeitraums (31. Dezember 2013) hinausreicht.

Für eine verzögerte Anwendung der erstmals abgerufenen ELStAM ist die Zustimmung des Arbeitnehmers erforderlich. Der Arbeitgeber ist nicht verpflichtet, solch eine betriebsinterne Abstimmung lohnsteuerlich zu dokumentieren; es sind keine Aufzeichnungen im Lohnkonto erforderlich.

In diesem 6-Monats-Zeitraum kann der Arbeitgeber insbesondere die Funktionsfähigkeit der eingesetzten Lohnabrechnungsprogramme absichern. Ferner ermöglicht diese Regelung, dass der Arbeitgeber dem Arbeitnehmer die abgerufenen ELStAM zur Überprüfung vorab mitteilt. Hierfür – aber auch für eine spätere Prüfung der ELStAM – stellt die Finanzverwaltung einen Vordruck (Vordruck „Bescheinigung zur Überprüfung der elektronischen Lohnsteuerabzugsmerkmale [ELStAM]") im Internetangebot der obersten Finanzbehörden der Länder und in einer Formulardatenbank der Bundesfinanzverwaltung unter der Internetadresse https://www.formulare-bfinv.de in der Rubrik Formularcenter/Formularkatalog/Steuerformulare/Lohnsteuer zur Einsicht und zum Abruf bereit.

Nichtanwendung der erstmals abgerufenen ELStAM nach erstmaligem Lohnsteuerabzug

Der Arbeitgeber kann ferner nach § 52b Absatz 5a Satz 7 und 8 EStG und abweichend von Tz. III. 6 auf freiwilliger Basis und mit Zustimmung des Arbeitnehmers den Lohnsteuerabzug nach den Merkmalen der Lohnsteuerkarte 2010 oder einer vom Finanzamt ausgestellten Ersatzbescheinigung 2011, 2012 oder 2013 und der weiteren unter Tz. III.1 genannten Papierbescheinigungen bzw. nach den im Lohnkonto aufgezeichneten Lohnsteuerabzugsmerkmalen für die Dauer von bis zu sechs Kalendermonaten durchführen, wenn die erstmalige Anwendung der im Einführungszeitraum erstmals abgerufenen ELStAM zu einem vom bisherigen Verfahren abweichenden Lohnsteuerabzug führt. In diesem Zeitraum kann der Arbeitnehmer mit dem Finanzamt die Abweichungen der ELStAM von den bislang berücksichtigten Lohnsteuerabzugsmerkmalen aufklären. Auch hierzu kann der Arbeitgeber dem Arbeitnehmer die Abweichungen zwischen den im Lohnkonto aufgezeichneten Lohnsteuerabzugsmerkmalen und den ELStAM durch den Vordruck „Bescheinigung zur Überprüfung der elektronischen Lohnsteuerabzugsmerkmale (ELStAM)" mitteilen.

Der 6-Monats-Zeitraum gilt auch dann, wenn dieser über das Ende des Einführungszeitraums (31. Dezember 2013) hinausreicht.

Lohnsteuerabzug nach Korrektur der ELStAM bzw. nach Ablauf des 6-Monats-Zeitraums

Nach Vorlage der Besonderen Bescheinigung für den Lohnsteuerabzug (z.B. bei unzutreffenden Meldedaten) durch den Arbeitnehmer oder nach Eingang einer sog. Änderungsmitteilung zum Abruf der vom Finanzamt korrigierten ELStAM hat der Arbeitgeber diese Merkmale entsprechend Tz. III. 2 bzw. III. 3 anzuwenden. Spätestens nach Ablauf des 6-Monats-Zeitraums hat der Arbeitgeber die (erstmals) abgerufenen ELStAM anzuwenden, wenn der Arbeitnehmer keine Besondere Bescheinigung für den Lohnsteuerabzug vorgelegt hat oder keine sog. Änderungsmitteilung zum Abruf der vom Finanzamt korrigierten ELStAM eingeht, z. B. weil die (erstmals) bereitgestellten ELStAM zutreffend sind.

Keine Rückrechnungsverpflichtung des Arbeitgebers

Wendet der Arbeitgeber die Regelungen des § 52b Absatz 5a Satz 7 und 8 an, besteht für ihn weder eine Rückrechnungs-/Korrekturpflicht noch eine Anzeigeverpflichtung für den 6-Monats-Zeitraum bzw. auf den 1. Januar 2013 (vgl. Tz. III. 6).

8. Beendigung des Dienstverhältnisses bei Anwendung des ELStAM-Verfahrens

Hat der Arbeitgeber die ELStAM des Arbeitnehmers bereits angewendet, hat der Arbeitgeber den Tag der Beendigung des Dienstverhältnisses (z. B. in Fällen des Arbeitgeberwechsels) der Finanzverwaltung unverzüglich mitzuteilen (sog. Abmeldung, § 39e Absatz 4 Satz 5 EStG). Eine solche elektronische Abmeldung ist auch dann erforderlich, wenn das Finanzamt den Arbeitgeberabruf gesperrt hat (vgl. Tz. III. 2).

9. Entgegennahme und Aufbewahrung der Lohnsteuerkarte 2010/Papierbescheinigung(en)

Der Arbeitgeber hat auch im Einführungszeitraum die Lohnsteuerkarte 2010, Ersatzbescheinigung für 2011, 2012, 2013 und die weiteren unter Tz. III. 1 genannten Papierbescheinigungen entgegenzunehmen, aufzubewahren sowie die darauf eingetragenen Lohnsteuerabzugsmerkmale in das Lohnkonto zu übernehmen. Die so aufgezeichneten Lohnsteuerabzugsmerkmale sind dem Lohnsteuerabzug im Einführungszeitraum bis zur erstmaligen Anwendung der ELStAM für den jeweiligen Arbeitnehmer zugrunde zu legen.

Auf Anforderung hat der Arbeitgeber dem Arbeitnehmer im Einführungszeitraum die vorgelegten Bescheinigungen (Tz. III. 1) zur Änderung nicht mehr zutreffender Lohnsteuerabzugsmerkmale durch das Finanzamt vorübergehend zu überlassen oder bei Beendigung des Dienstverhältnisses vor Ablauf des Kalenderjahres 2014 innerhalb einer angemessenen Frist auszuhändigen (§ 52b Absatz 1 Satz 3 Nummer 2 und 3 EStG).

Die Lohnsteuerkarte 2010, Ersatzbescheinigung 2011, 2012, 2013 und die weiteren unter Tz. III. 1 genannten Papierbescheinigungen dürfen erst nach Ablauf des Kalenderjahres 2014 vernichtet werden (§ 52b Absatz 1 Satz 4 EStG).

§ 52b EStG
R 52b

10. Härtefallregelung

Weil der Einführungszeitraum zum 31. Dezember 2013 endet, können Härtefallanträge auf Nichtteilnahme am ELStAM-Verfahren (§ 39e Absatz 7 EStG) für das Kalenderjahr 2013 frühestens mit Wirkung ab dem letzten Lohnzahlungszeitraum in 2013 gestellt werden. Bis zu diesem Zeitpunkt steht das Papierverfahren ohnehin zur Verfügung.

IV. Arbeitnehmer

Papierverfahren vor Einsatz des ELStAM-Verfahrens

Bis zum erstmaligen Einsatz des ELStAM-Verfahrens im Einführungszeitraum sind für den Nachweis der Lohnsteuerabzugsmerkmale die Regelungen für die Papierbescheinigungen in Tz. III. 1 zu beachten. Die Vereinfachungsregelung für Auszubildende nach § 52b Absatz 4 EStG kann weiterhin angewandt werden (Tz. III. 4).

Sind aufgrund geänderter Lebensverhältnisse für das Kalenderjahr 2013 gegenüber den Verhältnissen des Jahres 2012 abweichende Lohnsteuerabzugsmerkmale (Freibetrag, Hinzurechnungsbetrag, Kirchensteuerabzugsmerkmal, Faktor) maßgebend, kann das Finanzamt auf Antrag des Arbeitnehmers die Lohnsteuerkarte 2010 oder die Ersatzbescheinigung für 2011, 2012 oder 2013 berichtigen. Weicht die Eintragung der Steuerklasse oder die Zahl der Kinderfreibeträge auf der Lohnsteuerkarte 2010 oder der Ersatzbescheinigung 2011 oder 2012 oder der weiteren unter Tz. III.1 genannten Papierbescheinigungen von den Verhältnissen zu Beginn des Kalenderjahres 2013 zu Gunsten des Arbeitnehmers ab oder ist die Steuerklasse II bescheinigt und entfallen die Voraussetzungen für die Berücksichtigung des Entlastungsbetrags für Alleinerziehende (§ 24b EStG) im Laufe des Kalenderjahres 2013, besteht auch im Jahr 2013 – wie bisher – eine Anzeigepflicht des Arbeitnehmers gegenüber dem Finanzamt (§ 52b Absatz 2 Satz 2 und 3 EStG).

Wechselt der Arbeitnehmer im Einführungszeitraum seinen Arbeitgeber, hat er sich die Lohnsteuerkarte 2010 oder die Ersatzbescheinigung 2011, 2012, 2013 sowie die weiteren unter Tz. III.1 genannten Papierbescheinigungen vom bisherigen Arbeitgeber aushändigen zu lassen und dem neuen Arbeitgeber vorzulegen.

Lohnsteuerermäßigungsverfahren 2013

Für die Berücksichtigung von Freibeträgen nach § 39a Absatz 1 Satz 1 Nummer 1 bis 3 und 5 bis 8 EStG ist zu beachten, dass die für die Kalenderjahre 2010, 2011 oder 2012 bescheinigten Beträge in 2013 ohne weiteren Antrag nur für den Zeitraum des Papierverfahrens bis zum Einsatz des ELStAM-Verfahrens im Einführungszeitraum gelten.

Entspricht ein für das Kalenderjahr 2010, 2011 oder 2012 eingetragener Freibetrag im Kalenderjahr 2013 nicht mehr den tatsächlichen Verhältnissen, z. B. Minderung des Freibetrags aufgrund geringerer Fahrtkosten für Fahrten zwischen Wohnung und regelmäßiger Arbeitsstätte als Werbungskosten, ist der Arbeitnehmer zwar nicht verpflichtet, die Anpassung des Freibetrags auf den dem Arbeitgeber vorliegenden Bescheinigungen (Tz. III. 1) zu veranlassen. Unterbleibt jedoch ein Antrag auf Herabsetzung des Freibetrags, kann dies zu Nachzahlungen im Rahmen der Einkommensteuerveranlagung führen.

Sollen Freibeträge auch bei Anwendung der ELStAM durch den Arbeitgeber in 2013 (weiter) berücksichtigt werden, sind diese grundsätzlich im Rahmen des Lohnsteuerermäßigungsverfahrens für 2013 neu zu beantragen. Entsprechendes gilt für das Faktorverfahren (§ 39f EStG), die Steuerklasse II bei volljährigen Kindern sowie für antragsgebundene Kinderzähler, sofern nicht bereits für das Kalenderjahr 2012 eine mehrjährige Berücksichtigung des Kindes beantragt worden ist. Pauschbeträge für behinderte Menschen und Hinterbliebene werden weiterhin in der Regel mehrjährig berücksichtigt.

Korrektur der ELStAM nach Einsatz des ELStAM-Verfahrens

Stellt die Finanzverwaltung im Einführungszeitraum dem Arbeitgeber ELStAM bereit, die nach Auffassung des Arbeitnehmers unzutreffend sind, kann er beim Wohnsitzfinanzamt eine Berichtigung der ELStAM beantragen (vgl. Tz. III. 2 und 3). Macht der Arbeitgeber von der Regelung im § 52b Absatz 5a Satz 7 und 8 EStG (Verzicht auf sofortige Anwendung der abgerufenen ELStAM) Gebrauch, bedarf dies der Zustimmung des Arbeitnehmers (Tz. III. 7).

Zur Erleichterung der Kommunikation zwischen Arbeitnehmer und Finanzamt in Abweichungsfällen kann der Arbeitnehmer den Vordruck „Antrag auf Korrektur der elektronischen Lohnsteuerabzugsmerkmale (ELStAM)" verwenden, der im Internetangebot der obersten Finanzbehörden der Länder und in einer Formulardatenbank der Bundesfinanzverwaltung unter der Internetadresse https://www.formulare-bfinv.de in der Rubrik Formularcenter/Formularkatalog/Steuerformulare/Lohnsteuer zur Einsicht und zum Abruf bereit steht.

Auf die Verpflichtung des Arbeitnehmers, den Arbeitgeber über die vom Finanzamt mitgeteilte Aufhebung einer Abrufsperre zu informieren, wird hingewiesen (Tz. III. 2 und V. 2).

V. Finanzamt

1. Lohnsteuerermäßigungsverfahren 2013

Sind beim Arbeitnehmer im Rahmen des Lohnsteuerermäßigungsverfahrens für das Kalenderjahr 2013 Freibeträge zu berücksichtigen, hat das Finanzamt diese Lohnsteuerabzugsmerkmale in der ELStAM-Datenbank zu speichern. In diesen Antragsfällen ist dem Arbeitnehmer stets ein Ausdruck der ELStAM mit den ab 2013 geltenden Merkmalen zur Vorlage beim Arbeitgeber auszustellen. Gleiches gilt, wenn der Arbeitnehmer für das Kalenderjahr 2013 die Berücksichtigung eines Kinderzählers, der Steuerklasse II, eines Faktors oder einer anderen Steuerklassenkombination bei Ehegatten beantragt hat.

2. Unzutreffende ELStAM

Allgemeines

Werden dem Arbeitgeber ELStAM bereitgestellt, die nach Auffassung des Arbeitnehmers unzutreffend sind, hat das Wohnsitzfinanzamt auf Antrag des Arbeitnehmers die gebildeten ELStAM zu prüfen und sie ggf. zu ändern.

Unzutreffende ELStAM und Sperrung des Arbeitgeberabrufs

Entsprechen die programmgesteuert gebildeten ELStAM nicht den tatsächlichen Verhältnissen des Arbeitnehmers und sind somit unzutreffend (z.B. wegen fehlerhafter Meldedaten), hat das Finanzamt auf Antrag des Arbeitnehmers eine Besondere Bescheinigung für den Lohnsteuerabzug auszustellen (§ 52b Absatz 5a Satz 3 EStG) und den Arbeitgeberabruf zu sperren, sog. Vollsperrung (vgl. Tz. III.2). Die Besondere Bescheinigung für den Lohnsteuerabzug kann für das Kalenderjahr 2013 und 2014 ausgestellt werden, wobei der Faktor (§ 39f EStG) sowie Freibeträge nach § 39a Absatz 1 Satz 1 Nummer 1 bis 3 und 5 bis 8 EStG immer nur bezogen auf ein Kalenderjahr zu bescheinigen sind.

Hat das Finanzamt ein sog. Fehlerticket erstellt, wird ihm die Korrektur der Unstimmigkeiten bzw. Fehler in der ELStAM-Datenbank mitgeteilt. Im Anschluss daran hat das Finanzamt die Sperrung aufzuheben. Erfolgte die Sperrung nach dem erstmaligen Abruf der ELStAM, erhält der Arbeitgeber automatisch eine sog. Änderungsmitteilung mit den korrigierten ELStAM. Erfolgte die Sperrung bereits vor dem erstmaligen Abruf, ist deren Aufhebung dem Arbeitnehmer zur Information des Arbeitgebers mitzuteilen (Informationsschreiben, vgl. Tz. III. 2). In diesem Fall hat der Arbeitgeber den Arbeitnehmer erstmalig in der ELStAM-Datenbank anzumelden.

Lebenspartnerschaften

Derzeit übermitteln die Meldebehörden lediglich die Information an die Finanzverwaltung, dass es sich bei dem Arbeitnehmer um einen Lebenspartner handelt. Neben dem Merkmal der Lebenspartnerschaft wird die Identifikationsnummer des anderen Lebenspartners derzeit noch nicht mitgeteilt. Daher ist eine programmgesteuerte Bildung der für Ehegatten möglichen Steuerklassenkombinationen für Lebenspartner im ELStAM-Verfahren noch nicht möglich.

Die Berücksichtigung der für Ehegatten möglichen Steuerklassen und Steuerklassenkombinationen beim Lohnsteuerabzug durch den Arbeitgeber setzt in diesen Fällen einen Antrag beim zuständigen Wohnsitzfinanzamt voraus. Da diese Lohnsteuerabzugsmerkmale noch nicht automatisiert gebildet werden können, stellt das Finanzamt nach § 52b Absatz 5a Satz 3 EStG (vgl. Tz. III. 2) eine Besondere Bescheinigung für den Lohnsteuerabzug aus, die der Arbeitnehmer seinem Arbeitgeber für die Durchführung des Lohnsteuerabzugs vorzulegen hat. Der Arbeitgeberabruf für die ELStAM ist entsprechend zu sperren.

Nach der technischen Umsetzung der programmgesteuerten Bildung von Steuerklassenkombinationen für Lebenspartnerschaften gelten die für Ehegatten zu beachtenden Regelungen entsprechend. Sollen die automatisch gebildeten Steuerklassen aus Sicht der Lebenspartner nicht zur Anwendung kommen, kann eine abweichende Steuerklassenkombination beim zuständigen Finanzamt beantragt werden (Vordruck „Antrag auf Steuerklassenwechsel bei Ehegatten/Lebenspartnern"). Ein solcher Antrag gilt nicht als Änderung der Steuerklassen im Sinne des § 39 Absatz 6 Satz 3 EStG. Das Recht, einmal jährlich die Steuerklasse zu wechseln, bleibt davon unberührt (§ 39 Absatz 6 Satz 4 EStG). Ebenso gilt eine Änderung der Steuerklassen bei Wiederaufnahme der Lebenspartnerschaft nicht als Steuerklassenwechsel.

Leben die Lebenspartner dauernd getrennt, haben sie dies dem Finanzamt unverzüglich anzuzeigen (Vordruck „Erklärung zum dauernden Getrenntleben"). Dadurch wird – ungeachtet eines etwaigen Steuerklassenwechsels im Trennungsjahr – ab Beginn des darauf folgenden Jahres die Steuerklasse I gebildet.

Unzutreffende ELStAM aus anderen Gründen

Betreffen die für den Arbeitnehmer bereitgestellten unzutreffenden ELStAM vom Finanzamt zu bildende Merkmale (z. B. Freibetrag aus dem Lohnsteuerermäßigungsverfahren, Steuerklassenkombination bei Ehegatten, Beantragung der Steuerklasse II), korrigiert es auf Veranlassung des Arbeitnehmers die ELStAM, die daraufhin dem Arbeitgeber elektronisch zum Abruf bereitgestellt werden.

Wird die Korrektur vor dem erstmaligen Abruf der ELStAM durchgeführt, z. B. im Lohnsteuerermäßigungsverfahren, werden dem Arbeitgeber die zutreffenden ELStAM beim erstmaligen Abruf bereitgestellt. Nimmt der Arbeitgeber bereits am ELStAM-Verfahren teil, erhält der Arbeitgeber die zutreffenden ELStAM mit der nächsten sog. Änderungsmitteilung bereitgestellt.

Dem Arbeitnehmer ist stets ein Ausdruck der ELStAM (ggf. mit Freibetrag) zur Vorlage beim Arbeitgeber auszuhändigen. Nimmt der Arbeitgeber noch nicht am ELStAM-Verfahren teil, hat er den Ausdruck entsprechend den Grundsätzen der Tz. III. 1 und 3 zu berücksichtigen.

3. Keine Rückforderung der Papierbescheinigungen

Das Finanzamt hat die im Rahmen des Lohnsteuerermäßigungsverfahrens 2013 ausgestellten Bescheinigungen für den Lohnsteuerabzug und der weiteren unter Tz. III.1 genannten Papierbescheinigungen nicht zurückzufordern.

Dieses Schreiben ist ab dem 1. November 2012 anzuwenden.

X. Kindergeld

§ 62 EStG
Anspruchsberechtigte

(1) ¹Für Kinder im Sinne des § 63 hat Anspruch auf Kindergeld nach diesem Gesetz, wer

1. im Inland einen Wohnsitz oder seinen gewöhnlichen Aufenthalt hat oder
2. ohne Wohnsitz oder gewöhnlichen Aufenthalt im Inland
   a) nach § 1 Absatz 2 unbeschränkt einkommensteuerpflichtig ist oder
   b) nach § 1 Absatz 3 als unbeschränkt einkommensteuerpflichtig behandelt wird.

²Voraussetzung für den Anspruch nach Satz 1 ist, dass der Berechtigte durch die an ihn vergebene Identifikationsnummer (§ 139b der Abgabenordnung) identifiziert wird. ³Die nachträgliche Vergabe der Identifikationsnummer wirkt auf Monate zurück, in denen die Voraussetzungen des Satzes 1 vorliegen.

(2) Ein nicht freizügigkeitsberechtigter Ausländer erhält Kindergeld nur, wenn er
1. eine Niederlassungserlaubnis besitzt,
2. eine Aufenthaltserlaubnis besitzt, die zur Ausübung einer Erwerbstätigkeit berechtigt oder berechtigt hat, es sei denn, die Aufenthaltserlaubnis wurde

   a) nach § 16 oder § 17 des Aufenthaltsgesetzes erteilt,
   b) nach § 18 Absatz 2 des Aufenthaltsgesetzes erteilt und die Zustimmung der Bundesagentur für Arbeit darf nach der Beschäftigungsverordnung nur für einen bestimmten Höchstzeitraum erteilt werden,
   c) nach § 23 Absatz 1 des Aufenthaltsgesetzes wegen eines Krieges in seinem Heimatland oder nach den §§ 23a, 24, 25 Absatz 3 bis 5 des Aufenthaltsgesetzes erteilt

   oder

3. eine in Nummer 2 Buchstabe c genannte Aufenthaltserlaubnis besitzt und
   a) sich seit mindestens drei Jahren rechtmäßig, gestattet oder geduldet im Bundesgebiet aufhält und
   b) im Bundesgebiet berechtigt erwerbstätig ist, laufende Geldleistungen nach dem Dritten Buch Sozialgesetzbuch bezieht oder Elternzeit in Anspruch nimmt.

§ 63 EStG
Kinder

(1) ¹Als Kinder werden berücksichtigt
1. Kinder im Sinne des § 32 Absatz 1,
2. vom Berechtigten in seinen Haushalt aufgenommene Kinder seines Ehegatten,
3. vom Berechtigten in seinen Haushalt aufgenommene Enkel.

²§ 32 Absatz 3 bis 5 gilt entsprechend. ³Voraussetzung für die Berücksichtigung ist die Identifizierung des Kindes durch die an dieses Kind vergebene Identifikationsnummer (§ 139b der Abgabenordnung). ⁴Ist das Kind nicht nach einem Steuergesetz steuerpflichtig (§ 139a Absatz 2 der Abgabenordnung), ist es in anderer geeigneter Weise zu idenfizieren. ⁵Die nachträgliche Identifizierung oder nachträgliche Vergabe der Identifikationsnummer wirkt auf Monate zurück, in denen die Voraussetzungen der Sätze 1 bis 4 vorliegen. ⁶Kinder, die weder einen Wohnsitz noch ihren gewöhnlichen Aufenthalt im Inland, in einem Mitgliedstaat der Europäischen Union oder in einem Staat, auf den das Abkommen über den Europäischen Wirtschaftsraum Anwendung findet, haben, werden nicht berücksichtigt, es sei denn, sie leben im Haushalt eines Berechtigten im Sinne des § 62 Absatz 1 Satz 1 Nummer 2 Buchstabe a. ⁷Kinder im Sinne von § 2 Absatz 4 Satz 2 des Bundeskindergeldgesetzes werden nicht berücksichtigt.

(2) Die Bundesregierung wird ermächtigt, durch Rechtsverordnung, die nicht der Zustimmung des Bundesrates bedarf, zu bestimmen, dass einem Berechtigten, der im Inland erwerbstätig ist oder sonst seine hauptsächlichen Einkünfte erzielt, für seine in Absatz 1 Satz 3 erster Halbsatz bezeichneten Kinder Kindergeld ganz oder teilweise zu leisten ist, soweit dies mit Rücksicht auf die durchschnittlichen Lebenshaltungskosten für Kinder in deren Wohnsitzstaat und auf die dort gewährten dem Kindergeld vergleichbaren Leistungen geboten ist.

§ 64 EStG
Zusammentreffen mehrerer Ansprüche

(1) Für jedes Kind wird nur einem Berechtigten Kindergeld gezahlt.

(2) ¹Bei mehreren Berechtigten wird das Kindergeld demjenigen gezahlt, der das Kind in seinen Haushalt aufgenommen hat. ²Ist ein Kind in den gemeinsamen Haushalt von Eltern, einem Elternteil und dessen Ehegatten, Pflegeeltern oder Großeltern aufgenommen worden, so bestimmen diese untereinander den Berechtigten. ³Wird eine Bestimmung nicht getroffen, so bestimmt das Familiengericht auf Antrag den Berechtigten. ⁴Den Antrag kann stellen, wer ein berechtigtes Interesse an der Zahlung des Kindergeldes hat. ⁵Lebt ein Kind im gemeinsamen Haushalt von Eltern und Großeltern, so wird das Kindergeld vorrangig einem Elternteil gezahlt; es wird an

§§ 65, 66, 67, 68, 69, 70 EStG

einen Großelternteil gezahlt, wenn der Elternteil gegenüber der zuständigen Stelle auf seinen Vorrang schriftlich verzichtet hat.

(3) ¹Ist das Kind nicht in den Haushalt eines Berechtigten aufgenommen, so erhält das Kindergeld derjenige, der dem Kind eine Unterhaltsrente zahlt. ²Zahlen mehrere Berechtigte dem Kind Unterhaltsrenten, so erhält das Kindergeld derjenige, der dem Kind die höchste Unterhaltsrente zahlt. ³Werden gleich hohe Unterhaltsrenten gezahlt oder zahlt keiner der Berechtigten dem Kind Unterhalt, so bestimmen die Berechtigten untereinander, wer das Kindergeld erhalten soll. ⁴Wird eine Bestimmung nicht getroffen, so gilt Absatz 2 Satz 3 und 4 entsprechend.

§ 65 EStG
Andere Leistungen für Kinder

(1) ¹Kindergeld wird nicht für ein Kind gezahlt, für das eine der folgenden Leistungen zu zahlen ist oder bei entsprechender Antragstellung zu zahlen wäre:

1. Kinderzulagen aus der gesetzlichen Unfallversicherung oder Kinderzuschüsse aus den gesetzlichen Rentenversicherungen,
2. Leistungen für Kinder, die im Ausland gewährt werden und dem Kindergeld oder einer der unter Nummer 1 genannten Leistungen vergleichbar sind,*)
3. Leistungen für Kinder, die von einer zwischen- oder überstaatlichen Einrichtung gewährt werden und dem Kindergeld vergleichbar sind.

²Soweit es für die Anwendung von Vorschriften dieses Gesetzes auf den Erhalt von Kindergeld ankommt, stehen die Leistungen nach Satz 1 dem Kindergeld gleich. ³Steht ein Berechtigter in einem Versicherungspflichtverhältnis zur Bundesagentur für Arbeit nach § 24 des Dritten Buches Sozialgesetzbuch oder ist er versicherungsfrei nach § 28 Absatz 1 Nummer 1 des Dritten Buches Sozialgesetzbuch oder steht er im Inland in einem öffentlich-rechtlichen Dienst- oder Amtsverhältnis, so wird sein Anspruch auf Kindergeld für ein Kind nicht nach Satz 1 Nummer 3 mit Rücksicht darauf ausgeschlossen, dass sein Ehegatte als Beamter, Ruhestandsbeamter oder sonstiger Bediensteter der Europäischen Union für das Kind Anspruch auf Kinderzulage hat.

(2) Ist in den Fällen des Absatzes 1 Satz 1 Nummer 1 der Bruttobetrag der anderen Leistung niedriger als das Kindergeld nach § 66, wird Kindergeld in Höhe des Unterschiedsbetrags gezahlt, wenn er mindestens 5 Euro beträgt.

§ 66 EStG
Höhe des Kindergeldes, Zahlungszeitraum

(1) ¹Das Kindergeld beträgt monatlich für erste und zweite Kinder jeweils 184 Euro, für dritte Kinder 190 Euro und für das vierte und jedes weitere Kind jeweils 215 Euro. ²Darüber hinaus wird für jedes Kind, für das im Kalenderjahr 2009 mindestens für einen Kalendermonat ein Anspruch auf Kindergeld besteht, für das Kalenderjahr 2009 ein Einmalbetrag in Höhe von 100 Euro gezahlt.

(2) Das Kindergeld wird monatlich vom Beginn des Monats an gezahlt, in dem die Anspruchsvoraussetzungen erfüllt sind, bis zum Ende des Monats, in dem die Anspruchsvoraussetzungen wegfallen.

§ 67 EStG
Antrag

¹Das Kindergeld ist bei der zuständigen Familienkasse schriftlich zu beantragen. ²Den Antrag kann außer dem Berechtigten auch stellen, wer ein berechtigtes Interesse an der Leistung des Kindergeldes hat. ³In Fällen des Satzes 2 ist § 62 Absatz 1 Satz 2 bis 3 anzuwenden. ⁴Der Berechtigte ist zu diesem Zweck verpflichtet, demjenigen, der ein berechtigtes Interesse an der Leistung des Kindergeldes hat, seine an ihn vergebene Identifikationsnummer (§ 139b der Abgabenordnung) mitzuteilen. ⁵Kommt der Berechtigte dieser Verpflichtung nicht nach, teilt die zuständige Familienkasse demjenigen, der ein berechtigtes Interesse an der Leistung des Kindergeldes hat, auf seine Anfrage die Identifikationsnummer des Berechtigten mit.

§ 68 EStG
Besondere Mitwirkungspflichten

(1) ¹Wer Kindergeld beantragt oder erhält, hat Änderungen in den Verhältnissen, die für die Leistung erheblich sind oder über die im Zusammenhang mit der Leistung Erklärungen abgegeben worden sind, unverzüglich der zuständigen Familienkasse mitzuteilen. ²Ein Kind, das das 18. Lebensjahr vollendet hat, ist auf Verlangen der Familienkasse verpflichtet, an der Aufklärung des für die Kindergeldzahlung maßgebenden Sachverhalts mitzuwirken; § 101 der Abgabenordnung findet insoweit keine Anwendung.

(2) – weggefallen –

(3) Auf Antrag des Berechtigten erteilt die das Kindergeld auszahlende Stelle eine Bescheinigung über das für das Kalenderjahr ausgezahlte Kindergeld.

(4) Die Familienkassen dürfen den die Bezüge im öffentlichen Dienst anweisenden Stellen Auskunft über den für die jeweilige Kindergeldzahlung maßgebenden Sachverhalt erteilen.

§ 69 EStG
Überprüfung des Fortbestehens von Anspruchsvoraussetzungen durch Meldedaten-Übermittlung

Die Meldebehörden übermitteln in regelmäßigen Abständen den Familienkassen nach Maßgabe einer aufgrund des § 20 Absatz 1 des Melderechtsrahmengesetzes zu erlassenden Rechtsverordnung die in § 18 Absatz 1 des Melderechtsrahmengesetzes genannten Daten aller Einwohner, zu deren Person im Melderegister Daten von minderjährigen Kindern gespeichert sind, und dieser Kinder, soweit die Daten nach ihrer Art für die Prüfung der Rechtmäßigkeit des Bezuges von Kindergeld geeignet sind.

§ 70 EStG
Festsetzung und Zahlung des Kindergeldes

(1) Das Kindergeld nach § 62 wird von den Familienkassen durch Bescheid festgesetzt und ausgezahlt.

(2) ¹Soweit in den Verhältnissen, die für den Anspruch auf Kindergeld erheblich sind, Änderungen eintreten, ist die Festsetzung des Kindergeldes mit Wirkung vom Zeitpunkt der Änderung der Verhältnisse aufzuheben oder zu ändern. ²Ist die Änderung einer Kindergeldfestsetzung nur wegen einer Anhe-

---

*) Die Länder, in denen Leistungen gewährt werden, die mit dem Kindergeld vergleichbar sind, sind im Bundessteuerblatt 2014 Teil I Seite 768 ff. abgedruckt.

bung der in § 66 Absatz 1 genannten Kindergeldbeträge erforderlich, kann von der Erteilung eines schriftlichen Änderungsbescheides abgesehen werden.

(3) ¹Materielle Fehler der letzten Festsetzung können durch Aufhebung oder Änderung der Festsetzung mit Wirkung ab dem auf die Bekanntgabe der Aufhebung oder Änderung der Festsetzung folgenden Monat beseitigt werden. ²Bei der Aufhebung oder Änderung der Festsetzung nach Satz 1 ist § 176 Abgabenordnung entsprechend anzuwenden; dies gilt nicht für Monate, die nach der Verkündung der maßgeblichen Entscheidung eines obersten Bundesgerichts beginnen.

§ 71 EStG
– weggefallen –

§ 72 EStG
Festsetzung und Zahlung des Kindergeldes an Angehörige des öffentlichen Dienstes

(1) ¹Steht Personen, die
1. in einem öffentlich-rechtlichen Dienst-, Amts- oder Ausbildungsverhältnis stehen, mit Ausnahme der Ehrenbeamten, oder
2. Versorgungsbezüge nach beamten- oder soldatenrechtlichen Vorschriften oder Grundsätzen erhalten oder
3. Arbeitnehmer des Bundes, eines Landes, einer Gemeinde, eines Gemeindeverbandes oder einer sonstigen Körperschaft, einer Anstalt oder einer Stiftung des öffentlichen Rechts sind, einschließlich der zu ihrer Berufsausbildung Beschäftigten,

Kindergeld nach Maßgabe dieses Gesetzes zu, wird es von den Körperschaften, Anstalten oder Stiftungen des öffentlichen Rechts festgesetzt und ausgezahlt. ²Die genannten juristischen Personen sind insoweit Familienkasse.

(2) Der Deutschen Post AG, der Deutschen Postbank AG und der Deutschen Telekom AG obliegt die Durchführung dieses Gesetzes für ihre jeweiligen Beamten und Versorgungsempfänger in Anwendung des Absatzes 1.

(3) Absatz 1 gilt nicht für Personen, die ihre Bezüge oder Arbeitsentgelt
1. von einem Dienstherrn oder Arbeitgeber im Bereich der Religionsgesellschaften des öffentlichen Rechts oder
2. von einem Spitzenverband der Freien Wohlfahrtspflege, einem diesem unmittelbar oder mittelbar angeschlossenen Mitgliedsverband oder einer einem solchen Verband angeschlossenen Einrichtung oder Anstalt

erhalten

(4) Die Absätze 1 und 2 gelten nicht für Personen, die voraussichtlich nicht länger als sechs Monate in den Kreis der in Absatz 1 Satz 1 Nummer 1 bis 3 und Absatz 2 Bezeichneten eintreten.

(5) Obliegt mehreren Rechtsträgern die Zahlung von Bezügen oder Arbeitsentgelt (Absatz 1 Satz 1) gegenüber einem Berechtigten, so ist für die Durchführung dieses Gesetzes zuständig:
1. bei Zusammentreffen von Versorgungsbezügen mit anderen Bezügen oder Arbeitsentgelt der Rechtsträger, dem die Zahlung der anderen Bezüge oder des Arbeitsentgelts obliegt;
2. bei Zusammentreffen mehrerer Versorgungsbezüge der Rechtsträger, dem die Zahlung der neuen Versorgungsbezüge im Sinne der beamtenrechtlichen Ruhensvorschriften obliegt;
3. bei Zusammentreffen von Arbeitsentgelt (Absatz 1 Satz 1 Nummer 3) mit Bezügen aus einem der in Absatz 1 Satz 1 Nummer 1 bezeichneten Rechtsverhältnisse der Rechtsträger, dem die Zahlung dieser Bezüge obliegt;
4. bei Zusammentreffen mehrerer Arbeitsentgelte (Absatz 1 Satz 1 Nummer 3) der Rechtsträger, dem die Zahlung des höheren Arbeitsentgelts obliegt oder – falls die Arbeitsentgelte gleich hoch sind – der Rechtsträger, zu dem das zuerst begründete Arbeitsverhältnis besteht.

(6) ¹Scheidet ein Berechtigter im Laufe eines Monats aus dem Kreis der in Absatz 1 Satz 1 Nummer 1 bis 3 Bezeichneten aus oder tritt er im Laufe eines Monats in diesen Kreis ein, so wird das Kindergeld für diesen Monat von der Stelle gezahlt, die bis zum Ausscheiden oder Eintritt des Berechtigten zuständig war. ²Dies gilt nicht, soweit die Zahlung von Kindergeld für ein Kind in Betracht kommt, das erst nach dem Ausscheiden oder Eintritt bei dem Berechtigten nach § 63 zu berücksichtigen ist. ³Ist in einem Fall des Satzes 1 das Kindergeld bereits für einen folgenden Monat gezahlt worden, so muss der für diesen Monat Berechtigte die Zahlung gegen sich gelten lassen.

(7) ¹In den Abrechnungen der Bezüge und des Arbeitsentgelts ist das Kindergeld gesondert auszuweisen, wenn es zusammen mit den Bezügen oder dem Arbeitsentgelt ausgezahlt wird. ²Der Rechtsträger hat die Summe des von ihm für alle Berechtigten ausgezahlten Kindergeldes dem Betrag, den er insgesamt an Lohnsteuer einzubehalten hat, zu entnehmen und bei der nächsten Lohnsteuer-Anmeldung gesondert abzusetzen. ³Übersteigt das insgesamt ausgezahlte Kindergeld den Betrag, der insgesamt an Lohnsteuer abzuführen ist, so wird der übersteigende Betrag dem Rechtsträger auf Antrag von dem Finanzamt, an das die Lohnsteuer abzuführen ist, aus den Einnahmen der Lohnsteuer ersetzt.

(8) ¹Abweichend von Absatz 1 Satz 1 werden Kindergeldansprüche aufgrund über- oder zwischenstaatlicher Rechtsvorschriften durch die Familienkassen der Bundesagentur für Arbeit festgesetzt und ausgezahlt. ²Dies gilt auch für Fälle, in denen Kindergeldansprüche sowohl nach Maßgabe dieses Gesetzes als auch aufgrund über- oder zwischenstaatlicher Rechtsvorschriften bestehen.

§ 73 EStG
– weggefallen –

§ 74 EStG
Zahlung des Kindergeldes in Sonderfällen

(1) ¹Das für ein Kind festgesetzte Kindergeld nach § 66 Absatz 1 kann an das Kind ausgezahlt werden, wenn der Kindergeldberechtigte ihm gegenüber seiner gesetzlichen Unterhaltspflicht nicht nachkommt. ²Kindergeld kann an Kinder, die bei der Festsetzung des Kindergeldes berücksichtigt werden, bis zur Höhe des Betrages, der sich bei entsprechender Anwendung des § 76 ergibt, ausgezahlt werden. ³Dies gilt auch, wenn der Kindergeldberechtigte mangels Leistungsfähigkeit nicht unterhaltspflichtig ist oder nur Unterhalt in Höhe eines Betrages zu leisten braucht, der geringer ist als das für die Auszahlung in Betracht kommende Kindergeld. ⁴Die Auszahlung kann auch an die Person oder Stelle erfolgen, die dem Kind Unterhalt gewährt.

(2) Für Erstattungsansprüche der Träger von Sozialleistungen gegen die Familienkasse gelten die §§ 102 bis 109 und 111 bis 113 des Zehnten Buches Sozialgesetzbuch entsprechend.

§ 75 EStG
Aufrechnung

(1) Mit Ansprüchen auf Erstattung von Kindergeld kann die Familienkasse gegen Ansprüche auf Kindergeld bis zu deren Hälfte aufrechnen, wenn der Leistungsberechtigte nicht nachweist, dass er dadurch hilfebedürftig im Sinne der Vorschriften des Zwölften Buches Sozialgesetzbuch über die Hilfe zum Lebensunterhalt oder im Sinne der Vorschriften des Zweiten Buches Sozialgesetzbuch über die Leistungen zur Sicherung des Lebensunterhalts wird.

(2) Absatz 1 gilt für die Aufrechnung eines Anspruchs auf Erstattung von Kindergeld gegen einen späteren Kindergeldanspruch eines mit dem Erstattungspflichtigen in Haushaltsgemeinschaft lebenden Berechtigten entsprechend, soweit es sich um laufendes Kindergeld für ein Kind handelt, das bei beiden berücksichtigt werden kann oder konnte.

§ 76 EStG
Pfändung

[1]Der Anspruch auf Kindergeld kann nur wegen gesetzlicher Unterhaltsansprüche eines Kindes, das bei der Festsetzung des Kindergeldes berücksichtigt wird, gepfändet werden. [2]Für die Höhe des pfändbaren Betrages gilt:

1. [1]Gehört das unterhaltsberechtigte Kind zum Kreis der Kinder, für die dem Leistungsberechtigten Kindergeld gezahlt wird, so ist eine Pfändung bis zu dem Betrag möglich, der bei gleichmäßiger Verteilung des Kindergeldes auf jedes dieser Kinder entfällt. [2]Ist das Kindergeld durch die Berücksichtigung eines weiteren Kindes erhöht, für das einer dritten Person Kindergeld oder dieser oder dem Leistungsberechtigten eine andere Geldleistung für Kinder zusteht, so bleibt der Erhöhungsbetrag bei der Bestimmung des pfändbaren Betrages des Kindergeldes nach Satz 1 außer Betracht;

2. der Erhöhungsbetrag nach Nummer 1 Satz 2 ist zugunsten jedes bei der Festsetzung des Kindergeldes berücksichtigten unterhaltsberechtigten Kindes zu dem Anteil pfändbar, der sich bei gleichmäßiger Verteilung auf alle Kinder, die bei der Festsetzung des Kindergeldes zugunsten des Leistungsberechtigten berücksichtigt werden, ergibt.

§ 77 EStG
Erstattung von Kosten im Vorverfahren

(1) [1]Soweit der Einspruch gegen die Kindergeldfestsetzung erfolgreich ist, hat die Familienkasse demjenigen, der den Einspruch erhoben hat, die zur zweckentsprechenden Rechtsverfolgung oder Rechtsverteidigung notwendigen Aufwendungen zu erstatten. [2]Dies gilt auch, wenn der Einspruch nur deshalb keinen Erfolg hat, weil die Verletzung einer Verfahrens- oder Formvorschrift nach § 126 der Abgabenordnung unbeachtlich ist. [3]Aufwendungen, die durch das Verschulden eines Erstattungsberechtigten entstanden sind, hat dieser selbst zu tragen; das Verschulden eines Vertreters ist dem Vertretenen zuzurechnen.

(2) Die Gebühren und Auslagen eines Bevollmächtigten oder Beistandes, der nach den Vorschriften des Steuerberatungsgesetzes zur geschäftsmäßigen Hilfeleistung in Steuersachen befugt ist, sind erstattungsfähig, wenn dessen Zuziehung notwendig war.

(3) [1]Die Familienkasse setzt auf Antrag den Betrag der zu erstattenden Aufwendungen fest. [2]Die Kostenentscheidung bestimmt auch, ob die Zuziehung eines Bevollmächtigten oder Beistandes im Sinne des Absatzes 2 notwendig war.

§ 78 EStG
Übergangsregelungen

(1) bis (4) – *weggefallen* –

(5) [1]Abweichend von § 64 Absatz 2 und 3 steht Berechtigten, die für Dezember 1990 für ihre Kinder Kindergeld in dem in Artikel 3 des Einigungsvertrages genannten Gebiet bezogen haben, das Kindergeld für diese Kinder auch für die folgende Zeit zu, solange sie ihren Wohnsitz oder gewöhnlichen Aufenthalt in diesem Gebiet beibehalten und die Kinder die Voraussetzungen ihrer Berücksichtigung weiterhin erfüllen. [2]§ 64 Absatz 2 und 3 ist insoweit erst für die Zeit vom Beginn des Monats an anzuwenden, in dem ein hierauf gerichteter Antrag bei der zuständigen Stelle eingegangen ist; der hiernach Berechtigte muss die nach Satz 1 geleisteten Zahlungen gegen sich gelten lassen.

XI. Altersvorsorgezulage

§ 79 EStG
Zulageberechtigte

[1]Die in § 10a Absatz 1 genannten Personen haben Anspruch auf eine Altersvorsorgezulage (Zulage). [2]Ist nur ein Ehegatte nach Satz 1 begünstigt, so ist auch der andere Ehegatte zulageberechtigt, wenn

1. beide Ehegatten nicht dauernd getrennt leben (§ 26 Absatz 1),
2. beide Ehegatten ihren Wohnsitz oder gewöhnlichen Aufenthalt in einem Mitgliedstaat der Europäischen Union oder einem Staat haben, auf den das Abkommen über den Europäischen Wirtschaftsraum anwendbar ist,
3. ein auf den Namen des anderen Ehegatten lautender Altersvorsorgevertrag besteht,
4. der andere Ehegatte zugunsten des Altersvorsorgevertrags nach Nummer 3 im jeweiligen Beitragsjahr mindestens 60 Euro geleistet hat und
5. die Auszahlungsphase des Altersvorsorgevertrags nach Nummer 3 noch nicht begonnen hat.

[3]Satz 1 gilt entsprechend für die in § 10a Absatz 6 Satz 1 und 2 genannten Personen, sofern sie unbeschränkt steuerpflichtig sind oder für das Beitragsjahr nach § 1 Absatz 3 als unbeschränkt steuerpflichtig behandelt werden.

§ 80 EStG
Anbieter

Anbieter im Sinne dieses Gesetzes sind Anbieter von Altersvorsorgeverträgen gemäß § 1 Absatz 2 des Altersvorsorgeverträge-Zertifizierungsgesetzes sowie die in § 82 Absatz 2 genannten Versorgungseinrichtungen.

§ 81 EStG
Zentrale Stelle

Zentrale Stelle im Sinne dieses Gesetzes ist die Deutsche Rentenversicherung Bund.

§ 81a EStG
Zuständige Stelle

¹Zuständige Stelle ist bei einem
1. Empfänger von Besoldung nach dem Bundesbesoldungsgesetz oder einem Landesbesoldungsgesetz die die Besoldung anordnende Stelle,
2. Empfänger von Amtsbezügen im Sinne des § 10a Absatz 1 Satz 1 Nummer 2 die die Amtsbezüge anordnende Stelle,
3. versicherungsfrei Beschäftigten sowie bei einem von der Versicherungspflicht befreiten Beschäftigten im Sinne des § 10a Absatz 1 Satz 1 Nummer 3 der die Versorgung gewährleistende Arbeitgeber der rentenversicherungsfreien Beschäftigung,
4. Beamten, Richter, Berufssoldaten und Soldaten auf Zeit im Sinne des § 10a Absatz 1 Satz 1 Nummer 4 der zur Zahlung des Arbeitsentgelts verpflichtete Arbeitgeber und
5. Empfänger einer Versorgung im Sinne des § 10a Absatz 1 Satz 4 die die Versorgung anordnende Stelle.

²Für die in § 10a Absatz 1 Satz 1 Nummer 5 genannten Steuerpflichtigen gilt Satz 1 entsprechend.

§ 82 EStG
Altersvorsorgebeiträge

(1) ¹Geförderte Altersvorsorgebeiträge sind im Rahmen des in § 10a Absatz 1 Satz 1 genannten Höchstbetrags
1. Beiträge,
2. Tilgungsleistungen,

die der Zulageberechtigte (§ 79) bis zum Beginn der Auszahlungsphase zugunsten eines auf seinen Namen lautenden Vertrags leistet, der nach § 5 des Altersvorsorgeverträge-Zertifizierungsgesetzes zertifiziert ist (Altersvorsorgevertrag). ²Die Zertifizierung ist Grundlagenbescheid im Sinne des § 171 Absatz 10 der Abgabenordnung. ³Als Tilgungsleistungen gelten auch Beiträge, die vom Zulageberechtigten zugunsten eines auf seinen Namen lautenden Altersvorsorgevertrags im Sinne des § 1 Absatz 1a Satz 1 Nummer 3 des Altersvorsorgeverträge-Zertifizierungsgesetzes erbracht wurden und die zur Tilgung eines im Rahmen des Altersvorsorgevertrags abgeschlossenen Darlehens abgetreten wurden. ⁴Im Fall der Übertragung von gefördertem Altersvorsorgevermögen nach § 1 Absatz 1 Satz 1 Nummer 10 Buchstabe b des Altersvorsorgeverträge-Zertifizierungsgesetzes in einen Altersvorsorgevertrag im Sinne des § 1 Absatz 1a Satz 1 Nummer 3 des Altersvorsorgeverträge-Zertifizierungsgesetzes gelten die Beiträge nach Satz 1 Nummer 1 ab dem Zeitpunkt der Übertragung als Tilgungsleistungen nach Satz 3; eine erneute Förderung nach § 10a oder Abschnitt XI erfolgt insoweit nicht. ⁵Tilgungsleistungen nach den Sätzen 1 und 3 werden nur berücksichtigt, wenn das zugrunde liegende Darlehen für eine nach dem 31. Dezember 2007 vorgenommene wohnungswirtschaftliche Verwendung im Sinne des § 92a Absatz 1 Satz 1 eingesetzt wurde. ⁶Bei einer Aufgabe der Selbstnutzung nach § 92a Absatz 3 Satz 1 gelten im Beitragsjahr der Aufgabe der Selbstnutzung auch die nach der Aufgabe der Selbstnutzung geleisteten Beiträge oder Tilgungsleistungen als Altersvorsorgebeiträge nach Satz 1. ⁷Bei einer Reinvestition nach § 92a Absatz 3 Satz 9 Nummer 1 gelten im Beitragsjahr der Reinvestition auch die davor geleisteten Beiträge oder Tilgungsleistungen als Altersvorsorgebeiträge nach Satz 1. ⁸Bei einem beruflich bedingten Umzug nach § 92a Absatz 4 gelten
1. im Beitragsjahr des Wegzugs auch die nach dem Wegzug und
2. im Beitragsjahr des Wiedereinzugs auch die vor dem Wiedereinzug

geleisteten Beiträge und Tilgungsleistungen als Altersvorsorgebeiträge nach Satz 1.

(2) ¹Zu den Altersvorsorgebeiträgen gehören auch
a) die aus dem individuell versteuerten Arbeitslohn des Arbeitnehmers geleisteten Beiträge an einen Pensionsfonds, eine Pensionskasse oder eine Direktversicherung zum Aufbau einer kapitalgedeckten betrieblichen Altersversorgung und
b) Beiträge des Arbeitnehmers und des ausgeschiedenen Arbeitnehmers, die dieser im Fall der zunächst durch Entgeltumwandlung (§ 1a des Betriebsrentengesetzes) finanzierten und nach § 3 Nummer 63 oder § 10a und diesem Abschnitt geförderten kapitalgedeckten betrieblichen Altersversorgung nach Maßgabe des § 1a Absatz 4 und § 1b Absatz 5 Satz 1 Nummer 2 des Betriebsrentengesetzes selbst erbringt,

wenn eine Auszahlung der zugesagten Altersversorgungsleistung in Form einer Rente oder eines Auszahlungsplans (§ 1 Absatz 1 Nummer 4 des Altersvorsorgeverträge-Zertifizierungsgesetzes) vorgesehen ist. ²Die §§ 3 und 4 des Betriebsrentengesetzes stehen dem vorbehaltlich des § 93 nicht entgegen.

(3) Zu den Altersvorsorgebeiträgen gehören auch die Beitragsanteile, die zur Absicherung der verminderten Erwerbsfähigkeit des Zulageberechtigten und zur Hinterbliebenenversorgung verwendet werden, wenn in der Leistungsphase die Auszahlung in Form einer Rente erfolgt.

(4) Nicht zu den Altersvorsorgebeiträgen zählen
1. Aufwendungen, die vermögenswirksame Leistungen nach dem Fünften Vermögensbildungsgesetz in der jeweils geltenden Fassung darstellen,
2. prämienbegünstigte Aufwendungen nach dem Wohnungsbau-Prämiengesetz in der Fassung der Bekanntmachung vom 30. Oktober 1997 (BGBl. I S. 2678), zuletzt geändert durch Artikel 5 des Gesetzes vom 29. Juli 2008 (BGBl. I S. 1509), in der jeweils geltenden Fassung,
3. Aufwendungen, die im Rahmen des § 10 als Sonderausgaben geltend gemacht werden,
4. Zahlungen nach § 92a Absatz 2 Satz 4 Nummer 1 und Absatz 3 Satz 9 Nummer 2 oder
5. Übertragungen im Sinne des § 3 Nummer 55 bis 55c.

(5) ¹Der Zulageberechtigte kann für ein abgelaufenes Beitragsjahr bis zum Beitragsjahr 2011 Altersvorsorgebeiträge auf einen auf seinen Namen lautenden Altersvorsorgevertrag leisten, wenn
1. der Anbieter des Altersvorsorgevertrags davon Kenntnis erhält, in welcher Höhe und für welches Beitragsjahr die Altersvorsorgebeiträge berücksichtigt werden sollen,
2. in dem Beitragsjahr, für das die Altersvorsorgebeiträge berücksichtigt werden sollen, ein Altersvorsorgevertrag bestanden hat,
3. im fristgerechten Antrag auf Zulage für dieses Beitragsjahr eine Zulageberechtigung nach § 79 Satz 2 angegeben wurde, aber tatsächlich eine Zulageberechtigung nach § 79 Satz 1 vorliegt,
4. die Zahlung der Altersvorsorgebeiträge für abgelaufene Beitragsjahre bis zum Ablauf von zwei Jahren nach Erteilung der Bescheinigung nach § 92, mit der zuletzt Ermittlungsergebnisse für dieses Beitragsjahr bescheinigt wurden, längstens jedoch bis zum Beginn der Auszahlungsphase des Altersvorsorgevertrages erfolgt und
5. der Zulageberechtigte vom Anbieter in hervorgehobener Weise darüber informiert wurde oder dem Anbieter seine Kenntnis darüber versichert, dass die Leistungen aus diesen Altersvorsorgebeiträgen der vollen nachgelagerten Besteuerung nach § 22 Nummer 5 Satz 1 unterliegen.

²Wurden die Altersvorsorgebeiträge dem Altersvorsorgevertrag gutgeschrieben und sind die Voraussetzungen nach Satz 1 erfüllt, so hat der Anbieter der zentralen Stelle (§ 81) die entsprechenden Daten nach § 89 Absatz 2 Satz 1 für das zurückliegende Beitragsjahr nach einem mit der zentralen Stelle abgestimmten Verfahren mitzuteilen. ³Die Beträge nach Satz 1 gelten für die Ermittlung der zu zahlenden Altersvorsor-

§ 83, § 84, § 85, § 86, § 87 EStG

gezulage nach § 83 als Altersvorsorgebeiträge für das Beitragsjahr, für das sie gezahlt wurden. ⁴Für die Anwendung des § 10a Absatz 1 Satz 1 sowie bei der Ermittlung der dem Steuerpflichtigen zustehenden Zulage im Rahmen des § 2 Absatz 6 und des § 10a sind die nach Satz 1 gezahlten Altersvorsorgebeiträge weder für das Beitragsjahr nach Satz 1 Nummer 2 noch für das Beitragsjahr der Zahlung zu berücksichtigen.

§ 83 EStG
Altersvorsorgezulage

In Abhängigkeit von den geleisteten Altersvorsorgebeiträgen wird eine Zulage gezahlt, die sich aus einer Grundzulage (§ 84) und einer Kinderzulage (§ 85) zusammensetzt.

§ 84 EStG
Grundzulage

¹Jeder Zulageberechtigte erhält eine Grundzulage; diese beträgt jährlich 154 Euro. ²Für Zulageberechtigte nach § 79 Satz 1, die zu Beginn des Beitragsjahres (§ 88) das 25. Lebensjahr noch nicht vollendet haben, erhöht sich die Grundzulage nach Satz 1 um einmalig 200 Euro. ³Die Erhöhung nach Satz 2 ist für das erste nach dem 31. Dezember 2007 beginnende Beitragsjahr zu gewähren, für das eine Altersvorsorgezulage beantragt wird.

§ 85 EStG
Kinderzulage

(1) ¹Die Kinderzulage beträgt für jedes Kind, für das dem Zulageberechtigten Kindergeld ausgezahlt wird, jährlich 185 Euro. ²Für ein nach dem 31. Dezember 2007 geborenes Kind erhöht sich die Kinderzulage nach Satz 1 auf 300 Euro. ³Der Anspruch auf Kinderzulage entfällt für den Veranlagungszeitraum, für den das Kindergeld insgesamt zurückgefordert wird. ⁴Erhalten mehrere Zulageberechtigte für dasselbe Kind Kindergeld, steht die Kinderzulage demjenigen zu, dem für den ersten Anspruchszeitraum (§ 66 Absatz 2) im Kalenderjahr Kindergeld ausgezahlt worden ist.

(2) ¹Bei Eltern, die miteinander verheiratet sind, nicht dauernd getrennt leben (§ 26 Absatz 1) und ihren Wohnsitz oder gewöhnlichen Aufenthalt in einem Mitgliedstaat der Europäischen Union oder einem Staat haben, auf den das Abkommen über den Europäischen Wirtschaftsraum (EWR-Abkommen) anwendbar ist, wird die Kinderzulage der Mutter zugeordnet, auf Antrag beider Eltern dem Vater. ²Bei Eltern, die miteinander eine Lebenspartnerschaft führen, nicht dauernd getrennt leben (§ 26 Absatz 1) und ihren Wohnsitz oder gewöhnlichen Aufenthalt in einem Mitgliedstaat der Europäischen Union oder einem Staat haben, auf den das EWR-Abkommen anwendbar ist, ist die Kinderzulage dem Lebenspartner zuzuordnen, dem das Kindergeld ausgezahlt wird, auf Antrag beider Eltern dem anderen Lebenspartner. ³Der Antrag kann für ein abgelaufenes Beitragsjahr nicht zurückgenommen werden.

§ 86 EStG
Mindesteigenbeitrag

(1) ¹Die Zulage nach den §§ 84 und 85 wird gekürzt, wenn der Zulageberechtigte nicht den Mindesteigenbeitrag leistet. ²Dieser beträgt jährlich 4 Prozent der Summe der in dem dem Kalenderjahr vorangegangenen Kalenderjahr

1. erzielten beitragspflichtigen Einnahmen im Sinne des Sechsten Buches Sozialgesetzbuch,
2. bezogenen Besoldung und Amtsbezüge,
3. in den Fällen des § 10a Absatz 1 Satz 1 Nummer 3 und Nummer 4 erzielten Einnahmen, die beitragspflichtig wären, wenn die Versicherungsfreiheit in der gesetzlichen Rentenversicherung nicht bestehen würde und
4. bezogenen Rente wegen voller Erwerbsminderung oder Erwerbsunfähigkeit oder bezogenen Versorgungsbezüge wegen Dienstunfähigkeit in den Fällen des § 10a Absatz 1 Satz 4,

jedoch nicht mehr als der in § 10a Absatz 1 Satz 1 genannte Höchstbetrag, vermindert um die Zulage nach den §§ 84 und 85; gehört der Ehegatte zum Personenkreis nach § 79 Satz 2, berechnet sich der Mindesteigenbeitrag des nach § 79 Satz 1 Begünstigten unter Berücksichtigung der den Ehegatten insgesamt zustehenden Zulagen. ³Auslandsbezogene Bestandteile nach den §§ 52 ff. des Bundesbesoldungsgesetzes oder entsprechender Regelungen eines Landesbesoldungsgesetzes bleiben unberücksichtigt. ⁴Als Sockelbetrag sind ab dem Jahr 2005 jährlich 60 Euro zu leisten. ⁵Ist der Sockelbetrag höher als der Mindesteigenbeitrag nach Satz 2, so ist der Sockelbetrag als Mindesteigenbeitrag zu leisten. ⁶Die Kürzung der Zulage ermittelt sich nach dem Verhältnis der Altersvorsorgebeiträge zum Mindesteigenbeitrag.

(2) ¹Ein nach § 79 Satz 2 begünstigter Ehegatte hat Anspruch auf eine ungekürzte Zulage, wenn der zum begünstigten Personenkreis nach § 79 Satz 1 gehörende Ehegatte seinen geförderten Mindesteigenbeitrag unter Berücksichtigung der den Ehegatten insgesamt zustehenden Zulagen erbracht hat. ²Werden bei einer in der gesetzlichen Rentenversicherung pflichtversicherten Person beitragspflichtige Einnahmen zu Grunde gelegt, die höher sind als das tatsächlich erzielte Entgelt oder die Entgeltersatzleistung, ist das tatsächlich erzielte Entgelt oder der Zahlbetrag der Entgeltersatzleistung für die Berechnung des Mindesteigenbeitrags zu berücksichtigen. ³Für die nicht erwerbsmäßig ausgeübte Pflegetätigkeit einer nach § 3 Satz 1 Nummer 1a des Sechsten Buches Sozialgesetzbuch rentenversicherungspflichtigen Person ist für die Berechnung des Mindesteigenbeitrags ein tatsächlich erzieltes Entgelt von 0 Euro zu berücksichtigen.

(3) ¹Für Versicherungspflichtige nach dem Gesetz über die Alterssicherung der Landwirte ist Absatz 1 mit der Maßgabe anzuwenden, dass auch die Einkünfte aus Land- und Forstwirtschaft im Sinne des § 13 des zweiten dem Beitragsjahr vorangegangenen Veranlagungszeitraums als beitragspflichtige Einnahmen des vorangegangenen Kalenderjahres gelten. ²Negative Einkünfte im Sinne des Satzes 1 bleiben unberücksichtigt, wenn weitere nach Absatz 1 oder Absatz 2 zu berücksichtigende Einnahmen erzielt werden.

(4) Wird nach Ablauf des Beitragsjahres festgestellt, dass die Voraussetzungen für die Gewährung einer Kinderzulage nicht vorgelegen haben, ändert sich dadurch die Berechnung des Mindesteigenbeitrags für dieses Beitragsjahr nicht.

(5) Bei den in § 10a Absatz 6 Satz 1 und 2 genannten Personen ist der Summe nach Absatz 1 Satz 2 die Summe folgender Einnahmen und Leistungen aus dem dem Kalenderjahr vorangegangenen Kalenderjahr hinzuzurechnen:

1. die erzielten Einnahmen aus der Tätigkeit, die die Zugehörigkeit zum Personenkreis des § 10a Absatz 6 Satz 1 begründet, und
2. die bezogenen Leistungen im Sinne des § 10a Absatz 6 Satz 2 Nummer 1.

§ 87 EStG
Zusammentreffen mehrerer Verträge

(1) ¹Zahlt der nach § 79 Satz 1 Zulageberechtigte Altersvorsorgebeiträge zugunsten mehrerer Verträge, so wird die Zulage nur für zwei dieser Verträge gewährt. ²Der insgesamt nach § 86

zu leistende Mindesteigenbeitrag muss zugunsten dieser Verträge geleistet worden sein. ³Die Zulage ist entsprechend dem Verhältnis der auf diese Verträge geleisteten Beiträge zu verteilen.

(2) ¹Der nach § 79 Satz 2 Zulageberechtigte kann die Zulage für das jeweilige Beitragsjahr nicht auf mehrere Altersvorsorgeverträge verteilen. ²Es ist nur der Altersvorsorgevertrag begünstigt, für den zuerst die Zulage beantragt wird.

§ 88 EStG
Entstehung des Anspruchs auf Zulage

Der Anspruch auf die Zulage entsteht mit Ablauf des Kalenderjahres, in dem die Altersvorsorgebeiträge geleistet worden sind (Beitragsjahr).

§ 89 EStG
Antrag

(1) ¹Der Zulageberechtigte hat den Antrag auf Zulage nach amtlich vorgeschriebenem Vordruck bis zum Ablauf des zweiten Kalenderjahres, das auf das Beitragsjahr (§ 88) folgt, bei dem Anbieter seines Vertrages einzureichen. ²Hat der Zulageberechtigte im Beitragsjahr Altersvorsorgebeiträge für mehrere Verträge gezahlt, so hat er mit dem Zulageantrag zu bestimmen, auf welche Verträge die Zulage überwiesen werden soll. ³Beantragt der Zulageberechtigte die Zulage für mehr als zwei Verträge, so wird die Zulage nur für die zwei Verträge mit den höchsten Altersvorsorgebeiträgen gewährt. ⁴Sofern eine Zulagenummer (§ 90 Absatz 1 Satz 2) durch die zentrale Stelle (§ 81) oder eine Versicherungsnummer nach § 147 des Sechsten Buches Sozialgesetzbuch für den nach § 79 Satz 2 berechtigten Ehegatten noch nicht vergeben ist, hat dieser über seinen Anbieter eine Zulagenummer bei der zentralen Stelle zu beantragen. ⁵Der Antragsteller ist verpflichtet, dem Anbieter unverzüglich eine Änderung der Verhältnisse mitzuteilen, die zu einer Minderung oder zum Wegfall des Zulageanspruchs führt.

(1a) ¹Der Zulageberechtigte kann den Anbieter seines Vertrages schriftlich bevollmächtigen, für ihn abweichend von Absatz 1 die Zulage für jedes Beitragsjahr zu beantragen. ²Absatz 1 Satz 5 gilt mit Ausnahme der Mitteilung geänderter beitragspflichtiger Einnahmen entsprechend. ³Ein Widerruf der Vollmacht ist bis zum Ablauf des Beitragsjahres, für das der Anbieter keinen Antrag auf Zulage stellen soll, gegenüber dem Anbieter zu erklären.

(2) ¹Der Anbieter ist verpflichtet,
a) die Vertragsdaten,
b) die Versicherungsnummer nach § 147 des Sechsten Buches Sozialgesetzbuch, die Zulagenummer des Zulageberechtigten und dessen Ehegatten oder einen Antrag auf Vergabe einer Zulagenummer eines nach § 79 Satz 2 berechtigten Ehegatten,
c) die vom Zulageberechtigten mitgeteilten Angaben zur Ermittlung des Mindesteigenbeitrags (§ 86),
d) die für die Gewährung der Kinderzulage erforderlichen Daten,
e) die Höhe der geleisteten Altersvorsorgebeiträge und
f) das Vorliegen einer nach Absatz 1a erteilten Vollmacht

als die für die Ermittlung und Überprüfung des Zulageanspruchs und Durchführung des Zulageverfahrens erforderlichen Daten zu erfassen. ²Er hat die Daten der bei ihm im Laufe eines Kalendervierteljahres eingegangenen Anträge bis zum Ende des folgenden Monats nach amtlich vorgeschriebenem Datensatz durch amtlich bestimmte Datenfernübertragung an die zentrale Stelle zu übermitteln. ³Dies gilt auch im Fall des Absatzes 1 Satz 5.

(3) ¹Ist der Anbieter nach Absatz 1a Satz 1 bevollmächtigt worden, hat er der zentralen Stelle die nach Absatz 2 Satz 1 erforderlichen Angaben für jedes Kalenderjahr bis zum Ablauf des auf das Beitragsjahr folgenden Kalenderjahres zu übermitteln. ²Liegt die Bevollmächtigung erst nach dem im Satz 1 genannten Meldetermin vor, hat der Anbieter die Angaben bis zum Ende des folgenden Kalendervierteljahres nach der Bevollmächtigung, spätestens jedoch bis zum Ablauf der in Absatz 1 Satz 1 genannten Antragsfrist, zu übermitteln. ³Absatz 2 Satz 2 und 3 gilt sinngemäß.

§ 90 EStG
Verfahren

(1) ¹Die zentrale Stelle ermittelt aufgrund der von ihr erhobenen oder der ihr übermittelten Daten, ob und in welcher Höhe ein Zulageanspruch besteht. ²Soweit der zuständige Träger der Rentenversicherung keine Versicherungsnummer vergeben hat, vergibt die zentrale Stelle zur Erfüllung der ihr nach diesem Abschnitt zugewiesenen Aufgaben eine Zulagenummer. ³Die zentrale Stelle teilt im Falle eines Antrags nach § 10a Absatz 1a der zuständigen Stelle, im Falle eines Antrags nach § 89 Absatz 1 Satz 4 dem Anbieter die Zulagenummer mit; von dort wird sie an den Antragsteller weitergeleitet.

(2) ¹Die zentrale Stelle veranlasst die Auszahlung an den Anbieter zugunsten der Zulageberechtigten durch die zuständige Kasse. ²Ein gesonderter Zulagenbescheid ergeht vorbehaltlich des Absatzes 4 nicht. ³Der Anbieter hat die erhaltenen Zulagen unverzüglich den begünstigten Verträgen gutzuschreiben. ⁴Zulagen, die nach Beginn der Auszahlungsphase für das Altersvorsorgevermögen von der zentralen Stelle an den Anbieter überwiesen werden, können vom Anbieter an den Anleger ausgezahlt werden. ⁵Besteht kein Zulageanspruch, so teilt die zentrale Stelle dies dem Anbieter durch Datensatz mit. ⁶Die zentrale Stelle teilt dem Anbieter die Altersvorsorgebeiträge im Sinne des § 82, auf die § 10a oder dieser Abschnitt angewendet wurde, durch Datensatz mit.

(3) ¹Erkennt die zentrale Stelle nachträglich, dass der Zulageanspruch ganz oder teilweise nicht besteht oder weggefallen ist, so hat sie zu Unrecht gutgeschriebene oder ausgezahlte Zulagen zurückzufordern und dies dem Anbieter durch Datensatz mitzuteilen. ²Bei bestehendem Vertragsverhältnis hat der Anbieter das Konto zu belasten. ³Die ihm im Kalendervierteljahr mitgeteilten Rückforderungsbeträge hat er bis zum zehnten Tag des dem Kalendervierteljahr folgenden Monats in einem Betrag bei der zentralen Stelle anzumelden und an diese abzuführen. ⁴Die Anmeldung nach Satz 3 ist nach amtlich vorgeschriebenem Vordruck abzugeben. ⁵Sie gilt als Steueranmeldung im Sinne der Abgabenordnung.

(4) ¹Eine Festsetzung der Zulage erfolgt nur auf besonderen Antrag des Zulageberechtigten. ²Der Antrag ist schriftlich innerhalb eines Jahres vom Antragsteller an den Anbieter zu richten; die Frist beginnt mit der Erteilung der Bescheinigung nach § 92, die die Ermittlungsergebnisse für das Beitragsjahr enthält, für das eine Festsetzung der Zulage erfolgen soll. ³Der Anbieter leitet den Antrag der zentralen Stelle zur Festsetzung zu. ⁴Er hat dem Antrag eine Stellungnahme und die zur Festsetzung erforderlichen Unterlagen beizufügen. ⁵Die zentrale Stelle teilt die Festsetzung auch dem Anbieter mit. ⁶Im Übrigen gilt Absatz 3 entsprechend.

§ 91 EStG
Datenerhebung und Datenabgleich

(1) ¹Für die Berechnung und Überprüfung der Zulage sowie die Überprüfung des Vorliegens der Voraussetzungen des Sonderausgabenabzugs nach § 10a übermitteln die Träger der gesetzlichen Rentenversicherung, die landwirtschaftliche Alters-

kasse, die Bundesagentur für Arbeit, die Meldebehörden, die Familienkassen und die Finanzämter der zentralen Stelle auf Anforderung die bei ihnen vorhandenen Daten nach § 89 Absatz 2 durch Datenfernübertragung; für Zwecke der Berechnung des Mindesteigenbeitrags für ein Beitragsjahr darf die zentrale Stelle bei den Trägern der gesetzlichen Rentenversicherung und der landwirtschaftlichen Alterskasse die bei ihnen vorhandenen Daten zu den beitragspflichtigen Einnahmen sowie in den Fällen des § 10a Absatz 1 Satz 4 zur Höhe der bezogenen Rente wegen voller Erwerbsminderung oder Erwerbsunfähigkeit erheben, sofern diese nicht vom Anbieter nach § 89 übermittelt worden sind. ²Für Zwecke der Überprüfung nach Satz 1 darf die zentrale Stelle die ihr übermittelten Daten mit den ihr nach § 89 Absatz 2 übermittelten Daten automatisiert abgleichen. ³Führt die Überprüfung zu einer Änderung der ermittelten oder festgesetzten Zulage, ist dies dem Anbieter mitzuteilen. ⁴Ergibt die Überprüfung eine Abweichung von dem in der Steuerfestsetzung berücksichtigten Sonderausgabenabzug nach § 10a oder der gesonderten Feststellung nach § 10a Absatz 4, ist dies dem Finanzamt mitzuteilen; die Steuerfestsetzung oder die gesonderte Feststellung ist insoweit zu ändern.

(2) ¹Die zuständige Stelle hat der zentralen Stelle die Daten nach § 10a Absatz 1 Satz 1 zweiter Halbsatz bis zum 31. März des dem Beitragsjahr folgenden Kalenderjahres durch Datenfernübertragung zu übermitteln. ²Liegt die Einwilligung nach § 10a Absatz 1 Satz 1 zweiter Halbsatz erst nach dem in Satz 1 genannten Meldetermin vor, hat die zuständige Stelle die Daten spätestens bis zum Ende des folgenden Kalendervierteljahres nach Erteilung der Einwilligung nach Maßgabe von Satz 1 zu übermitteln.

§ 92 EStG
Bescheinigung

¹Der Anbieter hat dem Zulageberechtigten jährlich eine Bescheinigung nach amtlich vorgeschriebenem Muster zu erteilen über

1. die Höhe der im abgelaufenen Beitragsjahr geleisteten Altersvorsorgebeiträge (Beiträge und Tilgungsleistungen),
2. die im abgelaufenen Beitragsjahr getroffenen, aufgehobenen oder geänderten Ermittlungsergebnisse (§ 90),
3. die Summe der bis zum Ende des abgelaufenen Beitragsjahres dem Vertrag gutgeschriebenen Zulagen,
4. die Summe der bis zum Ende des abgelaufenen Beitragsjahres geleisteten Altersvorsorgebeiträge (Beiträge und Tilgungsleistungen),
5. den Stand des Altersvorsorgevermögens,
6. den Stand des Wohnförderkontos (§ 92a Absatz 2 Satz 1), sofern er diesen von der zentralen Stelle mitgeteilt bekommen hat, und
7. die Bestätigung der durch den Anbieter erfolgten Datenübermittlung an die zentrale Stelle im Fall des § 10a Absatz 5 Satz 1.

²Einer jährlichen Bescheinigung bedarf es nicht, wenn zu Satz 1 Nummer 1, 2, 6 und 7 keine Angaben erforderlich sind und sich zu Satz 1 Nummer 3 bis 5 keine Änderungen gegenüber der zuletzt erteilten Bescheinigung ergeben. ³Liegen die Voraussetzungen des Satzes 2 nur hinsichtlich der Angabe nach Satz 1 Nummer 6 nicht vor und wurde die Geschäftsbeziehung im Hinblick auf den jeweiligen Altersvorsorgevertrag zwischen Zulageberechtigtem und Anbieter beendet, weil

1. das angesparte Kapital vollständig aus dem Altersvorsorgevertrag entnommen wurde oder
2. das gewährte Darlehen vollständig getilgt wurde,

bedarf es keiner jährlichen Bescheinigung, wenn der Anbieter dem Zulageberechtigten in einer Bescheinigung im Sinne dieser Vorschrift Folgendes mitteilt: „Das Wohnförderkonto erhöht sich bis zum Beginn der Auszahlungsphase jährlich um 2 Prozent, solange Sie keine Zahlungen zur Minderung des Wohnförderkontos leisten." ⁴Der Anbieter kann dem Zulageberechtigten mit dessen Einverständnis die Bescheinigung auch elektronisch bereitstellen.

§ 92a EStG
Verwendung für eine selbst genutzte Wohnung

(1) ¹Der Zulageberechtigte kann das in einem Altersvorsorgevertrag gebildete und nach § 10a oder nach diesem Abschnitt geförderte Kapital in vollem Umfang oder, wenn das verbleibende geförderte Restkapital mindestens 3 000 Euro beträgt, teilweise wie folgt verwenden (Altersvorsorge-Eigenheimbetrag):

1. bis zum Beginn der Auszahlungsphase unmittelbar für die Anschaffung oder Herstellung einer Wohnung oder zur Tilgung eines zu diesem Zweck aufgenommenen Darlehens, wenn das dafür entnommene Kapital mindestens 3 000 Euro beträgt, oder
2. bis zum Beginn der Auszahlungsphase unmittelbar für den Erwerb von Pflicht-Geschäftsanteilen an einer eingetragenen Genossenschaft für die Selbstnutzung einer Genossenschaftswohnung oder zur Tilgung eines zu diesem Zweck aufgenommenen Darlehens, wenn das dafür entnommene Kapital mindestens 3 000 Euro beträgt, oder
3. bis zum Beginn der Auszahlungsphase unmittelbar für die Finanzierung eines Umbaus einer Wohnung, wenn
   a) das dafür entnommene Kapital
      aa) mindestens 6 000 Euro beträgt und für einen innerhalb eines Zeitraums von drei Jahren nach der Anschaffung oder Herstellung der Wohnung vorgenommenen Umbau verwendet wird oder
      bb) mindestens 20 000 Euro beträgt,
   b) das dafür entnommene Kapital zu mindestens 50 Prozent auf Maßnahmen entfällt, die die Vorgaben der DIN 18040 Teil 2, Ausgabe September 2011, soweit baustrukturell möglich, erfüllen, und der verbleibende Teil der Kosten der Reduzierung von Barrieren in oder an der Wohnung dient; die zweckgerechte Verwendung ist durch einen Sachverständigen zu bestätigen; und
   c) der Zulageberechtigte oder ein Mitnutzer der Wohnung für die Umbaukosten weder eine Förderung durch Zuschüsse noch eine Steuerermäßigung nach § 35a in Anspruch nimmt oder nehmen wird noch die Berücksichtigung als außergewöhnliche Belastung nach § 33 beantragt hat oder beantragen wird und dies schriftlich bestätigt. ²Diese Bestätigung ist bei der Antragstellung nach § 92b Absatz 1 Satz 1 gegenüber der zentralen Stelle abzugeben. ³Bei der Inanspruchnahme eines Darlehens im Rahmen eines Altersvorsorgevertrags nach § 1 Absatz 1a des Altersvorsorgeverträge-Zertifizierungsgesetzes hat der Zulageberechtigte die Bestätigung gegenüber seinem Anbieter abzugeben.

²Die DIN 18040 ist im Beuth-Verlag GmbH, Berlin und Köln, erschienen und beim Deutschen Patent- und Markenamt in München archivmäßig gesichert niedergelegt. ³Die technischen Mindestanforderungen für die Reduzierung von Barrieren in oder an der Wohnung nach Satz 1 Nummer 3 Buchstabe b werden durch das Bundesministerium für Verkehr, Bau und Stadtentwicklung im Einvernehmen mit dem Bundesministerium der Finanzen festgelegt und im Bundesbaublatt veröffentlicht. ⁴Sachverständige im Sinne dieser Vorschrift sind nach Landesrecht Bauvorlageberechtigte sowie nach § 91 Absatz 1 Nummer 8 der Handwerksordnung öffentlich bestellte und vereidigte Sachverständige, die für ein Sachgebiet bestellt sind, das die Barrierefreiheit und Barrierereduzierung in Wohngebäuden umfasst, und die eine besondere Sachkunde oder ergänzende Fortbildung auf diesem Gebiet nachweisen. ⁵Eine nach Satz 1 begünstigte Wohnung ist

§ 92a EStG

1. eine Wohnung in einem eigenen Haus oder
2. eine eigene Eigentumswohnung oder
3. eine Genossenschaftswohnung einer eingetragenen Genossenschaft,

wenn diese Wohnung in einem Mitgliedstaat der Europäischen Union oder in einem Staat, auf den das Abkommen über den Europäischen Wirtschaftsraum (EWR-Abkommen) anwendbar ist, belegen ist und die Hauptwohnung oder den Mittelpunkt der Lebensinteressen des Zulageberechtigten darstellt. [6]Einer Wohnung im Sinne des Satzes 5 steht ein eigentumsähnliches oder lebenslanges Dauerwohnrecht nach § 33 des Wohnungseigentumsgesetzes gleich, soweit Vereinbarungen nach § 39 des Wohnungseigentumsgesetzes getroffen werden. [7]Bei der Ermittlung des Restkapitals nach Satz 1 ist auf den Stand des geförderten Altersvorsorgevermögens zum Ablauf des Tages abzustellen, an dem die zentrale Stelle den Bescheid nach § 92b ausgestellt hat. [8]Der Altersvorsorge-Eigenheimbetrag gilt nicht als Leistung aus einem Altersvorsorgevertrag, die dem Zulageberechtigten im Zeitpunkt der Auszahlung zufließt.

(2) [1]Der Altersvorsorge-Eigenheimbetrag, die Tilgungsleistungen im Sinne des § 82 Absatz 1 Satz 1 Nummer 2 und die hierfür gewährten Zulagen sind durch die zentrale Stelle in Bezug auf den zugrunde liegenden Altersvorsorgevertrag gesondert zu erfassen (Wohnförderkonto); die zentrale Stelle teilt für jeden Altersvorsorgevertrag, für den sie ein Wohnförderkonto (Altersvorsorgevertrag mit Wohnförderkonto) führt, dem Anbieter jährlich den Stand des Wohnförderkontos nach amtlich vorgeschriebenem Datensatz durch Datenfernübertragung mit. [2]Beiträge, die nach § 82 Absatz 1 Satz 3 wie Tilgungsleistungen behandelt wurden, sind im Zeitpunkt der unmittelbaren Darlehenstilgung einschließlich der zur Tilgung eingesetzten Zulagen und Erträge in das Wohnförderkonto aufzunehmen; zur Tilgung eingesetzte ungeförderte Beiträge einschließlich der darauf entfallenden Erträge fließen dem Zulageberechtigten in diesem Zeitpunkt zu. [3]Nach Ablauf eines Beitragsjahres, letztmals für das Beitragsjahr des Beginns der Auszahlungsphase, ist der sich aus dem Wohnförderkonto ergebende Gesamtbetrag um 2 Prozent zu erhöhen. [4]Das Wohnförderkonto ist zu vermindern um

1. Zahlungen des Zulageberechtigten auf einen auf seinen Namen lautenden zertifizierten Altersvorsorgevertrag nach § 1 Absatz 1 des Altersvorsorgeverträge-Zertifizierungsgesetzes bis zum Beginn der Auszahlungsphase zur Minderung der in das Wohnförderkonto eingestellten Beträge; der Anbieter, bei dem die Einzahlung erfolgt, hat die Einzahlung der zentralen Stelle nach amtlich vorgeschriebenem Datensatz durch Datenfernübertragung mitzuteilen; erfolgt die Einzahlung nicht auf den Altersvorsorgevertrag mit Wohnförderkonto, hat der Zulageberechtigte dem Anbieter, bei dem die Einzahlung erfolgt, die Vertragsdaten des Altersvorsorgevertrags mit Wohnförderkonto mitzuteilen; diese hat der Anbieter der zentralen Stelle zusätzlich mitzuteilen;
2. den Verminderungsbetrag nach Satz 5.

[5]Verminderungsbetrag ist der sich mit Ablauf des Kalenderjahres des Beginns der Auszahlungsphase ergebende Stand des Wohnförderkontos dividiert durch die Anzahl der Jahre bis zur Vollendung des 85. Lebensjahres des Zulageberechtigten; als Beginn der Auszahlungsphase gilt der vom Zulageberechtigten und Anbieter vereinbarte Zeitpunkt, der zwischen der Vollendung des 60. Lebensjahres und 68. Lebensjahres des Zulageberechtigten liegen muss; ist ein Auszahlungszeitpunkt nicht vereinbart, so gilt die Vollendung des 67. Lebensjahres als Beginn der Auszahlungsphase. [6]Anstelle einer Verminderung nach Satz 5 kann der Zulageberechtigte jederzeit in der Auszahlungsphase von der zentralen Stelle die Auflösung des Wohnförderkontos verlangen (Auflösungsbetrag). [7]Der Anbieter hat im Zeitpunkt der unmittelbaren Darlehenstilgung die Beträge nach Satz 2 erster Halbsatz und der Anbieter eines Altersvorsorgevertrags mit Wohnförderkonto hat zu Beginn der Auszahlungsphase den Zeitpunkt des Beginns der Auszahlungsphase der zentralen Stelle nach amtlich vorgeschriebenem Datensatz durch Datenfernübertragung mitzuteilen. [8]Wird gefördertes Altersvorsorgevermögen nach § 93 Absatz 2 Satz 1 von einem Anbieter auf einen anderen auf den Namen des Zulageberechtigten lautenden Altersvorsorgevertrag vollständig übertragen und hat die zentrale Stelle für den bisherigen Altersvorsorgevertrag ein Wohnförderkonto geführt, so schließt sie das Wohnförderkonto des bisherigen Vertrags und führt es zu dem neuen Altersvorsorgevertrag fort. [9]Erfolgt eine Zahlung nach Satz 4 Nummer 1 oder nach Absatz 3 Satz 9 Nummer 2 auf einen anderen Altersvorsorgevertrag als auf den Altersvorsorgevertrag mit Wohnförderkonto, schließt die zentrale Stelle das Wohnförderkonto des bisherigen Vertrags und führt es ab dem Zeitpunkt der Einzahlung für den Altersvorsorgevertrag fort, auf den die Einzahlung erfolgt ist. [10]Die zentrale Stelle teilt die Schließung des Wohnförderkontos dem Anbieter des bisherigen Altersvorsorgevertrags mit Wohnförderkonto mit.

(2a) [1]Geht im Rahmen der Regelung von Scheidungsfolgen der Eigentumsanteil des Zulageberechtigten an der Wohnung im Sinne des Absatzes 1 Satz 5 ganz oder teilweise auf den anderen Ehegatten über, geht das Wohnförderkonto in Höhe des Anteils, der dem Verhältnis des übergegangenen Eigentumsanteils zum verbleibenden Eigentumsanteil entspricht, mit allen Rechten und Pflichten auf den anderen Ehegatten über; dabei ist auf das Lebensalter des anderen Ehegatten abzustellen. [2]Hat der andere Ehegatte das Lebensalter für den vertraglich vereinbarten Beginn der Auszahlungsphase oder, soweit kein Beginn der Auszahlungsphase vereinbart wurde, das 67. Lebensjahr im Zeitpunkt des Übergangs des Wohnförderkontos bereits überschritten, so gilt als Beginn der Auszahlungsphase der Zeitpunkt des Übergangs des Wohnförderkontos. [3]Der Zulageberechtigte hat den Übergang des Eigentumsanteils der zentralen Stelle nachzuweisen. [4]Dazu hat er die für die Anlage eines Wohnförderkontos erforderlichen Daten des anderen Ehegatten mitzuteilen. [5]Die Sätze 1 bis 4 gelten entsprechend für Ehegatten, die im Zeitpunkt des Todes des Zulageberechtigten

1. nicht dauernd getrennt gelebt haben (§ 26 Absatz 1) und
2. ihren Wohnsitz oder gewöhnlichen Aufenthalt in einem Mitgliedstaat der Europäischen Union oder einem Staat hatten, auf den das Abkommen über den Europäischen Wirtschaftsraum anwendbar ist.

(3) [1]Nutzt der Zulageberechtigte die Wohnung im Sinne des Absatzes 1 Satz 5, für die ein Altersvorsorge-Eigenheimbetrag verwendet oder für die eine Tilgungsförderung im Sinne des § 82 Absatz 1 in Anspruch genommen worden ist, nicht nur vorübergehend nicht mehr zu eigenen Wohnzwecken, hat er dies dem Anbieter, in der Auszahlungsphase der zentralen Stelle, unter Angabe des Zeitpunkts der Aufgabe der Selbstnutzung mitzuteilen. [2]Eine Aufgabe der Selbstnutzung liegt auch vor, soweit der Zulageberechtigte das Eigentum an der Wohnung aufgibt. [3]Die Mitteilungspflicht gilt entsprechend für den Rechtsnachfolger der begünstigten Wohnung, wenn der Zulageberechtigte stirbt. [4]Die Anzeigepflicht entfällt, wenn das Wohnförderkonto vollständig zurückgeführt worden ist, es sei denn, es liegt ein Fall des § 22 Nummer 5 Satz 6 vor. [5]Im Fall des Satzes 1 gelten die im Wohnförderkonto erfassten Beträge als Leistungen aus einem Altersvorsorgevertrag, die dem Zulageberechtigten nach letztmaliger Erhöhung des Wohnförderkontos nach Absatz 2 Satz 3 zum Ende des Veranlagungszeitraums, in dem die Selbstnutzung aufgegeben wurde, zufließen; das Wohnförderkonto ist aufzulösen (Auflösungsbetrag). [6]Verstirbt der Zulageberechtigte, ist der Auflösungsbetrag ihm noch zuzurechnen. [7]Der Anbieter hat der zentralen Stelle den Zeitpunkt der Aufgabe nach amtlich vorgeschriebenem Datensatz durch Datenfernübertragung mitzuteilen. [8]Wurde im Fall des Satzes 1 eine Tilgungsförderung nach § 82 Absatz 1 Satz 3 in Anspruch genommen und erfolgte keine Einstellung in das Wohnförderkonto nach Absatz 2 Satz 2, sind die Beiträge, die nach § 82 Absatz 1 Satz 3 wie Tilgungsleistungen behandelt wurden, sowie die darauf entfallenden Zulagen und Erträge in ein Wohnförderkonto aufzunehmen und anschließend die weiteren Regelungen dieses Absatzes anzuwenden; Absatz 2 Satz 2 zweiter Halbsatz und Satz 7 gilt entsprechend. [9]Die Sätze 5 bis 7 sowie § 20 sind nicht anzuwenden, wenn

527

1. der Zulageberechtigte einen Betrag in Höhe des noch nicht zurückgeführten Betrags im Wohnförderkonto innerhalb von zwei Jahren vor dem Veranlagungszeitraum und von fünf Jahren nach Ablauf des Veranlagungszeitraums, in dem er die Wohnung letztmals zu eigenen Wohnzwecken genutzt hat, für eine weitere Wohnung im Sinne des Absatzes 1 Satz 5 verwendet,

2. der Zulageberechtigte einen Betrag in Höhe des noch nicht zurückgeführten Betrags im Wohnförderkonto innerhalb eines Jahres nach Ablauf des Veranlagungszeitraums, in dem er die Wohnung letztmals zu eigenen Wohnzwecken genutzt hat, auf einen auf seinen Namen lautenden zertifizierten Altersvorsorgevertrag zahlt; Absatz 2 Satz 4 Nummer 1 ist entsprechend anzuwenden,

3. die Ehewohnung aufgrund einer richterlichen Entscheidung nach § 1361b des Bürgerlichen Gesetzbuchs oder nach der Verordnung über die Behandlung der Ehewohnung und des Hausrats dem anderen Ehegatten zugewiesen wird oder

4. der Zulageberechtigte krankheits- oder pflegebedingt die Wohnung nicht mehr bewohnt, sofern er Eigentümer dieser Wohnung bleibt, sie ihm weiterhin zur Selbstnutzung zur Verfügung steht und sie nicht von Dritten, mit Ausnahme seines Ehegatten, genutzt wird.

¹⁰Der Zulageberechtigte hat dem Anbieter, in der Auszahlungsphase der zentralen Stelle, die Reinvestitionsabsicht und den Zeitpunkt der Reinvestition im Rahmen der Mitteilung nach Satz 1 oder die Aufgabe der Reinvestitionsabsicht mitzuteilen; in den Fällen des Absatzes 2a und des Satzes 9 Nummer 3 gelten die Sätze 1 bis 9 entsprechend für den anderen, geschiedenen oder überlebenden Ehegatten, wenn er die Wohnung nicht nur vorübergehend nicht mehr zu eigenen Wohnzwecken nutzt. ¹¹Satz 5 ist mit der Maßgabe anzuwenden, dass der Eingang der Mitteilung der aufgegebenen Reinvestitionsabsicht, spätestens jedoch der 1. Januar

1. des sechsten Jahres nach dem Jahr der Aufgabe der Selbstnutzung bei einer Reinvestitionsabsicht nach Satz 9 Nummer 1 oder

2. des zweiten Jahres nach dem Jahr der Aufgabe der Selbstnutzung bei einer Reinvestitionsabsicht nach Satz 9 Nummer 2

als Zeitpunkt der Aufgabe gilt.

(4) ¹Absatz 3 sowie § 20 sind auf Antrag des Steuerpflichtigen nicht anzuwenden, wenn er

1. die Wohnung im Sinne des Absatzes 1 Satz 5 aufgrund eines beruflich bedingten Umzugs für die Dauer der beruflich bedingten Abwesenheit nicht selbst nutzt; wird während dieser Zeit mit einer anderen Person ein Nutzungsrecht für diese Wohnung vereinbart, ist diese Vereinbarung von vorneherein entsprechend zu befristen,

2. beabsichtigt, die Selbstnutzung wieder aufzunehmen und

3. die Selbstnutzung spätestens mit der Vollendung seines 67. Lebensjahres aufnimmt.

²Der Steuerpflichtige hat den Antrag bei der zentralen Stelle zu stellen und dabei die notwendigen Nachweise zu erbringen. ³Die zentrale Stelle erteilt dem Steuerpflichtigen einen Bescheid über die Bewilligung des Antrags und informiert den Anbieter des Altersvorsorgevertrags mit Wohnförderkonto des Zulageberechtigten über die Bewilligung, eine Wiederaufnahme der Selbstnutzung nach einem beruflich bedingten Umzug und den Wegfall der Voraussetzungen nach diesem Absatz; die Information hat nach amtlich vorgeschriebenem Datensatz durch Datenfernübertragung zu erfolgen. ⁴Entfällt eine der in Satz 1 genannten Voraussetzungen, ist Absatz 3 mit der Maßgabe anzuwenden, dass bei einem Wegfall der Voraussetzung nach Satz 1 Nummer 1 als Zeitpunkt der Aufgabe der Zeitpunkt des Wegfalls der Voraussetzung und bei einem Wegfall der Voraussetzung nach Satz 1 Nummer 2 oder Nummer 3 der Eingang der Mitteilung des Steuerpflichtigen nach Absatz 3 als Zeitpunkt der Aufgabe gilt, spätestens jedoch die Vollendung des 67. Lebensjahres des Steuerpflichtigen.

§ 92b EStG
Verfahren bei Verwendung für eine selbst genutzte Wohnung

(1) ¹Der Zulageberechtigte hat die Verwendung des Kapitals nach § 92a Absatz 1 Satz 1 spätestens zehn Monate vor dem Beginn der Auszahlungsphase des Altersvorsorgevertrags im Sinne des § 1 Absatz 1 Nummer 2 des Altersvorsorgeverträge-Zertifizierungsgesetzes bei der zentralen Stelle zu beantragen und dabei die notwendigen Nachweise zu erbringen. ²Er hat zu bestimmen, aus welchen Altersvorsorgeverträgen der Altersvorsorge-Eigenheimbetrag ausgezahlt werden soll. ³Die zentrale Stelle teilt dem Zulageberechtigten durch Bescheid und den Anbietern der in Satz 2 genannten Altersvorsorgeverträge nach amtlich vorgeschriebenem Datensatz durch Datenfernübertragung mit, bis zu welcher Höhe eine wohnungswirtschaftliche Verwendung im Sinne des § 92a Absatz 1 Satz 1 vorliegen kann.

(2) ¹Die Anbieter der in Absatz 1 Satz 2 genannten Altersvorsorgeverträge dürfen den Altersvorsorge-Eigenheimbetrag auszahlen, sobald sie die Mitteilung nach Absatz 1 Satz 3 erhalten haben. ²Sie haben der zentralen Stelle nach amtlich vorgeschriebenem Datensatz durch Datenfernübertragung Folgendes anzuzeigen:

1. den Auszahlungszeitpunkt und den Auszahlungsbetrag,

2. die Summe der bis zum Auszahlungszeitpunkt dem Altersvorsorgevertrag gutgeschriebenen Zulagen,

3. die Summe der bis zum Auszahlungszeitpunkt geleisteten Altersvorsorgebeiträge und

4. den Stand des geförderten Altersvorsorgevermögens im Zeitpunkt der Auszahlung.

(3) ¹Die zentrale Stelle stellt zu Beginn der Auszahlungsphase und in den Fällen des § 92a Absatz 2a und 3 Satz 5 den Stand des Wohnförderkontos, soweit für die Besteuerung erforderlich, den Verminderungsbetrag und den Auflösungsbetrag von Amts wegen gesondert fest. ²Die zentrale Stelle teilt die Feststellung dem Zulageberechtigten, in den Fällen des § 92a Absatz 2a Satz 1 auch dem anderen Ehegatten, durch Bescheid und dem Anbieter nach amtlich vorgeschriebenem Datensatz durch Datenfernübertragung mit. ³Der Anbieter hat auf Anforderung der zentralen Stelle die zur Feststellung erforderlichen Unterlagen vorzulegen. ⁴Auf Antrag des Zulageberechtigten stellt die zentrale Stelle den Stand des Wohnförderkontos gesondert fest. ⁵§ 90 Absatz 4 Satz 2 bis 5 gilt entsprechend.

§ 93 EStG
Schädliche Verwendung

(1) ¹Wird gefördertes Altersvorsorgevermögen nicht unter den in § 1 Absatz 1 Satz 1 Nummer 4 und 10 Buchstabe c des Altersvorsorgeverträge-Zertifizierungsgesetzes oder § 1 Absatz 1 Satz 1 Nummer 4, 5 und 10 Buchstabe c des Altersvorsorgeverträge-Zertifizierungsgesetzes in der bis zum 31. Dezember 2004 geltenden Fassung genannten Voraussetzungen an den Zulageberechtigten ausgezahlt (schädliche Verwendung), sind die auf das ausgezahlte geförderte Altersvorsorgevermögen entfallenden Zulagen und die nach § 10a Absatz 4 gesondert festgestellten Beträge (Rückzahlungsbetrag) zurückzuzahlen. ²Dies gilt auch bei einer Auszahlung nach Beginn der Auszahlungsphase (§ 1 Absatz 1 Satz 1 Nummer 2 des Altersvorsorgeverträge-Zertifizierungsgesetzes) und bei Auszahlungen im Falle des Todes des Zulageberechtigten. ³Hat der Zulageberechtigte im Sinne des § 92a Absatz 2 Satz 4 Nummer 1 oder § 92a Absatz 3 Satz 9 Nummer 2 geleistet, dann handelt es sich bei dem hierauf beruhenden Altersvorsorgevermögen um gefördertes Altersvorsorgevermögen im Sinne des Satzes 1; der Rückzahlungsbetrag bestimmt sich insoweit nach der für die in das Wohnförderkonto eingestellten Beträge

gewährten Förderung. ⁴Eine Rückzahlungsverpflichtung besteht nicht für den Teil der Zulagen und der Steuerermäßigung,

a) der auf nach § 1 Absatz 1 Satz 1 Nummer 2 des Altersvorsorgeverträge-Zertifizierungsgesetzes angespartes gefördertes Altersvorsorgevermögen entfällt, wenn es in Form einer Hinterbliebenenrente an die dort genannten Hinterbliebenen ausgezahlt wird; dies gilt auch für Leistungen im Sinne des § 82 Absatz 3 an Hinterbliebene des Steuerpflichtigen;

b) der den Beitragsanteilen zuzuordnen ist, die für die zusätzliche Absicherung der verminderten Erwerbsfähigkeit und eine zusätzliche Hinterbliebenenabsicherung ohne Kapitalbildung verwendet worden sind;

c) der auf gefördertes Altersvorsorgevermögen entfällt, das im Falle des Todes des Zulageberechtigten auf einen auf den Namen des Ehegatten lautenden Altersvorsorgevertrag übertragen wird, wenn die Ehegatten im Zeitpunkt des Todes des Zulageberechtigten nicht dauernd getrennt gelebt haben (§ 26 Absatz 1) und ihren Wohnsitz oder gewöhnlichen Aufenthalt in einem Mitgliedstaat der Europäischen Union oder einem Staat hatten, auf den das Abkommen über den Europäischen Wirtschaftsraum (EWR-Abkommen) anwendbar ist;

d) der auf den Altersvorsorge-Eigenheimbetrag entfällt.

(1a) ¹Eine schädliche Verwendung liegt nicht vor, wenn gefördertes Altersvorsorgevermögen aufgrund einer internen Teilung nach § 10 des Versorgungsausgleichsgesetzes oder aufgrund einer externen Teilung nach § 14 des Versorgungsausgleichsgesetzes auf einen zertifizierten Altersvorsorgevertrag oder eine nach § 82 Absatz 2 begünstigte betriebliche Altersversorgung übertragen wird; die auf das übertragene Anrecht entfallende steuerliche Förderung geht mit allen Rechten und Pflichten auf die ausgleichsberechtigte Person über. ²Eine schädliche Verwendung liegt ebenfalls nicht vor, wenn gefördertes Altersvorsorgevermögen aufgrund einer externen Teilung nach § 14 des Versorgungsausgleichsgesetzes auf die Versorgungsausgleichskasse oder die gesetzliche Rentenversicherung übertragen wird; die Rechte und Pflichten der ausgleichspflichtigen Person aus der steuerlichen Förderung des übertragenen Anteils entfallen. ³In den Fällen der Sätze 1 und 2 teilt die zentrale Stelle der ausgleichspflichtigen Person die Höhe der auf die Ehezeit im Sinne des § 3 Absatz 1 des Versorgungsausgleichsgesetzes oder die Lebenspartnerschaftszeit im Sinne des § 20 Absatz 2 des Lebenspartnerschaftsgesetzes entfallenden gesondert festgestellten Beträge nach § 10a Absatz 4 und die ermittelten Zulagen mit. ⁴Die entsprechenden Beträge sind monatsweise zuzuordnen. ⁵Die zentrale Stelle teilt die geänderte Zuordnung der gesondert festgestellten Beträge nach § 10a Absatz 4 sowie der ermittelten Zulagen der ausgleichspflichtigen und in den Fällen des Satzes 1 auch der ausgleichsberechtigten Person durch Feststellungsbescheid mit. ⁶Nach Eintritt der Unanfechtbarkeit dieses Feststellungsbescheids informiert die zentrale Stelle den Anbieter durch einen Datensatz über die geänderte Zuordnung.

(2) ¹Die Übertragung von gefördertem Altersvorsorgevermögen auf einen anderen auf den Namen des Zulageberechtigten lautenden Altersvorsorgevertrag (§ 1 Absatz 1 Satz 1 Nummer 10 Buchstabe b des Altersvorsorgeverträge-Zertifizierungsgesetzes) stellt keine schädliche Verwendung dar. ²Dies gilt sinngemäß in den Fällen des § 4 Absatz 2 und 3 des Betriebsrentengesetzes, wenn das geförderte Altersvorsorgevermögen auf eine in § 82 Absatz 2 Buchstabe a genannten Einrichtungen der betrieblichen Altersversorgung zum Aufbau einer kapitalgedeckten betrieblichen Altersversorgung übertragen und eine lebenslange Altersversorgung im Sinne des § 1 Absatz 1 Satz 1 Nummer 4 des Altersvorsorgeverträge-Zertifizierungsgesetzes oder § 1 Absatz 1 Satz 1 Nummer 4 und 5 des Altersvorsorgeverträge-Zertifizierungsgesetzes in der bis zum 31. Dezember 2004 geltenden Fassung vorgesehen wird. ³In den übrigen Fällen der Abfindung von Anwartschaften der betrieblichen Altersversorgung gilt dies, soweit das geförderte Altersvorsorgevermögen zugunsten eines auf den Namen des Zulageberechtigten lautenden Altersvorsorgevertrages geleistet wird.

(3) ¹Auszahlungen zur Abfindung einer Kleinbetragsrente zu Beginn der Auszahlungsphase gelten nicht als schädliche Verwendung. ²Eine Kleinbetragsrente ist eine Rente, die bei gleichmäßiger Verrentung des gesamten zu Beginn der Auszahlungsphase zur Verfügung stehenden Kapitals eine monatliche Rente ergibt, die 1 Prozent der monatlichen Bezugsgröße nach § 18 des Vierten Buches Sozialgesetzbuch nicht übersteigt. ³Bei der Berechnung dieses Betrags sind alle bei einem Anbieter bestehenden Verträge des Zulageberechtigten insgesamt zu berücksichtigen, auf die nach diesem Abschnitt geförderte Altersvorsorgebeiträge geleistet wurden.

(4) ¹Wird bei einem einheitlichen Vertrag nach § 1 Absatz 1a Satz 1 Nummer 2 zweiter Halbsatz des Altersvorsorgeverträge-Zertifizierungsgesetzes das Darlehen nicht wohnungswirtschaftlich im Sinne des § 92a Absatz 1 Satz 1 verwendet, liegt zum Zeitpunkt der Darlehensauszahlung eine schädliche Verwendung des geförderten Altersvorsorgevermögens vor, es sei denn, das geförderte Altersvorsorgevermögen wird innerhalb eines Jahres nach Ablauf des Veranlagungszeitraums, in dem das Darlehen ausgezahlt wurde, auf einen anderen zertifizierten Altersvorsorgevertrag übertragen, der auf den Namen des Zulageberechtigten lautet. ²Der Zulageberechtigte hat dem Anbieter die Absicht zur Kapitalübertragung, den Zeitpunkt der Kapitalübertragung bis zum Zeitpunkt der Darlehensauszahlung und die Aufgabe der Absicht zur Kapitalübertragung mitzuteilen. ³Wird die Absicht zur Kapitalübertragung aufgegeben, tritt die schädliche Verwendung zu dem Zeitpunkt ein, zu dem die Mitteilung des Zulageberechtigten hierzu beim Anbieter eingeht, spätestens aber am 1. Januar des zweiten Jahres nach dem Jahr, in dem das Darlehen ausgezahlt wurde.

§ 94 EStG
Verfahren bei schädlicher Verwendung

(1) ¹In den Fällen des § 93 Absatz 1 hat der Anbieter der zentralen Stelle vor der Auszahlung des geförderten Altersvorsorgevermögens die schädliche Verwendung nach amtlich vorgeschriebenem Datensatz durch amtlich bestimmte Datenfernübertragung anzuzeigen. ²Die zentrale Stelle ermittelt den Rückzahlungsbetrag und teilt diesen dem Anbieter durch Datensatz mit. ³Der Anbieter hat den Rückzahlungsbetrag einzubehalten, mit der nächsten Anmeldung nach § 90 Absatz 3 anzumelden und an die zentrale Stelle abzuführen. ⁴Der Anbieter hat die einbehaltenen und abgeführten Beträge der zentralen Stelle nach amtlich vorgeschriebenem Datensatz durch amtlich bestimmte Datenfernübertragung mitzuteilen und diese Beträge dem Zulageberechtigten zu bescheinigen. ⁵In den Fällen des § 93 Absatz 3 gilt Satz 1 entsprechend.

(2) ¹Eine Festsetzung des Rückzahlungsbetrags erfolgt durch die zentrale Stelle auf besonderen Antrag des Zulageberechtigten oder sofern die Rückzahlung nach Absatz 1 ganz oder teilweise nicht möglich oder nicht erfolgt ist. ²§ 90 Absatz 4 Satz 2 bis 6 gilt entsprechend; § 90 Absatz 4 Satz 5 gilt nicht, wenn die Geschäftsbeziehung im Hinblick auf den jeweiligen Altersvorsorgevertrag zwischen dem Zulageberechtigten und dem Anbieter beendet wurde. ³Im Rückforderungsbescheid sind auf den Rückzahlungsbetrag die vom Anbieter bereits einbehaltenen und abgeführten Beträge nach Maßgabe der Bescheinigung nach Absatz 1 Satz 4 anzurechnen. ⁴Der Zulageberechtigte hat den verbleibenden Rückzahlungsbetrag innerhalb eines Monats nach Bekanntgabe des Rückforderungsbescheids an die zuständige Kasse zu entrichten. ⁵Die Frist für die Festsetzung des Rückzahlungsbetrags beträgt vier Jahre und beginnt mit Ablauf des Kalenderjahres, in dem die Auszahlung im Sinne des § 93 Absatz 1 erfolgt ist.

§ 95 EStG
Sonderfälle der Rückzahlung

(1) Die §§ 93 und 94 gelten entsprechend, wenn

1. sich der Wohnsitz oder gewöhnliche Aufenthalt des Zulageberechtigten außerhalb der Mitgliedstaaten der Europäischen Union und der Staaten befindet, auf die das Abkommen über den Europäischen Wirtschaftsraum (EWR-Abkommen) anwendbar ist, oder wenn der Zulageberechtigte ungeachtet eines Wohnsitzes oder gewöhnlichen Aufenthaltes in einem dieser Staaten nach einem Abkommen zur Vermeidung der Doppelbesteuerung mit einem dritten Staat als außerhalb des Hoheitsgebiets dieser Staaten ansässig gilt und

2. entweder keine Zulageberechtigung besteht oder der Vertrag in der Auszahlungsphase ist.

(2) ¹Auf Antrag des Zulageberechtigten ist der Rückzahlungsbetrag im Sinne des § 93 Absatz 1 Satz 1 zunächst bis zum Beginn der Auszahlung zu stunden. ²Die Stundung ist zu verlängern, wenn der Rückzahlungsbetrag mit mindestens 15 Prozent der Leistungen aus dem Vertrag getilgt wird. ³Die Stundung endet, wenn das geförderte Altersvorsorgevermögen nicht unter den in § 1 Absatz 1 Satz 1 Nummer 4 des Altersvorsorgeverträge-Zertifizierungsgesetzes genannten Voraussetzungen an den Zulageberechtigten ausgezahlt wird. ⁴Der Stundungsantrag ist über den Anbieter an die zentrale Stelle zu richten. ⁵Die zentrale Stelle teilt ihre Entscheidung auch dem Anbieter mit.

(3) Wurde der Rückzahlungsbetrag nach Absatz 2 gestundet und

1. verlegt der ehemals Zulageberechtigte seinen ausschließlichen Wohnsitz oder gewöhnlichen Aufenthalt in einen Mitgliedstaat der Europäischen Union oder einen Staat, auf den das Abkommen über den Europäischen Wirtschaftsraum (EWR-Abkommen) anwendbar ist, oder

2. wird der ehemals Zulageberechtigte erneut zulageberechtigt,

sind der Rückzahlungsbetrag und die bereits entstandenen Stundungszinsen von der zentralen Stelle zu erlassen.

§ 96 EStG
Anwendung der Abgabenordnung, allgemeine Vorschriften

(1) ¹Auf die Zulagen und die Rückzahlungsbeträge sind die für Steuervergütungen geltenden Vorschriften der Abgabenordnung entsprechend anzuwenden. ²Dies gilt nicht für § 163 der Abgabenordnung.

(2) ¹Der Anbieter haftet als Gesamtschuldner neben dem Zulageempfänger für die Zulagen und die nach § 10a Absatz 4 gesondert festgestellten Beträge, die wegen seiner vorsätzlichen oder grob fahrlässigen Pflichtverletzung zu Unrecht gezahlt, nicht einbehalten oder nicht zurückgezahlt worden sind. ²Für die Inanspruchnahme des Anbieters ist die zentrale Stelle zuständig.

(3) Die zentrale Stelle hat auf Anfrage des Anbieters Auskunft über die Anwendung des Abschnitts XI zu geben.

(4) ¹Die zentrale Stelle kann beim Anbieter ermitteln, ob er seine Pflichten erfüllt hat. ²Die §§ 193 bis 203 der Abgabenordnung gelten sinngemäß. ³Auf Verlangen der zentralen Stelle hat der Anbieter ihr Unterlagen, soweit sie im Ausland geführt und aufbewahrt werden, verfügbar zu machen.

(5) Der Anbieter erhält vom Bund oder den Ländern keinen Ersatz für die ihm aus diesem Verfahren entstehenden Kosten.

(6) ¹Der Anbieter darf die im Zulageverfahren bekannt gewordenen Verhältnisse der Beteiligten nur für das Verfahren verwerten. ²Er darf sie ohne Zustimmung der Beteiligten nur offenbaren, soweit dies gesetzlich zugelassen ist.

(7) ¹Für die Zulage gelten die Strafvorschriften des § 370 Absatz 1 bis 4, der §§ 371, 375 Absatz 1 und des § 376 sowie die Bußgeldvorschriften der §§ 378, 379 Absatz 1 und 4 und der §§ 383 und 384 der Abgabenordnung entsprechend. ²Für das Strafverfahren wegen einer Straftat nach Satz 1 sowie der Begünstigung einer Person, die eine solche Tat begangen hat, gelten die §§ 385 bis 408, für das Bußgeldverfahren wegen einer Ordnungswidrigkeit nach Satz 1 die §§ 409 bis 412 der Abgabenordnung entsprechend.

§ 97 EStG
Übertragbarkeit

¹Das nach § 10a oder Abschnitt XI geförderte Altersvorsorgevermögen einschließlich seiner Erträge, die geförderten laufenden Altersvorsorgebeiträge und der Anspruch auf die Zulage sind nicht übertragbar. ²§ 93 Absatz 1a und § 4 des Betriebsrentengesetzes bleiben unberührt.

§ 98 EStG
Rechtsweg

In öffentlich-rechtlichen Streitigkeiten über die aufgrund des Abschnitts XI ergehenden Verwaltungsakte ist der Finanzrechtsweg gegeben.

§ 99 EStG
Ermächtigung

(1) Das Bundesministerium der Finanzen wird ermächtigt, die Vordrucke für die Anträge nach § 89, für die Anmeldung nach § 90 Absatz 3 und für die in den §§ 92 und 94 Absatz 1 Satz 4 vorgesehenen Bescheinigungen und im Einvernehmen mit den obersten Finanzbehörden der Länder den Vordruck für die nach § 22 Nummer 5 Satz 7 vorgesehene Bescheinigung und den Inhalt und Aufbau der für die Durchführung des Zulageverfahrens zu übermittelnden Datensätze zu bestimmen.

(2) ¹Das Bundesministerium der Finanzen wird ermächtigt, im Einvernehmen mit dem Bundesministerium für Arbeit und Soziales und dem Bundesministerium des Innern durch Rechtsverordnung mit Zustimmung des Bundesrates Vorschriften zur Durchführung dieses Gesetzes über das Verfahren für die Ermittlung, Festsetzung, Auszahlung, Rückzahlung und Rückforderung der Zulage sowie die Rückzahlung und Rückforderung der nach § 10a Absatz 4 festgestellten Beträge zu erlassen. ²Hierzu gehören insbesondere

1. Vorschriften über Aufzeichnungs-, Aufbewahrungs-, Bescheinigungs- und Anzeigepflichten des Anbieters,

2. Grundsätze des vorgesehenen Datenaustausches zwischen den Anbietern, der zentralen Stelle, den Trägern der gesetzlichen Rentenversicherung, der Bundesagentur für Arbeit, den Meldebehörden, den Familienkassen, den zuständigen Stellen und den Finanzämtern und

3. Vorschriften über Mitteilungspflichten, die für die Erteilung der Bescheinigungen nach § 22 Nummer 5 Satz 7 und § 92 erforderlich sind.

C. Anhänge

Anhang 1	Lohnsteuer-Durchführungsverordnung
Anhang 2	Sozialversicherungsentgeltverordnung
Anhang 3	Solidaritätszuschlagsgesetz
Anhang 4	5. Vermögensbildungsgesetz
Anhang 5	Verordnung zur Durchführung des 5. Vermögensbildungsgesetzes
Anhang 6	BMF-Schreiben zur Anwendung des 5. Vermögensbildungsgesetzes
Anhang 7	Bundesumzugskostengesetz
Anhang 8	Allgemeine Verwaltungsvorschrift zum Bundesumzugskostengesetz
Anhang 9	Auslandsumzugskostenverordnung
Anhang 10	Auslandsreisekosten 2015
Anhang 11	Tabelle zur Steuerklassenwahl 2015
Anhang 12	Altersteilzeitgesetz
Anhang 13	Gesetz zur Verbesserung der betrieblichen Altersversorgung (Betriebsrentengesetz)
Anhang 13a	Gesetz über die Zertifizierung von Altersvorsorgeverträgen
Anhang 13b	Versicherungsaufsichtsgesetz (auszugsweise)
Anhang 13c	Steuerliche Förderung der privaten Altersvorsorge und betrieblichen Altersversorgung (BMF-Schreiben vom 24.7.2013, BStBl. I S. 1022, zuletzt geändert durch BMF-Schreiben vom 13.3.2014, BStBl. I S. 554; auszugsweise)
Anhang 13d	Altersvorsorge-Durchführungsverordnung – AltvDV
Anhang 13e	Liste der berufsständischen Versorgungseinrichtungen, die den gesetzlichen Rentenversicherungen vergleichbare Leistungen erbringen
Anhang 14	Umsatzsteuerliche Behandlung von Sachbezügen (Abschnitt 1.8 Umsatzsteuer-Anwendungserlass)
Anhang 15	Amtliches Arbeitgebermerkblatt zu den Rechtsänderungen beim Steuerabzug vom Arbeitslohn
Anhang 16	Einführungsschreiben Lohnsteuer zum Steueränderungsgesetz 2003 und Haushaltsbegleitgesetz 2004
Anhang 17	Verordnung über die elektronische Übermittlung von für das Besteuerungsverfahren erforderlichen Daten (Steuerdaten-Übermittlungsverordnung – StDÜV)

Lohnsteuer-Durchführungsverordnung

Anhang 1
Lohnsteuer-Durchführungsverordnung 1990 (LStDV 1990)

i.d.F. der Bek. vom 10.10.1989 (BGBl. I S. 1848), zuletzt geändert durch Art. 27 G vom 25.7.2014 (BGBl. I S. 1266)

§ 1
Arbeitnehmer, Arbeitgeber

(1) ¹Arbeitnehmer sind Personen, die in öffentlichem oder privatem Dienst angestellt oder beschäftigt sind oder waren und die aus diesem Dienstverhältnis oder einem früheren Dienstverhältnis Arbeitslohn beziehen. ²Arbeitnehmer sind auch die Rechtsnachfolger dieser Personen, soweit sie Arbeitslohn aus dem früheren Dienstverhältnis ihres Rechtsvorgängers beziehen.

(2) ¹Ein Dienstverhältnis (Absatz 1) liegt vor, wenn der Angestellte (Beschäftigte) dem Arbeitgeber (öffentliche Körperschaft, Unternehmer, Haushaltsvorstand) seine Arbeitskraft schuldet. ²Dies ist der Fall, wenn die tätige Person in der Betätigung ihres geschäftlichen Willens unter der Leitung des Arbeitgebers steht oder im geschäftlichen Organismus des Arbeitgebers dessen Weisungen zu folgen verpflichtet ist.

(3) Arbeitnehmer ist nicht, wer Lieferungen und sonstige Leistungen innerhalb der von ihm selbständig ausgeübten gewerblichen oder beruflichen Tätigkeit im Inland gegen Entgelt ausführt, soweit es sich um die Entgelte für diese Lieferungen und sonstigen Leistungen handelt.

§ 2
Arbeitslohn

(1) ¹Arbeitslohn sind alle Einnahmen, die dem Arbeitnehmer aus dem Dienstverhältnis zufließen. ²Es ist unerheblich, unter welcher Bezeichnung oder in welcher Form die Einnahmen gewährt werden.

(2) Zum Arbeitslohn gehören auch

1. Einnahmen im Hinblick auf ein künftiges Dienstverhältnis;
2. Einnahmen aus einem früheren Dienstverhältnis, unabhängig davon, ob sie dem zunächst Bezugsberechtigten oder seinem Rechtsnachfolger zufließen. ²Bezüge, die ganz oder teilweise auf früheren Beitragsleistungen des Bezugsberechtigten oder seines Rechtsvorgängers beruhen, gehören nicht zum Arbeitslohn, es sei denn, dass die Beitragsleistungen Werbungskosten gewesen sind;
3. Ausgaben, die ein Arbeitgeber leistet, um einen Arbeitnehmer oder diesem nahe stehende Personen für den Fall der Krankheit, des Unfalls, der Invalidität, des Alters oder des Todes abzusichern (Zukunftssicherung). ²Voraussetzung ist, dass der Arbeitnehmer der Zukunftssicherung ausdrücklich oder stillschweigend zustimmt. ³Ist bei einer Zukunftssicherung für mehrere Arbeitnehmer oder diesen nahe stehende Personen in Form einer Gruppenversicherung oder Pauschalversicherung der für den einzelnen Arbeitnehmer geleistete Teil der Ausgaben nicht in anderer Weise zu ermitteln, so sind die Ausgaben nach der Zahl der gesicherten Arbeitnehmer auf diese aufzuteilen. ⁴Nicht zum Arbeitslohn gehören Ausgaben, die nur dazu dienen, dem Arbeitgeber die Mittel zur Leistung einer dem Arbeitnehmer zugesagten Versorgung zu verschaffen;
4. Entschädigungen, die dem Arbeitnehmer oder seinem Rechtsnachfolger als Ersatz für entgangenen oder entgehenden Arbeitslohn oder für die Aufgabe oder Nichtausübung einer Tätigkeit gewährt werden;
5. besondere Zuwendungen, die aufgrund des Dienstverhältnisses oder eines früheren Dienstverhältnisses gewährt werden, zum Beispiel Zuschüsse im Krankheitsfall;
6. besondere Entlohnungen für Dienste, die über die regelmäßige Arbeitszeit hinaus geleistet werden, wie Entlohnung für Überstunden, Überschichten, Sonntagsarbeit;
7. Lohnzuschläge, die wegen der Besonderheit der Arbeit gewährt werden;
8. Entschädigungen für Nebenämter und Nebenbeschäftigungen im Rahmen eines Dienstverhältnisses.

§ 3
– weggefallen –

§ 4
Lohnkonto

(1) Der Arbeitgeber hat im Lohnkonto des Arbeitnehmers Folgendes aufzuzeichnen:

1. den Vornamen, den Familiennamen, den Tag der Geburt, den Wohnort, die Wohnung sowie die in einer vom Finanzamt ausgestellten Bescheinigung für den Lohnsteuerabzug eingetragenen allgemeinen Besteuerungsmerkmale. ²Ändern sich im Laufe des Jahres die in einer Bescheinigung für den Lohnsteuerabzug eingetragenen allgemeinen Besteuerungsmerkmale, so ist auch der Zeitpunkt anzugeben, von dem an die Änderungen gelten;
2. den Jahresfreibetrag oder den Jahreshinzurechnungsbetrag sowie den Monatsbetrag, Wochenbetrag oder Tagesbetrag, der in einer vom Finanzamt ausgestellten Bescheinigung für den Lohnsteuerabzug eingetragen ist, und den Zeitraum, für den die Eintragungen gelten;
3. bei einem Arbeitnehmer, der dem Arbeitgeber eine Bescheinigung nach § 39b Abs. 6 des Einkommensteuergesetzes in der am 31. Dezember 2010 geltenden Fassung (Freistellungsbescheinigung) vorgelegt hat, einen Hinweis darauf, dass eine Bescheinigung vorliegt, den Zeitraum, für den die Lohnsteuerbefreiung gilt, das Finanzamt, das die Bescheinigung ausgestellt hat, und den Tag der Ausstellung,
4. in den Fällen des § 19 Abs. 2 des Einkommensteuergesetzes die für die zutreffende Berechnung des Versorgungsfreibetrags und des Zuschlags zum Versorgungsfreibetrag erforderlichen Angaben.*)

(2) Bei jeder Lohnabrechnung ist im Lohnkonto Folgendes aufzuzeichnen:

1. der Tag der Lohnzahlung und der Lohnzahlungszeitraum;
2. in den Fällen des § 41 Absatz 1 Satz 5 des Einkommensteuergesetzes jeweils der Großbuchstabe U;
3. der Arbeitslohn, getrennt nach Barlohn und Sachbezügen, und die davon einbehaltene Lohnsteuer. ²Dabei sind die Sachbezüge einzeln zu bezeichnen und – unter Angabe des Abgabetags oder bei laufenden Sachbezügen des Abgabezeitraums, des Abgabeorts und des Entgelts – mit dem nach § 8 Abs. 2 oder 3 des Einkommensteuergesetzes maßgebenden und um das Entgelt geminderten Wert zu erfassen. ³Sachbezüge im Sinne des § 8 Abs. 3 des Einkommensteuergesetzes und Versorgungsbezüge sind jeweils als solche kenntlich zu machen und ohne Kürzung um Freibeträge nach § 8 Abs. 3 oder § 19 Abs. 2 des Einkommensteuergesetzes einzutragen. ⁴Trägt der Arbeitgeber im Falle der Nettolohnzahlung die auf den Arbeitslohn entfallende Steuer selbst, ist in jedem Fall der Bruttoarbeitslohn einzutragen, die nach den Nummern 4 bis 8 gesondert aufzuzeichnenden Beträge sind nicht mitzuzählen;
4. steuerfreie Bezüge mit Ausnahme der Vorteile im Sinne des § 3 Nr. 45 EStG und der Trinkgelder. ²Das Betriebsstättenfinanzamt kann zulassen, dass auch andere nach § 3 des Einkommensteuergesetzes steuerfreie Bezüge nicht angegeben werden, wenn es sich um Fälle von geringer Bedeutung handelt oder wenn die Möglichkeit zur Nachprüfung in anderer Weise sichergestellt ist;
5. Bezüge, die nach einem Abkommen zur Vermeidung der Doppelbesteuerung oder unter Progressionsvorbehalt nach § 34c Abs. 5 des Einkommensteuergesetzes von der Lohnsteuer freigestellt sind;
6. außerordentliche Einkünfte im Sinne des § 34 Abs. 1 und 2 Nr. 2 und 4 des Einkommensteuergesetzes und die davon nach § 39b Abs. 3 Satz 9 des Einkommensteuergesetzes einbehaltene Lohnsteuer;
7. – weggefallen –
8. Bezüge, die nach den §§ 40 bis 40b des Einkommensteuergesetzes pauschal besteuert worden sind, und die darauf entfallende Lohnsteuer. ²Lassen sich in den Fällen des § 40 Absatz 1 Satz 1 Nummer 2 und Absatz 2 des Einkommensteuergesetzes

---

*) Aufzeichnungspflichten bei Versorgungsbezügen >BMF vom 15.9.2014 (BStBl. I S. 1244). Abgedruckt als Anlage 1 zu H 41b LStR.

die auf den einzelnen Arbeitnehmer entfallenden Beträge nicht ohne weiteres ermitteln, so sind sie in einem Sammelkonto anzuschreiben. ³Das Sammelkonto muss die folgenden Angaben enthalten: Tag der Zahlung, Zahl der bedachten Arbeitnehmer, Summe der insgesamt gezahlten Bezüge, Höhe der Lohnsteuer sowie Hinweise auf die als Belege zum Sammelkonto aufzubewahrenden Unterlagen, insbesondere Zahlungsnachweise, Bestätigung des Finanzamts über die Zulassung der Lohnsteuerpauschalierung. ⁴In den Fällen des § 40a des Einkommensteuergesetzes genügt es, wenn der Arbeitgeber Aufzeichnungen führt, aus denen sich für die einzelnen Arbeitnehmer Name und Anschrift, Dauer der Beschäftigung, Tag der Zahlung, Höhe des Arbeitslohns und in den Fällen des § 40a Abs. 3 des Einkommensteuergesetzes auch die Art der Beschäftigung ergeben. ⁵Sind in den Fällen der Sätze 3 und 4 Bezüge nicht mit dem ermäßigten Kirchensteuersatz besteuert worden, so ist zusätzlich der fehlende Kirchensteuerabzug aufzuzeichnen und auf die als Beleg aufzubewahrende Unterlage hinzuweisen, aus der hervorgeht, dass der Arbeitnehmer keiner Religionsgemeinschaft angehört, für die die Kirchensteuer von den Finanzbehörden erhoben wird.

(3) ¹Das Betriebsstättenfinanzamt kann bei Arbeitgebern, die für die Lohnabrechnung ein maschinelles Verfahren anwenden, Ausnahmen von den Vorschriften der Absätze 1 und 2 zulassen, wenn die Möglichkeit zur Nachprüfung in anderer Weise sichergestellt ist. ²Das Betriebsstättenfinanzamt soll zulassen, dass Sachbezüge im Sinne des § 8 Absatz 2 Satz 11 und Absatz 3 des Einkommensteuergesetzes für solche Arbeitnehmer nicht aufzuzeichnen sind, für die durch betriebliche Regelungen und entsprechende Überwachungsmaßnahmen gewährleistet ist, dass die in § 8 Absatz 2 Satz 11 oder Absatz 3 des Einkommensteuergesetzes genannten Beträge nicht überschritten werden.

(4) ¹In den Fällen des § 38 Abs. 3a des Einkommensteuergesetzes ist ein Lohnkonto vom Dritten zu führen. ²In den Fällen des § 38 Abs. 3a Satz 2 ist der Arbeitgeber anzugeben und auch der Arbeitslohn einzutragen, der nicht vom Dritten, sondern vom Arbeitgeber selbst gezahlt wird. ³In den Fällen des § 38 Abs. 3a Satz 7 ist der Arbeitslohn für jedes Dienstverhältnis gesondert aufzuzeichnen.

§ 5
Besondere Aufzeichnungs- und Mitteilungspflichten im Rahmen der betrieblichen Altersversorgung

(1) Der Arbeitgeber hat bei Durchführung einer kapitalgedeckten betrieblichen Altersversorgung über einen Pensionsfonds, eine Pensionskasse oder eine Direktversicherung ergänzend zu den in § 4 Abs. 2 Nr. 4 und 8 angeführten Aufzeichnungspflichten gesondert je Versorgungszusage und Arbeitnehmer Folgendes aufzuzeichnen:

1. bei Inanspruchnahme der Steuerbefreiung nach § 3 Nr. 63 Satz 3 des Einkommensteuergesetzes den Zeitpunkt der Erteilung, den Zeitpunkt der Übertragung nach dem „Abkommen zur Übertragung von Direktversicherungen oder Versicherungen in eine Pensionskasse bei Arbeitgeberwechsel" oder nach vergleichbaren Regelungen zur Übertragung von Versicherungen in Pensionskassen oder Pensionsfonds, bei der Änderung einer vor dem 1. Januar 2005 erteilten Versorgungszusage alle Änderungen der Zusage nach dem 31. Dezember 2004;

2. bei Anwendung des § 40b des Einkommensteuergesetzes in der am 31. Dezember 2004 geltenden Fassung den Inhalt der am 31. Dezember 2004 bestehenden Versorgungszusagen, sowie im Fall des § 52 Absatz 4 Satz 10 des Einkommensteuergesetzes die erforderliche Verzichtserklärung und bei der Übernahme einer Versorgungszusage nach § 4 Abs. 2 Nr. 1 des Betriebsrentengesetzes vom 19. Dezember 1974 (BGBl. I S. 3610), das zuletzt durch Artikel 2 des Gesetzes vom 29. August 2005 (BGBl. I S. 2546) geändert worden ist, in der jeweils geltenden Fassung oder bei einer Übertragung nach dem „Abkommen zur Übertragung von Direktversicherungen oder Versicherungen in eine Pensionskasse bei Arbeitgeberwechsel" oder nach vergleichbaren Regelungen zur Übertragung von Versicherungen in Pensionskassen oder Pensionsfonds im Falle einer vor dem 1. Januar 2005 erteilten Versorgungszusage zusätzlich die Erklärung des ehemaligen Arbeitgebers, dass diese Versorgungszusage vor dem 1. Januar 2005 erteilt und dass diese bis zur Übernahme nicht als Versorgungszusage im Sinne des § 3 Nr. 63 Satz 3 des Einkommensteuergesetzes behandelt wurde.

(2) ¹Der Arbeitgeber hat der Versorgungseinrichtung (Pensionsfonds, Pensionskasse, Direktversicherung), die für ihn die betriebliche Altersversorgung durchführt, spätestens zwei Monate nach Ablauf des Kalenderjahres oder nach Beendigung des Dienstverhältnisses im Laufe des Kalenderjahres gesondert je Versorgungszusage die für den einzelnen Arbeitnehmer geleisteten und

1. nach § 3 Nr. 56 und 63 des Einkommensteuergesetzes steuerfrei belassenen,

2. nach § 40b des Einkommensteuergesetzes in der am 31. Dezember 2004 geltenden Fassung pauschal besteuerten oder

3. individuell besteuerten

Beiträge mitzuteilen. ²Ferner hat der Arbeitgeber oder die Unterstützungskasse die nach § 3 Nr. 66 des Einkommensteuergesetzes steuerfrei belassenen Leistungen mitzuteilen. ³Die Mitteilungspflicht des Arbeitgebers oder der Unterstützungskasse kann durch einen Auftragnehmer wahrgenommen werden.

(3) ¹Eine Mitteilung nach Absatz 2 kann unterbleiben, wenn die Versorgungseinrichtung die steuerliche Behandlung der für die einzelnen Arbeitnehmer im Kalenderjahr geleisteten Beiträge bereits kennt oder aus den bei ihr vorhandenen Daten feststellen kann, und dieser Umstand dem Arbeitgeber mitgeteilt worden ist. ²Unterbleibt die Mitteilung des Arbeitgebers, ohne dass ihm eine entsprechende Mitteilung der Versorgungseinrichtung vorliegt, so hat die Versorgungseinrichtung davon auszugehen, dass es sich insgesamt bis zu den in § 3 Nr. 56 oder 63 des Einkommensteuergesetzes genannten Höchstbeträgen um steuerbegünstigte Beiträge handelt, die in der Auszahlungsphase als Leistungen im Sinne von § 22 Nr. 5 Satz 1 des Einkommensteuergesetzes zu besteuern sind.

§ 6
– *weggefallen* –

§ 7
– *weggefallen* –

§ 8
Anwendungszeitraum

(1) Die Vorschriften dieser Verordnung in der Fassung des Artikels 2 des Gesetzes vom 13. Dezember 2006 (BGBl. I S. 2878) sind erstmals anzuwenden auf laufenden Arbeitslohn, der für einen nach dem 31. Dezember 2006 endenden Lohnzahlungszeitraum gezahlt wird, und auf sonstige Bezüge, die nach dem 31. Dezember 2006 zufließen.

(2) ¹§ 6 Abs. 3 und 4 sowie § 7 in der am 31. Dezember 2001 geltenden Fassung sind weiter anzuwenden im Falle einer schädlichen Verfügung vor dem 1. Januar 2002. ²Die Nachversteuerung nach § 7 Abs. 1 Satz 1 unterbleibt, wenn der nachzufordernde Betrag 10 Euro nicht übersteigt.

Sozialversicherungsentgeltverordnung

Anhang 2
Verordnung über die sozialversicherungsrechtliche Beurteilung von Zuwendungen des Arbeitgebers als Arbeitsentgelt (Sozialversicherungsentgeltverordnung – SvEV)*)

vom 21.12.2006 (BGBl. I S. 3385),
zuletzt geändert durch Verordnung vom 24.11.2014 (BGBl. I S. 1799)

§ 1
Dem sozialversicherungspflichtigen Arbeitsentgelt nicht zuzurechnende Zuwendungen

(1) [1]Dem Arbeitsentgelt sind nicht zuzurechnen:

1. einmalige Einnahmen, laufende Zulagen, Zuschläge, Zuschüsse sowie ähnliche Einnahmen, die zusätzlich zu Löhnen oder Gehältern gewährt werden, soweit sie lohnsteuerfrei sind; dies gilt nicht für Sonntags-, Feiertags- und Nachtarbeitszuschläge, soweit das Entgelt, auf das sie berechnet werden, mehr als 25 Euro für jede Stunde beträgt,
2. sonstige Bezüge nach § 40 Abs. 1 Satz 1 Nr. 1 des Einkommensteuergesetzes, die nicht einmalig gezahltes Arbeitsentgelt nach § 23a des Vierten Buches Sozialgesetzbuch sind,
3. Einnahmen nach § 40 Abs. 2 des Einkommensteuergesetzes,
4. Beiträge nach § 40b des Einkommensteuergesetzes in der am 31. Dezember 2004 geltenden Fassung, die zusätzlich zu Löhnen und Gehältern gewährt werden; dies gilt auch für darin enthaltene Beträge, die aus einer Entgeltumwandlung (§ 1 Abs. 2 Nr. 3 des Betriebsrentengesetzes) stammen,
4a. Zuwendungen nach § 3 Nr. 56 und § 40b des Einkommensteuergesetzes, die zusätzlich zu Löhnen und Gehältern gewährt werden und für die Satz 3 und 4 nichts Abweichendes bestimmen,
5. Beträge nach § 10 des Entgeltfortzahlungsgesetzes,
6. Zuschüsse zum Mutterschaftsgeld nach § 14 des Mutterschutzgesetzes,
7. in den Fällen des § 3 Abs. 3 der vom Arbeitgeber insoweit übernommene Teil des Gesamtsozialversicherungsbeitrags,
8. Zuschüsse des Arbeitgebers zum Kurzarbeitergeld und Saison-Kurzarbeitergeld, soweit sie zusammen mit dem Kurzarbeitergeld 80 Prozent des Unterschiedsbetrages zwischen dem Sollentgelt und dem Ist-Entgelt nach § 106 des Dritten Buches Sozialgesetzbuch nicht übersteigen,
9. steuerfreie Zuwendungen an Pensionskassen, Pensionsfonds oder Direktversicherungen nach § 3 Nr. 63 Satz 1 und 2 des Einkommensteuergesetzes im Kalenderjahr bis zur Höhe von insgesamt 4 Prozent der Beitragsbemessungsgrenze in der allgemeinen Rentenversicherung; dies gilt auch für darin enthaltene Beträge, die aus einer Entgeltumwandlung (§ 1 Abs. 2 Nr. 3 des Betriebsrentengesetzes) stammen,
10. Leistungen eines Arbeitgebers oder einer Unterstützungskasse an einen Pensionsfonds zur Übernahme bestehender Versorgungsverpflichtungen oder Versorgungsanwartschaften durch den Pensionsfonds, soweit diese nach § 3 Nr. 66 des Einkommensteuergesetzes steuerfrei sind,
11. steuerlich nicht belastete Zuwendungen des Beschäftigten zugunsten von durch Naturkatastrophen im Inland Geschädigten aus Arbeitsentgelt einschließlich Wertguthaben,
12. Sanierungsgelder der Arbeitgeber zur Deckung eines finanziellen Fehlbetrages an die Einrichtungen, für die Satz 3 gilt,
13. Sachprämien nach § 37a des Einkommensteuergesetzes,
14. Zuwendungen nach § 37b Abs. 1 des Einkommensteuergesetzes, soweit die Zuwendungen an Arbeitnehmer eines Dritten erbracht werden und diese Arbeitnehmer nicht Arbeitnehmer eines mit dem Zuwendenden verbundenen Unternehmens sind,
15. vom Arbeitgeber getragene oder übernommene Studiengebühren für ein Studium des Beschäftigten, soweit sie steuerrechtlich kein Arbeitslohn sind.

[2]Die in Satz 1 Nr. 2 bis 4 genannten Einnahmen, Beiträge und Zuwendungen sind nicht dem Arbeitsentgelt zuzurechnen, soweit der Arbeitgeber die Lohnsteuer mit einem Pauschsteuersatz erheben kann und er die Lohnsteuer nicht nach den Vorschriften der § 39b oder § 39c des Einkommensteuergesetzes erhebt. [3]Die Summe der in Satz 1 Nr. 4a genannten Zuwendungen nach § 3 Nr. 56 und § 40b des Einkommensteuergesetzes, höchstens jedoch monatlich 100 Euro, sind bis zur Höhe von zu 2,5 Prozent des für ihre Bemessung maßgebenden Entgelts dem Arbeitsentgelt zuzurechnen, wenn die Versorgungsregelung mindestens bis zum 31. Dezember 2000 vor der Anwendung etwaiger Nettobegrenzungsregelungen eine allgemein erreichbare Gesamtversorgung von mindestens 75 Prozent des gesamtversorgungsfähigen Entgelts und nach dem Eintritt des Versorgungsfalles eine Anpassung nach Maßgabe der Entwicklung der Arbeitsentgelte im Bereich der entsprechenden Versorgungsregelung oder gesetzlicher Versorgungsbezüge vorsieht; die dem Arbeitsentgelt zuzurechnenden Beiträge und Zuwendungen vermindern sich um monatlich 13,30 Euro. [4]Satz 3 gilt mit der Maßgabe, dass die Zuwendungen nach § 3 Nr. 56 und § 40b des Einkommensteuergesetzes dem Arbeitsentgelt insoweit zugerechnet werden, als sie in der Summe monatlich 100 Euro übersteigen.

(2) In der gesetzlichen Unfallversicherung und in der Seefahrt sind auch lohnsteuerfreie Zuschläge für Sonntags-, Feiertags- und Nachtarbeit dem Arbeitsentgelt zuzurechnen; dies gilt in der Unfallversicherung nicht für Erwerbseinkommen, das bei einer Hinterbliebenenrente zu berücksichtigen ist.

§ 2
Verpflegung, Unterkunft und Wohnung als Sachbezug

(1) [1]Der Wert der als Sachbezug zur Verfügung gestellten Verpflegung wird auf monatlich 229 Euro festgesetzt. [2]Dieser Wert setzt sich zusammen aus dem Wert für

1. Frühstück von 49 Euro,
2. Mittagessen von 90 Euro und
3. Abendessen von 90 Euro.

(2) [1]Für Verpflegung, die nicht nur dem Beschäftigten, sondern auch seinen nicht bei demselben Arbeitgeber beschäftigten Familienangehörigen zur Verfügung gestellt wird, erhöhen sich die nach Absatz 1 anzusetzenden Werte je Familienangehörigem,

1. der das 18. Lebensjahr vollendet hat, um 100 Prozent,
2. der das 14., aber noch nicht das 18. Lebensjahr vollendet hat, um 80 Prozent,
3. der das 7., aber noch nicht das 14. Lebensjahr vollendet hat, um 40 Prozent und
4. der das 7. Lebensjahr noch nicht vollendet hat, um 30 Prozent.

[2]Bei der Berechnung des Wertes ist das Lebensalter des Familienangehörigen im ersten Entgeltabrechnungszeitraum des Kalenderjahres maßgebend. [3]Sind Ehegatten bei demselben Arbeitgeber beschäftigt, sind die Erhöhungswerte nach Satz 1 für Verpflegung der Kinder beiden Ehegatten je zur Hälfte zuzurechnen.

(3) [1]Der Wert einer als Sachbezug zur Verfügung gestellten Unterkunft wird auf monatlich 223 Euro festgesetzt. [2]Der Wert der Unterkunft nach Satz 1 vermindert sich

1. bei Aufnahme des Beschäftigten in den Haushalt des Arbeitgebers oder bei Unterbringung in einer Gemeinschaftsunterkunft um 15 Prozent,
2. für Jugendliche bis zur Vollendung des 18. Lebensjahres und Auszubildende um 15 Prozent und
3. bei der Belegung
   a) mit zwei Beschäftigten um 40 Prozent,
   b) mit drei Beschäftigten um 50 Prozent und
   c) mit mehr als drei Beschäftigten um 60 Prozent.

[3]Ist es nach Lage des einzelnen Falles unbillig, den Wert einer Unterkunft nach Satz 1 zu bestimmen, kann die Unterkunft mit dem ortsüblichen Mietpreis bewertet werden; Absatz 4 Satz 2 gilt entsprechend.

---

*) Anm. d. Verlages:
Diese Verordnung wurde verkündet als Artikel 1 der Verordnung zur Neuordnung der Regelungen über die sozialversicherungsrechtliche Beurteilung von Zuwendungen des Arbeitgebers als Arbeitsentgelt und ist am 1.1.2007 in Kraft getreten.

(4) ¹Für eine als Sachbezug zur Verfügung gestellte Wohnung ist als Wert der ortsübliche Mietpreis unter Berücksichtigung der sich aus der Lage der Wohnung zum Betrieb ergebenden Beeinträchtigungen anzusetzen. ²Ist im Einzelfall die Feststellung des ortsüblichen Mietpreises mit außergewöhnlichen Schwierigkeiten verbunden, kann die Wohnung mit 3,92 Euro je Quadratmeter monatlich, bei einfacher Ausstattung (ohne Sammelheizung oder ohne Bad oder Dusche) mit 3,20 Euro je Quadratmeter monatlich bewertet werden. ³Bestehen gesetzliche Mietpreisbeschränkungen, sind die durch diese Beschränkungen festgelegten Mietpreise als Werte anzusetzen. ⁴Dies gilt auch für die vertraglichen Mietpreisbeschränkungen im sozialen Wohnungsbau, die nach den jeweiligen Förderrichtlinien des Landes für den betreffenden Förderjahrgang sowie für die mit Wohnungsfürsorgemitteln aus öffentlichen Haushalten geförderten Wohnungen vorgesehen sind. ⁵Für Energie, Wasser und sonstige Nebenkosten ist der übliche Preis am Abgabeort anzusetzen.

(5) Werden Verpflegung, Unterkunft oder Wohnung verbilligt als Sachbezug zur Verfügung gestellt, ist der Unterschiedsbetrag zwischen dem vereinbarten Preis und dem Wert, der sich bei freiem Bezug nach den Absätzen 1 bis 4 ergeben würde, dem Arbeitsentgelt zuzurechnen.

(6) ¹Bei der Berechnung des Wertes für kürzere Zeiträume als einen Monat ist für jeden Tag ein Dreißigstel der Werte nach den Absätzen 1 bis 5 zugrunde zu legen. ²Die Prozentsätze der Absätze 2 und 3 sind auf den Tageswert nach Satz 1 anzuwenden. ³Die Berechnungen werden jeweils auf 2 Dezimalstellen durchgeführt; die zweite Dezimalstelle wird um 1 erhöht, wenn sich in der dritten Dezimalstelle eine der Zahlen 5 bis 9 ergibt.

§ 3
Sonstige Sachbezüge

(1) ¹Werden Sachbezüge, die nicht von § 2 erfasst werden, unentgeltlich zur Verfügung gestellt, ist als Wert für diese Sachbezüge der um übliche Preisnachlässe geminderte übliche Endpreis am Abgabeort anzusetzen. ²Sind aufgrund des § 8 Absatz 2 Satz 10 des Einkommensteuergesetzes Durchschnittswerte festgesetzt worden, sind diese Werte maßgebend. ³Findet § 8 Abs. 2 Satz 2, 3, 4 oder 5 oder Abs. 3 Satz 1 des Einkommensteuergesetzes Anwendung, sind die dort genannten Werte maßgebend. ⁴§ 8 Absatz 2 Satz 11 des Einkommensteuergesetzes gilt entsprechend.

(2) Werden Sachbezüge, die nicht von § 2 erfasst werden, verbilligt zur Verfügung gestellt, ist als Wert für diese Sachbezüge der Unterschiedsbetrag zwischen dem vereinbarten Preis und dem Wert, der sich bei freiem Bezug nach Absatz 1 ergeben würde, dem Arbeitsentgelt zuzurechnen.

(3) ¹Waren und Dienstleistungen, die vom Arbeitgeber nicht überwiegend für den Bedarf seiner Arbeitnehmer hergestellt, vertrieben oder erbracht werden und die nach § 40 Abs. 1 Satz 1 Nr. 1 des Einkommensteuergesetzes pauschal versteuert werden, können mit dem Durchschnittsbetrag der pauschal versteuerten Waren und Dienstleistungen angesetzt werden; dabei kann der Durchschnittsbetrag des Vorjahres angesetzt werden. ²Besteht das Beschäftigungsverhältnis nur während eines Teils des Kalenderjahres, ist für jeden Tag des Beschäftigungsverhältnisses der dreihundertsechzigste Teil des Durchschnittswertes nach Satz 1 anzusetzen. ³Satz 1 gilt nur, wenn der Arbeitgeber den von dem Beschäftigten zu tragenden Teil des Gesamtsozialversicherungsbeitrags übernimmt. ⁴Die Sätze 1 bis 3 gelten entsprechend für Sachzuwendungen im Wert von nicht mehr als 80,00 Euro, die der Arbeitnehmer für Verbesserungsvorschläge sowie für Leistungen in der Unfallverhütung und im Arbeitsschutz erhält. ⁵Die mit einem Durchschnittswert angesetzten Sachbezüge, die in einem Kalenderjahr gewährt werden, sind insgesamt dem letzten Entgeltabrechnungszeitraum in diesem Kalenderjahr zuzuordnen.

§ 4

– aufgehoben –

Anhang 3
Solidaritätszuschlaggesetz 1995
(SolZG 1995)

i. d. F. der Bek. vom 15.10.2002 (BGBl. I S. 4130),
zuletzt geändert durch Art. 6 G vom 7.12.2011 (BGBl. I S. 2592)

§ 1
Erhebung eines Solidaritätszuschlags

(1) Zur Einkommensteuer und zur Körperschaftsteuer wird ein Solidaritätszuschlag als Ergänzungsabgabe erhoben.

(2) Auf die Festsetzung und Erhebung des Solidaritätszuschlags sind die Vorschriften des Einkommensteuergesetzes und des Körperschaftsteuergesetzes entsprechend anzuwenden.

(3) Ist die Einkommen- oder Körperschaftsteuer für Einkünfte, die dem Steuerabzug unterliegen, durch den Steuerabzug abgegolten oder werden solche Einkünfte bei der Veranlagung zur Einkommen- oder Körperschaftsteuer oder beim Lohnsteuer-Jahresausgleich nicht erfasst, gilt dies für den Solidaritätszuschlag entsprechend.

(4) ¹Die Vorauszahlungen auf den Solidaritätszuschlag sind gleichzeitig mit den festgesetzten Vorauszahlungen auf die Einkommensteuer oder Körperschaftsteuer zu entrichten; § 37 Abs. 5 des Einkommensteuergesetzes ist nicht anzuwenden. ²Solange ein Bescheid über die Vorauszahlungen auf den Solidaritätszuschlag nicht erteilt worden ist, sind die Vorauszahlungen ohne besondere Aufforderung nach Maßgabe der für den Solidaritätszuschlag geltenden Vorschriften zu entrichten. ³§ 240 Abs. 1 Satz 3 der Abgabenordnung ist insoweit nicht anzuwenden; § 254 Abs. 2 der Abgabenordnung gilt insoweit sinngemäß.

(5) ¹Mit einem Rechtsbehelf gegen den Solidaritätszuschlag kann weder die Bemessungsgrundlage noch die Höhe des zu versteuernden Einkommens angegriffen werden. ²Wird die Bemessungsgrundlage geändert, ändert sich der Solidaritätszuschlag entsprechend.

§ 2
Abgabepflicht

Abgabepflichtig sind

1. natürliche Personen, die nach § 1 des Einkommensteuergesetzes einkommensteuerpflichtig sind,
2. natürliche Personen, die nach § 2 Außensteuergesetz erweitert beschränkt steuerpflichtig sind,
3. Körperschaften, Personenvereinigungen und Vermögensmassen, die nach § 1 oder § 2 des Körperschaftsteuergesetzes körperschaftsteuerpflichtig sind.

§ 3
Bemessungsgrundlage und zeitliche Anwendung

(1) Der Solidaritätszuschlag bemisst sich vorbehaltlich der Absätze 2 bis 5,

1. soweit eine Veranlagung zur Einkommensteuer oder Körperschaftsteuer vorzunehmen ist:

   nach der nach Absatz 2 berechneten Einkommensteuer oder der festgesetzten Körperschaftsteuer für Veranlagungszeiträume ab 1998, vermindert um die anzurechnende oder vergütete Körperschaftsteuer, wenn ein positiver Betrag verbleibt;

2. soweit Vorauszahlungen zur Einkommensteuer oder Körperschaftsteuer zu leisten sind:

   nach den Vorauszahlungen auf die Steuer für Veranlagungszeiträume ab 2002;

3. soweit Lohnsteuer zu erheben ist:

   nach der nach Absatz 2a berechneten Lohnsteuer für

   a) laufenden Arbeitslohn, der für einen nach dem 31. Dezember 1997 endenden Lohnzahlungszeitraum gezahlt wird,
   b) sonstige Bezüge, die nach dem 31. Dezember 1997 zufließen;

4. soweit ein Lohnsteuer-Jahresausgleich durchzuführen ist, nach der nach Absatz 2a sich ergebenden Jahreslohnsteuer für Ausgleichsjahre ab 1998;

5. soweit Kapitalertragsteuer oder Zinsabschlag zu erheben ist: außer in den Fällen des § 43b des Einkommensteuergesetzes:

   nach der ab 1. Januar 1998 zu erhebenden Kapitalertragsteuer oder dem ab diesem Zeitpunkt zu erhebenden Zinsabschlag;

6. soweit bei beschränkt Steuerpflichtigen ein Steuerabzugsbetrag nach § 50a des Einkommensteuergesetzes zu erheben ist:

   nach dem ab 1. Januar 1998 zu erhebenden Steuerabzugsbetrag.

(2) Bei der Veranlagung zur Einkommensteuer ist Bemessungsgrundlage für den Solidaritätszuschlag die Einkommensteuer, die abweichend von § 2 Abs. 6 des Einkommensteuergesetzes unter Berücksichtigung von Freibeträgen nach § 32 Abs. 6 des Einkommensteuergesetzes in allen Fällen des § 32 des Einkommensteuergesetzes festzusetzen wäre.

(2a) ¹Vorbehaltlich des § 40a Abs. 2 des Einkommensteuergesetzes in der Fassung des Gesetzes vom 23. Dezember 2002 (BGBl. I S. 4621) ist beim Steuerabzug vom Arbeitslohn Bemessungsgrundlage die Lohnsteuer; beim Steuerabzug vom laufenden Arbeitslohn und beim Jahresausgleich ist die Lohnsteuer maßgebend, die sich ergibt, wenn der nach § 39b Abs. 2 Satz 5 des Einkommensteuergesetzes zu versteuernde Jahresbetrag für die Steuerklassen I, II und III im Sinne des § 38b des Einkommensteuergesetzes um den Kinderfreibetrag von 4368 Euro sowie den Freibetrag für den Betreuungs- und Erziehungs- oder Ausbildungsbedarf von 2640 Euro und für die Steuerklasse IV im Sinne des § 38b des Einkommensteuergesetzes um den Kinderfreibetrag von 2184 Euro sowie den Freibetrag für den Betreuungs- und Erziehungs- oder Ausbildungsbedarf von 1320 Euro für jedes Kind vermindert wird, für das eine Kürzung der Freibeträge für Kinder nach § 32 Abs. 6 Satz 4 des Einkommensteuergesetzes nicht in Betracht kommt. ²Bei der Anwendung des § 39b des Einkommensteuergesetzes für die Ermittlung des Solidaritätszuschlages ist die als Lohnsteuerabzugsmerkmal gebildete Zahl der Kinderfreibeträge maßgebend. ³Bei Anwendung des § 39f des Einkommensteuergesetzes ist beim Steuerabzug vom laufenden Arbeitslohn die Lohnsteuer maßgebend, die sich bei Anwendung des nach § 39f Abs. 1 des Einkommensteuergesetzes ermittelten Faktors auf den nach den Sätzen 1 und 2 ermittelten Betrag ergibt.

(3) ¹Der Solidaritätszuschlag ist von einkommensteuerpflichtigen Personen nur zu erheben, wenn die Bemessungsgrundlage nach Absatz 1 Nummer 1 und 2, vermindert um die Einkommensteuer nach § 32d Absatz 3 und 4 des Einkommensteuergesetzes

1. in den Fällen des § 32a Absatz 5 oder 6 des Einkommensteuergesetzes 1944 Euro,
2. in anderen Fällen 972 Euro

übersteigt. ²Auf die Einkommensteuer nach § 32d Absatz 3 und 4 des Einkommensteuergesetzes ist der Solidaritätszuschlag ungeachtet des Satzes 1 zu erheben.

(4) ¹Beim Abzug vom laufenden Arbeitslohn ist der Solidaritätszuschlag nur zu erheben, wenn die Bemessungsgrundlage im jeweiligen Lohnzahlungszeitraum

1. bei monatlicher Lohnzahlung
   a) in der Steuerklasse III mehr als 162 Euro und
   b) in den Steuerklassen I, II, IV bis VI mehr als 81 Euro,
2. bei wöchentlicher Lohnzahlung
   a) in der Steuerklasse III mehr als 37,80 Euro und
   b) in den Steuerklassen I, II, IV bis VI mehr als 18,90 Euro,
3. bei täglicher Lohnzahlung
   a) in der Steuerklasse III mehr als 5,40 Euro und
   b) in den Steuerklassen I, II, IV bis VI mehr als 2,70 Euro

beträgt. ²§ 39b Abs. 4 des Einkommensteuergesetzes ist sinngemäß anzuwenden.

(5) Beim Lohnsteuer-Jahresausgleich ist der Solidaritätszuschlag nur zu ermitteln, wenn die Bemessungsgrundlage in Steuerklasse III mehr als 1944 Euro und in den Steuerklassen I, II oder IV mehr als 972 Euro beträgt.

§ 4
Zuschlagsatz

¹Der Solidaritätszuschlag beträgt 5,5 Prozent der Bemessungsgrundlage. ²Er beträgt nicht mehr als 20 Prozent des Unterschiedsbetrags zwischen der Bemessungsgrundlage, vermindert um die Einkommensteuer nach § 32d Absatz 3 und 4 des Einkommensteuergesetzes, und der nach § 3 Absatz 3 bis 5 jeweils maßgebenden Freigrenze. ³Bruchteile eines Cents bleiben außer Ansatz. ⁴Der Solidaritätszuschlag auf die Einkommensteuer nach § 32d Absatz 3 und 4 des Einkommensteuergesetzes beträgt ungeachtet des Satzes 2 5,5 Prozent.

§ 5
Doppelbesteuerungsabkommen

Werden aufgrund eines Abkommens zur Vermeidung der Doppelbesteuerung im Geltungsbereich dieses Gesetzes erhobene Steuern vom Einkommen ermäßigt, so ist diese Ermäßigung zuerst auf den Solidaritätszuschlag zu beziehen.

§ 6
Anwendungsvorschrift

(1) § 2 in der Fassung des Gesetzes vom 18. Dezember 1995 (BGBl. I S. 1959) ist ab dem Veranlagungszeitraum 1995 anzuwenden.

(2) Das Gesetz in der Fassung des Gesetzes vom 11. Oktober 1995 (BGBl. I S. 1250) ist erstmals für den Veranlagungszeitraum 1996 anzuwenden.

(3) Das Gesetz in der Fassung des Gesetzes vom 21. November 1997 (BGBl. I S. 2743) ist erstmals für den Veranlagungszeitraum 1998 anzuwenden.

(4) Das Gesetz in der Fassung des Gesetzes vom 23. Oktober 2000 (BGBl. I S. 1433) ist erstmals für den Veranlagungszeitraum 2001 anzuwenden.

(5) Das Gesetz in der Fassung des Gesetzes vom 21. Dezember 2000 (BGBl. I S. 1978) ist erstmals für den Veranlagungszeitraum 2001 anzuwenden.

(6) Das Solidaritätszuschlaggesetz 1995 in der Fassung des Artikels 6 des Gesetzes vom 19. Dezember 2000 (BGBl. I S. 1790) ist erstmals für den Veranlagungszeitraum 2002 anzuwenden.

(7) § 1 Abs. 2a in der Fassung des Gesetzes zur Regelung der Bemessungsgrundlage für Zuschlagsteuern vom 21. Dezember 2000 (BGBl. I S. 1978, 1979) ist letztmals für den Veranlagungszeitraum 2001 anzuwenden.

(8) § 3 Abs. 2a in der Fassung des Gesetzes zur Regelung der Bemessungsgrundlage für Zuschlagsteuern vom 21. Dezember 2000 (BGBl. I S. 1978, 1979) ist erstmals für den Veranlagungszeitraum 2002 anzuwenden.

(9) § 3 in der Fassung des Artikels 7 des Gesetzes vom 20. Dezember 2007 (BGBl. I S. 3150) ist erstmals für den Veranlagungszeitraum 2008 anzuwenden.

(10) § 3 in der Fassung des Artikels 5 des Gesetzes vom 22. Dezember 2008 (BGBl. I S. 2955) ist erstmals für den Veranlagungszeitraum 2009 anzuwenden.

(11) § 3 in der Fassung des vorliegenden Änderungsgesetzes ist erstmals für den Veranlagungszeitraum 2010 anzuwenden.

(12) § 3 Absatz 3 und § 4 in der Fassung des Artikels 31 des Gesetzes vom 8.12.2010 (BGBl. I S. 1768) sind erstmals für den Veranlagungszeitraum 2011 anzuwenden. Abweichend vom Satz 1 sind § 3 Absatz 3 und § 4 in der Fassung des Artikels 31 des Gesetzes vom 8.12.2010 (BGBl. I S. 1768) auch für die Veranlagungszeiträume 2009 und 2010 anzuwenden, soweit sich dies zu Gunsten des Steuerpflichtigen auswirkt.

(13) § 3 Absatz 2a Satz 2 in der Fassung des Artikels 6 des Gesetzes vom 7.12.2011 (BGBl. I S. 2592) ist erstmals für den Veranlagungszeitraum 2012 anzuwenden.

Anhang 4
Fünftes Gesetz zur Förderung der Vermögensbildung der Arbeitnehmer (Fünftes Vermögensbildungsgesetz – 5. VermBG)

i.d.F. der Bek. vom 4.3.1994 (BGBl. I S. 406),
zuletzt geändert durch Art. 5 G vom 18.12.2013 (BGBl. I S. 4318)

§ 1
Persönlicher Geltungsbereich

(1) Die Vermögensbildung der Arbeitnehmer durch vereinbarte vermögenswirksame Leistungen der Arbeitgeber wird nach den Vorschriften dieses Gesetzes gefördert.

(2) ¹Arbeitnehmer im Sinne dieses Gesetzes sind Arbeiter und Angestellte einschließlich der zu ihrer Berufsausbildung Beschäftigten. ²Als Arbeitnehmer gelten auch die in Heimarbeit Beschäftigten.

(3) Die Vorschriften dieses Gesetzes gelten nicht

1. für vermögenswirksame Leistungen juristischer Personen an Mitglieder des Organs, das zur gesetzlichen Vertretung der juristischen Person berufen ist,
2. für vermögenswirksame Leistungen von Personengesamtheiten an die durch Gesetz, Satzung oder Gesellschaftsvertrag zur Vertretung der Personengesamtheit berufenen Personen.

(4) Für Beamte, Richter, Berufssoldaten und Soldaten auf Zeit gelten die nachstehenden Vorschriften dieses Gesetzes entsprechend.

§ 2
Vermögenswirksame Leistungen, Anlageformen

(1) Vermögenswirksame Leistungen sind Geldleistungen, die der Arbeitgeber für den Arbeitnehmer anlegt

1. als Sparbeiträge des Arbeitnehmers aufgrund eines Sparvertrags über Wertpapiere oder andere Vermögensbeteiligungen (§ 4)
   a) zum Erwerb von Aktien, die vom Arbeitgeber ausgegeben werden oder an einer deutschen Börse zum regulierten Markt oder zum geregelten Markt zugelassen oder in den Freiverkehr einbezogen sind,
   b) zum Erwerb von Wandelschuldverschreibungen, die vom Arbeitgeber ausgegeben werden oder an einer deutschen Börse zum regulierten Markt zugelassen oder in den Freiverkehr einbezogen sind, sowie von Gewinnschuldverschreibungen, die vom Arbeitgeber ausgegeben werden, zum Erwerb von Namensschuldverschreibungen des Arbeitgebers jedoch nur dann, wenn auf dessen Kosten die Ansprüche des Arbeitnehmers aus der Schuldverschreibung durch ein Kreditinstitut verbürgt oder durch ein Versicherungsunternehmen privatrechtlich gesichert sind und das Kreditinstitut oder Versicherungsunternehmen im Geltungsbereich dieses Gesetzes zum Geschäftsbetrieb befugt ist,
   c) zum Erwerb von Anteilen an OGAW-Sondervermögen sowie an als Sondervermögen aufgelegten offenen Publikums-AIF nach den §§ 218 und 219 des Kapitalanlagegesetzbuchs sowie von Anteilen an offenen EU-Investmentvermögen und offenen ausländischen AIF, die nach dem Kapitalanlagegesetzbuch vertrieben werden dürfen, wenn nach dem Jahresbericht für das vorletzte Geschäftsjahr, das dem Kalenderjahr des Abschlusses des Vertrags im Sinne des § 4 oder des § 5 vorausgeht, der Wert der Aktien in diesem Investmentvermögen 60 Prozent des Wertes dieses Investmentvermögens nicht unterschreitet; für neu aufgelegte Investmentvermögen ist für das erste und zweite Geschäftsjahr der erste Jahresbericht oder der erste Halbjahresbericht nach Auflegung des Investmentvermögens maßgebend.
   d) – weggefallen –
   e) – weggefallen –
   f) zum Erwerb von Genussscheinen, die vom Arbeitgeber als Wertpapiere ausgegeben werden oder an einer deutschen Börse zum regulierten Markt zugelassen oder in den Freiverkehr einbezogen sind und von Unternehmen mit Sitz und Geschäftsleitung im Geltungsbereich dieses Gesetzes, die keine Kreditinstitute sind, ausgegeben werden, wenn mit den Genussscheinen das Recht am Gewinn eines Unternehmens verbunden ist und der Arbeitnehmer nicht als Mitunternehmer im Sinne des § 15 Abs. 1 Satz 1 Nr. 2 des Einkommensteuergesetzes anzusehen ist,
   g) zur Begründung oder zum Erwerb eines Geschäftsguthabens bei einer Genossenschaft mit Sitz und Geschäftsleitung im Geltungsbereich dieses Gesetzes; ist die Genossenschaft nicht der Arbeitgeber, so setzt die Anlage vermögenswirksamer Leistungen voraus, dass die Genossenschaft entweder ein Kreditinstitut oder eine Bau- oder Wohnungsgenossenschaft im Sinne des § 2 Abs. 1 Nr. 2 des Wohnungsbau-Prämiengesetzes ist, die zum Zeitpunkt der Begründung oder des Erwerbs des Geschäftsguthabens seit mindestens drei Jahren im Genossenschaftsregister ohne wesentliche Änderung ihres Unternehmensgegenstandes eingetragen und nicht aufgelöst ist oder Sitz und Geschäftsleitung in dem in Artikel 3 des Einigungsvertrages genannten Gebiet hat und dort entweder am 1. Juli 1990 als Arbeiterwohnungsbaugenossenschaft, Gemeinnützige Wohnungsbaugenossenschaft oder sonstige Wohnungsbaugenossenschaft bestanden oder einen nicht unwesentlichen Teil von Wohnungen aus dem Bestand einer solchen Bau- oder Wohnungsgenossenschaft erworben hat,
   h) zur Übernahme einer Stammeinlage oder zum Erwerb eines Geschäftsanteils an einer Gesellschaft mit beschränkter Haftung mit Sitz und Geschäftsleitung im Geltungsbereich dieses Gesetzes, wenn die Gesellschaft das Unternehmen des Arbeitgebers ist,
   i) zur Begründung oder zum Erwerb einer Beteiligung als stiller Gesellschafter im Sinne des § 230 des Handelsgesetzbuchs am Unternehmen des Arbeitgebers mit Sitz und Geschäftsleitung im Geltungsbereich dieses Gesetzes, wenn der Arbeitnehmer nicht als Mitunternehmer im Sinne des § 15 Abs. 1 Nr. 2 des Einkommensteuergesetzes anzusehen ist,
   k) zur Begründung oder zum Erwerb einer Darlehensforderung gegen den Arbeitgeber, wenn auf dessen Kosten die Ansprüche des Arbeitnehmers aus dem Darlehensvertrag durch ein Kreditinstitut verbürgt oder durch ein Versicherungsunternehmen privatrechtlich gesichert sind und das Kreditinstitut oder Versicherungsunternehmen im Geltungsbereich dieses Gesetzes zum Geschäftsbetrieb befugt ist,
   l) zur Begründung oder zum Erwerb eines Genussrechts am Unternehmen des Arbeitgebers mit Sitz und Geschäftsleitung im Geltungsbereich dieses Gesetzes, wenn damit das Recht am Gewinn dieses Unternehmens verbunden ist, der Arbeitnehmer nicht als Mitunternehmer im Sinne des § 15 Abs. 1 Nr. 2 des Einkommensteuergesetzes anzusehen ist und über das Genussrecht kein Genussschein im Sinne des Buchstaben f ausgegeben wird,
2. als Aufwendungen des Arbeitnehmers aufgrund eines Wertpapier-Kaufvertrags (§ 5),
3. als Aufwendungen des Arbeitnehmers aufgrund eines Beteiligungs-Vertrags (§ 6) oder eines Beteiligungs-Kaufvertrags (§ 7),
4. als Aufwendungen des Arbeitnehmers nach den Vorschriften des Wohnungsbau-Prämiengesetzes; die Voraussetzungen für die Gewährung einer Prämie nach dem Wohnungsbau-Prämiengesetz brauchen nicht vorzuliegen; die Anlage vermögenswirksamer Leistungen als Aufwendungen nach § 2 Abs. 1 Nr. 2 des Wohnungsbau-Prämiengesetzes für den ersten Erwerb von Anteilen an Bau- und Wohnungsgenossenschaften setzt voraus, dass die Voraussetzungen der Nummer 1 Buchstabe g zweiter Halbsatz erfüllt sind,
5. als Aufwendungen des Arbeitnehmers
   a) zum Bau, zum Erwerb, zum Ausbau oder zur Erweiterung eines im Inland belegenen Wohngebäudes oder einer im Inland belegenen Eigentumswohnung,
   b) zum Erwerb eines Dauerwohnrechts im Sinne des Wohnungseigentumsgesetzes an einer im Inland belegenen Wohnung,
   c) zum Erwerb eines im Inland belegenen Grundstücks zum Zwecke des Wohnungsbaus oder

Anhang 4 — Vermögensbildungsgesetz

d) zur Erfüllung von Verpflichtungen, die im Zusammenhang mit den in den Buchstaben a bis c bezeichneten Vorhaben eingegangen sind,

sofern der Anlage nicht ein von einem Dritten vorgefertigtes Konzept zu Grunde liegt, bei dem der Arbeitnehmer vermögenswirksame Leistungen zusammen mit mehr als 15 anderen Arbeitnehmern anlegen kann; die Förderung der Aufwendungen nach den Buchstaben a bis c setzt voraus, dass sie unmittelbar für die dort bezeichneten Vorhaben verwendet werden,

6. als Sparbeiträge des Arbeitnehmers aufgrund eines Sparvertrags (§ 8),
7. als Beiträge des Arbeitnehmers aufgrund eines Kapitalversicherungsvertrags (§ 9),
8. als Aufwendungen des Arbeitnehmers, der nach § 18 Abs. 2 oder 3 die Mitgliedschaft in einer Genossenschaft oder Gesellschaft mit beschränkter Haftung gekündigt hat, zur Erfüllung von Verpflichtungen aus der Mitgliedschaft, die nach dem 31. Dezember 1994 fortbestehen oder entstehen.

(2) ¹Aktien, Wandelschuldverschreibungen, Gewinnschuldverschreibungen oder Genussscheine eines Unternehmens, das im Sinne des § 18 Abs. 1 des Aktiengesetzes als herrschendes Unternehmen mit dem Unternehmen des Arbeitgebers verbunden ist, stehen Aktien, Wandelschuldverschreibungen, Gewinnschuldverschreibungen oder Genussscheinen im Sinne des Absatzes 1 Nr. 1 Buchstabe a, b oder f gleich, die vom Arbeitgeber ausgegeben werden. ²Ein Geschäftsguthaben bei einer Genossenschaft mit Sitz und Geschäftsleitung im Geltungsbereich dieses Gesetzes, die im Sinne des § 18 Abs. 1 des Aktiengesetzes als herrschendes Unternehmen mit dem Unternehmen des Arbeitgebers verbunden ist, steht einem Geschäftsguthaben im Sinne des Absatzes 1 Nr. 1 Buchstabe g bei einer Genossenschaft, die das Unternehmen des Arbeitgebers ist, gleich. ³Eine Stammeinlage oder ein Geschäftsanteil an einer Gesellschaft mit beschränkter Haftung mit Sitz und Geschäftsleitung im Geltungsbereich dieses Gesetzes, die im Sinne des § 18 Abs. 1 des Aktiengesetzes als herrschendes Unternehmen mit dem Unternehmen des Arbeitgebers verbunden ist, stehen einer Stammeinlage oder einem Geschäftsanteil im Sinne des Absatzes 1 Nr. 1 Buchstabe h an einer Gesellschaft, die das Unternehmen des Arbeitgebers ist, gleich. ⁴Eine Beteiligung als stiller Gesellschafter an einem Unternehmen mit Sitz und Geschäftsleitung im Geltungsbereich dieses Gesetzes, das im Sinne des § 18 Abs. 1 des Aktiengesetzes als herrschendes Unternehmen mit dem Unternehmen des Arbeitgebers verbunden ist oder das aufgrund eines Vertrages mit dem Arbeitgeber an dessen Unternehmen gesellschaftsrechtlich beteiligt ist, steht einer Beteiligung als stiller Gesellschafter im Sinne des Absatzes 1 Nr. 1 Buchstabe i gleich. ⁵Eine Darlehensforderung gegen ein Unternehmen mit Sitz und Geschäftsleitung im Geltungsbereich dieses Gesetzes, das im Sinne des § 18 Abs. 1 des Aktiengesetzes als herrschendes Unternehmen mit dem Unternehmen des Arbeitgebers verbunden ist, oder ein Genussrecht an einem solchen Unternehmen stehen einer Darlehensforderung oder einem Genussrecht im Sinne des Absatzes 1 Nr. 1 Buchstabe k oder l gleich.

(3) Die Anlage vermögenswirksamer Leistungen in Gewinnschuldverschreibungen im Sinne des Absatzes 1 Nr. 1 Buchstabe b und des Absatzes 2 Satz 1, in denen neben der gewinnabhängigen Verzinsung eine gewinnunabhängige Mindestverzinsung zugesagt ist, setzt voraus, dass

1. der Aussteller in der Gewinnschuldverschreibung erklärt, die gewinnunabhängige Mindestverzinsung werde im Regelfall die Hälfte der Gesamtverzinsung nicht überschreiten, oder
2. die gewinnunabhängige Mindestverzinsung zum Zeitpunkt der Ausgabe der Gewinnschuldverschreibung die Hälfte der Emissionsrendite festverzinslicher Wertpapiere nicht überschreitet, die in den Monatsberichten der Deutschen Bundesbank für den viertletzten Kalendermonat ausgewiesen wird, der dem Kalendermonat der Ausgabe vorausgeht.

(4) Die Anlage vermögenswirksamer Leistungen in Genussscheinen und Genussrechten im Sinne des Absatzes 1 Nr. 1 Buchstaben f und l und des Absatzes 2 Satz 1 und 5 setzt voraus, dass eine Rückzahlung zum Nennwert nicht zugesagt ist; ist neben dem Recht am Gewinn eine gewinnunabhängige Mindestverzinsung zugesagt, gilt Absatz 3 entsprechend.

(5) Der Anlage vermögenswirksamer Leistungen nach Absatz 1 Nr. 1 Buchstaben f, i bis l, Absatz 2 Satz 1, 4 und 5 sowie Absatz 4 in einer Genossenschaft mit Sitz und Geschäftsleitung im Geltungsbereich dieses Gesetzes stehen § 19 und eine Festsetzung durch Satzung gemäß § 20 des Genossenschaftsgesetzes nicht entgegen.

(5a) ¹Der Arbeitgeber hat vor der Anlage vermögenswirksamer Leistungen im eigenen Unternehmen in Zusammenarbeit mit dem Arbeitnehmer Vorkehrungen zu treffen, die der Absicherung der angelegten vermögenswirksamen Leistungen bei einer während der Dauer der Sperrfrist eintretenden Zahlungsunfähigkeit des Arbeitgebers dienen. ²Das Bundesministerium für Arbeit und Sozialordnung berichtet den gesetzgebenden Körperschaften bis zum 30. Juni 2002 über die nach Satz 1 getroffenen Vorkehrungen.

(6) ¹Vermögenswirksame Leistungen sind steuerpflichtige Einnahmen im Sinn des Einkommensteuergesetzes und Einkommen, Verdienst oder Entgelt (Arbeitsentgelt) im Sinne der Sozialversicherung und des Dritten Buches Sozialgesetzbuch. ²Reicht der nach Abzug der vermögenswirksamen Leistung verbleibende Arbeitslohn zur Deckung der einzubehaltenden Steuern, Sozialversicherungsbeiträge und Beiträge zur Bundesagentur für Arbeit nicht aus, so hat der Arbeitnehmer dem Arbeitgeber den zur Deckung erforderlichen Betrag zu zahlen.

(7) ¹Vermögenswirksame Leistungen sind arbeitsrechtlich Bestandteil des Lohns oder Gehalts. ²Der Anspruch auf die vermögenswirksame Leistung ist nicht übertragbar.

§ 3
Vermögenswirksame Leistungen für Angehörige, Überweisung durch den Arbeitgeber, Kennzeichnungs-, Bestätigungs- und Mitteilungspflichten

(1) ¹Vermögenswirksame Leistungen können auch angelegt werden

1. zugunsten des nicht dauernd getrennt lebenden Ehegatten oder Lebenspartners des Arbeitnehmers,
2. zugunsten der in § 32 Abs. 1 des Einkommensteuergesetzes bezeichneten Kinder, die zu Beginn des maßgebenden Kalenderjahres das 17. Lebensjahr noch nicht vollendet hatten oder die in diesem Kalenderjahr lebend geboren wurden oder
3. zugunsten der Eltern oder eines Elternteils des Arbeitnehmers, wenn der Arbeitnehmer als Kind die Voraussetzungen der Nummer 2 erfüllt.

²Dies gilt nicht für die Anlage vermögenswirksamer Leistungen aufgrund von Verträgen nach den §§ 5 bis 7.

(2) ¹Der Arbeitgeber hat die vermögenswirksamen Leistungen für den Arbeitnehmer unmittelbar an das Unternehmen oder Institut zu überweisen, bei dem sie angelegt werden sollen. ²Er hat dabei gegenüber dem Unternehmen oder Institut die vermögenswirksamen Leistungen zu kennzeichnen. ³Das Unternehmen oder Institut hat die nach § 2 Abs. 1 Nr. 1 bis 5, Abs. 2 bis 4 angelegten vermögenswirksamen Leistungen und die Art ihrer Anlage zu kennzeichnen. ⁴Kann eine vermögenswirksame Leistung nicht oder nicht mehr die Voraussetzungen des § 2 Abs. 1 bis 4 erfüllen, so hat das Unternehmen oder Institut dies dem Arbeitgeber unverzüglich schriftlich mitzuteilen. ⁵Die Sätze 1 bis 4 gelten nicht für die Anlage vermögenswirksamer Leistungen aufgrund von Verträgen nach den §§ 5, 6 Abs. 1 und § 7 Abs. 1 mit dem Arbeitgeber.

(3) ¹Für eine vom Arbeitnehmer gewählte Anlage nach § 2 Abs. 1 Nr. 5 hat der Arbeitgeber auf Verlangen des Arbeitnehmers die vermögenswirksamen Leistungen an den Arbeitnehmer zu überweisen, wenn dieser dem Arbeitgeber eine schriftliche Bestätigung seines Gläubigers vorgelegt hat, dass die Anlage bei ihm die Voraussetzungen des § 2 Abs. 1 Nr. 5 erfüllt; Absatz 2 gilt in diesem Falle nicht. ²Der Arbeitgeber hat die Richtigkeit der Bestätigung nicht zu prüfen.

§ 4
Sparvertrag über Wertpapiere oder andere Vermögensbeteiligungen

(1) Ein Sparvertrag über Wertpapiere oder andere Vermögensbeteiligungen im Sinne des § 2 Abs. 1 Nr. 1 ist ein Sparvertrag mit einem Kreditinstitut oder einer Kapitalverwaltungsgesellschaft, in dem sich der Arbeitnehmer verpflichtet, als Sparbeiträge zum Erwerb von Wertpapieren im Sinne des § 2 Abs. 1 Nr. 1 Buchstaben a bis f,

Vermögensbildungsgesetz

Anhang 4

Abs. 2 Satz 1, Abs. 3 und 4 oder zur Begründung oder zum Erwerb von Rechten im Sinne des § 2 Abs. 1 Nr. 1 Buchstaben g bis l, Abs. 2 Satz 2 bis 5 und Abs. 4 einmalig oder für die Dauer von sechs Jahren seit Vertragsabschluss laufend vermögenswirksame Leistungen einzahlen zu lassen oder andere Beträge einzuzahlen.

(2) ¹Die Förderung der aufgrund eines Vertrags nach Absatz 1 angelegten vermögenswirksamen Leistungen setzt voraus, dass

1. die Leistungen eines Kalenderjahrs, vorbehaltlich des Absatzes 3, spätestens bis zum Ablauf des folgenden Kalenderjahrs zum Erwerb der Wertpapiere oder zur Begründung oder zum Erwerb der Rechte verwendet und bis zur Verwendung festgelegt werden und
2. die mit den Leistungen erworbenen Wertpapiere unverzüglich nach ihrem Erwerb bis zum Ablauf einer Frist von sieben Jahren (Sperrfrist) festgelegt werden und über die Wertpapiere oder die mit den Leistungen begründeten oder erworbenen Rechte bis zum Ablauf der Sperrfrist nicht durch Rückzahlung, Abtretung, Beleihung oder in anderer Weise verfügt wird.

²Die Sperrfrist gilt für alle aufgrund des Vertrages angelegten vermögenswirksamen Leistungen und beginnt am 1. Januar des Kalenderjahres, in dem der Vertrag abgeschlossen worden ist. ³Als Zeitpunkt des Vertragsabschlusses gilt der Tag, an dem die vermögenswirksame Leistung, bei Verträgen über laufende Einzahlungen die erste vermögenswirksame Leistung, beim Kreditinstitut oder bei der Kapitalverwaltungsgesellschaft eingeht.

(3) Vermögenswirksame Leistungen, die nicht bis zum Ablauf der Frist nach Absatz 2 Nr. 1 verwendet worden sind, gelten als rechtzeitig verwendet, wenn sie am Ende eines Kalenderjahrs insgesamt 150 Euro nicht übersteigen und bis zum Ablauf der Sperrfrist nach Absatz 2 verwendet oder festgelegt werden.

(4) Eine vorzeitige Verfügung ist abweichend von Absatz 2 unschädlich, wenn

1. der Arbeitnehmer oder sein von ihm nicht dauernd getrennt lebender Ehegatte oder Lebenspartner nach Vertragsabschluss gestorben oder völlig erwerbsunfähig geworden ist,
2. der Arbeitnehmer nach Vertragsabschluss, aber vor der vorzeitigen Verfügung geheiratet oder eine Lebenspartnerschaft begründet hat und im Zeitpunkt der vorzeitigen Verfügung mindestens zwei Jahre seit Beginn der Sperrfrist vergangen sind,
3. der Arbeitnehmer nach Vertragsabschluss arbeitslos geworden ist und die Arbeitslosigkeit mindestens ein Jahr lang ununterbrochen bestanden hat und im Zeitpunkt der vorzeitigen Verfügung noch besteht,
4. der Arbeitnehmer den Erlös innerhalb der folgenden drei Monate unmittelbar für die eigene Weiterbildung oder für die seines von ihm nicht dauernd getrennt lebenden Ehegatten oder Lebenspartners einsetzt und die Maßnahme außerhalb des Betriebes, dem er oder der Ehegatte oder der Lebenspartner angehört, durchgeführt wird und Kenntnisse und Fertigkeiten vermittelt werden, die dem beruflichen Fortkommen dienen und über arbeitsplatzbezogene Anpassungsfortbildungen hinausgehen; für vermögenswirksame Leistungen, die der Arbeitgeber nach § 2 Absatz 1 Nummer 1 Buchstabe a, b, f bis l angelegt hat und die Rechte am Unternehmen des Arbeitgebers begründen, gilt dies nur bei Zustimmung des Arbeitgebers; bei nach § 2 Abs. 2 gleichgestellten Anlagen gilt dies nur bei Zustimmung des Unternehmens, das im Sinne des § 18 Abs. 1 des Aktiengesetzes als herrschendes Unternehmen mit dem Unternehmen des Arbeitgebers verbunden ist,
5. der Arbeitnehmer nach Vertragsabschluss unter Aufgabe der nichtselbständigen Arbeit eine Erwerbstätigkeit, die nach § 138 Abs. 1 der Abgabenordnung der Gemeinde mitzuteilen ist, aufgenommen hat oder
6. festgelegte Wertpapiere veräußert werden und der Erlös bis zum Ablauf des Kalendermonats, der dem Kalendermonat der Veräußerung folgt, zum Erwerb von in Absatz 1 bezeichneten Wertpapieren wieder verwendet wird; der bis zum Ablauf des der Veräußerung folgenden Kalendermonats nicht wieder verwendete Erlös gilt als rechtzeitig wieder verwendet, wenn er am Ende eines Kalendermonats insgesamt 150 Euro nicht übersteigt.

(5) Unschädlich ist auch, wenn in die Rechte und Pflichten des Kreditinstituts oder der Kapitalverwaltungsgesellschaft aus dem Sparvertrag an seine Stelle ein anderes Kreditinstitut oder eine andere Kapitalverwaltungsgesellschaft während der Laufzeit des Vertrags durch Rechtsgeschäft eintritt.

(6) ¹Werden auf einen Vertrag über laufend einzuzahlende vermögenswirksame Leistungen oder andere Beträge in einem Kalenderjahr, das dem Kalenderjahr des Vertragsabschlusses folgt, weder vermögenswirksame Leistungen noch andere Beträge eingezahlt, so ist der Vertrag unterbrochen und kann nicht fortgeführt werden. ²Das Gleiche gilt, wenn mindestens alle Einzahlungen eines Kalenderjahrs zurückgezahlt oder die Rückzahlungsansprüche aus dem Vertrag abgetreten oder beliehen werden.

§ 5
Wertpapier-Kaufvertrag

(1) Ein Wertpapier-Kaufvertrag im Sinne des § 2 Abs. 1 Nr. 2 ist ein Kaufvertrag zwischen dem Arbeitnehmer und dem Arbeitgeber zum Erwerb von Wertpapieren im Sinne des § 2 Abs. 1 Nr. 1 Buchstaben a bis f, Abs. 2 Satz 1, Abs. 3 und 4 durch den Arbeitnehmer mit der Vereinbarung, den vom Arbeitnehmer geschuldeten Kaufpreis mit vermögenswirksamen Leistungen zu verrechnen oder mit anderen Beträgen zu zahlen.

(2) Die Förderung der aufgrund eines Vertrags nach Absatz 1 angelegten vermögenswirksamen Leistungen setzt voraus, dass

1. mit den Leistungen eines Kalenderjahrs spätestens bis zum Ablauf des folgenden Kalenderjahrs die Wertpapiere erworben werden und
2. die mit den Leistungen erworbenen Wertpapiere unverzüglich nach ihrem Erwerb bis zum Ablauf einer Frist von sechs Jahren (Sperrfrist) festgelegt werden und über die Wertpapiere bis zum Ablauf der Sperrfrist nicht durch Rückzahlung, Abtretung, Beleihung oder in anderer Weise verfügt wird; die Sperrfrist beginnt am 1. Januar des Kalenderjahrs, in dem das Wertpapier erworben worden ist; § 4 Abs. 4 Nr. 1 bis 5 gilt entsprechend.

§ 6
Beteiligungs-Vertrag

(1) Ein Beteiligungs-Vertrag im Sinne des § 2 Abs. 1 Nr. 3 ist ein Vertrag zwischen dem Arbeitnehmer und dem Arbeitgeber über die Begründung von Rechten im Sinne des § 2 Abs. 1 Nr. 1 Buchstaben g bis l und Abs. 4 für den Arbeitnehmer am Unternehmen des Arbeitgebers mit der Vereinbarung, die vom Arbeitnehmer für die Begründung geschuldete Geldsumme mit vermögenswirksamen Leistungen zu verrechnen oder mit anderen Beträgen zu zahlen.

(2) Ein Beteiligungs-Vertrag im Sinne des § 2 Abs. 1 Nr. 3 ist auch ein Vertrag zwischen dem Arbeitnehmer und

1. einem Unternehmen, das nach § 2 Abs. 2 Satz 2 bis 5 mit dem Unternehmen des Arbeitgebers verbunden oder nach § 2 Abs. 2 Satz 4 an diesem Unternehmen beteiligt ist, über die Begründung von Rechten im Sinne des § 2 Abs. 1 Nr. 1 Buchstabe g bis l, Abs. 2 Satz 2 bis 5 und Abs. 4 für den Arbeitnehmer an diesem Unternehmen oder
2. einer Genossenschaft mit Sitz und Geschäftsleitung im Geltungsbereich dieses Gesetzes, die ein Kreditinstitut oder eine Bau- oder Wohnungsgenossenschaft ist, die die Voraussetzungen des § 2 Abs. 1 Nr. 1 Buchstabe g zweiter Halbsatz erfüllt, über die Begründung eines Geschäftsguthabens für den Arbeitnehmer bei dieser Genossenschaft

mit der Vereinbarung, die vom Arbeitnehmer für die Begründung der Rechte oder des Geschäftsguthabens geschuldete Geldsumme mit vermögenswirksamen Leistungen zahlen zu lassen oder mit anderen Beträgen zu zahlen.

(3) Die Förderung der aufgrund eines Vertrags nach Absatz 1 oder 2 angelegten vermögenswirksamen Leistungen setzt voraus, dass

1. mit den Leistungen eines Kalenderjahrs spätestens bis zum Ablauf des folgenden Kalenderjahrs die Rechte begründet werden und
2. über die mit den Leistungen begründeten Rechte bis zum Ablauf einer Frist von sechs Jahren (Sperrfrist) nicht durch Rückzahlung, Abtretung, Beleihung oder in anderer Weise verfügt wird;

die Sperrfrist beginnt am 1. Januar des Kalenderjahrs, in dem das Recht begründet worden ist; § 4 Abs. 4 Nr. 1 bis 5 gilt entsprechend.

§ 7
Beteiligungs-Kaufvertrag

(1) Ein Beteiligungs-Kaufvertrag im Sinne des § 2 Abs. 1 Nr. 3 ist ein Kaufvertrag zwischen dem Arbeitnehmer und dem Arbeitgeber zum Erwerb von Rechten im Sinne des § 2 Abs. 1 Nr. 1 Buchstaben g bis l, Abs. 2 Satz 2 bis 5 und Abs. 4 durch den Arbeitnehmer mit der Vereinbarung, den vom Arbeitnehmer geschuldeten Kaufpreis mit vermögenswirksamen Leistungen zu verrechnen oder mit anderen Beträgen zu zahlen.

(2) Ein Beteiligungs-Kaufvertrag im Sinne des § 2 Abs. 1 Nr. 3 ist auch ein Kaufvertrag zwischen dem Arbeitnehmer und einer Gesellschaft mit beschränkter Haftung, die nach § 2 Abs. 2 Satz 3 mit dem Unternehmen des Arbeitgebers verbunden ist, zum Erwerb eines Geschäftsanteils im Sinne des § 2 Abs. 1 Nr. 1 Buchstabe h an dieser Gesellschaft durch den Arbeitnehmer mit der Vereinbarung, den vom Arbeitnehmer geschuldeten Kaufpreis mit vermögenswirksamen Leistungen zahlen zu lassen oder mit anderen Beträgen zu zahlen.

(3) Für die Förderung der aufgrund eines Vertrags nach Absatz 1 oder 2 angelegten vermögenswirksamen Leistungen gilt § 6 Abs. 3 entsprechend.

§ 8
Sparvertrag

(1) Ein Sparvertrag im Sinne des § 2 Abs. 1 Nr. 6 ist ein Sparvertrag zwischen dem Arbeitnehmer und einem Kreditinstitut, in dem die in den Absätzen 2 bis 5 bezeichneten Vereinbarungen, mindestens aber die in den Absätzen 2 und 3 bezeichneten Vereinbarungen, getroffen sind.

(2) ²Der Arbeitnehmer ist verpflichtet,
1. einmalig oder für die Dauer von sechs Jahren seit Vertragsabschluss laufend, mindestens aber einmal im Kalenderjahr, als Sparbeiträge vermögenswirksame Leistungen einzahlen zu lassen oder andere Beträge einzuzahlen und
2. bis zum Ablauf einer Frist von sieben Jahren (Sperrfrist) die eingezahlten vermögenswirksamen Leistungen bei dem Kreditinstitut festzulegen und die Rückzahlungsansprüche aus dem Vertrag weder abzutreten noch zu beleihen.

²Der Zeitpunkt des Vertragsabschlusses und der Beginn der Sperrfrist bestimmen sich nach den Regelungen des § 4 Abs. 2 Satz 2 und 3.

(3) Der Arbeitnehmer ist abweichend von der in Absatz 2 Satz 1 Nr. 2 bezeichneten Vereinbarung zu vorzeitiger Verfügung berechtigt, wenn eine der in § 4 Abs. 4 Nr. 1 bis 5 bezeichneten Voraussetzungen erfüllt ist.

(4) ¹Der Arbeitnehmer ist abweichend von der in Absatz 2 Satz 1 Nr. 2 bezeichneten Vereinbarung auch berechtigt, vor Ablauf der Sperrfrist mit eingezahlten vermögenswirksamen Leistungen zu erwerben
1. Wertpapiere im Sinne des § 2 Abs. 1 Nr. 1 Buchstabe a bis f, Abs. 2 Satz 1, Abs. 3 und 4,
2. Schuldverschreibungen, die vom Bund, von den Ländern, von den Gemeinden, von anderen Körperschaften des öffentlichen Rechts, vom Arbeitgeber, von einem im Sinne des § 18 Abs. 1 des Aktiengesetzes als herrschendes Unternehmen mit dem Unternehmen des Arbeitgebers verbundenen Unternehmen oder von einem Kreditinstitut mit Sitz und Geschäftsleitung im Geltungsbereich dieses Gesetzes ausgegeben werden, Namensschuldverschreibungen des Arbeitgebers jedoch nur dann, wenn auf dessen Kosten die Ansprüche des Arbeitnehmers aus der Schuldverschreibung durch ein Kreditinstitut verbürgt oder durch ein Versicherungsunternehmen privatrechtlich gesichert sind und das Kreditinstitut oder Versicherungsunternehmen im Geltungsbereich dieses Gesetzes zum Geschäftsbetrieb befugt ist,
3. Genussscheine, die von einem Kreditinstitut mit Sitz und Geschäftsleitung im Geltungsbereich dieses Gesetzes, das nicht der Arbeitgeber ist, als Wertpapiere ausgegeben werden, wenn mit den Genussscheinen das Recht am Gewinn des Kreditinstituts verbunden ist, der Arbeitnehmer nicht als Mitunternehmer im Sinne des § 15 Abs. 1 Nr. 2 des Einkommensteuergesetzes anzusehen ist und die Voraussetzungen des § 2 Abs. 4 erfüllt sind,
4. Anleiheforderungen, die in ein Schuldbuch des Bundes oder eines Landes eingetragen werden,
5. Anteile an einem Sondervermögen, die von Kapitalverwaltungsgesellschaften im Sinne des Kapitalanlagegesetzbuchs ausgegeben werden und nicht unter § 2 Abs. 1 Nr. 1 Buchstabe c fallen oder
6. Anteile an offenen EU-Investmentvermögen und ausländischen AIF, die nach dem Kapitalanlagegesetzbuch vertrieben werden dürfen.

²Der Arbeitnehmer ist verpflichtet, bis zum Ablauf der Sperrfrist die nach Satz 1 erworbenen Wertpapiere bei dem Kreditinstitut, mit dem der Sparvertrag abgeschlossen ist, festzulegen und über die Wertpapiere nicht zu verfügen; diese Verpflichtung besteht nicht, wenn eine der in § 4 Abs. 4 Nr. 1 bis 5 bezeichneten Voraussetzungen erfüllt ist.

(5) ¹Der Arbeitnehmer ist abweichend von der in Absatz 2 Satz 1 Nummer 2 bezeichneten Vereinbarung auch berechtigt, vor Ablauf der Sperrfrist die Überweisung eingezahlter vermögenswirksamer Leistungen auf einen von ihm oder seinem nicht dauernd getrennt lebenden Ehegatten oder Lebenspartner abgeschlossenen Bausparvertrag zu verlangen, wenn weder mit der Auszahlung der Bausparsumme begonnen worden ist noch die überwiesenen Beträge vor Ablauf der Sperrfrist ganz oder zum Teil zurückgezahlt noch Ansprüche aus dem Bausparvertrag abgetreten oder beliehen werden oder wenn eine solche vorzeitige Verfügung nach § 2 Absatz 3 Satz 2 Nummer 1 und 2 des Wohnungsbau-Prämiengesetzes in der Fassung der Bekanntmachung vom 30. Oktober 1997 (BGBl. I S. 2678), das zuletzt durch Artikel 7 des Gesetzes vom 5. April 2011 (BGBl. I S. 554) geändert worden ist, in der jeweils geltenden Fassung unschädlich ist. ²Satz 1 gilt für vor dem 1. Januar 2009 und nach dem 31.12.2008 abgeschlossene Bausparverträge.

§ 9
Kapitalversicherungsvertrag

(1) Ein Kapitalversicherungsvertrag im Sinne des § 2 Abs. 1 Nr. 7 ist ein Vertrag über eine Kapitalversicherung auf den Erlebens- und Todesfall gegen laufenden Beitrag, der für die Dauer von mindestens zwölf Jahren und mit den in den Absätzen 2 bis 5 bezeichneten Vereinbarungen zwischen dem Arbeitnehmer und einem Versicherungsunternehmen abgeschlossen ist, das im Geltungsbereich dieses Gesetzes zum Geschäftsbetrieb befugt ist.

(2) Der Arbeitnehmer ist verpflichtet, als Versicherungsbeiträge vermögenswirksame Leistungen einzahlen zu lassen oder andere Beträge einzuzahlen.

(3) Die Versicherungsbeiträge enthalten keine Anteile für Zusatzleistungen wie für Unfall, Invalidität oder Krankheit.

(4) Der Versicherungsvertrag sieht vor, dass bereits ab Vertragsbeginn ein nicht kürzbarer Anteil von mindestens 50 Prozent des gezahlten Betrags als Rückkaufswert (§ 169 des Versicherungsvertragsgesetzes) erstattet oder der Berechnung der prämienfreien Versicherungsleistung (§ 165 des Versicherungsvertragsgesetzes) zugrunde gelegt wird.

(5) Die Gewinnanteile werden verwendet
1. zur Erhöhung der Versicherungsleistung oder
2. auf Verlangen des Arbeitnehmers zur Verrechnung mit fälligen Beiträgen, wenn er nach Vertragsabschluss arbeitslos geworden ist und die Arbeitslosigkeit mindestens ein Jahr lang ununterbrochen bestanden hat und im Zeitpunkt der Verrechnung noch besteht.

§ 10
Vereinbarung zusätzlicher vermögenswirksamer Leistungen

(1) Vermögenswirksame Leistungen können in Verträgen mit Arbeitnehmern, in Betriebsvereinbarungen, in Tarifverträgen oder in bindenden Festsetzungen (§ 19 des Heimarbeitsgesetzes) vereinbart werden.

Vermögensbildungsgesetz

(2) – (4) – *weggefallen* –

(5) Der Arbeitgeber kann auf tarifvertraglich vereinbarte vermögenswirksame Leistungen die betrieblichen Sozialleistungen anrechnen, die dem Arbeitnehmer in dem Kalenderjahr bisher schon als vermögenswirksame Leistungen erbracht worden sind.

§ 11
Vermögenswirksame Anlage von Teilen des Arbeitslohns

(1) Der Arbeitgeber hat auf schriftliches Verlangen des Arbeitnehmers einen Vertrag über die vermögenswirksame Anlage von Teilen des Arbeitslohns abzuschließen.

(2) Auch vermögenswirksam angelegte Teile des Arbeitslohns sind vermögenswirksame Leistungen im Sinne dieses Gesetzes.

(3) ¹Zum Abschluss eines Vertrages nach Absatz 1, wonach die Lohnteile nicht zusammen mit anderen vermögenswirksamen Leistungen für den Arbeitnehmer angelegt und überwiesen werden sollen, ist der Arbeitgeber nur dann verpflichtet, wenn der Arbeitnehmer die Anlage von Teilen des Arbeitslohns in monatlichen der Höhe nach gleichbleibenden Beträgen von mindestens 13 Euro oder in vierteljährlichen der Höhe nach gleichbleibenden Beträgen von mindestens 39 Euro oder nur einmal im Kalenderjahr in Höhe eines Betrags von mindestens 39 Euro verlangt. ²Der Arbeitnehmer kann bei der Anlage in monatlichen Beträgen während des Kalenderjahrs die Art der vermögenswirksamen Anlage und das Unternehmen oder Institut, bei dem sie erfolgen soll, nur mit Zustimmung des Arbeitgebers wechseln.

(4) ¹Der Arbeitgeber kann einen Termin im Kalenderjahr bestimmen, zu dem die Arbeitnehmer des Betriebs oder Betriebsteils die einmalige Anlage von Teilen des Arbeitslohns nach Absatz 3 verlangen können. ²Die Bestimmung dieses Termins unterliegt der Mitbestimmung des Betriebsrats oder der zuständigen Personalvertretung; das für die Mitbestimmung in sozialen Angelegenheiten vorgeschriebene Verfahren ist einzuhalten. ³Der nach Satz 1 bestimmte Termin ist den Arbeitnehmern in jedem Kalenderjahr erneut in geeigneter Form bekannt zu geben. ⁴Zu einem anderen als dem nach Satz 1 bestimmten Termin kann der Arbeitnehmer eine einmalige Anlage nach Absatz 3 nur verlangen,

1. von Teilen des Arbeitslohns, den er im letzten Lohnzahlungszeitraum des Kalenderjahrs erzielt, oder
2. von Teilen besonderer Zuwendungen, die im Zusammenhang mit dem Weihnachtsfest oder Jahresende gezahlt werden.

(5) ¹Der Arbeitnehmer kann jeweils einmal im Kalenderjahr von dem Arbeitgeber schriftlich verlangen, dass der Vertrag über die vermögenswirksame Anlage von Teilen des Arbeitslohns aufgehoben, eingeschränkt oder erweitert wird. ²Im Fall der Aufhebung ist der Arbeitgeber nicht verpflichtet, in demselben Kalenderjahr einen neuen Vertrag über die vermögenswirksame Anlage von Teilen des Arbeitslohns abzuschließen.

(6) In Tarifverträgen oder Betriebsvereinbarungen kann von den Absätzen 3 bis 5 abgewichen werden.

§ 12
Freie Wahl der Anlage

¹Vermögenswirksame Leistungen werden nur dann nach den Vorschriften dieses Gesetzes gefördert, wenn der Arbeitnehmer die Art der vermögenswirksamen Anlage und das Unternehmen oder Institut, bei dem sie erfolgen soll, frei wählen kann. ²Einer Förderung steht jedoch nicht entgegen, dass durch Tarifvertrag die Anlage auf die Formen des § 2 Abs. 1 Nr. 1 bis 5, Abs. 2 bis 4 beschränkt wird. ³Eine Anlage im Unternehmen des Arbeitgebers nach § 2 Abs. 1 Nr. 1 Buchstabe g bis l und Abs. 4 ist nur mit Zustimmung des Arbeitgebers zulässig.

§ 13
Anspruch auf Arbeitnehmer-Sparzulage

(1) Der Arbeitnehmer hat Anspruch auf eine Arbeitnehmer-Sparzulage nach Absatz 2, wenn er gegenüber dem Unternehmen, dem Institut oder dem in § 3 Absatz 3 genannten Gläubiger in die Datenübermittlung nach Maßgabe des § 15 Absatz 1 Satz 2 und 3 eingewilligt hat und sein Einkommen folgende Grenzen nicht übersteigt:

1. bei nach § 2 Abs. 1 Nr. 1 bis 3, Abs. 2 bis 4 angelegten vermögenswirksamen Leistungen die Einkommensgrenze von 20 000 Euro oder bei einer Zusammenveranlagung nach § 26b des Einkommensteuergesetzes von 40 000 Euro oder
2. bei nach § 2 Abs. 1 Nr. 4 und 5 angelegten vermögenswirksamen Leistungen die Einkommensgrenze von 17 900 Euro oder bei einer Zusammenveranlagung nach § 26b des Einkommensteuergesetzes von 35 800 Euro.

²Maßgeblich ist das zu versteuernde Einkommen nach § 2 Absatz 5 des Einkommensteuergesetzes in dem Kalenderjahr, in dem die vermögenswirksamen Leistungen angelegt worden sind.

(2) Die Arbeitnehmer-Sparzulage beträgt 20 Prozent der nach § 2 Absatz 1 Nummer 1 bis 3, Absatz 2 bis 4 angelegten vermögenswirksamen Leistungen, soweit sie 400 Euro im Kalenderjahr nicht übersteigen, und 9 Prozent der nach § 2 Absatz 1 Nummer 4 und 5 angelegten vermögenswirksamen Leistungen, soweit sie 470 Euro im Kalenderjahr nicht übersteigen.

(3) ¹Die Arbeitnehmer-Sparzulage gilt weder als steuerpflichtige Einnahme im Sinne des Einkommensteuergesetzes noch als Einkommen, Verdienst oder Entgelt (Arbeitsentgelt) im Sinne der Sozialversicherung und des Dritten Buches Sozialgesetzbuch; sie gilt arbeitsrechtlich nicht als Bestandteil des Lohns oder Gehalts. ²Der Anspruch auf Arbeitnehmer-Sparzulage ist nicht übertragbar.

(4) Der Anspruch auf Arbeitnehmer-Sparzulage entsteht mit Ablauf des Kalenderjahres in dem die vermögenswirksamen Leistungen angelegt worden sind.

(5) ¹Der Anspruch auf Arbeitnehmer-Sparzulage entfällt rückwirkend, soweit die in den §§ 4 bis 7 genannten Fristen oder bei einer Anlage nach § 2 Abs. 1 Nr. 4 die in § 2 Abs. 1 Nr. 3 und 4 und Abs. 3 Satz 1 des Wohnungsbau-Prämiengesetzes vorgesehenen Voraussetzungen nicht eingehalten werden. ²Satz 1 gilt für vor dem 1. Januar 2009 und nach dem 31. Dezember 2008 abgeschlossene Bausparverträge. ³Der Anspruch entfällt nicht, wenn die Sperrfrist nicht eingehalten wird, weil

1. der Arbeitnehmer das Umtausch- oder Abfindungsangebot eines Wertpapier-Emittenten angenommen hat oder Wertpapiere dem Aussteller nach Auslosung oder Kündigung durch den Aussteller zur Einlösung vorgelegt worden sind,
2. die mit den vermögenswirksamen Leistungen erworbenen oder begründeten Wertpapiere oder Rechte im Sinne des § 2 Abs. 1 Nr. 1, Abs. 2 bis 4 ohne Mitwirkung des Arbeitnehmers wertlos geworden sind oder
3. der Arbeitnehmer über nach § 2 Abs. 1 Nr. 4 angelegte vermögenswirksame Leistungen nach Maßgabe des § 4 Abs. 4 Nr. 4 in Höhe von mindestens 30 Euro verfügt.

§ 14
Festsetzung der Arbeitnehmer-Sparzulage, Anwendung der Abgabenordnung, Verordnungsermächtigung, Rechtsweg

(1) ¹Die Verwaltung der Arbeitnehmer-Sparzulage obliegt den Finanzämtern. ²Die Arbeitnehmer-Sparzulage wird aus den Einnahmen an Lohnsteuer gezahlt.

(2) ¹Auf die Arbeitnehmer-Sparzulage sind die für Steuervergütungen geltenden Vorschriften der Abgabenordnung entsprechend anzuwenden. ²Dies gilt nicht für § 163 der Abgabenordnung.

(3) ¹Für die Arbeitnehmer-Sparzulage gelten die Strafvorschriften des § 370 Abs. 1 bis 4, der §§ 371, 375 Abs. 1 und des § 376 sowie die Bußgeldvorschriften der §§ 378, 379 Abs. 1 und 4 und der §§ 383 und 384 der Abgabenordnung entsprechend. ²Für das Strafverfahren wegen einer Straftat nach Satz 1 sowie der Begünstigung einer Person, die eine solche Tat begangen hat, gelten die §§ 385 bis 408, für das Bußgeldverfahren wegen einer Ordnungswidrigkeit nach Satz 1 die §§ 409 bis 412 der Abgabenordnung entsprechend.

(4) ¹Die Arbeitnehmer-Sparzulage wird auf Antrag durch das für die Besteuerung des Arbeitnehmers nach dem Einkommen zuständige Finanzamt festgesetzt. ²Der Arbeitnehmer hat den Antrag nach amtlich vorgeschriebenem Vordruck zu stellen. ³Die Arbeitnehmer-Sparzulage wird fällig

a) mit Ablauf der für die Anlageform vorgeschriebenen Sperrfrist nach diesem Gesetz,

b) mit Ablauf der im Wohnungsbau-Prämiengesetz oder in der Verordnung zur Durchführung des Wohnungsbau-Prämiengesetzes genannten Sperr- und Rückzahlungsfristen. ²Bei Bausparverträgen gelten die in § 2 Abs. 3 Satz 1 des Wohnungsbau-Prämiengesetzes genannten Sperr- und Rückzahlungsfristen und zwar unabhängig davon, ob der Vertrag vor dem 1. Januar 2009 oder nach dem 31. Dezember 2008 abgeschlossen worden ist,

c) mit Zuteilung des Bausparvertrags oder

d) in den Fällen unschädlicher Verfügung.

(5) ¹Ein Bescheid über die Ablehnung der Festsetzung einer Arbeitnehmer-Sparzulage ist aufzuheben und die Arbeitnehmer-Sparzulage ist nachträglich festzusetzen, wenn der Einkommensteuerbescheid nach Ergehen des Ablehnungsbescheides geändert wird und dadurch erstmals festgestellt wird, dass die Einkommensgrenzen des § 13 Absatz 1 unterschritten sind. ²Die Frist für die Festsetzung der Arbeitnehmer-Sparzulage endet in diesem Fall nicht vor Ablauf eines Jahres nach Bekanntgabe des geänderten Steuerbescheides. ³Satz 2 gilt entsprechend, wenn der geänderten Einkommensteuerfestsetzung kein Bescheid über die Ablehnung der Festsetzung einer Arbeitnehmer-Sparzulage vorangegangen ist.

(6) Besteht für Aufwendungen, die vermögenswirksame Leistungen darstellen, ein Anspruch auf Arbeitnehmer-Sparzulage und hat der Arbeitnehmer hierfür abweichend von § 1 Satz 2 Nummer 1 des Wohnungsbau-Prämiengesetzes eine Wohnungsbauprämie beantragt, endet die Frist für die Festsetzung der Arbeitnehmer-Sparzulage nicht vor Ablauf eines Jahres nach Bekanntgabe der Mitteilung über die Änderung des Prämienanspruchs.

(7) ¹Die Bundesregierung wird ermächtigt, durch Rechtsverordnung mit Zustimmung des Bundesrates das Verfahren bei der Festsetzung und der Auszahlung der Arbeitnehmer-Sparzulage näher zu regeln, soweit dies zur Vereinfachung des Verfahrens erforderlich ist. ²Dabei kann auch bestimmt werden, dass der Arbeitgeber, das Unternehmen, das Institut oder der in § 3 Abs. 3 genannte Gläubiger bei der Antragstellung mitwirkt und ihnen die Arbeitnehmer-Sparzulage zugunsten des Arbeitnehmers überwiesen wird.

(8) In öffentlich-rechtlichen Streitigkeiten über die aufgrund dieses Gesetzes ergehenden Verwaltungsakte der Finanzbehörden ist der Finanzrechtsweg gegeben.

§ 15
Elektronische Vermögensbildungsbescheinigung, Verordnungsermächtigungen, Haftung, Anrufungsauskunft, Außenprüfung

(1) ¹Das Unternehmen, das Institut oder der in § 3 Absatz 3 genannte Gläubiger hat spätestens bis zum 28. Februar des der Anlage der vermögenswirksamen Leistungen folgenden Kalenderjahres nach amtlich vorgeschriebenem Datensatz durch Datenfernübertragung nach Maßgabe der Steuerdaten-Übermittlungsverordnung im Rahmen einer elektronischen Vermögensbildungsbescheinigung folgende Daten zu übermitteln, wenn der Arbeitnehmer gegenüber dem Mitteilungspflichtigen in die Datenübermittlung eingewilligt hat:

1. Name, Vorname, Geburtsdatum, Anschrift und Identifikationsnummer (§ 139b der Abgabenordnung) des Arbeitnehmers,

2. den jeweiligen Jahresbetrag der nach § 2 Abs. 1 Nr. 1 bis 5, Abs. 2 bis 4 angelegten vermögenswirksamen Leistungen sowie die Art ihrer Anlage,

3. das Kalenderjahr, dem diese vermögenswirksamen Leistungen zuzuordnen sind, und

4. entweder das Ende der für die Anlageform vorgeschriebenen Sperrfrist nach diesem Gesetz oder bei einer Anlage nach § 2 Abs. 1 Nr. 4 das Ende der im Wohnungsbau-Prämiengesetz oder in der Verordnung zur Durchführung des Wohnungsbau-Prämiengesetzes genannten Sperr- und Rückzahlungsfristen. Bei Bausparverträgen sind die in § 2 Abs. 3 Satz 1 des Wohnungsbau-Prämiengesetzes genannten Sperr- und Rückzahlungsfristen zu bescheinigen unabhängig davon, ob der Vertrag vor dem 1. Januar 2009 oder nach dem 31. Dezember 2008 abgeschlossen worden ist.

²Die Einwilligung nach Satz 1 ist spätestens bis zum Ablauf des zweiten Kalenderjahres, das auf das Kalenderjahr der Anlage der vermögenswirksamen Leistungen folgt, zu erteilen. ³Dabei hat der Arbeitnehmer dem Mitteilungspflichtigen die Identifikationsnummer mitzuteilen. ⁴Die Einwilligung gilt als erteilt, wenn die übermittelnde Stelle den Arbeitnehmer schriftlich darüber informiert, dass vom Vorliegen einer Einwilligung ausgegangen wird und die Daten übermittelt werden, wenn der Arbeitnehmer dem nicht innerhalb einer Frist von vier Wochen nach Erhalt dieser schriftlichen Information schriftlich widerspricht. ⁵Die Einwilligung gilt auch für die folgenden Kalenderjahre, es sei denn, der Arbeitnehmer widerruft diese schriftlich gegenüber der übermittelnden Stelle. ⁶Der Widerruf muss der übermittelnden Stelle vor Beginn des Kalenderjahres, für das die Einwilligung erstmals nicht mehr gelten soll, vorliegen. ⁷Die übermittelnde Stelle hat den Arbeitnehmer über den Inhalt der Datenübermittlung nach Satz 1 zu unterrichten. ⁸Wird die Einwilligung nach Ablauf des Kalenderjahres der Anlage der vermögenswirksamen Leistungen, jedoch innerhalb der in Satz 2 genannten Frist abgegeben, sind die Daten bis zum Ende des folgenden Kalendervierteljahres zu übermitteln.

(2) Die Bundesregierung wird ermächtigt, durch Rechtsverordnung mit Zustimmung des Bundesrates weitere Vorschriften zu erlassen über

1. Aufzeichnungs- und Mitteilungspflichten des Arbeitgebers und des Unternehmens oder Instituts, bei dem die vermögenswirksamen Leistungen angelegt sind, und

2. die Festlegung von Wertpapieren und die Art der Festlegung, soweit dies erforderlich ist, damit nicht die Arbeitnehmer-Sparzulage zu Unrecht gezahlt, versagt, nicht zurückgefordert oder nicht einbehalten wird.

(3) Haben der Arbeitgeber, das Unternehmen, das Institut oder der in § 3 Abs. 3 genannte Gläubiger ihre Pflichten nach diesem Gesetz oder nach einer aufgrund dieses Gesetzes erlassenen Rechtsverordnung verletzt, so haften sie für die Arbeitnehmer-Sparzulage, die wegen ihrer Pflichtverletzung zu Unrecht gezahlt, nicht zurückgefordert oder nicht einbehalten worden ist.

(4) Das Finanzamt, das für die Besteuerung der in Absatz 3 Genannten zuständig ist, hat auf deren Anfrage Auskunft darüber zu erteilen, wie im einzelnen Fall die Vorschriften über vermögenswirksame Leistungen anzuwenden sind, die nach § 2 Abs. 1 Nr. 1 bis 5, Abs. 2 bis 4 angelegt werden.

(5) ¹Das für die Lohnsteuer-Außenprüfung zuständige Finanzamt kann bei den in Absatz 3 Genannten eine Außenprüfung durchführen, um festzustellen, ob sie ihre Pflichten nach diesem Gesetz oder nach einer aufgrund dieses Gesetzes erlassenen Rechtsverordnung, soweit diese mit der Anlage vermögenswirksamer Leistungen nach § 2 Abs. 1 Nr. 1 bis 5, Abs. 2 bis 4 zusammenhängen, erfüllt haben. ²Die §§ 195 bis 202 der Abgabenordnung gelten entsprechend.

§ 16
Berlin-Klausel
– weggefallen –

§ 17
Anwendungsvorschriften

(1) Die vorstehenden Vorschriften dieses Gesetzes gelten vorbehaltlich der nachfolgenden Absätze für vermögenswirksame Leistungen, die nach dem 31. Dezember 1993 angelegt werden.

(2) Für vermögenswirksame Leistungen, die vor dem 1. Januar 1994 angelegt werden, gilt, soweit Absatz 5 nichts anderes bestimmt, § 17 des Fünften Vermögensbildungsgesetzes in der Fassung der Bekanntmachung vom 19. Januar 1989 (BGBl. I S. 137) – Fünftes Vermögensbildungsgesetz 1989 –, unter Berücksichtigung der Änderung durch Artikel 2 Nr. 1 des Gesetzes vom 13. Dezember 1990 (BGBl. I S. 2749).

(3) Für vermögenswirksame Leistungen, die im Jahr 1994 angelegt werden aufgrund eines vor dem 1. Januar 1994 abgeschlossenen Vertrags

1. nach § 4 Abs. 1 oder § 5 Abs. 1 des Fünften Vermögensbildungsgesetzes 1989 zum Erwerb von Aktien oder Wandelschuldverschreibungen, die keine Aktien oder Wandelschuldverschreibungen im Sinne des vorstehenden § 2 Abs. 1 Nr. 1 Buchstabe a oder b, Abs. 2 Satz 1 sind, oder

Vermögensbildungsgesetz

2. nach § 6 Abs. 2 des Fünften Vermögensbildungsgesetzes 1989 über die Begründung eines Geschäftsguthabens bei einer Genossenschaft, die keine Genossenschaft im Sinne des vorstehenden § 2 Abs. 1 Nr. 1 Buchstabe g, Abs. 2 Satz 2 ist, oder

3. nach § 6 Abs. 2 oder § 7 Abs. 2 des Fünften Vermögensbildungsgesetzes 1989 über die Übernahme einer Stammeinlage oder zum Erwerb eines Geschäftsanteils an einer Gesellschaft mit beschränkter Haftung, die keine Gesellschaft im Sinne des vorstehenden § 2 Abs. 1 Nr. 1 Buchstabe h, Abs. 2 Satz 3 ist,

gelten statt der vorstehenden §§ 2, 4, 6 und 7 die §§ 2, 4, 6 und 7 des Fünften Vermögensbildungsgesetzes 1989.

(4) Für vermögenswirksame Leistungen, die nach dem 31. Dezember 1993 aufgrund eines Vertrags im Sinne des § 17 Abs. 5 Satz 1 des Fünften Vermögensbildungsgesetzes 1989 angelegt werden, gilt § 17 Abs. 5 und 6 des Fünften Vermögensbildungsgesetzes 1989.

(5) ¹Für vermögenswirksame Leistungen, die vor dem 1. Januar 1994 aufgrund eines Vertrags im Sinne des Absatzes 3 angelegt worden sind, gelten § 4 Abs. 2 bis 5, § 5 Abs. 2, § 6 Abs. 3 und § 7 Abs. 3 des Fünften Vermögensbildungsgesetzes 1989 über Fristen für die Verwendung vermögenswirksamer Leistungen und über Sperrfristen nach dem 31. Dezember 1993 nicht mehr. ²Für vermögenswirksame Leistungen, die vor dem 1. Januar 1990 aufgrund eines Vertrags im Sinne des § 17 Abs. 2 des Fünften Vermögensbildungsgesetzes 1989 über die Begründung einer oder mehrerer Beteiligungen als stiller Gesellschafter angelegt worden sind, gilt § 7 Abs. 3 des Fünften Vermögensbildungsgesetzes in der Fassung der Bekanntmachung vom 19. Februar 1987 (BGBl. I S. 630) über die Sperrfrist nach dem 31. Dezember 1993 nicht mehr.

(6) Für vermögenswirksame Leistungen, die vor dem 1. Januar 1999 angelegt worden sind, gilt § 13 Abs. 1 und 2 dieses Gesetzes in der Fassung der Bekanntmachung vom 4. März 1994 (BGBl. I S. 406).

(7) § 13 Abs. 1 Satz 1 und Abs. 2 in der Fassung des Artikels 2 des Gesetzes vom 7. März 2009 (BGBl. I S. 451) ist erstmals für vermögenswirksame Leistungen anzuwenden, die nach dem 31. Dezember 2008 angelegt werden.

(8) § 8 Abs. 5, § 13 Abs. 5 Satz 1 und 2, § 14 Abs. 4 Satz 4 Buchstabe b und § 15 Abs. 1 Nr. 3 in der Fassung des Artikels 7 des Gesetzes vom 29. Juli 2008 (BGBl. I S. 1509) sind erstmals für vermögenswirksame Leistungen anzuwenden, die nach dem 31. Dezember 2008 angelegt werden.

(9) § 4 Abs. 4 Nr. 4 und § 13 Abs. 5 Satz 3 Nr. 3 in der Fassung des Artikels 1 des Gesetzes vom 8. Dezember 2008 (BGBl. I S. 2373) ist erstmals bei Verfügungen nach dem 31. Dezember 2008 anzuwenden.

(10) § 14 Absatz 4 Satz 2 in der Fassung des Artikels 12 des Gesetzes vom 16. Juli 2009 (BGBl. I S. 1959) ist erstmals für vermögenswirksame Leistungen anzuwenden, die nach dem 31. Dezember 2006 angelegt werden, und in Fällen, in denen am 22. Juli 2009 über einen Antrag auf Arbeitnehmer-Sparzulage noch nicht bestandskräftig entschieden ist.

(11) § 13 Absatz 1 Satz 2 in der Fassung des Artikels 10 des Gesetzes vom 8. Dezember 2010 (BGBl. I S. 1768) ist erstmals für vermögenswirksame Leistungen anzuwenden, die nach dem 31. Dezember 2008 angelegt werden.

(12) § 2 Absatz 1 Nummer 5 in der Fassung des Artikels 13 des Gesetzes vom 7. Dezember 2011 (BGBl. I S. 2592) ist erstmals für vermögenswirksame Leistungen anzuwenden, die nach dem 31. Dezember 2011 angelegt werden.

(13) ¹§ 3 Absatz 1 Satz 1 Nummer 1 in der Fassung des Artikels 18 des Gesetzes vom 26. Juni 2013 (BGBl. I S. 1809) ist erstmals für vermögenswirksame Leistungen anzuwenden, die nach dem 31. Dezember 2012 angelegt werden. ²§ 4 Absatz 4 Nummer 1, 2 und 4 sowie § 8 Absatz 5 Satz 1 in der Fassung des Artikels 18 des Gesetzes vom 26. Juni 2013 (BGBl. I S. 1809) sind erstmals bei Verfügungen nach dem 31. Dezember 2012 anzuwenden.

(14) ¹Das Bundesministerium der Finanzen teilt den Zeitpunkt der erstmaligen Anwendung der §§ 13 und 14 Absatz 4 sowie des § 15 in der Fassung des Artikels 18 des Gesetzes vom 26. Juni 2013 (BGBl. I S. 1809) durch ein im Bundessteuerblatt zu veröffentlichendes Schreiben mit. ²Bis zu diesem Zeitpunkt sind die §§ 13 und 14 Absatz 4 sowie der § 15 in der Fassung des Artikels 13 des Gesetzes vom 7. Dezember 2011 (BGBl. I S. 2592) weiter anzuwenden.

(15) ¹§ 2 Absatz 1 Nummer 1 in der Fassung des Artikels 5 des Gesetzes vom 18. Dezember 2013 (BGBl. I S. 4318) ist erstmals für vermögenswirksame Leistungen anzuwenden, die nach dem 31. Dezember 2013 angelegt werden. ²§ 4 Absatz 4 Nummer 4 in der Fassung des vorliegenden Gesetzes ist erstmals bei Verfügungen nach dem 31. Dezember 2013 anzuwenden.

§ 18
Kündigung eines vor 1994 abgeschlossenen Anlagevertrags und der Mitgliedschaft in einer Genossenschaft oder Gesellschaft mit beschränkter Haftung

(1) Hat sich der Arbeitnehmer in einem Vertrag im Sinne des § 17 Abs. 3 verpflichtet, auch nach dem 31. Dezember 1994 vermögenswirksame Leistungen überweisen zu lassen oder andere Beträge zu zahlen, so kann er den Vertrag bis zum 30. September 1994 auf den 31. Dezember 1994 mit der Wirkung schriftlich kündigen, dass aufgrund dieses Vertrags vermögenswirksame Leistungen oder andere Beträge nach dem 31. Dezember 1994 nicht mehr zu zahlen sind.

(2) ¹Ist der Arbeitnehmer im Zusammenhang mit dem Abschluss eines Vertrags im Sinne des § 17 Abs. 3 Nr. 2 Mitglied in einer Genossenschaft geworden, so kann er die Mitgliedschaft bis zum 30. September 1994 auf den 31. Dezember 1994 mit der Wirkung schriftlich kündigen, dass nach diesem Zeitpunkt die Verpflichtung, Einzahlungen auf einen Geschäftsanteil zu leisten und ein Eintrittsgeld zu zahlen, entfällt. ²Weitergehende Rechte des Arbeitnehmers nach dem Statut der Genossenschaft bleiben unberührt. ³Der ausgeschiedene Arbeitnehmer kann die Auszahlung des Auseinandersetzungsguthabens, die Genossenschaft kann die Zahlung eines den ausgeschiedenen Arbeitnehmer treffenden Anteils an einem Fehlbetrag zum 1. Januar 1998 verlangen.

(3) ¹Ist der Arbeitnehmer im Zusammenhang mit dem Abschluss eines Vertrags im Sinne des § 17 Abs. 3 Nr. 3 Gesellschafter einer Gesellschaft mit beschränkter Haftung geworden, so kann er die Mitgliedschaft bis zum 30. September 1994 auf den 31. Dezember 1994 schriftlich kündigen. ²Weitergehende Rechte des Arbeitnehmers nach dem Gesellschaftsvertrag bleiben unberührt. ³Der zum Austritt berechtigte Arbeitnehmer kann von der Gesellschaft als Abfindung den Verkehrswert seines Geschäftsanteils verlangen; maßgebend ist der Verkehrswert im Zeitpunkt des Zugangs der Kündigungserklärung. ⁴Der Arbeitnehmer kann die Abfindung nur verlangen, wenn die Gesellschaft sie ohne Verstoß gegen § 30 Abs. 1 des Gesetzes betreffend die Gesellschaften mit beschränkter Haftung zahlen kann. ⁵Hat die Gesellschaft die Abfindung bezahlt, so stehen dem Arbeitnehmer aus seinem Geschäftsanteil keine Rechte mehr zu. ⁶Kann die Gesellschaft bis zum 31. Dezember 1996 die Abfindung nicht gemäß Satz 4 zahlen, so ist sie auf Antrag des zum Austritt berechtigten Arbeitnehmers aufzulösen. ⁷§ 61 Abs. 1, Abs. 2 Satz 1 und Abs. 3 des Gesetzes betreffend die Gesellschaften mit beschränkter Haftung gilt im Übrigen entsprechend.

(4) Werden aufgrund der Kündigung nach Absatz 1, 2 oder 3 Leistungen nicht erbracht, so hat der Arbeitnehmer dies nicht zu vertreten.

(5) ¹Hat der Arbeitnehmer nach Absatz 1 einen Vertrag im Sinne des § 17 Abs. 3 Nr. 2 oder nach Absatz 2 die Mitgliedschaft in einer Genossenschaft gekündigt, so gelten beide Kündigungen als erklärt, wenn der Arbeitnehmer dies nicht ausdrücklich ausgeschlossen hat. ²Entsprechendes gilt, wenn der Arbeitnehmer nach Absatz 1 einen Vertrag im Sinne des § 17 Abs. 3 Nr. 3 oder nach Absatz 3 die Mitgliedschaft in einer Gesellschaft mit beschränkter Haftung gekündigt hat.

(6) Macht der Arbeitnehmer von seinem Kündigungsrecht nach Absatz 1 keinen Gebrauch, so gilt die Verpflichtung, vermögenswirksame Leistungen überweisen zu lassen, nach dem 31. Dezember 1994 als Verpflichtung, andere Beträge in entsprechender Höhe zu zahlen.

Anhang 5
Verordnung zur Durchführung des Fünften Vermögensbildungsgesetzes (VermBDV 1994)

vom 20.12.1994 (BGBl. I S. 3904),
zuletzt geändert durch Art. 8 der Verordnung zur Änderung steuerlicher Verordnungen und weiterer Vorschriften

§ 1
Verfahren

Auf das Verfahren bei der Festsetzung, Auszahlung und Rückzahlung der Arbeitnehmer-Sparzulage sind neben den in § 14 Abs. 2 des Gesetzes bezeichneten Vorschriften die für die Einkommensteuer und Lohnsteuer geltenden Regelungen sinngemäß anzuwenden, soweit sich aus den nachstehenden Vorschriften nichts anderes ergibt.

§ 2
Mitteilungspflichten des Arbeitgebers, des Kreditinstituts oder des Unternehmens

(1) Der Arbeitgeber hat bei Überweisung vermögenswirksamer Leistungen im Dezember und Januar eines Kalenderjahres dem Kreditinstitut oder dem Unternehmen, bei dem die vermögenswirksamen Leistungen angelegt werden, das Kalenderjahr mitzuteilen, dem die vermögenswirksamen Leistungen zuzuordnen sind.

(2) ¹Werden bei einer Anlage nach § 2 Abs. 1 Nr. 4 des Gesetzes oder § 17 Abs. 5 Satz 1 Nr. 1 des Fünften Vermögensbildungsgesetzes in der Fassung der Bekanntmachung vom 19. Januar 1989 (BGBl. I S. 137)

1. Wohnbau-Sparverträge in Baufinanzierungsverträge umgewandelt (§ 12 Abs. 1 Nr. 2 der Verordnung zur Durchführung des Wohnungsbau-Prämiengesetzes in der Fassung der Bekanntmachung vom 29. Juni 1994, BGBl. I S. 1446),
2. Baufinanzierungsverträge in Wohnbau-Sparverträge umgewandelt (§ 18 Abs. 1 Nr. 2 der Verordnung zur Durchführung des Wohnungsbau-Prämiengesetzes in der Fassung der Bekanntmachung vom 29. Juni 1994, BGBl. I S. 1446) oder
3. Sparbeiträge auf einen von dem Arbeitnehmer oder seinem Ehegatten oder Lebenspartner abgeschlossenen Bausparvertrag überwiesen (§ 4 Abs. 3 Nr. 7 des Fünften Vermögensbildungsgesetzes in der Fassung der Bekanntmachung vom 19. Februar 1987, BGBl. I S. 630),

so hat das Kreditinstitut oder Unternehmen, bei dem die vermögenswirksamen Leistungen angelegt worden sind, dem neuen Kreditinstitut oder Unternehmen den Betrag der vermögenswirksamen Leistungen, das Kalenderjahr, dem sie zuzuordnen sind, das Ende der Sperrfrist, seinen Institutenschlüssel gemäß § 5 Absatz 1 und die bisherige Vertragsnummer des Arbeitnehmers unverzüglich schriftlich mitzuteilen. ²Das neue Kreditinstitut oder Unternehmen hat die Angaben aufzuzeichnen.

(3) ¹Das Kreditinstitut oder die Kapitalverwaltungsgesellschaft, bei denen vermögenswirksame Leistungen aufgrund eines Vertrags im Sinne des § 4 des Gesetzes angelegt werden, hat

1. dem Arbeitgeber, der mit den vermögenswirksamen Leistungen erworbene Wertpapiere verwahrt oder an dessen Unternehmen eine nicht verbriefte Vermögensbeteiligung im Sinne des § 2 Abs. 1 Nr. 1 Buchstabe g bis I des Gesetzes mit den vermögenswirksamen Leistungen begründet oder erworben wird, oder
2. dem Unternehmen, an dem eine nicht verbriefte Vermögensbeteiligung im Sinne des § 2 Abs. 1 Nr. 1 Buchstabe g bis I des Gesetzes mit den vermögenswirksamen Leistungen begründet oder erworben wird,

das Ende der für die vermögenswirksamen Leistungen geltenden Sperrfrist unverzüglich schriftlich mitzuteilen. ²Wenn über die verbrieften oder nicht verbrieften Vermögensbeteiligungen vor Ablauf der Sperrfrist verfügt worden ist, hat dies der Arbeitgeber oder das Unternehmen dem Kreditinstitut oder Kapitalverwaltungsgesellschaft unverzüglich mitzuteilen.

(4) ¹Der Arbeitgeber, bei dem vermögenswirksame Leistungen aufgrund eines Vertrags im Sinne des § 5 des Gesetzes angelegt werden, hat dem vom Arbeitnehmer benannten Kreditinstitut, das die erworbenen Wertpapiere verwahrt, oder der vom Arbeitnehmer benannten Kapitalverwaltungsgesellschaft, die die erworbenen Wertpapiere verwahrt, das Ende der für die vermögenswirksamen Leistungen geltenden Sperrfrist unverzüglich schriftlich mitzuteilen. ²Wenn über die Wertpapiere vor Ablauf der Sperrfrist verfügt worden ist, hat dies das Kreditinstitut oder die Kapitalverwaltungsgesellschaft dem Arbeitgeber unverzüglich mitzuteilen.

§ 3
Aufzeichnungspflichten des Beteiligungsunternehmens

(1) ¹Das Unternehmen, an dem eine nicht verbriefte Vermögensbeteiligung im Sinne des § 2 Abs. 1 Nr. 1 Buchstabe g bis I des Gesetzes aufgrund eines Vertrags im Sinne des § 6 Abs. 2 oder des § 7 Abs. 2 des Gesetzes mit vermögenswirksamen Leistungen begründet oder erworben wird, hat den Betrag der vermögenswirksamen Leistungen und das Kalenderjahr, dem sie zuzuordnen sind, sowie das Ende der Sperrfrist aufzuzeichnen. ²Bei Verträgen im Sinne des § 4 des Gesetzes genügt die Aufzeichnung des Endes der Sperrfrist.

(2) Zu den Aufzeichnungen nach Absatz 1 Satz 1 ist auch der Arbeitgeber verpflichtet, an dessen Unternehmen eine nicht verbriefte Vermögensbeteiligung im Sinne des § 2 Abs. 1 Nr. 1 Buchstabe g bis I des Gesetzes aufgrund eines Vertrags im Sinne des § 6 Abs. 1 oder des § 7 Abs. 1 des Gesetzes mit vermögenswirksamen Leistungen begründet oder erworben wird.

§ 4
Festlegung von Wertpapieren

(1) Wertpapiere, die aufgrund eines Vertrags im Sinne des § 4 des Gesetzes mit vermögenswirksamen Leistungen erworben werden, sind auf den Namen des Arbeitnehmers dadurch festzulegen, dass sie für die Dauer der Sperrfrist wie folgt in Verwahrung gegeben werden:

1. ¹Erwirbt der Arbeitnehmer Einzelurkunden, so müssen diese in das Depot bei dem Kreditinstitut oder der Kapitalverwaltungsgesellschaft gegeben werden, mit dem er den Sparvertrag abgeschlossen hat. ²Das Kreditinstitut oder die Kapitalverwaltungsgesellschaft muss in den Depotbüchern einen Sperrvermerk für die Dauer der Sperrfrist anbringen. ³Bei Drittverwahrung genügt ein Sperrvermerk im Kundenkonto beim erstverwahrenden Kreditinstitut oder bei der erstverwahrenden Kapitalverwaltungsgesellschaft.
2. Erwirbt der Arbeitnehmer Anteile an einem Sammelbestand von Wertpapieren oder werden Wertpapiere bei einer Wertpapiersammelbank in Sammelverwahrung gegeben, so muss das Kreditinstitut oder die Kapitalverwaltungsgesellschaft einen Sperrvermerk in das Depotkonto eintragen.

(2) ¹Wertpapiere nach Absatz 1 Satz 1,

1. die eine Vermögensbeteiligung an Unternehmen des Arbeitgebers oder eine gleichgestellte Vermögensbeteiligung (§ 2 Abs. 2 Satz 1 des Gesetzes) verbriefen oder
2. die der Arbeitnehmer vom Arbeitgeber erwirbt,

können auch vom Arbeitgeber verwahrt werden. ²Der Arbeitgeber hat die Verwahrung sowie das Ende der Sperrfrist aufzuzeichnen.

(3) ¹Wertpapiere, die aufgrund eines Vertrags im Sinne des § 5 des Gesetzes erworben werden, sind festzulegen durch Verwahrung

1. beim Arbeitgeber oder
2. im Auftrag des Arbeitgebers bei einem Dritten oder
3. bei einem vom Arbeitnehmer benannten inländischen Kreditinstitut oder bei einer vom Arbeitnehmer benannten inländischen Kapitalverwaltungsgesellschaft.

²In den Fällen der Nummern 1 und 2 hat der Arbeitgeber die Verwahrung, den Betrag der vermögenswirksamen Leistungen, das Kalenderjahr, dem sie zuzuordnen sind, und das Ende der Sperrfrist aufzuzeichnen. ³Im Falle der Nummer 3 hat das Kreditinstitut oder die Kapitalverwaltungsgesellschaft das Ende der Sperrfrist aufzuzeichnen.

(4) Bei einer Verwahrung durch ein Kreditinstitut oder eine Kapitalverwaltungsgesellschaft hat der Arbeitnehmer innerhalb von drei Monaten nach dem Erwerb der Wertpapiere dem Arbeitgeber eine Bescheinigung des Kreditinstituts oder der Kapitalverwaltungsgesellschaft darüber vorzulegen, dass die Wertpapiere entsprechend Absatz 1 in Verwahrung genommen worden sind.

§ 5
Elektronische Vermögensbildungsbescheinigung

(1) ¹Das Kreditinstitut, das Unternehmen oder der Arbeitgeber, bei dem vermögenswirksame Leistungen nach § 2 Abs. 1 Nr. 1 bis 4, Abs. 2 bis 4 des Gesetzes oder nach § 17 Abs. 5 Satz 1 des fünften Vermögensbildungsgesetzes in der am 19. Januar 1989 geltenden Fassung (BGBl. I S. 137) angelegt werden, hat in der elektronischen Vermögensbildungsbescheinigung seinen Institutenschlüssel und die Vertragsnummer des Arbeitnehmers anzugeben; dies gilt nicht für Anlagen nach § 2 Abs. 1 Nr. 4 des Gesetzes in Verbindung mit § 2 Abs. 1 Nr. 2 des Wohnungsbau-Prämiengesetzes. ²Der Institutsschlüssel ist bei der Zentralstelle der Länder anzufordern. ³Bei der Anforderung sind anzugeben

1. Name und Anschrift des anfordernden Kreditinstituts, Unternehmens oder Arbeitgebers,
2. Bankverbindung für die Überweisung der Arbeitnehmer-Sparzulagen,
3. Lieferanschrift für die Übersendung von Datenträgern.

⁴Die Vertragsnummer darf keine Sonderzeichen enthalten.

(2) Der Arbeitgeber oder das Unternehmen, bei dem vermögenswirksame Leistungen nach § 2 Abs. 1 Nr. 2 und 3, Abs. 2 bis 4 des Gesetzes angelegt werden, hat in der elektronischen Vermögensbildungsbescheinigung, die noch nicht zum Erwerb von Wertpapieren oder zur Begründung von Rechten verwendet worden sind, als Ende der Sperrfrist den 31. Dezember des sechsten Kalenderjahres nach dem Kalenderjahr anzugeben, dem die vermögenswirksamen Leistungen zuzuordnen sind.

(3) ¹In der elektronischen Vermögensbildungsbescheinigung über vermögenswirksame Leistungen, die nach § 2 Absatz 1 Nummer 1 oder Nummer 4 des Gesetzes oder nach § 17 Absatz 5 Satz 1 des Gesetzes in der am 19. Januar 1989 geltenden Fassung bei Kreditinstituten, Kapitalverwaltungsgesellschaften oder Versicherungsunternehmen angelegt worden sind, ist bei einer unschädlichen vorzeitigen Verfügung als Ende der Sperrfrist der Zeitpunkt dieser Verfügung anzugeben. ²Dies gilt bei Zuteilung eines Bausparvertrags entsprechend.

(4) Bei einer schädlichen vorzeitigen Verfügung über vermögenswirksame Leistungen, die nach § 2 Abs. 1 Nr. 1 oder 4 des Gesetzes oder nach § 17 Abs. 5 Satz 1 des Fünften Vermögensbildungsgesetzes in der am 19. Januar 1989 geltenden Fassung (BGBl. I S. 137) bei Kreditinstituten, Kapitalverwaltungsgesellschaften oder Versicherungsunternehmen angelegt worden sind, darf eine elektronische Vermögensbildungsbescheinigung nicht erteilt werden.

§ 6
Festsetzung der Arbeitnehmer-Sparzulage, Mitteilungspflichten der Finanzämter

(1) ¹Die Festsetzung der Arbeitnehmer-Sparzulage ist regelmäßig mit der Einkommensteuererklärung zu beantragen. ²Die festzusetzende Arbeitnehmer-Sparzulage ist auf den nächsten vollen Euro-Betrag aufzurunden. ³Sind für den Arbeitnehmer die vermögenswirksamen Leistungen eines Kalenderjahres auf mehr als einem der in § 2 Abs. 1 Nr. 1 bis 5 des Gesetzes und der in § 17 Abs. 5 Satz 1 des Fünften Vermögensbildungsgesetzes in der am 19. Januar 1989 geltenden Fassung (BGBl. I S. 137) bezeichneten Anlageverträge angelegt worden, so gilt die Aufrundung für jeden Vertrag.

(2) ¹Festgesetzte, noch nicht fällige Arbeitnehmer-Sparzulagen sind der Zentralstelle der Länder zur Aufzeichnung der für ihre Auszahlung notwendigen Daten mitzuteilen. ²Das gilt auch für die Änderung festgesetzter Arbeitnehmer-Sparzulagen sowie in den Fällen, in denen festgesetzte Arbeitnehmer-Sparzulagen nach Auswertung einer Anzeige über die teilweise schädliche vorzeitige Verfügung (§ 8 Abs. 4 Satz 2) unberührt bleiben.

(3) Werden bei einer Anlage nach § 2 Abs. 1 Nr. 1 bis 4, Abs. 2 bis 4 des Gesetzes oder nach § 17 Abs. 5 Satz 1 des Fünften Vermögensbildungsgesetzes in der am 19. Januar 1989 geltenden Fassung (BGBl. I S. 137) vor Ablauf der Sperrfrist teilweise Beträge zurückgezahlt, Ansprüche aus dem Vertrag abgetreten oder beliehen, die Bauspar- oder Versicherungssumme ausgezahlt, die Festlegung aufgehoben oder Spitzenbeträge nach § 4 Abs. 3 des Gesetzes oder des § 5 Abs. 3 des Fünften Vermögensbildungsgesetzes in der am 19. Februar 1987 geltenden Fassung (BGBl. I S. 630) von mehr als 150 Euro nicht rechtzeitig verwendet, so gelten für die Festsetzung oder Neufestsetzung der Arbeitnehmer-Sparzulage die Beträge in folgender Reihenfolge als zurückgezahlt:

1. Beträge, die keine vermögenswirksamen Leistungen sind,
2. vermögenswirksame Leistungen, für die keine Arbeitnehmer-Sparzulage festgesetzt worden ist,
3. vermögenswirksame Leistungen, für die eine Arbeitnehmer-Sparzulage festgesetzt worden ist.

(4) ¹In den Fällen des § 4 Abs. 4 Nr. 6 des Gesetzes oder des § 5 Abs. 4 des Fünften Vermögensbildungsgesetzes in der am 19. Februar 1987 geltenden Fassung (BGBl. I S. 630) gilt für die Festsetzung oder Neufestsetzung der Arbeitnehmer-Sparzulage der nicht wieder verwendete Erlös, wenn er 150 Euro übersteigt, in folgender Reihenfolge als zurückgezahlt:

1. Beträge, die keine vermögenswirksamen Leistungen sind,
2. vermögenswirksame Leistungen, für die keine Arbeitnehmer-Sparzulage festgesetzt worden ist,
3. vermögenswirksame Leistungen, für die eine Arbeitnehmer-Sparzulage festgesetzt worden ist.

²Maßgebend sind die bis zum Ablauf des Kalenderjahres, das dem Kalenderjahr der Veräußerung vorangeht, angelegten Beträge.

§ 7
Auszahlung der Arbeitnehmer-Sparzulage

(1) Die festgesetzte Arbeitnehmer-Sparzulage ist vom Finanzamt an den Arbeitnehmer auszuzahlen

1. bei einer Anlage nach § 2 Abs. 1 Nr. 4 des Gesetzes in Verbindung mit § 2 Abs. 1 Nr. 2 des Wohnungsbau-Prämiengesetzes sowie bei einer Anlage nach § 2 Abs. 1 Nr. 5 des Gesetzes;
2. bei einer Anlage nach § 2 Abs. 1 Nr. 1 bis 4, Abs. 2 bis 4 des Gesetzes oder nach § 17 Abs. 5 Satz 1 des Gesetzes in der am 1. Januar 1989 geltenden Fassung, wenn im Zeitpunkt der Bekanntgabe des Bescheids über die Festsetzung der Arbeitnehmer-Sparzulage die für die Anlageform vorgeschriebene Sperrfrist oder die im Wohnungsbau-Prämiengesetz oder in der Verordnung zur Durchführung des Wohnungsbau-Prämiengesetzes in der Fassung der Bekanntmachung vom 29. Juni 1994 (BGBl. I S. 1446) genannten Sperr- und Rückzahlungsfristen abgelaufen sind. Bei Bausparverträgen gelten die in § 2 Abs. 3 Satz 1 des Wohnungsbau-Prämiengesetzes genannten Sperr- und Rückzahlungsfristen unabhängig davon, ob der Vertrag vor dem 1. Januar 2009 oder nach dem 31. Dezember 2008 abgeschlossen worden ist;
3. in den Fällen des § 5 Absatz 3;
4. bei einer Anlage nach § 2 Abs. 1 Nr. 2 und 3 des Gesetzes, wenn eine unschädliche vorzeitige Verfügung vorliegt.

(2) ¹Die bei der Zentralstelle der Länder aufgezeichneten Arbeitnehmer-Sparzulagen für Anlagen nach § 2 Abs. 1 Nr. 1 bis 4, Abs. 2 bis 4 des Gesetzes oder nach § 17 Abs. 5 Satz 1 des Fünften Vermögensbildungsgesetzes in der am 19. Januar 1989 geltenden Fassung (BGBl. I S. 137) sind dem Kreditinstitut, dem Unternehmen oder dem Arbeitgeber, bei dem die vermögenswirksamen Leistungen angelegt worden sind, zugunsten des Arbeitnehmers zu überweisen. ²Die Überweisung ist in den Fällen des § 14 Abs. 4 Satz 4 Buchstabe c und d des Gesetzes bis zum Ende des Kalendermonats vorzunehmen, der auf den Kalendermonat folgt, in dem die Zuteilung oder die unschädliche vorzeitige Verfügung angezeigt worden ist.

VermögensbildungsDV

§ 8
Anzeigepflichten des Kreditinstituts, des Unternehmens oder des Arbeitgebers

(1) Der Zentralstelle der Länder ist anzuzeigen

1. von dem Kreditinstitut, der Kapitalverwaltungsgesellschaft oder dem Versicherungsunternehmen, das bei ihm nach § 2 Abs. 1 Nr. 1 oder 4 des Gesetzes oder § 17 Abs. 5 Satz 1 des Fünften Vermögensbildungsgesetzes in der am 19. Januar 1989 geltenden Fassung (BGBl. I S. 137) angelegte vermögenswirksame Leistungen nach § 15 Abs. 1 des Gesetzes bescheinigt hat, wenn vor Ablauf der Sperrfrist
   a) vermögenswirksame Leistungen zurückgezahlt werden,
   b) über Ansprüche aus einem Vertrag im Sinne des § 4 des Gesetzes, einem Bausparvertrag oder einem Vertrag nach § 17 Abs. 5 Satz 1 des Fünften Vermögensbildungsgesetzes in der am 19. Januar 1989 geltenden Fassung (BGBl. I S. 137) durch Rückzahlung, Abtretung, Beleihung oder in anderer Weise verfügt wird,
   c) die Festlegung erworbener Wertpapiere aufgehoben oder über solche Wertpapiere verfügt wird,
   d) der Bausparvertrag zugeteilt oder die Bausparsumme ausgezahlt wird oder
   e) die Versicherungssumme ausgezahlt oder der Versicherungsvertrag in einen Vertrag umgewandelt wird, der die Voraussetzungen des in § 17 Abs. 5 Satz 1 Nr. 3 des Fünften Vermögensbildungsgesetzes in der am 19. Januar 1989 geltenden Fassung (BGBl. I S. 137) bezeichneten Vertrags nicht erfüllt;

2. von dem Kreditinstitut oder der Kapitalverwaltungsgesellschaft, bei dem vermögenswirksame Leistungen nach § 4 des Gesetzes oder § 17 Abs. 5 Satz 1 Nr. 2 des Fünften Vermögensbildungsgesetzes in der am 19. Januar 1989 geltenden Fassung (BGBl. I S. 137) angelegt worden sind, wenn Spitzenbeträge nach § 4 Abs. 3 oder Abs. 4 Nr. 6 des Gesetzes oder § 5 Abs. 3 oder 4 des Fünften Vermögensbildungsgesetzes in der am 19. Februar 1987 geltenden Fassung (BGBl. I S. 630) von mehr als 150 Euro nicht rechtzeitig verwendet oder wieder verwendet worden sind;

3. von dem Kreditinstitut oder der Kapitalverwaltungsgesellschaft, dem nach § 2 Abs. 3 Satz 2 mitgeteilt worden ist, dass über verbriefte oder nicht verbriefte Vermögensbeteiligungen vor Ablauf der Sperrfrist verfügt worden ist;

4. von dem Unternehmen oder Arbeitgeber, bei dem eine nicht verbriefte Vermögensbeteiligung nach § 2 Abs. 1 Nr. 1 Buchstabe g bis l des Gesetzes mit vermögenswirksamen Leistungen begründet oder erworben worden ist, wenn vor Ablauf der Sperrfrist über die Vermögensbeteiligung verfügt wird oder wenn der Arbeitnehmer die Vermögensbeteiligung nicht bis zum Ablauf des Kalenderjahres erhalten hat, das auf das Kalenderjahr der vermögenswirksamen Leistungen folgt;

5. von dem Arbeitgeber, der Wertpapiere nach § 4 Abs. 3 Satz 1 Nr. 1 oder 2 verwahrt oder bei einem Dritten verwahren lässt, wenn vor Ablauf der Sperrfrist die Festlegung von Wertpapieren aufgehoben oder über Wertpapiere verfügt wird oder wenn bei einer Verwahrung nach § 4 Abs. 3 Satz 1 Nr. 3 der Arbeitnehmer die Verwahrungsbescheinigung nach § 4 Abs. 4 nicht rechtzeitig vorlegt;

6. von dem Arbeitgeber, bei dem vermögenswirksame Leistungen aufgrund eines Vertrags im Sinne des § 5 des Gesetzes angelegt werden, wenn ihm die Mitteilung des Kreditinstituts oder der Kapitalverwaltungsgesellschaft nach § 2 Abs. 4 Satz 2 zugegangen ist oder wenn der Arbeitnehmer mit den vermögenswirksamen Leistungen eines Kalenderjahres nicht bis zum Ablauf des folgenden Kalenderjahres die Wertpapiere erworben hat.

(2) ¹Das Kreditinstitut, die Kapitalverwaltungsgesellschaft oder das Versicherungsunternehmen hat in den Anzeigen nach Absatz 1 Nr. 1 bis 3 zu kennzeichnen, ob eine unschädliche, vollständig schädliche oder teilweise schädliche vorzeitige Verfügung vorliegt. ²Der Betrag, über den schädlich vorzeitig verfügt worden ist, sowie die in den einzelnen Kalenderjahren jeweils angelegten vermögenswirksamen Leistungen sind nur in Anzeigen über teilweise schädliche vorzeitige Verfügungen anzugeben.

(3) Die Anzeigen nach Absatz 1 sind nach amtlich vorgeschriebenem Vordruck oder nach amtlich vorgeschriebenem Datensatz durch Datenfernübertragung für die innerhalb eines Kalendermonats bekannt gewordenen vorzeitigen Verfügungen der Zentralstelle der Länder jeweils spätestens bis zum 15. Tag des folgenden Kalendermonats zuzuleiten.

(4) ¹Sind bei der Zentralstelle der Länder Arbeitnehmer-Sparzulagen für Fälle aufgezeichnet,
1. die nach Absatz 1 Nr. 4 bis 6 angezeigt werden oder
2. die nach Absatz 1 Nr. 1 bis 3 angezeigt werden, wenn die Anzeigen als vollständig oder teilweise schädliche vorzeitige Verfügung gekennzeichnet sind,
so hat die Zentralstelle die Auszahlung der aufgezeichneten Arbeitnehmer-Sparzulagen zu sperren. ²Die Zentralstelle hat die Anzeigen um ihr Aufzeichnungen zu ergänzen und zur Auswertung dem Finanzamt zu übermitteln, das nach Kenntnis der Zentralstelle zuletzt eine Arbeitnehmer-Sparzulage für den Arbeitnehmer festgesetzt hat.

§ 9
Rückforderung der Arbeitnehmer-Sparzulage durch das Finanzamt

¹Das für die Besteuerung des Arbeitnehmers nach dem Einkommen zuständige Finanzamt (§ 19 der Abgabenordnung) hat eine zu Unrecht gezahlte Arbeitnehmer-Sparzulage vom Arbeitnehmer zurückzufordern. ²Die Rückforderung unterbleibt, wenn der zurückzufordernde Betrag fünf Euro nicht übersteigt.

§ 10
Anwendungszeitraum

¹§ 8 dieser Verordnung ist auf vermögenswirksame Leistungen, über die nach dem 31. Dezember 1994 vorzeitig verfügt worden ist, anzuwenden. ²Im Übrigen ist diese Verordnung auf vermögenswirksame Leistungen, die nach dem 31. Dezember 1993 angelegt werden, anzuwenden.

§ 11
Inkrafttreten, weiter anzuwendende Vorschriften

(1) ¹Diese Verordnung in der Fassung des Artikels 14 des Gesetzes vom 20. Dezember 2008 (BGBl. I S. 2850) ist ab 1. Januar 2009 anzuwenden. ²Das Bundesministerium der Finanzen teilt den Zeitpunkt der erstmaligen Anwendung von § 2 Absatz 2 Satz 1, der §§ 5 und 7 Absatz 1 Nummer 3 in der Fassung des Artikels 19 des Gesetzes vom 26. Juni 2013 (BGBl. I S. 1809) durch ein im Bundessteuerblatt zu veröffentlichendes Schreiben mit. ³Bis zu diesem Zeitpunkt sind § 2 Absatz 2 Satz 1, die §§ 5 und 7 Absatz 1 Nummer 3 in der Fassung des Artikels 14 des Gesetzes vom 20. Dezember 2008 (BGBl. I S. 2850) weiter anzuwenden.

(2) ¹Die Verordnung zur Durchführung des Fünften Vermögensbildungsgesetzes vom 4. Dezember 1991 (BGBl. I S. 1556), geändert durch Artikel 4 des Gesetzes vom 21. Dezember 1993 (BGBl. I S. 2310), tritt am Tage nach der Verkündung dieser Verordnung außer Kraft. ²Sie ist auf vermögenswirksame Leistungen, die vor dem 1. Januar 1994 angelegt worden sind, weiter anzuwenden; § 7 ist auch auf vermögenswirksame Leistungen, über die vor dem 1. Januar 1995 vorzeitig verfügt worden ist, weiter anzuwenden. ³Im Übrigen ist die Verordnung zur Durchführung des Fünften Vermögensbildungsgesetzes vom 4. Dezember 1991 auf vermögenswirksame Leistungen, die nach dem 31. Dezember 1993 angelegt worden sind, nicht mehr anzuwenden.

Anlage zur VermögensbildungsDV
Bekanntmachung des Vordruckmusters für die Bescheinigung der 2014 angelegten vermögenswirksamen Leistungen (Anlage VL 2014)

Schreiben des BMF vom 22.8.2014 – IV C 5 – S 2439/14/10001 (BStBl. I S. 1192)

1 Anlage

Das Vordruckmuster für die Bescheinigung der 2014 angelegten vermögenswirksamen Leistungen (Anlage VL 2014) wird hiermit in der Anlage bekannt gemacht (§ 15 Absatz 1 des Fünften Vermögensbildungsgesetzes, § 5 der Verordnung zur Durchführung des Fünften Vermögensbildungsgesetzes).

Der Vordruck hat das Format DIN A4.

Der Vordruck kann auch maschinell hergestellt werden. Im Interesse einer korrekten Erfassung (maschinelle Beleglesung) muss der maschinell hergestellte Vordruck sämtliche Angaben in gleicher Anordnung enthalten und in Formal, Aufbau, Druckbild und Wortlaut dem bekannt gemachten Vordruck entsprechen. Insbesondere darf ein maschinell hergestellter Vordruck bezüglich folgender Punkte nicht vom amtlichen Muster abweichen:

– keine Hinterlegung in Farbe oder Grauwerten,
– keine Kammboxen und keine Erläuterungstexte in den Datenfeldern,
– Schriftgrößen,
– keine Serifenschriften,
– keine zusätzlichen Inhalte wie Erläuterungstexte und Informationen des Anlageinstituts, Unternehmens, Empfängers.

Wird der Vordruck maschinell ausgefüllt, dürfen für die Eintragungen in den Datenfeldern ebenfalls keine Serifenschriften verwendet werden. Diese Eintragungen sind in Schriftgröße 12 pt vorzunehmen. Eine kleinere Schrift darf nur verwendet werden, wenn anderenfalls der für die Eintragung zur Verfügung stehende Platz nicht ausreichen würde.

Maschinell erstellte Bescheinigungen brauchen nicht handschriftlich unterschrieben zu werden.

Beim Ausfüllen der Anlage VL 2014 sind die Vorgaben im BMF-Schreiben vom 23. Juli 2014 (BStBl. I Seite 1175) zu beachten.

VermögensbildungsDV   Anhang 5

Anlage

vom Arbeitnehmer auszufüllen ▶ | Name, Vorname | Steuernummer / Identifikationsnummer | **2014**

	99	1 5
	9	
	87	

Anlage VL

Wichtiger Hinweis:

Diese Bescheinigung benötigen Sie, wenn Sie eine Arbeitnehmer-Sparzulage nach dem Fünften Vermögensbildungsgesetz (5. VermBG) beantragen wollen. In diesem Fall reichen Sie bitte diese Bescheinigung zu Ihrer Einkommensteuererklärung / zu Ihrem Antrag auf Arbeitnehmer-Sparzulage ein.

Bescheinigung vermögenswirksamer Leistungen für 2014
(§ 15 Abs. 1 des 5. VermBG, § 5 VermBDV 1994)

Arbeitnehmer (Name, Vorname)

geboren am

Straße, Hausnummer

Postleitzahl, Wohnort

		1. Vertrag		2. Vertrag
Art der Anlage*)	0		0	
Institutsschlüssel für die Arbeitnehmer-Sparzulage	1		1	
Vertragsnummer	2		2	
Vermögenswirksame Leistungen (auf volle Euro aufgerundet)	3		3	
Ende der Sperrfrist (Format: TT.MM.JJJJ)	4		4	
Anlageinstitut, Unternehmen, Empfänger				

*) Bitte zutreffende Kennzahl eintragen.

1 = Sparvertrag über Wertpapiere oder andere Vermögensbeteiligungen (§ 4 des 5. VermBG)

2 = Wertpapier-Kaufvertrag (§ 5 des 5. VermBG)

3 = Beteiligungs-Vertrag oder Beteiligungs-Kaufvertrag (§§ 6, 7 des 5. VermBG)

4 = Bausparvertrag (§ 2 Abs. 1 Nr. 4 des 5. VermBG)

8 = Wohnungsbau (§ 2 Abs. 1 Nr. 5 des 5. VermBG) oder Anlagen nach § 2 Abs. 1 Nr. 4 des 5. VermBG in Verbindung mit § 2 Abs. 1 Nr. 2 des Wohnungsbau-Prämiengesetzes

_____   _____
(Datum)   (Unterschrift des Anlageinstituts, Unternehmens, Empfängers)

Anlage VL - August 2014

Anhang 6
Anwendung des Fünften Vermögensbildungsgesetzes (5. VermBG)

BMF-Schreiben vom 23.7.2014 (BStBl. I S. 1175)

Inhaltsverzeichnis

1. Persönlicher Geltungsbereich
   (§ 1 des 5. VermBG)
2. Begriff der vermögenswirksamen Leistungen, Überweisung
   (§ 2, § 3 Absatz 2 und 3 des 5. VermBG)
3. Zeitliche Zuordnung der vermögenswirksamen Leistungen
   (§ 2 Absatz 6 des 5. VermBG)
4. Vermögensbeteiligungen
   (§ 2 Absatz 1 Nummer 1 des 5. VermBG)
5. Anlagen aufgrund von Sparverträgen über Wertpapiere oder andere Vermögensbeteiligungen
   (§ 2 Absatz 1 Nummer 1, § 4 des 5. VermBG)
6. Anlagen aufgrund von Wertpapier-Kaufverträgen
   (§ 2 Absatz 1 Nummer 2, § 5 des 5. VermBG)
7. Anlagen aufgrund von Beteiligungs-Verträgen und Beteiligungs-Kaufverträgen
   (§ 2 Absatz 1 Nummer 3, §§ 6 und 7 des 5. VermBG)
8. Insolvenzschutz
   (§ 2 Absatz 5a des 5. VermBG)
9. Anlagen nach dem Wohnungsbau-Prämiengesetz
   (§ 2 Absatz 1 Nummer 4 des 5. VermBG)
10. Anlagen für den Bau, den Erwerb, den Ausbau, die Erweiterung oder die Entschuldung eines Wohngebäudes usw.
    (§ 2 Absatz 1 Nummer 5 des 5. VermBG)
11. Anlagen aufgrund von Verträgen des Ehegatten **oder Lebenspartners,** der Kinder oder der Eltern
    (§ 3 Absatz 1 des 5. VermBG)
12. Vereinbarung der vermögenswirksamen Leistungen, freie Wahl der Anlage
    (§§ 10, 11, 12 des 5. VermBG)
13. Kennzeichnungs- und Mitteilungspflichten
    (§ 3 Absatz 2 des 5. VermBG, § 2 Absatz 1 VermBDV 1994)
14. Bescheinigung vermögenswirksamer Leistungen
    (§ 15 Absatz 1 des 5. VermBG **in der Fassung des Beitreibungsrichtlinie-Umsetzungsgesetzes vom 7. Dezember 2011, BGBl. I S. 2592, § 5 VermBDV 1994 in der Fassung des Steuerbürokratieabbaugesetzes vom 20. Dezember 2008, BGBl. I S. 2850)**
15. Festsetzung der Arbeitnehmer-Sparzulage
    (§§ 13, 14 des 5. VermBG, § 6 Absatz 1 VermBDV 1994)
16. Höhe der Arbeitnehmer-Sparzulage
    (§ 13 Absatz 2 des 5. VermBG)
17. Auszahlung der Arbeitnehmer-Sparzulage
    (§ 14 Absatz 4 und 7 des 5. VermBG, § 7 VermBDV 1994 **in der Fassung des Steuerbürokratieabbaugesetzes vom 20. Dezember 2008, BGBl. I S. 2850)**
18. Wegfall der Zulagebegünstigung
    (§ 13 Absatz 5 Satz 1 des 5. VermBG)
19. Zulageunschädliche Verfügungen
    (§ 4 Absatz 4 des 5. VermBG)
20. Nachweis einer zulageunschädlichen Verfügung
    (§ 4 Absatz 4 des 5. VermBG, § 8 VermBDV 1994)
21. Anzeigepflichten
    (§ 8 VermBDV 1994)
22. Änderung der Festsetzung, Rückforderung von Arbeitnehmer-Sparzulagen
    (§ 13 Absatz 5 des 5. VermBG, § 6 Absatz 2 und 3, § 8 Absatz 4, § 9 VermBDV 1994)
23. Außenprüfung
    (§ 15 Absatz 5 des 5. VermBG)
24. **Anwendungsregelungen**

Unter Bezugnahme auf das Ergebnis der Erörterungen mit den obersten Finanzbehörden der Länder und mit dem Bundesministerium für Wirtschaft und **Energie** wird zur Anwendung des Fünften Vermögensbildungsgesetzes in der Fassung der Bekanntmachung vom 4. März 1994 (BGBl. I S. 406, BStBl. I S. 237) – 5. VermBG – **unter Berücksichtigung der jüngeren gesetzlichen Änderungen durch**

– das Gesetz zur Umsetzung der Amtshilferichtlinie sowie zur Änderung steuerlicher Vorschriften (Amtshilferichtlinie-Umsetzungsgesetz – AmtshilfeRLUmsG) vom 26. Juni 2013 (BGBl. I S. 1809, BStBl. I S. 802) und

– das Gesetz zur Anpassung des Investmentsteuergesetzes und anderer Gesetze an das AIFM-Umsetzungsgesetz (AIFM-Steuer-Anpassungsgesetz – AIFM-StAnpG) vom 18. Dezember 2013 (BGBl. I S. 4318, BStBl. 2014 I S. 2)

wie folgt Stellung genommen:*)

1. Persönlicher Geltungsbereich (§ 1 des 5. VermBG)

(1) Das 5. VermBG gilt für unbeschränkt und beschränkt einkommensteuerpflichtige Arbeitnehmer im arbeitsrechtlichen Sinne (Angestellte, Arbeiter) und Auszubildende, deren Arbeitsverhältnis oder Ausbildungsverhältnis deutschem Arbeitsrecht unterliegt (§ 1 Absatz 1, Absatz 2 Satz 1 des 5. VermBG). Das 5. VermBG gilt auch für in Heimarbeit Beschäftigte (§ 1 Absatz 2 Satz 2 des 5. VermBG) und für Beamte, Richter, Berufssoldaten und Soldaten auf Zeit (§ 1 Absatz 4 des 5. VermBG). Soldaten auf Zeit, für die das 5. VermBG gilt, sind auch Bezieher von Ausbildungsgeld, das nach § 30 Absatz 2 des Soldatengesetzes während des Studiums gezahlt wird.

(2) Das 5. VermBG gilt für die in Absatz 1 Satz 1 bezeichneten Arbeitnehmer, z.B. auch dann, wenn sie

1. ihren Wohnsitz im Ausland haben und als entsandte Kräfte oder deutsche Ortskräfte an Auslandsvertretungen der Bundesrepublik beschäftigt sind,
2. ausländische Arbeitnehmer sind und als Grenzgänger in der Bundesrepublik arbeiten,
3. Kommanditisten oder stille Gesellschafter eines Unternehmens sind und mit der Kommanditgesellschaft oder dem Unternehmen einen Arbeitsvertrag abgeschlossen haben, der sie in eine abhängige Stellung zu der Gesellschaft oder dem Unternehmen bringt und sie deren Weisungsrecht unterstellt,
4. freiwillig Wehrdienstleistende sind und in einem ruhenden Arbeitsverhältnis stehen (§ 1 Absatz 1 des Arbeitsplatzschutzgesetzes), aus dem sie noch Arbeitslohn erhalten,
5. behinderte Menschen im Arbeitsbereich anerkannter Werkstätten für behinderte Menschen sind und zu den Werkstätten in einem arbeitnehmerähnlichen Rechtsverhältnis stehen (§ 138 Absatz 1 SGB IX),
6. kurzfristig Beschäftigte, Aushilfskräfte in der Land- und Forstwirtschaft und geringfügig entlohnte Beschäftigte sind, deren Arbeitslohn nach § 40a EStG pauschal versteuert wird.

(3) Im Zweifel ist eine Person Arbeitnehmer im arbeitsrechtlichen Sinne, wenn sie Arbeitslohn im steuerlichen Sinne aus einem gegenwärtigen Dienstverhältnis bezieht. Gleiches gilt für einen Gesellschafter, wenn für ihn Sozialversicherungspflicht besteht.

(4) Das 5. VermBG wird darüber hinaus angewendet auf

1. Arbeitnehmer, die als Grenzgänger im benachbarten Ausland nach ausländischem Arbeitsrecht beschäftigt sind, aber ihren ständigen Wohnsitz und den Mittelpunkt ihrer Lebensinteressen im Inland haben (vgl. auch Abschnitt 2 Absatz 3),
2. Personen, die aus dem Arbeitsverhältnis ausgeschieden sind, aber im Rahmen seiner Abwicklung noch Entgelt für geleistete Arbeit erhalten.

---

*) Die Änderungen des BMF-Schreibens vom 9. August 2004 (BStBl. I S. 717), das durch die BMF-Schreiben vom 16. März 2009 (BStBl. I S. 501), vom 4. Februar 2010 (BStBl. I S. 195) und vom 2. Dezember 2011 (BStBl. I S. 1252) geändert wurde, sind durch **Fettdruck** hervorgehoben. Die redaktionelle Anpassung von Verweisen (z.B. „Absatz" statt „Abs." und „5. VermBG" statt „VermBG") ist nicht gesondert kenntlich gemacht.

Anhang 6 — Anwendung des Fünften Vermögensbildungsgesetzes

(5) Das 5. VermBG gilt vorbehaltlich der Sätze 3 und 4 nicht für Mitglieder des zur gesetzlichen Vertretung berufenen Organs einer juristischen Person und durch Gesetz, Satzung oder Gesellschaftsvertrag zur Vertretung einer Personengesamtheit berufene Personen (§ 1 Absatz 3 des 5. VermBG), weil sie in dieser Eigenschaft nicht Arbeitnehmer im arbeitsrechtlichen Sinne sind. Zu diesen Organmitgliedern oder Vertretern einer Personengesamtheit gehören insbesondere Vorstandsmitglieder von Aktiengesellschaften, rechtsfähigen oder nichtrechtsfähigen Vereinen, Stiftungen, Versicherungsvereinen auf Gegenseitigkeit und Genossenschaften sowie Geschäftsführer von Gesellschaften mit beschränkter Haftung und von Orts- und Innungskrankenkassen (vgl. BFH-Urteil vom 15. Oktober 1976, BStBl. 1977 II S. 53). Für die bezeichneten Organmitglieder einer juristischen Person und Vertreter einer Personengesamtheit gilt das 5. VermBG jedoch dann, wenn sie mit einem Dritten einen Arbeitsvertrag abgeschlossen haben und deshalb Arbeitnehmer im Sinne des Absatzes 1 Satz 1 sind, oder wenn sie zu den in § 1 Absatz 4 des 5. VermBG bezeichneten Personen gehören (Absatz 1 Satz 2, Absatz 8). Für Vorstandsmitglieder einer Genossenschaft gilt das 5. VermBG darüber hinaus dann, wenn sie mit der Genossenschaft selbst einen Arbeitsvertrag abgeschlossen haben und wenn die Stellung und Tätigkeit aufgrund des Arbeitsverhältnisses von der Stellung und Tätigkeit als Vorstandsmitglied klar abgrenzbar ist und das Arbeitsverhältnis unabhängig von der Vorstandstätigkeit begründet wurde. Eine solche unterscheidbare und trennbare Doppelstellung als Vorstandsmitglied und Arbeitnehmer der Genossenschaft liegt z.B. dann vor, wenn eine vor der Berufung in den Vorstand ausgeübte Tätigkeit als Arbeitnehmer der Genossenschaft danach unverändert fortgesetzt wird, wenn diese Tätigkeit wie bisher bezahlt, die hinzugekommene Vorstandstätigkeit dagegen unentgeltlich geleistet wird, und wenn beide Tätigkeiten sich deutlich voneinander unterscheiden.

(6) Das 5. VermBG gilt außerdem z.B. nicht für folgende Personen, weil sie nicht Arbeitnehmer im arbeitsrechtlichen Sinne sind:

1. freiwillig Wehrdienstleistende, wenn sie nicht in einem ruhenden Arbeitsverhältnis stehen (vgl. auch Absatz 2 Nummer 4),
2. Bezieher von Renten aus den gesetzlichen Rentenversicherungen und Empfänger von arbeitsrechtlichen Versorgungsbezügen einschließlich Vorruhestandsbezügen, wenn sie nicht weiter in einem Arbeitsverhältnis stehen,
3. Personen, die ein freiwilliges soziales Jahr oder ein freiwilliges ökologisches Jahr im Sinne des Jugendfreiwilligendienstegesetzes oder **einen Freiwilligendienst im Sinne der Verordnung (EU) Nummer 1288/2013 des Europäischen Parlaments und des Rates vom 11. Dezember 2013 zur Einrichtung von „Erasmus+", dem Programm der Union für allgemeine und berufliche Bildung, Jugend und Sport (ABl. EU Nummer L 347 S. 50)** oder einen anderen Dienst im Ausland im Sinne von **§ 5 des Bundesfreiwilligendienstegesetzes** oder einen entwicklungspolitischen Freiwilligendienst „weltwärts" im Sinne der Richtlinie des Bundesministeriums für wirtschaftliche Zusammenarbeit und Entwicklung vom 1. August 2007 (BAnz. 2008 S. 1297) oder einen Freiwilligendienst aller Generationen im Sinne des § 2 Absatz 1a des Siebten Buches Sozialgesetzbuch oder einen Internationalen Jugendfreiwilligendienst im Sinne der Richtlinie des Bundesministeriums für Familie, Senioren, Frauen und Jugend vom 20. Dezember 2010 (GMBl. S. 1778) oder den Bundesfreiwilligendienst **im Sinne des Bundesfreiwilligendienstgesetzes** leisten,
4. Entwicklungshelfer im Sinne des Entwicklungshelfer-Gesetzes.

Das 5. VermBG gilt auch nicht für Bedienstete internationaler Organisationen, deren Arbeitsverhältnis nicht deutschem Arbeitsrecht unterliegt.

(7) In Heimarbeit Beschäftigte, für die das 5. VermBG gilt (Absatz 1 Satz 2), sind Heimarbeiter und Hausgewerbetreibende (§ 1 Absatz 1 Heimarbeitsgesetz – HAG). Heimarbeiter sind Personen, die in selbst gewählter Arbeitsstätte (eigener Wohnung oder selbst gewählter Betriebsstätte) allein oder mit Familienangehörigen im Auftrag von Gewerbetreibenden oder Zwischenmeistern erwerbsmäßig arbeiten, jedoch die Verwertung der Arbeitsergebnisse den unmittelbar oder mittelbar auftraggebenden Gewerbetreibenden überlassen (§ 2 Absatz 1 HAG). Hausgewerbetreibende sind Personen, die in eigener Arbeitsstätte (eigener Wohnung oder Betriebsstätte) mit nicht mehr als zwei fremden Hilfskräften oder Heimarbeitern im Auftrag von Gewerbetreibenden oder Zwischenmeistern Waren herstellen, bearbeiten oder verpacken, wobei sie selbst wesentlich am Stück mitarbeiten, jedoch die Verwertung der Arbeitsergebnisse dem unmittelbar auftraggebenden Gewerbetreibenden überlassen; unschädlich ist es, wenn Hausgewerbetreibende vorübergehend, d.h. in nur unbedeutendem Umfang, unmittelbar für den Absatzmarkt arbeiten (§ 2 Absatz 2 HAG). Das 5. VermBG gilt nicht für die den in Heimarbeit Beschäftigten gemäß § 1 Absatz 2 HAG Gleichgestellten.

(8) Das 5. VermBG gilt nicht für

1. sog. Ehrenbeamte (z.B. ehrenamtliche Bürgermeister), weil sie keine beamtenrechtliche Besoldung beziehen,
2. Empfänger beamtenrechtlicher Versorgungsbezüge,
3. entpflichtete Hochschullehrer, wenn sie nach Landesrecht nicht weiter Beamte im beamtenrechtlichen Sinne sind.

2. Begriff der vermögenswirksamen Leistungen, Überweisung
(§ 2, § 3 Absatz 2 und 3 des 5. VermBG)

(1) Vermögenswirksame Leistungen sind Geldleistungen, die der Arbeitgeber für den Arbeitnehmer in einer der in § 2 Absatz 1 des 5. VermBG genannten Anlageformen anlegt; der Arbeitgeber hat für den Arbeitnehmer grundsätzlich unmittelbar an das Unternehmen, das Institut oder den Gläubiger zu leisten, bei dem nach Wahl des Arbeitnehmers (Abschnitt 12 Absatz 6) die vermögenswirksame Anlage erfolgen soll. Ausnahmen bestehen nach Absatz 3 **dieses Abschnitts** und in folgenden Fällen:

1. Bei einer Anlage nach § 2 Absatz 1 Nummer 2 und 3 des 5. VermBG in Beteiligungen aufgrund von Verträgen mit dem Arbeitgeber werden die vermögenswirksamen Leistungen verrechnet (Abschnitt 6 Absatz 1 und 2, Abschnitt 7 Absatz 2).
2. Bei einer Anlage nach § 2 Absatz 1 Nummer 5 des 5. VermBG für den Wohnungsbau (Abschnitt 10) können die vermögenswirksamen Leistungen auch unmittelbar an den Arbeitnehmer zur Weiterleitung an den Gläubiger gezahlt werden.

Im Übrigen kann nur Arbeitslohn vermögenswirksam angelegt werden, der dem Arbeitnehmer noch nicht zugeflossen ist; die nachträgliche Umwandlung von zugeflossenem Arbeitslohn in vermögenswirksame Leistungen nach § 11 des 5. VermBG (Abschnitt 12 Absatz 2 und 3) ist nur im Fall des Absatzes 3 möglich. Geldwerte Vorteile aus der verbilligten Überlassung von Vermögensbeteiligungen sind keine vermögenswirksamen Leistungen.

(2) Vermögenswirksame Leistungen liegen auch insoweit vor, als Anspruch auf Arbeitnehmer-Sparzulage nicht besteht, weil z.B.

1. aufgrund eines Sparvertrags oder Kapitalversicherungsvertrags (§ 2 Absatz 1 Nummer 6 und 7, § 13 Absatz 2 des 5. VermBG) angelegt wird,
2. die zulagebegünstigten Höchstbeträge von 400 Euro bzw. 470 Euro überschritten sind (§ 13 Absatz 2 des 5. VermBG) oder
3. die Einkommensgrenze überschritten ist (§ 13 Absatz 1 des 5. VermBG).

(3) Für den Grenzgänger (Abschnitt 1 Absatz 4 Nummer 1) kann der ausländische Arbeitgeber vermögenswirksame Leistungen auch dadurch anlegen, dass er eine andere Person mit der Überweisung oder Einzahlung in seinem Namen und für seine Rechnung beauftragt. Geht dies aus dem Überweisungsauftrag oder dem Einzahlungsbeleg eindeutig hervor, bestehen keine Bedenken, wenn es sich bei der beauftragten Person um den Begünstigten selbst handelt. Lehnt es der ausländische Arbeitgeber ab, mit dem bei ihm beschäftigten Grenzgänger einen Vertrag nach § 11 Absatz 1 des 5. VermBG abzuschließen, so kann statt des Arbeitgebers ein inländisches Kreditinstitut oder eine **Kapitalverwaltungsgesellschaft** mit dem Arbeitnehmer die vermögenswirksame Anlage von Lohnteilen vereinbaren. Voraussetzung ist, dass der ausländische Arbeitgeber den Arbeitslohn auf ein Konto des Arbeitnehmers bei dem Kreditinstitut überweist und dieses sodann die vermögenswirksam anzulegenden Beträge zu Lasten dieses Kontos unmittelbar an das Unternehmen, das Institut oder den Gläubiger leistet; wird der Vertrag mit der **Kapitalverwaltungsgesell-**

Anwendung des Fünften Vermögensbildungsgesetzes — Anhang 6

schaft abgeschlossen, gilt dies sinngemäß. Diese Regelungen gelten auch für Arbeitnehmer, die bei diplomatischen und konsularischen Vertretungen ausländischer Staaten im Inland beschäftigt sind, wenn das Arbeitsverhältnis deutschem Arbeitsrecht unterliegt.

(4) Der Anspruch des Arbeitnehmers auf vermögenswirksame Leistungen ist bis zum Betrag von 870 Euro im Kalenderjahr unabhängig von der Anlageart nicht übertragbar und damit auch nicht pfändbar und nicht verpfändbar (§ 2 Absatz 7 Satz 2 des 5. VermBG, § 851 Absatz 1 ZPO, § 1274 Absatz 2 BGB). Dies gilt auch, soweit der Arbeitgeber die vermögenswirksamen Leistungen aus dem Arbeitslohn anzulegen hat (§ 11 des 5. VermBG) und unabhängig davon, ob und wieweit die vermögenswirksamen Leistungen zulagebegünstigt sind.

(5) Aufwendungen, die vermögenswirksame Leistungen darstellen, zählen nicht zu den Altersvorsorgebeiträgen (§ 82 Absatz 4 Nummer 1 EStG). Auf eine Förderung mittels einer Arbeitnehmer-Sparzulage kommt es nicht an.

3. Zeitliche Zuordnung der vermögenswirksamen Leistungen (§ 2 Absatz 6 des 5. VermBG)

(1) Vermögenswirksame Leistungen sind Arbeitslohn (§ 2 Absatz 6 des 5. VermBG). Die zeitliche Zuordnung vermögenswirksamer Leistungen richtet sich nach den für die Zuordnung des Arbeitslohns geltenden Vorschriften (vgl. § 38a Absatz 1 Satz 2 und 3 EStG, R 39b.5 und 39b.6 LStR). Für die Zurechnung vermögenswirksamer Leistungen zum abgelaufenen Kalenderjahr kommt es auf den Zeitpunkt des Eingangs beim Anlageinstitut nicht an (vgl. Abschnitt 13 Absatz 1).

(2) Die zeitliche Zuordnung vermögenswirksamer Leistungen ist auf den Beginn der Sperrfrist ohne Einfluss. Die Sperrfrist für auf Sparverträge über Wertpapiere oder andere Vermögensbeteiligungen (§ 4 des 5. VermBG) angelegte vermögenswirksame Leistungen beginnt stets am 1. Januar des Kalenderjahrs, in dem die einmalige oder die erste laufende vermögenswirksame Leistung beim Kreditinstitut oder **bei der Kapitalverwaltungsgesellschaft** eingeht.

4. Vermögensbeteiligungen (§ 2 Absatz 1 Nummer 1 des 5. VermBG)

(1) Die Vermögensbeteiligungen, deren Begründung oder Erwerb nach dem 5. VermBG mit der Arbeitnehmer-Sparzulage begünstigt ist, sind in § 2 Absatz 1 Nummer 1 i.V.m. Absatz 2 bis 4 des 5. VermBG abschließend aufgezählt. Danach können sowohl Vermögensbeteiligungen am Unternehmen des Arbeitgebers (betriebliche Beteiligungen) als auch Vermögensbeteiligungen an anderen Unternehmen (außerbetriebliche Beteiligungen) begründet oder erworben werden. Eine Vermögensbeteiligung kann jedoch nur begründet oder erworben werden, wenn ihre Laufzeit nicht vor der für die gewählte Anlage geltenden Sperrfrist endet.

(2) Aktien und Wandelschuldverschreibungen sind Vermögensbeteiligungen, wenn sie

1. vom inländischen oder ausländischen Arbeitgeber oder von einem Unternehmen, das als herrschendes Unternehmen mit dem Unternehmen des Arbeitgebers verbunden ist (§ 18 Absatz 1 des Aktiengesetzes – AktG –) ausgegeben werden oder
2. an einer deutschen Börse zum regulierten Markt zugelassen oder in den Freiverkehr einbezogen sind.

(3) Eine Gewinnschuldverschreibung ist ein Wertpapier, das auf Inhaber, Namen oder an Order lautet und in dem die Leistung einer bestimmten Geldsumme – im Regelfall die Einlösung zum Nennwert – versprochen wird. Ob die Einlösung nach Fristablauf, Kündigung oder Rückgabe vorgesehen ist, ist dabei ohne Bedeutung. Unerheblich ist ebenfalls, ob neben Geldsummenansprüchen Geldwertansprüche verbrieft sind; so liegt z.B. eine Gewinnschuldverschreibung auch vor, wenn die Einlösung zum Kurs einer entsprechenden Aktie, mindestens jedoch zu einer bestimmten Geldsumme vereinbart ist. Voraussetzung ist in allen Fällen, dass neben einer bestimmten Geldsumme eine Verzinsung zugesagt ist, die mit dem Gewinn zusammenhängt. Auf die Bezeichnung als Zins kommt es dabei nicht an. Neben dem gewinnabhängigen Zins kann ein fester Zins zugesagt bzw. ein gewinnunabhängiger Mindestzins vereinbart sein. Gewinnschuldverschreibungen sind Vermögensbeteiligungen, wenn sie vom inländischen oder ausländischen Arbeitgeber oder von einem Unternehmen ausgegeben werden, das als herrschendes Unternehmen mit dem Unternehmen des Arbeitgebers verbunden ist (§ 18 Absatz 1 AktG). Sofern in solchen Gewinnschuldverschreibungen eine gewinnunabhängige Mindestverzinsung zugesagt ist, muss eine der in § 2 Absatz 3 des 5. VermBG geforderten Voraussetzungen erfüllt sein; die Mindestverzinsung im Sinne des § 2 Absatz 3 Nummer 2 des 5. VermBG bestimmt sich nach dem Ausgabepreis, nicht nach dem Nennwert oder Tageskurs der Gewinnschuldverschreibung.

(4) Wandel- und Gewinnschuldverschreibungen, die Namensschuldverschreibungen des Arbeitgebers sind, sind Vermögensbeteiligungen, wenn die Ansprüche des Arbeitnehmers aus der Schuldverschreibung auf Kosten des Arbeitgebers durch ein inländisches Kreditinstitut verbürgt oder durch ein inländisches Versicherungsunternehmen privatrechtlich gesichert sind; ein Wechsel des Bürgen oder des Versicherungsunternehmens während der für die gewählte Anlage geltenden Sperrfrist ist zulässig, wenn der neue Bürge oder das neue Versicherungsunternehmen die bisher entstandenen Verpflichtungen übernimmt. Durch den Eintritt des Sicherungsfalls wird die für die gewählte Anlage geltende Sperrfrist nicht berührt. Die Sicherung ist nicht erforderlich, wenn der Arbeitgeber ein inländisches Kreditinstitut ist.

(5) Anteile an **OGAW-Sondervermögen sowie an als Sondervermögen aufgelegten offenen Publikums-AIF nach den §§ 218 und 219 des Kapitalanlagegesetzbuchs sowie Anteile an offenen EU-Investmentvermögen und offenen ausländischen AIF, die nach dem Kapitalanlagegesetzbuch vertrieben werden dürfen** (§ 2 Absatz 1 Nummer 1 Buchstabe c des 5. VermBG), bleiben Vermögensbeteiligungen bei Änderung in der im maßgebenden Jahresbericht oder im ersten **Jahres- oder** Halbjahresbericht nach Auflegung des **Investmentvermögens** festgestellten Zusammensetzung des **Investmentvermögens**, die während der Laufzeit eines Vertrags nach § 4 des 5. VermBG über den Erwerb von entsprechenden Anteilen mit laufenden vermögenswirksamen Leistungen eintreten **kann**.

(6) Ein Genussschein ist ein Wertpapier, wenn er ein Genussrecht verbrieft und auf Inhaber, Namen oder an Order lautet. Ein Genussschein kann grundsätzlich von Unternehmen jeder Rechtsform ausgegeben werden. Genussrechte können alle Vermögensrechte sein, wie sie typischerweise Aktionären zustehen. Sie unterscheiden sich von Mitgliedschaftsrechten durch das Fehlen der Kontroll- und Verwaltungsrechte. Genussscheine sind Vermögensbeteiligungen, wenn sie

1. vom inländischen oder ausländischen Arbeitgeber oder von einem Unternehmen, das als herrschendes Unternehmen mit dem Unternehmen des Arbeitgebers verbunden ist (§ 18 Absatz 1 AktG), ausgegeben werden oder
2. von einem inländischen Unternehmen, das kein Kreditinstitut ist, ausgegeben werden und an einer deutschen Börse zum regulierten Markt zugelassen oder in den Freiverkehr einbezogen sind.

Voraussetzung ist stets, dass mit dem Genussrecht das Recht am Gewinn des Unternehmens verbunden ist. Die Zusage eines gewinnunabhängigen Mindest- bzw. Festzinses steht damit grundsätzlich nicht im Einklang. Ein gewinnunabhängiger Mindest- oder Festzins ist z.B. dann nicht zugesagt, wenn die Zinszahlung ausdrücklich von einem ausreichenden Gewinn abhängig gemacht ist oder das Genussrechtskapital am Verlust teilnimmt (vgl. § 10 Absatz 5 Gesetz über das Kreditwesen). Sofern eine gewinnunabhängige Mindestverzinsung zugesagt ist, muss eine der in § 2 Absatz 4 i.V.m. Absatz 3 des 5. VermBG geforderten Voraussetzungen erfüllt sein. Die Mindestverzinsung im Sinne des § 2 Absatz 3 Nummer 2 des 5. VermBG bestimmt sich nach dem Ausgabepreis, nicht nach dem Nennwert oder Tageskurs des Genussscheins. Sind neben dem Recht am Gewinn eines Unternehmens andere Rechte vereinbart, die ebenfalls typische Vermögensrechte eines Aktionärs sein können (z.B. Bezugsrechte), steht das der Annahme eines Genussrechts nicht entgegen. Voraussetzung ist außerdem, dass Rückzahlung zum Nennwert nicht zugesagt ist. Diese Voraussetzung ist z.B. in folgenden Fällen erfüllt:

1. Ausschluss der Rückzahlbarkeit (Unkündbarkeit, keine Rücknahme des Genussscheins);
2. Rückzahlbarkeit bei Kündigung, bei Rückgabe oder nach Fristablauf, wenn sich der Rückzahlungsanspruch nach der Wertent-

wicklung eines Unternehmens richtet (z.B. unmittelbar auf einen Anteil am Liquidationserlös gerichtet ist oder sich nach dem Börsenkurs einer entsprechenden Aktie des Unternehmens richtet);

3. Rückzahlbarkeit bei Kündigung, bei Rückgabe oder nach Fristablauf, wenn eine Beteiligung am Verlust vereinbart ist (das ist auch dann der Fall, wenn im Verlustfalle weniger als der Nennwert zurückgezahlt wird);

4. Rückzahlbarkeit bei Kündigung, bei Rückgabe oder nach Fristablauf, wenn eine Rückzahlung nur aus dem Gewinn erfolgen darf.

Ist Rückzahlung zum Nennwert zugesagt, kann es sich um eine Gewinnschuldverschreibung handeln (Absatz 3).

(7) Beteiligungen an einer Genossenschaft durch Begründung oder Erwerb eines Geschäftsguthabens sind Vermögensbeteiligungen, wenn die Genossenschaft

1. der inländische Arbeitgeber oder ein inländisches Unternehmen ist, das als herrschendes Unternehmen mit dem inländischen Unternehmen des Arbeitgebers verbunden ist (§ 18 Absatz 1 AktG), oder

2. ein inländisches Kreditinstitut oder ein Post-, Spar- oder Darlehensverein ist oder

3. eine Bau- oder Wohnungsgenossenschaft im Sinne des § 2 Absatz 1 Nummer 2 des Wohnungsbau-Prämiengesetzes (WoPG) ist, welche die in § 2 Absatz 1 Nummer 1 Buchstabe g des 5. VermBG geforderten Voraussetzungen erfüllt.

Die Begründung oder der Erwerb eines Geschäftsguthabens bei einer Genossenschaft setzt voraus, dass der Arbeitnehmer bereits Mitglied der Genossenschaft ist oder vereinbart ist, dass er von der Genossenschaft als Mitglied aufgenommen wird. Zur Begründung von Geschäftsguthaben bei einer Genossenschaft werden auch die vermögenswirksamen Leistungen angelegt, die als Anzahlungen oder als Einzahlungen auf den Geschäftsanteil des Arbeitnehmers geleistet werden, nachdem das Geschäftsguthaben durch Verlust gemindert oder der Geschäftsanteil durch Beschluss der Generalversammlung erhöht worden ist. Ist die Sperrfrist nicht eingehalten, gehören Aufwendungen für den ersten Erwerb von Anteilen an Bau- und Wohnungsgenossenschaften (§ 2 Absatz 1 Nummer 2 WoPG) zu den Anlagen nach § 2 Absatz 1 Nummer 4 des 5. VermBG (Abschnitt 9 Absatz 3).

(8) Beteiligungen an einer Gesellschaft mit beschränkter Haftung (GmbH) durch Übernahme einer Stammeinlage oder Erwerb eines Geschäftsanteils sind Vermögensbeteiligungen, wenn die GmbH der inländische Arbeitgeber oder ein inländisches Unternehmen ist, das als herrschendes Unternehmen mit dem inländischen Unternehmen des Arbeitgebers verbunden ist (§ 18 Absatz 1 AktG). Zur Übernahme einer Stammeinlage bei einer GmbH durch den Arbeitnehmer können vermögenswirksame Leistungen

1. bei Errichtung der GmbH aufgrund des mit dem Arbeitnehmer abgeschlossenen Gesellschaftsvertrags oder

2. bei Erhöhung des Stammkapitals der GmbH aufgrund einer Übernahmeerklärung des Arbeitnehmers (§ 55 Absatz 1 GmbH-Gesetz)

nach den Vorschriften des § 6 des 5. VermBG über den Beteiligungsvertrag angelegt werden. Zum Erwerb eines Geschäftsanteils an einer GmbH durch den Arbeitnehmer können vermögenswirksame Leistungen aufgrund eines Abtretungsvertrags des Arbeitnehmers mit der arbeitgebenden GmbH oder dem genannten verbundenen Unternehmen, nach den Vorschriften des § 7 des 5. VermBG über den Beteiligungs-Kaufvertrag (Abschnitt 7) angelegt werden. Nach den Vorschriften des § 4 des 5. VermBG angelegte vermögenswirksame Leistungen können zur Übernahme einer Stammeinlage aufgrund eines Gesellschaftsvertrags oder einer Übernahmeerklärung des Arbeitnehmers und zum Erwerb eines Geschäftsanteils aufgrund eines Abtretungsvertrags verwendet werden (§ 4 Absatz 2 Satz 1 Nummer 1 des 5. VermBG). Zur Übernahme einer Stammeinlage können vermögenswirksame Leistungen bereits dann angelegt oder verwendet werden, wenn der Gesellschaftsvertrag abgeschlossen oder die Übernahme der Stammeinlage erklärt, aber die Gesellschaft oder die Erhöhung des Stammkapitals noch nicht in das Handelsregister eingetragen worden ist. Unterbleibt die Eintragung, so sind Abschnitt 18 Absatz 1 Nummer 3 und § 8 Absatz 1 Nummer 4 der Verordnung zur Durchführung des Fünften Vermögensbildungsgesetzes (VermBDV 1994) zu beachten.

(9) Stille Beteiligungen an einem Unternehmen sind Vermögensbeteiligungen, wenn dieses

1. der inländische Arbeitgeber oder ein inländisches Unternehmen ist, das als herrschendes Unternehmen mit dem inländischen Unternehmen des Arbeitgebers verbunden ist (§ 18 Absatz 1 AktG), oder

2. ein inländisches Unternehmen ist, das aufgrund eines Vertrags mit dem Arbeitgeber an dessen inländischem Unternehmen gesellschaftsrechtlich beteiligt ist (indirekte betriebliche stille Beteiligung über eine sogenannte Mitarbeiterbeteiligungsgesellschaft).

Als Vermögensbeteiligungen sind auch stille Beteiligungen an einem inländischen Unternehmen anzusehen, das aufgrund eines Vertrags mit einem anderen inländischen Unternehmen an diesem gesellschaftsrechtlich beteiligt ist, wenn dieses als herrschendes Unternehmen mit dem inländischen Unternehmen des Arbeitgebers verbunden ist (§ 18 Absatz 1 AktG). Die stille Beteiligung muss die im Handelsgesetzbuch für sie vorgeschriebenen Voraussetzungen erfüllen. Die stille Beteiligung an einem Unternehmen ist danach unabhängig von dessen Rechtsform möglich, wenn das Unternehmen ein Handelsgewerbe betreibt, oder wenn das Unternehmen z.B. wegen seiner Rechtsform oder wegen seiner Eintragung im Handelsregister als Unternehmen gilt, das ein Handelsgewerbe betreibt. An einer Gesellschaft, die kein Handelsgewerbe betreibt, aber – zu Unrecht – als Kommanditgesellschaft im Handelsregister eingetragen ist, kann eine stille Beteiligung begründet werden, wenn die eingetragene Gesellschaft ein Gewerbe betreibt. Ob diese Voraussetzung erfüllt ist, ist jeweils unter Berücksichtigung der Umstände des Einzelfalls ausschließlich nach handelsrechtlichen Grundsätzen festzustellen. Für die Abgrenzung einer stillen Beteiligung von einem partiarischen Darlehen kommt es darauf an, ob die Vertragspartner einen gemeinsamen Zweck verfolgen (vgl. BFH-Urteil vom 21. Juni 1983, BStBl. II S. 563). Indiz für die Verfolgung eines gemeinsamen Zwecks kann die ausdrückliche Vereinbarung von Kontrollrechten des Arbeitnehmers sein. Fehlt es an einem gemeinsamen Zweck der Vertragspartner, liegt ein partiarisches Darlehen vor (Absatz 10).

(10) Darlehensforderungen sind Vermögensbeteiligungen, wenn

1. sie Forderungen gegen den Arbeitgeber oder gegen ein inländisches Unternehmen sind, das als herrschendes Unternehmen mit dem Unternehmen des Arbeitgebers verbunden ist (§ 18 Absatz 1 AktG) und

2. die Ansprüche des Arbeitnehmers aus dem Darlehensvertrag gesichert sind.

Absatz 4 gilt entsprechend.

(11) Genussrechte an einem Unternehmen, über die keine Genussscheine mit Wertpapiercharakter ausgegeben werden, sind Vermögensbeteiligungen, wenn

1. das Unternehmen der inländische Arbeitgeber oder ein inländisches Unternehmen ist, das als herrschendes Unternehmen mit dem inländischen Unternehmen des Arbeitgebers verbunden ist (§ 18 Absatz 1 AktG), und

2. die Voraussetzungen des Absatzes 6 erfüllt sind.

Ist Rückzahlung zum Nennwert vereinbart, kann es sich um ein partiarisches Darlehen handeln (Absatz 10).

(12) Mit vermögenswirksamen Leistungen können auch Nebenkosten der Begründung oder des Erwerbs einer Vermögensbeteiligung beglichen werden. Nebenkosten sind z.B. Provisionen, Notariatsgebühren, Eintrittsgelder im Zusammenhang mit Geschäftsguthaben bei einer Genossenschaft, Aufgelder im Zusammenhang mit Stammeinlagen bei einer GmbH und Kosten für Registereintragungen. Keine Nebenkosten in diesem Sinne sind z.B. Stückzinsen und Verwaltungskosten wie z.B. Depot- oder Kontoführungsgebühren.

5. Anlagen aufgrund von Sparverträgen über Wertpapiere oder andere Vermögensbeteiligungen
(§ 2 Absatz 1 Nummer 1, § 4 des 5. VermBG)

(1) Sparverträge über Wertpapiere oder andere Vermögensbeteiligungen (Abschnitt 4) können mit inländischen Kreditinstituten, **Kapitalverwaltungsgesellschaften** und Kreditinstituten oder Verwaltungsgesellschaften im Sinne der Richtlinie **2009/65/EG** in anderen EU-Mitgliedstaaten abgeschlossen werden. Die Verträge

Anwendung des Fünften Vermögensbildungsgesetzes

Anhang 6

brauchen die Voraussetzungen des § 21 Absatz 4 der Kreditinstituts-Rechnungslegungsverordnung nicht zu erfüllen, d.h., es können auch ohne Ausfertigung eines Sparbuchs mit jeder Einzahlung unmittelbar wertpapiermäßig verbriefte Vermögensbeteiligungen erworben werden. Die Verträge können auf den Erwerb oder die Begründung bestimmter Vermögensbeteiligungen beschränkt sein (z.B. auf den Erwerb von Aktien eines bezeichneten Unternehmens). Die Beschränkung kann geändert oder aufgehoben werden.

(2) Ein Vertrag über eine einmalige Einzahlung ist ein Vertrag über eine einzige, der Höhe nach bestimmte Einzahlung. Ein Vertrag über laufende Einzahlungen liegt vor, wenn auf diesen Vertrag für die Dauer von sechs Jahren seit Vertragsabschluss mindestens einmal in jedem Kalenderjahr Beträge eingezahlt werden sollen; die einzuzahlenden Beträge brauchen der Höhe nach nicht bestimmt zu sein. Als Zeitpunkt des Vertragsabschlusses gilt der Tag, an dem die vermögenswirksame Leistung, bei Verträgen über laufende Einzahlungen die erste vermögenswirksame Leistung, beim Kreditinstitut oder bei der **Kapitalverwaltungsgesellschaft** eingeht. Aus Vereinfachungsgründen bestehen keine Bedenken dagegen, Einzahlungen auf einen Sparvertrag über laufende Einzahlungen noch bis zum letzten Tag des Kalendermonats zuzulassen, in dem die Frist von sechs Jahren endet.

(3) Die siebenjährige Sperrfrist gilt einheitlich für Verträge über die einmalige oder laufende Anlage vermögenswirksamer Leistungen. Sie beginnt am 1. Januar des Kalenderjahrs, in dem die vermögenswirksame Leistung, bei Verträgen über laufende Einzahlungen die erste vermögenswirksame Leistung beim Kreditinstitut oder bei der **Kapitalverwaltungsgesellschaft** eingeht. Die Einzahlung anderer Beträge ist auf den Beginn der Sperrfrist ohne Einfluss.

Beispiel:
Der Arbeitnehmer unterschreibt den Sparvertrag über laufende Einzahlungen am 29. Juli **2014**. Die erste vermögenswirksame Leistung geht am 20. August **2014** bei der **Kapitalverwaltungsgesellschaft** ein. Der Sparvertrag gilt am 20. August **2014** als abgeschlossen, sodass die sechsjährige Einzahlungsfrist am 19. August **2020** endet. Aufgrund der Vereinfachungsregelung ist die letzte Einzahlung aber auch noch am 31. August **2020** möglich. Die siebenjährige Sperrfrist endet am 31. Dezember **2020**.

(4) Der Vertrag über die laufende Anlage vermögenswirksamer Leistungen ist unterbrochen, wenn in einem Kalenderjahr, das dem Kalenderjahr des Vertragsabschlusses folgt, weder vermögenswirksame Leistungen noch andere Beträge eingezahlt werden; dabei liegt z.B. eine Einzahlung anderer Beträge auch dann vor, wenn Zinsen für eingezahlte Beträge gutgeschrieben bleiben.

Beispiele:
A. Der Arbeitnehmer unterschreibt den Sparvertrag über laufende Einzahlungen am 30. September **2014**. Die erste vermögenswirksame Leistung geht am 4. November **2014**, weitere vermögenswirksame Leistungen gehen bis einschließlich März **2015** bei der **Kapitalverwaltungsgesellschaft** ein. Ab 1. April **2015** werden keine Beträge mehr eingezahlt, weil der Arbeitnehmer arbeitslos geworden ist. Die gutgeschriebenen Zinsen und die gutgeschriebenen Erträge aus Vermögensbeteiligungen hat sich der Arbeitnehmer auszahlen lassen. Am 2. November **2016** werden erneut vermögenswirksame Leistungen eingezahlt. Der Vertrag ist nicht unterbrochen, weil in den Kalenderjahren **2015** und **2016** vermögenswirksame Leistungen angelegt worden sind.

B. Der Arbeitnehmer unterschreibt den Sparvertrag über laufende Einzahlungen am 30. September **2014**. Die erste vermögenswirksame Leistung geht am 4. November **2014** bei der **Kapitalverwaltungsgesellschaft** ein. Ab 1. Januar **2015** werden keine Beträge mehr eingezahlt, weil der Arbeitnehmer arbeitslos geworden ist. Die gutgeschriebenen Zinsen und die gutgeschriebenen Erträge aus Vermögensbeteiligungen hat sich der Arbeitnehmer auszahlen lassen. Ab 1. Februar **2016** werden erneut vermögenswirksame Leistungen eingezahlt. Der Vertrag ist unterbrochen, weil im Kalenderjahr **2015** keine Einzahlungen vorliegen.

(5) Nach einer Unterbrechung können auf den Sparvertrag keine vermögenswirksamen Leistungen mehr angelegt werden.

(6) Endet für vermögenswirksame Leistungen die Verwendungsfrist (§ 4 Absatz 2 Nummer 1 des 5. VermBG) mit oder nach Ablauf der Sperrfrist, so werden sie auch dann gefördert, wenn keine Vermögensbeteiligungen erworben werden.

(7) Die Festlegung erworbener Wertpapiere und die Aufzeichnungspflichten bei ihrer Verwahrung durch den Arbeitgeber sind in § 4 Absatz 1 und 2 VermBDV 1994 geregelt. Die Mitteilungspflichten des Kreditinstituts oder der **Kapitalverwaltungsgesellschaft** und des Arbeitgebers bei Verwahrung der erworbenen Wertpapiere durch den Arbeitgeber sind in § 2 Absatz 3 VermBDV 1994 geregelt.

(8) Die erworbenen Wertpapiere können vor Ablauf der Sperrfrist zulagenunschädlich gegen andere verbriefte Vermögensbeteiligungen ausgetauscht werden (§ 4 Absatz 4 Nummer 6 des 5. VermBG). Dieser Austausch ist nur möglich, wenn die Wertpapiere bei einem Kreditinstitut oder bei einer **Kapitalverwaltungsgesellschaft** verwahrt werden. Der Erlös aus der Veräußerung einschließlich etwaiger Kursgewinne ist bis zum Ablauf des folgenden Kalendermonats zum Erwerb der für den Rest der Sperrfrist festzulegenden anderen Wertpapiere zu verwenden. Dabei übrig bleibende vermögenswirksame Leistungen bleiben gefördert, wenn sie 150 Euro nicht übersteigen; aus mehreren Veräußerungsvorgängen übrig bleibende vermögenswirksame Leistungen sind zusammenzurechnen. Wird die 150-Euro-Grenze überschritten, wird die Förderung der nicht wieder verwendeten vermögenswirksamen Leistungen rückgängig gemacht, weil in dieser Höhe eine **schädliche Verfügung vorliegt**. Sind zum Erwerb von Wertpapieren neben vermögenswirksamen Leistungen auch andere Beträge verwendet worden, so gelten beim Austausch von Wertpapieren zuerst die anderen Beträge als übrig bleibend; diese Beträge bleiben bei der Ermittlung der 150-Euro-Grenze außer Ansatz.

6. Anlagen aufgrund von Wertpapier-Kaufverträgen
(§ 2 Absatz 1 Nummer 2, § 5 des 5. VermBG)

(1) Aufgrund eines Wertpapier-Kaufvertrags mit dem inländischen Arbeitgeber werden vermögenswirksame Leistungen durch Verrechnung mit dem Kaufpreis zum Erwerb von Wertpapieren (§ 2 Absatz 1 Nummer 1 **Buchstaben a bis c** und f des 5. VermBG) angelegt. Der Kaufpreis kann mit vermögenswirksamen Leistungen entrichtet werden durch

– einmalige Verrechnung als Vorauszahlung oder nachträgliche Zahlung,

– laufende Verrechnung als Anzahlungen oder Abzahlungen.

(2) Ist der Kaufpreis durch einmalige Verrechnung vorausgezahlt oder durch laufende Verrechnung angezahlt worden, so hat der Arbeitgeber ein Anzahlungskonto zu führen.

(3) Die Festlegung erworbener Wertpapiere und die Aufzeichnungspflichten bei ihrer Verwahrung sind in § 4 Absatz 3 VermBDV 1994 geregelt. Die Mitteilungspflichten des Arbeitgebers und des Kreditinstituts oder der **Kapitalverwaltungsgesellschaft** bei Verwahrung der erworbenen Wertpapiere durch ein vom Arbeitnehmer benanntes Kreditinstitut oder eine vom Arbeitnehmer benannte **Kapitalverwaltungsgesellschaft** sind in § 2 Absatz 4 VermBDV 1994 geregelt. Der sparzulagenunschädliche Austausch von Wertpapieren (Abschnitt 5 Absatz 8) ist nicht möglich, wenn diese aufgrund eines Wertpapier-Kaufvertrags erworben worden sind.

7. Anlagen aufgrund von Beteiligungs-Verträgen und Beteiligungs-Kaufverträgen
(§ 2 Absatz 1 Nummer 3, §§ 6 und 7 des 5. VermBG)

(1) Beteiligungs-Verträge (§ 6 des 5. VermBG) unterscheiden sich von Beteiligungs-Kaufverträgen (§ 7 des 5. VermBG) hauptsächlich dadurch, dass Beteiligungs-Verträge nicht verbriefte Vermögensbeteiligungen erstmals begründen, während aufgrund von Beteiligungs-Kaufverträgen bereits bestehende nicht verbriefte Vermögensbeteiligungen erworben werden.

(2) Aufgrund eines Beteiligungs-Vertrags nach § 6 Absatz 1 des 5. VermBG und aufgrund eines Beteiligungs-Kaufvertrags nach § 7 Absatz 1 des 5. VermBG zwischen dem Arbeitnehmer und dem inländischen Arbeitgeber können vermögenswirksame Leistungen in nicht verbrieften betrieblichen Vermögensbeteiligungen angelegt werden. Aufgrund eines Beteiligungs-Kaufvertrags nach § 7 Absatz 1 des 5. VermBG können außerdem insbesondere außerbetriebliche Vermögensbeteiligungen in Form von Geschäftsguthaben bei inländischen Kredit-, Bau- oder Wohnungsbaugenossenschaften sowie stille Beteiligungen an sog. Mitarbeiterbeteiligungsgesellschaften (Abschnitt 4 Absatz 9) erworben werden. Die vermögenswirksamen Leistungen sind zu verrechnen (Abschnitt 6 Absatz 1 und 2).

Anhang 6   **Anwendung des Fünften Vermögensbildungsgesetzes**

(3) Ein Beteiligungs-Vertrag nach § 6 Absatz 2 des 5. VermBG kann vom Arbeitnehmer mit einem Unternehmen, das mit dem Unternehmen des Arbeitgebers verbunden ist, mit einer sog. Mitarbeiterbeteiligungsgesellschaft oder mit einer Kredit-, Bau- oder Wohnungsgenossenschaft zur Begründung nicht verbriefter Vermögensbeteiligungen an dem vertragschließenden Unternehmen abgeschlossen werden. Ein Beteiligungs-Kaufvertrag nach § 7 Absatz 2 des 5. VermBG kann vom Arbeitnehmer mit der GmbH, die mit dem Unternehmen des Arbeitgebers verbunden ist, zum Erwerb von Geschäftsanteilen an der vertragschließenden GmbH abgeschlossen werden. Die vermögenswirksamen Leistungen sind vom Arbeitgeber zu überweisen; die einmalige Überweisung als Voraus- oder nachträgliche Zahlung sowie laufende Überweisungen als An- oder Abzahlungen sind zulässig. So kann in einem Beteiligungs-Vertrag nach § 6 Absatz 2 des 5. VermBG vereinbart sein, dass der Arbeitnehmer an eine Genossenschaft vermögenswirksame Leistungen laufend als Anzahlungen zum Zwecke der Begründung von Geschäftsguthaben vom Arbeitgeber überweisen lässt, damit die Genossenschaft für den Arbeitnehmer die Einzahlungen erbringt, die zu leisten sind, sobald er der Genossenschaft beigetreten ist und die Geschäftsanteile übernommen hat.

(4) Ist die für die Begründung der Vermögensbeteiligung geschuldete Geldsumme (§ 6 Absatz 1 und 2 des 5. VermBG) oder der Kaufpreis (§ 7 Absatz 1 und 2 des 5. VermBG) durch einmalige vermögenswirksame Leistung vorausgezahlt oder durch laufende vermögenswirksame Leistungen angezahlt worden, so hat der Arbeitgeber oder das Unternehmen ein Anzahlungskonto zu führen.

(5) Die Aufzeichnungspflichten während der Dauer der Sperrfrist (§ 6 Absatz 3 Nummer 2, § 7 Absatz 3 des 5. VermBG) sind in § 3 VermBDV 1994 geregelt.

8. Insolvenzschutz
(§ 2 Absatz 5a des 5. VermBG)

(1) Der Arbeitgeber hat vor der Anlage vermögenswirksamer Leistungen im eigenen Unternehmen in Zusammenarbeit mit dem Arbeitnehmer Vorkehrungen zu treffen, die der Absicherung der angelegten vermögenswirksamen Leistungen bei einer während der Dauer der Sperrfrist eintretenden Zahlungsunfähigkeit des Arbeitgebers dienen (§ 2 Absatz 5a Satz 1 des 5. VermBG). **Diese Vorkehrungen des Arbeitgebers gegen Insolvenz sind nicht Voraussetzung für den Anspruch des Arbeitnehmers auf die Arbeitnehmer-Sparzulage. Die Regelung betrifft alle im Fünften Vermögensbildungsgesetz zugelassenen Formen von Kapitalbeteiligungen der Arbeitnehmer am arbeitgebenden Unternehmen mit Ausnahme von Darlehen (§ 2 Absatz 1 Nummer 1 Buchstabe k des 5. VermBG) und Namensschuldverschreibungen (§ 2 Absatz 1 Nummer 1 Buchstabe b des 5. VermBG), für die bereits die Absicherung durch eine Versicherung oder Bankbürgschaft als Voraussetzung für die Anlage vermögenswirksamer Leistungen und damit für einen möglichen Anspruch auf Arbeitnehmer-Sparzulage vorgeschrieben ist.**

(2) Zum Bericht des Bundesministeriums für Arbeit und Sozialordnung über die Vorkehrungen zur Insolvenzsicherung vermögenswirksamer Leistungen beim Erwerb von Mitarbeiter-Kapitalbeteiligungen (§ 2 Absatz 5a Satz 2 des 5. VermBG) siehe Bundestags-Drucksache 14/9731 vom 28. Juni 2002.

9. Anlagen nach dem Wohnungsbau-Prämiengesetz
(§ 2 Absatz 1 Nummer 4 des 5. VermBG)

(1) Als Aufwendungen des Arbeitnehmers nach dem WoPG können vermögenswirksame Leistungen aufgrund von Verträgen angelegt werden, die nach den Vorschriften des WoPG abgeschlossen worden sind. Bei der Anlage vermögenswirksamer Leistungen nach § 2 Absatz 1 Nummer 2 WoPG als Aufwendungen für den ersten Erwerb von Anteilen an Bau- und Wohnungsgenossenschaften müssen jedoch die Voraussetzungen des § 2 Absatz 1 Nummer 1 Buchstabe g zweiter Halbsatz des 5. VermBG erfüllt sein. Eine Anlage nach dem WoPG liegt auch dann vor, wenn der Arbeitnehmer unbeschränkt einkommensteuerpflichtig nach § 1 Absatz 3 EStG ist und die Voraussetzungen des § 1 Absatz 2 Satz 1 Nummer 1 und 2 EStG nicht erfüllt oder beschränkt einkommensteuerpflichtig ist (§ 1 Absatz 4 EStG) oder wenn das Einkommen des Arbeitnehmers die Einkommensgrenze (§ 2a WoPG) überschritten hat.

(2) Beiträge an Bausparkassen zur Erlangung von Baudarlehen setzen den Abschluss eines Bausparvertrags mit einer Bausparkasse voraus (§ 2 Absatz 1 Nummer 1 WoPG). Bausparkassen sind Kreditinstitute im Sinne des § 1 Absatz 1 des Gesetzes über Bausparkassen.

(3) Vermögenswirksame Leistungen können als Aufwendungen für den ersten Erwerb von Anteilen an Bau- und Wohnungsgenossenschaften erbracht werden (§ 2 Absatz 1 Nummer 2 WoPG). Wegen der Zuordnung zu einer Anlage nach § 2 Absatz 1 Nummer 1 Buchstabe g des 5. VermBG und den Wegfall dieser Zulagenbegünstigung vgl. Abschnitt 4 Absatz 7 und Abschnitt 18 Absatz 1 Nummer 3.

(4) Wohnbau-Sparverträge im Sinne des WoPG sind Sparverträge mit einem Kreditinstitut oder einem am 31. Dezember 1989 als gemeinnützig anerkannten Wohnungsunternehmen oder einem am 31. Dezember 1989 als Organ der staatlichen Wohnungspolitik anerkannten Unternehmen, wenn diese Unternehmen eigene Spareinrichtungen unterhalten, auf die die Vorschriften des Gesetzes über das Kreditwesen anzuwenden sind. Die eingezahlten Sparbeiträge und die Prämien müssen zum Bau oder Erwerb selbst genutzten Wohneigentums oder zum Erwerb eines eigentumsähnlichen Dauerwohnrechts verwendet werden; die Wohnbau-Sparverträge müssen auf die Dauer von drei bis sechs Jahren als allgemeine Sparverträge oder als Sparverträge mit festgelegten Sparraten abgeschlossen werden (§ 2 Absatz 1 Nummer 3 WoPG).

(5) Baufinanzierungsverträge im Sinne des WoPG sind Verträge mit einem Wohnungs- und Siedlungsunternehmen oder einem am 31. Dezember 1989 anerkannten Organ der staatlichen Wohnungspolitik, die nach der Art von Sparverträgen mit festgelegten Sparraten auf die Dauer von drei bis acht Jahren mit dem Zweck einer Kapitalansammlung abgeschlossen werden; Voraussetzung ist, dass die eingezahlten Beiträge und die Prämien zum Bau oder Erwerb selbst genutzten Wohneigentums oder zum Erwerb eines eigentumsähnlichen Dauerwohnrechts verwendet werden (§ 2 Absatz 1 Nummer 4 WoPG). Baufinanzierungsverträge unterscheiden sich von den Wohnbau-Sparverträgen mit festgelegten Sparraten (Absatz 4) dadurch, dass außer den Verpflichtungen des Arbeitnehmers auch die Verpflichtungen des Unternehmens zur Erbringung der vertraglichen Leistungen von vornherein festgelegt sein müssen (vgl. BFH-Urteil vom 17. März 1972, BStBl. II S. 601).

10. Anlagen für den Bau, den Erwerb, den Ausbau, die Erweiterung oder die Entschuldung eines Wohngebäudes usw.
(§ 2 Absatz 1 Nummer 5 des 5. VermBG)

Bei einer Anlage unmittelbar für den Bau, den Erwerb, den Ausbau, die Erweiterung oder die Entschuldung eines im Inland belegenen Wohngebäudes usw. gilt Folgendes:

1. Wohngebäude sind Gebäude, soweit sie Wohnzwecken dienen.

2. Für die Anlage ist Voraussetzung, dass der Arbeitnehmer entweder Alleineigentümer oder Miteigentümer des Wohngebäudes usw. ist; mindestens muss jedoch eine Auflassungsvormerkung zu seinen Gunsten im Grundbuch eingetragen sein. Keine Anlage in diesem Sinne liegt vor, sofern der Anlage ein von einem Dritten vorgefertigtes Konzept zugrunde liegt, bei dem der Arbeitnehmer vermögenswirksame Leistungen zusammen mit mehr als 15 anderen Arbeitnehmern anlegen kann (§ 2 Absatz 1 Nummer 5 des 5. VermBG).

3. Eine Anlage liegt u.a. vor, wenn es sich bei den Aufwendungen um Anschaffungskosten, Herstellungskosten und Erhaltungsaufwendungen bei Instandsetzung und Modernisierung handelt (vgl. BMF-Schreiben vom 18. Juli 2003, BStBl. I S. 386).

4. Als Aufwendungen für den Bau, den Erwerb, den Ausbau, die Erweiterung oder die Entschuldung eines Wohngebäudes usw. können die vermögenswirksamen Leistungen nur erbracht werden, soweit im Zeitpunkt ihres Zuflusses die Schuld des Arbeitnehmers, für den die Leistungen erbracht werden, nicht bereits getilgt ist.

5. Sparleistungen an Treuhand- und Immobiliensparsgesellschaften sind keine Aufwendungen für den Bau, den Erwerb, den Ausbau, die Erweiterung oder die Entschuldung eines Wohngebäudes usw.

Anwendung des Fünften Vermögensbildungsgesetzes

11. Anlagen aufgrund von Verträgen des Ehegatten oder Lebenspartners, der Kinder oder der Eltern
(§ 3 Absatz 1 des 5. VermBG)

(1) Der Arbeitnehmer kann vermögenswirksame Leistungen auch aufgrund von Sparverträgen über Wertpapiere oder andere Vermögensbeteiligungen (Abschnitt 5), aufgrund von Verträgen nach den Vorschriften des WoPG (Abschnitt 9), aufgrund von Sparverträgen (§ 8 des 5. VermBG) und aufgrund von Kapitalversicherungsverträgen (§ 9 des 5. VermBG) anlegen lassen, die von seinem Ehegatten **oder Lebenspartner** abgeschlossen worden sind, mit dem der Arbeitnehmer die Zusammenveranlagung zur Einkommensteuer wählen kann (§ 26 Absatz 1 Satz 1 EStG). Das gilt auch, wenn die genannten Verträge von Kindern des Arbeitnehmers (§ 32 Absatz 1 EStG) abgeschlossen worden sind, solange die Kinder zu Beginn des Kalenderjahrs der vermögenswirksamen Leistung das 17. Lebensjahr noch nicht vollendet haben. Hat der Arbeitnehmer zu Beginn des Kalenderjahrs der vermögenswirksamen Leistungen das 17. Lebensjahr noch nicht vollendet, so können vermögenswirksame Leistungen auch auf die genannten Verträge angelegt werden, die von seinen Eltern oder einem Elternteil abgeschlossen worden sind. Die vom Arbeitnehmer zugunsten des Ehegatten **oder Lebenspartners**, der Kinder oder der Eltern auf deren Sparverträge über Wertpapiere oder andere Vermögensbeteiligungen angelegten vermögenswirksamen Leistungen sind vom Vertragsinhaber vertragsgemäß zu verwenden; der Vertragsinhaber kann mit diesen Leistungen auch betriebliche Vermögensbeteiligungen erwerben (z.B. Gewinnschuldverschreibungen oder Genussscheine seines Arbeitgebers). Eine Abtretung der Ansprüche aus den genannten Verträgen an den Arbeitnehmer steht der Anlage seiner vermögenswirksamen Leistungen auf diese Verträge nicht entgegen.

(2) Absatz 1 gilt entsprechend bei Anlagen für den Bau, den Erwerb, den Ausbau, die Erweiterung oder die Entschuldung eines Wohngebäudes usw. (Abschnitt 10), wenn die in Absatz 1 genannten Personen Alleineigentümer oder Miteigentümer des Wohngebäudes usw. sind oder zu ihren Gunsten eine Auflassungsvormerkung im Grundbuch eingetragen ist (Abschnitt 10 Nummer 2).

(3) Die Absätze 1 und 2 gelten auch bei steuerlich anerkannten Dienstverhältnissen zwischen Ehegatten **oder Lebenspartnern** (vgl. R 4.8 Absatz 1 EStR, H 4.8 – Arbeitsverhältnisse zwischen Ehegatten – EStH).

(4) Vermögenswirksame Leistungen können auch auf Gemeinschaftskonten/-depots angelegt werden. Abschnitt 14 **Absatz 3** und Abschnitt 19 Absatz 1 Satz 3 sind zu beachten.

12. Vereinbarung der vermögenswirksamen Leistungen, freie Wahl der Anlage
(§§ 10, 11, 12 des 5. VermBG)

(1) Vermögenswirksame Leistungen, die zusätzlich zum sonstigen Arbeitslohn zu erbringen sind, können in Verträgen mit Arbeitnehmern, in Betriebsvereinbarungen, in Tarifverträgen sowie in bindenden Festsetzungen nach dem Heimarbeitsgesetz vereinbart werden (§ 10 des 5. VermBG); für Beamte, Richter, Berufssoldaten und Soldaten auf Zeit werden zusätzliche vermögenswirksame Leistungen aufgrund eines Gesetzes erbracht.

(2) Die vermögenswirksame Anlage von Teilen des Arbeitslohns (Absatz 3) wird in einem Vertrag vereinbart, den der Arbeitgeber auf schriftlichen Antrag des Arbeitnehmers mit diesem abschließen muss (§ 11 Absatz 1 des 5. VermBG; bezüglich der Grenzgänger vgl. Abschnitt 2 Absatz 3). Macht ein Tarifvertrag den Anspruch auf zusätzliche vermögenswirksame Leistungen davon abhängig, dass der Arbeitnehmer als Eigenleistung auch Teile des Arbeitslohns vermögenswirksam anlegt, so ist für die vermögenswirksame Anlage ein schriftlicher Antrag des Arbeitnehmers nicht erforderlich. Der Arbeitgeber muss auf Verlangen des Arbeitnehmers die vermögenswirksame Anlage von Lohnteilen auch dann vereinbaren, wenn der Arbeitnehmer für diese Anlage eine der nicht zulagebegünstigten Anlageformen (Abschnitt 2 Absatz 2 Nummer 1) wählt. Der Arbeitgeber muss dem Verlangen des Arbeitnehmers aber insoweit nicht folgen, als die anzulegenden Lohnteile für sich oder zusammen mit anderen vermögenswirksamen Leistungen den Betrag von 870 Euro im Kalenderjahr übersteigen. Soweit der Arbeitgeber zur Anlage von Lohnteilen nicht verpflichtet ist, kann er sich freiwillig bereit erklären, die vom Arbeitnehmer verlangte Anlage von Lohnteilen zu vereinbaren.

(3) Vermögenswirksam angelegt werden können nur Teile des Arbeitslohns, der zu den Einkünften aus nichtselbständiger Arbeit nach § 19 EStG gehört (Arbeitslohn im steuerlichen Sinne) und der dem Arbeitnehmer noch nicht zugeflossen ist; die nachträgliche Umwandlung von zugeflossenem Arbeitslohn in vermögenswirksame Leistungen ist nur im Fall der Grenzgänger (Abschnitt 2 Absatz 3) möglich. Auch pauschal besteuerter oder steuerfreier Arbeitslohn kann vermögenswirksam angelegt werden, also z.B. Teile

1. des pauschal besteuerten Arbeitslohns von kurzfristig Beschäftigten, Aushilfskräften in der Land- und Forstwirtschaft und geringfügig entlohnten Beschäftigten (§ 40a EStG),

2. der pauschal besteuerten sonstigen Bezüge (§ 40 Absatz 1 EStG),

3. des steuerfreien Zuschusses zum Mutterschaftsgeld (§ 3 Nummer 1 Buchstabe d EStG).

Kein Arbeitslohn in diesem Sinne sind z.B. die steuerfreien Lohnersatzleistungen (wie Wintergeld – Mehraufwands-Wintergeld, Zuschuss-Wintergeld –, Insolvenzgeld, Mutterschaftsgeld), der Ersatz von Aufwendungen des Arbeitnehmers, die Arbeitnehmer-Sparzulage und die Vergütungen, die ein Kommanditist für seine Tätigkeit im Dienst der Kommanditgesellschaft erhält; diese Bezüge können deshalb nicht vermögenswirksam angelegt werden.

(4) Bei einem minderjährigen Arbeitnehmer, den sein gesetzlicher Vertreter zum Abschluss des Arbeitsvertrags ermächtigt hat, ist im Allgemeinen davon auszugehen, dass er ohne ausdrückliche Zustimmung des Vertreters Verträge mit dem Arbeitgeber über vermögenswirksame Leistungen abschließen kann; denn ein solcher Arbeitnehmer ist für alle das Arbeitsverhältnis der gestatteten Art betreffenden Rechtsgeschäfte unbeschränkt geschäftsfähig, wenn die Ermächtigung keine Einschränkungen enthält.

(5) Der Arbeitnehmer hat dem Arbeitgeber mitzuteilen, in welcher Anlageform und bei welchem Unternehmen, Institut oder Gläubiger vermögenswirksame Leistungen nach seiner Wahl (Absatz 6) angelegt werden sollen; er hat dabei anzugeben, wann und in welcher Höhe er die Anlage verlangt, und den Anlagevertrag – z.B. durch dessen Konto- oder Vertragsnummer – näher zu bezeichnen.

(6) Die Zulagebegünstigung vermögenswirksamer Leistungen (§ 13 des 5. VermBG) setzt voraus, dass der Arbeitnehmer frei wählen kann, in welcher der Anlageformen und bei welchem Unternehmen, Institut oder Gläubiger (§ 3 Absatz 3 Satz 1 des 5. VermBG) der Arbeitgeber die vermögenswirksamen Leistungen anlegen soll (§ 12 Satz 1 des 5. VermBG); einer Förderung steht jedoch nicht entgegen, dass durch Tarifvertrag die Anlage auf die Formen des § 2 Absatz 1 Nummer 1 bis 5, Absatz 2 bis 4 beschränkt wird (§ 12 Satz 2 des 5. VermBG). Der Arbeitnehmer kann aber eine Vermögensbeteiligung am Unternehmen des Arbeitgebers in einer der in § 2 Absatz 1 Nummer 1 Buchstabe g bis l und Absatz 4 des 5. VermBG bezeichneten Formen (Abschnitt 4) nur dann begründen oder erwerben, wenn der Arbeitgeber zustimmt (§ 12 Satz 3 des 5. VermBG). Deshalb verstößt es nicht gegen § 12 des 5. VermBG, wenn ein Arbeitgeber nur bestimmten Arbeitnehmern oder Arbeitnehmergruppen die Möglichkeit einräumt, mit ihren vermögenswirksamen Leistungen Vermögensbeteiligungen am Unternehmen des Arbeitgebers im Sinne des § 2 Absatz 1 Nummer 1 Buchstabe g bis l und Absatz 4 des 5. VermBG – z.B. Darlehensforderungen oder stille Beteiligungen – zu begründen.

(7) Der Arbeitnehmer kann verlangen, dass die für ihn zu erbringenden vermögenswirksamen Leistungen auf verschiedene Anlageformen verteilt werden, oder dass die Anlageform gewechselt wird, wenn er daran ein berechtigtes Interesse hat, das gegenüber dem Interesse des Arbeitgebers an möglichst geringem Verwaltungsaufwand überwiegt. An der Verteilung auf verschiedene Anlageformen oder am Wechsel der Anlageform kann der Arbeitnehmer z.B. dann ein berechtigtes Interesse haben, wenn er dadurch die Förderung voll ausschöpfen möchte. Für den Wechsel der Anlageform bei vermögenswirksamer Anlage von Lohnteilen (Absatz 2) ist § 11 Absatz 5 des 5. VermBG zu beachten.

Anhang 6 — Anwendung des Fünften Vermögensbildungsgesetzes

13. Kennzeichnungs- und Mitteilungspflichten
(§ 3 Absatz 2 des 5. VermBG, § 2 Absatz 1 VermBDV 1994)

(1) Bei Überweisung der vermögenswirksam anzulegenden Beträge an das Unternehmen, Institut oder den Gläubiger (Abschnitt 2 Absatz 1) hat der Arbeitgeber die Beträge als vermögenswirksame Leistung besonders kenntlich zu machen und den Namen des Arbeitnehmers sowie dessen Konto- oder Vertragsnummer anzugeben. Zusätzlich ist bei Überweisungen im Dezember und Januar anzugeben, welchem Kalenderjahr die überwiesenen Beträge zuzuordnen sind (vgl. Abschnitt 3 Absatz 1).

(2) Geht bei dem Unternehmen, dem Institut oder dem Gläubiger ein vom Arbeitgeber als vermögenswirksame Leistung gekennzeichneter Betrag ein und kann dieser nicht nach den Vorschriften des 5. VermBG angelegt werden (z.B. weil ein Anlagevertrag im Sinne des 5. VermBG nicht besteht oder bereits erfüllt ist oder weil bei einem Bausparvertrag die Bausparsumme ausgezahlt worden ist), so ist das Unternehmen, das Institut oder der Gläubiger verpflichtet, dies dem Arbeitgeber unverzüglich schriftlich mitzuteilen; nach Eingang einer solchen Mitteilung darf der Arbeitgeber für den Arbeitnehmer keine vermögenswirksame Leistungen mehr überweisen.

14. Bescheinigung vermögenswirksamer Leistungen
(§ 15 Absatz 1 des 5. VermBG in der Fassung des Beitreibungsrichtlinie-Umsetzungsgesetzes vom 7. Dezember 2011, BGBl. I S. 2592, § 5 VermBDV 1994 in der Fassung des Steuerbürokratieabbaugesetzes vom 20. Dezember 2008, BGBl. I S. 2850)

(1) **Bis zur Einführung der elektronischen Vermögensbildungsbescheinigung, deren erstmalige Anwendung zu einem späteren Zeitpunkt durch ein im Bundessteuerblatt zu veröffentlichendes BMF-Schreiben mitgeteilt wird (§ 17 Absatz 14 des 5. VermBG, § 11 Absatz 1 Satz 2 und 3 VermBDV 1994), gilt weiter Folgendes:**

(2) Das Kreditinstitut, **die Kapitalverwaltungsgesellschaft,** die Bausparkasse, das Unternehmen, der Arbeitgeber oder der Gläubiger, mit dem der Arbeitnehmer den Anlagevertrag abgeschlossen hat, hat die vermögenswirksamen Leistungen zu bescheinigen, die im Kalenderjahr angelegt worden sind (§ 15 Absatz 1 des 5. VermBG **in der Fassung des Beitreibungsrichtlinie-Umsetzungsgesetzes vom 7. Dezember 2011, BGBl. I S. 2592, § 5 VermBDV 1994 in der Fassung des Steuerbürokratieabbaugesetzes vom 20. Dezember 2008, BGBl. I S. 2850).** Für vermögenswirksame Leistungen, die auf nicht zulagebegünstigte Anlagearten angelegt worden sind, ist die Ausstellung einer Bescheinigung nicht zulässig. Außerdem darf eine Bescheinigung nicht mehr erteilt werden, wenn über sämtliche vermögenswirksame Leistungen schädlich verfügt worden ist, die nach § 2 Absatz 1 Nummer 1 oder 4 des 5. VermBG (Abschnitte 5 und 9) angelegt worden sind (§ 5 Absatz 5 VermBDV 1994 **in der Fassung des Steuerbürokratieabbaugesetzes vom 20. Dezember 2008, BGBl. I S. 2850).**

(3) Die Bescheinigung ist auf den Arbeitnehmer auszustellen, für den der Arbeitgeber die vermögenswirksamen Leistungen erbracht hat. Das gilt auch dann, wenn die vermögenswirksamen Leistungen zugunsten des Ehegatten **oder Lebenspartners,** der Kinder, der Eltern oder eines Elternteils angelegt worden sind (§ 3 Absatz 1 des 5. VermBG), wenn mehrere Personen Vertragsinhaber sind (Gemeinschaftsvertrag) oder die vermögenswirksamen Leistungen auf Gemeinschaftskonten/-depots angelegt wurden (vgl. Abschnitt 11 Absatz 4).

(4) Für die Bescheinigung ist der amtlich vorgeschriebene Vordruck zu verwenden; das für das jeweilige Kalenderjahr geltende Vordruckmuster wird im Bundessteuerblatt Teil I bekannt gemacht. Im Einzelnen gilt Folgendes:

1. Der „Institutsschlüssel für die Arbeitnehmer-Sparzulage" wird von der Zentralstelle **für Arbeitnehmer-Sparzulage und Wohnungsbauprämie** beim Technischen Finanzamt Berlin – ZPS ZANS –, Klosterstraße 59, 10179 Berlin vergeben (§ 5 Absatz 2 Satz 2 und 3 VermBDV 1994 **in der Fassung des Steuerbürokratieabbaugesetzes vom 20. Dezember 2008, BGBl. I S. 2850).** Er ist bei Anlagearten erforderlich, die einer Sperrfrist unterliegen. Sperrfristen gelten nicht bei Anlagen zum Wohnungsbau (Abschnitt 10) und bei Anlagen für den ersten Erwerb von Anteilen an Bau- und Wohnungsgenossenschaften gemäß § 2 Absatz 1 Nummer 4 des 5. VermBG (Abschnitt 9 Absatz 3). In der Bescheinigung kann auf die Angabe dieses Institutsschlüssels nur dann verzichtet werden, wenn im Zeitpunkt der Ausstellung die für die Anlageart geltende Sperrfrist abgelaufen ist.

2. Die Vertragsnummer darf höchstens 14-stellig sein und keine Sonderzeichen enthalten. Es ist nicht zulässig, für mehrere Arbeitnehmer dieselbe Vertragsnummer zu verwenden. Werden vermögenswirksame Leistungen auf von Dritten abgeschlossene Verträge oder auf Gemeinschaftsverträge angelegt (Absatz 2), so sind die vermögenswirksamen Leistungen jedes Arbeitnehmers unter einer eigenen Vertragsnummer zu bescheinigen; eine gemeinsame Vertragsnummer ist nur bei Ehegatten **oder Lebenspartnern** zulässig.

3. Der „Institutsschlüssel für die Arbeitnehmer-Sparzulage", die Vertragsnummer und die Sperrfrist (vgl. Nummer 4) bilden den Ordnungsbegriff für das automatisierte Festsetzungs- und Auszahlungsverfahren der Arbeitnehmer-Sparzulage. Das automatisierte Verfahren setzt voraus, dass Inhalt und Darstellung der Vertragsnummer bei der Bescheinigung vermögenswirksamer Leistungen sowie bei der Anzeige über eine vorzeitige Verfügung (durch Datensatz oder Vordruck, vgl. Abschnitt 21 Absatz 1) übereinstimmen. **Der Ordnungsbegriff ist für die gesamte Laufzeit des begünstigten Vertrages unabänderbar. Dies gilt auch, wenn der Vertrag einem anderen Anlageinstitut übertragen wird.**

4. Das Ende der für die vermögenswirksamen Leistungen geltenden Sperrfrist (vgl. Nummer 1) ist stets anzugeben. Bei der Bescheinigung vermögenswirksamer Leistungen, die auf Verträge nach §§ 5 bis 7 des 5. VermBG angelegt und noch nicht für Vermögensbeteiligungen verwendet worden sind, ist als Ende der Sperrfrist der 31. Dezember des sechsten Kalenderjahrs nach dem Kalenderjahr der vermögenswirksamen Anlage anzugeben (§ 5 Absatz 3 VermBDV 1994 **in der Fassung des Steuerbürokratieabbaugesetzes vom 20. Dezember 2008, BGBl. I S. 2850).** Ist über vermögenswirksame Leistungen unschädlich vorzeitig verfügt worden, die nach § 2 Absatz 1 Nummer 1 oder 4 des 5. VermBG angelegt worden sind, so ist in der Bescheinigung als Ende der Sperrfrist der Zeitpunkt dieser Verfügung anzugeben (§ 5 Absatz 4 VermBDV 1994 **in der Fassung des Steuerbürokratieabbaugesetzes vom 20. Dezember 2008, BGBl. I S. 2850);** das gilt auch für die Bescheinigung der vermögenswirksamen Leistungen, die weiter auf den Anlagevertrag angelegt werden (Abschnitt 17 Absatz 5). Entsprechendes gilt bei Zuteilung eines Bausparvertrags.

(5) Sind vermögenswirksame Leistungen für die Anlage zum Wohnungsbau an den Arbeitnehmer ausgezahlt worden (Abschnitt 2 Absatz 1 Nummer 2), hat der Gläubiger die Bescheinigung auszustellen, wenn der Arbeitnehmer schriftlich erklärt, in welcher Höhe vermögenswirksame Leistungen zum Wohnungsbau verwendet worden sind.

(6) Die Bescheinigung ist grundsätzlich erst nach Ablauf des Kalenderjahrs zu erteilen, in dem die vermögenswirksamen Leistungen angelegt worden sind. Davon abweichend können die vermögenswirksamen Leistungen bereits im laufenden Kalenderjahr bescheinigt werden, wenn

1. bei Anlageverträgen nach § 2 Absatz 1 Nummer 1 des 5. VermBG die Einzahlungsfrist abgelaufen ist (Abschnitt 5 Absatz 2),

2. auf Anlageverträge nach §§ 5, 6 und 7 des 5. VermBG keine vermögenswirksamen Leistungen mehr angelegt werden können,

3. Anlageverträge nach § 2 Absatz 1 Nummer 1 oder 4 des 5. VermBG mit Kreditinstituten, **Kapitalverwaltungsgesellschaften,** Bausparkassen oder Versicherungsunternehmen im Falle einer unschädlichen vorzeitigen Verfügung aufgehoben werden.

(7) In der Bescheinigung sind die angelegten vermögenswirksamen Leistungen auf den nächsten vollen Euro aufzurunden.

15. Festsetzung der Arbeitnehmer-Sparzulage
(§§ 13, 14 des 5. VermBG, § 6 Absatz 1 VermBDV 1994)

(1) Der Antrag auf Festsetzung der Arbeitnehmer-Sparzulage ist regelmäßig mit der Einkommensteuererklärung zu stellen. Für den Antrag auf Festsetzung der Arbeitnehmer-Sparzulage ist auch dann

Anwendung des Fünften Vermögensbildungsgesetzes — Anhang 6

der Vordruck für die Einkommensteuererklärung zu verwenden, wenn der Arbeitnehmer keinen Antrag auf Veranlagung zur Einkommensteuer stellt und auch nicht zur Einkommensteuer zu veranlagen ist, z.B. weil er nur pauschal besteuerten Arbeitslohn bezogen hat.

(2) Die Arbeitnehmer-Sparzulage kann auch dann erst nach Ablauf des Kalenderjahrs, in dem die vermögenswirksamen Leistungen angelegt worden sind (§ 13 Absatz 4 des 5. VermBG), festgesetzt werden, wenn der Antrag schon vorher gestellt ist.

(3) Zuständig ist das Finanzamt, in dessen Bezirk der Arbeitnehmer im Zeitpunkt der Antragstellung seinen Wohnsitz oder gewöhnlichen Aufenthalt hat. Bei Wegfall der unbeschränkten Einkommensteuerpflicht im Laufe eines Kalenderjahrs ist das Finanzamt zuständig, in dessen Bezirk der Arbeitnehmer seinen Wohnsitz oder gewöhnlichen Aufenthalt hatte. Hat der Arbeitnehmer im Inland weder einen Wohnsitz noch seinen gewöhnlichen Aufenthalt, so tritt an die Stelle des Wohnsitzfinanzamts das Betriebsstättenfinanzamt des Arbeitgebers.

(4) Übersteigen die für den Arbeitnehmer erbrachten vermögenswirksamen Leistungen die geförderten Höchstbeträge und sind die Leistungen auf mehrere Anlagearten aufgeteilt worden, kann der Arbeitnehmer durch Vorlage nur einzelner Bescheinigungen (Abschnitt 14) die vermögenswirksamen Leistungen bestimmen, die mit Arbeitnehmer-Sparzulage begünstigt werden sollen. Legt der Arbeitnehmer sämtliche Bescheinigungen vor, begünstigt das Finanzamt die vermögenswirksamen Leistungen in einer Reihenfolge, die im Regelfall für den Arbeitnehmer günstig ist.

(5) Für die Anwendung der Einkommensgrenze von 35 800/40 000 Euro für Ehegatten **oder Lebenspartner** ist allein maßgeblich, ob tatsächlich eine Zusammenveranlagung durchgeführt wird. Aus diesem Grunde ist die 35 800/40 000-Euro-Grenze auch bei der Zusammenveranlagung des überlebenden Ehegatten **oder Lebenspartners** mit dem verstorbenen Ehegatten **oder Lebenspartner** im Todesjahr des Ehegatten **oder Lebenspartners** anzuwenden. Von dem auf das Todesjahr folgenden Kalenderjahr an gilt die 17 900/20 000-Euro-Grenze (BFH-Urteil vom 14. Mai 1976, BStBl. II S. 546). Haben Ehegatten **oder Lebenspartner** die Einzelveranlagung gewählt, ist für jeden Ehegatten **oder Lebenspartner** gesondert zu prüfen, ob das von ihm zu versteuernde Einkommen die Einkommensgrenze von 17 900/20 000 Euro überschreitet. **Die für einen Lebenspartner bereits vor Inkrafttreten des Amtshilferichtlinie-Umsetzungsgesetzes vom 26. Juni 2013 (BGBl. I S. 1809) festgesetzte Arbeitnehmer-Sparzulage vergangener Jahre bleibt auch dann unangetastet, wenn eine rückwirkend durchgeführte Zusammenveranlagung mit einem Lebenspartner für das betreffende Sparjahr zusammen genommen zur Überschreitung der Einkommensgrenze führt.** Bei der Ermittlung des zu versteuernden Einkommens sind auch in den Fällen, in denen es aufgrund der Vorschriften zum Familienleistungsausgleich (§ 31 EStG) beim auszuzahlenden Kindergeld verbleibt, stets die in Betracht kommenden Freibeträge für Kinder (§ 32 EStG) abzuziehen (§ 2 Absatz 5 Satz 2 EStG); dabei sind stets die Freibeträge für das gesamte Sparjahr zugrunde zu legen.

(6) Die Einkommensgrenzen des § 13 Absatz 1 des 5. VermBG gelten nicht für beschränkt einkommensteuerpflichtige Arbeitnehmer, die nicht zur Einkommensteuer veranlagt werden, da bei diesem Personenkreis ein zu versteuerndes Einkommen im Sinne des § 2 Absatz 5 EStG nicht festgestellt wird; diesen Arbeitnehmern steht deshalb die Arbeitnehmer-Sparzulage ohne Rücksicht auf die Höhe ihres Einkommens zu.

(7) Anträge auf Festsetzung einer Arbeitnehmer-Sparzulage können bis zum Ablauf der – grundsätzlich vierjährigen – Festsetzungsfrist nach § 169 AO wirksam gestellt werden.

(8) Ein Bescheid über die Ablehnung der Festsetzung einer Arbeitnehmer-Sparzulage wegen Überschreitens der Einkommensgrenze ist aufzuheben, wenn der Einkommensteuerbescheid nach Ergehen des Ablehnungsbescheids zur Arbeitnehmer-Sparzulage geändert und dadurch erstmals festgestellt wird, dass die Einkommensgrenze unterschritten ist (§ 14 Absatz 5 Satz 1 des 5. VermBG). Die Arbeitnehmer-Sparzulage wird dann vom Finanzamt nachträglich festgesetzt. Die Frist für die Festsetzung der Arbeitnehmer-Sparzulage endet in diesem Fall nicht vor Ablauf eines Jahres nach Bekanntgabe des geänderten Steuerbescheids (§ 14 Absatz 5 Satz 2 des 5. VermBG).

Die Nachholung der Festsetzung der Arbeitnehmer-Sparzulage wird von Amts wegen (grundsätzlich verbunden mit der Änderung der Einkommensteuerfestsetzung) vorgenommen. Ein erneuter Antrag des Arbeitnehmers auf Festsetzung der Arbeitnehmer-Sparzulage ist daher nicht erforderlich.

Beispiel:

Der Arbeitgeber überweist für den ledigen Arbeitnehmer in 2014 vermögenswirksame Leistungen in Höhe von 400 Euro auf einen VL-Investmentsparplan. Der Arbeitnehmer stellt in 2015 mit seiner Einkommensteuererklärung einen Antrag auf Festsetzung der Arbeitnehmer-Sparzulage und fügt die entsprechende Anlage VL bei. Das vom Finanzamt in 2015 für den Veranlagungszeitraum 2014 berechnete zu versteuernde Einkommen beträgt 20 500 Euro. Das Finanzamt lehnt die Festsetzung der beantragten Arbeitnehmer-Sparzulage ab, da das zu versteuernde Einkommen die maßgebliche Einkommensgrenze von 20 000 Euro überschreitet.

Nach einem Einspruch gegen die Festsetzung der Einkommensteuer und einem anschließenden Verfahren vor dem Finanzgericht berücksichtigt das Finanzamt Ende Februar 2019 für den Veranlagungszeitraum 2014 in einem Abhilfebescheid weitere Werbungskosten. Das zu versteuernde Einkommen des Veranlagungszeitraums 2014 mindert sich auf 19 700 Euro.

Nunmehr erfolgt ohne weiteres Zutun des Arbeitnehmers durch das Finanzamt in 2019 eine erstmalige Festsetzung der Arbeitnehmer-Sparzulage für 2014 in Höhe von 80 Euro (400 Euro x 20 %), denn die maßgebliche Einkommensgrenze von 20 000 Euro wird nicht mehr überschritten. Diese Festsetzung ist bis Ende Februar 2020 möglich, da der Ablauf der Festsetzungsfrist für die Arbeitnehmer-Sparzulage 2014 bis dahin gehemmt ist.

Ist der geänderten Einkommensteuerfestsetzung kein Bescheid über die Ablehnung der Festsetzung einer Arbeitnehmer-Sparzulage vorangegangen, weil der Arbeitnehmer wegen der Überschreitung der Einkommensgrenze keine Arbeitnehmer-Sparzulage beantragt hat, kann bis zum Ablauf der entsprechend verlängerten Festsetzungsfrist nachträglich die Arbeitnehmer-Sparzulage beantragt und festgesetzt werden; eine Nachholung der Festsetzung der Arbeitnehmer-Sparzulage von Amts wegen ist in diesen Fällen nicht möglich. Stand jedoch schon vor Ergehen des geänderten Einkommensteuerbescheids fest, dass die Einkommensgrenzen nicht überschritten wurden, verlängert sich die Festsetzungsfrist nicht; in diesen Fällen kann nur innerhalb der regulären Festsetzungsfrist von vier Jahren ein Antrag auf Festsetzung der Arbeitnehmer-Sparzulage gestellt werden.

(9) In Fällen, in denen für vermögenswirksame Leistungen ein Anspruch auf Arbeitnehmer-Sparzulage besteht, aber der Arbeitnehmer dennoch eine Wohnungsbauprämie beantragt hat, endet die Frist für die Festsetzung der Arbeitnehmer-Sparzulage nicht vor Ablauf eines Jahres nach Bekanntgabe der Mitteilung über die Änderung des Prämienanspruchs (§ 14 Absatz 6 des 5. VermBG).

(10) Die Arbeitnehmer-Sparzulage ist für jeden Anlagevertrag auf volle Euro aufzurunden. Das Finanzamt soll die Entscheidung über die Arbeitnehmer-Sparzulage mit dem Einkommensteuerbescheid verbinden.

16. Höhe der Arbeitnehmer-Sparzulage (§ 13 Absatz 2 des 5. VermBG)

(1) Die Arbeitnehmer-Sparzulage beträgt 20 % für vermögenswirksame Leistungen von höchstens 400 Euro, die in Vermögensbeteiligungen (Abschnitt 4) angelegt werden, d.h. auf

1. Sparverträge über Wertpapiere oder andere Vermögensbeteiligungen (§ 4 des 5. VermBG; Abschnitt 5),
2. Wertpapier-Kaufverträge (§ 5 des 5. VermBG; Abschnitt 6),
3. Beteiligungs-Verträge (§ 6 des 5. VermBG; Abschnitt 7) und
4. Beteiligungs-Kaufverträge (§ 7 des 5. VermBG; Abschnitt 7).

(2) Die Arbeitnehmer-Sparzulage beträgt 9 % für vermögenswirksame Leistungen von höchstens 470 Euro, die angelegt werden

1. nach dem Wohnungsbau-Prämiengesetz (§ 2 Absatz 1 Nummer 4 des 5. VermBG; Abschnitt 9) und
2. für den Bau, den Erwerb, den Ausbau, die Erweiterung oder die Entschuldung eines Wohngebäudes usw. (§ 2 Absatz 1 Nummer 5 des 5. VermBG; Abschnitt 10).

Anhang 6   Anwendung des Fünften Vermögensbildungsgesetzes

(3) Die beiden Zulagen (Absatz 1 und 2) können nebeneinander in Anspruch genommen werden. Insgesamt werden also vermögenswirksame Leistungen bis 870 Euro jährlich mit der Arbeitnehmer-Sparzulage begünstigt. Die Förderung gilt im Übrigen auch für Verträge, die vor 1999 abgeschlossen worden sind.

(4) Die höchstmögliche Arbeitnehmer-Sparzulage kann nur erhalten, wer sowohl in Vermögensbeteiligungen als auch in Bausparen bzw. in Anlagen für den Wohnungsbau anlegt. Dies bedingt zwei Anlageverträge. Da nur Zahlungen durch den Arbeitgeber mit Zulage begünstigt sind (Abschnitt 2), muss dieser zwei Verträge bedienen.

17. Auszahlung der Arbeitnehmer-Sparzulage
(§ 14 Absatz 4 und 7 des 5. VermBG, § 7 VermBDV 1994 in der Fassung des Steuerbürokratieabbaugesetzes vom 20. Dezember 2008, BGBl. I S. 2850)

(1) Die festgesetzten Arbeitnehmer-Sparzulagen werden regelmäßig erst mit Ablauf der für die vermögenswirksamen Leistungen geltenden Sperrfrist an das Kreditinstitut, die **Kapitalverwaltungsgesellschaft**, die Bausparkasse, das Unternehmen oder den Arbeitgeber überwiesen, mit denen der Anlagevertrag abgeschlossen worden ist (§ 7 Absatz 2 VermBDV 1994). Die **ZPS ZANS** erstellt über jeden auszuzahlenden (= je Kalenderjahr festgesetzten) Betrag einen Datensatz, **der der** zuständigen Landesfinanzbehörde zugeleitet **wird**, die die Auszahlung veranlasst. **Der Verwendungszweck der Überweisung an das Anlageinstitut enthält für die Zuordnung zum begünstigten Vertrag den Institutsschlüssel des Anlageinstituts und die Vertragsnummer des begünstigten Vertrages.**

(2) Die Anlageinstitute haben die überwiesenen Arbeitnehmer-Sparzulagen an die Arbeitnehmer auszuzahlen. Im Innenverhältnis zwischen Anlageinstitut und Arbeitnehmer kann vereinbart werden, dass die an das Anlageinstitut überwiesenen Arbeitnehmer-Sparzulagen in einer der in § 2 Absatz 1 des 5. VermBG genannten Anlageformen angelegt werden. Ist dem Anlageinstitut in Einzelfällen die Auszahlung der Arbeitnehmer-Sparzulage an den Arbeitnehmer nicht möglich, z.B. weil der Wohnort nicht ermittelt werden konnte, hat das Anlageinstitut diese Arbeitnehmer-Sparzulage der Finanzbehörde zu überweisen, von der sie die Arbeitnehmer-Sparzulage erhalten hat; dabei sind die im **Verwendungszweck des Auszahlungsdatensatzes** für den **Begünstigten** enthaltenen Angaben vollständig mitzuteilen.

(3) Die festgesetzten Arbeitnehmer-Sparzulagen werden in folgenden Fällen vom Finanzamt unmittelbar an den Arbeitnehmer ausgezahlt (§ 7 Absatz 1 VermBDV 1994 **in der Fassung des Steuerbürokratieabbaugesetzes vom 20. Dezember 2008, BGBl. I S. 2850**):

1. bei Anlagen zum Wohnungsbau (Abschnitt 10) und bei Anlagen für den ersten Erwerb von Anteilen an Bau- und Wohnungsgenossenschaften gemäß § 2 Absatz 1 Nummer 4 des 5. VermBG (Abschnitt 9 Absatz 3),
2. wenn die für die vermögenswirksamen Leistungen geltende Sperrfrist im Zeitpunkt der Bekanntgabe des Bescheids über die Festsetzung der Arbeitnehmer-Sparzulage abgelaufen ist,
3. wenn über die angelegten vermögenswirksamen Leistungen unschädlich vorzeitig verfügt oder der Bausparvertrag zugeteilt worden ist (Abschnitt 14 **Absatz 4** Nummer 4).

(4) Wenn Arbeitnehmer-Sparzulagen für vermögenswirksame Leistungen, über die unschädlich vorzeitig verfügt worden sind, bei der **ZPS ZANS** aufgezeichnet sind, wird die Arbeitnehmer-Sparzulage an die Anlageinstitute ausgezahlt (Absatz 1). Abweichend davon ist die Arbeitnehmer-Sparzulage für vermögenswirksame Leistungen, die auf Anlageverträge nach §§ 5 bis 7 des 5. VermBG angelegt worden sind, vom Finanzamt unmittelbar an den Arbeitnehmer auszuzahlen.

(5) Ist über angelegte vermögenswirksame Leistungen unschädlich vorzeitig verfügt worden, so endet für diesen Anlagevertrag die Sperrfrist im Zeitpunkt dieser Verfügung (Abschnitt 14 Absatz 3 Nummer 4). Deshalb sind Arbeitnehmer-Sparzulagen für vermögenswirksame Leistungen, die weiter auf diesen Anlagevertrag angelegt werden, vom Finanzamt unmittelbar an den Arbeitnehmer auszuzahlen.

(6) Ergeben sich Nachfragen hinsichtlich der Auszahlung der Arbeitnehmer-Sparzulage, sind diese nicht an die **ZPS ZANS**, sondern an die zuständigen Stellen in den Ländern zu richten. Arbeitnehmer können die zuständige Stelle bei ihrem Wohnsitzfinanzamt erfragen.

18. Wegfall der Zulagebegünstigung
(§ 13 Absatz 5 Satz 1 des 5. VermBG)

(1) Die Zulagebegünstigung für vermögenswirksame Leistungen entfällt vorbehaltlich des Absatzes 2 und des Abschnitts 19 rückwirkend,

1. soweit bei Anlagen aufgrund von Sparverträgen über Wertpapiere oder andere Vermögensbeteiligungen (Abschnitt 5) vor Ablauf der siebenjährigen Sperrfrist zulagebegünstigte vermögenswirksame Leistungen zurückgezahlt werden, die Festlegung unterblieben ist oder aufgehoben wird oder über die Vermögensbeteiligungen verfügt wird. Die Zulagebegünstigung entfällt auch für Spitzenbeträge, wenn diese 150 Euro übersteigen (§ 4 Absatz 3 des 5. VermBG). Die Förderung entfällt ebenfalls für Beträge, die beim zulageunschädlichen Austausch von Wertpapieren übrig bleiben, wenn die 150-Euro-Grenze überschritten wird (Abschnitt 5 Absatz 8),

2. wenn bei Anlagen aufgrund von Wertpapier-Kaufverträgen (Abschnitt 6) die Wertpapiere, mit deren Kaufpreis die vermögenswirksamen Leistungen eines Kalenderjahrs verrechnet worden sind, nicht spätestens bis zum Ablauf des folgenden Kalenderjahrs erworben werden oder wenn die Festlegung unterblieben ist oder soweit vor Ablauf der sechsjährigen Sperrfrist die Festlegung aufgehoben wird oder über die Wertpapiere verfügt wird,

3. wenn bei Anlagen aufgrund von Beteiligungs-Verträgen oder Beteiligungs-Kaufverträgen (Abschnitt 7) der Arbeitnehmer die nicht verbrieften Vermögensbeteiligungen, für deren Begründung oder Erwerb die vermögenswirksamen Leistungen eines Kalenderjahrs verrechnet oder überwiesen worden sind, nicht spätestens bis zum Ablauf des folgenden Kalenderjahrs erhält oder soweit vor Ablauf der sechsjährigen Sperrfrist über die Rechte verfügt wird. Handelt es sich um Aufwendungen für den ersten Erwerb von Anteilen an Bau- und Wohnungsgenossenschaften, so verringert sich bei Verletzung der Sperrfrist die Zulagebegünstigung von 20 % auf 9 % entsprechend § 2 Absatz 1 Nummer 4 i.V.m. § 13 Absatz 2 des 5. VermBG und Abschnitt 16 Absatz 2 Nummer 1 (vgl. Abschnitt 22 Absatz 1 Nummer 1),

4. soweit bei Anlagen nach dem WoPG (Abschnitt 9)

   a) Bausparkassenbeiträge vor Ablauf von sieben Jahren seit Vertragsabschluss zurückgezahlt, die Bausparsumme ausgezahlt oder Ansprüche aus dem Bausparvertrag abgetreten oder beliehen werden; dies gilt unabhängig von den Regelungen im WoPG für vor dem 1. Januar 2009 und nach dem 31. Dezember 2008 abgeschlossene Bausparverträge,

   b) Beiträge aufgrund von Wohnbau-Sparverträgen vor Ablauf der jeweiligen Festlegungsfrist zurückgezahlt (§ 9 WoPDV) oder nach Ablauf der jeweiligen Festlegungsfrist nicht zweckentsprechend verwendet werden (§ 10 WoPDV),

   c) Beiträge aufgrund von Baufinanzierungsverträgen zurückgezahlt (§ 15 Absatz 4 WoPDV) oder nicht fristgerecht zweckentsprechend verwendet werden (§ 16 WoPDV).

Im Übrigen liegt in der Kündigung eines Vertrags noch keine sparzulageschädliche Verfügung, sondern erst in der Rückzahlung von Beträgen; deshalb bleibt eine Rücknahme der Kündigung vor Rückzahlung von Beträgen ohne Auswirkung auf festgesetzte Arbeitnehmer-Sparzulage (vgl. BFH-Urteil vom 13. Dezember 1989, BStBl. 1990 II S. 220). Im Gegensatz dazu stellt eine Abtretung auch dann eine sparzulageschädliche Verfügung dar, wenn sie später zurückgenommen wird.

(2) Abweichend von Absatz 1 bleibt die Zulagebegünstigung für vermögenswirksame Leistungen bei Verletzung der Sperrfrist in den Fällen des § 13 Absatz 5 **Satz 3** des 5. VermBG erhalten. Nach § 13 Absatz 5 **Satz 3** Nummer 1 des 5. VermBG ist nicht Voraussetzung, dass ggf. die neuen Wertpapiere oder die erhaltenen Beträge für den Rest der Sperrfrist festgelegt werden. Wertlosigkeit im Sinne des § 13 Absatz 5 **Satz 3** Nummer 2 des 5. VermBG ist anzuneh-

Anwendung des Fünften Vermögensbildungsgesetzes

men, wenn der Arbeitnehmer höchstens 33 % der angelegten vermögenswirksamen Leistungen zurückerhält. Übersteigen die zurückgezahlten Beträge die 33%-Grenze, so bleibt die Zulagebegünstigung der vermögenswirksamen Leistungen nur dann erhalten, wenn der Arbeitnehmer die erhaltenen Beträge oder damit erworbene andere Vermögensbeteiligungen im Sinne des § 2 Absatz 1 Nummer 1 des 5. VermBG bei einem Kreditinstitut oder bei einer **Kapitalverwaltungsgesellschaft** für den Rest der Sperrfrist festlegt.

(3) Sind mit vermögenswirksamen Leistungen, die aufgrund von Sparverträgen über Wertpapiere oder andere Vermögensbeteiligungen angelegt worden sind, **Anteile an neu aufgelegten OGAW-Sondervermögen sowie an als Sondervermögen aufgelegten offenen Publikums-AIF nach den §§ 218 und 219 des Kapitalanlagegesetzbuchs sowie Anteile an offenen EU-Investmentvermögen und offenen ausländischen AIF, die nach dem Kapitalanlagegesetzbuch vertrieben werden dürfen (§ 2 Absatz 1 Nummer 1 Buchstabe c des 5. VermBG)**, erworben worden (Abschnitt 4 Absatz 5) und ergibt sich aus dem ersten Jahres- oder Halbjahresbericht, dass die angenommenen Verhältnisse nicht vorgelegen haben, so entfällt für die vermögenswirksamen Leistungen die Zulagebegünstigung.

19. Zulageunschädliche Verfügungen (§ 4 Absatz 4 des 5. VermBG)

(1) Bei Anlagen zulagebegünstigter vermögenswirksamer Leistungen aufgrund von

– Sparverträgen über Wertpapiere oder andere Vermögensbeteiligungen (Abschnitt 5),

– Wertpapier-Kaufverträgen (Abschnitt 6),

– Beteiligungs-Verträgen oder Beteiligungs-Kaufverträgen (Abschnitt 7)

ist Arbeitnehmer-Sparzulage trotz Verletzung der Sperrfristen oder der in Abschnitt 5 Absatz 6, Abschnitt 18 Absatz 1 Nummer 2 und 3 bezeichneten Fristen in den Fällen des § 4 Absatz 4 des 5. VermBG nicht zurückzufordern. Dabei gilt Folgendes:

1. Völlige Erwerbsunfähigkeit im Sinne des § 4 Absatz 4 Nummer 1 des 5. VermBG liegt vor bei einem Grad der Behinderung von mindestens 95.

2. Arbeitslos im Sinne des § 4 Absatz 4 Nummer 3 des 5. VermBG sind Personen, die Arbeitslosengeld (**§ 136** Drittes Buch Sozialgesetzbuch – SGB III), Arbeitslosengeld II (§ 19 SGB II) oder Arbeitslosenbeihilfe für ehemalige Soldaten auf Zeit (§ 86a Soldatenversorgungsgesetz) beziehen oder ohne Bezug dieser Leistungen arbeitslos gemeldet sind. Als arbeitslos anzusehen sind auch

   a) Personen, die als Arbeitslose im Sinne des Satzes 1 erkranken oder eine Kur antreten, für die Dauer der Erkrankung oder der Kur,

   b) Frauen, die zu Beginn der Schutzfristen nach § 3 Absatz 2, § 6 Absatz 1 des Mutterschutzgesetzes arbeitslos im Sinne des Satzes 1 waren oder als arbeitslos im Sinne des Buchstaben a anzusehen waren, für die Dauer dieser Schutzfristen und der folgenden Monate, für die bei Bestehen eines Arbeitsverhältnisses Elternzeit nach dem Bundeselterngeld- und Elternzeitgesetz hätte beansprucht werden können,

   c) Personen, die an einer nach **§§ 81 bis 87** SGB III geförderten beruflichen Weiterbildung oder die an einer z.B. nach **§§ 112 bis 129** SGB III geförderten beruflichen Weiterbildung im Rahmen der Förderung der Teilhabe behinderter Menschen am Arbeitsleben teilnehmen, wenn sie ohne die Teilnahme an der Maßnahme arbeitslos wären.

   d) **Personen, die nach Auslaufen der Zahlung von Krankengeld durch die Krankenkasse wegen Zeitablaufs (sog. Aussteuerung) Arbeitslosengeld beziehen. Die Jahresfrist in § 4 Absatz 4 Nummer 3 des 5. VermBG für die andauernde Arbeitslosigkeit beginnt jedoch erst, wenn die Zahlung von Krankengeld vor Bezug von Arbeitslosengeld ausgelaufen ist, d.h. die Zeit des Krankengeldbezugs zählt nicht mit.**

Sind die vermögenswirksamen Leistungen aufgrund eines Vertrags, dessen Inhaber oder Mitinhaber ein Kind, die Eltern oder ein Elternteil des Arbeitnehmers ist (§ 3 Absatz 1 Nummer 2 und 3 des 5. VermBG), oder auf Gemeinschaftskonten/-depots (**Abschnitt 11** Absatz 4) angelegt worden, so muss die zulageunschädliche Verfügungsmöglichkeit in der Person des Arbeitnehmers gegeben sein; die zulageunschädliche Verfügungsmöglichkeit ist ohne zeitliche Befristung auf die Leistung des Arbeitnehmers beschränkt. Ist der Ehegatte **oder Lebenspartner** des Arbeitnehmers Inhaber oder Mitinhaber des Anlagevertrags (§ 3 Absatz 1 Nummer 1 des 5. VermBG), wirkt die zulageunschädliche Verfügung für beide Ehegatten **oder Lebenspartner**.

(2) Werden bei Anlagen nach dem WoPG (Abschnitt 9) Sperrfristen verletzt, so ist in den Fällen des § 4 Absatz 4 Nummer 1 und 3 des 5. VermBG (vgl. Absatz 1 Nummer 1 und 2) Arbeitnehmer-Sparzulage nicht zurückzufordern; dies gilt in den Fällen des § 4 Absatz 4 Nummer 4 des 5. VermBG entsprechend, wenn der Arbeitnehmer über nach dem WoPG angelegte vermögenswirksame Leistungen in Höhe von mindestens 30 Euro verfügt. Außerdem ist bei der Anlage vermögenswirksamer Leistungen aufgrund von Bausparverträgen Arbeitnehmer-Sparzulage nicht zurückzufordern,

1. wenn bei vorzeitiger Auszahlung der Bausparsumme oder bei vorzeitiger Beleihung von Ansprüchen aus dem Bausparvertrag der Arbeitnehmer die empfangenen Beträge unverzüglich und unmittelbar zu wohnwirtschaftlichen Zwecken (vgl. Abschnitt 10) verwendet oder

2. wenn bei vorzeitiger Abtretung der Erwerber die Bausparsumme oder die aufgrund einer Beleihung empfangenen Beträge unverzüglich und unmittelbar zu wohnwirtschaftlichen Zwecken für den Arbeitnehmer oder dessen Angehörige (§ 15 AO) verwendet,

3. wenn ein Bausparvertrag vor Ablauf der Festlegungsfrist gekündigt oder aufgelöst wird, der nach Verrechnung geleisteter Bausparbeiträge mit der Abschlussgebühr kein Guthaben ausweist; bei Bausparverträgen, die ein Guthaben ausweisen, entfällt die Zulagebegünstigung nur für die tatsächlich zurückgezahlten Bausparbeiträge.

Außerdem ist zulageunschädlich, wenn bei Anlagen aufgrund von Wohnbau-Sparverträgen und Baufinanzierungsverträgen die Vertragsinhalte und die Vertragspartner des Arbeitnehmers gegeneinander ausgetauscht werden (§§ 12, 18 WoPDV). Im Übrigen muss die zulageunschädliche Verfügungsmöglichkeit stets in der Person des Vertragsinhabers gegeben sein; sind Angehörige des Arbeitnehmers Inhaber oder Mitinhaber des Vertrags, gilt Absatz 1 Satz 3 und 4 entsprechend.

20. Nachweis einer zulageunschädlichen Verfügung (§ 4 Absatz 4 des 5. VermBG, § 8 VermBDV 1994)

Die zulageunschädliche Verfügung (Abschnitt 19) ist dem Kreditinstitut, der **Kapitalverwaltungsgesellschaft** oder dem Versicherungsunternehmen (§ 8 Absatz 2 VermBDV 1994) oder dem Finanzamt (nur bei einer Anlage im Sinne des § 8 Absatz 1 Nummer 4 bis 6 VermBDV 1994) vom Arbeitnehmer (im Todesfall von seinen Erben) wie folgt nachzuweisen:

1. Im Fall der **Eheschließung durch Vorlage der Eheurkunde**,

2. **im Fall der Begründung einer Lebenspartnerschaft durch Vorlage der Lebenspartnerschaftsurkunde,**

3. im Fall des Todes durch Vorlage der Sterbeurkunde oder des Erbscheins,

4. im Fall der völligen Erwerbsunfähigkeit (d.h. eines Grades der Behinderung von mindestens 95) durch Vorlage eines Ausweises nach § 69 Absatz 5 SGB IX oder eines Feststellungsbescheids nach § 69 Absatz 1 SGB IX oder eines vergleichbaren Bescheids nach § 69 Absatz 2 SGB IX; die Vorlage des Rentenbescheids eines Trägers der gesetzlichen Rentenversicherung der Angestellten und Arbeiter genügt nicht (vgl. BFH-Urteil vom 25. April 1968, BStBl. II S. 606),

5. im Fall der Arbeitslosigkeit des Arbeitnehmers durch Vorlage von Unterlagen über folgende Zahlungen:

   a) Arbeitslosengeld (**§ 136** SGB III) oder

   b) Arbeitslosengeld II (§ 19 SGB II) oder

   c) Arbeitslosenbeihilfe für ehemalige Soldaten auf Zeit im Sinne des Soldatenversorgungsgesetzes oder

d) Krankengeld, Verletztengeld oder Übergangsgeld nach § 47b SGB V, § 47 SGB VII, Versorgungskrankengeld und Übergangsgeld nach §§ 16, 26 Bundesversorgungsgesetz oder nach dem Sozialgesetzbuch oder

e) Elterngeld oder

f) **Übergangsgeld z.B. nach § 119 SGB III im Falle der Weiterbildung** im Rahmen der beruflichen Rehabilitation.

Werden solche Zahlungen nicht geleistet, so sind

- Zeiten der Arbeitslosigkeit durch eine entsprechende Bescheinigung der zuständigen Dienststelle der Bundesagentur für Arbeit (in der Regel: Agentur für Arbeit) nachzuweisen,
- Zeiten der Erkrankung oder der Kur, die als Zeiten der Arbeitslosigkeit anzusehen sind, durch eine Bescheinigung des Kostenträgers oder der Anstalt, in der die Unterbringung erfolgt, oder durch eine ärztliche Bescheinigung nachzuweisen,
- die Zeit der Schutzfristen, die als Zeit der Arbeitslosigkeit anzusehen ist, durch das Zeugnis eines Arztes oder einer Hebamme nachzuweisen und die als Zeit der Arbeitslosigkeit anzusehende Zeit, für die bei Bestehen eines Arbeitsverhältnisses Elternzeit hätte beansprucht werden können, glaubhaft zu machen,

6. im Fall der Aufnahme einer selbständigen Erwerbstätigkeit durch Vorlage von Unterlagen über die Auflösung des Arbeitsverhältnisses und die Mitteilung an die Gemeinde nach § 138 Absatz 1 AO,

7. im Fall der Weiterbildung durch Vorlage einer von einer Beratungsstelle im Sinne der **Richtlinie** zur Förderung von Prämiengutscheinen und Beratungsleistungen im Rahmen **des Bundesprogramms „Bildungsprämie" (BAnz AT 22.5.2014 B2)** ausgestellten und von einem Weiterbildungsanbieter ergänzten Bescheinigung (Informationen unter www.bildungspraemie.info).

21. Anzeigepflichten
(§ 8 VermBDV 1994)

(1) Wird über vermögenswirksame Leistungen vorzeitig verfügt, ist dies der **ZPS ZANS** anzuzeigen. Für die Anzeige ist der amtlich vorgeschriebene Datensatz zu verwenden. Für eine geringe Anzahl von Mitteilungen ist die Datenübermittlung auf amtlich vorgeschriebenem Vordruck möglich. Die Bekanntgabe der Vordruckmuster und der Datensatzbeschreibung erfolgte letztmals am 16. August 2011 im Bundessteuerblatt Teil I S. 801. Die Anzeigen von Kreditinstituten, **Kapitalverwaltungsgesellschaften**, Bausparkassen und Versicherungsunternehmen sind als unschädliche oder schädliche Verfügungen zu kennzeichnen (§ 8 Absatz 1 bis 3 VermBDV 1994).

(2) Sind auf den Anlagevertrag auch andere Beträge gutgeschrieben, die keine vermögenswirksamen Leistungen sind (z.B. Zinsen, eigene Einzahlungen des Arbeitnehmers), so ist in der Anzeige über eine teilweise schädliche vorzeitige Verfügung als vermögenswirksame Leistung nur der Betrag anzugeben, der die anderen Beträge übersteigt (§ 6 Absatz 3 Nummer 1 und Absatz 4 Nummer 1 VermBDV 1994).

22. Änderung der Festsetzung, Rückforderung von Arbeitnehmer-Sparzulagen (§ 13 Absatz 5 des 5. VermBG, § 6 Absatz 2 und 3, § 8 Absatz 4, § 9 VermBDV 1994)

(1) Der Bescheid über die Festsetzung der Arbeitnehmer-Sparzulage ist zu ändern, wenn

1. bei Anlage vermögenswirksamer Leistungen auf Verträge nach §§ 5 bis 7 des 5. VermBG angezeigt worden ist, dass Sperr-, Verwendungs- oder Vorlagefristen verletzt worden sind (§ 8 Absatz 1 Nummer 4 bis 6 VermBDV 1994) oder sich die Förderung in den Fällen des Abschnitt 18 Absatz 1 Nummer 3 Satz 2 verringert,

2. bei Anlage vermögenswirksamer Leistungen nach § 2 Absatz 1 Nummer 1 und 4 des 5. VermBG eine teilweise schädliche Verfügung angezeigt worden ist (§ 8 Absatz 1 Nummer 1 bis 3 und Absatz 2 VermBDV 1994) und das Finanzamt die Verfügung über vermögenswirksame Leistungen festgestellt hat, für die Arbeitnehmer-Sparzulagen festgesetzt worden sind (§ 6 Absatz 3 und 4 VermBDV 1994),

3. die Einkommensgrenze des § 13 Absatz 1 des 5. VermBG durch nachträgliche Änderung des zu versteuernden Einkommens über- oder unterschritten wird,

4. das Finanzamt davon Kenntnis erhält, z.B. durch eine Außenprüfung, dass eine vermögenswirksame Anlage nicht vorlag.

Bei einer teilweise schädlichen Verfügung (Nr. 2) und einer Förderung **mit einem** ab 2009 angehobenen Fördersatz ist davon auszugehen, dass über die geringer geförderten vermögenswirksamen Leistungen vorrangig schädlich verfügt wurde.

Beispiel:

Ein Arbeitnehmer hat am 1. April **2008** mit einer **Kapitalverwaltungsgesellschaft** einen Anlagevertrag nach § 4 des 5. VermBG abgeschlossen, auf den in den Kalenderjahren **2008** bis **2013** jeweils 400 Euro (insgesamt 2 400 Euro) vermögenswirksame Leistungen angelegt worden sind. Zusätzlich wurden Anteile aus Ausschüttungen im Wert von 100 Euro gutgeschrieben. Im Kalenderjahr **2014** verkauft der Arbeitnehmer Wertpapiere, für die er vermögenswirksame Leistungen in Höhe von durchschnittlich 2 200 Euro aufgewendet hat.

Die **Kapitalverwaltungsgesellschaft** zeigt an, dass über vermögenswirksame Leistungen in Höhe von 2 100 Euro (2 200 Euro vermögenswirksame Leistungen abzüglich 100 Euro aus Ausschüttungen, vgl. Abschnitt 21 Absatz 2) schädlich verfügt worden ist. Das Finanzamt stellt fest, dass für die vermögenswirksamen Leistungen des Kalenderjahrs **2012** keine Arbeitnehmer-Sparzulage festgesetzt worden ist, weil die Einkommensgrenze überschritten war. Nach Abzug dieser vermögenswirksamen Leistungen verbleibt ein Betrag von 1 700 Euro (2 100 Euro abzüglich 400 Euro), für den zu Unrecht eine Arbeitnehmer-Sparzulage gewährt worden ist. Die Festsetzung der Arbeitnehmer-Sparzulage ist deshalb um **332 Euro** (**400 Euro** [Jahr **2008**] × 18 % zzgl. **1 200 Euro [Jahre 2009 bis 2011] x 20 %** zzgl. 100 Euro **[Jahr 2013]** × 20%) zu mindern.

(2) Das Finanzamt hat zu Unrecht bereits ausgezahlte Arbeitnehmer-Sparzulagen vom Arbeitnehmer zurückzufordern. Das gilt auch für Arbeitnehmer-Sparzulagen, die das Finanzamt wegen Ablaufs der Sperrfrist an den Arbeitnehmer ausgezahlt hat und dem Finanzamt erst nachträglich eine schädliche Verfügung über die vermögenswirksamen Leistungen bekannt wird.

23. Außenprüfung
(§ 15 Absatz 5 des 5. VermBG)

Nach § 15 Absatz 5 des 5. VermBG ist eine Außenprüfung bei dem Unternehmen oder Institut zulässig, bei dem die vermögenswirksamen Leistungen angelegt sind. Die Außenprüfung kann sich auf die Einhaltung sämtlicher Pflichten erstrecken, die sich aus dem 5. VermBG und der VermBDV 1994 ergeben, z.B. die Erfüllung von Anzeigepflichten.

24. Anwendungsregelungen

Dieses BMF-Schreiben ersetzt das BMF-Schreiben vom 9. August 2004 (BStBl. I S. 717) unter Berücksichtigung der Änderungen durch die BMF-Schreiben vom 16. März 2009 (BStBl. I S. 501), vom 4. Februar 2010 (BStBl. I S. 195) und vom 2. Dezember 2011 (BStBl. I S. 1252). Die genannten BMF-Schreiben werden hiermit aufgehoben.

Bundesumzugskostengesetz

Anhang 7
Gesetz über die Umzugskostenvergütung für die Bundesbeamten, Richter im Bundesdienst und Soldaten (Bundesumzugskostengesetz – BUKG)

i.d.F. der Bek. vom 11.12.1990 (BGBl. I S. 2682), zuletzt geändert durch Art. 15 Abs. 42 G vom 5.2.2009 (BGBl. I S. 160)

§ 1
Anwendungsbereich

(1) ¹Dieses Gesetz regelt Art und Umfang der Erstattung von Auslagen aus Anlass der in den §§ 3 und 4 bezeichneten Umzüge und der in § 12 genannten Maßnahmen. ²Berechtigte sind:

1. Bundesbeamte und in den Bundesdienst abgeordnete Beamte,
2. Richter im Bundesdienst und in den Bundesdienst abgeordnete Richter,
3. Berufssoldaten und Soldaten auf Zeit,
4. Beamte und Richter (Nummern 1 und 2) und Berufssoldaten im Ruhestand,
5. frühere Beamte und Richter (Nummern 1 und 2) und Berufssoldaten, die wegen Dienstunfähigkeit oder Erreichens der Altersgrenze entlassen worden sind,
6. Hinterbliebene der in den Nummern 1 bis 5 bezeichneten Personen.

(2) Hinterbliebene sind der Ehegatte, Lebenspartner, Verwandte bis zum vierten Grade, Verschwägerte bis zum zweiten Grade, Pflegekinder und Pflegeeltern, wenn diese Personen zur Zeit des Todes zur häuslichen Gemeinschaft des Verstorbenen gehört haben.

(3) Eine häusliche Gemeinschaft im Sinne dieses Gesetzes setzt ein Zusammenleben in gemeinsamer Wohnung oder in enger Betreuungsgemeinschaft in demselben Hause voraus.

§ 2
Anspruch auf Umzugskostenvergütung

(1) ¹Voraussetzung für den Anspruch auf Umzugskostenvergütung ist die schriftliche oder elektronische Zusage. ²Sie soll gleichzeitig mit der den Umzug veranlassenden Maßnahme erteilt werden. ³In den Fällen des § 4 Abs. 3 muss die Umzugskostenvergütung vor dem Umzug zugesagt werden.

(2) ¹Die Umzugskostenvergütung wird nach Beendigung des Umzuges gewährt. ²Sie ist innerhalb einer Ausschlussfrist von einem Jahr bei der Beschäftigungsbehörde, in den Fällen des § 4 Abs. 3 bei der letzten Beschäftigungsbehörde, schriftlich oder elektronisch zu beantragen. ³Die Frist beginnt mit dem Tage nach Beendigung des Umzuges, in den Fällen des § 11 Abs. 3 Satz 1 mit der Bekanntgabe des Widerrufs.

(3) ¹Umzugskostenvergütung wird nicht gewährt, wenn nicht innerhalb von fünf Jahren nach Wirksamwerden der Zusage der Umzugskostenvergütung umgezogen wird. ²Die oberste Dienstbehörde kann diese Frist in besonders begründeten Ausnahmefällen um längstens zwei Jahre verlängern. ³§ 4 Abs. 3 Satz 2 bleibt unberührt.

§ 3
Zusage der Umzugskostenvergütung

(1) Die Umzugskostenvergütung ist zuzusagen für Umzüge

1. aus Anlass der Versetzung aus dienstlichen Gründen an einen anderen Ort als den bisherigen Dienstort, es sei denn, dass
   a) mit einer baldigen weiteren Versetzung an einen anderen Dienstort zu rechnen ist,
   b) der Umzug aus besonderen Gründen nicht durchgeführt werden soll,
   c) die Wohnung auf einer üblicherweise befahrenen Strecke weniger als 30 Kilometer von der neuen Dienststätte entfernt ist oder im neuen Dienstort liegt (Einzugsgebiet) oder
   d) der Berechtigte auf die Zusage der Umzugskostenvergütung unwiderruflich verzichtet und dienstliche Gründe den Umzug nicht erfordern,
2. auf Anweisung des Dienstvorgesetzten, die Wohnung innerhalb bestimmter Entfernung von der Dienststelle zu nehmen oder eine Dienstwohnung zu beziehen,
3. aus Anlass der Räumung einer Dienstwohnung auf dienstliche Weisung,
4. aus Anlass der Aufhebung einer Versetzung nach einem Umzug mit Zusage der Umzugskostenvergütung.

(2) Absatz 1 Nr. 1 gilt entsprechend für Umzüge aus Anlass

1. der Verlegung der Beschäftigungsbehörde,
2. der nicht nur vorübergehenden Zuteilung aus dienstlichen Gründen zu einem anderen Teil der Beschäftigungsbehörde,
3. der Übertragung eines anderen Richteramtes nach § 32 Abs. 2 des Deutschen Richtergesetzes oder eines weiteren Richteramtes nach § 27 Abs. 2 des vorgenannten Gesetzes.

§ 4
Zusage der Umzugskostenvergütung in besonderen Fällen

(1) Die Umzugskostenvergütung kann in entsprechender Anwendung des § 3 Abs. 1 Nr. 1 zugesagt werden für Umzüge aus Anlass

1. der Einstellung,
2. der Abordnung oder Kommandierung,
3. der vorübergehenden Zuteilung aus dienstlichen Gründen zu einem anderen Teil der Beschäftigungsbehörde,
4. der vorübergehenden dienstlichen Tätigkeit bei einer anderen Stelle als einer Dienststelle.

(2) Die Umzugskostenvergütung kann ferner zugesagt werden für Umzüge aus Anlass

1. der Aufhebung oder Beendigung einer Maßnahme nach Absatz 1 Nr. 2 bis 4 nach einem Umzug mit Zusage der Umzugskostenvergütung,
2. der Räumung einer bundeseigenen oder im Besetzungsrecht des Bundes stehenden Mietwohnung, wenn sie auf Veranlassung der obersten Dienstbehörde oder der von ihr ermächtigten Behörde im dienstlichen Interesse geräumt werden soll,
3. einer Versetzung oder eines Wohnungswechsels wegen des Gesundheitszustandes des Berechtigten, des mit ihm in häuslicher Gemeinschaft lebenden Ehegatten oder Lebenspartners oder der mit ihm in häuslicher Gemeinschaft lebenden, beim Familienzuschlag nach dem Bundesbesoldungsgesetz berücksichtigungsfähigen Kinder, wobei die Notwendigkeit des Umzuges amts- oder vertrauensärztlich bescheinigt sein muss,
4. eines Wohnungswechsels, der notwendig ist, weil die Wohnung wegen der Zunahme der Zahl der zur häuslichen Gemeinschaft gehörenden, beim Familienzuschlag nach dem Bundesbesoldungsgesetz berücksichtigungsfähigen Kinder unzureichend geworden ist. ²Unzureichend ist eine Wohnung, wenn die Zimmerzahl der bisherigen Wohnung um mindestens zwei hinter der zustehenden Zimmerzahl zurückbleibt. ³Dabei darf für jede vor und nach dem Umzug zur häuslichen Gemeinschaft des Berechtigten gehörende Person (§ 6 Abs. 3 Satz 2 und 3) nur ein Zimmer zugebilligt werden.

(3) ¹Die Umzugskostenvergütung kann ferner für Umzüge aus Anlass der Beendigung des Dienstverhältnisses Berechtigten nach § 1 Abs. 1 Satz 2 Nr. 4 bis 6 zugesagt werden, wenn

1. ein Verbleiben an Grenzorten, kleineren abgelegenen Plätzen oder Inselorten nicht zumutbar ist oder
2. in den vorausgegangenen zehn Jahren mindestens ein Umzug mit Zusage der Umzugskostenvergütung an einen anderen Ort durchgeführt wurde.

²Die Umzugskostenvergütung wird nur gewährt, wenn innerhalb von zwei Jahren nach Beendigung des Dienstverhältnisse umgezogen wird. ³Sie wird nicht gewährt, wenn das Dienstverhältnis aus Disziplinargründen oder zur Aufnahme einer anderen Tätigkeit beendet wurde.

(4) Der Abordnung nach Absatz 1 Nr. 2 stehen die Zuweisung nach § 29 des Bundesbeamtengesetzes oder nach § 20 des Beamtenstatusgesetzes gleich.

§ 5
Umzugskostenvergütung

(1) Die Umzugskostenvergütung umfasst
1. Beförderungsauslagen (§ 6),

Anhang 7 — **Bundesumzugskostengesetz**

2. Reisekosten (§ 7),
3. Mietentschädigung (§ 8),
4. andere Auslagen (§ 9),
5. Pauschvergütung für sonstige Umzugsauslagen (§ 10),
6. Auslagen nach § 11.

(2) Zuwendungen, die für denselben Umzug von einer anderen Dienst- oder Beschäftigungsstelle gewährt werden, sind auf die Umzugskostenvergütung insoweit anzurechnen, als für denselben Zweck Umzugskostenvergütung nach diesem Gesetz gewährt wird.

(3) ¹Die aufgrund einer Zusage nach § 4 Abs. 1 Nr. 1 oder Abs. 2 Nr. 3 oder 4 gewährte Umzugskostenvergütung ist zurückzuzahlen, wenn der Berechtigte vor Ablauf von zwei Jahren nach Beendigung des Umzuges aus einem von ihm zu vertretenden Grunde aus dem Bundesdienst ausscheidet. ²Die oberste Dienstbehörde kann hiervon Ausnahmen zulassen, wenn der Berechtigte unmittelbar in ein Dienst- oder Beschäftigungsverhältnis zu einem anderen öffentlich-rechtlichen Dienstherrn im Geltungsbereich dieses Gesetzes oder zu einer in § 40 Abs. 6 Satz 2 und 3 des Bundesbesoldungsgesetzes bezeichneten Einrichtung übertritt.

§ 6
Beförderungsauslagen

(1) ¹Die notwendigen Auslagen für das Befördern des Umzugsgutes von der bisherigen zur neuen Wohnung werden erstattet. ²Liegt die neue Wohnung im Ausland, so werden in den Fällen des § 3 Abs. 1 Nr. 3, § 4 Abs. 2 Nr. 2 und Abs. 3 Satz 1 die Beförderungsauslagen bis zum inländischen Grenzort erstattet.

(2) Auslagen für das Befördern von Umzugsgut, das sich außerhalb der bisherigen Wohnung befindet, werden höchstens insoweit erstattet, als sie beim Befördern mit dem übrigen Umzugsgut erstattungsfähig wären.

(3) ¹Umzugsgut sind die Wohnungseinrichtung und in angemessenem Umfang andere bewegliche Gegenstände und Haustiere, die sich am Tage vor dem Einladen des Umzugsgutes im Eigentum, Besitz oder Gebrauch des Berechtigten oder anderer Personen befinden, die mit ihm in häuslicher Gemeinschaft leben. ²Andere Personen im Sinne des Satzes 1 sind der Ehegatte, der Lebenspartner sowie die ledigen Kinder, Stief- und Pflegekinder. ³Es gehören ferner dazu die nicht ledigen in Satz 2 genannten Kinder und Verwandte bis zum vierten Grade, Verschwägerte bis zum zweiten Grade und Pflegeeltern, wenn der Berechtigte diesen Personen aus gesetzlicher oder sittlicher Verpflichtung nicht nur vorübergehend Unterkunft und Unterhalt gewährt, sowie Hausangestellte und solche Personen, deren Hilfe der Berechtigte aus beruflichen oder gesundheitlichen Gründen nicht nur vorübergehend bedarf.

§ 7
Reisekosten

(1) ¹Die Auslagen für die Reise des Berechtigten und der zur häuslichen Gemeinschaft gehörenden Personen (§ 6 Abs. 3 Satz 2 und 3) von der bisherigen zur neuen Wohnung werden wie bei Dienstreisen des Berechtigten erstattet, in den Fällen des § 4 Abs. 3 Satz 1 Nr. 1 wie sie bei Dienstreisen im letzten Dienstverhältnis zu erstatten wären. ²Tagegeld wird vom Tage des Einladens des Umzugsgutes an bis zum Tage des Ausladens mit der Maßgabe gewährt, dass auch diese beiden Tage als volle Reisetage gelten. ³Übernachtungsgeld wird für den Tag des Ausladens des Umzugsgutes nur gewährt, wenn eine Übernachtung außerhalb der neuen Wohnung notwendig gewesen ist.

(2) ¹Absatz 1 Satz 1 gilt entsprechend für zwei Reisen einer Person oder einer Reise von zwei Personen zum Suchen oder Besichtigen einer Wohnung mit der Maßgabe, dass die Fahrkosten bis zur Höhe der billigsten Fahrkarte der allgemein niedrigsten Klasse eines regelmäßig verkehrenden Beförderungsmittels erstattet werden. ²Tage- und Übernachtungsgeld wird je Reise für höchstens zwei Reise- und zwei Aufenthaltstage gewährt.

(3) ¹Für eine Reise des Berechtigten zur bisherigen Wohnung zur Vorbereitung und Durchführung des Umzuges werden Fahrkosten gemäß Absatz 2 Satz 1 erstattet. ²Die Fahrkosten einer anderen Person für eine solche Reise werden im gleichen Umfang erstattet, wenn sich zur Zeit des Umzuges am bisherigen Wohnort weder der Berechtigte noch eine andere Person (§ 6 Abs. 3 Satz 2 und 3) befunden hat, der die Vorbereitung und Durchführung des Umzuges zuzumuten war. ³Wird der Umzug vor dem Wirksamwerden einer Maßnahme nach den §§ 3, 4 Abs. 1 durchgeführt, so werden die Fahrkosten für die Rückreise von der neuen Wohnung zum Dienstort, in den Fällen des § 4 Abs. 1 Nr. 1 zur bisherigen Wohnung, gemäß Absatz 2 Satz 1 erstattet.

(4) § 6 Abs. 1 Satz 2 gilt entsprechend.

§ 8
Mietentschädigung

(1) ¹Miete für die bisherige Wohnung wird bis zu dem Zeitpunkt, zu dem das Mietverhältnis frühestens gelöst werden konnte, längstens jedoch für sechs Monate, erstattet, wenn für dieselbe Zeit Miete für die neue Wohnung gezahlt werden musste. ²Ferner werden die notwendigen Auslagen für das Weitervermieten der Wohnung innerhalb der Vertragsdauer bis zur Höhe der Miete für einen Monat erstattet. ³Die Sätze 1 und 2 gelten auch für die Miete einer Garage.

(2) ¹Miete für die neue Wohnung, die nach Lage des Wohnungsmarktes für eine Zeit gezahlt werden musste, während der die Wohnung noch nicht benutzt werden konnte, wird längstens für drei Monate erstattet, wenn für dieselbe Zeit Miete für die bisherige Wohnung gezahlt werden musste. ²Entsprechendes gilt für die Miete einer Garage.

(3) ¹Die bisherige Wohnung im eigenen Haus oder die Eigentumswohnung steht der Mietwohnung gleich mit der Maßgabe, dass die Mietentschädigung längstens für ein Jahr gezahlt wird. ²Die oberste Dienstbehörde kann diese Frist in besonders begründeten Ausnahmefällen um längstens sechs Monate verlängern. ³An die Stelle der Miete tritt der ortsübliche Mietwert der Wohnung. ⁴Entsprechendes gilt für die eigene Garage. ⁵Für die neue Wohnung im eigenen Haus oder die neue Eigentumswohnung wird Mietentschädigung nicht gewährt.

(4) Miete nach den Absätzen 1 bis 3 wird nicht für eine Zeit erstattet, in der die Wohnung oder die Garage ganz oder teilweise anderweitig vermietet oder benutzt worden ist.

§ 9*)
Andere Auslagen

(1) Die notwendigen ortsüblichen Maklergebühren für die Vermittlung einer Mietwohnung und einer Garage oder die entsprechenden Auslagen bis zu dieser Höhe für eine eigene Wohnung werden erstattet.

(2) Die Auslagen für einen durch den Umzug bedingten zusätzlichen Unterricht der Kinder des Berechtigten (§ 6 Abs. 3 Satz 2) werden bis zu vierzig vom Hundert des im Zeitpunkt der Beendigung des Umzuges maßgebenden Endgrundgehaltes der Besoldungsgruppe A 12 des Bundesbesoldungsgesetzes für jedes Kind erstattet, und zwar bis zu fünfzig vom Hundert dieses Betrages voll und darüber hinaus zu drei Vierteln.

(3) ¹Die Auslagen für einen Kochherd werden bis zu einem Betrag von 450 Deutsche Mark erstattet, wenn seine Beschaffung beim Bezug der neuen Wohnung notwendig ist. ²Sofern die neue Wohnung eine Mietwohnung ist, werden unter den gleichen Voraussetzungen auch die Auslagen für Öfen bis zu einem Betrag von 320 Deutsche Mark für jedes Zimmer erstattet.

§ 10
Pauschvergütung für sonstige Umzugsauslagen

(1) ¹Berechtigte, die am Tage vor dem Einladen des Umzugsgutes eine Wohnung hatten und nach dem Umzug wieder eingerichtet haben, erhalten eine Pauschvergütung für sonstige Umzugsauslagen. ²Sie beträgt für verheiratete oder in einer Lebenspartnerschaft lebende Angehörige der Besoldungsgruppen B 3 bis B 11, C 4 sowie R 3 bis R 10 28,6, der Besoldungsgruppen B 1 und B 2, A 13 bis A 16, C 1 bis C 3 sowie R 1 und R 2 24,1, der Besoldungsgruppen A 9 bis A 12 21,4 sowie der Besoldungsgruppen A 1 bis A 8 20,2 Prozent des Endgrundgehaltes der Besoldungsgruppe A 13

---

*) Anm. d. Verlages:
Die Beträge in § 9 Abs. 3 entsprechen seit dem 1.1.2002 230,08 Euro bzw. 163,61 Euro (Umrechnung gem. dem amtlichen Kurs 1 Euro = 1,95583 DM). Gemäß BMI-Schreiben vom 6.6.2001 (GMBl. S. 415).

Bundesumzugskostengesetz

nach Anlage IV des Bundesbesoldungsgesetzes. ³Ledige erhalten 50 Prozent des Betrages nach Satz 2. ⁴Die Beträge nach den Sätzen 2 und 3 erhöhen sich für jede in § 6 Abs. 3 Satz 2 und 3 bezeichnete Person mit Ausnahme des Ehegatten oder Lebenspartners um 6,3 Prozent des Endgrundgehaltes der Besoldungsgruppe A 13 nach Anlage IV des Bundesbesoldungsgesetzes, wenn sie auch nach dem Umzug mit dem Umziehenden in häuslicher Gemeinschaft lebt.

(2) ¹Dem Verheirateten stehen gleich der Verwitwete und der Geschiedene sowie derjenige, dessen Ehe aufgehoben oder für nichtig erklärt ist, ferner der Ledige, der auch in der neuen Wohnung Verwandten bis zum vierten Grade, Verschwägerten bis zum zweiten Grade, Pflegekindern oder Pflegeeltern aus gesetzlicher oder sittlicher Verpflichtung nicht nur vorübergehend Unterkunft und Unterhalt gewährt, sowie der Ledige, der auch in der neuen Wohnung eine andere Person aufgenommen hat, deren Hilfe er aus beruflichen oder gesundheitlichen Gründen nicht nur vorübergehend bedarf. ²Dem in einer Lebenspartnerschaft Lebenden stehen gleich derjenige, der seinen Lebenspartner überlebt hat, und derjenige, dessen Lebenspartnerschaft aufgehoben wurde.

(3) ¹Eine Wohnung im Sinne des Absatzes 1 besteht aus einer geschlossenen Einheit von mehreren Räumen, in der ein Haushalt geführt werden kann, darunter stets eine Küche oder ein Raum mit Kochgelegenheit. ²Zu einer Wohnung gehören außerdem Wasserversorgung, Ausguss und Toilette.

(4) ¹Sind die Voraussetzungen des Absatzes 1 Satz 1 nicht gegeben, so beträgt die Pauschvergütung bei Verheirateten 30 vom Hundert, bei Ledigen 20 vom Hundert des Betrages nach Absatz 1 Satz 2 oder 3. ²Die volle Pauschvergütung wird gewährt, wenn das Umzugsgut aus Anlass einer vorangegangenen Auslandsverwendung untergestellt war.

(5) In den Fällen des § 11 Abs. 3 werden die nachgewiesenen notwendigen Auslagen bis zur Höhe der Pauschvergütung erstattet.

(6) Ist innerhalb von fünf Jahren ein Umzug mit Zusage der Umzugskostenvergütung nach den §§ 3, 4 Abs. 1 Nr. 2 bis 4 oder Abs. 2 Nr. 1 vorausgegangen, so wird ein Häufigkeitszuschlag in Höhe von 50 vom Hundert der Pauschvergütung nach Absatz 1 gewährt, wenn beim vorausgegangenen und beim abzurechnenden Umzug die Voraussetzungen des Absatzes 1 Satz 1 vorgelegen haben.

(7) Stehen für denselben Umzug mehrere Pauschvergütungen zu, wird nur eine davon gewährt; sind die Pauschvergütungen unterschiedlich hoch, so wird die höhere gewährt.

§ 11
Umzugskostenvergütung in Sonderfällen

(1) ¹Ein Beamter mit Wohnung im Sinne des § 10 Abs. 3, dem Umzugskostenvergütung für einen Umzug nach § 3 Abs. 1 Nr. 1, 3 oder 4, § 4 Abs. 1 Nr. 1 bis 4, Abs. 2 Nr. 1 zugesagt ist, kann für den Umzug in eine vorläufige Wohnung Umzugskostenvergütung erhalten, wenn die zuständige Behörde diese Wohnung vorher schriftlich oder elektronisch als vorläufige Wohnung anerkannt hat. ²Bis zum Umzug in die endgültige Wohnung darf eine Wohnung nur einmal als vorläufige Wohnung anerkannt werden.

(2) ¹In den Fällen des § 4 Abs. 2 Nr. 3 und 4 werden höchstens die Beförderungsauslagen (§ 6) und die Reisekosten (§ 7) erstattet, die bei einem Umzug über eine Entfernung von fünfundzwanzig Kilometern entstanden wären. ²Im Falle des § 4 Abs. 3 Satz 1 Nr. 2 werden nur die Beförderungsauslagen (§ 6) erstattet. ³Satz 2 gilt auch für das Befördern des Umzugsgutes des Ehegatten oder Lebenspartners, wenn der Berechtigte innerhalb von sechs Monaten nach dem Tag geheiratet oder die Lebenspartnerschaft begründet hat, an dem die Umzugskostenvergütung nach § 3 Abs. 1 Nr. 1 oder 2 oder Abs. 2 oder § 4 Abs. 1 oder Abs. 2 Nr. 1 zugesagt worden ist.

(3) ¹Wird die Zusage der Umzugskostenvergütung aus von dem Berechtigten nicht zu vertretenden Gründen widerrufen, so werden die durch die Vorbereitung des Umzuges entstandenen notwendigen, nach diesem Gesetz erstattungsfähigen Auslagen erstattet. ²Muss in diesem Fall ein anderer Umzug durchgeführt werden, so wird dafür Umzugskostenvergütung gewährt; Satz 1 bleibt unberührt. ³Die Sätze 1 und 2 gelten entsprechend, wenn die Zusage der Umzugskostenvergütung zurückgenommen, anderweitig aufgehoben wird oder sich auf andere Weise erledigt.

§ 12
Trennungsgeld

(1) Trennungsgeld wird gewährt

1. in den Fällen des § 3 Abs. 1 Nr. 1, 3 und 4 sowie Abs. 2, ausgenommen bei Vorliegen der Voraussetzungen des § 3 Abs. 1 Nr. 1 Buchstaben c und d,

2. in den Fällen des § 4 Abs. 1 Nr. 2 bis 4 und Abs. 2 Nr. 1 oder 3, soweit der Berechtigte an einen anderen Ort als den bisherigen Dienstort versetzt wird, und

3. bei der Einstellung mit Zusage der Umzugskostenvergütung

für die dem Berechtigten durch die getrennte Haushaltsführung, das Beibehalten der Wohnung oder der Unterkunft am bisherigen Wohnort oder das Unterstellen des zur Führung eines Haushalts notwendigen Teils der Wohnungseinrichtung entstehenden notwendigen Auslagen unter Berücksichtigung der häuslichen Ersparnis.

(2) ¹Ist dem Berechtigten die Umzugskostenvergütung zugesagt worden, so darf Trennungsgeld nur gewährt werden, wenn er uneingeschränkt umzugswillig ist und nachweislich wegen Wohnungsmangels am neuen Dienstort einschließlich des Einzugsgebietes (§ 3 Abs. 1 Nr. 1 Buchstabe c) nicht umziehen kann. ²Diese Voraussetzungen müssen seit dem Tage erfüllt sein, an dem die Umzugskostenvergütung zugesagt worden oder, falls für den Berechtigten günstiger, die Maßnahme wirksam geworden oder die Dienstwohnung geräumt worden ist.

(3) ¹Nach Wegfall des Wohnungsmangels darf Trennungsgeld nur weiter gewährt werden, wenn und solange dem Umzug des umzugswilligen Berechtigten einer der folgenden Hinderungsgründe entgegensteht:

1. Vorübergehende schwere Erkrankung des Berechtigten oder eines seiner Familienangehörigen (§ 6 Abs. 3 Satz 2 und 3) bis zur Dauer von einem Jahr;

2. Beschäftigungsverbote für die Berechtigte oder eine Familienangehörige (§ 6 Abs. 3 Satz 2 und 3) für die Zeit vor oder nach einer Entbindung nach mutterschutzrechtlichen Vorschriften;

3. Schul- oder Berufsausbildung eines Kindes (§ 6 Abs. 3 Satz 2 und 3) bis zum Ende des Schul- oder Ausbildungsjahres. ²Befindet sich das Kind in der Jahrgangsstufe 12 einer Schule, so verlängert sich die Gewährung des Trennungsgeldes bis zum Ende des folgenden Schuljahres; befindet sich das Kind im vorletzten Ausbildungsjahr eines Berufsausbildungsverhältnisses, so verlängert sich die Gewährung des Trennungsgeldes bis zum Ende des folgenden Ausbildungsjahres;

4. Schul- oder Berufsausbildung eines schwer behinderten Kindes (§ 6 Abs. 3 Satz 2 und 3). ²Trennungsgeld wird bis zur Beendigung der Ausbildung gewährt, solange diese am neuen Dienst- oder Wohnort oder in erreichbarer Entfernung davon wegen der Behinderung nicht fortgesetzt werden kann;

5. Akute lebensbedrohende Erkrankung eines Elternteils des Berechtigten, seines Ehegatten oder Lebenspartners, wenn dieser in hohem Maße Hilfe des Ehegatten, Lebenspartners oder Familienangehörigen des Berechtigten erhält;

6. Schul- oder erste Berufsausbildung des Ehegatten oder Lebenspartners in entsprechender Anwendung der Nummer 3.

²Trennungsgeld darf auch gewährt werden, wenn zum Zeitpunkt des Wirksamwerdens der dienstlichen Maßnahme kein Wohnungsmangel, aber einer dieser Hinderungsgründe vorliegt. ³Liegt bei Wegfall des Hinderungsgrundes ein neuer Hinderungsgrund vor, kann mit Zustimmung der obersten Dienstbehörde Trennungsgeld bis zu längstens einem Jahr weiterbewilligt werden. ⁴Nach Wegfall des Hinderungsgrundes darf Trennungsgeld auch bei erneutem Wohnungsmangel nicht gewährt werden.

(4) ¹Der Bundesminister des Innern wird ermächtigt, durch Rechtsverordnung Vorschriften über die Gewährung des Trennungsgeldes zu erlassen. ²Dabei kann bestimmt werden, dass Trennungsgeld auch bei der Einstellung ohne Zusage der Umzugskostenvergütung gewährt wird und dass in den Fällen des § 3 Abs. 1 Nr. 1 Buchstabe d der Berechtigte für längstens ein Jahr Reisebeihilfen für Heimfahrten erhält.

Anhang 7 — Bundesumzugskostengesetz

§ 13
Auslandsumzüge

(1) Auslandsumzüge sind Umzüge zwischen Inland und Ausland sowie im Ausland.

(2) ¹Als Auslandsumzüge gelten nicht die Umzüge

1. der im Grenzverkehr tätigen Beamten, und zwar auch dann nicht, wenn sie im Anschluss an die Tätigkeit im Grenzverkehr in das Inland oder in den Fällen des § 3 Abs. 1 Nr. 3, § 4 Abs. 2 Nr. 2 bis 4, Abs. 3 Satz 1 im Ausland umziehen,
2. in das Ausland in den Fällen des § 3 Abs. 1 Nr. 3, § 4 Abs. 2 Nr. 2 bis 4, Abs. 3 Satz 1,
3. in das Inland in den Fällen des § 3 Abs. 1 Nr. 2 und 3,
4. aus Anlass einer Einstellung, Versetzung, Abordnung oder Kommandierung und der in § 3 Abs. 2, § 4 Abs. 1 Nr. 3, Abs. 2 Nr. 2 bis 4 bezeichneten Maßnahmen im Inland einschließlich ihrer Aufhebung, wenn die bisherige oder die neue Wohnung im Ausland liegt.

²In den Fällen des Satzes 1 Nr. 2 bis 4 wird für die Umzugsreise (§ 7 Abs. 1) Tage- und Übernachtungsgeld nur für die notwendige Reisedauer gewährt; § 7 Abs. 2 und 3 findet keine Anwendung.

§ 14
Sondervorschriften für Auslandsumzüge

(1) ¹Der Bundesminister des Auswärtigen wird ermächtigt, im Einvernehmen mit dem Bundesminister des Innern, dem Bundesminister der Verteidigung und dem Bundesminister der Finanzen für Auslandsumzüge durch Rechtsverordnungen nähere Vorschriften über die notwendige Umzugskostenvergütung (Auslandsumzugskostenverordnung, Absatz 2) sowie das notwendige Trennungsgeld (Auslandstrennungsgeldverordnung, Absatz 3) zu erlassen, soweit die besonderen Bedürfnisse des Auslandsdienstes und die besonderen Verhältnisse im Ausland es erfordern. ²Soweit aufgrund dieser Ermächtigung keine Sonderregelungen ergangen sind, finden auch auf Auslandsumzüge die §§ 6 bis 12 Anwendung.

(2) In der Auslandsumzugskostenverordnung sind insbesondere zu regeln:

1. Erstattung der Auslagen für Umzugsvorbereitungen einschließlich Wohnungsbesichtigungsreisen,
2. Erstattung der Beförderungsauslagen,
3. Berücksichtigung bis zu 50 vom Hundert der eingesparten Beförderungsauslagen für zurückgelassene Personenkraftfahrzeuge,
4. Erstattung der Auslagen für die Umzugsreise des Berechtigten und der zu seiner häuslichen Gemeinschaft gehörenden Personen,
5. Gewährung von Beihilfen zu den Fahrkosten von Personen, die mit der Reise in die häusliche Gemeinschaft aufgenommen werden, und zu den Kosten des Beförderns des Heiratsgutes an den Auslandsdienstort, wenn der Anspruchsberechtigte nach seinem Umzug in das Ausland heiratet,
6. Gewährung von Beihilfen zu den Fahrkosten sowie zu den Kosten der Beförderung des anteiligen Umzugsgutes eines Mitglieds der häuslichen Gemeinschaft, wenn es sich vom Berechtigten während seines Auslandsdienstes auf Dauer trennt, bis zur Höhe der Kosten für eine Rückkehr an den letzten Dienstort im Inland,
7. Gewährung der Mietentschädigung,
8. Gewährung der Pauschvergütung für sonstige Umzugsauslagen und Aufwand,
9. Erstattung der nachgewiesenen sonstigen Umzugsauslagen,
10. Erstattung der Lagerkosten oder der Auslagen für das Unterstellen zurückgelassenen Umzugsgutes,
11. Berücksichtigung bis zu 50 vom Hundert der eingesparten Lagerkosten für zurückgelassenes Umzugsgut,
12. Erstattung der Kosten für das Beibehalten der Wohnung im Inland in den Fällen des Absatzes 5,
13. Erstattung der Auslagen für umzugsbedingten zusätzlichen Unterricht,
14. Erstattung der Mietvertragsabschluss-, Gutachter-, Makler- oder vergleichbarer Kosten für die eigene Wohnung,
15. Beiträge zum Beschaffen oder Instandsetzen von Wohnungen,
16. Beiträge zum Beschaffen technischer Geräte und Einrichtungen, die aufgrund der örtlichen Gegebenheiten notwendig sind,
17. Beitrag zum Beschaffen klimabedingter Kleidung,
18. Ausstattungsbeitrag bei Auslandsverwendung,
19. Einrichtungsbeitrag für Leiter von Auslandsvertretungen und funktionell selbständigen Delegationen, die von Botschaftern geleitet werden, sowie für ständige Vertreter und Leiter von Außenstellen von Auslandsvertretungen,
20. Erstattung der Auslagen für die Rückführung von Personen und Umzugsgut aus Sicherheitsgründen,
21. Erstattung der Auslagen für Umzüge in besonderen Fällen,
22. Erstattung der Auslagen für Umzüge in eine vorläufige Wohnung,
23. Erstattung der Umzugsauslagen beim Ausscheiden aus dem Dienst im Ausland.

(3) In der Auslandstrennungsgeldverordnung sind insbesondere zu regeln:

1. Entschädigung für getrennte Haushaltsführung,
2. Entschädigung für getrennte Haushaltsführung aus zwingenden persönlichen Gründen,
3. Entschädigung bei täglicher Rückkehr zum Wohnort,
4. Mietersatz,
5. Gewährung von Trennungsgeld, wenn keine Auslandsdienstbezüge gewährt werden,
6. Gewährung von Trennungsgeld im Einzelfall aus Sicherheitsgründen oder wegen anderer außergewöhnlicher Verhältnisse im Ausland (Trennungsgeld in Krisenfällen),
7. Gewährung von Reisebeihilfen für Heimfahrten für je drei Monate, in besonderen Fällen für je zwei Monate der Trennung. ²Dies gilt auch für längstens ein Jahr, wenn der Berechtigte auf die Zusage der Umzugskostenvergütung unwiderruflich verzichtet und dienstliche Gründe den Umzug nicht erfordern.

(4) Abweichend von § 2 Abs. 2 Satz 1 entsteht der Anspruch auf die Pauschvergütung, den Beitrag zum Beschaffen klimabedingter Kleidung, den Ausstattungsbeitrag und den Einrichtungsbeitrag zu dem Zeitpunkt, an dem die Umzugskostenvergütung nach § 3 oder § 4 zugesagt wird.

(5) Abweichend von den §§ 3 und 4 kann die Umzugskostenvergütung auch in Teilen zugesagt werden, wenn dienstliche Gründe es erfordern.

(6) ¹Abweichend von § 2 Abs. 2 Satz 2 beträgt die Ausschlussfrist bei Auslandsumzügen zwei Jahre. ²Wird in den Fällen des Absatzes 2 Nr. 16 die Beitragsfähigkeit erst nach Beendigung des Umzuges anerkannt, beginnt die Ausschlussfrist mit der Anerkennung. ³In den Fällen des Absatzes 2 Nr. 5 und 6 beginnt sie mit dem Eintreffen am beziehungsweise der Abreise vom Dienstort. ⁴Bei laufenden Zahlungen muss die erste Zahlung innerhalb der Frist geleistet werden. ⁵Auf einen vor Fristablauf gestellten Antrag können in besonderen Fällen auch später geleistete Zahlungen berücksichtigt werden.

(7) Die oberste Dienstbehörde kann die Umzugskostenvergütung allgemein oder im Einzelfall ermäßigen, soweit besondere Verhältnisse es rechtfertigen.

§ 15
Dienstortbestimmung, Verwaltungsvorschriften

(1) Die oberste Dienstbehörde wird ermächtigt, im Einvernehmen mit dem Bundesminister des Innern benachbarte Gemeinden zu einem Dienstort zu bestimmen, wenn sich Liegenschaften derselben Dienststelle über das Gebiet mehrerer Gemeinden erstrecken.

(2) Die allgemeinen Verwaltungsvorschriften zu diesem Gesetz erlässt der Bundesminister des Innern im Einvernehmen mit dem Bundesminister der Justiz und dem Bundesminister der Verteidigung.

§ 16
Übergangsvorschrift

Ist ein Mietbeitrag vor der Verkündung dieses Gesetzes bewilligt worden, wird er nach bisherigem Recht weiter gewährt.

Anhang 8
Allgemeine Verwaltungsvorschrift zum Bundesumzugskostengesetz (BUKGVwV)

vom 2.1.1991 (GMBl. S. 65),
zuletzt geändert durch die Sechste ÄndVwV vom 25.11.2004
(GMBl. S. 1076)

Nach § 15 Abs. 2 des Bundesumzugskostengesetzes vom 11. Dezember 1990 (BGBl. S. 2682) wird im Einvernehmen mit dem Bundesminister der Justiz und dem Bundesminister der Verteidigung folgende Verwaltungsvorschrift erlassen:

– Auszug –

5. Zu § 5

5.1 Zu Absatz 1

(bleibt frei)

5.2 Zu Absatz 2

Zuwendungen im Sinne des § 5 Abs. 2 sind sowohl Geldbeträge als auch Sachleistungen.

Beschäftigungsstelle kann auch eine Stelle außerhalb des öffentlichen Dienstes sein.

5.3 Zu Absatz 3

Die Vorschrift des § 5 Abs. 3 setzt nicht voraus, dass die Umzugskostenvergütung während des Beamtenverhältnisses gewährt worden ist, sie erfasst auch die Umzugskostenvergütung aus der Zeit eines vorausgegangenen Arbeitsverhältnisses. Bei Anwendung der Vorschrift sind das Arbeitsverhältnis und das sich anschließende Beamtenverhältnis als eine Einheit anzusehen.

Ein Statuswechsel ist kein vom Berechtigten zu vertretender Grund im Sinne der genannten Vorschrift.

6. Zu § 6

6.1 Zu Absatz 1

6.1.1 Für die Erstattung der Beförderungsauslagen sind die Textziffern 6.1.2 bis 6.1.7 maßgebend.

6.1.2 Wird zur Durchführung des Umzuges ein Speditionsunternehmen in Anspruch genommen, ist zur Ermittlung der notwendigen Auslagen für das Befördern des Umzugsgutes wie folgt zu verfahren:

Der Berechtigte ist in der Wahl des Möbelspediteurs grundsätzlich frei. Zur Ermittlung der notwendigen Beförderungsauslagen hat er vor Durchführung des Umzuges mindestens zwei rechtlich und wirtschaftlich selbständige Spediteure unabhängig voneinander und ohne gegenseitige Kenntnis mit der Besichtigung des Umzugsgutes und der Abgabe je eines vollständigen und umfassenden Kostenvoranschlages zu beauftragen. Es ist nicht zulässig, dass der Spediteur für den Berechtigten ein Konkurrenzangebot einholt. Die Besichtigung des Umzugsgutes ist vom Berechtigten im Antrag auf Abschlag und in der Umzugskostenrechnung zu bestätigen.

Die Kostenvoranschläge müssen einen verbindlichen Höchstpreis enthalten, der bei der Abrechnung des tatsächlichen erbrachten Leistungsumfangs auf der Grundlage der in dem Kostenvoranschlag ausgewiesenen Einheitspreise für die Beförderungsleistung und Nebenleistungen nicht überschritten werden darf.

Erstattet werden die Beförderungsauslagen nach dem Kostenvoranschlag mit dem niedrigsten Höchstpreis und zwar auf der Grundlage einer Abrechnung der tatsächlichen erbrachten Beförderungsleistung und Nebenleistungen zu den Einheitspreisen im Kostenvoranschlag. Ist der Umfang des Umzugsgutes oder der Zeitaufwand größer als im Kostenvoranschlag angegeben, ist jedoch nur der vereinbarte Höchstpreis erstattungsfähig.

Bei einem Umzug aus Anlass einer personellen Maßnahme im Zusammenhang mit dem Beschluss des Deutschen Bundestages vom 20. Juni 1991 zur Vollendung der Einheit Deutschlands (§ 1 des Dienstrechtlichen Begleitgesetzes vom 30. Juli 1996, BGBl. I S. 1183) hat der Berechtigte keinen zweiten Kostenvoranschlag vorzulegen, falls er einen Möbelspediteur wählt, mit dem der Rahmenvertrag für Umzüge von Bediensteten anlässlich der Umsetzung des Berlin/Bonn-Gesetzes abgeschlossen worden ist. Falls kein Rahmenvertragspartner gewählt wird, sind die Beförderungsauslagen nach dem Rahmenvertrag der erstattungsfähige Höchstbetrag.

Der Berechtigte hat die Kostenvoranschläge so rechtzeitig vorzulegen, dass eine Kostenprüfung vor Auftragserteilung erfolgen kann. Zum Preisvergleich können in Zweifelsfällen weitere Vergleichsangebote eingeholt werden; dies könnte etwa erforderlich werden, wenn Anlass zu der Annahme besteht, dass die beiden vorgelegten Kostenvoranschläge abgesprochen sind.

Sobald die zuständige Dienststelle die Kostenvoranschläge geprüft und mitgeteilt hat, welches Angebot erstattungsfähig ist, kann der Berechtigte mit dem Umzug beginnen.

6.1.3 Zu den Beförderungsauslagen gehören auch die Auslagen für die Versicherung des Umzugsgutes gegen Transport- und Bruchschäden. Über die Haftung des Unternehmens nach § 451 in Verbindung mit §§ 425 ff., §§ 451d bis 451g HGB hinaus können Transportversicherungsauslagen oder Prämien zur Haftungserweiterung für diejenige Versicherungssumme erstattet werden, die der privaten Hausrat- oder Feuerversicherungssumme entspricht. Eine höhere Versicherungssumme kann berücksichtigt werden, wenn sie durch eine Umzugsgutliste nach dem Muster der Anlage zu Textziffer 6.1.2 mit jeweiligen Wertangaben (Zeitwert) nachgewiesen wird. Als notwendige Auslagen für die Transportversicherung können bis zu 2,5 v. T. der maßgebenden Versicherungssumme erstattet werden.

Hat die Behörde für Umzüge ihrer Bediensteten mit bestimmten Versicherungsunternehmen Rahmenverträge abgeschlossen, ist die Transportversicherungsprämie nach dem Rahmenvertrag gleichzeitig der erstattungsfähige Höchstbetrag.

6.1.4 Bei Umzügen vom Inland an einen Ort außerhalb eines EU-Mitgliedstaates und umgekehrt ist für den Möbeltransport insgesamt grundsätzlich keine Umsatzsteuer zu entrichten. Das gilt auch für die mit dem Umzug notwendigerweise verbundenen Nebenleistungen (z. B. Ein- und Auspacken des Umzugsgutes, Gestellung von Packmaterial), wenn diese Nebenleistungen von demselben Unternehmer bewirkt werden, der auch den Möbeltransport durchführt. Umsatzsteuerbeträge, die bei diesen Umzügen den Umziehenden vom Unternehmer für die Beförderung des Umzugsgutes und für die bezeichneten Nebenleistungen in Rechnung gestellt werden, sind deshalb nicht erstattungsfähig.

Die Beförderung von Umzugsgut, die in dem Gebiet von zwei verschiedenen Mitgliedstaaten der Europäischen Union beginnt und endet (innergemeinschaftliche Umzüge), wird an dem Ort ausgeführt, an dem die Beförderung beginnt. Demnach unterliegen innergemeinschaftliche Umzüge der deutschen Umsatzsteuer, wenn die Beförderung im Bundesgebiet beginnt. Beginnt die Beförderung des Umzugsgutes in einem anderen Mitgliedstaat, unterliegt sie der Umsatzbesteuerung dieses Mitgliedstaates. Es kommt nicht darauf an, ob der Beförderungsunternehmer in dem Mitgliedstaat, in dem die Beförderung beginnt, ansässig ist.

Bei innergemeinschaftlichen Umzügen von Mitgliedern einer in dem Gebiet eines anderen EU-Mitgliedstaates ansässigen ständigen diplomatischen Mission oder berufskonsularischen Vertretung an einen Ort außerhalb des Bundesgebietes wird nach Regelungen des Gemeinschaftsrechts Umsatzsteuerbefreiung gewährt, wenn die genannten Personen im Zeitpunkt der Inanspruchnahme der Speditionsleistung bereits Mitglied der im Gastmitgliedstaat ansässigen Auslandsvertretung sind und die Voraussetzungen und Beschränkungen des Gastmitgliedstaates für die Steuerbefreiung erfüllen bzw. einhalten. Bei Umzügen des vorgenannten Personenkreises von einem anderen EU-Mitgliedstaat in das Bundesgebiet richtet sich die umsatzsteuerliche

Behandlung nach dem Recht des Mitgliedstaates, in dem die Beförderung beginnt. Dies gilt auch für Umzüge, die für deutsche Truppenangehörige, die in anderen Mitgliedstaaten stationiert sind, oder für Mitglieder einer im Gebiet eines anderen Mitgliedstaates ansässigen zwischenstaatlichen Einrichtung durchgeführt werden. Mitgliedern einer im Bundesgebiet ansässigen zwischenstaatlichen Einrichtung werden jedoch nach dem geltenden Privilegienübereinkommen und Sitzstaatabkommen grundsätzlich keine umsatzsteuerlichen Privilegien eingeräumt.

Vom Spediteur in Rechnung gestellte Versicherungsbeiträge unterliegen als Teil seiner Gesamtleistung der Umsatzsteuer, die jedoch umzugskostenrechtlich nicht als notwendig erstattungsfähig anerkannt werden kann.

6.1.5 Bei Umzügen ohne Inanspruchnahme eines Spediteurs (z. B. Umzüge in Eigenregie) werden die nachgewiesenen notwendigen Auslagen erstattet. Das gilt nicht, wenn die Arbeiten vom Berechtigten selbst oder von mit ihm in häuslicher Gemeinschaft lebenden Personen (§ 6 Abs. 3 Satz 2 und 3) durchgeführt werden.

6.1.6 Auslagen für das Befördern eines Kraftfahrzeugs durch einen Spediteur sind keine notwendigen Beförderungsauslagen im Sinne des § 6 Abs. 1. Für das Überführen des zum Umzugsgut gehörenden privaten Kraftfahrzeugs durch den Bediensteten oder einen Angehörigen vom bisherigen zum neuen Wohnort wird eine Entschädigung nach § 6 Abs. 1 Satz 1 BRKG gewährt.

Für die Überführung eines zum Umzugsgut gehörenden Wohnwagenanhängers oder eines anderen im Straßenverkehr zugelassenen Pkw-Anhängers von der bisherigen zur neuen Wohnung wird unabhängig von dessen Größe daneben eine Entschädigung von 0,06 Euro/km gewährt.

6.1.7 Maßstab für die Angemessenheit sind die Transportmittel, die üblicherweise für einen Umzug benötigt werden. Üblich sind Möbelwagen und selbständig zu überführende eigene Kraftfahrzeuge, Wohnwagenanhänger oder andere im Straßenverkehr zugelassene Pkw-Anhänger. Ein unverhältnismäßig großer Möbelwagenraum übersteigt die Grenze der Angemessenheit. Dies ist auch der Fall, wenn für den Transport andere als die genannten Fahrzeuge benötigt werden. Ein oder zwei Pferde gehören daher zum Umzugsgut, wenn sie als Anhängerlast mit einem Personenkraftwagen transportiert werden (BVerwG, Urteil v. 17.9.1987 – 6 C 28.86 – Buchholz 261 § 4 Nr. 2).

6.2 **Zu Absatz 2**

Die Kosten für das Einlagern von Umzugsgut werden nicht berücksichtigt.

7. **Zu § 7**

7.1 **Zu Absatz 1**

7.1.1 Wenn einem ledigen Berechtigten ohne Wohnung im Sinne des § 10 Abs. 3 die Zusage der Umzugskostenvergütung aus Anlass der Einstellung (§ 4 Abs. 1 Nr. 1), Abordnung (§ 4 Abs. 1 Nr. 2) oder Versetzung (§ 3 Abs. 1 Nr. 1) erteilt wird, ist die Einstellungs-, Dienstantritts- oder Versetzungsreise als Umzugsreise nach § 7 Abs. 1 mit der Folge abzurechnen, dass in diesen Fällen kein Anspruch auf Erstattung der Auslagen für eine Reise zur Vorbereitung und Durchführung des Umzugs besteht. Auf den Umfang des Umzugsgutes kommt es dabei nicht an.

Voraussetzung hierfür ist, dass dem Berechtigten die Zusage der Umzugskostenvergütung vor Antritt der Reise bekannt gegeben wurde und dass er sein gesamtes Umzugsgut (§ 6 Abs. 3) auf der Reise mit sich führt; der Umzug gilt sodann als beendet. Eine entsprechende Erklärung ist von dem Berechtigten bei Abrechnung der Reisekostenvergütung abzugeben.

7.1.2 Benutzt ein Berechtigter bei Durchführung der Umzugsreise sein privateigenes Kraftfahrzeug, so ist bei der Festsetzung der Reisekostenvergütung von der Einschränkung des § 6 Abs. 1 Satz 2 BRKG aus triftigen Gründen abzusehen, sofern nicht bereits Wegstreckenentschädigung für dieses Kraftfahrzeug gewährt worden ist.

7.2 **Zu Absatz 2**

(bleibt frei)

7.3 **Zu Absatz 3**

§ 7 Abs. 3 Satz 3 behandelt den Fall des Vorwegumzugs. Die Vorschrift geht davon aus, dass die Reise vom bisherigen zum neuen Wohnort die Umzugsreise (§ 7 Abs. 1) und die spätere Reise aus Anlass des Dienstantritts eine Dienstreise (§ 16 Abs. 1 Satz 1 BRKG) ist.

8. **Zu § 8**

8.0 Allgemeines

8.0.1 Mietentschädigung kommt nur in Betracht, wenn für dieselbe Zeit Miete aus zwei Mietverhältnissen zu zahlen ist. In diesem Fall wird eine Miete erstattet.

Der Zwang zur doppelten Mietzahlung besteht im Regelfalle erst von dem Zeitpunkt an, zu dem die dienstliche Maßnahme mit Zusage der Umzugskostenvergütung wirksam wird. Er kann jedoch auch vorliegen, wenn der Umzug vor dem Wirksamwerden der dienstlichen Maßnahme (sog. Vorwegumzug) aus Fürsorge oder fiskalischen Gründen (z. B. zur Einsparung von Trennungsgeld) als notwendig anerkannt werden kann. Solche Gründe können z. B. der Schulbesuch eines Kindes zum Beginn eines Schuljahres sein.

8.0.2 Die Miete wird ohne Rücksicht auf die Größe der Wohnung erstattet. Die Erstattung ist jedoch in offenkundigen Missbrauchsfällen einzuschränken, z. B. bei außergewöhnlich luxuriösen Wohnungen.

8.0.3 Nach Lage des Einzelfalles kann eine Mietentschädigung nach § 8 Abs. 2 von einer Mietentschädigung nach § 8 Abs. 1 innerhalb eines Monats abgelöst werden. Steht Mietentschädigung nicht für einen vollen Kalendermonat zu, ist die Entschädigung in Anlehnung an § 3 Abs. 4 BBesG tageweise festzusetzen.

8.1 **Zu Absatz 1**

Mietentschädigung wird für die bisherige Wohnung im eigenen Haus oder die Eigentumswohnung nach § 8 Abs. 1 in Verbindung mit § 8 Abs. 3 auch erstattet, wenn die neue Wohnung ein eigenes Haus oder eine Eigentumswohnung ist.

8.2 **Zu Absatz 2**

Die neue Wohnung kann noch nicht benutzt werden, wenn noch notwendige umfangreiche Instandsetzungsarbeiten oder Schönheitsreparaturen durchzuführen sind und für diese Zeit bereits Miete gezahlt werden muss.

9. **Zu § 9**

9.1 **Zu Absatz 1**

Entsprechende Auslagen für eine eigene Wohnung sind auch die Maklergebühren für den Erwerb eines Grundstücks, auf dem die eigene Wohnung errichtet wird. Ein Einstellplatz o. Ä. ist wie eine Garage zu behandeln.

9.2 **Zu Absatz 2**

Ob der zusätzliche Unterricht durch den Umzug bedingt ist, hat der Berechtigte in geeigneter Weise nachzuweisen, z. B. durch eine Bescheinigung der Schule.

9.3 **Zu Absatz 3**

9.3.1 Zu den Auslagen für einen Kochherd bzw. Öfen gehören die Anschaffungskosten, die evtl. anfallenden Auslagen für die Anlieferung der Gegenstände und ggf. anfallende Kosten für das Anschließen der Geräte. Bei den Anschlusskosten handelt es sich um Auslagen, die für die notwendige Verbindung der Geräte an das vorhandene Energienetz bzw. an vorhandene Schornsteine anfallen, um sie gebrauchsfertig zu machen. Reichen die vorhandenen Anschlüsse nicht aus und werden deshalb zusätzliche Arbeiten für die Verlegung von Anschlussleitungen oder Ähnlichem erforderlich, bleiben die dadurch entstehenden Auslagen unberücksichtigt.

9.3.2 Die Worte „unter den gleichen Voraussetzungen" in § 9 Abs. 3 Satz 2 bedeuten, dass auch die Erstattung von Auslagen für Öfen in Mietwohnungen davon abhängt, dass die Ofenbeschaffung beim Bezug der neuen Wohnung notwendig ist.

Allgemeine VwV zum Bundesumzugskostengesetz

10. Zu § 10

10.0 Allgemeines

Mit der Pauschvergütung werden alle sonstigen, nicht in den §§ 6 bis 9 bezeichneten Umzugsauslagen pauschal abgegolten.

10.1 Zu Absatz 1

Maßgebend ist die Besoldungsgruppe, in der sich der Berechtigte am Tag vor dem Einladen des Umzugsgutes befindet, für Beamte auf Widerruf im Vorbereitungsdienst die Eingangsbesoldungsgruppe ihrer Laufbahn. Bei Berechtigten nach § 1 Abs. 1 Satz 2 Nr. 4 und 5 ist die Besoldungsgruppe maßgebend, der sie bei Beendigung des Dienstverhältnisses angehört haben oder, wenn dies günstiger ist, nach der ihre Versorgungsbezüge berechnet sind. Bei Berechtigten nach § 1 Abs. 1 Satz 2 Nr. 6 ist die Besoldungsgruppe maßgebend, der der Verstorbene zuletzt angehört hat oder, wenn dies günstiger ist, nach der ihre Versorgungsbezüge berechnet sind. Die Rückwirkung der Einweisung in eine Planstelle bleibt unberücksichtigt.

Der Tag vor dem Einladen des Umzugsgutes ist auch für die Bestimmung des Familienstandes maßgebend.

10.2 Zu Absatz 2

(bleibt frei)

10.3 Zu Absatz 3

Die volle Pauschvergütung wird gewährt, wenn vor und nach dem Umzug eine Wohnung vorhanden ist. Der Wohnungsbegriff ergibt sich aus § 10 Abs. 3. Ein einzelner Raum ist hiernach keine Wohnung, auch wenn er mit einer Kochgelegenheit und den zur Führung eines Haushalts notwendigen Einrichtungen ausgestattet ist. Ist nur ein Raum gemietet und wird daneben das Bad, die Küche und die Toilette mitbenutzt, so ist der Wohnungsbegriff des § 10 Abs. 3 ebenfalls nicht erfüllt. Den Wohnungsbegriff erfüllt jedoch ein Einzimmerappartement mit Kochgelegenheit und Toilette als Nebenraum. Die Voraussetzungen sind auch erfüllt, wenn bei Altbauwohnungen die sanitären Anlagen außerhalb der Wohnung liegen.

Für die Erfüllung des Wohnungsbegriffs kommt es nicht darauf an, ob der Berechtigte das ausschließliche (alleinige) Verfügungsrecht über die Wohnung hat oder sie mit anderen Personen gemeinsam gemietet hat, z. B. im Rahmen einer Wohngemeinschaft.

Die Wohnungsvoraussetzungen sind in geeigneter Weise, z. B. durch Vorlage des Mietvertrages nachzuweisen.

10.4 Zu Absatz 4

(bleibt frei)

10.5 Zu Absatz 5

§ 10 Abs. 5 stellt klar, dass für Umzugsvorbereitungen (§ 11 Abs. 3) eine Pauschvergütung für sonstige Umzugsauslagen nicht gewährt wird, dass aber die sonstigen notwendigen Umzugsauslagen bis zur Höhe der Pauschvergütung erstattet werden. Andere nach dem Gesetz erstattungsfähige Umzugsauslagen (§§ 6 bis 9) werden daneben erstattet.

10.6 Zu Absatz 6

Wenn der vorausgegangene Umzug ein Umzug aus Anlass der Einstellung (§ 4 Abs. 1 Nr. 1) oder der Räumung einer Mietwohnung auf dienstliche Veranlassung (§ 4 Abs. 2 Nr. 2) war, wird ein Häufigkeitszuschlag nicht gewährt.

10.7 Zu Absatz 7

Um denselben Umzug handelt es sich immer dann, wenn neben dem Berechtigten weitere nach § 6 Abs. 3 berücksichtigungsfähige Personen mit jeweils eigener Zusage der Umzugskostenvergütung aus einer gemeinsamen bisherigen Wohnung in eine gemeinsame neue Wohnung umziehen. In allen anderen Fällen handelt es sich nicht um denselben Umzug, so dass jedem Berechtigten die jeweilige Pauschvergütung zusteht.

11. Zu § 11

11.1 Zu Absatz 1

11.1.1 Die Gründe für die Anerkennung als vorläufige Wohnung können z. B. in der weiten Entfernung zum Dienstort, in der Größe oder der Beschaffenheit der Wohnung oder in der Höhe der Miete liegen.

11.1.2 Eine Anerkennung als vorläufige Wohnung kann bezüglich der Höhe der Miete erfolgen, wenn die Nettokaltmiete der neuen Wohnung die der bisherigen um mindestens zehn Prozent übersteigt. Befindet sich die bisherige Wohnung im eigenen Haus oder ist sie eine Eigentumswohnung, tritt an die Stelle der Miete der ortsübliche Mietwert der Wohnung.

11.1.3 Hinsichtlich des Umfangs der Umzugskostenvergütung gibt es zwischen dem Umzug in eine vorläufige Wohnung und dem Umzug in eine endgültige Wohnung keinen Unterschied. Für den Umzug in eine vorläufige Wohnung kann daher ein Häufigkeitszuschlag nach § 10 Abs. 6 gewährt werden.

11.1.4 Das Erfordernis der vorherigen Anerkennung ist erfüllt, wenn eine zeitgerechte Entscheidung aus Gründen verzögert worden ist, die der Berechtigte nicht zu vertreten hat.

11.1.5 Der Widerruf der Zusage der Umzugskostenvergütung erstreckt sich sowohl auf den Umzug in die vorläufige als auch auf den Umzug in die endgültige Wohnung, wenn die vorläufige Wohnung noch nicht bezogen worden ist. Evtl. Auslagen für Umzugsvorbereitungen werden nach § 11 Abs. 3 erstattet.

11.1.6 Wird die vorläufige Wohnung zur endgültigen Wohnung, ist die Anerkennung zu widerrufen.

11.2 Zu Absatz 2

(bleibt frei)

11.3 Zu Absatz 3

11.3.1 Nach § 11 Abs. 3 können die Auslagen, die durch die Vorbereitung des Umzugs entstanden sind, nur insoweit erstattet werden, als sie bei durchgeführtem Umzug zu erstatten wären. Erstattet werden in der Regel nur durch Belege nachgewiesene notwendige und nach diesem Gesetz erstattungsfähige Auslagen für Umzugsvorbereitungen (§§ 6 bis 9). In Betracht kommen z. B. Auslagen für Reisen zum Suchen oder Besichtigen einer Wohnung und Maklergebühren. Sonstige mit der Umzugsvorbereitung zusammenhängende Auslagen werden nach § 10 Abs. 5 bis zur Höhe der Pauschvergütung erstattet, z. B. Zeitungsanzeigen zum Vermieten der alten und Suchen einer neuen Wohnung.

11.3.2 Die Durchführung eines anderen Umzugs kann in Betracht kommen, wenn das Mietverhältnis der alten Wohnung gekündigt und ein neuer Vertragsabschluss mit dem Vermieter der alten Wohnung nicht möglich ist. Ein anderer Umzug kann auch ein Vorwegumzug sein.

Anhang 9
Verordnung über die Umzugskostenvergütung bei Auslandsumzügen (Auslandsumzugskostenverordnung – AUV)

vom 26.11.2012 (BGBl. I S. 2349)

Aufgrund des § 14 Absatz 1 des Bundesumzugskostengesetzes in der Fassung der Bekanntmachung vom 11. Dezember 1990 (BGBl. I S. 2682) und des § 82 Absatz 3 des Bundesbeamtengesetzes vom 5. Februar 2009 (BGBl. I S. 160) verordnet das Auswärtige Amt im Einvernehmen mit dem Bundesministerium des Innern, dem Bundesministerium der Verteidigung und dem Bundesministerium der Finanzen:

ABSCHNITT 1
Allgemeines

§ 1
Regelungsgegenstand

Diese Verordnung regelt die bei Auslandsumzügen erforderlichen Abweichungen von den allgemein für Beamtinnen und Beamte des Bundes geltenden Vorschriften über die Umzugskostenvergütung.

§ 2
Begriffsbestimmungen

(1) ¹Berücksichtigungsfähige Personen sind:
1. die Ehegattin oder der Ehegatte der berechtigten Person,
2. die Lebenspartnerin oder der Lebenspartner der berechtigten Person,
3. Kinder der berechtigten Person oder der berücksichtigungsfähigen Person nach Nummer 1 oder Nummer 2, die beim Auslandszuschlag berücksichtigungsfähig sind oder spätestens 40 Wochen nach dem Einladen des Umzugsguts geboren worden sind,
4. der gemeinsam mit der berechtigten Person sorgeberechtigte Elternteil eines eigenen Kindes der berechtigten Person,
5. pflegebedürftige Eltern der berechtigten Person oder der berücksichtigungsfähigen Person nach Nummer 1 oder Nummer 2 (mindestens Pflegestufe I nach § 15 des Elften Buches Sozialgesetzbuch); alle weiteren Maßnahmen, die der Gesundheitszustand dieser Personen erfordert, sind im Rahmen der Umzugskosten nicht berücksichtigungsfähig, sowie
6. im Einzelfall weitere Personen, die nach § 6 Absatz 3 des Bundesumzugskostengesetzes berücksichtigungsfähig sind, soweit ihre Berücksichtigung im Einzelfall nach pflichtgemäßem Ermessen geboten ist, insbesondere, weil die berechtigte Person ihnen aufgrund gesetzlicher oder sittlicher Verpflichtung nicht nur vorübergehend Unterkunft und Unterhalt gewährt,

soweit sie nach dem Umzug zur häuslichen Gemeinschaft der berechtigten Person gehören. ²Die Personen nach Satz 1 Nummer 3, 4 und 6 sind nur berücksichtigungsfähig, wenn sie auch vor dem Umzug zur häuslichen Gemeinschaft der berechtigten Person gehören.

(2) Eine eigene Wohnung ist eine Wohnung, deren Eigentümerin oder Eigentümer oder Hauptmieterin oder Hauptmieter die berechtigte Person oder eine berücksichtigungsfähige Person ist.

§ 3
Antrag und Anzeigepflicht

(1) Die Ausschlussfrist für die Beantragung der Umzugskostenvergütung nach § 14 Absatz 6 Satz 1 des Bundesumzugskostengesetzes beginnt mit Beendigung des Umzugs.

(2) ¹Die berechtigte Person hat jede Änderung der tatsächlichen Verhältnisse, die die Höhe der Umzugskostenvergütung beeinflussen kann, unverzüglich anzuzeigen. ²Entsprechendes gilt für Rabatte, Geld- und Sachzuwendungen sowie für unentgeltliche Leistungen. ³Leistungen von dritter Seite sind anzurechnen.

§ 4
Bemessung der Umzugskostenvergütung, berücksichtigungsfähige Kosten

(1) ¹Die Bemessung der Umzugskostenvergütung richtet sich nach den persönlichen Verhältnissen der berechtigten Person am Tag des Dienstantritts am neuen Dienstort. ²Bei Umzügen aus dem Ausland ins Inland und bei Umzügen aus Anlass der Beendigung des Beamtenverhältnisses (§ 28) sind die persönlichen Verhältnisse an dem Tag, für den zuletzt Auslandsdienstbezüge gewährt worden sind, maßgeblich.

(2) ¹Wenn bei einem Umzug aus dem Ausland ins Inland die berechtigte Person den Wohnort so wählt, dass sie in der ordnungsgemäßen Wahrnehmung ihrer Dienstgeschäfte beeinträchtigt ist, werden höchstens die Umzugskosten erstattet, die bei einem Umzug an den neuen Dienstort entstanden wären; Maklerkosten werden nicht erstattet; Mietentschädigung wird nicht gewährt. ²Wird ein Umzug ins Ausland oder im Ausland an einen anderen Ort als den neuen Dienstort oder dessen Einzugsgebiet durchgeführt, werden keine Umzugskosten erstattet.

(3) ¹Wird eine eigene Wohnung nicht innerhalb eines Jahres nach dem Dienstantritt der berechtigten Person am neuen Dienstort bezogen, kann eine solche Wohnung im Rahmen der Umzugskostenvergütung nicht berücksichtigt werden. ²In den Fällen des § 28 Absatz 1 und 2 tritt der Tag nach dem Eintritt des maßgeblichen Ereignisses an die Stelle des Tages des Dienstantritts. ³Wird die Umzugskostenvergütung erst nach dem Dienstantritt zugesagt, tritt der Tag des Zugangs der Zusage an die Stelle des Tages des Dienstantritts. ⁴Ist die Wohnung wegen Wohnungsmangels oder aus anderen von der obersten Dienstbehörde als zwingend anerkannten Gründen erst nach Ablauf eines Jahres bezogen worden, kann sie berücksichtigt werden, wenn die berechtigte Person den Antrag auf Fristverlängerung vor Ablauf der Jahresfrist stellt.

(4) Leistungen nach den §§ 18 bis 21, die vor dem Umzug gewährt werden, stehen unter dem Vorbehalt, dass zu viel erhaltene Beträge zurückgefordert werden können, wenn der Umzug anders als zunächst geplant durchgeführt wird.

(5) Kosten werden nur berücksichtigt, soweit sie notwendig und nachgewiesen sind.

ABSCHNITT 2
Erstattungsfähige Kosten

UNTERABSCHNITT 1
Beförderung und Lagerung des Umzugsguts

§ 5
Umzugsgut

(1) Die Auslagen für die Beförderung des Umzugsguts (Beförderungsauslagen) von der bisherigen zur neuen Wohnung werden erstattet.

(2) Zu den Beförderungsauslagen gehören auch:
1. die Kosten für das Ein- und Auspacken des Umzugsguts, die Montage und Installation der üblichen Haushaltsgeräte, das Zwischenlagern (§ 9) und die Transportversicherung sowie
2. Gebühren und Abgaben, die bei der Beförderung des Umzugsguts anfallen.

(3) Wird das Umzugsgut getrennt befördert, ohne dass die oberste Dienstbehörde die Gründe dafür vorher als zwingend anerkannt hat, werden höchstens die Beförderungsauslagen erstattet, die bei nicht getrennter Beförderung entstanden wären.

(4) Bei Umzügen im oder ins Ausland gehören zum Umzugsgut auch Einrichtungsgegenstände und Personenkraftfahrzeuge, für die die berechtigte Person innerhalb von drei Monaten nach dem Bezug der neuen Wohnung den Lieferauftrag erteilt hat; Absatz 3 gilt entsprechend.

(5) Hat die berechtigte Person nach einer Auslandsverwendung mit ausgestatteter Dienstwohnung bei einem folgenden Umzug im Ausland mit Zusage der Umzugskostenvergütung den Lieferauftrag für

Einrichtungsgegenstände innerhalb der in Absatz 4 genannten Frist erteilt, um mit diesen Einrichtungsgegenständen eine nicht ausgestattete Wohnung beziehen zu können, werden die Beförderungsauslagen erstattet.

§ 6
Umzugsvolumen

(1) ¹Der berechtigten Person werden Beförderungsauslagen für ein Umzugsvolumen von bis zu 100 Kubikmetern erstattet. ²Zieht eine berücksichtigungsfähige Person mit um, werden die Auslagen für die Beförderung weiterer 30 Kubikmeter erstattet; für jede weitere mitumziehende berücksichtigungsfähige Person werden die Auslagen für die Beförderung weiterer 10 Kubikmeter erstattet.

(2) ¹Bei Leiterinnen und Leitern von Auslandsvertretungen kann die oberste Dienstbehörde in Einzelfällen der Erstattung der Auslagen für die Beförderung weiterer 50 Kubikmeter zustimmen. ²Dies gilt im Geschäftsbereich des Bundesministeriums der Verteidigung nach näherer Bestimmung durch die oberste Dienstbehörde auch für sonstige Berechtigte in vergleichbaren Dienststellungen.

(3) Wird der berechtigten Person eine voll oder teilweise ausgestattete Dienstwohnung zugewiesen, kann die oberste Dienstbehörde die Volumengrenzen nach Absatz 1 herabsetzen.

(4) Der Dienstherr kann eine amtliche Vermessung des Umzugsguts veranlassen.

§ 7
Personenkraftfahrzeuge

(1) Die Kosten der Beförderung eines Personenkraftfahrzeugs werden erstattet.

(2) ¹Kosten der Beförderung eines zweiten Personenkraftfahrzeugs mit bis zu 1,8 Litern Hubraum und einem Volumen von höchstens 11 Kubikmetern werden nur erstattet, wenn zum Haushalt am neuen Dienstort mindestens eine berücksichtigungsfähige Person gehört. ²Innerhalb Europas werden nur die Kosten der Selbstüberführung eines zweiten Personenkraftfahrzeugs bis zur Höhe der Beförderungsauslagen nach dem Bundesreisekostengesetz erstattet; die Kosten der Beförderung eines zweiten Personenkraftfahrzeugs nach Island, Malta, in die Russische Föderation, die Türkei, die Ukraine, nach Weißrussland und Zypern werden jedoch nach Satz 1 erstattet.

(3) Personenkraftfahrzeuge, die beim Umzug berücksichtigt werden, werden nicht in die Berechnung des Umzugsvolumens einbezogen.

(4) Bei einem Umzug im Ausland kann die oberste Dienstbehörde Auslagen für die Beförderung des am bisherigen Dienstort genutzten Personenkraftfahrzeugs nach Deutschland und für die Beförderung eines Fahrzeugs aus Deutschland zum neuen Dienstort erstatten, wenn bezüglich des bisher genutzten Fahrzeugs sowohl die Einfuhr am neuen Dienstort als auch der Verkauf am bisherigen Dienstort verboten sind.

§ 8
Tiere

¹Beförderungsauslagen für bis zu zwei Haustiere werden erstattet, soweit diese üblicherweise in der Wohnung gehalten werden. ²Kosten für Transportbehältnisse, Tierheime, Quarantäne und andere Nebenkosten werden nicht erstattet.

§ 9
Zwischenlagern von Umzugsgut

(1) Auslagen für das Zwischenlagern einschließlich der Lagerversicherung sind nur erstattungsfähig, wenn die berechtigte Person den Grund für das Zwischenlagern nicht zu vertreten hat oder wenn die berechtigte Person vorübergehend keine angemessene Leerraumwohnung am neuen Dienstort beziehen kann.

(2) Diese Auslagen werden für die Zeit vom Tag des Einladens des Umzugsguts bis zum Tag des Ausladens des Umzugsguts in der endgültigen Wohnung erstattet.

§ 10
Lagern von Umzugsgut

(1) ¹Zieht die berechtigte Person in eine ganz oder teilweise ausgestattete Dienstwohnung, werden ihr die Auslagen für das Verpacken, Versichern und Lagern des Umzugsguts erstattet, das nicht in die neue Wohnung mitgenommen wird. ²Daneben werden die notwendigen Auslagen für die Beförderung zum Lagerort erstattet, höchstens jedoch bis zur Höhe der Auslagen für die Beförderung bis zum Sitz der obersten Dienstbehörde (erster Dienstsitz) oder bis zu einem anderen Ort im Inland mit unentgeltlicher Lagermöglichkeit. ³Bezüglich des berücksichtigungsfähigen Volumens sind Absatz 6 Satz 2 und § 6 Absatz 1 entsprechend anzuwenden.

(2) Wird das nach Absatz 1 eingelagerte Umzugsgut bei einem folgenden Umzug wieder hinzugezogen und ist für diesen Umzug Umzugskostenvergütung zugesagt, werden die Beförderungsauslagen erstattet.

(3) Die Absätze 1 und 2 gelten entsprechend, wenn

1. die Mitnahme des Umzugsguts an den neuen Dienstort aus besonderen Gründen, insbesondere aus klimatischen oder Sicherheitsgründen, nicht zumutbar ist oder

2. während der Dauer der Verwendung an diesem Ort keine Möglichkeit besteht, eine Leerraumwohnung zu mieten, in der das Umzugsgut untergebracht werden kann.

(4) ¹Absatz 1 gilt entsprechend, wenn die berechtigte Person bei einem Umzug ins Ausland einen Teil des Umzugsguts nicht mitnehmen möchte. ²Kosten für das Lagern werden nur für die Zeit bis zur nächsten Inlandsverwendung übernommen. ³Kosten für das Hinzuziehen des Lagerguts während einer Auslandsverwendung werden nicht übernommen.

(5) Ist die Verwendung im Inland von vornherein voraussichtlich auf weniger als ein Jahr beschränkt, können Kosten für das Lagern des Umzugsguts erstattet werden.

(6) ¹Kann bei einem Umzug ins Ausland aufgrund der Beschränkung des Umzugsvolumens nach § 6 ein Teil des Umzugsguts nicht mitgeführt werden, gilt Absatz 4 entsprechend. ²Kosten für das Lagern des Umzugsguts, das die Volumengrenzen nach § 6 Absatz 1 übersteigt, können nur für ein Volumen von bis zu 20 Kubikmetern für die berechtigte Person und von 10 Kubikmetern für jede mitumziehende berücksichtigungsfähige Person erstattet werden. ³Insgesamt können bei Übersteigen der Volumengrenzen nach § 6 Absatz 1 Kosten für das Lagern von bis zu 50 Kubikmetern Umzugsgut erstattet werden.

UNTERABSCHNITT 2
Reisen

§ 11
Wohnungsbesichtigungsreise, Umzugsabwicklungsreise

(1) Die Auslagen für eine gemeinsame Reise der berechtigten Person und einer berücksichtigungsfähigen Person nach § 2 Absatz 1 Satz 1 Nummer 1, 2 oder 4 vom bisherigen an den neuen Dienstort zur Wohnungssuche (Wohnungsbesichtigungsreise) oder für eine Reise einer dieser Personen vom neuen zum bisherigen Dienstort zur Vorbereitung und Durchführung des Umzugs (Umzugsabwicklungsreise) werden mit der Maßgabe erstattet, dass gezahlt werden:

1. die Kosten der billigsten Fahrkarte für ein regelmäßig verkehrendes Beförderungsmittel und

2. Tage- und Übernachtungsgeld wie bei Dienstreisen der berechtigten Person für höchstens vier Aufenthaltstage sowie für die notwendigen Reisetage.

(2) Mehreren berechtigten Personen, denen jeweils eine eigene Umzugskostenvergütung zugesagt wurde und die am neuen Dienstort eine gemeinsame Wohnung suchen, stehen die Ansprüche nach Absatz 1 nur für eine gemeinsame Reise zu.

(3) Auslagen für eine Wohnungsbesichtigungsreise zu einer Dienstwohnung werden nicht erstattet.

Auslandsumzugskostenverordnung

§ 12
Umzugsreise

(1) Die Auslagen für die Umzugsreise vom bisherigen zum neuen Dienstort werden unter Berücksichtigung der notwendigen Reisedauer nach Maßgabe der folgenden Absätze erstattet.

(2) ¹Die Auslagen für die Umzugsreise der berechtigten Person und der berücksichtigungsfähigen Personen werden wie bei Dienstreisen erstattet. ²Für die Berechnung des Tagesgelds gelten die Abreise- und Ankunftstage als volle Reisetage.

(3) Die Reisekosten für einen dienstlich angeordneten Umweg der berechtigten Person werden auch für die berücksichtigungsfähigen Personen erstattet, wenn sie mit der berechtigten Person gemeinsam reisen und ihr Verbleib am bisherigen Dienstort unzumutbar ist oder Mietzuschuss nach § 54 des Bundesbesoldungsgesetzes eingespart wird.

(4) ¹Für eine angestellte Betreuungsperson werden die Kosten der billigsten Fahrkarte für ein regelmäßig verkehrendes Beförderungsmittel erstattet, wenn die berechtigte Person betreuungsbedürftig ist oder zum Haushalt der berechtigten Person am neuen Dienstort eine berücksichtigungsfähige Person gehört, die minderjährig, schwerbehindert oder pflegebedürftig (mindestens Pflegestufe I nach § 15 des Elften Buches Sozialgesetzbuch) ist; der Antrag muss spätestens drei Monate nach dem Bezug der neuen Wohnung gestellt werden. ²Für eine angestellte Betreuungsperson, die im Ausland aus wichtigem Grund aus dem Arbeitsverhältnis ausscheidet, können Fahrtkosten bis zur Höhe der Kosten der billigsten Fahrkarte für ein regelmäßig verkehrendes Beförderungsmittel zum Sitz der obersten Bundesbehörde erstattet werden, auch wenn die Fahrtkosten nach Ablauf der Frist nach § 3 Absatz 1 entstanden sind; der Antrag muss innerhalb von sechs Monaten nach dem Ausscheiden gestellt werden. ³Für eine Ersatzperson können Fahrtkosten erstattet werden, wenn zum Zeitpunkt ihrer Ankunft die Voraussetzungen nach Satz 1 erfüllt sind; der Erstattungsantrag muss innerhalb von drei Monaten nach Ausscheiden der vorherigen Betreuungsperson, für die Reisekosten erstattet worden sind, gestellt werden.

(5) Verbindet eine berechtigte oder eine berücksichtigungsfähige Person die Umzugsreise mit Urlaub, werden die Auslagen für die Reise zum neuen Dienstort abweichend von § 13 des Bundesreisekostengesetzes bis zu der Höhe erstattet, bis zu der sie erstattet würden, wenn die Umzugsreise unmittelbar vom bisherigen zum neuen Dienstort erfolgt wäre.

(6) ¹Wird die berechtigte Person im Anschluss an einen Heimaturlaub an einen anderen Dienstort versetzt oder abgeordnet, erhält sie für die Reise vom bisherigen Dienstort zum Sitz der für sie zuständigen Dienststelle im Inland (Heimaturlaubsreise) und für die Reise von dort zum neuen Dienstort Reisekostenvergütung wie bei einer Umzugsreise. ²Dabei werden im anzuwendenden Kostenrahmen die fiktiven Fahrtkosten der Heimaturlaubsreise berücksichtigt, der Anspruch auf Fahrtkostenzuschuss nach der Heimaturlaubsverordnung entfällt. ³Die Auslagen für die Versicherung des Reisegepäcks werden für die Dauer des Heimaturlaubs erstattet, höchstens jedoch für die Zeit von der Abreise vom bisherigen Dienstort bis zur Ankunft am neuen Dienstort.

(7) Für die berücksichtigungsfähigen Personen gilt Absatz 6 entsprechend.

§ 13
Reisegepäck

(1) ¹Die Auslagen für die Beförderung unbegleiteten Reisegepäcks anlässlich der Umzugsreise vom bisherigen zum neuen Dienstort werden erstattet bis zu einem Gewicht des Reisegepäcks von 200 Kilogramm. ²Die Obergrenze erhöht sich

1. um 100 Kilogramm für die mitumziehende berücksichtigungsfähige Person nach § 2 Absatz 1 Satz 1 Nummer 1 oder Nummer 2,

2. um 50 Kilogramm für jede mitumziehende berücksichtigungsfähige Person nach § 2 Absatz 1 Satz 1 Nummer 3 bis 6 und in den Fällen des § 12 Absatz 4 für die angestellte Betreuungsperson oder Ersatzkraft.

(2) ¹Bei Flugreisen werden die Auslagen für die Beförderung unbegleiteten Luftgepäcks nach Maßgabe des Absatzes 1 erstattet. ²Auslagen für die Beförderung begleiteten Luftgepäcks werden bis zu 50 Prozent der Gewichtsgrenzen nach Absatz 1 erstattet, wenn

1. es aus Sicherheitsgründen notwendig ist, das Gepäck als begleitetes Luftgepäck mitzuführen, oder nicht gewährleistet ist, dass das Gepäck in einem zumutbaren Zeitraum ausgelöst werden kann, und

2. die oberste Dienstbehörde vor der Aufgabe des Gepäcks der Erstattung zugestimmt hat.

UNTERABSCHNITT 3
Wohnung

§ 14
Vorübergehende Unterkunft

(1) ¹Auslagen für eine vorübergehende Unterkunft am bisherigen und am neuen Dienstort werden für die Zeit vom Tag des Einladens des Umzugsguts bis zum Tag nach dem Ausladen des Umzugsguts in der endgültigen Wohnung auf Antrag erstattet, soweit sie 25 Prozent der Bezüge übersteigen, die für die Berechnung des Mietzuschusses nach § 54 des Bundesbesoldungsgesetzes maßgeblich sind. ²Bei Umzügen mit Umzugskostenvergütung nach § 26 gilt Satz 1 für die Zeit vom Tag nach Beendigung der Hinreise bis zum Tag vor Antritt der Rückreise.

(2) ¹Zum Ausgleich des Mehraufwands für die Verpflegung der berechtigten Person und der berücksichtigungsfähigen Personen während des in Absatz 1 genannten Zeitraums wird ohne Vorlage von Einzelnachweisen ein Zuschuss gezahlt. ²Der Zuschuss beträgt für die ersten 14 Tage des Aufenthalts

1. am ausländischen Wohn- oder Dienstort 75 Prozent des Auslandstagegelds nach § 3 der Auslandsreisekostenverordnung,

2. am inländischen Wohn- oder Dienstort 75 Prozent des Inlandstagegelds nach § 6 Absatz 1 des Bundesreisekostengesetzes.

³Vom 15. Tag an wird der Zuschuss auf 50 Prozent des Auslands- oder Inlandstagegelds gesenkt.

(3) ¹Ist die Unterkunft mit einer Kochgelegenheit ausgestattet, werden 50 Prozent der Beträge nach Absatz 2 Satz 2 und 3 gezahlt. ²Handelt es sich um eine Wohnung mit ausgestatteter Küche oder halten sich die in Absatz 2 Satz 1 genannten Personen bei Verwandten oder Bekannten auf, wird kein Zuschuss gezahlt. ³Werden nach Absatz 1 Kosten für eine Unterkunft übernommen, in denen Kosten für ein Frühstück enthalten sind, ist der Mehraufwand für Verpflegung um 20 Prozent zu kürzen.

(4) Die Zahlungen nach den Absätzen 1 bis 3 werden nicht für die Tage geleistet, an denen die berechtigte Person

1. Heimaturlaub hat,

2. Urlaub an einem anderen als dem bisherigen oder neuen Wohn- oder Dienstort verbringt oder

3. Auslandstrennungsgeld oder vergleichbare Leistungen erhält.

§ 15
Mietentschädigung

(1) ¹Muss für dieselbe Zeit sowohl für die bisherige als auch für die neue eigene Wohnung der berechtigten Person Miete gezahlt werden, wird die Miete für die bisherige Wohnung bis zu dem Zeitpunkt erstattet, zu dem das Mietverhältnis frühestens gelöst werden kann, höchstens jedoch für drei Monate für eine Wohnung im Inland und für neun Monate für eine Wohnung im Ausland (Mietentschädigung). ²Die oberste Dienstbehörde kann die Frist für eine Wohnung im Ausland um höchstens ein Jahr verlängern, wenn dies wegen der ortsüblichen Verhältnisse erforderlich ist. ³Ausgaben für das Weitervermieten der Wohnung innerhalb der Vertragsdauer und für Maßnahmen, durch die Mietentschädigung eingespart wird, werden erstattet. ⁴Die Sätze 1 bis 3 gelten entsprechend für die Miete für eine Garage.

(2) Abweichend von § 8 Absatz 4 des Bundesumzugskostengesetzes wird Mietentschädigung auch nicht gewährt

Anhang 9 — Auslandsumzugskostenverordnung

1. für eine Zeit, für die die berechtigte Person Auslandstrennungsgeld oder vergleichbare Leistungen erhält,
2. für eine Wohnung oder Garage, für die Mietzuschuss (§ 54 des Bundesbesoldungsgesetzes) gewährt wird.

(3) ¹Muss die berechtigte Person aufgrund der Lage des Wohnungsmarktes eine Wohnung am neuen Dienstort oder in dessen Einzugsgebiet mieten, die sie noch nicht nutzen kann, und muss für dieselbe Zeit für die bisherige eigene Wohnung der berechtigten Person oder für eine vorübergehende Unterkunft am neuen Dienstort Miete gezahlt werden, wird die Miete für die endgültige Wohnung höchstens für drei Monate erstattet. ²Wenn die im oder ins Ausland versetzte berechtigte Person eine Wohnung nach Satz 1 schon vor Dienstantritt nutzt und noch keine Auslandsdienstbezüge für den neuen Dienstort erhält, kann mit Zustimmung der obersten Dienstbehörde ein Zuschuss gewährt werden, für dessen Höhe § 54 Absatz 1 des Bundesbesoldungsgesetzes entsprechend gilt.

(4) ¹Zu der Miete für die bisherige Wohnung im Ausland kann auch ohne Anmietung einer neuen Wohnung ein Zuschuss für die Zeit gewährt werden, für die die berechtigte Person weder Auslandstrennungsgeld noch vergleichbare Leistungen erhält. ²Für die Höhe des Zuschusses gilt § 54 Absatz 1 des Bundesbesoldungsgesetzes entsprechend.

(5) ¹Die oberste Dienstbehörde kann einer berechtigten Person, die im Ausland aus dem Dienst ausgeschieden ist, einen Mietzuschuss nach Absatz 1 bis zur frühesten Kündigungsmöglichkeit, höchstens drei Monate, auch dann bewilligen, wenn sie die Wohnung noch nutzt und keine neue Wohnung gemietet hat. ²Für die Höhe des Zuschusses gilt § 54 des Bundesbesoldungsgesetzes entsprechend.

(6) ¹Die bisherige Wohnung im eigenen Haus oder die Eigentumswohnung steht der Mietwohnung in Bezug auf Mietentschädigung gleich, sofern eine Vermietung nicht möglich ist; in diesem Fall wird die Mietentschädigung längstens für ein Jahr gezahlt. ²An die Stelle der Miete tritt der ortsübliche Mietwert der Wohnung. ³Entsprechendes gilt für die eigene Garage. ⁴Für die neue Wohnung im eigenen Haus oder die neue Eigentumswohnung wird keine Mietentschädigung gewährt.

§ 16
Wohnungsbeschaffungskosten

(1) Gutachterkosten, Maklerkosten, ortsübliche Mietvertragsabschlussgebühren, Kosten für Garantieerklärungen und Bürgschaften sowie vergleichbare Kosten, die beim Auszug aus der Wohnung am ausländischen Dienstort oder bei der Beschaffung einer neuen angemessenen Wohnung am ausländischen Dienstort anfallen, werden erstattet.

(2) ¹Wird dem Vermieter einer Wohnung am neuen ausländischen Dienstort eine Kaution geleistet, wird ein unverzinslicher Gehaltsvorschuss bis zum Dreifachen der Mieteigenbelastung der berechtigten Person gewährt, die sich bei entsprechender Anwendung des § 54 des Bundesbesoldungsgesetzes ergibt. ²Der Vorschuss ist in höchstens 20 gleichen Monatsraten zurückzuzahlen. ³Die Raten werden von den Dienstbezügen der berechtigten Person einbehalten. ⁴Bei vorzeitiger Versetzung oder Beendigung des Dienstverhältnisses ist der Rest des Vorschusses in einer Summe zurückzuzahlen. ⁵Soweit die ortsübliche Kaution den Gehaltsvorschuss übersteigt, wird sie erstattet.

(3) ¹Rückzahlungsansprüche gegenüber der Vermieterin oder dem Vermieter sind an den Dienstherrn abzutreten. ²Soweit die Kaution von der Vermieterin oder vom Vermieter berechtigterweise in Anspruch genommen wird, ist die berechtigte Person zur Rückzahlung des Erstattungsbetrags an den Dienstherrn verpflichtet.

(4) Bei Umzügen aus dem Ausland ins Inland ist § 9 Absatz 1 des Bundesumzugskostengesetzes anzuwenden.

(5) ¹Soweit die Verhältnisse im Zusammenhang mit dem Bezug oder dem Auszug aus einer Wohnung am Auslandsdienstort von im Ausland typischen Verhältnissen abweichen und dies zu einer außergewöhnlichen, von der berechtigten Person nicht zu vertretenden Härte führt, kann die oberste Dienstbehörde eine Leistung zur Milderung der Härte gewähren. ²Die Entscheidung ist besonders zu begründen und zu dokumentieren.

§ 17
Technische Geräte

(1) Müssen beim Bezug der neuen Wohnung aufgrund der örtlichen Verhältnisse Klimageräte oder Notstromerzeuger beschafft werden, werden die Auslagen für das Beschaffen und den Einbau dieser Geräte sowie die Kosten für die bauliche Herrichtung der betreffenden Räume erstattet.

(2) Die berechtigte Person hat die Geräte auf ihre Kosten regelmäßig zu warten.

(3) Beim Auszug hat die berechtigte Person die Geräte dem Dienstherrn zur Verfügung zu stellen oder den nach Absatz 1 erstatteten Betrag zurückzuzahlen.

UNTERABSCHNITT 4
Pauschalen und zusätzlicher Unterricht

§ 18
Umzugspauschale

(1) Eine berechtigte Person, die eine eigene Wohnung einrichtet, erhält für sich und die berücksichtigungsfähigen Personen eine Pauschale für sonstige Umzugskosten (Umzugspauschale), die sich aus Teilbeträgen nach den folgenden Absätzen zusammensetzt.

(2) ¹Bei einem Auslandsumzug innerhalb der Europäischen Union erhält die berechtigte Person einen Betrag in Höhe von 20 Prozent des Grundgehalts der Stufe 8 der Besoldungsgruppe A 13. ²Für berücksichtigungsfähige Personen erhält die berechtigte Person zusätzlich folgende Beträge:
1. für eine Person nach § 2 Absatz 1 Satz 1 Nummer 1 oder Nummer 2 einen Betrag in Höhe von 19 Prozent des Grundgehalts der Stufe 8 der Besoldungsgruppe A 13,
2. für eine Person nach § 2 Absatz 1 Satz 1 Nummer 4 bis 6 einen Betrag in Höhe von 7 Prozent des Grundgehalts der Stufe 8 der Besoldungsgruppe A 13,
3. für ein Kind nach § 2 Absatz 1 Satz 1 Nummer 3 einen Betrag in Höhe von 10 Prozent des Grundgehalts der Stufe 8 der Besoldungsgruppe A 13,
4. für ein Kind nach § 2 Absatz 1 Satz 1 Nummer 3, für das ein Auslandszuschlag gezahlt wird, das aber nicht mitumzieht, einen Betrag in Höhe von 10 Prozent des Grundgehalts der Stufe 8 der Besoldungsgruppe A 13,
5. für ein Kind nach § 2 Absatz 1 Satz 1 Nummer 3, für das ein Auslandszuschlag gezahlt wird, das aber im Inland bleibt, einen Betrag in Höhe von 7 Prozent des Grundgehalts der Stufe 8 der Besoldungsgruppe A 13.

(3) ¹Bei einem Umzug außerhalb der Europäischen Union, aus einem Mitgliedstaat der Europäischen Union in einen Staat außerhalb der Europäischen Union oder aus einem Staat außerhalb der Europäischen Union in einen Mitgliedstaat der Europäischen Union erhält die berechtigte Person einen Betrag in Höhe von 21 Prozent des Grundgehalts der Stufe 8 der Besoldungsgruppe A 13. ²Für berücksichtigungsfähige Personen erhält die berechtigte Person zusätzlich folgende Beträge:
1. für eine Person nach § 2 Absatz 1 Satz 1 Nummer 1 oder Nummer 2 einen Betrag in Höhe von 21 Prozent des Grundgehalts der Stufe 8 der Besoldungsgruppe A 13,
2. für eine Person nach § 2 Absatz 1 Satz 1 Nummer 4 bis 6 einen Betrag in Höhe von 10,5 Prozent des Grundgehalts der Stufe 8 der Besoldungsgruppe A 13,
3. für ein Kind nach § 2 Absatz 1 Satz 1 Nummer 3 einen Betrag in Höhe von 14 Prozent des Grundgehalts der Stufe 8 der Besoldungsgruppe A 13,
4. für ein Kind nach § 2 Absatz 1 Satz 1 Nummer 3, für das ein Auslandszuschlag gezahlt wird, das aber nicht mitumzieht, einen Betrag in Höhe von 14 Prozent des Grundgehalts der Stufe 8 der Besoldungsgruppe A 13,
5. für ein Kind nach § 2 Absatz 1 Satz 1 Nummer 3, für das ein Auslandszuschlag gezahlt wird, das aber im Inland bleibt, einen Betrag in Höhe von 7 Prozent des Grundgehalts der Stufe 8 der Besoldungsgruppe A 13.

Auslandsumzugskostenverordnung

(4) Bei einem Umzug aus einem anderen Mitgliedstaat der Europäischen Union ins Inland erhält die berechtigte Person 80 Prozent der Beträge nach Absatz 2, bei einem Umzug aus einem Staat außerhalb der Europäischen Union ins Inland erhält die berechtigte Person 80 Prozent der Beträge nach Absatz 3.

(5) Bei einem Umzug am Wohnort oder in dessen Einzugsgebiet nach § 23 erhält die berechtigte Person 60 Prozent der Beträge nach den Absätzen 2 und 3.

(6) ¹Eine berechtigte Person, die keine Wohnung einrichtet oder eine ausgestattete Wohnung bezieht, erhält 25 Prozent der Beträge nach den Absätzen 2 und 3 für sich und die Person nach § 2 Absatz 1 Satz 1 Nummer 1 oder Nummer 2. ²Ist nur ein Teil der Privaträume ausgestattet, wird der Betrag nach Satz 1 verhältnismäßig erhöht.

(7) Ist innerhalb der letzten fünf Jahre ein Umzug mit Zusage der Umzugskostenvergütung nach § 3 oder § 4 Absatz 1 Nummer 2 bis 4 oder Absatz 2 des Bundesumzugskostengesetzes an einen anderen Wohnort durchgeführt worden und ist auch bei diesem Umzug eine eigene Wohnung für die Berechnung der pauschalen Vergütung berücksichtigt worden, wird ein Zuschlag in Höhe von 50 Prozent der Beträge nach den Absätzen 2 bis 6 gezahlt.

(8) ¹Besteht am neuen Wohnort eine andere Netzspannung oder Netzfrequenz als am bisherigen Wohnort und ist die neue Wohnung nicht mit einer der bisherigen Wohnung entsprechenden Stromversorgung oder nicht mit den notwendigen elektrischen Geräten ausgestattet, wird ein Zuschlag in Höhe von 13 Prozent des Grundgehalts der Stufe 8 der Besoldungsgruppe A 13 gewährt. ²Besteht am neuen Wohnort eine andere Fernsehnorm als am bisherigen Wohnort, wird ein weiterer Zuschlag in Höhe von 10 Prozent des Grundgehalts der Stufe 8 der Besoldungsgruppe A 13 gewährt.

(9) ¹Berechtigten Personen, die jeweils eine eigene Zusage der Umzugskostenvergütung erhalten haben und die eine gemeinsame Wohnung beziehen, wird insgesamt nur eine Umzugspauschale gewährt. ²In diesem Fall gilt eine der beiden Personen als berücksichtigungsfähige Person nach § 2 Absatz 1 Nummer 1 oder Nummer 2. ³Sind die Pauschalen der berechtigten Personen unterschiedlich hoch, wird die höhere gezahlt.

§ 19
Ausstattungspauschale

(1) ¹Bei der ersten Verwendung im Ausland erhält die verheiratete oder in einer Lebenspartnerschaft lebende berechtigte Person eine Ausstattungspauschale in Höhe von 70 Prozent des Grundgehalts der Stufe 8 der Besoldungsgruppe A 13, zuzüglich des Grundgehalts der Stufe 8 der jeweiligen Besoldungsgruppe, mindestens der Besoldungsgruppe A 5, höchstens der Besoldungsgruppe B 3. ²Eine berechtigte Person, die weder verheiratet ist noch in einer Lebenspartnerschaft lebt, und die berechtigte Person, deren Ehegattin oder Ehegatte oder Lebenspartnerin oder Lebenspartner nicht an den neuen Dienstort umzieht, erhält 90 Prozent des sich nach Satz 1 ergebenden Betrages. ³Für jedes Kind, für das ihr Auslandskinderzuschlag zusteht, erhält die berechtigte Person einen Betrag in Höhe von 14 Prozent des Grundgehalts der Stufe 8 der Besoldungsgruppe A 13. ⁴Soweit die oberste Dienstbehörde besondere Verpflichtungen der dienstlichen Repräsentation anerkennt, erhöht sich die Ausstattungspauschale nach Satz 1 oder Satz 2 um 30 Prozent; dies gilt nicht für Empfängerinnen oder Empfänger einer Einrichtungspauschale nach § 20.

(2) ¹Die berechtigte Person, die am neuen Dienstort keine Wohnung einrichtet oder eine ausgestattete Wohnung bezieht, erhält eine Ausstattungspauschale in Höhe von 50 Prozent der Beträge nach Absatz 1. ²Ist nur ein Teil der Privaträume einer Dienstwohnung ausgestattet, wird die Ausstattungspauschale nach Satz 1 verhältnismäßig erhöht.

(3) Bei einer weiteren Verwendung im Ausland wird eine Ausstattungspauschale gezahlt, wenn die berechtigte Person

1. innerhalb der letzten drei Jahre vor der neuen Verwendung nicht oder nur vorübergehend Dienstbezüge im Ausland oder entsprechende von einer zwischen- oder überstaatlichen Organisation gezahlte Bezüge erhalten hat,

2. bei vorausgegangenen Umzügen innerhalb der letzten drei Jahre keine Ausstattungspauschale aufgrund des § 14 Absatz 7 des Bundesumzugskostengesetzes erhalten hat oder

3. bei vorausgegangenen Umzügen innerhalb der letzten drei Jahre eine verminderte Ausstattungspauschale aufgrund des § 14 Absatz 7 des Bundesumzugskostengesetzes oder nach § 26 Absatz 1 Nummer 9 oder Absatz 5 Nummer 2 dieser Verordnung erhalten hat; in diesem Fall sind die Beträge anzurechnen, die bei den vorausgegangenen Umzügen gezahlt worden sind.

(4) Berechtigte Personen, denen bereits anlässlich einer Verwendung in einem Mitgliedstaat der Europäischen Union eine Ausstattungspauschale gewährt wurde, erhalten bei einem erneuten Umzug in einen Mitgliedstaat der Europäischen Union keine weitere Ausstattungspauschale.

(5) Berechtigte Personen, die eine Gemeinschaftsunterkunft beziehen, erhalten keine Ausstattungspauschale.

(6) § 18 Absatz 9 gilt entsprechend.

§ 20
Einrichtungspauschale

(1) ¹Bei der Bestellung zur Leiterin oder zum Leiter einer Auslandsvertretung erhält die berechtigte Person, die eine ausgestattete Dienstwohnung bezieht oder eine möblierte Wohnung mietet, eine Einrichtungspauschale in Höhe von 140 Prozent des Grundgehalts der Stufe 1 ihrer jeweiligen Besoldungsgruppe. ²Berechtigte Personen, die einer Besoldungsgruppe der Bundesbesoldungsordnung B angehören, erhalten eine Einrichtungspauschale in Höhe von 120 Prozent des jeweiligen Grundgehalts. ³Für zusätzliche Einrichtungsgegenstände im Zusammenhang mit der Anwesenheit des Ehegatten oder des Ehegatten oder der Lebenspartnerin oder des Lebenspartners am Dienstort erhöht sich die Einrichtungspauschale um 10 Prozent.

(2) ¹Bezieht die berechtigte Person eine Leerraumwohnung, erhöht sich die Pauschale nach Absatz 1 für die Einrichtung der Empfangsräume und der privaten Wohn- und Esszimmer jeweils um 50 Prozent. ²Ist die Wohnung teilweise ausgestattet, verringert sich der Prozentsatz verhältnismäßig.

(3) ¹Die ständige Vertreterin oder der ständige Vertreter der Leiterin oder des Leiters einer Auslandsvertretung sowie die Leiterin oder der Leiter einer Außenstelle einer Auslandsvertretung erhalten bei ihrer Bestellung eine Einrichtungspauschale in Höhe von 50 Prozent der Pauschale nach Absatz 1. ²Bezieht die berechtigte Person eine Leerraumwohnung, erhält sie 75 Prozent der Pauschale nach Absatz 1. ³Absatz 2 Satz 2 gilt entsprechend.

(4) ¹Früher gezahlte Einrichtungspauschalen sind anzurechnen. ²Übersteigen diese 80 Prozent der neuen Einrichtungspauschale, wird eine Einrichtungspauschale in Höhe von 20 Prozent gezahlt.

(5) Einer berechtigten Person, die während einer Auslandsverwendung zur Leiterin oder zum Leiter einer Auslandsvertretung bestellt wird, wird die Einrichtungspauschale nur gezahlt, wenn ihr aus Anlass der Bestellung die Umzugskostenvergütung zugesagt worden ist.

(6) ¹Eine berechtigte Person, deren neuer Dienstort in einem Mitgliedstaat der Europäischen Union liegt, ist verpflichtet, die zweckentsprechende Verwendung der Einrichtungspauschale, die aus Anlass des Umzugs an diesen Dienstort gewährt worden ist, der obersten Dienstbehörde auf Verlangen nachzuweisen. ²Die dafür erforderlichen Belege sind für die Dauer des Verbleibs an diesem Dienstort aufzubewahren und der obersten Dienstbehörde auf Verlangen vorzulegen.

(7) § 18 Absatz 9 gilt entsprechend.

(8) Das Bundesministerium der Verteidigung kann bestimmen, dass die Absätze 1 bis 7 in seinem Geschäftsbereich auch für sonstige berechtigte Personen in vergleichbaren Dienststellungen gelten.

§ 21
Pauschale für klimagerechte Kleidung

(1) ¹Bei der ersten Verwendung an einem Auslandsdienstort mit einem Klima, das vom mitteleuropäischen Klima erheblich abweicht, wird eine Pauschale für das Beschaffen klimagerechter Kleidung gezahlt, die sich aus folgenden Teilbeträgen zusammensetzt:

Anhang 9 — Auslandsumzugskostenverordnung

1. an einem Dienstort mit extrem niedrigen Temperaturen
   a) für die berechtigte Person und die berücksichtigungsfähige Person nach § 2 Absatz 1 Satz 1 Nummer 1 oder Nummer 2 jeweils 30 Prozent des Grundgehalts der Stufe 8 der Besoldungsgruppe A 13,
   b) für jedes mitumziehende berücksichtigungsfähige Kind 15 Prozent des Grundgehalts der Stufe 8 der Besoldungsgruppe A 13,
2. an einem Dienstort mit extrem hohen Temperaturen für die berechtigte Person und die berücksichtigungsfähige Person nach § 2 Absatz 1 Satz 1 Nummer 1 oder Nummer 2 jeweils 15 Prozent des Grundgehalts der Stufe 8 der Besoldungsgruppe A 13.

²Wird klimagerechte Kleidung von Amts wegen bereitgestellt, ist die Pauschale um 25 Prozent zu kürzen.

(2) Das Auswärtige Amt stellt im Einvernehmen mit dem Bundesministerium der Verteidigung durch Allgemeinverfügung die Auslandsdienstorte fest, deren Klima vom mitteleuropäischen Klima erheblich abweicht.

(3) Bei einer weiteren Verwendung an einem Auslandsdienstort nach Absatz 1 wird eine weitere Pauschale gezahlt, wenn

1. die berechtigte Person innerhalb der letzten drei Jahre vor der neuen Verwendung nicht an einem solchen Dienstort Auslandsdienstbezüge oder entsprechende von einer zwischen- oder überstaatlichen Organisation gezahlte Bezüge erhalten hat,
2. am neuen Dienstort Klimaverhältnisse herrschen, die denen am vorigen Dienstort entgegengesetzt sind, oder
3. die berechtigte Person bei den vorausgegangenen Umzügen innerhalb der letzten drei Jahre eine ermäßigte Pauschale aufgrund des § 26 Absatz 1 Nummer 10 oder Absatz 5 Nummer 3 erhalten hat und beim neuen Umzug keine Gründe für eine Ermäßigung vorliegen; in diesem Fall ist die bei den vorausgegangenen Umzügen gezahlte Pauschale anzurechnen.

(4) Gibt es am Dienstort während der Verwendung sowohl Zeiträume mit extrem niedrigen als auch Zeiträume mit extrem hohen Temperaturen, wird sowohl der Teilbetrag für Dienstorte mit extrem niedrigen Temperaturen als auch der Teilbetrag für Dienstorte mit extrem hohen Temperaturen gewährt.

(5) Ergeht die Feststellung nach Absatz 2 erst nach dem Dienstantritt der berechtigten Person, beginnt die Ausschlussfrist nach § 3 Absatz 1 für den Antrag auf Gewährung der Pauschale für das Beschaffen klimagerechter Kleidung mit der Feststellung der erheblichen Abweichung vom mitteleuropäischen Klima nach Absatz 2, sofern die berechtigte Person zum Zeitpunkt der Antragstellung noch für diesen Dienstort Auslandsdienstbezüge erhält.

(6) § 18 Absatz 9 gilt entsprechend.

§ 22
Zusätzlicher Unterricht

(1) ¹Benötigt ein berücksichtigungsfähiges Kind aufgrund des Umzugs zusätzlichen Unterricht, werden die Unterrichtskosten für höchstens ein Jahr zu 90 Prozent erstattet. ²Die Frist beginnt spätestens ein Jahr nach Beendigung des Umzugs des Kindes.

(2) ¹Insgesamt wird für jedes berücksichtigungsfähige Kind höchstens ein Betrag in Höhe des zum Zeitpunkt der Beendigung des Umzugs maßgeblichen Grundgehalts der Stufe 1 der Besoldungsgruppe A 14 erstattet. ²Mit Zustimmung der obersten Dienstbehörde können höhere Kosten erstattet werden, wenn die Anwendung des Satzes 1 für eine berechtigte Person mit häufigen Auslandsverwendungen eine unzumutbare Härte bedeuten würde.

ABSCHNITT 3
Sonderfälle

§ 23
Umzug am ausländischen Dienstort

(1) ¹Für einen Umzug am ausländischen Dienstort kann Umzugskostenvergütung zugesagt werden, wenn die Gesundheit oder die Sicherheit der berechtigten Person oder der berücksichtigungsfähigen Personen erheblich gefährdet sind oder wenn ein Umzug aus anderen zwingenden Gründen, die sich aus dem Auslandsdienst und den besonderen Verhältnissen im Ausland ergeben, erforderlich ist. ²In diesen Fällen werden neben den Beförderungsauslagen nach § 5 Absatz 1 bis 3 auch die Auslagen für Wohnungsbeschaffungskosten nach § 16 sowie die Umzugspauschale nach § 18 Absatz 5 gezahlt. ³Soweit erforderlich, können auch Auslagen nach § 17 erstattet werden.

(2) Bei Umzügen nach Absatz 1 aus gesundheitlichen Gründen kann die Umzugskostenvergütung nur zugesagt werden, wenn die Notwendigkeit amts- oder vertrauensärztlich bescheinigt worden ist.

(3) Die Umzugskostenvergütung ist so rechtzeitig zu beantragen, dass über sie vor Beginn des geplanten Umzugs entschieden werden kann.

(4) Die berechtigte Person, der die Umzugskostenvergütung für einen Umzug nach § 3 Absatz 1 Nummer 1, 3 oder Nummer 4, nach § 4 Absatz 1 Nummer 2 bis 4 des Bundesumzugskostengesetzes oder in den Fällen des § 28 Absatz 1 und 2 dieser Verordnung zugesagt worden ist, erhält für den Umzug in eine vorläufige Wohnung Umzugskostenvergütung, wenn der Dienstherr die neue Wohnung vorher schriftlich als vorläufige Wohnung anerkannt hat.

§ 24
Umzugsbeihilfe

(1) ¹Wenn einer berechtigten Person mit Dienstbezügen die Umzugskostenvergütung zugesagt worden ist und sie nach dem Dienstantritt am neuen ausländischen Dienstort heiratet oder eine Lebenspartnerschaft begründet, können ihr für die Umzugsreise ihrer Ehegattin oder ihres Ehegatten oder ihrer Lebenspartnerin oder ihres Lebenspartners und der zu deren oder dessen häuslicher Gemeinschaft gehörenden minderjährigen Kinder, die durch die Reise in die häusliche Gemeinschaft der berechtigten Person aufgenommen werden, die notwendigen Fahrtkosten erstattet werden. ²Fahrtkosten werden nur erstattet bis zur Höhe der Kosten der billigsten Fahrkarte für ein regelmäßig verkehrendes Beförderungsmittel für eine Reise vom Wohnort der Ehegattin oder des Ehegatten oder der Lebenspartnerin oder des Lebenspartners zum Dienstort der berechtigten Person, höchstens jedoch für eine solche Reise vom letzten inländischen Dienstort der berechtigten Person an deren neuen ausländischen Dienstort. ³Die notwendigen Auslagen für das Befördern des Umzugsguts der Ehegattin oder des Ehegatten oder der Lebenspartnerin oder des Lebenspartners und des Umzugsguts ihrer oder seiner Kinder an den ausländischen Dienstort können bis zur Höhe der Auslagen erstattet werden, die entstanden wären, wenn das Umzugsgut vom letzten inländischen an den ausländischen Dienstort befördert worden wäre. ⁴§ 6 Absatz 1 und § 10 Absatz 6 sind entsprechend anzuwenden.

(2) ¹Bei dauerhafter Trennung im Ausland und bei Beendigung der Beurlaubung der berücksichtigungsfähigen Person nach § 8 Absatz 1 Satz 1 Nummer 1 oder Nummer 2 nach § 24 Absatz 2 des Gesetzes über den Auswärtigen Dienst auf Betreiben des Dienstherrn der berücksichtigungsfähigen Person ist Absatz 1 entsprechend anzuwenden, wenn die berücksichtigungsfähige Person bis zur Trennung zur häuslichen Gemeinschaft der berechtigten Person gehört hat. ²Die Auslagen werden für die Reise und die Beförderungskosten vom ausländischen Wohnort zum neuen Wohnort entsprechend erstattet, höchstens jedoch bis zur Höhe der Kosten für eine Rückkehr an den letzten inländischen Dienstort der berechtigten Person. ³Mehrkosten für das getrennte Versenden von Umzugsgut (§ 5 Absatz 3) werden nicht erstattet, wenn die berechtigte Person innerhalb von drei Monaten ins Inland versetzt wird.

(3) Die Absätze 1 und 2 gelten entsprechend für minderjährige Kinder, die erstmals zu dem in einem anderen Staat lebenden anderen Elternteil übersiedeln, sowie einmalig für Kinder der berechtigten Person, für die ein Anspruch auf Kindergeld besteht, bis längstens drei Monate nach Wegfall des Anspruchs für einen Umzug vom Inland ins Ausland oder im Ausland.

(4) Absatz 2 gilt entsprechend für berücksichtigungsfähige Kinder bei

1. Rückkehr ins Inland innerhalb von 18 Monaten nach Abschluss der Schulausbildung am ausländischen Dienstort,

Auslandsumzugskostenverordnung

Anhang 9

2. Rückkehr ins Inland zur Fortsetzung der Schulausbildung, sofern es am Dienstort keine geeignete Schule gibt, oder
3. erstmaliger Aufnahme einer Berufsausbildung oder eines Studiums im Ausland innerhalb von 18 Monaten nach Abschluss der Schulausbildung am ausländischen Dienstort bis zur Höhe der Kosten für eine Rückkehr an den letzten inländischen Dienstort.

§ 25
Widerruf der Zusage der Umzugskostenvergütung

(1) Die Zusage der Umzugskostenvergütung kann ganz oder teilweise widerrufen werden, wenn
1. mit einer baldigen weiteren Versetzung an einen anderen Dienstort zu rechnen ist,
2. der Umzug aus besonderen Gründen nicht durchgeführt werden soll oder
3. die berechtigte Person stirbt, bevor sie an den neuen Dienstort umgezogen ist.

(2) Die Zusage der Umzugskostenvergütung gilt als ganz widerrufen, wenn vor dem Bezug der neuen Wohnung die Umzugskostenvergütung für einen anderen Umzug zugesagt worden ist.

(3) ¹Wird die Zusage der Umzugskostenvergütung ganz oder teilweise widerrufen, hat die berechtigte Person
1. die Pauschalen nach den §§ 18 bis 21 zurückzuzahlen, soweit sie bis zur Bekanntgabe des Widerrufs nicht bestimmungsgemäß verbraucht worden sind;
2. alle Möglichkeiten zur Vermeidung von Kosten für Umzugsvorbereitungen zu nutzen.

²Andere notwendige Auslagen, die der berechtigten Person im Zusammenhang mit dem erwarteten Umzug entstanden sind, und Schäden, die als unmittelbare Folge des Widerrufs entstanden sind, können erstattet werden.

(4) ¹Wird innerhalb von sechs Monaten nach dem Widerruf der Zusage die Umzugskostenvergütung für einen Umzug an einen anderen Ort zugesagt, werden die Pauschalen nach den §§ 18 bis 21, die die berechtigte Person aufgrund der ersten Zusage erhalten hat, auf die Beträge angerechnet, die ihr aufgrund der neuen Zusage gewährt werden. ²Die Anrechnung unterbleibt, soweit die berechtigte Person die Pauschalen bis zur Bekanntgabe des Widerrufs der ersten Zusage bestimmungsgemäß verbraucht hat und die daraus beschafften Gegenstände am neuen Dienstort nicht verwendbar sind.

(5) Wird die Zusage der Umzugskostenvergütung aus Gründen widerrufen, die die berechtigte Person zu vertreten hat, hat sie abweichend von den Absätzen 3 und 4 die schon erhaltene Umzugskostenvergütung insoweit zurückzuzahlen, als die Zusage widerrufen worden ist.

(6) Bei Rücknahme, Aufhebung oder Erledigung der Zusage der Umzugskostenvergütung auf andere Weise gelten die Absätze 3 bis 5 entsprechend.

§ 26
Umzugskostenvergütung bei einer Auslandsverwendung von bis zu zwei Jahren

(1) Soweit von vornherein feststeht, dass die berechtigte Person für nicht mehr als zwei Jahre ins Ausland oder im Ausland versetzt, abgeordnet oder abkommandiert wird, wird für den Hin- und Rückumzug Umzugskostenvergütung höchstens in folgendem Umfang gewährt:
1. Erstattung der Auslagen für die Umzugsreise nach § 12,
2. Erstattung der Auslagen für die Beförderung von Reisegepäck nach § 13,
3. Erstattung der Auslagen für eine vorübergehende Unterkunft nach § 14,
4. Erstattung der Beförderungsauslagen für bis zu 200 Kilogramm Umzugsgut für die berechtigte Person und jede mitumziehende berücksichtigungsfähige Person,
5. Erstattung der notwendigen Auslagen für das Beibehalten der bisherigen Wohnung im Inland, und zwar in voller Höhe, wenn diese aufgrund der dienstlichen Maßnahme nicht bewohnt wird, im Übrigen anteilig entsprechend der Zahl der Personen, die die Wohnung aufgrund der dienstlichen Maßnahme nicht mehr nutzen, oder Erstattung der notwendigen Auslagen für das Lagern des Umzugsguts,
6. Erstattung der notwendigen Garagenmiete für ein am bisherigen Dienst- oder Wohnort zurückgelassenes Personenkraftfahrzeug, sofern weder das Fahrzeug noch die Garage anderweitig genutzt wird,
7. Mietentschädigung nach § 15,
8. Erstattung der Wohnungsbeschaffungskosten nach § 16,
9. 40 Prozent der Umzugspauschale nach § 18 sowie 40 Prozent der Ausstattungspauschale nach § 19,
10. die Pauschale für klimagerechte Kleidung nach § 21; für jede mitumziehende berücksichtigungsfähige Person 40 Prozent dieser Pauschale.

(2) ¹Leistungen nach Absatz 1 Nummer 5 und 6 werden nicht für Tage gewährt, für die die berechtigte Person Auslandstrennungsgeld oder vergleichbare Leistungen erhält. ²Leistungen nach Absatz 1 Nummer 9 und 10 werden für den Hin- und Rückumzug nur einmal gewährt.

(3) ¹Anstelle der Erstattung der Auslagen nach Absatz 1 Nummer 5 können für die Beförderung des Umzugsguts an den ausländischen Dienstort Auslagen bis zur Höhe der Kosten erstattet werden, die durch eine Einlagerung im Inland entstanden wären, höchstens jedoch bis zur Höhe der Kosten für das Beibehalten der bisherigen Wohnung. ²Kann das Umzugsgut an einem anderen Ort im Inland unentgeltlich gelagert werden, können anstelle der Erstattung der Auslagen nach Absatz 1 Nummer 5 die Beförderungsauslagen nach § 10 Absatz 1 erstattet werden.

(4) Die oberste Dienstbehörde kann im Einzelfall aus dienstlichen Gründen
1. die Umzugskostenvergütung erweitern,
2. insbesondere aus Gründen der Sicherheit oder aus fiskalischen Gründen die Zusage der Umzugskostenvergütung auf die berechtigte Person beschränken.

(5) ¹Bei einer Auslandsverwendung mit einer vorgesehenen Dauer von bis zu acht Monaten wird Umzugskostenvergütung nur gewährt, wenn Auslandsdienstbezüge (§ 52 des Bundesbesoldungsgesetzes) gezahlt werden. ²Die Absätze 1 bis 4 gelten in diesem Fall mit folgenden Maßgaben:
1. für die berechtigte Person und jede berücksichtigungsfähige Person, die an der Umzugsreise teilnimmt, werden die Auslagen für die Beförderung von bis zu 100 Kilogramm Umzugsgut erstattet;
2. 20 Prozent der Umzugspauschale nach § 18 sowie 10 Prozent der Ausstattungspauschale nach § 19 werden gezahlt,
3. für die berechtigte Person werden 50 Prozent und für jede mitumziehende berücksichtigungsfähige Person werden 20 Prozent der Pauschale für klimagerechte Kleidung nach § 21 gezahlt.

(6) ¹Dauert die Auslandsverwendung nach Absatz 5 länger als ursprünglich vorgesehen, kann die Umzugskostenvergütung gezahlt werden, die für die längere Verwendungsdauer zusteht. ²In diesem Fall beginnt die Ausschlussfrist nach § 3 Absatz 1 für die Zahlung der zusätzlichen Umzugskostenvergütung an dem Tag, an dem der berechtigten Person die Verlängerung ihrer Verwendung bekannt gegeben wird.

§ 27
Rückführung aus Gefährdungsgründen

(1) Sind an einem ausländischen Dienstort Leben oder Gesundheit der berechtigten Person oder der zu ihrer häuslichen Gemeinschaft gehörenden berücksichtigungsfähigen Personen und von Betreuungspersonen, für die Kosten nach § 12 Absatz 4 erstattet wurden, erheblich gefährdet, kann die oberste Dienstbehörde Umzugskostenvergütung für die Rückführung oder den Umzug der berechtigten Person oder der zu ihrer häuslichen Gemeinschaft gehörenden berücksichtigungsfähigen Personen und der Betreuungspersonen sowie von Umzugsgut zusagen.

(2) Ist an einem ausländischen Dienstort das Eigentum der berechtigten Person oder der zu ihrer häuslichen Gemeinschaft gehörenden berücksichtigungsfähigen Personen erheblich gefährdet, kann die oberste Dienstbehörde Umzugskostenvergütung für die Rückführung von Umzugsgut zusagen.

(3) ¹Die Zusage kann für eine Rückführung oder einen Umzug ins Inland oder im Ausland erteilt werden. ²Die Umzugskostenvergütung darf jedoch nur in dem Umfang zugesagt werden, wie es den Umständen nach notwendig ist. ³Die Sätze 1 und 2 gelten entsprechend für die Rückkehr zum Dienstort.

(4) ¹Die oberste Dienstbehörde bestimmt im Einzelfall, in welchem Umfang Umzugskosten erstattet werden, wenn wegen erheblicher Gefährdung des Lebens, der Gesundheit oder des Eigentums oder wegen anderer außergewöhnlicher Verhältnisse im Ausland andere als die im Bundesumzugskostengesetz vorgesehenen dienstlichen Maßnahmen erforderlich sind. ²Dabei berücksichtigt sie die nach § 12 Absatz 8 der Auslandstrennungsgeldverordnung getroffenen Regelungen. ³Werden für einen Dienstort, an dem sich eine Auslandsvertretung befindet, Maßnahmen nach Satz 1 erforderlich, bestimmt das Auswärtige Amt den Umfang der Umzugskostenvergütung für alle an diesem Dienstort tätigen und von der Maßnahme betroffenen berechtigten Personen.

(5) Die berechtigte Person erhält eine pauschale Vergütung nach § 18 Absatz 6, wenn außer dem Reisegepäck Teile des Hausrats zurückgeführt werden müssen und sich die Zusage der Umzugskostenvergütung hierauf erstreckt.

§ 28
Umzug bei Beendigung des Beamtenverhältnisses

(1) ¹Einer berechtigten Person mit Dienstort im Ausland, die in den Ruhestand tritt oder deren Beamtenverhältnis auf Zeit endet, ist Umzugskostenvergütung für einen Umzug an einen Ort ihrer Wahl im Inland zuzusagen. ²Umzugskostenvergütung wird nur gezahlt, wenn der Umzug spätestens zwei Jahre nach der Beendigung des Beamtenverhältnisses durchgeführt wird. ³Die oberste Dienstbehörde kann diese Frist in Ausnahmefällen um ein Jahr verlängern.

(2) ¹Absatz 1 gilt nach dem Tod einer berechtigten Person, deren letzter Dienstort im Ausland liegt, entsprechend für berücksichtigungsfähige Personen, die am Todestag der berechtigten Person zu deren häuslicher Gemeinschaft gehört haben. ²Gibt es keine solchen berücksichtigungsfähigen Personen oder ziehen diese berücksichtigungsfähigen Personen nicht ins Inland um, können den Erbinnen und Erben die notwendigen Auslagen für das Befördern beweglicher Nachlassgegenstände an einen Ort im Inland sowie sonstige berücksichtigungsfähige Auslagen, die durch den Umzug nachweislich entstanden sind, erstattet werden, wenn die Auslagen innerhalb der in Absatz 1 genannten Frist entstanden sind. ³Für angestellte Betreuungspersonen gilt § 12 Absatz 4 entsprechend.

(3) ¹Soweit in den Fällen der Absätze 1 und 2 Satz 1 Umzüge im Ausland durchgeführt werden, können die notwendigen Umzugsauslagen erstattet werden, höchstens jedoch in dem Umfang, in dem Auslagen bei einem Umzug an den Sitz der obersten Dienstbehörde entstanden wären. ²Wird später, jedoch noch innerhalb der Frist nach Absatz 1, ein Umzug ins Inland durchgeführt, ist der nach Satz 1 erstattete Betrag auf die nach Absatz 1 oder Absatz 2 zustehende Umzugskostenvergütung anzurechnen.

(4) Endet das Beamtenverhältnis einer berechtigten Person mit Dienstort im Ausland aus einem von ihr zu vertretenden Grund und zieht diese Person spätestens sechs Monate danach ins Inland um, können ihr und den berücksichtigungsfähigen Personen für diesen Umzug die Beförderungsauslagen und Fahrtkosten bis zur Höhe der Kosten der billigsten Fahrkarte für ein regelmäßig verkehrendes Beförderungsmittel erstattet werden, höchstens jedoch die Beförderungsauslagen und Fahrtkosten, die durch einen Umzug an den Sitz der obersten Dienstbehörde entstanden wären.

ABSCHNITT 4
Schlussvorschriften

§ 29
Übergangsregelungen

(1) ¹Die Kosten für die Beförderung und die Einlagerung von Umzugsgut werden der berechtigten Person, die bereits vor Inkrafttreten dieser Verordnung über höheres Umzugsvolumen verfügt als nach dieser Verordnung berücksichtigt werden kann, bis zum nächsten Umzug ins Inland mit Zusage der Umzugskostenvergütung nach § 3 Absatz 1 Nummer 1 des Bundesumzugskostengesetzes in dem Umfang erstattet, in dem sie vor Inkrafttreten dieser Verordnung erstattungsfähig waren. ²Reisekosten für Hausangestellte, deren Kosten für die Reise zum bisherigen Dienstort im Rahmen der Auslandsumzugskostenverordnung vor Inkrafttreten dieser Verordnung erstattet wurden, können beim nächsten Umzug mit Zusage der Umzugskostenvergütung nach § 3 Absatz 1 Nummer 1 des Bundesumzugskostengesetzes im Rahmen der Kosten einer Reise ins Inland geltend gemacht werden.

(2) Hat die berechtigte Person den Dienst am neuen Dienstort infolge einer Maßnahme, für die Umzugskostenvergütung zugesagt worden ist, nach dem 30. Juni 2010, aber vor dem Inkrafttreten dieser Verordnung angetreten, bemisst sich die Höhe des Ausstattungs- und des Einrichtungsbeitrags nach den §§ 12 und 13 der Auslandsumzugskostenverordnung in der am 30. Juni 2010 geltenden Fassung und dem Bundesbesoldungsgesetz.

§ 30
Inkrafttreten, Außerkrafttreten

¹Diese Verordnung tritt am 1. Dezember 2012 in Kraft. ²Gleichzeitig tritt die Auslandsumzugskostenverordnung in der Fassung der Bekanntmachung vom 25. November 2003 (BGBl. I S. 2360), die zuletzt durch Artikel 15 Absatz 44 des Gesetzes vom 5. Februar 2009 (BGBl. I S. 160) geändert worden ist, außer Kraft.

Anhang 10
Länderübersicht über die Auslandsreisekosten 2015

Land	Pauschbeträge*) für Verpflegungsmehraufwendungen		Pauschbetrag*) für Übernachtungskosten	Land	Pauschbeträge*) für Verpflegungsmehraufwendungen		Pauschbetrag*) für Übernachtungskosten
	24 Stunden Abwesenheit	An- und Abreisetag sowie Abwesenheit von mehr als 8 Stunden			24 Stunden Abwesenheit	An- und Abreisetag sowie Abwesenheit von mehr als 8 Stunden	
	Euro	Euro	Euro		Euro	Euro	Euro
Afghanistan	30	20	95	Griechenland	42	28	132
Ägypten	40	27	113	– Athen	57	38	125
Äthiopien	27	18	86	Guatemala	28	19	96
Äquatorialguinea	50	33	226	Guinea	38	25	110
Albanien	23	16	110	Guinea-Bissau	30	20	60
Algerien	39	26	190	Guyana	41	28	81
Andorra	32	21	82	Haiti	50	33	111
Angola	77	52	265	Honduras	44	29	104
Antigua und Barbuda	53	36	117	Indien	30	20	120
Argentinien	34	23	144	– Chennai	30	20	135
Armenien	23	16	63	– Kalkutta	33	22	120
Aserbaidschan	40	27	120	– Mumbai	35	24	150
Australien	56	37	133	– Neu Delhi	35	24	130
– Canberra	58	39	158	Indonesien	38	25	130
– Sydney	59	40	186	Iran	28	19	84
Bahrain	36	24	70	Irland	42	28	90
Bangladesch	30	20	111	Island	47	32	108
Barbados	58	39	179	Israel	59	40	175
Belgien	41	28	135	Italien	34	23	126
Benin	40	27	101	– Mailand	39	26	156
Bolivien	24	16	70	– Rom	52	35	160
Bosnien und Herzegowina	18	12	73	Jamaika	54	36	135
Botsuana	33	22	105	Japan	51	34	156
Brasilien	54	36	110	– Tokio	53	36	153
– Brasilia	53	36	160	Jemen	24	16	95
– Rio de Janeiro	47	32	145	Jordanien	36	24	85
– Sao Paulo	53	36	120	Kambodscha	36	24	85
Brunei	48	32	106	Kamerun	40	27	130
Bulgarien	22	15	90	Kanada	36	24	100
Burkina Faso	44	29	84	– Ottawa	36	24	105
Burundi	47	32	98	– Toronto	41	28	135
Chile	40	27	130	– Vancouver	36	24	125
China	33	22	80	Kap Verde	30	20	55
– Chengdu	32	21	85	Kasachstan	39	26	109
– Hongkong	62	41	170	Katar	56	37	170
– Peking	39	26	115	Kenia	35	24	135
– Shanghai	42	28	140	Kirgisistan	29	20	91
Costa Rica	36	24	69	Kolumbien	41	28	126
Côte d'Ivoire (Elfenbeinküste)	51	34	146	Kongo, Republik	57	38	113
Dänemark	60	40	150	Kongo, Demokratische Republik	60	40	155
Dominica	40	27	94	Korea, Demokratische Volksrepublik (Nordkorea)	39	26	132
Dominikanische Republik	40	27	71	Korea, Republik (Südkorea)	66	44	180
Dschibuti	48	32	160	Kosovo	26	17	65
Ecuador	39	26	55	Kroatien	28	19	75
El Salvador	46	31	75	Kuba	50	33	85
Eritrea	30	20	58	Kuwait	42	28	130
Estland	27	18	71	Laos	33	22	67
Fidschi	32	21	57	Lesotho	24	16	70
Finnland	39	26	136	Lettland	30	20	80
Frankreich	44	29	81	Libanon	44	29	120
– Lyon	53	36	83	Libyen	45	30	100
– Marseille	51	34	86	Liechtenstein	47	32	82
– Paris (einschließlich der Departements 92, 93, 94)**)	58	39	135	Litauen	24	16	68
– Straßburg	48	32	89	Luxemburg	47	32	102
Gabun	62	41	278	Madagaskar	38	25	83
Gambia	18	12	70	Malawi	39	26	110
Georgien	30	20	80	Malaysia	36	24	100
Ghana	46	31	174	Malediven	38	25	93
Grenada	51	34	121	Mali	41	28	122
				Malta	45	30	112

*) Seit 1.1.2015 geltende Werte (BMF-Schreiben vom 19.12.2014, IV C 5 – S 2353/08/10006 : 005).
Der Arbeitnehmer kann bei Auswärtstätigkeiten im Ausland **nur noch** die **tatsächlichen Übernachtungskosten** und nicht mehr den Pauschbetrag für Übernachtungskosten als **Werbungskosten** abziehen. Der **Pauschbetrag** für Übernachtungskosten kann jedoch weiterhin vom **Arbeitgeber steuerfrei ersetzt** werden.

**) 92: Hauts-de-Seine; 93: Seine-Saint-Denis; 94: Val de Marne

Anhang 10 — Auslandsreisekosten 2015

Land	Pauschbeträge*) für Verpflegungsmehraufwendungen 24 Stunden Abwesenheit (Euro)	An- und Abreisetag sowie Abwesenheit von mehr als 8 Stunden (Euro)	Pauschbetrag*) für Übernachtungskosten (Euro)	Land	Pauschbeträge*) für Verpflegungsmehraufwendungen 24 Stunden Abwesenheit (Euro)	An- und Abreisetag sowie Abwesenheit von mehr als 8 Stunden (Euro)	Pauschbetrag*) für Übernachtungskosten (Euro)
Marokko	42	28	105	Singapur	53	36	188
Marshall Inseln	63	42	70	Slowakische Republik	24	16	130
Mauretanien	48	32	89	Slowenien	30	20	95
Mauritius	48	32	140	Spanien	29	20	88
Mazedonien	24	16	95	– Barcelona	32	21	118
Mexiko	41	28	141	– Kanarische Inseln	32	21	98
Mikronesien	56	37	74	– Madrid	41	28	113
Moldau, Republik	18	12	100	– Palma de Mallorca	32	21	110
Monaco	41	28	52	Sri Lanka	40	27	118
Mongolei	29	20	84	St. Kitts und Nevis	45	30	99
Montenegro	29	20	95	St. Lucia	54	36	129
Mosambik	42	28	147	St. Vincent und die Grenadinen	52	35	121
Myanmar	46	31	45	Sudan	35	24	115
Namibia	23	16	77	Südafrika	36	24	72
Nepal	28	19	86	– Kapstadt	38	25	94
Neuseeland	47	32	98	Südsudan	53	36	114
Nicaragua	30	20	100	Suriname	30	20	108
Niederlande	46	31	119	Syrien	38	25	140
Niger	36	24	70	Tadschikistan	26	17	67
Nigeria	63	42	255	Taiwan	39	26	110
Norwegen	64	43	182	Tansania	40	27	141
Österreich	36	24	104	Thailand	32	21	120
Oman	48	32	120	Togo	35	24	108
Pakistan	27	18	68	Tonga	32	21	36
– Islamabad	30	20	165	Trinidad und Tobago	54	36	164
Palau	51	34	166	Tschad	47	32	151
Panama	34	23	101	Tschechische Republik	24	16	97
Papua-Neuguinea	36	24	90	Türkei	40	27	78
Paraguay	36	24	61	– Istanbul	35	24	92
Peru	30	20	93	– Izmir	42	28	80
Philippinen	30	20	107	Tunesien	33	22	80
Polen	27	18	50	Turkmenistan	33	22	108
– Breslau	33	22	92	Uganda	35	24	129
– Danzig	29	20	77	Ukraine	36	24	85
– Krakau	28	19	88	Ungarn	30	20	75
– Warschau	30	20	105	Uruguay	44	29	109
Portugal	36	24	92	Usbekistan	34	23	123
Ruanda	36	24	135	Vatikanstaat	52	35	160
Rumänien	27	18	80	Venezuela	48	32	207
– Bukarest	26	17	100	Vereinigte Arabische Emirate	45	30	155
Russische Föderation	21	14	78	Vereinigte Staaten von Amerika	48	32	102
– Moskau	30	20	118	– Atlanta	57	38	122
– St. Petersburg	24	16	104	– Boston	48	32	206
Sambia	36	24	95	– Chicago	48	32	130
Samoa	29	20	57	– Houston	57	38	136
San Marino	41	28	77	– Los Angeles	48	32	153
São Tomé und Principe	42	28	75	– Miami	57	38	102
Saudi-Arabien	47	32	80	– New York City	48	32	215
– Djidda	48	32	80	– San Francisco	48	32	110
– Riad	48	32	95	– Washington, D. C.	57	38	205
Schweden	72	48	165	Vereinigtes Königreich von Großbritannien und Nordirland	42	28	119
Schweiz	48	32	139	– London	57	38	160
– Genf	62	41	174	Vietnam	38	25	86
Senegal	47	32	125	Weißrussland	27	18	109
Serbien	30	20	90	Zentralafrikanische Republik	29	20	52
Sierra Leone	39	26	82	Zypern	39	26	90
Simbabwe	45	30	103				

Für Länder, die in der Übersicht nicht aufgeführt sind, gelten die für **Luxemburg** ausgewiesenen Beträge. Für die nicht erwähnten Übersee- und Außengebiete eines Staates ist der für das Mutterland geltende Pauschbetrag maßgebend.

---

*) Seit 1.1.2015 geltende Werte (BMF-Schreiben vom 19.12.2014, IV C 5 – S 2353/08/10006 : 005).
Der Arbeitnehmer kann bei Auswärtstätigkeiten im Ausland **nur noch** die **tatsächlichen Übernachtungskosten** und nicht mehr den Pauschbetrag für Übernachtungskosten als **Werbungskosten** abziehen. Der **Pauschbetrag** für Übernachtungskosten kann jedoch weiterhin vom **Arbeitgeber steuerfrei ersetzt** werden.

Anhang 11
Merkblatt zur Steuerklassenwahl für das Jahr 2015 bei Ehegatten oder Lebenspartnern, die beide Arbeitnehmer sind

Ehegatten oder Lebenspartner, die beide unbeschränkt steuerpflichtig sind, nicht dauernd getrennt leben und **beide Arbeitslohn***) beziehen, können bekanntlich für den Lohnsteuerabzug wählen, ob sie beide in die Steuerklasse IV eingeordnet werden wollen oder ob einer von ihnen (der Höherverdienende) nach Steuerklasse III und der andere nach Steuerklasse V besteuert werden will. Die Steuerklassenkombination III/V ist so gestaltet, dass die Summe der Steuerabzugsbeträge beider Ehegatten oder Lebenspartner in etwa der zu erwartenden Jahressteuer entspricht, wenn der in Steuerklasse III eingestufte Ehegatte oder Lebenspartner ca. 60 Prozent, der in Steuerklasse V eingestufte ca. 40 Prozent des gemeinsamen Arbeitseinkommens erzielt. Bei abweichenden Verhältnissen des gemeinsamen Arbeitseinkommens kann es aufgrund des verhältnismäßig niedrigen Lohnsteuerabzugs zu Steuernachzahlungen kommen. Aus diesem Grund besteht bei der Steuerklassenkombination III/V generell die Pflicht zur Abgabe einer Einkommensteuererklärung. Zur Vermeidung von Steuernachzahlungen bleibt es den Ehegatten oder Lebenspartnern daher unbenommen, sich trotzdem für die Steuerklassenkombination IV/IV zu entscheiden, wenn sie den höheren Steuerabzug bei dem Ehegatten oder Lebenspartner mit der Steuerklasse V vermeiden wollen; dann entfällt jedoch für den anderen Ehegatten oder Lebenspartner die günstigere Steuerklasse III. Zudem besteht die Möglichkeit, die Steuerklassenkombination IV/IV mit Faktor zu wählen (siehe „**Faktorverfahren**").

Um verheirateten oder verpartnerten Arbeitnehmern die **Steuerklassenwahl zu erleichtern**, haben das Bundesministerium der Finanzen und die obersten Finanzbehörden der Länder die in der Anlage beigefügten **Tabellen** ausgearbeitet. Aus den Tabellen können die Ehegatten oder Lebenspartner nach der Höhe ihrer monatlichen Arbeitslöhne die Steuerklassenkombination feststellen, bei der die geringste Lohnsteuer einzubehalten ist. Soweit beim Lohnsteuerabzug **Freibeträge** zu berücksichtigen sind, sind diese vor Anwendung der jeweils in Betracht kommenden Tabelle vom monatlichen Bruttoarbeitslohn **abzuziehen**.

Die Tabellen erleichtern lediglich die Wahl der für den Lohnsteuerabzug günstigsten Steuerklassenkombination. Ihre Aussagen sind auch nur in den Fällen genau, in denen die **Monatslöhne über das ganze Jahr konstant** bleiben. Im Übrigen besagt die im Laufe des Jahres einbehaltene Lohnsteuer noch **nichts über die Höhe der Jahressteuerschuld**. Die vom Arbeitslohn einbehaltenen Beträge an Lohnsteuer stellen im Regelfall nur Vorauszahlungen auf die endgültige Jahressteuerschuld dar. In welcher Höhe sich nach Ablauf des Jahres Erstattungen oder Nachzahlungen ergeben, lässt sich nicht allgemein sagen; hier kommt es immer auf die Verhältnisse des Einzelfalles an. Das Finanzamt kann **Einkommensteuer-Vorauszahlungen** festsetzen, wenn damit zu rechnen ist, dass die Jahressteuerschuld die einzubehaltende Lohnsteuer um mindestens 400 Euro im Kalenderjahr übersteigt. Auf die Erläuterungen im „Kleinen Ratgeber für Lohnsteuerzahler 2015", der auf der Internetseite der jeweiligen obersten Finanzbehörde des Landes abgerufen werden kann, wird hingewiesen.

Auswirkungen der Steuerklassenwahl oder des Faktorverfahrens

Bei der Wahl der Steuerklassenkombination oder der Anwendung des Faktorverfahrens sollten die Ehegatten oder Lebenspartner daran denken, dass die Entscheidung auch die Höhe der **Entgelt-/Lohnersatzleistungen**, wie Arbeitslosengeld I, Unterhaltsgeld, Krankengeld, Versorgungskrankengeld, Verletztengeld, Übergangsgeld, Elterngeld und Mutterschaftsgeld oder die Höhe des Lohnanspruchs bei der Altersteilzeit beeinflussen kann. Eine vor Jahresbeginn getroffene Steuerklassenwahl wird bei der Gewährung von Lohnersatzleistungen von der Agentur für Arbeit grundsätzlich anerkannt. Wechseln Ehegatten oder Lebenspartner im Laufe des Kalenderjahres die Steuerklassen, können sich bei der Zahlung von Entgelt-/Lohnersatzleistungen (z. B. wegen Arbeitslosigkeit eines Ehegatten oder Inanspruchnahme von Altersteilzeit) unerwartete Auswirkungen ergeben. Deshalb sollten Arbeitnehmer, die damit rechnen, in absehbarer Zeit eine Entgelt-/Lohnersatzleistung für sich in Anspruch nehmen zu müssen oder diese bereits beziehen, vor der Neuwahl der Steuerklassenkombination bzw. der Anwendung des Faktorverfahrens zu deren Auswirkung auf die Höhe der Entgelt-/Lohnersatzleistung den zuständigen Sozialleistungsträger bzw. den Arbeitgeber befragen.

Zuständige Behörde für die Anträge

Anträge zum Steuerklassenwechsel oder zur Anwendung des Faktorverfahrens sind an das Finanzamt zu richten, in dessen Bezirk die Ehegatten oder Lebenspartner im Zeitpunkt der Antragstellung ihren Wohnsitz haben. Die Steuerklasse ist eines der für den Lohnsteuerabzug maßgebenden **Lohnsteuerabzugsmerkmale**. Im Kalenderjahr 2015 gilt die im Kalenderjahr 2014 verwendete Steuerklasse weiter. Soll diese Steuerklasse nicht zur Anwendung kommen, kann bis zum Ablauf des Kalenderjahres 2014 eine andere Steuerklasse oder abweichende Steuerklassenkombination beim zuständigen Finanzamt beantragt werden. Weil ein solcher Antrag nicht als Wechsel der Steuerklassen gilt, geht das Recht, einmal jährlich die Steuerklasse zu wechseln, nicht verloren. Für das Faktorverfahren gilt dies entsprechend.

Ein **Steuerklassenwechsel oder die Anwendung des Faktorverfahrens** im Laufe des Jahres 2015 kann in der Regel nur einmal, und zwar spätestens bis zum 30. November 2015, beim Wohnsitzfinanzamt beantragt werden. Nur in den Fällen, in denen im Laufe des Jahres 2015 ein Ehegatte oder Lebenspartner keinen Arbeitslohn mehr bezieht (z. B. Ausscheiden aus dem Dienstverhältnis), einer der Ehegatten oder Lebenspartner verstorben ist oder sich die Ehegatten oder Lebenspartner auf Dauer getrennt haben, kann das Wohnsitzfinanzamt bis zum 30. November 2015 auch noch ein weiteres Mal einen Steuerklassenwechsel vornehmen. Ein weiterer Steuerklassenwechsel bzw. die Anwendung des Faktorverfahrens ist auch möglich, wenn ein Ehegatte oder Lebenspartner nach vorangegangener Arbeitslosigkeit wieder Arbeitslohn bezieht oder nach einer Elternzeit das Dienstverhältnis wieder aufnimmt.

Der Antrag ist von beiden Ehegatten oder Lebenspartnern gemeinsam mit dem beim Finanzamt erhältlichen Vordruck „Antrag auf Steuerklassenwechsel bei Ehegatten/Lebenspartnern" oder in Verbindung mit der Berücksichtigung eines Freibetrags auf dem amtlichen Vordruck „Antrag auf Lohnsteuer-Ermäßigung" bzw. „Vereinfachter Antrag auf Lohnsteuer-Ermäßigung" zu beantragen. Bei der Wahl des Faktorverfahrens sind zusätzlich die voraussichtlichen Arbeitslöhne des Jahres 2015 aus den ersten Dienstverhältnissen anzugeben.

Steuerklassenwahl

Für die Ermittlung der Lohnsteuer sind zwei Tabellen zur Steuerklassenwahl aufgestellt worden.

- Die **Tabelle I** ist zu benutzen, wenn der höher verdienende Ehegatte oder Lebenspartner **in allen Zweigen sozialversichert** ist (z. B. auch bei Pflichtversicherung in der gesetzlichen Rentenversicherung und freiwilliger Versicherung in der gesetzlichen Kranken- und sozialen Pflegeversicherung).

- Die **Tabelle II** ist zu benutzen, wenn der höher verdienende Ehegatte oder Lebenspartner **in keinem Zweig sozialversichert** ist und keinen steuerfreien Zuschuss des Arbeitgebers zur Kranken- und Pflegeversicherung erhält (z. B. privat krankenversicherte Beamte).

Ist einer der Ehegatten oder Lebenspartner nicht in allen Zweigen sozialversichert (z. B. rentenversicherungspflichtiger, privat krankenversicherter Arbeitnehmer) oder einer der Ehegatten oder Lebenspartner in keinem Zweig sozialversichert, jedoch zuschussberechtigt (z. B. nicht rentenversicherungspflichtiger, privat krankenversicherter Arbeitnehmer mit steuerfreiem Zuschuss des Arbeitgebers zur Kranken- und Pflegeversicherung), kann die Anwendung der Tabellen zu **unzutreffenden Ergebnissen** führen. Entsprechendes gilt, wenn der einkommensbezogene Zusatzbeitragssatz eines gesetzlich krankenversicherten Arbeitnehmers vom durchschnittlichen Zusatzbeitragssatz abweicht, bei einem gesetzlich pflegeversicherten Arbeitnehmer ein Beitragszuschlag zu zahlen ist oder der Arbeitnehmer in Sachsen beschäftigt ist (hier höherer Arbeitnehmeranteil zur sozialen Pflegeversicherung). In den meisten Fällen führen diese Besonderheiten jedoch zu keinem anderen Ergebnis.

---

*) aktives Beschäftigungsverhältnis, keine Versorgungsbezüge

Anhang 11 — Tabelle zur Steuerklassenwahl 2015

Beide Tabellen gehen vom monatlichen Arbeitslohn A*) des höher verdienenden Ehegatten oder Lebenspartners aus. Dazu wird jeweils der monatliche Arbeitslohn B*) des geringer verdienenden Ehegatten oder Lebenspartners angegeben, der **bei einer Steuerklassenkombination III (für den höher verdienenden Ehegatten oder Lebenspartner) und V (für den geringer verdienenden Ehegatten oder Lebenspartner) grds. nicht überschritten werden darf**, wenn der geringste Lohnsteuerabzug erreicht werden soll. Die Spalten 2 und 5 sind maßgebend, wenn der geringer verdienende Ehegatte oder Lebenspartner in allen Zweigen sozialversichert ist; ist der geringer verdienende Ehegatte oder Lebenspartner in keinem Zweig sozialversichert und hat keinen steuerfreien Zuschuss des Arbeitgebers zur Kranken- und Pflegeversicherung erhalten, sind die Spalten 3 und 6 maßgebend. Übersteigt der monatliche Arbeitslohn des geringer verdienenden Ehegatten oder Lebenspartners den nach den Spalten 2, 3 oder 5 und 6 der Tabellen in Betracht kommenden Betrag, **führt die Steuerklassenkombination IV/IV für die Ehegatten oder Lebenspartner grds. zu einem geringeren oder zumindest nicht höheren Lohnsteuerabzug** als die Steuerklassenkombination III/V.

Beispiele:

1. Ein Arbeitnehmer-Ehepaar, beide in allen Zweigen sozialversichert, bezieht Monatslöhne (nach Abzug etwaiger Freibeträge) von 3 000 € und 1 700 €. Da der Monatslohn des geringer verdienenden Ehegatten den nach dem Monatslohn des höher verdienenden Ehegatten in der Spalte 2 der Tabelle I ausgewiesenen Betrag von 2 150 € nicht übersteigt, führt in diesem Falle die Steuerklassenkombination III/V zur geringsten Lohnsteuer.

   Vergleich der Lohnsteuerabzugsbeträge:

   a) Lohnsteuer für 3 000 € nach Steuerklasse III   217,16 €
   für 1 700 € nach Steuerklasse V   341,66 €
   insgesamt also   558,82 €

   b) Lohnsteuer für 3 000 € nach Steuerklasse IV   454,66 €
   für 1 700 € nach Steuerklasse IV   139,33 €
   insgesamt also   593,99 €

2. Würde der Monatslohn des geringer verdienenden Ehegatten 2 500 € betragen, so würde die Steuerklassenkombination IV/IV insgesamt zur geringsten Lohnsteuer führen.

   Vergleich der Lohnsteuerabzugsbeträge:

   a) Lohnsteuer für 3 000 € nach Steuerklasse III   217,16 €
   für 2 500 € nach Steuerklasse V   594,33 €
   insgesamt also   811,49 €

   b) Lohnsteuer für 3 000 € nach Steuerklasse IV   454,66 €
   für 2 500 € nach Steuerklasse IV   325,83 €
   insgesamt also   780,49 €

Faktorverfahren

Anstelle der Steuerklassenkombination III/V können Arbeitnehmer-Ehegatten/Lebenspartner auch die Steuerklassenkombination IV/IV mit Faktor wählen. Durch die Steuerklassenkombination IV/IV in Verbindung mit dem vom Finanzamt zu berechnenden und als ELStAM zu bildenden Faktor wird erreicht, dass für jeden Ehegatten/Lebenspartner durch Anwendung der Steuerklasse IV der **Grundfreibetrag** beim Lohnsteuerabzug berücksichtigt wird und sich die einzubehaltende Lohnsteuer durch Anwendung des Faktors von 0,... (stets kleiner als eins) entsprechend der **Wirkung des Splittingverfahrens** reduziert. Der Faktor ist ein steuermindernder Multiplikator, der sich bei unterschiedlich hohen Arbeitslöhnen der Ehegatten/Lebenspartner aus der Wirkung des Splittingverfahrens in der Veranlagung errechnet. Der Antrag kann beim Finanzamt formlos oder in Verbindung mit dem förmlichen Antrag auf Berücksichtigung eines Freibetrags gestellt werden. Dabei sind die voraussichtlichen Arbeitslöhne des Jahres 2015 aus den ersten Dienstverhältnissen anzugeben. Das Finanzamt berechnet danach den Faktor mit drei Nachkommastellen ohne Rundung und trägt ihn jeweils zur Steuerklasse IV ein. Der Faktor wird wie folgt berechnet: voraussichtliche Einkommensteuer im Splittingverfahren („Y") geteilt durch die Summe der Lohnsteuer für die Arbeitnehmer-Ehegatten/Lebenspartner gemäß Steuerklasse IV („X"). Ein etwaiger Freibetrag wird hier nicht gesondert berücksichtigt, weil er bereits in die Berechnung der voraussichtlichen Einkommensteuer im Splittingverfahren einfließt. Die Arbeitgeber der Ehegatten oder Lebenspartner ermitteln die Lohnsteuer nach Steuerklasse IV und mindern sie durch Multiplikation mit dem entsprechenden Faktor.

Die Höhe der steuermindernden Wirkung des Splittingverfahrens hängt von der Höhe der Lohnunterschiede ab. Mit dem Faktorverfahren wird der Lohnsteuerabzug der voraussichtlichen Jahressteuerschuld sehr genau angenähert. Damit können höhere Nachzahlungen (und ggf. auch Einkommensteuer-Vorauszahlungen) vermieden werden, die bei der Steuerklassenkombination III/V auftreten können. In solchen Fällen ist die Summe der Lohnsteuer im Faktorverfahren dann folgerichtig höher als bei der Steuerklassenkombination III/V. Grundsätzlich führt die Steuerklassenkombination IV/IV-Faktor zu einer erheblich anderen Verteilung der Lohnsteuer zwischen den Ehegatten oder Lebenspartnern als die Steuerklassenkombination III/V. Die Ehegatten oder Lebenspartner sollten daher beim Faktorverfahren – ebenso wie bei der Steuerklassenkombination III/V – daran denken, dass dies die Höhe der **Entgelt-/Lohnersatzleistungen** oder die Höhe des Lohnanspruchs bei Altersteilzeit beeinflussen kann (s. oben). Das Bundesministerium der Finanzen und die obersten Finanzbehörden der Länder halten auf ihren Internetseiten neben dem Lohnsteuerrechner auch eine Berechnungsmöglichkeit für den Faktor bereit, damit die Arbeitnehmer-Ehegatten/Lebenspartner die steuerlichen Auswirkungen der jeweiligen Steuerklassenkombination prüfen können; siehe diesbezüglich z. B. „www.bmf-steuerrechner.de".

Wie bei der Wahl der Steuerklassenkombination III/V sind die Arbeitnehmer-Ehegatten/Lebenspartner auch bei der Wahl des Faktorverfahrens verpflichtet, eine Einkommensteuererklärung beim Finanzamt einzureichen.

Beispiel zur Ermittlung und Anwendung des Faktors:

Jährliche Lohnsteuer bei Steuerklassenkombination IV/IV:

Arbeitnehmer-Ehegatte A: für 36 000 € (monatlich 3 000 € × 12) = 5 456 €

Arbeitnehmer-Ehegatte B: für 20 400 € (monatlich 1 700 € × 12) = 1 672 €.

Summe der Lohnsteuer bei Steuerklassenkombination IV/IV (entspricht „X") beträgt 7 128 €.

Die voraussichtliche Einkommensteuer im Splittingverfahren (entspricht „Y") beträgt 6 924 €.

Der Faktor ist Y geteilt durch X, also 6 924 € : 7 128 € = 0,971

(Der Faktor wird mit drei Nachkommastellen berechnet und nur eingetragen, wenn er kleiner als 1 ist).

Jährliche Lohnsteuer bei Steuerklasse IV/IV mit Faktor 0,971:

Arbeitnehmer-Ehegatte A für 36 000 € (5 456 € × 0,971) = 5 297 €

Arbeitnehmer-Ehegatte B für 20 400 € (1 672 € × 0,971) = 1 623 €.

Summe der Lohnsteuer bei Steuerklassenkombination IV/IV mit Faktor 0,971 = 6 920 €.

Im Beispielsfall führt die Einkommensteuerveranlagung:

– bei der **Steuerklassenkombination III/V**

  zu einer **Nachzahlung in Höhe von 218 €**

  (voraussichtliche Einkommensteuer im Splittingverfahren 6 924 € – Summe Lohnsteuer bei Steuerklassenkombination III/V 6 706 € (2 606 € + 4 100 €),

– bei der **Steuerklassenkombination IV/IV**

  zu einer **Erstattung in Höhe von 204 €**

  (voraussichtliche Einkommensteuer im Splittingverfahren 6 924 € – Summe Lohnsteuer bei Steuerklassenkombination IV/IV 7 128 €),

– bei der **Steuerklassenkombination IV/IV-Faktor**

  weder **zu einer Nachzahlung noch zu einer Erstattung**

  (in diesem Fall nur Rundungsdifferenz in Höhe von 4 €; voraussichtliche Einkommensteuer Splittingverfahren 6 924 € – Summe der Lohnsteuer bei Steuerklasse IV/IV mit Faktor 6 920 €).

Die Lohnsteuer ist im Faktorverfahren wesentlich anders verteilt (5 297 € für A und 1 623 € für B) als bei der Steuerklassenkombination III/V (2 606 € für A und 4 100 € für B). Die Lohnsteuerverteilung im Faktorverfahren entspricht der familienrechtlichen Verteilung der Steuerlast im Innenverhältnis der Ehegatten.

---

*) nach Abzug etwaiger Freibeträge

Tabelle zur Steuerklassenwahl 2015 — Anhang 11

Tabellen zur Steuerklassenwahl
Wahl der Steuerklassen in 2015

Tabelle I: bei Sozialversicherungspflicht des höher verdienenden Ehegatten oder Lebenspartners

Monatlicher Arbeitslohn A*) in €	Monatlicher Arbeitslohn B*) in € bei ... des geringer verdienenden Ehegatten oder Lebenspartners		Monatlicher Arbeitslohn A*) in €	Monatlicher Arbeitslohn B*) in € bei ... des geringer verdienenden Ehegatten oder Lebenspartners	
	Sozialversicherungspflicht	Sozialversicherungsfreiheit		Sozialversicherungspflicht	Sozialversicherungsfreiheit
1	2	3	4	5	6
1.250	466	437	3.300	2.361	2.174
1.300	539	504	3.350	2.398	2.204
1.350	622	582	3.400	2.435	2.235
1.400	713	667	3.450	2.469	2.263
1.450	809	757	3.500	2.504	2.294
1.500	908	850	3.550	2.539	2.324
1.550	1.132	1.060	3.600	2.576	2.356
1.600	1.191	1.116	3.650	2.609	2.384
1.650	1.254	1.174	3.700	2.645	2.414
1.700	1.321	1.237	3.750	2.682	2.445
1.750	1.383	1.304	3.800	2.715	2.475
1.800	1.442	1.361	3.850	2.755	2.508
1.850	1.473	1.390	3.900	2.789	2.539
1.900	1.502	1.418	3.950	2.830	2.572
1.950	1.532	1.446	4.000	2.869	2.606
2.000	1.562	1.474	4.050	2.912	2.642
2.050	1.590	1.501	4.100	2.954	2.679
2.100	1.617	1.526	4.150	2.999	2.717
2.150	1.639	1.547	4.200	3.051	2.761
2.200	1.660	1.566	4.250	3.103	2.805
2.250	1.683	1.588	4.300	3.158	2.852
2.300	1.712	1.617	4.350	3.213	2.900
2.350	1.743	1.644	4.400	3.271	2.949
2.400	1.778	1.675	4.450	3.334	3.004
2.450	1.812	1.703	4.500	3.397	3.057
2.500	1.844	1.732	4.550	3.464	3.114
2.550	1.875	1.758	4.600	3.537	3.176
2.600	1.905	1.784	4.650	3.611	3.239
2.650	1.929	1.804	4.700	3.692	3.308
2.700	1.952	1.825	4.750	3.773	3.379
2.750	1.975	1.843	4.800	3.863	3.455
2.800	2.009	1.873	4.850	3.963	3.539
2.850	2.045	1.904	4.900	4.070	3.631
2.900	2.078	1.931	4.950	4.185	3.734
2.950	2.114	1.963	5.000	4.306	3.848
3.000	2.150	1.992	5.050	4.450	3.984
3.050	2.187	2.023	5.100	4.639	4.159
3.100	2.221	2.053	5.150	4.970	4.477
3.150	2.256	2.084	5.200	–	–
3.200	2.291	2.113	5.250	–	–
3.250	2.327	2.142	5.300	–	–

Wahl der Steuerklassen in 2015

Tabelle II: bei Sozialversicherungsfreiheit des höher verdienenden Ehegatten oder Lebenspartners

Monatlicher Arbeitslohn A*) in €	Monatlicher Arbeitslohn B*) in € bei ... des geringerverdienenden Ehegatten oder Lebenspartners		Monatlicher Arbeitslohn A*) in €	Monatlicher Arbeitslohn B*) in € bei ... des geringerverdienenden Ehegatten oder Lebenspartners	
	Sozialversicherungspflicht	Sozialversicherungsfreiheit		Sozialversicherungspflicht	Sozialversicherungsfreiheit
1	2	3	4	5	6
1.250	591	554	3.150	2.743	2.498
1.300	675	632	3.200	2.784	2.533
1.350	770	721	3.250	2.828	2.571
1.400	875	819	3.300	2.872	2.608
1.450	1.117	1.045	3.350	2.916	2.647
1.500	1.179	1.103	3.400	2.966	2.688
1.550	1.244	1.165	3.450	3.015	2.730
1.600	1.314	1.230	3.500	3.066	2.774
1.650	1.382	1.302	3.550	3.119	2.819
1.700	1.441	1.360	3.600	3.175	2.868
1.750	1.480	1.396	3.650	3.232	2.915
1.800	1.518	1.433	3.700	3.292	2.968
1.850	1.557	1.469	3.750	3.355	3.021
1.900	1.596	1.506	3.800	3.422	3.077
1.950	1.634	1.542	3.850	3.491	3.136
2.000	1.672	1.578	3.900	3.565	3.201
2.050	1.734	1.635	3.950	3.643	3.266
2.100	1.804	1.697	4.000	3.726	3.336
2.150	1.867	1.751	4.050	3.814	3.412
2.200	1.934	1.807	4.100	3.911	3.495
2.250	1.991	1.858	4.150	4.016	3.584
2.300	2.049	1.906	4.200	4.129	3.683
2.350	2.101	1.950	4.250	–	3.795
2.400	2.149	1.991	4.300	–	3.924
2.450	2.195	2.032	4.350	–	4.086
2.500	2.238	2.067	4.400	–	4.320
2.550	2.279	2.104	4.450	–	–
2.600	2.318	2.136	4.500	–	–
2.650	2.357	2.168	4.550	–	–
2.700	2.394	2.200	4.600	–	–
2.750	2.432	2.233	4.650	–	–
2.800	2.472	2.266	4.700	–	–
2.850	2.509	2.298	4.750	–	–
2.900	2.548	2.332	4.800	–	–
2.950	2.586	2.364	4.850	–	–
3.000	2.625	2.399	4.900	–	–
3.050	2.664	2.431	4.950	–	–
3.100	2.702	2.463	5.000	–	–

*) Nach Abzug etwaiger Freibeträge.

Anhang 12
Altersteilzeitgesetz*)
vom 23.7.1996 (BGBl. I S. 1078),
zuletzt geändert durch Art. 6 G vom 10.12.2014 (BGBl. I S. 2082)

§ 1
Grundsatz

(1) Durch Altersteilzeitarbeit soll älteren Arbeitnehmern ein gleitender Übergang vom Erwerbsleben in die Altersrente ermöglicht werden.

(2) Die Bundesagentur für Arbeit (Bundesagentur) fördert durch Leistungen nach diesem Gesetz die Teilzeitarbeit älterer Arbeitnehmer, die ihre Arbeitszeit ab Vollendung des 55. Lebensjahres, spätestens ab 31. Dezember 2009 vermindern, und damit die Einstellung eines sonst arbeitslosen Arbeitnehmers ermöglichen.

(3) ¹Altersteilzeit im Sinne dieses Gesetzes liegt unabhängig von einer Förderung durch die Bundesagentur auch vor bei einer Teilzeitarbeit älterer Arbeitnehmer, die ihre Arbeitszeit ab Vollendung des 55. Lebensjahres nach dem 31. Dezember 2009 vermindern. ²Für die Anwendung des § 3 Nr. 28 des Einkommensteuergesetzes kommt es nicht darauf an, dass die Altersteilzeit vor dem 1. Januar 2010 begonnen wurde und durch die Bundesagentur nach § 4 gefördert wird.

§ 2
Begünstigter Personenkreis

(1) ¹Leistungen werden für Arbeitnehmer gewährt, die

1. das 55. Lebensjahr vollendet haben,

2. nach dem 14. Februar 1996 aufgrund einer Vereinbarung mit ihrem Arbeitgeber, die sich zumindest auf die Zeit erstrecken muss, bis eine Rente wegen Alters beansprucht werden kann, ihre Arbeitszeit auf die Hälfte der bisherigen wöchentlichen Arbeitszeit vermindert haben, und versicherungspflichtig beschäftigt im Sinne des Dritten Buches Sozialgesetzbuch sind (Altersteilzeitarbeit)

und

3. innerhalb der letzten fünf Jahre vor Beginn der Altersteilzeitarbeit mindestens 1080 Kalendertage in einer versicherungspflichtigen Beschäftigung nach dem Dritten Buch Sozialgesetzbuch oder nach den Vorschriften eines Mitgliedstaates der Europäischen Union, eines Vertragsstaates des Abkommens über den Europäischen Wirtschaftsraum oder der Schweiz gestanden haben. ²Zeiten mit Anspruch auf Arbeitslosengeld oder Arbeitslosenhilfe, Zeiten des Bezugs von Arbeitslosengeld II sowie Zeiten, in denen Versicherungspflicht nach § 26 Abs. 2 des Dritten Buches Sozialgesetzbuch bestand, stehen der versicherungspflichtigen Beschäftigung gleich.

(2) ¹Sieht die Vereinbarung über die Altersteilzeitarbeit unterschiedliche wöchentliche Arbeitszeiten oder eine unterschiedliche Verteilung der wöchentlichen Arbeitszeit vor, ist die Voraussetzung nach Absatz 1 Nr. 2 auch erfüllt, wenn

1. die wöchentliche Arbeitszeit im Durchschnitt eines Zeitraums von bis zu drei Jahren oder bei Regelung in einem Tarifvertrag, aufgrund eines Tarifvertrages in einer Betriebsvereinbarung oder in einer Regelung der Kirchen und der öffentlich-rechtlichen Religionsgesellschaften im Durchschnitt eines Zeitraums von bis zu sechs Jahren die Hälfte der bisherigen wöchentlichen Arbeitszeit nicht überschreitet und der Arbeitnehmer versicherungspflichtig beschäftigt im Sinne des Dritten Buches Sozialgesetzbuch ist

und

2. das Arbeitsentgelt für die Altersteilzeitarbeit sowie der Aufstockungsbetrag nach § 3 Abs. 1 Nr. 1 Buchstabe a fortlaufend gezahlt werden.

²Im Geltungsbereich eines Tarifvertrages nach Satz 1 Nr. 1 kann die tarifvertragliche Regelung im Betrieb eines nicht tarifgebundenen Arbeitgebers durch Betriebsvereinbarung oder, wenn ein Betriebsrat nicht besteht, durch schriftliche Vereinbarung zwischen dem Arbeitgeber und dem Arbeitnehmer übernommen werden. ³Können aufgrund eines solchen Tarifvertrages abweichende Regelungen in einer Betriebsvereinbarung getroffen werden, kann auch in Betrieben eines nicht tarifgebundenen Arbeitgebers davon Gebrauch gemacht werden. ⁴Satz 1 Nr. 1, 2. Alternative gilt entsprechend. ⁵In einem Bereich, in dem tarifvertragliche Regelungen zur Verteilung der Arbeitszeit nicht getroffen sind oder üblicherweise nicht getroffen werden, kann eine Regelung im Sinne des Satzes 1 Nr. 1, 2. Alternative auch durch Betriebsvereinbarung oder, wenn ein Betriebsrat nicht besteht, durch schriftliche Vereinbarung zwischen Arbeitgeber und Arbeitnehmer getroffen werden.

(3) ¹Sieht die Vereinbarung über die Altersteilzeitarbeit unterschiedliche wöchentliche Arbeitszeiten oder eine unterschiedliche Verteilung der wöchentlichen Arbeitszeit über einen Zeitraum von mehr als sechs Jahren vor, ist die Voraussetzung nach Absatz 1 Nr. 2 auch erfüllt, wenn die wöchentliche Arbeitszeit im Durchschnitt eines Zeitraums von sechs Jahren, der innerhalb des Gesamtzeitraums der vereinbarten Altersteilzeitarbeit liegt, die Hälfte der bisherigen wöchentlichen Arbeitszeit nicht überschreitet, der Arbeitnehmer versicherungspflichtig beschäftigt im Sinne des Dritten Buches Sozialgesetzbuch ist und die weiteren Voraussetzungen des Absatzes 2 vorliegen. ²Die Leistungen nach § 3 Abs. 1 Nr. 1 sind nur in dem in Satz 1 genannten Zeitraum von sechs Jahren zu erbringen.

§ 3
Anspruchsvoraussetzungen

(1) Der Anspruch auf die Leistungen nach § 4 setzt voraus, dass

1. der Arbeitgeber aufgrund eines Tarifvertrages, einer Regelung der Kirchen und der öffentlich-rechtlichen Religionsgesellschaften, einer Betriebsvereinbarung oder einer Vereinbarung mit dem Arbeitnehmer

   a) das Regelarbeitsentgelt für die Altersteilzeitarbeit um mindestens 20 vom Hundert aufgestockt hat, wobei die Aufstockung auch weitere Entgeltbestandteile umfassen kann, und

   b) für den Arbeitnehmer zusätzlich Beiträge zur gesetzlichen Rentenversicherung mindestens in Höhe des Beitrags entrichtet hat, der auf 80 vom Hundert des Regelarbeitsentgelts für die Altersteilzeitarbeit, begrenzt auf den Unterschiedsbetrag zwischen 90 vom Hundert der monatlichen Beitragsbemessungsgrenze und dem Regelarbeitsentgelt, entfällt, höchstens bis zur Beitragsbemessungsgrenze, sowie

2. der Arbeitgeber aus Anlass des Übergangs des Arbeitnehmers in die Altersteilzeitarbeit

   a) einen bei einer Agentur für Arbeit arbeitslos gemeldeten Arbeitnehmer, einen Bezieher von Arbeitslosengeld II oder einen Arbeitnehmer nach Abschluss der Ausbildung auf dem freigemachten oder auf einem in diesem Zusammenhang durch Umsetzung frei gewordenen Arbeitsplatz versicherungspflichtig im Sinne des Dritten Buches Sozialgesetzbuch beschäftigt; bei Arbeitgebern, die in der Regel nicht mehr als 50 Arbeitnehmer beschäftigen, wird unwiderleglich vermutet, dass der Arbeitnehmer auf dem freigemachten oder auf einem in diesem Zusammenhang durch Umsetzung frei gewordenen Arbeitsplatz beschäftigt wird,

   oder

   b) einen Auszubildenden versicherungspflichtig im Sinne des Dritten Buches Sozialgesetzbuch beschäftigt, wenn der Arbeitgeber in der Regel nicht mehr als 50 Arbeitnehmer beschäftigt,

   und

3. die freie Entscheidung des Arbeitgebers bei einer über fünf vom Hundert der Arbeitnehmer des Betriebes hinausgehenden Inanspruchnahme sichergestellt ist oder eine Ausgleichskasse der Arbeitgeber oder eine gemeinsame Einrichtung der Tarifvertragsparteien besteht, wobei beide Voraussetzungen in Tarifverträgen verbunden werden können.

(1a) Die Voraussetzungen des Absatzes 1 Nr. 1 Buchstabe a sind auch erfüllt, wenn Bestandteile des Arbeitsentgelts, die für den Zeitraum der vereinbarten Altersteilzeitarbeit nicht vermindert worden sind, bei der Aufstockung außer Betracht bleiben.

---
*) Anm. d. Verlages:
Dieses Gesetz wurde verkündet als Artikel 1 des Gesetzes zur Förderung eines gleitenden Übergangs in den Ruhestand und ist am 1.8.1996 in Kraft getreten.

(2) Für die Zahlung der Beiträge nach Abs. 1 Nr. 1 Buchstabe b gelten die Bestimmungen des Sechsten Buches Sozialgesetzbuch über die Beitragszahlung aus dem Arbeitsentgelt.

(3) Hat der in Altersteilzeitarbeit beschäftigte Arbeitnehmer die Arbeitsleistung oder Teile der Arbeitsleistung im Voraus erbracht, so ist die Voraussetzung nach Absatz 1 Nr. 2 bei Arbeitszeiten nach § 2 Abs. 2 und 3 auch erfüllt, wenn die Beschäftigung eines bei einer Agentur für Arbeit arbeitslos gemeldeten Arbeitnehmers oder eines Arbeitnehmers nach Abschluss der Ausbildung auf dem freigemachten oder durch Umsetzung freigewordenen Arbeitsplatz erst nach Erbringung der Arbeitsleistung erfolgt.

§ 4
Leistungen

(1) Die Bundesagentur erstattet dem Arbeitgeber für längstens sechs Jahre

1. den Aufstockungsbetrag nach § 3 Abs. 1 Nr. 1 Buchstabe a in Höhe von 20 vom Hundert des für die Altersteilzeitarbeit gezahlten Regelarbeitsentgelts

und

2. den Betrag, der nach § 3 Abs. 1 Nr. 1 Buchstabe b in Höhe des Beitrags geleistet worden ist, der auf den Betrag entfällt, der sich aus 80 vom Hundert des Regelarbeitsentgelts für die Altersteilzeit ergibt, jedoch höchstens des auf den Unterschiedsbetrag zwischen 90 vom Hundert der monatlichen Beitragsbemessungsgrenze und dem Regelarbeitsentgelt entfallenden Beitrags.

(2) ¹Bei Arbeitnehmern, die nach § 6 Abs. 1 Satz 1 Nr. 1 oder § 231 Abs. 1 und Abs. 2 des Sechsten Buches Sozialgesetzbuch von der Versicherungspflicht befreit sind, werden Leistungen nach Absatz 1 auch erbracht, wenn die Voraussetzung des § 3 Abs. 1 Nr. 1 Buchstabe b nicht erfüllt ist. ²Dem Betrag nach Absatz 1 Nr. 2 stehen in diesem Fall vergleichbare Aufwendungen des Arbeitgebers bis zur Höhe des Beitrags gleich, den die Bundesagentur nach Absatz 1 Nr. 2 zu tragen hätte, wenn der Arbeitnehmer nicht von der Versicherungspflicht befreit wäre.

§ 5
Erlöschen und Ruhen des Anspruchs

(1) Der Anspruch auf Leistungen nach § 4 erlischt

1. mit Ablauf des Kalendermonats, in dem der Arbeitnehmer die Altersteilzeitarbeit beendet hat,

2. mit Ablauf des Kalendermonats vor dem Kalendermonat, für den der Arbeitnehmer eine Rente wegen Alters oder, wenn er von der Versicherungspflicht in der gesetzlichen Rentenversicherung befreit ist, das 65. Lebensjahr vollendet hat oder eine der Rente vergleichbare Leistung einer Versicherungs- oder Versorgungseinrichtung oder eines Versicherungsunternehmens beanspruchen kann; dies gilt nicht für Renten, die vor dem für den Versicherten maßgebenden Rentenalter in Anspruch genommen werden können

oder

3. mit Beginn des Kalendermonats, für den der Arbeitnehmer eine Rente wegen Alters, eine Knappschaftsausgleichsleistung, eine ähnliche Leistung öffentlich-rechtlicher Art oder, wenn er von der Versicherungspflicht in der gesetzlichen Rentenversicherung befreit ist, eine vergleichbare Leistung einer Versicherungs- oder Versorgungseinrichtung oder eines Versicherungsunternehmens bezieht.

(2) ¹Der Anspruch auf die Leistungen besteht nicht, solange der Arbeitgeber auf dem freigemachten oder durch Umsetzung frei gewordenen Arbeitsplatz keinen Arbeitnehmer mehr beschäftigt, der bei Beginn der Beschäftigung die Voraussetzungen des § 3 Abs. 1 Nr. 2 erfüllt hat. ²Dies gilt nicht, wenn der Arbeitsplatz mit einem Arbeitnehmer, der die Voraussetzungen erfüllt, innerhalb von drei Monaten erneut wiederbesetzt wird oder der Arbeitgeber insgesamt für vier Jahre die Leistungen erhalten hat.

(3) ¹Der Anspruch auf die Leistungen ruht während der Zeit, in der der Arbeitnehmer neben seiner Altersteilzeitarbeit Beschäftigungen oder selbständige Tätigkeiten ausübt, die die Geringfügigkeitsgrenze des § 8 des Vierten Buches Sozialgesetzbuch überschreiten oder aufgrund solcher Beschäftigungen eine Entgeltersatzleistung erhält. ²Der Anspruch auf die Leistungen erlischt, wenn er mindestens 150 Kalendertage geruht hat. ³Mehrere Ruhenszeiträume sind zusammenzurechnen. ⁴Beschäftigungen oder selbständige Tätigkeiten bleiben unberücksichtigt, soweit der altersteilzeitarbeitende Arbeitnehmer sie innerhalb der letzten fünf Jahre vor Beginn der Altersteilzeitarbeit ständig ausgeübt hat.

(4) ¹Der Anspruch auf die Leistungen ruht während der Zeit, in der der Arbeitnehmer über die Altersteilzeitarbeit hinaus Mehrarbeit leistet, die den Umfang der Geringfügigkeitsgrenze des § 8 des Vierten Buches Sozialgesetzbuch überschreitet. ²Absatz 3 Satz 2 und 3 gilt entsprechend.

(5) § 48 Abs. 1 Nr. 3 des Zehnten Buches Sozialgesetzbuch findet keine Anwendung.

§ 6
Begriffsbestimmungen

(1) ¹Das Regelarbeitsentgelt für die Altersteilzeitarbeit im Sinne dieses Gesetzes ist das auf einen Monat entfallende vom Arbeitgeber regelmäßig zu zahlende sozialversicherungspflichtige Arbeitsentgelt, soweit es die Beitragsbemessungsgrenze des Dritten Buches Sozialgesetzbuch nicht überschreitet. ²Entgeltbestandteile, die nicht laufend gezahlt werden, sind nicht berücksichtigungsfähig.

(2) ¹Als bisherige wöchentliche Arbeitszeit ist die wöchentliche Arbeitszeit zugrunde zu legen, die mit dem Arbeitnehmer vor dem Übergang in die Altersteilzeitarbeit vereinbart war. ²Zugrunde zu legen ist höchstens die Arbeitszeit, die im Durchschnitt der letzten 24 Monate vor dem Übergang in die Altersteilzeitarbeit vereinbart war. ³Die ermittelte durchschnittliche Arbeitszeit kann auf die nächste volle Stunde gerundet werden.

§ 7
Berechnungsvorschriften

(1) ¹Ein Arbeitgeber beschäftigt in der Regel nicht mehr als 50 Arbeitnehmer, wenn er in dem Kalenderjahr, das demjenigen, für das die Feststellung zu treffen ist, vorausgegangen ist, für einen Zeitraum von mindestens acht Kalendermonaten nicht mehr als 50 Arbeitnehmer beschäftigt hat. ²Hat das Unternehmen nicht während des ganzen nach Satz 1 maßgebenden Kalenderjahrs bestanden, so beschäftigt der Arbeitgeber in der Regel nicht mehr als 50 Arbeitnehmer, wenn er während des Zeitraums des Bestehens des Unternehmens in der überwiegenden Zahl der Kalendermonate nicht mehr als 50 Arbeitnehmer beschäftigt hat. ³Ist das Unternehmen im Laufe des Kalenderjahrs errichtet worden, in dem die Feststellung nach Satz 1 zu treffen ist, so beschäftigt der Arbeitgeber in der Regel nicht mehr als 50 Arbeitnehmer, wenn nach der Art des Unternehmens anzunehmen ist, dass die Zahl der beschäftigten Arbeitnehmer während der überwiegenden Kalendermonate dieses Kalenderjahrs 50 nicht überschreiten wird.

(2) ¹Für die Berechnung der Zahl der Arbeitnehmer nach § 3 Abs. 1 Nr. 3 ist der Durchschnitt der letzten zwölf Kalendermonate vor dem Beginn der Altersteilzeitarbeit des Arbeitnehmers maßgebend. ²Hat ein Betrieb noch nicht zwölf Monate bestanden, ist der Durchschnitt der Kalendermonate während des Zeitraums des Bestehens des Betriebes maßgebend.

(3) ¹Bei der Feststellung der Zahl der beschäftigten Arbeitnehmer nach Absatz 1 und 2 bleiben schwerbehinderte Menschen und Gleichgestellte im Sinne des Neunten Buches Sozialgesetzbuch sowie Auszubildende außer Ansatz. ²Teilzeitbeschäftigte Arbeitnehmer mit einer regelmäßigen wöchentlichen Arbeitszeit von nicht mehr als 20 Stunden sind mit 0,5 und mit einer regelmäßigen wöchentlichen Arbeitszeit von nicht mehr als 30 Stunden mit 0,75 zu berücksichtigen.

(4) Bei der Ermittlung der Zahl der in Altersteilzeitarbeit beschäftigten Arbeitnehmer nach § 3 Abs. 1 Nr. 3 sind schwerbehinderte Menschen und Gleichgestellte im Sinne des Neunten Buches Sozialgesetzbuch zu berücksichtigen.

§ 8
Arbeitsrechtliche Regelungen

(1) Die Möglichkeit eines Arbeitnehmers zur Inanspruchnahme von Altersteilzeitarbeit gilt nicht als eine die Kündigung des Arbeitsver-

Altersteilzeitgesetz   Anhang 12

hältnisses durch den Arbeitgeber begründende Tatsache im Sinne des § 1 Abs. 2 Satz 1 des Kündigungsschutzgesetzes; sie kann auch nicht bei der sozialen Auswahl nach § 1 Abs. 3 Satz 1 des Kündigungsschutzgesetzes zum Nachteil des Arbeitnehmers berücksichtigt werden.

(2) ¹Die Verpflichtung des Arbeitgebers zur Zahlung von Leistungen nach § 3 Abs. 1 Nr. 1 kann nicht für den Fall ausgeschlossen werden, dass der Anspruch des Arbeitgebers auf die Leistungen nach § 4 nicht besteht, weil die Voraussetzung des § 3 Abs. 1 Nr. 2 nicht vorliegt. ²Das Gleiche gilt für den Fall, dass der Arbeitgeber die Leistungen nur deshalb nicht erhält, weil er den Antrag nach § 12 nicht, nicht richtig, nicht vollständig oder nicht rechtzeitig gestellt hat oder seinen Mitwirkungspflichten nicht nachgekommen ist, ohne dass dafür eine Verletzung der Mitwirkungspflichten des Arbeitnehmers ursächlich war.

(3) Eine Vereinbarung zwischen Arbeitnehmer und Arbeitgeber über die Altersteilzeitarbeit, die die Beendigung der Arbeitsverhältnisse ohne Kündigung zu einem Zeitpunkt vorsieht, in dem der Arbeitnehmer Anspruch auf eine Rente wegen Alters hat, ist zulässig.

§ 8a
Insolvenzsicherung

(1) ¹Führt eine Vereinbarung über die Altersteilzeitarbeit im Sinne von § 2 Abs. 2 zum Aufbau eines Wertguthabens, das den Betrag des Dreifachen des Regelarbeitsentgelts nach § 6 Abs. 1 einschließlich des darauf entfallenden Arbeitgeberanteils am Gesamtsozialversicherungsbeitrag übersteigt, ist der Arbeitgeber verpflichtet, das Wertguthaben einschließlich des darauf entfallenden Arbeitgeberanteils am Gesamtsozialversicherungsbeitrag mit der ersten Gutschrift in geeigneter Weise gegen das Risiko seiner Zahlungsunfähigkeit abzusichern; § 7e des Vierten Buches Sozialgesetzbuch findet keine Anwendung. ²Bilanzielle Rückstellungen sowie zwischen Konzernunternehmen (§ 18 des Aktiengesetzes) begründete Einstandspflichten, insbesondere Bürgschaften, Patronatserklärungen oder Schuldbeitritte, gelten nicht als geeignete Sicherungsmittel im Sinne des Satzes 1.

(2) Bei der Ermittlung der Höhe des zu sichernden Wertguthabens ist eine Anrechnung der Leistungen nach § 3 Abs. 1 Nr. 1 Buchstabe a und b und § 4 Abs. 2 sowie der Zahlungen des Arbeitgebers zur Übernahme der Beiträge im Sinne des § 187a des Sechsten Buches Sozialgesetzbuch unzulässig.

(3) ¹Der Arbeitgeber hat dem Arbeitnehmer die zur Sicherung des Wertguthabens ergriffenen Maßnahmen mit der ersten Gutschrift und danach alle sechs Monate in Textform nachzuweisen. ²Die Betriebsparteien können eine andere gleichwertige Art und Form des Nachweises vereinbaren; Absatz 4 bleibt hiervon unberührt.

(4) ¹Kommt der Arbeitgeber seiner Verpflichtung nach Absatz 3 nicht nach oder sind die nachgewiesenen Maßnahmen nicht geeignet und weist er auf schriftliche Aufforderung des Arbeitnehmers nicht innerhalb eines Monats eine geeignete Insolvenzsicherung des bestehenden Wertguthabens in Textform nach, kann der Arbeitnehmer verlangen, dass Sicherheit in Höhe des bestehenden Wertguthabens geleistet wird. ²Die Sicherheitsleistung kann nur erfolgen durch Stellung eines tauglichen Bürgen oder Hinterlegung von Geld oder solchen Wertpapieren, die nach § 234 Abs. 1 und 3 des Bürgerlichen Gesetzbuchs zur Sicherheitsleistung geeignet sind. ³Die Vorschriften der §§ 233, 234 Abs. 2, §§ 235 und 239 des Bürgerlichen Gesetzbuchs sind entsprechend anzuwenden.

(5) Vereinbarungen über den Insolvenzschutz, die zum Nachteil des in Altersteilzeitarbeit beschäftigten Arbeitnehmers von den Bestimmungen dieser Vorschrift abweichen, sind unwirksam.

(6) Die Absätze 1 bis 5 finden keine Anwendung gegenüber dem Bund, den Ländern, den Gemeinden, Körperschaften, Stiftungen und Anstalten des öffentlichen Rechts, über deren Vermögen die Eröffnung eines Insolvenzverfahrens nicht zulässig ist, sowie solchen juristischen Personen des öffentlichen Rechts, bei denen der Bund, ein Land oder eine Gemeinde kraft Gesetzes die Zahlungsfähigkeit sichert.

§ 9
Ausgleichskassen, gemeinsame Einrichtungen

(1) Werden die Leistungen nach § 3 Abs. 1 Nr. 1 aufgrund eines Tarifvertrages von einer Ausgleichskasse der Arbeitgeber erbracht oder dem Arbeitgeber erstattet, gewährt die Bundesagentur auf Antrag der Tarifvertragsparteien die Leistungen nach § 4 der Ausgleichskasse.

(2) Für gemeinsame Einrichtungen der Tarifvertragsparteien gilt Absatz 1 entsprechend.

§ 10
Soziale Sicherung des Arbeitnehmers

(1) ¹Beansprucht ein Arbeitnehmer, der Altersteilzeitarbeit (§ 2) geleistet hat und für den der Arbeitgeber Leistungen nach § 3 Abs. 1 Nr. 1 erbracht hat, Arbeitslosengeld oder Arbeitslosenhilfe, erhöht sich das Bemessungsentgelt, das sich nach den Vorschriften des Dritten Buches Sozialgesetzbuch ergibt, bis zu dem Betrag, der als Bemessungsentgelt zugrunde zu legen wäre, wenn der Arbeitnehmer seine Arbeitszeit nicht im Rahmen der Altersteilzeit vermindert hätte. ²Kann der Arbeitnehmer eine Rente wegen Alters in Anspruch nehmen, ist von dem Tage an, an dem die Rente erstmals beansprucht werden kann, das Bemessungsentgelt maßgebend, das ohne die Erhöhung nach Satz 1 zugrunde zu legen gewesen wäre. ³Änderungsbescheide werden mit dem Tag wirksam, an dem die Altersrente erstmals beansprucht werden konnte.

(2) ¹Bezieht ein Arbeitnehmer, für den die Bundesagentur Leistungen nach § 4 erbracht hat, Krankengeld, Versorgungskrankengeld, Verletztengeld oder Übergangsgeld und liegt der Bemessung dieser Leistungen ausschließlich die Altersteilzeit zugrunde oder bezieht der Arbeitnehmer Krankentagegeld von einem privaten Krankenversicherungsunternehmen, erbringt die Bundesagentur anstelle des Arbeitgebers die Leistungen nach § 3 Abs. 1 Nr. 1 in Höhe der Erstattungsleistungen nach § 4. ²Satz 1 gilt soweit und solange nicht, als Leistungen nach § 3 Abs. 1 Nr. 1 vom Arbeitgeber erbracht werden. ³Durch die Leistungen darf der Höchstförderzeitraum nach § 4 Abs. 1 nicht überschritten werden. ⁴§ 5 Abs. 1 gilt entsprechend.

(3) Absatz 2 gilt entsprechend für Arbeitnehmer, die nur wegen Inanspruchnahme der Altersteilzeit nach § 2 Abs. 1 Nr. 1 und Nr. 2 des Zweiten Gesetzes über die Krankenversicherung der Landwirte versicherungspflichtig in der Krankenversicherung der Landwirte sind, soweit und solange ihnen Krankengeld gezahlt worden wäre, falls sie nicht Mitglied der landwirtschaftlichen Krankenkasse geworden wären.

(4) Bezieht der Arbeitnehmer Kurzarbeitergeld, gilt für die Berechnung der Leistungen des § 3 Abs. 1 Nr. 1 und des § 4 das Entgelt für die vereinbarte Arbeitszeit als Arbeitsentgelt für die Altersteilzeitarbeit.

(5) ¹Sind für den Arbeitnehmer Aufstockungsleistungen nach § 3 Abs. 1 Nr. 1 Buchstabe a und b gezahlt worden, gilt in den Fällen der nicht zweckentsprechenden Verwendung von Wertguthaben für die Berechnung der Beiträge zur gesetzlichen Rentenversicherung der Unterschiedsbetrag zwischen dem Betrag, den der Arbeitgeber der Berechnung der Beiträge nach § 3 Abs. 1 Nr. 1 Buchstabe b zugrunde gelegt hat, und dem Doppelten des Regelarbeitsentgelts bis zum Zeitpunkt der nicht zweckentsprechenden Verwendung, höchstens bis zur Beitragsbemessungsgrenze, als beitragspflichtige Einnahme aus dem Wertguthaben; für die Beiträge zur Krankenversicherung, Pflegeversicherung oder nach dem Recht der Arbeitsförderung gilt § 23b Abs. 2 bis 3 des Vierten Buches Sozialgesetzbuch. ²Im Falle der Zahlungsunfähigkeit des Arbeitgebers gilt Satz 1 entsprechend, soweit Beiträge gezahlt werden.

§ 11
Mitwirkungspflichten des Arbeitnehmers

(1) ¹Der Arbeitnehmer hat Änderungen der ihn betreffenden Verhältnisse, die für die Leistungen nach § 4 erheblich sind, dem Arbeitgeber unverzüglich mitzuteilen. ²Werden im Fall des § 9 die Leistungen von der Ausgleichskasse der Arbeitgeber oder der gemeinsamen Einrichtung der Tarifvertragsparteien erbracht, hat der Arbeitnehmer Änderungen nach Satz 1 diesen gegenüber unverzüglich mitzuteilen.

(2) ¹Der Arbeitnehmer hat der Bundesagentur die dem Arbeitgeber zu Unrecht gezahlten Leistungen zu erstatten, wenn der Arbeitnehmer die unrechtmäßige Zahlung dadurch bewirkt hat, dass er vorsätzlich oder grob fahrlässig

1. Angaben gemacht hat, die unrichtig oder unvollständig sind, oder
2. der Mitteilungspflicht nach Absatz 1 nicht nachgekommen ist.

²Die zu erstattende Leistung ist durch schriftlichen Verwaltungsakt festzusetzen. ³Eine Erstattung durch den Arbeitgeber kommt insoweit nicht in Betracht.

§ 12
Verfahren

(1) ¹Die Agentur für Arbeit entscheidet auf schriftlichen Antrag des Arbeitgebers, ob die Voraussetzungen für die Erbringung von Leistungen nach § 4 vorliegen. ²Der Antrag wirkt vom Zeitpunkt des Vorliegens der Anspruchsvoraussetzungen, wenn er innerhalb von drei Monaten nach deren Vorliegen gestellt wird, andernfalls wirkt er vom Beginn des Monats der Antragstellung. ³In den Fällen des § 3 Abs. 3 kann die Agentur für Arbeit auch vorab entscheiden, ob die Voraussetzungen des § 2 vorliegen. ⁴Mit dem Antrag sind die Namen, Anschriften und Versicherungsnummern der Arbeitnehmer mitzuteilen, für die Leistungen beantragt werden. ⁵Zuständig ist die Agentur für Arbeit, in deren Bezirk der Betrieb liegt, in dem der Arbeitnehmer beschäftigt ist. ⁶Die Bundesagentur erklärt eine andere Agentur für Arbeit für zuständig, wenn der Arbeitgeber dafür ein berechtigtes Interesse glaubhaft macht.

(2) ¹Die Höhe der Leistungen nach § 4 wird zu Beginn des Erstattungsverfahrens in monatlichen Festbeträgen für die gesamte Förderdauer festgelegt. ²Die monatlichen Festbeträge werden nur angepasst, wenn sich das berücksichtigungsfähige Regelarbeitsentgelt um mindestens 10 Euro verringert. ³Leistungen nach § 4 werden auf Antrag erbracht und nachträglich jeweils für den Kalendermonat ausgezahlt, in dem die Anspruchsvoraussetzungen vorgelegen haben. ⁴Leistungen nach § 10 Abs. 2 werden auf Antrag des Arbeitnehmers oder, im Fall einer Leistungserbringung des Arbeitgebers an den Arbeitnehmer gemäß § 10 Abs. 2 Satz 2, auf Antrag des Arbeitgebers monatlich nachträglich ausgezahlt.

(3) ¹In den Fällen des § 3 Abs. 3 werden dem Arbeitgeber die Leistungen nach Absatz 1 erst von dem Zeitpunkt an ausgezahlt, in dem der Arbeitgeber auf dem freigemachten oder durch Umsetzung freigewordenen Arbeitsplatz einen Arbeitnehmer beschäftigt, der bei Beginn der Beschäftigung die Voraussetzungen des § 3 Abs. 1 Nr. 2 erfüllt hat. ²Endet die Altersteilzeitarbeit in den Fällen des § 3 Abs. 3 vorzeitig, erbringt die Agentur für Arbeit dem Arbeitgeber die Leistungen für zurückliegende Zeiträume nach Satz 3, solange die Voraussetzungen des § 3 Abs. 1 Nr. 2 erfüllt sind und soweit dem Arbeitgeber entsprechende Aufwendungen für Aufstockungsleistungen nach § 3 Abs. 1 Nr. 1 und § 4 Abs. 2 verblieben sind. ³Die Leistungen für zurückliegende Zeiten werden zusammen mit den laufenden Leistungen jeweils in monatlichen Teilbeträgen ausgezahlt. ⁴Die Höhe der Leistungen für zurückliegende Zeiten bestimmt sich nach der Höhe der laufenden Leistungen.

(4) ¹Über die Erbringung von Leistungen kann die Agentur für Arbeit vorläufig entscheiden, wenn die Voraussetzungen für den Anspruch mit hinreichender Wahrscheinlichkeit vorliegen und zu ihrer Feststellung voraussichtlich längere Zeit erforderlich ist. ²Aufgrund der vorläufigen Entscheidung erbrachte Leistungen sind auf die zustehende Leistung anzurechnen. ³Sie sind zu erstatten, soweit mit der abschließenden Entscheidung ein Anspruch nicht oder nur in geringerer Höhe zuerkannt wird.

§ 13
Auskünfte und Prüfung

¹Die §§ 315 und 319 des Dritten Buches und das Zweite Kapitel des Zehnten Buches Sozialgesetzbuch gelten entsprechend. ²§ 2 Abs. 1 Nr. 3 des Schwarzarbeitsbekämpfungsgesetzes bleibt unberührt.

§ 14
Bußgeldvorschriften

(1) Ordnungswidrig handelt, wer vorsätzlich oder fahrlässig

1. entgegen § 11 Abs. 1 oder als Arbeitgeber entgegen § 60 Abs. 1 Nr. 2 des Ersten Buches Sozialgesetzbuch eine Mitteilung nicht, nicht richtig, nicht vollständig oder nicht rechtzeitig macht,
2. entgegen § 13 Satz 1 in Verbindung mit § 315 Abs. 1, 2 Satz 1, Abs. 3 oder 5 Satz 1 und 2 des Dritten Buches Sozialgesetzbuch eine Auskunft nicht, nicht richtig, nicht vollständig oder nicht rechtzeitig erteilt,
3. entgegen § 13 Satz 1 in Verbindung mit § 319 Abs. 1 Satz 1 des Dritten Buches Sozialgesetzbuch Einsicht oder Zutritt nicht gewährt oder
4. entgegen § 13 Satz 1 in Verbindung mit § 319 Abs. 2 Satz 1 des Dritten Buches Sozialgesetzbuch Daten nicht, nicht richtig, nicht vollständig, nicht in der vorgeschriebenen Weise oder nicht rechtzeitig zur Verfügung stellt.

(2) Die Ordnungswidrigkeit kann in den Fällen des Absatzes 1 Nr. 4 mit einer Geldbuße bis zu dreißigtausend Euro, in den übrigen Fällen mit einer Geldbuße bis zu tausend Euro geahndet werden.

(3) Verwaltungsbehörden im Sinne des § 36 Abs. 1 Nr. 1 des Gesetzes über Ordnungswidrigkeiten sind die Agenturen für Arbeit.

(4) ¹Die Geldbußen fließen in die Kasse der Bundesagentur. ²§ 66 des Zehnten Buches Sozialgesetzbuch gilt entsprechend.

(5) Die notwendigen Auslagen trägt abweichend von § 105 Abs. 2 des Gesetzes über Ordnungswidrigkeiten die Bundesagentur; diese ist auch ersatzpflichtig im Sinne des § 110 Abs. 4 des Gesetzes über Ordnungswidrigkeiten.

§ 15
Verordnungsermächtigung

¹Das Bundesministerium für Arbeit und Soziales kann durch Rechtsverordnung die Mindestnettobeträge nach § 3 Abs. 1 Nr. 1 Buchstabe a in der bis zum 30. Juni 2004 gültigen Fassung bestimmen. ²Die Vorschriften zum Leistungsentgelt des Dritten Buches Sozialgesetzbuch gelten entsprechend. ³Das bisherige Arbeitsentgelt im Sinne des § 6 Abs. 1 in der bis zum 30. Juni 2004 gültigen Fassung ist auf den nächsten durch fünf teilbaren Euro-Betrag zu runden. ⁴Der Kalendermonat ist mit 30 Tagen anzusetzen.

§ 15a
Übergangsregelung nach dem Gesetz zur Reform der Arbeitsförderung

Haben die Voraussetzungen für die Erbringung von Leistungen nach § 4 vor dem 1. April 1997 vorgelegen, erbringt die Bundesagentur die Leistungen nach § 4 auch dann, wenn die Voraussetzungen des § 2 Abs. 1 Nr. 2 und Abs. 2 Nr. 1 in der bis zum 31. März 1997 geltenden Fassung vorliegen.

§ 15b
Übergangsregelung nach dem Gesetz zur Reform der gesetzlichen Rentenversicherung

Abweichend von § 5 Abs. 1 Nr. 2 erlischt der Anspruch auf die Leistungen nach § 4 nicht, wenn mit der Altersteilzeit vor dem 1. Juli 1998 begonnen worden ist und Anspruch auf eine ungeminderte Rente wegen Alters besteht, weil 45 Jahre mit Pflichtbeiträgen für eine versicherte Beschäftigung oder Tätigkeit vorliegen.

§ 15c
Übergangsregelung nach dem Gesetz zur Fortentwicklung der Altersteilzeit

Ist eine Vereinbarung über Altersteilzeitarbeit vor dem 1. Januar 2000 abgeschlossen worden, erbringt die Bundesagentur die Leistungen nach § 4 auch dann, wenn die Voraussetzungen des § 2 Abs. 1 Nr. 2 und 3 in der bis zum 1. Januar 2000 geltenden Fassung vorliegen.

Altersteilzeitgesetz

§ 15d
Übergangsregelung zum Zweiten Gesetz zur Fortentwicklung der Altersteilzeit

¹Ist eine Vereinbarung über Altersteilzeitarbeit vor dem 1. Juli 2000 abgeschlossen worden, gelten § 5 Abs. 2 Satz 2 und § 6 Abs. 2 Satz 2 in der bis zum 1. Juli 2000 geltenden Fassung. ²Sollen bei einer Vereinbarung nach Satz 1 Leistungen nach § 4 für einen Zeitraum von länger als fünf Jahren beansprucht werden, gilt § 5 Abs. 2 Satz 2 in der ab dem 1. Juli 2000 geltenden Fassung.

§ 15e
Übergangsregelung nach dem Gesetz zur Reform der Renten wegen verminderter Erwerbsfähigkeit

Abweichend von § 5 Abs. 1 Nr. 2 erlischt der Anspruch auf die Leistungen nach § 4 nicht, wenn mit der Altersteilzeit vor dem 17. November 2000 begonnen worden ist und Anspruch auf eine ungeminderte Rente wegen Alters besteht, weil die Voraussetzungen nach § 236a Satz 5 Nr. 1 des Sechsten Buches Sozialgesetzbuch vorliegen.

§ 15f
Übergangsregelung nach dem Zweiten Gesetz für moderne Dienstleistungen am Arbeitsmarkt

Wurde mit der Altersteilzeit vor dem 1. April 2003 begonnen, gelten Arbeitnehmer, die bis zu diesem Zeitpunkt in einer versicherungspflichtigen Beschäftigung nach dem Dritten Buch Sozialgesetzbuch gestanden haben, auch nach dem 1. April 2003 als versicherungspflichtig beschäftigt, wenn sie die bis zum 31. März 2003 geltenden Voraussetzungen für das Vorliegen einer versicherungspflichtigen Beschäftigung weiterhin erfüllen.

§ 15g
Übergangsregelung zum Dritten Gesetz für moderne Dienstleistungen am Arbeitsmarkt

¹Wurde mit der Altersteilzeitarbeit vor dem 1. Juli 2004 begonnen, sind die Vorschriften in der bis zum 30. Juni 2004 geltenden Fassung mit Ausnahme des § 15 weiterhin anzuwenden. ²Auf Antrag des Arbeitgebers erbringt die Bundesagentur abweichend von Satz 1 Leistungen nach § 4 in der ab dem 1. Juli 2004 geltenden Fassung, wenn die hierfür ab dem 1. Juli 2004 maßgebenden Voraussetzungen erfüllt sind.

§ 15h
Übergangsregelung zum Gesetz über Leistungsverbesserungen in der gesetzlichen Rentenversicherung

Abweichend von § 5 Absatz 1 Nummer 2 erlischt der Anspruch auf die Leistungen nach § 4 nicht, wenn mit der Altersteilzeit vor dem 1. Januar 2010 begonnen worden ist und die Voraussetzungen für einen Anspruch auf eine Rente für besonders langjährig Versicherte nach § 236b des Sechsten Buches Sozialgesetzbuch erfüllt sind.

§ 15i
Übergangsregelung zum Gesetz zu Änderungen im Bereich der geringfügigen Beschäftigung

Wurde mit der Altersteilzeit vor dem 1. Januar 2013 begonnen, gelten Arbeitnehmerinnen und Arbeitnehmer, die bis zu diesem Zeitpunkt in einer versicherungspflichtigen Beschäftigung nach dem Dritten Buch Sozialgesetzbuch gestanden haben, auch nach dem 31. Dezember 2012 als versicherungspflichtig beschäftigt, wenn sie die bis zum 31. Dezember 2012 geltenden Voraussetzungen für das Vorliegen einer versicherungspflichtigen Beschäftigung weiterhin erfüllen.

§ 16
Befristung der Förderungsfähigkeit

Für die Zeit ab dem 1. Januar 2010 sind Leistungen nach § 4 nur noch zu erbringen, wenn die Voraussetzungen des § 2 erstmals vor diesem Zeitpunkt vorgelegen haben.

Anhang 13
Gesetz zur Verbesserung der betrieblichen Altersversorgung
(Betriebsrentengesetz – BetrAVG)

vom 19.12.1974 (BGBl. I S. 3610),
zuletzt geändert durch Art. 3 G vom 23.6.2014 (BGBl. I S. 787)
– Auszug –

ERSTER TEIL
Arbeitsrechtliche Vorschriften

ERSTER ABSCHNITT
Durchführung der betrieblichen Altersversorgung

§ 1
Zusage des Arbeitgebers auf betriebliche Altersvorsorge

(1) [1]Werden einem Arbeitnehmer Leistungen der Alters-, Invaliditäts- oder Hinterbliebenenversorgung aus Anlass seines Arbeitsverhältnisses vom Arbeitgeber zugesagt (betriebliche Altersversorgung), gelten die Vorschriften dieses Gesetzes. [2]Die Durchführung der betrieblichen Altersversorgung kann unmittelbar über den Arbeitgeber oder über einen der in § 1b Abs. 2 bis 4 genannten Versorgungsträger erfolgen. [3]Der Arbeitgeber steht für die Erfüllung der von ihm zugesagten Leistungen auch dann ein, wenn die Durchführung nicht unmittelbar über ihn erfolgt.

(2) Betriebliche Altersversorgung liegt auch vor, wenn

1. der Arbeitgeber sich verpflichtet, bestimmte Beiträge in einer Anwartschaft auf Alters-, Invaliditäts- oder Hinterbliebenenversorgung umzuwandeln (beitragsorientierte Leistungszusage),
2. der Arbeitgeber sich verpflichtet, Beiträge zur Finanzierung von Leistungen der betrieblichen Altersversorgung an einen Pensionsfonds, eine Pensionskasse oder eine Direktversicherung zu zahlen und für Leistungen zur Altersversorgung das planmäßig zuzurechnende Versorgungskapital auf der Grundlage der gezahlten Beiträge (Beiträge und die daraus erzielten Erträge), mindestens die Summe der zugesagten Beiträge, soweit sie nicht rechnungsmäßig für einen biometrischen Risikoausgleich verbraucht wurden, hierfür zur Verfügung zu stellen (Beitragszusage mit Mindestleistung),
3. künftige Entgeltansprüche in eine wertgleiche Anwartschaft auf Versorgungsleistungen umgewandelt werden (Entgeltumwandlung) oder
4. der Arbeitnehmer Beiträge aus seinem Arbeitsentgelt zur Finanzierung von Leistungen der betrieblichen Altersversorgung an einen Pensionsfonds, eine Pensionskasse oder eine Direktversicherung leistet und die Zusage des Arbeitgebers auch die Leistungen aus diesen Beiträgen umfasst; die Regelungen für Entgeltumwandlung sind hierbei entsprechend anzuwenden, soweit die zugesagten Leistungen aus diesen Beiträgen im Wege der Kapitaldeckung finanziert werden.

§ 1a
Anspruch auf betriebliche Altersversorgung durch Entgeltumwandlung

(1) [1]Der Arbeitnehmer kann vom Arbeitgeber verlangen, dass von seinen künftigen Entgeltansprüchen bis zu 4 vom Hundert der jeweiligen Beitragsbemessungsgrenze in der allgemeinen Rentenversicherung durch Entgeltumwandlung für seine betriebliche Altersversorgung verwendet werden. [2]Die Durchführung des Anspruchs des Arbeitnehmers wird durch Vereinbarung geregelt. [3]Ist der Arbeitgeber zu einer Durchführung über einen Pensionsfonds oder eine Pensionskasse (§ 1b Abs. 3) bereit, ist die betriebliche Altersversorgung dort durchzuführen; andernfalls kann der Arbeitnehmer verlangen, dass der Arbeitgeber für ihn eine Direktversicherung (§ 1b Abs. 2) abschließt. [4]Soweit der Anspruch geltend gemacht wird, muss der Arbeitnehmer jährlich einen Betrag in Höhe von mindestens einem Hundertsechzigstel der Bezugsgröße nach § 18 Abs. 1 des Vierten Buches Sozialgesetzbuch für seine betriebliche Altersversorgung verwenden. [5]Soweit der Arbeitnehmer Teile seines regelmäßigen Entgelts für betriebliche Altersversorgung verwendet, kann der Arbeitgeber verlangen, dass während eines laufenden Kalenderjahres gleich bleibende monatliche Beträge verwendet werden.

(2) Soweit eine durch Entgeltumwandlung finanzierte betriebliche Altersversorgung besteht, ist der Anspruch des Arbeitnehmers auf Entgeltumwandlung ausgeschlossen.

(3) Soweit der Arbeitnehmer einen Anspruch auf Entgeltumwandlung für betriebliche Altersversorgung nach Abs. 1 hat, kann er verlangen, dass die Voraussetzungen für eine Förderung nach den §§ 10a, 82 Abs. 2 des Einkommensteuergesetzes erfüllt werden, wenn die betriebliche Altersversorgung über einen Pensionsfonds, eine Pensionskasse oder eine Direktversicherung durchgeführt wird.

(4) [1]Falls der Arbeitnehmer bei fortbestehendem Arbeitsverhältnis kein Entgelt erhält, hat er das Recht, die Versicherung oder Versorgung mit eigenen Beiträgen fortzusetzen. [2]Der Arbeitgeber steht auch für die Leistungen aus diesen Beiträgen ein. [3]Die Regelungen über Entgeltumwandlung gelten entsprechend.

§ 1b
Unverfallbarkeit und Durchführung der betrieblichen Altersversorgung

(1) [1]Einem Arbeitnehmer, dem Leistungen aus der betrieblichen Altersversorgung zugesagt worden sind, bleibt die Anwartschaft erhalten, wenn das Arbeitsverhältnis vor Eintritt des Versorgungsfalls, jedoch nach Vollendung des 25. Lebensjahres endet und die Versorgungszusage zu diesem Zeitpunkt mindestens fünf Jahre bestanden hat (unverfallbare Anwartschaft). [2]Ein Arbeitnehmer behält seine Anwartschaft auch dann, wenn er aufgrund einer Vorruhestandsregelung ausscheidet und ohne das vorherige Ausscheiden die Wartezeit und die sonstigen Voraussetzungen für den Bezug von Leistungen der betrieblichen Altersversorgung hätte erfüllen können. [3]Eine Änderung der Versorgungszusage oder ihre Übernahme durch eine andere Person unterbricht nicht den Ablauf der Fristen nach Satz 1. [4]Der Verpflichtung aus einer Versorgungszusage stehen Versorgungsverpflichtungen gleich, die auf betrieblicher Übung oder dem Grundsatz der Gleichbehandlung beruhen. [5]Der Ablauf einer vorgesehenen Wartezeit wird durch die Beendigung des Arbeitsverhältnisses nach Erfüllung der Voraussetzungen der Sätze 1 und 2 nicht berührt. [6]Wechselt ein Arbeitnehmer vom Geltungsbereich dieses Gesetzes in einen anderen Mitgliedstaat der Europäischen Union, bleibt die Anwartschaft in gleichem Umfange wie für Personen erhalten, die auch nach Beendigung eines Arbeitsverhältnisses innerhalb des Geltungsbereichs dieses Gesetzes verbleiben.

(2) [1]Wird für die betriebliche Altersversorgung eine Lebensversicherung auf das Leben des Arbeitnehmers durch den Arbeitgeber abgeschlossen und sind der Arbeitnehmer oder seine Hinterbliebenen hinsichtlich der Leistungen des Versicherers ganz oder teilweise bezugsberechtigt (Direktversicherung), so ist der Arbeitgeber verpflichtet, wegen Beendigung des Arbeitsverhältnisses nach Erfüllung der in Absatz 1 Satz 1 und 2 genannten Voraussetzungen das Bezugsrecht nicht mehr zu widerrufen. [2]Eine Vereinbarung, nach der das Bezugsrecht durch die Beendigung des Arbeitsverhältnisses nach Erfüllung der in Absatz 1 Satz 1 und 2 genannten Voraussetzungen auflösend bedingt ist, ist unwirksam. [3]Hat der Arbeitgeber die Ansprüche aus dem Versicherungsvertrag abgetreten oder beliehen, so ist er verpflichtet, den Arbeitnehmer, dessen Arbeitsverhältnis nach Erfüllung der in Absatz 1 Satz 1 und 2 genannten Voraussetzungen geendet hat, bei Eintritt des Versicherungsfalles so zu stellen, als ob die Abtretung oder Beleihung nicht erfolgt wäre. [4]Als Zeitpunkt der Erteilung der Versorgungszusage im Sinne des Absatzes 1 gilt der Versicherungsbeginn, frühestens jedoch der Beginn der Betriebszugehörigkeit.

(3) [1]Wird die betriebliche Altersversorgung von einer rechtsfähigen Versorgungseinrichtung durchgeführt, die dem Arbeitnehmer oder seinen Hinterbliebenen auf ihre Leistungen einen Rechtsanspruch gewährt (Pensionskasse und Pensionsfonds), so gilt Absatz 1 entsprechend. [2]Als Zeitpunkt der Erteilung der Versorgungszusage im Sinne des Absatzes 1 gilt der Versicherungsbeginn, frühestens jedoch der Beginn der Betriebszugehörigkeit.

(4) ¹Wird die betriebliche Altersversorgung von einer rechtsfähigen Versorgungseinrichtung durchgeführt, die auf ihre Leistungen keinen Rechtsanspruch gewährt (Unterstützungskasse), so sind die nach Erfüllung der in Absatz 1 Satz 1 und 2 genannten Voraussetzungen und vor Eintritt des Versorgungsfalles aus dem Unternehmen ausgeschiedenen Arbeitnehmer und ihre Hinterbliebenen den bis zum Eintritt des Versorgungsfalles dem Unternehmen angehörenden Arbeitnehmern und deren Hinterbliebenen gleichgestellt. ²Die Versorgungszusage gilt in dem Zeitpunkt als erteilt im Sinne des Absatzes 1, von dem an der Arbeitnehmer zum Kreis der Begünstigten der Unterstützungskasse gehört.

(5) ¹Soweit betriebliche Altersversorgung durch Entgeltumwandlung erfolgt, behält der Arbeitnehmer seine Anwartschaft, wenn sein Arbeitsverhältnis vor Eintritt des Versorgungsfalles endet; in den Fällen der Absätze 2 und 3

1. dürfen die Überschussanteile nur zur Verbesserung der Leistung verwendet,
2. muss dem ausgeschiedenen Arbeitnehmer das Recht zur Fortsetzung der Versicherung oder Versorgung mit eigenen Beiträgen eingeräumt und
3. muss das Recht zur Verpfändung, Abtretung oder Beleihung durch den Arbeitgeber ausgeschlossen werden.

²Im Fall einer Direktversicherung ist dem Arbeitnehmer darüber hinaus mit Beginn der Entgeltumwandlung ein unwiderrufliches Bezugsrecht einzuräumen.

§ 2
Höhe der unverfallbaren Anwartschaft

(1) ¹Bei Eintritt des Versorgungsfalles wegen Erreichen der Altersgrenze, wegen Invalidität oder Tod haben ein vorher ausgeschiedener Arbeitnehmer, dessen Anwartschaft nach § 1b fortbesteht, und seine Hinterbliebenen einen Anspruch mindestens in Höhe des Teiles der ohne das vorherige Ausscheiden zustehenden Leistung, der dem Verhältnis der Dauer der Betriebszugehörigkeit zu der Zeit vom Beginn der Betriebszugehörigkeit bis zum Erreichen der Regelaltersgrenze in der gesetzlichen Rentenversicherung entspricht; an die Stelle des Erreichens der Regelaltersgrenze tritt ein früherer Zeitpunkt, wenn dieser in der Versorgungsregelung als feste Altersgrenze vorgesehen ist, spätestens der Zeitpunkt der Vollendung des 65. Lebensjahres, falls der Arbeitnehmer ausscheidet und gleichzeitig eine Altersrente aus der gesetzlichen Rentenversicherung für besonders langjährig Versicherte in Anspruch nimmt. ²Der Mindestanspruch auf Leistungen wegen Invalidität oder Tod vor Erreichen der Altersgrenze ist jedoch nicht höher als der Betrag, den der Arbeitnehmer oder seine Hinterbliebenen erhalten hätten, wenn im Zeitpunkt des Ausscheidens der Versorgungsfall eingetreten wäre und die sonstigen Leistungsvoraussetzungen erfüllt gewesen wären.

(2) ¹Ist bei einer Direktversicherung der Arbeitnehmer nach Erfüllung der Voraussetzungen des § 1b Abs. 1 und 5 vor Eintritt des Versorgungsfalls ausgeschieden, so gilt Absatz 1 mit der Maßgabe, dass sich der vom Arbeitgeber zu finanzierende Teilanspruch nach Absatz 1, soweit er über die von dem Versicherer nach dem Versicherungsvertrag aufgrund der Beiträge des Arbeitgebers zu erbringende Versicherungsleistung hinausgeht, gegen den Arbeitgeber richtet. ²An die Stelle der Ansprüche nach Satz 1 tritt auf Verlangen des Arbeitgebers die von dem Versicherer aufgrund des Versicherungsvertrags zu erbringende Versicherungsleistung, wenn

1. spätestens nach 3 Monaten seit dem Ausscheiden des Arbeitnehmers das Bezugsrecht unwiderruflich ist und eine Abtretung oder Beleihung des Rechts aus dem Versicherungsvertrag durch den Arbeitgeber und Beitragsrückstände nicht vorhanden sind,
2. vom Beginn der Versicherung, frühstens jedoch vom Beginn der Betriebszugehörigkeit an, nach dem Versicherungsvertrag die Überschussanteile nur zur Verbesserung der Versicherungsleistung zu verwenden sind und
3. der ausgeschiedene Arbeitnehmer nach dem Versicherungsvertrag das Recht zur Fortsetzung der Versicherung mit eigenen Beiträgen hat.

³Der Arbeitgeber kann sein Verlangen nach Satz 2 nur innerhalb von 3 Monaten seit dem Ausscheiden des Arbeitnehmers diesem und dem Versicherer mitteilen. ⁴Der ausgeschiedene Arbeitnehmer darf die Ansprüche aus dem Versicherungsvertrag in Höhe des durch Beitragszahlungen des Arbeitgebers gebildeten geschäftsplanmäßigen Deckungskapitals oder, soweit die Berechnung des Deckungskapitals nicht zum Geschäftsplan gehört, des nach § 169 Abs. 3 und 4 des Versicherungsvertragsgesetzes berechneten Wertes weder abtreten noch beleihen. ⁵In dieser Höhe darf der Rückkaufswert aufgrund einer Kündigung des Versicherungsvertrags nicht in Anspruch genommen werden; im Falle einer Kündigung wird die Versicherung in eine prämienfreie Versicherung umgewandelt. ⁶§ 169 Abs. 1 des Versicherungsvertragsgesetzes findet insoweit keine Anwendung. ⁷Eine Abfindung des Anspruchs nach § 3 ist weiterhin möglich.

(3) ¹Für Pensionskassen gilt Absatz 1 mit der Maßgabe, dass sich der vom Arbeitgeber zu finanzierende Teilanspruch nach Absatz 1, soweit er über die von der Pensionskasse nach dem aufsichtsbehördlich genehmigten Geschäftsplan oder, soweit eine aufsichtsbehördliche Genehmigung nicht vorgeschrieben ist, nach den allgemeinen Versicherungsbedingungen und den fachlichen Geschäftsunterlagen im Sinne des § 5 Abs. 3 Nr. 2 Halbsatz 2 des Versicherungsaufsichtsgesetzes (Geschäftsunterlagen) aufgrund der Beiträge des Arbeitgebers zu erbringende Leistung hinausgeht, gegen den Arbeitgeber richtet. ²An die Stelle der Ansprüche nach Satz 1 tritt auf Verlangen des Arbeitgebers die von der Pensionskasse aufgrund des Geschäftsplans oder der Geschäftsunterlagen zu erbringende Leistung, wenn nach dem aufsichtsbehördlich genehmigten Geschäftsplan oder den Geschäftsunterlagen

1. vom Beginn der Versicherung, frühestens jedoch vom Beginn der Betriebszugehörigkeit an, Überschussanteile, die aufgrund des Finanzierungsverfahrens regelmäßig entstehen, nur zur Verbesserung der Versicherungsleistung zu verwenden sind oder die Steigerung der Versorgungsanwartschaften des Arbeitnehmers der Entwicklung seines Arbeitsentgelts, soweit es unter den jeweiligen Beitragsbemessungsgrenzen der gesetzlichen Rentenversicherungen liegt, entspricht und
2. der ausgeschiedene Arbeitnehmer das Recht zur Fortsetzung der Versicherung mit eigenen Beiträgen hat.

³Absatz 2 Satz 3 bis 7 gilt entsprechend.

(3a) Für Pensionsfonds gilt Absatz 1 mit der Maßgabe, dass sich der vom Arbeitgeber zu finanzierende Teilanspruch, soweit er über die vom Pensionsfonds auf der Grundlage der nach dem geltenden Pensionsplan im Sinne des § 112 Abs. 1 Satz 2 in Verbindung mit § 113 Abs. 2 Nr. 5 des Versicherungsaufsichtsgesetzes berechnete Deckungsrückstellung hinausgeht, gegen den Arbeitgeber richtet.

(4) Eine Unterstützungskasse hat bei Eintritt des Versorgungsfalls einem vorzeitig ausgeschiedenen Arbeitnehmer, der nach § 1b Abs. 4 gleichgestellt ist, und seinen Hinterbliebenen mindestens den nach Absatz 1 berechneten Teil der Versorgung zu gewähren.

(5) ¹Bei der Berechnung des Teilanspruchs nach Absatz 1 bleiben Veränderungen der Versorgungsregelung und der Bemessungsgrundlagen für die Leistung der betrieblichen Altersversorgung, soweit sie nach dem Ausscheiden des Arbeitnehmers eintreten, außer Betracht; dies gilt auch für die Bemessungsgrundlagen anderer Versorgungsbezüge, die bei der Berechnung der Leistung der betrieblichen Altersversorgung zu berücksichtigen sind. ²Ist eine Rente der gesetzlichen Rentenversicherung zu berücksichtigen, so kann das bei der Berechnung von Pensionsrückstellungen allgemein zulässige Verfahren zugrunde gelegt werden, wenn nicht der ausgeschiedene Arbeitnehmer die Anzahl der im Zeitpunkt des Ausscheidens erreichten Entgeltpunkte nachweist; bei Pensionskassen sind der aufsichtsbehördlich genehmigte Geschäftsplan oder die Geschäftsunterlagen maßgebend. ³Bei Pensionsfonds sind der Pensionsplan und die sonstigen Geschäftsunterlagen maßgebend. ⁴Versorgungsanwartschaften, die der Arbeitnehmer nach seinem Ausscheiden erwirbt, dürfen zu keiner Kürzung des Teilanspruchs nach Absatz 1 führen.

(5a) Bei einer unverfallbaren Anwartschaft aus Entgeltumwandlung tritt an die Stelle der Ansprüche nach Absatz 1, 3a oder 4 die vom Zeitpunkt der Zusage auf betriebliche Altersversorgung bis zum Ausscheiden des Arbeitnehmers erreichte Anwartschaft auf Leistungen aus den bis dahin umgewandelten Entgeltbestandteilen; dies gilt entsprechend für eine unverfallbare Anwartschaft aus Beiträgen im Rahmen einer beitragsorientierten Leistungszusage.

Gesetz zur Verbesserung der betrieblichen Altersversorgung

(5b) An die Stelle der Ansprüche nach den Absätzen 2, 3, 3a und 5a tritt bei einer Beitragszusage mit Mindestleistung das dem Arbeitnehmer planmäßig zuzurechnende Versorgungskapital auf der Grundlage der bis zu seinem Ausscheiden geleisteten Beiträge (Beiträge und die bis zum Eintritt des Versorgungsfalls erzielten Erträge), mindestens die Summe der bis dahin zugesagten Beiträge, soweit sie nicht rechnungsmäßig für einen biometrischen Risikoausgleich verbraucht wurden.

§ 3
Abfindung

(1) Unverfallbare Anwartschaften im Falle der Beendigung des Arbeitsverhältnisses und laufende Leistungen dürfen nur unter den Voraussetzungen der folgenden Absätze abgefunden werden.

(2) ¹Der Arbeitgeber kann eine Anwartschaft ohne Zustimmung des Arbeitnehmers abfinden, wenn der Monatsbetrag der aus der Anwartschaft resultierenden laufenden Leistung bei Erreichen der vorgesehenen Altersgrenze 1 vom Hundert, bei Kapitalleistungen zwölf Zehntel der monatlichen Bezugsgröße nach § 18 des Vierten Buches Sozialgesetzbuch nicht übersteigen würde. ²Dies gilt entsprechend für die Abfindung einer laufenden Leistung. ³Die Abfindung ist unzulässig, wenn der Arbeitnehmer von seinem Recht auf Übertragung der Anwartschaft Gebrauch macht.

(3) Die Anwartschaft ist auf Verlangen des Arbeitnehmers abzufinden, wenn die Beiträge zur gesetzlichen Rentenversicherung erstattet worden sind.

(4) Der Teil der Anwartschaft, der während eines Insolvenzverfahrens erdient worden ist, kann ohne Zustimmung des Arbeitnehmers abgefunden werden, wenn die Betriebstätigkeit vollständig eingestellt und das Unternehmen liquidiert wird.

(5) Für die Berechnung des Abfindungsbetrages gilt § 4 Abs. 5 entsprechend.

(6) Die Abfindung ist gesondert auszuweisen und einmalig zu zahlen.

§ 4
Übertragung

(1) Unverfallbare Anwartschaften und laufende Leistungen dürfen nur unter den Voraussetzungen der folgenden Absätze übertragen werden.

(2) Nach Beendigung des Arbeitsverhältnisses kann im Einvernehmen des ehemaligen mit dem neuen Arbeitgeber sowie dem Arbeitnehmer
1. die Zusage vom neuen Arbeitgeber übernommen werden oder
2. der Wert der vom Arbeitnehmer erworbenen unverfallbaren Anwartschaft auf betriebliche Altersversorgung (Übertragungswert) auf den neuen Arbeitgeber übertragen werden, wenn dieser eine wertgleiche Zusage erteilt; für die neue Anwartschaft gelten die Regelungen über Entgeltumwandlung entsprechend.

(3) ¹Der Arbeitnehmer kann innerhalb eines Jahres nach Beendigung des Arbeitsverhältnisses von seinem ehemaligen Arbeitgeber verlangen, dass der Übertragungswert auf den neuen Arbeitgeber übertragen wird, wenn
1. die betriebliche Altersversorgung über einen Pensionsfonds, eine Pensionskasse oder eine Direktversicherung durchgeführt worden ist und
2. der Übertragungswert die Beitragsbemessungsgrenze in der allgemeinen Rentenversicherung nicht übersteigt.

²Der Anspruch richtet sich gegen den Versorgungsträger, wenn der ehemalige Arbeitgeber die versicherungsförmige Lösung nach § 2 Abs. 2 oder 3 gewählt hat oder soweit der Arbeitnehmer die Versicherung oder Versorgung mit eigenen Beiträgen fortgeführt hat. ³Der neue Arbeitgeber ist verpflichtet, eine dem Übertragungswert wertgleiche Zusage zu erteilen und über einen Pensionsfonds, eine Pensionskasse oder eine Direktversicherung durchzuführen. ⁴Für die neue Anwartschaft gelten die Regelungen über Entgeltumwandlung entsprechend.

(4) ¹Wird die Betriebstätigkeit eingestellt und das Unternehmen liquidiert, kann eine Zusage von einer Pensionskasse oder einem Unternehmen der Lebensversicherung ohne Zustimmung des Arbeitnehmers oder Versorgungsempfängers übernommen werden, wenn sichergestellt ist, dass die Überschussanteile ab Rentenbeginn entsprechend § 16 Abs. 3 Nr. 2 verwendet werden. ²§ 2 Abs. 2 Satz 4 bis 6 gilt entsprechend.

(5) ¹Der Übertragungswert entspricht bei einer unmittelbar über den Arbeitgeber oder über eine Unterstützungskasse durchgeführten betrieblichen Altersversorgung dem Barwert der nach § 2 bemessenen künftigen Versorgungsleistung im Zeitpunkt der Übertragung; bei der Berechnung des Barwerts sind die Rechnungsgrundlagen sowie die anerkannten Regeln der Versicherungsmathematik maßgebend. ²Soweit die betriebliche Altersversorgung über einen Pensionsfonds, eine Pensionskasse oder eine Direktversicherung durchgeführt worden ist, entspricht der Übertragungswert dem gebildeten Kapital im Zeitpunkt der Übertragung.

(6) Mit der vollständigen Übertragung des Übertragungswerts erlischt die Zusage des ehemaligen Arbeitgebers.

§ 4a
Auskunftsanspruch

(1) Der Arbeitgeber oder der Versorgungsträger hat dem Arbeitnehmer bei einem berechtigten Interesse auf dessen Verlangen schriftlich mitzuteilen,
1. in welcher Höhe aus der bisher erworbenen unverfallbaren Anwartschaft bei Erreichen der in der Versorgungsregelung vorgesehenen Altersgrenze ein Anspruch auf Altersversorgung besteht und
2. wie hoch bei einer Übertragung der Anwartschaft nach § 4 Abs. 3 der Übertragungswert ist.

(2) Der neue Arbeitgeber oder der Versorgungsträger hat dem Arbeitnehmer auf dessen Verlangen schriftlich mitzuteilen, in welcher Höhe aus dem Übertragungswert ein Anspruch auf Altersversorgung und ob eine Invaliditäts- oder Hinterbliebenenversorgung bestehen würde.

ZWEITER ABSCHNITT
Auszehrungsverbot

§ 5
Auszehrung und Anrechnung

(1) Die bei Eintritt des Versorgungsfalls festgesetzten Leistungen der betrieblichen Altersversorgung dürfen nicht mehr dadurch gemindert oder entzogen werden, dass Beträge, um die sich andere Versorgungsbezüge nach diesem Zeitpunkt durch Anpassung an die wirtschaftliche Entwicklung erhöhen, angerechnet oder bei der Begrenzung der Gesamtversorgung auf einen Höchstbetrag berücksichtigt werden.

(2) ¹Leistungen der betrieblichen Altersversorgung dürfen durch Anrechnung oder Berücksichtigung anderer Versorgungsbezüge, soweit sie auf eigenen Beiträgen des Versorgungsempfängers beruhen, nicht gekürzt werden. ²Dies gilt nicht für Renten aus den gesetzlichen Rentenversicherungen, soweit sie auf Pflichtbeiträgen beruhen, sowie für sonstige Versorgungsbezüge, die mindestens zur Hälfte auf Beiträgen oder Zuschüssen des Arbeitgebers beruhen.

DRITTER ABSCHNITT
Altersgrenze

§ 6
Vorzeitige Altersleistung

¹Einem Arbeitnehmer, der die Altersrente aus der gesetzlichen Rentenversicherung als Vollrente in Anspruch nimmt, sind auf sein Verlangen nach Erfüllung der Wartezeit und sonstiger Leistungsvoraussetzungen Leistungen der betrieblichen Altersversorgung zu gewähren. ²Fällt die Altersrente aus der gesetzlichen Rentenversicherung wieder weg oder wird sie auf einen Teilbetrag beschränkt, so können auch die Leistungen der betrieblichen Altersversorgung eingestellt werden. ³Der ausgeschiedene Arbeitnehmer ist verpflichtet, die Aufnahme oder Ausübung einer Beschäftigung oder

Erwerbstätigkeit, die zu einem Wegfall oder zu einer Beschränkung der Altersrente aus der gesetzlichen Rentenversicherung führt, dem Arbeitgeber oder sonstigen Versorgungsträger unverzüglich anzuzeigen.

VIERTER ABSCHNITT
Insolvenzsicherung

§ 7
Umfang des Versicherungsschutzes

(1) ¹Versorgungsempfänger, deren Ansprüche aus einer unmittelbaren Versorgungszusage des Arbeitgebers nicht erfüllt werden, weil über das Vermögen des Arbeitgebers oder über seinen Nachlass das Insolvenzverfahren eröffnet worden ist, und ihre Hinterbliebenen haben gegen den Träger der Insolvenzsicherung einen Anspruch in Höhe der Leistung, die der Arbeitgeber aufgrund der Versorgungszusage zu erbringen hätte, wenn das Insolvenzverfahren nicht eröffnet worden wäre. ²Satz 1 gilt entsprechend,

1. wenn Leistungen aus einer Direktversicherung aufgrund der in § 1b Abs. 2 Satz 3 genannten Tatbestände nicht gezahlt werden und der Arbeitgeber seiner Verpflichtung nach § 1b Abs. 2 Satz 3 wegen der Eröffnung des Insolvenzverfahrens nicht nachkommt,
2. wenn eine Unterstützungskasse oder ein Pensionsfonds die nach ihrer Versorgungsregelung vorgesehene Versorgung nicht erbringt, weil über das Vermögen oder den Nachlass eines Arbeitgebers, der der Unterstützungskasse oder dem Pensionsfonds Zuwendungen leistet (Trägerunternehmen), das Insolvenzverfahren eröffnet worden ist.

³§ 14 des Versicherungsvertragsgesetzes findet entsprechende Anwendung. ⁴Der Eröffnung des Insolvenzverfahrens stehen bei der Anwendung der Sätze 1 bis 3 gleich

1. die Abweisung des Antrags auf Eröffnung des Insolvenzverfahrens mangels Masse,
2. der außergerichtliche Vergleich (Stundungs-, Quoten- oder Liquidationsvergleich) des Arbeitgebers mit seinen Gläubigern zur Abwendung eines Insolvenzverfahrens, wenn ihm der Träger der Insolvenzsicherung zustimmt,
3. die vollständige Beendigung der Betriebstätigkeit im Geltungsbereich dieses Gesetzes, wenn ein Antrag auf Eröffnung des Insolvenzverfahrens nicht gestellt worden ist und ein Insolvenzverfahren offensichtlich mangels Masse nicht in Betracht kommt.

(1a) ¹Der Anspruch gegen den Träger der Insolvenzsicherung entsteht mit dem Beginn des Kalendermonats, der auf den Eintritt des Sicherungsfalles folgt. ²Der Anspruch endet mit Ablauf des Sterbemonats des Begünstigten, soweit in der Versorgungszusage des Arbeitgebers nicht etwas anderes bestimmt ist. ³In den Fällen des Absatzes 1 Satz 1 und 4 Nr. 1 und 3 umfasst der Anspruch auch rückständige Versorgungsleistungen, soweit diese bis zu zwölf Monaten vor Entstehen der Leistungspflicht des Trägers der Insolvenzsicherung entstanden sind.

(2) ¹Personen, die bei Eröffnung des Insolvenzverfahrens oder bei Eintritt der nach Absatz 1 Satz 4 gleichstehenden Voraussetzungen (Sicherungsfall) eine nach § 1b unverfallbare Versorgungsanwartschaft haben, und ihre Hinterbliebenen haben bei Eintritt des Versorgungsfalls einen Anspruch gegen den Träger der Insolvenzsicherung, wenn die Anwartschaft beruht

1. auf einer unmittelbaren Versorgungszusage des Arbeitgebers oder
2. auf einer Direktversicherung und der Arbeitnehmer hinsichtlich der Leistungen des Versicherers widerruflich bezugsberechtigt ist oder die Leistungen aufgrund der in § 1b Abs. 2 Satz 3 genannten Tatbestände nicht gezahlt werden und der Arbeitgeber seiner Verpflichtung aus § 1b Abs. 2 Satz 3 wegen der Eröffnung des Insolvenzverfahrens nicht nachkommt.

²Satz 1 gilt entsprechend für Personen, die zum Kreis der Begünstigten einer Unterstützungskasse oder eines Pensionsfonds gehören, wenn der Sicherungsfall bei einem Trägerunternehmen eingetreten ist. ³Die Höhe des Anspruchs richtet sich nach der Höhe der Leistungen gemäß § 2 Abs. 1, 2 Satz 2 und Abs. 5, bei Unterstützungskassen nach dem Teil der nach der Versorgungsregelung vorgesehenen Versorgung, der dem Verhältnis der Dauer der Betriebszugehörigkeit zu der Zeit vom Beginn der Betriebszugehörigkeit bis zum Erreichen der in der Versorgungsregelung vorgesehenen festen Altersgrenze entspricht, es sei denn, § 2 Abs. 5a ist anwendbar. ⁴Für die Berechnung der Höhe des Anspruchs nach Satz 3 wird die Betriebszugehörigkeit bis zum Eintritt des Sicherungsfalles berücksichtigt. ⁵Bei Pensionsfonds mit Leistungszusagen gelten für die Höhe des Anspruchs die Bestimmungen für unmittelbare Versorgungszusagen entsprechend, bei Beitragszusagen mit Mindestleistung gilt für die Höhe des Anspruchs § 2 Abs. 5b.

(3) ¹Ein Anspruch auf laufende Leistungen gegen den Träger der Insolvenzsicherung beträgt jedoch im Monat höchstens das Dreifache der im Zeitpunkt der ersten Fälligkeit maßgebenden monatlichen Bezugsgröße gemäß § 18 des Vierten Buches Sozialgesetzbuch. ²Satz 1 gilt entsprechend bei einem Anspruch auf Kapitalleistungen mit der Maßgabe, dass zehn vom Hundert der Leistung als Jahresbetrag einer laufenden Leistung anzusetzen sind.

(4) ¹Ein Anspruch auf Leistungen gegen den Träger der Insolvenzsicherung vermindert sich in dem Umfang, in dem der Arbeitgeber oder sonstige Träger der Versorgung die Leistungen der betrieblichen Altersversorgung erbringt. ²Wird im Insolvenzverfahren ein Insolvenzplan bestätigt, vermindert sich der Anspruch auf Leistungen gegen den Träger der Insolvenzsicherung insoweit, als nach dem Insolvenzplan der Arbeitgeber oder sonstige Träger der Versorgung einen Teil der Leistungen selbst zu erbringen hat. ³Sieht der Insolvenzplan vor, dass der Arbeitgeber oder sonstige Träger der Versorgung die Leistungen der betrieblichen Altersversorgung von einem bestimmten Zeitpunkt an selbst zu erbringen hat, so entfällt der Anspruch auf Leistungen gegen den Träger der Insolvenzsicherung von diesem Zeitpunkt an. ⁴Die Sätze 2 und 3 sind für den außergerichtlichen Vergleich nach Absatz 1 Satz 4 Nr. 2 entsprechend anzuwenden. ⁵Im Insolvenzplan soll vorgesehen werden, dass bei einer nachhaltigen Besserung der wirtschaftlichen Lage des Arbeitgebers die vom Träger der Insolvenzsicherung zu erbringenden Leistungen ganz oder zum Teil vom Arbeitgeber oder sonstigen Träger der Versorgung wieder übernommen werden.

(5) ¹Ein Anspruch gegen den Träger der Insolvenzsicherung besteht nicht, soweit nach den Umständen des Falles die Annahme gerechtfertigt ist, dass es der alleinige oder überwiegende Zweck der Versorgungszusage oder ihre Verbesserung oder der für die Direktversicherung in § 1b Abs. 2 Satz 3 genannten Tatbestände gewesen ist, den Träger der Insolvenzsicherung in Anspruch zu nehmen. ²Diese Annahme ist insbesondere dann gerechtfertigt, wenn bei der Erteilung oder Verbesserung der Versorgungszusage wegen der wirtschaftlichen Lage des Arbeitgebers zu erwarten war, dass die Zusage nicht erfüllt werde. ³Ein Anspruch auf Leistungen gegen den Träger der Insolvenzsicherung besteht bei Zusagen und Verbesserungen von Zusagen, die in den beiden letzten Jahren vor dem Eintritt des Sicherungsfalls erfolgt sind, nur

1. für ab dem 1. Januar 2002 gegebene Zusagen, soweit bei Entgeltumwandlung Beträge von bis zu 4 vom Hundert der Beitragsbemessungsgrenze in der allgemeinen Rentenversicherung für eine betriebliche Altersversorgung verwendet werden oder
2. für im Rahmen von Übertragungen gegebene Zusagen, soweit der Übertragungswert die Beitragsbemessungsgrenze in der allgemeinen Rentenversicherung nicht übersteigt.

(6) Ist der Sicherungsfall durch kriegerische Ereignisse, innere Unruhen, Naturkatastrophen oder Kernenergie verursacht worden, kann der Träger der Insolvenzsicherung mit Zustimmung der Bundesanstalt für Finanzdienstleistungsaufsicht die Leistungen nach billigem Ermessen abweichend von den Absätzen 1 bis 5 festsetzen.

§ 8
Übertragung der Leistungspflicht und Abfindung

(1) Ein Anspruch gegen den Träger der Insolvenzsicherung auf Leistungen nach § 7 besteht nicht, wenn eine Pensionskasse oder ein Unternehmen der Lebensversicherung sich dem Träger der Insolvenzsicherung gegenüber verpflichtet, diese Leistungen zu erbringen, und die nach § 7 Berechtigten ein unmittelbares Recht erwerben, die Leistungen zu fordern.

Gesetz zur Verbesserung der betrieblichen Altersversorgung

(1a) ¹Der Träger der Insolvenzsicherung hat die gegen ihn gerichteten Ansprüche auf den Pensionsfonds, dessen Trägerunternehmen die Eintrittspflicht nach § 7 ausgelöst hat, im Sinne von Absatz 1 zu übertragen, wenn die Bundesanstalt für Finanzdienstleistungsaufsicht hierzu die Genehmigung erteilt. ²Die Genehmigung kann nur erteilt werden, wenn durch Auflagen der Bundesanstalt für Finanzdienstleistungsaufsicht die dauernde Erfüllbarkeit der Leistungen aus dem Pensionsplan sichergestellt werden kann. ³Die Genehmigung der Bundesanstalt für Finanzdienstleistungsaufsicht kann der Pensionsfonds nur innerhalb von drei Monaten nach Eintritt des Sicherungsfalles beantragen.

(2) ¹Der Träger der Insolvenzsicherung kann eine Anwartschaft ohne Zustimmung des Arbeitnehmers abfinden, wenn der Monatsbetrag der aus der Anwartschaft resultierenden laufenden Leistung bei Erreichen der vorgesehenen Altersgrenze 1 vom Hundert, bei Kapitalleistungen zwölf Zehntel der monatlichen Bezugsgröße nach § 18 des Vierten Buches Sozialgesetzbuch nicht übersteigen würde oder wenn dem Arbeitnehmer die Beiträge zur gesetzlichen Rentenversicherung erstattet worden sind. ²Dies gilt entsprechend für die Abfindung einer laufenden Leistung. ³Die Abfindung ist darüber hinaus möglich, wenn sie an ein Unternehmen der Lebensversicherung gezahlt wird, bei dem der Versorgungsberechtigte im Rahmen einer Direktversicherung versichert ist. ⁴§ 2 Abs. 2 Satz 4 bis 6 und § 3 Abs. 5 gelten entsprechend.

§ 9
Mitteilungspflicht; Forderungs- und Vermögensübergang

(1) ¹Der Träger der Insolvenzsicherung teilt dem Berechtigten die ihm nach § 7 oder § 8 zustehenden Ansprüche oder Anwartschaften schriftlich mit. ²Unterbleibt die Mitteilung, so ist der Anspruch oder die Anwartschaft spätestens ein Jahr nach dem Sicherungsfall bei dem Träger der Insolvenzsicherung anzumelden; erfolgt die Anmeldung später, so beginnen die Leistungen frühestens mit dem Ersten des Monats der Anmeldung, es sei denn, dass der Berechtigte an der rechtzeitigen Anmeldung ohne sein Verschulden verhindert war.

(2) ¹Ansprüche oder Anwartschaften des Berechtigten gegen den Arbeitgeber auf Leistungen der betrieblichen Altersversorgung, die den Anspruch gegen den Träger der Insolvenzsicherung begründen, gehen im Falle eines Insolvenzverfahrens mit dessen Eröffnung, in den übrigen Sicherungsfällen dann auf den Träger der Insolvenzsicherung über, wenn dieser nach Absatz 1 Satz 1 dem Berechtigten die ihm zustehenden Ansprüche oder Anwartschaften mitteilt. ²Der Übergang kann nicht zum Nachteil des Berechtigten geltend gemacht werden. ³Die mit der Eröffnung des Insolvenzverfahrens übergegangenen Anwartschaften werden im Insolvenzverfahren als unbedingte Forderungen nach § 45 der Insolvenzordnung geltend gemacht.

(3) ¹Ist der Träger der Insolvenzsicherung zu Leistungen verpflichtet, die ohne den Eintritt des Sicherungsfalls eine Unterstützungskasse erbringen würde, geht deren Vermögen einschließlich der Verbindlichkeiten auf ihn über; die Haftung für die Verbindlichkeiten beschränkt sich auf das übergegangene Vermögen. ²Wenn die übergegangenen Vermögenswerte den Barwert der Ansprüche und Anwartschaften gegen den Träger der Insolvenzsicherung übersteigen, hat dieser den übersteigenden Teil entsprechend der Satzung der Unterstützungskasse zu verwenden. ³Bei einer Unterstützungskasse mit mehreren Trägerunternehmen hat der Träger der Insolvenzsicherung einen Anspruch gegen die Unterstützungskasse auf einen Betrag, der dem Teil des Vermögens der Kasse entspricht, der auf das Unternehmen entfällt, bei dem der Sicherungsfall eingetreten ist. ⁴Die Sätze 1 bis 3 gelten nicht, wenn der Sicherungsfall den in § 7 Abs. 1 Satz 4 Nr. 2 genannten Gründen beruht, es sei denn, dass das Trägerunternehmen seine Betriebstätigkeit nach Eintritt des Sicherungsfall nicht fortsetzt und aufgelöst wird (Liquidationsvergleich).

(3a) Absatz 3 findet entsprechende Anwendung auf einen Pensionsfonds, wenn die Bundesanstalt für Finanzdienstleistungsaufsicht die Genehmigung für die Übertragung der Leistungspflicht durch den Träger der Insolvenzsicherung nach § 8 Abs. 1a nicht erteilt.

(4) ¹In einem Insolvenzplan, der die Fortführung des Unternehmens oder eines Betriebes vorsieht, kann für den Träger der Insolvenzsicherung eine besondere Gruppe gebildet werden. ²Sofern im Insolvenzplan nichts anderes vorgesehen ist, kann der Träger der Insolvenzsicherung, wenn innerhalb von drei Jahren nach der Aufhebung des Insolvenzverfahrens ein Antrag auf Eröffnung eines neuen Insolvenzverfahrens über das Vermögen des Arbeitgebers gestellt wird, in diesem Verfahren als Insolvenzgläubiger Erstattung der von ihm erbrachten Leistungen verlangen.

(5) Dem Träger der Insolvenzsicherung steht gegen den Beschluss, durch den das Insolvenzverfahren eröffnet wird, die sofortige Beschwerde zu.

§ 10
Beitragspflicht und Beitragsbemessung

(1) Die Mittel für die Durchführung der Insolvenzsicherung werden aufgrund öffentlich-rechtlicher Verpflichtung durch Beiträge aller Arbeitgeber aufgebracht, die Leistungen der betrieblichen Altersversorgung unmittelbar zugesagt haben oder eine betriebliche Altersversorgung über eine Unterstützungskasse, eine Direktversicherung der in § 7 Abs. 1 Satz 2 und Absatz 2 Satz 1 Nr. 2 bezeichneten Art oder einen Pensionsfonds durchführen.

(2) ¹Die Beiträge müssen den Barwert der im laufenden Kalenderjahr entstehenden Ansprüche auf Leistungen der Insolvenzsicherung decken zuzüglich eines Betrages für die aufgrund eingetretener Insolvenzen zu sichernden Anwartschaften, der sich aus dem Unterschied der Barwerte dieser Anwartschaften am Ende des Kalenderjahres und am Ende des Vorjahres bemisst. ²Der Rechnungszinsfuß bei der Berechnung des Barwertes der Ansprüche auf Leistungen der Insolvenzsicherung bestimmt sich nach § 65 des Versicherungsaufsichtsgesetzes; soweit keine Übertragung nach § 8 Abs. 1 stattfindet, ist der Rechnungszinsfuß bei der Berechnung des Barwerts der Anwartschaften um ein Drittel höher. ³Darüber hinaus müssen die Beiträge die im gleichen Zeitraum entstehenden Verwaltungskosten und sonstigen Kosten, die mit der Gewährung der Leistungen zusammenhängen, und die Zuführung zu einem von der Bundesanstalt für Finanzdienstleistungsaufsicht festgesetzten Ausgleichsfonds decken; § 37 des Versicherungsaufsichtsgesetzes bleibt unberührt. ⁴Auf die am Ende des Kalenderjahrs fälligen Beiträge können Vorschüsse erhoben werden. ⁵Sind die nach den Sätzen 1 bis 3 erforderlichen Beiträge höher als im vorangegangenen Kalenderjahr, so kann der Unterschiedsbetrag auf das laufende und die folgenden vier Kalenderjahre verteilt werden. ⁶In Jahren, in denen sich außergewöhnlich hohe Beiträge ergeben würden, kann zu deren Ermäßigung der Ausgleichsfonds in einem von der Bundesanstalt für Finanzdienstleistungsaufsicht zu genehmigenden Umfang herangezogen werden.

(3) Die nach Absatz 2 erforderlichen Beiträge werden auf die Arbeitgeber nach Maßgabe der nachfolgenden Beträge umgelegt, soweit sie sich auf die laufenden Versorgungsleistungen und die nach § 1b unverfallbaren Versorgungsanwartschaften beziehen (Beitragsbemessungsgrundlage); diese Beträge sind festzustellen auf den Schluss des Wirtschaftsjahrs des Arbeitgebers, das im abgelaufenen Kalenderjahr geendet hat:

1. Bei Arbeitgebern, die Leistungen der betrieblichen Altersversorgung unmittelbar zugesagt haben, ist Beitragsbemessungsgrundlage der Teilwert der Pensionsverpflichtung (§ 6a Abs. 3 des Einkommensteuergesetzes).

2. Bei Arbeitgebern, die eine betriebliche Altersversorgung über eine Direktversicherung mit widerruflichem Bezugsrecht durchführen, ist Beitragsbemessungsgrundlage das geschäftsplanmäßige Deckungskapital oder, soweit die Berechnung des Deckungskapitals nicht zum Geschäftsplan gehört, die Deckungsrückstellung. Für Versicherungen, bei denen der Versicherungsfall bereits eingetreten ist, und für Versicherungsanwartschaften, für die ein unwiderrufliches Bezugsrecht eingeräumt ist, ist das Deckungskapital oder die Deckungsrückstellung nur insoweit zu berücksichtigen, als die Versicherungen abgetreten oder beliehen sind.

3. Bei Arbeitgebern, die eine betriebliche Altersversorgung über eine Unterstützungskasse durchführen, ist Beitragsbemessungsgrundlage das Deckungskapital für die laufenden Leistungen (§ 4d Abs. 1 Nr. 1 Buchstabe a des Einkommensteuergesetzes) zuzüglich des Zwanzigfachen der nach § 4d Abs. 1 Nr. 1 Buchstabe b Satz 1 des Einkommensteuergesetzes errechneten jährlichen Zuwendungen für Leistungsanwärter im Sinne von § 4d Abs. 1 Nr. 1 Buchstabe b Satz 2 des Einkommensteuergesetzes.

4. Bei Arbeitgebern, soweit sie betriebliche Altersversorgung über einen Pensionsfonds durchführen, ist Beitragsbemessungsgrundlage 20 vom Hundert des entsprechend Nummer 1 ermittelten Betrages.

(4) ¹Aus den Beitragsbescheiden des Trägers der Insolvenzsicherung findet die Zwangsvollstreckung in entsprechender Anwendung der Vorschriften der Zivilprozessordnung statt. ²Die vollstreckbare Ausfertigung erteilt der Träger der Insolvenzsicherung.

§ 10a
Säumniszuschläge; Zinsen; Verjährung

(1) Für Beiträge, die wegen Verstoßes des Arbeitgebers gegen die Meldepflicht erst nach Fälligkeit erhoben werden, kann der Träger der Insolvenzsicherung für jeden angefangenen Monat vom Zeitpunkt der Fälligkeit an einen Säumniszuschlag in Höhe von bis zu eins vom Hundert der nacherhobenen Beiträge erheben.

(2) ¹Für festgesetzte Beiträge und Vorschüsse, die der Arbeitgeber nach Fälligkeit zahlt, erhebt der Träger der Insolvenzsicherung für jeden Monat Verzugszinsen in Höhe von 0,5 vom Hundert der rückständigen Beiträge. ²Angefangene Monate bleiben außer Ansatz.

(3) ¹Vom Träger der Insolvenzsicherung zu erstattende Beiträge werden vom Tage der Fälligkeit oder bei Feststellung des Erstattungsanspruchs durch gerichtliche Entscheidung vom Tage der Rechtshängigkeit an für jeden Monate mit 0,5 vom Hundert verzinst. ²Angefangene Monate bleiben außer Ansatz.

(4) ¹Ansprüche auf Zahlung der Beiträge zur Insolvenzsicherung gemäß § 10 sowie Erstattungsansprüche nach Zahlung nicht geschuldeter Beiträge zur Insolvenzsicherung verjähren in sechs Jahren. ²Die Verjährungsfrist beginnt mit Ablauf des Kalenderjahres, in dem die Beitragspflicht entstanden oder der Erstattungsanspruch fällig geworden ist. ³Auf die Verjährung sind die Vorschriften des Bürgerlichen Gesetzbuchs anzuwenden.

§ 11
Melde-, Auskunfts- und Mitteilungspflichten

(1) ¹Der Arbeitgeber hat dem Träger der Insolvenzsicherung eine betriebliche Altersversorgung nach § 1b Abs. 1 bis 4 für seine Arbeitnehmer innerhalb von 3 Monaten nach Erteilung der unmittelbaren Versorgungszusage, dem Abschluss einer Direktversicherung oder der Errichtung einer Unterstützungskasse oder eines Pensionsfonds mitzuteilen. ²Der Arbeitgeber, der sonstige Träger der Versorgung, der Insolvenzverwalter und die nach § 7 Berechtigten sind verpflichtet, dem Träger der Insolvenzsicherung alle Auskünfte zu erteilen, die zur Durchführung der Vorschriften dieses Abschnitts erforderlich sind, sowie Unterlagen vorzulegen, aus denen die erforderlichen Angaben ersichtlich sind.

(2) ¹Ein beitragspflichtiger Arbeitgeber hat dem Träger der Insolvenzsicherung spätestens bis zum 30. September eines jeden Kalenderjahrs die Höhe des nach § 10 Abs. 3 für die Bemessung des Beitrages maßgebenden Betrages bei unmittelbaren Versorgungszusagen und Pensionsfonds aufgrund eines versicherungsmathematischen Gutachtens, bei Direktversicherungen aufgrund einer Bescheinigung des Versicherers und bei Unterstützungskassen aufgrund einer nachprüfbaren Berechnung mitzuteilen. ²Der Arbeitgeber hat die in Satz 1 bezeichneten Unterlagen mindestens 6 Jahre aufzubewahren.

(3) ¹Der Insolvenzverwalter hat dem Träger der Insolvenzsicherung die Eröffnung des Insolvenzverfahrens, Namen und Anschriften der Versorgungsempfänger und die Höhe ihrer Versorgung nach § 7 unverzüglich mitzuteilen. ²Er hat zugleich Namen und Anschriften der Personen, die bei Eröffnung des Insolvenzverfahrens eine nach § 1 unverfallbare Versorgungsanwartschaft haben, sowie die Höhe ihrer Anwartschaft nach § 7 mitzuteilen.

(4) Der Arbeitgeber, der sonstige Träger der Versorgung und die nach § 7 Berechtigten sind verpflichtet, dem Insolvenzverwalter Auskünfte über alle Tatsachen zu erteilen, auf die sich die Mitteilungspflicht nach Absatz 3 bezieht.

(5) In den Fällen, in denen ein Insolvenzverfahren nicht eröffnet wird (§ 7 Abs. 1 Satz 4) oder nach § 207 der Insolvenzordnung eingestellt worden ist, sind die Pflichten des Insolvenzverwalters nach Absatz 3 vom Arbeitgeber oder dem sonstigen Träger der Versorgung zu erfüllen.

(6) Kammern und andere Zusammenschlüsse von Unternehmern oder anderen selbständigen Berufstätigen, die als Körperschaften des öffentlichen Rechts errichtet sind, ferner Verbände und andere Zusammenschlüsse, denen Unternehmer oder andere selbständige Berufstätige kraft Gesetzes angehören oder anzugehören haben, haben den Träger der Insolvenzsicherung bei der Ermittlung der nach § 10 beitragspflichtigen Arbeitgeber zu unterstützen.

(7) Die nach den Absätzen 1 bis 3 und 5 zu Mitteilungen und Auskünften und die nach Absatz 6 zur Unterstützung Verpflichteten haben die vom Träger der Insolvenzsicherung vorgesehenen Vordrucke zu verwenden.

(8) ¹Zur Sicherung der vollständigen Erfassung der nach § 10 beitragspflichtigen Arbeitgeber können die Finanzämter dem Träger der Insolvenzsicherung mitteilen, welche Arbeitgeber für die Beitragspflicht in Betracht kommen. ²Die Bundesregierung wird ermächtigt, durch Rechtsverordnung mit Zustimmung des Bundesrates das Nähere zu bestimmen und Einzelheiten des Verfahrens zu regeln.

§ 12
Ordnungswidrigkeiten

(1) Ordnungswidrig handelt, wer vorsätzlich oder fahrlässig

1. entgegen § 11 Abs. 1 Satz 1, Abs. 2 Satz 1, Abs. 3 oder Abs. 5 eine Mitteilung nicht, nicht richtig, nicht vollständig oder nicht rechtzeitig vornimmt,

2. entgegen § 11 Abs. 1 Satz 2 oder Abs. 4 eine Auskunft nicht, nicht richtig, nicht vollständig oder nicht rechtzeitig erteilt oder

3. entgegen § 11 Abs. 1 Satz 2 Unterlagen nicht, nicht richtig, nicht vollständig oder nicht rechtzeitig vorlegt oder entgegen § 11 Abs. 2 Satz 2 Unterlagen nicht aufbewahrt.

(2) Die Ordnungswidrigkeit kann mit einer Geldbuße bis zu zweitausendfünfhundert Euro geahndet werden.

(3) Verwaltungsbehörde im Sinne des § 36 Abs. 1 Nr. 1 des Gesetzes über Ordnungswidrigkeiten ist die Bundesanstalt für Finanzdienstleistungsaufsicht.

§ 13
– weggefallen –

§ 14
Träger der Insolvenzsicherung

(1) ¹Träger der Insolvenzsicherung ist der Pensions-Sicherungs-Verein Versicherungsverein auf Gegenseitigkeit. ²Er ist zugleich Träger der Insolvenzsicherung von Versorgungszusagen Luxemburger Unternehmen nach Maßgabe des Abkommens vom 22. September 2000 zwischen der Bundesrepublik Deutschland und dem Großherzogtum Luxemburg über Zusammenarbeit im Bereich der Insolvenzsicherung betrieblicher Altersversorgung. ³Er unterliegt der Aufsicht durch die Bundesanstalt für Finanzdienstleistungsaufsicht. ⁴Die Vorschriften des Versicherungsaufsichtsgesetzes gelten, soweit dieses Gesetz nichts anderes bestimmt.

(2) ¹Der Bundesminister für Arbeit und Sozialordnung weist durch Rechtsverordnung mit Zustimmung des Bundesrates die Stellung des Trägers der Insolvenzsicherung der Kreditanstalt für Wiederaufbau zu, bei der ein Fonds zur Insolvenzsicherung der betrieblichen Altersversorgung gebildet wird, wenn

1. bis zum 31. Dezember 1974 nicht nachgewiesen worden ist, dass der in Absatz 1 genannte Träger die Erlaubnis der Aufsichtsbehörde zum Geschäftsbetrieb erhalten hat,

2. der in Absatz 1 genannte Träger aufgelöst worden ist oder

3. die Aufsichtsbehörde den Geschäftsbetrieb des in Absatz 1 genannten Trägers untersagt oder die Erlaubnis zum Geschäftsbetrieb widerruft.

²In den Fällen der Nummern 2 und 3 geht das Vermögen des in Absatz 1 genannten Trägers einschließlich der Verbindlichkeiten auf die Kreditanstalt für Wiederaufbau über, die es dem Fonds zur Insolvenzsicherung der betrieblichen Altersversorgung zuweist.

(3) ¹Wird die Insolvenzsicherung von der Kreditanstalt für Wiederaufbau durchgeführt, gelten die Vorschriften dieses Abschnittes mit folgenden Abweichungen:

Gesetz zur Verbesserung der betrieblichen Altersversorgung

1. In § 7 Abs. 6 entfällt die Zustimmung die Bundesanstalt für Finanzdienstleistungsaufsicht.
2. § 10 Abs. 2 findet keine Anwendung. Die von der Kreditanstalt für Wiederaufbau zu erhebenden Beiträge müssen den Bedarf für die laufenden Leistungen der Insolvenzsicherung im laufenden Kalenderjahr und die im gleichen Zeitraum entstehenden Verwaltungskosten und sonstigen Kosten, die mit der Gewährung der Leistungen zusammenhängen, decken. Bei einer Zuweisung nach Absatz 2 Nr. 1 beträgt der Beitrag für die ersten 3 Jahre mindestens 0,1 vom Hundert der Beitragsbemessungsgrundlage gemäß § 10 Abs. 3; der nicht benötigte Teil dieses Beitragsaufkommens wird einer Betriebsmittelreserve zugeführt. Bei einer Zuweisung nach Absatz 2 Nr. 2 oder 3 wird in den ersten 3 Jahren zu dem Beitrag nach Nummer 2 Satz 2 ein Zuschlag von 0,08 vom Hundert der Beitragsbemessungsgrundlage gemäß § 10 Abs. 3 zur Bildung einer Betriebsmittelreserve erhoben. Auf die Beiträge können Vorschüsse erhoben werden.
3. In § 12 Abs. 3 tritt an die Stelle die Bundesanstalt für Finanzdienstleistungsaufsicht die Kreditanstalt für Wiederaufbau.

²Die Kreditanstalt für Wiederaufbau verwaltet den Fonds im eigenen Namen. ³Für Verbindlichkeiten des Fonds haftet sie nur mit dem Vermögen des Fonds. ⁴Dieser haftet nicht für die sonstigen Verbindlichkeiten der Bank. ⁵§ 11 Abs. 1 Satz 1 des Gesetzes über die Kreditanstalt für Wiederaufbau in der Fassung der Bekanntmachung vom 23. Juni 1969 (BGBl. I S. 573), das zuletzt durch Artikel 14 des Gesetzes vom 21. Juni 2002 (BGBl. I S. 2010) geändert worden ist, ist in der jeweils geltenden Fassung auch für den Fonds anzuwenden.

§ 15
Verschwiegenheitspflicht

¹Personen, die bei dem Träger der Insolvenzsicherung beschäftigt oder für ihn tätig sind, dürfen fremde Geheimnisse, insbesondere Betriebs- oder Geschäftsgeheimnisse, nicht unbefugt offenbaren oder verwerten. ²Sie sind nach dem Gesetz über die förmliche Verpflichtung nichtbeamteter Personen vom 2. März 1974 (Bundesgesetzbl. I S. 469, 547) von der Bundesanstalt für Finanzdienstleistungsaufsicht auf die gewissenhafte Erfüllung ihrer Obliegenheiten zu verpflichten.

FÜNFTER ABSCHNITT
Anpassung

§ 16
Anpassungsprüfungspflicht

(1) Der Arbeitgeber hat alle drei Jahre eine Anpassung der laufenden Leistungen der betrieblichen Altersversorgung zu prüfen und hierüber nach billigem Ermessen zu entscheiden; dabei sind insbesondere die Belange des Versorgungsempfängers und die wirtschaftliche Lage des Arbeitgebers zu berücksichtigen.

(2) Die Verpflichtung nach Absatz 1 gilt als erfüllt, wenn die Anpassung nicht geringer ist als der Anstieg

1. des Verbraucherpreisindexes für Deutschland oder
2. der Nettolöhne vergleichbarer Arbeitnehmergruppen des Unternehmens

im Prüfungszeitraum.

(3) Die Verpflichtung nach Absatz 1 entfällt, wenn

1. der Arbeitgeber sich verpflichtet, die laufenden Leistungen jährlich um wenigstens eins vom Hundert anzupassen,
2. die betriebliche Altersversorgung über eine Direktversicherung im Sinne des § 1b Abs. 2 oder über eine Pensionskasse im Sinne des § 1b Abs. 3 durchgeführt wird, ab Rentenbeginn sämtliche auf den Rentenbestand entfallende Überschussanteile zur Erhöhung der laufenden Leistungen verwendet werden und zur Berechnung der garantierten Leistung der nach § 65 Abs. 1 Nr. 1 Buchstabe a des Versicherungsaufsichtsgesetzes festgesetzte Höchstzinssatz zur Berechnung der Deckungsrückstellung nicht überschritten wird oder
3. eine Beitragszusage mit Mindestleistung erteilt wurde; Absatz 5 findet insoweit keine Anwendung.

(4) ¹Sind laufende Leistungen nach Absatz 1 nicht oder nicht in vollem Umfang anzupassen (zu Recht unterbliebene Anpassung), ist der Arbeitgeber nicht verpflichtet, die Anpassung zu einem späteren Zeitpunkt nachzuholen. ²Eine Anpassung gilt als zu Recht unterblieben, wenn der Arbeitgeber dem Versorgungsempfänger die wirtschaftliche Lage des Unternehmens schriftlich dargelegt, der Versorgungsempfänger nicht binnen drei Kalendermonaten nach Zugang der Mitteilung schriftlich widersprochen hat und er auf die Rechtsfolgen eines nicht fristgemäßen Widerspruchs hingewiesen wurde.

(5) Soweit betriebliche Altersversorgung durch Entgeltumwandlung finanziert wird, ist der Arbeitgeber verpflichtet, die Leistungen mindestens entsprechend Absatz 3 Nr. 1 anzupassen oder im Falle der Durchführung über eine Direktversicherung oder eine Pensionskasse sämtliche Überschussanteile entsprechend Absatz 3 Nr. 2 zu verwenden.

(6) Eine Verpflichtung zur Anpassung besteht nicht für monatliche Raten im Rahmen eines Auszahlungsplans sowie für Renten ab Vollendung des 85. Lebensjahres im Anschluss an einen Auszahlungsplan.

SECHSTER ABSCHNITT
Geltungsbereich

§ 17
Persönlicher Geltungsbereich und Tariföffnungsklausel

(1) ¹Arbeitnehmer im Sinne der §§ 1 bis 16 sind Arbeiter und Angestellte einschließlich der zu ihrer Berufsausbildung Beschäftigten; ein Berufsausbildungsverhältnis steht einem Arbeitsverhältnis gleich. ²Die §§ 1 bis 16 gelten entsprechend für Personen, die nicht Arbeitnehmer sind, wenn ihnen Leistungen der Alters-, Invaliditäts- oder Hinterbliebenenversorgung aus Anlass ihrer Tätigkeit für ein Unternehmen zugesagt worden sind. ³Arbeitnehmer im Sinne von § 1a Abs. 1 sind nur Personen nach den Sätzen 1 und 2, soweit sie aufgrund der Beschäftigung oder Tätigkeit bei dem Arbeitgeber, gegen den sich der Anspruch nach § 1a richten würde, in der gesetzlichen Rentenversicherung pflichtversichert sind.

(2) Die §§ 7 bis 15 gelten nicht für den Bund, die Länder, die Gemeinden sowie die Körperschaften, Stiftungen und Anstalten des öffentlichen Rechts, bei denen das Insolvenzverfahren nicht zulässig ist, und solche juristische Personen des öffentlichen Rechts, bei denen der Bund, ein Land oder eine Gemeinde kraft Gesetzes die Zahlungsfähigkeit sichert.

(3) ¹Von den §§ 1a, 2 bis 5, 16, 18a Satz 1, §§ 27 und 28 kann in Tarifverträgen abgewichen werden. ²Die abweichenden Bestimmungen haben zwischen nichttarifgebundenen Arbeitgebern und Arbeitnehmern Geltung, wenn zwischen diesen die Anwendung der einschlägigen tariflichen Regelung vereinbart ist. ³Im Übrigen kann von den Bestimmungen dieses Gesetzes nicht zuungunsten des Arbeitnehmers abgewichen werden.

(4) Gesetzliche Regelungen über Leistungen der betrieblichen Altersversorgung werden unbeschadet des § 18 durch die §§ 1 bis 16 und 26 bis 30 nicht berührt.

(5) Soweit Entgeltansprüche auf einem Tarifvertrag beruhen, kann für diese eine Entgeltumwandlung nur vorgenommen werden, soweit dies durch Tarifvertrag vorgesehen oder durch Tarifvertrag zugelassen ist.

§ 18
– nicht aufgenommen –

§ 18a
Verjährung

¹Der Anspruch auf Leistungen aus der betrieblichen Altersversorgung verjährt in 30 Jahren. ²Ansprüche auf regelmäßig wiederkehrende Leistungen unterliegen der regelmäßigen Verjährungsfrist nach den Vorschriften des Bürgerlichen Gesetzbuchs.

ZWEITER TEIL
Steuerrechtliche Vorschriften

§§ 19–25

– nicht aufgenommen –

DRITTER TEIL
Übergangs- und Schlussvorschriften

§§ 26–30a, 30c–30d

– nicht aufgenommen –

§ 30b

§ 4 Abs. 3 gilt nur für Zusagen, die nach dem 31. Dezember 2004 erteilt werden.

§ 30e

(1) § 1 Abs. 2 Nr. 4 zweiter Halbsatz gilt für Zusagen, die nach dem 31. Dezember 2002 erteilt werden.

(2) ¹§ 1 Abs. 2 Nr. 4 zweiter Halbsatz findet auf Pensionskassen, deren Leistungen der betrieblichen Altersversorgung durch Beiträge der Arbeitnehmer und Arbeitgeber gemeinsam finanziert und die als beitragsorientierte Leistungszusage oder als Leistungszusage durchgeführt werden, mit der Maßgabe Anwendung, dass dem ausgeschiedenen Arbeitnehmer das Recht zur Fortführung mit eigenen Beiträgen nicht eingeräumt werden und eine Überschussverwendung gemäß § 1b Abs. 5 Nr. 1 nicht erfolgen muss. ²Wird dem ausgeschiedenen Arbeitnehmer ein Recht zur Fortführung nicht eingeräumt, gilt für die Höhe der unverfallbaren Anwartschaft § 2 Abs. 5a entsprechend. ³Für die Anpassung laufender Leistungen gelten die Regelungen nach § 16 Abs. 1 bis 4. ⁴Die Regelung in Absatz 1 bleibt unberührt.

§ 30f

(1) ¹Wenn Leistungen der betrieblichen Altersversorgung vor dem 1. Januar 2001 zugesagt worden sind, ist § 1b Abs. 1 mit der Maßgabe anzuwenden, dass die Anwartschaft erhalten bleibt, wenn das Arbeitsverhältnis vor Eintritt des Versorgungsfalles, jedoch nach Vollendung des 35. Lebensjahres endet und die Versorgungszusage zu diesem Zeitpunkt

1. mindestens zehn Jahre oder
2. bei mindestens zwölfjähriger Betriebszugehörigkeit mindestens drei Jahre

bestanden hat; in diesen Fällen bleibt die Anwartschaft auch erhalten, wenn die Zusage ab dem 1. Januar 2001 fünf Jahre bestanden hat und bei Beendigung des Arbeitsverhältnisses das 30. Lebensjahr vollendet ist. ²§ 1b Abs. 5 findet für Anwartschaften aus diesen Zusagen keine Anwendung.

(2) Wenn Leistungen der betrieblichen Altersversorgung vor dem 1. Januar 2009 und nach dem 31. Dezember 2000 zugesagt worden sind, ist § 1b Abs. 1 Satz 1 mit der Maßgabe anzuwenden, dass die Anwartschaft erhalten bleibt, wenn das Arbeitsverhältnis vor Eintritt des Versorgungsfalls, jedoch nach Vollendung des 30. Lebensjahres endet und die Versorgungszusage zu diesem Zeitpunkt fünf Jahre bestanden hat; in diesen Fällen bleibt die Anwartschaft auch erhalten, wenn die Zusage ab dem 1. Januar 2009 fünf Jahre bestanden hat und bei Beendigung des Arbeitsverhältnisses das 25. Lebensjahr vollendet ist.

§ 30g

(1) ¹§ 2 Abs. 5a gilt nur für Anwartschaften, die auf Zusagen beruhen, die nach dem 31. Dezember 2000 erteilt worden sind. ²Im Einvernehmen zwischen Arbeitgeber und Arbeitnehmer kann § 2 Abs. 5a auch auf Anwartschaften angewendet werden, die auf Zusagen beruhen, die vor dem 1. Januar 2001 erteilt worden sind.

(2) § 3 findet keine Anwendung auf laufende Leistungen, die vor dem 1. Januar 2005 erstmals gezahlt worden sind.

§ 30h

§ 17 Abs. 5 gilt für Entgeltumwandlungen, die auf Zusagen beruhen, die nach dem 29. Juni 2001 erteilt werden.

§ 30i

(1) ¹Der Barwert der bis zum 31. Dezember 2005 aufgrund eingetretener Insolvenzen zu sichernden Anwartschaften wird einmalig auf die beitragspflichtigen Arbeitgeber entsprechend § 10 Abs. 3 umgelegt und vom Träger der Insolvenzsicherung nach Maßgabe der Beträge zum Schluss des Wirtschaftsjahres, das im Jahr 2004 geendet hat, erhoben. ²Der Rechnungszinsfuß bei der Berechnung des Barwerts beträgt 3,67 vom Hundert.

(2) ¹Der Betrag ist in 15 gleichen Raten fällig. ²Die erste Rate wird am 31. März 2007 fällig, die weiteren zum 31. März der folgenden Kalenderjahre. ³Bei vorfälliger Zahlung erfolgt eine Diskontierung der einzelnen Jahresraten mit dem zum Zeitpunkt der Zahlung um ein Drittel erhöhten Rechnungszinsfuß nach § 65 des Versicherungsaufsichtsgesetzes, wobei nur volle Monate berücksichtigt werden.

(3) Der abgezinste Gesamtbetrag ist gemäß Absatz 2 am 31. März 2007 fällig, wenn die sich ergebende Jahresrate nicht höher als 50 Euro ist.

(4) Insolvenzbedingte Zahlungsausfälle von ausstehenden Raten werden im Jahr der Insolvenz in die erforderlichen jährlichen Beiträge gemäß § 10 Abs. 2 eingerechnet.

§§ 31, 32

– nicht aufgenommen –

Anhang 13a
Gesetz über die Zertifizierung von Altersvorsorge- und Basisrentenverträgen (Altersvorsorgeverträge-Zertifizierungsgesetz – AltZertG)*)

vom 26.6.2001 (BGBl. I S. 1310, 1322),
zuletzt geändert durch Art. 15 G vom 25.7.2014 (BGBl. I S. 1266)

§ 1
Begriffsbestimmungen zum Altersvorsorgevertrag

(1) ¹Ein Altersvorsorgevertrag im Sinne dieses Gesetzes liegt vor, wenn zwischen dem Anbieter und einer natürlichen Person (Vertragspartner) eine Vereinbarung in deutscher Sprache geschlossen wird,

1. – weggefallen –
2. die für den Vertragspartner eine lebenslange und unabhängig vom Geschlecht berechnete Altersversorgung vorsieht, die nicht vor Vollendung des 62. Lebensjahres oder einer vor Vollendung des 62. Lebensjahres beginnenden Leistung aus einem gesetzlichen Alterssicherungssystem des Vertragspartners (Beginn der Auszahlungsphase) gezahlt werden darf; Leistungen aus einer ergänzenden Absicherung der verminderten Erwerbsfähigkeit oder Dienstunfähigkeit und einer zusätzlichen Absicherung der Hinterbliebenen können vereinbart werden; Hinterbliebene in diesem Sinne sind der Ehegatte, der Lebenspartner und die Kinder, für die dem Vertragspartner zum Zeitpunkt des Eintritts des Versorgungsfalles ein Anspruch auf Kindergeld oder ein Freibetrag nach § 32 Abs. 6 des Einkommensteuergesetzes zugestanden hätte; der Anspruch auf Waisenrente oder Waisengeld darf längstens für den Zeitraum bestehen, in dem der Rentenberechtigte die Voraussetzungen für die Berücksichtigung als Kind im Sinne des § 32 des Einkommensteuergesetzes erfüllt;
3. in welcher der Anbieter zusagt, dass zu Beginn der Auszahlungsphase zumindest die eingezahlten Altersvorsorgebeiträge für die Auszahlungsphase zur Verfügung stehen und für die Leistungserbringung genutzt werden; sofern Beitragsanteile zur Absicherung der verminderten Erwerbsfähigkeit oder Dienstunfähigkeit oder zur Hinterbliebenenversorgung verwendet werden, sind bis zu 20 Prozent der Gesamtbeiträge in diesem Zusammenhang nicht zu berücksichtigen; das gilt auch für den Fall, dass das gebildete Kapital zu Beginn der Auszahlungsphase nach Nummer 10 Buchstabe b auf einen anderen Altersvorsorgevertrag übertragen wird;
4. die monatliche Leistungen für den Vertragspartner in Form einer
    a) lebenslangen Leibrente oder Ratenzahlungen im Rahmen eines Auszahlungsplans mit einer anschließenden Teilkapitalverrentung ab spätestens dem 85. Lebensjahr vorsieht; die Leistungen müssen während der gesamten Auszahlungsphase gleich bleiben oder steigen; Anbieter und Vertragspartner können vereinbaren, dass bis zu zwölf Monatsleistungen in einer Auszahlung zusammengefasst werden oder eine Kleinbetragsrente nach § 93 Abs. 3 des Einkommensteuergesetzes abgefunden wird; bis zu 30 Prozent des zu Beginn der Auszahlungsphase zur Verfügung stehenden Kapitals kann an den Vertragspartner außerhalb der monatlichen Leistungen ausgezahlt werden; die gesonderte Auszahlung der in der Auszahlungsphase anfallenden Zinsen und Erträge ist zulässig;
    b) lebenslangen Verminderung des monatlichen Nutzungsentgelts für eine vom Vertragspartner selbst genutzte Genossenschaftswohnung vorsieht oder eine zeitlich befristete Verminderung mit einer anschließenden Teilkapitalverrentung ab spätestens dem 85. Lebensjahr vorsieht; die Leistungen müssen während der gesamten Auszahlungsphase gleich bleiben oder steigen; die Ansparleistung muss in diesem Fall durch die Einzahlung auf weitere Geschäftsanteile an einer eingetragenen Genossenschaft erfolgen; die weiteren Geschäftsanteile gelten mit Beginn der Auszahlungsphase als gekündigt; Buchstabe a Teilsatz 3 bis 5 gilt entsprechend;
5. die einen Erwerb weiterer Geschäftsanteile an einer eingetragenen Genossenschaft nur zulässt, wenn der Vertragspartner im Zeitpunkt des Abschlusses des Altersvorsorgevertrags sowie in den neun Monaten davor eine Genossenschaftswohnung des Anbieters durchgehend selbst genutzt hat und bei Erwerb weiterer Geschäftsanteile an einer eingetragenen Genossenschaft vorsieht, dass
    a) im Fall der Aufgabe der Selbstnutzung der Genossenschaftswohnung, des Ausschlusses, des Ausscheidens des Mitglieds oder der Auflösung der Genossenschaft die Möglichkeit eingeräumt wird, dass mindestens die eingezahlten Altersvorsorgebeiträge und die gutgeschriebenen Erträge auf einen vom Vertragspartner zu bestimmenden Altervorsorgevertrag übertragen werden, und
    b) die auf die weiteren Geschäftsanteile entfallenden Erträge nicht ausgezahlt, sondern für den Erwerb weiterer Geschäftsanteile verwendet werden;
6. und 7. – weggefallen –
8. die vorsieht, dass die angesetzten Abschluss- und Vertriebskosten gleichmäßig mindestens auf die ersten fünf Vertragsjahre verteilt werden, soweit sie nicht als Prozentsatz von den Altersvorsorgebeiträgen abgezogen werden;
9. – weggefallen –
10. die dem Vertragspartner bis zum Beginn der Auszahlungsphase einen Anspruch gewährt,
    a) den Vertrag ruhen zu lassen,
    b) den Vertrag mit einer Frist von drei Monaten zum Ende eines Kalendervierteljahres oder zum Beginn der Auszahlungsphase zu kündigen, um das gebildete Kapital auf einen anderen auf seinen Namen lautenden Altersvorsorgevertrag mit einer Vertragsgestaltung nach diesem Absatz desselben oder eines anderen Anbieters übertragen zu lassen, oder
    c) mit einer Frist von drei Monaten zum Ende eines Kalendervierteljahres eine Auszahlung des gebildeten Kapitals für eine Verwendung im Sinne des § 92a des Einkommensteuergesetzes zu verlangen;

    soweit es sich um den Erwerb weiterer Geschäftsanteile an einer Genossenschaft handelt, gilt der erste Halbsatz mit der Maßgabe, dass die weiteren Geschäftsanteile mit einer Frist von drei Monaten zum Ende des Geschäftsjahres gekündigt werden können und die Auszahlung des auf die weiteren Geschäftsanteile entfallenden Geschäftsguthabens binnen sechs Monaten nach Wirksamwerden der Kündigung verlangt werden kann;
11. die im Fall der Verminderung des monatlichen Nutzungsentgelts für eine vom Vertragspartner selbst genutzte Genossenschaftswohnung dem Vertragspartner bei Aufgabe der Selbstnutzung der Genossenschaftswohnung in der Auszahlungsphase einen Anspruch gewährt, den Vertrag mit einer Frist von nicht mehr als drei Monaten zum Ende des Geschäftsjahres zu kündigen, um spätestens binnen sechs Monaten nach Wirksamwerden der Kündigung das noch nicht verbrauchte Kapital auf einen anderen auf seinen Namen lautenden Altersvorsorgevertrag desselben oder eines anderen Anbieters übertragen zu lassen.

²Ein Altersvorsorgevertrag im Sinne dieses Gesetzes kann zwischen dem Anbieter und dem Vertragspartner auch auf Grundlage einer rahmenvertraglichen Vereinbarung mit einer Vereinigung geschlossen werden, wenn der begünstigte Personenkreis die Voraussetzungen des § 10a des Einkommensteuergesetzes erfüllt. ³Bei einer Übertragung des nach Satz 1 Nummer 10 Buchstabe b gekündigten Kapitals ist es unzulässig, dass der Anbieter des bisherigen Altersvorsorgevertrags dem Vertragspartner Kosten in Höhe von mehr als 150 Euro in Rechnung stellt. ⁴Bei der Berechnung der Abschluss- und Vertriebskosten sind vom Anbieter des neuen Altersvorsorgevertrags maximal 50 Prozent des übertragenen, im Zeitpunkt der Übertragung nach § 10a oder Abschnitt XI des Einkommensteuergesetzes geförderten Kapitals zu berücksichtigen.

---

*) **Anm. d. Verlages:**
Dieses Gesetz wurde verkündet als Artikel 7 des Altersvermögensgesetzes und ist am 1.8.2001 in Kraft getreten.

Anhang 13a — Gesetz über die Zertifizierung von Altersvorsorgeverträgen

(1a) ¹Als Altersvorsorgevertrag gilt auch ein Vertrag,
1. der für den Vertragspartner einen Rechtsanspruch auf Gewährung eines Darlehens vorsieht,
2. der dem Vertragspartner einen Rechtsanspruch auf Gewährung eines Darlehens einräumt, sowie der darauf beruhende Darlehensvertrag; der Vertrag kann auch mit einer Vertragsgestaltung nach Absatz 1 zu einem einheitlichen Vertrag zusammengefasst werden,
3. der dem Vertragspartner einen Rechtsanspruch auf Gewährung eines Darlehens einräumt und bei dem unwiderruflich vereinbart wird, dass dieses Darlehen durch Altersvorsorgevermögen getilgt wird, welches in einem Altersvorsorgevertrag nach Absatz 1 oder Nummer 2 gebildet wird; beide Vertragsbestandteile (Darlehensvertrag und Altersvorsorgevertrag nach Absatz 1 oder Nummer 2) gelten als einheitlicher Vertrag.

²Das Darlehen ist für eine wohnungswirtschaftliche Verwendung im Sinne des § 92a Abs. 1 Satz 1 des Einkommensteuergesetzes einzusetzen und ist spätestens bis zur Vollendung des 68. Lebensjahres des Vertragspartners zu tilgen. ³Absatz 1 Satz 1 Nr. 8 gilt entsprechend.

(2) ¹Anbieter eines Altersvorsorgevertrags im Sinne dieses Gesetzes sind
1. mit Sitz im Inland:
   a) Lebensversicherungsunternehmen, soweit ihnen hierfür eine Erlaubnis nach dem Versicherungsaufsichtsgesetz in der Fassung der Bekanntmachung vom 17. Dezember 1992 (BGBl. 1993 I S. 2), zuletzt geändert durch Artikel 11 des Gesetzes vom 28. Mai 2008 (BGBl. I S. 874), in der jeweils geltenden Fassung erteilt worden ist,
   b) Kreditinstitute, die eine Erlaubnis zum Betreiben des Einlagengeschäfts im Sinne des § 1 Abs. 1 Satz 2 Nr. 1 des Kreditwesengesetzes haben,
   c) Bausparkassen im Sinne des Gesetzes über Bausparkassen in der Fassung der Bekanntmachung vom 15. Februar 1991 (BGBl. I S. 454), zuletzt geändert durch Artikel 13a Nr. 3 des Gesetzes vom 16. Juli 2007 (BGBl. I S. 1330), in der jeweils geltenden Fassung,
   d) externe Kapitalverwaltungsgesellschaften im Sinne des § 17 Absatz 2 Nummer 1 des Kapitalanlagegesetzbuchs;
2. mit Sitz in einem anderen Staat des Europäischen Wirtschaftsraums:
   a) Lebensversicherungsunternehmen im Sinne der Richtlinie 2002/83/EG des Europäischen Parlaments und des Rates vom 5. November 2002 über Lebensversicherungen (ABl. EG Nr. L 345 S. 1), zuletzt geändert durch die Richtlinie 2007/44/EG des Europäischen Parlaments und des Rates vom 5. September 2007 (ABl. EU Nr. L 247 S. 1), soweit sie nach § 110a Abs. 2 und 2a des Versicherungsaufsichtsgesetzes entsprechende Geschäfte im Inland betreiben dürfen,
   b) Kreditinstitute im Sinne der Richtlinie 2006/48/EG des Europäischen Parlaments und des Rates vom 14. Juni 2006 über die Aufnahme und Ausübung der Tätigkeit der Kreditinstitute (ABl. EU Nr. L 177 S. 1), zuletzt geändert durch die Richtlinie 2007/64/EG des Europäischen Parlaments und des Rates vom 13. November 2007 (ABl. EU Nr. L 319 S. 1), soweit sie nach § 53b Abs. 1 Satz 1 des Kreditwesengesetzes entsprechende Geschäfte im Inland betreiben dürfen,
   c) Verwaltungs- oder Investmentgesellschaften im Sinne der Richtlinie 85/611/EWG des Rates vom 20. Dezember 1985 zur Koordinierung der Rechts- und Verwaltungsvorschriften betreffend bestimmte Organismen für gemeinsame Anlagen in Wertpapieren (OGAW) (ABl. EG Nr. L 375 S. 3), zuletzt geändert durch die Richtlinie 2005/1/EG des Europäischen Parlaments und des Rates vom 9. März 2005 (ABl. EU Nr. L 79 S. 9);
3. mit Sitz außerhalb des Europäischen Wirtschaftsraums, soweit die Zweigstellen die Voraussetzungen des § 105 Abs. 1 des Versicherungsaufsichtsgesetzes oder des § 53, auch in Verbindung mit § 53c, des Kreditwesengesetzes erfüllen, inländische Zweigstellen von Lebensversicherungsunternehmen oder Kreditinstituten, die eine Erlaubnis zum Betreiben des Einlagengeschäfts im Sinne von § 1 Abs. 1 Satz 2 Nr. 1 des Kreditwesengesetzes haben;
4. in das Genossenschaftsregister eingetragene Genossenschaften,
   a) bei denen nach einer gutachterlichen Äußerung des Prüfungsverbands, von dem die Genossenschaft geprüft wird, keine Feststellungen zur Einschränkung der Ordnungsmäßigkeit der Geschäftsführung zu treffen sind, keine Tatsachen vorliegen, die den Bestand der Genossenschaft gefährden oder ihre Entwicklung wesentlich beeinträchtigen könnten und keine Anhaltspunkte dafür vorliegen, dass die von der Genossenschaft abgeschlossenen Altersvorsorgeverträge nicht ordnungsgemäß erfüllt werden,
   b) die entweder eine Erlaubnis nach dem Kreditwesengesetz besitzen oder wenn sie Leistungen nach Absatz 1 Satz 1 Nr. 4 Buchstabe b anbieten, deren Satzungszweck ist, ihren Mitgliedern Wohnraum zur Verfügung zu stellen, und die Erfüllung der Verpflichtungen nach Absatz 1 Satz 1 Nr. 3 und 10 durch eine Versicherung bei einem im Geltungsbereich dieses Gesetzes zum Geschäftsbetrieb befugten Versicherungsunternehmen oder durch ein Zahlungsversprechen eines im Geltungsbereich dieses Gesetzes zum Geschäftsbetrieb befugten Kreditinstituts oder durch eine Sicherung nach § 7d Satz 5 gesichert ist; die Sicherung kann auf 20 000 Euro pro Vertrag begrenzt werden; und
   c) deren Satzung zum einen eine Beteiligung mit mehreren Geschäftsanteilen erlaubt und zum anderen für Mitglieder, die weitere Geschäftsanteile zum Zwecke der Durchführung eines Altersvorsorgevertrages angeschafft haben, hinsichtlich dieser weiteren Geschäftsanteile keine Verpflichtung zu Nachschüssen zur Insolvenzmasse oder zu weiteren Einzahlungen nach § 87a Abs. 2 des Genossenschaftsgesetzes oder zur Verlustzuschreibung im Sinne des § 19 Absatz 1 des Genossenschaftsgesetzes sowie keine längere Kündigungsfrist als die des § 65 Abs. 2 Satz 1 des Genossenschaftsgesetzes und keine abweichenden Regelungen für die Auszahlung des Auseinandersetzungsguthabens im Sinne des § 73 Abs. 4 des Genossenschaftsgesetzes vorsieht; das Vorliegen dieser Voraussetzungen ist durch den Prüfungsverband, von dem die Genossenschaft geprüft wird, zu bestätigen.

²Finanzdienstleistungsinstitute sowie Kreditinstitute mit Sitz im Inland, die keine Erlaubnis zum Betreiben des Einlagengeschäftes im Sinne des § 1 Abs. 1 Satz 2 Nr. 1 des Kreditwesengesetzes haben, und Wertpapierdienstleistungsunternehmen im Sinne der Richtlinie 2004/39/EG des Europäischen Parlaments und des Rates vom 21. April 2004 über Märkte für Finanzinstrumente, zur Änderung der Richtlinien 85/611/EWG und 93/6/EWG des Rates und der Richtlinie 2000/12/EG des Europäischen Parlaments und des Rates und zur Aufhebung der Richtlinie 93/22/EWG des Rates (ABl. EU Nr. L 145 S. 1, 2005 Nr. L 45 S. 18), zuletzt geändert durch die Richtlinie 2007/44/EG des Europäischen Parlaments und des Rates vom 5. September 2007 (ABl. EU Nr. L 247 S. 1) mit Sitz in einem anderen Staat des Europäischen Wirtschaftsraums können Anbieter sein, wenn sie
1. nach ihrem Erlaubnisumfang nicht unter die Ausnahmeregelungen nach § 2 Abs. 7, 7a oder 8 des Kreditwesengesetzes fallen oder im Fall von Wertpapierdienstleistungsunternehmen vergleichbaren Einschränkungen der Solvenzaufsicht in dem anderen Staat des Europäischen Wirtschaftsraums unterliegen,
2. ein Anfangskapital im Sinne des Artikels 4 Absatz 1 Nummer 51 der Verordnung (EU) Nr. 575/2013 des Europäischen Parlaments und des Rates vom 26. Juni 2013 über Aufsichtsanforderungen an Kreditinstitute und Wertpapierfirmen und zur Änderung der Verordnung (EU) Nr. 646/2012 (ABl. L 176 vom 27.6.2013, S. 1) (Anfangskapital) in Höhe von mindestens 730 000 Euro nachweisen sund
3. nach den Bedingungen des Altersvorsorgevertrages die Gelder nur anlegen bei Kreditinstituten im Sinne des Satzes 1.

(3) ¹Die Zertifizierung eines Altersvorsorgevertrages nach diesem Gesetz ist die Feststellung, dass die Vertragsbedingungen des Altersvorsorgevertrages dem Absatz 1, 1a oder beiden Absätzen sowie dem § 2a entsprechen und der Anbieter den Anforderungen des Absatzes 2 entspricht. ²Eine Zertifizierung im Sinne des § 4 Abs. 2 Satz 1 stellt ausschließlich die Übereinstimmung des Vertrages mit den Anforderungen des Absatzes 1 oder 1a oder beiden fest.

Gesetz über die Zertifizierung von Altersvorsorgeverträgen

(4) – *aufgehoben* –

(5) ¹Gebildetes Kapital im Sinne dieses Gesetzes ist

a) bei Versicherungsverträgen das nach den anerkannten Regeln der Versicherungsmathematik mit den Rechnungsgrundlagen der Beitragskalkulation berechnete Deckungskapital der Versicherung zuzüglich bereits zugeteilter Überschussanteile, des übertragungsfähigen Werts aus Schlussüberschussanteilen sowie der nach § 153 Abs. 1 und 3 des Versicherungsvertragsgesetzes zuzuteilenden Bewertungsreserven, § 169 Abs. 6 des Versicherungsvertragsgesetzes gilt entsprechend; bei fondsgebundenen Versicherungen und anderen Versicherungen, die Leistungen der in § 54b des Versicherungsaufsichtsgesetzes bezeichneten Art vorsehen, abweichend hiervon die Summe aus dem vorhandenen Wert der Anteilseinheiten und der im sonstigen Vermögen angelegten verzinsten Beitrags- und Zulagenteile, abzüglich der tariflichen Kosten, zuzüglich zugeteilter Überschussanteile, des übertragungsfähigen Werts aus Schlussüberschussanteilen und der nach § 153 Abs. 1 und 3 des Versicherungsvertragsgesetzes zuzuteilenden Bewertungsreserven,

b) bei Investmentsparverträgen der Wert der Fondsanteile zum Stichtag,

c) bei Sparverträgen der Wert des Guthabens einschließlich der bis zum Stichtag entstandenen, aber noch nicht fälligen Zinsen,

d) bei Geschäftsanteilen an einer Genossenschaft der jeweilige Anschaffungspreis; bei Verträgen nach Absatz 1a Satz 1 Nummer 3 jeweils abzüglich des Darlehens, soweit es noch nicht getilgt ist.

²Abzüge, soweit sie nicht in diesem Gesetz vorgesehen sind, sind nicht zulässig. ³In Bezug auf § 2a Satz 1 Nummer 1 Buchstabe b ist nur das für die Leistungserbringung unwiderruflich zugeteilte Kapital zu berücksichtigen.

§ 2
Begriffsbestimmungen zum Basisrentenvertrag

(1) ¹Ein Basisrentenvertrag im Sinne dieses Gesetzes liegt vor, wenn zwischen dem Anbieter und einer natürlichen Person (Vertragspartner) eine Vereinbarung in deutscher Sprache geschlossen wird, die die Voraussetzungen des § 10 Absatz 1 Nummer 2 Buchstabe b Doppelbuchstabe aa des Einkommensteuergesetzes erfüllt. ²Dies gilt entsprechend, wenn zum Aufbau einer kapitalgedeckten betrieblichen Altersversorgung eine Vereinbarung, die die Anforderungen des § 10 Absatz 1 Nummer 2 Buchstabe b Doppelbuchstabe aa des Einkommensteuergesetzes erfüllt, zwischen dem Anbieter und dem Arbeitgeber zugunsten des Arbeitnehmers geschlossen wird.

(1a) Ein Basisrentenvertrag im Sinne dieses Gesetzes liegt auch vor, wenn zwischen dem Anbieter und einer natürlichen Person (Vertragspartner) eine Vereinbarung in deutscher Sprache geschlossen wird, die die Voraussetzungen des § 10 Absatz 1 Nummer 2 Buchstabe b Doppelbuchstabe bb des Einkommensteuergesetzes erfüllt und bei der vorgesehen ist, dass der Anbieter

1. eine teilweise Erwerbsminderung anerkennt, wenn ärztlich prognostiziert wird, dass der Vertragspartner wegen Krankheit, Körperverletzung oder Behinderung voraussichtlich für mindestens zwölf Monate außerstande ist, unter den üblichen Bedingungen des allgemeinen Arbeitsmarktes mindestens sechs Stunden täglich erwerbstätig zu sein und eine volle Erwerbsminderung anerkennt, wenn ärztlich prognostiziert wird, dass der Vertragspartner wegen Krankheit, Körperverletzung oder Behinderung voraussichtlich für mindestens zwölf Monate außerstande ist, unter den üblichen Bedingungen des allgemeinen Arbeitsmarktes mindestens drei Stunden täglich erwerbstätig zu sein; die versicherte Leistung ist bei einer teilweisen Erwerbsminderung mindestens zur Hälfte und bei voller Erwerbsminderung in voller Höhe zu erbringen;

2. von dem Kalendermonat an leistet, zu dessen Beginn die teilweise oder volle Erwerbsminderung eingetreten ist, wenn die Leistung bis zum Ende des 36. Kalendermonats nach Ablauf des Monats des Eintritts der teilweisen oder vollen Erwerbsminderung beantragt wird; wird der Antrag zu einem späteren Zeitpunkt gestellt, ist die Leistung ab dem Kalendermonat zu gewähren, der 36 Monate vor dem Monat der Beantragung liegt;

Anhang 13a

3. auf Antrag des Vertragspartners die Beiträge für die Absicherung der teilweisen oder vollen Erwerbsminderung ab dem Zeitpunkt der Geltendmachung der Ansprüche auf eine teilweise oder volle Erwerbsminderung bis zur endgültigen Entscheidung über die Leistungspflicht zinslos und ohne andere Auflagen stundet;

4. für die Absicherung der teilweisen oder vollen Erwerbsminderung auf das Kündigungsrecht nach § 19 Absatz 3 Satz 2 und das Abänderungsrecht nach § 19 Absatz 4 des Versicherungsvertragsgesetzes verzichtet, wenn der Vertragspartner seine Anzeigepflicht schuldlos verletzt hat; und

5. die medizinische Mitwirkungspflicht des Vertragspartners zur Feststellung und nach der Feststellung der teilweisen oder vollen Erwerbsminderung auf zumutbare und medizinisch indizierte ärztliche Untersuchungs- und Behandlungsleistungen beschränkt.

(2) Anbieter eines Basisrentenvertrages im Sinne dieses Gesetzes sind die Anbieter im Sinne des § 1 Abs. 2, einschließlich der Pensionskassen im Sinne des § 118a Versicherungsaufsichtsgesetzes, sowie der Pensionsfonds im Sinne des § 112 Versicherungsaufsichtsgesetzes.

(3) ¹Die Zertifizierung eines Basisrentenvertrages nach diesem Gesetz ist die Feststellung, dass die Vertragsbedingungen des Basisrentenvertrages dem Absatz 1 oder dem Absatz 1a sowie dem § 2a entsprechen und der Anbieter den Anforderungen des § 2 Abs. 2 entspricht. ²Eine Zertifizierung im Sinne des § 4 Abs. 2 Satz 1 stellt ausschließlich die Übereinstimmung des Vertrages mit den Anforderungen des Absatzes 1 oder des Absatzes 1a sowie dem § 2a fest.

§ 2a
Kostenstruktur

¹Ein Altersvorsorgevertrag oder ein Basisrentenvertrag darf ausschließlich die nachfolgend genannten Kostenarten vorsehen:

1. Abschluss- und Vertriebskosten sowie Verwaltungskosten nebeneinander in den folgenden Formen:

    a) als jährlich oder monatlich anfallende Kosten in Euro;

    b) als Prozentsatz des gebildeten Kapitals;

    c) als Prozentsatz der vereinbarten Bausparsumme oder des vereinbarten Darlehensbetrags;

    d) als Prozentsatz der eingezahlten oder vereinbarten Beiträge oder Tilgungsleistungen;

    e) als Prozentsatz des Stands des Wohnförderkontos;

    f) ab Beginn der Auszahlungsphase als Prozentsatz der gezahlten Leistung;

2. folgende anlassbezogene Kosten:

    a) für eine Vertragskündigung mit Vertragswechsel oder Auszahlung;

    b) für eine Verwendung des gebildeten Kapitals im Sinne des § 92a des Einkommensteuergesetzes;

    c) für Aufgaben im Zusammenhang mit dem Versorgungsausgleich des Vertragspartners.

²§ 125 des Investmentgesetzes ist für Altersvorsorgeverträge nicht anzuwenden.

§ 3
Zertifizierungsstelle, Aufgaben

(1) Zertifizierungsstelle ist das Bundeszentralamt für Steuern.

(2) ¹Die Zertifizierungsstelle entscheidet durch Verwaltungsakt über die Zertifizierung sowie über die Rücknahme und den Widerruf der Zertifizierung. ²Sie legt ein Simulationsverfahren fest, das für einen Altersvorsorgevertrag oder einen Basisrentenvertrag festlegt, in welche Chancen-Risiko-Klasse dieser einzuordnen ist. ³Auf Antrag eines Anbieters führt sie Berechnungen dieses Verfahrens bezogen auf Tarife eines Altersvorsorge- oder Basisrentenvertrags durch.

(3) Die Zertifizierungsstelle prüft nicht, ob ein Altersvorsorge- oder ein Basisrentenvertrag wirtschaftlich tragfähig und die Zusage des Anbieters erfüllbar ist und ob die Vertragsbedingungen zivilrechtlich wirksam sind.

(4) Die Zertifizierungsstelle nimmt die ihr nach diesem Gesetz zugewiesenen Aufgaben nur im öffentlichen Interesse wahr.

§ 3a
Produktinformationsstelle Altersvorsorge

(1) ¹Das Bundesministerium der Finanzen wird ermächtigt, die Aufgaben nach § 3 Absatz 2 Satz 2 und 3 einer juristischen Person des Privatrechts (Produktinformationsstelle Altersvorsorge) im Wege der Beleihung ganz oder teilweise zu übertragen. ²Sie untersteht nicht den Weisungen des Bundesministeriums der Finanzen. ³Verletzt sie in Ausübung der ihr aufgrund dieses Gesetzes übertragenen Aufgaben Pflichten, die ihr einem Dritten gegenüber obliegen, so haftet allein sie. ⁴Die Produktinformationsstelle Altersvorsorge haftet nur für Vorsatz oder grobe Fahrlässigkeit. ⁵§ 9 gilt entsprechend.

(2) ¹Die Produktinformationsstelle Altersvorsorge darf nicht mit Gewinnerzielungsabsicht tätig werden und muss die Gewähr für die Erfüllung der ihr aufgrund dieses Gesetzes übertragenen Aufgaben bieten. ²Sie ist von der Körperschaftsteuer und Gewerbesteuer befreit. ³Satzung oder Gesellschaftsvertrag der Produktinformationsstelle Altersvorsorge sowie deren Änderungen bedürfen der Genehmigung durch das Bundesministerium der Finanzen. ⁴Die Personen, die nach Gesetz oder Satzung zur Geschäftsführung und Vertretung der Produktinformationsstelle Altersvorsorge bestellt sind, müssen zuverlässig und zur Wahrnehmung ihrer Aufgaben fachlich geeignet sein.

(3) ¹Die Produktinformationsstelle Altersvorsorge darf Gebühren auf der Grundlage einer Gebührensatzung erheben, um die ihr entstehenden Verwaltungskosten zu decken. ²Die Gebührensatzung bedarf der Genehmigung des Bundesministeriums der Finanzen.

§ 4
Antrag, Ergänzungsanforderungen, Ergänzungsanzeigen, Ausschlussfristen

(1) ¹Die Zertifizierung erfolgt auf Antrag des Anbieters. ²Mit dem Antrag sind vorzulegen:
1. Unterlagen, die belegen, dass die Vertragsbedingungen nach § 1 Abs. 3 oder § 2 Abs. 3 zertifizierbar sind;
2. eine Bescheinigung der zuständigen Aufsichtsbehörde über den Umfang der Erlaubnis und bei Unternehmen im Sinne des § 1 Abs. 2 Satz 3 zusätzlich über den Umfang der Aufsicht und die Höhe des Anfangskapitals (§ 1 Abs. 2 Satz 3 Nr. 1 und 2); bei einem Anbieter im Sinne des § 1 Abs. 2 Satz 1 Nr. 4 sind anstelle der Bescheinigung ein Registerauszug, die Satzung und die gutachterliche Äußerung des Prüfungsverbands nach § 1 Abs. 2 Satz 1 Nr. 4 beizufügen.

(2) ¹Auf Antrag eines Spitzenverbandes der in § 1 Abs. 2 genannten Anbieter kann die Zertifizierung eines ausschließlich als Muster verwendbaren Vertrages erfolgen. ²Mit dem Antrag sind die Unterlagen vorzulegen, die belegen, dass die Vertragsbedingungen des Mustervertrags nach § 1 Abs. 3 oder § 2 Abs. 3 zertifizierbar sind.

(3) ¹Ein Spitzenverband der in § 1 Abs. 2 genannten Anbieter kann als Bevollmächtigter seiner Mitgliedsunternehmen für diese die Anträge nach Absatz 1 stellen. ²Von der Vorlage der Unterlagen nach
1. Absatz 1 Satz 2 Nr. 1 kann abgesehen werden, wenn es sich bei dem Vertrag um einen bereits zertifizierten Mustervertrag nach Absatz 2 handelt;
2. Absatz 1 Satz 2 Nr. 2 kann abgesehen werden, wenn der Spitzenverband schriftlich versichert, dass ihm für sein Mitgliedsunternehmen die dort genannte Bescheinigung vorliegt.

³Der Bevollmächtigte hat auf Verlangen der Zertifizierungsstelle seine Vollmacht schriftlich nachzuweisen sowie die Unterlagen nach Absatz 1 Satz 2 Nr. 1 und 2 vorzulegen.

(4) Die Gebühr nach § 12 ist bei Stellung des Antrags zu entrichten.

(5) ¹Fehlende Angaben oder Unterlagen fordert die Zertifizierungsstelle innerhalb von drei Monaten als Ergänzungsanzeige an (Ergänzungsanforderung). ²Innerhalb von drei Monaten nach Zugang der Ergänzungsanforderung ist die Ergänzungsanzeige der Zertifizierungsstelle zu erstatten; andernfalls lehnt die Zertifizierungsstelle den Zertifizierungsantrag ab. ³Die Frist nach Satz 2 ist eine Ausschlussfrist.

§ 5
Zertifizierung von Altersvorsorgeverträgen

Die Zertifizierungsstelle erteilt die Zertifizierung nach § 1 Abs. 3, wenn ihr die nach diesem Gesetz erforderlichen Angaben und Unterlagen vorliegen sowie die Vertragsbedingungen des Altersvorsorgevertrags dem § 1 Absatz 1, 1a oder beiden Absätzen sowie dem § 2a entsprechen und der Anbieter den Anforderungen des § 1 Absatz 2 entspricht.

§ 5a
Zertifizierung von Basisrentenverträgen

Die Zertifizierungsstelle erteilt die Zertifizierung nach § 2 Abs. 3, wenn ihr die nach diesem Gesetz erforderlichen Angaben und Unterlagen vorliegen sowie die Vertragsbedingungen des Basisrentenvertrags dem § 2 Absatz 1 oder Absatz 1a sowie dem § 2a entsprechen und der Anbieter den Anforderungen des § 2 Absatz 2 entspricht.

§ 6
Rechtsverordnung

¹Zum Schutz der Verbraucher, insbesondere zur besseren Vergleichbarkeit der Produkte sowie zur Vereinheitlichung des Verfahrens, kann das Bundesministerium der Finanzen im Einvernehmen mit dem Bundesministerium für Arbeit und Soziales und dem Bundesministerium für Ernährung, Landwirtschaft und Verbraucherschutz durch Rechtsverordnung, die nicht der Zustimmung des Bundesrates bedarf, nähere Bestimmungen über das Zertifizierungsverfahren und zu Art, Inhalt, Umfang und Darstellung von Produktinformationsblättern und Informationspflichten gemäß den §§ 7 bis 7c treffen. ²Das Bundesministerium der Finanzen kann die Ermächtigung durch Rechtsverordnung, die nicht der Zustimmung des Bundesrates bedarf, auf das Bundeszentralamt für Steuern übertragen.

§ 7
Informationspflichten im Produktinformationsblatt

(1) ¹Der Anbieter eines Altersvorsorge- oder Basisrentenvertrags hat den Vertragspartner rechtzeitig durch ein individuelles Produktinformationsblatt zu informieren, spätestens jedoch, bevor dieser seine Vertragserklärung abgibt. ²Das individuelle Produktinformationsblatt muss folgende Angaben enthalten:
1. die Produktbezeichnung;
2. die Benennung des Produkttyps und eine kurze Produktbeschreibung;
3. die Zertifizierungsnummer;
4. bei Altersvorsorgeverträgen die Empfehlung, vor Abschluss des Vertrags die Förderberechtigung zu prüfen;
5. den vollständigen Namen des Anbieters nach § 1 Absatz 2 oder § 2 Absatz 2;
6. die wesentlichen Bestandteile des Vertrags;
7. die auf Wahrscheinlichkeitsrechnungen beruhende Einordnung in Chancen-Risiko-Klassen;
8. bei Altersvorsorgeverträgen in Form eines Darlehens und bei Altersvorsorgeverträgen im Sinne des § 1 Absatz 1a Nummer 3 die Angabe des Nettodarlehensbetrags, der Gesamtkosten und des Gesamtdarlehensbetrags;
9. eine Aufstellung der Kosten nach § 2a Nummer 1 Buchstabe a bis e sowie Nummer 2 Buchstabe a bis c, getrennt für jeden Gliederungspunkt, die Angabe zu § 2a Satz 1 Nummer 1 Buchstabe f ist freiwillig;
10. Angaben zum Preis-Leistungs-Verhältnis;
11. bei Basisrentenverträgen nach § 10 Absatz 1 Nummer 2 Buchstabe b Doppelbuchstabe bb des Einkommensteuergesetzes die garantierte monatliche Leistung;
12. einen Hinweis auf die einschlägige Einrichtung der Insolvenzsicherung und den Umfang des insoweit gewährten Schutzes;
13. Informationen zum Anbieterwechsel und zur Kündigung des Vertrags;
14. Hinweise zu den Möglichkeiten und Folgen einer Beitragsfreistellung oder Tilgungsaussetzung und
15. den Stand des Produktinformationsblatts.

Gesetz über die Zertifizierung von Altersvorsorgeverträgen

³Sieht der Vertrag eine ergänzende Absicherung der Berufsunfähigkeit, der verminderten Erwerbsfähigkeit oder Dienstunfähigkeit oder eine zusätzliche Absicherung von Hinterbliebenen vor, muss das individuelle Produktinformationsblatt zusätzlich folgende Angaben enthalten:

1. den Beginn, das Ende und den Umfang der ergänzenden Absicherung;
2. Hinweise zu den Folgen unterbliebener oder verspäteter Beitragszahlungen und
3. Angaben zu Leistungsausschlüssen und zu Obliegenheiten.

⁴Satz 2 Nummer 7 und 10 bis 13 gilt nicht für

1. Altersvorsorgeverträge in Form eines Darlehens oder für Altersvorsorgeverträge im Sinne des § 1 Absatz 1a Nummer 3 und
2. die Darlehenskomponente eines Altersvorsorgevertrags nach § 1 Absatz 1a Satz 1 Nummer 2.

⁵Satz 2 Nummer 7, 8, 10 und 13 gilt nicht für Basisrentenverträge nach § 10 Absatz 1 Nummer 2 Buchstabe b Doppelbuchstabe bb des Einkommensteuergesetzes. ⁶Die nach diesem Absatz notwendigen Kostenangaben treten bei Versicherungsverträgen an die Stelle der Kostenangaben gemäß § 2 Absatz 1 Nummer 1 und 2 der VVG-Informationspflichtenverordnung. ⁷Erfolgt der Vertragsabschluss nicht zeitnah zur Information durch das individuelle Produktinformationsblatt, muss der Anbieter den Vertragspartner nur auf dessen Antrag oder bei einer zwischenzeitlichen Änderung der im Produktinformationsblatt ausgewiesenen Kosten durch ein neues individuelles Produktinformationsblatt informieren.

(2) ¹Das individuelle Produktinformationsblatt ersetzt das Produktinformationsblatt nach § 4 der VVG-Informationspflichtenverordnung in der jeweils geltenden Fassung. ²Eine Modellrechnung nach § 154 des Versicherungsvertragsgesetzes ist für zertifizierte Altersvorsorgeverträge und für zertifizierte Basisrentenverträge nicht durchzuführen. ³Diese darf dem individuellen Produktinformationsblatt auch nicht zusätzlich beigefügt werden. ⁴Der rechtzeitige Zugang des individuellen Produktinformationsblatts muss nachgewiesen werden können. ⁵Das Produktinformationsblatt ist dem Vertragspartner kostenlos bereitzustellen.

(3) ¹Erfüllt der Anbieter seine Verpflichtungen nach Absatz 1 nicht, nicht richtig oder nicht vollständig, kann der Vertragspartner innerhalb von zwei Jahren nach der Abgabe der Vertragserklärung vom Vertrag zurücktreten. ²Der Rücktritt ist innerhalb von drei Monaten ab Erlangung der Kenntnis vom Rücktrittsgrund zu erklären. ³Der Anbieter hat dem Vertragspartner bei einem Rücktritt mindestens einen Geldbetrag in Höhe der auf den Vertrag eingezahlten Beiträge und Altersvorsorgezulagen zu zahlen. ⁴Auf die Beiträge und Altersvorsorgezulagen hat der Anbieter dem Vertragspartner Zinsen in Höhe des gesetzlichen Zinssatzes nach § 246 des Bürgerlichen Gesetzbuchs zu zahlen. ⁵Die Verzinsung beginnt an dem Tag, an dem die Beiträge oder die Zulagen dem Anbieter zufließen. ⁶§ 8 des Versicherungsvertragsgesetzes bleibt unberührt.

(4) ¹Der Anbieter hat für jeden auf der Basis eines zertifizierten Altersvorsorge- oder Basisrentenvertragsmusters vertriebenen Tarif vor dem erstmaligen Vertrieb eines darauf beruhenden Altersvorsorge- oder Basisrentenvertrags vier Muster- Produktinformationsblätter nach Satz 2 zu erstellen. ²Diese haben in Form und Inhalt dem individuellen Produktinformationsblatt nach Absatz 1 mit der Maßgabe zu entsprechen, dass den Informationen statt der individuellen Werte Musterdaten zugrunde zu legen sind. ³Die Muster-Produktinformationsblätter werden im Internet veröffentlicht. ⁴Die Einzelheiten der Veröffentlichung regelt ein Schreiben des Bundesministeriums der Finanzen, das im Bundessteuerblatt veröffentlicht wird.

(5) Die §§ 297 bis 299, 301 und 303 des Kapitalanlagegesetzbuches bleiben unberührt.

§ 7a
Jährliche Informationspflicht

(1) ¹Der Anbieter eines Altersvorsorge- oder Basisrentenvertrags ist verpflichtet, den Vertragspartner jährlich schriftlich über folgende Punkte zu informieren:

1. die Verwendung der eingezahlten Beiträge;
2. die Höhe des gebildeten Kapitals;
3. die im abgelaufenen Beitragsjahr angefallenen tatsächlichen Kosten;
4. die erwirtschafteten Erträge;
5. bis zum Beginn der Auszahlungsphase das nach Abzug der Kosten zu Beginn der Auszahlungsphase voraussichtlich zur Verfügung stehende Kapital; für die Berechnung sind die in der Vergangenheit tatsächlich gezahlten Beiträge und die in dem vor Vertragsabschluss zur Verfügung gestellten individuellen Produktinformationsblatt genannten Wertentwicklungen nach § 7 Absatz 1 Satz 2 Nummer 10 zugrunde zu legen.

²Im Rahmen der jährlichen Informationspflicht muss der Anbieter eines Altersvorsorge- oder Basisrentenvertrags auch darüber schriftlich informieren, ob und wie ethische, soziale und ökologische Belange bei der Verwendung der eingezahlten Beiträge berücksichtigt werden.

(2) ¹Absatz 1 Nummer 2, 4 und 5 gilt nicht

1. für Basisrentenverträge nach § 10 Absatz 1 Nummer 2 Buchstabe b Doppelbuchstabe bb des Einkommensteuergesetzes,
2. für Altersvorsorgeverträge in Form eines Darlehens,
3. für Altersvorsorgeverträge im Sinne des § 1 Absatz 1a Nummer 3 oder,
4. sofern bereits eine Zuteilung des Bausparvertrags erfolgt ist.

²Absatz 1 Satz 1 Nummer 5 gilt nicht für Verträge, die vor dem in § 14 Absatz 6 Satz 2 genannten Anwendungszeitpunkt abgeschlossen wurden.

§ 7b
Information vor der Auszahlungsphase des Altersvorsorgevertrags

(1) ¹Sind aus einem Altersvorsorgevertrag Leistungen nach § 1 Absatz 1 Satz 1 Nummer 4 zu erbringen, hat ein Anbieter von Altersvorsorgeverträgen den Vertragspartner frühestens zwei Jahre vor Beginn der vertraglich vereinbarten Auszahlungsphase schriftlich über Folgendes zu informieren:

1. die Form und Höhe der vorgesehenen Auszahlungen einschließlich Aussagen zu einer Dynamisierung der monatlichen Leistungen sowie
2. die in der Auszahlungsphase anfallenden Kosten.

²Ist kein Beginn der Auszahlungsphase vereinbart, so gilt für Altersvorsorgeverträge, die nach dem 31. Dezember 2011 abgeschlossen wurden, die Vollendung des 62. Lebensjahres als Beginn der Auszahlungsphase, im Übrigen die Vollendung des 60. Lebensjahres. ³Der Vertragspartner ist dann vom Anbieter im Rahmen der Mitteilung nach Satz 1 darüber zu informieren, dass ein tatsächlicher Beginn der Auszahlungsphase nicht vereinbart wurde. ⁴Sofern ein Anbieter von Altersvorsorgeverträgen bereit ist, nach § 1 Absatz 1 Satz 1 Nummer 10 Buchstabe b übertragenes Altersvorsorgevermögen anzunehmen, muss er dem Anleger auf Verlangen die Information nach Satz 1 und gegebenenfalls Satz 3 zur Verfügung stellen, wenn bis zum Beginn der Auszahlungsphase weniger als zwei Jahre verbleiben. ⁵Dieser Information sind der vom Anleger angegebene Übertragungswert und Übertragungszeitpunkt zugrunde zu legen.

(2) ¹Die Information durch den Anbieter muss spätestens drei Monate vor Beginn der vertraglich vereinbarten Auszahlungsphase erfolgen. ²Sofern ein Anbieter von Altersvorsorgeverträgen den Vertragspartner nicht spätestens neun Monate vor Beginn der vertraglich vereinbarten Auszahlungsphase gemäß Absatz 1 informiert, hat der Vertragspartner das Recht, den Altersvorsorgevertrag zum Beginn der Auszahlungsphase bis spätestens drei Monate vor dem Beginn zu kündigen, um das gebildete Kapital nach § 1 Absatz 1 Satz 1 Nummer 10 Buchstabe b übertragen zu lassen. ³Erfolgt sie später als sechs Monate vor Beginn der Auszahlungsphase, hat der Vertragspartner das Recht, den Altersvorsorgevertrag zum Beginn der Auszahlungsphase mit einer Frist von 14 Tagen zu kündigen, um das gebildete Kapital nach § 1 Absatz 1 Satz 1 Nummer 10 Buchstabe b übertragen zu lassen. ⁴Absatz 1 Satz 2 und 3 gilt entsprechend.

(3) ¹Erfüllt ein Anbieter seine Verpflichtungen nach Absatz 1 oder 2 nicht, nicht richtig, nicht vollständig, nicht in der vorgeschriebenen Weise oder nicht rechtzeitig, kann der Vertragspartner innerhalb

§ 7c
Kostenänderung

¹Ein Anbieter hat dem Vertragspartner eine Änderung der Kosten anzuzeigen, die im individuellen Produktinformationsblatt nach § 7 Absatz 1 ausgewiesen sind. ²Bei einer Kostenänderung vor Beginn der Auszahlungsphase hat er dazu dem Vertragspartner ein angepasstes individuelles Produktinformationsblatt oder ein Blatt, das mindestens die Angaben nach § 7 Absatz 1 Satz 2 Nummer 1, 9, 10 und 13 enthält, mit einer Frist von mindestens vier Monaten zum Ende eines Kalendervierteljahres vor der Änderung der Kosten auszustellen. ³Der Berechnung des Preis-Leistungs-Verhältnisses sind die Wertentwicklungen zugrunde zu legen, die den Berechnungen im vor Vertragsabschluss zur Verfügung gestellten individuellen Produktinformationsblatt zugrunde gelegen haben. ⁴Bei Altersvorsorgeverträgen in Form eines Darlehens oder Altersvorsorgeverträgen im Sinne des § 1 Absatz 1a Nummer 3 treten an die Stelle der verkürzten Angaben nach Satz 2 zweite Alternative die Angaben nach § 7 Absatz 1 Satz 2 Nummer 1, 8 und 9. ⁵Bei Basisrentenverträgen nach § 10 Absatz 1 Nummer 2 Buchstabe b Doppelbuchstabe bb des Einkommensteuergesetzes treten an die Stelle der verkürzten Angaben nach Satz 2 zweite Alternative die Angaben nach § 7 Absatz 1 Satz 2 Nummer 1, 9 und 11. ⁶Ab dem Beginn der Auszahlungsphase sind die in der Auszahlungsphase anfallenden Kosten auf einem gesonderten Blatt auszuweisen. ⁷Kosten, die im individuellen Produktinformationsblatt oder dem Blatt nach Satz 2 zweite Alternative oder den Sätzen 4 bis 6 nicht ausgewiesen sind, muss der Vertragspartner nicht übernehmen.

§ 7d
Sicherung bei Genossenschaften

¹Zur Erfüllung ihrer Verpflichtung aus § 1 Absatz 2 Satz 1 Nummer 4 Buchstabe b hat die Genossenschaft dem Vertragspartner einen unmittelbaren Anspruch gegen den Sicherungsgeber zu verschaffen und durch Übergabe einer von diesem oder auf dessen Veranlassung ausgestellten Bestätigung (Sicherungsschein) nachzuweisen. ²Auf eine betragsmäßige Begrenzung der Sicherung ist in hervorgehobener Weise hinzuweisen. ³Der Sicherungsgeber kann sich gegenüber einem Vertragspartner, dem ein Sicherungsschein ausgehändigt worden ist, weder auf Einwendungen aus dem Sicherungsvertrag noch darauf berufen, dass der Sicherungsschein erst nach Beendigung des Sicherungsvertrags ausgestellt worden ist. ⁴Bei Aushändigung eines Sicherungsscheins nach Satz 3 geht der Anspruch des Vertragspartners gegen die Genossenschaft auf den Sicherungsgeber über, soweit dieser den Forderungen des Vertragspartners nachkommt. ⁵Die Sicherung kann auch in anderer Weise erfolgen, wenn dadurch ein vergleichbares Sicherungsniveau erreicht wird.

§ 7e
Widerrufsrecht

¹Dem Vertragspartner steht bei einem nach diesem Gesetz zertifizierten Vertrag, unbeschadet anderer Regelungen, ein Widerrufsrecht nach § 355 des Bürgerlichen Gesetzbuchs zu. ²Steht dem Verbraucher zugleich nach Maßgabe anderer Vorschriften ein Widerrufsrecht nach § 355 des Bürgerlichen Gesetzbuchs oder nach anderen Vorschriften zu, ist das Widerrufsrecht nach Satz 1 ausgeschlossen.

§ 8
Rücknahme, Widerruf und Verzicht

(1) ¹Die Zertifizierungsstelle kann den Antrag auf Zertifizierung eines Altersvorsorgevertrages ablehnen oder die Zertifizierung eines Altersvorsorgevertrages gegenüber dem Anbieter widerrufen, wenn Tatsachen die Annahme rechtfertigen, dass der Anbieter die für die Beachtung der Vorschriften dieses Gesetzes sowie der §§ 10a, 22 Nr. 5, § 22a und des Abschnitts XI des Einkommensteuergesetzes erforderliche Zuverlässigkeit nicht besitzt. ²Die Zertifizierungsstelle kann den Antrag auf Zertifizierung eines Basisrentenvertrages ablehnen oder die Zertifizierung eines Basisrentenvertrages gegenüber dem Anbieter widerrufen, wenn Tatsachen die Annahme rechtfertigen, dass der Anbieter die für die Beachtung der Vorschriften dieses Gesetzes sowie der §§ 10 und 22a des Einkommensteuergesetzes erforderliche Zuverlässigkeit nicht besitzt. ³Die Zertifizierungsstelle hat die Zertifizierung gegenüber dem Anbieter zu widerrufen, wenn der Anbieter die Voraussetzungen des § 1 Absatz 2 oder des § 112 des Versicherungsaufsichtsgesetzes nicht mehr erfüllt. ⁴Die Aufhebung der Zertifizierung nach den allgemeinen Verfahrensvorschriften der Abgabenordnung bleibt unberührt. ⁵Bei einem Anbieter im Sinne des § 1 Abs. 2 Satz 1 Nr. 4 (Genossenschaften) ist der Prüfungsverband, von dem die Genossenschaft geprüft wird, verpflichtet, die Zertifizierungsstelle zu unterrichten, soweit er im Rahmen einer Prüfung nach § 53 Abs. 1 des Genossenschaftsgesetzes Tatsachen im Sinne des Satzes 1 oder einen Widerrufsgrund im Sinne des Satzes 2 feststellt oder dem Prüfungsverband anderweitig bekannt werden oder ihm bekannt wird, dass die Satzung der Genossenschaft in der Weise geändert werden soll oder geändert wurde, dass die Voraussetzungen des § 1 Absatz 2 Satz 1 Nummer 4 Buchstabe b nicht mehr erfüllt werden. ⁶Satz 4 gilt entsprechend für die nach § 81 des Genossenschaftsgesetzes zuständige oberste Landesbehörde.

(2) Der Anbieter kann auf die Zertifizierung unbeschadet seiner vertraglichen Verpflichtungen für die Zukunft durch schriftliche Erklärung gegenüber der Zertifizierungsstelle verzichten.

(3) Der Anbieter ist verpflichtet, den Vertragspartner, mit dem er einen Altersvorsorgevertrag oder einen Basisrentenvertrag abgeschlossen hat, über Rücknahme oder Widerruf der Zertifizierung unverzüglich zu unterrichten.

(4) ¹Die Zertifizierungsbehörde unterrichtet die zentrale Stelle im Sinne des § 81 des Einkommensteuergesetzes unverzüglich über Rücknahme oder Widerruf der Zertifizierung eines Altersvorsorgevertrages oder über den Verzicht auf die Zertifizierung eines Altersvorsorgevertrages. ²Die Zertifizierungsstelle unterrichtet die obersten Finanzbehörden der Länder unverzüglich über Rücknahme oder Widerruf der Zertifizierung eines Basisrentenvertrages oder über den Verzicht auf die Zertifizierung eines Basisrentenvertrages. ³Dabei ist auch mitzuteilen, ab welchem Zeitpunkt Rücknahme, Widerruf oder Verzicht wirksam sind. ⁴Im Fall einer Antragsablehnung oder eines Widerrufs nach Absatz 1 Satz 1 ist die für den Anbieter zuständige Aufsichtsbehörde sowie bei einem Anbieter im Sinne des § 1 Abs. 2 Satz 1 Nr. 4 der Prüfungsverband, von dem die Genossenschaft geprüft wird, zu unterrichten. ⁵Ein Anbieter im Sinne des § 1 Abs. 2 Satz 1 Nr. 4 muss die Zertifizierungsstelle unterrichten, wenn in Zukunft ein anderer als der bisherige Prüfungsverband die Prüfung nach § 53 Abs. 1 des Genossenschaftsgesetzes vornehmen wird.

§ 9
Rechtsbehelf und sofortige Vollziehung

¹Einspruch und Klage richten sich nach den Vorschriften der Abgabenordnung und der Finanzgerichtsordnung. ²Sie haben keine aufschiebende Wirkung.

§ 10
Veröffentlichung

¹Die Zertifizierungsstelle macht die Zertifizierung sowie den Widerruf, die Rücknahme oder den Verzicht durch eine Veröffentlichung des Namens und der Anschrift des Anbieters und dessen Zertifizierungsnummer im Bundessteuerblatt bekannt. ²Das Gleiche gilt sinngemäß für die Zertifizierung von Verträgen im Sinne des § 4 Abs. 2 Satz 1.

§ 11
Verschwiegenheitspflicht und Datenschutz

(1) ¹Die bei der Zertifizierungsbehörde beschäftigten oder von ihr beauftragten Personen dürfen bei ihrer Tätigkeit erhaltene vertrauli-

Gesetz über die Zertifizierung von Altersvorsorgeverträgen

che Informationen nicht unbefugt offenbaren oder verwerten, auch wenn sie nicht mehr im Dienst sind oder ihre Tätigkeit beendet ist (Schweigepflicht). ²Dies gilt auch für andere Personen, die durch dienstliche Berichterstattung Kenntnis von den in Satz 1 bezeichneten Tatsachen erhalten.

(2) ¹Ein unbefugtes Offenbaren oder Verwerten im Sinne des Absatzes 1 liegt insbesondere nicht vor, wenn Tatsachen weitergegeben werden an

1. kraft Gesetzes oder im öffentlichen Auftrag mit der Überwachung oder Prüfung von Versicherungsunternehmen, Kreditinstituten, Finanzdienstleistungsinstituten, Investmentgesellschaften, Genossenschaften oder Bausparkassen betraute Stellen sowie von diesen beauftragte Personen,
2. andere Finanzbehörden oder
3. den Prüfungsverband, der die Genossenschaft prüft, bei einem Anbieter im Sinne des § 1 Abs. 2 Satz 1 Nr. 4,

soweit diese Stellen die Informationen zur Erfüllung ihrer Aufgaben benötigen. ²Für die bei diesen Stellen beschäftigten Personen gilt die Verschwiegenheitspflicht nach Absatz 1 Satz 1 entsprechend.

(3) – aufgehoben –

(4) Sofern personenbezogene Daten erhoben, verarbeitet oder genutzt werden, gelten die Vorschriften des Bundesdatenschutzgesetzes.

§ 12
Gebühren

(1) ¹Die Zertifizierungsstelle erhebt für die Bearbeitung eines Antrags, einen Altersvorsorgevertrag oder einen Basisrentenvertrag zu zertifizieren, Gebühren in Höhe von 5 000 Euro. ²Für Anbieter, die ihrem Antrag nach § 4 Absatz 1 einen zertifizierten Vertrag eines Spitzenverbands zugrunde legen, beträgt die Gebühr 500 Euro, wenn

1. der Vertrag des Anbieters hinsichtlich der Anforderungen des § 1 Absatz 1 oder Absatz 1a oder des § 2 Absatz 1 oder Absatz 1a sowie des § 2a von dem zertifizierten Muster in Reihenfolge und Inhalt nicht abweicht und
2. der Anbieter bei seinem Antrag zusätzlich die Zertifizierungsstelle mit ihrer Postanschrift, die Zertifizierungsnummer und das Datum, zu dem die Zertifizierung wirksam geworden ist, mitteilt.

³Für Anträge nach § 4 Abs. 3 Satz 1 und 2 beträgt die Gebühr 250 Euro.

(2) ¹Die Gebühr ist durch schriftlichen Bescheid gegenüber dem Antragsteller festzusetzen; Bekanntgabevollmachten sind zu beachten. ²Der Antragsteller hat die Gebühr innerhalb eines Monats nach Bekanntgabe dieses Bescheides zu entrichten. ³Auf die Gebühr sind die Vorschriften der Abgabenordnung sinngemäß anzuwenden. ⁴Die Gebührenfestsetzung kann nach den §§ 129 bis 131 der Abgabenordnung korrigiert werden. ⁵Gegen die Gebührenfestsetzung ist der Einspruch gegeben.

§ 13
Bußgeldvorschriften

(1) Ordnungswidrig handelt, wer vorsätzlich oder fahrlässig

1. entgegen § 7 Absatz 4 Satz 1 ein Muster-Produktinformationsblatt nicht, nicht richtig, nicht vollständig oder nicht rechtzeitig erstellt,
2. entgegen § 7a Absatz 1 Satz 1 über einen dort genannten Punkt nicht, nicht richtig, nicht vollständig, nicht in der vorgeschriebenen Weise oder nicht rechtzeitig informiert,
3. entgegen § 7a Absatz 1 Satz 2 über die Berücksichtigung der dort genannten Belange bei der Verwendung der eingezahlten Beträge nicht, nicht richtig, nicht vollständig, nicht in der vorgeschriebenen Weise oder nicht rechtzeitig informiert oder
4. entgegen § 7b Absatz 1 Satz 1 über einen dort genannten Punkt nicht, nicht richtig, nicht vollständig, nicht in der vorgeschriebenen Weise oder nicht rechtzeitig informiert.

(2) Die Ordnungswidrigkeit kann mit einer Geldbuße bis zu 3 000 Euro geahndet werden.

(3) Verwaltungsbehörde im Sinne des § 36 Abs. 1 Nr. 1 des Gesetzes über Ordnungswidrigkeiten ist die Zertifizierungsstelle.

§ 14
Übergangsvorschrift

(1) ¹Für Verträge, die nach § 5 in der am 31. Dezember 2004 geltenden Fassung zertifiziert wurden und die alle die in Artikel 7 Nr. 1 des Gesetzes vom 5. Juli 2004 (BGBl. I S. 1427) enthaltenen Änderungen insgesamt bis zum 31. Dezember 2005 nachvollziehen, ist eine erneute Zertifizierung des Vertrags nicht erforderlich. ²Satz 1 gilt ohne zeitliche Beschränkung entsprechend, soweit der Anbieter unter Beibehaltung der vertraglichen Ausgestaltung nach § 1 Abs. 1 Satz 1 Nr. 8 in der bis 31. Dezember 2004 geltenden Fassung mit seinen Bestandskunden die einvernehmliche Übernahme der in Artikel 7 Nr. 1 Buchstabe a Doppelbuchstabe aa bis cc und ee des Gesetzes vom 5. Juli 2004 (BGBl. I S. 1427) enthaltenen Änderungen ganz oder teilweise vereinbart. ³Die Änderung des Vertrags ist der Zertifizierungsstelle gegenüber schriftlich anzuzeigen.

(2) ¹Für Altersvorsorgeverträge, die vor dem 1. Januar 2012 abgeschlossen worden sind, ist § 1 Absatz 1 Satz 1 Nummer 2 mit der Maßgabe anzuwenden, dass die Vereinbarung für den Vertragspartner eine lebenslange und unabhängig vom Geschlecht berechnete Altersversorgung vorsieht, die nicht vor Vollendung des 60. Lebensjahres oder einer vor Vollendung des 60. Lebensjahres beginnenden Leistung aus einem gesetzlichen Alterssicherungssystem des Vertragspartners (Beginn der Auszahlungsphase) gezahlt werden darf. ²Die übrigen in § 1 Absatz 1 Satz 1 genannten Voraussetzungen bleiben unberührt. ³Für Verträge, die nach § 5 in der am 31. Dezember 2011 geltenden Fassung zertifiziert wurden und die die Anhebung der Altersgrenze vom 60. auf das 62. Lebensjahr bis zum 31. Dezember 2012 nachvollziehen, ist eine erneute Zertifizierung des Vertrags nicht erforderlich. ⁴Satz 3 gilt entsprechend, soweit die Anhebung der Altersgrenze vom 60. auf das 62. Lebensjahr einzelvertraglich oder durch Vertragsänderung mit dem Kunden vereinbart wird. ⁵Absatz 1 Satz 3 gilt entsprechend.

(2a) ¹Für Verträge, die nach den §§ 5 oder 5a in der am 31. Dezember 2012 geltenden Fassung zertifiziert wurden und in denen allein die Änderungen der Zertifizierungsvoraussetzungen durch Artikel 2 des Gesetzes vom 24. Juni 2013 (BGBl. I S. 1667) nachvollzogen werden, ist keine erneute Zertifizierung erforderlich. ²Absatz 1 Satz 3 gilt entsprechend. ³Geht bis zum Ablauf des Tages vor dem in Absatz 6 Satz 2 genannten Anwendungszeitpunkt keine Änderungsanzeige bei der Zertifizierungsstelle ein, gilt dies als Verzicht des Anbieters auf die Zertifizierung im Sinne des § 8 Absatz 2 ab dem in Absatz 6 Satz 2 genannten Anwendungszeitpunkt.

(2b) ¹Für Verträge, die nach § 5 oder § 5a bis zum 23. Juli 2014 zertifiziert wurden und in denen allein die Änderungen durch Artikel 1 des Gesetzes vom 15. Juli 2013 (BGBl. I S. 2397) und durch Artikel 5 Nummer 1 des Gesetzes vom 18. Juli 2014 (BGBl. I S. 1042) aufgenommen werden, ist keine erneute Zertifizierung erforderlich. ²Absatz 1 Satz 3 gilt entsprechend.

(3) ¹Die Zertifizierung für Verträge, deren Vertragsgestaltung sich auf die in Artikel 2 Nr. 1 Buchstabe a bis c des Gesetzes vom 29. Juli 2008 (BGBl. I S. 1509) vorgenommenen Änderungen beziehen, kann frühestens zum 1. November 2008 erteilt werden. ²Bis zu dem Zeitpunkt, der sich aus Satz 1 ergibt, können Zertifizierungen auf Grundlage des bis zum 31. Dezember 2007 geltenden Rechts erteilt werden. ³Verträge, die nach § 4 Abs. 1, 2 oder Abs. 3 in Verbindung mit § 5 in der am 31. Dezember 2007 geltenden Fassung zertifiziert wurden, können um die Regelungen in Artikel 2 Nr. 1 Buchstabe b des Gesetzes vom 29. Juli 2008 (BGBl. I S. 1509) ergänzt werden. ⁴Die Gebühren für die Zertifizierung nach Satz 3 richten sich nach § 12 Satz 3. ⁵Die durch Artikel 2 Nr. 4 Buchstabe d des Gesetzes vom 29. Juli 2008 (BGBl. I S. 1509) geänderten jährlichen Informationspflichten sind erstmals für nach dem 31. Dezember 2008 beginnende Beitragsjahre anzuwenden.

(4) Für Altersvorsorgeverträge, die bis zum 31. Dezember 2009 nach § 4 Abs. 1 zertifiziert werden, gilt § 1 Abs. 1 Satz 1 Nr. 10 Buchstabe b und c mit der Maßgabe, dass Bausparkassen im Sinne des Gesetzes über Bausparkassen jeweils eine Frist von nicht mehr als sechs Monaten zum Monatsende vereinbaren können.

(5) ¹Bis zum 30. Juni 2010 ist abweichend von § 3 Abs. 1 Zertifizierungsstelle die Bundesanstalt für Finanzdienstleistungsaufsicht. ²Ab dem 1. Juli 2010 sind auf Verwaltungsverfahren nach diesem Gesetz die Vorschriften der Abgabenordnung anzuwenden. ³Auf am 30. Juni 2010 anhängige Verfahren bleiben weiterhin die Vorschriften des Verwaltungsverfahrensgesetzes anwendbar. ⁴Dies gilt auch für zu diesem Zeitpunkt anhängige Rechtsbehelfe.

(6) ¹Die Änderungen des Artikels 2 Nummer 1 bis 3, 6 und 7, 11 bis 13 Buchstabe a und b des Gesetzes vom 24. Juni 2013 (BGBl. I S. 1667) sind erstmals am 1. Januar 2014 anzuwenden. ²Die Änderungen des Artikels 2 Nummer 9 und 10 des Gesetzes vom 24. Juni 2013 (BGBl. I S. 1667) sind erstmals am ersten Tag des 18. auf die Verkündung einer Verordnung im Sinne des § 6 Satz 1 folgenden Kalendermonats anzuwenden. ³§ 7 Absatz 1 Satz 2 Nummer 9 und § 7c gelten nicht für Verträge, die vor dem in Satz 2 genannten Anwendungszeitpunkt abgeschlossen wurden.

Anhang 13b
Gesetz über die Beaufsichtigung der Versicherungsunternehmen (Versicherungsaufsichtsgesetz – VAG)

– auszugsweise –

i.d.F. der Bek. vom 17.12.1992 (BGBl. I 1993 S. 2), zuletzt geändert durch Art. 4 G vom 10.12.2014 (BGBl. I S. 2085)

Inhaltsübersicht Teil VII.1 Pensionsfonds

VII. Einrichtungen der betrieblichen Altersversorgung

1. Pensionsfonds

§ 112 Definition
§ 113 Anzuwendende Vorschriften
§ 114 Kapitalausstattung
§ 115 Vermögensanlage
§ 116 Deckungsrückstellung
§ 117 Grenzüberschreitende Tätigkeit von Pensionsfonds
§ 117a Zusammenarbeit mit der Europäischen Aufsichtsbehörde für das Versicherungswesen und die betriebliche Altersversorgung im Bereich der betrieblichen Altersversorgung
§ 118 Gesonderte Verordnungen

1. Pensionsfonds

§ 112
Definition

(1) ¹Ein Pensionsfonds ist eine rechtsfähige Versorgungseinrichtung, die
1. im Wege des Kapitaldeckungsverfahrens Leistungen der betrieblichen Altersversorgung für einen oder mehrere Arbeitgeber zugunsten von Arbeitnehmern erbringt,
2. die Höhe der Leistungen oder die Höhe der für diese Leistungen zu entrichtenden künftigen Beiträge nicht für alle vorgesehenen Leistungsfälle durch versicherungsförmige Garantien zusagen darf,
3. den Arbeitnehmern einen eigenen Anspruch auf Leistung gegen den Pensionsfonds einräumt und
4. verpflichtet ist, die Altersversorgungsleistung als lebenslange Zahlung oder als Einmalkapitalzahlung zu erbringen.

²Eine lebenslange Zahlung im Sinne des Satzes 1 Nummer 4 kann mit einem teilweisen oder vollständigen Kapitalwahlrecht verbunden werden.

(1a) ¹Pensionsfonds können Renten als Altersversorgungsleistungen abweichend von Absatz 1 Satz 1 Nr. 4 erbringen, solange Beitragszahlungen durch den Arbeitgeber auch in der Rentenbezugszeit vorgesehen sind. ²Ein fester Termin für das Zahlungsende darf nicht vorgesehen werden. ³Satz 1 gilt nicht für Zusagen im Sinne des § 1 Abs. 2 Nr. 2 des Betriebsrentengesetzes.

(2) Pensionsfonds bedürfen zum Geschäftsbetrieb der Erlaubnis der Aufsichtsbehörde.

(3) Als Arbeitnehmer im Sinne dieser Vorschrift gelten auch ehemalige Arbeitnehmer sowie die unter § 17 Abs. 1 Satz 2 des Gesetzes zur Verbesserung der betrieblichen Altersversorgung fallenden Personen.

§ 113
Anzuwendende Vorschriften

(1) Für Pensionsfonds im Sinne des § 112 gelten die auf die Lebensversicherungsunternehmen anzuwendenden Vorschriften dieses Gesetzes entsprechend, soweit dieses Gesetz keine abweichenden Regelungen oder Maßgaben enthält.

(2) Von den auf die Lebensversicherungsunternehmen anzuwendenden Vorschriften dieses Gesetzes gelten für Pensionsfonds die folgenden Vorschriften nur mit einer Maßgabe entsprechend:

1. § 5 Abs. 3 Nr. 2 mit der Maßgabe, dass mit dem Antrag auf Erlaubnis die Pensionspläne einzureichen sind; Pensionspläne sind die im Rahmen des Geschäftsplanes ausgestalteten Bedingungen zur planmäßigen Leistungserbringung im Versorgungsfall;
2. § 5 Abs. 4 mit der Maßgabe, dass § 114 Abs. 2 an die Stelle des § 53c Abs. 2 tritt;
3. § 7 Abs. 1 mit der Maßgabe, dass die Erlaubnis nur Aktiengesellschaften einschließlich der Europäischen Gesellschaft (SE) und Pensionsfondsvereinen auf Gegenseitigkeit erteilt werden darf; für Pensionsfondsvereine auf Gegenseitigkeit gelten die Vorschriften über Versicherungsvereine auf Gegenseitigkeit entsprechend, soweit nichts anderes bestimmt ist;
4. § 10a mit der Maßgabe, dass der Arbeitnehmer die Angaben der Anlage Teil D erhält;
4a. § 11a Abs. 3 mit der Maßgabe, dass jeweils § 116 Abs. 1 an die Stelle des § 65 Abs. 1 tritt;
4b. § 11b Satz 2 mit der Maßgabe, dass der unabhängige Treuhänder zudem ausreichende Kenntnisse im Bereich der betrieblichen Altersversorgung erworben haben muss;
5. § 13 Abs. 1 mit der Maßgabe, dass die Genehmigungspflicht nicht für Pensionspläne gilt; Änderungen und die Einführung neuer Pensionspläne werden erst nach drei Monaten wirksam, falls die Aufsichtsbehörde nicht vorher die Unbedenklichkeit feststellt;
6. § 64a Absatz 1 Satz 4 Nummer 3 und Absatz 7 Nummer 3 mit der Maßgabe, dass im Rahmen der Anforderungen an geeignete interne Steuerungs- und Kontrollsysteme die Besonderheiten von Einrichtungen der betrieblichen Altersversorgung zu berücksichtigen sind;
7. § 81 mit der Maßgabe, dass an die Stelle der Belange der Versicherten die Belange der Versorgungsanwärter und Versorgungsempfänger treten und dass Gegenstand der rechtlichen Aufsicht auch die Einhaltung der im Bereich der betrieblichen Altersversorgung von den Einrichtungen zu beachtenden arbeits- und sozialrechtlichen Vorschriften ist;
8. § 81a mit der Maßgabe, dass an die Stelle der Belange der Versicherten die Belange der Versorgungsanwärter und Versorgungsempfänger und an die Stelle der Versicherungsverhältnisse die Versorgungsverhältnisse treten;
8a. § 81b Abs. 4 mit der Maßgabe, dass § 115 Abs. 2 an die Stelle des § 54 Abs. 3 tritt;
9. § 81c mit der Maßgabe, dass an die Stelle der Belange der Versicherten die Belange der Versorgungsanwärter und Versorgungsempfänger tritt;
10. § 81e mit der Maßgabe, dass an die Stelle der Versicherungsnehmer die Versorgungsanwärter und Versorgungsempfänger treten;
11. § 101 mit der Maßgabe, dass an Stelle der Versicherungsentgelte die Pensionsfondsbeiträge maßgeblich sind.

(3) Nicht anwendbar sind § 6 Abs. 1 Satz 2, Abs. 4, § 9, §§ 13a bis 13c, § 14 Abs. 2, §§ 53, 53b und 53c Abs. 1 bis 3c, § 54 Abs. 1 bis 3, §§ 54b, 54c und 56a Abs. 3 und 4, §§ 64, 65, 66 Abs. 7, §§ 80c bis 80f, § 85 Satz 2, § 88 Abs. 1 Satz 2, Abs. 3 Satz 1, 3 und 4, Abs. 4 Satz 2, §§ 88a und 89b, §§ 110a und 110b, § 111 bis 111g sowie §§ 122, 123.

(4) Hängt die Höhe der Versorgungsleistungen von der Wertentwicklung eines nach Maßgabe des Pensionsplans gebildeten Investmentvermögens ab, ist für dieses Investmentvermögen entsprechend den §§ 67, 101, 120, 135, 148 und 158 des Kapitalanlagegesetzbuchs oder entsprechend § 44 des Investmentgesetzes in der bis zum 21. Juli 2013 geltenden Fassung gesondert Rechnung zu legen; § 101 Absatz 2 des Kapitalanlagegesetzbuchs oder § 44 Absatz 2 des Investmentgesetzes in der bis zum 21. Juli 2013 geltenden Fassung ist nicht anzuwenden.

(5) Die Aufsichtsbehörde hat die Europäische Aufsichtsbehörde für das Versicherungswesen und die betriebliche Altersversorgung über jede Untersagung der Geschäftstätigkeit eines Pensionsfonds zu unterrichten.

Anhang 13b — Versicherungsaufsichtsgesetz

§ 114
Kapitalausstattung

(1) ¹Pensionsfonds sind verpflichtet, zur Sicherstellung der dauernden Erfüllbarkeit der Verträge stets über freie unbelastete Eigenmittel mindestens in Höhe der geforderten Solvabilitätsspanne zu verfügen, die sich nach dem gesamten Geschäftsumfang bemisst. ²Ein Drittel der Solvabilitätsspanne gilt als Garantiefonds.

(2) Das Bundesministerium der Finanzen wird ermächtigt, durch Rechtsverordnung, die nicht der Zustimmung des Bundesrates bedarf, zur Sicherstellung einer ausreichenden Solvabilität von Pensionsfonds Vorschriften zu erlassen

1. über die Berechnung und die Höhe der Solvabilitätsspanne;
2. über den für Pensionsfonds maßgeblichen Mindestbetrag des Garantiefonds seine Berechnung sowie damit zusammenhängende Genehmigungsbefugnisse einschließlich des Verfahrens,
3. darüber, was als Eigenmittel im Sinne von Absatz 1 anzusehen ist und in welchem Umfang sie auf die Solvabilitätsspanne angerechnet werden dürfen,
4. darüber, dass der Aufsichtsbehörde über die Solvabilitätsspanne und die Eigenmittel zu berichten ist, sowie über Form und Inhalt dieses Berichts.

§ 115
Vermögensanlage

(1) ¹Pensionsfonds haben unter Berücksichtigung der jeweiligen Pensionspläne Sicherungsvermögen zu bilden. ²Die Bestände der Sicherungsvermögens und des sonstigen gebundenen Vermögens sind in einer der Art und Dauer der zu erbringenden Altersversorgung entsprechenden Weise unter Berücksichtigung der Festlegungen des jeweiligen Pensionsplans anzulegen. ³Die gesamten Vermögenswerte eines Pensionsfonds sind so anzulegen, dass möglichst große Sicherheit und Rentabilität bei ausreichender Liquidität des Pensionsfonds unter Wahrung angemessener Mischung und Streuung insgesamt erreicht wird.

(2) ¹Die Bundesregierung wird ermächtigt, durch Rechtsverordnung, die nicht der Zustimmung des Bundesrates bedarf, zur Sicherstellung der dauernden Erfüllbarkeit des jeweiligen Pensionsplans unter Berücksichtigung der Anlageformen des Artikels 23 der Richtlinie über Lebensversicherungen und der Festlegungen im Pensionsplan hinsichtlich des Anlagerisikos und des Trägers dieses Risikos Einzelheiten nach Maßgabe des Absatzes 1 festzulegen. ²Dies beinhaltet insbesondere quantitative und qualitative Vorgaben nach Maßgabe des Artikels 23 der Richtlinie über Lebensversicherungen zur Anlage des gebundenen Vermögens, zu seiner Kongruenz und Belegenheit festzulegen sowie Anlagen beim Trägerunternehmen zu beschränken.

(2a) ¹Die dauernde Erfüllbarkeit eines Pensionsplans kann auch bei einer vorübergehenden Unterdeckung als gewährleistet angesehen werden, wenn diese 5 vom Hundert des Betrags der Rückstellungen nicht übersteigt und die Belange der Versorgungsanwärter und -empfänger gewährleistet sind. ²In diesem Fall ist ein zwischen Arbeitgeber und Pensionsfonds vereinbarter Sanierungsplan erforderlich, der der Genehmigung der Aufsichtsbehörde bedarf. ³Der Plan muss folgende Bedingungen erfüllen:

a) aus dem Plan muss hervorgehen, wie die zur vollständigen Bedeckung der versicherungstechnischen Rückstellungen erforderliche Höhe der Vermögenswerte innerhalb eines angemessenen Zeitraums erreicht werden soll; der Zeitraum darf drei Jahre nicht überschreiten;
b) bei der Erstellung des Plans ist die besondere Situation des Pensionsfonds zu berücksichtigen, insbesondere die Struktur seiner Aktiva und Passiva, sein Risikoprofil, sein Liquiditätsplan, das Altersprofil der Versorgungsberechtigten, oder die Tatsache, dass es sich um ein neu geschaffenes System handelt.

⁴Die Genehmigung ist zu erteilen, wenn durch den Arbeitgeber die Erfüllung der Nachschusspflicht zur vollständigen Bedeckung der Rückstellungen durch Bürgschaft oder Garantie eines geeigneten Kreditinstituts oder in anderer geeigneter Weise sichergestellt ist. ⁵Der Pensionsfonds hat dem Pensionssicherungsverein die Vereinbarung unverzüglich zur Kenntnis zu geben.

(2b) ¹Für Pensionspläne nach § 112 Abs. 1a gilt Absatz 2a mit der Maßgabe, dass die Unterdeckung 10 vom Hundert des Betrags der Rückstellungen nicht übersteigt. ²Die Frist, bis zu der die vollständige Bedeckung wieder erreicht werden soll, kann von der Aufsichtsbehörde verlängert werden; sie darf insgesamt zehn Jahre nicht überschreiten.

(3) ¹Die Pensionsfonds sind verpflichtet, jährlich, nach einer wesentlichen Änderung der Anlagepolitik zudem unverzüglich, ihre Anlagepolitik gegenüber der Aufsichtsbehörde darzulegen. ²Hierzu haben sie eine Erklärung über die Grundsätze der Anlagepolitik zu übersenden, die Angaben über das Verfahren zur Risikobewertung und zum Risikomanagement sowie zur Strategie in Bezug auf den jeweiligen Pensionsplan, insbesondere die Aufteilung der Vermögenswerte je nach Art und Dauer der Altersversorgungsleistungen, enthält.

(4) Der Pensionsfonds muss die Versorgungsberechtigten grundsätzlich schriftlich bei Vertragsschluss sowie jährlich schriftlich darüber informieren, ob und wie er ethische, soziale und ökologische Belange bei der Verwendung der eingezahlten Beiträge berücksichtigt.

§ 116
Deckungsrückstellung

(1) ¹Das Bundesministerium der Finanzen wird ermächtigt, durch Rechtsverordnung zur Berechnung der Deckungsrückstellung unter Beachtung der Grundsätze ordnungsmäßiger Buchführung

1. einen oder mehrere Höchstwerte für den Rechnungszins festzusetzen;
2. die Grundsätze der versicherungsmathematischen Rechnungsgrundlagen für die Berechnung der Deckungsrückstellung festzulegen.

²In der Verordnung nach Satz 1 kann der Bundesanstalt die Befugnis übertragen werden, bei bestimmten, nicht auf Euro lautenden Versicherungsverträgen den Höchstzinssatz sowie Näheres hierzu nach pflichtgemäßem Ermessen festzusetzen. ³Die Ermächtigung kann durch Rechtsverordnung auf die Bundesanstalt übertragen werden. ⁴Diese erlässt die Vorschriften im Benehmen mit den Aufsichtsbehörden der Länder.

(2) Die Rechtsverordnungen nach Absatz 1 sind im Einvernehmen mit dem Bundesministerium der Justiz zu erlassen; sie bedürfen nicht der Zustimmung des Bundesrates.

§ 117
Grenzüberschreitende Tätigkeit von Pensionsfonds

(1) ¹Pensionsfonds dürfen nach Maßgabe der Absätze 2 bis 6 in anderen Mitglied- und Vertragsstaaten Geschäft betreiben. ²Auf dieses Geschäft sind § 112 Abs. 1 Satz 1 Nr. 2 bis 4, Satz 2, Abs. 1a und § 115 Abs. 2a und 2b nicht anzuwenden. ³Die Aufsichtsbehörde kann für dieses Geschäft die Bildung eines gesonderten Sicherungsvermögens verlangen.

(2) ¹Pensionsfonds haben ihre Absicht, betriebliche Altersversorgung für ein Trägerunternehmen mit Sitz in einem anderen Mitglied- oder Vertragsstaat durchzuführen, unter Angabe des betreffenden Mitglied- oder Vertragsstaats anzuzeigen. ²Gleichzeitig sind der Name des Trägerunternehmens und die Hauptmerkmale des für das Trägerunternehmen zu betreibenden Altersversorgungssystems anzugeben.

(3) ¹Nach Eingang der Anzeige prüft die Aufsichtsbehörde die rechtliche Zulässigkeit der beabsichtigten Tätigkeit, insbesondere die Angemessenheit der Verwaltungsstruktur, der Finanzlage und der Qualifikation der Geschäftsleiter im Verhältnis zu der beabsichtigten Tätigkeit. ²Bei Unbedenklichkeit übermittelt sie die nach Absatz 2 vorgelegten Angaben binnen drei Monaten nach Erhalt den zuständigen Behörden des anderen Mitglied- oder Vertragsstaats und benachrichtigt hierüber den Pensionsfonds.

(4) ¹Die Aufsichtsbehörde übermittelt dem Pensionsfonds die von den zuständigen Behörden des anderen Mitglied- oder Vertragsstaats binnen zwei Monaten nach Erhalt der Mitteilung nach Absatz 3 Satz 2 erteilten Informationen über die einschlägigen sozial- und arbeitsrechtlichen Vorschriften im Bereich der betrieblichen Altersversorgung sowie über die Vorschriften des Tätigkeits-

Versicherungsaufsichtsgesetz — Anhang 13b

landes, die nach Artikel 18 Abs. 7 und Artikel 20 Abs. 7 der Richtlinie 2003/41/EG des Europäischen Parlaments und des Rates vom 3. Juni 2003 über die Tätigkeiten und die Beaufsichtigung von Einrichtungen der betrieblichen Altersversorgung (ABl. EU Nr. L 235 S. 10) anzuwenden sind. ²Nach Erhalt der Mitteilung nach Satz 1 oder bei Nichtäußerung der zuständigen Behörden nach Ablauf der in Satz 1 genannten Frist darf der Pensionsfonds die Tätigkeit im Einklang mit den in Satz 1 genannten Vorschriften aufnehmen. ³Die Aufsichtsbehörde teilt der Europäischen Aufsichtsbehörde für das Versicherungswesen und die betriebliche Altersversorgung mit, in welchen Mitglied- oder Vertragsstaaten der Pensionsfonds tätig ist. ⁴Die Aufsichtsbehörde unterrichtet diese Behörde unverzüglich über die dem betreffenden Pensionsfonds erteilte Erlaubnis zum Geschäftsbetrieb, wenn dieser erstmals berechtigt ist, grenzüberschreitend tätig zu werden.

(5) ¹Die Aufsichtsbehörde trifft gegebenenfalls in Abstimmung mit den zuständigen Behörden des anderen Mitglied- oder Vertragsstaats die erforderlichen Maßnahmen, um sicherzustellen, dass der Pensionsfonds die von diesen Behörden festgestellten Verstöße gegen sozial- und arbeitsrechtliche Vorschriften unterbindet. ²Verstößt das Unternehmen weiterhin gegen die in Satz 1 genannten Vorschriften, kann die Aufsichtsbehörde die Tätigkeit des Unternehmens untersagen oder einschränken.

(6) ¹Bei Pensionsfonds, die der Landesaufsicht unterliegen, informiert die zuständige Landesaufsichtsbehörde die Bundesanstalt über die Anzeige des Unternehmens. ²Die Bundesanstalt leistet der Landesaufsichtsbehörde auf Anforderung Unterstützung bei der Durchführung des Notifikationsverfahrens und von Maßnahmen nach Absatz 5.

(7) Für die Erweiterung des Geschäftsbetriebs auf ein Gebiet außerhalb der Mitglied- und Vertragsstaaten gilt § 13 Abs. 3 entsprechend.

§ 117a
Zusammenarbeit mit der Europäischen Aufsichtsbehörde für das Versicherungswesen und die betriebliche Altersversorgung im Bereich der betrieblichen Altersversorgung

(1) Die Aufsichtsbehörde arbeitet gemäß der Verordnung (EU) Nr. 1094/2010 für die Zwecke der Richtlinie 2003/41/EG mit der Europäischen Aufsichtsbehörde für das Versicherungswesen und die betriebliche Altersversorgung zusammen.

(2) ¹Die Aufsichtsbehörde unterrichtet die Europäische Aufsichtsbehörde für das Versicherungswesen und die betriebliche Altersversorgung über nationale Aufsichtsvorschriften, die für den Bereich der betrieblichen Altersversorgungssysteme relevant sind, soweit es sich nicht um nationale sozial- oder arbeitsrechtliche Vorschriften handelt. ²Änderungen des Inhalts von Angaben, die gemäß Satz 1 übermittelt werden, teilt die Aufsichtsbehörde regelmäßig, spätestens alle zwei Jahre der Behörde mit.

(3) Die Aufsichtsbehörde stellt der Europäischen Aufsichtsbehörde für das Versicherungswesen und die betriebliche Altersversorgung gemäß Artikel 35 der Verordnung (EU) Nr. 1094/2010 auf Verlangen unverzüglich alle für die Erfüllung ihrer Aufgaben aufgrund der Richtlinie 2003/41/EG und der Verordnung (EU) Nr. 1094/2010 erforderlichen Informationen zur Verfügung.

§ 118
Gesonderte Verordnungen

¹§ 5 Abs. 6, § 11a Abs. 6, § 55a, § 56b Absatz 2, § 57 Abs. 2, § 81c Abs. 3 und 3a, § 104 Abs. 6 und § 104g Abs. 2 finden mit der Maßgabe Anwendung, dass das Bundesministerium der Finanzen ermächtigt wird, auf ihrer Grundlage gesonderte Rechtsverordnungen für Pensionsfonds zu erlassen. ²Die Rechtsverordnungen bedürfen nicht der Zustimmung des Bundesrates.

Anhang 13c
Steuerliche Förderung der privaten Altersvorsorge und betrieblichen Altersversorgung

BMF-Schreiben vom 24.7.2013 (BStBl. I S. 1022), zuletzt geändert durch BMF-Schreiben vom 13.3.2014 (BStBl. I S. 554)

Zur steuerlichen Förderung der privaten Altersvorsorge und betrieblichen Altersversorgung nehme ich im Einvernehmen mit den obersten Finanzbehörden der Länder wie folgt Stellung:

Für die Inanspruchnahme des Sonderausgabenabzugs nach § 10a EStG wird, was die Prüfungskompetenz der Finanzämter betrifft, vorab auf § 10a Abs. 5 Satz 4 EStG hingewiesen, wonach die vom Anbieter mitgeteilten übrigen Voraussetzungen für den Sonderausgabenabzug nach § 10a Abs. 1 bis 3 EStG (z. B. die Zulageberechtigung oder die Art der Zulageberechtigung) im Wege des automatisierten Datenabgleichs nach § 91 EStG durch die zentrale Stelle (Zentrale Zulagenstelle für Altersvermögen – ZfA –) überprüft werden.

Inhaltsübersicht

	Rn.
A. Private Altersvorsorge	1–283
– nicht abgedruckt –	
B. Betriebliche Altersversorgung	284–399
I. Allgemeines	284–290
II. Lohnsteuerliche Behandlung von Zusagen auf Leistungen der betrieblichen Altersversorgung	291–368
1. Allgemeines	291
2. Entgeltumwandlung zugunsten betrieblicher Altersversorgung	292–295
3. Behandlung laufender Zuwendungen des Arbeitgebers und Sonderzahlungen an umlagefinanzierte Pensionskassen (§ 19 Abs. 1 Satz 1 Nr. 3 EStG)	296–300
4. Steuerfreiheit nach § 3 Nr. 63 EStG	301–320
a) Steuerfreiheit nach § 3 Nr. 63 Satz 1 und 3 EStG	301–315
aa) Begünstigter Personenkreis	301–302
bb) Begünstigte Aufwendungen	303–311
cc) Begünstigte Auszahlungsformen	312
dd) Sonstiges	313–315
b) Ausschluss der Steuerfreiheit nach § 3 Nr. 63 Satz 2 EStG	316–319
aa) Personenkreis	316
bb) Höhe und Zeitpunkt der Ausübung des Wahlrechts	317–319
c) Vervielfältigungsregelung nach § 3 Nr. 63 Satz 4 EStG	320
5. Steuerfreiheit nach § 3 Nr. 65 und 66 EStG	321–322
6. Steuerfreiheit nach § 3 Nr. 55 EStG	323–328
7. Übernahme von Pensionsverpflichtungen gegen Entgelt durch Beitritt eines Dritten in eine Pensionsverpflichtung (Schuldbeitritt) oder Ausgliederung von Pensionsverpflichtungen	329
8. Förderung durch Sonderausgabenabzug nach § 10a EStG und Zulage nach Abschnitt XI EStG	330–339
9. Steuerfreiheit nach § 3 Nr. 56 EStG	340–346
a) Begünstigter Personenkreis	340
b) Begünstigte Aufwendungen	341–346
10. Anwendung des § 40b EStG in der ab 1. Januar 2005 geltenden Fassung	347–348
11. Übergangsregelungen § 52 Abs. 6 und 52b EStG zur Anwendung des § 3 Nr. 63 EStG und des § 40b EStG a. F.	349–368
a) Abgrenzung von Alt- und Neuzusage	349–358
b) Weiteranwendung des § 40b Abs. 1 und 2 EStG a. F.	359–362
c) Verhältnis von § 3 Nr. 63 Satz 3 EStG und § 40b Abs. 1 und 2 Satz 1 und 2 EStG a. F.	363–364
d) Verhältnis von § 3 Nr. 63 Satz 4 EStG und § 40b Abs. 1 und 2 Satz 3 und 4 EStG a. F.	365
e) Keine weitere Anwendung von § 40b Abs. 1 und 2 EStG a. F. auf Neuzusagen	366
f) Verhältnis von § 3 Nr. 63 EStG und § 40b EStG a. F., wenn die betriebliche Altersversorgung nebeneinander bei verschiedenen Versorgungseinrichtungen durchgeführt wird	367–368
III. Steuerliche Behandlung der Versorgungsleistungen	369–390
1. Allgemeines	369
2. Direktzusage und Unterstützungskasse	370–371
3. Direktversicherung, Pensionskasse und Pensionsfonds	372–390
a) Leistungen, die ausschließlich auf nicht geförderten Beiträgen beruhen	374–377
b) Leistungen, die ausschließlich auf geförderten Beiträgen beruhen	378
c) Leistungen, die auf geförderten und nicht geförderten Beiträgen beruhen	379–381
d) Sonderzahlungen des Arbeitgebers nach § 19 Abs. 1 Satz 1 Nr. 3 EStG	382
e) Bescheinigungspflicht	383
f) Sonderregelungen	384–390
aa) Leistungen aus einem Pensionsfonds aufgrund der Übergangsregelung nach § 52 Abs. 34c EStG	384–385
bb) Arbeitgeberzahlungen infolge der Anpassungsprüfungspflicht nach § 16 BetrAVG	386–389
cc) Beendigung einer betrieblichen Altersversorgung	390
IV. Schädliche Auszahlung von gefördertem Altersvorsorgevermögen	391–399
1. Allgemeines	391–392
2. Abfindungen von Anwartschaften, die auf nach § 10a/Abschnitt XI EStG geförderten Beiträgen beruhen	393
3. Abfindungen von Anwartschaften, die auf steuerfreien und nicht geförderten Beiträgen beruhen	394–395
4. Portabilität	396–397
5. Entschädigungsloser Widerruf eines noch verfallbaren Bezugsrechts	398–399
C. Besonderheiten beim Versorgungsausgleich	400–438
I. Allgemeines	400–410
1. Gesetzliche Neuregelung des Versorgungsausgleichs	400–407
2. Besteuerungszeitpunkte	408–410
II. Interne Teilung (§ 10 VersAusglG)	411–414
1. Steuerfreiheit nach § 3 Nr. 55a EStG	411
2. Besteuerung	412–414

Steuerliche Förderung der privaten und betrieblichen Altersversorgung — Anhang 13c

	Rn.
III. Externe Teilung (§ 14 VersAusglG)	415–421
1. Steuerfreiheit nach § 3 Nr. 55b EStG	415–416
2. Besteuerung bei der ausgleichsberechtigten Person	417
3. Beispiele	418–420
4. Verfahren	421
IV. Steuerunschädliche Übertragung im Sinne des § 93 Abs. 1a EStG	422–435
V. Leistungen an die ausgleichsberechtigte Person als Arbeitslohn	436–438
D. Anwendungsregelung	439–440

Anlage 1*) Pflichtversicherte in der inländischen gesetzlichen Rentenversicherung (§ 10a Abs. 1 Satz 1 Halbsatz 1 EStG) und Pflichtversicherte nach dem Gesetz über die Alterssicherung der Landwirte (§ 10a Abs. 1 Satz 3 EStG) / Nicht begünstigter Personenkreis

    A. Pflichtversicherte in der inländischen gesetzlichen Rentenversicherung (§ 10a Abs. 1 Satz 1 Halbsatz 1 EStG)

    B. Pflichtversicherte nach dem Gesetz über die Alterssicherung der Landwirte (§ 10a Abs. 1 Satz 3 EStG)

    C. Nicht begünstigter Personenkreis

Anlage 2*) Begünstigter Personenkreis nach § 10a Abs. 1 Satz 1 Halbsatz 2 EStG

A. Private Altersvorsorge

– nicht abgedruckt –

B. Betriebliche Altersversorgung

I. Allgemeines

284 Betriebliche Altersversorgung liegt vor, wenn dem Arbeitnehmer aus Anlass seines Arbeitsverhältnisses vom Arbeitgeber Leistungen zur Absicherung mindestens eines biometrischen Risikos (Alter, Tod, Invalidität) zugesagt werden und Ansprüche auf diese Leistungen erst mit dem Eintritt des biologischen Ereignisses fällig werden (§ 1 BetrAVG). Werden mehrere biometrische Risiken abgesichert, ist aus steuerrechtlicher Sicht die gesamte Vereinbarung/ Zusage nur dann als betriebliche Altersversorgung anzuerkennen, wenn für alle Risiken die Vorgaben der Rz. 284 bis 290 beachtet werden. Keine betriebliche Altersversorgung in diesem Sinne liegt vor, wenn vereinbart ist, dass ohne Eintritt eines biometrischen Risikos die Auszahlung an beliebige Dritte (z. B. die Erben) erfolgt. Dies gilt für alle Auszahlungsformen (z. B. lebenslange Rente, Auszahlungsplan mit Restkapitalverrentung, Einmalkapitalauszahlung und ratenweise Auszahlung). Als Durchführungswege der betrieblichen Altersversorgung kommen die Direktzusage (§ 1 Abs. 1 Satz 2 BetrAVG), die Unterstützungskasse (§ 1b Abs. 4 BetrAVG), die Direktversicherung (§ 1b Abs. 2 BetrAVG), die Pensionskasse (§ 1b Abs. 3 BetrAVG) oder der Pensionsfonds (§ 1b Abs. 3 BetrAVG, § 112 VAG) in Betracht.

285 Nicht um betriebliche Altersversorgung handelt es sich, wenn der Arbeitgeber oder eine Versorgungseinrichtung dem nicht bei ihm beschäftigten Ehegatten eines Arbeitnehmers eigene Versorgungsleistungen zur Absicherung seiner biometrischen Risiken (Alter, Tod, Invalidität) verspricht, da hier keine Versorgungszusage aus Anlass eines Arbeitsverhältnisses zwischen dem Arbeitgeber und dem Ehegatten vorliegt (§ 1 BetrAVG).

286 Das biologische Ereignis ist bei der Altersversorgung das altersbedingte Ausscheiden aus dem Erwerbsleben, bei der Hinterbliebenenversorgung der Tod des Arbeitnehmers und bei der Invaliditätsversorgung der Invaliditätseintritt. Als Untergrenze für betriebliche Altersversorgungsleistungen bei altersbedingtem Ausscheiden aus dem Erwerbsleben gilt im Regelfall das 60. Lebensjahr. In Ausnahmefällen können betriebliche Altersversorgungsleistungen auch schon vor dem 60. Lebensjahr gewährt werden, so z. B. bei Berufsgruppen wie Piloten, bei denen schon vor dem 60. Lebensjahr Versorgungsleistungen üblich sind. Ob solche Ausnahmefälle (berufsspezifische Besonderheiten) vorliegen, ergibt sich aus Gesetz, Tarifvertrag oder Betriebsvereinbarung. Erreicht der Arbeitnehmer im Zeitpunkt der Auszahlung das 60. Lebensjahr, hat aber seine berufliche Tätigkeit noch nicht beendet, so ist dies bei den Durchführungswegen Direktversicherung, Pensionskasse und Pensionsfonds unschädlich. Die bilanzielle Behandlung beim Arbeitgeber bei den Durchführungswegen Direktzusage und Unterstützungskasse bleibt davon unberührt. Für Versorgungszusagen, die nach dem 31. Dezember 2011 erteilt werden, tritt an die Stelle des 60. Lebensjahres regelmäßig das 62. Lebensjahr (siehe auch BT-Drucksache 16/3794 vom 12. Dezember 2006, S. 31 unter „IV. Zusätzliche Altersvorsorge" zum RV-Altersgrenzenanpassungsgesetz vom 20. April 2007, BGBl. I 2007 S. 554). Für die Frage, zu welchem Zeitpunkt eine Versorgungszusage erteilt wurde, gelten die Rz. 349 ff. entsprechend. Bei der Invaliditätsversorgung kommt es auf den Invaliditätsgrad nicht an.

287 Eine Hinterbliebenenversorgung im steuerlichen Sinne darf nur Leistungen an die Witwe des Arbeitnehmers oder den Witwer der Arbeitnehmerin, die Kinder im Sinne des § 32 Abs. 3, 4 Satz 1 Nr. 1 bis 3 und Abs. 5 EStG, den früheren Ehegatten oder die Lebensgefährtin/den Lebensgefährten vorsehen. Der Arbeitgeber hat bei Erteilung oder Änderung der Versorgungszusage zu prüfen, ob die Versorgungsvereinbarung insoweit generell diese Voraussetzungen erfüllt; ob im Einzelfall Hinterbliebene in diesem Sinne vorhanden sind, ist letztlich vom Arbeitgeber/Versorgungsträger erst im Zeitpunkt der Auszahlung der Hinterbliebenenleistung zu prüfen. Als Kind kann auch ein im Haushalt des Arbeitnehmers auf Dauer aufgenommenes Kind begünstigt werden, welches in einem Obhuts- und Pflegeverhältnis zu ihm steht und nicht die Voraussetzungen des § 32 EStG zu ihm erfüllt (Pflegekind/Stiefkind und faktisches Stiefkind). Dabei ist es – anders als bei der Gewährung von staatlichen Leistungen – unerheblich, ob noch ein Obhuts- und Pflegeverhältnis zu einem leiblichen Elternteil des Kindes besteht, der ggf. ebenfalls im Haushalt des Arbeitnehmers lebt. Es muss jedoch spätestens zu Beginn der Auszahlungsphase der Hinterbliebenenleistung eine schriftliche Versicherung des Arbeitnehmers vorliegen, in der, neben der geforderten namentlichen Benennung des Pflegekindes/Stiefkindes und faktischen Stiefkindes, bestätigt wird, dass ein entsprechendes Kindschaftsverhältnis besteht. Entsprechendes gilt, wenn ein Enkelkind auf Dauer im Haushalt der Großeltern aufgenommen und versorgt wird. Bei Versorgungszusagen, die vor dem 1. Januar 2007 erteilt wurden, sind für das Vorliegen einer begünstigten Hinterbliebenenversorgung die Altersgrenzen des § 32 EStG in der bis zum 31. Dezember 2006 geltenden Fassung (27. Lebensjahr) maßgebend. Der Begriff des/der Lebensgefährten/in ist als Oberbegriff zu verstehen, der auch die gleichgeschlechtliche Lebenspartnerschaft mit erfasst. Ob eine gleichgeschlechtliche Lebenspartnerschaft eingetragen wurde oder nicht, ist dabei zunächst unerheblich. Für Partner einer eingetragenen Lebenspartnerschaft besteht allerdings die Besonderheit, dass sie einander nach § 5 Lebenspartnerschaftsgesetz zum Unterhalt verpflichtet sind. Insoweit liegt eine mit der zivilrechtlichen Ehe vergleichbare Partnerschaft vor. Handelt es sich dagegen um eine andere Form der nicht ehelichen Lebensgemeinschaft, muss anhand der im BMF-Schreiben vom 25. Juli 2002, BStBl. I S. 706 genannten Voraussetzungen geprüft werden, ob diese als Hinterbliebenenversorgung anerkannt werden kann. Ausreichend ist dabei regelmäßig, dass spätestens zu Beginn der Auszahlungsphase der Hinterbliebenenleistung eine schriftliche Versicherung des Arbeitnehmers vorliegt, in der neben der geforderten namentlichen Benennung des/der Lebensgefährten/in bestätigt wird, dass eine gemeinsame Haushaltsführung besteht.

---

*) Nicht abgedruckt.

288 Die Möglichkeit, andere als die in Rz. 287 genannten Personen als Begünstigte für den Fall des Todes des Arbeitnehmers zu benennen, führt steuerrechtlich dazu, dass es sich nicht mehr um eine Hinterbliebenenversorgung handelt, sondern von einer Vererblichkeit der Anwartschaften auszugehen ist. Gleiches gilt, wenn z. B. bei einer vereinbarten Rentengarantiezeit die Auszahlung auch an andere als die in Rz. 287 genannten Personen möglich ist. Ist die Auszahlung der garantierten Leistungen nach dem Tod des Berechtigten hingegen ausschließlich an Hinterbliebene im engeren Sinne (Rz. 287) möglich, ist eine vereinbarte Rentengarantiezeit ausnahmsweise unschädlich. Ein Wahlrecht des Arbeitnehmers zur Einmal- oder Teilkapitalauszahlung ist in diesem Fall nicht zulässig. Es handelt sich vielmehr nur dann um unschädliche Zahlungen nach dem Tod des Berechtigten, wenn die garantierte Rente in unveränderter Höhe (einschließlich Dynamisierungen) an die versorgungsberechtigten Hinterbliebenen im engeren Sinne weiter gezahlt wird. Dabei ist zu beachten, dass die Zahlungen einerseits durch die garantierte Zeit und andererseits durch das Vorhandensein von entsprechenden Hinterbliebenen begrenzt werden. Die Zusammenfassung von bis zu zwölf Monatsleistungen in einer Auszahlung sowie die gesonderte Auszahlung der zukünftig in der Auszahlungsphase anfallenden Zinsen und Erträge sind dabei unschädlich. Im Fall der(s) Witwe(rs) oder der Lebensgefährtin/des Lebensgefährten wird dabei nicht beanstandet, wenn anstelle der Zahlung der garantierten Rentenleistung in unveränderter Höhe das im Zeitpunkt des Todes des Berechtigten noch vorhandene „Restkapital" ausnahmsweise lebenslang verrentet wird. Die Möglichkeit, ein einmaliges angemessenes Sterbegeld an andere Personen als die in Rz. 287 genannten Hinterbliebenen auszuzahlen, führt nicht zur Versagung der Anerkennung als betriebliche Altersversorgung; bei Auszahlung ist das Sterbegeld gem. § 19 EStG oder § 22 Nr. 5 EStG zu besteuern (vgl. Rz. 369 ff.). Im Fall der Pauschalbesteuerung von Beiträgen für eine Direktversicherung nach § 40b EStG in der am 31. Dezember 2004 geltenden Fassung (§ 40b EStG a. F.) ist es ebenfalls unschädlich, wenn eine beliebige Person als Bezugsberechtigte für den Fall des Todes des Arbeitnehmers benannt wird.

289 Keine betriebliche Altersversorgung liegt vor, wenn zwischen Arbeitnehmer und Arbeitgeber die Vererblichkeit von Anwartschaften vereinbart ist. Auch Vereinbarungen, nach denen Arbeitslohn gutgeschrieben und ohne Abdeckung eines biometrischen Risikos zu einem späteren Zeitpunkt (z. B. bei Ausscheiden aus dem Dienstverhältnis) ggf. mit Wertsteigerung ausgezahlt wird, sind nicht dem Bereich der betrieblichen Altersversorgung zuzuordnen. Gleiches gilt, wenn von vornherein eine Abfindung der Versorgungsanwartschaft, z. B. zu einem bestimmten Zeitpunkt oder bei Vorliegen bestimmter Voraussetzungen, vereinbart ist und dadurch nicht mehr von der Absicherung eines biometrischen Risikos ausgegangen werden kann. Demgegenüber führt allein die Möglichkeit einer Beitragserstattung einschließlich der gutgeschriebenen Erträge bzw. einer entsprechenden Abfindung für den Fall des Ausscheidens aus dem Dienstverhältnis vor Erreichen der gesetzlichen Unverfallbarkeit und/oder für den Fall des Todes vor Ablauf einer arbeitsrechtlich vereinbarten Wartezeit sowie der Abfindung einer Witwenrente/Witwerrente für den Fall der Wiederheirat noch nicht zur Versagung der Anerkennung als betriebliche Altersversorgung. Ebenfalls unschädlich für das Vorliegen von betrieblicher Altersversorgung ist die Abfindung vertraglich unverfallbarer Anwartschaften; dies gilt sowohl bei Beendigung als auch während des bestehenden Arbeitsverhältnisses. Zu den steuerlichen Folgen im Auszahlungsfall siehe Rz. 369 ff.

290 Bei Versorgungszusagen, die vor dem 1. Januar 2005 erteilt wurden (Altzusagen, vgl. Rz. 349 ff.), ist es nicht zu beanstanden, wenn in den Versorgungsordnungen in Abweichung von Rz. 284 ff. die Möglichkeit einer Elternrente oder der Beitragserstattung einschließlich der gutgeschriebenen Erträge an die in Rz. 287 genannten Personen im Fall des Versterbens vor Erreichen der Altersgrenze und in Abweichung von Rz. 312 lediglich für die zugesagte Altersversorgung, nicht aber für die Hinterbliebenen- oder Invaliditätsversorgung die Auszahlung in Form einer Rente oder eines Auszahlungsplans vorgesehen ist. Dagegen sind Versorgungszusagen, die nach dem 31. Dezember 2004 (Neuzusagen, vgl. Rz. 349 ff.) aufgrund von Versorgungsordnungen erteilt werden, die die Voraussetzungen dieses Schreibens nicht erfüllen, aus steuerlicher Sicht nicht mehr als betriebliche Altersversorgung anzuerkennen; eine steuerliche Förderung ist hierfür nicht mehr möglich. Im Fall der nach § 40b EStG a. F. pauschal besteuerten (Alt-)Direktversicherungen gilt nach Rz. 288 weiterhin keine Begrenzung bezüglich des Kreises der Bezugsberechtigten.

II. Lohnsteuerliche Behandlung von Zusagen auf Leistungen der betrieblichen Altersversorgung

1. Allgemeines

291 Der Zeitpunkt des Zuflusses von Arbeitslohn richtet sich bei einer durch Beiträge des Arbeitgebers (einschließlich Entgeltumwandlung oder anderer Finanzierungsanteile des Arbeitnehmers, vgl. Rz. 304) finanzierten betrieblichen Altersversorgung nach dem Durchführungsweg der betrieblichen Altersversorgung (vgl. auch R 40b.1 LStR zur Abgrenzung). Bei der Versorgung über eine Direktversicherung, eine Pensionskasse oder einen Pensionsfonds liegt Zufluss von Arbeitslohn im Zeitpunkt der Zahlung der Beiträge durch den Arbeitgeber an die entsprechende Versorgungseinrichtung vor. Erfolgt die Beitragszahlung durch den Arbeitgeber vor „Versicherungsbeginn", liegt ein Zufluss von Arbeitslohn jedoch erst im Zeitpunkt des „Versicherungsbeginns" vor. Die Einbehaltung der Lohnsteuer richtet sich nach § 38a Abs. 1 und 3 EStG (vgl. auch R 39b.2, 39b.5 und 39b.6 LStR). Bei der Versorgung über eine Direktzusage oder Unterstützungskasse fließt der Arbeitslohn erst im Zeitpunkt der Zahlung der Altersversorgungsleistungen an den Arbeitnehmer zu.

2. Entgeltumwandlung zugunsten betrieblicher Altersversorgung

292 Um durch Entgeltumwandlung finanzierte betriebliche Altersversorgung handelt es sich, wenn Arbeitgeber und Arbeitnehmer vereinbaren, künftige Arbeitslohnansprüche zugunsten einer betrieblichen Altersversorgung herabzusetzen (Umwandlung in eine wertgleiche Anwartschaft auf Versorgungsleistungen – Entgeltumwandlung – § 1 Abs. 2 Nr. 3 BetrAVG).

Davon zu unterscheiden sind die eigenen Beiträge des Arbeitnehmers, zu deren Leistung er aufgrund einer eigenen vertraglichen Vereinbarung mit der Versorgungseinrichtung originär selbst verpflichtet ist. Diese eigenen Beiträge des Arbeitnehmers zur betrieblichen Altersversorgung werden aus dem bereits zugeflossenen und versteuerten Arbeitsentgelt geleistet (vgl. auch Rz. 304).

293 Eine Herabsetzung von Arbeitslohnansprüchen zugunsten betrieblicher Altersversorgung ist steuerlich als Entgeltumwandlung auch dann anzuerkennen, wenn die in § 1 Abs. 2 Nr. 3 BetrAVG geforderte Wertgleichheit außerhalb versicherungsmathematischer Grundsätze berechnet wird. Entscheidend ist allein, dass die Versorgungsleistung zur Absicherung mindestens eines biometrischen Risikos (Alter, Tod, Invalidität) zugesagt und erst bei Eintritt des biologischen Ereignisses fällig wird.

294 Die Herabsetzung von Arbeitslohn (laufender Arbeitslohn, Einmal- und Sonderzahlungen) zugunsten der betrieblichen Altersversorgung wird aus Vereinfachungsgründen grundsätzlich auch dann als Entgeltumwandlung steuerlich anerkannt, wenn die Gehaltsänderungsvereinbarung bereits erdiente, aber noch nicht fällig gewordene Anteile umfasst. Dies gilt auch, wenn eine Einmal- oder Sonderzahlung einen Zeitraum von mehr als einem Jahr betrifft.

295 Bei einer Herabsetzung laufenden Arbeitslohns zugunsten einer betrieblichen Altersversorgung hindert es die Annahme einer Entgeltumwandlung nicht, wenn der bisherige ungekürzte Arbeitslohn weiterhin Bemessungsgrundlage für künftige Erhöhungen des Arbeitslohns oder andere Arbeitgeberleistungen (wie z. B. Weihnachtsgeld, Tantieme, Jubiläumszuwendungen, betriebliche Altersversorgung) bleibt, die Gehaltsminderung

Steuerliche Förderung der privaten und betrieblichen Altersversorgung Anhang 13c

zeitlich begrenzt oder vereinbart wird, dass der Arbeitnehmer oder der Arbeitgeber sie für künftigen Arbeitslohn einseitig ändern können.

3. Behandlung laufender Zuwendungen des Arbeitgebers und Sonderzahlungen an umlagefinanzierte Pensionskassen (§ 19 Abs. 1 Satz 1 Nr. 3 EStG)

296 Laufende Zuwendungen sind regelmäßig fortlaufend geleistete Zahlungen des Arbeitgebers für eine betriebliche Altersversorgung an eine Pensionskasse, die nicht im Kapitaldeckungsverfahren, sondern im Umlageverfahren finanziert wird. Hierzu gehören insbesondere Umlagen an die Versorgungsanstalt des Bundes und der Länder – VBL – bzw. an eine kommunale Zusatzversorgungskasse.

297 Sonderzahlungen des Arbeitgebers sind insbesondere Zahlungen, die an die Stelle der bei regulärem Verlauf zu entrichtenden laufenden Zuwendungen treten oder neben laufenden Beiträgen oder Zuwendungen entrichtet werden und zur Finanzierung des nicht kapitalgedeckten Versorgungssystems dienen. Hierzu gehören beispielsweise Zahlungen, die der Arbeitgeber anlässlich seines Ausscheidens aus einem umlagefinanzierten Versorgungssystem, des Wechsels von einem umlagefinanzierten zu einem anderen umlagefinanzierten Versorgungssystem oder der Zusammenlegung zweier nicht kapitalgedeckter Versorgungssysteme zu leisten hat.

Beispiel zum Wechsel der Zusatzversorgungskasse (ZVK):

298 Die ZVK A wird auf die ZVK B überführt. Der Umlagesatz der ZVK A betrug bis zur Überführung 6 % vom zusatzversorgungspflichtigen Entgelt. Die ZVK B erhebt nur 4 % vom zusatzversorgungspflichtigen Entgelt. Der Arbeitgeber zahlt nach der Überführung auf die ZVK B für seine Arbeitnehmer zusätzlich zu den 4 % Umlage einen festgelegten Betrag, durch den die Differenz bei der Umlagenhöhe (6 % zu 4 % vom zusatzversorgungspflichtigen Entgelt) ausgeglichen wird.

Bei dem Differenzbetrag, den der Arbeitgeber nach der Überführung auf die ZVK B zusätzlich leisten muss, handelt es sich um eine steuerpflichtige Sonderzahlung gem. § 19 Abs. 1 Satz 1 Nr. 3 Satz 2 Buchstabe b EStG, die mit 15 % gem. § 40b Abs. 4 EStG pauschal zu besteuern ist.

299 Zu den nicht zu besteuernden Sanierungsgeldern gehören die Sonderzahlungen des Arbeitgebers, die er anlässlich der Umstellung der Finanzierung des Versorgungssystems von der Umlagefinanzierung auf die Kapitaldeckung für die bis zur Umstellung bereits entstandenen Versorgungsverpflichtungen oder -anwartschaften noch zu leisten hat. Gleiches gilt für die Zahlungen, die der Arbeitgeber im Fall der Umstellung auf der Leistungsseite für diese vor Umstellung bereits entstandenen Versorgungsverpflichtungen und -anwartschaften in das Versorgungssystem leistet. Davon ist z. B. auszugehen wenn,

– eine deutliche Trennung zwischen bereits entstandenen und neu entstehenden Versorgungsverpflichtungen sowie -anwartschaften sichtbar wird,

– der finanzielle Fehlbedarf zum Zeitpunkt der Umstellung hinsichtlich der bereits entstandenen Versorgungsverpflichtungen sowie -anwartschaften ermittelt wird und

– dieser Betrag ausschließlich vom Arbeitgeber als Zuschuss geleistet wird.

Beispiel zum Sanierungsgeld:

300 Die ZVK A stellt ihre betriebliche Altersversorgung auf der Finanzierungs- und Leistungsseite um. Bis zur Systemumstellung betrug die Umlage 6,2 % vom zusatzversorgungspflichtigen Entgelt. Nach der Systemumstellung beträgt die Zahlung insgesamt 7,7 % vom zusatzversorgungspflichtigen Entgelt. Davon werden 4 % zugunsten der nun im Kapitaldeckungsverfahren finanzierten Neuanwartschaften und 3,7 % für die weiterhin im Umlageverfahren finanzierten Anwartschaften einschließlich eines Sanierungsgeldes geleistet.

Die Ermittlung des nicht zu besteuernden Sanierungsgeldes erfolgt nach § 19 Abs. 1 Satz 1 Nr. 3 Satz 4 2. Halbsatz EStG. Ein solches nicht zu besteuerndes Sanierungsgeld liegt nur vor, soweit der bisherige Umlagesatz überstiegen wird.

Zahlungen nach der Systemumstellung insgesamt	7,7 %
Zahlungen vor der Systemumstellung	6,2 %
Nicht zu besteuerndes Sanierungsgeld	1,5 %

Ermittlung der weiterhin nach § 19 Abs. 1 Satz 1 Nr. 3 Satz 1 EStG grundsätzlich zu besteuernden Umlagezahlung:

Nach der Systemumstellung geleistete Zahlung für das Umlageverfahren einschließlich des Sanierungsgeldes	3,7 %
Nicht zu besteuerndes Sanierungsgeld	1,5 %
grundsätzlich zu besteuernde Umlagezahlung	2,2 %

Eine Differenzrechnung nach § 19 Abs. 1 Satz 1 Nr. 3 Satz 4 zweiter Halbsatz EStG entfällt, wenn es an laufenden und wiederkehrenden Zahlungen entsprechend dem periodischen Bedarf fehlt, also das zu erbringende Sanierungsgeld als Gesamtfehlbetrag feststeht und lediglich ratierlich getilgt wird.

4. Steuerfreiheit nach § 3 Nr. 63 EStG

a) Steuerfreiheit nach § 3 Nr. 63 Satz 1 und 3 EStG

aa) Begünstigter Personenkreis

301 Zu dem durch § 3 Nr. 63 EStG begünstigten Personenkreis gehören alle Arbeitnehmer (§ 1 LStDV), unabhängig davon, ob sie in der gesetzlichen Rentenversicherung pflichtversichert sind oder nicht (z. B. beherrschende Gesellschafter-Geschäftsführer, geringfügig Beschäftigte, in einem berufsständischen Versorgungswerk Versicherte).

302 Die Steuerfreiheit setzt lediglich ein bestehendes erstes Dienstverhältnis voraus. Diese Voraussetzung kann auch erfüllt sein, wenn es sich um ein geringfügiges Beschäftigungsverhältnis oder eine Aushilfstätigkeit handelt. Die Steuerfreiheit ist jedoch nicht bei Arbeitnehmern zulässig, bei denen der Arbeitgeber den Lohnsteuerabzug nach der Steuerklasse VI vorgenommen hat.

bb) Begünstigte Aufwendungen

303 Zu den nach § 3 Nr. 63 EStG begünstigten Aufwendungen gehören nur Beiträge an Pensionsfonds, Pensionskassen und Direktversicherungen, die zum Aufbau einer betrieblichen Altersversorgung im Kapitaldeckungsverfahren erhoben werden. Für Umlagen, die vom Arbeitgeber an eine Versorgungseinrichtung entrichtet werden, kommt die Steuerfreiheit nach § 3 Nr. 63 EStG dagegen nicht in Betracht (siehe aber § 3 Nr. 56 EStG, Rz. 340 ff.). Werden sowohl Umlagen als auch Beiträge im Kapitaldeckungsverfahren erhoben, gehören Letztere nur dann zu den begünstigten Aufwendungen, wenn eine getrennte Verwaltung und Abrechnung beider Vermögensmassen erfolgt (Trennungsprinzip).

304 Steuerfrei sind nur Beiträge des Arbeitgebers. Das sind diejenigen Beiträge, die vom Arbeitgeber als Versicherungsnehmer selbst geschuldet und an die Versorgungseinrichtung geleistet werden. Dazu gehören

– die Beiträge des Arbeitgebers, die zusätzlich zum ohnehin geschuldeten Arbeitslohn erbracht werden (rein arbeitgeberfinanzierte Beiträge) sowie

– alle im Gesamtversicherungsbeitrag des Arbeitgebers enthaltenen Finanzierungsanteile des Arbeitnehmers (BFH-Urteil vom 9. Dezember 2010 – VI R 57/08 –, BStBl. II 2011 S. 978 und BMF-Schreiben vom 25. November 2011, BStBl. I S. 1250) wie z. B.

• eine Eigenbeteiligung des Arbeitnehmers oder

• die mittels Entgeltumwandlung finanzierten Beiträge (vgl. Rz. 292 ff.). Im Fall der Finanzierung der Beiträge durch eine Entgeltumwandlung ist die Beachtung des Mindestbetrags gem. § 1a BetrAVG für die Inanspruchnahme der Steuerfreiheit nicht erforderlich.

Beiträge des Arbeitnehmers, zu deren Leistung er aufgrund einer eigenen vertraglichen Vereinbarung mit der Versorgungseinrichtung originär selbst verpflichtet ist (sog. eigene Beiträge des Arbeitnehmers), sind dagegen vom Anwendungsbereich des § 3 Nr. 63 EStG ausgeschlossen, auch wenn sie vom Arbeitgeber an die Versorgungseinrichtung abgeführt werden.

305 Zur Umsetzung des BFH-Urteils vom 9. Dezember 2010 – VI R 57/08 – (BStBl. II 2011 S. 978) zur steuerlichen Behandlung von Finanzierungsanteilen der Arbeitnehmer zur betrieblichen

Anhang 13c Steuerliche Förderung der privaten und betrieblichen Altersversorgung

Altersversorgung im öffentlichen Dienst siehe BMF-Schreiben vom 25. November 2011 (BStBl. I S. 1250).*)

306 Die Steuerfreiheit nach § 3 Nr. 63 EStG kann nur dann in Anspruch genommen werden, wenn der vom Arbeitgeber zur Finanzierung der zugesagten Versorgungsleistung gezahlte Beitrag nach bestimmten individuellen Kriterien dem einzelnen Arbeitnehmer zugeordnet wird. Allein die Verteilung eines vom Arbeitgeber gezahlten Gesamtbeitrags nach der Anzahl der begünstigten Arbeitnehmer genügt hingegen für die Anwendung des § 3 Nr. 63 EStG nicht. Für die Anwendung des § 3 Nr. 63 EStG ist nicht Voraussetzung, dass sich die Höhe der zugesagten Versorgungsleistung an der Höhe des eingezahlten Beitrags des Arbeitgebers orientiert, da der Arbeitgeber nach § 1 BetrAVG nicht nur eine Beitragszusage mit Mindestleistung oder eine beitragsorientierte Leistungszusage, sondern auch eine Leistungszusage erteilen kann.

307 Maßgeblich für die betragsmäßige Begrenzung der Steuerfreiheit auf 4 % der Beitragsbemessungsgrenze in der allgemeinen Rentenversicherung ist auch bei einer Beschäftigung in den neuen Ländern oder Berlin (Ost) die in dem Kalenderjahr gültige Beitragsbemessungsgrenze (West). Zusätzlich zu diesem Höchstbetrag können Beiträge, die vom Arbeitgeber aufgrund einer nach dem 31. Dezember 2004 erteilten Versorgungszusage (Neuzusage, vgl. Rz. 349 ff.) geleistet werden, bis zur Höhe von 1 800 € steuerfrei bleiben. Dieser zusätzliche Höchstbetrag kann jedoch nicht in Anspruch genommen werden, wenn für den Arbeitnehmer in dem Kalenderjahr Beiträge nach § 40b Abs. 1 und 2 EStG a. F. pauschal besteuert werden (vgl. Rz. 363). Bei den Höchstbeträgen des § 3 Nr. 63 EStG handelt es sich jeweils um Jahresbeträge. Eine zeitanteilige Kürzung der Höchstbeträge ist daher nicht vorzunehmen, wenn das Arbeitsverhältnis nicht während des ganzen Jahres besteht oder nicht für das ganze Jahr Beiträge gezahlt werden. Die Höchstbeträge können erneut in Anspruch genommen werden, wenn der Arbeitnehmer sie in einem vorangegangenen Dienstverhältnis bereits ausgeschöpft hat. Im Fall der Gesamtrechtsnachfolge und des Betriebsübergangs nach § 613a BGB kommt dies dagegen nicht in Betracht.

308 Soweit die Beiträge die Höchstbeträge übersteigen, sind sie individuell zu besteuern. Für die individuell besteuerten Beiträge kann eine Förderung durch Sonderausgabenabzug nach § 10a und Zulage nach Abschnitt XI EStG in Betracht kommen (vgl. Rz. 330 ff.). Zur Übergangsregelung des § 52 Abs. 52b EStG siehe Rz. 359 ff.

309 Bei monatlicher Zahlung der Beiträge bestehen keine Bedenken, wenn die Höchstbeträge in gleichmäßige monatliche Teilbeträge aufgeteilt werden. Stellt der Arbeitgeber vor Ablauf des Kalenderjahres, z. B. bei Beendigung des Dienstverhältnisses fest, dass die Steuerfreiheit im Rahmen der monatlichen Teilbeträge nicht in vollem Umfang ausgeschöpft worden ist oder werden kann, muss eine ggf. vorgenommene Besteuerung der Beiträge rückgängig gemacht (spätester Zeitpunkt hierfür ist die Übermittlung oder Erteilung der Lohnsteuerbescheinigung) oder der monatliche Teilbetrag künftig so geändert werden, dass die Höchstbeträge ausgeschöpft werden.

310 Rein arbeitgeberfinanzierte Beiträge sind steuerfrei, soweit sie die Höchstbeträge (4 % der Beitragsbemessungsgrenze in der allgemeinen Rentenversicherung sowie 1 800 €) nicht übersteigen. Die Höchstbeträge werden zunächst durch diese Beiträge ausgefüllt. Sofern die Höchstbeträge dadurch nicht ausgeschöpft worden sind, sind die verbleibenden, auf den verschiedenen Finanzierungsanteilen des Arbeitnehmers beruhenden Beiträge des Arbeitgebers (vgl. Rz. 304) zu berücksichtigen. Besteht neben einer Altzusage auch eine Neuzusage (s. Rz. 349 ff. und 355), wird der Höchstbetrag des § 3 Nr. 63 Satz 1 EStG (4 % der Beitragsbemessungsgrenze in der allgemeinen Rentenversicherung) zunächst durch alle Beiträge aufgrund der Altzusage ausgeschöpft. Soweit die Steuerfreiheit dadurch nicht voll ausgeschöpft wurde, sind die Beiträge aufgrund der Neuzusage zu berücksichtigen. Somit gilt in diesen Fällen für die Ermittlung des höchstmöglichen steuerfreien Volumens im Kalenderjahr folgendes Schema:

Altzusage: rein arbeitgeberfinanzierte Beiträge, sodann auf den verschiedenen Finanzierungsanteilen des Arbeitnehmers beruhende Beiträge

Neuzusage: rein arbeitgeberfinanzierte Beiträge, sodann auf den verschiedenen Finanzierungsanteilen des Arbeitnehmers beruhende Beiträge

Beispiel:

311 Ein Arbeitgeber hat eine Altzusage und daneben eine Neuzusage erteilt. Es werden zur betrieblichen Altersversorgung folgende Beiträge geleistet:

- aufgrund einer *Altzusage* an eine Pensionskasse
  - rein arbeitgeberfinanzierte Beiträge — 600 €
  - Finanzierungsanteile des Arbeitnehmers — 1 800 €
    - davon Eigenbeteiligung des Arbeitnehmers — 600 €
    - davon Entgeltumwandlung — 1 200 €
- aufgrund einer *Neuzusage* für eine Direktversicherung
  - rein arbeitgeberfinanzierte Beiträge — 1 200 €
  - Entgeltumwandlung — 1 200 €

Insgesamt (*Alt- und Neuzusage*) — 4 800 €

Die Beitragsbemessungsgrenze in der allgemeinen Rentenversicherung 2013 beträgt 69 600 € und der Höchstbetrag nach § 3 Nr. 63 Satz 1 EStG somit 2 784 €.**) Von der Vereinfachungsregelung nach Rz. 309 wird Gebrauch gemacht.

Für die Anwendung von § 3 Nr. 63 EStG ergibt sich Folgendes:

- Beiträge aufgrund der *Altzusage* steuerfrei nach § 3 Nr. 63 Satz 1 EStG i. H. v. (600 € + 1 800 €) — 2 400 €
- rein arbeitgeberfinanzierte Beiträge aufgrund der *Neuzusage* steuerfrei nach § 3 Nr. 63 Satz 1 EStG i. H. v. (2 784 € − 2 400 €) — 384 €
- verbleibende, rein arbeitgeberfinanzierte Beiträge *Neuzusage* steuerfrei nach § 3 Nr. 63 Satz 3 EStG i. H. v. (1 200 € − 384 €, aber höchstens 1 800 €) — 816 €
- Entgeltumwandlung Beiträge aufgrund der *Neuzusage* (1 200 €, höchstens noch 1 800 € − 816 €) — 984 €
- danach verbleibende Beiträge aufgrund der *Neuzusage* steuerpflichtig i. H. v. (2 400 € − 384 € − 1 800 €) — 216 €

cc) Begünstigte Auszahlungsformen

312 Voraussetzung für die Steuerfreiheit ist, dass die Auszahlung der zugesagten Alters-, Invaliditäts- oder Hinterbliebenenversorgungsleistungen in Form einer lebenslangen Rente oder eines Auszahlungsplans mit anschließender lebenslanger Teilkapitalverrentung (§ 1 Abs. 1 Satz 1 Nr. 4 Buchstabe a AltZertG) vorgesehen ist. Im Hinblick auf die entfallende Versorgungsbedürftigkeit z. B. für den Fall der Vollendung des 25. Lebensjahres der Kinder (siehe auch Rz. 287; bei Versorgungszusagen, die vor dem 1. Januar 2007 erteilt wurden, ist grundsätzlich das 27. Lebensjahr maßgebend), der Wiederheirat der Witwe/des Witwers, dem Ende der Erwerbsminderung durch Wegfall der Voraussetzungen für den Bezug (insbesondere bei Verbesserung der Gesundheitssituation oder Erreichen der Altersgrenze) ist es nicht zu beanstanden, wenn eine Rente oder ein Auszahlungsplan zeitlich befristet ist. Von einer Rente oder einem Auszahlungsplan ist auch noch auszugehen, wenn bis zu 30 % des zu Beginn der Auszahlungsphase zur Verfügung stehenden Kapitals außerhalb der monatlichen Leistungen ausgezahlt werden. Die zu Beginn der Auszahlungsphase zu treffende Entscheidung und Entnahme des Teilkapitalbetrags aus diesem Vertrag (Rz. 203) führt zur Besteuerung nach § 22 Nr. 5 EStG. Allein die Möglichkeit, anstelle dieser Auszahlungsformen eine Einmalkapitalauszahlung (100 % des zu Beginn der Auszahlungsphase zur Verfügung stehenden Kapitals) zu wählen, steht der Steuerfreiheit noch nicht entgegen. Die Möglichkeit, eine Einmalkapitalauszahlung anstelle einer Rente oder eines

---

*) Abgedruckt als Anlage 2 zu H 3.63 LStR.

**) Die Beitragsbemessungsgrenze in der allgemeinen Rentenversicherung 2015 beträgt 72 600 € und der Höchstbetrag nach § 3 Nr. 63 Satz 1 EStG 2904 €.

Auszahlungsplans zu wählen, gilt nicht nur für Altersversorgungsleistungen, sondern auch für Invaliditäts- oder Hinterbliebenenversorgungsleistungen. Entscheidet sich der Arbeitnehmer zugunsten einer Einmalkapitalauszahlung, so sind von diesem Zeitpunkt an die Voraussetzungen des § 3 Nr. 63 EStG nicht mehr erfüllt und die Beitragsleistungen zu besteuern. Erfolgt die Ausübung des Wahlrechtes innerhalb des letzten Jahres vor dem altersbedingten Ausscheiden aus dem Erwerbsleben, so ist es aus Vereinfachungsgründen nicht zu beanstanden, wenn die Beitragsleistungen weiterhin nach § 3 Nr. 63 EStG steuerfrei belassen werden. Für die Berechnung der Jahresfrist ist dabei auf das im Zeitpunkt der Ausübung des Wahlrechts vertraglich vorgesehene Ausscheiden aus dem Erwerbsleben (vertraglich vorgesehener Beginn der Altersversorgungsleistung) abzustellen. Da die Auszahlungsphase bei der Hinterbliebenenleistung erst mit dem Zeitpunkt des Todes des ursprünglich Berechtigten beginnt, ist es in diesem Fall aus steuerlicher Sicht nicht zu beanstanden, wenn das Wahlrecht im zeitlichen Zusammenhang mit dem Tod des ursprünglich Berechtigten ausgeübt wird. Bei Auszahlung oder anderweitiger wirtschaftlicher Verfügung ist der Einmalkapitalbetrag gem. § 22 Nr. 5 EStG zu besteuern (siehe dazu Rz. 372 ff.).

dd) Sonstiges

313 Eine Steuerfreiheit der Beiträge kommt nicht in Betracht, soweit es sich hierbei nicht um Arbeitslohn im Rahmen eines Dienstverhältnisses, sondern um eine verdeckte Gewinnausschüttung im Sinne des § 8 Abs. 3 Satz 2 KStG handelt. Die allgemeinen Grundsätze zur Abgrenzung zwischen verdeckter Gewinnausschüttung und Arbeitslohn sind hierbei zu beachten.

314 Bei Beiträgen an ausländische betriebliche Altersversorgungssysteme ist zu entscheiden, ob das ausländische Altersversorgungssystem mit einem Durchführungsweg der betrieblichen Altersversorgung nach dem deutschen Betriebsrentengesetz vergleichbar ist bzw. einem der Durchführungswege als vergleichbar zugeordnet werden kann. Entsprechende Beiträge sind steuerfrei nach § 3 Nr. 63 EStG, wenn

– das ausländische betriebliche Altersversorgungssystem vergleichbar mit dem Pensionsfonds, der Pensionskasse oder der Direktversicherung ist und

– auch die weiteren wesentlichen Kriterien für die steuerliche Anerkennung einer betrieblichen Altersversorgung im Inland erfüllt werden (u. a. Absicherung mindestens eines biometrischen Risikos – vgl. Rz. 284 –, enger Hinterbliebenenbegriff – vgl. Rz. 287 –, keine Vererblichkeit – vgl. Rz. 289 –, begünstigte Auszahlungsformen – vgl. Rz. 312) und

– die ausländische Versorgungseinrichtung in vergleichbarer Weise den für inländische Versorgungseinrichtungen maßgeblichen Aufbewahrungs-, Mitteilungs- und Bescheinigungspflichten nach dem Einkommensteuergesetz und der Altersvorsorge-Durchführungsverordnung zur Sicherstellung der Besteuerung der Versorgungsleistungen im Wesentlichen nachkommt.

315 Unter den Voraussetzungen der Rz. 301 bis 313 sind auch die vom Arbeitgeber zusätzlich zum ohnehin geschuldeten Arbeitslohn erbrachten Beiträge an eine Zusatzversorgungskasse (wie z. B. zur Versorgungsanstalt der deutschen Bühnen – VddB –, zur Versorgungsanstalt der deutschen Kulturorchester – VddKO – oder zum Zusatzversorgungswerk für Arbeitnehmer in der Land- und Forstwirtschaft – ZLF –), die er nach der jeweiligen Satzung der Versorgungseinrichtung als Pflichtbeiträge für die Altersversorgung seiner Arbeitnehmer zusätzlich zu den nach § 3 Nr. 62 EStG steuerfreien Beiträgen zur gesetzlichen Rentenversicherung zu erbringen hat, ebenfalls im Rahmen des § 3 Nr. 63 EStG steuerfrei. Die Steuerfreiheit nach § 3 Nr. 62 Satz 1 EStG kommt für diese Beiträge nicht in Betracht. Die Steuerbefreiung des § 3 Nr. 63 (und auch Nr. 56) EStG ist nicht nur der Höhe, sondern dem Grunde nach vorrangig anzuwenden; die Steuerbefreiung nach § 3 Nr. 62 EStG ist bei Vorliegen von Zukunftssicherungsleistungen i. S. d. § 3 Nr. 63 (und auch Nr. 56) EStG daher auch dann ausgeschlossen, wenn die Höchstbeträge des § 3 Nr. 63 (und Nr. 56) EStG bereits voll ausgeschöpft werden.

b) Ausschluss der Steuerfreiheit nach § 3 Nr. 63 Satz 2 EStG

aa) Personenkreis

316 Auf die Steuerfreiheit können grundsätzlich nur Arbeitnehmer verzichten, die in der gesetzlichen Rentenversicherung pflichtversichert sind (§§ 1a, 17 Abs. 1 Satz 3 BetrAVG). Alle anderen Arbeitnehmer können von dieser Möglichkeit nur dann Gebrauch machen, wenn der Arbeitgeber zustimmt.

bb) Höhe und Zeitpunkt der Ausübung des Wahlrechts

317 Soweit der Arbeitnehmer einen Anspruch auf Entgeltumwandlung nach § 1a BetrAVG hat oder andere Finanzierungsanteile (vgl. Rz. 304) zur betrieblichen Altersversorgung erbringt, ist eine individuelle Besteuerung dieser Beiträge auf Verlangen des Arbeitnehmers durchzuführen; die Beiträge sind dabei gleichrangig zu behandeln. In allen anderen Fällen der Entgeltumwandlung (z. B. Entgeltumwandlungsvereinbarung aus dem Jahr 2001 oder früher) ist die individuelle Besteuerung der Beiträge hingegen nur aufgrund einvernehmlicher Vereinbarung zwischen Arbeitgeber und Arbeitnehmer möglich. Bei rein arbeitgeberfinanzierten Beiträgen kann auf die Steuerfreiheit nicht verzichtet werden (vgl. Rz. 310).

318 Die Ausübung des Wahlrechts nach § 3 Nr. 63 Satz 2 EStG muss bis zu dem Zeitpunkt erfolgen, zu dem die entsprechende Gehaltsänderungsvereinbarung steuerlich noch anzuerkennen ist (vgl. Rz. 294).

319 Eine nachträgliche Änderung der steuerlichen Behandlung der im Wege der Entgeltumwandlung finanzierten Beiträge ist nicht zulässig.

c) Vervielfältigungsregelung nach § 3 Nr. 63 Satz 4 EStG

320 Beiträge an einen Pensionsfonds, eine Pensionskasse oder für eine Direktversicherung, die der Arbeitgeber aus Anlass der Beendigung des Dienstverhältnisses leistet, können im Rahmen des § 3 Nr. 63 Satz 4 EStG steuerfrei belassen werden. Die Höhe der Steuerfreiheit ist dabei begrenzt auf den Betrag, der sich ergibt aus 1 800 € vervielfältigt mit der Anzahl der Kalenderjahre, in denen das Dienstverhältnis des Arbeitnehmers zu dem Arbeitgeber bestanden hat; der vervielfältigte Betrag vermindert sich um die nach § 3 Nr. 63 EStG steuerfreien Beiträge, die der Arbeitgeber in dem Kalenderjahr, in dem das Dienstverhältnis beendet wird, und in den sechs vorangegangenen Jahren erbracht hat. Sowohl bei der Ermittlung der zu vervielfältigenden als auch der zu kürzenden Jahre sind nur die Kalenderjahre ab 2005 zu berücksichtigen. Dies gilt unabhängig davon, wie lange das Dienstverhältnis zu dem Arbeitgeber tatsächlich bestanden hat. Die Vervielfältigungsregelung steht jedem Arbeitnehmer aus demselben Dienstverhältnis insgesamt nur einmal zu. Werden die Beiträge statt als Einmalbeitrag in Teilbeträgen geleistet, sind diese so lange steuerfrei, bis der für den Arbeitnehmer maßgebende Höchstbetrag ausgeschöpft ist. Eine Anwendung der Vervielfältigungsregelung des § 3 Nr. 63 Satz 4 EStG ist nicht möglich, wenn gleichzeitig die Vervielfältigungsregelung des § 40b Abs. 2 Satz 3 und 4 EStG a. F. auf die Beiträge, die der Arbeitgeber aus Anlass der Beendigung des Dienstverhältnisses leistet, angewendet wird (vgl. Rz. 365). Eine Anwendung ist ferner nicht möglich, wenn der Arbeitnehmer bei Beiträgen für eine Direktversicherung auf die Steuerfreiheit der Beiträge zu dieser Direktversicherung zugunsten der Weiteranwendung des § 40b EStG a. F. verzichtet hatte (vgl. Rz. 359 ff.).

5. Steuerfreiheit nach § 3 Nr. 65 und 66 EStG

321 Die sich aus § 3 Nr. 65 Satz 2 bis 4 EStG ergebenden Rechtsfolgen treten auch dann ein, wenn die Auszahlungen unmittelbar vom Träger der Insolvenzsicherung an den Versorgungsberechtigten oder seine Hinterbliebenen vorgenommen werden. In diesem Fall ist der Träger der Insolvenzsicherung Dritter i. S. d. § 3 Nr. 65 Satz 4 EStG und daher zum Lohnsteuereinbehalt verpflichtet.

Anhang 13c   Steuerliche Förderung der privaten und betrieblichen Altersversorgung

322 Voraussetzung für die Steuerfreiheit nach § 3 Nr. 66 EStG ist, dass vom Arbeitgeber ein Antrag nach § 4d Abs. 3 EStG oder § 4e Abs. 3 EStG gestellt worden ist. Die Steuerfreiheit nach § 3 Nr. 66 EStG gilt auch dann, wenn beim übertragenden Unternehmen keine Zuwendungen i. S. v. § 4d Abs. 3 EStG oder Leistungen i. S. v. § 4e Abs. 3 EStG im Zusammenhang mit der Übernahme einer Versorgungsverpflichtung durch einen Pensionsfonds anfallen. Bei einer entgeltlichen Übertragung von Versorgungsanwartschaften aktiver Beschäftigter kommt die Anwendung von § 3 Nr. 66 EStG nur für Zahlungen an den Pensionsfonds in Betracht, die für die bis zum Zeitpunkt der Übertragung bereits erdienten Versorgungsanwartschaften geleistet werden (sog. „Past-Service"); Zahlungen an den Pensionsfonds für zukünftig noch zu erdienende Anwartschaften (sog. „Future-Service") sind ausschließlich in dem begrenzten Rahmen des § 3 Nr. 63 EStG lohnsteuerfrei; zu weiteren Einzelheiten, insbesondere zur Abgrenzung von „Past-" und „Future-Service", siehe BMF-Schreiben vom 26. Oktober 2006, BStBl. I S. 709. Erfolgt im Rahmen eines Gesamtplans zunächst eine nach § 3 Nr. 66 EStG begünstigte Übertragung der erdienten Anwartschaften auf einen Pensionsfonds und werden anschließend regelmäßig wiederkehrend (z. B. jährlich) die dann neu erdienten Anwartschaften auf den Pensionsfonds übertragen, sind die weiteren Übertragungen auf den Pensionsfonds nicht nach § 3 Nr. 66 EStG begünstigt, sondern nur im Rahmen des § 3 Nr. 63 EStG steuerfrei. Hinsichtlich des durch die Steuerbefreiungsvorschrift begünstigten Personenkreises vgl. Rz. 301.

6. Steuerfreiheit nach § 3 Nr. 55 EStG

323 Gem. § 4 Abs. 2 Nr. 2 BetrAVG kann nach Beendigung des Arbeitsverhältnisses im Einvernehmen des ehemaligen mit dem neuen Arbeitgeber sowie dem Arbeitnehmer der Wert der vom Arbeitnehmer erworbenen Altersversorgung (Übertragungswert nach § 4 Abs. 5 BetrAVG) auf den neuen Arbeitgeber übertragen werden, wenn dieser eine wertgleiche Zusage erteilt. § 4 Abs. 3 BetrAVG gibt dem Arbeitnehmer für Versorgungszusagen, die nach dem 31. Dezember 2004 erteilt werden, das Recht, innerhalb eines Jahres nach Beendigung des Arbeitsverhältnisses von seinem ehemaligen Arbeitgeber zu verlangen, dass der Übertragungswert auf den neuen Arbeitgeber übertragen wird, wenn die betriebliche Altersversorgung beim ehemaligen Arbeitgeber über einen Pensionsfonds, eine Pensionskasse oder eine Direktversicherung durchgeführt worden ist und der Übertragungswert die im Zeitpunkt der Übertragung maßgebliche Beitragsbemessungsgrenze in der allgemeinen Rentenversicherung nicht übersteigt.

324 Die Anwendung der Steuerbefreiungsvorschrift des § 3 Nr. 55 EStG setzt aufgrund des Verweises auf die Vorschriften des Betriebsrentengesetzes die Beendigung des bisherigen Dienstverhältnisses und ein anderes Dienstverhältnis voraus. Die Übernahme der Versorgungszusage durch einen Arbeitgeber, bei dem der Arbeitnehmer bereits beschäftigt ist, ist betriebsrentenrechtlich unschädlich und steht daher der Anwendung der Steuerbefreiungsvorschrift nicht entgegen. § 3 Nr. 55 EStG und Rz. 323 gelten entsprechend für Arbeitnehmer, die nicht in der gesetzlichen Rentenversicherung pflichtversichert sind (z. B. beherrschende Gesellschafter-Geschäftsführer oder geringfügig Beschäftigte).

325 Der geleistete Übertragungswert ist nach § 3 Nr. 55 Satz 1 EStG steuerfrei, wenn die betriebliche Altersversorgung sowohl beim ehemaligen Arbeitgeber als auch beim neuen Arbeitgeber über einen Pensionsfonds, eine Pensionskasse oder eine Direktversicherung durchgeführt wird. Es ist nicht Voraussetzung, dass beide Arbeitgeber auch den gleichen Durchführungsweg gewählt haben. Um eine Rückabwicklung der steuerlichen Behandlung der Beitragsleistungen an einen Pensionsfonds, eine Pensionskasse oder eine Direktversicherung vor der Übertragung (Steuerfreiheit nach § 3 Nr. 63, 66 EStG, individuelle Besteuerung, Besteuerung nach § 40b EStG) zu verhindern, bestimmt § 3 Nr. 55 Satz 3 EStG, dass die auf dem Übertragungsbetrag beruhenden Versorgungsleistungen weiterhin zu den Einkünften gehören, zu denen sie gehört hätten, wenn eine Übertragung nach § 4 BetrAVG nicht stattgefunden hätte.

326 Der Übertragungswert ist gem. § 3 Nr. 55 Satz 2 EStG auch steuerfrei, wenn er vom ehemaligen Arbeitgeber oder von einer Unterstützungskasse an den neuen Arbeitgeber oder an eine andere Unterstützungskasse geleistet wird.

327 Die Steuerfreiheit des § 3 Nr. 55 EStG kommt jedoch nicht in Betracht, wenn die betriebliche Altersversorgung beim ehemaligen Arbeitgeber als Direktzusage oder mittels einer Unterstützungskasse ausgestaltet war, während sie beim neuen Arbeitgeber über einen Pensionsfonds, eine Pensionskasse oder eine Direktversicherung abgewickelt wird. Dies gilt auch für den umgekehrten Fall. Ebenso kommt die Steuerfreiheit nach § 3 Nr. 55 EStG bei einem Betriebsübergang nach § 613a BGB nicht in Betracht, da in einem solchen Fall die Regelung des § 4 BetrAVG keine Anwendung findet.

328 Wird die betriebliche Altersversorgung sowohl beim alten als auch beim neuen Arbeitgeber über einen Pensionsfonds, eine Pensionskasse oder eine Direktversicherung abgewickelt, liegt im Fall der Übernahme der Versorgungszusage nach § 4 Abs. 2 Nr. 1 BetrAVG lediglich ein Schuldnerwechsel und damit für den Arbeitnehmer kein lohnsteuerlich relevanter Vorgang vor. Entsprechendes gilt im Fall der Übernahme der Versorgungszusage nach § 4 Abs. 2 Nr. 1 BetrAVG, wenn die betriebliche Altersversorgung sowohl beim alten als auch beim neuen Arbeitgeber über eine Direktzusage oder Unterstützungskasse durchgeführt wird. Zufluss von Arbeitslohn liegt hingegen vor im Fall der Ablösung einer gegenüber einem beherrschenden Gesellschafter-Geschäftsführer erteilten Pensionszusage, bei der nach der Ausübung eines zuvor eingeräumten Wahlrechtes auf Verlangen des Gesellschafter-Geschäftsführers der Ablösungsbetrag zur Übernahme der Pensionsverpflichtung an einen Dritten gezahlt wird (BFH-Urteil vom 12. April 2007 – VI R 6/02 –, BStBl. II S. 581).

7. Übernahme von Pensionsverpflichtungen gegen Entgelt durch Beitritt eines Dritten in eine Pensionsverpflichtung (Schuldbeitritt) oder Ausgliederung von Pensionsverpflichtungen

329 Bei der Übernahme von Pensionsverpflichtungen gegen Entgelt durch Beitritt eines Dritten in eine Pensionsverpflichtung (Schuldbeitritt) oder durch Ausgliederung von Pensionsverpflichtungen – ohne inhaltliche Veränderung der Zusage – handelt es sich weiterhin um eine Direktzusage des Arbeitgebers. Aus lohnsteuerlicher Sicht bleibt es folglich bei den für eine Direktzusage geltenden steuerlichen Regelungen, d. h. es liegen erst bei Auszahlung der Versorgungsleistungen – durch den Dritten bzw. durch die Pensionsgesellschaft anstelle des Arbeitgebers – Einkünfte im Sinne des § 19 EStG vor. Der Lohnsteuerabzug kann in diesem Fall mit Zustimmung des Finanzamts anstelle vom Arbeitgeber auch von dem Dritten bzw. der Pensionsgesellschaft vorgenommen werden (§ 38 Abs. 3a Satz 2 EStG).

8. Förderung durch Sonderausgabenabzug nach § 10a EStG und Zulage nach Abschnitt XI EStG

330 Zahlungen im Rahmen der betrieblichen Altersversorgung an einen Pensionsfonds, eine Pensionskasse oder eine Direktversicherung können als Altersvorsorgebeiträge durch Sonderausgabenabzug nach § 10a EStG und Zulage nach Abschnitt XI EStG gefördert werden (§ 82 Abs. 2 EStG). Die zeitliche Zuordnung der Altersvorsorgebeiträge im Sinne des § 82 Abs. 2 EStG richtet sich grundsätzlich nach den für die Zuordnung des Arbeitslohns geltenden Vorschriften (§ 38a Abs. 3 EStG; R 39b.2, 39b.5 und 39b.6 LStR).

331 Um Beiträge im Rahmen der betrieblichen Altersversorgung handelt es sich nur, wenn die Beiträge für eine vom Arbeitgeber aus Anlass des Arbeitsverhältnisses zugesagte Versorgungsleistung erbracht werden (§ 1 BetrAVG). Dies gilt unabhängig davon, ob die Beiträge

– ausschließlich vom Arbeitgeber finanziert werden,

– auf einer Entgeltumwandlung beruhen,

- andere im Gesamtversicherungsbeitrag des Arbeitgebers enthaltene Finanzierungsanteile des Arbeitnehmers sind (BFH-Urteil vom 9. Dezember 2010 – VI R 57/08 –, BStBl. II 2011 S. 978, und BMF-Schreiben vom 25. November 2011, BStBl. I S. 1250) oder

- eigene Beiträge des Arbeitnehmers sind, die er aus seinem bereits zugeflossenen und versteuerten Arbeitsentgelt zur Finanzierung der betrieblichen Altersversorgung leistet.

Im Übrigen sind Rz. 285 ff. zu beachten.

332 Voraussetzung für die steuerliche Förderung ist neben der individuellen Besteuerung der Beiträge, dass die Auszahlung der zugesagten Altersversorgungsleistung in Form einer lebenslangen Rente oder eines Auszahlungsplans mit anschließender lebenslanger Teilkapitalverrentung (§ 1 Abs. 1 Satz 1 Nr. 4 Buchstabe a AltZertG) vorgesehen ist. Die steuerliche Förderung von Beitragsteilen, die zur Absicherung einer Invaliditäts- oder Hinterbliebenenversorgung verwendet werden, kommt nur dann in Betracht, wenn die Auszahlung in Form einer Rente (§ 1 Abs. 1 Satz 1 Nr. 4 Buchstabe a AltZertG; vgl. Rz. 312) vorgesehen ist. Rente oder Auszahlungsplan in diesem Sinne liegt auch dann vor, wenn bis zu 30 % des zu Beginn der Auszahlungsphase zur Verfügung stehenden Kapitals außerhalb der monatlichen Leistungen ausgezahlt werden. Die zu Beginn der Auszahlungsphase zu treffende Entscheidung und Entnahme des Teilkapitalbetrags aus diesem Vertrag (Rz. 203) führt zur Besteuerung nach § 22 Nr. 5 EStG. Allein die Möglichkeit, anstelle dieser Auszahlungsformen eine Einmalkapitalauszahlung (100 % des zu Beginn der Auszahlungsphase zur Verfügung stehenden Kapitals) zu wählen, steht der Förderung noch nicht entgegen. Die Möglichkeit, eine Einmalkapitalauszahlung anstelle einer Rente oder eines Auszahlungsplans zu wählen, gilt nicht nur für Altersversorgungsleistungen, sondern auch für Invaliditäts- oder Hinterbliebenenversorgungsleistungen. Entscheidet sich der Arbeitnehmer zugunsten einer Einmalkapitalauszahlung, so sind von diesem Zeitpunkt an die Voraussetzungen des § 10a und Abschnitt XI EStG nicht mehr erfüllt und die Beitragsleistungen können nicht mehr gefördert werden. Erfolgt die Ausübung des Wahlrechtes innerhalb des letzten Jahres vor dem altersbedingten Ausscheiden aus dem Erwerbsleben, so ist es aus Vereinfachungsgründen nicht zu beanstanden, wenn die Beitragsleistungen weiterhin nach § 10a/Abschnitt XI EStG gefördert werden. Für die Berechnung der Jahresfrist ist dabei auf das im Zeitpunkt der Ausübung des Wahlrechts vertraglich vorgesehene Ausscheiden aus dem Erwerbsleben (vertraglich vorgesehener Beginn der Altersversorgungsleistung) abzustellen. Da die Auszahlungsphase bei der Hinterbliebenenleistung erst mit dem Zeitpunkt des Todes des ursprünglich Berechtigten beginnt, ist es in diesem Fall aus steuerlicher Sicht nicht zu beanstanden, wenn das Wahlrecht zu diesem Zeitpunkt ausgeübt wird. Bei Auszahlung des Einmalkapitalbetrags handelt es sich um eine schädliche Verwendung im Sinne des § 93 EStG (vgl. Rz. 391 f.), soweit sie auf steuerlich gefördertem Altersvorsorgevermögen beruht. Da es sich bei der Teil- bzw. Einmalkapitalauszahlung nicht um außerordentliche Einkünfte im Sinne des § 34 Abs. 2 EStG (weder eine Entschädigung noch eine Vergütung für eine mehrjährige Tätigkeit) handelt, kommt eine Anwendung der Fünftelungsregelung des § 34 EStG auf diese Zahlungen nicht in Betracht.

333 Die aus bereits zugeflossenem Arbeitslohn des Arbeitnehmers geleisteten Beiträge an einen Pensionsfonds, eine Pensionskasse oder eine Direktversicherung zum Aufbau einer kapitalgedeckten betrieblichen Altersversorgung, bei der eine Auszahlung der zugesagten Altersversorgungsleistung in Form einer Rente oder eines Auszahlungsplans (§ 1 Abs. 1 Satz 1 Nr. 4 AltZertG) vorgesehen ist, zählen auch dann zu den Altersvorsorgebeiträgen im Sinne von § 82 Abs. 2 EStG, wenn der Arbeitslohn aufgrund eines Doppelbesteuerungsabkommens nicht in Deutschland, sondern in einem anderen Land der inländischen individuellen Besteuerung vergleichbar versteuert wird.

334 Beitragsleistungen, die aus nach § 40a EStG pauschal versteuertem Arbeitslohn erbracht werden, gehören nicht zu den Altersvorsorgebeiträgen nach § 82 Abs. 2 Satz 1 Buchstabe a EStG.

335 Altersvorsorgebeiträge im Sinne des § 82 Abs. 2 EStG sind auch die Beiträge des ehemaligen Arbeitnehmers, die dieser im Fall einer zunächst ganz oder teilweise durch Entgeltumwandlung finanzierten und nach § 3 Nr. 63 oder § 10a/Abschnitt XI EStG geförderten betrieblichen Altersversorgung nach der Beendigung des Arbeitsverhältnisses nach Maßgabe des § 1b Abs. 5 Nr. 2 BetrAVG selbst erbringt. Dies gilt entsprechend in den Fällen der Finanzierung durch eigene Beiträge des Arbeitnehmers (vgl. Rz. 304).

336 Die vom Steuerpflichtigen nach Maßgabe des § 1b Abs. 5 Satz 1 Nr. 2 BetrAVG selbst zu erbringenden Beiträge müssen nicht aus individuell versteuertem Arbeitslohn stammen (z. B. Finanzierung aus steuerfreiem Arbeitslosengeld). Gleiches gilt, soweit der Arbeitnehmer trotz eines weiter bestehenden Arbeitsverhältnisses keinen Anspruch auf Arbeitslohn mehr hat und die Beiträge nun selbst erbringt (z. B. während der Schutzfristen des § 3 Abs. 2 und § 6 Abs. 1 des Mutterschutzgesetzes, der Elternzeit, des Bezugs von Krankengeld oder auch § 1a Abs. 4 BetrAVG) oder aufgrund einer gesetzlichen Verpflichtung Beiträge zur betrieblichen Altersversorgung entrichtet werden (z. B. nach §§ 14a und 14b des Arbeitsplatzschutzgesetzes).

337 Voraussetzung für die Förderung durch Sonderausgabenabzug nach § 10a EStG und Zulage nach Abschnitt XI EStG ist in den Fällen der Rz. 335 f., dass der Steuerpflichtige zum begünstigten Personenkreis gehört. Die zeitliche Zuordnung dieser Altersvorsorgebeiträge richtet sich grundsätzlich nach § 11 Abs. 2 EStG.

338 Zu den begünstigten Altersvorsorgebeiträgen gehören nur Beiträge, die zum Aufbau einer betrieblichen Altersversorgung im Kapitaldeckungsverfahren erhoben werden. Für Umlagen, die an eine Versorgungseinrichtung gezahlt werden, kommt die Förderung dagegen nicht in Betracht. Werden sowohl Umlagen als auch Beiträge im Kapitaldeckungsverfahren erhoben, gehören Letztere nur dann zu den begünstigten Aufwendungen, wenn eine getrennte Verwaltung und Abrechnung beider Vermögensmassen erfolgt (Trennungsprinzip).

339 Die Versorgungseinrichtung hat dem Zulageberechtigten jährlich eine Bescheinigung zu erteilen (§ 92 EStG). Diese Bescheinigung muss u. a. den Stand des Altersvorsorgevermögens ausweisen (§ 92 Nr. 5 EStG). Bei einer Leistungszusage (§ 1 Abs. 1 Satz 2 Halbsatz 2 BetrAVG) und einer beitragsorientierten Leistungszusage (§ 1 Abs. 2 Nr. 1 BetrAVG) kann stattdessen der Barwert der erdienten Anwartschaft bescheinigt werden.

9. Steuerfreiheit nach § 3 Nr. 56 EStG

a) Begünstigter Personenkreis

340 Rz. 301 f. gelten entsprechend.

b) Begünstigte Aufwendungen

341 Zu den nach § 3 Nr. 56 EStG begünstigten Aufwendungen gehören nur laufende Zuwendungen des Arbeitgebers für eine betriebliche Altersversorgung an eine Pensionskasse, die nicht im Kapitaldeckungsverfahren, sondern im Umlageverfahren finanziert wird (wie z. B. Umlagen an die Versorgungsanstalt des Bundes und der Länder – VBL – bzw. an eine kommunale oder kirchliche Zusatzversorgungskasse). Soweit diese Zuwendungen nicht nach § 3 Nr. 56 EStG steuerfrei bleiben, können sie individuell oder nach § 40b Abs. 1 und 2 EStG pauschal besteuert werden. Im Übrigen gelten Rz. 305, 306 und 307 Satz 1 und 4 ff., Rz. 309 bis 312 entsprechend. Danach sind z. B. der Arbeitnehmereigenanteil an einer Umlage und die sog. eigenen Beiträge des Arbeitnehmers nicht steuerfrei nach § 3 Nr. 56 EStG.

342 Werden von der Versorgungseinrichtung sowohl Zuwendungen/Umlagen als auch Beiträge im Kapitaldeckungsverfahren erhoben, ist § 3 Nr. 56 EStG auch auf die im Kapitaldeckungsverfahren erhobenen Beiträge anwendbar, wenn eine getrennte Verwaltung und Abrechnung beider Vermögensmassen (Trennungsprinzip, Rz. 303) nicht erfolgt.

343 Erfolgt eine getrennte Verwaltung und Abrechnung beider Vermögensmassen, ist die Steuerfreiheit nach § 3 Nr. 63 EStG für die im Kapitaldeckungsverfahren erhobenen Beiträge vorrangig zu berücksichtigen. Dies gilt unabhängig davon, ob diese Beiträge rein arbeitgeberfinanziert sind, auf einer Entgeltumwandlung oder anderen im Gesamtversicherungsbeitrag des Arbeitgebers enthaltenen Finanzierungsanteilen des Arbeitnehmers beruhen. Die nach § 3 Nr. 63 EStG steuerfreien Beträge mindern den Höchstbetrag des § 3 Nr. 56 EStG (§ 3 Nr. 56 Satz 3 EStG). Zuwendungen nach § 3 Nr. 56 EStG sind daher nur steuerfrei, soweit die nach § 3 Nr. 63 EStG steuerfreien Beiträge den Höchstbetrag des § 3 Nr. 56 EStG unterschreiten. Eine Minderung nach § 3 Nr. 56 Satz 3 EStG ist immer nur in dem jeweiligen Dienstverhältnis vorzunehmen; die Steuerfreistellung nach § 3 Nr. 56 EStG bleibt somit unberührt, wenn z. B. erst in einem späteren ersten Dienstverhältnis Beiträge nach § 3 Nr. 63 EStG steuerfrei bleiben.

Beispiel:

344 Arbeitgeber A zahlt in 2013 an seine Zusatzversorgungskasse einen Betrag i. H. v.:
- 240 € (12 × 20 €) zugunsten einer getrennt verwalteten und abgerechneten kapitalgedeckten betrieblichen Altersversorgung und
- 1 680 € (12 × 140 €) zugunsten einer umlagefinanzierten betrieblichen Altersversorgung.

Der Beitrag i. H. v. 240 € ist steuerfrei gem. § 3 Nr. 63 EStG, denn der entsprechende Höchstbetrag wird nicht überschritten.

Von der Umlage sind 456 € steuerfrei gem. § 3 Nr. 56 Satz 1 und 3 EStG (individuell 1 680 €, aber maximal 1 % der Beitragsbemessungsgrenze 2013 in der allgemeinen Rentenversicherung i. H. v. 696 € abzüglich 240 €). Die verbleibende Umlage i. H. v. 1 224 € (1 680 € abzüglich 456 €) ist individuell oder gem. § 40b Abs. 1 und 2 EStG pauschal zu besteuern.

345 Es bestehen keine Bedenken gegen eine auf das Kalenderjahr bezogene Betrachtung hinsichtlich der gem. § 3 Nr. 56 Satz 3 EStG vorzunehmenden Verrechnung, wenn sowohl nach § 3 Nr. 63 EStG steuerfreie Beiträge als auch nach § 3 Nr. 56 EStG steuerfreie Zuwendungen erbracht werden sollen. Stellt der Arbeitgeber vor Übermittlung der elektronischen Lohnsteuerbescheinigung fest (z. B. wegen einer erst im Laufe des Kalenderjahres vereinbarten nach § 3 Nr. 63 EStG steuerfreien Entgeltumwandlung aus einer Sonderzuwendung), dass die ursprüngliche Betrachtung nicht mehr zutreffend ist, hat er eine Korrektur vorzunehmen.

Beispiel:

346 Arbeitgeber A zahlt ab dem 1. Januar 2013 monatlich an eine Zusatzversorgungskasse 140 € zugunsten einer umlagefinanzierten betrieblichen Altersversorgung; nach § 3 Nr. 63 EStG steuerfreie Beiträge werden nicht entrichtet. Aus dem Dezembergehalt (Gehaltszahlung 15. Dezember 2013) wandelt der Arbeitnehmer einen Betrag i. H. v. 240 € zugunsten einer kapitalgedeckten betrieblichen Altersversorgung um (wobei die Mitteilung an den Arbeitgeber am 5. Dezember 2013 erfolgt).

Der Beitrag i. H. v. 240 € ist vorrangig steuerfrei nach § 3 Nr. 63 EStG.

Von der Umlage wurde bisher ein Betrag i. H. v. 638 € (= 11 × 58 € [1 % der Beitragsbemessungsgrenze 2013 in der allgemeinen Rentenversicherung i. H. v. 696 €, verteilt auf 12 Monate]) nach § 3 Nr. 56 EStG steuerfrei belassen.

Im Monat Dezember 2013 ist die steuerliche Behandlung der Umlagezahlung zu korrigieren, denn nur ein Betrag i. H. v. 456 € (696 € abzüglich 240 €) kann steuerfrei gezahlt werden. Ein Betrag i. H. v. 182 € (638 € abzüglich 456 €) ist noch individuell oder pauschal zu besteuern. Der Arbeitgeber kann wahlweise im Lohnsteuerabzug der Monate 01/2013 bis 11/2013 korrigieren oder im Dezember 2013 den Betrag als sonstigen Bezug behandeln. Der Betrag für den Monat Dezember 2013 i. H. v. 140 € ist individuell oder pauschal zu besteuern.

10. Anwendung des § 40b EStG in der ab 1. Januar 2005 geltenden Fassung

347 § 40b EStG erfasst nur noch Zuwendungen des Arbeitgebers für eine betriebliche Altersversorgung an eine Pensionskasse, die nicht im Kapitaldeckungsverfahren, sondern im Umlageverfahren finanziert wird (wie z. B. Umlagen an die Versorgungsanstalt des Bundes und der Länder – VBL – bzw. an eine kommunale oder kirchliche Zusatzversorgungskasse). Werden für den Arbeitnehmer solche Zuwendungen laufend geleistet, bleiben diese ab 1. Januar 2008 zunächst im Rahmen des § 3 Nr. 56 EStG steuerfrei. Die den Rahmen des § 3 Nr. 56 EStG übersteigenden Zuwendungen können dann nach § 40b Abs. 1 und 2 EStG pauschal besteuert werden. Dies gilt unabhängig davon, ob die Zuwendungen aufgrund einer Alt- oder Neuzusage geleistet werden. Lediglich für den Bereich der kapitalgedeckten betrieblichen Altersversorgung wurde die Möglichkeit der Pauschalbesteuerung nach § 40b EStG grundsätzlich zum 1. Januar 2005 aufgehoben. Werden von einer Versorgungseinrichtung sowohl Umlagen als auch Beiträge im Kapitaldeckungsverfahren erhoben, ist dann § 40b EStG auch auf die im Kapitaldeckungsverfahren erhobenen Beiträge anwendbar, wenn eine getrennte Verwaltung und Abrechnung beider Vermögensmassen (Trennungsprinzip, Rz. 303) nicht erfolgt.

348 Zuwendungen des Arbeitgebers im Sinne des § 19 Abs. 1 Satz 1 Nr. 3 Satz 2 EStG an eine Pensionskasse sind in voller Höhe pauschal nach § 40b Abs. 4 EStG i.d.F. des Jahressteuergesetzes 2007 mit 15 % zu besteuern. Dazu gehören z. B. Gegenwertzahlungen nach § 23 Abs. 2 der Satzung der Versorgungsanstalt des Bundes und der Länder – VBL –. Für die Anwendung des § 40b Abs. 4 EStG ist es unerheblich, wenn an die Versorgungseinrichtung keine weiteren laufenden Beiträge oder Zuwendungen geleistet werden.

11. Übergangsregelungen § 52 Abs. 6 und 52b EStG zur Anwendung des § 3 Nr. 63 EStG und des § 40b EStG a. F.

a) Abgrenzung von Alt- und Neuzusage

349 Für die Anwendung von § 3 Nr. 63 Satz 3 EStG sowie § 40b Abs. 1 und 2 EStG a. F. kommt es darauf an, ob die entsprechenden Beiträge aufgrund einer Versorgungszusage geleistet werden, die vor dem 1. Januar 2005 (Altzusage) oder nach dem 31. Dezember 2004 (Neuzusage) erteilt wurde.

350 Für die Frage, zu welchem Zeitpunkt eine Versorgungszusage erstmalig erteilt wurde, ist grundsätzlich die zu einem Rechtsanspruch führende arbeitsrechtliche bzw. betriebsrentenrechtliche Verpflichtungserklärung des Arbeitgebers maßgebend (z. B. Einzelvertrag, Betriebsvereinbarung oder Tarifvertrag). Entscheidend ist danach nicht, wann Mittel an die Versorgungseinrichtung fließen. Bei kollektiven, rein arbeitgeberfinanzierten Versorgungsregelungen ist die Zusage daher in der Regel mit Abschluss der Versorgungsregelung bzw. mit Beginn des Dienstverhältnisses des Arbeitnehmers erteilt. Ist die erste Dotierung durch den Arbeitgeber erst nach Ablauf einer von vornherein arbeitsrechtlich festgelegten Wartezeit vorgesehen, so wird der Zusagezeitpunkt dadurch nicht verändert. Im Fall der ganz oder teilweise durch Entgeltumwandlung finanzierten Zusage gilt diese regelmäßig mit Abschluss der erstmaligen Gehaltsänderungsvereinbarung (vgl. auch Rz. 292 ff.) als erteilt. Liegen zwischen der Gehaltsänderungsvereinbarung und der erstmaligen Herabsetzung des Arbeitslohns mehr als 12 Monate, gilt die Versorgungszusage erst im Zeitpunkt der erstmaligen Herabsetzung als erteilt.

351 Die Änderung einer solchen Versorgungszusage stellt aus steuerrechtlicher Sicht unter dem Grundsatz der Einheit der Versorgung insbesondere dann keine Neuzusage dar, wenn bei ansonsten unveränderter Versorgungszusage:

- die Beiträge und/oder die Leistungen erhöht oder vermindert werden,
- die Finanzierungsform ersetzt oder ergänzt wird (rein arbeitgeberfinanziert, Entgeltumwandlung, andere im Gesamtversicherungsbeitrag des Arbeitgebers enthaltene Finanzierungsanteile des Arbeitnehmers oder eigene Beiträge des Arbeitnehmers, vgl. Rz. 304),
- der Versorgungsträger/Durchführungsweg gewechselt wird,
- die zu Grunde liegende Rechtsgrundlage gewechselt wird (z. B. bisher tarifvertraglich jetzt einzelvertraglich),
- eine befristete Entgeltumwandlung erneut befristet oder unbefristet fortgesetzt wird oder

Steuerliche Förderung der privaten und betrieblichen Altersversorgung — Anhang 13c

– in einer vor dem 1. Januar 2012 erteilten Zusage die Untergrenze für betriebliche Altersversorgungsleistungen bei altersbedingtem Ausscheiden aus dem Erwerbsleben um höchstens zwei Jahre bis maximal auf das 67. Lebensjahr erhöht wird. Dabei ist es unerheblich, ob dies zusammen mit einer Verlängerung der Beitragszahlungsdauer erfolgt (vgl. auch Rz. 376).

352 Eine Einordnung als Altzusage bleibt auch im Fall der Übernahme der Zusage (Schuldübernahme) nach § 4 Abs. 2 Nr. 1 BetrAVG durch den neuen Arbeitgeber und bei Betriebsübergang nach § 613a BGB erhalten.

353 Um eine Neuzusage handelt es sich neben den in Rz. 350 aufgeführten Fällen insbesondere,

– soweit die bereits erteilte Versorgungszusage um zusätzliche biometrische Risiken erweitert wird und dies mit einer Beitragserhöhung verbunden ist,

– im Fall der Übertragung der Zusage beim Arbeitgeberwechsel nach § 4 Abs. 2 Nr. 2 und Abs. 3 BetrAVG.

354 Werden einzelne Leistungskomponenten der Versorgungszusage im Rahmen einer von vornherein vereinbarten Wahloption verringert, erhöht oder erstmals aufgenommen (z. B. Einbeziehung der Hinterbliebenenabsicherung nach Heirat) und kommt es infolge dessen nicht zu einer Beitragsanpassung, liegt keine Neuzusage, sondern weiterhin eine Altzusage vor.

355 Gleichwohl ist es aus steuerlicher Sicht möglich, mehrere Versorgungszusagen nebeneinander, also neben einer Altzusage auch eine Neuzusage zu erteilen (z. B. „alte" Direktversicherung und „neuer" Pensionsfonds). Dies gilt grundsätzlich unabhängig davon, ob derselbe Durchführungsweg gewählt wird. Wird neben einer für alle Arbeitnehmer tarifvertraglich vereinbarten Pflichtversorgung z. B. erstmalig nach 2004 tarifvertraglich eine Entgeltumwandlung mit ganz eigenen Leistungskomponenten zugelassen, liegt im Falle der Nutzung der Entgeltumwandlung insoweit eine Neuzusage vor. Demgegenüber ist insgesamt von einer Altzusage auszugehen, wenn neben einem „alten" Direktversicherungsvertrag (Abschluss vor 2005) ein „neuer" Direktversicherungsvertrag (Abschluss nach 2004) abgeschlossen wird und die bisher erteilte Versorgungszusage nicht um zusätzliche biometrische Risiken erweitert wird (vgl. Rz. 351, 1. Spiegelstrich). Dies gilt auch, wenn der „neue" Direktversicherungsvertrag bei einer anderen Versicherungsgesellschaft abgeschlossen wird.

356 Wurde vom Arbeitgeber vor dem 1. Januar 2005 eine Versorgungszusage erteilt (Altzusage) und im Rahmen eines Pensionsfonds, einer Pensionskasse oder Direktversicherung durchgeführt, bestehen aus steuerlicher Sicht keine Bedenken, wenn auch nach einer Übertragung auf einen neuen Arbeitgeber unter Anwendung des „Abkommens zur Übertragung zwischen den Durchführungswegen Direktversicherungen, Pensionskassen oder Pensionsfonds bei Arbeitgeberwechsel" oder vergleichbaren Regelungen zur Übertragung von Versicherungen in Pensionskassen oder Pensionsfonds weiterhin von einer Altzusage ausgegangen wird. Dies gilt auch, wenn sich dabei die bisher abgesicherten biometrischen Risiken ändern, ohne dass damit eine Beitragsänderung verbunden ist. Die Höhe des Rechnungszinses spielt dabei für die lohnsteuerliche Beurteilung keine Rolle. Es wird in diesen Fällen nicht beanstandet, wenn die Beiträge für die Direktversicherung oder an eine Pensionskasse vom neuen Arbeitgeber weiter pauschal besteuert werden (§ 52 Abs. 6 und 52b EStG i. V. m. § 40b EStG a. F.). Zu der Frage der Novation und des Zuflusses von Zinsen siehe Rz. 35 des BMF-Schreibens vom 22. August 2002, BStBl. I S. 827, Rz. 88 ff. des BMF-Schreibens vom 1. Oktober 2009, BStBl. I S. 1172 und des BMF-Schreibens vom 6. März 2012, BStBl. I S. 238.

357 Entsprechendes gilt, wenn der (Alt-)Vertrag unmittelbar vom neuen Arbeitgeber fortgeführt wird. Auch insoweit bestehen keine Bedenken, wenn weiterhin von einer Altzusage ausgegangen wird und die Beiträge nach § 40b EStG a. F. pauschal besteuert werden.

358 Wird eine vor dem 1. Januar 2005 abgeschlossene Direktversicherung (Altzusage) oder Versicherung in einer Pensionskasse nach § 2 Abs. 2 oder 3 BetrAVG infolge der Beendigung des Dienstverhältnisses auf den Arbeitnehmer übertragen (versicherungsvertragliche Lösung), dann von diesem zwischenzeitlich privat (z. B. während der Zeit einer Arbeitslosigkeit) und später von einem neuen Arbeitgeber wieder als Direktversicherung oder Pensionskasse fortgeführt, bestehen ebenfalls keine Bedenken, wenn unter Berücksichtigung der übrigen Voraussetzungen bei dem neuen Arbeitgeber weiterhin von einer Altzusage ausgegangen wird. Das bedeutet insbesondere, dass der Versicherungsvertrag trotz der privaten Fortführung und der Übernahme durch den neuen Arbeitgeber – abgesehen von den in Rz. 351 f. genannten Fällen – keine wesentlichen Änderungen erfahren darf. Der Zeitraum der privaten Fortführung sowie die Tatsache, ob in dieser Zeit Beiträge geleistet oder der Vertrag beitragsfrei gestellt wurde, ist insoweit unmaßgeblich. Es wird in diesen Fällen nicht beanstandet, wenn die Beiträge für die Direktversicherung oder Pensionskasse vom neuen Arbeitgeber weiter pauschal besteuert werden (§ 52 Abs. 6 und 52b EStG i. V. m. § 40b EStG a. F.).

b) Weiteranwendung des § 40b Abs. 1 und 2 EStG a. F.

359 Auf Beiträge zugunsten einer kapitalgedeckten betrieblichen Altersversorgung, die aufgrund von Altzusagen geleistet werden, kann § 40b Abs. 1 und 2 EStG a. F. unter folgenden Voraussetzungen weiter angewendet werden:

360 Beiträge für eine Direktversicherung, die die Voraussetzungen des § 3 Nr. 63 EStG nicht erfüllen, können weiterhin vom Arbeitgeber nach § 40b Abs. 1 und 2 EStG a. F. pauschal besteuert werden, ohne dass es hierfür einer Verzichtserklärung des Arbeitnehmers bedarf.

361 Beiträge für eine Direktversicherung, die die Voraussetzungen des § 3 Nr. 63 EStG erfüllen, können nur dann nach § 40b Abs. 1 und 2 EStG a. F. pauschal besteuert werden, wenn der Arbeitnehmer zuvor gegenüber dem Arbeitgeber für diese Beiträge auf die Anwendung des § 3 Nr. 63 EStG verzichtet hat; dies gilt auch dann, wenn der Höchstbetrag nach § 3 Nr. 63 Satz 1 EStG bereits durch anderweitige Beitragsleistungen vollständig ausgeschöpft wird. Handelt es sich um rein arbeitgeberfinanzierte Beiträge und wird die Pauschalsteuer nicht auf den Arbeitnehmer abgewälzt, kann von einer solchen Verzichtserklärung bereits dann ausgegangen werden, wenn der Arbeitnehmer der Weiteranwendung des § 40b EStG a. F. bis zum Zeitpunkt der ersten Beitragsleistung in 2005 nicht ausdrücklich widersprochen hat. In allen anderen Fällen ist eine Weiteranwendung des § 40b EStG a. F. möglich, wenn der Arbeitnehmer dem Angebot des Arbeitgebers, die Beiträge weiterhin nach § 40b EStG a. F. pauschal zu versteuern, spätestens bis zum 30. Juni 2005 zugestimmt hat. Erfolgte die Verzichtserklärung erst nach Beitragszahlung, kann § 40b EStG a. F. für diese Beitragszahlung/en nur dann weiter angewendet und die Steuerfreiheit nach § 3 Nr. 63 EStG rückgängig gemacht werden, wenn die Lohnsteuerbescheinigung im Zeitpunkt der Verzichtserklärung noch nicht übermittelt oder ausgeschrieben worden war. Im Fall eines späteren Arbeitgeberwechsels ist in den Fällen des § 4 Abs. 2 Nr. 1 BetrAVG die Weiteranwendung des § 40b EStG a. F. möglich, wenn der Arbeitnehmer dem Angebot des Arbeitgebers, die Beiträge weiterhin nach § 40b EStG a. F. pauschal zu versteuern, spätestens bis zur ersten Beitragsleistung zustimmt.

362 Beiträge an Pensionskassen können nach § 40b EStG a. F. insbesondere dann weiterhin pauschal besteuert werden, wenn die Summe der nach § 3 Nr. 63 EStG steuerfreien Beiträge und der Beiträge, die wegen der Ausübung des Wahlrechts nach § 3 Nr. 63 Satz 2 EStG individuell versteuert werden, 4 % der Beitragsbemessungsgrenze in der allgemeinen Rentenversicherung übersteigt. Wurde im Fall einer Altzusage bisher lediglich § 3 Nr. 63 EStG angewendet und wird der Höchstbetrag von 4 % der Beitragsbemessungsgrenze in der allgemeinen Rentenversicherung erst nach dem 31. Dezember 2004 durch eine Beitragserhöhung überschritten, ist eine Pauschalbesteuerung nach § 40b EStG a. F. für die übersteigenden Beiträge möglich. Der zusätzliche Höchstbetrag von 1 800 € bleibt in diesen Fällen unberücksichtigt, da er nur dann zur Anwendung gelangt, wenn es sich um eine Neuzusage handelt.

Anhang 13c Steuerliche Förderung der privaten und betrieblichen Altersversorgung

c) Verhältnis von § 3 Nr. 63 Satz 3 EStG und § 40b Abs. 1 und 2 Satz 1 und 2 EStG a. F.

363 Der zusätzliche Höchstbetrag von 1 800 € nach § 3 Nr. 63 Satz 3 EStG für eine Neuzusage kann dann nicht in Anspruch genommen werden, wenn die für den Arbeitnehmer aufgrund einer Altzusage geleisteten Beiträge bereits nach § 40b Abs. 1 und 2 Satz 1 und 2 EStG a. F. pauschal besteuert werden. Dies gilt unabhängig von der Höhe der pauschal besteuerten Beiträge und somit auch unabhängig davon, ob der Dotierungsrahmen des § 40b Abs. 2 Satz 1 EStG a. F. (1 752 €) voll ausgeschöpft wird oder nicht. Eine Anwendung des zusätzlichen Höchstbetrags von 1 800 € kommt aber dann in Betracht, wenn z. B. bei einem Beitrag zugunsten der Altzusage statt der Weiteranwendung des § 40b Abs. 1 und 2 Satz 1 und 2 EStG a. F. dieser Beitrag individuell besteuert wird.

364 Werden für den Arbeitnehmer im Rahmen einer umlagefinanzierten betrieblichen Altersversorgung Zuwendungen an eine Pensionskasse geleistet und werden diese – soweit sie nicht nach § 3 Nr. 56 EStG steuerfrei bleiben (vgl. Rz. 340 ff.) – pauschal besteuert, ist § 40b Abs. 1 und 2 EStG anzuwenden. Dies gilt unabhängig davon, ob die umlagefinanzierten Zuwendungen aufgrund einer Alt- oder Neuzusage geleistet werden. Lediglich für den Bereich der kapitalgedeckten betrieblichen Altersversorgung wurde die Möglichkeit der Pauschalbesteuerung nach § 40b EStG grundsätzlich zum 1. Januar 2005 aufgehoben. Werden von einer Versorgungseinrichtung sowohl Umlagen als auch Beiträge im Kapitaldeckungsverfahren erhoben, wird die Inanspruchnahme des zusätzlichen Höchstbetrags von 1 800 € nach § 3 Nr. 63 Satz 3 EStG für getrennt im Kapitaldeckungsverfahren erhobene Beiträge (Rz. 303) somit durch nach § 40b EStG pauschal besteuerte Zuwendungen zugunsten der umlagefinanzierten betrieblichen Altersversorgung nicht ausgeschlossen.

d) Verhältnis von § 3 Nr. 63 Satz 4 EStG und § 40b Abs. 1 und 2 Satz 3 und 4 EStG a. F.

365 Begünstigte Aufwendungen (Rz. 303 ff.), die der Arbeitgeber aus Anlass der Beendigung des Dienstverhältnisses nach dem 31. Dezember 2004 leistet, können entweder nach § 3 Nr. 63 Satz 4 EStG steuerfrei belassen oder nach § 40b Abs. 2 Satz 3 und 4 EStG a. F. pauschal besteuert werden. Für die Anwendung der Vervielfältigungsregelung des § 3 Nr. 63 Satz 4 EStG kommt es nicht darauf an, ob die Zusage vor oder nach dem 1. Januar 2005 erteilt wurde; sie muss allerdings die Voraussetzungen des § 3 Nr. 63 EStG erfüllen (vgl. insbesondere Rz. 312). Die Anwendung von § 3 Nr. 63 Satz 4 EStG ist allerdings ausgeschlossen, wenn gleichzeitig § 40b Abs. 2 Satz 3 und 4 EStG a. F. auf die Beiträge, die der Arbeitgeber aus Anlass der Beendigung des Dienstverhältnisses leistet, angewendet wird. Eine Anwendung ist ferner nicht möglich, wenn der Arbeitnehmer bei Beiträgen für eine Direktversicherung auf die Steuerfreiheit der Beiträge zu dieser Direktversicherung zugunsten der Weiteranwendung des § 40b EStG a. F. verzichtet hatte (vgl. Rz. 359 ff.). Bei einer Pensionskasse hindert die Pauschalbesteuerung nach § 40b Abs. 1 und 2 Satz 1 und 2 EStG a. F. die Inanspruchnahme des § 3 Nr. 63 Satz 4 EStG nicht. Für die Anwendung der Vervielfältigungsregelung nach § 40b Abs. 2 Satz 3 und 4 EStG a. F. ist allerdings Voraussetzung, dass die begünstigten Aufwendungen zugunsten einer Altzusage geleistet werden. Da allein die Erhöhung der Beiträge und/oder Leistungen bei einer ansonsten unveränderten Versorgungszusage nach Rz. 351 noch nicht zu einer Neuzusage führt, kann die Vervielfältigungsregelung des § 40b EStG a. F. auch dann genutzt werden, wenn der Arbeitnehmer erst nach dem 1. Januar 2005 aus dem Dienstverhältnis ausscheidet. Die Höhe der begünstigten Beiträge muss dabei nicht bereits bei Erteilung dieser Zusage bestimmt worden sein. Entsprechendes gilt in den Fällen, in denen bei einer Altzusage bisher lediglich § 3 Nr. 63 EStG angewendet wurde und der Höchstbetrag von 4 % der Beitragsbemessungsgrenze in der allgemeinen Rentenversicherung erst durch die Beiträge, die der Arbeitgeber aus Anlass der Beendigung des Dienstverhältnisses nach dem 31. Dezember 2004 leistet, überschritten wird.

e) Keine weitere Anwendung von § 40b Abs. 1 und 2 EStG a. F. auf Neuzusagen

366 Auf Beiträge, die aufgrund von Neuzusagen geleistet werden, kann § 40b Abs. 1 und 2 EStG a. F. nicht mehr angewendet werden. Die Beiträge bleiben bis zur Höhe von 4 % der Beitragsbemessungsgrenze in der allgemeinen Rentenversicherung zuzüglich 1 800 € grundsätzlich nach § 3 Nr. 63 EStG steuerfrei.

f) Verhältnis von § 3 Nr. 63 EStG und § 40b EStG a. F., wenn die betriebliche Altersversorgung nebeneinander bei verschiedenen Versorgungseinrichtungen durchgeführt wird

367 Leistet der Arbeitgeber nach § 3 Nr. 63 Satz 1 EStG begünstigte Beiträge an verschiedene Versorgungseinrichtungen, kann er § 40b EStG a. F. auf Beiträge an Pensionskassen unabhängig von der zeitlichen Reihenfolge der Beitragszahlung anwenden, wenn die Voraussetzungen für die weitere Anwendung der Pauschalbesteuerung dem Grunde nach vorliegen. Allerdings muss zum Zeitpunkt der Anwendung des § 40b EStG a. F. bereits feststehen oder zumindest konkret beabsichtigt sein, die nach § 3 Nr. 63 Satz 1 EStG steuerfreien Beiträge in voller Höhe zu zahlen. Stellt der Arbeitgeber fest, dass die Steuerfreiheit noch nicht oder nicht in vollem Umfang ausgeschöpft worden ist oder werden kann, muss die Pauschalbesteuerung nach § 40b EStG a. F. – ggf. teilweise – rückgängig gemacht werden; spätester Zeitpunkt hierfür ist die Übermittlung oder Erteilung der Lohnsteuerbescheinigung.

368 Im Jahr der Errichtung kann der Arbeitgeber für einen neu eingerichteten Durchführungsweg die Steuerfreiheit in Anspruch nehmen, wenn er die für den bestehenden Durchführungsweg bereits in Anspruch genommene Steuerfreiheit rückgängig gemacht und die Beiträge nachträglich bis zum Dotierungsrahmen des § 40b EStG a. F. (1 752 €) pauschal besteuert hat.

III. Steuerliche Behandlung der Versorgungsleistungen

1. Allgemeines

369 Die Leistungen aus einer Versorgungszusage des Arbeitgebers können Einkünfte aus nichtselbständiger Arbeit oder sonstige Einkünfte sein oder nicht der Besteuerung unterliegen.

2. Direktzusage und Unterstützungskasse

370 Versorgungsleistungen des Arbeitgebers aufgrund einer Direktzusage und Versorgungsleistungen einer Unterstützungskasse führen zu Einkünften aus nichtselbständiger Arbeit (§ 19 EStG).

371 Werden solche Versorgungsleistungen nicht fortlaufend, sondern in einer Summe gezahlt, handelt es sich um Vergütungen (Arbeitslohn) für mehrjährige Tätigkeiten im Sinne des § 34 Abs. 2 Nr. 4 EStG (vgl. BFH-Urteil vom 12. April 2007, BStBl. II S. 581), die bei Zusammenballung als außerordentliche Einkünfte nach § 34 Abs. 1 EStG zu besteuern sind. Die Gründe für eine Kapitalisierung von Versorgungsbezügen sind dabei unerheblich. Im Fall von Teilkapitalauszahlungen ist dagegen der Tatbestand der Zusammenballung nicht erfüllt; eine Anwendung des § 34 EStG kommt daher für diese Zahlungen nicht in Betracht.

3. Direktversicherung, Pensionskasse und Pensionsfonds

372 Die steuerliche Behandlung der Leistungen aus einer Direktversicherung, Pensionskasse und Pensionsfonds in der Auszahlungsphase erfolgt nach § 22 Nr. 5 EStG (lex specialis, vgl. Rz. 121 ff.). Der Umfang der Besteuerung hängt davon ab, inwieweit die Beiträge in der Ansparphase durch die Steuerfreiheit nach § 3 Nr. 63 EStG (vgl. Rz. 301 ff.), nach § 3 Nr. 66 EStG (vgl. Rz. 322) oder durch Sonderausgabenabzug nach § 10a EStG und Zulage nach Abschnitt XI EStG (vgl. Rz. 330 ff.) gefördert wurden oder die Leistungen auf steuerfreien Zuwendungen nach § 3 Nr. 56 EStG basieren. Dies gilt auch für Leistungen aus einer ergänzenden Absicherung der

Invalidität oder von Hinterbliebenen. Dabei ist grundsätzlich von einer einheitlichen Versorgungszusage und somit für den Aufteilungsmaßstab von einer einheitlichen Behandlung der Beitragskomponenten für Alter und Zusatzrisiken auszugehen. Ist nur die Absicherung von Zusatzrisiken Gegenstand einer Versorgungszusage, ist für den Aufteilungsmaßstab auf die gesamte Beitragsphase und nicht allein auf den letzten geleisteten Beitrag abzustellen. Zu den nicht geförderten Beiträgen gehören insbesondere die nach § 40b EStG a. F. pauschal besteuerten sowie die vor dem 1. Januar 2002 erbrachten Beiträge an eine Pensionskasse oder für eine Direktversicherung. Die Besteuerung erfolgt auch dann nach § 22 Nr. 5 EStG, wenn ein Direktversicherungsvertrag ganz oder teilweise privat fortgeführt wird.

373 Im Fall von Teil- bzw. Einmalkapitalauszahlungen handelt es sich nicht um außerordentliche Einkünfte im Sinne des § 34 Abs. 2 EStG. Es liegt weder eine Entschädigung noch eine Vergütung für eine mehrjährige Tätigkeit vor. Daher kommt eine Anwendung der Fünftelungsregelung des § 34 EStG auf diese Zahlungen nicht in Betracht.

a) Leistungen, die ausschließlich auf nicht geförderten Beiträgen beruhen

374 Leistungen aus Altzusagen (vgl. Rz. 349 ff.), die ausschließlich auf nicht geförderten Beiträgen beruhen, sind, wenn es sich um eine lebenslange Rente, eine Berufsunfähigkeits-, Erwerbsminderungs- oder um eine Hinterbliebenenrente handelt, als sonstige Einkünfte gem. § 22 Nr. 5 Satz 2 Buchstabe a i. V. m. § 22 Nr. 1 Satz 3 Buchstabe a Doppelbuchstabe bb EStG mit dem Ertragsanteil zu besteuern.

375 Handelt es sich um Renten im Sinne der Rz. 374 aus Neuzusagen (vgl. Rz. 349 ff.), die die Voraussetzungen des § 10 Abs. 1 Nr. 2 Satz 1 Buchstabe b EStG erfüllen, sind diese als sonstige Einkünfte gem. § 22 Nr. 5 Satz 2 Buchstabe a i. V. m. § 22 Nr. 1 Satz 3 Buchstabe a Doppelbuchstabe aa EStG zu besteuern. Liegen die Voraussetzungen des § 10 Abs. 1 Nr. 2 Satz 1 Buchstabe b EStG nicht vor, erfolgt die Besteuerung gem. § 22 Nr. 5 Satz 2 Buchstabe a i. V. m. § 22 Nr. 1 Satz 3 Buchstabe a Doppelbuchstabe bb EStG mit dem Ertragsanteil.

376 Auf andere als die in Rz. 374 f. genannten Leistungen (z. B. Kapitalauszahlungen, Teilraten aus Auszahlungsplänen, Abfindungen) sind die Regelungen in Rz. 140 entsprechend anzuwenden. Wird bei einem vor dem 1. Januar 2012 abgeschlossenen Vertrag die Untergrenze für betriebliche Altersversorgungsleistungen bis auf das 62. Lebensjahr oder der Zeitpunkt des erstmaligen Bezugs von Altersversorgungsleistungen bei altersbedingtem Ausscheiden aus dem Erwerbsleben auf das 67. Lebensjahr erhöht (vgl. Rz. 286) und dadurch die Laufzeit des Vertrages verlängert, führt dies allein zu keiner nachträglichen Vertragsänderung, wenn die Verlängerung einen Zeitraum von höchstens zwei Jahren umfasst. Eine entsprechende Verlängerung der Beitragszahlungsdauer ist zulässig. Eine Verlängerung der Laufzeit bzw. der Beitragszahlungsdauer infolge der Anhebung der Altersgrenze kann nur einmalig vorgenommen werden.

377 Zu Leistungen aus einer reinen Risikoversicherung vgl. insoweit Rz. 7 des BMF-Schreibens vom 1. Oktober 2009, BStBl. I S. 1172.

b) Leistungen, die ausschließlich auf geförderten Beiträgen beruhen

378 Leistungen, die ausschließlich auf geförderten Beiträgen beruhen, unterliegen als sonstige Einkünfte nach § 22 Nr. 5 Satz 1 EStG in vollem Umfang der Besteuerung (vgl. auch Rz. 132 f.).

c) Leistungen, die auf geförderten und nicht geförderten Beiträgen beruhen

379 Beruhen die Leistungen sowohl auf geförderten als auch auf nicht geförderten Beiträgen, müssen die Leistungen in der Auszahlungsphase aufgeteilt werden (vgl. Rz. 134 ff.). Für die Frage des Aufteilungsmaßstabs ist das BMF-Schreiben vom 11. November 2004, BStBl. I S. 1061, unter Berücksichtigung der Änderungen durch das BMF-Schreiben vom 14. März 2012, BStBl. I S. 311, anzuwenden.

380 Soweit die Leistungen auf geförderten Beiträgen beruhen, unterliegen sie als sonstige Einkünfte nach § 22 Nr. 5 Satz 1 EStG in vollem Umfang der Besteuerung. Dies gilt unabhängig davon, ob sie in Form der Rente oder als Kapitalauszahlung geleistet werden.

381 Soweit die Leistungen auf nicht geförderten Beiträgen beruhen, gelten die Regelungen in Rz. 374 bis 377 entsprechend.

d) Sonderzahlungen des Arbeitgebers nach § 19 Abs. 1 Satz 1 Nr. 3 EStG

382 Sonderzahlungen des Arbeitgebers im Sinne des § 19 Abs. 1 Satz 1 Nr. 3 Satz 2 EStG einschließlich der Zahlungen des Arbeitgebers zur Erfüllung der Solvabilitätsvorschriften nach den §§ 53c und 114 des Versicherungsaufsichtsgesetzes (VAG), der Zahlungen des Arbeitgebers in der Rentenbezugszeit nach § 112 Abs. 1a VAG und der Sanierungsgelder sind bei der Ermittlung des Aufteilungsmaßstabs nicht zu berücksichtigen.

e) Bescheinigungspflicht

383 Nach § 22 Nr. 5 Satz 7 EStG hat der Anbieter beim erstmaligen Bezug von Leistungen sowie bei Änderung der im Kalenderjahr auszuzahlenden Leistungen dem Steuerpflichtigen nach amtlich vorgeschriebenem Vordruck den Betrag der im abgelaufenen Kalenderjahr zugeflossenen Leistungen zu bescheinigen. In dieser Bescheinigung sind die Leistungen entsprechend den Grundsätzen in Rz. 132 ff. gesondert auszuweisen.

f) Sonderregelungen

aa) Leistungen aus einem Pensionsfonds aufgrund der Übergangsregelung nach § 52 Abs. 34c EStG

384 Haben Arbeitnehmer schon von ihrem Arbeitgeber aufgrund einer Direktzusage oder von einer Unterstützungskasse laufende Versorgungsleistungen erhalten und ist diese Versorgungsverpflichtung nach § 3 Nr. 66 EStG auf einen Pensionsfonds übertragen worden, werden bei den Leistungsempfängern nach § 52 Abs. 34c EStG weiterhin der Arbeitnehmer-Pauschbetrag i. H. v. 1 000 € (§ 9a Satz 1 Nr. 1 Buchstabe a EStG) bzw. der Pauschbetrag für Werbungskosten i. H. v. 102 € nach § 9a Satz 1 Nr. 1 Buchstabe b EStG und der Versorgungsfreibetrag sowie der Zuschlag zum Versorgungsfreibetrag (§ 19 Abs. 2 EStG) berücksichtigt. Dies gilt auch, wenn der Zeitpunkt des erstmaligen Leistungsbezugs und der Zeitpunkt der Übertragung der Versorgungsverpflichtung auf den Pensionsfonds in denselben Monat fallen. Die Leistungen unterliegen unabhängig davon als sonstige Einkünfte nach § 22 Nr. 5 Satz 1 EStG der Besteuerung. Die vorstehenden Ausführungen zur Berücksichtigung des Versorgungsfreibetrags und des Zuschlags zum Versorgungsfreibetrag gelten entsprechend für einen Hinterbliebenenbezug, der auf den Versorgungsbezug folgt.

385 Handelt es sich bereits beim erstmaligen Bezug der Versorgungsleistungen um Versorgungsbezüge im Sinne des § 19 Abs. 2 EStG, wird der Pauschbetrag nach § 9a Satz 1 Nr. 1 Buchstabe b EStG abgezogen; zusätzlich werden der Versorgungsfreibetrag und der Zuschlag zum Versorgungsfreibetrag mit dem für das Jahr des Versorgungsbeginns maßgebenden Vomhundertsatz und Beträgen berücksichtigt. Handelt es sich beim erstmaligen Bezug der Versorgungsleistungen nicht um Versorgungsbezüge im Sinne des § 19 Abs. 2 EStG, weil z. B. keine der Altersgrenzen in § 19 Abs. 2 EStG erreicht sind, ist lediglich der Arbeitnehmer-Pauschbetrag (§ 9a Satz 1 Nr. 1 Buchstabe a EStG) abzuziehen. Wird eine der Altersgrenzen in § 19 Abs. 2 EStG erst zu einem späteren Zeitpunkt erreicht, sind ab diesem Zeitpunkt der für dieses Jahr maßgebende Versorgungsfreibetrag und der Zuschlag zum Versorgungsfreibetrag abzuziehen sowie anstelle des Arbeitnehmer-Pauschbetrags der Pauschbetrag nach § 9a Satz 1 Nr. 1 Buchstabe b EStG. Ein Abzug des Versorgungsfreibetrags

Anhang 13c Steuerliche Förderung der privaten und betrieblichen Altersversorgung

nach § 19 Abs. 2 EStG in der bis zum 31. Dezember 2004 geltenden Fassung kommt nach dem 31. Dezember 2004 nicht mehr in Betracht. Dies gilt unabhängig vom Zeitpunkt der Übertragung der Versorgungsverpflichtung auf den Pensionsfonds. Folgt ein Hinterbliebenenbezug einem Versorgungsbezug, sind die Rz. 123 ff. des BMF-Schreibens vom 13. September 2010, BStBl. I S. 681, entsprechend anzuwenden.

bb) Arbeitgeberzahlungen infolge der Anpassungsprüfungspflicht nach § 16 BetrAVG

386 Leistungen des Arbeitgebers aufgrund der Anpassungsprüfungspflicht nach § 16 Abs. 1 BetrAVG, mit der die Leistungen einer Versorgungseinrichtung ergänzt werden, gehören zu den Einkünften nach § 19 Abs. 1 Satz 1 Nr. 2 EStG. Rz. 385 gilt entsprechend. Als Versorgungsbeginn im Sinne des § 19 Abs. 2 EStG ist der Beginn der Zahlung durch den Arbeitgeber anzusehen.

387 Erhöhen sich die Zahlungen des Arbeitgebers infolge der Anpassungsprüfungspflicht nach § 16 BetrAVG, liegt eine regelmäßige Anpassung vor, die nicht zu einer Neuberechnung des Versorgungsfreibetrags und des Zuschlags zum Versorgungsfreibetrag führen.

388 Ändert sich die Höhe der Arbeitgeberzahlung unabhängig von der Anpassungsprüfungspflicht, gilt Folgendes:

Übernimmt die Versorgungseinrichtung die Arbeitgeberzahlung nur zum Teil, ist dies als Anrechnungs-/Ruhensregelung im Sinne des § 19 Abs. 2 Satz 10 EStG anzusehen und führt zu einer Neuberechnung. Gleiches gilt für den Fall, dass die Versorgungseinrichtung die Zahlungen nicht mehr erbringen kann und sich die Arbeitgeberzahlung wieder erhöht.

389 Kann die Versorgungseinrichtung die Arbeitgeberzahlungen zunächst vollständig übernehmen und stellt diese später (z. B. wegen Liquiditätsproblemen) wieder ein, so dass der Arbeitgeber die Zahlungsverpflichtung wieder vollständig erfüllen muss, lebt der Anspruch wieder auf. Dies führt nicht zu einem neuen Versorgungsbeginn, so dass für die (Neu-)Berechnung des Versorgungsfreibetrags und des Zuschlags zum Versorgungsfreibetrag die „alte" Kohorte maßgebend ist.

cc) Beendigung einer betrieblichen Altersversorgung

390 Bei Beendigung einer nach § 3 Nr. 63 EStG geförderten betrieblichen Altersversorgung gilt Folgendes:

Liegt eine betriebliche Altersversorgung im Sinne des BetrAVG vor und wird diese lediglich mit Wirkung für die Zukunft beendet, z. B. durch eine Abfindung (ggf. auch in Form der Beitragsrückerstattung), dann handelt es sich bei der Zahlung der Versorgungseinrichtung an den Arbeitnehmer um sonstige Einkünfte im Sinne des § 22 Nr. 5 EStG und nicht um Einkünfte nach § 19 EStG.

Im Fall einer kompletten Rückabwicklung des Vertragsverhältnisses mit Wirkung für die Vergangenheit handelt es sich bei der Zahlung der Versorgungseinrichtung an den Arbeitnehmer um eine Arbeitslohnzahlung im Sinne des § 19 Abs. 1 EStG, die im Zeitpunkt des Zuflusses nach den allgemeinen lohnsteuerlichen Grundsätzen behandelt wird.

Kündigt der Arbeitgeber vorzeitig einen nach § 40b EStG begünstigten Direktversicherungsvertrag und wird der Rückkaufswert im Hinblick auf ein unwiderrufliches bzw. unverfallbares Bezugsrecht an den Arbeitnehmer ausgezahlt, ergeben sich aus diesem Vorgang keine lohnsteuerlichen Konsequenzen.

Im Gegensatz zur rückwirkenden Aufhebung einer Vereinbarung mit der Rechtsfolge, dass der Anspruch auf betriebliche Altersversorgung gänzlich untergeht, bewirkt die Abfindung des Anspruchs lediglich einen Rechtsverlust ab dem Zeitpunkt des Wirksamwerdens der Vereinbarung. Der Pauschalierung nach § 40b EStG a. F. steht die vorzeitige Kündigung durch den Arbeitnehmer entgegen. Eine Kündigung durch den Arbeitgeber ist dagegen unschädlich. Von einer Kündigung durch den Arbeitgeber ist auszugehen, wenn betriebliche Gründe (z. B. Liquiditätsschwierigkeiten) maßgebend waren oder die Kündigung durch den Arbeitgeber auf Wunsch des Arbeitnehmers erfolgt ist. Die Kündigung hat keine Auswirkung auf eine bis zu diesem Zeitpunkt erfolgte Pauschalierung nach § 40b EStG a. F.

IV. Schädliche Auszahlung von gefördertem Altersvorsorgevermögen

1. Allgemeines

391 Wird das nach § 10a/Abschnitt XI EStG steuerlich geförderte Altersvorsorgevermögen an den Arbeitnehmer nicht als Rente oder im Rahmen eines Auszahlungsplans ausgezahlt, handelt es sich grundsätzlich um eine schädliche Verwendung (§ 93 Abs. 1 EStG; Rz. 190 ff.). Im Bereich der betrieblichen Altersversorgung kann eine solche schädliche Verwendung dann gegeben sein, wenn Versorgungsanwartschaften abgefunden oder übertragen werden. Entsprechendes gilt, wenn der Arbeitnehmer im Versorgungsfall ein bestehendes Wahlrecht auf Einmalkapitalauszahlung ausübt (vgl. Rz. 332).

392 Liegt eine schädliche Verwendung von gefördertem Altersvorsorgevermögen vor, gelten Rz. 196 ff. sowie 208 bis 231.

2. Abfindungen von Anwartschaften, die auf nach § 10a/Abschnitt XI EStG geförderten Beiträgen beruhen

393 Im Fall der Abfindung von Anwartschaften der betrieblichen Altersversorgung gem. § 3 BetrAVG handelt es sich gem. § 93 Abs. 2 Satz 3 EStG um keine schädliche Verwendung, soweit das nach § 10a/Abschnitt XI EStG geförderte Altersvorsorgevermögen zugunsten eines auf den Namen des Zulageberechtigten lautenden zertifizierten privaten Altersvorsorgevertrags geleistet wird. Der Begriff der Abfindung umfasst außerdem auch Abfindungen, die in arbeitsrechtlich zulässiger Weise außerhalb des Regelungsbereiches des § 3 BetrAVG erfolgen, wie z. B. den Fall der Abfindung ohne Ausscheiden aus dem Arbeitsverhältnis. Liegen die übrigen Voraussetzungen des § 93 Abs. 2 Satz 3 EStG vor, kann somit auch in anderen Abfindungsfällen als denen des § 3 BetrAVG gefördertes Altersvorsorgevermögen aus der betrieblichen Altersversorgung auf einen zertifizierten privaten Altersvorsorgevertrag übertragen werden, ohne dass eine schädliche Verwendung vorliegt.

3. Abfindungen von Anwartschaften, die auf steuerfreien und nicht geförderten Beiträgen beruhen

394 Wird eine Anwartschaft der betrieblichen Altersversorgung abgefunden, die ganz oder teilweise auf nach § 3 Nr. 63 EStG, § 3 Nr. 66 EStG steuerfreien oder nicht geförderten Beiträgen beruht und zugunsten eines auf den Namen des Steuerpflichtigen lautenden zertifizierten Altersvorsorgevertrags geleistet wird, unterliegt der Abfindungsbetrag im Zeitpunkt der Abfindung nicht der Besteuerung (§ 3 Nr. 55c Satz 2 Buchstabe a EStG; Rz. 145). Die Rz. 146 ff. gelten entsprechend.

395 Wird der Abfindungsbetrag nicht entsprechend der Rz. 394 verwendet, erfolgt eine Besteuerung des Abfindungsbetrags im Zeitpunkt der Abfindung entsprechend den Grundsätzen der Rz. 374 bis 381.

4. Portabilität

396 Bei einem Wechsel des Arbeitgebers kann der Arbeitnehmer für Versorgungszusagen, die nach dem 31. Dezember 2004 erteilt werden, gem. § 4 Abs. 3 BetrAVG verlangen, dass der bisherige Arbeitgeber den Übertragungswert (§ 4 Abs. 5 BetrAVG) auf eine Versorgungseinrichtung des neuen Arbeitgebers überträgt. Die Übertragung ist gem. § 93 Abs. 2 Satz 2 EStG dann keine schädliche Verwendung, wenn auch nach der Übertragung eine lebenslange Altersversorgung des Arbeitnehmers im Sinne des § 1 Abs. 1 Satz 1 Nr. 4 Buchstabe a AltZertG gewährleistet wird. Dies gilt auch, wenn der alte und neue Arbeitgeber sowie der Arbeitnehmer sich gem. § 4 Abs. 2 Nr. 2 BetrAVG freiwillig auf eine Übertragung der Versorgungsanwartschaften mittels Übertragungswert von einer Versorgungseinrichtung im Sinne des § 82 Abs. 2 EStG auf eine andere Versorgungseinrichtung im Sinne des § 82 Abs. 2 EStG verständigen.

397 Erfüllt die Versorgungseinrichtung des neuen Arbeitgebers nicht die Voraussetzungen des § 1 Abs. 1 Satz 1 Nr. 4 Buchstabe a AltZertG, gelten Rz. 374 bis 381 entsprechend.

Steuerliche Förderung der privaten und betrieblichen Altersversorgung

5. Entschädigungsloser Widerruf eines noch verfallbaren Bezugsrechts

398 Hat der Arbeitnehmer für arbeitgeberfinanzierte Beiträge an eine Direktversicherung, eine Pensionskasse oder einen Pensionsfonds die Förderung durch Sonderausgabenabzug nach § 10a EStG und Zulage nach Abschnitt XI EStG erhalten und verliert er vor Eintritt der Unverfallbarkeit sein Bezugsrecht durch einen entschädigungslosen Widerruf des Arbeitgebers, handelt es sich um eine schädliche Verwendung im Sinne des § 93 Abs. 1 EStG. Das Versicherungsunternehmen oder die Pensionskasse hat der ZfA die schädliche Verwendung nach § 94 Abs. 1 EStG anzuzeigen. Die gutgeschriebenen Zulagen sind vom Anbieter einzubehalten. Darüber hinaus hat die ZfA den steuerlichen Vorteil aus dem Sonderausgabenabzug nach § 10a EStG beim Arbeitnehmer nach § 94 Abs. 2 EStG zurückzufordern. Der maßgebliche Zeitpunkt für die Rückforderung der Zulagen und des steuerlichen Vorteils ist der Zeitpunkt, in dem die den Verlust des Bezugsrechts begründenden Willenserklärungen (z. B. Kündigung oder Widerruf) wirksam geworden sind. Im Übrigen gilt R 40b.1 Abs. 13 ff. LStR.

399 Zahlungen, die das Versicherungsunternehmen, die Pensionskasse oder der Pensionsfonds an den Arbeitgeber leistet, weil der Arbeitnehmer für eine arbeitgeberfinanzierte betriebliche Altersversorgung vor Eintritt der Unverfallbarkeit sein Bezugsrecht verloren hat (z. B. bei vorzeitigem Ausscheiden aus dem Dienstverhältnis), stellen Betriebseinnahmen dar. § 43 EStG ff. ist in diesem Fall zu beachten.

C. Besonderheiten beim Versorgungsausgleich

I. Allgemeines

1. Gesetzliche Neuregelung des Versorgungsausgleichs

400 Mit dem VersAusglG vom 3. April 2009 wurden die Vorschriften zum Versorgungsausgleich grundlegend geändert. Es gilt künftig für alle ausgleichsreifen Anrechte auf Altersversorgung der Grundsatz der internen Teilung, der bisher schon bei der gesetzlichen Rentenversicherung zur Anwendung kam. Bisher wurden alle von den Ehegatten während der Ehe erworbenen Anrechte auf Versorgung wegen Alter und Invalidität bewertet und im Wege eines Einmalausgleichs ausgeglichen, vorrangig über die gesetzliche Rentenversicherung.

401 Das neue VersAusglG sieht dagegen die interne Teilung als Grundsatz des Versorgungsausgleichs auch für alle Systeme der betrieblichen Altersversorgung und privaten Altersvorsorge vor. Hierbei werden die von den Ehegatten in den unterschiedlichen Altersversorgungssystemen erworbenen Anrechte zum Zeitpunkt der Scheidung innerhalb des jeweiligen Systems geteilt und für den ausgleichsberechtigten Ehegatten eigenständige Versorgungsanrechte geschaffen, die unabhängig von den Versorgungsanrechten des ausgleichspflichtigen Ehegatten im jeweiligen System gesondert weitergeführt werden.

402 Zu einem Ausgleich über ein anderes Versorgungssystem (externe Teilung) kommt es nur noch in den in §§ 14 bis 17 VersAusglG geregelten Ausnahmefällen. Bei der externen Teilung entscheidet die ausgleichsberechtigte Person über die Zielversorgung. Sie bestimmt also, in welches Versorgungssystem der Ausgleichswert zu transferieren ist (ggf. Aufstockung einer bestehenden Anwartschaft, ggf. Neubegründung einer Anwartschaft). Dabei darf die Zahlung des Kapitalbetrags an die gewählte Zielversorgung nicht zu nachteiligen steuerlichen Folgen bei der ausgleichspflichtigen Person führen, es sei denn, sie stimmt der Wahl der Zielversorgung zu.

403 Die gesetzliche Rentenversicherung ist Auffang-Zielversorgung, wenn die ausgleichsberechtigte Person ihr Wahlrecht nicht ausübt und es sich nicht um eine betriebliche Altersversorgung handelt. Bei einer betrieblichen Altersversorgung wird bei fehlender Ausübung des Wahlrechts ein Anspruch in der Versorgungsausgleichskasse begründet.

404 Verbunden ist die externe Teilung mit der Leistung eines Kapitalbetrags in Höhe des Ausgleichswerts, der vom Versorgungsträger der ausgleichspflichtigen Person an den Versorgungsträger der ausgleichsberechtigten Person gezahlt wird. (Ausnahme: Externe Teilung von Beamtenversorgungen nach § 16 VersAusglG; hier findet wie nach dem bisherigen Quasi-Splitting zwischen der gesetzlichen Rentenversicherung und dem Träger der Beamtenversorgung ein Erstattungsverfahren im Leistungsfall statt.)

405 Kommt in Einzelfällen weder die interne Teilung noch die externe Teilung in Betracht, etwa weil ein Anrecht zum Zeitpunkt des Versorgungsausgleichs nicht ausgleichsreif ist (§ 19 VersAusglG), z. B. ein Anrecht bei einem ausländischen, zwischenstaatlichen oder überstaatlichen Versorgungsträger oder ein Anrecht im Sinne des BetrAVG, das noch verfallbar ist, kommt es zu Ausgleichsansprüchen nach der Scheidung (§ 20 ff. VersAusglG). Zur steuerlichen Behandlung der Ausgleichsansprüche nach der Scheidung vgl. BMF-Schreiben vom 9. April 2010, BStBl. I S. 323.

406 Nach § 20 LPartG findet, wenn eine Lebenspartnerschaft aufgehoben wird, in entsprechender Anwendung des VersAusglG mit Ausnahme der §§ 32 bis 38 VersAusglG ein Ausgleich von im In- oder Ausland bestehenden Anrechten (§ 2 Abs. 1 VersAusglG) statt, soweit sie in der Lebenspartnerschaftszeit begründet oder aufrechterhalten worden sind. Schließen die Lebenspartner in einem Lebenspartnerschaftsvertrag (§ 7 LPartG) Vereinbarungen über den Versorgungsausgleich, so sind die §§ 6 bis 8 VersAusglG entsprechend anzuwenden. Die Ausführungen zum VersAusglG gelten dementsprechend auch in diesen Fällen. An die Stelle der Ehezeit nach § 3 Abs. 1 VersAusglG tritt insoweit die Lebenspartnerschaftszeit (§ 20 Abs. 2 LPartG).

407 Von den nachfolgenden Ausführungen unberührt bleiben steuerliche Auswirkungen, die sich in Zusammenhang mit Pensionszusagen ergeben, die durch Körperschaften an ihre Gesellschafter erteilt wurden und die ganz oder teilweise gesellschaftsrechtlich veranlasst sind.

2. Besteuerungszeitpunkte

408 Bei der steuerlichen Beurteilung des Versorgungsausgleichs ist zwischen dem Zeitpunkt der Teilung eines Anrechts im Versorgungsausgleich durch gerichtliche Entscheidung und dem späteren Zufluss der Leistungen aus den unterschiedlichen Versorgungssystemen zu unterscheiden.

409 Bei der internen Teilung wird die Übertragung der Anrechte auf die ausgleichsberechtigte Person zum Zeitpunkt des Versorgungsausgleichs für beide Ehegatten nach § 3 Nr. 55a EStG steuerfrei gestellt, weil auch bei den im Rahmen eines Versorgungsausgleichs übertragenen Anrechten auf eine Alters- und Invaliditätsversorgung das Prinzip der nachgelagerten Besteuerung eingehalten wird. Die Besteuerung erfolgt erst während der Auszahlungsphase. Die später zufließenden Leistungen gehören dabei bei beiden Ehegatten zur gleichen Einkunftsart, da die Versorgungsanrechte innerhalb des jeweiligen Systems geteilt wurden. Ein Wechsel des Versorgungssystems und ein damit möglicherweise verbundener Wechsel der Besteuerung weg von der nachgelagerten Besteuerung hat nicht stattgefunden. Lediglich die individuellen Merkmale für die Besteuerung sind bei jedem Ehegatten gesondert zu ermitteln.

410 Bei einer externen Teilung kann dagegen die Übertragung der Anrechte zu einer Besteuerung führen, da sie mit einem Wechsel des Versorgungsträgers und damit regelmäßig mit einem Wechsel des Versorgungssystems verbunden ist. § 3 Nr. 55b Satz 1 EStG stellt deshalb die Leistung des Ausgleichswerts in den Fällen der externen Teilung für beide Ehegatten steuerfrei, soweit das Prinzip der nachgelagerten Besteuerung insgesamt eingehalten wird. Soweit die späteren Leistungen bei der ausgleichsberechtigten Person jedoch nicht der nachgelagerten Besteuerung unterliegen werden (z. B. Besteuerung nach § 20 Abs. 1 Nr. 6 EStG oder nach § 22 Nr. 1 Satz 3 Buchstabe a Doppelbuchstabe bb EStG mit dem Ertragsanteil), greift die Steuerbefreiung gem. § 3 Nr. 55b Satz 2 EStG nicht, und die Leistung des Ausgleichswerts ist bereits im Zeitpunkt der Übertragung beim ausgleichspflichtigen Ehegatten zu besteuern. Die Besteuerung der später zufließenden Leistungen erfolgt bei jedem Ehegatten unabhängig davon, zu welchen Einkünften

Anhang 13c Steuerliche Förderung der privaten und betrieblichen Altersversorgung

die Leistungen beim jeweils anderen Ehegatten führen, und richtet sich danach, aus welchem Versorgungssystem sie jeweils geleistet werden.

II. Interne Teilung (§ 10 VersAusglG)

1. Steuerfreiheit nach § 3 Nr. 55a EStG

411 § 3 Nr. 55a EStG stellt klar, dass die aufgrund einer internen Teilung durchgeführte Übertragung von Anrechten steuerfrei ist; dies gilt sowohl für die ausgleichspflichtige als auch für die ausgleichsberechtigte Person.

2. Besteuerung

412 Die Leistungen aus den übertragenen Anrechten gehören bei der ausgleichsberechtigten Person zu den Einkünften, zu denen die Leistungen bei der ausgleichspflichtigen Person gehören würden, wenn die interne Teilung nicht stattgefunden hätte. Die (späteren) Versorgungsleistungen sind daher (weiterhin) Einkünfte aus nichtselbständiger Arbeit (§ 19 EStG) oder aus Kapitalvermögen (§ 20 EStG) oder sonstige Einkünfte (§ 22 EStG). Ausgleichspflichtige Person und ausgleichsberechtigte Person versteuern beide die ihnen jeweils zufließenden Leistungen. Liegen Einkünfte aus nichtselbständiger Arbeit vor, gilt Rz. 371 auch für die ausgleichsberechtigte Person.

413 Für die Ermittlung des Versorgungsfreibetrags und des Zuschlags zum Versorgungsfreibetrag nach § 19 Abs. 2 EStG, des Besteuerungsanteils nach § 22 Nr. 1 Satz 3 Buchstabe a Doppelbuchstabe aa EStG sowie des Ertragsanteils nach § 22 Nr. 1 Satz 3 Buchstabe a Doppelbuchstabe bb EStG bei der ausgleichsberechtigten Person ist auf deren Versorgungsbeginn, deren Rentenbeginn bzw. deren Lebensalter abzustellen. Die Art einer Versorgungszusage (Alt-/Neuzusage) bei der ausgleichsberechtigten Person entspricht grundsätzlich der Art der Versorgungszusage der ausgleichspflichtigen Person. Dies gilt auch bei einer Änderung des Leistungsspektrums nach § 11 Abs. 1 Nr. 3 VersAusglG. Bei einer Hinterbliebenenversorgung zugunsten von Kindern ändert sich die bisher maßgebende Altersgrenze (Rz. 287) nicht. Die Aufstockung eines zugesagten Sterbegeldes (vgl. Rz. 288) ist möglich. Sofern die Leistungen bei der ausgleichsberechtigten Person nach § 22 Nr. 5 EStG zu besteuern sind, ist für die Besteuerung auf die der ausgleichspflichtigen Person gewährten Förderung abzustellen, soweit diese auf die übertragene Anwartschaft entfällt (vgl. Rz. 124).

414 Wird das Anrecht aus einem Altersvorsorgevertrag oder einem Direktversicherungsvertrag intern geteilt und somit ein eigenes Anrecht der ausgleichsberechtigten Person begründet, gilt der Altersvorsorge- oder Direktversicherungsvertrag der ausgleichsberechtigten Person insoweit zu dem gleichen Zeitpunkt als abgeschlossen wie derjenige der ausgleichspflichtigen Person (§ 52 Abs. 36 Satz 12 EStG). Dies gilt entsprechend, wenn die Leistungen bei der ausgleichsberechtigten Person nach § 22 Nr. 5 Satz 2 Buchstabe c i. V. m. § 20 Abs. 1 Nr. 6 EStG zu besteuern sind.

III. Externe Teilung (§ 14 VersAusglG)

1. Steuerfreiheit nach § 3 Nr. 55b EStG

415 Nach § 3 Nr. 55b Satz 1 EStG ist der aufgrund einer externen Teilung an den Träger der Zielversorgung geleistete Ausgleichswert grundsätzlich steuerfrei, soweit die späteren Leistungen aus den dort begründeten Anrechten zu steuerpflichtigen Einkünften bei der ausgleichsberechtigten Person führen würden. Soweit die Übertragung von Anrechten im Rahmen des Versorgungsausgleichs zu keinen Einkünften im Sinne des EStG führt, bedarf es keiner Steuerfreistellung nach § 3 Nr. 55b EStG. Die Steuerfreiheit nach § 3 Nr. 55b Satz 1 EStG greift gemäß § 3 Nr. 55b Satz 2 EStG nicht, soweit Leistungen, die auf dem begründeten Anrecht beruhen, bei der ausgleichsberechtigten Person zu Einkünften nach § 20 Abs. 1 Nr. 6 EStG oder § 22 Nr. 1 Satz 3 Buchstabe a Doppelbuchstabe bb EStG führen würden.

416 Wird bei der externen Teilung einer betrieblichen Altersversorgung für die ausgleichsberechtigte Person ein Anrecht in einer betrieblichen Altersversorgung begründet, richtet sich die Art der Versorgungszusage (Alt-/Neuzusage) bei der ausgleichsberechtigten Person grundsätzlich nach der Art der Versorgungszusage der ausgleichspflichtigen Person. Dies gilt auch bei einer Änderung des Leistungsspektrums nach § 11 Abs. 1 Satz 2 Nr. 3 VersAusglG. Bei einer Hinterbliebenenversorgung zugunsten von Kindern ändert sich die bisher maßgebende Altersgrenze (Rz. 287) nicht. Die Aufstockung eines zugesagten Sterbegeldes (vgl. Rz. 288) ist möglich. Wird im Rahmen der externen Teilung eine bestehende Versorgungszusage der ausgleichsberechtigten Person aufgestockt, richtet sich die Art der Versorgungszusage nach den Rz. 349 ff.

2. Besteuerung bei der ausgleichsberechtigten Person

417 Für die Besteuerung bei der ausgleichsberechtigten Person ist unerheblich, zu welchen Einkünften die Leistungen aus dem übertragenen Anrecht bei der ausgleichspflichtigen Person geführt hätten, da mit der externen Teilung ein neues Anrecht begründet wird. Bei der ausgleichsberechtigten Person unterliegen Leistungen aus Altersvorsorgeverträgen, Pensionsfonds, Pensionskassen oder Direktversicherungen, die auf dem nach § 3 Nr. 55b Satz 1 EStG steuerfrei geleisteten Ausgleichswert beruhen, insoweit in vollem Umfang der nachgelagerten Besteuerung nach § 22 Nr. 5 Satz 1 EStG.

3. Beispiele

Beispiel 1:

418 Im Rahmen einer externen Teilung zahlt das Versicherungsunternehmen X, bei dem der Arbeitnehmerehegatte A eine betriebliche Altersversorgung über eine Direktversicherung (Kapitalversicherung mit Sparanteil) aufgebaut hat, den vom Familiengericht festgesetzten Ausgleichswert an das Versicherungsunternehmen Y zugunsten von Ehegatte B in einen zertifizierten Altersvorsorgevertrag in Form einer Rentenversicherung. Die Beiträge an das Versicherungsunternehmen X wurden in der Vergangenheit ausschließlich pauschal besteuert (§ 40b Abs. 1 und 2 EStG in der am 31. Dezember 2004 geltenden Fassung i. V. m. § 52 Abs. 52b EStG).

Der Ausgleichswert führt nicht zu steuerbaren Einkünften, da kein Erlebensfall oder Rückkauf vorliegt (§ 22 Nr. 5 Satz 2 Buchstabe b i. V. m. § 20 Abs. 1 Nr. 6 EStG). Der Steuerbefreiung nach § 3 Nr. 55b EStG bedarf es daher nicht. Die spätere durch die externe Teilung gekürzte Kapitalleistung unterliegt bei A der Besteuerung nach § 22 Nr. 5 Satz 2 Buchstabe b i. V. m. § 20 Abs. 1 Nr. 6 EStG (ggf. steuerfrei, wenn die Direktversicherung vor dem 1. Januar 2005 abgeschlossen wurde, § 52 Abs. 36 Satz 5 EStG i. V. m. § 20 Abs. 1 Nr. 6 Satz 2 EStG a. F.). Die Leistungen aus dem zertifizierten Altersvorsorgevertrag, die auf dem eingezahlten Ausgleichswert beruhen, unterliegen bei B der Besteuerung nach § 22 Nr. 5 Satz 2 EStG (vgl. Rz. 138 bis 143).

Beispiel 2:

419 Im Rahmen einer externen Teilung zahlt ein Versicherungsunternehmen X, bei der der Arbeitnehmerehegatte A eine betriebliche Altersversorgung über eine Direktversicherung (Rentenversicherung) aufgebaut hat, einen Ausgleichswert an das Versicherungsunternehmen Y zugunsten von Ehegatte B in einen zertifizierten Altersvorsorgevertrag. Die Beiträge an das Versicherungsunternehmen X waren steuerfrei (§ 3 Nr. 63 EStG).

Der Ausgleichswert ist steuerfrei nach § 3 Nr. 55b EStG. Die spätere geminderte Leistung unterliegt bei A der Besteuerung nach § 22 Nr. 5 Satz 1 EStG. Die Leistung bei B unterliegt – soweit diese auf dem eingezahlten Ausgleichswert beruht – ebenfalls der Besteuerung nach § 22 Nr. 5 Satz 1 EStG (vgl. Rz. 132 ff.).

Beispiel 3:

420 Im Rahmen einer externen Teilung zahlt der Arbeitgeber des Arbeitnehmerehegatten A mit dessen Zustimmung (§§ 14 Abs. 4 i. V. m. 15 Abs. 3 VersAusglG) den hälftigen Kapitalwert aus einer Direktzusage in einen privaten Rentenversicherungsvertrag mit Kapitalwahlrecht des Ehegatten B ein.

Der Ausgleichswert ist steuerpflichtig, da die späteren Leistungen aus dem Rentenversicherungsvertrag zu lediglich mit dem Ertragsanteil steuerpflichtigen Einkünften beim Ehegatten B führen (§ 3 Nr. 55b Satz 2 EStG). Beim Ausgleichswert handelt es sich um steuerpflichtigen – ggf. nach der Fünftelregelung ermäßigt zu besteuernden – Arbeitslohn des Arbeitnehmerehegatten A.

4. Verfahren

421 Der Versorgungsträger der ausgleichspflichtigen Person hat grundsätzlich den Versorgungsträger der ausgleichsberech-

IV. Steuerunschädliche Übertragung im Sinne des § 93 Abs. 1a EStG

422 Eine steuerunschädliche Übertragung im Sinne des § 93 Abs. 1a Satz 1 EStG liegt vor, wenn aufgrund einer Entscheidung des Familiengerichts im Wege der internen Teilung nach § 10 VersAusglG oder externen Teilung nach § 14 VersAusglG während der Ehezeit (§ 3 Abs. 1 VersAusglG) gebildetes gefördertes Altersvorsorgevermögen auf einen zertifizierten Altersvorsorgevertrag oder in eine nach § 82 Abs. 2 EStG begünstigte betriebliche Altersversorgung (einschließlich der Versorgungsausgleichskasse) übertragen wird. Dies ist bei der internen Teilung immer der Fall. Es ist unerheblich, ob die ausgleichsberechtigte Person selbst zulageberechtigt ist. Werden die bei einer internen Teilung entstehenden Kosten mit dem Altersvorsorgevermögen verrechnet (§ 13 VersAusglG), liegt insoweit keine schädliche Verwendung vor. Im Fall der Verrechnung reduziert sich die Beitragszusage (§ 1 Abs. 1 Satz 1 Nr. 3 AltZertG) des Anbieters entsprechend dem Verhältnis von Verrechnungsbetrag zu dem unmittelbar vor der Verrechnung vorhandenen Altersvorsorgekapital.

423 Die Übertragung aufgrund einer internen Teilung nach § 10 VersAusglG oder einer externen Teilung nach § 14 VersAusglG auf einen Altersvorsorgevertrag oder eine nach § 82 Abs. 2 EStG begünstigte betriebliche Altersversorgung (einschließlich Versorgungsausgleichskasse) der ausgleichsberechtigten Person führt nicht zu steuerpflichtigen Einnahmen.

424 Beruht das auf die Ehezeit entfallende, aufzuteilende Altersvorsorgevermögen auf geförderten und ungeförderten Beiträgen, ist das zu übertragende Altersvorsorgevermögen entsprechend dem Verhältnis der hierin enthaltenen geförderten und ungeförderten Beiträge aufzuteilen und anteilig zu übertragen.

425 Wird aufgrund einer internen Teilung nach § 10 VersAusglG oder einer externen Teilung nach § 14 VersAusglG ausschließlich ungefördertes Altersvorsorgevermögen übertragen, stellt dies eine mit einer Übertragung im Sinne des § 93 Abs. 1a EStG vergleichbare Übertragung dar. Insoweit gelten die Rz. 427 und 428 entsprechend. Die in § 93 Abs. 1a EStG geregelten Rechtsfolgen und Mitteilungsgründe treten aber nicht ein.

426 Erfolgt jedoch in dem Fall nachträglich eine steuerliche Förderung von Altersvorsorgebeiträgen für ein in der Ehezeit liegendes Beitragsjahr, liegt rückwirkend betrachtet eine Übertragung im Sinne des § 93 Abs. 1a Satz 1 EStG vor, die auch die damit verbundenen weiteren Rechts- und Verfahrensfolgen auslöst. Hinsichtlich der Ermittlung und Auszahlung der nachträglich gewährten Zulage und der Zuordnung der Steuerverstrickung wird auf Rz. 434 verwiesen.

427 Im Fall der Übertragung im Sinne des § 93 Abs. 1a Satz 1 EStG erfolgt die Mitteilung über die Durchführung der Kapitalübertragung nach dem Verfahren gemäß § 11 AltvDV. Bei der internen Teilung entfällt der Datenaustausch zwischen den Anbietern nach § 11 Abs. 1 bis 3 AltvDV. Der Anbieter der ausgleichspflichtigen Person teilt der ZfA in seiner Meldung zur Kapitalübertragung (§ 11 Abs. 4 AltvDV) neben dem Prozentsatz des geförderten Altersvorsorgekapitals, das übertragen wird, auch die vom Familiengericht angegebene Ehezeit im Sinne des § 3 Abs. 1 VersAusglG mit.

428 Zu den Daten, die im Rahmen des Verfahrens gemäß § 11 AltvDV der ZfA mitzuteilen sind, zählen auch die Daten, die von der ZfA benötigt werden, um die gemeldete ausgleichsberechtigte Person eindeutig zu identifizieren und gegebenenfalls für diese eine Zulagenummer zu vergeben bzw. ein Zulagekonto anlegen zu können. Aus dem Tatbestand, dass die ausgleichsberechtigte Person die Übertragung in eine förderbare Zielversorgung gewählt hat, für die die Verfahrensgrundsätze des Abschnitts XI EStG gelten, leitet sich neben der Antragsfiktion für die Vergabe einer Zulagenummer auch die Berechtigung des Anbieters zur Erhebung der hierfür notwendigen Daten her.

429 Erfolgt die interne Teilung und damit verbunden die Übertragung eines Anrechts im Bereich der betrieblichen Altersversorgung, erlangt die ausgleichsberechtigte Person die versorgungsrechtliche Stellung eines ausgeschiedenen Arbeitnehmers im Sinne des BetrAVG (§ 12 VersAusglG). Damit erlangt sie bei einem Pensionsfonds, einer Pensionskasse oder einer Direktversicherung auch das Recht zur Fortsetzung der betrieblichen Versorgung mit eigenen Beiträgen, die nach § 82 Abs. 2 Buchstabe b EStG zu den Altersvorsorgebeiträgen gehören können, wenn ein Fortsetzungsrecht bei der ausgleichspflichtigen Person für die Versorgung bestanden hätte. Rz. 335 ff. gelten entsprechend.

430 Die ZfA teilt der ausgleichspflichtigen Person den Umfang der auf die Ehezeit entfallenden steuerlichen Förderung nach § 10a/Abschnitt XI EStG mit. Diese Mitteilung beinhaltet die beitragsjahrbezogene Auflistung der ermittelten Zulagen sowie die nach § 10a Abs. 4 EStG gesondert festgestellten Beträge, soweit der ZfA diese bekannt sind, für die innerhalb der Ehezeit liegenden Beitragsjahre. Für die Beitragsjahre, in die der Beginn oder das Ende der Ehezeit fällt, wird die Förderung monatsweise zugeordnet, indem jeweils ein Zwölftel der für das betreffende Beitragsjahr gewährten Förderung den zu der Ehezeit zählenden Monaten zugerechnet wird. Die monatsweise Zuordnung erfolgt unabhängig davon, ob die für diese Beitragsjahre gezahlten Beiträge vor, nach oder während der Ehezeit auf den Altersvorsorgevertrag eingezahlt wurden. Die Mitteilung der Höhe der für den Vertrag insgesamt gewährten Förderung ist kein Verwaltungsakt.

431 Soweit das während der Ehezeit gebildete geförderte Altersvorsorgevermögen im Rahmen des § 93 Abs. 1a Satz 1 EStG übertragen wird, geht die steuerliche Förderung mit allen Rechten und Pflichten auf die ausgleichsberechtigte Person über. Dies hat zur Folge, dass im Fall einer schädlichen Verwendung des geförderten Altersvorsorgevermögens derjenige Ehegatte die Förderung zurückzahlen muss, der über das ihm zugerechnete geförderte Altersvorsorgevermögen schädlich verfügt. Leistungen aus dem geförderten Altersvorsorgevermögen sind beim Leistungsempfänger nachgelagert zu besteuern. Die Feststellung der geänderten Zuordnung der steuerlichen Förderung erfolgt beitragsjahrbezogen durch die ZfA. Sie erteilt sowohl der ausgleichspflichtigen als auch der ausgleichsberechtigten Person einen Feststellungsbescheid über die Zuordnung der nach § 10a Abs. 4 EStG gesondert festgestellten Beträge sowie der ermittelten Zulagen. Einwände gegen diese Bescheide können nur erhoben werden, soweit sie sich gegen die geänderte Zuordnung der steuerlichen Förderung richten. Nach Eintritt der Unanfechtbarkeit dieser Feststellungsbescheide werden auch die Anbieter durch einen Datensatz nach § 90 Abs. 2 Satz 6 EStG von der ZfA über die geänderte Zuordnung informiert.

432 Die ZfA kann die Mitteilung über den Umfang der auf die Ehezeit entfallenden steuerlichen Förderung (§ 93 Abs. 1a Satz 2 EStG, vgl. Rz. 430) und den Feststellungsbescheid über die geänderte Zuordnung der steuerlichen Förderung (§ 93 Abs. 1a Satz 5 EStG, vgl. Rz. 431) an die ausgleichspflichtige Person in einem Schreiben zusammenfassen, sofern deutlich wird, dass ein Einspruch nur zulässig ist, soweit er sich gegen die Zuordnung der steuerlichen Förderung richtet.

433 Bei der Übertragung im Sinne des § 93 Abs. 1a EStG ist das übertragene Altersvorsorgevermögen zunächst als Kapitalbetrag ohne steuerliche Zuordnung zu behandeln. Bei Eingang der Mitteilung der ZfA über die geänderte Zuordnung für die Ehezeit hat der Anbieter diese Zuordnung in die steuerliche Bestandsführung zu übernehmen. In der Zeit von der Übertragung des Altersvorsorgevermögens bis zur Mitteilung der ZfA über die steuerliche Neuzuordnung der Förderung sind Auszahlungen aus dem Vertrag nur insoweit zulässig, als für ggf. zurückzuzahlende Förderungen noch ausreichend Kapital zur Verfügung steht.

434 Stellt die ausgleichspflichtige Person nach der Übertragung im Sinne des § 93 Abs. 1a Satz 1 EStG einen Antrag auf Altersvorsorgezulage für ein Beitragsjahr in der Ehezeit, sind bei der Ermittlung des Zulageanspruchs die gesamten von der ausgleichspflichtigen Person gezahlten Altersvorsorgebei-

träge des Beitragsjahres – also auch der übertragene Teil der Altersvorsorgebeiträge – zugrunde zu legen. Die Zulage wird vollständig dem Vertrag der ausgleichspflichtigen Person gutgeschrieben. Die Zuordnung der Steuerverstrickung auf die ausgleichspflichtige und die ausgleichsberechtigte Person erfolgt, als wenn die Zulage bereits vor der Übertragung dem Vertrag gutgeschrieben worden wäre.

435 Werden nach Erteilung der Mitteilung über den Umfang der auf die Ehezeit entfallenden steuerlichen Förderung und der Feststellungsbescheide über die geänderte Zuordnung der steuerlichen Förderung für die Ehezeit Ermittlungsergebnisse getroffen, aufgehoben oder geändert, so hat die ZfA eine geänderte Mitteilung über den Umfang der auf die Ehezeit entfallenden steuerlichen Förderung zu erteilen und die Feststellungsbescheide über die geänderte Zuordnung der steuerlichen Förderung nach § 175 Abs. 1 Satz 1 Nr. 2 AO zu ändern. Dies gilt auch, wenn die ZfA nachträglich eine Mitteilung des Finanzamts über gesondert festgestellte Beträge nach § 10a Abs. 4 EStG für Veranlagungszeiträume in der Ehezeit erhält. Nach Eintritt der Unanfechtbarkeit dieser geänderten Feststellungsbescheide werden auch die Anbieter durch einen Datensatz nach § 90 Abs. 2 Satz 6 EStG von der ZfA über die geänderte Zuordnung informiert.

V. Leistungen an die ausgleichsberechtigte Person als Arbeitslohn

436 Nach § 19 Abs. 1 Satz 1 Nr. 2 EStG sind Leistungen, die die ausgleichsberechtigte Person aufgrund der internen oder externen Teilung später aus einer Direktzusage oder von einer Unterstützungskasse erhält, Einkünfte aus nichtselbständiger Arbeit; Rz. 371 gilt entsprechend. Sie unterliegen der Lohnsteuererhebung nach den allgemeinen Regelungen. Bei der ausgleichspflichtigen Person liegen Einkünfte aus nichtselbständiger Arbeit nur hinsichtlich der durch die Teilung gekürzten Leistungen vor.

437 Sowohl bei der ausgleichspflichtigen Person als auch bei der ausgleichsberechtigten Person werden der Arbeitnehmer-Pauschbetrag (§ 9a Satz 1 Nr. 1 Buchstabe a EStG) oder, soweit die Voraussetzungen dafür jeweils vorliegen, der Pauschbetrag für Werbungskosten (§ 9a Satz 1 Nr. 1 Buchstabe b EStG), der Versorgungsfreibetrag und der Zuschlag zum Versorgungsfreibetrag (§ 19 Abs. 2 EStG) berücksichtigt. Die steuerlichen Abzugsbeträge sind nicht auf die ausgleichspflichtige Person und die ausgleichsberechtigte Person aufzuteilen.

438 Zur Neuberechnung des Versorgungsfreibetrags und des Zuschlags zum Versorgungsfreibetrag vgl. Rz. 413.

D. Anwendungsregelung

439 Teil B dieses Schreibens (Rz. 284 – 399) ist mit Wirkung ab 11.9.2013 anzuwenden. Im Übrigen ist dieses Schreiben mit Wirkung ab 1. Januar 2012 anzuwenden. Abweichend hiervon sind die Rz. 219 und 220 erst ab 1. Januar 2013 anzuwenden. Rz. 425 ist ab 1. Juli 2013 anzuwenden. Die Rz. 21, 24, 26, 27, 31, 70, 71, 85, 89, 95, 148, 150, 153, 161–164, 167–169, 172, 174, 176, 179, 180, 181a, 182, 188–190, 194, 203–204, 221, 233, 236–237a, 239–241, 242a–246, 247a–247e, 250, 255a, 258–260a, 271, 272a, 282 und 406 sind mit Wirkung ab 1.1.2014 anzuwenden. Rz. 178 gilt ab 13.3.2014.

440 Teil B (Rz. 247 – 355) und Rz. 392 des BMF-Schreibens vom 31. März 2010 – IV C 3 – S 2222/09/10041 / IV C 5 – S 2333/07/0003 –, BStBl. I S. 270 werden mit Wirkung ab 11.9.2013 aufgehoben. Im Übrigen wird das genannte BMF-Schreiben ab 1. Januar 2012 aufgehoben.

Anlage 1
Pflichtversicherte in der inländischen gesetzlichen Rentenversicherung (§ 10a Abs. 1 Satz 1 Halbsatz 1 EStG) und Pflichtversicherte nach dem Gesetz über die Alterssicherung der Landwirte (§ 10a Abs. 1 Satz 3 EStG) / Nicht begünstigter Personenkreis

– nicht abgedruckt –

Anlage 2
Begünstigter Personenkreis nach § 10a Abs. 1 Satz 1 Halbsatz 2 EStG

– nicht abgedruckt –

Anhang 13d
Verordnung zur Durchführung der steuerlichen Vorschriften des Einkommensteuergesetzes zur Altersvorsorge und zum Rentenbezugsmitteilungsverfahren sowie zum weiteren Datenaustausch mit der zentralen Stelle (Altersvorsorge-Durchführungsverordnung – AltvDV)

i.d.F. der Bek. vom 28.2.2005 (BGBl. I S. 487), zuletzt geändert durch Art. 1 der Verordnung zur Änderung steuerlicher Verordnungen und weiterer Vorschriften

ABSCHNITT 1
Grundsätze der Datenübermittlung

§ 1
Datensätze

(1) Eine Übermittlung von Daten nach

1. § 10 Absatz 2a und 4b, den §§ 10a, 22a oder Abschnitt XI des Einkommensteuergesetzes,
2. § 32b Absatz 3 des Einkommensteuergesetzes, soweit auf § 22a des Einkommensteuergesetzes verwiesen wird, oder
3. dieser Verordnung

sowie eine nach diesen Vorschriften bestehende Anzeige- und Mitteilungspflicht zwischen den am Verfahren Beteiligten erfolgen in Form eines amtlich vorgeschriebenen Datensatzes.

(2) [1]Absatz 1 gilt nicht für

1. Mitteilungen an den Zulageberechtigten,
2. Mitteilungen des Zulageberechtigten nach § 10a oder Abschnitt XI des Einkommensteuergesetzes,
3. Anzeigen nach den §§ 5 und 13 oder
4. Mitteilungen nach den §§ 6, 10 Absatz 2 Satz 2 und § 11 Absatz 1 und 3.

[2]Wird die Mitteilung nach § 11 Abs. 1 und 3 über die zentrale Stelle übermittelt, ist Absatz 1 anzuwenden. [3]Die Mitteilung des Anbieters an den Zulageberechtigten nach § 90 Abs. 1 Satz 3 des Einkommensteuergesetzes kann mit der Bescheinigung nach § 92 des Einkommensteuergesetzes erfolgen.

§ 2
Technisches Übermittlungsformat

(1) Die Datensätze sind im XML-Format zu übermitteln.

(2) [1]Der codierte Zeichensatz für eine nach § 10a oder Abschnitt XI des Einkommensteuergesetzes oder nach einer im Abschnitt 2 dieser Verordnung vorzunehmenden Datenübermittlung hat den Anforderungen der DIN 66303, Ausgabe Juni 2000, zu entsprechen. [2]Der Zeichensatz ist gemäß der Vorgabe der zentralen Stelle an den jeweiligen Stand der Technik anzupassen.

(3) [1]Der codierte Zeichensatz für eine Datenübermittlung nach

1. § 10 Absatz 2a und 4b oder § 22a des Einkommensteuergesetzes,
2. § 32b Absatz 3 des Einkommensteuergesetzes, soweit auf § 22a des Einkommensteuergesetzes verwiesen wird, oder
3. den Abschnitten 3 und 4 dieser Verordnung

hat den Anforderungen der ISO/IEC 8859-15, Ausgabe März 1999, zu entsprechen. [2]Absatz 2 Satz 2 gilt entsprechend.

§ 2a
DIN- und ISO/IEC-Normen

DIN- und ISO/IEC-Normen, auf die in dieser Verordnung verwiesen wird, sind im Beuth-Verlag GmbH, Berlin und Köln, erschienen und beim Deutschen Patent- und Markenamt in München archivmäßig gesichert niedergelegt.

§ 3
Verfahren der Datenübermittlung, Schnittstellen

(1) Die Übermittlung der Datensätze hat durch Datenfernübertragung zu erfolgen.

(1a) [1]Bei der elektronischen Übermittlung sind die für den jeweiligen Besteuerungszeitraum oder -zeitpunkt bestimmten Schnittstellen ordnungsgemäß zu bedienen. [2]Die für die Datenübermittlung erforderlichen Schnittstellen und die dazugehörige Dokumentation werden über das Internet in einem geschützten Bereich der zentralen Stelle zur Verfügung gestellt.

(2) [1]Werden Mängel festgestellt, die eine ordnungsgemäße Übernahme der Daten beeinträchtigen, kann die Übernahme der Daten abgelehnt werden. [2]Der Absender ist über die Mängel zu unterrichten.

(3) Die technischen Einrichtungen für die Datenübermittlung stellt jede übermittelnde Stelle für ihren Bereich bereit.

§ 4
Übermittlung durch Datenfernübertragung

(1) [1]Bei der Datenfernübertragung sind dem jeweiligen Stand der Technik entsprechende Maßnahmen zur Sicherstellung von Datenschutz und Datensicherheit zu treffen, die insbesondere die Vertraulichkeit und Unversehrtheit der Daten sowie die Authentifizierung der übermittelnden und empfangenden Stelle gewährleisten. [2]Bei der Nutzung allgemein zugänglicher Netze sind Verschlüsselungsverfahren zu verwenden. [3]Die zentrale Stelle bestimmt das einzusetzende Verschlüsselungsverfahren, das dem jeweiligen Stand der Technik entsprechen muss.

(2) [1]Die zentrale Stelle bestimmt den zu nutzenden Übertragungsweg. [2]Hierbei soll der Übertragungsweg zugelassen werden, der von den an der Datenübermittlung Beteiligten gewünscht wird.

(3) [1]Die erforderlichen Daten können unter den Voraussetzungen des § 11 des Bundesdatenschutzgesetzes oder der vergleichbaren Vorschriften der Landesdatenschutzgesetze durch einen Auftragnehmer der übermittelnden Stelle übertragen werden. [2]Geeignet ist ein Auftragnehmer, der die Anforderungen an den Datenschutz und die Datensicherheit gemäß dieser Verordnung erfüllt.

(4) Der nach Absatz 3 mit der Datenfernübertragung beauftragte Auftragnehmer gilt als Empfangsbevollmächtigter für Mitteilungen der zentralen Stelle an den Auftraggeber, solange dieser nicht widerspricht.

§ 5
Identifikation der am Verfahren Beteiligten

(1) Der Anbieter, die zuständige Stelle und die Familienkassen haben der zentralen Stelle auf Anforderung anzuzeigen:

1. die Kundenart,
2. den Namen und die Anschrift,
3. soweit erforderlich die E-Mail-Adresse,
4. die Telefon- und soweit vorhanden die Telefaxnummer,
5. die Betriebsnummer und
6. die Art der Verbindung.

(2) [1]Der Anbieter hat zusätzlich zu den in Absatz 1 aufgeführten Angaben eine Zertifizierungsnummer sowie die Bankverbindung, über welche die Zulagenzahlungen abgewickelt werden sollen, anzuzeigen. [2]Hat der Anbieter ausschließlich Daten nach § 10 Absatz 2a und 4b des Einkommensteuergesetzes zu übermitteln, ist die Angabe der Bankverbindung nicht erforderlich.

(2a) Die Familienkassen haben zusätzlich zu den in Absatz 1 aufgeführten Angaben eine von ihnen im Außenverhältnis gegenüber dem Kindergeldempfänger verwendete Kurzbezeichnung der Familienkasse anzuzeigen.

(3) [1]Im Fall der Beauftragung eines Auftragnehmers (§ 4 Abs. 3) hat der Auftraggeber der zentralen Stelle auch die in Absatz 1 genannten Daten des Auftragnehmers anzuzeigen. [2]Eine Mandanten- oder Institutionsnummer des Beteiligten beim beauftragten Dritten ist ebenfalls anzuzeigen.

(4) Die am Verfahren Beteiligten (übermittelnde Stellen und ihre Auftragnehmer) erhalten von der zentralen Stelle eine Kundennummer und ein Passwort, die den Zugriff auf den geschützten Bereich des Internets der zentralen Stelle ermöglichen.

(5) Jede Änderung der in den Absätzen 1 bis 3 genannten Daten ist der zentralen Stelle von dem am Verfahren Beteiligten unter Angabe der Kundennummer (Absatz 4) unverzüglich anzuzeigen.

(6) ¹Die Absätze 1 und 3 bis 5 gelten für übermittelnde Stellen im Sinne des § 10 Absatz 2a und 4b des Einkommensteuergesetzes, für Mitteilungspflichtige (§ 22a Absatz 1 Satz 1 des Einkommensteuergesetzes) und für Träger der Sozialleistungen (§ 32b Absatz 3 des Einkommensteuergesetzes) entsprechend. ²Die Teilnahme der Arbeitgeber am maschinellen Anfrageverfahren der Identifikationsnummer (§ 139b der Abgabenordnung) nach § 41b Absatz 2 des Einkommensteuergesetzes setzt voraus, dass diese bereits durch die Finanzverwaltung authentifiziert wurden; eine weitere Identifikation bei der zentralen Stelle findet nicht statt.

ABSCHNITT 2
Vorschriften zur Altersvorsorge nach § 10a oder Abschnitt XI des Einkommensteuergesetzes

UNTERABSCHNITT 1
Mitteilungs- und Anzeigepflichten

§ 6
Mitteilungspflichten des Arbeitgebers

(1) ¹Der Arbeitgeber hat der Versorgungseinrichtung (Pensionsfonds, Pensionskasse, Direktversicherung), die für ihn die betriebliche Altersversorgung durchführt, spätestens zwei Monate nach Ablauf des Kalenderjahres oder nach Beendigung des Dienstverhältnisses im Laufe des Kalenderjahres gesondert je Versorgungszusage mitzuteilen, in welcher Höhe die für den einzelnen Arbeitnehmer geleisteten Beiträge individuell besteuert wurden. ² Die Mitteilungspflicht des Arbeitgebers kann durch einen Auftragnehmer wahrgenommen werden.

(2) Eine Mitteilung nach Absatz 1 kann unterbleiben, wenn die Versorgungseinrichtung dem Arbeitgeber mitgeteilt hat, dass

1. sie die Höhe der individuell besteuerten Beiträge bereits kennt oder aus den bei ihr vorhandenen Daten feststellen kann, oder
2. eine Förderung nach § 10a oder Abschnitt XI des Einkommensteuergesetzes nicht möglich ist.

(3) Der Arbeitnehmer kann gegenüber der Versorgungseinrichtung für die individuell besteuerten Beiträge insgesamt auf die Förderung nach § 10a oder Abschnitt XI des Einkommensteuergesetzes verzichten; der Verzicht kann für die Zukunft widerrufen werden.

(4) Soweit eine Mitteilung nach Absatz 1 unterblieben ist und die Voraussetzungen des Absatzes 2 Nr. 1 nicht vorliegen oder der Arbeitnehmer nach Absatz 3 verzichtet hat, hat die Versorgungseinrichtung davon auszugehen, dass es sich nicht um Altersvorsorgebeiträge im Sinne des § 82 Abs. 2 des Einkommensteuergesetzes handelt.

§ 7
Besondere Mitteilungspflichten der zuständigen Stelle

(1) ¹Beantragt ein Steuerpflichtiger, der zu dem in § 10a Abs. 1 Satz 1 zweiter Halbsatz des Einkommensteuergesetzes bezeichneten Personenkreis gehört, über die für ihn zuständige Stelle (§ 81a des Einkommensteuergesetzes) eine Zulagenummer (§ 10a Abs. 1a des Einkommensteuergesetzes), übermittelt die zuständige Stelle die Angaben des Steuerpflichtigen an die zentrale Stelle. ²Für Empfänger einer Versorgung im Sinne des § 10a Abs. 1 Satz 4 des Einkommensteuergesetzes gilt Satz 1 entsprechend.

(2) ¹Hat der Steuerpflichtige die nach § 10a Abs. 1 Satz 1 zweiter Halbsatz des Einkommensteuergesetzes erforderliche Einwilligung erteilt, hat die zuständige Stelle die Zugehörigkeit des Steuerpflichtigen zum begünstigten Personenkreis für das Beitragsjahr zu bestätigen und die für die Ermittlung des Mindesteigenbeitrags und für die Gewährung der Kinderzulage erforderlichen Daten an die zentrale Stelle zu übermitteln. ²Sind für ein Beitragsjahr oder für das vorangegangene Kalenderjahr mehrere zuständige Stellen nach § 91 Abs. 2 des Einkommensteuergesetzes zur Meldung der Daten nach § 10a Abs. 1 Satz 1 zweiter Halbsatz des Einkommensteuergesetzes verpflichtet, meldet jede zuständige Stelle die Daten für den Zeitraum, für den jeweils das Beschäftigungs-, Amts- oder Dienstverhältnis bestand und auf den sich jeweils die zu übermittelnden Daten beziehen. ³Gehört der Steuerpflichtige im Beitragsjahr nicht mehr zum berechtigten Personenkreis im Sinne des § 10a Abs. 1 Satz 1 zweiter Halbsatz des Einkommensteuergesetzes oder ist er nicht mehr Empfänger einer Versorgung im Sinne des § 10a Abs. 1 Satz 4 des Einkommensteuergesetzes oder hat er im Beitragsjahr erstmalig einen Altersvorsorgevertrag (§ 82 Abs. 1 des Einkommensteuergesetzes) abgeschlossen, hat die zuständige Stelle die für die Ermittlung des Mindesteigenbeitrags erforderlichen Daten an die zentrale Stelle zu übermitteln, wenn ihr eine Einwilligung des Steuerpflichtigen vorliegt. ⁴Sind die zuständige Stelle und die Familienkasse verschiedenen juristischen Personen zugeordnet, entfällt die Meldung der kinderbezogenen Daten nach Satz 1. ⁵In den anderen Fällen kann eine Übermittlung der Kinderdaten durch die zuständige Stelle entfallen, wenn sichergestellt ist, dass die Familienkasse die für die Gewährung der Kinderzulage erforderlichen Daten an die zentrale Stelle übermittelt oder ein Datenabgleich (§ 91 Abs. 1 Satz 1 erster Halbsatz des Einkommensteuergesetzes) erfolgt.

(3) Hat die zuständige Stelle die für die Gewährung der Kinderzulage erforderlichen Daten an die zentrale Stelle übermittelt (§ 91 Abs. 2 des Einkommensteuergesetzes) und wird für diesen gemeldeten Zeitraum das Kindergeld insgesamt zurückgefordert, hat die zuständige Stelle dies der zentralen Stelle bis zum 31. März des Kalenderjahres, das dem Kalenderjahr der Rückforderung folgt, mitzuteilen.

§ 8
– weggefallen –

§ 9
Besondere Mitteilungspflicht der Familienkasse

Hat die zuständige Familienkasse der zentralen Stelle die Daten für die Gewährung der Kinderzulage übermittelt und wird für diesen gemeldeten Zeitraum das Kindergeld insgesamt zurückgefordert, hat die Familienkasse dies der zentralen Stelle unverzüglich mitzuteilen.

§ 10
Besondere Mitteilungspflichten des Anbieters

(1) ¹Der Anbieter hat die vom Antragsteller im Zulageantrag anzugebenden Daten sowie die Mitteilungen nach § 89 Abs. 1 Satz 5 des Einkommensteuergesetzes zu erfassen und an die zentrale Stelle zu übermitteln. ²Erfolgt eine Datenübermittlung nach § 89 Abs. 3 des Einkommensteuergesetzes, gilt Satz 1 entsprechend.

(2) ¹Der Anbieter hat einen ihm bekannt gewordenen Tatbestand des § 95 Absatz 1 des Einkommensteuergesetzes der zentralen Stelle mitzuteilen. ²Wenn dem Anbieter ausschließlich eine Anschrift des Zulageberechtigten außerhalb der Mitgliedstaaten der Europäischen Union und der Staaten, auf die das Abkommen über den Europäischen Wirtschaftsraum (EWR-Abkommen) anwendbar ist, bekannt ist, teilt er dies der zentralen Stelle mit.

(3) Der Anbieter hat der zentralen Stelle die Zahlung des nach § 90 Abs. 3 Satz 3 des Einkommensteuergesetzes abzuführenden Rückforderungsbetrages und des nach § 94 Abs. 1 Satz 3 des Einkommensteuergesetzes abzuführenden Rückzahlungsbetrages, jeweils bezogen auf den Zulageberechtigten, sowie die Zahlung von ihm geschuldeter Verspätungs- oder Säumniszuschläge mitzuteilen.

§ 11
Anbieterwechsel

(1) ¹Im Fall der Übertragung von Altersvorsorgevermögen nach § 1 Abs. 1 Satz 1 Nr. 10 Buchstabe b des Altersvorsorgeverträge-Zertifizierungsgesetzes sowie in den Fällen des § 93 Abs. 1 Satz 4 Buchstabe c, Abs. 1a Satz 1 oder Abs. 2 Satz 2 und 3 des Einkommensteuergesetzes hat der Anbieter des bisherigen Vertrags dem

Altersvorsorge-Durchführungsverordnung – AltvDV

Anhang 13d

Anbieter des neuen Vertrags die in § 92 des Einkommensteuergesetzes genannten Daten einschließlich der auf den Zeitpunkt der Übertragung fortgeschriebenen Beträge im Sinne des § 19 Abs. 1 und 2 mitzuteilen. ²Dies gilt auch bei einer Übertragung von ausschließlich ungefördertem Altersvorsorgevermögen, die mit einer Übertragung nach § 93 Absatz 1a Satz 1 des Einkommensteuergesetzes vergleichbar ist. ³Bei der Übermittlung hat er die bisherige Vertragsnummer, die Zertifizierungsnummer und die Anbieternummer anzugeben. ⁴Der Anbieter des bisherigen Vertrags kann die Mitteilung nach Satz 1 über die zentrale Stelle dem Anbieter des neuen Vertrags durch Datensatz übermitteln. ⁵Die zentrale Stelle leitet die Mitteilung ohne inhaltliche Prüfung an den Anbieter des neuen Vertrags. ⁶Der Anbieter des bisherigen Vertrags hat den Anbieter des neuen Vertrags über eine Abweisung eines Datensatzes nach § 12 Abs. 1 Satz 3 oder 4 unverzüglich zu unterrichten.

(2) Wird das Altersvorsorgevermögen im laufenden Beitragsjahr vollständig auf einen neuen Anbieter übertragen, ist dieser Anbieter zur Ausstellung der Bescheinigung nach § 92 des Einkommensteuergesetzes sowie zur Übermittlung der Daten nach § 10a Abs. 5 des Einkommensteuergesetzes an die zentrale Stelle für das gesamte Beitragsjahr verpflichtet.

(3) ¹Bei Übertragungen von Altersvorsorgevermögen nach Absatz 1 Satz 1 oder Satz 2 haben der Anbieter des bisherigen Vertrags sowie der Anbieter des neuen Vertrags die Übertragung der zentralen Stelle mitzuteilen. ²Bei einer Übertragung von gefördertem Altersvorsorgevermögen nach § 82 Absatz 1 Satz 4 des Einkommensteuergesetzes hat der Anbieter des neuen Vertrags dies der zentralen Stelle ergänzend mitzuteilen. ³Bei einer Übertragung von Altersvorsorgevermögen nach § 93 Absatz 1a Satz 2 des Einkommensteuergesetzes oder bei einer Übertragung von ausschließlich ungefördertem Altersvorsorgevermögen, die mit einer Übertragung nach § 93 Absatz 1a Satz 2 des Einkommensteuergesetzes vergleichbar ist, hat der Anbieter des bisherigen Vertrags die Übertragung der zentralen Stelle mitzuteilen. ⁴Bei einer Übertragung nach § 93 Absatz 1a Satz 1 oder Satz 2 des Einkommensteuergesetzes oder bei einer Übertragung von ausschließlich ungefördertem Altersvorsorgevermögen, die mit einer Übertragung nach § 93 Absatz 1a Satz 1 oder Satz 2 des Einkommensteuergesetzes vergleichbar ist, hat der Anbieter des bisherigen Vertrags der zentralen Stelle außerdem die vom Familiengericht angegebene Ehezeit oder die Lebenspartnerschaftszeit mitzuteilen.

(4) ¹Wird Altersvorsorgevermögen aufgrund vertraglicher Vereinbarung nur teilweise auf einen anderen Vertrag übertragen, gehen Zulagen, Beiträge und Erträge anteilig auf den neuen Vertrag über. ²Die Absätze 1 und 3 gelten entsprechend.

§ 12
Besondere Mitteilungspflichten der zentralen Stelle gegenüber dem Anbieter

(1) ¹Die zentrale Stelle hat dem Anbieter das Ermittlungsergebnis (§ 90 Abs. 1 Satz 1 des Einkommensteuergesetzes) mitzuteilen. ²Die Mitteilung steht unter dem Vorbehalt der Nachprüfung (§ 164 der Abgabenordnung). ³Das Ermittlungsergebnis kann auch durch Abweisung des nach § 89 Abs. 2 des Einkommensteuergesetzes übermittelten Datensatzes, der um eine in dem vom Bundesministerium der Finanzen veröffentlichten Fehlerkatalog besonders gekennzeichnete Fehlermeldung ergänzt wird, übermittelt werden. ⁴Ist der Datensatz nach § 89 Abs. 2 des Einkommensteuergesetzes aufgrund von unzureichenden oder fehlerhaften Angaben des Zulageberechtigten abgewiesen sowie um eine Fehlermeldung ergänzt worden und werden die Angaben innerhalb der Antragsfrist des § 89 Abs. 1 Satz 1 des Einkommensteuergesetzes von dem Zulageberechtigten an den Anbieter nicht nachgereicht, gilt auch diese Abweisung des Datensatzes als Übermittlung des Ermittlungsergebnisses.

(2) ¹Die zentrale Stelle hat dem Anbieter die Auszahlung der Zulage nach § 90 Abs. 2 Satz 1 des Einkommensteuergesetzes und § 15, jeweils bezogen auf den Zulageberechtigten, mitzuteilen. ²Mit Zugang der Mitteilung nach Satz 1 entfällt der Vorbehalt der Nachprüfung der Mitteilung nach Absatz 1 Satz 2. ³Die zentrale Stelle kann eine Mahnung (§ 259 der Abgabenordnung) nach amtlich vorgeschriebenem Datensatz an den Anbieter übermitteln.

(3) Wird der Rückzahlungsbetrag nach § 95 Abs. 3 Satz 1 des Einkommensteuergesetzes erlassen, hat die zentrale Stelle dies dem Anbieter mitzuteilen.

§ 13
Anzeigepflichten des Zulageberechtigten

(1) – weggefallen –

(2) Liegt ein Tatbestand des § 95 Absatz 1 des Einkommensteuergesetzes vor, hat der Zulageberechtigte dies dem Anbieter auch dann anzuzeigen, wenn aus dem Vertrag bereits Leistungen bezogen werden.

UNTERABSCHNITT 2
Ermittlung, Festsetzung, Auszahlung, Rückforderung und Rückzahlung der Zulagen

§ 14
Nachweis der Rentenversicherungspflicht und der Höhe der maßgebenden Einnahmen

(1) ¹Weichen die Angaben des Zulageberechtigten zur Rentenversicherungspflicht oder zu den beitragspflichtigen Einnahmen oder zu der bezogenen Rente wegen voller Erwerbsminderung oder Erwerbsunfähigkeit im Sinne des Sechsten Buches Sozialgesetzbuch – Gesetzliche Rentenversicherung – in der Fassung der Bekanntmachung vom 19. Februar 2002 (BGBl. I S. 754, 1404, 3384), zuletzt geändert durch Artikel 5 des Gesetzes vom 23. Juli 2002 (BGBl. I S. 2787), in der jeweils geltenden Fassung von den nach § 91 Abs. 1 Satz 1 des Einkommensteuergesetzes übermittelten Angaben des zuständigen Sozialversicherungsträgers ab, sind für den Nachweis der Rentenversicherungspflicht oder die Berechnung des Mindesteigenbeitrags die Angaben des zuständigen Sozialversicherungsträgers maßgebend. ²Für die von der landwirtschaftlichen Alterskasse übermittelten Angaben gilt Satz 1 entsprechend. ³Wird abweichend vom tatsächlich erzielten Entgelt oder vom Zahlbetrag der Entgeltersatzleistung ein höherer Betrag als beitragspflichtige Einnahmen im Sinne des § 86 Abs. 1 Satz 2 Nr. 1 des Einkommensteuergesetzes berücksichtigt und stimmen der vom Zulageberechtigten angegebene und der bei dem zuständigen Sozialversicherungsträger ermittelte Zeitraum überein, ist Satz 1 insoweit nicht anzuwenden. ⁴Im Festsetzungsverfahren ist dem Zulageberechtigten Gelegenheit zu geben, eine Klärung mit dem Sozialversicherungsträger herbeizuführen.

(2) Liegt der zentralen Stelle eine Bestätigung der zuständigen Stelle über die Zugehörigkeit des Zulageberechtigten zu dem in § 10a Abs. 1 Satz 1 Nr. 1 bis 5 und Satz 4 des Einkommensteuergesetzes genannten Personenkreis vor, gilt Absatz 1 entsprechend.

§ 15
Auszahlung der Zulage

¹Die Zulagen werden jeweils am 15. der Monate Februar, Mai, August und November eines Jahres zur Zahlung angewiesen. ²Zum jeweiligen Auszahlungstermin werden angewiesen:

a) Zulagen, die bis zum Ablauf des dem Auszahlungstermin vorangegangenen Kalendervierteljahres über den Anbieter beantragt worden sind und von der zentralen Stelle bis zum Ablauf des dem Auszahlungstermin vorangehenden Kalendermonats ermittelt wurden,

b) Erhöhungen von Zulagen, die bis zum Ablauf des dem Auszahlungstermin vorangegangenen Kalendervierteljahres ermittelt oder festgesetzt wurden.

§ 16
Kleinbetragsgrenze für Rückforderungen gegenüber dem Zulageberechtigten

Ein Rückzahlungsbetrag nach § 94 Abs. 2 des Einkommensteuergesetzes, der nicht über den Anbieter zurückgefordert werden kann, wird nur festgesetzt, wenn die Rückforderung mindestens 10 Euro beträgt.

§ 17
Vollstreckung von Bescheiden über Forderungen der zentralen Stelle

¹Bescheide über Forderungen der zentralen Stelle werden von den Hauptzollämtern vollstreckt. ²Zuständig ist das Hauptzollamt, in dessen Vollstreckungsbezirk der Schuldner oder die Schuldnerin einen Wohnsitz oder gewöhnlichen Aufenthalt hat. ³Mangelt es an einem Wohnsitz oder gewöhnlichen Aufenthalt im Inland, ist das Hauptzollamt Potsdam zuständig. ⁴Über die Niederschlagung (§ 261 der Abgabenordnung) entscheidet die zentrale Stelle.

UNTERABSCHNITT 3
Bescheinigungs-, Aufzeichnungs- und Aufbewahrungspflichten

§ 18
Erteilung der Anbieterbescheinigungen

(1) Werden Bescheinigungen nach § 22 Nr. 5 Satz 7, § 92 oder § 94 Abs. 1 Satz 4 des Einkommensteuergesetzes mit Hilfe automatischer Einrichtungen erstellt, können Unterschrift und Namenswiedergabe des Anbieters oder des Vertretungsberechtigten fehlen.

(2) ¹Wird die Bescheinigung nach § 92 oder § 94 Abs. 1 Satz 4 des Einkommensteuergesetzes durch die Post übermittelt, ist das Datum der Aufgabe zur Post auf der Bescheinigung anzugeben. ²Für die Berechnung der Frist nach § 90 Abs. 4 Satz 2 des Einkommensteuergesetzes ist § 122 Abs. 2 und 2a der Abgabenordnung sinngemäß anzuwenden.

§ 19
Aufzeichnungs- und Aufbewahrungspflichten

(1) ¹Der Anbieter nach § 1 Abs. 2 des Altersvorsorgeverträge-Zertifizierungsgesetzes hat für jedes Kalenderjahr Aufzeichnungen zu führen über

1. Namen und Anschrift des Anlegers,
2. Vertragsnummer und Vertragsdatum,
3. Altersvorsorgebeiträge, auf die § 10a oder Abschnitt XI des Einkommensteuergesetzes angewendet wurde,
4. dem Vertrag gutgeschriebene Zulagen,
5. dem Vertrag insgesamt gutgeschriebene Erträge,
6. Beiträge, auf die § 10a oder Abschnitt XI des Einkommensteuergesetzes nicht angewendet wurde,
7. Beiträge und Zulagen, die zur Absicherung der verminderten Erwerbsfähigkeit verwendet wurden,
8. Beiträge und Zulagen, die zur Hinterbliebenenabsicherung im Sinne des § 1 Abs. 1 Satz 1 Nr. 2 des Altersvorsorgeverträge-Zertifizierungsgesetzes oder § 1 Abs. 1 Satz 1 Nr. 6 des Altersvorsorgeverträge-Zertifizierungsgesetzes in der bis zum 31. Dezember 2004 geltenden Fassung verwendet wurden, und
9. die im Wohnförderkonto (§ 92a Abs. 2 Satz 1 des Einkommensteuergesetzes) zu berücksichtigenden Beiträge.

²Werden zugunsten des Altersvorsorgevertrags auch nicht geförderte Beiträge geleistet, sind die Erträge anteilig den geförderten und den nicht geförderten Beiträgen zuzuordnen und entsprechend aufzuzeichnen. ³Die auf den 31. Dezember des jeweiligen Kalenderjahres fortgeschriebenen Beträge sind gesondert aufzuzeichnen.

(2) ¹Für einen Anbieter nach § 80 zweite Alternative des Einkommensteuergesetzes gilt Absatz 1 sinngemäß. ²Darüber hinaus hat er Aufzeichnungen zu führen über

1. Beiträge, auf die § 3 Nr. 63 des Einkommensteuergesetzes angewendet wurde; hierzu gehören auch die Beiträge im Sinne des § 5 Abs. 3 Satz 2 der Lohnsteuer-Durchführungsverordnung,
2. Beiträge, auf die § 40b des Einkommensteuergesetzes in der am 31. Dezember 2004 geltenden Fassung angewendet wurde, und
3. Leistungen, auf die § 3 Nr. 66 des Einkommensteuergesetzes angewendet wurde.

(3) ¹Für die Aufbewahrung der Aufzeichnungen nach den Absätzen 1 und 2, der Mitteilungen nach § 5 Abs. 2 der Lohnsteuer-Durchführungsverordnung und des Antrags auf Altersvorsorgezulage oder der einer Antragstellung nach § 89 Abs. 3 des Einkommensteuergesetzes zugrunde liegenden Unterlagen gilt § 147 Abs. 3 der Abgabenordnung entsprechend. ²Die Unterlagen sind spätestens am Ende des zehnten Kalenderjahres zu löschen oder zu vernichten, das auf die Mitteilung nach § 22 Nr. 5 Satz 7 des Einkommensteuergesetzes folgt. ³Satz 2 gilt nicht, soweit die Löschung oder Vernichtung schutzwürdige Interessen des Anlegers oder die Wahrnehmung von Aufgaben oder berechtigten Interessen des Anbieters beeinträchtigen würde.

(3a) Unterlagen über die Auszahlung des Altersvorsorge-Eigenheimbetrages im Sinne des § 92a Absatz 1 Satz 1 des Einkommensteuergesetzes sowie Unterlagen, die eine wohnungswirtschaftliche Verwendung im Sinne des § 92a Absatz 1 Satz 1 des Einkommensteuergesetzes nach dem 31. Dezember 2007 eines Darlehens im Sinne des § 1 Absatz 1a des Altersvorsorgeverträge-Zertifizierungsgesetzes nachweisen, sind für die Dauer von zehn Jahren nach der Auflösung oder der Schließung des für den Altersvorsorgevertrag geführten Wohnförderkontos (§ 92a Absatz 2 Satz 1 des Einkommensteuergesetzes) aufzubewahren.

(4) ¹Nach Absatz 3 Satz 1 und Absatz 3a aufzubewahrende schriftliche Unterlagen können als Wiedergabe auf einem Bild- oder anderen dauerhaften Datenträger aufbewahrt werden, wenn sichergestellt ist, dass

1. die Wiedergabe während der Dauer der Aufbewahrungsfrist verfügbar bleibt und innerhalb angemessener Zeit lesbar gemacht werden kann und
2. die lesbar gemachte Wiedergabe mit der schriftlichen Unterlage bildlich und inhaltlich übereinstimmt.

²Das Vorliegen der Voraussetzung nach Satz 1 Nr. 2 ist vor der Vernichtung der schriftlichen Unterlage zu dokumentieren.

(5) Sonstige Vorschriften über Aufzeichnungs- und Aufbewahrungspflichten bleiben unberührt.

(6) Der Anbieter hat der zentralen Stelle auf Anforderung den Inhalt der Aufzeichnungen mitzuteilen und die für die Überprüfung der Zulage erforderlichen Unterlagen zur Verfügung zu stellen.

ABSCHNITT 3
Vorschriften zu Rentenbezugsmitteilungen

§ 20
Aufzeichnungs- und Aufbewahrungspflichten

¹Der Mitteilungspflichtige hat die übermittelten Daten aufzuzeichnen und die zugrunde liegenden Unterlagen für die Dauer von sechs Jahren nach dem Ende des Jahres, für das die Übermittlung erfolgt ist, geordnet aufzubewahren. ²§ 19 Abs. 4 bis 6 gilt entsprechend.

§ 20a
Vollstreckung von Bescheiden über Forderungen der zentralen Stelle

§ 17 gilt für Bescheide über Forderungen der zentralen Stelle im Rahmen des Rentenbezugsmitteilungsverfahrens nach § 22a des Einkommensteuergesetzes entsprechend.

§ 21
Erprobung des Verfahrens

(1) Die zentrale Stelle kann bei den Mitteilungspflichtigen Daten nach § 22a Abs. 1 Satz 1 des Einkommensteuergesetzes erheben zum Zweck der Erprobung

1. des Verfahrens der Datenübermittlung von den Mitteilungspflichtigen an die zentrale Stelle,
2. der bei der zentralen Stelle einzusetzenden Programme,
3. der Weiterleitung an die Finanzverwaltung und
4. der Weiterverarbeitung der Daten in der Finanzverwaltung.

(2) Das Bundeszentralamt für Steuern kann bei den Mitteilungspflichtigen Daten nach § 22a Abs. 2 Satz 3 des Einkommensteuergesetzes in Verbindung mit § 139b Abs. 3 der Abgabenordnung erheben zum Zweck der Erprobung

1. des Verfahrens der Datenübermittlung von den Mitteilungspflichtigen an das Bundeszentralamt für Steuern,

Altersvorsorge-Durchführungsverordnung – AltvDV

2. des Verfahrens der Datenübermittlung von dem Bundeszentralamt für Steuern an die Mitteilungspflichtigen,
3. der vom Bundeszentralamt für Steuern und der zentralen Stelle einzusetzenden Programme, mit denen den Mitteilungspflichtigen die Daten zur Verfügung gestellt werden.

(3) Die Datenübermittlung erfolgt durch Datenfernübertragung; § 4 Abs. 1 gilt entsprechend.

(4) ¹Die Daten dürfen nur für die in Absatz 1 und 2 genannten Zwecke verwendet werden. ²Sie sind unmittelbar nach Beendigung der Erprobung, spätestens am 31. Dezember 2009, zu löschen.

ABSCHNITT 4
Vorschriften zum weiteren Datenaustausch mit der zentralen Stelle

§ 22
Aufzeichnungs- und Aufbewahrungspflichten

¹Soweit nicht bereits eine Aufzeichnungs- und Aufbewahrungspflicht nach § 19 oder § 20 dieser Verordnung besteht, hat die übermittelnde Stelle die übermittelten Daten aufzuzeichnen und die zugrunde liegenden Unterlagen für die Dauer von sechs Jahren nach dem Ende des Jahres, in dem die Übermittlung erfolgt ist, geordnet aufzubewahren. ²§ 19 Absatz 4 bis 6 gilt entsprechend.

§ 23
Erprobung des Verfahrens

§ 21 Absatz 1 dieser Verordnung gilt für die Erprobung des Verfahrens nach § 10 Absatz 2a und 4b des Einkommensteuergesetzes entsprechend mit der Maßgabe, dass die zentrale Stelle bei den übermittelnden Stellen die Daten nach § 10 Absatz 2a des Einkommensteuergesetzes erheben kann.

§ 24
Mitteilungspflichten der übermittelnden Stellen gegenüber der zentralen Stelle

¹Die in § 10 Absatz 4b Satz 4 des Einkommensteuergesetzes genannten übermittelnden Stellen haben der zentralen Stelle bis zum 28. Februar des dem Jahr der Auszahlung oder der Rückforderung der steuerfreien Zuschüsse zu Vorsorgeaufwendungen im Sinne des § 10 Absatz 1 Nummer 2, 3 und 3a des Einkommensteuergesetzes oder der Erstattung von solchen Vorsorgeaufwendungen folgenden Jahres folgende Daten zu übermitteln:

1. Identifikationsnummer (§ 139b der Abgabenordnung), Familienname, Vorname, Geburtsdatum und Anschrift des Steuerpflichtigen;
2. die Höhe der im jeweiligen Zahlungsjahr geleisteten und zurückgeforderten steuerfreien Zuschüsse und der erstatteten Vorsorgeaufwendungen, jeweils gesondert betragsmäßig nach Art der Vorsorgeaufwendungen ausgewiesen;
3. Beginn und Ende des Zeitraums, für den der steuerfreie Zuschuss und die Erstattung der Vorsorgeaufwendungen erfolgt ist;
4. Jahr des Zuflusses oder Abflusses;
5. Bezeichnung und Anschrift der übermittelnden Stelle sowie deren Ordnungsbegriff.

²Eine Mitteilungspflicht nach Satz 1 besteht nicht, wenn die übermittelnde Stelle der Finanzverwaltung die Zahlung der geleisteten und zurückgeforderten steuerfreien Zuschüsse und der erstatteten Vorsorgeaufwendungen bereits aufgrund anderer Vorschriften elektronisch mitzuteilen hat. ³Stellt die übermittelnde Stelle fest, dass die an die zentrale Stelle übermittelten Daten unzutreffend sind, ist dies unverzüglich durch Übermittlung eines Datensatzes an die zentrale Stelle zu korrigieren oder zu stornieren. ⁴Die übermittelnde Stelle hat den Steuerpflichtigen darüber zu unterrichten, dass die Daten der zentralen Stelle mitgeteilt werden. ⁵Hierbei ist die Höhe der Beträge anzugeben, soweit sich diese nicht bereits aus dem Verwaltungsakt ergibt.

Anhang 13e
Anwendung des § 10 Absatz 1 Nummer 2 Satz 1 Buchstabe a EStG bei Beiträgen an berufsständische Versorgungseinrichtungen

BMF-Schreiben vom 8.7.2014 (BStBl. I S. 1098)

Im Einvernehmen mit den obersten Finanzbehörden der Länder übersende ich die Liste der berufsständischen Versorgungseinrichtungen, die den gesetzlichen Rentenversicherungen vergleichbare Leistungen im Sinne des § 10 Absatz 1 Nummer 2 Satz 1 Buchstabe a EStG erbringen. Der Vollständigkeit halber wird darauf hingewiesen, dass es für die Frage des Vorliegens von Beiträgen im Sinne des § 10 Absatz 1 Nummer 2 Satz 1 Buchstabe a EStG nicht darauf ankommt, in welchem Land der Versicherungsnehmer seinen Wohnsitz hat.

Anlage

Berufsgruppe	Versorgungswerk
Ärzte	Baden-Württembergische Versorgungsanstalt für Ärzte, Zahnärzte und Tierärzte Postfach 26 49, 72016 Tübingen
	Bayerische Ärzteversorgung 81919 München
	Berliner Ärzteversorgung Postfach 146, 14131 Berlin
	Ärzteversorgung Land Brandenburg Postfach 10 01 35, 03001 Cottbus
	Versorgungswerk der Ärztekammer Bremen Postfach 10 77 29, 28077 Bremen
	Versorgungswerk der Ärztekammer Hamburg Winterhuder Weg 62, 22085 Hamburg
	Versorgungswerk der Landesärztekammer Hessen Mittlerer Hasenpfad 25, 60598 Frankfurt am Main
	Ärzteversorgung Mecklenburg-Vorpommern Postfach 120, 30001 Hannover
	Ärzteversorgung Niedersachsen Postfach 120, 30001 Hannover
	Nordrheinische Ärzteversorgung Postfach 10 39 53, 40030 Düsseldorf
	Ärzteversorgung Westfalen-Lippe Postfach 59 03, 48135 Münster
	Versorgungseinrichtung der Bezirksärztekammer Koblenz Emil-Schüller-Straße 45, 56068 Koblenz
	Versorgungseinrichtung der Bezirksärztekammer Trier Balduinstraße 10–14, 54290 Trier
	Versorgungswerk der Ärztekammer des Saarlandes Postfach 10 02 62, 66002 Saarbrücken
	Sächsische Ärzteversorgung Postfach 10 04 51, 01074 Dresden
	Ärzteversorgung Sachsen-Anhalt Postfach 120, 30001 Hannover
	Versorgungseinrichtung der Ärztekammer Schleswig-Holstein Postfach 11 06, 23781 Bad Segeberg
	Ärzteversorgung Thüringen Postfach 10 06 19, 07706 Jena

Berufsgruppe	Versorgungswerk
Apotheker	Bayerische Apothekerversorgung Postfach 81 01 09, 81901 München
	Apothekerversorgung Berlin Postfach 37 01 46, 14131 Berlin
	Versorgungswerk der Landesapothekerkammer Hessen Postfach 90 06 43, 60446 Frankfurt am Main
	Apothekerversorgung Mecklenburg-Vorpommern Wismarsche Straße 304, 19055 Schwerin
	Apothekerversorgung Niedersachsen Potsdamer Straße 47, 14163 Berlin
	Versorgungswerk der Apothekerkammer Nordrhein Postfach 4, 40213 Düsseldorf
	Versorgungswerk der Apothekerkammer Westfalen-Lippe Bismarckallee 25, 48151 Münster
	Sächsisch-Thüringische Apothekerversorgung Pillnitzer Landstraße 10, 01326 Dresden
	Apothekerversorgung Schleswig-Holstein Düsternbrooker Weg 75, 24105 Kiel
Architekten	Versorgungswerk der Architektenkammer Baden-Württemberg Danneckerstraße 52, 70182 Stuttgart
	Bayerische Architektenversorgung Postfach 81 01 20, 81901 München
	Versorgungswerk der Architektenkammer Berlin Potsdamer Straße 47, 14163 Berlin-Zehlendorf
	Versorgungswerk der Architektenkammer Nordrhein-Westfalen Postfach 32 12 45, 40427 Düsseldorf
	Versorgungswerk der Architektenkammer Sachsen Goetheallee 37, 01309 Dresden
Ingenieure	Versorgungswerk der Architektenkammer Baden-Württemberg Danneckerstraße 52, 70182 Stuttgart
	Ingenieurversorgung Baden-Württemberg Zellerstraße 26, 70180 Stuttgart
	Bayerische Ingenieurversorgung Bau mit Psychotherapeutenversorgung Postfach 81 02 06, 81901 München
	Ingenieurversorgung Mecklenburg-Vorpommern Alexandrinenstraße 32, 19055 Schwerin
	Versorgungswerk der Ingenieurkammer Niedersachsen Hohenzollernstraße 52, 30161 Hannover
	Versorgungswerk der Architektenkammer Nordrhein-Westfalen Postfach 32 12 45, 40427 Düsseldorf
Mitglieder des Landtags	Versorgungswerk der Mitglieder des Landtags Nordrhein-Westfalen Platz des Landtags 1, 40221 Düsseldorf
Notare	Notarkasse Anstalt des öffentlichen Rechts Ottostraße 10, 80333 München
	Notarversorgungswerk Hamburg Gustav-Mahler-Platz 1, 20354 Hamburg
	Notarversorgung Köln Breite Straße 67, 40213 Düsseldorf

Berufsständische Versorgungseinrichtungen — Anhang 13e

Berufsgruppe	Versorgungswerk
	Notarversorgungskasse Koblenz Postfach 20 11 54, 56011 Koblenz
	Versorgungswerk der Saarländischen Notarkammer Rondell 3, 66424 Homburg
	Ländernotarkasse – Anstalt des öffentlichen Rechts – Springerstraße 8, 04105 Leipzig
Psychologische Psychotherapeuten	Bayerische Ingenieurversorgung Bau mit Psychotherapeutenversorgung Postfach 81 02 06, 81901 München
	Psychotherapeutenversorgungswerk Neue Wiesen 3, 30855 Langenhagen
	Versorgungswerk der Psychotherapeutenkammer Nordrhein-Westfalen Postfach 10 52 41, 40043 Düsseldorf
	Versorgungswerk der Psychotherapeutenkammer Schleswig-Holstein Schützenwall 59, 24114 Kiel
Rechtsanwälte	Versorgungswerk der Rechtsanwälte in Baden-Württemberg Hohe Straße 16, 70174 Stuttgart
	Bayerische Rechtsanwalts- und Steuerberaterversorgung Postfach 81 01 23, 81901 München
	Versorgungswerk der Rechtsanwälte in Berlin Walter-Benjamin-Platz 6, 10629 Berlin
	Versorgungswerk der Rechtsanwälte im Land Brandenburg Grillendamm 2, 14776 Brandenburg an der Havel
	Hanseatische Rechtsanwaltsversorgung Bremen Knochenhauerstraße 36/37, 28195 Bremen
	Versorgungswerk der Rechtsanwältinnen und Rechtsanwälte in der Freien und Hansestadt Hamburg Esplanade 39, 20354 Hamburg
	Versorgungswerk der Rechtsanwälte im Lande Hessen Bockenheimer Landstraße 23, 60325 Frankfurt am Main
	Versorgungswerk der Rechtsanwälte in Mecklenburg-Vorpommern Bleicherufer 9, 19053 Schwerin
	Rechtsanwaltsversorgungswerk Niedersachsen Postfach 12 11, 29202 Celle
	Versorgungswerk der Rechtsanwälte im Lande Nordrhein-Westfalen Postfach 10 51 61, 40042 Düsseldorf
	Versorgungswerk der rheinland-pfälzischen Rechtsanwaltskammern Löhrstraße 113, 56068 Koblenz
	Versorgungswerk der Rechtsanwaltskammer des Saarlandes Am Schloßberg 5, 66119 Saarbrücken
	Sächsisches Rechtsanwaltsversorgungswerk Am Wallgässchen 2a, 01097 Dresden
	Versorgungswerk der Rechtsanwälte in Sachsen-Anhalt Breite Straße 67, 40213 Düsseldorf

Berufsgruppe	Versorgungswerk
	Schleswig-Holsteinisches Versorgungswerk für Rechtsanwälte Gottorfstraße 13a, 24837 Schleswig
	Versorgungswerk der Rechtsanwälte in Thüringen Lange Brücke 21, 99084 Erfurt
Steuerberater	Versorgungswerk der Steuerberater in Baden-Württemberg Hegelstraße 33, 70174 Stuttgart
	Bayerische Rechtsanwalts- und Steuerberaterversorgung Postfach 81 01 23, 81901 München
	Versorgungswerk der Steuerberater und Steuerbevollmächtigten im Land Brandenburg Tuchmacherstraße 48b, 14482 Potsdam
	Versorgungswerk der Steuerberater in Hessen Postfach 10 52 41, 40043 Düsseldorf
	Versorgungswerk der Steuerberater und Steuerbevollmächtigten in Mecklenburg-Vorpommern Ostseeallee 40, 18107 Rostock
	Steuerberaterversorgung Niedersachsen Adenauerallee 20, 30175 Hannover
	Versorgungswerk der Steuerberater im Land Nordrhein-Westfalen Postfach 10 52 41, 40043 Düsseldorf
	Versorgungswerk der Steuerberaterinnen und Steuerberater in Rheinland-Pfalz Postfach 10 52 41, 40043 Düsseldorf
	Versorgungswerk der Steuerberater/Steuerberaterinnen und Wirtschaftsprüfer/Wirtschaftsprüferinnen im Saarland Am Kieselhumes 15, 66123 Saarbrücken
	Versorgungswerk der Steuerberater und Steuerbevollmächtigten im Freistaat Sachsen Emil-Fuchs-Straße 2, 04105 Leipzig
	Steuerberaterversorgungswerk Sachsen-Anhalt Zum Domfelsen 4, 39104 Magdeburg
	Versorgungswerk der Steuerberaterinnen und Steuerberater im Land Schleswig-Holstein Hopfenstraße 2d, 24114 Kiel
Tierärzte	Baden-Württembergische Versorgungsanstalt für Ärzte, Zahnärzte und Tierärzte Postfach 26 49, 72016 Tübingen
	Bayerische Ärzteversorgung 81919 München
	Versorgungswerk der Landestierärztekammer Hessen Postfach 14 09, 65524 Niedernhausen
	Versorgungswerk der Landestierärztekammer Mecklenburg-Vorpommern Postfach 146, 14131 Berlin
	Tierärzteversorgung Niedersachsen Postfach 120, 30001 Hannover
	Versorgungswerk der Tierärztekammer Nordrhein Postfach 10 07 23, 47884 Kempen
	Versorgungswerk der Tierärztekammer Westfalen-Lippe Goebenstraße 50, 48151 Münster

Anhang 13e — Berufsständische Versorgungseinrichtungen

Berufsgruppe	Versorgungswerk
	Sächsische Ärzteversorgung Postfach 10 04 51, 01074 Dresden
	Versorgungswerk der Landestierärztekammer Thüringen Postfach 37 01 46, 14131 Berlin
Wirtschaftsprüfer	Versorgungswerk der Wirtschaftsprüfer und der vereidigten Buchprüfer im Lande Nordrhein-Westfalen Lindenstraße 87, 40233 Düsseldorf
	Versorgungswerk der Steuerberater/Steuerberaterinnen und Wirtschaftsprüfer/Wirtschaftsprüferinnen im Saarland Am Kieselhumes 15, 66123 Saarbrücken
Zahnärzte	Baden-Württembergische Versorgungsanstalt für Ärzte, Zahnärzte und Tierärzte Postfach 26 49, 72016 Tübingen
	Bayerische Ärzteversorgung 81919 München
	Versorgungswerk der Zahnärztekammer Berlin Klaus-Groth-Straße 3, 14050 Berlin
	Versorgungswerk der Zahnärztekammer Hamburg Postfach 74 09 25, 22099 Hamburg
	Hessische Zahnärzteversorgung Lyoner Straße 21, 60528 Frankfurt am Main
	Versorgungswerk der Zahnärztekammer Mecklenburg-Vorpommern Postfach 74 09 25, 22099 Hamburg

Berufsgruppe	Versorgungswerk
	Altersversorgungswerk der Zahnärztekammer Niedersachsen Postfach 81 06 61, 30506 Hannover
	Versorgungswerk der Zahnärztekammer Nordrhein Postfach 10 51 32, 40042 Düsseldorf
	Versorgungswerk der Zahnärztekammer Westfalen-Lippe Postfach 88 43, 48047 Münster
	Versorgungsanstalt bei der Landeszahnärztekammer Rheinland-Pfalz 117er Ehrenhof 3, 55118 Mainz
	Versorgungswerk der Ärztekammer des Saarlandes Postfach 10 02 62, 66002 Saarbrücken
	Zahnärzteversorgung Sachsen Schützenhöhe 11, 01099 Dresden
	Altersversorgungswerk der Zahnärztekammer Sachsen-Anhalt Postfach 81 06 61, 30506 Hannover
	Versorgungswerk der Zahnärztekammer Schleswig-Holstein Westring 496, 24106 Kiel
	Versorgungswerk der Landeszahnärztekammer Thüringen Barbarossahof 16, 99092 Erfurt

Anhang 14
Umsatzsteuerliche Behandlung von Sachbezügen
(Abschnitt 1.8 Umsatzsteuer-Anwendungserlass)

1.8 Sachzuwendungen und sonstige Leistungen

Allgemeines

(1) ¹Wendet der Unternehmer (Arbeitgeber) seinem Personal (seinen Arbeitnehmern) als Vergütung für geleistete Dienste neben dem Barlohn auch einen Sachlohn zu, bewirkt der Unternehmer mit dieser Sachzuwendung eine entgeltliche Leistung im Sinne des § 1 Abs. 1 Nr. 1 Satz 1 UStG, für die der Arbeitnehmer einen Teil seiner Arbeitsleistung als Gegenleistung aufwendet. ²Wegen des Begriffs der Vergütung für geleistete Dienste vgl. Abschnitt 4.18.1 Abs. 7. ³Ebenfalls nach § 1 Abs. 1 Nr. 1 Satz 1 UStG steuerbar sind Lieferungen oder sonstige Leistungen, die der Unternehmer an seine Arbeitnehmer oder deren Angehörige aufgrund des Dienstverhältnisses gegen besonders berechnetes Entgelt, aber verbilligt, ausführt. ⁴Von einer entgeltlichen Leistung in diesem Sinne ist auszugehen, wenn der Unternehmer für die Leistung gegenüber dem einzelnen Arbeitnehmer einen unmittelbaren Anspruch auf eine Geldzahlung oder eine andere – nicht in der Arbeitsleistung bestehende – Gegenleistung in Geldeswert hat. ⁵Für die Steuerbarkeit kommt es nicht darauf an, ob der Arbeitnehmer das Entgelt gesondert an den Unternehmer entrichtet oder ob der Unternehmer den entsprechenden Betrag vom Barlohn einbehält. ⁶Die Gewährung von Personalrabatt durch den Unternehmer beim Einkauf von Waren durch seine Mitarbeiter ist keine Leistung gegen Entgelt, sondern Preisnachlass (BFH-Beschluss vom 17.9.1981, V B 43/80, BStBl. II S. 775).

(2) ¹Zuwendungen von Gegenständen (Sachzuwendungen) und sonstige Leistungen an das Personal für dessen privaten Bedarf sind nach § 3 Abs. 1b Satz 1 Nr. 2 und § 3 Abs. 9a UStG auch dann steuerbar, wenn sie unentgeltlich sind (vgl. Abschnitt 3.3 Abs. 9). ²Die Steuerbarkeit setzt voraus, dass Leistungen aus unternehmerischen (betrieblichen) Gründen für den privaten, außerhalb des Dienstverhältnisses liegenden Bedarf des Arbeitnehmers ausgeführt werden (vgl. BFH-Urteile vom 11.3.1988, V R 30/84, BStBl. II S. 643 und V R 114/83, BStBl. II S. 651). ³Der Arbeitnehmer erhält Sachzuwendungen und sonstige Leistungen unentgeltlich, wenn er seine Arbeit lediglich für den vereinbarten Barlohn und unabhängig von dem an alle Arbeitnehmer gerichteten Angebot (vgl. BFH-Urteil vom 10.6.1999, V R 104/98, BStBl. II S. 582) oder unabhängig von dem Umfang der gewährten Zuwendungen leistet. ⁴Hieran ändert der Umstand nichts, dass der Unternehmer die Zuwendungen zur Ablösung tarifvertraglicher Verpflichtungen erbringt (vgl. BFH-Urteil vom 11.5.2000, V R 73/99, BStBl. II S. 505). ⁵Steuerbar sind auch Leistungen an ausgeschiedene Arbeitnehmer aufgrund eines früheren Dienstverhältnisses sowie Leistungen an Auszubildende. ⁶Bei unentgeltlichen Zuwendungen eines Gegenstands an das Personal oder der Verwendung eines dem Unternehmen zugeordneten Gegenstands für den privaten Bedarf des Personals setzt die Steuerbarkeit voraus, dass der Gegenstand oder seine Bestandteile zumindest zu einem teilweisen Vorsteuerabzug berechtigt haben (vgl. Abschnitte 3.3 und 3.4). ⁷Keine steuerbaren Umsätze sind Aufmerksamkeiten (vgl. Absatz 3) und Leistungen, die überwiegend durch das betriebliche Interesse des Arbeitgebers veranlasst sind (vgl. Absatz 4 und BFH-Urteil vom 9.7.1998, V R 105/92, BStBl. II S. 635).

(3) ¹Aufmerksamkeiten sind Zuwendungen des Arbeitgebers, die nach ihrer Art und nach ihrem Wert Geschenken entsprechen, die im gesellschaftlichen Verkehr üblicherweise ausgetauscht werden und zu keiner ins Gewicht fallenden Bereicherung des Arbeitnehmers führen (vgl. BFH-Urteil vom 22.3.1985, VI R 26/82, BStBl. II S. 641, R 19.6 LStR). ²Zu den Aufmerksamkeiten rechnen danach gelegentliche Sachzuwendungen bis zu einem Wert von 40 €*), z.B. Blumen, Genussmittel, ein Buch oder ein Tonträger, die dem Arbeitnehmer oder seinen Angehörigen aus Anlass eines besonderen persönlichen Ereignisses zugewendet werden. ³Gleiches gilt für Getränke und Genussmittel, die der Arbeitgeber den Arbeitnehmern zum Verzehr im Betrieb unentgeltlich überlässt.

(4) ¹Nicht steuerbare Leistungen, die überwiegend durch das betriebliche Interesse des Arbeitgebers veranlasst sind, liegen vor, wenn betrieblich veranlasste Maßnahmen zwar auch die Befriedigung eines privaten Bedarfs der Arbeitnehmer zur Folge haben, diese Folge aber durch die mit den Maßnahmen angestrebten betrieblichen Zwecke überlagert wird (vgl. EuGH-Urteil vom 11.12.2008, C-371/07, EuGHE I S. 9549). ²Dies ist regelmäßig anzunehmen, wenn die Maßnahme die dem Arbeitgeber obliegende Gestaltung der Dienstausübung betrifft (vgl. BFH-Urteil vom 9.7.1998, V R 105/92, BStBl. II S. 635). ³Hierzu gehören insbesondere:

1. ¹Leistungen zur Verbesserung der Arbeitsbedingungen, z.B. die Bereitstellung von Aufenthalts- und Erholungsräumen sowie von betriebseigenen Duschanlagen, die grundsätzlich von allen Betriebsangehörigen in Anspruch genommen werden können. ²Auch die Bereitstellung von Bade- und Sportanlagen kann überwiegend betrieblich veranlasst sein, wenn in der Zurverfügungstellung der Anlagen nach der Verkehrsauffassung kein geldwerter Vorteil zu sehen ist. ³Z. B. ist die Bereitstellung von Fußball- oder Handballsportplätzen kein geldwerter Vorteil, wohl aber bei die Bereitstellung von Tennis- oder Golfplätzen (vgl. auch BFH-Urteil vom 27.9.1996, VI R 44/96, BStBl. 1997 II S. 146);
2. die betriebsärztliche Betreuung sowie die Vorsorgeuntersuchung des Arbeitnehmers, wenn sie im ganz überwiegenden betrieblichen Interesse des Arbeitgebers liegt (vgl. BFH-Urteil vom 17.9.1982, VI R 75/79, BStBl. 1983 II S. 39);
3. betriebliche Fort- und Weiterbildungsleistungen;
4. die Überlassung von Arbeitsmitteln zur beruflichen Nutzung einschließlich der Arbeitskleidung, wenn es sich um typische Berufskleidung, insbesondere um Arbeitsschutzkleidung, handelt, deren private Nutzung so gut wie ausgeschlossen ist;
5. das Zurverfügungstellen von Parkplätzen auf dem Betriebsgelände;
6. ¹Zuwendungen im Rahmen von Betriebsveranstaltungen, soweit sie sich im üblichen Rahmen halten. ²Die Üblichkeit der Zuwendungen ist bis zu einer Höhe von 110 € einschließlich Umsatzsteuer je Arbeitnehmer und Betriebsveranstaltung nicht zu prüfen. ³Satz 2 gilt nicht bei mehr als zwei Betriebsveranstaltungen im Jahr. ⁴Die lohnsteuerrechtliche Beurteilung gilt entsprechend (vgl. R 19.5 LStR).
7. das Zurverfügungstellen von Betriebskindergärten;
8. das Zurverfügungstellen von Übernachtungsmöglichkeiten in gemieteten Zimmern, wenn der Arbeitnehmer an weit von seinem Heimatort entfernten Tätigkeitsstellen eingesetzt wird (vgl. BFH-Urteil vom 21.7.1994, V R 21/92, BStBl. II S. 881);
9. Schaffung und Förderung der Rahmenbedingungen für die Teilnahme an einem Verkaufswettbewerb (vgl. BFH-Urteil vom 16.3.1995, V R 128/92, BStBl. II S. 651);
10. die Sammelbeförderung unter den in Absatz 15 Satz 2 bezeichneten Voraussetzungen;
11. die unentgeltliche Abgabe von Speisen anlässlich und während eines außergewöhnlichen Arbeitseinsatzes, z.B. während einer außergewöhnlichen betrieblichen Besprechung oder Sitzung (vgl. EuGH-Urteil vom 11.12.2008, a.a.O.)

(4a) ¹Zum Vorsteuerabzug bei Aufmerksamkeiten, die die Grenze in Absatz 3 überschreiten, und bei Leistungen, die nicht durch das betriebliche Interesse (Absatz 4) veranlasst sind, vgl. Abschnitt 3.3 Abs. 1 Satz 7 und Abschnitt 15.15. ²Eine Wertabgabe an Arbeitnehmer unterliegt in diesen Fällen nicht der Umsatzsteuer.

(5) ¹Nach § 1 Abs. 1 Nr. 1 Satz 1, § 3 Abs. 1b oder § 3 Abs. 9a UStG steuerbare Umsätze an Arbeitnehmer können steuerfrei, z.B. nach § 4 Nr. 10 Buchstabe b, Nr. 12 Satz 1, 18, 23 bis 25 UStG, sein. ²Die Überlassung von Werkdienstwohnungen durch Arbeitgeber ist nach § 4 Nr. 12 Satz 1 UStG steuerfrei (vgl. BFH-Urteile vom 30.7.1986, V R 99/76, BStBl. II S. 877, und vom 7.10.1987, V R 2/79, BStBl. 1988 II S. 88). ³Überlässt ein Unternehmer in seiner Pension Räume an eigene Saison-Arbeitnehmer, ist diese Leistung nach § 4 Nr. 12 Satz 2 UStG steuerpflichtig, wenn diese Räume wahlweise zur vorübergehenden Beherbergung von Gästen oder zur Unterbringung des Saisonpersonals bereitgehalten werden (vgl. BFH-Urteil vom 13.9.1988, V R 46/83, BStBl. II S. 1021); vgl. auch Abschnitt 4.12.9 Abs. 2.

*) Ab dem Kalenderjahr 2015 beträgt die Grenze für Aufmerksamkeiten 60 €.

Anhang 14 — Umsatzsteuerliche Behandlung von Sachbezügen

Bemessungsgrundlage

(6) ¹Bei der Ermittlung der Bemessungsgrundlage für die entgeltlichen Lieferungen und sonstigen Leistungen an Arbeitnehmer (Absatz 1) ist die Vorschrift über die Mindestbemessungsgrundlage in § 10 Abs. 5 Nr. 2 UStG zu beachten. ²Danach ist als Bemessungsgrundlage mindestens der in § 10 Abs. 4 UStG bezeichnete Wert (Einkaufspreis, Selbstkosten, Ausgaben, vgl. Absatz 7) abzüglich der Umsatzsteuer anzusetzen, wenn dieser den vom Arbeitnehmer tatsächlich aufgewendeten (gezahlten) Betrag abzüglich der Umsatzsteuer übersteigt. ³Beruht die Verbilligung auf einem Belegschaftsrabatt, z. B. bei der Lieferung von sog. Jahreswagen an Werksangehörige in der Automobilindustrie, liegen die Voraussetzungen für die Anwendung der Vorschrift des § 10 Abs. 5 Nr. 2 UStG regelmäßig nicht vor; Bemessungsgrundlage ist dann der tatsächlich aufgewendete Betrag abzüglich Umsatzsteuer. ⁴Zuwendungen, die der Unternehmer in Form eines Sachlohns als Vergütung für geleistete Dienste gewährt, sind nach den Werten des § 10 Abs. 4 UStG zu bemessen; dabei sind auch die nicht zum Vorsteuerabzug berechtigenden Ausgaben in die Bemessungsgrundlage einzubeziehen. ⁵Eine Leistung unterliegt nur dann der Mindestbemessungsgrundlage nach § 10 Abs. 5 Nr. 2 UStG, wenn sie ohne Entgeltvereinbarung als unentgeltliche Leistung steuerbar wäre (vgl. BFH-Urteile vom 15.11.2007, V R 15/06, BStBl. 2009 II S. 423, vom 27.02.2008, XI R 50/07, BStBl. 2009 II S. 426, und vom 29.5.2008, V R 12/07, BStBl. 2009 II S. 428 sowie Abschnitt 10.7).

(7) ¹Die Bemessungsgrundlage für die unentgeltlichen Lieferungen und sonstigen Leistungen an Arbeitnehmer (Absatz 2) ist in § 10 Abs. 4 UStG geregelt. ²Bei der Ermittlung der Bemessungsgrundlage für unentgeltliche Lieferungen (§ 10 Abs. 4 Satz 1 Nr. 1 UStG) ist vom Einkaufspreis zuzüglich der Nebenkosten für den Gegenstand oder für einen gleichartigen Gegenstand oder mangels eines Einkaufspreises von den Selbstkosten, jeweils zum Zeitpunkt des Umsatzes, auszugehen. ³Der Einkaufspreis entspricht in der Regel dem Wiederbeschaffungspreis des Unternehmers. ⁴Die Selbstkosten umfassen alle durch den betrieblichen Leistungsprozess entstehenden Ausgaben. ⁵Bei der Ermittlung der Bemessungsgrundlage für unentgeltliche sonstige Leistungen (§ 10 Abs. 4 Satz 1 Nr. 2 und 3 UStG) ist von den bei der Ausführung dieser Leistungen entstandenen Ausgaben auszugehen. ⁶Hierzu gehören auch die anteiligen Gemeinkosten. ⁷In den Fällen des § 10 Abs. 4 Satz 1 Nr. 2 UStG sind aus der Bemessungsgrundlage solche Ausgaben auszuscheiden, die nicht zum vollen oder teilweisen Vorsteuerabzug berechtigt haben.

(8) ¹Die in § 10 Abs. 4 UStG vorgeschriebenen Werte weichen grundsätzlich von den für Lohnsteuerzwecke anzusetzenden Werten (§ 8 Abs. 2 und 3 EStG, R 8.1 und R 8.2 LStR) ab. ²In bestimmten Fällen (vgl. Absätze 9, 11, 14, 18) ist es jedoch aus Vereinfachungsgründen nicht zu beanstanden, wenn für die umsatzsteuerrechtliche Bemessungsgrundlage von den lohnsteuerrechtlichen Werten ausgegangen wird. ³Diese Werte sind dann als Bruttowerte anzusehen, aus denen zur Ermittlung der Bemessungsgrundlage die Umsatzsteuer herauszurechnen ist. ⁴Der Freibetrag nach § 8 Abs. 3 Satz 2 EStG von 1080 € bleibt bei der umsatzsteuerrechtlichen Bemessungsgrundlage unberücksichtigt.

Einzelfälle

(9) ¹Erhalten Arbeitnehmer von ihrem Arbeitgeber freie Verpflegung, freie Unterkunft oder freie Wohnung, ist von den Werten auszugehen, die in der SvEV in der jeweils geltenden Fassung festgesetzt sind. ²Für die Gewährung von Unterkunft und Wohnung kann unter den Voraussetzungen des § 4 Nr. 12 Satz 1 Buchstabe a UStG Steuerfreiheit in Betracht kommen (vgl. aber Absatz 5 Satz 3). ³Die Gewährung der Verpflegung unterliegt dem allgemeinen Steuersatz (vgl. BFH-Urteil vom 24.11.1988, V R 30/83, BStBl. 1989 II S. 210; Abschnitt 3.6).

(10) ¹Bei der Abgabe von Mahlzeiten an die Arbeitnehmer ist hinsichtlich der Ermittlung der Bemessungsgrundlage zu unterscheiden, ob es sich um eine unternehmenseigene Kantine oder um eine vom Unternehmer (Arbeitgeber) nicht selbst betriebene Kantine handelt. ²Eine unternehmenseigene Kantine ist nur anzunehmen, wenn der Unternehmer die Mahlzeiten entweder selbst herstellt oder die Mahlzeiten vor der Abgabe an die Arbeitnehmer mehr als nur geringfügig be- oder verarbeitet bzw. aufbereitet oder ergänzt. ³Von einer nicht selbst betriebenen Kantine ist auszugehen, wenn die Mahlzeiten nicht vom Arbeitgeber/Unternehmer selbst (d. h. durch eigenes Personal) zubereitet und an die Arbeitnehmer abgegeben werden. ⁴Überlässt der Unternehmer (Arbeitgeber) im Rahmen der Fremdbewirtschaftung Küchen- und Kantinenräume, Einrichtungs- und Ausstattungsgegenstände sowie Koch- und Küchengeräte u. ä., ist der Wert dieser Gebrauchsüberlassung bei der Ermittlung der Bemessungsgrundlage für die Mahlzeiten nicht zu berücksichtigen.

(11) ¹Bei der unentgeltlichen Abgabe von Mahlzeiten an die Arbeitnehmer durch unternehmenseigene Kantinen ist aus Vereinfachungsgründen bei der Ermittlung der Bemessungsgrundlage von dem Wert auszugehen, der dem amtlichen SvEV nach der Sachbezugsverordnung entspricht (vgl. R 8.1 Abs. 7 LStR). ²Werden die Mahlzeiten in unternehmenseigenen Kantinen entgeltlich abgegeben, ist der vom Arbeitnehmer gezahlte Essenspreis, mindestens jedoch der Wert der Besteuerung zu Grunde zu legen, der dem amtlichen Sachbezugswert nach der SvEV entspricht (vgl. R 8.1 Abs. 7 LStR). ³Abschläge für Jugendliche, Auszubildende und Angehörige der Arbeitnehmer sind nicht zulässig.

Beispiel 1:

Wert der Mahlzeit	3,00 €
Zahlung des Arbeitnehmers	1,– €
maßgeblicher Wert	3,00 €
darin enthalten ¹⁹⁄₁₁₉ Umsatzsteuer (Steuersatz 19 %)	./. 0,48 €
Bemessungsgrundlage	2,52 €

Beispiel 2:

Wert der Mahlzeit	3,00 €
Zahlung des Arbeitnehmers	3,50 €
maßgeblicher Wert	3,50 €
darin enthalten ¹⁹⁄₁₁₉ Umsatzsteuer (Steuersatz 19 %)	./. 0,56 €
Bemessungsgrundlage	2,94 €

⁴In den Beispielen 1 und 2 wird von den Sachbezugswerten 2014*) ausgegangen (vgl. BMF-Schreiben vom 12.11.2013, BStBl. I S. 1473). ⁵Soweit unterschiedliche Mahlzeiten zu unterschiedlichen Preisen verbilligt an die Arbeitnehmer abgegeben werden, kann bei der umsatzsteuerrechtlichen Bemessungsgrundlage, von dem für Lohnsteuerzwecke gebildeten Durchschnittswert ausgegangen werden.

(12) Bei der Abgabe von Mahlzeiten durch eine vom Unternehmer (Arbeitgeber) nicht selbstbetriebene Kantine oder Gaststätte gilt Folgendes:

1. ¹Vereinbart der Arbeitgeber mit dem Kantinenbetreiber bzw. Gastwirt die Zubereitung und die Abgabe von Essen an die Arbeitnehmer zum Verzehr an Ort und Stelle und hat der Kantinenbetreiber bzw. Gastwirt einen Zahlungsanspruch gegen den Arbeitgeber, liegt einerseits ein Leistungsaustausch zwischen Kantinenbetreiber bzw. Gastwirt und Arbeitgeber und andererseits ein Leistungsaustausch des Arbeitgebers gegenüber dem Arbeitnehmer vor. ²Der Arbeitgeber bedient sich in diesen Fällen des Kantinenbetreibers bzw. Gastwirts zur Beköstigung seiner Arbeitnehmer. ³Sowohl in dem Verhältnis Kantinenbetreiber bzw. Gastwirt – Arbeitgeber als auch im Verhältnis Arbeitgeber – Arbeitnehmer liegt eine sonstige Leistung vor.

Beispiel 1:

Der Arbeitgeber vereinbart mit einem Gastwirt die Abgabe von Essen an seine Arbeitnehmer zu einem Preis von 5 € je Essen. Der Gastwirt rechnet über die ausgegebenen Essen mit dem Arbeitgeber auf der Grundlage dieses Preises ab. Die Arbeitnehmer haben einen Anteil am Essenspreis von 2 € zu entrichten, den der Arbeitgeber von den Arbeitslöhnen einbehält.

Nach § 3 Absatz 9 UStG erbringen der Gastwirt an den Arbeitgeber und der Arbeitgeber an den Arbeitnehmer je eine sonstige Leistung. Der Preis je Essen beträgt für den Arbeitgeber 5 €. Als Bemessungsgrundlage für die Abgabe des Mahlzeiten des Arbeitgebers an den Arbeitnehmer ist der Betrag von 4,20 € (5 € abzüglich ¹⁹⁄₁₁₉ Umsatzsteuer) anzusetzen. Der Arbeitgeber kann die ihm vom Gastwirt für die Beköstigungsleistungen gesondert in Rechnung gestellte Umsatzsteuer unter den Voraussetzungen des § 15 UStG als Vorsteuer abziehen.

---

*) Für das Kalenderjahr 2015 beträgt der Sachbezugswert unverändert 3,00 €.

Umsatzsteuerliche Behandlung von Sachbezügen — Anhang 14

2. ¹Bestellt der Arbeitnehmer in einer Gaststätte selbst sein gewünschtes Essen nach der Speisekarte und bezahlt dem Gastwirt den – ggf. um einen Arbeitgeberzuschuss geminderten – Essenspreis, liegt eine sonstige Leistung des Gastwirts an den Arbeitnehmer vor. ²Ein Umsatzgeschäft zwischen Arbeitgeber und Gastwirt besteht nicht. ³Im Verhältnis des Arbeitgebers zum Arbeitnehmer ist die Zahlung des Essenszuschusses ein nicht umsatzsteuerbarer Vorgang. ⁴Bemessungsgrundlage der sonstigen Leistung des Gastwirts an den Arbeitnehmer ist der von dem Arbeitnehmer an den Gastwirt gezahlte Essenspreis zuzüglich des ggf. gezahlten Arbeitgeberzuschusses (Entgelt von dritter Seite).

Beispiel 2:
Der Arbeitnehmer kauft in einer Gaststätte ein Mittagessen, welches mit einem Preis von 4 € ausgezeichnet ist. Er übergibt dem Gastwirt eine Essensmarke des Arbeitgebers im Wert von 1 € und zahlt die Differenz in Höhe von 3 €. Der Gastwirt lässt sich den Wert der Essensmarken wöchentlich vom Arbeitgeber erstatten.

Bemessungsgrundlage beim Gastwirt ist der Betrag von 4 € abzüglich Umsatzsteuer. Die Erstattung der Essensmarke (Arbeitgeberzuschuss) führt nicht zu einer steuerbaren Sachzuwendung an den Arbeitnehmer. Der Arbeitgeber kann aus der Abrechnung des Gastwirts keinen Vorsteuerabzug geltend machen.

3. Vereinbart der Arbeitgeber mit einem selbständigen Kantinenpächter (z. B. Caterer), dass dieser die Kantine in den Räumen des Arbeitgebers betreibt und die Verpflegungsleistungen an die Arbeitnehmer im eigenen Namen und für eigene Rechnung erbringt, liegt ein Leistungsaustausch zwischen Caterer und Arbeitnehmer vor (vgl. BFH-Beschluss vom 18.7.2002, V B 112/01, BStBl. 2003 II S. 675).

Beispiel 3:
Der Arbeitgeber und der Caterer vereinbaren, dass der Caterer die Preise für die Mittagsverpflegung mit dem Arbeitgeber abzustimmen hat. Der Arbeitgeber zahlt dem Caterer einen jährlichen (pauschalen) Zuschuss (Arbeitgeberzuschuss). Der Zuschuss wird anhand der Zahl der durchschnittlich ausgegebenen Essen je Kalenderjahr ermittelt oder basiert auf einem prognostizierten „Verlust" (Differenz zwischen den voraussichtlichen Zahlungen und Kosten der Mittagsverpflegung).

Ein Leistungsaustausch zwischen Arbeitgeber und Caterer sowie zwischen Arbeitgeber und Arbeitnehmer besteht nicht. Bemessungsgrundlage der sonstigen Leistung des Caterers an den Arbeitnehmer ist der von dem Arbeitnehmer an den Caterer gezahlte Essenspreis zuzüglich des ggf. gezahlten Arbeitgeberzuschusses. Diese vom Arbeitgeber in pauschalierter Form gezahlten Beträge sind Entgelt von dritter Seite (vgl. Abschnitt 10.2 Abs. 5 Satz 5). Da der Arbeitgeber keine Leistung vom Caterer erhält, ist er nicht zum Vorsteuerabzug aus der Zahlung des Zuschusses an den Caterer berechtigt.

(13) ¹In den Fällen, in denen Verpflegungsleistungen anlässlich einer unternehmerisch bedingten Auswärtstätigkeit des Arbeitnehmers vom Arbeitgeber empfangen und in voller Höhe getragen werden, kann der Arbeitgeber den Vorsteuerabzug aus den entstandenen Verpflegungskosten in Anspruch nehmen, wenn die Aufwendungen durch Rechnungen mit gesondertem Ausweis der Umsatzsteuer auf den Namen des Unternehmers oder durch Kleinbetragsrechnungen im Sinne des § 33 UStDV belegt sind. ²Es liegt keine einer entgeltlichen Leistung gleichgestellte unentgeltliche Wertabgabe vor. ³Übernimmt der Arbeitgeber die Kosten des Arbeitnehmers für eine dienstlich veranlasste Hotelübernachtung einschließlich Frühstück und kürzt der Arbeitgeber wegen des Frühstücks dem Arbeitnehmer den ihm zustehenden Reisekostenzuschuss auch um einen höheren Betrag als den maßgeblichen Sachbezugswert, liegt keine entgeltliche Frühstücksgestellung des Arbeitgebers an den Arbeitnehmer vor.

(14) ¹Zu den unentgeltlichen Wertabgaben rechnen auch unentgeltliche Deputate, z. B. im Bergbau und in der Land- und Forstwirtschaft, und die unentgeltliche Abgabe von Getränken und Genussmitteln zum häuslichen Verzehr, z. B. Haustrunk im Brauereigewerbe, Freitabakwaren in der Tabakwarenindustrie. ²Das Gleiche gilt für Sachgeschenke, Jubiläumsgeschenke und ähnliche Zuwendungen aus Anlass von Betriebsveranstaltungen, soweit diese Zuwendungen weder Aufmerksamkeiten (vgl. Absatz 3) noch Leistungen im überwiegenden betrieblichen Interesse des Arbeitgebers (vgl. Absatz 4) sind. ³Als Bemessungsgrundlage sind in diesen Fällen grundsätzlich die in § 10 Abs. 4 Satz 1 Nr. 1 UStG bezeichneten Werte anzusetzen. ⁴Aus Vereinfachungsgründen kann von den nach den lohnsteuerrechtlichen Regelungen (vgl. R 8.1 Abs. 2, R 8.2 Abs. 2 LStR) ermittelten Werten ausgegangen werden.

(15) ¹Unentgeltliche Beförderungen der Arbeitnehmer von ihrem Wohnsitz, gewöhnlichen Aufenthaltsort oder von einer Sammelhaltestelle, z. B. einem Bahnhof, zum Arbeitsplatz durch betriebseigene Kraftfahrzeuge oder durch vom Arbeitgeber beauftragte Beförderungsunternehmer sind nach § 3 Abs. 9a Nr. 2 UStG steuerbar, sofern sie nicht im überwiegenden betrieblichen Interesse des Arbeitgebers liegen. ²Nicht steuerbare Leistungen im überwiegenden betrieblichen Interesse sind z. B. in den Fällen anzunehmen, in denen

1. die Beförderung mit öffentlichen Verkehrsmitteln nicht oder nur mit unverhältnismäßig hohem Zeitaufwand durchgeführt werden könnte (vgl. BFH-Urteil vom 15.11.2007, V R 15/06, BStBl. 2009 II S. 423),

2. die Arbeitnehmer an ständig wechselnden Tätigkeitsstätten oder an verschiedenen Stellen eines weiträumigen Arbeitsgebiets eingesetzt werden, oder

3. im Einzelfall die Beförderungsleistungen wegen eines außergewöhnlichen Arbeitseinsatzes erforderlich werden oder wenn sie hauptsächlich dem Materialtransport an die Arbeitsstelle dienen und der Arbeitgeber dabei einige Arbeitnehmer unentgeltlich mitnimmt (vgl. BFH-Urteil vom 9.7.1998, V R 105/92, BStBl. II S. 635).

³Ergänzend wird auf das BFH-Urteil vom 11.5.2000, V R 73/99, BStBl. II S. 505 verwiesen. ⁴Danach ist das Gesamtbild der Verhältnisse entscheidend. ⁵Die Entfernung zwischen Wohnung und Arbeitsstätte ist nur ein Umstand, der neben anderen in die tatsächliche Würdigung einfließt.

(16) ¹Die Bemessungsgrundlage für die unentgeltlichen Beförderungsleistungen des Arbeitgebers richtet sich nach den bei der Ausführung der Umsätze entstandenen Ausgaben (§ 10 Abs. 4 Satz 1 Nr. 3 UStG). ²Es ist nicht zu beanstanden, wenn der Arbeitgeber die entstandenen Ausgaben schätzt, soweit er die Beförderung mit betriebseigenen Fahrzeugen durchführt. ³Die Bemessungsgrundlage für die Beförderungsleistungen eines Monats kann z. B. pauschal aus der Zahl der durchschnittlich beförderten Arbeitnehmer und aus dem Preis für eine Monatskarte für die kürzeste und weiteste gefahrene Strecke (Durchschnitt) abgeleitet werden.

Beispiel:
Ein Unternehmer hat in einem Monat durchschnittlich sechs Arbeitnehmer mit einem betriebseigenen Fahrzeug unentgeltlich von ihrer Wohnung zur Arbeitsstätte befördert. Die kürzeste Strecke von der Wohnung eines Arbeitnehmers zur Arbeitsstätte beträgt 10 km, die weiteste 30 km (Durchschnitt 20 km).

Die Bemessungsgrundlage für die Beförderungsleistungen in diesem Monat berechnet sich wie folgt:

6 Arbeitnehmer × 76 € (Monatskarte für 20 km) = 456 € abzüglich 29,83 € Umsatzsteuer (Steuersatz 7 %) = 426,17 €.

⁴Zur Anwendung der Steuerermäßigung des § 12 Abs. 2 Nr. 10 Buchstabe b UStG vgl. Abschnitt 12.15.

(17) ¹Werden von Verkehrsbetrieben die Freifahrten aus betrieblichen Gründen für den privaten, außerhalb des Dienstverhältnisses liegenden Bedarf der Arbeitnehmer, ihrer Angehörigen und der Pensionäre gewährt, sind die Freifahrten nach § 3 Abs. 9a Nr. 2 UStG steuerbar. ²Die als Bemessungsgrundlage anzusetzenden Ausgaben sind nach den jeweiligen örtlichen Verhältnissen zu ermitteln und können im Allgemeinen mit 25 % des normalen Preises für den überlassenen Fahrausweis oder eines der Fahrberechtigung entsprechenden Fahrausweises angenommen werden. ³Die Umsatzsteuer ist herauszurechnen.

(18) ¹Zur umsatzsteuerrechtlichen Behandlung der Überlassung von Fahrzeugen an Arbeitnehmer zu deren privater Nutzung vgl. Abschnitt 15.23 Abs. 8 bis 12. ²Leistet der Arbeitnehmer in diesen Fällen Zuzahlungen, vgl. BMF-Schreiben vom 30.12.1997, BStBl. 1998 I S. 110.

(19) ¹Zur umsatzsteuerrechtlichen Behandlung unentgeltlicher oder verbilligter Reisen für Betriebsangehörige vgl. Abschnitt 25.3 Abs. 5. ²Wendet ein Hersteller bei einem Verkaufswettbewerb ausgelobte Reiseleistungen seinen Vertragshändlern unter der Auflage zu, die Reisen bestimmten Arbeitnehmern zu gewähren, kann der Händler steuerbare Reiseleistungen an seine Arbeitnehmer ausführen. ³Wendet der Hersteller Reiseleistungen unmittelbar Arbeitnehmern seiner Vertragshändler zu, erbringt der Vertragshändler insoweit keine steuerbaren Leistungen an seine Arbeitnehmer (vgl. BFH-Urteil vom 16.3.1995, V R 128/92, BStBl. II S. 651).

Anhang 15 Merkblatt für den Arbeitgeber zu den Rechtsänderungen beim Steuerabzug vom Arbeitslohn ab 1. Januar 1996*)

(BStBl. 1995 I S. 719)

Vorbemerkung

Der zum Steuerabzug vom Arbeitslohn verpflichtete Arbeitgeber hat bei der Erhebung der Lohnsteuer, des Solidaritätszuschlags und der Kirchensteuer ab 1996 die Rechtsänderungen zu beachten, die im Einkommensteuergesetz (EStG), im Solidaritätszuschlaggesetz 1995 und in der Lohnsteuer-Durchführungsverordnung (LStDV) durch das Jahressteuergesetz 1996 in Kraft gesetzt worden sind. Bedeutsam sind außerdem neue Verwaltungsvorschriften in den Lohnsteuer-Richtlinien 1996 (LStR 1996).

Nachfolgend werden die wesentlichen Rechtsänderungen dargestellt; weitere Auskünfte zum Steuerabzug vom Arbeitslohn erteilen die Finanzämter.

A. Änderungen beim Steuerabzug vom Arbeitslohn

I. Steuerfreie Bezüge

1. Vergütungen zur Erstattung von Reisekosten

a) Allgemeines

1 Reisekostenvergütungen, die entsprechend den reisekostenrechtlichen Vorschriften des Bundes und der Länder aus einer öffentlichen Kasse gezahlt werden, sind nur nach Maßgabe des § 3 Nr. 13 EStG in Verbindung mit Abschnitt 14 LStR 1996**) steuerfrei. Vergütungen, die Arbeitnehmer außerhalb des öffentlichen Dienstes von ihrem Arbeitgeber zur Erstattung von Reisekosten erhalten, sind nach § 3 Nr. 16 EStG in Verbindung mit Abschnitten 37 bis 40 LStR 1996***) steuerfrei, soweit sie die beruflich veranlassten Mehraufwendungen nicht übersteigen. In beiden Fällen sind Vergütungen für **Verpflegungsmehraufwendungen** nur steuerfrei, soweit sie die Pauschbeträge nach § 4 Abs. 5 Satz 1 Nr. 5 EStG****) nicht übersteigen.

b) Fahrtkostenersatz bei Einsatzwechseltätigkeit

2 ...

c) Ersatz von Verpflegungsmehraufwendungen

3 ...

4 Die Verpflegungsmehraufwendungen dürfen ab 1996 nur noch im Rahmen der in § 4 Abs. 5 Satz 1 Nr. 5 EStG****) festgelegten Pauschbeträge steuerfrei erstattet werden. Es ist nicht mehr möglich, aufgrund eines Einzelnachweises der tatsächlichen Verpflegungsaufwendungen höhere Beträge steuerfrei zu erstatten. Die Höhe der Pauschbeträge ist nicht davon abhängig, ob eine Dienstreise, eine Fahrtätigkeit oder eine Einsatzwechseltätigkeit durchgeführt wird. Maßgebend ist allein die Dauer der Abwesenheit an dem **Kalendertag,** an dem eine Dienstreise, Fahrtätigkeit oder Einsatzwechseltätigkeit durchgeführt wird. Dabei betrifft die Abwesenheitsdauer bei Dienstreisen die Dauer der Abwesenheit von der Wohnung **und** der regelmäßigen Arbeitsstätte; bei einer Fahrtätigkeit und Einsatzwechseltätigkeit ist allein die Dauer der Abwesenheit von der Wohnung maßgebend.

5 Die Pauschbeträge für Verpflegungsmehraufwendungen bei einer Dienstreise, Fahrtätigkeit oder Einsatzwechseltätigkeit im Inland betragen:****)

- bei einer Abwesenheit von 24 Stunden je Kalendertag: 46 DM,
- bei einer Abwesenheit von mindestens 14 Stunden je Kalendertag: 20 DM und
- bei einer Abwesenheit von mindestens 10 Stunden je Kalendertag: 10 DM.

Für Dienstreisen, Fahrtätigkeiten und Einsatzwechseltätigkeiten im Ausland gelten länderweise unterschiedliche Pauschbeträge, die noch gesondert mit Wirkung ab 1996 neu festgesetzt werden.

6 Die für die Pauschbeträge maßgebende Abwesenheitsdauer bezieht sich auf den jeweiligen Kalendertag. Mehrere Abwesenheitszeiten an einem Kalendertag sind zusammenzurechnen. Soweit für denselben Zeitraum Verpflegungsmehraufwendungen wegen einer Dienstreise, Fahrtätigkeit oder Einsatzwechseltätigkeit oder wegen einer doppelten Haushaltsführung anzuerkennen sind, ist nur der höchste Pauschbetrag anzusetzen.

7 ...

8 Soweit die nach arbeitsrechtlichen oder anderen Vorschriften zu zahlenden Vergütungen für Verpflegungsmehraufwendungen die Summe der für die maßgebende Abwesenheitsdauer steuerfreien Pauschbeträge überschreiten, sind sie dem steuerpflichtigen Arbeitslohn zuzurechnen. Es ist auch zulässig, die Vergütungen für Verpflegungsmehraufwendungen mit Fahrtkostenvergütungen und Übernachtungskostenvergütungen zusammenzurechnen; in diesem Fall ist die Summe der Vergütungen steuerfrei, soweit sie die Summe der steuerfreien Einzelvergütungen nicht übersteigt. Es bestehen keine Bedenken, die nicht steuerfreien Reisekostenvergütungen als sonstige Bezüge zu behandeln. Deshalb entfällt die individuelle Besteuerung, wenn das Betriebsstättenfinanzamt auf Antrag des Arbeitgebers die Pauschalbesteuerung nach § 40 Abs. 1 Satz 1 Nr. 1 EStG zulässt. Dies setzt u. a. voraus, dass die pauschal zu besteuernden Beträge ggf. zusammen mit anderen pauschal besteuerten Bezügen des Arbeitnehmers 2000 DM*****) jährlich nicht übersteigen.

d) Ersatz der Übernachtungskosten

9 Die tatsächlichen Aufwendungen, die dem Arbeitnehmer für die persönliche Inanspruchnahme einer Unterkunft zur Übernachtung während einer Dienstreise oder einer Fahrtätigkeit entstehen, kann der Arbeitgeber weiterhin steuerfrei ersetzen. Wird durch Zahlungsbelege nur ein Gesamtpreis für Unterkunft und Frühstück nachgewiesen und lässt sich der Preis für das Frühstück nicht feststellen, so ist nach Abschnitt 40 Abs. 1 LStR 1996******) der Gesamtpreis zur Ermittlung der Übernachtungskosten bei einer Übernachtung im Inland um 9 DM (bisher 7 DM)*******) und bei einer Übernachtung im Ausland um 20 v. H. (bisher 15 v. H.) des für den Unterkunftsort bei einer Abwesenheit von 24 Stunden maßgebenden Pauschbetrags für Verpflegungsmehraufwendungen zu kürzen.

10 Nach wie vor können auch Übernachtungskosten mit Pauschbeträgen steuerfrei erstattet werden, wenn der Arbeitnehmer die Unterkunft nicht vom Arbeitgeber oder aufgrund seines Dienstverhältnisses von einem Dritten unentgeltlich oder teilentgeltlich erhalten hat. Für jede Übernachtung im Inland gilt wie bisher ein Pauschbetrag von 39 DM********); die Pauschbeträge für Übernachtungen im Ausland werden noch gesondert mit Wirkung ab 1996 neu festgesetzt werden. Nach Abschnitt 40 Abs. 3 LStR 1996 ist ein Wechsel zwischen der Erstattung der tatsächlichen Übernachtungskosten und der Pauschbetragszahlung während einer mehrtägigen Dienstreise oder Fahrtätigkeit nicht zulässig*********).

2. Vergütungen von Mehraufwendungen wegen doppelter Haushaltsführung

a) Allgemeines

11 Vergütungen für Mehraufwendungen wegen einer beruflich veranlassten doppelten Haushaltsführung sind nach § 3 Nr. 13 EStG steuerfrei, soweit sie aus öffentlichen Kassen gezahlt werden, und für Arbeitnehmer außerhalb des öffentlichen Dienstes nach § 3 Nr. 16 EStG steuerfrei, soweit sie die beruflich veranlassten Mehraufwendungen nicht übersteigen. In beiden Fällen gilt für die steuerfreie Erstattung von Verpflegungsmehraufwen-

---

*) Die Regelungen, die inhaltlich vollständig überholt sind, werden nicht mehr abgedruckt.
**) Jetzt R 3.13 LStR.
***) Jetzt R 9.4 bis R 9.8 LStR.
****) Zur aktuellen Höhe der Pauschbeträge vgl. § 9 Abs. 4a EStG.
*****) Jetzt 1000 €.
******) Jetzt R 9.7 Abs. 1 LStR.
*******) Jetzt 4,80 €.
********) Jetzt 20 €.
*********) Überholt durch R 9.7 Abs. 3 LStR.

Merkblatt für den Arbeitgeber zu den Rechtsänderungen beim Steuerabzug — Anhang 15

dungen die Begrenzung auf die Pauschbeträge nach § 4 Abs. 5 Satz 1 Nr. 5 EStG (vgl. Tz. 4 und 5) und auf einen Dreimonatszeitraum (vgl. Tz. 18). Dabei ist für jeden Kalendertag die Dauer der Abwesenheit von der Wohnung maßgebend, in der der Arbeitnehmer einen eigenen Hausstand unterhält oder den Mittelpunkt seiner Lebensinteressen hat. Für Vergütungen an Arbeitnehmer außerhalb des öffentlichen Dienstes gilt nach § 3 Nr. 16 EStG zusätzlich die Befristung auf die ersten zwei Jahre*) nach § 9 Abs. 1 Satz 3 Nr. 5 Satz 3 EStG (vgl. Tz. 14 bis 16) und bei Einsatz eines eigenen oder außerhalb des Dienstverhältnisses zur Nutzung überlassenen Kraftfahrzeugs zu Familienheimfahrten die Begrenzung auf die Kilometer-Pauschbeträge nach § 9 Abs. 1 Satz 3 Nr. 4 EStG. Es ist zu erwarten, dass die Zweijahresfrist des § 9 Abs. 1 Satz 3 Nr. 5 Satz 3 EStG durch Gesetzesänderung auch auf die aus öffentlichen Kassen gezahlten Trennungsgelder ausgedehnt wird.

b) Anerkennung einer doppelten Haushaltsführung im Sinne des § 3 Nr. 16 EStG

12 Eine doppelte Haushaltsführung im Sinne des § 3 Nr. 16 EStG setzt grundsätzlich voraus, dass eine Haushaltsführung aus beruflichem Anlass auf zwei Wohnungen aufgeteilt worden ist. Ein beruflicher Anlass liegt regelmäßig bei einem Wechsel des Beschäftigungsorts aufgrund einer Versetzung vor; dasselbe gilt bei der Begründung eines Dienstverhältnisses außerhalb des bisherigen Wohnorts und seiner Umgebung. Wenn diese Voraussetzungen erfüllt sind, kann der Arbeitgeber bei Arbeitnehmern in den Steuerklassen III, IV oder V ohne weiteres unterstellen, dass sie einen eigenen Hausstand haben. Bei anderen Arbeitnehmern darf der Arbeitgeber einen eigenen Hausstand nur dann anerkennen, wenn sie schriftlich erklären, dass sie neben einer Zweitwohnung am Beschäftigungsort einen eigenen Hausstand außerhalb des Beschäftigungsorts unterhalten, und die Richtigkeit dieser Erklärung durch ihre Unterschrift bestätigen. Die Erklärung ist als Beleg zum Lohnkonto aufzubewahren.

13 …

c) Neue Zweijahresfrist*)

14 …

15 …

16 …

d) Ersatz der Aufwendungen für Familienheimfahrten

17 …

e) Ersatz der Verpflegungsmehraufwendungen, Dreimonatsfrist

18 Der Ersatz von Verpflegungsmehraufwendungen bei einer beruflich veranlassten doppelten Haushaltsführung ist sowohl bei Zahlungen aus öffentlichen Kassen (Trennungsgelder) nach § 3 Nr. 13 EStG als auch bei Vergütungen an Arbeitnehmer außerhalb des öffentlichen Dienstes nach § 3 Nr. 16 EStG auf die ersten drei Monate und auf die bei Dienstreisen geltenden – nach der Dauer der Abwesenheit gestaffelten – Pauschbeträge (vgl. Tz. 4 und 5) begrenzt. Die Dreimonatsfrist gilt auch für eine doppelte Haushaltsführung, die vor dem 1. Januar 1996 begründet worden ist; die Pauschbeträge gelten erstmals für Kalendertage nach dem 31. Dezember 1995. Die Dreimonatsfrist gilt (anders als bisher) auch für Arbeitnehmer ohne Einsatzwechseltätigkeit. Ist der Tätigkeit am Beschäftigungsort eine Dienstreise an diesen Beschäftigungsort unmittelbar vorausgegangen, so ist deren Dauer auf die Dreimonatsfrist anzurechnen. Für den Beginn der Dreimonatsfrist gelten die Regelungen in Tz. 15 sinngemäß. Nach Ablauf der Dreimonatsfrist können Verpflegungsmehraufwendungen wegen der doppelten Haushaltsführung nicht mehr steuerfrei ersetzt werden. Der steuerfreie Ersatz von Verpflegungsmehraufwendungen wegen einer Dienstreise, Fahrtätigkeit oder Einsatzwechseltätigkeit wird dadurch nicht berührt (zur Konkurrenz vgl. Tz. 6).

f) Ersatz der Aufwendungen für die Zweitwohnung

19 Wie bisher kann der Arbeitgeber die nachgewiesenen notwendigen Aufwendungen für die Zweitwohnung am Beschäftigungsort während der Zweijahresfrist*) steuerfrei ersetzen. Ohne Einzelnachweis darf der Arbeitgeber die notwendigen Kosten für eine Zweitwohnung im Inland nach Abschnitt 43 Abs. 10 Nr. 3 LStR 1996 für einen Zeitraum von drei Monaten mit einem Pauschbetrag bis zu 39 DM**) und für die Folgezeit von bis zu 21 Monaten mit einem Pauschbetrag bis zu 8 DM***) je Übernachtung steuerfrei ersetzen, wenn dem Arbeitnehmer die Zweitwohnung nicht vom Arbeitgeber oder aufgrund des Dienstverhältnisses von einem Dritten unentgeltlich oder teilentgeltlich zur Verfügung gestellt worden ist. Bei einer Zweitwohnung im Ausland können die notwendigen Aufwendungen ohne Einzelnachweis für einen Zeitraum von drei Monaten mit dem für eine Dienstreise geltenden Pauschbetrag und für die Folgezeit mit 40 v. H. dieses Pauschbetrags steuerfrei erstattet werden.

II. Lohnsteuerliche Erfassung und Bewertung von Sachbezügen

1. Überlassung eines betrieblichen Kraftfahrzeugs zu Privatfahrten

a) Allgemeines

20 Überlässt der Arbeitgeber oder aufgrund des Dienstverhältnisses ein Dritter dem Arbeitnehmer ein Kraftfahrzeug unentgeltlich zu Privatfahrten, so ist der Nutzungsvorteil dem Arbeitslohn zuzurechnen. Zur privaten Nutzung eines Kraftfahrzeugs gehören alle Fahrten, die einem privaten Zweck dienen, z. B. Fahrten zur Erholung, Fahrten zu Verwandten, Freunden, kulturellen oder sportlichen Veranstaltungen, Einkaufsfahrten, Fahrten zu Gaststättenbesuchen und Mittagsheimfahrten. Nicht zu den privaten Fahrten gehören Fahrten zwischen Wohnung und Arbeitsstätte (vgl. Tz. 28 bis 35) einschließlich der Fahrten, die der Arbeitnehmer aus beruflichen Gründen mehrmals am Tag durchführen muss, und Familienheimfahrten im Rahmen einer doppelten Haushaltsführung (vgl. dazu Tz. 36 und 37).

b) Pauschaler Nutzungswert

21 Der Arbeitgeber hat grundsätzlich die private Nutzung mit monatlich 1 v. H. des inländischen Listenpreises des Kraftfahrzeugs zu bewerten (§ 8 Abs. 2 Satz 2 i. V. m. § 6 Abs. 1 Nr. 4 Satz 2 EStG). Dies gilt auch dann, wenn der Arbeitgeber das Kraftfahrzeug gebraucht erworben oder geleast hat. Listenpreis ist die auf volle 100 DM****) abgerundete unverbindliche Preisempfehlung des Herstellers für das genutzte Kraftfahrzeug im Zeitpunkt seiner Erstzulassung zuzüglich der Zuschläge für Sonderausstattungen einschließlich der Umsatzsteuer; der Wert eines Autotelefons bleibt außer Ansatz. Bei einem Kraftwagen, der aus Sicherheitsgründen gepanzert ist, kann der Listenpreis des leistungsschwächeren Fahrzeugs zugrunde gelegt werden, das dem Arbeitnehmer zur Verfügung gestellt würde, wenn seine Sicherheit nicht gefährdet wäre. Der Monatswert ist auch dann anzusetzen, wenn das Kraftfahrzeug dem Arbeitnehmer im Kalendermonat nur zeitweise zur privaten Nutzung zur Verfügung steht. Werden einem Arbeitnehmer während eines Kalendermonats abwechselnd unterschiedliche Fahrzeuge zur privaten Nutzung überlassen, so ist das Fahrzeug der pauschalen Nutzungswertbesteuerung zugrunde zu legen, das der Arbeitnehmer überwiegend nutzt. Dies gilt auch bei einem Fahrzeugwechsel im Laufe eines Kalendermonats.

c) Individueller Nutzungswert

22 Anstelle des pauschalen Nutzungswerts kann der Arbeitgeber den Wert der privaten Nutzung des dem Arbeitnehmer überlassenen Kraftfahrzeugs mit dem Anteil der Aufwendungen für das Kraftfahrzeug ansetzen, der auf die privaten Fahrten entfällt. Dies setzt voraus, dass die für das Kraftfahrzeug insgesamt entstehenden Aufwendungen durch Belege und das Verhältnis der

---

*) Ab 1.1.2003 weggefallen.
**) Jetzt 20 €.
***) Jetzt 5 €.
****) Jetzt volle 100 €.

Anhang 15 Merkblatt für den Arbeitgeber zu den Rechtsänderungen beim Steuerabzug

privaten zu den übrigen Fahrten durch ein ordnungsgemäßes Fahrtenbuch nachgewiesen werden. Werden dem Arbeitnehmer abwechselnd unterschiedliche Kraftfahrzeuge zur privaten Nutzung überlassen, so müssen für jedes Kraftfahrzeug die insgesamt entstehenden Aufwendungen und das Verhältnis der privaten zu den übrigen Fahrten nachgewiesen werden. Die insgesamt entstehenden Aufwendungen sind als Summe der Nettoaufwendungen zuzüglich Umsatzsteuer und der Absetzungen für Abnutzung zu ermitteln. Den Absetzungen für Abnutzung sind die tatsächlichen Anschaffungs- oder Herstellungskosten (einschließlich der Umsatzsteuer) des einzelnen Kraftfahrzeugs zugrunde zu legen. Ein Durchschnittswert ist nicht zulässig. Es ist auch nicht zulässig, die individuelle Nutzungswertermittlung auf Privatfahrten zu beschränken, wenn das Kraftfahrzeug auch zu Fahrten zwischen Wohnung und Arbeitsstätte genutzt wird.

23 Ein ordnungsgemäßes Fahrtenbuch setzt voraus, dass die dienstlich und privat zurückgelegten Fahrtstrecken gesondert und laufend eingetragen werden. Für dienstliche Fahrten sind mindestens die folgenden Angaben erforderlich:

- Datum und Kilometerstand zu Beginn und am Ende jeder einzelnen Auswärtstätigkeit (Dienstreise, Einsatzwechseltätigkeit, Fahrtätigkeit),
- Reiseziel und Reiseroute,
- Reisezweck und aufgesuchte Geschäftspartner.

Für Privatfahrten genügen jeweils Kilometerangaben. Für Fahrten zwischen Wohnung und Arbeitsstätte genügt jeweils ein kurzer Vermerk. Die Führung des Fahrtenbuchs kann nicht auf einen repräsentativen Zeitraum beschränkt werden, selbst wenn die Nutzungsverhältnisse keinen größeren Schwankungen unterliegen. Anstelle des Fahrtenbuchs kann ein Fahrtenschreiber eingesetzt werden, wenn sich daraus dieselben Erkenntnisse gewinnen lassen.

24 Der private Nutzungswert ist der Anteil an den Gesamtkosten des überlassenen Kraftfahrzeugs, der dem Verhältnis der Privatfahrten (vgl. dazu Tz. 20) zur Gesamtfahrtstrecke entspricht. Aus Vereinfachungsgründen kann der Monatswert vorläufig mit einem Zwölftel des Vorjahresbetrags angesetzt werden. Es bestehen auch keine Bedenken, wenn die Privatfahrten je Fahrtkilometer vorläufig mit 0,001 v. H. des inländischen Listenpreises für das Kraftfahrzeug angesetzt werden. Nach Ablauf des Kalenderjahrs oder nach Beendigung des Dienstverhältnisses ist der tatsächlich zu versteuernde Nutzungswert zu ermitteln und eine etwaige Lohnsteuerdifferenz nach Maßgabe der §§ 41c, 42b EStG auszugleichen.

25 Der Arbeitgeber muss in Abstimmung mit dem Arbeitnehmer im Vorhinein für jedes Kalenderjahr festlegen, ob die individuelle Nutzungswertermittlung an die Stelle der pauschalen Nutzungswertermittlung treten soll. Das Verfahren darf bei demselben Kraftfahrzeug während des Kalenderjahrs nicht gewechselt werden.

d) Überlassung eines Kraftfahrzeugs mit Fahrer*)

26 Stellt der Arbeitgeber dem Arbeitnehmer für Privatfahrten ein Kraftfahrzeug mit Fahrer zur Verfügung, so ist der private Nutzungswert des Kraftfahrzeugs zu erhöhen

- um 50 v. H., wenn der Fahrer überwiegend in Anspruch genommen wird,
- um 40 v. H., wenn der Arbeitnehmer das Kraftfahrzeug häufig selbst steuert,
- um 25 v. H., wenn der Arbeitnehmer das Kraftfahrzeug weit überwiegend selbst steuert.

Bei einem Kraftwagen, der aus Sicherheitsgründen gepanzert und deshalb zum Selbststeuern nicht geeignet ist, führt die Gestellung des Fahrers nicht zur Erhöhung des privaten Nutzungswerts. Es ist dabei unerheblich, in welcher Gefährdungsstufe der Arbeitnehmer eingeordnet ist.

e) Nutzungsentgelt des Arbeitnehmers

27 ...

2. Überlassung eines betrieblichen Kraftfahrzeugs zu Fahrten zwischen Wohnung und Arbeitsstätte**)

a) Pauschaler Nutzungswert

28 Kann ein Kraftfahrzeug, das der Arbeitgeber oder aufgrund des Dienstverhältnisses ein Dritter dem Arbeitnehmer unentgeltlich überlassen hat, von dem Arbeitnehmer für Fahrten zwischen Wohnung und Arbeitsstätte genutzt werden, so ist diese Nutzungsmöglichkeit unabhängig von der Nutzung des Fahrzeugs zu Privatfahrten (Tz. 20 bis 24) monatlich mit 0,03 v. H. des inländischen Listenpreises (vgl. dazu Tz. 21) des Kraftfahrzeugs für jeden Kilometer der Entfernung zwischen Wohnung und Arbeitsstätte zu bewerten und dem Arbeitslohn zuzurechnen. Es ist unerheblich, ob und wie oft im Kalendermonat das Kraftfahrzeug tatsächlich zu Fahrten zwischen Wohnung und Arbeitsstätte genutzt wird; der Ansatz des pauschalen Nutzungswerts hängt allein davon ab, dass der Arbeitnehmer das Kraftfahrzeug zu Fahrten zwischen Wohnung und Arbeitsstätte nutzen kann. Der Monatswert ist deshalb auch dann anzusetzen, wenn das Kraftfahrzeug dem Arbeitnehmer im Kalendermonat nur zeitweise zur Verfügung steht. Ein durch Urlaub oder Krankheit bedingter Nutzungsausfall ist im Nutzungswert pauschal berücksichtigt.***)

29 Fahrten zwischen Wohnung und regelmäßiger Arbeitsstätte im Sinne dieser Regelung liegen nicht vor bei Arbeitnehmern, die eine Einsatzwechseltätigkeit im Sinne des Abschnitts 37 Abs. 6 LStR 1996 ausüben, hinsichtlich der Fahrten zwischen Wohnung und Einsatzstelle, wenn arbeitstäglich mindestens eine Einsatzstelle aufgesucht wird, die mehr als 30 km von der Wohnung entfernt ist und die Dauer der Tätigkeit an dieser Einsatzstelle nicht über drei Monate hinausgeht oder wenn die Tätigkeit im Wesentlichen durch den täglichen mehrfachen Ortswechsel geprägt ist; hierzu wird auf Abschnitt 38 Abs. 5 LStR 1996 und Tz. 2 hingewiesen.****) Wird ein Kraftfahrzeug ausschließlich zu solchen Fahrten zwischen Wohnung und regelmäßiger Arbeitsstätte überlassen, durch die eine dienstliche Nutzung des Kraftfahrzeugs an der Wohnung begonnen oder beendet werden kann, so sind auch diese Fahrten nicht zu erfassen.

30 Dem pauschalen Nutzungswert ist die einfache Entfernung zwischen Wohnung und Arbeitsstätte zugrunde zu legen; diese ist auf den nächsten vollen Kilometerbetrag abzurunden. Maßgebend ist die kürzeste benutzbare Straßenverbindung. Der pauschale Nutzungswert ist nicht zu erhöhen, wenn der Arbeitnehmer das Kraftfahrzeug an einem Arbeitstag mehrmals zwischen Wohnung und Arbeitsstätte benutzt. Werden dem Arbeitnehmer abwechselnd unterschiedliche Kraftfahrzeuge für Fahrten zwischen Wohnung und Arbeitsstätte zur Verfügung gestellt, so ist dem pauschalen Nutzungswert das Kraftfahrzeug zugrunde zu legen, das vom Arbeitnehmer im Kalendermonat überwiegend genutzt wird.

31 Fährt der Arbeitnehmer abwechselnd zu verschiedenen Wohnungen oder zu verschiedenen Arbeitsstätten, ist ein pauschaler Monatswert nach Tz. 28 unter Zugrundelegung der Entfernung zur näher gelegenen Wohnung oder näher gelegenen Arbeitsstätte anzusetzen. Für jede Fahrt von und zu der weiter entfernt liegenden Wohnung oder von und zu der weiter entfernt liegenden Arbeitsstätte ist zusätzlich ein pauschaler Nutzungswert von 0,002 v. H. des inländischen Listenpreises des Kraftfahrzeugs für jeden Kilometer der Entfernung zwischen Wohnung und Arbeitsstätte dem Arbeitslohn zuzurechnen, soweit sie die Entfernung zur näher gelegenen Wohnung übersteigt.

Bei Arbeitnehmern, die eine Einsatzwechseltätigkeit im Sinne des Abschnitts 37 Abs. 6 LStR 1996 ausüben und bei denen die Fahrten zeitweise Einsatzstellen betreffen, die nicht mehr als 30 km von der Wohnung entfernt sind oder an denen die Tätigkeit über drei Monate hinaus ausgeübt wird, ist der pauschale Nutzungswert arbeitstäglich mit 0,002 v. H. des inländischen Listenpreises des Kraftfahrzeugs für jeden Kilometer der Entfernung zwischen Wohnung und Arbeitsstätte anzusetzen.*****)

---

*) Vgl. auch BMF-Schreiben vom 15.7.2014 (BStBl. I S. 1109), das als Anlage 8 zu H 8.1 (9–10) LStR abgedruckt ist.
**) Seit 1.1.2014 ist der bisherige Begriff „regelmäßige Arbeitsstätte" durch den Begriff „erste Tätigkeitsstätte" ersetzt worden (vgl. § 9 Abs. 4 EStG).
***) Vgl. aber das BMF-Schreiben vom 1.4.2011 (BStBl. I S. 301), das als Anlage 4 zu H 8.1 (9–10) LStR abgedruckt ist.
****) Randnummer 29, Satz 1, ist überholt.
*****) Randnummer 31 ist überholt, soweit mehrere regelmäßige Arbeitsstätten und der Fall der Einsatzwechseltätigkeit angesprochen ist.

Merkblatt für den Arbeitgeber zu den Rechtsänderungen beim Steuerabzug — Anhang 15

b) Individueller Nutzungswert

32 Anstelle des pauschalen Nutzungswerts kann der Arbeitgeber den Nutzungswert mit dem Anteil der Aufwendungen für das Kraftfahrzeug ansetzen, der auf die Fahrten zwischen Wohnung und Arbeitsstätte anfällt, wenn die für das Kraftfahrzeug insgesamt entstehenden Aufwendungen durch Belege und das Verhältnis der Fahrten zwischen Wohnung und Arbeitsstätte zu den übrigen Fahrten durch ein ordnungsgemäßes Fahrtenbuch nachgewiesen werden. Hierzu gelten im Einzelnen die unter Tz. 22 bis 25 dargestellten Regelungen. Es ist nicht zulässig, die individuelle Nutzungswertermittlung auf Fahrten zwischen Wohnung und Arbeitsstätte zu beschränken, wenn das Fahrzeug auch zu Privatfahrten genutzt wird.

c) Fahrergestellung, Nutzungsentgelt, Pauschalbesteuerung

33 Stellt der Arbeitgeber dem Arbeitnehmer für Fahrten zwischen Wohnung und Arbeitsstätte ein Kraftfahrzeug mit Fahrer zur Verfügung, so ist der jeweilige Nutzungswert des Kraftfahrzeugs für diese Fahrten um 50 v. H. zu erhöhen. Dies gilt nicht für ein aus Sicherheitsgründen gepanzertes Kraftfahrzeug, das zum Selbststeuern nicht geeignet ist und deshalb mit Fahrer zur Verfügung gestellt wird.

34 Zahlt der Arbeitnehmer an den Arbeitgeber ein Entgelt für die Nutzung des Kraftfahrzeugs zu Fahrten zwischen Wohnung und Arbeitsstätte, so mindert dies den Nutzungswert. Es ist in diesem Falle gleichgültig, ob das Nutzungsentgelt pauschal oder entsprechend der tatsächlichen Nutzung des Kraftfahrzeugs bemessen wird.

35 Der steuerpflichtige Wert der Überlassung eines Kraftfahrzeugs zu Fahrten zwischen Wohnung und Arbeitsstätte kann bei behinderten Arbeitnehmern im Sinne des § 9 Abs. 2 EStG in vollem Umfang und bei allen anderen Arbeitnehmern bis zu einem Teilbetrag von 0,70 DM*) je Entfernungskilometer für jeden Arbeitstag, an dem das Kraftfahrzeug zu Fahrten zwischen Wohnung und Arbeitsstätte benutzt wird, nach § 40 Abs. 2 Satz 2 EStG mit 15 v. H. pauschal der Lohnsteuer unterworfen werden. Dabei hat der Arbeitgeber die pauschale Lohnsteuer zu übernehmen. Aus Vereinfachungsgründen kann der Arbeitgeber unterstellen, dass das Kraftfahrzeug an 15 Arbeitstagen monatlich zu Fahrten zwischen Wohnung und Arbeitsstätte benutzt wird, wenn der Arbeitnehmer nichts anderes nachweist. Zur Möglichkeit der Überwälzung der pauschalen Lohnsteuer auf den Arbeitnehmer wird auf Abschnitt 127 Abs. 8 LStR 1996 hingewiesen. Der pauschal besteuerte Nutzungswert ist in der Lohnsteuerbescheinigung gesondert auszuweisen (vgl. Abschnitt 135 Abs. 3 Nr. 6 LStR 1996).**)

3. Überlassung eines betrieblichen Kraftfahrzeugs zu Familienheimfahrten

36 ...

37 Wird das Kraftfahrzeug zu mehr als einer Familienheimfahrt wöchentlich oder nach Ablauf der Zweijahresfrist***) zu Familienheimfahrten genutzt, so ist für jede Familienheimfahrt ein pauschaler Nutzungswert in Höhe von 0,002 v. H. des inländischen Listenpreises (vgl. dazu Tz. 21) des Kraftfahrzeugs für jeden Kilometer der Entfernung zwischen dem Beschäftigungsort und dem Ort des eigenen Hausstands anzusetzen und dem Arbeitslohn zuzurechnen. Anstelle des pauschalen Nutzungswerts kann der Arbeitgeber den Nutzungswert mit den Aufwendungen für das Kraftfahrzeug ansetzen, die auf die zu erfassenden Fahrten entfallen, wenn die für das Kraftfahrzeug insgesamt entstehenden Aufwendungen durch Belege und das Verhältnis der privaten zu den übrigen Fahrten durch ein ordnungsgemäßes Fahrtenbuch nachgewiesen werden. In diesem Falle sind die zu erfassenden Familienheimfahrten den Privatfahrten zuzurechnen und die Regelungen unter Tz. 22 bis 25 anzuwenden.

4. Abgabe von Mahlzeiten

38 ...

39 ...

5. Freigrenze für Sachbezüge ohne amtlichen Sachbezugswert

40 Sachbezüge, für die keine amtlichen Sachbezugswerte festgesetzt sind und die nicht als sog. Belegschaftsrabatte nach § 8 Abs. 3 EStG zu bewerten sind, sind nach § 8 Abs. 2 Satz 1 EStG mit den um übliche Preisnachlässe geminderten üblichen Endpreisen am Abgabeort im Zeitpunkt der Abgabe anzusetzen. Das ist der Preis, der im allgemeinen Geschäftsverkehr von Letztverbrauchern in der Mehrzahl der Verkaufsfälle am Abgabeort für gleichartige Waren oder Dienstleistungen tatsächlich gezahlt wird. Handelt es sich um Waren oder Dienstleistungen, so darf der Arbeitgeber nach Abschnitt 31 Abs. 2 LStR 1996 den üblichen Endpreis aus Vereinfachungsgründen mit 96 v. H. des Endpreises ansetzen, zu dem sie fremden Letztverbrauchern im allgemeinen Geschäftsverkehr angeboten werden. Soweit das Entgelt des Arbeitnehmers den üblichen Endpreis unterschreitet, erhält der Arbeitnehmer einen geldwerten Vorteil, der grundsätzlich dem Arbeitslohn zuzurechnen ist. Nach § 8 Abs. 2 Satz 9 EStG****) bleiben aber ab 1996 solche Vorteile steuerlich außer Ansatz, wenn sie insgesamt 50 DM*****) im Kalendermonat nicht übersteigen. Diese Freigrenze ist z. B. anwendbar auf die Nutzung von betrieblichen Fernsprecheinrichtungen zu privaten Ferngesprächen und auf Mietvorteile bei der Überlassung von Werkswohnungen, die nicht nach § 3 Nr. 59 EStG steuerfrei sind.

III. Ermittlung der Steuerabzugsbeträge

1. Ermittlung der Lohnsteuer von sonstigen Bezügen

41 Für die Ermittlung der Lohnsteuer, die vom Arbeitslohn in Form eines sonstigen Bezugs einzubehalten ist, gelten weiterhin die Vorschriften des § 39b Abs. 3 EStG, nach denen die Lohnsteuer grundsätzlich als Unterschiedsbetrag der Jahressteuerbeträge zu ermitteln ist, die sich für den voraussichtlichen Jahresarbeitslohn mit und ohne den sonstigen Bezug ergeben. Zu den sonstigen Bezügen gehören wie bisher insbesondere einmalige Arbeitslohnzahlungen, die neben dem laufenden Arbeitslohn gezahlt werden, wie z. B. Weihnachtszuwendungen. Bei sonstigen Bezügen, die netto gezahlt werden, muss die Lohnsteuer durch Abtasten der Jahreslohnsteuertabelle ermittelt werden. Das Verfahren ist im Einzelnen in Abschnitt 122 Abs. 4 LStR******) 1996 geregelt. Abweichend von der bisherigen Regelung ist dort vorgeschrieben, dass neben der Lohnsteuer auch alle weiteren Lohnabzugsbeträge in das Abtastverfahren einzubeziehen sind.

2. Ermittlung des Solidaritätszuschlags und der Kirchensteuer

42 Der Ermittlung des Solidaritätszuschlags und der Kirchensteuer, die durch Abzug vom laufenden Arbeitslohn erhoben werden oder für den Jahresausgleich maßgebend sind, ist ab 1996 grundsätzlich die Lohnsteuer zugrunde zu legen, die sich nach Abzug der in Betracht kommenden Kinderfreibeträge ergibt. Diese Lohnsteuer (Maßstabslohnsteuer) ist nach Maßgabe des § 51a Abs. 2a EStG in den amtlichen Lohnsteuertabellen gesondert ausgewiesen. Die Maßstabslohnsteuer ist jedoch für die Ermittlung des Solidaritätszuschlags und der Kirchensteuer für sonstige Bezüge nicht maßgebend. Die Zuschlagsteuern zur Lohnsteuer sind bei sonstigen Bezügen stets unmittelbar nach der Lohnsteuer zu berechnen, die sich für den sonstigen Bezug ergibt. Beispielsweise beträgt also der Solidaritätszuschlag stets 7,5 v. H.*******) der für einen sonstigen Bezug ermittelten Lohnsteuer.

43 Für die Erhebung des Solidaritätszuschlags gelten im Übrigen weiterhin die im Merkblatt vom 20. September 1994 (BStBl. I S. 757) enthaltenen Regelungen. An die Stelle der diesem Merkblatt beigefügten Tabellen treten für 1996 jedoch neue Tabellen, die im Bundessteuerblatt 1995 I veröffentlicht werden.

---

*) Seit 2001 gilt die Entfernungspauschale. Diese beträgt 0,30 € je Entfernungskilometer.
**) Jetzt § 41b Abs. 1 Satz 2 Nr. 7 EStG.
***) Ab 1.1.2003 weggefallen.
****) Jetzt § 8 Abs. 2 Satz 11 EStG.
*****) Jetzt 44 € monatlich.
******) Jetzt R 39b.9 LStR.
*******) Seit 1.1.1998 5,5 %.

Anhang 15 Merkblatt für den Arbeitgeber zu den Rechtsänderungen beim Steuerabzug

IV. Pauschalierung der Lohnsteuer

1. Pauschalierung der Lohnsteuer für Teilzeitbeschäftigte

44 ...

45 ...

2. Pauschalierung der Lohnsteuer bei bestimmten Zukunftssicherungsleistungen

46 ...

B.

...

Anhang 16
Einführungsschreiben Lohnsteuer zum Steueränderungsgesetz 2003 und Haushaltsbegleitgesetz 2004

BMF-Schreiben vom 27.1.2004 (BStBl. I S. 173)

Unter Bezugnahme auf das Ergebnis der Abstimmung mit den obersten Finanzbehörden der Länder nehme ich zu Änderungen im Bereich der Lohnsteuer durch das Steueränderungsgesetz 2003 (StÄndG 2003) vom 15.12.2003 (BGBl. I S. 2645, BStBl. I S. 710) und durch das Haushaltsbegleitgesetz 2004 (HBeglG 2004) vom 29.12.2003 (BGBl. I S. 3076, BStBl. 2004 I S. 120) wie folgt Stellung:

I. Betragsmäßige Änderungen*)

In den folgenden Vorschriften mit lohnsteuerlichem Bezug haben sich die Freibeträge bzw. Freigrenzen oder Steuersätze verändert; es betragen

- die steuerfreien Höchstbeträge für Abfindungen (§ 3 Nr. 9 EStG) 7200, 9000 und 11 000 Euro (bisher 8181, 10 226 und 12 271 Euro),
- der Steuerfreibetrag für Übergangsgelder und Übergangsbeihilfen wegen Entlassung aus einem Dienstverhältnis (§ 3 Nr. 10 EStG) 10 800 Euro (bisher 12 271 Euro),
- der Steuerfreibetrag für Heirats- und Geburtsbeihilfen (§ 3 Nr. 15 EStG) 315 Euro (bisher 358 Euro),
- der Steuerfreibetrag für Sachprämien aus Kundenbindungsprogrammen (§ 3 Nr. 38 EStG) 1080 Euro (bisher 1224 Euro),
- die Berechnungsbasis (Grundlohn je Stunde) für die Steuerfreiheit von Zuschlägen für Sonntags-, Feiertags- oder Nachtarbeit (§ 3b Abs. 2 EStG) 50 Euro (bisher unbegrenzt),
- die monatliche Freigrenze für bestimmte Sachbezüge (§ 8 Abs. 2 Satz 9 EStG) 44 Euro (bisher 50 Euro),
- der Steuerfreibetrag für Belegschaftsrabatte (§ 8 Abs. 3 EStG) 1080 Euro (bisher 1224 Euro),
- die Entfernungspauschale für Wege zwischen Wohnung und Arbeitsstätte und die Entfernungspauschale bei einer aus beruflichem Anlass begründeten doppelten Haushaltsführung (§ 9 Abs. 1 Satz 3 Nr. 4 und 5 EStG) für jeden vollen Kilometer der Entfernung 0,30 Euro (bisher 0,36 Euro für die ersten 10 Kilometer und 0,40 Euro für jeden weiteren Kilometer bzw. bei Familienheimfahrten 0,40 Euro für jeden vollen Kilometer); dazu auch Tz. II 1. und 2.,
- der Höchstbetrag der Entfernungspauschale für Wege zwischen Wohnung und Arbeitsstätte (§ 9 Abs. 1 Satz 3 Nr. 4 EStG) 4500 Euro (bisher 5112 Euro; bei Benutzung eines Kraftwagens wie bisher höhere Entfernungspauschale möglich),
- der Arbeitnehmer-Pauschbetrag (§ 9a Satz 1 Nr. 1 EStG) 920 Euro (bisher 1044 Euro),
- der Steuerfreibetrag für die unentgeltliche/verbilligte Überlassung von bestimmten Vermögensbeteiligungen (§ 19a Abs. 1 EStG) 135 Euro (bisher 154 Euro),
- der maßgebende Steuersatz bei der Pauschalierung der Einkommensteuer bei Prämien aus Kundenbindungsprogrammen (§ 37a Abs. 1 EStG) 2,25 % (bisher 2 %).

In den LStR 2004 genannte Beträge, die hiervon abweichen, da sie auf der Rechtslage vor den Änderungen des EStG durch das StÄndG 2003 und das HBeglG 2004 beruhen, sind ab 2004 nicht mehr anzuwenden.

II. Weitere Änderungen

1. Fahrtkostenzuschüsse, Job-Ticket (§ 3 Nr. 34 EStG) (Steuerpflicht, Pauschalierungsmöglichkeit, Bescheinigungspflichten)

Die Steuerfreiheit nach § 3 Nr. 34 EStG (Zuschüsse des Arbeitgebers zu den Aufwendungen des Arbeitnehmers für Fahrten zwischen Wohnung und Arbeitsstätte mit öffentlichen Verkehrsmitteln im Linienverkehr, auch entsprechende unentgeltliche oder verbilligte Nutzung und sog. Job-Ticket) ist weggefallen. R 21 b LStR ist damit ab 2004 überholt.

Derartige Vorteile sind demnach grundsätzlich steuerpflichtig. Ein geldwerter Vorteil ist nicht anzunehmen, wenn der Arbeitgeber seinen Arbeitnehmern ein sog. Job-Ticket für Fahrten zwischen Wohnung und Arbeitsstätte mit öffentlichen Verkehrsmitteln zu dem mit dem Verkehrsträger vereinbarten Preis eines Job-Tickets überlässt (die Tarifermäßigung des Verkehrsträgers für das Job-Ticket gegenüber dem üblichen Endpreis ist also kein geldwerter Vorteil). Der zu versteuernde geldwerte Vorteil ist der Preis für das Job-Ticket abzüglich Zahlbetrag des Arbeitnehmers.

Überlässt der Arbeitgeber seinen Arbeitnehmern solche Job-Tickets für Fahrten zwischen Wohnung und Arbeitsstätte mit öffentlichen Verkehrsmitteln unentgeltlich oder verbilligt, so kommt die Anwendung von § 8 Abs. 2 Satz 9 EStG**) in Betracht. Danach bleiben Sachbezüge außer Ansatz, wenn die sich nach Anrechnung der vom Arbeitnehmer gezahlten Entgelte ergebenden Vorteile insgesamt 44 Euro im Kalendermonat nicht übersteigen (monatliche Freigrenze). Bei der Freigrenze sind andere Sachbezüge zu berücksichtigen; liegen solche nicht vor, so scheidet die Anwendung der Vorschrift gleichwohl aus, wenn der geldwerte Vorteil für den Sachbezug Job-Ticket allein 44 Euro überschreitet (dann ist also der gesamte Sachbezug Job-Ticket steuerpflichtig). Gilt das Job-Ticket für einen längeren Zeitraum (z. B. Jahresticket), so fließt der Vorteil insgesamt bei Überlassung des Job-Tickets zu.

Bei Arbeitnehmern eines Verkehrsträgers kann der Vorteil aus der Nutzung der öffentlichen Verkehrsmittel im Rahmen des § 8 Abs. 3 EStG (Rabattfreibetrag) steuerfrei bleiben.

Der Arbeitgeber kann die Lohnsteuer für diese nunmehr steuerpflichtigen – zusätzlich zum ohnehin geschuldeten Arbeitslohn geleisteten – Fahrtkostenzuschüsse für Fahrten zwischen Wohnung und Arbeitsstätte mit öffentlichen Verkehrsmitteln und etwaige geldwerten Vorteile bei Job-Tickets sowie etwaige den Rabattfreibetrag (§ 8 Abs. 3 EStG) übersteigende geldwerte Vorteile nach § 40 Abs. 2 Satz 2 EStG mit 15 % pauschal erheben. Die Regelung in R 127 Abs. 5 Satz 4 LStR, wonach bei Benutzung öffentlicher Verkehrsmittel im Linienverkehr eine Pauschalierung nicht in Betracht kommt, ist durch die Gesetzesänderung überholt. Die Pauschalierung ist auf den Betrag beschränkt, den der Arbeitnehmer als Werbungskosten geltend machen könnte, wenn die Bezüge nicht pauschal besteuert würden (§ 40 Abs. 2 Satz 2 EStG). Da die tatsächlichen Fahrtkosten für öffentliche Verkehrsmittel nach § 9 Abs. 2 Satz 2 EStG grundsätzlich in voller Höhe als Werbungskosten abziehbar sind, können sie in voller Höhe pauschaliert werden. Der Arbeitgeber braucht also die Höhe der Entfernungspauschale nicht zu ermitteln, da für Fahrtkosten öffentlicher Verkehrsmittel die Begrenzung durch die Entfernungspauschale für Fahrten zwischen Wohnung und Arbeitsstätte nach § 9 Abs. 1 Satz 3 Nr. 4 EStG nicht eingreift.

Die etwaigen steuerfreien Sachbezüge (§ 8 Abs. 2 Satz 9 EStG**) – Job-Ticket – oder § 8 Abs. 3 EStG – Verkehrsträger –) und die etwaigen pauschal besteuerten Arbeitgeberleistungen sind auf die Entfernungspauschale für Wege zwischen Wohnung und Arbeitsstätte anzurechnen (§ 3c EStG – Job-Ticket –, § 9 Abs. 1 Satz 3 Nr. 4 Satz 5 EStG – Verkehrsträger –, § 40 Abs. 2 Satz 3 EStG – pauschal besteuerte Beträge –). Daher sind die etwaigen steuerfreien Bezüge in der Lohnsteuerbescheinigung einzutragen (§ 41b Abs. 1 Nr. 6 EStG), ebenso die pauschal besteuerten Arbeitgeberleistungen (§ 41b Abs. 1 Nr. 7 EStG). Wenn der Arbeitnehmer bei einem Verkehrsträger beschäftigt ist, so ist der Sachbezug mit dem Preis anzusetzen, den ein dritter Arbeitgeber (Nichtverkehrsträger) an den Verkehrsträger (z. B. für ein Job-Ticket) zu entrichten hätte (§ 9 Abs. 1 Satz 3 Nr. 4 Satz 5 zweiter Halbsatz EStG).

2. Entfernungspauschalen (§ 9 Abs. 1 Satz 3 Nr. 4 und 5 EStG) (Absenkung, Sammelbeförderung, Bescheinigungspflichten)***)

Die Entfernungspauschale für Wege zwischen Wohnung und Arbeitsstätte und die Entfernungspauschale bei doppelter Haushaltsführung betragen einheitlich für jeden vollen Entfernungskilometer 0,30 Euro. Der jährliche Höchstbetrag der Entfernungspauschale für Fahrten zwischen Wohnung und Arbeitsstätte beträgt

---

*) Zu den im Kalenderjahr 2015 geltenden Beträgen vgl. die jeweilige Rechtsnorm.
**) Jetzt § 8 Abs. 2 Satz 11 EStG.
***) Seit 1.1.2014 ist der bisherige Begriff „regelmäßige Arbeitsstätte" durch den Begriff „erste Tätigkeitsstätte" ersetzt worden (vgl. § 9 Abs. 4 EStG).

4500 Euro. Wie bisher gilt dieser Höchstbetrag nicht, soweit der Arbeitnehmer einen eigenen oder ihm zur Nutzung überlassenen Kraftwagen benutzt.

Durch die Absenkung der Entfernungspauschale auf 0,30 Euro verringert sich auch der Betrag, der vom Arbeitgeber bei Zuschüssen zu den Aufwendungen des Arbeitnehmers für Fahrten zwischen Wohnung und Arbeitsstätte mit einem Kraftwagen pauschal versteuert werden kann (§ 40 Abs. 2 Satz 2 EStG).

Für Strecken mit einer steuerfreien Sammelbeförderung durch den Arbeitgeber für Fahrten zwischen Wohnung und Arbeitsstätte nach § 3 Nr. 32 EStG gilt die Entfernungspauschale nicht mehr (§ 9 Abs. 1 Satz 3 Nr. 4 Satz 3 EStG). Damit die Finanzverwaltung diesen Sachverhalt erkennen kann, hat der Arbeitgeber in der Lohnsteuerbescheinigung bei unentgeltlicher oder verbilligter Sammelbeförderung den Großbuchstaben F zu bescheinigen (§ 41b Abs. 1 Nr. 9 EStG). Flugstrecken sind bei den Entfernungspauschalen wie bisher ausgenommen (§ 9 Abs. 1 Satz 3 Nr. 4 Satz 3 EStG – Wege zwischen Wohnung und Arbeitsstätte – und § 9 Abs. 1 Satz 3 Nr. 5 EStG – doppelte Haushaltsführung –).

Auf die Entfernungspauschale für Wege zwischen Wohnung und Arbeitsstätte sind steuerfreie und pauschal besteuerte Arbeitgeberleistungen anzurechnen und zu bescheinigen (siehe Tz. II 1. letzter Absatz).

3. Streichung der Zweijahresfrist bei einer beruflich veranlassten doppelten Haushaltsführung (§ 9 Abs. 1 Satz 3 Nr. 5 EStG)*)

...

4. Lohnsteuerklasse II (Entlastungsbetrag für Alleinerziehende, § 24b EStG)

Der Haushaltsfreibetrag (§ 32 Abs. 7 EStG a. F.) wurde aufgehoben und ein Entlastungsbetrag für Alleinerziehende in Höhe von 1308 Euro jährlich eingeführt (§ 24b EStG). Der Entlastungsbetrag für Alleinerziehende ermäßigt sich (anders als beim früheren Haushaltsfreibetrag) für jeden vollen Kalendermonat, in dem seine Voraussetzungen nicht vorgelegen haben, um je ein Zwölftel (109 Euro, § 24b Abs. 3 EStG).

Voraussetzung für den Entlastungsbetrag für Alleinerziehende ist, dass

– der Steuerpflichtige mit mindestens einem Kind i. S. d. § 32 Abs. 1 EStG eine Haushaltsgemeinschaft in einer gemeinsamen Wohnung bildet,
– das Kind das 18. Lebensjahr noch nicht vollendet hat und
– der Steuerpflichtige und sein Kind in der gemeinsamen Wohnung mit Hauptwohnsitz gemeldet sind.

Als alleinstehend i. S. d. Vorschrift gelten Steuerpflichtige, die

– nicht die Voraussetzungen für eine Ehegattenbesteuerung erfüllen und
– mit keiner anderen Person eine Haushaltsgemeinschaft bilden, es sei denn, für diese steht ihnen ein Freibetrag nach § 32 Abs. 6 EStG oder Kindergeld zu. Eine Haushaltsgemeinschaft mit einer anderen Person wird in der Regel angenommen, wenn die andere Person mit Haupt- oder Nebenwohnsitz in der Wohnung des Steuerpflichtigen gemeldet ist (§ 24b Abs. 2 EStG).

Der Entlastungsbetrag für Alleinerziehende wird – wie der frühere Haushaltsfreibetrag – beim Lohnsteuerabzug mit der Steuerklasse II berücksichtigt (§ 24b i. V. m. § 38b Satz 2 Nr. 2 EStG). Bei Ausstellung der Lohnsteuerkarten 2004 von Amts wegen durch die Gemeinden (im Herbst 2003) wurde die Steuerklasse II nach dem damals geltenden Recht (Haushaltsfreibetrag) eingetragen. Durch die Gesetzesänderung (Neuregelung Entlastungsbetrag für Alleinerziehende durch das Haushaltsbegleitgesetz 2004) ist die Steuerklasse II in einer Vielzahl von Fällen unzutreffend geworden, da die Voraussetzungen für den Entlastungsbetrag für Alleinerziehende enger sind als für den früheren Haushaltsfreibetrag. In diesen Fällen ist der Arbeitnehmer verpflichtet, die Lohnsteuerkarte berichtigen zu lassen (Gemeinde oder Finanzamt). Das gilt (aufgrund der neuen Zwölftelung – Monatsprinzip) auch dann, wenn sich die Verhältnisse erst im Laufe des Jahres zu seinen Ungunsten ändern (§ 39 Abs. 4 Satz 1 EStG). Der Arbeitgeber hat nicht zu überprüfen, ob die ihm vorliegende Lohnsteuerkarte 2004 zutreffend die Steuerklasse II ausweist.

Bei der Erstausstellung einer Lohnsteuerkarte 2004 im Laufe des Kalenderjahres 2004 haben die Gemeinden die Steuerklasse II zu bescheinigen, wenn die Voraussetzungen von § 24b EStG vorliegen. Bei Ausstellung der Lohnsteuerkarten 2005 von Amts wegen (Herbst 2004) dürfen die Gemeinden die Steuerklasse II nur in den Fällen bescheinigen, in denen der Arbeitnehmer gegenüber der Gemeinde (vor dem 20.9.2004) schriftlich versichert hat, dass die Voraussetzungen für die Berücksichtigung des Entlastungsbetrags für Alleinerziehende vorliegen und ihm seine Verpflichtung bekannt ist, die Eintragung der Steuerklasse umgehend ändern zu lassen, wenn diese Voraussetzungen (für einen vollen Kalendermonat) wegfallen (§ 52 Abs. 51 Satz 2 EStG). Gibt ein Arbeitnehmer, auf dessen Lohnsteuerkarte 2004 die Steuerklasse II bescheinigt worden ist, eine solche Versicherung nicht ab, so hat die Gemeinde dies dem Finanzamt mitzuteilen (§ 52 Abs. 51 Satz 3 EStG). Besteht (ganz oder teilweise) kein Anspruch auf den Entlastungsbetrag für Alleinerziehende für 2004, so kommt eine Lohnsteuernachforderung (§ 39 Abs. 4 Satz 4 EStG) oder die Berichtigung im Veranlagungsverfahren in Betracht.

III. Steuerabzugsverfahren

1. Steuerabzugsverpflichtung bei Arbeitnehmerentsendung (§ 38 Abs. 1 Satz 2 EStG)

Zwischen international verbundenen Gesellschaften werden regelmäßig Arbeitnehmer entsandt (s.a. BMF-Schreiben vom 9.11.2001, BStBl. 2001 I S. 796). Hat ein in Deutschland ansässiges Unternehmen einen vom ausländischen Unternehmen beschäftigten Arbeitnehmer aufgenommen (Entsendung vom Ausland in das Inland), so war im Allgemeinen das deutsche Unternehmen nicht zum Lohnsteuerabzug verpflichtet, obgleich das Besteuerungsrecht für die in Deutschland ausgeübte Tätigkeit nach Abkommensrecht regelmäßig Deutschland zusteht. Nunmehr ist bei internationaler Arbeitnehmerentsendung das in Deutschland ansässige aufnehmende Unternehmen, das den Arbeitslohn für die ihm geleistete Arbeit wirtschaftlich trägt, zum Steuerabzug verpflichtet (§ 38 Abs. 1 Satz 2 EStG). Hierfür ist es nicht erforderlich, dass das deutsche Unternehmen den Arbeitslohn im eigenen Namen und für eigene Rechnung auszahlt.

Durch diese Neuregelung kann auch ein deutsches Unternehmen, das lediglich wirtschaftlicher Arbeitgeber i. S. d. Doppelbesteuerungsabkommen, nicht aber arbeitsrechtlicher Arbeitgeber ist, zum Lohnsteuerabzug verpflichtet sein. Wirtschaftlicher Arbeitgeber nach Abkommensrecht ist derjenige, der einen Arbeitnehmer in seinen Geschäftsbetrieb integriert, weisungsbefugt ist und die Vergütungen für die ihm geleistete unselbständige Arbeit wirtschaftlich trägt, sei es, dass er die Vergütung unmittelbar dem betreffenden Arbeitnehmer auszahlt oder dass ein anderes Unternehmen für ihn mit der Arbeitsvergütung in Vorlage tritt (BFH vom 21.8.1985, BStBl. 1986 II S. 4; BMF-Schreiben vom 9.11.2001 zu 2.2. „Arbeitgeber", BStBl. 2001 I S. 796). Die Voraussetzung des wirtschaftlichen Tragens ist insbesondere auch dann erfüllt, wenn die von dem anderen Unternehmen gezahlte Arbeitsvergütung dem deutschen Unternehmen weiterbelastet wird.

Als inländischer Arbeitgeber ist das deutsche Unternehmen zur Einbehaltung und Abführung von Lohnsteuer verpflichtet. Die Höhe des Arbeitslohns hat es zu ermitteln.

2. Lohnsteuerabzug bei Lohnzahlungen Dritter (§ 38 Abs. 1 Satz 3 und Abs. 4 EStG)

Dem Lohnsteuerabzug unterliegt auch der im Rahmen des Dienstverhältnisses von einem Dritten gewährte Arbeitslohn, wenn der Arbeitgeber weiß oder erkennen kann, dass derartige Vergütungen erbracht werden. Hiervon wird insbesondere ausgegangen, wenn Arbeitgeber und Dritter verbundene Unternehmen im Sinne von § 15 AktG sind (§ 38 Abs. 1 Satz 3 EStG). Nach langjähriger Verwaltungsauffassung unterliegen Preisvorteile (Rabatte) von dritter Seite dem Lohnsteuerabzug, wenn der Arbeitgeber an der Verschaffung der Preisvorteile mitgewirkt hat (BMF-Schreiben vom 27.9.1993, BStBl. I S. 814). Die Gesetzesänderung dient im Wesentlichen der gesetzlichen Absicherung der bestehenden Verwaltungspraxis.

---
*) Inhaltlich überholt und daher nicht mehr abgedruckt.

Einführungsschreiben zum Haushaltsbegleitgesetz 2004 — Anhang 16

Der Arbeitnehmer hat dem Arbeitgeber die von einem Dritten gewährten Bezüge am Ende des jeweiligen Lohnzahlungszeitraums anzugeben (§ 38 Abs. 4 Satz 3 erster Halbsatz EStG). Wenn er der Angabepflicht nicht nachkommt, ist der objektive Tatbestand der Steuerverkürzung (§ 370 AO) erfüllt. Kann der Arbeitgeber erkennen, dass Drittvergütungen i. S. d. § 38 Abs. 1 Satz 3 EStG geleistet werden, ist er gehalten, seine Arbeitnehmer auf die Angabepflicht und die Folgen eines Pflichtverstoßes hinzuweisen.

Macht der Arbeitnehmer keine oder eine erkennbar unrichtige Angabe, hat der Arbeitgeber dies dem Betriebsstättenfinanzamt anzuzeigen (§ 38 Abs. 4 Satz 3 zweiter Halbsatz EStG). Eine solche Mitteilung an das Betriebsstättenfinanzamt hat unverzüglich zu erfolgen, wenn Drittvergütungen vorliegen und der Arbeitgeber bei der (sich aus seiner qualifizierten Mitwirkung oder der Unternehmensverbundenheit abzuleitenden) gebotenen Sorgfalt erkennen kann, dass die Angaben des Arbeitnehmers unzutreffend sind.

3. Lohnsteuerabzug durch einen Dritten (§ 38 Abs. 3a EStG)

3.1 Gesetzliche Verpflichtung bei Erfüllung tarifvertraglicher Geldansprüche (§ 38 Abs. 3a Satz 1, § 39c Abs. 5 EStG)

Ein Dritter, der unmittelbar gegen sich gerichtete tarifvertragliche Arbeitslohnansprüche erfüllt, ist zum Lohnsteuerabzug verpflichtet, wenn es sich um Geldleistungen handelt (§ 38 Abs. 3a Satz 1 EStG). Damit wird für Sonderfälle die Steuerabzugsverpflichtung eingeführt, in denen z. B. ein drittes Unternehmen zentral tarifliche Teilleistungen zahlt, die Arbeitslohn (aus gegenwärtigen oder früheren Dienstverhältnissen bei zahlreichen Arbeitgebern) sind (z. B. Sozialkassen des Baugewerbes). Die Neuregelung sichert die steuerliche Erfassung dieser Arbeitslöhne.

Der Dritte hat die Pflichten des Arbeitgebers. Die Lohnsteuer für sonstige Bezüge kann er mit einem festen Steuersatz von 20 % erheben. Voraussetzung ist, dass der von dem Dritten für den Arbeitnehmer gezahlte Jahresarbeitslohn einschließlich des sonstigen Bezugs 10 000 Euro nicht übersteigt (§ 39c Abs. 5 EStG). Der Dritte meldet die Lohnsteuer bei seinem Betriebsstättenfinanzamt an. Der Dritte hat die Lohnsteuerbescheinigung zu erteilen. In den Fällen des § 39c Abs. 5 EStG kommt es zu einer Pflichtveranlagung des Arbeitnehmers zur Einkommensteuer (§ 46 Abs. 2 Nr. 5 EStG), bei der die Abzugsbeträge angerechnet werden.

3.2 Erfüllung der Arbeitgeberpflichten auf Antrag (§ 38 Abs. 3a Sätze 2 ff. EStG)

Das Finanzamt kann auf (formlosen schriftlichen) Antrag zulassen, dass ein Dritter die Pflichten des Arbeitgebers im eigenen Namen erfüllt (§ 38 Abs. 3a Satz 2 EStG). Die Lohnsteuerabzugsverpflichtung kann damit vom Arbeitgeber auf einen Dritten übertragen werden, wenn der Dritte sich hierzu gegenüber dem Arbeitgeber verpflichtet hat, er den Lohn auszahlt oder er die Arbeitgeberpflichten für von ihm vermittelte Arbeitnehmer übernimmt und die Steuererhebung nicht beeinträchtigt wird (§ 38 Abs. 3a Satz 3 EStG). Voraussetzung für die Übertragung ist, dass das Betriebsstättenfinanzamt des Dritten im Einvernehmen mit dem Betriebsstättenfinanzamt des Arbeitgebers zustimmt. Diese Zustimmung wird nur erteilt, wenn der Dritte für den gesamten Arbeitslohn die Lohnsteuerabzugsverpflichtung übernimmt. Die das Lohnsteuerverfahren betreffenden Vorschriften (z. B. Lohnsteuer-Anmeldung, Lohnsteuerbescheinigung) sind dann auf den Dritten mit der Maßgabe anzuwenden, dass der Dritte an die Stelle des Arbeitgebers tritt (§ 38 Abs. 3a Satz 6 EStG). Die Regelung ermöglicht es, dass der Dritte die Arbeitslöhne zusammenfassen kann (§ 38 Abs. 3a letzter Satz EStG).

Diese Neuregelung dient im Wesentlichen dazu, eine gesetzliche Grundlage zu schaffen für die in bestimmten Fällen zum Teil seit langem geübte und den Finanzämtern bekannte Handhabung (z. B. zusammengefasste Lohnabrechnung von Mehrfacharbeitsverhältnissen eines Arbeitnehmers im Konzernverbund, studentische Arbeitsvermittlungen, zentrale Abrechnungsstellen bei den Kirchen, Arbeitnehmern von Wohneigentümergemeinschaften). In solchen bereits praktizierten Fällen der Übernahme der Arbeitgeberpflichten durch einen Dritten ist daher ein (neuer) Antrag nicht erforderlich. Die gesamte Neuregelung, insbesondere die Haftung, ist auch in diesen Altfällen anzuwenden.

Der Dritte haftet in beiden Fallgruppen neben dem Arbeitgeber gemäß § 42d Abs. 9 EStG. Es besteht eine Gesamtschuldnerschaft zwischen Arbeitgeber, dem Dritten und dem Arbeitnehmer. Eine Haftungsinanspruchnahme des Arbeitgebers unterbleibt, wenn beim Arbeitnehmer selbst eine Nachforderung unzulässig ist, weil der Mindestbetrag von 10 Euro nicht überschritten ist (§ 42d Abs. 5 EStG). Für die Lohnsteuer-Außenprüfung ist in Fällen des § 38 Abs. 3a EStG das Betriebsstättenfinanzamt des Dritten zuständig; eine Außenprüfung ist aber auch noch beim Arbeitgeber möglich (§ 42f Abs. 3 EStG).

4. Permanenter Lohnsteuer-Jahresausgleich (§ 39b Abs. 2 Satz 13 EStG)*)

Nach § 39b Abs. 2 Satz 13 EStG*) kann zugelassen werden, die Lohnsteuer nach dem voraussichtlichen Jahresarbeitslohn zu ermitteln (sog. permanenter Lohnsteuer-Jahresausgleich durch den Arbeitgeber). Die Zustimmung ist nicht mehr von der Oberfinanzdirektion, sondern vom Betriebsstättenfinanzamt einzuholen. Die Einzelheiten zum Verfahren ergeben sich aus R 121 LStR.**)

5. Freistellungsbescheinigung für ausländische Verleiher (§ 39b Abs. 6 EStG)

In § 39b Abs. 6 Satz 1 EStG wird nunmehr auf den Arbeitgeber (§ 38 EStG) verwiesen (bisher „inländischen Arbeitgeber"). Das bedeutet, dass das Betriebsstättenfinanzamt jedem zum Lohnsteuerabzug Verpflichteten (wie z. B. einem ausländischen Verleiher) eine Freistellungsbescheinigung erteilen kann, wenn hierfür die Voraussetzungen nach einem Doppelbesteuerungsabkommen vorliegen. Es bestehen keine Bedenken, ggf. auch für Zeiträume vor 2004 dementsprechend zu verfahren.

6. Lohnsteuer-Anmeldung (§ 41a EStG)

Für nach dem 31.12.2004 endende Anmeldungszeiträume hat der Arbeitgeber die Lohnsteuer-Anmeldungen elektronisch zu übermitteln (§ 41a Abs. 1, § 52 Abs. 52b EStG i.d.F. StÄndG 2003). Zur Vermeidung von unbilligen Härtefällen kann das Betriebsstättenfinanzamt auf Antrag die Abgabe in Papierform weiterhin zulassen. Ein Härtefall kann vorliegen, wenn und solange es dem Arbeitgeber nicht zumutbar ist, die technischen Voraussetzungen einzurichten, die für die Übermittlung der elektronischen Lohnsteuer-Anmeldung nach der Steuerdaten-Übermittlungsverordnung vom 28.1.2003 (BGBl. I S. 139, BStBl. I S. 162) erforderlich sind.

Ab 1.1.2004 entfällt die bisher bei verspäteter Abgabe der Lohnsteuer-Anmeldung eingeräumte Abgabeschonfrist von 5 Tagen (BMF-Schreiben vom 1.4.2003, BStBl. I S. 239, derzeit noch abrufbar unter www.bundesfinanzministerium.de/Aktuelles/BMF-Schreiben).

Für alle Steuern, zurückzuzahlende Steuervergütungen und Haftungsschulden wurde die sog. Zahlungsschonfrist gem. § 240 Abs. 3 Satz 1 AO 1977 von bisher 5 auf nunmehr 3 Tage verkürzt. Danach werden Säumniszuschläge in Höhe von 1 v. H. des rückständigen Betrags erhoben, wenn die Abführung der Steuerabzugsbeträge nicht bis zum Ablauf von 3 Tagen nach Fälligkeit erfolgt. Bei Überweisung oder Einzahlung auf ein Konto des Finanzamts (Finanzkasse) gilt die Zahlung an dem Tag als wirksam geleistet, an dem der Betrag gutgeschrieben wird. Bei erteilter Einzugsermächtigung an das Finanzamt ist die Verkürzung der Zahlungsschonfrist ohne Bedeutung. Die Regelung, dass bei Zahlung durch Übersendung eines Schecks an das Finanzamt die Zahlungsschonfrist nicht gilt, behält weiterhin Gültigkeit, so dass auch zukünftig bei Verwendung dieses Zahlungsmittels sofort Säumniszuschläge anfallen, wenn der Eingang beim Finanzamt erst nach Ablauf des Fälligkeitstages erfolgt.

7. Bescheinigungspflichten (§ 41b EStG)

In der Lohnsteuerbescheinigung gab es bisher Pflichtbescheinigungen und freiwillige Bescheinigungen (wie z. B. Arbeitnehmeranteil am Gesamtsozialversicherungsbeitrag, R 135 Abs. 7 LStR und die entsprechenden Vordrucke). Die Gruppe der freiwilligen Bescheinigungen ist weggefallen und – automationsgerecht – zu Pflichtbescheinigungen geworden (Erweiterung der Aufzählung in § 41b

---
*) Jetzt § 39b Abs. 2 Satz 12 EStG.
**) Jetzt R 39b.8 LStR.

Abs. 1 Satz 2 EStG). R 135 Abs. 7 LStR ist damit durch Gesetzesänderung überholt.

Auf folgende Änderungen wird besonders hingewiesen:

- amtlicher Schlüssel der Gemeinde, die die Lohnsteuerkarte ausgestellt hat (§ 41b Abs. 1 Nr. 1 EStG). Der amtliche Gemeindeschlüssel ist auch im Lohnkonto einzutragen (§ 4 Abs. 1 Satz 2 Nr. 1 LStDV i.d.F. StÄndG 2003,
- der Großbuchstabe S, wenn der sonstige Bezug nach § 39b Abs. 3 Satz 2 EStG versteuert wurde (§ 41b Abs. 1 Satz 2 Nr. 3 EStG, Tz. IV 2.),
- die auf die Entfernungspauschale anzurechnenden steuerfreien Arbeitgeberleistungen für Fahrten zwischen Wohnung und Arbeitsstätte und die pauschal besteuerten Arbeitgeberleistungen für Fahrten zwischen Wohnung und Arbeitsstätte (§ 41b Abs. 1 Satz 2 Nr. 6 und 7 EStG, Tz. II 1. und 2.),
- der Großbuchstabe F bei steuerfreier Sammelbeförderung (§ 41b Abs. 1 Satz 2 Nr. 9 EStG, Tz. II 2.),
- die nach § 3 Nrn. 13 und 16 EStG steuerfrei gezahlten Verpflegungszuschüsse und Vergütungen bei doppelter Haushaltsführung (§ 41b Abs. 1 Satz 2 Nr. 10 EStG; nach der Einleitung in § 41b Abs. 1 Satz 2 EStG ist „Aufgrund der Eintragungen im Lohnkonto" zu bescheinigen, so dass eine Bescheinigung nicht zwingend ist, wenn das Betriebsstättenfinanzamt nach § 4 Abs. 2 Nr. 4 Satz 2 LStDV eine andere Aufzeichnung als im Lohnkonto zugelassen hat),
- die nach § 3 Nr. 62 steuerfrei gezahlten Zuschüsse zur freiwilligen Kranken- und Pflegeversicherung (§ 41b Abs. 1 Satz 2 Nr. 11 EStG),
- der Arbeitnehmeranteil am Gesamtsozialversicherungsbeitrag (§ 41b Abs. 1 Satz 2 Nr. 12 EStG).

Dabei ist der Großbuchstabe S in der Zeile 3 der Lohnsteuerbescheinigung vor dem Arbeitslohn zu vermerken, der Großbuchstabe F in der Zeile 17 (vgl. BMF-Schreiben vom 21.10.2003, BStBl. I S. 559 zur Besonderen Lohnsteuerbescheinigung für das Kalenderjahr 2004).

8. Betrieblicher Lohnsteuer-Jahresausgleich (§ 42b Abs. 1 EStG)

Der Lohnsteuer-Jahresausgleich durch den Arbeitgeber darf nur für unbeschränkt einkommensteuerpflichtige Arbeitnehmer durchgeführt werden, die während des gesamten Ausgleichjahres in einem Dienstverhältnis gestanden (§ 42b Abs. 1 Satz 1 EStG) und bei Arbeitgeberwechsel dem Arbeitgeber neben der Lohnsteuerkarte auch Lohnsteuerbescheinigungen aus vorangegangenen Dienstverhältnissen vorgelegt haben (§ 42b Abs. 1 Satz 3 EStG). Verzichtet der Arbeitnehmer künftig bei elektronischer Lohnsteuerbescheinigung (Tz. V) auf die Vorlage des Ausdrucks der elektronischen Lohnsteuerbescheinigung, so ist ein betrieblicher Jahresausgleich nicht zulässig.*)

Der Lohnsteuer-Jahresausgleich durch den Arbeitgeber ist auch nicht mehr zulässig, wenn bei der Lohnsteuerberechnung ein auf der Lohnsteuerkarte eingetragener Freibetrag (§ 39a EStG) zu berücksichtigen war (§ 42b Abs. 1 Satz 4 Nr. 3a EStG); Gleiches gilt wie bisher für den Hinzurechnungsbetrag.

9. Abfindungsentschädigungen als beschränkt steuerpflichtige Einkünfte (§ 49 Abs. 1 Nr. 4 Buchstabe d EStG)

Entlassungsentschädigungen i. S. d. § 24 Nr. 1 EStG an beschränkt einkommensteuerpflichtige Arbeitnehmer sind inländische Einkünfte i. S. d. § 49 EStG, soweit die Einkünfte, die für die zuvor ausgeübte Tätigkeit bezogen werden, der inländischen Besteuerung unterlegen haben (§ 49 Abs. 1 Nr. 4 Buchstabe d EStG). Die Lohnsteuerabzugsverpflichtung hierfür ergibt sich aus § 39d Abs. 3 EStG.

Beispiel:

Das Dienstverhältnis von Arbeitnehmer A (60 Jahre) wird nach einer Beschäftigung (über 20 Jahre) für den Arbeitgeber B in Deutschland zum 1.4.2004 vorzeitig gegen Abfindung aufgelöst. A zieht am 1.3.2004 in die Schweiz um. Am 10.4.2004 erhält er eine Abfindung wegen der Auflösung des Dienstverhältnisses von 36 000 Euro.

Die bisherigen Einkünfte (Arbeitslohn) haben der inländischen Besteuerung unterlegen, so dass die Abfindung als inländische Einkünfte gem. § 49 Abs. 1 Nr. 4d EStG i. H. v. 25 000 Euro (36 000 Euro – 11 000 Euro höchster Freibetrag nach § 3 Nr. 9 EStG) der beschränkten Einkommensteuerpflicht unterliegt. Eine ermäßigte Besteuerung nach § 34 EStG im Lohnsteuerabzugsverfahren kommt nicht in Betracht (§ 39d Abs. 2, § 50 Abs. 1 Sätze 3 und 4 EStG).**)

Ob der Bundesrepublik Deutschland für die inländischen Einkünfte das Besteuerungsrecht zusteht, ist dann im Weiteren unter Beachtung eines ggf. anzuwendenden Doppelbesteuerungsabkommen zu entscheiden (vgl. auch das BFH-Urteil vom 10.7.1996, BStBl. 1997 II S. 341 und das BMF-Schreiben vom 20.5.1997, BStBl. 1997 I S. 560).

10. Steuerfreistellung ausländischer Einkünfte (§ 50d Abs. 8 EStG)

Nach § 50d Abs. 8 EStG sind Einkünfte eines unbeschränkt Steuerpflichtigen aus nichtselbständiger Arbeit, für die das Besteuerungsrecht nach einem Doppelbesteuerungsabkommen einem anderen Staat zusteht, gleichwohl in Deutschland zu besteuern, soweit der Steuerpflichtige nicht nachweist, dass der (ausländische) Tätigkeitsstaat auf dieses Besteuerungsrecht verzichtet hat oder dass die in diesem Staat auf die Einkünfte festgesetzten Steuern tatsächlich entrichtet wurden. Dies gilt auch dann, wenn nach dem einschlägigen DBA eine Rückfallklausel nicht vorgesehen ist.

Diese Nachweispflicht betrifft das Veranlagungsverfahren; sie ist im Lohnsteuerabzugsverfahren nicht anzuwenden. Das Betriebsstättenfinanzamt kann daher weiterhin auf Antrag des Arbeitnehmers oder des Arbeitgebers eine Freistellungsbescheinigung erteilen (§ 39b Abs. 6 Satz 1 EStG). Das Betriebsstättenfinanzamt soll dann in der Freistellungsbescheinigung auf die Nachweispflicht im Veranlagungsverfahren hinweisen. Hat der Arbeitgeber den Antrag auf Freistellungsbescheinigung gestellt, sollte er seinem Arbeitnehmer einen solchen Hinweis auf die Nachweispflicht im Veranlagungsverfahren weitergeben. Einen Einkommensteuerbescheid, in dem solche Einkünfte der deutschen Besteuerung unterworfen wurden, kann zu Gunsten des Steuerpflichtigen geändert werden, sobald dieser die tatsächliche Besteuerung im Ausland nachweist. Dadurch ist sichergestellt, dass eine Doppelbesteuerung vermieden wird. Da § 175 Abs. 1 Satz 2 AO anzuwenden ist, beginnt die Festsetzungsfrist mit Ablauf des Kalenderjahres, in dem das rückwirkende Ereignis (= Zahlung der festgesetzten Steuer im Ausland) eintritt (§ 50d Abs. 8 Satz 3 EStG).

IV. Lohnsteuerberechnung, Programmablaufplan 2004

1. Wegfall der 150-Euro-Grenze (§ 39b Abs. 3 Satz 2 EStG a. F.)***)

...

2. Berechnung bei sonstigem Bezug und Arbeitgeberwechsel (§ 39b Abs. 3 Satz 2 EStG), Großbuchstabe S (§ 41 Abs. 1 Satz 7 EStG)****)

Die Versteuerung des sonstigen Bezugs richtet sich nach dem voraussichtlichen Jahresarbeitslohn (§ 39b Abs. 3 Satz 1 EStG). Bei einem Arbeitgeberwechsel ist der für diese Ermittlung notwendige Arbeitslohn aus einem vorangegangenen Dienstverhältnis bzw. mehreren vorangegangenen Dienstverhältnissen dem neuen Arbeitgeber nicht mehr zwingend bekannt, wenn der Vorarbeitgeber eine elektronische Lohnsteuerbescheinigung übermittelt (vgl. dazu Tz. V) und der Arbeitnehmer dem neuen Arbeitgeber den früheren Arbeitslohn nicht mitteilt. In einem solchen Fall kann der neue Arbeitgeber den Arbeitslohn für die vom Arbeitnehmer anzugebenden früheren Beschäftigungszeiten des laufenden Kalenderjahres mit dem Betrag ansetzen, der sich aus der Hochrechnung des laufenden Arbeitslohns im Monat der Zahlung des sonstigen Bezugs entsprechend der Beschäftigungsdauer bei früheren Arbeitgebern ergibt (§ 39b Abs. 3 Satz 2 EStG; R 119 Abs. 3 Satz 6 LStR i.d.F. LStÄR 2004 vom 8.10.2003, BStBl. I S. 455).

---

*) Das ständige Dienstverhältnis muss seit 2012 zu demselben Arbeitgeber bestanden haben (§ 42b Abs. 1 Satz 1 EStG).

**) Der Steuerfreibetrag für Abfindungen ist für Auszahlungen seit dem 1.1.2008 abgeschafft worden. Die ermäßigte Besteuerung nach der Fünftelregelung gilt seit 2008 auch bei beschränkt steuerpflichtigen Arbeitnehmern.

***) Inhaltlich überholt und daher nicht mehr abgedruckt.

****) Jetzt § 41 Abs. 1 Satz 6 EStG.

Einführungsschreiben zum Haushaltsbegleitgesetz 2004

Da diese Hochrechnung zu einer ungenaueren Lohnsteuer für den sonstigen Bezug führen kann, hat der Arbeitgeber bei Anwendung dieser Methode im Lohnkonto den Großbuchstaben S einzutragen (§ 41 Abs. 1 Satz 7 EStG)*) und auch zu bescheinigen (§ 41b Abs. 1 Satz 2 Nr. 3 EStG). Es kommt zu einer Pflichtveranlagung zur Einkommensteuer (§ 46 Abs. 2 Nr. 5a EStG).

3. Fünftelungsregelung bei negativem Arbeitslohn (§ 39b Abs. 3 Satz 9 EStG)

Bei der Ermittlung der Lohnsteuer für einen begünstigten sonstigen Bezug ist nunmehr § 34 Abs. 1 Satz 3 EStG sinngemäß anzuwenden (§ 39b Abs. 3 Satz 9 zweiter Halbsatz EStG), damit Einkommensteuernachzahlungen vorgebeugt wird. Die Neuregelung betrifft die Sonderfälle, in denen bei Anwendung der Fünftelungsregelung das versteuernde Einkommen (= steuerpflichtiger Arbeitslohn) negativ ist (z. B. wegen eines Freibetrages auf der Lohnsteuerkarte) und erst durch Hinzurechnung der außerordentlichen Einkünfte (z. B. steuerpflichtiger Teil einer Abfindung) positiv wird.

Diese Gesetzesänderung ist in dem Programmablaufplan 2004 (Tz. IV.4.) noch nicht berücksichtigt. Es ist daher nicht zu beanstanden, wenn der Arbeitgeber mit maschineller Lohnabrechnung bis zur Veröffentlichung einer entsprechenden Ergänzung des Programmablaufplans die Gesetzesänderung nicht berücksichtigt.

4. Programmablaufplan 2004

Auf den aktuellen Programmablaufplan für die maschinelle Berechnung der vom Arbeitslohn einzubehaltenden Lohnsteuer, des Solidaritätszuschlags und der Maßstabsteuer für die Kirchenlohnsteuer in 2004 vom 18.12.2003 (BStBl. I S. 750) wird hingewiesen. Der Programmablaufplan steht unter http://www.bundesfinanzministerium.de/lohnsteuer;621/htm zur Verfügung. Zur (anstehenden) Ergänzung wegen der Fünftelungsregelung bei negativem Arbeitslohn siehe Tz. IV 3.

Die Änderung bei der Grenzgängerregelung nach dem Zusatzabkommen zum DBA-Belgien (BGBl. 2003 II S. 1615) ab 2004 wird in dem Programmablaufplan nicht berücksichtigt. Im Lohnsteuerabzugsverfahren ist in diesen Fällen die nach dem Programmablaufplan 2004 berechnete Lohnsteuer um 8 % zu mindern und die geminderte Lohnsteuer zu bescheinigen. Gleiches gilt für den Solidaritätszuschlag.

V. Elektronische Lohnsteuerbescheinigung (§ 41b EStG), Übergangsregelung

1. Einführung, Übergangsregelung**)

...

2. Verfahrensbeschreibung**)

...

3. Behandlung der Lohnsteuerkarten**)

...

VI. Anwendung

Diese Änderungen sind nach den allgemeinen Regeln beim Steuerabzug vom laufenden Arbeitslohn erstmals für einen nach dem 31.12.2003 endenden Lohnzahlungszeitraum anzuwenden und beim Steuerabzug auf sonstige Bezüge, die nach dem 31.12.2003 zufließen. Handelt es sich danach um Arbeitslohn des Kalenderjahres 2004, sind z. B. bei den Abfindungen und Zuschlägen nach § 3b EStG die neuen Obergrenzen (Tz. I) maßgebend, auch wenn die Abfindung im Jahr 2003 vereinbart oder die zuschlagsbegünstigte Arbeit im Jahr 2003 geleistet wurde (§ 38 Abs. 1 Satz 2 und 3 EStG).

---

*) Jetzt § 41 Abs. 1 Satz 6 EStG.
**) Inhaltlich überholt und daher nicht mehr abgedruckt.

Anhang 17
Verordnung über die elektronische Übermittlung von für das Besteuerungsverfahren erforderlichen Daten (Steuerdaten-Übermittlungsverordnung – StDÜV)

vom 28.1.2003 (BGBl. I S. 139),
zuletzt geändert durch Art. 6 G vom 1.11.2011 (BGBl. I S. 2131)

§ 1
Allgemeines

(1) ¹Diese Verordnung gilt für die Übermittlung von für das Besteuerungsverfahren erforderlichen Daten mit Ausnahme solcher Daten, die für die Festsetzung von Verbrauchsteuern bestimmt sind, durch Datenfernübertragung (elektronische Übermittlung) an die Finanzverwaltung. ²Mit der elektronischen Übermittlung können Dritte beauftragt werden.

(2) ¹Das Bundesministerium der Finanzen bestimmt in Abstimmung mit den obersten Finanzbehörden der Länder Art und Einschränkungen der elektronischen Übermittlung von Daten nach Absatz 1 Satz 1 durch ein im Bundessteuerblatt zu veröffentlichendes Schreiben. ²In diesem Rahmen bestimmte Anforderungen an die Sicherheit der elektronischen Übermittlung sind im Benehmen mit dem Bundesamt für Sicherheit in der Informationstechnik festzulegen. ³Einer Abstimmung mit den obersten Finanzbehörden der Länder bedarf es nicht, soweit ausschließlich die Übermittlung von Daten an Bundesfinanzbehörden betroffen ist.

(3) Bei der elektronischen Übermittlung sind dem jeweiligen Stand der Technik entsprechende Verfahren einzusetzen, die die Authentizität, Vertraulichkeit und Integrität der Daten gewährleisten; im Falle der Nutzung allgemein zugänglicher Netze sind Verschlüsselungsverfahren anzuwenden.

(4) Die in dieser Verordnung genannten Pflichten der Programmhersteller sind ausschließlich öffentlich-rechtlicher Art.

§ 2
Schnittstellen

¹Bei der elektronischen Übermittlung sind die hierfür aufgrund des § 1 Abs. 2 für den jeweiligen Besteuerungszeitraum oder -zeitpunkt bestimmten Schnittstellen ordnungsgemäß zu bedienen. ²Die für die Übermittlung benötigten Schnittstellen werden über das Internet zur Verfügung gestellt.

§ 3
Anforderungen an die Programme

(1) Programme, die für die Verarbeitung von für das Besteuerungsverfahren erforderlichen Daten bestimmt sind, müssen im Rahmen des in der Programmbeschreibung angegebenen Programmumfangs die richtige und vollständige Verarbeitung der für das Besteuerungsverfahren erforderlichen Daten gewährleisten.

(2) Auf den Programmumfang sowie auf Fallgestaltungen, in denen eine richtige und vollständige Erhebung, Verarbeitung und Übermittlung ausnahmsweise nicht möglich ist (Ausschlussfälle), ist in der Programmbeschreibung an hervorgehobener Stelle hinzuweisen.

§ 4
Prüfung der Programme

(1) ¹Programme, die für die Verarbeitung von für das Besteuerungsverfahren erforderlichen Daten bestimmt sind, sind vom Hersteller vor der ersten Nutzung und nach jeder Änderung daraufhin zu prüfen, ob sie die Anforderungen nach § 3 Abs. 1 erfüllen. ²Hierbei sind ein Protokoll über den letzten durchgeführten Testlauf und eine Programmauflistung zu erstellen, die fünf Jahre aufzubewahren sind. ³Die Aufbewahrungsfrist nach Satz 2 beginnt mit Ablauf des Kalenderjahres der erstmaligen Nutzung zur Datenübermittlung. ⁴Elektronische, magnetische und optische Speicherverfahren, die eine jederzeitige Wiederherstellung der eingesetzten Programmversion in Papierform ermöglichen, sind der Programmauflistung gleichgestellt. ⁵Die Finanzbehörden sind befugt, die für die Erfassung, Verarbeitung oder elektronische Übermittlung der Daten bestimmten Programme und Dokumentationen zu überprüfen. ⁶§ 200 der Abgabenordnung in der Fassung der Bekanntmachung vom 1. Oktober 2002 (BGBl. I S. 3866) in der jeweils geltenden Fassung gilt entsprechend. ⁷Der Hersteller oder Vertreiber eines fehlerhaften Programms ist unverzüglich zur Nachbesserung oder Ablösung aufzufordern. ⁸Soweit eine unverzügliche Nachbesserung bzw. Ablösung nicht erfolgt, sind die Finanzbehörden berechtigt, die Programme des Herstellers von der elektronischen Übermittlung nach § 1 technisch auszuschließen. ⁹Die Finanzbehörden sind nicht verpflichtet, die Programme zu prüfen.

(2) Sind Programme nach Absatz 1 zum allgemeinen Vertrieb vorgesehen, hat der Hersteller den Finanzbehörden auf Verlangen Muster zum Zwecke der Prüfung kostenfrei zur Verfügung zu stellen.

§ 5
Haftung

(1) ¹Der Hersteller von Programmen, die für die Verarbeitung von für das Besteuerungsverfahren erforderlichen Daten bestimmt sind, haftet, soweit die Daten infolge einer Verletzung einer Pflicht nach dieser Verordnung unrichtig oder unvollständig verarbeitet und dadurch Steuern verkürzt oder zu Unrecht steuerliche Vorteile erlangt werden. ²Die Haftung entfällt, soweit der Hersteller nachweist, dass die Pflichtverletzung nicht auf grober Fahrlässigkeit oder Vorsatz beruht.

(2) ¹Wer Programme nach Absatz 1 zur elektronischen Übermittlung im Auftrag (§ 1 Abs. 1 Satz 2) einsetzt, haftet, soweit aufgrund unrichtiger oder unvollständiger Übermittlung Steuern verkürzt oder zu Unrecht steuerliche Vorteile erlangt werden. ²Die Haftung entfällt, soweit er nachweist, dass die unrichtige oder unvollständige Übermittlung der Daten nicht auf grober Fahrlässigkeit oder Vorsatz beruht.

(3) Die Absätze 1 und 2 gelten nicht für Zusammenfassende Meldungen im Sinne von § 18a Abs. 1 des Umsatzsteuergesetzes.

§ 6
Authentifizierung, Datenübermittlung im Auftrag

(1) Bei der elektronischen Übermittlung ist ein sicheres Verfahren zu verwenden, das den Datenübermittler authentifiziert und die Vertraulichkeit und Integrität des elektronisch übermittelten Datensatzes gewährleistet (§ 150 Absatz 6 der Abgabenordnung).

(2) ¹Im Fall der Übermittlung im Auftrag (§ 1 Abs. 1 Satz 2) hat der Dritte die Daten dem Auftraggeber unverzüglich in leicht nachprüfbarer Form zur Überprüfung zur Verfügung zu stellen. ²Der Auftraggeber hat die Daten unverzüglich zu überprüfen.

§ 7
Rentenbezugsmitteilungen

Für das Rentenbezugsmitteilungsverfahren nach § 22a, auch in Verbindung mit § 52 Abs. 38a, des Einkommensteuergesetzes findet ausschließlich die Altersvorsorge-Durchführungsverordnung in der Fassung der Bekanntmachung vom 28. Februar 2005 (BGBl. I S. 487), die zuletzt durch Artikel 1 der Verordnung vom 8. Januar 2009 (BGBl. I S. 31) geändert worden ist, in der jeweils geltenden Fassung Anwendung.

Stichwortverzeichnis

(die Zahlen bedeuten die Seiten)

44-Euro-Freigrenze
– Zukunftssicherungsleistungen 200

Abführung und Anmeldung der Lohnsteuer 475
Abschlagszahlungen 386
Abwälzung der Pauschalsteuer auf den Arbeitnehmer 466
Abwälzung von Annexsteuern 458
Aktienoptionsrecht 366
Aktienüberlassung zu einem Vorzugskurs 335
Altersentlastungsbetrag 340, 385
Altersgrenzen Altersversorgung 469
Alterssicherung der Landwirte 145
Altersteilzeit 162
Altersteilzeitgesetz 587
Altersübergangsgeld 345
Altersübergangsgeld-Ausgleichsbetrag 145, 345
Altersversorgung, betriebliche 593
Altersvorsorgebeiträge 523
Altersvorsorgebeiträge als Sonderausgaben 296
Altersvorsorgevertrag 522
Altersvorsorgezulage 522
Amateursportler 304, 316
Amtliche Sachbezugswerte 197
Amtliche Vordrucke 480
Änderung Lohnsteuerabzug 490, 492
Änderung Lohnsteuer-Anmeldung 492
Änderung Lohnsteuerbescheinigung 492
Anmeldung der Lohnsteuer 475
Annexsteuern 513
Anrechnung ausländischer Einkommensteuer (Lohnsteuer) 354
Anrufungsauskunft 501
Anzeigepflichten des Arbeitgebers im Lohnsteuerverfahren 493
Apothekervertreter 304
Arbeitgeber 313
Arbeitgebermerkblatt 640
Arbeitgeberzuschuss zur Krankenversicherung 177
Arbeitgeberzuschuss zur Pflegeversicherung 177
Arbeitnehmer 303
Arbeitnehmerfinanzierte betriebliche Altersversorgung 366
Arbeitnehmer-Sparzulage 539
Arbeitnehmerüberlassung 500
Arbeitsessen 325
Arbeitskleidung 165
Arbeitslohn 315, 533
– Aufsichtsratsvergütung 315
Arbeitslohn für mehrere Jahre 350
Arbeitslohnbegriff 316
Arbeitslohnrückzahlung 299, 465
Arbeitslohnspende 321
Arbeitslosengeld 345
Arbeitslosengeld, Arbeitslosenhilfe 145
Arbeitslosenhilfe 345
Arbeitsmittel 285
Arbeitsverhältnisse zwischen Ehegatten 309
Arbeitsverhältnisse zwischen Eltern und Kindern 309

Arbeitszeitkonten 367, 370
Arbeitszimmer 288
Artist 304
Arztvertreter 304
Aufbewahrung der Lohnsteuerkarte 385
Aufbewahrung des Lohnkontos 473
Aufmerksamkeiten 327
Aufsichtsrat
– Nichtselbständige Arbeit 315
Aufstockungsbeträge 162
Aufstockungsbeträge bei Arbeitsunfähigkeit 164
Aufwandsentschädigungen 156
Aufwandsentschädigungen aus öffentlichen Kassen 149
Aufwandsentschädigungen sonstiger Art 156
Aufzeichnung des Großbuchstaben U 473
Aufzeichnungserleichterungen 473
Aufzeichnungspflichten beim Lohnsteuerabzug 473
Ausbilder 156
Ausbildungsdienstverhältnis 247
Ausbildungsfreibetrag 348
Ausbildungskosten 247
Aushilfskräfte 459
Aushilfskräfte in der Land- und Forstwirtschaft 459
Aushilfstätigkeit 313
Auskunft 501
Auslagenersatz 172
Ausländische Arbeitgeber
– Lohnsteuer-Pauschalierung 458
Ausländische Arbeitnehmer 141
Ausländische Sozialversicherungsträger 489
Ausländischer Arbeitslohn 200
Ausländischer Verleiher 365
Auslandsbeamte 139
Auslandsdienstreisen 271
Auslandsgruppenreise 247
Auslandspensionen 139
Auslandstätigkeit, Auslandstätigkeitserlass 355
Auslandsumzüge 573
Auslandsumzugskostenverordnung 573
Auslandszulagen 182
Auslösungen 155
Ausschreibung der Lohnsteuerbescheinigung 481
Außenprüfung 503
Außergewöhnliche Belastungen 347

Badeeinrichtungen 316
Bahncard 270, 271
Barablösung von typischer Berufskleidung 165
Barlohnumwandlung 464
Baudarlehen 201
Baukostenzuschüsse 201
Befreiende Lebensversicherung 178
Behinderte 277
Behinderte Kinder 344
Behinderten-Pauschbetrag 349
Beihilfen 148
Beihilfeversicherung 148
Beiträge zu Berufsverbänden 251
Beitragszuschüsse zur privaten Krankenversicherung 177

Beitragszuschüsse zur privaten Pflegeversicherung 177
Bekleidungszuschüsse 165
Belegschaftsaktien 335
Belegschaftsrabatte 225
Belegschaftsspende 321
Belohnungen 319
Berechnung der Lohnsteuer 386
Bereitschaftsdienst 188
Bereitschaftspolizei 146
Bereitstellung von Aufenthalts- und Erholungsräumen 316
Berichtigung des Lohnsteuerabzugs 490
Berufsausbildung 293
Berufsausbildungskosten 247
Berufsbekleidung 165
Berufsfeuerwehr 146
Berufskraftfahrer 252
Berufsverbände 251
Beschäftigung von Behinderten 309
Beschränkt steuerpflichtige Arbeitnehmer 139
Beschränkte Steuerpflicht
– Wohnsitz Schweiz 144
Besteuerung des Nettolohns 392
Betreuer 156
Betriebliche Altersversorgung 181, 593
Betriebliche Altersversorgung durch Entgeltumwandlung 593
Betriebsausflug 325
Betriebserholungsheim 454
Betriebsprüfung 503
Betriebsrente 302
Betriebsstätte 473
Betriebsveranstaltungen 325
Bewerbungskosten 252
Bewirtungskosten 240
Bildschirmarbeitsplatz 316
Blattgeld 165
Blockzeitmodell 163
Bodyguard 202
Bruttolistenpreis
– Elektrofahrzeug 216
Buchhalter 304
Büffetier 304
Bühnenangehörige 305
Bundesgrenzschutz 146
Bundeskasse 149
Bundesumzugskostengesetz 565
Bundeswehr 146
Bürgschaftsverpflichtung 241

Chorleiter 156, 314
Computer 285

Deputate 197
Diakonissen 304, 308
Diebstahl 273
Dienstbelohnungen 319
Diensterfindung 385
Dienstkleidung 165
Dienstkleidungszuschuss 173
Dienstreise 252
Dienstreise-Kaskoversicherung 270
Dienstwagen mit Fahrer 206

Stichwortverzeichnis

Dienstwagen zur privaten Benutzung 205
Dienstwohnung 535
Digitale LohnSchnittstelle 504
Diplomaten 143
Direktversicherung 192, 463, 593
Direktversicherung für Gesellschafter-Geschäftsführer 468
Doppelbesteuerungsabkommen 393
Doppelte Haushaltsführung 282
Doppelte Haushaltsführung im Ausland 285
Dreimonatszeitraum 252
Durchlaufende Gelder 172
Duschraum 316

E
Ehrenamt 149, 323
Ehrenamtliche Betreuer 162
Ehrenamtliche Tätigkeit 160
Ehrensold 332
Eigener Hausstand 283
Eingliederungshilfe 145, 345
Einkleidungsbeihilfen 146
Einmalige Zuwendungen 385
Einsatzwechseltätigkeit 252
Eintrittskarten 327
Elektofahrrad 200
Elektro-Bike 200
Elektronische Lohnsteuerabzugsmerkmale 514
– Übergangsregelung 513
Elektronischen Lohnsteuerabzugsmerkmale
– Anwendungsschreiben ab 2013 443
Elektronisches Fahrtenbuch 207, 219
ELStAM-Startschreiben 514
Emeritenbezüge entpflichteter Hochschullehrer 333
Entfernungspauschale 238, 278
Entgeltumwandlung 464, 593
Entlassungsgeld 147
Entleiher 365
Entleiherhaftung 500
Entschädigungen für nicht gewährten Urlaub 315
Entschädigungen für Verdienstausfall 345
Entstehung der Lohnsteuerschuld 365
Entwicklungshelfer 344
Erbe 333
Erben als Arbeitnehmer 334
Erfindervergütungen 385
Erholungsbeihilfen 454
Erholungsheim 201
Erholungsraum 316
Erklärung zur Religionszugehörigkeit 461
Ersatz-Lohnsteuerkarte 374
Erschwerniszuschläge 315
Erstattung von Lohnsteuer 490
Erste Tätigkeitsstätte 252
Erweiterte unbeschränkte Einkommensteuerpflicht 441
Erweiterte unbeschränkte Steuerpflicht 139
Erzieher 156
Essenmarken 203
Essenmarken und Gehaltsumwandlung 204
Essenmarkenemittent 203
Essensgutscheine 203
EU-Recht 183
Europäische Union 141
Europäischer Wirtschaftsraum 141

F
Fachbücher 286
Fachkongresse 329
Fachzeitschriften 286
Fahrerbuch 207
Fahrergestellung 207, 222
Fahrgemeinschaften 277
Fahrlehrer 304
Fahrrad 200
Fahrradgeld 270
Fahrtätigkeit 252
Fahrtenbuch 205, 211
Fahrtenbuchmethode
– Elektrofahrzeug 216
Fahrtkosten als Reisekosten 269
Fahrtkostenzuschüsse 456
Fälligkeit der Lohnsteuer 475
Familienheimfahrten 238
Familienleistungsausgleich 343
Familienpflegezeit 323
Familienpflegezeitversicherung 241
Fehlerhafte Pauschalversteuerung 460
Fehlgeldentschädigung 315
Feiertagszuschläge 186
Fernsehgerät 227
Fernsehkünstler 305
Festsetzungsverjährung 503
Filmkünstler 305
Firmenkreditkarte 274
Firmenwagen
– Elektrofahrzeug 216
– Hybridelektrofahrzeug 216
Firmenwagen zur privaten Nutzung 205
– Arbeitnehmer-Aufwendungen 220
– Fahrergestellung 222
– Nutzungsentgelt 220
– Umsatzbesteuerung 224
– Vorsteuerabzug 224
– Zuzahlung 220
Fiskalische Verwaltung 150
Fitnessraum 316
Fondsgebundene Lebensversicherungen 293
Forderungsübergang 146
Fort- und Weiterbildungskosten 328
Fortbildung
– Einsatz von Zeitguthaben 251
Fortbildungskosten 247
Fotomodell 304
Freibetrag für den Betreuungs- und Erziehungs- oder Ausbildungsbedarf 344
Freibetrag wegen negativer Einkünfte 383
Freibeträge auf der Lohnsteuerkarte 381
Freibrot 225
Freie Unterkunft und Verpflegung 536
Freifahrten 225
Freiflüge, verbilligte Flüge 228
Freimilch 327
Freitabak, Freizigarren, Freizigaretten 225
Freitrunk 225
Freiwillige Krankenversicherung 177
Freiwillige Unfallversicherung 470
Freiwilliges ökologisches Jahr 344
Freiwilliges soziales Jahr 344
Frühstück als Teil der Übernachtungskosten 272
Fünftelregelung 384, 388
Fünftelregelung beim Lohnsteuerabzugsverfahren 350
Futtergeld 173

G
Gastarbeiter 141
Gastlehrkräfte 393
Gastschauspieler 305
Geburtstagsgeschenke 327
Gefahrenzulage 315
Gehaltsumwandlung 167, 464
Gehaltsverzicht 318
Geldbußen 192
Geldstrafen 192
Geldwerter Vorteil 196
Gelegenheitsarbeiter 304
Gelegenheitsgeschenk 327
Gemeinschaftsunterkunft 200, 536
Gemischte Aufwendungen 241
Genussmittel 327
Gepanzertes Kraftfahrzeug 206
Gerätewart 156
Gerichtsreferendar 304
Geringfügige Beschäftigung 168
Geringwertige Wirtschaftsgüter als Arbeitsmittel 285
Gesamtbetrag der Einkünfte 144
Geschäftswagen zur privaten Nutzung 205
Geschenke 191, 327
Gesellschafter-Geschäftsführer 223, 468
– Nichtauszahlung von Gehalt 370
Gestellung von Kraftfahrzeugen 205
Getränke 327
Getrennte Veranlagung von Ehegatten 343
Globalbeiträge 489
Golfclubbeiträge 316
Gratifikationen 302, 385
Grenzgänger 141
Grenzpendler 141, 441
Gründerstipendien 171
Grundlohn 188
Grundwehrdienst 344
Gutachter 304
Gutachtertätigkeit 314
Gutschrift von Arbeitslohn 299

H
Haftung des Arbeitgebers 496
Haftungsbefreiende Anzeige 498
Haftungsbescheid 497
Handelsvertreter 304
Handwerkzeuge 165
Haus- und Verpflegungsgemeinschaft 536
Hausgehilfin 348
Hausgewerbetreibender 304
Haushaltshilfe 348
Häusliches Arbeitszimmer 192, 288
Haustrunk 225
Hausverwalter 304
Heimarbeiterzuschläge 287
Hinterbliebenenbezüge 333
Hinterbliebenen-Freibetrag 349
Hinzurechnungsbetrag auf der Lohnsteuerkarte 381
Hitzezuschläge 315
Hochwasser 321
Hochzeitsgeschenk 327
Hundegeld 173

I
Incentive-Reisen 330
Inländischer Arbeitgeber 365
Insassenunfallversicherung 273
Insolvenzgeld 146, 345

Stichwortverzeichnis

Insolvenzsicherung 183
Instrumentengeld 165
Internetnutzung 171
Interviewer 305
ISDN-Anschluss 456

Jagdaufwandsentschädigung 173
Journalisten 305
Jubilarfeier 325
Jubiläumszuwendung 323
Juristische Personen des öffentlichen Rechts in EU/EWR-Mitgliedsstaaten 157

Kaminkehrer 173
Kantinenmahlzeiten 203
Kaskoversicherung für Unfallschäden bei Dienstfahrten 270
Kassenverlustentschädigung 315
Kilometersätze bei Dienstreisen 270
Kinder 344
Kinderbegriff 344
Kinderfreibeträge 344
Kindergartenzuschüsse 167
Kindergeld 519
Kinderzuschüsse 145
Kirchenbedienstete/Kirchenmusiker 314
Kirchensteuer bei Lohnsteuerpauschalierungen 461
Kleidergeld 166
Klimabedingte Kleidung 155
Klinikärzte 314
Kommunale Vertretungen 151
Konkursausfallgeld 146
Kontoführungsgebühren 316
Kraftwagenbenutzung 205
Krankengeld 345
Krankenversicherung
– Zuschuss ausländische ~ 180
Kriegsbeschädigte 147
Kriminalpolizei 146
Kundenbindungsprogramme 168, 358
Künstler 305, 376
Kurzarbeitergeld 145, 345
Kurzfristig beschäftigte Arbeitnehmer 459

Land- und forstwirtschaftliche Fachkraft 460
Landeskasse 149
Laufende Bezüge 385
Lehr- und Vortragstätigkeit 156
Lehrabschlussprämie 327
Lehrtätigkeit 314
Lkw-Fahrer 274
Lohnabrechnungszeitraum 386
Lohnkonto 533
Lohnsteuerabzug ohne Lohnsteuerkarte 441
Lohnsteuer-Anmeldung 475
Lohnsteuer-Außenprüfung 503
Lohnsteuerberechnung 386
Lohnsteuerbescheinigung 481
Lohnsteuer-Durchführungsverordnung 2002 533
Lohnsteuer-Ermäßigungsverfahren 381
Lohnsteuer-Jahresausgleich durch den Arbeitgeber 495
Lohnsteuerkarte 374
Lohnsteuerklassen 372
Lohnsteuer-Nachschau 506

Lohnverwendungsabrede 318
Lohnzahlungszeitraum 386
Lohnzuschläge für Mehrarbeit 315

Mahlzeiten 203, 205
Mankogelder 315
Maschinelle Lohnabrechnung 392
Maschinelle Lohnsteuer-Anmeldung 475
Mehrarbeitsvergütungen 385
Mehrarbeitszuschläge 187
Mehraufwands-Wintergeld 146
Mehrere Dienstverhältnisse 374
Mehrjährige Tätigkeit 350
Meisterprüfung 247
Metergeld im Möbeltransportgewerbe 371
Mietvorteile 201
Mietwert von Dienstwohnungen 202
Miles & More 358
Mindestrentenalter 469
Mischzuschläge 188
Mitarbeiterflüge 228
Mitnahmeentschädigung als Reisekosten 270
Mitunternehmer 304
Mobiltelefon 171
Montageerlass 355
Motorsägegeld 165
Musiker 304, 308
Musikinstrumente 165
Mutterschaftsgeld 145, 345

Nachforderung der Lohnsteuer 490, 493
Nachforderungsbescheid 497
Nachtarbeitszuschläge 186
Nachtarbeitszuschläge in der Druckindustrie 190
Nachzahlung von Arbeitslohn 385
Nachzahlung von laufendem Arbeitslohn 386
Nebenberufliche Lehrtätigkeit 156, 314
Nebenberufliche Prüfungstätigkeit 314
Nebenbeschäftigung für denselben Arbeitgeber 461
Nebentätigkeit 313
Nebentätigkeit bei demselben Arbeitgeber 314
Nettolöhne 392
Nettolohnvereinbarung 393
Nichtamtliche Vordrucke 480
Nichteheliche Lebensgemeinschaft 304
Nichtselbständige Arbeit 302
Nichtvorlage der Lohnsteuerkarte 441
Notstandsbeihilfen 148
Nutzungsentgelt 316

Öffentlicher Dienst 141, 441
Option 366
Orchesterdirigent 156
Orchestermusiker 166, 314
Ordensangehörige 308
Ordnungsgelder 192
Ordnungsgemäßes Fahrtenbuch 196
Organe einer Kapitalgesellschaft 393
Organisten 314

Park and ride 209
Parkgebühren 277
Parkplätze 327
Pauschaler Auslagenersatz 173
Pauschalierung der Lohnsteuer 454
– Ausländische Arbeitgeber 458

Pauschalierung der Lohnsteuer bei Aushilfskräften und Teilzeitbeschäftigten 459
Pauschalierung der Lohnsteuer bei Direktversicherung 463
Pauschalversteuerung von Reisekosten 457
Pauschbeträge bei Auslandsdienstreisen 271
Pauschvergütung für sonstige Umzugsauslagen 566
Pensionärstreffen 325
Pensionsfonds 181, 184, 194, 593
Pensionskasse 181, 192, 463, 593
Permanenter Lohnsteuer-Jahresausgleich 392
Personalcomputer 165, 171, 456
Personalrabatte 225
Personalrabatte in der Automobilbranche 232
Pflegekind 344
Pflegepauschbetrag 349
Politische Parteien 298
Preisgelder 320
Preisnachlass 196
Privatfahrten mit dem Geschäftswagen 205
Privatforstbedienstete 166, 173
Progressionsvorbehalt 345
– Verrechnung von Sozialleistungen 347
Provisionen 324
Prozentempfänger im Hotel- und Gaststättengewerbe 189
Prozesskosten 241
Prüfungsvergütungen 314

Rabatte 316
Rabatte, Rabattfreibetrag 225
Rabatte von dritter Seite 230
Rabattfreibetrag
– Wahlrecht § 8 Abs. 2 EStG 234
Ratsmitglieder 151
Realsplitting 141, 293
Rechtspraktikant 304
Rechtsschutzversicherungen 242
Regelmäßige Arbeitsstätte 252
Regenerationskur 316
Reisegepäckversicherung 273
Reisekosten 155
– Reform 1.1.2014 252
– Versteuerungszeitpunkt 271
Reisekosten bei Dienstreisen 252
Reisekostenbegriff 252
Reisekostenvergütungen aus öffentlichen Kassen 155
Reisenebenkosten 273, 274
Reiseunfallversicherung 273
Reisevertreter 304
Repräsentationskosten 239
Restaurantscheck 203
Rohrgeld 165
Rückdeckung 463, 467
Rückzahlung von Arbeitslohn 299
Ruhegelder 302
Rundfunkermittler 304
Rundfunkgerät 227
Rundfunkmitarbeiter 305

Sachbezüge 196
– Bewertung § 8 Abs. 2/§ 8 Abs. 3 EStG 234
– Wahlrecht 234
Sachbezugsverordnung 535

Stichwortverzeichnis

Sachbezugswerte im Bereich der Seeschifffahrt und Fischerei **198**
Saitengeld **165**
Sammelbeförderung **456**
Sammellohnkonto **533**
Sanitätshelfer **304, 316**
Schadenersatz **316**
Schmutzzulage **315**
Schreibmaschinen **165**
Schriftsteller **305**
Schulgeld **293**
Schutzkleidung **165**
Schwarzarbeiter **304**
Schweiz
– familienbezogene Steuervergünstigungen **144**
Selbständige Arbeit **301**
Seuchenentschädigungen **345**
Sicherheitseinrichtungen **202**
Sicherheitsgefährdete Arbeitnehmer **202**
Solidaritätszuschlag **537**
Sonderausgaben **293**
Sonderausgaben-Pauschbetrag **298**
Sonntagszuschläge **186**
Sonstige Bezüge **385**
Sozialversicherung **177**
Sparzulage **539**
Spätarbeitszuschlag **188**
Spätschichtzulagen **189**
Spenden **298**
Sportanlagen **316**
Sporttrainer **156**
Ständiger Vertreter **370**
Statusfeststellungsverfahren **241**
Sterbegeld **332, 333, 334**
Sterbemonat **333**
Steuerberatungskosten **316**
Steuerfreier Betrag **381**
Steuerkartenwechsel **385**
Steuerklassen **372**
Steuerklassenwechsel **375**
Steuertarif **345**
Stiftungen **297**
Störfälle **163**
Strafgefangene **309**
Strafverteidigungskosten **241**
Stromableser **304**
Studiengebühren **329**
Studienreisen **329**
Synchronsprecher **306**

Tabakwaren **225**
Tagegelder **271**
Tantiemen **302, 385**
Tarifaufbau **345**
Teilarbeitslosengeld **145, 345**
Teillohnzahlungszeitraum **386**
Teilzeitbeschäftigte **459**
Telekommunikationsgerät **171**
Theaterkarten **326, 327**
Tod des Arbeitnehmers **333**
Trennungsgelder aus öffentlichen Kassen **155**
Trinkgelder **174**
Tutoren **304**
Typische Berufskleidung **165**

Überbrückungsgeld **345**
Übergangsgeld **145, 333, 345**
Übernachtungsgelder **272**

Übungsleiter **156**
Umsatzsteuer **223, 637**
Umsatzsteuerliche Behandlung von Sachbezügen **637**
Umzugskosten **155, 274, 276**
Umzugskosten bei doppelter Haushaltsführung **284**
Umzugskostenvergütungen aus öffentlichen Kassen **155**
Unbeschränkt steuerpflichtige Arbeitnehmer **384**
Unbeschränkte Steuerpflicht **139**
Unfallkosten **278**
Unfallversicherung **470**
Unterbrechung des Arbeitsverhältnisses **473**
Unterhaltsfreibetrag **348**
Unterhaltsgeld **145, 345**
Unterkunft **200**
Unterstützungen **148, 321**
Unterstützungskasse **184, 193, 593**
Unverfallbarkeit der betrieblichen Altersversorgung **593**
Urlaubsabgeltung **385**
Urlaubsgeld **385**

Veranlagung von Arbeitnehmern **507**
Veranlagung von Ehegatten **343**
Verbesserung der betrieblichen Altersversorgung **593**
Vereinskassierer **156**
Vergütung für eine mehrjährige Tätigkeit **388**
Verkehrsgünstigere Strecke **278**
Verletztengeld **345**
Verlosungsgewinne **327**
Verlust einer Beteiligung am Unternehmen des Arbeitgebers **241**
Verlustabzug **299**
Verlustrücktrag **299**
Verlustvortrag **299**
Vermittlungsprovisionen **324**
Vermögensbeteiligungen **335**
Vermögensbildung der Arbeitnehmer **539**
Verpflegungsmehraufwand bei Dienstreisen **271**
Verschiebung der Fälligkeit **366**
Versicherungsprovisionen **324**
Versicherungsvertreter **304**
Versorgungsanwartschaften **184**
Versorgungsbezüge **332**
Versorgungs-Freibetrag **385**
Versorgungskrankengeld **345**
Versorgungszuschlag für Beamte **320**
Vertrauensleute einer Buchgemeinschaft **304**
Vertreter **304**
Veruntreute Beträge **316, 492**
Verwarnungsgelder **192**
Verwertungstatbestand **376**
Videogerät **227**
Voraussichtlicher Jahresarbeitslohn **386**
Vorauszahlungen von Arbeitslohn **385**
Vorschüsse **386**
Vorsorgeaufwendungen **293**
Vorsorgepauschale **298**
Vorsorgeuntersuchungen **316**
Vorstandsmitglied **156**
Vorweggenommene Werbungskosten **242**
Vorzugsaktien **335**

Wachhund **173**
Wahlrecht
– Bewertung von Sachbezügen **234**

Waisengelder **302**
Waldarbeiter, Transportentschädigung **165**
Waschgeld **173**
Wasserzuschläge **315**
Wechsel der Steuerpflicht **388**
Wechsel zwischen Pauschalversteuerung und Regelbesteuerung **462**
Wechselschichtzulage im Bankgewerbe **190**
Wege zwischen Wohnung und Arbeitsstätte **276**
Wehrdienstbeschädigte **147**
Wehrpflichtige **147**
Weihnachtsfeiern **325**
Weihnachtszuwendung **385**
Weisungsgebundenheit **304**
Weiterbildung in einem nicht ausgeübten Beruf **293**
Weiträumiges Tätigkeitsgebiet **252**
Werbedamen **304**
Werbegeschenke **242**
Werbungskosten **239**
Werbungskosten bei Heimarbeitern **287**
Werkspensionäre **302**
Werkstätten für Behinderte **309**
Werkswohnung **200**
Werkzeuggeld **165**
Winterausfallgeld **145, 345**
Winterausfallgeld-Vorausleistung **146**
Wintergeld **146**
Witwengelder **302**
Wochenendheimfahrten **269**
Wohngeld **176**
Wohnraumförderungsgesetz **176**
Wohnsitz **139**
Wohnungsbeschaffung **201**
Wohnungsüberlassung **200**

Zählgelder **315**
Zeitguthaben
– Verwendung bei Fortbildung **251**
Zeitungsausträger **314**
Zeitwertkonten **367, 370**
Zertifizierung von Altersvorsorgeverträgen **601**
Zinszuschüsse **201**
Zivildienst **344**
Zivildienstbeschädigte **147**
Zu versteuerndes Einkommen **144**
Zufluss
– Nichtauszahlung von Gehalt **370**
Zufluss von Arbeitslohn **299, 366**
Zukunftsicherung
– Ausländische Krankenversicherung **180**
Zukunftssicherung **177**
Zukunftssicherungsleistungen
– Barlohn **200**
– keine 44-Euro-Freigrenze **200**
Zulagen **315**
Zumutbare Belastung **382**
Zusammenballung von Einkünften **351**
Zusammenveranlagung von Ehegatten **343**
Zusätzliche Altersvorsorge **296**
Zusätzlichkeitsvoraussetzung **167**
Zuschläge **385**
Zuschläge für Sonntags-, Feiertags- und Nachtarbeit **186**
Zuschuss zum Mutterschaftsgeld **345**
Zuschuss-Wintergeld **146**